WINFRIED BÖHM

# WÖRTERBUCH DER PÄDAGOGIK

Begründet von
WILHELM HEHLMANN

15., überarbeitete Auflage

ALFRED KRÖNER VERLAG STUTTGART

Böhm, Winfried:
Wörterbuch der Pädagogik
Begr. von Wilhelm Hehlmann. – 15., überarbeitete Aufl. –
Stuttgart : Kröner, 2000
  1.–14. Auflage Kröners Taschenausgabe Band 94
  Wörterbuch der Pädagogik
  ISBN 3 520 09415 0

© 2000 by Alfred Kröner Verlag in Stuttgart
Alle Rechte vorbehalten · Printed in Germany
Satz und Druck: Graphischer Großbetrieb Friedrich Pustet,
Regensburg

**KMK** (Ständige Konferenz der Kultusminister der Länder der Bundesrepublik Deutschland). Um der durch den → Kulturföderalismus begünstigten Zersplitterung des dt. Bildungswesens zu wehren, wurde 1949 die KMK als Arbeitsgemeinschaft der Länderkultusminister und der Schulsenatoren der Stadtstaaten zur gemeinsamen Meinungs- und Willensbildung gegründet. Die mit Wirkung vom 4. Okt. 1990 um die 5 Minister der neuen Bundesländern erweiterte KMK besitzt keine gesetzgeberische Kompetenz: die polit. Umsetzung ihrer Beschlüsse, Erklärungen und Empfehlungen (veröffentlicht in Bundesanzeiger und Gemeinsamem Ministerialblatt) ist Sache der Länderparlamente und -regierungen. Dem Sekretariat der KMK (Bonn, Lennéstr. 6) sind angeschlossen: Dokumentations- und Auskunftsdienst, Päd. Austauschdienst, Zentralstelle für das ausländische Bildungswesen.

L.: Sammlung der Beschlüsse der KMK, 1963 ff.; Sekretariat der KMK (Hg.), Dokumentationsdienst Bildungswesen, 1977 ff.

**Knabenliebe** → Päderastie.

**Knigge.** Das Erziehungsbuch »Über den Umgang mit Menschen« (1788) – umgangssprachlich »der Knigge« – des Assessors und Kammerherrn Adolf von Knigge (1752–1796) wurde als Kompendium praktischer Lebensweisheit zu einem der bedeutendsten gesellschaftskritischen Werke des 18. Jh.

L.: P.-A. Bois, Adolf Freiherr von K. 1752–1796, 1990; P. Kaeding, Adolf von K., 1991; H. Kupffer, K. f. Pädagogen, in: Unsere Jugend, 48 (1996) 4.

**Koch,** Lutz, * 24. 2. 1942 Liegnitz/Schlesien. Studium der Germanistik, Anglistik, Philosophie und Pädagogik; Dr. phil. 1971, Habil. für Allgem. Päd. Köln 1989; Prof. Univ. Bayreuth seit 1991. Hauptarbeitsgebiete: phil. und system. Päd. → Transzendentalphil.

Schr.: Mit Chr. Berg u. a.: Einführung in die Erziehungswissenschaft, 1976, ²1979; Logik des Lernens, 1991; Bildung und Negativität. Grundzüge einer negativen Bildungstheorie, 1995; (m. H. J. Apel, Hg.), Überzeugende Rede und päd. Wirkung. Zur Bedeutung traditioneller Rhetorik für päd. Theorie und Praxis, 1997.

**Koedukation** meint im engeren Sinne die gemeinsame Erziehung der Kinder und Jugendlichen beider Geschlechter, im weiteren Sinne auch derer unterschiedlicher sozialer Schichten, Rassen, Religionen, Nationalitäten etc. K. ist zu unterscheiden von *Koinstruktion* als lediglich gemeinsamer Unterrichtung. In der seit dem 19. Jh. erhobenen Forderung nach K. kommt ein gewandeltes Verständnis der Rollenverteilung von Frau und Mann zum Ausdruck. In Dtl. wirkten die → Landerziehungsheime für die K. bahnbrechend. → Feminismus, → Mädchenbildung. Gestützt auf empir. Studien wird in jüngerer Zeit allerdings vermehrt auf die negativen Auswirkungen der K. für Mädchen hingewiesen und eine reformierte und differenzierte K. gefordert.

L.: E. Glumpler (Hg.), K., 1994; U. Büttner u. a. (Hg.), K. Texte zur neuen K.sdebatte, 1995; M. Horstkemper, H. Faulstich-Wieland, »Trennt uns bitte, bitte nicht!« K. aus Mädchen- und Jungensicht, 1995; M. Hempel (Hg.), Grundschulreform und K., 1996; L. Lassinig u. a. (Hg.), Schule weiblich – Schule männlich, 1997; Themenschwerpunkt Zschr. f. Päd. (1998).

**König,** Helmut, * 20. 11. 1920 Nowawes, Kr. Teltow, 1954 Habil., 1956 Prof. f. Päd. Humboldt Univ. Berlin; wichtige Arbeiten zur Geschichte der Erziehung.

Schr.: Schr. zur Nationalerziehung in Dtl. am Ende des 18. Jh., 1954; Dt. Nationalerziehungspläne aus der Zeit der Befreiungskriege, 1954; Gesch. der Erziehung, 1957 u. ö.; Imperialist. und militarist. Erziehung in den Hörsälen und Schulstuben Dtl.s 1870–1960, 1962; Beitr. zur Bildungspolitik und Päd. der revolut. dt. Arbeiterbewegung in der Zeit der Nov.-Revolution und der revol. Nachkriegskrise 1918–23, 2 Bde., 1968; Programme zur bürgerl. Nationalerziehung in der Revolution v. 1848/49, 1971; Zur Gesch. der bürgerl. Nationalerziehung in Dtl. zw. 1807 und 1815, 2 Teile, 1972, 1973; Geist und Revolution, 1981.

**Körperbehindertenpädagogik.** Körperbehinderung gilt als eine überwindbare oder dauernde Beeinträchtigung der Bewegungsfähigkeit mit anhaltenden erheblichen Auswirkungen auf das kognitive, emotionale und soziale Verhalten infolge einer starken Beeinträchtigung (Schädigung) des Stütz- und Bewegungsapparates oder einer anderen organischen Schädigung. Nach der Häufigkeit lassen sich grob dargestellt folgende Schädigungsformen und -ursachen anführen: a) Zerebrale Bewegungsstörungen: Infolge einer Gehirnschädigung vor, während oder nach

school, in der u. a. Unterricht in Schreiben und Lesen erteilt wurde, ebenso → Wilderspin). Noch heute heißen die vorschulischen Institutionen in Frankreich école maternelle, in Italien scuola materna, in slawischen Ländern Škola materska. In Dtl. wurden K. durch den Fröbelschen → Kindergarten weitgehend abgelöst. → Bewahranstalt.

**Klientenzentrierte Therapie** → Gesprächspsychotherapie.

**Klingberg,** Lothar * 11. 1. 1926 Rosenberg (Oberschlesien), † 8.7.1999 Potsdam. 1956 Dr. paed. Leipzig, 1962 Habil. Leipzig, 1964 Prof. f. Systemat. Päd. und Allgem. Didaktik Leipzig, ab 1966 Prof. PH Potsdam. Bedeutende Arbeiten zur Allgem. Didaktik und zur Unterrichtstheorie, insbes. zum Verhältnis von päd. Führung und Selbsttätigkeit. Entwickelte im Anschluß an die klass. moderne Päd. einen originären Ansatz zur Konstitution der Unterrichtsgegenstände im Spannungsfeld zwischen Methode und Inhalt sowie Lehrenden und Lernenden und außerdem ein mehrperspektivisches Programm für → Unterrichtsforschung.

Schr.: Strukturenprobleme der Unterrichtsstunde, 1956/57; Gegen den päd. Formalismus, 1959; Päd. Führung und Selbsttätigkeit in der sozialist. Schule, 1962; Zur Problematik der Allgem. Päd. als Lehrfach, 1962; (Zus. mit H. G. Paul u. a.), Abriß der Allgem. Didaktik, 1965; Einführung in die Allgem. Didaktik, 1972; Kategorien der Didaktik, 1985; Unterrichtsprozeß und didakt. Fragestellung. ³1986; Lehrende und Lernende im Unterricht, 1990.

**Klosterschulen,** mit Klöstern verb. Schulen, zunächst in Mitteleuropa die Schulen der → Benediktiner; wurden seit dem 8. Jh. zum Kern des kirchl. Bildungswesens, vor allem für die Kleriker.
Berühmte K. bestanden u. a. in Corvey, Reichenau, St. Gallen, Benediktbeuern, St. Emmeram, Melk, Fulda, Kremsmünster. Dienten die K. zunächst der Unterweisung zukünftiger Ordensangehöriger, dehnten sie sehr bald ihren Kreis aus und schieden sich seit dem 9. Jh. gewöhnlich in *innere* Schulen für die »pueri oblati« (geweihte Knaben) und *äußere* Schulen für Laien oder Nichtgeistliche. Der Lehrstoff betonte die lateinische Grammatik und lehnte sich in der Systematik an die 7 → artes liberales an. An Lehrbüchern fanden bis in das 14. Jh. hinein die Grammatiken des Donat, Priscian und die Grammatik des → Alexander de Villa Dei Verwendung. Die K. waren → Internate oder → Alumnate, die sich an die klösterl. Zucht anlehnten. Die Lehrweise bestand meist im Vorlesen, Vor- und Nachsprechen und später auch in Disputationen. Strenge körperl. Strafen waren häufig. Aus den K. ging teils unmittelbar, teils mittelbar das Gelehrtenschulwesen und seit dem 18. Jh. das Gymnasium der Neuzeit hervor. Auch das Studium generale und weiter die Univ.n entstanden teilweise aus den K., übernahmen von diesen den Inhalt der scholastischen Wiss. und Philosophie und bildeten ihn fort. Die K. waren so die Geburtsstätten der → Scholastik und gleichzeitig Jahrhunderte hindurch die wichtigsten Träger der lat. kirchl. Schultradition. → Domschulen, → Fürstenschulen.

L.: F. A. Specht, Gesch. des Unterrichtswesens in Dtl. von den ältesten Zeiten bis zur Mitte des 13. Jh., 1885; Fr. Paulsen, Gesch. des gelehrten Unterrichts, 1885, Nachdruck 1965; F. X. Thalhofer, Unterricht und Bildung im Mittelalter, 1928; W. Wühr, Das abendländ. Bildungswesen im Mittelalter, 1950; F. W. Oedinger, Über die Bildung der Geistlichen im späten Mittelalter, 1953; K. S. Frank, Grundzüge der Gesch. des christl. Mönchstums, 1983; M. M. Hildebrandt, The external school in Carolingian Society, Leiden 1992.

**Klugheit.** In der traditionellen Unterscheidung von theor. und prakt. Erkenntnis gilt Weisheit als die Vollendung des theoret. Wissens (um die letzten Ursachen und Prinzipien), K. ist dagegen jene Verstandestugend, die im Hinblick auf das Ziel menschl. Lebens im konkreten Einzelfall das Gute zu tun und das rechte Handeln zu treffen weiß. → Isokrates bestimmte entsprechend den Gebildeten als denjenigen, der »jeweils in die richtige Lösung zu fallen weiß«; die zur K. führende päd. Methode ist das topische Verfahren der → Rhetorik. Wenn auch der Bereich des klugen und sittl. Handelns nicht die Sicherheit logischer Strenge erreichen kann, so geht es doch im Bereich von Moral, Sitte und K. um rationale Argumentation, Rechtfertigung und Begründung von Maximen und Handlungsentscheidungen.

L.: J. Pieper, Traktat über die K., 1937 u. ö.; ders., Das Viergespann, K., Gerechtigkeit, Tapferkeit, Maß, 1964; B. Hassenstein, K., 1988.

gen ein Rationalitätskonzept, das den Unterrichtenden unter der Annahme komplexer gesetzmäßiger Zusammenhänge d. Unterrichts in die Lage versetzen sollte, die richtige Mitte zwischen Überforderung und Unterforderung der Schüler zu balancieren.

Schr.: Didaktik, 1956; Didakt. Prinzipien und Regeln, 1959 u. ö.; Polytechn. Bildung u. Erz. in der DDR, 1962; Schulpädagogik, I. Bd. Didaktik, 1963 (zus. m. K.-H. Tomaschewsky); Bildung in der DDR, 1974; Erziehung zur manuellen Geschicklichkeit u. bildner. Gestalten, 1978.

**Klein,** Melanie, * 30. 3. 1882 Wien, † 22. 9. 1969 London; Kinderanalytikerin, formulierte seit den 20er Jahren ihre Theorie und Methode einer → Psychoanalyse des Kindes in deutlicher Abgrenzung zu Anna → Freud. In ihren theoret. Schriften zur Psychoanalyse stellte sie vor allem die bes. Bedeutung der frühen Objektbeziehungen heraus.

Schr.: Gesammelte Schr.n, dt. 1995 ff.; Einzelausgaben: Das Seelenleben des Kleinkindes, dt. 1962; Die Psychoanalyse des Kindes, dt. 1971.

L.: E. B. Spillius (Hg.), M. K. today, London 1988; Ph. Grosskurth, M. K. Ihre Welt und ihr Werk, dt. 1993; J. M. Hughes, Reshaping the psychoanalytic domain, Berkeley 1998.

**Kleinkind(er)erziehung.** Die institutionalisierte K. hat ihren Ursprung in dringenden sozialen Notlagen verwahrloster oder zu verwahrlosen drohender Kleinkinder (0 bis 6 J.) zu Beginn der Industrialisierung. Aufgrund sozialer und caritativer Motive wurden Kinderbewahranstalten und → Kinderkrippen geschaffen. Die ersten Institutionen entstanden in England (→ Infant schools, → Owen, → Wilderspin), die etwas später in Frankreich zum großen Teil imitiert wurden (Salles d'asile, D. Cochin); sie übernahmen rein fürsorgerische Aufgaben. Erst allmählich wandelten sich die Einrichtungen in päd. ausgerichtete Kinderstätten (z. B. Ecoles maternelles, → Kergomard; → Kindergarten), denen eine Theorie der K. zugrunde lag. Ergebnisse der Entwicklungspsychologie und der Hygienemedizin Ende des 19. Jh.s sowie päd. Anstöße (→ Rousseau, → Pestalozzi, → Fröbel) ließen den Eigenwert der → Kindheit erkennen und führten in der Folgezeit dazu, daß die Erziehung des Kleinkindes im vorschulischen Alter, insbes. die außerhäusliche Erziehung (→ Montessori, → Vorschulerziehung, → Schulkindergarten) breiter erforscht und tiefer reflektiert wurde. Einen internationalen Aufschwung erlebte die K. (»Vorschulboom«) in den späten 60er und 70er J.n (→ Vorklasse, → kompensatorische Erziehung), → Kindheit.

L.: G. Hundertmarck, H. Ulshoefer (Hg.), K., 3 Bde., 1972; E. Damann, H. Prüger, Quellen zur K., 1981; J. Swift, K. in England, 1984; E. Weber, Ideas influencing early Childhood Education, New York 1984; R. Pousset, E. v. Schachtmeyer, Arbeitsbuch: K., 1986; J. Cleverley, Visions of Childhood, New York 1986; M. Meyer, K. als päd. Prozeß, 1987; G. Bühler, Das Kind und seine Umwelt im Laufe der Zeiten, 1. Bd., 1990; H.-G. Rolff, P. Zimmermann, Kindheit im Wandel, 1990; M. Berger, Die Anfänge evangelischer öffentlicher K. Überblick und grundlegende konzeptionelle Diskussion, in: Unsere Jugend 44 (1992) H. 3; K. Neumann, Öffentliche und familiale K. in Europa – Schwerpunkte der frühpädagogischen Forschung, in: Bildung und Erziehung in Europa, 1994.

**Kleinkinderfürsorge.** Im Rahmen des neuen Kinder- und Jugendhilfegesetzes vom 20. 6. 1990 (seit 1. 1. 1991 in Kraft; novelliert seit 1. 4. 1993; früher Jugendwohlfahrtsgesetz, JWG) und der Jugendfürsorge bezeichnet K. die Aufgabe der Jugendhilfe (bes. § 1, Abs. 3 KJHG), Einrichtungen und Veranstaltungen für die Beratung in Fragen der Erziehung, für Hilfen für Mutter und Kind vor und nach der Geburt, für Pflege und erzieherische Betreuung und für Erholung von Säuglingen und Kleinkindern anzuregen, zu schaffen und zu fördern. Am hist. Beginn der öffentlichen K. stehen die Strickschulen J. F. → Oberlins und die späteren Kinderbewahranstalten. Der K. kam durch den → Kindergarten eine ausschließlich päd. Begründung zu; heute wird die K. in der Regel der → Sozialpädagogik zugeordnet. → Jugendhilfe.

L.: Ch. Hasenclever, Jugendhilfe und Jugendgesetzgebung seit 1900, 1978; J. Münder, Familien- und Jugendrecht, 1980; Bundesministerium für Frauen und Jugend, Kinder- und Jugendhilfegesetz, [5]1993.

**Kleinkinderschulen** hießen jene Institutionen, in denen 2–6j. Kinder betreut und erzogen wurden. Erstmals taucht »Schule« im Zusammenhang mit frühkindl. Erziehung bei → Comenius auf; seine »Mutterschul« sollte der Erziehungsraum der Mutter und Grundlage für alle weitere Erziehung und Bildung sein. In der ersten Hälfte des 19. Jh. wurden die vorschulischen Einrichtungen stark »verschult« (vgl. → Owen und seine → infant

werden muß, durchschnittl. Klassenstärke, die von der → KMK als päd. erstrebenswerte Größe angesehen wird, und die wirkliche Klassenstärke, die die tatsächliche örtliche Gegebenheit wiedergibt.

**Klassenschule,** eine vorwiegend von Sozialisten (Marxismus, Neue Linke, DDR) abwertend benutzte Bezeichnung für die Schule im Kapitalismus. K. meint eine Schulstruktur, in der die Zugehörigkeit zu einer sozialen → Klasse positiv oder negativ über den Besuch bestimmter Schulen entscheidet. → Sozialistische Erziehung.

**klassisch,** ursprünglich Bezeichnung für die höchste Steuerklasse im römischen Reich, wurde der Begriff k. später zur Kennzeichnung einer beispielhaft produktiven menschl. Geistesleistung verwendet, in der vor allem die Idee des Menschen »sichtbare« Gestalt gewinnt. Als k. gelten vor allem die griech.-röm. Antike (»klass.« → Altertum) und die Goethezeit (Dt. bzw. Weimarer »Klassik«). In bezug auf die → Bildung des Menschen wird dann die Beschäftigung mit den in dieser Zeit entstandenen Werken zum »Königsweg« der Bildung, und die Objektivationen dieser Zeit werden zugleich zum Maßstab für den Wert einer geistigen Leistung. Bei der Umsetzung dieser Maxime für den schulischen Bereich besteht allerdings die Gefahr einer Dogmatisierung und Verfestigung bestimmter Inhalte, wie das bei der Entwicklung des humanistischen → Gymnasiums im 19. Jh. zu beobachten ist, wo die Dynamik des Klass.en in das starre Sytem eines → Enzyklopädismus umgeformt wurde. → Humanismus, humanist. Bildung.
Insofern hat auch das Prädikat k. in Beziehung auf die Bildungstheorie nur relative Geltung, es bleibt allerdings eine wichtige didaktische Kategorie, insofern sie ein Kriterium neben anderen bei der Erstellung des → Lehrplans (bei der Stoffauswahl) ist.

L.: W. Klafki, Das päd. Problem des Elementaren und die kategoriale Bildung, 1959, [4]1964; ders., Studien zur Bildungstheorie und Didaktik, 1963 u. ö.; H.-O. Burger (Hg.), Begriffsbestimmung der Klassik und des K.en, 1972; C. Menze, Die Bildungsreform W. v. Humboldts, 1975; W. Schadewaldt, Das humanist. Bildungsideal und die Forderungen unserer Zeit, in: ders., Der Gott von Delphi, 1975, Nachdr. 1990; W. Klafki, Neue Studien zur Bildungstheorie und Didaktik, 1985, [3]1993; I. Scholz, Die dt. Klassik, 1985; Über das K.e, hg. v. R. Bockholdt, 1987; M. Winkler, Ein geradezu klass. Fall, in: Systematiken und Klassifikationen in der Erz.wiss., hg. v. K.-P. Horn und L. Wigger, 1994.

**Klatt,** Fritz, * 22. 5. 1888 Berlin, † 28. 7. 1945 Wien; 1931 Prof. an der Päd. Akademie Hamburg-Altona; führende Persönlichkeit von → Jugendbewegung, → Erwachsenenbildung und → Freizeitpäd. Vertrat eine »schöpferische Erziehung« gemäß dem individuellen Eigenrhythmus.

Schr.: Die schöpfer. Pause, 1921 u. ö.; Ja, Nein und Trotzdem, 1924; Freizeitgestaltung, 1929; Lebensmächte, 1939 u. ö.; Beruf und Bildung. Ausgew. päd. Schr.n, hg. v. H. Lorenzen, 1966; Aufzeichnungen und Briefe nach Berlin, 1970; W. Nahrstedt, F. K., in: Freizeitpäd., 15 (1993) H. 2; P. Ciupke, Die Kultivierung des Hörens und des Sprechens. F. K. und das Volkshochschulheim auf dem Darß, in: Soziale Bewegung, Gemeinschaftsbildung und päd. Institutionalisierung, 1996.

**Klauer,** Karl Josef, * 10. 3. 1929 Sargenroth, Dr. phil. 1958, 1960 Doz., 1963 Prof. PH Köln, 1967 Habil. Düsseldorf, 1968 Prof. TU Braunschweig, 1976 TH Aachen. Grundlegende Beiträge zur empir. Forschung, zur → Päd. Psych. und zur → Sonderpäd. insbes. → Lernbehindertenpäd.

Schr.: Das Schulbesuchsverhalten bei Volks- und Hilfsschulkindern, 1963; Programmierter Unterricht in der Sonderschule, 1964, [2]1970; Lernbehindertenpäd., 1965, [5]1977; Revision des Erziehungsbegriffs, 1973; Methodik der Lehrzieldefinition und Lehrstoffanalyse, 1974; (Hg. m. K. J. Kornadt), Jb. f. empir. Erziehungswiss., 1977 ff.; Das Experiment in der päd. Forschung, 1977; (Hg.) Hdb. der päd. Diagnostik, 1978; Kriteriumsorientierte Tests, 1986; Denktraining für Kinder, 2 Teile, 1989 u. 1991; Grundriss der Sonderpäd., 1992; Denktraining für Jugendliche, 1993; Kognitives Training, 1993.
L.: H. Feger (Hg.), Wissenschaft und Verantwortung, FS f. K. J. K. zum 60. Geb.tag, 1990.

**Klein,** Helmut, * 2. 3. 1930 Berlin, 1952 Dr. paed. Berlin, 1959 Habil. Berlin, 1961 Prof. f. Didaktik a. d. Humboldt-Universität zu Berlin (HUB), 1976–1988 Rektor der HUB, danach wiss. Arbeit im Arbeitskreis Friedensforschung. Arbeiten zur Allgemeinen Didaktik, zur Theorie des modernen Unterrichts sowie zur → polytechnischen Bildung und Erziehung. Verfolgte in seinen didakt. Überlegun-

rige Zeit?, 1996; J. W. Erdmann u. a. (Hg.), K. heute, 1996; M.-S. Honig, Kinder u. K., 1996; J. Zinnecker, R. K. Silbereisen, K. in Dtl., 1996; H. Bründel, K. Hurrelmann, Einf. i. d. K.sforschung, 1996; H.-E. Tenorth (Hg.), K., Jugend und Bildungsarbeit im Wandel, 1997; G. Tornieporth, Familie und K., in: Hdb. der dt. Bildungsgesch., hg. v. Ch. Berg, Bd. 6.1: 1945 bis zur Gegenw., 1998; M.-S. Honig, Entwurf einer Theorie der K., 1999.

**King,** Edmund James, * 19. 6. 1914 Accrington, Promotion 1936 London, 1936–47 Lehrer an *grammar schools*, 1947–79 Prof. of Education Univ. London King's College. Gastprof. u. a. in Melbourne, Tokio, Teheran und an Harvard. 1978–92 Hg. der Zschr. »Comparative Education«. Pionier der → Vergleichenden Erziehungswiss.; außerdem wichtige Arbeiten zum technologischen Wandel und seinen päd. Konsequenzen.

Schr.: Other Schools and Ours, London 1958, [5]1979; World Perspectives in Education, London 1962, [2]1965; Society, Schools, and Progress in the USA, Oxford 1965; Education and Social Change, Oxford 1966; Comparative Studies and Educational Decision, Indianapolis 1968; Education and Development in Western Europe, London 1969; (mit W. Boyd), A History of Western Education, New York 1972 u. ö.; (Hg.), Education for Uncertainty, London 1979; Technological/occupational Challenge, Social Transformation and Educational Response, London 1986.

**Kittel,** Helmuth, * 11. 4. 1902 Potsdam, † 20. 1. 1984 Göttingen, 1930 Doz., 1931 Prof. für Religionspäd. an der Päd. Akad. Altona, 1932 Habil. Göttingen, 1933 Prof. an der Hochschule für Lehrerbildung Lauenburg, 1934 Danzig, 1937 Univ. Münster, 1946 PH Celle, 1953 PH Osnabrück, 1963 Univ. Münster. Bedeutender Vertreter einer ev. Päd.; grundlegende Beiträge zum ev. Religionsunterricht u. zur Lehrerbildung.

Schr.: Kulturfördernde und kulturkrit. Kräfte des reformator. Glaubens, 1928; Das Problem der Konfessionalität, 1931; Der Weg zum Volkslehrer, 1932; Vom Religionsunterricht zur ev. Unterweisung, 1947, [3]1957; Evangel. Unterweisung und Reformpäd., 1947; Schule unter dem Evangelium, 1949; Der Erzieher als Christ, 1951, [3]1961; Die Idee der päd. Hochschule, 1954, [2]1955; Die Entwicklung der Päd. Hochschule, 1957; Zur Verantwortung der Kirche für Erziehung und Unterricht, 1963; Selbstbehauptung der Lehrerbildung, 1965; Studien zu Religionspäd. und Lehrerbildung, 1968; Ev. Religionspäd., 1970; Freiheit zur Sache, 1970; Paideuomai, Autobiogr. Studien zur Lehrerbildung, I–IV, 1972–77; Religionspäd. in Selbstdarstellungen, Bd. 1, hg. v. B. Albers, 1980; 50 Jahre Religionspäd., hg. v. B. Albers, 1987.

L.: Mutuum colloquium, FS zum 70. Geb.tag, 1972.

**Klafki,** Wolfgang, * 1. 9. 1927 Angerburg (Ostpr.), Dr. phil. 1957 Göttingen (b. E. → Weniger), 1963 Prof. für Päd. Univ. Marburg, em. 1992; Dr. h. c. 1997; führte die → geisteswiss. Päd. weiter zu einer Theorie der → kategorialen Bildung und zu einem originären Ansatz der → Didaktik. In seinem Konzept einer kritisch-konstruktiven Erziehungswiss. (einschl. Didaktik und Schultheorie) bemüht sich K. um Integration unterschiedlicher erz.wiss. (hermeneutischer, empirischer, gesellschaftskrit. – ideologiekrit.) Forschungsansätze. Leitete bzw. wirkte mit in Schulreform- (und Lehrplan-)Kommissionen (NRW 1967 ff. und 1992 ff.; Hessen 1968 ff.; Bremen 1991 f.). Übersetzungen in 14 europ. und außereurop. Sprachen.

Schr.: Das päd. Problem des Elementaren und die Theorie der kategorialen Bildung, 1959, [4]1964; Pestalozzis Stanser Brief, 1959, [7]1997 (erw.); Didakt. Analyse, 1958, [14]1977; Studien zur Bildungstheorie und Didaktik, 1963, [10]1975; (Hg.) Geisteswiss. Päd. am Ausgang ihrer Epoche, 1968; (m. a.) Funkkolleg Erziehungswiss., 3 Bde. 1970–71; Aspekte krit.-konstruktiver Erziehungswiss., 1976; Geisteswiss., Päd., 8 Tle. (FU Hagen), 1978 u. 1982; erw. Neuaufl. 1999; Die Päd. Th. Litts, 1982; Neue Studien zur Bildungstheorie u. Didaktik, 1985, [5]1996 (erw.); Verführung, Distanzierung, Ernüchterung, 1988; (m. H.-G. Müller), Elisabeth Blochmann (1892–1972), 1992; Erziehung-Humanität-Demokratie, 1992.

L.: O. Bombardelli, Didattica come teoria della formazione, Brescia 1985; J. Ebert, Kategoriale Bildung – Zur Interpretation der Bildungstheorie W. K.s, 1986; E. Matthes, Von der geisteswiss. zur kritisch-konstruktiven Didaktik, 1992; Bibliographie W. K., hg. v. H. Stübig, 1992, Forts. 1997.

L.: Neue Bildung, neue Schule, W. K. zum 60. Geb.tag, hg. v. K.-H. Braun, 1987; Päd. Zukunftsentwürfe, FS zum 70. Geb.tag v. W. K., hg. v. K.-H. Braun, 1997.

**Klassenfrequenz** (besser Klassenstärke), die Zahl der Schüler, die in einer → Schulklasse zusammengefaßt sind. Sie wird bis heute teilweise noch in bildungspolit. Auseinandersetzungen als ein Maßstab für die Güte und den Fortschritt eines Schulwesens angesehen. Die K. hat vor allem Bedeutung bei der Aufteilung der Schüler in Jahrgangsklassen, verliert jedoch stark an Gewicht bei der Schaffung klasseninterner bzw. klassenübergreifender päd. Einheiten, wobei Kriterien wie Sach- und Schülerorientierung latent sind. In der BRD unterscheidet man Klassenhöchststärke, bei deren Überschreiten die Klasse geteilt

genstand hist., sozialwiss. und päd. Untersuchungen geworden, wobei K. unter dem Aspekt des gesellschaftl. und ökonom. (vor allem Johansen, Weber-Kellermann), polit. und ideengeschichtl. (vor allem Ph. Ariès, Richter, Giesen) oder des »psychogenetischen« Wandels (so L. de Mause) und der wiss. Forschung (u. a. Entwicklungspsychologie, Kindermedizin, Soziologie: vor allem E. Durkheim, P. Fürstenau, P. Gstettner) betrachtet wird. Ein bemerkenswertes Ergebnis ist die Feststellung, daß es K. in der Geschichte nicht immer gegeben hat und es erst mit dem Wandel der Familienstruktur und unter den sozialen und ökonom. Bedingungen der modernen Gesellschaft zur »Entdeckung« der K. kam. Die neuzeitl. Kernfamilie wurde als der soziale Ort der Geburt und der Erziehung des Kindes bestimmt. Gab es vorher K. nur in der Phase der physischen Hilfsbedürftigkeit und Unselbständigkeit des Säuglings und erst wieder zur Zeit des Schuleintritts, wurde dem Abschnitt des Kleinkindalters jetzt besondere Bedeutung zugemessen. Der Zeitpunkt dieser Wende im päd. Denken wird entweder in das 16. und 17. Jh. gelegt (vgl. Ariès) oder mit → Rousseau angesetzt (vor allem G. Snyders, dazu H. Glantschnig).

Die jüngste »anthropologische Wende in der Päd.« hat das Kind-Sein endgültig als eine eigene Seinsweise des Menschen gebührend beachtet. → Langeveld gab den Anstoß dazu mit der Frage: »Was für einen Sinn hat die einfache Tatsache, daß der Mensch klein beginnt, daß Mensch-Sein als Kind-Sein anfängt, daß irgendwie ursprünglich … der Mensch Kind ist?« Während der kulturanthropologische Vergleich interessante Einzelbefunde über das Kindsein in verschiedenen Ethnien lieferte (Martin/Nitschke), analysierte die päd. → Anthropologie das Kind-Eltern-Verhältnis als »existenziales Urverhältnis« und unterschied dieses ausdrücklich vom → päd. Bezug zw. Erzieher und Zögling. Im Miteinander von Kindern und Erwachsenen begegnen sich nicht nur Individuen, sondern Repräsentanten verschiedener Lebenswelten. Das existiale Urverhältnis bietet die Möglichkeit zu fragen, inwiefern die Existenz des Kindes die der Erwachsenen aufhellen kann und umgekehrt.

Die »kindgemäße K.« ist auch heute noch ein gesellschaftl., polit. und hauptsächlich päd. Problem: Zwar ist der Kindersterblichkeit, der materiellen Verelendung und Verwahrlosung der Kinder in den Industrienationen durch gesundheitl. und sozialpolit. Maßnahmen, durch Anstieg des wirtschaftl. Wohlstandes, durch öffentl. familienergänzende Institutionen, durch Kinderwohlfahrtsgesetze und Rechte, durch Reformen der vorschulischen und schulischen Erziehung und durch sich verändernde Erziehungsvorstellungen von Eltern und professionellen Erziehern entgegengewirkt worden, jedoch lassen sich kinderfeindl. Strukturen innerhalb der Gesellschaft erkennen, die aus der Dominanz der Erwachsenen über die Kinderwelt und aus Leistungsstreben, Konkurrenzdruck und Profitorientierung resultieren. Kinderfeindl. Wohnungsbau, Straßenverkehr, institutionalisierte Ersatzerziehung (Säuglings-, → Kinder-, → Erziehungsheim: → Hospitalismus, → Deprivation, Delinquenz u. a.) und inhumane Züge der Schule weisen neben offener und latenter physischer und psychischer → Gewalt (→ Kindesmißhandlung) neben rechtl. fixierter Abhängigkeit des Kindes von seiten der Eltern auf die nach wie vor problematische Stellung des Kindes hin. → Kinderfeindlichkeit; → Familie, Familienerziehung.

L.: J. Giesen, Europ. Kinderbilder, 1966; G. Snyders, Die große Wende der Päd., dt. 1971; U. Gerber (Hg.), Kindeswohl contra Elternwille? 1975; Ph. Ariès, Geschichte der K., dt. 1975; [8]1988; L. de Mause (Hg.), Hört Ihr die Kinder weinen?, dt. 1977; I. Weber-Kellermann, Die K., 1979; H. Rabe, Die Entdeckung der K., 1980; D. Elschenbroich, Kinder werden nicht geboren, 1980; K. Arnold, Kind u. Gesellsch. in MA und Renaissance, 1980; P. Gstettner, Die Eroberung des Kindes durch die Wissenschaft, 1981; K. Rutschky (Hg.), Dt. Kinderchronik, 1983; N. Postman, Das Verschwinden der K., dt. 1983; U. Preuss-Lausitz, Kriegskinder, Konsumkinder, Krisenkinder, 1983; D. Lenzen, Mythologie der K., 1985; H.-G. Rolff, P. Zimmermann, K. im Wandel, 1985, [5]1997; J. Martin, A. Nitschke (Hg.), zur Sozialgesch. der K., 1986; D. Richter, das fremde Kind, 1987; W. Brinkmann, K. im Widerspruch, 1987; H. Glantschnig, Liebe als Dressur, 1987; D. Geulen (Hg.), K., 1987, [2]1993; H.-J. Zeiher, Orte und Zeiten der Kinder, 1994; G. Scholz, Die Konstruktion des Kindes, 1994; M. du Bois-Reymond u. a., Kinderleben, Modernisierung von K. im int. Vergl., 1994; Y.-P. Alefeld, Göttliche Kinder. Die K.sideologie der Romantik, 1995; G. B. Mathews, Die Philos. der K., 1995; J. Weisser, Das heilige Kind, 1995; O. Hansmann, K. und Jugend zwischen MA u. Moderne, 1995; J. Mansel (Hg.), Glückliche K.-Schwie-

deutscher Kinder bis zum 12. Lebensjahr, 1989; M. Schuster, Die Psychologie der K., 1990, ²1994; Bewegungserziehung nach M. Frostig – Teamwork interdisziplinär – Die K. im Spiegel der Entwicklung, 1991; G. Rabkin, Schreiben, malen, gestalten – Wege zur Kultur, 1992.

**Kindesmißhandlung.** Im Unterschied zur Kindesvernachlässigung (*child neglect*) sowie zur sexuellen und emotionalen Ausbeutung von Kindern (*sexual, emotional abuse*) bezeichnet K. (*child maltreatment*) eine bewußte oder unbewußte gewaltsame körperliche und seelische Schädigung eines Kindes, die in Familien oder Institutionen (z. B. Kindergarten, Schule, Heim, Klinik) geschieht und zu Verletzungen, Entwicklungshemmungen oder zum Tod führt. In der gegenwärtigen sozialwiss. Fachdiskussion wird K. typischerweise als Resultat krisenhafter familialer Prozesse betrachtet, die bei der alltäglichen Ausgestaltung des Generationenverhältnisses zu gewaltsamen Lösungen führen. K. gilt als ein Symptom für eine Familienkrise, in der das spannungsreiche Wechselspiel von vier Ursachenbündeln problemverschärfend wirkt. Diese vier Faktoren sind (1) bei der Bewältigung des Generationenverhältnisses im Lebensalltag einer Familie sich einschleifende Beziehungsstörungen, (2) die objektiv belastenden Lebensumstände und Lebensereignisse, die materiellen und immateriellen Einschränkungen, Entbehrungen und Widersprüche, (3) die subjektiv verfügbaren individuellen Ressourcen und Kompetenzen der Beteiligten, die lebensgeschichtlich erworben oder lebensweltlich organisiert sein können, (4) die sozialen Ressourcen, die Hilfesysteme, psychosozialen Dienste, sozialen Netzwerke; denn wo immer es in der Auseinandersetzung mit objektiven krisenhaften Belastungen an persönlichen Kompetenzen und Ressourcen mangelt, überall dort wird das Fehlen sozialer Ressourcen um so schwerwiegender. In der pädagogischen Problembearbeitung ist deshalb Hilfe statt Strafe notwendig: Schutz und Sicherheit für die mißhandelten Kinder einerseits, andererseits Unterstützung, Entlastung, → Beratung für die mißhandelnden Eltern.

L.: Arbeitsgruppe Kinderschutz (Hg.), Gewalt gegen Kinder, 1975; G. Zenz, K. und Kindesrechte, 1979; J. Garbarino, G. Gilliam, Understanding abusive families, Toronto 1980; A. Bernecker u. a. (Hg.), Ohnmächtige Gewalt, 1982; Deutscher Kinderschutzbund (Hg.), Schützt Kinder vor Gewalt! Vom reaktiven zum aktiven Kinderschutz, 1983; J. Beiderwieden, E. Windaus, R. Wolff, Jenseits der Gewalt. Hilfen für mißhandelte Kinder, 1986; A. Engfer, K., 1986; M.-S. Honig, Verhäuslichte Gewalt, 1986, TB 1992; M. Hege, G. Schwarz (Hg.), Gewalt gegen Kinder. Zur Vernetzung sozialer Unterstützungssysteme im Stadtteil, 1992. Bibl.: W. Brinkmann, M.-S. Honig, Gewalt gegen Kinder – Kinderschutz. Eine sozialwiss. Auswahlbibl., 1986; M. Amelang, C. Krüger, Mißhandlung von Kindern, 1995; Kinder- und Jugendschutz, hg. von W. Brinkmann und A. Krüger, 1998.

**Kindestötung.** Der Begriff der elterlichen Gewalt, den das Gesetz heute noch kennt, geht zurück auf das reine Gewaltverhältnis der patria potestas des römischen Rechts. Der Vater konnte über das Leben neugeborener Kinder entscheiden. Auch nach germanischem Recht durfte der Hausvater die Neugeborenen töten, erst willkürlich, später im Notfall oder zur Strafe; er konnte sie auch verkaufen oder verpfänden (munt). Bis zum 4. Jh. n. Chr. galten K. allgemein, selbst bei Philosophen, nicht als Unrecht. Erst im Jahre 374 wurde unter christl. Einfluß K. gesetzlich als Mord bezeichnet. Doch noch im Mittelalter und selbst im 18. Jh. war sie in Europa weit verbreitet. Heute sterben zahllose Kinder weltweit durch Hunger und Elend oder werden im Straßenverkehr getötet.

L.: K. Arnold, Kind und Gesellschaft in Mittelalter und Renaiss., 1980; E. Trube-Becker, Gewalt gegen d. Kind, 1982; M.-S. Honig, Verhäusl. Gewalt, 1986; W. Brinkmann, M.-S. Honig, Gewalt gegen Kinder – Kinderschutz. Eine sozialwiss. Auswahlbibl., 1986; V. Frick, Die K. im dt. und engl. Recht, 1995.

**Kindheit.** K. erstreckt sich von der Geburt bis zur Vollendung des 14. Lj. (rechtlich) bzw. bis zum Beginn der Geschlechtsreife (entwicklungstheoretisch) und wird gewöhnlich in Säuglings- (0 bis 2 J.), Kleinkind- (2 bis 6 J.) und Schulkindzeit (6 bis 14 J.) unterteilt. Was K. meint, ist jew. abhängig von dem Bild, das Erwachsene von Erziehung, Stellung und Funktion des Kindes in der Gesellschaft haben, und ist durch hist. entstandene Vorstellungen geprägt, die einmal Folge eines komplexen gesellschaftl. Modernisierungsprozesses und zum anderen Ertrag päd. Ideen über K. sind.

Die Geschichte der K. ist in letzter Zeit Ge-

L.: H. Wolgast, Das Elend uns. Jugendlit., 1896 u. ö.; R. Bamberger, Jugendlektüre, 1955, ²1965; K. Doderer, Klass. Kinder- und Jugendbücher, 1969, ²1970; A. C. Baumgärtner, Perspektiven der Jugendlit., 1969, ²1973; ders., Jugendlit. im Unterricht, 1972; G. Haas (Hg.), Kinder- und Jugendliteratur, 1973, ³1984; A. C. Baumgärtner (Hg.), Dt. Jugendbuch heute, 1974; K. Doderer (Hg.), Lex. der KJL 1975 u. ö.; M. Bernardinis, Itinerari, Milano 1976; C. Bravo-Villasante, Weltgesch. der KJL, 1977; M. Gorschenck, A. Rucktäschel (Hg.), KJL, 1979; K. E. Maier, Jugendlit. 1987 (9. neubearb. Aufl. von »Jugendschriften«); W. Freund, Das zeitgenöss. Kinder- und Jugendbuch, 1982; Th. Brüggemann (u. a., Hg.), Hdb. zur KJL.Von 1750 bis 1800, 1982; A. C. Baumgärtner, H. Pleticha (Hg.), ABC und Abenteuer, 2 Bde., 1985; W. Kaminski, Einf. in die KJL, 1987, ²1989; R. Steinlein, Die domestizierte Phantasie, 1987;Th. Brüggemann (u. a., Hg.), Hdb. zur KJL.Vom Beginn des Buchdrucks bis 1570, 1987; R. Wild (Hg.), Gesch. der dt. KJL, 1990; G. Mattenklott, Zauberkreide. KL seit 1945, 1990; A. Nobile, Letteratura giovanile, Brescia 1990; H. H. Ewers, Komik im Kinderbuch, 1992; K. Doderer, Literar. Jugendkultur, 1992; H. Heidtmann (Hg.), Jugendlit. und Gesellschaft, 1993; K. Doderer (Hg.), Jugendlit. zwischen Trümmern und Wohlstand, 1993; A. C. Baumgärtner, H. Pleticha (Hg.), KJL. Ein Lexikon, 1995.

**Kinder- u. Jugendpsychiatrie** (gelegentlich auch: Pädopsychiatrie). Bereich der Psychiatrie, der sich speziell mit der Erforschung und Behandlung seelischer Störungen im Kindes- u. Jugendalter befaßt. Die Wurzeln einer beobachtenden Beschreibung von psych. Störungen bei Kindern u. Jugendl. reichen bis in die Antike zurück; zu einer wiss. Disziplin wurde die K. u. J.ps. in der 2. Hälfte des 19. Jh. (Gründung der ersten kinderpsychiatr. Abteilung an einer dt. Nervenklinik 1864 durch H. Hoffmann, den Verfasser des »Struwwelpeter«). Die Ergebnisse der K. u. J.ps. fließen in die Kinderpsychotherapie ein (→ Therapie).

**Kinderzeichnung.** Nachdem C. Ricci bereits 1887 auf die Bedeutung der freien K. hingewiesen hatte, kam der K. während der → Kunsterziehungsbewegung als natürlicher Ausdruck des schöpferisch gestaltenden Kindes bes. Wichtigkeit zu (vor allem C. Götze); die daraus resultierenden zahlreichen psycholog., kunstpäd. und -method. Forschungen über das Kunstverständnis des Kindes wirkten sich hauptsächlich auf den → Kunstunterricht aus mit dem Ziel, das Kind zum freien künstlerischen Gestalten zu führen. Die Entwicklung der zeichnerischen Ausdrucksfähigkeit des Kindes wurde später bei → G. Kerschensteiner Gegenstand einer umfassenden empirischen Untersuchung (1904), von deren Ergebnissen ein Lehrplan des Zeichenunterrichts abgeleitet werden sollte.

Gegenwärtig wird die K. vor allem von der Psychologie untersucht: Hatte man nach dem Zweiten Weltkrieg die K. zuerst unter dem Aspekt ihrer Unvollkommenheit und als Anfangsstadium der modernen Malerei gesehen, betrachtet man sie heute unter dem entwicklungspsycholog. Aspekt (vor allem → Piaget unterscheidet mehrere Stadien: Kritzel- und Benennungsstadium, Zeichnen und Denkschema, kindertümliches bzw. vorperspektivisches Zeichnen, perspektivisches Zeichnen), zum zweiten nach ihrem Inhalt und Symbolwert (vor allem → Psychoanalyse) und schließlich nach ihrem Ausdruck (vor allem G. Mühle: Gestalt- und Ausdruckspsychologie). Einzelne Untersuchungen haben die Eigengesetzlichkeit des Gestaltungsvorganges und die Eigenart des Gestaltens des Kindes (vor allem G. Britsch) sowie die eigene Zeichen- und Bildsprache (vor allem H. Meyers) und den Einfluß soziokultureller, sozioökonom. und familiärer Faktoren auf die K. betont.

Die K. wird auch in der psycholog. Diagnostik (z. B. Entwicklungs- und Schulreifetests) und in der Kinderpsychotherapie verwendet.

L.: C. Ricci, L'arte dei bambini, Bologna 1887; J. Sully, Untersuchungen über die Kindheit, dt. 1897; C. Götze, Das Kind als Künstler, 1898; G. Kerschensteiner, Die Entwickl. der zeichner. Begabung, 1905, Neudr. 1929; S. Levingstein, K.en bis zum 14. Lj., 1905; O. Wulff, Die Kunst des Kindes, 1927; G. Britsch, Theorie der bild. Kunst, 1926, ³1952; H. Graewe, Untersuchungen der Entwicklung des Zeichnens, 1932; A. Elsen, Die K., 1939; G. Mühle, Entwicklungspsychologie des zeichner. Gestaltens, 1955, ⁴1975; K. Stieger, D. Graf, Gestaltende K., 1958; H. Meyers, Die Welt der kindl. Bildnerei, 1957, ²1963; J. Piaget, B. Inhelder, Die Psychologie des Kindes, 1966, dt. 1972; A. Iten, Die Sonne in der K., 1974; D. Widlöcher, Was e. K. verrät, 1974; L. Brem-Gräser, Familie in Tieren, 1975; U. Ave-Lallemant, Kinder zeichnen ihre Eltern, 1976; O. F. Gmelin, Mama ist e. Elefant, 1978; H. Sandtner, Kindl. Kreativität in Bild und Sprache, 1981; C. Unna, Blau ist der Himmel, 1984; U. Baumgardt, K. – Spiegel der Seele, 1985; W. Reiss, So sehen Kinder unsere Welt, 1986; H.-G. Richter, Die K.: Entstehung, Interpretation, Ästhetik, 1988; Y. Row, Grundmerkmale der K.: eine vergleichende Untersuchung von K.en koreanischer und

ser 1893 »Vereinigten Prüfungsausschüsse« erschien seit 1893 die »Jugendschriftenwarte« (heute »Beiträge Jugendliteratur und Medien«). Diese Prüfungsausschüsse und auch solche katholischer (Lehrer-)Verbände kämpften gegen »Kindertümelei« und traten u. a. für die Herausgabe geeigneter Klassikertexte und guter Übersetzungen ein. Neben der Fortsetzung dieser Arbeit entstand damals und in der Weimarer Republik auch in verstärktem Maß sozialistische und proletarische KJL. Während des → Nationalsozialismus war auch die KJL der herrschenden Ideologie unterworfen und sollte u. a. die Kampf- und Kriegsbegeisterung, die Gefolgs- und Opferbereitschaft wecken.

Nach 1945 wurde zunächst an die Tradition der Weimarer Republik angeknüpft; die Rezeption von Werken der KJL aus anderen Sprachen führte zu einer Bereicherung und Niveauanhebung. Die gegenwärtige Situation ist durch folgende Merkmale gekennzeichnet: Nach wie vor trifft man auf Märchen und Sagen, Klassiker der Abenteuerliteratur (Robinson Crusoe, K. May) und »Standardschriften« für Kinder und Jugendliche wie Struwwelpeter, Pinocchio, Gullivers Reisen, Tom Sawyer, Nils Holgerson u. a. Stark ansteigend ist die Zahl der → Bilderbücher (speziell für Kleinkinder), der Sachbücher aus den verschiedensten Bereichen, der → Comics und derjenigen Schriften, die, gegen die Vorstellung einer »heilen Kinderwelt« gerichtet, die individuelle, familiale und gesellschaftl. Lage der Kinder und Jugendl. mit ihren Konflikten und Problemen aufgreifen und einen Beitrag zur → Sozialerziehung leisten wollen. In der BRD gibt es neben den o. a. Prüfungsausschüssen weitere Institutionen und Vereinigungen zur Erforschung und Prüfung der KJL: z. B. das Institut für Jugendbuchforschung der Univ. Frankfurt; das Institut für Jugendliteratur der PH Ruhr, Abt. Dortmund; die Deutsche Akademie für KJL in Volkach/Main; die Bundesprüfstelle für jugendgefährdende Schriften und den Arbeitskreis für Jugendliteratur e. V. (für die Vergabe des Dt. Jugendbuchpreises mitverantwortlich). Dieser Preis, gestiftet vom Bundesministerium für Jugend, Familie und Gesundheit, wird seit 1956 verliehen, und zwar derzeit in den Sparten: Jugendbuch (allg. Preis), Bilderbuch, erzählendes Buch und Sachbuch; eventuell werden weitere Sonderpreise verliehen, außerdem werden die Auswahllisten veröffentlicht. Der 2. April (Geburtstag von H. Chr. Andersen) ist zum internationalen Kinderbuchtag erklärt worden. Stark zugenommen haben spezielle Zeitschriften für Kinder und Jugendl., die z. T. aus rein kommerziellem Interesse herausgegeben werden und einen Teil der jugendl. → Subkultur bilden.

Die gegenwärtige KJL leidet noch an aus ihrer Geschichte stammenden Verengungen, z. B. Gefahr der Ghettoisierung, Schulmeisterei und schematischer Darstellungsformen. Zweifellos beeinflußt die KJL als einer der wichtigsten Informationsträger und Meinungsbildner das Selbst-, Welt-, Gesellschafts- und Menschenbild der Heranwachsenden entscheidend sowie auch die Entwicklung und Bildung von Phantasie, Denken, Fühlen, Engagement etc. KJL vermittelt also nicht nur Information, Unterhaltung, Spannung, Wissen und Vergnügen, sondern »transportiert« immer auch Werte, Einstellungen, Handlungsmuster und Vorurteile. KJL kann jedoch zugleich eine wichtige Hinführung zum Lesen und zur Literatur sein und dem Heranwachsenden einen wichtigen Bereich der nationalen wie internationalen Kultur erschließen und darin persönliche Bereicherung erfahren lassen.

Der Päd. und der KJL-forschung stellt sich dabei mindestens eine doppelte Aufgabe: die Kinder und Jugendl. zum kritischen Umgang mit Literatur zu befähigen und Kriterien zur Beurteilung von KJL zu erarbeiten. Dabei können die Adressaten nicht nur die Jugendl. selbst sein, auch die Erwachsenen, speziell die Eltern müssen hier mit einbezogen werden. Als dringende Forschungsgebiete erscheinen: das tatsächliche Verhalten der Jugendlichen gegenüber der KJL (Rezeptions- bzw. Jugendbuchforschung), die Auswirkungen bestimmter Lektüre auf die psychische Struktur der Jugendl. und ihres Verhaltens sowie die Frage einer Päd. der Literatur (incl. der → Didaktik). Hierbei wird interdisziplinäre Zusammenarbeit notwendig sein.

Zs.: Beiträge Jugendlit. und Medien; früher: Jugendschriften-Warte, gegr. 1893; Neue Folge 1 (1949) ff.; Jugendbuch (früher: Das gute Jugendbuch), gegr. 1951.

Volksschulen führte er Arbeitsunterricht (Spinnen, Nähen, Gartenbau u. a.) ein.

Schr.: Nachrichten von der Landschule zu Kaplitz, 1772; Über den Einfluß der niederen Schulen auf das gemeinsame Leben, 1776.
L.: J. Aigner, Der Volks- und Industrieschulreformator Bischof F. K., 1867; A. Schiel, Felbiger u. K., 1902; R. Lochner, F. K., in: Sudetendt. Lebensbilder I, 1927.

**Kinderpflegerin.** Die K. arbeitet in → Familie, → Kinderkrippe, → Kindergarten, → Hort, → Kindertagesstätte, Kinderkrankenhaus, Kur- und Genesungsheim, Einrichtungen für behinderte Kinder und in → Kinderdörfern. Ihre Ausbildung findet nach erfolgreichem Hauptschulabschluß entweder in einer 2j. → Berufsfachschule für Hauswirtschaft und Kinderpflege oder in einem 1j. Grundausbildungslehrgang für Sozialberufe statt. Nach bestandenem Examen, das neben schulischen Fächern Kenntnisse in Säuglings-, Kleinkinder- und Krankenpflege sowie in Methoden der Kinderbetreuung umfaßt, wird der Titel der staatl. geprüften K. verliehen.

**Kinderspielplätze** dienen Kindern bis zu 14 oder 15 J. zum Spiel im Freien und werden von öffentl. und privaten Trägern unterhalten. Es gibt wenige allg. gültige gesetzl. Regelungen für K., jedoch rechtl. und päd. Vorschläge zur altersgemäßen Gestaltung von K.n auf öffentl. oder privaten Plätzen, in → Kinderkrippen und → Kindergärten und speziell für behinderte Kinder. K. sind Freizeit- und Erholungsstätten für Kinder, denen neben Schule und oft engen Wohnverhältnissen ein Bewegungsfreiraum zusteht. Neuerdings bemüht man sich um päd. betreute K., die gezielt auf Bedürfnisse und Aktivitäten der Kinder eingehen. → Spiel wird dabei als Ergänzung unvollkommener Lebensbedingungen und als Erweiterung des kindl. Entwicklungsraumes (z. B. Abenteuer-K.) verstanden.

L.: G. Schottmayer, R. Christmann, K., 1976, ²1977; D. v. Hase, P. Möller, Thema Spielplatz, 1976; G. Beltzig, K. mit hohem Spielwert: planen, bauen, erhalten, 1987, Nachdruck 1990; G. Agde, Freiflächen zum Spielen, 1991; H.-P. Klug, M. Roth (Hg.), Spielräume für Kinder, 1992; G. Opp, Ein Spielplatz für alle. Zur Gestaltung barrierefreier Spielbereiche, 1992.

**Kindertagesstätte.** K. umfaßt als Oberbegriff jene Einrichtungen, in denen Kinder ganztägig betreut und versorgt werden, wie z. B. → Kinderkrippe, → Kindergarten, → Hort (schulpflichtige Kinder). In größeren K.n sind mehrere dieser Einrichtungen zusammengefaßt.

L.: K. Bader, G. Otte, D. Stoklossa, Hdb. für K.n, 1977; K. Flaake u. a. (Hg.), Das Kita-Projekt, 1978; Leben und Lernen in K.n, 1984; G. Barath, Erziehen als Beruf: die Erzieherin im Berufsfeld K.n 1987; D. Bildstein-Hank u. a., Familie im Wandel – Tageseinrichtungen heute, 1990; G. Petersen, H. Sievers, Kinder unter 3 Jahren in Tageseinrichtungen, 2 Bde., 1991; Th. Lockenvitz, Kindertagesbetreuung zwischen Situationsorientierung und Bildungsorientierung, 1996.

**Kinder- und Jugendliteratur** (KJL) umfaßt alle eigens für Kinder und Jugendl. verfaßten, für sie ausgewählten oder ihnen »umgewidmeten« (z. B. Märchen, Sagen) Schriften. Ausgenommen sind → Schulbücher und Literatur, die zwar von Jugendlichen gelesen wird, aber nicht eigens für sie bestimmt ist, auch wenn dieser für das Leseverhalten der Jugendl. große Bedeutung zukommt. Vorläufer der KJL sind in den Volksbüchern des → Mittelalters zu sehen; KJL im engeren Sinne entstand in → Aufklärung und Aufklärungspäd., wobei sie als Anleitung zu bzw. Beispiel für vernünftiges und gottesfürchtiges Leben dienen sollte (vgl. → Campe, → Robinson). In der → Romantik wurden Volkslieder, Märchen und Sagen gesammelt, die zwar nicht als KJL gedacht waren, bald aber als solche Verwendung fanden. Im 19. und zu Beginn des 20. Jh. dominierte moralisierendes und pädagogisierendes Schrifttum mit häufig relig. geprägten Themen (z. B. H. Hoffmann: Struwwelpeter; Ch. v. Schmid), daneben entstanden eigene → Kinderlieder und -gedichte; → Bilderbücher und Buchillustrationen kamen verstärkt auf (Autoren: F. Güll, F. Rückert; als Illustratoren: L. Richter, Franz von Pocci), und »Klassiker« der JL wurden verfaßt (F. Gerstäcker, Johanna Spyri).

Um die Jh.wende wuchsen in Zusammenhang mit der → Kunsterziehungsbewegung und häufig in Trägerschaft der Volksschullehrerverbände Bestrebungen, der zunehmenden Niveaulosigkeit und dem abschätzigen Gebrauch des Wortes KJL durch die Arbeit örtlicher Prüfungsausschüsse, Jugendbuchausstellungen und empfehlende Veröffentlichungen entgegenzuwirken. Als Organ die-

Das Tor zur Welt, 1995; J. Reyer, H. Kleine, Die K. in Deutschland. Sozialgeschichte einer umstrittenen Einrichtung, 1997.

**Kinderladen.** Der K. entstand in der → Studentenbewegung als Alternative zum traditionellen → Kindergarten. Ausgehend von einer vehementen Kritik der repressiven Gesellschaftsstruktur suchten (studentische) Eltern aus einem Gemisch psychoanalyt. Gedanken (bes. W. → Reich, S. → Bernfeld, W. Schmidt), der Analyse der autoritären Persönlichkeit (Th. W. → Adorno u.a.), marxist. Thesen (z. B. Reproduktionsfunktion der Erziehung) und einer grundsätzlich antiautoritären Einstellung heraus die Praxis und Theorie einer selbstverwalteten, repressionsfreien → Kleinkindererziehung zu schaffen. Prinzipien der K.-Päd. waren eine kollektive, die individuelle Fixierung der Kinder an Einzelpersonen bzw. an die Eltern vermeidende Erziehung, der Aufbau eines wachen polit. Bewußtseins (bis hin zur Vorbereitung auf politische Aktionen) und sexuelle Selbstregulierung. Die K.-Bewegung wirkte durch ihren provokatorischen Charakter anregend und erneuernd auf die → Vorschulerziehung; im Laufe der 70er J. ist sie allmählich verebbt. Vereinzelt existieren Untersuchungen über die Auswirkung der antiautoritären K.erziehung auf die damals betroffenen Kinder. → antiautoritäre Erziehung.

L.: Berliner K., Antiautoritäre Erziehung und sozialist. Kampf, 1970; H. J. Breiteneicher u. a., K.: Revolution der Erziehung oder Erziehung zur Revolution?, 1971; U. Dolezal, Erzieherverhalten in Kinderläden, 1975; J. Roth, Eltern erziehen Kinder, Kinder erziehen Eltern. Elterninitiativen nach der K.bewegung, 1976; H. Zietschmann, Der soziokulturelle Hintergrund des Erziehungsverhaltens von Eltern aus Kindergärten und Kinderläden, 1980; P. Bernhardt, Wege zur selbstorganisierten Kindergruppe, 1992; ²1995.

**Kinderlied.** Das K. gehört wie das Volkslied zu den ältesten musikalischen Formen. Es enthält oft alltägliche Erlebnisse von Kindern und Erwachsenen und verbindet Spaß, Spiel und Ernst, Phantasie und Wirklichkeit. Das K. unterscheidet sich in Lieder von Erwachsenen für Kinder (Wiegenlied, Kniereiterreime, Scherz- und Lehrlieder), in Lieder zum Tanzen und Spielen für Kinder und in Lieder, die von Kindern selbst erfunden werden.

Die Mehrzahl der heute bekannten K.lieder stammt aus dem 18. und 19. Jh. (vor allem von A. v. Arnim, C. v. Brentano, M. Claudius und H. v. Fallersleben). Von der → Jugendbewegung wurden K.- und Volkslieder gesammelt (z. B. »Zupfgeigenhansel«) und neue geschaffen. Das neuere K. beschreibt mehr die kindl. Realität und Umwelt und/oder entstammt der Phantasie- und Märchenwelt (u. a. James Krüss).
Päd. bedeutsam wurde das K. bes. bei → Fröbel (»Mutter- und Koselieder«) und den → Pestalozzianern. Heute wird die Bedeutung des K.es für die emotionale, soziale und sprachl. Entwicklung des Kleinkindes betont (u. a. H. Rauhe) und musikalische Früherziehung als fester Bestandteil der → Vorschulerziehung gefordert. E. Bornemann sowie G. Klausmeier weisen auf den psychoanalytisch erfaßbaren Inhalt des von Kindern verfaßten K.es hin.
Auch große Komponisten haben (für das Konzert bestimmte) K.er geschaffen. Zwei bedeutende Zyklen sind »Die Kinderstube« von Modest Mussorgsky (1839– 1881) und »I hate Music!« von Leonard Bernstein (1918–1991).

L.: H.-J. Gelberg, Bunter Kinderreigen, 1966; P. Rühmkorf, Über das Volksvermögen, 1967; H. Lemmermann, Hoppe, hoppe Reiter, 1967; E. Bornemann, Studien zur Befreiung des Kindes, 1973 f.; ders., Die Umwelt des Kindes im Spiegel s. verbotenen Lieder, Reime, Verse und Rätsel, 1974; H. M. Enzensberger, Allerleirauh, 1974; E. Bornemann, Die Welt der Erwachsenen in den »verbotenen« Reimen dt.sprach. Stadtkinder, 1976; R. Riltz, Kunterbunte Kinderreime, 1978; B. Bartos Höppner (Hg. u. a.), K.er unserer Zeit, 1978; G. Klausmeier, Die Lust, sich musikal. auszudrücken, 1978; K. Franz, Kinderlyrik, Struktur, Rezeption, Didaktik, 1979; H. Wüthrich-Mathez, Bibliographie zur allgem. Musikerziehung, 1980; A. Messerli, Elemente einer Pragmatik des K.es und des Kinderreimes, 1991; F. Vahle, K., 1992; K. und Kinderreim, hg. v. H. Pleticha, 1998.

**Kindermann,** Ferdinand, Ritter von Schulstein (seit 1777), * 27. 9. 1740 Königswalde bei Schluckenau (Böhmen), † 25. 5. 1801 Leitmeritz. Bedeutender Schulreformer in Böhmen; theoretisch und literarisch weniger produktiv als Abt → Felbiger, kämpfte er für äußere und innere, bes. didakt.-meth. Verbesserung von Schulen und Lehrerbildung (1775 Eröffnung der Prager Normalschule). In den

eine Rückbesinnung auf den Fröbelschen K. (vor allem Förderung des kindl. Spiels) ein. Während des → Nationalsozialismus wurden die K.gärten auf ein Minimum reduziert oder für ideolog. Zwecke entfremdet. Nach 1945 kam es zu einem zögernden Ausbau des K.s, bis Ende der 60er J. der Mangel an Einrichtungen und eine Protestbewegung gegen die traditionelle K.päd. zum alternativ verstandenen → Kinderladen führte. Die Kritik an der alten Institution rückte den K. in den Mittelpunkt des wiss., bildungspolit. und öffentl. Interesses. Angeregt durch amerikan. Vorschulprogramme zur → kognitiven Förderung und → kompensatorischen Erziehung (→ Head-Start-Programm) wurden Reformvorschläge, Curricula und Modellversuche für den K.bereich ausgearbeitet, die zwar alle die Verbesserung der Einrichtung zum Ziel hatten, aber inhaltl. stark divergierten. Grundsätzlich sollte am Prinzip der Demokratisierung durch bildungspolit. → Chancengleichheit festgehalten werden und der vorschulische Bereich der Kompensation der → Bildungsdefizite von Unterschichtskindern dienen. Bildungssoziologische und -psychologische Untersuchungen führten zu unterschiedlichen Auffassungen über die Funktion des K.s, die in einer heftigen Diskussion um die → Vorschulerziehung eine nachhaltige Wirkung auf den Ausbau und die inhaltl. Gestaltung des K.s auch heute noch haben. Nicht nur, daß der Schritt von der → Bewahranstalt zur Bildungsstätte vom heutigen Stand als gesichert erscheint, indem der Erziehungs- und Bildungsauftrag durch Rahmenpläne immer mehr konkretisiert wird, wollte der → Bildungsgesamtplan bis 1985 für 70% der Drei- bis Vierj. und für 100% der Fünfj. den Besuch eines K.s ermöglichen. Ebenso wurde der Ausbildungsgang des → Kinderpflegers(in) und des → Erziehers(in) der neuen Funktionsbestimmung angepaßt. → frühkindliche Erziehung → Kleinkindererziehung. Nach dem neuen Kinder- und Jugendhilfegesetz (KJHG) vom 20. 6. 1990 hat ab 1. 1. 1996 jedes Kind vom vollendeten dritten Lebensjahr an einen Rechtsanspruch auf einen K.platz.

L.: K. Meiers (Hg.), Vorschulerziehung, 1973; H. Deißler, Der neue K., 1974; G. Heinsohn, B. Knieper, Theorie des K.s und der Spielpäd., 1975; D. Hölters-hinken, Frühkindl. Erziehung und K.päd., 1977; H. Mörsberger (Hg. u. a.), Der K., Hdb. für die Praxis in 3 Bdn, 1978; S. Hebenstreit, Einführung in die K.päd., 1980; M. Berger, Der Übergang von der Familie zum K., 1986; H. Colberg-Schrader, M. Krug, Arbeitsfeld K., 1986; Bayer. Staatsministerium für Unterricht und Kultus (Hg.), 150 Jahre K.wesen in Bayern, 1989; R. Bührich-Enderle, B. Irskens, Lebendige Geschichte des K.s, 1990; E. Pflug (Hg.), Didaktik des K.s, 1991; A. Krenz, Der »situationsorientierte Ansatz« im K., 1991; H. Hacker, Vom K. zur Grundschule, 1992; N. Huppertz, Erleben und Bilden im K., 1992; G. Finger, Ch. Steinebach (Hg.), Frühförderung, 1992; W. Grossmann (Hg.), K. und Pädagogik, 1992; L. A. Amend u. a., Modellprojekt Lebensraum K., 1992; D. Hölters-hinken u. a., Kindergarten und Kindergärtnerin in der DDR, 2 Bde. 1997; B. Dippelhofer-Stiem, B. Wolf, (Hg.), Ökologie des K.s, 1997; M. R. u. I. Textor, Der offene K., 1997; N. Bosterman, Inventing Kindergarten, NY 1997; J. Friedl, Der K.-Ratgeber für Eltern und Erzieher, 1999.

**Kinderkrippe.** Die K. betreut und versorgt ganztägig Säuglinge und Kleinkinder von sechs Monaten (Ende des Mutterschutzes) bis zu 3 J.n (Kindergartenalter).
Die ersten K.n entstanden Ende des 18. Jh. in Paris und Marseille als *salles d'asile pour la première enfance*. 1801 gründete Mme. de Pastoret in Paris eine *salle d'hospitalité* für Säuglinge über 6 Monaten; 1802 richtete Fürstin Pauline von Lippe-Detmold in Theil eine »Aufbewahranstalt« für Kinder bis zu 4 J.n ein. Die weitere Entwicklung der K.n in Dtl. ging nur zögernd voran, weil schon frühzeitig neben einer hohen Sterblichkeitsrate die Gefahr des → Hospitalismus und der → Deprivation der Krippenkinder befürchtet wurde. Heute gibt es K.n in der Regel nur in großen Städten. Es besteht die Tendenz, die herkömmlichen K.n, die aufgrund großer Kindergruppen und eines festgelegten Tagesablaufes eine individuelle Zuwendung zum einzelnen Kind außerordentlich erschweren, durch mehrere kleine Wohneinheiten mit familienähnlichem Charakter zu ersetzen. → Tagesmütter.

L.: D. Kühn, Krippenkinder, 1971; W. Grossmann, H. Simon-Hohm, Elternarbeit in der K., 1983; J. Reyer, Wenn die Mütter arbeiten gingen …: eine sozialhist. Studie zur Entstehung der öffentlichen Kleinkindererziehung, 1983; ²1985; B. Niedergesäß, Förderung oder Überforderung?: Probleme und Chancen der außerfamilialen Betreuung von Kleinstkindern, 1989; F. Nyssen (Hg.), Zur Diskussion über die Kinderkrippe, 1991; P. Erath, Abschied von der K., 1992; D. Fuchs,

sorgeeinrichtung für Arbeiterkinder, später bewußte Erziehungsbewegung im Sinne einer → sozialistischen Erziehung. Entsprechend dieser Zielsetzung sollte das ›Kind als Träger der werdenden Gesellschaft‹ (→ Löwenstein) zu einem entschiedenen Eintreten für die Belange der Arbeiterklasse und für eine klassenlose Gesellschaft erzogen werden. Als Aufgaben hatte sich die K. gesetzt: Die Errichtung von Kindergruppen, die Einwirkung auf den Ausbau staatlicher und kommunaler Erziehungseinrichtungen wie Schulen, Kinderbibliotheken u. ä. sowie die Unterstützung der Eltern in allen Erziehungsfragen, um das »Wohl der Kinder und deren Entwicklung zu sozialist. Denken, Fühlen u. Wollen so zu fördern, wie es dem einzelnen Elternpaar in der kapitalistischen Wirtschaftsordnung nicht möglich ist« (Satzung d. österr. Reichsverbandes).

Schr.: K. Löwenstein, Das Kind als Träger der werdenden Gesellschaft, 1924, ²1928; ders., Sozialismus u. Erziehung, hg. v. F. Brandecker zu. H. Feidel-Mertz, 1976; F. Kannitz, Das proletarische Kind in der bürgerlichen Gesellsch., 1925; ders., Kämpfer der Zukunft, 1929.

L.: D. Breitenstein, Die sozialist. Erziehungsbewegung, 1930; L. v. Werder, Sozialist. Erziehung in Dtl. 1848–1973, 1974; F. Brandecker, Erz. durch die Klasse für die Klasse, in: M. Heinemann (Hg.), Sozialisation und Bildungswesen in der Weimarer Rep., 1976; F. Wetzorke, Die Braunschweiger K. 1929–1930; 1992; M. S. Szymanski, Die K. in der II. Republik Polen. (1918–1939), 1995.

**Kindergärtnerin** → Erzieher(in).

**Kindergarten**, eigenständige Einrichtung im vorschulischen Bereich für Kinder im Alter von drei J.n bis zum Beginn der Schulpflicht. Der K. unterstützt die familiäre Erziehung; der K.besuch ist freiwillig und fordert in der Regel einen monatl. Elternbeitrag, dessen Höhe nicht einheitlich festgelegt ist. Träger sind v. a. private (bes. kirchl.) und kommunale Organisationen. Neben staatl. anerkannten gibt es noch »sonstige« K.gärten. Traditionell nimmt der K. seinen Platz innerhalb der → Sozialpäd. ein und wird somit als Teil der Kinderfürsorge begriffen, wo er aufgrund seines päd. Auftrags eine Sonderstellung einnimmt; andererseits wird er als Vorstufe zur Schule gesehen und damit dem Schul- und Bildungssystem zugeordnet. Diese unterschiedl. Sichtweisen führen immer wieder zu kontroversen Diskussionen um Aufgabe und Stellung des K.s.

Die ersten Einrichtungen vorschulischer Erziehung schufen → Owen (→ infant school) und → Oberlin; beide Male waren sowohl eine dringende soziale Notlage unbeaufsichtigter Kinder als auch theoret. Überlegungen zu einer umfassenden Erziehungskonzeption maßgebend. Die sich daran anschließenden Einrichtungen – bes. in England und Frankreich – waren meistens bloße → Bewahranstalten. Zum eigentlichen Schöpfer des K.s wurde → Fröbel; erst durch ihn hat der K. seine päd. Begründung erhalten. Von seiner umfassenden Bildungstheorie her bestimmte Fröbel den K. als Ort der »Pflege des kindl. Tätigkeitstriebes«, wobei das → Spiel (Spieltheorie, → Spielgaben) und eine der Altersstufe der Kinder angemessene gemeinschaftl. Erziehung im Vordergrund stehen. Der K. sollte Keimzelle eines neuen päd. Willens der Deutschen werden, indem die Mütter in die »richtige Erziehung« ihrer Kinder eingeführt wurden.

Der K. hat damit – ähnlich wie andere sozialpäd. Einrichtungen – einen Wandel von einer reinen Notmaßnahme in Zeiten sozialer Mißstände zu einer allg. anerkannten Institution für alle Kinder mit präventivem und förderndem Charakter durchgemacht.

Erneute Bedeutung gewann der K. Ende des 19. und anfangs des 20. Jhs., als das Kind als eigenständige Persönlichkeit anerkannt und dem Kindsein ein Eigenwert zugesprochen wurde. Angeregt durch die → Education Nouvelle in Frankreich, verstand → Kergomard den K. (*école maternelle*) als kindgemäßen Lebensbereich, der allein um des Kindes willen eingerichtet ist und ihm den Freiraum und die Möglichkeit zum Kindsein bietet. Weltweite Verbreitung fand dieser Gedanke in der Päd. → Montessoris, in Dtl. allerdings lange durch einen unfruchtbaren »Montessori-Fröbel-Streit« blockiert. In den 20er und 30er J.n gewann die → Psychoanalyse verstärkt Einfluß auf die K.päd. Vertreter der → Reformpäd. bemühten sich um den Ausbau des K.wesens und betonten seine Notwendigkeit für alle Kinder; sie hoben ihn ausdrücklich von der Schule ab (entwicklungspsychologisch begründet) und leiteten

dörfer mit spezifischen Schwerpunkten (Betreuung, Schulbildung, berufl. Bildung, etc.) unterscheiden.

Die Idee der Waisenfürsorge in einzelnen Hausgemeinschaften taucht bereits bei → Francke, → Pestalozzi, → Wichern und → Don Bosco auf. In England finden sich ähnliche Ideen seit 1866 bei Th. J. Barnardo; in den USA in Pater → Flanagans »Boys Town« (Nebraska), die 1917 zur Umerziehung verwahrloster und krimineller Jugendlicher errichtet wurde (heute eine Jugendfarm mit eigenen Werkstätten aller Art) und nach dem 2. Weltkrieg als Vorbild für die Republiche dei Ragazzi in Italien diente; schließlich in Israel in dem 1925 gegr. K. Ben-Sheman, das bes. seit der NS-Zeit Tausenden jüd. Kinder eine neue Heimat bietet und gemeinsam mit den anderen Kinder- und Jugendsiedlungen (→ Kibbuz) als Zelle des neuen Staates verstanden wird. Die eigentl. K.bewegung begann 1946 mit dem Pestalozzi-K. Trogen (Schweiz) durch W. R. Corti. Zur Förderung der Bewegung wurde 1948 die Federation Internationale des Communautés d'Enfants (F.I.C.E.) gegr. Das erste K. der BRD war die 1947 in Wahlwies (Bodensee) errichtete Pestalozzisiedlung. Ihr folgten neben zahlreichen Einzelgründungen die Albert-Schweitzer-K. und die SOS-K. Letztere wurden 1949 von H. Gmeiner in Imst (Tirol) initiiert und haben in Europa und Übersee (vor allem in Gebieten größter Kindernot wie Korea, Vietnam, Indien, etc.) weltweite Bedeutung erlangt. Das SOS-International Office befindet sich in Innsbruck.

L.: W. R. Corti, Der Weg zum Pestalozzi-K., 1955; H. Gmeiner, Die SOS-K., [22]1985; E. Brückmann, Ben Sheman, 1965; A. Flitner, G. Bittner, M. Vollert, Päd. Probleme der K., in: Zschr. f. Päd. 12 (1966); W. Weyrauch, Das erste Haus hieß Frieden, 1966; M. Vollert, Erziehungsprobleme im K., 1970; Th. Alexander, Vaterlose Erz. in K.n, 1979; G. Schöne, Entwicklungsverlauf eines Jungen in einem SOS-Kinderdorf, [3]1986; M. Raithel, Ehemalige Kinderdorfkinder heute, 1980, [3]1988; H. Schwerdtfeger u. a., SOS – Idylle mit Heilkraft?, in: Erz. heute (1981); H. Wollensack, Die Jugendwohngemeinschaft im SOS-Kinderdorf-Verein, 1983, [2]1985; H. Hilweg, Das fremd untergebrachte Kind in SOS-Kinderdorf: Analyse und Konsequenzen, 1986; H. Gmeiner, Vater der SOS-Kinderdörfer, 1987; ders., Meine Töchter, meine Söhne, 1987; ders., Ansichten und Einsichten, 1990; H. Reinprecht, Mit Hermann Gmeiner lachen, 1991;

W. Hamm, Hilfe für Kinder: Das SOS-Kinderdorf, in: Schulmagazin 5 bis 10, 10 (1995) 9; G. Schmidlin, W. R. Corti. Der Gründer des Kinderdorfes Pestalozzi in Trogen, Zürich 1996.

**Kinderfeindlichkeit,** umstrittenes und vieldeutiges Schlagwort in entlarvender Absicht für die weithin dominierende ablehnende Einstellung einer Gesellschaft gegenüber Kindern, die sich selbst als kinderfreundlich versteht. K. äußert sich in der Ausübung von Gewalt gegen Kinder sowohl handgreiflich und direkt in sozialen Handlungen (→ Kindesmißhandlung) und kulturell tradierten Verhaltensmustern (Prügelstrafe) als auch indirekt und anonym in gesellschaftl. Strukturen, in denen Kinder außerhalb von Kinderghettos weithin als unerwünschte, zumindest nicht eingeplante »Störfaktoren« behandelt werden: in der Organisation des Straßenverkehrs, des Wohnungsbaus, der Städteplanung, der (industriellen) Arbeitsprozesse, des bürokratischen Verwaltungshandelns usf. In der → geisteswiss. und der → Reformpäd. wurde angesichts der vielfältig differenzierten Phänomene von latenter und manifester K. der Erzieher als »Anwalt des Kindes« gesehen und in optimistischen Sinne das »Jahrhundert des Kindes« ausgerufen, dem 1980, von der UNO proklamiert, das ob seiner »Alibifunktion« kontrovers diskutierte Internationale Jahr des Kindes folgte.

L.: K. Nitsch (Hg.), Was wird aus unseren Kindern?, 1978; B. Hille, Kindergesellschaft?, 1980; K. Neumann (Hg.), Kindsein. Zur Lebenssituation von Kindern in mod. Gesellschaften, 1981; B. Meyer (Hg.), Die Zukunft unserer Kinder beginnt immer jetzt, 1981; R. Lempp, Kinder unerwünscht, 1983; K. H. Sieber (Hg.), Verlust der Geborgenheit, 1984; W. Brinkmann, M.-S. Honig, Gewalt gegen Kinder – Kinderschutz. Eine sozialwiss. Auswahlbibl., 1986; W. Brinkmann, Kindheit im Widerspruch, 1987; A. Ernst, E. Stampfel, Kinder-Report. Wie Kinder in Dtl. leben, 1991; E. Jungjohann, Kinder klagen an: Angst, Leid u. Gewalt, 1991; G. Graeßner, Chr. Mautel, E. Püttbach (Hg.), Gefährdungen von Kindern, 1993; Ch. Grefe, Ende der Spielzeit, 1995; E. v. Braunmühl, Zeit für Kinder, [14]1996; 10. Kinder- und Jugendbericht der Bundesregierung, 1998; W. Brinkmann, A. Krüger (Hg.), Kinder- und Jugendschutz, 1998.

**Kinderfreundebewegung,** sozialistische Strömung innerhalb der → Reformpädagogik in Österreich (1908 Gründung des Arbeitervereins der ›Kinderfreunde‹), Polen (seit 1918) und Dtl. (seit 1919). Ursprünglich reine Für-

recht unterschiedl. K.im mit durchschnittl. 150–300 Mitgliedern (»Chaverim« – Genosse, Siedler). Grundabsichten der ersten Siedler waren die Veränderung der tradit. jüd. Sozialstruktur bes. der typischen patriarchalischen Familie und die Errichtung eines autonomen jüd. Staates (→ Israel) in Palästina. Aus der anfänglichen Familienfeindlichkeit wurde eine kollektive Erziehungsform entwickelt, um die Kinder von jegl. Elternautorität und -abhängigkeit zu befreien; von Geburt an wurden die Kinder in Kinderhäusern von »Metablot« (»Erzieherinnen«) betreut. Spätere Entwicklungen haben zu einer neuen Kombination aus mütterlicher und professioneller Betreuung geführt, so daß die Kinder zu Hause übernachten dürfen. Nur etwa 3,5% der israelischen Bevölkerung leben in K.im.

L.: L. Liegle, Familie und Kollektiv im K., 1971, [5]1979; B. Bettelheim, Die Kinder der Zukunft, dt. 1971, [6]1985; M. Fölling-Albers, Kollektive Kleinkind- und Vorschulerziehung im K. 1977; M. Gerson, Family, Women and Socialisation in the Kibbuz, Lexington 1979; K. Gilgenmann, G. Heinsohn (Hg.), Das K.-Modell, 1980; P. M. Rayman, The K. Community and Nation Building, Princeton 1981; E. Schiele, Probleme kollektiver Sozialisation, 1982; M. Fölling-Albers, Die Einheit von Leben und Lernen in der K.-Entwicklung, 1987; W. Melzer, G. Neubauer, Der K. als Utopie, 1988; R. Porat, Die Geschichte der K.schule, 1991; W. u. M. Fölling-Albers., Das K. als pädagog. Laboratorium, in: Bild. u. Erz., 51 (1998) 3.

**Kierkegaard,** Sören Aabye, * 5. 5. 1813 Kopenhagen, † 11. 11. 1855 ebd.; dän. Philosoph. K.s ganzes Werk ist von päd.-appellativem Charakter, indem es den Menschen vor der bloßen Übernahme vorgedachter Denkmuster (bes. Denk»systeme«) und konformistischer Verhaltensweisen bewahren und in die selbständige Entscheidung (Entweder-Oder, 1843) der jew. → Situation leiten will. Direkt mitteilen und didakt.-method. planen und gestalten läßt sich nur oberflächliches Wissen, die personale Dimension von → Gewissen und sittl. Handeln läßt sich nur indirekt ansprechen. Meister dieses indirekten Erziehens sieht K. in → Sokrates und Christus (Gleichnisse, Beispiele, Aufruf zur Nachfolge).

Schr.: Sämtl. Werke, 12 Bde 1922–25; Ges. Werke, 24 Bde., 1951 ff.

L.: W. Rest, Indirekte Mitteilung als bildendes Verfahren, 1937; F. Sieber, Der Begriff der Mitteilung bei S. K., 1938; Th. Kampmann, K. als relig. Erzieher, 1949; H. Schaal, Erziehung bei K., 1958; J. Blaß, Die Krise der Freiheit im Denken S. K.s, 1968; R. J. Manheimer, K. as Educator, Berkeley 1977; J. Blanke, Sinn und Grenzen christl. Erziehung, 1978; M. Kim, Der Einzelne und das Allgemeine, 1980; F. Hauschildt, Die Ethik S. K.s, 1982; K. Brose, Das Erziehungsdenken K.s, in: Neue Sammlung 27 (1987) H. 2; H. Heymel, Das Humane lernen, 1988; W. Greve, K.s maieutische Ethik, 1990; P. P. Rohde, S. K., 1990; E. Beck, Identität der Person, 1991; G. Brandes, S. K.: eine kritische Darstellung, 1992; W. R. Dietz, Existenz und Freiheit, 1993; H. Krämer, Autorität und Erz. als Problem der neueren Philos. bei S. K., 1993; G. K. Lehmann, Ästhetik der Utopie, 1995; K. P. Liessman, S. K. zur Einführung, 1999.

**Kilpatrick,** William Heard, * 20. 11. 1871 White Plains (Georgia), † 13. 2. 1965 New York; Prom. 1912 Columbia-Univ., 1918–38 Prof. f. Phil. der Erziehung ebd. Bemühte sich erfolgreich darum, die päd. Ideen → Deweys zu erklären und für die prakt. Schularbeit auszumünzen. Der päd. Pragmatismus beider schlug sich bes. deutlich in der K.s → Projektmethode nieder. K. hat die → progressive education in den USA maßgeblich gestaltet und auch die europ. → Reformpäd. nachhaltig beeinflußt (z. B. → Petersen).

Schr.: Foundations of method, New York 1925; Education for a changing civilisation, New York 1929; Education and social crisis, New York 1932; The educational frontier, New York 1933; (m. J. Dewey) Der Projektplan (engl. 1918), dt. 1935; The teacher and society, New York 1937; Group education for a democracy, New York 1940; Philosophy of Education, New York 1951 u. ö.

L.: S. Tennenbaum, W. H. K., New York 1951; H. Röhrs, Die progressive Erziehungsbewegung, 1977; ders. u. V. Lenhardt (Hg.), Die Reformpädagogik auf den Kontinenten, 1994; M. Knoll (Hg.), Gesammelte Aufsätze zur Gesch. der Projektmethode, 1994; J. A. Beineke, And there were giants in the land. The Life of W. H. K., New York 1997.

**Kind** → Kindheit.

**Kinderdörfer** (Jugenddörfer, Schuldörfer), Schul- und Erziehungsgemeinschaften zur ständigen Betreuung von verwaisten, verlassenen und unversorgten Kindern und Jugendlichen. Im Unterschied zur → Heimerziehung (Anstaltscharakter) wird in K.n Wert auf Erziehung in familienartigen Hausgemeinschaften gelegt. Entsprechend der Altersstruktur und den Zielsetzungen lassen sich K. im eigentlichen Sinne sowie Jugend- und Schul-

Stark von Gedanken → Pestalozzis beeinflußt, gilt K. als einer der bedeutendsten Vertreter der → Arbeitsschulbewegung. K. begriff Arbeit zunächst vornehmlich als handwerkliche Tätigkeit, und demzufolge führte er im Rahmen einer umfassenden Lehrplanreform in den Münchner Volksschulen Werkstättenunterricht (Schlosser und Schreiner) für Knaben bzw. Schulküchenunterricht für Mädchen ein. Der naturwiss. Unterricht sollte durch Laborübungen anschaulich werden und die Selbsttätigkeit der Schüler fördern. Ethische Tugenden wie Zuverlässigkeit, Genauigkeit, Ehrlichkeit sollten durch (freiwillige) → Arbeitsgemeinschaften hervorgebracht werden. → Staatsbürgerliche Erziehung faßte K. nicht als polit. Belehrung oder Information, sondern als Vorbereitung auf die Position im Staatsgefüge und begründet auf Berufsbildung. K. entwickelte die Fortbildungsschule weiter zur → Berufsschule. Unter dem Einfluß der Wertphilosophie neukantianischer Richtung (H. Rickert) und einzelner Universitätspäd. (vor allem E. → Spranger) versuchte K. ab ca. 1916 eine (nachträgliche) bildungstheoretische Fundierung seiner praktischen Reformen. Aber weder sein »Grundaxiom des Bildungsprozesses« noch die darauf aufbauenden »Theorie der Bildung« und »Theorie der Bildungsorganisation« fanden die Achtung und Beachtung seiner früheren Arbeiten.

Nach 1945 wurden die arbeitsschulpäd. Schriften K.s in der BRD zunächst wieder als handlungsleitende Schriften herangezogen, in der DDR hingegen war K. als Pädagoge der Reaktion verpönt. Heute wird den Schriften K.s kaum noch normative Qualität zugesprochen, seine hist. Bedeutung ist aber nach wie vor unbestritten.

Schr.: Betrachtungen zur Theorie des Lehrplans, 1899 u. ö.; Beobachtungen und Vergleiche über Einrichtungen für gewerbl. Erziehung außerhalb Bayerns, 1901; Staatsbürgerl. Erziehung der dt. Jugend, 1901; Die Entwicklung der zeichner. Begabung 1905; Grundfragen der Schulorganisation, 1907; Organisation und Lehrpläne der obligator. und Fach- und Fortbildungsschule f. Knaben i. München, 1910; Der Begriff der staatsbürgerl. Erz., 1910, [10]1966; Der Begriff der Arbeitsschule, 1912 u. ö.; Charakterbegriff und Charaktererziehung, 1912; Wesen und Wert des naturwiss. Unterrichts, 1914; Dt. Schulerziehung in Krieg und Frieden, 1916, Zweite Aufl. unter dem Titel: Das einheitl. dt. Schulsystem, 1922; Das Grundaxion des Bildungsprozesses und s. Folgerungen für die Schulorganisation 1917; Die Seele des Erziehers und das Problem der Lehrerbildung, 1921; Theorie der Bildung, 1926; Theorie der Bildungsorganisation, aus dem Nachlaß hg. v. Marie K., 1933; Ausgew. päd. Schr., hg. v. G. Wehle, 2 Bde., 1966–68, [2]1982.

L.: M. Kerschensteiner, G. K., 3. erw. Aufl. 1954; A. Reble, Georg K. 1954; [2]1955; G. Wehle, Praxis und Theorie im Lebenswerk Georg K.s, 1956; Th. Wilhelm, Die Päd. K.s, 1957; K. Renner, Ernst Weber und die reformpäd. Diskussion in Bayern, 1979; K., hg. v. G. Wehle, 1979; E. Kötteritz, G. K.s Arbeitsschule u. d. Arbeitslehre der Gegenwart, 1981; Bayer. Staatsminist. für Unterr. u. Kultus (Hg.), G. K. – Beiträge zur Bedeutung seines Wirkens u. seiner Ideen für unser heutiges Schulwesen, 1984; G. Wehle u. a., Bibl. G. K., 1987; G. Wehle, G. K., in: W. Böhm, W. Eykmann (Hg.), Große bayerische Pädagogen, 1991; K. A. Geissler (Hg.), Von der staatsbürgerlichen Erziehung zur politischen Bildung (1901–1991), 1992; P. Gonon, Arbeitsschule und Qualifikation, 1992; F. Walder, G. K. als Hochschullehrer und Bildungstheoretiker, 1992; R. Adrian, Die Schultheorie G. K.s, 1998.

**Kerygma** (griech.: Verkündigung), Kerngehalt und Heilsbotschaft eines Bibelabschnittes. In den 60er J.n bildete die Herausarbeitung des K.s einen zentralen Inhalt der → relig. Erziehung.

**Key,** Ellen, * 11. 2. 1849 Sundsholm (Smaland), † 25. 4. 1926 Strand (Vätersee); schwedische Lehrerin, Pazifistin und Vorkämpferin der → Frauenbewegung; lieferte durch ihr Buch »Das Jh. des Kindes« (1900, dt. 1902 u. ö.) ein Motto für die → Reformpäd. Sie vertrat in Anlehnung an → Rousseau eine konsequent »natürliche Erziehung« des Wachsenlassens und ein gesamtschul- und arbeitsschulartiges Modell der »Zukunftsschule«.

Schr.: Die Wenigen und die Vielen, 1901; Persönlichkeit und Schönheit in ihren gesells. und geselligen Wirkungen, 1907; Seelen und Werke, 1911; Die junge Generation, 1913; Über Liebe und Ehe, 1921; Das Jh. des Kindes, neu hg. v. U. Herrmann, 1992.

L.: L. Weichert, E. K. und ihre Ethik, 1914; W. A. t'Hart, E. K., s'Gravenhage, 1949; R. Dräbing, Der Traum vom Jh. des Kindes, 1990; ders., E. K. Eine Wegbereiterin der modernen Erlebnispäd.?, 1992; S. Andresen, M. S. Baader, Wege aus dem Jh. des Kindes. E. K.: Tradition und Utopie, 1998; Das Jh. des Kindes – am Ende?, in: Engagement. Zschr. f. Erz. und Schule, 1998, H. 4 (Themenheft).

**Kibbuz** (»Siedlung«). Erstes K. 1909 in Palästina gegründet, gegenwärtig ca. 240 z. T.

dakt. Parallelität im dualen System der kaufm. Berufsausbildung, 1993.

**Kawerau,** Siegfried, * 8.7.1888 Berlin, † 16.12.1936 ebd.; Gymnasiallehrer, Mitbegründer des → Bundes entschiedener Schulreformer; in seiner »Soziologischen Päd.« (1921) legte er seine Theorie der gesellschaftl. Bedingungen der Erziehung vor und wurde damit einer der Pioniere der → Soziologie der Erziehung in Dtl.
Schr.: Das Weißbuch der Schulreform, 1920; Alter und neuer Geschichtsunterricht, 1924; Selbstbildnis, 1928.
L.: J. Neuner, Der Bund entschiedener Schulreformer, 1980; Chr. Uhlig, Der Bund entschiedener Schulreformer, 1990.

**Keim,** Wolfgang, * 16. 11. 1940 Halle/Saale; 1969 Dr. phil. Mainz, 1975 Prof. f. Allg. Päd. PH Köln, seit 1978 Prof. f. Erziehungswiss. Univ. Paderborn. Wichtige kritische Arbeiten zur Historischen Päd., bes. zum Nationalsozialismus, und zur Schulreform.
Schr.: Gesamtschule – Bilanz ihrer Praxis, 1973, ²1976; Kursunterricht – Begründungen, Modelle, Erfahrungen, 1987; Pädagogen und Päd. im Nationalsozialismus, 1988, ³1991; Erziehung unter der Nazi-Diktatur, 2 Bde., 1995/97; m. N. H. Weber, Reformpäd. in Berlin, 1998.

**Kempen,** Thomas von, eigentl. Th. Hemerken, * 1379 oder 1380 Kempen b. Krefeld, † 25. 7. 1471 St. Agnetenberg b. Zwolle, Augustinermönch; das ihm zugeschriebene christl.-existentielle Erbauungsbuch *De imitatione Christi* (»Nachfolge Christi«) wurde nach der Bibel das meistverbreitete Buch der Weltliteratur. Das vermutlich nicht von Th. v. K. allein verfaßte, sondern im Kreis der »Brüder vom gemeinsamen Leben« entstandene Buch steht am Übergang von der Mysterienfrömmigkeit des → Mittelalters zur individuell-subjektiven Religiosität des neuzeitl. Menschen.
Schr.: Imitatio Christi, hg. v. E. Bauer, 1982; Nachfolge Christi, hg. v. H. Harder, ⁵1995.
L.: A. Ampe, L'imitation de Jesus-Christ et son auteur, Roma 1973; E. Iserloh, Th. v. K. und die devotio moderna, 1976; H. N. Janowski (Hg.), Geert Groote, Th. v. K. und die devotio moderna, 1978; Th. Rutt, Das Menschenbild des Th. v. K., 1998.

**Kergomard,** Pauline, * 24. 4. 1838 Bordeaux, † 13. 2. 1925 Paris; 1879–1917 Generalinspektorin der französischen → Kleinkinderschulen (écoles maternelles), die sie mit Unterstützung von J. → Ferry und F. → Buisson reformierte; in Anlehnung an die → Education Nouvelle unterstrich sie das Primat des Kindes und stellte die Erziehung ganz in seinen Dienst; damit überwand sie erfolgreich den rein fürsorgerischen Charakter der → Bewahranstalten (salles d'asile) und prägte die öffentl. Kleinkindererziehung in → Frankreich bis heute.
Schr.: Galerie enfantine des hommes illustres, Paris 1879; Une sauvage, Paris 1879; Nouvelles enfantines, Paris 1881; Rapport sur les salles d'asile des académies de Toulouse et de Grenoble. Paris 1881; L'amiral Coligny, Paris 1881; Rapport sur les écoles maternelles des académies de Toulouse, de Clermont et de Bordeaux, Paris 1882; Les biens de la terre, Paris, 1879, ³1882; Une brouille de peu de durée, Paris 1883; Histoire de France des petits enfants, 1883; L'Education maternelle dans l'école, 2 Bde 1886–95; Les écoles maternelles (anciennes salles d'asile), Paris 1889; Cinquante images expliquées, Paris 1892; La rédaction à l'examen du certificat d'études primaires, Paris 1893; Heureuse rencontre, Paris 1895; Lectures et morceaux choisis à l'usage des classes enfantines et élémentaires, Paris 1905; Les écoles maternelles, décrets, règlement et circulaire en vigueur, Paris 1905; Les écoles maternelles de 1837 jusqu'en 1910, Paris 1910; L'enfant de 2 à 6 ans, Paris 1910, ²1928; L'enseignement de l'hygiène sexuelle à l'école, Paris 1912.
L.: F. Derkenne, P. K. et l'Education nouvelle enfantine (1838–1925), Paris 1938; G. Catalfamo, La pedagogia dell' infanzia, Messina 1954; P. K., hg. v. Comité Français pour l'Education Préscolaire (O.M.E.P.) 1975; D. Deasey, Education under six, London 1978; W. Harth, P. K. und die Entwicklung der Vorschulerziehung in Frankr., 1983; dies., Die Anfänge der Neuen Erziehung in Frankreich, 1986; W. Harth-Peter, P. K. und die frz. Vorschulerziehung, in: B. Fuchs, W. Harth-Peter (Hg.), Alternativen frühkindl. Erziehung, 1992.

**Kernunterricht** (Kursunterricht, Kern-Kurs-System) ist ein → Unterricht, der in einem differenzierten Klassenunterricht für alle Schüler gemeinsam gehalten wird. In den Kursen wird nach Leistung und Neigung differenziert. Das Kern-Kurs-System ist die Organisationsform, die beide Unterrichtsformen kombiniert. → Differenzierung.

**Kerschensteiner,** Georg, * 29. 7. 1854 München, † 15. 1. 1932 ebd.; Volksschullehrer, Studium der Mathematik und Physik an der TH München, 1883–95 Gymnasiallehrer; 1895–1919 Stadtschulrat in München, 1912 Mitglied des Reichstages, ab 1918 Honorarprofessor für Päd. an der Univ. München.

**Katechumenat** → Katechese.

**kategoriale Bildung,** ein hauptsächlich von → Klafki vertretener und entwickelter Begriff, in dem → formale wie → materiale Bildung aufgehoben werden sollen. Bildung konstituiert sich in diesem Verständnis im dialektischen Verhältnis von Mensch und Welt, Vergangenheit und Zukunft, sachl. (objekt.) und persönl. (subjekt.) Struktur und meint »Erschlossensein einer dinglichen und geistigen Wirklichkeit für einen Menschen« und zugleich »Erschlossensein dieses Menschen für diese seine Wirklichkeit« (W. Klafki). Erschließen des Stoffes heißt hier, sich das → Fundamentale und → Elementare des »Gegenstandes« zugänglich zu machen; diesem Aufbau der Prinzipienstruktur des »Stoffes« entspricht die Ausbildung von »Kategorien« auf der Seite des Subjekts. Durch diese Doppelbedeutung von Kategorie (Form des Erkennens/Verstehens und grundlegende inhaltl. Erkenntnis) wird der alte Gegensatz von formaler und materialer Bildung überwunden. Zusammenfassend kann Klafki daher sagen: »Bildung ist k. B. in dem Doppelsinn, daß sich dem Menschen eine Wirklichkeit ›kategorial‹ erschlossen hat und daß eben damit er selbst – dank der selbstvollzogenen »kategorialen« Einsichten, Erfahrungen, Erlebnisse – für diese Wirklichkeit erschlossen worden ist.« Damit wird sicher ein Grundmoment von → Bildung getroffen, es bleibt hier aber nach der Rolle des Sozialen und nach der Beziehung von Mündigkeit und Sachverständigkeit zu fragen. Auch das Problem von Selbst- und Fremdkonstitution bleibt in dieser Begriffsfassung unbestimmt. Diesen Fragen geht Klafki in neueren Arbeiten nach.

L.: W. Klafki: Das päd. Problem des Elementaren und die Theorie der k. B. 1959, [4]1964; ders.: Studien zur Bildungstheorie und Didaktik, 1963 u. ö.; ders.: Neue Studien zur Bildungstheorie u. Didaktik, 1985, [5]1996; B. Koch-Priewe, Subjektive didakt. Theorien von Lehrern, 1986; J. Ebert, K. B., 1986; K. H. Braun (Hg.), Neue Bildung – Neue Schule, 1987; W. Einsiedler, K. B. im Sachunterricht der Grundschule, 1992.

**kaufmännisches Bildungswesen** umfaßt die Gesamtheit schulischer, betriebl. und sonstiger Einrichtungen mit dem Ziel kfm. Bildung. Diese beinhaltet neben allgemeinbildenden und bürotechn. Fächern Betriebs-, Volkswirtschaft, Betriebliches Rechnungswesen, Recht, Wirtschaftsfremdsprachen etc. Anwendungsgebiete der kfm. Bildung sind: Handel, Industrie, Banken, Versicherungen, Verwaltung sowie eine Reihe weiterer Berufsfelder mit überwiegend kfm. → Fertigkeiten (z. B. Arzthelferin, Rechtsanwaltsgehilfen etc.).

Die Ursprünge des k. B. gehen in die Zeit des aufkommenden Fernhandels und Handwerks im → Mittelalter zurück. Kfm. Bildung wurde sowohl in Handelshäusern (insbes. der Norddt. Hanse) als auch in eigens gegründeten Stadt- und Ratsschulen sowie seit dem 13. Jh. entstandenen privaten »dt. Schreib- und Leseschulen« erteilt. Seit dem 16. Jh. wurde in den Schreib- und Rechenschulen Buchführung unterrichtet. Mit der Entfaltung der Wirtschaft und unter merkantilistischem Einfluß entstanden im 18. Jh. zahlreiche Handelslehranstalten (die bekanntesten in Hamburg und Wien). Im 19. und 20. Jh. erfuhr das k. B. eine enorme Ausweitung, wobei seine Integration in das allgemeinbildende Schulwesen – unter maßgeblichem Einfluß von → G. Kerschensteiner – erst zu Beginn des 20. Jh. erfolgte.

Das gegenwärtige k. B. gliedert sich a) in die betriebl. Ausbildungsstätten (2, meist 3 J.); b) das kfm. Schulwesen, bestehend aus → Berufsschulen mit → Berufsgrundschulj.; kfm. → Berufsfachschulen (den früheren Handels- und höheren Handelsschulen); kfm. → Berufsaufbauschulen; Wirtschaftsoberschulen (z. T. Oberhandelsschulen, Handelsaufbau-, Handelsrealschulen genannt); → Fachhochschulen für Wirtschaft (früher Handelshochschulen oder höhere Wirtschaftsfachschulen) sowie den wirtschaftl. Fakultäten der Univ. und Techn. Hochschulen; c) sonstige kfm. Bildungseinrichtungen, insbes. für die kfm. → Erwachsenenbildung (Kurse und Seminare werden angeboten von Industrie- und Handelskammern, Fachverbänden, Gewerkschaften, → Volkshochschulen etc.). → Duales System.

L.: R. Berke, Überblick über die Gesch. der kfm. Schulen, in: F. Blättner (Hg.), Hdb. für das Berufsschulwesen. 1960; W. Löbner (Hg.), Hdb. für das kfm. Schulwesen, 1963; Kontakte mit der Wirtschaftspäd., hg. v. J. Peege, 1967; Im Dienste der Wirtschaftspäd., hg. v. R. Berke, 1984; J. Paege, Die Berufsschule im dualen Sytem der Berufsbildung, 1988; J. H. Ross, Di-

**Karl der Große,** * 2. 4. (?) 742, † 28. 1. 814 Aachen; Schöpfer eines christl. germanischen Reiches nach dem Vorbild des röm. Imperiums und angeregt durch → Augustinus' »Gottesstaat.« Die karolingische Renaissance war eine Verschmelzung des antiken Erbes mit dem Christentum. An der Hofschule Karls d. Gr. (schola palatina) wurden die → artes liberales gepflegt und die germanische Grammatik gelehrt. Durch → Alkuin ließ Karl d. Gr. zahlreiche → Dom- und → Klosterschulen errichten und führte die relig. Unterweisung (durch die Pfarrer) ein.

L.: W. Wühr, Das abendländ. Bildungswesen im Mittelalter, 1950; J. Fleckenstein, Die Bildungsreform K.s d. Gr., 1953; E. Garin, Gesch. u. Dokumente der abendländ. Päd., Bd. 1, 1964; W. Edelstein, Eruditio und Sapientia, 1965; W. Braunfels (Hg.), K.s d. Gr. Lebenswerk und Nachleben, 4 Bde. 1965; A. Kalchhoff, K. d. Gr., Eine Biographie, 1990; E. W. Wies, K. d. Gr. – Kaiser u. Heiliger, 1992.

**Karsen,** Fritz, * 11. 11. 1885 Breslau, † 25. 8. 1951 Guayaquil (Ecuador); Gymnasiallehrer in Liegnitz, Magdeburg, Berlin; 1919 Mitbegründer des → Bundes entschiedener Schulreformer und dessen Sprecher auf der → Reichsschulkonferenz 1920; 1933 emigriert, päd. Berater und zeitweise Prof. in USA, Kolumbien, Ecuador; nach 1945 für die → Reeducation tätig. Periodisierte die dt. → Schulreform in die organisatorische der Höheren Schule vor 1900, die methodische der → Arbeitsschulbewegung u. → Ottos, die gesellschaftliche der → Landerziehungsheime und der → Waldorfschulen, schließlich die (noch zu leistende) revolutionäre als »Schule der werdenden Gesellschaft« (durch → Frauen-, → Jugend- und Arbeiterbewegung vorbereiteter Sozialismus).

Schr.: Die Schule der werdenden Gesells., 1921; Dt. Versuchsschulen der Gegenwart und ihre Probleme, 1923; (Hg.), Die neuen Schulen in Dt., 1924.
L.: A. Ehrentreich, F. K.s Schule der werdenden Gesells., in Päd. Odysee, 1967; G. Radde, F. K. – Ein Berliner Schulreformer der Weimarer Zeit, 1973 (m. Bibl.); A. Ehrentreich, 50 Jahre erlebte Schulreform, 1985; P. Lösche, Autonome Persönlichkeit und werdende Gesellschaft, 1986; G. Radde, Zur Geschichte der F.-K.-Schule, 1988; Chr. Uhlig, Der Bund entschiedener Schulreformer, 1990; S. P. Karsen, Bericht über den Vater, F. K., 1993; W. Keim, Die Wiederentdeckung F. K.s, in: Päd. und Schulalltag, 49 (1994); M. Knoll, Paradoxien der Projektpäd., in: Gesammelte Aufsätze zur Gesch. der Projektmethode, 1994; J. P. Eickhoff, F. K. – Ein Wegbereiter der modernen Erlebnispäd.?, 1997.

**Katechese** (griech. mündl. Unterweisung) bezeichnet im frühen Christentum das lebendige Wort der apostolischen Lehre, später allgemein relig. Erziehung, heute vor allem der Erwachsenen. Aus dem Katechumenat (Vorbereitung auf die Taufe) der ersten Jh. entwickelten sich bedeutende katechet. Schulen: Alexandria, Antiochia, Caesarea u. a. Clemens von Alexandrien verfaßte die erste Methodik (Paidagogos), → Augustinus schrieb die erste Didaktik der relig. (Volks)-Erziehung (De catechizandis rudibus). »Katechetisch« wird häufig eine Methode genannt, die mit Frage und Antwort arbeitet. Eine solche zielt auf Darbietung und Aneignung der Wahrheit, im Gegensatz zur sokratischen Methode (→ Sokrates), der Suche nach Wahrheit.

**Katechetik** (griech.: unterweisen, lehren). Die wiss. Lehre oder »handwerkliche« Weisung für die → Katechese.

**Katechismus,** kurzgefaßte, lehrhafte Darstellung der Glaubens- und Sittenlehre der christl. Kirchen zum Zweck der → Katechese, des → Religionsunterrichts, aber auch der eigenen Weiterbildung in Glaubensfragen. Neben der Bibel (oft nur als Auswahl »Biblischer Geschichten«) war der K. bis in die jüngste Zeit das Schulbuch für den Religionsunterricht.
K.n gab es vermutlich schon in christl. Frühzeit; die wichtigsten K.en im dt.sprachigen Raum: für die ev. Kirche der Große und der Kleine K. → Luthers (beide 1529) und ihre zahlreichen Neuauflagen und modernisierten Fassungen, der Heidelberger K. (1563) und der Zürcher K. (1609); für die kath. Kirche: der Römische K. (1566), der die Reformen des Konzils von Trient aufnahm (→ Gegenreformation), der K. des → Canisius (1554), der K. der Dt. Bischofskonferenz (1955) und seine Neufassung (1969), die die Ergebnisse des II. Vatikan. Konzils berücksichtigte. Große Beachtung fand der Holländische K. (1966; dt.: »Glaubensverkündigung für Erwachsene«), der die Aufbruchsbewegung der kath. Kirche nach dem Konzil widerspiegelt. Heftig umstritten ist der neue (1993) kathol. »Weltkatechismus«.

L.: J. Katz, Education in Canada, London, 1974; D. Dorotich (Hg.), Education and Canadian Multiculturalism, Saskatoon (Saskatchewan) 1981; J. H. M. Andrews, W. T. Rogers, Canadian research in education, Vancouver 1981; Conseil des Sciences du Canada, Les conseilles scientifiques canadiens, Ottawa 1984; L'enseignement au Canada 1981–83, Ottawa 1984; G. W. F. Orpwood, J.-P. Souque, L'enseignement des sciences dans les écoles canadiennes, 1984; W. Stephan, Das kanad. Bildungswesen, 1984; K. Windschuttle, Education in Canada, Canberra 1987; D. Lemke, Schule in K., in: Pädagogik 42 (1990) 5; P. Göllner, Das k. Schulsystem, in: Päd. Welt 45 (1991) 5; R. Manzer, Public schools and political ideas, Toronto 1994; T. T. Schweitzer, The state of education in Canada, Ottawa 1995; S. Davies, Globalization an educational reforms in Anglo-American democracies, in: Comp. Educ. Rev. 41 (1997) 4.

**Kanalinseln** → Vereinigtes Königreich.

**Kandel,** Isaac Leon * 22. 1. 1881 Botoşhani (Rumänien), † 14. 6. 1965 Genf; studierte in Manchester, New York u. Jena (bei → W. Rein) und lehrte ab 1913 am Teachers College der Columbia University. Gehört zu den Pionieren der →Vergleichenden Erziehungswiss. und trat in den USA als scharfer Kritiker der → Progressive Education hervor.

Schr.: History of Secondary Education, Boston 1930; Comparative Education, Boston 1933 u. ö.; Conflicting Theories of Education, New York 1938; American Education in the 20th Century, Cambridge (Mass.) 1957.

**Kant,** Immanuel, * 22. 4. 1724 Königsberg, † 12. 2. 1804 ebd., studierte Theol. und Philos. 1746–55 Hauslehrer, 1755 Priv. Dozent und Univ.sbibliothekar, ab 1770 Prof. für Logik und Metaphysik in Königsberg. Als Begründer der → Transzendentalphilos. fragte K. nach dem Grund der Möglichkeit von menschl. Erkenntnis überhaupt (Kritik der reinen Vernunft, 1781); unsere Verstandesbegriffe gelten nur im Bereich möglicher Erfahrungen, dagegen sind Ideen und Ideale Implikate des Vernunftsbereichs und qua Gegenstände des Glaubens Ziele und Postulate des praktischen Handelns. Dessen Bestimmung liegt allein in der Vernunft (Kritik der prakt. Vernunft, 1788), woraus K. als Inbegriff der Gesetze sittlichen Handelns den kategorischen Imperativ formulierte: »Handle so, daß die Maxime deines Willens jederzeit zugleich als Prinzip einer allg. Gesetzgebung gelten könne«. In seiner Vorlesung »Über Päd.« (hg. v. seinem Schüler Rink 1803, neu hg. v. Th. Dietrich 1960) forderte K., daß die Begründung der Päd. auf der Erfahrung überschritten und sie auf einen idealischen Begriff der Erziehung als der Entfaltung aller Naturanlagen des Menschen systematisch zu einer »ausgebildeten Kunst« ausgebaut werden müsse. In der Erziehung kommt gegenüber Disziplinierung, Kultivierung und Zivilisierung der Moralisierung der Primat zu, und diese kann, will sie die sittl. Freiheit des »autonomen« Zöglings aktuieren, nicht vorschreibend und von außen bestimmend, sondern nur erweckend und gewährend sein.

Der → Neukantianismus (P. → Natorp, R. → Hönigswald, A. → Petzelt, M. → Heitger u. a.) griff nicht auf K.s Gedanken zur Päd., sondern auf seine theoret. und prakt. Philos. insgesamt zurück und bemühte sich um eine strikte Klärung des Begriffs der Päd. und um die Begründung einer → normativen Päd.

Weitere Hauptwerke: Grundlegung zur Metaphysik der Sitten (1785); Kritik der Urteilskraft (1790); Die Metaphysik der Sitten (1797); Kants gesammelte Schriften, hg. v. d. Kgl. Akademie d. Wiss., 22 Bde., 1900–42.

L.: A. Messer, K. als Erzieher, 1924; H. Holstein, Die Grundstruktur der Bildung bei K., Herbart und Fröbel (Diss. Köln), 1954; Th. Ballauff, Vernünftiger Wille und gläubige Liebe, 1957; H. Hornstein, Bildsamkeit und Freiheit, 1959; H. Blankertz, Der Begriff der Päd. im Neukantianismus, 1959; M. Heitger (Hg.), Päd. Grundprobleme in transzendentalkritischer Sicht, 1969; W. Ritzel, Die Vielheit der päd. Theorien und der Einheit der Päd., 1968; L. Koch, K. und das Problem der Erz., in: Vjschr. f. wiss. Päd. 49 (1973); A. Niethammer, K.s Vorlesung über Päd., 1980; W. J. Strauß, All. Päd. als transzendentale Logik der Erziehungswiss., 1982; Th. Winkels, K.s Forderung nach Konstitution einer Erziehungswiss., 1984; J. E. Pleines (Hg.), K. u. d. Päd. 1985; W. Ritzel, K., eine Biographie, 1985; A. Wellmer, Ethik und Dialog. 1986; T. Nisters, K.s kategorischer Imperativ als Leitfaden humaner Praxis, 1989; E. Hufnagel, Der Wissenschaftscharakter der Pädagogik, 1990; H. Köhl, K.s Gesinnungsethik, 1990; P. Vogel, Kausalität u. Freiheit in der Pädagogik, 1990; G. Schulte, K., 1991; U. Sassenbach, Der Begriff des Politischen bei I. K., 1992; M. Forschner, Über das Glück des Menschen, 1993; R. Engel, K.s Lehre vom Ding an sich und ihre erziehungs- und bildungstheor. Bedeutung (Diss. Münster), 1996; R. W. Henke, K.s Konzept von moralischer Erz. im Brennpunkt gegenwärtiger Diskussionen, in: Päd. Rdsch. 51 (1997) H. 1; P. Kauder, W. Fischer, I. K. über Päd., 1999.

# K

**Kadettenanstalten.** Militärische Internate und Eliteschulen zur Ausbildung und Sicherung des Offiziersnachwuchses, bestanden seit dem 17. Jh. in ganz Europa. Im Preußen des 19. Jh.s wurde aus den ›militärischen Pflanzschulen‹ ein ausgeklügeltes Bildungssystem zur Selektion des militär. Nachwuchses aufgebaut. Der Lehrplan betonte vor allem militärische Übungen (Exerzieren, Reiten, Fechten, ›Kriegsbaukunst‹, Tanzen), später auch allgemeinbildende Fächer. In Dtl. wurden die die K. 1919 aufgelöst oder in zivile Bildungsanstalten umgewandelt.

L.: J. K. Zabel, Das preuß. Kadettenchor, 1978; H. J. Markmann, Kadetten. Militär. Jugenderziehung in Preußen, 1983.

**Kalokagathia** → Paideia.

**Kameradschaft** (von ital.: *camerata* = Stubengemeinschaft). Dieser aus den Kriegsverhältnissen der ital. Söldner im 16. Jh. stammende und im Deutschen seit dem 30jähr. Krieg üblich gewordene Begriff bezeichnet im Unterschied zur → Freundschaft, die auf individueller Zuneigung beruht, ein Verhältnis zwischen zwei oder mehreren Personen, die sich durch die Gemeinsamkeit der äußeren Situation (z. B. gemeinsamer Besuch der gleichen Schule bzw. Schulklasse) verbunden fühlen und diese Zusammengehörigkeit gegenüber Außenstehenden bewähren. Als Unkameradschaftlichkeit erscheint jeder Verstoß gegen die (meist wortlos und ungefragt) als verbindlich angesehene genossenschaftliche Ordnung der Gruppe bzw. der »Kameraden«.

**Kanada.** Mit seinen zwei maßgebl. kulturellen Traditionen (Engl. bzw. Frankr.) hatte K. als föderalistischer Staat nie eine nationale Bildungspolitik. Die alleinige und ausschließliche Zuständigkeit im Bildungswesen liegt seit 1867 bei den zehn Provinzen; die Bundesregierung hat bis heute nur begrenzte Aufgaben in Fragen von überprovinzialer Bedeutung (Zuteilung des Bildungsetats, Schulfernsehen, Forschungsvorhaben usw.). Trotzdem ist der allg. Bildungsgang heute in allen Provinzen annähernd gleich, außer in Quebec und Neufundland, wo röm.-kath.- frz.sprachige und protestantisch-englischsprachige Schulsysteme nebeneinander bestehen. Außer in Quebec gibt es in K. wenige Privatschulen (etwa 2%). Schulpflicht besteht vom 6. bzw. 7. Lj. bis zum 15. bzw. 16 Lj. Den Elementarschulen gehen 1 bis 2j. Kindergärten für die 4- und 5j. voraus. Auf die 8j. Elementarschulen (*Public* oder *Elementary Schools*) für die 6 bis 14j. bauen 4- bzw. 5j. höhere Schulen (*High Schools*) auf, die von fast 90% der 14j. besucht werden. Während das traditionelle höhere Schulwesen vorrangig eine akadem. Bildung vermittelte und zum Univ.sstudium vorbereitete, wurde in den vergangenen 20 J. die berufl. Bildung nach deutschem Vorbild (→ Duales System) ausgebaut. So existieren neben den allg.bild. zahlreiche kaufmänn., rechn., hauswirtschaftl., landwirtschaftl. u. a. Sekundarschulen. Großer Wert wird auf Kunst, Musik und körperl. Erziehung gelegt. Wachsendes Interesse gilt den weniger Begabten sowie den körperl. und geistig Behinderten. Die Schulbildung der Indianerkinder untersteht der Bundesregierung (»Indian and Northern Affairs Department«). Hochschulbildung vermitteln nach 11–13j. Schulbesuch die Univ.n, allgemein- und berufsbild. Colleges sowie techn., landwirtschaftl. u. a. Institutionen des tertiären Sektors. In Quebec ist der Besuch eines Colleges Voraussetzung für die Univ. Das k. Hochschulwesen ist im wesentlichen aus konfessionellen Institutionen (Victoria College; St. Michaels College 1890; Trinity College, 1904) hervorgegangen. Während der letzten 25 J. ist die Zahl der Hochschulen stark angestiegen. Es gibt heute (1999) 63 Univ.; außerdem sind 23 theol. Seminare berechtigt, akad. Grade zu verleihen.

Die Ausbildung der Primarschullehrer verlangt nach dem Gymnasium den mindestens 1j. Besuch einer erziehungswiss. Fakultät bzw. eines Lehrercollege. Sekundarschullehrer benötigen einen Univ.sabschluß und ein zusätzliches Jahr in einem Lehrercollege. Die Erwachsenenbildung gehört dem Sekundar- und Hochschulbereich zu, wird aber auch von zahlreichen öffentl. und privaten Organisationen in Form von berufl. und freizeitl. Kursen angeboten.

wurde, zunächst unter sowjet. Einfluß, an das Bildungssystem vor dem Kriege angeknüpft. Die Verfassung von 1946 bestimmte die Unentgeltlichkeit des Grundschulunterrichts, die Trennung von Kirche und Schule, das Recht der nationalen Minderheiten auf ihre eigene Sprache und Kultur. In den 50er J.n öffnete sich die Päd. J.s nach Westen, ohne das sowjet. Vorbild (z. B. Einführung der → polytechn. Bildung) aufzugeben. Das Schulgesetz von 1958 schuf trotz kultureller Dezentralisierung die 8j. obligator. → Einheitsschule. Die 60er Jahre brachten eine lebhafte Diskussion innerhalb der Erziehungswiss. (bes. Verhältnis von Politik u. Päd., Theorie und Praxis) und führten zum Konzept eines Schulwesens auf Selbstverwaltungsbasis. Die 70er Jahre standen unter dem Leitthema einer »permanenten Bildung aus dem Arbeitsprozeß heraus« und rückten die Ausbildung der Arbeiterjugend, die → Chancengleichheit, die »Qualifizierung der Kinder und Jugendl. für das Leben« in den Vordergrund. Eine vollständige Bildungsreform (Anpassung des Erziehungssystems an das soziopolit. System, Innovation der Curricula, Straffung der Organisation etc.) wurde auf dem X. Parteitag 1974 eingeleitet.

Das Bundesgesetz über die Univ.n von 1954 (universitäre Selbstverwaltung; Abbau der Rechte des Staates) brachte eine Entsowjetisierung und führte zum quantitativen Ausbau des Hochschulwesens einschl. von Studienreformen (3-Stufen-System an den Fakultäten). Die bildungspolitischen Maßnahmen vor dem Auseinanderbrechen der ›Sozialistischen Föderativen Rep. J.‹ (1991/92) und dem anschließenden Bürgerkrieg waren auf die fortschreitende Entstaatlichung, Demokratisierung und Dezentralisierung des gesamten Bildungsbereichs, insbesondere des Hochschulwesens gerichtet.

L.: U. Bach, Bildungspolitik in J. von 1945–75, 1977 (m. Bibl.); J. Köhler, Der Hochschulbereich in J., 1978; OECD (Hg.), Yugoslavia, 1981; E. M. Bon-Rudin, Reforming secondary school in Yugoslavia, Ann Arbor/Mich. 1986; Yugoslav Commission for UNESCO, Development of education in the SFR of Yugoslavia 1984–86, Belgrad 1986; N. N. Soljan. Hochschulpolitik in J., in: Bildung und Erziehung 44 (1991) 2.

**Jung,** Carl Gustav, * 26. 7. 1875 Kesswil (Thurgau), † 6. 6. 1961 Küßnacht; Studium der Medizin, bes. Psychiatrie, 1902 Dr. med., 1905 Habil., bis 1913 enge Zusammenarbeit mit → S. Freud, liefert die empir. Basis für dessen Verdrängungslehre. Im Gegensatz zu Freuds naturwiss. fundierter Konzeption entwickelte J. jedoch eine philos. relig. Deutung menschl. Erlebens und Verhaltens und erarbeitete auf der Erfahrungsgrundlage seiner Privatpraxis und ethnologischer Studien seine analytische oder komplexe Psychologie.

J. unterscheidet das Persönliche Unbewußte (P. Ubw.) und das Kollektive Unbewußte (K. Ubw.); das P. Ubw. umfaßt die in der persönl. Lebensgeschichte erfahrenen und verdrängten Inhalte (vgl. Freud), die als solche archaisiert und auf primitivem Niveau erhalten bleiben, jedoch prinzipiell bewußtseinsfähig sind. Als gehemmte Erlebnismöglichkeiten bestimmen sie die Komplexe eines Menschen. Während das P. Ubw. viele Fehlentwicklungen beinhaltet, bildet das K. Ubw. den gesunden Nährboden der menschl. Entwicklung; es ist der tiefste, bewußtseinsfernste Speicher der gesamten menschl. Erfahrung, welche in bildhaften Symbolen, den Archetypen (»zuerst geprägt«, Urbild), in jedem Individuum verankert und mit der Erbmasse tradiert wird. Einige wichtige Archetypen sind nach J. z. B. Bilder des Männl. bzw. des Weibl. (Animus-Anima), des Selbst, der Großen Mutter oder des Alten Weisen. Die analytische Psychologie J.s zielt weniger auf therapeut. und päd. Arbeit, sie will vielmehr Hilfe bei der Selbstwerdung des Menschen in der 2. Lebenshälfte sein (→ Erwachsenenbildung, → Altenbildung, Lebensalter).

Schr.: Ges. Werke, 1971 ff.
L.: J. Jacobi, Die Psychologie von C. G. J., 1940, ⁵1984; M. Fordham, Das Kind als Individuum, dt. 1974; G. Hannah, C. G. J. Sein Leben und Werk, 1976; K. Schmid-Loosli, C. G. J. und die Erziehung, 1983; G. Wehr, C. G. J.s Leben, Werk, Wirkung, 1985; W. Winkler, Individuation und Andragogik, C. G. J.s Denken als Grundlage ganzheitlicher Erwachsenen-Bildung, 1989; C. Wilson, Herr der Unterwelt, C. G. J. und das 20. Jahrhundert, 1990; R. Schmude, Der Weg zur Individualität, Erziehungsziele und Erziehungsmethoden in der analytischen Psychologie C. G. J.s., 1991; G. Wehr, C. G. J., 1991; M. Bürgy, J. P. Sartre versus C. G. J., 1996; G. Bittner, Metaphern des Unbewußten, 1998.

**Jugendwohlfahrt**

Der J. soll nach den Bestimmungen des Jugendgerichtsgesetzes (JGG) erstens den Delinquenten durch Ordnung, Arbeit, Unterricht, Leibesübungen und sinnvolle Freizeitbeschäftigung zu einem künftig rechtschaffenen und verantwortungsbewußten Lebenswandel erziehen, zweitens die berufl. Leistungen des Verurteilten fördern und seine seelsorgerische Betreuung gewährleisten. Rudimentäre gesetzliche Grundlagen (auch über die Untersuchungshaft) finden sich im Jugendgerichtsgesetz (§§ 91) und in wenigen Bestimmungen des Strafvollzugsgesetzes (Versicherungsschutz). Die J.kommission hat im Jahr 1993 den Entwurf eines J.gesetzes vorgelegt, dessen Beratung auch 1999 noch aussteht.

Obwohl schon Cesare Beccaria (Über Verbrechen und Strafen, 1764) anstelle des Sühnegedankens und der Bestrafung eine Verbrechensvorbeugung durch Erziehung forderte und J. H. → Pestalozzi die Schuld des straffällig Gewordenen mehr im »Staatsgebrechen« als in dessen Tat sah, wurden noch bis ins 19. Jh. Kinder, Jugendl. und Erwachsene strafrechtl. gleich behandelt. 1826 befaßte sich erstmals eine preuß. Ministerialverfügung mit der päd. Betreuung straffällig gewordener und verwahrloster Jugendlicher. Mitte des 19. Jh.s kämpfte dann J. H. → Wichern für einen eigenen J. Um die Jh.wende sah der Strafrechtslehrer Franz von Liszt den Zweck der Strafe nicht mehr in der Vergeltung, sondern in Abschreckung und Besserung; gleichzeitig entstand innerhalb der → Reformpäd. die Jugendgerichtsbewegung. 1912 wurde das erste dt. Jugendgefängnis in Wittlich eröffnet. Im Reichsjugendgerichtsgesetz (RJGG) von 1923 wurde der Erziehung Vorrang vor der Vergeltungsstrafe gegeben. Das JGG von 1943 teilte die Rechtsfolgen der Straftat in Erziehungsmaßnahmen, Zuchtmittel und Jugendstrafe ein und hob dabei wieder den repressiven Charakter der Jugendstrafe als Kriminalstrafe hervor. Das derzeit geltende JGG versucht, den Erziehungs- mit dem Schuldgedanken zu verbinden; das führt zu einem J., der mehr vom Strafcharakter qua Vergeltung geprägt wird, das dem Erziehungsziel eines kritikfähigen, verantwortungsbereiten und freien jungen Menschen entgegensteht. Unbeschadet der Intention von Schutz und Förderung ist die Erziehung im Rahmen des J.s in der Gefahr, Repression und soziale Ungleichheit noch zu bestärken. Die Praxis des gegenwärtigen J.s zielt mehr auf Bestrafung, repressive Disziplinierung überwiegt noch oft die erzieherischen Maßnahmen, und das erzieherische Personal hat zu oft nur beratende Aufgaben. Seit 1978 werden Alternativen zum J. diskutiert. Während des 24. Dt.n Jugendgerichtstages 1998 wurden neue Möglichkeiten des Umgangs mit straffälligen Jugendlichen diskutiert (stationär: Heime, Jugendpsychiatrie, Alternativen zur U-Haft; ambulant: Familienhilfe, Streetwork, Erlebnispädagogik).

L.: G. Deimling, Theorie u. Praxis des J.s in päd. Sicht, 1969; B. Simonsohn (Hg.), Jugendkriminalität, Strafjustiz und Sozialpäd., 1969, [5]1975; G. Kaiser u. a., Strafvollzug, 1974; H. Ch. Dechêne, Verwahrlosung und Delinquenz, 1975; Th. Hofmann, Jugend und Gefängnis, 1975; A. Böhm, Einführung in das Jugendstrafrecht, 1977, [2]1985; S. Kosubek, Praxis der Straffälligenhilfe, 1978; H. Wollenweber (Hg.), Kinderdelinquenz und Jugendkriminalität, 1979; P. A. Albrecht, H. Schüler-Springorum (Hg.), Jugendstrafe an Vierzehn- und Fünfzehnjährigen, 1983; H. Cornel, Geschichte des J. Ein Plädoyer für seine Abschaffung, 1984; J. Baumann, Entwurf eines Jugendstrafvollzugsgesetzes, 1985; W. Nikolai, Sozialpädagogik im Jugendstrafvollzug, 1985; M. Salman (Hg.), Soziale Arbeit mit Straffälligen, 1986; J.: Reform notwendig, 1986; P. A. Albrecht, Jugendstrafrecht, 1987; G. Bulczak u. a. (Hg.), J.gesetz: Entwurf, 1988; G. Eitzmann, Die Bedeutung der Freiheitsstrafe für die Erziehung junger Rechtsbrecher, 1988; B. Maelicke, Ambulante Alternativen zum Jugendarrest und J., 1988; E. Rast, Arbeit als Alternative im J., 1989; W. Bruns, Theorie und Praxis des Wohngruppenvollzugs, 1989; F. Dünkel, Freiheitsentzug für junge Rechtsbrecher, 1990; Chr. Dörner, Erziehung durch Strafe, 1991; R. Reindl, Offener J. als Sozialisationsorganisation, 1991; E. Schlüchter, Plädoyer für den Erziehungsgedanken, 1994; U. Eisenberg, Jugendgerichtsgesetz, [6]1995; H. Ostendorf, Jugendgerichtsgesetz, [4]1997.

**Jugendwohlfahrt** → Jugendhilfe.

**Jugoslawien.** Der ehem. Vielvölkerstaat war in seinen Anfängen durch eine heterogene bildungspolit. und schulische Entwicklung gekennzeichnet. Diese zeigte sich z. B. an sehr unterschiedl. Analphabetenquoten (1931: 5,5% in Slowenien, 70% in Bosnien-Herzegowina). Vorherrschender Schultyp war die Vierjahresschule, obwohl seit 1928 gesetzlich die 8j. Schulpflicht bestand. Nach 1945

chosexueller Entwicklung zurückzuführen ist; das sozialisationstheoretische Modell, das unterschiedl. Formen und Ausmaße der Kriminalität durch schichtenspezifisch verschiedene Sozialisationsprozesse erklärt; das sozialstrukturelle Modell, das die Ursache der Kriminalität in den sozialen Erscheinungen der modernen Industriegesellschaft sieht, die zum pathologischen und anomischen Zustand der Sozialstruktur, d. h. zu sozialer Orientierungslosigkeit führen können und → abweichendes Verhalten bedingen; das interaktionistische Modell, das Kriminalität als Interaktionsprozeß zw. Individuum und Gesellschaft versteht, wobei kriminelles Verhalten durch Instanzen sozialer Kontrolle entdeckt, zugeschrieben und damit stigmatisiert und verfestigt wird (→ labeling approach); das marxistische Modell, das Kriminalität als Protest des Proletariats gegen die bürgerl. Gesellschaft begreift; das sozialpsychologische Modell, das die Funktion der Kriminalität für die Wert-, Moral- und Ordnungsnormen der jew. Gesellschaft untersucht. → Kriminalpädagogik.

L.: F. Sack und R. König (Hg.), Kriminalsoziologie, 1968; B. Simonsohn (Hg.), J., Strafjustiz und Sozialpäd., 1969, ⁵1975; J. Kaiser, Jugenddelinquenz in rollentheoret. Sicht, 1970; T. Moser, J. und Gesellschaftsstruktur, 1971; W. Springer, Kriminalitätstheorien und ihr Relativitätsgehalt, 1974; L. Pongratz u. a., Kinderdelinquenz, 1975; R. Bohnsack, Handlungskompetenz und J., 1979; G. Nothacker, Das sozialisationstheoretische Konzept des Jugendkriminalrechts der Bundesrepublik Deutschland, 1986; P. A. Albrecht, O. Backes (Hg.), Crime prevention and intervention: legal and ethical problems, Berlin, New York, 1988; J. Wolff (Hg.), Erziehung und Strafe, 1990; F. Braun, F. Coffield u. a., Jugendarbeitslosigkeit, J. und städtische Lebensräume, 1990; R. Balloff, Kinder vor Gericht, 1992; W. Heinz, Diversion im Jugendstrafrechtverfahren in der Bundesrepublik Deutschland, 1992; B. Koengeter (Bearb.), J., (Bibl.), 1994. M. Walter, J. Eine systematische Darstellung, 1995.

**Jugendliteratur** → Kinder- und Jugendliteratur.

**Jugendschriftenbewegung** bezeichnete eine bereits im vorigen Jh. entstandene Gruppierung von krit. Rezensenten der zeitgenöss. → Kinder- u. Jugendlit., von der ein nachhaltiger Einfluß auch auf → Deutschunterricht, Literaturwiss. und -didaktik ausging, vor allem durch die 1893 gegr. Zs. »Jugendschriften-Warte«. Als »Vater« der J. gilt der Hamburger Lehrer Heinrich Wolgast (1860–1920) mit seinem entschiedenen Eintreten für die künstler. Kinder- und Jugendlit. und gegen ihre herkömmliche Tendenz zum Moralisieren u. Belehren. Clara Zetkin (1857–1933) u. a. gaben der J. eine sozialdemokrat.-reformerische Ausrichtung. Die J. wurde 1935 von der Hauptamtsleitung des nationalsozialist. Lehrerbundes übernommen.

Schr.: H. Wolgast, Das Elend unserer Jugendlit., 1896, ⁷1950; W. Fronemann, Das Erbe Wolgasts, 1927; D. Richter, Das polit. Kinderbuch, 1973.

**Jugendschule,** eine Vollzeitschule, die den aufkommenden → Interessen, den erweiterten Lernmöglichkeiten und dem gewandelten Selbstverständnis der Jugendlichen gerecht zu werden versucht. Der Begriff wurde zunächst unter Berücksichtigung der Erfahrungen der → Jugendbewegung geprägt (→ Nohl, → Blättner) und auf die Oberklassen der → Gymnasien bezogen. Mit den differenzierten Ergebnissen der Jugendforschung nach 1945 bezog man auch den Volksschulbereich mit ein, wobei der Wandel der Volksschuloberstufe zur → Hauptschule auch als Wandel von der Kinderschule zur J. gedeutet wurde (→ Roth). Heute deckt sich der Begriff J. mit dem der → Sekundarstufe der Bildungsorganisation. Die Jugendlichen sollen über die → Pubertät hinaus durch ein differenziertes Bildungsangebot in Verbindung mit entsprechenden Arbeitsformen gemäß ihren individuellen Fähigkeiten, Interessen und Neigungen gefördert werden.

L.: H. Roth, Idee und Gestalt einer J. im techn. Zeitalter, in: Die Dt. Schule 53 (1961); M. J. Langeveld, Kindheit, Wachstum, Erziehung, Schule, und die Frage nach ihrem Sinn, in: S. Baratto, W. Böhm (Hg.), Filosofia e Pedagogia oggi, Padua 1985, S. 433–446.

**Jugendstrafvollzug** ist die ausführende Maßnahme im Sanktionierungssystem gegenüber Jugendl. oder Heranwachsenden, die eine Verfehlung begangen haben, welche nach allg. Vorschriften mit Strafe bedroht ist und daher mit Jugendstrafe geahndet und durch Freiheitsentzug in einer Jugendstrafanstalt vollzogen wird (Mindestmaß der Jugendstrafe 6 Monate; Höchstmaß 5 J. bei Verbrechen, für die nach allg. Strafrecht eine Freiheitsstrafe von mehr als 10 J. angedroht wird, 10 J.).

liche Umwelt zu erhalten oder zu schaffen.« (§ 1 Abs. 3 Nr. 4 KJHG) Ausgehend von der Prämisse, daß »jeder junge Mensch ... ein Recht auf Förderung seiner Entwicklung und auf Erziehung zu einer eigenverantwortlichen gemeinschaftsfähigen Persönlichkeit« (§ 1 Abs. 1 KJHG) hat, bietet das KJHG auf freiwilliger Basis unterstützende und fördernde Maßnahmen als Hilfe zur Erziehung an. Das differenzierte Leistungsangebot umfaßt die Jugend- und Jugendsozialarbeit, den erzieherischen Kinder- und Jugendschutz, die Förderung der Erziehung in der Familie, die Förderung von Kindern in Tageseinrichtungen (z.B. hat ab dem 1. 1. 1996 jedes Kind vom vollendeten dritten Lebensjahr an einen Rechtsanspruch auf einen Kindergartenplatz) und in der Tagespflege sowie ein breites Spektrum individueller Erziehungshilfen. Ist eine dem Wohle des Kindes und Jugendlichen entsprechende Erziehung nicht gewährleistet und ist Hilfe für die Entwicklung notwendig, werden ambulante und teilstationäre Maßnahmen, intensive Einzelbetreuung bevorzugt vor den klassischen stationären Maßnahmen (→ Fürsorgeerziehung, → Heimerziehung) angeboten, um den Kindern und Jugendlichen ein Aufwachsen in ihrem eigenen sozialen Umfeld zu ermöglichen und einem sozialen Außenseitertum entgegenzuwirken. Damit zeigt sich der grundsätzlich präventive Charakter des KJHGes und die Betonung der Selbstverantwortung und Mitarbeit junger Menschen als integraler Bestandteil der Hilfsangebote.

L.: Ch. Hasenclever, J. und Jugendgesetzgebung seit 1900, 1978; D. Greese u.a. (Hg.), J. – Historischer Rückblick und neuere Entwicklungen, 1990; Deutsches Jugendinstitut (Hg.) Bibliographie J. 1991, 1991; K. Mollenhauer, Einf. i. d. Sozialpäd., 1991; M. R. Textor (Hg.), Praxis der Kinder- und Jugendhilfe, 1992; E. Jordan, D. Sengling, J., 1994; R. Gawlik u. a., J. u. soz. Wandel, 1995; G. Flösser, H. U. Otto (Hg.), Neue Steuerungsmodelle für die J., 1996; J. Münder, Einf. in das Kinder- und J.recht, 1996; D. Menzel, W. Ziegler, J.recht, 1997; M. Seckinger u. a., Situation und Perspektiven der J., 1998; H. Happe u. a. (Hg.), Kinder und J.gesetz. Texte jugendrechtl. Vorschr., 1998; W. Schellhorn, J.recht, 1998; P. Ch. Kunkel, J., 1998; R. Beinroth, Familie und J., 1998.

**Jugendkriminalität** bezeichnet auffällig gewordene Abweichungen und Verfehlungen junger Menschen, die nach allg. Vorschriften unserer Gesellschaft mit Strafe bedroht sind. Obwohl nach Bestimmungen des Jugendgerichtsgesetzes (JGG) die Strafmündigkeit erst bei 14 J. beginnt, wird Fehlverhalten von Kindern in der polizeilichen Kriminalstatistik als Straftatbestand erfaßt und ebenso wie das von Heranwachsenden unter J. subsumiert.

In Anlehnung an den angelsächs. Sprachgebrauch wird J. oft durch Jugenddelinquenz ersetzt. Dadurch wird zum Ausdruck gebracht, daß → abweichendes Verhalten junger Menschen nicht als kriminelle Handlung zu verstehen ist, sondern im Zusammenhang mit deren Gefährdung und spezifischen gesellschaftl. Situation (Sozialisationsschwierigkeiten, Generationskonflikte, Status- und Plazierungsunsicherheiten und Probleme bei der Lösung von Familie und Schule zu Beruf und Eigenständigkeit usf.) gesehen werden muß; gleichzeitig wird angestrebt, Verstöße gegen Strafbestimmungen ebenso wie Erscheinungen von → Verwahrlosung als bes. Form eines Erziehungsnotstandes zu betrachten und die bislang uneindeutige Trennung von Verwahrlosung und schädlicher Neigung (vgl. JGG) mit ihren unterschiedl. Konsequenzen zu überwinden. Eine vor kurzem erschienene umfassende Datenanalyse relativierte frühere alarmierende Berichte über den sprunghaften Anstieg der J. in den letzten Jahren und reduzierte die spektakulär hohe J.sziffer durch differenzierte und kontextgebundene Berechnungen, Hintergrundinformationen (Alter und Geschlecht, Deliktgruppen, Bagatelldelinquenz, Zeitraum, Kriminalitätsbelastungsziffer, regionale Besonderheiten, Schul- und Berufsausbildung, Arbeitslosigkeit usf.) und entsprechende Interpretationen auf eine unspektakulär niedrige Dimension, ebenso wie sie aufzeigte, daß Diebstahl ohne und unter erschwerenden Umständen an der Spitze der Verfehlungen junger Menschen liegt, während Tötungsdelikte mit ca. 0,15% der gesamten J. an letzter Stelle rangieren.

Zur Erklärung der J. stehen mehrere Theorieansätze und Erklärungsmodelle nebeneinander. Zu den neueren Ansätzen gehören u. a. das psychoanalytische Modell, das Kriminalität als Ergebnis einer neurotischen und pathologischen Charakterorganisation versteht, die bes. auf Prozesse der Identifikation und Gewissensbildung in frühkindl. Phasen psy-

freieres Verhältnis der Geschlechter (→ Koedukation), der Glaube an berufene Führer und eine relativ unpolit. Abkehr von Staat und Gesellschaft. Päd. wirksam wurden vor allem die Idee der Selbsterziehung der Jugend (päd. Insel) und die Betonung des Gemeinschafts- und Gruppengedankens. Diese drangen in die Organisation der Schule ein (→ Schulgemeinde, → Schulleben, → Heimschulen, → Landerziehungsheime), führten zu einem vertiefteren Verständnis der → Schulklasse als sozialer → Gruppe (→ Schülermitverantwortung), sie beeinflußten die → Lehrerbildung (Lehrer weniger als Fachwissenschaftler denn als Partner und Führer, als Persönlichkeit), sie betonten stärker die musischen Fächer und akzentuierten am Unterricht insgesamt mehr das Erlebnis (→ Erlebnispäd.) als die rationalzuchtvolle Arbeit. Entscheidende Impulse gab die J. der → Sozialpäd. (neues Verständnis als Pädagogik der schwierigen Fälle, als Erziehung gescheiterter Jugendlicher, als Rehabilitation etc.), der Jugendgesetzgebung (1922 Reichswohlfahrtsgesetz, 1923 Jugendgerichtsgesetz) und der → Erwachsenenbildung (neue Volksbildung, Gemeinschaftsbildung, Volkshochschulen). → Studentenbewegung.

L.: G. Wyneken, Die neue Jugend, 1919; W. Stählin, Fieber und Heil in der J., 1924; H. Blüher, Wandervogel, 1928; W. Helwig, Die blaue Blume des Wandervogels, 1960; W. Z. Laqueur, Die dt. J., 1962; W. Kindt (Hg.), Grundschr. der dt. Jugend, 1963; H. Pross, Jugend, Eros, Politik, 1963; K. Seidelmann, Die dt. J., 1966; F. Borinski, W. Milch, J. Die Gesch. der dt. Jugend 1896–1933, 1967, ²1982; Dt. J. in Europa, hg. v. P. Nasarski, 1967; W. Kindt, (Hg.), Die dt. J., 1974; U. Schmidt (Hg.), J., Dokumente ev. Jugendbünde, 1975; H. Glaser, A. Silenius (Hg.), Jugend im Dritten Reich, 1975; W. Mogge (Bearb.), Jb. des Archivs der dt. J., 1976 ff.; W. Laqueur, Die dt. J., 1978; Ch. Lütkens, Die dt. J., 1985; W. Mogge (Hg.), Bilder aus dem Wandervogelleben, 1985, Neuaufl. 1991; S. Bias-Engels, Zwischen Wandervogel u. Wissenschaft, 1988; J. H. Knoll, J., 1988; B. Schneider, Daten zur Gesch. der J. 1890–1945, 1990; R. Raasch, Dt. J. 1900–1933 u. westdt. Schuljugend um 1980, 1991; R. Preuss, Verlorene Söhne des Bürgertums, 1991; G. Kaufmann, J. im 20. Jahrhundert, 1997; D. Kerbs, J. Releucke (Hg.), Hdb. der dt. Reformbewegungen 1880–1933, 1998.

**Jugenddorf** → Kinderdörfer.

**Jugendhilfe.** Hist. Vorläufer der J. sind die seit dem Mittelalter allmählich aufkommende Waisenfürsorge und das im Zuge der → Reformation sich herausbildende Fürsorgewesen der Handwerkszünfte und Kaufmannsgilden. Erst im 18. und 19. Jh. führte die Gründung caritativer Stiftungen durch einzelne Persönlichkeiten zur Verbreitung päd. und fürsorgl. Ideen in der Kinder- und Jugendfürsorge (→ Francke, → Pestalozzi, J. Falk, → Fröbel, → Wichern, → Kolping). Um die Jh.-wende und vor allem nach 1918 verstärkten sich die Bemühungen um den Ausbau der Jugendwohlfahrt und die Konzentration ihrer Aufgaben im → Jugendamt (Reichsjugendwohlfahrtsgesetz 1922). Im → Nationalsozialismus waren rassische und polit. Gesichtspunkte sowie »Leistung für die Volksgemeinschaft« Kriterien für individuelle Förderung und Hilfe.

Die öffentl. und private J. wurde nach 1945 von einem veränderten Verständnis aus und in Integration von sozialpäd. Theorie und Praxis wieder aufgebaut.

Zunächst wurden die Maßnahmen der J. und ihre allgemeinen Richtlinien im JWG (§§ 1 und 2) von 1922 geregelt. Bereits in den 70er und 80er Jahren wurde die Reform der J. durch ein neues Jugendhilfegesetz angestrebt, welches das den heutigen Gegebenheiten nicht mehr genügende JWG ablösen sollte. Durch ein modernes Leistungsgesetz für die J. sollte die immer deutlicher werdende Diskrepanz zwischen rechtlicher Grundlage und dem Selbstverständnis heutiger J.praxis aufgehoben werden. Schließlich hat die Kinder- und J. durch das heute geltende Kinder- und J.gesetz vom 20. 6. 1990 (novelliert am 16. 2. 1993) eine neue Rechtsgrundlage erhalten. Das Gesetz ist gekennzeichnet durch eine grundsätzliche Angebotsorientiertheit und Freiwilligkeit i. G. zu dem ehemaligen Eingriffs- und Zwangshilfedenken des JWG. Es begreift Kinder- und J. als sozialpädagogische Dienstleistung für Kinder, Jugendliche und ihre Eltern sowie für Volljährige in unterschiedlichen Lebenslagen und Erziehungssituationen. Bund, Länder und vor allem die kommunalen Gebietskörperschaften, die das Gesetz in erster Linie umsetzen, sind gehalten, die einzelnen Regelungen zusammen mit den freien Trägern in die Praxis umzusetzen, indem ihr Auftrag ist, »positive Lebensbedingungen für junge Menschen und ihre Familien sowie eine kinder- und familienfreund-

und zwar in der Absicht, die Loslösungs- und Selbständigkeitsbestrebungen der Jugend durch spezielle, von Erwachsenen ausgedachte Programme, zu lenken, einzuschränken oder gar zu verhindern. Während die Jugendbewegung scheiterte bzw. sich verlief, konnte sich die öffentl. J. durchsetzen.

Die J. steht heute vor dem Problem, sich gegen die kommerziellen Freizeitangebote als Erziehungs- und Bildungsinstitution neben Familie, Schule und Beruf durchzusetzen; durch eine gezielte → Freizeitpäd., die sowohl theoretisch und methodisch Neuansätze erarbeitet hat, wird vielfach eine »emanzipatorische J.« angestrebt.

L.: E. Zilien, J., 1970; H. Giesecke, Die J., 1971; L. Böhnisch (Hg.), J. in der Diskussion, 1973; D. Damm, Polit. J., 1975, ²1977; F. J. Krafeld, Gesch. der J., 1984; C. W. Müller, H. Kentler, K. Mollenhauer, H. Giesecke, Was ist J.?, 1986; W. Klawe, Arbeit mit Jugendlichen, 1986, ⁴1996; L. Böhnisch, R. Münchmeier, Wozu J.?, 1989; L. Böhnisch, R. Münchmeier, Pädagogik des Jugendraumes, 1990; B. Nandascher, Freizeit in öffentlicher Hand. Behördliche Jugendpflege in Deutschland von 1900–1980, 1990; B. Hafeneger, J. als Beruf, 1992; F. J. Krafeld, Cliquenorientierte J., Grundlagen und Handlungsansätze, 1992; G. Brenner, M. Nörber (Hg.), J. und Schule, 1992; G. Becker, T. Simon (Hg.), Hdb. aufsuchende Jugend- und Sozialarbeit, 1995; F. J. Krafeld, Die Praxis akzeptierender J., 1996; B. Boshers, J. im Jahr 2000, dt. 1998.

**Jugendarbeitslosigkeit.** Die Ursachen der seit Mitte der 70er J. verstärkt auftretenden J. sind vielfältig. Mangel an Ausbildungsplätzen (bes. in strukturell schwachen Gebieten); demographisch bedingter Anstieg der Nachfrage nach betriebl. Ausbildungs- und Arbeitsstellen; rückläufige Entwicklung im Arbeitsmarkt (z. B. aufgrund von Rationalisierung oder allg. Wirtschaftskrisen) und im Bildungswesen. J. kann zu starkem Konkurrenzdruck, falsch verstandenem Leistungsdenken, Kampf um Zensuren sowie Arbeits- bzw. Lehrstellen, zu Apathie und Resignation, sozialer Isolation und Zukunftspessimismus führen; ihre Auswirkungen hängen von individuellen und sozialen Komponenten des einzelnen ab (Geschlecht, Bildungsniveau, psychosoziale Belastbarkeit, regionale und soziale Herkunft, finanzielles Schicksal, Dauer der Arbeitslosigkeit, Eingliederung in Familie und außerfamiliale Bezugsgruppen). Über weiterreichende Folgen der J. (Mißbrauch von → Rauschmitteln, Bandenbildung, → Jugendkriminalität u. a.) ist bisher wenig bekannt. Es ist anzunehmen, daß J. nicht isoliert, sondern erst in Verbindung mit weiteren Faktoren zu → abweichendem oder delinquentem Verhalten führt. Zur Bekämpfung der J. werden von Bund und Ländern bildungs- und beschäftigungspolit. Maßnahmen entwickelt und (häufig von freien Trägern) durchgeführt. Sie umfassen Finanzierungsprogramme zur Subvention von betriebl. Ausbildungsplätzen; Grundausbildungs-, Förder- und Eingliederungslehrgänge; Investitionszuschüsse für den Ausbau von überbetriebl. Ausbildungs-, Fortbildungs- und Umschulungsstätten; Mobilitätszulagen; Arbeitsbeschaffungsmaßnahmen, etc.

Eine längerfristige Lösung des Problems der J. wird wesentlich vom Gelingen einer integrierten bildungs- und beschäftigungspolit. Konzeption abhängen.

L.: H. Schelsky, Arbeitslosigkit und Berufsnot der Jugend, 1952; G. Lenhardt (Hg.), Der hilflose Sozialstaat, 1979; H.-J. Fischer, J. und Pädagogik, 1987; H.-J. Albert, J. und Jugendkriminalität, 1987; H. Sinnhold, J. und Lebenschancen, 1987; R. A. Roth, J. und polit. Kultur, 1989; F. Stikker, Staatliche Maßnahmen gegen J., 1990; M. Hermanns, J. seit der Weimarer Republik, 1990; ders., Auswirkungen der J., 1991; R. Wabnitz u. a., J. – was tun?, 1996.

**Jugendbewegung,** eine um die Jahrhundertwende (1901 Gründung des Berliner Wandervogels) entstandene Bewegung, in der sich die (bürgerl.) Jugend von den starren Lebensformen der Erwachsenen (Familie, Schule, Betrieb, Armee, Kirche) zu befreien und den Prozeß ihrer → Sozialisation selbst mitzubestimmen suchte (Jugendkultur). Die J. erfolgte bis 1914 (1. Phase) als radikaler Aufbruch »heraus« aus Industrialisierung, Organisation und Verstädterung; nach dem Ersten Weltkrieg (2. Phase) suchte eine ernüchterte Jugendgeneration nach neuen Wegen und Betätigungsfeldern und fand sie im Jahrzehnt 1923–33 (3. Phase) vor allem in Schule und päd. Einrichtungen. Haupttendenzen der J. waren die Rückkehr zum Natürlichen, Urwüchsigen, »Wurzelechten«, das Leben in freigewählten Gemeinschaften (Gruppe, Kommune), der »Bund« als Lebensprinzip, die Entwicklung eines eigenen Umgangsstils (Wandern, Fahrt, Kleidung, Musizieren), ein

kultur), die sich dann als Protestbewegung (z. B. Jugendbewegung, Studentenbewegung) äußern oder zu Fehlanpassungen (soziale Auffälligkeiten, → J.kriminalität) führen können.

Da das Überleben von Gesellschaften entscheidend von ihrer Fähigkeit abhängt, die J. zu integrieren und für die gemeinsamen Werte und Normen zu motivieren, stellen J.politik, → J.arbeit und → J.-bildung ganz vorrangig gesellschaftl. Aufgaben dar.

L.: H. Schelsky, Die skept. Generation, 1957 u. ö.; F. Tenbruck, J. und Gesells., 1962 u. ö.; A. Flitner, G. Bittner, Die J. und die überlieferten Erziehungsmächte, 1965; B. Schäfers, Soziologie des J.alters, 1982, $^5$1994; L. Roth, Die Erfindung des Jugendlichen, 1983; A. Kannicht, Selbstwerden des Jugendlichen. Der psychoanalyt. Beitrag zu einer päd. Anthropologie des J.alters, 1985; K. Hurrelmann, B. Rosewitz, H. K. Wolf, Lebensphase J., 1985, Neuausgabe 1993, $^4$1995; D. Baacke, J. und J.kulturen, 1987, $^2$1993; H. Fend, Sozialgeschichte des Aufwachsens, 1988; R. Nave-Herz, M. Markefka (Hg.), Hdb. der Familien- und J.forschung, Bd. 2: J.forschung, 1989; W. Ferchhoff, J.kulturen im 20. Jahrhundert, 1990; P. Dudek, J. als Objekt der Wissenschaften, 1990; J.-Chr. v. Bühler, Die gesellschaftliche Konstruktion des J.alters, 1990; K. Lenz, Kulturformen von J.lichen: Von der Sub- und J.kultur zu Formen der J.biographie, 1991; H. Fend, Identitätsentwicklung in der Adoleszenz, 1991; W. Helsper (Hg.), J. zwischen Moderne und Postmoderne, 1991; L. Böhnisch, Sozialpädagogik des Kindes- und J.alters, 1992; H. Abels, J. vor der Moderne, 1993; W. Ferchhoff u. a. (Hg.), J.kulturen, 1995; U. Deller, Päd. J.theorien, 1995; H. Schröder, J. und Modernisierung, 1995; W. Lindner, J.protest seit den 50er Jahren, 1996; J. W. Erdmann u. a., J. heute, 1996; A. Walter (Hg.), Junge Erwachsene in Europa, 1996; G. Brenner, B. Fefeneger (Hg.), Päd. mit Jugendlichen, 1996; J. Mansel, A. Glocke (Hg.), Die J. von heute, 1996; W. Ferchhoff, J. an der Wende des 20. Jh.s, 1998, $^2$1999.

**Jugendamt.** Jeder örtliche Träger der öffentlichen Jugendhilfe errichtet ein J. als sozialpädagogische Fachbehörde. Es soll die Leistungen und andere Aufgaben zugunsten junger Menschen und Familien koordinieren, verantwortlich tragen. Gliederung und Aufgaben des J.s waren früher im Jugendwohlfahrtsgesetz geregelt. Durch das am 1. 1. 1991 in Kraft getretene (mehrfach novellierte), das Jugendwohlfahrtsgesetz ersetzende Kinder- und Jugendhilfegesetz (KJHG) sind z. T. Struktur, Organisation, Maßnahmen und Selbstverständnis des J.s neu geregelt. Das J. begreift sich nicht als eingreifende Ordnungsbehörde. Es will dem Wohl des jungen Menschen genügen, lebensweltorientiert für sein Recht auf Förderung seiner Entwicklung und auf Erziehung eintreten.

L.: Ch. Schrapper, Das Bedingungsgefüge der kommenden Jugendhilfe, 1985; W. Gernert (Hg.), Freie und öffentliche Jugendhilfe, 1991; J. Faltermeier (Red.), Jugendhilfe im gesellschaftl. Wandel, 1992; K. Hauck, H. Haines, Sozialgesetzbuch VIII, Kinder- und Jugendhilfe, 1991 ff.; J. Münder u. a., Frankfurter Lehr- und Praxis-Kommentar zum KJHG/SGB VIII, $^3$1998; H. Richter, H. Kreuznacht, der »beschützte« Umgang. Eine neue Aufgabe der Jugendämter, in: Zentralblatt für Jugendrecht 86 (1999), S. 45–51.

**Jugendarbeit.** Unter J. versteht man alle öffentl., im Kinder- und Jugendhilfegesetz (KJHG; 1990) verankerten Freizeithilfen, die Jugendl. und Heranwachsenden außerhalb von Familie, Schule und Beruf angeboten werden und die sie freiwillig wahrnehmen können. Diese päd. Maßnahmen werden von öffentl. und freien Trägern unterhalten, insbes. von Gemeinden, Jugendverbänden und Kirchen. Die J. bietet Bildungs-, Freizeit- und Erholungsmöglichkeiten in eigens dafür geschaffenen Einrichtungen wie Jugendfreizeitstätten (→ Freizeitheime), -bildungsstätten und -wohnheimen, fördert die internationale Begegnung junger Menschen und bietet freiwillige soziale Dienste für die Jugend. Sie wird durch öffentl. Finanzierung (z. B. → Bundesjugendplan) unterstützt. Der Begriff J. ist weder im Gesetz noch im päd. Sprachgebrauch einheitlich bestimmt. Er entstand aus dem sozialpädagogischen Arbeitsfeld der Jugendfürsorge, die sich um 1900 sowohl der verwahrlosten und delinquenten als auch der Jugendl. aus der Arbeiterschicht annahm, in der Folgezeit dann als → Fürsorgeerziehung mehr der straffällig gewordenen Jugend widmete und damit von der Jugendpflege unterschied, die sich um die nicht delinquente Jugend kümmerte. J. sollte zunächst als Oberbegriff für beide Bereiche gelten, tendierte aber in der Jugendhilfe (§§ 2,4–11 JWG) stark in das Gebiet der Wohlfahrtspflege (Jugendpflege).

Die Geschichte der J. beginnt um 1900 mit der → Jugendbewegung. Die unmittelbar darauf einsetzende öffentl. J. kann als Reaktion des Staates auf diese Bewegung, vor allem auf ihre proletarische Variante gelten,

erster Linie, am Anfang nahezu ausschließlich, als Eliteanstalten für die Schulung und Ausbildung der kirchl. Führungsschicht. Dementsprechend hat sich der Orden kaum um den Elementar-, sondern nahezu ausschließlich um den höheren Unterricht und die Univ.sbildung gekümmert. Die Hochschätzung der Ausbildung und Erziehung zeigt sich auch bis heute in der gründlichen und langen philos. und theolog. Ausbildung des Ordensnachwuchses. Im Jahr 1599 erhielten die jesuitischen Bildungsstätten durch die »Ratio atque institutio studiorum Societatis Jesu« eine zentrale, für alle Einrichtungen verbindliche Ordnung, die bis 1832 in Kraft blieb. Diese legte den Studienaufbau und die Gliederung des Lehrkörpers fest, regelte die formale Schulordnung und den Lehrplan, enthielt aber auch method. Regularien (wie etwa die Empfehlung der disputatio), von den Lehrern forderte sie zugleich ein erzieherisches Engagement. Diese Ordnung ist die wichtigste für den gesamten kath. Raum und bis zur Auflösung des Jesuitenordens durch Papst Clemens XIV. 1773 stellten die Jesuiten auf dem Gebiet der höheren Bildung den Großteil des Lehrpersonals. Der J.-O. war somit zu dieser Zeit der eigentliche Träger des gelehrten Schul- und Studienwesens im kath. Raum. Daher bedeutete die Auflösung des Ordens für viele überwiegend kath. Staaten zugleich einen nahezu völligen Zusammenbruch des höheren Schulwesens. In seinen Bildungseinrichtungen bemühte sich der Orden von Anfang an um eine Integration jeweils aktueller, moderner Forschung und kirchl. Frömmigkeit. Als ein Spezifikum der Jesuitenschulen ist die starke Gewichtung und weite Verbreitung des didaktisch genutzten Theaterspiels anzusehen. Der J.-O. hat sich aber auch von Anfang an um die relig. Volksbildung und -seelsorge (u. a. Volkskatechismus des → Canisius) und die Betreuung v. a. der studierenden Jugend (1565 Gründung der Marianischen Congregation, in neuerer Zeit starkes Engagement im Bund Neudtl.) bemüht. Nach der Wiederzulassung des Ordens 1814 breitete er sich zwar relativ rasch wieder aus, er erreichte in Europa aber nicht mehr die beherrschende Stellung des 18. Jh.s Das Schulwesen war weitgehend verstaatlicht und erlaubte kaum noch eine eigenständige Ausprägung des Lehrplans. Größere Bedeutung gewann der J.-O. in den USA und den Missionsgebieten, v. a. in Südamerika, wo auch heute zahlreiche Schulen, Colleges und Univ.n von Jesuiten geleitet werden (z. B. Córdoba, Santiago de Chile). Im dt.sprachigen Raum unterhält der J.-O. noch einige Gymnasien, zwei philos.theolog. Hochschulen, (Frankfurt-St. Georgen, München), und er stellt den Lehrkörper der theol. Fakultät der Univ. Innsbruck. Die bedeutendste jesuitische Bildungsstätte ist die päpstliche Univ. Gregoriana in Rom.

L.: Ratio studiorum et Institutiones scholasticae S. J., in: Mon. German. Paedagogica Bde. II, V, IX, XVI, 1887–1894; Die Studienordnung der Gesellschaft Jesu, dt. hg. v. B. Duhr, 1896; F. Paulsen, Gesch. des gelehrten Unterrichts 2 Bde., 1885, Neudruck 1960; L. Koch, Jesuitenlexikon, 2 Bde., 1934, Neudr. 1961; H. Becher, Die Jesuiten, 1951; Monumenta Paedagogica S. J., Rom 1965 ff; M. Lundberg, Jesuit. Anthropologie und Erziehungslehre in der Frühzeit des Ordens, Uppsala 1966; K. Erlinghagen, Kathol. Bildung im Barock, 1972; E. M. Szarota, Das Jesuitendrama im dt. Sprachgebiet, 1979; K. Hengst, Jesuiten an Univ.n und Jesuiten-Univ.n, 1981; M. Barthel, Die Jesuiten, 1984; B. Bauer, Jesuit. »ars rhetorica« im Zeitalter der Glaubenskämpfe, 1986; A. Scaglione, The liberal arts and the Jesuite college system, Amsterdam 1986; O. Krammer, Bildungswesen und Gegenreformation, 1988; A. Jahreiß, Grammatiken und Orthographielehren aus dem J.-O., 1990; Ignatianisch: Eigenart und Methode der Ges. Jesu, hg. von M. Sievernich, 1990, ²1991; La Identidad Ignaziana en la Educación, Buenos Aires 1996.

**Jugend** als die Zeit zw. Kindheit und Erwachsenenalter wurde lange Zeit bio-psycholog. als reifebedingter Entwicklungsabschnitt gesehen. Zum Verständnis der vielfältigen J.-Probleme reicht diese Sicht nicht aus und muß durch eine soziolog. Perspektive ergänzt werden. Danach tritt J. als bes. sozialer Status erst in entwickelteren Gesellschaften auf, wenn zur Familie neue Sozialisationsinstanzen hinzukommen, eine Art zweiten sozialen Horizont schaffen, der Übergang von der Kindheit zum Erwachsenenleben immer mehr ausgedehnt wird und so allmählich eine jugendl. Teilkultur (F. Tenbruck) entsteht. Die Ausrichtung der Heranwachsenden an Normen, Werten und Zielen der Erwachsenengeneration erfolgt dann nicht mehr bruchlos (Generationenkonflikt), es kommt zu eigenen altershomogenen Orientierungen (Jugend-

Freiheit u. Wiedervereinigung, hg. v. H. Saner, 1990; B. Jolibert (Hg.), Conférences sur l'éducation, Paris 1996; Das Wagnis der Freiheit, hg. v. H. Sanner, 1996. L.: A. Mayer, K. J.s Erziehungsphilos., Phil. Diss., Erlangen 1955; O. F. Bollnow, Existenzphilos. und Päd., 1959 u. ö.; B. Tollkötter, Erziehung u. Selbstsein, 1961; H. Saner (Hg.), K. J. in der Diskussion, 1973; J. Hersch, K. J., dt. 1980; H. Saner (Hg.), K. J. – Philosoph, Arzt, polit. Denker. Symposion zum 100 Geb.tag, 1986; K. J. zu Ehren, hg. v. F. W. Veauthier, 1986; F. Röhr, Die päd. Theorie im Denken von K. J., 1986; H. M. Gerlach, Existenzphilos. – K. J., 1987; H. Saner, K. J., 1987; U. Sonderfeld, Philos. als Gesamtorientierung denkender Existenz u. als Aporienreflexion – im Anschluß an K. J., 1989; E. Büttner, Kommunikation im Werk von K. J., 1992; R. Wisser, L. H. Ehrlich (Hg.), K. J., 1993; M. Luque, La idea de la universidad en J., Newman y Ortega y Gasset, Washington (D.C.) 1994; K. Salamun (Hg.), Philos. – Erziehung – Universität. Zu K. J.s Bildungs- und Erziehungsphilos., 1995; H. Sauer, K. J. Aneignung und Polemik, 1995; W. Schüssler, J. zur Einführung, 1995.

**Jean Paul** → Richter, J. P. F.

**Jemen** → Arabische Staaten.

**Jena-Plan.** Von → Petersen entwickeltes und in seiner Jenenser Seminar-Übungsschule erprobtes, heute weltweit anerkanntes Modell einer → »Lebensgemeinschafts-Schule«. Ihre kennzeichnenden Merkmale sind: 1. Stammgruppen (nach Altersstufen) statt Jahrgangsklassen: Unter- (1.–3. Schulj.), Mittel- (4.–6. Schulj.), Ober- (7.–8. Schulj.) und Jugendlichengruppe (9.–10. Schulj.). Dadurch entsteht ein stark motivierendes Bildungsgefälle und die Möglichkeit echter gemeinsamer Schülerarbeit. 2. Wochenarbeitsplan statt Normalstundenplan; dadurch werden päd. → Situationen (Gruppenarbeit, Kurse, Kreis, Große Pause) ermöglicht, in denen menschl. und Sach-Probleme erörtert und gelöst werden können. Die Versetzung erfolgt weitgehend aufgrund von Selbstbeurteilung der Schüler sowie Beurteilung der Mitschüler. Grundlage des J. P.s ist eine Auffassung von Erziehung als einer Funktion der Gemeinschaft und die These, daß der Mensch die lebensnotwendigen sozialethischen Tugenden nur handelnd erfährt und erwirbt (Bewährung in der Gemeinschaft).
L.: P. Petersen, Der J.-P. e. freien allg. Volksschule, 1927, [6]1996 (Neuausg.); Schulleben und Unterricht e. freien allg. Volksschule nach den Grundsätzen Neuer Erziehung, 1930; Das gestaltende Schaffen im Schulversuch der Jenaer Univ.sschule, 1930; H. Mieskes, Schulwirklichkeit und Menschwerdung, 1956; J.-P. Anruf und Antwort, hg. v. H. Mieskes, 1965 (m. Bibl.); J. D. Imelman, J. M. P. Jeunhomme, W. A. J. Meijer, J.-P. – wel en wee van een schoolpedagogiek, Nijkerk 1981; E. Skiera, Die J.-P. Bewegung in den Niederlanden, 1982; Th. Klassen, Die J.-P.-Schulen, in: H. Röhrs (Hg.), Die Schulen der Reformpädagogik heute, 1986; D. Benner, H. Kemper, Einleitung zur Neuherausgabe des Kleinen J.-P.s, 1991; H. Retter (Hg.), J.-Pädagogik als Chance, 1993; J. D. Imelman, J. M. P. Jeunhomme, W. A. J. Meijer, J.-P. Eine begriffsanalytische Kritik, 1996.

**Jensen,** Arthur Robert, * 24. 8. 1923 San Diego, Ph. D. Columbia 1956, 1958 Prof. für Päd. Psych. in Berkeley/Calif.; wurde v. a. durch einen Beitrag in der Harvard Educational Review 1969 bekannt und weltweit diskutiert (sog. »Jensen-Debatte«), in dem er die genetische Komponente der Intelligenz- und Fähigkeitsstruktur stark betonte; niedrigere Leistungen bestimmter soziokultureller Gruppen sind nach J. genetisch bedingt und als solche empirisch nachweisbar.
Schr.: Genetics and Education, London 1972; Educability and Group Differences, London 1973; Bias in Mental Testing. New York 1980; Straight Talk about Mental Tests, 1981; The G Factor. The Science of Mental Ability, 1998.
L.: R. Flynn, IQ and Jensen, London 1980; S. u. C. Mogdil (Hg.), A. J. – Consensus and Controversy, 1987.

**Jesuiten-Orden,** eigentlich Societas Jesu, (S. J. Gesellschaft Jesu), von Ignatius v. Loyola (1491–1556) gegr. kath. Orden (1534 erstes »Gelübde« einer Gruppe von Männern um Ignatius, 1540 Bestätigung der Ordensregel durch Papst Paul III.), der neben den drei Gelübden der Armut, der Keuschheit und des Gehorsams noch das Gelübde eines bes. Gehorsams gegenüber dem Papst fordert. Die Ordensregel definiert als Ziel des Ordens die Ausbreitung des Glaubens durch Predigt, Exerzitien, caritative Werke, christl. Unterweisung der Jugend und Tätigkeit im Beispiel (schlagwortartig zu Kirche, Kanzel und Katheder zusammengefaßt). Durch die Exerzitien, ausgerichtet nach den Vorschriften des Ignatius, werden bis heute zahlreiche Menschen, Kleriker und Laien, zu einem bewußt christl. Leben und zum Engagement für die Kirche angeleitet. Die Schulen (Kollegien und Seminare) der Jesuiten verstanden sich in

zierung der öffentl. Erziehung teilen sich Staat, Regierungsbezirk und Gemeinde.
Neben dem mächtigen Bildungsministerium (*monbushô*) hat bes. die von Shimonaka Yasaburo gegründete Lehrergewerkschaft (*nikkyôso*) maßgeblichen Einfluß auf die Bildungspolitik des Landes.
Im Laufe der letzten Jahrzehnte hat das j. Bildungswesen einen gewaltigen Aufschwung genommen. 1987 besuchten mehr als 90% der 5j. die meist priv. Kindergärten oder Tagesstätten; 94% der potentiellen Schüler die obere Sekundarstufe; 36% der 18j.n die Universität oder ein 2j. *College*. Trotz dieser stolzen Bilanz wurde seit den 70er Jahren wiederholt auf eine Reihe von schwerwiegenden Defiziten hingewiesen (»Prüfungshölle«, anhaltend hoher Konkurrenzdruck, pädagogische Uniformität, Rigidität der Leistungserwartungen; Unbeweglichkeit und Disfunktionalität des Schulsystems). Diese Einschätzungen und Erfahrungen führten 1984 zur Einsetzung einer, dem dt. → Bildungsrat vergleichbaren »Nationalen Reformkommission« (*rinij kyôiku shingikai*). Dessen 1987 verabschiedeten, in vielen Bereichen auf internat. Erfahrungen und Diskussionen zurückgreifenden Empfehlungen betonen den Wert der Individualität gegenüber dem traditionellen Vorrang der Gruppe, favorisieren das Konzept des → *Lifelong learning* gegenüber der starken Gewichtung formaler Bildungsabschlüsse, plädieren für die Konzentration der Unterrichtsinhalte und die Internationalisierung des Bildungswesens (Verstärkte Zulassung von Ausländern; Ausweitung des Fremdsprachenunterrichts). Merkliche Auswirkungen dieser Reformvorschläge, die eine Harmonisierung der Bedürfnisse des Individuums mit den Anforderungen einer mod. Industriegesellschaft anstreben, sind bis heute bereits in ersten Ansätzen auszumachen.
Zu den Pionieren des modernen j. Bildungswesens zählen neben M. Arinori und S. Yasaburo: Fukuzawa Yukichi, Naruse Jinzo, Sawayanari Masataro, Namabara Shigeru und Munakata Seiya.

L.: H. E. Wittig, Bildungswelt Ostasien, 1972; ders., Menschenbildung in J., 1973; ders. (Hg.), Päd. und Bildungspolitik J.s, 1976; U. Teichler, F. Voss, Bibliography on Japanese education, 1974; R. S. Anderson, Education in J., Washington 1975; U. Teichler, Hochschule und Gesells. in J., 2 Bde., 1975/76; B. R. Clark, The Japanese system of higher education in comparative perspective, New Haven (Conn.) 1979; J.-M. Leclercq, Education et société au Japon, Paris 1983; ders., Le Japon et son système éducatif, Paris 1984; T. Morita, Das japan. Bildungswesen u. seine Probleme. In: Päd. Rundschau, 38 (1984); M. I. White, S. Pollak (Hg.), The cultural transition. Human experience and social transformation in the Third World of Japan, London 1986; T. Horio, Educational Thought and Ideology in Modern J., Tokyo 1988, ²1990; B. C. Duke (Hg.), 10 Great Educators of Modern J., Tokyo 1989, ²1990; I. Meese, Reformbestrebungen im j. Schulwesen, in: Vergl. Päd. 25 (1989) 4; I. Amano, Education and Examination in Modern J., Tokyo 1990; B. v. Kopp, Zeit für Schule. J., 1991; J. Münch und M. Eswein, Bildung, Qualifikation u. Arbeit in J., 1992; V. Schubert, Die Inszenierung der Harmonie. Erz. und Gesellsch. in J., 1992; H. W. Nolden, Die j. Bildungsmaschine, 1993; D. Elschenbroich (Hg.), Die Würde des Lernens, 1996; Dies. (Hg.), Anleitung zur Neugier. Grundlagen japanischer Erz., 1996; J. Möller, Internationalisierung als Maxime j. Bildungspolitik, in: Päd. Rundschau 50 (1996) 4; V. Schubert, Reformbemühungen im j. Bildungswesen, in: G. Foljanty-Jost (Hg.), J. im Umbruch, 1996; Bildungswesen in J. Vorbild oder Schreckbild? (Dossier), in: Zschr. f. Päd. (1997) 3; A. Harms, Lernen, wie J. von anderen lernte, 1997.

**Jaspers,** Karl, * 23. 2. 1883 Oldenburg, † 26. 2. 1969 Basel, Dr. med. 1908, 1913 Habil. für Psych. Heidelberg, 1921–37 und 1945–48 Prof. f. Philos. Heidelberg, ab 1948 in Basel. Bedeutender Vertreter des → Existentialismus. Nahm ausdrücklich zu päd. Fragen Stellung (z. B. Die Idee der Univ., 1923, Neuf. 1946, 1961), verstand aber auch sein ganzes Werk als Appell an den Menschen, sich selbst zu erziehen. Der Mensch ist nicht für sich allein Mensch, sondern Selbstsein ist nur in Kommunikation mit anderem Selbstsein, in sachl. Weltorientierung und in der freien Bindung an die Transzendenz wirklich.

Schr.: Psychologie der Weltanschauungen, 1919 u. ö.; Die geist. Situation der Zeit, 1931 u. ö.; Philos., 3 Bde., 1932 u. ö.; Vernunft u. Existenz, 1935 u. ö.; Nietzsche, 1936 u. ö.; Existenzphilosophie, 1938 u. ö.; Von der Wahrheit, 1947 u. ö.; Der philos. Glaube, 1948 u. ö.; Vom Urspr. u. Ziel der Gesch., 1949 u. ö.; Einf. in die Philos., 1950 u. ö.; Die großen Philosophen, 1957 u. ö.; Ges. Schr. zur Psychopathologie, 1963, Ndr. 1990; Kleine Schule des philos. Denkens, 1965 u. ö.; Was ist Erziehung?, hg. v. H. Horn, 1977, als TB 1981, ³1999; Weltgesch. der Philos., a. d. Nachl. hg. v. H. Saner, 1982; Die Erneuerung der Univ., hg. v. R. de Rosa, 1986; Denkwege, ausgew. v. H. Saner, 1988;

»Demagogenverfolgung« wurde J. 1819 verhaftet und bis 1825 in Haft behalten. 1848 war J. Mitglied der Frankfurter Nationalversammlung.
Im 19. Jh. kam es wegen J.s nationalistischer Ausrichtung zur Gründung von sozialistischen und sozialdemokratischen Arbeiterturnvereinen. Nach 1918 knüpfte man an J.s Programm einer nationalen Wiedergeburt an; der → Nationalsozialismus beschlagnahmte J. als Vorläufer einer wehrhaften »Volks«erziehung.

Schr.: Ges. Werke, hg. C. Euler, 3 Bde. 1885–1887; Dt. Volkstum, 1810; Die Dt. Turnkunst (mit → E. Eiselen), 1816 Neuausg. 1961.
L.: O. F. Bollnow, Päd. der dt. Romantik, 1952, ³1977; G. Stöcker, J. und das Problem der Volkserziehung 1966; ders., Volkserziehung und Turnen, 1971; H. Überhorst, Zurück zu J.? 1969; ders. (Hg.), Gesch. der Leibesübungen, Bd. 3,1, 1980; J. J. Bornemann, Lehrb. der von F. L. J. unter dem Namen der Turnkunst wiedererweckten Gymnastik, 1981; D. Dueding, Organisierter und gesellschaftl. Nationalismus in Dtl. (1808–1947), 1984; R. K. Sprenger, Die J.-Rezeption in Dtl. 1871–1933, 1985; G. Jahn, F. L. J. – Volkserzieher und Vorkämpfer für Dtl.s Einigung, 1992; K. Lutter, Zur Entwicklung der Turnlehrerausbildung in Dtl., 1996; F. von Köpen, Ernst Moritz Arndt und F. L. J., 1998.

**Jahrgangsklasse** → Schulklasse.

**James,** William, * 11. 1. 1842 New York, † 26. 8. 1910 New Hampshire, gilt als Begründer der modernen amerik. Psychologie und war einer der Väter der Päd. des Pragmatismus. Er lehrte seit 1875 an Harvard, zuerst Psychologie, später Philos. Neben seinem psycholog. Hauptwerk *Principles of Psychology* (New York 1890), in dem er sich mit W. Wundt und der damaligen Elementenpsychologie auseinandersetzte, wurde seine *Psychology* (New York 1892) das meistgelesene Psychologie-Lehrbuch in den USA. Seine *Talks to Teachers on Psychology* (New York 1899) wurden ein päd.-didakt. Klassiker und bestimmten auf Jahrzehnte hin die starke Anlehnung der amerik. Päd. an die Psychologie. Das philos. Hauptwerk *Pragmatism* (New York 1907, dt. 1908, Neudruck 1977, ²1994) erläutert seine Grundüberzeugung, daß eine Idee letztlich nach ihren prakt. Erträgen und Konsequenzen beurteilt werden muß.

L.: P. P. Wiener, Evolution und founders of pragmatism, New York 1965; G. W. Allen, W. J., New York 1967; W. R. Corti (Hg.), The Philosophy of W. J., 1976; G. Bird, W. J., London 1986; G. E. Myers, W. J.: His Thought and Life, New Haven, 1986; K. Schubert, R. Diaz-Bone, W. J. zur Einführung, 1996; Pragmatism, hg. v. R. Hollinger und D. Depew, London 1999.

**Japan** besaß während der langen Feudalzeit bis zur sog. Meiji-Restauration (»aufgeklärte Regierung«, 1868–1912) zwei verschiedene Schultypen: für die Jungen des Ritteradels (Samurai), denen die Kunst der Kriegsführung, Ökonomie und die konfuzianische Ethik, für die Kinder des einfachen Volkes (Terakoya, private kostenpflichtige Tempelschulen), in denen Lesen, Schreiben und Rechnen gelehrt wurden.
Mit der Erziehungsverordnung von 1872 (Bildungsminister: Mori Arinori) wurde erstmals ein modernes öffentl. Bildungssystem geschaffen und rasch ausgebaut. (1886: 3j. Elementarschulpflicht; Einrichtung höherer Mädchen- und berufsbildender Schulen; Gründung der »kaiserl.« Universitäten Tokyo und Kyoto; 1908: 6j. Schulpflicht). Bereits 1920 besuchten 99% der Kinder die Volksschule. In enger Anlehnung an das amerikanische Bildungswesen (Besatzungsmacht → USA) erhielt das j. Schul- und Hochschulsystem in den Jahren nach dem 2. WK seine bis heute bestehende Gestalt: 6j. Grundschule für alle, Sekundarstufe als → »Gesamtschule« mit einer unteren Stufe (*Lower Secondary School*: 7.–9. Schulj.) und einer oberen Stufe (*Upper Secondary School*: 10.–12. Schulj.); 9j. Schulpflicht; 2j. *Colleges (Junior College)* bzw. 4j. *Colleges (University*; → Bakkalaureat). 1962 wurden Techn. Hochschulen (*Colleges of Technology*) eingerichtet. Die Institutionen des Hochschulbereichs wählen die Studenten aufgrund von Aufnahmeprüfungen aus. »Gemischte Schulen« (meistens Privatschulen) bieten Jugendlichen eine kurzzeitige berufl. Ausbildung oder prakt. Lehrgänge an (z. B. Buchführung, Fremdsprachen, Elektronik, Computertechnik).
Die von der Regierung und privaten Körperschaften organisierte Erwachsenenbildung umfaßt »öffentl. Bürgerhallen« in fast allen Gemeinden, Jugendhäuser, Museen, Büchereien und Sportzentren.
In allen Regierungsbezirken und Gemeinden übt ein Erziehungsausschuß die Funktion der lokalen Erziehungsbehörde aus. Die Finan-

und auch in absehbarer Zeit nicht in Sicht. 1968 trat neben die von relig. Organisationen betreute Vorschulerziehung die staatl. Vorschule (*scuola materna statale*). 1985 wurden neue Rahmenrichtlinien für den Grundschulbereich beschlossen und 1990 in einem Gesetz verankert: Grundschule als offene Lernumwelt (*ambiente educativo*), Primat der individ. Lernbedürfnisse, »offene« Curricula, Team- statt Klassenprinzip, Schülerbeurteilungen in Textform, Integration behinderter Kinder in die Regelschule. Das heutige Schulwesen gliedert sich in: fakultative *scuola materna* (3.–6. Lj.); obligatorische *scuola elementare* (6.–11. Lj.); obligatorische *scuola media* (11.–14. Lj.); fakultative *scuola secondaria superiore* in fünf Typen: allgemeinbildendes Gymnasium (liceo classico, liceo scientifico, liceo aristico, 5j.); Fachschulen für bildende Künste (istituto d'arte, 5j.); Fachschule für Primarlehrer und Vorschule (istituto magistrale, 5j.); berufl. Gymnasium (istituto technico); Berufsfachschule (istituto professionale, 3 bis 5j.). Alle Schulformen der scuola superiore können nach best. Abschlußprüfung der scuola media besucht werden.

Die Univ.n (4–6j. Studiengänge je nach Fakultäten) verleihen allen (erfolgreichen) Absolventen den akademischen Grad des Doktors (Dott.). Die *scuole professionali* für Ausbildungsberufe (1–5j. Lehrgänge nach der allg. Schulpflicht) stehen heute großteils unter der Verwaltung der Regionen. Die breite päd. Forschung (fast ausschl. an den päd. Univ.s-Instituten) hat ihre Schwerpunkte in Historiographie und Empirie.

Zs.: I problemi della Pedagogia, Rassegna di Pedagogia (seit 1978 auch dt.-sprachig).
L.: E. Epple, Antonio Rosmini-Serbati und s. päd. Gedankengut, 1957; K. G. Fischer, I., 1970; V. v. Blumenthal, Bildungsplanung und Sek.schulreform in I., 1975; Nuove Questioni di storia della pedagogia, 3 Bde., Brescia 1977; W. Böhm, G. Flores d'Arcais, Die italien. Päd. im 20. Jh., 1979; V. v. Blumenthal, Bildungswesen, Chancengleichheit und Beschäftigungssystem in Italien, 1980; ders.: Die Reform der Sek.stufe I in I., 1980; B. J. Capobianco, Italy. A study of the educ. system, Washington 1981; V. v. Blumenthal, Deutschsprachiges Schrifttum zum Bildungswesen I.s, in: Ergebnisse und Perspektiven vergl. Bildungsforschung, 1984; B. Vertecchi (Hg.), La scuola italiana verso il 2000, Florenz 1984; Educational Reforms in Italy, (OECD) Paris 1985; M. Gattullo, A. Visalberghi (Hg.), La scuola italiana dal 1945 al 1983; Florenz 1986; P. Mauta, P. Virzi-Aksoy, Schule und Ausbildung in I., 1986; H. D. M. Göhlich, Reggio-Pädagogik, 1988 [4]1992; V. v. Blumenthal, Bildungspol. in I. (1975–1985), 1989; M. T. Moscato, Neuere Entwickl. im i. Schulwesen, in: Zschr. f. int. erz.- u. soz.wiss. Forsch., 6 (1989) 2; G. Brinkmann u. a., Zeit für Schule: Italien – Griechenland, 1991; Ch. Messner, Die Grundschulreform in I., in: Erziehung und Unterricht, (Wien) 142 (1992) 10; G. Brinkmann, Erziehungsraum Schule: I., 1995; Ders., I., in: O. Anweiler u. a. (Hg.), Bildungssysteme in Europa, 1996; OECD (Hg.), Reviews of National Policies for Education: Italie, Paris 1998.

**Itard,** Jean Marc-Gaspard, * 24. 4. 1774 Oraisson, † 5. 7. 1838 Paris; Begründer der Hals-Nasen-Ohren-Heilkunde und ein Pionier der → Sonderpäd. I. wurde berühmt durch die Erziehungsversuche an dem Wildkind Victor vom Aveyron. Seine auf Sinnesschulung aufbauende Erziehung der sog. Schwachsinnigen wurde von seinem Schüler Séguin weiterentwickelt und später von → Montessori u. a. aufgegriffen.

L.: J. Lutz (Hg.), Victor, das Wildkind von Aveyron, 1965; L. Malson, Die wilden Kinder, dt. 1972, [9]1990; F. Koch, Das wilde Kind, 1997; V. Ladenthin, Zur Päd. J. I.s und zu Aspekten ihrer Rezeption bei Maria Montessori, in: Päd. Rundschau 51 (1997) 5.

# J

**Jahn,** Friedrich Ludwig, * 11. 8. 1778 Lanz (Brandenburg), † 15. 10. 1852 Freyberg (Unstrut), Erzieher, »Turnvater«, nationaler bzw. nationalistischer Schriftsteller. J. engagierte sich in der dt. Erhebung gegen die napoleonische Besetzung und war Mitglied der Allg. Dt. Burschenschaft und des Lützowschen Freicorps. 1810 Lehrer an einer an → Pestalozzi orientierten Berliner Schule, schrieb er im gleichen Jahr sein Hauptwerk »Dt. Volkstum« (J. war Schöpfer des Begriffes Volkstum): er vertrat Körpererziehung durch → Turnen als wichtigstes Mittel, das gemeinsame Leben und das Wesen eines Volkes zu entwickeln. 1811 und 1812 gründete er Turnplätze auf der Berliner Hasenheide und veröffentlichte 1816 »Die Dt. Turnkunst«, das offizielle Lehrbuch seines Systems. Im Verlauf der sog.

Erzieher in Kindergärten und Primarschullehrer werden nach Sekundarschulabschluß in 2–3j. Kursen in Lehrerbildungsanstalten ausgebildet, Sekundarschullehrer in den Univ.n sowie in Sonderkursen für kaufmänn., techn. und andere nichtakadem. Fächer. Mädchen können während ihres 20monatigen Militärdienstes ihre Lehrerausbildung beginnen. Die Lehrgänge in der gut ausgebauten Erwachsenenbildung umfassen sämtl. Bereiche der Natur- und Geisteswiss.n sowie angewandte Kunst- und Freizeitbeschäftigungen. Abendschulen bereiten Erwachsene auf das Abitur vor. In genossenschaftl. Kleinbauernsiedlungen und in den Kibbuzim werden Sonderkurse für Neueinwanderer veranstaltet; spezielle höhere Bildungsanstalten ermöglichen Mitgliedern eines → Kibbuz das Hochschulstudium. Bes. Bedeutung im Bereich der Erwachsenenbildung kommt der Armee und überall im Land veranstalteten Intensivsprachkursen in Hebräisch zu.

Eines der Hauptziele der israel. Bildungspolitik ist die Beseitigung der Bildungsunterschiede. Für Kinder aus asiatischen und afrikanischen Ursprungsländern bestehen kompensatorische Sonderprogramme. Sie umfassen unentgeltl. 8–9j. Volksschulunterricht, freien Mittelschulunterricht für unterprivilegierte Kinder, erweiterte Lehrpläne durch Kunst, Theater und Musik, verlängerten Schultag und warme Mahlzeiten in den Schulen, Nachhilfeunterricht sowie bes. jährl. Zuwendungen für den Kauf von Schulbüchern.

L.: S. N. Eisenstadt, Die israel. Gesells., (1967), dt. 1973; Erziehung in I., 1977; M. Fölling-Albers, Kollektive Kleinkind- u. Vorschulerziehung im Kibbuz, 1977, R. Ritterband, Education, employment and migration, Cambridge (Mass.) 1978; N. Apanasewicz, The educational system of I., Washington 1978; H. Becker, L. Liegle, I., – Erziehung und Gesells., 1980; W. Ackermann u. a. (Hg.), Erziehung in I., 2 Bde., 1982; M. Fölling-Albers, Die Einheit von Leben und Lernen in der Kibbuz-Erziehung, 1988; R. Steinbrecher, G. Wolff, Religion und Sozialisation in I., 1988; W. Melzer, G. Neubauer (Hg.), Der Kibbuz als Utopie, 1988; E. Krausz, D. Glanz, Education in a Comparative Context Study of Israeli Society, Oxford 1989; G. Lenhardt, Erz. in I., in: Zschr. f. Päd. 36 (1990) 2; G. Sichrovsky (Hg.), Die Kinder Abrahams, 1990; S. Simmer (Hg.), Facts and figures on the education- and culture-system in I., Jerusalem 1990; R. Porat, Die Geschichte der Kibbuz-Schule, 1991; Ch. Schatzker, Die Reformpäd. in I., in: H. Röhrs (Hg.), Die Reformpäd. auf den Kontinenten, 1994; W. u. M. Fölling-Albers, Das Kibbuz als päd. Laboratorium, in: Bild. u. Erz., 51 (1998) 3.

**Italien.** Ein italien. Bildungswesen gibt es erst seit Ausrufung des Königreiches I. 1861, ungeachtet der langen kulturellen Tradition seit Dante (1265–1321) und Petrarca mit Höhepunkten im → Renaissance-Humanismus (auch bedeutende Schulgründungen, z. B. Vitorino da → Feltre und Guarino Veronese), in der → Gegenreformation (mit den Gymnasien der → Jesuiten und den Volksschulen relig. Kongregationen) und in der kulturellen Einheitsbewegung des Risorgimento, von → Vico und Vincenzo Cuoco (1770–1823) bis zu Raffaele Lambruschini (1788–1873), Gino Capponi (1792–1876), Antonio Rosmini-Serbati, (1797–1855) Vincenzo Gioberti (1801–1852) und Giuseppe Mazzini (1805–1872).

Philos. und Päd. wurden ausgangs des 19. Jh. vom Positivismus (A. Gabelli, R. Ardigó), im ersten Drittel des 20. Jh. vom Neoidealismus (B. → Croce, G. → Gentile, G. → Lombardo Radice) beherrscht. Danach kamen verschiedene päd. Richtungen auf, die bes. von christl. (G. Calò, → Flores d'Arcais), demokratisch-laizist. (E. Codignola, A. → Visalberghi) und marxist. Denken (→ Gramsci, → Manacorda) ausgehen.

Die Reform Casatis von 1859 wollte das einzelstaatl. Schulwesen vereinheitlichen und schuf die drei Stufen: Elementarschule (4j. *scuola elementare*), Sekundarschule (5j. *Ginnasio* und 3j. *Liceo*) und Univ. Kernstück war das 8j. Gymnasium der Jesuiten, techn. und berufl. Schulen blieben am Rande. Die Lehrerbildung erfolgte in Normalschulen (*scuole normali*) auf Sekundarschulniveau. Die Reform Gentiles führte 1923 das naturwiss.-math. Gymnasium ein, richtete die Schule insgesamt aber entschieden humanistisch aus. Die Reform Bottai schuf 1940 aus den ersten drei Gymnasialklassen die 3jähr. Mittelschule (*scuola media*). Diese wurde 1962 gesetzlich neu geregelt und die Schulpflicht bis zum 14. Lj. erweitert. Seit Jahren wird eine inhaltliche und strukturelle Reform der Sek.-Schule II und der Univ. (auch wegen der Explosion der Studentenzahlen) erwartet; seine Gesamtreform ist jedoch immer wieder gescheitert

und 8 weiteren Fachhochsch. mit insges. rd. 8000 Stud. (1997). Trotz der raschen Expansion des Hochschulwesens in den vergangenen Jahren studieren noch immer rd. 2000 Isländer im Ausland.
Die Erwachsenenbildung beschränkt sich auf Abendkurse und ein Fernlehrinstitut. Ein Amt für päd. Forschung wurde 1966 gegründet und ist seit 1968 Teil des Ministeriums für Bildung und Kultur. Es beschäftigt sich überwiegend mit Curriculumfragen und der Lehrerfortbildung.

L.: B. Josepsson, Education in Iceland, Nashville (Ten.) 1968; S. A. Magnússon, The Northern Sphinx: Iceland and the Icelanders from the Settlement to the present, London 1977; Iceland Ministry of Education (Hg.), Report on the Icelandic School System, Reykjavik 1981.

**Isle of Man** → Vereinigtes Königreich.

**Isokrates,** 436–338 v. Chr., begr. neben den → Sophisten und neben der philos. Schule von → Sokrates und → Platon die dritte päd. Schule in Athen und die rhetor. Bildungstradition des Abendlandes. Er kritisierte die sophist. Verkürzung der → Rhetorik zu einer pragmat.-utilitarist. Kunst der Selbstdurchsetzung und rehabilitierte sie als päd. Methode der Beratung im Hinblick auf das richtige Handeln (»Wohlberatenheit«). Die rhetor. Bildungsauffassung des I. wurde von → Quintilian und → Cicero weitergeführt, gewann ihre Blüte im italien. → Renaissance- → Humanismus und zeigt ihre zeitlose Aktualität gegenwärtig im Zusammenhang mit der neuen → Rhetorik.

Schr.: I.s Werke (griech. und dt.), hg. v. G. E. Benseler, 3 Bde. 1854; Sämtl. Werke, 8 Bde., hg. v. K. Brodersen, 1993.
L.: A. Burk, Die Päd. des I., 1923; W. Jaeger, Paideia, 3 Bde., 1934–47, Neudr. 1968; E. Mikkola, I., Helsinki 1954; W. Steidle, Redekunst und Bildung bei I., in: Hermes 80 (1952); P. Cloché, Isocrate et son temps, Paris 1963; E. Lichtenstein, Der Ursprung der Päd. im griech. Denken, 1970; F. Seck (Hg.), I., 1976; Ch. Eucken, I., 1983; E. Alexiou, Ruhm und Ehre, 1995; Y. L. Too, The Rhetoric of Identity in I., Cambridge 1995; H. Wilms, Technē und Paideia bei Xenophon und I., 1995.

**Israel.** Die Einwanderung aus verschiedenen soziokulturellen Räumen brachte für den jungen Staat (gegr. 1948) Probleme der Integration und ein großes Kulturgefälle mit sich. Bis 1948 stand das jüd. Bildungswesen in Palästina unter Kontrolle des Nationalen Exekutivrates, wobei seit 1932 eine Spaltung in zwei Hauptrichtungen vorhanden war: das allg.-bild. System mit Hauptakzent auf nationalen und allg.-bild., fortschrittl. Themen und das Mizrachi-System, das bes. Wert auf relig. und tradit. Themen legte. Der organisierte Rahmen der jüd. Erziehung bahnte den Weg für das 1948 von der Knesset verabschiedete Schulgesetz. Dieses sah für alle Kinder zw. 6. und 14. (seit 1969 bis zum 16.) Lj. unentgeltl., obligator. Primarschulunterricht vor; bis zum 18. Lj. ist der Schulbesuch kostenfrei.
Eine der größten Herausforderungen für das Schulsystem ist die Erziehung und der Unterricht von Kindern unterschiedlicher ethnischer und kultureller Herkunft: Juden, Moslems und Christen, Religiöse und Nichtreligiöse. Das Schulsystem ist entspr. in vier Schultypen gegliedert: *staatliche Schulen*, die von der Mehrheit der Kinder besucht werden; *religiöse staatliche Schulen*, bei denen jüdische Studien, Religion und Tradition im Vordergrund stehen; *arabische u. drusische Schulen* (Unterrichtssprache arabisch; bes. Betonung der arabischen Kultur u. Tradition) sowie *jüdisch-orthodoxe Schulen.*
Kindergärten für die 3–5j. sind weit verbreitet; der Besuch ist jedoch nicht obligatorisch und auch nicht kostenfrei.
Die von der Knesset bereits 1969 angenommene, bis heute nicht vollständig realisierte Schulreform sieht 6 Primar- und 6 Oberschuljahre vor. Der Unterricht in den Oberschulen teilt sich in eine 3j. Unterstufe (Mittelschule) und eine 3j. Oberstufe, die zur Hochschulreife führt. Oberschulen verlangen ein jährl. Schulgeld; Staat und Gemeinden gewähren jedoch nach Einkommen der Eltern gestaffelte Zuschüsse bis zu 100%. Neben den Oberschulen bauen auf der Primarschule 2–5j. Berufs- und Fachschulen und 3–4j. Landwirtschaftsschulen auf.
Zum Hochschulbereich zählen die 5 Univ.n (2 in Tel Aviv, je 1 in Jerusalem, Ramat Gan, Haifa) sowie das Institut für Technologie (Haifa, seit 1912), das Institut für Höhere Erziehung im Negev, das Weizmann-Institut (Rehovot, seit 1934) und das Negev-Institut zur Erforschung der Trockenzone (Berscheeba, seit 1956). Der Anteil der Akademiker an der Bevölkerung ist sehr hoch.

Education, Education in the Islamic Rep. of I., Teheran, 1990; Iran, in: Int. Handbook of Educational Reform, hg. v. P. W. Cooksen, New York 1992.

**Irland** (Eire). Die gesetzl. Regelung des Schulwesens geht bis 1831 zurück; seit 1892 gibt es die allg. Schulpflicht. Der 1922 von Großbritannien unabhängig gewordenen Republik gelang wegen wirtschaftl. Schwierigkeiten und angesichts der Zweisprachigkeit (Englisch und Gälisch) die Modernisierung des Bildungswesens nur dank einer engen Partnerschaft von Staat und Kirche.
Die Schulpflicht reicht heute vom 6. bis zum 15. Lj. Unterrichtssprache ist Englisch. Die Primarerziehung erfolgt in nichtstaatl., aber vom Staat subventionierten Schulen (national schools), deren Lehrpläne vom Department of Education vorgeschrieben werden. Die Curriculumrevision von 1971 hat neben den traditionellen Fächern v. a. den musischen Bereich (Kunst, Werken, Musik) und die social studies (Gesellschaftswiss. und Umweltforschung) erweitert. Die Sekundarerziehung (nach dem 12. Lj.) gliedert sich in vier Schultypen: 1. Sekundarschulen (secondary schools) bestehend aus 3j. Unterstufe mit Abschluß »intermediate certificate«; 2. Berufsschulen (vocational schools) mit techn. oder prakt. Ausrichtung und Abschluß nach 2 J.n mit dem »group certificate« oder nach 3 J.n mit dem »intermediate certificate«; 3. seit 1966 Gesamtschulen (→ comprehensive schools), weitgehend ohne → Selektion und nach dem Prinzip der Leistungskurse aufgebaut; 4. Gemeindeschulen (community schools), die die Ziele der Gesamtschulen verfolgen und auch die Erwachsenenbildung einbeziehen. Diese sollten ursprünglich die »vocational« und »secondary schools« in ländl. Gebieten ersetzen, werden aber zunehmend auch in neuen Stadtgebieten eröffnet. In Dublin besteht die deutsche »St.-Kilians-Schule«, in der irische und dt. Kinder gemeinsam unterrichtet werden. I. verfügt über 4 Univ.n: Dublin (Trinity College, gegr. 1592; City University), Limerick (1989) und die National University of Ireland (1908) mit 3 selbständigen Colleges in Dublin, Cork und Galway, außerdem über Hochschulen für Theologie (Maynooth), Medizin, Jura, Kunst, Musik, Päd., Technologie. Seit 1972 wird die nachschulische Bildung von der »Higher Education Authority« (Behörde für die höhere Bildung) koordiniert und gefördert; sie berät auch den Erziehungsminister.

L.: D. H. Akenson, The Irish Education Experiment, London 1970; A Mirror to Kathleens Face: Education in Independent I. 1922–1960, Montreal 1975; Department of Foreign Affairs, Education, Dublin 1977; D. Jacobson, B. O'Sullivan, J. Wallace, Descriptions of the vocational training systems. Ireland, Berlin 1980; J. Coolahan, Irish education. Its history and structure, Dublin 1981; A. Körner, F. Seidenfaden, Schule am Rande Europas, Teil 2: I., 1983; R. Dooney, Das berufl. Bildungswesen in I., 1985; K. S. Bottigheimer, Geschichte I.s, dt. 1985; Reviews of national policies for education. I., (OECD) Paris 1991; E. Becker, Das irische Schulsystem, 1992.

**Island.** Säulen der Bildungsgeschichte sind die Gymnasien und der häusliche Unterricht der Kinder. Das Gesetz von 1907 hatte die Schulpflicht nur für 10–14j. eingeführt. Gesetze von 1926, 1936 und 1946 erweiterten diese Bestimmungen, 1974 machte das Gesetz über die Grundschule (lög um grunnskóla) diese Schulart zu einer Einheitspflichtschule für die 7–15j., seit 1980 erfaßt sie auch die 16j. In den Städten gibt es Ganztagsschulen, in entlegenen ländl. Gebieten wurden die »reisenden Lehrer« seit den 80er Jahren durch staatl. Internate ersetzt. Vorschulerziehung wird in Tagesheimen (*dagheimili*) und Kindergärten (*Leikskólar*) angeboten; Vorschulklassen (*forskóladeildir*) für die 5–6j. gibt es seit 1970, besonders in den Städten. Derzeit bestehen folgende weiterbildende Schulen: 4j. Gymnasium (*menntaskólar*), 1–2j. Fortbildungsklassen (*framhaldsdeildir*); 4–6j. Handelsschule (*verslunskólar*), technische Schulen (*ionskólar*), 1j. Haushaltsschule (*hússtjórnarskólar*), Schulen für Kunst und Ballett (*listaskólar*), die neueren Einheitsfortbildungsschulen (*fjölbrautaskólar*) und andere Berufsschulen (*aorir sérskólar*). Seit 1978 wurden diese Angebote zunehmend koordiniert und 1–4j. integrierte Kurse angeboten. In einem umfassenden Gesetzeswerk wurden 1995/96 die bis dahin bestehenden Erziehungsdistrikte unter staatlicher Verwaltung aufgehoben; die Schulen unterstehen nun fast ausschließlich der Aufsicht der Gemeinden.
I. besitzt drei Univ. (*Univ. of Iceland*, in Reykjavik, gegr. 1911, mit derzeit 9 Fakultäten; *Univ. of Akureyri; Univ College of Education*)

lichen (Schülerheim, Jugendwohnheim, Lehrlingsheim etc.) Unterbringung, Versorgung und päd. Betreuung gewährt, in der das Prinzip der Gemeinschaftserziehung vorherrscht und die in der Regel das Zusammenleben durch eine Hausordnung in familien- oder »staats«-ähnlicher Form gestaltet. Von relig. Gemeinschaften unterhaltene I.e dienen außerdem der Vermittlung einer relig. Grundüberzeugung und der Vorbereitung eines bestimmten Berufsbewußtseins (z. B. Konvikte, Priesterseminare).

L.: F. Trost (Hg.), Hdb. der Heimerziehung, 3 Bde., 1952–66; K. Bärwinkel, S. Hattasch, Heimschulen und I. e in der BRD, 1976, [12]1994; R. Ilgner, F. Voith (Hg.), I. – miteinander leben lernen, 1986; M. Behr, Freie Schulen u. I.e, 1988; T. Fischer, Die United-World-Colleges, hg. v. J. Ziegenspeck, 1991; H. Kalthoff, Wohlerzogenheit, 1997.

**Irak** → Arabische Staaten.

**Iran.** Bis zum Ende der Sassanidenherrschaft (651 n. Chr.) bestimmte die zoroastrische Religion die Erziehung (Verschmelzung sittl. Grundsätze mit staatl., wirtschaftl. und sozialen Prinzipien; Einheit von ethischem Verhalten und Selbst- und Welterkenntnis des Lehrenden; Wertschätzung des Körperlichen). Seit Eindringen des Islam (652 n. Chr.) steht das Bildungswesen in engstem Zusammenhang mit dieser Religion, ihren Einrichtungen, Repräsentanten und Ideen. Der Koran, eine allg. Grundausbildung in der Maktab (Grundschulbereich) und religiöses Schrifttum in der → Medresse (Bereich der höheren Bildung) bilden die wesentl. Lerninhalte. Die höhere Bildung ist untrennbar mit der Moschee verbunden, die als Gebets- und Erbauungsort in der gesamten islam. Welt zugleich Stätte des Unterrichts war und z. T. heute noch ist. Unterrichtsziel und vorherrschende Lernmethode sind das Auswendiglernen des Lehrstoffes.

Neben diesem tradit. islam. Bildungswesen wurde seit Ende des 19. Jh. das moderne iran. Schulsystem nach dem Muster westl. Länder, vor allem Frankreichs, geschaffen. Seine Neufassung erfuhr es unter US-amerikanischem Einfluß in den 1960er J.n zusammen mit den wirtschaftl., kulturellen und sozialen Reformen.

Seit 1944 besteht allg. Schulpflicht, die bisher – v. a. auf dem Lande – nicht völlig verwirklicht werden konnte. Trotz großer Erfolge im Kampf gegen das → Analphabetentum – seit 1963 bestehen Erziehungskorps (Wehrdienst für Abiturienten), durch die die Landbevölkerung Unterricht in Lesen, Schreiben und Rechnen sowie fundamentale Kenntnisse auf landwirtschaftl. und sanitärem Gebiet erhält – gibt es noch etwa 40% Analphabeten.

Gegenwärtig besteht folgender Aufbau des Bildungswesens: Im Bereich der Vorschulerziehung gibt es 2–3j. Kindergärten (Bersabeh, erstmals 1933), es folgen die 5j. obligator. und unentgeltl. Grundschulen (Dabestans) bzw. die islam. Maktabs ab dem 6. Lj. Im Anschluß daran ist der direkte Berufseintritt, der Übertritt in die islam. oder – nach einer 3j. Orientierungsstufe – in die staatl. Sekundarschulen (Dabirestan) möglich.

Das moderne Hochschulwesen begann 1934 mit der Gründung der Univ. Teheran; es umfaßt heute mehrere Univ.n, techn. und andere Hochschulen. Bis 1978 besuchten zahlreiche Studenten Univ.n im Ausland, bes. in Westeuropa und den USA.

Seit der islam. Revolution (1978/79) wurde verstärkt die Reislamisierung der Kultur und des Bildungswesens betrieben. In Verknüpfung mit berufsbildenden, naturwissenschaftl. und wirtschaftl. Kenntnissen sollen auch islam. Glaubensgrundsätze gelehrt werden. Seit dem Schuljahr 1981/1982 wird nach dem am Vorbild der VR → China orientierten »Kad-Plan« unterrichtet: 1) Entwicklung einer hohen Arbeitsmoral, 2) Kennenlernen der Arbeitswelt, 3) Erhöhung des Produktionsniveaus. Der Plan sieht eine nach Geschlechtern getrennte und geschlechtsspezifische Ausbildung vor. Zur schul. Versorgung der rasch ansteigenden Schülerzahlen (1975: 5 Mio; 1996: 9,3 Mio.) wurden nach 1978 in großem Umfang Schulneubauten und -erweiterungen errichtet.

L.: M. Nayyeri, Darstellung des Schulwesens im I. seit 1850, 1960; A. Reza Arasteh, Education and Social Awakening in I., 1850–1968, Leiden [2]1969; Ministry of Education, The New Secondary Education System in I., Teheran 1975. H. A. Samii u. a., Systems of higher education, New York 1978; S. Bassiri-Movassagh, Grundschule im I., 1979; R. Rahimzadeh-Oskui, Das Wirtschafts- und Erziehungssystem in der Gesch. I.s, 1981; M. E. Bonni, N. Keddie, Continuity and Change in modern I., New York 1981; E. Abrahamian, I. between two Revolutions, Princeton 1982; Ministry of

2 Bde., 1973; B. Götz, Erfahrung u. Erziehung, 1973; M. Auwärter u. a. (Hg.), Seminar: Kommunikation, I., Identität, 1976; G. Bohnsack, Erziehung zur Demokratie, 1976; K.-H. Schäfer, I. als Grundbegriff der Päd. (FU Hagen), 1977; H.-J. Joppien, Päd. I., 1981; H.-J. Joppien, Päd. I. Modernist. Leerformel oder Programmwort einer neuen Erziehung?, 1981; R. Kokemohr, W. Marotzki (Hg.), I.sanalysen in päd. Absicht, 1985.

**Interdisziplinarität.** I. taucht zunächst als Organisationsproblem wiss. Zusammenarbeit auf, und zwar aus dem pragmatischen Motiv der besseren An- und Verwendbarkeit wiss. Erkenntnisse und aus der Forderung nach Theorie- und Methodenpluralismus. In der Päd. stellt sich das Problem der I. mindestens auf dreierlei Weise: 1. im Hinblick auf die Erforschung der situativen Bedingungen von Erziehung (Sozialwiss., empir. Humanwiss.), 2. als intradisziplinäre Vermittlung dieser Tatsachenaussagen mit normativen Urteilen über Zwecke und Ziele; wird die Ursache der Erziehung in der Freiheit und Selbstbestimmung des Menschen gesehen, dann 3. als Problem der Zusammenarbeit jener Disziplinen, die die → Mündigkeit und Personalität des → educandus provozieren und fördern können.

L.: Die Päd. und ihre Bereiche, hg. v. W. Brinkmann u. K. Renner, 1982; H. Röhrs, H. Scheuerl (Hg.), Richtungsstreit in der Erz.wiss. und päd. Verständigung, 1989; D. Hoffmann, Bilanz der Paradigmendiskussion in der Erz.wiss., 1991; B. Moeller (Hg.), Logik der Päd., 1992; O. Marquard, I. als Kompensation, in: Universitas 53 (1998); Hermeneutik und Naturalismus, hg. v. B. Kanitscheider u. a., 1998; Die gegenwärtige Struktur der Erz.wiss., hg. v. D. Hoffmann und K. Neumann, 1998.

**Interesse** (lat.: dabeisein). Personale → affektiv-kognitive Struktur mit handlungs- und erlebnisleitender Funktion; beeinflußt Form und Inhalt unserer Auseinandersetzung mit der → Umwelt. Ungeklärt ist, inwieweit I.n auf einer angeborenen Grundansprechbarkeit beruhen, sie sind jedenfalls durch → Erziehung und → Sozialisation wechselbar und gestaltbar. Die eigene I.nstruktur ist wesentliches Charakteristikum des → Individuums. Im Unterschied zu Trieb und → Instinkt sind I.n nicht einem Reiz- und Reaktionsmechanismus unterworfen; sie sind von ihrer Vielfalt her prinzipiell nicht eingrenzbar, da sie alle Bereiche menschl. Strebens umfassen, sie sind aber weckbar. In der Geschichte der Päd. wollte → Rousseau die Erziehung an die I.n des Zöglings knüpfen; → Herbart baute den Unterricht auf I.n auf; Kerschensteiner sah im I. vier wichtige Momente: inneres Angetriebensein, aufmerksame Hinwendung zum Gegenstand, gefühlsmäßige Ineinssetzung mit ihm, unbedingte Dauerhaftigkeit. Habermas hat einen Zusammenhang von Erkenntnis und I. aufgezeigt und den empirisch-analyt. Wiss.n ein technisches, den hist.-hermeneut. ein praktisches und den kritischen Sozialwiss.n ein emanzipatorisches Erkenntnisinteresse zugeordnet.

L.: E. Todt, Differentieller I.ntest, 1967; J. Habermas, Erkenntnis und I., 1968, [10]1991; H. Neuendorff, Der Begriff des I.s, 1973; S. Moser (Hg.), Die »wahren« Bedürfnisse, Basel 1978; E. Todt, Das I., 1978; G. Patzig, Der Unterschied zw. subjektiven und objektiven I.n und seine Bedeutung für die Ethik, 1978; H. Heiland, Motivieren und Interessieren, 1979; L. Gravenhorst u. a., Wissenschaftlichkeit und I.n, 1982; J. Steiner, I.ngeleitetes Lernen, 1983; H. Schiefele, A. Krapp, Aus I. lernen, mit I. lernen, 1990; H. Karsten, Beitr. zu einer Theorie der I.nentwicklung, 1991; A. Krapp, M. Prenzel (Hg.), I., Lernen, Leistung, 1992.

**Interkulturelle Erz.,** → Multikulturelle Erz., → Ausländerpäd.

**Interlinguistik,** von → Comenius begründete Wissenschaft von der Konstruktion von Plansprachen zur interkulturellen Verständigung (die bekanntesten sind → Basic Englisch, → ILo und Interlingua) und von der Eignungsbeurteilung zwischensprachlich funktionierender Verständigungssprachen unter den Gesichtspunkten der Lernleichtigkeit, Ausdruckskraft und Neutralität. Neuerdings dienen Plansprachen auch als Zwischen- bzw. Referenzsprachen der automatischen Übersetzung und der internationalen Fachsprachnormung sowie als Lehrstoffmodelle im → Sprachorientierungsunterricht.

**Internalisierung** (lat.: Verinnerlichung) bezeichnet die Verlagerung eines Beziehungsverhältnisses von außen in die Innenwelt eines Individuums, z. B. die Übernahme fremder Ansichten oder Wertvorstellungen.

**Internat.** Heute gebräuchlich für → Alumnat ist das I. eine Einrichtung, die Kindern (Erziehungsheim, Kinderdorf etc.) und Jugend-

Bedingung oder besser ein Bedingungskomplex für bestimmte Leistungen verstanden, wobei nach der von → E. Claparède und W. → Stern vorgeschlagenen Auffassung als I.leistung vor allem gilt, Schwierigkeiten in neuen Situationen zu erkennen und zu überwinden. In der I.forschung wird je nach Forschungsansatz allgemein nach den Prinzipien und Gesetzen der I. gefragt, genetisch ihre Entwicklung erforscht oder werden differentiell ihre Modalitäten nach Individuen und Gruppen untersucht. An Forschungsrichtungen lassen sich unterscheiden: eine auf die Intentionalität von I. gerichtete (z. B. Gestalttheorie, Verstehenspsychologie), eine ihre Funktionalität betonende (z. B. Claparède), eine behavioristisch orientierte (z. B. Thorndike, Hall), eine lernpsychologisch interessierte (Tolman, → Bruner) und eine genetisch verfahrende (Gesell, → Gagné, → Piaget). Während lange Zeit faktorenanalytische Gesichtspunkte (Spearman, Thurstone, Guilford), d. h. die Frage nach der Natur und der Zahl der in eine I.leistung eingehenden Faktoren, vorherrschten, treten neuerdings sozio-kulturelle und ökologische Aspekte, also Fragen nach der Abhängigkeit der I. von umgebenden Bedingungsverhältnissen, mehr in den Vordergrund (z. B. Bronfenbrenner). Darüber hinaus werden aus kognitionspsycholog. Perspektive jene Prozesse analysiert, die spezifischen intelligenten Leistungen zugrundeliegen (z. B. Sternberg).

Pädagogisch einflußreich wurde in letzter Zeit vor allem → Piagets (heute wieder kontrovers diskutiertes) Modell der I.entwicklung. Dort werden vier Stadien unterschieden: 1. das der sensumotorischen I., bis 24 Monate; 2. das des präoperationalen Denkens, bis 7 Jahre; 3. das der konkreten Operationen, bis gegen 11 Jahre und 4. das der formallogischen Operationen, wobei I. insgesamt als eine geistige Struktur aufgefaßt wird, die sich stufenweise zu einem immer vollkommeneren und umfassenderen Gleichgewichtszustand entwickelt.

Pädagogisch beachtenswert erscheint, daß I. nicht als eine feste Gegebenheit (etwa im Sinne einer starren → Anlage) angesehen werden darf, sondern als eine von vielen äußeren Einflüssen mitbestimmte → Fähigkeit. Ebenso ist die I. in die Gesamtstruktur der → Person einzuordnen; keine einzige Lern- oder Bildungsleistung ist allein von der vorhandenen I. abhängig. → Künstliche I.

L.: J. Piaget, Psych. der I., Zürich 1948 u. ö.; J. P. Guilford, The structure of human intelligence, New York 1967; H. J. Eysenck, Vererbung, I. und Erziehung, 1975; J. Piaget, Biolog. Anpassung und Psych. der I., dt. 1975; K. Heller, I. und Begabung, 1976; R. J. Sternberg, Beyond IQ. A triarchic theory of human intelligence, New York 1985; M. Waldmann, F. E. Weinert, I. und Denken, 1990; R. Meili, Struktur der I., 1981; H. Gardner, Abschied vom IQ, (1985), dt. 1991; J. Kuczynski, Die I., 1987; R. Kail, J. W. Pellegrino, Menschl. I., 1988; P. Borkenau, Anlage und Umwelt, 1992; K. A. Heller u. a. (Hg.), Internat. Handbook of Research and Development of Giftedness and Talent, Oxford 1993; A. Neubauer, I. und Geschwindigkeit der Informationsverarbeitung, 1995; J. Funke, B. Vaterrodt-Plünnecke, Was ist I., 1998; N. J. Mackintosh, IQ. and human intelligence, London 1998; E. Roth (Hg.), I., 1998.

**Intentionale Erziehung** → Erziehung.

**Interaktion** (wörtl.: Zwischenhandeln). Handeln bzw. Miteinanderhandeln zwischen und von Subjekten, die von der Subjektivität des anderen ein Bewußtsein haben, sich dadurch selbst als Subjekte identifizieren können und sich in ihrem Handeln auf eine allen gemeinsame Welt beziehen. Die I. ist nicht nur durch die eigenen Bedürfnisse und Zwecke des Handelnden bestimmt, sondern auch durch die Ansprüche, die andere an das eigene Handeln stellen. I.sformen sind hist. bestimmt, entsprechend wandelbar und spiegeln den Grad der gesellschaftl. Entwicklung (Differenzierung) wider; in jeder Gesellschaft tritt das → Individuum in eine Vielzahl voneinander unterschiedener I.en, in denen es seine → Identität als → Person zu artikulieren und zu bewähren hat. → Deweys I.späd. beschreibt und analysiert die Auseinandersetzung des Heranwachsenden mit seiner gesellschaftl.-kulturellen Umwelt als I.sprozeß, in dem ein selbstbewußter Zusammenhang innerer Erfahrungen entsteht, der dann als akkulturierte Ich-Identität (»accultured self«) erscheint. → symbolischer Interaktionismus.

L.: J. Dewey, Freedom and Culture, New York 1963; P. A. Schilpp, The Philosophy of J. Dewey, La Salle, 1968, ²1971; G. H. Mead, Geist, Identität und Gesells., dt. 1968; K. Mollenhauer, Theorien zum Erziehungsprozeß, 1972 u. ö.; Arbeitsgruppe Bielefelder Soziologen (Hg.), Alltagswissen, I. und gesells. Wirklichkeit,

ziehung und Bildung ihrer Angehörigen, auf die Sicherheit, Normen und Tabus des Sozialwesens. Sie bilden die Stabilisierungskerne des Verhaltens und Denkens, gewährleisten Kontinuität und entlasten von ständigem Entscheidungs- und Rechtfertigungszwang. Zugleich tragen die I.n die Tendenz zur Verselbständigung in sich. Sie bleiben stehen und stellen Forderungen an ihre Träger, auch wenn die Bedürfnisse, Denkformen und Umweltbedingungen sich gewandelt haben. Äußerstenfalls bilden sie dann nur noch leere Formen, deren Gehalt verlorengegangen, oft nicht einmal mehr rekonstruierbar ist, und werden damit zur Quelle von → Entfremdung und Unterdrückung des Menschen. → pédagogie institutionnelle.

L.: A. Gehlen, Urmensch und Spätkultur, 1956 u. ö.; F. Jonas, Die I.nlehre A. Gehlens, 1966; W. Lipp, I. und Veranstaltung, 1968; H. Schelsky (Hg.): Zur Theorie der I., 1970; J. A. Schülein, Theorie der I., 1987; M. R. Lepsius, Interessen, Ideen und I., 1990; W. Balzer, Soziale I., 1993.

**Integration** (lat.: Wiedereinbeziehung, Eingliederung in ein Ganzes) ist ein in versch. Zusammenhängen gebrauchter Begriff, der heute zunehmende Bedeutung gewinnt (→ Ausländerpäd., → Sonderpäd.). In der gegenwärtigen sonderpäd. Diskussion wird der Gedanke der I. im Sinne einer gemeinsamen Erziehung und Bildung von behinderten und nichtbehinderten Menschen vermehrt in den Blick genommen; angeregt durch internat. Erfahrung, z.B. aus Italien, den skandinavischen Ländern und den USA (»mainstreaming«) wird das Prinzip der I. sowohl als ein leitendes päd. Ziel wie auch als rehabilitationspäd. Maßnahme verstanden (→ Rehabilitation).
Die möglichst weitgehende Eingliederung von behinderten Menschen in eine soziale Einheit (→ Gruppe, Gesellschaft) soll die Trennung von Regel- und Sondererziehung aufheben und eine Aussonderung vermeiden. Auf dieser Basis werden päd. Grundfragen wie der Ausgleich von → Individuum und Gruppe, das Verhältnis von Gleichheit und Ungleichheit, der Widerspruch von Selbstwertgefühl und gesellschaftl. definierter Tüchtigkeit in bezug auf → Behinderungen neu gestellt und gemäß dem Leitsatz der italienischen I.sbewegung »Tutti uguali – tutti diversi« (alle sind gleich – alle sind verschieden) erörtert.
Die I. von behinderten Menschen in Regeleinrichtungen der Erziehung und Bildung kann verschieden akzentuiert sein. Der abgewandelte Begriff der integrierten Erziehung wird häufig schulorganisatorisch gebraucht und deutet darauf hin, daß versch. Stufen von gemeinsamer Erziehung möglich sind. Bei einigen Behinderungsarten scheint eine volle schulische I. erstrebenswert, bei anderen wird die I. nur in einzelnen Fächern durchgeführt und durch zusätzl. behindertenspezifische Förderung ergänzt. Auch eine Sonderbeschulung kann, langfristig gesehen, eine integrative Wirkung haben, indem sie den behinderten Menschen auf ein möglichst selbständiges Leben in der Gesellschaft vorbereitet.
Die I. sollte sich jedoch grundsätzlich nicht nur auf den gemeinsamen Kindergarten- und Schulbesuch beschränken, sondern sollte auch andere Lebensbereiche wie → Freizeit, Wohnen und Arbeit einschließen.

L.: T. Hellbrügge, Unser Montessori-Modell, 1977; A. Hössl, I. behinderter Kinder in Schweden, 1982; V. v. Blumenthal u.a., Soziale I. Behinderter durch Weiterbildung, 1987; U. Bleidick, Betrifft I.: behinderte Schüler an allgem. Schulen, 1988; M. Stolleis, Behinderte u. nichtbehinderte Kinder im Kindergarten, 1988; H. Deppe-Wolfinger u.a., Integrative Päd. in der Grundschule, 1990; W. Dichans, Der Kindergarten als Lebensraum für behinderte u. nichtbehinderte Kinder, 1990, ²1992; D. Randoll, Lernbehinderte in der Schule, 1991; U. Haeberlin u.a., Zusammenarbeit, 1992; G. Opp, Ein Spielplatz für alle, 1992; U. Rüegger, I.späd. in der Lehrerbildung, 1992; D. Dumke, G. Schäfer, Entwicklung behinderter u. nichtbehinderter Schüler in I.sklassen, 1993; G. Opp, Mainstreaming in den USA, 1993; G. Bless, zur Wirksamkeit der I., 1995; U. Schildmann, I.späd. und Geschlecht, 1996; H. Eberwein (Hg.), Hdb. der I.späd. ⁴1997.

**Intellektualismus** bezeichnet eine Auffassung, die dem Intellekt den einseitigen Vorrang im Ganzen der menschl. Persönlichkeit einräumt und in der Regel die nichtintellektuellen Kräfte geringschätzt. → Affekt, → emotional.

**Intelligenz** (von lat.: *intelligere* = einsehen). Wenn man mit I. nicht nur testpsychologisch-statistisch das meint, was der I.-Test mißt, stellt sich das Problem, daß eine allgemein anerkannte Definition von I. bisher nicht vorliegt. Gewöhnlich wird unter I. eine

**Ingenkamp,** Karlheinz, * 20. 12. 1925 Berlin, 1961 Dr. phil. FU Berlin, 1968 Habil., ebd., 1971 Prof. für Päd. EWH Landau, später Univ. Koblenz-Landau, em. 1991, grundlegende Beiträge zur Unterrichtsforschung, Testentwicklung und -anwendung, Schulpäd.
Schr.: Die dt. Schulleistungstests, 1962; Psycholog. Tests für die Hand des Lehrers, 1963, $^3$1964; Die schulpsycholog. Dienste in der BRD, 1966; Schulleistungen damals und heute, 1967; Untersuchungen zur Übergangsauslese, 1968; Zur Problematik der Jahrgangsklasse, 1969, $^2$1972; (Hg.) Hdb. der Unterrichtsforschung, 3 Bde. 1970–71; (Hg.), Die Fragwürdigkeit der Zensurengebung, 1971, $^9$1995; Päd. Diagnostik, 1975; (Hg.) Schüler- und Lehrerbeurteilung, 1977; (Mithg.) Jb. der päd. Diagnostik – Tests und Trends, ab 1981; Lehrbuch der päd. Diagnostik, 1985, $^4$1997 (russ. 1991, griech. 1993); Klassengröße: Je kleiner, desto besser?, 1985; Diagnostik in der Schule, 1989; (Hg.), Was wissen unsere Schüler?, 1989; Päd. Diagnostik in Dtl. (1885–1932), 1990; (Hg.), Empirische Päd. 1970–1990, 2 Bde., 1992.
L.: Schülergerechte Diagnose, hg. v. H. Pettilon u. a., FS zum 60. Geb.tag 1986.

**Instinkt** (lat.: Anreiz, Trieb), angeborene, arteigene, zielgerichtete, zur Lebens- und Arterhaltung dienliche Verhaltensdisposition. Im Unterschied zur tierischen Vielfalt der I.e ist der Mensch vergleichsweise wenig instinktgeleitet. Die Alternative instinktives oder erlerntes Verhalten, die schon im Tierreich in mannigfache Zwischenstufen aufzulösen ist, gilt beim Menschen nur sehr abgeschwächt. Die wenigen instinkthaften Antriebe des Menschen ermangeln der Notwendigkeit konsequenter Verfolgung bis zur Befriedigung. Denn menschl. Triebe lassen sich aufstauen, in andere Verhaltensweisen sublimieren, also kraft einsichtigen Wollens in andere Richtungen lenken oder in gestufte Auswirkungsmöglichkeiten dosieren. Im Unterschied zum Tier, das seinen I.n folgen muß, muß der Mensch gerade nicht ›müssen‹ (→ Weltoffenheit, Freiheit). Dieser grundlegende anthropologische Befund ist päd. bedeutsam: Statt der Triebsteuerung müssen beim Menschen kulturelle Systeme wie Sprache und Geschichte Erfahrungen gemeisterten Daseins weitergeben. Beim reifen Individuum kann die Traditionsleitung noch durch spontane geistige Neuschöpfungen überboten werden. Wegen der I.reduziertheit bezeichnete → Herder den Menschen als den »ersten Freigelassenen der Schöpfung«. Diese Charakterisierung beinhaltet zugleich die Einsicht in die → Erziehungsbedürftigkeit und → Bildsamkeit des Menschen. Die dem Menschen verbliebenen I.reste sind für das Funktionieren in Kleingruppen organisiert, versagen aber weithin gegenüber den Anforderungen der anonymen Massengesellschaft. Neben der Befähigung zu autonomer Selbstgestaltung muß Erziehung den einzelnen auch für die Massenzivilisation ausrüsten. Die päd. relevanten Fragen der früheren I.forschung werden heute vorwiegend von der psychoanalytischen Verhaltensforschung erörtert. → Sublimierung, → perfectibilité.
L.: E. v. Holst, Mod. I.forschung 1961; N. Tinbergen, I.lehre (engl. 1951), $^2$1966; H. Roth (Hg.), Begabung und Lernen, 1968 u. ö.; E. v. Holst, Zur Verhaltensphysiologie bei Tieren und Menschen, Bd. 1, 1969; V. Karfunkel, Die I.e des Menschen, 1983; F. Korbes, Die Bewältigung der menschl. I.relikte als Aufgabe der Erziehung, 1989.

**Institute zur Erlangung der Hochschulreife,** Einrichtungen der → Erwachsenenbildung, in denen auf dem sog. → zweiten Bildungsweg Berufstätige die → Hochschulreife erwerben können. Meist Kolleg genannt (Bayernkolleg, Hessenkolleg), sind sie Vollzeitschulen (keine berufsbegleitenden Schulen) mit mindestens 5semestriger Dauer.

**Institution,** die »Einrichtungen«, »Anweisungen« der Gesellschaft für die Art und Weise, in der bestimmte Dinge getan werden müssen. Im heutigen sozialwiss. Sprachgebrauch alle relativ dauerhaften, sozialen Verhaltensmuster, Rollen und Beziehungen, mit deren Hilfe Menschen die Befriedigung wichtiger sozialer Grundbedürfnisse in einheitl. Weise regeln. Im weiteren Sinne zählen dazu auch die Einrichtungen von Kirche, Recht, Erziehung, auch Sitten, Riten, Symbole, Zeichensysteme, die als objektive Bezugssysteme das Denken und Handeln in Führung nehmen und das Dasein stabilisieren; »Alles gesellschaftl. Handeln wird nur durch I.n hindurch effektiv, auf Dauer gestellt, normierbar, quasi automatisch und voraussehbar« (Gehlen 1956).
Eine der I.n jeder Gesellschaftsordnung ist Erziehung. Sie bildet wie alle I.n eine Vorbedingung jeder Sozietät und Kultur. Durch die I.n hat die Gesellschaft Einfluß auf Fortgang und Bestand ihrer Inhalte, auf Einfügung, Er-

Zs.: LOG IN, Informatik in Schule und Ausbildung, 1981 ff.
L.: L. Klingen, Informatik, 1979; R. Baumann, Informatik mit PASCAL, 1981; H. Griesel, H. Postel, Informatik heute, 1986; W.-D. Haaß, Informatik, 1986; F. v. Puttkamer (Hg.), Informatik-Grundbildung in Schule und Beruf, 1986; R. Gunzenhäuser, A. Brenner, Computer und Informatik in der Schule, 1987; R. Baumann, Didaktik der Informatik, 1990 u. ²1996; P. Gorny (Hg.), Informatik und Schule, 1991; E. Modrow, Zur Didaktik des I.s, 1993; G. Cyranek, Beiträge zur Didaktik der Informatik 1992; E. Lehmann, Projekte im I., 1995.

**Information,** ein in den meisten Sprachen doppeldeutig verwendeter Fachausdruck der Kommunikationswissenschaft und → Kybernetik. Einerseits ist I. gleichbedeutend mit »Botschaft«, »Nachricht«, »Soft« (engl.: software), d. h. mit dem, was ein Sender (z. B. → Lehrer oder Lehrautomat) einem Empfänger (z. B. → Schüler) bei der Kommunikation (z. B. im → Unterricht), »mit-teilt«, ohne es dabei ganz oder teilweise verlieren zu müssen (wie bei der Auslieferung oder »Auf-teilung« materiell-energetischer Güter). Andererseits ist I. der (in bit) meßbare Gehalt der Nachricht, der sich in der Schwierigkeit ihrer Übermittlung und Speicherung (auch beim menschlichen → Lernen) äußert. Die mathematische I.theorie Shannons erkannte, daß diese Schwierigkeit mit der Schwierigkeit der Voraussage der Botschaft identisch und als Logarithmus von deren Unwahrscheinlichkeit $1/p$ zu messen ist. Dabei werden inhaltliche Aspekte (z. B. der »Sinn«) eines Textes nicht explizit berücksichtigt, sie beeinflussen aber die Wahrscheinlichkeit p und damit die I. des Textes für den mehr oder weniger sachkundigen Leser.
H. → Frank erklärt daher für die Humankybernetik, speziell für die → kybernetische Päd., die I. stets zur »subjektiven« (empfängerabhängigen) I. und mißt auch die semantische (z. B. Lehrstoff-)I. eines Textes in bit, nämlich durch die Differenz der I., die im Text für einen noch Sachunkundigen gegenüber einem schon Sachkundigen steckt. → K. Weltner erweiterte diesen Ansatz zur Definition der im Unterricht tatsächlich gelernten »didaktischen Trans-I.« und entwickelte praktikable Verfahren zur Messung der I. von Texten für veschiedene Empfänger (z. B. Schüler) in verschiedenen (z. B. Lern-)Zuständen. Die I., die der Mensch maximal pro Minute in sein Bewußtsein oder → Gedächtnis aufnehmen kann, hängt von → Intelligenz (S. Lehrl) und Alter (H. → Riedel) ab und beträgt beim durchschnittlichen Erwachsenen nur etwa 1000 bit für das Bewußtsein, 40 bit für das Kurzzeitgedächtnis, 4 bit für das Langzeitgedächtnis. Damit erhält die Päd. die Aufgabe, zwecks Lernerleichterung durch (verlustfreie) Senkung der aufzunehmenden subjektiven I. → Redundanz zur Wirkung zu bringen. Dies geschieht durch Aufmerksamkeitslenkung von den Einzelzeichen (z. B. Buchstaben) auf Zeichenkomplexe (F. v. Cube, M. → Lánský) – so z. B. bei der → Ganzwortmethode –, durch Bildung interner Modelle (K. Weltner) vor allem im → naturwissenschaftlichen Unterricht oder durch Bewirkung von → Transfer (H. Frank) z. B. im Rechnerkunde- (d. h. Elementarinformatik-) und im → Sprachorientierungsunterricht.
L.: C. E. Shannon, W. Weaver, The Mathematical Theory of Communication, 1949; H. Grell (Hg.), Arbeiten zur I.theorie, 2 Bde. 1957/58; W. Meyer-Eppler, Grundlagen und Anwendungen der I.theorie, 1959, ²1969; H. Frank, Kybernetische Grundlagen der Päd., 1962, ²1969; F. von Cube, Kybernetische Grundlagen des Lernens und Lehrens, 1965, ⁴1982; H. Riedel, Psychostruktur, 1967; S. Moser, (Hg.), I. und Kommunikation, 1968; K. Weltner, I.theorie und Erziehungswiss., 1970; F. Klix, I. und Verhalten, 1971; B. S. Meder, W. F. Schmid und V. Barandovská (Hg.), Kybernetische Pädagogik/Klerigkibernetiko, 7 Bde., 1973, 1974, 1993.

**informationstheoretische Didaktik,** von → H. Blankertz in seiner Gegenüberstellung von »Modellen« der → Didaktik eingeführte Bezeichnung für den didaktischen Teil der → kybernetischen Päd. (dort auch Lit.). Die i. D. faßt Unterricht als Prozeß der Informationsverarbeitung und der Verhaltenssteuerung auf.

**Ingenieurschulen,** ab 1967 als Ingenieurakademien (vor 1938 häufig als Polytechnikum oder Technikum) bezeichnet, wurden nach 1971 in → Fachhochschulen mit der Ausbildungsrichtung Technik (Fachrichtungen: Bauingenieurwesen, Vermessungswesen, Kunststofftechnik, Maschinenbau etc.) umgewandelt. Dabei wurden die Eingangsvoraussetzungen erhöht sowie Lehr- und Studienpläne reformiert.

der der »niederen Stände« in den elementaren Dingen unterrichtet wurden und daneben gegen geringen Lohn Textil-, Garten- und Feldarbeiten ausführen mußten. Der Erlös dieser Kinderarbeit diente häufig als Ersatz des Schulgeldes. Entsprechend der sozialen und päd. Auffassung des → Pietismus und der → Aufklärung wurde die Erziehung zur »Industriosität« (Erziehung zum Fleiß und zur richtigen Verwendung von Zeit und Kräften) als öffentl. Pflicht angesehen. Mit zunehmendem Ausbau der allg. Schulpflicht verschwanden die I. → Fellenberg, → Kindermann, → Pestalozzi, → Wehrli.

L.: R. Alt, Die I., 1948; G. Koneffke, Menschenbildung und Kinderarbeit bei Pestalozzi und Owen, (Diss. Heidelberg 1962); H. Blankertz, Berufsbildung und Utilitarismus, 1963, Repr. 1985; ders., Bildung im Zeitalter der großen Industrie, 1969; C. L. F. Lachmann, Das I.wesen, ein wesentl. und erreichbares Bedürfnis aller Bürger- und Landschulen, 1802, Neudr. 1973; G. Koneffke (Hg.), Die Erforschung der I.n des 17. u. 18. Jahrhunderts, 1982.

**Infant School.** Die erste I. S. wurde 1816 in Großbritannien von → R. Owen als Schule für Kinder gegr., die sonst mit 5 J. als »Lehrlinge« gearbeitet hätten; diese Schule nahm Kinder vom 1. Lj. an auf. Pioniere der I. S. wie J. Buchanan, H. Brougham, D. Stow, → S. Wilderspin warben für die neue Schulidee; sie breitete sich aber erst anfangs dieses Jh. aus, als unter Einfluß von → Fröbel und → Montessori eine eigene progressive, kindzentrierte Päd. der I. S.s, vor allem von Susan Isaacs, entwickelt werden konnte. → Childcentred-education.

L.: N. Whitbread, The Evolution of the Nursey-I. S., London 1972; J. Swift, Vorschulerziehung in England, 1982; E. Gruber, Bildung z. Brauchbarkeit?, 1997.

**Informatikunterricht.** Informatik versteht sich als Wiss. von den Strukturen und den Verfahren der systematischen Informationsverarbeitung, besonders der automatischen Verarbeitung mit Computern. Der I. hat sich in den letzten Jahren in der Sek.stufe II, zunehmend auch in → Realschule und in berufsbildenden Schulen als eigenständiges Unterrichtsfach (in manchen Bundesländern auch als Abiturfach) etabliert. Der I. untergliedert sich u. a. in vier Themenbereiche: 1. Anwendungsbereich (Anwendungen der Informationstechnik einschl. ihrer Möglichkeiten und Probleme), 2. Algorithmischer Bereich (Informatikmethoden und -strukturen), 3. Technischer Bereich (Umgang mit Systemen, Funktionsprinzipien von Hard- und Softwarekomponenten) und 4. Gesellschaftlicher Bereich (individuelle und gesellschaftliche Auswirkungen der Informationstechnologien). Grundsätzlich sollten diese vier Themenbereiche in einem inhaltlichen Zusammenhang unterrichtet werden. In der überwiegenden Anzahl der Schultypen der Sek.stufe I hat sich dagegen im Anschluß an den Vorschlag der Bund-Länder-Kommission vom Dez. 1984 ein Modell durchgesetzt, wonach ein breites Spektrum informationstechnischer Grundbildung in alle bestehenden Schulfächer integriert werden soll.

Der I. hat – trotz seiner relativ kurzen Geschichte – bereits mehrere Veränderungen erfahren, die in engem Zusammenhang mit häufig als Paradigmenwechsel bezeichneten Veränderungen der Fachwissenschaft stehen. Während in den 70er Jahren das Programmieren in den Sprachen BASIC und PASCAL die Grundlage des Unterrichts bildete, wurde in den 80er Jahren versucht, den Prozess der Modellbildung und die Entwicklung und Darstellung von Algorithmen auf dem Rechner stärker im Unterricht zu betonen. Das projektartige Arbeiten trat als ein zentrales Element des I. in den Vordergrund (Lehmann, Modrow), und es wurde versucht, einen Überblick über verschiedene Programmierparadigmen (PROLOG, LISP) zu geben. Daneben gewann auch im I. die objektorientierte Programmierung (meist mit VISUAL BASIC) an Bedeutung. Mit der zunehmenden Vernetzung der Computer und der rasant anwachsenden Bedeutung des INTERNET tritt jetzt neben dem Arbeiten des Schülers mit dem Computer vor allem auch die Bedeutung des Einzelnen im Rahmen eines vernetzten Systems immer stärker hervor. Durch die Möglichkeit der Darstellung weltweit zugänglicher Informationen sowie der globalen Kommunikation werden Themengebiete wie Nachrichtenübermittlung, Datenverschlüsselung, und Graphikformate für den I. immer wichtiger. In neuerer Zeit wird deshalb im I. auch die Programmiersprache JAVA verwendet.

nisierung, Mechanisierung und Automatisierung, Spezialisierung und Differenzierung der Arbeitsprozesse, Konzentration menschl. Arbeitskraft in den industriellen Ballungszentren (Verstädterung, Metropolisierung), räumliche Trennung von Arbeitsplatz und Familienhaushalt, Rückgang der Beschäftigungszahlen im primären Sektor (Land- und Forstwirtschaft, Urproduktion) zugunsten ihres kontinuierlichen Anwachsens im sekundären (produzierende und verarbeitende Industrie) und tertiären Sektor (Dienstleistungen), inter- bzw. multinationale Ausweitung der Märkte, stärkstes Anwachsen des Verkehrs, zunehmende Dominanz des Leistungsprinzips, der Abhängigkeit des einzelnen von komplizierten Versorgungsapparaten und der Herrschaft von Experten, Managern und Technokraten; parallel damit gehen die progressive Auflösung der alten Sozialformen, bes. der → Familie, und die wachsende Entpersönlichung und → Entfremdung. Für den einzelnen wird es immer schwieriger, die sich komplizierenden Zusammenhänge zu überblicken. Über die Realitäten breitet sich ein System von Verwaltung (→ Hierarchie) und Regelung (Bürokratisierung), Informationen, Anweisungen und Zuständigkeiten, das den unmittelbaren Zugang zur Primärerfahrung versperrt (Erfahrungsverlust) und Nachbarschaft vermindert. Wissen und Erfahrungen nähren sich aus sekundären Quellen einschließlich der Massenkommunikationsmittel (Presse, Fernsehen, Funk, Film). Verhalten und Handeln werden immer seltener aus eigenen Entscheidungen gespeist (Freiheitsverlust). Der Mensch lebt weitgehend in sozialen → Rollen und rationalisierten sekundären Sozialsystemen, in denen das persönliche Dasein und die Freiheit des Handelns in Frage gestellt sind, dagegen → Anpassung jedes einzelnen an die Normen, Forderungen und (Sach-)Zwänge der Gesellschaft immer selbstverständlicher werden. Dies geht bis zur Ausschaltung der persönlichen Initiative und der Unterordnung unter den Willen der Gesellschaft (Riesman: fremdgesteuertes, außengeleitetes Handeln).

An speziellies Wissen und Können des einzelnen werden, oft zu Lasten der → Allgemeinbildung, erhöhte Anforderungen gestellt, u. a. techn. und fachl. Qualifikationen, aber auch extrafunktionale Arbeitsorientierungen vorausgesetzt. Die → Auslese der Geeigneten und eine den Begabungen entsprechende Schul- und Berufsausbildung werden zu einer immer dringenderen und schwierigeren Aufgabe, die eine ständige Reform und den konsequenten Ausbau aller Bildungseinrichtungen erfordert. Die berufsbildenden, insbes. die techn. wirtschaftl. Bildungswege werden gefördert. Man betrachtet sie immer mehr auch als Wege allg. Menschenbildung. Grundsätzlich stellt jedoch das Vorherrschen der I. die Erziehungsfragen in ihrer Gesamtheit neu. Insbes. zwingt der schnelle Strukturwandel des sozialen, wirtschaftl. und kulturellen Lebens zu bestimmten Forderungen an die Erziehung: Der einzelne soll nicht nur für bestimmte (berufl. techn., wirtschaftl.) Aufgaben gebildet werden, sondern er soll befähigt werden, sich dem Strukturwandel anzupassen, dabei aber Sozial-Kompetenz und → Ich-Identität, → Autonomie und Solidarität, Kritikfähigkeit und Angstfreiheit, Nonkonformismus und Friedfertigkeit, Verantwortung und → Empathie auch unter den gegenwärtigen Lebensbedingungen der I. zu wahren und zu erhalten. Verkürzte Arbeitszeit und mehr → Freizeit bieten dazu eine Chance. → Risikogesell.

L.: Th. W. Adorno (Hg.), Spätkapitalismus oder I.?, 1969; R. Aron, Die industrielle Ges., 1964; Ph. Eggers, Erz. und G. heute, 1970; N. Birnbaum, Die Krise der I., 1970; G. Bohne, Erziehen in der industriellen Ges., 1962; H. Freyer, Gedanken zur I., 1970; G. Friedmann, Industrial Society, Glencoe 1964; J. K. Galbraith, Die mod. I., 1968; G. Hartfiel, K. Holm (Hg.), Bildung und Erziehung in der I., 1973; M. Keilhacker, Erziehung und Bildung in der I., 1967; Cl. Kerr u. a., Der Mensch in der industriellen Ges., 1966; E. W. Mommsen; Die Schule in der industriellen Ges., 1962; D. Riesman, Die einsame Masse, 1958; G. Rohrmoser, Humanität in der I., 1970; A. C. Zijderveld, Die abstrakte Ges. 1972; W. Zapf (Hg.), Lebensbedingungen in der BRD, 1977; J. S. Coleman, Die asymmetr. Gesellschaft. Vom Aufwachsen mit unpersönl. Systemen, dt. 1986; P. Weinbrenner, Die Zukunft der I. im Spannungsfeld von Fortschritt und Risiko, 1989; H. Lübbe, Der Lebenssinn der I., 1990; R. Havemann, Morgen. Die I. am Scheideweg, 1990; F. Lehner, Die Schule für eine mod. I., 1992; H.-E. Tenorth, laute Klage – stiller Sieg, in: Z. f. Päd., 29. Beiheft, 1992; W. Ruppert (Hg.), Chiffren des Alltags, 1993.

**Industrieschulen,** Einrichtungen, in denen am Ende des 18. und am Anfang des 19. Jh. Kin-

»bloße I.« in der ausgreifenden Auseinandersetzung mit der Welt zur »vollendeten Individualität« und wird zur gebildeten Persönlichkeit. → Person; → Bildung.

L.: Th. Litt, I. und Gemeinschaft, 1921, ³1926; O. v. Nell-Breuning, Einzelmensch und Gesellsch., 1950; P. W. Medawar, Die Einmaligkeit des I.s, 1969; W. Eichler, I. und Gesellsch., 1970; K. Löwith, Das I. in der Rolle des Mitmenschen, in: Sämtl. Schr., hg. v. K. Stichweh u. M. B. de Launy, Bd. 1, 1981; Perspektiven der Philosophie, Bd. 8, 1982; M. Frank, Die Unhintergehbarkeit von Individualität, 1986; N. Elias, Die Gesell. der Individuen, 1987, ²1991; Chr. Riedel, Subjekt und I., 1989; G. Kirsch, Das freie I. und der dividierte Mensch, 1990; Bildung und Erziehung 46 (1993) H. 2; M. Peters, J. Marshall, Individualism and Community, London 1996; K. Klattenhoff, I. und Gesellschaft, 1996; A. Lischewski, Tod des Subjekts? 1996; W. Böhm, Das Subjekt ist tot, in: Päd. Rdschau, 52 (1998) H. 3.

**Indoktrination.** Das Wort kommt von Doktrin (Lehre) und meint eine systematische und bewußte Strategie, mit der Inhalte und Werte einer Doktrin eingesetzt werden, um das menschl. Verhalten auf ganz bestimmte Weise zu formen und zu prägen. Werden dabei zudem spezifische (z. B. psychologische) Techniken oder (z. B. pharmakologische) Mittel angewandt, spricht man von Manipulation. Während die I. einen allg. Konsens und die Herausformung übereinstimmender Verhaltensweisen anzielt und – wenigstens in der Theorie – die Freiheit von Zustimmung bzw. Ablehnung einräumt, geht es der Manipulation um die Unterdrückung von Alternativen und um eindimensionale Konditionierung. Nach O. Reboul (L'indoctrination, Paris 1977) ist eine Doktrin ein »Komplex von Begriffen«, der weniger durch logische Argumente als durch seine Wünschbarkeit begründet wird und deshalb darauf gerichtet ist, das Handeln der Anhänger und Getreuen zu leiten und zu beherrschen. Von I. ist dann zu sprechen, wenn Erziehung und Unterricht zur Verbreitung einer Doktrin benutzt werden, wenn diese als die einzig wahre oder als wiss. abgesichert dargestellt wird, wenn die Gegeneinwände verschwiegen oder unterdrückt werden, wenn etwas gelernt werden muß, ohne daß es auch verstanden wird. I. und Manipulation stellen somit Gefahren dar, die in jedem Erziehungsprozeß latent vorhanden sind; diese Gefahren werden in dem Maße akut, in dem der Erzieher/Lehrer nicht bereit und nicht fähig ist, seine eigenen Überzeugungen, Ansprüche und Handlungsweisen zu rechtfertigen, zu begründen und auch in Frage zu stellen. → Entfremdung.

L.: M. Heitger (Hg.), Erziehung oder Manipulation, 1969; I. A. Snook, Indoctrination and Education, London 1972; D. Günter, Sie entfremden unsere Kinder: das Elternrecht und die Überwindung des ideologischen Mißbrauchs der Schule, 1985; H.-J. Rosina, Faszination und I., 1989; H.-E. Tenorth, Grenzen der I., in: Ambivalenzen der Päd., 1995.

**Indonesien.** Während der portugies. (1498–1602) und der holländ. (1602–1942) Kolonisation wurden nur wenige erzieherische Pläne für die einheimische Bevölkerung entwickelt; erst die Initiative der relig. ungebundenen nationalist. Bewegungen (Budi Utomi, Taman Siswa) und des Islams in diesem Jh. haben die Grundlagen des indones. Bildungssystems geschaffen. Nach der japan. Besetzung (1942–45), in der die indones. Nationalsprache als Unterrichtssprache eingeführt, ein Volksschulwesen errichtet und die berufsorientierten Schulen gefördert wurden, brach das Bildungssystem während der Unabhängigkeitskämpfe (1945 bis 1949) zusammen. Das Aufbauprogramm zielte zunächst darauf, das → Analphabetentum abzuschaffen und das Grundschulwesen auszubauen, doch blieben diese Ansätze in den Jahren der Sukarno-Ära (bis 1965) wenig erfolgreich. Erst nach der allmählichen Stabilisierung des Landes wird seit 1970 eine umfassende Bildungspolitik spürbar. Das Hauptaugenmerk gilt dabei seitdem der vollen Realisierung der Schulpflicht sowie der Einrichtung eines Gesamtschulsystems (8 J. Grund-, 4 J. Sekundarschule), das die bis heute (1999) bestehende, aus der Kolonialzeit übernommene, 6j. Grund-, 3j. allg. Sekundar-, bzw. 3j. berufliche Schule ablösen soll.

L.: J. Müller, Integration von Bildung und gesells. Entwicklung in I., 1977; J. D. Wickert, Der Berg im Koffer. Lernen mit den fremden Kulturen I.s, 1982; Min. of Education and Culture (Hg.), The Development of Education System in I., Jakarta 1994.

**Industriegesellschaft,** die gegenwärtige arbeitsteilige Form des sozialen Lebens seit der Vorherrschaft der Maschine. Sie ist gekennzeichnet durch zunehmende Komplexität und Abstraktion aller Lebensbereiche, hohe Tech-

Education, Indian Unity, and Culture, New Delhi 1991; H. Rolly, Bildungsreformen unter den Ureinwohnern I.s, in: Päd. Forum 4 (1991) 4; K. L. Bordia, Perspectives in Indian Education, New Delhi 1992; V. Perumal, Educational Ideas in contemporary India, Madras 1992; R. P. Singh (Hg.), Indian Education, New Delhi 1993; W. Jessen, Kinder zw. Arbeit u. Schule, Univ.-Diss. Hambg. 1996.

**Individualisierung,** allg. ein Prinzip von Erziehung und Unterricht, wonach die Besonderheit, Eigentümlichkeit und Einmaligkeit des einzelnen zu berücksichtigen ist; im engeren Sinne bezeichnet I. die Absicht, alle Erziehungs- und Unterrichtsmaßnahmen an die individuellen Interessen und Bedürfnisse des Zöglings bzw. Schülers anzuknüpfen oder sie gar darauf zu gründen. In didakt. Hinsicht ist I. der Versuch, der mit der Massenschule gegebenen Gefahr der Uniformierung der Lehr- und Bildungsgänge entgegenzuwirken, indem der Leistungsfähigkeit, dem Rhythmus und der Motivationslage des individuellen Schülers durch Differenzierung des Unterrichts und durch Bereitstellung individueller Lern- und Arbeitsmittel Rechnung getragen wird. Besonders ausgeprägt trat das Prinzip der I. in der → Reformpäd. hervor.

L.: K.-E. Nipkow, Die Individualität als päd. Problem bei Pestalozzi, Humboldt und Schleiermacher, 1960; E. Krohmann, Das Problem der Individualität im Selbstverständnis der Pädagogik, 1963; H. Thomae, Das Individuum und s. Welt, 1968; W. P. Teschner (Hg), Differenzierung und I. im Unterricht, 1971; R. Fuhr, B. Kayser, Individuell unterrichten, 1979; G. Meyer-Willner, Differenzieren und Individualisieren, 1979; G. Franke, I. und Differenzierung in der Berufsausbildung, 1982; B. Voss, I. des Lehrverhaltenstrainings unter Berücksichtigung differentieller Aspekte, 1987; F. Fabich, Forschungsfeld Schule, 1993.

**Individuallage,** von → Pestalozzi geprägter Begriff zur Bezeichnung der Summe der besonderen gesellschaftl., wirtschaftl. und polit. Bedingungen, in die der einzelne gestellt ist und die die Erziehung zu berücksichtigen hat.

**Individualpsychologie.** Die I. → A. Adlers begreift soziale Fehlanpassung als → Ich-Zentrierung des gesamten Erlebens und Verhaltens. Psychische Gesundheit hingegen manifestiert sich in der Ausrichtung auf die → Gruppe, in Gemeinschaftsgefühl, sozialem Interesse und Vollkommenheitsstreben bezüglich der jew. gegebenen Aufgabe; mit der Gruppe verbinden sich Glücks-, Selbstwert- und Machtgefühl. Die I. wurde v. a. durch die Adler-Schüler F. Künkel und I. Seif in die Päd. eingeführt. A. selbst zeigte in seiner Schrift »Kindererziehung« (engl. London 1957, dt. 1976) päd. Möglichkeiten, wie man Gefahren in der Persönlichkeitsentwicklung begegnen kann: Durch Steuerung des Überlegenheitsstrebens, durch Verhütung des Minderwertigkeitskomplexes und durch Vermeidung von Hindernissen in der Ausbildung des Gemeinschaftsgefühls. Letzteres gilt der I. als Barometer für eine gesunde psychische Entwicklung. Adler erkennt dabei v. a. dem Gruppeneinfluß in der Schule sowie dem Einsatz tiefenpsychologisch geschulter Lehrer und Erziehungsberater enorme Heilungskraft zu.

L.: A. Adler, Praxis u. Theorie der I., 1921, [8]1992; ders., Die Technik der I., 2 Bde., 1929, als TB 1974; ders., I. in der Schule, 1932, [6]1991; F. Künkel, Die Arbeit am Charakter, 1931; L. Seif, Wege der Erziehungshilfe, 1940; U. Bleidick, Die I. und Päd. Adlers und s. Schule, 1961; R. Dreikurs, Grundbegriffe der I., 1969, [8]1997; R. Schmidt, Die I. A. Adlers, 1982; L. Pongratz, Hauptströmungen der Tiefenpsychol., 1983; R. Brunner u. a. (Hg.), Wörterbuch der I., 1985; J. Rüedi, Die Bedeutung Alfred Adlers für die Päd., 1988, [2]1992; R. W. Lundin, A. Adler's basic concepts and implications, Muncie (Ind.), 1989; H. J. Tymister (Hg.), Individualpäd. Beratung, 1990; A. Bruder-Bezzel, Geschichte der I., 1991, [2]1999; W. Kutz, Der Entwicklungsgedanke in der marxistischen I., 1991; K. H. Witte (Hg.), Praxis und Theorie der I. heute, 1993; J. Rüedi, Einf. in die individualpsych. Päd., 1995.

**Individuum** (lat: das Unteilbare), als begriffl. Gegensatz zu → Gemeinschaft und Gesellschaft das in sich selbst »unteilbare«, von jedem anderen unterschiedene und in seiner substantiellen Selbständigkeit und Eigenwertigkeit nicht von außen oder aus allg. Einheiten her definierbare Einzelwesen. Päd. relevant wurde der I.sbegriff in der → Renaissance und bes. bei → Leibniz, der die einzelne Monade als *vis activa* (tätige Kraft) sah, die als Unbestimmtes die Möglichkeit der Bestimmbarkeit in sich trägt und danach strebt, gemäß der ihr eingeschaffenen → Entelechie (»Strebeplan«) das wirklich zu werden, was sie der Möglichkeit nach ist. Ähnlich dachte → Humboldt über Bildung: Durch einen immanenten Bildungstrieb gelangt das

**Indien.** I. ist seit jeher durch große Bildungsgegensätze gekennzeichnet. Erziehung war tradit. auf die obersten Schichten begrenzt und für Hindus wie für Moslems eng mit der Religion verknüpft. Die hinduistische Erziehung lag in den Händen von Brahmanen und war hauptsächlich für jene bestimmt; die moslemische Erziehung vollzog sich in enger Verbindung zur Moschee. Erst durch Kontakt mit dem Westen bildete sich Mitte des 19. Jh.s allmählich ein Volksbildungssystem nach engl. Muster heraus. Auf Betreiben der *East Indian Company* wurde 1823 ein staatl. Erziehungskomitee gegründet und 1835 in den bestehenden *High Schools* und *Colleges* Englisch als Unterrichtssprache eingeführt. 1853 wurde für staatl. Schulen strikte Neutralität erklärt und mit dem Aufbau von Univ.n nach westl. Vorbild begonnen.

Zu Beginn dieses Jh.s war die allg. Bildungssituation der Bevölkerung schlechter als vor Übernahme der engl. Herrschaft. 1902–18 wurde die Primarerziehung erweitert. Gleichzeitig setzte die bewußte »Indisierung« des Schulwesens ein (1918–50; → Tagore, → Gandhi, → Vivekananda). Nach der Unabhängigkeit (1947) wurde das Bildungssystem gemäß den Bestimmungen der Verfassung (z. B. obligat. und kostenloser Besuch der allgemeinbild. Schule für alle Kinder bis zum 14. Lj.) reformiert. 1950 wurde in allen Staaten der Ind. Union die allg. Schulpflicht gesetzl. verankert. Obwohl danach die Schülerzahl in Grund- und höheren Schulen entscheidend anstieg, behindern soziale Faktoren (extrem hohe Geburtenrate, steigende Zahl von Arbeitslosen, ertragsarme landwirtschaftl. Anbaumethoden, schlechte Ausbildung der Arbeiter, mangelnder Gesundheitszustand der Bevölkerung, tradit. Wertvorstellungen etc.) eine raschere Modernisierung des Schulwesens.

Infolge des Föderalismus weist das Bildungssystem große regionale Unterschiede auf. Die vorherrschende Schulgliederung umfaßt die (bisher wenig entwickelte) Vorschulerziehung, die 8j. integrierte Elementarbildung für die 6–14j. (5j. Grundschule, 3j. Mittelschule seit 1970 obligator., jedoch noch nicht überall verwirklicht) sowie 4j. Sekundar- und 3j. Hochschulbildung. Probleme der Grundschulerziehung liegen im vorzeitigen Abgang → (»drop-outs«) und im Sitzenbleiben. Obwohl die Einschulungsrate derzeit bei 97% liegt, schließen nur etwa 40% die gesamten 5 J. der Grundschule ab. Die Gründe dafür sind ökonom. (Armut) und päd. Natur (unvollständer Schulausbau, schlechter Unterricht, Überforderung der Schüler durch ungeeignete Lehrpläne, unzureichende Prüfungsmeth., Fehlen spezieller Hilfen für leistungsschwache Kinder und ungenügende indiv. Betreuung der Schüler in überfüllten Klassen).

Die Kritik am Sekundarschulwesen bemängelt die praxisfernen einseitig akadem. und auf Prüfungen ausgerichteten Lehrpläne und die veralteten Lehrmethoden. Der Hochschulbereich (Univ.n, Techn. Fachhochschulen und zahlreiche Fach-Colleges) wurde in den letzten 30 J. enorm ausgeweitet; dennoch übersteigt die j. Zuwachsrate an Studierenden die vorhandenen Kapazitäten. An den ca. 215 i. Hochschulen sind (1998) rd. 4 800 000 Studierende eingeschrieben.

Trotz Förderung der vorwiegend staatl. Erwachsenenbildung und trotz (schleppender) Alphabetisierung (1971: 66%; 1985: 57%; 1993: 52%; 1997: 47% bei gleichzeitigem Wachstum der absoluten Zahl von Analphabeten) bestehen nach wie vor erhebliche Probleme, die sich bes. aus den ländl. Lebensverhältnissen ergeben: mangelnde Kenntnis von Bewässerungs-und Anbaumethoden sowie der Haushaltsführung, Krankheiten und Unterernährung, hohe Kindersterblichkeit, Jugendkriminalität usw. Seit 1986 wird die nationale Bildungspolitik reformiert. Ziel ist die Durchsetzung einer 8j. Schulzeit für alle Kinder, die Erhöhung der Ausgaben für den Bildungsbereich, die Anstellung einer größeren Anzahl ausgebildeter Lehrer und eine bessere Förderung benachteiligter Gruppen (Mädchen, Kinder aus niedrigen Kasten, Ureinwohnerstämme).

L.: J. Sargent, Society, School and Progress in India, Oxford 1968; F. E. Keay, D. D. Karve, A History of Education in India and Pakistan, Calcutta 1973; H. Beyer, I.s postkoloniales Bildungssystem zw. Reform und kultureller Stagnation, 1976; D. Mukherjee (Hg.), Education in India today, 1980; D. Arora, Bildung in der Abhängigkeit, 1981; S. Kakar, Kindheit und Gesellschaft in I., dt. 1988; A. Dattes, Das koloniale Bildungswesen. Am Beispiel I.s, in: Zeitschr. f. Entwicklungspäd. 12 (1989) 4; M. K. Satchidananda, Ethics,

**Ideologie** (griech.) meint etymologisch »Wiss. von den Ideen«; in diesem Sinne wurde der Begriff im 18./19. Jh. von einer Gruppe frz. Philosophen, den »Ideologen«, eingeführt und verbreitet; nach Antoine Destutt de Tracy untersucht diese Wiss. Ursprünge, Grammatik und Logik der Ideen.
Im Marxismus (→ Marx) gewinnt I. im Sinne von »falschem Bewußtsein« eine andere Bedeutung: I. als Mystifzierung der Wirklichkeit im Dienste sozio-polit. Interessen. Nach L. Althusser spiegeln alle I.n Klassenstandpunkte wider; partielle I.n haben eine der gesellschaftl. Entwicklung entsprechende Geschichte, allumfassende I.n sind geschichtslos wie das Freudsche Unbewußte, auf das Althusser die I. zurückführt. → Catalfamo kennzeichnet I. als Denkgebäude, das aus praktisch-polit. Motiven und zu denselben Zwecken errichtet wird, wobei dieses »System von Ideen« mit dem Macht- und Herrschaftsbedürfnis von einzelnen, Gruppen, Parteien oder des Staates einhergehen kann. Dieses »System« der I. ist gekennzeichnet durch Abschottung gegenüber Kritik, durch Starrheit, durch den Anspruch auf Endgültigkeit und die Ablehnung ihrer Weiterentwicklung.
Schule darf nicht im Dienste der Reproduktion und Weitergabe von I.n stehen, sondern muß Ort ihrer freien und kritischen Konfrontation sein, um sich so zum Vehikel eines offenen, schöpferischen und wirklich fortschrittlichen Denkens machen zu können.

L.: K. Mannheim, I. und Utopie, 1929, [7]1985; L. Althusser, Idéologie et appareils idéologiques d'Etat, Paris 1969, dt.: Ideologie und ideolog. Staatsapparate, 1977; H. Kanz (Hg.), I.kritik in der Erziehungswiss., 1972; W. Schrader, Die Selbstkritik der Theorie, Amsterdam 1978; B. Bühner, A. Birnmeyer, I. und Diskurs, 1982; J. Friedrich, I. und Herrschaft, 1982; G. Catalfamo, Erziehung und I. (ital. 1980), dt. 1984; H. J. Lieber, I., 1985; W. F. Haug u. a. (Hg.), Theorien über I., 1986; E. Strassner, I.-Sprache-Politik, 1986; R. Boudon, I., dt. 1988; I.n und I.kritik, hg. von K. Salamun, 1992; W. F. Haug, Elemente einer Theorie des Ideologischen, 1993; T. Eagleton, I., dt. 1993; R. Laporta, Critica dell'ideologia e educazione, in: Scuola e città, 45 (1995), H. 11; G. L. Gutek, Philosophical and ideological perspectives on education, Boston 1997.

**ILo** (Internacia Lingvo). 1887 von L. L. Zamenhof (unter dem Pseudonym Doktoro Esperanto) initiierte, heute am weitesten verbreitete Plansprache (→ Interlinguistik), deren Grammatik aus 16 Regeln besteht und deren theoretisch unbegrenzter Wortschatz modular aus 17 grammatischen Endungen, 40 Affixen und ursprünglich nur 904 Wortwurzeln aufgebaut wird. ILo ist seit 1980 nach Französisch und Englisch dritte Arbeitssprache der Association Internationale de Cybernétique (→ Kybernetik) und seit 1983 Hauptarbeitssprache der → AIS. Im → Sprachorientierungsunterricht dient ILo als Lehrstoffmodell.

**Imago.** In der Psychologie versteht man darunter die Ersteindrücke des Kindes, die ständig fixiert bleiben und tiefenpsychologisch als »Urbild« bezeichnet werden (z. B. Bild von Mutter und Vater). → Jung.

L.: C. G. Jung, Wandlungen und Symbole der Libido, 1911; J. Stark, Die seel. Entwicklung des Kleinkindes aus psychoanalyt. Sicht, in: D. Eiche (Hg.), Tiefenpsychologie, Bd. 2, 1982; Chr. Burckhardt-Seebass (Hg.), Urbilder und Geschichte, 1989.

**Imelman,** Jan Dirk, * 1. 7. 1939 Groningen, Dr. Phil. u. Päd. 1974 Groningen, 1980 Prof. für Allgem. Päd. Reichsuniv. Groningen, 1989–99 Univ. Utrecht. Vertritt, ausgehend von der geisteswiss. Päd., einen personalistischen Standpunkt, den er anthropologisch und epistemologisch untermauert.

Schr.: Plaats en inhoud van een personale pedagogiek, Groningen 1974, [2]1978; Inleiding in de pedagogiek. Over opvoeding, haar taal en wetenschap, Groningen 1977, [2]1982; Jenaplan. Wel en wee van een schoolpedagogiek (mit J. M. P. Jeunhomme und W. A. J. Meijer), Nijkerk 1981; (Hg.), Filosofie van opvoeding en onderwijs, Groningen 1979, [2]1983; Kleine wijsgerige pedagogiek 1 en 2 (mit W. A. J. Meijer), Sassenhein 1985 u. 1987; De Nieuwe School gisteren en vandaag (mit W. A. J. Meijer), Amsterdam 1986; (Hg.), Cultuurpedagogiek, Leiden 1990; Päd. u. Normativität, 1992; Theoretische pedagogiek, Nijerk 1995; (m. J. M. P. Jeunhomme, W. A. J. Meijer) Jena-Plan. Eine begriffsanalytische Kritik, 1996.

**Impuls, -unterricht** (lat.: Anregung) ist ein Denkanstoß, der zu einer → kognitiven Leistung führen soll. Der impulsgesteuerte Unterricht wird dem Frageunterricht vorgezogen, da er zu produktiveren Leistungen der Schüler führt. → Lehrerfrage.

L.: Th. Litt, Mensch und Welt, 1948, ²1961; E. Fromm, Psychoanalyse und Ethik, dt. 1978; L. Pongratz, Hauptströmungen der Tiefenpsych., 1983; R. C. Salomon, The Rise and Fall of the Self, Oxford 1988; H. Macha, Päd.-anthrop. Theorie des Ich, 1989; Chr. Riedel, Subjekt und Individuum. Zur Gesch. des philos. Ich-Begriffes, 1989; M. Soff, Jugend im Tagebuch. Analysen zur Ich-Entwicklung in Jugendtagebüchern versch. Generationen, 1989; Ich und Gruppe (Gedenkschr. f. H. A. Müller), hg. von W. Baumgartner, 1990; K. Meyer-Drawe, Illusionen von Autonomie, 1990; Bildung und Erziehung 46 (1993) H. 2.; H. J. Gößling, Subjektwerdung 1993; N. Humphrey, Naturgeschichte des I., dt. 1995.

**Ich-Du-Verhältnis** meint im Gegensatz zu einem Subjekt-Objekt (Ich-Es)-Verhältnis und zum Verhältnis von einzelnem und unüberschaubarer Gemeinschaft der Vielen das durch Gegenseitigkeit gekennzeichnete Miteinander zweier Subjekte. Obwohl nach dem Modell von Anredendem und Angeredetem (Antwortendem) gedacht, wird der Begriff auch auf nichtsprachl. Verhältnisse ausgedehnt. Während Ferdinand → Ebner (1892–1931) das I.-D.-V. nur auf die Beziehung Mensch – Gott beschränkte, wurde der Begriff von K. → Barth, → Buber, → Litt u. a. zur Erhellung des → päd. Bezuges verwendet, um die Gegenseitigkeit, nicht aber notwendig die Ebenbürtigkeit der Partner dieses Verhältnisses auszudrücken. → Begegnung, → Dialog (Lit.).

L.: Th. Litt, Individuum und Gemeinschaft, 1919, ³1926; F. Ebner, Das Wort und die geistigen Realitäten, 1921; M. Buber, Ich und Du, 1923; K. Löwith, Das Individuum in der Rolle des Mitmenschen, 1928; K. Barth, Die Kirchl. Dogmatik, III/2, 1948; H. L. Goldschmidt, Dialogik, 1964; B. Bittschier, Das Zwischen als dialog. Logos, 1980; M. Heitger, Beiträge zu einer Päd. des Dialogs, 1983.

**Identifizierung.** In der → Psychoanalyse meint I. als Umkehrung der → Projektion die Übernahme des Verhaltens oder der Werte einer emotional für den Betreffenden bedeutsamen Person. In der frühkindl. → Gewissensbildung spielt die I. mit der geliebten Bezugsperson eine wichtige Rolle. I. kann aber auch die unbewußte Phantasie einer Vereinigung sein, indem die Attribute des bedrängenden Anderen ins eigene Ich integriert werden (Ödipuskomplex). → Abwehrmechanismen.

**Identität.** Das heute lebhaft diskutierte Problem der I. im Sinne der Ich-I. hat sich aus Aporien der Rollentheorie ergeben. Eine ursprünglich statische Auffassung von → Rolle wurde durch Aufnahme psychoanalyt. Elemente überwunden. Obwohl S. → Freud den Begriff der Ich-I. nicht verwendet hat, liegt das psychoanalyt. Persönlichkeitsmodell den meisten soziol. und sozialpsycholog. I.s-Theorien zugrunde; das gilt ebenso für T. Parsons wie für E. H. → Erikson. Dieser faßt die Persönlichkeitsentfaltung als Kette übernommener und abgelegter Identifikationen mit primären Bezugspersonen; erst mit der Adoleszenz kommt dem Menschen personale und soziale (Gruppen-)I. zu. In G. H. Meads → symbolischem Interaktionismus bezeichnet I. die reflexive Fähigkeit des Subjekts, sich zu sich selbst und zu anderen zu verhalten. Interagierende Subjekte antizipieren die Einstellungen und Erwartungen ihrer Interaktionspartner. Die Person bildet sich nach Mead durch → Internalisierung von Fremderwartungen. E. Goffman hat das I.-Problem an Grenzfällen von I.-Behauptung (→ Stigmatisierung) untersucht. Habermas unterscheidet im Anschluß an Goffman zw. persönl. I. (als Einheit einer unverwechselbaren Lebensgeschichte), sozialer I. (als Zugehörigkeit eines Individuums zu verschiedenen Bezugsgruppen) und Ich-I. (als Balance zw. beiden). Von einer christl. Problemsicht (→ Henz) und von einer Päd. der Selbstlosigkeit (→ Ballauff) her erscheint das Gewinnen von I. unlösbar gebunden an eine (Selbst-)Hingabe an die Sachen und an den Nächsten. → Ich. → Interaktion. → Selbstkonzept.

L.: G. H. Mead, Geist, I. u. Gesells., dt. 1968; A. Strauss, Spiegel und Masken, dt. 1968; E. H. Erikson, I. und Lebenszyklus, dt. 1970; J. Habermas, Thesen zur Theorie der Sozialisation, 1970; L. Krappmann, Soziolog. Dimensionen der I., 1971; D. de Levita, Der Begriff der I., dt. 1971; I., hg. v. O. Marquard und K. Stierle, 1979; W. Krieger, I. u. Erziehung, 1985; Th. Ballauff, Erziehung als Bildungslehre, 1986; M. Heissenberger, Erziehung u. I., 1987; I., hg. von H.-P. Frey, K. Haußer, 1987; Chr. Benölken, I. und Erfahrung, 1988; I., hg. von H. Kössler, 1989; M. Kohlstruck, Person, Subjektivität, I., 1990; M. Pauls, I.sbildung und Selbst-bewußt-Werdung, 1990; E. Beck, I. der Person, 1991; H. Fend, I.sentwicklung in der Adoleszenz, 1991; A. M. Stross, Ich-I., 1992; H. J. Gößling, Subjektwerden, 1993; M. Herrmann, I. und Moral, 1995; P. Lohauß, Mod. I. und Gesellschaft, 1995; G. Schneider, Affirmation und Anderssein, 1995; Ch. Taylor, Quellen des Selbst, dt. 1996; P. Ricœur, Das Selbst als ein Anderer, dt. 1996; D. Hoffmann (Hg.), Auf der Suche nach I., 1997.

L.: A. Diemer, E. H., 1956, ²1965; P. Bertolini, Fenomenologia e pedagogia, Bologna 1958; W. Szilasi, Einführung in die Phänomenologie E. H.s, 1959; L. Landgrebe, Der Weg der Phänomenologie, 1963, ³1969; H. Noack (Hg.), H., 1973; P. Bertolini, Pedagogia e scienze umane, Bologna 1973; P. Janssen, E. H., 1976; F. Lapointe, E. H. and his critics, Bowling Green 1980 (Bibl.); R. Walter, Der Begriff der Lebenswelt, 1986; W. Marx, Die Phänomenologie E. H.s, 1987, ²1989; E. Ströker, H.s transzendentale Phänomenologie, 1987; K. Schuhmann, H.s Staatsphilosophie, 1988; H. R. Sepp (Hg.), E. H. und die phänomenologische Bewegung, 1988; H. Dross, Zwischenmenschliche Beziehung und Phänomenologie, 1989; R. Bernet u. a., E. H., 1989, 2. verb. Aufl. 1996; Th. W. Adorno, Zur Metakritik der Erkenntnistheorie, 1990; R. Kozlawski, Die Aporien der Intersubjektivität, 1991; P. Prechtl, H. zur Einführung, 1991; ²1998; A. Süssbauer, Intentionalität, Sachverhalte, Noema, 1995; F. J. Wetz, E. H., 1995.

**Hygiene** (griech.: gesund), meist im Sinne der Körperpflege (übertragen auch Psycho-H.) und der Vorbeugung gegen Krankheiten. H. ist kein eigenes → Fach, soll aber zumindest im → Biologie- und → Chemieunterricht (Lebensmittelverpackung, -konservierung etc.) als Unterrichtsprinzip beachtet werden.

**Hylla,** Erich, * 9. 5. 1887 Breslau, † 5. 11. 1976 Frankfurt/M.; Lehrer und Ministerialrat (preuß. Kultusministerium), 1930–33 Prof. für Psychologie und Päd. an der Päd. Akademie Halle, 1935–37 Columbia Univ. New York und Cornell-Univ. Ithaka (N. Y.). Nach 1945 in der amerikan. → Reeducation tätig, baute er 1950–52 die Hochschule für Internationale Päd. Forschung (→ Dt. Institut für Internationale Päd. Forschung) auf, war 1952–56 deren Leiter und o. Prof. für Psychologie an der Univ. Frankfurt/M. Selbst in der päd. Diagnostik und Testentwicklung (z. B. dt. Form des Binet-Tests) arbeitend, machte er sich zum Fürsprecher und Anreger einer empir. fundierten erziehungswiss. Forschung auf multidisziplinärer Grundlage.

Schr.: Neuzeitl. Volksschularbeit, 1923, ⁹1930; Testprüfungen der Intelligenz, 1927; m. W. L. Wrinkle (Hg.), Die Schulen in Westeuropa, 1953.
L.: Forschung und Erziehung, FS zum 80. Geb.stag, 1968 (m. Bibl.); Ch. Führ, Institutsgründung als Lebensarbeit, in: Außeruniversitäre Erz.wiss. in Dtl., hg. v. G. Geißler und U. Wiegmann, 1996.

**Hypnopädie** (griech.: Erziehung im Schlaf) stellt den päd. höchst fraglichen und im übrigen reichlich ungeprüften Versuch dar, im hypnotischen Zustand Lerninhalte und Verhaltensaufträge zu vermitteln.

# I

**Ich** bezeichnet das Subjekt des Denkens, Handelns und Wollens im Gegensatz zum unbewußten *es*haften Personbereich. Eine aus der päd. Phänomenanalyse herausgearbeitete päd. Theorie des Ich liegt nicht vor; deshalb schließen sich päd. Systembildungen oft mehr oder weniger dogmatisch Ich-Theoremen aus Psychologie (Psychoanalyse) und Philosophie an. Von → Kants dualistischer Personlehre mit ihrer Unterscheidung von reinem Ich und empir. Ich gehen vor allem die päd. Ausformungen des → Neukantianismus aus. Über Kants transzendentales Ich hinausgehend, setzt → H. Nohl an die Stelle der transzendentalen Apperzeption das empir. Ich in seiner Verschränkung mit der Kulturwirklichkeit. Bei → Herbart erscheint das Ich als Reale, und in seiner psychologischen Perspektive wird es zum Schnittpunkt sich kreuzender Vorstellungen, d. h. zur Pseudo-Identität eines bloßen Reduktionsprodukts. Die → Psychoanalyse → S. Freuds erklärt das Ich genetisch als Differenzierung aus dem Es aufgrund von Konfrontationen mit der äußeren Wirklichkeit; gegenüber dieser kausalistischen Denkweise haben → C. G. Jung und → A. Adler den finalistischen Aspekt betont, und → E. Fromm hat durch Einführung eines dem Ich gegenüberstehenden Selbst (regulative Idee der personalen »Selbst«gestaltung) die einzelwiss. Sicht der Psychoanalyse normativ zu überhöhen versucht: An die Stelle des traditional gebundenen Über-Ich tritt die Freiheit des → Gewissens. Die päd. wertvollste Theorie des Ich stammt wohl von → Th. Litt: Der Mensch als Selbst kann zu sich »Ich« sagen; Ich meint so originäre Reflexivität. Die Selbstheit nimmt in der Auseinandersetzung mit der Kultur und in der Begegnung mit dem Du konkrete Gestalt an. → Dialektik, → Dialog, → Ich-Du-Verhältnis, → Identität, → Person.

schule, Gymnasium, Univ.), für die der Staat die Voraussetzungen zu schaffen hat. Schule und Univ. müssen jeden Untertanengeist vermeiden und das Reich der Freiheit vorbereiten, H.s Trennung von allg. Menschenbildung und Berufsbildung entsprach der Trennung von Mensch und Bürger (→ Rousseau).
H.s Univ.sidee (Einheit von Lehre und Forschung, Wiss. als Prozeß, Einheit der Wiss. in der Philos.) hat die Univ.n bis in die Gegenwart geprägt.

Schr.: W. v. H.s Ges. Schr., hg. v. d. Kgl. Preuß. Akademie der Wiss. 17 Bde., 1903–36; Schriften zur Anthropologie und Bildungslehre, hg. v. A. Flitner, 1956, [3]1964, Neuaufl. 1984; Werke in 5 Bdn., hg. v. A. Flitner u. K. Giel, 1960–1981 u. ö.; Bildung und Sprache, hg. v. C. Menze, 1959, [5]1997; Über die Sprache, hg. v. J. Trabant, 1985, 1994.
L.: E. Spranger, W. von H. und die Univ.sidee, 1909, [2]1928; ders., W. von H. und die Reform des Bildungswesens, 1910, [3]1965; C. Menze, W. von H.s Lehre und Bild vom Menschen, 1965; H. Scurla, W. von H., 1970; C. Menze, Die Bildungsreform W. von H.s, 1975; P. R. Sweet, W. von H., A Biography. 2 Bde., Ohio State Univ. 1978–79; H. Rosenfeldt, W. von H., 1982; U. Hübner, W. von H. und die Bildungspolitik, 1983; D. Benner, W. v. H.s Bildungstheorie, 1990, 2. korr. Aufl. 1995; L. Dippel, W. v. H., Ästhetik und Anthropologie, 1990; J. Trabant, Traditionen H.s, 1990; J. Quillien, L'anthropologie philosophique de W. de H., Lille 1991; U. Rabe, Der Einzelne und sein Eigentum, Individualität und Individuum bei W. v. H., 1991; Y. Tschong, Charakter und Bildung, 1991; B. Glazinski, Antike und Moderne, (Diss. Köln) 1992; C. Menze, Das Menschenbild W. v. H.s, in: ders. (Hg.) Menschenbilder, 1993; H.-J. Landwehr, Bildung, Sprache, altsprachl. Unt., (Diss. Münster) 1995; H.-J. Wagner, Zur Aktualität der strukturalen Bildungstheorie H.s, 1995; P. Max, W. H.s Vorstellungen zur Neuordnung des öffentl. Schulwesens und deren Beurteilung im dt.sprachigen Raum während des 20. Jh.s, 1996; A. Schäfer, Das Bildungsproblem nach der humanistischen Illusion, 1996; H. Steinberg, W. v. H., 1999.

**Husén**, Torsten, * 1. 3. 1916, Lund, Ph. D. 1944 Lund, lehrte seit 1947 an der Univ. Stockholm, seit 1971 Direktor des dortigen Institute of International Education, Gastprof. 1959 Univ. of Chicago, 1968 Univ. of Hawai, 1971 Ontario, 1965–66 u. 1973–74 Stanford; Mitglied und Berater zahlreicher schwedischer und internat. bildungspolit. Gremien (u. a. → OECD, National Commission on Education in Botswana); hat durch seine Arbeiten zu Schulreform, Differenzierung, Evaluation und Chancengleichheit die internat. Bildungspolitik maßgeblich beeinflußt.

Schr.: Psychological Twin Studies, Stockholm 1959; Differentiation and Guidance in the Comprehensive School, Stockholm 1959; Erwachsene lernen, dt. 1963; Internat. Study of Achievement in Mathematics I–II, New York 1967; Bildungsforschung und Schulreform in Schweden, dt. 1968; Die Schule der 80er J., dt. 1971; Social Background and Educational Career, Paris 1972; The Learning Society, London 1974; Talent, Equality and Meritocracy, Den Haag 1974; Schulkrise, dt. 1974; Begabung und Bildungspolitik, dt. 1975; Social Influences on Educational Attainments, Paris 1975; Soziale Umwelt und Schulerfolg, dt. 1977; The School in Question, London 1979 u. ö.; dt. Schule in der Leistungsgesells., 1980; Überlegungen zu einer pädagog. Theorie der Gleichheit, in: W. Brinkmann (Hg.), Erziehung – Schule – Gesellschaft, 1980; zus. m. L. Froese u. a., Schulkrise – internat.?, 1983; Education and the Global Concern, 1990; (m. J. P. Keeves, Ed.), Issues in Science Education, 1991; (m. A. C. Tuijnman, W. Halls, Ed.), Schooling in Modern European Society, Oxford 1992.
L.: International Educational Research. Papers in Honor of T. H., ed. T. N. Postlethwaite, Oxford 1986 (m. Bibl.).

**Husserl**, Edmund, * 8. 4. 1859 Proßnitz (Mähren), † 27. 4. 1938 Freiburg, Studium in Leipzig (u. a. bei W. Wundt), Berlin (u. a. bei → F. Paulsen), Wien (u. a. bei F. Brentano), 1883 Dr. phil. Wien, 1887 Habil. Halle, 1906 o. Prof. für Philos. Göttingen, 1916–1928 Freiburg. H.s Bemühen, Philos. als strenge Grund- und Prinzipienwiss. zu entwerfen und von Weltanschauungsphilos. zu unterscheiden, führte ihn zu seiner transzendentalen → Phänomenologie als Theorie der Geltung und der Konstitution. Die phänomenolog. Erkenntnis bedient sich der Epoché als Einklammerung der Weltexistenz (Absehen von jedem Urteil über das Dasein der Dinge) und der eidetischen Reduktion (Ausschaltung der individuellen Existenz des Objektes). Für die Päd. gewinnt zunehmend die in H.s Spätwerk (Die Krisis der europ. Wiss.n und die transzendentale Phänomenologie, 1936, Neuausg. 1982) geleistete Phänomenologie der → Lebenswelt an Bedeutung: diese überwindet die moderne Verabsolutierung des wiss. Weltbildes; für die Unterscheidung von Heim- und Fremdwelt gewinnt der Leib fundamentale Bedeutung, nur in Hinsicht auf ihn lassen sich Nähe und Ferne konstituieren.

Schr.: Ges. Werke (Husserliana), Den Haag 1950 ff.; Philos. als strenge Wiss., 1965, [5]1996; K. Held (Hg.), E. H., 2 Bde., 1985, 1986; E. H., Ges. Schriften, 9 Bde., hg. v. E. Ströker, 1992.

Heute finden H. und h. B. nicht selten heftige Kritik; es werden ihnen harmonisierend-ästhetisierende Tendenzen, antiegalitäre Elitevorstellungen, eine wirklichkeitsfremde Verleugnung der realen Widersprüche in Gesellschaft, Wirtschaft und Politik und Indifferenz gegenüber dem Christentum vorgeworfen. Desungeachtet zeigen sich Ansätze zu einem neuen – realen und auch politischen – H. (→ Weinstock, → Litt, → Heydorn, → Kritische Theorie der → Frankfurter Schule, → Maritain, → Existentialismus u. a.).

Der H. erscheint als notwendiges Ferment päd. Denkens und erz. Handelns, wenn Bildung und Erziehung den Menschen nicht verdinglichen und auf Vorbereitung und Ausbildung für (gesellschaftl.) nützliche Funktionen oder auf einen sublimierten Bildungsegoismus herabsinken sollen. → Universität.

L.: J. Maritain, Humanisme intégral, Paris 1936; H. Weinstock, Die Tragödie des H., 1953, ⁵1967; Th. Litt, Das Bildungsideal der dt. Klassik und die mod. Arbeitswelt, 1956 u. ö.; W. Schadewaldt, Sinn und Wert der humanist. Bildung im Leben unserer Zeit, 1956; W. Flitner, Europ. Gesittung, 1961; O. F. Bollnow, Maß und Vermessenheit des Menschen, 1962; E. Garin, Gesch. und Dokumente der abendländ. Päd., Bd. 2: H., 1966; C. J. de Vogel, Het Humanisme, Assen 1968; G. Müller, Bildung und Erziehung im H. der ital. Renaissance, 1969; P. O. Kristeller, H. und Renaissance, 2 Bde., 1973; W. Schadewaldt, Das h. B.sideal und die Forderungen unserer Zeit, in: ders., Der Gott von Delphi, 1975, Nachdr. 1990; G. Müller, Mensch und Bildung im ital. Renaissance-H., 1984; E. Grassi, Einführung in philos. Probleme des H., 1986; G. Böhme, Bildungsgesch. des europ. H., 1986; W. Böhm, Neue Wege der Erz. im Geiste von H. und Reformation, in: Weltgeschichte, Bd. 7, hg. von H. Pleticha, 1987; A. Buck, H., 1987; M. Landfester, H. und Gesell. im 19. Jh., 1988; C. Menze, Der päd. H. in der Diskussion der Gegenwart, in: Richtungsstreit in der Erz.wiss. und päd. Verständigung (FS f. W. Flitner), hg. von H. Röhrs, H. Scheuerl, 1989; J. Ruhloff (Hg.), Renaissance-H., 1989; C. Treml, Humanist. Gemeinschaftsbildung, 1989; H.-H. Groothoff, H. gestern und heute, in: Päd. Rundschau 44 (1990); E. Fromm, H. als reale Utopie, 1992; F. Geerk, 2000 Jahre H., 1997; H. Heim (Hg.), H. Päd., 1998; A. Finkielkraut, Verlust der Menschlichkeit, dt. 1998.

**Humankapital-Konzept,** der älteste Ansatz der → Bildungsökonomie. Er wurde hauptsächlich für Entwicklungsländer konzipiert, diente aber auch zur Begründung der expansionistischen Phase der dt. → Bildungspolitik. Er begreift Bildungsausgaben als Investitionen, die den gleichen Zielen (Gewinnmaximierung) und Gesetzen wie Sachinvestitionen der Wirtschaft folgen. Diese Aufwendungen führen zu Humankapital, das im weiteren Sinn als Kenntnisse, Fähigkeiten und Fertigkeiten der arbeitenden Bevölkerung, im engeren Sinn ihr Bildungskapital umfaßt, gemessen nach Bildungsjahren, -kosten oder -abschlüssen. Erhöhte Bildungsfinanzierung soll zu mehr Humankapital und damit zu Ertragssteigerungen in der Wirtschaft führen. So wird das H. für wirtschaftl., soziale und → Bildungsplanung bedeutsam. Wegen seiner vielen Unzulänglichkeiten und der schweren Übertragbarkeit auf hochindustrialisierte Länder wird es mehr und mehr von anderen Ansätzen abgelöst.

**Humboldt,** Wilhelm von * 22. 6. 1767 Potsdam, † 8. 4. 1835 Tegel; erzogen von → Campe, befreundet mit → Schiller und → Goethe, war seit 1802 preuß. Gesandter in Rom, 1809–10 Leiter des preuß. Bildungswesens im Innenministerium und Schöpfer der Univ. Berlin, später Gesandter in Wien, Frankfurt und London, 1819 Innenminister. Danach widmete er sich hauptsächlich seinen Forschungen, insbes. ausgedehnten Sprachstudien.

Die Bedeutung H.s liegt in seiner Bildungstheorie und in der Bildungsreform. Welt ist für H. der »Gegenstand«, an dem sich der Mensch umfassend bildet; da er diese aber nicht »umfassen« kann, muß ein dem einzelnen erfahrbarer Gegenstand gefunden werden, der diese Totalität repräsentiert. Dieses leistet die Kunst (als Darstellung des Unendlichen im Endlichen, vgl. Schiller), sie ruft im Menschen das harmonisch-proportionierliche Spiel seiner Kräfte hervor, so daß er sich von innen heraus gestaltet, ohne von Fremden determiniert zu werden. Diese Darstellung seiner selbst nennt H. → Bildung; die Bildung aller wird ihm zur Darstellung des Ideals der Menschheit. Da Welt für H. immer sprachl. vermittelte Welt ist, wird Sprache (als Kraft) neben der Kunst zum entscheidenden Medium der Bildung. Die Bildungsreform H.s gipfelt in einem einheitl. Schulkonzept (Königsberger und Litauischer Schulplan): eine alle Menschen einschließende, nach Stufen aufgebaute → Einheitsschule (Elementar-

**Humangenetik**

**Humangenetik** ist die Wiss. von den Vererbungsvorgängen beim Menschen. Sie gliedert sich in Cytogenetik (Chromosomenforschung), Klinische Genetik, Mutationsforschung, Molekulare Genetik, Populationsgenetik und Eugenik (Vorbeugung gegenüber Erbkrankheiten und dem Überhandnehmen ungünstiger Erbanlagen). Eine bevorzugte Methode der H. ist die → Zwillingsforschung. → Vererbung.

L.: P. E. Becker, H., 5 Bde., 1964 ff.; C. Stern, Grundlagen der H., 1968; H. A. Freye, H., 1975, ⁴1986; K. Immelmann, K. R. Scherer, Chr. Vogel, P. Schmoock, Psychobiologie, 1988; R. Knippers, Molekulare Genetik, ⁵1993.

**Humaniora** (aus dem Lat., urspr. soviel wie menschlich, edel), eigentlich Studia H., bezeichnet das Studium des klass. → Altertums bzw. der alten Sprachen als Grundlage der Menschenbildung im Gegensatz zu den → Realien oder den berufsrelevanten Kenntnissen (→ Berufserz., Berufsbildung). Der Streit zw. den Realia und den H. durchzog die Gymnasialgeschichte des gesamten 19. Jh.; ein Anlaß war das Bemühen der neuen → Realgymnasien, für ihren Abschluß die gleichen Berechtigungen zu erhalten wie das humanist. → Gymnasium. Der Begriff H. wurde in der Folgezeit ausgeweitet und synonym für die Geisteswiss.n (= Nicht-Naturwiss.n) gebraucht (engl. *humanities*, span. *humanidades*). Heute bezeichnen H. und Realia nur noch zwei Arten der grundsätzlich gleichberechtigten Schulabschlüsse. → Humanismus, humanist. Bildung (Lit.), → Humboldt, → klassisch.

L.: Fr. Blättner, Das Gymnasium, 1960; Fr. Paulsen, Gesch. des gelehrten Unterrichts Bd. 2, ³1921; A. Reble (Hg.), Zur Gesch. der höheren Schule, Bd. 2, 1974.

**Humanismus, humanistische Bildung.** *Humanitas* hieß bei den Römern (→ Cicero) eine mit Milde und Menschlichkeit gepaarte ethischkulturelle Höchstentfaltung aller menschl. Kräfte. H. meint seit → Niethammer allg. die »Idee von der Menschlichkeit des Menschen« (Schadewaldt), wobei alles das als inhuman zurückgewiesen wird, was den Menschen übermenschl. Mächten unterwirft oder untermenschl. Zwecken nutzbar macht (vgl. → Kant: der Mensch als Selbstzweck, niemals nur als Mittel). Hist. läßt sich von einem antiken H. sprechen, der sich als päd. Methodik der → Rhetorik bediente; der zweite H. erlebte seine Blüte in der italien. → Renaissance und vertrat das Ideal einer rein menschl. Bildung durch Wiederbegegnung mit der antiken Literatur (→ Boccaccio, Petrarca); der Mensch wurde aufgefaßt als das schöpferische und sich selbst bestimmende Wesen, das seine eigene Geschichte hervorbringt und sich so vom Naturwesen zum Kulturwesen erhebt (kulturelle Natur als zweite Geburt) (→ Kultur).

Als Ideal galt nicht der von berufl. Forderungen beherrschte und in ständische Gliederungen eingefügte Fachmann und Fachgelehrte, sondern der *uomo universale*, der allseitig gebildete freie Mensch, der in seiner höchsten Selbstentfaltung den Sinn des Lebens erblickt. In Dtl. verbreitete sich das humanist. Bildungs- und Lebensideal etwa ab 1520 durch Agricola, → Wimpfeling, vor allem aber durch → Erasmus, → Melanchthon und Reuchlin und wirkte in die (Neu-)Gestaltung der Gelehrtenbildung hinein. Der dt. Neu-H. Ende des 18. und anfangs des 19. Jh. säkularisierte die ursprünglich christl. Grundtendenz des Renaissance-H. und artikulierte eine weltimmanente Bildungstheorie, die in der Freiheit der Individualität gipfelt: frei von theolog. und sozialen Zwängen löst sich der Mensch im freien Spiel seiner Kräfte aus vorgegebenen Bindungen und gestaltet sich zur harmonischen Idealität. Dieses Bildungsdenken wurde vor allem von → Schiller, → Goethe, → Wolf, → Herder, → Schelling, → Humboldt und in Philosophie und Dichtung der frühen → Romantik vorgetragen. Da die Weltbegegnung des Menschen durch Sprache vermittelt ist, gewinnt diese vorrangige Bedeutung für die → Bildung. Das enthält freilich die Gefahr, daß die h. B. mit dem Verfall der sie tragenden Bildungstheorie des H. in Philologismus und formales Sprachlernen abgleitet. Diese Gefahr wurde akut, als sich im 19. Jh. mit dem Niedergang der Metaphysik und im Zuge von → Industriegesellschaft und Demokratisierung (→ Bildungsbürgertum) die h. B. zu einer lebensleeren → Allgemeinbildung veräußerlichte. → Nietzsche, die → Kulturkritik und die → Lebensphil. Ende 19. Jh. haben diese Entwicklung scharf markiert.

Schulbildung durch Hauspflege, Handwerk, Spiel und freizeitliche Beschäftigung ergänzt wurde. Der Name H. selbst tauchte zum ersten Male 1881 auf.

L.: A. Ehrhardt-Plaschke, Arbeitsfeld »Hort«, 1978, [5]1988; J. Rolle (Hg.), Der H. im Spiegel seiner Geschichte, 1988; W. J. Engelhardt, Der H. Entwicklung, Bestand, Pespektiven und institutionelle Alternativen, 1992.

**Hortnerin** → Erzieher(in).

**Hospitalismus** bezeichnet medizin. die erhöhte Krankheitsanfälligkeit von stationären Langzeitpatienten, psycholog. die körperl. und/oder seelischen Folgen eines längeren Heim-, Anstalts- oder Krankenhausaufenthaltes, bes. während der frühen Kindheit.
In der Päd. fand die H.forschung durch die empir. Untersuchungen des Kinderpsychoanalytikers R. Spitz (1887–1974) breite Beachtung. In einer seiner Untersuchungen verglich er zwei Säuglingsheime, die sich hinsichtlich der hygienischen Bedingungen nicht unterschieden. Das eine Heim aber – es war an eine Strafanstalt für minderj. Frauen angegliedert – ermöglichte den Müttern, ihre Kinder zu versorgen, während in dem anderen Heim sechs Schwestern 45 Kinder zu betreuen hatten. In dem Heim ohne Mutterkontakt verschlechterten sich der Gesundheitszustand und die Entwicklungstestwerte der Kinder ständig. Damit konnte Spitz die Bedeutung des Mutterkontaktes – oder einer vergleichbar engen emotionalen Beziehung – bereits in der frühesten Kindheit empir. nachweisen.
Die Untersuchungen Spitz' wurden wegen method. Mängeln kritisiert und Nachuntersuchungen ergaben ein differenzierteres Bild: Zeitpunkt, Dauer und nähere Umstände der Muttertrennung erwiesen sich als wichtige Einflußfaktoren. Zugleich wurde aber die grundsätzliche Bedeutung einer engen emotionalen Beziehung für das Kleinkind (»Nestwärme«) bestätigt (Bowlby, Dührssen). Heute versucht man, den H. durch engere, stabile Beziehungen zwischen Kindern und Pflegerin (Kleingruppen) und durch familienähnliche Hausgemeinschaften in → Kinderdörfern zu vermeiden. H.erscheinungen sind auch in Familien (psych. Vernachlässigung, Abwesenheit beider Eltern) und im → Hort zu beobachten. → Dyade, → Deprivation, → Mutter.

L.: A. Dührssen, Heimkinder und Pflegekinder in ihrer Entwicklung 1958, [6]1977; R. Spitz, Die Entstehung der ersten Objektbeziehungen, dt. 1953, [5]1992; W. Metzger, Probleme der vorschulischen Erziehung aus psychologischer Sicht, 1968; L. J. Yarrow, Separation from Parents During Early Childhood, in: M. L., L.W. Hoffmann, Review of Child Devlopment Research, Vol. 1, New York 1964; J. Bowlby, Mutterliebe und kindliche Entwicklung, dt. 1972, Nachdr. 1985; ders., Mütterliche Zuwendung u. Geistige Gesundheit, (1966) dt. 1973; ders. Trennung, dt. 1976, als TB 1986; M. Rutter, Hilfen für milieugeschädigte Kinder, 1981; J. Bowlby, Elternbindung und Persönlichkeitsentwicklung, dt. 1993; R. Göppel, Ursprünge der seelischen Gesundheit, 1997.

**Hrabanus Maurus,** * um 780 Mainz, † 4. 2. 856 Winkel (Rheingau); Schüler → Alkuins in Tours, Abt und Leiter der Klosterschule in Fulda, 847 Erzbischof von Mainz. H. M. nahm durch seine Schriften, Anweisungen und Schulgründungen großen Einfluß auf Gebildete und Bildung seiner Zeit und des ganzen → Mittelalters. Er entwickelte u. a. einen Lehrplan für den Unterricht in den → artes liberales und erhielt den Ehrentitel *Praeceptor Germaniae* (Lehrer Dtl.s).

Schr.: Des H. M. päd. Schr., hg. v. F. Freundgen, 1890; De institutione clericorum (Unterricht für Geistliche), 819, hg. v. A. Knöpfler, 1900.
L.: J. Esterhues, H. M. als Pädagoge, in: Th. Rutt (Hg.), Wahrheit und Wert, 1962; P. O. Hägele, H. M. als Lehrer und Seelsorger nach dem Zeugnis seiner Briefe, 1972; H. M. und seine Schule, hg. v. W. Böhne, 1980; R. Kottje, H. Zimmermann, H. M., 1982.

**Hufnagel,** Erwin, * 21. 7. 1940 Witten/Ruhr; 1967 M. A. Bonn, 1971 Promotion Bonn, 1978 Habil. Bonn, 1980–83 Lehrstuhlvertretung TH Aachen, seit 1984 Prof. f. Erziehungswiss. Univ. Mainz. Schwerpunkte seiner wiss. Arbeit liegen in den Bereichen Philosophische Pädagogik, Päd. Anthropologie, Historische u. Systematische Päd., neukantianische Päd. und Hermeneutik.

Schr.: Zum Problem des Wollens, 1972; Einführung in die Hermeneutik, 1976 (auch in rumänischer, japanischer, koreanischer und kroatischer Sprache); Richard Hönigswalds Pädagogikbegriff, 1979; Konkrete Subjektivität, 1979; Päd. Theorien im 20. Jh., 1982; Der Wissenschaftscharakter der Päd. I, 1982; Der Wissenschaftscharakter der Päd., 1990; Päd. Vorbildtheorien, 1993; Päd. als letztrangig-universale Integrationswiss., in: Freiheit – Geschichte – Vernunft, hg. v. W. Brinkmann u. W. Harth-Peter, 1997.

1957; J. A. Comenius – Übernehmer des Alten oder Wegbereiter des Neuen? In: Pädagogik 13 (1958) 12; Die Pansophie des J. A. Comenius und ihre Bedeutung für seine Päd., 1960; Allgemeine Bildung. Eine problemgeschichtliche Studie, 1960; Jan Amos Komensky, 1963; J. A. Komensky: Allgemeine Beratung über die Verbesserung der menschlichen Dinge (Ausgew., eingel. und übersetzt), 1970; (Hg.), J. F. Herbart, Ausgew. Schriften zur Pädagogik (Ausgew., eingel. und erl.), 1976; Erziehungsweisheit – Paedagogika – Pädagogik, 1976; (Mit anderen), Päd. und Reformation, 1983; Studien zur Gesch. der bürgerl. Didaktik, 1989; (Hg.), J. A. Comenius; Allweisheit, 1992.

**Hofmeistererziehung.** Mit der Feudalisierung im 17. Jh. entstandene ständisch-exklusive Form der → Adelserziehung (nach dem Vorbild der »Fürstenerziehung«), die sich dann im wohlhabenden Bürgertum forttradierte und in Dtl. als Hauslehrererziehung bis 1919 anstelle des Schulbesuchs rechtl. noch möglich war. Der Hofmeister (Hauslehrer, Instruktor, Privatlehrer etc.) bzw. die Hofmeisterin (Gouvernante, Lectrice, Demoiselle) hatten zunächst die höfisch-feudalen Lebensformen und Künste zu vermitteln; später verschob sich diese Erziehung mehr zum Weltläufig-Humanen, bei starker Betonung des ganz individuellen päd. Bezugs und der Einordnung des Unterrichtens in einen persönlich-erzieherischen Umgang. Die großen Erziehungstheoretiker des 18. und 19. Jh.s (→ Locke, → Rousseau, → Fröbel, → Basedow, → Kant, → Schleiermacher, → Herbart u. a.) haben ihre eigenen päd. Erfahrungen weitgehend im Umkreis der H. gesammelt.

L.: F. Neumann, Der Hofmeister im 19. Jh., 1930; W. Hornstein, Vom »jungen Herrn« zum »hoffnungsvollen Jüngling«, 1965; L. Fertig, Die Hofmeister, 1979; J. M. R. Lenz, Der Hofmeister, hg. v. F. Voit, 1992; W. Sünkel, V. da Feltre und das Hofmeistermodell in der neuzeitl. Päd., in: Im Blick auf Erziehung, 1994; U. Herrmann, Hölderlin als Hauslehrer, in: Zschr. f. Päd., 42 (1996) 1.

**Hojer,** Ernst, * 24. 1. 1930 Reichenberg; Dr. phil. 1953; 1964 Habil. Frankfurt/M., 1968 o. Prof. für Päd. und Rektor der Dt. Sporthochschule Köln (1972–74), 1975–1998 Univ. Würzburg (em.). Vertritt eine humanistisch orientierte Päd.

L.: Die Bildungslehre F. I. Niethammers. Ein Beitrag zur Gesch. des Neuhumanismus, 1964; Pierre de Coubertin, Schule – Sport – Erziehung. Gedanken zum öffentl. Erziehungswesen (hg., übers. u. eingel.) 1972;

Giovanni Gentile – Päd. zwischen Idealismus und Faschismus, in: Perspektiven der Philosophie. Neues Jb. Bd. 11 (1985); Die Päd. Schriften Ernst Blochs, in: Perspektiven der Philosophie, 21 (1994); Nationalsozialismus u. Päd., Umfeld u. Entwicklung d. Päd. Ernst Kriecks, 1996; Theodor Litt, in: W. Brinkmann (Hg.), Freiheit – Geschichte – Vernunft. Grundlinien geisteswiss. Päd., 1997; Nationalsozialismus, in: Pädagogik-Lexikon, hg. v. G. Reinhold, G. Pollak, H. Heim, 1999.

L.: Humanistische Päd. (FS zum 68. Geb.tag), hg. v. H. Heim, 1998 (m. Bibl.).

**Honduras** → Lateinamerika.

**Hornstein,** Walter, * 29. 9. 1929 Überlingen (Bodensee), 1963 Dr. phil., 1967–77 Direktor Dt. Jugendinstitut München, Prof. für Sozialisationsforschung und Sozialpäd., Universität der Bundeswehr München. Wichtige Arbeiten zur Sozialgeschichte des Kindes- u. Jugendalters, zur päd. Jugendforschung und zur → Sozialpäd.

Schr.: Vom »jungen Herrn« zum »hoffnungsvollen Jüngling«, 1965; Kindheit und Jugend in der Gesells., 1970; Lernen im Jugendalter, 1975; Ungünstige Lebensverhältnisse und Schulversagen, 1981; Unsere Jugend. Über Liebe, Arbeit, Politik, 1982; Aufwachsen mit Widersprüchen, 1990; Die europ. Einigung als gesellschaftl. Prozeß, 1993; Jugendforschung und Jugendpolitik. Entwicklungen und Kulturen in der zweiten Hälfte des 20. Jh., 1999.

**Hort.** Der H. nimmt schulpflichtige Kinder während des Tages außerhalb der Schulzeit auf. Er gehört zu den → Kindertagesstätten und stellt eine die Familienaufsicht ergänzende Institution dar, vor allem für Kinder ganztätig berufstätiger Eltern. Er kann als selbständige Einrichtung bestehen oder an andere Institutionen wie → Kinderkrippe oder → Kindergarten angeschlossen sein. Träger sind Kommunen, kommunale Zweckverbände, Kirchengemeinschaften, Verbände der freien Wohlfahrtspflege, Vereine und Firmen. Alternativen zum H. bilden die → Ganztagsschule oder die → Freizeitheime.
Als Vorläufer des H.s gilt die Armenanstalt → Pestalozzis auf dem Neuhof. In den → Industrieschulen wurden aufsichtslose Kinder durch nützliche Tätigkeiten von → Verwahrlosung und Müßiggang abgehalten. Der Neuhumanismus versuchte die Ausbreitung solcher Anstalten zu verhindern. Henriette Schrader-Breymann gründete 1874 in Berlin das Pestalozzi-Fröbel-Haus, in dessen H. die

wiss. Verfahrensweise wollte H. die Päd. als strenge Prinzipienwiss. begründen. Wiss. Päd. war für H. Wiss. vom Begriff der Päd. und somit eine philos. Theorie. Als Ziel päd. Handelns bestimmte H. die Einsicht in bereichsspezifische Geltungsansprüche und letztlich in eine gegenstandstheoretische Systematik.

Schr.: Studien zur Theorie päd. Grundbegr. 1913. Neudr. 1966; Über die Grundlagen der Päd. 1918, ²1927; Grundfragen der Erkenntnistheorie, 1931; neu hg. v. W. Schmied-Kowarzik, 1997; Gesch. der Erkenntnistheorie, 1933, Neudr. 1966; Philos. und Sprache, 1937; Denker der italien. Renaissance, 1938; A. d. Nachlaß: Phil. u. Kultur, hg. v. G. Schaper und G. Woland, 1967; Wörterbuch der Phil., in Anschl. an R. H. bearb. von E. Pachnicke, 1985.
L.: H. Blankertz, Der Begriff der Päd. im Neukantianismus, 1959; M. Brelage, Studien zur Transzendentalphilos., 1965; W. Schmied-Kowarzik, D. Benner, Die Päd. der frühen Fichteaner und H.s 1969; E. Hufnagel, R. H.s Päd.begriff, 1979; ders. Konkrete Subjektivität, 1979; ders., Der Wissenschaftscharakter der Päd., 1990; E. Patzelt, Ethik und Päd., 1991; W. Schmied-Kowarzik, R. H.s Philos. der Päd., 1995; E. W. Orth u. D. Aleksandrowicz (Hg.), Studien zur Philosophie R. H.s, 1996; R. Grassl, P. Richart-Willmes, Denken in seiner Zeit, 1997; Erkennen – Monas – Sprache, Internationales R.-H.-Symposion, Kassel 1995, hg. v. W. Schmied-Kowarzik, 1997; R. Grassl, Der junge R. H., 1998.

**Hördt,** Philipp, * 3. 12. 1891 Weinheim/Bergstr., † 26. 1. 1933 Heidelberg, Schüler und Mitarbeiter → E. Kriecks, vertrat eine »völkisch« orientierte Päd., die die intentionale einseitig zugunsten der funktionalen → Erziehung herabsetzte. Das einzelne Individuum erhält seinen Wert erst als Glied des Volksganzen, dem es nicht kritisch gegenüberstehen darf, sondern dessen schicksalhaftem »Rhythmus« es sich in »fragloser Hingabe« einordnen soll. Wie sein Lehrer Krieck war H. ein Wegbereiter der totalitären Erziehung des → Nationalsozialismus.

Schr.: Vom Sinn der Schule, 1924; Grundformen volkhafter Bildung, 1933; Der Durchbruch der Volkheit in der Schule, 1933; Theorie der Schule, 1933.
L.: H. G. Assel, Die Perversion der polit. Päd. im Nationalsozialismus, 1969; H. Giesecke, Hitlers Pädagogen, 1993.

**Hörerziehung** → Musikerziehung, Musikunterricht.

**Hoffmann,** Dietrich, * 11. 2. 1934 Breslau; 1969 Promotion Göttingen, 1972 Akademischer Rat und 1973 Prof. f. Päd. PH Göttingen. Schwerpunkte seiner wiss. Arbeit liegen in den Bereichen Theorie von Erziehung und Bildung, Geschichte von Päd. u. Erziehungswiss., Wissenschaftsforschung, dabei insbes. Bildungs- u. Wissenschaftspolitik, sowie Theorie d. Freizeit- und Praxis der Medienpädagogik.

Schr.: Politische Bildung 1890–1933. Ein Beitrag zur Geschichte der päd. Theorie, 1970; Kritische Erziehungswissenschaft, 1978; Erziehungswissenschaft. Eine Einführung, 1980; Heinrich Roth oder die andere Seite der Päd., 1995; m. K. Neumann (Hg.), Erziehung u. Erziehungswiss. in der BRD und der DDR, 3 Bde. 1994–96.

**Hoffmann,** Erika * 28. 3. 1902 Neuteicherwalde (Westpr.), † 5. 2. 1995 Göttingen; 1947 bis 1949 Prof. für Päd. Jena, 1949–51 Doz. PH Lüneburg, 1951–66 Leiterin des ev. Fröbelseminars Kassel. Bedeutende Fröbel-Forscherin und Kindergartenpäd.; setzte sich für einen eigenständigen Kindergarten ein und verteidigte ihn gegen jegliche Verschulung. Herausgeberin mehrerer Fröbel-Editionen.

Schr.: Das dialekt. Denken in der Päd., 1929; Fröbels Theorie des Spiels, 1936; Fröbels Briefwechsel mit Kindern, 1940, ²1952; F. Fröbel und Gräfin Therese Brunswick, 1944; F. Fröbel und Karl Hagen, 1948; Das Problem der Schulreife, 1956; Kindheitserinnerungen als Quelle päd. Kinderkunde, 1960; Vorschulerziehung in Dtl., 1971.
L.: S. Hebenstreit, Einf. in die Kindergartenpäd., 1980; E. Denner, E. H.s Beitrag für die soz. päd. Praxis, f. E. H. zum 90. Geburtstag, 1992; S. Ebert, Ch. Lost (Hg.), bilden – erziehen – betreuen. In Erinnerung an E. H., 1996.

**Hofmann,** Franz * 31. 3. 1992 Zwickau (Böhmen), 1954 Dr. paed. Halle, 1960 Habil. Halle, 1963–1987 Prof. f. Allgem. Päd. und Gesch. der Päd. Univ. Halle; bedeutende Forschungen auf dem Gebiet der Wissenschaftsgesch., insbes. der Comenius-Forschung, rezipierte → Comenius als Theoretiker eines »panpädagogischen« Prozesses der Bildung und Selbstbildung in seiner Bedeutung für eine sozialist. Volksbildung aller Lebensalter.

Schr.: (Zus. Mit K. H. Günther u. a.), Geschichte der Erz., 1965; Über die philosoph. Fundierung des comenianischen Gesamtsystems, in: Wiss. Zschr. Univ. Halle, VI (1956) 2; Die »Pampaedia« J. A. Komenskys – »das letzte Wort« eines Menschenerziehers, in: Pädagogik 12 (1957) 10; J. A. Komensky: Analyt. Didaktik und andere päd. Schriften (Ausgew. und eingel.),

ganisationen zusammenarbeiten, diese beraten und Öffentlichkeitsarbeit betreiben. Sie besteht aus dem Plenum als oberstem beschlußfassenden Organ, in dem nur Univ.n mit Promotionsrecht ganze, die anderen anteilige Stimmen haben, dem Senat als Repräsentationsorgan, dem Präsidenten und dem Präsidium. Es können nur Empfehlungen verabschiedet werden; die HRK arbeitet mit dem → Wissenschaftsrat und der Ständigen Kultusministerkonferenz (z. B. in der Kommission für Prüfungs- und Studienordnungen) zusammen (→ KMK). Ihre Empfehlungen zu → Hochschulreform, → Hochschulrahmengesetz, Studienreform, → Numerus Clausus, Forschung und Ausbildungsförderung bestimmen nachhaltig Hochschulwesen und -politik.

L.: WRK (ab 1990 HRK), Empfehlungen, Entschließungen und Nachrichten, 1959 ff.; dies., Dokumente zur Hochschulreform, 1968 ff.; dies. Jahresber.e.

**Hochschulzugang.** Die nachgewiesene → Hochschulreife (§ 27 HRG) gewährt grundsätzlich die Berechtigung zum H., und zwar nicht nur die Chance der Bewerbung, sondern einen Anspruch auf Zulassung. Nichtzulassung stellt also nicht die Versagung einer Vergünstigung, sondern einen Eingriff in subjektive Rechte dar. Art. 12 GG sichert nicht allein Abwehrrecht gegen staatl. Eingriffe, sondern, verbunden mit dem Sozialstaatsangebot, ein Teilhaberecht auf Nutzung staatl. Einrichtungen, wo der Staat ein Bildungsmonopol besitzt. Einschränkungen dürfen nur durch Gesetz oder aufgrund eines Gesetzes angeordnet werden. In jüngster Zeit sehen die rechtlichen Feststellungen der Länder vor, den H. für bes. qualifizierte Bewerber mit abgeschlossener Berufsausbildung und Praxiserfahrung über die fachgebundene Hochschulreife zu ermöglichen. → Abitur, → Hochschulrahmengesetz, → Numerus clausus.

**Höhenkonzentration,** ein wenig gebrauchter Name für die differenzierende Unterteilung des Unterrichtsstoffes nach Niveau- oder Leistungsgruppen.

**Höhere Schulen,** allgemeinbildende Schulen zw. Grundschule und Hochschule, deren Lehrpläne wiss. orientiert sind (z. B. → Gymnasium, Abendgymnasium, Fachoberschulen u. a.). Nach dem → Strukturplan des Dt. Bildungsrates (1970) werden die H. S. der Sekundarstufe zugeordnet, in der allerdings alle über die Primarstufe hinausführenden Schulen zusammengefaßt sind.

L.: Th. Hülshoff, A. Reble (Hg.): Zur Gesch. der H. S., Bd. 1, 1967; Bd. 2, 1975; Max-Planck-Inst. für Bildungsforschung. Projektgruppe Bildungsbericht (Hg.): Bildung in der BRD, 2 Bde., 1980.

**Hölderlin,** (Johann Christian) Friedrich, * 20. 3. 1770 Lauffen/Neckar, † 7. 6. 1843 Tübingen. Obwohl H. keine systemat. päd. Schriften hinterlassen hat, finden sich in seiner Dichtung zahlreiche Elemente, die ihn als einen bedeutenden päd. Theoretiker des dt. Idealismus und der Epoche zwischen → Aufklärung, klassisch-humanistischer → Bildung (→ Humanismus) und → Romantik ausweisen. Geprägt von seinen (negativen) Erfahrungen als Hofmeister (→ Hofmeistererziehung) und stark beeinflußt von den Freiheitslehren → Rousseaus und → Kants gehen päd. und polit. Ideen und Ideale bei ihm eine untrennbare (für die Zeit allerdings typische) Verbindung ein: Das Eintreten für das Recht des Kindes auf Selbstentfaltung wird zu einem Plädoyer für einen freiheitl. polit. Zustand. Die poetische Metapher von »Kind« und »Kindheit« (v. a. im *Hyperion, 2 Bde. 1797/99*) fungiert dabei als Gegenbild zur Zerrissenheit des von der Natur abgefallenen Menschen (→ Entfremdung) und verweist auf die → Utopie vom »ganzen Menschen« in einer wahrhaft humanen Gesellschaft.

Schr.: H. Briefe zur Erz., hrsg. v. K. L. Wolf, 1950.
L.: C. Menze, H.s Deutung der Bildung als exzentrische Bahn, in Vjschr. f. wiss. Päd., 58 (1982); ders., H.s päd. Entwürfe aus seiner Hofmeisterzeit, in: »Frankfurt ist aber der Nabel dieser Erde«, hg. v. Chr. Jamme, O. Pöggeler, 1983; L. Fertig, F. H. der Hofmeister, 1990; U. Herrmann, H. als Hauslehrer. Erziehungserfahr. und päd. Reflexion bei F. H., in: Zschr. f. Päd. 41 (1996) H. 1.

**Hönigswald,** Richard, * 18. 7. 1875 Magyaróvár (Ungarn), † 11. 7. 1947 New Haven (Connecticut), 1902 Dr. med. Wien, 1904 Dr. phil. Halle, 1906 Habil. in Breslau, 1909–30 o. Prof. ebd., 1930–33 Univ. München, 1939 Flucht in die USA. Im Gegensatz zur einzel-

Univ.n, die Begrenzung der Bildungsfinanzierung (»Streichungspolitik«), das zunehmende Mißverhältnis zw. Hochschulbildung und Beschäftigungssystem sowie das Hochschulklima (Konsumentenmentalität, Probleme und polit. Ausrichtung der Studenten) sowie die (angebl.) negativen Folgen der H. im Zentrum der Diskussion. Zwei Hochschulsonderprogramme 1989 und 1990 sahen als »Überlastprogramm« mit finanzieller Förderung die Verbesserung des Lehrbetriebs, die Schaffung von Planstellen für Hochschullehrer und die Förderung des wiss. Nachwuchses vor. Zur Lösung der besonderen Schwierigkeiten beim Neuaufbau bzw. der Neugründung der Hochschulen in der ehem. → DDR wurden 1991 ausgehend vom → Hochschulrahmengesetz in den beigetretenen Bundesländern neue Hochschulgesetze verabschiedet, die insbes. für die ideologische Reinigung und personelle Erneuerung maßgebend waren. Die Voraussetzungen für die Neugestaltung des Hochschulsystems in den neuen Ländern schuf das von Bund und Ländern vereinbarte »Erneuerungsprogramm für Hochschule und Forschung«. Wichtigste Punkte des Reformprogramms waren die Studienzeitverkürzung, die bes. Berücksichtigung der → Fachhochschulen beim Hochschulausbau, die Frage des Promotionsrechts der Fachhochschulen, die Kontrolle der Leistungen in der Lehre sowie die Einführung von Tutoren und eines Mentorensystems für Anfangssemester. – Nach dem Beitritt der neuen Länder wurde 1990 die Westdt. Rektorenkonferenz durch die → Hochschulrektorenkonferenz abgelöst. → Europ. Gemeinschaft. → Einigungsvertrag.

L.: Westdt. Rektorenkonferenz (ab 1990: Hochschulrektorenkonferenz), Dokumente zur H. Bd. 1 ff., 1968 ff.; B. Gebauer (Hg.), Material zur Diskussion d. H., 1973; E. Nuissl, R. Randtorff, W.-D. Webler, H. Rigol, Erziehungswiss. und H., 1973; Bericht über dt.e. Univ.n, dt. 1978; Th. Nipperdey (Hg.), Hochschule zw. Politik und Wahrheit, 1981; A. Glaser (Hg.), H. – und was nun?, 1982; Ch. Lüth, Gesamthochschulpolitik in der BRD, 1983; Univ. und Hochschulpolitik, hg. v. P. Kellermann, 1986; H. Röhrs (Hg.), Tradition und Reform der Univ. unter internat. Aspekt, 1987; U. Schneekloth, Hochschulen zwischen Funktionswandel und Krise, 1990; Hochschulen der Zukunft – erneuert oder zweite Wahl, Red. S. Schilden, 1992; H. Peisert, G. Framheim, Das Hochschulsystem in Dtl., 1994; W. Böhm, Die aufgegebene Tradition, in: Dt. Hochschul-Verband (Hg.), Almanach VIII (1995); S. Baske, Das Hochschulwesen, in: Hdb. d. dt. Bildungsgesch., Bd. 6, 2, hrsg. v. Chr. Führ, 1998.

**Hochschulreife,** auch → Abitur, die durch Prüfungen erbrachte Berechtigung zum Studium. Unterschieden werden allgemeine H. (erlaubt das Studium aller Fächer und wird meist an → Gymnasien erworben), fachgebundene H. (nur Studium bestimmter Fächer; meist an → Berufsoberschulen und → Fachakademien erworben) und Fachhochschulreife (berechtigt nur zum Studium an → Fachhochschulen; meist an Fachoberschulen erworben). Die H. kann auch über den → Zweiten Bildungsweg, Fernkurse oder Begabtenprüfungen erlangt werden.

1969 wurden die von der → Westdt. Rektorenkonferenz und der Ständigen Konferenz der Kultusminister (→ KMK) im »Tutzinger Maturitätskatalog« (1958) festgelegten Kriterien der H. geändert und dabei auf die Beurteilung der intellektuellen und charakterl. Reife verzichtet. In der Folge wurde von der → Bund-Länder-Kommission und dem → Wissenschaftsrat das Wort H. durch »Hochschulberechtigung« ersetzt. In letzter Zeit wird heftig über die Aufhebung der fachgebundenen H., die Voraussagekraft der Abiturnoten für den Studienerfolg (wegen → Numerus Clausus und den damit vorgeschlagenen Auswahlverfahren) und die Kriterien der H. (insbes. über die unverzichtbaren Grundkenntnisse) diskutiert.

L.: W. Flitner, H. und Gymnasium, 1959; A. Flitner (Hg.), Der Numerus clausus und s. Folgen, 1976; H. W. Friese (Hg.), Abitur, 1981; U. Karpen, Access to Higher Education in the Federal Republic of Germany, 1988; N. Kluge (Hg.), Vom Lehrling zum Akademiker, 1990; A. Wolter (Hg.), Die Öffnung des H.s für Berufstätige, 1991; H. D. Hammer, Hochschulzugang in Dtl., 1994; W. Mitter (Hg.), Wege zur Hochschulbildung in Europa, 1996.

**Hochschulrektorenkonferenz** (HRK), bis 5. 11. 1990 Westdeutsche Rektorenkonferenz (WRK), 1949 gegr. autonome Vereinigung der Hochschulen der BRD. Diese wollen zur Erfüllung ihrer Aufgaben in Forschung, Lehre, Studium und Selbstverwaltung zusammenwirken. Die HRK soll die hochschulpolit. Entwicklung beobachten und dokumentieren, mit staatl. Instanzen, Wiss.seinrichtungen, Verbänden und internat. Or-

stehen in der Gesetzgebungskompetenz der Länder, doch kann der Bund seit 1969 (Art. 75, Abs. 1, Nr. 1 a GG) Rahmenrichtlinien festlegen, so z. B. im → Hochschulrahmengesetz. Der Rechtscharakter der H. als Körperschaft des öffentl. Rechts verleiht den Professoren, Assistenten und Studenten originäre Rechte, z. B. das der Selbstverwaltung. Diese gerät leicht in Spannung oder auch Konflikt mit der daneben erforderlichen und sich immer mehr ausdehnenden Staatsverwaltung. → Hochschulreform.

L.: Westdt. Rektorenkonferenz (ab 1990 Hochschulrektorenkonferenz), Dokumente zur Hochschulreform, 1968 ff.; Hochschulautonomie, hg. von d. Westdt. Rektorenkonferenz, 1989; U. Teichler (Hg.), Das Hochschulwesen in der Bundesrep. Dtl., 1990; ders. Europ. Hochschulsysteme, 1990; H. im Wandel, hg. von K. Duffek u. a., 1991; Dt. H.n und Europa, hg. von P. Eisenmann u. a., 1991; J. Lange, H.n und Forschungseinrichtungen in den neuen Bundesländern zw. gestern und morgen, in: Bildung und Erziehung 46 (1993) H. 2; H. Müller-Solger u. a., Bildung und Europa, 1993 (Kap. B); H. Peisert, G. Framheim, Das H.system in Dtl., 1994; Ch. Flämig (Hg.), Hdb. des Wissenschaftsrechts [2]1996; Hochschulrektorenkonferenz, H. als Verantwortungsgemeinschaft, Red. S. Schilden, 1998.

**Hochschule für internationale pädagogische Forschung.** → Deutsches Institut für internationale pädagogische Forschung.

**Hochschullehrer.** → Dozent, → Habilitation, → Professor.

**Hochschulrahmengesetz.** (HRG) Aufgrund der Gesetzgebungskompetenz des Bundes (Art. 75 Abs. 1 Nr. 1 a GG) wurde das H. am 26. 1. 1976 erlassen und inklusive zahlreicher Novellierungen am 9. April 1987 neu bekanntgemacht. Es formuliert die Aufgaben der Hochschulen, Grundsätze von Forschung, Lehre und Studium sowie Bestimmungen über die Zulassung, die Mitglieder und die Verwaltung. Die → Hochschulen sollen der Pflege und Entwicklung der Wiss.n und Künste durch Forschung, Lehre und Studium dienen. Hochschulen sind Stätten wiss. Berufsvorbereitung und nicht mehr Orte reiner Wiss. Die starke Betonung des Ausbildungsauftrags verdeutlicht, daß es bei der Reform der Hochschulen um die Herausbildung von Fachleuten für die verwissenschaftlichte berufl. Praxis geht, nicht mehr um eine universale → Bildung *(universitas)*, der sich jeder Angehörige der Hochschule verpflichtet weiß. Mit der Änderung des H.s vom 20. 8. 1998 wurden die Weichen für eine nicht unumstrittene Reform der Hochschulen in Deutschland gestellt. Zu den wichtigsten Eckpunkten der Neuregelung zählen: Einführung einer leistungsabhängigen Hochschulfinanzierung, stärkere Leistungskontrolle der Studierenden sowie die Ermöglichung der Vergabe der internationalen Universitätsgrade Bachelor und Master. → Universität, → Humboldt, → akademische Grade, → Magister, → Bakkalaureat, → Kurzstudium.

L.: A. Reich, H., Kommentar, 1977, [6]1999.

**Hochschulreform.** Bestrebungen und Maßnahmen zur Veränderung des Hochschulsektors. Sie setzte mit der Kritik an der noch auf → Humboldts Bildungstheorie fußenden → Univ.n durch → Wissenschaftsrat, → Westdt. Rektorenkonferenz, → Studentenbewegung usw. ein. Ähnlich wie bei der Schulreform lassen sich äußere und innere H. unterscheiden. Jene befaßt sich mit der Organisation der Univ.n: gefordert und z. T. verwirklicht wurden das Recht des Bundes zur Rahmengesetzgebung (1969, → Hochschulrahmengesetz von 1976), Einführung von → Gesamthochschulen, Eingliederung der Päd. Hochschulen in die Univ.n, Neugestaltung der Personalstruktur (z. B. Ausbau d. Akad. Mittelbaus), mehr Mitbestimmung für Assistenten und Studenten (»Drittelparität«), Maßnahmen zur Beseitigung des »Studentenbergs«, Abbau des → Numerus clausus und neue, gerechtere Zulassungsverfahren. Im Mittelpunkt der inneren H. steht die Studienreform, die Anpassung der wiss. Lehrinhalte an Berufswelt (sog. Praxisbezug) und gesellschaftl. Erwartungen. Das Studium soll verkürzt (Regelstudienzeit, Kurzstudiengänge), sinnvoll aufgebaut, durch neue Studien- und Prüfungsordnungen geregelt sowie durch eine wirksame → Studienberatung und eine Verbesserung von Methodik und Didaktik erleichtert werden. Eine der Voraussetzungen für eine solche H. ist wirtschaftl. Hochkonjunktur. In letzter Zeit stehen die Anpassung der Ländergesetzgebung an das Hochschulrahmengesetz, die wachsende Einflußnahme der Kulturbürokratien auf die

Gamm, Führung und Verführung. Päd. d. Nationalsoz. (1964), 2. überarb. Aufl. (m. Bibl.) 1984; Ch. Schubert-Weller, HJ., 1993; A. Klönne, Jugend im dritten Reich. Die HJ und ihre Gegner, 1995.

**Hochbegabte.** Während eine von den Prinzipien der → Chancengleichheit und Demokratisierung beherrschte Bildungspolitik mehr dazu neigte, den Akzent auf die Gleichheit aller und nicht auf die herausragende Einmaligkeit einzelner zu legen, hat die im Verlaufe der gesellschaftl. Entwicklung steigende Notwendigkeit der Bewältigung immer komplexerer Probleme und ein differenziertes päd. Weiterdenken des Gleichheitspostulats dazu geführt, die Interessen, Fähigkeiten und Bedürfnisse auch der H.n in einem neuen Licht zu sehen und als bes. förderungswürdig und -bedürftig anzuerkennen. Die von daher neu angeregte H.nforschung bemüht sich vor allem um eine präzise Bestimmung und Abgrenzung von Hochbegabung (→ Begabung) und hebt dabei neben außergewöhnlichen intellektuellen Leistungsmöglichkeiten produktives Denken, → Kreativität, besondere Führungsqualitäten, künstler. u. soziale Fähigkeiten hervor. Pädagogisch erwächst die Forderung nach vorschulischer, schulischer, universitärer und außerschulischer Förderung, u. U. sogar nach einer separaten Schulung der H.n. Während die H.n (»Gifted and Talented«) in den USA unter dem Leitbegriff der Exzeptionalität zum Forschungsbereich der »Special Education« gehören, hat die H.nforschung und -förderung in Dtl. noch nicht jene qualitative Eigenständigkeit und quantitative Ausdehnung erreicht wie die → Sonderpädagogik (im Sinne der Erziehung von → Behinderten). → Elite, → Genie.

L.: R. Chauvin, Die H.n, dt. 1979; J. T. Weber u. a., Hochbegabte Kinder – ihre Eltern, ihre Lehrer, dt. 1985; F. E. Weinert, H. Wagner (Hg.), Die Förderung H.r in der BRD, 1987; B. Feger, Hochbegabung, 1988; K. A. Heller (Hg.), Hochbegabungsdiagnostik, 1988; E. Hagen, Die Identifizierung H.r, 1989; W. C. Roedell, Hochbegabung in der Kindheit, 1989; F. J. Mönks (Hg.) Talent for the Future, Assen 1991; E. A. Hany u. H. Nickel, Hochbegabung, 1992; K. A. Heller (Hg.), Hochbegabung im Kindes- u. Jugendalter, 1992; J. J. Meister, Hochbegabte an deutschen Universitäten, 1992; D. H. Rost (Hg.), Lebensweltanalyse hochbgabter Kinder, 1993; A. Tettenborn, Familien mit hochbegabten Kindern, 1996; B. Feger, T. M. Prado, H., 1998; F. J. Mönks, I. H. Ypenburg, Unser Kind ist hochbegabt, [2]1998; E. Roth (Hg.), Intelligenz. Grundlagen und neue Forschung. 1998; J. T. Webb, E. A. Meckstroth, S. S. Tolan, Hochbegabte Kinder – ihre Eltern, ihre Lehrer, 1998; U. Hoyningen-Süess, P. Lienhard (Hg.), Hochbegabung als sonderpäd. Problem, 1998; K. Heilmann, Begabung-Leistung-Karriere, 1999.

**Hochschuldidaktik,** in den 60er J.n einsetzende und durch →Studentenbewegung und Bundesassistentenkonferenz vorangetriebene Bemühungen, akadem. Lehren und Lernen, vor allem Auswahl und Anordnung der Inhalte, Lehrformen und -methoden, sowie Prüfungen kritisch zu reflektieren. Anfangs auf die Erprobung der psychologischen und soziologischen Bedingungen akadem. Unterrichts konzentriert, weitete sich die H. allmählich aus bis zur Wiss.sdidaktik, d. h. zur Frage nach der Vermittlung von Wiss. überhaupt. Unterschiedliche, z. T. konkurrierende Ansätze (unterrichtstechnologisch, sozialpsychologisch, curricular, wissenschafts-, sozialisationstheoretisch, berufsbezogen, emanzipatorisch) haben noch nicht zu einem einheitlichen Konzept der H. geführt. Wichtige Forschungszentren für H. sind u. a. in Berlin, Hamburg und Tübingen.

Reihen: H.sche Materialien (1968 ff.); Blickpunkt H. (1969 ff.); H.sche Stichworte (1972 ff.); H.sche Arbeitspapiere (1973 ff.).
L.: H. v. Hentig, L. Huber u. P. Müller (Hg.), Wiss.sdidaktik, 1970; H. v. Hentig, Magier oder Magister?, 1972; D. Lenzen (Hg.), Enzyklopädie Erziehungswiss., Bd. 10: Ausbildung und Sozialisation in der Hochschule, [2]1993; E. Leitner, Hochschul-Päd., 1984; K. Zillober, Einf. in die H., 1984; P. Kuckuk, Fachwissen allein reicht nicht, 1985; B. R. Clark (Hg.), The Encyclop. of Higher Educ., 4 Bde., Oxford 1992; W.-D. Webler (Hg.), Hochschulkultur u. Qualität der akadem. Lehre, 1993; Hdb. Hochschullehre, 1996 ff.

**Hochschule.** H.n sind Einrichtungen des → Tertiärbereichs, sie sind in der Regel staatl. und haben den Status einer Körperschaft des öffentl. Rechts. Das geltende Hochschulrecht differenziert nicht mehr zwischen → Universitäten und H.n, ebensowenig zwischen wiss. und nichtwiss. H.n. Auch die → Fachhochschulen werden in den H.-Begriff einbezogen. Die H.n unterscheiden sich qualitativ von den anderen, auch von den höheren Schulen; das kommt rechtl. durch das Grundrecht der Lehr- und Forschungsfreiheit (Art. 5, Abs. 3 GG) zum Ausdruck. Die H.n

Strukturen ausgesprochen dysfunktional. → Soziologie der Erziehung.

**Hieronymus,** * 331 Stridon (Dalmatien), † 420 Bethlehem; Heiliger und Kirchenlehrer. In seinem berühmten Brief an Laeta empfiehlt er für deren Tochter eine Form der Mädchenbildung, die für das ganze → Mittelalter als musterhaft galt: Askese, Lektüre der Hl. Schrift, Frömmigkeit, Instrumentalspiel, Nachahmung des mütterlichen Vorbilds. In seinem Brief an Gaudentius erweiterte er die → christl. Erziehung zu einer humanistischen.

Schr.: Briefe an Laeta und Gaudentius, hg. von L. A. Ernesti, ²1902.

**High school,** Oberbegriff für den Sekundarschulbereich in den → USA, unterteilt je nach den Bestimmungen der Schuldistrikte bzw. Bundesstaaten und den örtl. Gegebenheiten in 3j. »*junior h.s*« und »*senior h.s*« bzw. 6j. »*h.s*« und kombinierte »*junior/senior h.s*«. Die *h.s* umfassen die Jahrgangsstufen 12 bis 17, d. h. *grades* 7 bis 12, sind → Ganztagsschulen und arbeiten nach dem Kurssystem.

L.: J. B. Conant, The American H. S., New York 1959 u. ö.; G. Loose, Berufsvorbereitung in der amerikan. H. S., 1987; A. Buttlar, Grundzüge des Schulsystems der USA, 1992.

**Hilfsschule.** Veralteter Begriff für Sonderschule der Lernbehinderten. Die Umbenennung wurde 1971 vollzogen, u. a. um stigmatisierende (→ Stigmatisierung) Zuschreibungen des H.begriffs zu vermeiden. Ausgehend von den Forderungen H. E. Stötzners, des »Vaters der H.«, wurde 1879 in (Wuppertal-)Elberfeld die erste selbständige H. errichtet, der 1881 weitere in Braunschweig und Leipzig folgten. In den H.n sollten Kinder, die im Unterricht der Hauptschule nicht hinreichend gefördert werden konnten und nicht unter einer Sinnesschädigung litten (Blindheit, Taubheit etc.), eine besondere Unterstützung erfahren. → Lernbehinderung, → Lernbehindertenpäd., → Sonderschulwesen.

L.: C. Hillenbrand, Reformpäd. u. Heilpäd., 1994.

**Hilker,** Franz, * 22. 4. 1881 Bosselborn (Westf.) † 4. 1. 1969 Bonn, Studienrat in Berlin, 1919 Mitbegr. des → Bundes entschiedener Schulreformer, 1923 Oberschulrat in Thüringen, 1930 Leiter des Zentralinstituts für Erziehung und Unterricht in Berlin, 1931 Leiter der Päd. Auslandsstelle. Nach 1945 maßgeblich am Wiederaufbau des Schulwesens in → Hessen beteiligt, war H. zudem ein Pionier der → Vergleichenden Erziehungswiss.

Schr.: Kunst und Schule, 1922; Dt. Schulversuche, 1924; Reine Gymnastik, 1924; Die Schulen in Dtl., 1955, ³1963; Päd. im Bild, 1956; Vergleichende Päd., 1962.

L.: G. Böhme, F. H.s Tätigkeit nach dem 2. Weltkrieg in Hessen, 1967; ders., Das Zentralinstitut für Erziehung und Unterricht und s. Leiter, 1971; G. Radde, Aus dem Leben und Wirken des entsch. Schulreformers F. H., in: Ambivalenzen der Päd., hg. v. P. Drewek, 1995; G. Böhme, Von der Kunstrz. zur päd. Dokumentation. Der Reformpäd. F. H., in: Außeruniversitäre Erziehungswiss. in Dtl., hg. v. G. Geißler und U. Wegmann, 1996.

**Hitler-Jugend** (HJ), staatl. Jugendorganisation der NSDAP (1926–1945). Durch Gesetz wurden 1936 die dt. Jugendverbände zu Gunsten der HJ als der einheitlichen nationalsozialist. »Staatsjugend« ideologisch und politisch gleichgeschaltet und dem Reichsjugendführer unterstellt (1936–40 B. v. Schirach, ab 1940 A. Achsmann).

Die HJ gliederte sich in dt. Jungvolk (DJ) für Jungen von 14–18 J.; dt. Jungmädel (DJM) für Mädchen von 14–18 J.; die eigentliche HJ für Jungen von 14–18 J. und den Bund dt. Mädel (BDM) von 14–18 J.; es bestand Jugenddienstpflicht. Die HJ hatte die Jugend im Sinne der nationalsozialist. Ideologie zu erziehen und Nachwuchs für die NSDAP zu gewinnen. Dabei nahm die körperl. Erziehung den ersten Rang ein: Wehrsport, Geländesport, Wettkämpfe, Turnen, Einsätze, Aufmärsche; strenge Ordnung und Disziplin standen im Mittelpunkt.

Die HJ war das Musterbeispiel einer totalitären Erziehung, die geistige Ausrichtung, militärischen Drill, weltanschauliche Dressur und blinde Gefolgschaft nach dem Führerprinzip organisierte. → Nationalsozialismus.

L.: B. v. Schirach, Idee und Gestalt der HJ, 1934; ders., Revolution der Erziehung, 1939; A. Klönne, HJ, 1957; W. Klose, Generation im Gleichschritt, 1964; H. Ch. Brandenburg, Die Gesch. der HJ, 1968; H. W. Koch, Gesch. d. HJ, 1975; Erziehung und Schulung im III. Reich, 2 Bde, hg. v. M. Heinemann, 1980; H. J.

bekannt und legte pionierhafte Arbeiten zur → Vergleichenden Erziehungswiss. vor.

Schr.: Grundlagen der Päd. als angewandter Phil., (russ. 1923) dt. 1937; (m. N. Hans) 15 J. Sowjetschulwesen, (engl. 1930) dt. 1933; Die Päd. der Maria Montessori und ihr Schicksal, 1936; Struttura e contenuto della scuola moderna, (poln. 1947) Rom 1950 u. ö. Ges. Werke (poln.), 5 Bde, hg. v. W. Okoń, Warszawa 1997.
Lit.: H. Meyer-Bothling, Das päd. System S. H.s, (Diss. Hamburg) 1958; L. Liegle, Ein unfreiwilliger Kosmopolit und seine fast vergessenen Beiträge zur Allgem. und Vergl. Päd., in: Bildung und Erziehung, 40 (1987) H. 4.

**Hetzer,** Hildegard, * 9. 6. 1899 Wien, † 12. 8. 1991 Gießen, 1931–34 Prof. für päd. Psychologie an der Päd. Akad. Elbing, 1948 Päd. Inst. Weilburg, 1961–67 Univ. Gießen. Bahnbrechende Arbeiten zur Kinderpsychologie, die auch in der Päd. starke Beachtung fanden.

Schr.: Die symbol. Darstellung in der frühen Kindheit, 1926; Kindheit und Armut, 1929, ²1936; Das volkstüml. Kinderspiel, 1927; Kind und Schaffen, 1931; (m. Ch. Bühler) Kleinkindertests, 1932, ⁴1979; Die seel. Veränderungen bei der ersten Gestaltwandel, 1936; Mütterlichkeit, 1936; Psycholog. Begutachtung von Grundschülern, 1939; Kind und Jugendliche in der Entwicklung, 1948, ¹²1972; Entwicklungstestverfahren, 1950; ²1954; Zur Psychologie des Kindes, 1967 (m. Bibl.); zus. mit L. Erler (Hg.), Spiel. Spiel und Spielmittel im Blickpunkt verschiedener Wiss.n und Fächer, 1986; Eine Psych. die dem Menschen nützt, 1988.
L.: H. Düker u. L. Tent, FS zum 65. Geb.tag, 1965; A. Spitznagel u. E. Todt, FS zum 75. Geb.tag, 1976 (m. Bibl.); H. Rauh, Spiel und Entwicklung: H. H.s Beiträge zur Psych. des Spielens, in: Empirische Päd., 5 (1991) H. 4.

**heuristische Methode** (griech.: finden) ist die method. Anleitung, durch Entwicklung, Aufstellung und Systematisierung von Handlungsanweisungen selbständig etwas Neues zu finden. → Didaktik.

L.: R. Groner et al. (ed.), Methods of Heuristics, Hillsdale (N. J.), 1982; Heurist. Vorgehensweisen für das Lösen komplexer Aufgaben lehren und lernen, hg. von M. Glatfeld, 1992.

**Heydorn,** Heinz-Joachim, * 14. 6. 1916 Hamburg, † 15. 12. 1974 Frankfurt (Main), 1950 Doz. PH Kiel, 1953 Prof. für Päd. am Hess. Institut für Lehrerbildung in Jugenheim, 1959 a. o. Prof., 1961–1974 o. Prof. Univ. Frankfurt/M. Ausgehend vom Faktum der universellen Entmenschlichung der Verhältnisse versucht H. im dialektischen Umschlag die Steigerung der Potentiale der Menschheit aufzuweisen; ihre Aktualisierung ist die in → Bildung begründete gemeinsame Tat aller in der Versöhnung des Gegensatzes von Entmenschlichung und Befreiung in einem neuen, u. a. vom Schulsystem ausgehenden → Humanismus. → Hegel, → Marx.

Schr.: (Hg.), Krit. Beiträge zur Bildungstheorie, 1967 ff.; Über den Widerspruch von Bildung und Herrschaft, 1970; (Hg.), J. A. Comenius, 2 Bde., 1971; Studien zur Sozialgesch. u. Phil. der Bildung, 2 Bde., 1973 (m. G. Koneffke); Zur Bildungsgeschichte des dt. Imperialismus, 1973 (m. G. Koneffke); Bildungstheoret. Schriften, 4 Bde., 1979–1981; Bildungstheoret. u. päd. Schriften 1949–1974, hg. v. I. Heydorn u. a., 1995.
L.: H.-W. Butterhof, J. Thorn-Prikker, Aspekte und Probleme der »Negativen Bildungstheorie« H. J. H.s, in: Zschr. f. Päd. 21 (1975); D. Benner u. H.s Bildungstheorie, in: Zschr. f. Päd. 28 (1982); G. Koneffke, Zur Authentizität von Bildung: H.-J. H., in: Diskurs Bildungstheorie II, hg. v. O. Hansmann u. W. Marotzki, 1989; H. Sünker, H.-J. H.: Bildungstheorie als Gesellschaftskritik, in: Diskurs Bildungstheorie II, hg. v. O. Hansmann, W. Marotzki, 1989; P. Euler, L. A. Pongratz (Hg.), Krit. Bildungstheorie. Zur Aktualität H.-J. H.s, 1995; A. Gleick, Bildung als Hinausführung, 1996.

**Hierarchie** (griech.: Heilige Herrschaft), Struktur vertikaler Gliederung als System fest geregelter Über- und Unterordnung von Dienststellen und (Berufs-)Positionen, Amtsinhabern und Funktionsträgern in Verwaltung, Industrie, Kirche, Verbänden, Parteien usf. Zuständigkeiten, Verantwortlichkeiten und Kompetenzen, Entscheidungs- und Anordnungsbefugnisse, Weisungsgebundenheiten, aber auch Karrierechancen sind pyramidal von der Führungsspitze abwärts bis zur Ausführungsbasis gestaffelt und abhängig von der Position in der Rangordnung, nur formal damit auch von Fähigkeit und Sachverstand. Da in H.n Kommunikation und Kontrolle typischerweise nur von oben nach unten »fließen« und flexible Problemlösungen und selbständige Entscheidungen ebenso wie horizontale Kooperation erschweren oder unterbinden, fördern H.n die Ausprägung autoritärer Einstellungs- und Verhaltensmuster (»Radfahrersyndrom«) und verhindern Demokratisierung und Mitbestimmung. Gerade in den päd. Institutionen des Erziehungssystems, die qua definitionem die Bildung und Mündigkeit der heranwachsenden Person befördern sollen, wirken hierarchische

angebot auch an Nachmittagen, nach der regulären Schulzeit, an.

An die Grundschule schließen an: integrierte oder kooperative (schulformbezogene) → Gesamtschulen (Kl. 5 bis 10); 2j. Förderstufen (Kl. 5 u. 6) als schulformübergreifende → Orientierungsstufen sowie auf direktem Wege Hauptschulen (Kl. 5 bis 9), Realschulen (Kl. 5 bis 10) und → Gymnasien (Kl. 5 bis 13), z. T. als Ganztagsschulen.

In der Folge des »Gesetzes zur Wiederherstellung der freien Schulwahl im Lande Hessen und zur Änderung des Schulverwaltungsgesetzes« vom 2. Juni 1987 wurde die bis dahin geltende schulformübergreifende »Stundentafel für die Mittelstufe (Klassen 5–10)« durch schulformspezifische Stundentafeln ersetzt. Auch die ebenfalls schulformübergreifenden »Rahmenrichtlinien« für die Sekundarstufe I wurden von schulformbezogenen Lehrplänen abgelöst.

Die Neugestaltung der → gymn. Oberstufe laut KMK-Beschluß von 1972 erfolgte seit 1. 8. 1976 landesweit; eine spezielle gesetzl. Grundlage für die Neuordnung wurde am 21. 7. 1977 erlassen (mit Ausführungsbestimmungen vom 15. 3. 1978; ab 1. 8. 1978 in Kraft).

Das berufl. Bildungswesen umfaßt Berufsschulen mit Berufsgrundbildungsj. (in vollzeitschulischer oder kooperativer Form) und Berufsvorbereitungsj.; Berufsfachschulen, -aufbauschulen und Fachschulen, die zu einem mittl. Bildungsabschluß führen, sowie Fachoberschulen und Berufl. Gymnasien, die mit der Fachhochschul- bzw. der Hochschulreife abschließen.

Sonderschulen gibt es als Schulen für Lern- und Körperbehinderte, Sprach-, Hör- und Sehbehinderte, für Blinde, Gehörlose, Verhaltensgestörte, praktisch Bildbare und Kranke. Sie stehen in Kooperation mit allen Schulformen. Neben der ambulanten Förderung von sprachauffälligen und verhaltensauffälligen Schülern an Regelschulen gibt es an zahlreichen Grundschulen Integrationsklassen.

Der Hochschulbereich wurde zuletzt durch das Hochschulgesetz vom 3. 11. 1998 neu geregelt und umfaßt die Univ.n (Frankfurt, Gießen, Marburg), die TH in Darmstadt, die Gesamthochschule Kassel, 2 Kunst- und 5 Fachhochschulen. Ferner besteht seit 1989 eine Privat-Univ. (European Business School) in Oestrich-Winkel.

Die Lehrerausbildung erfolgt bereits seit 1961 für alle Schularten an den Univ.n und ist aufgrund einer Novellierung des Ges. über das Lehramt an öffentl. Schulen v. 30. 5. 1969 (zuletzt geändert am 3. 3. 1992) nach den Schulformen Gymnasium, Berufliche Schulen, Haupt- und Realschule, Grundschule sowie Sonderschulen organisiert. Ein Modellversuch schulstufenbezogener Ausbildung wurde 1989 nach mehrjähriger Erprobung wieder eingestellt. Der Vorbereitungsdienst beträgt seit 1989 für alle Lehrämter 2 J.

Der Bereich der Erwachsenenbildung erfuhr in den vergangenen Jahren aufgrund gesetzl. Neuregelungen eine erhebl. Ausweitung. In allen Landkreisen und kreisfreien Städten besteht eine hauptamtl. geleitete Volkshochschule, die ebenso wie die übrigen Träger der Erwachsenenbildung vom Land gefördert wird.

Schr.: Amtsblatt des H. Kultusministeriums u. d. H. Ministeriums für Wiss. u. Kunst; H. Kultusministerium (Hg.), Bildungswege in H. 1977 ff., Hdb. Schulrecht, hg. v. Verb. Bildung und Erziehung (Hessen), Loseblatt-Ausg.
Zschr.: H. Lehrerzeitung, 1948 ff.; Hessische Blätter für Volksbildung 1950 ff.; Blickpunkt Schule 1980 ff.
Schr.: Ständige Konferenz der Kultusminister (Hg.), Kulturpolitik der Länder (ersch. regelmäßig); betrifft: erziehung 6 (1973) 8 (Themenheft); K. Bergmann, H. J. Pandel, Gesch. u. Zukunft, 1975; K.-H. Brauer (Hg.), Subjektivität, Vernunft, Demokratie, 1989; H. T. Kimpel, Gesch. des h. Volksschulwesens im 19. Jh., 1990; R. Rohlmann, Im Dienst der Volksbildung, 1991; B. Frommelt, Aktuelle Perspektiven der Schulentwicklung in H., in: Päd. extra 20 (1992) 12; Ch. Führ, Schulpolitik in H. 1945–1996, in: B. Heidenreich u. a. (Hg.), H., Gesellschaft und Politik, 1995; K. Chr. Lingelbach, Konsolidierung, Modernisierung oder Strukturreform?, in: B. Willmann (Hg.), Bildungsreform und vergleichende Erziehungswiss., 1995; R. Brauner, Schulreform und Bildungsökonomie, 1996; Ch. Eisenreich u. a., Bildung in H., in: J. Petersen u. G.-B. Reinert (Hg.), Bildung in Deutschland, Bd. 3, 1998.

**Hessen,** Sergius, * 16. 8. 1887 Ist-Sijssolsk, † 2. 6. 1950 Lodz; 1909 Dr. phil. Freiburg/Br., 1917–21 Prof. Tomsk, 1921–23 St. Petersburg, lehrte nach Emigration (1923) in Prag, ab 1935 in Warschau, ab 1946 in Lodz. Vertrat eine → Kulturpäd., machte die europ. → Reformpäd. in der frühen Sowjetunion

M. Riedel, Hören auf die Sprache, 1990; F. Rodi, Erkenntnis des Erkannten, 1990; J. Grondin, Einf. in die H., 1991 (Bibl.); H. Ineichen, Phil. H., 1991; D. Koch, Zur hermeneut. Phänomenologie, 1992; H. Seiffert, Einf. in die H., 1992; F. Kuemmel (Hg.), O. F. Bollnow – Hermeneut. Phil. und Päd., 1997; H. und Naturalismus, hg. v. B. Kanitscheider, 1998.

**hermeneutisch-pragmatische Pädagogik** nennt → W. Flitner die Pädagogik hinsichtlich ihrer methodischen und sachlichen Stellung im Gesamtaufbau der Wissenschaften: Der Erkenntnisgegenstand (nämlich die Erziehung) ist keine objektiv-naturhafte Gegebenheit (wie die Gegenstände der Naturwissenschaften), aber auch keine objektiv-geistige, in Texten und Dokumenten festliegende Faktizität, »sondern eine erst noch aufgegebene, in die Zukunft hin offene, verantwortbare« Seinsform. Methodisch bleibt der Pädagogik daher »nur das Verfahren der existentiellen Besinnung in einer historisch vorhandenen und zu interpretierenden Struktur, in der erst die Tatsachen erscheinen, die zu untersuchen sind«. Die Pädagogik teile diese Stellung mit der Wissenschaft von der Politik, aber grundsätzlich auch mit der Medizin als Heilkunde, der Theologie und der Rechtswissenschaft. → Forschungsmethoden, → Hermeneutik, → Lebensphil.

L.: W. Flitner, Das Selbstverständnis der Erziehungswissenschaft in der Gegenwart, 1957 u. ö.; K. Heinen, Das Problem der Zielsetzung in der Päd. W. Flitners, 1973; Richtungsstreit in der Erz.wiss. und päd. Verständigung (FS f. W. Flitner), hg. von H. Röhrs, H. Scheuerl, 1989; Ortsbestimmung der Erz.wiss.: W. Flitner und die Frage nach einer allg. Erz.wiss. im 20. Jh., Z. f. Päd., Beih. 26, 1992; E. Hufnagel, Päd. als letztrangig-universale Integrationswiss., in: Freiheit – Geschichte – Vernunft. Grundlinien geisteswiss. Päd., hg. v. W. Brinkmann und W. Harth-Peter, 1997.

**Herrmann**, Ulrich, * 7. 11. 1939 Velbert, Dr. phil. 1968 Köln, Habil. 1975 Tübingen, Prof. für Päd. Univ. Tübingen, 1993 Univ. Ulm. Schriften und Editionen zur Geschichte der Pädagogik und Erziehung.

Schr.: Bibl. W. Dilthey, 1969; Die Päd. W. Diltheys, 1971; zus. m. H. Groothoff (Hg.), Diltheys Schriften zur Päd., 1972; (Hg.), Histor. Päd., Zschr. f. Päd. 14. Beih., 1977; (Hg.), Schule und Gesellsch. im 19. Jh., 1977; Bibl. zur Gesch. der Kindheit, Jugend und Familie, 1980; (Hg.), Jugend – Jugendprobleme – Jugendprotest, 1982; (Hg.), Die Formung des Volksgenossen, 1985; (Hg.), Neue Erziehung – neue Menschen, 1987; (Hg. m. J. Oelkers), Pädagogik u. Nationalsozialismus, 1989; (Hg. m. J. Oelkers), Franz. Revolution u. Pädagogik der Moderne, 1990; Histor. Bildungsforschung u. Sozialgesch. d. Bildung, 1991; (Hg.), Sozialgesch. des Bildungswesens als Regionalanalyse, 1992; Aufklärung u. Erziehung, 1993; (Hg.) Volk – Nation – Vaterland, 1996.

**Herrnhuter** → Brüdergemeine der Herrnhuter.

**Hessen.** Das Land Hessen wurde 1945 durch die amerikan. Besatzungsmacht gebildet. Die Nachkriegsj. galten dem Aufbau eines demokratischen Bildungswesens (Reformplan einer gegliederten Einheitsschule des Kultusministers Erwin Stein). Auch in der Folgezeit blieb der Gedanke der Reform und der Demokratisierung des Bildungswesens unter dem Postulat der → Chancengleichheit ein bestimmendes Moment für die hess. Kultur- und Schulpolitik. Weitere Reformen dienten der Verwirklichung der im Schulentwicklungsplan (1970) aufgestellten Ziele: Einrichtung jahrgangsgegliederter Grundschulen, Aufbau stufenbezogener Schulzentren für die Mittelstufe (Voraussetzung war die frühe Landschulreform), Einrichtung der → Förderstufe, Versuche mit der Eingangsstufe.
Seit der umfassenden Schulgesetzgebung 1961 besteht eine 9j. Schulpflicht; für Jugendl., die nach der Erfüllung der Vollzeitschulpflicht weder eine weiterführende Schule besuchen, noch in ein Ausbildungsverhältnis eintreten, ist die Schulpflicht seit 1. 6. 1978 um ein Jahr verlängert. Die in 8 verschiedenen Gesetzen getroffenen Regelungen wurden im »H.n Schulgesetz« vom 1. 8. 1993 zusammengefaßt und das Schulrecht systematisch neu geordnet (letzte Änderung vom 5. 11. 1998). Dabei bedeutet die beabsichtigte »Öffnung der Schule zum gesellschaftlichen Umfeld« und die Stärkung ihrer Eigenständigkeit einen bewußten Verzicht auf die Weiterführung struktureller Bildungsreformen.
Der 4j. Grundschule gehen 1j. Vorklassen für schulpflichtige, aber noch nicht schulreife Kinder voraus. H. hat als erstes Bundesland »Schulversuche mit der Früheinschulung Fünfj.« (Beginn 1968/69 an 7 Schulen), die zur Entwicklung der 2j. Eingangsstufe geführt haben, unternommen. Zunehmend mehr Grundschulen bieten ein Betreuungs-

D. Benner, H.s Theorie des erziehenden Unterrichts, in: Gesch. der Erz. und Schule in der Schweiz im 19. und 20. Jh., hg. v. H. Badertscher, Bern 1997; M. Heesch, J. F. H. zur Einführung, 1999; J. Hopfner, Das Subjekt im neuzeitl. Erziehungsdenken, 1999.

**Herbartianismus (H.), Hebartianer.** H. meint die vor allem schulpraktische Umsetzung der Päd. → Herbarts durch seine unmittelbaren oder mittelbaren Schüler (u. a. → Ziller, → Stoy, → Rein, → Dörpfeld, → Willmann). Dabei stehen drei Grundsätze aus Herbarts Unterrichtslehre im Vordergrund: der Aufbau des Lehr- und Bildungsganges nach der Kulturstufentheorie; die Gruppierung des Unterrichts um Konzentrations- oder Gesinnungsstoffe; der Ausbau und die Schematisierung der Herbartschen Formalstufen des Unterrichts.

L.: B. Schwenk, Das Herbartverständnis der Herbartianer, 1963 (m. Bibl.); W. Asmus, Herbart in seiner und in unserer Zeit, 1972; R. Koschnitzke, Herbart und Herbartschule, 1988; P. Metz, H. als Paradigma für Professionalisierung und Schulreform, Bern 1992; F. Jacobs, Von Herbart zum H., 2. erw. Aufl. 1993; K. A. Cruikshank, The rise and fall of American Herbartianism, Wisconsin (Diss.) 1993; K. Cruikshank, M. Knoll, H. in Amerika, in: Bildung und Erziehung, 47 (1994), H. 2; R. Coriand, M. Winkler (Hg.), Der H. – die vergessene Wissenschaftsgeschichte, 1998.

**Herder,** Johann Gottfried, * 24. 8. 1744 Mohrungen (Ostpreußen), † 18. 12. 1803 Weimar; H. kritisierte scharf die Aufklärung und sah bes. bei → Kant die Gefahr der Flucht vor der Wirklichkeit in abstrakt-ästhet. Bereiche. Dem stellte H. Humanität als Leitziel der individuellen Entwicklung und der Erziehung der Völker entgegen. Da jeder Mensch die Menschheit auf seine eigene Art ausprägen soll, heißt Sich-Bilden für H. Darstellung der persönlichen Eigentümlichkeit. Damit hat H. unserem Verständnis von → Bildung nachdrücklich die Aspekte des Individuellen und der Selbstverwirklichung zugefügt. H. sah den Menschen durch Geschichte bestimmt und wesenhaft als Sprachgeschöpf; entsprechend forderte er für eine lebens- und weltbezogene Schularbeit die Betonung von Muttersprache, Geschichte und Geographie.

Schr.: Sämtl. Werke, hg. v. B. Suphan, 33 Bde., 1877–1913, Neudruck 1967–68; Schulreden, hg. v. A. Reble, 1962; Ideen zur Philos. der Gesch. der Menschheit, hg. v. G. Schmidt, 1966, Neuaufl. 1995; Auch e. Philos. der Gesch. zur Bildung der Menschheit, hg. v.

H. G. Gadamer, 1967, ²1986; Humanität und Erziehung (Ausw.), hg. v. C. Menze, 1961, ³1985; Sprachphil. Schriften, hg. v. E. Heintel, Neudruck 1975.

L.: F. Berger, Menschenbild und Menschenbildung, 1933; W. Finzel-Niederstadt, Lernen und Lehren bei H. u. Basedow, 1986; R. Wisbert, Das Bildungsdenken des jungen H., 1987; G. Sauder (Hg.), J. G. H., 1987; A. Adler, Die Prägnanz des Dunklen, 1990; M. Heinz, Sensualist. Idealismus, 1993; A. Gesche, J. G. H. Sprache und Natur des Menschen, 1993; H. Zdarzil, Zum Menschenbild J. G. H.s, in: Menschenbilder, hg. v. C. Menze, 1993; H. Koepke, J. G. H.: Der Ruf nach Vernunft und Billigkeit, in: Jahrbuch Deutsch als Fremdsprache, 1994; C. Leuser, Theologie und Anthropologie. Die Erziehung des Menschengeschlechts bei J. G. H., 1996; M. Heesch, J. Hess, J. G. H., zur Einführung, 1998.

**Hermeneutik** (griech.: Auslege-, Deutungskunst); die Methode des Auslegens und Deutens von Dokumenten, Schriften, Sprach- und Kunstwerken; im weiteren Sinne der geisteswissenschaftliche Weg des Verstehens. Die H. unterscheidet sich vom psycholog. Verstehen als Einfühlung und vom wiss. Erklären als Rückführung von Tatsachen auf gesetzmäßige Ursachen. H. als Verstehen steht immer im Horizont der Geschichte und erstrebt anstelle von Allgemeingültigkeit Objektivität im Sinne der Angemessenheit einer Erkenntnis an ihren Gegenstand. Die hermeneutische Päd. sucht als H. der Erziehungswirklichkeit den Sinn und die Grundphänomene von Erziehung und Bildung auszulegen, z. B. durch Interpretation von Texten der histor. Päd. und durch Deutung der histor.-polit. Voraussetzungen erzieherischer Institutionen. → geisteswiss. Päd., → Forschungsmethoden, → hermeneut.-pragmat. Päd., → Lebensphil.

L.: F. D. E. Schleiermacher, H., hg. v. H. Kimmerle, 1959; H.-G. Gadamer, Wahrheit u. Methode, 1960 u. ö.; E. Betti, Die H. als allg. Methodik der Geisteswissenschaften, dt. 1962; E. Hufnagel, Einf. in die H., 1976; M. Riedel, Verstehen oder Erklären, 1978; H. Danner, Methoden geisteswiss. Päd., 1979, ²1989; Ch. Weinberger, O. Weinberger, Logik. Semantik, H., 1979; H. Birns (Hg.), Hermeneut. Positionen, 1982; O. F. Bollnow, Studien zur H., Bd. I 1982, Bd. II 1983; U. Nassen (Hg.), Klassiker der H., 1982; S. Aufenanger, M. Lenssen (Hg.), Handlung und Sinnstruktur, 1986; M. Winkler, Das Verstehen in der Päd., in: Vjschr. f. wiss. Päd. 64 (1988); Bildung und Erziehung 41 (1988) H. 3; Th. Hartge, Das andere Denken. Hermeneut. Perspektiven einer erz.wiss. Autobiographieforsch., 1989; R. Uhle, Verstehen und Päd., 1989;

Univ. Bielefeld, von 1974–1987 wiss. Leiter von Oberstufenkolleg und Laborschule der Univ. Bielefeld, em. 1987. Von einem weitgespannten kulturellen Horizont nimmt v. H. zu päd. und bildungspolit. Gegenwartsfragen Stellung.

Schr.: Probleme des altsprachl. Unterrichts, 1960; Wie hoch ist die höhere Schule?, 1962; Die Schule im Regelkreis, 1965; Platonisches Lehren, 1966; Univ. und Höhere Schule, 1967; Systemzwang und Selbstbestimmung 1968; Spielraum und Ernstfall, 1969; Cuernavaca oder Alternativen zur Schule, 1971; Die Bielefelder Laborschule, 1971, ²1990; Das Bielefelder Oberstufenkolleg, 1971; Magier oder Magister?, 1972; Schule als Erfahrungsraum, 1973; Die Wiederherstellung der Politik – Cuernavaca revisited, 1973; Die Sache und die Demokratie, 1975; Was ist e. humane Schule?, 1976; Die Krise des Abiturs – und e. Alternative, 1981; Erkennen durch Handeln, 1982; Den Menschen stärken, die Sachen klären, 1985; Wie frei sind freie Schulen?, 1985; Humanisierung. Eine verschämte Rückkehr zur Päd., 1987, ²1993; Ergötzen, Belehren, Befreien. Schr. zur ästhet. Erz., 1987; Arbeit am Frieden, 1987; Bibelarbeit, 1988; Wir brauchen Leser. Wirklich? Der werfe den ersten Stein, 1992; Glaube. Fluchten aus der Aufklärung, 1992; Die Schule neu denken, 1993; ⁷1995, (Hg.), Deutschland in kleinen Geschichten, 1995; Bildung, 1996; Ach, die Werte – Über eine Erziehung für das 21. Jh., 1999.
L.: G. Becker, Ordnung und Unordnung, H. v. H. zum 23. September 1985 (FS), 1985.

**Henz**, Hubert, * 9. 5. 1926 Bad Kissingen, † 18. 4. 1994 Würzburg, Dr. phil. und Dipl. Psych. 1952, Habil. 1962 Salzburg. 1964 Prof. für Päd. in Würzburg. Vertrat eine → normative Päd. auf christl.-neuscholast. Grundlage.

Schr.: Lehrbuch der systemat. Päd. 1964, ⁴1975 (span. ²1976, port. 1970); Bezugssysteme polit. Bildung, 1974; Grundwissen Päd. 1979; Beiträge in F. Pöggeler (Hg.), Perspektiven e. christl. Päd. 1978, und F. Pöggeler (Hg.), Grundwerte in der Schule, 1980; Die christl. Familie als Lebens- und Erziehungsform, 1981; Christl. Identität und Erz., in: Rassegna di Pedagogia, 41 (1983), H. 2–3; Ethische Erziehung, 1991; Bildungstheorie, 1991.
L.: W. Scharl, F. Pöggeler (Hg.), Gegenwart u. Zukunft christl. Erz., (FS f. H. Henz) 1994.

**Herbart**, Johann Friedrich, * 4. 5. 1776 Oldenburg, † 11. 8. 1841 Göttingen, einer der Begründer der → Päd. als Wiss., von → Natorp als der »letzte Philosoph unter den Pädagogen und letzte Pädagoge unter den Philosophen« bezeichnet. Studierte 1794–97 in Jena (bes. bei → Fichte, auch bei → Schiller), 1797–1800 Hauslehrer in der Schweiz (besuchte dort → Pestalozzi), 1802 Habil. f. Phil. und Päd. in Göttingen, dort 1805 Prof. 1809–33 Prof. (zweiter Nachf. → Kants) in Königsberg, ab 1833 wieder in Göttingen.
H. nimmt gegenüber dem Dt. Idealismus den Standpunkt des Realismus ein: die gegenüberstehende (objektive) Welt ist grundsätzlich erkennbar; unser Verstand hat die in ihr vorgegebenen Gesetze zu erkennen, nicht sie zu erfinden. Da für H. der menschl. Wille an Einsicht gebunden ist, bedarf → Moralität als höchster Zweck der Erziehung stets der objektiven Erkenntnis. Zusammen mit seiner mechanist. Vorstellungspsychologie (Vorstellungen und ihre Verbindungen bestimmen unser Handeln) ergeben sich daraus seine Theorie des »erziehenden Unterrichts« mit dem inneren Zusammenhang von Wahrnehmung, Vorstellung, Begriff, Handlung und H.s berühmte Formalstufen (jeglichen Unterrichts): Analyse, Assoziation, System, Methode. Die Lehre H.s wirkt in der Päd. bis heute ungebrochen weiter (Stufen des Lernens, Konzentrationsformen des Unterrichts, empir. Forschung etc.). → Herbartianismus.

Schr.: Allg. Päd. 1806 (zahlr. Editionen); Umriß päd. Vorlesungen, 1835 (mehrere Editionen); J. F. H.s Sämtl. Werke, hg. v. K. Kehrbach u. a., 19 Bde., 1887–1912; J. F. H.s Sämtl. Werke, hg. v. G. Hartenstein, 12 Bde., 1850–52, ²1883; Päd. Schr., hg. v. O. Willmann u. Th. Fritzsch, 3 Bde., 1913–19; Päd. Schr. hg. v. W. Asmus, 3 Bde., 1964–65; Systemat. Päd., hg. v. D. Brenner, 1986; Lehrbuch zur Einleitung in die Philos., hg. v. W. Henckmann, 1993.
L.: E. Inatomi, Herbart no tetsugaku to kyoiku, Tokyo 1936; H. Hornstein, Bildsamkeit und Freiheit, 1959; A. Brückmann, Päd. und philos. Denken bei H., Zürich 1961; M. Koretsune, Herbart kenkyu, Tokyo 1966; C. Martens, Het functioneel leren bij J. F. H., Leuven 1966; A. Monshouwer u. S. Strasser, Herbart als opvoedkundig denker, s'Hertogenbosch 1967; F. Seidenfaden, Die Päd. des jungen H., 1967; Josef L. Blaß, H.s päd. Denkform oder Allg. Päd. und Topik, 1969; H. B. Dunkel, Herbart and Herbartianism: An Educational Ghost Story, Chicago 1977; E. Geißler, H.s Lehre vom erziehenden Unterricht, 1970; W. Asmus, H. in seiner und in unserer Zeit, 1972; Josef L. Blaß, Päd. Theoriebildung bei J. F. H., 1972; B. Bellerate, J. F. H. und die Begr. der wiss. Päd. in Dtl., 1980; M. Klafkowski, Die phil. Grundlegung des erziehenden Unterr. bei H., 1982; G. Buck, H.s Grundlegung der Päd., 1985; D. Benner, Die Päd. H.s, 1986, ²1993; G. Müßener, J. F. H.s »Päd. der Mitte«, 1986; N. Hilgenheger, J. F. H.s »Allgemeine Päd.« als prakt. Überlegung, 1993; Ch. Förster, J. F. H. aus Oldenburg, 1995;

Organisation der Schule passive Anpassung, durch das Berechtigungswesen unsolidarische Konkurrenz, durch die Praxis des Unterrichts kritiklose Konsumentenhaltung und durch den sozialen Hintergrund der Lehrer Mittelschichtsmentalität erzeugt. Dabei ist noch ungeklärt, wie sich der h. L. so konstituiert, daß er einheitliche Wirkungen zeitigen kann und in welchen Prozessen des → Schullebens er konkret durchgesetzt wird.

L.: J. Zinnecker (Hg.); Der h. L. 1975; H. Fend, Sozialisationseffekte der Schule, 1976; J. Henke, Aspekte des h. L.s in Schulbüchern, 1980.

**Heimvolkshochschule**, eine im 19. Jh. in Skandinavien entstandene und nach dem 1. Weltkrieg auch in Dtl. sehr verbreitete Form der Erwachsenenbildung, für die klösterliche Bildungsgemeinschaften und schulische Internatseinrichtungen als Vorbilder dienten. H.n bevorzugten meistens stadtferne Standorte. Die H.n in der BRD bieten in der Regel mehrmonatige Grundkurse (z. B. zur berufl. Umschulung, zur Vorbildung und Weiterbildung von kommunalpolit., berufsständischen und gewerkschaftl. Führungskräften) an, aber auch kurzfristige Tagungen und Seminare der lebensbegleitenden Bildung. Eine bes. Form der H. stellen die → Akademien dar. → Grundtvig.

L.: F. Laack, Die Rolle d. H. in der Bildungsgesell., 1968; N. Lochner, Gegenwart und Zukunft der H.n in Dtl., 1969; N. Vogel, H. Scheile, Lernort H. 1983; Niedersächs. Landesverb. der H.n (Hg.), Aufgaben, Ziele und Angebote der H., 1985; I. Ellinghaus u. a. (Hg.), Zukunft der H.n, 1987; W. Faber, Geschichte des Verbandes Ländlicher H.n Dtl.s, 1991.

**Heitger,** Marian, * 18. 8. 1927 in Hamm (Westf.), Dr. phil. 1955 (bei → Petzelt), Habil. 1961 in München, lehrte in München, Bamberg, Mainz, 1967–1995 o. Prof. für Päd. an der Univ. Wien; vertritt eine normkritische, transzendentalphil. Päd. (→ Transzendentalphil.) auf der Grundlage eines christl. → Neukantianismus.

Schr.: Staat und Kirche im Problem der Bildung, 1956; Bildung und mod. Gesells., 1963; (Hg.), Päd. Grundprobleme in transzendentalkrit. Sicht, 1969; Erziehen, Lehren und Lernen, 1971; (Hg.), Erz. oder Manipulation, 1969; (Hg.) Päd. 1972; Manipulative Tendenzen gegenwärtiger Pädagogik, 1978; (Hg.), Medien und Pädagogik, 1981; Beitr. zu einer Päd. des Dialogs, 1983; (Hg.), Umgang mit der Schulkritik, 1984; (Hg.), Vom Verlust des Subjekts in Wissensch. und Bildung der Gegenw. 1987; (m. A. Schirlbauer, Hg.), Schule der Gefühle?, 1994; (m. A. Wenger, Hg.), Kanzel und Katheder, 1994; (m. A. Wenger-Hadwig, Hg.), Der Mensch – das Maß der Bildung?, 1994. L.: Gefährdung der Bildung, Gefährdung des Menschen?, FS zum 60. Geb.tag, hg. von I. M. Breinbauer und M. Langer, Wien 1988; Erziehungswissenschaft oder Pädagogik? FS zum 70. Geb.tag, hg. von W. Böhm und A. Wenger-Hadwig, 1998.

**Helfer,** ältere, im Sinne der Schule zuverlässige Schüler, die vom Lehrer zur Unterweisung Jüngerer herangezogen werden (→ Bell-Lancaster-System). Im Kinder- und Jugendhilfsgesetz werden Fachkräfte der Jugendhilfe und ehrenamtlich tätige Personen unterschieden.

**Hellenismus.** Die hellenist. Kultur entstand nach dem Ende der freien griech. Städte und mit der mazedonischen Herrschaft (Philipp; Alexander d. Gr., ca. 350 v. Chr.) durch Ausbreitung des griech. Denkens im Mittelmeerraum und im Vorderen Orient. Tragende Elemente des H. waren die griech. Sprache und ein kosmopolit. Bewußtsein. Der H. rückte gegenüber dem athenischen → Enzyklopädismus das Fachwissen in den Vordergrund. Die Einzelwiss.n gediehen, die Gymnastik wurde zum Sport, die Philosophie zu einem Leitfaden für die Lebensführung des einzelnen (→ Stoa). → Dialektik und → Rhetorik verflachten zu didaktischen Mitteln in den aufblühenden Schulen der bedeutenden Städte (Antiochien, Tarsis, Rhodos, Pergamon, Smyrna, Konstantinopel), vor allem in Alexandrien (Museum und reiche Bibliothek), das zum Zentrum aller neuen philos. und theol. Denkrichtungen wurde. → Altertum.

L.: J. G. Droysen, Gesch. des H., 3 Bde., 1836–1843, Neuausg. 1952–1953; H.-J. Marrou, Gesch. der Erziehung im klass. Altertum, (frz. 1948) 1957, als TB 1977; R. Bichler, H., 1983; H. Zdarzil, Bildung und Antike, in: Vjschr. f. wiss. Päd. 63 (1987); H. Bengtson, Die hellenist. Weltkultur, 1988; W. Böhm, Erz. und Päd. in der griech. Antike, in: Im Schatten des Olymp. hg. von H. Pleticha, 1988; M. G. Koliadis, Die Jugend im Athen der klass. Zeit, 1988; H.-J. Gerke, Gesch. des H., 1990; E. Leuteritz; Hellenist. Paideia und Randgruppen der Gesellsch., 1997.

**Hentig,** Hartmut von, * 23. 9. 1925 Posen, 1963 Prof. für Päd. Univ. Göttingen, 1968

führenden Schulen; unzureichende Berufsausbildungsmöglichkeiten etc.

Neue Tendenzen in der H. kamen verstärkt nach 1945 durch die Ergebnisse der Hospitalismusforschung auf, die eine familienorientierte Praxis und die Reduzierung der Säuglingsheime begünstigten. Zunehmende Erkenntnisse über das Erziehungsverhalten auffälliger Jugendlicher sowie vor allem die Kritik der Neuen Linken führte zum Überdenken der Ziele und Aufgaben der H.: grundsätzl. Frage nach der Berechtigung von Erziehungsheimen, Probleme der Gestaltung des Heimlebens, der Erziehungsarbeit und der Heimstruktur. Gegenwärtige Bemühungen zielen auf prophylaktische Maßnahmen im Vorfeld der H. (z. B. Familienfürsorge, Erziehungshilfen wie Mütter- und → Erziehungsberatung, Erleichterung der → Adoption, mehr Plätze in Pflegefamilien, → Freizeitpäd., soz. Gruppenarbeit); Nachbetreuung; Umstrukturierung und Neuorientierung der H. im Blick auf Eigenverantwortlichkeit und → Mündigkeit des einzelnen; veränderte Konzeption (familienähnl. Wohneinheiten, Kleingruppen, Öffnung der Heime nach außen etc.) und Organisationsform der Heime (Kooperation, demokratische Strukturierung etc.); angemessene Ausbildung des Personals etc.

Zs.: Materialien zur H., v. der Internat. Ges. für H., 1972 ff.
L.: F. Dietl, M. Heitger, M. Jochum (Hg.), H., 1976; H. Kupffer (Hg.), Einführung in Theorie und Praxis der H., 1977, ⁵1994; G. Augustin, H. Brocke, Arbeit im Erziehungsheim, 1979, ⁴1988; F. Herzog, Entwicklungstendenzen in der H., 1982; K.-J. Kluge u. a., H. – ohne Chance?, 1982; H. Heitkamp, Sozialarbeit im Praxisfeld H., 1984; R. Simmen, H. im Aufbruch, 1988, ²1990; A. von Bülow, H. in der BRD, 1988; R. Podgornik, H., 1988; R. Günder, Aufgabenfeld der H., 1989; W. Bösen, Kinder in geschlossenen Heimen, 1990; B. Biermann, D. Wälte, Erziehung außerhalb der eigenen Familie, 1991; G. v. Arb, A. Bischof, Heim! Streifzüge durch die Heimlandschaft, 1991; W. Wachse (Hg.), Das KJHG – eine fachliche Herausforderung für die H.?, 1991; AG für Erziehungshilfe (Hg.), Bestandsaufnahme der H.sforschung, 1995, M. Almstedt, Reform der H.erzieherausbildung 1996; W. Post, Erziehung im Heim, 1997.

**Heimkinder** sind familienlose, für längere Zeit in Heimen, Anstalten oder Krankenhäusern untergebrachte Kinder und Jugendliche, für die heute oft die Sammelbezeichnung »Sozialwaisen« verwendet wird: Waisen, sog. Scheidungswaisen, mißhandelte, milieugeschädigte oder sonstwie vernachlässigte Kinder, häufig in Folge von zerrütteten Familienverhältnissen (Alkoholismus, Straffälligkeit, Selbstmord oder -versuch, körperl. oder geistige Krankheit, Erziehungsuntüchtigkeit etc. der Eltern oder eines Elternteils). Die Auswirkungen längerer Heimaufenthalte sind vielfältig und beruhen großenteils auf fehlender Familiengeborgenheit. Neben → Hospitalismus bei Säuglingen und Kleinkindern können im späteren Alter u. U. Verhaltens-, Kontakt- und Gemütsstörungen bis hin zu seelischer Verkümmerung, Verwahrlosung und Kriminalität auftreten. Die moderne → Heimerziehung bemüht sich, nicht nur die unmittelbare Not zu lindern, sondern dauerhafte Schädigung durch Bildung von familienähnlichen Kleingruppen weitgehend zu vermeiden und Ansatzpunkte für eine neue, positive Lebensperspektive zu finden.

L.: S. Groth, Kinder ohne Familie, 1961; J. Roth, H., 1973; A. Mehringer, H. 1973, ⁴1994; Th. Hellbrügge u. a., Kindl. Sozialisation und Sozialentwicklung, 1975; H. Lukas, I. Schmitz, Heimunterbringung von Kleinkindern, 1977; A. Mehringer, Verlassene Kinder, 1985; W. Freigang, Verlegen und Abschieben, 1986; G. Baas, Auswirkungen von Langzeitunterbringung im Erziehungsheim, 1986; B. Börsch (Hg.), Arbeit mit Familien mit H., 1987; K. Kraft, Anpassung – Beteiligung – Selbstkontrolle, 1989; J. Schoch, H. Tuggener, D. Wehrli, Aufwachsen ohne Eltern, 1989; S. Graupner, I. Athenstädt, Heimentlassung – und das Leben danach, 1989; J. Schoch, H. Tuggener, D. Wehrli, Verdingkinder – H. – Pflegekinder – Windelkinder, 1989; C. Pauscheck, Besonderheiten des Selbstbildes bei H.n, 1990; K.-H. Müller, Lebensort Heim oder was H. brauchen, 1991; M. L. Schmidt, Wie Bäume ohne Wurzeln, 1993.

**Heimlicher Lehrplan** (engl.: *hidden curriculum*). Schlagwortartige Bezeichnung der Schulkritik, um auf institutionell-organisatorisch und didakt.-method. bedingte Funktionen der Schule zu verweisen, die im amtlichen → Lehrplan nicht ausgesprochen sind und zu dessen offiziell vorgesehenen Zielen in Widerspruch stehen. Die Auswirkungen des h. L. werden vorwiegend im Bereich der polit. Sozialisation, insbes. der eingeübten sozialen Regeln und der meist unterschwelligen Legitimation gesellschaftspolit. Vorstellungen im Sinne einer Stabilisierung des status quo vermutet. So werde durch eine bürokratische

Prinzipien → Selbsttätigkeit, → Anschauung und Erleben ermöglichen; nach dem Ersten Weltkrieg wurde Heimat mit geradezu metaphysischer Bedeutung beladen und als geistiger und emotiver »Wurzelgrund« des Menschen angesehen, aus dem die geistige und naturhafte Einheit des einzelnen wie des Volkes erwächst. Die zentrale, über nahezu 40 Jahre gültige Begründungsschrift der H. war → Sprangers »Vom Bildungswert der H.« (1923). Auch → Pestalozzis Modell der Lebenskreise diente zur Legitimation der H. Im → Nationalsozialismus wurde H. stark im Sinne der »Blut- und Bodenideologie« aufgefaßt; nach 1945 trat wieder die päd. Begründung in den Vordergrund.

Um 1970 führte die Grundschuldiskussion auch zu heftiger Kritik an der H.: diese übertrage Ordnungsprinzipien der Natur in unkritischer Weise auf die Gesellschaft; ihr liege ein harmonistisches Menschen- und Weltbild zugrunde, sie identifiziere Heimat stets mit einer ländlich-agrarischen Wohn- und Lebensgemeinschaft und sei dadurch zivilisationsfeindlich, sie sei zu gemütsbeladen und berücksichtige zu wenig kognitive Lernziele und die Ergebnisse der wiss. Forschung; sie sei in der Gefahr einer Geringschätzung des Nicht-Heimatlichen, sie drohe in eine nationalistische Volkstumideologie abzugleiten und das didaktische Begründungsprinzip der »Nähe« könne aufgrund veränderter Verhältnisse keine Gültigkeit mehr beanspruchen.

Im Verlauf der Reform der Grundschule wurde die H. weitgehend durch den → Sachunterricht ersetzt. In letzter Zeit tritt man vereinzelt für die Wiederbelebung einer aufgeklärten H. ein, die diese Kritiken aufgreift und etwa im Sinne eines den Bürgerinitiativen vergleichbaren engagierten Lernens gestaltet wird. Bayern hat im Grundschullehrplan von 1974, entsprechend dem Bildungsgebot der Verfassung (§ 131), H. als Prinzip in den Sachunterricht wieder aufgenommen. In der Folgezeit geschah das auch in weiteren Bundesländern. → Volkskunde.

L.: E. Spranger, Der Bildungswert der H., 1923 u. ö.; K. Stavenhagen, Heimat als Lebenssinn, 1939; F. Gärtner, Neuzeitl. H., 1958; R. Karnick, Mein Heimatort, 2 Bde., 1965/66; H. Fiege, Der H.unterricht 1967; W. v. Bredow, Heimat-Kunde, in: aus politik und zeitgeschichte, 1978; H. Bausinger, Auf dem Wege zu einem neuen aktiven Heimatverständnis, in: Der Bürger im Staat, 33 (1983) H 4; H. Wagner, H. und Regionaldidaktik, 1985; K. Ermert (Hg.), Auf der Suche nach dem verlorenen Land, 1985; G. Beck, Heimat, Umgebung, Lebenswelt: regionale Bezüge im Sachunterricht, 1988; E. Roth, Heimat: Beiträge zur Neubesinnung, 1990; Bundeszentrale für politische Bildung (Hg.), Heimat, Bd. 2, Lehrpläne, Literatur, Filme, 1990; O. Fiege, Die H., 1994; R. Oberliesen (Hg.), H.-Sachkunde wohin?, 1994; M. Götz, Heimat – eine zwiespältige Bezugsgröße des Grundschulunterrichts, in: Leitlinien der Grundschularbeit, 1994.

**Heimerziehung** bedeutet Unterbringung von Minderj. zum Zweck der Versorgung, Betreuung und Erziehung in einem Heim als Ersatz oder Ergänzung für fehlende oder unzureichende → Familienerziehung (→ Heimkinder). H. kann infolge eines elterl. Antrags (z. B. Freiwillige Erziehungshilfe) im Rahmen der Erziehungshilfe oder aufgrund staatl. Verordnungen (→ Fürsorgeerziehung) zustande kommen; wird im Kinder- und Jugendhilfegesetz vom 20. 6. 1990 (Novellierung 16. 2. 1993) neu geregelt.

Zum Bereich der H. gehören Kindertagesstätten, Tagesheime, Erholungs-, Ferien-, Schulland- und Ferienheime, Schülerheime (Internate), Lehrlings-, Jugendwohn- und Studentenheime, Säuglings-, Kleinkinder- und Jugend(fürsorge)heime, Kinder- und Jugenddörfer sowie heilpäd. und sozial-therapeut. Heime und Einrichtungen für körperl. und geistig behinderte Kinder und Jugendliche. Schließlich bestehen Heime zur vorübergehenden Aufnahme, z. B. Kinderannahmestellen, Auffang-, Durchgangs- und Beobachtungsheime. Die Heime weisen im Hinblick auf Inhalte, Aufgaben und Ziele, personelle und materielle Ausstattung, Größe, Struktur, Klientel, Ausbildungsstandard des Personals, gesellschaftl. Funktion und öffentl. Ansehen große Differenzen auf, so daß sich gesicherte und für alle Heime gleichermaßen gültige Aussagen nicht treffen lassen.

In Geschichte und Gegenwart war die H. Gegenstand heftiger Kritik: »Waisenhausstreit« Ende des 18. Jh.; Kampf der Arbeiterbewegung gegen die bürgerl. Fürsorgeerziehung der 20er und beginnenden 30er J., Kritik der → Studentenbewegung 1968/69 an der autoritär strukturierten und disziplinorientierten Anstaltserziehung; Lage der Heime an regional ungünstigen Orten; mangelnder Zugang zu Sonder- und weiter-

Erz., 1982; S. Reuss, Die Verwirklichung der Vernunft, 1982; M. J. Inwood: H., London 1983; J.-E. Pleines (Hg.), H.s Theorie der Bildung, 2 Bde., 1983–86; V. Hösle, H.s System, 2 Bde., 1988; L. Koch, Bildung und Gesellschaft in H. Rechtsphilos., in: Humanität und Bildung, 1988; J. E. Pleines, Begreifendes Denken, 1990; P. Braitling, H.s Subjektivitätsbegriff, 1991; F. Wiedmann, G. W. F. H., 1991; A. Peperzak, H.s prakt. Phil., 1991; W. Sünkel, H. und der Mut zur Bildung, in: Im Blick auf Erziehung, 1994; L. Wigger, Päd. und Religion in H.s System, in: Kanzel und Katheder, hg. v. M. Heitger, 1994; K. Fees, Theoret. und prakt. Bildung bei H., in: Vschrf. f. wiss. Päd., 72 (1996) 4; Der Dialog-Begriff am Ende des 20. Jh.s, hg. v. E. Hasselberg u. a., 1997; H. Schnädelbach, H. zur Einführung, 1999.

**Heid,** Helmut, * 21. 3. 1934 Köln, 1958 Diplomhandelslehrer, 1964 Dr. phil., 1968 Habilitation, 1969 Prof. für Allgem. Päd. Univ. Regensburg. Veröffentl. zur Wissenschaftstheorie der Päd., insbes. zum Normen- und Zielproblem, zur päd. Begabungsforschung, zum Verhältnis von Bildungs- und Beschäftigungssystem und zur Bildungspolitik.

Schr.: Die Berufsaufbauschule, 1966; Zur päd. Legitimität gesellschaftl. Verhaltenserwartungen, in: Zschr. f. Päd. 16 (1970), H. 3; Begründbarkeit von Erziehungszielen, in: Zschr. f. Päd. 18 (1972) H. 4; (u. a.), Untersuchungen zum Vierten Jugendbericht, 2 Bde., 1978; Zur Paradoxie d. bildungspol. Forderung nach Chancengleichheit, in: Zschr. f. Päd. 34 (1988) H. 1; Werterziehung, in: R. Vierlinger (Hg.), Eine gute Schule, 1989; Ökologie als Bildungsfrage?, in: Zschr. f. Päd. 38 (1992) H. 1; Erziehung zur Verantwortungsbereitschaft, in: Neue Sammlung 31 (1991) H. 3; Erziehung, in: D. Lenzen (Hg.), Erziehungswiss., 1994; Päd. als empirische Wissenschaft, Hg. v. MPI f. Bildungsforschung, 1996; Weiterbildung, Hg. v. d. Univ. St. Gallen, 1996; (m. G. Pollak, Hg.), Von der Erziehungswiss. zur Päd., 1996.

**Heilpädagogik.** Der Begriff H. wurde 1861 von Georgens und Deinhardt eingeführt und bezeichnet den theoretisch-wiss. Aspekt, Heilerziehung den prakt.-method. jenes Spezialbereichs der Päd., der sich mit gefährdeten, gestörten oder behinderten Kindern befaßt. Heute wird an dem Wort H. Kritik geübt, weil es die Ansicht nahelegen könnte, durch kombinierte med.-päd. Maßnahmen ließen sich jene Beeinträchtigungen im Sinne des Gesundmachens »heilen«. Man spricht deshalb in der BRD häufiger von → Sonderpäd. oder → Behindertenpäd., in der → DDR war der Begriff Rehabilitationspäd. üblich, in anderen östl. Staaten sind → Defektologie und im angelsächs. Sprachraum *special education* oder Spezialpäd. üblich; in Österreich und in der Schweiz wird dagegen an H. festgehalten.

Ziele der H. sind Prophylaxe, Förderung und → Rehabilitation im Sinne der (Wieder-) Gewinnung der Arbeitsfähigkeit eines Individuums, Eingliederung und damit → Integration eines (behinderten) Menschen in die Lebensformen der Gesellschaft. Nachbargebiete der H. als Unterdisziplin der Päd. sind Medizin (Kinderheilkunde, Kinderpsychiatrie, med. Psychotherapie), Psychologie, Soziologie, Rechtswiss.n.

Die H. sucht heute nach neuen Positionen und befindet sich in einem paradigmat. Übergang zu einem ökolog. Denkansatz. Sie orientiert sich an der ganzheitlichen Sichtweise des Menschen und seiner Welt und betont die Notwendigkeit interdisziplinärer Verständigung und Zusammenarbeit mit anderen Fachdisziplinen. Sie fordert mehr Berücksichtigung der Lebenszusammenhänge und Chancen für die Selbstorganisation und → Autonomie behinderter Menschen.

L.: F. Meinertz, H., 1962, [8]1992; P. Moor, H. 1965, [3]1974; E. Kobi, H. im Abriß, 1977, [4]1982; U. Haeberlin, Allgemeine H., 1985, [3]1992; ders., Das Menschenbild in der H., 1985, [2]1990; A. Möckel, Geschichte der H., 1988; O. Speck, System H., 1988, [2]1991; G. Theunissen, H. im Umbruch, 1991; K. Bundschuh, Heilpäd. Psychologie, 1992; P. Tietze-Fritz, Hdb. der heilpäd. Diagnostik, 1992; G. Dupuis (Hg.), Enzyklopädie der Sonderpädagogik, der H. u. ihrer Nachbargebiete, 1992; D. Gröschke, Psycholog. Grundlagen der H., 1992; ders., Prakt. Ethik der H., 1993; T. Postmann, Heilpäd. Frühförderung entwicklungsauffälliger Kinder, 1993; H.-J. Schmutzler, Heilpäd. Grundwissen, 1994; G. Theunissen, W. Plaute, Empowerment und H., 1995.

**Heimatkunde.** Vereinzelt schon im 17. Jh. auftretend, wurde sie im 19. Jh. verstärkt als Unterrichtsfach gefordert und zu Beginn der Weimarer Republik in der → Grundschule eingeführt: im 1. und 2. Schulj. als »heimatkundlicher Anschauungsunterricht«, im 3. und 4. Schulj. als eigener Fachunterricht. Über die Grundschule hinaus blieb H. ein Unterrichtsprinzip der Volksschule (»Heimatschule«). H. wurde lern- und entwicklungspsychologisch begründet (Fortschreiten vom Nahen zum Fernen); sie sollte die Verwirklichung der für die → Reformpäd. zentralen

**Haushaltungsschule**

Familienleben, auf soziale Ungleichheiten hinsichtlich häuslicher H.-Hilfen (z. B. Kosten von H.-Betreuung und Nachhilfeunterricht) und die Verführung zu Unehrlichkeit (»Abschreiben« der H.). Auf jeden Fall sollten H. differenziert und möglichst individuell erteilt und mit deutlichen Durchführungsanleitungen versehen werden.

L.: R. Pakulla, H., 1966; B. Wittmann, Vom Sinn und Unsinn der H., 1964, ²1970; G. Eigler, V. Krumm, Zur Problematik der H., 1972, ²1979; H. – empir. untersucht, 1978; E. E. Geißler u. H. Schneider, H., 1982; H. J. Schmidt, H. in der Grundschule, 1984; G. E. Becker u. B. Kohler, H. kritisch sehen, 1988; H. Drewelow, H. 1988; G. E. Becker, B. Kohler, H., 1988, ²1992; B. Kohler, Elternratgeber H., 1989; J. Petersen, G. B. Reinert, Betrifft: H., 1990.

**Haushaltungsschule.** Veraltete Bezeichnung für hauswirtschaftl. → Berufsfachschule.

**Hauslehrer,** Hauslehrererziehung → Hofmeistererziehung.

**Hausmann,** Gottfried, * 18. 9. 1906 Düren, † 27. 2. 1994 Hamburg; 1949 Priv. Doz. Mainz; 1955–59 Gastprof. Ankara, 1960 Prof. f. Vergl. Erziehungswiss.n Hamburg, 1966–77 Wiss. Beirat b. Min. für wirtschaftl. Zusammenarbeit. Wichtige Beiträge zur → Didaktik und zur → Vergleichenden Erziehungswiss. bes. der Dritten Welt.

Schr.: Untersuchungen zur Geschichte und Deutung des Ahnungsbegriffes, 1942; Didaktik als Dramaturgie des Unterrichts, 1959.
L.: Kontinuität und Traditionsbrüche in der Päd., H. B. Kaufmann (Hg.), 1991.

**Head Start.** In den → USA als Teil des von Präsident Johnson propagierten »War on Poverty« unternommener Versuch, durch intensive und → kompensatorische Erziehung im Vorschulalter sozial benachteiligten Kindern einen »Kopf-an-Kopf-Start« beim Schuleintritt zu ermöglichen (kognitive Frühförderung, medizinische Versorgung Elternaktivierung u. a.). Der Glaube an die »Plastizität« der Kinder bei geringer Beachtung der sozialen und genetischen Einflüsse erwies sich als zu optimistisch; die Erfolge von H. S. waren (Westinghouse-Report) und sind noch umstritten. 1967 wurde H. S. durch zwei weitere Programme (*Follow Through* für die Weiterförderung im 1. Schulj. und *Parent and Child Centers*) ergänzt.

L.: E. Zigler, J. Valentine (Hg.), Project H. S., New York 1980.

**Hecker,** Johann Julius, * 7. 11. 1707 Werden (Ruhr), † 24. 6. 1768 Berlin; von → Francke und dem → Pietismus beeinflußt, gründete er 1747 seine Ökonom. mathemat. Realschule; als Berater Friedrichs d. Gr. verfaßte er 1763 das Preuß. → General-Land-Schul-Reglement. → Realschule.

Schr.: Betrachtungen des menschl. Körpers, 1734; Nachricht von e. ökonom.-mathemat. Realschule, 1747; Sammlung der Nachrichten von den Schulanstalten bei der Dreifaltigkeitskirche, 1749.
L.: F. Vollmer, Die preuß. Volksschulpolitik unter Friedrich d. Gr., 1918; H. G. Bloth, J. J. H. und s. Universalschule, 1968 (m. Bibl.); Fr.-F. Mentzel, J. J. H.s Potsdamer Briefe an Gotthilf August Francke, in: Ambivalenzen der Päd., hg. v. P. Drewek, 1995.

**Hegel,** Georg Wilhelm Friedrich, * 27. 8. 1770 Stuttgart, † 14. 11. 1831 Berlin; nach Studium in Tübingen (mit Schelling und Hölderlin) Hauslehrer, 1801 Priv. Doz. Jena, 1807 Redakteur in Bamberg, 1808–16 Prof. in Heidelberg, ab 1818 in Berlin. Auf dem Höhepunkt des Dt. Idealismus entwarf H. sein System der Welt als Offenbarung der Vernunft. In einer → Dialektik der Widersprüche (These-Antithese-Synthese) entfaltet sich der Geist als das Allg. und Substantielle. In diesem Weltprozeß ist die Bildung des einzelnen ein »Abarbeiten« der individuellen Besonderheiten u. eine »Erhebung zur Allgemeinheit«. Dies geschieht, indem der Heranwachsende in die objektiven Manifestationen von Kultur, Religion, Gesellschaft, Staat eingeführt wird. Über → Schulze hat diese Bildungsauffassung den → Enzyklopädismus des Gymnasiums im 19. Jh. begünstigt.

Schr.: Sämtl. Werke, Jubiläumsausgabe v. H. Glockner, 20 Bde., 1927–40.
L.: B. Croce, Lebendiges u. Totes i. H.s Philosophie, dt. 1909; P. Ehlert, H.s Päd., 1912; K. Löwith, Von H. zu Nietzsche, 1941 u. ö.; C.-L. Furck, Der Bildungsbegriff des jungen H., 1953; F. Nicolin, H.s Bildungstheorie, 1955; G. Schmitt, H. in Nürnberg, 1960; A. Reble, H. und die Päd., in: H.-Studien 3 (1965, m. Bibl.); J. Fetscher, H.s Lehre vom Menschen, 1970; Ch. Taylor, H. and Modern Society, London 1979; O. Pöggeler, H.s Bildungskonzeption im geschichtl. Zusammenhang, in: H.-Studien, 15 (1980); W. R. Beyer (Hg.), Die Logik des Wissens und das Problem der

begründete den preuß. Pestalozzianismus. → Bürgerschule, → Pestalozzianer.

Schr.: Dt.Volksschule mit bes. Rücksicht auf die pestalozzischen Grundsätze, 1812; Hdb. für das dt. Volksschulwesen, 1820; Die dt. Bürgerschule, 1830; Die künftige Stellung der Schule, 1848; Mein Lebensmorgen, hg. v. H. E. Schmieder, 1865 (m. Bibl.).
L.: R. Rissmann, H. in s. Bedeutung für die Entwicklung der dt.Volksschule, 1889; L. Scheu, Das Problem der polit. Erziehung, dargest. an H.s päd. Schr., (Diss. Hamburg) 1955.

**Hauptschule,** die in Anlehnung an den → Rahmenplan des Dt. Ausschusses für das Erziehungs- und Bildungswesen konzipierte und im Anschluß an das → Hamburger Abkommen (1964) vorgenommene Neugestaltung der Volksschuloberstufe. Die H. wurde um ein 9. Pflichtschulj. erweitert; sie sollte damit und durch Aufnahme neuer Inhalte, Einbeziehung differenzierter Arbeitsformen und Entwicklung eines jugendgemäßen Stils zu einer »Jugendschule« umgestaltet werden. Sie versteht sich als Sekundarschule mit einer modernen Fremdsprache (meist Englisch) und hat ihre Schüler auf die Arbeitswelt vorzubereiten (neues Fach → Arbeitslehre). Die »volkstümliche Bildung« der herkömml. Volksschule wird abgelehnt zugunsten einer rational-krit. Auseinandersetzung mit der modernen Arbeitswelt. Eine vorgesehene Erweiterung der H. auf ein 10. Vollzeitschulj. wurde bislang nur in Bremen realisiert (in Vorbereitung in → Niedersachsen, im Schulversuch in → Hamburg und → Baden-Württemberg), da weder über dessen schulorganisatorische Lokalisierung noch über die sich daran anschließende Berufsausbildung ein Konsens gefunden werden konnte. Da die H. allen Begabungen gerecht werden soll, ist eine starke Binnendifferenzierung notwendig, was eine zwei- bis dreizügige Organisation voraussetzt; umfangreiche gesetzl. Regelungen waren nötig, um diese regionalen Umstrukturierungen durchzuführen.
In jüngster Zeit kommen vermehrt Zweifel auf, ob die H. ihrem Anspruch einer Jugendschule auch gerecht werden kann. Kritisiert werden die intellektuelle Ausrichtung und die stoffliche Überfrachtung der Lehrpläne sowie die damit einhergehende Überforderung der Schüler, die fehlende soziale und emotionale Erziehung, die ungenügende Vorbereitung auf die Arbeitswelt. Erschwerend kommt hinzu, daß der Bestand der H. aufgrund dramatisch rückläufiger Schülerzahlen (demographische Entwicklung in Verbindung mit Schülerabwanderungen in → Realschule und → Gymnasium) vielerorts akut gefährdet erscheint.
Im gesamten Bundesgebiet besuchen heute nach Abschluß der Grundschule bzw. der Orientierungsstufe wesentlich mehr Kinder die Realschule und das Gymnasium als die H. Um der »Austrocknung« der H. und ihrer Verkümmerung zu einer *Rest*schule bildungspolitisch entgegenzuwirken, wurden in einzelnen Bundesländern neue kooperative bzw. integrierte Formen der Verbindung von Haupt- und Realschulen erprobt bzw. geschaffen (sog. »Sekundarschulen« in Niedersachsen und → Sachsen-Anhalt; »Regionale Schulen« in → Nordrhein-Westfalen und Rheinland-Pfalz; »Mittelschulen« in → Sachsen, »Integrierte Haupt- und Realschulen« in Hamburg, »Erweiterte Realschulen« im Saarland.) → Bundesrep. Dtl.

L.: G. Wehle, Die H. zw. Entwurf und Verwirklichung in: Zschr. f. Päd. 13 (1967); U. Franz, M. Hoffmann (Hg.), H., 1975; S. Gonnert, Schüler und Schulleistung in der H. (Phil. Diss. Würzburg) 1976; K. Lorenz, Handwerk und Hauptschüler, 1980; W. Nicklis (Hg.), H., 1980; F. Hott, Kurskorrektur in Sachen H.stufe, 1984; Kultusminist. NRW (Hg.), Leben und Lernen in der H., 1984; M. Morgen, Arbeitslehre und Allgemeinbildung in der H., 1985; H. heute, 2 Bde., 1985–86; I. Herlyn, A. Weymann (Hg.), Bildung ohne Berufsperspektive?, 1987; H. J. Ipfling, U. Lorenz, Bibliographie H., 1988; G. G. Hiller, Ausbruch aus dem Bildungskeller, 1989; E. Rösner, Abschied von der H., 1989; C. Solzbacher, H.-W. Wollersheim, H. '89 – Auf den Trümmern der Reform, 1989; Max-Planck-Institut für Bildungsforschung (Hg.), Das Bildungswesen in der BRD, 1990; H. J. Ipfling, U. Lorenz (Hg.), Die H., 1991; J. Rekus u. a., Die H., 1998.

**Hausaufgaben** sind eine mit der Halbtagsschule verbundene, aber bis heute umstrittene und erziehungswiss. nicht ausreichend untersuchte Maßnahme zur Unterstützung, Ergänzung und Steigerung der Schulleistungen. Ihre Befürworter betonen ihren Wert für Gedächtnisschulung, Selbstdisziplinierung, Willensbildung und Verantwortungsbewußtsein; ihre Gegner verweisen auf die Gefahren der Überbürdung und Überforderung, die mögliche Beeinträchtigung von Erholung und

zungen) und zur Anpassung der Ausbildung an die wirtschaftl.-techn. Entwicklung.

Die gegenwärtig 3j. Ausbildung erfolgt in den staatl. anerkannten → Ausbildungsberufen und endet mit der Gesellenprüfung. Zur Ergänzung der betriebl. Lehre bestehen überbetriebl. Ausbildungsstätten (Übungs-, Innungs-, Schulungswerkstätten), da viele Handwerksbetriebe angesichts des wirtschaftl.-techn. Fortschritts die Ausbildung nicht in vollem Umfang durchführen können. Die Vermittlung fachtheoret. und allgemeinkundl. Lerninhalte geschieht in der gewerbl. → Berufsschule, wobei es in einigen Handwerksberufen zweckmäßig ist, vor Beginn der Ausbildung eine gewerbl. → Berufsfachschule (Gewerbeschule) zu besuchen. Wichtige Voraussetzungen für die Berechtigung zur Einstellung und Ausbildung von H.lehrlingen sind persönl. und fachl. Qualifikation des Ausbilders (Vollendung des 24. Lj., Meisterprüfung) sowie eine ausbildungsgerechte Ausstattung des Betriebs. Die unmittelbare Kontrolle und Förderung der h. Berufsausbildung liegt bei den Innungen und Handwerkskammern.

Die Fortbildung im h. B. hat einen Schwerpunkt in der Vorbereitung der Gesellen auf die Meisterprüfung. Sie umfaßt Vortrags- und Diskussionsveranstaltungen, Wochenendtagungen, Fachschulunterricht in Handwerkerfachschulen etc. Der Auslese besonders qualifizierter Handwerker dient der »Praktische Leistungswettbewerb der dt. Handwerksjugend«.

L.: W. Stratenwerth (Hg.), Berufserziehung zw. Tradition und Fortschritt, 1967; ders., Die Berufsbildung in Handwerk, Heft 9 der Schriftenreihe des Zentralverbands des dt. H., 1969; G. Schilling, Berufl. Bildungsstätten des H.s, 1970; H. Sinz, Das H.-Gesch., Bedeutung und Zukunft, 1977; Auftragsorientiertes Lernen im Handwerk, hg. v. K. Albert, 1992; Zentralverband des Dt. Handwerks (Hg.), Handwerk 95; 1996.

**Hans,** Nicholas A., * 22. 9. 1888 Odessa, † 1. 5. 1969 London; Studium in Wien, Odessa und London, lehrte seit 1926 an der Univ. London. H. gehört zu den Begründern der → Vergleichenden Erziehungswiss. und betonte vor allem den »Nationalcharakter« der Bildungssysteme.

Schr.: The principles of educational policy, London 1929; History of Russian education policy 1700–1917, London 1931; (m. S. Hessen) 15 J. Sowjetschulwesen (engl. 1930), 1933; Comparative Education, London 1949 (zahlr. Aufl. u. Übers.); New Trends in Education in the 18th century, London 1952; The Russian tradition in Education, London 1963.

**haptisch** (griech.: berühren), den Tastsinn betreffend.

**Hardenberg,** Friedrich von, Novalis (der Neuland Bestellende); * 2. 5. 1772 Oberwiederstedt (Nieders.), † 25. 3. 1801 Weißenfels; ab 1790 Studium in Jena (u. a. bei → Schiller), Leipzig (u. a. bei Schlegel) und Wittenberg; als Dichter und Denker eine der Hauptgestalten der → Romantik. Seine päd. Bedeutung liegt in der bildungstheoretischen Vertiefung des Individualitäts- und Personbegriffs; im »Heinrich von Ofterdingen« wird das Bildungsgeschehen als Prozeß der »Poetisierung« dargestellt, d. h. als die autonome Setzung einer eigenen Welt.

Schr.: Schr. in 4 Bdn., hg. von P. Kluckhohn u. R. Samuel, ²1968 ff.; Das allgemeine Brouillon, hg. v. H.-J. Mähl, 1993.
L.: W. Dilthey, Novalis, in: Preuß. Jb. 15 (1865); Novalis, hg. v. G. Schulz (1970 m. Bibl.); K. Geppert, Die Theorie der Bildung im Werk des N., 1977; Bergakad. Freiberg (Hg.), Novalis; F. v. H. 1772–1801, 1992; F. Rodes, Menschwerdung des Menschen, 1997; H. Uerlings, Novalis, 1998.

**Harkort,** Friedrich, * 22. 2. 1793 Harkorten, † 6. 3. 1880 Hombruch; ab 1830 Kultur- und Bildungspolitiker im westf. Landtag, 1867 Abgeordneter im Reichstag; neben seinem sozialen Engagement als Industrieller erkannte und betonte er früh den Zusammenhang von industrieller Revolution und einer alle Bevölkerungsschichten umfassenden Volksbildung.

Schr.: Schriften und Reden zu Volksschule und Volksbildung, hg. v. K. E. Jeismann, 1969 (m. Bibl.).
L.: W. Koellmann, F. H., 1964; H. W. Butterhof, Wissen und Macht, 1978.

**Harnisch,** Christian Wilhelm, * 28. 8. 1787 Wilsnack, † 15. 8. 1864 Berlin; ab 1809 Lehrer am Plamannschen Institut in Berlin, 1811 erster Seminarlehrer in Breslau, 1822–42 Seminardirektor in Weißenfels; demonstrierte in der dortigen Musteranstalt seine von → Pestalozzi übernommenen Methoden u.

und sein Beginn für Haupt- und Realschulen sowie Gymnasien, für letztere zudem die Organisationsformen (Normal-, Aufbauform), die Typen und Sprachenfolge einheitlich geregelt. Bestimmte Abschlußzeugnisse und Lehramtsexamina sollten gegenseitig anerkannt werden. Das in der Folgezeit mehrfach geänderte H. A. bildet nach dem → Einigungsvertrag auch die Basis der Regelungen zur Neugestaltung des Schulwesens in den neuen Bundesländern.

**Handarbeit** Handarbeitsunterricht → textiles Werken.

**Handelsschulen** → Kaufmännisches Bildungswesen.

**Handlung** (H.), **Handlungstheorie.** H. ist eine menschliche Tätigkeit, bei der als wesentliche Momente das Subjekt und Objekt der H., der Vollzug und die Intention unterschieden werden. Die H.theorie als phil. Forschungsrichtung sucht u. a. durch die Aufnahme der aristotel. Unterscheidung von *praxis* u. *poiesis* (→ Aristoteles) und durch die Methode der Sprachanalyse Strukturen und Voraussetzungen von H. zu klären (→ Forschungsmethoden). Die H.theorie kann so Päd. als handlungsorientierte und -orientierende Wiss. über die Bedingungen päd. H.s aufklären, unter denen sich weiterhin ein → Erziehungs- als spezielles H.sziel anstreben läßt; von Bedeutung ist dabei die handlungstheoret. Frage nach Freiheit, d. h. nach der Begründung von H. durch die selbstbestimmte Intention der → Person, die erst Erziehung zur → Mündigkeit und H.kompetenz ermöglicht.

L.: R. Bubner u. a. (Hg.), H.theorie, in: Neue Hefte für Phil., Heft 9, 1976; H. Lenk (Hg.), H.theorien interdisziplinär, 4 Bde., 1977–1981; Analytische H.theorien Bd. 1, hg. v. G. Meggle, Bd. 2, hg. v. A. Beckermann, 1977 (Bibl.); F. Brüggen, Strukturen päd. H.theorie, 1980; F. Kaulbach, Einführung in die Phil. des Handelns, 1982; L. Wigger, H.theorie u. Päd., 1983 (Bibl.); F. Dulisch, Lernen als Form menschl. Handelns, 1986; H. Lübbe u. a., H.sinn und Lebenssinn, 1987; H.-J. Wagner, H. und Erz., 1989; J. Macmurray, The self as agent, Atlantic Highlands u. a. 1991; W. Volpert, Wie wir handeln, 1991; J. Coleman, Grundlagen der Sozialtheorie, 3 Bde., 1991–1993; Neue Lerninhalte für eine neue Schule. Grundlegung und Beispiele für ein h.sorientiertes Lernen, hg. von M. Büttner, 1992; H. Joas, Die Kreativität des Handelns, 1992; D. Sembill, Problemlösefähigkeit, H.skompetenz und emot. Befindlichkeit, 1992; D. Bennes, Päd. als wiss. H.theorie u. Reformpraxis, 1995; J.-E. Pleines, Autonomie und vernünftiges Handeln, in: Vjahr. f. wiss. Päd., 72 (1996), H. 2.

**Handlungsforschung** → Forschungsmethoden.

**Handwerker(fach)schulen** sind Tages-, Teilzeit- oder Abendschulen verschiedenster Fachrichtungen, die der freiwilligen berufl. Fortbildung von Handwerksgesellen, insbes. der Vorbereitung auf die Meisterprüfung dienen. Haupttypen sind → Fachschulen (überwiegend Meisterschulen) und → Werkkunstschulen. Die Kursdauer schwankt zw. 8 Wochen und 5 → Semestern.

L.: F. Schlieper, Die H., 1960.

**handwerkliches Bildungswesen.** Das h. B. umfaßt berufsbezogene Bildungsmaßnahmen und -einrichtungen im Rahmen der handwerkl. Berufsaus- und -fortbildung. Die Anfänge des h. B. liegen in den Zunftordnungen des späten → Mittelalters. Diese enthielten bereits um 1300 Vorschriften zur Regelung des Lehrlingswesens (Aufnahmebedingungen, Lehrlingshöchstzahlen, Lehrgeldbetrag, Arbeitszeit etc.) und bildeten das erste streng geordnete System einer ständischen → Berufserziehung in Gestalt der Handwerker (→ Meister-)lehre. Gleichzeitig trug die Zunft als Einheit von Lebens- und Berufsgemeinschaft wesentlich zur Eingliederung des Jugendl. in die handwerkl.-länd. Ordnung bei. Während des 16.–18. Jh. führten Mißstände und Mißbräuche im Lehrlingswesen zu Staatseingriffen (Reichspolizeiordnungen, → Allg. Preuß. Landrecht etc.). Im 19. Jh. führten liberale Strömungen zeitweise zum Erliegen eines geordneten Lehrlingswesens. Mit der Handwerksnovelle von 1897 (Errichtung von Handwerkskammern und fakultativen Zwangsinnungen) und der Gewerbenovelle von 1908 (›kleiner‹ Befähigungsnachweis) wurden die gesetzl. Grundlagen für den Aufbau eines nach einheitl. Prinzipien gestalteten Lehrlingswesens geschaffen. Seither erfolgten weitere Maßnahmen zur Regelung und Vereinheitlichung des Handwerkswesens (vorläufiger Abschluß im → Berufsbildungsgesetz mit späteren Ergän-

Im Rahmen der → Vorschulerziehung bestehen Schulkindergärten sowie Vorschulklassen für zurückgestellte schulpfl. Kinder. Die → Grundschule umfaßt 4 Jahre. Danach erfolgt der Übertritt in die Beobachtungsstufen (Eingangsstufen) der → Haupt- und → Realschule, des → Gymnasiums, in die schulformübergreifende → Orientierungsstufe oder in eine → Gesamtschule; diese ist zwar seit dem Schulj. 1979/80 Regelschule, Priorität kommt ihrer Entwicklung auch nach dem neuen Gesetz nicht mehr zu (bereits 1987 Streichung der entspr. Passage des Schulges.). Nach Abschluß der Beobachtungsstufe des Gymnasiums bleibt die Wahl zw. der 3. Kl. des 9kl. Gymnasiums, der 1. Kl. des 7kl. Gymnasiums oder der 7. Kl. der Real- bzw. Hauptschule, die seit 1997 als organisatorische Einheit geführt werden.

An die 9kl. Hauptschule schließen an: ein freiwilliges 10. Schulj., das Berufsgrundbildungsjahr, eine Berufsausbildung im → dualen System oder 2 bzw. 3j. Berufsfachschulen. Der erfolgreiche Abschluß der Realschule ermöglicht neben dem Übertritt in Berufsfachschulen den Besuch der Fachoberschule zur Erlangung der Fachhochschulreife oder den Besuch eines Wirtschaftsgymnasiums oder eines Techn. Gymnasiums zur Erreichung der allg. → Hochschulreife. Die Neugestaltung der → gymnasialen Oberstufe erfolgte laut Beschluß des Senats v. 28. 11. 1973 seit August 1977.

Der Erlangung der Hochschulreife für Erwachsene dient das Hansa → Kolleg. Durch die Neufassung des Hochschulges. (2. 7. 1991) ist nach bestandener Eignungsprüfung ein Studium auch ohne Abitur möglich. Der Hochschulbereich umfaßt die Univ. H. (gegr. 1919) mit 19 (1999) Fachbereichen, die Techn. Universität H.-Harburg (TUHH seit WS 82/83 mit Studiengängen wie Verfahrens-, Konstruktions- u. Werkstofftechnik, Schiffsmaschinenbau, Städtebau/-planung u. Fertigungstechnik) und 5 weitere selbständige Hochschulen: Hochschule für bildende Künste (seit 1972; 1905 hervorgeg. aus der 1767 gegr. Zeichenschule für Handwerker); Hochschule für Musik und Theater (hervorgeg. aus der 1943 gegr. Städt. Schule für Musik und Theater); Hochschule für Wirtschaft und Politik; Hochschule der Bundeswehr (seit 1973), zwei Fachhochschulen (f. Sozialpädagogik u. f. öffentliche Verwaltung) sowie eine Fernfachhochschule. Daneben existieren noch zahlreiche Forschungsstätten innerhalb und außerhalb der Univ. Besonderheiten der Univ. H. sind das Zentrum f. Meeres- u. Klimaforschung (ZMK), das seit 1971 bestehende Institut f. Friedensforschung u. Sicherheitspolitik (IFSH), das Interdisziplinäre Zentrum für → Hochschuldidaktik (IZHD) und die Pflege der »Auslandswiss.n«; so werden z. B. über 60 z. T. seltene Sprachen gelehrt. Hamburg ist Sitz des einzigen UNESCO-Instituts in Dtl.

Die Lehrerbildung (Regelstudienzeit für alle Lehrämter: 8 Semester) wird seit der Verordnung f. die Erste Staatsprüfung v. 1982 schulformübergreifend in 4 Lehrämter differenziert: Grund- u. Mittelstufe, Sonderschule, Oberstufe d. Allgemeinbild. Schulen sowie Oberstufe der Berufl. Schulen. Der Fortbildung dient das H. Institut f. Lehrerfortbildung.

Schr.: H. Ges.- u. Verordnungsblatt; Mitteilungsblatt der Behörde für Schule, Jugend und Berufsbildung.
Zschr.: H.er Lehrerzeitung, 1948 ff.; H. macht Schule, 1989 ff.
L.: Ständige Konferenz der Kultusminister (Hg.), Kulturpolitik der Länder (ersch. regelmäßig); J. Gebhard, Ertrag der H.er Erziehungsbewegung, 1955; H. Fiege, Geschichte der H.er Volksschule, 1970; K. Rödler, Vergessene Alternativschulen, 1987; D. Lemke, Bildung 2000 in H., 1988; P. Daschner (Hg.), H. – Stadt der Schulreformen, 1990; R. Lutzebäck, Die Bildungspolitik der Britischen Militärregierung, 1991; H.-P. de Lorent, Schule ohne Vorgesetzte, 1992; K. Goetsch u. A. Köpke, Schule neu denken und gestalten. Schulreform in H., 1994; W. Gudjons, Bildung in H., in: J. Petersen u. G.-B. Reinert, Bildung in Deutschland, Bd. 2, 1997.

**Hamburger Abkommen.** Offiziell die »Neufassung des Abkommens zw. den Ländern der Bundesrepublik zur Vereinheitlichung auf dem Gebiete des Schulwesens«, ersetzte 1964 das → Düsseldorfer Abkommen. Es legte einen einheitl. (1. 8.) Schuljahresbeginn fest, bestimmte das Einschulungsalter, die Vollzeitschulpflicht (9 J.), die Feriendauer und -ordnung für alle Länder. Die Bezeichnung für Schulformen (Einführung der Begriffe Haupt- und Realschule) und Notenstufen wurden vereinheitlicht, ferner die obligatorische Teilnahme am Fremdsprachenunterricht

und systematische Päd. Univ. Zürich. Bedeutende Studien zu Pestalozzi, zur päd. Platonforschung und zur Theorie der päd. Historiographie.

Schr.: Pestalozzi u. Rousseau, Bern 1974; Plato Paedagogus, Bern 1981; Wesen, Freiheit und Bildung des Menschen, Bern 1989; Aufklärung, Platonismus und Bildung bei Shaftesbury, Bern 1993; m. D. Tröhler (Hg.), Philosophie und Religion bei Pestalozzi, Bern 1994; Die Bedeutung der hist. Forschung in der Päd., 1996; m. L. Bellatalla (Hg.), Bildung, Päd. und Wissenschaft in Aufklärungsphilosophie und Aufklärungszeit, 1997.

**Hahn,** Kurt, * 5. 6. 1886 Berlin, † 14. 12. 1974 Salem; leitete von 1920–23 das → Landerziehungsheim Schloß Salem, 1933 nach Schottland emigriert, initiierte ab 1941 die Bewegung der Kurzschulen (engl. Outward Bound Schools): 4wöch. Kurse in Bergen, an Seen oder Meer für je ca. 100 16–21j. Jugendliche, die in enger Lebensgemeinschaft (»Erlebnistherapie«) Nächstenliebe und -hilfe praktizieren, um der internationalen Verständigung und dem Frieden zu dienen.

Schr.: Erziehung zur Verantwortung, 1958; The Young and the Outcome of the War, London 1965; Reform mit Augenmaß, hg. v. M. Knoll, 1998.
L.: D. James (Hg.), Outward Bound, London 1957; G. Richter, H. Münch, Kurzschule und Charakterbildung, 1960; W. Köppen, Die Schule Schloß Salem, 1967; K. Schwarz, Die Kurzschulen K. H.s, 1968 (m. Bibl.); H. Röhrs (Hg.), Bildung als Wagnis und Bewährung, 1966; ders. (Hg.), K. H., London 1970 (m. Bibl.); J. Ziegenspeck, Lernen fürs Leben – Lernen mit Herz und Hand, 1986, ²1993; E. E. Geißler, H.-M. Wollersheim, K. H.s Menschenbild, in: Päd. Rundschau 40 (1986); W. Essler, Vom besseren Staat im schlechteren, in: Zschr. f. Päd. 32 (1986); J. Ziegenspeck, Lernen fürs Leben – Lernen mit Herz und Hand, 1986, ²1993; J. Ziegenspeck (Hg.), K. H., Erinnerungen, Gedanken, Aufforderungen, 1987; M. W. Menze (Hg.), B. Zimmermann, H. Nohl, K. H. – ein Beitrag zur Reformpäd., 1991; T. Fischer, Schule als soz. Körper – Schule als soz. Erfahrungsraum, 1992; O. Seydel, Zum Lernen herausfordern. Das reformpäd. Modell Salem, 1995.

**Haiti** → Lateinamerika.

**Halbbildung** von → Th. W. Adorno auf den Begriff gebrachte Beschreibung des neuzeitl. Phänomens einer halbierten → Kultur bzw. einer vermarkteten → Bildung, d. h. einer Verbreitung von geistigen Kulturgütern mit dem »Fetischcharakter der Ware«, ohne lebendigen Bezug zu lebendigen Subjekten und auf Anschauungen reduziert, die sich herrschenden Ideen anpassen. → Frankfurter Schule, → Kritische Theorie, → Kulturkritik.
L.: Th. W. Adorno, Theorie der H. (1959), in: ders., Soziolog. Schr., Bd. 1, hg. v. R. Tiedemann, 1979.

**Halbtagsschule.** 1) Sonderform der früheren → Einlehrerschule, wobei die Schüler nacheinander in zwei Gruppen vom gleichen Lehrer unterrichtet wurden; 2) in Dtl. seit dem 19. Jh. die Regelform der Schule im Unterschied zur international üblichen → Ganztagsschule.

**Halo-Effekt,** auch Hof- bzw. Heiligenschein-Effekt; Fehlerquelle bei der Persönlichkeitsbeurteilung; H. bezeichnet die Tendenz, sich in der Wahrnehmung und Beurteilung einzelner Persönlichkeitsmerkmale von anderen, hervorstechenden Eigenschaften bzw. vom Gesamteindruck der betreffenden Persönlichkeit leiten und beeinflussen zu lassen.

**Hamburg,** Land der → BRD, war im Laufe seiner Geschichte mehrfach Ausgangspunkt päd. Reformbestrebungen (J. H. → Wichern: Rauhes Haus; → Kunsterziehungsbewegung; → Gemeinschaftsschulen). Rechtliche Grundlage des heutigen Schulwesens bildet das Schulgesetz vom 1. 8. 1997. Damit wurden die beiden Gesetze, mit denen das Schulwesen in H. bisher geregelt wurde, das Schulgesetz vom 17. 10. 1977 und das Schulverfassungsgesetz vom 12. 4. 1973, in einem Gesetz zusammengefaßt. Gegenüber diesen enthält das neue Gesetz zudem eine Reihe von wichtigen Neuerungen, v. a. die nochmalige Erweiterung der Mitsprache- und gestaltungsmöglichkeiten von Eltern und Schülern, die Stärkung der Selbständigkeit der einzelnen Schulen, der Grundsatz der →Integration (Integrationsklassen als Regelangebot) und die Einführung von fächerübergreifenden »Bildungsplänen« in der Primarstufe anstelle fachbezogener Lehrpläne.
Das Schulwesen gliedert sich in Schulstufen (Primarstufe, Sek. I und II) und Schulformen (Grundschule, Hauptschule, Realschulen, Gymnasium, Gesamtschule sowie die Schulen der berufl. Bildung). Die Schulen der Primarstufe und der Sek. I können auf Antrag der Eltern als Ganztagsschule geführt werden.

**Gymnastik**

Bildung stellen die (aufgr. demograph. Entw. und verstärkter Nachfrage nach gymn. Bildung) seit den 60er Jahren beständig gestiegenen und noch weiter steigenden Schülerzahlen dar. So erhöhte sich die Zahl der Gymnasiasten von 1960 bis 1995 um das Dreifache, der G.-besuch eines Altersjg.s stieg von 14% auf 30%. → Gymnasiale Oberstufe.
L.: F. Blättner, Das G., 1960; W. Flitner, Hochschulreife und G., 1965; C. L. Furck, Das unzeitgemäße G., 1965; G. B. Reinert, Leitbild Gesamtschule versus G., 1984; B. Schmoldt, Zur Gesch. des G.s, 1989; W. Heldmann, Kultureller u. gesellschaftl. Auftrag von Schule, 1990; W. Habel, Wissenschaftspropädeutik, 1990; D. Nittel, Gymnasiale Schullaufbahn u. Identitätsentwicklung, 1992; H. J. Apel, S. Bittner, Humanist. Schulbildung. 1890–1945, 1995; E. Liebau, Das G., 1997.

**Gymnastik** (griech.: Übungsschule) versteht sich heute v. a. als rhythmische Bewegung und Bewegungsschulung. In Abgrenzung zu → Turnen oder → Sport wird darunter heute v. a. jene Bewegungsschulung verstanden, die durch eine besondere Nähe zur Kunst (Musik, Ballett) ausgezeichnet ist und ohne feste Geräte (jedoch mit Band, Reifen, Keule und Ball) in aller Regel mit Musikbegleitung (speziell Jazz-G.) durchgeführt wird. Sie soll neben den Zielen der → körperl. Erziehung und des → Sports v. a. der persönl. Ausdrucksschulung dienen. Traditionell wird G. meist der weiblichen Erziehung zugeordnet. Der G. kommt über die allg. Zielstellung hinaus besondere Bedeutung im Rahmen von Therapien als Heil- bzw. Krankeng. zu. Zur Ausbildung von G.-Lehrern existieren spezielle Schulen, die häufig den Univ.n bzw. Univ.kliniken angeschlossen sind. → Rhythmische Erziehung.

# H

**Habilitation.** Ursprünglich war mit der Verleihung des → Doktors die Lehrbefugnis an der → Univ. verbunden. Im 18. Jh. wurde die Lehrberechtigung *(venia legendi)* vom Dr.-Grad getrennt und zu ihrer Erlangung die H. eingeführt. Sie setzt in der Regel die → Promotion voraus und verlangt die Vorlage einer H.-Schrift und anderer wiss. Veröffentlichungen, einen Fachvortrag mit wiss. Aussprache (Kolloquium) vor der Fakultät und eine öffentl. Probevorlesung. Die H. erfolgt nach einer von der Fakultät erlassenen und staatl. genehmigten H.-Ordnung. → akad. Grade.

**Häberlin,** Paul, * 17. 2. 1878 Keßwil (Bodensee), † 29. 9. 1960 Basel; Prom. 1904, Habil. 1908 in Basel; Prof. für Phil. m. bes. Berücksichtigung von Päd. und Psych. Bern 1914, von 1922–1944 Basel; versuchte eine Überwindung des Subjektivismus der → Transzendentalphil., des Psychologismus, der → Phänomenologie, des Anthropologismus und des → Existenzialismus durch eine rein apriorische Ontologie und Anthropologie sowie eine philos. Begründung von Päd. und Psych.; im Hinblick auf das Selbstverständnis univ. Bildung klärte H. im Ausgang von → Platon das Verhältnis von Bildung und Ausbildung.

Schr.: u. a. Wiss. und Phil., 2 Bde., Basel 1910, ²1912; Das Ziel der Erz., Basel 1917, Nachdr. 1965; Wege und Irrwege der Erz., Basel 1918, ³1931; Kinderfehler als Hemmungen des Lebens, Basel 1921, ²1931; Der Charakter, Basel 1925; Das Wesen der Phil., 1934; Möglichkeiten und Grenzen der Erz., Zürich 1936, ³1950; Über akadem. Bildung, Basler Universitätsreden, H. 7, 1936; Der Mensch, Zürich 1941, Neuausg. 1969; Ethik im Grundriß, Zürich 1946; Philosophia perennis, 1952, ²1987; Allgem. Päd. in Kürze, Frauenfeld 1953, Zürich ²1984; Vom Menschen u. seiner Bestimmung, Zürich 1956, ²1981; Zum ABC der Erziehung, Zürich 1966.
L.: P. Kamm, Phil. u. Päd. P. H.s in ihren Wandlungen, 1938; ders., P. H., in: Lexikon der Päd. in 3 Bdn., Bd. 3, Bern 1952; P. H. zum 2. Todestag, in: Zschr. phil. Forsch. 16 (1962) m. Bibl.; ders., P. H., 2 Bde., Zürich 1977, 1977; W. Stegmüller, Aprioristischer Seinsmonismus: P. H., in: ders., Hauptströmungen der Gegenwartsphil., Bd. 1, 1952 u. ö.; H. Zantop, Die phil. Bedeutung der Frage im Werk P. H.s, in: Zschr. phil. Forsch. 7 (1953); X. Wyder, Die Schau des Menschen bei P. H., Werthenstein 1955; Im Dienste der Wahrheit (FS P. H.), Bern 1958; P. H., hg. v. d. P. H.-Ges., Zürich 1967; H. Neubauer, Der phil. Charakter der Päd. bei P. H., Wien 1971; P. Hager, Zwei Grundprobleme des Menschseins bei P. H. im Vergleich zu Platon, in: Zschr. phil. Forsch. 29 (1975); J. C. Piguet, P. H., in: Stud. philos. 38 (1979); P. H. – Ludwig Binswanger Briefwechsel 1908–1960, hg. v. J. Luzak, 1997.

**Hager,** Fritz-Peter, * 1. 8. 1939 Adelboden, † 15. 10. 1997 Zürich; 1961 Promotion Bern, 1969 Habil. Bern, 1978 Prof. f. historische

perl. Erziehung zu einer Gymnastik für die Jugend (1793, Neuausg. 1957) weiter. Dieses erste Lehrbuch der Leibeserziehung erlebte eine starke Verbreitung im Ausland, bes. in Skandinavien.

Schr.: Spiele zur Übung und Erholung des Geistes und Körpers, 1796, [4]1845, Neuausg. 1959; Bibliothek d. päd. Lit. 1800–1820; Turnbuch für die Söhne des Vaterlandes und Katechismus der Turnkunst (Neudr. d. Ausg. v. 1817), 1973.

L.: H. Bernett, Die päd. Neugestaltung der bürgerl. Leibesübungen durch die Philanthropen, 1960, [3]1971; W. Schröder, J. Ch. F. GutsMuths, 1996.

**Guyer,** Walter, * 27. 8. 1892 Zürich, † 5. 5. 1980 ebda., Prof. f. Päd. und Leiter des Kantonalen Oberseminars Zürich (seit 1943), Mithg. der Ges. Werke Pestalozzis; veröffentlichte wichtige Beiträge zur → Lerntheorie.

Schr.: Erziehungsgedanke und Bildungswesen in der Schweiz, 1936; Pestalozzi, 1932, Wege zu Pestalozzi, 1946; Pestalozzi im eigenen Wort, 1946; Grundlagen e. Erziehungs- und Bildungslehre, 1949; Wie wir lernen, 1952, [5]1967.

**gymnasiale Oberstufe,** umfaßt in Dtl. die letzten 3 (bzw. 2) Jahrgänge des → Gymnasiums 11. bis 13. (bzw. 12.) Klasse. Einschneidende Reformpläne bewirkten eine radikale Umstrukturierung der g. O. und so ihre Umwandlung zur → Kollegstufe. Diese verfolgt im wesentlichen 2 Ziele: 1) durch eine berufspraktische Öffnung soll eine einseitige Fixierung auf das Hochschulstudium vermieden werden; 2) durch didaktische und unterrichtsmethodische Änderungen soll eine bessere Vorbereitung auf das Hochschulstudium erreicht werden (z. B. durch individuelle Schwerpunktbildung).

L.: H. E. Tenorth: Die g. O. in der bildungspolit. Diskussion, 1975; I. Schindler, Die g. O. in der BRD, in: Rassegna di Pedagogia, 41. Jg. (1983), H. 2–3; Reform der Reform?, hg. v. K. Ermert, 1987; A. Schmidt u. H. Seeger, Das Gymnasium im Aufwind, 1991; E. Fuhrmann (Hg.), Chancen u. Probl. der g. O., 1995.

**Gymnasium,** in der BRD Bezeichnung für alle höheren Schulen, die am Ende des 12. bzw. 13. Schulj. zur Hochschulreife führen. Das G. baut auf der Grundschule auf und bereitet in 8 bzw. 9. J.n auf die Studien an Hochschulen vor. Bedingt durch die Differenzierung der Wiss.n, die nicht mehr in den Fächerkanon der G. aufgenommen werden konnte, versuchte man durch Typenbildung Schwerpunkte zu setzen: altsprachl., neusprachl., math.-naturwiss., wirtschafts-wiss., sozialwiss. und musischer Schwerpunkt. Die Stundentafeln werden von den Kultusministern der Länder in Übereinstimmung mit den bundeseinheitlichen Rahmenvereinbarungen festgelegt. Mit der → Saarbrücker Rahmenvereinbarung (1960) erfolgte eine Beschränkung der Zahl der Pflichtfächer, womit eine Vertiefung des Unterrichts und eine selbständige Auseinandersetzung der Schüler mit den Gegenständen gefördert werden sollte. Mit den Reformansätzen im Zusammenhang der → Kollegstufe wurde der Rahmen des traditionellen G. gesprengt und entweder auf eine Integration von Berufs- und Allgemeinbildung oder auf eine Einbeziehung des Grundstudiums der Universitäten abgezielt.

Die Wurzeln des G. reichen bis zu den mittelalterlichen Lateinschulen, die den Klerikernachwuchs heranbildeten. Seine heutige Gestalt erhielt das G. im Neuhumanismus um 1800 (→ Humboldt, → Schulze, → Süvern, → Niethammer u. a.), wo allerdings eine starke Orientierung an den alten Sprachen erfolgte. Erst in der 2. Hälfte des 19. Jh. setzten sich die → Realien durch, was u. a. auch zur Bildung von → Realgymnasium und → Oberrealschule führte, die hinsichtlich der Verleihung der Hochschulreife im Jahre 1900 mit dem traditionellen G. gleichgestellt wurden.

Das Bildungsverständnis des G. bis heute, nämlich allg. Menschenbildung mit Wissenschaftspropädeutik zu verbinden, führte in die Krise des G., da einerseits die Berufsbildung zu wenig berücksichtigt wurde, andererseits die Anforderungen des Pflichtkanons einen großen Leistungsdruck ausüben (relativ hohe Abbruchquote) und schließlich auf der dritten Seite die traditionelle Ausrichtung des Fächerkanons zu einer schichtenspezifischen → Auslese führte. Eine radikale Konsequenz aus dieser Kritik ist die → Gesamtschule, gemäßigte Konsequenzen sind die inneren Reformen des G. wie → Orientierungsstufe, Kollegstufe u. a., mit denen das Gymnasium versucht, seine Funktionsfähigkeit zu dokumentieren. Eine besondere Herausforderung für die Identität des G. als Stätte »höherer«

**Gudjons**

Problem einer zeitgemäßen → Ethik einen eigenständigen Ansatz zur Fundierung der Päd. als Wissenschaft; die Interpretationen großer Gestalten des abendländischen Denkens (→ Sokrates, Jesus, → Augustinus, Hölderlin, Dostojewski, → Pascal u. a.) zeigen die bildende Wirkung von Beispielen gelebten Lebens (→ Personalismus).

Schr.: Briefe über Selbstbildung, 1921, 1993; Der Gegensatz, 1925, ³1985; Religiöse Gestalten in Dostojewskis Werk, 1933, NA 1989; Die Bekehrung des Aurelius Augustinus, 1935, NA 1989; Unterscheidung des Christlichen, 3 Bde., 1935, Neuaufl. 1994; Der Herr, 1937, NA 1980; ¹⁶1997; Welt und Person, 1939, NA 1988; Das Ende der Neuzeit, 1950, NA 1986, ²1989; Die Lebensalter, 1953, ⁵1993; Sorge um den Menschen, 2 Bde., 1962; Ethik, 2 Bde., 1993.
L.: Bibliographie R. G. (1885–1968), hg. v. der Kath. Akad. in Bayern, 1978; U. Berning-Baldeaux, Person und Bildung im Denken R. G.s, 1968; D. Höltershinken, Anthropol. Grundl. personalist. Erziehungslehren, 1971; H.-B. Gerl, R. G., 1985, ³1987; L. Börsig-Hover, Das personale Antlitz des Menschen, 1987; E. Biser, W. Böhm u. a., R. G. e la visione cristiana del mondo, Padua 1989; G. Henner, Die Pädagogik im Denken R. G.s, 1990; W. Eykmann, R. G. (1885–1968), in: Freiheit – Geschichte – Vernunft, hg. v. W. Brinkmann u. W. Harth-Peter, 1997; G. Brüske, Aufruf der Freiheit. Anthropologie bei R. G., 1998.

**Gudjons,** Herbert, * 3. 9. 1940 Varel/Oldenburg; 1970 Promotion, 1971–80 Dozent und seit 1980 Prof. f. Allg. Erziehungswiss. Univ. Hamburg.

Schr.: Pädagogisches Grundwissen, 1993, ⁶1999; Handlungsorientiert Lehren und Lernen, 1986, ⁵1998; Auf meinen Spuren – das Entdecken der eigenen Lebensgeschichte, 1986, ⁵1999; Didaktik zum Anfassen, 1997, ²1998. Schriftleiter der Zeitschriften »Westermanns Päd. Beiträge« und »Pädagogik«.

**Günther,** Karl-Heinz, * 13. 2. 1926 Eisenach, 1955 Dr. paed. Halle (b. H. Ahrbeck), 1962 Habil. Berlin; 1963 Prof. f. Gesch. d. Erz. am Deutsch. Päd. Zentralinst.; 1970–1990 Vizepräsident der Akademie der Päd. Wiss.; Arbeiten zur Gesch. d. Päd. und des dt. Bildungswesens, zu Methodologie hist. Forschung und zur → Reformpäd. Vertrat in seinen Arbeiten das Ziel, auf der Grundlage einer neuen Beziehung von Bildung und Gesellschaft, die über die Epochen von der → Renaissance bis zur → Aufklärung hinausführt.

Schr.: (Hg.), Robert Owen, Päd. Schriften (ausgew. und eingel.), 1955; (zus. m. F. Hofmann u. a.), Gesch. der Erz, 1956, ¹⁶1988; Bemerkungen über unser Verhältnis zur Reformäd., in: Päd. 11 (1956), 3; Über die Persönlichkeitspäd. Hugo Gaudigs, 1957; Bürgerlichdemokrat. Pädagogen in Dtl. während der zweiten Hälfte des 19. Jh.s, 1963; (Hg. mit M. Krecker), Beiträge zur Geschichte der Schule in der DDR, 1969/1974; Traditionen und Leistungen der Gesch. der Erz. als Wissenschaftsdisziplin in der DDR, 1981; (Hg. mit G. Geißler), F. A. W. Diesterweg, Volksbildung als allgem. Menschenbildung, 1989.

**Guidance,** ein bes. in Sekundarschulen und Univ.n (vor allem in USA, Großbritannien, Skandinavien) praktiziertes Programm der → Beratung von Schülern und Studenten, das sich in der Regel in vocational (Berufsberatung, Berufswahl), intellectual (Auswahl der Studienfächer, -kurse, -gänge) und behavioral g. (disziplinäre Probleme, Verhaltensschwierigkeiten) gliedert.

L.: D. Frost u. a., Careers education and g., 1995; L. Ali, B. Graham. The counselling approach to careers g., 1996; J. Killeen, Does g. work?, 1996; Europäische Kommission (Hg.), European handbook for g. counsellors, 1996.

**Gurlitt,** Ludwig, * 31. 5. 1855 Wien, † 31. 7. 1931 Freudenstadt (Schwarzwald); studierte klass. Philologie in Göttingen; Haus- und Gymnasiallehrer in Berlin, zu seinen Schülern gehörten u. a. → H. Blüher und K. Fischer, der Gründer des Wandervogels; 1924 gründete er auf Capri eine »Kulturschule« für Mädchen.

G. gehörte innerhalb der → Reformpäd. zu den schärfsten und radikalsten Schulkritikern (System und Drill, Zwang der Pensen und Aufgaben, bloße »Gedächtniskultur«, Noten- und Berechtigungskult etc.). Ursache dieser Schulmisere war ihm ihre Abhängigkeit von gesellschaftl. Mächten, bes. Staat und Kirche. G. entwarf als → Alternativschule seine »Schulfarm« als freien Ort einer »natürlichen Erziehung«.

Schr.: Der Deutsche und sein Vaterland, 1902, ⁸1909; Erziehungslehre, 1909, ²1925; Erziehung zur Mannhaftigkeit, 1906, ⁷1923; Der Deutsche und seine Schule, 1905, ⁸1912; L. G., in: Die Päd. i. Selbstdarstellungen, hg. v. E. Hahn, 1927.
L.: K. Schultheiß, Reformpäd. – eine Päd. vom Erwachsenen aus?, in: Reformpäd. kontrovers, hg. v. W. Böhm, J. Oelkers 1993, ²1999.

**GutsMuths,** Johann Christoph Friedrich, * 9.8. 1759 Quedlinburg, † 21. 5. 1839 Ibenhain (b. Gotha); seit 1785 Mitarbeiter → Salzmanns, führte er → Basedows Anregungen zur kör-

**Gruppentherapie(n).** Nach dem Zweiten Weltkrieg entstandene Formen psychotherapeutischer Behandlung in Gruppen mit etwa acht Teilnehmern. Meist wird die → Gruppe aufgrund ihrer Vorteile und die → Gruppendynamik als Instrument benutzt, um Verhaltensänderungen im Individuum zu erzeugen. G. gelten als bes. wirklichkeitsnah, bieten aber aufgrund der verschiedenen Zielsetzungen (z. B. Selbst- und Fremderfahrung, Gewinnen von Einsichten, Erlernen des Umgangs mit Gefühlen und von sozialen Verhaltensweisen, Konfliktlösung) und theoretischen Orientierungen ein unterschiedliches Bild. So lassen sich u. a. psychoanalytisch, verhaltenstherapeutisch und gesprächstherapeutisch orientierte, offene und geschlossene Gruppen, solche mit indirekter Lenkung, mit zentralen oder wechselnden Leitern, Psychodrama, Eltern-, Ehepaar-, Encounter-, Selbsthilfe-, Selbstbehauptungs- und Sensitivitätstrainingsgruppen unterscheiden. Dementsprechend unterschiedlich sind die Methoden wie Interpretation, Katharsis, → Rollenspiel, → Verstärkung, Nachahmung, erzieherische Techniken, freie Aussprache, Durcharbeiten von Problemen usw.

L.: J. Rattner, G., 1972, ²1975; H. M. Ruitenbeek, Die neuen G., 1974; I. Yalom, Gruppenpsychotherapie, 1974, dt. Neuausg. 1992; G. Ammon (Hg.), Gruppenpsychotherapie, 1976; J. Knoll, Gruppentherapie und pädagogische Praxis, 1977; R. Ronall, B. Feder, Gestaltgruppen, 1982; Kl. Aschenbrenner-Egger, W. Schild, A. Stein (Hg.), Praxis und Methode des sozialtherapeutischen Rollenspiels in der Sozialarbeit und Sozialpädagogik, 1987; R. Battegay (Hg.), Narzißmus beim Einzelnen und in der Gruppe, 1989; C. Mühlfeld u. a. (Hg.), Soziale Gruppenarbeit, 1990; K. König, W.-V. Lindner, Psychoanalyt. G., 1991, ²1992; W. Schmidbauer, Wie Gruppen uns verändern, 1992; V. Tschuschke, Wirkfaktoren stationärer Gruppenpsychotherapie, 1993.

**Gruppenunterricht,** eine durch die → Reformpäd. proklamierte und verbreitete Unterrichtsform, die sich zwischen Individual- und blockmäßigem Klassenunterricht bewegt und bei der die → Schulklasse in verschiedene → Gruppen aufgelöst wird. Man unterscheidet zwischen arbeitsgleichen (themengleiche oder konkurrierende Gruppenarbeit) und arbeitsteiligen G. Der erste ermöglicht eine intensive Beschäftigung mit dem Gegenstand, erlaubt mehr Eigenaktivität und läßt Arbeitsergebnisse von Gruppe zu Gruppe kritisch überprüfen bzw. verifizieren. Der zweite gibt vor allem Gelegenheit, kooperative Verhaltensweisen zu erlernen und zu erproben. Nach seiner Verlaufsstruktur gliedert sich G. gewöhnlich in folgende Phasen: Entwurf des Gesamtplans im Klassengespräch, Arbeit der einzelnen Teilgruppen und Fixierung der Ergebnisse, Einbringen der Ergebnisse sowie Zusammenfassung und kritische Vertiefung in der Klassengemeinschaft. Problematisch beim G. ist die gleichmäßige Beschäftigung aller Schüler und die Vermeidung einer bloß oberflächlichen Beschäftigung in der Gruppe. G. findet sich heute als Gruppenarbeit auch in Seminaren und Arbeitsgemeinschaften in → Hochschule und → Erwachsenenbildung.

L.: G. Slotta, Die Praxis des G.s und ihre Grundlagen, 1954; E. Vogt (Hg.), Gruppenarbeit nach dem Jena-Plan, 1958; G. Dietrich, Bildungswirkungen des G.s, 1969; E. Meyer (Hg.), Die Gruppe im Lehr- und Lernprozeß, 1970; R. Fuhr u. a., Soziales Lernen, innere Differenzierung, Kleingruppenunterricht, 1977; H. Vettiger, G., 1977; W. Bürger, Teamfähigkeit im G., 1978; W. Klafki (Hg.), Gruppenarbeit im Grundschulunterr., 1981; Unser Konzept – Lernen in Gruppen, hg. v. E. Meyer u. R. Winkel, 1991; H. Gudjons (Hg.), Hdb. G., 1993.

**Gruschka,** Andreas, * 21. 11. 1950 Laar b. Osnabrück; 1975 M. A., 1978 Promotion, 1983 Habil. jeweils mit empir. Forschungen zur Kollegschule, 1991 Prof. Univ. Münster, 1994 Prof. f. Allg. Päd. Univ. Essen.

Schr.: Wie Schüler Erzieher werden, 1985; Negative Päd., 1988; Bürgerliche Kälte u. Päd., 1994; (Hg.) Wozu Päd.?, 1996; Päd. Lektionen nach Chardin, 1999.

**Guardini,** Romano, * 17.2.1885 Verona, † 1.10.1968 München, Prof. für Religionsphilos. in Breslau und Berlin (1923–1939), Tübingen (1945–1948), München (1948–1962); von weitreichendem Einfluß in der Führung der kath. Jugend (Quickborn) und in der liturgischen Bewegung; ausgehend von der gegensätzlich strukturierten Welt des ›Lebendig-Konkreten‹ interpretiert G. den Menschen als → Person, dem die Ausgestaltung seines einmaligen, unwiederholbaren Lebens aufgegeben ist, die sich in der → Begegnung und Bewährung am Transzendenten erfüllt. Seine pädagogischen Schriften beinhalten neben dem Phänomen → Begegnung und dem

eines Volkes eingestiftet hat. Mythologie, Volksweisheit, Geschichte und Muttersprache sind die Mittel, die mündl. Rede die vorrangige Methode und eine gemeinschaftl. Heimatatmosphäre die geeignete Voraussetzung dieser Volksbildung.
Christian Flor gründete die erste Volkshochschule in Rödding (1844); → Kold jene als Muster geltende von Ryslinge auf Fünen (1851). Zur eigentlichen Gründungswelle kam es nach dem verlorenen Kriege Dänemarks gegen Preußen: Ludwig Schröder, Ernst Trier und Jens Nörregaard leiteten die »große Hochschulzeit« der 1860er und 70er Jahre ein. G.s Volkshochschule fand zunächst in Skandinavien Nachahmung (Norwegen 1862; Finnland 1891; Schweden 1868; Island 1902); in Dtl. regte → R. v. Erdberg dazu an.

L.: E. Weniger, G.s Volkshochschule, 1930, ²1962; S. Steffens, G. und Kierkegaard, 1950; H. Koch, G., Ohio 1952; E. Nielsen, N. F. S. G., Rock Island (Ill.) 1955; K. Thaning, N. F. S. G., Kopenhagen 1972; M. L. De Natale, L'educazione per la vita: N. F. S. G., Rom 1980 (m. Bibl.); M. Pluskwa (Hg.), Lebendige Erwachsenenbildung, Reflexionen über die Aktualität von N. F. S. G., 1989; P. Röhrig (Hg.), Um des Menschen willen, 1991; N. Vogel, G.s Bedeutung für die dt. Erwachsenenbildung, 1994.

**Grunwald,** Clara * 11. 6. 1877 Rheydt, † 19. 4. 1943 Auschwitz-Birkenau; Volksschullehrerin, 1919 Beitritt in den → Bund der entschiedenen Schulreformer; 1925 Mitbegründerin der Deutschen Montessori Gesellschaft. G. engagierte sich für eine sozialpäd. begründete Reform der → Kindergärten und Schulen nach den Prinzipien der → Montessori-Päd. und bemühte sich um deren Verbreitung in Dtl. G. wirkte zuletzt als Lehrerin und Erzieherin in dem landwirtschaftl. Umschulungsgut f. Juden in Neuendorf.

Schr.: Das Kind ist der Mittelpunkt, hg. v. A. Holtz, 1995; »Und doch gefällt mir das Leben.« Die Briefe der C. G. 1941–1943, hg. v. E. Larsen, 1985.
L.: M. Berger, C. G. Eine Wegbereiterin der modernen Erlebnispäd.? 1994; W. Böhm (Hg.), C. G. Ihr Leben und Wirken für die Montessori-Päd. in Dtl., 1995.

**Gruppe.** Eine Gruppe wird von einer kleinen, mehr als zwei Personen umfassenden Mitgliederzahl gebildet und durch deren gemeinsame Interessen, häufige Kontakte, wechselseitige Kooperationsbereitschaft, ihr Zusammengehörigkeitsgefühl, die Anerkennung verbindlicher Gruppennormen und -symbole charakterisiert. Man unterscheidet Primär- und Sekundär-, formelle und informelle, Bezugsgruppen, Eigen- und Fremdgruppen. Nach Forschungsergebnissen der → Gruppendynamik ist die G. dem Einzelindividuum in der Regel überlegen: a) bei der Mobilisierung körperl. und wirtschaftl. Kräfte und Kraftreserven, b) beim Finden und Hervorbringen von Problemlösungen und c) bei der Fixierung von Verhaltensnormen. Daraus resultiert zum Großteil ihre päd. Bedeutung für → G.n-Unterricht, G.n-Päd. etc. → Arbeitsgemeinschaft.

L.: K. M. Setzen, Die G. als soziales Grundgebilde, 1972; R. Battegay, Der Mensch in der G., 3 Bde, dt. 1973, ³1979; H. Richter, Die G., 1975; G. Fatzer, H. H. Jansen, Die G. als Methode, 1980; M. Gerwing, H. King (Hg.), G. und Gemeinschaft, 1991; K. Schattenhofer, Selbstorganisation in G., 1992; D. Claessens, G. u. G.verbände, 1995; Wieviel Gruppe braucht das Kind?, in: Theorie und Praxis der Sozialpädagogik (1996), 4 (Themenheft).

**Gruppenarbeit** → Gruppenunterricht, → Sozialarbeit.

**Gruppendynamik,** ein von dem dt. Psychologen Kurt → Lewin (1890–1947) so bezeichnetes und durch seine eigene Feldtheorie maßgeblich angeregtes Teilgebiet der Sozialpsychologie. Die G. untersucht die wechselseitigen Einflüsse und Beziehungen zw. Mitgliedern von Gruppen (z. B. Familien, Wohngemeinschaften, Schulklassen, Arbeitsteams). Als Methoden verwendet sie vor allem das Soziogramm (J. L. Moreno), die Interaktionsanalyse (R. F. Bales) und verschiedene mathemat.-statist., auch kybernet. Modelle. Als praktische G. wirkt sie sich in den → Gruppentherapien aus.

L.: P. R. Hofstätter, G., 1957, Neuausg. 1986, ²1990; A. Heigl-Evers (Hg.), G., 1973; K. Antons, Praxis der G., 1973, ⁴1976; H. D. Schneider, Kleingruppenforschung, 1975; J. Luft, Einführung in die G., dt. 1977, ⁶1986, als TB 1989; E. Meyer (Hg.), Hdb. Gruppenpäd./G., 1977; W. Krege, Begriff der G., 1977; J. Knapp, G. für Lehrer, 1979; J. Küchler, Gruppendynamische Verfahren in der Aus- und Weiterbildung, 1979; D. Freudenreich, G. und Schule, 1986; W. Stroebe, M. Hewstone u. a. (Hg.), Sozialpsychologie, 1990; M. Sader, Psychologie der Gruppe, Neuausg. 1991; W. Rechtien, Angewandte G., 1992; P. R. Wellhöfer, G. u. soziales Lernen, 1993.
Zs.: Gruppenpsychotherapie u. G. (seit 1967).

Schr.: Wahrheit und Wirklichkeit, 1919; Die Schule des Geistes, 1921; Probleme der wirkl. Bildung, 1923; Die Grenzen des Erziehers und seine Verantwortung, 1924; Gegenwart. Eine krit. Ethik, 1928; Die Schicksalsfrage des Abendlandes, 1942.
L.: M. Buber, Zur Gesch. des dialog. Prinzips, 1954; D. Danebrock, Existenz im Widerspruch, 1969; K. Hess-Buschmann, E. G., Diss. 1982; ders. Frieden ist: Im Widerspruch Gemeinschaft bilden, 1985; J. Böckenhoff, Die Begegnungsphilosophie, 1970; H.-J. Gößling, Subjektivität und Erziehungspraxis, 1979; ders. Subjektwerden, 1993; R. E. Maier, Päd. des Dialogs, 1992; K.-M. Kodalle, Schockierende Fremdheit, 1996.

**Grönland** → Dänemark.

**Groothoff,** Hans Hermann, * 11. 9. 1915 Lüneburg; 1951 Promotion, 1956 Dozent PH Lüneburg und Hochschule f. Musik Hannover, 1959 Prof. f. Päd. PH Hannover, 1961 Direktor der Hochschule, 1962–80 Prof. f. Päd. und Direktor d. Päd. Seminars Univ. Köln, Mitbegründer der DGfE u. deren Ehrenmitglied, Mitglied des Gründungsausschusses der Hochschule der Bundeswehr Hamburg. Schwerpunkte seiner wiss. Arbeit liegen in den Bereichen Philosophie der Erz. u. Bildung, Geschichte u. Theorie der Päd. u. d. Bildungswesens, Politische Bildung und Erwachsenenbildung.
Schr.: Funktion und Rolle des Erziehers, 1972; Einführung in die Erziehungswissenschaft, 1975; m. I. Wirth, Erwachsenenbildung und Industriegesellschaft, 1976; Wilhelm Dilthey, Zur Erneuerung der Theorie der Bildung u. d. Bildungswesens, 1981; hg. v. Ch. Berg u. a., Gesammelte Abhandlungen 1957–85, 1985.

**Großbritannien** → Vereinigtes Königreich.

**Grundschule,** seit dem Reichsgrundschulgesetz von 1920 die für alle Kinder gemeinsame Unterstufe der Volksschule, die zugleich den Unterbau für Gymnasium und Realschule bildet. Sie hat in der für alle gemeinsamen Schule eine grundlegende Bildung zu vermitteln; sie zielt auf die soziale Integration und die Förderung der kindl. Persönlichkeit. Die bis dahin üblichen → Vorschulen, die auf den Besuch weiterführender Schulen vorbereiteten, entfielen damit. Die Anfänge der G. können in der Schreib-, Lese- und Rechenschule des Mittelalters gesehen werden, die den Bedürfnissen des praktischen Lebens dienten. Über die sechsj. Muttersprachenschule von → Comenius mit ersten didaktischen Ansätzen läßt sich die Entwicklung nachzeichnen bis hin zu → Pestalozzis päd. Wendung, in der spezifische Verfahrensweisen in den Vordergrund traten, die als Anschauungs-, Arbeits- und Erlebnisunterricht die innere Gestalt der G. lange Zeit bestimmt haben. War zu Beginn des 20. Jh. die didaktisch-methodische Gestalt noch stark von der nachherbartianischen Didaktik bestimmt, in der der Gesinnungsunterricht im Mittelpunkt stand, der über intellektuelle Bildung zur Moralität führen sollte, so kam mit der → Reformpäd. (→ Scharrelmann, → Gansberg, → Otto) eine erlebnis- und gesamtunterrichtliche Ausrichtung. Der Unterricht in der G. ging vom Leben und Erleben des Kindes in der Heimat aus und war in den ersten Schulj.n → Gesamtunterricht, der sich erst allmählich in einzelne Fächer aufgliederte. Seit 1965 zeigten sich Reformansätze, die sich gegen das gesamtunterrichtliche Grundkonzept richteten und eine stärkere Sach- und Gegenstandsorientiertheit anstrebten. Diese Sach- und Fachorientierung hat zum einen zu einer Erneuerung und Modernisierung der Unterrichtsinhalte in der G. geführt, zum anderen den Ruf nach einer verstärkten Pädagogisierung der G. ausgelöst. Gegenwärtig erwachsen der G. neue Aufgaben aus der Forderung nach interkultureller Erziehung, nach → Integration von behinderten Kindern, nach der Ausbildung eines päd. Profils der Einzelschule und nach dem Ausgleich von Betreuungsdefiziten heutiger Kinder.
L.: H. Halbfas, F. Maurer, W. Popp (Hg.), Neuorientierung des Primarbereichs, 3 Bde., 1972 ff.; E. Neuhaus, Reform des Primarbereichs, 1974; 5. Aufl. u. d. T. Reform der G., 1990; [6]1994; E. Schwartz (Hg.), Reihe: Grundschulunterricht, 1977 ff.; B. Kochan, E. Neuhaus-Siemon (Hg.), Taschenlexikon G., 1979 (Lit.); I. Lichtenstein-Rother, E. Röbe, G., 1982; W. Wittenbruch, Das päd. Profil der Grundschule, 1984; H. Priebe, E. Röbe (Hg.), Blickpunkt G., 1992; D. Haarmann (Hg.), Hdb. G., 2 Bde., 1992, [3]1996/7; A. Hopf, Grundschularbeit heute, 1993; M. Götz (Hg.), Leitlinien der G.arbeit, 1994; W. Knörzer, K. Grass, Einführung, 1998; E. Einsiedler, M. Götz u. a. (Hg.), Hdb. G.päd. und G.didaktik, 1999.

**Grundtvig,** Nikolai Frederik Severin, * 8. 9. 1783 Udby (Seeland), † 2. 9. 1872 Kopenhagen. Pfarrer, Dichter, Historiker, Volkserzieher, Politiker; gilt als geistiger Initiator der → Volkshochschule. Volksbildung ist für G. volkhafte Erweckung und meint die Verlebendigung dessen, was Gott in die Geschichte

dto. in ihrer Vollendung, 1841; Die Hauptgesichtspunkte bei der Verbesserung des Volksschulwesens, 1822; Das Verhältnis der Elementarschule zur Politik der Zeit, 1835.

L.: R. Jäger, J. B. G. als Volksschulpädagoge, (Phil. Diss. Würzburg) 1932; H. Beck, J. B. G.s »Wiss. Päd.«, (Phil. Diss. Würzburg) 1933; H. Henz, Anthropolog. Grundlegungen in der kath. Päd. des 19. und 20. Jhdts., (Phil. Diss. Würzburg) 1952; M. Winkler, J. B. G., in: W. Böhm, W. Eykmann (Hg.), Große bayerische Pädagogen, 1991; C. Menze, Erziehung zur Divinität, in: Kanzel und Katheder, hg. v. M. Heitger, 1994.

**Griechenland.** Neben seiner für die europ. Kultur grundlegenden Bildungstradition im → Altertum beruhte das Schulwesen Neugriechenlands (gegr. 1827) jahrzehntelang auf den Erlassen von 1834 und 1836/37. Danach war das Erziehungswesen in drei Stufen gegliedert: die Primarstufe zur Erfüllung der vorgeschriebenen 7j. Schulpflicht (tatsächl. nur 4 J.), die Sekundarstufe, unterteilt in die 3j. Hellenische Schule, das 4j. Gymnasium und die Univ. Nach zahlreichen Reformversuchen (u. a. 1899, 1929, 1964) brachte erst die Schulreform von 1976 eine Neuordnung. Die Schulpflicht wurde auf 9 J. verlängert, das einheitl. Gymnasium in zwei Zyklen mit je drei Klassen, Gymnasium und Lyzeum, unterteilt. Ein akadem. Abschlußzeugnis (Maturum) als Voraussetzung für das Hochschulstudium trat an die Stelle von Aufnahmeprüfungen. Die Reform von 1976 führte die neugriech. Volkssprache (Dimotiki statt des vom Altgriech. überlieferten Kathareusa) allg. ein. Daneben blieb die Klassikerlektüre als Kern der Bildung erhalten. Die mittl. und höhere math.-naturwiss. Ausbildung wurde verstärkt; die Aufnahmekriterien in weiterführende Schulen wurden standardisiert.

Das gegenwärtige Schulsystem beruht auf den Reformen von 1982–1988 (Aufwertung der techn.-berufl. Bildung; Einführung der Koedukation; Lehrplanrevision). Auf die in den letzten Jahren stark ausgebaute Vorschulerziehung in Kindergärten (für die 4–5j.; bisher freiwillig) folgt die 6j. Grundschule. Daran schließt sich das obligator. 3j. »Gymnasium« an. Seine Absolventen können eine Lehre aufnehmen oder das 3j. »Lyzeum« (allgemeinbildend, techn.-berufl. oder einheitlich multisektorial; → Abitur) bzw. die Berufsschule besuchen.

Der Hochschulbereich umfaßt die Univ. in Athen, Thessaloniki, Patra, Ioannina, Kreta und Thrakis sowie Fachhochschulen für Technik, Ökonomie, Kunst und Landwirtschaft (Studiendauer je nach Fach 4, 5 oder 6 J.); 3j. techn. und berufl. Hochschulen; die Lehrerausbildung erfolgt an den Univ.n (seit 1985 neu eingerichtete univ. Fachbereiche für Erzieherinnen bzw. Grundschullehrer). Eine staatl. organisierte Erwachsenenbildung begann erst nach dem Zweiten Weltkrieg, bes. in den 50er J.n. Heute bestehen staatl. Volksbildungszentren, Heime für Arbeiter, kulturelle Vereine für Jugendl. sowie landwirtschaftl. und hauswirtschaftl. Kurse. Daneben gibt es private u. kirchl. Einrichtungen.

Päd. Forschung erfolgt neben den Univ.n an dem 1983 gegründeten Pädagog. Institut (ehem. Zentrum für Erziehungsforschung und Lehrerausbildung). Es untersteht dem Bildungsministerium und ist mit Bildungsforschung, Curriculumentwicklung, Erarbeitung von Bildungsprogrammen (Empfehlungen) sowie mit der Lehrerfortbildung betraut.

L.: S. N. Derwissis: Die Geschichte des griech. Bildungswesens in der Neueren Zeit mit bes. Berücksichtigung der Einflüsse der dt. Päd., 1976; Informationen des griech. Außenministeriums zum Bildungswesen, 1979; OECD (Hg.), Greece, 1982; A. Kazamias (Hg.), Educ. Reforms in Greece, Rethymno/Kreta 1986; J. Pirgiotakis, Schulreform in G., 1988; S. Stavrou, Das berufl. Bildungswesen in G., 1989; J. Pirgiotakis, Überblick über das pädagog. Wiss. in G., in: Zeitschr. f. Päd., 25. Beih. 1990; A. Brouzos, Gegenw. Tendenzen im g.n Schulwesen, in: Zeitschr. f. int. erz.- und sozialwiss. Forsch. 7 (1990) 1; G. Brinkmann u. a., Zeit für Schule: G., 1991; OECD (Hg.), Reviews of national policies for education: Greece, Paris 1997.

**Griechischunterricht** → altsprachlicher Unterricht.

**Grisebach,** Eberhard, * 27. 2. 1880 Hannover, † 16. 7. 1945 Zürich; Studium von Phil., Päd. und Kunst in Berlin und Jena, 1922 Prof. für Phil. und Päd. in Jena, 1931 in Zürich. Als Schüler R. Euckens vom Neuidealismus geprägt, wandte er sich in seinen späten kulturphil. und pädagogischen Schriften der Existenzphil. (→ Existenzialismus), der dialektischen Theologie und dem dialogischen → Personalismus zu. Sein apellierender Denkstil sieht in → Ethik und Päd. die Hauptaufgabe der Phil.

**Grammar school.** Das engl. Äquivalent des dt. → Gymnasiums. Nach einer bestandenen Ausleseprüfung (»eleven plus«) wird es einem Schüler ermöglicht, die GS zu besuchen, die ihn auf die »A-levels« (Abitur) vorbereitet. Aufgrund der Umwandlung der GS zu einem Gesamtschulsystem ist die Zahl der GS stark gesunken.

**Grammatik.** Die Lehre von den Formen, Strukturen und dem formalen System einer Sprache, die traditionell in Satz-, Wort-, Formen- und Lautlehre aufgeteilt wird, während die neuere, an der Linguistik orientierte G. Syntax, Semantik und Phonologie unterscheidet. Der G.unterricht prägte lange Zeit sowohl den fremd- wie den eigensprachl. Unterricht, wobei auch die eigensprachl. G. so gelehrt wurde, als sollte eine fremde, noch unbekannte Sprache gelernt werden. Im Rahmen der Neuorientierung der Linguistik und G. und des → Deutschunterrichts insgesamt sank die Bedeutung, die diesem »formalen Drill« zugeschrieben wurde. Heute orientiert man sich mehr am wirklichen Sprachhandeln, an der tatsächlichen Kommunikation und versucht, daraus die wichtigen grammatischen Regeln und Gesetze unter Rücksicht ihrer Bedeutung im Kommunikationsprozeß zu entwickeln, um somit eine vertiefte Einsicht in den Bau der Sprache, ihren regelhaften Charakter und ihre Struktur als Sprache zu vermitteln. G.unterricht versteht sich heute also, vor allem im eigensprachlichen Unterricht, nicht nur als vorschreibende Unterweisung im vor-schriftsmäßigen Gebrauch der Sprache, sondern auch als nachgehende Reflexion über die eigene Sprache und ihre Struktur. Auf diesem Weg hat die G. auch Einflüsse der neueren grammat. Richtungen (→ Generative Transformationsgrammatik) aufgenommen, wenn auch noch nicht völlig verarbeitet.

L.: F. Palmer, G. u. G.theorie, 1974; W. Boettcher, H. Sitta, Der andere G.unterricht, 1978; H. Sitta, H. J. Tymister, Linguistik und Unterricht, 1978; H. Moser, G. und Deutschunterr., 1978; K. R. Bausch, Beitr. zur didakt. G., 1979; J. Bender, Zum gegenwärtigen Stand der Diskussion um Sprachwiss. und Sprachunterr., 1979; K. Ermert (Hg.), Wieviel G. braucht der Mensch?, 1983; K. Zobel, G.-Spiele, 1985; P. Eisenberg, Grundriß der dt. G., 1986; J. Fliegner, G. verstehen und gebrauchen, 1986; W. Köller, Phil. der G., 1988; C. Gnutzmann u. a. (Hg.), Perspektiven des G.-unterrichts, 1995.

**Gramsci,** Antonio, * 23. 1. 1891 Ales (b. Cagliari), † 27. 4. 1937 Rom; Journalist und 1921 Mitbegründer der Kommunistischen Partei Italiens: gilt als geistiger Vater des Eurokommunismus. G. sah die Überwindung des Kapitalismus als kulturelle und päd. Aufgabe an. Sein Begriff der Hegemonie geht über den bloßen Klassenantagonismus hinaus und meint den dialektischen Bezug von Partei und Masse, Intellektuellen und Arbeitern, Lehrern und Schülern, in dem sich wechselseitige Bildungsprozesse vollziehen. G. vertrat eine → Einheitsschule mit Betonung von Selbsttätigkeit und → Kreativität.

Schr.: Opere, 12 Bde., Turin 1948–71; La formazione dell'uomo, Rom 1967; L'alternativa pedagogica, hg. v. M. A. Manacorda, Florenz 1972; Briefe aus dem Kerker, dt. 1956; Philosophie der Praxis, hg. v. Ch. Riechers, dt. 1967.
L.: F. V. Lombardi, Idee pedagogiche di A. G., Brescia 1969; M. A. Manacorda, Il principio educativo in G., Rom 1970; A. Broccoli, A. G. e l'educazione come egemonia, Florenz 1972; W. Böhm, G. Flores d'Arcais, Die ital. Päd. des 20. Jh., 1979 (m. Bibl.); U. Hirschfeld, W. Rügemer (Hg.), Utopie und Zivilgesellschaft, Rekonstruktionen, Thesen und Informationen zu A. G., 1990; H.-H. Holz (Hg.), A. G. – Aktuelle Perspektiven seiner Philosophie, 1991; H. Neubert (Hg.), A. G. – vergessener Humanist?, 1991; S. Kebir, A. G.s Zivilgesellschaft, Alltag, Ökonomie, Kultur, Politik, 1991; Kulturen des Widerstands, hg. v. J. Borek, u. a., 1993.

**Graser,** Johann Baptist, * 11. 7. 1766 Eltmann (Main), † 28. 2. 1841 Bayreuth; 1804 Prof. f. Phil. und Päd. Univ. Landshut und Oberschulrat der fränkischen Provinzen in Bayern; baute das niedere Schulwesen und die Lehrerbildung in Franken aus. Als einer der bedeutendsten (bisher wenig erschlossenen) Theoretiker des 19. Jh. vertrat er eine systemat. Erziehungswiss. gegenüber den auf zufälligen Erfahrungen aufgebauten Erziehungslehren; der Zweck der Erziehung gehe aus der Bestimmung des Menschen zur »Divinität« hervor. Das Publikum für seine theoret. Arbeiten fehlte; Breitenwirkung erzielte er mit populärwiss. unterrichtsmethod. Schriften.

Schr.: Divinität oder das Prinzip der einzig wahren Menschenerziehung, 1811, ³1830; Der erste Kindesunterricht, 1819; Die Elementarschule fürs Leben in ihrer Grundlage, 1817; dto. in ihrer Steigerung, 1827;

**gnoseologisch** (von griech. *gnosis*: Erkenntnis), gleichbedeutend mit »erkenntnistheoretisch«, die Erkenntnis betreffend; bes. im engl. und italien. Sprachraum gebräuchlich.

**Goethe,** Johann Wolfgang von, * 28. 8. 1749 Frankfurt/M., † 22. 3. 1832 Weimar; neben → Schiller der bedeutendste Dichter der dt. Klassik: formulierte seine päd. Ideen in seinem Bildungsroman »Wilhelm Meister«; dabei vertritt er in »Wilhelm Meisters Lehrjahre« (1796) eine Päd. des Wachsen- und Irrenlassens, die den Zögling sein wahres Talent erkennen und sich in freier Selbstbestimmung für einen Beruf entscheiden läßt. »Wilhelm Meisters Wanderjahre« stellen eine Päd. der Selbstbeschränkung und Entsagung in den Vordergrund. Über der Berufserziehung steht die Hinführung zu sittl.-relig. Ehrfurcht.
Schr.: Weimarer Ausg. 143 Bde., 1887–1919; Hamburger Ausg., hg. v. E. Truns, 14 Bde., 1948–60; G.s päd. Ideen, hg. v. W. Flitner, 1948, ²1962; Werke, hg. von F. Apel u. a., 6 Bde., 1998.
L.: K. Schlechta, G.s Wilhelm Meister, 1953; W. Flitner, G. im Spätwerk, 1957; H. J. Gamm, Das päd. Erbe G.s, 1980, ²1984; C. Günzler, Bildung und Erziehung im Denken G.s, 1981; J. Oelkers, Die Herausforderung der Wirklichkeit durch das Subjekt, 1985; E. Cassirer, Rousseau – Kant – G., hg. v. R. Bast, 1991; L. Fertig, J. W. v. G. der Mentor, 1991; H.-J. Gamm, Päd. und Poesie, 1991; F. Sengle, Das Genie und sein Fürst, 1993; Ch. Przybilka, Die Rezeption G.s bei W. Flitner, Bern 1995; G. Pongratz, Evolutionäre Selbstorganisation und G.s ästhetische Anschauung, (Diss. Braunschweig) 1996.

**Göttler,** Joseph, * 9. 3. 1874 Dachau (Obb.), † 14. 10. 1935 München; 1898 kath. Priester, 1904 Habil., 1909 Prof. in Freising, 1911 Prof. der Päd. u. Katechetik Univ. München. Sein »System der Päd.« (1915, ¹²1964) gilt als Standardwerk der christl. Erziehungswiss.; G.s Verdienst liegt auch in der Weiterführung der → Katechetik zur Religionspäd. als Theorie der rel.-sittl. Erziehung.
Schr.: Gesch. der Päd., 1921, ³1935; Religions- und Moralpäd., 1923, ³1931.
L.: W. Sayler, J. G. und die christl. Päd., 1960; H. Schilling, Grundlagen der Religionspäd., 1970; F. Grell, J. G., in: W. Böhm, W. Eykmann (Hg.), Große bayerische Pädagogen, 1991.

**Goldene Regel.** Grundregel des sittl.-richtigen Verhaltens, die sich sowohl in chines., jüd., islam. und christl. Ehtiken und Lebenslehren findet und in jüngster Zeit wegen ihrer Einfachheit und Plausibilität für die → sittl. Erziehung herangezogen wird. Die G. R. spricht keine konkreten Handlungsanweisungen aus; sie beruht auf der wechselseitigen Respektierung der Menschen: Was du nicht willst, das man dir tu, das füg auch keinem anderen zu. → Ethik und Päd., → Menschenrechte.
L.: A. Diehle, Die G. R., 1962; M. G. Singer, The Golden Rule, in: Philosophy 38 (1963); H.-U. Hoche, Die G. R., in: Zschr. f. phil. Forsch. 32 (1978); O. Höffe, G. R., in: ders. (Hg.), Lexikon der Ethik, 1977, ⁵1997.

**Gothaer Schulmethodus.** Unter Herzog Ernst von Gotha aus wirtschaftl. und volkserzieherischen Überlegungen heraus 1642 erlassener Lehrplan für die dt. Schulen (Volksschulen) des Herzogtums Gotha. Didaktisch an → Ratke und → Comenius orientiert, bezog er neben dem herkömmlichen Lesen, Schreiben, Rechnen und Religion auch die → Realien ein. Der G. Sch. wurde epochemachend für die Entwicklung der → Volksschule.
L.: R. Vormbaum, Ev. Schulordnungen, 2. Bd., 1863; G. Hohendorf, Über den Einfluss ratichianischer und comenianischer päd. Theorien auf den G. S. des A. Reyher, in: R. u. G. Hohendorf, Diesterweg verpflichtet, 1994.

**Gottsched,** Johann Christoph, * 2. 2. 1700 Juditten (Ostpreußen), † 12. 12. 1766 Leipzig; vom Geist der → Aufklärung durchdrungen, kämpfte er als Schriftsteller, Literat und Hochschullehrer (in Leipzig) für Reformen in Volksbildung, Familienerziehung, Schule und Hochschule, vor allem der dt. Sprache, Rhetorik und Poetik.
Schr.: Die vernünftigen Tadlerinnen, 1725–26; Versuche e. Krit. Dichtkunst, 1730; Gesammelte Schr., hg. v. E. Reichel, 5 Bde., 1901–09.
L.: E. Reichel, G., 2 Bde., 1908–12; A. Römer, G.s päd. Ideen, 1911; G. Schimansky, G.s dt. Bildungsziele, 1939; G. Schäfer, »Wohlklingende Schrift« und »rührende Bilder«, 1987; F. Leibrock, Aufklärung und Mittelalter: Bodmer, G. u. d. mittelalterl. dt. Literatur, 1988.

**graduiert,** im Besitz eines → akadem. Grades sein; Ingenieur- und Fachhochschulen verleihen die Bezeichnung g. (z. B. graduierter Ing., graduierter Sozialpädagoge).

Fremderziehung in (freiwillige) → Selbsterziehung als Streben nach personaler Vervollkommnung.

L.: → Gewissen.

**Gewohnheit,** Gewöhnung bezeichnet ein → Verhalten, das aus der Wiederholung bestimmter Handlungen hervorgeht und quasi automatisch bzw. unbewußt ausgeführt wird. G. stellt eine komplexere Form der → Anpassung an die → Umwelt dar als etwa der Trieb, sofern sie Ergebnis eines individuellen Lernprozesses und somit erworben ist und ursprünglich durchaus auch bewußt motiviert sein kann. Während der Positivismus (z. B. die russ. Reflexologie, die nordamerikan. Verhaltenswiss.) die gesamte → Erziehung auf das Einschleifen von G.n reduziert, wollte → Rousseau sie ganz ausschließen. In Wirklichkeit muß die Erziehung G.n aufbauen und gleichzeitig im → educandus die Fähigkeit wecken, diese mit kritischem Bewußtsein und freiem Willen zu gebrauchen.

**Giesecke,** Hermann, * 9. 8. 1932 Duisburg, 1964 Dr. phil., seit 1967 Prof. für Päd. PH Göttingen; machte den Konflikt zum Orientierungsbegriff der → polit. Bildung und bemühte sich um das Konzept einer emanzipatorischen Päd. Maßgebliche Beiträge zur Schultheorie und Schulkritik, insbes. gegen eine Überbürdung der Schule mit sozialen und Erziehungsaufgaben.

Schr.: Didaktik der polit. Bildung, 1965 u. ö.; Polit. Bildung in der Jugendarbeit, 1966 u. ö.; Freizeit- u. Konsumerziehung, 1968, [3]1974; Einf. in die Päd., 1969 u. ö., Neuausg. 1990; Die Jugendarbeit, 1971, [2]1973; Bildungsreform und Emanzipation, 1973; Methodik des polit. Unterrichts, 1973, [6]1984; Anleitung zum päd. Studium, 1974, [2]1977; mit A. Klönne, D. Otten, Gesellschaft und Politik in der BRD, 1976 u. ö.; Vom Wandervogel bis zur Hitlerjugend, 1981; Leben nach der Arbeit, 1983; Das Ende der Erziehung, 1985; Die Zweitfamilie, 1987; Pädagogik als Beruf, 1987, [4]1993; Hitlers Pädagogen, 1993; Politische Bildung, 1993; Wozu ist die Schule da?, 1996; Die pädagogische Beziehung, 1997; Pädagogische Illusionen, 1998.

**Girard,** Johann Baptist, * 17. 12. 1765 Fribourg, † 6. 3. 1850 ebd.; Franziskaner, baute 1804–23 das Freiburger Volksschulwesen nach der → Bell-Lancaster-Methode aus.

Schr.: Projet d'éducation pour la République helvétique, 1799; Cours éducatif de langue maternelle à l'usage des écoles et des familles, 6 Bde., Paris 1845–48, Neuausg. 1880.

L.: G. Compayré, Le Père G. et l'éducation par la langue maternelle, Paris 1906; A. Maas, B. G., 1931; E. Egger, Père G., e. Schweizer Volkspäd., 1948 (m. Bibl.); Melanges à Père G., Fribourg 1953; P. Rüfenacht, Vorschulerziehung in der Schweiz, 1982.

**Glaser,** Robert, * 18. 1. 1921 Providence (Rhode Island), lehrte seit 1957 an der Univ. Pittsburgh; Pionier des → programmierten Unterrichts und von Lehrmaschinen auf der Grundlage von → Skinners Verstärkertheorie; Arbeiten auf dem Gebiet des computersimulierten Denkens.

Schr.: (Hg.), Programmiertes Lernen und Unterrichtstechnologie (engl. 1965), dt. 1971; The Nature of Reinforcement, New York 1971; Adaptive Education. Individual Diversity and Learning, New York 1977; zus. m. Lesgold (Hg.), Foundations for a Psychology of Education, 1988; (m. L. Schauble, Ed.), Innovations in Learning, 1996.

L.: L. B. Resnik, Knowing, Learning and Instructions. Essays in Honor of R. G., 1989.

**Glück.** Für → Rousseau ist G. (im Sinne von Glücklich-sein) das Gleichgewicht zw. Bedürfnissen und Wünschen einerseits und Mitteln zu ihrer Befriedigung andererseits. Das Überwiegen des einen oder anderen macht unglücklich. Erziehung hat also beständig dieses Gleichgewicht zu bewerkstelligen und sowohl Verfrühung als auch Vernachlässigung zu vermeiden.
G. als Ziel der Erziehung kann nicht definitiv bestimmt und auch nicht rational berechnet und hergestellt werden, sondern ist in einem lebenslangen, inhaltlich offenen Prozeß der → Bildung und Selbstgestaltung immer wieder neu zu bestimmen und zu verfolgen.

L.: Seneca, Vom glückseligen Leben, [14]1972; B. Russel, Die Eroberung des G.s, dt. 1951; L. Marcuse, Phil. des G.s, 1962, Nachdr. 1988; F. H. Tenbruck, Zur Kritik der planenden Vernunft, 1972; O. Höffe, Strategien d. Humanität, 1975; R. Barrow, Happiness, New York 1980; L. Koch, Über das G. in der Päd., in: H. Konrad (Hg.), Päd. und Anthropologie, 1982; W. Tatarkiewicz, Über das Glück, dt. 1984; J.-E. Pleines, Eudaimonia zw. Kant und Aristoteles, 1984; G. und geglücktes Leben, hg. von P. Engelhardt, 1985; B. Grom u. a., G., 1987; L. Wigger, Zum Begriff des G.s, in: Vjschr. f. wiss. Päd. 63 (1987); R. Grimminger, Das G., 1989; R. Spaemann, G. und Wohlwollen, 1989; J. Riemen, Die Suche nach dem G. als Bildungsaufgabe, 1991; M. Forschner, Über das G. des Menschen, 1993, [2]1994; J. Zirfas, Präsenz und Ewigkeit, H. Krämer, Integrative

alisierung des G.s verstärkt. In der Frz. Revolution wurde unter dem Einfluß niederländ. Naturrechts-Denkens die G.sfreiheit Bestandteil der Menschenrechte. Mit dem Dt. Idealismus begann eine neue, intensive Bemühung um das G., insbes. um seine transzendentale Fassung (→ Kant, → Fichte, → Goethe). Danach verfiel das idealist. G.skonzept heftiger Kritik und Ablehnung (Linkshegelianer, Schopenhauer, → Nietzsche); dagegen suchten zu Beginn des 20. Jh.s → Scheler, N. Hartmann, Heidegger, die → Neuscholastik u. a. das G. als zentrale Instanz menschl. Urteilens und Handelns zu verteidigen. Trotz dieser Versuche schwand die das 19. Jh. charakterisierende Hochschätzung des G.s nach dem 2. Weltkrieg zunehmend. Nur in Ausnahmefällen schenkt ihm die Päd. heute noch größere Beachtung. Von der Perspektive einer sozialwiss. konzipierten Erziehungswiss. kann das G. nur noch als Sozialisationsprodukt gesellschaftl. Normen verstanden werden (→ Sozialisation). Eine Änderung dieser Sichtweise wird indessen absehbar. Neure psycholog. Konzepte (→ C. G. Jung, H. Kohut, D. Wyss, L. → Kohlberg), die das Selbst und seine Eigenentwicklung betonen, können im Verein mit einer personalistisch orientierten Päd. einer Rehabilitierung des G.s vorarbeiten. Neben seiner ethischen Funktion gilt es, das G. als Anthropologumenon im Sinne von Sokrates' *Daimonion* und der paulinisch-augustinischen *Syneidesis* als Prinzip der persönl. Freiheit unter Wahrung mitmenschl. Verantwortung wieder zu entdecken und in das Zentrum päd. Denkens zurückzustellen.

L.: P. Häberlin, Über das G., 1915, ²1930; J. Piaget, Das menschl. Urteil beim Kinde, (frz. 1932) dt. 1954 u. ö.; H. Zulliger, Umgang mit dem kindl. G., 1953, ⁶1979; E. Spranger, Über das G., in: Gesammelte Schr., Bd. 5, 1969; P. Ricoeur, Die Fehlbarkeit des Menschen, 2 Bde., dt. 1971; F. Oser (Hg.), Das G. im päd. Feld, 1973; K. Kürzdörfer (Hg.), G.sentwicklung und G.serziehung, 1978 (m. Bibl.); ders., Päd. des G.s, 1982; J. Schurr, Zur absoluten Normativität des Gewissens, in: H. Konrad, Anthropologie u. Päd., 1982; L. Kerstiens (Hg.), Verbindl. Perspektiven menschl. Handelns, 1983; J. Horstmann, G. Aspekte eines vieldiskutierten Sachverhaltes, 1983; M. Hänggi-Kriebel, Ontologie des G.s, 1984; L. Kerstiens, Das G.wecken, 1987; J. Derbolav, G. – eine päd. Kategorie, in: Päd. Rundschau 43 (1989); H. v. Foerster, Wissen und Gewissen, 1991; H.-D. Kittsteiner, Die Entstehung des mod. G.s, 1991; K. Thiele-Dohrmann, Abschied vom G.?, 1991; G. B. Salla, G.sentscheidung, 1993; L. Honnefelder (Hg.), Der Streit um das G., 1993; E. Schütz, Überlegungen zum G., in: Vjschr. f. wiss. Päd., 71 (1995), H. 4.

**Gewissenserziehung, Gewissensbildung.** Wird G. mißverstanden als gesellschaftl. Anpassung, dann gerät sie gegenüber → Mündigkeit, → Autonomie und → Emanzipation als Erziehungszielen notwendig ins Hintertreffen (→ Ethik und Päd.). Andererseits kann eine Gesellschaft, für die die Verantwortung des einzelnen immer unverzichtbarer wird, nicht umhin, intensiver nach der G. zu fragen.
In den klass. päd. Entwürfen hat → Pestalozzi auf die frühkindl. G. von seiten der Mutter durch Erweckung von → Liebe, Vertrauen und → Gehorsam aufmerksam gemacht. → Herbart hat bes. die Möglichkeiten → sittl. Erziehung im vor- und nachpubertären Alter bedacht. → Rousseau räumte hingegen erst im Jugendalter der G. echte Chancen ein. Daneben verdient → Fröbels personalist. Ansatz für die kindl. G. hervorgehoben zu werden. In neuer Zeit hat die G. nur bei wenigen Päd. vorrangige Beachtung gefunden. → Zulliger berücksichtigte bes. psychoanalytische Aspekte für die Nacherziehung entstellter oder verbogener Gewissensmanifestationen. → Spranger verteidigte den personalen Charakter des Gewissens gegen seine gesellschaftl. und materialist. Relativierung. Während → Piaget die G. nicht deutlich genug von der Moralerziehung abzugrenzen verstand, gelang dies später → Kohlberg mit seinen Stufen der kognitiv-moralischen Entwicklung. Gegen die Einseitigkeit der kognitiven Sichtweise ist man heute aber bemüht, auch den emotional-affektiven Komponenten Rechnung zu tragen; so soll → Eriksons Ich-Entwicklung mit dem Kohlberg-Piagetschen Stufenmodell verbunden werden. Von da aus steht zu erwarten, das für die jew. Altersstufe mögliche Ziel der G. zu formulieren und gleichzeitig die Option für noch reifere Formen des Gewissens offenzuhalten. Umstritten ist noch, inwieweit das höchste ethische Niveau (Gerechtigkeit und Liebe) für möglichst viele Menschen erzieherisch erreichbar ist. Dahinter verbirgt sich das genuin päd. Problem der Überführung von

strige BPIe zur Regelform der G.ausbildung erklärt (nach 1945 auf 6 Semester erhöht, mit Zulassungsvoraussetzung Abitur und 2j. Praxis). Nach 1960 wurden die BPIe abgeschafft und die Ausbildung nach → Abitur und Praxis oder nach dem Abschluß einer → Fachhochschule an Technische → Hochschulen und → Univ. verlegt. Die Bezeichnung G. wurde durch Studienrat ersetzt. Der 1948 entstandene Dt. Verband der G. heißt seit 1969 Bundesverband der Lehrer an berufl. Schulen.

Zs.: Praxis d. Berufsschule 1 (1921) – 9 (1929); Beruf und Schule 10 (1930) – 13 (1933); Die berufsbild. Schule 14 (1934) ff.
L.: U. Büchner, Der G. und die industrielle Arbeit, 1980; K. Jenewein, Lehrerausbildung u. Betriebspraxis, 1994; R. Bader (Hg.), Lehrerbildung im Spannungsfeld von Wissenschaft und Beruf, 1995.

**gewerbliches Schulwesen** → Berufl. Ausbildungs- und Schulwesen.

**gewerkschaftliche Bildungsarbeit.** Die g. B. nach 1945 knüpfte an die Tradition der → Arbeiterbildung an. Sie hat einen doppelten Aspekt: a) Schulung und Weiterbildung der Mitglieder und Funktionäre, b) Einflußnahme auf die staatl. Bildungspolitik; darin spiegeln sich Schutz- und Gestaltungsfunktion als die doppelte Aufgabenstellung der Gewerkschaften. Traditionell gewerkschaftl. Forderungen sind innerhalb des Rahmenkonzepts einer Demokratisierung des Bildungswesens bis heute: Einheitlichkeit, Weltlichkeit, Wissenschaftlichkeit, Verbindung von Arbeit und Unterricht. Innerhalb des Dt. Gewerkschaftsbundes (DGB) gewannen Bildungsprobleme im Grundsatzprogramm (Düsseldorfer Programm) von 1963 stärkeres Gewicht: entsprechend der Parole »Aufstieg durch Bildung« wurde eine größere → Durchlässigkeit des Bildungswesens gefordert. In den »Bildungspolitischen Vorstellungen des DGB« (1972) wurde ein integriertes Bildungssystem vom Elementarbereich über Grundstufe, → Gesamtschule, → Gesamthochschule bis zur → Weiterbildung entwickelt. Auf dem Gebiet des → berufl. Ausbildungs- und Schulwesens fordert der DGB eine Integration von berufl. und allg. Bildung und gibt der qualitativen Verbesserung der Berufsbildung Vorrang vor dem rein quantitativen Ausbau (vgl. Kritik am Ausbildungsplatzförderungsgesetz 1976).

L.: H. Limmer, Die dt. Gewerkschaftsbewegung, [13]1996; B. Otto, Gewerkschaftsbewegung in Dtl., 1975; GEW, Hinter den Barrikaden, 1976; P. Faulstich, Interessenkonflikte um die Berufsbildung, 1977; ders. (Hg.), Die Bildungspolitik des DGB 1949–79, 1980; O. Negt, Soziolog. Phantasie und exemplar. Lernen, 1968, [7]1981; H. Brammerts, Die Bildungsarbeit der Gewerkschaften im Kontext der Erwachsenenbildung, 1982; P. Körfgen, Der Aufklärung verpflichtet, 1986; W. Abendroth, Die dt. Gewerkschaften, 1989; G. Hurrle, Neue Techniken – veraltete Gewerkschaften?, 1990; F. Grubauer, Persönlichkeitsentwicklung, gesellschaftl. Zukunftsgestaltung u. solidar. Lernen, 1991; R. Zech (Hg.), Professionalisierung gewerkschaftl. Politik u. Bildung, 1993; B. Faulenbach, Kontinuitäten u. Diskontinuitäten der Bildungsarbeit der Gewerkschaften, in: E. Nuissl (Hg.), Mit demokratischem Auftrag, 1995.

**Gewissen** bezeichnet das unbedingt urteilende sittl. Zentrum des Menschen, das seine Handlungen und Intentionen kritisch verfolgt und als gut und böse, lobenswert und verwerflich bewertet. Das G. geht persönlichen Interessen und gesellschaftl. Forderungen grundsätzlich voraus und ermöglicht es überhaupt, von personaler Freiheit, Verantwortung, Schuld, Sühne etc. zu sprechen. Schon in den ältesten Überlieferungsschichten der ägyptischen, alttestamentl. und griech. Literatur werden G.serlebnisse eindrucksvoll beschrieben. Zur begriffl. Fassung des G.s kam es hingegen erst relativ spät: häufigere Belege seit → Seneca und → Cicero; Philo war um eine Synthese der biblischen und hellenist. Traditionen bemüht, Paulus prägte das christl. G.sverständnis (vgl. 1 Kor. 7–10). In seinen »Confessiones« legte → Augustinus das bedeutenste Dokument der G.serforschung vor. Die → Scholastik war um die Einordnung der G.stheorie in das mittelalterliche Weltbild bemüht; nach → Thomas von Aquin ist die Voraussetzung des G.s (*Syntheresis*) ein natürl. Habitus der Erkenntnis von Gut und Böse; das G. selbst wendet die sittl. Einsicht auf konkrete Einzelfälle an (als *dictamen rationis*). → Renaissance und → Reformation verstärkten die Individualisierung und Autonomisierung des G.s, → Luther reaktivierte im Rückgriff auf Paulus und Augustinus das altkirchl. Verständnis (»Der Glaube an Christus ist das gute G.«). Während der → Aufklärung wurde die Autonomie und Individu-

Die ökonom. Grenzen der kurativen Medizin haben zusammen mit der Tatsache, daß sich zahlreiche Erkrankungen durch eine entsprechende Verhaltens- und Verhältnisprävention vermeiden ließen, den Ruf nach einer wirkungsvollen G. laut werden lassen. Auch die Patientenschulung bei chronischen Erkrankungen (z. B. Diabetes) stellt die Päd. vor neuartige Aufgaben. Ergänzend zum Risikofaktoren-Modell und zum Health-Belief-Ansatz, die sich auf individueller Ebene an den Einzelnen wenden in der Absicht, durch Information und Aufklärung zur G. beizutragen, versucht die Welt-Gesundheits-Organisation neuerdings mit dem Setting-Ansatz auf kollektiver Ebene mit Projekten wie ›Gesunde Schule‹ zur Gesundheitsförderung beizutragen. Dabei zeichnet sich ab, daß die pädagogische Dimension der Prävention nicht vernachlässigt werden darf, die sich im Sinne → Kants als ein Herausführen aus selbstverschuldeter Unmündigkeit an die Personalität (→ Person) des Menschen wendet. Sowohl die Koordination bestehender und die Entwicklung weiterer zielgruppenorientierter Programme (Kinder – Zahnpflege, Jugendliche – Nichtrauchen) als auch die organisatorische Umsetzung (Volkshochschulen, Kliniken) stellen trotz vorhandener Institutionen (Weltgesundheitsorganisation; Bundeszentrale für gesundheitliche Aufklärung) und neu entstandener Studiengänge in Gesundheitswissenschaften für die Pädagogik einen zukunftsweisenden Forschungsbereich dar.

L: W. Jacob, H. Schipperges (Hg.), Kann man Gesundsein lernen?, 1981; U. Jüdes, K. G. Jutzi, R. Rohde, Lehrplananalyse Gesundheitserziehung, 1987; H. Schäfer, H. Schipperges, G. Wagner (Hg.), Präventive Medizin, 1987; D. Rüdiger u. a., Gesundheitspsychologie, 1989; C. v. Haug, G. im Wandel, 1991; W. Böhm, Über die Unvereinbarkeit von Erziehung und Therapie, Vjschr. f. wiss. Päd. 68 (1992), 129–151; K. Hurrelmann und U. Laaser, Gesundheitswiss. Hdb. f. Lehre, Forschung u. Praxis, 1993; T. Krei: Gesundheit und Hygiene in der Lehrerbildung, 1995; Bundeszentrale für gesundheitliche Aufklärung (Hg.): Leitbegriffe der Gesundheitsförderung, 1996; F. W. Schwartz (Hg.): Das Public Health Buch, München 1998; G. Henner: Quellen zur Geschichte der Gesundheitspädagogik, 1999; G. Hörmann, Stichwort G., in: Zschr. für Erz.wiss. 2 (1999) 1.

**Gewalt.** Aufgrund auseinanderdriftender römisch-rechtl. u. dt.-umgangssprachl. Tradition ist der Begriff doppeldeutig u. meint sowohl die auf Recht beruhende u. rechtl. begrenzte, also *rationale* Amts- u. Staatsg. (lat. *potestas*) als auch die unrechtmäßige und (oft) *irrationale* Verletzung oder Zerstörung (sog. »rohe G.«) von Personen u. Sachen (lat. *violentia*); als eine dritte Bedeutung ist in letzter Zeit die Gleichsetzung von G. und Zwang hinzugekommen (vgl. H. Marcuses Rede von der »G. des Bestehenden« oder J. Galtungs Theorie von der »strukturellen G.«) und hat den G.-Begriff übermäßig ausgedehnt (G. in allen Gesellschaften, die nicht die volle Entwicklung aller Anlagen jedes Menschen uneingeschränkt zulassen). Ob G. in der Geschichte (wie die → Aufklärung hoffte) abgenommen hat oder angewachsen ist, erscheint fraglich; gewiß aber ist die Sensibilität gegenüber G. gestiegen. Die Vorstellung von einer (vollkommen) von G. freien Gesellschaft bleibt eine → Utopie.

In Schule u. Erziehung wird neuerdings eine Zunahme von G. zwischen Kindern u. Schülern beobachtet, bei der sich die Deutung nahelegt, sie spiegele die in der Gesellschaft gesteigerte irrationale G. wider u. diene der psychischen Entladung angesichts einer erhöhten Leistungs- u. Wettbewerbssituation (sog. kathartische Funktion der G.). → Aggression, → Autorität.

L.: G. Sorel, Über die G., (frz. 1908) dt. 1981; H. Arendt, Macht u. G., dt. 1970, ²1981; J. Galtung, G., Frieden u. Friedensforschung, in: D. Senghaas (Hg.), Krit. Friedensforschung, 1971; Ch. Büttner, Wut im Bauch, 1993; J. Groebel, Faszination G., 1993; F. Hacker, Aggression. Die Brutalisierung unserer Welt, 1993; M. Spreiter (Hg.), Waffenstillstand im Klassenzimmer, 1993; P. Struck, Zuschlagen – Zerstören, Selbstzerstören, 1995; W. Helsper, H. Wenzel, Päd. und G., 1995; M. Fuchs u. a., Schule und G., 1996; H. Frank, Wege aus der G., 1996; W. Schubarth u. a. (Hg.), G. an Schulen, 1996; K. Hilpert (Hg.), Die ganz alltägl. G., 1996; P. Gay, Kult der G., dt. 1996; W. Heitmeyer u. a., G., 1996; B. Dieckmann u. a. (Hg.), Violence, 1997; H. W. Bierhoff u. a. (Hg.), Aggression und G., 1998.

**Gewerbelehrer.** Seit dem 19. Jh. Lehrer für Berufstheorie an Gewerbeschulen (erste Ausbildung 1834 an der TH Karlsruhe); mit dem Ausbau der gewerbl. → Berufsschule entwickelte sich nach 1900 ein G.studium in G.seminaren, aus denen um 1930 in Preußen und Bayern selbständige 4–6semestrige Hochschulen, die sog. Berufspäd. Institute (BPI), hervorgingen. 1942 wurden 4seme-

L.: Die o. a. Periodika (Satzungen in den Jg.n 1892 u. 1904); D. Krause-Vilmar, Materialien zur Sozialgeschichte der Erziehung, in: Zs. f. Päd. 18 (1972); M. Heinemann, Das Fach Erziehungsgesch. zwischen Dilettantismus und Wiss. Die Fachwerdung der Erziehungsgesch. in der Arbeit der G. nach der Jahrhundertwende, in: Erziehungswiss. im Übergang, hg. v. D. Lenzen, 1982, S. 32–60.

**Gesetzlicher Vertreter.** Die Eltern haben die Pflicht und das Recht, für das minderjährige Kind zu sorgen. Die elterliche Sorge (elterliche Verantwortung) umfaßt die Personen- und die Vermögenssorge (gesetzliche Vertretung). Das Kindesgrundrecht auf freie Entfaltung der Persönlichkeit begrenzt das elterliche Sorgerecht mit wachsender Einsichtsfähigkeit und Reife des Kindes (Art. 6 Abs. 2 Grundgesetz; § 1626 Abs. 2 BGB).

**Gesner,** Johann Matthias, * 9. 4. 1691 Roth b. Nürnberg, † 3. 8. 1761 Göttingen; 1730 Rektor der Thomasschule Leipzig, 1734 Prof. für Rhetorik Göttingen und Inspektor der braunschweig.-lüneburg. Gymnasien. G. war einer der maßgeblichen Vorbereiter des → Philanthropismus und Neuhumanismus im 18. Jh.; er betonte in seiner Schulordnung für die braunschweig.-lüneburg. Lande (1783) → Realien und Muttersprache und wollte nicht humanist. Gelehrte, sondern brauchbare, gemeinnützige Bürger (→ Realschule) erziehen.

Schr.: Novus linguae et eruditionis latinae thesaurus, 4 Bde., 1749; Primae lineae isagoges in eruditionem universalem, 1756; Kl. dt. Schr., 1756.
L.: K. Pöhnert, J. M. G. und sein Verhältnis zum Philanthropinismus und Neuhumanismus, 1898; Th. Gericke, J. M. G.s u. Herders Stellung in der Geschichte der Gymnasialpäd., 1911.

**Gesprächspsychotherapie.** Von → C. R. Rogers begründete und bes. von R. R. Carkhuff, C. B. Truax und R. Tausch in mehreren Phasen (nicht-direktive, gefühlsverbalisierende Psychotherapie, Erlebnistherapie) entwickelte humanist. Therapierichtung.
Der Mensch wird als von Natur aus gutes, selbstgesteuertes und rationales Individuum gesehen, das nach Selbstaktualisierung strebt und als Ganzheit handelt. Das Selbstkonzept als das Bild des Menschen von sich und seinen Beziehungen entwickelt sich als Resultat seiner Erfahrungen mit der Umwelt und besteht aus Ideal- und Realselbst. Der psychisch kranke Mensch leidet unter der Inkongruenz zw. Selbst und Erfahrungen sowie den daraus folgenden Ängsten, Abwehrmechanismen und Verhaltensstörungen. Ziel der → Therapie ist die Befreiung des Selbst zu sich, so daß sich der Mensch ungehindert weiter entwickeln kann. Nur wenn der Therapeut dem Patienten mit Wertschätzung und unbedingter positiver Zuwendung, Echtheit und Aufrichtigkeit, → Empathie und emotionaler Wärme begegnet, kann dieser ohne Angst seinen Gefühlen und Gedanken freien Lauf lassen, sie objektiv und realitätsbezogen verarbeiten und dabei aus eigener Kraft sein Selbstkonzept reorganisieren. Der Therapeut arbeitet ohne Techniken, analytische Interpretationen und Direktiven, sondern fühlt sich in das Erleben des Patienten ein, verbalisiert sein Verstehen, reflektiert und spiegelt die Emotionen des Klienten wider. → Nicht-Direktivität.

L.: R. Tausch, G., 1968, [10]1991; C. R. Rogers, Die nicht-direktive Beratung, (1942) dt. 1972, [6]1992; ders., Therapeut u. Klient, dt. 1977, [7]1992; H. Bommert, Grundlagen der G., 1977, [4]1987; C. R. Rogers, Die klientenzentrierte G., (engl. 1951) dt. 1978, [4]1983; E. Biermann-Ratjen u. a., G., 1979, [6]1992; C. R. Rogers, R. L. Rosenberg, Die Person als Mittelpunkt der Wirklichkeit, dt. 1980; S. Weinberger, Klientenzentrierte Gesprächsführung, 1980, [5]1992; C. R. Rogers, Eine Theorie der Psychotherapie, der Persönlichkeit u. der zwischenmenschl. Beziehung, dt. 1987; ders., P. F. Schmid, Person-zentriert, dt. 1991.

**Gesundheitsbildung.** In der Antike war die Medizin Teil der → Paideia. Auf Hippokrates zurückgreifend entwirft Galen im 2. Jh. eine Theorie der Medizin, bei der die G. mit den sechs Bereichen Umwelt, Ernährung, Leistung und Muße, Biorhythmik, Säftehaushalt und Stimmungen im Mittelpunkt steht. Sein präventiver Ansatz prägt die mittelalterliche Medizin und bleibt bis in die Mitte des 19. Jh. wirksam. Durch die naturwiss. Fortschritte (1628 Entdeckung des Blutkreislaufs, 1796 Pockenschutzimpfung, 1928 Herstellung von Penicillin) und das Entstehen der Krankenversicherung (in Dtl. 1883) wurde es möglich, Krankheiten in immer größerem Umfang zu erkennen und erfolgversprechend zu behandeln, so daß die präventive Medizin in Vergessenheit geriet.

Praxis, 1978; K. G. Faber, Zum Stand der G.stheorie in der BRD, 1978; K. G. Fischer, R. Schörker (Hg.), Zur Zusammenarbeit von G.s- und Politikunterricht, 1978; H. W. Jung, Studienbuch G.sdidaktik, 1978; K. Pellens (Hg.), Didaktik der G., 1978; K. Bergmann u. a. (Hg.), Hdb. der G.sdidaktik, 2 Bde., 1979, [5]1997; F. Pietzcker, G.sbild und G.stheorie in Hd.- und Schulbüchern, 1979; H.Voit (Hg.), GU. in der Grundschule, 1980; H. Genschel, Polit. Erz. durch GU. Der Beitrag der G.sdidaktik und des GU.s zur polit. Erz. im Nationalsozialismus, 1980; W. Conze u. a., Funkkolleg G. Studienbegleitbriefe, 1979–1980; H. Gries, Repetitorium Fachdidaktik G., 1981; F. Hofmann (Hg.), Pädagogik, Didaktik, Methodik, Halle–Wittenberg 1983; G. Niemetz, Praxis G., 1983; Der G.lehrer vor neuen Aufgaben, hg. v. H. Bernsmeier, 1986; J. Rohlfes, G. und ihre Didaktik, 1986, [2]1997; U. Mayer, Neue Wege im GU.?, 1986; V. Rothe, Werterziehung und G.sdidaktik, 1987; E. Aurich, Leben ohne G.sbewußtsein?: eine Anklage gegen den heutigen GU., 1988; J. Rüsen, Lebendige G., 1989; K.-E. Jeismann u. B. Schönemann, G. amtlich: Lehrpläne u. Richtlinien der Bundesländer, 1989; H.-F. Rathenow, N. H. Weber (Hg.), Erziehung nach Auschwitz, 1989; H. Süssmuth (Hg.), GU. im vereinten Deutschland, Bd. 1, 1991; H. Gies, GU. unter der Diktatur Hitlers, 1992; F. Jahn, Geschichte spielend lernen, 1992; Th. Lange, Geschichte – selbst erforschen, 1993; J. Huhn, G.did., 1994; H. Parigger, Geschichte erzählt, 1994; U. Uffelmann, Hist. Lernen im vereinten Dtl., 1994, [2]1995; C. Heimbrock, Geschichte spielen, 1996; H. Dittmer (Hg.), Spurensucher, 1997; Schülerwettbewerb Dt. Geschichte um den Preis des Bundespräs., Forschendes Lernen im GU, 1996; D. Kiesel, Päd. der Erinnerung, 1997; H. Pleticha (Hg.), Von Jahr zu Jahr. Schülerhdb. G., 1997; H. W. Blanke (Hg.), Dimensionen der Historik, 1998; H. Gies, Geschichte – Geschichtslehrer – GU, 1998; B. Schönemann (Hg.), G.bewußtsein und Methoden hist. Lernens, 1998.

**Geschlechtserziehung** → Sexualerziehung.

**Geschwister,** juristisch alle leiblichen Kinder des gleichen Elternpaares, unter päd.-psycholog. Aspekt sind der G.reihe aber auch Stief-, Adoptiv- oder in Vollpflege aufgenommene Kinder zuzurechnen. Die für → Familienerziehung relevanten und charakteristischen G.beziehungen äußern sich in ihren Strukturen und Prozessen grundsätzlich nach Spielregeln, die aus der Theorie der sozialen Gruppe bekannt sind. Mit der Größe der Kinderzahl einer Familie steigt nicht nur die Vielfalt der Kontaktchancen, was in Zeiten familialer Desintegration und Desorganisation erzieherisch höchst bedeutungsvoll ist. Vielmehr ergeben sich auch aus der jew. nach Altersabstand und Geschlechterfolge zu kennzeichnenden G.konstellation typische und häufig wiederkehrende Sozialsituationen, die zu spezifischen Lern- und Prägeprozessen führen, charakter- und persönlichkeitsformend wirken und v. a. die affektive und soziale Entwicklung der G. beeinflussen, indem sie Chancen, aber auch Belastungen des sozialen Lernens eröffnen (G.rivalität, Kooperation, gegenseitige Anregung, Hilfe, Korrektur usf.) und bestimmte → Rollen festlegen (Erstkind als Vorbild und Leitfigur, Jüngstes als »Nesthäkchen«). → Einzelkind.

L.: W. Toman, Familienkonstellationen, 1965 u. ö.; E. Savioz, Die Anfänge der G.beziehung, 1968; W. Toman u. S. Preiser, Familienkonstellationen und ihre Störung, 1973; L. K. Forer, H. Stiel, Großer Bruder, kleine Schwester. Die Geschwisterreihe und ihre Bedeutung, 1979; C. Ernst, J. Angst, Birth order, Berlin 1983.

**Gesellschaft für deutsche Erziehungs- und Schulgeschichte** (G), eine 1890 auf Betreiben Kehrbachs gegründete Vereinigung, die zunächst die Herausgabe der → Monumenta Germaniae Paedagogica (MGP) mittragen sollte, dann aber auch andere Unternehmungen im Bereich der hist. Päd. betreute und förderte. Relativ eigenständige Landesgruppen verbreiteten die Anliegen des Reichsvereins in den jeweiligen Ländern, betreuten einzelne Bände der MGP und trugen zur Finanzierung bei. In den »Mitteilungen der G.« (1891–1910) erschienen neben Regularia der G. auch kleinere hist. Abhandlungen, 1911–1938 wurden sie als »Zeitschrift für Geschichte der Erziehung und des Unterrichts« fortgeführt. Beihefte zu beiden Periodika dienten Vereinsinterna, aber auch zur Publikation größerer Beiträge, die nicht in die MGP aufgenommen werden sollten. Daneben bemühten sich die G. und ihre Landesgruppen um die Sammlung und Archivierung hist. Dokumente und um die Einrichtung erziehungs- und schulgeschichtl. Museen. In der Berliner Zentrale wurde mit dem Aufbau einer reichsweiten Kartei begonnen. Am 23. 5. 1938 hat sich die G. durch eigenen Beschluß aufgelöst. Das angesammelte Material ist verschollen; es wurde vermutlich während des Zweiten Weltkriegs vernichtet. Mit der Neuorientierung der hist. Päd. an einer sozial- bzw. realgeschichtl. Position (im Gegensatz zur Ideen- und Personengeschichte) wird der Arbeit der G. neuerdings stärkeres Interesse entgegengebracht.

Folglich ist GU. und G.swissen eine Bedingung von Handlungsfähigkeit und der Orientierung des Menschen. 3) G. wird als Mittel und Feld begriffen, durch das und auf dem die tatsächliche Herkunft und der ideolog. Charakter sogenannter Sachzwänge und die Entstehung von Ungleichheit, sozialen Schichten, Organisationen und Institutionen aufgezeigt werden können (GU. als wichtiger Beitrag zur individuellen und kollektiven → Emanzipation). 4) Ein eher »liberal-pluralistisches« Verständnis von G. und GU. wendet sich gegen eine vorschnelle Ausrichtung auf die Gegenwart und gegen eine Operationalisierung des GU. und verteidigt die Einbringung universalgeschichtlicher Perspektiven und die eigene Dignität hist. Inhalte. Zwar sollen auch hier G. und GU. zu einer klareren und differenzierteren Sicht der Gegenwart führen und Entscheidungskriterien liefern, die Möglichkeit einer direkten Handlungsorientierung oder gar -anleitung wird jedoch verneint. 5) Von sozialist. bzw. marxist. Sicht her erscheint G. als Folge von Klassenkämpfen und Darstellung der Menschheitsentwicklung auf dem Weg zur klassenlosen Gesellschaft und zum Kommunismus. Dem GU. kommt dann die Aufgabe zu, im Sinne des hist. Materialismus, den Schülern diesen Weg und damit auch die Wahrheit der sozialist.-marxist. Lehre, des dialektischen Materialismus, aufzuzeigen. 6) Insbes. in der Diskussion um die Behandlung des Nat.soz. und dessen Aufarbeitung in der Nachkriegszeit wurde der grundsätzliche Aspekt des GUs untermauert, aus der Vergangenheit für Gegenwart u. Zukunft zu lernen.

Die recht junge G.did. verstand sich bis Anfang der 70er Jahre vorwiegend als method. Hilfsdisziplin, um die Erkenntnisse der Geschichtswiss. effektiver vermitteln zu können; zudem war die Zahl von Lehrstühlen für G.sdidaktik an den Univ.n und (damit) auch der didaktische Anteil an der Ausbildung der künftigen Geschichtslehrer v. a. am Gymnasium außerordentlich gering. Seit etwa 1975 begreift sich die G.sdidaktik als eigenständiger Teil der Geschichtswiss.; die didaktische Diskussion hat sich außerordentlich intensiviert (vgl. die Gründung der Zeitschrift »Geschichtsdidaktik« 1976 und die zunehmende Zahl von Handbüchern und Kompendien).

Seither lassen sich folgende Tendenzen erkennen: stärkere Berücksichtigung von alltags-, sozial-, wirtschafts- und landesgeschichtlichen Aspekten, zunehmende Aufklärung über die leitenden theoretischen Gesichtspunkte bei der Auswahl, Zusammenstellung und Darbietung der G. im GU.; größere Nähe zum, wenn nicht gar Integration in den gesells.- und sozialwiss. Fächerbereich der Schule. Altertum, Mittelalter und frühe Neuzeit werden in der Sek.stufe I chronologisch, in der Sek.stufe II exemplarisch, mit Schwerpunkt auf der neueren u. neuesten Geschichte, behandelt; in problemgeschichtlich-diachronischen »Durchgängen« werden Entstehungszusammenhänge gegenwärtiger Probleme aufgezeigt. Wichtige Anregungen für den GU gehen von den regelmäßig stattfindenden Historikertagen und den Arbeitstagungen der G.lehrer aus. Eine wichtige Rolle spielen auch neu herausgegebene Schulbücher. Der GU. ist in der Sekundarstufe I eigenes Fach mit in der Regel 2 Wochenstunden, und er kann in der Sekundarstufe II als Grund- oder Leistungskurs gewählt werden.

Methodisch wird der selbständigen Quellenarbeit der Schüler, der Erkundung ortsgeschichtl. Ereignisse, dem Einsatz von Medien und der durch das Unterrichtsgespräch angeleiteten Reflexion auf die Bedeutung der Themen des GU.s für gegenwärtige und künftige Lebensverhältnisse große Bedeutung zugeschrieben.

Zs.: Hist. Zs. 1 (1859)ff.; G. in Wiss. und Unterricht 1 (1950) ff.; Gegenwartskunde 1 (1952) ff.; aus politik und zeitg. (Beilage zur Wochenzeitung »Das Parlament«) 1 (1954) ff.; G. Politik und ihre Didaktik 1 (1973) ff.; G. im Unterricht 1 (1974) ff.; G. und Gesells. 1 (1975) ff.; G.sdidaktik 1 (1976) ff.; Journal f. G., 1 (1979) ff.

L.: F. Finkenscher, GU., 4 Bde., [2]1956–58; H. Hempel Über G. und GU. in unserer Zeit, 1959; K. G. Faber, Theorie der G.swis., 1971, [4]1978; J. Rohlfes, Umrisse e. Didaktik der G., 1971, [5]1979; W. Conze (Hg.), Theorie der G.swiss. und Praxis des GU., 1972; H. Süßmuth (Hg.), GU. ohne Zukunft?, 1972; K. Fisler, Theorie und Praxis des GU.s, 1974; A. Kuhn, Einf. in die Didaktik der G., 1974; J. Rohlfes, K. E. Jeismann (Hg.), GU., Inhalte und Ziele, 1974; W. Fürnrohr, G. Kirchhoff (Hg.), Ansätze empir. Forschung im Bereich der G.sdidaktik, 1976; K. Jeismann u. a., G.swiss.: Didaktik, Forschung, Theorie, 1977; G. C. Behrmann, K. Jeismann, H. Süssmuth, G. und Politik, 1978; K. Bergmann, J. Rüsen (Hg.), G.sdidaktik, Theorie für die

(systematische) päd. Kategorien zugrundeliegen; daher bedingen sich hist. Päd. und systematische Erziehungswiss. wechselseitig. Schon Schwarz hat darauf hingewiesen, daß sich die tatsächliche Erziehungswirklichkeit wegen des enormen Datenmangels nicht vollständig rekonstruieren läßt; auch heute gilt diese Schwierigkeit, wenngleich das Quellenmaterial beträchtlich angewachsen ist und die → Forschungsmethoden erweitert worden sind. Seit den 70er J.n wird in der päd. Geschichtsforschung der Versuch unternommen, in der Analyse und Erklärung gegenwärtiger Verhältnisse erprobte sozial-wissenschaftliche Theoriestücke auf die G.d.P. »anzuwenden«, ohne daß man sich dabei immer volle Rechenschaft darüber gegeben hat, inwiefern dieser methodische Zugriff den Forschungsgegenstand konstruiert und möglicherweise verfälscht. Von einem primär pädagogisch orientierten Standpunkt aus kann die Bedeutung der G.d.P. nicht so sehr in ihrer retrospektivischen Schärfe als vielmehr in ihrer prospektivischen Brisanz gesehen werden: d. h. G. d. P. als konstitutives, dynamisches und kritisches Moment päd. Denkens und erzieherischen Handelns.

Neuere Darstellungen der G. d. P.:
F. Paulsen, Gesch. des gelehrten Unterrichts, 2 Bde., 1885, ³1919–21, Nachdr. 1966; ders., Das dt. Bildungswesen, 1906, Nachdr. 1966; P. Barth, Gesch. der Erziehung, 1911, ⁶1925, Nachdr. 1976; H. Leser, Das päd. Problem in der Gesch. der Neuzeit, 2 Bde., 1925–28; A. Messer, G. d. P., 3 Bde., 1925, ²1930–31; W. Moog, G. d. P., 2 Bde., 1928–33, ⁸1967; H. J. Rechtmann, G. d. P., 2 Tle. 1948–50, ³1969; F. Blättner, G. d. P., 1951, ¹⁴1973; A. Reble, G. d. P., 1951, ¹⁸1995; J. van den Driesch, J. Esterhues, G. d. Erziehung und Bildung, 2 Bde., 1951–52, ⁶1964; Th. Ballauff (m. K. Schaller), Päd., 3 Bde., 1969–1973; H. Blankertz, Die G. d. P., 1982; A. Capitan Diaz, Historia del pensamiento pedagógico en Europa, Madrid 1984; H. Scheuerl, G. d. Erziehung, 1985; R. Winkel (Hg.), Päd. Epochen von den Anfängen bis zur Gegenw., 1988; H.-E. Tenorth, Gesch. der Erziehung, 1988, 3. völl. erw. u. überarb. Aufl. 2000; Ch. Berg u. a. (Hg.), Hdb. der dt. Bildungsgesch., 6 Bde., 1989 ff; P. Menck, Gesch. der Erz., 1993; M: A. Manacorda, Storia dell'educazione, Rom 1997.
L.: P. Nash (Hg.), History and Education, New York 1970; U. Herrmann, Probleme der erziehungswiss. Historik, in J. L. Blaß u. a. (Hg.), Bildungstradition und mod. Gesells., 1975; W. Böhm, J. Schriewer (Hg.), G.d.P. und systemat. Erziehungswiss., 1975; I. Schindler, Aufgaben der Erziehungshistorie, in: Bildung und Erziehung, 29 (1976); V. Lenhart (Hg.), Hist. Päd., 1977; Die hist. Päd. in Europa und den USA, 2 Tle., 1979–81; Vjschr. für wiss. Päd. 58 (1982) H. 4; M. Depaepe, On the Relationship of Theory and History in Pedagogy, Leuven 1983; W. Böhm, Was lehrt uns die Gesch. der Päd. über die Päd.?, in: Vjschr. f. wiss. Päd. 63 (1987); G. Böhme, H.-E. Tenorth, Einf. in die Histor. Päd., 1990; I. Bock, Geschichtsschreibung im Rahmen der systemat. Päd., 1990; P. Caspard (Ed.), Guide international de la recherche en histoire de l'éducation, Paris 1990, ²1995; U. Herrmann, Histor. Bildungsforschung und Sozialgesch. der Bildung, 1991; G. Flores d'Arcais (Hg.), Premesse metodologiche per una storicizzazione della pedagogia e della educazione, Pisa 1991; D. Lenzen (Hg.), Päd. und Gesch., 1993; A. Backes-Haase, Historiographie päd. Theorien, 1996; M.-M. Compère, L'histoire de l'éducation en Europe, Bern 1995; F. Cambi, Storia della pedagogia, Rom 1995; W. Hammel, Wege der Bildung. Gesch. d. Bildungsverständnisses, 1996; H. Berner, ÜberBlicke – EinBlicke; Päd. Strömungen durch 3 Jahrzehnte, Bern 1996; Historiographie der Päd., Zschr. f. Päd. 45 (1999) 4 (Themenheft).

**Geschichtsunterricht** (GU., G. = Geschichte) zählt zu den am meisten und sehr kontrovers diskutierten Fächern der allgemeinbildenden Schulen, da GU. in bes. Maße für die ideologische Besetzung (etwa Legitimierung bestehender gesellschaftl. Verhältnisse, sozialer Ungleichheit, Besitzansprüche, Vorurteile, Diskriminierung ... durch den Rekurs auf hist. »Fakten«) anfällig erscheint und es auch tatsächlich gewesen ist (Extrembeispiel: GU. während des → Nationalsozialismus, GU. in der ehemal. DDR). G. hat also große polit. Bedeutung und ist zugleich nicht einfach »Vergangenes«, sondern wird durch den Zugriff des Historikers, seine Methode, seine Auswahlkriterien, seine Ziele bzw. Verwendungsabsichten, die von ihm herausgegriffenen Aspekte der komplexen »vergangenen Gegenwart« allererst »hergestellt«. Dementsprechend gibt es auch keine einheitliche Argumentation zur Begründung des GU.s in der Schule. 1) G. wird, häufig unter Heranziehung des Hilfskonstrukts G.lichkeit, als ein struktureller Grundzug der menschl. und damit auch der polit.-gesells.-kulturellen Existenz angesehen. Geschichtl. Wissen ist damit zugleich unumgänglich für das Selbst- und Weltverständnis, also auch die → Bildung des Menschen. 2) Es wird argumentiert, die Gegenwart mit ihren Strukturen, ihren Handlungszwängen und -möglichkeiten sei überhaupt nur zu verstehen, wenn man um ihre geschichtl. Herkunft und Entstehung wisse.

Comprehensive School, 1970, ²1971; Päd. Zentrum Berlin (Hg.), Projektgruppe G., Bibl. zur G., 1971; H. Stubenrauch, Die G. im Widerspruch des Systems, 1971; J. Raschert, G. – ein gesellschaftl. Experiment, 1974; M. Bernhardt u. a., Soziales Lernen in der G., 1974; ²1975; H. Fend u. a., G. u. dreigliedriges Schulsystem, 1976; H.-G. Rolff, Brennpunkt G., 1979; H. Haenisch, H. Lukesch, Ist die G. besser?, 1980; Forschungsstelle für Vergl. Erziehungswiss. (Hg.), Programm und Realität der G. im Ausland, 1981; A. Reble, G. i. Widerstreit, 1981; H. Ludwig (Hg.), G. in der Diskussion, 1981; H. Wottawa, G. – Was uns wirklich bringt, 1982; Bund-Länder-Kommission f. Bildungsplanung u. Forschungsförderung, Modellversuche mit G.n, 1982; H. Fend, G. im Vergleich, 1982; K. Dahmen u. a. (Hg.), G.n in Europa, 1984; G. Hanisch, Integrierte G.n, 1988; A. Sloot, U. Nordhoff (Hg.), Eine Schule für alle Kinder, 1992; Pädagogik 74 (1995) H. 7/8 (Themenheft); H. Gudjons, A. Köpke, 25 J.e G. in der BRD, 1996.

**Gesamtunterricht,** ungefächerter Unterricht, in dem die Einzelgegenstände zu einer für die Schüler lebensnahen Ganzheit zusammengefügt sind. Die innere Verbindung zw. den selbständigen Einzelfächern ist im G. deutlich gemacht und in die Praxis umgesetzt. Das ist eine Weiterführung des Konzentrationsgedankens der → Herbartianer. Die Fächeraufteilung wird durch die Betonung des Zusammenhanges der Unterrichtsinhalte überwunden. Der gesamte Unterricht wird um bestimmte Sacheinheiten gruppiert und wertet diese sprachl., mathemat. und musisch aus. → Otto konzipierte einen G. neben dem → Fachunterricht, bei dem die Schüler einer Klasse oder der ganzen Schule während einiger Wochenstunden zu einem Gespräch über die verschiedenartigsten, von den Schülern selbst angeregten Probleme zusammenkamen. Auf der Oberstufe der Gymnasien werden auch heute noch fächerübergreifende Arbeitsgemeinschaften erprobt, die neben dem Fachunterricht Projekte bearbeiten. Im Anfangsunterricht der Grundschule war der G. jahrelang die ausschließlich praktizierte Unterrichtsform. Durch die verstärkte Wissenschaftsorientierung wurde auch in der Grundschule mehr und mehr der Fachunterricht eingeführt. Dessen Stellenwert wird gegenwärtig erneut eingeschränkt, und zwar zugunsten der zeitweisen Praktizierung fächerübergreifenden und -integrierenden Unterrichts.

L.: W. Albert, Der G., 1958; W. Ebel, G. in der Oberstufe, ³1954; R. Schaal, Der G. als Aufgabe der Schulreform, 1952; F. Vilsmeier (Hg.), Der G., ²1967; B. Muthig, G. in der Grundschule, 1978; R. v. Vilgertshofer (Hg.), Modelle zum integrierenden Unterricht, 1983; H. Frommer, S. Körsen, Über das Fach hinaus, 1989; I. Demmer-Dieckmann, Innere Differenzierung als wesentlicher Aspekt einer integrativen Didaktik, 1991; A. Schirlbauer, Ganzheitliche Bildung durch G. didaktik?, oder: Wie assoziiere ich richtig?, in: Vjschr. f. wiss. Päd. 67 (1991); L. Duncker, W. Popp (Hg.), Über Fachgrenzen hinaus, Bd. 1: Grundlagen und Begründungen, 1997.

**Geschichte der Pädagogik** auch: hist. Päd., päd. Historiographie, hist. Bildungsforschung. Die G.d.P. als eigene Disziplin der Päd. entwickelte sich nach Ansätzen bei A. H. → Niemeyer und F. H. Ch. → Schwarz im 19. Jh. und brachte damals als bedeutendste Leistungen u. a. die Werke von K. G. v. → Raumer (G.d.P., 4 Teile, 1843–54), K. A. → Schmid (Geschichte der Erziehung, 5 Bde., 1884–1902) und Th. Ziegler (G.d.P., 1895) hervor. Entsprechend der Mehrdeutigkeit des Begriffs → Pädagogik kann G.d.P. die G. des päd. Denkens und der päd. Ideen, die G. der tatsächlichen Erziehung (Realgeschichte), die G. der erzieherischen Institutionen (z. B. Schul-, Universitätsgeschichte), die G. der päd. Wiss. (Wissenschaftsgeschichte), die G. von Erziehergestalten (Biographien), die G. der gesellschaftl. Determinanten von Erziehung und Päd. (Sozialgeschichte) meinen oder auch alle diese Aspekte zusammen umfassen. Da sich Erziehung und Päd. zw. den beiden extremen Polen von unreflektiertem Brauchtum, unbedachten, überkommenen Erziehungsgewohnheiten einerseits und bloß gedachten Erziehungsidealen (→ Utopien) andererseits erstrecken, ist das Feld der G.d.P. sehr breit; da über Erziehung nachgedacht und päd. Praxis vollzogen wurde, seit es Menschen gibt, ist die G.d.P. sehr tief, in ihrer kulturellen Vielfalt unerschöpflich und greift weit vor das Entstehen der Päd. als Wiss. zurück. Erziehung und Päd. stellen unbeschadet ihres überzeitl. Sinnes geschichtl. Phänomene dar und sind deshalb in ihrer jew. geschichtl. Verortung und in ihrem geschichtl. Wandel zu begreifen; andererseits können päd. Fakten und Zusammenhänge als solche überhaupt nur identifiziert und begriffen werden, wenn dieser (hist.) Erfassung schon

# Gesamtschule

L.: C.-H. Evers, J. Raum, Oberstufenreform und G., 1970; E. v. Weizsäcker, G. Dohmen, H.-T. Juchter u. a., Baukasten gegen Systemzwänge, 1970; G. Hess, C. Schneider, Die integrierte G., 1970; H. Braunert, Die G., 1971; Ch. Lüth, G.politik in der BRD, 1983; U. Schreck-Offermann (Red.), G., 1992; K. Lindner-Jarchow (Hg.), Integration – Innovation – Illusion?!, 1998.

**Gesamtschule** meint eine Organisationsform des allgemeinbildenden Schulwesens, bei der auf einer einheitl. (aber dezentralisierten) Primarstufe (→ Grundschule) mindestens die Sekundarstufe I (5–10 Schj.) oder auch Sekundarstufe II (→ gymnasiale Oberstufe u. Teile des berufl. Bildungswesens) zusammengefaßt sind. Je nach dem Grad der Integration wird unterschieden zw. *kooperativen* (auch additiven oder schulformbezogenen) und *integrierten* G.n; während bei diesen die einzelnen Bildungsgänge in ein differenziertes Kern-Kurs-System mit verschiedenen Abschlußmöglichkeiten aufgelöst sind, bleiben bei jenen getrennte Züge in einem äußerlich einheitl. Schulkomplex bestehen.
Obwohl im Neuhumanismus (→ Humboldt, → Süvern, auch → Schleiermacher) ein gesamtschulähnlicher vertikaler Aufbau des Bildungswesens vorgeschlagen wurde, hat sich im 19. Jh. ein horizontales → dreigliedriges Schulwesen mit nach Inhalten, Zielen, Methoden und Adressaten unterschiedl. → Volks-, → Bürger-, → Realschule u. → Gymnasium entwickelt. Auch G.-Modelle der 20er Jahre (z. B. → Oestreichs »elastische Einheitsschule«) wurden nicht realisiert. Erst die »Empfehlung zur Einrichtung von Schulversuchen mit G.n« des → Dt. Bildungsrates von 1969 leitete eine Gründungswelle ein, verstärkt durch den Bildungsbericht '70, der die G. zur generellen Zielvorstellung »für ein demokratisches und effizientes Bildungswesen« erklärte. Während die sozialliberal regierten Länder Versuche mit G.n stark vorantrieben und z. T. (Hessen, Berlin) die G. sogar zur Regelschule erklärten, zeigten sich die CDU-CSU-regierten Länder eher zögernd bis ablehnend (Bayern, Baden-Württemberg).
Heute stellt die G. im Bildungswesen des wiedervereinigten Dtl. zwar eine feste Größe dar, denn in einigen Bundesländern (→ Hamburg, → Berlin, → Nordrhein-Westfalen) hat sie sich als vierte Schulform (neben → Hauptschule, Realschule und Gymnasium) seit langem etabliert (15–30% der Schülerschaft in insg. 750 integr. und 200 koop. G.n). Dennoch ist nicht zu übersehen, daß sich die trad. G. in einer krit. Situation befindet. So ist die G. in den neuen Bundesländern → Brandenburg, → Sachsen-Anhalt, und → Mecklenburg als eigenständige Schulform anerkannt, ihre Bedeutung ist dort (mit Ausnahme Brandenburgs) jedoch nur gering. Das Schulgesetz in → Sachsen schließt sie sogar ausdrückl. aus. Auch neuere Reformpläne in den alten Bundesländern (z. B. NRW) deuten auf einen weiteren Bedeutungsverlust hin (Ausnahme: → Schleswig-Holstein). Dem steht freilich gegenüber, daß sich seit den 90er J.n im Rahmen des dreigliedrigen Schulsystems neuartige, im → Hamburger Abkommen urspr. nicht vorgesehene Schultypen herausgebildet haben, die (wenn auch beschränkt auf die Kooperation von Haupt- und Realschule) organisator. und unterrichtl. mehr oder weniger deutlich Kennzeichen von G.n aufweisen (sog. »Sekundarschule« in → Niedersachsen u. Sachsen-Anhalt, »Regionale Schule« in → Rheinland-Pfalz, »Mittelschule« in Sachsen, »Erweiterte Realschule« → Saarland, »Integr. Haupt- u. Realschule« in → Hamburg).
Wiss. Vergleichsuntersuchungen zwischen G. und dreigliedrigem Schulsystem haben wegen der kaum vergleichbaren unterschiedl. Voraussetzungen und Ziele zu keinen klaren Ergebnissen geführt; allenfalls hat sich gezeigt, daß G.n insgesamt der traditionellen Schulgliederung nicht grundsätzlich unterlegen sind. Nachteilig wirkt sich aus, daß Schüler mit unterschiedl. Begabungen und Schulzielen gemeinsam unterrichtet werden und dadurch Schwächere Minderwertigkeitsgefühle bekommen und Stärkere gehemmt werden. Insgesamt bestätigen diese Untersuchungen die starke Abhängigkeit der Schulversuche von polit. Bedingungen, Voraussetzungen und Zielsetzungen.

L.: Th. Sander, H. G. Rolff, U. G. Winkler, Die demokrat. Leistungsschule, 1967; H. v. Hentig, Systemzwang und Selbstbestimmung, 1968, [5]1977; H. Scheuerl, Die Gliederung des. Schulwesens, 1968, [2]1970; Dt. Bildungsrat, Lernziele der G., 1969, [3]1971; J. Hitpass; H. R. Laurin, R. Mock, Dreigliedriges Schulsystem oder G., 1969; H. Sienknecht, Der Einheitsschulgedanke, 1969; W. Klafki, A. Rang, H. Röhrs, Integrierte G. und

Propädeutik in der → Grundschule, die in enger Anlehnung an die Umwelt des Kindes im handelnden Umgang mit geometrischen Körpern (Quader, Würfel, Kugel) zum Erfassen räumlicher Beziehungen (innen – außen, oben – unten), Kennenlernen von Flächen- und Körperformen und Vermitteln von ersten Erfahrungen mit der Symmetrie führt. Der GU. folgt den gleichen method. Prinzipien wie der → Mathematikunterricht: Selbsttätigkeit, Anschaulichkeit, Operationalität. Er hat die Aufgabe, sowohl wichtige geometrische Gesetzmäßigkeiten zu vermitteln, als auch dem Schüler ein Betätigungsfeld für kreatives Handeln bereitzustellen. G. erscheint hier sowohl als axiomatische Theorie wie auch als Beitrag zur Umwelterschließung (Parkettierungen mit Fliesen, Betrachten von Kristallen, Bienenwaben etc.) und zur Erforschung des Raumes, weiterhin als Entscheidungsgrundlage für Handlungen (Hintergrundinformation zum Verstehen technischer Geräte) und schließlich als Grundlage zur Erzeugung einer Formenvielfalt in Kunst und Architektur (Bilder von M. C. Escher).

In der Sekundarstufe II wird Analytische Geometrie unterrichtet. Mit der größeren Bedeutung der Stochastik wurden in den 80er und 90er Jahren die Anteile der Geometrie im MU der Oberstufe deutlich reduziert und es wird heute vielfach wieder eine ›Regeometriesierung‹ des MU gefordert (H. Schupp). So erlauben es geometrische Konstruktionsprogramme wie ›Euklid‹ (→ MU) geometrische Inhalte unter einem neuen Blickwinkel zu betrachten und dynamische Aspekte stärker zu betonen. Darüber hinaus sollte zumindest ein Einblick in ehemals obligatorische Lerninhalte des GU wie Kegelschnitte oder Sphärische Trigonometrie gegeben werden.

Zs.: Mathematikunterricht.
L.: E. Fettweis, Anleitung zum Unterricht in der Raumlehre, 1917, ²1951; W. Breidenbach, Raumlehre in der Volksschule, 1942, ³1958; A. Mitschka, Didaktik der Geometrie in der Sek.stufe I, 1982; H. Schwartze, Elementarmathematik aus didaktischer Sicht, Bd. II, G.; E. Wittmann, Elementarg. und Wirklichkeit, 1987; P. Bender (Hg.), Mathematikdidaktik. Theorie und Praxis, 1988; G. Holland, Geometrie in der Sekundarstufe, 1988 u. ²1996; P. Erkki (Hg.), Geometry teaching – G., 1989; H. Radatz, K. Rickmeyer, Hdb. für den G. an Grundschulen, 1991; J. Kratz, Zentrale Themen des GU aus didaktischer Sicht, München 1993;

H. Schupp, Kegelschnitte 1998; H. Schupp, Dabrock, H., Höhere Kurven 1999.

**Gerontologie** → Alter(n).

**Gerson,** Johannes (Jean Charlier), * 14. 12. 1363 Gerson b. Reims, † 12. 7. 1429 Lyon; seit 1395 Prof. und Kanzler der Univ. Paris; seine päd. Schrift »De parvulis trahendis ad christum« wurde eine der bedeutendsten päd. Schriften des 15. Jh.; darin wird die Nachfolge Christi als Nachahmung seiner Moral verstanden.

Schr.: Päd. Schr., in: Bibl. der Kath. Päd., 15 (1904).
L.: K. Petzold, Grundlagen der Erziehungslehre im Spätmittelalter und bei Luther, 1969; M. S. Burrows, J. G. and De Consolatione Theologiae (1418), 1991.

**Gesamthochschule** bezeichnet die nicht nur rechtl.-administrative, sondern »effektive« Zusammenfassung verschiedener Bildungseinrichtungen des Hochschul- und Weiterbildungssektors, z. B. Fachschule, Päd. Hochschule, Kunsthochschule, Ingenieurschule, Univ. Der Begriff G. entstammt dem »Hochschulgesamtplan für Baden-Württemberg« von 1967 (Dahrendorf-Plan), der auch Studienseminare, Einrichtungen für das Kontaktstudium und auch Höhere Fachschulen einbezog. Der sog. Evers-Plan von 1968, von der SPD in ihr »Modell für ein demokrat. Bildungswesen« 1969 aufgenommen, verband die Reform der Sekundarstufe II mit einer Strukturreform des Hochschulbereichs (integrierte G. als Fortsetzung der integrierten → Gesamtschule). Der Ernst-von-Weizsäcker-Plan (1970) wollte in eine Baukasten-G. bes. auch die Weiterbildung der Berufstätigen einbeziehen. Durchgängige Ziele der G.-Entwürfe sind die Verbindung isolierter Fächer zu einem organischen Ganzen (→ Interdisziplinarität), eine erhöhte Kombinierbarkeit und damit größere Wahlfreiheit der Fächer und Studiengänge, sowie Abschwächung des → Numerus Clausus und erhöhte → Chancengleichheit. Ursprüngl. von der Bundesregierung als gesetzl. Regellösung vorgesehen (z. B. Bildungsbericht 1970), stieß die G. auf den Widerstand vieler Länder. CDU/CSU lehnten die integrierte G. ab. Inzwischen wurden die meisten G.n in Universitäten verwandelt.

heute eine fächerübergreifende Zusammenarbeit, v. a. mit Geschichte und Sozialkunde, gestaltet.
Die *Inhalte* des Geographieunterrichts haben sich seit den 70er Jahren stark gewandelt. Zusätzlich zu den regionalen Themenkomplexen (Heimat, Landschaften, Länder, Großräume) wurden vor allem die Bereiche »Umwelt«, »Globalisierung« (teilweise unter dem Schlagwort der »Einen Welt« und seit Ende der 90er Jahre »interkulturelle Kommunikation« verstärkt aufgenommen. Die Abkehr von der früher beherrschenden Länderkunde hat zu einer Fülle von Ansätzen geführt, die in den einzelnen Lehrplänen sehr unterschiedlich umgesetzt werden (z. B. sozialgeograph. A., ökolog. A., systemtheoret. A., heimatkundlicher A.).
Von der päd. Zielsetzung und den Wünschen breiter Kreise aus vielen gesellschaftlichen Gruppen her werden dem G. vor allem zwei *Aufgaben* zugewiesen: Die Vermittlung eines (vom Umfang her stets neu zu bestimmenden) Allgemeinwissens über räumliche Sachverhalte (u. a. topographische Kenntnisse, Kenntnisse über globale physisch-geographische Gesetzmäßigkeiten) und die Vermittlung von Qualifikationen, die zur Daseinsbewältigung wichtig sind. Diese werden teilweise aus den Bezugswissenschaften abgeleitet (z. B. Fähigkeit, aus Karten Informationen zu entnehmen), teilweise aus päd. Anforderungskatalogen (z. B. aus den Schlüsselproblemen Klafkis: Sicherung der Umwelt).
*Methodisch* bietet der G. viele Möglichkeiten aktiver Erforschung räumlicher Gegebenheiten (Exkursionen, Kartierungen, Experimente, Ermittlung und Auswertung von Daten), die teilweise zu konkreten Vorschlägen führen können (z. B. Anlage von Spielplätzen, Verkehrsführung von Straßen). Da die meisten Themen des G.s nicht räumlich aufgesucht werden können, kommt den Medien eine hohe Bedeutung zu (Karten, Dia und Film, Video, Luftbild- und Satellitenaufnahmen, Computerprogramme, Internet).
*Historisch* war der Geographieunterricht als Teil der Realien schon früh Bestandteil des Lehrplans. Die Bedeutung des Geographieunterrichts nahm zu, als sich auch Dtl. weltweit politisch engagierte und eine Übersicht über die wichtigsten Natur- und Wirtschaftsbedingungen der Welt als notwendiges Allgemeinwissen angesehen wurde. Bis zum Beginn der 70er Jahre war der Geographieunterricht durch das Prinzip »vom Nahen zum Fernen« und einer räumlichen Orientierung an Landschaften und Ländern geprägt. Während der 70er Jahre erfolgte ein radikaler Wandel; der G. hatte allgemeingeograph., vorwiegend sozialgeograph. Inhalte zum Thema, zu denen regionale Beispiele ausgewählt wurden. Ziel war nun nicht mehr ein umfangreiches Wissen über regionale Details (idiograph. Ansatz), sondern ein transferierbares Wissen über räumliche Gesetzmäßigkeiten (nomothet. Ansatz). Seit den 80er Jahren unterscheiden sich die Lehrpläne der einzelnen Länder bzw. Kantone, denn man verfolgt verschiedene Zwischenstufen zwischen einem mehr regional ausgerichteten Lehrplan (mit starker Betonung transferierbarer Raumstrukturen wie z. B. Kennzeichen von Entwicklungsländern) und einem stärker allgemeingeographisch orientierten.

L.: ZS.n: Geographie aktuell, 1984 ff.; geographie heute, 1980 ff.; Geographie und ihre Didaktik, 1972 ff.; Geographie und Schule, 1979 ff.; Geographische Rundschau, 1949 ff.; GW Unterricht, 1978 ff.; Praxis Geographie, 1970 ff.; A. Brucker (Hg.), Medien im G., 1986; Hdb. des G.s, 15 Bde., 1986 ff.; H. Köck (Hg.), Grundlagen des G.s, 1986; H. Köck (Hg.), Didaktik der Geographie. Methodologie, 1991; H. Haubrich (Hg.), Internationale Charta der Geographischen Erz., 1994; H. Schrettenbrunner (Hg.), Software für den G., 1994; H. Haubrich u. a., Didaktik der Geographie. Konkret 1997; J. Birkenhauer (Hg.), Didaktik der Geographie. Medien, 1997; A. Hüttermann, Kartenlesen – (k)eine Kunst, 1998; D. Böhn (Hg.), Didaktik der Geographie. Begriffe, 1999.

**Geometrieunterricht** (griech. Geometrie = »Erd-Messung«) Unterricht in G., d. h. Lehre von den Figuren und Körpern und der Berechnung von Flächen- und Rauminhalten. Ging die ältere Raumlehre von der anschaul. euklidischen G. aus und baute sowohl Konstruktion als auch Beweise auf den Kongruenzsätzen der Dreieckslehre auf, so hat sich im Anschluß an Reformimpulse u. a. von F. Klein seit der Jh.wende eine abbildungsgeometrische Betrachtung als mindestens gleichgewichtig durchgesetzt. Dabei stehen im Mittelpunkt die Kongruenzabbildungen: Spiegelung, Drehung, Verschiebung. Als Vorbereitung des GU.s dient eine geometrische

und Wahren nur mittels der Phantasie zu verhalten, sondern existentiell danach zu streben, gut und wahr zu »sein«. Dagegen übersteigert → Nietzsche den G.-Begriff und stellt der zu Tausenden erzeugten Fabrikware der »gewöhnl. Menschen« den dionysischen Genius entgegen, d. h. den in völliger Selbstvergessenheit mit dem Urgrunde der Welt eins gewordenen Menschen. In radikaler Ablehnung aller Demokratisierungstendenzen vertritt Nietzsche eine Päd. des G.s, für das die breite Masse quasi nur der Nährboden ist, aus dem es sich als kultureller und polit. Führer der Menge erhebt. → Diltheys Begriff des päd. G. meint thesenartig, päd. Genialität sei ebensowenig absichtlich und erlernbar wie das Dichten des Dichters; im päd. G. dominieren die Kräfte von Gemüt und Anschauung, nicht der Verstand; das päd. G. ist dem relig. G. eng verwandt; die Genialität der Erziehung gipfelt in der Achtung vor der individuellen Anlage. Ein naives unmittelbares Verstehen, ein unermüdliches Nachsinnen über das Seelenleben, große Erfindungskraft hinsichtlich Methode und Unterricht kennzeichnen das päd. G. Heute verschwindet der G.-Begriff mehr und mehr aus der päd. Diskussion und nähert sich dem allgemeinen Sprachgebrauch an: G. ist Ausdruck für hervorragende Begabung in allen Bereichen der kreativen Produktion. → Kreativität. → Leistung, → Hochbegabte.

L.: E. Zilsel, Die Entstehung des G.-Begriffs, 1926; P. Grappin, La théorie du génie dans le préclassicisme allemand, Paris 1952; G. Révész, Talent und G., Bern 1952; A. Hock, Reason and genius, New York 1960; E. Spranger, Vom päd. Genius, 1965; E. Badry, Päd. Genialität in e. Erziehung zur Nichtanpassung und zum Engagement, 1976; J. Schmidt, Die Gesch. des G.-Gedankens in der dt. Literatur, Philosophie und Politik 1750–1945, 2 Bde., 1985, ²1988; Hochbegabungs-Diagnostik, in: Zschr. f. different. und diagnost. Psychologie 8 (1987); G. Prause, G.s in der Schule, 1987; A. Heinbokel, Hochbegabte, 1988; Genius, The History of an Idea, ed. by P. Murray, Oxford 1989; A. Grobel, Hochbegabung in Familien, 1990; Begabung und Hochbegabung, hg. von E. A. Hany, 1992; R. S. Albert (Hg.), Genius and eminence, Oxford 1992; J.-J. Meister, Hochbegabte an dt. Univ., 1992; Lebensumweltanalyse hochbegabter Kinder, hg. von D. H. Rost, 1993; W. Lange-Eichbaum, G., Irrsinn und Ruhm, 11 Bde., Neuausg. 1996; B. Feger, T. M. Prado, Hochbegabung, 1998.

**Genotypus** (auch Erbtypus, Idiotypus). Nach dem Genetiker W. Johannsen (1857–1927) die Gesamtheit der in einem Individuum vorhandenen Erbanlagen, meist unterschieden nach manifesten, latenten, dominanten und rezessiven Anlagen.

L.: F. Merz, I. Stelzl, Einf. in die Erbpsych., 1977; P. Borkenau, Anlage und Umwelt, 1992.

**Gentile,** Giovanni, * 30. 5. 1875 Castelvetrano (Sizilien), † 15. 4. 1944 Florenz (ermordet); einer der bedeutendsten Pädagogen des 20. Jh., lehrte Philos. und Päd. ab 1903 in Pisa und Rom, 1922–24 Kultusminister unter Mussolini; reformierte 1923 das Bildungswesen → Italiens; sein philosophischer Aktualismus löste die Päd. vollständig in Philos. auf.

Schr.: Sommario di Pedagogia come scienza filosofica, 2 Bde., Bari 1913–14; La riforma dell'educazione, Bari 1920; Der aktuale Idealismus, dt. 1931; Philos. der Kunst, dt. 1934; Opere complete, Florenz 1935 ff.; Grundlagen des Faschismus, dt. 1936; Philos. und Päd. hg. v. K. G. Fischer, 1970; Opere complete, Firenze 1996.

L.: S. Sganzini, G. G.s aktualist. Idealismus, in: Logos 14 (1925); G. Giraldi, G. G. filosofo dell'educazione, Rom 1968; W. Böhm, G. Flores d'Arcais (Hg.), Die italien. Päd. des 20. Jh., 1980; J. Baur, G. G.s Phil. und Päd., (1935) Neuausg. 1992; A. Negri, G. G. educatore, Roma 1996; G. Spadafora (Hg.), G. G. La pedagogia, La scuola, Roma 1997 (Lit.).

**Geographieunterricht** oder Erdkundeunterricht (E). Die *Bezeichnung* wird durch die Kultusministerien festgelegt und ist daher historisch bzw. pragmatisch bestimmt. In einigen Ländern erhielt das Fach teilweise einen neuen, von der päd. wie inhaltlichen Zielsetzung her bestimmten Namen (Weltkunde, Welt- und Umweltkunde, Geographie und Wirtschaftskunde, Gemeinschaftskunde). In der Geographiedidaktik werden beide Begriffe meist synonym verwendet. Einzelne Fachdidaktiker verstehen unter E. eine mehr auf den Schüler bezogene Auswahl der Ziele und Inhalte (z. B. Birkenhauer), unter G. eine stärker an den Raumwissenschaften orientierte Ausrichtung (z. B. Köck).

Als *Unterrichtsfach* ist der G. entweder selbständiges Fach, bildet mit anderen Fächern einen Verbund (z. B. Geschichte/Sozialkunde/Erdkunde) oder ist unter Aufgabe fachlicher Eigenständigkeit in ein anderes Fach integriert (z. B. Heimat- und Sachkunde). Auch wo der Geographieunterricht als eigenständiges Fach erhalten blieb, wird

G. als gleichberechtigt neben der Bekenntnisschule. Nach 1945 wurde wiederum der konfessionelle Charakter der Volksschule in den Verfassungen einzelner Bundesländer verankert. Erst mit der Einführung der Hauptschule wurde die G. mit »christlicher Akzentuierung« die Regelform, wobei Bekenntnisschulen als Antragsschulen oder als Schulen in freier Trägerschaft nicht ausgeschlossen sind.

**Gemeinwesenarbeit** → Sozialarbeit.

**General-Landschul-Reglement.** Eine unter Mitarbeit v. J. → Hecker im pietistischen Geist verfaßte, 1763 v. Friedrich d. Gr. genehmigte erste große Volksschulordnung für ganz Preußen. Sie setzte die allgem. Schulpflicht v. 5. bis 13./14. Jahr fest, regelte Schulzeit u. Schulgeld, schrieb Lehr- u. Stundenpläne vor u. enthielt den Gedanken einer seminarist. Lehrerausbildung.
Eine der Ordnung von 1763 entsprechende Regelung für die kath. Volksschulen Schlesiens u. der Grafschaft Glatz brachte das von I. → Felbiger verfaßte Preuß. General-Landschul-Reglement v. 1765.

L.: E. Clausnitzer, Die Volksschulpäd. Fr. d. Gr. u. die Unterrichtsverwaltung seiner Zeit, 1903; E. Spranger, Zur Gesch. d. dt. Volksschule, 1949, unv. Neuaufl. 1949.

**Generative Transformationsgrammatik,** von Noam Chomsky auf der Basis des Strukturalismus entwickelte moderne Form der → Grammatik. Sie geht aus von einem idealen »Sprecher-Hörer« (Abstraktion von den realen individuellen und gesellschaftl. Lebensbedingungen) und unterscheidet dabei Kompetenz als Möglichkeit, neue Sätze hervorzubringen, und Performanz als tatsächliches Sprachverhalten.
Die GTG versucht, die Struktur sprachl. Aussagen, v. a. deren (morpho)syntaktische Struktur, unter der Metapher einer produzierenden (»generierenden«) Maschine zu erfassen. Das Produkt durchläuft verschiedene, in strenge Regeln gefaßte Stadien der Strukturierung und Umstrukturierung, u. a. »Transformationen«, bis es von einem »kompetenten« Sprecher (»*native speaker*«) als Sätzen seiner Sprache entsprechend, als »grammatisch«, akzeptiert wird. Die Regeln werden so lange verbessert, bis volle Akzeptabilität erreicht ist. Seit 1970 gibt es Bestrebungen, die GTG als transformationelle Schulgrammatik zum allg. Modell des schulischen Grammatikunterrichts zu machen. Bei den bis heute vorliegenden Adaptationsmodellen sind zwar noch manche Unzulänglichkeiten festzustellen (Unklarheiten bei der Übertragung des Modells der GTG), die schulische Verwendung der GTG dürfte aber weiter zunehmen.

L.: N. Chomsky, Aspekte der Syntax-Theorie, 1965, 1969; J. Bechert u. a., Einf. in die GTG, 1970; K. D. Bünting, D. C. Kochan, Linguistik und Deutschunterricht, 1973; W. Eichler, Sprachdidaktik Dt., 1974; $^2$1979; W. Hartmann, Grammatik i. Deutschunterricht, 1976; W. Eichler, K. D. Bünting, Schulgrammatik der dt. Gegenwartssprache, 1978; J. A. Edmondson, Einf. in die Transformationssyntax des Dt., 1982.

**genetisch.** Das Adjektiv (griech. *Genesis* = Entstehung, Entwicklung) bezeichnet im päd. Sprachgebrauch ein Unterrichtsverfahren, das das Verständnis einer Sache durch den Aufweis ihrer Entstehung, ihr Bildungsprinzip oder die Synthese seiner Bestandteile erstrebt. Das hist.-g. Verfahren geht dem geschichtl. Prozeß nach; die organisch-g. Methode arbeitet die innere Aufbaustruktur heraus. Das g. Lehren und Lernen will den Schüler von der Sache aus zum Verständnis motivieren.

**Genie.** Das frz. Wort *genie* hat das lat. *genius* und *ingenium* vereinigt und ist als Begriff spätestens seit → Rabelais' »Gargantua und Pantagruel« (1532) belegt. Dieser moderne G.-Begriff entstand in der → Renaissance und fand seine Verbreitung mit der Entstehung der Ästhetik (vor allem in Dtl. seit 1750). G. wollte den »großen Geist« bezeichnen, der sich durch hervorragende Taten und durch meisterliche Werke in Kunst und Wiss. über den »großen Haufen« der gewöhnl. Mitmenschen emporhebt. Zum päd. Begriff wird G. im Deutschen Idealismus und bes. in der → Romantik. → Herder dehnt G. auf »jeden Menschen von edlen lebendigen Kräften« aus und meint, jede Anlage der Menschheit zu aktuieren und zu ihrem Ziel zu führen, das sei päd. Genius. Im 19. Jh. wird das G. ambivalent beurteilt; → Kierkegaard stellt die Lebensform des G.s in Frage: Aufgabe des Menschen sei es nicht, zu dichten und sich zum Guten

VIII); R. Guardini, Tugenden, 1959 u. ö.; M. Heidegger, G., 1959 u. ö.; L. Rangell, G. und andere menschl. Möglichkeiten, dt. 1976; U. Mangold, Das Glück der G., 1987; M. Perrefort, Opfer und Gehorsam. Krit. Untersuchungen zur Struktur von Heideggers G.sidee, 1990; O. Höffe, Die Moral als Preis der Moderne, Teil II, 1993; A. Nieseler, Vom Ethos der G., 1995.

**Gelegenheitsunterricht** ist ein Unterricht, dessen Inhalt nicht vorgeplant ist, sondern nach den sich bietenden Gelegenheiten, für die bei den Schülern Interesse besteht, ausgewählt wird. Reiner G. ist mit der planenden und geplanten Institution Schule schwer vereinbar.

**Geltungsbedürfnis,** allg. das Streben, in den Augen der Mitmenschen stärkere Beachtung zu finden. Ein normales G. entspricht dem aus gesundem Selbstwertgefühl erwachsenden Selbstdurchsetzungswillen. Das G. kann sich jedoch bis zur Geltungssucht übersteigern (Bedürfnis, Überlegenheit vorzutäuschen, aufzufallen); diese wird als Überkompensation von Mangelerlebnissen (z.B. Liebesentzug), Minderwertigkeitsgefühlen, Unsicherheit und mangelndem Selbstbewußtsein gedeutet (→ Individualpsychologie). Geltungssüchtige Menschen wollen sich durch Weinen, Angeberei, Prahlsucht, Phantasielügen, Sichzurückziehen u. ä. in den Vordergrund spielen und Beachtung der Umwelt auf sich ziehen.

**Gemeinschaft,** oft für veraltet gehaltener und oft harmonisierend gebrauchter Begriff für soziale Primär- oder Intimgruppen, die im Gegensatz zu sekundären sozialen → Gruppen nicht nur auf Rationalität, sondern in hohem Maße auch auf Emotionalität der wechselseitigen Beziehungen und Handlungspartner beruhen. Der vielfach sozialromantisch verwendete G.sbegriff verdeckt oft leicht die Tatsache, daß auch in intimen, durch innere seelische Verbundenheit gekennzeichneten Sozialbeziehungen Interessengegensätze, Konfliktmöglichkeiten und Gewaltverhältnisse enthalten sein können bzw. sind (vgl. dazu die schroffe Entgegensetzung von G. und Gesellschaft bei F. Tönnies). Persönlichkeit und G. bedingen einander polar. Persönlichkeiten erwachsen innerhalb der vielerlei G.en des sozialen Lebens; wirkliche G. kann sich nur aus → Personen zusammensetzen. Die heutige Sozialpsychologie (bes. angelsächs. Herkunft) betrachtet oft den erzieherischen Formungsprozeß als → Anpassung (adjustment) an die G. oder als Sozialisierungsprozeß (→ Sozialisation). Doch wird dieser durch die selbständigen Glieder der G. ergänzt und begrenzt.

Ursprüngliche G.en (primäre G.en) sind in erster Linie die Formen der Ehe und → Familie. In ihnen entwickelt sich der heranwachsende junge Mensch zunächst. Aber schon bei kleineren Kindern treten bald zusätzliche Spielgemeinschaften, → Kameradschaften und → Freundschaften hinzu. Mit fortschreitendem Alter bilden sich häufig Jugendgemeinschaften, → peer groups. Diese Entwicklung führt die Erziehung fort: zunächst wiederum die Erziehung der Lebensgemeinschaften, dann aber zunehmend der Jugendgemeinschaften und endlich der Schule. Diese sucht aus einer bloßen Organisationsform immer stärker zur G. zu werden. Alle Reformbewegungen der letzten Jahrzehnte stellen sich diese Aufgabe. Sie wollen das Schüler-Lehrer-Verhältnis zur G. umformen, die Schulen zu Erziehungsstätten des G.s-Geistes machen, den Unterricht durch Gruppenarbeit und Arbeitsgemeinschaften beleben und im ganzen den wachsenden Menschen zur Persönlichkeit, aber zugleich zur G.s-Fähigkeit erziehen. → Personalismus, → Schulleben, → Sozialerziehung.

L.: F. Tönnies, G. und Gesells., 1887; Th. Litt, Individuum und G., 1919, ³1926; W. Steinberg, Der Einzelne und die G., 1952; J. P. Ruppert: Die seel. Grundlagen der sozialen Erziehung, Bd. 1: ³1957, Bd. 2: 1954; J. Kopper, Die Dialektik der G., 1960; E. Fink, Existenz und Coexistenz, 1987; Renaissance der G., hg. von C. Schlüter, 1990.

**Gemeinschaftskunde** → politische Bildung.

**Gemeinschaftsschule** (früher Simultanschule) faßt Schüler verschiedener relig. Bekenntnisse zusammen und unterscheidet sich damit von den → Bekenntnisschulen, in denen Schüler eines Bekenntnisses in dessen Geiste von Lehrern gleichen Bekenntnisses unterrichtet werden. Im Volksschulbereich war die Bekenntnisschule in Dtl. bis 1920 (nur wenige Ausnahmen, z. B. Hessen-Nassau) die Regelschule. In der Weimarer Republik bestand die

hinderung; Durchschnittsformen geistiger Behinderung (deutl. erkennbare Lernfähigkeit) und schwerste Formen der geistigen Behinderung. Relativ häufig gehen mit geistiger Behinderung Seh-, Hör- und Körperbehinderungen (→ Mehrfachbehinderung) sowie innere Erkrankungen (Herzfehler, Kreislaufinstabilität u. a.) einher.

Die leitenden Lernziele der G. sind: Aktivierung und Motivierung als Erschließung von Lebensantrieb und -zutrauen, Förderung der Sensomotorik und Praktik als Ausbildung von Lebensfertigkeiten, Förderung der Information und Kommunikation als Vermittlung von Lebensorientierung und sozialem Kontakt, Wertnormierung und Stabilisierung als Bildung von Lebensgestaltung.

Schwerpunkte und Institutionen der G. sind gegenwärtig die Bereiche → Frühförderung, → Sonderkindergarten, Schule für geistig Behinderte, Berufsbildung, Berufs- und Arbeitswelt, Erwachsenenbildung, Freizeit- und Heimerziehung. Spezielle Schulen für geistig Behinderte werden von Kindern besucht, die in der Schule für Lernbehinderte nicht hinreichend gefördert werden können, wobei sich der Schweregrad ihrer Behinderung von einer hochgradig ausgeprägten Form geistiger Behinderung bis zur Untergrenze einer Lernbehinderung erstrecken kann. Die Schule für geistig Behinderte ist von ihrer Konzeption her eine Ganztagsschule und gliedert sich in 5 Stufen: Vor-, Unter-, Mittel-, Ober- und Werkstufe. Die Vorstufe wird von bereits schulpflichtigen, aber noch nicht schulreifen Kindern besucht und dient der Schulvorbereitung. Jeder Schüler soll möglichst alle Stufen, einschließlich der Werkstufe, durchlaufen. Diese hat das Ziel, den einzelnen Schüler auf seine zukünftige Berufstätigkeit vorzubereiten und soll ihn bei der Erschließung neuer Lebensbereiche (Zurechtfinden in der Öffentlichkeit, Partnerschaft, Freizeitgestaltung u. ä.) unterstützen. Aufgrund der heterogenen Zusammensetzung der Schüler in der Art und Schwere ihrer Behinderung, insbes. durch die Aufnahme von schwerstbehinderten Schülern, können die Lernziele nur durch ein hohes Maß an Individualisierung des Lehrplans und durch eine umfassende Differenzierung des Unterrichtsangebots erreicht werden.

Beim Versuch der integrativen Erziehung von Kindern mit geistiger Behinderung in Regeleinrichtungen sollten sonderpäd. Hilfen und → Beratungen in Anspruch genommen werden, um eine individuelle päd. Förderung für jedes Kind zu gewährleisten. → Sonderpäd., → Down-Syndrom, → Lebenshilfe für geistig Behinderte e. V.

L.: H. Bach, G., 1968, [14]1993; O. Speck, Menschen mit geistiger Behinderung u. ihre Erziehung, 1970, [7]1993, bis zur 5. Aufl. u. d. T. Geistige Behinderung u. Erziehung; H. Bach, Geistigbehinderte unter päd. Aspekt, in: Dt. Bildungsrat, Sonderpäd. 3, 1974, [2]1976; O. Speck, M. Thalhammer, Die Rehabilitation der Geistigbehinderten, 1974, [2]1977; O. Speck (Hg.), Früherziehungsprogramme für geistigbehinderte u. entwicklungsverzögerte Säuglinge u. Kleinkinder, 1974, [5]1990; H. Bach (Hg.), Hdb. der Sonderpäd., Bd. 5: Pädagogik der Geistigbehinderten, 1979; H. Mühl, Handlungsbezogener Unterricht mit Geistigbehinderten, 1979, [7]1986; W. Jantzen, Geistig behinderte Menschen u. gesellschaftl. Integration, 1980; O. Speck (Hg.), Erwachsenenbildung bei geistiger Behinderung, 1982; H. Mühl, Einf. in die G., 1984, [2]1991; C. Anstötz, Grundriß der G., 1987; H. Mühl, Integration von Kindern u. Jugendl. mit geistiger Behinderung, 1987; W. Pfeffer, Förderung schwer geistig Behinderter, 1988; H. Adam, Liebe macht erfinderisch. Ausgew. Studien zur G., 1990; W. Böker, E. Fischer, J. P. Mertes (Hg.), Unterrichtsplanung in der Schule für Geistigbehinderte, 1990; G. Neuhäuser, H.-C. Steinhausen (Hg.), Geistige Behinderung, 1990; W. Straßmeier, O. Speck, G. Homann, Förderung von Kindern mit schweren geistigen Behinderungen in der Schule, 1990; J. Wendeler, Geistige Behinderung, 1993; M. Wagner, Menschen mit geistiger Behinderung – Gestalter ihrer Welt, 1995; W. Dreher, Denkspuren. Bildung von Menschen mit geistiger Behinderung, 1996; H. Mühl, H. Neukäter, K. Schulz, Selbstverletzendes Verhalten bei Menschen mit geistiger Behinderung, 1996.

**Gelassenheit** bezeichnet einen Gemütszustand, in dem der Mensch Dinge und Menschen in ihrer jew. besonderen Eigenart annimmt und sein läßt, ohne sie nach eigenen Vorstellungen verändern zu wollen. Heidegger hat die G. v. a. dem modernen techn. Seinsverständnis (»Material«, dominierender Gesichtspunkt des Machens und Herstellens) gegenübergestellt. G. ist sowohl auszeichnendes Merkmal des reifen, gebildeten Menschen als auch unverzichtbares Moment der erzieherischen Haltung gegenüber dem → educandus. → Ethik und Päd., → Päd. Bezug.

L.: Aristoteles, Nik. Ethik, Buch II, 6–7; O. F. Bollnow, Wesen und Wandel der Tugenden, 1958 u. ö. (Kap.

men ansieht und zu verstehen sucht; im (meistens gemeinten) engeren Sinne eine auf → Dilthey zurückgehende Richtung innerhalb der dt. Päd., die sich in den ersten Jahrzehnten dieses Jh. breit entfaltete und an den Univ. bis in die 60er J. eine unbestrittene Vormachtstellung innehatte. Die g. P. stellt kein einheitl. geschlossenes päd. System dar, sondern umfaßt eine Vielfalt durchaus unterschiedl. Ansätze (→ Spranger, → Flitner, → Nohl, → Litt, → Weniger, → Reble, → Klafki u. a.). Gemeinsam ist der methodische Vorrang, der der → Hermeneutik und dem Verstehen eingeräumt wird, wobei sich diese Methoden keineswegs nur auf (hist.) Dokumente und Texte beziehen, sondern auf die gesamte Erziehungswirklichkeit (Nohl). Die g. P. lenkt das Augenmerk auf die Interaktion von individuell-psychischen Strukturen und der objektiv-geistigen oder kulturellen Umgebung und sieht Erziehung weder nur als Führen noch als bloßes Wachsenlassen, sondern als Einführung (Litt.). Da die g. P. alles, was auf der Ebene der Erziehung bedeutsam ist, als hist. geworden betrachtet, verbindet sie die hist. mit der systemat. Analyse zur hist.-systemat. Methode (Reble). Schließlich leitet sie von der spezifischen kulturellen Wirklichkeit des → päd. Bezuges eine relative Autonomie der Päd. ab, und sie verknüpft aufs engste Theorie und Praxis (Weniger). W. Flitner hat das Selbstverständnis der g. P. im Begriff der → hermeneutisch-pragmatischen Päd. bleibend zusammengefaßt.
Ende der 60er J. wurde die g. P. kritisiert, ihr u. a. polit. Wirkungslosigkeit, Vernachlässigung der empirischen Forschung und Beschränkung auf reine Ideengeschichte vorgeworfen. Nachdem sie sich von manchen lebensphilosophischen Einseitigkeiten befreit hat und durch die Auseinandersetzung mit der → kritischen Theorie weiter geklärt ist, erlebt die g. P. derzeit eine neue Renaissance bzw. Rehabilitierung. → Lebensphil.

L.: W. Flitner, Allg. Päd., 1950 u. ö.; ders., Das Selbstverständnis der Erziehungswiss. in der Gegenwart, 1957, ⁴1966; R. Lassahn, Das Selbstverständnis der Päd. Th. Litts, 1968; W. Klafki, I. Dahmer, (Hg.), G. P. am Ausgang ihrer Epoche, 1968; E. Weniger, Ausgew. Schr. zur g. P., 1975; W. Böhm, G. Flores d'Arcais (Hg.), Il dibattito pedagogico in Germania, 1978; H. Gaßen, G. P. auf dem Wege zu kritischer Theorie, 1978; H. Danner, Methoden g.r P., 1979, ²1989; R. B. Huschke-Rhein, Das Wiss.sverständnis in der g. P., 1979; W. Brinkmann, K. Renner (Hg.), Die Päd. und ihre Bereiche, 1982; Rassegna di Pedagogia/Päd. Umschau 40 (1982), H. 2–3–4; J. Oelkers, B. Adl-Amin (Hg.), Pädagogik, Bildung und Wiss. Zur Grundlegung der g. P., 1982; O. F. Bollnow, Studien zur Hermeneutik. Bd. 1., Zur Philosophie der Geisteswiss., 1982; J. D. Imelman, Filosofie van opvoeding en onderwijs, Groningen 1983; J. Oelkers, W. Schulz (Hg.), Pädagog. Handeln und Kultur. Aktuelle Aspekte der g. P., 1984; W. Böhm, Theorie und Praxis, 1985; ders., G. P., in: Enciclopedia Pedagogica, hg. von M. Laeng, vol. III, Brescia 1989; Päd. zw. Geistes- und Sozialwiss., hg. von B. Fichtner, 1985; H. Zdarzil, Die Geschichtlichkeit des Menschen als päd. Problem, in: Vjschr. f. wiss. Päd. 63 (1987); E. Weniger, Erz., Pol., Gesch., ausgew. und komm. von H. Gaßen, 1990; D. Hoffmann (Hg.), Tradition und Transformation der g. P., 1993; Freiheit – Geschichte – Vernunft. Grundlinien g. P., hg. v. W. Brinkmann und W. Harth-Peter, 1997 (Lit.).

**Geistigbehindertenpädagogik.** Der Begriff »geistige Behinderung« ersetzt die aus der medizin. Terminologie hervorgegangenen Bezeichnungen Schwachsinnigkeit, Debilität, Imbezilität, Idiotie oder Oligophrenie und weist auf den päd. Aspekt der Förderung hin. Während man früher der Meinung war, Menschen mit geistiger Behinderung seien kaum bildbar, geht man heute im Zusammenhang mit neueren Begabungstheorien (→ Begabung) von der Lernfähigkeit und Bildbarkeit selbst bei hochgradiger geistiger Behinderung aus und stellt die Frage der individuellen Förderung und der sozialen → Integration in den Vordergrund.
Das Lernverhalten geistig behinderter Menschen bleibt wesentlich hinter der auf das Lebensalter bezogenen Erwartung zurück. Nach den Empfehlungen der Bildungskommission des Dt. Bildungsrates (1974) gilt als geistig behindert, wer infolge einer organisch-genetischen oder anderweitigen Schädigung in seiner psychischen Gesamtentwicklung und seiner Lernfähigkeit so weit beeinträchtigt ist, daß er voraussichtl. lebenslanger sozialer und päd. Hilfen bedarf. Kognitive Beeinträchtigungen werden begleitet von Störungen und → Behinderungen der sprachlichen, sozialen, emotionalen und motorischen Entwicklung. Der Intelligenzquotient liegt bei Menschen mit einer geistigen Behinderung in der Regel unter 60 ± 5.
In der erz. Praxis unterscheidet man gewöhnlich drei Gruppen: Grenzfälle zur → Lernbe-

des Lernens zur Verwirklichung der im einzelnen liegenden Möglichkeiten und seine soziale Eingliederung in die Gesellschaft zu erreichen.

Als gehörlos werden Personen bezeichnet, die vollständig taub sind oder nur geringe Hörreste besitzen. Zu unterscheiden sind Frühtaube (von Geburt an) und Ertaubte. Taubheit kann vererbt werden oder durch hochfiebrige Infektionskrankheiten der Mutter während der Schwangerschaft oder des Kindes in frühem Alter entstehen.

Der Gehörlose ist gezwungen, Sprache vom Munde abzusehen, die Gebärdensprache und das Fingeralphabet zu verwenden. Durch seine besonderen Schwierigkeiten besteht die Gefahr der Isolierung durch die Umwelt und der Selbstisolierung; daraus ergibt sich oft eine Erfahrungseinschränkung. Bei vorhandenen Hörresten kann man Hilfen geben durch elektroakustische Verstärker, Hörapparate etc.

Im Vorschulalter sind die Ziele der G. die Entwicklung und Förderung der Lausch- und Antlitzgerichtetheit vor allem mit der Mutter, die Anbahnung eines Abseh-Wortschatzes, Sprechförderung, Beratung der Familie und der Erzieher. Im Schulalter geht es der G. um Absehunterricht, Sprachauf- und -ausbau durch Artikulationsförderung und Sprachformunterricht, Hörtraining, Ermutigung zur Verwendung der Lautsprache und zum Gebrauch spez. Geräte.

Allg. und sonderpäd. Beratungsstellen geben Hilfen zur möglichst früh einsetzenden Förderung, die dann weitergeführt wird in → Sonderkindergärten für gehörlose Kinder (4.–7. Lj.), in Sonderschulkindergärten, in Grund-, Haupt-, Real- und Berufsschulen für gehörlose Kinder und Jugendliche und in Einrichtungen der Erwachsenenbildung.

Die Gehörlosenschulen gehören zu den ältesten Bildungseinrichtungen, die für Behinderte geschaffen wurden. Bereits 1778 gründete Samuel Heinicke die erste Taubstummenschule in Leipzig.

L.: H. Jussen, Zur Hörgeschädigtenpäd.: G. und Schwerhörigenpäd., 1969; A. Löwe, Früherfassung, Früherkennung, Frühbetreuung hörgesch. Kinder, 1970, ³1992; ders., Gehörlose, ihre Bildung und Rehabilitation, in: Dt. Bildungsrat, Sonderpäd. 2, 1974; B. Fischer, Hilfe für das hörgeschädigte Kind, 1977; O. Kröhnert, G., in: U. Bleidick u. a., Einf. in die Behindertenpäd., Bd. 2, 1977, ³1989; A. Löwe, P. Billich, Hörhilfen für hörgeschädigte Kinder, 1979; A. Löwe, Die Erziehung und Bildung gehörloser und schwerhöriger Kinder und Jugendlicher, 1979; M. v. d. Hoven, A. Löwe, L. Speth, Die Erziehung hörgeschädigter Kinder in Familie, Schule u. Heim, 1980; A. v. Uden, Das gehörlose Kind – Fragen seiner Entwicklung u. Förderung, 1980, ³1987; O. Kröhnert (Hg.), Materialien zur vergleichenden G., 1980; ders., H. Jussen (Hg.), Hdb. der Sonderpäd., Bd. 3: Päd. der Gehörlosen u. Schwerhörigen, 1982; K.-H. Pöhle u. a., Rehabilitationspäd. für Hörgeschädigte, 1984, ²1990; W. Salz, M. Breitinger (Hg.), Neue Aspekte in der Frühförderung gehörloser u. schwerhöriger Kinder, 1985; M. Hintermair, H. Voit, Bedeutung, Identität u. Gehörlosigkeit, 1990; P. A. Jann, Die Erziehung u. Bildung des gehörlosen Kindes, 1991; R. Poppendieker, Freies Schreiben u. Gebärden, 1992; B. Ahrbeck, Gehörlosigkeit und Identität, 1992.

**Gehorsam** (von lat. *oboedire*: zuhören) bezeichnet das Hören auf und das Befolgen eines fremden Willens, der entweder als Befehl oder als Rat entgegentritt. G. setzt die Anerkennung dieser → Autorität voraus, sonst handelt es sich um bloß äußere Konformität. G. wurzelt als komplexes Phänomen der menschl. Persönlichkeit in der Dynamik der Gefühle und wird von sittl. Entscheidungen geleitet; er kann deshalb nicht mechanisch von außen erzeugt werden, sondern nur durch innere Zustimmung gewonnen werden.

**Geißler,** Erich E., * 13. 9. 1928 Obergeorgental, Prom. 1961, Habil. 1969, 1965 Prof. für Syst. u. Histor. Päd. PH Landau, 1968 PH Berlin, 1970 Univ. Bonn. Wichtige Arbeiten zur Unterrichtslehre, Schulpäd. und Bildungstheorie.

Schr.: Der Gedanke der Jugend bei G. Wyneken, 1963; Erziehungsmittel, 1967; ⁶1981; Herbarts Lehre vom erziehenden Unterricht, 1970; Analyse des Unterrichts, 1974, ⁴1978; Allgemeinbildung in einer freien Gesellschaft, 1977; Allgem. Didaktik, 1981, ²1983; Die Schule, Theorien, Modelle, Kritik, 1984; Polit. Bildung als Allgemeinbildung, 1985; Welche Farbe hat die Zukunft?, 1986; (Hg.), Verantwortete polit. Bildung, 1988; Allgemeinbildung in der mod. Gesellschaft, 1989; (Hg.), Bildung für das Alter – Bildung im Alter, 1990; m. S. Huber (Hg.), Aufbruch und Struktur, 1994.

L.: C. Solzbacher (Hg.), Wege in die Zukunft, E.E.G. zum 60. Geb., 1988.

**Geisteswissenschaftliche Pädagogik,** im weiten Sinne jede Päd., die Erziehung und Bildung als geistigkulturelles und geschichtl. Phäno-

**Gedike,** Friedrich, * 15. 1. 1754 Boberow (Brandenburg), † 2. 5. 1803 Berlin; 1779 Direktor des Friedrich-Werderschen Gymnasiums in Berlin, 1791 Mitdirektor des Gymnasiums zum Grauen Kloster. Unter G. entstand 1787 das erste Gymnasialseminar für die »zweite Phase« der Lehrerbildung; er betonte den Bildungswert der → Realien und unterstützte den Ausbau höherer lateinloser Schulen.

Schr.: Aristoteles und Basedow, 1779; Gesammelte Schulschr., 2 Bde., 1789–95; Luthers Päd., 1792; Vermischte Schr., 1801.

L.: H.-J. Heydorn, G. Koneffke, Studien zur Sozialgeschichte und Philos. der Erziehung, Bd. 1: Zur Päd. der Aufklärung, 1973; M. Heinemann, Schule im Vorfeld der Verwaltung, 1974.

**Gegenreformation,** problematische, auf L. v. Ranke zurückgehende Bezeichnung für den kämpferischen Gegenschlag der Kath. Kirche gegen die → Reformation in der Zeit von ungefähr 1555 bis 1648. Machtpolitisch ist hier die Unterdrückung und Zurückdrängung des ev. Glaubens durch kath. Landesherren (v. a. in Süddtl.) zu verstehen. Die rechtl. Grundlage dieses Vorgehens bildete der Augsburger Religionsfriede mit dem Grundsatz *cuius regio eius religio*. Höhepunkt dieser machtpolitischen Unternehmungen war der Dreißigjährige Krieg (1618– 1648), hier scheiterte die G. am Eingreifen des Schwedenkönigs Gustav Adolf.

In einem weiteren Sinne ist unter G. aber auch die innerkirchliche Erneuerung dieser Zeit (Konzil von Trient) zu verstehen (›kath. Reform‹). Der fortdauernde Erfolg der Re-Katholisierung weiter Teile des damaligen Deutschen Reiches ist zu einem großen Teil der Erziehungsarbeit des → Jesuiten-Ordens zuzuschreiben.

L.: O. Krammer, Bildungswesen und G., 1988; H. Klueting, Das konfess. Zeitalter, 1989; K. Ganzer, Aspekte der kath. Reformbewegungen im 16. Jh., 1991; H. Lutz, Reformation und G., (1979), 4. Aufl. erg. von A. Kohler, 1997.

**Geheeb,** Paul, * 10. 10. 1870 Geisa (Thüringen), † 1. 5. 1961 Goldern; Studium von Theol., Physiol., Psychiatrie, Philos. (Prom. b. Rudolf Eucken); Arbeit mit Behinderten, 1902–06 Mitarbeiter von → H. Lietz, Tätigkeit an der Freien Schulgemeinde Wickersdorf (→ G. Wyneken, M. Luserke); gründete 1910 die Odenwaldschule bei Oberhambach (Odenw.). Hier verwirklichte er konsequent eine republikan. Schulverfassung (vgl. Schülermitwirkung bei Lietz nur als Konzession, → Schulgemeinde bei Wyneken nur Ausdruck der Jugendkultur); → Koedukation (nicht nur Ko-instruktion) als Ernstmachen mit der Gleichberechtigung der Geschlechter von frühester Kindheit an und ein differenziertes Kurssystem (Individualisierung des Unterrichts). Schularbeit, Schulgemeinde und Fest bilden bis heute die Trias des Lebens in der Odenwaldschule.

L.: H. Huguenin, Die Odenwaldschule, 1926; Die Idee e. Schule im Spiegel der Zeit, hg. v. E. Cassirer u. a., 1950; Erziehung zur Humanität, hg. v. Mitarb. der Odenwaldschule, 1960; W. Schäfer, P. G., 1960 (m. Bibl.); H. Röhrs, Die Reformpäd., 1980, ⁵1998; A. Lüthi, Prospekt der Ecole d'Humanité, 1984; H. Röhrs (Hg.), Die Schulen der Reformpädagogik heute, 1986; D. Shirley, The politics of progressive education, Cambridge (Mass.) 1992; M. Näf, P. G. Seine Entwicklung bis zur Odenwaldschule, 1998.

**Gehlen,** Arnold * 29. 1. 1904 Leipzig, † 30. 1. 1976 Hamburg; 1927 Promotion, 1930 Habil. für Philos. Leipzig, 1933 wiss. Assistent (bei H. Freyer), 1934 o. Prof. für Philos. Leipzig, 1938 Königsberg, 1940 Wien, 1947 Speyer, 1962 o. Prof. für Soziologie TH Aachen, 1969 emeritiert; befruchtete die päd. → Anthropologie nachhaltig durch seine These von der → Weltoffenheit des Menschen als eines unspezialisierten biologischen »Mängelwesens«, das zur Entlastung von Entscheidungs- und Orientierungsdruck auf soziale → Institutionen verwiesen ist.

Schr.: Der Mensch, 1940 u. ö., Gesamtausg. Bd. 3, hg. von K.-S. Rehberg, 1993; (m. H. Schelsky), Soziologie 1955, ⁷1968; Urmensch und Spätkultur, 1956, ⁵1987; Die Seele im techn. Zeitalter, 1969; Über kulturelle Kristallisation, 1961; Moral und Hypermoral, 1969, ⁵1987; Anthropol. und sozialpsych. Untersuchungen, Neuausg. 1993.

L.: F. Jonas, Die Institutionenlehre A. G.s, 1966; J. Weiß, Weltverlust und Subjektivität, 1971; C. Hagemann-White, Legitimation als Anthropologie. Eine Kritik der Philosophie A. G.s, 1973; F. Graber, Die Weltoffenheit des Menschen, 1974; E. Haffner, Der »Humanitarismus« und die Versuche seiner Überwindung bei Nietzsche, Scheler und G., 1987; H. Klages, H. Quaritsch (Hg.), Zur geisteswiss. Bedeutung A. G.s, 1994.

**Gehörlosenpädagogik** bemüht sich um die sprachl. und sonstige kommunikative Ertüchtigung, um eine Förderung der Entwicklung

dachten und ausgeklügelten Unterricht (Unechtheit der → Lehrerfrage) und wollte dem Schüler Arbeitstechniken (vor allem der geistigen Arbeit bzw. des Lernens) vermitteln, die ihn zur Selbsttätigkeit führen. G. wurde entgegengehalten, er habe sich nicht weit genug von → Herbarts → Formalstufen entfernt und sogar das Erleben noch methodisieren wollen.

Schr.: Didakt. Ketzereien, 1904, [6]1925; Didakt. Präludien, 1909, [4]1929; Die Schule im Dienste der werdenden Persönlichkeit, 2 Bde., 1917, [3]1930; Freie geistige Schularbeit in Theorie und Praxis, 1922, [5]1925; Die Idee der Persönlichkeit und ihre Bedeutung für die Päd., 1923, [2]1965; Die Schule der Selbsttätigkeit, hg. v. L. Müller, 1963, [2]1969 (m. Bibl.).
L.: C. Marx, Die Persönlichkeitspäd. H. G.s, 1924; K. H. Günther, Über die Persönlichkeitspäd. H. G.s, 1957; A. Reble, H. G. – ein Wegbereiter der modernen Erlebnispäd.?, 1989; L. Kratochwil, Pädagog. Handeln bei H. G., M. Montessori und P. Petersen, 1992.

**Gedächtnis.** Grundlage der Fähigkeit, Informationen einzuprägen, zu behalten und sich willkürlich oder unwillkürlich wieder zu vergegenwärtigen. G. wird biophysiologisch als eine Folge molekularer Veränderungen in einem neuronalen Netz gesehen, das aus Milliarden von Nervenzellen und Dendriten besteht, an dem besonders die Regionen Hippocampus und Amygdala beteiligt sind (an den Seitenlappen der beiden Gehirnhälften). Bei zeitlich assoziierten Reizen (Muster) scheint dem Enzym Proteinkinase C eine zentrale Funktion bei der Entstehung von Veränderungen zuzukommen. Für die Übertragung der Information (Vernetzung) ist der Botenstoff Acetylcholin von besonderer Bedeutung. Der G.forschung zufolge hinterlassen diese sog. »Spuren« (physiologische Veränderungen in den Nervenzellen) im Gehirn, die die Erinnerung ermöglichen. Frühere Erlebnisinhalte reproduzieren sich aufgrund ihres Zusammenhangs mit gegenwärtigen Inhalten, kraft des suchenden Sich-Besinnens, oder auch ohne erkennbaren Grund. Für Inhalte, die die Reproduktion gegenseitig ermöglichen, prägte → Locke den Begriff der Assoziation.
Zu den gegenwärtig bedeutsamsten gedächtnispsycholog. Modellvorstellungen zählen das Dreispeichermodell (Atkinson u. Shiffrin), in dem folgende Speicher unterschieden werden: das Ultrakurzzeitgedächtnis mit einer rel. großen Kapazität u. einer Speicherdauer von 0,5 bis etwa 2 Sek., das Kurzzeitgedächtnis mit einer geringen Kapazität von etwa 7 Einheiten u. einer Speicherdauer von ca. 30 Sek., sowie das Langzeitgedächtnis mit einer unbegrenzten Kapazität und einer Speicherdauer von mehreren Jahren bis Jahrzehnten; das Modell des Arbeitsgedächtnisses (Baddeley), das eine zentrale Exekutive von einem verbalen und einem virtuell-räumlichen Hilfssystem unterscheidet; die Theorie der Verarbeitungstiefe (Craik u. Lockhart), in der anstelle von Speicherstrukturen stärker Prozesse der Enkodierung (nach orthograph., phonolog. oder semantischen Merkmalen) als Grundlage von G.leistungen betont werden. Der Erfolg des G.s ist von vielen Faktoren abhängig. Unter sonst gleichen Bedingungen nimmt die G.leistung tendenziell zu mit der zum → Lernen aufgewandten Zeit, der Anzahl der Wiederholungen sowie ihrer zweckmäßigen zeitlichen und sachlichen Verteilung. Die Zahl der benötigten Wiederholungen ist umgekehrt proportional der Zeit des Abstandes zum Ersterleben. Von bes. Bedeutung sind Einstellung und motivationale Faktoren im weiteren Sinne wie → Interesse, → Aufmerksamkeit, → Konzentration, Wille, Erreichungsgrad sowie die Möglichkeit der Einordnung der neuen Informationen in die bisher gemachten Erfahrungen. G.leistungen können gehemmt bzw. gestört werden durch nachfolgendes Lernen anderer Informationen; durch vorhergegangenes Lernen anderer Informationen; durch Interferenz aufgrund der Ähnlichkeit von Inhalten aufeinanderfolgenden Lernens; durch Inhalte, die bereits assoziativ mit anderen Inhalten verbunden sind (Umlernen ist schwerer als Neulernen); durch Lernen neuer Informationen unmittelbar vor der Reproduktion. Für die Erklärung des Erwerbs von G.inhalten gibt es eine Vielzahl von → Lerntheorien.

L.: H. Ebbinghaus, Über das G., 1885, Neuausg. 1992; G. E. Müller, Zur Analyse der G.-tätigkeit, 3 Bde., 1911–1917; K. Foppa, Lernen, G., Verhalten, 1965; W. Wippich, Lehrb. der angew. G.psychologie, 2 Bde., 1984–85 (Bibl.); R. Arbinger, G. 1984; A. D. Baddeley, Working Memory, London 1986; W. Klimesch, Struktur und Aktivierung des G.s, 1988; A. D. Baddeley, Human Memory, London 1990; J. Engelkamp, Das menschl. G., [2]1991; H. J. Markowitsch, Neuropsych. des G.s, 1992; A. J. Parkin, G., dt. 1996.

**Ganztagsschule,** eine Vollzeitschule mit ganztägigem Schulbesuch; in zahlreichen europ. und außereurop. Ländern die Regelschule, in der BRD bisher auf Versuchsschulen beschränkt (Empfehlungen des Dt. Bildungsrates, 1968). An Vorteilen werden angeführt: 1) bessere Möglichkeit der inneren und äußeren → Differenzierung des Unterrichts und damit stärkeres Eingehen auf die spezifischen Fähigkeiten und Interessen der Schüler; 2) Verlagerung von Übung und Vertiefung des Lehrstoffs in die Schule und damit größere Hilfen für soziokulturell benachteiligte Schüler; 3) breiterer Raum für künstlerische, sportliche und spielerische Betätigung und damit Zurückdrängen des kognitiven Akzents in der Halbtagsschule; 4) mehr Gelegenheit für soziales Lernen und damit mehr Möglichkeiten der positiven Gestaltung des → Schullebens; 5) eingehendere Beobachtungsmöglichkeiten der Schüler und damit Schaffung einer breiteren Grundlage individueller Bildungsberatung. Der Ausbau der G. in der BRD geht nach wie vor nur zögerl. voran.

L.: J. Lohmann, Das Problem der G., 1965; J. Lohmann u. a., Die G., 1966; J. Lohmann (Hg.), Die G., 1967; H. J. Ipfling, V. Lorenz, Schulversuche mit G.n, 1979; W. Weidinger, G. und Familie, 1983; H.-E. Busmann, G. in der BRD, in: Die G. 30 (1990) 4; H. Ludwig, Entstehung u. Entwicklung der mod. G. in Dtl., 2 Bde., 1993; H. G. Holtappels, G. und Schulöffnung, 1994; ders. (Hg.), Ganztagserz. in der Schule, 1995.

**Ganzwortmethode,** ein analytisches Verfahren des → Lesenlernens, das von ganzen Wörtern als ersten Einheiten ausgeht und durch Vergleichung und Analyse zu den Lauten und Buchstaben und dann wieder zu neuen Worten fortschreitet. Von Kritikern wurde diesem, wie allen analytischen Verfahren, vorgeworfen, es leiste die Analyse und neue Synthese nicht im erforderlichen Maße und verhindere damit ausreichende Lesefertigkeit. Befürworter rechtfertigen die Methode mit der grundsätzlich »ganzheitlichen« Auffassung und Wahrnehmung des Kindes. Der Streit ist schwer zu entscheiden, da sich auch in empir. Untersuchungen der Faktor »Leselernmethode« nicht völlig isolieren und damit für sich ermitteln läßt.

**García Garrido,** José Luis, * 29. 3. 1937 Azuaga (Bajadoz), Studium in Granada, Barcelona, Madrid und Rom, 1970 Prof. für Erziehungswiss. Univ. Autonoma de Barcelona, 1972–74 hohe Ämter im span. Erziehungsmin., 1974 UNESCO-Projektleiter in Buenos Aires, 1978 wieder Prof. in Barcelona, seit 1981 Prof. für Theorie und Gesch. der Erz. an der Fernuniv. Madrid. Rege Tätigkeit auf dem Gebiet der → Vergl. Erz.wiss.

Schr.: La filosofia de la educación de Séneca, Madrid 1968; Comunismo y educación familiar, Madrid 1969; Los fundamentos de la educación social, Madrid 1971; (mit P. Fontán Jubero) Pedagogía Prospectiva, Zaragoza 1979; Problemas mundiales de la educación, Madrid 1981, ³1992; Fundamentos de Educación Comparada, Madrid 1982, ³1991; Sistemas educativos de hoy, Madrid 1984, ³1993; Primary education on the threshold of the 21st century, Paris 1986; Reformes educativas en Europa, Madrid 1994; Diccionario Europeo de la Educación, Madrid 1996.

**García Hoz,** Victor, * 30. 3. 1911 Campillo de Aranda (Burgos), Studium in Madrid, dort Prof. für Experimentelle Päd. Führender spanischer Vertreter des päd. → Personalismus, der sich neben systemat. Grundlegungsfragen vor allem mit der didakt.-method. und organisatorischen Gestaltung einer personorientierten Schule befaßt.

Schr.: Pedagogía de la lucha ascetica, Madrid 1941, ⁴1963; Selección pedagógica, Madrid 1944; Sobre el maestro y la educación, Madrid 1944; Normas elementales de pedagogía empírica, Madrid 1946; El nacimiento de la intimidad, Madrid 1950; Cuestiones de filosofía de la educacion, Madrid 1952, ²1962; Principios de Pedagogía Sistemática, Madrid 1960, ¹³1990; La tarea profunda de educar, Madrid 1962; Educación Personalizada, Valladolid 1970 u. ö.; La Educación en la España del siglo XX, Madrid 1980; Calidad de educación, trabajo y libertad, Madrid 1982; (m. R. Perez Juste), La investigacion del profesor en el aula, Madrid 1984; (Hg.), Tratado de Educación Personalizada, 33 Bde., Madrid 1993 ff.
L.: A. Bernal Guerrero, Pedagogía de la Persona. El pensamiento de V. G. Hoz (m. Bibl.), Madrid 1994.

**Gaudig,** Hugo, * 5. 12. 1860 Stöckey (Harz), † 2. 8. 1923 Leipzig; Studium von Philologie und Theologie in Halle; Gymnasiallehrer, u. a. an den Franckeschen Stiftungen in Halle, ab 1900 Leiter einer Höheren Mädchenschule, des Lehrerinnenseminars mit Übungs-(Volks-)Schule in Leipzig. Innerhalb der → Arbeitsschulbewegung vertrat G. gegenüber → Blonskij, → Kerschensteiner, → Oestreich u. a. das Prinzip der »freien geistigen Schularbeit«. G. verurteilte den vom Lehrer vorge-

**Gamm,** Hans-Jochen, * 22. 1. 1925 Jörnstorf (Mecklenburg), 1959 Univ. Doz. Hamburg, 1961 Prof. PH Oldenburg, 1967 TU Darmstadt. Nach grundlegenden Arbeiten zur Päd. des Nationalsozialismus suchte G. materialistisches Gedankengut für eine kritische Päd. und für alternative Modelle der Erziehung fruchtbar zu machen.
Schr.: Der braune Kult, 1962; Der Flüsterwitz im Dritten Reich, 1963, ²1980; Führung und Verführung. Päd. d. Nationalsoz., 1964, ²1984 (überarb. Aufl. m. Bibl.); Anthropolog. Untersuchungen zur Vaterrolle, 1965; Aggression und Friedensfähigkeit in Dtl., 1968; Krit. Schule, 1970 u. ö.; Einf. in das Studium der Erziehungswiss., 1974, Neuausg. 1978; Umgang mit sich selbst, 1977, als TB 1979; Allg. Päd., 1979; Das päd. Erbe Goethes, 1980; Materialist. Denken und päd. Handeln, 1983; Päd. Ethik, 1988; Päd. und Poesie, 1991; Standhalten im Dasein. F. Nietzsches Botschaft für die Gegenwart, 1993; Die Mecklenburger. Geschichtl. Elemente des niederdt. Charakters, 1998.

**Gandhi,** Mohandás Karamchand, indischer Philosoph, Sozialreformer, Volkserzieher, * 2. 10. 1869 in Porbandar, † 30. 1. 1948 (Attentat) Neu Delhi. G. verwirklichte und predigte ein Leben der Armut und Enthaltsamkeit, der Gewaltlosigkeit und des Dienstes am anderen. Er sah in der fortschreitenden Industrialisierung eine Bedrohung des Menschen und wollte ihr durch Hand- und Heimarbeit entgegenwirken. → Tolstoi.
Schr.: Sarvodaya, dt. 1975, ⁴1993; Handeln aus dem Geiste, Neuausg. 1977, ¹⁴1989.
L.: W. Molt, Die Päd. G.s, 1971; A. Köpcke-Duttler, Wege des Friedens, 1986; L. Collins, G. – um Mitternacht die Freiheit, 1987; B. Bartos, Abenteuer Menschenrecht – M. G., 1987; A. Köpcke-Duttler (Hg.), Buber – G. – Tagore, Aufforderung zu einem Weltgespräch, 1989; L. Fischer, G.: Prophet der Gewaltlosigkeit, ¹¹1990; H. Rau, M. G., 1991; V. Lange, M. G., ⁴1992; S. Chistolini, Ramakrishna, Vivekananda, G. – Maestri senza scuola, Rom 1992; B. Mann, The pedagogical and political concepts of M. G. and Paolo Freire, 1995; P. Münster, Wahrheit und Gewaltfreiheit als Wurzeln der Erziehung, 1995; Ch. Bartolf (Hg.), Wir wollen die Gewalt nicht, 1998.

**Gansberg,** Fritz, * 9. 4. 1871 Bremen, † 12. 2. 1950 ebd.; Volksschullehrer, in seinen Auffassungen und in der praktischen Arbeit eng mit → H. Scharrelmann verbunden und zusammen mit ihm Urheber und Führer der Bremer → Reformpäd. G. beschränkte sich in seiner unpolit. Haltung auf innere → Schulreform: Unterricht »vom Kinde aus«, Erlebnisunterricht, → Arbeitsschule, Schulklasse als soziale Gemeinschaft, → Heimatkunde als Unterrichtsprinzip, → Spracherziehung, freier → Aufsatz. G. betätigte sich zudem als erfolgreicher Jugendschriftsteller und war hier einer der ersten, der das Thema Großstadt in der → Kinder- und Jugendliteratur verarbeitete.
Schr.: Plauderstunden, 1902; Schaffensfreude, 1902, ⁵1921; Streifzüge durch die Welt der Großstadtkinder, 1904, ⁴1920; Bei uns zu Haus (Fibel), 1905, ¹⁷1934; Produktive Arbeit, 1909, ²1923; Demokrat. Päd., 1911; Der freie Aufsatz, 1914, ⁴1954; Unsere Muttersprache, 3 Tle., 1928, ⁸1954.
L.: K. H. Günther, Der lebensphilos. Ansatz der Bremer Schulreformer G. und Scharrelmann, in: Erziehung und Leben, hg. v. O. F. Bollnow, 1960; D. Hagener, Radikale Schulreform zw. Programmatik und Realität, 1973; B. Gleim, Der Lehrer als Künstler, 1985; R. Bienzeisler, Die Bremer Reformpädagoge F. G., 1986; dies., Leben – Erleben – Handeln, 1987; E. Ulm, Die schulpol. und päd. Auffassungen des Reformpäd.n F. G., 1987; R. Stach, F. G. als Jugendschriftsteller, in: Päd. Rdsch. 49 (1995).

**Ganzheitspädagogik** fußt auf den Erkenntnissen der Ganzheitspsychologie. Sie fordert eine ganzheitl. Bildung und einen Unterricht, der nicht von Einzelheiten und Fachbedürfnissen ausgeht, sondern vom Lebenszusammenhang. Die Fächeraufteilung soll überwunden werden durch → Gesamtunterricht und → Projektmethode, die Einzelarbeit des Schülers durch → Gruppenunterricht. Durch einen ganzheitl. Unterricht werden die isolierenden Abgrenzungen der Fächer abgebaut und der Unterricht um erlebbare Sacheinheiten gruppiert.
L.: J. Wittmann, Einf. in die Praxis des ganzheitl. Gesamtunterrichts, 1958; W. Asmus u. a., Die Idee der Ganzheit, 1966; G. Linde, Untersuchungen zum Konzept der Ganzheit in der dt. Schulpäd., 1984; G. Fatzer, Ganzheitl. Lernen, 1987; H. Zitzlsperger, Ganzheitl. Lernen, 1991; R. Best (Hg.), Education, Spirituality and the Whole Child, London 1996; H. Ernst, Ganzheit und Menschlichkeit, 1997; A. Veidt, Ganzheitlichkeit – eine päd. Fiktion?, 1997.

**Ganzschrift** meint im Gegensatz zur »Häppchenliteratur« des → Lesebuches und für den Unterricht zusammengestellter → Anthologien die unterrichtliche Behandlung eines literarischen Werkes als Ganzes. → Kinder- u. Jugendliteratur.

gendbericht (Hg.), Jugendhilfe – Historischer Rückblick und neuere Entwicklungen, 1990.

**Fürstenschulen,** von protestantischen Fürsten im 16. und frühen 17. Jh. gegründete, mit Internat verbundene Schulen für 13–19 J., die den qualifizierten Nachwuchs an Theologen, Beamten und Gelehrten heranbilden sollten. Berühmte F. waren die drei 1543–50 von Moritz von Sachsen gestifteten Schulpforta bei Naumburg, St. Afra in Meißen, St. Augustin in Grimma und das 1607 gegründete Joachimsthalsche Gymnasium in Joachimsthal bei Eberswalde (später in Berlin).

L.: E. Wetzel, Geschichte des Königl.-Joachimsthalschen Gymnasiums, 1907; R. Lennert, Wesenzüge der F.-Erziehung (Bibl.), in: Neue Sammlung, 4 (1964); A. Rösger, Herrschererziehung in der Historia Augusta, 1978; K. Schwabe, Archivalien zur Geschichte der sächsischen F. in Grimma und Meißen aus d. Bestand des Archivs des Vereins ehem. Fürstenschüler e. V., 1995.

**Fundamentale.** Das F., ein Grundbegriff der geisteswiss. Bildungstheorie, bezeichnet den Gegenstand einer Grunderfahrung im menschl. Lernen, bezogen auf einen bestimmten, mehrere »Fächer« umgreifenden Bereich, also etwa das Mathematische oder das Sprachliche. Das F. meint damit auch nicht einzelne Elemente oder Grundlagen eines Schulfaches, sondern einen Wesenszug, der dem Gegenstandsbereich insgesamt, auf jeder Entwicklungsstufe und jedem Schwierigkeitsgrad, eignet. Das F. wird damit ein Konstituens von → Bildung als »Beziehung« von Mensch und Welt. Hierin unterscheiden sich das F. und das → Elementare. → Allgemeinbildung, → geisteswiss. Päd., → kategoriale Bildung, → Klafki (Lit.).

**Funkkolleg** → Fernunterricht.

**funktionale Erziehung** → Erziehung.

**funktionale Methode** heißt eine Unterrichtsmethode, die vom Handeln und von praktischen Arbeitsvorhaben ausgeht. Dabei soll der Lehrstoff betrachtet werden hinsichtlich der Funktionen, die er im Lebenszusammenhang erfüllt. Ausgangspunkt ist die Lebenssituation des Schülers. → Individuallage.

**funktionelle Erziehung** (*éducation fonctionnelle*) heißt seit → Claparède und seiner Schule (Robert Dottrens) eine Erziehung, die vom Kinde ausgeht, seine Entwicklungsgesetzlichkeiten streng beachtet und seine → Interessen aufgreift, um sie in die erwünschte Richtung zu lenken. → Bovet.

L.: E. Claparède, L'éducation fonctionnelle, Neuchâtel 1931, Neuausg. 1972; R. Dottrens, L'enseignement individualisé, Neuchâtel 1936.

**Furcht,** unangenehmer emotionaler Zustand, Gefühl von Bedrohtsein, oft mit physiologischen Begleiterscheinungen (Veränderung der Pulsfrequenz, des Blutdrucks, Schwitzen, Herzklopfen etc.). Gegenüber der → Angst meint F. die Reaktion auf einen spezifischen Reiz und ist damit objektbezogen. Auf F. wird in der Regel durch Vermeidungsverhalten (Flucht, Verstecken, Ausweichen) reagiert. Die Koppelung bestimmter Reize mit übermäßiger Furcht, die in keinem realen Verhältnis zur Gefahr steht, wird als Phobie bezeichnet (z. B. Hundephobie).

**Furck,** Carl-Ludwig, * 3. 11. 1923 Frankfurt/M., 1952 Ass. Univ. Marburg, 1959 Wiss. Rat Univ. FU Berlin, 1961 Prof. Univ. Hamburg, 1965 FU Berlin.

Schr.: Der Bildungsbegriff des jungen Hegel, 1953; Das päd. Problem der Leistung in der Schule, 1961, $^5$1975; Aufgaben der Erz. in der Fam., 1964; Fernunterricht für dt. Schüler im Ausland, 1983; Revision der Lehrerbildung, 1986.

L.: U. Schwänke (Hg.), Innere und äußere Schulreform, C. L. F. zum 3. November 1988, 1989.

# G

**Gagné,** Robert Mills, * 21. 8. 1916 North Andover (Mass.), lehrte päd. Psych. u. a. an Yale und in Berkeley und ab 1969 Päd. an der Florida State University in Tallahassee; er entwickelte eine Hierarchie der Lernformen, die mit zur Grundlage der Curriculumforschung wurde.

Schr.: The Conditions of Learning, 1965, $^3$1977, dt. Die Bedingungen des menschl. Lernens, 1969, vollst. Neubearb. $^5$1980; Learning Hierarchies, in: Educ. Psychologist, 6 (1968), 1–9; (m. K. L. Medsker), The Condition of Learning Training Applications, 1995.

**Fürsorgeerziehung,** veralteter alltagssprachlicher Begriff für öffentliche Maßnahmen, bei denen Kinder und Jugendliche in der Regel in einem Heim (→ Heimerziehung) oder in einer geeigneten → Familie eine familienersetzende Erziehung erhalten haben. In dem durch das Kinder- und Jugendhilfegesetz (KJHG) vom 20. 6. 1990 (novelliert am 16. 2. 1993) ersetzten JWG (§ 64) bedeutete F. im juristischen Sinne einmal die Erziehungsmaßnahmen, die auf Anordnung des Vormundschaftsgerichts für einen Minderjährigen durchgeführt worden sind, der zu verwahrlosen drohte oder verwahrlost war; zum zweiten die Erziehungsmaßregel, die durch ein Urteil des Jugendgerichts bei einer Straftat des Minderjährigen angeordnet wird (§ 9 II JGG); die Delinquenz gilt als Indiz für die bestehende → Verwahrlosung bzw. für eine mangelnde ordnungsgemäße Erziehung seitens der Erziehungsberechtigten. F. beschäftigte sich demnach mit sozial auffällig gewordenen Kindern und Jugendlichen. F. wurde meist zusammen mit der Freiwilligen Erziehungshilfe, die bei Gefährdung oder Schädigung der leiblichen, geistigen oder seelischen Entwicklung eines Minderjährigen vom → Jugendamt auf Antrag der Erziehungsberechtigten angeordnet wurde, in derselben Institution vollzogen und mit der gesamten → Heimerziehung gleichgesetzt, so daß es häufig zu einer Begriffsverwirrung zw. F. im speziellen und Heimerziehung im allgemeinen kam.

Im KJHG ist F. nicht mehr vorgesehen. Dieser dem staatlichen Eingriffs- und Zwangshilfedenken zuzuordnende Begriff ist ersetzt durch eine grundsätzliche Angebotsorientiertheit, Freiwilligkeit und i. d. R. nur auf Antrag des Betroffenen tätig werdenden Leistungsverwaltung, die allein »Hilfen zur Erziehung« (§§ 27 ff. KJHG) anbietet, »wenn eine dem Wohle des Kindes und des Jugendlichen entsprechende Erziehung nicht gewährleistet ist« und »die Hilfe für seine Entwicklung geeignet und notwendig ist« (§ 1, Abs. 3, Satz 3 KJHG).

Der Begriff F. geht historisch zurück auf die Versorgung und Zwangserziehung von Waisen, Findelkindern, verwahrlosten und straffällig gewordenen Kindern und Jugendl. (meist in Klöstern, aber auch in bürgerl. Einrichtungen). Die Fürsorge beschränkte sich auf die Sicherstellung des Existenzminimums; die Erziehung bestand aus strenger Disziplinierung und vollkommener Unterordnung der Kinder und zielte darauf ab, daß die Zöglinge möglichst bald ihren Lebensunterhalt selbst verdienten. Somit war die Erziehung nur eine Komponente der materiellen Fürsorge für außerhalb der Gesellschaft stehende Kinder und Jugendl., denen die Verwahrlosung als Abweichung von gesellschaftl. und ethischen Normen selbst angelastet wurde. Die F. hatte die Aufgabe, den gesellschaftl. Organismus durch Beseitigung störender Abweichungen aufrechtzuerhalten. Erst seit der Wende zum 20. Jh. betrachtete man Verwahrlosung (auch) als Ergebnis der Umweltbedingungen eines Kindes oder Jugendlichen und billigte jedem Kind das Recht auf Erziehung zur leiblichen, seelischen und sozialen Tüchtigkeit zu. Sobald der Anspruch auf Erziehung nicht erfüllt wird, wird die materielle wie erzieherische Hilfe des Staates angeboten. Obgleich die Ursachen der Verwahrlosung heute (auch) in Fehlentwicklungen der Gesamtgesellschaft gesucht werden, richten sich die Hilfen des KJHGes nach dem erzieherischen Bedarf im Einzelfall unter Einbezug des engeren sozialen Umfeldes des Kindes und Jugendlichen; sie umfassen die Gewährung pädagogischer und therapeutischer Maßnahmen, vor allem ambulante oder teilstationäre Hilfen wie → Erziehungsberatung, soziale Gruppenarbeit, Erziehungsbeistandschaft, sozialpädagogische Familienhilfe, Erziehung in einer Tagesgruppe, Vollzeitpflege, neben der klassischen stationären → Heimerziehung. Durch den Angebotscharakter des KJHGes will man die → Stigmatisierung der sog. Fürsorgezöglinge aufheben, die vom Großteil der Bevölkerung für ihre »Verwahrlosung« persönlich verantwortlich gemacht und zur gesell. Randgruppe erklärt wurden, weil F. als gesellschaftliche Sanktionierung, nicht als Erziehungsmaßnahme gesehen wurde. → Abweichendes Verhalten.

L.: H. Scherpner, Theorie der Fürsorge, 1962; H. Scherpner, Geschichte der Jugend-F., 1966; H. Buchkremer, Verständnis für Außenseiter, 1977; H. Kupffer (Hg.), Öffentl. Erziehung als Aufgabe der Gesellschaft, 1980; D. Peukert, Grenzen der Sozialdisziplinierung: Aufstieg und Krise der dt. Jugendfürsorge von 1878 bis 1932, 1986; Sachverständigenkommission 8. Ju-

kinderziehung, 1979; J. Gélis, M. Laget, M.-F. Morel, Der Weg ins Leben, 1980; W. Harth, P. Kergomard und die Reform der Vorschulerziehung i. Frankr., 1982; E. Weber, Ideas Influencing Early Childhood Education, New York 1984; J. Zimmer (Hg.), Erziehung in früher Kindheit, 1984; A. Engelbert, Kinderalltag und Familienumwelt, 1986; W. Böhm, Theorie der f. E., in Päd. Rundschau, 42 (1988), Heft 3; H. S. Herzka, Die neue Kindheit, 1989; H. Keller (Hg.), Hdb. der Kleinkindforschung, 1989, ²1997; Ch. Mietz, Analyse pädagogischer Argumentationen frühkindlicher Erziehung unter dem Aspekt der kognitiven Frühförderung: eine Topik für die Theorie und Praxis, 1990; G. Däschner, Miteinander im Kleinstkindalter, 1992; B. Fuchs, W. Harth-Peter (Hg.), Alternativen f. E., 1992; B. Persky, L. H. Golubchick, Early childhood Education, Lanham (Maryland) 1992; G. S. Cannella, Deconstructing Early Childhood Education, NY 1997; W. E, Fthenakis, M. Textor (Hg.), Qualität von Kinderbetreuung. Konzepte, Forschungsergebnisse, internat. Vergl., 1998.

**Frühlesen.** Ende der 60er J. von H. R. Lückert, W. Correll, H. Kratzmeier u. a. im Anschluß an nordamerikan. Vorbilder propagierte Bestrebungen, Kinder möglichst früh zum Lesen zu führen. Dabei stand zum einen die Überzeugung Pate, mit Hilfe geeigneter Methoden, Verstärkungen und Techniken könne schon Kindern alles beigebracht werden, zumal Kleinkinder ausgesprochen neugierig auf Geschriebenes und damit auf das Lesen seien. Zum zweiten vertraten die Verfechter des F.s die These, dieses beschleunige die Intelligenzentwicklung (→ Intelligenz) insgesamt. Diese These wurde nicht bestätigt; durch F. wird lediglich die Lesefertigkeit trainiert. Die heutige Kleinkind- und → Vorschulerziehung hat sich weitgehend von solch isoliertem Fertigkeitstraining entfernt und wieder umfassenderen Konzepten einer »ökologischen« → Sozialisation und → Erziehung zugewandt. In jüngster Zeit richtet sich das Forschungsinteresse zunehmend auf Kinder, die sich im Vorschulalter das Lesen aus Eigeninitiative selbständig angeeignet haben. Eine anregungsreiche Lernumwelt im Elternhaus wird in diesem Zusammenhang größte Bedeutung zugemessen.

L.: G. Doman, H. R. Lückert, Wie kleine Kinder lesen lernen, 1966; L. Schenk-Danzinger, Schuleintrittsalter, Schulfähigkeit u. Lesereife, 1969; E. Schwarz (Hg.), Begabung und Lernen im Vorschulalter, 1970; E. Schmalohr, Frühes Lesenlernen, 1973; H.-D. Schmidt, K. Birth, S. Rothmaler, Frühdiagnostik und Frühförderung von Lese- und Rechtschreibleistungen, 1990. E. Neuhaus-Siemon, Frühleser in der Grundschule, 1993.

**Frustration** (lat. Nichterfüllung) Erwartungsenttäuschung, Vereitelung, Versagung, erzwungener Verzicht auf Trieb- oder Wunscherfüllung. Frustrierende Bedingungen können sowohl äußerer (z. B. physikalische Barrieren) als auch innerer Natur (z. B. Gewissensforderungen) sein. Wesentliche Reaktionen auf F. sind: 1) Aggression: Die F.s-Aggressionshypothese (Dollard u. a.) sieht → Aggression immer als Folge von F.en; 2) → Regression: Die F.s-Regressionshypothese (Barker u. a.) sieht als Folge von F.en eine Senkung des Verhaltensniveaus auf ontogenetisch unreifere Stufen; 3) Fixierung: Die F.s-Fixierungshypothese (Maier) sieht als Folge von F.en die Entwicklung von Verhaltensstereotypen, d. h. die Fixierung von unter F.sbedingungen aufgetretenen Verhaltensweisen; 4) veränderte Reaktionsstärke: Die Lerntheorie (Adelmann u. a.) sieht als Folge von F.n das Auftreten verschiedener Reaktionen, von denen diejenige verstärkt wird, die den Organismus aus der frustrierenden Situation befreit (»selektive Bekräftigung«).

Da eine integrative F.-Theorie nicht vorliegt, sollte die Erziehung sich der möglichen negativen Folgen von F. stets bewußt sein, ohne aber die Schaffung von → F.stoleranz aus dem Auge zu verlieren.

L.: J. Dollard u. a., F. u. Aggression, dt. 1970 u. ö.; H.-J. Kornadt (Hg.), Aggression u. F. als psycholog. Problem, Bd. 1, 1981, Bd. 2, 1991; G. A. Nold, Feindselige Aggression u. nichtaggressive Verhaltensweisen in einer F.ssituation, 1986; A. Terruwe, Die F.sneurose, 1986; H. Weber, Ärger. Psych. einer alltägl. Emotion, 1994; W. Bierhoff, K. Wagner, Aggression und Gewalt, 1998.

**Frustrationstoleranz,** Fähigkeit eines Individuums, die aus → Frustration(en) entstehenden psychischen Spannungen über längere Zeit zu ertragen und auf eine sofortige direkte oder indirekte Befriedigung eines Triebwunsches zu verzichten. Die F. ist sowohl von angeborenen (Triebstärke) als auch von erworbenen (bisheriges Ausmaß und Intensität der Versagungen) Bedingungen abhängig. F. muß im Zuge der Stärkung des → Ichs als Erziehungsaufgabe gesehen werden. → *deferred gratification pattern*

**Führungsstil** → Erziehungs- und Unterrichtsstile.

sein. Die frühen Hilfen werden mobil (in den Familien/Hausfrüherziehung, in Kinderkrippen) und ambulant (in den Frühförderstellen selbst) angeboten. Für die Mitarbeiter der F. ist es bes. wichtig, daß sie sich durch Fortbildungen und → Supervision kontinuierlich für ihren Arbeitsbereich weiterqualifizieren können. Die F. endet i. d. R. mit dem Übergang des Kindes in eine andere, seiner Entwicklung angemessene Form der Förderung (→ Sonderkindergarten, → Sonderschulwesen, → Integration).

L.: W. Straßmeier, F. konkret, 1981, ³1992; O. Speck (Hg.), Päd. F. behinderter und von Behinderung bedrohter Kinder, 1982; ders., A. Warnke (Hg.), F. mit den Eltern, 1983, ²1989; H. Kautter u. a., Das Kind als Akteur seiner Entwicklung, 1988; O. Speck, M. Thurmair (Hg.), Fortschritte der F. entwicklungsgefährdeter Kinder, 1989; H. Weiß, Familie und F., 1989; D. Vogel, Therapieangebot für behinderte Kinder, 1990; I. Schlienger, Elternbeteiligung an der Früherkennung von Behinderungen, 1990; L. Pflüger, Neurogene Entwicklungsstörungen, 1991; Vereinigung für Interdisziplinäre F. e.V. (Hg.), Familienorientierte F., 1991; K.-P. Herberg u. a., F. im Team, 1992; G. Finger, C. Steinebach (Hg.), F., 1992; T. Postmann, Heilpäd. F. entwicklungsauffälliger Kinder, 1993. K. Sarimski, Interaktive F., 1993; P. L. Safford (Hg.), Early Childhood Special Education, New York 1994; F. Peterander, O. Speck (Hg.), F. in Europa, 1996; C. Leyendecker (Hg.), F. und Frühbehandlung, 1997.
Zs.: F. interdisziplinär 1982 ff.

**frühkindliche Erziehung.** Die f. E. umfaßt in der Regel die gesamte Erziehung des Kindes von 0 bis 3 J.n. Sie beginnt bei Untersuchungen über den Zusammenhang zw. emotionalen, sozialen oder körperl. Störungen der Mutter während der Schwangerschaft und den Folgen für das Kind, erstreckt sich auf die Säuglingspflege, die Erziehung des Krabbelkindes und endet bei der Erziehung des Kindergartenkindes.
Die Bedeutung der f. E. wurde schon in der Antike und im Mittelalter gesehen, bes. aber von → Comenius betont, der als erste Bildungsstufe die »Mutterschule« fordert, in der das Kind von Geburt bis zum 6. Lj. von der Mutter die Grundlage aller weiteren Erziehung und Bildung erfährt. → Rousseau brachte eine einschneidende Wende gegenüber → Kindheit und f. E., indem er jeder Lebensphase ihren eigenen Wert zuschrieb, die gemäß innerer Gesetze durchlaufen werden muß.

→ Pestalozzi sah in der frühen Mutter-Kind-Beziehung die Keimzelle aller späteren Erziehung, und → Fröbels »Menschenerziehung« (1826) leistet eine Erziehungstheorie, die die f. E. voll und erstrangig berücksichtigt.
Diese Gedanken wurden Ende des 19. Jh. in der → Education Nouvelle fortgeführt, die Anstoß zu weitreichenden Reformen in der institutionellen vorschulischen Erziehung gab: → Kergomard führte die Neue Erziehung in die frz. écoles maternelles ein. → Montessori entwickelte ihre Methode der f. E.; die dt. → Reformpädagogik unterstrich die Bedeutung des → Kindergartens im Sinne Fröbels. Die klass. Kinder- und Jugendpsychologie (Wiener Schule) entwickelte als erste ein Modell, das den formalen Ablauf der kindl. Entwicklung darstellt (bes. Ch. → Bühler). Die → Psychoanalyse verlieh der f. E. großen Nachdruck, indem sie den Zusammenhang zw. Erfahrungen des Kleinkindes und der Struktur der späteren Erwachsenenpersönlichkeit herausstellte.
Die neuere Forschung setzt sich zumeist mit einzelnen Phänomenen der f. E. auseinander: mit der vorgeburtlichen Erziehung, dem Aufbau früher Bindungen und Beziehungen und der emotional-sozialen Entwicklung, mit der → Frühförderung kognitiver Prozesse durch stimulierende Umgebung und durch intensive Eltern-Kind-Interaktion, mit den Formen kindl. → Angst, → Phantasie und → Kreativität, dem kindl. → Spiel, mit den Auswirkungen elterlicher Verhaltensstile auf die Entwicklung des Kindes, mit der → Strafe, der → Vorschulerziehung innerhalb der institutionellen f. E. und der → kompensatorischen Erziehung, mit der Zusammenarbeit zwischen Familie, Kind und außerfamilialen Bezugsgruppen, mit Alternativen zur herkömmlichen institutionellen f. E. → Kinderkrippen, → Tagesmütter, → Dyade, → Hospitalismus, → Mutter, → Mutter-Kind-Beziehung. → Nestwärme, → Vorschulerziehung (dort weitere Lit.).

L.: Ch. Bühler, Kindheit und Jugend, 1931; M. Klein, Das Seelenleben des Kleinkindes, dt. 1962; R. Spitz, Vom Säugling zum Kleinkind, dt. 1967, ³1972; G. Bittner, E. Schmid-Cords, Erziehung in früher Kindheit, 1968, ⁶1976; J. Cleverley, D. C. Phillips, Visions of Childhood, New York 1976, ²1986, Neuausg. 1992; R. Dollase (Hg.), Hdb. der Früh- und Vorschulpäd., 2 Bde., 1978; G. Bittner, Tiefenpsychologie und Klein-

chende Erziehungswiss. Aktuelle Probleme – histor. Perspektiven. L. F. zum Gedenken, 1995.

**Fromm,** Erich, * 23. 3. 1900 Frankfurt a. M., † 18. 3. 1980 Muralto (Tessin), Studium von Soziologie, Psychologie und Philosophie in Frankfurt, Heidelberg und München, seit 1930 als Psychoanalytiker in Berlin, nach der Emigration 1934 vornehmlich in den USA. Seit 1958 Prof. an versch. Univ.n. Als Vertreter der Neopsychoanalyse betont F. im Anschluß an die → Frankfurter Schule die soziale und kulturelle Überformung der Persönlichkeitsentwicklung (→ Akkulturation). In seinen zahlreichen Schriften vertritt er, verbunden mit einer sozialistischen Gesellschaftskritik, eine an der Praxis orientierte humanistische Anthropologie, die er in mitmenschlicher Verantwortung und → Liebe verwirklicht sieht.
Schr.: Psychoanalyse und Ethik, dt. 1954 u. ö.; Wege aus einer kranken Gesellschaft, dt. 1960, $^{11}$1981; Die Kunst des Liebens, dt. 1971 u. ö.; Haben oder Sein, dt. 1976 u. ö.; Dte. Gesamtausgabe in 10 Bd.n, 1980–81; Schriften aus dem Nachlaß, 8 Bde., 1996.
L.: M. McGrath, E. F. Ethics and Education, Lexington, 1969; C. J. Sahlin, An Analysis of the Writings of E. F. and Their Implications for Adult Education, Indiana Univ. Press 1970; G. Massaro, Umanesimo ed educazione in E. F., Bari 1974; R. Funk, Mut zum Menschen, 1978; A. Reif (Hg.), E. F. Materialien zu seinem Werk, 1978; J. Claßen (Hg.), E. F. und die Päd., 1987; ders. (Hg.), E. F. und die Krit. Päd., 1991; K. Fröhlich, E. Fs Beitrag zur Krit. Theorie, 1992; B. Bierhoff, E. F., 1993.

**fruchtbarer Moment** im Lern- und Bildungsprozeß, d. h. eine zentrale, neue Einsicht bzw. Erkenntnis, ist weder Ergebnis rein natürlicher Selbstentfaltung und bloßen Wachsenlassens, noch kann er nach Art einer Technologie mechanisch nach Belieben hervorgebracht werden; er ist eine eigene Leistung des Subjekts.
L.: F. Copei, Der f. M. im Bildungsprozeß, 1930, $^{5}$1960; M. Pfliegler, Der rechte Augenblick, 1938, $^{8}$1960.

**Frühförderung.** Der Auf- und Ausbau der F. hat seit den 70er Jahren rapide zugenommen. Die Empfehlungen des Dt. Bildungsrates »Zur päd. Förderung behinderter und von Behinderung bedrohter Kinder u. Jugendl.« (1973) haben dem Gedanken der Prävention im Bereich der F. eine herausragende Bedeutung zugesprochen; sie könne wie kaum ein anderes Arbeitsfeld der → Rehabilitation und Behindertenhilfe drohenden Behinderungen vorbeugen und entstehenden, später irreversiblen Schädigungen durch frühzeitige Hilfen entgegenwirken. Der Beginn der F. war durch einen bis heute noch nachwirkenden »Förderungsoptimismus« gekennzeichnet. Überzogene Hoffnungen u. Erwartungen an den Einsatz von verfeinerten diagnost. Verfahren u. spezifischen Förderungsprogrammen im frühesten Kindesalter zur nachhaltigen Beeinflussung der kindl. Entwicklung konnten nicht erfüllt werden u. sind auf die Widerstände u. Grenzen bei Eltern u. Kindern gestoßen (Förderdruck; Belastung der Eltern-Kind-Interaktion; Konflikte zwischen Eltern- u. Ko-Therapeutenrolle u. ä.).
Die selbstkritische Reflexion der Fachkräfte u. das gestiegene Selbstbewußtsein von Eltern behinderter Kinder hat in den 80er Jahren zu einem Wandel in der konzeptionellen Sichtweise der F. geführt. Der überzogene Förderungsanspruch wurde relativiert, Eigenaktivität u. Selbstgestaltungskräfte des Kindes gewannen an Bedeutung, und v. a. die Erkenntnis, daß eine Förderung des Kindes nur unter Einbeziehung seiner familiären Situation sinnvoll sein kann, wurde zum neuen Leitgedanken der F. erklärt.
Die Maßnahme der F. bezieht sich im heutigen Verständnis auf Kinder im frühen Alter, von der Geburt bis zum vollendeten vierten Lebensjahr, die in ihrer Entwicklung Auffälligkeiten zeigen, die behindert bzw. von → Behinderung bedroht sind, sowie auf ihre → Familien als Lebensgemeinschaft in ihrem sozialen Umfeld. Die F. wird getragen von einem Mitarbeiterteam aus den Bereichen der Medizin, Pädagogik, Psychologie und der sozialen Arbeit, das sich im Rahmen einer interdisziplinären Zusammenarbeit und unter Mitwirkung der Eltern um eine klärende Diagnostik bemüht, eine umfassende Elternberatung anbietet und eine gezielte Förderung für das einzelne Kind entwirft und durchführt. Dabei hat die F. stets die Entscheidung der Eltern über mögl. Fördermaßnahmen ihres Kindes zu respektieren und soll sie in ihrer Eigenverantwortlichkeit unterstützen. Sie kann weder die Erziehung in der Familie noch das päd. Angebot des → Kindergartens ersetzen. Die F. soll familiennah, in erster Linie örtlich bzw. regional organisiert

**Fröbel,** Friedrich, * 21. 4. 1782 Oberweißbach (Thüringen), † 21. 6. 1852 Marienthal b. Liebenstein (Thüringen); bedeutendster Pädagoge der dt. → Romantik. Feldmesserausbildung und Studium der Naturwiss.n in Jena, 1805 und 1808–10 Besuche und Mitarbeit bei Pestalozzi, 1806–11 Hauslehrer in Frankfurt/M., danach Weiterstudium (Sprachen, Mineralogie, Kristallographie) in Göttingen und Berlin, gründete 1817 in Keilhau (Thüringen) die »Allg. Dt. Erziehungsanstalt« und 1837 in Blankenburg eine »Anstalt zur Pflege des Beschäftigungstriebes für Kindheit und Jugend«, entwickelte dort Spielmaterial für die kindl. Selbstbetätigung, die er 1840 durch Gründung des Kindergartens und durch auf Reisen angeregte Spielkreise verbreitete.

Von → Schelling, Novalis und dem Pantheismus beeinflußt versteht F. in seinem philos. und theol. begründeten Hauptwerk: Die Menschenerziehung (1826) den Kosmos als ein dem Einen (Gott) entflossenes Ganzes, das in sich und so in jedem Lebewesen die Polarität von Geist und Natur widerspiegelt. Ziel aller erzieherischen Bemühungen F.s ist Lebenseinigung: der Mensch soll sich eins wissen mit dem Kosmos und seinem Schöpfer Gott. Jedes Ding hat die göttl. Berufung, dieses sphärische Gesetz sichtbar zu machen; des Menschen Berufung ist, dies mit Bewußtsein und in Freiheit zu tun, dazu bedarf er der Erziehung. Diese versteht F. als den gedoppelten Vorgang: Äußeres innerlich (Lernen) und Inneres äußerlich (Arbeit) zu machen; Inbegriff dieses Erziehungsprozesses ist das → Spiel. Zu dessen Pflege entwickelte F. ab 1836 Spielgaben (stereometrisch-elementare Formen) als »Lebens-, Erkenntnis- und Schönheitsformen«. Die 1844 erschienenen Mutter- und Kose-Lieder zeigen diese Vereinigung von lebenspraktischer, intellektueller und ästhetischer Erziehung bes. anschaulich. F. hatte nur geringen Einfluß auf die dt. Päd.; auch der → Kindergarten nahm nur eine stark vereinfachte und mechanisierte Methodik auf; eine vertiefte Auseinandersetzung mit F. und seiner Spielpäd. erscheint wünschenswert und notwendig.

Schr.: F. F.s gesammelte päd. Schr., hg. v. W. Lange, 3 Bde. 1862–63, Nachdr. 1966; Mutter- und Kose-Lieder (1844), hg. v. J. Prüfer, 1911, $^4$1927, neu hg. v. K. Renner, 1982; Ausgew. Schr., Bd. 1 u. 2, hg. v. E. Hoffmann, 1951 u. ö.; Bd. 3, hg. v. H. Heiland, 1974; Bd. 4, hg. v. E. Hoffmann; Bd. 5, hg. v. E. Hoffmann und R. Wächter; Kleine päd. Schr., hg. v. A. Reble, 1965; Ausgew. päd. Schr., hg. v. J. Scheveling, 1965 (Bibl.); zus. m. J. Ronge, B. Ronge, A practical guide to the English kindergarten (Neudruck d. Ausg. v. 1858), hg. v. J. Stern, Bristol 1994.

L.: J. Prüfer, F. F., 1914, $^3$1927; F. Halfter, F. F., 1931; A. Rinke, F. F.s philos. Entwicklung, 1935; E. Spranger, Aus F. F.s Gedankenwelt, 1939, $^4$1964; O. F. Bollnow, Die Päd. der dt. Romantik, 1952 u. ö.; K. Giel, Fichte und F., 1959; H. Heiland, Die Symbolwelt F. F.s, 1967; ders., Literatur und Trends in der Fröbel-Forschung, 1972; ders.: F. F., 1982, $^2$1995; ders.: Fröbel und die Nachwelt, 1982; ders., F. Forschung, 1983; L. Heller, F. F. Die zahlenmyst. Wurzeln der Spieltheorie, 1987; E. Denner, Das Fröbelverständnis der Fröbelianer, 1988; H. Proll, Die Fröbelrezeption i. d. geisteswissenschaftlichen Pädagogik, 1988; H. Heiland, Die Pädagogik F. F.s, 1989; M. Soëtard, F. F., Pédagogie et vie, Paris 1990; R. Bührlen-Enderle, Lebendige Geschichte des Kindergartens, 1989; H. Heiland, Bibliographie F. F., 1990; ders., F. F., ein Wegbereiter der modernen Erlebnispädagogik?, 1991; H.-J. Schmutzler, F. und Montessori, zwei geniale Erzieher, 1991, $^4$1997; H. Heiland, Fröbelbewegung und Fröbelforschung, 1992; E. Birr-Chaarana, Auf dem Weg zur päd. Mitte. Stufentheorie bei Rousseau, Schleiermacher und F., 1993; H. Heiland, Die Schulpäd. F. F.s, 1993; M. S. Baader, Die romantische Idee des Kindes und der Kindheit, (Diss. Heidelberg) 1996; A. Frey, F. und seine Päd., 1998; H. Heiland, K. Neumann (Hg.), F. F. in internat. Perspektive. F.-Forschung in Japan und Dtl., 1998; H. Heiland, Die Spielpädagog. F. F.s, 1998.

**Froese,** Leonhard, * 9. 2. 1924 Cortica (Ukraine) † 9. 12. 1994 Marburg; 1957 Priv. Doz. FU Berlin, 1959 Prof. für Erziehungswiss. Münster, 1961 Marburg. Bedeutender Autor zur Theorie und Methodik der → Vergleichenden Erziehungswiss. sowie von Arbeiten zur Schulgesetzgebung, Bildungspolitik und über osteurop. Bildungssysteme. Begründete die → Makarenko-Forschung in der BRD.

Schr.: Ideengeschichtl. Triebkräfte der russ. und sowjet. Päd., 1956, $^2$1963; (Hg.), Bildungswettlauf zw. West und Ost, 1961; Die Sowjetisierung der dt. Schule, 1962; Der Mensch in der neueren russ. Lit., 1962; Schule und Gesells., 1962; Mitteldt. Lehrpläne, 1964; (Hg.) (m. W. Krawietz), Dt. Schulgesetzgebung, 1966; Bildungspolitik und Bildungsreform, 1969; (Bearb.), Zehn Gebote für Erwachsene, 1979; Ausgewählte Studien zur Vergleichenden Erz.wiss., 1983; u. a., Schulkrise – international?, 1983; Universität und Gesellschaft, 1989.

L.: B. Willmann (Hg.), Bildungsreform und verglei-

Abwesenheit zwischenstaatl. Kriege oder innerstaatl. bewaffneter Auseinandersetzung ist und nicht nur mit Mitteln der Politik (Bündnisse, Pakte, Gleichgewicht des Schreckens) oder durch Vereinbarungen zw. gesellschaftl. Gruppen (Partnerschaftsverträge, Tarifabkommen) herzustellen oder zu gewährleisten ist, sondern auch der Fähigkeit und Bereitschaft des Einzelnen bedarf, Egoismus zu überwinden, Konflikte rational zu bewältigen, gesellschaftl. → Interaktion und Kommunikation »jenseits von Aggression« zu führen und berechtigte eigene Ansprüche gewaltfrei zu vertreten.

Die → Didaktik der F. hängt entscheidend vom zugrundeliegenden Friedensbegriff (Friedensforschung) ab; F. ist der Friedenspolitik »aufs engste koordiniert«. F. muß den Menschen als Ganzen ansprechen: die kognitiven (Wissen um den Frieden, Reflexion über ethische Grundbegriffe), emotiven (Engagement gegen Unterdrückung und Ungerechtigkeit, für soziale Gerechtigkeit und Ausgleich) und geistigen (Nächstenliebe, Offenheit für personale Begegnung, Selbstdistanz, Demut) Aspekte seiner personalen Existenz. Angesichts offener und latenter Friedlosigkeit unserer Welt (Kriege, kriegsartige Konflikte, Aufstände, Befreiungsbewegungen, Terrorakte, ökonom. Verdrängungs- und Vernichtungswettbewerb um Marktanteile oder begrenzte Ressourcen, Nord-Süd-Konflikt, strukturelle Gewalt, Kriminalität, innerfamiliäre Gewalt u.a.) kommt der F. steigende Bedeutung zu. Sie wurde als Auftrag in die Verfassung verschiedener Bundesländer aufgenommen. F. besteht nicht als eigenes Fach, sondern wird als Prinzip oder als Aufgabe verschiedener Fächer (polit. Bildung, → Religionsunterricht etc.) gefordert. Ein → Curriculum der F. kann nur allg. Ziele und Problemstellungen vorgeben, wobei Inhalte und Methoden dem Globalziel »verträglich sein« entsprechen müssen (autoritärer Führungsstil verträgt sich mit F. ebensowenig wie nationaler Heldenkult oder das Hegen von → Vorurteilen). Mögliche Themen der F. sind: Analyse von Gewalt; Versuche der Friedenssicherung auf zwischen- und innerstaatl. Ebene; Konflikte in Gesellschaft, Schule, Familie und Individuum und ihre Lösung; Aufbau, Struktur, Probleme und Motive »gegnerischer« Gruppen und Individuen; strukturelle Gewalt. F. muß bereits in der Vorschulerziehung beginnen und über die Schule hinaus auch in außerschulischer Jugendarbeit und Erwachsenenbildung weitergeführt werden.

F. ist in der Geschichte der Päd. (→ Comenius, → Pestalozzi, → Foerster, → Rotten, → Montessori, → Oestreich) oft an ihrem stark utopischen Charakter und ihrer Überschätzung der Macht der Erziehung gescheitert. Dieser Gefahr zu wehren, dient auch die Arbeit der Dt. Gesellschaft für Friedens- und Konfliktforschung und des Starnberger Max-Planck-Instituts zur Erforschung der Lebensbedingungen der wiss.-techn. Welt (inzwischen geschlossen).

L.: Bildung und Erziehung 25 (1972) Heft 5; J. Esser, Zur Theorie und Praxis der Friedenspäd., 1973; F. Hamburger, H. Bosse, Friedenspäd. und Dritte Welt, 1973; Ch. Wulf (Hg.), F. in der Diskussion, 1973; Zschr. f. Päd. 19 (1973) Heft 2; R. Bast, Das Selbstverständnis der Friedenspäd. nach dem 2. Weltkrieg, 1975; H. Nicklas, Ä. Ostermann, Zur Friedensfähigkeit erziehen, 1976; P. Heitkämper, F. als Lernprozeß, 1976; C. F. v. Weizsäcker, Der Garten des Menschlichen, 1977 u. ö.; K. Schütz, Friedensforschung, Friedenspäd., Friedensbewegung, 1981; W. Bast, F., H. Röhrs, Frieden – eine päd. Aufgabe, 1983; J. Schwartländer (Hg.), Die Verantwortung der Vernunft in einer friedlosen Welt, 1984; P. Heitkämper, Neue Akzente der Friedenspäd., 1985; Philosophical perspectives on peace, hg. von H. P. Kainz, Athens (Ohio) 1986; Z. f. Päd. 32 (1986), Heft 6; H. v. Hentig, Arbeit am Frieden, 1987; F. Pöggeler, Erziehung für die eine Welt, 1990; W. Eykmann, Friedensverkündigung und F., 1991; G. Heck, M. Schurig (Hg.), Friedenspäd., 1991; W. Homolka, A. H. Friedländer, Von der Sintflut ins Paradies, 1993; G. Jochheim, W. Heitmeyer, U. Martin-Newe, Schule ohne Gewalt, 1994; H. Röhrs, Modelle der F. in Kindergarten und Schule, 1995; K. Brose, Friedensphilosophie und F. 1996; H. W. Bierhoff (Hg.), Agression und Gewalt, 1998.

**Frischeisen-Köhler,** Max, * 19. 7. 1878 Berlin, † 22. 10. 1923 Halle; Schüler W. → Diltheys. F. zeichnete scharf die Grenzen der experimentellen Methode auf, ebenso aber auch jene einer rein begriffl.-deduktiven Päd.; das päd. Verhältnis sah er als grundlegend für die Päd. an.

Schr.: Wiss. und Wirklichkeit, 1912; Bildung und Weltanschauung, 1921; Philos. und Päd., 1931, ²1962; (m. Bibl.); F. Grell, M. F.-K. in: Freiheit – Geschichte – Vernunft. Grundlinien geisteswiss. Päd., hg. v. W. Brinkmann u. W. Harth-Peter, 1997.

deranalyse«) und die frühkindl. Erziehung. Mit ihrem 1936 erschienenen Hauptwerk »Das Ich u. d. Abwehrmechanismen« leistete sie einen wesentlichen Beitrag zur Entwicklungspsych. und zur analytischen Ich-Psychologie.

Schr.: Einführung in die Technik der Kinderanalyse, 1927 u. ö.; Einführung in die Psychoanalyse für Pädagogen, 1930 u. ö.; Gesammelte Schriften in 10 Bdn., 1980.
L.: U. H. Peters, A. F., 1979; W. Salber, A. F., 1985; A. Sandler, A. F., Die Analyse der Abwehr, dt. 1989; A. Limentani, Zwischen A. F. u. Melanie Klein, 1993; G. Cartelli, Profili pedagogici, Rom 1992; R. Coles, A. F. oder der Traum der Psychoanalyse, 1995; V. Fröhlich, A. F. – Klassikerin einer psychoanalyt. Päd., in: Welt des Kindes 6 (1995); E. Young-Bruehl, A. F., 2 Bde., Wien 1995.

**Freud,** Sigmund, * 6. 5. 1856 Freiberg (Mähren), † 23. 9. 1939 London; Nervenarzt und Begründer der → Psychoanalyse. Nach → Bittner lassen sich F.s wichtigste Entdeckungen als »Genialitätsschübe« grob durch folgende Stichworte kennzeichnen: Verdrängung (1885), Traum (1899), infantile Sexualität (1905), Narzißmus (1914), Todestrieb (1920), das Es (1923). Dazwischen gab F. seiner Neigung zur naturwiss. Systematik und zur systembauenden Theoriebildung nach, z. B. in einer abstrakten Theorie der Psyche, die er in verschiedenen Schriften, etwa von 1914 an, niederlegte (sog. Metapsychologie). F. hat sich nicht unmittelbar zu Erziehungsfragen geäußert; seine in Theorie und Praxis vielschichtigen päd. Anregungen finden sich verstreut und zum Teil versteckt in seinen Abhandlungen zur frühkindl. Sexualität und zum Ödipuskomplex, in seinen Krankengeschichten, in den kulturkritischen Schriften und in den Äußerungen zu Arbeiten päd. interessierter Schüler. F. hat stets vor einer unkritischen Übertragung der Psychoanalyse auf die Erziehung gewarnt. Bis heute gilt, »daß die Erziehungsarbeit etwas sui generis ist, das nicht mit psychoanalytischer Behandlung verwechselt und nicht durch sie ersetzt werden kann. Die Psychoanalyse des Kindes kann von der Erziehung als Hilfsmittel herangezogen werden. Aber sie ist nicht dazu geeignet, an ihre Stelle zu treten« (Freud, Ges. Werke, XIV, S. 566).

Schr.: Gesammelte Werke, London/Frankfurt 1940 ff.; zahlreiche Einzel-(auch Taschenbuch-)Ausgaben.
L.: A. Freud, Einführung in die Psychoanalyse für Pädagogen, [5]1971; dies., Wege und Irrwege in der Kinderentwicklung, 1968, [6]1993; W. Rehm, Die psychoanalyt. Erziehungslehre, 1968, [2]1971; G. Bittner, Das andere Ich, 1974; ders., S. F., in H. Scheuerl (Hg.), Klassiker der Päd., Bd. II, 1979; [2]1991; A. Schöpf, S. F. – Leben und Werk, 1982; C. Millot, Freud – Antipädagoge, 1982; B. Bettelheim, F. und die Seele des Menschen, dt. 1984; R. W. Clark, S. F., Leben und Werk, 1990; L. Kowal-Summek, Zur Systematik des erziehungswiss. Denkens im Werk v. S. F., 1992; E. Fromm, S. F., 1995; H. M. Lohmann, S. F., 1998; E. Weiss, S. F. u. die biograph. Erziehungsforschung, 1998; P. Schneider, S. F., 1999.

**Freundschaft,** ein gleich- oder verschiedengeschlechtliches Verhältnis gewöhnlich zweier oder auch mehrerer (»Freundeskreis«) Menschen aufgrund gegenseitiger personaler Zuneigung und bei rückhaltloser Vertrautheit mit den Lebensgewohnheiten und -umständen des anderen. Für oberflächliche Beziehungen wird das Wort F. nur im übertragenen Sinne gebraucht (z. B. »Geschäftsfreund«). Die Bewährung der F. auch unter Opfern gilt seit jeher als eine der edelsten menschlichen Haltungen und daher als pädagogisch erstrebenswert. Für → Aristoteles wie für → Cicero steht F. im Mittelpunkt humaner und polit. Ziele; in ihr verkörpert sich politische Tugend; → Montaigne sieht in der F. die höchste Form der Selbstverwirklichung; für → Schleiermacher gilt sie ähnlich als der beste Weg, seine eigentümliche Individualität auszuformen.
Während der → päd. Bezug ein Gefälle zwischen Erzieher und Zögling voraussetzt und auf Selbstaufhebung zielt, ist F. auf Dauer angelegt und ereignet sich zwischen allen Altersgruppen. → Kameradschaft.
L.: S. Kracauer, Über F., in: Logos, 7 (1917/18); F. H. Tenbruck, F., in: Kölner Zs. für Soziologie u. Sozialpsych., 16 (1964); J. Lepp: Vom Wesen und Wert der F., dt. 1965; P. Ripple, Vom Glück der F., 1983; W. Müller-Welser, Über die F., 1989; M. Fasching, Zum Begriff der F. bei Aristoteles und Kant, 1990; R. Lassahn, Das Wesentliche ist für die Augen unsichtbar, in: Päd. Rundschau 44 (1990); A. E. Auhagen, F. im Alltag, 1991; P. Kolip, F. en im Jugendalter, 1993; J. Wagner, Kinder-F. en, 1994; J.-E. Pleines, Über die F., in: Vjschr. f. wiss. Päd. 71 (1995), H. 2; A. Regenbogen, Sozialisation in den 90er Jahren, 1998; Zs. Ethik und Unt., 9 (1998) H. 1 (Themenheft).

**Friedenserziehung, Friedenspädagogik** beruht auf der Erkenntnis, daß Frieden nicht einfach

die u. a. bestimmt sind durch die zugrundeliegende Bildungstheorie, die ökonom. Erfordernisse (etwa Rolle der F. im Außenhandel), gesellschaftl. bzw. höf. Vorlieben, nationale Vorurteile, die jew. Bezugsgruppe usw. So war etwa lange Zeit Frz. und Italien. die F. des Adels und der Höfe, während Latein die Sprache der Kirche und des Rechts war. Durch die neuhumanist. Bildungsreform erhielten Griech. und Lat. eine solche Dominanz im FU., daß ihre Beherrschung geradezu zum Maßstab von Bildung wurde. Mit der zunehmenden polit. und wirtschaftl. Bedeutung Großbritanniens und der USA gewann das Engl. in der zweiten Hälfte des 19. Jh., v. a. aber im 20. Jh. an Bedeutung als »Weltsprache« und damit auch im FU. Ein Beleg für die o. a. These kann auch sein, daß in der DDR nach 1945 Russisch als erste F. bestimmt wurde und man (im Rahmen der dt.-frz. Aussöhnung) sich verstärkt bemüht, zumindest in den Schulen in der Nähe der dt.-frz. Grenze, Frz. als erste F. im FU. beizubehalten.

Über Begründung und Zielsetzung des FU.s lassen sich nur sehr allg. Aussagen machen, nicht zuletzt deshalb, weil sich sehr stark spezialisierte Fachdidaktiken herausgebildet haben, die nur die Probleme eines bestimmten FU.s (bzw. einzelner Fächergruppen) in den Blick nehmen. Es scheint jedoch sicher zu sein, daß die instrumentelle Sprachfertigkeit (etwa aus utilitarischen Gründen: Sprache als notwendiges Berufswissen), formale Ausbildung von Kräften bzw. Fähigkeiten (beispielhaft: Rolle der alten Sprachen in der Bildungstheorie Humboldts) und inhaltl. Kenntnis anderer Kulturen und Kulturkreise eine gewichtige Rolle spielen. Eine Sonderstellung nimmt der → Sprachorientierungsunterricht ein, den die → kybernetische Pädagogik indirekt durch die Erhöhung der Wirksamkeit des anschließenden FU.s legitimiert, nicht durch den eigenen Wert der nur als Lehrstoffmodell dienenden Plansprache → ILo.

Mit der Ausbildung eigener Fachdidaktiken auch als Univ.sfächer wuchs die Orientierung des FU.s an den jew. Fachwiss.n und damit auch die Differenz zw. den einzelnen F. im schulischen Unterricht.

Ein neues, verstärkt wirksames Argument für die steigende Bedeutung der Fremdsprachenkenntnis und eine Verschiebung zugunsten der lebenden Sprachen ist auch in der steigenden Verflechtung der Wirtschaft, eines zunehmenden Reiseverkehrs und einer Perfektion der Transport- und Verkehrsmittel, die Entfernungen leichter und schneller überwinden helfen, zu sehen. Ähnlich heterogen wie die Ziele sind auch die Methoden des FU.s, und auch empirische Untersuchungen konnten keine Entscheidung über die angemessensten Methoden erzielen. So ist etwa die Frage nach der Rolle der Grammatik und der Einsprachigkeit des FU.s nach wie vor unentschieden. Unstreitig ist allerdings, daß den audiovisuellen Medien im FU. besondere Bedeutung zukommt (→ Sprachlabor).

FU. findet übrigens nicht nur in den Schulen statt, sondern auch an den Univ.n, in Einrichtungen der Erwachsenenbildung, in eigens dazu eingerichteten »Lernorten« und auch, zumindest in einigen Modellversuchen, bereits in der Vorschulerziehung.

Quantitativ dominiert eindeutig die engl. Sprache, dann folgen Frz., Lat. und Griech. Relativ selten wird Unterricht in Span., Portugies., Italien. und Russisch erteilt.

L.: L. Roth (Hg.), Handlexikon zur Didaktik der Schulfächer, 1980; A. Knapp-Potthoff, K. Knapp, F.lernen u. -lehren, 1982; A. Digeser, F.didaktik in den Bezugswissenschaften, 1983; H. H. Stern, Fundamental Concepts of Language Teaching, 1983; A. McLaughlin, Theories of Second-Language Learning, 1987; C. Chaudron, Second Language Classrooms, 1988; H. Wode, Psycholinguistik, 1989; V. Cook, Second Language Learning and Teaching, 1991; W. Edmondson, J. House, Einführung in die Sprachlehrforschung, 1993; K.-P. Bausch, H. Christ, H.-J. Krumm (Hg.), Hdb. F. [3]1993; C. Gnutzmann, F. G. Königs (Hg.), Perspektiven des Grammatikunterrichts, 1995; L. Sercu (Hg.), Intercultural Competence, 1995; U. Rampillon, Lerntechniken im Fremdsprachenunterricht, 1996; M. Erdmenger, Landeskunde im Fremdsprachenunterricht, 1997; L. Bredella u. a. (Hg.), Thema Fremdverstehen, 1997; R. Mitchell, F. Myles, Second Language Learning Theories, 1998; S. M. Braidi, The Acquisition of Second Language Syntax, 1999.

**Freud,** Anna, *3. 12. 1895 Wien, † 9. 10. 1982 London. Nach einer Lehrerausbildung u. Unterrichtstätigkeit in der Volksschule wandte sich A. F. der von ihrem Vater S. → Freud entwickelten → Psychoanalyse zu und übertrug diese vor allem auf die frühe Kindheit (»Kin-

**Freizeitheim.** Einrichtung eines öffentl. oder freien Trägers (z. B. Kirchen), in der Kindern und Jugendl. Aufenthalt für ihre → Freizeit und Angebote für sinnvolle Freizeitgestaltung gewährt werden. Organisation und Struktur der F.e richten sich nach den Bedürfnissen der Zielgruppe: z. B. »Heim der offenen Tür«, »Jugendzentrum«, »Jugendclub« etc. Das F. ist aus dem »Youth Center« hervorgegangen, das nach dem Zweiten Weltkrieg im Rahmen der → Reeducation der alliierten Besatzungsmächte für jede größere Gemeinde gefordert wurde. Mit zunehmender Entwicklung der Jugendpflege und der im Jugendwohlfahrtsgesetz (JWG) gesetzlich verankerten Freizeithilfen wurden F.e von der Bundesregierung bes. in Großstädten unterstützt.

Die → Freizeitpäd. bemüht sich um eine päd. Zielsetzung der F.e als Begegnungsstätten der Jugend und als erzieherische Einrichtungen neben Familie, Schule, Kirche und Beruf. Das F. soll Erholung und Kompensation zur Tätigkeit in Schule und Beruf bieten, aber auch → Bildung, → Fortbildung und → Emanzipation des Jugendl. fördern.

L.: H. W. Opaschowski, Freizeitpäd. in der Leistungsgesells., 1970, [3]1977; H. Lüdtke, Jugendl. in organisierter Freizeit, Bd. 2, 1972; H. Lüdtke, G. Grauer, Jugendfreizeit »Offene Tür«, Bd. 3, 1973; W. Gernert, Jugendpflege heute, 1975; [2]1981; H. W. Opaschowski, Päd. und Didaktik der Freizeit, 1976, [2]1990; E. Eckstein, Freizeit und Jugendarbeit, 1985; W. Bauer, Jugendhaus, 1991; J. Musholt, Freizeitkulturelle Breitenarbeit, 1994.

**Freizeitpädagogik.** Die freizeitpäd. Diskussion der letzten Jahre will einerseits der Freizeit im schulischen Lehrplan vermehrte Beachtung erbringen; andererseits soll eine eigene »Päd. der Freizeit« die Gesellschaft insgesamt humanisieren helfen. Die F. konstituiert sich aus dem Selbstwert der Muße neben der Arbeit, und ihre Bedeutung wächst mit der Verkürzung der Arbeitszeit und mit zunehmender Freizeit. Es geht der F. um die selbstbestimmende Ausgestaltung der hinzugewonnenen Freiheiten. Angesichts technologisch bedingter Arbeitsverknappung und eines in der modernen Arbeitswelt drohenden Sinnvakuums will sie Antworten auf die Frage anbieten, wofür Menschen eigentlich leben. Die Abgrenzung der F. von ökonom. und wachstumsorientierten Bildungskonzepten rückt sie in die Nähe der Programme für einen alternativen Lebensstil. Als solche verfolgt sie das Nahziel, das Leben in Stadt und Land für mehr Menschen wieder lebenswert zu machen; als Fernziel gilt die Integration von → Freizeit, → Kultur und → Bildung in eine für den Menschen und durch den Menschen geschaffene soziale Umwelt, in der jede soziokulturelle Tätigkeit in Arbeit und Freizeit ihren Sinn bekommt und in der die Befriedigung kreativer und kultureller kommunikativer und partizipativer Bedürfnisse auch in Schule, Ausbildung und Beruf möglich wird. Hauptzielgruppen der F. sind Kinder und Jugendl.; ältere, aus dem Arbeitsleben ausgeschiedene Menschen; Behinderte und Ausländer. Ihre wichtigsten Methoden sind die der Aufklärung, der Bewußtmachung und der → Beratung. → Risikogesellschaft.

L.: H. W. Opaschowski, Einf. in die freizeitkulturelle Breitenarbeit, 1979 (m. Bibl.); ders., Methoden der Animation – Praxisbeispiele, 1981; W. Nahrstedt, J. Sandmann, H. Lefeber, B. Lentz, E. Schewe, Der Freizeitpädagoge, 1982; V. Grunow-Lutter, W. Nahrstedt (Hg.), Freizeitberatung, 1982; H. Giesecke, Leben nach der Arbeit. Ursprünge und Perspektiven der F., 1983; J. Fromme, Freizeit als Lernzeit, 1985; W. Nahrstedt, J. Fromme, Strategien offener Kinderarbeit. Zur Theorie und Praxis freizeitpädagogischen Handelns, 1986; B. Engholm, M. Pluskwa (Hg.), Die Zukunft der Freizeit, 1987; H. W. Opaschowski, Pädagogik und Didaktik der Freizeit, 1987; ders., Psychologie und Soziologie der Freizeit, 1988; W. Nahrstedt, Leben in freier Zeit. Grundlagen und Aufgaben der F., 1990; P. Noack, Jugendentwicklung im Kontext. Zum aktiven Umgang mit sozialen Entwicklungsaufgaben in der Freizeit, 1990; R. Eckert, Th. Drieseberg, H. Willems, Sinnwelt Freizeit, 1990; J. Schilling, Jugend- und Freizeitarbeit, 1991; H. W. Opaschowski, Ökologie von Freizeit und Tourismus, 1991; R. Klopffleisch, Die Pflicht zur Faulheit, 1991; Ch. Büttner (Hg.), Kinderkulturen. Neue Freizeit und alte Muster, 1992; Dt. Jugendinstitut (Hg.), Was tun Kinder am Nachmittag, 1992; W. Nehrstedt, Zur Freizeit berufen, 1993; W. Nahrstedt, F., in: Erz.wiss. 7(1966), H. 13; A. W. Opaschowski, Päd. der freien Lebenszeit, Neuausg. 1996. Zs.: F. 1 (1978)ff.

**Fremdsprachenunterricht** (FU., F. = Fremdsprache). Das Erlernen und die Beherrschung einer F. gilt heute nicht mehr als Privileg einer »höheren Bildung«, sondern ist auch Ziel des Hauptschulunterrichts. Die Auswahl, die Gewichtung und die Ziele des FU.s haben dabei in der Geschichte zahlreiche Veränderungen und Modifikationen erfahren,

techniken und Arbeitsmaterialien: Schuldruckerei, freie Texte, Klassenzeitung, Korrespondenz zw. Schulen, anstelle von Schulbüchern Sachblätter und Dokumentenreihen, Monats- und Jahrespläne etc., die von der Coopérative de l'*E*nseignement *L*aïc (CEL) hergestellt und vertrieben werden. Die »Ecole Moderne«-Bewegung umfaßt derzeit über 30 000 Lehrer in → Frankreich (im ICEM = *I*nstitut *C*oopératif de l'*E*cole *M*oderne zusammengeschlossen). In ca. 40 Ländern bestehen F.-Gruppen (in der FIMEM = *F*édération *i*nternationale des *M*ouvements de l'*E*cole *M*oderne organisiert). In den 60er J.n entstand aus dem ›Mouvement F.‹ die → Pédagogie institutionelle.

Schr.: Die mod. frz. Schule, dt. 1965, ²1979 (mit Bibl.); F.-Päd., hg. v. Ch. Koitka, 1977, ³1979; C.F.-Päd. Texte, hg. v. H. Bochuke u. Ch. Henning, 1980; Praxis der F.-Päd., hg. v. H. Jörg, 1981; Befreiende Volksbildung. Frühe Schriften, hg. v. R. Kock, 1996; Päd. Werke Teil I, hg. v. H. Jörg u. H. Zilgen, 1998.

L.: G. Piaton, La pensée pédagogique de C.F., Paris 1974; K. Zehrfeld, F. in der Praxis, 1977; E. Freinet, Erziehung ohne Zwang, Der Weg C.F.s, dt. 1981; ²1997; F. Maspero, La pédagogie F. par ceux qui la pratiquent, Paris 1981; I. Dietrich (Hg.), Polit. Ziele der F.-Päd., 1982; R. Laun, F. – 50 Jahre danach, 1982; R. Fonvielle, L'aventure du mouvement F., Paris 1989; D. Baillet, Freinet – praktisch, 1989; J. Ramsegger, Was heißt »durch Unterricht erziehen«?, 1991; A. Hellmich, P. Teigler, Montessori-, Freinet-, Waldorfpädagogik, Konzeption und aktuelle Praxis, 1992; J. Wichmann, C.F., Ein Wegbereiter der modernen Erlebnispädagogik?, 1992; P. Clanche u. a., La Pédagogie F., Bordeaux 1994; H. Peyronie, C. F., in: Quinze Pédagogues, hg. von J. Hussaye, Paris 1994; R. Kock, Die Reform der laizistischen Schule bei C. F., 1995; ders., F. als Laizist, in: Neue Sammlung 49 (1996) 4; H. Hagstedt (Hg.), F-Päd. heute, 1997.

**Freire,** Paolo, * 19. 9. 1921 Recife (Brasilien), † 2. 5. 1997 Sao Paulo; Rechtsanwalt, bis 1964 Prof. für Geschichte und Philos. der Päd. Univ. Recife, nach Staatsstreich verhaftet und ausgewiesen, UNESCO-Experte für Bildungsfragen in Chile, ab 1968 Gastprof. in Harvard, nach 1970 Sonderberater für Bildungsfragen beim Ökumenischen Rat Genf. F. begann 1947 mit der Alphabetisierungsarbeit von Erwachsenen und entwickelte dazu neue, heute international bekannte Methoden; gilt als bedeutendster Pädagoge Lateinamerikas. Besonders betont er die Prinzipien der »Bewußtmachung« (conscienciación) des Lehrens als Problematisieren, der Erziehung zu Befreiung und gesellschaftlichem Wandel sowie das Lernen an und in der jew. Lebenssituation. Seine Theorien sind nicht nur in → Entwicklungsländern bedeutsam, sondern auch eine Herausforderung für die traditionellen Bildungssysteme.

Schr.: Päd. der Unterdrückten, (dt.) 1971; Erziehung als Praxis der Freiheit, (dt.) 1974; Päd. der Solidarität, (dt.) 1974; Dialog als Prinzip, (dt.) 1980; Der Lehrer im Politiker und Künstler, (dt.) 1981; The Politics of Education, Massachusetts 1985; Professora sim, tia não, Sao Paulo 1995.

L.: R. Bendit, A. Heimbucher, Von P. F. lernen, 1977; E. Stückrath-Taubert (Hg.), Erziehung zur Befreiung, 1977; W. u. H. Schulze (Hg.), Volkserziehung i. Lateinamerika, 1978; D. Figuevoa, Aufklärungsphil. als Utopie der Befreiung, 1989; D. Figuero, P. F. zur Einführung, 1989; M. Riemann Costa e Silva, P. F. – Bilanz einer Konzeption, 1990; L. K. Werner, Alphabetisierung und Bewußtwerdung, 1991; J. Dabisch u. a. (Hg.), Befreiung und Menschlichkeit, 1991; J. Shor, Empowering Education, Chicago 1992; E. Bambozzi, Teoría y praxis en P. F., Córdoba (Argent.) 1993; P. F. A critical encounter, ed. P. McLaren and P. Leonard, London 1993; F. Mädche, Kann Lernen wirklich Freude machen? Der Dialog in der Erz.konzeption von P. F., 1995; B. Mann, The pedagogical and political Concepts of M. Gandhi and P. F., 1995; S. Hagleitner, Mit Lust an der Welt – in Sorge um sie, Feministisch-polit. Bildungsarbeit nach P. F. und Ruth C. Cohn, 1996; P. F. – Uma Biobibliofia, ed. M. Gadotti, Brasilia 1996 (Lit.).

**Freizeit.** Die moderne → Industriegesellschaft wird oft als F.gesellschaft bezeichnet, weil sie sowohl quantitativ durch immer mehr freie Zeit als auch qualitativ durch ein neues Bewußtsein und neue Inhalte der F. geprägt wird. Der soziale → Wandel mit dem Abbau sozialer Kontrolle in der F. hat in diesem Bereich zu Orientierungslosigkeit und Verhaltensunsicherheit geführt; gleichzeitig haben sich unreflektierter Konsum und Fremdbestimmung auch auf die F. ausgedehnt. → Freizeitpäd.

L.: E. Weber, Das F.problem, 1963; W. Nahrstedt, Die Entstehung der F., 1972; E. K. Scheuch, R. Meyersohn (Hg.), Soziologie der F., 1972; D. Wachler, Das verlängerte Wochenende in s. Wirkungen auf Familie und Haushalt, 1972; J. Schilling, F.verhalten Jugendl., 1977; D. Assig u. a., F. – Beobachtung, Beurteilung und Erklärung im interdisziplinären Dialog, 1980; B. Müller-Lankow, F.forschung 1979–80, 1981; W. Nahrstedt (Hg.), F.didaktik, 1984; J. Fromme, F. als Lernzeit, 1985; J. Eckstein, F. und Jugendarbeit, 1985. J. Fromme u. a. (Hg.), F. zwischen Ethik und Ästhetik, 1977.

weibliche Charaktere hervorbringt, wobei offen ist, inwieweit das spezifisch Weibliche eine Benachteiligung darstellt oder als ein Korrektiv gegenüber einer patriarchalen Gesellschaftsstruktur angesehen werden kann.
Die feminist. Schulforschung bemüht sich, den (verkappten) Sexismus im Bildungswesen aufzuzeigen und alternative Konzepte zu erarbeiten. In diesem Zusammenhang wird die → Koedukation kritisch hinterfragt und die Forderung nach einer eigenständigen → Mädchenbildung (neu) diskutiert. Darüber hinaus wird ganz allgemein die Frage behandelt, inwieweit es typisch weibliche Zugangsweisen zu päd. Problemen geben kann oder gar geben muß. In der Geschichtsschreibung werden die bisher vernachlässigten Pädagoginnen (vgl. z. B. → Vaerting) wiederentdeckt. Die päd. F. hat sich inzwischen in der Disziplin und auch an (einigen) Hochschulen etabliert; umstritten ist noch, ob die weibliche Perspektive auch einen anderen methodischen Ansatz beinhaltet. Aufgrund der Sensibilisierung durch die F. beginnt sich eine spezif. Jungen- und Männerforschung zu etablieren.

L.: U. Scheu, Wir werden nicht als Mädchen geboren – wir werden dazu gemacht, 1977; I. Brehmer (Hg.), Sexismus in der Schule, 1982; C. Gilligan, Die andere Stimme, 1984; C. Hagemann-White, Sozialisation: weiblich – männlich?, 1984; N. Chodorow, Das Erbe der Mütter, 1985; D. Spender, Frauen kommen nicht vor, 1985; H. Faulstich-Wieland (Hg.), Abschied von der Koedukation?, 1987; A. Prengel u. a. (Hg.), Schulbildung und Gleichberechtigung, 1987; U. Schmauch, Anatomie und Schicksal, 1987; W. Böhm, Männliche Päd. – weibliche Erziehung?, Innsbruck 1989; H. Faulstich-Wieland (Hg.), Weibliche Identität (Tagungsbericht), 1989; I. Brehmer (Hg.), Mütterlichkeit als Profession?, 1990; S. Metz-Göckel, E. Nyssen, Frauen leben Widersprüche. Eine Zwischenbilanz der F., 1990; R. Hoeppel, Geschlechtsspezifische Sozialisation als Thema der F., in: Frauenforschung 3 (1991); W. Böhm und M. Lindauer (Hg.), Mann und Frau – Frau und Mann, 1992; Zs. f. Päd. 43 (1997) H. 6 (Themenheft).

**Frauenoberschule,** seit Beginn des 20. Jh. höhere Schulen für Mädchen mit der Betonung auf den Bereichen a) Haushalt und Wirtschaft, b) Kind und Familie, c) personale und soziale Bildung. Von 1938 an wurden ihre Aufgaben von der Oberstufe des hauswirtschaftl. Zweiges der Mädchenoberschulen übernommen. Nach dem Zweiten Weltkrieg wurden F. wieder in einigen Bundesländern neugegründet. Das Abschlußzeugnis vermittelt die fachgebundene → Hochschulreife; angestrebt wird eine Neuordnung, die eine Ergänzungsprüfung zur Erlangung der vollen Hochschulreife beinhalten soll.

**Free Schools.** In den 60er J.n in den USA aus der Kritik am öffentl. Bildungssystem und an der weißen Mittelstandskultur entstandene → Alternativschulen; F. S. befanden sich vor allem in innerstädtischen Slums, um der besonderen Lage der Unterprivilegierten gerecht zu werden. Theoretisch befreien sie sich von der Schulpflicht, Zeugnissen und Zensuren, vorgeschriebenen Curricula, Strafen und Belohnungen.

L.: J. Konzol, Death at an Early Age, Boston 1967; ders., F. S., Boston 1972, dt.: Schule und Gegenschule, 1973; R. Winkel, Die F. S.-Bewegung, in: Bildung und Erziehung 27 (1974).

**Freilufterziehung** fördert Beschäftigung und Unterricht von Kindern und Jugendlichen im Freien in landschaftl. bevorzugten Gebieten. Der F. dienen vor allem Freiluft-, früher Waldschulen. Anfangs standen Erziehung und Unterricht schwächlicher und erholungsbedürftiger Kinder im Mittelpunkt; heute verbinden Freiluftschulen geregelten Unterricht und Beschäftigung im Freien mit der Pflege und gesundheitl. Förderung von Großstadtkindern (z. B. durch Stadtranderholung). F. wurde in Spanien zuerst von → Manjón, in Dtl. zuerst von → H. Lietz in den → Landerziehungsheimen durchgeführt. Die ersten Freiluftschulen wurden 1904 in Charlottenburg von Neufert und 1906 in Mühlhausen i. E. von K. König gegründet.

**Freinet,** Célestin, * 15. 10. 1896 Gars (Südfr.), † 8. 10. 1966 Vence; Landschullehrer und Schulreformer; 1935 Gründer der »Internationalen Front der Kindheit« (*Ligue d'Enfance*). Aufgrund seiner Kritik an der herkömmlichen »Schulkaserne« und dem lebensfernen »scholastischen« Unterricht forderte er die Verbindung von Schule und Leben, von körperl. und geistiger Arbeit, die päd. Kooperation von Schülern und Lehrern sowie der Lehrer untereinander. Für seine »aktive Schule« entwickelte F. Unterrichts-

ten, in den (→ Grund- und) → Hauptschulen fast nur im Rahmen von Versuchen statt. Vereinzelt gibt es die Möglichkeit, Frz. bereits im → Kindergarten auf spielerische Weise kennenzulernen.
Für die Didaktik und Methodik des FU.s gilt das gleiche wie für den → neusprachl. Unterricht insgesamt. Auch hier wird kommunikative → Kompetenz als oberstes Ziel angesehen; bemüht man sich, das tatsächliche Sprechenkönnen zu fördern (Pragmatisierung des Unterrichts), mit der Sprache zugleich inhaltliche Kenntnisse über Frankreich, seine Gegenwart, Geschichte und Kultur zu vermitteln, durch Schüleraustausch (Dt.-Frz. Jugendwerk) nicht nur die formalen und materialen Fähigkeiten und Kenntnisse zu verbessern, sondern auch zur Völkerverständigung beizutragen. Die Grammatikschulung ist in dieses Konzept integriert; dabei ist aber einzuräumen, daß es sich in der Praxis des täglichen Unterrichts noch längst nicht überall durchgesetzt hat. → Altsprachlicher Unterricht, → Englischunterricht, → Fremdsprachenunterricht.

L.: B. Schmidt, Der frz. Unterricht und s. Stellung in der Päd. des 17. Jh., 1931; B. Harring, Präferenzen unterschiedl. Gesellschaftsgruppen über Lernziele des FU.s, 1972; M. Pelz (Hg.), Freiburger Beiträge zur Fremdsprachendidaktik, 1974; M. Pelz, Pragmatik und Lernzielbestimmung i. Fremdsprachenunterricht, 1977; L. Roth (Hg.), Handlex. zur Didaktik d. Schulfächer, 1980; D. Möhle, M. Raupach, Planen in der Fremdsprache: Analyse von »Lernersprache Französisch«, 1983: Franz. als Zielsprache: Hdb. des FU.s, 1989; A.V. Wernsing, Kreativität im F., 1995.

**Frauenarbeitsschulen,** in Baden-Württemberg und in der Schweiz seit dem letzten Drittel des 19. Jh. entstandene 1–3j. Schulen zur Weiterbildung junger Mädchen in Hauswirtschaft und in frauengewerblichen Arbeiten.

**Frauenberufliche Schulen** entstanden seit der 2. Hälfte des 19. Jh. vielfältig und in unterschiedlichsten Ausprägungen, die sich heute noch durch die bestehenden nachweisen lassen. Sie umfassen Schulen für Mädchen und Frauen (heute größtenteils auch schon für Männer geöffnet) zur Vorbereitung auf hauswirtschaftl., pflegerische, sozialpäd., gewerbl. (Textilindustrie) und landwirtschaftl. »Frauenberufe«. Schulen für hauswirtschaftl. Berufe: neben der hauswirtschaftl. Berufsschule Haushaltungsschulen, Kinderpflegerinnenschulen, hauswirtschaftl. Berufsaufbauschulen, hauswirtschaftl. Fachschulen, Landfrauenschulen, höhere Fach- bzw. Fachoberschulen für Frauen- und Landfrauenberufe. Zu den Schulen für sozialpäd. Berufe gehören neben den Kinderpflegerinnen- und Haushaltungsschulen Fachschulen bzw. → Fachakademien für Sozialpädagogik und die → Fachhochschule für Sozialarbeit. Zu den Schulen für gewerbl. Frauenberufe zählen außer der Berufsschule gewerbl. Berufsfachschulen verschiedener Fachrichtungen (Mode und Design, Textil), → Frauenfachschulen, Fachhochschulen für Textil- und Bekleidungstechnik.

**Frauenbildung** → Mädchenbildung.

**Frauenfachschulen,** Berufsfachschulen hauswirtschaftl. und gewerbl. (textilgewerbl.) Richtung. Sie dienen der Erweiterung der Allgemeinbildung und umfassen darüber hinaus eine 1–2j. Grundbildung für die hauswirtschaftl., sozialpäd. und pflegerischen oder die gewerbl. Berufe. Daran schließt sich (ein oder zwei J. lang) die Ausbildung zur (Haus-) Wirtschaftsleiterin bzw. zu mittleren bis gehobenen Berufen in der Wäsche- und Bekleidungsindustrie an. Außerdem ermöglicht der erfolgreiche Abschluß auch den Besuch von Fachschulen oder höheren Fachschulen bzw. Fachoberschulen (von Bundesland zu Bundesland unterschiedlich).

**Frauenforschung.** Eine päd. F. ist im Zusammenhang mit der neuen Frauenbewegung (→ Feminismus) entstanden; sie beschäftigt sich mit jenen päd. Fragen, die für Frauen relevant sind, und verfolgt als spezifisches Erkenntnisinteresse die → Emanzipation der Frau.
Ein zentrales Forschungsgebiet ist die geschlechtsspezifische → Entwicklung. Während in den 70er Jahren sozialisationstheoret. Ansätze die Geschlechterunterschiede auf die frühkindl. → Sozialisation zurückführten und dabei eine Benachteiligung der Mädchen hervorhoben, wird mittlerweile – ausgehend von psychoanalyt. Denkmodellen – erörtert, ob die Erziehung unter den gegebenen Verhältnissen notwendigerweise männliche und

*res*), haben nicht die erhofften Erfolge gezeigt: nach wie vor trägt das f. Bildungswesen sehr stark zentralistische Züge; trotz der Versuche einer engeren Verklammerung von allgemeiner und beruflicher Bildung geht die Logik des gesamten Bildungssystems von der Schlüsselstellung des Bakkalauréats als hauptsächliches Mittel der sozialen Positionsbestimmung aus.

Der Hochschulbereich umfaßt Univ.n, Ingenieurschulen und *Grandes Ecoles*. Das Univ.sstudium gliedert sich in 2j. Grundstudium (Abschlußdiplom), 1 bzw. 2j. Spezialstudium (Lizenz bzw. Maîtrise); Forschungsstudium (Thèse d'Etat und Habilitation). Für Sekundarschullehrer gibt es 2 landesweite Wettbewerbsprüfungen (Concours): das CAPES (certificat d'aptitude au professorat de l'enseignement secondaire) setzt die Lizenz, die Agrégation, als höchsten Abschlußgrad die Maîtrise und Studien in 2 Nebenfächern voraus.

Die Zulassung zu den *Grandes Ecoles* erfolgt nach strengen Aufnahmewettbewerben (nach 2j., an die Reifeprüfung anschließenden Vorbereitungskursen). Das Studium an der ENA (*Ecole Nationale d'Administration*) setzt ein abgeschlossenes Univ.sstudium voraus. Die Absolventen der Grandes Ecoles stellen die Spitzenkräfte in Wiss., Kultur, Politik, Verwaltung und Wirtschaft.

Die Erwachsenenbildung umfaßt neben der außerschulischen sportl. und künstl. Erziehung gesonderte Einrichtungen für allg. und berufl. Fortbildung, die prinzipiell vom Staat getragen und häufig von Institutionen der Univ.n durchgeführt werden. → Alain, → Avanzini; → Mialaret, → Soëtard.

L.: A. Prost, Histoire de l'enseignement en France, Paris 1968; J. Schriewer, Die frz. Univ.n 1945–1968, 1972; B. Trouillet, Die Sekundarschule in F., 1973; J. Schriewer (Hg.), Schulreform und Bildungspolitik in F., 1974; A. Zimmermann, Baccalauréat. Abitur und Sekundarschule in F., 1976; B. Trouillet, Sekundarabschlüsse mit Hochschulreife im frz. Bildungswesen, 1977; B. Nieser, Bildungswesen, Chancengleichheit und Beschäftigungssystem in F., 1980; H. Parias, Histoire générale de l'enseignement et de l'éducation en France, 4 Bde., Paris 1981; G. Vigarello, Les sciences de l'éducation, Paris 1985; E. Naymann, Die Entwicklung des französ. Schulsystems unter bes. Berücksichtigung soziolog. Prämissen, 1987; G. Avanzini, Introduction aux sciences de l'éducation, Toulouse 1987; A. Voisin, Das berufl. Bildungswesen in F., 1989; J. C. Barbarant, Les enfants de Condorcet, Paris 1989; B. Nieser, Bildungspolitik in F. (1975–1985), 1990; Ass. française des administrateurs de l'éducation, Le système éducatif français et son administration, Paris 1990; M. Debeauvais, La recherche en éducation en France, in: Ricerca Educativa 8 (1991) 4; H. G. Hesse, Ch. Kodron, Zeit für Schule: F. – Spanien, 1991; J. Schriewer und E. Kleiner, Communication Patterns and Intellectual Traditions in Educational Sciences: France and Germany, in: Comparative Education Review 36 (1992) 1; A. Corbett (Hg.), Education in France 1981–1995, London 1996; H. Ch. Harten, Utopie und Päd. in Frankreich 1789–1860, 1996; F. Osterwalder, Demokratie und Laizität, in: Bildung, Öffentlichkeit und Demokratie, 1998 (= ZfPäd. 38. Beih.).

**Franz von Sales,** * 21. 8. 1567 Schloß Sales b. Annecy, † 28. 12. 1622 Lyon; 1602 Bischof von Genf, 1665 heiliggesprochen, 1877 zum Kirchenlehrer ernannt. Gründer der Salesianerinnen, die sich der → Mädchenbildung widmeten. Seine an Laien gewandten Anleitungen zum frommen Leben, »Philothea« (1608) und »Theotismus« (1616), wurden in fast alle europ. Sprachen übersetzt. → Don Bosco.

L.: H. Pauels, Gottes Leuchten auf einem Menschenantlitz. Das Leben und die Theol. des hl. F. v. S., 1989; A. Ravier, Woran F. v. S. glaubte, 1992.

**Französischunterricht.** F. galt lange Zeit, v. a. seit dem Aufkommen des Bildes vom *galant homme* im 17. Jh., als die Sprache der gebildeten und höheren Kreise, vor allem des Adels und des Großbürgertums. Darin spiegelte sich auch die Orientierung des europ., speziell des dt. Adels am Versailler Hof und die Signalwirkung der Frz. Revolution und der Rolle des Bürgertums wider. FU. bildete daher einen wichtigen Teil der → Adels- und bürgerlichen Erziehung; er wurde häufig von Hauslehrern oder frz. Gouvernanten erteilt. Im 18. und 19. Jh. ging er auch in die höheren Schulen ein und blieb bis zu seiner amtlichen Ablösung durch Englisch das wichtigste Fach des neusprachl. Unterrichts (1938). Heute wird F. an einigen Gymn. als erste Fremdsprache angeboten, meist jedoch als zweite Fremdsprache nach Englisch, häufig als Alternative zu Latein, oder als dritte, fakultative Fremdsprache an den → Gymnasien, mit Ausnahme der humanistischen, unterrichtet. In den → Realschulen findet FU. meist nur in freiwilligen Arbeitsgemeinschaf-

Schulen wurden bis Mitte des 18. Jh. v. a. von den → Jesuiten unterhalten. Das moderne Bildungswesen wurde geprägt durch die Pläne der Revolutionszeit (Mirabeau, Talleyrand, → Condorcet, Lakanal) sowie die straffe zentralistische Organisation und Verstaatlichung des höheren Bildungswesens unter Napoleon. Das Primarschulwesen fußt auf den bildungspolit. Initiativen der III. Republik (Ferry, Bert, Buisson); 1881 wurde der Primarunterricht für unentgeltlich, 1882 für obligatorisch erklärt und die Schulpflicht auf das 13. Lj. festgesetzt. Gleichzeitig wurde das Prinzip der *laïcité* in allen staatl. Schulen eingeführt und Religionsunterricht untersagt. Seit 1880 haben auch Mädchen Zugang zur Sekundarschulbildung. Die bereits in den 20er J.n angestrebte → Einheitsschule wurde in zahlreichen, nicht verwirklichten Reformplänen nach 1945 wieder aufgenommen; am bedeutsamsten war der ›Langevin-Wallon-Plan‹ von 1947, der auf Schulgeldfreiheit, *laïcité*, Sekundarschulbildung für alle, 4j. Orientierungsstufe und Schulpflichtverlängerung bis zum 18. Lj. sowie universitäre Ausbildung für alle Lehrer zielte.

Bis 1959 bestand in F. ein → dreigliedriges vertikales Schulsystem. Die Reform von 1959 brachte außer der Verlängerung der Pflichtschulzeit um 2 J. (bis zum 16. Lj.) v. a. die Einführung einer zunächst 2j., später 4j. Orientierungsstufe von der *sixième* bis zur *troisième* (6. bis 3. Klasse).

Auf die nicht obligatorische Vorschule (*école maternelle* oder *préscolaire*) für Kinder von 2–6 J.n folgt die 5j. Grundschule (*école élementaire*) für die 6–11j. Der Elementarunterricht gliedert sich in 3 Stufen: *cours préparatoire* (6 und 7j.), *cours élémentaire* (7 bis 9j.) und *cours moyen* (9 bis 11j.). In der Grundschule bestehen Spezialklassen für körperlich und geistig Behinderte.

Die Sekundarschule wurde in 2 Zyklen gegliedert: der erste Zyklus (*CES*) für die 11–15j. war eine in 4 Zweige (klass., modern I und II, praktisch) gegliederte Beobachtungs- und Orientierungsstufe; er führte zur Berufsschule bis zum Ende der Pflichtschulzeit oder in den 2. Zyklus. Dieser ermöglichte in einer 2j. Kurzform (*CET*) eine Fachschulausbildung und in der 3j. Langform (*Lycée*) den Erwerb des Abiturs (Baccalauréat) in 5 Ausbildungsrichtungen (sprachl.-philosoph.; wirtschaftl. und sozialwiss.; math.-naturwiss.; phys.-naturwiss.; techn.). Das → Bakkalauréat berechtigte zum Hochschulstudium oder zum Eintritt in ein Volksschullehrerseminar (*Ecole Normale*).

In der Folgezeit stand F. unter der Wirkung des Gesetzes zur Modernisierung des Erziehungswesens (*Loi Haby*) vom 11. Juli 1975 und dessen Ergänzung durch den Minister Chevènement (1986): eine Verbesserung der Chancengleichheit, die Ausgewogenheit der Bildung für alle, die Erhöhung des Stellenwertes der berufl. und techn. Bildung und die Modernisierung der Lehrinhalte.

Im einzelnen sah die Reform vor, die Plätze für Kinder im Alter von 2 J.n zu erhöhen, 90% der Kinder mit 3 J.n und 100% der Kinder im Alter von 4 und 5 J.n in Vorschuleinrichtungen aufzunehmen. Im Elementarbereich wurden Sonderhilfen für benachteiligte und schwierige Schüler geschaffen und der künstl. und sportl. Unterricht ausgebaut. Die verschiedenen Schularten des Sek.bereichs I (*CES*) wurden zu einem einzigen Typus zusammengefaßt: das 4j. *Collège*, das in den ersten beiden Jahren gemeinsamen Unterricht für alle und in der 2. Hälfte Differenzierungs- und Wahlmöglichkeiten bietet. Auf der Sek.stufe I wurde die Klassenstärke auf höchstens 24 Schüler gesenkt, in den neuen *Lycées* (Sek.stufe II) die bisherigen Sektionen aufgehoben sowie der Unterschied zwischen allg. und techn. Abitur eingeebnet. Die berufl. Ausbildungsgänge der ehemaligen Kurzform wurden in den *Lycées d'Enseignement Professionel* zusammengefaßt und der Übergang zu den allg.bild. und techn. Lycées ermöglicht. Die im *Loi d'orientation sur l'éducation* von 1989 anvisierten Reformen, betreffend 1) die Formen der organisatorischen Zusammenarbeit zw. und innerhalb der administrativen Instanzen (*décentralisation*: Stärkung der schulischen Autonomie, Schülermitverwaltung, stärkere Einbindung der Eltern), 2) die Ziele, Inhalte und Methoden des Unterrichts (Kindgemäßheit, Neustrukturierung der Unterrichtszyklen, Kompensation soz. und regionaler Benachteiligungen, Einbezug der europ. Perspektive), 3) die Lehrerausbildung für Vorschule und Sekundarstufe (Gründung von *Instituts universitaires de formation de maît-*

**Fortbildungsschule**

umgänglich. Während sie im soziokulturellen Bereich im wesentlichen nur funktional geschieht, ist sie im polit., wirtschaftl., technischen und wiss. Bereich bereits weithin institutionalisiert. Arbeitgeber, Gewerkschaften, Univ.n und staatl. Stellen fördern F.s-veranstaltungen oder bieten solche selbst an. Aufwendungen für F. sind steuerlich abzugsfähig. F. ist heute oft weniger ein Mittel des sozialen → Aufstiegs als ein Mittel gegen den Abstieg.
→ Erwachsenenbildung, → Weiterbildung,
→ Recurrent education.

**Fortbildungsschule** → Berufsschule.

**Francke,** August Hermann, * 22. 3. 1663 Lübeck, † 8. 6. 1727 Halle, ev. Theol. und Päd.; hatte als Prediger in Lüneburg 1687 ein »Bekehrungserlebnis«, das ihn in der »wahren Gottseligkeit« des → Pietismus das Lebensziel sehen ließ. Seit 1692 Prof. in Halle, baute er dort ab 1694 die mehrere Schulen und ausgedehnte Wirtschafts- und Hilfseinrichtungen umfassenden Franckeschen Stiftungen auf. Seinem tiefen Mißtrauen gegen Mensch und Welt entsprach seine Päd. der Zucht, Behütung, Aufsicht und Arbeit. → Brüdergemeine d. Herrnhuter.

Schr.: Schr. über Erziehung und Unterricht, hg. v. K. Richter, 1872; Päd. Schr., hg. v. G. Kramer, 1876, ²1885, Neudr. 1966; Päd. Schr., hg. v. H. Lorenzen, 1957, ²1964; Selbstzeugnisse A. H. F.s, hg. v. E. Beyreuther, 1963; Werke in Auswahl, hg. von E. Peschke, 1969; Segensvolle Fußstapfen, hg. von M. Welte, 1994.
L.: G. Bondi (Hg.), A. H. F., 1964; D. Jungklaus (Hg.), A. H. F., 1966; P. Menck, Die Erziehung d. Jugend zur Ehre Gottes und zum Nutzen des Nächsten, 1968; W. Oschlies, Die Arbeits- und Berufspäd. A. H. F.s, 1969; G. Schmalenberg, Pietismus – Schule – Religionsunterricht, 1974; E. Bunke, A. H. F., 1986; P. Menck, A. H. F., ein Wegbereiter der modernen Erlebnispädagogik?, 1991; G. F. Hertzberg, A. H. F. und sein Hallisches Waisenhaus, 1898, Nachdr. 1998; V. Lenhart, Protestant. Päd. und der »Geist« des Kapitalismus, 1998.

**Frank,** Helmar, * 19. 2. 1933 Waiblingen, Dr. phil. 1959 Stuttgart, Habil. 1970 Linz, Dr. h. c. 1997 (Moskau) u. 1998 (Sibiu-Hermannstadt), lehrte ab 1963 → Kybernetik an der PH Berlin, seit 1972 o. Prof. für Kybernetische Päd. und Bildungstechnologie in Paderborn (em. 1998); entschiedener Vertreter einer → kybernetischen Päd., die er vor allem hochschuldidaktisch und im → Sprachorientierungsunterricht bildungspraktisch anwendet.

Schr.: Kybernet. Grundlagen der Päd., 1962, ²1969; Kybernetik und Philosophie, 1966, ²1969; Einf. in die kybernet. Päd., 1971, ²1980; Vorkurs zur prospektiven Bildungswissenschaft, 1984; Bildungskybernetik, 1996; Sprachorientierungsunterricht, 1998.
L.: B. S. Meder, W. F. Schmid, V. Barandovská (Hg.): Kybernet. – Ges. Schriften 1958–1992 v. H. F. u. Mitarb., 7 Bde. 1973, 1974, 1993; G. Lobin, H. Lohse, S. Piotrowski, E. Poláková (Hg.), Europäische Kommunikationskybernetik heute und morgen (FS f. H. F.), 1998.

**Frankfurter Schule.** Nach dem in Frankfurt/M. lokalisierten »Institut für Sozialforschung« gebräuchliche Bezeichnung der dort entwickelten → Kritischen Theorie.
→ Emanzipation.

L.: M. Jay, Dialektische Phantasie. Die Geschichte der F.S. und des Instituts für Sozialforschung 1923–50, dt. 1976; R. Wiggershaus, Die F. Sch. Gesch., Theoret. Entw., Polit. Bedingungen, 1986, ³1991; Die F.S. und ihre Folgen, hg. von A. Honneth, A. Wellmer, 1986; K. Brose, Adornos krit. Päd., in: Vjschr. f. wiss. Päd. 68 (1992) L. Koch, Bildung und Negativität, 1995.

**Frankiewicz,** Heinz * 19. 2. 1925 Nauendorf b. Radebeul, Dr. paed., 1967 Berlin, 1968 Prof. f. Theorie d. Techn. Bildung an der Akademie der Päd. Wiss.n Berlin, führender Theoretiker auf dem Gebiet der → Polytechn. Bildung und Erziehung in der → DDR, bedeutende Arbeiten zum Verhältnis von Bildung und Technik sowie zum Gegenstand und der didakt. Struktur eines polytechn. Unterrichts.

Schr.: Technik und Bildung in der Schule der DDR, 1968, Systematisch lernen und arbeiten in der polytechn. Schule, 1964; Sozialist. Bildungstheorie und polytechn. Bildung, in: Pädagogik 20 (1965) 6; Technik als Gegenstand polytechn. Bildung, in: Pädagogik 23 (1968) 2; Polytechn. Bildung – Aspekt oder Fach der Allgemeinbildung? in: Pädagogik 23 (1968) 4; (mit anderen), Polytechn. Bildung und Erz. im mathemat. und naturwiss. Unterricht, 1979; Einige Gedanken zur Methodik des polytechn. Unterrichts, in: Polytechn. Bildung und Erz. 10 (1968) 3; (mit B. Rothe und U. Viets), Hdbs. der produktiven Arbeit der Schüler, 1986; (mit anderen), Der polytechn. Charakter der Oberschule der DDR 1989; Polytechn. Bildung in der DDR, in: Internat. Berichte zur Geschichte der Arbeit und Technik, hg. von R. Oberliesen u. a., 1994.

**Frankreich.** Das Schulwesen von F. lag im Mittelalter ausschließlich beim Klerus, gegen Ende des 12. Jh. zeigen sich Anfänge einer Verselbständigung, z. B. die Gründung der Univ. Paris (Sorbonne). Niedere und mittlere

Entwicklung und Formulierung der Ausgangshypothese über die notwendigen Voruntersuchungen, die Erhebung und »Verarbeitung« der Daten bis zu ihrer Interpretation und Dokumentation zu folgen.

Je nach Selbstverständnis der Päd. als einer Real-, Erfahrungs- und Sozial- oder als einer Geisteswiss. dominieren empirische, auf → Erfahrung bezogene, oder auf → Anschauung gegründete F. und konstituieren und differenzieren insofern gleichzeitig selbst auch Forschungsergebnisse und päd. Theoriebildung über den Gegenstandsbereich der Erziehung (→ Phil. der Erz.). Seit der sog. → realistischen Wendung finden die klass. Methoden der empirischen Sozialforschung auch in der Päd. zunehmend Anwendung. Zu den quantifizierenden Techniken der Datenerhebung zählen in erster Linie die standardisierten Formen der Beobachtung und Befragung mit ihren speziellen Klassifikations-, Meß- und Skalierungsverfahren sowie das Experiment im Feld oder im Labor mit der geplanten Veränderung der »bedeutsamen« Variablen und Kontrolle der Störfaktoren. Ihr Ziel ist die systematische Erforschung der (Erziehungs-)Wirklichkeit (und die Verwissenschaftlichung der Primärerfahrung des Forschers) zum Zwecke ihrer intersubjektiv nachprüfbaren und falsifizierbaren Beschreibung, Erklärung und Vorhersage (→ empir.-analyt. Erz.-wiss.). Als Gegenschlag zu einer einseitig empirist.-positivist. Forschungspraxis und in Rückbesinnung auf die notwendige Verschränkung von Empirie und → Hermeneutik sind (vor dem Hintergrund der Kontroverse um »Verstehen« und »Erklären« seit den 70er Jahren eine (gesellschafts-)kritische (→ krit. Theorie) und eine erneute → Alltagswende mit verstärkter Orientierung an spekulativen bzw. verstehenden F. zu konstatieren, in der die klass. qualitativen Denkformen der Hermeneutik, → Phänomenologie, → Strukturpäd. und → Dialektik wiederentdeckt, verstärkt mit ideologie-kritischem Impetus fruchtbar gemacht und ergänzt werden, sowohl um inhalts- und sprachanalytische, (auto-)biographische und narrative Methoden als auch um Formen teilnehmender Beobachtung in mikro- oder qualitativen Beobachtungen zur Bestätigung von Trendtheorien und -analysen in makrosozialen Zusammenhängen.

Eine bes. problematische Zwischenstellung zw. quantitativen und qualitativen F. nimmt die Handlungsforschung (*action research*, → Handlung) ein, in der die Forschungspraxis und ihre Methoden als Aufklärungs- und Praxishilfen und insofern als Teil eines Programms der Veränderung bestehender sozialer Verhältnisse genutzt werden und die Forscher zugleich wiss. Beobachter und aktive Teilnehmer der Aktionen, die Praktiker zugleich Forscher sind bzw. sein sollen, Forschung mithin als demokratisiert ausgegeben wird.

L.: I. Gorges, Sozialforschung in Dtl. 1872–1914, 1965; A. Oberschall, Empirical social research in Germany, 1848–1914, 1965; S. Oppolzer (Hg.), Denkformen und F. d. Erziehungswiss., 2 Bde., 1966–69; P. Atteslander, Methoden der empir. Sozialforsch., 1969, [7]1993; F. Haag u. a., Aktionsforschung, 1972; Hdb. der empir. Sozialforschung, h. v. R. König, Bd. 1–4, [3]1973–74; J. Friedrichs, Methoden empir. Sozialforschung, 1973, [13]1985; H. Moser, Aktionsforschung als krit. Theorie der Sozialwiss., 1975; E. Hufnagel, Einf. in die Hermeneutik, 1976; K. Mollenhauer/Ch. Rittelmeyer, Methoden der Erziehungswiss., 1977; H. Skowronek, D. Schmied (Hg.), Forschungstypen und Forschungsstrategien der Erziehungswiss., 1977; K.-O. Apel u. a. (Hg.), Neue Versuche über Erklären und Verstehen, 1978; L. Roth (Hg.), Methoden erziehungswiss. Forschung, 1978; K.-O. Apel, Die Erklären-Verstehen-Kontroverse in transzendentalpragmat. Sicht, 1979; H. Danner, Methoden geisteswiss. Päd., 1979, [2]1989; C. Hopf/E. Weingarten (Hg.), Qualitative Sozialforschung, 1979; N. Kluge, H. Reichel (Hg.), Das Experiment in der Erziehungswiss., 1979; H. G. Soeffner (Hg.), Interpretative Verfahren in den Sozial- und Textwissensch., 1979; K. Wahl, M.-S. Honig, L. Gravenhorst, Wissenschaftlichkeit und Interessen, 1982; H. Kern, Empir. Sozialforschung, 1982; A. Witzel, Verfahren der qualitativen Sozialforschung, 1982; Ph. Mayring, Qualitative Inhaltsanalyse, 1983, [4]1993; J. Bortz, Lehrbuch der empir. Forschung, 1984; E. Roth (Hg.), Sozialwissenschaftl. Methoden, 1985, [2]1987; Th. Heinze, Qualitative Sozialforschung, 1987; S. Lamnek, Qualitative Sozialforschung, 2 Bde., 1988–89; Eigenart, Möglichkeiten und Grenzen der Methoden in den Wiss., hg. von Ph. Schäfer, 1988; D. Hoffmann (Hg.), Bilanz der Paradigmendiskussion in der Erz.-wiss., 1991; J. M. van der Maren, Méthodes de recherche pour l'éducation, Brüssel 1995; D. Orlando Cian, Metodologia della ricerca pedagogica, Brescia 1996; H.-H. Krüger, Einf. in die Theorien und Methoden der Erz.wiss., 1997, [2]1999; D. M. Mertens, Research Methods in Education and Psychology, Thonsand Oaks 1998; H. Wienold, Empir. Sozialforschung, 1998.

**Fortbildung.** Der polit., soziale, wirtschaftl., technische, wiss. und kulturelle Wandel macht heute F. in den meisten Lebensbereichen un-

sollen diese Ziele durch eine → Differenzierung des Unterrichts in gemeinsamen Kernunterricht und getrennte Kurse, Arbeitsgemeinschaften und individuelle Hilfen erreicht werden, wobei Lehrer verschiedener Schularten an dieser Schulstufe unterrichten. Am Ende dieser Stufe werden dann die Schüler entsprechend ihrer Leistungsfähigkeit den weiterführenden Schulen zugewiesen. An Einwänden gegen die F. wurde vorgebracht, sie gefährde durch die Verkürzung des Gymnasiums dessen Bildungsarbeit, die Auslese lasse sich durch geeignetere Ausleseverfahren auch ohne schulorganisatorische Veränderungen verbessern, und der Schulstreß und damit die psychische Belastung der Kinder würde erhöht.

Die positiven Ergebnisse der F.versuche in einigen Bundesländern trugen mit dazu bei, in diesen Ländern die Versuche auch auf die → Gesamtschule zu erstrecken.

Nach dem → Strukturplan des Dt. Bildungsrates (1970) soll der 5. und 6. Schuljahrgang schulformunabhängig als → Orientierungsstufe geführt werden. → Eingangsstufe.

L.: E. Geissler, R. Krenzer, A. Rang: Fördern statt Auslesen, 1967; W. Royl, Unterrichten und Diagnostizieren, 1978; J. Nauck, Fördern statt auslesen?, 1983; H. Retter u. a., Orientierungsstufe. Schule zw. den Fronten, 1985; J. Nauck, Neue Studien zur Orientierungsstufe, 1988;

**Foerster,** Friedrich Wilhelm, * 2. 6. 1869 Berlin, † 9. 1. 1966 Zürich; 1899 Doz. für Philos. TH Zürich, 1912 Prof. Wien, 1914–20 Prof. für Univ. München, lebte danach in der Schweiz und in Frankreich, 1942–64 in den USA. Kritisierte die nationalistische Verengung der dt. Päd.; sah als Hauptaufgabe einer von Grund auf ethischen Erziehung die Wiederversöhnung der polit. Macht mit der im → Gewissen verankerten Sittlichkeit. F.s Schriften sind über die ganze Welt verbreitet und hatten ihren größten Einfluß 1910–30.

Schr.: Jugendlehre, 1904, [9]1959; Lebenskunde, 1904, Neudr. 1953; Schule und Charakter, 1907, [15]1953; Sexualethik und Sexualpäd., 1907, [6]1952; Lebensführung, 1909, Neudr. 1961; Staatsbürgerl. Erziehung, 1910, weitere Aufl.: Polit. Ethik und pol. Päd., [4]1956; Autorität und Freiheit, 1911, [4]1923; Erziehung und Selbsterziehung, 1917, weitere Aufl.: Die Hauptaufgaben der Erziehung, [4]1967; Christentum und Päd., 1920; Angewandte polit. Ethik, 2 Bde., 1922–24; Erlebte Weltgeschichte, 1953; Programm e. Lebensarbeit, 1961 (m. Bibl.); Schriften zur polit. Bildung, hg. von K. G. Fischer, 1967 (m. Bibl.).

L.: F. Pöggeler, Die Päd. F. W. F.s, 1957; M. Laeng, F. W. F., Brescia 1960 u. ö.; H. Burger, Politik und polit. Ethik bei F. W. F., 1969; B. Hipler (Hg.), F. W. F., Manifest für den Frieden, 1988; K. Kürzdörfer, F. W. F., in: W. Böhm, W. Eykmann (Hg.), Große bayerische Pädagogen, 1991; E. Weiss, Der reformpäd. Außenseiter F. W. F., 1993.

**formale Bildung** meint im Gegensatz zur → materialen Bildung nicht die Ansammlung von Wissen, sondern die Entwicklung »formaler«, also nicht inhaltlich bestimmter Fähigkeiten und Kräfte des zu Bildenden. Mit → W. Klafki kann man zwei Grundtypen unterscheiden: die funktionale oder → Kräftebildung, z. B. des Beobachtens, Urteilens, Denkens, Schließens, Wertens, Wollens, und die methodische Bildung, bei der das Schwergewicht auf dem Erwerb grundlegender Methoden liegt. Ein bedeutender Vertreter der ersten Theorie war u. a. → Humboldt; wichtige Theoretiker der → Arbeitsschule (z. B. → Gaudig und → Scheibner) vertraten die methodische → Bildung. → Kategoriale Bildung.

L. W. Klafki, Studien zur Bildungstheorie und Didaktik, 1963 u. ö.; ders., Neue Studien zur Bildungstheorie und Didaktik, 1985, [5]1996.

**Formalstufen** (des Unterrichts) → Herbart, → Herbartianismus.

**Forschungsmethoden** (der Päd.) sind wiss. Verfahren in Form generalisierbarer Datenerhebung oder Verhaltensbeobachtung zur Gewinnung von (päd. relevantem) Wissen, zur Förderung und Vermehrung des Erkenntnisbestandes über und/oder zur Nutzanwendung für die verschiedenen Praxisbereiche der Erziehung. F. als Instrumente des Wiss.prozesses müssen grundsätzlich problemangemessen und (intersubjektiv) nachprüfbar sein, empirisch oder logisch die Widerlegbarkeit der gewonnenen Ergebnisse gewährleisten und bei der Untersuchung von Teilbereichen oder -aspekten (Stichproben) einer größeren Grundgesamtheit die Repräsentativität der Auswahl für das Ganze garantieren. (→ Krit. Rationalismus). Die Forschungsstrategie als planvoller Prozeß der Organisation von Forschung hat prinzipiell der phasenhaften Reihenfolge von der Problemauswahl sowie der

wachsenenbildung war F. in den 20er J.n am Aufbau der preuß. Lehrerbildung maßgeblich beteiligt. In grundlegenden Arbeiten zur abendländischen Geistesgeschichte hat er das Bildungsproblem in große kulturgeschichtl. Zusammenhänge gestellt.; F. hat sich immer wieder um eine Klärung des Wiss.scharakters der Päd. bemüht und ihre method. Stellung als hermeneut.-pragmat. Wiss. bestimmt. F. gehört zur Pioniergeneration der dt. Erziehungswiss. und ist einer der herausragenden Vertreter der → Geisteswiss. Päd. Er bestimmte als Vorsitzender des Schulausschusses der → Westdt. Rektorenkonferenz wesentlich die Diskussion über die Gestaltung der → gymn. Oberstufe und die Kriterien des → Hochschulzugangs.

Schr.: Laienbildung, 1921, [2]1931; Probleme der Erwachsenenbildung, 1923; Die Abendvolkshochschule, 1924; Systemat. Päd., 1933, neubearb.: Allg. Päd., 1950 u. ö.; Die vier Quellen des Volksschulgedankens, 1941, 1963; Goethe im Spätwerk, 1947, [2]1957; Theorie des päd. Weges und der Methode, 1950, [6]1963; Grund- und Zeitfragen der Erziehung und Bildung, 1954; Das Selbstverständnis der Erziehungswiss. der Gegenwart, 1957, [4]1966, [6]1989 ; Europ. Gesittung, 1961, 2. Aufl.; Geschichte der abendländ. Lebensformen, 1967; Hochschulreife und Gymnasium, 1958, [3]1966; Die gymn. Oberstufe, 1961; Grundlegende Geistesbildung, 1965; Gesammelte Schr., 10 Bde., hg. v. H. Scheuerl u. a., 1981ff.; Erinnerungen 1889–1945, 1986.

L.: E. Spranger (Hg.), Päd. Wahrheiten und Halbwahrheiten, FS zum 70. Geb.tag, 1959; Einsichten und Impulse, FS zum 75. Geb.tag, 5. Beiheft ZfP. 1964; E. H. Ott, Grundzüge der hermeneut.-pragmat. Päd. in Dtl., 1971; K. Heinen, Das Problem der Zielsetzung in der Päd. W.F.s, 1973; H. Röhrs (Hg.), Die Erziehungswiss. und die Pluralität ihrer Konzepte, FS zum 90. Geb.tag, 1979; H. Röhrs, H. Scheuerl (Hg.), Richtungsstreit in der Erziehungswiss. und päd. Verständigung, FS zum 100. Geb.tag, 1989; H. Peukert, H. Scheuerl (Hg.), W. F. und die Frage nach einer allg. Erz.wiss. im 20. Jh., Z. f. Päd., 26. Beiheft, 1991; H. Peukert (Hg.), Ortsbestimmung der Erziehungswiss., 1992; Ch. Przybilka, Die Rezeption Goethes bei W. F., Bern 1995; E. Hufnagel, Päd. als letztrangig-universale Integrationswiss., in: Freiheit – Geschichte – Vernunft. Grundlinien geisteswiss. Päd., hg. v. W. Brinkmann u. W. Harth-Peter, 1997.

**Flores d'Arcais,** Giuseppe * 20. 6. 1908 in Pontelagoscuro (Ferrara), 1929 Dr. phil. Padua, 1936–78 Prof. der Päd. an der Univ. Padua. 1975–92 Gastprof. Univ. Würzburg, 1981 Dr. h. c. Univ. Würzburg, Mitglied zahlreicher akad. Gesellschaften und Träger hoher Auszeichnungen. Begründer und Herausgeber der Zs. *Rassegna di Pedagogia/Päd. Umschau* (1941, seit 1978 auch dt.-sprachig). Seine Kritik der neoidealistischen Ästhetik führte ihn zu einem kritischen → Personalismus, der von der konkreten Existenz ausgeht und sich auf das Sollen als Prinzip der Erziehung und ihrer Theorie beruft.

Schr.: Il problema dell'arte, Neapel 1936; I valori fondamentali e motivi della pedagogia italiana, 3 Bde., Messina 1939–40; Lineamenti di storia della pedagogia, 3 Bde., Padua 1944; Il cinema, Padua 1953; La scuola per la persona, Brescia 1960; L'ambiente, Brescia 1962; Preliminari per una fondazione del discorso pedagogico, Padova 1972; Premessa deontologica del discorso pedagogico, Padua 1975; Educazione e Pedagogia, 3 Bde., Mailand 1976; (m. W. Böhm) Die italien. Päd. d. 20. Jh., 1979; (m. W. Böhm) Die Päd. der frankophonen Länder im 20. Jh., 1980; Orizzonti della pedagogia, Pisa 1989; Die Erziehung der Person, dt. 1991; Contributi ad una pedagogia della persona, Pisa 1993; Dal »logos« al »dialogo«, Neapel 1993; (Hg.), Pedagogie personalistiche e/o pedagogia della persona, Brescia 1994; Gründe für eine Päd. der Menschenrechte, in: Erziehung und Menschenrechte, hg. v. W. Böhm, 1995; Sedici lezioni accademiche per una Paideia, Pisa 1996; m. C. X. Cegolon, Intervista alla Pedagogia, Brescia 1998.

L.: Filosofia e pedagogia oggi. FS. zum 70. Geb.tag, hg. von S. Baratto, W. Böhm u. a., Padua 1985 (Bibl.); Spirito e forme di una nuova Paideia. FS zum 90. Geb.tag, hg. v. A. M. Bernardinis, W. Böhm u. a., La Spezie 1999.

**Förderstufe,** eine Organisationsform meist des 5. und 6. Schulj.s, die vom → Rahmenplan des → Dt. Ausschusses für das Erziehungs- und Bildungswesen vorgeschlagen und nach dem → Hamburger Abkommen der Länder (1964) als F. oder ›Beobachtungsstufe‹ allg. zugelassen und z. T. verwirklicht wurde. Organisatorisch entweder der Grundschule oder der Hauptschule oder in modifizierter Form als ›Mittelstufe‹, → differenzierender Mittelbau, als ›Eingangsstufe‹ den Gymnasien und Realschulen zugeordnet, sollte sie das Ausleseverfahren für weiterführende Schulen revidieren (Fördern statt Auslesen). Alle Schüler eines Schuljahrganges sollen in diesen 2 J.n entsprechend ihren Fähigkeiten intensiv gefördert werden, ihre Bildungsfähigkeit sollte erprobt und so der geeignete weiterführende Bildungsweg erkannt werden. Neben dieser Förderung sollen Begabungsreserven aktiviert und die Forderung nach gleichen Bildungschancen verwirklicht werden. Methodisch

Forschung, 1914; Der Begriff des Gesetzes in den Geisteswiss.n, 1930) und ihr auch die soziolog. Dimension (Soziologie und Päd., 1912; Päd. Soziologie, 1932) erschlossen. Neben vielen Einzelfragen und der Klärung einer deskriptiv-phänomenolog. Methode (Deskriptive Päd., 1914) galt sein Interesse der Berufsschule und -bildung (Allgemeinbildung und Berufsbildung, 1926); → Bildung sah er von Grund auf als einen personalen Vorgang der Selbstverwirklichung (Vom Sinn der Erziehung, 1931). → Deskriptive Päd.

Schr.: A. F. Leben und Werk, hg. v. K. Kreitmair, 8 Bde., 1950 ff. (Bibl. in Bd. I), Ausgew. päd. Schr. hg. v. K. Kreitmair, 1961.
L.: H. Röhrs, Die Päd. A. F.s, 1953, $^2$1967; W. Brinkmann, Zur Gesch. der päd. Soziologie in Dtl., 1986; M. Böschen, A. F., in: W. Böhm, W. Eykmann (Hg.), Große bayerische Pädagogen, 1991; M. Böschen, Über das Problematische im philos. und methodolog. Denken von A. F. und seine Aktualität für Päd. und Geisteswiss. heute, in: Freiheit – Geschichte – Vernunft. Grundlinien geisteswiss. Päd., hg. v. W. Brinkmann u. W. Harth-Peter, 1997.

**Fischer**, Wolfgang, * 5. 1. 1928 Leipzig, † 12. 6. 1998 Spockhövel; Dr. phil. 1953 Münster, Tätigkeit in Jugendarbeit und Schule; 1959 Doz., 1962 Prof. für Päd. PH Wuppertal, 1964 Nürnberg–Erlangen, 1972–1993 Duisburg. Vertrat eine → skeptische Päd. auf transzendentalkrit. Grundlage in Auseinandersetzung mit geschichtl. und aktuellen päd. Problemen.

Schr.: Der junge Mensch, $^2$1966; Was ist Erziehung?, 1966; Schule und krit. Päd., 1972; Schule als parapäd. Organisation, 1978; Transzendentalkrit. Päd., in: K. Schaller (Hg.), Erziehungswiss. der Gegenwart, 1979; Über das Kritische in einer transzendentalkrit. Päd., in: Päd. Rundschau 37 (1983); Unterwegs zu einer skept.-transzendentalkrit. Päd., 1989; zus. m. D.-J. Löwisch, Päd. Denken von den Anfängen bis zur Ggw., 1989, Neuaufl. u. d. T. Philosophen als Pädagogen, 1998; zus. m. J. Ruhloff, Skepsis und Widerstreit, 1993; Kleine Texte zur Päd. in der Antike, 1997.
L.: Päd. Skepsis, hg. v. D.-J. Löwisch u. a., FS zum 61. Geb.tag (m. Bibl.), 1989; In Memoriam W. F., hg. v. K. Helmer, 1999.

**Flanagan**, Edward Joseph, meist »Father F.«; * 13. 7. 1886 Roscommon (Irland), † 15. 5. 1948 Berlin; kath. Priester und Gründer der weltberühmten *Boys Town* bei Omaha (Nebraska). Von einem ungetrübten Vertrauen in die guten Anlagen jedes Jugendlichen her sah F. → Verwahrlosung und → Jugendkriminalität als sozial bedingt und suchte deshalb durch neue soziale Lebensformen und relig. Bindungen den Jugendlichen neue Perspektiven zu eröffnen.

Schr.: Verstehe ich meinen Jungen und erziehe ich ihn richtig?, dt. 1951.
L.: F. u. W. Oursler, Pater F. von Boys Town, 1951; G. Wagner, Father F. und seine Jungenstadt, 1957; W. Brezinka, Erziehung als Jugendhilfe, 1963; W. Hane, F. ein Wegbereiter der modernen Erlebnispädagogik?, 1987; U. Hanauer, Father F. – Amerikas berühmtester Erzieher zw. Mythos und Realität, Zürich 1995.

**Flegeljahre**, umgangssprachlich noch gebräuchliche Bezeichnung für einen weitgehend kulturbedingten Entwicklungsabschnitt der Vorpubertät beim männl. Jugendlichen: Großsprecherei, Grobheit, Kraftmeierei, u. ä. Die Ursachen liegen in der körperl.-psychischen Umbruchsituation und in der Reaktion der Umwelt darauf. → Pubertät.

**Flexibilität** (lat.: Biegsamkeit) meint im Gegensatz zu Rigidität die Fähigkeit, sich auf wechselnde Situationen beweglich einzustellen, neue Verhaltensweisen und Lösungsmöglichkeiten anzuwenden und verschiedenartigen Anforderungen angemessen begegnen zu können.

**Flitner**, Andreas * 28. 9. 1922 Jena, 1955 Univ. Doz. Tübingen, 1956 Prof. für Päd. Erlangen, 1958 Tübingen, 1967 Gastprof. Evanston (Ill.), 1991 Hon. Prof. Jena. Von geistes- und bildungsgeschichtl. Forschungen her und unter Einbeziehung psycholog. und soziolog. Fragestellungen wendet er sich engagiert päd. und bildungspolit. Gegenwartsfragen zu.

Schr.: Erasmus im Urteil s. Nachwelt, 1952; Die polit. Erziehung in Dtl., 1957; (Hg.) Wege zur päd. Anthropologie, 1963, $^2$1967; (Hg. mit H. Scheuerl), Einf. in päd. Sehen und Denken, 1967, $^{12}$1991; Brennpunkte gegenwärtiger Päd., 1969, $^3$1972; Spielen – Lernen, 1972, überarb. Neuausg. $^{11}$1998; (Hg.), Der Numerus Clausus und seine Folgen, 1976; Mißratener Fortschritt, 1977; Konrad sprach die Frau Mama, 1982, $^9$1998; (Hg.), Lernen mit Kopf und Hand, 1983; Für das Leben – oder für die Schule, 1987; Reform der Erziehung. Jenaer Vorlesungen, 1992; Impulse des 20. Jh., Neubearb. $^4$1999; (Hg.), Wege aus der Ausbildungskrise, 1999.

**Flitner**, Wilhelm, * 20. 8. 1889 Berka b. Weimar, † 21. 1. 1990 Tübingen; 1922 Habil. Jena b. W. Rein, 1926 Prof. Kiel, 1929–58 Univ. Hamburg. Neben seiner Tätigkeit in der Er-

1928–1936 Ass. von → Husserl, 1946 Univ. Doz. Freiburg, 1948 o. Prof., emer. 1971, Dr. phil. h. c. 1971 Louvain. Versuchte ausgehend von der Kritik an der Anthropol. der neuzeitl. Subjektivität und der Auseinandersetzung mit der philosoph. Tradition durch phänomenolog. Beschreibung (→ Phänomenologie) die Frage nach Sein, Wahrheit und Welt zu klären; dabei zeigte er die Einbezogenheit des Menschen in die welthaften Strukturen Arbeit, Herrschaft, Liebe, Spiel und Tod als Grundphänomene menschlicher (Ko-)Existenz auf. Päd. Denken und Handeln legitimiert sich durch die Sonderstellung des Menschen, den Sinn zu schaffen, aus dem heraus er sein Dasein versteht. Ursprünglich von der → geisteswiss. Päd. beeinflußt, sah F. in der → polytechn. Bildung einen Ausgleich für eine einseitig orientierte → Kulturpäd. Schulpolit. engagierte sich F. in der GEW und bei der Mitgestaltung des → Bremer Plans.

Schr.: Zur ontolog. Frühgesch. von Raum, Zeit, Bewegung, 1957; Sein, Wahrheit, Welt, 1958; Spiel als Weltsymbol, 1960; Nietzsches Philos., 1960, ⁵1986; Metaphysik und Erziehung im Weltverständnis von Plato und Aristoteles, 1970; Erziehungswiss. und Lebenslehre, 1970; Traktat über die Gewalt des Menschen, 1974; Sein und Mensch, hg. v. E. Schütz und F.-A. Schwarz, 1977; Grundphänomene des menschl. Daseins, hg. v. E. Schütz und F.-A. Schwarz, 1979; Grundfragen der antiken Philos., hg. v. F.-A. Schwarz, 1985; Einleitung in die Philos., hg. v. F.-A. Schwarz, 1985; Natur, Freiheit, Welt. Phil. der Erziehung, hg. v. F.-A. Schwarz, 1992; Päd. Kategorienlehre, hg. v. F. A. Schwarz, 1995.

L.: Beispiele, FS z. 60. Geb.tag, hg. v. L. Landgrebe, 1965 (m. Bibl.); F. W. v. Herrmann, Bibl. E. F., 1970; D. Dairns, Conversations with Husserl and F., The Hague, 1976; H. Meyer-Wolters, Koexistenz und Freiheit, 1992; S. Wirth, Mensch und Welt. Die Anthropo-Kosmologie E. F.s, 1995.

**Finnland.** Das finnische Bildungssystem blieb bis in unser Jh. hinein im Vergleich zu den anderen skandinav. Ländern stark unterentwickelt. Erst 1890 war jede Schulbehörde zur Errichtung einer Schule verpflichtet worden; bis zur Unabhängigkeitserklärung 1917 wurde das gesamte polit. und kulturelle Leben durch die russ. Besetzung (Russifizierung) bestimmt. Ein rascher Ausbau erfolgte dann nach dem 2. Weltkrieg. Das aufgrund geographischer Faktoren und angesichts der wirtschaftl.-sozialen Entwicklung als sozial ungerecht empfundene zweigliedrige Schulsystem mit strengen Ausleseverfahren im Alter von 11 J.n wurde durch das Schulgesetz von 1968 (1970 in Kraft getreten) abgeschafft. Der Besuch des Kindergartens ist freiwillig. Die neue, für die 7- bis 16j. obligatorische Einheitsgrundschule (*peruskoulu/grundskola*) teilt sich in eine 6j. Unterstufe und eine 3j. Oberstufe. Die vielen Wahlmöglichkeiten, die anfänglich zu einer Aufsplitterung der Klassenverbände in der Oberstufe geführt hatten, wurden 1975 wieder reduziert. 1986 wurde der Bereich nach der Schulpflicht neu organisiert: Angeboten werden 1. das 3j. Gymnasium *Clukio*, mit Abschluß ylioppila-stutkinto (Studentexamen); 2. meistens 2-, aber auch 1- und 3j. Berufsschulen und 3j. bis 5j. Berufsinstitute. Finnland verfügt über 20 Hochschulen mit Promotionsrecht. Obwohl die Zahl der Studienplätze erhöht wird, entscheidet eine Zulassungsprüfung über die Aufnahme. Die Zahl der Studenten, die von den Berufsinstituten zur Hochschule übergehen, soll gesteigert werden. Die Erwachsenenbildung besteht aus 1- bis 3j. Internatskursen (*kansanopisto – folkhögskola*), Bürger- oder Arbeitsinstituten (*kansalais – tai Työväenopisto – medborgar – eller Arbetarinstitut*), Teilzeitunterricht (Abendkurse usw.), und sie bildet einen integrierten Teil des Bildungssystems.

L.: Ministry of Education, Educational Reform in F. in the 1970s, Helsinki 1974; Dto., Educational Development in F. 1974–1976, Helsinki 1977; I. Iisalo, The sciences of Education in Finland 1828–1918, Helsinki 1979; OECD (Hg.), Reviews of national politics for education, Finland, 1982; D. J. Whittaker, New schools in Finland, Jyväskylä 1984; Ministry of Education, Educational Development in F. 1984–86, Helsinki 1986; E. Niskanen, F., in: Unser Weg (Graz) 45 (1990) 3; P. Kansanen, Education as a Discipline in Finland, in: Scandinavian Journal of Educational Research (1990) 4; Die Rolle der Erziehungswiss.n in der f. Lehrerbildung, in: Pädagogik u. Schule in Ost u. West 41 (1993) 1; M. Bierwirth, Erziehen in Europa – F., in: Kindergarten heute 46 (1998) 2.

**Fischer,** Aloys, * 10. 4. 1880 Furth im Wald, † 23. 11. 1937 München; Studium in München, 1904 Dr. phil. und 1907 Habil. ebd., 1918–37 o. Prof. (Nachfolger von F. W. Foerster) für Päd. München. An der geisteswiss. Fundierung grundsätzlich festhaltend, hat F. empirische → Forschungsmethoden und das Experiment breiter in die Päd. eingeführt (Die Bedeutung des Experiments in der päd.

abläufe ein und ermöglichen so die Konzentration der Aufmerksamkeit auf schwierigere Teilbereiche des Handlungsvollzuges.

**Fibel.** Wahrscheinlich durch kindl. Verballhornung um das 15. Jh. aus »Bibel« entstanden, bezeichnet F. ein Übungsbuch, das in erster Linie zum Lesenlernen dient, aber daneben auch Sachinformationen vermittelt. Die F.n waren anfangs → »ABC-Bücher«, angereichert mit bibl.-kirchl. Texten, und wandelten sich erst später in wirkliche → Lesebücher. Vor allem unter dem Einfluß der → Reformpäd. entstanden meist bebilderte Erstlesebücher als Einführung in die Lebenswelt des Kindes. Um der kindl. Selbsttätigkeit willen wurden alternativ zu den gedruckten F.n in Loseblattform von Lehrer und Schülern gestaltete Eigenf.n entwickelt und im Unterricht verwendet. Die Gestaltung der F. hängt auch ab von der Art des Leselehrgangs (analytisch, synthetisch). Heute wird die oft kindertümelnde F.sprache kritisiert und für das Aufgreifen tatsächlicher Sprechsituationen plädiert.
L.: P. Gabele, Die Prägung der F., 1953; E. Schmack, Der Gestaltwandel der F. in vier Jh.n, 1960; A. Grömminger, Der Bildungsinhalt der dt. F.n der Gegenwart, 1970; K. Doderer (Hg.), Bilderbuch und F., 1972; W. Menzel (Hg.), F.n und Lesebücher für die Primarstufe, 1975; E. Schwartz (Hg.), F.n und Erstlesewerke, 2 Bde., 1976–1977; J. Waldschmidt, F.n.Dt.F. der Vergangenheit, 1987; F.n im Gespräch, hg. v. P. Conrady u. a., 1987; W. Topsch, »Weicher Schnee tut nicht weh! ...«; Über gesell. und polit. Einflüsse auf die Gestaltung von F.n., 1994.

**Fichte,** Johann, Gottlieb, * 19. 5. 1762 Rammenau (Sachsen), † 29. 1. 1814 Berlin; seit 1787 Hauslehrer, 1794 Prof. f. Phil. Jena, während des Atheismusstreits entlassen; 1805 Erlangen, 1810 Berlin und erster Rektor der neugegr. Univ.
Mittelpunkt seines Werkes bildet die »Wissenschaftslehre« und die grundlegende Unterscheidung zw. Dogmatismus (Bewußtsein als Produkt des Seins) und Idealismus (die Wirklichkeit als Erzeugnis einer freien Tat). Das → Ich ist für F. reine unendliche Tätigkeit: welterzeugende Tätigkeit der Vernunft. Diese anthropologische Grundlegung gibt seiner gesamten Philosophie den Charakter einer Bildungstheorie: Der Mensch muß sich selbst durch seine eigene Tat zu dem machen, der er sein soll, und er soll die Welt gestalten zu dem, was sie sein soll. Anders als → Kant hebt F. den Prozeßcharakter (Zeitverlauf) dieser Menschwerdung hervor; Erziehung wird dabei Anregung und Aufforderung zur freien → Selbsttätigkeit des Ich. Bildsamkeit bezeichnet für ihn den »Charakter der Menschheit«. Um den Menschen dazu zu führen, das Gute zu wollen, bedarf es (hier folgt F. → Pestalozzi) der → Liebe und Bilder, die eine neue Welt vorentwerfen und als erstrebenswert vorstellen. Da der Mensch nur unter Menschen Mensch wird, wird die Erziehung Nationalerziehung und zur Aufgabe des Staates erklärt. → Transzendentalphilos.

Schr.: Über den Begriff der Wiss.slehre oder sog. Philosophie, 1794; Grundlage der ges. Wiss.slehre, 1794; Vorlesungen über die Bestimmung der Gelehrten, 1794; Grundlage des Naturrechts nach den Prinzipien der Wiss.slehre, 1796, 1797; Erste u. zweite Einl. in die Wiss.lehre, 1797; Das System der Sittenlehre nach den Prinzipien der Wiss.slehre, 1798; Die Bestimmung des Menschen, 1800; Grundzüge des gegenwärt. Zeitalters, 1806; Über das Wesen des Gelehrten, 1806; Die Anweisung zum seligen Leben, 1806; Reden an die dt. Nation, 1808; J. G. F.s Sämtl. Werke, hg. v. I. H. Fichte, 1908–1911; J. G. F. Gesamtausgabe der Bayer. Akad. der Wiss., hg. v. F. Lauth, H. Jacob u. a., 1964 ff.
L.: J. Drechsler, F.s Lehre vom Bild, 1955; J. Schurr, Gewißheit und Erziehung, 1965; J. G. F. – Bibl. hg. v. H. M. Baumgartner u. W. G. Jacobs, 1968; R. Lassahn, Studien zur Wirkungsgeschichte F.s als Päd., 1970; L. Koch, F. über Bildung und Gesellschaft, in: L. Koch und J. Oelkers (Hg.), Bildung – Gesellschaft – Politik, 1981; W. Janke, F. Sein und Reflexion, 1970; K. Hammacher (Hg.), Die gegenwärtige Darstellung der Phil. F.s, 1981; R. Lassahn, Wissen und Handeln, in: Päd. Rundschau 41 (1987); L. Koch, Allgemeinbildung und Berufsbildung in F.s Ethik, in: Päd. Rdsch. 42 (1988); W. Rösler, Bilden und Anerkennen, 1989; R. F. Koch, F.s Theorie des Selbstbewußtseins, 1989; J. Schurr, Zur »Bestimmung des Gelehrten« nach der späten Wiss.lehre F.s, in:Vjschr. f. wiss. Päd. 65 (1989); P. Baumanns, J. G. F., 1990; H. Peukert und H. Scheuerl (Hg.), W. F. und die Frage nach einer allg. Erziehungswiss. im 20. Jh., in: Z. f. P., 26. Beiheft, 1991; K. Werder, Besinnung auf die Leitfrage päd. Denkens, 1990; W. G. Jacobs, J. G. F., 1991; J.-P. Mittmann, Das Prinzip der Selbstgewißheit, 1993; W. Janke, Vom Bilde des Absoluten. Grundzüge der Phänomenologie F.s, 1993; J.-L. Vieillard-Baron, Qu'est-ce que l'éducation? Montaigne, F. et Lavelle, Paris 1994; H. Seidel, J. G. F. zur Einführung, 1997; Ch. Asmuth, Das Begreifen des Unbegreiflichen. Philos. und Religion bei J. G. F., 1999.

**Fink,** Eugen, * 11. 12. 1905 Konstanz, † 25. 7. 1975 Freiburg, Dr. phil. 1929 Freiburg,

ausgebildeter Mitarbeiter in der Produktion; Ermöglichung eines berufsbegleitenden Kontaktstudiums bei ungünstiger Infrastruktur; Ausgleich von (infrastrukturell bedingten) Benachteiligungen; Überwindung räuml. und personeller Engpässe im staatl. Bildungswesen.

Zs. u. Reihen: Epistolodidaktika Bd. 1–3, 1964–1968, N. F. London 1971 ff.; Tübinger Beiträge zum Fernstudium, hg. v. G. Dohmen, 1968 ff.; Studien und Berichte zum Fernstudium im Medienverbund, hg. v. G. Dohmen, 1972 ff.
L.: Forschungsreport Funkkolleg – Modell I und II, hg. v. G. Kadelbach – K. Rebel, 1972; O. Peters: Die didakt. Struktur des F.s, 1973; J. Rau: Die neue Fernuniv., 1974; G. W. Granholm, The System of Distance Education, London 1975; G. Dabrowski: Didakt. Potenzen in Medienverbundsystemen, 1976; Dohmen, Wedemeyer, Rebel: Offenes Lernen und Fernstudium, 1976; C. Ehmann, Fernstudien in Dtl., 1978; Bundesinstitut für Berufsbildung, Dokumentationen und Informationen zum berufl. F., 1982 ff.; U. Brands, Einsatzmöglichkeiten von Fernstudien- u. Selbstlernmaterialien an Hochschulen, Erwachsenenbildungseinrichtungen u. a. in der betriebl. Weiterbildung, 1985; Staatl. Zentralstelle für F. der Länder der BRD (Hg.), Zwanzig Jahre Ordnung u. Förderung des F.s durch die Bundesländer – 15 Jahre ZFU, 1986; La formación à distance, hg. von S. Johnson und D. Schürch, 1995 G. Zimmer (Hg.), Qualitätssicherung des F.s in Europa, 1995; F. Scheuermann, Studieren und Weiterbilden mit Multimedia, 1998.

**Ferrière,** Adolphe, * 30. 8. 1879 Genf, † 16. 6. 1960 Sallaz; bedeutende Figur der europ. → Reformpäd., 1921 Mitbegründer der → New Education Fellowship. Obwohl er selbst eine → Decroly verwandte »Tatschule« vertrat, suchte er nach einer Integration der einzelnen Reformtendenzen.

Schr.: Biogenetik und Arbeitsschule, 1912; L'école active, Paris 1920; dt. Schule der Selbstbetätigung oder Tatschule, 1928; Die Erziehung in der Familie, 1927; Der Primat des Geistes als Grundlage e. aufbauenden Erziehung, 1931.
L.: H. Röhrs, Schule und Bildung im internat. Gespräch, 1966; ders. (Hg.), Die Reformpäd. des Auslands, 1966; D. Hameline, A. F., in: Quinze Pédagogues, hg. von J. Hussaye, Paris 1994.

**Ferry,** Jules, * 5. 4. 1832 Saint-Dié, † 17. 3. 1893 ebda., franz. Politiker und Schulpolitiker; als Unterrichtsminister (1879 bis 1881, 1882) der III. französischen Republik verantwortlich für die richtungsweisende Schulreform; schuf zus. mit → F. Buisson das kostenlose, obligatorische und laizistische Primarschulwesen, wobei ihm die positive Philosophie Comtes als Orientierung diente.

Schr.: Barreau de Paris. De l'influence des idées philosophiques sur le barreau au dixhuitième siècle, discours prononcé dans la séance de rentrée de la conférence des avocats, le 13 décembre 1855, Paris 1855; De l'égalité d'éducation, Paris 1870; La liberté de l'enseignement supérieur et la collation des grades, Paris 1875; L'école graduite, obligatoire et laïque, Paris 1881; Lettre adressée aux instituteurs primaires, Paris 1887.
L.: D. Postel, L'œuvre scolaire de J. F. et la troisième République, Paris 1893; A. Rambaud, J F., Paris 1903; Lettres de J. F., 1846–1893, Paris 1914; J. Dietz, J. F. et les traditions républicaines, Paris 1934; M. Reclus, J. F. (1832–1893), Paris 1947; L. Legrand, L'influence du positivisme dans l'œuvre scolaire de J. F., Paris 1961; Ph. Guillaume, J. F., Paris 1980; E. Plenel, Le Mythe de l'école de J. F., Paris 1980; P. Chevallier, La séparation de l'église et de l'école. J. F. et Léon XIII., Paris 1981; F. Dupuy, J. F., réveille-toi: souvenirs et réflexions d'un maître d'école, Paris 1981; Elle a 100 ans, Monsieur F., Centenaire des lois F. créant l'école primaire publique, gratuite, laïque et obligatoire, Vincennes 1981; G. Moitreux, C. Grosjean, L'école de J. F. à travers les manuels, Paris 1981; F. Pisani-Ferry, Monsieur l'instituteur: l'école primaire a 100 ans, Nancy, Metz 1981; A. Prost, Quand l'école de J. F. est-elle morte?, Paris 1982; W. Harth, Die Anfänge der Neuen Erziehung in Frankreich, 1986; W. Harth-Peter, Pauline Kergomard und die franz. Vorschulerziehung, in: B. Fuchs, W. Harth-Peter, Alternativen frühkindlicher Erziehung, 1992; Ch. Nique, C. Lelièvre, La république n'éduquera plus. La fin du mythe F., Paris 1993; A. Baroz, Les maitres d'école d'antan. Des régents à J. F., La Tronchee 1993; Y. Déloye, Ecole et citoyenneté. Paris 1994.

**Fertig,** Ludwig, * 28. 6. 1937 Jugenheim/Bergstraße; 1956 Promotion, wiss. Assistent Abt. f. Erziehungswiss. Frankfurt, StR i. H., seit 1971 Prof. f. Päd. TU Darmstadt. Schwerpunkte seiner wiss. Arbeit liegen in den Bereichen Historische Bildungsforschung sowie Bildungsgeschichte und Literaturgeschichte.

Schr.: Campes politische Erziehung, 1977; Zeitgeist und Erziehungskunst, 1984; Poeten als Pädagogen, 5 Bde., 1990 – 1991; Vor-Leben. Bekenntnis u. Erziehung bei Th. Mann, 1993; Abends auf den Helikon, 1996.

**Fertigkeiten,** im Unterschied zu den → Fähigkeiten stellen F. ein konkretes und inhaltlich bestimmbares Können dar. F. sind eng umgrenzte Verhaltensweisen, die durch → Übung so weit automatisiert sind, daß sie auch unter weitgehender Ausschaltung des Bewußtseins vollzogen werden können. F. gehen in der Regel in komplexere Verhaltens-

**Ferien**

richts, führte 1972 zur Gründung der Paderborner Universität, in die das F. ab 1978 schrittweise eingegliedert wurde (Liquidation ab 1. 7. 1983).

L.: W. Köck (Red.): Forschung für die Bildungspraxis – 10 Jahre F., 1980; V. Barandovská (Hg.), Kybernetische Päd./Klerigkibernetiko Bd. 6, 1993.

**Ferien,** eine zeitlich längere Unterbrechung des Unterrichtsbetriebs, die ausschließlich der Erholung der Schüler dienen soll; bei Studierenden haben die Ferien den Zweck der Freistellung für intensives Eigenstudium. Durch Beschluß der → KMK (1968) wurde die Gesamtferiendauer auf 85 Tage festgelegt, wobei die gesetzlichen Feiertage darauf nicht angerechnet werden. Die vorlesungsfreie Zeit an den wiss. Hochschulen (Semesterferien) beträgt in der Regel im Anschluß an das WS 2 Monate und im Anschluß an das SS 3 Monate. Die Ferienordnung in der BRD wird durch die KMK jeweils für mehrere Jahre zw. den Bundesländern abgestimmt, wobei ein rollierendes System vornehmlich verkehrstechnische und wirtschaftl. – kaum jedoch päd. – Gesichtspunkte berücksichtigt.

**Fernlehrgang** → Fernunterricht.

**Fernstudium** → Fernunterricht.

**Fernuniversität** → Fernunterricht.

**Fernunterricht** → Unterricht oder Studium mit Hilfe von Medien (Radio, Fernsehen, Studienbriefe etc.), zumindest zeitweise ohne direkte Belehrung durch einen Lehrer, am meisten verbreitet im Bereich der → Erwachsenenbildung. F. dient dem nachträglichen, berufsbegleitenden Erwerb schulischer Abschlüsse (→ Mittlere Reife, → Abitur, Fachschulreife), der zusätzlichen Qualifizierung in berufsrelevanten Kenntnissen (Sprachen, Stenographie, Buchhaltung), der Umschulung oder der allg. → Weiterbildung ohne bestimmten verwertbaren Zweck (Malen, Kunstgeschichte, Fremdsprachen). Angebote werden von einer großen Zahl privatwirtschaftl. Fernlehrinstitute mit unterschiedl. Qualität und Seriosität auf den Markt gebracht. Die Fernlehrgänge werden durch zwei staatl. Institutionen überprüft: das Bundesinstitut für Berufsbildungsforschung in Berlin und die Zentralstelle für F. der Länder in Köln; die Aktion Bildungsinformation in Stuttgart untersucht den Fernlehrmarkt und leitet gegen unseriöse Angebote auch gerichtliche Schritte (z. T. Musterprozesse) ein. Diese drei Einrichtungen erteilen auf Anfrage detailliertere Auskunft.

Neben privaten Unternehmen stellen auch Berufs- und Arbeitgeberverbände, Gewerkschaften, Betriebe, die Rundfunkanstalten (häufig in Zusammenarbeit mit den Kultusministerien) Fernstudienmöglichkeiten bereit. Die bekanntesten Fernlehrgänge auf dieser öffentl. rechtl. Basis wurden Funkkolleg und Telekolleg. Die Funkkollegs (u. a. Soziologie, Erziehungswissenschaft, Päd. Psychologie, Beratung in der Erziehung, Sozialer Wandel, Geschichte) wurden in Zusammenarbeit von Fachwissenschaftlern, der »Quadriga« (Südwestfunk, Saarländischer, Südt. und Hessischer Rundfunk), weiteren Rundfunkanstalten (Radio Bremen, WDR, Schweizer Rundspruchgesellschaft), den Volkshochschulverbänden, den Kultusverwaltungen, Rektorenkonferenzen, Lehrerfortbildungseinrichtungen und dem Deutschen Institut für Fernstudien an der Universität Tübingen (DIFF) konzipiert, aufgebaut und getragen: jeweils halbstündige Rundfunksendungen, schriftl. Studienbegleitbriefe und wöchentl. Begleitseminare der → Volkshochschulen. Das ähnlich strukturierte Telekolleg ersetzte die Rundfunk- durch Fernsehsendungen. 1967 von Bayer. Rundfunk und Bayer. Kultusministerium eingerichtet, führt es in mehreren hundert Lektionen zur Fachschul- oder zur Fachhochschulreife (Telekolleg I bzw. II); inzwischen wurden die Telekollegs auch von anderen Anstalten übernommen.

Seit Anfang der 70er J. wurde in der BRD eine Fernuniversität projektiert; 1971 gründeten über 50 Hochschulen die »Hochschulvereinigung für das Fernstudium«, 1973 setzte die konkrete Planung ein, 1974 wurden die gesetzl. Grundlagen geschaffen, und im WS 1975 nahm die Fernuniversität Hagen mit ca. 2000 Studierenden ihren Betrieb auf. Vergleichbare Unternehmungen gibt es auch in anderen Ländern (→ Open University). Gründe für ihre Einrichtung waren u. a.: Erhöhung der regionalen und vertikalen Mobilität; Rekrutierung und Qualifizierung besser

1791) und bei John Stuart Mill (Die Sklaverei der Frau, 1869) finden sich die beiden Grundthemen des F. auf klass. Weise formuliert: Kampf gegen die Diskriminierung der Frau in der patriarchal. Gesellschaft und die Überwindung dieser Situation durch rechtl. polit. Gleichstellung und durch eine Erz. reform, die dieser Gleichheit Rechnung trägt und sie befördert. Mitte des 19. Jh.s organisierte sich die feminist. Bewegung vor allem in England und in den USA; eine erste Konferenz fand 1884 in Seneca Falls statt, 1903 entstand die Women's Social and Political Union. Wegen ihres engagierten Kampfes um das Frauenwahlrecht wurden die Feministinnen lange Zeit auch Suffragetten genannt.

Die deutsche Frauenbewegung wurde in der erziehungswissenschaftlichen Geschichtsschreibung lange Zeit vernachlässigt, obwohl sie auch eine Bildungsbewegung war. Zwischen den beiden Weltkriegen zeigten sich Auflösungserscheinungen des F. In den 60er Jahren erhielt die Bewegung neuen Auftrieb – in der BRD im Anschluß an die → Studentenbewegung. Ein Teil der neuen Frauenbewegung verstand sich als sozialistische, ein anderer als feministisch-autonome Frauenbewegung, die zunächst vor allem für sexuelle → Autonomie eintrat, wobei der Kampf gegen den § 218 im Vordergrund stand. In den 70er Jahren begann eine Diskussion, die bis heute anhält: umstritten ist, inwieweit die Forderung nach Gleichberechtigung auch die Annahme der Gleichheit der Geschlechter beinhalten muß. Viele Feministinnen rücken mittlerweile vom Gleichheitspostulat ab und gehen davon aus, daß spezifisch weibliche Qualitäten (Emotionalität, Sensibilität, → Empathie usw.) Momente einer Gegenkultur sind. Aufgrund der Rezeption poststrukturalist. Ansätze (Foucault) wird in der Debatte über Gleichheit vs. Differenz (»sex« und »gender«) die Gefahr einer fortgesetzten Ontologisierung gesehen und für die Destruktion der natürl. Kategorie »Geschlecht« plädiert.

Fem. Päd. umfaßt die im Anschluß an den F. entwickelten theoretischen und praktischen Ansätze zu einer Päd., die sich gegen den Sexismus, die Diskriminierung der Frau in allen gesellschaftl. Bereichen, insbes. aber in den Bildungsinstitutionen, wendet. → Frauenforschung.

L.: H. Schenk, Die feministische Herausforderung. 150 Jahre Frauenbewegung in Dtl., 1977; Sozialwiss. Forschung und Praxis für Frauen e.V. (Hg.), Beiträge zur feministischen Theorie und Praxis, 1978 ff.; I. Brehmer, Was ist f.P.?, in: L. F. Pusch (Hg.), Inspektion der Herrenkultur, 1983; W. Böhm, Männliche Pädagogik – weibliche Erziehung?, Innsbruck 1989; C. Honegger, Die Ordnung der Geschlechter, 1991; W. Böhm und M. Lindauer (Hg.), Mann und Frau – Frau und Mann, 1992; U. I. Meyer, Einf. in die feminist. Phil., 1992; J. Ostner, K. Lichtblau (Hg.), Feminist. Vernunftkritik, 1992; W. Gieseke (Hg.), Feminist. Bildung – Frauenbildung, 1993; A. Prengel, Päd. der Vielfalt, 1993; S. Maurer, Zwischen Zuschreibung und Selbstgestaltung, 1996; J. Hopfner, H.-W. Leonhard, Geschlechterdebatte, 1996; A. Wenger-Hadwig, Fem. Päd., 1997; H. Raab, Foucault und der feminist. Poststrukturalismus, 1998.

**Fénelon,** François de Salagnac de la Mothe-F., * 6. 8. 1651 Schloß F. (Dordogne), † 7. 1. 1715 Cambrai; Geistlicher und Erzieher am Hofe Ludwigs XIV., später Erzbischof in Cambrai. Zeitweise von großem Einfluß im damaligen Frankreich, widmete er sich auch der Päd., griff bestimmend in das Schulwesen ein und förderte besonders die → Mädchenbildung. In seinem Buch »Traité de l'éducation des filles« (1687, dt. »Über Mädchenerziehung«, 1963) sieht er die Erziehung, ähnlich wie später → Rousseau, als ein behutsam lenkendes Freilegen natürlicher Anlagen und sucht eine gläubige, die Gemütskräfte in Anspruch nehmende Erziehung zu begründen. Sein bekanntestes Werk über die Abenteuer des »Télémaque« (1699), beschreibt das Idealbild eines gerechten und weisen Königtums. Es wurde als Kritik an der Politik Ludwigs XIV. aufgefaßt, zunächst verboten und erst 1717 neu verlegt.

Schr.: Werke, 34 Bde., 1820 ff. Telemachus, übers. u. hg. von P. Riley (vorzügl. Einl. u. Bibl.), Cambridge 1994.
L.: M. Barbano, F., Turin 1950; R. A. Knox, Christl. Schwärmertum, dt. 1957; R. Spaemann, Reflexion u. Spontaneität. Studien über F., 1963; V. Kapp, Télémaque de F., 1982; R. Spaemann, F., 1990; C. Pancera, Il pensiero educativo di F., Florenz 1991.

**FEoLL** (Forschungs- und Entwicklungszentrum für objektivierte Lehr- und Lernverfahren) mit Sitz in Paderborn, 1970 gegründet zwecks Zusammenführung kybernetischer (→ H. Frank, → M. Lánsky, H. Stachowiak) mit nichtkybernetischen (W. Schöler) Arbeitsgruppen des → programmierten Unter-

**Fehlleistungen.** Als F. (oft auch »Freudsche F.«) gelten in der → Psychoanalyse Lapsus, Irrtümer, Auslassungen und Gedächtnisfehler wie Vergessen, Versprechen, Verlieren oder scheinbar zufällige Mißgeschicke, die eine → Person durch unachtsames Handeln hervorruft; diese Phänomene werden gedeutet als Abkömmlinge verdrängter libidinöser oder feindseliger Triebimpulse (→ Verdrängung) und somit als durch eine unbewußte Absicht motiviert. Nach S. → Freud gibt es kein grundloses Vergessen und kein rein zufälliges Mißgeschick, sofern dieses durch menschl. Unvollkommenheit verursacht ist. Den äußeren Bedingungen wie Ermüdung, Hast, Unaufmerksamkeit u. ä. gesteht die Psychoanalyse nur begünstigende Wirkung zu, die ohne die notwendige Bedingung einer unbewußten Absicht nicht zur Fehlhandlung führen würden.

L.: S. Freud, Zur Psychopathologie des Alltagslebens, in Ges. Werke, Bd. 4, 1941 u. ö.; S. Timpanaro, Il lapsus freudiano, Florenz 1974; Ch. Brenner: Grundzüge der Psychoanalyse, 1977.

**Felbiger,** Johannes Ignaz von, * 6. 1. 1724 Glogau, † 17. 5. 1778 Preßburg; 1758 Abt zu Sagan (Schlesien) und Schulherr des Stiftsgebiets; 1774 Leiter des dt. Schulwesens in Österreich. Bemühte sich in beiden Ämtern um eine durchgreifende Reform des Schulwesens und den Aufbau der Lehrerbildung.

Schr.: General-Land-Schul-Reglement für die Röm.-Kath. in Städten und Dörfern des souveränen Herzogtums Schlesien und der Grafschaft Glatz, 1765; Eigenschaften, Wiss. und Bezeigen rechtschaffener Schulleute, 1768, neu hg. v. J. Scheveling, 1958 (m. Bibl.); Die wahre Saganische Lehrart in den niederen Schulen, 1774; Allg. Schulordnung für die dt. Normal-, Haupt- und Trivialschulen, 1774; Methodenbuch für die Lehrer der dt. Schulen in den k.k. Erbländern, 1775.
L.: J. I. v. F., bearb. von J. Scheveling, 1958 (Bibl.); U. Krömer, J. I. F., 1966; Kern des Methodenbuches, besonders für die Landschulmeister in den kaiserlichkönigl. Staaten, hg. v. M. Laudenbach, 1998 (Bibl.).

**Fellenberg,** Philipp Emanuel von, * 15. 6. 1771 Bern, † 21. 11. 1844 Hofwil (b. Bern); F. verfolgte das Ziel einer »Versittlichung durch Verchristlichung des Volkes« durch Gründung eines Systems von Erziehungsanstalten in Hofwil; Erziehungsmittel waren Arbeit und Mitverantwortung. → Wehrli.

Schr.: Darstellung der Armenerziehungsanstalt, 1813; Schullehrergespräche zu Hofwil, 1833; Die providentielle Bestimmung der Schweiz, 1841.
L.: P. Schmid, Ph. E. v. F., 1937 (m. Bibl.); K. Guggisberg, Ph. E. v. F. und s. Erziehungsstaat, 1953.

**Feltre,** Vittorino da, * 1374 od. 1378 Feltre, † 1446 Mantua; bekanntester Erzieher des ital. Renaissance-Humanismus; hinterließ keine päd. Schriften; leitete ca. 23 J. die »casa giocosa« der Prinzen Gonzaga in Mantua und »dokumentierte« seine Päd. im Lebensweg und den schriftl. Aussagen seiner bedeutenden Schüler. Im wesentlichen bestimmen vier zeitgenössische Biographien mit unterschiedlichem Gehalt das heutige Bild der Päd. Vittorinos. Es handelt sich um die ersten neuzeitlichen Diskussionen zur Förderung individueller Eigenschaften und Fähigkeiten der Heranwachsenden. Den bildungstheoret. Hintergrund für die harmonische Bildungsauffassung mit der Suche nach einem ausgewogenen Gleichgewicht von *vita activa* und *vita contemplativa* geben die Bildungslehren der Antike ab, die in ein Wechselspiel zur christlichen Moraltrad., insb. der Bettelorden, geführt werden. In der Unterrichtsgestaltung wird die persönliche Freiheit des Kindes als Wert erkannt. Deshalb gewinnt als Mittel zur Buchwissen-Vermittlung die antike → Rhetorik an Bedeutung. In den späteren Biogr. überlagert die polit.-gesellschaftl. Funktion die harmonische Ausbildung von Körper und Geist des einzelnen.

L.: C. Rosmini, Idea dell' ottimo precettore nella vita e disciplina di V. d. F., Bassano 1801; W. H. Woodward, V. d. F. and other Humanist Educators, New York 1897, 2. Aufl. 1970; V. d. F., ed. N. Giannetto, Florenz 1981; G. Müller, Mensch und Bildung im ital. Renaissance-Humanismus, 1984; W. Sünkel, V. d. F. und das Hofmeistermodell in der neuzeitl. Päd., in: Im Blick auf Erz., 1994; A.-S. Göing, Die Lebensbilder zu V. d. F., 1999 (Lit.).

**Feminismus,** feministische Päd. (lat. *femina*: Frau), soziale Bewegung mit dem Ziel, die volle Anerkennung der Rechte der Frau im gesellschaftl., polit., jurist. und Arbeitsleben durchzusetzen und die rechtl. und gesellschaftl. Gleichstellung der Frau zu erreichen. Ihr Ursprung liegt in der → Aufklärung, und sie erhielt wichtige Anstöße aufgrund der neuen Arbeitsbed. im Gefolge der industriellen Revolution. Bei Olimpe de Gouges (Die Erklärung der Rechte der Frau und Bürgerin,

vate Einrichtungen abgegeben hat: an Produktions- und Dienstleistungsbetriebe, Krankenhäuser und Altenheime, Einrichtungen des Rechtswesens und Ordnungsmächte, Schulen und Erziehungsheime, Lehrwerkstätten und Ausbildungsinstitute aller Art.
Dem entspricht auf der anderen Seite eine starke Intensivierung und Differenzierung der personbezogenen Reproduktionsfunktionen innerhalb der F., unter denen wiederum die sog. Soziabilisierung, d. h. die »zweite, soziokulturelle Geburt« des Menschen (R. König), und die → Sozialisation des gesellschaftl. Nachwuchses, d. h. der Aufbau seiner sozialkulturellen Persönlichkeit, eine herausragende Rolle eingenommen haben. Doch geben nicht nur die Aufgaben der Erziehung und Sozialisation allein der F. der Gegenwart ihr charakteristisches Gepräge; sie weist ihren Mitgliedern außerdem, in der Regel über die Berufsposition des Hauptverdieners, einen sozialen Status zu, sie umfaßt Haushaltsführung und Freizeitgestaltung und bietet in der Privatsphäre einer intimen Kleingruppe die Möglichkeit des psychischen Spannungsausgleichs und der Erprobung sozialer Verhaltensalternativen.
In der F. wird nur wenig explizit »päd.« gehandelt; F.erziehung ist nicht organisiert, eher »organisch«, spontan, intuitiv, (un)willkürlich, sie wird vermittelt über Umgang, Gewohnheit, Improvisation, Atmosphäre. Viele traditionelle Vorstellungen eines ungetrübt romantisch-idyllischen F.nlebens wurden empirisch in Frage gestellt: In F.n herrschen Liebe wie Gewalt, die Beziehungen sind trostreich wie haßgeladen, freundschaftl. und feindselig. Eltern sind in der Regel Laienerzieher und handeln nach Gutdünken, eigenen Erfahrungen und Informationen; biolog. Elternschaft schließt dabei päd. Wissen und Einsicht, Annahme und Verständnis des Kindes nicht »automatisch« ein. Soziale Isolation, berufl. oder finanzielle Überforderung, durch die (z. B. Wohn-)Umwelt induzierter Streß sind Auslöser für F.krisen, die auch gewalttätig »gelöst« werden und Krisenintervention, F.betreuung, → Elternbildung und → Erziehungsberatung notwendig machen können.
Einen den Lebensweg des Kindes präformierenden Einfluß hat F. auch durch die Vermittlung eines sozialschichtspezifischen Ausschnitts der gesellschaftl. Wirklichkeit: Art, Ausmaß und Anlaß innerfamilialer Interaktion und Kommunikation sind mitbestimmt durch Berufstätigkeit und Arbeitsplatzerfahrungen der Eltern, das Bildungsniveau von Vater und Mutter, das Einkommen, Geschwisterzahl und -position, Weltanschauung, Zukunftsperspektive, Konsumgewohnheiten, sprachl. Sozio- und Dialekte etc. Diese tragen zur Ausprägung eines bestimmten Sozialcharakters bei und beeinflussen Lern- und Leistungsmotivation sowie den späteren Schulerfolg des Kindes. → Mutter, → Vater.

L.: D. Claessens, F. und Wertsystem, 1962, [4]1979; F. Neidhardt, Die F. in Dtl., 1966, [4]1975; H.-E. Richter, Eltern, Kind und Neurose, 1969 u. ö.; ders., Patient F., 1972; P. Milhoffer, F. und Klasse, 1973; K. Mollenhauer, M. Brumlik, H. Wudtke, Die F.nerziehung, 1975; J. Weber-Kellermann, Die F., 1976; E. Shorter, Die Geburt der modernen F., dt. 1977; E. Cloer (Hg.), F.nerziehung, 1979; J. Donzelot, Die Ordnung der F., dt. 1980; A. Strauss u. a., Behind Closed Doors, New York 1980; R. König, Die F., 1981; H. Rosenbaum, Formen der F., 1982; S. Hemmert-Halswick, F. als Erziehungsinstanz, 5 Bde., 1982 ff.; M.-E. Karsten, H.-U. Otto (Hg.), Die sozialpädagogische Ordnung der F., 1987; B. Baetzold, U. Fried (Hg.), Einf. in die F.näd., 1989; S. Rauh, Wertwandel in der F., 1990; H. Bertram (Hg.), F.n – Lebensformen der Kinder, 1993; R. Nave-Herz, F. heute, 1994; F. K. Barabas, M. Erler, Die F. Einf. in Soziol. u. Recht, 1994; H. Bertram (Hg.), Das Indiviuum und die F., 1995; B. Nauck, C. Onnen-Isemann (Hg.), F. im Brennpunkt von Wiss. u. Forsch., 1995; M.-E. Karsten, H.-U. Otto (Hg.), Die sozialpäd. Ordnung der F., 1996; W. Bien (Hg.), Die F. an der Schwelle zum neuen Jahrtausend, 1996; L. Bönisch, K. Lenz (Hg.), F.n, 1996; M. Erler, Die Dynamik der mod. F., 1996; L. A. Vascovics u. a. (Hg.), F.-Lebenswelten und Bildungsarbeit, 2 Bde, 1997; R. Baureiss u. a., F.-atlas, 1997; M. Mitterauer, N. Ortmayr, (Hg.), F. im 20. Jhd., 1997; A. Burguiere u. a., Gesch. der F., 4 Bde, 1996–1998; G. Tornieporth, Familie und Kindheit, in: Hdb. der dt. Bildungsgesch., Bd. 6.1.: 1945 bis z. Gegenw., hg. v. Ch. Berg, 1998.

**Feed back** (engl.: Rückkoppelung). In der → Kybernetik die Erhebung des Ist-Zustandes, um die Auswirkungen einer getroffenen Steuerungsmaßnahme innerhalb eines Regelkreises feststellen zu können. Man unterscheidet stabilisierendes und veränderndes F.b. In weiterem Sinne meint F.b. auch jede Art von »Rückmeldung«, die darauf hinweist, daß der andere ein Verhalten oder eine Äußerung verstanden hat und darauf »reagiert«. → kybernet. Päd.

Berufsausübung voraussetzen und nach Fachrichtungen gegliedert sind (z. B. Maschinentechnik, Gartenbau, Hauswirtschaft, Betriebswirtschaft), mit einer staatl. Prüfung abschließen und eine bestimmte Berufsbezeichnung verleihen (z. B. »Staatlich geprüfter Techniker«). Über eine Ergänzungsprüfung kann die Fachhochschulreife erworben werden.

**Fachunterricht** ist der Unterricht in einem → Fach nach facheigenen Kategorien und Methoden, die sich aus dem Prinzip der Wissenschaftsorientierung des Unterrichts ergeben. Einige Reformpädagogen zogen den → Gesamtunterricht dem F. vor. Heute herrscht die Tendenz zum F. vor, auch schon in der → Grundschule. In dem Maße, wie der Fachgesichtspunkt in den Vordergrund tritt (Betonung von Stoff, Inhalten), droht die Gefahr einer Vernachlässigung (der Interessen) des Kindes.

**fächerübergreifender Unterricht** → Fach, → Fachunterricht.

**Fähigkeiten,** hypothetisches Konstrukt zur Bezeichnung der Gesamtheit der psychischen und physischen Bedingungen als Voraussetzung für die Ausführung von körperl. oder geistigen Leistungen; in diesem Sinne gibt es ebenso viele F. wie Tätigkeiten. Obwohl als F. nur unverzichtbar notwendige Bedingungen für die Leistung gefaßt werden, nicht jedoch solche, welche eine Tätigkeit erleichtern (→ Übung, → Erfahrung), umfassen F. dennoch mehr als nur Ererbtes, da teilweise notwendige Voraussetzungen für den Leistungsvollzug überhaupt erst durch Lernprozesse erworben werden können. Man unterscheidet: allgemeine und bereichsspezifische F. (z. B. motorische, intellektuelle, emotionale F.) und fachspezifische F. (z. B. der optischen und akustischen Wahrnehmung). → Fertigkeiten, → Begabung.

**Färöer** → Dänemark.

**Fafunwa,** A. Babs, * 3. 9. 1923 Lagos, Ph. D. 1955 New York, 1965 Prof. der Päd. Univ. of Nigeria, Nsukka, 1967 Univ. Ife; Präsident zahlreicher päd. und bildungspolit. Organisationen in Schwarzafrika.

Schr.: New Perspectives in African Education, London 1967; A History of Higher Education in Nigeria, London 1971; History of Education in Nigeria, London 1974; Growth and Development of Nigerian Universities, Washington D.C. 1974; (Hg. mit J. U. Aisiku), Education in Africa, London 1982; Education in Mother-Tongue, Ibadan 1989; Africa, in: W. D. Halls (Hg.), Comparative Education, London 1990.

**Familie, Familienerziehung.** F. ist die überall verbreitete, staatl. legalisierte und gesellschaftl. geschützte (in Dtl. gemäß Art. 6 GG) normale Form des geregelten Zusammenlebens der Generationen und Geschlechter. In der Regel ist die F. durch die Institution der Ehe begründet. Letztere zeichnet große hist. Variabilität, strukturelle Vielfalt und funktionaler Reichtum in Abhängigkeit zu »äußeren« gesellschaftl. Bedürfnissen, Anforderungen und Wandlungen aus. Sie steht als die lebensgeschichtl. bedeutendste soziale Primärgruppe mit hoher Emotionalität und Intimität der Beziehungen an der Nahtstelle zw. Individuum und Gesellschaft. F. begegnet dem Heranwachsenden von frühester Kindheit bis zu später Jugend und zur Ablösung vom Elternhaus. Er erfährt in ihr Pflege und Fürsorge, Betreuung und Erziehung, in der Regel neben materieller Versorgung vor allem Überschaubarkeit, Konstanz und Stabilität des sozialen Lebens. Die F. bietet affektive Zuwendung und sensorische Anregung und macht den Heranwachsenden gesellschaftsfähig.

Ob die Prozesse und Stadien der Industrialisierung, Urbanisierung und Bürokratisierung, kurz der Modernisierung auf dem Wege von vorindustriellen feudalaristokratisch verfaßten Agrarstaaten zu hochindustrialisierten komplexen Gesellschaftsformationen mit einem Verlust, einer Verlagerung oder einer Entlastung von einer Reihe von gesellschaftl. Funktionen der früheren Großfamilie einhergehen, ist umstritten. Neuere familiensoziolog. und sozialhist. Forschungsergebnisse stimmen jedenfalls darin überein, daß die F. in ihrem Wandlungsprozeß zur typisch modernen Kernfamilie zunächst die Funktionen der unmittelbaren Naturbewältigung und Existenzsicherung, dann auch die verschiedensten Kult-, Schutz-, Gerichts- und vor allem die Wirtschafts- und Produktionsfunktionen an staatliche, öffentlich-rechtliche oder pri-

Auswahl und Anordnung der Inhalte des Unterrichts. Vereinfacht ausgedrückt beantwortet sie die Fragen Was?, Warum?, Wann?
Fachmethodik. Sie befaßt sich mit der effektiven Vermittlung der Inhalte an die jeweiligen Adressaten. Vereinfacht ausgedrückt beantwortet sie die Fragen Wie?, Womit?.
*Historisch* gesehen ist die F. eine junge Wissenschaft. Sie entstand in den 70er Jahren, als im Zuge der Bildungsreform immer klarer wurde, daß die bisher für die Unterrichtsfächer ausschlaggebende Methodik allein nicht mehr ausreichte. Die Inhalte eines Unterrichtsfaches konnten nicht mehr lediglich vereinfachtes Abbild der jeweiligen Bezugswissenschaften sein, das → Fach mußte eigenständige Kriterien für die Auswahl und Anordnung der Inhalte entwickeln. Dabei gilt festzuhalten, daß im Bereich der Volksschulen schon immer die Inhalte adressatenbezogen ausgewählt und angeordnet wurden.
In den letzten Jahren wurden der F. neue Aufgaben über den Schulbezug hinaus zugewiesen, etwa eine fachbezogene Methodik für Diplom- bzw. Magisterstudierende. Ziel ist auch hier, komplexe wissenschaftl. und fachl. Sachverhalte in die Verständnisebene von Adressaten, z. B. Bürgern, aufzubereiten.
L.: (bei den einzelnen Fachdidaktiken, z. B. Geographieunterricht).

**Fachhochschule.** Die F. zählt zu den Hochschulen, die nach Studiengebieten und -dauer (in der Regel insges. 8 Semester) begrenzt sind, zunächst den akademischen Grad der »Graduierung« und seit der Rahmenprüfungsordnung von 1980 auch das Diplom (FH) verleihen, aber keine → Promotionen und → Habilitationen durchführen können. Die F. ist aus den früheren höheren Fachschulen hervorgegangen und wurde in der BRD 1969–1972 durch Landesgesetze geregelt. Während die → Univ. der wiss. Forschung und Lehre dient, widmet sich die F. mehr der berufsbezogenen Praxis (sog. anwendungsbezogene Studien). Voraussetzung für das Studium an der F. ist die F.reife (Fachabitur an Fachoberschulen) oder eine andere, allg. Hochschulreife. Die F. besteht aus Fachrichtungen oder Fachbereichen; Organisation, Struktur, gesetzliche Bestimmungen und Studienbedingungen unterliegen den Kultusministerien der Länder. Für die F.n in Bayern wurde 1977 eine Rahmenprüfungsordnung entworfen, die für alle Fachrichtungen der bayer. F.n eine allg. verbindliche Prüfungsordnung vorsieht. Darin wird eine Regelstudienzeit von mindestens 6 theoretischen und in der Regel 2 praktischen Semestern festgelegt. Das Studium gliedert sich in ein Grundstudium (wissenschaftsbezogene und praxisorientierte Ausbildung) und in ein Hauptstudium (mit Spezialisierung auf einen bestimmten Studiengang der gewählten Fachrichtung). Neben den Pflichtfächern müssen Wahlpflichtfächer und Allg.wiss. Wahlpflichtfächer erfolgreich besucht und studienbegleitende Praktika durchgeführt werden. Die Fachrichtungen der bayer. F.n umfassen u. a. Architektur, Bauingenieurwesen, Betriebswirtschaft, Gestaltung, Elektrotechnik, Maschinenbau und Sozialwesen.
L.: Dt. Bildungsrat (Hg.), Gutachten und Materialien zur F., Bd. 10, 1974; H.-W. Prahl, Sozialgeschichte des Hochschulwesens, 1978; W. Steinmann (Hg.), Prakt. Studiensemester an F.n in Bayern, 1981; F. im Wandel, hg. v. R. von Hüper u. a., 1985; F. – Die Hochschule mit Zukunft, hg. v. G. von Edler u. a., 1990; Wissenschaftsrat, Empfehlungen zur Aufgabe u. Stellung der F.n in den 90er Jahren, 1991; K. Ermert (Hg.), F.n im Aufwind, 1993; Ch. Bode (Hg.), F.n in Dt., 1997.

**Fachhochschulreife** → Hochschulreife.

**Fachoberschule,** Einrichtung des berufl. Bildungswesens; führt in einem 2j. Kurs (11. und 12. Klasse) zur → Fachhochschulreife. Voraussetzung zum Besuch ist das Abschlußzeugnis einer Realschule oder eine gleichwertige Qualifikation (»Rahmenvereinbarung über die FOS« 1969). Die Lehrinhalte der F. sind auf die Anforderungen der → Fachhochschule abgestimmt. Während in den 11. Klassen in der Regel eine fachpraktische Ausbildung der Schüler in Betrieben oder öffentl. Institutionen erfolgt, wird in den 12. Klassen eine wiss.-theoret. Schulung vorgenommen. Problematisch sind die Findung geeigneter Praktikaplätze, die teilweise starke gymnasiale Ausrichtung der Lehrpläne der F. sowie die uneinheitlichen Bestimmungen in den einzelnen Bundesländern.

**Fachschulen** sind in der Regel 1–2j. Schulen, die den Abschluß einer einschlägigen Berufsausbildung und gewöhnlich eine zusätzliche

setzungs- und Nichtversetzungs-Fächer oder die Fächerung des Unterrichts ganz aufzuheben: z. B. Gliederung um »Gesinnungsstoffe« oder in »Lebenskreise«, Auflösung in »Projekte« oder → Gesamtunterricht. Von diesen Vorschlägen wurde in größerem Maße nur der → Anfangsunterricht der Grundschule als Gesamtunterricht verwirklicht. Fächerübergreifendem Unterricht kommt angesichts von Gegenstandsfeldern wie Umwelt, Umweltschutz, Frieden, Wohnen etc. steigende Bedeutung zu, da so komplexe Fragen mit dem traditionellen Fächerkanon nicht mehr angemessen zu bearbeiten sind. Von daher wird auch die in Versetzungsordnungen festgelegte Hierarchie der Fächer fragwürdig. → Blockunterricht, → Epochenunterricht, → Projektmethode.

L.: W. Albert, Der Gesamtunterricht, 1958, ²1968; F. Dörpfeld, Grundlinien e. Theorie des Lehrplans, 1873 u. ö.; Dt. Bildungsrat, Strukturplan für das Bildungswesen, 1970 u. ö.; J. Dolch, Lehrplan des Abendlandes, 1959, unveränd. Nachdruck der 3. Aufl. (1971), 1982; G. Schlaak (Hg.), Der überfachl. Unterricht, 1973; M. Meyer (Hg.), Allgemeine Didaktik, Fachdidaktik und Fachunterricht, 1994.

**Fachakademie.** Ein spezifisch bayerischer, eigenständiger Teil des berufsbildenden Schulwesens mit verschiedenen Ausbildungsbereichen: Augenoptik, Bauwesen, Fremdsprachenberufe, Darstellende Kunst, Gemeindepastoral, Hauswirtschaft, Heilpädagogik, Holzgestaltung, Landwirtschaft, Medizintechnik, Sozialpädagogik und Wirtschaft. Die F. vermittelt in einem in der Regel dreijährigen Lehrgang einen berufsqualifizierten Abschluß v. a. für pädagogische Berufe wie staatlich anerkannte → Erzieher (früher Kindergärtner[-in], Heilpädagogen und Fachlehrer). Der zweijährigen schulischen Ausbildung für den erzieherischen Zweig geht in der Regel ein zweijähriges Vorpraktikum, das bereits von der F. mitbetreut und überwacht wird, oder eine abgeschlossene, einschlägige Berufsausbildung (z. B. Kinderpfleger[-in], Krankenschwester) vorweg. Die F. setzt als schulischen Abschluß die → mittlere Reife voraus und ermöglicht nach einer Ergänzungsprüfung den Zugang zur → Fachhochschule. An die Abschlußprüfung schließt sich ein einjähriges Berufspraktikum an, dessen Ableistung die Voraussetzung für die selbständige Berufsausbildung ist. Der Lehrplan der schulischen Ausbildung umfaßt allgemeinbildende, berufsbezogene und praktisch-methodische Fächer.

Die F. wurde am 15. 6. 1972 durch Gesetz als Nachfolgerin von Fachschulen eingerichtet.

Die Lehrer an F.n weisen je nach Fächergruppierung unterschiedliche Qualifikationen auf (Fachhochschul- bis Universitätsabschluß). Seit 1984 besteht ein an der Universität Bamberg eingerichteter Studiengang »Lehramt an Fachakademien«.

L.: Die F. f. Sozialpäd., hg. v. der Arbeitsgemeinschaft der bayer. F.n für Sozialpädagogik, 1976; D. v. Derschau, H. Krüger, U. Rabe-Kleberg (Hg.), Qualifikationen für Erzieherarbeit, Bd. 1–3, 1984–86; Bundesanstalt für Arbeit (Hg.), Erzieher/Erzieherinnen, 5. überarb. Auflage 1987; A. Metzinger, Zur Geschichte der Erzieherausbildung, 1993.

**Fachdidaktik** ist die Wissenschaft von der adressatenbezogenen Auswahl, Anordnung und Vermittlung von wissenschaftlichen oder fachspezifischen Inhalten in die Verständnisebene der Adressaten. Im allgemeinen befaßt sich die F. mit der Auswahl und Anordnung der Inhalte von Schulfächern und ihrer effektiven Vermittlung an Schülerinnen und Schüler der verschiedenen Altersstufen unterschiedlicher Schularten. *Organisatorisch* wurden in Deutschland die meisten F. dem wichtigsten Bezugsfach zugeordnet, z. B. die Deutschdidaktik der Germanistik. Wo dem Schulfach keine Bezugswissenschaft entsprach, wählte man eine naheliegende Wissenschaft (z. B. bei der Sozialkunde Politik oder Soziologie).

Die F. versteht sich als »Brückenfach« zwischen den Fachwissenschaften, die als Bezugsfach für das jeweilige Schulfach gelten, und den Erziehungswissenschaften. Daher geht sie nicht nur empirisch vor (z. B. durch Festlegung eines Kanons von Grundwissen in dem betreffenden Fach). Wissenschaftstheoretisch ist die F. eine Subdisziplin der → Didaktik, inhaltlich ist sie eng an die jeweiligen Bezugsfächer gebunden. Es gibt für jedes an der Schule unterrichtete Fach eine spezielle F. *Begrifflich* besteht ein semantisches Problem darin, daß »F.« zugleich Ober- und Unterbegriff ist. Denn der Oberbegriff »F.« gliedert sich in die Unterbegriffe F. (im engeren Sinn). Sie befaßt sich mit der begründeten

entierendes und exemplar. Lehren, in: Päd. Psychologie des Lehrens und Lernens, 1957; H. Scheuerl, Die exemplar. Lehre, 1958; H. Newe, Der exemplar. Unterricht als Idee und Wirklichkeit, 1960, ²1961; E. Meyer, Praxis des Exemplar., 1962; B. Gerner (Hg.), Das exemplar. Prinzip, 1963; W. Klafki, Das päd.sche Problem des Elementaren und die kategoriale Bildung, 1964; M. Wagenschein, Ursprüngl. Verstehen und exaktes Denken, 1965; ders., Verstehenlehren, 1979, ¹⁰1992; A. Brock u. a. (Hg.), Lernen und Veränderung, 1987; E. Bernhard, U. Bürgi, Ex. Lernen als did. Ansatz in der Erwachsenenbildung, 1990; W. Klafki, Neue Studien zur Bildungstheorie und Didaktik, 1991; B. Engler, K. Müller, Exemplar. Studien zur Bedeutung und Funktion des ex. Erzählens, 1995.

**Existentialismus,** Existenzphilosophie bezeichnet eine von → Kierkegaard ausgehende philosophische Richtung des 20. Jahrhunderts, die auf der These vom Primat der Existenz vor der Essenz beruht und sich selbst als Existenzerhellung (→ Jaspers), als Philosophieren über den Menschen in seiner subjektiven Existenz, als »Daseinsanalytik« (M. Heidegger) und insgesamt als Appell an den Menschen, zu sich selbst zu kommen, versteht. Dadurch ist sie von Grund auf pädagogisch, freilich nicht im Sinne einer planend einwirkenden Erziehung, sondern in Gestalt von »unstetigen Erziehungsformen« (→ Bollnow). Von einem existenzphilosophischen Menschenbild her verbietet sich jede Axiomatik und Normierung; die eigentliche Erziehung vollzieht sich immer als Anruf in → Situationen, in denen sich der Mensch stets neu zu entwerfen hat (Sartre), entsprechend den Prinzipien der Sachlichkeit und Mitmenschlichkeit (→ Ballauff). → Konrad.

L.: L. Prohaska, E. und Päd., 1955; O. F. Bollnow, Existenzphilosophie, 1955 u. ö.; ders., Existenzphilosophie und Päd., 1959 u. ö.; Th. Ballauff, Systemat. Päd., 1962 u. ö.; J.-P. Sartre, Ist der E. e. Humanismus?, dt. 1947; M. Heidegger, Über den Humanismus, 1949 u. ö.; B. Suchsdolski, Päd. am Scheideweg, dt. 1965; F. Zimmermann, Einf. in die Existenzphilosophie, 1977, ³1992; J. Splett, Der Mensch ist Person, 1978; W. Böhm, G. Flores d'Arcais (Hg.), Die Päd. der frankophonen Länder im 20. Jh., 1980; K. Jaspers, Was ist Erziehung?, 1981; W. Janke, Existenzphil., 1982; K. Renner, E. und Päd. in: Rassegna di Pedagogia, 41 (1983), H. 1; H. Arendt, Was ist Existenz-Phil.?, 1990; W. Kamps, Bildung in der Perspektive der Sozialphilosophie J.-P. Sartres, 1990; Th. Seibert, Existenzphil., 1997; U. Wehner, Existenzphil. u. Päd., 2000.

**exogen** (griech.: von außen erzeugt) heißen diejenigen Entwicklungserscheinungen, Störungen oder Erkrankungen, die durch äußere Ursachen bzw. Umwelteinflüsse bedingt entstehen. → endogen.

**extracurricular activities** (wörtl.: Tätigkeiten außerhalb des Lehrplans). Besonders in den → USA gelten die höheren Schulen und die ersten Univ.sj. nicht nur als akadem., sondern auch als sozialer Erfahrungsraum. Deshalb spielen Tätigkeiten wie Sport, Theater, Tanz, Film, Debattierclubs eine große Rolle. Sportlicher Erfolg (z. B. Football, Basketball) verleiht Studenten hohen sozialen Status. Schüler- und Studentenselbstverwaltung sind sehr aktiv, wenn auch überwiegend auf triviale und äußerlich-organisatorische Dinge (Verkehrsregelung etc.) beschränkt. Heute werden die e. a. mehr dem Lehrplan selbst zugerechnet. → Heimlicher Lehrplan.

# F

**Fach,** Fächerung. Das Element der äußeren Gliederung schulischen Unterrichts, die zum größten Teil der Systematik der Wiss.sdisziplinen entspricht, wenn auch einige Schulfächer (z. B. Sachkunde, → Arbeitslehre, Gemeinschaftskunde oder Politik) keine direkte Entsprechung in einer Wiss. finden.
Eine erste Fächerung des Unterrichts bilden die → *artes liberales*; eigentliche Schulfächer und F.lehrer traten ab dem 16. Jh. und verstärkt im 19. Jh. auf. In → Grund- und → Hauptschule sind F.lehrer- und Fachunterrichtsprinzip nicht voll eingeführt, F. er dieser Schularten werden nicht in erster Linie als Entsprechungen zu den Wiss., sondern als Einführung in Lebensbereiche und als Lebenshilfe angesehen. Einrichtung und Abschaffung von Fächern folgen nicht einfach dem wiss. Differenzierungsprozeß, sondern werden auch durch wirtschaftl., polit. und kulturelle Motive beeinflußt.
Es gibt zahlreiche Versuche, die F.er zu gruppieren, z. B. in Sach- und Formfächer (→ Dörpfeld), Kern- und Nebenfächer, Ver-

turhoheit der Länder, 1993; H.-J. Blanke, Europa auf dem Weg zu einer Bildungs- und Kulturgemeinschaft, 1994; D. Benner, D. Lenzen, Bildung und Erziehung in Europa, 1994 (= ZfPäd., 32. Beih.); H. Timmermann (Hg.), Bildung in der EU, 1995; O. Anweiler u. a. (Hg.), Bildungssysteme in Europa, 1996; E. E. Geissler, S. Huber (Hg.), Bildung im sich einigenden Europa, 1996; A. Fritsch, Europ. Bildungspol. nach Maastricht, 1998.

**Europäische Schulen** (Europaschulen). E.S. wollen Kinder verschiedener Muttersprachen und Nationalitäten, insbes. die der E.G.-Beamten, zusammen unterrichten (ursprünglich im Primar-, dann auch im Sekundarbereich; Abschluß: Europäisches Baccalaureat). E.S. befinden sich in Großstädten mit Sitz europ. Institutionen (BRD: Karlsruhe, München); sie legen großen Wert auf Fremdsprachen und das gegenseitige Verständnis zwischen Kindern verschiedener Nationalitäten. → Auslandsschulen.

L.: Schola Europea, Luxemburg 1977.

**EURYDICE**, 1980 eingerichtetes Informationsnetz für das Bildungswesen in der → Europäischen Gemeinschaft. Es hat die Aufgabe, Informationen über die Systeme und Maßnahmen im Bildungsbereich auf nationaler wie auf Gemeinschaftsebene zu sammeln, auszuwerten und zu verbreiten. Die Bedeutung des Informations- und Erfahrungsaustauschs über gemeinsame Probleme wurde vom Maastrichter Vertrag 1992 noch einmal unterstrichen. Die damit auch für E. eröffneten neuen Perspektiven wurden in dem gemeinschaftlichen Aktionsprogramm → SOKRATES in vollem Umfang berücksichtigt. Das Netz besteht aus *einzelstaatl. Informationsstellen,* die meist in den Bildungsministerien angesiedelt sind (in Dtl. je eine im Bundesministerium für Wiss. und Bildung und im Sekretariat der → KMK). Die *Europäische Informationsstelle* (Sitz: Brüssel) koordiniert die Aktivitäten und vergleichenden Studien des Netzes. Sein Kernstück ist die laufend aktualisierte Datenbank (EURYBASE) zu den Bildungssystemen. Zunehmend übernimmt das Netz auch die Rolle einer »Beobachtungsstation« über die Entwicklung der Bildungssysteme und der Bildungspolitiken in der EU. Durch die Verbreitung seiner Veröffentlichungen, insbesondere über die eigenen Web-Seiten im Internet (http://www.eurydice.org) soll neben den Ministerien und Parlamenten eine breitere Öffentlichkeit erreicht werden. Z. Zt. nehmen neben den 15 (1999) Mitgliedern der EU auch →Island, →Norwegen und Liechtenstein gleichberechtigt an den Aktivitäten des Netzes teil; seit 1996 stehen sie darüberhinaus den mittel- und osteuropäischen Ländern sowie Zypern offen. → REDUC.

**Examen** → Prüfung.

**exemplarisches Lehren und Lernen.** Als Versuch, das Problem der Stoffülle bildungstheoretisch zu lösen, bezeichnet eLL ein »konstruktives Auswahlprinzip« (F. Kopp) und steht in engem Zusammenhang zum → Elementaren und → Fundamentalen. Im Gegensatz zum »Mut zur Lücke« beruht eLL nicht nur auf objektiven Kriterien, sondern enthält zugleich ein subjektives Moment: solche Inhalte sind auszuwählen, die als besondere das Allg. möglichst getreu »widerspiegeln« und dem Schüler den Zugang zur Sachstruktur erleichtern bzw. erst ermöglichen. Insofern ist eLL die didaktische Umsetzung der → kategorialen Bildung. Das eLL wird erleichtert durch → Epochenunterricht oder → Blockunterricht. ELL bedarf der Ergänzung durch orientierendes Lehren, um Zusammenhänge herzustellen und einer »Vereinzelung des Wissens« zu entgehen. Bes. Bedeutung kommt beim eLL dem »Einstieg« bzw. der Motivationsphase zu, da es eigenes Lernen initiieren und die → Selbsttätigkeit des Lernenden anregen will.

Die Diskussion um das eLL hatte ihren Höhepunkt 1945–1965. Die praktische Verwirklichung ist bisher nur in Ansätzen gelungen, am bekanntesten wurden die Vorschläge → M. Wagenscheins für den mathematischen und naturwiss. Unterricht; (Ausarbeitungen liegen auch vor für Geschichte, Erdkunde, Biologie, Religion). Oskar Negt hat eine → Arbeiterbildung mit Hilfe des eLL entworfen: den Arbeitern sollen theoretische, ihre »Klasseninteressen« berührende Einsichten an Exempla aus ihrem Erfahrungsbereich handlungsrelevant erkennbar gemacht werden. → P. Freire.

L.: Th. Ballauff, E. Meyer (Hg.), Exemplar. Lehren – Exemplar. Lernen, o. J.; J. Derbolav, Das Exemplar. im Bildungsraum des Gymnasiums, 1957; H. Roth, Ori-

Univ. erörtert und seit 1967 Probleme der Berufsmobilität des wiss. und techn. Personals sowie der Zusammenarbeit im postuniversitären Bereich diskutiert. 1971 kamen die Erziehungsminister erstmals zusammen; 1973 bildete die Kommission eine Generaldirektion für Forschung, Wiss. und Bildung, 1974 wurde ein Ausschuß mit der Ausarbeitung eines Aktionsprogramms beauftragt (1976 angenommen), das sechs Schwerpunkte umfaßt; 1. Kulturelle und berufl. Bildung von Staatsangehörigen aus Mitgliedstaaten einschließlich der Ausbildung ihrer Kinder; 2. Erforschung und Förderung des Zusammenhangs zwischen den Bildungssystemen; 3. Dokumentationen und Statistiken; 4. Zusammenarbeit im Bereich der Hochschulbildung; 5. Intensivierung des Fremdsprachenunterrichts; 6. → Chancengleichheit und freier Zugang zu allen Unterrichtsformen. Die Kommission trat für eine stärkere Behandlung des Themas Gemeinschaft (»Europ. Studien«) in den Schulen und für die Bewahrung und Weiterentwicklung des kulturell-wiss. europ. Erbes ein (1976 gegr. Europ. Hochschulinstitut in Florenz).

Ungeachtet der kaum vorhandenen rechtl. Basis entwickelte sich bis Mitte der 80er Jahre eine kontinuierliche europäische (Berufs-)Bildungspolitik. Diese Phase der stark zwischenstaatlich ausgerichteten Zusammenarbeit fand ihren Abschluß mit dem Maastricher »Vertrag zur Gründung der Europäischen Gemeinschaft« (EGV) vom 7. 2. 1992. Hier wird erstmals neben der beruflichen (Art. 127 EGV) auch die Förderung der allgemeinen (Art. 126 EGV) Bildung als eine originäre Gemeinschaftsaufgabe definiert. Als wichtigste Ziele werden genannt: 1. Entwicklung der europ. Dimension im Bildungswesen, insbesondere durch Erlernen und Verbreitung der Sprachen der Mitgliedstaaten; 2. Förderung der Mobilität von Lernenden und Lehrenden; 3. Förderung der Zusammenarbeit zwischen den Bildungseinrichtungen; 4. Ausbau des Informations- und Erfahrungsaustausches über gemeinsame Programme (Art. 126 EGV); 5. Erleichterung der Anpassung an die industriellen Wandlungsprozesse, insbesondere durch berufliche Bildung und Umschulung; 6. Verbesserung der beruflichen Erstausbildung und Weiterbildung; 7. Förderung der Mobilität; 8. Verstärkte Zusammenarbeit in Fragen der beruflichen Bildung (Art. 127 EGV). Gleichzeitig werden den Entfaltungsmöglichkeiten für die Tätigkeit der Gemeinschaft durch das → Subsidiaritätsprinzip (Art. 3 b EGV) und durch begrenzte Tätigkeitskataloge deutliche Grenzen gesetzt. Im Ergebnis bleibt die Gemeinschaft auf Fördermaßnahmen und Empfehlungen beschränkt unter der ausdrücklichen Vorgabe, die Verantwortlichkeit der derzeit (1999) 15 Mitgliedstaaten für die Lerninhalte, Organisation und Struktur der nationalen Bildungssysteme zu achten (»Harmonisierungsverbote« Art. 126 Abs. 4 und 127 Abs. 4 EGV). Als wichtigste Aktions- und Förderprogramme der EG im Bildungswesen sind zu nennen: → COMENIUS, COMETT I/II (Zusammenarbeit Hochschule/Wirtschaft), → ERASMUS I/II (Austauschprogramm für Studenten und Lehrpersonal an Hochschulen), PETRA I/II (Berufl. Erstausbildung), → LINGUA (Förderung von Fremdsprachenkenntnissen), »Jugend für Europa« (Jugendaustausch), TEMPUS (Zusammenarbeit mit Mittel- und Osteuropa im Hochschulwesen). Um die Zusammenarbeit zwischen den Mitgliedstaaten zu erleichtern, wurde ein »Informationsnetz für das Bildungswesen in der Europäischen Gemeinschaft« (→ EURYDICE) eingerichtet. Zur besseren Abstimmung und Effektivierung der bildungspolitischen Aktivitäten wurden die o. g. Programme 1995 in dem umfassenden Koordinations- und Kooperationsprogramm → SOKRATES zusammengeführt und weiter ausgebaut.

L.: J. Janne, Für e. gemeinschaftl. Bildungspolitik, Brüssel 1973; Europ. Dokumentation, Für e. europ. Bildungspolitik, Brüssel 1977; M. Schröder, Europ. Bildungspolitik und bundesstaatl. Ordnung, 1990; U. Schäfer, Die Europäische Gemeinschaft u. das Bildungswesen. Eine Bibl., 1991; M. Liedtke (Hg.), Hausaufgabe Europa, 1992; Bildung und Europa '92, Zeitschr. für Pädagogik 36(1990)6 (Themenheft); Recht der Jugend und des Bildungswesens 40(1992)4 (Themenheft); Education in a New Europe, Comparative Education Review 36(1992)1 (Themenheft); K. Schleicher (Hg.), Zukunft der Bildung in Europa, 1993; Europa – Binnenmarkt der Bildung?, Bildung und Erziehung 46(1993)1 (Themenheft); H. Müller-Solger u. a., Bildung und Europa. Die EG-Fördermaßnahmen (mit Adressenverzeichnis), 1993; D. Merten, Die Subsidiarität Europas, 1993; K. Weber, Die Bildung im europ. Gemeinschaftsrecht und die Kul-

# Ethikunterricht

Schrey, Einf. in die E., 1972; F. Ricken, Allg. E., 1983; J. Derbolav, Abriß europ. Ethik, 1983; H. Danner, Verantwortung und Päd. 1983; A. Pieper, E. und Moral, 1985; H. H. Karg, Erziehungse., Bd. 1, 1986; U. Baumann, Eth. Erz. und Wertwandel, 1987; Vjschr.f.wiss. Päd. 63 (1987), H. 4; H.-J. Gamm, Päd. E., 1988; C. Günzler u. a., E. und Erz., 1988; U. Steinvorth, Klass. und mod. E., 1990; L. Wigger, Die prakt. Irrelevanz päd. E., in: Z. f. Päd. 36 (1990); H. Henz, Eth. Erz., 1991; K. Meyer-Drawe u. a. (Hg.), Päd. und E., 1992, ²1997; J. Oelkers, Päd. E., 1992; A. Pieper (Hg.), Geschichte der neueren E., 2 Bde., 1992; J. Rekus, Bildung und Moral, 1993; W. Schmied-Kowarzik, Bildung, Emanzipation und Sittlichkeit, 1993; K. Beutler und D. Horster (Hg.), P. und E., 1995; D.-J. Löwisch, Einf. in die päd. E., 1995; J. M. Halstead, M. J. Taylor, Values in Education and Education in Values, London 1996; Zs. f. Päd. 41 (1996) H. 1 (Themenheft); Th. Führ, E. des Erziehens, 1998.

**Ethikunterricht.** In den meisten Bundesländern (außer Berlin, Bremen u. Nordrhein-Westfalen) ist der EU. (auch E., Politik bzw. Philosophie, Werte u. Normen, Allgem. E., Philosoph. Propädeutik; in Brandenburg »Lebensgestaltung-E.-Religion«) Pflichtfach bzw. gesetzlich als Ersatz für diejenigen Schüler vorgeschrieben, die nicht am Religionsunterricht teilnehmen. Die unterschiedl. Benennung weist bereits auf inhaltliche Schwerpunktsetzungen hin. EU. wurde seit Beginn der 70er Jahre (zunehmende Abwesenheit der Schüler v. Religionsunterricht) diskutiert. Durch die zu Beginn der 80er Jahre in Kraft getretenen speziellen Lehrpläne und Rahmenrichtlinien (in den Bundesländern zu unterschiedlichen Zeitpunkten), die dem EU. spezifische Lernziele u. -inhalte zuwiesen, konnten die anfänglichen Schwierigkeiten, dieses Fach als bloße Verlängerung anderer Schulfächer wie Kunst, Sprachen, Biologie, Geschichte, Sozialkunde etc. zu sehen, allmählich überwunden und die Eigenwertigkeit des Faches gesichert werden. Gleichwohl bestehen weiterhin enge Beziehungen zu anderen U.fächern. Diese Nähe birgt einerseits die Gefahr der Themenüberschneidung, bietet andererseits jedoch die Chance einer vielfältigen interdisziplinären Zusammenarbeit. Diese ergibt sich teilweise schon daraus, daß wegen des Fehlens einer eigenständigen Ausbildung Lehrer von benachbarten Fächern EU. erteilen und folglich deren fachwissenschaftliche Aspekte einbeziehen können. So lassen sich Themen wie Tod, Sexualität, soziale Verhaltensweisen etwa mit Philosophie, Biologie und Psychologie verbinden, das Gebiet Stars und Idole mit Musik, Fragen der Umwelt mit Geographie und anderen naturwiss. Fächern usw.

Aufgabe des EU. ist es, den Schüler zu begründeten Werturteilen und Entscheidungen sowie zu verantwortlichem Handeln zu erziehen. Im Unterschied zum konfessionell ausgerichteten Religionsunterricht soll dabei die Pluralität der Bekenntnisse und Weltanschauungen gewahrt werden. Trotz inhaltl. Annäherungen an Bereiche der Philosophie zeigt sich hier eine gewisse Abgrenzung darin, daß es dem EU. weder um eine rein systemat. Erarbeitung noch um eine bloß theoret. Durchdringung der im Lehrplan vorgesehenen Inhalte geht, vielmehr gelten als vorrangige Kriterien die Anknüpfung an für den Schüler erfahrbare Situationen, die Problemorientierung und der konkrete Lebensbezug. Gerade dieser Anspruch rückt das Fach auch in eine gew. Nähe zu den Gesellschaftswiss.n, deren Ergebnisse jedoch nur insoweit berücksichtigt werden, als die U.inhalte auch in ihrer gesellschaftl. u. soz. Dimension betrachtet werden. Gleichzeitig übersteigt der EU. aber die rein konstatierenden, positivistischen Wiss., indem er die Bedeutung des Wertens und Wertsetzens der → Person deutlich macht, ihr Bewußtsein für die sittl.-ethischen Dimensionen des menschl. Daseins weckt und sie zu einer verantwortl. Gestaltung der personalen, sozialen u. natürlichen Welt aufruft.

Zs.: E. & Unterricht, 1 (1990)ff.
L.: E.-G. Renda, Philosophie und E. – Eine Bibl., 1977; P. Wiesehöfer, E.: Werte und Normen, 1981; D. Pohlmann (Hg.), Moralerziehung in der Schule?, 1982; H. Schmidt, Didaktik des EU.s, 1983/1984; O. Höffe (Hg.), Lexikon der Ethik, 4. Aufl. 1992; R. Baumann, F. Zimbrich, Themenplan zu den Rahmenrichtlinien Ethik, 1985; G. Otto, »Religion« contra »Ethik«?: religionspädagogische Perspektive, 1986; K. E. Maier, Grundriß moralischer Erziehung, 1986; G. E. Schröner, Moralische Erziehung, 1989; H. Anselm, Religion oder E.?, 1995; H. Kreß, W. E. Müller, Verantwortungsethik heute, 1997.

**Europäische Gemeinschaft.** Der Gedanke einer gemeinsamen Bildungspolitik findet sich in den Gründungsverträgen der EG (1951, 1957) noch nicht. Erst ab 1961 wurden die Einberufung eines Ministerrats für das Bildungswesen und die Gründung einer europ.

und Orientierungswerte im Verfassungsstaat, 1981; M. Heitger, Beiträge zu einer Päd. des Dialogs, 1983; W. Brezinka, E. in der Gegenwart, 1984; ²1985: R. Winkel, Antinom. Päd. und kommunikative Didaktik, 1986; Durch die Kinder lernt man erst die Zeit begreifen, hg. von H. Rauschenberger, 1988; P. Egger, Der Ursprung der E. in der Lehre von Plato, Aristoteles und Neill, 1989; W. Böhm, Erz. und Lebenssinn, in: ders., M. Lindauer (Hg.), Woher, wozu, wohin?, 1990; W. Brezinka, E., Erz.mittel, Erz.erfolg, Neuausg. 1995; H. v. Hentig, Ach, die Werte, 1999.

**Essig,** Olga, * 15. 6. 1884 Gogolin (Westpr.), † 14. 12 1956 Hamburg; 1908 Dr. phil Frankfurt/Main, Lehrerin, setzte sich für Reformen im Mädchenschulwesen ein und forderte schon in den 20er J.n die Integration der Berufsbildung in eine umfassende → Einheitsschule.

Schr.: Die Berufsschule als Glied der Produktionsschule, 1921; Beruf und Menschentum, 1922; Im Kampf um die Berufsschule, 1924; Die Frauenarbeit und öffentl. Berufserziehung in Hamburg, 1929.
L.: I. Neuner, Der Bund entschiedener Schulreformer, 1980; I. Hansen-Schaberg, Rückkehr und Neuanfang, in: Jb. f. hist. Bildungsforschung, 1 (1993).

**Ethik (und Pädagogik)** (griech. *ethos* = gewohnter Ort des Lebens, Sitte), Teildisziplin der praktischen Phil., die sich mit der Analyse und Begründung sittlich guten Handelns beschäftigt. Während bei → Aristoteles die E. die Bereiche Wirtschaft, Politik, Recht und Soziales umfaßt, schränkt sich ihr Aufgabenfeld in der Neuzeit auf die persönliche Seite moralischen Handelns ein. Die E. trägt ihre Möglichkeit im freien Selbstvollzug der → Person, somit in der Fähigkeit zu verantworteter Entscheidung.
Hinsichtlich des methodischen Vorgehens kann zwischen einer deskriptiven und einer normativen E. unterschieden werden. Die Beschreibung und Erklärung von Handlungsstrukturen in verschiedenen Kulturen bezüglich geltender Wertvorstellungen ist das Ziel einer deskriptiven E., die Begründung sittlicher Geltungsansprüche und Normen, etwa in Form des transzendentalphil. Rückgriffs auf ein unabhängig von jeder Praxis gültiges Prinzip (→ Kant) kennzeichnet das normative Verfahren (→ normative Päd.). Die Metaethik richtet sich nicht auf den Gegenstand der E., sondern untersucht in linguistischer Reflexion den Aufbau ethischer Aussagen.

E. gilt spätestens seit → Herbart und → Schleiermacher als eine Grunddisziplin der Päd., da diese ihrer Natur nach auf Werte und Ziele verwiesen ist, die einer Aufklärung und Begründung bedürfen. Über das Verhältnis von E. und P. bestehen jedoch unterschiedliche, z. T. extreme Auffassungen. Auf der einen Seite ordnet der Versuch, Päd. als ›exakte‹ Wissenschaft zu konstituieren (z. B. → Brezinka), die E. einem außer- oder vorwissenschaftl. Bereich zu, da sich ihre Fragestellungen nicht mit (natur)wiss. Eindeutigkeit beantworten lassen bzw. jede materiale Antwort sofort dem Ideologieverdacht verfällt. (→ Frankf. Schule, → Krit. Rationalismus). Auf der anderen Seite werden E. und P. ineinsgesetzt, da die Intention beider Wissenschaften auf die Verwirklichung des Guten gerichtet ist; ihre histor. Verkörperung fand diese Position in → Sokrates. Ein dialektisches Modell sieht E. und P. in einem Wechselverhältnis aufeinander bezogen (→ Schleiermacher). Soll sich Päd. nicht nur als Ausführungsorgan beliebig vorgegebener Interessen oder Ideologien verstehen, so hat sie E. in ihren Aufgabenhorizont miteinzubeziehen und von ihrem spezifischen Erkenntnisinteresse dazu Stellung zu nehmen; umgekehrt bedürfen moralische Grundsätze zu ihrer Vermittlung und Verwirklichung entsprechender pädagogischer Bemühungen. Erziehung als Hilfe zur freien und verantworteten Selbstbestimmung der → Person verlangt auch bei Uneinigkeit über allgemeinverbindliche Normen nach gewissen, kritisch ausgewählten regulativen Prinzipien wie etwa nach Sachlichkeit und Mitmenschlichkeit (→ Ballauff). Da sich das Gute nie im Sinne eines ein für allemal gültigen Normenkataloges festlegen läßt, und zudem die Einzigartigkeit und Neuartigkeit jeder → Situation die Einübung (→ Dressur) bestimmter, als richtig geltender Handlungsschemata verbietet, ist die päd. E. auf das personale → Gewissen der → Person als interpretierende und entscheidende Instanz beim Zusammenspiel von Erkenntnis und Handlung verwiesen.

L.: W. Dilthey, Über die Möglichkeit e. allg.-gültigen päd. Wissenschaft, 1888; M. Frischeisen-Köhler, Päd. u. E., in ders., Phil. u. Päd. 1931, ²1962; O. F. Bollnow, Wesen und Wandel der Tugenden, 1958 u. ö.; E. Lichtenstein, Erz., Autorität, Verantwortung, 1967; H. H.

gänge begriffen werden, da der → *educandus* nicht mechanisch reagiert, sondern selbständig Stellung nimmt, zumindest jedenfalls diese Selbständigkeit mit Hilfe der Erziehung gewinnen und aktuieren soll (→ Person). E. lassen sich deshalb besser als Erziehungshilfen verstehen und können (nach F. Birnbaum) eingeteilt werden in Evolutionshilfen, Progressionshilfen, gegenwirkende Maßnahmen und Transformationsmaßnahmen.

L.: J. Spieler (Hg.), Die E., 1944; F. Birnbaum, Versuch e. Systematisierung der E., Wien 1950; F. Trost, Die E., 1966; E. E. Geißler, E., 1964; W. Brezinke, Erz.ziele, E., Erz.erfolg, Neuausg. 1995.

**Erziehungsphilosophie** → Philosophie der Erziehung.

**Erziehungspsychologie** → Päd. Psychologie.

**Erziehungssoziologie** → Soziologie der Erziehung.

**Erziehungs- und Unterrichtsstile.** Umgangssprachlich bezeichnet Stil laut Brockhaus »das einheitliche, charakteristische Gepräge menschl. Hervorbringungen«. In der päd. Fachsprache meint der Begriff »relativ sinneinheitlich ausgeprägte Möglichkeiten erzieherischen Verhaltens, die sich durch typische Komplexe von Erziehungspraktiken charakterisieren« (E. Weber). Man unterscheidet dabei Individualstil (als individuelle Eigenart bzw. als Ausdruck der Persönlichkeit des Erziehers) und Gruppenstile (als deskriptiv unterscheidbare, mögliche Grundformen von Erziehungsgruppen, z. B. Lehrern einer bestimmten Schulart, Eltern einer spezifischen sozialen Schicht, Erziehung in primitiven Gesellschaften etc.). E. u. U. können dabei im Sinne idealtypischer Konstruktionen (z. B. bei E. Spranger: weltnaher vs. isolierender, freier vs. gebundener Erziehungsstil), ganzheitlich-intuitiven Verstehens (z. B. J. P. Ruppert: Erziehungsstile der Sachlichkeit, der Sorge, der Tapferkeit, der Güte etc.) oder empirisch-analytischer Forschung formuliert werden. Zu den letzteren gehören die von der empirischen Sozialisationsforschung ermittelten schichtspezifischen Erziehungs- bzw. Sozialisationsstile, die in Anschluß an K. Lewins Feldtheorie entwickelten sozialpsychologischen Führungsstile (autoritärer, demokratischer, laissez-faire Stil) sowie globale und analytische Ansätze der Unterrichtsstilforschung (bei H. H. Anderson, C. W. Gordon, G. Dietrich, R. u. A. Tausch).

L.: E. Spranger, Päd. Perspektiven, 1950 u. ö.; J. P. Ruppert, Erzieherpersönlichkeit und Stilformen der Erziehung, in: Hdb. der Psych., Bd. 10, 1959; Th. Herrmann (Hg.), Psychologie der E.e, 1966; R. u. A. Tausch, Erziehungspsychologie, [10]1991; E. Weber, E.e, 1970, [8]1986; H. Lukesch, E.e, 1975; ders., Elterliche E.e, 1976; K. Schneewind, Th. Herrmann (Hg.), Erziehungsstilforschung, 1980; H. Domke, Erziehungsmethoden, 1991; K. Schneewind, Enzyklopädie der Psych. I, 1. Psych. der Erz. und Sozialisation, 1994.

**Erziehungswissenschaft** → Pädagogik.

**Erziehungsziele.** Jedes Erziehen als Überschreiten einer gegebenen Situation hat eine teleologische Dimension (griech. *telos*: Ziel) und folgt bestimmten Zielen. Diese können vorgegeben sein (von Staat, Gesellschaft, Kirche, überkommener Kultur etc.), sich im Erziehungsprozeß im → Dialog bzw. im Kommunizieren der Erziehungspartner – Erzieher und Zögling – artikulieren (indem beide sich an Verbindliches binden) oder vom → educandus selbst entworfen werden. Im ersten Fall kommt es darauf an, daß diese Ziele in einem argumentativen Diskurs legitimiert und dem Zögling einsichtig begründet werden, wenn Erziehung nicht zwang-, drill- und anpassungshaften Charakter annehmen soll (→ Autorität). Im zweiten Fall können diese Ziele vom Erzieher durch sein → Vorbild repräsentiert, durch Beispiele gelebten Lebens vergegenwärtigt oder durch den Aufweis von Gründen dialogisch expliziert werden. Ziel der Erziehung selbst wird es in jedem Fall sein, daß der Zögling von der Macht seiner Triebe, Leidenschaften und Bedürfnisse möglichst befreit, vom Zwang der gegebenen Verhältnisse soweit wie möglich emanzipiert und in die Lage versetzt wird, die Ziele seines Lebens selbstbegründet zu entwerfen und entsprechend zu realisieren (→ Mündigkeit). → Autonomie, → Person, → Teleologie.

L.: A. Petzelt, W. Fischer, M. Heitger, Einf. in die päd. Fragestellung, 2 Bde., 1961–63; B. Suchodolski, Päd am Scheideweg, dt. Wien 1965; H. Heid, Begründbarkeit von E.n, in: Z. f. Päd. 18 (1972); M. Benden (Hg.), Zur Zielproblematik in der Päd., 1977, [2]1982 u. d. Titel: Ziele der Erziehung und Bildung; P. Häberle, E.

endungsbestimmung des Menschen. Die Möglichkeit individueller Selbstverwirklichung auf den Gebieten von Sprache, Denken, Gewissen, Kultur und Religion schließt die Aufgabe ein, das Mögliche auch wirklich werden zu lassen. Anders als das Tier ist der Mensch also nicht nur das lernbedürftigste und -fähigste, sondern eben auch das erziehungsbedürftigste und -fähigste Wesen, weil er seine Verhaltens- und Leistungsformen und seine Werte- und Normenempfänglichkeit ausbilden muß. Als Gemeinschaftswesen braucht der Mensch nicht nur traditionsvermittelte Erfahrung, sondern durch Erziehung geweckte Bereitschaft zu polit. Mitverantwortung und Mitgestaltung; diese gipfelt letztlich im Bestehen nie dagewesener Herausforderungen. E. zeigt sich als menschliche Grundbefindlichkeit. »Der Mensch kann nur Mensch werden durch Erziehung«. (Kant). → Person.

L.: R. Süßmuth, E. in: Hdb. päd. Grundbegr., hg. v. J. Speck u. G. Wehle, Bd. 1, 1970 (m. Bibl.); W. Brezinka, Grundbegr. der Erziehungswiss., 1974 (sehr kritisch zum Begriff der E.); F. März, Problemgesch. der Päd., 1978; E. Weber, Päd. Bd. 1, Teil 2: Ontogenet. Voraussetzungen der Erz., Neuausg. 1996.

**Erziehungsberatung** gewährt bei Erziehungsschwierigkeiten, Verhaltensstörungen und Schulproblemen fachkundige → Beratung, psychologische, ärztliche und ggf. therapeutische Betreuung für Eltern, Kinder und Jugendliche. E. geht von der Freiwilligkeit u. Einsicht der Ratsuchenden aus. Sie findet überwiegend in öffentl. Einrichtungen von Kommunen (Landkreise, Städte), Kirchen oder freien Verbänden (Wohlfahrtsverbände, gemeinnützige Vereine) statt. Daneben gibt es vor allem in Großstädten private Beratungspraxen unter Leitung von Fachkräften (Pädagogen, Psychologen, Psychotherapeuten etc.). Wichtig für wirksame E. ist neben interdisziplinärer Teamarbeit die regelmäßige → Supervision der Berater. Eine allg. gültige Theorie der E. fehlt bis heute ebenso wie ein einheitliches, wiss. fundiertes therapeutisches Verfahren.

L.: E. Bornemann, E., 1963; H. R. Lückert, Hdb. der E., 2 Bde., 1964; L. Kemmler, Die Anamnese in der E., 1965; H. Junker, Das Beratungsgespräch, 1973; H. Kalbfuss, Wer hilft wo?, 1976; R. Schwarzer (Hg.), Beraterlex., 1977; W. Hornstein u. a., Funkkolleg Beratung in der Erziehung, 2 Bde., 1977; B. Wolf, E. und Resozialisierung, 1983; M. Brand, E. im Spannungsfeld von Familie und Schule, 1984; K. Aurin (Hg.), Beratung als päd. Aufgabe, 1984; H.-D. Spittler, F. Specht (Hg.), Basistexte u. Materialien zur E. u. Familienberatung, 1984; E. Birzer, Helfern helfen, 1988; H.-P. Heekerens, Familientherapie u. E., 1989, ²1991; J. Flügge, E., 1991, ²1992; G. Presting (Hg.), E. u. Familienberatung, 1991; R. Kaisen, Erwartungen an die E., 1992; H. Diessner, Zur Neukonzeption ganzheitl. Hilfen in der E., 1994; A. Hundsalz, Die E., 1995; M. Kurz-Adam, Professionalität und Alltag in der E., 1997; Jb. der E. 1 (1994) ff.

**Erziehungslehre,** a) ein an Schulen und päd. Ausbildungsstätten bestehendes Schul- bzw. Lehrfach; b) als päd. Begriff bezeichnet E. in der an Neopositivismus, logischem Empirismus bzw. → kritischem Rationalismus orientierten Erziehungswiss. den von der eigentlichen Erziehungswiss. unterschiedenen, im weiteren Sinne technologischen Teil, der auf die Gestaltung päd. Praxis einzelner bzw. ideologischer Gruppen zielt. In der → geisteswiss. Päd., für die sich die theoretische Reflexion aus dem praktischen erzieherischen Tun heraus entfaltet, ist dagegen die gesamte Päd. qua Anleitung zu bewußterem und reflektierterem erzieherischen Handeln E. (freilich nicht in einem technisch-applikativen Sinne).

L.: W. Flitner, Das Selbstverständnis der Erziehungswiss. in der Gegenwart, 1957, ⁴1967; R. Lochner, Dt. Erziehungswiss., 1963; W. Brezinka, Metatheorie der Erziehung, 1978; W. Böhm, Theorie und Praxis, 1985, ²1995.

**Erziehungsmittel.** Nach Erich E. Geißler sind E. »Maßnahmen und Situationen, mit deren Hilfe Erziehende auf Heranwachsende einwirken, in der Absicht, deren Verhalten, Einstellungen oder Motive zu bilden, zu festigen oder zu verändern.« Dazu gehören Lob und Tadel, Erinnerung und Ermahnung, Arbeit und Spiel, Gewöhnung und Gespräch, Beispiel und Vorbild, Wetteifer und Übung, Strafe etc. Das eigentl. Problem des Begriffs E. liegt in der Gefahr, daß die gemeinten Maßnahmen als Mittel im strengen Sinne aufgefaßt werden und Erziehung damit in Analogie zum handwerklichen Tun als werkzeugliche Materialverarbeitung mißverstanden wird. Die Mittel-Zweck-Relation kann in der Erziehung nicht nach Art physikalischer Vor-

insofern nicht nur Reaktion auf die Entwicklungstatsache des Menschengeschlechts, sondern auch Intention und Funktion.
Ob E. als »Funktion« (→ Dilthey) oder als »Fortpflanzung der G.« (→ Barth) verstanden wird, hängt primär ab von der Perspektive und dem Forschungsinteresse des Betrachters. In dem einen Fall wird zu prüfen sein, in welchem Maße päd. Handlungen, Einrichtungen und Ideen durch G. präformiert sind, in dem anderen Fall, inwieweit G. und sozialer → Wandel durch E., Bildungs-, Familien-, Sozialpolitik und -planung usw. veränderbar bzw. zu verbessern sind. Dabei korrespondieren der → Interdisziplinarität zwischen Erziehungs- und Gesellschaftswiss. in Theorie und Forschungspraxis folgerichtig die Theoreme erstens der Interdependenz von E. und G. in Realität und Lebensalltag (womit die einseitigen soziologischen und pädagogischen Positionen überwunden und weder E. – qua Anpassung und Reproduktion – nur als Funktion der G., noch G. primär als Funktion der E. – qua Innovation und Widerstand – begriffen werden), zweitens der unauflösbaren doppelten Relevanz von E. und → Sozialisation sowohl für Individuum als gleichzeitig auch für G. und drittens des *homo duplex*: des anthropol. Bildes vom »zweifachen«, gedoppelten Menschen als eines zugleich personalen und sozialen Wesens.

L.: P. Barth, Die Geschichte der E. in soziol. und geistesgesch. Beleuchtung. ⁶1925; K. Mollenhauer, Funktionalität und Dysfunktionalität der E., in: ders., E. und Emanzipation, 1968 u. ö.; W. Dilthey, Grundlinien e. Systems der Päd., in: ders., Schriften zur Päd., 1971; W. Brezinka, Die Grenzen der E., in: Schicksal? Grenzen der Machbarkeit, 1977; D. Geulen, Das vergesells. Subjekt, 1977; W. Brinkmann (Hg.), E. – Schule – G., 1980; K. Hurrelmann, D. Geulen, Hdb. der Sozialisationsforschung, 1980, ⁴1991; K. Hurrelmann, Einführung in die Sozialisationstheorie, 1986; K.-H. Tillmann, Sozialisationstheorien, 1989, ²1993; G.-G. Voß, Lebensführung als Arbeit. Über die Autonomie der Person im Alltag der Gesellschaft, 1991; J. Mansel, Sozialisation in der Risikogesellschaft, 1995.

**Erziehungsbedürftigkeit.** Die E. korreliert mit der → Bildsamkeit des Menschen. Während jene mit der Reifung zu verantwortlicher Selbstbestimmung abnimmt, dauert diese bis zum Lebensende fort. Die E. konstituiert sich aus dem ebenso zufälligen wie determinierten Wechselspiel von Vererbung (→ Anlage), → Umwelt (→ Milieu, → Sozialisation) und schöpferischer Ichgestaltung (→ Ich). Das genetische Erbe ist zwar nicht unbegrenzt prägbar; andererseits eignet ihm eine noch nicht ausgelotete Varianz, so daß sich allein schon von da aus die Forderung nach optimaler und der individuellen Entwicklung angemessener → Erziehung stellt.

Die E. wurde und wird unterschiedlich abgeleitet. Von der Sicht des Menschen als Mängelwesen postulierte A. Gehlen Erziehung, um die geringe Umweltspezialisiertheit des Menschen »geistig« wettzumachen. Dagegen sah → Litt den Menschen von vornherein zum Geistwesen bestimmt, so daß sich für ihn lückenlose Instinktgeleitetheit und Umweltangepaßtheit ohnehin erübrigen. Die Standpunkte Gehlens und Litts ergänzen sich wechselseitig. Auch hinsichtlich der Umwelt bedarf der Mensch der Erziehung; denn während das Tier seine Umwelt vorfindet und dann hat, schafft sie sich der Mensch und kann sie verändern. Unterschiedliche Milieueinflüsse können ebenso schädigend wie förderlich sein; was sie im konkreten Fall tatsächlich sind, bestimmt sich von den Erziehungszielen her.

Im Unterschied zum Tier entwickelt sich der Mensch innerhalb eines Norm- und Wertehorizonts. Obwohl die Ichhaftigkeit als Potenz von Anfang an angelegt ist, aktuiert sie sich erst im Lauf der Reifung; wie alle Entwicklungsprozesse ist auch sie modulierbar. Dabei muß Erziehung die jew. Reifungshöhe und die Reifungsschritte berücksichtigen. E. ist also nicht nur eine Funktion der menschl. Instinktentbundenheit und → Weltoffenheit; sie ist gegeben aufgrund der biologischen Ausstattung, des Sozialverhaltens, der geistigseel.-relig. Empfänglichkeit und Ausdruckskraft. Daß der Mensch vom einfachen Wahrnehmen zum selbständigen Denken, vom bloßen Getriebensein zum eigenen Wollen, vom Fühlen zum bewußten Werten und vom einfachen Agieren zum entschiedenen Handeln fortschreiten kann, macht seine E. im Unterschied zur anthropologisch weniger bedeutsamen Pflegebedürftigkeit aus. Das Angelegtsein menschl. Lebenserfahrung auf Selbstverantwortung und Selbstbestimmung macht Erziehung notwendig. E. ist somit der päd. Ausdruck der geistig-kulturellen Voll-

terien für bestimmte Tätigkeiten angeben, also ein normativer Begriff sein kann; da E. im heutigen Sprachgebrauch einerseits nur von erklärter Erziehungsabsicht geleitete Akte (intentionale E.), andererseits auch den absichtslosen Einfluß der Verhältnisse und das Geflecht sozialer Interaktionen (funktionale E.) einbegreift; da E. einmal als Einwirkung von außen (Fremd-E.), zum anderen wiederum als → Selbsterziehung gesehen werden kann; da die Erziehung als geschichtl.-kulturelles Phänomen in vielfältige Sinnbezüge eingebettet und ihre Grenzen (z. B. gegenüber → Entwicklung, → Therapie u. ä.) oft fließend sind, kann der globale Begriff E. nur in einem ebensolchen globalen Sinne bestimmt und allenfalls hinsichtlich bestimmter Aspekte präzisiert werden.

Ganz allg. wird man als E. jene Maßnahmen und Prozesse bezeichnen können, die den Menschen zu → Autonomie und → Mündigkeit hinleiten und ihm helfen, alle seine Kräfte und Möglichkeiten zu aktuieren und in seine Menschlichkeit hineinzufinden. E. betrifft den Menschen dabei in seiner individualen (als Naturwesen), sozialen (als Gesellschaftswesen), kulturellen (als sittl. Geistwesen) und metaphysischen (als »begnadetes« Wesen) Dimension. Dementsprechend stellt sich E. einmal mehr als Wachstum und Entwicklung, einmal als gesellschaftl.-kulturelle Eingliederung (→ Sozialisation, → Enkulturation), einmal als Einführung und ein andermal als personale Erweckung und → Begegnung dar.

Empirische Ansätze der Erziehungswiss. kämpfen energisch gegen die Vagheit und Mehrdeutigkeit eines solchen E.sverständnisses an und verfechten einen eindeutig operationalisierten E.sbegriff (→ empirisch-analyt. Erziehungswiss.). Dem gegenüber ist freilich zu fragen, ob diese »Präzisierung« nicht mit einer Reduzierung, d. h. Sinnverkürzung, erkauft wird. Zu bedenken bleibt → Kants Feststellung, daß die Päd. als (kritische) Wiss. nicht auf einem empirischen Begriff von E. aufgebaut werden kann, sondern eines idealischen (normativen) Begriffs bedarf; andernfalls gelangt sie über die Feststellung dessen, was ist, nicht hinaus und bricht sich selbst die Lanze der zum Fortschritt und zur Verbesserung führenden Kritik.

L.: W. Flitner, Allg. Päd., 1950 u. ö.; Th. Ballauff, Die Idee d. Paideia, 1952; K. Schaller, Vom Wesen der E., 1961; W. Fischer, Was ist E.?, 1966; E. Weber (Hg.), Der E.s- und Bildungsbegriff im 20. Jh., 1969; K. Mollenhauer, Theorien zum E.sprozeß, 1972; K. J. Klauer, Revision des E.sbegriffs, 1974; W. Brezinka, Grundbegriffe der E.swiss., 1974; H. Kupffer, E.-Angriff auf die Freiheit, 1980; A. Flitner, Konrad sprach die Frau Mama, 1982, u. ö.; J. Oelkers, Erziehen und Unterrichten. Grundbegriffe der Päd. in analyt. Sicht, 1985; H. Giesecke, Päd. als Beruf. Grundformen päd. Handelns, 1987; K. Jaspers, Was ist E.?, ²1992; W. Brezinka, E. in einer wertunsicheren Gesellschaft, ³1993; F. März, Macht u. Ohnmacht des Erziehers, 1993; H. Giesecke, Das Ende der E., ⁶1993; R. F. McKenna, Philosophical Theories of Education, Lanham 1995; F. Baumgart (Hg.), E.s- und Bildungstheorien, 1997; P. Menck, Was ist E.?, 1998.

**Erziehung und Gesellschaft** (E., G.) sind die zentralen Begriffe für die Objektbereiche und Forschungsinteressen von → Päd. und Soziologie; ihr Verhältnis zueinander in Geschichte und Gegenwart untersucht die spezielle Teildisziplin der → Soziologie der E. Pflege und Aufzucht, Betreuung und Belehrung, E. und → Sozialisation der heranwachsenden Generation von frühester → Kindheit bis später → Jugend sind grundsätzlich typische Kennzeichen und notwendige Begleiterscheinungen menschl. Zusammenlebens: »E. gibt es nur dort, aber überall dort, wo Kindheit in G. abläuft« (→ Bernfeld). In jeder gesells. Formation muß der Tatsache der kindl. → Entwicklung(sbedürfnisse) Rechnung getragen, für das Kind muß, biolog. und sozial begründbar, »eine bestimmte Menge Arbeit von der G. geleistet werden. ... Die E. ist danach die Summe der Reaktion einer G. auf die Entwicklungstatsache« (Bernfeld), freilich keine Antwort, die beliebig ausfallen könnte, sondern die, zum einen, stets abhängig ist von den historisch jeweils konkretisierten gesells. Normen und Werten, von päd. Zielvorstellungen und → Bildungsidealen, damit zum anderen gebunden an bestimmte und bestimmbare Aufgaben, nämlich: wünschenswerte Kenntnisse, Fähigkeiten und Fertigkeiten »technischer« und normativer Art zu vermitteln, Verhaltensmuster, Einstellungen, Erwartungen und Überzeugungen, moralische Standards und soziale Kompetenzen; und zum dritten schließlich mit spezifischen Auswirkungen auf Menschen und G.; E. ist

**Erzieher(in)**

Sinne der E. wird in Zukunft sein, wer zu verantworten weiß, wofür er sich bildet (bzw. wofür nicht) und warum er es tut (bzw. nicht tut). Während die am humanist.-idealist. Begriff der → Bildung orientierte E. die individuelle → Autonomie kultivierte, muß E. heute (Nord-Süd-Konflikt, Umwelt- und Energiekrise etc.) verstärkt noch das Miteinanderlebenkönnen verschiedener Rassen, Weltanschauungen und Kulturen anbahnen und ermöglichen helfen. Der scheinbar beliebig offene Themen- und Inhaltskatalog der E. dürfte von da aus prioritätensetzende Akzente erhalten.

L.: Hdb. der E., hg. v. F. Pöggeler, 7 Bde., 1974 ff.; I. Wirth (Hg.), Handwörterbuch der E., 1978; H. Tietgens, Einleitung in die E., 1979, ²1991 (m. Bibl.); K. Kurzdörfer (Hg.), Grundpositionen und Perspektiven der E., 1981; Enzyklopädie Erziehungswissenschaft, Bd. 11: E., 1984; ²1992; H. Tietgens, Zugänge zur Gesch. der E., 1985, A. Benning (Hg.), E. Bilanz und Zukunftsperspektiven, 1986; H. Tietgens, E. als Suchbewegung, 1986; Päd. Arbeitsstelle des Dt. Volkshochschulverbandes (Hg.), Bibl. zur E. im dt. Sprachgebiet, 15. Folge 1986; W. Lenz, Lehrbuch der E., 1987; B. Dewe u. a., Theorien der E., 1988; R. Arnold, E., 1988, ³1996; J. Weinberg, Einf. in das Studium der E., 1989; ²1990; H. Tietgens, Reflexionen zur Erwachsenendidaktik, 1992; W. Wiater, E. und Lebenslauf, 1994; R. Tippelt (Hg.), Hdb. E./Weiterbild., 1994; E. Nuissl, H. Tietgens, Mit demokrat. Auftr., Dt. E. seit der Kaiserzeit, 1995; J. Jug, F. Pöggeler (Hg.), Democracy and Adult Education, 1966; F. Pöggeler, E. als Brücke zu einem größeren Europa, 1996; S. Nolda (Hg.), E. in der Wiss.gesellsch., 1996; K. Ahlheim, W. Bender (Hg.), Lernziel Konkurrenz?, 1996; R. Brödel (Hg.), E. in der Moderne, 1997; D. Wildermeersch (Hg.), Adult education and social responsibility, 1998; R. Arnold (Hg.), Lehren und Lernen im Modus der Auslegung, 1998.

**Erzieher(in).** Die Ausbildung zur staatl. anerkannten E. (früher Hortnerin, Kindergärtnerin u. ä.) setzt die → Mittlere Reife, einen Fachschul- oder vergleichbaren Schulabschluß voraus und erfolgt nach einem zweijährigen Vorpraktikum oder nach abgeschlossener Berufsausbildung in einem sozialpflegerischen Beruf (Kinderpfleger[in] u. a.) während zweier Jahre an einer Fachakademie für Sozialpäd. und endet mit dem erfolgreichen Abschluß eines Anerkennungsjahres (Berufspraktikum) in einer sozial-päd. Einrichtung. Die staatl. Anerkennung wird durch theoretische und praktische Prüfungen in den jew. Unterrichtsfächern erreicht: u. a. Päd., Psychologie, Soziologie, Heil-, Heim-, Religionspädagogik, Praxis- und Methodenlehre, Jugendpflege, Rechtskunde, Gesundheitserziehung, Jugendliteratur, musisch-pädagogische, sport-päd. und allg. wiss. Fächer. Nach erfolgreichem Abschluß dieser Ausbildung kann die fachgebundene bzw. Fachhochschulreife erworben werden. Einsatzbereiche für die E. sind Familie, → Kindergarten, → Hort-, → Kindertagesstätte, Kindertagesheim, → Heimerziehung, Lehrlings- und Jugendwohnheim, Schulinternat, Erholungsheim, → Jugendarbeit, Behindertenarbeit.

L.: D. v. Derschau, Die E.ausbildung, 1974; K. Bader, Öffentl. Erziehung, 1978; Forschungsgruppe KEIN, Kindergärtnerinnen – Qualifikation und Selbstbild, 1978; Bundesanstalt für Arbeit, Blätter zur Berufskunde, 2 IV A 20; H. Fischer, Identität in der E.ausbildung, 1980; H. Krüger, U. Rabe-Kleber, D. v. Derschau, Qualifikationen für E.arbeit, 1981; Bayer. Staatsministerium für Unterricht und Kultus, Lehrpläne für die Fachakademie für Sozialpäd., 1981; J. Zimmer (Hg.), Enzyklopädie Erziehungswiss., Bd. 6: Erziehung in früher Kindheit, 1984; G. Erning, K. Neumann, J. Reyer (Hg.), Geschichte des Kindergartens, 2 Bde., 1987; W. Grossmann, Kindergarten, 1987; U. Rabe-Kleberg u. a. (Hg.), Pro Person. Dienstleistungsberufe in Krankenpflege, Altenpflege und Kleinkinderziehung, 1991; W. J. Engelhardt, H. Ernst, Dilemmata der ErzieherInnenausbildung zwischen Institution und Profession, in: Z. f. Päd. 38 (1992) 3; G. Iben (Hg.), E.alltag, 1992; F. März, Macht oder Ohnmacht des E.s?, 1993; Th. Rauschenbach u. a., Die E., 1995; M. Högemann, E., 1995; W.-W. Wolfram, Das päd. Verständnis der E., 1997.

**Erziehung,** neben → Bildung der zweite Grundbegriff der Päd. Wenn das Insgesamt der mannigfaltigen Erscheinungsweisen, Maßnahmen und Mittel von E. in einem einzigen Begriff gefaßt werden soll, muß dieser zwangsläufig sehr weit und formal sein; wenn außerdem noch die unterschiedlichen geschichtl.-kulturellen Ausdeutungen und Sinngebungen von E. mit einbegriffen sein sollen, muß er notwendig vieldeutig erscheinen. Da E. in der dt. Sprache sowohl einen Prozeß wie sein Ergebnis, eine Absicht und ein Handeln (des Erziehers wie des *educandus*), einen Zustand des Zöglings und die Bedingungen dieses Zustandes einschließt; da E. sowohl eine bestimmte Klasse von Handlungen beschreiben, also ein deskriptiv-analytischer Begriff sein, gleichwohl aber auch Kri-

**erotematisch** (griech.) heißt eine Lehrmethode, die hauptsächlich auf Fragen des Lehrers beruht.

**Ersatzerziehung** ist die vom Jugend- oder Vormundschaftsgericht beim Fehlen einer ausreichenden Familienerziehung angeordnete bzw. mit dem → Jugendamt vereinbarte Fremderziehung im Rahmen der → Fürsorgeerziehung oder der Freiwilligen Erziehungshilfe.

**Ersatzschulen** → Privatschulen.

**Erstleseunterricht** → Lesenlernen.

**Erstunterricht** → Anfangsunterricht.

**Erwachsenenbildung.** E. bezeichnet spezielle Bildungsveranstaltungen für Erwachsene, die sowohl allgemeinbildende als auch fachlich qualifizierender Art sein können. Sie reicht von schulisch-universitärem Wissen bis hin zu Steno-, Schreibmaschinen- und Yogakursen. Der Fächerkanon der E. ist also viel weiter gespannt, differenzierter, offener und flexibler als es der von → Schule und → Universität sein kann. Obwohl heute an → Volkshochschulen und ähnlichen Institutionen Zertifikate erworben werden können, ist die E. im Unterschied zur Schul- und Universitätsbildung mehr auf Eigeninitiative und persönliches Engagement der Teilnehmer angewiesen; auch ist der staatliche Einfluß gering, was allerdings auch zu geringerer finanzieller Unterstützung und Förderung führt. Obwohl die meisten Bundesländer in den letzten Jahren neue E.s.-Gesetze beschlossen haben, kann die E. noch nicht als gleichberechtigter und gleichwertiger Bereich des gesamten → Bildungswesens gelten.

Nach jahrzehntelangem Streit um die Vereinheitlichung der pluralistisch strukturierten und institutionalisierten E. besteht heute ein Konsens darüber, daß neben einem öffentlich garantierten Grundangebot ein freier Marktanteil für nicht kommunalisierte Träger vorzusehen ist. Für das erstere beanspruchen die traditionellen → Volkshochschulen den Vorrang, das freie Angebot wird von anderen Trägern erbracht. Diese sog. freien Träger, die wegen ihrer Anlehnung an Berufsverbände, Innungen, Parteien, weltanschauliche Gruppen, Gewerkschaften, Kirchen usw. früher als »gebundene E.« bezeichnet wurden, leisten sachliche Bildungsarbeit an Stelle und stellvertretend für öffentl. (kommunale) Einrichtungen; ihre besondere Bedeutung liegt im Ansprechen von Schichten und Zielgruppen, welche die Volkshochschule nicht erreicht. Über den Umfang von E. gibt es in der BRD noch keine exakten Erhebungen; auch bestehen Unterschiede zwischen den einzelnen Bundesländern. Die Volkshochschulen decken vermutlich nur etwa 50% ab; die größten finanziellen Anstrengungen leistet die von Betrieben und Unternehmen getragene Bildungsarbeit.

Zur Theorie der E. liegen engere und weitere Ansätze vor: jene beschränken sich vorwiegend auf die Volkshochschularbeit; diese berücksichtigen auch Soldatenbetreuung, → Familienerziehung und → Elternbildung, Alten- und Seniorenbetreuung (→ Altenbildung), kulturelle Maßnahmen im Justizvollzug, Elternarbeit von Schulen und Kindergärten bis hin zu → Freizeitpäd., Massenmedien und → Volksbüchereien. Man hat die E. charakterisiert als transitorisch (z.B. befristete Umschulungsprozesse), kompensatorisch (z.B. Nachholung bestimmter Abschlüsse) und komplementär (z.B. Zusammenhänge von Wirtschaft und Politik). Diese sozialwiss. Perspektive ist durch anthropogene Aspekte zu ergänzen: auch der erwachsene, reife und mündige Mensch muß sich immer wieder neu orientieren und sieht sich in Situationen gestellt, die durch schulische Lernprozesse gar nicht vorweggenommen werden können (z.B. → *midlife crisis*, → Altenbildung). Da der Erwachsene faktisch unentwegt weiterlernt und wegen der Dynamik aller Lebensbereiche es in Zukunft noch intensiver tun muß, haben moderne Bildungskonzepte (→ *éducation permanente*, → *recurrent education*) vom »lebenslangen Lernen« aus das schulische Bildungs-Soll entlasten und durch vermehrte und verbesserte Lerngelegenheiten für Erwachsene grundlegend reformieren wollen. So sehr sich die Lernzwänge verstärken werden, der Lebenssinn darf sich nicht auf Bildung um der Bildung willen verengen; E. muß einerseits zur Bildung motivieren, andererseits muß sie auch zum rechten Umgang mit der → Freizeit anleiten. Gebildet im

**Erfahrung. **Während in der Geschichte der Päd. die E. nicht als ausreichende Quelle päd. Erkenntnis angesehen wurde und → Herbart ausdrücklich die Beschränktheit und Zufälligkeit päd. E.en herausgestellt hat, gewann E. im Sinne der Ergebnisse von Experimenten oder statistischen Erhebungen in den empirischen Sozialwiss.n (einschl. der → empir.-analyt. Erziehungswiss.) als allg. Rechtfertigungs- und Kritikprinzip große Bedeutung. Demgegenüber hat der → Kritische Rationalismus K. Poppers inzwischen gezeigt, daß der Rekurs auf eine vermeintlich »reine E.« gar nicht möglich ist, da auch die genannten Daten schon Resultat einer methodisch betriebenen Orientierungstätigkeit sind. (→ Positivismusstreit). Damit scheint sich der alte Satz Herbarts zu bestätigen, daß man etwas nur »erfahren« kann aufgrund von E.en, die man mit Hilfe von Vorwissen und/oder methodischen Überlegungen aktiv »macht«.

L.: G. Buck, Lernen und E. – Epagogik, 1967, ³1989; K. Prange, Päd. als E.sprozeß, 3 Bde., 1978–1981; H. Karg, E.späd., 1985; J. Dewey, Erz. durch und für E., hg. v. H. Schreier, 1986; Biograph. Wissen. Beiträge zu einer Theorie lebensgeschichtl. E., hg. v. P. Alheit, 1989; K. Prange, Päd. E., 1989; D. Lind, Probalistische Modelle in der empir. Päd., 1990; Enteignen uns die Wiss.n? Zum Verhältnis von E. und Wiss., hg. v. H. Schneider u. R. Inhetveen, 1992; B. Dieckmann, Der E.sbegriff in der Päd., 1994.

**Ergänzungsschule** → Privatschule.

**Erikson,** Erik Homburger, * 15. 6. 1902 Frankfurt/Main, † 12. 5. 1994 Harwich (Mass.); dt.-amerikan. Psychoanalytiker, 1933 in die USA emigriert, lehrte ab 1939 an der Univ. of California, ab 1951 Univ. of Pittsburgh, 1960–70 an Harvard. E. konfrontierte in seinem Hauptwerk »Childhood and Society« Freuds Theorie der frühkindlichen Prägungen des Triebschicksals mit Befunden über die Eltern-Kind-Beziehung in primitiven Gesellschaften. Damit erweiterte er Freuds Theorie 1. hinsichtlich der kulturellen Bedingtheit und Veränderbarkeit menschlichen Verhaltens, und 2. entwickelte er die Theorie des menschlichen Lebenszyklus, die jeder Altersstufe eine ihr eigene Entwicklungsaufgabe zuschreibt. Insbesondere E.s Theorie der Identitätsbildung als der Entwicklungsaufgabe des Jugendalters fand in der Päd. breite Beachtung. → Identität.

Schr.: Kindheit und Gesellschaft, (engl. 1950) dt. 1957, ¹⁰1991, ¹²1995; Sonderdr. 1987; Einsicht und Verantwortung, dt. 1966; Jugend und Krise, dt. 1970, ³1980, als TB 1981 u. ö.; Dimensionen einer neuen Identität, dt. 1975; Kinderspiel und polit. Phantasie, dt. 1978 u. ö.; Identität und Lebenszyklus, dt. 1976; Lebensgesch. und histor. Augenblick, dt. 1982; Der vollständige Lebenszyklus, dt. 1988.
L.: R. Coles, E. H. E., (engl. 1973) dt. 1974; P. Conzen, E. H. E. und die Psychoanalyse, 1990; A. Schulze, Identitätsbildung, 1995; P. Conzen, E. H. E., 1996.

**Erlebnispädagogik.** Erlebnis ist neben Verstehen ein Grundbegriff der Geisteswiss.n und wurde als solcher vor allem → von Schleiermacher und → Dilthey geklärt. Im Rahmen der → Reformpäd., bes. der → Kunsterziehungsbewegung, wurde der Begriff in einem psychologisch verengten Horizont aufgenommen, zum Unterrichtsprinzip hochstilisiert und versucht, eine (Unterrichts-)Methodik des Erlebens zu entwickeln. So unterschied Waltraud Neubert die Unterrichtsstufen: Vorbereitung oder Einstimmung, aus dem eigenen Erleben herauswachsende Darbietung, Besinnung über das Erlebte, Rationalisierung des Erlebnisses durch Gewinnung der in ihm angelegten Begriffe. In den 1980er Jahren wurde der Begriff E. wieder aufgegriffen und als »moderne« pädagogische Methode für → Jugendarbeit, → Sozialarbeit, → außerschulische Jugenderziehung und für die Schule neu konzipiert und gilt als Alternative und Ergänzung zu den tradierten und etablierten Erziehungs- und Bildungseinrichtungen. Im Anschluß an K. → Hahn gründet die E. auf zumeist natursportlich gegründeten Erlebnissen, die »unter die Haut gehen« und dadurch vielfältige persönlichkeitsbildende Auswirkungen haben sollen.

Zs.: »e + l – Erleben und Lernen«, 1 (1993) ff.
L.: H. Scharrelmann, Erlebte Päd., 1912; F. Gansberg, Schaffensfreude, 1912; O. Piper, Das relig. Erlebnis, 1920; W. Neubert, Das Erlebnis in der Päd., 1929, ³1932 (Bibl.). H. G. Bauer, E.- und Abenteuerpädagogik, ein Literaturstudie, 1987; H. G. Bauer, W. Nickolai u. a. (Hg.), E. in der sozialen Arbeit, 1989; J. Ziegenspeck (Hg.), E.: Rückblick – Bestandsaufnahme – Ausblick, 1990, ²1991; D. Fischer u. a. (Hg.), (Er-)Leben statt reden: Leben statt reden; E. in der offenen Jugendarbeit, ²1991; A. Bedacht, W. Dewald u. a. (Hg.), E.: Mode, Methode oder mehr?, 1992; Chr. Büttner (Hg.), Kinderkulturen. Neue Freizeit und alte Muster, 1992; H.-G. Homfeldt (Hg.), E., 1993, ²1995; T. Fischer u. J. Ziegenspeck, Hb. E., 2000.

**Epochenunterricht** will der Aufsplitterung und dem kurzfristigen Wechsel der Fächer entgegenwirken durch zeitweises periodisches (2–3 Wochen) Zusammenlegen aller Unterrichtsstunden, die den (Epochen-)Fächern zur Verfügung stehen. Diese Stunden werden abwechselnd einem Fach übertragen, in dem dann eine Epoche lang unterrichtet wird. Dabei kann ein größeres Stoffpensum intensiv bearbeitet werden. In den E. sind meist die Sachfächer einbezogen, aber nur, wenn zumindest zwei der Epochenfächer von einem Lehrer erteilt werden oder wenn eine Lehrergruppe in mehreren Klassen im epochalen Wechsel unterrichtet. Der Vorteil des E.s liegt in der Möglichkeit einer größeren → Konzentration auf wenige Arbeitsgebiete. → Waldorf-Schule.

**ERASMUS** (*European Action Scheme for the Mobility of University Students*), 1988 gestartetes, bislang erfolgreichstes Aktionsprogramm der → Europäischen Gemeinschaft zur Förderung der Mobilität der Studenten und des Lehrpersonals sowie der Zusammenarbeit zwischen den Hochschulen aller Mitgliedstaaten. E. umfaßt vier Programmteile: 1. Aufbau eines europ. Hochschulnetzes; 2. Bewilligung von Auslandsstipendien; 3. Zuschüsse für das (versuchsweise) eingeführte europ. System zur Anrechnung von Studienleistungen; 4. ergänzende Fördermaßnahmen wie den Informationsaustausch und Veröffentlichungen. Das Gesamtbudget betrug für den Zeitraum von 1990 bis 1992 192 Mio. ECU (ca. 385 Mio. DM). Die Zahl der geförderten Studenten und Dozenten stieg bis 1993 auf ca. 50 000. Im Zuge der Ausweitung, Intensivierung, Straffung und besseren Koordinierung nach dem Vertrag von Maastricht (1992) wurde ERASMUS 1995 mit den verschiedenen bildungspolit. Maßnahmen der EG zum und in dem umfassenderen → SOKRATES-Bildungsprogramm zusammengeführt.

**Erasmus,** Desiderius von Rotterdam, * 28. 10. 1466 oder 1469 Rotterdam, † 12. 7. 1536 Basel. Von → Dilthey als »Voltaire des 16. Jh.« bezeichnet, war E. dank seiner universalen Bildung (Studium sowie Lehr- und Forschungstätigkeit in Frankreich, Niederlanden, Schweiz, Italien, England) die überragende Gestalt des gesamten nordischen → Humanismus. Freund von Thomas Morus, förderte E. die → Reformation, stand aber zugleich über den Parteien, trat für relig. Toleranz ein und dachte überhaupt von einem europ. Horizont her. Päd. kritisierte er scharf das scholastische Schulideal (bes. den spätscholast. → Verbalismus) und trat für eine weltbürgerl. Bildung im Sinne der Aneignung der lebendigen Wirklichkeit ein. Sein »Lob der Torheit« (Moriae Enkomion) kann als ein grundlegendes Bildungsbuch angesehen werden, insofern es die Distanz von sich und vom Anderen als Charakteristikum von → Bildung ausweist.

Schr.: E.-Studienausg., hg. v. W. Welzig, 8 Bde., 1967 ff.; Ausgew. Päd. Schr., hg. v. A. Gail, 1963; Fürstenerziehung, hg. v. A. Gail, 1968.
L.: J. Huizinga, E., 1936, Neuausg. 1993; A. Flitner, E. im Urteil seiner Nachwelt, 1952; R. Padberg, Personaler Humanismus, 1964; M. Mann-Phillips, E. on his times, Cambridge 1967; A. Flitner, E. v. R. Lehrer der Humanitas, Lehrer des Friedens, in: Z. f. Päd. 32 (1986); C. Augustin, E., dt. 1987 (Bibl.); P. Dust, Three Renaissance Pacifists, 1987; L. Halkin, E. v. R., 1989, ²1992; A. Gail, E. v. R., 1990; U. Schulz, E. v. R. – Der Fürst der Humanisten, 1998.

**Erdberg,** Robert von, *6. 6. 1866 Riga, † 3. 4. 1929 Berlin; E. wurde für die → Erwachsenenbildung bahnbrechend, indem er ihre führenden Organe schuf (Volksbildungsarchiv; Arbeitsgemeinschaft; Archiv für Erwachsenenbildung), 1908 den Anstoß zur intensiveren Beschäftigung mit → Grundtvig gab und fast alle Volksbildungs-Richtungen zum dt. Ausschuß für Volksbildung (1916–1923) zusammenführte. E. gilt als Begründer der sog. »Neuen Richtung« der Erwachsenenbildung, d. h. eines Bildungsverständnisses, das weniger die Verbreitung von Kulturgütern als die intensive Bildung des Individuums in der Gemeinschaft im Auge hat.

Schr.: Freies Volksbildungswesen, 1919; Fünfzig Jahre freies Volksbildungswesen, 1924.
L.: W. Picht, Das Schicksal der Volksbildung in Dtl. (Bibl.), 1950; J. Henningsen, Zur Theorie der Volksbildung, 1959; W. Seitters (Hg.), W. Hofmann und R. v. E., 1996; Ch. Römer, E., 1998.

**Erdkundeunterricht** → Geographieunterricht.

In der E.spsychologie herrschten dementsprechend lange Zeit Theorien u. Modelle vor, die E. (lediglich) als die Entfaltung vorgegebener → Anlagen verstanden u. der → Umwelt nur eine auslösende, fördernde oder hemmende Wirkung zuerkannten. Diesen traten, vor allem im Gefolge des → Behaviorismus, milieu- u. lerntheoret. Modelle entgegen, die E. umgekehrt als Produkt von Umwelteinflüssen begreifen. In der Päd. haben schon → Kant u. → Schleiermacher mit Nachdruck betont, daß der Mensch mit der Geburt untrennbar mit seiner → Kultur verbunden ist, E. also nicht ohne Erziehung betrachtet werden kann. Als Natur- u. Geistwesen ist der Mensch niemals nur das, was die Natur oder die Umwelt aus ihm machen, sondern auch u. in erster Linie das, was er aus sich selber macht. Auch der von Urie Bronfenbrenner vorgelegte »ökologische Ansatz« der Entwicklungspsych. scheint hinter Kant u. Schleiermacher zurückzufallen, indem er den Menschen nur als ein sich in Wechselwirkung mit seiner Umwelt wandelndes Individuum faßt u. das Problem von Geist u. Natur unerörtert läßt.

Einen wichtigen Beitrag zu einem päd. E.sbegriff hat → Langeveld geleistet, indem er E. in Erziehung einbettet u. sie als die Weckung und Förderung der schöpferischen Möglichkeiten des Menschen versteht, Neues zu »entwickeln« und nie Dagewesenes hervorzubringen. → Bildsamkeit, → Perfectibilité, → Person.

L.: K. Meyer-Drawe, Leiblichkeit u. Sozialität, 1984; G. de Haan, Natur u. Bildung, 1985; A. Flammer, E.theorien, 1988; D. Garz, Sozialpsycholog. E.theorien, 1989; P. H. Miller, Theorien der E.s-psych., 1993; A. Flammer, E.s-theorien, ²1996; F. Weinert, A. Helmke (Hg.), E. im Grundschulalter, 1997; F. E. Weinert (hg.), E. im Kindesalter, 1998; F. Baumgart, E.s- und Lerntheorien, 1988.

**Enzyklika** (griech.: ringsum). Apostolische Rundschreiben des Papstes zu bestimmten Themen; sie beanspruchen nicht Unfehlbarkeit, geben aber verbindliche Richtpunkte für den Glauben und das Handeln der Katholiken. Für Erziehungsfragen bes. wichtig Aeterni Patris (1879) und Divini illius magistri (1929).

**Enzyklopädismus** (von griech. *enkyklios paideia*: kreisförmig abgerundete Bildung). Als hist. Phänomen meint E. die kulturelle Bewegung der frz. → Aufklärung, die sich ihr großes literarisches Dokument in der von Diderot und d'Alembert hg. »Encyclopédie ou dictionnaire raisonné des sciences, des arts et des métiers« geschaffen hat. Der Begriff selbst entstammt dem → Hellenismus und umfaßte einen Kanon von wiss. Inhalten, die beherrschen mußte, wer öffentl. oder vor Gericht mitreden wollte (→ artes liberales). Im 16. und 17. Jh. und im → Humanismus bezeichnete der Begriff die innere Zusammengehörigkeit des Wissens und eine bestimmte Weise seiner Darstellung (vgl. z.B. die → Pansophie des → Comenius). Bei → Hegel und seinem Schüler J. → Schulze wird der E. lehrplantheoretisch ausgelegt: der einzelne soll seine Subjektivität in das Allgemeine aller Manifestationen des Geistes »abarbeiten«. In der Kulturstufentheorie und in den »Konzentrischen Kreisen« bei → Herbartianern und → Pestalozzianern taucht der Gedanke des E. in anderer Form im Lehrplan auf. Abwertend gebraucht meint E. die naiven Auffassungen, alles Wißbare könne oder solle gewußt bzw. gelernt werden und Bildung lasse sich inhaltl. in einem (enzyklopädischen) Kanon festschreiben. Der päd. Sinn des Begriffs ist vielmehr darin zu sehen, daß sich das → Ich im Prozeß der → Bildung seine eigene Welt aufbaut, in der es – als Mittelpunkt des Kreises – seinen Standort findet.

L.: J. Dolch, Lehrplan des Abendlandes, 1959, ⁴1974; J. Henningsen, Enzyklopädie, in: Archiv f. Begriffsgeschichte, 10 (1966); F. A. Kafker, The Encyclopedists as Individuals, 1988.

**Epagogik.** Von → Buck im Anschluß an → Aristoteles eingeführter Begriff für das Phänomen des Verstehens und der Verständigung von Menschen und des Lernens. Lernen wird dabei als durch → Erfahrung Vermitteltes verstanden, nicht aber im empir. Sinne, sondern als Konfrontation und Wechselspiel von Vorwissen und seiner Bewährung und Widerlegung sowie als Vergegenwärtigung der zu jeder Erfahrung gehörenden apriorischen Voraussetzungen. Besondere Formen exemplarischen Lernens sind das Verstehen durch → Beispiel und Analogie.

L.: G. Buck, Lernen und Erfahrung – E., ³1989.

mene Bezeichnung für den Prozeß, in dem der Mensch von frühester Kindheit an kontinuierlich und zunehmend differenzierter die für seine Gesellschaft insgesamt und insbes. für die sozialen → Gruppen charakteristische kulturelle Lebensweise erlernt, in denen er lebt, deren Regeln und Symbole, Normen und Werte, Sprache und Ordnung übernimmt und anerkennt und, unter Mithilfe der → Erziehung, kulturelle Kompetenz erwirbt. Während die (früh-)kindlichen, primären E.sprozesse grundlegende Persönlichkeitsstrukturen des Heranwachsenden formen *(basic personality structure)*, ihn damit an kulturelle und gesellschaftl. »Selbstverständlichkeiten« anpassen, insofern aber auch von seiner anthropologischen → Weltoffenheit und potentiellen Kulturfähigkeit entlasten, setzt die spätere, sekundäre E. zunehmend die Fähigkeit zu schöpferischen und kreativen, auch divergenten und nonkonformistischen (→ Ich-)Leistungen, zur selbständigen Auseinandersetzung, Überprüfung u. ggf. Neuinterpretation, Revision und Veränderung kultureller Prägungen, Denkweisen und Verhaltensmuster in einer sich stetig wandelnden kulturellen Umwelt voraus.

L.: M. J. Herskovits, Man and his works, New York ¹¹1967; D. Claessens, Familie und Wertsystem, 1962, ⁴1979; W. Loch, E. als anthropolog. Grundbegriff der Päd., in: Bildung und Erziehung, 21 (1968); K. Mollenhauer, Vergessene Zusammenhänge, 1983, ⁵1998.

**Entelechie**, von griech. *entelécheia* (sein Ziel in sich tragend), meint der wahrscheinlich von → Aristoteles geprägte Begriff die Verwirklichung der in einem Seienden angelegten Möglichkeiten und Fähigkeiten und erreicht seine breiteste Ausfaltung in der scholastischen Lehre von Potenz und Akt (→ Scholastik). In der Neuzeit wird E. (auch) als Gegenbegriff zu einer rein mechanistisch-kausalen Erklärungsweise verwendet und zum Schlüsselwort eines Denkens, das die einzelnen Lebewesen von ihrer inneren Verfaßtheit her auf ein bestimmtes Ziel hingeordnet sieht, dessen Erreichung sie von innen heraus anstreben (z. B. die Monaden bei → Leibniz).

**Entfremdung** bezeichnet eine anthropologische Grundspannung des Menschseins; einerseits muß sich der Mensch in die Welt hinein entäußern, um sich diese zu eigen zu machen; andererseits schließt das die Gefahr ein, daß er sich in Fremdem verliert. Für → Rousseau beginnt E., wenn sich das → Individuum von den natürlichen Bedingungen seines Lebens entfernt: Kultur als künstliche Welt und die auf Konventionen beruhende Gesellschaft unterwerfen den Menschen dem Zwang kulturell-gesells. Modelle und »entfremden« ihn seiner Natur. → Marx deutet E. als hist.-ökonom. bedingte Erscheinung des Kapitalismus, in dem Privateigentum und Arbeitsteilung den Arbeiter vom Produkt seiner Arbeit und damit von der gesamten äußeren Welt, von den Mitmenschen und sich selbst entfremden. In Neomarxismus und → Existentialismus entzündet sich an der Frage, ob es E. auch in sozialist. Gesellschaften gibt, die Diskussion, ob E. nur ein sozial-hist.-ökonom. bedingtes und damit überwindbares Phänomen oder eine Grundbestimmung menschl. Existenz darstellt. In der amerikan. Soziologie und Sozialpsychologie hat sich der E.-Begriff verflacht zur seelischen oder sozialen Unangepaßtheit an die Normen der Gesellschaft.

Gelingt es der → Erziehung nicht, den einzelnen zu personaler Verantwortung zu führen, bleibt er der pluralistischen Vielfalt von Wertsystemen verfallen, oder er sucht Zuflucht bei → Ideologien einer heilen Gesellschaft, bei → Rauschmitteln oder bei sich inflationär ausbreitenden → Therapien. → Kulturkritik.

L.: H.-H. Groothoff, A. S. Makarenko und das Problem der Selbst-E. in der europ. und der sowjet. Päd., in: Marxismusstudien, 2. Folge 1957, S. 227–265; J. Israel, Der Begriff E., dt. 1972; H.-H. Schrey (Hg.), E., 1975; I. Feuerlicht, Alienation, Westport (Conn.) 1978; H. Meyer, Alienation, E. u. Selbstverwirklichung, 1984; G. Buck, Rückwege aus der E., 1984; Vom heimatlosen Seelenleben, hg. v. A. Morten, 1988; U. Leuschner, E., Neurose, Ideologie, 1990; H. Schuller, Die Logik der E., 1991; H. Pöttker, E. und Illusion, 1997.

**Entwicklung.** Im Anschluß an das lat. *evolutio* meint E. ursprünglich das Aufrollen einer Handschriftenrolle, setzt also (im Unterschied zu »Schöpfung«) etwas bereits Vorhandenes voraus, das aufgerollt und sichtbar gemacht wird (vgl. das »Entwickeln« eines Filmes). Diese E. wird weder als richtungslos noch als zufällig gedacht.

analyt. Erz.wiss., 1979; G. de Landsheere, Empirical research in education, Paris 1982; F. v. Kutschera, Grundfragen der Erkenntnistheorie, 1982 (Kap. 3, 9); M. Wellenreuther, Grundkurs empir. Forschungsmethoden, 1982; Empir. päd. Forsch., hg. von H. Reinartz, 1982; V. Gutberlet, Komplexität und Komplementarität, 1984; W. Brezinka, Empir. Erz.wiss. und andere Erz.theorien, in: H. Röhrs, H. Scheuerl (Hg.), Richtungsstreit in der Erz.wiss. und päd. Verständigung (FS W. Flitner), 1989; Y. Kiuchi, Emp. Päd. und Handlungsrationalität, 1990; D. Hoffmann (Hg.), Bilanz der Paradigmendiskussion in der Erz.wiss., 1991 (Kap. 1); Enteignen uns die Wiss.n? Zum Verhältnis zw. Erz. und Wiss., hg. von H. Schneider, R. Inhetveen, 1992; W. Neubauer, Paradigmen der empir. Erz.forsch., in: H. Macha, H.-J. Roth (Hg.), Bildungs- und Erz.gesch. im 20. Jh. (FS H. Kanz), 1992; Empir. Päd. 1970–1990, 2 Bde., hg. von K. Ingenkamp, 1992; R. Haller, Neopositivismus, 1993; H. Lehner, Einf. in die e.-a. E., 1994; H.-H. Krüger, Einf. in Theorien und Methoden der Erz.wiss., 1997, ²1999.

**endogen** (griech.: von innen entstanden) nennt man diejenigen Entwicklungsverläufe, Störungen oder Erkrankungen, die aus inneren, erbmäßig bedingten → Anlagen eines Menschen heraus entspringen. → exogen.

**England** → Vereinigtes Königreich.

**Englischunterricht.** Der E. gewann erst im 19. Jh. an Bedeutung und wurde zu einem festen Bestandteil des schulischen Unterrichts. Als Gründe sind wohl die steigende wirtschaftl. und polit. Bedeutung der angloamerikanischen Staaten und eine stärkere Hinwendung zu demokratischen anstelle höfischer Herrschaftsformen zu sehen. Englisch trat ab 1901 an deutschen Gymnasien als verbindliche Fremdsprache auf und wurde 1938 endgültig als erste Fremdsprache anerkannt. Seit dem → Hamburger Abkommen (1964) findet man E. an allen Schultypen. Mit der Einführung des Gemeinsamen Marktes der → Europäischen Gemeinschaft (Vertrag von Maastricht, 1992) laufen Bestrebungen, mit dem E. bereits in der Grundschule zu beginnen. Englisch ist heute, mit Ausnahme der Humanistischen Gymnasien und einiger höherer Schulen, die mit Französisch beginnen (meist in Verbindung mit dem dt.-frz. Vertrag), in den → Realschulen und → Gymnasien versetzungsrelevante erste Fremdsprache. In die → Hauptschule wurde E. aufgrund eines Beschlusses der KMK aus dem Jahr 1964 eingeführt.

Die fachdidaktische Diskussion zum E. auf allen Schulstufen ist eine recht lebendige und zugleich widerspruchsvolle. So lassen sich nur sehr wenige allg. Aussagen machen: a) die formale Grammatikschulung wird nicht mehr länger als vorrangiges Ziel des E. angesehen; b) demgegenüber ist der E. (wie der neusprachl. Unterricht allg.) auf Kommunikation und den Erwerb von kommunikativer Kompetenz ausgerichtet; c) als wichtiger methodischer Grundsatz gilt die Schaffung von Sprechsituationen mit Realitätswert mit Hilfe des Medieneinsatzes; d) an Bedeutung verloren hat das sogenannte »produktive Schreiben«. Der Stellenwert des E. steigt auch durch die zunehmende Bedeutung, die Englisch im Leben der Kinder und Jugendlichen spielt (Jugendkultur, Informatik, Sport, Kleidung). Die Vermittlung von universitärer → Fachdidaktik ist in der Vergangenheit institutionell gefestigt worden und hat in der Lehrerbildung aufgrund der internationalen Forschungslage an Bedeutung gewonnen. → Altsprachl. Unterricht, → Fremdsprachenunterricht, → Französischunterricht, → neusprachl. Unterricht.

Lit.: H.-F. Piepho, Kommunikative Kompetenz als übergeordnetes Lernziel im E., 1974; P. Freese, L. Hermes (Hg.), Der Roman im E. der Sekundarstufe II, 1977; ²1981; R. Strevens, New Orientations in the Teaching of English, Oxford 1977; K. Macht, Leistungsaspekte des E.lernens, 1982; H. Schrey, Anglist. Kaleidoskop: zur Geschichte d. Anglistik u. d. E.s in Dtl., 1982; G. Neuner (Bearb.) u. a., Lehrpläne u. Lehrwerke f. d. E., 1983; A. P. Howatt, A History of English Language Teaching, 1984; W. Hüllen, Englisch als Fremdsprache, 1987; H. Heuer, F. Klippel, Englischmethodik, 1987, ³1993; M. Legutke, Lebendiger E., 1987; R. Löffler, K. Schweitzer, »Brainlinks« – Bausteine für einen ganzheitl. E., 1988, K. Hecht, L. Waas, E. konkret, 1988, ²1995; J. Brewster (Hg.) u. a., The Primary English Teacher's Guide, 1992; G. Bach, J.-P. Timm, E. Grundlagen und Methoden einer handlungsorientierten Unterrichtspraxis, ²1995; R. Ahrens, W.-D. Bald, W. Hüllen (Hg.), Handbuch Englisch als Fremdsprache, 1995; D. Mindt, Unterrichtsplanung Englisch für die Sek.-stufe I, 1995; G. Jarfe (Hg.), Literaturdidaktik – konkret, 1997; J.-P. Timm (Hg.), Englisch lernen und lehren, 1998; W. Gehring, Englische Fachdidaktik, 1999; L. Bredella, W. Delanoy (Hg.), Interkultureller Fremdsprachenunterricht, 1999.

**Enkulturation,** in Abgrenzung zum übergreifenden Begriff der → Sozialisation und zum verwandten der → Akkulturation aus der Kulturanthropologie (Herskovits) übernom-

Parmenides, → Platon oder → Kant als Befreiung aus den Fesseln der Alltagsmeinungen und Vorurteile und als Eröffnung des Weges zu eigener Erkenntnis und zu wahrem Wissen; sie ist der Politik koordiniert (→ Schleiermacher), welche die realen Bedingungen für ein Leben in Freiheit und → Mündigkeit zu schaffen hat.

L.: H. D. Schmid, The terms of emancipation 1781–1812, London 1956 (Bibl.); J. Habermas, Erkenntnis und Interesse, 1968 u. ö.; K. Mollenhauer, Erziehung und E., 1968 u. ö.; W. Lempert, Leistungsprinzip und E., 1971; M. Greiffenhagen, E., 1973; U. Herrmann, E., in: Archiv f. Begriffsgeschichte 18 (1974); L. Kerstiens, Modelle emanzipatorischer Erziehung, 1974; K. Schaller, Einführung in die kritische Erziehungswiss., 1974; W. Böhm, Emancipazione, in G. Flores d'Arcais (Ed.), Dizionario di pedagogia, Roma 1982; K. Luttringer, Erz. u. Bildung nach der E., 1986; Bildung für E. u. Überleben, hg. v. A. Bernhard u. D. Sinhart-Pallin, 1989; W. Lenz, Emanzip. Erwachsenenbildung, 1989; H. Saña, Dialektik der mensch. E., 1989; Chr. Tarnai, Was Studierende der Päd. unter E. verstehen, 1990; B. Wellie, E. in Krit. Theorie, Erz.Wiss. u. Politikdidaktik, 1992; W. Schmied-Kowarzik, Sittlichkeit, Bildung und E., in: Päd. Erkenntnis, hg. v. W. Leonhard u.a, 1995; H. Giesecke, Die päd. Beziehung, 1997.

**emotional,** die individuelle Eigenart des Gefühlslebens und der Affektregulierung betreffend (→ Affekt)

**Empathie,** Fähigkeit, in der mittelbaren und unmittelbaren → Interaktion das Erleben einer anderen → Person nachvollziehen und damit besser verstehen sowie deren zukünftige Handlungsweisen genauer abschätzen zu können. Nach L. Krappmann muß E. zusammen mit Rollendistanz, Ambiguitätstoleranz und Identitätsdarstellung im Sozialisationsprozeß erlernt werden, damit Ich- → Identität überhaupt erst möglich werden kann.

**Empirisch-analytische Erziehungswissenschaft,** ein auf den Log. Empirismus, Neopositivismus oder Konstruktivismus zurückgehender Ansatz, der, im Gegensatz zum Apriorismus der → Transzendentalphil. der induktiven Logik folgend, die log. Analyse wiss. Satzsysteme und → Erfahrung als Ausgang und Begründung für päd. Theorien nimmt und nach ersten Versuchen u. a. bei → Willmann, → A. Fischer, → Lay, → Meumann, → Petersen, → Winnefeld, → Lochner in Dtl. mit der → realistischen Wendung → Roths kraftvoll einsetzt. Durch Beobachtung, Deskription, Experiment, Test, Befragung u. a. als empir. Verfahren mit den Kriterien Objektivität, Reliabilität und Validität sollen nomologische Theorien gewonnen werden, die die Relation von Ursache und Wirkung zwischen einem *explanans* und einem *explanandum* in der erz. Wirklichkeit durch empir. Gesetzmäßigkeiten erklären und eine Prognose ermöglichen, wobei die Prämissen der Werturteilsfreiheit und der Falsifikation der Ergebnisse einzuhalten sind (→ Krit. Rationalismus).

Diese Theorie ist problematisch a) durch die Logik von Induktionsschlüssen und das Problem der Wahrscheinlichkeit, der Signifikanz und Repräsentativität der Ergebnisse, b) die mögliche Veränderung von Situation und Teilnehmern durch die empir. Verfahren sowie die Operationalisierung der Forschungsgegenstände, c) das Problem der Werturteilsfreiheit und der wiss. Metasprache, d) die Gefahr der Ideologisierung des angestrebten zweckrationalen-technolog. Handelns (→ Positivismusstreit, → Krit. Theorie), e) das notwendig ergänzende wissenschaftslog. Verhältnis zu → Hermeneutik, → Phänomenologie, → Strukturpäd. bezügl. der Aufdeckung von Erkenntnisinteressen des Forschers, der Deutung von Hypothesen und Ergebnissen und der präziseren Fassung der Phänomene, f) die Unmöglichkeit voraussetzungsloser empir. Erkenntnis, da diese logisch das voraussetzen muß, was sie zugleich negiert, d. h. die Prämisse, daß experiment.-empir. Verfahren und die Anwendung von Meßgeräten immer schon durch ein implizites Vorverständnis und Werturteile darüber geleitet werden, welche Funktionen ihnen zukommen müssen, damit empir. Resultate als solche überhaupt erkannt werden können. → Analyt. Erz.wiss., → deskriptive Päd., → Forschungsmethoden, → päd. Tatsachenforschung, → kybernetische Päd.

L.: H. Roth, Die Bedeutung der empir. Forsch. für die Praxis, in: Päd. Forsch. und päd. Praxis Bd. 1, 1958; N. F. der Erg.hefte zur Vjschr. f. wiss. Päd., H. 5, 1966; O. F. Bollnow, Der Erfahrungsbegriff in der Päd., In: Z. f. Päd. 14 (1968); S. Oppolzer (Hg.), Denkformen und Forschungsmethoden der Erz.wiss. Bd. 2, 1969, ²1971; D. Benner, Hauptströmungen der Erz.wiss., 1973, ³1991 (Kap. B, D); R. Lassahn, Einf. in die Päd., 1974, ⁷1993 (Kap. II, Lit.); L. Rössner, Einf. in die empir.-

tois, Elternerziehung, 1985; G. Hepp (Hg.), Eltern als Partner und Mit-Erzieher in der Schule, 1990; B. Mintel, E.- und Familienbildung, in: Hdb. Erwachsenenbildung – Weiterbildung, hg. v. R. Tippelt, 1994; R. Kingma, E. in Medien, 1996; Familienbildung als Angebot der Jugendhilfe, hg. v. Bundesminist. für Familie, Senioren, Frauen und Jugend, 1996.

**Elternrecht** umfaßt im weiteren Sinne jenen Bereich des Rechts, der die Beziehungen zwischen Eltern und Kind(ern) betrifft; im engeren Sinne stellt er einen verfassungsrechtlichen Begriff dar und taucht im Schulrecht auf. Art. 6. Abs. 2 GG bestimmt Pflege und Erziehung als Recht und Pflicht der Eltern, über deren Wahrnehmung die staatl. Gemeinschaft wacht. Der Gesetzgeber respektiert das ursprüngliche, natürliche Erziehungsverhältnis zwischen Eltern und Kindern, hält aber an einem eigenen Erziehungsrecht auch des Staates und der Kirche fest, wobei diese drei Rechte im Verhältnis der praktischen Konkordanz stehen sollen. Schulrechtlich räumt das E. den Eltern ein organisiertes Mitspracherecht in schulischen Angelegenheiten ein (z. B. Elternvertretungen) und gewährt ihnen als schulbegleitendes E. unter bestimmten Voraussetzungen auch Einfluß auf die Gestaltung des Schul- und Bildungswesens (»pädagogisches Elternrecht«). Die Neuordnung der elterlichen Verantwortung durch des Kindschaftsrechts-Gesetz ist geprägt von mehr Elternautonomie.

L.: F. Ossenbühl, Das elterliche Erziehungsrecht im Sinne des Grundgesetzes, 1981; M. Coester, Das Kindeswohl als Rechtsbegriff, 1983; W. Schlüter, Elterliches Sorgerecht im Wandel verschiedener geistesgeschichtlicher Strömungen und Verfassungsepochen, 1985; H. Zacher, Elternrecht, in: J. Isensee u. P. Kirchhof (Hg.), Handbuch des Staatsrechts der Bundesrepublik Deutschland, Bd. VI, 1989, S. 265 ff; R. Proksch, (Hg.), Rettet die Kinder jetzt. Zum Spannungsverhältnis E. – Kindeswohl – staatliches Wächteramt, 1993; J. Münder u. a., Frankfurter Lehr- und Praxis - Kommentar zum KJHG/SGB VIII, ³1998; G. Kaiser, Kinder und Jugendliche als Subjekte und Objekte in der Welt der Normen, in: Recht der Jugend und des Bildungswesens 46 (1998), S. 145–155; P. Heesen, E. und Kindeswohl, in: Zeitschrift zur politischen Bildung 35 (1998) H. 1.

**Emanzipation,** entstammt der römischen Rechtssprache und meint die rechtliche Freigabe des Sohnes durch den Vater. Geschichtliche Bedeutung gewann der Begriff im Rahmen einer Geschichtsphilosophie, die die Entwicklung der Menschheit als Freiheitsgeschichte und den einzelnen als Subjekt dieser Geschichte begreift. → Hegel vertrat diese allg. Auffassung von der Geschichte; seine Schüler legten E. im Sinne einer solchen Befreiung von auferlegter bzw. selbstverschuldeter → Entfremdung aus und forderten entsprechend eine relig. E. (L. Feuerbach), eine polit. E. (B. Bauer) und eine menschl. E. (→ Marx). In den 70er Jahren litt der E.begriff unter einem geradezu inflationären und häufig ungeklärten Gebrauch. Er stand gleichzeitig u. a. für die Befreiung sozialer Gruppen aus faktischer Benachteiligung (vgl. Gastarbeiter), für die bewußtseinsmäßige Loslösung bestimmter Gruppen von herkömml. Rollenfestlegungen (vgl. FrauenE.), für die Aufhebung sozio-ökonom. Übervorteilungssituationen (z. B. E. der Bauern) oder im marxist. Sinne für den Aufstand einer Klasse, die durch eine Beseitigung der Besitzverhältnisse die gesellschaftl. Struktur verändert (E. des Proletariats). In die dt. Päd. wurde der Begriff 1968 eingeführt, um im Anschluß an die → Kritische Theorie der Frankfurter Schule die Erziehung ganz aus ihrem emanzipatorischen Interesse heraus zu begründen. Diese kritisch-emanzipatorische Päd. forderte, die gesellschaftl. Voraussetzungen päd. Theoriebildung explizit mitzureflektieren und in ideologiekritischer Weise die Abhängigkeiten, Zwänge, Widersprüche und Widerstände aufzuzeigen, die tatsächlich der Freisetzung von Mündigkeit entgegenstehen. Aus solcher Einsicht sollte dann der Veränderungswille zum besseren Möglichen entspringen, das dann wiederum in rationalkommunikativer Verständigung und Interaktion auszuhandeln war. Als oberster Zielbegriff von Erziehung und Unterricht verwendet, bleibt E. leicht schlagwortartig-leerformelhaft u. gerät sogar leicht in Gefahr, zur Tarnung partieller Bewußtseinsveränderung mißbraucht zu werden (→ Ideologie); außerdem kann ein unkritischer Gebrauch des Begriffes E. vorschnell die Unmündigkeit der Subjekte mit den gesellschaftl. Verhältnissen verknüpfen (bzw. verwechseln) und so einer falschen Politisierung der Pädagogik Vorschub leisten. Desungeachtet hat Erziehung immer eine emanzipatorische Funktion im Sinne von

Formen schulischen Lernens möglich ist. Der in diesem Zusammenhang immer wieder auftauchende Begriff Vorschulerziehung wird von manchen abgelehnt, da er zu einer Blickverengung hinsichtlich möglicher institutioneller Lösungen führe. Statt dessen werden Begriffe vorgeschlagen wie »Elementarerziehung«, »frühkindliche Erziehung«, »Erziehung in früher Kindheit« oder »Frühpädagogik«. Damit sollen vor allem die Einbeziehung der familiären Erziehung und das Abgehen von starren Altersgrenzen signalisiert werden. → frühkindl. Erziehung, → Kindergarten, → Kleinkindererziehung, → Vorschulerziehung.

L.: E. Hoffmann, Vorschulerz. in Dtl., 1971; S. Hebenstreit, Der Übergang vom E. z. Primarbereich, 1979 (m. Bibl.); W. Fthenakis (Hg.), Tendenzen der Frühpäd., 1984; J. Zimmer (Hg.), Erziehung in früher Kindheit, 1985 (= Enzyklop. Erziehungswiss., Bd. 6); W. Grossmann, Kindergarten u. Päd., 1992.

**Elementare.** Das E. bezeichnet grundlegende Lern- und Unterrichtsgegenstände eines Faches, auf die sich dann der Aufbau dieses → Faches gründet. Das E. bilden z. B. für den Politikunterricht Phänomene wie → Konflikt, Kompromiß, → Gruppe, Macht. Die volle Bedeutung erhält das E. durch seine »Einbettung« im → Fundamentalen; von dort her konstituiert sich dann der Zusammenhang und die Ganzheit des Verständnisses von Selbst und Welt (→ kategoriale Bildung). → Didaktik.

**Elementarerziehung,** ein der Begriffswelt der Bildungsplaner (analog zu Primar- und Sekundarerziehung) entstammender Begriff, der die → frühkindliche und → Vorschulerziehung in ein umfassend geplantes Bildungssystem einbezieht und stark mit dem Konzept einer → kompensatorischen Erziehung verknüpft. → Elementarbereich.

K. Schultheis, Leiblichkeit – Kultur, Erziehung, 1998.

**Elite, Elitenbildung,** von lat. *eligere* (auswählen), meint E. die Auswahl der Besten. Im 19. Jh. in die dt. Umgangssprache eingegangen, löste es Mitte des 20. Jh.s die älteren wiss. Begriffe »Herrschaft« und »Führerschaft« weitgehend ab. Mit dem normativ-werthaften Begriff der E. im Sinne von durch hervorragende Fähigkeiten und Leistungen ausgezeichneten und sich daher für Positionen mit hoher Verantwortung geeigneten Personen verbindet sich heute sowohl die Kritik an einer egalitären (Bildungs-)Politik als auch die Forderung nach einer stärkeren Förderung künstler. u. wiss. Spitzenleistungen. → Chancengleichheit, → Genie, → Hochbegabte.

L.: H. P. Dreitzel, E.begriff u. Sozialstruktur, 1962; R. Dahrendorf, Demokratie u. Gesellschaft in Dtl., 1968; C. Offe, Leistungsprinzip u. industrielle Arbeit, 1970; U. Hoffmann-Lange, E.forschung in der BRD, in: Aus Politik u. Zeitgeschehen, 1983; M. Heitger (Hg.), Elitebildung oder Chancengleichheit, 1988; P. Glotz, R. Süßmuth, K. Seitz, Die planlosen E.n, 1992.

**El-Salvador** → Lateinamerika.

**Elternbildung.** E. reicht bis in das → Altertum zurück (vgl. Haustafeln); das → Mittelalter betrieb E. in zahlreichen »Spiegeln«; für die → Aufklärung kennzeichnend sind Volksbücher wie → Salzmanns ›Konrad Kiefer‹ oder sein ›Ameisen- und Krebsbüchlein‹; als klass. Beispiel hat → Pestalozzis ›Lienhardt und Gertrud‹ zu gelten. Die Entwicklung der → Päd. als Wiss. ließ die E. zugunsten der → Schulpäd. in den Hintergrund treten; gerade dieses Defizit hat E. zu einer zentralen Aufgabe der → Erwachsenenbildung werden lassen. E. wurde vordringlich und notwendig mit dem Zerfall der Großfamilie, dem Aufkommen der modernen Kleinfamilie und dem wachsenden Spezialwissen über frühkindliche Entwicklung. Der Wandel der Familienstrukturen hat die traditionellen Rollenmuster elterlichen Verhaltens verändert; zur individuellen Neufindung bedarf es in kritischen Einzelfällen der institutionalisierten Lebenshilfe. Zugleich hat die Päd. den Eigenwert der frühkindl. Lebensphase tiefer erkannt. Im Unterschied zur Bildungspolitik der 60er J., als die Probleme der E. durch intensivierte → Vorschulerziehung aufgefangen werden sollten, wird E. heute als eigenständiger Bereich und als Aufgabe sui generis erkannt. Einige Bundesländer haben zum Erwachsenenbildungsetat zusätzliche Gelder für E. bereitgestellt.

L.: E. Cloer (Hg.), Familienerziehung, 1976; L. Kerstiens (Hg.), E., 1976 (m. Bibl.); B. Meyer, Bibl. zur E., 1977; Th. Sprey (Hg.), Praxis der E., 1978; H. Meulemann, Bildung und Lebensplanung, 1985; J.-P. Pour-

**Einlehrerschule**

Schäuble, Der Vertrag, 1991; O. Anweiler, Die Herstellung der Einheit Dtl.s und das Bildungswesen in den neuen Bundesländern, in: Bildung und Erz. 44 (1991) 1; K.-H. Hage, Einheits-Schulrecht: Das Schulwesen im Einigungsvertrag, in: Recht der Jugend und des Bildungswesens, 39(1991)1; E. Jobst (Hg.), Das neue dt. Recht für Schule, Berufsausbildung und Hochschule (Textsammlung m. Erl.), 1991.

**Einlehrerschule,** meist eine einklassige Schule mit nur einer einzigen Lehrkraft. Sie war bis in das 19. Jh. die Regelschule und in Dtl. auf dem Land noch in den 60er Jahren häufig zu finden. Ihre Vorteile sind der familienhafte Charakter, ihre Standortverbundenheit und die Freiheiten des Lehrers; unverkennbare Nachteile sind ihre meistens schlechte Ausstattung, Schwierigkeiten der Beaufsichtigung, die Zerstückelung des Unterrichts, geringe Leistungsfähigkeit usw. Im Zuge der → Bildungsgesamtplanung der 70er J. wurde die E. abgeschafft.

**Einschulungsalter,** wird im → Hamburger Abkommen (1964) für die BRD festgelegt: Kinder, die bis zum 30. 6. eines Jahres das 6. Lj. vollenden, werden zum 1. 8. dieses Jahres schulpflichtig. Auf Antrag können Kinder, die bis zum 31. 12. des Einschulungsj. das 6. Lj. vollenden, bei vorliegender → Schulreife eingeschult werden. Der → Strukturplan (1970) schlägt dagegen vor, das E. auf das vollendete 5. Lj. vorzuverlegen und regte an, in einer zu schaffenden (aber nicht realisierten) → Eingangsstufe den Übergang vom Elementarbereich in den Primarbereich so zu gestalten, daß eine Überführung der vorschulischen Lernformen in schulische Lernformen erleichtert und die unterschiedlichen Lernvoraussetzungen ausgeglichen werden.
1994 empfahl die → KMK zur Erleichterung vorzeitiger Einschulungen eine Lockerung der im Hamburger Abkommen getroffenen Stichtagsregelung.

**Einzelfallhilfe** → Sozialarbeit.

**Einzelkind.** Die Entwicklung zur Klein- oder Kernfamilie hat zum Ansteigen der Zahl von E.ern geführt. Sie stellen ein päd. Problem dar, weil sie durch die bes. Stellung in der → Familie oft überbehütet und verwöhnt werden: starke Ichbezogenheit und großes Durchsetzungsvermögen des E.es einerseits, zu starke Ängste und naiv unkritische Haltung der Eltern andererseits. E. können in Kindergarten und Schule von den sozialen Anforderungen und der Konkurrenzsituation überfordert werden und bedürfen dann besonderer Betreuung.

L.: E. Rossberg, E.er, 1981; Th. v. Kürthy, E.er. Chancen und Gefahren im Vergleich mit Geschwisterkindern, 1988; R. Winkel, Das E.: Beneidenswert? Bedauernswert? in: Pädagogik 43 (1991) 7–8, E. Doerpinghaus, Das E., 1992; H. Kasten, E.er. Aufwachsen ohne Geschwister, 1995; Einzelkinder – Geschwister: Ein Gegensatz? (Themenheft), in: Pro juventute, 1996.

**elaboriert,** vielfältig differenziert ausgebildet; in der (Sozio-) → Linguistik meint der Begriff elaborierter Code v. a. die hochentwickelte sprachliche Ausdrucks- und Umgangsfähigkeit eines Sprachteilnehmers (bezüglich sprachlicher Kompetenz und Performanz) in lexikalischer, syntaktischer und semantischer Hinsicht und gilt, nach umstrittenen Untersuchungen B. → Bernsteins in England, als typisches Kennzeichen sozialer Mittel- und Oberschichten im Gegensatz zum (angeblich) vorherrschenden → restringierten Sprachcode der Unterschicht. In neueren Theorienkonzepten werden sozialschichtspezifische Unterschiede im Sprachgebrauch zwar bestätigt, aber nicht als sprachliche Mängel (Defizite), sondern als gleichwertige, verschiedenartige Lebenswelten spiegelnde Differenzen erklärt. → Bildungsdefizit.

L.: B. Bernstein, Studien zur sprachl. Sozialisation, 1972; U. Oevermann, Sprache und soziale Herkunft, 1972 u. ö.; K. Gloy, Bernstein und die Folgen – Zur Rezeption der soziolinguist. Defizithypothese in der BRD, in: H. Walter (Hg.), Sozialisationsforschung, Bd. 1, 1973, S. 139–171; E. Neuland, Sprachbarrieren oder Klassensprache, 1975; S. Jäger u. a., Vom Nutzen der Soziolinguistik, 1977.

**Elementarbereich,** nach dem → Strukturplan des Dt. Bildungsrates (1970) der unterste der 4 Bereiche des Bildungswesens, der die Drei- und Vierjährigen umfaßt. Es handelt sich um Einrichtungen, die die Erziehung und Bildung in den Familien ergänzen sollen. Das → Curriculum soll so auf das des → Primarbereichs abgestimmt sein, daß ein gleitender Übergang von der Vorschulerziehung in die

→ Chancengleichheit verwirklicht werden. Bei der praktischen Umsetzung dieser Idee erfolgt eine → Differenzierung in der Regel nach dem Bildungsziel und nach dem sachstrukturellen Entwicklungsstand der Schüler. Als Forderung findet sich diese Vorstellung bereits bei → Comenius, in den Nationalerziehungsplänen des 18. Jh. (→ Condorcet) sowie bei den preuß. Reformern (→ Humboldt, → Süvern). Starke Impulse erhielt die E.-Idee Mitte des 19. Jh. durch den »Allg. Dt. Lehrerverein«. Weitere Befürworter der E. waren → J. Tews (1919), → G. Kerschensteiner (1922) und nach 1919 der → Bund Entschiedener Schulreformer und P. → Oestreich. Einen Anfang der Verwirklichung stellte die Verankerung einer gemeinsamen Grundschule in der Weimarer Verfassung (1919) dar und deren Realisierung im Anschluß an die → Reichsschulkonferenz (1920), die wichtige Impulse für eine Demokratisierung des Bildungswesens gab. Nach 1945 wurde der Gedanke einer E. wieder aufgegriffen und unter dem Stichwort → Gesamtschule bis in die heutige Zeit in den politischen Parteien heftig diskutiert. Die Formen, in denen die E. in den einzelnen europ. Ländern verwirklicht wurde bzw. wird, sind sehr verschieden.

Motive für die E. gleichen weitgehend denen für die Gesamtschule: Vereinfachung der Organisation, Erleichterung der Übergänge, Fördern statt Auslesen, Überwindung der gesellschaftlichen Unterschiede, Chancengleichheit, Abbau der Konfessionsgegensätze, gerechte Förderung der Begabten aller Schichten, Ausschöpfung der Begabungsreserven, Angleichung der Lehrerbildung, Koedukation. Die Gegner der E. warnten vor den Gefahren der Nivellierung und insbes. vor der möglichen Benachteiligung von → Hochbegabten.

L.: W. Rein, Die dt. E., [4]1919; J. Tews, Ein Volk, eine Schule, 1919; G. Kerschensteiner, Das einheitl. dt. Schulsystem, 1922; E. Schellhammer, Geschichte der E.-Idee, 1925; H. Sienknecht, Der E.gedanke, 1968, [2]1970 (m. Bibl.); G. Schreier, Förderung und Auslese im E.system, 1997.

**Einigungsvertrag (EVertr.).** Der »Vertrag zwischen der Bundesrepublik Deutschland und der Deutschen Demokratischen Republik über die Herstellung der Einheit Dtl.s – Einigungsvertrag« vom 31. Aug. 1990 (vollzogen am 3. Okt. 1990) enthält die grundlegenden rechtl. Bestimmungen des Beitritts der Länder → Brandenburg, → Mecklenburg-Vorpommern, → Sachsen, → Sachsen-Anhalt, → Thüringen sowie des Ost-Teils von → Berlin zur BRD gem. Art. 23 des Grundgesetzes. Nachdem mit dem »Vertrag über die Wirtschafts-, Währungs- und Sozialunion« bereits das Berufsbildungsrecht von der DDR zum 1. Juli 1990 vollinhaltlich übernommen worden war, bildete erst der EVertr. die Basis u. a. für die Angleichung bzw. Anpassung der übrigen Institutionen des bisherigen DDR-Bildungssystems an die verfassungs- und bildungsrechtlichen Gegebenheiten der BRD, soweit sie nicht der »Abwicklung« nach Art. 13 Abs. 1 und 3 EVertr. verfielen. Neben den in Art. 37 EVertr. (»Bildung«) bzw. Art. 38 EVertr. (»Wissenschaft und Forschung«) getroffenen Vereinbarungen 1. zur Festsetzung der Gleichwertigkeit von schulischen, beruflichen und akademischen Abschlüssen und Befähigungsnachweisen, 2. zur Lehrerbildung, 3. zur Begutachtung wissenschaftl. Einrichtungen durch den → Wissenschaftsrat, 4. zum Bestand bzw. zur Auflösung oder Umwandlung von Forschungseinrichtungen u. a. war besonders Abs. 4 des Art. 37 EVertr. maßgebend; er bestimmt die bei der Neugestaltung des Schulwesens erforderlichen Regelungen als Sache der neuen Bundesländer, und zwar auf der Basis des → Hamburger Abkommens und der »weiteren einschlägigen Vereinbarungen der Kultusministerkonferenz« (→ KMK). Den neuen Bundesländern wird damit, im Rahmen der auch für die alten Bundesländer verbindlichen Abkommen, weitgehende Gestaltungsfreiheit in der Frage des allgemeinbildenden Schulwesens eingeräumt (→ Kulturföderalismus). Zur Überbrückung der Übergangszeit bis zu einer eigenen Ländergesetzgebung wurden dem EVertr. am 18. Sept. 1990 bis zum 30. Juni 1991 befristete schul- und hochschulrechtliche Verordnungen beigefügt: eine vorläufige Schul- und Hochschulordnung, Verordnungen über Tageseinrichtungen für Kinder, über die Ausbildung der Lehrämter und über die Errichtung von Studentenwerken.

L.: K. Stern u. B. Schmidt-Bleibtreu (Hg.), Verträge und Rechtsakte z. Dt. Einheit, 2 Bde 1990; W.

Erziehung, 1992; W. Böhm, F. Grell, »Neue Erziehung« und Christentum, in: Vjschr. f. wiss. Päd. 71 (1995) 2; D. Hameline, J. Helmchen, J. Oelkers, L'éducation nouvelle et les enjeux de son histoire, Bern 1995.

**Education permanente.** Auf einer 1960 von der → UNESCO in Montreal veranstalteten Konferenz über »Erwachsenenbildung in einer sich wandelnden Welt« geprägt, meint der Begriff nicht nur eine Ausdehnung der Erwachsenenbildung, sondern bezeichnet eine neue Auffassung von der Erziehung in ihrer Gesamtheit, ihren verschiedenen Arten und Verzweigungen. Im Gegensatz zu einer überkommenen Beschränkung von Erziehung und Bildung auf bestimmte Altersphasen und Einrichtungen versteht sich die E. p. als ›Erziehung für das Leben‹ und als Dimension des Lebens selber, und sie umfaßt alle Zeiten und Räume, in die sich die personale Existenz erstreckt. Die E. p. vollzieht sich in einer Gesellschaft, die ihrerseits als Erziehungsgesellschaft aufgefaßt wird, und erschöpft sich nicht in Anpassung und Konformismus, sondern besteht in der selbständigen und kritischen Bewältigung der jew. konkreten Probleme und Situationen. → Erwachsenenbildung, → lifelong learning.
L.: Council of Europe, Permanent education, Strasbourg 1970; P. Lengrand, An introduction to lifelong education, Paris 1970, dt. Permanente Erziehung, 1972; E. Faure, Apprendre à être, Paris 1972, dt. Wie wir leben lernen, 1973; UNESCO, Bibliographie sur l'éducation permanente, Paris 1970 ff.; Council of Europe, Permanent education, Strasbourg 1977 (CCC/EP[77]3); B. Suchodolski, Permanent education and creativity, Paris 1982; K. Meißner, Bildung als permanente Aktualität, 1985; A. Benning, Erwachsenenbildung, Bilanz und Zukunftsperspektiven, 1986; Dt. Unesco Kommission, Lernfähigkeit: Unser verborgener Reichtum, 1997.

**Eggersdorfer,** Franz Xaver, * 22. 2. 1879 Pörndorf (Niederbayern), † 20. 5. 1958 Passau; 1903 kath. Priester, 1906 Dr. theol., 1909 Habil. für Theologie München, lehrte ab 1911 Päd. in Passau. Von einer theol. Durchdringung der Erziehung als Vollzug des Heilswillens Gottes am werdenden Menschen hat er ein bewußt weltanschaulich fundiertes System der Erziehungswiss. entworfen.
Schr.: Der hl. Augustinus als Pädagoge und seine Bedeutung für die Geschichte der Bildung, 1907; Moderne Reformpäd. und christl. Erziehungsweisheit, 1910; Jugendbildung, 1961; Die Päd. Hochschule als Stätte der künftigen Lehrerbildung, 1950; Jugenderziehung, hg. v. A. Fischer, 1962.
L.: R. Weinschenk, F.X.E. und sein System der allg. Erziehungslehre, 1972; F. März, F.X.E., in: Große bayer. Pädagogen, hg. v. W. Böhm u. a., 1991; H. Glöckel (Hg.), Bedeutende Schulpädagogen, 1993.

**Eigler,** Gunther, * 5. 3. 1930 Gladbach-Rheydt, Dr. Phil. 1953, 1965 Priv. Doz. TH Karlsruhe, 1965 Prof. für Päd. Univ. Mannheim, 1970 Univ. Göttingen, 1973 Univ. Freiburg. Arbeiten zur psycholog. Grundlegung von Lernen und Lehren; Textkommunikationsforschung.
Schr.: Bildsamkeit und Lernen, 1967; m. J. Künzel, Grundkurs Lehren und Lernen, 1973, ⁴1979; m. Th. Jechle u. a., Wissen und Textproduzieren, 1990; Funktionaler Analphabetismus – auch ein psychol.-erziehungswiss. Problem, in: Unterrichtswissenschaft 20 (1990); Aspekte der Weiterbildungsforschung, hg. v. Dt. Institut für Fernstudien, 1992; m. P. Nenninger u. G. Macke, Studien zur Mehrdimensionalität von Lehr-Lern-Prozessen, 1993; m. Th. Jechle u. a., Textverarbeiten und Textproduzieren, 1997.

**Eingangsstufe,** 1) neben → Förderstufe und Erprobungsstufe gebräuchliche Bezeichnung für das 5. und 6. Schulj., in denen es darum geht, die Schüler mit Hilfe differenzierender Unterrichtsformen auf die → Sekundarschulen vorzubereiten; heute als → Orientierungsstufe bezeichnet. 2) Im → Strukturplan für das Bildungswesen (1970), im → Bildungsgesamtplan (1974) und im Bericht 1975 werden mit E. die beiden ersten Jahre des neugeordneten → Primarbereichs bezeichnet, also die Schulstufe für die Fünf- und Sechsj. E.n sollen zum einen den Übergang von vorschulischen zu schulischen Lernformen erleichtern und zum anderen unterschiedliche Lernvoraussetzungen ausgleichen.
L.: H. Wittmann, Elternhaus, Kindergarten und Grundschule, 1977; S. Hebenstreit, Der Übergang vom Elementar- zum Primarbereich, 1979 (Lit.); E. Irgens, 20 Jahre Orientierungsstufe, 1991; W. Grossmann, Kindergarten u. Päd., 1992.

**Einheitsschule,** ein einheitliches Schulsystem für alle Kinder ohne Unterschied von Konfession, Geschlecht, Begabung oder sozialer Herkunft. Organisatorisch sollen möglichst alle Schulformen zusammengefaßt und nach durchgehenden Prinzipien strukturiert werden, päd. soll eine optimale Förderung des einzelnen Kindes entsprechend seinen Fähigkeiten erfolgen, politisch soll das Prinzip der

# E

**Ebner,** Ferdinand, * 31. 3. 1882 Wiener Neustadt, † 17. 10. 1931 Gablitz; Volksschullehrer, entwarf in seiner *Pneumatologie* eine auf dem Wort als geistiger Urwirklichkeit beruhende Theorie des dialogischen Verhältnisses von Ich und Du. → Dialog.

Schr.: Das Wort und die geist. Realitäten, 1921, Neudr. 1980; Schr., hg. v. F. Seyr, 3 Bde., 1963–65.
L.: L. Prohaska, Existenzialismus und Päd., 1955; M. Simon, Das Bild des Menschen bei F. E., (Phil. Diss. Würzburg) 1964; Th. Steinbüchel, Der Umbruch des Denkens, 1966; E.-J. Birkenbeil, Erziehungsphil. des Dialogischen, 1984; A. K. Wucherer-Huldenfeld, Personales Sein u. Wort, 1985.

**école active** → Arbeitsschulbewegung, P. → Bovet.

**Edding,** Friedrich, * 23. 6. 1909 Kiel, Dr. phil. 1934 Kiel, 1959 Prof. für → Bildungsökonomie an der Hochschule für Internationale Päd. Forschung in Frankfurt, 1964–77 TU Berlin und Direktor am Max-Planck-Institut für Bildungsforschung in Berlin. 1966–72 Mitglied des → Dt. Bildungsrates. 1980 Dr. rer. pol. h.c. FU Berlin. E. bereitete durch seine marktwirtschaftl. Sicht der Bildung als Investition und durch internat. Leistungsvergleiche im Bildungswesen die Bildungsexpansion der 60er J. vor.

Schr. Internat. Tendenzen in der Entwickl. der Ausgaben für Schulen und Hochschulen, 1958; (mit J. Svennilson u. L. Elvin), Targets for Education in Europe in 1970, Paris 1962; (mit R. von Carnap) Der relative Schulbesuch in den Ländern der Bundesrepublik 1952–60, 1962; Ökonomie des Bildungswesens, 1963; Auf dem Wege zur Bildungsplanung, 1970; (mit H. Hamm-Brücher), Reform der Reform, 1973; (u. a.), Pädagogen in Selbstdarstellungen, Bd. 3, 1978; W. Clement, F. Edding (Hg.), Recurrent Education und Berufl. Flexibilitätsforschung, 1979; (Hg. u. a. ), Prakt. Lernen in der Hibernia-Päd., 1985; (Hg.), Zwanzig Jahre Bildungsforschung – zwanzig Jahre Bildungsreform, 1987; Mein Leben mit der Politik, 1989.
L.: Bildungsökonomie – Eine Zwischenbilanz, FS zum 60. Geburtstag, hg. v. K. Hüfner u. J. Naumann, 1969.

**educandus** (lat.: der zu Erziehende, der erzogen Werdende, der sich erziehen Sollende, der sich zu erziehen Habende) wird neben »Zögling« gebraucht und bezeichnet (in dieser schwer zu übersetzenden gerundivischen Form) in ganz weitem Sinne denjenigen, an den sich → Erziehung richtet, gehe diese nun von einem Erzieher aus oder sei sie ein Prozeß der → Selbsterziehung.

**Education moderne** → Freinet, Célestin.

**Education Nouvelle** (frz.: Neue Erziehung), eine päd. Bewegung, die Ende des 19. Jh. in Frankreich entstand und, unterstützt durch Fortschritte in Psychologie (bes. St. Hall, Simon, → Binet, → Claparède), Soziologie (bes. → Comte, → Dewey, → Durkheim, L. Lévy-Bruhl), traditionelle päd. Ideen (bes. → Montaigne, → Rabelais, → Rousseau) und aktuelle Gedanken (Ch. Bals, E. Renan, → Kergomard, »Rousseauismus«) sowie durch medizinische Ergebnisse und Berichte (bes. → Decroly, E. Séguin), eine neue Einstellung gegenüber dem Kind und seiner Erziehung propagierte. Sie sah Kindsein in seiner Besonderheit, forderte Respekt vor der Persönlichkeit und Individualität des Kindes und zielte auf Kooperation, Kollektivität und Solidarität zwischen den Kindern. Bereits während der 3. Französischen Republik wurden auf dem Hintergrund des Comteschen Positivismus bei der Reform des Schulwesens durch F. → Buisson und J. → Ferry Gedanken der E. N. zugrundegelegt und damit der eigentlichen Bewegung vorweggenommen. Die E.N. beeinflußte das Schulsystem in Frankreich (Ecole active) und die → Reformpäd. insgesamt. Sie erreichte ihren Höhepunkt bei dem internationalen Kongreß der Liga für E.N. 1921, bei dem ihre päd. Prinzipien formuliert wurden (bes. → Ferrière).

L.: E. Demolins, L'E.N., Paris 1898; P. Lapie, Pédagogie française, principes psychologiques de la pédagogie, Paris 1920; E. Claparède, Die Schule nach Maß, dt. 1921; J. Wilbois, La nouvelle éducation française, Paris 1922; O. Völcker, Das Bildungswesen in Frankreich, 1927; N. J. Crowell, John Dewey et l'éducation nouvelle, Lausanne 1928; F. Derkenne, Pauline Kergomard et l'éducation nouvelle enfantine (1838–1925), Paris 1938; A. Médici, E.N., Paris 1940 u. ö.; M.-A. Bloch, Philosophie de l'E.N., Paris 1948; ³1978; R. Cousinet, E.N., Neuchâtel 1951; Chr. Schneider, Neue Erziehung in Frankreich, 1963; G. Mialaret, E.N. et monde moderne, Paris 1966; M.-A. Bloch, Nouvelle éducation et réforme de l'enseignement, Paris 1978; W. Harth, P. Kergomard u. die Entwicklung der Vorschulerziehung in Fkr., 1983; dies., Die Anfänge der Neuen Erziehung in Frankreich, 1986; dies., P. Kerkomard u. die franz. Vorschulerziehung, in: B. Fuchs, W. Harth-Peter (Hg.), Alternativen frühkindl.

(mechanische und organische) Solidarität, bei deren Verlust Anomie entstehe. Päd. fruchtbar macht D. seinen Ansatz, indem er zeigt, wie Erziehung – verstanden als »planmäßige Sozialisation« der heranwachsenden Generation – aus dem individuellen Sein des Menschen sein soziales Sein (relig. Überzeugungen, sittl. Grundsätze und Praktiken, nationale und berufl. Traditionen, kollektive Meinungen aller Art usw.) herausformt und ihn damit am Kollektivbewußtsein einer sozialen Gruppe teilnehmen läßt, das zugleich als »Gewissen des Kollektivs« gedacht wird.

Schr.: Die Regeln der soziolog. Methode, 1908, $^5$1976 (frz. 1895, $^{17}$1968); Erziehung und Soziologie, 1972, hg. v. R. König, 1984 (frz. 1922, Neuausg. 1966); Der Selbstmord, 1973 (frz. 1897 Neuausg. 1960, $^3$1969); Erziehung, Moral und Gesellschaft, 1973 (frz. 1925, Neuausg. 1984); Soziologie und Philosophie, 1976 (frz. 1924, $^3$1967); Über soziale Arbeitsteilung, 1977 (frz. 1893, $^8$1967); Die Entwicklung der Päd., 1977 (frz. 1906); Die elementaren Formen des relig. Lebens, 1980 (frz. 1912, $^5$1968); Frühe Schr. zur Begründung der Sozialwiss., 1981; Der Selbstmord, 1987.
L.: G. M. Marica, E. D. Soziologie und Soziologismus, 1932; K. H. Wolff (Hrsg.), E. D., Columbus 1959; J. Duvignaud, D. Sa vie, son œuvre, Paris 1965; St. M. Lukes, E. D. His Life and Work, London 1973; I. Hoffmann, Bügerl. Denken, 1973; R. König, E. D., in: D. Käsler (Hg.), Klassiker des soziolog. Denkens, Bd. 1, 1976; R. König: E. D. zur Diskussion, 1978; R. Münch, Theorie des Handelns, 1982; W. Gephart, Strafe u. Verbrechen. Die Theorie E.D.s, 1986; R. Münch, Theorie des Handelns, 1988; Durkheim et l'éducation., hg. v. J.-C. Filloux, Paris 1994.

**Dyade** (griech.: Zweiheit). Schon bei Primaten versuchen sich Säuglinge in den ersten Monaten nach der Geburt am Mutterleib festzuklammern. Ein ähnliches Anklammern ist in Gefahrenmomenten bei Kindern und Erwachsenen zu beobachten. Daraus läßt sich auf eine ursprünglich bergende Einheit von Mutter und Kind schließen, die der menschl. Säugling als symbiotische Zweiheit mit der Mutter erlebt. D. meint auch die Einheit von Welterleben und Icherleben, bevor sich Subjekt- und Objektbewußtsein stärker auseinander differenzieren. Die päd. Bedeutung der frühen → Mutter-Kind-Beziehung hat v. a. → Pestalozzi hervorgehoben: kasuistisch-empirisch wurde sie durch psychoanalyt. Forschungen (z. B. R. Spitz) bestätigt. Eine erzieherische Konsequenz ist die Forderung nach stabilen und konstanten Beziehungen zw. → Mutter bzw. Ersatzmutter (Pflegeperson) und Kind.

L.: A. Portmann, Zoologie und das neue Bild vom Menschen, 1956 u. ö.; R. Spitz, Vom Säugling zum Kleinkind, dt. 1967, $^{10}$1992; E. Schmalohr, Frühe Mutterentbehrung bei Mensch und Tier, 1968; M. S. Mahler, Symbiose und Individuation, dt. 1972, $^6$1992; J. Bowlby, Bindung, (1969), dt. 1975, $^3$1984; R. Spitz, Vom Dialog, dt. 1976, als TB 1988; L. J. Kaplan, Die zweite Geburt, (1978), dt. 1981, Neuausg. 1983; T. B. Brazelton, B. G. Cramer, Die frühe Bindung, dt. 1991.

**Dyskalkulie,** Rechenschwäche. Die D. als Beeinträchtigung des mathemat. Denkens wurde erst in letzter Zeit näher in den Blick genommen. Es wurden bisher keine hirnorganischen Ursachen nachgewiesen; gegenwärtig werden neuropsycholog. und tiefenpsycholog. begründete Ursachen und deren mögl. Wechselwirkung diskutiert. Wie bei der → Legasthenie lassen sich die Rechenstörungen nicht auf schulische Übungsdefizite zurückführen. Die Störung bezieht sich auf elementare Voraussetzungen für den Erwerb des Rechnens und sollte möglichst frühzeitig erkannt und behandelt werden. Breit angelegte Förderprogramme, insbes. im Bereich der Wahrnehmung und Bewegung, auf der Basis gezielter Förderdiagnostik können einem Leistungsversagen vorbeugen. Neuere Untersuchungen gehen davon aus, daß ca. 6% der Grundschüler von Rechenschwächen betroffen sind.

L.: H. Grissemann, A. Weber, Spezielle Rechenstörungen, 1982, überarb. Neuaufl. u. d. T. Grundlagen und Praxis der D.therapie, 1990, $^2$1993; T. R. Miles, E. Miles, Dyslexia and mathematics, London 1991; A. Lobeck, Rechenschwäche, 1992, $^2$1996; J. Milz, Rechenschwäche erkennen und behandeln, 1993, $^3$1995; S. Meyer-Baumgartner, Was sagst du zur Rechenschwäche, Sokrates, 1993; K. E. Krüll, Rechenschwäche – was tun?, 1994, $^2$1996.

**Duales System.** Der Begriff taucht erstmals 1964 im »Gutachten über das berufl. Ausbildungs- und Schulwesen« des Dt. Ausschusses für das Erziehungs- und Bildungswesen auf und bezeichnet das zeitl. Nebeneinander (quantitatives Verhältnis ca. 4:1) von (praktischer) Betriebsausbildung und (theoret.) → Berufsschule oder anderen Schulformen, »in denen geschlossene Schul-Lehrgänge die Betriebsarbeit unterbrechen.« Erste Ansätze zu einem d. S. zeigen sich bereits im 18. Jh., ihre Verwirklichung scheiterte lange Zeit am Widerstand der Wirtschaft gegen ein Einbeziehen bzw. Überhandnehmen theoretischer Unterweisung in die Berufsausbildung. Heute wird von dieser Seite eine zunehmende Verschulung der Berufsausbildung befürchtet. → Berufliches Ausbildungs- und Schulwesen, → Berufsgrundschuljahr.

L.: K. König, Gesch. des dualen Berufsausbildungssystems, 1985; F. Achtenhagen u. a., D.S. zwischen Trad. u. Innovation, 1991; A. Gruschka u. a., Die Zukunft des D. S.s, 1992; R. Brandherm u. a., Das d. S. der Berufsausbildung in der Sackgasse?, 1994; S. Liesering, Die Zukunft der dualen Berufsausbildung, 1994; R. Arnold, J. Münch, Fragen und Antworten zum d. S. der dt. Berufsausbildung, 1995.

**Düsseldorfer Abkommen.** Am 17. 2. 1955 beschlossen die Ministerpräsidenten der Länder der → BRD im sog. D.A. einheitl. Regelungen über Schuljahresbeginn, Ferienordnung und Fremdsprachenfolge, gemeinsame Grundsätze bei der Notengebung und die generelle Umbenennung der Höheren Schulen in Gymnasien. Das D.A. wurde 1964 durch das → Hamburger Abkommen abgelöst.

**Dummheit** meint einen Mangel und zugleich die Folge dieses Mangels. D. als Verneinung, Wahrnehmungsverweigerung, Bewußtseinsverleugnung ursprünglich des Teufels (vgl. Sprüche 9, 18; noch Goethes »Faust«) wird im → Humanismus von der Narrheit als bewußter Torheit unterschieden. D. als Gegensatz von → Klugheit erscheint dann als Zeichen von Unbildung (→ Erasmus), von Nichtdenken (Gracián), von Unwissenheit (Jonathan Swift), von Halsstarrigkeit und Verbohrtheit (→ Montaigne). Die → Aufklärung führte diese Schwächen auf Mangel an Urteilskraft zurück und suchte sie entsprechend zu überwinden. Dagegen gehört D. wohl zur natürlichen Mannigfaltigkeit des Lebens und zur zeitl. Unvollkommenheit des Menschen.

**Durchlässigkeit** der Bildungswege bezeichnet die Möglichkeit, daß zwischen den einzelnen Schultypen des vertikal strukturierten mehrgliedrigen Regelschulsystems (in Dtl. Gymnasium, Realschule, Hauptschule, Berufs- und Fachschulen) Übergänge erfolgen und damit Fehlentscheidungen der frühzeitigen punktuellen → Auslese und Sortierung der Schüler nach dem vierten Grundschulj. in verschieden weit führende Bildungsgänge nachträglich korrigiert werden können, sobald dies die individuell höchst unterschiedliche Entwicklung von Begabung, Motivation, Wissen und Können des Schülers gebietet. Die Forderung nach Erhöhung der D. wurde in Dtl. seit den 60er J.n durch Einrichtung geeigneter »Brücken« und Übergänge und Vermeidung von Sackgassen erhoben. Als notwendige Mindestvoraussetzungen für eine planmäßige Steigerung der D. sind seitdem bekannt und erprobt worden die Einrichtung von → Einheits- bzw. → Gesamtschulen und Schulverbundsystemen, die Vorschaltung einer → Förder- oder → Orientierungsstufe zu Beginn des Sekundarbereichs I, die schulartübergreifende Angleichung der Curricula, der Ausbau weiterführender Berechtigungen. → Begabung; → Bundesrepublik Dtl.; → dreigliedriges Schulsystem.

**Durkheim,** Emile, * 15. 4. 1858 Epinal (Vosges), † 15. 11. 1917 Paris; 1882 philos. Staatsexamen und Prof. am Lycée in Sens, Saint-Quentin und Troyes, 1892 Habil., 1887–1902 Vorlesungen über Erziehungswiss. an der Univ. Bordeaux, dort 1896 auf den eigens eingerichteten Lehrstuhl für Päd. und Sozialwiss.n berufen, 1902 Gastprof. an der Sorbonne, dort seit 1906 Ordinarius für Päd. und Soziologie.
D.s Hauptinteresse gilt der Erarbeitung einer allg. Theorie des Sozialen und der Entwickl. der Soziologie zur strengen Methode, die Soziales durch Soziales erklären und nicht mehr psychologisch reduziert werden soll, da soziale Tatsachen (»faits sociales«) eine Wirklichkeit eigener Dignität konstituierten. Als deren Zentralbegriffe fungieren Kollektivbewußtsein (»conscience collective«) und soziale

Schr.: Erziehung, Bildung und Unterricht in der deutschen demokrat. Schule, 1953; Menschenerz. in Westdeutschland, Berlin 1961; Die Erz. der Persönlichkeit – eine große humanist. Aufgabe, in: Pädagogik 8 (1953) 2; Besonderheiten des päd. Experiments, in: Pädagogik 9 (1954) 9; Das päd. Experiment – Überlegungen zu einer wissenschaftsmethod. Konzeption, in: Pädagogik 16 (1961) 4.

**Down-Syndrom.** Der engl. Arzt John Langdon Haydon Down (1828–1896), nach dem heute das Syndrom benannt wird, hat im Jahre 1866 eine klassische Beschreibung dieser Form von geistiger Behinderung gegeben: rundl. Minderwuchs, Kurzschädel, schräge Augenstellung, sichelförmige Hautfalte über dem inneren Lidwinkel (Epikanthus), breite Nasenwurzel, vergrößerte, grob gefurchte Zunge, Vierfingerfurche, Muskelhypotonie (herabgesetzte Muskelspannung) mit Überstreckbarkeit der Gelenke. Zusätzlich geringe Resistenz gegenüber Infekten u. häufig angeborene innere Mißbildungen, z. B. Herzfehler. Ursache: Chromosomenanomalie (Trisomie 21); das Chromosom 21 ist statt paarweise dreifach vorhanden. Unter ca. 700 geborenen Kindern ist ein Kind mit D.-S. Menschen mit D.-S. sind in ihrer Lernfähigkeit unterschiedlich stark beeinträchtigt u. bedürfen einer möglichst frühzeitigen individuellen Förderung. → Geistigbehindertenpädagogik, → Integration, → Mongolismus.
L.: E. Wilken, Sprachförderung bei Kindern mit D.-S., 1973, ⁶1993; W. Dittmann, Intelligenz beim D.-S., 1982; V. Steinbicker u. a., Das Kind mit D.-S., 1987; J. Wendeler, Psychologie des D.-S.s, 1988; G. Weber, A. Rett, D.-S. im Erwachsenenalter, 1991; M. Selikowitz, D.-S., (1990), dt. 1992; W. Dittmann (Hg.), Kinder u. Jugendl. mit D.-S., 1992; C. Tamm, Diagnose D.-S., 1993; J. Carr, Downs Syndrome, Cambridge 1995; J. F. Unruh, D.-S., 1998.

**Dorfschule,** eine meist wenig gegliederte → Landschule.

**Dozent** (lat.), Lehrender an → Hochschulen und hochschulähnlichen Einrichtungen (z. B. → Volkshochschulen). Der Privat-D. an wiss. Hochschulen (Lehrberechtigung aufgrund der → Habilitation) wird in der Regel nach erfolgreicher Lehr- und Forschungstätigkeit zum → Professor ernannt.

**dreigliedriges Schulsystem,** ein Schulsystem, das nicht horizontal (nach Stufen), sondern vertikal gegliedert ist und in dem auf eine relativ schmale gemeinsame Grund- oder Elementarschule drei als Glieder (Säulenmodell) nebeneinander stehende Schulen (z. B. Haupt-, Realschule und Gymnasium) folgen, die eine mehr oder weniger geringe gegenseitige Durchlässigkeit aufweisen und eine frühere Aussonderung (→ Auslese) der Schüler notwendig machen. → Bundesrepublik Deutschland, → Gesamtschule.

**Dressur,** aus der Abrichtung von Tieren (Tierdressur) analog auf die Kindererziehung übertragen. In pejorativem Sinne gebraucht, bezeichnet und brandmarkt die D. die Entartung wirklicher → Erziehung zum bloßen Einpflanzen herkömmlich-konventioneller Verhaltensweisen und/oder zum Kult technisch-beruflicher Fertigkeiten bei gleichzeitiger Dehumanisierung des menschlichen Lebens.

**Dritter Bildungsweg,** in den 50er J.n schlagwortartig in die bildungspolit. Debatte eingebracht (P. Mikat, R. Dahrendorf), faßt der Begriff jene Erwachsenen- bzw. Weiterbildungsmaßnahmen zusammen, die betont an der berufl. Vorerfahrung der Teilnehmer anknüpfen, in direktem Bezug zur Arbeitswelt stehen und zu einem sozialen → Aufstieg im → Beruf oder zur (fachgebundenen → Hochschulreife führen sollen. → Erwachsenenbildung, → Weiterbildung.

**Drittes Reich** → Nationalsozialismus.

**Drogen** → Rauschmittel.

**Drop-Out,** a) allg. jemand, der aus der sozialen Gruppe ausbricht oder ausgestoßen wird, in die er integriert war, z. B. Jugendl., die die elterliche Familie verlassen (müssen), Lehrer auf der (Schul-)Flucht, »Aussteiger« etc.; b) im bes. Bezeichnung für das päd. Phänomen und Problem des »vorzeitigen Abgangs« von Schülern weiterführender Bildungsgänge bzw. Studierenden, die ihren Ausbildungsgang (bzw. ihr Studium) ohne Abschluß (-prüfung, -zeugnis, -zertifikat) abbrechen, und zwar weniger wegen mangelnder Begabung als vielmehr aufgrund sozialer → Bildungsbarrieren, situativem Streß, eigener Entscheidung u. ä.

Lehrerbildung, vertrat den Gedanken weitgehend selbstverwalteter Schulgemeinden (Zusammenwirken von Eltern, Lehrern, Kirche, politischer Gemeinde) und war ein Pionier der Lehrplantheorie.

Schr.: Ges. Schr., 12 Bde. 1894–1901; Die drei Grundgebrechen der hergebrachten Schulverfassungen, hg. v. A. Reble, 1961; D.s Schr. zur Theorie des Lehrplans, hg. v. A. Reble, 1962; Ausgew. päd. Schr. hg. v. A. Reble, 1963.
L.: H.-J. Gamm, Individuum und Gemeinschaft im päd. Werk F.W.D.s, (Diss.) 1958; Polit. Bildung – F.W.D., hg. v. K.-H. Beeck, 1974; K.-H. Beeck, F.W.D., 1975; K. Goebel, Bibl. F.W.D., 1975; H. Glöckel (Hg.), Bedeutende Schulpädagogen, 1993; V. Büttner, F. W. D. Ein thematisches Bestandsverzeichnis, 1994.

**Doktor** (lat. gelehrt, Abk.: Dr.), höchster → akademischer Grad, der an der mittelalterlichen Univ. zum Lehren berechtigte (älteste Promotionsordnung 1219 Bologna). Diese Rolle spielt er z. T. noch im Ausland (z. B. USA, Dänemark, Schweden); in der BRD weist er ein abgeschlossenes akadem. Studium nach. Der Dr. h. c. (honoris causa), gelegentlich auch e.h. (ex honore) kann ohne Prüfungsverfahren an wiss. verdiente Persönlichkeiten verliehen werden. Die Promotion zum Doktor erfolgt in der Regel nach mindestens 8semestrigem Studium aufgrund einer schriftl. → Dissertation und eines mündl. Rigorosum. Der Dr. ist ein rechtlich geschützter Grad und wird gewöhnlich mit der Bezeichnung des Wissenschaftsgebietes geführt (z. B. Dr. phil. = Dr. der Philosophie). In angelsächsischen Ländern kann der Dr. 3 Jahre nach dem → Bakkalaureat erworben werden. Der erste phil. Dr.-Grad (Abk.: Ph.D.) in den USA wurde 1861 an Yale nach dem Vorbild des dt. Dr. phil. vergeben.

**Doktorand**, jemand, der sich auf die Prüfung zum Doktor vorbereitet.

**Dolch**, Josef, * 11. 3. 1899 München, † 23. 5. 1971 Saarbrücken; studierte in München (u. a. bei A. → Fischer, → Kerschensteiner, → Göttler), 1923 Dr. phil., 1942 Habil., 1944 Dozent, 1952 apl. Prof., ab 1956 o. Prof. Saarbrücken. In zahlreichen Aufsätzen, bes. in seinen Hauptwerken »Lehrplan des Abendlandes« (1959, ³1971) und »Grundbegriffe der päd. Fachsprache« (1952, ⁸1965) zeigte er die Verflochtenheit von Erziehen (als Tätigkeit) und Erziehung (als Prozeß und Ergebnis) mit den gesellschaftl. Gegebenheiten und den geschichtl. Entwicklungen auf.

Schr.: Das Elternrecht, 1928; Päd. Systembildung in der Weimarer Zeit, 1929, Neuausg. 1966; Erziehung und Erziehungswiss. in Dtl. und Dt.-Österr., o. J. (1933), ²1968 (Nachdr. aus: Hdb. der Erziehungswiss. Bd. III. 1).
L.: Päd. Denken in Gesch. und Gegenwart. FS für J. D., hg. v. I. Schindler, 1964 (m. Bibl.).

**Dominikanische Republik** → Lateinamerika.

**Dom- und Stiftsschulen** waren im frühen → Mittelalter neben den → Klosterschulen die maßgeblichen Bildungsstätten für Welt- und Ordensgeistliche. Nach dem Muster des Priesterseminars von → Augustinus in Carthago sowie italien. und frz. Bischofsschulen setzten die D. die Tradition der frühchristlichen Katechetenschulen fort. Von → Karl d. Gr. wurden Domschulen an allen Domstiften angeordnet; nach dem 11. Jh. strahlten sie aus und führten zur Gründung von Stifts- und Pfarrschulen in allen Diözesen. Berühmte D. bestanden in Köln, Münster, Osnabrück, Paderborn, Bremen, Mainz, Magdeburg, Freising, in Metz, Lüttich, Paris, Chartres und Tours. Die entstehenden Univ.n entzogen später den D. oft die besten Lehrer. Der Lehrplan und die Organisation der D. war sehr ähnlich: einem 3–4j. Elementarunterricht folgten die → artes liberales und das Studium der Theologie.

L.: L. Maitre, Les écoles episcopales et monastiques en Occident, Paris ²1924; W. Wühr, Das abendl. Bildungswesen im Mittelalter, 1950; P. Riché, De l'éducation antique à l'éducation chevaleresque, Paris 1968; J. Fried (Hg.), Schulen und Studium im sozialen Wandel des hohen und späten MA, 1986.

**Dorst**, Werner * 6. 1. 1914 Neuendorf bei Plauen, † 7. 12. 1990 Zernsdorf bei Berlin, Dr. paed. 1952 Berlin, Habil. 1960 Jena, 1949 Referent f. Oberschulen der Deutschen Verwaltung f. Volksbildung, 1951–1958 Direktor des Deutschen Päd. Zentralinstituts Berlin, ab 1961 Prof. f. Syst. Päd. Univ. Jena; einflußreiche Arbeiten zu einer sozialist. Schulpäd. und zum päd. Experiment. Vertrat die Position, daß die durch Erziehung erlangte individuelle und gesellschaftl. Bestimmung des Menschen zugleich auch die natürliche ist.

ner Macht- und Herrschaftspositionen bzw. Privilegien. Gesellschaftlich brisant werden Tatsache und Ausmaß sozialer D. angesichts der (grundgesetzlich garantierten) Gleichheits- und Gleichbehandlungsgrundsätze. Päd. relevant werden sie auf dem Hintergrund der Erbe-Umwelt-Diskussion und der Konkurrenz von (elitären) → Auslese- und (egalitären) Förderungsprinzipien unter dem Aspekt der → Chancengleichheit bzw. Startgerechtigkeit für alle Kinder aus unterschiedl. Bevölkerungsgruppen. → Multikulturelle Erziehung, → Koedukation.

**Disposition** (lat.: Anordnung, Plan); Allg.: 1) Plan eines Arbeitsvorhabens, Gliederungsschema eines Werkes. 2) Im psychologischen Sinn ein hypothetisches Konstrukt, ein Grundgefüge relativ überdauernder Erlebnis- und Verhaltensbereitschaften, welches sich als Zusammenspiel von → Anlagen und → Umwelt, von erbbedingten und erworbenen Bereitschaften des Erlebens und Verhaltens ergibt. D.n sind nur erschließbar aus wiederkehrenden Aktionen und Reaktionen eines Individuums. Während früher die »dispositionelle Grundlage« eines Individuums als Mosaik von Einzel-D.n aufgefaßt wurde, wird sie in der gegenwärtigen Psychologie als psychophysische Ganzheit mit strukturhafter Qualität verstanden.

**Dissertant,** jemand, der an einer → Dissertation arbeitet.

**Dissertation** (Inaugural-D.), (lat.: Erörterung), selbständig verfaßte, schriftl. wiss. Abhandlung für die Zulassung des Kandidaten zur → Promotion. D.n müssen (in der Regel) gedruckt werden, um ihre Ergebnisse allg. zugänglich zu machen. → akad. Grade.
L.: Jahresverz. der dt. Hochschulschr. (seit 1880).

**Distanz,** pädagogische, ist ein konstitutives Merkmal der päd. Verantwortung und des päd. Bezuges und meint die notwendige Zurückhaltung des Erziehers, die dem Zögling erst Raum zu seiner Selbstwerdung läßt. → Alain und M. → Buber haben die päd. D. als Korrelativ zur päd. → Liebe gesehen und als Respekt vor der Andersheit des Anderen. In einem anderen Sinne gehört die D., d. h. das Abstandgewinnen zu der unmittelbaren Sinnenwelt und zu der gegebenen Gesellschaft, seit den Anfängen des europäischen Bildungsdenkens zu den Grundmerkmalen eines Gebildeten. → Bildung, → Weltoffenheit.
L.: Alain, Über die Erziehung, dt. 1963; M. Buber, Schr. über das dialog. Prinzip, 1954.

**Disziplin** kann ein Schulfach bzw. einen Wissenschaftszweig bezeichnen, innere Zucht meinen oder nur jene äußere Ordnung betreffen, die jemandem in speziellen Situationen abverlangt wird; in diesem dritten Sinne spricht man wie von Heeres-D., Betriebs-D. u. ä., auch von Schul-D. Als solche ist sie niemals päd. Selbstzweck, sondern ein (durchaus problematisches) Mittel zur Ermöglichung von päd. Maßnahmen.
L.: E. Züghart, D.probleme in der Schule, 1961, ⁴1970; E. Cloer, Disziplinieren und Erziehen, 1982 (Bibl.); ders. (Hg.), D.konflikte in Erziehung und Schule, 1982; A. Schäfer, D. als päd. Problem, 1981; K. Schneider (Hg.), Das verdrängte D.problem, 1985; N. Rückriem, Lernen und D. in Schule und Unt., 1996; Schweiz. Lehrerinnen- u. Lehrer-Zeitung, (1998), H. 2 (Themenheft).

**Dittes,** Friedrich, * 23. 9. 1829 Irfersgrün (Vogtland), † 16. 5. 1896 Wien; Volksschullehrer, Seminardirektor, Landesschulinspektor, Ministerialrat (Gotha), 1868–81 Direktor des Wiener Pädagogiums; trat für eine strikte Trennung von Schule und Kirche ein, lehnte den konfessionellen Religionsunterricht ab und bekämpfte die Päd. der → Herbartianer vom Standpunkt der Psychologie → Benekes her. Didaktisch betonte er die Konzentration der Stoffe in »zyklische Kreise«, vor allem im → Anfangsunterricht und beim Übertritt ins Leben.
Schr.: Grundriß der Erziehungs- und Unterrichtslehre, 1868; Gesch. der Erziehung und des Unterrichts, 1871; Methodik der Volksschule auf geschichtl. Grundlage, 1874; Schule und Päd., 1875; Reden und Aufsätze zur Schulpolitik, hg. v. K.-H. Günther, 1957.
L.: A. Goerth, F. D. in seiner Bedeutung für die Mit- und Nachwelt, 1899; H. Scherer, D.s Lebenswerk u. Vermächtnis, 1920; K.-H. Günther, Bürgerl.-demokrat. Pädagogen in Dtl. während der 2. Hälfte des 19. Jh., 1963.

**Dörpfeld,** Friedrich Wilhelm, * 8. 3. 1824 Selscheid, † 27. 10. 1893 Ronsdorf (b. Lennep); Volksschullehrer, kämpfte für eine bessere

schreibenden u. zergliedernden Psychologie, 1894; Der Aufbau d. geschichtl. Welt, 1910, Neudr. 1981; Über die Möglichkeit e. allg.gültigen päd.Wissenschaft, neu hg. von H. Nohl, o.J.; Ges. Schr., Hg. v. H. Nohl, G. Misch u.a. (seit 1914, Neudr. 1979 ff.); Schriften zur Päd., hg. von H.-H. Groothoff und U. Herrmann, 1971; Das Wesen der Philosophie, hg. v. O. Pöggeler, 1984.
L.: E. Spranger, W. D., 1911; J. Stenzel, D. und die Philosophie der Gegenwart, 1934; O. Fr. Bollnow, D., 1936; H. Diwald, W. D., 1963; K. Bartels, Die Päd. H. Nohls in ihrem Verhältnis zum Werk W.D.s und zur heut. Erziehungswiss., 1968; U. Herrmann, Bibliographie W.D., 1969; ders., Die Päd. W.D.s, 1971; H. Ineichen, Erkenntnistheorie u. geschichtl.-gesellschaftl. Welt. D.s Logik der Geisteswiss.n., 1975; M. Riedel, Verstehen oder Erklären, 1978; H.-H. Groothoff,W.D. Zur Erneuerung der Theorie der Bildung und des Bildungswesens, 1981; Th. Kronbichler, Dt. Geschichtsschreibung im 19. Jh., 1984; H.-U. Lessing, Die Idee einer Kritik der histor.Vernunft, 1984; E.W. Orth (Hg.), D. und die Phil. der Gegenwart, 1985; H.-H. Gander, Positivismus als Metaphysik, 1988; R. A. Makkreel, D., dt. 1991; Th. Herfurth, D.s Schriften zur Ethik, 1992; G. Thöny, Phil. u. Päd. bei W.D. u. H. Nohl, 1992; R. A. Makkreel, D., Philosoph der Geisteswiss.n, 1996; M. Jung, D. zur Einführung, 1996; B. Adl-Amini, W. D. in: Freiheit – Geschichte – Vernunft. Grundlinien geisteswiss. Päd., hg. v. W. Brinkmann u. W. Harth-Peter, 1997; S.-N. Son, W. D. und die päd. Biographieforschung, 1997; G. Thöny-Schwyn, Geisteswiss. Studien zu D. und zur Pestalozzi-Rezeption Nohls, Bern 1997; T. Jatzkowski, Die Theorie des kulturell-historischen Verstehens bei W. D. und Georg Simmel, 1998.

**Diplom.** Seit 1899 bestehender → akadem. Grad, der nach bestandener mündl. und schriftl. Abschlußprüfung (einschl. D.-Arbeit) von der Hochschule verliehen wird und als Berufsbezeichnung geführt werden kann. (z. B. Dipl.-Ing., Dipl.-Psych.). Das D.-Studium gliedert sich in der Regel in ein je 4semestriges Grund- (Vor.-D.) und Hauptstudium.

**Diplom-Pädagoge** (Dipl.-Päd.). In der BRD seit 1969 an vielen Hochschulen eingeführter Studienabschluß im Fach Päd. Im Gegensatz zum → Magister und zur → Promotion ist das päd. Diplom-Studium betont berufsbezogen und gliedert sich in die Studienschwerpunkte: → Schule, → Sozialpäd. und → Sozialarbeit, → Erwachsenenbildung und → außerschulische Jugendbildung, Betriebl. Ausbildungswesen, → Betriebspäd. → Sonderpäd. An einzelnen Hochschulen bestehen auch andere Schwerpunkte (z. B. Elementar-

erziehung, → Vorschulerziehung, → Medienpäd.). Der Studiengang nahm in den 70er J.n eine explosive Entwicklung und wurde als relativ problematisch angesehen: vor allem bestanden Ausbildungs-, Professionalisierungs- und Arbeitsmarktprobleme. Zwar gilt der Studiengang auch heute noch als nicht unproblematisch, doch konnten sich D.-P.n zumindest in bezug auf den Arbeitsmarkt erfolgreich etablieren. Die Kompetenzen der Absolventen werden im Beschäftigungssystem weitgehend anerkannt, die Arbeitslosenzahlen sind sogar leicht rückläufig. Neben den klassischen Tätigkeitsfeldern im Sozial- und Bildungswesen kommen D.-P.n zunehmend in der freien Wirtschaft unter.

Zs.: Der päd. Blick, hg. v. d. Bundesarbeitsgem. der D.-P.innen u. D.-P.n, 1 (1993) ff.
L.: W. Böhm, Zur Problematik des päd. Diplomstudiums in der BRD, in: Der Junglehrer 20 (1977) H. 10; W. Nieke, Der D.-P., 1978; C. Hommerich, Der D. – ein ungeliebtes Kind der Bildungsreform, 1984; H. Giesecke, Päd. als Beruf, [6]1997; R. Bahnmüller u. a., D.-P.n auf dem Arbeitsmarkt, 1988; Th. Rauschenbach. D.-P. Innen – Bilanz einer 20jährigen Akademisierungsgeschichte, in: Der päd. Blick 1 (1993); B. Sturzenhecker, Wie studieren Diplom-Pädagogen?, 1993; E. Keiner u. a.: Studium für den Beruf?, in: Zs. f. Päd. 43 (1977); C. Lüders, Der wissenschaftlich ausgebildete Praktiker, in: Der päd. Blick 5 (1997); Zentralstelle für Arbeitsvermittlung (ZAV): D.-P.innen und D.-P.n und Magister der Erziehungswissenschaft, [4]1998.

**disadvantaged** (engl. benachteiligt), in der Regel aufgrund sozialer Diskriminierung von Rasse, Konfession, Geschlecht, sozialer Herkunft, polit. Überzeugung usw. → Bildungsbarrieren.

**Diskriminierung** meint in der Lernpsychologie Unterscheidung im Gegensatz zu Verallgemeinerung (Generalisierung); in der Soziologie Ungleichbehandlung, sozial herabsetzendes und benachteiligendes im Gegensatz zu bevorzugendem Verhalten (Privilegierung) gegenüber Einzelpersonen, Angehörigen sozialer Gruppen, einer sozialen Schicht oder anderen Bevölkerungsteilen (Geschlecht, Alten, Kindern, Behinderten, Ausländern usf.) sowie sozialen Minderheiten (ethnischer, konfessioneller Art u.ä.), und zwar in der Regel aufgrund sozialer Vorurteile und Denkstereotype oder zur Absicherung eige-

L.: E. von Sallwürk, A. D., 3 Bde. 1899–1900; E. Groß, Erziehung und Gesellschaft im Werk A. D.s, 1966; H. G. Bloth, A. D., 1966; D. und wir. D.-Symposion in Berlin-Ost, 1967; W. Schröder, A. D. Studien zu seiner Wirkungsgesch. in der Päd. des 19. und 20. Jh., 1978; H. F. Rupp, F. A. W. D. – Päd. u. Politik, 1989; G. Hohendorf, H. F. Rupp (Hg.), D.-Päd., Lehrerbildung, Bildungspolitik, 1990; Univ. Siegen (Hg.), A. D. – Wissen im Aufbruch, 1990; B. Fichtner, E. Reimers (Hg.), Zw. Päd. u. Didaktik D.s, 1991; B. Fichtner, P. Menck (Hg.), Päd. der modernen Schule, 1992; E. Weiss, Die päd. Mission des F. A. W. D., 1992; R. Hohendorf, G. Hohendorf, D. verpflichtet ... Beiträge zur deutschen Bildungsgeschichte, 1994; J. Kempelmann, Didaktik als Prinzipienlehre, 1995; G. Geißler, H. F. Rupp, D. zw. Forschung und Mythos, 1996; E. Weiss, A. D. Polit. Pädagoge zw. Fortschritt und Reaktion, 1996.

**differenzierender Mittelbau**, ein 2j. Mittelbau, der zw. Grundschule und weiterführender Schule eingefügt ist. Er stellt einen in den einzelnen Bundesländern unterschiedlich ausgestalteten Versuch dar, die verschiedenen Begabungen für die entsprechenden Bildungswege auszuwählen bzw. vorzubereiten. Die Schüler haben im 5. und 6. Schulj. gemeinsamen Kernunterricht und daneben in zunehmendem Maße Kursunterricht, der die unterschiedl. Begabungen fördern soll. → Orientierungsstufe.

**Differenzierung** ist eine methodische, didaktische oder organisatorische Maßnahme, durch die der Unterricht dem Schüler in bezug auf Lernfähigkeit, Motivierbarkeit, Interessen und Neigungen individuell oder gruppenweise »angepaßt« wird (Problem der Passung). Als äußere D. wird die Aufteilung der Schüler in verschiedene Schularten, Schulzweige, Klassen und Kurse bezeichnet. Diese kann fächerübergreifend nach der allg. Intelligenz oder anderen allg. Eigenschaften des Schülers organisiert sein (→ streaming), sie kann aber auch fachspezifisch erfolgen: Leistungsgruppierung in bestimmten Fächern, wobei der Schüler in diesen Fächern unterschiedl. Niveaugruppen angehören kann (→ setting). Bei der inneren D. werden innerhalb einer größeren Gruppe verschiedenen Schülern unterschiedliche Aufgaben gestellt, die ihren Leistungen und Interessen entsprechen. Die Aufgaben differieren durch die Menge und den Schwierigkeitsgrad, durch die gewählte Arbeitszeit, durch abgestufte Lehrerhilfe, durch unterschiedliche Arbeits- und Anschauungsmittel. Dabei werden die Schüler zu wechselnden Leistungs- und Übungsgruppen zusammengefaßt in Form der Einzel-, Partner- und Gruppenarbeit. Die innere D. erfordert vom Lehrer intensivere Vorbereitung und genaue Kenntnis seiner Schüler. Keine Form der D. darf auf die Dauer zu einer Form der → Diskriminierung werden. → Gesamtschule.

L.: M. Bönsch, Method. Aspekte d. D., 1970; M. Fischer, Die D. des Unterrichts in der Volksschule, 1962; S. Prell, H. Schiefele, D. Ulich, Leistungsd. und individuelle Förderung, 1972; W. P. Teschner (Hg.), D. und Individualisierung des Unterrichts, 1971; A. Yates (Hg.), Lerngruppe und D., 1972; J. Niermann, Methoden der Unterrichtsd., 1981; H. J. Apel, W. Grünfeld, Unterrichtsformen, Unterrichtsverfahren, 1982; H. J. Herber, Innere D. im Unterricht, 1983; K. Schittko, D. in Schule und Unterricht, 1984; E. Terhart, Lehr-Lern-Methoden, 1989; H. Meyer, Unterrichtsmethoden, 1990; M. Bönsch, D. in Schule und Unterricht, 1995.

**Dilthey** Wilhelm, * 19. 11. 1833 Biebrich (Rhein), † 1. 10. 1911 Seis (am Schlern); seit 1882 Prof. der Philosophie in Berlin, beschrieb die wichtigsten Epochen der dt. Geistesgeschichte von der Reformation bis zum 19. Jh. Gegenüber dem naturwiss. (Kausal-) Erklären erarbeitete D. die geisteswiss. Methode des Verstehens; war dieses zunächst stark psychologisch gefaßt, erweiterte D. es in seinem Spätwerk zu einer → Hermeneutik der geschichtl.-gesellschaftl. Welt. Ähnlich lassen sich auch zwei Entwürfe zur Päd. unterscheiden: ein erster, auf der → Teleologie des Seelenlebens aufgebauter, der eine allgemeingültige erziehungswiss. Theorie für möglich hält und Erziehung als die optimale Ausformung der psychischen Funktionen begreift; ein zweiter, der von der geschichtl. geprägten Erziehungswirklichkeit ausgeht und ansetzt bei der »Deskription des Erziehers in seinem Verhältnis zum Zögling«. D.s Gedanken wurden von Vertretern der verschiedensten Disziplinen fortgeführt, so in der Psychologie (Entwicklung einer geisteswiss. Psychologie bes. durch → Spranger), Soziologie (Freyer), Geschichte und Geschichtsphilosophie (Rothacker) und v. a. in der → geisteswiss. Päd. (Heubaum, → Nohl, → Weniger, → Flitner, → Bollnow u. a.).

Schr.: Einl. in d. Geisteswiss.n, 1883; Über d. Möglichkeit e. allg.gültigen Päd., 1888; Ideen zu e. be-

sen der Schüler im einzelnen aufgezeigt werden kann. Dabei dürfen diese Fähigkeiten etc. weder allein von ihrer gesellschaftl. Bedeutung noch allein als Beitrag zu Sachkompetenz betrachtet werden, sondern immer auch im Hinblick auf → Mündigkeit der → Person. D.S. sind Instrumente zur Erschließung von Themenbereichen, sie legen weder konkrete Ziele noch Inhalte fest. → Didaktik.

**didaktische Tendenzen.** Von F. → Winnefeld entwickelter Begriff, um die Verlaufsgestalt des Unterrichts durch Beobachtung und typologische Ordnung klarer zu bestimmen. Er unterscheidet verlaufssteuernde, inhaltlich-aktivierende und rezeptivierende Tendenzen.

**didaktische Transformation** bezeichnet die Prozesse, durch die ein zu vermittelndes Wissen für den Unterricht »aufbereitet« wird: die Untersuchung und Gliederung des »Rohstoffes«, wie er z. B. von Wiss.n oder technischen Disziplinen angeboten wird, unter Rücksicht der didaktischen Kategorien des → Elementaren und → Fundamentalen; die Beschränkung der vielfältigen Details auf das Wesentliche; die Abklärung von Momenten, die Veranschaulichung, den Einsatz von Medien, Rollenspiel, einen Lehrgang etc. ermöglichen; die »Übersetzung« schwieriger (abstrakter) Aussagen in den Schülern verständliche. Die d.T. wird nicht selten auf bloße Veranschaulichung verkürzt.

**didaktischer Formalismus** bezeichnet, analog zu → formaler Bildung eine Auffassung, wonach die Art der unterrichtlichen Behandlung eines Gegenstandes höher eingeschätzt wird als das erworbene inhaltliche Wissen. Gegenbegriff ist der → didaktische Materialismus; beide versucht → Klafki in seiner → kategorialen Bildung zu vermitteln.

**didaktischer Materialismus.** Von → Dörpfeld geprägtes Schlagwort, das die Tendenz anprangert, den Schulunterricht mit Stoff zu überfrachten (beispielsweise der → Enzyklopädismus der preuß. Gymnasien nach der Reform von 1837). Die → Reformpäd. bekämpfte den d.M. der »Lernschule« des 19. Jh. Ausbreitung und steigende Bedeutung der Wiss.n begünstigen den d.M. Versuche,

dieser Tendenz entgegenzusteuern, ohne umgekehrt in einen → didaktischen Formalismus zu verfallen, sind Spezialisierung und Wahlfreiheit der Schüler in den Oberklassen und → exemplarisches Lehren.

**didaktischer Ort** bezeichnet die Stelle, an der im Verlauf des Unterrichts eine methodische Maßnahme oder ein Unterrichtsmedium am sinnvollsten eingesetzt wird. Der dO. bestimmt sich nach der Intention, der Struktur der Maßnahme bzw. des Mediums, aber auch durch die konkrete Unterrichtssituation; er setzt sowohl Planung wie Disponibilität des Lehrers voraus. Der Unterrichtserfolg hängt nicht unwesentlich von der richtigen Bestimmung des dO.es ab.

**didaktisches Dreieck.** Versuch, die Grundstruktur des Unterrichts als Zusammenspiel von Lehrer, Schüler und Stoff anschaulich darzustellen. Dieses Schema muß heute als weitgehend überholt angesehen werden, da es der Komplexität des Unterrichtsgeschehens nicht gerecht wird.

**Diesterweg,** Friedrich Adolph Wilhelm, * 29. 10. 1790 Siegen, † 7. 7. 1866 Berlin; 1811–20 Haus- und Gymnasiallehrer, 1820 Leiter des Lehrerseminars Moers, 1832–47 Berlin; 1858–66 Abgeordneter d. Fortschrittspartei im preuß. Landtag. Anhänger → Pestalozzis und Verbreiter seiner Ideen, vertrat er → Anschauung und → Selbsttätigkeit als didaktische Grundsätze, gab ihnen aber eine polit. Eintönung: Heranbildung des mündigen kritischen Staatsbürgers; Volksbildung gewann für D. den Charakter der Volksbefreiung. D. kämpfte für die relative → Autonomie der (nationalen Einheits-) Schule gegenüber den gesellschaftl. Mächten, bes. der Kirche, sowie heftig für die → Professionalisierung des Lehrerstandes. Seine große Breitenwirkung in der Lehrerschaft verdankte er auch seiner Zeitschrift »Rheinische Blätter« (seit 1827) und seinem »Jahrbuch für Lehrer- und Schulfreunde« (seit 1851).

Schr.: Ausgew. Schr., hg. v. E. Langenberg, 4 Bde., 1876–78; Schr. und Reden in 2 Bdn., hg. v. H. Deiters, 1950; Sämtl. Werke, hg. v. H. Deiters u. a., 1956 ff; Volksbildung als allg. Menschenbildung, hg. v. G. Geißler u. a., 1990; Sämtl. Werke, 18 Bde., hg. v. R. Hohendorf und S. Schütz, 1998.

Problem der D., 1973; E. König, H. Riedel, Systemtheoret. D., 1973; D. Lenzen, D. und Kommunikation, 1973; W. H. Peterßen, D. als Strukturtheorie des Lehrens und Lernens, 1973; B. Schwenk, Unterricht zw. Aufklärung und Indoktrination, 1974; K. H. Flechsig, H. D. Haller, Einf. in das didakt. Handeln, 1975; P. Menck, Unterrichtsanalyse und didakt. Konstruktion, 1975; P. Heimann, D. als Unterrichtswiss., hg. v. Th. Reich, 1976; W. Popp, Kommunikative D., 1976; W. Klafki, G. Otto, W. Schulz, D. und Praxis, 1977, ²1979; K. Reich, Theorie der allg. D., 1977; K. Schmitz, Allg. D., 1977; W. Born, G. Otto (Hg.), D.e Trends, 1978; K. Reich, Unterricht – Bedingungsanalyse u. Entscheidungsfindung, 1979; W. Schulz, Unterrichtsplanung, 1980; E. E. Geißler, Allgem. D., 1981, ²1984; H. Gudjons, R. Teske, R. Winkel (Hg.), Didakt. Theorien, 1981; ⁹1997; H. Steuber, Grundlagen der Methodologie der D., 1981; H. Aebli, Zwölf Grundformen des Lernens, 1983; W. H. Peterßen, Lehrb. Allgem. D., 1983, ⁵1996; K. Prange, Bauformen des Unterrichts. Eine D. f. Lehrer, 1983, ²1986; B. Kozdon, Didaktik als Lehrkunst, 1984; G. Heursen (Hg.), D. im Umbruch, 1984; K. Aschersleben, D., 1985; W. Klafki, Neue Studien zur Bildungstheorie u. D., 1985, ⁵1996; J. Oelkers (Hg.), Fachdidaktik und Lehrerausbildung, 1986; R. Winkel, Antinomische Päd. und kommunikative D., 1986, ²1988; G. Tulodziecki, Unterricht mit Jugendlichen. Eine D. allgemein- u. berufsbild. Schulen, 1987; H. Aebli, Grundlagen des Lehrens, 1987; W. Hoffmann, Von der Notwendigkeit und dem Nutzen didakt. Theorien für die Schule, 1987; J. Diederich, Didakt. Denken, 1988; W. Jank, H. Mayer, Didaktische Modelle, 1990; H. K. Beckmann, W. L. Fischer (Hg.), Herausforderung der D., 1990; R. W. Keck (Hg.), Fachdid. zwischen allgem. D. und Fachwiss., 1990; G. Steindorf, Grundbegriffe des Lehrens und Lernens, ³1991; G. E. Becker, Handlungsorientierte D., 1991; W. Kron, Grundwissen D., 1993; D. Beuner, Studien zu D. und Schultheorie, 1995; D. und/oder Curriculum, 33. Beiheft der Zs. f. Päd., 1995.

**Didaktikum** bezeichnet die von der → Berliner Schule der Didaktik entwickelte Form der unterrichtspraktischen Ausbildung der Lehrer unter Verantwortung und Leitung der Hochschule. Es unterscheidet sich vom → Praktikum durch theoretische Anleitung und personelle Betreuung der Studenten durch Hochschullehrer und Mentoren. In der Regel setzt das D. bei angeleiteter Unterrichtsbeobachtung an und führt über → Unterrichtsanalyse, methodische Schulung und Unterrichtsplanung zur selbständigen Unterrichtsführung. Das D. bildete den Entstehungshintergrund und den ersten Erprobungsraum für die → lerntheoretische Didaktik.

L.: Heimann, Otto, Schulz, Unterricht – Analyse und Planung, 1965, ⁹1977.

**didaktische Analyse.** Als Handreichung für die → Unterrichtsvorbereitung »operationalisierte« W. → Klafki 1958 seine didaktische Theorie in fünf Fragen, die den Bildungsgehalt eines Unterrichtsgegenstandes ermitteln helfen. Er sah darin den »Kern der Unterrichtsvorbereitung«. Diese Fragen zielen 1. auf den exemplarischen Wert, 2. auf die (tatsächliche und erwünschte) Gegenwartsbedeutung, 3. auf die Zukunftsbedeutung des Stoffes für die Schüler, 4. auf die immanente Struktur des Inhaltes u. 5. auf die möglichen Anknüpfungspunkte in der Lebensumwelt der Kinder. W. Kramp hat ein umfassenderes Prozeßmodell entwickelt und die Bedingungen des Unterrichts und speziellere methodische Überlegungen einbezogen. In der revidierten Fassung seiner → Didaktik hat dann auch Klafki die sozialen Komponenten, die Überprüfbarkeit und die Wechselwirkung von Ziel, Thema und Methode des Unterrichts aufgenommen. Er lehnt jedoch weiterhin eine bloß technische Effizienzkontrolle ab und betont → Mündigkeit als Grundmodell jeder → Bildung. In dieser erneuerten, der Didaktik angenäherten Form kommt der d. A. weiterhin große Bedeutung zu.

L.: W. Klafki, Studien zur Bildungstheorie und Didaktik, 1963 u. ö.; H. Roth, A. Blumenthal (Hg.), D.A., 1962 u. ö.; O. Born (Hg.), Didakt. Trends, 1978; (vgl. v. a. die Interviews mit W. Klafki u. W. Kramp; G. Sobisiak, Die d. A., 1990; W. Klafki, Neue Studien zur Bildungstheorie und Didaktik, 1994, ⁵1996.

**didaktische Prinzipien** sind allg. Grundsätze der Unterrichtsgestaltung. Nach Lothar → Klingberg ging es der didaktischen Forschung in der → DDR darum, d.P. mit Gesetzescharakter zu erforschen und systematisch darzustellen, um damit eine zuverlässige wiss. Grundlage für die Unterrichtsarbeit des Lehrers zu schaffen.

L.: L. Klingberg: Einf. in die allg. Didaktik, 1971 u. ö; G. Heursen, D. P., in: Pädagogik 48 (1996).

**didaktische Strukturgitter.** Von einer Arbeitsgruppe um → Blankertz entwickelte Raster von Begriffen, meist als Matrix dargestellt, mit dessen Hilfe die Wirklichkeit auf ihren sachlichen Gehalt und die in ihr enthaltenen gesellschaftl. Ansprüche analysiert und rekonstruiert und die Beziehung zu entsprechenden Fähigkeiten, Fertigkeiten und Kenntnis-

gesellschaftl. Ansprüche zu identifizieren und zu verdeutlichen und sie mit den »pädagogischen« Erwartungen der Heranwachsenden zu vermitteln. Sachliche, soziale und individuelle Ansprüche bzw. Interessen sollen dabei wirklich vermittelt werden, d. h. es soll eine Dominanz eines Faktors und damit eine Einseitigkeit des didaktischen Feldes vermieden werden. Lenzen unterscheidet im Anschluß an den Strukturalismus eine Oberflächen- und eine Tiefenstruktur, zw. denen Transformationsprozesse ablaufen. Auf den Menschen bezogen, versteht er unter Tiefenstruktur v. a. dessen kognitive Organisation und unter Oberflächenstruktur seine soziale und materiale Umwelt. Transformationsprozesse der Tiefen- in die Oberflächenstruktur sind als Handeln, von der Oberflächen- in die Tiefenstruktur als Lernen zu verstehen. Unterricht hat dabei die Aufgabe, durch der kognitiven Struktur des Ich entsprechende Komplexitätsreduktion und ideologiekritische Aufklärung der »Umwelt« diese Transformationsprozesse zu optimieren. Zur genaueren Beschreibung der Tiefenstruktur des Menschen greift Lenzen v. a. auf Forschungen → Piagets, für die Durchdringung der »Umwelt« auf Aussagen bei Habermas über das Verhältnis von Erkenntnis und Interesse zurück. In Matrizenschreibweise ergibt sich dann ein vielfeldriges Strukturgitter, das die einzelnen »Detailtransformationen« auflistet. Da sowohl die Strukturen (kognitive Organisation; soziale, sachliche Faktoren) wie die Transformationsprozesse geschichtl. Wandel unterliegen, sind diese d. Strukturgitter ein Instrumentarium zur Behandlung von Inhalten und Methoden; sie geben weder allgemeingültige Ziele noch fixierte Inhalte oder Methoden vor. Insofern nimmt dieses Modell das geisteswiss. Postulat der Geschichtlichkeit der D. am radikalsten wieder auf. Methodologisch vertritt Lenzen ein Handlungsforschungskonzept, außerdem bedient er sich der mathematischen Transformationstheorie und der → generativen Transformationsgrammatik. V. a. durch dieses theoretische Instrumentarium stellt das Modell in dieser Form hohe Ansprüche an den Leser. Peter Menck hat versucht, einzelne d.e Elemente wie Fächer, Medien, Lehrpläne etc. in ein Gesamtparadigma der erziehungswiss. Forschung zu integrieren. Er unterscheidet: 1. didaktische Gesamtsysteme, 2. Fachdidaktik, 3. didaktische Analyse, 4. D. der Unterrichtssituation. Dabei geht sein Interesse zunächst mehr auf eine theoretische Erklärung des Phänomens Unterricht als auf die Entwicklung von Einführungen zur Unterrichtsgestaltung. Gegen Klafkis Aussage vom Primat der Zielentscheidung stellt Menck die These, daß »päd. Intentionalität«, gefaßt als methodische Kategorie, den Gegenstand und die Ziele des Unterrichts allererst konstituiere.

Trotz dieser Vielfalt und Konvergenz von d. Theorien bleiben zahlreiche offene Probleme: Methodologisch geht es dabei hauptsächlich um die Frage, ob ein eigenes didaktisches Forschungsinstrumentarium entwickelt werden kann und wie dessen Verhältnis zu Handlungsforschung und traditionellen → Forschungsmethoden aussehen kann. Inhaltlich wird weiterhin zu untersuchen sein, wie die Ansprüche einer sich rasch vermehrenden Wissensmenge in den Wissenschaften, der gesellschaftl. Mächte und der personal zu entwerfenden Zukunft des je einmaligen Menschen zu vermitteln sind. Es bleibt in diesem Zusammenhang auch zu fragen, ob die D. tatsächlich in Curriculumtheorie aufgehoben werden kann, wie dies etwa Klafki gemeint hat. Die Zieldimension wird weiterhin reflektiert werden müssen, nachdem u. a. technomorphe Lernzieltaxonomien (Mager, Möller) das Problem von Freiheit und Humanität nicht angemessen berücksichtigt, es aber gerade dadurch verschärft haben.

W. Klafki u. a., Didakt. Analyse, 1961; H. Aebli, Psycholog. D., 1963; W. Klafki, Studien zur Bildungstheorie und D., 1963 u. ö.; P. Heimann, G. Otto, W. Schulz, Unterricht – Analyse und Planung, 1965; [5]1970; G. Dohmen, F. Maurer (Hg.), Unterricht, 1968, [6]1976; H. Blankertz, Theorien und Modelle der D., 1969, [12]1986; R. M. Gagné, Die Bedingungen des menschl. Lernens, 1969, [3]1973; W. Northemann, G. Otto (Hg.), Geplante Information, 1969; Th. Ballauff, Skept. D., 1970; G. Dohmen, F. Maurer, W. Popp (Hg.), Unterrichtsforschung und didakt. Theorie, 1970; K. H. Schäfer, K. Schaller, Krit. Erziehungswiss. kommunikative D., 1971, [3]1976; H. Frank, B. S. Meder, Einf. in die kybernet. Päd., 1971, [2]1980; F. Huisken, Zur Kritik bürgerl. D. und Bildungsökonomie, 1972; H. Rupprecht u. a., Modelle grundlegender didakt. Theorie, 1972; D. Baacke, Kommunikation und Kompetenz, 1973; W. Faber (Hg.), Päd. Kontroversen 2: Das

**Didaktik**

Ausgehend von diesem Nebeneinander versch. Positionen kann man folgende Trends der neueren Diskussion unterscheiden:

1. Eine Konvergenzbewegung zw. bildungs- und lerntheoretischer D. setzte von beiden Seiten her ein. → Klafki übernahm das Berliner Modell überall da, wo es sein eigenes Modell überschritt, gestand eine mangelnde Berücksichtigung der Methodenfragen durch die bildungstheoretische D. zu und schwächte den »Primat der D.« zu einem Primat der Zielentscheidungen ab. Blankertz versuchte dann das Verhältnis der Entscheidungsfelder untereinander, speziell das von Ziel/Inhalt (= D. in engerem Sinne) zu Methode als »Implikationszusammenhang« zu fassen, der von »methodischen Leitfragen« strukturiert werde, ein Versuch, der den Sachverhalt zweifelsohne genauer trifft.

W. Schulz hat seinerseits die Kritische Theorie der → Frankfurter Schule aufgearbeitet und → Emanzipation und → Mündigkeit als Erkenntnisinteressen bzw. als handlungsleitende Normen der D. und des Unterrichts anerkannt. Er begreift demzufolge seine Position heute selbst als gesellschaftskritische D. mit humanitärem Engagement.

2. Eine Erweiterung der D. der Berliner Schule: Im Anschluß an sozialpsycholog. und sprachtheoretische Untersuchungen wird darauf hingewiesen, daß in den traditionellen Modellen die Interaktion und Kommunikation zwischen Lehrer und Schüler und Schülern untereinander zu wenig Berücksichtigung finde. Es scheint sich daher die Tendenz durchzusetzen, Interaktion, Kommunikation bzw. Gruppenprozesse als fünftes Entscheidungsfeld in das lerntheoretische Modell der D., als dem bisher umfassendsten, einzuführen (vgl. Einsiedler, Peterßen). Weniger Anklang dürfte der Versuch finden, auch die Lernzielkontrolle zu einem eigenen Strukturmoment zu erheben und die Medien (wieder) den Methoden zuzuschlagen.

3. Die kybernetische Päd. differenziert ihren D.-Begriff zu einer Typologie technologischer und interpretierender D.en als Theorien der Planung bzw. Sinndeutung der → Unterrichtseinheit auf der Grundlage jeweils vorgegebener didakt. Variablen. D. wird dabei abgegrenzt gegenüber der auf das ganze → Curriculum gerichteten »Makro-D.« (Lehrplanungstheorie), zu der mit einer informationspsychologischen Transfertheorie eine eigene Fundierung versucht wird und für verschiedene Schulstufen bildungspraktische Beiträge geliefert werden. (→ Sprachorientierungsunterricht der Primarstufe; → Lánsky: Sekundarstufeninformatik; → Weltner: Mathematikleitprogramme für das Physikstudium). Gleichzeitig werden informations- und lerntheoret. begründete Erfolgsmaße einer Unterrichtseinheit eingeführt (didakt. Transinformation; Bildungsinkrement; Effikanz) und das Hauptinteresse vom (voll objektivierten) → programmierten Unterricht auf den (personalen aber:) medienunterstützten Direktunterricht ausgedehnt.

4. Neuansätze für Theorien der D.: Hier sind v. a. die kritisch-kommunikative D. und die d. Strukturgitter zu nennen. Die erstere faßt Erziehung und Unterricht als einen Kommunikationsprozeß auf und untersucht diesen mit Hilfe der Theoreme Paul Watzlawicks u. a. Dabei werden v. a. drei Punkte relevant: a) Kommunikation hat stets einen Inhalts- und einen Beziehungsaspekt, wobei die Rolle des Beziehungsaspekts bei der Vermittlung von grundlegenden Werthaltungen als mindestens ebenso wichtig angesehen wird wie der Inhaltsaspekt (These vom → heimlichen Lehrplan); b) Hilfe zur Kommunikationsfähigkeit wird als konkrete Emanzipationshilfe verstanden; c) in der Symmetrie bzw. Asymmetrie der Kommunikationsprozesse wird ein Maß der Demokratisierung der Schule und der Ermöglichung von Mündigkeit des Schülers gesehen. Dabei geht es nicht um eine neue Facette, sondern um eine grundlegende Neuorientierung der Sicht des gesamten Problems (vgl. v. a. die Arbeiten von K. H. Schäfer und W. Popp). Das Modell der didaktischen Strukturgitter wurde von einer Arbeitsgruppe an der Univ. Münster (um Blankertz) im Zusammenhang der wiss. Begleitung des Modellversuchs Kollegstufe Nordrhein-Westfalen entwickelt. Am weitesten fortgeschritten ist diese Theorie wohl bei D. Lenzen, sie wird aber auch von P. Menck berücksichtigt, der versucht, sie in sein System der didaktischen Bezugsebenen einzubauen. Ausgangs- und Zielpunkt ist dabei die Absicht, die in den »Sachen« enthaltenen

**Dickopp** Karl-Heinz, * 10. 7. 1936 Düsseldorf; 1965 Dr. phil. Bonn, 1972 Dozent, 1973 Prof. f. Bildungstheorie, -geschichte und -planung Essen, seit 1975 Prof. f. Theorie der Erziehung Fern-Univ.-Hagen. 1977-97 Mitglied der wiss. Beratergruppe zur Evaluierung des Gesamtschulversuches NRW. Schwerpunkte seiner wiss. Arbeit liegen im Bereich von Theorie, Geschichte und Praxis einer personaltranszendentalen Pädagogik.
Schr.: Nietzsches Kritik des Ich-denke, Diss. Bonn 1965; Systemanalyse nationalsozialistischer Erziehung. Kontinuität oder Abschied, 1971; Erziehung ausländischer Kinder als pädagogische Herausforderung – Das Krefelder Modell, 1982; Lehrbuch der Systematischen Päd., 1983; Systematische Päd. I–III, 1998 f.

**Didaktik** (von griech. *didaskein:* lehren, unterweisen; aber auch: lernen, belehrt werden). Bis heute gibt es keinen allg. verbindlichen oder einheitlich verwendeten Begriff von D., vielmehr stehen versch. Theorien bzw. Positionen untereinander in Diskussion bzw. Konfrontation. Im weitesten Sinn versteht man unter D. die Theorie des Lehrens und Lernens in allen möglichen Situationen und Zusammenhängen; im engeren Sinne die Theorie des (schulischen) Unterrichts oder die »Theorie der Bildungsinhalte und des Lehrplans« (E. Weniger). Bezogen auf ein Schulfach spricht man von Fach-D., daneben unterscheidet man Bereichs-D.n (z. B. die D. der Erwachsenenbildung).
Ursprünglich bezeichnete D. die lehrhafte oder belehrende Dichtung; in der dt. Päd. gewann der Begriff im 17. Jh. bei → Comenius und → Ratke Bedeutung. Sie bezeichneten sich selbst als »Didactici«, betitelten ihre Schriften (z. B. Didactica Magna) so und verstanden D. allg. als Lehrkunst (Comenius: »alle alles vollständig« lehren). Da hier auch die sittl. Erziehung einbezogen war, wurde D. fast zum Überbegriff für → Päd. → Herbart bezog D. stärker auf den Unterricht, behielt aber die enge Verbindung von Unterricht und Erziehung (»erziehender Unterricht«) bei. Die → Herbartianer verengten seine Theorie später zu einem starren System anwendbarer Regeln. → Willmann ordnete Päd. als Theorie der Erziehung und D. als »Bildungslehre« einander gleichberechtigt zu; D. umfaßte dabei auch die Lehre von den Bildungseinrichtungen. Innerhalb der aufkommenden erfahrungswiss. Psychologie versuchten → Lay und → Meumann eine experimentelle D. zu schaffen; D. wurde dabei auf das Methodische begrenzt und zu einer technologischen Disziplin. Im Widerspruch hierzu wurden in der → Reformpäd. Unterrichtslehren entwickelt, die häufig »Handlungsanweisungen« und Musterkataloge für das Verhalten des guten Lehrers oder der Prinzipien für einen guten Unterricht enthielten (z. B. → Gaudig, Itschner). Solche präskriptiven bzw. empfehlenden D.n erschienen auch noch nach dem Zweiten Weltkrieg und behielten v. a. in der Ausbildung der Volksschullehrer große Bedeutung (z. B. die »Neuzeitliche Unterrichtsgestaltung« von K. Stöcker, 1954, [13]1970). Zur gleichen Zeit versuchten Repräsentanten der → geisteswiss. Päd. die D. auf ein höheres theoretisches Niveau zu stellen (v. a. → Weniger). Hauptgegenstand der D. wurde die Frage, mit Hilfe welcher »Gegenstände« oder Inhalte sich Bildung vollzieht und aufgrund welcher Entscheidungsprozesse ein → Lehrplan als verbindliche Sammlung solcher Inhalte zustande kommt; Zentralbegriff der geisteswiss. D., die eine Theorie der Praxis für die Praxis sein will, ist der Begriff der → Bildung, der als kritische Instanz eine einseitige Belehrung oder gar Indoktrination ausschließen soll.
Die Ausgangslage der jüngsten Diskussion charakterisierte H. → Blankertz 1969 treffend als Neben- bzw. Gegeneinander von drei »Modellen«: a) die → bildungstheoretische D. der Göttinger Schule, b) die informationstheoretische D. der → kybernetischen Päd. und c) die → lerntheoretische (auch lehr- und unterrichtstheoretische) D. der → Berliner Schule. Daneben nannte er noch als »überholtes« Modell eine normative D. Von anderer Seite wurden zu Blankertz' drei Modellen noch ergänzt: d) »D. als Wiss. vom Lehren und Lernen in allen Formen und auf allen Stufen«, wie sie v. a. von → Dolch und G. → Hausmann vertreten wurde, e) D. als Anwendung der Ergebnisse psycholog., v. a. lern- und entwicklungspsycholog. Forschung (z. B. H. → Aebli: Psychologische D.; H. → Roth: Päd. Psychologie des Lehrens und Lernens; R. M. → Gagné: Bedingungen d. menschl. Lernens).

(Phil. Diss. Würzburg) 1984; G. Weigand, Zur Kritik des päd. Aktivismus – E.D., in: W. Böhm u. a., Schnee vom vergangenen Jh., 1993, ²1994.

**deviantes Verhalten** (Devianz) → abweichendes Verhalten.

**Dewey,** John, * 20. 10. 1859 Burlington (Vermont), † 2. 6. 1952 New York; einflußreichster amerikan. Sozialphilosoph und Päd. des 20. Jh.; ab 1894 Prof. in Chicago, ab 1904 in New York. Ausgehend von → Hegel entwickelte D. eine empirisch-biologische Philosophie, die im Pragmatismus (Instrumentalismus) gipfelte. Aufgrund der Gleichsetzung von Philosophie und Päd. ist seine Lehre mehr ein Erziehungsplan großen Stils, dessen Rechtfertigung in der Priorität des Handelns vor dem Erkennen und dessen diesseitig gerichtetes Ziel in der »*habit formation*« (Verhaltensforschung) zu suchen ist. D. orientiert seine → *progressive education* eng an den politischen Forderungen der Demokratie und stellt sich in Gegensatz zu jeder Päd. mit transzendenten Zielsetzungen. In Dtl. wurde vor allem → Kerschensteiner stark durch D. angeregt; eine gründlichere Auseinandersetzung mit D.s Werk hat hierzulande aber erst in den 50er J.n eingesetzt.

Schr.: Schule und öffentl. Leben, (engl. 1900), 1905; Wie wir denken (engl. 1910) Zürich 1952; Demokratie u. Erziehung, (engl. 1916) 1930, ³1964, Neuausg. 1993; Erziehung durch und für Erfahrung, hg. v. H. Schreier, 1986; ²1994 Kunst als Erfahrung, 1988; Die Erneuerung der Phil., dt. 1989; Erfahrung und Natur, dt. 1993.
Bibliogr.: M. H. Thomas, J. D. A Centennial Bibliography, Chicago 1962; B. Levine, Works about J. D. 1886–1995, Carbondale u. a. 1996.
L.: E. Hylla, Die Bildungstheorie J. D.s, 1929; J. Szaniawski, Die Humanisierung der Arbeit, 1972; H. J. Apel, Theorie der Schule in e. demokrat. Erziehungsgesellschaft, 1974; F. Bohnsack, Erziehung zur Demokratie, 1976; I. Scheffler, Four Pragmatists, London 1974; H. Schreier, J. D. ein Wegbereiter der Erlebnispäd.?, 1991; U. Engler, Kritik der Erfahrung, 1992; W. Böhm, J. D. oder die Vergottung von Wiss. u. Technologie, in: Kanzel u. Katheder, hg. v. M. Heitger, 1994; M. Suhr, J. D. zur Einführung, 1994; H. K. Cuffaro, Experimenting with the World, New York 1995.

**Dialektik,** dialektische Pädagogik. D. als argumentierende Unterredungskunst war in Antike und Mittelalter Teil der → artes liberales. Von d.P. kann seit dem dt. Idealismus als dem Versuch geredet werden, → Antinomien bzw. Gegensätze zwischen päd. Theorie und erzieherischer Praxis entweder im → Hegelschen Sinne auf einer höheren Stufe aufzuheben oder im → Schleiermacherschen Sinne über eine wechselseitige Korrektur von Prinzipien und Hypothesen zu problembewußterem und reflektierterem praktischen Handeln zu führen. Während der päd. Aktualismus G. → Gentiles den Hegelschen Gedanken aufs äußerste zuspitzt, meint d.P. in der Regel den Aufweis polarer Strukturen und Spannungen (z. B. zwischen Theorie und Praxis) zum Zwecke der sachgerechteren Erkenntnis und differenzierteren Aufhellung päd. Probleme und erzieherischer Handlungssituationen. → Forschungsmethoden.

L.: E. Hoffmann, Das dialekt. Denken in der Päd., 1929; W. Klafki, Dialekt. Denken in der Päd., in: Geist und Erziehung, FS f. Th. Litt, 1955; R. Spaemann, D. und Päd., in: Päd. Rdschau, 15 (1961); A. Reble, Hegel und die Päd., in: Hegel-Studien, 3 (1965); W. Linke, Aussage u. Deutung in der Päd., 1966; W. Schmied-Kowarzik, D. P., 1974; J. Oelkers, Die Vermittl. zw. Theorie und Praxis in der Päd., 1976; H. Danner, Methoden geisteswiss. Päd., 1979, ²1989; G. Heidegger, Dialektik und Bildung, 1987; H. v. Coelln, Was ist u. was heißt D.?, 1989; R. Bubner, D. als Topik, 1990; J. Court, Ein Systematisierungsversuch d.P., in: Päd. Rundschau 45 (1991), H. 2.

**Dialog,** in Antike (→ Platon, → Sokrates) und → Mittelalter v. a. literarischer Gattungsbegriff; über das jüdisch-christl. Denken und eine existentielle Deutung des Anderen wurde D. zu einem philos.-päd. Begriff und meint ein Gespräch, das durch wechselseitige Mitteilung der Partner ein interpersonales »Zwischen« und einen gemeinsamen Sinnbestand ereignishaft stiftet. D. ist so Passion und Aktion in einem (→ Buber) und wird zum Prinzip von → Ethik und Päd. Eine dialogische Päd. macht entschieden ernst mit dem → Ich-Du-Verhältnis. → Person.

L.: H. L. Goldschmidt, Dialogik, 1964; M. Theunissen, Der Andere, 1966, ²1981; B. Casper, Das dialog. Denken, 1967; J. Böckenhoff, Die Begegnungsphilos., 1970; B. Waldenfels, Das Zwischenreich des Dialogischen, 1970; M. Heitger, Beiträge zu einer Päd. des D.s, 1983; T. Fischer, Dialogische Erziehung, 1983; E.-J. Birkenbeil, Erziehungsphil. des Dialogischen, 1984; W. Tischner, Der D. als grundlegendes Prinzip der Erz., 1985; H. Hanke, Der maieutische D., 1986; H. Kemper, Erz. als D., 1990; R. E. Maier, Päd. des D.s, 1992; J. Israel, M. Buber – Dialogphil. in Theorie und Praxis, 1995.

künstlerischen Moments. Die Reformen von H. Richert schufen, zumindest in Preußen, die Dt. Oberschule, aus der ein »neuer Typ von Bildung« mit Deutsch und den deutschkundlichen Fächern als Mittelpunkt hervorgehen sollte. In der Entwicklung des DU.s und seiner Didaktik lassen sich folgende drei Tendenzen ausmachen: die der Szientisierung (stärkerer Anschluß an die Germanistik, und zwar sowohl bei der Literaturinterpretation wie der Grammatik, z. B. Diskussion der → generativen Transformationsgrammatik N. Chomskys), der Pragmatisierung bzw. der kommunikativen Did. (Betonung des sprachl. und kommunikat. Handelns; sach- und schülerorient. Sprach- und LU.; der Schüler als eigentätiger, produktiver Lernender) und der Politisierung. Die letzte, inzwischen stark rückläufige Tendenz beruht auf der Überzeugung, daß dem DU., etwa über die Informationen und Leitbilder, die der Literaturunterricht vermittelt, stets auch eine polit. Bedeutung zukommt. Aufgrund seiner Beschäftigung mit der Muttersprache hat der DU. generell eine allgemeinbild., fächerübergreifende und integrative Bedeutung. Gegenwärtig ist es eine bes. Aufgabe des DU.s, dem Schüler eine eigenständige und reflektive Einstellung zu Massenmedien und Kommunikationsmitteln zu vermitteln und ihn zu sachgerechter und sinnvoller Nutzung der Angebote anzuleiten. Insgesamt trägt der DU. wesentlich dazu bei, daß die Schüler als Voraussetzung der Teilnahme am kulturellen Leben literarische Bildung erwerben sowie im sicheren und überlegten Umgang mit der Sprache geschult werden. Der DU. leistet damit einen wichtigen Beitrag zur Bildung der Person. → Aufsatz, → Lesebuch, → Linguistik, → Literarische Erziehung, → Rechtschreibung, → Spracherziehung.

Zs.: Der DU (Stuttgart) 1 (1947–49) ff; Diskussion Dt. 1 (1970) ff;
L.: K. Abels (Hg.), Neue Wege im DU., 1975; W. Eichler, Sprachdidaktik Dt, 1974; H. J. Frank, Geschichte des DU.s, 1973; H. Helmers, Didaktik der dt. Sprache, 1966, Neuaufl. 1997; H. Ivo, Kritischer DU., 1969; H. Ivo, Handlungsfeld DU., 1975; H. Ivo, Zur Wissenschaftlichkeit der Didaktik der dt. Sprache und Lit., 1977; H. Melzer, W. Seifert, Theorie des DU.s, 1976; E. Nündel, Zur Grundlegung e. Didaktik des sprachl. Handelns, 1976; E. Nündel (Hg.), Lex. zum DU., 1979; B. Sowinski (Hg.), Fachdidaktik Dt., 1975; R. Ulshöfer, Methodik des DU.s, Neuausg., 3 Bde., 1974–1976; J. Eckhardt, H. Helmers (Hg.), Theorien des DU.s 1980; B. Weisgerber u. a., Hdb. zum Sprachunterr., 1983; S. Zander, Aufsatzunterricht in der Grundschule, [7]1983, [8]1988; E. Neis, Das neue große Aufsatzbuch, [4]1984; E. Nüdel, Kompendium Didaktik Deutsch, 2. erw. Aufl., 1985; O. Beisbart u. a., Einf. in die Praxis des DU.s, 1985; H. Zabel, Verordnete Sprachkultur, 1987; V. Ladenthin, Erziehung durch Literatur?, 1989; O. Beisbart, Ganzheitliche Bildung und muttersprachlicher Unterricht in der Geschichte der höheren Schule, 1989; H. Schiefele, K. Stocker, Lit.-Interesse. Ansatzpunkte e. Lit.-didaktik, 1990; R. Ulshöfer, Mein D., 1991; K. Abels, DU. in der DDR 1949–1989, 1992; J. Fritzsche, Projekte im DU., 1992; G. Lange u. a. (Hg.), Taschenbuch des DU.s, 2 Bde, [5]1994; B. Rank, Wege zur Grammatik und zum Erzählen, 1995; K. Schuster, Das personal-kreative Schreiben im DU., 1995; J. Baurmann (Hg.), Schreiben, 1996; D. Klinke, G. Michel (Hg.), Wörterbuch für den DU., 1996; F.-J. Payrhuber, Schreiben lernen. Aufsatzunterricht in der Grundschule, 1996; O. Beisbart, D. Mahrenbach, Einf. in die Did. der dt. Sprache, [7]1997; K. Füller, Lesen in Geschichte und Gegenwart, 1997; H. Helmers, Did. der dt. Sprache, 1997; B. Siegwart, Reden lernen im DU. 1997; U. Abraham (Hg.), Praxis des DU.s, 1998; J. Belgrad, K. Fingerhut, Textnahes Lesen, 1998; G. Lange u. a. (Hg.), Taschenbuch des DU.s, 2 Bde., [6]1998; A. Schmitz, Kreatives Schreiben in der Hauptschule, 1998; O. Schober, DU. für die Grundschule, 1998; K. Schuster (Hg.), Einf. in die Fachdidaktik Deutsch, [7]1998; K. Schuster, Mündlicher Sprachgebrauch im DU., 1998; G. Spitta (Hg.), Freies Schreiben, 1998; W. Steffens, Spielen mit Sprache im 1.–6. Schuljahr, 1998; C. Winter, Traditioneller Aufsatzunterricht und kreatives Schreiben, 1998.

**Dévaud,** Michel-Eugène, * 17. 5. 1876 Granges-la-Battiaz, † 25. 1. 1942 Fribourg. 1906 Primarschulinspektor im Kanton Fribourg; 1910–42 o. Prof. für Päd. Univ. Fribourg. Neben Rambouts in den Niederlanden, → Manjón in Spanien und Tomášek in der Tschechoslowakei einer der wenigen betont christl. Pioniere der → Reformpädagogik. In seiner Erziehungskonzeption und in seinem Modell einer christl. → Arbeitsschule betont er den Vorrang der Erziehungsziele vor den Methoden.

Schr.: L'école primaire Fribourgeoise sous la République helvétique 1798–1803, Fribourg 1905; La Pédagogie scolaire en Russie soviétique, Paris 1932; Pour une Ecole active selon l'Ordre chrétien, Paris 1934; Le Système Decroly et la Pédagogie chrétienne, Fribourg 1936; L'Ecole affirmative de vie, Fribourg [2]1938; Dieu à l'Ecole, Fribourg 1941.
L.: A. Piller, Msgr. E. D. et l'école primaire Fribourgoise, Fribourg 1956; S. Salucci, E. D., Brescia 1959; H. P. Merz, Ursprung und Leitmotiv der Päd. E. D.s,

Jugendlichen und Familien, die Initiierung und wiss. Begleitung von Modellprojekten der Jugend- und Familienhilfe sowie sozialwiss. Dienstleistungen. Das DJI hat acht Forschungsabteilungen (Jugendhilfe; Jugend und Arbeit; Jugend und Politik; Mädchen- und Frauenforschung; Familie/Familienpolitik; Kinder und Kinderbetreuung; Medien und neue Informationstechnologien; Sozialberichterstattung/Dokumentation und Methodik). Am DJI arbeiten ca. 80 Sozialwissenschaftler. Träger des Instituts ist ein gemeinnütziger Verein mit Mitgliedern aus Institutionen und Verbänden der Jugendhilfe, der Politik und der Wissenschaft. Außer Buchpublikationen und einer eigenen Zeitschrift (*Diskurs*) gibt das DJI vierteljährlich ein *DJI-Bulletin* heraus, in dem es über seine laufenden Aktivitäten informiert.

L.: J. Fuchs, Wagnis Jugend, 1990.

**deutsches Schulwesen** → Bundesrepublik Deutschland.

**Deutschkunde,** im weiteren Sinne jene Disziplinen, die sich mit dem Deutschen in Sprache, Geschichte, Geographie, Literatur, → Brauchtum etc. befassen, im engeren Sinne die Schulfächer Deutsch, Geschichte, Erdkunde, Kunst und Musik als Zentrum der → Bildung. D. in diesem Sinne wurde stark angegriffen, so von → Kerschensteiner und → Litt, v. a. wegen ihrer ungeschichtl. Reduzierung der Quellen unserer Kultur. → Richert machte die D. zur Grundlage der Dt. Oberschule im Gegensatz zu Humanistischem Gymnasium (alte Sprachen), Realgymnasium (moderne Sprachen) und Oberrealschule (math.-naturwiss. Bereich). (Richertsche Schulreform, 1923 in Preußen.) Die Dt. Oberschule wurde oft als geeignetste Form der Vorbildung für künftige Volksschullehrer angesehen. Die Dt. Oberschule in Aufbauform (6 Jahre) mit Internat sollte begabten Landkindern die → Hochschulreife ermöglichen. Im → Nationalsozialismus wurde die Dt. Aufbauschule auch in den nichtpreußischen Ländern eingeführt, in → Bayern als Nachfolger nicht geschlossener Lehrerbildungsanstalten. Nach 1945 wurde die Diskussion um die D. nicht weitergeführt. In gewissem Sinne kann man allerdings das → musische Gymnasium als Nachfolger der Dt. Oberschule ansehen. → Kulturkunde.

**Deutschunterricht,** zentrales, ja hauptsächliches Fach der sprachlichen und literarischen Erziehung, das in allen allgemeinbildenden, Berufs-, Fach- oder sonstigen Schulen als Pflicht-, Haupt- oder Kernfach unterrichtet wird. DU. umfaßt mehrere Bereiche: → Lesen- und Schreibenlernen, Sprachlehre oder → Grammatik, → Aufsatz- und → Literaturunterricht, Orthographie oder → Rechtschreibung und, heute allerdings im Aussterben begriffen, »Schönschreiben« bzw. Schrift. Begründet wird der DU. wie die Spracherziehung allg. durch anthropolog., soziolog., polit., psycholog., sprachphilosophische und päd. Argumente. Dem DU. werden von dieser vielfältigen Begründung her u. a. folgende Ziele zugeschrieben: – Befähigung zum richtigen, zumindest aber zum verständigen und verständlichen Gebrauch der dt. Sprache in der schriftl. und mündl. Kommunikation und Interaktion, – Vermittlung der Fähigkeit zum Verständnis von Texten, Lesefähigkeit und -fertigkeit, – Einführung in die schriftl. Kultur: Dichtung, Literatur, Wissenschaft, Philosophie, – Anleitung zur kritischen Teilnahme am öffentl. Informations- und Kommunikationsprozeß, wie er etwa in den Massenmedien (Presse, Funk, Fernsehen), in Versammlungen und Veranstaltungen, bei privaten Gesprächen etc. stattfindet, – Hilfe zur Teilnahme am polit. Leben und zur Wahrnehmung der staatsbürgerlichen Rechte und Pflichten, – Unterstützung und Festigung der individuellen Bildung, Personalisation und Sozialisation und des gesellschaftl. Demokratisierungsprozesses.

Wesentliche Einflußfaktoren für die Gestaltung und Zielsetzung des DU.s, der an den höheren Schulen erst im Laufe des 19. Jh. verstärkt an Bedeutung gewann, waren die Sprachphilosophie W. von → Humboldts, die Philosophie und Päd. der → Romantik und → Fichtes, speziell für die Volksschule die Schriften R. Hildebrandts. In den ersten Jahrzehnten des 20. Jh. beeinflußte die → Reformpäd., teils im Anschluß an Hildebrandt, den DU. in der Volksschule in Richtung auf stärkere Betonung der Selbsttätigkeit, des Erlebnisses, der Anschauung und des

über 80 Auswahlkommissionen. Daneben fungiert der DAAD als Mittlerorganisation der auswärtigen Kultur- und Wissenschaftspolitik sowie als »nationale Agentur« der Bildungsprogramme der → Europäischen Gemeinschaft. Über das Bisldungs- und Hochschulsystem in der BRD, über Hochschulausbildung und Studiengänge im Ausland, Förderungsmöglichkeiten und Stipendien informiert der DAAD regelmäßig in über 50 Publikationen (Gesamtaufl.: 690 000) sowie laufend im Internet unter http://www.daad.de.

**Deutscher Ausschuß für das Erziehungs- und Bildungswesen,** bestand von 1953–65 als Beratungsgremium; ihm gehörten mit unterschiedlicher Dauer 35 »Persönlichkeiten des öffentl. Lebens« an. Aufgrund seiner pluralistischen Zusammensetzung sollte er durch Empfehlungen, Gutachten und Erklärungen »Kulturpolitik ohne Parteienstreit« betreiben. Der Ausschuß hatte keinerlei Rechtsbefugnis oder polit. Mandat. Besondere Beachtung in der dt. Öffentlichkeit fanden der → Rahmenplan (1959), die Empfehlungen zum Aufbau der Hauptschule (1964) sowie die Gutachten zur Situation und Aufgabe der dt. Erwachsenenbildung (1960) und über das berufl. Ausbildungs- und Schulwesen (1964). Der Dt. Ausschuß wurde vom → Dt. Bildungsrat abgelöst.

L.: Empfehlungen und Gutachten des Dt. A. für das E. und B. 1953–65, Gesamtausgabe, 1966; A. O. Schorb, V. Fritzsche, Schulerneuerung in der Demokratie, 1966; U. Kleemann, Der D. A. f. d. E.- u. B., 1977.

**Deutscher Bildungsrat,** gegr. 1965 aufgrund eines Verwaltungsabkommens zw. Bund und Ländern als Nachfolger des → Dt. Ausschusses für das Erziehungs- und Bildungswesen. Er sollte Pläne für Entwicklung, Struktur, Bedarf und Finanzierung des gesamten dt. Bildungswesens mit Ausnahme des Hochschulbereichs (Zuständigkeit des → Wissenschaftsrats) entwerfen. Der D.B. war in eine Bildungs- und eine Regierungskommission gegliedert. Die Bildungskommission konnte nur Empfehlungen verabschieden, die nicht rechtsverbindlich waren, da die Regierungskommission nur zu Anhörung und Stellungnahme berechtigt war. Von den veröffentlichten 61 Gutachten und über 15 Empfehlungen wurde der → Strukturplan am bekanntesten. Da sich Bund und Länder nicht über einen Weiterbestand des D. B. einigen konnten, wurde er 1975 aufgelöst. Teilbereiche seines Auftrages wurden von der → Bund-Länder-Kommission für Bildungsplanung übernommen.

L.: D.B., Gutachten und Studien der Bildungskommission, Bde. 1 bis 61, 1967 ff; ders., Empfehlungen der Bildungskommission, 1967 ff.

**Deutsches Institut für Fernstudien** an der Universität Tübingen (DIFF) → Fernunterricht.

**Deutsches Institut für Internationale Pädagogische Forschung** (DIPF), 1951 vom Land Hessen gegr., untersucht im Zusammenwirken mehrerer wiss. Disziplinen nationale, internationale und interkulturelle Probleme von Bildung, Ausbildung, Weiterbildung, Erziehung und Unterricht in ihren gesellschaftl. Zusammenhängen sowohl in den westl. und östl. Industrieländern als auch in der Dritten Welt. Das DIPF befindet sich gegenw. in einer Umbruchsphase, die auf Empfehlungen des → Wissenschaftsrates aus dem Jahre 1997 zurückgeht. Demnach ist das Institut (Sitz: Frankfurt/M.) nunmehr in 5 Abteilungen gegliedert: Bildungsinformation, Bildungsgeschichte, Finanzierung und Steuerung, Qualitätssicherung, bzw. soziokulturelle Rahmenbedingungen des Bildungswesens. Es hat derzeit ca. 120 Mitarbeiter, davon die Hälfte Wissenschaftler. Seit 1992 sind in das DIPF die Forschungsstelle Berlin, die Bibliothek f. Bildungsgesch. (Berlin) und die Bibliothek f. das Hör- und Sprachgeschädigtenwesen (Leipzig) integriert. Das DIPF gibt eine große Anzahl von Publikationen zur nationalen und vergleichenden Bildungsforschung in Form von Schriftenreihen, Bibliographien, Datenbanken und CD-ROMs in gedruckter und elektronischer Form heraus; über die Arbeit des Instituts informieren der (Dreijahres-)»Forschungsbericht« und das »Verzeichnis der Veröffentlichungen.«

**Deutsches Jugendinstitut** (DJI). Besteht seit 1963, Sitz in München. Seine Aufgaben sind anwendungsbezogene Grundlagenforschung über die Lebensverhältnisse von Kindern,

Umbaus des streng normierten Einheitsschulsystems der DDR in das pluralistische und differenzierte Bildungswesen der BRD hat die zu lösenden individuellen und kulturellen mit einer erhebl. Verunsicherung verbundenen Probleme der betroffenen Schüler, Lehrer, Eltern und Wissenschaftler etc. stark in den Hintergrund treten lassen.

Auch die Einordnung der Bildungsgeschichte der DDR in die dt. und europäische Geistes-, Sozial- und Bildungsgeschichte ist von der historischen und vergleichenden Bildungsforschung erst noch zu leisten.

L.: A. Hearnden, Bildungspolitik in der BRD und DDR, 1973, ²1977; H. Klein, Bildung in der DDR, 1974; O. Anweiler, Bildungsforschung und Bildungspolitik in Osteuropa und der DDR, 1975; H. Hettwer, Das Bildungswesen in der DDR, 1976; Volksbildung im sozialist. Staat, Berlin-Ost 1977; DDR-Hdb., hg. v. BMIB, 1975, ²1979; B. Rang, Päd. Geschichtsschreibung in der DDR, 1982; R. Brämer, Anspruch und Wirklichkeit sozialist. Bildung, 1983; K. Korn (Mitarb.), Education, employment and development in the German Democratic Republic, Paris (UNESCO) 1984; O. Anweiler (Hg.), Staatl. Steuerung und Eigendynamik im Bildungs- und Erziehungswesen osteurop. Staaten und der DDR, 1986; W. Kitzler, The development of Marxist comparative education in the German Democratic Republic, Ann Arbor, Mich. 1986; Erziehungswissenschaftl. Disziplinen und Forschungsschwerpunkte in der DDR, hg. v. S. Baske, 1986; G. Uhlig u. a., Haupttendenzen der internat. Entwicklung der sozialistischen Schule, 1986; UNESCO-Kommission der DDR, Education 1986, 1986; D. Waterkamp, Handbuch zum Bildungswesen der DDR, 1987; G. Helwig (Hg.), Schule in der DDR, 1988; B. Deja-Löllhöffel, Erziehung nach Plan. Schule und Ausbildung in der DDR, 1988; O. Anweiler, Schulpolitik und Schulsystem in der DDR, 1988; Akad. der Päd.Wiss.n (Hg.), Das Bildungswesen in der DDR, 1989; F. Klier, Lüg Vaterland. Erziehung in der DDR, 1990; O. Anweiler, Neue Entwicklung im Bildungs- und Erziehungswesen der DDR, 1990; ders.(Hg.), Vergleich von Bildung und Erziehung in der BRD und in der DDR, 1990; A. Fischer, Das Bildungssystem der DDR, 1992; F. Pöggeler, Bildungsunion im vereinten Deutschland, 1992; K. Himmelstein und W. Keim (Red.), Erziehungswissenschaft im dt.-dt. Vereinigungsprozeß, 1992 (= Jahrbuch für Pädagogik 1992); O. Anweiler u. a., Bildungspolitik in Dtl. 1945–1990, 1992; P. Dudek und H.-E. Tenorth (Hg.), Transformationen der dt. Bildungslandschaft, 1993 (= Zeitschr. für Päd., 30. Beih.); W. Rutz u. a., Die fünf neuen Bundesländer, 1993; W. Steinhöfel (Hg.), Spuren der DDR-Päd., 1993; E. Cloer und R. Wernstedt (Hg.), Pädagogik in der DDR. Eröffnung einer notw. Bilanzierung, 1994; H. H. Krüger u. W. Marotzki (Hg.), Pädagogik und Erziehungsalltag in der DDR, 1994; G. Geissler u. U. Wiegmann, Schule und Erziehung in der DDR, 1995; dies., Pädagogik und Herrschaft in der DDR, 1996; H.-W. Fuchs u. L. R. Reuter (Hg.), Bildungspol. seit der Wende, 1995; H. Döbert, Das Bildungswesen der DDR in Stichworten, 1995; D. Hoffmann u. K. Neumann (Hg.), Erziehung und Erziehungswiss. in der BRD und der DDR, 2 Bde. 1995; G. Neuner, Zwischen. Wiss. und Politik, 1996; S. Häder u. H.-E. Tenorth (Hg.), Bildungsgeschichte einer Diktatur, 1977; H.-W. Fuchs, Bildung und Wiss. in der SBZ/DDR 1945 bis 1989, 1997; E. Cloer, Theoretische Pädagogik in der DDR, 1998; Ch. Führ u. a. (Hg.), Hdb. der dt. Bildungsgeschichte, Bd 6. 2: DDR u. neue Bundesländer, 1998.

**Deutsche Gesellschaft für Erziehungswissenschaft (DGfE).** 1963 gegr. Fachvereinigung der in Forschung und Lehre tätigen Erziehungswissenschaftler in der → Bundesrepublik Deutschland (Sitz: Hamburg) mit derzeit (1999) ca. 1600 Mitgliedern. Aufgaben der DGfE sind die 1) Förderung der erz.wiss. Forschung und Theorieentwicklung, 2) Beratung über Strukturfragen des Pädagogikstudiums, 3) Förderung des erz.wiss. Nachwuchses, 4) Pflege von Kontakten zu int. pädagog. Gesellschaften und den Nachbarwiss.n, 5) Förderung des wiss. Austausches durch alle 2 J. stattfindende Fachkongresse, Kommissionstagungen sowie durch zahlreiche Schriftenreihen und die Mitgliederzeitschrift »Erziehungswiss.«. Über die Aufnahme in die DGfE bzw. eine der derzeit 18 Fachkommissionen (Wissenschaftsforschung, Berufs- und Wirtschaftspädagogik, Erwachsenenbildung, Freizeitpädagogik, Historische Bildungsforschung, Schulpädagogik/Didaktik«, u. a.) entscheidet der Vorstand aufgrund der wiss. Qualifikation des Antragstellers.

**Deutscher Akademischer Austauschdienst (DAAD),** 1925 gegr., 1950 wiedergegr. Vereinigung der Hochschulen und Studentenschaften in der → Bundesrepublik Deutschland zur Förderung des internat. akadem. Austausches. Der überwiegend aus Bundesmitteln (v. a. des Auswärtigen Amtes) finanzierte Verein fördert Studierende, Graduierte und Wissenschaftler aus dem In- und Ausland in über 100 Programmen (Jahres- und Kurzzeitstipendien, Studienreisen, Austausch von Wissenschaftlern, projektbezogene wiss. Zusammenarbeit zw. dt. und ausl. Hochschulen u. a.). Über die Förderung (auf Antrag) entscheiden 512 Hochschullehrer ehrenamtl. in

terricht (Kl. 7–10) nicht nur als wesentlicher Bestandteil der Allgemeinbildung, sondern zugleich als Bindeglied zur berufl. Ausbildung. Abgesehen von wenigen Sonderschulen für geistig und körperlich Behinderte sowie sog. Spezial-(Förder-)schulen für sprachl., sportl., mathemat. oder künstlerisch besonders Begabte, gab es praktisch keine Möglichkeit eines individuell differenzierenden Unterrichts. Im Anschluß an die 10. Kl. der POS nahmen rd. 80% eine (obligatorische) Berufsausbildung (Facharbeiter oder Fachschule) und 10% eines Geburtsjahrganges einen zum Abitur führenden Bildungsgang an der Erweiterten Oberschule (EOS) auf. Das Hochschulstudium (oft kombiniertes Direkt- und Fernstudium) setzte das Abitur, eine günstige Beurteilung der Persönlichkeit des Schülers von seiten der Lehrer und seines politischen und gesellschaftl. Engagements voraus. Berufsorientierung und Praxisbezug wurden in allen Studiengängen angestrebt (Praktika, Ferienarbeit, Kontakte zu Experten aus der Praxis etc.); ein gesellschaftswissenschaftl. Grundstudium des Marxismus-Leninismus war obligatorisch. Die traditionellen Fakultäten und Institute wurden durch Sektionen ersetzt; die Zahl der Hochschulen stieg von 16 im Jahre 1945 (darunter 6 Univ.n) auf 54 im Jahre 1977 (davon 7 Univ.n) und blieb danach konstant. Der Ausbau des Hochschulwesens kam vor allem zunächst Arbeiter- und Bauernkindern (ihr Anteil stieg bis 1958 auf ca. 60% der Studierenden), seit den 60er Jahren vor allem Frauen (1989 ca. 50%) zugute.

Zentrale Behörde für die wissenschaftl. Arbeit in der DDR war die Dt. Akademie der Wiss.n in Berlin. Zur wiss. Begleitung der Bildungs- und Schulpolitik und zur Koordination der pädagog. Forschung wurde 1970 die Akademie der Päd. Wiss.n gegründet. Außerdem bestanden auf pädagog. Gebiet ein Zentralinstitut für Berufsbildung, ein Institut für Hochschulbildung und ein Institut für Fachschulwesen.

Die bildungspolitische Entwicklung während und seit der politischen Wende spiegelt die allgemeine politische und gesellschaftliche in ihren verschiedenen Phasen wider. Der Zeitraum vom Nov. 1989 bis zum März 1990 war gekennzeichnet durch das schrittweise Abrücken und die Preisgabe von jahrzehntelang propagierten und verteidigten Positionen bei gleichzeitiger Wahrung ihrer ideologischen Substanz. In bildungspolit. Hinsicht sind als wichtigste Einschnitte dieser Übergangsphase zu nennen: Rücktritt der beiden herausragenden Repräsentanten des alten bildungspolitischen Kurses: Margot Honecker (seit 1963 als Ministerin für Volksbildung im Amt) und Kurt Hager (seit 1955 als zuständiger SED-Funktionär für Wissenschaft und Forschung im Amt) am 2. Nov. 1989; Abschaffung des Wehrkundeunterrichts am 5. Nov.; Revision der Lehrpläne in den weltanschaulich exponiertesten Schulfächern insbes. der Staatsbürgerkunde; Abschaffung von Russisch als Pflichtfach an Schulen und der obligatorischen Vorlesungen über Marxismus-Leninismus an Hochschulen am 6. Nov.; Preisgabe der Monopolstellung der FDJ. Mit dem Aktionsprogramm »Für eine Reform des Bildungswesens« vom 10. Nov. wurde das Konzept der nur 2j. Abiturbildung und der durchgängigen Einheitlichkeit der Schule bis zur 10. Kl. faktisch aufgegeben. Diese und andere auf eine Reform des Bildungswesens zielenden Maßnahmen und Entwürfe (z. B. des »Zentralen Runden Tischs« seit dem 7. Dez. 1990) wurden mit den ersten und letzten freien Volkskammerwahlen vom 18. März 1990 beendet und obsolet. Seit diesem Datum wurden von staatl. Seite sukzessive die Voraussetzungen für die Abschaffung des alten DDR-Bildungsrechts und -systems geschaffen und die rechtl. Schritte für die Angleichung der Schulsysteme der beiden dt. Staaten eingeleitet (Übernahme des bundesdt. Berufsbildungsrechts durch den »Vertrag über die Wirtschafts-, Währungs- und Sozialunion« vom 1. Juli 1990; Wiedererrichtung der Länder → Brandenburg, → Mecklenburg-Vorpommern, → Sachsen, → Sachsen-Anhalt und → Thüringen am 22. Juli 1990 als künftigen Trägern des staatl. Schulwesens). Seit dem Inkrafttreten des → Einigungsvertrages am 3. Okt. 1990 gilt auf dem Gebiet der ehem. DDR und im Ostteil Berlins bundesdeutsches Bildungsrecht.

Die zunächst fast ausschließlich juristische, organisatorische und administrative Behandlung der zu bewältigenden Aufgabe des ideologischen, institutionellen und personellen

Menschen sowie seiner Originalität und Schöpferkraft; Erziehung und → Bildung nicht als Übung und Entwicklung einzelner Fähigkeiten, Fertigkeiten und Verhaltensweisen, sondern Ausfaltung von Kraft, Gestaltung seines Selbst und Verwirklichung seiner Idee. Historisch sieht Nohl die D.B. ca. 1830 scheitern (wiss. Entwicklung, polit. Realität, soziale und ökonom. Verhältnisse), deutet aber den kulturkritischen Aufbruch gegen Positivismus, Materialismus und Empirismus ab ca. 1870 (→ Nietzsche, → Langbehn, → Lagarde u.a.) als ihr Wiederaufleben und die dt. → Reformpäd. insgesamt als Manifestation der auf Dauer nicht unterdrückbaren, die D.B. tragenden Sehnsucht des Menschen nach Individualität, Selbstand und Freiheit. → Kulturkritik, → Lebensphilosophie, → Person.

L.: H. Nohl, Die D.B., hg. v. O. F. Bollnow u. F. Rodi, 1970; H. J. Finckh, Der Begriff der D.B und s. Bedeutung f. die Päd. H. Nohls, 1977.

**Deutsche Demokratische Republik** (DDR). Charakteristisch für die Bildungspolitik und das Bildungswesen der DDR (bis 1949 sowjet. Besatzungszone, am 3. Okt. 1990 mit der → Bundesrepublik Deutschland wiedervereinigt) waren die Anstrengungen zur Verwirklichung einer → sozialist. Erziehung und ihrer organisat. Ausgestaltung in einer von Gleichheitsgrundsätzen (Gleiches Recht auf Bildung, Gleichbehandlung von Jungen und Mädchen, Stadt- und Land-, Arbeiter- und Bauernkinder) getragenen → Einheitsschule. Prägende Elemente waren 1. die Zentralisierung (einheitliche Regelungen bei straffer Normierung); 2. der Rückgriff auf pragmatische, häufig als Handlungsanweisungen (miß-)verstandene pädag. Aussagen von → Marx und Engels (öffentl. und staatl. Erziehung aller Kinder, → polytechnische Bildung, Trennung von Schule und Kirche); 3. die enge Anlehnung an (dort z.T. bereits überholte) Konzepte der sowjet. Pädagogik in ihren verschiedenen Entwicklungsphasen (Ära Lenin, Ära Stalin, Ära Chruschtschow) und 4. die Vergesellschaftung und Pädagogisierung der Kindheit und Jugend u.a. in staatl. Jugendorganisationen (Freie Dt. Jugend – FDJ, gegr. am 26. Febr. 1946 mit Untergruppierungen, Häuser der Pioniere, Stationen junger Techniker und Naturforscher u.a.)

Rückblickend läßt sich die Entwicklung (im DDR-Selbstverständnis: die »Höher- und Weiterentwicklung«) des Bildungswesens in 3 Phasen unterteilen: 1. die *Phase der antifaschistisch-demokrat. Schulreform* von 1946 bis 1949, beginnend mit dem »Gesetz zur Demokratisierung der dt. Schule« vom Mai 1946. Es beinhaltete die Ablösung des überlieferten Schulsystems und die Einführung einer 8j. Einheitsschule (Verbot priv. Schulen, → Koedukation und Schulgeldfreiheit, Festlegung genauer Lehr- und Studienpläne), eine straffe ideolog. Ausrichtung und den planmäßigen Ausbau des Landschulwesens. 2. Die *Phase des Aufbaus der sozialistischen Schule* von 1949 bis 1961/62, beginnend mit der Gründung der DDR am 7. Okt. 1949. In ihr vollzieht sich die volle ideologische und politische Ausrichtung und Instrumentalisierung der pädagog. Forschung und des Bildungswesens. »Bürgerliche« pädagog. Traditionen, insbes. der → Reformpädagogik (Arbeitsschulprinzip, Kern-Kurs-System etc.) wurden zurückgedrängt. Mit dem »Gesetz über die sozialist. Entwicklung des Schulwesens in der DDR« vom 2. Dez. 1959 wurde die zehnklasige allgemeinbildende Polytechnische Oberschule (POS) zur Pflichtschule und das gesamte Bildungswesen auf die Basis polytechnischer Bildung gestellt. 3. Die *Phase der Gestaltung des entwickelten sozialistischen Bildungssystems* von 1961/62 bis 1989. Das bis 1989 maßgebl. »Gesetz über das einheitl. sozialistische Bildungssystem« vom 25. Feb. 1965 umfaßte sämtl. allgemein- und berufsbildenden Bereiche und faßte alle pädagog. Maßnahmen und Einrichtungen einschl. jener der sozialistischen Betriebe, gesellschaftl. Gruppen und der Eltern zu einer Einheit zusammen. Entsprechend diesen Phasen lassen sich auch eine »Erste« (ab 1945), eine »Zweite« (ab 1951) und eine »Dritte« Hochschulreform (ab 1967) unterscheiden.

Organisatorisch ließ das Bildungssystem wesentl. Differenzierungen nur oberhalb der verpflichtenden 10-klassigen Schulbildung in der POS zu, die von 90% aller Schüler durchlaufen wurde. In ihr erfolgte der Unterricht auf der Grundlage einheitl. Lehr- und Stundenpläne. Dabei galt der polytechnische Un-

L.: G. Schmidt, Aufklärung u. Metaphysik, 1965; W. Röd, Die Genese des Cartesian. Rationalismus, 1964, 3. erg. Aufl. 1995; B. Williams, D., 1981; P. J. Davis, R. Hersch, D.' Dream, Brighton 1986; R. Lauth, Transzendentale Entwicklungslinien von D. bis zu Marx u. Dostojewski, 1989; R. Specht, R. D., 1992; H. Holz, D., 1994; A. Kemmerling, Ideen des Ichs, 1996; E. Cassirer, R. D. Lehre – Persönlichkeit – Wirkung, hg. v. R. A. Bast, 1998; D. Perler, R. D., 1998; T. Sorell, Descartes, dt. 1999.

**Descoeudres,** Alice, * 20. 1. 1877 Côte-aux-Fées (Kanton Neuenburg), † 23. 5. 1963 Bevaix; 1912–47 Prof. für Psychopäd. der Geistesschwachen am Institut des Sciences de l'Education in Genf und Mitarbeiterin von E. → Claparède. Wegweisende Untersuchungen über die Erziehung anormaler Kinder, über Intelligenzmessungen von Kleinkindern, über Farb-Formgebung (1914), die kindl. Sprachentwicklung und die logischen Denkoperationen (1921). 1921 entwickelte D. den ersten nennenswerten Sprachtest für Kinder.
Schr.: L'éducation des enfants anormaux, Neuchâtel/Paris 1916, dt. Die Erziehung der anormalen Kinder, 1921; Le développement de l'enfant de deux à sept ans, Neuchâtel/Paris 1921.

**deskriptive Pädagogik** (von lat. *describere*: beschreiben). Als d.P. verstand sich eine Richtung der Erziehungswiss., die im Gegensatz zur metaphys. und → normativen Päd. von der Deskription erzieherischer Phänomene (z. B. Strafe, Erzieher-Zögling-Verhältnis) ausging und diese einer möglichst objektiven phänomenolog. Erforschung zugänglich machen wollte. Im Anschluß an Max Weber und auf der Grundlage von → Husserls → Phänomenologie entwickelte A. → Fischer seine d. P. und forderte die »reine, allerdings so tief als möglich geführte Beschreibung und Zergliederung der Einzelheiten der päd. Praxis.« P. → Petersen führte diese Ansätze in seiner päd. Tatsachenforschung weiter. Fraglich ist, ob es eine »reine« Deskription überhaupt geben kann; vielmehr müssen die ihr vorausgehenden Kriterien und Kategorien in der päd. Theoriebildung mitreflektiert werden. → Forschungsmethoden.
L.: R. Lochner, D. P., 1927; ders., Dt. Erziehungswiss., 1963; S. Oppolzer (Hg.), Denkformen und Forschungsmethoden der Erziehungswiss., 2 Bde., 1966–1969; W. Brinkmann, Zur Gesch. der päd. Soziologie in Dtl., 1986; M. Böschen, A. Fischer, in: Große bayer. Päd., hg. v. W. Böhm u. a., 1991; ders., Über das Problematische im phil. und methodolog. Denken von A. Fischer, in: Freiheit – Geschichte – Vernunft. Grundlinien Geisteswiss. Päd., hg. v. W. Brinkmann und W. Harth-Peter, 1997.

**Deutsch als Fremdsprache** wird derzeit in ca. 60 Staaten der Erde, zumeist in der Sekundarstufe, in der Regel als 2. oder 3. Fremdsprache unterrichtet. Über 50 Fachberater der Zentralstelle für das → Auslandsschulwesen, Mitarbeiter des Goethe-Instituts und vom → DAAD vermittelte Deutschlektoren an ausländ. Hochschulen, unterstützen die einheimischen Unterrichtsbehörden, bilden einheimische Deutschlehrer aus und weiter und erteilen selbst Unterricht an Lehrerbildungsanstalten. D.a.F. stellt eine wachsende Aufgabe bei der schulischen Betreuung der Kinder ausländ. Arbeitnehmer dar (→ Ausländerpäd.). Zur wiss. Erforschung der linguistischen, didaktischen und methodischen Probleme wurde an der Univ. München ein spezieller Lehrstuhl eingerichtet. Zunehmend wird gegen die Einordnung von D. a. F. in die Germanistik polemisiert und eine eigenständige Disziplin zu begründen versucht.
Zs.: D.a.F. 1 (1964) ff.; Jb. D. a. F. 1 (1975) ff.
L.: A. Spier, Mit Spielen Dt. lernen, 1981; H. Barkowski, Kommunikative Grammatik u. Dt.lernen mit ausländ. Arbeitern, 1982; J. Hegele, G. Pommerin, Gemeinsam dt. lernen, 1983; G. Mahler, Zweitsprache Dt. f. Ausländerkinder, 1983; U. Guerkan, K. Laqueur, P. Szabewski, Aus Erfahrung lernen. Hdb. f. d. Deutschunterr. mit türk. Frauen, [2]1984; Th. Lewandowski, D. als Zweit- u. Zielsprache, 1991; J. Weigmann, Unterrichtsmodelle für D.a.F., 1992; G. Bachmayer, D.a.F. und Zweitsprache, 1993; DAAD, D. a. F. an den Hochschulen und Studienkollegs in Dtl., Neuaufl. 1996.

**Deutsche Bewegung.** Von → Dilthey vorbereiteter und von → Nohl 1911 als Bezeichnung einer spezifisch dt. Geisteshaltung und Weltsicht eingeführter Begriff; dieser meint die zw. 1770 und 1830 in Phasen (Sturm und Drang, Klassik, → Humanismus, → Romantik, Idealismus) vollzogene Überwindung der → Aufklärung durch ein neues (weitgehend einheitliches) Lebensgefühl und neue Ziele für Werden und Bestimmung des Menschen: Abkehr von einer einseitigen Verstandeskultur; »Entdeckung« der Individualität (→ Individuum) und Betonung der Totalität des

zum Antichristlichen und seine Rede von der achristl. → Halbbildung hat das theolog.-päd. Gespräch eher belastet.

Schr.: J. H. Pestalozzi, 1926, ³1968; Von Sinn und Grenzen bewußter Erziehung, 1927, ²1967; Theol. und Päd., in: Theol. Existenz heute, H. 53, 1956.
L.: W. Matthias (Hg.), Libertas Christiana, FS. f. F.D., 1957 (m. Bibl.).

**Deprivation** (lat.: Beraubung), bezeichnet relativ oder absolut, subjektiv oder objektiv einen (psychischen) Entbehrungszustand durch Mangel, Verlust oder Entzug der Möglichkeiten, ursprüngliche (triebgesteuerte) oder erlernte (erfahrene) Bedürfnisse zu befriedigen. Die Rede von *maternaler/paternaler* D. z. B. – des Entzugs oder der Verweigerung mütterlicher/väterlicher Zuwendung – lenkt den Blick auf das päd. bedeutsame Problem, daß (Klein-)Kinder nicht ohne Schadensrisiko auf eine konstante Betreuung durch die gleichen Bezugspersonen (Dauerpflegepersonen) in relativ stabilen Sozialisationsumwelten verzichten können. Diese fehlenden Kontakt- u. Kommunikationsmöglichkeiten v. a. innerhalb des ersten Lebensjahres, bewirken schwerwiegende Störungen in der emotionalen und sozialen Entwicklung des Kindes und beeinträchtigen auch die kognitive Leistungsfähigkeit.
Sprachl. D. meint die von der sozialen Um- bzw. Lebenswelt beschränkte Fähigkeit, sich der Sprache (einschließlich dia- und soziolektaler Varianten) als eines differenzierten Kommunikationsmittels zu bedienen. → kompensatorische Erziehung, → Hospitalismus.

L.: M. Rutter, Maternal deprivation reassessed, Harmondsworth, 1972, ²1981; W. Moog, S. Moog, Die entwicklungspsycholog. Bedeutung von Umweltbedingungen im Säuglings- u. Kleinkindalter, 1972, ⁴1979; M. Rutter, Bindung u. Trennung in der frühen Kindheit, 1978; A. Mehringer, Verlassene Kinder, 1985; S. Walper, Familiäre Konsequenzen ökonomischer D., 1988; H.-L. Schmidt, Kinder erleben das Krankenhaus, 1991; P. Becker, Psychol. der seel. Gesundheit, 2 Bde., 1986, ²1997; G. Romeike, H. Imelmann (Hg.), Hilfen für Kinder, 1998; S. Walper, B. Schwarz (Hg), Was wird aus den Kindern?, 1999.

**Derbolav,** Josef, * 24. 3. 1912 Wien, † 14. 7. 1987 Bonn; Tätigkeit im österr. Schuldienst, 1951 ao. Prof. Saarbrücken, 1955–1981 (als Nachfolger Th. → Litts); o. Prof. Bonn. Systematisch bemühte sich D. um bildungstheoretische Grundlegung der → Didaktik, päd. Anthropologie, päd. Ethik und → Bildungspolitik als Basisdisziplinen einer ›Gesamtpädagogik‹, die er praxeologisch interpretiert hat, d. h. in ein Gefüge strukturverwandter Disziplinen wie Politik, Ökonomik, Recht, Medizin usw. eingliedert. Dieses praxeologische Modell, das seine Wurzeln in der griech. Techne-, der mittelalterl. Prudentienlehre und bei → Schleiermacher hat, bietet Möglichkeiten normtheoretischer, wiss.theoretischer und curricularer Anwendung.

Sch.: (Hg.) Das ›Exemplarische‹ im Bildungsraum des Gymnasiums, 1957; Wesen und Formen der Gymnasialbildung, 1957; (Hg.) Wesen und Werden der Realschule, 1960; Frage und Anspruch, 1970; Probleme des mittl. Bildungsweges, 1970; Systemat. Perspektiven der Päd., 1971; Platons Sprachphilos. im Kratylos und in den spät. Schr.n, 1972; Päd. und Politik, 1975; Selbstdarstellung, in: L. J. Pongratz (Hg.) Päd. in Selbstdarstellungen, II, 1976; (Hg.), Kritik und Metakritik der Praxeologie, 1976; (Hg.) Grundlagen und Probleme der Bildungspolitik, 1977; Von den Bedingungen gerechter Herrschaft. Studien zu Platon und Aristoteles, 1980; Bibl. in: D. Benner (Hg.), Aspekte und Probleme e. päd. Handlungswiss. FS z. 65. Geb.-tag, 1977; Abriß europ. Ethik, 1983; Fehlentwicklungen …? Krit. Streifzüge durch die polit.-päd. Landschaft der BRD, 1984; Grundriß einer Gesamtpäd., 1987; Impulse europ. Geistesgeschichte, hg. v. D. Benner, 1987.
L.: FS z. 75. Geb.tag, P. Menck (Hg.), Bildung zw. Herausforderung durch die Gegenwart und Aneignung der Tradition, 1987; M. Müller, Päd. und Erziehungswiss. Der praxeolog. Übergang bei D., Bern 1995; L. Wigger, J. D. u. die geisteswiss. Päd., in: Freiheit – Geschichte – Vernunft. Grundlinien geisteswiss. Päd., hg. v. W. Brinkmann u. W. Harth-Peter, 1997.

**Descartes,** René, * 30. 3. 1596 La Haye (Touraine), † 11. 2. 1650 Stockholm; frz. Philosoph und Mathematiker. Von einem radikalen Zweifel an der Sicherheit unseres Wissens ausgehend, sah er die Selbstgewißheit des Denkens in der Realität des Bewußtseins (cogito ergo sum). D. suchte eine mathematische Welterklärung und machte auch den Menschen zum Gegenstand einer solchen wiss. Betrachtung. Damit bereitete er den Weg für die moderne Psychologie und Erziehungswiss.

Schr.: Discours de la méthode, frz.-dt. hg. v. L. Gräbe 1990; Meditationes de prima philosophia, lat.-dt. hg. v. L. Gräbe, ³1992; Die Prinzipien der Phil., hg. v. A. Buchenau, ⁸1992; Die Leidenschaften der Seele, frz.-dt. hg. v. K. Hammacher, 1984; Philos. Schriften in einem Band, hg. v. R. Specht, 1996.

lehrte in Dijon und Paris, 1945–57 Prof. für Kinderpsychologie und Päd. Univ. Straßburg, 1957–73 Prof. f. Erziehungswiss. an der Sorbonne. Bedeutende Studien zur Entwicklungspsychologie und Vertreter einer genetischen Erziehung.

Schr.: La crise d'originalité juvenile, Paris 1937; Comment étudier les adolescents, Paris 1937; L'adolescence, Paris 1937; [16]1980; Les étapes de l'éducation, Paris 1952, dt. Die Stufen d. Erziehung, 1967; mit G. Mialaret, Traité des Sciences pédagogiques, 8 vol., Paris 1967–78.

**Decroly,** Ovide, * 23. 7. 1871 Renaix (Ostflandern), † 10. 9. 1932 Brüssel. Von → Itard und Seguin beeinflußt, gründete er 1907 die *Ecole pour la vie par la vie* in Brüssel. D. ordnete den Unterricht um sog. Interessenzentren, entsprechend den vier elementaren Grundbedürfnissen des Menschen: nach Nahrung, Schutz vor Witterungsunbilden, Verteidigung gegenüber Feinden und Gefahren sowie nach Tätigkeit.

L.: A. Hamaide, Die Methode D., Neuchâtel 1956, [8]1976; G. Santomauro, D., Brescia 1964, [3]1972; H. Röhrs, Die Reformpäd., 1980, 5. erg. Aufl. 1998; W. Böhm, G. Flores d'Arcais (Hg.), Die Päd. der frankophonen Länder im 20. Jh., 1980; O. D., in: Quinze pédagogues, ed. J. Houssaye, Paris 1994.

**Defektologie** bezeichnete eine päd. medizin. Zwischendisziplin, die Gesetzmäßigkeiten von Entstehung, Entfaltung und Erziehung des »defekten« Menschen untersucht. Die Bezeichnung D. stammt aus der ehemal. UdSSR, wo es defektologiale Fakultäten und ein Institut für D. an der Akademie der Päd. Wiss.n gab. D. wurde weitgehend in Bulgarien, im ehemal. Jugoslawien, in Rumänien und in der ehemal. Tschechoslowakei übernommen. Gegen die Annahme von allg. Gesetzen der Defektivität wurden (in westl. Ländern) erhebliche Einwände vorgebracht. → Sonderpäd.

**deferred gratification pattern** bezeichnet ein Verhaltensmuster (*pattern*), das es seinem Besitzer gestattet, augenblickliche Vorteile (*gratification*) aufzuschieben (*defer*) bzw. auf die spontane Befriedigung von Bedürfnissen zugunsten der Verbesserung seiner Chancen zu verzichten, später umso größere Belohnungen zu erhalten, z. B. durch Sparen. Päd. relevant wird dieses – für soziale Mittel- und Oberschichten typische und der Arbeiterschicht weitgehend fremde – d.g.p. dadurch, daß es gleichzeitig mit einer längerfristigen Zeitperspektive, Zukunftsorientierung und Lebensplanung auch Durchhaltevermögen, Standfestigkeit und Hartnäckigkeit von Schülern in entbehrungsreichen weiterführenden Bildungsgängen fördert.

L.: L. Schneider, S. Lysgaard, The d.g.p., in: Am. Sociolog. Rev. 1953; G. Kasakos, Zeitperspektive, Planungsverhalten und Sozialisation, 1971; A. Bolder, Kl. Rodax (Hg.), Das Prinzip der aufge(sc)hobenen Belohnung, 1987.

**Deiters,** Heinrich, * 2. 7. 1887 Osnabrück, † 31. 1. 1966 Berlin, Dr. phil. 1911 Berlin, 1926 Direktor des Realgymnasiums in Höchst, 1927 Oberschulrat am Provinzialschulkollegium in Kassel, ab 1947 Prof. für Erz.wiss. an der Berliner Universität; namhafter Pädagoge in der SBZ/DDR; Bildungs- und Schultheoretiker in der Tradition der Klassik, insbes. des Neuhumanismus; Vertreter einer gegliederten → Einheitsschule in Anlehnung an die Bildungskonzeption → Humboldts; Arbeiten zu einer gemäßigten Gemeinschaftspädagogik.

Schr.: Die weltanschaul. Grundlagen der Gemeinschaftspäd., in: (Hg.), Schule der Gemeinschaft, 1925; Die Lebensform der Schule, in: Hdb. der Päd. (Hg. Nohl, Pallat), 1928, Bd. IV; Die dte. Schulreform nach dem Weltkrieg, 1935; Charles-August Saint-Beuve. Kritiker und Humanist, 1947; Die Schule in der demokrat. Gesellschaft, 1948; Der reale Humanismus, 1948; Johann Heinrich Pestalozzi, 1954; Päd. Aufsätze und Reden, 1957; (Hg. mit H. Ahrbeck u. a.), F. A. Diesterweg, Sämtl. Werke, 1956–1966; Die Stellung des Lehrers in der Auffassung der päd. Ahrbeck u. a.), F. A. Diesterweg, Sämtl. Werke, 1956–1966; Die Stellung des Lehrers in der Auffassung der päd. Reformbewegung. in: Pädagogik 1 (1946) 2; Allgemeinbildung und allgem. Mittelschule, in: Pädagogik 10 (1956) 2.

**Delekat,** Friedrich, * 4. 4. 1892 Stuhren (Kr. Hoya), † 30. 1. 1970 Mainz; Studium von Philos. und Theol., 1923 Doz. Rel.-päd. Institut Berlin, 1929 Habil. f. Philos. Berlin, 1929–36 a. o. Prof. TH Dresden, nach dem 2. Weltkrieg o. Prof. f. Theol., Päd., Philos. u. Politik Univ. Mainz, 1960 emeritiert. D. bemühte sich um eine Klärung des wechselseitigen Verhältnisses zw. Theologie und Päd.; seine These von der Säkularisation als Weg

Pflichtschule (forskole 6–9 J., grundskole 9–15 J.), 2j. Fortbildungsschule (fortsaettetelsesskole), 2j. Kursusschule (kursusskole). Grönland verfügt über rund 100 Schulen (mit z. T. extrem niedrigen Schülerzahlen), viele Schüler der oberen Klassen (ab 8. Kl.) besuchen Schulen in Dänemark; ein Großteil der Lehrer kommt aus Dänemark oder wird dort ausgebildet.
**b) Färöer.** Das Schulsystem (1995: rund 70 Schulen mit ca. 8500 Schülern) ähnelt dem früheren dänischen (nur 7 Jahre Schulpflicht). Der Unterricht erfolgt in der Landessprache Färöisch; die meisten Lehrer sind Färoeser und werden in der Päd. Hochschule der Hauptstadt Thorshavn ausgebildet. Die Berufsbildung beschränkt sich auf Berufe, die für die Inselgruppe besonders wichtig sind. Auch die sehr kleine Hochschule (Academie Faeroensis) richtet ihre Kurse, vor allem in den Naturwiss.n nach den bes. Bedürfnissen der Inselgruppe aus.

L.: Det danske Selskab, Schools and Education in Denmark, Kopenhagen 1972; Ministry of Education, Recent Development and Trends in the Education System in Denmark, Kopenhagen 1978; Ministry of Education, The Educational System, Kopenhagen 1980; Les femmes et l'éducation, Kopenhagen 1980; K. Struve, Schools and education in Denmark, Kopenhagen 1981; A. Andresen, The danish folk-highschool, Kopenhagen 1981; L. Larsen Skov, Die d. Volksschule, 1984; Ministry of Education, Development of Education 1984–86, Kopenhagen 1986; W. Rasmussen, Das berufl. Bildungswesen in D., 1986; J. P. Christensen u. a., Univ.n und Hochschulen im Wandel, Teil 1: D. (u. a.), 1987; T. Knauf, Schule menschl. machen. Das d. Beispiel, in: Erziehen heute 41 (1991) 3; B. Hedegaard, The financing in continuing training in Denmark, (Köln) 1991; M. Cranil, Die »folkeskole« in D., in: Päd. u. Schule in Ost u. West 39 (1991) 1; OECD (Hg.), Reviews of National Politics for Education: Denmark, Paris 1995; E. Goldschmidt, Educ. in Denmark, Kopenhagen 1998; K. Rydl, Gesch. u. Gegenw. der d. Schulreformbestrebungen, 1999.

**Dalton-Plan,** von H. → Parkhurst entwickeltes, seit 1920 an der Dalton High School (Mass.) eingeführtes System der Individualisierung, das den Kindern zu Selbstunterricht, Selbstverantwortung, Aktivität und Eigeninitiative verhelfen soll. In jedem Fach wurden monatliche Arbeitspensen (monthly assignements) festgelegt, an denen die Schüler individuell oder in Gruppen arbeiteten. Der D. P. erfreute sich starker literarischer Resonanz in der → Reformpäd. der USA und in Europa. Sein direkter Einfluß auf die Schule ist gering geblieben.

L.: H. Parkhurst, Education on the D. P., New York 1922; H. Besuden, Helen Parkhursts D. P. in den Vereinigten Staaten, 1955; D. Lager, H. Parkhurst and the D.-P., Connecticut 1983; S. F. Semel, The Dalton School, New York 1992.

**darstellendes Spiel,** eine Art → »Rollenspiel«, bei dem die Spieler allerdings nicht in ihrer Rolle aufgehen, sondern als Subjekte des Handelns erhalten bleiben, so daß sich das d. S. sowohl auf den dargestellten »Gegenstand« als auch auf das darstellende Subjekt richtet. Dabei können beide insofern zusammenfallen, als Probleme, Stimmungen, Gefühle, Vorstellungen, Gedanken etc. der Darsteller in schöpferischer, produktiver Weise Themen des Spiels sein können.
Im weiteren Sinne fallen unter das d. S. alle Formen des Theaters (Jugend-, → Laien-, Volks- und Schulspiel) und die mehr therapeutischen Formen des → Psycho- und Soziodramas (Darstellung von innerpsychischen oder von Gruppenphänomenen).
Die päd. Bedeutung des d. S.s liegt neben dieser engeren therapeutischen Funktion darin, daß das Erlebnis- und Darstellungsvermögen gefördert, die Verarbeitung schwieriger Konfliktsituationen erleichtert, das »probeweise« Durchspielen von Erfahrungen und Verhaltensmodellen gestattet und die konkrete Darstellung abstrakter, allgemeiner Ideen, Gedanken und Vorstellungen ermöglicht wird. Das freie, nicht an eine Vorlage gebundene spontane Stegreifspiel trägt darüber hinaus zur Entwicklung von → Kreativität bei und ist ein wichtiges Moment der → ästhetischen Erziehung.

L.: E. Goffmann, Wir alle spielen Theater, New York 1959, ³1976; W. D. Winnicott, Vom Spiel zur Kreativität, London 1971, ²1979; A. Flitner, Spielen-Lernen, 1972 u. ö.; G. Bittner u. a., Spielgruppen als soziale Lernfelder, 1973; A. Schützenberger, Einf. in das Rollenspiel, 1976; A. Flitner (Hg.), Das Kinderspiel, Neuausg. 1978; W. Hering, Spieltheorie u. päd. Praxis, 1979; L. v. Keyserlingk, Rollenspiele für Kinderprobleme, 1979; B. Schröder, Kinderspiel und Spiel mit Kindern (m. Bibl.), 1980; K. J. Kreuzer (Hg.), Hdb. der Spielpäd., 2 Bde., 1983; G. Runkel, Soziologie des Spiels, 1986.

**Debesse,** Maurice, * 19. 11. 1903 Firminy (Loire), † 18. 7. 1998 Archamps; Prom. 1937,

Schmack, Offenes C., 1978; J. Ziechmann, C.-Diskussion und Unterrichtspraxis, 1979; U. Hameyer, K. Frey, H. Kraft (Hg.), Hdb. der C.Forschung, 1983; R. Barrow, Giving Teaching Back to Teachers. A Critical Introduction to C.Theory, London 1984; M. Skilbeck, C.reform, Eine Übersicht über neuere Entwickl., 1992; Päd. und Schulalltag, 50 (1994) H. 4 (Themenheft); S. Hopmann, K. Riquarts (Hg.), Didaktik und/oder C. (= ZfPäd. 33. Beih.), 1995; I. F. Goodson, The changing c., 1997; B. Gundem, Hopmann (Hg.), Didaktik and, or c.: an internat. dialogue, New York 1998.

## D

**Dänemark** (einschl. Grönland und Färöer). 1814 gab König Frederik VI. zwei Erlasse über die Volksschulen heraus und führte die Unterrichtspflicht (nicht die Schulpflicht) ein. Bis heute ist es den Eltern freigestellt, ihre Kinder selbst zu unterrichten. Im 19. Jh. wirkten sich die päd. Gedanken → Grundtvigs und K. Kolds auf die Volksbildung aus, und es kam zur Errichtung vieler Privatschulen. 1903 wurde eine 4j. Mittelschule (*mellemskole*) für jene 11- bis 15j. eingeführt, die eine Aufnahmeprüfung bestanden; darauf baute entweder die 1j. Realklasse oder das 3j. Gymnasium auf. 1937 und 1958 wurden die Volksschulen (*folkeskoler*) von Grund auf neu geregelt. Ihre Aufteilung in zwei Züge wurde zunächst nach der 5. Klasse vorgenommen, später erst nach der 7. Klasse, und zwar in einen 3j. »Realzug« und eine 2j. allgemeine Bildung (mit freiwilliger 10. Klasse). Diese evolutionären Reformen fanden ihren Abschluß 1972 mit der Unterrichts- (nicht Schul-)pflichtverlängerung von 7 auf 9 J. und mit dem Grundschulgesetz von 1976, das die »realskole« abschaffte und mit dem u. a. die 10j. → Gesamtschule (weiterhin *folkeskole* genannt) eingeführt wurde. Obligatorische Prüfungen sind damit entfallen. Zensuren werden nur in den Abschlußklassen (auf Wunsch des Schülers) gegeben.

Nach Abschluß der vereinheitlichten allgemeinbildenden 9j. Volksschule mit fakultativer Vorschulklasse (*børnehaveklasse*) und 10. Klasse stehen ein 3j. zweizügiges Gymnasium (Abschluß: studentereksamen); ein 1967 eingeführter 2j. Kurs (Abschluß »HF«: højere forberedelseksamen = höhere Vorbereitungsprüfung) und die Berufsausbildung (1972 eingeführt und seit 1977 in das Bildungssystem integriert), somit eine schulische Grundausbildung für den Beruf (EFG = erhvervsfaglig grunduddannelse) neben der traditionellen Lehrlingsausbildung (laerlinguddannelse). Zusätzlich gibt es viele spezielle Berufsschulen, Jugendschulen (*ungdomsskoler*), Internate (*ungdomskostskoler*), Technika, Handels-, Landwirtschafts- und Haushaltsschulen sowie Fortbildungsschulen (*efterskoler*). Die fünf Univ. und andere Hochschulen bilden einen Teil der umfangreichen Erwachsenenbildung mit Abendkursen (*aftenskoler*), Abendvolkshochschulen (aftenhøjskoler), → Heimvolkshochschulen (*folkehøjskoler*) u. a. Private Vereine fördern die Erwachsenenbildung, z. B. der Arbeiterbildungsbund (arbejdernes Oplysningsforbund) und der Volksbildungsbund (Folkeligt Oplysningsforbund).

Die raschen Änderungen im d. Bildungssystem im allgemeinen und der beruflichen Bildung im besonderen sind Ausdruck einer hohen Anpassungsbereitschaft an veränderte Rahmenbedingungen im int. Maßstab. So wurde bereits 1987 ein umfassendes Entwicklungsprogramm der Schulen beschlossen und das Schulwesen 1991 bzw. 1994 auf revidierte gesetzl. Grundlagen gestellt: einerseits soll den Schulen und Lehrern durch eine fortgeschrittene Dezentralisierung neue Gestaltungsspielräume eröffnet werden, andererseits werden sie unmittelbar für die Ergebnisse ihrer Arbeit verantwortlich (→ Schulautonomie). In diesem Prozeß bekommen auch die Einrichtungen der Lehreraus- und fortbildung neue Rollen zugewiesen.

Die Zentren der päd. Forschung sind neben den Univ.n (Kopenhagen, gegr. 1479; Aarhus, 1928; Odense, 1964; Roskilde, 1972; Aalborg, 1974) das Dän. Institut für Erz.wiss. Forschung und die Königl. Dän. Schule für Erz.wiss. Studien.

**a) Grönland.** Das vom dänischen Bildungssystem unabhängige Schulwesen Grönlands wird von den Besonderheiten der Insel (Lage, Bevölkerungsstruktur, Klima, zwei Sprachen) mitbestimmt. 1988 wurde das zweigliedrige in ein Einheitsschulsystem umgewandelt: 9j.

**Cube**

phie politique de B. C., Liège 1955; P. Lamanna, Introduzione alla lettura di C., Firenze 1969; W. Böhm, G. Flores d'Arcais, Die italien. Päd. des 20. Jh., 1979.

**Cube,** Felix von, * 13. 11. 1927 Stuttgart, 1957 Dr. rer nat., 1968 Prof. PH Berlin, 1970 PH Bonn, 1974 Univ. Heidelberg. Neben → Frank wichtigster Vertreter der → kybernetischen Päd. in Dtl., sieht er auch ihre Grenzen. Vom → kritischen Rationalismus her polemisierte er scharf gegen → normative und → geisteswiss. Päd.

Schr.: Allgemeinbildung oder produktive Einseitigkeit, 1960; Kybernet. Grundlagen des Lehrens und Lernens, 1965 u. ö.; Was ist Kybernetik?, 1967 u. ö.; Technik des Lebendigen, 1970 u. ö.; Gesamtschule – aber wie?, 1972; Erziehungswiss. Möglichkeiten, Grenzen, Polit. Mißbrauch, 1977; Fordern statt Verwöhnen, 1986, überarb. Neuausg. [12]1999; Besiege deinen Nächsten wie dich selbst, 1988, [5]1997; Gefährliche Sicherheit, 1990, [2]1995; Lust an Leistung, 1998.

**Cultural lag,** (engl.: »kulturelle Verschiebung, Verspätung«) von William F. Ogburn geprägter Begriff für das Phänomen kultureller Fehlanpassungen und Anpassungsrückstände, die aufgrund unterschiedl. rasch verlaufender Entwicklungen in einzelnen Sektoren moderner Industriegesellschaften eintreten, z. B. ein »Nachhinken« der immateriellen gegenüber der materiellen Kultur. Ein päd. c.l. zeigt sich z. B. in der »Verspätung«, mit der traditionelle → Schulbuch- und Unterrichtsinhalte angesichts polit. Veränderungen, technologischer Neuerungen sowie Veränderungen von Berufsstruktur, Arbeitsmarkt, herkömmlichen Rollengefügen usw. modernisiert werden.

L.: W. F. Ogburn, Social Change, New York 1922; ders., C.l. as Theory, in: Sociology and Social Research 41 (1957).

**Curriculum,** der aus der → Barockpäd. stammende Begriff (lat.: Lebenslauf) hat in der anglo-amerikan. Erziehungswiss. den Bedeutungsgehalt von operationalisiertem Schullehrplan gewonnen und wurde ab 1967 durch → Robinsohn in die dt. Päd. wiedereingeführt. Er wurde dabei ausdrücklich in Distanz zu dem traditionellen → Lehrplan verwendet. Während an den herkömml. Lehrplänen die oft mehrdeutige, jedenfalls nicht eindeutig (operationalisierbare) Formulierung der Ziele und der zu wenig schlüssige Zusammenhang zwischen Zielen, Inhalten, Methoden und Mitteln kritisiert wurde, sollten eine gründliche Revision dieser Lehrpläne und eine neuartige C.forschung zu einer wiss. fundierten Reform von Zielen, Inhalten und Methoden organisierten Lernens und insbesondere der Schulen führen. C. schließt demnach nicht nur einen begründeten Zusammenhang von Zielen, ihnen entsprechenden Lernerfahrungen bzw. Realisierungsbedingungen ein, sondern auch Verfahren der Erfolgskontrolle (Evaluation). Curriculare Lernziele sollen als beobachtbares und meßbares Schülerverhalten beschrieben werden (»wünschenswertes Endverhalten«); zur Präzisierung von Hierarchie und wechselseitigem Verhältnis der Lernziele werden Lernzieltaxonomien entwickelt, die die Lernziele unter psychologischen Kategorien klassifizieren und zur Überprüfung ihrer lernwirksamen Anordnung im Unterricht dienen. Während in einer Anfangsphase der C.forschung zunächst geschlossene, weitgehend lehrerunabhängige C.a mit feinster detaillierter Vorausplanung und -strukturierung des Unterrichts angestrebt wurden, lassen offene C.a wieder Platz für kreative Ausgestaltung und die Berücksichtigung situativer Gelegenheiten und Interessen. Diskutiert wird heute u. a., ob die Beschränkung auf operationalisierbare Lernziele nicht eine unzulässige Einengung der Ziele mit sich bringt (vgl. die sog. Wiederentdeckung des Erzieherischen gegenüber der C.forschung), ob das Faktum der Kontrollierbarkeit Ziele schon hinreichend begründen könne, ob Feinziele einlinig taxonomisch aus Grobzielen abgeleitet werden können und ob das wiss. hergestellte C. tatsächlich das Unterrichtsgeschehen vollständig in den Griff bekomme (→ heimlicher Lehrplan). Die C.forschung bildete in den 70er J.n ein Kernstück der → Bildungsforschung.

L.: S. B. Robinsohn, Bildungsreform als Revision des C., 1967 u. ö.; F. Achtenhagen, H. L. Meyer (Hg.), C.revision, 1971; H. Blankertz (Hg.), Fachdidaktische C.forschung, 1973; K.-H. Flechsig, H. D. Haller, Entscheidungsprozesse in der C.entwicklung, 1973; C.diskussion, hg. v. d. Redaktion, ›betrifft: erziehung‹, 1974; H. Brügelmann, Strategien der C.reform, 1975; Dt. Bildungsrat, Zur Förderung praxisnaher C.entwicklung, 1974; K. Frey (Hg.), C.-Handbuch, 3 Bde., 1975; H. Bauersfeld (Hg.), C.entwicklung, 1976; E.

von Regierungsbehörden, um die wirtschaftl., soziale und kulturelle Lage der Gemeinden zu verbessern, diese in das Leben der Nation zu integrieren und so instand zu setzen, voll zum nationalen Fortschritt beizutragen. C. D. basiert auf der Grundannahme, daß Entwicklung ein kultureller Wandel mit dem Ergebnis der besseren Nutzung der eigenen Ressourcen und größerer Selbständigkeit der Betroffenen ist. Der Mensch wird dabei als die wichtigste »Ressource« im Entwicklungsprozeß betrachtet. C. D. kann als erzieherische Ersatzstruktur für ein formales Bildungswesen betrachtet werden.

L.: Zs. C. D. Journal; B. Joerger, C. D. in Entwicklungsländern, 1969; Community and C. D, hg. v. A. D. Edwards und D. Jones, New Babylon 1984; H. Röhrs, Grundfragen einer Päd. der Dritten Welt, 1996.

**Comparative Education** → Vergleichende Erziehungswissenschaft.

**Comprehensive School,** in England und Wales gebräuchliche Bezeichnung für eine nicht nach Zweigen gegliederte (Gesamt-)Schule, die alle Kinder (Ausnahmen: Hilfsschüler, Körperbehinderte und solche von Privatschulen) eines Bezirkes aufnimmt. → Gesamtschule; R. → Pedley.

L.: K. Ingenkamp, Methods for the Evaluation of the C. S., Weinheim 1969; W. Klafki, A. Rang, H. Röhrs, Integrierte Gesamtschule und C. S., 1970; D. H. Hargreaves, The Challenge for the C. S., London 1983; Gesamtschulen in Europa, hg. v. W. Mitter u. a., 1984; The C. S. Experiment Revisited, hg. v. A. Leschinsky und K.-U. Mayer, 1990.

**Condorcet,** Jean-Marie Antoine de, * 17. 9. 1743 Ribemont, † 29. 3. 1794 Clamart; Vizepräs. des Konvents und Sprecher des Komitees für öffentl. Unterricht. In seinem Schulplan (1792) werden die Prinzipien Freiheit und Gleichheit zum ersten Male auf den Entwurf eines modernen Schulwesens übertragen, und die → Universität wird als freie Stätte der Forschung entworfen. → Frankreich.

Schr.: Œuvres publiées, ed. O'Connor, M. F. Arago, 12 Bde. Paris 1847–49.
L.: B. Langer, Die Entwicklung eines gesellschaftstheoret. fundierten Bildungsbegriffs bei C., Hegel und Marx, 1976; C. Renneberg, Lexikalische Syntagmatik und Paradigmatik in der histor. Dimension der Gesellschaftsbeschreibung bei Rousseau und C., 1987; H.-G. Müller, A. de C., in Bildung und Erziehung 48 (1995) H. 2; K.-H. Dammer, C. Über einen Klassiker der Päd. Korrespondenz 17 (1996) H. 1; E. Rothschild, C. and A. Smith on Education and Instruction, in: Philosophes on Education, hg. von A. O. Rorty, London 1998; M. Arning, Die Idee des Fortschritts, 1998.

**Consilium abeundi** (lat.), der »Rat (von der Schule) abzugehen«, die Schule zu verlassen, de facto ein Hinausschmiß.

**Costa Rica** → Lateinamerika.

**Cousinet,** Roger, * 3. 11. 1881 Paris, † 5. 4. 1973 ebd.; 1910–41 Inspecteur des Primarschulwesens, 1941 Prof. f. päd. Psychologie an der Sorbonne, Hauptvertreter der → Education nouvelle und Pionier der Gruppenpäd.

Schr.: Une méthode de Travail libre par groupes, Paris 1945, ²1951; Le Travail par équipes à l'ecole, Genève 1949; Leçons de pédagogie, Paris 1950; L'Education nouvelle, Neuchâtel 1951; La formation de l'éducateur, Paris 1952; Pédagogie de l'apprentissage, Paris 1959.
L.: W. Böhm, G. Flores d'Arcais (Hg.), Die Päd. der frankophonen Länder im 20. Jh., 1980; W. Harth, Die Anfänge der Neuen Erz. in Frankr., 1986; L. Raillon, R. C., Paris 1990; J. Hussaye, R. C., in: Quinze Pédagogues, Paris 1994.

**Credits.** C. werden an amerikanischen u. a. Univ.n für den Besuch von Kursen, Seminaren etc. erteilt. Durch das Erreichen einer bestimmten Anzahl von C. werden Studienabschlüsse und → akademische Grade erworben.

**Croce,** Benedetto, * 25. 2. 1866 Pescasaroli (Abruzzen), † 20. 11. 1952 Neapel; Philosoph, Historiker, Literaturkritiker und Bildungspolitiker (1920–21 Kultusminister). C. gilt als Überwinder des Positivismus; sein Historismus geht aus einer kritischen Revision der Hegelschen Logik der Gegensätze hervor und baut eine Philosophie und Päd. gemäß der Logik der Unterschiede auf.

Schr.: Ges. philos. Schriften, hg. v. H. Feist, 7 Bde. dt. 1927–30; Grundriß der Ästhetik, dt. 1913; Gesch. als Gedanke und Tat, dt. 1944, ²1949; Die Gesch. auf den allg. Begriff der Kunst gebracht, hg. v. F. Fellmann, 1984; Was ist die Kunst?, dt. v. Th. Poppe, 1987.
L.: E. Troeltsch, Der Historismus und s. Probleme, 1922, ²1961; R. Comoth, Introduction à la philoso-

**Comic**

von einer neuplatonisch-christl. Deutung des Verhältnisses von Gott, Welt und Mensch (Mensch als entscheidendes Werkzeug Gottes bei der Instandsetzung der Welt) Lösungen aufgezeigt, die allerdings bis in die jüngste Vergangenheit vorwiegend auf didaktischem Gebiet gesehen und anerkannt wurden. Erst neuerdings wird die »Pampaedia« (dt. erstmals 1960 ediert) als Hauptwerk des C. betrachtet. Neben sittl. Tugend und relig. Frömmigkeit gilt nach dem Grundsatz, alle alles vollständig zu lehren, Weisheit als Erziehungsziel, die durch Unterricht und Lernen gefunden werden soll; sie kann in dem Maße die menschl. Verhältnisse verändern, als sich der Mensch selber ändert.

Schr.: Gesammelte Werke in Ursprache, 1911 ff.; Opera didactica omnia, 1657, Neudr. Prag 1957; Das Labyrinth der Welt und das Paradies des Herzens, hg. v. Z. Baudnik, 1908, Neudr. 1958; Orbis sensualium pictus, 1654, dt.-lat. 1658, neu hg. v. I. Netzel, 1992; Ausgew. Schr.n, hg. v. H. Schönebaum, 1924; Pampaedia, hg. von D. Tschižewsky u. a., 1960, ²1965; Die Erneuerung der Schulen, hg. v. K. Schaller, 1967; Böhmische Didaktik, hg. v. K. Schaller, 1970; J. A. Comenii Opera Omnia, 18 Bde, 1970 ff.; Die Pforte der Dinge, hg. v. E. Schadel, 1989; ²1994; Pampaedia = Allerziehung, in dt. Übers. hg. v. K. Schaller, 1991; Große Didaktik, hg. v. A. Flitner, 1954; ⁸1993; Allweisheit, hg. v. F. Hofmann, 1992; Leben, Werk und Wirken. Autobiograph. Texte, hg. v. P. Michel u. J. Beer, 1992; Angelus pacis, hg. v. W. Eykmann, 1993; J. A. C. Über sich und die Erneuerung von Wissenschaft, Erziehung, christl. Lebensordnung. 2 Bde., hg. v. G. Arnhardt, 1996; Allverbesserung (Panorthosia), hg. v. F. Hofmann, 1998.

L.: J. Kvačala (Hg.), Die päd. Reform des C. in Dtl., 2 Bde., 1903–04; ders., J. A. C., 1914; R. Alt, Der fortschrittl. Charakter der Päd. Komenskýs, 1954; H. Geißler, C. und die Sprache, 1959; H. Hornstein, Weisheit und Bildung, 1961; K. Schaller, Die Päd. des J. A. C., 1962, ²1967; K. Schaller (Hg.), J. A. Komensky, Wirkung e. Werkes nach drei Jh.n, 1970; L. J. Patočka, Die Philosophie der Erz. des J. A. C., 1971; J. Schurr, C. Eine Einf. in die Consultatio Catholica, 1981; K. Schaller (Hg.), C., Erkennen, Handeln, Glauben, 1985; K. E. Nipkow, Bildung-Glaube-Aufklärung, 1986; K. Schaller, Herder und C., 1988; ders., 20 Jahre C.-Forschung in Bochum, 1990; H. Hanisch, J. A. C., 1991; K. Goßmann (Hg.), J. A. C. 1592–1992, 1992; D. Marcelle, C., Une pédagogie à échelle de l'Europe, 1992; K. Schaller (Hg.), C. – 1992, 1992; G. Michel, u. a. (Hg.), C.-Jahrbuch, 2 Bde. 1993, 1994; J. Friedrichsdorf, Umkehr. Prophetie und Bildung bei J. A. C., 1995; R. Golz, W. Korthaase, E. Schäfer (Hg.), C. und unsere Zeit, 1996; H. Hornstein, Die Dinge sehen, wie sie aus sich selber sind, 1997; G. Michel (Hg.), C. und der Friede, 1997.

**Comic.** Als C.-Strips fortsetzungsweise in Zeitungen oder Zeitschriften oder als C.-Books in selbständiger Heftform erscheinende, sich an Kinder (z. B. »Micky Maus«) oder Jugendl. und Erwachsene (z. B. Batmann) wendende Bildergeschichten; vereinzelt auch politgesellschaftskritische C.s (Underground-Comics).

Um die Jh.-wende in den USA als Werbemittel entstanden und nach dem Zweiten Weltkrieg weltweit verbreitet (»Pest der C.-Books«), stellen sie heute den größten Geschäftserfolg der Druckindustrie dar. Die thematische und ideologische Spannbreite der C.s schließt eigens dafür erfundene Geschichten (z. B. Popeye der Seefahrer, Micky Mouse, Peanuts, Asterix) und Bearbeitungen literarischer Vorlagen (von Robinsonaden bis zur Bibel) ein. Wurden von Pädagogen zunächst die Gefahren (Beeinträchtigung der Phantasie, des Lesevermögens, sprachl. und kulturelle Verarmung, Verherrlichung von Gewalt) hervorgehoben, so zeigt sich inzwischen nicht nur eine größere Toleranz, vielmehr werden geeignete C.s heute als Unterrichtsgegenstand und als didaktisches Mittel verwendet. C.s prägen heute Welt- und Menschenbild sowie Sprach- und Sozialformen der Kinder mit, so daß eine Erziehung zu kritischem Umgang mit diesem Massenmedium geboten ist. → Robinson Crusoe, → Kinder- u. Jugendliteratur.

L.: A. C. Baumgärtner, Die Welt der C., ²1965 u. ö.; E. K. Baur, Der C., 1977; H. J. Kagelmann, Aspekte zu Inhalt und Wirkung, 1976; ders. (Hg.), C. Hdb. für Eltern, Lehrer, Erzieher, 1976; R. C. Reitberger, W. J. Fuchs, C. Anatomie e. Massenmediums, 1971; U. Krafft, C. lesen, 1978; D. Grünwald, C.s – Kitsch oder Kunst?, 1982; B. Dolle-Weinkauf, C.s, 1990; H. Heidtmann, Kindermedien, 1992; G. Lohse, Ironie, Caesar und Asterix, in: Der Altsprachl. Unt. 41 (1998).

**Community Development.** C. D. taucht als Begriff erstmals 1928 in den → USA auf und erhält internationale Bedeutung durch den *British Colonial Office*, der 1944 C. D. als Strategie der informellen Massenerziehung aufgreift. 1959 wird C. D. als Entwicklungsstrategie von der UNO anerkannt und international verbindlich definiert. C. D. umschreibt einen Prozeß, durch den die Eigenbemühungen der Bevölkerung in Entwicklungsländern verbunden werden mit denen

beitet, trat der CIC 1918 in Kraft; nach dem II. Vatikan. Konzil wurde eine Neufassung notwendig, die dem nachkonziliaren Selbstverständnis der Kirche Rechnung tragen sollte; diese Neufassung wurde 1983 von Johannes Paul II. verkündigt. Der CIC überträgt den Eltern die Rechtspflicht für die religiöse und sittliche Erziehung (Taufe, → rel. Erziehung, kath. Schulen; cann. 793–821) und hebt die Erziehung als die Bildung der ganzen menschlichen → Person hervor (can. 795). Das naturgegebene → Elternrecht hat Vorrang vor dem Recht des Staates. Als juristische Person eigenen Rechts verlangt die Kirche, Schulen und Universitäten ihrer eigenen Art frei errichten zu dürfen (cann. 800–803, 815–821).

L.: Hdb. d. Kathol. Kirchenrechts, hg. v. Listl, Müller, Schmitz, 1983; Münsterischer Kommentar zum CIC, hg, v. K. Lüdicke (Loseblattsammlung), 1985 ff.

**Cogendi** (Computer organisiert gemäß eingegebenen Normbausteinen didaktischen Informationsumsatz), 1966 entwickelter didaktischer → Algorithmus, nach welchem ein Rechner einen → Lehralgorithmus auf der Basis des informationspsychologischen Psychostrukturmodells unter Zuhilfenahme von normierten Lehrschrittbausteinen erzeugt, die ihm ein Didaktiker zusammen mit den Lehrstoff- und Lehrzielvorgaben und Angaben über die vorgesehenen Lerner eingibt. C. wurde in einer rechnerunabhängigen Vereinfachung (w-t-Didaktik) für die Praxis des → programmierten Unterrichts wirksam. Theoretisch interessante Vereinfachungen sind die vollalgorithmischen Formaldidaktiken → Alzudi und Alskindi.

**Cohn,** Jonas, * 2. 12. 1869 Görlitz, † 12. 1. 1947 Birmingham; gehörte zur sog. Heidelberger Schule des → Neukantianismus; sah die Aufgabe der Erziehung als Befreien des Menschen zu seinem Willen bei gleichzeitigem Binden an ein Sollen.

Schr.: Voraussetzungen und Ziele des Erkennens, 1908; Geist der Erziehung, 1919; Befreien und Binden, 1926; Vom Sinn der Erziehung, hg. v. D.-J. Löwisch, 1970 (m. Bibl.); Selbstüberschreitung. Grundzüge der Ethik, hg, v. D.-J. Löwisch, 1986.
L.: H. Blankertz, Der Begriff der Pädagogik im Neukantianismus, 1959; W. Ritzel, Phil u. Päd. im 20. Jh., 1980; K.-P. Rhein, J. C. Päd. auf wertphilos. Grundlage, (Diss. Bonn) 1984; D.-J. Löwisch, J. C., in: Päd. Denken von den Anfängen bis zur Gegenwart, hg. v. W. Fischer u. D.-J. Löwisch, 1989, Neuaufl. u. d. T. Philosophen als Pädagogen, 1998.

**College,** in Großbritannien (→ Vereinigtes Königreich) Bezeichnung für Berufsfachschulen oder -hochschulen (z. B. commercial, agricultural, technical c.) oder für die von Studenten und Professoren bewohnten Kollegien der alten Univ.n (z. B. Oxford, Cambridge) wie auch für bestimmte Univ.n (z. B. University College, London), Schulen (Eton College) und Fakultäten (z. B. College of Physicians); in den → USA meist für die untere (d. h. undergraduate) Stufe der Hochschulen, nach deren erfolgreichem Besuch die Studenten den Bachelor-Grad (→ Bakkalaureat) erwerben.

**COMENIUS,** der die Schule betreffende Teil des umfassenden → SOKRATES-Programms und zugl. wichtigste Einzelerneuerung der Bildungsprogramme der → Europäischen Gemeinschaft. Es geht direkt auf den Vertrag von Maastricht (1992) zurück, der die Gemeinschaft erstmals in die Lage versetzt, nicht nur in der beruflichen und Hochschulbildung, sondern auch im Bereich der Schulbildung entsprechende Kooperationsvorhaben durchzuführen. Mit seiner Hilfe sollen die vorschulischen und schulischen Bildungssysteme der beteiligten Länder durch verschiedene Initiativen und Aktionen (Schulpartnerschaften, interkulturelle Erziehung, Fortbildung von Lehrern und Erziehern u. a.) auf europäischer und nationaler Ebene um den »Mehrwert« der europäischen Dimension bereichert werden.

**Comenius,** Johannes Amos (eigentlich Jan Amos Komensky), * 28. 3. 1592 Nivnice (Südmähren), † 15. 11. 1670 Amsterdam; Mitglied und später Bischof der Böhmischen Brüder, führte ihn ein rastloses Leben durch ganz Europa. C. kann als erster großer Theoretiker einer systematischen und umfassenden Päd. gelten. Seine »pansophische« Erziehungs- und Bildungslehre stellt nicht nur den Höhepunkt der → Barockpäd. dar, sondern hat viele Probleme der modernen Päd. (Vorschulerziehung, Altenbildung, Chancengleichheit u. a.) vorweggenommen und dafür

Staat und Kultur des → Mittelalters geprägt (→ Karl d. Gr.; → Alkuin) und in → Reformation (→ Calvin; → Luther; → Melanchthon) und → Gegenreformation (→ Jesuiten-Orden) neue Impulse erhalten. In der Neuzeit hat sie sich zunehmend mit der weltl. Bildung verschmolzen und dabei auch Veränderungen und Kompromisse erfahren. Dennoch bildet sie auch heute einen festen päd. Bezugspunkt, nicht nur literarisch, sondern auch durch die Existenz christl. Schulen. Aus kath. Sicht wurde c. E. durch → Enzykliken der Päpste immer wieder neu bestimmt. Dem stehen auf ev. Seite synodale Äußerungen gegenüber. → Relig. Erziehung, Religionsunterr.

L.: H. Köhler, Theologie der Erziehung, 1965; E. E. Helmreich, Religionsunterricht in Dtl., (engl. 1959) 1966; H. Niederstrasser, Kerygma und Paideia, 1967; H. Schilling, Grundlagen der Religionspäd., 1970; J. W. Donohue, Catholicism and Education, New York 1973; E. Birkenbeil, C. E., 1974; Perspektiven einer christl. Päd., hg. v. F. Pöggeler, Freiburg 1978 (Bibl.); I. Blanke, Sinn und Grenze c.r E., 1978; W. Böhm u. a., Wer ist der Mensch?, 1982; L'educazione cristiana oggi, Brescia 1985; F. März, Klassiker c.r E., 1988; H. v. Hentig, Bibelarbeit, 1988; K. E. Nipkow u. a. (Hg.), Glaubensentwicklung und Erz., 1988; Christianity and Educational Provision in International Perspective, ed. W. Tulasiewicz, C. Brock, Cambridge 1988; J. Werbick, Glauben lernen aus Erfahrung, 1989; »Nimm und lies«. Chr. Denker von Origines bis Erasmus von Rotterdam, hg. v. H. v. Campenhausen u. a., 1991; W. Böhm, Was heißt christlich erziehen?, 1992; M. Böschen u. a. (Hg.), Christl. Pädagogik – kontrovers (FS W. Böhm), 1992; L. Müller, C. E. am Horizont gefährdeter Zukunft, 1993; Gegenwart und Zukunft c. E., hg. von W. Scharl und F. Pöggeler, 1994; Kanzel und Katheder, hg. von M. Heitger und A. Wenger, 1994; E. Paul, Gesch. der c. E., 1995; Pédagogie chrétienne, Pédagogues chrétiens, G. Avanzini, Paris 1996.

**Cicero,** Marcus Tullius * 3. 1. 106 v. Chr. Arpino, † (ermordet) 7. 12. 43 bei Gaeta; bedeutender röm. Redner und Politiker. C. nahm in seinen philos.-päd. Schriften (vor allem De oratore) die griech. Idee der → paideia auf und betonte den Primat des Sprachlichen in der Bildung: nur die Sprache erlaubt, mit anderen »menschlich« zu verkehren und mittels Literatur und Kommunikation »menschlich« zu leben. C. unterschied mit den anderen Klassikern der Latinität (M. T. Varro, M. F. → Quintilian) zwischen *institutio* (unterrichtlichem Wissen) und *eruditio* (Bildung); beide sind nur dem Menschen zugänglich und begründen seine *Humanitas*. → Altertum, → Humanismus, → Rhetorik, → Kultur.

Schr.: Topik, hg. v. H. G. Zekl, 1983; Die polit. Reden, hg. v. M. Fuhrmann, 3 Bde., 1993; Topica, hg. v. Th. Nüsslein, 1994; Orator, hg. v. B. Kytzler, 1975, ⁴1998. L.: H. K. Schulte, Untersuchungen über das ciceronische Bildungsideal, 1935; A. Altevogt, Der Bildungsbegriff im Wortschatz C.s, Diss. Münster, 1940; M. Fuhrmann, Die antike Rethorik, 1984; P. Grimal, C., Philosoph, Politiker, Rhetor, 1988; M. Fuhrmann, Rom in der Spätantike, 1994.

**Claparède,** Eduard, * 24. 3. 1873 Genf, † 28. 9. 1940 ebd.; Arzt und Psychologe, gründete 1912 in Genf die Ecoles des Sciences de l'Education (später Institut J.-J. Rousseau); vertrat die Auffassung, daß alle Päd. auf der psycholog. und biolog. Kenntnis des Kindes beruhen müsse. → funktionelle Erziehung, → Psychopäd.

Schr.: Kinderpsychologie und experimentelle Päd., dt. 1911; L'éducation fonctionelle, 1931, 1972; Le développement mental, 1946. L.: R. Titone, C., Brescia 1958, ²1971 (m. Bibl.); W. Böhm, G. Flores d'Arcais, Die Päd. der frankophonen Länder im 20. Jh., 1980; H.-U. Grunder, Von der Kritik zu den Konzepten. Aspekte einer »Geschichte der Päd. der frz.sprachigen Schweiz« im 20. Jh., 1986.

**Clausse,** Arnould, * 9. 9. 1905 Virton (Belgien), † 24. 9. 1992 Liège; lehrte 1943–75 an der Univ. Liège, Gastprof. an der Sorbonne (1964) und in Padua (1966); sein »funktioneller Relativismus« stellt einen kritischen Humanismus dar, in den C. die Ergebnisse aller Humanwiss.n zu integrieren sucht.

Schr.: Pédagogie rationaliste, Paris 1967; Initiation aux sciences de l'éducation, Paris 1967; Philosophie et méthodologie d'un enseignement rénové, Paris 1972; Philosophie et pédagogie, in: Rassegna di Pedagogia 38 (1981).

**Cluster College.** Zusammenschluß verschiedener Colleges oder Univ.n, um äußere Ausstattung und Lehrpersonal effektiver einzusetzen und das Lehrangebot auszuweiten, ohne die vertraute Campus-Atmosphäre zu verlieren. Ein bekanntes Beispiel ist die Univ. of California mit 7 Campus.

**Codex Iuris Canonici** (CIC), Gesetzbuch der kath. Kirche, seit 1903 auf Weisung von Pius X. von einer Kardinalskommission ausgear-

wie Wiss. und Technik eingeräumt. Im Zuge der Reform- und Öffnungspolitik finden in der VC. so rasante und gravierende Veränderungen statt, daß für das ganze Land gültige Aussagen schwer getroffen werden können.

L.: H.-J. Cwik (Bearb.), Erziehungs- und Bildungswesen in Asien und Ozeanien (Auswahlbibl.), 1977; B. Dilger, J. Henze, Das Erziehungs- und Bildungswesen der VR China seit 1969 (m. Bibl.), 1978; R. F. Price, Education in modern China, London 1979; Recent Development of Education in the People's Republic of Ch., Beijing 1981; J. Münch, M. Risler, Stand und Entwicklungsperspektiven des beruflichen Bildungswesens in der VR China, 1983; R. Hayhoe, Contemporary Chinese Education, 1984; J. Münch, Berufliche Bildung in der VR China, 1986; The State Education Commission, The Development of Education in Ch., Beijing 1986; J. Henze, Hochschulzugang in der Volksrepublik China, 1991; J. Henze, VC., in: Halbjahresber. zur Bildungspol. und päd. Entwicklung in ausgew. Ländern Mittel- und Osteuropas, 1994; UNESCO (Hg.), World Education Report, Paris 1998.

**b) Republik China (Taiwan).** Seit dem 17. J. unter chines., zwischenzeitl. (1895–1945) unter japan. Herrschaft spiegelt Taiwan in seinem Erziehungswesen den jew. obrigkeitlichen Einfluß wider. Mittelbar kamen päd. Auffassungen zum Tragen, die China und Japan ihrerseits aus dem Westen einschließlich Nordamerika übernommen hatten. Die Japaner förderten in den Schulen besonders den Japanischunterricht und hielten die Hochschulbildung in engen Grenzen; 1944 kamen bei 6 Mill. Einwohnern auf ca. 970 000 Schüler knapp 1800 Studenten. Allerdings gingen auch Entwicklungen auf dem chines. Festland (4.–Mai-Bewegung) nicht spurlos an den jungen Taiwanesen vorüber. Mit der Flucht der nationalchines. Regierung auf die Insel wurde das Erziehungswesen seit 1949 neugestaltet. Heute werden fast 100% aller Schulpflichtigen eingeschult; das Schulwesen ist gut ausgebaut und wie folgt gegliedert: nach freiwilliger Vorschulerziehung (4.–6. Lj.) bestehen 3 Levels. 1. *free education* 9 J. (Schulpflicht), umfaßt 6 J. elementary education und 3 J. junior middle school; 2. *secondary education,* dreigliedrig mit senior high school, vocational school, normal school; 3. *higher education,* Hochschulausbildung, zu zwei Dritteln privat; 124 Hochschulen, darunter 16 Univ.n. Darüberhinaus gibt es die *social education* für Behinderte, Erwachsene und künstlerisch Hochbegabte. Die erziehungspolit. Zielsetzungen gehen von den tradit. und nation. Werten der chines. Ethik und Kultur aus (daher keine Vereinfachung der Schriftzeichen). Auf ihrer Grundlage soll der Lernende befähigt werden, zum techn. Fortschritt und zur Förderung des Gemeinwohls beizutragen.

L.: W. Franke, B. Staiger (Hg.), China Hdb., 1974; W. J. F. Lew, Education in Taiwan, Trends and Problems, in: Asien Affairs, 1976; R. M. Thomas und T. N. Postlethwaite (Hg.), Schooling in East Asia, Oxford 1983; D. D. S. Sung und I. C. Ho (Hg.), Republic of China, 1986, Republik China, Monthly Bulletin of Statistics, Taipei monatlich fortlaufend.

**Chrestomathie** (griech.: nützliches Wissen), Sammlung belehrender oder sprachl. musterhafter Textauszüge klass. Autoren zum Schulgebrauch. → Anthologie.

**Christliche Erziehung.** Christl. heißt eine Erziehung, die den Prinzipien des Christentums folgt und zu einem Leben gemäß den Regeln des Evangeliums, vor allem zur brüderlichen Liebe unter allen Menschen, führen will. Der Begriff erscheint erstmals im 1. Jh. in einem Brief des röm. Bischofs Klemens an die Gemeinde in Korinth. Hinweise auf Christus, die theol. Tugenden (Glaube, Hoffnung, Liebe) und das Reich Gottes bilden in den ersten Jh.n den wesentl. Inhalt der Schriften über c.E. Später werden diesen Ermahnungen Argumente für die Überlegenheit des christl. über ein heidnisches Leben und für die Festigung der relig. Wahrheiten gegenüber den häufigen Irrlehren angeschlossen, und die Lehre Christi wird nun auch rational begründet (Apologetik). Das *Didaskaleion* in Alexandrien ist im 2./3. Jh. das bedeutendste Zentrum der relig. Bildung. Einen wichtigen Beitrag zur Klärung der c.E. hat Klemens von Alexandrien mit seiner Unterscheidung von intellektueller, sittl.-relig. und körperl. Erziehung geleistet und Christus als unseren wahren Lehrer bezeichnet. Diese These wird in → Augustinus' ›De magistro‹ wieder aufgenommen (nur Gott ist Lehrer, und der Mensch ist es nur, sofern er in seinem Inneren die göttl. Wahrheit entdeckt) und von → Thomas von Aquin weitergeführt, der auch die, freilich sekundäre, Bedeutung des irdischen Lehrers anerkennt. Die c.E. hat

## a) Volksrepublik China

ten über einen verbreiteten Zugang zum Schriftsystem eine Erziehung in ihrem Sinn an.

L.: E. Rawski, Education and Popular Literacy in Ch'ing China, Ann Arbor 1979; I. Miyazaki, China's Examination Hell, New Haven/London 1981; S. Borthwick, Education and Social Change in China. The Beginnings of the Modern Era, Palo Alto 1983; T. H. C. Lee, Government Education and the Examination in Sung China, Hongkong 1984; J. W. Chaffee, The Thorny Gates of Learning in Sung China, Cambridge 1985; T. D. Curran, Education and Society in Republican China, PhD Columbia Univ. New York 1986; P. J. Bailey, Reform the People. Changing Attitudes towards Popular Education in Early Twentieth-Century China, Vancouver 1990; Thomas H. C. Lee, Education in Traditional China, a History, Leiden 1999.

**a) Volksrepublik China.** Die VC. erließ schon 1949 neue Richtlinien und löschte den westl. Einfluß systematisch aus. Die Erziehung zur »neuen Demokratie« (Mao Tse-tung) propagierte nationalen Sozialismus, Wissenschaftlichkeit und Massenbezogenheit. Die Verfassung von 1954 gewährte allen Bürgern das Recht auf Bildung und garantierte den systemat. Aufbau der Bildungs- und Kulturstätten durch den Staat. Im Zusammenhang mit der Volkskommunenbewegung erließen der Staatsrat und die Kommunist. Partei am 19. 9. 1958 eine Direktive über die Bildungsreform, die in einem Perspektivplan für die kommenden 30 Jahre vorsah: Beseitigung des Analphabetentums (1956 noch 78% Analphabeten), Einführung der Grundschulpflicht, Entwicklung des höheren Schulwesens, Beschleunigung der Spezialisierung der höheren und Hochschulen, engere Verbindung zw. Schule und Produktion. Seit 1957/58 wird an der Vereinfachung der Schriftzeichen gearbeitet. Die Umstellung auf die lateinische Schrift wird noch lange Zeit benötigen.

Gegenwärtig erfaßt die Vorschulerziehung Kinder im Alter von 3 bis 6 J. in Kinderzentren, -gärten, -läden und -palästen. Die Grundschule wurde in der Großen Proletarischen Kulturrevolution auf 5 bzw. 4 J. reduziert (vorher 6 J.), aber quantitativ enorm ausgebaut. Die gesamtstaatl. Schulpflicht ist nur möglich, weil neben den regulären, staatl. finanzierten Ganztagsschulen vollausgebaute ›Teilzeitschulen‹ (Verbindung von Unterricht und Berufstätigkeit, hauptsächlich in Volkskommunen) und ›Freizeitschulen‹ (Unterricht für junge Erwachsene im Alter von 14–29 J.n außerhalb der Berufsarbeit) bestehen. Immer mehr, insbes. in den Städten, besuchen nach der Grundschule die 2–3j. untere Mittelschule. Nach den Perspektivplänen ist ihr 3j. Typ die nächste Stufe der landesweiten Schulpflichtverlängerung bis 1985. Komplementär dazu ist bis 1985 der Ausbau der 2- oder 3j. oberen allg. bildenden Mittelschule für alle Städte (d. h. 15% der Bev.) geplant. Auch im Sekundarbereich gilt die Verbindung des Unterrichts mit produktiver Arbeit und die Differenzierung in Vollzeit-, Teilzeit- und Freizeitschulen. Auf der unteren Mittelschule bauen die berufl. Fachschulen auf, darunter auch die Lehrerbildungsanstalten. Die Ausbildung der Lehrer für die erste Stufe der höheren Schule erfolgt in Päd. Instituten, für die zweite Stufe in Päd. Akademien. Der Hochschulbereich umfaßt Univ.n, Techn. Univ.n und spezialisierte Hochschulen (z. B. Bauern- und Arbeiterhochschulen). Diese dienen vorwiegend der Erwachsenenbildung und bereiten jüngere Berufstätige auf mittlere Qualifikationen vor. Seit 1977 können sich alle jungen Arbeiter, Bauern (einschl. Jugendlicher mit Mittelschulabschluß, die sich auf dem Land niedergelassen haben), demobilisierte Soldaten, Partei- und Regierungskader und die Absolventen der oberen Mittelschulen zur national einheitlichen Aufnahmeprüfung für die Hochschulen melden, wenn sie neben dem erforderlichen Bildungsniveau ein hohes polit. Bewußtsein und körperl. Gesundheit besitzen. Nur ein kleiner Teil der Studienbewerber kann von den ca. 400 Hochschulen aufgenommen werden. Die Studienzeiten wurden auf drei Jahre verkürzt bei gleichzeitiger Ausweitung praktischer Arbeit bis über 50% der Studiendauer.

Die Erziehungswiss. entwickelte sich in China mit der Rezeption der Sozialwiss.n zu Beginn des 20. Jh. Der Einfluß der im Ausland (bes. in den USA) ausgebildeten Erziehungswissenschaftler manifestierte sich erstmals in der Gründung der Gesellschaft zur Förderung der Erziehung (1921). Der Wissenschaftspolitik wird gegenwärtig eine Schlüsselstellung im Rahmen der »Vier Modernisierungen« auf den Gebieten der Landwirtschaft, Industrie, Landesverteidigung so-

**China.** In keiner anderen Kultur der Welt wurde das Bildungs- und Erziehungswesen so nachdrücklich vom Schriftsystem bestimmt wie in Ch. Die ersten zusammenhängenden piktographischen Äußerungen auf chin. Boden datieren aus der Zeit um 2200 v. Chr. (sog. Longshan-Kultur). In der Folgezeit wurde der Schritt zu einem begrenzten Katalog phonetischer Zeichen nicht vollzogen. Es traten lediglich piktographgebundene Lautwerte bei der Schaffung neuer Zeichen zu den bildlichen Elementen hinzu. Das umfangreiche Schriftsystem, das einschließlich Varianten auf etwa 54 000 Zeichen anwuchs, erforderte eine derart intensive Ausbildung, daß an ihr nur ein vergleichsweise sehr geringer Teil der Bevölkerung teilnehmen konnte. Ursprünglich erfolgte die Unterweisung in kultischem Rahmen, beispielsweise zu Orakelzwecken, später in Schulen und innerhalb der Familie – eine Lehrform, die übrigens in jüngster Zeit eine bescheidene Tradierung alter Bildungswerte ermöglichte. Als Lehrmittel dienten vornehmlich die chin. Klassiker, die literar., histor. u. philos.Texte aus dem 1. Jahrtausend v. Chr. umfassen. Sie besaßen doppelte Vorbildfunktion. Man entnahm ihnen zum einen die exemplarische Syntax der Schriftsprache und zum anderen die für das Gemeinwesen und den einzelnen verbindlichen Lebensmaximen konfuzianischer Prägung (→ Konfuzius). Da nur über die Kenntnis der Schriftsprache die Möglichkeit gegeben war, in dem seit etwa 200 v. Chr. sich entwickelnden zentralen Verwaltungssystem des Staates einen Posten zu erhalten, entstand der Typus des Literatenbeamten. Zur Auswahl des geeigneten Nachwuchses bildete sich parallel dazu ein außerordentlich leistungsfähiges Prüfungswesen heraus. Auf diesen Fluchtpunkt war letztlich das gesamte Bildungswesen des kaiserzeitlichen Ch. (221 v. Chr.–1911) ausgerichtet. Vom Bestehen der Prüfungen, die später straff auf Kreis-, Bezirks-, Provinz-, und Hauptstadtebene organisiert waren, hing oft der soziale Auf- und Abstieg des einzelnen und seiner Familie ab. Schulen wurden von Tempeln, Gemeinden, Privaten und der Regierung unterhalten. Daneben blühten von Literaten abgehaltene Tutorien zur gezielten Examensvorbereitung. Ausbildung blieb im Prinzip zunächst Privatsache; das Prüfungswesen war Angelegenheit des Staates. Der Staat baute allerdings im Laufe der Geschichte seine Kontrolle über das Ausbildungswesen aus und unterhielt in Ansätzen schon seit dem 2. Jh. v. Chr. zentrale Bildungsstätten mit Akademie- oder Hochschulcharakter. Ihnen folgten seit dem 7. Jahrhundert n. Chr. Staatsuniversitäten an den jeweiligen Regierungssitzen. Während der Mandschudynastie (1644–1911) nahm der Anteil des Staates am Ausbildungswesen erheblich zu, und das Eindringen der westlichen Mächte im 19. Jahrhundert veränderte die chin. Bildungslandschaft zwangsläufig von Grund auf. Der tiefempfundene Mangel an technischem und naturwissenschaftlichem Wissen in westlichem Sinn führte seit den 1860er Jahren im Rahmen der sog. Selbststärkungsbewegung zur Einrichtung naturwissenschaftl. und fremdsprachl. Fächer. Der verlorene Chinesisch-Japanische Krieg (1894/95) beschleunigte die Entwicklung und zog 1902 die Neuordnung des chin. Schulwesens sowie 1905 die Abschaffung des klassischen Prüfungssystems nach sich. Daneben hatte sich unter dem Schutz der ausländ. Mächte ein leistungsfähiges ausländ. Schul- und Universitätswesen entwickelt. Nach der Revolution von 1911 bot das chin. Bildungssystem ein Spiegelbild der inneren Zerrüttung des Landes. Ausgelöst durch die studentischen Unruhen des 4. Mai 1919 trat 1920 auf der Basis der Lehren Sun Yat-sens (1866–1925) dort, wo es die politischen Verhältnisse erlaubten, eine gewisse Konsolidierung ein. Unter anderem wurde die allgemeine Schulpflicht eingeführt, die jedoch nur begrenzt durchgesetzt werden konnte. Die gesprochene Sprache wurde nun auch allgemein anstelle der bislang üblichen Schriftsprache geschrieben. Außerdem machte sich der Einfluß der vom Auslandsstudium in Japan, Europa und den USA zurückkehrenden Chinesen in der Heimat bemerkbar. Einerseits wurden amerikan. Vorbilder auf das chin. Schulwesen übertragen (Aufbauschema: 6-3-3-4/6 Jahre), andererseits blieb jedoch der traditionelle Grundzug chin. Bildungsvorstellungen in diesem Lager weiter erhalten. Eine andere Entwicklung bahnte sich gleichzeitig in den Gebieten an, die von den Kommunisten kontrolliert wurden. Sie streb-

der Chemielehrerausbildung. Der C., 1981; H. Heise, M. Kemmeritz, Hinweise und Anregungen für die Praxis des Physik- und C., 1982; P. Pfeifer, B. Lutz, Grundkenntnisse zur Didaktik und Methodik des C., 1986; F. Kubli, Interesse und Verstehen in Physik und Chemie, 1987; M. Wolf, Die Erziehung zum selbständigen experimentellen Lernen im C., 1988; W. Asselborn, H. Jacob u. a., Messen mit dem Computer im C., 1989; H. R. Christen, C., 1990; P. Pfeifer, Konkrete Fachdid. Chemie, 1992, Neuaufl. 1997.

**Child centred education,** Sammelbezeichnung für bestimmte Richtungen und Aspekte der → Reformpäd. der dt. → »Päd. vom Kinde aus« eng verwandt.
L.: H. Entwistle, C. C. E., London 1979; H. Röhrs, V. Lenhardt (Hg.), Die Reformpäd. auf den Kontinenten, 1994; W. Böhm, J. Oelkers (Hg.), Reformpäd. kontrovers, 1995, ²1999.

**Chile.** Das Schulreformgesetz von 1966 schuf die Grundlage für das heutige Bildungssystem. Die Vorschulerziehung (*Educación parvularia*) erfolgt in staatl. Kindergärten und öffentl. oder privaten Institutionen. Sie zielt auf individuelle Förderung und ist unterteilt in Gruppen von 0–2, 2–4 und vom 4. Lj. bis zum Schuleintritt. Der Vorschulerziehung wird immer größere Bedeutung beigemessen. Die 8j. Volks-Einheitsschule (6.–14. Lj.) sucht regionalen Besonderheiten Rechnung zu tragen und mit Hilfe modernisierter und flexibler Lehrpläne sowohl allgemeine Bildung zu vermitteln, auf die Sekundarstufe wie auch auf den Eintritt in die Arbeitswelt vorzubereiten. Die Oberschulen (Mittelstufe) gliedern sich in einen 4j. wiss. humanist. Zweig (*liceo* oder *colegio*) zur Vorbereitung auf die Univ. und einen techn.-berufl. Zweig, vorwiegend zur Ausbildung für den mittleren Dienst im techn. Agrar-, Handels- u. Industriebereich. Die Trennung wurde 1980 aufgehoben (2j. gemeinsame Orientierungsstufe und 2j. allgemeinbildender oder berufsbildender Zweig). Die *»prueba de aptitud académica«* (→ Bakkalaureat) als Studienberechtigung wird von der Univ. aufgrund einer Aufnahmeprüfung erteilt. Viele der Univ. sind privat (z. B. die Kath. Univ.n in Santiago und Valparaiso); bedeutsam sind auch die zahlreichen (staatlich unterstützten) Privatschulen von Kirchen, Volksgruppen etc.
Schulverwaltung und Bildungsplanung erfolgten bis 1980 stark zentralistisch aufgrund von Richtlinien des Kultusministeriums. Eine Regierungsdirektive zur Nationalerziehung von 1979 forderte die verstärkte Ausrichtung der Erziehung am christl. Humanismus entsprechend der Verfassung, die Vereinheitlichung der Curricula und Lehrgänge sowie die Anpassung an die nationale und ökonom. Wirklichkeit des Schülers. Seit 1981 wird die Verwaltung der Schulen schrittweise dezentralisiert und regionalisiert. Der Staat behält jedoch die Kontrolle über die Bildungsinhalte. Neuerdings erprobt C. mit großem Erfolg ein System der → Evaluation von Schülern, Lehrern, Gebäuden und der Elternarbeit mit dem Ziel einer qualitativen Verbesserung der Schulbildung. Die Lehrerbildung erfolgt differenziert nach Vor-, Volksschule und Mittelstufe seit 1974 an den Univ.n Die Eltern haben den Vorrang in der Erziehung und bei der Wahl der Schule. Die staatl. Schulen sind kostenfrei. Der Ausbau von Stipendien soll soziale → Chancengleichheit sichern. Bes. Anstrengungen gelten der Alphabetisierung der Erwachsenen (1995: 4,8% Analphabeten). Verschiedene Institutionen, Stiftungen und Abteilungen der Univ. fördern Bildungsforschung und -planung: Instituto de Investigaciones Estadísticas; Centro de Documentatición Pedagógica; Centro de Investigaciones y Desarrollo de la Educación; Centro de Perfeccionamiento, Experimentación e Investigaciones Pedagógicas. 1981 wurden aufgrund stark gestiegener Studentenzahlen 5 neue Univ.n gegründet. C. besitzt nunmehr 3 Univ.n in Santiago, 2 in Valparaiso, 2 in Concepción sowie 6 weitere staatl. und priv. Univ.n. → Lateinamerika.

L.: G. Clarke, Education and Social Change in Chile, Washington 1966; Superintendencia de Educación en Chile, Santiago 1977; Informe de Chile a la 36a Reunión de la Conferencia Internacional de Educación de Ginebra, 1977; B. Capizzano Capalbo, La educación preescolar en Latinoamerica, in: Rassegna di Pedagogia 38 (1980); Centro de Investigacion y Desarrollo de la Educación (Santiago) (Hg.), Resumenes analiticos en educatión, 1982; E. Schiefelbein/J. P. Farrell, Eight years of their lives. Through schooling to the labour market in Chile, Ottawa 1982; Ministerio de Educación publica (Hg.), La Educación Chilena, 2 Bde., Santiago 1985 f.; Academía de Ciencias Sociales (Hg.), Educadores chilenos de ayer y de hoy, Santiago 1992; I. Nunez; La réforme éducative au Chili, in: Revue int. d'éducation 15 (1997).

S. Raasch, Frauenquoten und Männerrechte, 1991; S. Seeland, C. und Berufsbildung, 1991; H. Ditton, Ungleichheit und Mobilität durch Bildung, 1992; H. Köhler, Bildungsbeteiligung und Sozialstruktur, 1992; Bildung, Gesellschaft, Soziale Ungleichheit, hg. v. H. Sünker u. a., 1994.

**Charakter.** Seit der Antike (Hippokrates, Galenus, Theophrast) hat man den menschl. Charakter mit Hilfe mythologischer, medizin., philos. und psycholog. Begriffe zu erklären versucht. La Bruyère hat in »Les Caractères« (1688) die verschiedenen Ch.e als die moralischen Spuren herrschender Ideologien und Gebräuche aufgefaßt und ein Verständnis von Ch. eröffnet, das diesen als »eine bestimmte Anstrengung im Hinblick auf das Gute« begreift. In diesem moralischen Sinne hat → Kant den Ch. als wesentl. Teil des menschl. Willens gesehen und → Herbart ihn zum Hauptgegenstand von → Bildung und → Erziehung erklärt.

Dieser päd. Begriff von Ch. unterscheidet sich von dem lediglich die individuelle Eigenart eines Menschen bezeichnenden Ch.begriff der Psychologie: ein ethisch(-päd.) »charakterloser« Mensch hat psychologisch durchaus einen bestimmten Ch. In Auseinandersetzung mit der → Tiefenpsychologie hat R. Heiß das dynamische und prozeßhafte Moment des Ch.s betont; gegenüber dem → Behaviorismus hat vor allem Le Senne das frei wählende → Ich als zentralen Gestalter des menschl. Ch.s herausgestellt und hat Henry → Wallon die Genese dieser autonomen Instanz im Entwicklungsprozeß erforscht. Ch.bildung meint also nicht, jemandem einen Ch. einzuprägen oder ihn zu einem Ch. zu »machen«, sondern ihn auf sein eigenverantwortl. gestaltetes Verhältnis zur Welt und zu seinem Selbst hinzulenken. → Gewissen, Gewissenserziehung, → Person.

L.: R. Heiß, Die Lehre vom Ch., 1936; Le Senne, Traité de caractérologie, Paris 1945, [4]1952; ders., La destinée personnelle, Paris 1951; H. Wallon, Les origines de caractère chez l'enfant, Paris 1954; A. Wellek, Die Polarität im Aufbau des Ch.s, 1950, [3]1966; Y. Tschong, Ch. u. Bildung, 1991; Th. W. Adorno, Studien zum autoritären Ch., Neuausg. 1991.

**Chemieunterricht** geht hist. auf Anregungen des → Comenius, v. a. aber auf → Francke zurück, in dessen Anstalt er zusammen mit Mineralogie erteilt wurde. Obwohl die Chemie im 19. Jh. in wiss. Forschung sowie in Wirtschaft, Technik (vgl. Liebig, Haber, Bosch, BASF, Hoechst) und vor allem für die Nahrungsmittelproduktion (Kunstdünger, Konservierung) enorm an Bedeutung gewann, gab es bis in das 20. Jh. hinein nur in den realistischen höheren Schulen (z. B. → Realgymnasium) C. Heute ist er als Fach in den höheren Schulen, in den einschlägigen Zweigen der → Berufsschule sowie in der → Haupt- (häufig in Verbindung mit Physik als Naturlehre) und → Realschule (speziell im Hauswirtschaftsunterricht) vertreten. Schon in der → Grundschule werden im → Sachunterricht chemische Eigenschaften von Stoffen (Säuren, Basen) behandelt. Didaktisch-methodisch orientiert sich der C. am wiss. experimentellen Vorgehen der Chemie (Schülerexperimente, »Arbeitsunterricht«, eigene Laboratorien), er greift Probleme aus der Lebenswelt der Schüler (Lebensmittelchemie, Umweltschutz, Schadstoffemission u. ä.) auf und tritt auch in Verbindung zu Gesellschaftslehre und Politikunterricht (→ politische Bildung). Der Einfluß der Chemie auf die Lebensbedingungen des Menschen gilt heute als Hauptargument für den C.; früher wurde er oft damit begründet, die Kenntnis der Chemie erziehe zur Ehrfurcht vor der Schöpfung. Als Ziele des C. stehen im Vordergrund: 1. Steigerung des Weltverständnisses und der Fähigkeit der Weltbemeisterung (sowohl durch abstraktes Gesetzeswissen als auch durch praktisch-relevante Kenntnisse); 2. Förderung von Arbeitstugenden wie Genauigkeit, Sachlichkeit, Kooperationsbereitschaft; 3. Aufklärung über wiss. und wirtschaftl.-techn. Wirkungszusammenhänge und ihre Bedeutung für den Menschen. Steigende Stoffülle (bes. in der organischen Chemie), zunehmende Abstraktheit und Mathematisierung der theoretischen Erklärungsmodelle (Komplexchemie, Atommodelle) und die Interdisziplinarität der Naturwiss.n schaffen für den C. zunehmend Probleme, zumal sie nicht nur den traditionellen Stoffkanon in Frage stellen, sondern auch die Möglichkeit der Veranschaulichung einschränken. → Naturwiss. Unterricht.

L.: H.-J. Becker, Fachdid. Chemie, 1980, [2]1992; H.-J. Becker, W. Glöckner, F. Hoffmann, G. Jüngel, Repetitorium Fachdidaktik Chemie, 1981; Fachdidaktik in

# Chancengleichheit

gendl. (bzw. dessen verfassungsrechtl. Sicherstellung oder faktische Verwirklichung) auf eine mit individueller Förderung verbundene Schulbildung, die seinen Begabungen und Fähigkeiten, seiner Eignung und Neigung entspricht, als Voraussetzung der »freien Entfaltung seiner Persönlichkeit« (Art. 2. 1 GG) sowie für berufl. und sozialen Aufstieg gilt und unabhängig ist von seiner sozialen Herkunft und Abstammung, seiner wirtschaftl. Lage, seiner Rassen-, Religions-, Geschlechtszugehörigkeit usw. Im einzelnen sind unter C. in der päd. bzw. bildungspolit. Diskussion verstanden worden:

1. unter individuellem Aspekt a) die gleiche objektive Zugangschance zu weiterführenden Bildungsgängen für Kinder aus allen sozialen Schichten und Bevölkerungsgruppen nach (Schul-)Leistungs- statt sozialen Kriterien, wie sie in der BRD de jure garantiert ist (sog. formale C.), b) die gleiche subjektive Zugangschance, d. h. die gleiche »reale Möglichkeit, von den Rechten Gebrauch zu machen« (Dahrendorf), wie sie de facto bisher nicht eingelöst ist (sog. materiale C.), und

2. unter sozialem Aspekt a) die gleiche Zugangschance zu oder b) die gleiche Beteiligung an schulischer Bildung für die Angehörigen aller Sozialschichten (annähernd) proportional zu ihrem Bevölkerungsanteil. Juristisch wird zw. dem Individualrecht auf C. als einem Grundrecht der Person gemäß Art. 2,3 GG gegenüber dem Staat und dem sozialen Grundrecht auf C. gemäß dem Sozialstaatsgebot der Art. 20. 1, 28, 72. 2. 3 GG unterschieden, der nicht nur C. gewähren, sondern auch – in Verbindung mit dem Demokratisierungsgebot der Verfassung (nach Art. 20 GG) – Voraussetzungen schaffen muß, damit das Grundrecht auf C. von jedermann wahrgenommen werden kann.

Der Forderung, daß Bildung »Bürgerrecht« sei, stehen zahllose sozialökonom. und -ökolog., -kulturelle und -psycholog., auch schulorganisatorische → Bildungsbarrieren im Wege. Es ist daher eine zentrale Aufgabe der → Bildungs- und Sozialpolitik, durch geeignete polit., soziale und päd. Maßnahmen (mehr) C. herzustellen, → Begabungsreserven zu mobilisieren, das Bildungssystem so zu reformieren, daß niemand durch Zwang zu später nicht mehr revidierbaren Entscheidungen von bestimmten → Bildungschancen ausgeschlossen oder anderweitig benachteiligt wird. Statt dessen sind – ohne Nivellierung oder Senkung der Leistungsanforderungen – Unterricht, Schulorganisation und Bildungsangebot zu integrieren, zu individualisieren, zu differenzieren und zu demokratisieren, so daß ein Netz vielfältiger Möglichkeiten individuellen Lernens angeboten und die Lernenden ihren Lerninteressen, -motivationen und -geschwindigkeiten entsprechend gefördert, dabei die bei Schuleintritt vorhandenen, in der → Familienerziehung verursachten Unterschiede in den schul- und leistungsrelevanten Fähigkeiten der Kinder weitgehend aus- und angeglichen werden können. Freilich können weder Erziehungssystem noch Bildungspolitik, schon gar nicht auf sich allein gestellt, soziale Gleichheit in einer Gesellschaft sozialer Ungleichheit herstellen. Sie können aber u. U. dafür sorgen, daß das Ungleichheitsgefälle nicht noch stärker wird; denn es scheint als erwiesen, daß sich »die Chancenungleichheit in der intergenerationalen Vermittlung des berufl. Status vergrößern könnte, wenn die Chancenungleichheit im Zugang zu Bildung nicht verringert wird« (Müller/Mayer). Über der konsequenten Verwirklichung eines »mehr« an C. – die nicht nur die Chancen des einzelnen als Konkurrent auf dem Bildungsmarkt und im Wettbewerb um Statusprivilegien verbessert sowie Gleichheit gewährleistet, sondern auch die Leistungskonkurrenz jedes gegen jeden verschärft und gesellschaftl. Ungleichheit rechtfertigt – darf man allerdings die gleichermaßen polit. wie päd. ernst zu nehmende Aufgabe der kollektiven → Emanzipation von Unterprivilegierten, Diskriminierten und Randgruppen aus dem Blick verlieren.

L.: R. Dahrendorf, Bildung ist Bürgerrecht, 1965; J. S. Coleman u. a., Equality of Educational Opportunity, Washinton, D.C. 1966; H. Thomas (Hg.), Weltproblem C., 1970; G. Nunner-Winkler, C. und individuelle Förderung, 1971; Chr. Jencks, C., 1973; J. Rees, Soziale Gleichheit, 1974; W. Müller, K. U. Mayer, C. durch Bildung?, 1976; K. Hüfner (Hg.), Bildung, Ungleichheit und Lebenschancen, 1978; R. Dahrendorf, Lebenschancen, 1979; V. Meulemann, Soziale Herkunft und Schullaufbahn, 1979; D. E. Cooper, Illusions of Equality, London 1980; H. Bertram, Sozialisation und Sozialstruktur. Zur mikrosoziolog. Analyse von C., 1981; M. Bayer u. a., C. und Strukturkrise, 1983; R. Barrow, Injustice, Inequality and Ethics, Totowa (N. J.) 1983;

Theologie, war 1769–73 und 1775 Erzieher im Hause von Humboldt, 1773–75 Feldprediger in Potsdam, 1776–77 Mitarbeiter an → Basedows Dessauer Philanthropin, leitete 1777–85 eigene Erziehungsanstalten in Hamburg und Trittau (Holstein), 1787 Kanonikus in Braunschweig. C.s bleibende Bedeutung liegt in der Herausgabe der 16bändigen »Allg. Revision des gesamten Schul- und Erziehungswesens« (Neuausg. 1978), in der er u. a. → Rousseaus »Emile« veröffentlichte und kommentierte sowie hervorragende Mitarbeiter heranzog (u. a. → Salzmann, → Trapp, →Villaume); außerdem war C. als Pionier der → Kinder- und Jugendliteratur in Dtl. ebenso erfolgreich wie maßgebend (→ Robinson). C. teilte Rousseaus Bildungsoptimismus, wollte aber trotzdem eine früh einsetzende Kindererziehung, Unterricht in den → Realien und die Vorbereitung auf eine bestimmte Stellung in der Gesellschaft.

Schr.: Sammlung einiger Erziehungsschr., 1778; Über Empfindsamkeit und Empfindelei in päd. Hinsicht, 1779; Die Entdeckung von Amerika, 3 Bde., 1781–82; Theophron oder der erfahrene Ratgeber für die unerfahrene Jugend, 1783; Väterlicher Rat für meine Tochter, 1789; Sämtl. Kinder- und Jugendschr., Teile 1–38, 1806–32; Über das Zweckmäßige und Unzweckmäßige der Belohnungen und Strafen, neu hg. v. A. Reble, 1961; Über die früheste Bildung junger Kinderseelen, neu hg. v. B. Niestroy, 1985.
L.: J. A. Leyser, J. H. C., 2 Bde., 1877, ²1896; L. Göhring, Die Anfänge der dt. Jugendlit. im 18. Jh., 1904, Neudr. 1967; A. Klüpfel, Das Revisionswerk C.s, (Diss. Würzburg) 1934; L. Fertig, C.s polit. Erz., 1977; J. Schiewe, Sprachpurismus und Emanzipation, 1988; Chr. Kersting, Die Genese der Päd. im 18. Jahrhundert, 1992; C. Pohlmann (Hg.), Erfahrung schrieb's und reicht's der Jugend. J. H. C. als Kinder- u. Jugendschriftsteller, 1996.

**Campus** (lat.: Fläche, Feld), geschlossenes Univ.gelände mit Gebäuden bzw. Einrichtungen für Forschung, Lehre, Sport, Freizeit und Wohnen. Ursprünglich in USA verbreitet, seit 1950 auch in Europa (BRD: z. B. Ruhr-Universität Bochum).

**Canada** → Kanada.

**Canisius,** Petrus, * 8. 5. 1521 Nijmwegen, † 21. 12. 1597 Fribourg; als »zweiter Apostel Deutschlands« (nach Bonifatius) wirkte er theolog. und kirchenpolit. für die Glaubensverbreitung in Dtl. Bes. bedeutsam und einflußreich war sein schriftstellerisches Werk: Der Große Katechismus (Wien 1555, Neufassung 1566), der Kleine Katechismus (1556) und der Mittlere Katechismus (1558), Geistliches Testament (um 1596) und Geistliches Tagebuch. → Jesuiten.

L.: J. Brodrick, Saint P. C., 2 Bde., New York 1950 (m. Bibl.); J. Bruhin, P. C., ²1986; K. Diez, Christus u. seine Kirche, 1987.

**Cassiodor,** Flavius Magnus Aurelius, * 487, † um 580 (583?); röm. Senator, arbeitete am Hofe Theoderichs d. Gr. für eine Integration der gotischen Macht in die römische Kultur. Als erster Vertreter der mittelalterlichen Mönchsgelehrsamkeit und als Organisator der gelehrten Grundbildung durch Bewahrung und christl. Umdeutung der → artes liberales bestimmte er mit seinen Handbüchern und Kommentaren die Bildungsgeschichte des folgenden Jahrtausends (→ Alkuin, → Hrabanus Maurus).

Schr.: Opera omnia, ed. Migne, Bd. 69 u. 70; Cassiodori senatoris institutiones, ed. R. A. B. Mynors, Oxford 1937, ²1961.
L.: W. Ensslin, Theoderich d. Gr., 1947; J. van den Besselaar, C. Senator, Antwerpen 1950; A. Momigliano, C. and Italian Culture of His Time, London 1956; G. Ludwig, C., 1967; S. Krautschick, C. u. die Pol. seiner Zeit, 1983.

**Catalfamo,** Giuseppe, * 5. 7. 1921 Catania, † 22. 2. 1989 Messina; 1962 Prof. für Päd. Univ. Messina, vertrat einen hist. → Personalismus und verstand Erziehung als Hilfe zur Selbstgestaltung des Menschen.

Schr.: La problematica della nuova educazione, Messina 1953; Personalismo pedagogico, Roma 1957 u. ö.; La pedagogia contemporanea e il personalismo, Roma 1961 u. ö.; Personalismo senza dogmi, Roma 1972; La filosofia marxista dell' educazione, Messina 1976; Ideologie und Erz., dt. 1984; Fondamenti di una ped. della speranza, Brescia 1986.

**Chancengleichheit,** politische Norm aus der Philosophie der bürgerl. Aufklärung mit verfassungsrechtl. Absicherung in den sozialstaatl. Grundrechtskatalogen westl. Demokratien und Bestandteil der »Allg. Erklärung der Menschenrechte« der Vereinten Nationen (Art. 2,26). C. meint in päd. Wendung – seit der Artikulation des »Grundrechtes auf Bildung für jedermann« in der Frz. Revolution – die Gleichheit der Bildungschancen, allg. den individuellen Anspruch eines Kindes oder Ju-

berufl. Bildung, neue Informations- und Kommunikationstechniken, musisch-kulturelle Bildung, Umwelterziehung, Integration ausl. bzw. behinderter Kinder) von der BLK gefördert. Die Kosten werden je zur Hälfte vom Bund und den (beteiligten) Ländern getragen. Seit dem Beitritt der neuen Bundesländer (→ Brandenburg, → Mecklenburg-Vorpommern, → Sachsen, → Sachsen-Anhalt, → Thüringen) zur BLK am 1. Jan. 1991 haben Bund und Länder jeweils 16 Stimmen (vorher 11). Es können nur Empfehlungen verabschiedet werden (mit mindestens 25 Stimmen). Sie werden den Regierungschefs zur Beratung und Beschlußfassung vorgelegt. Ein Beschluß setzt die Zustimmung von mindestens 13 Regierungschefs voraus und bindet nur diejenigen Länder, die ihm zugestimmt haben. Eine Übersicht über die bisherige und den jeweiligen Stand der Arbeit sowie über die Zusammensetzung der Gremien enthält der regelmäßig erscheinende Jahresbericht, der bei der Geschäftsstelle (53177 Bonn, Friedrich-Ebert-Allee 39) bezogen werden kann.

L.: BLK, Jahresbericht, 1970 ff.; Informationen über die BLK, 1991; Arbeitsgruppe Bildungsbericht am Max-Planck-Institut für Bildungsforschung (Hg.), Das Bildungswesen in der BRD, 1994.

**Bundesvereinigung Lebenshilfe für geistig Behinderte e.V.** → Lebenshilfe für geistig Behinderte e.V.

**Burnout-Syndrom** (engl.: »Ausbrennen«), 1974 von dem Psychoanalytiker H. J. Freudenberger eingeführte Bezeichnung für ein Syndrom, das in vielen, vor allem aber in sozialen und erzieherischen Berufen als eine Art Berufskrankheit beobachtet wird und sich als Folge von Enttäuschungen angesichts überhöhter Erwartungen in die Wirkungen der eigenen Arbeit, in einem Verlust an Energie und in Erschöpfung äußert oder mit erheblich reduziertem Engagement verbunden ist. Treffend beschrieb B. Wedding das B.-S. als einen Prozeß, in dem Menschen mit Enthusiasmus u. Idealismus an eine Aufgabe herangehen u. über kurz oder lang an enttäuschten Erwartungen, unerwarteten Schwierigkeiten und einer Realität, die den eigenen Vorstellungen entgegensteht, »ausbrennen«. Die Ursachen des B.-S.s liegen in dem sozialen Umfeld, aber auch in der Person, die mit diesem Umfeld und seinen Belastungen nicht fertig wird. Wichtig für eine Therapie erscheint es vor allem, den Betroffenen die gehörige innere Distanz zu ihrer Arbeit und eine realistische Selbsteinschätzung zu vermitteln.

L.: M. Burisch, Das B., 1989, ²1994; D. Kleiber, D. Enzmann, B. (Internat. Bibl.), 1990; E. Meyer (Hg.), B. und Streß, 1991.

**Burschenschaften** → Studentenverbindungen.

# C

**Calvin,** Johannes (Cauvin, Jean), * 10. 7. 1509 Noyon (Pikardie), † 27. 5. 1564 Genf; Studium in Paris, Orléans und Bourges, 1534 Bekehrung zum ev. Glauben, bedeutender Humanist und Reformator der → Schweiz. Obwohl in C.s Theologie die Alleinwirksamkeit Gottes betont wird, hält er Erziehung für notwendig, nicht als Fortsetzung der Theologie, sondern als »weltlich Ding«, das nach dem *sens naturae* geregelt wird. In diesem Sinne reformierte er das Genfer Schulwesen; diese Schulreform strahlte weltweit aus (Schottland, Amerika, Südafrika).

L.: F. Wendel, C., Paris 1950; H. Pixberg, Der dt. Calvinismus und die Päd., 1952; G. A. Taylor, J. C. the Teacher, Iowa 1953; C. Calvetti, La filosofia di G. C., Milano 1954; W. Nissen, C.-Bibliographie 1901–59, 1961; A. Ganoczy, Le jeune C., 1966; R. Hedtke, Erziehung durch die Kirche bei C., 1969; W. H. Neuser, C., 1971; T. Stadtland, Rechtfertigung und Heiligung bei C., 1972; H. Neuenschwander-Schindler, Das Gespräch über C., 1975; A. Ganoczy, Die Hermeneutik C.s, 1983; K. Aland, Die Reformatoren, 1986; H. Karg, Reformationspädagogik, 1986; A. McGrath, J. C. – eine Biographie, dt. 1991; L. Bussière, Les Pédagogues protestants. Luther, Sturm, C., Guebwiller, 1994.

**Campe,** Joachim Heinrich, * 29. 6. 1746 Deensen b. Holzminden, † 22. 10. 1818 Braunschweig; führender Pädagoge des → Philanthropismus und bedeutendster päd. Publizist der (Spät-)Aufklärung; studierte

derungen stand die Bildungspolitik nach der Wiedervereinigung Dtl.s am 3. Okt. 1990 (→ Einigungsvertrag). Die westdeutschen Strukturen im Schul- und Hochschulbereich sowie in der berufl. Bildung und Ausbildung wurden von den neuen Bundesländern → Brandenburg, → Mecklenburg-Vorpommern, → Sachsen, → Sachsen-Anhalt, → Thüringen und im Ostteil → Berlins zunächst weitgehend übernommen. Obwohl die Umformung des zentralistischen Einheitsschulsystems der ehem. DDR durch die föderative Verfassung der BRD wesentlich erleichtert wurde, erwies sich der Umbau als weit schwieriger und langwieriger als zunächst angenommen. Bedingt durch die unterschiedlichen »Bildungsgeschichten« aller ihrer Länder, bedingt auch durch die unterschiedliche Bereitschaft, neue Lösungen für die vielschichtigen Probleme des Bildungswesens zu suchen, ist aus heutiger Sicht gleichwohl eine reich gegliederte »Bildungslandschaft« entstanden, die auf der Grundlage allgemein akzeptierter Prinzipien, eine breite Vielfalt von inhaltlichen und organisatorischen Möglichkeiten schulischer und beruflicher Bildung und Ausbildung hervorgebracht hat.

L.: L. Froese (Hg.), Bildungspolitik und Bildungsreform, 1969; C. Kuhlmann, Schulreform und Gesells. in der BRD, 1970; A. Hearnden, Bildungspolitik in der BRD und DDR, 1973, ²1977; W. Böhm, Bildungspolitik und Schulreform in der BRD, 1974; H. Kanz (Hg.), Dte. Päd. Zeitgesch. 1945–59, 1975; W. Böhm, H. E. Tenorth (Hg.), Dte. Päd. Zeitgesch. 1960–73, 1977; K. Hüfner, J. Naumann, Konjunkturen der Bildungspolitik in der BRD, 2 Bde., 1977–79; J. H. Knoll, Bildung und Wissenschaft in der BRD, 1977; KMK, Das Bildungswesen in der BRD, 1984; KMK, Bericht über die Entwicklung des Bildungswesens in der BRD, 1986 (mit Bibl.); Ch. Führ, Schulen u. Hochschulen in der BRD, 1989; Ch. Berg u. a. (Hg.), Handbuch der Geschichte des dt. Bildungswesens, 6 Bde. 1989 ff; L. v. Friedeburg, Bildungspolitik in Dtl., 1989; H. Kanz, Bundesrepublikan. Bildungsgeschichte 1949–1989, 1989; O. Anweiler, Vergleich von Bildung und Erziehung in der BRD und der DDR, 1990; Ständige Konferenz der Kultusminister der Länder (Hg.), Bericht über die Entwicklung des Bildungswesens in der BRD, 1990; Dt. Bundestag (Hg.), Zukünftige Bildungspolitik – Bildung 2000, 1990; P. Döbrich u. a., Zeit für Schule: BRD-DDR, 1990; O. Anweiler u. a. (Hg.), Bildungspolitik in Dtl. 1945–1990; 1992; F. Pöggeler, Bildungsunion im vereinten Dtl., 1992; K. Klemm, W. Böttcher, M. Weegen: Bildungsplanung in den neuen Bundesländern, 1992; R. Lassahn, B. Ofenbach (Hg.), Bildung in Europa, 1994; Arbeitsgruppe Bildungsbericht am Max-Planck-Institut für Bildungsforschung (Hg.), Das Bildungswesen in der BRD. Strukturen und Entwicklungen im Überblick, 1994; D. Hoffmann, K. Neumann, Erz. und Erz.wiss. in der BRD und der DDR, 2 Bde., 1995; Ch. Führ, Deutsches Bildungswesen seit 1945. Grundzüge und Probleme, 1997; J. Petersen, G.-B. Reinert (Hg.), Bildung in Dtl., 3 Bde., 1996–1998.

**Bund-Länder-Kommission** für Bildungsplanung (BLK) wurde 1970 durch ein Verwaltungsabkommen zw. Bund und Ländern auf Grundlage des Art. 91 b des Grundgesetzes als ständiges Gesprächsforum für alle Bund und Länder gemeinsam berührenden Fragen des Bildungswesens gegründet (1975 erweitert um den Aufgabenbereich und Namenszusatz »Forschungsförderung«). Die BLK trat an die Stelle des → Dt. Bildungsrates, griff aber vielfach auf seine Empfehlungen und die des → Wissenschaftsrates zurück. Im Bereich der Bildungsplanung konzentrieren sich die Arbeiten auf wichtige aktuelle Fragen, die unter dem Gesichtspunkt des Zusammenwirkens von Bund und Ländern von vorrangiger Bedeutung sind. Der BLK erwachsen Aufgaben aus den Auswirkungen der demographischen Entwicklung auf das Bildungs- und Beschäftigungssystem, aus den technologischen und ökonomischen Neuerungen und den dadurch bedingten Änderungen der Qualifikationsstrukturen und -anforderungen in Beruf und Gesellschaft sowie aus der wachsenden Internationalisierung, insbesondere im Hinblick auf die Schaffung eines einheitlichen europäischen Binnenmarktes (→ Europäische Gemeinschaft). Im Bereich der Innovationen im Bildungswesen erstrecken sich die Arbeiten in erster Linie auf die Förderung, Auswertung und Umsetzung von Modellversuchen in den Bereichen Schule, Ausbildung, Hochschule und → Weiterbildung (Rahmenvereinbarung von 1971). Im Bereich der Forschungsförderung sind Maßnahmen von Bund und Ländern abzustimmen, Pläne und Empfehlungen auszuarbeiten sowie die Haushaltspläne gemeinsam geförderter Forschungseinrichtungen zu behandeln (Rahmenvereinbarung von 1975). In den vergangenen 20 Jahren wurden rd. 2000 Modellversuche in allen »Kernbereichen mit dringendem Handlungsbedarf« (Hochschule,

## Bundesrepublik Deutschland

Deutsche Ausschuß 1959 mit dem sog. → »Rahmenplan« gerecht werden. Dieser Plan, der die bildungspolit. Diskussion außerordentlich belebte, hielt an drei verschiedenen Bildungszielen fest: einem verhältnismäßig früh an Arbeit und Beruf anschließenden, einem mittleren und einem höheren; in jedem Kinde seien die menschl. Grundkräfte und alle → Begabungen zu wecken, dann aber müsse es für die Übernahme verschiedenartiger Aufgaben und Verantwortungen in der modernen Welt gebildet werden. Der Rahmenplan unterschied die 4jähr. → Grundschule, die das 5. und 6. Schulj. umfassende → Förderstufe, drei verschiedene Oberschulen (→ Hauptschule, → Realschule, → Gymnasium), die Studienschule und die → Sonderschulen. An der Diskussion über den Rahmenplan beteiligten sich fast alle gesellschaftl. Gruppen; wesentliches Ergebnis war dabei die Überzeugung, die → Bildungspolitik bedürfe der sozialwiss. Fundierung und verlange nach einem Gesamtkonzept. Die 60er Jahre sind gekennzeichnet durch eine sich rasant entfaltende → Bildungsforschung. Die neue bildungs*ökonomische* Betrachtungsweise wies für die BRD eine vergleichsweise niedrige Abiturientenquote, einen niedrigen Anteil der Bildungsausgaben am Bruttosozialprodukt und eine relativ kurze Dauer der Vollzeitschulpflicht auf. → Bildungs*soziologische* Untersuchungen machten vor allem die bildungsmäßige Unterrepräsentation von Bevölkerungsschichten (Arbeiterkinder, Landkinder, Mädchen, Katholiken) deutlich. Nachdem Georg Picht 1964 das Schlagwort von der »Deutschen → Bildungskatastrophe« geprägt hatte, wurde in der Öffentlichkeit lebhaft diskutiert, daß das Wirtschaftswachstum durch mangelnde Bildungsanstrengungen gefährdet scheine, daß die gesellschaftl. Leitvorstellung der sozialen Gerechtigkeit im Bildungswesen noch nicht verwirklicht sei und daß im Hinblick auf die Teilnahme an Demokratie in der → polit. Bildung zu wenig geleistet werde.

Das Dezennium von 1965–75 war durch eine gesamtstaatl. Bildungsplanung und -politik unter den Leitbegriffen von → Chancengleichheit und Demokratisierung gekennzeichnet. Der 1965 eingerichtete → Deutsche Bildungsrat legte 1970 einen Neuentwurf für die Gestaltung des Bildungswesens, den sog. → Strukturplan vor. Seine Kernziele waren: → Chancengleichheit, Ausgleich individueller und gesellschaftl. Interessen, die durchgängige Grundkonzeption des wissenschaftsbestimmten Lernens und ein horizontal (nach Stufen) gegliedertes Bildungswesen. Der im Strukturplan entworfene Aufbau des Bildungswesens wurde 1973 im → Bildungsgesamtplan der → Bund-Länder-Kommission für Bildungsplanung konkretisiert. Dieser gliedert das Bildungswesen in → Elementarbereich (vom vollendeten 3. Lj. bis zum Schulbeginn), → Primarbereich (1.–4. Schulj.), → Sekundarbereich I (5.–10. Schulj.) mit qualifizierendem Sekundarabschluß I, Sekundarbereich II (alle auf dem Sekundarbereich I aufbauenden Bildungsgänge mit curricularer Abstimmung und Verzahnung der berufl. und allgemeinen Bildungsgänge), → Tertiärbereich (Hochschulen und sonstige berufsqualifizierende Bildungsgänge) und den Weiterbildungsbereich.

Obwohl in der Folgezeit viele der Forderungen der Bildungsforschung und der Reformbestrebungen verwirklicht wurden, steht die Bildungspolitik bis heute vor ungelösten und sehr kontrovers diskutierten Problemen. Die wirtschaftl. Stagnation hat dem Bildungsgesamtplan die Finanzierbarkeit weitgehend entzogen; Grundannahmen der Bildungsreform (z. B. die techn. Entwicklung mache eine allgemeine Höherqualifizierung notwendig) haben sich als zu pauschal erwiesen; die einseitige Ausrichtung der Bildungsreform auf Steigerung der Abiturienten- und Studentenzahl hat zu einer enormen Ausdehnung des Hochschulsektors geführt und neue Probleme (Gefährdung des Bestandes der Hauptschulen, Entwertung der berufl. Bildung und des Abiturs, umstrittene Hochschulzugangsregelungen, → Numerus clausus, Qualitätsverluste im Studienniveau, Akademikerarbeitslosigkeit und Überfüllung der Hochschulen) hervorgebracht. In der Frage der stufigen Gliederung des Bildungswesens (→ Gesamtschule) wurde ein polit. Konsens nicht erzielt; das gilt im Grunde auch für Fragen der → Lehrerbildung, der → polit. Bildung und der gesellschaftl. Rolle des Bildungswesens überhaupt.

Vor neuen Aufgaben und großen Herausfor-

Leichtathletik und Schwimmen. Als eine Möglichkeit zur Talentsuche wurde die bis auf Bundesebene organisierte Aktion »Jugend trainiert für Olympia« als Schulveranstaltung eingeführt.

**Bundesrepublik Deutschland** (BRD). Nach dem polit. und militär. Zusammenbruch des Dritten Reiches befand sich das dt. → Bildungswesen ideell und materiell in einem chaotischen Zustand (Mangel an Schulgebäuden, -büchern und Lehrern). Für seinen Wiederaufbau legten die alliierten Siegermächte Rahmenrichtlinien fest (Potsdamer Abkommen; Direktive Nr. 54 der Alliierten Kontrollratsbehörde) – gleiche Bildungschancen für alle, ein horizontal (stufig) gegliedertes Schulsystem, demokrat. Schulverwaltung, Ausbildung aller Lehrer an der Univ. etc. –, und von den dt. Schulverwaltungen ließen sie entsprechende Pläne vorlegen. Verglichen mit dem überkommenen Aufbau des Bildungswesens unterschieden sich diese in radikale (z. B. Berliner Schulgesetz von 1948), gemäßigte (der Kultusminister E. Stein in Hessen und A. Grimme in Niedersachsen) und konservative Pläne (z. B. Hundhammer-Plan von 1947 in Bayern). Tatsächlich wurde bis zur Gründung der BRD (Verabschiedung des Grundgesetzes am 23. 5. 1949) in den meisten Bundesländern das Schulwesen so wiederhergestellt (restauriert), wie es zu Ende der Weimarer Republik bestanden hatte. Die drei wichtigsten Organisationsprinzipien waren dabei: die Dreigliedrigkeit von Volksschule, Mittelschule und höherer Schule (Gymnasium); der vertikale (säulenartige) Schulaufbau; die wechselseitige Undurchlässigkeit der drei Schularten. Hatte sich die polit. Grundsatzdiskussion über die Zuordnung von Schule und Gesellschaft an der Frage der Schulorganisation (»äußere Reform«) entzündet, setzte sich bei den Alliierten wie bei den meisten gesellschaftl. Gruppen in Dtl. die Ansicht durch, daß nunmehr Fragen der Bildungsziele und -inhalte (»innere Reform«) Vorrang haben müßten. Zw. 1949 und 1959 zeigten sich dann Vereinheitlichungs- und Modernisierungstendenzen, vor allem hinsichtlich der Auseinandersetzung um die → Bekenntnisschule und über den → Kulturföderalismus. Dabei erwies sich, daß die Zukunft des Bildungswesens nicht allein durch innere Reformen zu gestalten war, sondern einer modernen und einheitlichen Bildungsplanung bedurfte. Um der drohenden Zersplitterung des Bildungswesens zu wehren und die föderalistische Bildungspolitik zu koordinieren, wurden länderübergreifende Institutionen geschaffen: 1949 die Kultusministerkonferenz der Länder (→ KMK); 1953 der → Deutsche Ausschuß für das Erziehungs- und Bildungswesen; 1957 der → Wissenschaftsrat (zuständig für die Reform der Hochschulen). Wichtige Vereinheitlichungsmaßnahmen waren die gegenseitige Anerkennung der Reifezeugnisse (1954); Regelungen über Schuljahresbeginn, Ferienordnung, Grundsätze der Notengebung, der Fremdsprachenfolge sowie Reduzierung auf drei Typen des → Gymnasiums (→ Düsseldorfer Abkommen 1955). Die Modernisierungstendenzen äußerten sich in der Einrichtung von Versuchsschulen, der Erprobung didakt. Neuansätze (z. B. → exemplarisches Lernen), einer freieren Gestaltung der → gymnasialen Oberstufe (→ Saarbrücker Rahmenvereinbarung 1960), einer Reform der Volksschul-Oberstufe, dem Ausbau des Ingenieurschulwesens.

Ende der 50er Jahre verschärfte sich die öffentl. Kritik am Schulwesen und an einer restaurativen Bildungspolitik; vor allem wurde kritisiert, das → dreigliedrige Schulsystem reproduziere die Ständegesellschaft des 19. Jh. und verhindere die für einen demokrat. Staat grundlegende Möglichkeit der vertikalen Mobilität (berufl. Aufstieg), die zunehmende Verwissenschaftlichung vieler Lebensbereiche erfordere eine stärker wissenschaftsbezogene Ausbildung aller Jugendlichen, die These von drei verschiedenen Begabungsarten (eine praktische, eine theoretisch-praktische und eine theoretische) lasse sich nicht mehr halten, die Undurchlässigkeit der drei Schulformen halte in der Regel nur Abstiege offen, ebenso beschneide sie die Möglichkeiten der gemeinsamen Erziehung verschiedener sozialer Schichten, das dreigliedrige Schulsystem könne die vorhandenen → Begabungsreserven nicht ausschöpfen, die → Auslese für die weiterführenden Schulen erfolge zu früh und könne zu diesem Zeitpunkt (Ende des 4. Schuljahres) überhaupt nicht zuverlässig diagnostiziert werden. Dieser Kritik wollte der

sens, die Wiederherstellung nationaler Traditionen und die umfassende Nutzung internationaler Erfahrungen und Trends der → Bildungsplanung. Im Zentrum der Reformen stehen die Dezentralisierung und Demokratisierung der Bildungsverwaltung, eine größere Schulautonomie, mehr Mitspracherechte aller am Erziehungsgeschehen beteiligten Kräfte und die inhaltl. und organisat. Neugestaltung des Schulwesens. Geplant waren eine 3j. Vorschule, eine 4j. Primarstufe ab 6.–7. Lj., eine Sekundarstufe I und II mit allgemein- und berufsbildenden Zügen von unterschiedl. Bildungsdauer (4-4, 5-3, bzw. 6-2-System) und ein anschließendes differenziertes System beruflicher Aus-(3–5j.) und Weiterbildung. Nach dem Volksbildungsgesetz vom 18. März 1998 wird die 4j. Elementarbildung als eigene Stufe beseitigt und in die 8j. Grundschule einbezogen sowie eine obligat. 12. Kl. für die Beendigung der mittleren Bildung nach dem Vorbild der EU-Länder eingeführt.

Nachdem der Reform des Bildungswesens zunächst eine gewisse Priorität beigemessen wurde, stagnieren die Ausgaben für das Bildungswesen seit Mitte der 90er Jahre auf niedrigem Niveau.

Zschr.: Ost-Dokumentation. Bildungs-, Wissenschafts- und Kulturpol. in Mittel- und Osteuropa, hrsg. v. Österr. Ost- und Südosteuropainst. (St. Pölten), 1986 ff.

L.: T. Angelov u. a., Das Bildungswesen in der Volksrepublik B., 1977; W. Oschlies, Bildungsreform in B., 1979; T. Yivkov, Development of Education in the Peoples Rep. of B., Sofia 1980; O. Anweiler, Bildungssysteme in Osteuropa. Reform oder Krise?, 1988; D. Milev, Polytechnische Bildung und Berufsorientierung in der VR B., in: Vergl. Päd. 25 (1989) 2; O. Anweiler, Politischer Umbruch und Pädagogik im östl. Europa, in: Bild. und Erz. 43 (1990) 3; W. Mitter, M. Weiß (Hg.), Neue Entwicklungstendenzen im Bildungswesen in Osteuropa, 1992; O. Anweiler (Hg.), Systemwandel im Bildungs- und Erziehungswesen in Mittel- und Osteuropa, 1992; J. Savova, The Bulgarian Experience of Reform, in: Europ. Journal of Education 31 (1996) 1; W. Bandoly, Das b. Bildungssyst. zw. Umbruch u. demokr. Neugestaltung, 1997; R. Taulova, N. Popov, Bildungs- und Hochschulpol. in B. 1989–1998, in: Ost-Dokumentation, St. Pölten 12 (1998) 2.

**Bund entschiedener Schulreformer.** 1919 von 20 polit. engagierten Philologen in Berlin gegründet, um eine »entschiedene« Veränderung des Bildungs- und Erziehungswesens herbeizuführen. 1920 zum allg. Lehrerverband, 1925 zum »Volksbund für neue Erziehung« ausgeweitet, schieden die führenden Köpfe (u. a. → Hilker, → Karsen, → Kawerau, → Siemsen) bis 1925 aus, so daß → Oestreich immer dominierender wurde; seine einseitige Betonung der kulturpolitischen Agitation verhinderte die praktische Erprobung der entschiedenen Reformvorstellungen des Bundes, z. B. der »elastischen Einheitsschule«, der kollegialen Schulverwaltung etc.

L.: S. Kawerau, Der B.e.S., 1922; W. Böhm, Kulturpolitik und Päd. Paul Oestreichs, 1973; B. Reintges, Paul Oestreich und der B.e. S., 1975, ²1977; W. Böhm, Lehrer zw. Kulturkritik und Gemeinschaftsutopie – Der B.e.S., in: Der Lehrer und s. Organisation, hg. v. M. Heinemann, 1977; J. Neuner, Der B.e.S. 1919–23, 1980; Ch. Uhlig, Der B.e.S., 1990; A. Bernhard, J. Eierdanz (Hg.), Der B., 1991; A. Bernhard, Erziehungsreform zwischen Opposition und Innovation, in: Neue Sammlung 33 (1993) 4.

**Bundesjugendplan,** die seit 1950 jährlich vom Bund durchgeführte Förderung von überregionalen Trägern der → Jugendhilfe, die Ziele im Sinne des Grundgesetzes vertreten und gemeinnützig sind. Der B. ergänzt Maßnahmen der Länder (→ Landesjugendpläne), der Gemeinden und → Jugendämter. Speziell werden polit., kulturelle und sportl. Jugendbildung, internationale → Jugendarbeit, freiwillige soziale Dienste, der Bau von Jugendherbergen, Begegnungsstätten und Jugendwohnheimen und die Unterstützung benachteiligter Jugendlicher gefördert.

L.: A. Keil, Jugendpolitik und B., 1969; H. Wiesner-Zarbock (Hg.), Das neue Kinder- und Jugendhilfegesetz (KJHG), 1991; S. Eschler, Jugendhilfe im gesellschaftlichen Umbruch, 1996.

**Bundesjugendspiele,** mit rund 4,5 Mio. Teilnehmern die größte jährliche sowohl im Winter als auch im Sommer durchgeführte Breitensportveranstaltung der BRD. Sie bieten Kindern, Jugendlichen und Behinderten Gelegenheit, sich sportlich zu betätigen und im Wettkampf zu bewähren. Besonders gute Leistungen werden mit Sieger- oder Ehrenurkunden ausgezeichnet. Die Spiele werden nach Aufruf durch den Familienminister von den Ländern in Zusammenarbeit mit Schulen, Sportorganisationen und Jugendverbänden durchgeführt. 1979 neu organisiert, umfassen sie nun Dreikämpfe in Geräteturnen,

L.: A. Spilleke, Über das Wesen der B., 1822; W. Harnich, Die dt. B., 1830; K. W. E. Mager, Die dt. B., 1840; H. W. Brandau, Die mittlere Bildung in Dtl., 1959; R. Maskus (Hg.), Zur Gesch. der Mittel- und Realschule, 1966; G. Grimm, Elitäre Bildungsinstitution oder B.?, 1995.

**Bugenhagen,** Johannes, * 24. 6. 1485 Wollin (Pommern), † 20. 4. 1558 Wittenberg, nach humanistisch orientierten Studien in Greifswald ab 1523 Stadtpfarrer in Wittenberg, 1535 Berufung zum Professor. Als enger Freund und Mitarbeiter → Luthers und → Melanchthons galt sein Engagement der Organisation der → Reformation; seine Erfolge haben sich in zahlreichen Kirchen- und Schulordnungen im norddeutschen Raum niedergeschlagen.

Schr.: Bibliotheca Bugenhagiana, hg. v. G. Geisenhof, 1908 (Bibl.).
L.: C. Mühlmann, B. als Schulmann, 1901; W. Rautenberg (Hg.), J. B., 1958; G. Hohendorf, Über die päd. Anschauungen und bildungspolit. Aktivitäten von J. B., in: ders., Diesterweg verpflichtet, 1994.

**Buisson,** Ferdinand Edouard, * 20. 12. 1841 Paris, † 16. 2. 1932 Thieuloy-Saint-Antoine (Oise); franz. Philosoph, Theologe, Pädagoge und Politiker; war maßgeblich an der Schulreform der III. französischen Republik beteiligt; 1879 Direktor des Primarschulwesens; 1927 erhielt er den Friedensnobelpreis (zus. mit L. Quidde). Als Vertreter des extrem liberalen Protestantismus trat er für ein laizistisches Unterrichtswesen ein. 1882–1893 verfaßte er sein 5bändiges »Dictionnaire de Pédagogie«. B. war von → Schleiermacher beeinflußt.

Schr.: Principes de christianisme libéral, Paris 1869; Conférence et causeries pédagogiques, Paris 1888; Dictionnaire de pédagogie et d'instruction primaire, 5 vol., Paris 1882–1893; L'instruction primaire en France de 1789 à 1889, Paris 1889; De libertate Dei, Paris 1891; Le congrès international d'éducation, Paris s. a.; La Religion, la Morale et la Science: Leur Conflit dans l'Education contemporaine, Paris 1900; La foi laïque, Paris 1912; Condorcet, Paris 1929; B. u. a., La lutte scolaire en France au XXe siècle, Paris 1912.
L.: C. Bouglé, Un moraliste laïque, F. B., Paris 1933; W. Harth, Die Anfänge der Neuen Erz. in Frankr., 1986; M. Neumann, Der Friedensnobelpreis v. 1926–1932, Zug 1989.

**Bulgarien** entwickelte ein eigenständiges Schulsystem erst nach der Befreiung von der 500j. Türkenherrschaft (1878), 1919 wurde die Schulgeldfreiheit eingeführt, 1922 die allg. Schulpflicht. Nach der Gründung der Volksrepublik B. wurde das System der Volksbildung in mehreren Entwicklungsstufen ausgebaut und verändert. Die Verwaltung des Schulwesens oblag dem Erziehungsministerium; die Organisation der einzelnen Schulen wurde durch örtliche Organe ausgeübt. 1981 wurde entsprechend den Plänen zur Neustrukturierung des Bildungswesens für den Primar- und Sekundarbereich ein dreistufiges Schulsystem eingerichtet. Die erste Stufe umfaßte die ersten 10 obligatorischen Schulklassen. In der zweiten Stufe ($1\frac{1}{2}$ J.) erwarben die Schüler berufl. Qualifikationen allg. Art. In der dritten Stufe ($\frac{1}{2}$ Jahr) wurden spezielle Berufsqualifikationen vermittelt. Der Abschluß eines Sekundarzyklus ermöglichte die Fortsetzung der Ausbildung an den weiterführenden Instituten des Hochschulbereichs. (1987: 3 Univ.n und 28 spezialisierte Hochschulen).

Das Hauptaugenmerk galt neben der schulischen Bildung dem Ausbau des Vorschulbereichs (Kinderkrippen, Halbtags-, Ganztags-, Saison- und Sommerkindergärten), der Erwachsenenbildung (Differenziertes Angebot an Weiterbildungsmöglichkeiten, z. B. an Abend- und Fernschulen) sowie der Mädchen- und Frauenbildung (1990: 50% aller Hochschulabsolventen).

Hervorstechendes Merkmal des b. Bildungswesens in dieser Phase ist die sukzessive Verschmelzung der berufs- und allgemeinbildenden Zweige des Bildungswesens und die konsequente Durchführung und organisatorische Konkretisierung der → polytechnischen Bildung (1981: Einführung der Einheitl. Polytechn. Mittelschule, ESPU). Im Juli 1988 wurden die »Thesen zur Umgestaltung des Bildungsbereichs im Sinne des Sozialismus« (1979) vom ZK der b. KP erneut bestätigt und aktualisiert.

Mit dem Aufbau eines neuen politischen, gesellschaftlichen und ökonomischen Systems und dem Übergang B.s zu einer parlamentarischen Demokratie seit Okt. 1991 geht die vollständige Erneuerung des Bildungswesens einher, mit dem Ziel einer »humanen und demokratischen b.n Schule«. Ausgangspunkte in diesem Prozeß waren die kritische Einschätzung des überkommenen Bildungswe-

Berlin (gegr. 1875 als Dt. Schulmuseum, nach 1945 mit der Comenius-B. zur Päd. Zentralbibl. zusammengefaßt), die Südd. Lehrerb. in München. Diese sind heute meist in staatl. oder kommunalem Besitz. Nach 1945 wurden, oft im Zusammenhang mit Forschungsinstituten, neue p. B. aufgebaut, so beim Max-Planck-Institut für Bildungsforschung und beim Päd. Zentrum in Berlin, beim Dt. Institut für Internat. Päd. Forschung in Frankfurt/M., beim Dt. Institut für wiss. Päd. in Münster (seit dem 30. 6. 1980 geschlossen) und bei der Forschungsstelle für → Vergleichende Erziehungswiss. der Univ. Marburg. Die B. vom Typ 2 und 4 sind in der Regel dem öffentl. Leihverkehr angeschlossen. Neben Büchern und Zeitschriften hat die Zahl anderer Arbeitsmittel wie Film, Videobänder, Dias, Arbeitstransparente, Tonbänder und Cassetten und ihre Bedeutung und Verwendung in Schule, Erwachsenenbildung und außerschulischer Jugendarbeit in großem Maß zugenommen. Auf Stadt-, Kreis- und Landesebene entstanden daher Bildstellen, die solche Arbeitsmittel herstellen, bearbeiten, ankaufen und den entsprechenden Institutionen oder Einzelpersonen (teils inklusive des Geräts) verkaufen oder leihweise zur Verfügung stellen. Als Zentrale wurde 1950 das Institut für Film und Bild in Wiss. und Unterricht (FWU) gegründet (Anschrift: Bavaria-Film-Platz 3, 82031 Grünwald). Es wird von den Bundesländern getragen und ist Nachfolger der 1934 gegr. Reichsstelle für den Unterrichtsfilm. Angesichts steigender Produktionen und Preise und knapper werdender Mittel wird eine vollständige Erfassung der Produktion immer kostspieliger und schwieriger, um die Mobilität der Daten zu erhalten, der Einsatz elektronischer Datenverarbeitung immer notwendiger, → Bibliothek, → Volksbüchereien.

Zs.: Mitteilungsblatt der Arbeitsgemeinsch. päd. Bibl.n, v. a. 9 (1967), 10 (1968).
L.: N. Koch, R. Renard (Hg.), Das päd. Bibl.wesen in Dtl., 1965; H. König, Päd. Zentralbibl. – 100 J. im Dienste der Volksbildung und Päd., in: Jb. der Akad. der päd. Wiss. der DDR 1976/1977, Berlin 1977; Institut für Film und Bild in Wiss. und Unterricht (Hg.), 30 J. FWU, 1980.

**Bühler**, Charlotte, * 20. 12. 1893 Berlin, † 3. 2. 1974 Stuttgart; Assistentin und Frau von K. → Bühler, 1929 Prof. f. Psych. in Wien, emigrierte 1938 und arbeitete in London und später in Los Angeles weiter über klinische Kinder- und Jugendpsychologie.
Schr.: Das Seelenleben der Jugendl., 1921 u. ö.; Kindheit und Jugend, 1928 u. ö.; Der menschl. Lebenslauf als psycholog. Problem, 1933; Kind und Familie, 1938; Kleinkindertests, ³1961; Psych. im Leben uns. Zeit, 1962 u. ö.; Lebensziele und Lebensergebnisse, 1968; The first year of life, New York 1975.
L.: I. Bürmann, L. Herwartz-Emden, Ch. B., in: Psychol. Rdsch. 44 (1993) H. 4.

**Bühler**, Karl, * 27. 5. 1879 Mekkesheim (Baden), † 24. 10. 1963 Pasadena (Kalif.), Prof. für Psychologie 1913 München, 1918 Dresden, 1922–38 Wien, 1938 emigriert; in seiner Denkpsychologie überwand er den alten Elementarismus und → Sensualismus und vertrat eine ganzheitliche Sicht psychischer Vorgänge. Sein Buch »Die geistige Entwicklung des Kindes« (1918 u. ö.) hat die Entwicklungspsychologie maßgeblich gefördert. → Ganzheitspäd.
Weitere Schr.: Das Gestaltprinzip im Leben des Menschen und der Tiere, 1960.
L.: FS f. K. B., in: Zs. f. experim. und angew. Psych., 6 (1959); K. Wellek, K. B. 1879–1963, in: Arch. ges. Psych. 116 (1964); H. Hülzer-Vogt, K. B. und W. Stählin, 1989; J. M. Vonk, Gestaltprinzip u. abstrakte Relevanz, 1992.

**Bürgerschule**, »Bürgerliche Erziehungsanstalten« für den in »bürgerlichen« Gewerben tätigen aufstrebenden Bürgerstand wurden erstmals 1773 von Abt Resewitz gefordert, weil die → Lateinschulen (seit der → Reformation einzige höhere Unterrichtsanstalt für Stadtkinder) für den künftigen Bürger unnütz seien. Die B.n sollten einen einfachen und im Leben brauchbaren Unterricht (→ Realien, bes. Naturkunde, Muttersprache u. a.) erteilen. In Preußen führte das Abiturexamen (1788) zur Trennung der B.n von den Lateinschulen. Offiziell als »B.« tauchte sie erstmals 1814 in Schleswig-Holstein auf. Nach 1859 galten in Preußen die Realschulen 1. Ordnung (→ Realgymnasium) ohne die beiden Abschlußklassen als B.n. Mit den → Allgem. Bestimmungen von 1872 wurden alle B.n Preußens in Mittelschulen umbenannt. B.n gab es offiziell seit 1873 in Sachsen u. a. Ländern. In → Österreich wurde die Realschule 1849/51 reorganisiert und in B. umbenannt (bis 1927). → Realschule.

L.: O. Uttendorfer, Das Erziehungswesen Zinzendorfs und der B. in s. Anf., in: Mon. Germ. Paed. 51, 1912; W. Reichel, Herrnhutische Erziehung, 1937; M. Haller, Early Moravian Education in Pennsylvania 1740–1840, Nazareth (Penns.) 1953; H. J. Wollstadt, Geordnetes Dienen in der christl. Gemeinde, 1966; Die Brüderunität, hg. v. H. Renkewitz, 1967; Unitas fratrum, Utrecht 1975; Zinzendorf und die Herrnhuter Brüder, hg. v. H. Ch. Hahn u. H. Reichel, 1976; I. Modrow, Zinzendorf und die Herrnhuter Brüdergemeine, 1988; P. Zimmerling, Nachfolge lernen, 1990; I. Renz, Die Herrnhuter Brüdergemeine, Dipl.-Arb. PH. Kiel 1991 (Lit.); I. Modrow, Dienstgemeinde des Herrn, 1994.

**Bruner,** Jerome Seymour, * 1. 10. 1915 New York, lehrte 1944–72 an Harvard, 1972–79 in Oxford, seit 1980 in New York, Gastprof. u. a. in Salzburg, Aix-en-Provence und Cambridge; Psychologe und päd. Berater des Weißen Hauses, des US-Erziehungsministeriums und der UN. Mit bedeutenden Studien zur Lernpsychologie Pionier der Bildungsreform der 60er und 70er Jahre.
Schr.: The Process of Education, Cambridge (Mass.) 1960, dt. Der Prozeß der Erziehung, 1970 u. ö.; On Knowing, Cambridge (Mass.), 1962; Toward a Theory of Instruction, Cambridge (Mass.) 1966, dt. Entwurf e. Unterrichtstheorie, 1974; Studies in Cognitive Growth, New York 1966, dt. Studien zur kognitiven Entwicklung, 1971, ²1988; The Relevance of Education, London 1972, dt. Relevanz der Erziehung, 1973; Beyond the Information Given, New York 1973; Hg., Lernen, Motivation, Curriculum, 1974; Under Five in Britain, London 1980; (Hg.), Play, Harmondsworth 1976, Neuaufl. 1981; In Search of Mind. Essays in Autobiography, New York 1983; Child's Talk, Learning to use language, Oxford 1983, dt. Wie das Kind sprechen lernt, 1987, 2. Nachdruck 1997; Acts of Meaning, Cambridge (Mass.) 1990, dt. Sinn, Kultur und Ich-Identität, 1997; The Culture of Education, Cambridge (Mass.) 1996.
L.: R. Mazzetti, Dewey e B., Rom 1967; R. M. Jones, Fantasy and Feeling in Education, Harmondsworth 1972.

**Buber,** Martin, * 8. 2. 1878 Wien, † 13. 6. 1965 Jerusalem, lehrte unter anderem an den Univ.n Frankfurt und Jerusalem Sozialphilosophie und Kultursoziologie, wirkte auf die Päd. vor allem dadurch, daß er das erzieherische Verhältnis als ein »rein dialogisches« verstand, das als dialogisches Prinzip in der Beziehung Ich-Du ein anthropologisches Grunddatum des Menschseins darstellt.
Schr.: Werke, Bd. 1–3, 1962–1964.
L.: A. Anzenbacher, Die Philosophie M.B.s, 1965; B. Gerner (Hg.), M. Buber, Päd. Interpretationen zu seinem Werk, 1974; W. Licharz (Hg.), Dialog mit M. B., 1982; G. Wehr, M. B., 1992; S. Wolf, M. B. zur Einführung, 1992; W. Krone, M. B. Erziehung unter dem Radikalanspruch mitmenschlicher Verantwortung, 1993; H.-J. Werner, M. B., 1994; J. Israel, M. B. – Dialogphilos, in: Theorie und Praxis, 1995; U. Reitemeyer, Dialog. Prinzip und dialog. Begegnung, in: Vjschr. f. wiss. Päd. 71 (1995) H. 4; J. Vierheilig, W. Lanwer-Koppelin, M. B. – Anachronismus oder Neue Chance für die Päd.?, 1996; P. Brozio, M. B., in: Freiheit – Geschichte – Vernunft. Grundlinien geisteswiss. Päd., hg. v. W. Brinkmann u. W. Harth-Peter, 1997.

**Buck,** Günther, * 13. 2. 1925 Westheim, † 7. 8. 1983 Kirchheim u. T.; Prom. 1951 Heidelberg, 1968 Habil. Stuttgart, 1971 Prof. für Erz. Wiss. und Philosophie Univ. Stuttgart. Wichtige Arbeiten zur Philosophie u. Bildungstheorie des dt. → Humanismus, zum Verhältnis von Hermeneutik und Bildung sowie zur Begründung eines nicht empirisch verkürzten hermeneutisch-»epagogischen« Begriffs von Lernen und Erfahrung. → Epagogik.
Schr.: Lernen und Erfahrung – Epagogik. Zum Begriff der didaktischen Induktion, 1967, ³1989; Wissenschaft, Bildung und pädag. Wirklichkeit, 1969; Das Theorie-Praxis-Problem in der Pädagogik, in: Päd. Rundschau 27 (1973); Identität und Bildung, in: Lehren und Lernen 6 (1980); Hermeneutik und Bildung, 1981; Rückwege aus der Entfremdung, 1984; Herbarts Grundlegung der Pädagogik, hg. von H.-G. Gadamer 1985 (m. Bibl.).

**Büchereien, pädagogische** (p. B.); p. B. dienen der Information und Dokumentation und sind damit zugleich »Dienstleistungsbetriebe« für päd. Forschung und päd. Handeln. Man kann 4 Typen p. B. unterscheiden: 1. p. B. an Schulen, also Schülerbüchereien und → Schulbibl.n; 2. Fachb. (entweder als eigenständige oder als Teilb. größerer B.) an Hochschulen und Univ.n oder als Teilb. öffentl. B. (von Gemeinde- und Stadtb. bis zu Landes- und Staatsbibl.n wie z. B. Bayer. Staatsbibl. München, Staatsbibl. Preuß. Kulturbesitz in Berlin, Dt. Bibliothek in Frankfurt/M.); 3. B. von Lehrerverbänden oder staatl. Stellen zur Unterstützung der Fort- und Weiterbildung von (Jung-)Lehrern; 4. eigenständige p. Zentralb. Die ersten dieses Typs entstanden vor 1900 auf Initiative der Lehrerverbände, so die Comenius-B. in Leipzig, die Dt. Lehrerb. in

für Päd. PH Würzburg, 1960 Univ. Innsbruck, 1967–1996 Univ. Konstanz; hat die Wissenschaftstheorie des → Kritischen Rationalismus für die dt. Pädagogik rezipiert und Schriften zur Metatheorie der Erziehung, zur Allgem. Erz.wiss., zur normativen Phil. der Erz. sowie zur Sprachkritik erziehungswiss. Begriffe vorgelegt. Neuerdings wendet sich B. (wieder) den Problemen einer »Prakt. Päd.« zu. Ungeachtet dieser Schwerpunktsetzung hat B. auch den Problemen der »prakt. Päd« Aufmerksamkeit geschenkt.

Schr.: Erziehung als Lebenshilfe, 1957, $^8$1971; Erziehung – Kunst des Möglichen, 1960, $^3$1988; Von der Päd. zur Erziehungswiss., 1971, überarb. Neuausg.: Metatheorie der Erziehung, $^4$1978; Grundbegriffe der Erziehungswiss., 1974, $^5$1990; Die Päd. der Neuen Linken – Analyse und Kritik, 1972, $^6$1981; Erziehungsziele, Erziehungsmittel, Erziehungserfolg, 1976, $^3$1995; Erz. in einer wertunsicheren Gesellschaft, 1986, $^3$1993; Tüchtigkeit – Analyse und Bewertung eines Erziehungszieles, 1987; Ges. Schriften, bish. 6 Bde, 1988 ff.; Aufklärung über Erziehungstheorien, 1989; Glaube, Moral und Erziehung, 1992.
L.: A. Genco, Pedagogia e critica razionalistica, Brescia 1983; S. Uhl (Hg.), W. B. Fünfzig Jahre erlebte Pädagogik. Rückblick, Lebensdaten, Publikationen, 1997.

**Briefschulen.** B. haben bes. in Schweden große Bedeutung erlangt. Die private Stiftung »Hermord«, heute eines der führenden Fernlehrinstitute der Welt, wurde bereits 1898, die »Brevskolan« in Stockholm 1919 gegründet. Beide Organisationen versorgen heute rund eine halbe Million Adressaten. Die ursprüngliche Zustellung von Lehrmaterial per Post ist in der Zwischenzeit der Mehrfachkommunikation mit Telefon, Tonbändern, → audiovisuellen Bildungsmitteln und Internet gewichen. Die nordamerikanische »The Haley-School for the Blind« arbeitet überwiegend mit Schallplatten und Tonbändern. B. haben in dünnbesiedelten Regionen nach wie vor ihre Chance. In Rußland wie in Nordamerika haben die Univ.n große Organisationen für das Fernstudium entwickelt. Ein weiterer Ausbau des Medienverbunds von Fernsehen und lokalen Studienzentren (Volkshochschulen) ist weltweit abzusehen. → Fernunterricht.

**Brinkmann,** Wilhelm, * 20. 12. 1947 Recklinghausen, Promotion Würzburg 1975, Habilitation Würzburg 1984, Prof. für Päd. PH Flensburg 1990, Univ. Kiel 1994. Wichtige Arbeiten zum Verhältnis von Gesellschaft und Erziehung und zu Grenzfragen zwischen Pädagogik und Soziologie sowie zur Kindheitsforschung und zur Allgemeinen Pädagogik.

Schr.: Der Beruf des Lehrers, 1976; (Hg.) Erziehung, Schule, Gesellschaft, 1980; mit K. Renner (Hg.), Die Pädagogik und ihre Bereiche, 1982; mit M. S. Honig (Hg.), Kinderschutz als sozialpolit. Praxis, 1984; mit M. S. Honig, Gewalt gegen Kinder, Kinderschutz (Bibl.) 1984, $^2$1985; Zur Geschichte der päd. Soziologie in Dtl., 1986; Kindheit im Widerspruch, 1987; m. W. Harth-Peter (Hg.), Freiheit – Geschichte – Vernunft. Grundlinien geisteswiss. Päd. (FS f. W. Böhm), 1997; m. A. Krüber (Hg.), Kinder- und Jugendschutz. Sucht, Medien, Gewalt, Sekten, 1998; m. J. Petersen (Hg.), Theorien und Modelle der Allgemeinen Pädagogik, 1998.

**Brüdergemeine der Herrnhuter,** geht zurück auf die hussitische Bewegung von 1419–36 (Verbrennung des Reformators Jan Hus am 6. 7. 1415); zuerst *fratres legis Christi*, später *jeduoto bratrská* oder *unitas fratrum* (Kurzform: Unität) genannt, scharten sie sich um die Bibel als Glaubens- und Lebensregel. Um 1500 umfaßte die Unität ca. 100 000 Mitglieder; unter dem Humanisten Jan Blahoslav erlebte sie ihre Blütezeit; nach der Schlacht am Weißen Berg ging sie stark dezimiert in die Emigration; ihr letzter Bischof war → Comenius. Unter dem Einfluß des → Pietismus entstand ab 1722 auf den Gütern des Grafen Zinzendorf (Sachsen) eine Handwerkerkolonie und 1724 ein Adelspädagogium in Herrnhut, deren christl. Gemeinschaftsideal und reformatorisches Erziehungsverständnis bald in alle Welt ausstrahlten: In der Pionierzeit (1724–69) verwirklichten die Herrnhuter sozialistische Lebensformen; darin entwickelten sich die sog. »Anstalten«, in denen die einzelnen Altersgruppen lebten und arbeiteten (Graf Zinzendorf hatte vor Rousseau die Psychologie der Entwicklungsalter erkannt). Nach der Synode 1769 verwandelten sich die »totalitären Streitergemeinden« in bürgerl. Ortsgemeinden mit patriarchal. Familienleben; heute noch haben die Herrnhuter in aller Welt Teile ihres einst breit ausgebauten Schulwesens und unterhalten Kinderheime, Kindergärten, Jugendzentren, Bibelschulen u. ä.

grierte → Gesamtschulen (seit 1969; Kl. 7–10) an. Die Hauptschulen wurden zunehmend aus ihrer traditionellen Verbindung mit der Grundschule gelöst und mit den 5. bis 10. Jahrgangsstufen der anderen Schularten zu Schulzentren des Sekundarbereichs I zusammengefaßt. Solche Schulzentren wurden auch für den Sekundarbereich II (Stufenplan von 1975) geschaffen. Die neugestaltete → gymnasiale Oberstufe wurde 1974 eingeführt (Erlaß v. 4. 11. 1974).

Das berufsbildende Schulwesen umfaßt außer Teilzeitberufsschulen und dem Berufsgrundbildungsjahr (1j. Vollzeitschule) 1- oder 2j. Berufsfachschulen in Vollzeitform, die zu einem mittl. Bildungsabschluß führen und den Übertritt in die Fachoberschule bzw. die neugestaltete gym. Oberstufe ermöglichen. Je eine Erwachsenen- bzw. Abendschule bieten die Möglichkeit zum nachträglichen Erwerb aller Abschlüsse des allgemeinbildenden Schulwesens, vom Hauptschulabschluß bis zum → Abitur.

Der Hochschulbereich umfaßt die 1967 gegr. »Reformuniversität« (»Bremer Modell«: Entwickl. v. Curricula f. neuartige Studiengänge und Fächerkombinationen, v. a. im Projektbereich) und auf Fachhochschulebene die Hochschule B. mit 9 Fachbereichen, eine Hochschule für Öffentl. Verwaltung, eine Hochschule für Kunst u. Musik, die Hochschule Bremerhaven sowie eine Vielzahl von Instituten (u. a. für Meeresforschung) und Forschungseinrichtungen. Das Bremische Hochschulgesetz (Nov. 1977; Neufassung: 20. 12. 1988) regelt in Angleichung an das → Hochschulrahmengesetz des Bundes bei gleichzeitiger Wahrung des »Bremer Modells« die Aufgaben und Strukturen aller Bremischen Hochschulen.

Die Lehrerausbildung (Gesetz v. 1974) geht von der → Gleichrangigkeit der Schulstufen aus und umfaßt ein einheitliches wiss. Studium von 8 Semestern (mit stufenbezogenen Schwerpunkten).

Der Gesamtbereich der → Weiterbildung wurde 1974 neu strukturiert und ein Landesamt für Weiterbildung mit der Entwicklung von erwachsenenspezifischen Curricula betraut. Daneben wurden Gesetze zur Regelung der außerschulischen Jugendbildung und des → Bildungsurlaubs erlassen.

Schr.: Amtsblatt der Freien Hansestadt B.; Senator f. Bildung u. Wiss. (Hg.), Bremer Schulblatt; Mitteilung d. Senats vom 31. 7. 1990, Entwickl. d. B. Schulwesens (1975–1990), Drucksache 12/932 – 2. 8. 90.
Zschr.: Bremer Lehrerzeitung 1951 ff.
L.: Ständige Konferenz der Kultusminister (Hg.), Kulturpolitik der Länder (ersch. regelmäßig); W. Keim, Probleme der Bildungsreform heute – Modellfall B., in: Die Dt. Schule 74 (1982) 1/2; H. Faltus, Kulturentwicklung u. Volksbildung in B. 1945–1980, 1986; I. Kemnade, Schullaufbahnen und Durchlässigkeit der Sekundarstufe I, 1989; S. Wissmann, Es war eben unsere Schulzeit. Das b. Volksschulwesen unter dem Nationalsozialismus, 1993; Schulgeschichtl. Sammlung B. (Hg.), Geh zur Schul und lern was – 150 Jahre Schulpflicht in Bremen 1844–1994, 1994; W. Freitag u. a., Bildung in B., in: J. Petersen, G.-B. Reinert (Hg.) Bildung in Deutschland, Bd. 2, 1997.

**Bremer Klausel,** eine Klausel des Grundgesetzes (Art. 141), die im Gegensatz zu Art. 7, Abs. 3 GG, wonach der Religionsunterricht in Übereinstimmung mit den Religionsgemeinschaften erteilt werden muß, dem Art. 32 der Bremer Verfassung Rechnung trägt, der die allgemeinbildenden öffentl. Schulen des Landes »zu Gemeinschaftsschulen mit bekenntnismäßig nicht gebundenem Unterricht in Biblischer Geschichte auf allg. christl. Grundlage« erklärt.

**Bremer Plan,** 1960 von der Arbeitsgemeinschaft dt. Lehrerverbände in Bremen vorgelegter, 1962 in Wiesbaden neu gefaßter und zur schulpolitischen Leitlinie dieser Verbände erhobener »Plan zur Neugestaltung des dt. Schulwesens«. Vom Leitziel einer »Schule der sozialen Gerechtigkeit« her wurden gefordert: staatl. Kindergärten für alle Kinder ab 4 Jahren; sechs gemeinsame Schuljahre für alle Schüler; drei gleichwertige Oberschulformen (7.–10. Schuljahr: Werk-, Real- und Gymnasial-Oberstufe); erleichterte Übergänge im Bildungswesen; Verlängerung der Vollzeitschulpflicht auf 10 Jahre; zwei Berufsschultage; Verdoppelung der Schulausgaben; Einbeziehung von berufl. und Erwachsenenbildung sowie Modernisierung der Lehrerbildung. Der B. P. war von Anfang an stark umstritten. → Bundesrepublik Dtl., → Rahmenplan.
L.: K. Bungardt, Der B. P. im Streit der Meinungen, 1962.

**Brezinka,** Wolfgang, * 9. 6. 1928 Berlin, 1951 Dr. phil. Innsbruck, 1954 Habil., 1958 Prof.

Grundlagengesetz angestrebte stärkere Berufsorientierung der weiterführenden Schulen konnte nur in begrenztem Maße erreicht werden. Es gibt zwar Berufsschulen, doch liegt die berufliche Bildung bei den Arbeitgebern. Charakteristisch ist die dreigeteilte Bildungsverwaltung: zentralistisch (Hochschulen), föderalistisch (Schulwesen) und kommunal. Im Gegensatz zu Spanisch-Amerika können die Univ. nicht auf eine lange Tradition zurückblicken. Die Kolonialmacht Portugal bestand auf dem Ausbildungsmonopol Coimbras; erst sehr spät wurden einige fachlich spez. Hochsch. eingerichtet. Die ersten Univ. wurden 1912 in Curitiba, 1920 in Rio de Janeiro und, unter Beteiligung von Wissenschaftlern aus aller Welt, 1934 in Sao Paulo gegründet. Derzeit gibt es mehr als 1030 Hochschuleinrichtungen, darunter ca. 145 Univ.

Die in der neuen Verfassung (1988) angelegte Bildungsreform (Recht auf kostenlose Grundschulausbildung für alle 7–14 j.n), die von einer (provisorischen) Bildungsrahmen-Gesetzgebung und einem Bildungsplan (1990) ergänzt wurde, strebte die endgültige Lösung des zentralen Problems B.s an: das hohe Analphabetentum (ca. 25 Mio. = 19% der Gesamtbevölkerung, 1997 16,7%). Als Maßnahmen waren vorgesehen: die graduelle Erweiterung von öffentlichen Schul- und Studienplätzen auf Vorschul-, Gymnasial- und Hochschulebene und die Anhebung der Unterrichtsqualität insb. durch die Erhöhung der (sehr niedrigen) Lehrergehälter. Die Chancen einer baldigen Verbesserung im Bildungsbereich müssen jedoch immer noch skeptisch beurteilt werden. → Freire.

L.: Ministry of Education and Culture (Hg.), Education in Brazil, 1971; F. Swamborn, Hochschulwesen und Wiss.sförderung in B., 1974; B. Fink, Die b.ische Bildungspolitik, 1975; R. Lenhard, Das b.ische Bildungswesen, 1978; D. Saviani, Politica e Eduçao no Brasil, Sao Paulo 1987; P. Demo, Analfabetismo e Educação Basica, Brasilia 1989; R. Morais, Cultura brasiliera e educação, Brasilia 1989; UN-Development Progr. (Hg.), Human Development Report 1990, Oxford 1990; J. R. Almeida, Histoire de l'instruction publique au Brasil, Lissabon 1991; B. Freitag-Rouanet, Bildungskrise und Bildungspolitik in B., in: Zeitschr. für Pädagogik 37 (1991) H. 4; C. A. Gomes, Bildung und Erziehung in Brasilien in den 90er Jahren, in: Bildung u. Erz. 44 (1991) H. 2; J. Zimmer, Päd. Verwüstungen, in: Neue Sammlung 34 (1994) 4; J. Fuchs, Das b. Bildungssystem, in: Schulmanagement 27 (1996) 3.

**Brauchtum** → Volkskunde.

**Bremen.** Land der → BRD mit stark liberaler Tradition, die sich auch im Schulwesen (z. B. Selbständigkeitsbestrebungen der Lehrerschaft) äußerte. B. gilt heute noch als das, in gutem und schlechtem Sinne, »progressivste« Land der föderalistischen Bildungslandschaft der BRD. Grundlage des Bildungswesens ist die Verfassung von 1947, bes. Art. 26–33. Das Schulwesen hat seine rechtl. Grundlage im Schulgesetz vom 18. 2. 1975 (Neufassung: 20. 12. 1994). Der Unterricht in einem Bekenntnis oder einer Weltanschauung obliegt den betreffenden Gemeinschaften und muß außerhalb der Schulzeit erfolgen. → Privatschulen bedürfen der staatl. Genehmigung und unterstehen der staatl. Aufsicht. Die Neufassung der schulrechtlichen Bestimmungen (1994) beabsichtigt eine Stärkung der Einzelschule verbunden mit einer Sicherung ihrer Eigenständigkeit. Danach ist es Aufgabe jeder Schule durch schulinterne → Evaluation die Einhaltung selbstgesetzter Standards zu überprüfen; die Schule wird hierbei durch die neu eingerichtete Institution zur »Beratung, der Qualitätssicherung, des schulischen Managements und der Evaluation von Unterricht und weiterem Schulleben« unterstützt (→ Schulautonomie).

Der 4j. Grundschule (von 1946–1976 6j.) geht der Schulkindergarten (seit 1975 »Vorklasse«) voraus. Ab 1971 liefen Schulversuche mit der 2j. Eingangsstufe der Grundschule für 5 bis 6j. Kinder mit dem Ziel, den Übergang Elementar-Primarbereich kontinuierlich zu gestalten und eine frühzeitige Verschulung zu vermeiden. Mitte der 70er J. wurde eine Reform der Grundschule durchgeführt: Abschaffung der Hausaufgaben (seit 1975), der Zeugnisse und des »Sitzenbleibens« (seit 1978) in Kl. 1; neuer Lehrplan (seit 1977); Verbesserung der Lehrer-Schüler-Relation. Auf die Grundstufe folgt die 2j. (5. u. 6. Kl. umfassende) schulformübergreifende Orientierungsstufe. Daran schließen sich Hauptschulen (bis 1989 Kl. 7–9; nach dem »Gesetz zur Einführung der allg. 10j. Schulpflicht« vom 23. 5. 1989: Kl. 7–10), Realschulen (Kl. 7–10), Gymnasien (Kl. 7–13) sowie inte-

die Möglichkeit zum Erwerb der Fachhochschulreife, der allgemeinen → Hochschulreife (→ Abitur) bzw. berufsqualifizierender Abschlüsse. Seit 1990 hat sich ein modernes und leistungsfähiges Schulwesen herausgebildet. Mit dem Schulgesetz vom 12. 4. 1996, das das 1. SRG ablöste, wurden die inneren und äußeren Rahmenbedingungen für die weitere Entwicklung festgelegt. Demnach zählen zu den besonderen bildungspol. Schwerpunkten: die Einführung des Faches Lebensgestaltung-Ethik-Religionskunde; umfassende Mitwirkungsrechte für Schüler, Lehrer und Eltern; der Erhalt von Schulen im ländlichen Raum (»kleine Grundschule« im Modellversuch); der Ausbau der gemeinsamen Erziehung behinderter und nicht behinderter Kinder (→ Integration) sowie die Entwicklung von Oberstufenzentren.

Das »Gesetz über die Hochschulen des Landes B.« vom 24. Juni 1991 (letzte Fassung: 16. 10. 1992) enthält eine fast vollständige Regelung des Hochschulwesens in enger Anlehnung an das → Hochschulrahmengesetz und unter ausdrückl. Betonung der Hochschulautonomie. Besonders hervorzuheben ist die Erweiterung des Lehr- und Ausbildungsauftrages der neuerrichteten → Fachhochschulen (Brandenburg, Eberswalde, Lausitz, Potsdam, Wildau) um den Bereich »anwendungsbezogene Forschung«. Da in B. zum Zeitpunkt der Vereinigung keine Univ. bestand, wurde die Errichtung von 3 Univ.n beschlossen und eingeleitet (Univ. Potsdam, Techn. Univ. Cottbus, Europa Univ. Frankfurt/Oder). Die Ausbildung der Lehrer erfolgt den Schulstrukturen entsprechend stufenbezogen (Primarstufe, Sekundarstufe I, Sekundarstufe II) und für das Lehramt für Sonderpädagogik stufenübergreifend. Lehramtsstudiengänge sollen an der Univ. Potsdam konzentriert werden. Für Lehrerfort- und -weiterbildung wurde ein Pädagogisches Landesinstitut (PILB) gegründet.

Schr.: 1. SRG (28. 5. 1991) in: GVBl. B. 1991, 10; HSchG (24. 6. 1991) in: GVBl. B. 1991, 12: Schulrecht, Ausgabe für B., ergänzbare Sammlung für Schule und Schulverwaltung, hg. v. F. Hammerschmidt u. a.; Prakt. Schulrecht B., bearb. u. zusammengest. v. M. Renger (Loseblatt-Ausg.).
Zschr.: Schulverwaltung B., Mecklenburg-Vorpommern, Sachsen, Sachsen-Anhalt, Thüringen und Berlin, 1991 ff.

L.: F. Paulsen, Geschichte des gelehrten Unterrichts, 2 Bde, 1885, Neudr. 1965; J. Schultze, Die Mark B., 1961–1969; H. J. Schoeps, Pr. – Geschichte eines Staates, 1966; L. Froese u. W. Krawitz, Dt. Schulgesetzgebung Bd. 1: B., Pr. u. Dt. Reich bis 1945, 1968; W. Neugebauer, Absolutistischer Staat und Schulwirklichkeit in B.-Pr., 1985; F. Baumgart, Zwischen Reform und Reaktion, Pr.e Schulpolitik 1806–1859, 1990; M. Birthler, Schule in B. Gedanken und Vorstellungen, in: Päd. u. Schule in Ost u. West, 40(1992)3; C. Führ, Zum Bildungswesen in den fünf neuen Bundesländern der BRD, 1992; R. Martini, Zum Bildungsrecht in den ostdeutschen Bundesländern. Gesetze, Rechtsverord., Verwaltungsvorschr., 1992; K. Klemm u. a., Bildungsplanung i. d. neuen Bundesländern, 1992; H.-J. Kuhn, Gesamtschule im Osten. Das Beispiel B., in: Pädagogik 47 (1995); S. Anders, Die Schulgesetzgebung der neuen Bundesländer, 1995; W. Thiem, Bildung in B., in: J. Petersen u. G.-B. Reinert (Hg.), Bildung in Deutschland, Bd. 1, 1996.

**Brasilien.** Das auf Initiative von kath. Orden entstandene Bildungswesen wird seit 1837 (Kolleg Pedro II) vom Staat ausgebaut. Seit der Verfassung von 1891 ist das öffentl. Schulsystem streng laizistisch (seit 1934 freiwilliger Religionsunterricht der verschiedenen Konfessionen). Aufgrund der versch. Bildungstraditionen und Einwanderungsgruppen der Kolonialzeit gibt es (wie in anderen Ländern Nord- und Südamerikas) ein weitverzweigtes System eigenständiger privater und kommunaler Schulen und Hochschulen: $2/3$ aller Primarschulen sind privat; etwa $1/4$ der Univ. unterstehen der kath. Kirche.

Durch das Grundlagengesetz von 1971 wurde das b. Schulwesen neu gegliedert. Auf eine Grundstufe von 8 J. (ab 7. Lj.) baut eine 3j. Sekundarstufe auf, deren Abschluß die Zulassungsvoraussetzung für den Universitätsbesuch ist. Schulpflicht besteht für alle Kinder von 7 bis 14 J. In öffentlichen Schulen ist der Grundschulbesuch unentgeltlich. Nur etwa $2/3$ der Kinder werden von dieser Ausbildung erfaßt, und von diesen schließen (regional unterschiedlich) nur 20% bis 35% die Grundschule ab. Das niedrige Einkommensniveau eines großen Teils der Bevölkerung verhindert einen geregelten Schulbesuch (fehlende Mittel für Schulmaterialien, Mithilfe der Kinder bei der Erwerbstätigkeit, trotz gesetzlichen Verbotes). Andererseits stehen infolge steigender Schülerzahlen nur geringe öffentliche Mittel zur Verfügung. Die mit dem

**Brainstorming**

1917 den Begriff »école active« (→ Arbeitsschule) ein.

Schr.: Pédagogie religieuse et pédagogie fonctionelle, Lausanne 1942.
L.: I. Pescioli, I bambini e le »consegne«, Rom 1979 (Bibl.).

**Brainstorming** (von engl. *brain*: Gehirn; *storm*: Sturm), 1957 erstmals von B. F. Osborn auf den Begriff gebrachte Technik (meist in Gruppen) der möglichst freien Hervorbringung und Sammlung von (Lösungs-)Einfällen zu einem schwierigen Problem, die dann (gemeinsam) geordnet und beurteilt werden.

L.: B. F. Osborn, Applied Imagination, New York 1957; C. H. Clark, B., New York 1958.

**Brandenburg** (b = brandenburgisch; Pr = Preußen; pr. = preußisch). Die Anfänge eines für sich bestehenden Schulwesens in den b.n Ländern (die seit 1701 in der Geschichte Preußens aufgehen) reichen bis in die Zeit der → Reformation zurück. Charakteristisch sind die vergleichsweise frühen Versuche, das bis in das ausgehende 16. Jh. rechtlich und faktisch von Kirche und Städten getragene Schulwesen über die → Küster- und → Lateinschulen hinauszuheben, ihm eine nach innen und außen einheitl. und geschlossene organisatorische Form und gesetzl. Grundlage zu geben, es staatl. Lenkung und Verw. zu unterstellen und die Tendenz zur Bildung eines territorial abgeschlossenen Schulgebietes. Als wichtigste staatl. Maßnahmen sind zu nennen: die Visitationsordnung von 1573 (Pflicht zur religiösen Unterweisung); das → General-Landschul-Reglement von 1763 und das → Allgemeine Landrecht von 1794. Bereits in das 16. und 17. Jh. fällt die Gründung einiger später berühmt gewordener Gymnasien (Lateinschule »Graues Kloster« in Berlin 1754; → Fürstenschule Joachimsthal 1697). Die Gründung der Univ. Halle (1694), die mit Ch. → Thomasius und A. H. → Francke bald zur führenden Hochschule Dtl.s wurde, der Akad. der Künste in Berlin (1694, später Pr. Akad. der Künste) und der Kurfürstl.-Br. Akad. der Wiss.n (1700, später Pr. Akad. der Wiss.n, seit 1992 Berlin-B.e Akad. der Wiss.n) unter maßgebl. Beteiligung von G. W. → Leibniz wurden wegweisend. Bedingt durch den Aufstieg B.-Pr. zur europ. Großmacht, seine territoriale Expansion (seit 1822 Posen, Teile Schlesiens, Pommerns, Sachsens, Westfalens und des Rheinlands) sowie durch die Neuorganisation des Schul- und Hochschulwesens in der pr. Reformzeit (1806/07–1818/19; Gründung der Berliner Universität 1810; → Humanismus, → Humboldt, → Süvern, → Nicolovius, → Pestalozzianer) gab das b.-pr. Bildungswesen richtungsweisende Impulse und gewann großen Einfluß auf die Lehrerbildung und die Organisation des Schulwesens beinahe aller dt. Länder.

Nach dem Verlust der polit. und kulturellen Selbständigkeit in der Zeit des → Nationalsozialismus und des Bestehens der → Dt. Demokrat. Republik stand das Bildungswesen des neugeschaffenen Bundeslandes B. zunächst ganz im Zeichen der Neuorganisation und der Angleichung an die rechtl. Bestimmungen der → Bundesrepublik Dtl. (→ Einigungsvertrag).

Besonderheiten des b. Bildungswesens gegenüber den neuen Bundesländern → Thüringen, → Sachsen, → Sachsen-Anhalt, → Mecklenburg-Vorpommern sind nach dem 1. SRG (»Erstes Schulreformgesetz für das Land B./Vorschaltgesetz« vom 28. Mai 1991, letzte Fassung: 1. Juli 1992): das Primat der → Gesamtschule; die Gliederung des Bildungswesens nach Schulstufen (→ Primarstufe: → Grundschule und angegliedl. → Hort; → Sekundarstufe I. und II.); eine 6j. statt 4j. → Grundschulzeit und eine 13j. Schulzeit für Abiturienten.

Alle Bildungsgänge der Sekundarst. I (Gesamtschule, Realschule, Gymnasium; Kl. 7 bis 10) vermitteln mit der Möglichkeit der inneren und äußeren Differenzierung eine allgemeine Bildung und eröffnen den Weg zur Erlangung aller Abschlüsse der Sekundarstufe I. (Berufsbildungsreife Kl. 9; erweiterte Berufsbildungsreife Kl. 10; Fachoberschulreife; → Mittlere Reife, Berechtigung zum Besuch der → gymnasialen Oberstufe) sowie den Eintritt in unmittelbar berufsqualifizierende Bildungswege. Die Bildungsgänge der Sekundarstufe II umfassen die gymnasiale Oberstufe (Kl. 10 bis 13 der Gesamtschule bzw. des → Gymnasiums) und die Bildungsgänge der berufsbildenden Schulen (→ Berufsschule, → Berufsfachschule) und bieten

W. Böhm, Die Reformpäd. in Italien u. Spanien, in: H. Röhrs. V. Lenhardt (Hg.), Die Reformpäd. auf den Kontinenten, 1994.

**Bosco,** Don Giovanni, * 16. 8. 1815 Castelnuovo d'Asti, † 31. 1. 1888 Turin; ital. Sozialpädagoge, kath. Priester und Gründer der Kongregation der Salesianer Don Boscos (SDB), 1934 heiliggesprochen; eine der bedeutendsten Erziehergestalten des 19. Jh. mit bis heute fortdauernder Wirkung, erkannte er sehr bald die negativen Auswirkungen der Industrialisierung und Verstädterung auf die heranwachsende Generation (Verwahrlosung, Kinder- und Jugendkriminalität, sittl.-relig. Verarmung) und gründete eigene Erziehungsheime (Oratorien) bzw. Jugendstädte für diese gefährdeten Jugendlichen. Sein Erziehungsprinzip ist das der Prävention, und zwar in dem Sinne, daß er versucht, die vitale Freude, die Begeisterung für den Glauben und die Lebenstüchtigkeit so zu stärken, daß das »Böse« gar nicht erst Platz greifen kann. Daher kommt dem gemeinsamen Spiel und Sport von Erziehern (häufig Priester) und Zöglingen, dem Gebet und Sakramentenempfang (v. a. der Beichte) und der schulischen wie der berufl. Bildung besondere Bedeutung zu. B. wirkte zwar hauptsächlich aufgrund seiner charismatischen, begeisternden Persönlichkeit, er verfaßte aber auch zahlreiche Schriften für die Jugend, relig., hist., päd. und theol. Inhalts und gab ab 1848 eine eigene Jugendzeitschrift heraus (*Amico della Gioventù*). Die SDB gewannen sehr rasch große Verbreitung und hatten schon zu Lebzeiten B.s zahlreiche Niederlassungen in Südamerika. Ein zweiter Schwerpunkt der Arbeit Don B.s lag in der Förderung der Priesterausbildung durch Gründung von Seminarien und Bildungsstätten für Spätberufene.

Schr.: Ges. Werke (ital.) 1932; Päd. Visionen und Reflexionen, hg. v. F. Pöggeler, 1965; Päd. der Vorsorge, hg. v. K. G. Fischer, 1966.
L.: A. Auffray, Un grand Educateur. Saint J. Bosco, Lyon 1947; P. Braido, Del sistema preventivo nella educazione della gioventù, Zürich ²1964; Il sistema educativo di D. B. tra pedagogia antica e nuova, hg. v. P. Braido, Rom 1974; R. Weinschenk, Grundlagen der Päd. D. B.s, 1980, ²1987; T. Bosco, D. B. – sein Lebensweg, sein Lebenswerk; dt. 1987, ³1997; F. Pöggeler, Erziehen als Erleben, 1987; R. Hasenclever (Hg.), D. B. und die Welt der Arbeit, 1995.

**Botswana.** 1966 erlangte das brit. Protektorat Bechnana-Land die Unabhängigkeit. Bis 1980 regierte Seretse Khama das Land entsprechend dem brit. Westminster-Modell; das minimal ausgebaute Schulwesen folgte dem brit. Kolonialstil. Noch heute herrscht keine Schulpflicht. Grundschulen werden von öffentl. oder priv. Institutionen betrieben. Der Besuch der 7j. Grundschule ist seit 1990 kostenfrei. Die Sekundarstufe (ab 14 J.) wird unterteilt in einen 2j. und einen 3j. Zyklus. Mit Abschluß des 1. Zyklus die von der Regierung für 1991 als Ziel für alle gesetzte Grundausbildung abgeschlossen. Der Abschluß des 2. Zyklus berechtigt zum Studium an der *University of Botswana*.
Ein nationales Erwachsenenbildungsprogramm wurde 1980 initiiert. Die Analphabetenquote sank von 1971 bis 1995 von 59% auf 30,2%.
Neben der formalen Ausbildung existieren seit 1965 freiwillige Jugendbrigaden (»*Brigade Movement*«, Patrick van Rensburg), die hauptsächlich in ländlichen Gebieten organisiert wurden, um Jugendlichen durch die enge Verbindung von Theorie und Praxis (»*learning by doing*« in Verbindung mit fachtheoret. Unterricht) eine Berufsausbildung zu ermöglichen. Nach dem Vorbild der ersten Brigade in Serowe wurden rd. 20 Zentren gegründet. Sie sollen sich durch die Erträge ihrer Arbeitsleistungen selbst tragen und zu Strukturverbesserungen in ländl. Gebieten beitragen. Der Bestand dieser Arbeitsgruppen in ihrer ursprüngl. Form ist jedoch nach der Einführung (1983) eines dualen Ausbildungssystems nach deutschem Vorbild gefährdet.

L.: P. v. Rensburg, Looking forward from Serowe, B. o. J.; B. Reisch, B. Arbeitshilfen zur Aktion 77, 1977; E. Strohmeyer, Entwicklungsland B., 1983; S. Gaborone, The B. National Literacy Programme: Progress and Prospects, in: Prospects 67 (1988) 3; U. Böhm, Die Brigaden in B., in: Päd. Forum 4 (1991) 4; V. Lenhart, Die Bed. der reformpäd. Traditionen f. d. Bildungsreformen in Afrika, in: H. Röhrs (Hg.), Die Reformpäd. auf den Kontinenten, 1994; J. Müller, Berufliche Grundbildung in B., in: Berufsbildung 51 (1997) 46.

**Bovet,** Pierre, * 5. 6. 1878 Grandchamp, † 2. 12. 1965; gründete 1925 das Bureau International d'Éducation in Genf und gehörte zu den Pionieren einer experimentellen und funktionellen Erziehungswissenschaft; führte

**Bollnow,** Otto Friedrich, * 14. 3. 1903 Stettin, † 7. 2. 1991 Tübingen, 1925 Promotion in Physik Göttingen, 1931 Habil. in Philos. und Päd. Göttingen, 1939 Prof. für Philosophie und Päd. Gießen, 1946 Mainz, 1953–70 Tübingen, 1975 Dr. h. c. Straßburg. Wichtige Arbeiten zur Geschichte der Päd. und zur Philosophie der Erziehung; ausgehend von → Lebensphilosophie, → Phänomenologie und → Existentialismus leistete B. bedeutende Analysen von erzieherischen und Lebensphänomenen, bestimmte nachhaltig die päd. → Anthropologie durch die Frage, wie das Wesen des Menschen beschaffen sein muß, damit päd. Phänomene als sinnvolle Bestandteile des Lebens verstanden werden können, und entwarf eine Theorie der »unstetigen Formen« der Erziehung sowie eine Phil. der Hoffnung bzw. der päd. Atmosphäre.

Schr.: Die Lebensphilos. F. H. Jacobis, 1933, ²1966; Dilthey, 1936, ⁴1980; Das Wesen der Stimmungen, 1941, ⁸1995; Existenzphilos., 1943, ⁹1984; Einfache Sittlichkeit, 1947, ⁴1968; Die Päd. der dt. Romantik, 1953, ³1977; Neue Geborgenheit, 1955, ⁴1979; Die Lebensphilos., 1958; Wesen und Wandel der Tugenden, 1958; Existenzphilos. und Päd., 1959, ⁶1984; Mensch und Raum, 1963, ⁸1997; Die päd. Atmosphäre, 1964, ⁸1997; Die Macht des Worts, 1964, ³1971; Die anthropolog. Betrachtungsweise in der Päd., 1965, ³1975; Sprache und Erziehung, 1966, ³1986; Philos. der Erkenntnis, 1970, ²1981; Päd. in anthropolog. Sicht, 1971, 3. Aufl. als Anthropolog. Päd., 1983; Das Verhältnis zur Zeit, 1972; Vom Geist des Übens, 1978, erw. Neuaufl. Oberwil b. Zug, 1987; Studien zur Hermeneutik, 2 Bde. 1982, 1983; Zwischen Phil. u. Päd., 1988.
L.: Hoffnung und Begegnung, FS z. 60. Geb.-tag, hg. v. F. Hilker, 1963; P. Kerans, La confiance selon O. F. B., Straßburg 1966; Verstehen und Vertrauen, FS z. 65. Geb.tag, hg. v. J. Schwartländer, 1968; B. Hömberg, Hermeneutik des Vertrauens (Diss. Münster), 1978; O. F. B. im Gespräch, hg. v. H.-P. Göbbeler und H.-U. Lessing, 1983 (m. Bibl.); Die Verantwortung der Vernunft in einer friedlosen Welt, hg. v. J. Schwartländer, 1984; R. Rosentreter, O. F. B., (Diss. Leipzig), T. 1,2, 1984; E. Frick, Erz.prozeß und Erz.konzepte – Theorievergl. zw. O. F. B. und C. R. Rogers (Diss. Zürich), 1985; E. S. Kim, Anthropol. und Hermeneutik (Diss. Bochum), 1985; N. Wolf, Die Bed. des Humors für das ästh.-sittl. Bewußtsein des Erziehers, 1986; W. Plöger, Phänomenologie und ihre Bed. für die Päd., 1986; F. Rodi, Hermeneut. Phil. im Spätwerk von O. F. B., in: Dilthey-Jb., Bd. 8, 1993 (m. Bibl. 1983–1991); P. Kauder, Päd. Denken unter existenzphilos. Herausforderung. Zur Genesis der Päd. O. F. B., in: Päd. Rundsch. 49 (1995) 6; U. Boehlhauve, Verstehende Päd., 1997; F. Kümmel (Hg.), O. F. B.: Hermeneutische Philos. u. Päd., 1997.

**Borinski,** Fritz, * 17. 6. 1903 Berlin, † 4. 7. 1988 Bremen, einer der Pioniere der dt. → Erwachsenenbildung. Nach Studium (Rechte, Soziologie, Geschichte) in Jena, Leipzig und Halle führend tätig in der → Jugendbewegung (Leuchtenburger Kreis); Leiter des Seminars für Freies Volksbildungswesen an der Univ. Leipzig. Nach England emigriert, studierte er bei K. → Mannheim und arbeitete u. a. als Sekretär des *German Educational Reconstruction Committee.* Nach 1945 Leiter der Heimvolkshochschule Jagdschloß Göhrde und (ab 1954) der Bremer Volkshochschule. 1956 Prof. Freie Univ. Berlin; als Mitglied des → Dt. Ausschusses für das Erziehungs- und Bildungswesen arbeitete er maßgeblich an dessen Gutachten (1960) zur Erwachsenenbildung mit.

Schr.: Der Weg zum Mitbürger, 1954; Gesells., Politik, Erwachsenenbildung, hg. v. J. Ehrhardt, H. Keim, D. Urbach, 1969; Zw. Päd. und Politik, in: Päd. in Selbstdarst., hg. v. L. J. Pongratz, Bd. 3, 1976 (m. Bibl.); zus. mit W. Milch, Jugendbewegung, ²1982.
L.: G. Doerry (Hg.), Polit. Bildung in der Demokratie, FS zum 65. Geb.tag, 1968; G. Doerry, Polit. Erwachsenenbildung unter den Bedingungen der Nachkriegszeit. F. B.s Wirken, in: Ambivalenz der Päd., hg. v. P. Drewek, 1995.

**Born,** Stephan, * 28. 12. 1824 Lissa, † 4. 5. 1898 Basel; Schriftsetzer; Gründer der »Arbeiterverbrüderung«; floh 1849 in die Schweiz, studierte und wurde Prof. der Literaturgeschichte in Basel. B. geißelte Selbstsucht, Konkurrenz und Erwerbsstreben als bürgerl. Laster und wollte durch gesellige Bildungsvereine den Gedanken der Brüderlichkeit unter den Handwerkern verbreiten.

Schr.: Erinnerungen eines Achtundvierzigers, 1898.
L.: P. Birker, Die dt. Arbeiterbildungsvereine 1840–1870, 1973; F. Rogger, Wir helfen uns selbst, 1986.

**Boschetti Alberti,** Maria, * 23. 12. 1884 Montevideo, † 20. 1. 1951 in Agno (Tessin). Von → Montessori angeregte Begründerin der → *scuola serena* in Agno, die zu einer weltweit anerkannten Musterschule der europ. → Reformpäd. wurde.

Schr.: Il diario di Muzzano, Brescia 1939, ¹⁶1977; L'école sereine d'Agno, Genève 1928.
L.: G. Gabrielli, Il pensiero e l'opera di M. B. A., Florenz 1954; M. Peretti, M. B. A., Brescia, 1963; F. Matasci, L'inimitable et l'exemplaire M. B. A., 1987;

liegen in den Bereichen Wirkungsgeschichte des Humanismus, Humanismus als didakt. Programm, Erwachsenenbildung und Gerontologie unter bildungstheoret. Aspekt, Wiss. vom Altern unter d. Anspruch d. mündigen Subjekts.

Schr.: m. H.-E. Tenorth, Einführung i. d. Historische Päd., 1990; Goethe – Naturwissenschaft, Humanismus, Bildung, 1991; Verständigung über das Alter, 1992; Humanismus zwischen Aufklärung und Postmoderne, 1994; m. F. Brauerhoch, S. Dabo-Cruz, Forschung als Herausforderung, 1998.

**Böhme,** Jakob, * 1575 Altseidenberg b. Görlitz, † 16. 11. 1624 ebd.; als »Philosophus Teutonicus« (»Dt. Philosoph«) bezeichneter Schuhmacher; deutete in seiner mystischen Philosophie → Bildung als Gottebenbildlichkeit im Sinne des Durchscheinenlassens des göttl. Lichts, nicht als äußere Nachahmung des irdischen Handelns Christi.

Schr.: Neudr. des Ges. Ausg. v. 1730, 11 Bde., 1955 ff (m. Bibl.); Schr. ausgew. und hg. v. F. Schulze-Maizier, 1938; Die Urschriften, hg. v. W. Buddecke, 2 Bde., 1963 u. 1966.
L.: A. Koyré, La philosophie de J. B., Paris 1929; E. Benz, Der vollkommene Mensch nach J. B., 1937; G. Dohmen, Bildung und Schule, Bd. 1, 1964; G. Wehr, J. B., 1976 u. ö.; H. Grunsky, J. B., ²1984; W. Elert, Die voluntarist. Mystik J. B.s, 1987; Gott, Natur und Mensch in der Sicht J. B.s und seiner Rezeption, hg. v. J. Garewitz u. A. M. Haas, 1994.

**Boeke,** Kees, * 25. 9. 1884 Alkmaar, † 3. 7. 1966 Abcoude; holländischer Reformpädagoge, vertrat vor allem den Gedanken der → Gemeinschaftsschule.

Schr.: Kindergemeenschap, Bijleveld 1934; Redelijke ordening van de mensengemeenschap, Purmerend 1946; Wij in het heelal, een heelal in ons, Purmerend 1959.
L.: G. Bolkestein u. a., K. B., Purmerend 1958; W. T. R. Rawson, The Werkplaats Adventure, London 1956; J. Kuipers, De wereld als werkplaats, Diss. Amsterdam 1992.

**Boethius,** Anicius Manlius Torquatus Severinus, * um 480 Rom, † um 524 Pavia; röm. Staatsmann und Philosoph; Konsul und magister palatii des Ostgotenkönigs Theoderich, der ihn des Hochverrats bezichtigte und hinrichten ließ. Durch seine theologischen Traktate, die ihn als Christen ausweisen und durch Auslegung der Texte → Platons und → Aristoteles' in lateinischer Sprache gilt B. als Vermittler zwischen antikem und mittelalterlichem Gedankengut, blieb aber im großen und ganzen der antiken → Paideia verhaftet. → artes liberales; → Cassiodor.

Schr.: Die theolog. Traktate, hg. v. M. Elsässer, 1988.
L.: M. Cappuyns, Boèce, in: Dictionnaire d'Histoire et Géographie Ecclesiastique, vol. 9, Paris 1937, S. 348–380; L. Obertelle, Severino Boezio, 2 Bde., Genova 1974; H. Chadwick, B., Oxford 1981; M. Gibson, B., Oxford 1981; M. Fuhrmann, J. Gruber (Hg.), B., 1984; M. Bernhard, B. im mittelalterl. Schulunterricht, in: Schule und Schüler im Mittelalter, hg. v. M. Kintzinger, 1996.

**Bolivien.** Die Erziehung in B. lag fast ununterbrochen in den Händen der privilegierten Kreise, und zwar sowohl während der Inkazeit als auch unter der span. Kolonialherrschaft und noch in der Republik. Auch heute werden die Primarschulen (5j.) in den Städten und bes. in ländlichen Gebieten nicht von allen schulpflichtigen Kindern (1997 nur ca. 50%) besucht, obwohl der 8j. Pflichtschulbesuch in den letzten 30 J.n enorm gestiegen ist. Die wenigsten Kinder durchlaufen eine Sekundarschule bis zum Abschluß; die große Mehrheit vermeidet ausdrücklich die weniger Sozialprestige verleihenden berufsbildenden Schulen. Die Ausstattung der Schulen ist meist dürftig, die Bildungsinhalte sind lebensfremd; die Zahl der ausgebildeten Lehrer ist gering. Ein Charakteristikum B.s ist nach wie vor die getrennte Verwaltung von städt. und ländl. Schulen. Als Univ.n können La Paz und Sucre (gegr. 1624, eine der ältesten Univ.n Amerikas) angesehen werden, die 6 übrigen reichen über Fachschulen kaum hinaus. Mit der Erziehungsreform von 1969 wurden Verbesserungen für die schulischen und berufsbildenden Einrichtungen (bes. in ländlichen Gebieten) eingeleitet, eine besondere Rolle nahmen Alphabetisierungsmaßnahmen ein. Die politisch nach wie vor recht instabilen Verhältnisse (Staatsstreiche und häufige Regierungswechsel) erschweren eine kontinuierliche Weiterentwicklung des Bildungswesens.

L.: E. Pérez, Warisata. La Escuela Avilu, La Paz 1962; I. Bauer-Stimmann, Der gegenwärtige Erziehungsstand in B., 1971; Ministerio de Educación y Cultura (Hg.), Diagnostico de la educación Boliviana, La Paz 1985; D. Nohlen (Hg.), Hb. der Dritten Welt, Bd. 2: Südamerika, 1992.

**Blonskij,** Pavel Petrovič, * 14. 5. 1884 Kiew, † 15. 2. 1941 Moskau; mit seiner Schrift »Die Arbeitsschule« (1918, dt. 1921, neu hg. v. H. E. Wittig, 1973; hg. v. Chr. Uhlig, 1986) gewann er vorübergehend Einfluß auf die Schulpolitik der Sowjetunion (zus. m. → Krupskaja). Unter Berufung auf → Marx und deutlich beeinflußt von → Dewey sah B. den eigentl. bildenden Wert der Arbeit in der Industriearbeit. → Arbeitsschule.

L.: O. Anweiler, Gesch. der Schule und Päd. in Rußland vom Ende des Zarenreiches bis zum Beginn der Stalin-Ära, 1964, ²1978; H. Röhrs, Schule und Bildung im internat. Gespräch, 1966; ders., Die Reformpäd., 1980, 5. erg. Aufl. 1998.

**Blüher,** Hans, * 17. 2. 1888 Freiburg (Schlesien), † 4. 2. 1955 Berlin; trat als Tertianer dem Wandervogel bei, studierte Philosophie, klass. Philologie, Biologie und Theologie in Basel und Berlin; erster Historiker und Interpret der → Jugendbewegung, als deren ausgeprägtes Merkmal er einen homoerotischen Grundzug herausstellte, der zur Idee eines obersten »Männerbundes« tendiere. Obwohl selbst heftig umstritten, hat B. die Jugendbewegung als päd. Bereich der außerschulischen Jugendbildung bestimmt.

Schr.: Die dt. Wandervogelbewegung als erot. Phänomen, 1912, ⁶1922; Die Rolle der Erotik in der männl. Gesells., 2 Bde., 1917–19; Werke und Tage, 1920; Selbstdarstellung, in: Die Päd. in Selbstdarstellungen, hg. v. E. Hahn, 1924; Werte und Tage, Geschichte e. Denkers, 1953.

**Boccaccio,** Giovanni, * 1313 Florenz (?), † 1375 Certaldo; verteidigte gegenüber der schulmäßigen Philosophie der → Scholastik den (Bildungs-)Wert von Poesie und Literatur als unerschöpfliches Reservoir von Bildern und Mustern gelebten Lebens.

L.: E. Garin, Gesch. und Dokumente der abendl. Päd., Bd. 2: Humanismus, 1966; R. Müller, Ein Frauenbuch des frühen Humanismus, 1992.

**Bodelschwingh,** Friedrich von, (6. 3. 1831 – 2. 4. 1910; 14. 8. 1877 – 4. 1. 1946) hießen die beiden Leiter der nach ihnen benannten Betheler Anstalten der Inneren Mission bei Bielefeld; Vater B. leitete sie von 1872–1910, der Sohn von 1910–46. Aus bescheidensten Anfängen entwickelten sie sich zu einem Mammutunternehmen von der Größe einer Kleinstadt. Das diakonische Prinzip ist durchgängiges Merkmal der heilpäd. erzieherischen, medizinischen und sozialpäd. Bemühungen. Bethel als »Stadt der Barmherzigkeit« wurde richtungsweisend für die Betreuung von Epileptikern und geistig Behinderten sowie als Stätte der diakonisch-sonderpäd. Ausbildung. B. der Jüngere trat im Dritten Reich den Euthanasieplänen Hitlers mutig entgegen und erreichte die Suspendierung der geplanten Vernichtungsaktion.

L.: Th. Küssner, Ein leuchtend und wärmend Licht, Pastor F. v. B., 1947, ⁴1955; M. Hellmann, F. v. B., 1988; B. Büchner, Abenteuer Bethel, 1991.

**Böhm,** Winfried, * 22. 3. 1937 Schluckenau (Böhmen). Nach Banklehre und musikal. Ausbildung Studium von Phil., Theol., Päd., Psych., Geschichte u. Musikwiss. in Bamberg, Würzburg und Padua. Promotion 1969, Habil. 1973; 1971 Prof. Brigham Young Univ. Provo (Utah); seit 1974 Ordinarius für Päd. Univ. Würzburg. Gastprof. in Italien, USA u. Südamerika. Arbeiten zur Geschichte u. Theorie der Erziehung und zur Vergleichenden Päd.; vertritt eine vom Prinzip der → Person her begründete Päd. – → Personalismus.

Schr.: Maria Montessori, 1969, ²1991; Kulturpolitik und Päd. Paul Oestreichs, 1973; (m. G. Flores d'Arcais) Il dibattito pedagogico in Germania, Brescia 1978; La educación de la persona, Buenos Aires 1982; Theorie und Praxis, 1985, ²1995; Il concetto di pedagogia ed educazione nelle diverse aree culturali, Pisa 1988; Männliche Päd. – weibliche Erziehung? Innsbruck 1989; Was heißt christlich erziehen? 1992; Entwürfe zu einer Pädagogik der Person, 1997; Über das Gemeine der Allgemeinen Päd., in: Theorien u. Modelle der Allg. Päd., hg. v. W. Brinkmann u. J. Petersen, 1998; Personne et éducation, in: Education et philosophie, hg. v. J. Houssaye, Paris 1999.

Lit.: M. Böschen, F. Grell, W. Harth-Peter (Hg.), Christliche Pädagogik – kontrovers (FS zum 55. Geb.tag), 1992; W. Brinkmann, W. Harth-Peter (Hg.), Freiheit – Geschichte – Vernunft. Grundlinien geisteswiss. Päd. (FS zum 60. Geb.tag; mit Gesamtbibl.), 1997; Un maestro en Córdoba. (FS zum 60. Geb.tag), Córdoba, Arg., 1997.

**Böhme,** Günther, * 4. 5. 1923 Dresden; 1953 Dr. phil. München, 1953–56 Mitarbeiter von F. → Hilker i. d. Päd. Arbeitsstelle Wiesbaden, 1972 Prof. f. Erziehungswiss. Univ. Frankfurt a. M.; Gastprofessuren in Indonesien, Lima, Mexiko und den Baltischen Staaten; Dr. h.c. Univ. Riga. Schwerpunkte seiner wiss. Arbeit

folgte 1825 durch den Blindenlehrer Louis Braille. Die Schulpflicht für blinde Kinder begann in Sachsen 1874, in Preußen 1911; seit 1886 werden Blindenlehrer bes. ausgebildet. Neben sonderpäd. Beratungsstellen lassen sich heute folgende Einrichtungen für Blinde unterscheiden: → Sonderkindergärten und Sonderschulkindergärten, Grund-, Haupt-, Realschulen und Gymnasialklassen im Rahmen der allg. Schulpflicht (Internatsschulen, mit Regelschulen kooperierende Blindenschulen, spezielle Klassen an einer Regelschule, Förderabteilung an der Regelschule, Besuch der Regelschule am Heimatort und zusätzliche Betreuung durch einen Blindenlehrer). Für erwachsene Blinde finden sich Umschulungsstätten und Erwachsenenbildungsstätten, die eng mit Volkshochschulen und Blindenvereinen zusammenarbeiten. Zu den besonderen Schwerpunkten der B. gehören: → Frühförderung (Körperkontakt, verbale Kommunikation etc.), kompensatorische Ausbildung der übrigen Sinne (Tasten, Hören, Riechen etc.), Übung im motorischen Bereich, Trainieren der Sehreste und die Verwendung spezieller Lehr- und Lernmittel. → Sehbehindertenpäd.

L.: V. Haüy, Essai sur l'éducation des aveugles, Paris 1786, Nachdr. 1990; A. Zeune, Belisar. Über den Unterr. der Blinden, 1808; J. W. Klein, Lehrb. zum Unterr. der Blinden, 1819, Nachdr. 1991; J. Knie, Reise durch Dtl. im Sommer 1835, 1837, Nachdr. 1994; F. Entlicher, Das blinde Kind im Kreise seiner Familie u. in der Schule seines Wohnortes, 1872, Nachdr. 1989; T. Heller, Studien zur Blindenpsychologie, 1904, Nachdr. 1989; A. Petzelt, Konzentration bei Blinden, 1923; ders.,Vom Problem der Blindheit, 1933; A. Kremer, Über den Einfluß des Blindseins auf das So-Sein des Menschen, 1939; H. Garbe, Die Rehabilitation der Blinden und hochgradig Sehbehinderten, 1965; D. Hudelmayer, Die Erziehung Blinder, in: Dt. Bildungsrat, Sonderpäd. 5, 1975; K. Heslinga, Über die lebensprakt. Erz. blinder Kinder, 1972; W. Rath, B., in: U. Bleidick u. a. (Hg.), Einf. in die Behindertenpäd., Bd. 2, 1977, ³1989; W. Rath, D. Hudelmayer (Hg.), Handbuch des Sonderpäd. Bd. 2: Pädagogik der Blinden u. Sehbehinderten, 1985; W. Drave (Hg.), Lehrer beraten Lehrer. Beratung bei der Integration von sehbehinderten Schülern, 1990; Deutscher Blindenverband e.V. (Hg.), Enzyklopädie des Blinden- u. Sehbehindertenwesens, 1990; L. Nielsen, Greife u. du kannst begreifen, 1992; M. Brambring, »Lehrstunden« eines blinden Kindes, 1993.

**Bloch,** Ernst, * 8. 7. 1885 Ludwigshafen, † 4. 8. 1977 Tübingen; Prof. für Philosophie in Leipzig, ab 1961 in Tübingen; B. unterstreicht mit Nachdruck die relig. Abkunft und den messianischen Charakter des Marxschen Denkens und interpretiert den Marxismus im Sinne einer Eschatologie. Von päd. Bedeutung ist vor allem seine These, daß der Mensch nicht durch die äußeren sozioökonom. Bedingungen determiniert wird, sondern aus dem Prinzip Hoffnung heraus sich und seine Zukunft zu gestalten hat.

Schr.: Vom Geist der Utopie, 1918, ³1971; Thomas Münzer als Theologe der Revolution, 1921, ²1962; Das Prinzip Hoffnung, 3 Bde., 1954–59; A Philosophy of the future, New York 1970; Pädagogica, 1971; Experimentum Mundi, 1975; Gesamtausg. in 16 Bdn., 1977 ff.

L.: Über E. B., 1968 (m. Bibl.); C. H. Ratschow, Atheismus im Christentum, 1970; R. Damus, E. B., 1971; H. H. Holz, Logos Spermatikos, 1975; E. B.s Wirkung, FS. zum 90. Geb.tag, 1975; D. Horster, B. zur Erinnerung, 1977; H. Schelsky, Die Hoffnung B.s, 1979; E. Hojer, Die päd. Schriften E. B.s, in: B.-Almanach, 2 (1982); R. W. Gassen, B. Holeczek (Hg.), Apokalypse – ein Prinzip Hoffnung?, 1985; R. Treptow, Raub der Utopie, 1985; D. Horster, B. zur Einführung, 1987; B. Rimek, Zur Phänomenologie des päd. Scheins, 1994.

**Blochmann,** Elisabeth, * 14. 4. 1892 Adolpa, † 27. 1. 1972 Marburg; Schülerin von H. → Nohl, 1930–33 Prof. f. Päd. an der Päd. Akad. Halle, 1934 Doz. für dt. Literatur Univ. Oxford, 1952–60 Prof. f. Päd. Univ. Marburg. Bedeutende Schriften zu Frauenbildung, Kindererziehung und Kindergarten.

Schr.: Die weibl. Bildung, 1960; H. Nohl, 1965; Frauenzimmer und Gelehrsamkeit, 1966.

L.: P.-M. Roeder (Hg.), Päd. Analysen u. Reflexionen, FS zum 75. Geb., 1967 (m. Bibl.); W. Klafki, H. G. Müller, E. B., 1992; W. Klafki, E. B. als Reformpädagogin in Halle, in: Die Reform des Bildungswesens im Ost-West Dialog, 1994.

**Blockunterricht** bezeichnet im weiteren Sinne eine Konzentration des Unterrichts, bei der die Unterrichtszeit über einen bestimmten Zeitraum ganz oder teilweise für jew. ein Fachgebiet verwendet wird (→ Epochenunterricht). Im engeren Sinne wird B. mit »Blockstunde« gleichgesetzt und meint dann eine die herkömmliche Unterrichtsstunde ablösende neue Organisationseinheit. Diese Form des B.s soll die bunte Vielfalt der Inhalte überschaubarer gestalten und mehr Gelegenheit zurVertiefung bieten.

Beruf, 1948; Päd. der Berufsschule, 1958; Das Gymnasium, 1960.

L.: Bibliographie F. B., hg. v. J. Henningsen, 1961; E. Weiss, Unbehagen und Affinität, schließlich Anpassung, 1991; G. Priesemann, Erinnerungen an F. B., in: Freiheit – Geschichte – Vernunft. Grundlinien geisteswiss. Päd., hg. v. W. Brinkmann u. W. Harth-Peter, 1997.

**Blankertz,** Herwig, * 22. 9. 1927 Lüdenscheid, † 26. 8. 1983 Münster, 1958 Dr. phil. Göttingen (b. E. Weniger), 1962 Habil. Mannheim, 1963 Prof. PH Oldenburg, 1964 FU Berlin, 1969 Univ. Münster, 1972 Leiter der Wiss. Begleitung Kollegstufe Nordrhein-Westf., bedeutende Arbeiten zur Geschichte der Päd., Bildungstheorie, Didaktik und Curriculumforschung; rezipierte die kritische Theorie der → Frankfurter Schule für die wiss.stheoretische Grundlegung der Päd. und bemühte sich darum, die → geisteswiss. Päd. mit transzendentalkrit. Denken (→ Transzendentalphil.) zu verbinden.

Schr.: Der Begriff der Päd. im Neukantianismus, 1959; Berufsbildung und Utilitarismus, 1963; Bildung und Brauchbarkeit, 1965; (u. a.) Arbeitslehre in der Hauptschule, 1967, $^3$1968; Theorien und Modelle der Didaktik, 1969, $^{13}$1991; Bildung im Zeitalter der großen Industrie, 1969; (u. a.) Curriculumforschung, 1972, $^4$1974; Die Geschichte der Päd., 1982 u. ö.; Kants Idee des ewigen Friedens, 1984.

L.: G. Kutscha (Hg.), Bildung unter dem Anspruch von Aufklärung, 1989; Ch. Lüth, Zur Dialektik der Bildung bei H. B., in: Diskurs Bildungstheorie II, hg. von O. Hansmann und W. Marotzki, 1989; T. Mertz, Kritik der Bildung, 1996.

**Blasche,** Bernhard Heinrich, * 9. 4. 1766 Jena, † 26. 11. 1832 Waltershausen (Thür.), 1796–1810 Lehrer an → Salzmanns Erziehungsanstalt in Schnepfenthal; vertrat in praktischer Unterrichtstätigkeit und in zahlreichen sehr populären Schriften die Einheit von Körper- und Geistesbildung; pflegte und förderte bes. die Papparbeit (Vorläufer der → Arbeitsschule). Nach seiner Trennung von Salzmann wandte er sich im Anschluß an → Schelling und Oken philos. theol. Fragen zu.

Schr.: Die Papparbeiter, 1797, $^5$1847 (engl. 1827, $^2$1831); Werkstätte der Kinder, 4 Tle, 1800–1802; Grundsätze der Jugendbildung zur Industrie, 1804; Der technolog. Jugendfreund, 5 Tle, 1804–10; Naturbildung, 1815; Der Papierformer, 1819 (engl. 1824, $^5$1836); Hdb. der Erziehungswiss., 2 Teile, 1828; Das Böse, 1827; Philos. der Offenbarung, 1829; Philosoph. Unsterblichkeitslehre, 1831; Die göttl. Eigenschaften, 1831.

L.: W. Osterheld, B. H. B. (Diss.), 1909.

**Blaß,** Josef Leonhard, * 7. 12. 1934 Euskirchen, † 14. 2. 1981 Köln; 1962 Dr. phil., 1970 Habil. und Prof. Univ. Köln. Grundlegende Beiträge zur Erziehungsphilosophie und zur päd. Theoriebildung.

Schr.: Die Krise der Freiheit im Denken S. Kierkegaards, 1968; Herbarts päd. Denkform, 1969; Päd. Theoriebildung bei J. F. Herbart, 1972; Modelle päd. Theoriebildung, 2 Bde., 1978.

**Bleidick,** Ulrich, * 3. 4. 1930 Bonn; 1958 Dr. phil., 1962 Doz., 1965 Prof. für Sonderpäd. Hamburg; grundlegende Arbeiten zur → Sonderpäd., insbes. Theorie und Systematik der Behinderungen.

Schr.: Die Individualpsychologie in ihrer Bedeutung für die Päd., 1959; Die Ausdrucksdiagnose der Intelligenzschwäche, 1961, $^3$1971; Lesen und Lesenlernen unter erschwerten Bedingungen, 1966, $^4$1976; Die sonderpäd. Gutachten, 1966, $^6$1978; Päd. der Behinderten, 1972, $^5$1984; Einf. in die Behindertenpäd., 3 Bde., 1977, $^4$1992; (Hg.), Lehrer f. Behinderte, 1978; (Hg. mit S. Ellger-Rüttgardt), Berufl. Bildung behinderter Jugendl., 1982; mit H. Baier (Hg.), Hdb. der Lernbehindertendidaktik, 1983; (Hg.), Theorie der Behindertenpäd., 1985; Individualpsych., Lernbehinderungen u. Verhaltensstörungen, 1985; Betrifft: Integration, 1988; Behindertenpäd. im vereinten Dtl. (hg. mit S. Ellger-Rüttgardt), 1993; m. G. Antor (Hg.), Recht auf Leben – Recht auf Bildung, 1995.

**Blindenpädagogik** beschäftigt sich mit Theorie und Praxis der Erziehung und Bildung blinder Menschen. Der betroffene Personenkreis setzt sich zusammen aus: Vollblinden (das geringste Lichtempfinden fehlt), praktisch Blinden ($1/10$ bis $1/20$ der Sehnorm ist vorhanden, reicht jedoch nicht aus für eine selbständige Berufstätigkeit), Sehrestigen (Sehverm. über $1/50$ der Sehnorm), hochgradig Sehbehinderten (Sehverm. über $1/50$ der Sehnorm, ohne bes. Hilfen nicht orientierungsfähig). Für die Erziehung Blinder gelten grundsätzlich die allg. Lebensziele Nichtbehinderter. Es werden aber spezielle Übungen notwendig, um das für Sehende Selbstverständliche zu erlernen, z. B. Essen, Anziehen, Hygiene, Orientierung, Kommunikation.

Bis in das 17. Jh. herrschte die Meinung vor, es sei nicht möglich, Blinde zu unterrichten, es genüge, ihren Lebensunterhalt mit Almosen zu sichern. Die Bildung schulischer Institutionen und von Blinden-Vereinen begann um 1700. Die Entwicklung der Blindenschrift er-

nommen; die Schwerpunkte der einzelnen Schularten entsprachen denen des naturwiss. Unterrichts allg. An neueren Problemen und Tendenzen des BU sind hervorgetreten: eine stärker humanbiologische Ausrichtung; – die Einbeziehung von → Sexualerziehung, besser: von geschlechtlicher Aufklärung; – eine deutliche Gewichtung von → Gesundheitsbildung und Hygiene; – die gesellschaftskritisch ausgerichtete Behandlung ökologischer Themen (Umformung des tradit. Naturschutzgedankens).

In jüngster Zeit gewinnen gesellschaftskritische Ansätze (in Zusammenhang mit der ökolog. Bewegung), die → Kybernetik und die Theorie der → didaktischen Strukturgitter Bedeutung; diese Ansätze sind großenteils fächerübergreifend: neben dem naturwiss. Unterricht insgesamt soll der BU Engagement für Erhaltung und Schutz der natürlichen Umwelt des Menschen wecken. Deshalb wird kritisiert, daß der BU in der → gymnasialen Oberstufe abgewählt werden kann.

Z.: Der B., 1 (1965) ff.
L.: W. Schmidbauer, Biologie und Ideologie, 1973; U. Kattmann, Bezugspunkt Mensch, Grundlegung e. humanzentrierten Strukturierung des B., 1977; IPN, Publikationen 1966–1978 (Bibl.) 1979; W. H. Leicht, Repetitorium Fachdidaktik Biologie, 1981; R. Hedewig, L. Staeck (Hg.), B. in der Diskussion, 1984; D. Eschenhagen u. a., Fachdidaktik Biologie, 1985; H. Ant, A. Stipproweit (Hg.), Beitr. zur Gesch. und Didaktik der Biologie, 1986; G. Strey, Alltag Natur in Wissenschaft und Unterricht, 1986; L. Staek, Zeitgemäßer B., 1987; ders., Biologiedidaktik und Schulbiologie in der BRD, 1987; M. Verfürth, Kompendium Didaktik Biologie, 1987; H. Göpfert, Naturbezogene Päd., 1988; M. Kaufmann, Die moderne Biologiesammlung, 1989; R. Hedewig, Hdb. des B.s, 7 Bde., 1989–98; D. Eschenhagen u. a., Fachdid. Biologie, 1993; W. Killerman, B. heute, 1995.

**Biologismus** bezeichnet eine das Bild vom Menschen einengende Sichtweise, die ihn aus der Zoologie heraus und mit deren Methoden erklären will. Unter einer solchen Perspektive reduziert sich → Erziehung auf die bloße natürliche Entwicklung. → Anthropologie, päd., → Konstruktivismus.

L.: O. Selle, Antidarwinismus und B., 1986; J. Heilmeier (Hg.), Gen-Ideologie: Biologie und B. in den Sozialwiss., 1991; Wissenschaft auf Irrwegen: B. – Rassenhygiene – Eugenik, hg. v. P. Propping u. H. Schott, 1992.

**Bitschin,** Konrad * um 1400 wahrscheinlich in Pitschen (Oberschlesien), † 1464 in Thorn (?), verfaßte neben jurist. und hist. Schriften eine Enzyklopädie »Labyrinthus vitae conjugalis« (Labyrinth des ehelichen Lebens). Darin gab er, in engem Anschluß an → Aegidius Romanus, einen systematischen, theol.-anthropolog. untermauerten Abriß über die richtige Erziehung der Jugend, wobei er auch medizinische Ratschläge an Vater und Mutter einschloß (bereits zur Kinderzeugung). Die sog. → artes liberales sollten durch »mechanische Künste« (Waffenschmied, Schiffahrt, Landwirtschaft, Jagd, Medizin, Theater) ergänzt werden. Dieses Buch, 1905 im Neudruck erschienen, gilt als erste systemat. Päd. Dtl.s.

L.: K. B.s Päd., hg. v. R. Galle, 1905.

**Bittner,** Günther, * 17. 2. 1937 Prag, 1969 Habil. Tübingen, Prof. Reutlingen, 1973 Bielefeld, 1977 Würzburg, Psychoanalyt. Ausbildung an der Stuttgarter Akademie für Tiefenpsychologie und analyt. Psychotherapie. Bedeutende Arbeiten zur Päd. Kinder- und Jugendforschung und zur Psychoanalyt. Erziehungslehre.

Schr.: Für und wider die Leitbilder, 1964, [2]1968; Psychoanalyse und soziale Erziehung, 1967, [3]1972; Das andere Ich, 1974; Tarnungen des Ich, 1977; Tiefenpsych. und Kleinkindererziehung, 1979; (Hg.), Selbstwerden des Kindes, 1981; (Hg.), Personale Psychologie, 1983; Das Sterben denken um des Lebens willen, 1984; (Hg. m. Ch. Ertle), Päd. und Psychoanalyse, 1985; Das Unbewußte – ein Mensch im Menschen?, 1988; m. M. Thalhammer (Hg.), »Das Ich ist vor allem ein körperliches …«, 1989; Vater Freuds unordentl. Kinder, 1989; Biographien im Umbruch, 1994; Kinder in die Welt, die Welt in die Kinder setzen, 1996; Lebens-Geschichten, 1997; Metaphern des Unbewußten, 1998.

**Blättner,** Fritz, * 7. 7. 1891 Pirmasens, † 25. 11. 1981 Münster; Dr. phil. 1923 München (bei A. → Fischer), Habil. 1937 Hamburg (bei W. → Flitner), 1946–63 o. Prof. für Päd. und Psychologie Univ. Kiel; neben seiner »Geschichte der Päd.« (1951, [15]1980, auch ital. u. japan.) legte er wichtige Arbeiten zur Berufserziehung und Erwachsenenbildung vor und regte 1960 die Umgestaltung der → gymnasialen Oberstufe zur → Kollegstufe an.

Schr.: Die Methoden der Jugendführung durch Unterricht, 1937, Neubearb. 1963; Menschenbildung und

**Bildungswissen** → Max Scheler.

**Bildungswissenschaft.** Der Begriff B. wird teilweise (so in der → kybernetischen Päd., aber unter deren Einfluß auch bei den Namengebungen der HS für B.n in Klagenfurt, 1970, und Flensburg, 1993) gleichbedeutend mit → Pädagogik als Wissenschaft (unter Ausschluß der praktischen und der → normativen Päd.) gebraucht, um gegenüber dem als enger empfundenen Begriff Erziehungswissenschaft stärker auch die Theorie der → Erwachsenenbildung und der Vermittlung → kognitiver Lehrstoffe zu betonen.

**Bilingualismus.** Gegen die lange vorherrschende Meinung, daß Zweisprachigkeit per se für Störungen sprachl., kognitiver und sogar moral. Art verantwortlich sei, wendet sich die gegenwärtige B.-Forschung und unterscheidet dabei zwischen einem »additiven« und einem »subtraktiven« B. Im ersten – bei Kindern einer Mehrheitskultur und -sprache – bringt eine zweisprachige Erziehung Gewinne für die kognitive Entwicklung, die monolingual erzogene Kinder nicht genießen; im zweiten – vorwiegend bei Kindern einer Minderheit, die eine Muttersprache von minderem Ansehen sprechen, – wird ein zu früher Eintritt in die Regelschule der Landessprache von Störungen sowohl im Erlernen ihrer Muttersprache als auch der Landessprache begleitet (sog. »semilingualism« bzw. »Analphabeten in zwei Sprachen«). Die B.-Forschung ist in den letzten Jahren aufgrund der weltweiten Beschäftigung mit regionalen Sprachen und Kulturen bzw. mit den Kindern ausländischer Eltern zu einem eigenen Schwerpunkt innerhalb der → Ausländerpädagogik und anderen Disziplinen (z. B. der Psychologie) geworden. → Multikulturelle Erziehung.

L.: J. Swift (Hg.), Bilinguale und multikulturelle Erziehung, 1982; K. Lambeck, Kritische Anmerkungen zur B.forschung, 1984; W. E. Ethenakis u. a., Bilingualbikulturelle Erz. des Kindes, 1985; W. Butzkamm, Psycholinguistik des Fremdsprachenunterrichts, 1989; J. Aleemi, Zur sozialen u. psychischen Situation von Bilingualen, 1991; J. F. Hamers, M. H. A. Blanc, Bilinguality and Bilingualism, 1992; W. und J. Butzkamm, Wie Kinder sprechen lernen, 1999.

**Binet,** Alfred, * 11. 7. 1857 Nizza, † 18. 10. 1911 Paris; seit 1894 Prof. f. Psych. an der Sorbonne (Paris). Entwickelte zus. m. dem Arzt Simon den Binet-Simon-Test als erstes diagnost. Testverfahren; bedeutende Arbeiten auf den Gebieten der experimentellen Psych. und der Kinderpsych.

Schr.: L'étude expérimentale de l'intelligence, Paris 1903; Les idées modernes sur les enfants, Paris 1908, dt. Die neuen Gedanken über das Kind, 1912.
L.: E. Probst, (Hg.), Der B.-Simon-Test zur Prüfung der Intelligenz bei Kindern, [6]1963; T. H. Wolf, A. B., Chicago 1973.

**Biogenetisches Grundgesetz** bezeichnet eine Auffassung, wonach die Entwicklung des Einzelwesens (*Ontogenese*) eine verkürzte, durch Anpassung und Vererbung bedingte Wiederholung der Entwicklung der Art (*Phylogenese*) ist. Zuerst von dem Zoologen Ernst Haeckel (1834–1919) vertreten, wurde von dem Psychologen Stanley Hall (1846–1924) auf das seelische Leben übertragen (psychogenetisches Grundgesetz). In der Kulturstufentheorie der → Herbartianer (→ Ziller) wurde das B. G. päd. wirksam.

**Biologieunterricht** (griech.: bios = Leben). Unter Biologie versteht man die Wiss. oder Lehre vom Lebendigen, unter BU demzufolge den Unterricht über Pflanzen, Tiere und Menschen in ihrer naturhaften Existenz. Wie der → naturwiss. Unterricht insgesamt wurde der BU nach einzelnen frühen Ansätzen (z. B. Pflanzenkunde in der antiken und mittelalterlichen Medizinerausbildung), durch den → Philanthropismus verbreitet. Nach der Systematisierung der Biologie durch Carl v. Linné (1707–1778) kam es im 19. Jh. zu einem systematischen, an der biologischen Wiss. orientierten BU, v. a. auf den höheren Schulen. Der BU in der → Volksschule (meist Naturkunde genannt) wurde durch die → Reformpäd. geprägt: durch → Selbsttätigkeit sollten Schüler ein vertieftes Naturerleben und vielfältige Naturbegegnungen gewinnen; statt Trennung in Pflanzen- und Tierkunde wurde der Lehrstoff nach »Lebensgemeinschaften« gruppiert (vgl. F. Junge, Der Dorfteich als Lebensgemeinschaft, 1885 u. ö.). Im → Nationalsozialismus stand der BU im Dienst der rassistischen Erblehre und Erbhygiene. Nach 1945 wurden zunächst die Ansätze von vor 1933 aufge-

tungen. Die Hochschulverwaltung umfaßt die Erledigung eigener Angelegenheiten der Hochschulen als Körperschaften im Rahmen der Selbstverwaltung und die Besorgung staatl. Angelegenheiten als Staatsverwaltung. → Bildungspolitik. Im Zusammenhang mit der Disk. über → Schulautonomie zeigt sich neuerdings ein Trend von der B. zur Bildungsberatung.

L.: H. Becker, Bildungsforschung und Bildungsplanung, 1971; I. Richter, Bildungsverfassungsrecht, 1973; K. Neumann, I. Richter (Hg.), Verfassung und Verwaltung der Schule, 1979; M. Böck, Dt. B.srecht und Europa, 1996; H. Gunter, Rethinking education. The consequences of Jurassic Management, London 1997.

**Bildungswerbung,** Aufklärung über Möglichkeiten und Vorteile weiterführender Bildung mit dem Ziel, die Beteiligung an mittleren und weiterführenden Bildungsgängen zu erhöhen. Als Reaktion auf die Mitte der 60er J. angekündigte → Bildungskatastrophe (G. Picht) setzte eine bundesweite Werbekampagne (Plakate, Inserate, Vorträge und Spots in Rundfunk und Fernsehen, spezielle Informationsbroschüren) regionale studentische Aktionen (»Aktion Student aufs Land«, Freiburg; »Aktion B.«, Berlin) ein. Ihr Ziel war die Überwindung von → Bildungsabstinenz und → Bildungsdefiziten, die Ausschöpfung aller → Begabungsreserven und die Verminderung von sozial oder regional bedingtem Bildungsgefälle. Ihre Hauptmotive waren a) ökonom. volkswirtschaftl. die Sorge um die Konkurrenzfähigkeit der BRD und b) gesellschaftspolit. die Verwirklichung des »Bürgerrechts auf Bildung« (Dahrendorf). Der unerwartete Erfolg der B. führte seit Ende der 60er J. zu einem → »Bildungsboom« und zu Folgeproblemen für → Bildungsplanung und → Bildungspolitik (z.B. → Numerus clausus). → Bildungsökonomie.

**Bildungswesen, Bildungssystem,** diese erst in jüngster Zeit geschaffenen Begriffe umfassen das Insgesamt der Einrichtungen, Personen, Veranstaltungen, Verfahren und Ideen, mit denen einzelne Gesellschaften, Kulturen, Staaten oder Großgruppen (z.B. Kirchen) die menschl. Grundfunktionen von Bildung und Erziehung organisieren und ausüben. In diesem weiten Sinne ist das B. (neben Recht, Wirtschaft, Religion etc.) eine der tragenden Institutionen der Gesellschaft. Der praktische Zweck dieses an sich unklaren Begriffs liegt wohl darin, daß dadurch alle isoliert betrachteten und behandelten Erziehungsmaßnahmen und -träger als Einheit gefaßt und sowohl Geschichte als auch Funktionen der einzelnen Bildungseinrichtungen und -vollzüge mit der Entwicklung und Struktur der Gesellschaft in engen Bezug gebracht werden können.

In ständischen Gesellschaften entsprach die Gliederung des B.s im wesentlichen der Standesgliederung und war vertikal (»Säulenmodell«) unterteilt: verschiedene, nach Inhalten, Funktionen und zugrundeliegender Bildungsauffassung deutlich voneinander abgehobene Schularten stehen relativ undurchlässig nebeneinander. Die modernen demokratischen Industriegesellschaften verlangen im Zuge der Verbreitung und Demokratisierung der Bildung ein horizontal (»Stufenmodell«) gegliedertes, allen Mitgliedern der Gesellschaft offenstehendes und bei bestehender → Chancengleichheit von allen je nach Neigung und → Begabung durchlaufbares B.

Neben traditionellen Problemen wie z.B. dem Verhältnis von Allgemein- und Berufsbildung sieht sich das B. heute einer Reihe neuer und durchaus noch ungelöster Fragen gegenüber: Verhältnis von B. und Beschäftigungssystem (Arbeitsmarkt), die Verknüpfung von berufsvorbereitender Schulbildung und berufsbegleitender Weiterbildung bis hin zum lebenslangen Lernen, Steuerung des Massenandrangs zu den Bildungsinstitutionen (→ Bildungsboom), Verbindung von technischer und menschl. Bildung, Durchforstung und Revision der Lehrpläne und Curricula. → BRD, → Soziologie der Erziehung, → Erziehung u. Gesellschaft.

L.: L. v. Stein, B., 3 Bde., 1883–84; E. Löffler, Das öffentl. B. in Dtl., 1931; H. Becker, Quantität und Qualität, 1962; F. Edding, Ökonomie des B.s, 1963 u. ö.; E. Lemberg (Hg.), Das B. als Gegenstand der Forschung, 1963; K. Hurrelmann, Erziehungssystem und Gesells., 1975; O. Anweiler u. a., Bildungssysteme in Europa, 1976, ³1980; KMK, Das B. in der BRD, 1977; W. Brinkmann (Hg.), Erziehung – Schule – Gesellschaft, 1980; Max-Planck-Institut für Bildungsforschung (Hg.), Das B. in der BRD, 1990; A. Fischer, Das Bildungssystem der DDR, 1992; Ch. Führ, Zum B. in den fünf neuen Bundesländern, 1992; R. Tippelt, Bildung und sozialer Wandel, 1993; J. Petersen, G.-B. Reinert (Hg.), Bildung in Dtl., 3 Bde., 1996/98.

nen Ländern, Landesteilen (Bundesländern), Provinzen (Reg.-Bezirken, Kreisen). Sie gibt Anzahl, Art und regionale Verteilung der Schulen, den Schulbesuch, die Dauer der Schulpflicht, die Bildungsabschlüsse (nach Bevölkerungsgruppen, Geschlechtern, sozialen Schichten usw.), Lehrer- und Schülerzahlen und ihre Entwicklung etc. an. Die B. liefert Grundlagen für die → Bildungsplanung und für den inter- und intranationalen Vergleich des Bildungswesens. In Preußen erschien von 1859–1933 das »Centralblatt für die gesamte Unterrichtsverwaltung«, fortgesetzt 1935–45 durch »Deutsche Wissenschaft. Erziehung und Volksbildung«. In der vom Statist. Bundesamt hg. Statistik der BRD enthält die Fachserie 11 die Daten aus Bildung und Kultur.

L.: W. Böttcher, K. Klemm (Hg.), Bildung in Zahlen, 1995.

**bildungstheoretische Didaktik.** Die b. D. als Weiterentwicklung der Position → Wenigers hat ihr Hauptvertreter → Klafki als Theorie der Bildungsinhalte bzw. später der Lehr- und Lernziele und der ihnen zuzuordnenden Inhalte bestimmt. Zentrale Frage ist dabei die nach dem Ziel der Lehr- und Lernprozesse, das Klafki bis 1969/70 als → Kategoriale Bildung bestimmt hat. Hauptaufgabe der D. war es folglich, eine Theorie bzw. Hilfe für die Auswahl der Stoffe mit dem höchsten Bildungsgehalt zu entwickeln, d. h. diejenigen Inhalte als angemessene Gegenstände des Unterrichts zu bezeichnen, die den größten Beitrag zur kategorialen Bildung des Zöglings leisten konnten. Dieses Geschehen vollzieht sich auf verschiedenen Ebenen und hat grundsätzlich die Geschichtlichkeit von Zielen, Inhalten und »Welt« zu berücksichtigen. Das Instrumentarium des einzelnen Lehrers bei dieser Aufgabe ist die »Didaktische Analyse«. Für das Verhältnis dieses engen Begriffs von D. zur Methodik gilt, daß Entscheidungen über Ziele und Inhalte des Unterrichts von diesen Vorgaben her bestimmt werden müssen (Primat der Didaktik). Diese Position wurde später von Klafki erneut weiterentwickelt. → Didaktik (dort auch Lit.)

**Bildungsurlaub** ist eine Organisationsform der → Weiterbildung. Freie Zeit für Bildung wurde bereits seit 1833 durch die Arbeiterbildungsvereine gefordert. In der BRD taucht der B. in den Parteiprogrammen der 60er J. auf und wird bes. von Kirchen und Gewerkschaften befürwortet. Diskutiert wird, ob der B. mehr emanzipator.-polit. Ziele oder berufl.-fachl.-qualifizierende Aufgaben verfolgen soll. Die umstrittene Zuständigkeit von Bund und Ländern erschwert die Realisierung des B.: in einigen Bundesländern ist er gesetzlich geregelt (z. B. → Bremen, → Hamburg), verschiedentlich auch bereits in Tarifverträgen verankert worden. Eine bundesweite Vereinheitlichung steht noch aus, ein Hauptproblem des B. ist seine Finanzierung.
→ Arbeiterbildung, → Gewerkschaftliche Bildungsarbeit.

L.: H. Siebert (Hg.), B. Eine Zwischenbilanz, 1972; Dt. Bildungsrat, B. als Teil der Weiterbildung, 1973; D. Urbach, W. D. Winterhager, B. Gesetze, Pläne, Kontroversen, 1975; B. Hafeneger, K. Kesselgruber, B. in der BRD, 1976; B. Kohler u. a., Modelle für den B., 1977; U. Beer, B. Erhebungen – Konzeptionen – Regelungen, 1978; B. Krienke, Experiment B., 1980; R. Dobischat, H. Wassmann (Hg.), B., 1982; B. Hafener, M. Wittmeier (Hg.), Lernen im B., 1983; E. Nuissl, H. Sutter, Rechtl. und pol. Aspekte des B.s, 1984; H. F. Richter, B. in der BRD, 1991.

**Bildungsverwaltung.** B. erfaßt die behördliche Tätigkeit der Verwaltung, die mit Organisation, Leitung, Aufsicht, Förderung der zum Bildungswesen zählenden Einrichtungen verbunden ist. Schulverwaltung meint die Verwaltungstätigkeit an der Schule selbst, der Aufsichtsbehörden und der Schulträger. Zur letzteren gehören Schulunterhaltung, -finanzierung, Bereitstellung von Mitteln, Betreuung des Schulpersonals. Verwaltung kommunaler Schulen ist Sache der kommunalen Schulträger (Gemeinde, Landkreis, Schul- und Zweckverband). Die Verwaltung der staatl.-kommunalen Schulen ist geteilt zw. Staat und kommunalen Schulträgern, die Verwaltung der staatl. Schulen ist Angelegenheit des Staates. Organe kommunaler Schulverwaltung sind die gesetzl. Vertretungs- und Verwaltungsorgane (Gemeinderat, Bürgermeister, Landrat usw.), Organe der staatl. sind die Schulverwaltungsbehörden, die zusammenfallen mit den Schulaufsichtsbehörden. – Die Hochschulen sind Körperschaften des öffentl. Rechts und zugleich staatl. Einrich-

trautheit mit sprachl. vermittelter Bildung soll ihren Kindern auch bei unzureichender Leistungsfähigkeit, -bereitschaft und -motivation im Vergleich etwa zu den Kindern anderer sozialer Gruppen (z. B. Randgruppen/Ausländer) Zugang vor allem zu den weiterführenden Bildungsgängen und -abschlüssen verschafft werden. B.ien behindern oder verhindern die in demokratisch verfaßten Gesellschaften polit. und päd. gebotene Verwirklichung von → Chancengleichheit und stellen die Wirksamkeit des Leistungsprinzips nachhaltig in Frage. → multikulturelle Erziehung.

L.: W. Liebknecht, Wissen ist Macht – Macht ist Wissen (1872), in: ders., Kleine Polit. Schr., 1976; H. G. Széll (Hg.), Privilegierung und Nichtprivilegierung im Bildungssystem, 1972; N. Weber, Privilegien durch Bildung, 1973.

**Bildungsrecht,** weder gesetzlich noch wiss. definierter (aber gebräuchlicher) zusammenfassender Begriff für jene Teile des öffentl. Rechts, die sich auf Bildungseinrichtungen und -maßnahmen beziehen; dazu gehören Schul- und Hochschulrecht, Recht der berufl. Bildung, Recht der Erwachsenenbildung (→ Weiterbildung), Recht der Bildungsplanung und -finanzierung. In verwandtem Sinne sprechen die Länderverfassungen von einem B. als Recht auf Erziehung und Bildung, ohne jedoch einen klagbaren Anspruch einzuräumen. Wichtige Themen bilden die Gefahr der Verrechtlichung des Bildungswesens und die Begründung des Rechts auf Erziehung und Bildung als eines Menschenrechts.

L.: H. Heckel, Schulrecht und Schulpolitik, 1967; P. Seipp, Schulrechtskunde, 1969; I. Richter, Bildungsverfassungsrecht, 1973; W. Gernert, Das Recht der Erwachsenenbildung als Weiterbildung, 1975; L. R. Reuter, Das Recht auf chancengleiche Bildung, 1975; R. Voigt (Hg.), Verrechtlichung, 1980; Dt. Juristentag, Schule im Rechtsstaat, Bd. 1, 1981; J. A. Brückner, Schulrecht und Schulpolitik, 1982; H. Heckel, H. Avenarius, Schulrechtskunde, [6]1986; Das neue dt. Recht für Schule, Berufsausbildung u. Hochschule, hg. v. E. Jobst, 1991; UNICEF (Hg.) Das Recht auf Bildung, 1999.

**Bildungsroman,** im weiten Sinne diejenige lit. Gattung, die das Werden eines Menschen von der Kindheit zum Erwachsenen romanhaft darstellt. Eine engere Begriffsbestimmung unterscheidet zwischen Entwicklungsroman (Darstellung der Entwicklung eines Menschen ohne spezielle Eingrenzung), Erziehungsroman (lit. Darstellung eines Erziehungskonzepts) und Bildungsroman (romanhafte Exemplifizierung der klass. dt. Bildungsidee). Beispiele dafür sind etwa: Grimmelshausens »Simplicius Simplicissimus« (Entwicklungsroman), Rousseaus »Emile«, Pestalozzis »Lienhard und Gertrud« (Erziehungsroman) und Goethes »Wilhelm Meister« sowie Stifters »Nachsommer« (Bildungsroman). Im strengen Sinn sind damit als Bildungsromane, der Begriff wurde von Dilthey 1870 in die literaturwiss. Diskussion eingeführt, nur die Romane zu verstehen, die dem Modell des »Wilhelm Meister« entsprechen. Unter der Vorherrschaft einer empirisch-wiss. orientierten Päd. kommt B.en nur noch die Bedeutung von Anregern zur Hypothesenbildung zu. Eine eher narrative Päd. sieht dagegen in den B.en wichtige Quellen und Anregungen für das individuelle und wiss. Verständnis von päd. Phänomenen. Anklänge an den Typus der B.s finden sich u. a. auch in H. Hesse: »Das Glasperlenspiel«, Th. Mann: »Felix Krull«, R. Musil: »Der Mann ohne Eigenschaften«, »Die Verwirrungen des Zöglings Törleß« und G. Grass: »Die Blechtrommel«.

In einem sehr weiten Verständnis können auch alle (auto)biographischen Romane (A. Andersch, W. Kempowski, Ch. Wolf u. a.) als B. verstanden werden.

L.: W. Dilthey, Das Erlebnis und die Dichtung, 1905, [16]1985; B. Walter, Der mod. dt. B., 1948; A. Schötz, Gehalt und Form des B.s im 20. Jh., 1950; L. Köhn, Entwicklung und B., 1969; J. Jacobs, Wilhelm Meister und s. Brüder, 1972, [2]1983; W. Sacher, Hermes, Diogenes und Apollon als Erzieher, in: Päd. Rundschau 29 (1975); M. Beddow, The fiction of humanity. Studies in the B. from Wieland to Thomas Mann, London 1982; R. Selbmann, Der dt. B., [2]1994; 1984; G. Mayer, Der dt. B., 1992; M. Minden, The German B., Cambridge 1997.

**Bildungssoziologie** → Soziologie der Erziehung.

**Bildungsstatistik.** Statistik des gesamten öffentl.-rechtl. und privaten Unterrichtswesens eines Staates. Sie gibt Auskunft über Bildungsausgaben und -angebot, Bildungsstand und -beteiligung der Bevölkerung in einzel-

**Bildungspolitik**

erkannt wurde. Im Mittelpunkt der zweiten Phase stand die verbindlichere Entscheidungsplanung der → KMK, der → Westdt. Rektorenkonferenz und der → Bund-Länder-Kommission. Zudem wurden die Mängel der ersten Pläne erkannt, das theoretische Konzept der B. ausgebaut und die gesamtgesellschaftl. wie auch die institutionell-organisatorischen Rahmenbedingungen beachtet. Heute wird in der dritten Phase die Realisierungsplanung durch Landesregierungen und Kommunen betont.

Als Probleme der B. gelten die Zielbestimmung, das Verhältnis von Planungs-, Entscheidungs- und Umsetzungsinstanzen, die Institutionalisierung der Planrevision (Rolff: »rollende Reform«), die Mitwirkung der Parlamente, Kommunen, Bildungseinrichtungen und einzelner sowie die mangelnde Qualität der Pläne aufgrund unvollkommener Theorien, methodischer und polit. Prognosedefizite, der Zukunftsungewißheit und der Komplexität der Daten.

L.: F. Edding, Auf dem Weg zur B., 1970; H.-G. Rolff, B. als rollende Reform, 1970; H. Becker, Bildungsforschung und B., 1971; K. Hüfner, J. Naumann, B.: Ansätze, Modelle, Probleme, 1971; H. Mäding, B. und Finanzplanung, 1974; M. Bormann, B. in der BRD, 1978; H. Stachowiak (Hg.), Werte, Ziele und Methoden der B., 1977; OECD (Centre of Educational Research and Innovation), The First Ten Years 1968–1978, Paris 1978; K. Klemm u. a., B. in den neuen Bundesländern, 1992; J. Baumert, R. Benkmann, Das Bildungswesen in der BRD, 1994.

**Bildungspolitik** meint zusammenfassend die polit. legislativen und administrativen Maßnahmen zur Gestaltung und Weiterentwicklung des Erziehungs- und → Bildungswesens. Hauptziele jeder B. sind: die Sicherstellung einer der Begabung des einzelnen entsprechenden Bildung (→ Chancengleichheit); die Befähigung des einzelnen zur Wahrnehmung seiner in der Verfassung garantierten Rechte und zum demokratischen Zusammenleben; die Sicherung der individuellen und nationalen Existenz, der wiss., technolog. und wirtschaftl. Entwicklung und des Bedarfs an intellektuellen und sozialen Qualifikationen. Aufgrund des → Kulturföderalismus in der BRD ist die B. eine Hauptaufgabe der Länder.

In bildungspolit. Entscheidungen wirken supranationale, nationale, Länder- und lokale Gremien und Institutionen hinein: politische Gremien (z. B. → Europäische Gemeinschaft, Parteien, Parlamente, Gemeinden), administrative Gremien (→ OECD, Ministerien, Rechnungshöfe, Schulverwaltung, Schulräte), Massenmedien, Institute und Hochschulen (z. B. der Lehrer- und Lehrerfortbildung), Fachverbände (GEW, Philologenverband etc.), Interessenverbände (Kirchen, Gewerkschaften, Arbeitgeberverbände, Elternvereinigungen), Unternehmen (Schulbuchverlage, Computerindustrie etc.), Stiftungen (VW-Stiftung, Dt. Forschungsgemeinschaft etc.). Ein Grundproblem der B. ist es, zw. reformpolit. Wünschenswertem und etatpolit. Möglichem zu vermitteln. Eine zentrale und durchaus offene Frage ist, ob und inwieweit Päd. als »krit. Instanz der B.« (K. B. Zenke 1972) fungieren kann.

L.: K. E. Nipkow, Christl. Bildungstheorie und Schulpolitik, 1969; H. J. Heydorn, Über den Widerspruch von Bildung und Herrschaft, 1970; A. O. Schorb (Hg.), Bildungsplanung und B., 1972; OECD, Bildungswesen mangelhaft, 1973; H. Kanz (Hg.), Von der B. der Alliierten bis zum Rahmenplan des Dt. Ausschusses, 1975; J. Derbolav (Hg.), Grundlagen und Probleme der B., 1977; K. Hüfner, J. Naumann, Konjunkturen der B. in der BRD, 2 Bde. 1977; W. Böhm, H.-E. Tenorth (Hg.), Von der Diskussion um den Rahmenplan zum Bildungsgesamtplan, 1977; P. Blossfeld, Höherqualifizierung und Verdrängung. Konsequenzen der Bildungsexplosion in den 70er Jahren, 1982; BLK, Strukturprobleme im Verhältnis von Bildungssystem und ihre Konsequenzen für die B., 1983; A. Hesse, ›Bildungsinflation‹ und ›Nachwuchsmangel‹. Zur dt. B. zw. Weltwirtschaftskrise und zweitem Weltkrieg, 1986; H. Röhrs, Schlüsselfragen der neuen Bildungsreform, 1987; Zukünftige B. – Bildung 2000. Hg. v. Dt. Bundestag, 1989; K. Klemm u. a., Bildungsgesamtplan '90, 1990; Konturen mod. Erz.wiss. und B. 1965–1990, hg. v. der Gewerkschaft Erziehung und Wiss., 1990; M. Schröder, Europ. B. und bundesstaatl. Ordnung, 1990; W. Wiater, Mit Bildung Politik machen, 1991; O. Anweiler, B. (Hg.), B. in Dtl. 1945–1990, 1992; D. Lemke, B. in Europa – Perspektiven für das Jahr 2000, 1992; A. J. Heidenheimer, B. in der BRD, Japan und der Schweiz, 1994; O. Anweiler, B. in Dtl., in: Erz. und Erz.wiss. in der BRD und der DDR, hg. v. D. Hoffmann und K. Neumann, 1994.

**Bildungsprivileg,** gesellschaftl. »Vorrecht« einzelner Bevölkerungsgruppen, in der Regel der sozialen Oberschicht bzw. der herrschenden Klasse. Aufgrund finanzieller Ressourcen, sozial anerkannter Verhaltensmuster, flexibler Umgangsfähigkeit mit der dominanten Kultur oder auch informativer und affektiver Ver-

Verwendung der (knappen) Mittel für Bildung untersucht. Unter dem individuellen Gesichtspunkt werden Ausbildungszeit und -kosten mit dem erzielten Lebenseinkommen verglichen.

Die mikroökonomische Analyse erforscht unter betriebswirtschaftl. Aspekt die einzelnen Bildungseinrichtungen wie Produktionsstätten. Sie will eine effiziente Verwendung von Personal, Gebäuden, Lehrmitteln und Geldern (Input), Rationalität in → Didaktik, Methodik und Organisation sowie einen möglichst hohen Output an Lernergebnissen und Qualifikationen erreichen.

Problematisch sind Unzulänglichkeiten in Theorie und Methodik der B., die Analyse der Wirkung von Bildungsausgaben, die mangelnde Berücksichtigung der humanen gegenüber der zweckrationalen Komponente, ihre Abhängigkeit von der (Bildungs-)Politik und die Koordination mit der → Bildungsplanung.

Während es erste Ansätze einer B. schon im Merkantilismus gab, wurde sie als autonome Disziplin erst Anfang der 60er J. von T. W. Schultz, F. Machlup und G. S. Becker in den USA sowie von → Edding in der BRD begründet. In der ersten Phase wurden wachstumsorientierte, quantitative Modelle (Bildung als Investition) wie das → Humankapital-Konzept, der Korrelationsansatz, der Residualmethode oder die Kosten-Ertrags-Analyse entwickelt. Die qualitativen Ansätze der zweiten Phase wie der → Manpower-Ansatz und der → Social-Demand-Approach betonen dagegen den Konsumaspekt der → Bildung und die Veränderung von Qualifikationen und gesellschaftspolit. Zielen. Heute werden auch diese Modelle kritisiert und durch mehrdimensionale (diese beachten Bedarf und Nachfrage sowie polit. Ziele) sowie auf Systemforschung, → Kybernetik und *Operations Research* basierende Ansätze ersetzt.

Es werden drei Richtungen in der B. unterschieden: Die liberale (»bürgerliche«) fußt auf der neoklassischen Wirtschaftstheorie oder arbeitet mit empirisch-soziologischen Methoden und Erkenntnissen. Die sozialist. B. erstellt ausgefeilte Systeme der Programmierung, Verwaltung und Kontrolle für Planwirtschaften. Die polit. Ökonomie des Bildungswesens beruht auf dem Neomarxismus und konzentriert sich meist auf die Kritik an anderen Ansätzen, dem Kapitalismus und dem gegenwärtigen Bildungssystem.

L.: F. Edding, Ökonomie des Bildungswesens, 1963; E. Altvater, F. Huisken (Hg.), Materialien zur polit. Ökonomie des Ausbildungssektors, 1971; A. Hegelheimer (Hg.), Texte zur B., 1974; A. Combe, H.-J. Petzold, B., 1977; E. Becker, B. Wagner, Ökonomie der Bildung, 1977; H. v. Recum, B. im Wandel, 1978; C. Mattern, G. Weisshuhn, Einf. in die ökonom. Theorie v. Bildung, Arbeit und Produktion, 1980; U. v. Lith, Markt, persönl. Freiheit und die Ordnung des Bildungswesens, 1983; H. Ball, Mehr Markt im Bildungswesen, 1985; R. Lüdeke (Hg.), B.finanzierung und Einkommensverteilung, 1991; Myong-Shin Kim, B. u. Bildungsreform. Der Beitrag der OECD, 1994; H. Maier, B., 1994.

**Bildungsplanung,** oft ungenau mit → Bildungsökonomie synonym gebraucht. B. dient der rationalen Fortentwicklung (Reformplanung) und Fortschreibung (Ausbauplanung) des Bildungswesens. Dazu werden (bildungs-)polit. Ziele operationalisiert, alternative Modelle entworfen, → Schulversuche eingesetzt und zu → Schulreformen weiterentwickelt, Inhalte, Formen, Ergebnisse und Kosten der Bildungsprozesse analysiert, die organisatorischen, finanziellen und personellen Entwicklungen prognostiziert; das Bildungswesen wird an die wirtschaftl., techn. und wiss. Entwicklung angepaßt und auf die Deckung des Bedarfs an sowie der Nachfrage nach Qualifikationen ausgerichtet. B. stützt sich auf Bildungsforschung, -ökonomie und -statistik, Standort- und Bedarfsforschung, Schulentwicklungsplanung u. a. Sie durchläuft die Schritte der Datensammlung und Analyse der Ausgangslage, der Zielfindung, der Prognose, der Programmierung, der Realisierung und der Plankontrolle, -revision sowie -fortschreibung.

Die erste Phase der B. (im strengen Sinne) begann Anfang der 60er J. mit Modellplanungen von → UNESCO und → OECD für Entwicklungsländer, um deren Bildungswesen zu modernisieren. In der BRD entwickelten der → Dt. Ausschuß, die Dt. Lehrerverbände (→ Bremer Plan), der → Wissenschaftsrat und der → Dt. Bildungsrat unverbindliche Pläne mit globalen Indikatoren, als die Notwendigkeit einer durchgreifenden → Schul- und → Hochschulreform

**Bildungshilfe**

aber nicht beseitigt werden. Unterschieden werden: 1. Elementarbereich mit offen gehaltener Zuordnung der Fünfj.n. 2. Primarbereich, 3. Sekundarbereich I mit Hauptschulen, Realschulen und Gymnasien, aber einem gleichwertigen Abschluß für alle Schularten. Es sollen Schulzentren gebildet werden, wobei die Fragen nach der → Gesamtschule als Organisationsform und der Art der → Orientierungsstufe offen bleiben. 4. Sekundarbereich II mit der → gymnasialen Oberstufe und dem selbständigen, gleichwertigen berufsbildenden Schulwesen. Es sollen mehr überbetriebliche Ausbildungsstätten geschaffen und das → Berufsgrundschulj. eingeordnet werden. 5. Tertiärer Bereich mit den Hochschulen. Hier soll ein durchlässiges System von abgestuften Studiengängen entstehen und die innere Hochschulreform beschleunigt werden. Die Frage der Stufenlehrerausbildung bleibt ungeklärt. 6. Weiterbildungsbereich. Ferner macht der B. Aussagen zum Planungszeitraum, Kostenanalysen und Finanzierungsvorschläge. Die Bestimmungen des B. wurden bisher nicht erfüllt; seine Finanzierung kann als gescheitert angesehen werden. → Bundesrep. Dtl.

L.: BLK, B., 2 Bde., 1973; E. Höhne, Der Neuaufbau des Schulwesens nach dem B., 1972, ³1974; H. G. Roth, Bildung und Ausbildung, 1975; K. S. Poeppelt, Zum B. der BLK, 1978; M. Sommer, Evaluation der Bildungsgesamtplanung, 1991.

**Bildungshilfe** meint die von Industrienationen den Entwicklungsländern geleistete Unterstützung bei der Bewältigung ihrer Bildungsprobleme. Diese B. erstreckt sich grundsätzlich auf alle Bereiche des Bildungswesens; hinzu kommen spezielle Maßnahmen: z. B. Bereitstellung von Studien- und Praktikantenplätzen, Ausbildung und Schulung von Führungskräften aus Entwicklungsländern (z. B. durch die Dt. Stiftung für Internat. Entwicklung), die Entsendung von Lehrkräften und Experten der Bildungsverwaltung, -planung und -forschung.

L.: Berichte und Expertisen des Vereins zur Förderung der B. in Entwicklungsländern, 1966 ff; H. v. Recum, Bildungsplanung in Entwicklungsländern, 1966; J. Happert, Bedarfsorientierte Bildungsplanung in Entwicklungsländern, 1971; A. Imfeld, Thema: Entwicklungspolitik (Bibl.), 1978; P. Meyer-Dohm (Hg.), Bildungsökonom. Probleme der Entwicklungsländer, 1978; U. Laaser, Zum Verhältnis von Bildung und Entwicklung in den Ländern der Dritten Welt, 1980; R. Brähler (Hg.), Entwicklungspolitik und B., 1986; Entwicklungspolitik – Bilanz und Perspektiven, in: Zur Sache, 2/1986 (Bibl.); H. Röhrs, Grundfragen einer Päd. der Dritten Welt, 1996; N. H. Noisser u. a., Entwicklungsbezogene Bildung in Dtl., 1998.

**Bildungskatastrophe,** von G. Picht 1964 geprägtes Schlagwort zur Kennzeichnung eines Modernitätsrückstandes des dt. Bildungswesens in inhaltlicher (curricularer), struktureller (organisatorischer) sowie gesellschafts- und bildungspolit. Hinsicht (hohe → Begabungsreserven statt realisierter → Chancengleichheit). Aufgrund internationaler Vergleichswerte sahen Picht und nach ihm andere Schulkritiker innere und äußere Schuldefekte: geringe Bildungsinvestitionen, niedrige Abiturientenzahlen, soziale und regionale Bildungsgefälle, Schulraum- und Lehrermangel, hohe Klassenfrequenzen und geringe Ausbildungseffektivität, dafür Bürokratisierung der Schule, Stoffülle und Zeitdruck, verstaubte Inhalte und veraltete Lehrformen, Defizite der → Bildungsplanung und kulturföderalistische Kooperationsmängel. → Bildungswerbung und -reform der späten 60er und 70er J. wurden durch die Rede von der B. maßgeblich ausgelöst und geprägt.

L.: G. Picht, Die dt. B., 1964; F. J. Weiß, Die Entwicklungstendenzen des Besuchs allg. bild. Schulen in den Ländern der BRD, 1964; OECD, Bildungswesen: mangelhaft, 1973; K. Hüfner, J. Naumann, Konjunkturen der Bildungspolitik in der BRD, 1977.

**Bildungskritik** → Kulturkritik.

**Bildungsökonomie.** Teilgebiet der → Bildungsforschung. Sie verwendet Erkenntnisse und Methoden der Wirtschafts- und Sozialwiss.n. B. beschäftigt sich mit der theoretischen und empirischen Analyse der ökonom. Dimension von Bildung. Die makroökonom. Analyse fragt nach dem gesamtwirtschaftl. Nutzen und der Rentabilität von Bildungsausgaben. Unter volkswirtschaftl. Aspekt wird unter Berücksichtigung der gesellschaftl., wirtschaftl. und polit. Bedingungen der Beitrag der Bildung zum wirtschaftl. Wachstum, das Verhältnis von → Wirtschaft und Bildung, das Angebot und der Bedarf (Nachfrage) an bestimmten → Qualifikationen, die Steuerung des Arbeitsmarktes und die optimale

hen. Die zunehmende Verengung des Zusammenhangs von Bildungsabschluß und Berufseintritt (und sozialem Status und Lebenschancen) schafft einen Teufelskreis, der mit vielfältig differenzierten bildungspolit. und -planerischen Maßnahmen aufgelöst werden muß. → Begabungsreserve, → Bildungswerbung, → Chancengleichheit.

**Bildungsforschung** bezeichnet als Sammelbegriff seit den 1960er J.n eine neue Phase erziehungswiss. Forschung, die allg. durch folgende Merkmale charakterisiert ist: Erfahrungswiss. Ausrichtung, betontes Zielen auf Praxis und Praxisorientierung (Erforschung polit. und ökonom. Zusammenhänge, Planung, Organisation, Durchführung und Kontrolle von päd. Versuchen, Handlungsforschung etc.), eine interdisziplinäre und zum Teil auch internationale Ausweitung (z. B. Bildungsökonomie, Bildungsvergleich), ein ausgesprochen didaktisch-curriculares Verständnis von Bildung (Bildung als Lernen, genauer als organisiertes Lernen) und schließlich die allg. Zielrichtung auf eine Modernisierung und Effektivierung des Bildungssystems nach Maßgabe des wiss. verbürgt Besseren. Dieser B. korrespondiert die sog. → realistische Wendung in der deutschen Erziehungswissenschaft. Zentrale Themen der B. waren und sind: die Unterwerfung des gesamten Bildungssystems und der einzelnen Bildungsprozesse und -maßnahmen unter die Kriterien techn. bzw. gesellschaftl. Zweckmäßigkeit, Wirtschaftlichkeit und Rentabilität, die soziale Disproportionalität des Bildungswesens (z. B. → Chancengleichheit, Ausschöpfung von → Begabungsreserven, Unterrepräsentation von Bevölkerungsschichten), die Leistungs- und Konkurrenzfähigkeit des nationalen Bildungswesens im internationalen Vergleich (z. B. Qualifizierung des erforderlichen Arbeitskräftepotentials). Die ursprüngliche Euphorie und Schwungkraft dieser B. erscheint inzwischen beträchtlich erschöpft. Das hat innere und äußere Gründe. Die Methoden und Verfahrensweisen der B. werden heute viel kritischer, auch im Hinblick auf ihre Grenzen und vor allem auf ihre Voraussetzungen hin gesehen (z. B. Reduzierung von Bildung auf Lernen; die Blickverengung auf beobachtbares Verhalten), die die B. befördernde expansive Bildungspolitik ist zum Erlahmen gekommen (Warnung vor Überqualifikation und sog. akadem. Proletariat, »Lehrerschwemme«, Überkapazitäten im sekundären und tertiären Bildungsbereich etc.). D. h. freilich nicht, daß die von der B. aufgeworfenen und bearbeiteten Probleme heute nicht mehr bestehen würden oder ihre Dringlichkeit eingebüßt hätten. Außerdem sind als neue Problemfelder der B. hinzugekommen: → Ausländerpäd., → Medienpäd. Der Übergang vom Bildungs- in das Beschäftigungssystem erscheint heute komplizierter denn je. → Curriculum.

L.: E. Lemberg (Hg.), Das Bildungswesen als Gegenstand der Forschung, 1963; H.-P. Widmaier, Bildung und Wirtschaftswachstum, 1966; H. Becker, B. und Bildungsplanung, 1971; Dt. Bildungsrat, Aspekte für die Planung der B., 1974; ders., B.,Teil 1 u. 2, 1975; W. Böhm, Bildungspolitik und Schulreform in der BRD, 1974, ³1985; J. v. Maydell (Hg.), B. und Gesellschaftspolitik, 1982; D. Mertens u. a. (Hg.), Berufsb., 1982; U. Pleiß, Wirtschaftspäd., B., Arbeitslehre, 1982; B. Dilger, F. Kuebart (Hg.), Vergleichende B., 1986; A. Weymann (Hg.), Bildung und Beschäftigung, 1987; F. Edding (Hg.), 20 Jahre B. – 20 Jahre Bildungsreform, 1987; H. Fend, Bilanz der empir. B., in: Z. f. Päd. 36 (1990); H. Weishaupt, Begleitforschung zu Modellversuchen im Bildungswesen, 1992; F. Behringer, W. Jeschek, Zugang zu Bildung – Bildungsbeteiligung u. Ausgaben für Bildung, 1993; Ch. Führ, Dt. Bildungswesen seit 1945, 1997.

**Bildungsgesamtplan,** der von der → Bund-Länder-Kommission für Bildungsplanung (BLK) erarbeitete langfristige Reformrahmenplan für das gesamte Bildungswesen wurde 1973 von den Regierungen des Bundes und der Länder verabschiedet. Der B. ist der erste gesamtstaatl., auch Realisierungsschritte und die Finanzierung berücksichtigende Organisationsplan in der BRD. Er baut auf dem → Strukturplan des → Dt. Bildungsrats und auf den Empfehlungen des → Wissenschaftsrats auf. Um die Begabungen und Neigungen des einzelnen bestmöglich zu fördern und um ihn zu Mündigkeit und Selbstverantwortung zu führen, werden die Prinzipien der → Chancengleichheit, → Differenzierung, → Individualisierung, → Durchlässigkeit, → Leistung, wissenschaftsnahen Ausbildung, des Kurssystems und lebenslangen Lernens betont. Die horizontale Gliederung soll stärker realisiert, die vertikale

**Bildungsbürgertum,** sozialgeschichtlicher Begriff für einen Teil der bürgerl. Oberschicht im Dtl. des 19. Jh. Mit der Entstehung der Großen Industrie und dem Zerfall feudal-aristokratischer Herrschaftsformen trat neben den Frühkapitalismus, das Erwerbsbürgertum, die politisch-administrative Elite und die Geburtsaristokratie nun die sog. »Geistesaristokratie«, die ihren (ideolog., weniger realpolit.) Führungsanspruch auf ihre → Bildung gründete. Ihrem Ideal einer (neu-)humanist. Allgemeinbildung lag die spezielle berufl. Ausbildung ebenso fern wie aktuelle gesellschaftspolit. und ideologiekritische Überlegungen oder Betätigungen. Hatte → Humboldt durch die »unpraktische« Selbstentfaltung der Persönlichkeit das Individuum einer vorschnellen Verzweckung entziehen und seine Identität und Freiheit stärken wollen, zog sich das B. im späten 19. Jh. freiwillig aus Politik und Ökonomie zurück und verkürzte Bildung auf die inneren Werte und die subjektive Erlebnistiefe. Das Leitbild von »Einsamkeit und Freiheit« des Gebildeten zog die folgenschwere Unterscheidung von »wahrer Menschenbildung« und »allgemeiner Volksbildung« und die soziale Distanzierung des B.s von den »Ungebildeten« nach sich.
L.: H. Weil, Die Entstehung des dt. Bildungsprinzips, 1930, ²1967; H. Gerth, Die sozialgeschichtl. Lage der bürgerl. Intelligenz um die Wende des 18. Jh. (Diss. Frankfurt/M.) 1935; H. Fiedler, Die klass. dt. Bildungsidee, 1972; W. Vondung (Hg.), Das wilhelmin. B. Zur Sozialgesch. seiner Ideen, 1976; W. Conze, J. Kocka (Hg.), B. im 19. Jh., 1985; P. Schmid, Dt. B. – bürgerliche Bildung zwischen 1750 und 1830, 1985; U. Engelhardt, B. Gesch. und Dogmengesch. eines Etiketts, 1986; U. Herrmann (Hg.), »Die Bildung des Bürgers«, 1986, ²1989; H. Glaser, B. und Nationalismus, 1993.

**Bildungschance,** allg. die Möglichkeit jedes Schülers, eine seiner individuellen Eignung und Neigung entsprechende Schulbildung zu erwerben, unabh. von sozialer Herkunft und wirtschaftl. Lage der Eltern. Von der verfassungsrechtlich gesicherten formalen Gleichheit der objektiven Bildungschance muß allerdings die reale Chance des einzelnen unterschieden werden, »von den Rechten Gebrauch zu machen« (R. Dahrendorf). Internationale empirische Untersuchungen über → Bildungsbarrieren und → Begabungsreserven in fortschrittl. industriellen Gesellschaften bestätigen, daß über den verfestigten Zusammenhang von sozialökonom. Milieu, Schulleistung und (Aus-)Bildungsniveau noch immer schicht- bzw. klassenspezifische Bildungsprivilegien und damit Sozial- und Lebenschancen vermittelt werden. Diese »soziale Vererbung« von Bildung, berufl. Position und gesellschaftl. Status stellt die zentralen Legitimitätsgrundlagen industrieller Gesellschaften in Frage, nämlich → Chancengleichheits- und Leistungsprinzip.
L.: F. Hess u. a., Die Ungleichheit der B.n 1966; OECD, Weltproblem Chancengleichheit, dt. 1967; H. Peisert, Soziale Lage und B.n in Dtl., 1967; P. Bourdieu, J.-C. Passeron, Die Illusion der Chancengleichheit, dt. 1971; H. Silver, Equal Opportunity in Education, 1973; OECD, Education, Inequality and Life chances, Paris 1975; W. Müller, K. U. Mayer, Chancengleichheit durch Bildung? 1976; OECD, Bildung, Ungleichheit und Lebenschancen, dt. 1978; K. Rodax, N. Spitz, Sozialstatus und Schulerfolg, 1978; J. Schmid-Jörg u. a., B.n für Mädchen und Frauen im internat. Vergleich, 1981; A. Schlüter (Hg.), Bildungsmobilität, 1993.

**Bildungsdefizit,** genauer: Ausbildungsrückstand (der Kinder) bestimmter Bevölkerungsgruppen (in Dtl. v. a. Arbeiter-, Land-, Ausländerkinder, Mädchen und z. T. auch Katholiken), meint statistisch eine Unterrepräsentanz der Absolventen höherer und hoher Bildungsabschlüsse, die in überdurchschnittl. Maße nicht mehr dem Anteil der jeweiligen Bevölkerungsgruppe an der Gesamtbevölkerung entspricht; diese wird soziologisch als soziale Unterprivilegierung bzw. Diskriminierung interpretiert. In der Begabungsforschung ist mehrfach nachgewiesen worden, daß die Hauptursachen eines B.s weniger in der mangelnden Begabung des Kindes als in sozial-ökonom., -kulturellen, -psycholog. und -ökolog. → Bildungsbarrieren zu suchen sind. Die konkurrierenden Erklärungsversuche der Defizit- und Differenztheorie haben als unterschiedl. päd. Konsequenzen kompensatorische bzw. emanzipatorische Erziehungsprogramme (nicht jedoch in jedem Fall auch -maßnahmen) nach sich gezogen. Von beiden Ansätzen aus wird die Kumulierung der Defizite bzw. Differenzen als entscheidender Faktor der Bildungsbenachteiligung und z. B. das Gastarbeitermädchen vom Lande als ihr Prototyp gese-

Planung und Machbarkeit entzogene Selbstbestimmung der → Person.

L.: H. Weil, Die Entstehung des dt. B.sprinzips, 1930, ²1967; Th. Ballauff, Die Grundstruktur der B., 1953; H. Weinstock, Die Tragödie des Humanismus, 1953, ⁴1960; ders., Arbeit und B., 1954; F. Nicolin, Hegels B.stheorie, 1955; Th. Litt, Techn. Denken und menschl. B., 1957; ders., Das B.sideal der dt. Klassik und die mod. Arbeitswelt, 1961, ²1962; G. Dohmen, B. und Schule, 2 Bde., 1964–65; C. Menze, W. v. Humboldts Lehre und Bild vom Menschen, 1965; F. Rauhut u. a., Beiträge zur Gesch. des B.sbegriffs, 1965; E. Lichtenstein, Zur Entwickl. des B.sbegriffs, 1966; Der Erziehungs- und B.sbegriff im 20. Jh., hg. v. E. Weber, 1969, ³1976; C. Menze, B., in: Hdb. päd. Grundbegriffe, hg. v. J. Speck u. G. Wehle, Bd. 1, 1970; H. J. Heydorn, Zu e. Neufassung des B.sbegriffs, 1972; W. H. Bruford, The german tradition of self-cultivation, ›B.‹ from Humboldt to Thomas Mann, London 1975; J. E. Pleines (Hg.), B.stheorien, 1978; G. Buck, Hermeneutik und B., 1981; G. Buck, Rückwege aus der Entfremdung, 1984; O. Hansmann, Bildung – in rekonstruktiver Absicht, 1985; Th. Ballauff, Päd. als Bildungslehre, 1986; C. Menze, B., in: Enciclopedia Pedagogica, vol. 1, Brescia 1988; W. Böhm, Bildsamkeit und B., in: Vjschr. f. wiss. Päd. 64 (1988); ders., Theorie der B., in: ders., M. Lindauer (Hg.), Nicht Vielwissen sättigt die Seele, 1988; J.-E. Pleines, Studien zur B.stheorie, 1988; A. Schäfer, Aufklärung und Verdinglichung, 1988; O. Hansmann, W. Marotzki (Hg.), Diskurs B.stheorie, 2 Bde., 1988, 1989; H.-U. Musolff, B., 1989; D. Axmacher, Widerstand gegen B., 1990; I. Breinbauer (Hg.), B. für die Zukunft – die Zukunft der B., 1991; B. und Erz., hg. von J.-G. Gauger, 1991; Universität und B., hg. von W. Müller (FS f. L. Boehm), 1991; H. Henz, B.stheorie, 1991; E. Schütz, Macht und Ohnmacht der B., 1992; F. Pöggeler (Hg.), Bild und B., 1992; A. Poenitsch, B. und Sprache zwischen Moderne und Postmoderne, 1992; W. Schmied-Kowarzik, B., Emanzipation und Sittlichkeit, 1993; D. Benner, Studien zur Theorie der B. und Erz., 1995; L. Koch, B. und Negativität, 1995; H.-J. Wagner, Zur Aktualität der strukturalen B.stheorie Humboldts, 1995; A. Schäfer, Das B.sproblem nach der humanist. Illusion, 1996; H. v. Hentig, B. Ein Essay, 1999.

**Bildungsabstinenz** bezeichnet ein schichtspezifisches Einstellungs- und Verhaltenssyndrom, durch das die statistische Unterrepräsentation von Arbeiterkindern in der höheren Bildung erklärt wird. Grundlegend dafür sind die soziale Distanz zu weiterführenden Bildungseinrichtungen, informative und affektive Distanz und auch die finanzielle Belastung. B. geht aus den realen Erfahrungen von Arbeitereltern bzw. -kindern mit dem mittelschichtorientierten Schulsystem hervor; sie kann durch gezielte → Bildungswerbung und -information und durch ein (quantitativ und qualitativ) konsequent erweitertes Bildungsangebot überwunden werden.

L.: J. Hitpaß, Einstellungen der Industriearbeiterschaft zu höh. Bildung, 1965; S. Grimm, Die B. der Arbeiter, 1966; R. Pettinger, Arbeiterkinder und weiterführende Schule, 1970; M. Osterland u. a., Materialien zur Lebens- und Arbeitssituation der Industriearbeiter in der BRD, 1973; W. Müller, K. U. Mayer, Chancengleichheit durch Bildung? 1976; K. Rodax, N. Spitz, Sozialstatus und Schulerfolg, 1978; Bundesmin. für Bildung und Wiss., Arbeiterkinder im Bildungssystem, 1981.

**Bildungsbarrieren** sind sozial-kulturelle bzw. polit.-ökonom. Hemmungen, die neben individuellen Schranken (z. B. mangelnde → Intelligenz) Kindern aus bestimmten Bevölkerungsgruppen (Mädchen, Arbeiter-, Randgruppen-, Landkindern) den Erwerb allgemeiner, ihren (potentiellen) Fähigkeiten entsprechender Schulbildung, speziell die Teilnahme an weiterführenden Bildungsangeboten erschweren und damit dem bildungs- und gesellschaftspolit. Postulat der → Chancengleichheit im Wege stehen. B. sind z. B. mangelnde Schuldichte, finanzielle Belastungen, dialektale und soziale sprachl. Defizite bzw. Differenzen, fehlende Lern- und Leistungsmotivation, affektive und informative Distanz zu höherer Bildung, soziale Vorurteile, das → *deferred gratification pattern*. Die Maßnahmen zum Abbau der B. müssen ebenso vielfältig sein wie ihre Ursachen: → Bildungswerbung und individuelle Förderung, → Differenzierung und → Individualisierung der Schulorganisation, Erhöhung der Bildungsausgaben.

**Bildungsboom,** meist in abwertender Absicht verwendeter Begriff für die absolut gemessene weltweite Erhöhung (»Eskalation«) der Abiturienten- und Studentenzahlen in den 70er J.n. Bildungspolit. Maßnahmen zur Erhöhung sozialer → Chancengleichheit führten zeitweise auch zu einer Überfüllung der höheren Schulen und Hochschulen und schufen den sog. »doppelten Flaschenhals«: Engpaß an Studienplätzen zu Beginn und Engpaß an (akadem.) Berufspositionen nach Abschluß der Hochschulausbildung.

L.: J. Hitpaß, B., 1970; U. Lohmar, G. E. Ortner (Hg.), Die dt. Hochschule zw. Numerus Clausus und Akademikerarbeitslosigkeit, 1975; K. Hüfner, J. Naumann, Konjunkturen der Bildungspolitik in der BRD, 1977; T. Rudolf, B. von Cleve, Verfehlte Bildung?, 1995.

**Bildung**

stanz des aufgeklärten Menschen gegenüber der Heteronomie durch Metaphysik, Theologie und herrschende Gesellschaftsklasse und begründet seine → Autonomie in der ihm eigenen Vernunft. Damit befreit sich der Mensch durch B. aus den überkommenen Verhältnissen und wird vom (funktionellen) Mittel zum Selbstzweck (→ Person); neben seine → Ausbildung zum Bürger tritt die allg. Menschenb. (→ Rousseau). Seine entscheidende Grundlage findet dieses B.sverständnis in → Leibniz' Auffassung des Menschen als Monade und in der Deutung der Substanz als Kraft. In der psychologisierten Fassung dieses (ursprünglich metaphysischen) Gedankens wird B. zur Ausfaltung der in der Seele einwohnenden Kräfte. Während die Aufklärung diesen Ausfaltungsprozeß entsprechend dem neuzeitl. Wiss.verständnis als einen durch planmäßige erzieherische Einwirkungen von außen verursachten Vorgang sah – der Mensch sollte zu seinem → Glück und zur Tugend hingeführt werden –, wurde B. im dt. → Humanismus und Idealismus zur Selbstgestaltung des Menschen. Gegenüber der drohenden Mechanisierung und Funktionalisierung wurde die anthropologische These vom Menschen als Zweck seiner selbst zugespitzt (→ Kant, → Schiller) und seine geschichtl. (→ Herder) und sprachliche (→ Humboldt) Grundverfassung herausgearbeitet. Bezugspunkt der B. ist nicht ein von außen herangetragenes »Bild«, sondern die Bestimmung des Menschen selbst (→ Fichte). Humboldt faßte diese Ausformung der Individualität als »höchste und proportionierlichste Bildung seiner Kräfte zu einem Ganzen«. In der Philosophie → Hegels wurde dieser harmonistische B.sbegriff preisgegeben: In der Dialektik von Allgemeinem und Besonderem tritt die (individuelle) B. in den Dienst am Absoluten und wird zur »Abarbeitung« der Subjektivität in den allg. Geist hinein. B. wird auf diese Weise zum Moment der Selbstverwirklichung des Geistes.

Aus der Kritik am Hegelschen System heraus entzündete sich das Bildungsdenken in der Folgezeit (bis heute). Der äußere Verfall des humanistischen B.sideals zur enzyklopädischen Vielwisserei (J. → Schulze) und seine ideologische Vermarktung im → Bildungsbürgertum forderten die → Kultur- und B.skritik (Schopenhauer, → Nietzsche, → Langbehn, → Lagarde u. a., → Lebensphil.) heraus. In dem Bemühen, die B. und Selbstverwirklichung des (empirischen) Menschen in den hist.-gesells. Kontext (zurück) zu stellen, entwarf → Marx den Gedanken einer → polytechnischen B. Gegenüber der »Auflösung« des Menschen im Hegelschen Weltsystem und gegenüber Hegels dialektischer Versöhnung der Gegensätze protestierte → Kierkegaard im Namen der menschl. Existenz: B. ist Selbstverwirklichung des einzelnen in dem unausweichlichen »Entweder-Oder« der konkreten Entscheidung in der jeweiligen Situation. In der Existenzphilosophie wurde diese Selbstverwirklichung angesichts realer Gegensätze thematisiert (→ Guardini, → Jaspers) und – bes. auch vom Personalismus (→ Mounier) – in die soziale Dimension der Sachgerechtigkeit und Mitmenschlichkeit (→ Ballauff) gestellt. Eine Anknüpfung an Hegels Theorie des objektiven Geistes stellte auch → Sprangers einflußreiche B.theorie dar.

Nach 1945 haben vor allem → Litt und → Weinstock eine Neubestimmung des B.sbegriffs im Hinblick auf Arbeit, Technik und Politik vorgenommen. Gegenüber der harmonisierenden Sicht des Neuhumanismus wurde dabei als entscheidendes Moment von B. die Auseinandersetzung mit dem Anderen und Fremden, das Aushalten von Widersprüchen und das Ertragen von Spannungen und → Antinomien hervorgehoben.

Der B.sbegriff wird heute von mehreren Seiten in Frage gestellt. Von einer → empirisch-analytischen Erziehungswiss. wird er z.B. abgelehnt, weil er zu ungenau, nicht operationalisierbar und der empirischen Untersuchung nicht zugänglich ist; statt dessen wird die Einheit der B. aufgelöst in empirisch überprüfbare und politisch steuerbare Prozesse der → Sozialisation, Individuation, → Qualifikation, Reproduktion etc. Auch die inflatorische Verwendung von B. in zahlreichen Komposita (z. B. → B.spolitik, → B.splanung) scheint den Begriff zu entleeren oder in sein Gegenteil zu verkehren. Demgegenüber ist aber daran festzuhalten, daß B. prinzipiell gerade das meint, was nicht verlorengehen darf, wenn Menschsein seinen humanen Charakter bewahren soll: die aller

kindgemäßer und kindgemäß aufbereiteter Information, Hinführung zum Verständnis graphischer Symbole und Zeichen (und damit zur Schrift), Hilfe bei der Welt-, Realitäts- und Selbsterschließung für das Kind. Schließlich sollen B. den Kindern aber auch schlichtweg Spaß und Freude machen.
In der jüngsten Zeit steigt die Zahl der B., die, z. T. von bedeutenden jüngeren Künstlern (Zeichnern, Malern, Karikaturisten) gestaltet, eine bewußte Hilfe für Kinder sein wollen, ihre eigenen Bedürfnisse und Interessen zu erfahren und zu artikulieren und Konflikte zu erkennen und durchzustehen. In diesen B. werden Kinder auch mehr und mehr mit gesellschaftl. und ökolog. Problemen, Konflikten und Krisen konfrontiert. Die B.-Produktion ist in jüngster Zeit sehr stark internationalisiert worden und kann dadurch zur Verständigung der Völker und Kulturen beitragen. → Kinderzeichnung.

L.: A. C. Baumgärtner (Hg.), Aspekte der gemalten Welt, 1968; K. Doderer, H. Müller (Hg.), Das B., 1973, ²1975; G. Haas (Hg.), Kinder- und Jugendlit., 1974, ³1984; D. Richter, J. Vogt (Hg.), Die heiml. Erzieher, 1974; A. Grömminger, B. in Kindergarten und Grundschule, 1977; M. M. Niermann, Erziehungsziele in B.n für Kinder von 2 bis 6 Jahren, 1977; dies., Das B. in der päd. Diskussion, 1979; W. Kaminski, Einf. in die Kinder- und Jugendlit., 1987, ²1989; P. Oberhuemer, Kind und B., 1988; M. Retter, Beurteilung von B.n, 1989; B. Paetzold (Hg.), B. im Blickpunkt versch. Wiss.n, 1990; H. A. Halby, B.: Literatur, 1997.

**Bildsamkeit.** → Herbart bestimmte in seiner Allg. Päd. (1806) B. als päd. Grundbegriff und verstand sie als latentes Arsenal von »Kräften«, die erzieherisch zu wecken und zu entbinden sind. Ähnlich definiert → Roth B. im Wechselspiel von Erbe (→ Vererbung), → Umwelt und – stärker als Herbart – → Ich. Während aber Kräfte quasi positivistisch einfach vorhanden scheinen, gibt es → Anlagen immer nur zusammen mit → Umwelten; auf ihre gegenseitige Abstimmung bzw. »Passung« kommt es ganz entscheidend an. Dabei spielt auch der Entwicklungsaspekt mit einer zeitlichen Komponente eine wichtige Rolle: manche Teilfunktion der B. ist früher oder später überhaupt nicht, nur eingeschränkt oder normal bzw. optimal hervorzurufen. B. wird in Reife- und → Lernprozessen entfaltet; bei ersteren ist der Erfahrungs- und Übungsanteil relativ gering, bei letzteren größer. Je nach Entwicklungsphase stellt sich B. anders dar, denn die Vorgaben der Anlagen und der bisherige Lern- und Reifeprozeß können sie einengen oder erweitern. B. ist unterschiedlich auch hinsichtlich der leiblich-psychischen Ebene. In »leibnäheren« Bereichen wie Konstitution, Sinnestüchtigkeit, Vitalität, Temperament etc. sind Übungserfolge begrenzter als in Fertigkeiten der kortikalen Schicht wie Intelligenz, Gefühlsansprechbarkeit, Stimmungsgrundlage usw. Erbbestimmte Grenzwerte können aber B. grundsätzlich nicht in Abrede stellen. Milieu-, Umwelt- und Erziehungsanreize können im Verein mit einem ausgeprägten Selbstbildungswillen (→ Selbsterziehung) die Handlungsfähigkeit des Individuums wie der Sozietät exponentiell ausweiten. Diese theoretisch-abstrakt, aber nie quantitativ feststellbare B. ist Grund für den prinzipiellen päd. Optimismus des Erziehers. → Entwicklung; → Lebenswelt.

L.: H. Hornstein, B. und Freiheit, 1959; G. Eigler, B. und Lernen, 1967; H. Roth, Päd. Anthropologie, 2 Bde., 1969 u. ö.; W. Keil, Begriff und Phänomen der B., 1983 (Bibl.); K. Mollenhauer, Vergessene Zusammenhänge, 1983, ³1991 (Kap. 3); W. Keil, Zw. »Vorbildlichkeit« und »Adaptabilität«, 1985; W. Böhm, B. und Bildung, in: Vjschr. f. wiss. Päd. 64 (1988); M. Heitger, B. und Menschenrechte, in Vjschr. f. wiss. Päd. 73 (1997) H. 3; F. Brüggen, B. und Mündigkeit des Subjekts, in: Franz-Fischer-Jb. 3 (1998).

**Bildung.** B. ist ein, wenn nicht der Grundbegriff der Päd. in Dtl. Da sich in ihm das jeweilige Selbst- und Weltverständnis des Menschen widerspiegelt, kann er nicht zeitlos definiert, sondern nur in seiner hist.-systemat.-dynamischen Vielschichtigkeit erschlossen werden.
Der dt. B.begriff, für den es in anderen Sprachräumen kein Äquivalent gibt, entsteht in der Mystik des 14. Jh. (Meister Eckhart, Seuse, Tauler) und wird als Aktualisierung der Gottesebenbildlichkeit verstanden. Dieser theolog.-relig. Sinngehalt bleibt bis weit in die Neuzeit erhalten. In die päd. Fachsprache wird B. im 18. Jh. übernommen; im geistesgeschichtl. Umkreis der → Aufklärung und im polit. Zusammenhang der → Emanzipation des dritten Standes gewinnt B. eine neue Dimension: Sie bezeichnet die kritische Di-

**Bibliotheken**

druck des Befragten ausgelöst wird, er müsse »gute«, sozial erwünschte, geschönte Antworten geben. Die Häufigkeit solcher Abweichungen vom Ideal wissenschaftl. Objektivität läßt sich verringern einerseits durch Interviewerschulung und sorgfältige Konstruktion sozial neutraler Erhebungsinstrumente, andererseits durch den Verzicht auf disqualifizierende Etikettierungsprozesse und die Reflexion der eigenen normativen Optionen.

**Bibliotheken** sind an einem Ort gesammelte Bücher zum Zwecke ihrer Aufbewahrung und ihres Gebrauches, im Unterschied zu Sammlungen von Dokumenten (= Archiven), Fotografien (Videothek, Kinothek), Schallplatten und anderen Tonaufnahmen (Diskothek), Kunst- und Gegenständen von hist. Interesse (Museum). B. ordnen die gesammelten Bücher nach deutlich angegebenen Kriterien und machen sie durch Kataloge (nach Autoren, Titeln, Sachgebieten, Schlagworten etc. gegliedert) zugänglich. Nachdem es schon im Altertum bedeutende B. gab (z. B. Alexandria), beginnt die europ. B.sgeschichte mit den mittelalterlichen Kloster-B.n. Später entstehen Fürsten-, Universitäts- und Stadt-B., von denen die einen sich zu Landes-, Staats- und National-B.n weiterentwickeln, die anderen im 19. Jh. ausgebaut und außerdem durch Instituts-B.n ergänzt werden, während die Stadt-B.n erst durch die sozial- und erwachsenenpäd. Bewegung zu Anfang dieses Jh.s als → Volksbüchereien ein neues Gesicht bekommen. Die Kunsterziehungsbewegung gab den → Schulbibliotheken und Schülerbüchereien starke Impulse. Nach dem 2. Weltkrieg ist die Technisierung in das B.-Wesen eingedrungen (Einführung elektronischer Datenverarbeitung, Automatisierung von Arbeitsgängen wie Erschließung und Information, zentrale Dokumentation verstreuter Bücherbestände etc.). Die B. werden auch trotz neuer Informationsmedien wesentliche Träger des geistigen Kommunikationsprozesses der Gesellschaft und ein unverzichtbarer Kulturfaktor bleiben. → Büchereien, pädagogische.

Zs.: Bücherei und Bildung, 1948 ff.
L.: Hdb. des Büchereiwesens, 1961 ff; H. Kunze, Grundzüge der B.lehre, 1966, ⁴1977; C. Köttelwesch, Das wiss. Bibliothekswesen in der BRD, 2 Bde., 1978/80; H. Cremers u. a., Das Bibliothekswesen der wiss. Hochschulen, 1984; W. Wang, B. als soziale Systeme in ihrer Umwelt, 1989; U. Jochum, Kleine B.sgeschichte, 1992; P. Vodosek (Hg.), B. – Kultur – Information, 1993; Für alle(s) offen, Basel 1995; B.n u. Verlage als Träger der Informationsgesellschaft, hg. v. K. W. Neubauer u. W. R. Müller, 1999.

**Bibliotheksschulen,** spezielle Bildungsstätten für (Diplom-)Bibliothekare an wiss. und öffentl. Bibliotheken. Zugangsvoraussetzungen sind Abitur und Fremdsprachenkenntnisse, Abschluß ist eine staatl. Diplomprüfung. B. bestehen u. a. in Berlin, Hamburg, Köln, Frankfurt, Suttgart und München.

**Bilderbuch.** Der Begriff B. ist nicht fest definiert. Als Faustregel mag gelten, daß sich bei einem B. Bild- und Textteil ungefähr die Waage halten. Als Vorläufer des heutigen B.s können der »Orbis Pictus« (1658) des → Comenius und das »Elementarwerk« sowie das »Abeze- u. Lesebuch« (1770–1774) von → Campe, → Fröbels »Mutter- und Koselieder« (1844) und andere Bücher mit gelegentlichen Illustrationen zum Text angesehen werden. Im 19. Jh. erfuhr der Faktor Bild sowohl qualitativ als auch quantitativ eine Aufwertung, nicht zuletzt durch die Tatsache, daß Künstler wie Ludwig Richter oder Moritz v. Schwind Volkserzählungen, Märchen, Sagen etc. illustrierten und daß einzelne »Bildergeschichten« sehr rasch weite Verbreitung fanden (Musterbeispiele: H. Hofmann, Struwwelpeter; W. Busch, Max und Moritz). Nach 1900 übten → Kunsterziehungs- und → Jugendschriftenbewegung einen starken Einfluß auf die Neukonzeption künstlerisch wertvollerer und realistischerer, zugleich aber weniger moralisierender Bilderbücher aus. Seit dem Ende des zweiten Weltkriegs ist die Zahl der B. und der in ihnen behandelten Themen stark gestiegen, so daß heute eine nahezu unübersehbare Fülle von B.n unterschiedlicher Ausstattung, Qualität, Zielsetzung, für je spezifische Altersgruppen und zu sehr stark divergierenden Preisen existiert.

B. werden heute als wichtige Erziehungs-, Entwicklungs- und Sozialisationshilfen für das Kind verstanden, denen im einzelnen u. a. folgende Funktionen zukommen: Weckung und Pflege der kindl. Phantasie, Vermittlung

L.: K.-D. Breuer, Inhalt, Ziel und Erfolg von Förderlehrgängen für noch nicht berufsreife Jugendl., 1978; F. Decker, Berufswahl, B. und Berufsberatung, 1981.

**Besserungsanstalten,** veraltete Bezeichnung für Erziehungsheime. In Dtl. gab es seit 1826 B. → Fürsorgeerziehung.

**Betriebsberufsschule.** B.n sind staatl. anerkannte betriebseigene → Berufsschulen in größeren Wirtschaftsunternehmen. Der Unterricht erfolgt in enger Kooperation mit der betriebl. Ausbildung. B.n gibt es in Form gewerbl., gemischt gewerbl. kaufmännischer und rein kaufmännischer Berufsschulen sowie als Bergberufsschulen.
L.: H. Fenger, B.n in der BRD, in: Jb. f. Wirtschafts- und Sozialpäd., 1969; Integrierte gewerbliche Berufsbildung bei Siemens/Berlin, in: Wirtschaft u. Berufserziehung 48 (1996).

**Betriebspädagogik** ist eine relativ junge Disziplin, die in engem Zusammenhang mit der → Berufs- und Wirtschaftspäd., der Arbeitspäd., der wirtschaftsberufl. → Schulpäd., der berufl. → Erwachsenenbildung, der Didaktik der Wirtschaftswiss.en etc. steht.
Sie befaßt sich – neben Betriebswirtschaftslehre und -soziologie – mit der Erforschung der Betriebe, speziell mit der Bildung und Ausbildung sowie der Verbesserung des Zusammenlebens der Menschen in den Betrieben aller Wirtschaftszweige, in Behörden und ähnlichen Einrichtungen und zielt auf die Sicherung der Leistungsfähigkeit der Betriebsmitglieder sowie auf die Verbesserung der betriebl.-sozialen Infrastruktur.
Nach ihrer anfänglich überwiegend normativen Ausrichtung bedient sich die B. verstärkt der Methoden der empirischen Forschung; dabei hat sie die Anforderungen des Betriebes mit den Bedürfnissen nach selbstverantwortlichem Entscheiden und Handeln zu verbinden. Vor allem der Ansatz einer emanzipatorischen B. untersucht die Bedingungen von Entscheidungsstrukturen sowie rationaler Entscheidungs- und Handlungsalternativen im Betrieb. Der formelle Ansatz der B. auf der Basis einer allg. Systemtheorie sieht die Grundlagen der B. als Wiss. bei der Analyse des Phänomens Erziehung und der Erziehungsziele im Betrieb.

L.: W. Freyer, Der Betrieb als Erziehungssystem, 1974; A. Dörschel, B., 1975; K. Stratmann, W. Bartel (Hg.), Berufspäd., 1975; K. Abraham, B., 1978; K. Preyer, Berufs- u. B., 1978; R. Arnold, Beruf – Betrieb – Betriebl. Bildungsarbeit, 1982; R. Arnold, A. Lipsmeier (Hg.), B. in nationaler u. internationaler Perspektive, 1999; R. Arnold (Hg.), Taschenbuch der betriebl. Bildungsarbeit, 1991; R. Arnold, Theorie betrieblicher Bildungsarbeit, in: Die Berufsbildende Schule 45 (1993); E. Severing, Arbeitsplatznahe Weiterbildung, 1994.

**Bewahranstalten,** veraltete Bezeichnung für Tagesheime zur Beaufsichtigung und Betreuung von Kleinkindern. B. wurden gewöhnlich von Bürgervereinigungen, Gemeinden, Kirchen oder Wohlfahrtsorganisationen getragen. Heute versteht man unter B. im wesentlichen Anstalten zur zwangsweisen Unterbringung Asozialer. → Asozial, → Kindergarten; → Vorschulerziehung.
L.: K. Flaake u. a., Kinderhorte – sozialpäd. Einrichtungen oder B.?, 1980; B. Zwerger, B.-Kleinkinderschule – Kindergarten, 1980.

**Bezugsgruppe** (*reference group*) bezeichnet a) als Begriff aus der Sozialpsychologie diejenige(n) soziale(n) Gruppe(n), deren Wertorientierungen und Verhaltensmuster eine Person zum Beurteilungsmaßstab für ihr eigenes Handeln nimmt (Gegenbegriff zu *membership-group,* der sozialen Gruppen, in der man Mitglied ist), b) als Begriff aus der soziolog. Rollentheorie die Summe der mit einer sozialen Position verbundenen (tatsächlichen und möglichen) Interaktionspartner, deren jew. Bündel von Verhaltenserwartungen an einen Positionsinhaber dessen Satz sozialer Rollen konstituiert. → Rolle, soziale.

**Bias** (engl.: Vorurteil), system. Meßfehler in empir. Untersuchungen, hervorgerufen durch subjektive Faktoren (z. B. die Voreingenommenheit oder Fremdheit des Forschers) bei der (Test-, Fragebogen-)Konstruktion, der Datenerhebung oder -auswertung, verzerrt damit die Gültigkeit der Ergebnisse. Typ. Beispiele sind der Mittelschicht-B., der eintritt, wenn man (etwa in soziolinguist. Untersuchungen) Mitglieder der Unterschicht an den (Sprach-) Standards (Normen, Lebensgewohnheiten) der Mittelschicht mißt, Abweichungen feststellt und diese als »defizitär« oder »delinquent« qualifiziert, oder der »*social desirability response set*«, der durch den Ein-

**Berufs- und Wirtschaftspädagogik**

renz) erfolgte auch unter Einfluß von → Kerschensteiner, dem ›Vater der B.‹.

Zs.: Wirtschaft und Berufserziehung, 1949 ff.; Wirtschaft und Erziehung, 1949 ff.; Die berufsbildende Schule, 1949 ff; Die Dt. Berufs- und Fachschule, 1892 ff, ab 1980 Zs. für Berufs- und Wirtschaftspäd. L.: F. Blättner, Päd. der. B., ²1965; H. Röhrs (Hg.), Die B. in der industriellen Gesells., 1968; U. Müllges (Hg.), Beiträge zur Gesch. der B., 1970; K. Abraham, Industrielle Arbeitswelt als Bildungsraum, 1984; H. Halbig, Die kaufm. Berufsausbildung von Abiturienten, 1990; W. Schade, Die neue B., 1994; W.-D. Greinert, The »German System« of vocational education, 1994.

**Berufs- und Wirtschaftspädagogik** ist jene Teildisziplin der Päd., die sich insbes. mit den päd. Problemen berufl. Bildung und Ausbildung und den Fragen berufl.-betriebl. Sozialisation beschäftigt. Sie wird ab 1920 als Begriff allg. gebräuchlich und entstand im Zusammenhang mit der Entwicklung der Berufs-, Handels- und Wirtschaftsschulen. Bis 1945 verstand sie sich größtenteils als Päd. bzw. → Didaktik dieser Schularten und des entsprechenden Unterrichts. Nach 1945 stärker ausdifferenziert, behandelt sie betriebs-, berufs- und industriepäd. Themen ebenso wie wissenschaftstheoretische und methodologische Fragen und die komplexen Beziehungen zw. Erziehung und Ausbildung und Wirtschaft (Ausbildungs- und Produktionsbereich). Sie steht in enger Verbindung zur → Bildungsökonomie, zu den Wirtschaftswiss.n und zur Soziologie. Mit der zunehmenden Ökonomisierung des gesellschaftl. Lebens kann die B. u. W. sich nicht mehr nur auf didaktische und methodische Fragen beschränken, sondern muß auch (ideologie-kritisch) solche Orientierungs- und Denkmuster untersuchen. Lehrstühle für B. u. W. gibt es u. a. in Aachen, Erlangen-Nürnberg, Berlin, Frankfurt, Mainz, Darmstadt, Bochum.

Die beiden wichtigsten Richtungen der B. u. W. sind wohl die kritisch-rationale und die emanzipatorische. Die erste beschränkt sich, entsprechend den Maximen des → kritischen Rationalismus auf die Analyse, Beschreibung und Diskussion der tatsächlichen Verhältnisse. Damit kann sie aber in Gefahr geraten, lediglich eine Steigerung der Funktionalität des Berufstätigen und der Effektivität des Ausbildungssystems in einem einseitig ökonom. Interesse zu betreiben. Die zweite, der kritischen oder einer marxistischen Theorie verpflichtete Richtung geht vom Postulat der → Mündigkeit des Individuums aus: sie will Mechanismen der Manipulation und der → Entfremdung aufzeigen und auf individuelle und gesellschaftl. Möglichkeiten der Gegenwirkung hinarbeiten.

Zs.: Die dt. Berufs- und Fachschule, 1892 ff; Wirtschaft und Berufserziehung, 1949 ff; Wirtschaft und Erziehung, 1949 ff.

Schr.reihen: Wirtschaft und Schule; Jb. für Wirtschafts- und Sozialpäd.; Wirtschafts- und Berufspäd. in Forschung und Praxis, hg. v. B. Nibbrig u. J. Tümmers, 1980 ff.

L.: H. Heid, W. Lempert, J. Zabeck, Ansätze berufs- und wirtschaftspäd. Theoriebildung, 1980; F. Baur-Pantoulier, Die Bedeutung philosoph. Denkens für die wirtschafts- und berufspäd. Theoriebildung, 1984; M. Schmiel, K. H. Sommer, Lehrb. B. u. W., 1985; L. Kiehn, B. u. W. auf anthropolog. Grundlage, 1986; R. Lassahn, B. Ofenbach (Hg.), Arbeits-, B.- u. W. im Übergang, 1986; A. Schelten, Einführung in die B., ²1994; K. Anderseck, Problemfelder der B.- u. W., 1995; H. Geißler (Hg.), Arbeit, Lernen und Organisation, 1996; G. Paetzold, Lehrmethoden in der beruflichen Bildung, ²1996.

**Berufsvorbereitung.** Die B. umfaßt eine Reihe von Maßnahmen, die den Jugendl. bei der Berufsfindung unterstützen und/oder ihn auf entsprechende Berufsfelder vorbereiten; dazu gehören in der Schule (in enger Zusammenarbeit mit der → Berufsberatung) Gespräche, Berufserkundungen, Betriebsbesichtigungen, etc. im Fach → Arbeitslehre, nach Abschluß der allgemeinbildenden Schule das Berufsgrundbildungsj. und → Berufsfachschulen sowie spezielle Lehrgänge zur Förderung der → Berufsreife für noch nicht berufsreife und/oder ausbildungsfähige Jugendliche (Förderlehrgänge). Die in den Nachkriegsj.n auflebende Diskussion um die B. flachte in den 50er J. ab und lebte Ende der 60er und 70er J. angesichts der Lehrstellenknappheit wieder auf. B. dient häufig denjenigen, die nach Pflichtschulabschluß kein Ausbildungsverhältnis eingehen (können). Die Förderlehrgänge zeigen stark sozialpäd. Charakter. Von päd. Seite positiv beurteilt, stehen dem weiteren Ausbau der B. polit. Einwände entgegen (z.B. Auseinandersetzung über Eingliederung der B. in das berufl. Bildungswesen und ihre Anrechnung auf die spätere Ausbildung). → Berufsgrundbildung, → Berufsgrundschuljahr.

sind (vgl. → Strukturplan). »Grundausbildung« und »berufl. Grundausbildung« werden vor allem zur Kennzeichnung von betriebl. oder überbetriebl. Ausbildungsmaßnahmen verwendet. Der Vermittlung von Grundfertigkeiten, insbes. in der Fachpraxis, dienen sog. Grundlehrgänge. Die B. wird seit dem → Berufsgrundbildungsgesetz im Berufsgrundbildungsjahr (BGJ) durchgeführt, wobei eine schulische Form (→ Berufsgrundschuljahr) und eine kooperative Form im → dualen System nebeneinander bestehen. Daneben gibt es eine Sonderform des BGJ (BGJ in Bayern, Berufsvorbereitungsjahr in NRh.-W.) für Jugendliche, die keine Ausbildung anstreben. Der Besuch dieser 1j. Sonderform des BGJ entbindet von der Berufsschulpflicht, wird jedoch nicht auf eine Ausbildung angerechnet.

L.: J. Münch, B. und Berufsgrundschule, in: Die dt. Berufs- und Fachschule 66 (1970); K. Stratmann, Kernprobleme der B., ebd., 67 (1971); J. Lorke, Materialien zur B., 1976; Bund-Länder-Kommission für Bildungsplanung und Forschungsförderung (Hg.), B.sjahr, 1979; L. Beinke (Hg.), Zw. Schule und Berufsausbildung, 1983; W. D. Greinert, Das B.sjahr, 1984; P. Dehnbostel, Grundbildung zwischen Schule u. Beruf, 1988; E. Rothgängel, B. im Wandel, 1991.

**Berufsgrundschuljahr** (auch Schulisches Berufsgrundbildungsjahr). Berufsgrundschulen sind 1j. Vollzeitschulen, die im Anschluß an die Sekundarstufe I eine allg. sowie fachtheoretische und -praktische berufl. Grundbildung in einem bestimmten Berufsfeld vermitteln (KMK-Beschlüsse von 1968 und 1978). Sie stehen zwischen allg.-bild. Schule und betriebl. Ausbildung und sind in der Regel den → Berufsschulen angegliedert, z. T. dem innerbetriebl. Ausbildungssystem (→ Betriebsberufsschule) integriert. Das B. soll Basis für weiterführende berufl. Bildung sein und gleichzeitig den Zugang zu mehreren → Ausbildungsberufen eröffnen. Im allg. wird das B. als erstes J. der Berufsausbildung anerkannt. → Berufsgrundbildung, → Berufsvorbereitung.

**Berufsoberschule,** berufsrechtl. Bezeichnung für Einrichtungen des → Zweiten Bildungsweges in → Baden-Württemberg als auf der → Berufsschule und einer prakt. Berufstätigkeit aufbauende Schulen. Sie führen im Sekundarbereich I zur Fachschulreife und im Sekundarbereich II zur fachgebundenen → Hochschulreife. In Bayern (seit 1969) baut die B. als »eigentl. Oberstufe des berufl. Schulwesens« auf einer abgeschlossenen Berufsausbildung und einem mittl. Schulabschluß auf und führt zur fachgebundenen Hochschulreife.

L.: Bayer. Staatsmin. f. Unt. und Kultur (Hg.), Das berufl. Schulwesen, 1972; A. v. Campenhausen, P. Lerche (Hg.), Dt. Schulrecht, Losebattslg.

**Berufsorientierung** → Berufsberatung.

**Berufspädagogische Institute** → Gewerbelehrer.

**Berufsreife** → Berufseignung.

**Berufsschule.** B.n sind Teilzeit-Pflichtschulen für alle nicht mehr hauptschulpflichtigen Jugendl., soweit sie keine weiterführenden allg. oder berufsbildenden Vollzeitschulen (mindestens 24 Wochenstunden) besuchen. Die B.-pflicht (erstmals gesetzl. festgelegt im Reichsschulpflichtgesetz 1938) endet in der Regel mit dem 18. Lj. oder dem Abschluß der berufl. Erstausbildung.

B.n haben die Aufgabe, allg. und fachl. Lerninhalte unter bes. Berücksichtigung der in der Berufsausbildung gestellten Anforderungen zu vermitteln. Im Rahmen einer in Grund- und Fachstufe gegliederten Berufsausbildung kann die Grundstufe als → Berufsgrundschulj. oder im → dualen System durchgeführt werden. Der Unterricht in der B. erfolgt in Teilzeitform an einem oder mehreren Wochentagen (in der Regel 12 Std. wöchentl.) oder in zusammenhängenden Teilabschnitten (→ Blockunterricht). Die Absolventen erhalten ein Abschlußzeugnis, das ohne bes. Prüfung erteilt wird und in Verbindung mit dem Prüfungszeugnis über die erfolgreiche Berufsausbildung (Facharbeiter- oder Gesellenbrief) auch den Eintritt in weiterführende Schulen des → berufl. Bildungs- und Ausbildungswesens ermöglicht.

Die Vorläufer der B.n waren im 18. und zu Beginn des 19. Jh. die relig. und gewerbl. Sonntagsschulen, seit den 70er Jahren des 19. Jh. die sog. Fortbildungsschulen. Ihre Weiterentwicklung zur B. (offiz. Benennung erstmals 1921 nach der → Reichsschulkonfe-

verlief weithin ohne Bezug zu dieser Theorie. Seit den 60er J.n wird von erfahrungswiss. (H. → Heid, H. Abel, J. Zabeck) und emanzipatorischer Seite (W. → Lempert, W. Baethge u. a.) Kritik an den Berufsbildungstheorien, vor allem an ihrem ganzheitlichen, relativ undefinierten Begriff des Berufs geübt. Der päd. Begriff der B.bildung, der die Verflechtung und Bildungsbedeutsamkeit von Beruf und Bildung meint, ist zu unterscheiden von dem juristischen Oberbegriff ›B.bildung‹, wie er im → Berufsbildungsgesetz (§ 1) verwendet wird. → Duales System; → Berufl. Ausbildungs- und Schulwesen.

L.: H. Abel, Das Berufsproblem im gewerbl. Ausbildungs- und Schulwesen Dtl.s, 1963; H. Blankertz, B.bildung und Utilitarismus, 1963; ders., Bildung im Zeitalter der großen Industrie, 1969; H. Heid, »Bildung« vor den Ansprüchen des Beschäftigungssystems, in: Schule im Spannungsfeld von Ökonomie und Päd., hg. v. d. Bundesgemeinschaft Schule – Wirtschaft, 1976; W. Lempert, R. Franzke, Die B.erziehung, 1976; E.Dannenhauer, N. Kluge, Das Verhältnis von Allg. und B.bildung, 1977 (m. Bibl.); W. Schönhartig, Kritik der B.bildungstheorie, 1979; K. Harney, B. und Berufspäd., in: W. Brinkmann/K. Renner (Hg.), Die Päd. und ihre Bereiche, 1982; J. Zabeck, Didaktik der B., 1984; U. Müllges, Berufspädagogik, 1991; R. Arnold u. a. (Hg.), Hdb. der Berufsbildung, 1995; H. Dedering, (Hg.), Hb. zur arbeitsorientierten Bildung, 1996; R. Arnold (Hg.), Ausgew. Theorien zur beruflichen Bildung, 1997; M. Liedtke (Hg.), Berufliche Bildung, 1997.

**Berufsfachschulen,** fachliche Ausbildungsstätten, vorwiegend für handwerkl., kaufmänn. und hauswirtschaftl. Berufe mit ein- bis dreij. ganztägigen Lehrgängen; im Unterschied zur (Pflicht-)Berufsschule sind sie freiwillig und setzen keine praktische Berufsausbildung, wohl aber das Abschlußzeugnis der Hauptschule (bei B. mit höheren theoretischen Anforderungen das der Realschule oder das Abitur) voraus. Sie bestehen vor allem dort, wo prakt. Ausbildungsmöglichkeiten nicht ausreichend vorhanden sind (z. B. Glasveredelung, Schnitzerei u. ä.) oder wo die fachl. Ausbildung leicht schulmäßig vermittelt werden kann (sog. Schulberufe). Entsprechende Kurse von weniger als einj. Dauer heißen Berufsfachlehrgänge. B. führen entweder zu einem Abschluß in einem anerkannten Ausbildungsberuf, oder ihr Besuch kann auf die Ausbildungszeit in einem solchen angerechnet werden.

→ Berufsgrundbildung, → Berufsgrundschuljahr.

L.: L. Beinke, Die Handelsschule, 1971; Dt. Bildungsrat, Berufl. Bildungsgänge und Studienbefähigung, 1974; B. Dilberowic, B. – Ergänzung oder Alternative, in: VLB-Akzente 8–9 (1996); G. Feller, Vollqualifizierende B., in: Berufsbildung 51 (1997).

**Berufsfortbildung.** Die B. ist nach dem → Berufsbildungsgesetz zusammen mit der Berufsausbildung und -umschulung ein Teil der Berufsbildung und ein lebenslanger Prozeß. B. soll die berufl. Kenntnisse und Fertigkeiten erhalten, erweitern, der techn. Entwicklung und den sich ändernden Arbeitsbedingungen anpassen (Anpassungsfortbildung) oder die berufl. Aufstiegschancen verbessern (Aufstiegsfortbildung). Die Grenze zwischen allg. und berufl. Fortbildung ist fließend, da es neben fachtheoret. und -prakt. Inhalten um die Erhellung betriebl., wirtschaftl. und gesellschaftl. Zusammenhänge, um Selbständigkeit und Verantwortungsbewußtsein der Mitarbeiter geht. B.skurse werden berufsbegleitend (an Abenden oder Wochenenden) oder -unterbrechend (ganztägige Lehrgänge) sowie über → Fernunterricht und Angebote im Medienverbund veranstaltet. Die B. wird durch Betriebe und durch von Kammern, Verbänden und Gewerkschaften getragene überbetriebl. Einrichtungen durchgeführt. B.skurse werden auch von der Arbeitsverwaltung, der Bundeswehr, von Einrichtungen sowie im Auftrag der Kirchen durchgeführt. Die Kosten der B. können nach dem Arbeitsförderungsgesetz (AFG) auf Antrag teilweise oder ganz erstattet werden. → recurrent education.

L.: H. Blankertz, Berufsbildung u. Utilitarismus, 1963 (Repr. 1985); H.-L. Endl, Aspekte u. Probleme der berufl. Weiterbildung, 1992; Berufl. Weiterbildung im Spannungsfeld von Theorie u. Praxis, hg. v. J. Frauke, 1993; R. Arnold u. a. (Hg.), Hdb. der Berufsbildung, 1995; H. Dedering, (Hg.), Hdb. zur arbeitsorientierten Bildung, 1996; H. Geißler (Hg.), Arbeit, Lernen und Organisation, 1996.

**Berufsgrundbildung.** B. bezeichnet eine breit angelegte allg. und berufsfeldorientierte Grundbildung, mit der übergreifende bildungspolit. Reformziele (→ Chancengleichheit, Mobilität, Durchlässigkeit, Integration von allg. und berufl. Lernen etc.) verbunden

lungen, Karrieremuster, Tarifvereinbarungen usw. Von großer Bedeutung für → Berufsberatung und Berufswahlentscheidungen sind die amtlichen »Blätter zur Berufskunde«, hg. von der Bundesanstalt für Arbeit, Nürnberg; davon zu unterscheiden sind wiss. Spezialuntersuchungen zu einzelnen Berufen mit spezifischen Forschungsschwerpunkten und -interessen; päd. Berufsbilder dieser Art liegen vor u. a. für Diplompäd. (Nieke, Hommerich), Lehrer (Brinkmann) und Erzieher (Derschau).

L.: D. v. Derschau, Die Erzieherausbildung, 1974; W. Nieke, Der Diplom-Pädagoge, 1976; W. Brinkmann, Der Beruf des Lehrers, 1978; Ch. Hommerich, Der Diplompädagoge – ein ungeliebtes Kind der Bildungsreform, 1984; D. Nittel, Erwachsenenbildung – die unentschiedene Profession, in: Der päd. Blick 3 (1995); K. Ulich, Beruf: Lehrer/in, 1996; H.-J. Wagner, Eine Theorie päd. Professionalität, 1998.

**Berufsbildungsgesetz** (BBiG). Das B. regelt das Berufsausbildungsverhältnis (Vertragsgestaltung, Inhalt, Dauer), die Ordnung der Berufsbildung (Berechtigung zur Ausbildung, Prüfungswesen, Überwachung etc.) und die Institutionen der außerschulischen berufl. Bildung (Berufsbildungsausschüsse, Bundesministerien, Bundesinstitut für Berufsbildungsforschung). Seit ca. 50 J.n gefordert, trat es am 1. 9. 1969 in Kraft. Es sollte eine bundeseinheitl. Grundlage für die berufl. Ausbildung, → Fortbildung und Umschulung schaffen, Inhalte und Ziele an die wirtschaftl., techn. und gesellschaftl. Entwicklung anpassen und den Erwerbstätigen ein Höchstmaß an berufl. und sozialen Chancen im Arbeitsleben erschließen. Im B. trat die in der traditionellen → Meisterlehre überkommene Aufgabe der charakterl. Erziehung gegenüber der reinen Fachausbildung zurück. Weitere Verbesserungen der berufl. Bildung wurden durch das Arbeits- und das Ausbildungsplatzförderungsgesetz ermöglicht. → Auszubildender.

L.: A. Knopp, W. Kraegeloh, B., 1990.

**Berufseignung.** Der Begriff B. bezieht sich auf alle individuellen Komponenten (Fähigkeiten, Fertigkeiten, Neigungen), um Anforderungen eines → Berufes oder einer Ausbildung zu genügen: allg. Berufsreife (körperl., psycholog. und geistige Reife für die Fähigkeit zur überlegten, kritischen Berufswahl und zum Erwerb berufspraktischer und -theoretischer Kenntnisse). Die Feststellung der B. kann durch Beratungsgespräche und B.tests (ärztliche und psycholog. Tests), Reaktionsprüfungen, Arbeitsproben etc.) in der → Berufsberatung und in Ausbildungsbetrieben selbst erfolgen. Grundsätzliche B. wird in der Regel bei qualifiziertem Hauptschulabschluß angenommen.

**Berufserziehung/Berufsbildung.** Das Verständnis von B.erziehung und -bildung verändert sich mit dem herrschenden Zeitgeist und den tatsächlichen Erscheinungsformen sozialer Prozesse, institutioneller Organisation und wirtschaftl.-techn. Entwicklung.

B. im Handwerk vollzog sich im gesamten Mittelalter und bis ins 19. Jh. hinein im Rahmen der Zunftordnung. Die kaufmännische B. blieb dagegen weithin ohne bindende Regelungen; der Nachwuchs erwarb seine Berufserfahrung durch Mitarbeit in Handelsunternehmen; die aufkommende Schriftlichkeit verlangte bald einen schulischen Ergänzungsunterricht in eigenen Einrichtungen. Die allg. Bildung galt als Aufgabe der öffentl. Schulen und war der B. entgegengesetzt. Durch → Aufklärung und industrielle Revolution begannen sich die mittelalterl. Traditionen allmählich aufzulösen. Unter dem Einfluß einer neuen Päd. (→ Ratke, → Comenius, A. H. → Francke, vor allem → Pestalozzi) wurde eine allg. Volksbildung als Voraussetzung für die B. gefordert; Pestalozzi trat für die Überwindung reiner Berufs- und Standeserziehung ein und stellte diese in den Dienst der → Allgemeinbildung (Menschenbildung).

Die strikte Trennung von Berufs- und Allgemeinbildung im Neuhumanismus wirkte bis Ende des 19. Jh. fort und wurde erst durch die Berufsbildungstheorien von → Kerschensteiner, → Spranger, A. → Fischer, → Litt, → Petersen, F. → Blättner u. a. überwunden (Kerschensteiner: »Berufsbildung an der Pforte zur Menschenbildung«). Letztlich waren diese ›klassischen B.bildungstheorien‹ eng mit der Entwicklung der Fortbildungs- zur Berufsschule verbunden und der Sache nach Theorien der → Berufsschule und nicht der B.bildung insgesamt. Die Praxis der B.bildung

nasium/Fachgymnasium, → Berufsoberschule, → Fachakademie, Berufskolleg und -akademie (vgl. KMK [Hg.], Kulturpolitik d. Länder, 1977).
Das b. A. u. S. wird angesichts verknappter Ausbildungsplätze und steigender Jugendarbeitslosigkeit auch weiterhin Gegenstand bildungspolit. Diskussionen bleiben.
→ Berufsschule, → Handwerkliches Bildungswesen, → Kaufmännisches Bildungswesen.

L.: H. Blankertz, Zur Gesch. der Berufsausbildung, in: H. H. Groothoff (Hg.), Die Handlungs- u. Forschungsfelder der Päd., Erz.wiss. Hdb. Bd. 5, 1979; J. Münch, Das Duale System, 1979; M.-L. Lepper, A. Hofmann, H. Meister, Politik, Struktur und Probleme der Bildungssysteme in der BRD, 1980; Reihe: Quellen und Dokumente zur Geschichte der Berufsbildung in Deutschland, hg. v. K. Stratmann, 1981 ff.; K. König, Gesch. des dualen Berufsausbildungssystems, 1985; Einrichtungen zur berufl. Bildung, 6 Bde., hg. v. Bundesanstalt für Arbeit, 1985; W. Witter, Berufl. Bildung im Wandel, 1992; W.-D. Greinert, The »German system« of vocational education, 1994; H. Dedering, Hdb. zur arbeitsorientierten Bildung, 1996.

**Berufsaufbauschule** (BAS). B.n sind Einrichtungen des → Zweiten Bildungsweges, die neben einer → Berufsschule oder nach erfüllter Berufsschulpflicht von Jugendl. während oder nach Abschluß einer Berufsausbildung besucht werden. Sie gliedern sich ebenso wie die → Berufsfachschulen in verschiedene Fachrichtungen und vermitteln eine über das Ziel der Berufsschule hinausgehende allg. und fachtheoretische Bildung mit einem dem Realschulabschluß gleichwertigen Bildungsstand (Fachschulreife).
Die ursprüngliche bildungspolit. Intention der B. hat sich nur teilweise erfüllt, da die B.n weniger der Förderung des berufl. Aufstiegs (durch nachträgl. Erwerb fehlender schul. Berechtigungen) als der Sicherung vor sozialem Abstieg derjenigen dienen, die im Regelsystem die → Mittlere Reife verfehlt haben.

L.: H. Heid, Die B., 1966; D. Jungk, Die B., in: Der nachgeholte Schulabschluss, 1985.

**Berufsberatung** ist eine institutionelle Entscheidungshilfe für Berufsfindungs- und Berufswahlprozesse vor allem der Jugendlichen. In Dtl. entstand etwa ab 1900 ein Netz von Berufsberatungsbehörden erst der Städte, dann der Länder, ab 1927 (mit dem Gesetz über Arbeitslosenvermittlung und -versicherung) der Reichsverwaltung. Träger der B. ist die Arbeitsverwaltung (die Bundesanstalt für Arbeit), die sie mit eigenen Experten bei den öffentl. Arbeitsämtern durchführt. Nach der Gesetzesnovelle 1957 und dem Arbeitsförderungsgesetz von 1969 umfaßt die B., »die Erteilung von Rat und Auskunft in Fragen der Berufswahl einschließlich des Berufswechsels. Sie wird durch die Berufsaufklärung, die Unterrichtung der berufl. Bildung im Einzelfalle und die Vermittlung in berufl. Ausbildungsstellen ergänzt«. Orientierungsdaten der B. sind Neigung, körperl., seelische, geistige Eignung, wirtschaftl. und soziale Verhältnisse des Ratsuchenden sowie die jeweils aktuelle arbeitsmarkt- und berufspolit. Situation. Seit der Rahmenvereinbarung der → KMK über die Zusammenarbeit von Schule und Berufsberatung kommt die Schule diesem Auftrag mit der Organisation von Betriebserkundungen und -praktika sowie mit dem Unterrichtsfach → Arbeitslehre nach. Als wichtiges Mittel der B. hat sich dabei die Berufskunde erwiesen, die den Aufbau und die Besonderheiten der einzelnen Berufe in bezug auf Arbeitscharakter, körperl. und geistige Anforderungen an den Menschen, wirtschaftl. Aussichten, Ausbildungsgang und Stellung der Berufe innerhalb der Volkswirtschaft zum Gegenstand hat. Berufswahlreife und Berufsfindung werden von der Bundesanstalt für Arbeit durch eigens entwickelte und für Schulen bereitgestellte (autodidakt.) Materialien gefördert. (STEP: Syst. Trainings- und Entscheidungsprogramm). → Beratung, → Guidance.

L.: Blätter zur Berufskunde. Hg. von der Bundesanstalt für Arbeit (Lose-Blatt-Ausgabe); Bundesanstalt für Arbeit (Hg.), B., 1980/81; Der schwierige Weg in die Zukunft, hg. v. M. Schilling u. H. Turrini, ²1991; Europ. Komm. (Hg.), Europ. Hdb. für Berufsberater, Brüssel u. a. 1995; K. Meyer-Haupt, B., ²1995.

**Berufsbild,** zusammenfassende Darstellung mit allg. und speziellen Angaben über einzelne Berufe bzw. Berufsgruppen, gibt in der Regel Auskunft über die genaue Berufsbezeichnung, über die hist. Entwicklung und volkswirtschaftl. Bedeutung eines Berufs, über Ausbildungsinhalte und -dauer sowie Eintrittsvoraussetzungen, über Aufgabenfelder und Tätigkeitsmerkmale, Arbeitszeitrege-

sen aus dieser ›geschlossenen Hauswirtschaft‹ spezielle Berufe (Priester, Heerführer, Politiker, Handwerker, zur Zeit → Karls des Gr. schon 30 Handwerksberufe). Theoretischer Unterricht war bei dieser → Meisterlehre nicht erforderlich.

Seit dem späten → Mittelalter hat sich das berufl. Ausbildungswesen in Handwerk und Handel, aber auch in Bergbau und Landwirtschaft stetig weiterentwickelt und differenziert. Zur betriebl. Ausbildung traten im 18. Jh. schulische Einrichtungen: auf unterer Ebene die sog. → Industrieschulen (auch Armen- und Arbeitsschulen); im mittleren Bereich die → Realschulen, für eine höhere, theoretische Fachbildung die → Fachschulen; diese breiteten sich im 19. Jh. enorm aus, während Industrie- und Realschulen durch den Neuhumanismus in allgemeinbildende Schulen umgewandelt wurden.

Die zu Beginn des 19. Jh. einsetzende Liberalisierung der Wirtschaft (Gewerbefreiheit durch die Stein-Hardenberg'schen Reformen) ließ die Handwerkslehre verfallen und Mißstände und Mißbräuche in Industrie und Bergbau aufkommen. Bemühungen um staatl. Regelung des Ausbildungswesens blieben bis zur 1897 in Preußen erlassenen Novelle zur Gewerbeordnung von 1869 erfolglos. Ende des 19. Jh. wurde auch die Fortbildungsschulpflicht vorgesehen. Das duale System der berufl. Ausbildung und Erziehung, d. h. des Zusammenwirkens betrieblicher und schulischer Ausbildung, wurde erst 1938 durch das Reichsschulpflichtgesetz (1926 erstmals Charakterisierung und inhaltl. Bestimmung der Berufsbilder) institutionalisiert. Im → Nationalsozialismus wurde die Berufsausbildung weitgehend vereinheitlicht und zentral gesteuert (Berufslenkung). Die Neuorientierung nach 1945 war eng mit dem wirtschaftl. Aufstieg der Bundesrepublik verbunden, stand aber bis in die jüngste Vergangenheit im Schatten des allgemeinbildenden Schulwesens. Die 1970er J. zeigen Bemühungen um Integration und Gleichstellung von Allgemein- und Berufsbildung (vgl. → Strukturplan; Bund-Länder-Kommission [Hg.], Mittelfristiger Strukturplan, 1975; Bundesminister für Bildung und Wissenschaft [Hg.], Markierungspunkte, 1973). Im gegenwärtig vorherrschenden → dualen System (international als das ›dt. System der Berufsausbildung‹ anerkannt) besuchen die Jugendlichen neben der prakt. Ausbildung im Betrieb einen bzw. zwei Tage pro Woche (9–12 Std.) die ihrer Ausbildungsrichtung entsprechende → Berufsschule. Die gesetzliche Grundlage für die außerschulische Bildung schuf das → Berufsbildungsgesetz von 1969. Durch verbindliche Ausbildungsordnungen für alle → Ausbildungsberufe durch organisatorische Veränderungen (→ Berufsgrundbildung; Stufenausbildung; Block- bzw. Phasensystem; doppel(t)qualifizierende Lehrgänge, Ausbau von überbetriebl. Ausbildungsstätten) konnte das duale System verbessert werden.

Die Berufsbildungspolitik in der ehemaligen → DDR beruhte auf Prinzipien, die bis zum Jahre 1989 in ihrem Kern nicht verändert wurden. Wesentliches Merkmal war die Orientierung an den Bedürfnissen der staatlichen Arbeitskräfteplanung und die Ausrichtung des berufl. Ausbildungswesens an dem konkreten (aktuellen oder prognostizierten) Bedarf der Betriebe (dirigistische → Berufsberatung). Für die inhaltliche Ausgestaltung waren seit den 60er Jahren bestimmend 1. das Prinzip der → polytechnischen Bildung; 2. die Forderung nach einer breit angelegten berufl. Grundausbildung und nachfolgender Spezialisierung; 3. die Einrichtung von Abiturklassen in Einrichtungen der Berufsausbildung.

Das berufl. Schulwesen umfaßt gegenwärtig Sekundarschulen mit berufsbildendem Charakter, die jeder Jugendliche nach dem 9. Vollzeitschuljahr, mindestens in der Teilzeitform neben der berufl. Ausbildung oder Tätigkeit und mindestens für die Dauer von 3 J.n (mit Realschulabschluß 2½ J.; mit Hochschulzugangsberechtigung 2 J.), besuchen muß (Berufsschulpflicht), wenn er nicht seine Ausbildung an einer allgemeinbildenden Schule fortsetzt. Diese berufl. Sekundarschulen führen bei Wahl entsprechender Bildungsgänge und Abschlußprüfungen zum tertiären Bereich (→ Fachhochschulen, → Hochschulen). Berufliche Schulen neben und oberhalb der Berufsschule sind: Berufsgrundschule, → Berufsfachschule, → Berufsaufbauschule, → Fachoberschule, → Fachschule sowie (nicht in allen Bundesländern) berufl. Gym-

1871 einen Lehrstuhl an der Sorbonne und wurde Präsident der Gesellschaft für Biologie. Nach seinem Eintritt in die republikanische Partei 1872 spezialisierte er sich auf schulische Fragen; er unterstützte die schulpolitischen Ziele Jules → Ferrys. B. schrieb hauptsächlich für den polytechnischen Unterricht populärwissenschaftliche Bücher.

Schr.: La morale des Jésuites, Paris 1880; L'enseignement laïque, Paris 1881; L'instruction civique à l'école, Paris 1882; De l'instruction civique, Paris 1883.

**Bertin,** Giovanni Maria, * 7. 9. 1912 Mirano (Venezia), 1935 Dr. phil. Mailand, Prof. für Päd. 1953 Univ. Catania, 1957 Univ. Bologna. B.s rationalistischer Problematizismus vertritt die Unaufhebbarkeit päd. → Antinomien und deshalb den grundsätzlich ideologischen Charakter erzieherischen Handelns.

Schr.: Introduzione al problematicismo pedagogico, Milano 1951; Educazione alla socialità e processo di formazione, Roma 1962 u. ö.; Educazione alla ragione, Roma 1968 u. ö.; La morte di Dio, Roma 1973; Nietzsche, Firenze 1977; Disordine esistenziale e istanza della ragione, Bologna 1981; Ragione proteiforme e demonismo educativo, Firenze 1987; Pedagogia italiana del Novecento, Milano 1989; Nietzsche e l'idea di educazione, Torino 1995; Il mito formativo del Dandy, Torino 1995.

L.: W. Böhm, G. Flores d'Arcais, Die italien. Päd. des 20. Jh., 1979; Educazione e ragione, 2 Bde. (FS. m. Bibl.), Firenze 1985.

**Beruf.** Kombination von Kenntnissen, → Fähigkeiten, → Fertigkeiten, technischen Regeln und Verfahren, deren Beherrschung für das Erbringen einer speziellen → Leistung innerhalb einer arbeitsteilig organisierten Wirtschaft und deren »Verkauf« auf dem Arbeitsmarkt dem einzelnen Berufsinhaber die »Grundlage für eine kontinuierliche Versorgungs- und Erwerbschance« bietet (Max Weber). Mit dem Erwerb bzw. der Zuweisung einer B.sposition werden dem B.srollenträger zugleich gesellschaftl. Status, Sozialprestige, Macht und Privilegien verliehen. Die Industrialisierung (→ Industriegesellschaft) hat die B.sarbeit zunehmend spezialisiert und differenziert, bürokratisiert und mechanisiert. Die daraus resultierende Produktivitätssteigerung hat sich in erhöhten berufl. Aus- und Fortbildungsanforderungen einerseits, in beträchtlichen Arbeitszeitverkürzungen (pro Tag, Jahr, Lebenszeit) andererseits niedergeschlagen und Probleme wie das der → Freizeit aufgeworfen.

Die traditionelle »vokative« B.sauffassung (B. als »Berufung«) ist von der B.swirklichkeit in mehrfacher Hinsicht überholt worden: 1. An die Stelle globaler Berufsbilder sind arbeitsplatzbezogene »Qualifikationsprofile« getreten; gegenwärtig sind mehr als 20 000 (gegeneinander abgegrenzte) Berufstätigkeiten bekannt. 2. Die Annahme einer ein für allemal getroffenen Berufswahlentscheidung wurde durch konjunkturabhängige Veränderungen auf dem Arbeitsmarkt widerlegt: Statt lebenslanger Berufstreue wird Berufswechsel zum Regelfall und verlangt Bereitschaft und Fähigkeit zur berufl. Mobilität. 3. Die identitätsstiftende Kraft der »vocatio« (→ Luther) ist in Frage gestellt worden: empirische Untersuchungen zur Entstehung unterschiedl. Gesellschaftsbilder von Arbeitnehmergruppen zeigen, daß die »gesellschaftl. Konstruktion der Wirklichkeit« (Berger/Luckmann) zentral vom Beruf ausgeht und zu sozialschichtspezifischen Erziehungspraktiken und Sozialisationsergebnissen führt. Ebenso setzt die Ausübung einer Berufs- bzw. Arbeitsrolle nicht nur instrumentelles, d. h. funktionsbezogenes Leistungswissen und -können voraus, sondern auch extrafunktionale Qualifikationen, d. h. allg. Arbeitstugenden wie Pünktlichkeit, Zuverlässigkeit, Ordnung am Arbeitsplatz, sorgfältiger Umgang mit Arbeitsmaterialien etc., denen »ideologische« Erwartungen des Arbeitgebers oder der Berufskollegen zugrunde liegen. → Jugendarbeitslosigkeit.

L.: A. Dörschel, Arbeit und B. in wirtschaftspäd. Betrachtung, 1960; K. Lüscher, Der Prozeß der berufl. Sozialisation, 1968; H. Daheim, Der B. in der mod. Gesells., 1967, ²1970; Th. Luckmann, W. M. Sprondel (Hg.), B.ssoziologie, 1972; C. Offe, B.bildungsreform, 1975; P. Berger, Th. Luckmann, Die gesellschaftl. Konstruktion der Wirklichkeit, 1969, ⁵1977; U. Beck, M. Brater, Berufl. Arbeitsteilung und soziale Ungleichheit, 1978; M. L. Kohn, Persönlichkeit, B. und soziale Schichtung, 1981; H. G. Brose (Hg.), Berufsbiographien im Wandel, 1986; R. Luers, Zum Begriff des B.s in der Erz.wiss., 1988; W. R. Heinz, Arbeit, B. und Lebenslauf, 1995; R. Sennett, Der flexible Mensch, dt. 1998; U. Beck, Schöne neue Arbeitswelt, 1999.

**Berufliches Ausbildungs- und Schulwesen.** Bis zur Völkerwanderung leistete der bäuerliche Familienbetrieb die das gesamte tägliche Leben umfassende Ausbildung. Später wuch-

Institut für Lehrerfort- und weiterbildung und Schulentwicklung eingerichtet.

Schr.: Amtsblatt für B.; Senatsverw. f. Wiss. u. Forsch. (Hg.); Dienstblatt des Senats von B., Teil III – Schulwesen, Wissenschaft, Kultur; Laufende Informationen des Senators für Schule, Berufswesen und Sport, Aufbau und Struktur des Schulsystems in B.(West) u. B.(Ost), Dokumentation 1990; G. Eiselt (Hg.), Grundriß des Schulrechts in B., ³1990.
Zschr.: Berliner LehrerInnenzeitung, 1988 ff.; Schulverwaltung Brandenburg, Mecklenburg-Vorp., Sachsen, Sachsen-Anh., Thüringen und B., 1992 ff.
L.: M. Klewitz, Berliner Einheitsschule 1945–1951, 1971; W. Lemen, Schulgeschichte in B., 1987; G. Schmoldt (Hg.), Schule in B. – gestern und heute, 1989; M. S. Schuppan, B. Lehrerbildung nach dem 2. Weltkrieg, 1990; Päd. Zentrum B. (Hg.), Gesamtschule in B., 1990; E. Kienast, Von der Einheitsschule zum gegliederten Schulsystem, in: Zschr. f. int. erz.- und sozialwiss. Forschung 9 (1992) H.1; Schule in B., in: Päd. Forum 8 (1995) (Themenheft); A. Leschinsky, Bildung in B., in: J. Petersen u. G.-B. Reinert (Hg.), Bildung in Deutschland, Bd. 2, 1997.

**Berliner Schule der Didaktik.** Auch als → lern-, lehr- oder unterrichtstheoretische Didaktik bezeichnete »Theorie des Unterrichts« von Paul Heimann, Wolfgang Schulz u. a., die zunächst zum Zweck der Unterrichtsanalyse ca. ab 1960 an der PH Berlin entwickelt wurde und ab 1965 auch die Programmatik der → kybernetischen Päd. stark beeinflußte. → Didaktik.

**Bernfeld,** Siegfried, * 7. 5. 1892 Lemberg, † 2. 4. 1953 San Francisco; gehörte als Schüler und Student der von G. → Wyneken geprägten Jugendkulturbewegung an. Wissenschaftlich suchte er → Psychoanalyse und Sozialismus zu einer materialistischen kritischen Sozialpsychologie zu verknüpfen. In seiner reformerischen Erziehungspraxis (1919–1920 Kinderheim Baumgarten) verband er Gedanken von → Freud, → Marx, → Rousseau, → Montessori, → Otto und → Wyneken zum Konzept einer → antiautoritären Erziehung mit Arbeitsunterricht, sich selbst bestimmender → Schulgemeinde und einer repressionsfreien sexuellen Entwicklung. Seine päd.-psychoanalytischen und sozialistischen Schriften beeinflußten Theorie und Praxis der Schüler- und → Studentenbewegung. Noch immer aktuell ist B.s »Sisyphos oder die Grenzen der Erziehung«. Auch wenn die darin vorgenommene Verknüpfung von Marxismus und Psychoanalyse als päd. Gesamtentwurf nicht mehr haltbar erscheint, ist seine polemische Kritik an der traditionellen Päd. nach wie vor bedenkenswert.

Schr.: Die neue Jugend und die Frauen, 1914; Über den Begriff der Jugend, 1915; Das jüd. Volk und s. Jugend, 1919; Vom dichter. Schaffen der Jugend, 1924; Psychologie des Säuglings, 1925; Sisyphos oder die Grenzen der Erziehung, 1925 u. ö.; Die Schulgemeinde und ihre Funktion im Klassenkampf, 1928; Der soziale Ort und s. Bedeutung für Neurose, Verwahrlosung und Klassenkampf, in: Imago 15 (1929); (mit S. Feitelberg), Energie und Trieb, 1930; Trieb und Tradition im Jugendalter, 1931; Antiautoritäre Erziehung und Psychoanalyse, hg. v. L. v. Werder und R. Wolff, 3 Bde., 1969–71; Sämtliche Werke, hg. v. U. Hermann, Weinheim 1992 ff.
L.: H. J. Sandkühler (Hg.), Psychoanalyse und Marxismus, 1971; V. Wolfrum, Anspruch und Wirklichkeit im Werk von S. B. anhand von ausgew. Schriften (1912–1933), 1983; K. Fallend, J. Reichmayr (Hg.), S. B. oder die Grenzen der Psychoanalyse, 1992; R. Hörster, B. Müller (Hg.), Jugend, Erziehung und Psychoanalyse. Zur Sozialpäd. S. B.s, 1992; Jahrb. für Psychoanalyt. Päd. 5 (1993); S. Adam, S. B. Ein Wegbereiter der modernen Erlebnispäd.?, hg. v. J. Ziegenspeck, 1993; R. Kaufhold (Hg.), Pioniere der psychoanalyt. Päd.: B. Bettelheim, Ekstein, E. Federn und S. B., 1993; E. Würzer Schoch, Otto Rühle und S. B., Zürich (Diss.) 1995.

**Bernstein,** Basil, * 1. 11. 1924 London, Studium an der London School of Economics, 1967 Prof. für Soziologie der Erziehung Univ. London. Seine Theorie der soziolinguistischen Codes bzw. Sprachvarianten fand internationale Beachtung. In der BRD regte vor allem seine umstrittene These des elaborierten Sprachgebrauchs der höheren und des restringierten der unteren Sozialschichten die bildungssoziologische Diskussion an. → kompensator. Erziehung.

Schr.: Studien zur sprachl. Sozialisation, dt. 1972, ⁵1980; mit B. Henderson, W. Brandis, Soziale Schicht, Sprache und Kommunikation, dt. 1973; Class, Codes and Control, 3 Bde., London 1973–1977; Beiträge zu e. Theorie des päd. Prozesses, dt. 1977; The Structuring of Pedagogic Discourse, London 1990; Pedagogy, symbolic control and identity, London 1996.
L.: K. Gloy, B. und die Folgen – Zur Rezeption der soziolinguist. Defizithypothese in der BRD, in: H. Walter (Hg.), Sozialisationsforschung, Bd. 1 1973.

**Bert,** Paul, * 19. 11. 1833 Auxerre, † 11. 11. 1886 Tonkin; Mediziner, Naturwissenschaftler und Schulpolitiker. B. lehrte zunächst an der naturwiss. Fakultät in Bordeaux, erhielt dann

**Berlin**

216 Grund-, 16 Haupt-, 38 Real-, 49 Gesamtschulen und in 57 Gymnasien umgewandelt (1994).
Die Grundschule umfaßt die freiwillige Vorklasse (seit 1970) und die Klassen 1 bis 6. Aufgabe der Vorklasse ist es, die fünfj. und noch nicht schulreifen sechsj. Kinder an die Arbeit der Schule heranzuführen. In den ersten 4 J. der Grundschule wird »vorfachlicher Unterricht« – gegliedert in relativ durchlässige Lernbereiche – erteilt, erst mit Beginn der Kl. 5 setzt der → Fachunterricht ein. Einige Grundschulen bieten auch die Möglichkeit einer ganztägigen Betreuung für Kinder an. In der Grundschule erfolgt eine Regelversetzung. Nur in Ausnahmefällen, wenn alle zur Verfügung stehenden Fördermöglichkeiten nicht ausreichen und päd. Gründe dafür sprechen, ist die Wiederholung einer Klassenstufe vorgesehen. Von Klasse 5 an lernen alle Kinder eine Fremdsprache (Engl., Frz. oder Lat., sowie an einigen Schulen Türkisch für türk. Schüler).
Die Hauptschule (Schwerpunkt → Arbeitslehre) umfaßt die Klassen 7 bis 10, ebenso die Realschule mit Kern- und Kursunterricht und versch. Schwerpunkten (math.-naturwiss.; sprachl.; wirtschafts- und sozialkundl.; musisch). Die Gymnasien beginnen mit Klasse 7 und führen zum → Abitur. Gemäß der Vereinbarung der KMK vom 7. 7. 1972 besteht ab Klasse 11 die reformierte gymnasiale Oberstufe (mindestens 2, höchstens 4J.). Neben den herkömml. Schularten gibt es integrierte → Gesamtschulen als Regelschulen (1997 in Gesamt-Berlin: 79). Die Mehrzahl der Gesamtschüler besucht eine der Gesamtschulen in Bildungszentren mit Ganztagesunterr. und 5-Tage-Woche. Für Kinder mit körperl. und geistigen Behinderungen bestehen Sonderschulen. Mit Ausnahme der Sonderschule für Lern- und Geistigbehinderte sind in der Regel die gleichen Abschlüsse wie in den anderen Schulen erreichbar. Für sog. Spätentwickler ist es möglich, nach der 8. oder 10. Kl. der Haupt- oder Realschule auf das Gymnasium (Aufbauklassen und Aufbaustufe d. Gymnasiums) zu wechseln, um dort die allgem. Hochschulreife zu erwerben. Jugendl., die nach Verlassen der allgemeinbild. Schule eine Berufsausbildung anstreben, besuchen ein → Berufsgrundbildungsjahr bzw. die nach Berufen differenzierten Berufs- und Berufsfachschulen. Berufsschulen ergänzen als Teilzeitschulen die betriebl. Ausbildung an einem oder zwei Tagen pro Woche. Berufsfachschulen vermitteln als Vollzeitschulen die für den gewählten Beruf erforderlichen prakt. Fertigkeiten und theoret. Kenntnisse. Jugendliche ohne Ausbildungs- oder Arbeitsverhältnis besuchen im 11. Sch.j. entweder die Teilzeitberufsschule (TZ 11) oder eine berufsbildende Vollzeitmaßnahme (VZ 11, BGJ 11).
Hauptschul- und Realschulabsolventen können über die Fachoberschule die Fachhochschulreife erreichen. Der auf einer Fachhochschule erworbene Bildungsabschluß gilt als allg. → Hochschulreife. Neben diesen Schulen hat B. zahlreiche öffentl. und private Fachschulen, z. B. für Optik und Fototechnik, Hotel- und Gaststättengewerbe. Seit 1977 wurden berufsfeldbezogene Oberstufenzentren errichtet; sie fassen ab Klasse 11 die traditionellen berufsbildenden Schulen nach Berufsfeldern bzw. -schwerpunkten zusammen: Berufs-, Berufsfach- und Fachoberschule, z. T. eine gymnasiale Oberstufe mit »berufl. Profil« und eine Fachschule. Angezielt wird die Gleichwertigkeit von berufl. und allg. Bildung und eine Verbesserung der Berufsbildung.
Die Berliner → Volkshochschulen bieten ein breitgefächertes Weiterbildungs-Programm an. In Berlin bestehen seit der Vereinigung insges. 17 Hochschulen: 3 Univ.n (Freie Univ., Humboldt-Univ., Techn. Univ.), 4 Kunsthochschulen, eine Europ. Wirtschaftshochschule und 9 Fachhochschulen. Hinzu kommen über 70 außeruniversitäre Forschungseinrichtungen, darunter die Berlin-Brandenburgische Akad. der Wissensch. (seit 1992, vormals Preuß. Akad. der Wiss.) und das Max-Planck-Institut für Bildungsforschung. Seit der Einigung 1989/90 sieht sich die Hochschulpolitik in B. vor der Aufgabe, zwei gut ausgebaute, aber nach Struktur und Ausrichtung durchaus unterschiedliche Hochschulsysteme wieder zusammenzuführen. Die Rechtsverhältnisse der neu hinzugetretenen Hochschulen aus dem ehem. Ost-Teil sind im »Ergänzungsgesetz zum B. Hochschulgesetz« vom 27. Juni 1991 geregelt. Zur Weiterentwicklung des Bildungswesens wurde 1994 das

daß die Schule als »bürokratische Zuteilungsapparatur von Lebens-Chancen« und Sozialansprüchen beschrieben worden ist (H. Schelsky). Erfolg und B. in der Schule hängen aber nicht nur von der individuellen Leistungsfähigkeit, sondern weitgehend auch von sozialen Attributen und Determinanten ab, so daß sich Schule weniger als Zuteilungs- denn als Bestätigungsapparatur von Sozialchancen erweist (H.-G. Rolff). Als eine fatale Wirkung des »B.selends« orientieren sich Schule und Unterricht stärker an später zu erteilenden bzw. zu erwartenden B.n und werden weniger dem individuellen Bildungsanspruch und der sozialen und politischen Kompetenz der Heranwachsenden gerecht.

L.: E. Spranger, Die Verschulung Dtl.s, in: Die Erziehung, (1928); H. Weinstock, Das B.selend, in: Die Erziehung, (1929); H. Schelsky, Schule und Erziehung in der industriellen Gesells., 1957; H. Theurich, Prüfungen und B.en im berufl. und allg.-bild. Schulwesen, 1966; H.-G. Rolff, Sozialisation und Auslese durch die Schule, 1967 u. ö.; H. Titze, Erziehung, Selektion und B., in: Die Dt. Schule (1975).

**Bereichsdidaktik.** Zu einer B. werden Didaktiken einer Fächergruppe bzw. eines Lernbereichs zusammengefaßt. Im Zusammenhang fachübergreifenden Lernens gewinnen B.en an Stellenwert. Die Bezogenheit einer B. auf verschiedene Fachwissenschaften bringt jedoch hochschulorganisator. und wissenssystemat. Probleme mit sich. Kritiker fordern daher eine stärkere interdisziplinäre Ausrichtung der → Fachdidaktiken.

L.: H.-K. Beckmann, Fachdidaktik, B., Stufendidaktik, in: L. Roth (Hg.), Pädagogik – Handbuch für Studium und Praxis, 1991; M. Meyer (Hg.), Allgemeine Didaktik, Fachdidaktik und Fachunterricht, 1994.

**Berlin.** Abgesehen von der langen Tradition einzelner Berliner Schulen (Graues Kloster, Joachimsthaler Gymn., u. a.) und der 1810 gegr. Univ. läßt sich von einem Berliner Schulwesen erst seit 1945 sprechen. Das gemeinsame »Schulgesetz für B.« von 1948 sah eine 12j. Einheitsschule (8j. Grundschule, 9. Berufsfindungsj. mit anschl. 3j. Berufs- und Berufsfachschule oder einem 4j. wiss. Zweig) vor. Praktische und wiss. Ausbildung sollten gekoppelt werden. Religion trat außerhalb des Stundenplans; es galt das Prinzip der → Koedukation.

Nach der Spaltung der Stadt (1948) wurde das Schulwesen im Ost-Teil schrittweise an das der → Dt. Demokrat. Republik angeglichen. Für den West-Teil wurde das »Erste Gesetz zur Änderung des Schulgesetzes« wegweisend: es modifizierte 1951 den horizontalen Schulaufbau zugunsten eines vertikalen, 3gliedrigen Systems. Auf der 6j. Grundschule bauten prakt., techn. und wiss. Zweige auf. Die »Denkschrift zur inneren Schulreform« leitete ab 1963 neue Reformen ein: Verbesserung der Übergänge zwischen den Schultypen (Förderstufen, Aufbaulehrgänge, Ausbau des → Zweiten Bildungsweges), Ausbau der →Vorschulerziehung, integrierte → Gesamtschulen, Bildungszentren, Ausbau der beruflichen Bildung, Einführung des 10. Vollzeitschulj.s (seit 1. 8. 1979) für Schüler aller Schularten.

Die Jahre nach der Einigung waren gekennzeichnet durch die Angleichung bzw. Anpassung des Ost-Berliner Schul- und Hochschulwesens an die bestehenden verfassungs- und bildungsrechtlichen Gegebenheiten West-Berlins und der → Bundesrepublik Dtl. Bereits Ende April 1990 (noch vor dem → Einigungsvertrag vom 31. Aug. 1990) wurden von einem Gesamt-»Berliner Bildungsrat« Vorschläge für die künftigen Strukturen der Schulen in Gesamt-Berlin erarbeitet. Die von der damals noch regierenden Senatsmehrheit (Alternative Liste/SPD) bevorzugte »Große Lösung« (Völlige Neukonzeption der West-Berliner Schulverfassung als Gesetz für Gesamt-Berlin) wurde zugunsten der Übernahme des geltenden West-Berliner Schul- und Hochschulrechts in Ost-Berlin verworfen. (»Gesetz zur Vereinheitlichung des Berliner Landrechts« vom 28. 9. 1990; »Verordnung über die Vereinheitlichung des Berliner Schulgesetzes« vom 20. 6. 1991). Seit August 1991 gilt auch in Ost-Berlin das West-Berliner Schulgesetz. Demnach umfaßte die Erneuerung im Ost-Teil der Stadt die Angleichung 1) der Unterrichtsmethoden, 2) der Lehreraus- und fortbildung, 3) der elterlichen Mitwirkungsrechte, 4) die strukturell-organisatorische Überführung eines Einheits- in ein viergliedriges Schulsystem: die 343 1989/90 bestehenden Polytechnischen Oberschulen (POS) und Erweiterten Oberschulen (EOS) wurden aufgelöst und in

**Beratung**

und II, 1967 u. 1969; Hauptströmungen der Erziehungswiss., 1973, ³1991; (mit J. Ramseger) Wenn die Schule sich öffnet, 1981; Die Päd. Herbarts, 1986, ²1993; Allg. Päd., 1987, ⁴2000; W. v. Humboldts Bildungstheorie, 1990; ²1995; Studien zur Theorie der Erziehungswiss., 1995; (mit H. Sladek) Vergessene Theoriekontroversen in der Päd. der SBZ u. DDR, 1998.

**Beratung,** eine hauptsächlich von Sozialpädagogen und Psychologen durchgeführte Hilfeleistung. Zwischen B. und → Therapie wird entweder kein Unterschied (fast gleichartige Sichtweise von therapeutischer Beziehung, Prozeß, Techniken, Zielen usw.) oder ein fließender Übergang gesehen. Im zweiten Fall bezieht sich B. auf Klienten mit Entwicklungs-, Anpassungs-, Rollendefinitions- oder interpersonalen Problemen, aber mit in den Grundzügen gesunder Persönlichkeitsstruktur. Die Methoden sind mehr erzieherisch, unterstützend und problemlösend, zielen Selbsterfahrung, Einsicht, Verhaltensänderung und optimale Selbstentfaltung an. Die Behandlung ist meist relativ kurz u. versteht sich als »Hilfe zur Selbsthilfe«.
Neben Individualberatung und Therapie werden noch → Erziehungs-, Schullaufbahn, → Berufs- und Eheberatung, Familien-, Sexual-, Gruppen- und Kurztherapie sowie Konsultation unterschieden. Fast alle Formen der B. orientieren sich an → Psychoanalyse, → Verhaltens- oder Humanistischer Therapie (→ Gesprächspsychotherapie). Neuerdings bemüht sich die → Systemtheoret. Erz.wiss. um ein Selbstverständnis als B.swiss. → Guidance, → Supervision.

L.: R. Seiß (Hg.), B. und Therapie im Raum der Schule, 1976; D. Lüttge, Beraten und Helfen, 1981; G. Alterhoff, Grundlagen klientenzentrierter B., 1983; K. Aurin (Hg.), B. als päd. Aufgabe, 1984; Theorie u. Praxis der B., hg. von E. J. Brunner u. W. Schönig, 1990; W. Pallasch u. a. (Hg.), B. – Training – Supervision, 1992; L. Breu-Gräser, Handbuch der B. für helfende Berufe, 3 Bde., 1993; S. Murgatroyd, B. als Hilfe, 1993; B.-J. Ertelt und W. E. Schulz, B. in Bildung und Beruf, 1997; S. Titsche, Professionelle B., 1997; R. Huschke-Rhein, System. Erz.wiss., 1998; H. Barlage, Päd. B. in Unt. und Schule, 1998.

**Beratungslehrer.** Die Auflösung starrer Schulzweige in differenzierte Lernangebote macht die individuelle Schullaufbahnberatung von Schülern und Eltern notwendig. Diese leisten teilweise vom Unterricht freigestellte und in der Regel zusätzlich ausgebildete B. Sie informieren auch allg. über mögliche Bildungswege, -abschlüsse und -voraussetzungen und wirken an der päd.-didakt. Gestaltung der Curricula und des Unterrichts mit. → Beratung, → Schulpsychologe.

L.: E. Hettwer u. a., B. in der Schule, 1987; G. Höher, Der B. als Schulberater, 1987; H. Schmitz (Hg.), Kinder, die besondere Hilfe brauchen. Informationsmaterial für B. zur Klärung individueller Förderungsbedürftigkeit, 1988; F. J. Bogdany (Hg.), Lernschwierigkeiten. Information für B., 1988; E. Barres u. a., B., Beratungstätigkeit u. Arbeitssituation, 1990; N. Grewe (Hg.), B., eine neue Rolle im System, 1990; H. Sassenscheidt, B., 1993.

**Berdiajew,** Nikolai Alexandrowitsch, * 6. 3. 1874 Kiew, † 23. 3. 1948 Clamart. 1917 Prof. in Moskau, 1922 ausgewiesen, lehrte seit 1924 in Frankreich.
B. kritisierte die christl. Ethik als Ethik des Gesetzes, dem sowjet. Kollektivismus warf er die Unterdrückung des Menschen vor; er vertrat philosophisch den Primat der Freiheit vor dem Sein und päd. die prometheische Selbsthervorbringung der → Person.

Schr.: Die Philosophie des freien Geistes, 1930; Von der Bestimmung des Menschen, 1935; Wahrheit und Lüge des Kommunismus, 1936, ²1953; Ich und die Welt der Objekte, 1933, ²1951; Das Reich des Geistes und das Reich des Caesar, 1952; Selbsterkenntnis, 1953; Mensch u. Technik, 1989.
L.: F. N. Mucho, B.'s philosophy, London 1967; J. Gaith, N. B., Beirut 1968; A. Köpcke-Duttler, N. B.s Weg einer schöpfer. Bildung, 1982; H.-A. Slaate, Time, existence and destiny, 1988; W. Dietrich, Prinzip Person, 1998.

**Berechtigung,** die mit erfolgreichem Bestehen einer (Abschluß-)Prüfung durch Zertifikate (z. B. Schulzeugnis) erteilte Befugnis, in weiterführende Bildungsgänge, Qualifikationsprozesse und/oder Berufslaufbahnen einzutreten. Wichtige B.n im dt. Schulwesen sind der qualifizierende Hauptschulabschluß, der Realschulabschluß (→ Mittlere Reife) sowie die fachgebundene und allg. Hochschulreife (→ Abitur).
Ursprünglich staatl. Vorkehrungen gegen die Besetzung lebenswichtiger Berufe mit ungenügend vorgebildeten oder unfähigen Bewerbern ist seit Einführung des Abiturientenexamens 1788 in Preußen die Verknüpfung von Prüfungsnachweis und Studien- bzw. Berufseintritts-B. immer enger geworden, so

cassino (gegr. 529) breitete sich der B.-O. in der Folgezeit rasch aus und erreichte im 8. und 9. Jh. eine erste Hochblüte. Die Klöster waren dabei von Anfang an nicht nur Stätten der individuellen und kollektiven Frömmigkeit, sondern auch der Pflege der Kultur auf den Gebieten der Geschichtsschreibung, Medizin, Mathematik, Musik, Wand- und Buchmalerei. Die Klöster des B.-O. waren wesentlich an der Ausbildung der Romanik beteiligt.

Von Anfang an war auch die Erziehung, vor allem des Mönchs- und Priesternachwuchses, eine wichtige Aufgabe des Ordens, Elementar- und Lateinschulen entstanden und wurden zu Vorläufern von (staatl.) Schulen und Univ.n. Das Ziel des Unterrichts war zunächst hauptsächlich die Beherrschung der lateinischen Sprache, aber auch die Ausbildung in den Fächern der → artes liberales. Dabei war die Erziehung eingeordnet in das benediktinische Gesamtkonzept einer brüderlichen Lebensgemeinschaft und dem Ziel der natürlichen und übernatürlichen Vervollkommnung des Menschen untergeordnet. Die Schulen des B.-O. blieben auch während der Zeit des Niedergangs des Ordens nach dem 12. Jh. erhalten. Ab der zweiten Hälfte des 19. Jh. erlebte der B.-O., vor allem in den außereurop. Missionsgebieten und in den USA, einen starken Aufschwung, der auch eine Vermehrung der Zahl der Klosterschulen mit sich brachte. Ähnlich wie in der Frühzeit des Ordens bildeten sich hier Kultur- und Erziehungszentren.

Die Jugenderziehung zählt heute zu den wichtigen und anerkannten Aufgaben des Ordens, der sich aufgrund seiner föderalistischen Struktur gut den jew. lokalen Gegebenheiten anpaßt.

Die Schulen des Ordens sind in Dtl. und Europa heute meist höhere Schulen, oft mit einem → Internat verbunden. In den sog. Missionsländern kommen weitere Schultypen, wie Berufsschulen hinzu.

Zs.: Engagement.

L.: Regel des hl. Benedikt, versch. Ausg.; Ph. Schmitz, Gesch. des B.-O., 4 Bde., dt. v. L. Räber u. R. Tschudy, 1947–1960; W. Wühr, Das abendländ. Bildungswesen im Mittelalter, 1950; W. Zeller, Theologie und Frömmigkeit, 1979; G. Braulik (Hg.), Herausforderung der Mönche, 1979; W. Kämpfer, Benediktinerschulen – Erbe und Auftrag heute, in: Engagement, ODIV-Sonderausg. 1980; K. S. Frank, Grundzüge der Gesch. des christl. Mönchstums, 1983; B. Doppelfeld, Mönche und Missionare, 1988; F. de Cloedt (Hg.), Benedictus. Symbol abendländ. Kultur, 1997.

**Beneke,** Friedrich Eduard, * 17. 2. 1798 Berlin, † 1. 3. 1854 ebd., studierte in Halle und Berlin Theologie und Philosophie, 1820–22 Doz. f. Phil. Berlin, 1824–27 in Göttingen, 1827–54 in Berlin (ab 1932 a. o. Prof.); B. verstand die Päd. als angewandte Psychologie und gilt als dt. Hauptvertreter des Psychologismus. Seine Hauptgegner → Hegel und → Herbart ließen B.s Theorien nicht zur Geltung kommen.

Schr.: Erkenntnislehre nach dem Bewußtsein der reinen Vernunft in ihren Grundzügen dargelegt, 1820; Erfahrungsseelenlehre als Grundlage allen Wissens, 1820; Grundlegung zur Physik der Sitten, 1822; Lehrbuch der Psychologie als Naturwiss., 1833; Erziehungs- und Unterrichtslehre, 2 Bde., 1835–36, Neuausg. v. H. K. Platte, 1968; Psycholog.-päd. Abh.en und Aufsätze, hg. v. M. Moltke, 1877; Ausgew. Schr.n zur Psych. und Päd., hg. v. K.-H. Günther u. a., 1986.

L.: O. Granzow, F. E. B. Leben und Philos., 1899; A. Leißler, Die Päd. F. E. B.s (Diss. Würzburg), 1924; R. Pettoello, Un povero diavolo empirista, Milano 1992; F. E. B., Ungedruckte Briefe, hg. v. R. Pettoello und N. Barelmann, 1994.

**Benner,** Dietrich, * 1. 3. 1941 Neuwied, 1965 Dr. phil. Wien (b. E. Heintel), 1970 Habil. Bonn (b. J. → Derbolav), 1970 Univ. Freiburg, 1973 Prof. f. Päd. Univ. Münster, 1991 Humboldt-Univ. Berlin. Arbeiten zur Allgem. Päd., zur Theoriegesch. d. Pädagogik, zur Erziehungs-, Bildungs- und Schultheorie und zur systematischen Didaktik. Entwickelt eine praxeologische Einteilung der menschl. Gesamtpraxis in Ökonomie, Ethik, Päd., Politik, Kunst und Religion, eine Theorie des päd. Experiments und eine problemgeschichtliche Systematik der Grundfragen neuzeitlicher Päd. Diese unterscheidet zwischen vier Prinzipien päd. Denkens u. Handelns (Bildsamkeit, Aufforderung zur Selbsttätigkeit, Transformation gesell. Einflüsse, Nicht-Hierarchizität der ausdifferenzierten Praxen) u. begründet von hierher eine Einteilung der handlungstheoret. Fragestellungen der Päd. und eine Dimensionierung der päd. Praxis in Kinderregierung, erziehenden Unterricht u. gesellschaftl. Initiation.

Schr.: Theorie und Praxis, 1966; (mit W. Schmied-Kowarzik) Prolegomena zur Grundlegung der Päd. I

Gesetz grundsätzl. festgelegt und dementsprechend im Schulwesen die Sprache des jeweiligen Gebiets auch Unterrichtssprache. Seit 1966 gibt es dafür zwei jeweils zuständige Erziehungsminister, seit 1970 je einen Kulturrat mit Gesetzgebungsbefugnissen (Stundenpläne, Lehrpläne, Ferienordnung usw.). Die alleinige Zuständigkeit der flämischen Regionalregierung (Sprache: Niederländisch) und der wallonischen (Sprache: Französisch bzw. Deutsch) für ihr Erziehungswesen wurde durch die Verfassungsreform von 1988 festgeschrieben. Beide Landesteile werden vom Staat zu gleichen Teilen finanziell unterstützt.

Schulpflicht besteht seit 1914, gegenwärtig für Kinder vom 6. bis zum vollendeten 18. Lj.; mehr als die Hälfte aller Grundschüler besucht bis zum 16. Lj. die Volksschule. Nach 3j. Vorschule (*école gardienne* bzw. *beewaarschole*), die von über 90% der 3–6j. besucht wird, beginnt die meistens kommunale oder private 6-klassige Volksschule, die 3 Stufen von je 2 J. umfaßt. Die Bedeutung der 2j. Volksschuloberstufe für die 12–14j. nimmt aufgrund der geringen Berufsaussichten der Schüler ständig ab. Der Übergang zur 6j. höheren Schule (*Athénée, Collège*) erfolgt nach der 6. Grundschulklasse. Nach den ersten 3 J., dem Ende der Mittelschule oder der Unterstufe (*degré inférieur*) läßt die Oberschule als »*école multilatérale*« dem Schüler weitgehende Wahlfreiheit für die 3j. spezialisierte Oberstufe (*degré supérieur*). Ihre Abschlußprüfung (*certificat d'humanités*) berechtigt zum Eintritt in die gehobene Beamtenlaufbahn und ermöglicht die Zulassung zu Lehrerbildungsanstalten und Univ.n. Die Fächerwahl des Schülers in der Oberstufe ist eine Vorentscheidung für die von ihm gewählte Fakultät.

Neben der traditionellen wurde 1966 erstmals die reformierte Sekundarschule eingeführt (seit 1975 als »Sekundarschule des Type I« gesetzlich zur Norm erhoben). Diese umfaßt 3 zweij. Stufen: Beobachtungs-, Orientierungs- und Entscheidungsstufe.

Der Hochschulbereich gliedert sich in nichtwiss. Fachhochschulen und Univ.n. Die zahlreichen Fachhochschulen sind weitgehend aus dem berufsbildenden Sekundarschulbereich hervorgegangen und umfassen Studiengänge von 2–4 J.en. Die Dauer des Univ.sstudiums beträgt 4 J. für das Diplom (*Licence*), 5 J. für Ingenieure und 7 J. für Mediziner. Belgien besitzt gegenwärtig 6 Univ.n (Brüssel, Löwen [je 2], Lüttich und Gent) sowie zahlreiche Univ.sfakultäten in verschiedenen Großstädten.

Die Ausbildung der Lehrer für den Elementar-, den Primarbereich und die Sekundarstufe I erfolgt an Lehrerbildungsanstalten oder päd. Hochschulen (*Ecoles normales*), die zu den nicht-wiss. Bildungsstätten des tertiären Bereichs zählen. Die Lehrkräfte der Sekundarstufe II und des tertiären Sektors müssen ein abgeschlossenes Hochschulstudium besitzen. → Decroly, → Clausse.

L.: B. Trouillet, Entwicklungen im Schul- u. Hochschulwesen B.s, 1964; B. Kirfel, Schulstruktur und Bildungschancen, 1970; E. Deloof, Das Bildungswesen in B., 1977; G. Trebisacce, La pédagogie belge contemporaine, Roma 1984; Ministeris of Education (Hg.), Educational Developments in Belgium, Genf 1986; W. Böhm (Hg.), Il concetto di pedagogia ed educazione nelle diverse aree culturali, Pisa 1987; P. Debaty, Das berufl. Bildungswesen in B., 1987; R. C. Riley, B., (Bibl.), Oxford 1989; E. Arnold, Das b. Bildungswesen, in: Das Gymnasium in Bayern 20 (1989) 3; R. Leroy, The financing of continuing vocational training in Belgium, Köln 1990; Ministerie von de Vlaamse Gemeenschap, Education in Belgium, Brüssel 1991; R. Strüber, Kleine Kulturgeschichte B.s, 1992; M. Depaepe, Kath. u. nationalsoz. Päd. in B. 1919–1955, in: ZfPäd. 44 (1998) 4.

**Bell-Lancaster-Methode,** auch *monitorial system* oder wechselseitiger Unterricht (*mutual instruction*) genanntes, von den Engländern Bell und Lancaster unabhängig voneinander Anfang des 19. Jh. entwickeltes System, wobei fortgeschrittene Schüler weniger fortgeschrittene unterrichten, bestimmte Schüler als Monitoren fungierten, so daß die Zahl der Schüler pro Lehrer bis auf tausend erhöht werden konnte. Der Zweck war ursprüngl., möglichst viele Schüler (der ärmeren Klassen) so billig wie möglich zu unterrichten. Im Nachhinein wurde jedoch auch eine päd. Rechtfertigung und Begründung der B.-L.-M. versucht.

L.: I. Willke, Die B. L. M., in: Päd. Rundschau 22 (1968).

**Benediktiner-Orden,** ältester und noch immer einer der bedeutendsten der abendl. Mönchsorden, gegr. von Benedikt von Nursia (um 480–547 o. 555). Vom Stammkloster Monte-

schaft u. Praxis, 1986; N. Huber, H. Schoch (Hg.), Grenzsituationen menschl. Lebens. Hilfe für behinderte Menschen – eth. Anfragen und Perspektiven, 1986; E. Schuchardt, Schritte aufeinander zu, 1987; V. v. Blumenthal u. a., Soziale Integration Behinderter durch Weiterbildung, 1987; R. Günder (Hg.), Beitr. zur päd. Arbeit mit Behinderten unter dem Aspekt der Integration und Normalisierung, 1987; W. Jantzen, Allgemeine Behindertenpäd., Bd. 1, 1987, ²1992, Bd. 2, 1990; L. Merkens, Einf. in die historische Entwicklung der Behindertenpäd. in Dtl. unter integrativen Aspekten, 1988; U. Bleidick, B. als päd. Problem, 1988; ders. (Hg.), Gesellschaft, Leistung, B., 1990; S. Ellger-Rüttgardt (Hg.), Bildungs- und Sozialpolitik für Behinderte, 1990; H. Tröster, Einstellungen u. Verhalten gegenüber Behinderten, 1990; C. Anstötz, Ethik u. B., 1990; G. Ritter, Handbuch für Behinderte u. Helfer, 1992; A.-D. Stein (Hg.), Lebensqualität statt Qualitätskontrolle menschl. Lebens, 1992; H. Totzeck, Wer ist dieser Mensch? Sozialarbeit mit Schwerstbehinderten, 1993; U. Bleidick u. a. (Hg.), Behindertenpäd. im vereinten Dtl., 1993; D. Dumke, G. Schäfer, Entwicklung behinderter u. nichtbehinderter Schüler in Integrationsklassen, 1993; C. Lindmeier, B. – Phänomen oder Faktum?, 1993; G. Antor, U. Bleidick, Recht auf Leben – Recht auf Bildung, 1995; J. Neumann (Hg.), B., 1995; H. Eberwein, Krit. Analysen des Behindertenbegriffs, in: Behinderte in Familie, Schule und Gesellschaft, 18 (1995); Ph. L. u. E. J. Safford, A History of Childhood and Disability, 1996; Ch. Mürner, Philos. Bedrohungen, 1996; M. Liedtke (Hg.), B. als päd. und polit. Herausforderung, 1996; W. L. Heward, Exeptional children, 1996.

**Beispiel** bezeichnet einmal unterrichtliche Mittel der Veranschaulichung, z. B. die Erläuterung allg. Gesetzmäßigkeiten und Einsichten durch einen konkreten Einzelfall, zum anderen vorbildlich vorgelebte charakterliche Eigenschaften, menschl. Grundentscheidungen und Weisen der Daseinsgestaltung. Neben dem argumentativen Diskurs ist das B. in diesem zweiten Sinne ein Grundfaktor aller Erziehung, sei es in Form des vom Erzieher verkörperten → Vorbilds oder der in Geschichte, Literatur, Kunst, Religion etc. aufbewahrten B.e gelebten Lebens. Diese fordern den → educandus zu kritischer Auseinandersetzung sowie zur Formulierung und Realisierung eigener Lebens- und Handlungsentwürfe heraus.

L.: G. Buck, Über die Identifizierung von B.n, in: Identität, hg. v. O. Marquard u. K. Stierle, 1979; ders., Lernen und Erfahrung, ³1989; V. Ladenthin, Sprachkrit. Päd., 1996.

**Bekenntnisschule,** auch Konfessionsschule, im Gegensatz zur → Gemeinschaftsschule eine Erziehungseinrichtung (meist eine Volksschule), in der Kinder im Geist eines bestimmten Bekenntnisses erzogen werden und in der Lehrer und Schüler von gleicher Konfession sind. Bis zum 1. Weltkrieg war die B. nur in einigen dt. Ländern Regelschule. Die Weimarer Verfassung von 1919 setzte grundsätzlich Gemeinschaftsschulen voraus, erlaubte aber auch die Gründung von B.n. Das Grundgesetz der BRD von 1949 stellte Gemeinschaftsschulen und B. gleich. Zwischen 1965 und 1970 wurden aber fast alle B.n aufgehoben (aus päd. und organisatorischen Gründen). In der DDR war die B. nicht zugelassen. → Elternrecht, → Säkularisierung.

L.: E. Fischer, B. oder Gemeinschaftsschule, 1966; E. Bloch u. a., Bildung und Konfessionalität, 1967; K. Erlinghagen, Die Säkularisierung der dt. Schule, 1972; M. Lamberti, State, society, and the elementary school in imperial Germany, New York – Oxford 1989; K. Böck, Die Änderung des bayer. Konkordats von 1968, 1989.

**Bekräftigung** (*reinforcement*) → Verstärkung.

**Belgien.** B.s Schulwesen lag vor 1794 fast ausschließl. bei der kath. Kirche. Während der frz. (1794–1814) und der niederländ. (1814–1830) Herrschaft übte der Staat die ausschließl. Kontrolle über das Bildungswesen aus.
Nach Erlangung der Unabhängigkeit (Verf. v. 1831) wurde neben dem kath. ein öffentl. Schulwesen geschaffen, das vom Staat, den Provinzen und den Gemeinden getragen wurde. Dieses Nebeneinander von konfessionell gebundenen, freien und staatl. Schulen führte zu einem lange andauernden Schulkampf, der sich nach dem 2. Weltkrieg vor allem an der Frage der Finanzierung des weiterführenden Unterrichts (nach dem schulpflichtigen Alter) entzündete. Seit 1959 (Gesetz über den Schulfrieden) sind das staatl. und private Bildungswesen gleichberechtigt. Es besteht freie Wahl zw. einem konfessionellen und einem öffentl. Unterricht, wobei der Staat für beide die finanziellen Voraussetzungen schafft.
Seit 1831 besitzen die niederländ. und frz., z. T. auch die dt. Kulturgemeinschaft Kulturhoheit über das Bildungswesen. 1963 wurde die Geschlossenheit der Sprachgebiete durch

**Behaviorismus** 58

L.: K. Löwith, Das Individuum in der Rolle des Mitmenschen, 1938 u. ö.; R. Guardini, O. F. Bollnow, B. und Bildung, 1956, ³1962; A. O. Schorb, Erzogenes Ich – erziehendes Du, 1958; W. Loch, Päd. Untersuchungen zum Begriff der B., Diss. 1958 (Bibl.); O. F. Bollnow, Existenzphilos. und Päd., 1959 u. ö.; G. Rückriem, Personale B. als päd. Problem, Diss. 1959; K. Schaller, Die Krise der humanist. Päd., 1961, J. Böckenhoff, Die B.sphil., 1970; B. und Dialog. hg. v. H. Sproll u. G. Stephan, 1987; P. F. Schmid, Personale B., 1989; R. E. Maier, Päd. des Dialogs, 1992.

**Behaviorismus,** von J. B. Watson (1878–1958) begründete Richtung der Psychologie, die sich auf die Untersuchung des beobachtbaren und meßbaren → Verhaltens (*behavior*) beschränkt. Der durch Aufnahme der operationalistischen Wiss.auffassung weiterentwickelte Neo-B. fordert, daß die Überprüfung psychologischer Aussagen allein mittels objektiv beobachtbarer Sachverhalte erfolgen dürfe. Auf die Päd. hat vor allem → Skinners »experimentelle Verhaltensanalyse« eingewirkt, der es um die Entdeckung deskriptiver Verhaltensgesetze geht, die dann bei der Erziehung angewandt werden können (z. B. im → programmierten Unterricht und in der → Verhaltenstherapie). → Forschungsmethoden.

L.: J. B. Watson, B., dt. 1968, ⁴1997; J. Hachmöller, Pawlows dressierter Hund, 1977; W. Leonard, B. und Päd., 1979 (Bibl.); K.-J. Bruder, Psychologie ohne Bewußtsein, 1982; P. Schink, Kritik des B., 1987, ²1993; W. Krone, Zur Erziehung des Erziehers, B. – Psychoanalyse-Humanist. Psychologie, 1988, ²1992; H. Wicher, Zur Metapsychologie des B., 1989; R. W. Proctor, D. J. Weeks, The Goal of B. F. Skinner and Behavior Analysis, New York 1990; R. Metzger, Die Skinner'sche Analyse des Verhaltens, 1996.

**Behindertenpädagogik** → Behinderung, → Mehrfachbehinderung, → Sonderpäd., → Heilpäd.

**Behinderung** meint Beeinträchtigungen eines Menschen hinsichtlich seiner Personalisation und Sozialisation von umfänglicher (d. h. mehrere Lern- und Lebensbereiche betreffend), schwerer (mehr als ein Fünftel unter dem Regelbereich liegend) und langfristiger (nicht im Laufe von zwei Jahren dem Regelbereich anzugleichen) Art. Der Begriff B. kann nicht als Oberbegriff für alle im Bereich der → Sonderpäd. zu berücksichtigenden Aufgaben verwendet werden. Er bedarf der Ergänzung durch die Begriffe Störung und Gefährdung. Als Oberbegriff für B., Störung und Gefährdung eignet sich Beeinträchtigung, denn nicht alle Personen mit Störungen (Lern- und Verhaltensstörungen, Gefährdungen) können als behindert bezeichnet werden. Unumgänglich notwendig wird jedoch der Begriff B. zur speziellen Benennung gravierender Beeinträchtigungen (→ Mehrfachbehinderung). Neuerdings wird am Begriff der B. problematisiert, daß sein unbedachter und unkontrollierter Gebrauch leicht zur → Stigmatisierung von Behinderten führen und die starke Hervorhebung von B. das Bemühen um eine erzieherische → Integration von Behinderten und Nichtbehinderten erschweren kann.

Im erziehungswiss. Sinne werden B.en gesehen unter dem Aspekt der Lernvoraussetzungen, -bedingungen, -ziele, -methoden und -institutionen. Medizinisch geht es v. a. um Personen mit Schäden, um Entstehung und Therapie von B., unter soziologischem Aspekt werden die sozialen Rahmenbedingungen im Zusammenhang mit Entstehung und Korrekturen gesehen, sozialpolitisch sind die sozio-kulturellen und sozialökonom. Benachteiligungen gegebenenfalls zusammen mit somatischen oder psychischen Schäden angesprochen. Zu den Hauptformen von B. gehören: Blindheit, Sehbehinderung, Taubheit, Gehörb. (Schwerhörigkeit), geistige B., Lernb., Körperb. (einschl. der motorischen B. bei schweren chronischen Erkrankungen), Sprachb., seelische B. → Sonderpädagogik.

L.: Deutscher Bildungsrat (Hg.), Empfehlungen zur päd. Förderung behinderter und von B. bedrohter Kinder und Jugendl., 1973; U. Bleidick, Päd. d. Behinderten, 1972, ⁵1984; ders. u. a., Einf. in die Behindertenpäd., 3 Bde., 1977 u. ö.; U. Hensle, Einf. in die Arbeit mit Behinderten, 1979, ⁴1988; W. Thust, P. Trenk-Hinterberger, Recht der Behinderten, 1980, ²1989; G. Neuhäuser, Genetische Aspekte der B., 1982; W. Jantzen, Sozialgeschichte des Behindertenbetreuungswesens, 1982; R. G. Heinze u. a., Lebensbed. Behinderter im Sozialstaat, 1982; Chr. Mürner, Normalität und B., 1982; H. Kratzmeier, Leben – mit der B., 1985; U. Bleidick (Hg.), Handbuch der Sonderpäd., Bd. 1, Theorie der Behindertenpäd., 1985; O. Speck (Hg.), Integration u. Autonomie behinderter Menschen, 1985; R. Tobler, J. Grond (Hg.), Früherkennung u. Frühe rziehung behinderter Kinder, 1986; K. Sarimski, Interaktion mit behinderten Kleinkindern, 1986; M. Thalhammer (Hg.), Gefährdungen des behinderten Menschen im Zugriff von Wissen-

industrialis. Gesells., 1956; K. Mierke, B., Bildung und Bildsamkeit, 1963; H. Roth (Hg.), Begabung und Lernen, 1968 u. ö.; H. Thomae (Hg.), Das Individuum und s. Welt, 1968; H. R. Lückert (Hg.), B.sforschung und B.sförderung als Gegenwartsaufgabe, 1969; K. Heller, Aktivierung der B.sreserven, 1970; H. J. Eysenck, Race, Intelligence and Education, London 1971; A. Jensen, Environment, Heredity and Intelligence, London 1969; ders., Genetics and Education, London 1972; H. Skowronek (Hg.), Umwelt und B., 1973, ²1976; H. R. Lückert, B.s- und Bildungsförderung im Vorschulalter, 1974; T. Husén, B. und Bildungspolitik, 1975; K. Heller, Intelligenz und B., 1976; A. J. Cropley u. a., B. u. Begabtenförderung, 1988; P. Helbig, B. im päd. Denken, 1988; R. W. Weisberg, Kreativität u. B., 1989; M. Waldmann, F. E. Weinert, Intelligenz und Denken, 1990; R. Manstetten (Hg.), B.sförderung in der berufl. Bildung, 1992; E. A. Hany, H. Nickel (Hg.) B. und Hochbegabung, 1992; L. Beermann, K. A. Heller, P. Menacher, Mathe: nichts für Mädchen? B. und Geschlecht am Beispiel von Mathematik, Naturwiss. und Technik, 1992; W. Hammel, Lernfähigkeit, 1992; J. Böttcher, Lebenswelt sprachlich unterschiedlich begabter Kinder, 1994; H. Joswig, B. und Motivation, 1995; A. Tettenborn, Familien mit hochbegabten Kindern, 1996; K. Heilmann, Begabung-Leistung-Karriere, 1999.

**Begabungsreserve(n),** Summe aller Personen, die trotz ausreichender Intelligenz, Leistungsbereitschaft und -fähigkeit aus unterschiedl. Gründen am Besuch einer weiterführenden Bildungseinrichtung gehindert werden.
Eine intensive Diskussion um Ausschöpfung der B. wurde in den 60er J.n geführt, als es der Wirtschaft an hochqualifizierten Fachkräften zu mangeln schien und internat. bildungssoziologische Studien zeigten, daß die BRD über eine vergleichsweise geringe Abiturientenquote verfügte. Da Bildung als dritte Produktivkraft neben Kapital und Arbeit angesehen wurde, befürchtete man langfristig einen Verlust an internat. Konkurrenzfähigkeit aufgrund brachliegender Begabungspotentiale und unerschlossener Leistungskapazitäten. Die Forderung nach einer begabungsgerechten Bildung wurde auch mit dem »Bürgerrecht auf Bildung« und der Forderung nach optimaler → Chancengleichheit begründet. Empirische Untersuchungen wiesen Arbeiter- und Ausländerkinder, Mädchen und Kinder der Landbevölkerung, zeitweilig auch Katholiken als B. aus und stellten mit immer komplizierteren Methoden beachtliche B. in den benachteiligten diskriminierten Bevölkerungsgruppen fest.

Bei der Entscheidung über den Schulbesuch bestimmen mit: Konfession, Geschlecht und Familiengröße (aktuelle B.) sowie sozioökonom. Status und die Schul- bzw. Wohnortgröße (potentielle B.).
→ Begabung ist jedoch keine einheitliche Eigenschaft, sondern umfaßt eine ganze Bandbreite unterschiedlicher Dispositionen; im Prozeß wirtschaftlicher und sozialer Entwicklungen entstehen zugleich neue Begabungen und Bedarf daran; deshalb bestehen stets auch B. im Sinne momentan nicht nützlicher und nutzbarer Fähigkeiten. Zum anderen sind Begabungen nicht nur vererbt, sondern durch unterschiedl. Umwelteinflüsse mitgeprägt (z. B. Förderung). Die potentiellen B. können nur durch breit angelegte bildungspolit. Konzepte, die aktuellen B. auch durch kurzfristige Maßnahmen ausgeschöpft werden. → Hochbegabte.

L.: OECD, Begabung und Bildungschancen, dt. hg. v. H. P. Widmaier, 1967; H. Peisert, Soziale Lage und Bildungschancen in Dtl., 1967; H. Roth, Begabung und Lernen, 1968; A. H. Passow (Hg.), Deprivation and Disadvantage, 1970; K. Heller, Aktivierung der B., 1970; ders., Intelligenz und Begabung, 1976; G. Röder, Lern-Erfolg, 1989; W. Hammel, Lernfähigkeit, 1992.

**Begegnung** als päd. Begriff zielt auf eine bestimmte, nämlich existenzphilos.-personalist. begründete Deutung des für jedes Bildungsgeschehen zentralen Problems des Bezuges von Selbst und Anderem. Dabei meint B. im weiteren Sinne Erfahrung der Wirklichkeit, im engeren und eigentlichen Sinne aber »die existentielle Berührung mit dem anderen Menschen« bzw. ein »existentielles Betroffensein durch eine außermenschliche Wirklichkeit« (Bollnow). Diese existentielle B. ist weder planbar noch herstellbar, oft schicksalhaft und stets Wagnis, kann aber angebahnt und angeboten werden. Der Mensch wird aus seiner vermeintlichen Selbstverständlichkeit und aus seinem bloßen Dasein herausgerufen (aufgeschreckt, aufgeweckt), damit er zu sich selber komme bzw. sich in das Angerufene hineinbegebe. Die päd. Diskussion über B. wurde in den 20er und 30er J.n von → Ebner, → Buber, → Guardini, → Rosenstock-Huessy u. a. angestoßen und in den 50er und 60er J.n von → Bollnow, → Guardini, → Derbolav u. a. weitergeführt. → Dialog, → Existentialismus, → Ich-Du-Verhältnis.

entsteht das päd. fundamentale Problem, ob Erziehung in der Befriedigung von B.n aufgehen kann oder ob die päd. Frage nicht erst da ansetzt, wo eine sittliche Beurteilung der B.e stattfindet. Erziehung muß u. U. falschen und unwahren Bedürfnissen ausdrücklich entgegenarbeiten. → Antipädagogik, → Pädagogik vom Kinde aus.

L.: J. B. Müller, B. und Gesellschaft, 1971; S. Moser (Hg.), Die »wahren« B.e, Basel 1978; S. Simon (Hg.), Die »wahren« B.e oder wissen wir, was wir brauchen?, 1978; K. M. Meyer-Abich (Hg.), Was braucht der Mensch, um glücklich zu sein?, 1978; K. Lederer (Hg.), Human Needs, Cambridge (Mass.) 1980; W. Falke, Das B., 1994.

**Begabtenauslese** → Auslese.

**Begabtenförderung,** organisatorischer bzw. materieller Teilaspekt der Bestrebungen, aus Gründen der sozialen Gerechtigkeit jedem Heranwachsenden eine seinen Fähigkeiten entsprechende Ausbildung zu sichern. Maßnahmen der B. sind Stipendien, Darlehen und Ausbildungsbeihilfen; Schulgeld- und Lehrmittelfreiheit bzw. ganzer oder gestaffelter Erlaß des Schulgeldes; Erziehungsbeihilfen für Minderbemittelte. Im weiten Sinne dienen der B. auch alle berufl. und schul. Auslesemaßnahmen (einschl. → Berufsberatung und Eignungsprüfungen) und die Förderung des Übergangs von Schulart zu Schulart. Die B. wurde entscheidend vorangetrieben seit 1957 (Studienförderung nach dem Honnefer Modell) bzw. 1971 (Bundesausbildungsförderungsgesetz, BaFöG) und Graduiertenförderungsgesetz (GraFöG). Neben der Studienstiftung des Dt. Volkes (gegr. 1925) unterhalten Bundesländer, politische Parteien, Kirchen, Gewerkschaften u. a. Interessenverbände Einrichtungen der B. Für die B. im Handwerk wurde 1954 eine eigene Stiftung ins Leben gerufen; außerdem dienen ihr alljährliche Leistungswettbewerbe der Handwerksjugend. → Begabung, → Hochbegabte.

**Begabung** umfaßt das Insgesamt der Dispositionen bzw. Fähigkeiten eines Individuums, die zu irgendeiner Leistung befähigen. Man unterscheidet zwischen Allg.-B. (allg. Leistungsfähigkeit) und Sonder-B.n (auf speziellen Gebieten). Hinsichtlich der Bedingtheit der B. herrschen unterschiedliche Auffassungen vor:

1) statischer B.sbegriff: Seine Vertreter sehen B. als erblich durch eine festgelegte → Anlage determiniert an; B. erscheint als Ergebnis angeborener und → endogen vorprogrammierter Entfaltungsprozesse. 2) milieutheoretischer B.sbegriff: Ohne Rücksicht auf Anlagen wird allein die menschl. Mit- und Umwelt als für die Ausgestaltung der Leistungsfähigkeit verantwortlich angesehen. Ein Vertreter dieses Ansatzes ist z. B. J. B. Watson, der Begründer des → Behaviorismus, der das menschl. Individuum als total machbar (durch geeignete Auswahl von Umwelteinflüssen) ansah. 3) dynamischer B.sbegriff: In der BRD bes. von H. → Roth verfochten und derzeit in der B.sforschung vorwiegend vertreten; sowohl erbliche Dispositionen als auch Einflüsse der Umwelt werden berücksichtigt; die erbliche Anlage gilt als plastisch und lernfähig, als eine Potenz, die zu ihrer Verwirklichung Anregungen und Förderungen aus der Umwelt bedarf. B. erscheint als Ergebnis des »Begabens«, unter Berücksichtigung vorhandener genetischer Grenzen (z. B. Debilität). Eine exakte Abgrenzung von Ererbtem und Erworbenem ist in der Regel nicht möglich, weil die Anlagen sich nicht als bereits vorhandene Eigenschaften darstellen, sondern als allg. Potenzen bzw. Energien, die viele Realisationen offen lassen. Der dynamische B.sbegriff schließt die Möglichkeit des B.swandels sowie die Notwendigkeit der B.sförderung ein. Im Vergleich heutiger Jugendl. mit denen aus früherer Zeit zeigt sich, daß heute, bedingt durch geschichtl. Anforderungen, neue und neuartige Potenzen aktiviert werden. Durch B.sförderung kann versucht werden, latent vorhandene → B.sreserven, d. h. Leistungspotenzen, freizulegen und »auszuschöpfen«. Die B. ist Gegenstand der B.sforschung als interdisziplinärer Forschungstätigkeit (Päd., Psychologie, Soziologie, Genetik, Biologie etc.). Ihre Aufgabe ist die Erhellung der Bedingungen kulturell bedeutsamer Leistungsformen. Gegenwärtig dominiert in der B.sforschung (noch) die Untersuchung der → Intelligenz, u. a. weil in Schule und Gesellschaft intellektuelle Leistungen bes. herausgefordert und honoriert werden. → Hochbegabte.

L.: K. V. Müller, Die B. in der sozialen Wirklichkeit, 1951; ders., B. und soziale Schichtung in der hoch-

L.: Ständige Konferenz der Kultusminister (Hg.), Kulturpolitik der Länder (ersch. regelmäßig); W. Klafki, Restaurative Schulpolitik 1945–1950 in Westdtl., Das Beispiel B., in: S. Oppolzer (Hg.), Erziehungswiss. 1971 zw. Herkunft und Zukunft der Gesells., 1971; E. Höhne, Der Neuaufbau des Schulwesens nach der Bildungsgesamtplan, 1972; H. Buchinger, Volksschule und Lehrerbildung im Spannungsfeld polit. Entscheidungen 1945–1970, 1975; H. Maier, Kulturpolitik, 1976; A. Reble, Das Schulwesen, in: M. Schindler (Hg.), Hdb. der b. Schulgesch. Bd. 4.2, 1975, ²1979 (m. Bibl.); A. O. Schorb, Entwicklungen im Schulwesen e. Flächenstaates am Beispiel B., in: Max-Planck-Inst. für Bildungsplanung. Projektgruppe Bildungsbericht (Hg.), Bildung in der BRD, Bd. 2, 1980; R. K. Hocevar, Bildungsziele der b. Verf., 1980; L. Kriss-Rettenbach (Hg.), Schulgesch. im Jh. der Kulturentwicklung, 1983; W. Novey, Regionale Entw.-linien des Schulwesens in B., 1984; R. A. Müller, Akadem. Ausbildung zwischen Staat u. Kirche. Das b. Lyzealwesen 1773–1849, 2 Bde. 1986; H.-S. Rosenbusch u. a., Schulreif?, Die neue b. Lehrerbildung im Urteil ihrer Absolventen, 1988; E. Eichenlaub, Der b. Schulgesetzentwurf von 1867, 1989; C. Prestel, Jüdisches Schul- und Erziehungswesen in B. 1804–1933, 1989; H. W. Jendrowiak, Bildungsprofile. Eine vergl. Länderstudie zw. B. und NRW, 1990; M. Liedtke (Hg.), Handb. der Geschichte der b. Bildungswesens, 4 Bde., 1991–97; W. Böhm, W. Eykmann (Hg.), Große b. Pädagogen (FS f. A. Reble), 1991; N. Seibert, Christl. Volksschule in einer säkularisierten Gesellschaft?, 1995; W. Müller, Schulpolitik im Spannungsfeld von Schulbürokratie und Besatzungsmacht, 1995; W. Wiater, Bildung in B., in: J. Petersen, G.-B. Reinert (Hg.), Bildung in Dtl., Bd. 3, 1998.

**Becker,** Carl Heinrich, * 12. 4. 1876 Amsterdam, † 10. 2. 1933 Berlin, Prof. f. Orientalistik, ab 1916 im preuß. Kultusministerium, 1921 u. 1925–30 Minister für Wiss., Kunst u. Volksbildung; beeinflußte stark die Reform der → Gymnasien und der Univ.n sowie die Neugestaltung der → Lehrerbildung (Päd. Akad.).

Schr.: Kulturpolit. Aufg. des Reichs, 1919; Gedanken zur Hochschulreform, 1919; Vom Wesen der dt. Univ., 1925; Die Päd. Akademie im Aufbau unseres nat. Bildungswesens, 1926.
L.: E. Wende, C. H. B., Mensch und Politiker, 1959; G. Müller, Weltpolit. Bildung u. akadem. Reform, 1991.

**Becker,** Hellmut, * 17. 5. 1913 Hamburg, † 16. 12. 1993 Berlin, war lange Jahre Geschäftsführer u. später Ehrenvorsitzender der Verbände gemeinnütziger → Privatschulen in der BRD und Präsident des Dt. Volkshochschulverbandes; 1963 Gründer u. Leiter des Instituts für Bildungsforschung in der Max-Planck-Gesellschaft; Prof. f. Soziologie FU Berlin (emeritiert 1981). Hat durch Beiträge zu → Bildungsforschung, -planung, -reform und -politik sowie zur → Weiterbildung die Entwicklung in der BRD nachhaltig beeinflußt.

Schr.: Kulturpolitik und Schule, 1956; Quantität und Qualität, 1962, ²1968; Bildungsforschung und Bildungsplanung, 1971; Weiterbildung 1956–1974, 1975; Auf dem Weg zur lernenden Gesellschaft, 1981; Zensuren – Lüge, Notwendigkeit, Alternativen, 1983; Psychoanalyse und Politik, 1983; Der Lehrer in der Bildung, 1984; Aufklärung als Beruf, 1992; Widersprüche aushalten, 1992; (zus. mit G. Kluchert), Die Bildung der Nation. Schule, Gesellschaft und Politik vom Kaiserreich zur Weimarer Republik, 1993; (zus. mit Chr. Adam), Antiquiertheit des Menschen und Zukunft der Schule, hg. v. E. Wicke u. R. Messner, 1995.
L.: Max-Planck-Institut für Bildungsforschung (Berlin), Abschied von H. B., 1994.

**Bedürfnis.** Ein sowohl in der Alltags- als auch in der Wissenschaftssprache wenig scharfer Begriff, dessen Bedeutungsgehalt sich vom religiösen B. bis zur B.anstalt spannt. B. löste anfangs des 18. Jh. das früher gebräuchliche »Notdurft« ab und bezeichnet nach einer in der Volkswirtschaftslehre geläufigen Definition ganz allgemein das Gefühl eines Mangels, verbunden mit dem Streben, ihn zu beseitigen. Als B.wesen unterscheidet sich der Mensch sowohl von Gott, dem schlechthin B.losen, als auch von den Tieren, die in ihren B.n ebenso wie in der Art ihrer Befriedigung weitgehend festgelegt sind. Schon → Thomas von Aquin benannte vier für das Glück des Menschen entscheidende Grund-B.e: Selbsterhaltung (einschl. Nahrung, Wohnung, Gesundheit, Sicherheit), die Verbindung von Mann und Frau (einschl. der Erziehung der Kinder), das Leben in einem geordneten Gemeinwesen (einschl. rechtl. Anerkennung) und die wahre Erkenntnis Gottes. Die gegenwärtige B.-Forschung unterscheidet Sicherheits- und Überlebens-B.e, Wohlfahrts-B.e, Identitäts-B.e (Selbstverwirklichung, Partnerschaft) und Freiheits-B.e. Schwer zu entscheiden erscheint die Frage nach den »wahren« und den »natürlichen« B.n.
Immer dann, wenn die Erziehung ihren Ausgangspunkt nicht von Kultur, Tradition oder Gesellschaft, sondern »vom Kinde aus« nimmt, kommt der Frage nach den kindlichen B.n prinzipielle Bedeutung zu. Dabei

haltenden Schwierigkeiten der → Hauptschule versucht B. nicht (wie andere Bundesländer) mit der Zusammenführung von Haupt- und Realschulen zu (neuartigen) integrierten Schulreformen zu begegnen (→ Saarland, → Hamburg, → Mecklenburg-Vorpommern, → Rheinland-Pfalz, → Sachsen, → Sachsen-Anhalt, → Thüringen), sondern – umgekehrt – mit einer fortschreitenden »Profilierung« der beiden Schularten, und zwar 1.) durch die Einführung der 6stufigen Realschule ab Kl. 5 (seit 1992 im Schulversuch; inzwischen 20% aller b. Realschulen) sowie 2.) der inneren Differenzierung der Hauptschule in reguläre Hauptschul- und sog. »M-Klassen«, die nach 9 J. zum Hauptschul-, bzw. nach 10 J. zu einem mittleren Bildungsabschluß führen. Abweichend vom früheren Modell »Freiwillige 10. Klasse« (seit 1994 im Schulversuch) soll die Sonderung besonders leistungsfähiger Schüler nun bereits in der 7. Jahrgangsstufe beginnen. Für leistungsschwache Schüler sind in der 9. Kl. sog. »Praxisklassen« vorgesehen. Ob die beabsichtigte Stärkung der Hauptschule mit den eingeleiteten Maßnahmen erzielt werden kann, bleibt abzuwarten; als fragwürdig erscheint dagegen ihre (päd. und psych. kaum haltbare) Rechtfertigung mit der gezielten Förderung unterschiedlicher → Begabungen.
Die geburtenstarken Jahrgänge führten in den 70er Jahren zu einer sehr großen Ausweitung des Berufsschulsektors, die Entwicklung der Berufsstruktur zur fortschreitenden inneren Differenzierung. Neben den »normalen« Berufsschulen gibt es Berufsaufbauschulen, Berufsfachschulen, Fachoberschulen und Fachschulen. Stark ausgebaut wird das Berufsgrundbildungsj. Grundsätzlich hält B. am → dualen System fest und steht Konzepten einer nur schulischen Berufsbildung sehr skeptisch gegenüber.
Als höhere Schulen gibt es neben den Gymnasien (altsprachl., neusprachl., math.-naturwiss., musisch, wirtschaftswiss., sozial-wiss. und, seit 1992 in der Erprobung, »europäisch« mit 3 Fremdspr.) noch Berufsoberschulen und → Kollegs. Die wichtigste Reform in diesem Teil des Bildungswesens war zweifelsohne die Neugestaltung der gymnasialen Oberstufe als → Kollegstufe, die am 1. 6. 1976 beschlossen und mit dem Schulj. 1977/78 realisiert wurde. Um das Ziel einer vertieften → Allgemeinbildung sicherzustellen, sind die Wahlmöglichkeiten jedoch durch eine hohe Zahl von Belegverpflichtungen stark eingeschränkt.
B. hat sich 1993 grundsätzlich gegen die Errichtung von Gesamtschulen ausgesprochen. Derzeit bestehen lediglich noch 6 »Schulen der besonderen Art«.
Die rechtl. Grundlage des ges. Erz.- und Bildungswesens bildet das b. Gesetz über das Erz.- u. Unterrichtswesen (EUG) v. 10. 9. 82, das die von 1972–82 gültige Allgemeine Schulordnung (ASCHO) abgelöst hat und seit 1. Jan. 1983 in Kraft ist (letzte Fassung v. 29. 2. 1988). Das EUG wird ergänzt durch einzelne Schulordnungen für die versch. Schularten. Als Typ des Lehrplans wurde der sogenannte »curriculare Lehrplan« (CULP) entwickelt. Einen starken quantitativen Ausbau erfuhren nach 1945 auch die Univ.en. Zusätzlich zu den vier traditionellen in München (Univ. und Technische Univ.), Erlangen-Nürnberg und Würzburg wurden in Regensburg, Augsburg, Passau und Bayreuth neue Univ.n. gegründet, die Päd. Hochschule zusammen mit der philos.-theol. Hochschule zur Univ. Bamberg ausgebaut und die kirchl. Gesamthochschule Eichstätt zur kath. Univ. erhoben. Daneben gibt es die Univ. Weihenstephan (Abt. der TU München), Musik-, Kunst- und Fachhochschulen, die Hochschule für Film in München und zahlreiche Fachakademien. Rechtlich wird der Hochschulbereich durch das b. Hochschulgesetz (letzte Neufassung vom 1. 8. 1998) geregelt. Zur wiss. Beratung des Kultusministeriums und zur Revision der Curricula wurde 1966 das Staatsinstitut für Bildungsforschung und -planung in München gegründet. Mit ihm sind im Zentrum für Bildungsforschung die Staatsinstitute für Schulpäd., Hochschulforschung und Hochschulplanung und Frühpäd.

Schr.: Amtsblatt des b. Staatsministeriums für Unterricht, Kultus, Wiss. u. Kunst; Schr.reihe d. Staatsinstituts für Bildungsforschung u. Bildungsplanung. Monographien, 1969 ff.; L. Müller (Hg.), Das Schulrecht in B., Loseblatt-Ausg.; O. Wenger (Hg.), Schulrecht und Schulkunde, Loseblatt-Ausg.; D. Falckenberg, Grundriß des Schulrechts in B., 1986.
Zschr.: Die b. Schule 1948 ff.; Die b. Realschule, 1955 ff.; Schule aktuell 1989 ff.; Schulreport 1969 ff.; Schulverwaltung B. 1990 ff.; Das Gymnasium in B., 1969 ff.

**Bauschulen,** früher Baugewerkschulen, seit 1957 Ingenieurschulen für Bauwesen, heute → Fachhochschulen. Die älteste B. wurde 1820 in München, eine weitere 1828 in Weimar von → Goethe gegründet.

**Bayern** (b. = bayerisch). Die Geschichte des b. Erziehungs- und Bildungswesens verlief keineswegs einheitlich und war durchgängig geprägt durch den scharfen Gegensatz von liberalen und konservativen Kräften. Auf weit vorausgreifende Reformen folgten Zeiten der Stagnation und Restauration, so etwa nach den an der → Aufklärung orientierten Neuerungen nach 1800 und der Trennung von Kirche und Schule und der Demokratisierung der Schule im Anschluß an die Revolution von 1918/19.

B. gehörte nach dem Ende des Zweiten Weltkrieges nahezu ganz zur amerikan. Besatzungszone und blieb damit als polit. Einheit einigermaßen erhalten. Beim Neuaufbau des Bildungssystems knüpfte man durchweg an den Stand von vor 1933 an. Die b. Regierung war dabei erfolgreich bemüht, Vereinheitlichungstendenzen der Besatzungsmacht zu unterlaufen und eine umfassende Reform zu verhindern. Diese Politik des Festhaltens am Althergebrachten zeigt sich bis in die jüngere Zeit, etwa daran, daß B. gegen zahlreiche Beschlüsse der → Bund-Länder-Kommission für Bildungsplanung Monita (Sondervoten) einbrachte und die Entwicklung der → Gesamtschule behindert und zurückgedrängt hat. Dessen ungeachtet haben seit 1945 zahlreiche Veränderungen und Innovationen stattgefunden, die über eine bloß quantitative Vermehrung und innere Ausdifferenzierung des Bildungswesens hinausgehen.

Im Bereich der → Vorschulerziehung wurde mit dem b. Kindergartengesetz vom 25. 7. 1972 den Kindergärten ein eigener Erziehungs- und Bildungsauftrag zuerkannt, diese nun also auch dem Gesetz nach über bloße → Bewahranstalten hinausgehoben. Zugleich wandte man sich aber scharf gegen eine Verschulung und Verstaatlichung (→ Subsidiaritätsprinzip) des Kindergartens. 1994 besuchten 80% aller 3- u. 4j. und 88% aller 5j. vorschulische Einrichtungen (Kindergarten, SchulKiga, schulvorbereitende Einrichtungen zur päd. Frühförderung, Horte). Für die Volksschule wurde nach 1945 zunächst der Bildungsplan von 1926 wieder in Kraft gesetzt. Danach hat es mehrere Neufassungen und Änderungen gegeben. Die wichtigsten waren wohl: die Ersetzung der Heimatkunde durch Sachunterricht (teilw. wieder rückgängig gemacht, gegenw. »Heimat- und Sachkunde«), die Aufnahme von Englisch, → Arbeitslehre und Erziehungskunde in den Fächerkanon der Hauptschule, die Einführung des 9. Schulj. (1969), des qualifizierenden Hauptschulabschlusses, die Abschaffung der sog. Zwergschulen und die innere Differenzierung der Hauptschule. Die → Bekenntnisschule wurde aufgrund eines Volksentscheids (1968) durch die christl. Gemeinschaftsschule als Regelschule ersetzt.

Zur Volksschullehrerbildung wurden zunächst die alten Lehrerseminare wieder errichtet, in der Folge aber zu Päd. Hochschulen aufgewertet, das Studium wurde auf 6 Semester verlängert. 1972 erfolgte die Eingliederung der Päd. Hochschulen in die Univ.n. Ein Gesetz von 1974 sah die Einführung einer schulstufenbezogenen Lehrerbildung vor, dies wurde jedoch nie zur Durchführung gebracht. Die Novelle des Lehrerbildungsgesetzes (1977) behielt die schulartbezogene Lehrerausbildung bei. Derzeit wird die Lehrerbildung durch die Lehramtsprüfungsordnung I vom 30. 5. 1978 (inzwischen mehrfach überarbeitet) für alle Lehrämter geregelt. Darin ist ein erziehungswiss. Grundstudium für alle Lehrämter vorgesehen; Erziehungswiss.n (Päd. und Psychologie) sind Fächer des Staatsexamens, werden aber, besonders bei den künftigen Gymnasiallehrern, außerordentlich gering gewertet. Die erziehungswiss. Fächer sollen jedoch gestärkt werden. Das Studium der Grund- und Hauptschullehrer ist nun stärker fachlich orientiert, zugleich wächst aber die Gefahr einer Verschulung des Studiums. Seit 1945 wurde auch in B. ein mittleres Schulwesen aufgebaut, das rasch expandierte. Die → Realschule dauert in der Regel 4 J., schließt an die 6. Klasse Hauptschule an und existiert mit den Schwerpunkten naturwiss.-techn., wirtschaftl.-kaufmänn. und musisch-sozial. Gegenwärtig (1998/99) ist eine tiefgreifende Reform der Haupt- bzw. Realschulen im Gange (»Bildungsoffensive Bayern«). Den an-

**Basteln**

wählten englischen Wörtern und einer vereinfachten Grammatik besteht. → neusprachlicher Unterricht.

**Basteln.** Eine konstruktive Tätigkeit, die in der Kindheit beginnt und bis ins Erwachsenenalter bedeutsam bleibt (Freizeitbeschäftigung; B.kurse in der → Erwachsenenbildung). Didaktische B.spiele im Vorschulalter (Flechten, Bauen, Klebarbeiten, einfache Holzkonstruktionen) schulen nicht nur die Grob- und Feinmotorik des Kindes, sondern vermitteln ihm auch Grunderfahrungen und -kenntnisse im Umgang mit Material (weichhart, elastisch-spröde, biegsam-fest etc.). Das freie B. ohne fest vorgegebenes Ziel dient auch der Entfaltung der → Kreativität. In der Schule wird B. in den Fächern → techn. und → textiles Werken gepflegt und, z. B. im Aufbau von Modellen, auch in andere Fächer (Geschichte, Erdkunde) hineingenommen. Sonderschulen versuchen, Intelligenzdefizite durch gezieltes B. auszugleichen bzw. teilweise zu kompensieren. B. (v. a. Papparbeiten) wurde im → Philantropismus hoch eingeschätzt. Heute hat die Spielzeugindustrie spezielles Material und B.anleitungen entwickelt. Eine Zuordnung bestimmter B.arten auf die Geschlechter (z. B. Laubsägearbeiten für Jungen, Stricken und Häkeln für Mädchen) wird heute eher als Folge gesellschaftl. Rollenzuschreibungen angesehen und nicht mehr vorgenommen. B. H. → Blasche.

**Bauernhochschulen** → Grundtvig, → Landvolkshochschulen.

**Baugewerbeschulen,** ein- bis mehrj. Tages-, Teilzeit- oder Abendschulen zur freiw. berufl. Fortbildung der Gesellen im Baugewerbe, insbes. zur Vorbereitung auf die Meisterprüfung.

**Bauhaus,** wurde 1919 von Walter Gropius in Weimar mit dem Ziel gegr., eine moderne Architektur zu verwirklichen, die gleich der menschl. Natur den gesamten menschl. Lebensumkreis erneuern soll. Auf der Basis der Gleichberechtigung aller Arten schöpferischer Arbeit sollte die handwerkl. Ausbildung unter der Anleitung von »Meistern« (→ Meisterlehre) junge Menschen mit künstl. Talent zu Industriegestaltern, Kunsthandwerkern, Bildhauern, Malern u. Architekten unter dem obersten Gesetz »Funktion ist gleich Form« ausbilden. Die für alle Studenten obligatorischen Vorkurse von Johannes Itten (Farbkurs), Paul Klee (Grundlehre), Wassily Kandinsky (analyt. Zeichnen) und Josef Albers (Werklehre) beeinflussen den Kunstunterricht sowie die Ausbildung an den Kunstakademien und den techn. Hochschulen bis in die Gegenwart. 1925 wurde das Bauhaus nach Dessau, 1932 nach Berlin verlegt und 1933 geschlossen.

L.: P. Klee, Päd. Skizzenbuch, 1925; W. Kandinsky, Punkt und Linie zur Fläche, 1926; J. Albers, Schöpfer. Erziehung, in: IV. Internat. Kongreß für Zeichnen, Kunstunterr. und angew. Kunst in Prag 1928, Prag 1931; J. Itten, Mein Vorkurs am B., 1961; R. Wick, B.-Päd., 1982, ²1988; ders. (Hg.), Ist die B.-Päd. aktuell?, 1985; K. Mollenhauer, Ästhetische Bildung als Kritik, oder: Hatte das »Bauhaus« eine Bildungstheorie?, in: H. Röhrs (Hg.), Richtungsstreit in der Erz.wiss. und päd. Verständigung, 1989.

**Baukastensystem.** Während sich die → Erwachsenenbildung traditionell gegen die Schule abgrenzt und Zertifikate ablehnt, wurde seit Ende der 60er J. (vgl. Bochumer- u. Schulenberg-Plan) das Nachholen schulischer Qualifikationen positiver beurteilt. Um Berufstätige dabei nicht zu überfordern, sollten sie ihre Nachweise schrittweise und kumulativ erwerben können. Dieses »Lernen im B.« will die Lernschritte method.-didakt. koordinieren und andragogisch verknüpfen. Das Prinzip des B. fand auch Eingang in die berufl. Ausbildung und die Hochschulreform (→ Gesamthochschule).

**Baumgarten,** Alexander Gottlieb, * 17. 7. 1714 Berlin, † 26. 5. 1762 Frankfurt/O.; lehrte Philos., 1735–40 in Halle, ab 1740 in Frankfurt/O. B.s päd. Bedeutung liegt in der Begründung der Ästhetik als eigener Wiss., wodurch er die ästhet. Bildungsauffassung des dt. Neuhumanismus ermöglichte und das Sinnliche in der Päd. rehabilitierte. (→ Humanismus)

Schr.: Metaphysica; Ethica philosophica; Aesthetica; Philosophia generalis; Acroasis logica in Ch. Wolff, (alle als Nachdrucke) 1976; Texte zur Grundlegung der Ästhetik, hg. v. H. R. Schweizer, 1983.
L.: A. Baeumler, Das Irrationalitätsproblem in der Ästhetik und Logik des 18. Jh. bis zur Kritik der Urteilskraft, 1923 (Titel: Kants Kritik der Urteilskraft), ²1967; F. Solms, Disciplina aesthetica, 1990.

L.: K. Erlinghagen, Kath. Bildung im Barock, 1972; O. F. Bollnow, Die Päd. des Barock, in: G. Seidel (Hg.), Orientierungen zum päd. Handeln, 1982; K. Helmer, Weltordnung u. Bildung, 1982; W. Schmidt-Biggemann, Topica Universalis, 1983; E. Trunz, Weltbild u. Dichtung im dt. Barock, 1992; K. Helmer, Der Wandel des päd. Denkens im 17. Jhd., in: W. Fischer, D.-J. Löwisch, Philosophen als Pädagogen, 1998.

**Barth,** Karl * 10. 5. 1886 Basel, † 10. 12. 1968 ebd.; Studium in Bern, Berlin, Tübingen, Marburg; 1911 ev. Pfarrer in Safenwil (Aargau), 1921 Honorarprof. Univ. Göttingen, 1925 o. Prof. Münster, 1930–35 Bonn. Markantester Vertreter der sog. dialektischen Theologie. Von → Kierkegaard ausgehend, sah er die Selbst- und Wertgestaltung des Christen als päd. Aufgabe; existentielle »Bildungsmacht« war ihm dabei das Evangelium. B.s Theologie wirkte sich bes. auf die ev. Religionspäd. aus: G. Bohne (Das Wort Gottes und der Unterricht, 1929), O. Hammelsbeck (Der kirchl. Unterricht, 1939), A. Fankhauser (Das Wort Gottes als Kriterium der Päd., Theol. Studien 52, 1957).

L.: E. Busch, K. B.s Lebenslauf, 1975 (m. Bibl.); H. Dembowski, K. B. – R. Bultmann – D. Bonhoeffer, 1976; F. W. Kantzenbach, Programme der Theologie, 1978; F. Krotz, Die rel. päd. Neubesinnung, 1982; H. Stoevesandt (Hg.), K. B., 1984; W. H. Neuser, K. B. in Münster. 1925–1930, 1985; D. Becker, K. B. u. Martin Buber, 1986; K. B. und Joachim Campe, hg. v. H. Scholl, 1995.

**Barth,** Paul, * 1. 8. 1858 Baruthe (Schlesien), † 30. 9. 1922 Leipzig, Gymnasiallehrer, 1890 Habilitation, 1897 Prof. für Philos. und Päd. in Leipzig. In naturwiss. und volkswirtschaftl. ebenso bewandert wie in hist. und philos. Fragen, hat B. die Päd. nach der philos., psycholog. und vor allem nach der soziolog. Seite hin ausgeweitet und vertieft. Er wird zu Recht als entscheidender Anreger einer → Soziologie der Erziehung im dt. Sprachraum angesehen. Ebenso bedeutsam waren sein Kampf für den Moralunterricht in der Schule und seine Anstöße zu einer sozialhist. akzentuierten päd. Geschichtsschreibung. → Geschichte der Päd.

Schr.: Die Geschichtsphilosophie Hegels und der Hegelianer, 1890, Nachdruck 1967; Die Philosophie der Geschichte als Soziologie, 1897, [4]1922; Die Elemente der Erziehungs- und Unterrichtslehre, 1906, [10]1923; Die Geschichte der Erziehung in soziolog. und geistesgeschichtl. Beleuchtung, 1911, [6]1925; Die Notwendigkeit e. systemat. Moralunterrichts, 1919, [2]1920. Autobiographie, in: Die dt. Philosophie der Gegenwart in Selbstdarstellungen, hg. v. R. Schmidt, 1. Bd. 1921.

L.: W. Brinkmann, Zur Gesch. der Pädagog. Soziologie in Dtl., 1986.

**Basedow,** Johann Bernhard, * 5. (oder 9.) 9. 1724 Hamburg, † 25. 7. 1790 Magdeburg; Hauptvertreter der Päd. der dt. → Aufklärung, Begründer des → Philanthropismus; als Theologe und Publizist beeinflußte er nachhaltig → Schulpädagogik und → Didaktik seiner und der Folgezeit; ab 1746 studierte B. Theologie und Philosophie in Leipzig, 1749 Hauslehrer, 1753 Prof. für Moral Ritterakademie Soroe (Seeland); 1761 Gymnasiallehrer in Altona. 1768 bereitete er durch seine Programmschrift »Vorstellung an Menschenfreunde über Schulen« die Gründung des Dessauer Philanthropinums (1774) vor, das zum Kristallisationspunkt der päd. Bewegung in Dtl. wurde. Europ. Breitenwirkung erreichte sein »Methodenbuch für Väter und Mütter der Familien und Völker« (1770, [3]1773), später ausgearbeitet zum 4-bdn. »Elementarwerk« (1774), einem bebilderten Unterrichtswerk. B. lehrte und praktizierte einen lockeren spielerischen Erziehungsstil und verwendete ein ausgeklügeltes System von Auszeichnungen. Obwohl B. → Rousseau verehrte, setzte er sich von ihm ab durch die Aufnahme und Methodisierung der Vorschulerziehung, durch ausgeprägte Rationalisierung und stark utilitaristische Zielsetzung der Lehrinhalte sowie durch eine ständebezogene Abgrenzung der schulischen Bildungsgänge. Neben Rousseaus »Glückseligkeit« trat bei B. als zweites zentrales Erziehungsziel die Gemeinnützigkeit.

Schr.: Vorbereitung der Jugend zur Moralität und natürl. Religion, 1766; Das in Dessau errichtete Philanthropinum, 1774; Ausgew. päd. Schriften, hg. v. A. Reble, 1965 (m. Bibl.).
L.: J. Pinloche, Gesch. des Philanthropinismus, 1896, [2]1914; J. Rammelt, J. B. B., 1929; R. Stach, Schulreform der Aufklärung, 1984; W. Finzel-Niederstadt, Lernen und Lehren bei Herder und B., 1986; E. Funke, Bücher statt Prügel, 1988.

**Basic English** *(British American Scientific International Commercial English),* 1935 von C. K. Ogden veröffentlichte Plansprache (→ Interlinguistik), die aus nur 850 sorgfältig ausge-

Volkes, 1934; Lebensweg durch eine Zeitenwende, 1933; Ich kreise um Gott, Der Beter R. M. Rilke, 1935; Adelheid, Mutter der Königreiche, 1936; Der Berg des Königs, 1938; Gestalt und Wandel. Frauenbildnisse, 1939; Die Macht der Liebe. Der Weg des Dante Alighieri, 1941; Eine Woche im Mai, 1947; Der Jüngling im Sternenmantel, Größe und Tragik Ottos III., 1949; Das geistige Bild Goethes, 1950; Otto I. und Adelheid, 1951; Im Licht der Erinnerung (Autobiogr.), 1953.
L.: E. Moltmann-Wendel (Hg.), Frau und Religion, 1987; M.-L. Bach, G. B. – Biograph. Daten und Texte zu einem Persönlichkeitsbild, 1988; H. Beutin, »Als eine Frau lesen lernte, trat die Frauenfrage in die Welt«, 1990; D. Knab, Frauenbildung und Frauenberuf, in: A. Flitner (Hg.), Reform der Erz., 1992; C. Hopf, Frauenbewegung u. Päd. – G. B. zum Beispiel, 1997.

**Bakkalaureat** (mittellat. *baccalarius, baccalaureus*, ursprüngl. niederer Vasall). Seit dem 13. Jh., zuerst an der Sorbonne und in Bologna verliehener unterster → akademischer Grad. In Frankreich seit Napoleon (1808) Sekundarabschluß (baccalauréat), ähnlich auch in Spanien. Der *Bachelor's Degree* wird in England nach 3j. Univ.-Studium, in den USA nach 4j. erfolgreichem College- oder Univ.-Besuch erworben. Erstmals 1842 an Harvard vergeben, stellt er heute den ältesten und weitaus verbreitetsten akadem. Grad in den USA dar; am häufigsten sind der B. A. (*bachelor of arts*) und B. S. (*bachelor of science*).

**Ballauff**, Theodor, * 14. 1. 1911 Magdeburg, † 20. 12. 95 Mainz; Schüler von Nikolai Hartmann, 1944 Univ. Doz. Halle, 1946 Priv. Doz. Köln, 1955–79 Prof. für Päd. Univ. Mainz. Grundlegende Schriften zur Geschichte der Päd., zur systemat. Päd., zur Bildungstheorie, Anthropologie und Erwachsenenbildung; hat die Philosophie M. Heideggers auf eigenständige Weise für die Päd. fruchtbar gemacht, indem er in Ablehnung der subjektivist. geprägten Erz.theorien der abendländ. Kulturgeschichte auf das vorsokrat. Denken zurückgreift, das den Menschen auf den An- und Zuspruch des Seins verwiesen sieht, dem er in Sachlichkeit und Mitmenschlichkeit (→ Gelassenheit; Selbstlosigkeit) zu entsprechen hat.
Sch.: Die Idee der Paideia, 1952; Die Grundstruktur der Bildung, 1953; Vernünftiger Wille und gläubige Liebe, 1957; Erwachsenenbildung, 1958; Systemat. Päd., 1962, ³1970; Schule der Zukunft, 1964, ³1968; Philos. Begründungen der Päd., 1966; Skept. Didaktik, 1970; (m. K. Schaller) Päd., 3 Bde., 1969–73; Funktionen der Schule, 1982, ²1984; Lehrer sein einst und jetzt, 1985, 1988; Päd. als Bildungslehre, 1986, ²1989.
L.: R. Jaspaert, Fundamenteel ped. Opgaven die B. stelt aan het huidig onderwijs, in: Tijdschrift voor Opvoedkunde 15 (1969/70), Nr. 5; H. J. Gößling, Subjektivität und Erziehungspraxis, 1978; R. Krawitz, Bildung durch Unterr., in: Vjschr. f. wiss. Päd. 55 (1979); M. Depaepe, On the Relationship of Theory and History in Pedagogy, Leuven 1983; J. Faber, Ped. en recht, Diss. Groningen 1985; F. Banki, M. Heideggers Kritik an Platons Ideenlehre in ihrer Bedeutung für die Päd. Th. B.s, Phil. Diss. Zürich 1984, als Buch u. d. Titel Der Weg ins Denken, 1986; J. Wirth u. a., Aufforderung zur Erinnerung, 1986; A. Poenitsch, Bildung und Sprache zw. Moderne und Postmoderne. Humboldt, Nietzsche, B., Lyotard, (Diss. Wuppertal) 1992; H. Heim, Die bildungstheoret. Begründung der Päd. im Werk Th. B.s, 1993 (m. Bibl.); R. M. Kühn, Schultheorien nach dem 2. Weltkrieg, 1995; H. Heim, Die Päd. Th. B.s im Kontext geisteswiss. Päd. in: Freiheit – Geschichte – Vernunft. Grundlinien geisteswiss. Päd., hg. v. W. Brinkmann u. W. Harth-Peter, 1997.
FS: Päd. Einsätze 1991. FS zum 80 Geb.tag, hg. v. J. Ruhloff u. K. Schaller, 1991 (m. Bibl.).

**Bande** (engl. *Gang*), Zusammenschluß mehrerer (meist) Jugendlicher zu gemeinsamen Aktionen, wobei hinsichtlich der Zielsetzung zwischen delinquenten, gewalttätigen und sozialen B.n. unterschieden werden kann. → Abweichendes Verhalten, → Außenseiter.
L.: H. Zulliger, Horde – Bande – Gemeinschaft, 1961; Ch. Bals, Halbstarke unter sich, 1962; J. F. Short, F. L. Strodtbeck, Group Process and Gang Delinquency, Chicago 1965; W. Scherf, Die Jugendbande stirbt aus, in: Jugend und Gesells., 1965; H. K. Farin, E. Seidel-Pielen, Krieg in den Städten: Jugendgangs in Deutschland, 1991; K.-H. Menzen, Thesen zur aktuellen Jugendszene, in: Jugendwohl 74 (1993) 6; A. Schröder, Jugendkulturen und Adoleszenz, 1998, G. Thiele, C. S. Taylor, Jugendkulturen u. Gangs, 1998.

**Barock-Pädagogik** bezeichnet im dt. Sprachraum jene sich im Rahmen der europ. → Aufklärung im 17. und beginnenden 18. Jh. herausbildende relig. Sicht des Menschen im Spannungsverhältnis zw. Diesseits und Jenseits: die relig. Verinnerlichung des → Pietismus, die sich neu belebende → Mystik stehen den aufstrebenden Naturwiss.en gegenüber; das führt zum zunächst unvermittelten Nebeneinander von altsprachl. Unterricht (→ Humaniora) und → Realien. Am deutlichsten wirkt sich die B.-P. bei den sog. Reformdidaktikern → Ratke und → Comenius und in ihrem Bemühen um eine »natürliche« Methodik aus.

»Schulen besonderer Art«) wurde erheblich gebremst (besuchten 1987/88 noch 5% eines Jahrgangs eine der 3 Gesamtschulen des Landes, so waren es 1996 nur noch 0,8%).
B.-W. verfügt über ein differenziertes Sonderschulwesen. Neben dem Typus der »Förderschule« für Lernbehinderte, gibt es Schulen für Sprachbehinderte, für »Erziehungshilfe«, für Körperbehinderte (z. T. als Heimsonderschulen), für Kinder in längerer Krankenhausbehandlung sowie für Geistigbehinderte. Das berufl. Schulwesen wurde weiter ausgebaut durch die Verbesserung der Ausstattung und der Lehrer-Schüler-Relation, eine zunehmende Differenzierung, die Einführung von Berufsgrundschulj. und Berufsvorbereitungsj. und die Einrichtung von Schulen, die einen Aufstieg zu höherer Bildung ermöglichen sollen (Berufsaufbauschulen, Berufsfachschulen, Berufskollegs, Fachoberschulen, Fachschulen und berufl. Gymnasien).
B.-W. ist mit 9 Univ. (Freiburg, Heidelberg, Tübingen, Stuttgart, Karlsruhe, Mannheim, Konstanz, Ulm und Stuttgart-Hohenheim), 6 Päd. Hochschulen (Freiburg, Heidelberg, Karlsruhe, Schwäbisch-Gmünd, Ludwigsburg, Weingarten), der Berufspäd. Hochschule in Stuttgart, zahlreichen Fach-, Musik- und Kunsthochschulen das hochschulreichste Bundesland. Von den in B.-W. existierenden Forschungseinrichtungen sind bes. hervorzuheben: das Dt. Institut für → Fernstudien in Tübingen und die zahlreichen Sonderforschungsbereiche an Hochschulen und außeruniversitären Instituten. Am 22. 9. 1987 wurde ein »Landesinstitut für Allgemeine Weiterbildung« (LaW) errichtet (mit Informationsbank, Anregung und Begleitung von Modellvorhaben, Bildungsberatung, Statistik und Werbung).

Schr.: Amtsblatt des Ministeriums für Kultus u. Sport; Amtsblatt des Ministeriums für Wiss. u. Kunst; W. Katein (Hg.), Schulrecht für die Praxis, Loseblatt-Ausg.; W. Elser, O. Kramer, Grundriß des Schulrechts in B.-W., ³1992.
Zschr.: Schulverwaltung B.-W. 1992 ff.; Lehren und Lernen 1974 ff.; Schulzeit 1974 ff.
L.: Ständige Konferenz der Kultusminister (Hg.), Kulturpolitik der Länder (ersch. regelmäßig); G. Friederich, Die Volksschule in Württemberg im 19. Jhd., 1978; W. Hahn, Ich stehe dazu. Erinnerungen eines Bildungsministers, 1981; H. Pitsch, Thesen zur Geschichte der Schulreformen in B.-W., in: Lehren und Lernen 19(1989) 2; P. Hölzle, Bildungs-, Wissenschafts- und Forschungspolitik des Landes, in: H. Klatt (Hg.), B.-W. u. d. Bund, 1989; W. A. Boelke, Sozialgeschichte B.-W.s 1800–1989, 1989; D. Knab, Bildungslandschaft B.-W., in: Neue Sammlung 31(1991)1; T. Bargel, M. Kuthe, Schullandschaft in der Unordnung, 2 Bde, 1992; R. Mackert, Lehrplanrevisionsprozesse, 1992; K. Rebel, W. Schwark, Bildung in B.-W., in: J. Petersen/G.-B. Reinert (Hg.), Bildung in Deutschland, Bd. 1, 1996.

**Bäuerle,** Theodor, * 16. 6. 1882 Unterurbach/Remstal, † 29. 5. 1956 Stuttgart. Bedeutender Anreger und Organisator in der dt. (bes. Baden-Württemberg) → Erwachsenenbildung, vor allem auch → Arbeiter- und Frauenbildung, dessen Stärke weniger in der theoret. Durchdringung als in der tatkräftigen Durchführung lag (z. B. Gründung des Hohenrodter Bundes, des Heimatwerks [1931] zur Überwindung der Arbeitslosigkeit). Nach 1945 wurde B. im Rahmen der → Reeducation in führende Ämter, u. a. Kultusminister, berufen.

L.: Ch. Pache, Th. B.s Beitrag zur dt. Erwachsenenbildung, 1971; A.-Chr. Recknagel, »Die Volkshochschule. Eine Kulturtat unseres Jh.s« (Th. B.), in: 75 Jahre Volkshochschule, hg. v. D. Oppermann u. P. Röhrig, 1995.

**Bäumer,** Gertrud, * 12. 9. 1873 Hohenlimburg, † 24. 3. 1954 Bethel (Bielefeld), war zunächst Volksschullehrerin, studierte später Germanistik (Promotion) und Philosophie, widmete ihr Leben sozialen Fragen und wurde führend im bürgerlichen Teil der dt. Frauenbewegung. 1916–1919 Leiterin des Sozialpäd. Institutes in Hamburg, 1920–1933 Ministerialrätin im Reichsministerium des Innern, 1919–1933 MdR (Demokrat. Partei), zeitweilig auch Delegierte beim Völkerbund für Internat. Jugendpolitik, weiter Vorsitzende des Bundes dt. Frauenvereine, seit 1933 freie (Roman-)Schriftstellerin in Schlesien, Bamberg und Bonn/Bad Godesberg. Sie schrieb Werke geistes-, kultur- und literaturgeschichtlicher Art, war Mitarbeiterin von F. Naumann und Th. Heuss an der Zeitschrift »Hilfe« und gab mit Helene Lange die Zeitschrift »Die Frau« heraus (1893–1944), ferner das »Handbuch der Frauenbewegung« (5 Bde., 1901 ff., Neuaufl. 1980). → Feminismus, → Reformpäd.

Schr.: Die soziale Idee in den Weltanschauungen des 19. Jhs., 1910; Die Frauengestalt der dt. Frühe, 1927; Männer und Frauen im geistigen Werden des dt.

menfassung und rechtl. Fixierung der Veränderungen des Schulwesens brachten das Schulgesetz vom 23. 2. 1976 und das Kindergartengesetz vom 29. 2. 1972. In dem Bereich der Vorschulerziehung wurde nicht nur die Anzahl der Plätze sehr stark vermehrt, es wurden auch wiss. begleitete Modellversuche zur Verbesserung der Kooperation zw. Kindergarten und Grundschule und zur inhaltl. und method. Konzeption der Kindergartenarbeit unternommen (bes. 1974–1978). Bei einer stärkeren Beachtung der frühkindl. Erziehung wendet man sich jedoch entschieden gegen eine Verschulung und betont die Bedeutung des Spiels und der Sozialerziehung. In der Grundschule sollen, entspr. den Schulentwicklungsplänen I (1965), II (1971) und III (1973), vor allem die individuelle Förderung, die chancengerechte Ausbildung trotz demographischer und regionaler Unterschiede und inhaltl. die verstärkte Einübung von Grundfertigkeiten und die Kenntnis der heimatl. Umgebung beachtet werden. Die 1994 in Kraft getretenen neuen Bildungspläne sind als Jahrgangs-, nicht als Fachpläne gestaltet. Sie stellen den inhaltlichen Rahmen für eine »ganzheitliche« Perspektive dar, die freie Arbeit favorisiert und Schulen als »Lebensraum« interpretiert. Neben den traditionellen Unterrichtsfächern (Religion, Deutsch, Heimat- und Sachunterricht, Mathematik, Kunst, Werken, Musik, Sport) kommt fächerverbindenden Themen, gemeinsamen Feiern, Festen, Spielen und außerschulischen Veranstaltungen besonderes Gewicht zu. Auf der Grundlage »Aktionsprogramm zur Weiterentwicklung der Hauptschule in B.-W.« wurden ab dem Schulj. 1979/80 neue Lehrpläne für verschiedene Fächer eingeführt. Ein Schwerpunkt vor allem der oberen Hauptschulklassen ist dabei die Vorbereitung auf eine qualifizierte Berufswahl. Im Rahmen des Programms »Stärkung der Hauptschule« wurden zusätzl. der Zugang zur »mittl. Laufbahn« gefördert. Seit 1992 bestehen neben dem 9+1 (freiw. 10. Schuljahr) auch 9+2, bzw. 9+3 Modelle als Wege zum Erwerb mittlerer Bildungsabschlüsse bzw. der Fachhochschulreife. Daneben beinhaltet das neue Gesetz 1. eine Stärkung der Stellung der Schulkonferenz, 2. die Einführung eines Landesschülerbeirats und 3. die Umgestaltung der Geschlechtserziehung in eine fächerübergreifende Familienerziehung.

Die Ausbildung der Lehrer an Grund- und Hauptschulen (6 Semester Studium an einer Päd. Hochschule) befindet sich in der Umstrukturierung. Nachdem seit dem Wintersemester 1968/69 auch die Grund- und Hauptschullehrer nur noch in 2 Schulfächern ausgebildet worden waren, wurde diese Zahl später wieder auf 3 erhöht, um eine bessere Einsetzbarkeit in der Schulpraxis zu gewährleisten. Überlegungen, die Pädagogischen Hochschulen in die Universitäten zu integrieren, fanden keine pol. Zustimmung. Damit ist B.-W. das einzige Bundesland, das konsequent an der Eigenständigkeit der PH und an der Differenzierung der Lehrerbildung nach Lehrämtern mit entsprechend unterschiedlichen Ausbildungsinstitutionen festhält.

Das mittlere Schulwesen entstand in B.-W. erst nach 1945 und hat seither einen gewaltigen Aufschwung genommen: neue Lehrpläne (zuletzt 1994/95) und Versuche mit einer Profilierung in der Oberstufe. Der Unterricht in der Realschule umfaßt einen Pflicht- und (ab Kl. 7) einen Wahlpflichtbereich (»Natur u. Technik«, »Mensch u. Umwelt« bzw. »Französisch/Englisch«).

Mit Beginn des Schulj. 1978/79 wurde auch in B.-W. die reformierte Oberstufe an allen Gymnasien eingeführt. Diese soll zugleich dem Prinzip einer fundierten Allgemeinbildung und der Forderung nach einer stärkeren Spezialisierung gerecht werden. Seit 1994/95 gelten an den Gymnasien (wie an den anderen Schularten) neue Bildungspläne und geänderte Stundentafeln. Ihr Ziel ist es, die Stoffülle zu reduzieren, den Lehrern und Schülern mehr Flexibilität, fächerübergreifende Ansätze, Wahrnehmung erzieherischer Momente im Unterricht zu ermöglichen und insgesamt die Studierfähigkeit zu verbessern. Es dominieren noch immer die drei traditionellen Typen des Gymnasiums (altsprachl., neusprachl., math.-naturwiss.); durch Aufbaugymnasien und berufl. Gymnasien (wirtschaftswiss., techn., haushalts- und ernährungswiss. sowie agrarwiss. Richtung) soll einem weiteren Kreis von Schülern der Zugang zur Hochschule ermöglicht werden. Der Ausbau von Gesamtschulen (seit 1988

# B

**Baacke,** Dieter, * 2. 12. 1935 Hannover, 1962 Dr. phil. Göttingen, 1972 Prof. für Päd. Univ. Bielefeld. Bedeutende Arbeiten zu Jugendfragen, zur außerschul. Bildung sowie zur Medienpäd. Gründer und Vorsitzender der »Gesellschaft für Medienpädagogik und Kommunikationskultur (GMK)«.

Schr.: Beat – die sprachlose Opposition, 1968, [3]1972; Jugend und Subkultur, 1972; Kommunikation und Kompetenz, 1973, [3]1980; Einf. in die außerschulische Päd., 1976, [2]1985; Die 13–18jährigen, 1976, [7]1994; Massenkommunikation, 1978; Die 6–12jährigen, 1984, [5]1999; Pädagogische Biographieforschung, 1985; (u. a.), Am Ende – postmodern?, 1985; (u. a.), Qualitat. Medienforschung, 1989; (u. a.), Neue Medien und Erwachsenenbildung, 1990; (u. a.), Medienwelten Jugendlicher, 1991; Jugend und Jugendkulturen, 1991, [3]1999; Jugend in Italien, 1992; Hdb. Jugend u. Musik, 1997; Medienpädagogik, 1997; Die 0–5jährigen, 1999; Zielgruppe Kind: Kinder u. Werbung, 1999.

**Bacchanten** oder **Bachanten** (griech.-lat.), Teilnehmer an den Bacchanalien (den Dionysosfesten); im späten → Mittelalter fahrende Schüler (oder Studierende), die von Schule zu Schule zogen und sich häufig durch Betteln ihren Lebensunterhalt verdienten. Um 1900 wurde der Name B. zeitweise innerhalb der → Jugendbewegung verwendet.

**Bachelor** → Bakkalaureat.

**Backfisch.** Seit dem 16. Jh. belegte, heute veraltete volkstümliche Bezeichnung für ein halbwüchsiges Mädchen.

**Bacon,** Francis, * 22. 1. 1561 London, † 9. 4. 1626 ebd. Als Jurist und Politiker erfolgreich (engl. Lordkanzler), stand B. philosophisch an der Schwelle zur neuzeitl. Wissenschaft; er kritisierte das in »Idolen« (*idola*) als Formen falschen Bewußtseins befangene Denken und forderte eine neue, auf der Logik der Induktion beruhende Wissenschaft, ein den gesamten intellektuellen Globus ausmessendes Lernen und eine Lebensklugheit individueller Selbsterhaltung.

Schr.: The Works of F. B., ed. J. Spedding et al., 7 vol., London 1858–61; The Letters and the Life of F. B., ed. J. Spedding, 7 vol., London 1861–74, Faksimile-Nachdruck beider Werke in 14 Bdn. 1963; The Advancement of Learning and New Atlantis, ed. by A. Johnston, Oxford 1974; Über die Würde und den Fortgang der Wissenschaften, dt. 1783, Nachdruck 1966; F. B. – A critical edition of the major works, hg. v. B. Vickers, Oxford 1996.

L.: B. Farrington, F. B. Philosopher of Industrial Science, New York 1947, Neudruck London 1973; F. H. Anderson, The Philosophy of F. B., Chicago 1948, Neudruck New York 1975; R. Ahrens, Die Essays von F. B., 1974; W. Krohn, F. B., 1987; P. Urban, F. B.s Philosophy of Science, La Salle (Ill.) 1987; B. H. G. Wormald, F. B., Cambridge 1993; P. Zagorin, F. B., Princeton 1998.

**Baden-Württemberg.** Der Südweststaat entstand nach Gründung der BRD als Zusammenschluß der selbständigen Länder Baden, Südwürttemberg-Hohenzollern (frz. Besatzungszone) und Württemberg-Baden (amerik. Besatzungszone). Eine der Hauptaufgaben der Bildungspolitik war die Vereinheitlichung des Schul- und Bildungswesens auf der Grundlage der Verfassung vom 11. Nov. 1953.

Die Bestrebungen um eine Vereinheitlichung und Ordnung des Schulwesens fanden ihren ersten Abschluß durch ein entsprechendes Gesetz im Jahre 1964, das die Grundlage der weiteren Entwicklung bildete. Die nächsten Jahre standen in B.-W. unter dem Aspekt umfassender Reformbestrebungen für das gesamte Bildungswesen vom Kindergarten bis zur Hochschule und zur Weiterbildung. Zur Erhebung des Ist-Zustandes (etwa der Ermittlung von Regionen mit geringer Bildungsdichte) und zur Entwicklung von Alternativen wurden umfangreiche Studien in Auftrag gegeben und in einer eigenen Schriftenreihe (Bildung in neuer Sicht, Reihe A, ab 1965) veröffentlicht. Dabei wurden nicht nur päd. und bildungspolit., sondern auch regional-, struktur- und finanzpolit. Gesichtspunkte berücksichtigt, Planungs- und Realisierungsschritte angegeben und Alternativen aufgezeigt. Wesentliche Teile der in den Blick genommenen und in der Regierungserklärung 1968 nochmals bekräftigten Reformen wurden allerdings aus polit. und finanziellen Gründen nicht verwirklicht und zahlreiche Modellversuche wieder zurückgenommen. Dies gilt bes. für den Ausbau von → Gesamt- und → Ganztagsschulen und für den Hochschulbereich. Eine gewisse Zusam-

**Autorität**

**Autorität** (lat.: Macht). A. ist streng zu unterscheiden von Macht und → Gewalt. Während diese die faktische Möglichkeit bezeichnen, anderen zu befehlen und sie zu bestimmtem Handeln und Verhalten zu zwingen, setzt jene grundsätzlich die freie Zustimmung dessen voraus, über den A. ausgeübt wird. Macht und Gewalt schränken die Freiheit ein oder negieren sie; die A. dagegen respektiert sie ausdrücklich. A. meint also die anerkannte Fähigkeit einer → Person, einer Gesellschaft oder einer Einrichtung, auf andere einzuwirken, um sie einem bestimmten Ziel näherzubringen. A. kann sich dabei auf verschiedene Weise begründen: durch gegebenen Sachverstand (des Kunstkritikers, des Wissenschaftlers, des Arztes etc.), durch einen erreichten Status (des Gelehrten, des Lehrers, des Weisen etc.); durch das wahrgenommene Amt (des Priesters, des Polizisten, des Verwaltungsmannes etc.). Der Ursprung der A. wird im christl. Verständnis von Gott hergeleitet; man denke an die berühmte These des → Augustinus, wonach nur ein einziger wirklicher Lehrer – Christus – ist. In der → Renaissance wurde A. säkularisiert und auf den Konsens oder einen Vertrag der Menschen zurückgeführt. Demokratische A. verlangt die Anerkennung des einen und für alle gleichen Gesetzes und schließt aristokratische oder Klassenvorrechte ebenso aus wie demagogische Willkür.

Päd. A. kann sich nicht nur auf Amt und Status berufen, ihre Anerkennung muß sich vielmehr auf die fachl. und persönl. Kompetenz des Lehrers bzw. Erziehers stützen. Dabei wäre es jedoch eine falsche Sicht, A. (des Lehrers, Erziehers) und Freiheit (des Schülers, des → educandus) einander als Gegensätze gegenüberzustellen, denn einerseits setzt päd. A. stets die Freiheit des Schülers voraus, und andererseits verlangt die Freiheit des Schülers nach festen Bezugspunkten in einer päd. begründeten A. (→ Dialog, → Erziehungsziele). Freiheit des Schülers meint auch die Möglichkeit, sich vom Lehrer abzusetzen und ihn zurückzuweisen, umgekehrt stellt aber nicht jede Ablehnung von päd. A. als solche schon ein Zeichen kritischen Geistes und eine Manifestation wirklicher Freiheit dar. → Ideologie, → Indoktrination.

L.: J. Maritain, Du régime temporel et de la liberté, Paris 1933; E. Lichtenstein, Das Problem d. A. in der Päd., 1952; R. Strohal, A., 1955; A. Berge, A. und Freiheit in der Erziehung, dt. 1961; I. Zielinski, Pater familias, 1961; E. E. Geißler (Hg.), A. und Erziehung, 1965 u. ö., spätere Aufl. unter d. Titel: A. und Freiheit; P. Nash, Authority and Freedom in Education, New York 1966; K. Rebel (Hg.), Zwang, A. und Freiheit in der Erziehung, 1967; Th. Castner, Schüler im A.skonflikt, 1969; H. Heiland, Emanzipation und A., 1971; E. Schütz, A., 1971; K. Erlinghagen, A. und Antiautorität, 1973; W. Hammel, A., 1973; A. K. Ruf, Konfliktfeld A., 1974; E. Weber, A. im Wandel, 1974 (m. Bibl.); S. Milgram, Obedience to Authority, New York 1975; H. Hülsebusch, Päd. A., 1978; G. Lederer, Jugend und A., 1983; A. Miller, Am Anfang war Erziehung, 1983; R. Sennett, A., dt. 1985; J. M. Bochenski, A., Freiheit, Glaube, 1986; U. Popp, Mythen u. Motive autorit. Handelns, 1989; G. Vollmer, A. u. Erziehung, 1990; R. Myhre, A. und Freiheit in der Erz., 1991; H. Neuhäuser, A. und Partnerschaft, 1993; H. Krämer, A. und Erz. als Problem der neueren Phil., 1993.

**Avanzini,** Guy, * 6. 7. 1929 Lyon, Doctorat d'Etat 1973, Prof. für Erziehungswiss. Univ. Lumière-Lyon II, Präsident der Société Binet-Simon; bedeutender franz. Erziehungsphilosoph.

Schr.: A. Binet et la pédagogie scientifique, Paris 1969; Immobilisme et novation dans l'éducation scolaire, Toulouse 1975; La pédagogie au XX$^e$ siècle, Toulouse 1975; Introduction aux sciences de l'éducation, Toulouse 1976, Neuausg. 1987; La pédagogie du XVII$^e$ siècle à nos jours, Toulouse 1977; L'échec scolaire, Paris 1977; L'école d'hier à demain, Toulouse 1991; La pédagogie aujourd'hui, Paris 1997; L'éducation des adultes, Toulouse 1997.

**Avenarius,** Ferdinand, * 20. 12. 1856 Berlin, † 21. 9. 1923 Kampen (Sylt), Literat und Kunstkritiker, gründete 1887 den »Kunstwart« und 1903 den »Dürerbund« und wurde durch die Verbreitung der Kunst in breiten Volkskreisen zu einem Träger von → Kunsterziehungsbewegung und Volksbildungsbestrebungen. Dabei blieb er mehr konservativen Kunstströmungen und auch dem Deutschtum verhaftet. → Reformpädagogik.

Schr.: Hausbuch Dt. Lyrik, hg. v. F. A., 1903; Balladenbuch, 1907, Neuaufl. 1978; Das fröhliche Buch, 1909, Neuaufl. 1977.
L.: W. Stapel, A.-Buch, 1916; H. Prove, F. A., in: Hdb. des dt. Volksbildungswesens, hg. v. H. Becker u. a., 1933; K. d'Ester, F. A., in: Hdb. der Zeitungswiss., hg. v. W. Heide, 1940.

sehr beeinflußt, daß der Sinn für die reale Außenwelt verlorengeht. Nach heutigen Forschungsergebnissen kann die Ursache der Krankheit, die sich bis spätestens zum 3. Lebensjahr zeigt, als eine grundlegende Störung in der Verarbeitung von Sinneswahrnehmungen erklärt werden. Frühkindlicher A. ist zwar bei der Mehrzahl der Fälle mit geistiger Retardierung verbunden, ist im Grunde aber von der → Intelligenz unabhängig. Die Therapiemöglichkeiten für A. reichen von verhaltenstherapeutischen Maßnahmen bis hin zu der sog. »Festhalte-Therapie«. Selbsthilfegruppen und der Bundesverband »Hilfe für das autistische Kind« bemühen sich, Therapiezentren und Schulen einzurichten, die die berufliche und soziale Eingliederung von Autisten zum Ziel haben.

L.: G. Bosch, Der frühkindl. A., 1962; J. K. King (Hg.), Frühkindl. A., 1973, [4]1992; H. E. Kehrer, Bibliographie über den frühkindl. A., 1976; B. Bettelheim, Die Geburt des Selbst, 1977; M. Rutter and E. Schopler (Hg.), A., New York 1978; H. E. Kehrer, Bibl. über den kindl. A., 1982; N. Tinbergen, E. A. Tinbergen, A. bei Kindern, 1984; K. Jacobs, Autist. Jugendliche – Berufl. Bildung und Integration, 1985; M. K. DeMyer, Familien mit autist. Kindern, dt. 1986; P. Innerhofer, C. Klicpera, Die Welt des frühkindl. A., 1988, [2]1999; F. Tustin, Autist. Zustände bei Kindern, dt. 1989; J. Prekop, Hättest du mich festgehalten, 1989, [3]1992; H. E. Kehrer, A., 1989; M. Kusch, F. Petermann, Entwicklung autist. Störungen, 1990, [2]1991; H.-E. Kehrer, Internat. A.-Bibl., 1991; R. Lempp, Vom Verlust der Fähigkeit, sich selbst zu betrachten, 1992; G. Löscher, Entwicklung autist. Kinder in den ersten dreieinhalb Jahren, 1992; B. Falk, Festhaltetherapie in der Kritik, 1992; U. Frith, A., 1992; S. Dzikowski, Ursachen des A., 1993; M. Aarons, T. Gittens, Das Hdb. des A., 1994; J. Kienle, Frühkindlicher A., 1994; H. Sautter, A. und Zeitgeist, 1995.

**Autodidakt** (griech.: selbstgelehrt), ein Mensch, der nur oder ganz vorwiegend durch private Eigenarbeit und nicht auf dem Weg über allg. Bildungseinrichtungen zu seinem Bildungsstande gelangt ist.

**autogenes Training.** Von dem Psychiater J. H. Schultz (1884–1970) entwickelte Methode der »konzentrativen Selbstentspannung«. Die Grundstufe des a. T. besteht aus 6 Einzelübungen: 1) Schwereübung (Muskelentspannung); 2) Wärmeübung (Gefäßentspannung); 3) Herzschlagregulierung; 4) Atemeinstellung; 5) Regulierung der Bauchorgane; 6) Einstellung des Kopfgebietes (Gefühl der Stirnkühle), die zu einer Gesamtübung zusammengefaßt werden. Ziel der Unterstufe ist eine Erhöhung der Körperkontrolle, Fähigkeit zur Erholung in kurzer Zeit, Lösung von körperl. Verspannungszuständen, Steigerung der individ. Leistungsfähigkeit. Die Oberstufe des a. T. zielt mittels einer meditativen Versenkung auf bildhafte Vorstellungen einer Selbstanalyse und Selbstfindung ab. In diesem Sinne ist das a. T. eine Form der → Selbsterziehung.

L.: J. H. Schultz, Das a. T., 1932, [19]1991; ders., Übungsheft für das a. T., 1935, [22]1989; W. Kruse, Entspannung, 1975, [5]1988; B. Hoffmann, Hdb. des a. T.s, 1976, [9]1989; C. Haring, Lehrbuch des a. T.s, 1979, [2]1993; W. Kruse, Einf. in das a. T. mit Kindern, 1980, [2]1992; G. Eberlein, A. T. für Kinder, 1985; Bibl. zum a. T., 1985; G. Krampen, Einführungskurse zum A. T., 1992; P. Aden, Anleitung zum a. T. mit Kindern und Jugendl., 1992; P. Kniep, A. T. in Theorie u. Praxis, 1993.

**Autonomie** (von griech. *autos* und *nomos*: Selbstgesetzgebung). Je nach Verwendungszusammenhang meint der Begriff sehr Unterschiedliches. Im → Altertum bezeichnete A. (als politische Kategorie) das Recht der Stadtstaaten, ihre inneren Angelegenheiten unabhängig von anderen Mächten zu regeln. Nach → Kant kommt dem Menschen A. (als anthropologische Kategorie) in dem Sinne zu, daß er sich durch sich selbst als freies Vernunftwesen bestimmen kann; in seiner »Grundlegung zur Metaphysik der Sitten« wird die A. des Willens als »oberstes Prinzip der Sittlichkeit« und als Charakteristikum der Freiheit des Menschen qua Vernunftwesen gefaßt. → Fichte und → Schelling verstehen unter A. die absolute Gesetzgebung der Vernunft. Als kultur- und gesellschaftskritische Kategorie wird A. häufig als Kampfbegriff für eine radikale Individualisierung und gegen jede Form von Herrschaft (von Menschen über Menschen) gebraucht. A. als päd. Kategorie zielt in einem personalen Verständnis auf die Ausformung von Reflexions- und Kritikfähigkeit und auf die → Mündigkeit des einzelnen, sein Leben selbstverantwortlich kraft der Gesetzgebung seines personalen → Gewissens und im Dialog mit den anderen zu entwerfen u. zu gestalten. → Person; → Aufklärung; → Schulautonomie.

L.: E. Fromm, Psychoanalyse u. Ethik, 1954 u. ö.; M. Welker, Der Vorgang A., 1975; G. Flores d'Arcais, Die Erziehung der Person, dt. 1991.

*Colleges* in die Univ.n eingegliedert. Die Erwachsenenbildung umfaßt berufl. wie allgemeinbild. Kurse und wird von Universitäten, techn. Hochschulen, staatl. Weiterbildungsanstalten sowie zahlreichen privaten Einrichtungen durchgeführt. Neben den zunehmend zentralisierten öffentl. Schulen (*Comprehensive Schools*) bestehen zahlreiche private, meist kirchl. Erziehungseinrichtungen (ca. 25%). Die Gesetzgebung und Verwaltung für das Schulwesen liegt vorwiegend bei den Einzelstaaten. Die finanz. Verantwortung trägt zunehmend die Zentralregierung.

A. ist sehr auf Bildungsaustausch mit anderen Ländern bedacht. Mit Hilfe verschiedener internat. Programme und Stipendien erhalten überseeische Studenten und Spezialisten finanz. Unterstützung beim Studium in A. Dies wird vor allem von Studenten aus asiatischen Ländern wahrgenommen. Als Mitglied der → UNESCO partizipiert A. aktiv an deren Programmen. Zur Förderung des Bildungswesens auf internationaler Ebene wurde 1994 die *Australian International Education Foundation* (AIEF) gegründet.

Die päd. Forschung liegt vor allem bei den Universitäten A.s. Ihre wichtigsten Organe sind: *Australian Association for Research in Education* (AARE, gegr. 1970). *Commonwealth Government of Education Research and Development Committee* (ERDC, 1981), *National Board of Employment, Education and Training* (NBEET, 1988).

L.: P. H. Partridge, Society, Schools and Progress in A., 1972; P. E. Jones, Education in Australia, 1974; Australian Information Service (Hg.), Education, 1977; J. V. D'Cruz, P. J. Sheehan (Hg.), The renewal of Australian schools, Melbourne ²1978; J. C. Irving, New Zealand's role in the development of education in the South Pacific, in: Proceedings, Seoul, Korean Comparative Educ. Soc., 1980; P. Karmel (Hg.), Education, Change and Society, Hawthorne 1981; G. Harm u. D. Smart (Hg.), Federal Invention in Australian Education, Melbourne 1982; Quality of Educ. Review Committee (Hg.), Quality of Educ. in A., Canberra 1985; J. H. Voigt, Geschichte A.s, 1988; G. Lakomski, Hochschulreform in A., in: Zschr. f. int. erz.- und soz.wiss. Forsch. 6 (1989) 2; P. Göllner, Das a. Schulsystem, in: Päd. Welt 45 (1991) 1; K. Schuster u. R. Giering, Studienführer A., 1997; S. Davies, Globalization an educational reforms in Anglo-American democracies, in: Comp. Educ. Rev. 41 (1997) 4.

**Austromarxismus.** Theoretiker und Führer der österr. Sozialdemokratie, u. a. M. → Adler, Otto Bauer (1881–1938), Rudolf Hilferding (1877–1941), Karl Renner (1870–1950), die abweichend von der orthodoxen marxist.-leninist. Doktrin den Sozialismus nicht durch eine proletarische Revolution, sondern über legale parlamentarische Reformen und eine schrittweise Erziehung zum Sozialismus herbeiführen wollten.

L.: P. Heintel, System und Ideologie, 1967; N. Leser, Der A. als Theorie und Praxis, in: Kölner Zs. f. Soz. und Soz.psych., 20 (1968); ders., Zw. Reformismus und Bolschewismus, 1968; O. Bauer, H.-J. Sandkühler (Hg.), A., 1970; J. Katsoulis, Sozialismus und Staat, 1975; Philosoph. Revisionismus, Berlin-O, 1977; T. Bottomore und P. Goodye, Austro-Marxism, Oxford 1978; M. E. Blum, The Austro-Marxists 1890–1918, Lexington 1985; R. Löw, Der A. – eine Autopsie, 1986; G. Mozetic, Die Gesellschaftstheorie des A., 1986; A. Pfabigan (Hg.), Vision u. Wirklichkeit, 1989.

**Auszubildender** (Azubi). Der durch das → Berufsbildungsgesetz von 1969 an die Stelle der herkömmlichen Bezeichnung → Lehrling eingeführte Begriff bezeichnet Personen, die in einem geordneten Ausbildungsgang aufgrund eines Berufsausbildungsvertrages die für die spätere Ausübung einer qualifizierten berufl. Tätigkeit notwendigen Fertigkeiten u. Kenntnisse vermittelt erhalten. Ein A. hat Anspruch darauf, nach der für seinen Ausbildungsberuf bundeseinheitlich geltenden Ausbildungsordnung innerhalb der vorgesehenen Ausbildungszeit (von je nach Beruf 2–3½ Jahren) zur Abschlußprüfung vor den mit der Selbstverwaltung der Berufsausbildung betrauten Kammern (insbes. Industrie- u. Handelskammer, Handwerkskammer) hingeführt zu werden. Der A. hat durch sorgfältige Erledigung der ihm übertragenen Aufgaben und durch Beachtung der seiner Qualifizierung dienenden Weisungen zum Ausbildungserfolg beizutragen, er darf jedoch nur zu Arbeiten herangezogen werden, die den Ausbildungszweck fördern und seinen körperl. Kräften entsprechen. Der A. ist grundsätzlich berufsschulpflichtig. → Berufsschule.

**Autismus** (griech.: Selbstbezogenheit). Nicht nur bei Wahnkranken (z. B. Querulantenwahn) auftretende Insichgekehrtheit, Kontaktunfähigkeit, Beschäftigung mit eigenen Phantasieinhalten, die sich nicht an der Wirklichkeit orientieren. Denken und Verhalten werden durch die eigenen Überzeugungen so

für die Jugendlichen grundsätzlich freiwillig und unterscheidet sich von jeder Art angeordneter und Zwangserziehung im schulischen oder sozialpädagogischen Bereich. Der früher Institutionen, Methoden, Inhalte und Ziele der a. J. zusammenfassende Begriff Jugendpflege wurde weitgehend durch → Jugendarbeit ersetzt. A. J. stellt in Verbindung mit Erwachsenenbildung einen Studienschwerpunkt im päd. Diplomstudium dar. → Jugendhilfe.

L.: D. Baake, Einführung in die a. Pädagogik, 1976, 2. neubearb. Aufl. 1985; Bundesvereinigung Kulturelle Jugendbildung (Hg.), Jugendkulturarbeit. Beispiele für Planung und Praxis, 1983; H.-J. Göppner, Hilfe durch Kommunikation in Erz., Therapie, Beratung, 1984; F. J. Krafeld, Geschichte der Jugendarbeit. Von den Anf. bis zur Gegenwart, 1984; B. Bierhoff, Außerschulische Jugendarbeit. Orientierungen zur Gesch., Theorie und Praxis eines sozialpäd. Handlungsfeldes, 1984; D. Bauer, Interessante außerunterrichtliche Tätigkeit, 1985, ²1988; H.-H. Krüger (Hg.), Hdb. der Jugendforschung, 1986; S. Kolfhaus u. a., Kulturelle J. zwischen Programmatik und Professionalität, 1986; U. Kröll (Hg.), Jugend und Geschichte. Histor. Lernen, Forschen und Spielen in der a. J., 1987; K. Möller, »… an den Bedürfnissen und Interessen ansetzen«: grundlagentheoretische Begründungszusammenhänge bedürfnisorientierter Jugend- und Erwachsenenbildung, 1988; L. Böhnisch, R. Münchmeier, Päd. des Jugendraumes, 1990; D. Damblon, Die Bedeutung der Katholischen Jugendverbände in der gegenwärtigen Jugendsituation, 1992; E. Cloer u. a., Gewerkschaftliche J., 1992; G. Brenner u. a. (Hg.), Päd. mit Jugendlichen, 1996; B. Hafeneger (Hg.), Hdb. polit. Jugendbildung, 1997.

**Australien.** A. besaß bis Mitte des 19. Jh. in allen Kolonien außer einigen elitären kirchl. Schulen nur wenige einfache Erziehungseinrichtungen mit schlecht ausgebildeten Lehrern. 1848 führte Neusüdwales nach irischem Vorbild ein ›duales‹ System von kirchl. und staatl. Schulen ein, dem ein einheitl. staatl. laizistisches Bildungswesen folgte. Zwischen 1872 und 1893 regelten auch die übrigen fünf Kolonien das Bildungssystem und legten seine organisatorischen und administrativen Grundlagen bis heute fest. Um 1900 breitete sich die Primarschulerziehung (bis zum 12. Lj.) in Stadt und Land aus; 1901 wurde das Recht auf schulische Ausbildung für Kinder und Jugendliche in der Verfassung verankert; in der ersten Hälfte des 20. Jh. entwickelte sich die Sekundarschulerziehung. Der Ausbau der Univ. erfolgte dagegen erst nach dem 2. Weltkrieg. Die 50er J. waren durch eine enorme Expansion im Bildungswesen gekennzeichnet. Gegenwärtig besucht ein Großteil der Kinder Kindergärten (oft auf freiw. und kostenpflichtiger Basis) sowie Vorschuleinrichtungen, von denen viele in das Schulsystem integriert sind: Diese Zentren nehmen 4j. Kinder auf und bieten 1–5 Stunden Unterricht täglich; außerdem werden an fünf Tagen der Woche ein Vorschulprogramm »Kindergarten« im Rundfunk und die »*Play School*« im Fernsehen gesendet. In entlegenen Gegenden gibt es zudem mobile Kindergärten. Seit 1972 stellt die Regierung große finanz. Mittel zum Ausbau des Vorschulbereichs im ganzen Land bereit. Schulpflicht besteht vom 6. bis 15. bzw. 16. Lj. (Tasmanien). Sie beginnt mit der Primarschule, die sich je nach Staaten auf 6 bis 7 J. erstreckt. Angesichts der weiten Entfernungen existieren seit 1916 sog. »*Correspondence Schools*« (Fernunterricht auf dem Postweg) und seit 1951 sog. »*Schools of the air*« (Rundfunkschulen). Mit der Einführung von Schulbussen nahmen die ländlichen → Einlehrerschulen ab. Mit 12 bzw. 13 J.n tritt man in eine der örtl. Sekundarschulen über, die sich in allgemeinbildende, techn., kaufmänn., fremdsprachl., natur- und sozialwiss. sowie mathem. Zweige gliedern. Der Typus der Gesamt- oder Vielzweckschule (*co-educational comprehensive, multi-purpose high-school*) ist am weitesten verbreitet, daneben gibt es spezielle höhere Schulen für techn., landwirtschaftl. Ausbildung. Die externen Prüfungen zur Erreichung der mittl. Reife (*junior level*) nach drei bzw. vier Jahren höherer Schule wurden in allen Staaten zugunsten schulinterner Examina abgeschafft. Nach der mittl. Reife besteht die Möglichkeit, direkt in den Beruf überzutreten oder nach zwei weiteren erfolgreich abgeschlossenen Jahren eine der 38 (1999) Univ.n des Landes, eine der 200 Einrichtungen der *Technical and Further Education* (TAFE) oder eines der 45 *Colleges of Advanced Education* (CAE) zu besuchen. 1988 wurde die Reform der Hochschulen eingeleitet (Anhebung der Zahl der Hochschulabsolventen, Anpassung von Forschung und Lehre an wirtschaftl. Erfordernisse und die »*national interests*«, Erleichterung des Hochschulzugangs für unterprivilegierte Bevölkerungsgruppen). Seit 1992 sind die *Teacher*

dungsabschluß, desto höher sind in der Regel spätere berufl. Position und Macht, Sozialprestige und Einkommen, soziale Privilegien und Ressourcen. Trotz verfassungsrechtlich garantierter Chancengleichheit im Zugang zu höheren Bildungsangeboten und trotz allgemein gestiegener Bildungsbeteiligung werden Schulerfolg und Anspruchsniveau neben dem Charakter und der Gesamtpersönlichkeit des Schülers entscheidend vom Sozialcharakter des Herkunftsmilieus beeinflußt. Sozialpsychologische und ökonomische → Bildungsbarrieren treten nicht nur beim Übertritt zu jeweils weiterführenden Bildungsgängen auf, sondern zeigen sich auch in den überproportionalen Schulabbruch- und Rückschulungsquoten von Kindern aus sog. unterprivilegierten Bevölkerungsgruppen und bewirken ihr »kumulatives Sozialisationsdefizit«. Schulerfolg und Lebenschancen hängen auch heute noch trotz (oder wegen) differenzierter päd. A.prozesse weitgehend von der sozialen Herkunft ab. → Erziehung und Gesellschaft, → Soziologie der Erziehung.

L.: M. Young, Es lebe die Ungleichheit, 1961; H.-G. Rolff, Sozialisation und A. durch die Schule, 1967, [7]1974; R. Dahrendorf, Bildung ist Bürgerrecht, 1968; G. Nunner-Winkler, Chancengleichheit und individuelle Förderung, 1971; G. Szell (Hg.), Privilegierung und Nichtprivilegierung im Bildungssystem, 1972; N. Weber, Privilegien durch Bildung, 1973; R. Biermann (Hg.), Schul. Selektion in der Diskussion, 1976; D. K. Müller, Sozialstruktur und Schulsystem, 1977; K. Rodax, N. Spitz, Sozialstatus und Schulerfolg, 1978; W. Brinkmann (Hg.), Erziehung, Schule, Gesells., 1980; H. Fend, Theorie der Schule, 1980; P. Koppenhöfer, Bildung und A., 1980; G. Henze, J. Nauck, Testen und Beurteilen, 1985; R. Vierlinger (Hg.), Die Guten ins Töpfchen, die Schlechten …?, 1986; N. Luhmann, K. E. Schorr, Reflexionsprobleme im Erziehungssystem, 1988; W. Hofmeyer, Allgemein anerkannte Bewertungsgrundsätze, 1988; R. Richter, Der schwere Weg zum Abitur, in: Die Deutsche Schule 82 (1990); Bildung, Gesellschaft, soziale Ungleichheit, hg. von H. Sünker u. a., 1994; Die Wiederentdeckung der Ungleichheit, Jb. 1996 Bildung und Arbeit.

**Außenseiter** sind Personen, die nicht oder nur teilweise in soziale Gruppen oder Organisationen integriert sind und an deren »Rand« stehen, da sie aufgrund eigener Entscheidung, fremder Einwirkung oder objektiver Zwänge von den geltenden Zielen, Werten und Normen, Verhaltensaufforderungen und -mustern einer sozialen Gemeinschaft abweichen. Gegenüber dem selbstgewählten A. aufgrund kritischer Distanz zu den Gruppennormen (z. B. Nonkonformismus) ist die (fremdbestimmte) Etikettierung eines Gruppenmitglieds als A. viel problematischer, da sie zu seiner Ablehnung oder Verfolgung als eines Sündenbocks führt. Einer solchen → Stigmatisierung gegenüber ist der einzelne relativ wehrlos, sobald etwa sozial bewertete Attribute wie körperl. Auffälligkeiten, soziale oder psychische Andersartigkeiten (aufgrund sozialer Herkunft, besonderer biographischer Erlebnisse usw.) zum Anlaß der Diskriminierung werden. Der Mangel an Sympathie und das relativ hohe Maß an Ablehnung, die der A. erfährt, wirken sich in der Regel deformierend auf seine Persönlichkeitsentwicklung aus und haben mangelndes Selbstvertrauen, Lern-, Leistungs- und Verhaltensstörungen (Aggressivität, Regressivität u. a.) zur Folge, wenn nicht eine Re-Integration des Außenseiters in die Gruppe mit päd. und gruppendynamischen Maßnahmen erfolgt. → Abweichendes Verhalten, → Resozialisierung.

L.: H. S. Becker, Outsiders, 1963 (dt. 1973); J. Witzel, Der A. im Sozialisationsprozeß der Schule, 1969; W. Keckeisen, Die gesellschaftl. Definition abweichenden Verhaltens, 1974; H. Mayer, A., 1975; H. Schlegtendal, A., 1990; E. Schütz, Das Individuum als A., in: Vierteljahrsschr. f. wiss. Päd. 67 (1991) H. 1; U. Rauchfleisch, A. der Gesellschaft, 1999.

**außerschulische Erziehung** umfaßt alle Bildungs- und Erziehungsprozesse vor, neben und nach der → Schule. Bes. Aufgabenfelder sind z. B. → Freizeit, → Jugendarbeit, → Resozialisierung. Umstritten ist, ob nur intentionale Maßnahmen oder auch funktionale Einflüsse einbezogen werden. Nachdem die Päd. sich lange Zeit auf die Schule beschränkt hat, ist die a. E. erst im Laufe dieses Jh. zu ihrem Arbeitsfeld geworden. Akadem. Studiengänge mit Diplom-Abschluß (→ Diplom-Pädagoge) wurden in Dtl. erst ab 1969 eingeführt.

**außerschulische Jugendbildung** schließt alle päd. Maßnahmen ein, die außerhalb von Schule, aber auch neben Familie und Berufsausbildung jungen Menschen (im Alter von ca. 10–18 Jahren) in verschiedenen Formen und Einrichtungen angeboten werden. Sie ist

Der gläserne Fremde, 1984; G. Buckner, A., in: I, Lisop, R. Huisinga (Hg.), Bildung zum Sozialschrott?, 1984; H. H. Reich, F. Wittek (Hg.), Migration, Bildungspolitik, Päd., 1984; W. K. Roth (Hg.), A., 2 Bde., 1985; Dt. Jugendinst. (Hg.), Ausländerarbeit u. Integrationsforschung, 1986; H. H. Karg, Asylantenpäd., 1987; M. Sayler (Hg.), A. als Friedenspäd., 1987; H. Czock, Der Fall A., 1993; Interkulturelle Didaktiken, hg. v. H. R. Reich u. U. Pörnbacher, 1994; G. Auernheimer, Einführung in die interkulturelle Erziehung, 1990, ²1995; H. Heim, Interkulturelle Päd. zwischen Integration und Multikulturalität, in: Vierteljahrsschr. für wiss. Päd. 71 (1995) H. 4.

**Auslandspädagogik** → Vergleichende Erziehungswissenschaft.

**Auslandsschulen.** A. im weiteren Sinne gab es bereits im Mittelalter, als Bauern, Kaufleute u. Handwerker ins Ausland zogen und aus eigenem Antrieb Schulen für ihre Kinder gründeten, um für diese das Deutsche zu erhalten. Die Entwicklung höherer A. im engeren Sinne setzte deutlich gegen Ende des 19. Jh. ein. 1878 wurde der sog. Reichsschulfonds geschaffen, aus dem zunächst 15 A. unterhalten werden konnten; 100 J. später unterstützte die BRD ca. 500 A. und ca. 1000 Schulbauten und kleinere schulische Fördervorhaben (Schulen mit verstärktem Deutschunterricht, Sprachgruppenschulen, Sprachkurse an Schulen). Ca. 40 A. sind als »Dte. A.« im Sinne der Gleichwertigkeit mit Inlandsschulen anerkannt. Man unterscheidet Begegnungsschulen (intensiver Deutschunterricht für vorwiegend fremdsprachliche Schüler; zweisprachiger Fachunterricht mit Lehrplänen, die an dt. und denen des Gastlandes orientiert sind; Aufnahme fremdsprachiger Schüler nach Deutschprüfung in die Sekundarstufe), Europaschulen und Expertenschulen oder Deutschsprachige A. (innerdt. Bildungsziele und dt. Lehrpläne einschließl. Oberstufenreform; Deutsch als Unterrichtssprache). Pflichtgefühl gegenüber dem Gastland u. höheres Schulgeld waren die entscheidenden Gründe für die Aufnahme einheimischer Schüler, die heute zum Wesen der A. gehört. → Europ. Gemeinschaft.

L.: Auswärt. Amt, Auswärt. Kulturpolitik im Schulwesen, ²1980; F. Schmidt, Wesen u. Eigenart d. dt. A., in: Päd. u. Schule in Ost u. West, 32 (1984), H 1; S. Vergin u. a. (Hg.), A. – Partner der Dritten Welt, 1988; C.-G. Frank, Schulreformen an dt. A., 1995.

**Auslese** (Selektion) bezeichnet Ziel, Prozeß bzw. Resultat der Maßnahmen, mit denen begabte, d. h. leistungsfähige, den Ansprüchen des Schulsystems genügende Schüler aus einer Schulklasse, einer Schule, einer Schulart, einem Altersjahrgang etc. »herausgelesen« werden. In der hochindustrialisierten Leistungsgesellschaft stellt A. neben → Unterricht (→ Qualifikation) und → Erziehung (→ Sozialisation) eine zentrale Aufgabe des Schulsystems dar. Sie dient dem Zweck, den verschiedenen Arbeitsmärkten bzw. gesellschaftl. Tätigkeitsfeldern rechtzeitig den quantitativ und qualitativ benötigten Nachwuchs an Arbeits- und Führungskräften zur Verfügung zu stellen.

Die A. von Begabungen aller Art, unabhängig von sozialer Herkunft, Geschlechts-, Glaubens- und Rassenzugehörigkeit etc. entspricht liberalen und dem Leistungsprinzip korrespondierenden Forderungen nach → Chancengleichheit und »Bürgerrecht auf Bildung« (Dahrendorf). Der dynamische Begriff von → Begabung betont nicht nur die wechselseitige Abhängigkeit von → Anlage und → Umwelt, sondern unterstreicht auch die schulorganisatorische Notwendigkeit, jeder Begabungs-A. eine ausreichende und genügend differenzierte individuelle Förderung des einzelnen Schülers vorausgehen zu lassen, damit er an den Herausforderungen seine Fähigkeiten überprüfen und seine Begabungen entwickeln kann. Für Schule als soziale Organisation wird so statt punktueller Eingangs-A. eine längerfristige Bewährungs-A. mit individueller Begabungsdiagnose und -förderung (etwa in Form von → Förder- oder → Orientierungsstufen) nötig. Unterrichtsorganisatorisch sind Maßnahmen der → Differenzierung und → Individualisierung geboten. Die → Durchlässigkeit zw. verschiedenen Bildungsgängen ist im tradit. → dreigliedrigen Schulsystem (zwar nicht juristisch, wohl aber statistisch!) noch gering; Erfahrungen mit integrierten → Gesamtschulen haben hier Verbesserungen erkennen lassen. Durch → Zensuren und Zeugnisse, d. h. A. erfolgtüchtiger und Aussonderung lernschwacher → Schüler weisen → Lehrer diesen je nach ihrer schulischen Leistung einen gesellschaftlichen Status zu: Je länger die Schulausbildung und je höher der Bil-

**Ausbildungskapazität**                                                                                                     **40**

Ausbildungsordnungen lösten die vorherigen »Fachlichen Vorschriften zur Regelung des Lehrlingswesens« (Handwerk) und »Ordnungsmittel« (Industrie und Handel) ab.

L.: Bundesminister für Bildung und Wissenschaft (Hg.), Ausbildungsordnungen, 1976; H. Benner, Der A. als berufspäd. und bildungsökonom. Problem, 1977; T. Adler u. a., A.e im Wandel, 1996.

**Ausbildungskapazität,** Gesamtzahl der Schüler bzw. Studierenden, die in den einzelnen Stufen (Klassen bzw. Semestern) und Abteilungen (Schulformen bzw. universitäre Fachbereiche) einer Bildungsinstitution gleichzeitig ausgebildet werden können. → Ausbildung.

**Ausbildungswerkstätten** → Lehrwerkstätten.

**Ausländerpädagogik,** neuerdings auch »Interkulturelle Erziehung«, beschäftigt sich urspr. mit der päd. Problematik ausländ. Kinder u. Jugendlicher, bes. jener der sog. Zweiten und Dritten Ausländergeneration, also der Kinder derjenigen ausländ. Arbeitsimmigranten, die in den 60er Jahren von der BRD angezogen wurden. Standen in der A. zunächst Probleme am Arbeits- und Wohnmarkt im Vordergrund, so traten immer stärker jene im Bildungsbereich hervor. Deshalb spricht man seit Mitte der 70er Jahre von einer »päd. Wende« in der wiss. Forschung zur A., die sogar zum Vorwurf einer übertriebenen »Pädagogisierung« der Ausländerproblematik und deren Vernachlässigung als (sozial-)polit. Problem geführt hat. (→ Menschenrechte, → Rassismus).

Während die erste Generation der Arbeitsimmigranten polit. wie päd. Thema der Rückwanderung oder »Re-Emigration« wurde, gibt die z. T. stark von der Jugendarbeitslosigkeit betroffene Zweite und Dritte Generation die aktuellen Probleme auf. Wie die Kommission »Ausländerpolitik«, die sich aus Vertretern von Bund, Ländern u. Gemeinden zus.-setzt, 1983 betonte, sollen für die in der BRD aufgewachsene Zweite u. Dritte Ausländergeneration Integrationshilfen angeboten werden. Als bes. wirksam gelten dabei die schulische u. berufl. Bildung dieser Kinder und Jugendlichen (vgl. auch die Diskussion um die Herabsetzung des Einreisealters auf 6 J.).

Die A. als eine wiss. Disziplin erwuchs in der BRD aus der mannigfaltigen Literatur zum Thema ›Ausländer in der BRD‹, wobei sich der Schwerpunkt von der Ersten auf die Zweite u. Dritte Generation und hier wiederum auf die jugendl. Ausländer verschoben hat. Zentrale Fragen der A. sind: schulische u. familiale Situation; Probleme am Jugendarbeitsmarkt (Arbeitslosigkeit, sog. ›Seiteneinsteiger‹); Frage der Ghettoisierung und der Ausländerfeindlichkeit (Xenophobie); Frage der Integration; Problem der Sprache u. Kultur, der sozialen u. personalen → Identität usw. Heute wird in der A. am stärksten das »partnerzentrierte bzw. interaktionist. Integrationsmodell« diskutiert, da dieses dem zentralen Leitziel der Vermittlung von sozialer Kompetenz und Handlungsfähigkeit am nächsten kommt. Als Voraussetzung und Ausgangspunkt der päd. u. polit. Bemühungen gilt dabei die Identitätsproblematik, d. h. die Auseinandersetzung mit der eigenen Biographie (personale Identität), ihrer gegenwärtigen gesellschaftl. Situation (soziale Identität) und dem eigenen → Ich (Selbst- und Ich-identität).

An den Hochschulen und Universitäten der BRD hattte sich neben dem Begriff auch die Disziplin »A.« allmählich durchgesetzt, und zwar quasi als eine »Bindestrichdisziplin« innerhalb der Sozial- und Gesellschaftswissenschaften. Anfang der 80er Jahre wurde an dieser wiss. Disziplin scharfe Kritik laut. Danach gehe es der wiss. Beschäftigung mit dem Thema eher um die Qualifikation der sich mit A. beschäftigenden Studenten und Professoren als um die Probleme der betroffenen Ausländer selbst (Ausländer als Probanden, als Gegenstand von Examens-, Diplom-, Doktor- u. sonstiger theoret. Arbeiten, als Legitimation für die Schaffung von mehr Planstellen für Diplom- u. Sozialpädagogen). → Multikulturelle Erziehung.

Zs.: Lernen in Dtl., Zs. f. päd. Arbeit mit ausländ. Kindern u. Jugendlichen 1 (1979) ff.
L.: A. Schrader, B. Nikles, H. M. Griese, Ausländ. Kinder an deutschen Schulen, 1973; U. Sandfuchs (Hg.), Lehren und Lernen mit Ausländerkindern, 1981; K. Bielefeld, R. Kreissl, T. Münster, Junge Ausländer im Konflikt, 1982; K.-H. Dickopp, Erz. ausländ. Kinder als päd. Herausforderung, 1982; J. Ruhloff (Hg.), Aufwachsen im fremden Land, 1982; P. E. Kalb (Hg.), Wir sind alle Ausländer, 1983; G. Auernheimer (Hg.), Handwörterb. Ausländerarbeit, 1984; M. Borelli (Hg.), Interkulturelle Pädagogik, 1984; H. M. Griese (Hg.),

von Schülern auf den Erwerb guter Noten führt über Leistungsstreß und erhöhte Konkurrenz zu physischen und psychischen Beeinträchtigungen, vor denen sich Schule nicht als Lebens-, sondern als Schicksalsweg des Kindes, nicht als optimale, sondern als inhumane Organisation von Lernprozessen erweist. → Soziologie der Erziehung, → Erziehung u. Gesellschaft.

L.: P. Petersen (Hg.), Der A. der Begabten, 1916; K.-M. Bolte, S. A. und Abstieg, 1959; H.-H. Plickat, Die Schule als Instrument des S. A.s, 1959; F. Fürstenberg, Das A.sproblem in der mod. Ges., 1962; W. Müller, Familie, Schule, Beruf, 1975; W. Müller, K. U. Mayer, Chancengleichheit durch Bildung?, 1976; H. Bude, Dt. Karrieren, 1987.

**Augustinus,** Aurelius, * 13. 11. 354 Tagaste, † 28. 8. 430 Hippo (Nordafrika); 395 Bischof von Hippo; bedeutendster Kirchenvater des westl. Christentums, Vermittler zw. → Altertum und → Mittelalter. Theologisch vertrat A. den Primat des Glaubens vor dem theologischen Wissen, päd. führte er die antike → Paideia (→ artes liberales, den Platonismus, die Erziehungsweisheit des → Sokrates) in die → christl. Erziehung weiter. In seinen »Bekenntnissen« (»*Confessiones*«) erweist A. Selbsterkenntnis und Autobiographie nicht nur als psychologische Methode der Eigendarstellung, sondern als Mittel und Ziel der geistigen Bewußtseins- und Gewissensbildung. In der Schrift »Über den Lehrer« erörtert A. Bedeutung und Grenzen von Unterricht und Lehre und nimmt Themen der heutigen → Antipäd. ebenso wie der modernen Linguistik vorweg.

Schr.: Confessiones/Bekenntnisse, lat. und dt., 1955; Der Lehrer, hg. v. C. J. Perl, 1958, ²1966; De catechizandis rudibus, hg. v. H. Rohde, 1965; De magistro – Über den Lehrer, hg. von B. Mojsich, 1998.
L.: E. Przywara, A., 1934; R. Guardini, Die Bekehrung d. Aurelius A., 1950, Neuausg. 1989; H.-I. Marrou, A., 1958 u. ö.; R. Berlinger, A.s dialog. Metaphysik, 1962; L. R. Patané, Il pensiero pedagogico di S. Agostino, Bologna 1964, ²1969; A. Schöpf, A. Einf. in sein Philosophieren, 1970; K. Flasch, A. Einf. in sein Denken, 1980; H. J. Marrou, A. und das Ende der antiken Bildung (1938), dt. 1981, 2. erg. Aufl. 1995; D. Steinwede, A., 1984; J. Mader, A. A. Phil. u. Christentum, 1991; W. Böhm, A. A., in: Menschenbilder, hg. v. C. Menze u. a., 1993; Ch. Horn, A., 1995; J. Kreuzer, A., 1995.

**Aurin,** Kurt, * 5. 8. 1923 Nordhausen (Harz), Promotion Berlin 1957, Abteilungsleiter im Zentrum für Bildungsforschung Univ. Konstanz 1967, 1970 Prof. für Päd. TU Hannover, 1976 Univ. Freiburg. Wichtige Arbeiten zur päd. Begleitforschung einschließlich ihrer Methodologie.

Schr.: Die Bedingtheit der Schulleistung durch die päd. Gestaltungsform, Diss. Berlin, 1957; Ermittlung und Erschließung von Begabungen im ländl. Raum, 1966; Sekundarschulwesen – Strukturen, Entwicklung und Probleme, 1977; Mehr Verständnis für Kinder – Mehr Verständnis für die Schule, 1980; (Hg.), Beratung als päd. Aufgabe, 1984; zus. m. B. Schwartz, Die Erforschung päd.er Wirkungsfelder, 1985; (Hg.), Schulvergleich in der Diskussion, 1985; (Hg.), Gute Schulen – worauf beruht ihre Wirksamkeit?, 1989, ²1991; Auffassungen von Schule und päd. Konsens, 1993; Gemeinsam Schule machen. Schüler, Lehrer, Eltern – ist Konsens möglich?, 1994; Strukturelemente einer guten Schule unter besonderer Berücksichtigung der Sekundarstufe I., 1995.

**Ausbildung** meint im Gegensatz zu → Bildung oder → Allgemeinbildung die Vermittlung der auf spezielle Berufe oder Verrichtungen ausgerichteten → Fähigkeiten und → Fertigkeiten. Entsprechend heißen z. B. traditionell diejenigen Personen, die eine praktische betriebliche Bildungsarbeit leisten, Ausbilder, und diejenigen, die eine solche A. erhalten, → Auszubildende (Azubi). Die Einbindung von A.smaßnahmen in Bildungsprozesse stellt ein immer wieder aktuelles päd. Problem dar. → Berufserziehung, Berufsbildung.

**Ausbildungsberuf.** Der Begriff A. hat sich Ende der 30er Jahre als Oberbegriff für Lehr- und Anlernberufe herausgebildet und wurde mit dem → Berufsbildungsgesetz verbindlich eingeführt. Die von den Fachministern mit dem Bundesminister für Bildung und Wissenschaft erarbeiteten und für alle Betriebe verbindlichen Ausbildungsordnungen liefern die Grundlage für ein geordnetes, einheitliches berufliches Ausbildungswesen und tragen der techn., wirtschaftl. und gesellschaftl. Entwicklung Rechnung. Die Ausbildungsordnung (§ 25 BBiG) regelt: Bezeichnung des A.; Ausbildungsdauer; Ausbildungsberufsbild (Fertigkeiten und Kenntnisse, die Gegenstand der Berufsausbildung sind); Ausbildungsrahmenplan (Anleitung für die Ausbildungsstätte zur sachl. und zeitl. Gliederung der Ausbildungsinhalte); Prüfungsanforderungen. Die

daß der Schul-A., besonders der dialektische Besinnungs-A., zu wenig von einer wirklichen Sprachsituation ausgehe, Schreiber und Leser zu wenig ernsthaft berücksichtige, irrelevante Gegenstände als Themen auswähle und die sprachl. Regeln als bloße Erfüllung schulischer Normen betrachte. Ein zeit- und schülergemäßer AU. habe all diese Punkte ins Positive zu wenden, dabei sei grundsätzlich von der Unterscheidung von monologischen und dialogischen A.en auszugehen; monologische A.e dienen der Klärung eines Sachverhaltes, einer Stimmung, einer Empfindung oder Vorstellung des Schreibers durch den Schreiber, dialogische dagegen der Mitteilung (Schreiber und Leser sind verschiedene Personen oder Gruppen). Auch hier existieren wieder verschiedene Formen: Bericht, Erlebnisschilderung, Gedichtinterpretation, polit.-philosophisch-geschichtl. Abhandlung usw.

Als wesentliche Momente eines solchen AU.s können beispielsweise gelten: Erarbeitung des Themas und der Situation, in der dieses für Schreiber und Leser relevant wird; Strategien der Information, Materialsammlung, -gliederung und -aufbereitung; Kriterien und Arbeitsschritte der Formulierung unter Einbringung der Situationen von Leser und Schreiber; Darstellung und Diskussion verschiedener Formulierungsmöglichkeiten; Maximen der sprach- und regelgerechten Darstellung; Überprüfung und Beurteilung des Geschriebenen.

Die A.beurteilung oder -benotung stellt ein eigenes Problemfeld dar, da hier die Frage nach objektiven und subjektiven Gründen und Kriterien für die Beurteilung besonders schwierig und weitgehend ungeklärt ist (Differenzen zwischen einzelnen Lehrern bei der Beurteilung des gleichen A.s u. ä. → Halo-Effekt, → Pygmalion-Effekt). → Deutschunterricht.

L.: A. Jensen, W. Lamszus, Unser Schula. – ein verkappter Schundliterat, 1910; W. Ingendahl, A.erziehung als Hilfe zur Emanzipation, 1972, ⁴1975; A. Schau (Hg.), Von der A.kritik zur Textproduktion, 1974; W. Ingendahl, Sprechen und Schreiben, 1975; R. Sanner, AU., 1975; O. Beck, F.-J. Payrhuber (Hg.), AU. heute (m. Bibl.), 1977, ²1978; W. Hermann, Kontrastive A.didaktik, 1978; R. Hippe, Der dt. A. auf der neugestalteten gymn. Oberstufe, 1979; J. Eckhardt, H. Helmers, Reform des AU.s, 1980; J. Fritzsche, A. didaktik, 1980; G. Sennlaub, Spaß beim Schreiben oder A.erziehung?, 1980; O. Beck/F.-J. Payrhuber/W. Steffens, Praxis des AU. in der Sekundarstufe, 1982; H. Reger, Literatur- und AU. in der Grundschule, 1984; O. Beck, N. Hofen, A.unterricht Grundschule, 1990, ²1993; L. Bahmer, Antike Rhetorik u. kommunikative Didaktik, 1991; F.-J. Peyrhuber, Schreiben lernen. AUu. in der Grundschule, 1996.

**Aufstieg,** sozialer, bezeichnet das Erreichen höherer, angesehener sozialer (Berufs-)Positionen oder Schichten entweder im Lebenslauf einzelner Personen (individueller A.) oder in der gemeinsamen Statusverbesserung ganzer Berufsgruppen (kollektiver A., z. B. die → Akademisierung der Volksschullehrerbildung). Man unterscheidet zwischen dem *intra*generativen A. (z. B. berufliche Karriere eines einzelnen Arbeitnehmers) und dem *inter*generativen A. (z. B. Statusverbesserungen der Kinder- bzw. Enkelgeneration). In modernen, komplexen industriellen Leistungsgesellschaften wird das Erziehungs-, speziell das Schul- bzw. Ausbildungssystem zu einem zentralen A.s»kanal«: Die Abhängigkeit der Berufstätigkeit vom Bildungsabschluß wird mit der Formalisierung der im Schulwesen verliehenen → Berechtigungen und der in Arbeitsorganisationen festgelegten Eintrittsvoraussetzungen immer größer. Die Analyse der im Schulsystem stattfindenden → Allokation hat in den letzten Jahrzehnten typische, v. a. schicht- und geschlechtsspezifisch sowie regional bedingte → Bildungsbarrieren sichtbar gemacht. S. A. gilt zwar als bürgerlicher Lebenserfolg schlechthin, ist indessen – trotz des liberalen Chancengleichheitspostulates (→ Chancengleichheit) – nicht für alle Mitglieder einer Gesellschaft gleichermaßen erreichbar, zumal die mit der → Bildungswerbung verstärkte »Überfüllung« der weiterführenden Bildungsgänge (→ Bildungsboom) neue polit. Steuerungsprobleme im Bildungswesen nach sich zieht (vgl. etwa den → Numerus Clausus), die in den Kassandrarufen von einem akademischen Proletariat enden. Als negative Begleiterscheinungen eines sozialen Aufstiegskampfes um jeden Preis erweisen sich gegenwärtig v. a. die immer früher einsetzende Intellektualisierung (→ Intellektualismus) und Leistungsorientierung (→ Leistung) der kindl. Lebenswelt zu Lasten von sozialer und musischer Erziehung, von → Spiel, → Kreativität etc. Die Abrichtung

gung wurde die A., indem sie Leben und Erziehung von der Vernunft her gestaltete und jeden, ohne Unterschied des Standes, der Rasse oder der Religion gleichermaßen an Bildung teilnehmen lassen wollte. (→ Basedow, → Lessing). Päd. zielte die A. auf eine Unterweisung zu vernünftigem und glückseligem Leben, zur Ausbildung aller Verstandeskräfte und im Schulwesen zu einem auf Diesseitigkeit und Nützlichkeit gerichteten Unterricht: Betonung der → Realien, Entstehen der → Realschulen, von Ritterakademien (→ Akademie) und der Industrieschulbewegung, Verstaatlichung des Schulwesens. Der Dt. Idealismus (→ Kant, → Fichte, → Hegel) führte die Gedanken der A. weiter, setzte sich aber gleichzeitig mit ihr auseinander; überwunden wurde die A. durch die sog. Hist. Bewegung (→ Herder), durch → Romantik und → Deutsche Bewegung. → Lebensphil., → Philanthropismus.

L.: I. Kant, Was ist A.?, 1784; E. Heimpel-Michel, Die A., 1928; M. Horkheimer, Th. W. Adorno, Dialektik der A., 1947, Neuausg. 1969 u. ö.; H. M. Wolff, Die Weltanschauung der dt. A. in geschichtl. Entwicklung, 1949; P. Hazard, Die Herrschaft der Vernunft, dt. 1949; W. Roeßler, Die Entstehung des modernen Erziehungswesens in Dtl., 1961; G. Funke, Die A., 1963; H. E. Bödeker, U. Herrmann (Hg.), Über den Prozeß der A. in Dt. im 18. Jh., 1986; H. Möller, Vernunft und Kritik. Dte. A. im 17. und 18. Jh., 1986; H. Glantschnik, Liebe als Dressur. Kindererz. in der A., 1987; R. Wild, Die Vernunft der Väter, 1987; J. Starobinski, Die Erfindung der Freiheit, dt. 1988; H.-P. Hager, Wesen, Freiheit und Bildung des Menschen, 1989; S. Moravia, Beobachtende Vernunft, dt. 1989; W. Schneiders, Hoffnung auf Vernunft, 1990; B. Nieser, A. und Bildung, 1992; U. Im Hof, Das Europa der A., 1993; A., Bildung und Öffentlichkeit, hg. von J. Oelkers, 1993; U. Herrmann, A. und Erziehung, 1993; H.-P. Hager, D. Jedan (Hg.), Staat u. Erziehung in A.sphil. u. A.szeit, 1993; Kath. A. – A. im kath. Dtl., hg. v. H. Klueting u. a., 1993; I. Mondschein, Kinder- und Jugendbücher der A., 1994; N. Hammerstein, Universitäten und A., 1995; W. Schneiders (Hg.), Lexikon der A., 1995; R. Enskat, Wissenschaft und A., 1997; J. Köhler, Vernunft und Bildung für eine fortgesetzte A., 1997; F.-P. Hager, Bildung, Pädagogik und Wissenschaft in A.sphil. und A.szeit, 1997; E. Cassirer, Die Philos. der A., (1932) Neuausg. 1998.

**Aufmerksamkeit** bezeichnet bestimmte Selektionsvorgänge bei der Aufnahme und Verarbeitung von Umweltreizen und die spezielle Gerichtetheit der dabei beteiligten psychischen Funktionen. Eine bewußt ausgerichtete und aufgabenorientierte A. heißt willkürliche, eine mehr passive, von der Anziehungskraft der jeweiligen Reize abhängige heißt unwillkürliche A. Päd. versucht man A. zu fördern durch Ausschaltung von Störreizen, Erhöhung der Attraktivität des Aufgabenmaterials (vgl. z. B. → Montessori-Material) und eine größtmögliche »Passung« von Leistungsanforderung und -fähigkeit; daneben versucht man ein gezieltes A.straining durch systematische Fremdbekräftigung und durch Einübung von Selbstkontrolltechniken.

L.: I. Wagner, A.straining mit impulsiven Kindern, 1976, [5]1991; H. Barchmann u. a., A. und Konzentration im Kindesalter, 1991; J. Janssen, E. Hahn, H. Strang (Hg.), Konzentration und Leistung, 1991; J. Beckmann, H. Strang, E. Hahn (Hg.), A. und Energetisierung. Facetten von Konzentration u. Leistung, 1993; M. Imhof, Mit Bewegung zu Konzentration?, 1994; G. Schöll, Forderung von A. in der Grundschule, 1997; G. W. Lauth, P. F. Schlottke, Training mit aufmerksamkeitsgestörten Kindern, [3]1997; G. Schöll, Förderung von A. in der Grundschule, 1997; C. Ettrich, Konzentrationstrainingsprogramm für Kinder, 1998; W. G. Leitner, Konzentrationsleistung und A.sverhalten, 1998.

**Aufsatz, Aufsatzunterricht** (A., AU.). Unter A. wird ein schriftl. fixierter Text verstanden, der in sich geschlossen ist und einen gewissen Umfang nicht übersteigt, unter AU. die planmäßige Anleitung und Schulung zur bzw. der Textproduktion. AU. ist damit ein wichtiger Teil der → Spracherziehung, bes. des → Deutschunterrichts. In der Geschichte der höheren Schule nahm der lat. A. als Kern und Krönung der Reifeprüfung lange Zeit eine bedeutende Stellung ein. Im Laufe des 19. Jh. verkam er aber mehr und mehr zu einer »sklavischen«, geistlosen Nachahmung vorgegebener Muster. Dies wurde u. a. von → Nietzsche heftig kritisiert, und der lat. A. wurde im Rahmen der wilhelminischen → Schulreform abgeschafft. Eine ähnliche Entwicklung war auch beim dt. A. in der → Volksschule festzustellen, so daß ihn die Hamburger Lehrer Jensen und Lamszus als »verkappten Schundliteraten« bezeichneten. Sie und weite Teile der → Reformpäd. forderten als Ideal die selbsttätige, produktive Darstellung eigener Erlebnisse (sog. Erlebnis-A.). Eine neuere Kritik der Praxis des AU.s entstand von der Zielkategorie der kommunikativen → Kompetenz her und beanstandete,

**Assimilation** (lat.: Ähnlichmachung), in der Entwicklungstheorie → Piagets die Einordnung von Umwelteindrücken in die eigenen kognitiven Schemata als eine Möglichkeit der Erhaltung des Fließgleichgewichts der → Anpassung neben der → Akkomodation. Piaget deutet die kognitive Entwicklung als Prozeß zunehmenden Gleichgewichts zwischen A. und → Akkomodation als einander ergänzenden Prozessen.

**Associate degree** (Abk.: A. A., A. S.), nach 2j. College- oder Univ. Besuch erworbener → akademischer Grad. Erstmals 1865 an der Univ. of Durham (England) verliehen, wurde er vor allem nach 1900 in den USA gebräuchlich.

**AStA** (Allgemeiner Studentenausschuß), nach dem 1. Weltkrieg an Hochschulen entstandene Organe der studentischen Selbstverwaltung zur Teilnahme an der Hochschulverwaltung, zur Vertretung studentischer Interessen, zur sozialen Hilfe und zur demokratisch-politischen Bildung. Im → Nationalsozialismus abgelöst durch den NS-Studentenbund, nach 1945 wieder eingerichtet, 1949 zum Verband Dt. Studentenschaften (VDS) zusammengeschlossen, wurden die »ASten« durch spätere Hochschulgesetze einiger Bundesländer in bloße Studentenvertretungen in Hochschulgremien umgeändert.

**Astronomieunterricht.** Der A. soll ein Grundwissen über die Gesetzmäßigkeiten der Vorgänge im All vermitteln; er baut auf mathematischen und physikalischen Grundkenntnissen auf. Seit 1959 wurde er v. a. in der Oberschule der → DDR durchgeführt.

**Audiovisuelle Medien** sind technische (elektromechan. oder elektron.) Instrumente zur Speicherung, Wiedergabe und Ausbreitung von »Botschaften« mittels akustischer (Ton-) und visueller (Bild-)Kanäle, mit deren Hilfe die Menschen ihre Möglichkeiten der → Kommunikation und der Wahrnehmung beträchtlich erweitern. Im engeren Sinne gehören dazu Film, Radio, Fernsehen. Das 1947 auf der 10. Internat. Erziehungskonferenz in Genf geprägte Adjektiv »audiovisuell« hebt ab auf die Synthese der verschiedenen »Sprachen« (Wort, Ton, Bild), die vom Sender in bestimmten Kodices (Kodifizierung) übermittelt und vom Empfänger entsprechend entschlüsselt (Dekodifizierung) und verstanden werden. Diese Übermittlungsprozesse müssen die Gefahr von Störungen und → Redundanzen vermeiden, die Möglichkeit des → *feed-back* einräumen und eine aktive »Antwort« des Empfängers gestatten. In Schule und Didaktik finden die A.n M. einen angemessenen Platz, der ihnen durch eine ausreichende fachl. und päd. Kompetenz der Lehrenden zugewiesen wird. Eine Erziehung zum Gebrauch der A. M. kann sich nicht darauf beschränken, die Empfänger gegen die → Massenmedien zu immunisieren, sondern muß sie zu einer aktiven Teilnahme und zu einem kritischen Gebrauch führen.

**Aufbauklassen** waren manchen Volksschulen angegliederte Klassen, die über das Volksschulziel hinausführten.

**Aufbauschulen** sind Gymnasien in Aufbauform, die vom 6. bzw. 7. Schulj. in 7 bzw. 6 J. befähigte Jugendliche zum → Abitur führen. Im österreich. Aufbaugymnasium können ab dem 14. Lebensjahr in einem 5j. Hauptkurs geeignete Schüler die → Hochschulreife erlangen.

**Aufbaustudium.** A. meint ein nicht notwendig berufsqualifizierendes, in der Regel auf die Erstausbildung abgestimmtes, zeitl. anschließendes Vertiefungs- oder Ergänzungsstudium (§ 12 HRG).

**Aufklärung** als geistesgeschichtl. Epoche bezeichnet die Zeit von ca. 1680 bis 1780 (von → Locke bis → Kant), in der sich ein Denken herausbildete, das mit seinen Grundsätzen Rationalität, Fortschritt und Freiheit bis in die Gegenwart hereinwirkt. Die A. versuchte, die von den Naturwiss.en ausgehende Mechanisierung des Weltbildes auch auf das geschichtl. und gesellschaftl. Leben zu übertragen. Von daher forderte sie gegenüber den überlieferten Autoritäten die → Autonomie des einzelnen und der Natur gegenüber allem Künstlichen: Naturrecht, natürliche Religion und auch ein »natürliches System der Päd.«. → Rousseau war gleichzeitig Exponent wie Gegner der A. Zur großen Bildungsbewe-

(Schul-A.) die Freiheit des Zöglings einschränkt. Obwohl rechtl. und päd. fraglich, gilt der A. als Gewohnheitsrecht und wird noch immer angewendet.

**Artes liberales** (lat.: freie Künste) heißen jene Disziplinen, die seit der griech. Antike den abendl. Lehrplan bestimmen. Im → Hellenismus aufgeteilt in die Wiss.n der Zahl (Geometrie, Arithmetik, Musik, Astronomie) und des Wortes (Grammatik, Rhetorik, Dialektik), bilden sie als *Quadrivium* und *Trivium* die sieben »freien Künste« der mittelalterlichen Schulen. Die älteste systematische Didaktik der A. l., die »Hochzeit Merkurs mit der Philologie«, stammt von Marziano Capella aus dem 5. Jh. Im → Mittelalter waren die Schulen von Chartres, St. Gallen und Tours für ihre hohe Kultur des Trivium berühmt. Vom 11. Jh. an setzte eine *reductio artium ad Sacram Scripturam* (eine Unterordnung der A. l. unter die theologischen Studien) ein.

L.: J. Dolch, Lehrplan des Abendlandes, 1959, ³1982; A. L., hg. v. J. Koch, 1959; U. Lindgren, Die A. l. in Antike und Mittelalter, 1992; Literatur, A. l. und Phil., hg. von W. Haug, 1992.

**Askese** (griech.: Übung) bezeichnet Übungen zur Verwirklichung der eigenen Vollkommenheit, welche die natürlichen Neigungen und Leidenschaften in Zucht nehmen bzw. beherrschen, um zu personaler Selbstbestimmung und Verantwortung zu gelangen. Seine höchste Ausprägung fand der päd. Gedanke der A. im → Mittelalter und in der spanischen Renaissance (Theresia von Avila, Johannes vom Kreuz, Ignatius von Loyola). In der → Reformpädagogik wurde mit der starken Betonung der individuellen Interessen die Erziehung zur A. ausdrücklich verworfen, ähnlich auch in der → antiautoritären Erziehung und in der → Antipädagogik. Von einer sehr formalen Betrachtungsweise her ist jede Erziehung A., sofern sie den → educandus über das hinausführen will, was die Natur oder die umgebenden Verhältnisse aus ihm gemacht haben. In der heutigen Konsumgesellschaft gewinnt A. (z. B. als Konsumverzicht) auch material als Erziehungsziel große Bedeutung.

L.: O. Hartmann, The Ideals of Asceticism, London 1924; L'ascèse chretienne et l'homme contemporaine, Paris 1951; R. Guardini, Tugenden, 1959, ³1987; V. García Hoz, Pedagogía de la lucha ascetica, Madrid ⁴1963; E. Fromm, Haben oder Sein, dt. 1976 u. ö.; I. M. Breinbauer, M. Langer (Hg.), Gefährdung der Bildung – Gefährdung des Menschen, Wien 1987; N. Kazantzakes, A., 1987; R. Fischer-Wollpert, Die alternat. Lebensform, 1991; F. Wild, A. und asket. Erziehung als päd. Problem, 1997.

**Asmus,** Walter, * 7. 2. 1903 Neumünster, † 28. 5. 1996 Gießen; Promotion 1933, Dozent in Elbing 1940, Prof. f. Päd. 1947 PH Flensburg, 1950 Weilburg, 1954 Jugenheim, 1964–71 Univ. Gießen. Bedeutender Herbart-Forscher u. einer der Nestoren der dt. Päd.

Schr.: Der menschliche Herbart, 1967; J. F. Herbart – eine päd. Biographie, 2 Bde., 1968–70; Herbart in seiner u. unserer Zeit, 1972; Richard Kroner, 1990, ²1993.

L.: G. P. Brink, W. A. – 45 Jahre Herbart-Forschung, in: Päd. Rundschau 40 (1985).

**asozial** (lat.: gemeinschaftsfremd), nicht sozial, »ungesellschaftlich«, gesellschaftsfern, aber nicht -feindlich (antisozial), eine nicht immer wertneutral verwendete, vor allem umgangssprachlich mit negativen Affekten besetzte Bezeichnung für Verhaltensmuster, Personen oder Gruppen, die außerhalb der in einer Gesellschaft geltenden Gesetze, Normen und Lebensformen stehen und sich den allg. akzeptierten Standards und sozialen Ordnungen nicht anpassen (wollen oder können). Die Erscheinungsformen des sog. a.en Verhaltens (Drogenabhängigkeit: Alkoholismus, Rauschgiftkonsum; Nichtseßhaftigkeit: Land-, Stadtstreicherei; Obdachlosigkeit; Bettelei; Bandenwesen) und des antisozialen Verhaltens (Terrorismus, Extremismus, Faschismus) sowie ihre Äußerungen in (Jugend-)Delinquenz, → Verwahrlosung und Schwererziehbarkeit machen päd. Gegenmaßnahmen erforderlich (→ »Re«-Sozialisation), zumal in Feldstudien nachgewiesen worden ist, daß »Asoziale« innerhalb ihrer jew. → Subkulturen durchaus zu »normalem« Sozialverhalten bereit und fähig sind. Deshalb nimmt man an, daß die Ursachen der Asozialität weit weniger in genetischen oder physiologischen Faktoren (→ Anlagen) als vielmehr in den Einflüssen des sozialen → Milieus liegen. → Abweichendes Verhalten.

marschulen des Landes in die Verwaltung der Provinzen übergeben, 1992 auch alle Schulen des Sekundarbereichs. Zur besseren Abstimmung und Effektivierung der bildungspolitischen Maßnahmen auf nationaler, regionaler und kommunaler Ebene wurde 1994 ein weitreichendes nationales Kooperations- und Förderprogramm verabschiedet. Ein besonderes Problem des Landes stellt der hohe Lehrerüberschuß (bei relativ niedriger Lehrerbesoldung) dar. Unter den pädagogischen Forschungseinrichtungen des Landes nimmt das priv. *Centro de Investigaciones Educativas* (CIE) eine Führungsrolle ein. Seit 1990 besteht an der Katholischen Univ. in Córdoba ein internat. Doktorprogramm in Pädagogik von weit überregionaler Bedeutung (Studenten aus nahezu allen Ländern → Lateinamerikas).

L.: H. F. Bravo, Bases Constitucionales de la Educación Argentina, Buenos Aires 1972; Ministerio de Cultura y Educación: Estadisticas de la Educación. Comunicados para la Prensa, Buenos Aires 1977; F. Martinez Paz, La Educación Argentina, Córdoba 1979; M. Petty, El sistema educacional argentino y su impacto sobre las regiones periféricas, in: Rassegna die Pedagogia/Päd. Umschau 42 (1984) H. 1–2; Ministerio de Educ. y Justicia, Desarollo de la Educ. en la Argentina 1984–86, Buenos Aires 1986; B. Ebert, Das argentinische Bildungswesen, 1993; E. A. Parrado, Expansion of schooling, economic growth, and regional inequalities in A., in: Comp. Educ. Rev. 42 (1998) 3.

**Aristoteles,** * 384 v. Chr. Stageira, † 322 Chalteis (Euböa) Schüler → Platons, Erzieher Alexanders d. Gr., bemühte sich um eine wiss. Systematik des menschl. Wissens, die er auf die Erforschung der ersten Ursachen gründete. Er unterschied die theoret. Wiss.n. (Logik, Physik, Metaphysik) von den prakt. (Ökonomie, Ethik, Politik) und ordnete die Päd. der Politik zu. Sein Denken hat die abendl. Philosophiegeschichte entscheidend mitbestimmt und dabei insbesondere die → Scholastik u. → Neuscholastik, aber auch die → Phil. der Erziehung beeinflußt (Entelechiegedanke, Akt-Potenz-Denken, organische Selbstverwirklichung, Erziehung als Entfaltung aller Naturanlagen etc.).

Schr.: Werke, hg. v. E. Grumach, 1956 ff.
L.: O. Willmann, A. als Pädagoge und Didaktiker, 1909; P. Petersen, Gesch. der aristotel. Philos. im protestant. Dtl., 1921; W. Jaeger, Paideia, 3 Bde., 1934, ³1954; S. A. G. Beck, Greek education, London 1964;

E. Fink, Metaphysik der Erz. im Weltverständnis von Plato und A., 1970; E. Lichtenstein, Der Ursprung der Päd. im griech. Denken, 1970; G. Bien, Die Grundlegung der polit. Philosophie bei A., 1974; C. Lord, Education and culture in the political thought of A., Ithaca u. a. 1982; A. Schmidt, Die Ursprünge der Päd. oder: A., der Humanismus und wir, 1988; P. Egger, Der Ursprung der Erziehungsziele in der Lehre von Plato, A. und Neill, 1989; M. H. Wörner, Das Ethische in der Rhetorik des A., 1990; J. Lombard, Aristote, politique et éducation, Paris 1994; C. D. C. Reeve, Aristotelian Education, in: Philosophos on Education, hg. v. A. O. Rorty, London 1998.

**Armenschulen,** seit dem 16. Jh. Einrichtungen, die die Kinder der unteren Volksschichten in den Elementarkenntnissen (Lesen, Rechnen, bibl. Texte) unterwiesen, sie aber teilweise auch verpflegten und andererseits körperliche Arbeit verrichten ließen. Förderung erfuhren die A. im → Pietismus. Durch → Pestalozzi, → Fellenberg, → Wehrli, die Volksschulbewegung des 19. Jhs. wurden die A. allmählich in die moderne → Volksschule übergeleitet.

L.: B. Geremek, Gesch. der Armut. Elend und Barmherzigkeit in Europa, 1991.

**Arndt,** Ernst Moritz, * 26. 12. 1769 Rügen, † 29. 1. 1860 Bonn; Dichter, Historiker, Politiker und päd. Schriftsteller; war maßgeblich an der dt. Erhebung gegen die napoleonische Besetzung beteiligt, 1818 Prof. in Bonn, 1820 seines Amtes enthoben und 1840 rehabilitiert.

In seinen »Fragmenten über Menschenbildung« (1805) entwarf er eine Bildungstheorie (und einen Erziehungsplan), die den Menschen als Mikrokosmos begreift, der durch eine drei Septennien dauernde Erziehung und Bildung zum Menschen »gemacht« werden soll. Dabei wendet sich A. gegen eine frühzeitige Intellektualisierung und betont die Bedeutung des → Spiels und der kindgemäßen Welterfahrung. Neben → Jean Paul und → Fröbel ist A. als bedeutendster päd. Theoretiker der Dt. Romantik anzusehen.

Schr.: Fragmente über Menschenbildung, neu hg. v. W. Münch und H. Meisner, 1904, ³1977.
L.: C. Kölle, E. M. A.s Fragmente über Menschenbildung in ihrer päd. Bedeutung, 1916; O. F. Bollnow, Die Päd. der dt. Romantik, 1952, ³1977; I. Hruby, Imago mundi, 1981.

**Arrest,** früher sehr gebräuchliche Strafe, die durch Einsperren (Haus-A.) bzw. Nachsitzen

Zs.: Die A. (1969) ff; seit 1985: Die A. Arbeiten u. Lernen; Die dt. Fortbildungsschule (1892) ff, seit 1980: Zs. f. Berufs- u. Wirtschaftspäd.
L.: F. J. Kaiser, A., 1974; H. Ziefuss, Analyse gesellschaftspolit. Gehalte von A., 1976; H. M. Selzer, R. A. Roth (Hg.), Lexikon zur A. und Soziallehre, 1976; E. Dauenhauer, A. – Eine didakt. Handreichung, 1977; D. Görs, A. Polytechnik, 1977; G. Groth, A., 1977; M. Mende, G. Reich, E. Weber (Bearb.), Abh. zur Theorie und Praxis des Technikunterrichts und der A., 1977; H. Keim, S. Fruendt, A. Hinführung zur Wirtschafts- und Arbeitswelt, 1980; H. Immler (Hg.), Beiträge zur Didaktik der Arbeit, 1981; Bundesmin. f. Bildung u. Wiss. (Hg.), A., Positionen, 1981; G. Kolb (Hg.), Methoden der Arbeits-, Wirtschafts- und Gesellschaftslehre, 1981; U. Vohland, Grundlagen der Arbeits- und Wirtschaftslehre, 1981; P. Brauneck, Das Paradigmenproblem in der Päd. unter dem spezif. Aspekt der A., 1992; Lernfeld A. in der Revision, hg. v. W. Wulfers, 1992; A. – eine Bildungsidee im Wandel, 6 Bde., hg. v. H. Ziefuss, 1995/96.

**Arbeitsschule (A), Arbeitsschulbewegung (Ab).** Unter Ab. werden jene im Zusammenhang der → Reformpäd. entstandenen alternativen Schulmodelle (→ Alternative Erziehung) zusammengefaßt, die gegenüber der sog. Lern- und Buchschule die → Selbsttätigkeit und Aktivität des Schülers (gegenüber rezeptiven Unterrichtsformen) in den Vordergrund rücken und hinsichtlich der Lerninhalte sowohl auf die berufl. Anforderungen als auch auf die Erwartungen an soziales und staatsbürgerlich-polit. Verhalten ausdrücklich Bezug nehmen. Vorläufer hatte die Ab. in den Industrieschulen des 18. Jh., in den sozialen Utopien (Th. Morus, T. Campanella), bei den Frühsozialisten (→ Owen u. a.) und in → Marx' Forderung nach Verbindung von Schulunterricht und produktiver Arbeit. Die einzelnen Verfechter einer A. unterscheiden sich hinsichtlich ihres päd. Begriffs von Arbeit. Die sog. bürgerliche Richtung der Ab. sieht den Bildungswert entweder in der handwerklichen (G. → Kerschensteiner) oder in geistig-method. Arbeit (H. → Gaudig, O. → Scheibner), die sozialistische Richtung stärker in der Produktions- (R. Seidel) und Industriearbeit (P. P. → Blonskij); psychologisch begründet wird die A. zur »Tatschule« (A. → Ferrière), an die Interessen des Schülers gebunden (O. → Decroly) und bildungstheoretisch motiviert wird sie zum Ort der Entfaltung und Bewährung aller schöpferischen Kräfte und Begabungen (P. → Oestreich, F. → Hilker). Der Gesellschaftsbezug der A. tritt wenig bei Gaudig und Scheibner, dagegen betont bei Oestreich und Blonskij hervor, in Kerschensteiners Idee der staatsbürgerlichen Erziehung wird er stark auf einen idealen Rechtsstaat bezogen.
L.: G. Kerschensteiner, Begriff der A., 1912, [12]1965; H. Schloen, Entwicklung und Aufbau der A., 1926; K. Seiler, Die A., 1948; A. Reble (Hg.), Die A., 1963, [4]1979; K. Odenbach, Die dt. A., 1964, [2]1965; Th. Dietrich, Sozialist. Päd., 1966; W. Böhm, Kulturpolitik und Päd. P. Oestreichs, 1973; B. Hackl, Die A., 1990; Ph. Gonon, A. und Qualifikation, 1992; G. Koneffke, Menschenbildung und Kinderarbeit bei Pestalozzi und Owen, 1994.

**Archetyp** → C. G. Jung.

**Argentinien.** Im 19. Jh. wurden zwei Grundlagen einer Bildung für alle geschaffen: das Recht auf Bildung und die Lehrfreiheit. Die Bildungs-Artikel der Verfassung von 1826 und der Verfassungsentwürfe von 1853/60 beruhen auf den Verfassungen Mexikos, einiger Staaten der USA, Frankreichs, Chiles und Spaniens sowie der Menschenrechtserklärung von 1793. Seit Gründung des *Consejo Nacional de Educación* (1933) wurde das Analphabetentum erfolgreich bekämpft. Seit 1948 kennt A. ein selbständiges Sekretariat der nationalen Erziehung, seit 1949 ein Erziehungsministerium.
Die Verfassung von 1949 bestimmte die Familie als erste Erziehungsinstanz; sie wird von privaten und öffentl. Institutionen unterstützt. Die Vorschulerziehung für die Drei- bis Fünfj. ist fakultativ; der Besuch dieser Einrichtungen stieg in den 70er J.n erheblich an. Die 7klassige Volksschule ist eine obligatorische Einheitsschule und beruht auf dem Prinzip des Pluralismus. Die darauf folgende 5j. Mittelstufe ist freiwillig und wird von ca. einem Drittel der 13- bis 17j. besucht; sie führt zum Abitur (*bachillerato*), zum Lehramt oder zur höheren Handelsschule. Daneben bestehen technische Fach- und Landwirtschaftsschulen. 1957 wurde der Kulturföderalismus verstärkt; die Bildungsreform nach 1972 zielte auf Chancengleichheit und Demokratisierung des Bildungswesens (Stipendien und Darlehen für sozial Benachteiligte). Der Besuch der (staatl.) Schulen und Hochschulen ist kostenfrei. 1977 wurden die Pri-

tionärschulung. Daneben versucht Oskar Negt, A. in Krisen des kapitalistischen Systems existentiell zu begründen. Lutz von Werder u. a. propagieren die Sammlung und Aktivierung von Randgruppen zu Bürgerinitiativen mit sozialistischer Zielsetzung. Ob der → Bildungsurlaub die Arbeiter besser als bisher zu Bildungsanstrengungen bewegen kann, bleibt zweifelhaft. Empirische Untersuchungen lassen nämlich erkennen, daß Bildung noch immer als bürgerliches Attribut gilt. Von da aus wird auch der relativ geringe Erfolg von »Arbeit und Leben« verständlich, einer Gemeinschaftsarbeit von Volkshochschulen und Gewerkschaft. Interessant wird Bildung für den Arbeiter erst dann, wenn höhere Bildungsstandards ihm auch sichere Chancen für sozialen → Aufstieg versprechen.

L.: H. Feidel-Mertz, Zur Ideologie der A., 1964, ²1972; dies. (Hg.), Zur Geschichte der A., 1968; O. Negt, Soziolog. Phantasie und exemplar. Lernen, 1971 u. ö.; Ch. Labonté, Industriearbeiter und Weiterbildung, 1973; J. Olbrich, A. in der Weimarer Zeit, 1977; A. Brock, H. D. Müller, O. Negt, A., 1978; H. Meyer-Wolters, A. – Aufgabe der freien Erwachsenenbildung, 1983; O. Negt u. a., Durch Lernen zu Phantasie und Praxis, 1986; E. Einemann, Polit. Lernen u. Handeln im Betrieb, 1987; M. Grönefeld, A. als polit. Praxis, 1989; A. Brock (Hg.), Lernen u. Verändern, 1989; ders. (Hg.), Bildung – Wissen – Praxis, 1991; J. Olbrich, H.-A. Schwarz, Politik und Bildung. A. nach 1945, 1991; W. Hindrichs, O. Negt (Hg.), Der schwierige Weg zur Arbeiteremanzipation, 1992; S. Bleicher u. a., Jahrbuch Arbeit, Bildung, Kultur Bd. 12, 1994; K. Johannson, A. zwischen Tradition u. Orientierung, in: K. Derichs-Kunstmann u. a. (Hg.), Enttraditionalisierung der Erwachsenenbildung, 1997.

**Arbeitsgemeinschaft,** ein in der Regel freiwilliges, meist arbeitsteiliges Zusammenwirken zur gem. Durchführung wiss., künstl. oder praktischer Aufgaben bzw. Vorhaben (Projekt). Als didaktische Form treten A.n in Schule, Univ. (sog. Seminare), Erwachsenenbildung, Weiterbildung etc. auf. Ihre päd. Bedeutung wird in der Vertiefung des Gemeinschaftsbewußtseins, in der Verpflichtung auf strenge Sachlichkeit, in der Anbahnung und Einübung von solidarischer Kooperation (gegenüber konkurrierender Einzelanstrengung) und elementarer sozialer Tugenden (z. B. Zuverlässigkeit) gesehen. → Kerschensteiner, → Projektmethode.

**Arbeitslehre.** A. ist Teil der sozialökonomisch-technischen Bildung und meint die Einführung der Schüler in die Arbeits- und Berufswelt: nicht bloße Vorbereitung für den Produktionsprozeß oder reine »Hinführung zur Arbeitswelt«, sondern Vermittlung grundlegender Fakten und Zusammenhänge von Technik, Wirtschaft, Gesellschaft und Politik. Hist. stellt der → Arbeitsschulbewegung (vgl. G. → Kerschensteiners Handfertigkeitsunterricht) einen Vorläufer der heutigen A. dar. Der → Dt. Ausschuß wies der A. die Aufgabe der Berufsvorbereitung zu, bes. in der → Hauptschule. Die → KMK sah als Ziel der A. nicht mehr Berufsreife, sondern Berufswahlreife. Als weitere Ziele sind weitgehend anerkannt: Einführung in die Wirtschafts- und Arbeitswelt einschl. kritischer Reflexion und Theoretisierung, die Vermittlung einer auf Berufsfelder bezogenen berufl. Grundbildung. Die A. ist mit anderen Fächern wie Haushaltslehre, Wirtschaftslehre, → technisches Werken, → textiles Werken eng verbunden. Diese Verknüpfung ist in den Bundesländern im Unterricht der → Hauptschule unterschiedl. geregelt: A. als eigenes Fach (Bayern, Berlin) oder als Unterrichtsprinzip (Niedersachsen, Nordrhein-Westfalen) in den genannten Fächern, in der → polit. Bildung, im → naturwiss. und im → mathematischen Unterricht (Techn. Zeichnen, Wirtschaftsrechnen). Uneinigkeit herrscht über die → Didaktik der A., die sich an den Anwendungsmöglichkeiten, den Strukturen der Arbeits- und Wirtschaftswelt, den Produktionsprozessen und Fertigungsmethoden orientiert oder verschiedene dieser Momente zu integrieren sucht. Methodisch sind bes. wichtig: Exkursionen und Lehrgänge in Betriebe, im Unterricht vorbereitete und ausgewertete Betriebspraktika. Eigene Lehrpläne für die A. liegen u. a. vor in Niedersachsen (1967), Nordrhein-Westfalen (1967/68), Bayern (1969) und Berlin (1970); in der Diskussion befinden sich immer wieder die mangelhafte räumliche und personale Ausstattung der Schulen, die Kooperation der betroffenen Fächer und die curriculare Integration der für A. relevanten Momente. Bemerkenswert erscheint der Versuch, ein → didaktisches Strukturgitter der menschl. Arbeit zu entwickeln, das die verschiedensten Aspekte berücksichtigt.

ren ihr Studium an Universitäten des Auslands.
Ein Hauptziel der A. S. ist der quantitative und qualitative Ausbau des Bildungswesens: Alphabetisierungsprogramme (Analphabeten: 20% der über 50 J. im Libanon und Jordanien, 75% in Somalia und Sudan, 60% in Mauretanien und Jemen), volle Realisierung der Schulpflicht auch in ländl. Gegenden. Als subregionales Koordinations- und Kooperationsorgan wurde 1976 das »*Arab Bureau of Education for the Gulf States*« (ABEGS) gegründet, 1978 ein pädagogisches Forschungszentrum, das »*Gulf Arab States Education Research Center*« (GASERC) eingerichtet.

L.: A. L. Tibawi, Islamic Education, London 1972; Chr. Kayser (Bearb.) u. a., Grundzüge und Probleme der Entwicklung flächendeckender Berufsausbildungssysteme im »frankophonen« Afrika, 1983; Development of Education in the Great Socialist People's Libyan Arab Jamahiriya, Tripoli 1986; Ministry of Education, Progress of Education in the Sudan 1984–1986, Genf 1986; Ministry of Education, Development of Education in Irak during 1983–85, Bagdad 1986; Dt. Orient-Inst. (Hg.), Nahost-Jahrbuch 1987 ff.; Akad. d. Päd. Wiss. d. DDR (Hg.), Bildungspol. und Päd. ausgew. Staaten im arab. Raum, 1990; A. M. Gennaoui, Review and Prospects of Educ. Planning and Management in the Arab States, in: Prospects 77 (1991) 1; A. Hourani, Die Geschichte der a. Völker, 1992; N. El-Sanabary, Education in the Arab Gulf-States and the Arab World (komment. Bibl.), N. Y. 1992.

**Arbeiterbildung.** A. beginnt in Dtl. Ende des 17. Jh. in Hamburg als Handwerker- bzw. Gesellen-Freizeitbetreuung. Nach Einführung der Gewerbefreiheit im ersten Drittel des 19. Jh. erhielten die A.svereine wachsenden Zulauf. Diesen Trend beschleunigte nach 1835 die Politisierung der Handwerkerbildungsvereine in Paris, Brüssel, London und in der Schweiz. Die Anfänge der A. sind von christl.-kommunist. Ideen geprägt. → Marx hatte vor 1848 kaum Beziehungen zur dt. Arbeiterbewegung. Neben → Weitling profilierte sich → Born als Kopf der Arbeiterverbrüderung. Obwohl Schüler von Marx und Engels, trat er nicht für eine proletarische Revolution oder für eine kommunist. Gesellschaft in ungewisser Zukunft ein, sondern kämpfte für soziale Reformen im demokratischen Staat der Gegenwart. Der Bildungsgedanke der dt. Arbeiterverbrüderung im Vormärz und auch noch nach 1848 (bis zum Herbst 1854) enthielt weithin kein Klassenkampfbewußtsein. Man wollte als »Bürger unter Bürgern« leben und redete sich mit »Herr« an. Noch bei Gründung des Allg. Dt. Arbeitervereins 1863 in Leipzig zeigte sich die Offenheit gegenüber liberal-bürgerlichen Strömungen (z. B. Dt. Fortschrittspartei). Erst unter Ferdinand Lassalle (1825–1864) drang marxist. Gedankengut in die A. ein. Im Unterschied zu Marx setzte aber Lassalle auf die Hilfe des Staates bei der → Emanzipation der Arbeiterklasse, was statt permanenter Revolution zur Mitbestimmungsforderung in den gesetzgebenden Körperschaften führte. Dies zeitigte schließlich eine feindselige Spannung zwischen sozial-demokratischen Reformern und den international-revolutionären Sozialisten. Lassalles Abgrenzung von Marx erlaubte sogar dem kath. Bischof W. E. von Ketteler (1811–1877) weitreichende Zustimmung zu seinen Ideen. In Kettelers Magna Charta der christl. Arbeiterbewegung (1869) finden sich die wesentlichen Programmpunkte der alten Arbeiterverbrüderung wieder. Mit August Bebel (1840–1913) und Karl Liebknecht (1871–1919) spaltete sich nach dem Tode Lassalles die Arbeiterbewegung in eine kleindt.-preuß. eingestellte (Lassalleaner) und eine großdt.-antipreuß. Richtung. Die Mitwirkung von Marx und Engels war bei diesen Parteibildungen gering, stärker dagegen in der Londoner Internationalen Arbeiterassoziation (1864). Die von der dt. Arbeiterbewegung ausgegebene Parole – durch »Bildung und Sparen« Eingliederung in die Gesellschaft – übte größere Anziehungskraft auf die neue Schicht der Fabrikarbeiter aus als sozialistische Umsturzparolen. Mit den Erfolgen im Reichstag (von Bismarck bis hin zum Weimarer Staat) erwies sich der schon im Vormärz angezielte Weg der A.svereine als zukunftsträchtig und erfolgreich. Ihren Höhepunkt erreichte diese Bildungsbewegung in der Weimarer Zeit, als große → Volkshochschulen zu 70% und mehr von Arbeitern frequentiert waren (z. B. in Leipzig). Der → Nationalsozialismus stoppte diesen Trend.

Nach 1945 knüpfte die A. zunächst an die Weimarer Zeit an; veränderte gesellschaftl. Verhältnisse verlangten aber eine Neuorientierung. Drei Strömungen konkurrieren heute. A. im Sinn gewerkschaftlicher Funk-

von unten, 1987; Schulpolitik und Schulsystem in der DDR, 1988; (Hg.), Bildungssysteme in Osteuropa, Reform oder Krise?, 1988;Vergleich von Bildung und Erziehung in der BRD und in der DDR, 1990; Wissenschaftliches Interesse und politische Verantwortung: Dimensionen vergleichender Bildungsforschung (Ausgew. Schr. 1967–1989), hg. v. J. Henze, 1990; (Hg.), Osteuropa und die Deutschen, 1990; (Hg.), Systemwandel im Bildungs- und Erziehungswesen in Mittel- und Osteuropa, 1992; (Hg.), Bildungspol. in Dtl. 1945–1990, 1992;Von der Sowjetunion zur GUS, 1993.

L.: B. Dilger u. a. (Hg.), Vergleichende Bildungsforschung, FS zum 60. Geb.tag, 1986; F. W. Busch (Hg.), Umbrüche in Osteuropa u. der DDR. Konsequenzen für die Bildungsforschung, Fs. zum 65. Geb.tag, 1990; Dt. Inst. für Internat. Pädag. Forschung (Hg.), O. A. und sein Beitrag zur vergl. Bildungsforschung, 1991.

**Aphasie.** Zusammenfassender Begriff für → Sprachstörungen, die nach abgeschlossenem Spracherwerb durch eine Schädigung des Gehirns verursacht werden. A.n sind somit hirnorganisch bedingt und betreffen das Sprachwissen des Menschen. Sie erstrecken sich auf alle sprachl. Ebenen (Lautsystem, Wortschatz, Syntax etc.), und zwar sowohl im mündlichen wie im schriftl. als auch im expressiven wie im impressiven Sprachgebrauch (Sprechen und Verstehen, Schreiben und Lesen); Gehör und Sprechorgane sind dabei intakt. Neben medizin. Einteilungen z. B. nach der Ursache oder dem Ort der Hirnschädigung sind v. a. Klassifikationen nach linguist. Kriterien, d. h. ausgehend vom Störungsbild der Sprache, von Bedeutung. Folgende Formen mit jeweiligen Hauptsymptomen werden unterschieden: 1. motorische A.: Störung des motorischen Sprachzentrums (Broca-A.); 2. sensorische A. (Wernicke-A.): Störung des Sprachverständnisses; 3. amnestische A.: Wortfindungsstörung; 4. globale A.: extreme Störung aller sprachlichen Leistungen.

L.: G. Peuser, A., 1978; A. Leischner, A.n u. Sprachentwicklungsstörungen, 1979, [2]1987; K. Poeck (Hg.), Klinische Neuropsychologie, 1982; U. Franke, Arbeitsbuch A., 1987, [4]1996; S. Kelter, A., 1990;W. Huber, K. Poeck, L. Springer, Sprachstörungen, 1991; M. Grohnfeldt (Hg.), Handbuch der Sprachtherapie Bd. 6: Zentrale Sprach- u. Sprechstörungen, 1992; M. Fawcus u. a., Die Behandlung von Aphasikern, dt. 1992; L. Lutz, Das Schweigen verstehen. Über A., 1992; E. Becker, Ich sehe deine Sprache, wenn du schweigst, A.therapie u. NLP, 1993; B. Hartmann, Menschenbilder in der Sprachheilpädagogik, 1996.

**Arabische Staaten.** Unter A. S. werden die 20 Mitglieder der Arab. Liga verstanden: die Staaten des Maghreb (Mauretanien, Marokko, Algerien, Tunesien, Libyen), die Staaten des Nahen Ostens (Ägypten, Irak, Syrien, Jordanien, Libanon), die Golfstaaten (Saudi-Arabien, Kuweit, Verein. Arab. Emirate, Katar, Oman, Bahrein) sowie Jemen, Sudan, Somalia und Dschibuti.

Diese Staaten bilden trotz sozio-ökonomischer und politischer Unterschiede zwischen den verschiedenen Regionen und zahlreicher relig. und sprachl. Minderheiten (Maroniten, Metwalis, Bahaiin, Drusen, Kurden, Juden, Griechen, Türken, Armenier usw.) durch den Islam mit der Sprache des Hl. Koran, des klass. Arabisch, eine Einheit.

Da der Islam als Staatsreligion der A. S. alle Aspekte des menschl. Lebens einschließt, ist eine Trennung zwischen relig. Institutionen und Schulwesen auch gegenwärtig noch undenkbar. Gegenüber der seit den 70er Jahren wachsenden Bedeutung einer modernen westl. Bildungspolitik machen sich in einzelnen A. S. (u. a. Algerien, Sudan, Jemen) wieder verstärkt Tendenzen zur »Re-Islamisierung« bemerkbar.

Alle Bereiche des Erziehungswesens in den A. S. sowie ihre kulturellen Beziehungen mit dem Ausland werden zentral vom jew. Erziehungsministerium gelenkt. Der Besuch aller staatl. Bildungsanstalten ist unentgeltlich. Mädchenerziehung und Erwachsenenbildung, bes. die Alphabetisierung, werden staatl. gefördert. In einigen der A. S. (z. B. in Jordanien, Tunesien und Ägypten) spielen Privatschulen eine große Rolle.

1957 wurde von Ägypten, Jordanien und Syrien das arab. Kulturabkommen, das die Einführung des 6-3-3-Schulsystems vorsah, zur Vereinheitlichung der Erziehungssysteme der A. S. geschlossen: 6 J. Grundschule, 3 J. Real- bzw. Sekundarschule, 3 J. Gymnasium (Libanon und Marokko: 5–4–3). Die Sekundarschule, die manchmal das Gymnasium einschließt, umfaßt allgemein- und berufsbildende (techn., kaufmänn., landwirtschaftl.) Schwerpunkte. Das Gymnasium gliedert sich in einen math.-naturwiss. und einen literar.-sozialkundl. Zweig; das Abschlußexamen (→ Abitur) berechtigt zum Besuch der Universitäten. Zahlreiche Studenten absolvie-

Polaritäten) gesehen, im Problematizismus → Bertins werden diese A.n (im strengen Sinne) für grundsätzlich unaufhebbar erklärt. → Dialektik, → Geisteswiss. Päd.

L.: P. Luchtenberg, A.n der Päd. 1923, Neuausg. 1963; P. Vogel, Die antinomische Problematik des päd. Denkens, 1925; A. Reble, Hegel und die Päd., in: Hegel-Studien, 3 (1965); H. Danner, Methoden geisteswiss. Päd., 1979, ²1989 (Lit.); R. Winkel, Antinom. Päd. und kommunikative Didaktik, 1986.

**Antipädagogik** bezeichnet schlagwortartig den seit den 70er Jahren aufkommenden Protest gegen den päd. Totalitarismus der »Erziehungsgesellschaft«. Den Grund päd. Handelns sieht die A. im »Haß auf die Kindheit«; Erziehung wird als äußerliche Veränderung, effiziente Beeinflussung, fremdbestimmende Veranstaltung von Erwachsenen verstanden, die die Kinder beherrschen wollen; Erziehung trage manipulative Züge und Spuren von »Behandlungsterror« und entselbste die ihr Unterworfenen. Dagegen verficht die A. Möglichkeiten spontaner Selbstbestimmung ohne vorhergehende Fremdbestimmung; organisierte Selbstbestimmung erscheint ihr als subtile Weise der Fremdbestimmung. Das Selbst wird dabei als anfängliche Gegebenheit gefaßt, die sich aus sich selber befreit von den Eingriffen der päd. Experten: Überwindung von Zwang und Gleichgültigkeit gegenüber Kindern durch Freundschaft mit ihnen und den Bau einer kinderfreundlichen Gesellschaft. Erziehung als »freiheitlicher Umgang zwischen Subjekten« verlangt Verzicht auf die Faszination des Machens und Reflexion über die eigenen und neuen Möglichkeiten des Kindes. Oft fehlt der päd. Empörung der A. die philosophische Durchdringung. Die antipäd. Bewegung in der BRD weist unterschiedliche Richtungen auf: Mitte der 70er Jahre führt E. v. Braunmühl den Begriff A. als »Alternative« zur trad. Pädagogik und als Appell ein, mit dem Erziehen aufzuhören. Mit der Behauptung, Kinder wüßten von Geburt an selbst, was das Beste für sie sei, verwirft v. a. H. v. Schoenebeck die anthropolog. Prämisse von der → Erziehungsbedürftigkeit des Menschen und entwickelt ein »Praxiskonzept« aus »antipäd.« Forschungen und Erkenntnissen der Humanistischen Psychologie, das die Verantwortung des Erziehers gegenüber seinem Zögling umwandelt in die alleinige Selbstverantwortung des Kindes. Auf dem Hintergrund der Kinderrechtsbewegung (K. Heppner) entstand 1980 das sog. *Deutsche Kindermanifest*, das für Kinder dieselben Rechte wie für Erwachsene einfordert, und 1984 der sog. Kinderdoppelbeschluß. Von dieser radikalen Richtung der A. abzuheben sind jene Kritiker der Pädagogik, die einmal Erziehung als dialektisches Verhältnis zwischen Kind und Erwachsenem begreifen, die dann zum »Angriff auf die Freiheit« des Kindes wird, wenn die Einflußnahme des Erwachsenen überwiegt (Kupffer), zum anderen das »Ende der Erziehung« feststellen, indem sie den Begriff Erziehung für den Begriff Lernhilfe aufgeben, den sie in konkrete Tätigkeiten differenzieren (H. Giesecke) oder Erziehung nur als »non-direktive« gelten lassen (W. Hinte). → Schwarze Pädagogik; → Alternative Erziehung; → Nicht-Direktivität.

L.: G. Mendel, Plädoyer für die Entkolonisierung des Kindes, 1973; E. v. Braunmühl, A., 1975, ⁸1993; H. Kupffer, Erziehung – Angriff auf die Freiheit, 1980; M. Mannoni, Scheißerziehung, 1976, ³1987; A. Miller, Am Anfang war Erziehung, 1980; W. Hinte, Nondirektive Erziehung. Eine Einführung in die Grundlagen und Praxis des selbstbestimmten Lernens, 1980; M. Winkler, Stichworte zur A., 1982; J. Oelkers, Th. Lehmann, A.: Herausforderung und Kritik, 1983; H. v. Schoenebeck, A.forschung. Methode und Ergebnisse der ersten Kinderrechtspromotion, 1983; H. A. Kloos u. a., Kinder-Doppelbeschluß, 1984; A. Montagu, Zum Kind reifen, 1984; H. v. Schoenebeck, A. Bibliographie, 1985; A. Flitner, Konrad sprach die Frau Mama, 1985, ⁶1992; H. Giesecke, Das Ende der Erziehung, 1985, ²1986; E. v. Braunmühl, Zur Vernunft kommen, 1990; U. Klemm (Hg.), Quellen u. Dokumente der A., 1992; F. de Bartolomeis, La ricerca come antipedagogia, Florenz 1993; E. von Braunmühl, Was ist antipäd. Aufklärung?, 1997.

**Anweiler,** Oskar, * 29.9.1925 Rawicz (Polen); 1954 Dr. phil., 1963 Habil. Univ. Hamburg, 1963 Prof. für Päd. PH Lüneburg, 1964–1990 Univ. Bochum. Bedeutende Beiträge zur → Vergleichenden Erziehungswiss., bes. Osteuropa, aber auch zu ihrer wiss.stheoretischen Grundlegung und Methodologie.

Schr.: Die Rätebewegung in Rußland 1905–21, 1958; Geschichte der Schule und Päd. in Rußland, 1964, ²1978; Die Sowjetpäd. in der Welt von heute, 1968; (mit anderen) Bildungssysteme in Europa, 1971, ³1980; (Hg.), Staatl. Steuerung und Eigendynamik im Bildungs- und Erziehungswesen osteurop. Staaten und der DDR, 1986; Die sowjet. Schul- u. Berufsbildungsreform, 1986; Einblicke in das sowjet. Bildungswesen

L.: M. Stirner, Der Einzige und sein Eigentum, 1892 u. ö.; M. Scheler, Die Stellung des Menschen im Kosmos, 1928 u. ö.; A. Gehlen, Der Mensch, 1951 u. ö.; A. Flitner (Hg.), Wege zur P. A., 1963; H. Roth, P. A., 2 Bde., 1966 u. 1971, ⁴1976 u. ²1976; H. H. Becker (Hg.), A. und Päd., 1967, ³1977; H. Zdarzil, P. A., 1972, ²1978; D. Kamper, Geschichte und menschl. Natur, 1973; H.-G. Gadamer/P. Vogeler (Hg.), Neue A., 7 Bde. 1972 ff.; E. Fink, Grundphänomene des menschl. Daseins, 1979; E. König/H. Ramsthaler (Hg.), Diskussion P. A., 1980 (Bibl.); H. Konrad (Hg.), Päd. und A., 1982; H. Scheuerl, P. A., 1982; B. Hamann, P. A., 1982, ²1993; H. Plessner, Mit anderen Augen, Aspekte einer phil. A., 1982; R. Lassahn, P. A., 1983; E. Meinberg, Das Menschenbild der modernen Erz.-Wiss., 1988; W. Braun, P. A. im Widerstreit, 1989; Ch. Wulf (Hg.), Einführung in die P. A., 1993; P. Brozio, E. Weiß (Hg.), P. A., biograph. Erz.forschung, päd. Bezug (FS W. Loch), 1993; Menschenbilder, hg. von C. Menze u. a. (FS R. Lassahn), 1993; Ch. Wulf, Einf. in die p. A., 1994; ders., J. Zirfas (Hg.), Theorien und Konzepte der p.A., 1994; R. Weiland, Philosoph. Anthrop. der Moderne, 1995; W. Duerr, J. Uher (Hg.), Anthrop. and Evolution, 1995; Ch. Wulf, Anthrop. Denken in der Päd. 1750–1850, 1996; A. Lischewski, Tod des Subjekts?, 1996; Vjschr. für wiss. Päd. 73 (1997) H. 4 (Themenheft).

**Antiautoritäre Erziehung.** Die Bewegung der a. E. entstand Ende der 60er J. im Zusammenhang mit der → Studentenbewegung und mit einer polit. und gesellschaftl. Autoritätskrise allgemein. Sie griff dabei auf die Rousseau-Rezeption der → Reformpäd. und auf das a. E.skonzept von A. S. → Neill zurück und reicherte sie mit bestimmten psychoanalyt. Theoriestücken bzw. Interpretationsmodellen (z. B. → Reich, → Bernfeld) und mit gesellschaftskritischen Elementen aus der → Frankfurter Schule (z. B. → Adornos Theorie der autoritären Persönlichkeit) an. Den Autoritätsforderungen von Hochschule, Schule, Kindergarten, Unterricht und Erziehung insgesamt stellte sie das Modell einer von unnötigen Zwängen, sexuellen Verdrängungen und vorgegebenen Normen weitgehend befreiten »repressionsfreien Erziehung« entgegen und praktizierte es in Hochschule, Schule, → Kinderläden und in alternativen Lebensformen (z. B. Wohngemeinschaften).

Während sich eine liberale Richtung, die sich vor allem an dem unpolitischen Modell der elitären Schulinsel Summerhill von A. S. Neill orientiert hatte, inzwischen weitgehend erschöpft hat (auch weil manche ihrer Forderungen in das allgemeine päd. Bewußtsein eingedrungen und z. T. realisiert worden sind), ist eine sozialistische Richtung über die Kritik an »autoritärer« Gesellschaft, Familie, Schule etc. hinausgegangen und hat sich zu einer auf gesellschaftsverändernde Strategien ausgerichteten → proletarischen Erziehung weiterentwickelt.

Obwohl die a. E. von autoritären Normen befreien wollte, war und ist sie selbst nicht frei davon: bei der ersten Richtung die natürliche Gutheit des Kindes, bei der zweiten das mehr oder weniger konkrete Bild der sozialistischen Gesellschaftsordnung. Unbestreitbar kommt ihr aber das Verdienst zu, auf die Gefährdungen von → Autorität sinnfällig hingewiesen zu haben; inzwischen ist die a. E. nur noch von historisch-systematischem Interesse. Die a. E. wird von der → Antipädagogik abgelehnt, weil sie zu »pädagogisch« sei.

L.: A. S. Neill, Theorie und Praxis der a. E., 1969; ders., Das Prinzip Summerhill, 1971; J. Claßen (Hg.), A. E. in der wissenschaftl. Diskussion, 1973; O. Engelmayer, Die Antiautoritätsdiskussion in der Päd., 1973; E. Erlinghagen, Autorität und Antiautorität, 1973; F. W. Kron (Hg.), A. E., 1973; E. Weber, Autorität im Wandel, 1974; R. Masthoff, A. E., 1981; H. Häsing, V. Brandes (Hg.), Kinder, Kinder! Lust und Last der linken Eltern, 1983; H. Hirschfeld, J.-J. Rousseau und A. Neill, 1987; L. Siebenschön, Wenn Du die Freiheit hast …: d. antiautoritäre Generation wird erwachsen, 1988; F.-W. Nonne, Antiautoritärer Denkstil, kritische Wissenschaft und Aktionsforschung, 1989; J. Moysich, Alternative Kindertageserziehung, dt. 1992; R. Merten, A. E. und Rechtsradikalismus, in: Jugendhilfe 31 (1993); D. L. Finkel, W. R. Arney, Educating for freedom, New Brunswick N. J. 1995; P. H. Ludwig (Hg.): Summerhill heute, 1997.

**Antike** → Altertum.

**Antinomie** meint entweder den Widerstreit von zwei Aussagen (These und Antithese), die sich beide gleich gut begründen lassen, oder (wörtl.) den Widerstreit von Gesetzen (z. B. Naturrecht vs. bürgerl. Recht). In der Päd. ist der A.-Begriff wiederholt verwendet worden, um die antinomische Struktur päd. Probleme und erzieherischen Handelns aufzuzeigen. Solche A.n sind z. B. Befreien und Binden, Führen oder Wachsenlassen, Erfüllung der Gegenwart vs. Ausrichtung auf die Zukunft, Unterstützen und Gegenwirken, Fördern oder Auslesen. Oft wird Päd. bzw. Erziehung als »dialektische« Vermittlung zwischen solchen A.n (dann verstanden im Sinne von

wird große Bedeutung bei der → Motivation, der Förderung der kindl. → Selbsttätigkeit, der Festigung des Wissens und der Anwendung des Wissens in konkreten Situationen zugeschrieben. A. und Anschaulichkeit im Unterricht sollen, in der Weiterentwicklung reformpäd. Ansätze, durch die »Gegenstände« selbst, durch eigene »A.s-mittel« wie Modelle, audiovisuelles Material, Bilder, Karten, aber auch durch die Darstellung des Lehrers (Erzählung) gewährleistet werden. → Reformpäd.

Gegen diese Begriffsfassung wird eingewandt, sie führe zu einer Erziehung zur Unmündigkeit, da sie das Gegebene fraglos als Maß des Lehrens und Lernens setze. Außerdem wird moniert, daß der Urteilscharakter der A. hierbei nicht berücksichtigt werde.

L.: A. Petzelt, Der Begriff der A., 1933; H. Lassen, Beiträge zur Phänomenologie und Psychologie der A., 1939; W. Klafki, Das päd. Problem des Elementaren und der Theorie der kategorialen Bildung, 1959 u. ö.; W. Flach, Zur Prinzipienlehre der A., 1963; J. Flügge, Die Entfaltung der A.skraft, 1963; M. Bönsch, Grundphänomene im Unterricht, 1966; M. Berthold, Darbieten u. Veranschaulichen, 1983; S. Merkle, Die histor. Dimension des Prinzips der A., 1983; W. H. Peterßen, Anschaulich unterrichten, 1996.

**Anthologie** (spätgriech. »Blütenlese«) bezeichnet eine Sammlung aus bereits gedruckten Texten unter bestimmten Gesichtspunkten, seit Ende des 18. Jh. auch für Kinder und Jugendliche.

**Anthropologie, Pädagogische** (griech.: Lehre vom Menschen). Den Auftakt zur neuzeitl. Frage des Menschen nach sich selbst gab → Pico della Mirandola (1483) mit seinem Diktum vom Menschen als dem Vater seiner selbst. Jahrhundertelang wurde diese Devise überhört und verkannt. Erst das 19. Jh. griff das anthropolog. Problem auf, doch die Lösung zerfiel in widersprüchliche Teilantworten: Man erklärte den Menschen zum Geisteswesen (→ Hegel), zum Ensemble seiner gesellschaftl. Verhältnisse (→ Marx); man denaturierte sein Sein auf die Stufe der Materie oder gar nur seines Essens (L. Feuerbach) oder reduzierte A. auf ein Stück Zoologie (E. Haeckel). → Biologismus. Das breite Spektrum heute vorherrschender Ansichten reicht von M. Stirners Solipsismus (»Mir geht nichts über mich!«) bis zu K. Lorenz' resignativem Menschenbild (»Das langgesuchte Zwischenglied zwischen dem Tier und dem wahrhaft humanen Menschen sind wir.«) Seit M. → Scheler (1874–1928) und Heidegger wurde die anthropolog. Fragestellung zu einem der meistverhandelten Themen der letzten 70 Jahre quer durch die Wissenschaften hindurch. Je mehr aber die Einzeldisziplinen fachwiss. Beiträge zur A. erarbeiteten, desto mehr stellte sich das Problem einer Zusammenschau der heterogenen Einzelaspekte. Nicht nur die Philosophie war damit aufs intensivste befaßt. Auch der Päd. stellte sich die Aufgabe, der Vielfalt von »Regional-A.n« Herr zu werden. In der Auseinandersetzung mit diesem Problem entstand die Doppelfunktion der P. A.: Einmal sammelte man rezeptiv-referierend alle päd. belangvollen Ergebnisse der unterschiedlichsten »Regional-A.n«, H. → Roth kennzeichnete diese Form der P. A. als »datenverarbeitende Integrationswissenschaft«. Andererseits konnte auch in umgekehrter Richtung nach dem möglichen Beitrag der Päd. zu einer Gesamt-A. gefragt werden. Beide Ansätze führten zu einer Abkehr von der »Päd. der großen Worte« und zur sog. → »realistischen Wendung« der Päd. Ihr stellte sich der philosophische Einwand entgegen, ob und wie über Richtung und Einordnung der empirischen Daten zu befinden sei. Das interdisziplinäre Ineinander von philosophischer Reflexion und empirischer Datenerhebung spiegelt sich in der unterschiedlichen »Zuordnung« der P. A. als Grund- oder Zielwissenschaft der Päd. (→ Interdisziplinarität).

Der dynamisch-prozeßhafte Charakter von → Erziehung sowie das menschl. Sein als Vollzugssein mit dem Kennzeichen »Bestimmendes Unbestimmbares« mahnen zur Zurückhaltung gegenüber der A. als päd. Grund- und Zielwissenschaft. Da aber die philosophische Wesensfrage nach dem Menschen ebenso unverzichtbar ist wie regionalanthropolog. Einzelbefunde, muß die A. (neben → Teleologie und Methodologie) als eine grundlegende Dimension der Päd. aufgefaßt werden. Nur so können Bedingungen und Ziele der Erziehung in ihrer wechselseitigen Verschränkung erforscht und diskutiert werden. → Person, → Vererbung.

reproduzierender Einfügung erschöpft, sondern aktive, schöpferische A.sprozesse als Bedingung der Möglichkeit der Selbst- statt Fremdbestimmung voraussetzt.

Diese Problematik spiegelt sich in der gleichzeitigen päd. Forderung nach und Warnung vor A.; A. als Einordnung in gegebene gesellschaftl. Verhältnisse und Lebensbedingungen und als Konformität mit sozialen Werten, Normen, Rollen und Verhaltensmustern ist einerseits unverzichtbar. Das (Kennen-)Lernen der gesellschaftlich anerkannten Selbstverständlichkeiten, der erlaubten und gebräuchlichen Verhaltensmuster in seiner Umwelt bieten dem (heranwachsenden) Menschen Verhaltenssicherheit und Entlastung von ständigem Entscheidungszwang. A.shilfe ist somit Bestandteil jeder Erziehung. Auf der anderen Seite müssen Erziehung und Päd. der Normativität des Faktischen und einer unreflektierten A. an den *status quo* entgegenwirken, wenn sie auf → Autonomie und Freiheit, → Mündigkeit und Selbstbehauptung der → Person zielen. Fehlanpassungen und Abweichungen vom »Normalen« werden, wenn sie ein tolerierbares Maß überschreiten und sich in Störungen des Verhaltens und der Psyche, in → Verwahrlosung, Dissozialität oder Kriminalität niederschlagen, mit den differenzierten Hilfen von → Psychotherapie und/oder → Sozialpäd. bearbeitet. → Abweichendes Verhalten, → Adoleszenz, → Päd. Anthropologie, → Soziologie der Erziehung.

L.: D. Riesman, Die einsame Masse, dt. 1958; K. Mollenhauer, A., in: Zs. f. Päd. 7 (1961); H. Schelsky, A. und Widerstand, 1961; H. Marcuse u. a., Aggression und A. in der Industrieges., 1968; J. F. Tucker, Adjustment. Modes and mechanisms, 1970; A. H. Carroll, Die Dynamik der A., 1972; H. Fend, Konformität und Selbstbestimmung, 1971; N. Elias, Über den Prozeß der Zivilisation, 2 Bde., TB 1976 u. ö.; M. Schalla, Kulturarbeit: A. oder Emanzipation?, 1988; G. Overbeck, Krankheit als A., 1991; L. von Friedeburg, Bildung zwischen Aufklärung und A., 1994.

**Anschauung**, Anschaulichkeit im Unterricht. Die philos. und päd. Fassungen und Definitionen des Begriffs der A. sind vielfältig, obgleich er zu den wichtigsten und am meisten gebrauchten didakt.-method. Kategorien zählt. Philos. wird A. → gnoseologisch als ein Moment der Erkenntnis begriffen mit der Funktion der unmittelbaren Gegenstandsrepräsentation. Je nach erkenntnistheoret. Grundrichtung wird A. als naive, empirische oder method. bestimmte Wahrnehmung, als phänomenologische Wesensschau bzw. isolierende oder ganzheitliche Intuition oder als absolute Vorstellung, Grund des Selbst- und Gegenstandsbewußtseins oder als Erfahrung des Absoluten durch Introspektion bestimmt. Eine Prinzipientheorie der A. sieht in ihr die apriorische Bedingung des bestimmten Bewußtseins eines bestimmten Gegenstands, aus dem die Subjektivität, Endlichkeit, Fallibilität, Mannigfaltigkeit und Kontingenz gegenständlicher Erkenntnis resultiert. Somit bildet A. auch den Ausgangspunkt jeder begriffl. Bestimmung.

Diese letzte Aussage findet sich auch bei → Pestalozzi (und → Fröbel), der die Schüler, allerdings in einem naiv sensualistischen Verständnis, von »dunklen Anschauungen« zu »klaren Begriffen« führen wollte. Daneben wird bei ihm A. aber auch als die elementare menschl. Grunderfahrung begriffen, und die Elementarkategorien der A. (Zahl, Form und Name) bilden den Hauptinhalt des Unterrichts nach Pestalozzi. In ähnlicher Weise bildet die kategoriale A. in der Form exemplarischer, elementarer Erfahrungen oder Erlebnisse in der Theorie der → kategorialen Bildung bei Klafki die Basis des Begriffs und die »Vorlaufphase des Lernens«. Eine ganz andere Bedeutung hat A. bei → Comenius. Hier ist sie insofern der Beginn der Unterweisung, als sie dem → educandus den Zusammenhang der Welt als ganzheitliche Schöpfung Gottes vor Augen führen soll, um den Stellenwert des einzelnen Sachwissens erkennen zu können (→ Pansophie). Der A. kommt dabei also Urteils- bzw. Sinngebungsfunktion zu. Dieser Begriff hat sich in → Weltanschauung einigermaßen erhalten. Der neuere, vornehmlich unterrichtsmethod. Begriff der A. meint demgegenüber die nicht durch irgendwelche schriftliche oder mündliche begriffl.-sprachl. Information vermittelte, sondern die durch die eigene Sinneswahrnehmung unmittelbar erworbene Kenntnis, Vorstellung, Wissen von Gegenständen der Natur oder Kultur. A. meint in diesem Sinn einen ursprünglichen, unverstellten, natürlichen, eigenständigen, lebendigen Zugang zur Sache, zum Stoff des Unterrichts. Der A.

**Anlage (A.), Anlagetheorie.** A.n sind Forschungsgegenstand von Psychologie, Biologie, → Humangenetik und → Zwillingsforschung. Der päd. Begriff A. definiert sich im Umkreis des Wortfeldes von ererbt, angeboren, erworben und konstitutionell. A.n in diesem Sinne sind dann die Ausgangsdispositionen für Prozesse, die zu relativ umweltkonstanten Prägungen, Leistungsbereitschaften, Charaktereigenschaften und dgl. führen. Hinter dieser vorsichtigen Formulierung steht die ökologische Beobachtung, daß es Organismus- und Verhaltensfunktionen nicht ohne eigene spezifische → Umwelt (und umgekehrt) gibt. A.-Gerichtetheiten liegen allen wesentlichen psychischen Funktionen zugrunde: im Orientierungssystem die Gefühlsansprechbarkeit, im Antriebssystem die Lebenskraft, im Wirkungssystem die Geschicklichkeit, im Lernsystem das → Gedächtnis. Diese Systeme bedürfen zur höchstmöglichen Entfaltung konvergierender Umweltreize. Heckhausen hält zu niedrige und zu hohe Anreize für wenig erfolgversprechend; erziehliche → Motivationen müssen auch die Reifungsstadien berücksichtigen. An der Ausbildung der A.n hat der von einem starken »Ich getragene Selbstbildungswille maßgeblichen Anteil. Wo all dies gewährleistet ist, zeigt sich A. als mit einer dynamisch verstandenen → Begabung eng zusammenhängendes Phänomen. Bei personalen Vollzügen wie sacheinsichtigem Denken, subtiler Wertansprechbarkeit (→ Gewissen), Willensstärke, spielerischer Handlungsfähigkeit, Erinnerungsvermögen sowie bei method.-systemat. Erkennen ist der Lehr- und Lernanteil höher als bei leibnahen und instinktähnlichen Funktionen. → Bildsamkeit, → Erziehungsbedürftigkeit, → Vererbung.

L.: H. Roth (Hg.), Begabung und Lernen, 1968 u. ö.; H. J. Eysenck, Vererbung, Intelligenz und Erziehung, 1976; A. R. Jensen, Genetics and Education, London 1977; P. Borkenau, Anlage und Umwelt, 1992; J. Dunn, R. Plomin, Warum Geschwister so verschieden sind, dt. 1996; D. C. Rohwe, Gentechnik und Sozialisation, 1997.

**Anlernberuf** bezeichnete bis zum Inkrafttreten des → Berufsbildungsgesetzes (1969) einen Ausbildungsberuf mit kürzerer (meist bis 2j.) Ausbildungsdauer. Die heute unübliche Unterscheidung zw. → Lehrling und Anlernling wird in dem Oberbegriff → Auszubildender (Azubi) aufgehoben. → Ausbildungsberufe.

**Anlernwerkstatt** kennzeichnet eine Einrichtung, in der Behinderte für eine Tätigkeit in der Werkstatt für Behinderte (WfB) oder auf dem freien Arbeitsmarkt vorbereitet werden. Die A. trägt der bes. Situation der Behinderten Rechnung und ist im allg. als Maßnahme der Eingliederungshilfe entsprechend dem Bundessozialhilfegesetz (§ 39) anzusehen. In letzter Zeit wird der Begriff A. zunehmend durch den des Ausbildungsbereichs ersetzt.

**Anomie** → abweichendes Verhalten.

**Anpassung.** Grundbegriff der biologischen Entwicklungslehre (Darwin); bezeichnet die Abstimmung eines Organismus oder einer Spezies auf die besonderen (klimat., biolog., psych. und/oder sozialen) Bedingungen der jew. → Umwelt, die dem Menschen dank seiner außerordentlichen Plastizität, → Weltoffenheit, Handlungsfähigkeit und → Bildsamkeit in wesentlich größerem Umfang möglich ist als dem Tier.
Von zentraler päd. Bedeutung ist die Art und Weise der Einfügung des Heranwachsenden in »Gesellschaft«. A. meint in diesem Sinne den Vorgang und das Ergebnis der Übernahme eines inneren Kontrollsystems zur Regelung bzw. Abstimmung der eigenen Triebe, Impulse und Wünsche, deren organische Regulierung durch Instinkte nicht ausreicht, mit externen Anforderungen aus Familie, Schule, → Peer groups, beruflichen Arbeits-, freizeitlichen Lebensverhältnissen etc. Diese A. geschieht durch Übernahme von → Rollen und → Internalisierung von Normen und Werten in Prozessen der → Assimilation und → Akkomodation. Angesichts der Dynamik komplexer industrieller Gesellschaften mit hoher Mobilität und Pluralität, technischen Innovationen und sozialem → Wandel können einmal erlernte, »traditionelle« Verhaltensmuster nicht mehr in allen Lebenssituationen durchgehalten, vielmehr muß die Fähigkeit erworben werden, sich immer wieder auf neue Situationen, wechselnde Umwelten und Rollen einzustellen. A.sfähigkeit, »Anpassung an die Anpassung« wird zur sozialen Tugend, sofern sie sich nicht in passiver,

**Angst**

nach Möglichkeit zu fördern. Dabei sollten Eigenart und Kreativität nicht unterdrückt, sondern soweit als möglich unterstützt und spezielle Defizite durch besondere Lernangebote auszugleichen versucht werden.

L.: Bildungskommission des Dt. Bildungsrates, Strukturplan für das Bildungswesen, 1970 u. ö.; E. Neuhaus, Reform des Primarbereichs, 1974, 5. Aufl. u. d. T. Reform der Grundschule, 1991, [6]1994; H. Retter, Reform der Schuleingangsstufe, 1975; Bildungskommission des Dt. Bildungsrates. Bericht 75, 1975; dies., Die Eingangsstufe der Primarbereichs Bd. 1–3, 1975; Bund-Länder-Kommission für Bildungsplanung, Fünfjähr. in Kindergärten, Vorklassen und Eingangsstufen, 1976; D. Rüdiger u. a., Schuleintritt und Schulfähigkeit, 1976; C. Claussen, Prakt. Vorschläge für e. besseren Übergang ins Schulleben, 1977; S. Hebenstreit, Der Übergang vom Elementar- zum Primarbereich, 1979; I. Lichtenstein-Rother, E. Röbe, Grundschule, 1982, [5]1991; R. Rabenstein, Entwicklung des A.s, 1988; M. Herbert, K. Meiers, Typische Situationen im A., 1989; W. Knörzer, K. Grass, Den Anfang der Schulzeit päd. gestalten, [4]1997.

**Angst,** ein durch negative Gefühle (Beeinträchtigung, Bedrohtheit) gekennzeichneter Zustand, der oft mit körperl. Symptomen (Zittern, Schweißausbruch, erhöhte Pulsfrequenz etc.) und Vermeidungstendenzen (Abwehr, Flucht, Bewegungslosigkeit, → Aggression etc.) einhergeht. Während A. soziologisch aus den gesellschaftlich bedingten Schwierigkeiten heraus erklärt wird, eine soziale → Identität aufzubauen und durchzuhalten (z. B. J. Habermas), unterscheidet der → Existenzphilosophie zwischen dem Affekt der (momentanen) → Furcht und der A. als menschl. Grundbefindlichkeit (z. B. → Kierkegaard, Heidegger). Auch von der → Psychoanalyse wird A. als ein menschl. Grundphänomen betrachtet und aus der anthropol. gegebenen Hilflosigkeit des Säuglings erklärt. Die Erziehung bedient sich vielfach der A. als eines schlechten Mittels (A.-machen, Verängstigen), Kinder zu einem bestimmten Verhalten zu bringen (→ Schwarze Pädagogik). Der Mensch, der als »erster Freigelassener der Natur« (→ Herder) die meisten Lebensfunktionen selbst entwickeln und seinen eigenen Selbstand (Selbständigkeit, → Mündigkeit, → Autonomie) gewinnen muß, bedarf aber von frühester Kindheit an des allseitigen Angenommenseins (→ Nestwärme) und der emotionalen Bindung. Die Erkundung und Eroberung der Welt durch den Heranwachsenden ist durchweg vom »Kitzel der A.« begleitet; auch der Erwachsene kann sich der A. nicht völlig entziehen. Die Erziehung soll deshalb A. nicht »nehmen«, aber erst recht nicht erzeugen und gebrauchen, sondern den einzelnen instandsetzen, mit A. zurechtzukommen und sie zu bewältigen. → Schulangst.

L.: E. E. Levitt, Die Psychologie der A., (1967), dt. 1971, [5]1987; Anxiety, hg. v. C. D. Spielberger, New York 1972; G. Oestreich, Kinder zw. A. und Leistung, 1975; S. Rachmann, A., 1975; A. in der Schule, hg. v. R. Andreas u. a., 1976; H. Krohne, Theorien zur A., 1976; W. D. Fröhlich, A., 1982; F. Riemann, Grundformen der A., 1961 u. ö.; B. Wolman, Die Ängste der Kinder, 1980; H. Zulliger, Die A. unserer Kinder, 1981; M. Zlotowicz, Warum haben Kinder A.?, 1983; F. Bitz, Kinder der A., 1986; W. Pöldinger (Hg.) A. u. A. bewältigung, 1988; H. B. Flöttmann, A., 1989, [3]1993; A. Hicklin, Das menschl. Gesicht der A., 1989; M. Sörensen, Einf. in die A.psychologie, 1992; H.-E. Richter, Umgang mit A., 1993; P. M. G. Emmelkamp u. a., Phobien u. Zwang, 1993; M. Schmeitz-Peick (Hg.), Wenn der Welt die Luft ausgeht u. Kinder A. vor der Zukunft haben, 1993; H.-U. Wittchen, A., 1995; B. Langenfeld, A., 1995; H. J. Schultz, A., 1995.

**Animateur** → Animation.

**Animation** (vom lat. *animare:* beleben) bezeichnet einen Handlungsansatz in der Freizeit-, Kultur- und Bildungsarbeit (v. a. → Erwachsenenbildung). In den 1960er J.n im Zusammenhang mit der internationalen Diskussion um eine »demokratische Kultur« entstanden, meint A. Ermutigung, Anregung und Förderung im sozialen und kulturellen Bereich. Von den haupt-, neben- oder ehrenamtlich tätigen Animateuren werden edukative (Fähigkeit zur Erschließung neuer Lernanregungen), kommunikative (Fähigkeit zur Ermöglichung von Kontakt und Geselligkeit), integrative (Fähigkeit zur Erleichterung von Beteiligung, Engagement und sozialer Selbstdarstellung) und enkulturative Kompetenz (Fähigkeit zur Förderung von kreativer Entfaltung und Teilnahme am kulturellen Leben) erwartet.

L.: E. Limbos, L'animateur socio-culturel, Paris 1971; H. W. Opaschowski, Methoden der A., 1981; Arbeitsgemeinschaft Ausbild. Animator (Hg.), Kaleidoskop A. Theorie – Praxis – Perspektiven, Zürich 1987; H. Giesecke, Pädagogik als Beruf, [6]1997; H. Moser u. a. (Hg.), A., in: PÄD-Forum 4 (1997).

tung des A. lange Zeit ausschlaggebend gewesen. Auf schulpolitischer Ebene dokumentiert das Reichsgrundschulgesetz von 1920 die stärkere Beschäftigung mit dieser Phase der Schule. Allgemeine Prinzipien und Aufgaben des A. sind v. a.:

1. Die Kinder müssen in dieser Zeit aus einer durch → Spiel in eine durch → Lernen geprägte Umgebung geführt werden, wobei man heute diese Entwicklung als Teil der Überwindung des kindl. Egozentrismus und der Gewinnung eines Sachbezuges ansieht und dem Spiel eine durchgehende Bedeutung für die gesamte Erziehung zuschreibt. Insgesamt soll aber durch diese Gewinnung eines Sachbezuges die Entwicklung der → Kreativität nicht unterbrochen oder behindert werden.

2. Im A. soll die kindl. Selbsttätigkeit angemessen berücksichtigt werden, und zwar nicht nur in den »künstlerischen« Fächern, sondern auch in der mathematischen Früherziehung. Diese Selbsttätigkeit soll u. a. gefördert und ermöglicht werden durch einen erfahrungswiss. Ansatz, die Verwendung von strukturiertem, didakt. Material.

3. Der A. sollte in zweifacher Hinsicht differenziert werden: a) hinsichtlich der schulischen Lernorganisation und b) hinsichtlich der Arbeit des Schülers.

4. Im A. sind die Schüler mit einem päd. Leistungsbegriff zu konfrontieren, d. h. daß es zunächst um einen durch Personen vermittelten Sachanspruch und die individuelle Förderung geht. → Leistung.

5. Der A. soll auch der Herstellung von → Chancengleichheit durch besondere Förderung benachteiligter Kinder dienen. Dahinter steckt die bereits vom → Deutschen Bildungsrat proklamierte Abwendung von einer bloßen Startchancengleichheit und die Hinwendung zu einem dynam. Begriff der Querschnittchancengleichheit.

6. Schließlich soll durch den A. die ganze Persönlichkeit des Kindes, also seine Sach-, Sozial- und Ichkompetenz gefördert werden.

Probleme, die vor allem in den 70er Jahren und noch danach kontrovers diskutiert wurden, sind:

1. Der Zeitpunkt und die Art des Beginns des A. Hier handelt es sich vor allem um das auch vom Bildungsrat geforderte Bemühen, den Übergang vom → Elementar- zum → Primarbereich kontinuierlicher zu gestalten (organisatorische, curriculare und personelle Kontinuität). In diesem Zusammenhang sind dann auch die Kriterien für die → Schulreife neu zu befragen.

2. Die Möglichkeit eines wissenschaftsorientierten Lernens bereits in der → Grundschule. Ist der A. an das bloße Anschauungs- und Handlungsprinzip gebunden, oder können auch bereits, in Hinblick auf die Fachwissenschaft ausgewählte, abstraktere Inhalte vermittelt werden? Welche Inhalte sollen dann Eingang in den Unterricht der ersten Klassen finden?

3. Eine Neuorientierung des Stoffkatalogs insgesamt. Diese Neuorientierung zeigte sich in der Aufnahme der sog. Neuen Mathematik (→ Mathematikunterricht, → Mengenlehre) anstelle des alten → Rechenunterrichts (in den neueren Lehrplänen wieder zurückgenommen), der Ausrichtung des Sprachunterrichts am Ziel kommunikativer Sprachkompetenz und des Wechsels von der → Heimatkunde zum → Sachunterricht. Ist dieser Wechsel von der veränderten Gegenwartslage der Kinder und im Hinblick auf ihre Zukunft notwendig, oder werden die Kinder dadurch überfordert und von der Beherrschung der »Kulturtechniken« künstlich ferngehalten?

4. Das Verhältnis von Grundbildung und Stoffülle. Auch im A. droht durch die steigende Stoffülle und die wenigstens teilweise vollzogene Hereinnahme des Fachlehrerprinzips eine »Atomisierung« der Inhalte.

5. Das Verhältnis von Leistungsforderung und Selbständigkeit. Die Folgen eines einseitig auf die meßbare Leistung ausgerichteten Erfolgskriteriums (z. B. → Numerus Clausus) sind auch in der Grundschule spürbar. Sie drohen, die Erziehung selbständiger und kreativer Personen zu verhindern und das Augenmerk zu sehr auf den konvergenten, kognitiven Leistungsbereich zu lenken.

Es geht also im A. darum, die unterschiedlichen Lernvoraussetzungen der Kinder zu berücksichtigen, an ihren konkreten Lernerfahrungen anzusetzen, diese zu strukturieren und zu vertiefen, ihnen eine Begegnung mit Sachen und Personen zu ermöglichen und ihre gesamte persönliche Entwicklung

**Andragogik** 22

folge der Frz. Revolution als Reaktion auf die im Schatten des totalisierenden Staates auftretenden → Entfremdungs- und Entindividualisierungserscheinungen. Dabei entwickelten die Klassiker des A., insbes. William Goldwin (1756–1836), Pierre Joseph Proudhon (1809–1865), Michail A. Bakunin (1814–1876), Pjotr A. Kropotkin (1842–1921) und, ihnen nachfolgend, L. N. → Tolstoj, Max Stirner (1806–1856) und Francisco Ferrer (1859–1909) auch eine a.P., für die sich im Deutschen der Name libertäre Päd. eingebürgert hat. Die Forderungen nach einer herrschaftsfreien Gesellschaft (unbedingter Freiheitsbegriff), der radikale Antiinstitutionalismus und die Ablehnung jeder endgültigen theoret. Fixierung führten, gestützt auf die anthropolog. Thesen von der Möglichkeit des Menschen, sich in unlimitierter Freiheit und Gleichheit zu entwickeln, ebenso zu einer fundamentalen Kritik am aufklärerischen Machbarkeitsdenken wie an jeder marxist. Befreiungstechnologie. Entsprechend liegt die Stärke der a.P. mehr in ihrer subversiven Kritik am Projekt der Moderne (Z. Bauman) als im konstruktiven Entwurf einer besseren Erz. und Schule.

L.: E.V. Zenker, Der A., 1895, Nachdr. 1966; Der A., hg. v. E. Oberländer, 1972; P. Avrich, The Modern Schoolmovement, Princeton 1980; H. Baumann u. a. (Hg.), Geschichte und Perspektiven a.r P., 1985; H.-U. Grunder, Theorie und Praxis a.r Erz., 1986; Z. Bauman, Moderne und Ambivalenz, dt. 1992; M. Heinlein, Klass.r A. und Erz., 1998 (Lit.).

**Andragogik,** analog zu Päd. (wörtl.: Kinderführung) gebildet, meint A. (griech.) Menschen-Führung. Das Wort taucht bereits im 19. Jh. auf. Als H. Hanselmann und F. → Pöggeler es in den 50er J. in die wiss. Sprache einführen wollten, gelang dies (im Unterschied zu Holland) nicht, obwohl A. gegenüber dem in sich widersprüchlichen Begriff »Erwachsenenpäd.« zweifellos der Vorzug gebührt. → Erwachsenenbildung.

L.: H. Hanselmann, A. Wesen, Möglichkeiten, Grenzen der Erwachsenenbildung, Zürich 1951; F. Pöggeler, Einf. in die A., 1957; ders., The state and adult education, 1990.

**Andreä,** Johann Valentin, * 17. 8. 1586 Herrenberg, † 27. 6. 1654 Stuttgart, evang. Theologe und päd. Schriftsteller, war seit 1614 Träger verschiedener hoher Kirchenämter. A. neigte der → Mystik zu und ist wahrscheinlich Miturheber der Rosenkreuzerbewegung zu Beginn des 17. Jhs. Er kämpfte gegen den scholastischen Formalismus in Wissenschaft und Schule (→ Scholastik) und entwarf das utopische Bild eines Kirchenstaates mit christlicher und realistischer Erziehung. → Utopie.

Schr.: Menippus sive dialogorum satyricorum centuria, 1618; Reipublicae christianopolitanae descriptio, 1619.

L.: J. Keuler, J. V. A. als Pädagoge, Diss. 1932; W. E. Peuckert, Die Rosenkreutzer, 1928; H. Schultz, Evangel. Utopismus bei J.V.A., 1955; J. Guter, Päd. in Utopia, 1968; R. v. Dülmen, Die Utopie einer christl. Gesellschaft, 1978.

**Anfangsunterricht,** als A. oder auch Erstunterricht bezeichnet man, ohne klare zeitliche Begrenzung, den Unterricht nach der Einschulung. Die Struktur des A. ist wesentlich bestimmt durch den Wechsel des Kindes von der Familie oder von vorschulischen Einrichtungen in die mehr unter einem Sachanspruch stehende Schule. Dabei stellt sich die grundsätzliche Frage, ob es in erster Linie um eine rasche Anpassung des Kindes an die Leistungsansprüche der Schule oder um eine kindgemäße Gestaltung des Unterrichts gehen soll. Von großer Bedeutung für die Gestaltung des A. sind die individ. Voraussetzungen der Schüler, auch, ob eine vorschulische Einrichtung besucht wurde oder nicht.
Erst ab ungefähr 1900 hat es sich durchgesetzt, den A. als einen Zeitraum mit eigener päd. Aufgabenstellung und Dignität zu betrachten. Einflußreich waren etwa → Pestalozzis Bestrebungen, einen Elementarlehrgang und -unterricht zu entwickeln. Auch die Herbartianer (→ Herbatianismus) betonten, entsprechend der Kulturstufentheorie (psychogenetisches Grundgesetz), die besondere Rolle des A. Für die heutige Problematik und die method.-didakt. Gestaltung wurde dann aber vor allem die → Reformpäd. bedeutsam. Ihre an → Rousseaus Überlegungen erinnernde Zuwendung zum Kind (→ »Päd. vom Kinde aus«), die Betonung der kindl. → Spontaneität und → Selbsttätigkeit machten den A. zu einem der am meisten diskutierten päd. Handlungsräume. Das Konzept des → Gesamtunterrichts und das Heimatprinzip sind dann auch für die innere Gestal-

Friese, G.-E. Trott, Depression in Kindheit u. Jugend, 1988; P. Rossmann, Depressionsdiagnostik im Kindesalter, 1991.

**Analphabeten** (A.), **Analphabetismus** (As.). Während es in Europa fast keine A. mehr gibt, stellt der Kampf gegen das A.tum für viele Entwicklungsländer noch immer eine brisante, auch polit. Aufgabe dar. Dabei erweist sich A.tum oft nicht nur als Problem mangelnder schulischer Versorgung, sondern auch als Folge der Lernapathie der Unterschichten (»Kultur des Schweigens«). Ebenso tritt, auch in entwickelten Ländern, sekundäres A.tum auf, wenn nach rein technischer Alphabetisierung die kulturellen und soziopolit. Möglichkeiten fehlen, sich der Techniken des Lesens (und Schreibens) zu bedienen. → Freire entwickelte seine Methode der *conscienciación* als Alphabetisierung mit »generativen Schlüsselwörtern«, d.h. Begriffen, in denen sich die sozialen, wirtschaftl., polit. und kulturellen Widersprüche eines Lebensraumes ausdrücken. Provozierend ist die These Neil Postmans, wonach das Zeitalter der → Massenmedien mit seiner Bilderflut zu einer neuen Art von As. führt (»Zerstreuungskultur«). → Legasthenie.

L.: UNESCO, L'analphabétisme dans le monde au milieu du XXe siècle, Paris 1957; P. Freire, Päd. der Unterdrückten, dt. 1971 u. ö.; P. Matzke, Funktionaler A. in den USA, 1982; Alphabetisierung in der BRD, hg. v. Dt. VHS-Verband, 1984; H. Grissemann, Spätlegasthenie u. funktionaler As., 1984; N. Postman, Wir amüsieren uns zu Tode, dt. 1985; H. W. Giese, Ursachen u. Konsequenzen des As. bei jungen Menschen in der BRD, 1986; G. Siebert-Ott, Legasthenie u. As. aus linguist. Sicht, 1988; F. Hochstrasser (Hg.), Ich habe keine Bücher, 1988; R. Kretschmann u. a., As. bei Jugendl., 1990; H. W. Giese, As., Alphabetisierung, Schriftkultur (Auswahlbibl.), 1991; C. Kazis (Hg.), Buchstäblich sprachlos: A. in der Informationsgesellschaft, 1991; P. Hubertus, Alphabetisierung u. As. (Bibl.), 1991; V. Stauffacher, Lesen und Schreiben – Ein Problem?, 1991; R. Girod, L'illetrisme, Paris 1996.

**Analytische Erziehungswissenschaft** (von griech.: *analysis* = Zergliederung). Vom Logischen Positivismus des Wiener Kreises ausgehende und im Anschluß an G. E. Moore, B. → Russell und L. → Wittgenstein vor allem im angelsächs. Raum entstandene erziehungswiss. Strömung, die sich auf die analyt. Phil. stützt und sich die Klärung des Sinnes wissenschaftl. Aussagen zum bevorzugten Ziel gesetzt hat. In erklärter Absetzung von reformpäd. Bestrebungen und unter Ablehnung traditionell metaphysisch-systematischer Konstruktionen (→ Dewey) ist die A. E. am Modell naturwiss. Denkens orientiert, von dem aus sie zu einer krit. Analyse päd. Fachtermini gelangt, wobei besonderes Gewicht auf die Eindeutigkeit der verwendeten Begriffe, die logische Stringenz der Argumentation und deren intersubjektive Überprüfbarkeit gelegt wird. Neben dem dezidiert wissenschaftstheoret. Anspruch erzielt die A. E. Erfolge im Bereich der Detailforschung, etwa bei der Untersuchung der Begriffe »Lehren« und »Lernen«. In Dt. vor allem von → Brezinka und neuerdings von → Oelkers rezipiert, will sie die bereits von → Herbart geforderte Besinnung auf die »einheimischen Begriffe« der Päd. voranbringen, die angesichts mancher semantischer Zumutungen päd. Sprechens und Schreibens noch immer ein Desiderat darstellt. → Kritischer Rationalismus, → Empirisch-analyt. Erziehungswiss., → Scheffler.

L.: H. Feigl, Aims of Education for Our Age of Science, in: Modern Philosophy and Education, 54, 1955; I. Scheffler, Die Sprache der Erziehung (engl. 1960), dt. 1971; B. O. Smith u. R. H. Ennis (Hg.), Language and Concepts in Education, Chicago 1961; R. S. Peters et al., The Concept of Education, London 1967 u. ö.; J. F. Soltis, Einführung in die Analyse päd. Begriffe (engl. 1968), dt. 1971; J. Oelkers, Die A. E. Eine Erfolgsgeschichte, in: Zs. f. Päd. 28 (1982); ders., Erziehung und Unterrichten. Grundbegriffe der Päd. in analyt. Sicht, 1985 (Bibl.); P. Bieri (Hg.), Analyt. Phil. der Erkenntnis, 1987, $^2$1992; ders. (Hg.), Analyt. Phil. des Geistes, 1981, $^2$1993; P. Dummett, Origins of Analytical Philosophy, New York 1993.

**analytisch-synthetische Methode** → Lesenlernen.

**Anarchismus (A.), anarchistische Päd. (a. P.).** Anarchie (griech: Herrschaftslosigkeit) wird sowohl als wertneutraler Begriff der sozialwiss. Analyse gebraucht als auch wertend im negativen (»Gesetzlosigkeit«, »soziales Chaos«, »Zügellosigkeit«) oder positiven Sinne (ideale Gesellschaftsordnung, in der Gesetz und Freiheit ohne Gewalt herrschen). A. meint weitgefaßt alle Doktrinen, die eine solche herrschaftslose Gesellschaftsordnung als unmittelbar verpflichtendes polit. (und päd.) Ideal aufstellen. Anarchist. Theorien entstanden in der späten → Aufklärung und im Ge-

und Wert der humanist. Bildung im Leben unserer Zeit, 1956; F. Blättner, Das Gymnasium, 1960; U. Hölscher, Selbstgespräch über den Humanismus, 1965; H. v. Hentig, Platonisches Lehren I, 1966; H. Heusinger (Hg.), AU., 1967; Th. Hülshoff/A. Reble (Hg.), Zur Geschichte der höheren Schule, Bd. 1, 1967; R. Nickel, Die alten Sprachen in der Schule, 1974, ²1978; A. Reble (Hg.), Zur Geschichte der höheren Schule, Bd. II, 1975; M. Fuhrmann, Alte Sprachen in der Krise?, 1976; H.-J. Glücklich (Hg.), Der AU. im heutigen Gymnasium, 1978; ders. (Hg.), Fachdidaktik und Lehrerausbildung, 1981; F. Maier, Lateinunterr. zwischen Tradition u. Fortschritt, 3 Bde., 1979, 1984, 1985; R. Nickel, Einf. in die Didaktik des AU.s, 1982; H. Steinchal (Hg.), Antikes Drama auf der Schulbühne, 1982; H. Cancik/R. Nickel (Hg.), Zur Gesch. der klass. Philologie u. des AU.s, 1982; H. Mundig, Antike Texte – aktuelle Probleme, 1985; F. Maier, Technolog. Herausforderung u. humanist. Bildung, 1986; A. Buck, Humanismus (bes. Kp. VI), 1987; U. Preuße, Humanismus und Gesellschaft. Zur Gesch. des a. U.s in Dtl. von 1890 bis 1933, 1988; F. Maier, Lebendige Vermittlung latein. Texte, 1988; G. Jäger, Einf. in die Klass. Philologie, 1990; K. Bayer, Das Angebot der Antike, 1990; L. Haag, Auswirkungen von Lateinunterricht, in: Psychologie in Erziehung und Unterricht 42 (1995); F. Maier, Die Herausforderungen der Zukunft. Chancen und Aufgaben eines altsprachlichen Gymnasiums, in: Forum Classicum 41 (1998); K.-W. Weeber, Mit dem Latein am Ende?, 1998.

**Alumnate** (lat. aufziehen). Heute unüblich gewordener, durch → Internat bzw. → Heim ersetzter Begriff; meint ursprünglich die Einheit von Unterricht, Erziehung und Lebensführung, durch die Interne (Alumnen; Gegensatz: Externe) im Rahmen einer weltanschaulichen Grundüberzeugung gebildet werden sollen. Aus mittelalterlichen → Klosterschulen hervorgegangen, waren A. mit den meisten höheren Schulen (vor allem den Ordensschulen) und (bis zum 17. Jh.) den Universitäten verbunden. Sie bildeten bis zur Aufklärung die Regelform der höheren Schulerziehung. Im Zuge der Verstaatlichung des Schulwesens wurden sie weitgehend auf die freien bzw. → Privatschulen eingeschränkt. Den Vorteilen der A. (Einheitlichkeit und Allseitigkeit) stehen auch Gefahren (Erziehungs- und Bildungsmonopol, Anpassung der Alumnen an vorgegebene Ideologien, Abgrenzung von der Außenwelt) gegenüber. Der Grundgedanke der A. findet sich auch in → Heimvolkshochschulen und betrieblichen Fortbildungsstätten. → Landerziehungsheime.

L.: W. Neubig, Das Internat im 19. und 20. Jh. in Bayern, (Diss. Erlangen-Nürnberg) 1969; J. Parstorfer, Spezif. Möglichkeiten der kirchl. Internate in der mod. Gesells., 1971; W. M. Sayler, Internat zw. Gestern und Morgen, 1973; H. Schneider, Struktur und Aufgabe des Internats, 1975; M. Behr, Freie Schulen und Internate. Päd. Programme u. rechtl. Stellung, 1988.

**Alzudi** (algorithmische Zuordnungsdidaktik), 1967 entwickelter didaktischer → Algorithmus, nach welchem ein Rechner ein → Lehrprogramm für vorgegebene, sehr einfache Lehrstoffe (Vokabeln und andere Zuordnungen) unter Berücksichtigung weniger weiterer Vorgaben (Vorkenntnisse, einfaches Lernmodell) automatisch ohne weitere Mitwirkung eines Didaktikers erstellt. A. fand nur sehr beschränkte bildungspraktische Anwendung, trug aber erheblich zur theoretischen Entwicklung der → kybernetischen Päd. bei. → Algorithmus, → Cogendi.

**Anaklitische Depression,** klinisches Krankheitsbild bei Kindern im 2. Lj. Die A. D. tritt wahrscheinlich ein, wenn ein im ersten L.halbj. normal entwickeltes Kind für mindestens 3 Monate von seiner → »Mutter«, d. h. seiner konstanten und sorgenden Bezugsperson, getrennt und insofern des »Objektes« beraubt wird, an dem es seine sich anlehnenden und liebesuchenden Bedürfnisse befriedigte. R. → Spitz und K. Wolf beobachteten in einem Säuglingsheim folgende Symptome der A. D.: im 1. Monat wird das Kind weinerlich, anspruchsvoll, bei gelingender Kontaktaufnahme anklammernd; im 2. Monat schreit es viel, verliert an Gewicht, und seine Entwicklung stagniert; im 3. Monat verweigert es Kontakt, wendet sich von der Umwelt ab, liegt mit starrem Gesichtsausdruck auf dem Bauch und wird bes. krankheitsanfällig. Falls dem Kind nach dem 3. Monat kein Mutterkontakt oder -ersatz möglich ist, verschlimmert sich sein Zustand bis zu völliger Apathie. Bei Rückkehr der Mutter wurde bei den meisten Kindern die sofortige Auflösung dieses Syndroms beobachtet, allerdings müssen spätere Folgen befürchtet werden. → Mutter-Kind-Beziehung, → Nestwärme, → Hospitalismus, → Psychoanalyse.

L.: R. Spitz u. K. Wolf, Die a. D., dt. in: Psychoanalyse und Erziehungspraxis, hg. v. J. Cremerius, 1971; ders., Vom Säugling zum Kleinkind, 1965, ¹⁰1992; H.-J.

(Arzt, Jurist, Theologe). Der Lehrplan der artes liberales der Spätantike als *Trivium* (Grammatik, Rhetorik, Dialektik) wurde während des Mittelalters und der Zeit des → Humanismus und der → Renaissance beibehalten (z. B. Latein als Unterrichtssprache an den Universitäten und den Lateinschulen bzw. Gymnasien. Gegen den in der Folgezeit festzustellenden Verfall des AU.s zu einem geistlosen Grammatiktraining und eine einseitige Dominanz des Lateinischen kämpften die philologischen Neuhumanisten (→ Gesner, Ernesti, Heyne). Sie wollten die antike Kultur und Philosophie als das begeisternde Zentrum und Ziel des AU.s verwirklicht sehen. Die auf den Neuhumanismus sich gründenden Reformen der höheren Schulen in den ersten Jahrzehnten des 19. Jh. räumten dem Griechischen breiteren Raum ein, begründeten den AU. bildungstheoretisch und anthropologisch und machten ihn zum beherrschenden Faktor des Gymnasiums. Als Höhepunkt darf wohl der bayerische Lehrplan von 1808 betrachtet werden, der für die zehnklassige Lateinschule (Gymnasium) insgesamt 117 Std. Latein, 45 Std. Griechisch und 8 Std. Hebräisch vorsah, aber nur 33 Std. Mathematik, 17 Std. Geographie/Geschichte und keinen eigenen Unterricht in Deutsch.

Im Verlauf des 19. Jh. drang dann erneut eine Mechanisierung des AU.s durch, Latein dominierte wieder stärker, zugleich entstanden neue Typen höherer Schulen, und die → Realien gewannen im klass. Gymnasium an Raum. Abgeschlossen wurde die Entwicklung auf der → Reichsschulkonferenz von 1900, auf der das Realgymnasium und die Oberrealschule als grundsätzlich gleichberechtigte höhere Bildungsanstalten neben dem humanistischen Gymnasium reichsweit anerkannt wurden.

Im 20. Jh. hat sich die rückläufige Tendenz des AU.s weiter verstärkt, so daß heute Latein nur noch den dritten Rang unter den an der Schule gelehrten Fremdsprachen einnimmt und nur noch sehr wenige Schüler Griechisch lernen. So sah sich der AU. zu einer ständigen Rechtfertigung gezwungen. Da Latein und Griechisch heute nur noch für wenige akademische Abschlüsse und Berufe als notwendige Kenntnisse vorausgesetzt werden (Theologie, Altertumswiss.n, alte Geschichte, zuweilen auch Philosophie) und auch in der kath. Kirche die jew. Landessprachen an Bedeutung gewannen, wird zur Begründung eines schulischen AU.s heute u. a. angeführt: Herstellung einer europäischen Identität, zu der die Literatur in griechischer und lateinischer Sprache, auch des Mittelalters und der Neuzeit, einen Beitrag leisten können; intensive sprachliche Schulung (Aufbau einer metasprachlichen Kompetenz; Beitrag zur Erweiterung der muttersprachlichen Kompetenz; Reiz der Auseinandersetzung mit einer stark impliziert kodierten Sprache); Förderung von Sekundärtugenden (Analyse- und Konzentrationsfähigkeit, strategisches Denken); die sprachgeschichtliche Tatsache, daß sich zahlreiche moderne Sprachen aus dem Latein oder unter Einfluß des Latein entwickelt haben, also durch einen Transfereffekt das Erlernen moderner Sprachen durch die Kenntnis der alten Sprachen erleichtert werde. Insgesamt: Grundlagenqualifikationen, Verständnis für abendl. Kultur.

Die empirischen Forschungsergebnisse konnten bisher diese Argumente zwar nicht beweisen, doch scheinen sie der These nicht zu widersprechen, daß mit Latein (und Griechisch) ein Fundament für die Gymnasiallaufbahn gelegt werden kann.

Der AU. vermag seine Ziele in der Öffentlichkeit nicht immer hinreichend überzeugend darzustellen. Da das Ziel einer Sprachbeherrschung heute als illusorisch betrachtet werden muß, kommt der Übersetzung und, als Voraussetzung hierzu der Grammatik- und Wortlehre, die größte Bedeutung im AU. zu. Im öffentlichen Bewußtsein verliert der AU. mehr und mehr an Gewicht. Dies liegt nicht nur daran, daß die alten Sprachen keinen nachprüfbaren Nutzen für den wirtschaftl.-techn. Fortschritt und die industrielle Produktion haben und man zudem meint, die alten Schriftsteller ja auch in Übersetzungen zugänglich machen zu können, sondern auch daran, daß es dem AU. schon in seiner Blütezeit nicht gelang, die behaupteten Bildungswirkungen deutlich genug aufzuweisen. → Humboldt, → Niethammer.

ZS.: Gymnasium, (1894 ff.) Der AU. 1 (1954) ff.
L.: F. Paulsen, Geschichte des gelehrten Unterrichts, 2 Bde., 1885, ³1919–21, Neudr. 1965; J. Dolch, Lehrplan des Abendlandes, 1959, ³1971; W. Schadewaldt, Sinn

L.: Cicero, Cato Maior de senectute, lat.-dt., hg. v. M. Faltner, 1982; O. F. Bollnow, Das hohe A., in: Neue Sammlung 2 (1962); M. Philibert, L'échelle des âges, Paris 1968; U. Lehr, Psychologie des A.ns, 1972, ⁷1991; W. D. Oswald, U. Lehr, A., 1991; W. Saup, Konstruktives A., 1991; H. Trappmann u. a. (Hg.), Das A., 1991; D. Platt (Hg.), Biologie des A.s, 1991; P. B. Baltes, J. Mittelstraß (Hg.), Zukunft des A.s u. gesellschaftl. Entwicklung, 1992; J. Hörl, Lebensführung im A., 1992; K. Schneider, A. und Bildung, 1993; S. Kade, Individualisierung u. Älterwerden, 1994; W. Mader (Hg.), Altwerden in einer alternden Gesellschaft, 1995; H. Walter, Das A. leben, 1995; G. Naegele, Funkkolleg A.n, 1996.

**Alternative Erziehung** (Alternative Schulen). In der jüngsten Schul- und Bildungskritik haben sich die Vokabeln »alternativ« und »Alternativen« schlagwortartig ausgebreitet. Ohne daß der Begriff selbst ausreichend geklärt wäre, bezeichnet man damit gewöhnlich Erziehungsentwürfe, -programme, -methoden und Schulmodelle, die gegenüber der herkömmlichen Erziehung und der traditionellen Schule »anders« sind, wobei dieses an sich deskriptive »anders« häufig unbesehen mit fortschrittlich, modern, zukunftsweisend u. ä. Konnotationen gleichgesetzt wird. Nahezu alle der heute lebhaft diskutierten und proklamierten Alternativen in Schule und Erziehung gehen auf Anregungen und Konzepte der → Reformpädagogik zurück (z. B. → Montessori, → Freinet, → Waldorfschule, A. S. → Neill) und orientieren sich mehr oder weniger an einer → Pädagogik vom Kinde aus. → Antipädagogik.

L.: J. Ramsegger, Gegenschulen, 1975; G. Dennison, Lernen und Freiheit, dt. 1976; A. Vasquez, F. Oury, Vorschläge für die Arbeit im Klassenzimmer, dt. 1976; M. Borchert, K. Derichs-Kunstmann (Hg.), Schulen, die ganz anders sind, 1979; D. Goldschmidt, P. M. Roeder (Hg.), Alternative Schulen, 1979; L. van Dick, Alternativschulen, 1979; M. Behr, W. Jeske, Schul-Alternativen, 1982; M. Behr, Schulen ohne Zwang, 1984; C. Storck, »Alternative« Schulkonzepte, 1986; H. Röhrs (Hg.), Die Schulen der Reformpäd. heute, 1986; K. Rödler, Vergessene Alternativschulen, 1987; H. Kemper, Wie alternativ sind alternative Schulen, ²1993; W. Böhm u. a., Schnee vom vergangenen Jahrhundert, 1993, ²1994; H. v. Hentig, Die Schule neu denken, ¹¹1997; U. Klemm, A. S. Neills Summerhill, 1997.

**Altersmundart.** Unter A. versteht man die eigentümliche, sich in Wortschatz und Grammatik von der Schriftsprache unterscheidende Sprechweise des Kindes in den verschiedenen Altersstufen. → Otto hat dieses Phänomen päd. erörtert und gefordert, der Lehrer müsse (bes. in der → Grundschule) seine Sprache an die jeweilige A. anpassen und auch literarische Vorlagen (z. B. den Faust) in A. übertragen. Die päd. Psychologie betont dagegen heute die Bedeutung einer korrekten Sprache der Erzieher und des Lehrers als Vorbild für das kindl. Sprachlernen.

L.: B. Otto, Kindesmundart, 1908.

**Altertum.** Nach der in der europ. Geschichtsschreibung üblichen Periodisierung umspannt das A. die Jahrhunderte von den ersten Dokumenten menschl. Lebens bis zum Niedergang des Römischen Imperiums (5. Jh. n. Chr.) und somit die Kulturen Ägyptens (mit ihrer religiösen Tradition und dem Gebrauch der Hieroglyphen), Phöniziens (erster Gebrauch des Alphabets), des Judentums (Altes Testament), Griechenlands und des → Hellenismus (die Epoche der → paideia mit → Isokrates, → Sokrates, → Platon und → Aristoteles als Hauptvertretern) und jene Roms (die ethisch-politische Erziehung des Staatsbürgers mit ihrer theoretischen Manifestation bei → Cicero, → Quintilian und → Seneca). Übergreifendes Kennzeichen der Erziehung im griech.-röm. A. ist die enge Einbindung in die Politik und ihre Beschränkung auf die Klasse der Freien; die Sklaven werden als Marktobjekte betrachtet und erst in der hellenistisch-christl. Epoche in ihrer menschl.-personalen Würde (→ Person) anerkannt.

L.: J. Stenzel, Metaphysik des A., 1931, Neudr. 1970; W. Jaeger, Paideia, 3 Bde., 1933–47, Nachdr. 1970; E. Lichtenstein, Der Ursprung der Päd. im griech. Denken, 1970; H.-J. Marrou, Geschichte der Erziehung im Klass. Altertum, frz. 1948, dt. 1957, als TB 1977; E. Fink, Metaphysik der Erziehung im Weltverständnis von Platon und Aristoteles, 1970; ders., Grunderfahrungen der antiken Philosophie, 1985; A. Giardina (Hg.), Der Mensch der röm. Antike, dt. 1991; Aspects of Antiquity in the History of Education, hg. v. F.-P. Hager u. a., 1992; H.-I. Marrou, Augustinus und das Ende der antiken Bildung, 1982, 2. erg. Aufl. 1995.

**Altsprachlicher Unterricht,** vor allem der Unterricht in Latein und Griechisch. Er galt lange Zeit als Kern, Fundament und Signum der (höheren) Bildung und als unumgängliche Qualifikation für ein akademisches Studium und gehobene bzw. höhere Berufe

Frz. Revolution, 1949; Der fortschrittliche Charakter der Päd. Komenskys, 1953; Vorlesungen über die Erz. auf frühen Stufen der Menschheitsentwicklung, 1956; Kinderausbeutung und Fabrikschulen in der Frühzeit d. industr. Kapitalismus, 1958; Bilderatlas zur Schul- und Erziehungsgeschichte, Bd. I 1960, Bd. II 1971; Sozialist. Schule u. Wiss.; 1965; Herkunft und Bedeutung d. Orbus Pictus, 1970; Zur Geschichte der Arbeiterz. in Dtl., 2 Bde. 1970–1971; Erziehung und Gesellschaft, 1975; Das Bildungsmonopol, 1978.
L.: R. Schulz, R. A. (1905–1978), in: Schulreform – Kontinuitäten und Brüche. Das Versuchsfeld Berlin-Neukölln. Bd. 2., (1993); B. Rang, R. A. zum 90. Geb.tag, in: Päd. und Schulalltag 51 (1996) 2.

**Altenbildung,** auch Gerontagogik (vom griech. *geron*: der Alte und *agein*: führen), ist aufgrund sozialer Veränderungen (Verschiebung der Alterspyramide, Ausklammerung der Alten aus der Familie, Isolierung der alten Menschen nach Ausscheiden aus dem Berufsleben etc.) seit Anfang der 70er Jahre zu einem eigenen Aufgaben- und Forschungsfeld der Päd. geworden, um einer drohenden »inneren Altersverelendung« (Tartler) vorzubeugen. Eine interdisziplinäre Altersforschung hat gezeigt, daß Alter nicht allein zeitlich-kalendarisch bestimmt werden kann, sondern als Funktion der sozio-kulturellen Umgebung, der individuellen Anlagen und psychischen Dispositionen, der Persönlichkeitsentfaltung und der biophysischen Befindlichkeit zu sehen ist. Die Gestaltung und Selbstbestimmung des Alters machen → lebenslanges Lernen möglich, die optimale Lebensbewältigung im Alter macht kognitive, motorische, affektive und soziale Aktivitäten notwendig. Ähnlich wie schon in → Comenius' »Schule des Greisenalters« und in seiner »Schule des Todes« steht im Zentrum der A. die Frage nach der Sinnbestimmung des Lebens (Alter als »Summe des Lebens«) und nach der Einstellung zum Tod. Methodisch sucht die A. an den konkreten Interessen, Nöten und Problemen der Alten anzuknüpfen und bedient sich in starkem Maße gruppenpäd. Erkenntnisse und Verfahren. → Alter.
L.: U. Lehr, Psychologie des Alterns, 1972 u. ö.; Zur Situation der älterwerdenden Frau, 1987; E. Eirmbter, A., 1979; W. Braun (Hg.), Die ältere Generation, 1981; E. M. Grimme (Hg.), Rechtsfragen in der Altenarbeit, 1982, ²1984; E. Bubolz-Lutz, Bildung im Alter, 1983, ²1984; H. K. Kay, Gerontopäd., 1987; M. Nühlen-Graab, Phil. Grundlagen der Gerontologie, 1990; E. E. Geißler (Hg.), Bildung für das Alter – Bildung im Alter, 1990; G. Frankenstein, Bildungsarbeit für ältere Menschen in der Industrie- u. Dienstleistungsgesellschaft, 1990; H. Staiger, A., 1991; E. Schlutz/H. P. Tews, Perspektiven zur Bildung Älterer, 1992; S. Kade, A., 1994; L. Veelken (Hg.), Gerontolog. Bildungsarbeit, 1994; H. Klingenberger, Hdb. Altenpädagogik, 1996.

**Altenstein,** Karl, Freiherr vom Stein zum A., * 7. 10. 1770 Ansbach, † 14. 5. 1840 Berlin, erster preuß. Kultusminister, war von 1808 bis 1810 preuß. Finanzminister und von 1817 bis 1838 Minister für die Geistl. Unterrichts- und Medizinalangelegenheiten. A. hat gemeinsam mit seinem langjährigen Mitarbeiter Johannes → Schulze das preuß. Bildungswesen im Geiste → Hegels und des Neuhumanismus (→ Humanismus) gestaltet.
L.: C. Varrentrapp, J. Schulze und das höh. preuß. Unterrichtswesen in s. Zeit, 1889; E. Kuhl, Der erste preuß. Kultusmin. (Diss. Köln), 1924; C. F. Renger, Die Gründung u. Errichtung der Univ. Bonn u. die Berufungspolitik A.s, 1982; F. Baumgart, Zwischen Reform u. Reaktion, 1990.

**Alter(n).** Mit A. wird nach älteren entwicklungspsycholog. Stufenmodellen der Lebensabschnitt vor dem Greisenalter bezeichnet, mit A.n sind die Vorgänge körperlich-biologischer, psychischer u. sozialer Veränderungen des Menschen gemeint, die von der Gerontologie (griech.: Lehre vom A.) erforscht werden, einer jüngeren Disziplin, die Geriatrie, Gerontopsychologie u. Gerontosoziologie einschließt.
Es muß zwischen kalendarischem, biologischem, psychologischem und soziologischem A. unterschieden werden, d. h. Leistungshöhe, Fähigkeiten und Schaffenskraft sinken nicht notwendig mit Erreichen eines bestimmten kalendarischen A.s (z. B. des sog. »Renten-A.s«). Mit der Hinausschiebung der Lebenserwartung aufgrund von Fortschritten in Medizin u. Hygiene erwachsen psycholog. u. soziale Schwierigkeiten, da der alte Mensch in einer materialistisch orientierten Leistungsgesellschaft als unproduktiv angesehen wird und auch seine historische Rolle als Vermittler von → Tradition durch den raschen gesellschaftlich-technischen Wandel und durch die → Massenmedien weitgehend hinfällig wird. Für die → Altenbildung erwächst somit die päd. Aufgabe, durch Sinnvermittlung die Selbstbestimmung im A. zu fördern.
→ Lebensalter, → *lifelong learning.*

o. J.; G.-C. von Unruh, Der bildungsrechtl. Gehalt des Preuß. A. L.s von 1794 mit seinen geistigen und pragmat. Grundlagen, in: Recht der Jugend und des Bildungswesens 43 (1995) 1.

**Allgemeines Normativ** für Bayern, der von F. I. →Niethammer 1808 geschaffene Organisationsplan für das bayerische Schulwesen, der bes. die Gymnasien im Sinne eines gemäßigten Neuhumanismus (→ Humanismus) umgestaltete. → Bayern.

**Allokation** (lat. Zuordnung) bezeichnet die Verteilung von (erwachsenen) Personen auf soziale Positionen in einer arbeitsteiligen, funktional und hierarch. (→ Hierarchie) gegliederten Gesellschaft und folgt hist. unterschiedl. Mustern: in feudalistischen Agrarstaaten, Kasten- und Klassengesellschaften werden Positionen den Herangewachsenen qua Geburt zugeschrieben, in komplexen industriellen Gesellschaften, die nach dem Leistungsprinzip funktionieren, werden Positionen, und damit sozialer Status, grundsätzlich durch individuelle Anstrengungen in Schul- und Berufsausbildung und Berufstätigkeit erwerbbar. Insofern kommt dem → Bildungswesen in modernen Gesellschaften die Aufgabe zu, über päd. Förderung und (Leistungs-) → Auslese der Schüler A.sprozesse einzuleiten. Die Konkurrenzfähigkeit des einzelnen um soziale Positionen wird bereits in Familien- und Vorschulerziehung vorgeprägt. → Soziologie der Erziehung.

**Alltagswende.** Seit Ende der 70er Jahre schlagwortartig gebrauchte Bezeichnung für den sog. dritten Paradigmenwechsel (→ Paradigma) innerhalb der jüngeren dt. Päd. nach der → realistischen Wendung zu Beginn und der kritisch-emanzipatorischen Wende am Ausgang der 60er Jahre (→ Emanzipation, → Lebenswelt).
Inhaltlich meint A. verstärkte Orientierung und lebhaftes Interesse an den Strukturen der Alltags- oder Lebenswelt des Menschen und der »Logik« seines alltägl. Handelns, Wissens und Theoretisierens als dem sozialen Bereich, in dem jedermann kompetent ist; method. schließt A. eine Favorisierung qualitativer, »verstehender« Forschungsverfahren (→ Hermeneutik, → Phänomenologie, auch Handlungsforschung, teilnehmende Beobachtung,

Konzepte → »narrativer« Pädagogik) ein. → Forschungsmethoden
L.: K. Hammerich/M. Klein (Hg.), Materialien zur Soziologie des Alltags, 1978; D. Lenzen (Hg.), Päd. und Alltag, 1980; R. Hörster, Kritik alltagsorientierter Päd., 1984; H. Thiersch, Die Erfahrung der Wirklichkeit. Perspektiven einer alltagsorientierten Sozial-päd., 1986; H. Schwarz, Sein, Bewußtsein, Erziehung, 1988; B. Danzer, Die »A.« im Arbeitsfeld Beratung, 1992; H. Hierdeis, Th. Hug, Päd. Alltagstheorien und erz. wiss. Theorien, 1992 (Lit.).

**Alma Mater** (lat.: nahrungsspendende Mutter), traditionelle Bezeichnung für → Universität, die die enge Verbundenheit der Mitglieder ausdrücken soll.

**Almanach.** Der → Anthologie verwandter Buchtyp, der vor allem in → Aufklärung und → Philanthropismus auch als Kinder- und Jugend-A. in zahlreichen Formen (Kalender, Sachbuch, Spiel-A.) erschien.

**Alt,** Robert, * 4. 9. 1905 Breslau, † 13. 12. 1978 Berlin, Dr. paed. 1948 Berlin, 1929–1933 Lehrer an der Karl-Marx-Oberschule Berlin (b. F. → Karsen) u. Studium der Soziologie a. d. Berliner Universität (b. A. Vierkandt), 1941–1945 in verschiedenen Konzentrationslagern, 1946 Ord. Prof. a. d. Päd. Hochschule Berlin, 1948 Prof. f. Erz.wiss. an der Humboldt-Universität, 1952–1963 Dir. d. Instituts f. Syst. Päd. und Gesch. der Päd., 1958–1961 Dekan der Päd. Fakultät, 1963–1970 Leiter d. Arbeitsstelle f. Dt. Erziehungs- und Schulgeschichte. Bedeutende Beiträge zur Gesch. der Erz., zur Comenius-Forschung, zur Geschichte des Bildungsmonopols sowie zum Verhältnis von Arbeit, Erziehung u. Gesellschaftsentwicklung. Vertrat in seiner materialist. Geschichtsauffassung die Position, daß Erziehung stets wesensgemäß in allen Gesellschaftsformationen eine Funktion der Gesellschaft sei, Monopolisierungsphänomene d. Bildung nur in bürgerl. Gesellschaften und nicht mehr in sozialist. Gesellschaften aufträten.
Schr.: Prog. Aufs. in Zs. »Pädagogik«: Zur gesellschaftl. Begründung d. neuen Schule 17 (1946) 1; Zum Problem d. Unterrichtsmethode in der demokrat. Schule 2 (1947) 8, Einige Gesichtspunkte zur Gestaltung unserer Lehrbücher 4 (1949) 5/8; Über unsere Stellung zur Reformpäd. 11 (1956) 5/6. Monographien: Die Industrieschulen, 1948; Erziehungsprogramme der

Grundlegende Geistesbildung, 1965; J. Derbolav, Frage und Anspruch, 1970; F. Hoffmann, A., 1974; Das Verhältnis von A. und Berufsbildung, hg v. E. Dauenhauer und N. Kluge, 1977; E. E. Geißler, A. in e. freien Gesellschaft, 1977; W. Strauß, Allg. Päd. als transzendentale Logik der Erz.wiss., 1982; J. E. Pleines, A., 1986; H. E. Tenorth (Hg.), Allg. Bildung, 1986; W. Fischer, Was kann A. heute bedeuten?, in: Universitas 41 (1986); J. Ebert, J. Herter, Neue A., 1987; Zschr. f. Päd., 21. Beiheft, 1987; W. Böhm u. M. Lindauer (Hg.), Nicht Vielwissen sättigt die Seele, 1988; C. C. Howard, Theories of General Education, New York 1991; H. J. Forneck, Moderne u. Bildung, 1992; L. Koch, Über die Aktualität der allg. Bildung, in: Vjschr. f. wiss. Päd. 69 (1993); S. Dombrowski, A. Zum Lehrplan der Realschule, 1997; W. Brezinka, A. – Sinn und Grenzen eines Ideals, in: Päd. Rundschau 52 (1998) H. 1.

**Allgemeine Bestimmungen,** Kurzbezeichnung für die Verfügungen des preuß. Kultusministers Falk (1872) zur Neuordnung der Volksschule und der Lehrerbildung, die bis zum Ende des Ersten Weltkriegs gegolten haben. Sie hoben die bildungsfeindliche → Stiehlsche Regulative von 1854 endgültig auf; durch sie erhielten die Realien auch in Preußen wieder einen festen Platz in der Volksschule.

**Allgemeine Pädagogik** meint nicht jenen Restbestand an »allgemeinen« Fragen und Themen, der übrigbleibt, wenn sich die → Pädagogik im Prozeß ihrer Ausdifferenzierung in immer mehr Spezialdisziplinen (→ Schulpäd., → Sonderpäd.(en), → Elementarpäd., → Vorschulerziehung, → Erwachsenenbildung, → Bildungsökonomie, → Bildungsplanung etc.) aufspaltet, sondern ihr geht es um die Klärung jenes pädagogischen Grundgedankenganges und jener Grundfragen, die diese Einzeldisziplinen verbinden und ihnen überhaupt ein einheitliches Fundament verleihen. Die A. P. fristet also nicht ein Dasein neben diesen Einzeldisziplinen, sondern liegt ihnen allen zugrunde. Ohne die Frage nach der Grundstruktur und der Eigenart des pädagogischen Handelns entbehrte die A. P. freilich ihres Gegenstandes; könnte auf diese Frage jemals eine absolut gültige Antwort gegeben werden, würde die A. P. in der Tat überflüssig. Zu den Hauptthemen der A. P. gehört an erster Stelle die Klärung der zentralen Begriffe des Faches, also auch die Frage, was → Erziehung und → Bildung denn eigentlich sind bzw. sein sollen, mithin die Theorie von Erziehung und Bildung, die Frage nach den → Erziehungszielen und ihrer Begründung, die anthropolog. Grundlegung (→ Anthropologie, päd.), die epistemolog. Vergewisserung über den Wissenschaftscharakter der Päd. (und mehr noch ihrer Einzeldisziplinen) und die wissenschaftstheoret. Absicherung ihrer → Forschungsmethoden. Heute erscheint angesichts der Vielfalt erzieherischer Berufe und pädagogischer Teildisziplinen (sog. »Bindestrich-Pädagogiken«) die Besinnung auf einen systematischen Begriff pädagogischen Denkens und Handelns notwendiger denn je.

L.: J. H. Herbart, A. P. aus dem Zweck der Erziehung abgeleitet, 1806; Th. Waitz, A. P., 1910; P. Petersen, Allgem. Erziehungswiss., 3 Bde., 1931, 1954 u. 1962; W. Flitner, Systemat. Päd., 1933, Neubearb. A. P., 1957 u. ö., als TB 1997; R. Hubert, Traité de pédagogie générale, Paris 1946, dt. Grundriß der A. P., 1956; W. Ritzel, Die Vielheit der päd. Theorien u. d. Einheit der Päd., 1968; H. Röhrs, Allg. Erziehungswiss., 1969, $^3$1973; A. P., hg. v. K. Giel, 1976; R. Lassahn, Grundriß einer A. P., 1981, $^7$1997; W. Strauß, A. P. als transzendentale Logik der Erziehungswiss., 1982; D. Benner, A. P. 1987, $^2$1991; A. K. Treml, Einführung in die A. P., 1987; A. Schäfer, A. P. zw. phil. Theorie und wiss. Empirie, in: Vjschr. f. wiss. Päd. 66 (1990); H. Peukert, H. Scheuerl (Hg.), W. Flitner u. d. Frage nach einer Allg. Erziehungswiss., in: Z. f. Päd., 26. Beiheft, 1991; Vjschr. f. wiss. Päd. 68 (1992) H. 4; W. Braun, Päd. – eine Wiss.?, 1992; J. M. Breinbauer, Einf. in die A. P., 1996; Erz.wiss. oder Pädagogik?, hg. v. W. Böhm und A. Wenger-Hadwig, 1998; Zs. f. Erz.wiss. 1 (1998) H. 2 (Themenheft); Theorien und Modelle der A. P., hg. v. W. Brinkmann u. J. Petersen, 1998.

**Allgemeines Landrecht,** Preußisches. Das ALR ersetzte 1794 das aufgenommene römische Recht und gemeine Gesetze. Der erste Teil regelte Erwerbsarten von Sachen, die Funktion des Eigentums. Das Eherecht (2. Teil) war patriarchalisch geordnet. Der Mann war zum Haupt der Familie bestimmt, die Mutter verpflichtet, das Kind zu säugen, zu pflegen. Der Vater bestimmte die Erziehung (väterliche Gewalt). Uneheliche Kinder traten weder in die Familie des Vaters noch die der Mutter ein. Das ALR erklärte die Schule zu einer Veranstaltung des Staates, der die schulpflichtigen Kinder ohne Unterschied des Glaubens zugehören sollten. Leitung, Aufsicht, Unterhalt der Schulen wurden staatliche Aufgabe.

L.: F. Wieacker, Privatrechtsgeschichte der Neuzeit, 1966; Schulgesetzgebung der Neuzeit, Hg. L. Froese,

**Algerien** → Arabische Staaten.

**Algol** (algorithmic language), neben Fortran u. a. eine der ersten, zur Programmierung unterschiedlicher Rechner (z. B. auch für → programmierten Unterricht) verwendeten Befehlssprachen. → Algorithmus, → Kybernetik.

**Algorithmus, -men,** verballhornter Name des arabischen Mathematikers al Chwarismi (Alchwarismi), bezeichnet in der Arithmetik ein schematisches Rechenverfahren, allgemein in einer formalisierten Wissenschaft (Logik, Mathematik, Informatik) ein Verfahren zur schrittweisen Umformung von Zeichenreihen, also eine vollständige Aufstellung der automatisch anwendbaren Regeln, was, in welcher Reihenfolge und unter welchen Bedingungen zu tun ist. Für die Päd. wurden A.n im Rahmen der → kybernetischen Päd. und des → programmierten Unterrichts bedeutsam, insofern → Lehrmaschinen (speziell auch Rechner) nur durch schematische (intuitionsfreie) Abarbeitung eines → Lehralgorithmus funktionieren können, und Rechner zur (Hilfe bei der) Erstellung von → Lehrprogrammen nur programmierbar sind, soweit hierfür ein didaktischer A. (sog. Formaldidaktik, z. B. → Alzudi, Alskindi, → Cogendi) existiert. L. N. Landa versucht darüber hinaus, auch den Schülern A.n als genaue Lösungsvorschriften zu vermitteln. → Kybernetik.

L.: L. N. Landa, Algorithmierung im Unterricht, 1969; G. Tulodziecki, Beiträge der Algorithmenforschung zu einer Unterrichtswiss., (Diss. Aachen) 1970; A. Engel, Elementarmathematik vom algorithm. Standpunkt, 1974; W. D. Haass, Informatik. Vom Problem zum A., 1986.

**Alkuin,** * um 730 York, † 18. 5. 804 Tours; als »Kultusminister« → Karls d. Gr. reformierte er Klerikerbildung, → Dom- und → Klosterschulen u. wurde zum geistigen Führer der Karolingischen Renaissance.

Schr.: A.s päd. Schr., hg. v. J. Freudgen, 1906.
L.: A. Cleinclausz, A., Paris 1948; E. S. Dukett, A., New York 1951; W. Edelstein, Eruditio u. sapientia, 1965; J. Heising, Abt A., 1993.

**Allegorie** (griech. *allegorein* = etwas anderes sagen) bezeichnet die bildliche Darstellung abstrakter Begriffe (z. B. Tugend, Laster, Not etc.). Spätestens seit → Comenius bedient sich die Pädagogik der Allegorisierung, um Werte und Unwerte durch Personifizierung und Verhaltensmuster anschaulich und verständlich zu machen. Vor allem im → Philanthropismus griff man die überlieferten A.n auf und schuf neue (vgl. → Campe: Abeze- und Lesebuch; → Basedow: Elementarwerk).

**Allgemeinbildung.** A. bezeichnet im Gegensatz zur besonderen Fach- und Berufsbildung jenen Teil der → Bildung, der allen Menschen als Menschen zukommt bzw. zukommen soll. Sie zielt nicht auf spezielle Vermittlung funktioneller Fertigkeiten, sondern ist »allgemein« in ihrem Weltbezug, indem sie den Menschen befähigt, in allen Bereichen am gesellschaftl.-kulturellen Leben teilzunehmen, seine sachlichen und mitmenschl. Verpflichtungen wahrzunehmen und zu erfüllen und Antworten auf die Frage nach dem Sinn des menschl. Daseins zu finden.
Der Begriff wurde im Dt. Idealismus und Neuhumanismus (→ Humanismus) geprägt. In → Süverns Schulgesetzentwurf von 1819 wurden z. B. als »öffentlich und allgemein diejenigen Schulen und Erziehungsanstalten anerkannt, welche die allgemeine Bildung des Menschen an sich und nicht seine unmittelbare Vorbereitung zu besonderen Berufen bezwecken«. Während der Neuhumanismus dem → Gymnasium und besonders der → Universität nur die Aufgabe der A. zusprach und die besondere Ausbildung speziellen Schulen oder dem Leben vorbehalten wollte, wurde im 20. Jh. mit dem Aufkommen der → Berufsschule und in der Theorie der Berufsbildung umgekehrt der Beruf als Tor zur A. (so z. B. → Kerschensteiner) gesehen. Obwohl der Begriff A. heute umstritten ist und oft durch andere Begriffe wie Grundbildung, Elementarbildung, grundlegende Bildung abgelöst wird, muß an ihm festgehalten werden, weil er zum einen weiter als jene ist und zum anderen gegenüber jeder Einschränkung der Bildung auf bloße Nützlichkeit und Brauchbarkeit den allgemeinen Anspruch auf Menschenbildung unterstreicht.

L.: Th. Litt, Berufsbildung und A., 1947; ders., Berufsbildung, Fachbildung, Menschenbildung 1958; F. v. Cube, A. oder produktive Einseitigkeit, 1960; G. Dohmen, Bildung und Schule, 2 Bde., 1964–65; W. Flitner,

wicklung als Herausforderung für die Erziehung, 1980; B. Bormann, A. unter dem Gesichtspunkt der sozialen Differenzierung, 1981; M. Reißig, Körperl. Entwicklung u. A. Jugendlicher, 1985; C. Fleischmann, Darstellung der wichtigsten Normwerte für das Wachstum unter Berücksichtigung der A., 1989; D. Elkind, Das gehetzte Kind: Werden unsere Kleinen zu schnell groß?, dt. 1991.

**Alain** (Pseudonym für Emile-Auguste Chartier), * 3. 3. 1868 Mortagne au Perche, † 2. 6. 1951 Le Vésinet (Paris); studierte 1889–92 an der École Normale Supérieure und lehrte danach Philosophie an verschiedenen Gymnasien. In der essayistischen Tradition → Montaignes stehend und vom antipositivistischen u. antiintellektualistischen Geist seiner Zeit geprägt, verfaßte A. zahlreiche *Propos* über Erziehung, in denen er eine bunte Phänomenologie des Kindes und der wechselhaften menschlichen Natur zeichnet.

Schr.: Système des beaux-arts, Paris 1920; Les idées et les âges, Paris 1927 (dt. Lebensalter und Anschauung, 1932); Propos sur le bonheur, Paris 1925 (dt. Die Pflicht, glücklich zu sein, 1960); Propos sur l'éducation, Paris 1933 (dt. Über die Erziehung, hg. v. L. Schmidts, 1963); Histoire de mes pensées, Paris 1936; Propos. Les Arts et les Dieux. Les Passions et la Sagesse, 3 Bde., Paris 1956 ff. Pédagogie enfantine, Paris 1963; 81 Kapitel über den Geist und die menschl. Leidenschaften, dt. 1991.
L.: A. Maurias, A., Paris 1950; J. Château, A., in: Les grands pédagogues, Paris 1956, S. 337–361; P. Foulquier, A., Paris 1965; G. Pascal, A. educatore, Rom 1967.

**Albanien.** A. kämpfte zur Zeit des ottomanischen Reiches (1479–1912) um nationale und kulturelle Unabhängigkeit. Frühe Anstrengungen zur Einführung und Verbreitung einer alban. Schriftsprache (ca. 1630–1877) sowie zur Grundlegung einer konsequenten Erziehungsbewegung wurden vom italien. und österreich. Klerus unternommen. Daneben resultierten die Anfänge des Schulwesens aus Aktivitäten türkisch-islam. und griech.-orthodoxer Kleriker. Versuche zur Errichtung eines einheitl. Bildungswesens am Ende des 19. Jh. bis zur Unabhängigkeit (1912) scheiterten am türk. und griech. Widerstand. Der Einfluß der italien. und frz. Besatzungsmächte im 1. Weltkrieg führte zu starken regionalen Unterschieden in der Schulentwicklung. In den 20er und 30er J.n zeichnete sich der Beginn einer nationalen Erziehung ab: gesetzl. Regelung der Schulpflicht (1934) und des Sekundarschulwesens (1938). Das gegenwärtige Bildungswesen wurde jedoch erst mit der Befreiungsbewegung nach dem 2. Weltkrieg und mit der Einrichtung einer Erziehungsbehörde (1944) grundgelegt. Unter dem Einfluß → Jugoslawiens (1945–49), der → Sowjetunion (1948–61) und schließlich der VR → China erlebte A. einen radikalen Wandel von einem regional differenzierten zu einem zentralistischen, kommunistisch geprägten Erziehungssystem (in den 70er J.n wieder Dezentralisierungstendenzen). Seit 1945 erfolgte eine enorme Ausweitung des Schulsystems: 1952 Durchsetzung der allg. Schulpflicht (7–16 J.), Abbau des Analphabetentums, Errichtung eines höheren Bildungswesens und einer Staatl. Univ. Seit 1986 wurden (im Rahmen der bestehenden Strukturen) Reformen eingeleitet. Sie zielten auf eine Flexibilisierung des Unterrichts auf größere Wahlmöglichkeiten und auf eine Ausdehnung der (die berufl. Bildung mitumfassenden) Schulpflicht auf 12 J. bis 1995. Seit dem Ende der kommunist. Alleinherrschaft durch den Wahlsieg demokratischer Parteien im Jahr 1992 sind eine Reihe von Gesetzen erlassen und wichtige Maßnahmen getroffen worden, die auf die innere und äußere Neugestaltung des gesamten Bildungswesens ausgerichtet sind.

L.: N. Grant, Society, Schools and Progress in Eastern Europe, Oxford 1969; J. I. Thomas, Education for Communism. School and State in the People's Republic of A., Stanford 1969; W. Oschlies, Die »Revolutionierung« des Erziehungssystems A.s, in: Päd. und Schule in Ost und West, 18 (1970); W. Bandoly: Das Bildungswesen A.s im Wandel?, in: Vergl. Päd. 26 (1990) H. 4; Rapport National, Le Développement de l'enseignement dans la RPS d'Albanie (1988–1990), Tirana 1992; Z. Finger, Das a. Schulsyst., in: Südosteuropahdb., Bd. VII: A., 1993; Inst. f. vergl. Bildungs- und Hochschulforsch., (Hg.), Mittel- und osteurop. Bildungssysteme, Wien 1996.

**Alexander de Villa Dei,** * um 1170 Villedieu (Normandie), † um 1250 Avranches, Grammatiker und Kanonikus, verfaßte eine Jahrhunderte lang gebrauchte lat. Grammatik in lat. Hexametern, das *Doctrinale puerorum* (1199).

L.: D. Reichling, in: Mon. Germ. Paed., Bd. 12, 1893.

**Algebra** → Mathematikunterricht.

**akademische Grade**

u. Kathol. A.n, 1983; G. Kanthak, Der A.gedanke zwischen utop. Entwurf und barocker Projektmacherei, 1987; C. Grau, Berühmte Wissenschaftsa.n, 1988; J. Zabeck, M. Zimmermann (Hg.), Anspruch u. Wirklichkeit der Berufs-A. Baden-Württemberg, 1995.

**akademische Grade** werden von wiss. Hochschulen aufgrund mündl. und schriftl. Abschlußprüfungen verliehen: → Bakkalaureat (Bachelor), → Diplom, → Magister (Master), → Lizentiat, → Doktor (Promotion), → Habilitation.
L.: W. Zimmerling, A. G. und Titel, 1990; H. Jablonska-Skinder, U. Teichler, Handbook of higher education diplomas in Europe, 1992; H. Jahn, Zur Einführung von Bachelor- u. Masterstudiengängen in Dt., 1998.

**Akademisierung.** Prozeß der Verlagerung und gleichzeitig der sozialen Aufwertung von speziellen berufl. Ausbildungsgängen aus »unter«geordneten Einrichtungen an »höher« lokalisierte Orte des Bildungswesens, wie → Akademien, Hochschulen, → Gesamthochschulen, → Universitäten; dient sowohl der → Professionalisierung berufl. Handelns als auch dem kollektiven sozialen Aufstieg der gesamten Berufsgruppe. Beispiele sind die A. der Volksschullehrerbildung von Seminaren zu Päd. Hochschulen, dann zu Universitäten, der Ausbildung von Sozialarbeitern von Fach- zu Fachhoch- und Gesamthochschulen.

**Akkomodation** (lat. Anpassung). Allg. Anpassung, Angleichung. Physiologisch die Anpassung des Auges an die Entfernung der aufzufassenden Gegenstände, u. a. durch die Veränderung der Brennweite seiner Linse. In der kognitiven Entwicklungstheorie → Piagets die Angleichung des Individuums, bes. seiner kognitiven Schemata, an die Umwelt. A. und → Assimilation sind bei Piaget einander ergänzende Prozesse. Die → kybernetische Päd. bezeichnet mit A. die Reduktion der aufzunehmenden subjektiven → Information durch Wahrscheinlichkeitslernen.

**Akkulturation** (lat.), Kulturanpassung, Kulturübernahme, bezeichnet einerseits die Prozesse und Probleme, in denen eine fremde Kultur und ihre einzelnen Elemente von Mitgliedern eines anderen Kulturkreises erworben werden, andererseits das Phänomen der Angleichung oder Verschmelzung verschiedener Kulturen. Über die allg. Anpassungsschwierigkeiten hinaus (Kulturkonkurrenz und Kulturverlust mit den Gefahren sozialer Desintegration und u. U. schwerwiegender Störungen der → Identität) werfen A.sprozesse je nach Motiv, aus dem heraus der eigene Kulturkreis verlassen und ein neuer betreten wird, bei Emigranten und Asylanten, Aussiedlern, Flüchtlingen und Arbeitsmigranten etc. spezielle soziale Probleme auf, die teils von polit., teils von (flankierenden) päd. Maßnahmen und Einrichtungen aufgefangen werden müssen. → Multikulturelle Erziehung.
L.: R. F. Behrendt, Soziale Strategie f. Entwicklungsländer, 1965; W. E. Mühlmann, E. W. Müller (Hg.), Kulturanthropologie, 1966; R. König, A. Schmalfuß (Hg.), Kulturanthropologie, 1972; S. Kodjo, Probleme der A. in Afrika, 1973; Fr. Hamburger u. a. (Hg.), Sozialarbeit und Ausländerpolitik, 1983; H. M. Griese (Hg.), Der gläserne Fremde, 1984; J. Burger, Die Wächter der Erde, 1991; H.-G. Hesse, Lernen durch Kulturkontakt, 1995; J. B. Clayton, Your land, my land. Children in the process of a., 1996; E. Schmitt-Rotermund, A. und Entwickl., 1997.

**Aktualisierung** meint das Zeitnah- bzw. Zeitgemäßmachen von Lehr- und Lerninhalten, z.B. die Behandlung zeitgenöss. Probleme und Themen, ebenso die der soziokulturellen und entwicklungspsychologischen Lage der Schüler angemessene Darbietung. Schon in der Aufklärung forderte → Trapp, den Unterricht »nach den Bedürfnissen und Forderungen unserer Zeit einzurichten«, im → Geschichtsunterricht von der Zeitgeschichte auszugehen und das hist. Geschehen durch handelnde Personen zu verlebendigen.

**Akzeleration** (lat.), Beschleunigung des körperl. Wachstums und der Reifeentwicklung, die sich in Zunahme von Körpergewicht und -größe, in früherer Zahnbildung und früherem Beginn der → Pubertät äußert. A.serscheinungen werden seit der ersten Hälfte des vergangenen Jh. bei allen Kulturvölkern beobachtet und auf veränderte Umwelteinflüsse (z. B. andere Ernährung, Reizüberflutung, Großstadtstreß) zurückgeführt.
L.: E. W. Koch, Über die Veränderung des menschl. Wachstums im ersten Drittel des 20. Jh., 1935; W. Lenz, Die körperl. A., 1965; A. K. Treml (Hg.), Entwicklungspädagogik: Unterentwicklung u. Überent-

schrittweise erarbeitet, sondern unvermittelt erkannt und verstanden werden. → fruchtbarer Moment.

**Ahimsa,** zentraler Begriff in der philosophischen und päd. Konzeption → Gandhis; bedeutet die Lebensform der Gewaltfreiheit, die kein Lebewesen schädigen will. A. ist für Gandhi zugleich Weg der Selbstbildung.

L.: A. Köpcke-Duttler, Wege des Friedens, 1986.

**Aichhorn,** August, * 27. 7. 1878 Wien, † 13. 10. 1949 ebda., gründete 1918 das Erziehungsheim Oberhollabrunn (später St. Andrä) für verwahrloste Jugendliche. A. übertrug psychoanalytisches Gedankengut in die Verwahrlostenpäd.; er kritisierte die tradit. Zwangserziehung in Besserungsanstalten und bemühte sich um verläßliche, vertrauensvolle Beziehungen zu den Verwahrlosten. A. sah die fehlende Geborgenheit und Sicherheit im Elternhaus der Jugendl. als Boden für ihre hassende und Vergeltung suchende Haltung der Gesellschaft gegenüber an und versuchte, durch Befriedigung dieser versagten Grundbedürfnisse die Jugendl. mit sich selbst und ihrer Umwelt auszusöhnen. → Psychoanalyse.

Schr.: Verwahrloste Jugend, 1925 u. ö.; Erziehungsberatung und Erziehungshilfe, 1959; Aus der Werkstatt des Erziehungsberaters, hg. v. L. Bolteraner, Wien 1960; Psychoanalyse in der Erziehungsberatung, 1970. L.: K. R. Eissler (Hg.), Searchlights on Delinquency, New York 1949 (Bibl.); Wer war A. A.? Hg. v. d. Wiener Psychoanalyt. Vereinigung, Wien 1976 (Bibl.); E. Adam, A. A. – ein Wegbereiter der modernen Erlebnispäd., 1989; Th. Wegner, A. A., in: Pioniere psychoanalyt. Päd., hg. v. R. Fatke und H. Scarbath, 1995.

**AIS** (Akademio Internacia de la Sciencoj), auf Vorschlag von Wissenschaftlern mehrerer, vor allem ost- und westeuropäischer Länder 1983 von der Regierung San Marinos beschlossene Forschungs- und Bildungseinrichtung, deren ehrenamtlich tätiges, internationales Kollegium sich um eine interkulturelle Hochschulpädagogik und die weitgehende Verwirklichung des 1668 von → Comenius vorgeschlagenen Akademiekonzepts bemüht.

**Akademie.** Ca. 387 v. Chr. gründete → Platon im heiligen Hain des Helden Akademos eine Philosophenschule. Sie bestand nach ihrer Verlegung nach Athen fort bis zur Zerstörung unter Justinian (529 n. Chr.) Nach der kurzen Episode der Karolingischen A. (um 800) wurden unter direkter Bezugnahme auf Platon italienische A.n in Neapel (1433), Rom (1460) und Florenz (1474) gegründet. Mit der Académie Française schuf Richelieu (1635) in Frankreich das Vorbild für die folgenden Jh. Dienten diese A.n der Pflege von Philosophie und klass. Sprachen, so änderte sich das mit dem Aufkommen der Naturwiss.n. → Leibniz' A. der Wiss. zu Berlin (1700), 1744 unter Friedrich II. grundlegend reformiert, schloß Theologie, Rechtsgelehrsamkeit, Rhetorik und Medizin ausdrücklich aus. Diesen Prozeß verstärkte später noch → Schleiermacher (1812). Mit A. von Humboldt (1827) brechen die Naturwiss.en vollends die Vorherrschaft von Philologie und Historie. Wie in Berlin entstanden auch andernorts (z. B. Göttingen 1751, Leipzig 1846, Heidelberg 1909) wiss. A.n. Neben diesen großen wiss. A.n gab es im 17. und 18. Jh. Ritter-A.n als Standesschulen des Adels. Diese Tradition setzt sich heute in zahlreichen Fach-A.n und Berufs-A. als außeruniversitären Anstalten der Berufsbildung fort (z. B. Fach-A. für Sozialpäd.). Einer dritten Variante der A. begegnet man im 19. Jh., wenn zu Kammermusiken als »A.n« eingeladen wird oder Albert Einstein in Bern seinen Freundeskreis als »A.« bezeichnet. Eine völlige Neukonstituierung stellen die nach 1945 in größerer Zahl gegründeten ev. und kath. A.n dar. Dafür wurde die Ev. A. von Bad Boll (1945) bahnbrechend. Die Kath. A. in Bayern (Sitz München), getragen von den Bayer. Diözesen, nimmt heute hinsichtlich des Arbeitsumfanges eine führende Stellung ein. Gemeinsam ist diesen kirchl. A.n das Bemühen, Weltverantwortung aus christl. Geiste mit wiss. Kompetenz wahrzunehmen. Als Plattform des interdisziplinären Austausches und des weltanschaulich-pluralistischen Dialogs nehmen A.n Aufgaben wahr, die innerhalb der → Universität in dieser Form kaum mehr praktiziert werden. Die kirchl. A.n sehen insgesamt in der → Erwachsenenbildung eines ihrer vorrangigen Ziele. → Lehrerbildung (Päd. A.).

L.: O. Immich, Academia, 1924; J. Pieper, Was heißt akadem.?, 1952, ²1964; P. Erkelenz, Der A.gedanke im Wandel der Zeiten, 1968; H. Boventer (Hg.), Evangel.

Réformes et innovations éducatives en Afrique, Paris (UNESCO) 1977; E. Mock, Afrikan. Päd., 1979; A. B. Fafunwa, J. U. Aisiku (Hg.), Education in Africa, London 1982; Chr. Farwer, M. Weiss, Bildungswesen in A., Auswahlbibl., 1984; R. H. Dave (Hg.), Stratégies d'apprentissage pour la postalphabétisation et l'éducation continue, 1985; E. Jouhy, Bleiche Herrschaft – Dunkle Kulturen, 1985; Education and Training Policies in Sub-Saharan Africa, Paris (UNESCO) 1987; Education in Sub-Saharan Africa, Washington D.C. (World-Bank) 1988; V. Chinapah, Regional Technic. Co-operation in Educ. for Human Resources Development and Management in Africa, Dakar 1988; E. Broszinsky-Schwabe, Kultur in Schwarz-A., 1988; L. Rzondetzko, Der Lehrgang vom Wilden zum zivilisierten »modern man«, 1989; F. E. Obiakor, Pragmatism and Education in Africa, New York 1989; African Thoughts on the Prospects of Education for all, (UNESCO – UNICEF) 1989; Educ. Planning, Administration and Management in Africa, Paris 1990; Ch. Adick, Die Universalisierung der modernen Schule, Paderborn 1992; P. J. Houtondji, Afrikan. Philosophie, Mythos und Realität, 1993; V. Lenhart, Die Bed. der reformpäd. Tradition für die Bildungsref. in A., in: H. Röhrs (Hg.), Die Reformpäd. auf den Kontinenten, 1994; UNESCO (HG.), Report on the State of Education in A., Dakar 1995; H. Röhrs, Grundfragen einer Pädagogik der Dritten Welt, 1996; R. Nestvogel, Traditionelle a. Erziehungsmuster und ihre Darstellung zw. Idealisierung und Abwertung, in: Z.f.int. Bildungsforsch. 19 (1996) 2.

**Agazzi-Methode.** Von Rosa A. (* 26. 3. 1866 Volongo, † 9. 1. 1951 ebd.) zusammen mit ihrer Schwester Carolina (1870–1945) in Mompiano bei Brescia entwickelte Methode der Kleinkinderziehung, die bes. in den italien. Kindergärten weit verbreitet ist. Zur Beschäftigung dienen einfache Dinge des täglichen Lebens (Knöpfe, Spulen etc.), nicht geometrische Figuren wie bei → Fröbel und nicht ein »didaktisches Material« wie bei → Montessori. Sprachl. und musische Bildung stehen im Vordergrund.

L.: M. Pongratz, Die Methode R. A. (Phil. Diss. Wien) 1946; A. Agazzi, Il metodo italiano per la scuola materna, Brescia 1942; ders., Il metodo delle sorelle A., Brescia 1951 u. ö.; T. F. C. Schröder, Die Geschwister A. und M. Montessori, eine vergl. Analyse ihrer Erziehungskonzeptionen, 1987.

**Aggression** (lat.) Angriff, feindseliges Angriffsverhalten mit dem Ziel, einem anderen Individuum, einer Sache oder sich selbst (Selbstverachtung, Selbsthaß, Masochismus) eine Verletzung bzw. Schaden zuzufügen. Es ist noch immer umstritten, ob A. → *endogen* oder → *exogen* verursacht wird. Es stehen seit langem mehrere kontroverse Auffassungen nebeneinander: 1) angeborener A.strieb (→ Psychoanalyse; Ethologie; K. Lorenz); 2) Frustrations-A.s-Hypothese (Dollard/Miller); 3) soziales Lernen als Ursache von A. (Bandura/Walters). Tendenz zu verzerrten Wahrnehmungen, die dazu führen, daß soziale Situationen leicht als bedrohlich erlebt werden. Diesen Erklärungen von A. entsprechen verschiedene Arten der A.sbewältigung: 1) Ausleben aufgestauter A.s-energien bei gleichzeitiger Kanalisierung des A.s-verhaltens in sozial akzeptierte Formen; 2) Verhinderung von Frustrationssituationen; 3) Darbieten konstruktiver Lösungsmöglichkeiten statt aggressiver Handlungen in Konfliktsituationen. Veränderung von Wahrnehmungs- und Interpretationsgewohnheiten in sozialen Situationen (z. B. der Tendenz, neutrale soziale Reize feindselig zu interpretieren). Da aufgestaute A. zu unkontrollierten Ausbrüchen kommen bzw. auch verdrängt und damit zur Ursache psychischer Erkrankungen werden kann und da aggressives Verhalten in der Regel weitere A. (Gegen-A. des Angegriffenen; Selbstbekräftigung der A. durch den gezeigten Erfolg), hervorruft, erscheint es päd. sinnvoll, aggressive Impulse positiv zu verarbeiten, zu »kanalisieren« und in konstruktive Verhaltensweisen (Initiative, Kontaktaufnahme, Selbstbehauptung) einfließen zu lassen. → Frustration, → Gewalt.

L.: L. Berkowitz, A., New York, 1962; R. H. Walters, Social learning and personality development, New York 1963; K. Lorenz, Das sogen. Böse, 1963 u. ö.; E. Fromm, Anatomie d. menschl. Destruktivität, dt. 1974; A. Bandura, A., dt. 1979; A. Schöpf (Hg.), A. und Gewalt, 1985; H. Selg, U. Mees, D. Berg, Psychologie der Aggressivität, 1988; R. Battegay, Autodestruktion, 1988; D. W. Winnicott, A., dt. 1988, ²1992; A. Mitscherlich (Hg.), A. u. Anpassung, 1992; H.-J. Möller, H. M. Praag (Hg.), A. u. Autoaggression, 1992; S. Cirillo, P. di Blasio, Familiengewalt, dt. 1992; E. Heinemann, U. Rauchfleisch, T. Grüttner, Gewalttätige Kinder, 1992; U. und F. Petermann, Angst und A. bei Kindern und Jugendlichen, 1993; dies., Training mit aggressiven Kindern, ⁸1997; H. Frank, Wege aus der Gewalt, 1996; H. W. Bierhoff, K. Wagner, A. und Gewalt, 1998; M. Borg-Laufs, Aggressives Verhalten, 1997; M. Schäfer, D. Frey (Hg.), A. und Gewalt unter Kindern und Jugendlichen, 1999.

**Aha-Erlebnis**, nach K. → Bühler ein plötzliches und einfallartiges Erlebnis, durch welches Gestalten oder Zusammenhänge nicht

Emotionale Erz., 1984; T. Schelp, L. Kemmler, Emotion u. Psychotherapie, 1988; E. Roth, Denken u. Fühlen, 1989; K. Landauer, Theorie der A. e u. andere Schriften zur Ich-Organisation, 1991; P. L. Harris, Das Kind u. die Gefühle, dt. 1992; R. Dohmen-Burk, Gestörte Interaktion und Behinderung von Lernen, 1992; N. Birbaumer, A. Oehman, The Structure of Emotion, Bern 1993; V. Hodapp, P. Schwenkmezger (Hg.), Ärger u. Ärgerausdruck, 1993; G. Koch, Auge und A., 1995.

**affektiv,** im weiteren Sinne die Gesamtheit des emotionalen Geschehens betreffend; im engeren Sinne eine durch starke Emotionen (→ Affekt) ausgelöste Handlung.

**Afrika.** Im trad. a. Selbstverständnis schließt das menschl. Sein Verstorbene (Ahnen) und noch Ungeborene mit ein. Das Kind ist demnach in der Subsistenzwirtschaft der a. Großfamilie nicht nur Quelle des Reichtums und notwendiger Ersatz der sich stets erneuernden Arbeitskraft, sondern auch Vermittler zwischen Diesseits und Jenseits. Es ist nicht Kind des einzelnen oder eines Paares, sondern Kind des Klans, dessen umfassender Aufsicht und Fürsorge es vom Moment seiner Zeugung bis zu seiner Initiierung unterliegt. Kinderlosigkeit gilt als großes Unglück. Die originäre a. Pädagogik kennt keinen theoretisch ausgefalteten Lehrgang; durch Mittun und Miterleben werden Einsichten vermittelt, die schrittweise in die Erwachsenenwelt führen. Wesentl. Bedeutung hat die Altersgruppe. Auf den Beginn der → Pubertät fallen die Initiationsriten. Während der harten Vorbereitung in Busch- oder Lebensschulen lernen die Jugendl. für sich zu sorgen und die Gesetze des Stammes kennen. In dieser nach Geschlechtern getrennten Erziehung spielen sportl. Wettkämpfe, Jagd, Krieg, Hüttenbau, Tanz, Handwerk, Moralkodex und Geschichte bei den Jungen; Anbau, Tanz, Moral, Nahrungszubereitung, Kinderpflege bei den Mädchen eine zentrale Rolle. Das Bestehen der Prüfung gleicht einer sozialen Wiedergeburt.

Die gegenwärtige Situation ist gekennzeichnet durch die oft unvermittelte Überschneidung traditioneller (Geltung der überkommenen Wertesysteme) und moderner Einflüsse (abnehmende Bedeutung der traditionellen Erziehung, der Initiationsriten und der Buschschulen; Wandlung der sozialen Rahmenbedingungen: Auflösung der Klans, mod. Produktionstechniken etc.) mit oftmals gravierenden Folgen (z. B. Überbevölkerung, AIDS, Analphabetismus). Moderne Bildungswesen entwickelten sich seit der Unabhängigkeit unter komplizierten Bedingungen. Ihr quantitativer Ausbau (60er bis Mitte 70er J.) erfolgte vorwiegend im Rahmen der aus der Kolonialzeit übernommenen Strukturen, die den a.n Realitäten nicht oder kaum entsprachen. Der Beginn der zweiten Etappe (seit Mitte der 70er J.) war durch stärkere staatl. Kontrolle und Lenkung gekennzeichnet. In dieser Phase entstanden erste Ansätze einer authentischen a. Pädagogik, welche die Elemente der trad. Erziehung entsprechend der gewandelten Bedürfnisse weiterentwickelten. Julius K. Nyerere (→ Tansania) u. a. absorbierten europ. Elemente in die päd. Tradition Afrikas und versuchten gleichzeitig, europ. Materialismus und Individualismus auf der Basis a. Denkens zu überwinden (»Erziehung zur Befreiung«). Bei der Realisierung wirkten erschwerend: die ethische Heterogenität der neuen a. Nationen (zugleich ein Sprachenproblem); der überwiegend informelle Charakter der Erziehung; der soz. Wandel und seine Anforderungen, die mit trad. Inhalten und Methoden kaum ausreichend erfaßt werden konnten. Trotz dieser Schwierigkeiten haben diese und andere Bemühungen (Lagos-Plan 1980; Harare-Konferenz der Erziehungsminister 1982) der a. Länder um die Entwicklung des Bildungswesens zu spürbaren Fortschritten geführt. So lag der Anteil der Schulanfänger 1995 bei ca. 80% eines Jahrgangs; die Zahl der Länder, in denen 75% aller Kinder eine Elementarbildung erhalten, stieg um das 2½fache; die Zahl der Sekundarschüler hat sich bis 1990 verzehnfacht. Der notwendige quantitative und qualitative Ausbau des Bildungswesens (1990: 900 Mio. Analphabeten, 100 Mio. Kinder haben keinen Zugang zu Schulen) droht an der sich rapide verschlechternden ökonom. Lage der a. Staaten zu scheitern: Rückgang der Primareinschulungen bes. in den ärmsten Ländern; rückläufige staatl. Bildungsausgaben und Sinken der Lehrergehälter. → Ruralisierung, → Äthiopien, → Botswana, → Nigeria, → Südafrika, → Tansania.

L.: H. Röhrs, A.-Bildungsprobleme eines Kontinents, 1971; J. K. Nyerere, Bildung und Befreiung, dt. 1977;

system durch die Einführung von Elementen moderner Bildung nach westl. Vorbild angereichert. Bis zu diesem Zeitpunkt hatte Ä. seine Unabhängigkeit gegenüber allen Kolonialisierungsbestrebungen europ. Staaten bewahrt. In den Jahren 1935 bis 1941 wurde Ä. vom faschistischen Italien beherrscht.

Vor der Revolution im Jahre 1974, mit der die 33j. Alleinherrschaft des feudalen Kaisers Haile Selassi endete, war das Bildungswesen des Landes unzureichend ausgebaut. Die Bildungseinrichtungen konzentrierten sich auf die urbanen Zentren, in erster Linie auf die Hauptstadt Addis Abeba. Die Analphabetenquote zählte zu den höchsten in Afrika (1974: 93%). Eines der wichtigsten Ziele der jährl. Entwicklungskampagnen nach der Revolution war deshalb die Bekämpfung des Analphabetismus, mit dem Ziel, bis 1981 in städt. und bis 1987 in ländl. Regionen eine vollständige Alphabetisierung der Bevölkerung zu erreichen. Die Resultate der Kampagnen von 1974 bis 1982 waren beeindruckend: Über 7 Mio. Menschen erwarben Schreib- und Lesekenntnisse, 150 000 Schreib- und Lesezentren wurden eingerichtet. Als Ergänzung und zur Vertiefung dienen Aufbaukurse, die prakt. Inhalte aus sozio-ökolog. Bereichen (Landwirtsch., Handwerk, Gesundheit u. a.) vermitteln sollten. Parallel dazu wurde der formale Schulsektor ausgebaut. Als Vorbilder dienten sozialistische Modelle (→ DDR, → Rußland, → Kuba; → polytechnische Erziehung). Als erschwerend erwies sich hierbei die Sprachenvielfalt (80 Sprachen). Beginnend mit den 5 Landessprachen Amharisch (wichtigste Schriftsprache), Oramo, Tigre, Wolaytigna und Somali, wurde das Spektrum der Unterrichtssprachen bis 1982 auf 15 Sprachen erweitert, die damit 93% der ä. Bevölkerung abdecken. Im Bereich der Grund- und Sekundarschule erhöhte sich die Zahl der Schüler von 1975 bis 1986 von 1,3 auf 3,9 Mio. Eine 6j. Schulpflicht (7.–13. Lj.) sollte bis zum Jahr 1992 verwirklicht werden. An die 6j. Grundschulausbildung schließt sich eine 2j. (allgemeinbildend) bzw. eine 4j. Sekundarstufe (geisteswiss., techn.-naturwiss., berufsbildende Zweige) an. Ein weiterer Planungsschritt sah vor, verstärkt Weiterbildungsmöglichkeiten an Sekundarschulen zu schaffen und die Kapazitäten im Hochschulbereich auszubauen. Nur 0,7% der Altersgruppe waren 1985 an einer der drei Univ.n (Addis Abeba, Asmara, Alemaya [Landwirtschaft], Polytechnisches Institut in Bahir Dah) eingeschrieben (Problem des »*brain-drain*«: Abwanderung der intellekt. Eliten ins Ausland).

Nach dem Sturz des sozialistischen Militärregimes Mengistu Haile Mariams (Mai 1991) und dem Zerfall der ersten freigewählten Regierung unter Staatspräsident Meles Zenawi (Juli 1992) waren in Folge eines blutigen Bürgerkriegs (500 000 Flüchtlinge aus der ehem. Provinz Eritrea) und einer 2j. Dürre Millionen vom Hungertod bedroht. Mindestens 1000 Kinder verhungerten 1992 täglich in Ä. → Afrika.

H. Falkenstörfer, Ä. Tragik u. Chance einer Revolution, 1986; C. Sumner, The Source of African Philosophy: The Ethiopian Philosophy of Man, 1986; A. Glucksmann, Politik des Schweigens, dt. 1987, ²1989; A. Taye, Entwicklung der Sekundarschulbildung in Ä. 1942 bis 1974, in: Vergl. Päd. 24 (1988) 4; A. Dejene, Environment, Famine and Politics in Ethiopia, Boulder (Colorado) 1991; H. Henner, Bildungshilfe für Ä., in: DUV-Magazin, 4 (1997) 1.

**Affekt,** heftige Gemütsbewegung, öfters mit unwillkürlichen körperl. Begleiterscheinungen (veränderter Puls; Erröten; Schweiß; Stuhldrang; motorische Veränderungen). Mit dem gesteigerten Erregungszustand geht (z. B. bei Wut, Begierde) eine Steigerung bzw. (bei Schreck, → Angst, Entsetzen) eine Verminderung des Antriebs bei gleichzeitiger Schwächung der Einsichts- und Kritikfähigkeit sowie der Willenskontrolle (→ Wille) einher, so daß es zu unbeherrschten A.handlungen kommen kann. Wesentliche Inhalte des → sozialen Lernens basieren auf dem Erlernen des rechten Umgangs mit eigenen und fremden A.en. Das Kind muß lernen, sich weder von den eigenen A.en überschwemmen zu lassen noch durch zu starke → Verdrängung der A.e eine zu rigide Persönlichkeitsstruktur zu entwickeln, die dann zu neurotischen oder psychosomatischen Erkrankungen führen kann.

L.: F. Bollnow, Das Wesen der Stimmungen, 1941, ⁷1988; M. Keilhacker, Entwicklung und Aufbau der menschl. Gefühle, 1947; R. Oerter, E. Weber (Hg.), Der Aspekt des Emotionalen in Unt. u. Erz., 1975; L. Ciompi, A.logik, dt. 1982, ³1992; G. Vowinckel, Von polit. Köpfen u. schönen Seelen, 1983; H. Macha,

so zuerst bei → Baumgarten, später bei → Hegel. ÄE. begreift sich dann als Erziehung in, durch und zur visuellen, auditiven, haptischen, motorischen, intellektuellen Wahrnehmung und Kommunikation, ist damit also nicht auf den schönen Schein und das angenehme Empfinden gerichtet, sondern bezieht alle menschl. Fähigkeiten (Empfindung, Sensitivität, Gemüt, Wille, Verstand) mit ein und ist notwendig von kommunikativer oder dialogischer Struktur. Kunst ist nicht mehr bloß der Inbegriff desjenigen, dem kraft bestimmter Eigenschaften das Prädikat »schön« zukommt. Neben dem Objekt und seiner schöpferischen Hervorbringung durch den Künstler wird auch das Subjekt und seine, ebenfalls als schöpferisch bewertete, Wahrnehmungs- und Verstehensaktivität in den Blick genommen. Damit umfaßt ÄE. die Prozesse des Verstehens und der Reflexion und die sie leistenden Subjekte.

b) In seiner »Theorie der Urteilskraft« hat Kant diese als drittes menschl. Grundvermögen zw. Erkenntnis- und Begehrungsvermögen in der Form der Vermittlung begriffen. Sie und die ihr zugeordnete Kunst stehen damit vermittelnd zw. Freiheit und Natur, zw. Sittlichkeit und Naturgesetz. → Schiller hat diesen Gedanken weiterentwickelt; Kunst wird für ihn zu der Möglichkeit, den Menschen von der Sinnlichkeit zur Sittlichkeit zu führen, ohne ihn in seiner Ganzheit zu verlieren. ÄE. wird damit zur Hochform von Erziehung und Bildung überhaupt und Spiel zum Signum des Humanen. Eine so begriffene ÄE. ist aber zugleich hochpolitisch, da sie stets auf die bestehenden Gesellschaftsverhältnisse bezogen ist.

Aus beiden Quellen folgt die unaufhebbare Verwiesenheit der ÄE. auf Anthropologie, Erkenntnislehre, Gesellschaft-(stheorie), Kunst und Pädagogik; auf jeden Fall ist sie mehr als musische oder Kunsterziehung und wird von deren Didaktik nicht erschöpft.

Als Ziele einer solchen ÄE. kann man sehen: Ausbildung von Wahrnehmungsfähigkeiten, -genuß und -kritik; Weckung der schöpferischen Aktivität, Stärkung der Reflexionskraft und damit letztlich Selbstbestimmung und personale Freiheit. Nach einer langen Phase des Absinkens der ÄE. zur → musischen Erziehung und zur bloßen → Kunsterziehung gibt es seit einiger Zeit Ansätze, die sich den ursprünglichen Konzepten wieder nähern und von einer kritischen, utopischen und hedonistischen Funktion der ÄE. sprechen. ÄE. ist in diesem neuen, ebenfalls hochpolitischen Verständnis weder identisch mit der Hinführung zum Kunstgenuß, noch mit der Schulung von Darstellungstechniken, noch mit der Ermöglichung von Eigenproduktion oder »Selbstrealisation«, aber auch nicht mit der Anleitung zur bloßen intellektuellen kunstgeschichtlichen oder -soziologischen Analyse; diese Elemente müssen vielmehr in ihr in Form einer echten Synthese aufgehoben werden.

Es erscheint außerordentlich fraglich, ob solche Konzepte in die Form lernzielorientierter Curricula in einer an meß- und benotbarer Leistung orientierten Schule überführt werden können und ob sich nachprüfbare Qualifikationen für Lehrer der ÄE. angeben lassen.

L.: M. Horkheimer, Über Kants Kritik der Urteilskraft als Bindeglied zw. theoret. und prakt. Philosophie, 1925; H. K. Ehmer (Hg.), Kunst, Visuelle Kommunikation, 1973; K. Holzkamp, Sinnl. Erkenntnis, 1973; G. Otto (Hg.), Texte zur ÄE., 1975; H. G. Richter, Lehrziele in der ÄE., 1976; R. Voges, Das Ästhet. und die Erziehung, 1979; H. G. Richter, Geschichte der Kunstdidaktik, 1981; H. v. Hentig, Ergötzen, Belehren, Befreien. Schriften zur ä. E., 1985; W. Jakobi, Lebensbedeutsame Bilder, 1988; K. Matthies, Schönheit, Nachahmung, Läuterung. Drei Grundkategorien für Ä. E., 1988; K. Mollenhauer, Ist ä. Bildung möglich?, in: Z. f. Päd. 34 (1988); ders., Ä. Bildung zw. Kritik und Selbstgewißheit, in: Z. f. Päd. 36 (1990); Kunst und Bildung, hg. von C. Menze, 1991; W. Zacharias (Hg.), Schöne Aussichten? Ä.Bildung in einer techn.-medialen Welt, 1991; A. Dorschel, Das Programm ä.r E. bei Schiller und beim frühen Nietzsche, in: Vjschr. f. wiss. Päd. 68 (1992); W. Noetzel, Humanist. ä. E., 1992; K.-J. Pazzini (Hg.), Wenn Eros Kreide frißt, 1992; G. Selle, Das ä. Projekt, 1992; S. Hellekamps, H.-U. Musolff, Bildungstheorie und ä. Bildung, in: Z. f. Päd. 39 (1993); F. Werschkull, Ä. Bildung und reflektierende Urteilskraft, 1994; K. Mollenhauer, Grundfragen ästh. Bildung, 1995; W. Schulz, Ä. Bildung, 1997; K. S. Richter-Reichenbach, Ä. Bildung, 1998; S. Hellekamps (Hg.), Ästhetik und Bildung, 1998.

**Äthiopien.** Ä. gehört zu der Gruppe von afrikan. Staaten, die bereits auf einer sehr frühen historischen Stufe eine Schriftsprache, eine breit gefächerte Literatur sowie ein gegliedertes Bildungssystem entwickelt haben. Im Jahre 1905 wurde das einheimische Erziehungs-

und zur Unterweisung in Rechnen und Geometrie geführt. In der Spätzeit (ca. 660–330 v. Chr.) bestand ein breit ausgebautes Schulsystem, das überwiegend von Priestern getragen wurde. In der Periode des → Hellenismus und für das frühe Christentum wurde Alexandria zum kulturellen Mittelpunkt. Zum bedeutendsten Zentrum der islam.-arab. Bildung wurde die weitverzweigte Azhar-Universität (gegr. 972, Hauptsitz Kairo). In der islam. Zeit war die öffentl. Erziehung auf wenige beschränkt und erfolgte in → Koranschulen und → Medressen. Erst unter Mohammed Ali (1811–49) drangen europ. (vorwiegend frz.) Bildungsideen ein. 1933 wurde die gesetzliche Schulpflicht für das 7.–12. Lj. eingeführt und der Aufbau eines staatl. Schulwesens neuer Art begonnen, das eine auf die Koranschulen aufbauende 5j. Elementarschule und anschließende Fach- und Berufsschulen umfaßte. 1937 waren noch 82% Analphabeten. Seit 1944 besteht für die Primar-, seit 1950 auch für die Sekundarstufe Kostenfreiheit. 20% der Kinder werden jedoch nicht eingeschult, mehr als 30% verlassen die Schule während der ersten Jahre.

Entsprechend der unterschiedlichen Zusammensetzung der Bevölkerung aus mohammed. Fellachen (auf dem Lande), christl. Kopten in Oberägypten, Arabern und Europäern (ca. 250 000) bestehen Schulen für die arab. sprechende Landbevölkerung, Stadtschulen mit fremdsprachl. Unterricht und Schulen für die ausländ. Kolonien.

Seit der Schulreform von 1956 schließen an die 6j. obligatorische Volksschule 3j. vorbereitende Schulen verschiedener Typen an, von denen die allgemeinbildenden zu den 3j. höheren Schulen des Sekundarbereichs überleiten. Hierzu gehören auch fachlich-berufsbildende Typen und Lehrerbildungsanstalten. Die allgemeinbild. Schule führt zur Univ., für die Absolventen der berufsbild. höheren Schulen soll der Anschluß an ein Fachstudium geschaffen werden. Der Anstieg der Schülerzahlen im Sekundarbereich ließ die Studentenzahlen und die Zahl der Univ.n (1989: 12) und Spezialschulen anwachsen. Daneben bestehen weiterhin die relig. Azhar-Schulen, die von der 4j. einfachen Koranschule (*Kuttab*) durch die 5j. Moschee-Schule (→ *Medresse*) zur Azhar-Univ. in Kairo führen. Die bildungspolit. Entwicklung der letzten Jahre vollzieht sich im Rahmen sozialer, wirtschaftl., kultureller und polit. Veränderungen. Ihre Ziele sind: Überwindung des Analphabetentums, Chancengleichheit für alle, Demokratisierung des Bildungswesens und damit der Gesellschaft, Anpassung der Schule an die rapide gesellschaftl. und ökonom. Entwicklung, Ausgleich zwischen städt. und ländl. Gebieten sowie die Verbindung von Berufs- und Allgemeinbildung. Schwerpunkte sind der Ausbau der Vorbereitungsschulen sowie die Ausbreitung von berufl. und techn. Bildung in allen Regionen (auch Versuche mit → polytechn. Bildung). Im Sekundarbereich sollen die fachl.-berufsbildenden Typen und Lehrerbildungsanstalten ausgebaut werden. Die 1988 von Präsident Mubarak gegr. Organisation *National Council for Childhood and Motherhood* hat ein umfassendes Gesetz erarbeitet, in dem alle Gesichtspunkte von Kinderarbeit, Gesundheit und Erziehung berücksichtigt werden sollen. Wegen der steigenden Schülerzahlen und des Mangels an Gebäuden und Lehrern wurde die gesetzl. Schulpflicht von 6 J. auf 5 J. verkürzt. → Afrika.

L.: A. L. Tibawil, Islamic Education, London 1972; M. K. Helmil, Education in Egypt, Kairo 1977; B. Sanyal u. a., University Education and the labour market in the Arab Republic of Egypt, Oxford 1982; The development of education in the Arab Republic of Egypt 1981–84, Cairo 1984; H. Brunner, Altägyptische Erziehung, 1991; P. J. Vatikos, History of modern Egypt, London 1991; L'école en Egypte (Dossier), in: Le Monde de l'éducation, (1996) 238.

**Ästhetische Erziehung** wird heute meist als Oberbegriff für jede Erziehung verstanden, die sich auf ästhetische Phänomene bezieht, also auf alle Ausdrucks- und Erscheinungsformen von Bildender Kunst, Musik, Theater, Tanz, Literatur etc. Dabei ist ÄE. nicht einfach als Zusammenfassung verschiedener Erziehungsbereiche oder Fächer zu begreifen, sondern gründet auf der Theorie der Ästhetik. Diese enthält zwei zentrale Momente, die beide, von → Kant ausgehend, Grundmomente der Geistesgeschichte und der heutigen Problemstellung sind.

a) Ä. als Theorie der Wahrnehmung setzt bei der wörtlichen Übersetzung des griech. Begriffes *aisthesis* (sinnliche Wahrnehmung) an,

stammenden als Kind mit allen damit verbundenen Rechten und Pflichten. Uneingeschränkt gilt das für die A. Minderjähriger, die vom Gesetzgeber ausdrücklich von der Erwachsenen-A. unterschieden wird. Die soziale Bedeutung der A. liegt in der Fürsorge für Kinder und in der Aufnahme in eine geeignete Familie. Grundvoraussetzungen sind deshalb das Wohl des Kindes und das Bestehen eines Eltern-Kind-Verhältnisses; der Annehmende muß ein Mindestalter von 25 Lj.n erreicht haben, bei adoptierenden Ehepaaren wenigstens einer der Ehegatten. Wer sein nichtehel. Kind oder ein Kind seines Ehegatten adoptieren will, muß das 21. Lj. vollendet haben. Die A. bedarf der Einwilligung des Kindes. Bei Kindern unter 14 J. erteilt diese der gesetzliche Vertreter; bei über 14j. bedarf es überdies der persönlichen Zustimmung des Adoptierten.

Die A. erfährt eine unterschiedliche Einschätzung, je nachdem ob eine bio-psychologische Abstammungslehre vorherrscht und Mißtrauen gegen die unbekannten Erbanlagen des adoptierten Kindes weckt oder der naive Glaube an die Allmacht prägender Umwelteinflüsse. Bei beiden (extremen) Standpunkten werden Eigenart und Eigenwille des Kindes gering geachtet. → Mutter, → Mutter-Kind-Beziehung, → Person.

L.: K. Roth-Stielow, A.sgesetz, A.svermittlungsgesetz, 1976; R. A. C. Hoksbergen, M. R. Textor (Hg.), A., 1993; C. Hennig, A., (Diss.) 1994; M. R. Textor, 20 J. A.sreform, in: Neue Praxis, (26) 1996.

**Adorno,** Theodor Wiesengrund, * 11. 9. 1903 Frankfurt/Main, † 6. 8. 1969 Visp (Wallis); einer der Hauptvertreter der → Frankfurter Schule. In seiner »Negativen Dialektik« (mit M. Horkheimer) hebt A. gegenüber allem Identitätsdenken »die schmerzhafte Existenz des Nichtidentischen« hervor. Sein auf gesellschaftl. Praxis gerichtetes kritisches Denken wandte sich auch Erziehungsproblemen zu. Er forderte eine »Erziehung zur Mündigkeit«, geißelte die herrschende → »Halbbildung« und zog die hist. Lehren für eine »Erziehung nach Auschwitz«.

Schr.: S. Kierkegaard, 1933 u. ö.; Minima Moralia, 1951 u. ö.; Jargon der Eigentlichkeit, 1965; Erziehung zur Mündigkeit, 1970 u. ö.; Ges. Schr. in 20 Bdn., 1967 ff.

L.: A. zum Gedächtnis (m. Bibl.), 1971; T. Koch, Negative Dialektik, 1973; J. F. Schumker, A., 1977; H. H. Kappner, Die Bildungstheorie A.s als Theorie der Erfahrung von Kultur und Kunst, 1984; G. Friesenhahn, Kritische Theorie u. Päd., 1985; F. H. Paffrath (Hg.), Kritische Theorie u. Pädagogik der Gegenwart, 1987; R. Wiggershaus, T. W. A., 1987, ²1998; H. Kelle, Erziehungswiss. u. Kritische Theorie, 1992; F. H. Paffrath, Die Wendung aufs Subjekt. Päd. Perspektiven im Werk T.W.A., 1992; N. Hilbig, Mit A. Schule machen – Beiträge zu einer Päd. der kritischen Theorie, 1995.

**Aebli,** Hans, * 6. 8. 1923 Zürich, † 26. 7. 1990 Burgdorf; 1960 Priv. Doz. Zürich, 1962 Prof. FU Berlin, 1966 Konstanz, 1971 Bern, Schüler von → Piaget; hat durch bedeutende Arbeiten zur Kinder- und Entwicklungspsychologie sowie zum Lernen die Bildungsreform der 70er Jahre nachhaltig beeinflußt.

Schr.: Didactique psychologique, Neuchâtel 1951, dt. 1963 u. ö.; Grundformen des Lehrens, 1961, ¹¹1978; Über die geistige Entwicklung des Kindes, 1963, ⁴1975; Denken: Ordnen des Tuns, 2 Bde., 1980–81; Zwölf Grundformen des Lehrens. Eine allgem. Didaktik auf psychol. Grundlage, 1983; ⁸1994; Grundlagen des Lehrens, 1987; ³1995; Über die geist. Entwicklung des Kindes, 1989; Selbstdarstellung, in: Psychol. in Selbstdarstellungen, hg. v. E. Wehner, Bd. 3, 1991.

L.: L. Montada (Hg.): Kognition und Handeln. FS zum 60. Geb.tag, 1983; U. Gehweiler, Die Ausbildung elementarer geometr. Begriffe, 1996.

**Aegidius Romanus** (da Colonna), * 1247 Rom, † 22. 12. 1316 Avignon, Augustiner-Eremit. Studierte in Paris u. a. bei → Thomas von Aquin, lehrte dort ab 1281 und wurde 1282 zugleich Erzieher des späteren Königs Philipps IV. (»der Schöne«). Als solcher schrieb er 1295 *De regimine principum* (Über die Fürstenerziehung). Als Theologe genoß er hohes Ansehen (seit 1285 »doctor fundatissime« genannt). Die »Fürstenerziehung« war im späten Mittelalter eine der verbreitetsten Erziehungslehren (→ Bitschin), ihre drei Bücher enthalten Maximen, wie ein Fürst sich selbst, seine Familie und seinen Staat »regieren« soll. Dabei stützt sich Ae. nicht nur auf die Hl. Schrift, sondern im Anschluß an Thomas und → Aristoteles auch stark auf allg. Vernunftprinzipien.

L.: R. Scholz, Ägid von Rom, 1902; B. Picard, Das altengl. Ä.leben, 1980; C. Schrübbers, Regimen und Homo primitivus. Die Päd. des Ae. R., 1983.

**Ägypten.** Die hohe Kultur des alten Ä. hatte schon Jahrtausende v. Chr. zu Schreibschulen

Gesittung, 1961; W. Hornstein, Vom »jungen Herrn« zum »hoffnungsvollen Jüngling«, 1965; H.-P. Fink, Exercitia Latina, 1991; J. Stern (Hg.), The English Gentleman, Bristol 1994.

**Adler,** Alfred * 7. 2. 1870 Wien, † 28. 5. 1937 Aberdeen; seit 1897 Arzt in Wien, 1931 Prof. für med. Psychologie am Long Island Medical College in New York. Bis 1911 im Umkreis von S. → Freud, wandte er sich von dessen kausal-naturwiss. Denken ab und begründete als eigene tiefenpsychologische Schule die → Individualpsychologie, deren Kern die Auseinandersetzung des Individuums mit seiner sozialen Umwelt bildet. Nach A. führt die zwangsläufige Erfahrung von Unterlegenheit in der frühen Kindheit zu einem Minderwertigkeitsgefühl, welches durch den Machttrieb (das Bedürfnis, einem Mitmenschen überlegen zu sein) »kompensiert« wird. Auch organische Minderwertigkeit, soziale Diskriminierung und polit. Machtlosigkeit können Kompensationen veranlassen. Dabei bringt die ›objektiv unnütze‹ neurotische Verarbeitung des Minderwertigkeitsgefühls den Minderwertigkeitskomplex hervor, der zentraler Gegenstand der individualpsycholog. Therapie ist.

Schr.: m. C. Furtmüller, Heilen und Bilden, 1914, TB 1973 u. ö.; Praxis und Theorie der Individualpsychologie, 1920, TB 1974 u. ö.; Menschenkenntnis, 1927, TB 1980 u. ö.; Neurosen, 1929, TB 1981 u. ö.; Individualpsychologie in der Schule, 1929, TB 1976 u. ö.; Lebenskenntnis 1929, TB 1978 u. ö.; Wozu leben wir, 1931, TB 1979 u. ö.; Der Sinn des Lebens, 1933, TB 1973 u. ö.; Kindererziehung, TB 1991, [9]1997.
L.: P. Rom, A. A. und seine Menschenkenntnis, 1966; M. Sperber, A. A. oder das Elend der Psychologie, [2]1970, TB 1983; H. und R. Ansbacher, A. A.s Individualpsychologie, dt. 1972, 4. erg. Aufl. 1995; W. Koeppe, Sigmund Freud und A. A., 1977; R. Schmidt, Die Individualpsychologie A. A.s, 1982; B. Handlbauer, Die Entstehungsgeschichte der Individualpsych. A. A.s, Wien 1984; D. Horster, A. A. zur Einführung, 1984; J. Rattner, A. A., 1990; W. Michel, A. A. – Ein Wegbereiter der modernen Erlebnispäd., 1991; E. Görner, Die Bedeutung des Gemeinschaftsgefühls (soziales Interesse) für die soziale Verantwortung, 1994; J. Rüedi, Einführung in die individualpsychol. Päd. A.s, Bern 1995.

**Adler,** Max, * 15. 1. 1873 Wien, † 28. 6. 1937 ebda.; Prof. für Soziologie in Wien; wichtigster Vertreter des → Austromarxismus. Aufgrund einer angestrebten Verschmelzung von marxistischem Sozialismus mit der Kantschen Philosophie sah er die Herbeiführung des Sozialismus als ein vorwiegend ethisches Problem und die Aufgabe der sozialist. Erziehung in der Hervorbringung des neuen (sozialist.) Menschen.

Schr.: Kant und der Sozialismus, 1904; Marx als Denker, 1908, [3]1925; Wegweiser, 1914, [6]1974; Das Soziologische in Kants Erkenntniskritik, 1924, Neudr. 1975; Neue Menschen, 1926; Das Rätsel der Gesells., 1936, Neudr. 1975; Natur und Gesells., 1964.
L.: P. Heintel, System und Ideologie, 1967; N. Leser, Zwischen Reformismus und Bolschewismus, 1968, [2]1985; A. Pfabigan, M. A. Eine polit. Biogr., 1982.

**Adoleszenz** (lat.: Heranwachsen), an die → Pubertät anschließender letzter Zeitabschnitt des Jugendalters. Die A. reicht vom 18. bis 21. Lj. (nach einigen Autoren bis zum 25. Lj). Während der A. festigt sich die Persönlichkeit (Selbstbewußtsein, Selbstvertrauen), und der Adoleszent klärt sein Verhältnis zur Erwachsenenwelt. Dabei gehen Veränderungen im Erleben und Verhalten weniger von körperl. Reifeprozessen aus als von herangetragenen Erwartungen, Pflichten und Rechten.

L.: E. Spranger, Psychologie des Jugendalters, 1924 u. ö.; M. Debesse, L'adolescence, Paris 1971; R. E. Muuss, A., 1971; E. Z. Friedenberg, Die manipulierte A., 1971; P. Blos, A., 1973, [5]1992; E. H. Erikson, Identität u. Lebenszyklus, (1959), dt. 1966 u. ö.; H. Stierlin, Eltern u. Kinder, 1975, Neuausg. 1980, [4]1990; S. Lebovici (Hg.), Adolescence terminée – adolescene interminable, Paris 1985; F. Dolto, C. Dolto-Tolitch, Von den Schwierigkeiten, erwachsen zu werden, dt. 1984, [3]1992; D. Bürgin, Beziehungskrisen in der A., 1988; L. J. Kaplan, Abschied von der Kindheit, dt. 1988, [2]1991; R. F. W. Diekstra, Preventive Interventions in Adolescence, 1989; M. Laufer, M. E. Laufer, A. u. Entwicklungskrise, dt. 1989; H. Fend, Vom Kind zum Jugendl., 1990; ders., Identitätsentwicklung in der A., 1991; M. Leuzinger-Bohleber, E. Mahler, Phantasie u. Realität in der Spätadoleszenz, 1992; H. Remschmidt, A., 1992; K. Flaake, V. King (Hg.), Weibliche A., 1992; B. Herpertz-Dahlmann, Eßstörungen u. Depression in der A., 1993; R. K. Silbereisen, L. Vaskovic, J. Zinnecker (Hg.), Jungsein in Dtl. Jugendliche und junge Erwachsene, 1991 u. 1996; J. W. Erdmann, G. Rückriem, E. Wolf (Hg.), Jugend heute, 1996; R. Silbereisen, E. Todt (Hg.), Adolescence in context, 1996; H. Fend, Der Umgang in der Schule mit der A., 1997; H. Fend, Eltern und Freunde. Soziale Entwicklung im Jugendalter, 1998.

**Adoption,** eine bis auf das römische Recht zurückgehende und seit dem → Altertum gebräuchliche Annahme eines in der Regel nicht der eigenen Blutsverwandtschaft Ent-

Anforderungen. Mertons Fortführung der Anomietheorie zur Diskrepanztheorie versteht a. V. als Diskrepanz zwischen kulturell vorgegebenen Zielen und institutionell begrenzten Mitteln zu deren Realisierung. Die sog. Subkulturtheorie (→ Subkultur) geht von dem Vorhandensein gesellschaftl. Subgruppen mit eigenen Norm- und Wertsystemen aus und erklärt a.V. aus der Orientierung an solchen subkulturellen Wertmaßstäben. Die Theorie des differentiellen Lernens versucht das Entstehen a.V.s sozialpsychologisch durch nonkonforme (differentielle) Interaktions- und Kommunikationsbeziehungen zu erklären. Der → symbolische Interaktionismus erklärt a.V. vorwiegend mit der Theorie des → labeling approach und vertritt den Standpunkt, a.V. sei nicht in sich abweichend, sondern nur, weil es von der Gesellschaft und/oder von wichtigen Bezugspersonen als solches angesehen bzw. zugeschrieben wird; es erscheint also lediglich als das Produkt der Handhabung von gesellschaftlichen Regeln und als Sanktion der Regelübertreter durch andere. Die Labeling-Theoretiker lenken daher das Augenmerk weniger auf die Ursachen von a.V. als vielmehr auf den Prozeß der → Stigmatisierung.

Entsprechend den unterschiedlichen Erklärungsmodellen gehen auch die Vorschläge zur Beseitigung a.V.s weit auseinander. Biologische Ansätze verteidigen u. a. eugenische Maßnahmen; psychologische Ansätze empfehlen psychiatrisch-therapeutische Behandlung; soziologische Theorien zielen auf die Veränderung der a.V. hervorrufenden Lebensbedingungen bzw. auf Eingriffe in den Definitionsprozeß (Entstigmatisierung, Entkriminalisierung etc.). Päd. erscheint wichtig, daß sowohl beim Studium als auch bei den Bemühungen um Heilung a.V.s immer zugleich die soziale Struktur, die biologischen, psychologischen und wirtschaftlichen Faktoren wie auch die Definitionen a.V.s berücksichtigt werden. → Außenseiter, → Verhaltensgestörtenpäd.

L.: E. Durkheim, Über die Anomie, in: C. W. Mills (Hg.), Klassiker der Soziologie, 1966; M. E. Wolfgang, F. Ferracuti, The Subculture of Violence, London 1967; A. K. Cohen, Abweichung und Kontrolle, 1968; R. K. Merton, Sozialstruktur und Anomie, in: F. Sack, R. König (Hg.), Kriminalsoziologie, 1968; C. Bonstedt, Organisierte Verfestigung a.V.s, 1972; M. Brusten, K. Hurrelmann, A.V. in der Schule, 1973; T. Szasz, Die Fabrikation des Wahnsinns, dt. 1974; K.-D. Opp, A. V. und Gesellschaftsstruktur, 1974; W. Rüther, A.V. und labeling approach, 1975; S. Lamnek, Theorien a. V.s, 1979, [6]1996 (mit. Glossar u. Bibl.); H. Trabandt, R. Wurr u. H. Trabant, A.V. und sozialpäd. Handeln, 1980, [3]1993; W. Ferchhoff, F. Peters, Die Produktion a. V.s, 1982; A. Bellebaum, A. V., 1984; M. Amelang, Sozial a.V., 1986; N. Herriger, Präventives Handeln u. soziale Praxis, 1986; H. G. Holtappels, Schulprobleme und a.V. aus der Schülerperspektive, 1987; L. Wilk, Familie und a. V., 1987; J. Schweitzer, Therapie dissozialer Jugendlicher, 1987; H. Peters, Devianz u. soziale Kontrolle, 1989; W. Helsper, H. Müller, E. Nölker, A. Combe, Jugendl. Außenseiter, 1991; P. Ludes, A. Stucke, Vorbeugung a.V.s, 1992; G. Classen, Zur Genese von a.V., 1997; S. Lamnek, Neue Theorien a.V.s, [2]1997; L. Böhnisch, A.V. Eine päd.-soziol. Einf., 1998; U. Rauchfleisch, Außenseiter der Gesellschaft, 1999.

**Acta Eruditorum,** die erste gelehrte Zeitschrift Deutschlands; 1682 in Leipzig von Otto Mencke nach dem Beispiel des »Journal des Savants« (1665) gegr., 1782 nach dem 117. Band eingestellt.

**Adaptation, Adaption** (lat.), allg. die physiologische oder psychische Anpassung des Organismus an veränderte Umweltbedingungen (→ Assimilation). Im engeren Sinn meint A. die Gewöhnung der Sinnesorgane an neue Reizverhältnisse auf dem Gebiet der verschiedenen Wahrnehmungsempfindungen (Geruch, Geschmack, Druck, Wärme, Sehen), z.B. die Hell-Dunkel-A. des Auges. Adaptiver Unterricht meint die im Rahmen des → programmierten Unterrichts angestrebte → Individualisierung des Lernprozesses, der Lernzeit, des Lernweges. Mit Hilfe adaptiver Programme soll die Lernsituation (Ziele, Inhalte, Methoden, Medien) an die individuellen Bedürfnisse und Fähigkeiten der jeweiligen Adressaten angepaßt werden.

**Adelserziehung.** In ständisch gegliederten Gesellschaften anzutreffende Erziehung der Adelsschicht, z.B. im frühen Griechentum, im europ. → Mittelalter und in der → Hofmeistererziehung des 17. und 18. Jh. Meistens standen dabei eine Stufenordnung (z. B. Junker, Knappe, Ritter), die Pflege von Standessitte und -tugenden, Weltgewandtheit und ein »ritterliches« Ethos im Vordergrund. → Locke.

L.: W. Berges, Die Fürstenspiegel des hohen und späten Mittelalters, 1938, Neudr. 1952; W. Flitner, Europ.

→ Kollegstufe hat dem A. durch die Einführung eines Punktsystems noch stärker den Charakter einer einmaligen Abschlußprüfung genommen. Besonders im Zusammenhang mit der Erteilung fakultätsbezogener Studienreife und mit dem → numerus clausus steht das A. gegenwärtig wieder in der Diskussion. Immer wieder taucht auch der Vorschlag eines Hochschulzugangs über die berufl. Qualifikation, also ohne A., auf.

L.: A. Flitner, D. Lenzen (Hg.), Abiturnormen gefährden die Schule, 1977; H. v. Hentig, Die Krise des A.s und eine Alternative, 1980; Was ist das A. noch wert?, in: Zur Debatte, 14 (1984); A. Wolter, Das A. Eine bildungssoz. Unters. zur Entstehung u. Funktion der Reifeprüfung, 1987; ders., Von der Elitenbildung zur Bildungsexpansion. 200 J. A., 1989; J. Schweizer, A. 2000, in: Die Dt. Schule, 88 (1996) H. 1.

**Abschlußklasse,** 1) letzte Klasse einer Schule; 2) Sonderklasse, die schwachen Schülern hilft, das Abschlußniveau der Schule zu erreichen.

**Absolvent** (lat.), jemand, der einen Schulabschluß erwirbt bzw. erworben hat.

**Abstracts** (engl.: Auszug oder Zusammenfassung) werden Veröffentlichungen genannt, die gewöhnlich periodisch erscheinen und die Forschungsergebnisse in bestimmten Gebieten und/oder bestimmten Ländern in geraffter Form zusammenfassen bzw. darüber berichten.

**Abwehrmechanismen.** A. nennt die → Psychoanalyse jene psychischen Operationen, die eine Person gegen die Gefährdung ihrer Integrität einsetzt. Das → Ich richtet sich mittels der A. gegen alles Unangenehme und Angsterzeugende, d. h. es werden ebenso Triebe, Emotionen und Über-Ich-Forderungen, wie auch bedrohliche Umweltsituationen abgewehrt. In engerer (und gebräuchlicherer) Bedeutung bezeichnen A. die Schutzoperationen, derer sich das Ich gegen unannehmbare Triebwünsche sowie gegen die mit diesen verbundenen Phantasien bedient. In diesem Sinn ist Abwehr ein unbewußt verlaufender Prozeß.
A. gehören der normalen psychischen Entwicklung an, kennzeichnen allerdings entsprechend der Intensität und Art ihrer Verbindung auch bestimmte Krankheitsbilder. Anna → Freud hat die A. in päd. Zusammenhang gestellt und folgende einander überschneidende Formen von A. unterschieden: → Verdrängung, Isolierung, → Reaktionsbildung, → Ungeschehenmachen, → Verleugnung, Rationalisierung, → Verschiebung, → Wendung gegen das eigene Selbst, → Projektion, → Identifizierung, → Regression.

L.: A. Freud, Das Ich und die A., 1936 u. ö.; R. Schafer, The Mechanisms of Defence, in: Internat. Journal of Psychoanal. 49 (1968); S. Mentzos, Interpersonale u. institutionalisierte Abwehr, 1976, erw. Neuausg. 1988; A. Mucchielli, Die Abwehrreaktionen in den zwischenmenschl. Beziehungen, 1980; A. Gerlach, Psychosoziale Abwehr in der psychoanalyt. Gruppenpsychotherapie, 1985; L. Wurmser, Flucht vor dem Gewissen, 1987, ²1993; J. Sandler, A. Freud, Die Analyse der Abwehr, 1989; N. Elrod, Anna Freud setzt sich der Kritik aus. »Das Ich u. die A.« unter die Lupe genommen, in: Psyche 45 (1991) 1101–1115; H. Müller-Pozzi, Psychoanalyt. Denken, 1991; K. König, A., 1996, ²1997.

**Abweichendes Verhalten** (deviantes Verhalten, Devianz) bezeichnet alle Formen eines mit gesellschaftl. Normen nicht übereinstimmenden Verhaltens (Alkoholismus, Drogenabhängigkeit, Kriminalität, Zugehörigkeit zu Randgruppen etc.) und wird biologisch, psychologisch und/oder soziologisch erklärt. Begriffe wie Delinquenz, Dissozialität, Antisozialität, Asozialität und Stigmatisierung decken sich nur zum Teil mit a. V. Delinquenz bezeichnet (in England, Frankreich, USA gebräuchlich) ein Fehlverhalten, das sich im Umfeld der eigentlichen Kriminalität bewegt und sich hauptsächlich auf a. V. Jugendlicher (→ Jugendkriminalität) bezieht. Der in Anlehnung an sozialisationstheoretische Konzepte gebildete Begriff der Dissozialität meint das Ergebnis von Sozialisationsprozessen, die das Erlernen gesellschaftlich konformer Verhaltensweisen verhindern. Antisozialität steht für ein gegen die Gesellschaft gerichtetes, Asozialität für ein aus der Gesellschaft herausfallendes Verhalten.
Die ursprünglich negative Bedeutung von a. V. ist weitgehend einer neutralen Definition gewichen. Zur Erklärung von a. V. dienen verschiedene Theorieansätze: Die auf E. → Durkheim zurückgehende Anomietheorie erklärt a. V. makrosoziologisch als Anpassung an widersprüchliche (anomische) gesellschaftl.

# A

**Abaelard** (Abélard, Abaillard), Peter, * 1079 Le Pallet, † 21. 4. 1142 Chalôn-sur-Saône; bedeutender Dialektiker und durch sein Bemühen, den christl. Glauben mit philosoph. Vernunft zu durchdringen, Mitbegründer der → Scholastik. In der Ethik rückte er die subjektive → Person in den Vordergrund und betonte die freie Willensentscheidung. Seine 1113 gegr. Schule bereitete die spätere Univ. Paris vor.

Schr.: P. A. i Opera I et II, ed. V. Cousin, Paris 1849–59; Philos.Schr., hg. v. B. Geyer, 1919–33; Monita ad Astralabium, ital. u. lat. hg. v. G. Ballanti, Rom 1984; Theologia summi boni, lat.-dt. hg. v. U. Niggli, 1989, ²1991; Gespräch eines Philosophen, eines Juden und eines Christen, hg. v. H.W. Kraut, 1995.
L.: E. Gilson, Héloise et A., 2 Bde., London 1921; L. Grane, P. A. Phil. und Christentum im Mittelalter, 1969; D.E. Luscombe, The School of P.A., Cambridge 1969; A. – Die Leidensgeschichte und der Briefwechsel mit Heloisa, 1979; P.A., hg. v. R. Thomas, 1980; G. Ballanti, P.A., Florenz 1995; J. Marenbon, The Philosophy of P.A., Cambridge 1997.

**Abakus** (lat.: dünne Platte), im → Altertum und → Mittelalter Rechentisch oder Rechenbrett mit stellenwertspezifischer Einteilung für die Durchführung der Grundrechenarten. Solche Rechengeräte sind auch aus anderen Kulturräumen (Japan, China, Rußland) bekannt und gehören heute noch zum didaktischen Material → Montessoris.

**ABC-Buch**, Sammelbegriff für verschiedene Arten von Leselern-, Buchstabier-, Lehr- und Unterhaltungsbüchern für Kinder im Leselernalter. Das nach dem Alphabet geordnete ABC-B. dient seit Anfang des 16. bis Mitte des 18. Jh. der relig. Unterweisung, auch dem elementaren Fremdsprachenlernen; danach bis Mitte des 19. Jh. erscheint es als → Fibel und in belehrend-unterhaltender Form, später v. a. als poetisch-künstlerisches Kinderbuch. → Kinder- u. Jugendliteratur.

L.: ABC- und Buchstabierbücher des 18. Jh., hg. v. J. Offermann, 1990.

**Abendschulen**, Abendgymnasien und Abendrealschulen führen Berufstätige in einem mehrjähr. Hauptkurs mit 16–18 Wochenstunden zum → Abitur bzw. zur → Mittleren Reife. In Abendtechnikerschulen werden Facharbeiter in 3–4 Jahren zum Techniker ausgebildet. Abendmeisterschulen sind Einrichtungen der Kammern, die auf die Meisterprüfungen vorbereiten.

**ability** (engl.), die Fähigkeit, eine Tätigkeit ohne Schulung ausüben zu können. → mixed ability.

**Abitur**, auch Reifeprüfung (in Österreich und in der Schweiz: Matura), heißt die Abschlußprüfung des Gymnasiums oder entsprechender Bildungseinrichtungen, die (in der Regel) ohne weitere Zulassungsprüfung zum Hochschulstudium berechtigt. 1788 als Abiturientenexamen im preuß. »Reglement über die Prüfungen an den gelehrten Schulen« eingeführt und seit 1834 allg. Bedingung für die Immatrikulation, stand das A. immer wieder im Mittelpunkt bildungstheoretischer und -politischer Auseinandersetzungen und hat mehrfach Wandlungen erfahren. In der neuhumanist. Bildungsreform hatte das → Gymnasium die Aufgabe erhalten, eine die spätere Studierfähigkeit (→ Hochschulreife) sichernde → Allgemeinbildung zu vermitteln. Die Aufsplitterung in viele Gymnasialtypen und die Einführung neuer Wege zum Hochschulstudium haben nach dem Zweiten Weltkrieg Bemühungen entstehen lassen, ein nicht weiter teilbares Minimalmaß an inhaltlichen Voraussetzungen festzulegen. Verhandlungen zwischen Kultusminister- (→ KMK) und Westdeutscher Rektorenkonferenz (→ Hochschulrektorenkonferenz) führten 1958 zum sog. Tutzinger Maturitätskatalog. Die → Saarbrücker Rahmenvereinbarung räumte das Stufenabitur mit Verteilung der Abschlußprüfungen auf 12. und 13. Klasse ein. Die

**Vorwort**

burg stützen sowie Vorschläge und Anregungen in- und ausländischer KollegInnen, vor allem zu den einzelnen Didaktiken bzw. Fachdidaktiken, entgegennehmen. Besonderer Dank dafür gilt den ProfessorInnen Margarete Götz, Rüdiger Ahrens, Dieter Böhn, Friedhelm Brusniak, Gerhard Büttner, Rainer Goetz, Peter Kapustin und Horst F. Rupp (Würzburg), Lutz Koch (Bayreuth), Hans-Georg Weigand (Gießen), Dietrich Benner und Jürgen Schriewer (Berlin) sowie Wilhelm Brinkmann (Kiel) und Ernesto Schiefelbein (Santiago de Chile). An meinem Institut haben Akadem. Oberrätin Dr. Waltraud Harth-Peter (Sozialpädagogik und Kindheit), Dr. Frithjof Grell (Länder und Staaten), Dipl.-Päd. Ulrich Wehner und Dipl.-Päd. Susanne Gunkel (Sonderpädagogik), Stefanie Fischer von Mollard und Joachim Lindner (Personenartikel), Dipl.-Päd. Jürgen Sammet und Dipl.-Päd. Frank Taschner sowie Oberstudienrätin Dr. Gabriele Weigand (Fachdidaktiken) die für die jeweils in Klammern genannten Gebiete einschlägige Artikel kritisch durchgesehen, überprüft und ergänzt. Dr. Frithjof Grell gebührt zusätzlich Dank für die Koordinierung der einzelnen Arbeiten.

Würzburg, den 17. 3. 2000  *Winfried Böhm*

# VORWORT ZUR 15. AUFLAGE

Die ständig steigende Flut an Informationen und der immer leichter werdende Zugriff auf Wissen könnte durchaus die Frage entstehen lassen, ob ein Wörterbuch wie dieses nicht allmählich überflüssig werde. Die Arbeit an der 15. Auflage hat mich und meine MitarbeiterInnen freilich eines ganz anderen belehrt. Gewiß schwillt die Masse der uns verfügbaren Informationen von Tag zu Tag mehr an, gleichzeitig wächst damit aber auch ihre Unübersichtlichkeit. Die gleiche Gültigkeit, welche bloß nebeneinander gereihte Wissensstücke vermitteln, lassen diese Informationen am Ende selbst als gleichgültig erscheinen. Angesichts der Fülle des heute verfügbaren Wissens tut deshalb nicht so sehr seine quantitative Anhäufung und Vermehrung not, sondern vielmehr qualitative Auswahl, klare Ordnung und zuverlässige Orientierung.
Das trifft in besonderem Maße für die Pädagogik zu, die ihren Prozeß der Ausdifferenzierung und Spezialisierung weiter fortgesetzt hat und sich in so viele unterschiedliche Teildisziplinen und Handlungsfelder aufzulösen droht, daß ihr bei dem Schielen auf das je Besondere zunehmend das verbindend Allgemeine aus dem Blick gerät. Spaltet sich aber die pädagogische Theorie in immer kleinere Sektoren auf, dann verliert sie zwangsläufig ihre aufklärende und richtungsweisende Kraft, und das von Schleiermacher beschworene Ineinanderwirken von »klärender Theorie und besonnener Praxis« geht verloren.
Die hier vorliegende, auch in ihrer äußeren Ausstattung veränderte Neuauflage des Wörterbuchs der Pädagogik sucht diesen aktuellen Anforderungen gerecht zu werden. Wie ihre Vorgängerinnen strebt sie ein Gleichgewicht zwischen der enormen thematischen Breite und der unaufgebbaren systematischen Geschlossenheit der Pädagogik und damit jene Ausgewogenheit zwischen einerseits bleibendem Bestand der Pädagogik und andererseits neuen erziehungswissenschaftlichen Bemühungen an, die Wilhelm Flitner bereits 1982 an der Neufassung dieses Wörterbuches so sehr gerühmt hatte. Alle einzelnen Beiträge geben eine möglichst objektive Darstellung, ohne daß dabei die eigene personalistische Grundausrichtung des Verfassers unterdrückt oder gar verheimlicht würde. Dabei schließt dieses Wörterbuch, im Unterschied zu vielen vergleichbaren Publikationen, alle Gebiete und Dimensionen der pädagogischen Fachsprache, ihre Grund- und ihre Randbegriffe, alle deutschen und die wichtigsten außerdeutschen Länder, ihre Geschichte und ihre Gegenwart ein, und es hat insbesondere im Hinblick auf die Personen (z. B. die neu aufgenommenen DDR-Pädagogen) eine beträchtliche Erweiterung erfahren. Neue Begriffe (z. B. Anarchie, Konstruktivismus, Schulautonomie und viele andere) wurden aufgenommen, und die Literaturangaben wurden entschlackt und aktualisiert. Der umfangreiche Literaturteil im Anhang unterstreicht den Lehrbuch- und Anleitungscharakter für ein vertieftes Selbststudium.
Auch bei dieser Neuauflage konnte sich der Verfasser auf eine ebenso kompetente wie bereitwillige Hilfe seiner MitarbeiterInnen am Institut für Pädagogik der Universität Würz-

nen bis zu den einzelnen Fachdidaktiken und Ländern reichen. Dabei dürfte es in kaum einer anderen Wissenschaft ähnlich schwer sein, die Grenzen der »Disziplin« zu markieren. Da ist das Problem des Ausponderierens von sachlicher Darstellung und grundsätzlich nicht eliminierbarer Wertung, und schlage sich diese gleich nur im bloßen Auswählen des Mitgeteilten nieder. Das vorliegende Wörterbuch hält sich von einer einseitigen theoretischen Orientierung ebenso weit fern wie erst recht von jeder Art von Dogmatismus, gleichwohl wird dem kritischen Leser nicht entgehen können, daß der für das Buch verantwortliche Verfasser selbst auf einem im weiten Sinne humanistisch-personalistischen Standpunkt steht. Da ist schießlich das wohl schwerwiegendste Problem der fachlichen Kompetenz. Es müßte vermessen und unrealistisch erscheinen, dem Konzept des Verlages nach alleiniger Autorschaft voll genügen zu wollen, und in der Tat war es nur möglich, das Vorhaben dieses Wörterbuches in der veranschlagten Zeit zu verwirklichen, da sich der Unterzeichnete auf die sorgfältige Sachkenntnis und die bereitwillige Hilfe einiger Kollegen und vor allem seiner Mitarbeiter am Institut für Pädagogik der Universität Würzburg stützen konnte. Obwohl der Autor selbstredend die alleinige Verantwortung zu tragen hat und obwohl sich im Detail Grad und Umfang der Mitarbeit, die ganz unterschiedlich von der Planung, Beratung, Korrektur bis auch zur Abfassung von Artikeln reichte, nicht genau abgrenzen lassen, gilt mein Dank für diese ungewöhnlich gute Zusammenarbeit im einzelnen Prof. Dr. Dr. h. c. Giuseppe Flores d'Arcais, mit dem ich viele vorbereitende und klärende Gespräche geführt habe und der mich auch bei einzelnen Artikeln unterstützt hat; meinen Assistenten Dr. Karl Renner und Dr. Wilhelm Brinkmann schulde ich Dank für die mühevolle Bearbeitung der verzweigten Bereiche Didaktik (einschl. der Fachdidaktiken) bzw. der Soziologie der Erziehung und der Forschungsmethoden. Meine Mitarbeiter Dr. James Swift und Dr. Gabriele Weigand haben die einzelnen Länderartikel vorbereitet und dafür ein enormes Arbeitspensum auf sich genommen; für die Artikel über die Länder der Dritten Welt hat Dipl.-Päd. Bernhard Reisch seine gründliche Sachkenntnis zur Verfügung gestellt. Einzelne Bereiche bearbeitet und mich dabei bis hin zur Abfassung von Artikeln unterstützt haben außerdem: Dr. Konrad Bundschuh und wiss. Mitarbeiterin Christina Legowski (Sonderpädagogik), Prof. Dr. Dr. Klaus Kürzdörfer (Erwachsenenbildung und Pädagogische Anthropologie), Dipl.-Päd. Waltraud Harth (Sozialpädagogik), Dipl.-Päd. Martin Textor (Therapien), Dipl.-Päd. Andreas Kannicht (Psychoanalyse), Dipl.-Päd. Dr. Arnold Köpcke-Duttler (Rechtsfragen, Bildungsrecht und einzelne philosophische Begriffe), Prof. Dr. Kurtheinz Hochmuth und Dr. Siegfried Gonnert (Unterricht), Dr. med. Joseph Sieber (Medizin). Schließlich gilt mein besonderer Dank Frau Margit Oppmann für die Hilfe bei der Ermittlung und Überprüfung von bibliographischen Angaben und meiner Sekretärin Hedwig Hehn, die die oft auseinanderstiebenden Arbeiten koordinierte und zudem die große Last der Schreibarbeiten zu tragen hatte. Beim Korrekturlesen haben mir dankenswerterweise Dr. Wilhelm Brinkmann und Dr. Karl Renner geholfen.

Trotz dieser fruchtbaren Zusammenarbeit sind sich Autor und Mitarbeiter voll bewußt, daß dieses Wörterbuch nicht restlos das ganze weite Feld der Pädagogik und aller daran geknüpften Fragen und Probleme abdecken kann. Wenn also ein sachverständiger Rezensent an diesem Buch nichts zu ergänzen bzw. nichts zu verbessern wüßte, spräche das wohl eher gegen den Rezensenten als für das Wörterbuch.

Würzburg, 25. 11. 1982 *Winfried Böhm*

# VORWORT

Die hier vorgelegte Neufassung des Wörterbuchs der Pädagogik tritt an die Stelle des 1931 von Wilhelm Hehlmann begründeten und über 11 Auflagen erfolgreich betreuten Werkes und an die Seite der im gleichen Verlag erschienenen Wörterbücher für Philosophie, Psychologie und Soziologie. Diese Neufassung ist nicht nur aus äußeren Gründen notwendig geworden, sondern vor allem durch den inneren Wandel, der sich in der Pädagogik gerade in den letzten rund 15 Jahren vollzogen hat. Die pädagogische Fachsprache hat sich sowohl erweitert als auch differenziert; neue pädagogische Fragestellungen und Denkweisen sind entstanden; die Zahl der erzieherischen Einrichtungen ist ebenso enorm angewachsen wie die Zahl der Pädagogik Studierenden, Lehrenden und Forschenden. Das gestiegene öffentliche Interesse an Problemen der Erziehung und Bildung hat zu einer Popularisierung von erziehungswissenschaftlichen Erkenntnissen geführt, die nicht selten von Verkürzungen, Vereinfachungen und Mißverständnissen begleitet war. Andererseits erscheint die Pädagogensprache oftmals so kompliziert und unverständlich, daß sie nach Entschlüsselung und Erklärung verlangt. Das Bedürfnis nach einem ebenso handlichen und verständlich geschriebenen wie den unterschiedlichen Erwartungen genügenden pädagogischen Wörterbuch erscheint heute dringender denn je. Trifft freilich Jean Pauls Satz zu, wonach über Erziehung reden eigentlich über alles reden heißt, so bezeichnet er treffend die Schwierigkeiten, die sich dem Vorhaben eines solchen Wörterbuches entgegenstellen. Diese Schwierigkeiten sind dem kundigen Leser ohnehin bekannt, so daß sie hier allenfalls genannt, nicht aber des breiteren erörtert werden müssen. Da ist einmal der begrenzte Umfang, der zu Einschränkungen und vor allem zu strenger Auswahl zwingt. Diese Beschränkung wirkte sich in unserem Falle besonders bei den Personenartikeln aus; auch einige Länder (z. B. Afrikas) konnten nicht aufgenommen werden, obwohl bereits fertige Artikel vorlagen. Da ist das Problem der sprachlichen und stilistischen Einheit. Nicht nur entstammt der pädagogische Wortschatz verschiedenen »Sprachen« – der philosophischen Begrifflichkeit, der Terminologie anderer Wissenschaften und zum nicht geringen Teil der Alltagssprache –, und in ein solches Wörterbuch gehen auch zahlreiche Wörter ein, die eigentlich gar keine pädagogischen Termini sind (in unserem Falle z. B. die Ländernamen), sondern vor allem erscheint es höchst schwierig, diese unterschiedlichen Wörter gleichermaßen eingängig und auf gleichem Niveau zu erläutern; schließlich darf man wohl auch annehmen, daß *grosso modo* die Erwartung des Lesers je nach Art des aufgesuchten Stichwortes durchaus differieren kann, sei es beispielsweise einmal das Verlangen nach Information über Daten, sei es ein andermal die Suche nach der knapp resümierten Diskussion über ein bestimmtes Problem. Da ist weiterhin die große Heterogenität der Gegenstände, die in ein pädagogisches Wörterbuch aufzunehmen sind und die etwa von genuinen Grundbegriffen über die einzelnen Forschungs- und Arbeitsbereiche, über die geschichtlichen Epochen, über die Perso-

# INHALT

Vorwort . . . . . . . . . . . . . . . . . . . . . VII
Wörterbuch A–Z . . . . . . . . . . . . . . . . . 1
Literatur zum Studium der Pädagogik . . . . . 579

der Geburt zeigen sich schwer gestörte Haltungs- und Bewegungsmuster; zusätzlich treten Intelligenz- bzw. Entwicklungshemmungen, → Sprachstörungen, Sehstörungen, Verhaltensstörungen und Anfallsleiden auf. b) Angeborene Gliedmaßenfehlbildungen: Fehlen und Fehlbildungen der Gliedmaßen treten z. B. auf nach Medikament- oder Drogeneinnahme der Mutter, zusätzlich bestehen häufig Seh-, Hör-, innere Organ- und Intelligenzschäden, c) Querschnittslähmung als Folge einer Fehlbildung oder Verletzung des Rückenmarks (häufig verbunden mit Störungen der Blasen-, Mastdarm- und Genitalfunktion), wobei die unterhalb des betroffenen Wirbelsäulensegments liegenden Körperteile betroffen sind. d) Progressive Muskeldystrophie, die sich als fortschreitende Kraftlosigkeit der Muskulatur zeigt und wahrscheinlich durch genetische Störungen des Enzymstoffwechsels verursacht wird. e) Weitere Störungen sind: angeborene Aufbaustörungen des Skeletts (Zwergwuchs, Fehlbildung der Extremitäten), Glasknochenkrankheit (erblich, Instabilität der Knochen, oft Besserung nach der Pubertät), angeborene ungenügende Ausbildung der Muskulatur von Gelenken (»Gelenkstarre«, »Gliederstarre«), Spinale Kinderlähmung (Virusinfektion, entzündliche Erkrankung im Rückenmark), Bluterkrankheit (vererbte Blutungsneigung und Blutgerinnungsanomalie), chronische Erkrankungen wie z. B. rheumatische Arthritis.

Im 18. und 19. Jh. entstanden erste orthopädische Heilanstalten und Einrichtungen, die versuchten, durch Unterricht und Beschäftigung, neben medizin. Betreuung, Körperbehinderten ein ›menschenwürdiges‹ Leben und eine weitgehende Erwerbsfähigkeit zu ermöglichen (Vénel 1789, Blumhardt 1840, Edler von Kurz 1833, Knudsen 1872).

Etwa 1925 wurde der mit Vorurteilen behaftete Ausdruck Krüppeltum durch den Begriff Körperbehinderung abgelöst. Trotz bes. Bemühungen um eine umfassende Theorie der K. nach dem Zweiten Weltkrieg steht diese bis heute noch aus.

Die päd. Aufgaben und Anstrengungen in der K. sind nur zu leisten in Zusammenarbeit mit Fachkräften der angrenzenden Gebiete (Mediziner, Psychologen, Krankengymnasten, etc.). Besonderer Förderung bedarf die Sensomotorik (Wahrnehmungs-Bewegung), die Bewältigung der Lebenspraxis (Beschäftigungstherapie, Selbsthilfetraining) und der Sozialbereich (sprachl. Kommunikation, Bewältigung von Konflikten, Kooperation), um Fehlverhalten der Umwelt (Ablehnung, Verwöhnung, Überforderung, Isolation) auszugleichen und ihm vorzubeugen. Sonderpäd. Beratungsstellen, Frühförder-Einrichtungen, sonderpäd. Kindergärten, Schulkinderg., Schulen für Körperbeh. mit Angeboten für alle Begabungsformen, Tages- und Wochenheime, Modelleinrichtungen zur integrierten Förderung mit Nichtbehinderten im Kindergarten- u. Schulbereich, Berufs- und Berufsfachschulen, Berufsbildungs- und -förderungswerke, Werkstätten für K., und Freizeiteinrichtungen bemühen sich um eine interdisziplinäre Förderung körperbehinderter Kinder, Jugendl. und Erwachsener. → Sonderpäd., → Integration.

L.: H. E. Wolfgart, E. Begemann (Hg.), Das körperbehinderte Kind im Erziehungsfeld der Schule, 1971; W. Bläsig u. a. (Hg.), Die Körperbehindertenschule, 1972, ²1975; F. Schönberger, Körperbehinderungen, in: Dt. Bildungsrat, Sonderpäd. 4, 1974; T. Horstmann, Frühförderung bei Kindern mit cerebralen Bewegungsstörungen unter sonderpäd. Aspekt, 1982; U. Haupt, G. Jansen (Hg.), Hdb. der Sonderpäd. Bd. 8: Päd. der Körperbehinderung, 1983; B. v. Pawel, K., 1984; J. Marenbach, Gruppendynamik zwischen Körperbehinderten u. Nichtbehinderten, 1985; C. Leyendecker, A. Fritz (Hg.), Entwicklung u. Förderung Körperbehinderter, 1986; H. Berndt u. a., Rehabilitationspäd. für Körperbehinderte, 1986; K.-J. Kluge, E. Sander, Körperbehindert – u. deswegen soll ich »anders« sein als du?, 1987; G. Bittner, M. Thalhammer (Hg.), »Das Ich ist vor allem ein körperliches ...«, 1989, A. Fröhlich (Hg.), Kommunikation und Sprache körperbehinderter Kinder, 1989; I. Hedderich, Schulische Situation u. kommunikative Förderung Schwerstkörperbehinderter, 1991.

**Körperliche Erziehung,** manchmal auch motorische Erziehung, bezeichnet einen großen Bereich oder Aspekt der Erziehung neben intellektueller, sozialer und emotional-affektiver Erziehung. KE. wird anthropolog. begründet durch die wesentliche Körperlichkeit bzw. Leiblichkeit des Menschen, gesellschaftl. durch die Ansprüche und (Über-)Forderungen der industriellen Lebenswelt an den einzelnen. KE. soll die Gesundheit erhalten, wiederherstellen und festigen, zu sinnvoller

**kognitiv**

Freizeitbetätigung anleiten, aber auch Eigenschaften wie Willensstärke, Erfolgszuversicht, Durchsetzungsfähigkeit, Wettbewerbsbereitschaft ausbilden bzw. fördern und zur Psychohygiene beitragen. Der kE. dienen → Sport, Schulsport und Sportunterricht (dort auch Lit.).

**kognitiv** (lat.: erkennen) bezeichnet in Abhebung zu voluntualen und emotionalen Vorgängen alle Prozesse, durch die ein Individuum Kenntnis von Gegenständen erhält bzw. sich seiner Umwelt bewußt wird, also Wahrnehmung, Erkennen, Vorstellen, Urteilen, → Gedächtnis, Lernen, Denken, z. T. auch Sprache.

L.: M. G. Wessels, K.e Psych., ³1994; J. R. Anderson, K.e Psych., ²1996.

**kognitive Stile,** von der → Päd. Psychologie erforschte, z. B. zw. einzelnen Schülern differenzierende Verhaltensstile (der Informationsaufnahme und -verarbeitung, des Urteilens und Denkens) beim Lösen von kognitiven Aufgaben. Als k. Stile werden z. B. unterschieden: Feldabhängigkeit vs. Feldunabhängigkeit, Reflexivität vs. Impulsivität, Nivellierung vs. Pointierung, eingeengte vs. flexible Kontrolle. K. S. sind gegenwärtig in der Päd. Psychologie umstritten.

**Kohlberg,** Lawrence, * 25. 10. 1927 Bronxville (New York), † 17. 1. 1987 Boston Harbour, lehrte 1959–61 an Yale, 1962–67 an der Univ. of Chicago, seit 1971 an Harvard; bedeutende Studien zur moralischen Entwicklung und Erziehung des Kindes, wobei K. im Anschluß an → Piaget verschiedene Stufen unterscheidet und den Schwerpunkt auf das *moral reasoning* legt.

Schr.: Collected papers on moral development and moral education, Cambridge (Mass) 1973; Zur kognitiven Entwicklung des Kindes, dt. 1974; (u. a.), Assessing moral stages, Cambridge 1978; The philosophy of moral development: Moral stages and the idea of justice, San Francisco 1981; The meaning and measurement of moral development, Worcester 1981; Essays on moral development, 2 Bde., Cambridge 1981–84; (u. a.), Moral stages: a current formulation and a response to critics, 1983; (u. a.), Childhood development as a predictor of adaption in adulthood, Washington (D.C.) 1984; Die Psychologie der Moralentwicklung, hg. v. W. Althoff u. a., 1995.
L.: G. Lind, J. Raschert (Hg.), Moralische Urteilsfähigkeit, 1987; D. Garz, Theorie der Moral und gerechte Praxis, 1989; E. Simpson, Good lives and moral education, 1989; H. Heidbrink, Stufen der Moral, 1991; F. Oser, Moralische Selbstbestimmung, 1992; G. Lind, Moral und Bildung, 1993; D. Garz, L. K. zur Einführung, 1996; L. K. Seine Bedeutung für die päd. und psychol. Praxis, hg. v. D. Garz, 1996; G. Spielthenner, Psychol. Beiträge zur Ethik, 1996.

**Kohnstamm,** Philip Abraham, * 17. 6. 1875 Bonn, † 31. 12. 1951 Ermelo; holl. Naturwiss. und Pädagoge. Seit 1908 Prof. für Thermodynamik Univ. Amsterdam, wandte er sich nach 1917 der Päd. und Phil. zu und wurde 1932 Prof. für Päd. in Utrecht, 1938 auch in Amsterdam. K. beeinflußte die Entwicklung der Päd. als Wiss. in Holland entscheidend und vertrat selbst einen christl. → Personalismus.

Schr.: Persoonlijkheid en Idee, Haarlem 1922; Persoonlijkheid in wording, Haarlem 1929, ²1956; Mens en wereld, Amsterdam 1947 u. ö.; Existenzialisme, personalisme en paedagogiek, Groningen 1949.
L.: P. A. Hoogwerf, De paedagogiek van Ph. A. K., Groningen 1933; M. J. Langeveld u. a., Gedenkboek voor Ph. A. K., Groningen 1957; O. C. Erasmus, De personalisme van Kohnstamm, Amsterdam 1961; H. Hofstee Pzn., Het bijbels personalisme van Ph. A. K., Assen 1973; J.-D. Imelman, Plaats en inhoud van een personale pedagogiek, Groningen 1974; Q. van der Meer en H. A. Bergman (ed.), Onderwijskundigen van de twintigste zeuw, Amsterdam 1975; A. L. R. Vermeer, Ph. A. K. over democratie, Kampen 1987; J.-D. Imelman, Theoretische Pedagogik, Nijkerk 1995.

**Koinstruktion,** gemeinsamer Unterricht für Kinder und Jugendl. beiderlei Geschlechts. → Koedukation.

**Kold,** Kristen, * 29. 3. 1816 Thissted, † 6. 4. 1870 Dalum; Hauslehrer und 1851 Gründer der Volkshochschule Ryslinge; von → Grundtvig stark beeinflußt, prägte er den Geist christl. Miteinanderlebens der dänischen → Heimvolkshochschulen.

Schr.: Udvalgt tekster, hg. v. J. Hagemann u. H. Sörensen, Kopenhagen 1967.
L.: F. Nygard, K. K., Odense 1895; A. Austlid, C. K., Kopenhagen ³1951; P. Berker, Ch. K.s Volkshochschule, 1984.

**Kolleg,** im → Mittelalter Bezeichnung für Häuser, in denen Professoren und Studenten zusammen wohnten; heute üblich für besondere Studentenhäuser, für Vorlesungen (»K. halten«) und für bestimmte Hochschulen (Priesterk.). Als Einrichtung des → Zweiten Bildungsweges meint K. ein spezielles Institut zur Erlangung der → Hochschulreife für Absolventen von → Berufsaufbauschulen, → Berufsfachschulen und → Realschulen, die eine Berufsausbildung abgeschlossen haben. Die K.s sind überwiegend kommunal (z. B. Braunschweig-K.) oder staatl. (z. B. Hessen-K., Bayern-K.), ihr Lehrgang dauert in der Regel 2 1/2 Jahre.

**kollegiale Schulleitung.** Nach der stark direktorialen Stellung des Schulleiters im Kaiserreich war die Kollegialisierung der Schulleitung (z. B. Wahl des Schulleiters auf Zeit) eine Forderung der Novemberrevolution 1918. Die Re-Direktorialisierung erfolgte in der Zeit des → Nationalsozialismus. Nach 1945 wurde eine Verbindung von direktorialen und kollegialen Organisationselementen versucht, den Lehrern ein Mitbestimmungsrecht bei Versetzungen, Zeugnissen, Schulstrafen und der Gestaltung des Schullebens eingeräumt. Heute wird manchmal eine kollektive Schulleitung (Schüler eingeschlossen) durch ein Team von gleichberechtigten Leitern diskutiert. Insgesamt hat heute der Schulleiter eine starke Stellung: sein Weisungsrecht reicht bis in die Unterrichts- und Erziehungsarbeit der Lehrer hinein, er ist verantwortlich für die Einhaltung der Bildungs- und Lehrpläne.
→ Schulgemeinde.

**Kollegstufe,** Entwurf zur Reform der → gymnasialen Oberstufe; er zielt auf eine Integration von Berufs- und Allgemeinbildung sowie auf eine bessere Vorbereitung auf das Hochschulstudium ab. Gleichzeitig soll durch eine berufspraktische Öffnung die ausschließliche Ausrichtung des → Gymnasiums auf das Hochschulstudium überwunden und das Prestigegefälle zw. Bildung und Ausbildung beseitigt werden. Schon der → Dt. Bildungsrat hatte in seinen Vorschlägen zur Gestaltung der → Sekundarstufe II für diese ein flexibles Kursangebot, erweiterte → Mitbestimmung der Schüler und vermehrt Arbeitsformen der Univ. gefordert (→ Strukturplan für das Bildungswesen, 1970; Zur Neuordnung der Sekundarstufe II, 1974). Die beiden Hauptmodelle der K. von v. → Hentig (Bielefelder Modell) und von → Blankertz (Konzeption in NRW) gehen über diese Forderungen jedoch noch hinaus, indem sie die Loslösung der K. von der gymnasialen Mittel- und Unterstufe vorsehen. In der Konzeption in NRW geht es um die konsequente Integration allgemeinbildender und berufsbildender Lehrgänge. Verpflichtend sind Gesellschaftslehre und Deutsch, während im übrigen sich die Kollegiaten für Kurse entscheiden können, die in ihrer Kombination bestimmte Profile ergeben, die zu bestimmten Studien im Tertiärbereich berechtigen. Demgegenüber soll nach dem Bielefelder Modell der Kollegiat auf ein spezialisiertes Fachstudium an der Univ. vorbereitet werden; die K. hat hier »Gelenkfunktion« zw. Schule und Hochschule.

Die Folgen der Reform der gymnasialen Oberstufe werden kontrovers diskutiert und haben die K. erneut in die Diskussion gebracht und zum Teil bereits wieder zurückgenommen.

L.: H. v. Hentig, u. a., Das Bielefelder Oberstufenkolleg, 1972; K. Nordrhein-Westf., 1972; H. Blankertz u. a., Curriculumforschung, 1974; P. Lohe, K. Reinhold, H.-D. Haller, Die Reform der gymnas. Oberstufe und ihre Verwirklichung in den Ländern der BRD, in: Max-Planck-Inst. für Bildungsforschung, Projektgruppe Bildungsbericht (Hg.), Bildung in der Bundesrepublik Bd. 2, 1980; Zschr. für Päd. 26/1980/2 (Themenheft); H. v. Hentig, Die Krise des Abiturs - und e. Alternative, 1981; F. v. Cube, Die Oberstufenreform - ein Zankapfel der Bildungspolitik, in: Aus Politik und Zeitgesch., B 47, 1982; T. Feuerstein, Humanisierung der Arbeit und Reform der berufl. Bildung, 1983; J. Hitpaß, Reformierte Oberstufe - besser als ihr Ruf?, 1985; W. Zimmermann, Die gymnasiale Oberstufe, 1985, W. Böttcher, E. Rösner, Gymnasiale Oberstufe oder Zwischen Bildungskanon und Selbstverantwortung, in: Päd. 50 (1998) H. 7-8.

**Kollektiv** (K.), Kollektiverziehung (Ke.), K. (von lat. *collectivum*: Angesammeltes) wird in sozialistischen Ländern in positivem Sinne für Gruppen mit ausgeprägtem und bewußtem Gesellschaftsbezug verwendet, während es hierzulande eher den negativen Beigeschmack des Persönlichkeitsfeindl. hat (Individualismus vs. Kollektivismus). Päd. Bedeutung gewann der K.-Begriff in der Ke. → Makarenkos, der das K. ausgezeichnet sah durch ein organisiertes System von Vollmachten und Pflichten, durch Gleichberechtigung der Mitglieder, durch gemeinsame Ausrichtung und gemeinsames Handeln auf ein einheitliches Ziel, durch Hinwendung auf konkrete Aufgaben sowie durch ausdrückliches

K.-Bewußtsein und Beziehung zum Gesamt-K. der Gesellschaft. Modelle der Ke. finden sich zahlreich in der Geschichte der Päd. von den Erziehungsutopien (Platon, Th. Morus, bei Fichte) über → R. Owens Versuche bis zu den russischen Jugendkolonien nach der Oktoberrevolution und zu den → Kibbuzim in Israel. Durchgängige Merkmale der Ke. sind u. a. ihr hoher Grad an Vergesellschaftung, die enge Verbindung von Erziehung, Unterricht und körperl. Arbeit, gesellschaftl. bezogene Erziehungs- und Arbeitsziele, Vorrang der gesellschaftl. Interessen vor den individuellen und u. U. auch die Anerkennung von Parteilichkeit.

L.: E. Mannschatz, Entwurf zu e. Methodik der Ke., Berlin (Ost) 1968; L. Liegle, Familienerziehung oder Ke., in H. Walter (Hg.), Sozialisationsforschung, Bd. 2, 1973; M. Fölling-Albers, Kollektive Kleinkind- und Vorschulerziehung im Kibbuz, 1977; U. Bach, Ke. als moral. Erziehung in der sowjet. Schule 1956–76, 1981; R. Porat, Die Gesch. der Kibbuzschule, 1991.

**Kolloquium,** wiss. Gespräch zwischen Hochschullehrern und Studenten. → Habilitation.

**Kolonialpädagogik.** Bis 1920 lag die Erziehung in nahezu allen Kolonien bei den Missionen. Der erste und noch stärker der II. Weltkrieg veränderten dies grundlegend. Das Aufkommen nationaler und rassistischer Gegensätze, das Erstarken des Kommunismus und dessen anti-imperialistische Agitation, vor allem aber die einschneidenden Veränderungen der Nationalökonomien und des weltwirtschaftl. Gefüges, das Bewußtsein der völligen Rohstoffabhängigkeit von den Kolonien machten eine neue Politik erforderlich. Die »Eingeborenenpolitik« rückte daher plötzlich in den Mittelpunkt und mit ihr die bedeutende Frage nach der »Erziehung der Eingeborenen«. Wegbereiter und Schrittmacher einer solchen K. waren die USA. Sie wollten Einfluß auf die Lebensgewohnheiten der Kolonialvölker nehmen, um sie in die moderne Weltzivilisation und -wirtschaft einzubeziehen. Großbritannien erstrebte mit Hilfe der K. die Kolonien wirtschaftl. und geistig an das »Mutterland« zu binden, polit. jedoch zur Selbstverwaltung zu führen. Frankreich verfolgte eine Politik der Assimilation, verbunden mit nationalistischen und elitären Grundsätzen (Mission civilisatrice).

Zwei parallele Schulsysteme entstanden: ein zweizügiges Grundschulwesen für die Kinder der Bauern, Arbeiter, Händler und Handwerker, das vor allem die frz. Sprache verbreiten und Arbeitserziehung betreiben sollte, daneben das aus Frankreich voll übernommene moderne Schulwesen für die Kinder der Franzosen und der sozialen und intellektuellen Eliten (Internate, strenge Selektion), das eine gemeinsame Erziehung im Geiste abendl. Bildung und frz. Zivilisation vorsah. Italien betrieb überwiegend einen Siedlungskolonialismus. In der Konsequenz verfolgte es eine liberale Assimilationspolitik z. B. in der Mischlingsfrage. Portugal sah die Rassenmischung nach dem Vorbild Südamerikas generell als die beste und erfolgreichste »Eingeborenenpolitik« an; das Schulwesen wurde jedoch völlig den nationalen (kath.) Missionen überlassen. Belgien verfolgte bis in die 50er J. eine Politik der strikten Rassentrennung: getrennte Schulen für Weiße und Farbige; Träger waren ausschließlich kath. Missionen. Der Eingeborenenunterricht erfolgte in den Stammessprachen, wodurch die niedrige soziale Stellung der Farbigen betont und sie von wirklicher Bildung ausgeschlossen werden sollten. Erst Ende der 50er J. wurde diese Politik nach und nach liberalisiert. Die dt. K. sah die »Eingeborenen« für eine europ. Bildung als nicht reif genug an. So waren die zentralen Bemühungen, ihnen Deutschtum, Ruhe und Ordnungswillen, vor allem aber Arbeitsmoral verbunden mit einer sittl.-relig. Erziehung zu vermitteln. Dies geschah überwiegend durch strenge Arbeitserziehung, bei der Gedanken der → Arbeitsschulbewegung in Dtl. aufgegriffen wurden.

L.: H. Th. Becker, Die K. der großen Mächte, 1939; R. J. Mason, British Education in Africa, London 1959; R. F. Betts, Assimilation and Association in French Colonial Theory, New York/London 1961; L. Lugard, The Dual Mandate in British Tropical Africa, London 1965; Hans Weiler, Koloniale Erziehung und afrikan. Umwelt, 1966; M. W. Brayant, Africans learn to be French, New York 1970; J. Eggert, Missionsschule und soz. Wandel in Ostafrika, 1970; H. Melber, Schule und Kolonialismus (Namibia), 1979; Ch. Adick, Bildung und Kolonialismus in Togo, 1981; W. Suelberg (Hg.), »Welterziehungskrise« und Konzeptionen alternativer Erziehung und Bildung, 1983; W. Keith (Hg.), Education in the Third World, London 1984; E. Jouhy, Bleiche Herrschaft – Dunkle Kulturen, 1985; L. Rzondetzko, Der Lehrgang vom »Wilden« zum zivilisierten »modern man«, 1989; Ch. Adick, Die Universalisierung der modernen Schule, 1992; dies., Bildungsprobleme Afrikas zwischen Kolonialismus und Emanzipation, in: Bildung und Erziehung 46 (1993) H. 3; A. Markmiller, »Die Erziehung des Negers zur Arbeit«. Wie die koloniale Pädagogik afrikanische Gesellschaften in die Abhängigkeit führte, 1995; H. Röhrs, Grundfragen einer Päd. der Dritten Welt, 1996; Ch. Adick, K., in: TB der Pädagogik, hg. v. H. Hierdeis, Th. Hug, 1996.

**Kolping,** Adolf, * 8. 12. 1813 Kerpen b. Köln; † 4. 12. 1865 ebd.; 1846 war in Elberfeld der kath. Handwerksgesellenverein gegründet worden; K. wurde im Mai 1847 sein Präses und verstand es mit großem Organisationsgeschick, die Gesellenvereine über ganz Dt. zu verbreiten. Dazu trug bei, daß 1854 die Arbeiterverbrüderung – nicht jedoch die Kirchl. Gesellenvereine – gesetzlich verboten wurde. 1855 gab es bereits 104 kath. Gesellenvereine mit 12 000 Mitgliedern. K.s Bildungsidee vereinigte die Verankerung in der Kirche mit berufl. Bildung und familiärer Geselligkeit (K.familien, K.-Bildungswerke).
Schr.: Ausgew. päd. Schr.n, hg. v. H. Göbels, 1964.
L.: J. Nattermann, A. K. als Sozialpädagoge, 1925, ³1959; V. Conzemius, A. K., 1982; R. Müller, A. K., Visionär und Reformer, 1991; H. J. Kracht, A. K. Priester, Pädagoge, Publizist im Dienste christl. Sozialreform, 1992; F. Lüttgen, Johann Gregor Breuer und A. K., 1997; K. Nees, Wer Mut zeigt, macht Mut. Tagebuch A. K., 1997.

**Kolumbien.** Die gesetzliche Grundlage für das Bildungssystem bildeten bis 1975 die Verfassung von 1886, das Konkordat von 1887, der Plan Zerda für die Primar- und Normalschulen und das Schulgesetz von 1903 mit anschließendem Dekret von 1904.
Seit der Reform von 1976 gliedert sich das Bildungswesen in die educación preescolar, die der Staat allmählich als notwendige Aufgabe sieht, die 5j. educación basica primaria (6.–10. Lj.), die 4j. educación basica secondaria (11.–15. Lj.) und die 2j. educación media vocacional, die zum → Bakkalaureat führt. Ihr folgt entweder die 2j. educación intermedia profesional (höhere Berufsfachschule) oder ein 4–7j. Studium.
Das kolumbianische Erziehungssystem ist bis heute noch von der spanischen Tradition und ihrem speziell kath. Charakter geprägt. Im 20. Jh. nahmen jedoch auch die frz., belg. und dt. Missionen Einfluß auf die Erziehung und liberalisierten das Erziehungssystem. Seit 1950 versucht man das Gefälle zw. städtischer und ländl. Erziehung auszugleichen und die techn. Ausbildung zu fördern. Die intensivere Ausbildung von qualifizierten Arbeitern ist die Konsequenz des Industrialisierungsprozesses, der nach 1950 einsetzte. Die nationale Bildungspolitik hat sich in ihren Entwicklungsprogrammen »Para cerar la Brecha« (1975) und »Las cuatro estrategias« (1979) und dem »Plan de desarrollo del sector educación 1982–1986« (1982) das Ziel einer grundlegenden Reform und Demokratisierung gesetzt; die Ausbildung soll dabei in Beziehung zur Entwicklung des Landes stehen. Jedoch hat bisher der rapide Bevölkerungsanstieg und die mangelnde Koordination der Ausbildungsstätten und -gänge die Durchführung der Reform behindert. Neuerdings verdient die als »Escuela Nueva« bezeichnete und von Modellschulen ausgehende Reform der Grundschule internationale Beachtung. Diese Reform knüpft entschieden an Konzepte der → Reformpädagogik, vor allem an → Montessori und → Freinet an u. hat bereits zu einer Verbesserung der Grundschularbeit geführt, die auch auf andere Länder → Lateinamerikas ausstrahlt.
L.: F. A. Augusto y C. Tünnermann, La Educación Superior de Colombia, Bogotá 1978; E. Batista y G. Londono, Estado Actual del Arte de la Investigacion Educativa en Colombia, Medellin 1980; Q. F. Timana Velasquez y V. M. Calle Pariño, La Politica Educativa Oficial-La Reforma Post-Secundaria, Bogotá 1980; J. H. Parada Caicedo (Hg.), Reforma de la Educación Post-Secundaria, Bogotá 1983; C. de Knoll, Die Straßenkinder von Bogota, 1991; J. E. Caiceo, Diagnostico de la educación Latinoamericana y propuestas para el futuro, in: Estudios sociales, 1996, 87.

**Kommunikation** (von lat. *communicare*: teilen, mitteilen) schließt im weiten Sinne Prozesse von Mitteilung, Austausch, Verkehr, Gemeinschaft, Interaktion ein. Da sich die K.sforschung aus techn. Problemen der Nachrichtenübermittlung entwickelt hat, orientieren sich die in → Kybernetik, → Linguistik, Päd. etc. verwendeten K.smodelle (bis heute) an einer Reduzierung des K.sprozesses auf die Mikrosituation zweier Personen: Voraussetzung einer K. sind zwei Partner, der eine als Sender, der Informationen verschlüsselt (Kodierung) und übermittelt (Emission), der andere als Empfänger, der diese in Signale verschlüsselte Nachricht aufnimmt (Rezeption) und entschlüsselt (Dekodierung). Die → Informationen werden dem jew. Kanal (z. B. akustisch, visuell, optisch, taktil etc.), der sie überträgt, angepaßt. Damit K. zustandekommt, müssen Sender und Empfänger den verwendeten Kode beherrschen, und zwar sowohl die benutzten Signale (Semantik) als auch die Regeln ihrer Verknüpfung (Syntax). Um Störungen im Kanal zu bereinigen, ist eine korrigierende Rückkoppelung (→ feed back) notwendig.

P. Watzlawick u. a. haben im Hinblick auf menschl. Verhalten fünf Axiome für eine dialogische/reziproke K. (im Gegensatz zur einlinigen K. des obigen Grundmodells) formuliert: 1. die Unmöglichkeit, nicht zu kommunizieren; 2. den Inhaltsaspekt (K. schließt über die bloße Informationsübermittlung hinaus auch die intersubjektive Ebene ein und erstreckt sich auch auf nonverbale K.sformen); 3. die Interpunktion von Ereignisfolgen (d. h. die von den K.spartnern einvernehmlich hergestellte Regulierung ihres K.sverhaltens); 4. das Nebeneinander und Ineinandergreifen von digitaler und analoger K. (Betonung des Beziehungsaspekts); 5. die symmetrische und komplementäre Interaktion (Gleichheit bzw. sich ergänzende Unterschiedlichkeit der K.spartner). Der Begriff der kommunikativen Kompetenz meint die Fähigkeit von Individuen, konkret innerhalb einer Sprachgemeinschaft sprachl. zu handeln.

K. → Jaspers hat die von der empirischen K.sforschung untersuchte »bloße Daseins-K.« unterschieden von der »existentiellen K.«, in der sich die Selbstfindung des Menschen vollzieht (Existenzerhellung).

L.: K. Jaspers, Philosophie, Bd. 2: Existenzerhellung, 1932, [3]1956; M. Theunissen, Der Andere, 1956; J. Habermas, Strukturwandel der Öffentlichkeit, 1962, [2]1965; A. G. Smith (Hg.), Communication and Culture, New York 1966; J. Thayer (Hg.), Communication, New York 1967; H. Reimann, K.s-Systeme, 1968; P. Watzlawick u. a., Menschl. K., dt. 1969, [4]1974; D. Baacke, K. und Kompetenz, 1973, [2]1975; K. Schaller, Päd. der K. (FU Hagen) [2]1977; M. Jourdan, Kommunikative Erziehungswiss. 1976; J. Bock, K. und Erziehung, 1978 (Lit.); B. Bühner, A. Birnmeyer, Ideologie und Diskurs, 1982; K. Ehlich, J. Rehbein, K. in Schule und Hochschule, 1983; O. A. Baumhauer, Die sophist. Rhetorik, 1986; K. Schaller, Päd. der K., 1987; ders., Kritisch-kommunikative Päd., in: Richtungsstreit in der Erz.wiss. und päd. Verständigung (FS f. W. Flitner), hg. v. H. Röhrs, H. Scheuerl, 1989; A handbook for the study of human communication, hg. v. Ch. H. Tardy, Norwood N. J., 1988; M. Jourdan, Päd. K., 1989; N. Luhmann, P. Fuchs, Reden und Schweigen, 1989; H. Hiebsch, M. Leisse, K. und soz. Interaktion, 1990; R. Münch, Dialektik der K.sgesell., 1991; Gesell. Reproduktion und soz. K., hg. v. W. Luutz, 1992; K. in Lehr-Lernprozessen mit Erwachsenen, hg. v. der Päd. Arbeitsstelle Dt. Volkshochschul-Verband, 1992; P. Fuchs, Moderne K., 1993; K. Schaller, Päd. der K., in: Dt. Gegenwartspäd., 1993; ders., Päd. der K., Bildungstheoret. Grundlegung, in: Vierteljahresschr. f. wiss. Päd., 74 (1998) H. 3.

**kommunikative Didaktik.** Die k.D., auch kritisch-k.D., stellt einen in den letzten Jahren im Anschluß an die Kommunikationsforschung (v. a. auch Paul Watzlawick) entstandenen Neuansatz der → Didaktik dar, der Mündigkeit des Schülers und Demokratisierung von Schule und Unterricht in radikaler Weise auffaßt und durch eine symmetrische Struktur der unterrichtlichen Kommunikation Hindernisse bei der Verwirklichung dieser Postulate abbauen will. → K. Schaller.

L.: K. H. Schäfer, K. Schaller, Krit. Erziehungswiss. und k. D., [3]1976; R. Winkel, Die zehn Leitfragen der krit. k.n D., West. Päd. Beitr. 36 (1984); D. Rustemeyer, Kommunikation oder Didaktik. Aporien k. D. und Konstruktionsprobleme kommunikativer Bildungstheorie, in: Päd. Rundschau 39 (1985); R. Biermann, Aufgabe Unterrichtsplanung. Perspektiven und Modelle der k. D., 1985; K. Schaller, Päd. der Kommunikation, 1987; M. Jourdan, Päd. Kommunikation, 1989; R. Winkel, Von der Didaktik zur Mathetik? Zur Entstehung und Fortentwicklung der k.D., in: Päd. Forum 6 (1993).

**Kompensation** (lat.: Ausgleich, Entschädigung) → A. Adler, → Individualpsychologie, → kompensatorische Erziehung.

**kompensatorische Erziehung** bezeichnet zusammenfassend die zuerst in den USA, dann auch in anderen Industrieländern (in der BRD etwa Ende der 60er J.) einsetzenden Bemühungen, → Bildungsdefizite von Kindern benachteiligter Gesellschaftsgruppen möglichst schon im Vorschulalter auszugleichen (= kompensieren), um ihnen einen chancengleichen Kopf-an-Kopf-Start (→ Head-Start) beim Schuleintritt zu ermöglichen. Dieser k.n E. lagen zwei Motive zugrunde: ein sozialpolitisches, das auf Neutralisierung des angestauten »gesellschaftlichen Dynamits« zielte (z. B. Rassengegensätze, Anwachsen der Slumbevölkerung, soziale Randgruppen, Anspruch auf Bildung als Bürgerrecht etc.) und ein (volks-)wirtschaftliches, das auf Ausschöpfung aller Begabungsreserven und frühzeitige Qualifizierung für spätere Arbeitsprozesse drängte, um den ökonom. Wohlstand des Landes zu steigern bzw. zu sichern und auf dem verschärften Weltmarkt zu bestehen. Vor allem das zweite Motiv ließ intellektuelle Trainingsprogramme (→ Frühlesen, Frühmathematik, → Vorschulerziehung im engsten Sinne etc.) in den Vordergrund treten.

Die k. E. geriet in eine ernste Krise, als dieser ersten Auffassung (k. E. als Aufholen bzw. Ausgleichen eines Defizits) die Differenzhypothese entgegentrat, die von grundlegenden kulturellen Unterschieden zwischen den gesellschaftl. Schichten ausging, die gar nicht ausgeglichen werden können oder sollen. Von einer politisch radikalen Position her konnte im Gegenteil sogar gefordert werden, diese Gegensätze zu verschärfen, um ein gesellschaftsveränderndes Potential schon von Kindheit an heranzuziehen. Die k. E. wurde auch durch zahlreiche Untersuchungen in Frage gestellt, die zwar relative Erfolge feststellten, aber doch zeigten, daß k. E. nicht das Mittel zur Herstellung gesellschaftl. Gleichheit sein konnte. → Deprivation.

L.: M. du Bois-Reymond, Strategien kompensator. Erziehung, 1971, ²1973; G. Iben u. a., Kompensator, Erziehung, 1971; W. Böhm, Probleme der Vorschulerziehung in den USA, in: Vierteljahrsschr. für wiss. Päd. 49 (1973); U. Bronfenbrenner, Wie wirksam ist kompensator. Erziehung?, 1974; H. J. Eysenck, Vererbung, Intelligenz und Erziehung (engl. 1971), 1975; A. M. Clarke, A. D. B. Clarke, Early Experience, London 1976; M. Woodhead, Intervening in Disadvantage, Slough 1976; ders., Pre-school education in Western Europe, London 1979; L. Schenk-Danzinger, Möglichkeiten und Grenzen k.r E., 1980; G. Theunissen, Wandlungen k.r E., in: Jugendwohl (1983); H. Passow, Compensatory education for equity and excellence, in: New education, 15 (1993) H. 2; V. Washington u. a., Project Head Start, New York 1995.

**Kompetenz.** Dieser aus anderen wiss. Disziplinen und aus der Umgangssprache entlehnte Begriff hat entsprechend dieser Herkunft verschiedene Bedeutungen: a) als linguistischer Begriff meint er nach Chomsky eine angeborene Fähigkeit im Gegensatz zu Performanz als deren aktuellem Gebrauch; b) K. als Zuständigkeit für die personale Selbstverwirklichung bezeichnet eine Grundbedingung von Erziehung; c) K.n als Zuständigkeiten für bestimmte Sachgebiete bzw. Aufgaben werden als Ergebnisse von Lernprozessen interpretiert; d) der päd. Sinn des Begriffs kommunikative K. liegt in der Verflechtung der linguistischen Bedeutung, dem sozialen Gebrauch bzw. Gebrauchenkönnen der sprachl. Fähigkeiten, der kritischen Distanzierung von der Kommunikationssituation und dem Wissen um den Kommunikationsgegenstand; e) H. → Roths Begriff der Selbstkompetenz meint die durch Lernprozesse vermittelte Fähigkeit und Zuständigkeit, eigenverantwortlich handeln zu können (→ Mündigkeit); f) Die → kybernetische Päd. mißt die Kompetenz als schon erlernter Prozentsatz der → Information eines Lehrstoffs.

L.: L. Krappmann, Soziolog. Dimensionen der Identität, 1971; D. C. Kochan (Hg.), Sprache und Kommunikative K., 1973; D. Baacke, Kommunikation und K., 1973, ³1980; H. Knüppel, J. Wilhelm, Die Entwicklung selbstreflexiver K.en in sozialwiss. Studiengängen, 1986; V. Barandovská (Hg.), Kybernetische Pädagogik, Klerigkibernetiko, Bd. 6, 1993; H. Paschen, Zur Systematik päd. Differenzen, 1996.

**komplexe Gesellschaften** → Industriegesellschaft.

**Konflikt** (lat.: Widerstreit). 1.) Die Psychologie unterscheidet zw. intra- und interpersonellen K.n. Starke K.e können zu → Angst, → Aggression, → Neurosen u. a. führen und bedürfen dann der → Beratung oder → Therapie. 2.) In Soziologie und Polit. Wiss. meint K. die Auseinandersetzung zwischen → Gruppen, Generationen, Geschlechtern, Klassen, Nationen etc. 3.) K. wurde in den 60er J.n zu einem Schlüsselbegriff der → polit. Bildung. Nach → Giesecke u. a. soll diese von latenten oder manifesten K.n ausgehen, sie auf sozioökonom. Widersprüche zurückführen und unter der Perspektive von Bewußtseinsbildung, Mitbestimmung und Demokratisierung analysieren und zu entsprechendem politischen Handeln führen.

L.: L. Basso, Zur Theorie des polit. K.s, 1969; A. Pikas, Rationale K.lösung, 1974; W. Mertens, Erziehung zur

K.fähigkeit, 1974; ²1978; W. Potthoff, A. Wolf, K.e in der Schule, 1975; M. Charton u. a., K.beratung mit Kindern und Jugendlichen, 1979; Th. Nipperdey, K. – Einzige Wahrheit der Gesellschaft?, 1974; S.-J. Kim, Polit. Bildung in Dtl. und Korea, 1987; R. Eckert, U. Willens, K.intervention, 1992.

**Konfuzius** (latinisiert aus Kung fuzi = Meister Kung), Vorname Qiu, nach der Überlieferung 551–479 v. Chr. Dem niederen Adel entstammend, versuchte er sich mit geringem Erfolg als Berater verschiedener Lehensfürsten. Authentische Äußerungen von ihm sind nur spärlich überliefert. Die nach ihm benannten konfuzianischen Klassiker, die literarisches, philosophisches, rituelles und historisches Material kanonischen Charakters aus dem 1. Jahrtausend v. Chr. enthalten, soll er angeblich in ihren frühen Teilen redigiert haben. Seine Hauptwirkung entfaltete er zu Lebzeiten durch Unterrichtung eines Schülerkreises, der seine Lehren tradierte. In einer Zeit, die den Niedergang vieler adliger Familien mit sich brachte, lag der Gedanke nahe, die Legitimation zu Führungspositionen im Staat nicht mehr auf Geburt, sondern auf Erziehung zu stützen. Dieser Erziehung lagen religiöse, philosophische und sozialethische Elemente zugrunde, die zu einer geschlossenen Lebensanschauung, dem Konfuzianismus, verschmolzen. Der konfuzianischen Lehre blieb zunächst die Breitenwirkung versagt. Erst die exegetischen Weiterungen des Lehrgebäudes, die sich in einem umfangreichen Schrifttum manifestierten, boten die Grundlage für die Entwicklung des Konfuzianismus zur herrschenden Grundhaltung der staatstragenden Schichten. Der Durchbruch kam, als sich zur Han-Zeit (seit 206 v. Chr.) für den Konfuzianismus günstige politische Bedingungen einstellten. Trotz zeitweiliger geistiger Abflachung, gelang es dem Konfuzianismus immer wieder sich zu erneuern und, wie beispielsweise im Neokonfuzianismus der Song-Zeit (960–1279 n. Chr.), andere geistige Strömungen aufzunehmen. Da die konfuzianischen Klassiker einschließlich ihrer Interpretationen Lernstoff und bis 1905 alleinige Prüfungsgrundlage für die Staatsexamina in → China bildeten, blieb K. bis zur Infragestellung durch den Kommunismus der verehrungswürdige Lehrer der Nation und Inbegriff der kulturellen Identität der Chinesen.

Die Diskussion über den gegenwärtigen Wirkungsgrad des Konfuzianismus hält in China und weltweit in der Sinologie an.

Schr.: The Chinese Classics, hg. v. J. Legge, Bd. 1: Confucian Analects, Hong Kong 1960.
L.: H. G. Creel, Confucius and the Chinese Way, New York 1960; Sima Qian, Les mémoires historiques, Bd. 5, Paris ²1967; J. Levenson, Confucian China and Its Modern Fate, 3 Bde., Berkeley, London 1964/65; S. Krieger, R. Trauzettel (Hg.), Konfuzianismus und die Modernisierung Chinas, 1990; Y. Wei, Das Lehrer-Schüler-Verhältnis bei Rousseau und K., (Diss. Köln) 1993; H. Roetz, K., 2. überarb. Aufl. 1998; Der Konfuzianismus, hg. v. R. Moritz und M. Lee, 1998; X. Gu, K. zur Einführung, 1999.

**Konrad,** Helmut, * 9. 2. 1941 Lahr (Schwarzwald), † 7. 4. 1995 Lahr, Promotion 1972 Wien, seit 1972 Prof. f. Phil. u. Päd. am Staatl. Seminar f. Schulpäd. (Gymn.) in Freiburg/Br., seit 1993 Lehrbeauftr. Univ. Wien; vertrat eine transzendentalphil. u. exsistenzialkosmolog. begründete Bildungs- u. Erziehungstheorie; Aufsätze zur ästhet. Bildung u. zu Grundfragen christl. Erz.

Schr.: Kosmos. Polit. Phil. im Werk E. Jüngers, 1972; (Hg.), Päd. u. Wissenschaft, 1981; (Hg.), Päd. u. Anthropologie, 1982; Ästhet. Bildung und Kunsterfahrung im Denken M. Heideggers, in: L. Koch (Hg.), Päd. und Ästhetik, 1994; Päd. zwischen wissender Skepsis und verantwortlichem Handeln, 1999.
L.: E. Schütz, Überlegungen zum Gewissen. H. K. zum Gedächtnis, in: Vjschr. f. wiss. Päd. 71 (1995) H. 4.

**Konstruktivismus.** Der urspr. als (evolutionsbiol.) Theorie der Erkenntnis konzipierte, zuweilen zur Lebens- und Weltanschauung stilisierte und popularisierte, (Radikale) K. läßt sich auf die eingängige Formel ›Die erfundene Wirklichkeit‹ (P. Watzlawick) bringen. Demzufolge ist die Wirklichkeit nicht objektiv gegeben (und zu erkennen) sondern schöpferische Hervorbringung (Konstruktion) der wahrnehmenden und kommunizierenden Subjekte. Eingang in Pädagogik (u. Ethik) hat der K. besonders durch das Theorem der *Autopoiesis* (griech.: Selbsterzeugung, Selbstorganisation) gefunden. Gegenüber den Annahmen einer weitgehend soziol. (→ Behaviorismus) oder biol. (→ Anlage) Determination betont der K. die Kraft lebender Organismen (und somit auch und besonders des Menschen) für die Erschaffung der je eigenen kognitiven (und soz.) Wirklichkeit. Auch → Lernen ist nach dieser (keineswegs völlig neuen Auffassung, z. B. → Sokrates, → Augustinus, → Pestalozzi, → Fröbel) eine selbstgesteuerte Aktivität, die »von außen« angeregt, nicht aber organisiert werden kann. Die Überdehnung des Autopoiesis-Begriffs (auch Zellteilung und Gehirnfunktionen als autopoietische Prozesse) erscheint päd. problematisch, insofern sie das personale Moment von Verantwortung und Selbstgestaltung (→ Person) zu naturalisieren scheint. → Biologismus, → Naturalismus, → Systemtheoret. Erziehungswiss.

Schr.: H. R. Maturana, F. J. Varela, El árbol del conocimiento, 1984, dt. u. d. T. Der Baum der Erkenntnis. Die biol. Wurzel des menschl. Erkennens, 1987; P. Watzlawick (Hg.), Die erfundene Wirklichkeit, 1984, [11]1999, H. v. Förster u. a., Einf. in den K., 1986, [4]1998; S. J. Schmidt, Selbstorganisation – Wirklichkeit – Verantwortung, 1986; ders. (Hg.), Der Diskurs des Radikalen K., 1987.
L.: B Girgensohn-Marchand, Der Mythos Watzlawick und die Folgen, 1992 [2]1994; D. Lenzen, Lösen die Begriffe Selbstorganisation, Autopoiesis und Emergenz den Bildungsbegriff ab?, in: Zschr. f. Päd. 43 (1997) 6; H. Siebert, Pädagog. K., 1999.

**Konsumerziehung** zielt auf einen sinnvollen und verantwortungsbewußten Umgang mit Konsumangeboten und damit auf den Aufbau eines planenden, sparsamen und zeitweilig auf Verzicht eingestellten Konsumverhaltens ab. Sie gibt Orientierungshilfen zum Marktangebot, verhindert universale Konsumhaltung, indem sie Kritikfähigkeit bes. im Hinblick auf Werbung und Konsumzwang vermittelt und individuelle Lebensstile gegenüber leitbildhafter luxuriöser Lebenseinstellung unterstützt.
Ausgehend von der Annahme, daß steigender Konsum einhergeht mit zunehmender → Freizeit als Folge der Industrialisierung, wird K. oft mit Freizeiterziehung in Verbindung gebracht und mit der Mündigkeit des Individuums eine ausgewogene Freizeit- und Konsumfähigkeit gefordert. → Freizeitpäd.

L.: W. Baumeister, H. M. Lochner, Der unbewältigte Wohlstand, 1957; K. Bednarik, An der Konsumfront, 1957; M. Keilhacker, Päd. Orientierung im Zeitalter der Technik, 1958; G. Katona, Die Macht des Verbrauchers, 1962; E. Dichter, Strategie im Reich der Wünsche, 1964; K. Rother, Jugend und Konsumwerbung, 1965; D. L. Scharmann, Konsumverhalten von Jugendl., 1965; E. Groß, Geld in Kinderhänden, 1966; E. Weber, Die Verbrauchererziehung in der Konsumgesells., 1967; U. Beer, K. gegen Konsumzwang, 1967;

H. Giesecke (Hg.), Freizeit- und K., 1968; R. Gronemeyer, Konsumges., 1976; N. Postman, Wir amüsieren uns zu Tode, dt. 1985; U. Pleiss, Begriffl. Studien zur K., 1987; V. Preuss, H. Steffens (Hg.), Marketing und K., 1993; Dt. Jugendinstitut (Hg.), Werbe- und K. international, 1999.

**Kontaktstudium,** zeitweise Wiederaufnahme eines Hochschulstudiums zu Vertiefung und *aggiornamento* der für den ausgeübten Beruf erforderlichen wiss. Ausbildung oder zur theoret. Abklärung der in der Berufspraxis erwachsenen Probleme. → Weiterbildung, → recurrent education.

**Kontrolle, soziale,** ein auf E. A. Ross zurückgehender und von G. Gurvitch systematisch entfalteter Grundbegriff der Soziologie für einen zentralen Bestandteil sozialer Integration, konkret für die Gesamtheit der Prozesse und Strukturen in Gesellschaften, sozialen Gruppen und Beziehungen mit dem Ziel, sich gegenüber → abweichendem Verhalten zu wehren, es zu verhindern, einzuschränken oder ihm vorzubeugen. Die Tatsache sozialer K. zeigt, daß der Mensch auch nach seiner domestizierenden → Sozialisation und → Anpassung an soziale Normen in der Lage ist, sich gegen Erziehung und das Phantom gesellschaftl. Normalität zur Wehr zu setzen, und gleichzeitig auch, daß Abweichungen von zeit- und ortsüblichen Verhaltensstandards von Sozietäten und ihren Mitgliedern selbst und nicht nur vom Staat als Ordnungsinstanz mit unterschiedl. Sanktionsgraden und Medien, in verschiedenen Arten und Formen, symbolisch oder in den diversen Straf- und Resozialisierungsanstalten geahndet werden.

L.: E. A. Ross, Social Control. New York 1908; G. Gurvitch, Social Control. In ders. u. W. E. Moore (eds.), Twentieth Century Sociology, New York 1945; E. M. Schur, Abweichendes Verhalten und s. K. 1974; P. Malinowski, B. Münch, Soziale K., 1974; A. Meschnig, »Die Seele – Gefängnis des Körpers.« Die Beherrschung der Seele durch die Psych., 1993; K. Hahn, S. K. und Individualisierung, 1995; Th. Barth, S. K. in der Informationsgesell., 1996.

**Konzentration** (lat.: mit dem Zentrum, mit dem Mittelpunkt). 1. ein didaktisches Organisationsprinzip, das an die Stelle der traditionellen Aufteilung des Schulunterrichts auf verschiedene Fächer die Gruppierung des

**konzentrische Kreise**

Lehrstoffes um ein wie auch immer bestimmtes Zentrum setzt (→ Fach, Fächerung). 2. nach älterer Auffassung eine willkürliche Hochform der Aufmerksamkeit mit Ausrichtung auf einen »Gegenstand« und unter weitgehender Ausschaltung äußerer (Lärm, Kälte, andere Personen …) und innerer (Hunger, Müdigkeit …) Störfaktoren. In jüngerer Zeit wird K. häufig mit → Aufmerksamkeit gleichgesetzt. Die Konzentrationsfähigkeit entwickelt sich grundlegend in der Vorschulzeit, entfaltet sich im weiteren Leben und realisiert sich in, mit der allg. Fähigkeit in der Regel steigenden, K.sleistungen.

Eine besondere Aufgabe für die Erziehung stellen heute K.sstörungen oder -schwächen dar. Für sie können, speziell unter päd. Gesichtspunkten, 3 untereinander in enger Beziehung stehende Gruppen von Ursachen angegeben werden: a) genetische Defizite oder traumatische Erlebnisse, vor allem in der frühen Kindheit (Verlust einer Bezugsperson, sonstige Angsterfahrungen), b) Umweltfaktoren (die familiale Situation wie: zerrüttete oder geschiedene Ehen, häufige Abwesenheit der Bezugsperson(en), Gewalt; unzureichende Lebens- und Wohnverhältnisse: zu kleine Wohnung und Zimmer, kinderfeindl. Möblierung, zu wenig Schlaf, falsche Ernährung. speziell Vitamin-A-Mangel, Reizüberflutung, oder Reizverarmung, ungehemmter Medienkonsum); c) Erziehungsfehler in Familie und Schule (autoritäres, angstmachendes, gewalttätiges, inkonsequentes, überbehütendes, vernachlässigendes oder verwöhnendes Erziehungsverhalten, starker Leistungsdruck, überzogene Aktivität bzw. Hektik, Reizüberflutung, Abschließung, Über- ebenso wie Unterforderung …). Besondere Bedeutung für die Entstehung von K.sstörungen und -schwächen wie für die Ausbildung hoher K.sfähigkeit kommt dem Modellverhalten der Erziehungs- und Bezugspersonen zu; die Zusammenarbeit von Kindergarten bzw. Schule und Elternhaus ist stets geboten, und je nach Ursachensyndrom können auch medizin. und spezifische therapeut. Maßnahmen notwendig werden. Die allg. und speziellen Erziehungsmaßgaben, die zur Förderung der K.sfähigkeit und zum Abbau von -störungen und -schwächen dienen können, gleichen in vielen Punkten denen einer Erziehung zur → Kreativität. Solche Maßgaben sind u. a.: ein Klima der aufmerksamen Angenommenheit, Angst- und Gewaltfreiheit, Zurücknahme von Rivalitäts- und Konkurrenzdenken und überzogenen Leistungsforderungen, klare, überschaubare Aufgaben mit einem mittleren Erreichbarkeitsgrad, klare Ordnung und ausreichende Übung der Handlungs- und Denkschritte, Phasen der Ruhe und → Stille (Inkubations- und Festigungsphase) etc. Besondere Bedeutung kommt der K. im Erziehungssystem → Montessoris zu.

L.: R. Heiderich, Übung, Kreativität, K., Gedächtnis, 1984; J. Jansen (Hg.), K. und Leistung, 1991; H. Schenk, K. und Unterricht, 1992.

**konzentrische Kreise,** ein didaktisches Prinzip, nach dem ein Lehrstoff mehrfach, in immer weiteren Zusammenhängen durchgenommen wird. Gegen dieses Prinzip wird eingewandt, es senke die Lernwilligkeit der Schüler durch häufige Wiederholungen und wirke daher demotivierend.

**Koranschule,** islam. Leseschule, meist mit einer Moschee verbunden. Sie verdankt ihr Entstehen der Pflicht des Koranlesens und beschränkt sich in oft primitiver und repressiver Weise auf memorisierendes Lernen (z. B. der 99 Namen Gottes).

L.: A. L. Tibawi, Islamic Education, London 1972.

**Korczak,** Janusz (eigentl.: Henryk Goldszmit), * 22. 7. 1878 Warschau, † August 1942 KZ Treblinka; poln. Kinderarzt, leitete ein jüd. Kinderheim in Warschau. In seinen päd. Schriften betonte er Eigenrecht und Eigenwelt des Kindes und das Prinzip der Selbstverwaltung der Kindergemeinschaft.

Schr.: Wybór Pism, 4 Bde., Warschau 1957–58; Wie man ein Kind lieben soll, dt. 1967; [11]1995; Das Recht d. Kindes auf Achtung (poln. 1929) dt. 1970; [9]1988; König Hänschen, dt. 1971; [12]1990; Das Kind lieben, hg. v. E. Dauzenroth u. A. Hampel, 1984, Neuaufl. 1996.

L.: E. Dauzenroth, Ein Leben für Kinder, 1981, [4]1999; W. Licharz u. a. (Hg.), J. K. in seiner und in unserer Zeit, 1981; [3]1986; F. Beiner (Hg.), J. K. Zeugnisse einer lebendigen Päd., 1982; F. Beiner, E. Dauzenroth, J. K.-Bibliografia 1896–1942, 1985; B. Bellerate, M. L. De Natale, J. Kuberski, L'impegno educativo di J. K., Bari 1986; F. Beiner, J. K. Ein Wegbereiter der modernen

Erlebnispäd.?, 1987; H. Kemper, Erziehung als Dialog, 1990; G. Kahn, J. K. u. die jüdische Erziehung, 1992, ²1993; L. Kunz, Einführung in die K.-Päd., 1994; M. Langhanky, Die Päd. von J. K., 1994; J. Ladsous, J. K., Paris 1995; B. J. Lifton, Der König der Kinder. Das Leben von J. K., 1995; F. Klein, J. K., 1996.

**Korea.** Während der Koryo-Dynastie (935–1392) entwickelten sich die »*So-dang*«-Privatschulen für das einfache Volk (Alter der Schüler zwischen 7 u. 25 J.) wie auch eine Art Internatssekundarschule (»*Hyang-Kyo*«) für die Söhne des Landadels als Vorbereitung für die Akademie. Über Jahrhunderte hinaus blieb dieses System bestehen, erst mit der Annexion K.s durch Japan zu Anfang dieses Jh.s begann der Aufbau eines modernen Schulsystems, der die antiquierten So-dang-Schulen durch Allgemeinschulen (ab 1972 6 j.) zu ersetzen versuchte, um sowohl die Allgemeinbildung des Volkes zu heben wie auch es für die praktischen Berufe auszubilden; in ländl. und kleinen Siedlungen wurden 2j. Kurzschulen errichtet. Wichtigste Sekundarschularten waren die Gewerbeschule und die höheren Allgemeinschulen. Die Japanisierung des Landes endete mit dem Ende des 2. Weltkrieges, als das Land geteilt wurde. Süd-K.s Schulsystem wurde seit 1945 amerikanisiert, dasjenige Nord-K.s von sowjetischer und später von chinesischer Seite beeinflußt. In Nord-K. besteht eine 9j. Pflicht-Einheitsschule (4j. Volksschule u. 6j. Mittelschule, 5–15 J.), darauf folgt eine 2j. Oberstufe, die bis zur Hochschulreife führt. Die Lehrerausbildung erfolgt an 3j. Fachschulen (*Kodung Sabum Hakyo*). In Süd-K. gilt seit 1949 als höchstes Ziel »*Hongig Ingan*«, d. h. das allgemeine Wohl der Menschheit. Die Erziehungscharta von 1968 betont zudem das Streben nach einem neuen Image des Volkes, die nationale Wiedervereinigung und die freiwillige Bereitschaft zur Mitarbeit an der nationalen Entwicklung. Nach dem K.-Krieg (1950–53) entwickelte sich das Schul- und Hochschulwesen in Süd-K. explosiv mit 6j. Volksschule, 3j. Mittelschule (Sekundarschule I) und 3j. »high-school« (akadem. und berufsorientierter Zweig). Die Schulen stehen in öffentl. oder priv. Trägerschaft. Der Elementarbereich ist überw. staatl., der Sekundar- und Tertiärbereich überw. priv. Die Lehrpläne werden regelmäßigen Reformen unterworfen, um sie den sich verändernden gesellschaftl. Bedingungen anzupassen. Methodisch orientiert man sich stark an der konfuzianischen Tradition, d. h. an der Vermittlung von Lernwissen. Als Resultat der polit. Teilung in zwei völlig versch. Gesellschaftssysteme sind auch Unterrichtsfächer wie Antikommunismus oder milit. Übungen anzusehen, die noch auf fast allen Schulen in Süd-K. anzutreffen sind. Seit einigen Jahren ist geplant, unter Beibehaltung der 12j. Schulpflicht das bestehende 6-3-3- in ein 5-4-3-System umzuwandeln.

Für die Lehrerausbildung gibt es 11 staatl. *Teacher Colleges*.

Neben den beiden staatl. pädagogischen Forschungsinstituten (*Korean Educational Development Inst.*, KEDI gegr. 1972; *Korean Inst. for Educational Research and Training*, KIERT 1982) gewinnt die pädagogische Forschung an Univ.n und Päd. Hochschulen seit Beginn der 80er Jahren zunehmend an Bedeutung.

L.: J. H. Whang, Das Schulwesen in Süd-K., 1968; H. E. Wittig, Bildungswelt Ostasien, 1972; Republic of K. Ministry of Education, Education in K., Seoul 1981; ders., Educational Development in K., 1981–83, Seoul 1984; S. I. Kim, Politische Bildung in Deutschland und K., 1988; M.-E. Song, Schulkritik und Vorstellungen über die gute Schule in der BRD und in der Rep. Süd-K., 1989; S. Jordan, K. – ein Volk, zwei Staaten, in: Vergl. Päd. 26 (1990) 4; B. Last, Süd-K.: Hochschulbildung und Forschung vor neuen Herausforderungen, in: Vergl. Päd. 26 (1990) 3; W. Georg, Vocational education and training, employment and labour relations in the Rep. of Korea, (Köln) 1991; S. W. Ro, Bildungstheoretische Elemente der Minjung-Bewegung u. d. Päd. der Kommunikation, 1991; M.-H. Lee, Die Erzieherausb. in Dtl. und K., 1994; K.-Ch. Jung, Erziehung und Sport in K., 1996; L.-W. Ahn: Von der tugendhaften zur gebildeten Frau. Kontinuität und Wandel im Frauenbild. K.s, 1997, OECD (Hg.), Reviews of National Policies for Education. K., Paris 1998.

**Korporationen** → Studentenverbindungen.

**Kräftebildung,** eine Sonderform der → formalen Bildung, die v. a. von → Humboldt theoretisch grundgelegt wurde. Im Zentrum dieser Theorie steht der Mensch, der ohne auf einen bestimmten Inhalt gerichtete Absicht nur »die Kräfte seiner Natur stärken und erhöhen« soll. Freilich bedarf er dazu eines Gegenstandes, aber dieser ist nur ein Mittel, dessen Aufgabe es im Grunde genommen ist, die Betätigung der → Kraft auf den Menschen

zurückzuwerfen und somit die Wechselwirkung zw. »Selbstbetätigung« und »Empfänglichkeit« zu ermöglichen. Die Auswahl der Bildungsgegenstände bestimmt sich dann nach ihrer Eignung für diese Kraftentwicklung. Nach Humboldt sind Sprache und Philosophie die Hochformen solcher Gegenstände.
Die klass. Formulierung dieses Bildungsbegriffs lautet also: Bildung des Menschen ist die »höchste und proportionierlichste Bildung seiner Kräfte zu einem Ganzen«; diese Aufgabe hat die Schule auf jeder Stufe anzustreben.

**Krappmann,** Lothar, * 19. 11. 1936 Kiel; 1969 Dr. phil. FU Berlin, seit 1967 Wiss. Mitarbeiter und seit 1975 Prof. am MPI für Bildungsforschung, seit 1982 Honorarprof. f. Soziologie der Erziehung FU Berlin. Arbeitsschwerpunkte in den Bereichen von Sozialisationsforschung und Sozialentwicklung sowie Kindergärten und außerschul. Bildungseinrichtungen.
Schr.: Soziologische Dimensionen der Identität, 1975, [8]1993; m. H. Oswald, Alltag der Schulkinder, 1995; Sozialisation in der Gruppe der Gleichaltrigen, in: K. Hurrelmann, D. Ulich (Hg.), Hdb. der Sozialisationsforschung, 1980, [5]1998; m. V. Kleineidam, Interaktionspragmatische Herausforderungen des Subjekts, in: H.-R. Leu, L. Krappmann (Hg.), Zwischen Autonomie und Verbundenheit, 1999.

**Kreativität** (K., KE. = Kreativitätserziehung) (engl.: creativity), ein Zentralbegriff und zugleich ein Mode- und Schlagwort der gegenwärtigen Diskussion in fast allen Gegenstands- und Lebensbereichen. Der Begriff K. und seine Komposita treten dabei an die Stelle von → Genie, genial, aber auch schöpferisch, und sind den Begriffen Originalität, Erfindungsreichtum, Flexibilität des Denkens, → Intelligenz assoziiert. Eine einheitliche oder allg. verbindliche Definition von K. liegt bis jetzt noch nicht vor, alle Versuche enthalten jedoch den Aspekt des »Neuen«. K. kann also grob als die Fähigkeit bestimmt werden, originale Denkergebnisse hervorzubringen, neue Lösungen zu finden, Probleme neu zu definieren bzw. überhaupt zu sehen; also die vorgezeichneten Wege und den vorgesteckten Horizont verlassen, überschreiten zu können. Dies knüpft an die Untersuchungen von Köhler und Wertheimer zum produktiven Denken an. Die neuere K.sdikussion beginnt im Anschluß an einen Vortrag von J. P. Guilford 1950. Guilford unterschied in einem Faktorenmodell der Intelligenz zw. *convergent* und *divergent thinking*, also einem Denken als Finden vorgegebener und einem Denken als Erfinden neuer Lösungen und Lösungswege. Die weitere außerordentlich expandierende Forschung entwickelte von unterschiedlichen theoretischen Ansätzen aus verschiedene Phasenmodelle des kreativen Prozesses (etwa: Präparations-, Inkubations-, Illuminations- und Verifikationsphase), untersuchte Eigenschaften der kreativen Person (z. B. Ambiguitätstoleranz, Vorliebe für komplexe und undurchsichtige Gebiete, eine gewisse Bindungsangst, Selbstsicherheit bei gleichzeitiger Bereitschaft zur Kritik und Selbstkritik, moderate Aggressivität), Merkmale kreativen Produkts (Neuartigkeit, Sinnhaftigkeit, Problem- und Realitätsangemessenheit) und k.-hemmende und -fördernde Umweltfaktoren (Aktivierung und Anreizfülle, aber nicht Überforderung, Geschäftigkeit und Reizüberflutung; Angenommenheit, Geborgenheit, aber keine Verzärtelung oder Überbehütung; Offenheit und Flexibilität, aber keine Orientierungslosigkeit; Klarheit von Normen, aber keine dogmatische Erstarrung; sachbezogene anstelle personbezogener Urteile; Solidarität in der Gruppe, aber kein Konformitätsdruck; intrinsische anstelle extrinsischer → Motivation).
Im Gegensatz zum Geniebegriff ist das K.skonzept weniger pathetisch und gefühlsüberladen, beschränkt sich nicht auf »Weltwunder in Kunst, Wiss. und Technik«, sondern berücksichtigt vor allem auch die alltägliche → Lebenswelt, bleibt nicht beim ehrfürchtigen Staunen stehen, sondern untersucht die konkreten situativen, personellen und materiellen Entwicklungs- und Entstehungsbedingungen für K. Neben einer Fülle von K.stests (meist Assoziations- und Kombinationstests) und oft recht fragwürdigen K.strainingsprogrammen wurde auch eine ganze Reihe von Momenten einer Erziehung zur K. herausgearbeitet. Für die K. E. gilt zunächst einmal, daß das gesamte Erziehungsmilieu möglichst viele k.sfördernde und möglichst wenig k.shemmende Faktoren ent-

halten soll, daß der frühen Kindheit besondere Bedeutung zukommt und K. E. nicht auf ein Gebiet oder Fach eingegrenzt werden kann, sondern der Erziehung strukturell zugehören muß. Einzelne Momente einer Erziehung zur K. können sein: neben dem Was, das Wie des Handelns wenigstens gleichgewichtig zu beachten; »Störungen« von Kindern »umzuinterpretieren«; Förderung der Risikobereitschaft; Vorsicht bei Beurteilung und Bewertung; »Weiterspinnen« von Ideen, Geschichten …; Stärkung des Selbstvertrauens; Zurücknahme der erwachsenen Bezugsperson; keine Verabsolutierung von Gruppennormen; keine → Diskriminierung von Außenseitern; mehr Sach- und weniger Personorientierung; Gewährung von Ruhe- und »Inkubationsphasen«.

Angesichts des raschen gesellschaftl., ökonom. und polit. Wandels, der Fragwürdigkeit individueller und gesellschaftl. Wertsysteme, des Aufbruchs traditioneller Lebensverhältnisse und begrenzter Ressourcen kommt der K. auf allen Bereichen größte Bedeutung zu, auch für die persönliche Zufriedenheit und Erfüllung. Daher ist die Erziehung zur K. zu den Grundaufgaben der Erziehung und Bildung zu rechnen.

L.: G. Ulmann: K., 1968; E. Landau: Psychologie der K., 1969; G. Mühle, Ch. Schell (Hg.): K. u. Schule, 1970 u. ö.; D. Winnicott: Vom Spiel zur K., (engl.: London 1971), 1973; [6]1992; G. Ulmann (Hg.), K.sforschung, 1973; P. Matussek, K. als Chance, 1974, [3]1979; G. Neff (Hg.), K. i. Schule und Gesells., 1975; S. Preiser, K.sforschung, 1976; [2]1986; A. J. Cropley, K. und Erziehung, dt. 1982; G. M. Dries, K., 1982; E. Landau, Kreatives Erleben, 1983; C. Facaoaru, K. in Wissenschaft u. Technik, dt. 1985; K. Adam (Hg.), K. und Leistung, 1986; T. Stocker, Die K. u. das Schöpferische, Leitbegriffe zweier päd. Reformperioden, 1988; R. W. Weisberg, K. u. Begabung, 1989; G. Krampen u. a., Sequenzanalytische Befunde zur Entwicklung der K. in der Kindheit, 1991; M. Wallner, K.sforschung in den USA, 1991; G. Blamberger, Das Geheimnis des Schöpferischen oder Ingenium est ineffabile, 1991; H. von Hentig, K., 1998.

**Krieck,** Ernst, * 6. 7. 1882 Vögisheim (Baden), † 19. 3. 1947 Moosburg. Volksschullehrer, päd. Autodidakt, 1923 Dr. phil. h.c. Heidelberg, 1928 Prof. Päd. Akad. Frankfurt/Main, 1931 Päd. Akad. Dortmund, 1933 Univ. Frankfurt/Main, 1934 Univ. Heidelberg; K. leitete alle kulturellen Erscheinungen aus einer einzigen »Idee« her: dem irrationalen »Urgeist« des Volkes. So vertrat er eine extrem funktionale Erziehung (»Alle erziehen alle jederzeit«) und begründete diese Auffassung mit Büchern zur → Vergleichenden Erziehungswiss. (Erziehung als Ausfluß der Volkskulturen). Ab 1933 bekannte er sich zum → Nationalsozialismus und wurde dessen päd. Repräsentant: Verherrlichung von Volksgemeinschaft, Rasse und Führertum als Exponenten des »Urgeists«.

Schr.: Persönlichkeit und Kultur, 1910; Die Revolution der Wiss., 1920; Erziehung und Entwicklung, 1921; Philos. der Erziehung 1922; Menschenformung, 1923 u. ö.; Bildungssysteme der Kulturvölker, 1927; Nationalpol. Erziehung, 1933; Grundriß der Erziehungswiss., 1936; Der Wille zum Reich, 1940; Heil u. Kraft, 1943; Volkscharakter und Sendungsbewußtsein, 1943.

L.: H.-J. Gamm, Führung und Verführung, 1964, [2]1984; K. Ch. Lingelbach, Erziehung und Erziehungstheorien im nationalsoz. Dtl., 1970 u. ö.; E. Thomale, Bibl. E. K., 1970; R. Preising, Willensschulung, 1978; G. Müller, E. K. und die nationalsoz. Wiss.reform, 1978; H. Giesecke, Hitlers Pädagogen, 1993; E. Hojer, Nationalsozialismus und Päd. Umfeld und Entwicklung der Päd. E. K.s, 1997.

**Kriminalpädagogik** ist eine ältere Bezeichnung für das Insgesamt der vorbeugenden, integrierenden und erzieherischen Maßnahmen und Hilfen für von Kriminalität bedrohte und kriminell gewordene Menschen. Die Grundlage für die Erziehung krimineller Jugendl. (14.–18. Lj.) bildet das Jugendstrafrecht. Bei Kindern unter 14 J. werden Straftaten ausschließlich mit Erziehungsmaßnahmen beantwortet (KJHG, Hilfe zur Erziehung: Erziehungsberatung, soziale Gruppenarbeit, Erziehungsbeistand, sozialpädagogische Familienhilfe u. a.). Da die vorbeugende Bekämpfung der → Jugendkriminalität eine wichtige Aufgabe der K. ist, bilden kriminalpsycholog. und -soziolog. Untersuchungen der Bedingungen der Kriminalität die Grundlage für die erfolgreiche Durchführung kriminalpäd. Maßnahmen. Im heutigen Sprachgebrauch wird der Begriff → (Re-)Sozialisierung vorgezogen. → Jugendstrafvollzug. Ungeklärt ist das Problem, ob der Erziehungsbegriff im Jugendstrafrecht mit dem des Kinder- und Jugendhilfegesetzes übereinstimmt.

L.: J. Hellmer, K., 1959; K. Peters, Grundprobleme der K., 1960; T. Moser, Jugendkriminalität und Gesellschaftsstruktur, 1970; G. Kaiser, Jugendkriminalität,

**Krippe**

1977; B. Maelike, Entlassung und Resozialisierung, 1979; W. Specht, Jugendkriminalität und mobile Jugendarbeit 1979; G. Kaiser, Kriminologie. Ein Lehrbuch, 1980, ²1988; K. Rehbein, Öffentliche Erziehung im Widerspruch, 1980; Chr. Pfeiffer, Kriminalprävention und Jugendgerichtsverfahren, 1983; B. Thielicke, Zum Verhältnis von Kriminologie und Päd., in: Monatsschrift für Kriminologie und Strafrechtsreform 4 (1983); Arbeitskreis junger Kriminologen (Hg.), Kritische Kriminologie heute, 1. Beiheft 1986, 2. Beiheft 1987; S. Müller, H.-U. Otto (Hg.), Damit Erziehung nicht zur Strafe wird, 1986; M. Walter (Hg.), Beiträge zur Erziehung im Jugendkriminalrecht, 1989; Bundesministerium der Justiz (Hg.), Jugendgerichtshilfe – Quo vadis? Frankfurter Symposium 2, Bonn 1993; Das Jugendkriminalrecht als Erfüllungshilfe gesellschaftlicher Erwartungen, Bonn 1995; DVJJ (Hg.), Jugend im sozialen Rechtsstaat. Für ein neues Jugendgerichtsgesetz, 1996.

**Krippe** → Kinderkrippe.

**Kritische Theorie,** im Anschluß an Max Horkheimers Aufsatz »Traditionelle und k. T.« und Herbert Marcuses Entgegnung »Philosophie und k. T.« (beide 1937) so bezeichnete und durch Horkheimers und Theodor W. → Adornos »Dialektik der Aufklärung« (1947) grundgelegte Wissenschaftsauffassung, die wiss. Analyse und philos. Reflexion in ihrem Verhältnis von Wiss.- und Gesellschaftskritik verbindet. Die k. T. unterscheidet zw. instrumenteller und praktischer Vernunft; während die eine blind fremden Zwecken dienstbar gemacht und als Macht- und Herrschaftsinstrument mißbraucht werden kann, erscheint jene als Prinzip eines besseren Lebens und als Freiheitsgarant für die Unterdrückten. Habermas unterscheidet auf dieser Grundlage zw. technischem, praktischem und empanzipatorischem Erkenntnisinteresse, wobei die kritischen Wiss.n dem letzteren verpflichtet sind und sich gegen jede Form der Herrschaft von Menschen über Menschen zu richten haben, auch wenn diese als vernünftig gilt. Dieser Ansatz ist auch für die Päd. von hohem Belang und hat in der sog. → emanzipatorischen Päd. (→ Emanzipation) seine Rezeption gefunden (→ Frankfurter Schule).

L.: Th. W. Adorno, Negative Dialektik, 1966; H. Marcuse, Der eindimensionale Mensch, dt. 1967 u. ö.; M. Horkheimer, K. T., 2 Bde., 1968, J. Habermas, Erkenntnis und Interesse, 1968 u. ö.; R. Bubner, Was ist k. T.?, in: Philos. Rdsch. 16 (1969); M. Theunissen, Gesells. und Gesch., 1969; G. Rohrmoser, Das Elend der k. T., 1970; W. Bonß, A. Honneth (Hg.), Sozialforschung als Kritik, 1982; W. van Rejen, Phil. als Kritik. Eine Einführung in die K. T., 1983; S. Cochetti, Mythos und Dialektik der Aufklärung, 1985; G. J. Friesenhahn, K. T. und Päd., 1985; U. Gmünder, K. T., 1985; J. Habermas, Die neue Unübersichtlichkeit, 1985; K. T. und Päd. der Gegenwart, hg. von F. H. Paffrath, 1987; H. Dubiel, K. T. der Gesell., 1988, ²1992; W. Schmied-Kowarzik, K. T. und revolut. Praxis, 1988; A. Gruschka, Negative Päd., 1988; H. Wehr, Das Subjektmodell der K. T. E. Fromms als Leitbild human. päd. Handelns, 1989; Reorientations, ed. B. Henricksen, Urbana/III. 1990; M. Ludwig, Die Vereinzelung des Individuums und Perspektiven ihrer Überwindung aus der Sicht der K. T., 1991; J. Masschelein, Kommunikatives Handeln und päd. Handeln, 1991; Subjektivität – Bildung – Reproduktion, hg. von F. Grubauer, 1992; H. Kelle, Erz.wiss. und K. T., 1992; R. Young, Critical theory and classroomtalk, Clevedon u. a. 1992; P. Flores d'Arcais, Libertärer Existentialismus, dt. 1993; A. Gruschka, Bürgerl. Kälte und Päd., 1994; N. Hilbig, Mit Adorno Schule machen, 1995, ²1997.

**kritisch-kommunikative Didaktik** → kommunikative Didaktik, → Didaktik.

**Kritischer Rationalismus,** auch Logischer Empirismus; eine einflußreiche Strömung innerhalb der Gegenwartsphil., die sich vor allem als Wissenschaftstheorie u. als System der Erkenntnisgewinnung und -vermehrung versteht. Nach K. Popper (Logik der Forschung, dt. 1934 u. ö.) müssen wissenschaftliche, d. h. im Sinne des K. R. intersubjektiv nachprüfbare Aussagen dem Kriterium der Falsifizierbarkeit genügen und dem Prinzip der ›Wertfreiheit‹ entsprechen. Nach Auffassung des K. R. kann die Wiss. nur Probleme lösen, die durch Fragen ›Warum ist etwas so?‹ und ›wie kann ich etwas erreichen?‹ charakterisiert sind, nicht jedoch Probleme der Form ›was soll sein?‹ oder ›was ist richtig?‹.

Innerhalb der dt. Päd. stellten sich vor allem → W. Brezinka, → L. Rössner und → K. J. Klauer auf die wissenschaftstheoretische Basis des K. R. Ihre empirisch-analytische Erziehungswissenschaft (im Gegensatz zur traditionellen ›Pädagogik‹) zielt neben der sprachanalytischen Klärung wissenschaftlicher Begriffe vor allem auf die Bereitstellung ›technologisch‹ verwertbaren Wissens für eine Effektivierung und Optimierung erzieherischen Handelns, näherhin auf den wiss. herstellbaren Kausalnexus zwischen Absicht und Erfolg. → Empirisch-analyt. Erziehungswiss., → Erfahrung.

Schr.: K. Popper, Logik der Forschung, 1934 u. ö.; H. Albert, Plädoyer für den K. R., 1971; W. Brezinka, Metatheorie der Erz., [4]1978, 1. Aufl. u. d. Titel: Von der Päd. zur Erziehungswiss., 1971; ders., Erziehungsziele, Erziehungsmittel, Erziehungserfolg, 1976; K. J. Klauer, Revision des Erziehungsbegriffs, 1973; L. Rössner, Rationalist. Päd., 1975; ders., Analyt.-empirist. Erziehungswiss., in: K. Schaller (Hg.), Erziehungswiss. der Gegenwart, 1979.
L.: A. Zirz, K. R. und Erziehungswiss., 1979; A. Genco, Pedagogia e critica razionalistica, Brescia 1983; G. Zecha, Für und wider die Wertfreiheit der Erziehungswiss., 1984; G. Pollak, Fortschritt und Kritik, 1987; R. Langenthaler, K. R., 1987; K. R. heute, hg. von U. O. Sievering, 1988, [2]1989; N. Hilgenheger, Das päd. Normproblem aus der Sicht des K. R., 1989; J. Wettersten, The Roots of Critical Rationalism, 1992; K.-O. Apel, M. Kettner (Hg.), Mythos Wertfreiheit?, 1993; N. Hinterberger, Der K. R. und seine antirealist. Gegner, Amsterdam 1996.

**Kroh,** Oswald, * 15. 12. 1887 Beddelhausen (Westf.), † 11. 9. 1955 Berlin; Lehrer, 1919 Dr. phil., 1921 Habil. Göttingen, 1922 Prof. für Philos. und Päd. TH Braunschweig, 1923 Univ. Tübingen, 1938 Univ. München, 1942 Berlin, 1949–55 FU Berlin. Seine Phasentheorie der kindl. und jugendl. Entwicklung wurde von der dt. Päd. nachhaltig rezipiert und prägte insbes. die Gestaltung von → Kindergarten und → Grundschule.
Schr.: Theorie und Praxis in der Päd., 1927; Psychologie des Grundschulkindes, 2 Bde., 1928, ab 11. Aufl. (1935) unter dem Titel: Entwicklungspsychologie des Grundschulkindes, Neudr. Bd. 1 u. d. T.: Phasen der Jugendentwicklung, [22]1969, Bd. 2. u. d. T.: Die Entwicklungspsychologie des Kindes im Grundschulalter, 1964, [3]1967; Revision der Erziehung, 1952, [7]1966.
L.: H. Retter, Die Päd. O. K.s, 1969 (m. Bibl.).

**Krupskaja,** Nadeshda Konstantinowna, * 26. 2. 1869 Petersburg, † 27. 2. 1939 Moskau. Schulpolitikerin und Pädagogin der revolutionären Arbeiterbewegung; Lebens- und Arbeitsgefährtin Lenins.
Leistete Beiträge zu Gestalt und Funktion der sozialist. Schule, ihres Erziehungszieles, der Verbindung von Schule und Leben, Unterricht und produktiver Arbeit sowie zu einer marxist.-leninist. Persönlichkeitsauffassung, speziell zur → Vorschulerziehung, → Erwachsenenbildung und → polit. Bildung; K. trug wesentlich zur russ. und sowjet. Päd. und Schulreform vor, während und nach der Oktoberrevolution bei; indirekten Einfluß übte sie auch noch auf die → DDR-Päd. aus.

Schr.: Angew. päd. Schr., 1955; Sozialist. Päd., 4 Bde., 1967.
L.: T. Dietrich, Sozialist. Päd., 1966; F. Platten, Lenin's Reise im plombierten Wagen durch Dtl., 1984; G. D. Obitschkin, N. K. Eine Bibl., 1986; A. Bolz, Über einige erzieherische Ansichten N. K.s, 1990; G. Hillig, Makarenko und K., in: Päd. und Schulalltag, 48 (1993) H. 6.

**Kuba,** seit Anfang des 16. Jh. unter spanischer Herrschaft, wurde 1898 mit Hilfe der USA unabhängig. Bis zur Machtübernahme Fidel Castros 1959 blieben Land und Bildungswesen jedoch stark unterentwickelt: hohes Analphabetentum, Mangel an Schulen und Lehrern.
Die sozialist. Revolution betrachtete den Kampf gegen das Analphabetentum und die Erziehung des Volkes als wesentl. Bestandteil ihrer Arbeit. Die bekannte landesweite Alphabetisierungskampagne begann 1959 mit der Errichtung zahlreicher Alphabetisierungskommissionen und erreichte ihren Höhepunkt und erfolgreichen Abschluß im »Jahr der Erziehung« 1961: eigens zu Alphabetisierungszwecken ausgebildete freiwillige Helfer, Lehrer, Studenten und Schüler wurden in alle Teile des Landes geschickt, um auch in schwer zugänglichen Berggebieten Lernunwillige zu unterweisen; Büros, Banken, Postämter usw. veranlaßten alle Analphabeten zur Teilnahme an der Alphabetisierung; Presse, Rundfunk und Fernsehen verstärkten in der Bevölkerung den Wunsch zur Alphabetisierung und warben zusätzlich um freiwillige Helfer, so daß schließlich ein ›Lehrer‹ auf 2 Analphabeten kam; zur Erleichterung der Unterweisung wurden auf die Interessen der Erwachsenen abgestimmte und auf die Verwirklichung der Revolution gerichtete Materialien und Handreichungen hergestellt. Der Ausweitung und Vertiefung der elementaren Kenntnisse diente die sog. Nach-Alphabetisierung in Nachmittags- oder Abendkursen für Erwachsene; daneben wurden die Ausbildung der Frauen und die techn. Bildung bes. gefördert.
Nach der Verstaatlichung 1961 wurde das Erziehungssystem in Übereinstimmung mit den wirtschaftl. Erfordernissen und mit dem Ziel der Vermittlung einer integralen, d. h. intellektuelle, moralische, manuelle, physische und militärische Aspekte umfassenden Bildung

aufgebaut; die Verbindung der Schule mit dem Leben und die marxistische Ausrichtung des Unterrichts auf allen Stufen erhielten vorrangige Bedeutung.

Das »Projekt zur Vervollkommnung des nationalen Bildungswesens« (1976) leitete eine neue Etappe der inhaltl. und strukturellen Weiterentwicklung ein. Schwerpunkte sind der Übergang zur 9j. Pflichtschulbildung und Änderung der Bildungsinhalte. Die Verl. der Schulpflicht auf 10 J. wurde 1986 beschlossen, aber bislang (1999) nicht verwirklicht. Die obligat. Bildung umfaßt danach die Grundschule (bis 6. Kl.) und die erste Stufe der polytechn. Mittelschule (7.–9. Kl.). Absolventen können an ein- bis zweijähr. Berufsschulen eine Ausbildung oder an 3- bis 4j. Technika eine Ausbildung mit zusätzl. Hochschulreife erwerben. Diese läßt sich auch in der 3kl. zweiten Stufe der Mittelschule erlangen. Höhere und Hochschulbildung (Reform von 1962) werden in Univ.n und einem Wirtschaftsinstitut vermittelt und umfassen 5, für Medizin 6 J. Schul- und Hochschulausbildung sind unentgeltlich. Die Ausbildungsförderung hat zeitweise ein überqualifiziertes Arbeitskräfteangebot einschl. der daraus erwachsenden sozialen Spannungen und individuellen Problemen hervorgebracht. 1992 waren etwa 20 000 Lehrer, Ärzte und Ingenieure aus K. in versch. Ländern der Dritten Welt tätig.

Die Ausbildung der Primarschullehrer erfolgt in den in allen Provinzen eingerichteten Normalschulen, die der Sekundarschullehrer in Päd. Instituten und schließt eine 3j. Tätigkeit in der Landarbeit ein.

Der außerschulischen Erziehung dienen zahlreiche Jugendorganisationen in Anlehnung an die → UdSSR und → China: Union der Pioniere, Kindergruppen in den Primarschulen, Vereinigung der Kommunist. Jugend, Studentenvereinigungen.

L.: M. Huteau, J. Lautrey, L'Education à Cuba, Paris 1973; E. Chanel, Pédagogie et éducateurs socialistes, Paris 1975; J. Kozol, A New Look at the Literacy Campaign in Cuba, Harvard Educational Review 48, 1978, 341–372; J. Hartkemeyer, Zur Entwicklung des Bildungswesens in K., in: Die Deutsche Schule, 72 (1980) 10; Ministerio de Educación, Organisación de la Educación 1981–83, Havanna 1984; A. G. Gravette, Cuba, London 1988; R. Schmidt, Kolloquium zum Kuban. Bildungswesen, in: Vergl. Päd. 25 (1989) 2; S. L. Lutjens, Education and the Cuban Revolution. A selected bibliography, in: Comp. Educ. Rev. 42 (1998) 2.

**Künstliche Intelligenz.** Die Erforschung der künstl. Intelligenz (KI oder AI für *artificial intelligence*) setzt sich zum Ziel, in interdisziplinärer Arbeit (unter Beteiligung der Informatik, Linguistik, Logik, Gehirnphysiologie u. a.) die Leistungen der menschl. → Intelligenz durch technische Apparate (bisher elektronische Computer, künftig Computer anderer Art) zu simulieren. Teilgebiete der AI-Forschung sind Maschinenübersetzung, Textverarbeitung, Expertensysteme, Verstehen von geschriebener und gesprochener Sprache. (Vermarktbare, militär. verwendbare) Erfolge hat man zur Zeit nur auf Teilgebieten. Das Ziel der Simulation menschl. Intelligenz fand bisher seine Grenzen in den techn. Möglichkeiten elektr. Computer (Grenzen der Verarbeitungsmengen und -geschwindigkeiten, bloße Symbolmanipulation, keine direkte Bild-/Mustererkennung). Gegenwärtig laufen Versuche, neuronale Netzwerke (Schaltungen der Neuronen im Gehirn) zu simulieren.

L.: M. Boden, Artificial Intelligence and Natural Man, Hassocks 1977; E. Charniak, D. McDermott, Introduction to Artificial Intelligence, Reading (Mass.), 1985; R. C. Schank, P. G. Childers, Die Zukunft der künstl. Intelligenz, dt. 1986; H. L. Dreyfus, S. E. Dreyfus, K. I. Von den Grenzen der Denkmaschine, dt. 1986; R. Penrose, Computerdenken, dt. 1991; O. Vollnhals (Hg.), Multilictory Dictionary of Artificial Intelligence, London 1992; K. Opwis, Kognitive Modellierung, 1992; W. Sesink, Menschl. u. K. J., 1993; J. Copeland, Artificial Intelligence, Oxford 1993; S. Krämer (Hg.), Geist – Gehirn – K. I., 1994; K. Manhart, KI-Modelle in den Sozialwiss. 1995; R. H. Kluwe (Hg.), Strukturen und Prozesse intelligenter Systeme, 1997.

**Kürzdörfer,** Klaus, * 11. 6. 1937 Nürnberg; 1966 Dr. theol. Tübingen, 1976 Dr. phil. Würzburg, 1981 Prof. für Religionspäd. PH Kiel, 1982 Habil. Würzburg, Gastprof. Serampore College (Indien) und Yale (USA). Grundlegende Arbeiten zur Gewissensbildung und zur religiösen Erziehung.

Schr.: Kirche und Erwachsenenbildung, 1976; (Hg.), Grundpositionen und Perspektiven in der Erwachsenenbildung, 1981; Päd. des Gewissens, 1982; Lehrerstudenten vor dem Problem der Arbeitslosigkeit?, 1985; Reconsidering Romans, Hindi, Bengali, Oria u.

Telugu, 1986; Antworten von Studierenden auf die »Gretchenfrage«: Ein Ergebnis christl. Erziehung oder religiöser Desozialisation?, in: M. Böschen u. a. (Hg.), Christl. Päd. – kontrovers (FS. für W. Böhm), 1992; (Hg.), Die Bibel – als Erzieherin?!, 1994; (Hg.), Die Einigung der Kirchen und der Religionsunterricht, 1995; (Hg.), Bildung und Transzendenz, 1999.

**Küsterschule,** auch Mesnerschule, eine Vorform der späteren → Volksschule. Neben dem Kirchendienst hatte im → Mittelalter der Küster auch Schule zu halten (Einübung der Kirchengesänge, relig. Unterricht). Im 16. Jh. und in der → Reformation verbreiteten sich die K.n stark; sie nahmen auch »weltliche« Lehrgegenstände auf (Lesen, Schreiben, Rechnen) und wurden zu allg. Elementarschulen. Da der kirchl. Einfluß auf die Volksschule (z. B. geistl. Schulaufsicht) bis ins 20. Jh. bestehen blieb, hielt sich auch lange Zeit die Verkoppelung von Schul- und Kirchendienst (trotz Entstehens eines eigenen Volksschullehrerstandes im 18. Jh.).

L.: E. Spranger, Zur Gesch. der dt. Volksschule, 1948.

**Kultur.** Das lat. *cultura* (Ackerbau) wurde schon von → Cicero metaphorisch auf den Menschen übertragen, aber erst der Naturrechtslehrer → Pufendorf (1632–1694) gebrauchte das Wort ohne Genitivattribut und stellte dem rohen Naturzustand des Menschen seinen höheren Kulturzustand entgegen (→ Naturalismus, päd.); → Herder faßte K. dann auch als histor. Erscheinungsform von Völkern, Nationen und Gemeinschaften auf.

K. stellt die »zweite Natur« des Menschen dar, ohne die er nicht menschenwürdig, ja wohl überhaupt nicht zu leben vermöchte. Der Mensch als »Mängelwesen« (so Herder, → Gehlen) mit reduzierten Instinkten, uneingefaßt in eine spezifische Umwelt, ohne spezifisch ausgeprägte Handlungsorgane und angewiesen auf Arbeit und → Tradition bringt die gesellschaftl. Zusammenarbeit (Solidarität) hervor, erhebt sich zu objektiver Erkenntnis und → Weltoffenheit (→ Scheler), denkt in die Zukunft und macht Entwürfe, gestaltet die Welt und fragt nach einem transzendenten Sinn. Erziehung und Bildung stehen in diesem menschl.-geschichtl. K.-Zusammenhang, führen den Menschen in die (objektive) K. ein und verhelfen ihm so zu einer eigenen (subjektiven) K. → Anthropologie, päd., → geisteswiss. Päd., → Kulturpäd., → Person.

L.: A. Gehlen, Der Mensch, 1940 u. ö.; J. Niedermann, »K.«, 1941; J. Huizinga, Gesch. und K., dt. 1954; E. Cassirer, Was ist der Mensch?, dt. 1960; M. Landmann, Der Mensch als Schöpfer und Geschöpf der K. 1961; C. Kluckhohn, A. L. Kroeber, Culture. A critical review of concepts and definitions, New York 1963; E. W. Müller, Entwicklung und Fortschritt, Festschr. f. W. E. Mühlmann, 1969; C. Geertz, The Interpretation of Culture, New York 1973; G. Grohs, J. Schwerdtfeger, T. Strohm, Kulturelle Identität im Wandel, 1980; O. Schwencke, H. Toetemeyer (Hg.), Lernen zw. Sinn und Sinnlichkeit, 1985; H. Lübbe, Die Wissenschaften und ihre kultur. Folgen, 1987; R. Hitzler, Sinnwelten, 1988; S. Müller-Rolli (Hg.), K.päd. u. K.arbeit, 1988; F. Tenbruck, Die kultur. Grundlagen der Ges., 1989; K., Bestimmungen im 20. Jh., hg. v. H. Brackert, 1990; Der dt. Geist der Gegenwart, hg. v. Institute for Contemporary German Studies, Washington 1990; Das neue Interesse an der K., hg. v. H. Cornel, 1990; K. als Lebenswelt und Monument, hg. v. A. Assmann, 1991; E. Cassirer, Erkenntnis-Begriff-K., hg. v. R. Bast, 1993.

**Kulturföderalismus.** In der BRD sind die einzelnen Länder für den größten Teil des Bildungswesens zuständig; dem Bund steht nur eine Rahmengesetzgebungskompetenz über allg. Grundsätze des Hochschulwesens (→ Hochschulrahmengesetz), für die Förderung der wiss. Forschung, für die Ausbildungsförderung, für die nichtschulische Berufsbildung und die → Berufsberatung zu. Die Schöpfer des Grundgesetzes hatten sich für den K. entschieden, weil sie in ihm ein wesentl. Instrument gegen zentralen Dirigismus sahen, die regionalen Besonderheiten der Länder erhalten und einen wechselseitigen bildungspolit. Wettbewerb zw. den Bundesländern entfachen wollten. Bald zeigte sich jedoch die Notwendigkeit der Koordinierung (→ Bundesrepublik Dtl.). Durch den »Bericht der Bundesregierung über die strukturellen Probleme des föderativen Bildungssystems« (1978) wurde der K. zeitweilig wieder heftig umstritten, ohne daß daraus durchgreifende Änderungen hervorgegangen wären. Bei der Wiedervereinigung Dtl.s wurde das Prinzip des K. ausdrücklich bekräftigt (→ Einigungsvertrag).

L.: K. Frey, Konstruktiver Föderalismus, 1976; F. Esterbauer u. a.: Föderalismus als Mittel permanenter Konfliktregelung, 1977; Föderalismus im Bildungswesen der BRD, Themenheft Nr. 3/1978, Zschr. »Bildung und Erziehung«; H. Mäding, Bildungspolitik im föderativen Staat, 1979; M. Schröder, Europ. Bildungspolitik u. bundesstaatl. Ordnung, 1990; K. u. Kulturförderung, hg. v. O. Schwencke, 1992; H. Zehetmair, 50 J. KMK. Neue Entwicklungen im K., in: Recht d. Jugend u. d. Bildungswesens, 46 (1998) 2.

**Kulturhoheit der Länder** → Kulturföderalismus.

**Kulturkritik.** Die moderne K. geht einerseits zurück auf → Rousseau und seine Theorie von der → Entfremdung des natürl. Menschen (→ Naturalismus, päd.) durch gesellschaftl. Kulturphänomene, andererseits auf das gegen Ende des 19. Jh.s verschärfte hist. Bewußtsein von der Relativität der einzelnen Kulturen (Synkretismus der Weltkulturen); dieser zweite Aspekt wurde bes. von → Nietzsche artikuliert (→ Lebensphil.). Innerhalb der → Reformpäd. kamen neoromantisch-konservative Aspekte hinzu: Hochschätzung der naturwüchsigen Gemeinschaft und des Volksorganischen, Geringschätzung der wiss. Einzelforschung und des polit. Pluralismus.

L.: K. Sontheimer, Antidemokrat. Denken in der Weimarer Republik, 1962; H. J. Lieber, K. und Lebensphilosophie, 1974; E. Chargaff, Alphabet. Anschläge, 1989; E. Niebel, K., 1989; J. Bilstein, Zu den ontogenet. Grundlagen von Erziehungs- und K., in: Päd. Rundschau 45 (1991); R. Bast, K. und Erz., 1996.

**Kulturkunde.** Ein fächerübergreifender Unterricht, der die für eine → Kultur konstitutiven Aspekte aus den verschiedenen Wiss.n aufnimmt und zu einem Ganzen zusammenfaßt. K. als Unterrichtsprinzip meint, in allem Unterricht die Verbindung einzelner fachlicher Inhalte mit dem Ganzen der Kultur aufzuzeigen. Als → Deutschkunde war die K. das begründete Prinzip der Deutschen Oberschule.

L.: Th. Litt, Gedanken zum kulturkundl. Unterrichtsprinzip, in: Die Erziehung 1 (1926); Th. Herrle, Grundlegung des kulturkundl. Unterrichts, 1935; R. Alschner: Dt. und Dt.kunde, 3 Tle., 1956–58 u. ö.; F. Kuna, H. Tschackler (Hg.), Dialog der Texte, 1986.

**Kulturpädagogik** bezeichnet eine zwischen 1900 und 1933 einflußreiche an der Kultur- und Wertphilosphie orientierte Richtung der dt. Päd. Sie sah den Bildungsprozeß als Begegnung mit objektiven Sinngehalten (»Kulturgütern« wie Sprache, Kunst etc.), die im Bildungsprozeß resubjektiviert werden und so dem einzelnen zu eigener Wertempfänglichkeit, schöpferisch-kreativer Produktivität und vor allem zur eigenen Selbstgestaltung verhelfen. Die K. gliederte sich in eine neukantianisch-werttheoretische (→ J. Cohn, B. Bauch, H. Johannsen, → G. Kerschensteiner u. a., → Neukantianismus) und eine historisch-geisteswiss. Linie (G. Simmel, → E. Spranger, → Th. Litt, → R. Meister, → A. Fischer, → W. Flitner u. a.) → Geisteswiss. Päd.

L.: E. Spranger, Kultur und Erziehung, 1919, ⁴1928; J. Cohn, Geist der Erziehung, 1919; H. Johannsen, Der Logos der Erziehung, 1924; ders., Kulturbegriff und Erziehungswiss., 1925; G. Kerschensteiner, Theorie der Bildung, 1926, ³1931; B. Bauch, Die erziehe. Bedeutung der Kulturgüter, 1930; M. Riedmann, K., 1926; G. Lehmann, Zur Grundlegung der K., 1929; A. Faulwasser, Naturgemäßheit und Kulturgemäßheit, 1929; R. Lochner, Dt. Erziehungswiss., 1963; J. Oelkers, W. K. Schulz, Päd. Handeln und Bildung, 1984; D.-J. Löwisch, Einführung in die K., 1987; K., hg. von d. Ev. Akad. Loccum, 1987; D.-J. Löwisch, Kultur und Päd., 1989; J. Oelkers, Erz. als Paradoxie der Moderne, 1991; E. Liebau, Die Kultivierung des Alltags, 1992; W. K. Schulz, Kulturtheorie u. Päd. in der Weimarer Zeit, 1993; G. Bollenbeck, Bildung und Kultur, 1994.

**Kunde.** Der Begriff K. wurde im 17. Jh. von den Sprachgesellschaften als Ersatz des lat. *notitia* und des griech. *historia* eingeführt und stellte am Übergang vom 18. zum 19. Jh. den Inbegriff der Kenntnisse über einen Gegenstandsbereich dar, ohne mit dem Begriff Wiss. identisch zu sein. Ähnlich verwandte man K. zu Beginn unseres Jh.s im Sinne einer grundlegenden Welt- und Lebensorientierung und stellte sie einer positivistisch-fachwissenschaftl. Reduktion der Wirklichkeit entgegen. Ihre große päd. Bedeutung sah man in der Rückbindung an die Lebenswirklichkeit des Zöglings und in ihrem Verzicht auf wiss. Abstraktion. Das Prinzip der K. schien vor allem der → Grundschule und der → Volksschule angemessen zu sein; am deutlichsten schlug sich dieser Gedanke im Fach → Heimatk. nieder. Der Begriff K. hat sich in der Bezeichnung einiger Fächer der → polit. Bildung erhalten (Sozialk., Gemeinschaftsk., Gegenwartsk.); damit soll als Ziel die Vermittlung einer allg. Welt-, Lebens- und Handlungsorientierung angesprochen werden. Insgesamt ist der Begriff K. heute jedoch sehr problematisch geworden, da ihm die Ideologie der »volkstümlichen Bildung« anhaftet und er von der unbewiesenen Hypothese ausgeht, daß in der Hauptschule kein wissenschaftsorientierter Unterricht möglich sei. → Volkskunde.

L.: E. Hess-Krug; Die K. in der Päd. 1934.

**Kunst** → ästhetische Erziehung, → Kunsterziehung, → Kunsterziehungsbewegung, → Schiller, F.

**Kunsterziehung, Kunstunterricht** (KE., KU.) bezeichnen Erziehung und Unterricht durch, in und zur bildenden Kunst, allgemeiner das Lehren und Lernen von ästhetischen Phänomenen (→ Ästhetische Erziehung). In der Geschichte des KU.s haben sich die theoretischen Ansätze und die Unterrichtspraxis häufig geändert, wobei der KU. (Zeichnen) in der höheren Schule meist weniger vertreten war als in den Volks- und Realschulen. Das genaue Kopieren von Vorlagen bestimmte den Zeichenunterricht bis zur Jh.wende, wenn er nicht gar ganz mit → technischem Zeichnen identisch war. Die → Kunsterziehungsbewegung stellte dagegen die Förderung der schöpferischen Kräfte und der Eigentätigkeit des Kindes in den Vordergrund und propagierte eine Erziehung »zur Kunst durch die Kunst« (Naturzeichnen, Kunst- und Werkbetrachtung). Nach dem Ersten Weltkrieg setzten sich diese Forderungen nach und nach durch. Die neue KE. stand dabei unter dem Einfluß des Expressionismus, der Vorkurse des Bauhauses und der (damaligen) Entwicklungspsychologie. Gegen Ende der Weimarer Republik wurde die Bedeutung des musischen Erlebens und Gestaltens angesichts von Technisierung und Kulturzerfall herausgestellt.

In der Zeit des → Nationalsozialismus wurden KE. und KU., wie die Schule insgesamt, ideologisch ausgerichtet (Kampf gegen entartete Kunst; Blut und Boden). Nach 1945 wurde der KU. zunächst erneut durch die Ziele der → musischen Erziehung bestimmt. Er sollte, ganz im Sinne der Vorkriegstradition, die schöpferischen Kräfte und die Eigentätigkeit des Kindes fördern und es vor störenden Fremdeinflüssen bewahren. Gegen die damit verbundene Abwertung des Rationalen wurde etwa ab 1960 der Ansatz des »Formalen KU.s« entwickelt, der vor allem die päd. Funktion der bildenden Kunst der Gegenwart betonte und mit Hilfe von Kunstlehren auch bildnerische Erfahrungs- und Arbeitsmöglichkeiten zu rationalisieren und zu systematisieren suchte (Kunst als Struktur). Gegen diese angebliche Überbewertung der bildenden Kunst richtete sich ab etwa 1970 der kunstdidaktische Ansatz der Visuellen Kommunikation als Folgeerscheinung und Teil der allg. Curriculumdiskussion. Die Betonung der gesellschaftl. Relevanz von Lerninhalten eines neuen Faches »Visuelle Kommunikation« fordert eine kritische Auseinandersetzung mit den Massenmedien, (Fotografie, Film, Fernsehen, Illustrierte, Werbung, → Comics, etc.) und erklärt die bildende Kunst zu einem integrierten Sachbereich von visueller Kommunikation.

Die neueren Strömungen der Didaktik des KU.s zeichnen sich auch durch die Anwendung theoretischer und empirischer Wissenschaftsmethoden und die Berücksichtigung von Kriterien aus der allg. Didaktik und den Bezugswiss.n Kunstwiss., Psychologie und Soziologie aus. Damit vollzog sich auch ein gewisse Erweiterung von KE. und KU. hin zur → ästhetischen Erziehung. Grob lassen sich zwei Positionen unterscheiden: 1. Die problemorientierte ästhetische Erziehung mit starker Betonung der gesellschaftl. Bestimmtheit und Relevanz der Kunst und dementsprechend »politisch – emanzipatorischen Leitmotiven« (Einfluß der → Kritischen Theorie) und 2. die gegenstandsorientierte ästhetische Erziehung mit einem »offenen Lernangebot« innerhalb eines offenen Curriculums, das die bildende Kunst zunehmend als Erkenntnismittel und Aneignungsform und Ausdrucksmittel von Wirklichkeit wieder in den interessen-differenzierten und projektorientierten KU. einbeziehen will.

Zs.: Der Kunstwart 1887–1950 (KE. u. KU. bes. 1936–37); Ästhetik u. Kommunikation 1 (1970) ff.; Kunst und Unterricht 1 (1968) ff.; Zschr. für Kunstpäd., 1 (1972) ff.; Zschr. Bibl. bei Kerbs 1976.

L.: J. Langbehn, Rembrandt als Erzieher, 1890, [85]1936; J. Lichtwark, Übung in der Betrachtung von Kunstwerken, 1897; Kunsterziehung. Ergebnisse und Anregungen der Kunsterziehungstage 1901, 1903, 1905, 3 Bde., 1902, 1904, 1906; G. Britsch, Theorie der bild. Kunst, 1926, [4]1966; E. Betzler, Neue KE., 1949; O. Haase, Musisches Leben, 1951; K. Schwerdtfeger, Bildende Kunst in der Schule, 1953, [8]1970; R. Pfennig, Bildende Kunst der Gegenwart, 1959; G. Otto, Kunst als Prozeß, 1964, [3]1971; H. Lorenzen (Hg.), Die KE.sbewegung, 1966; H. R. Möller, Gegen den KU, 1971; H. Giffhorn, Kritik der Kunstpäd., 1972; G. Otto, Didaktik der Ästhet. Erziehung, 1974, [2]1976; L. Kossolapow (Hg.), Musische Erziehung zw. Kunst und Kreativität, 1975; G. Otto, H. P. Zeinert (Hg.), Grundfragen der K.späd., 1975; H. Hartwig, Sehen lernen, 1976; D. Kerbs, Histor. Kunstpäd., 1976; H. Mayrhofer, W. Zacharias, Ästhet. Erziehung, 1976; H. Burkhardt, Narrative Strukturen im KU., 1977; H. K. Ehmer, Ästhet. Erziehung und Alltag, 1979; G. Selle, Kultur der Sinne und ästhet. Erziehung, 1981; H. Daucher, R. Seitz, Didaktik der bildenden Kunst, 1982; G. Beyer, M. Knötzinger, Wahrnehmen und Gestalten, 1984; G. Selle, Gebrauch der Sinne, 1988; A. Bareis, Praxis der KE. in der Grundschule, 1989; G. Selle, Über das gestörte Verhältnis der Kunstpäd. zur aktuellen Kunst, 1990; U. v. Scheel (Hg.), Bildende Kunst. Lehre, Vermittlung, Hilfe, 1990; D. Grünewald u. a., Ästhet. Erz., 1997; R. Goetz, Interessen-differenzierter, projekt-orientierter KU., 1999.

**Kunsterziehungsbewegung.** Neben Frauen- und → Jugendbewegung eine der Grundströmungen der → Reformpäd. Die K. zielte auf eine Erneuerung von Schule und Erziehung aus dem Geiste der Kunst. Dabei ging sie nicht von Gedanken der klass.-idealist. Epoche (z. B. → Herder, → Schiller, W. v. → Humboldt) aus, sondern von der → Kulturkritik des ausgehenden 19. Jh.s (→ Nietzsche, → Lagarde, → Langbehn) und von mittelständisch-konservativen Bemühungen um das Kunsthandwerk (vgl. Brandt). Die K. gliedert sich in zwei Phasen: bis ca. 1903 stand die Hinführung zur großen Kunst (Achtung vor dem Kunstwerk, Gewinnung eines sicheren ästhet. Urteils) und die Erziehung zur ästhet. Genußfähigkeit im Vordergrund. In der zweiten Phase ging es um die Entfaltung der schöpferischen Kräfte des Kindes durch eigenschöpferisches Tun (Laienspiel, Volkslied, lebendiges Musizieren usw.). Die K. nahm Einfluß auf das gesamte → Schulleben (entspanntes Erlebnisfeld des Kindes) und auf einzelne Fächer: geschichtl. Verstehen, biblische Geschichte, Heimatprinzip der Grundschule, freier Aufsatz, erlebnisbezogenes Zeichnen, schöpferischer Musikunterricht, → Gymnastik etc.). Die K. ist heute als eine hist. Erscheinung zu sehen, deren umfassende Zielsetzung (Revolutionierung der Erziehung durch Kunst) sich an der Realität korrigiert hat. Ihre berechtigte Forderung nach Hinführung des Kindes zur Kunst und nach Weckung und Entfaltung seiner schöpferischen Kräfte bleiben dagegen ebenso gültig wie der Gesichtspunkt der Bildung des ganzen Menschen (gegenüber intellektualistischer Verengung).

L.: K. Lange, Die künstler. Erziehung der dt. Jugend, 1893; C. Götze, Das Kind als Künstler, 1898; Kunsterziehung, Ergebnisse und Anregungen der Kunsterziehungstage, 1902; 1904, 1906; J. Richter, Die Entwicklung des kunsterziehers. Gedankens, 1909; Kunsterziehung, hg. v. L. Pallat, 1929; J. Gebhard, A. Lichtwark und die K. in Hamburg, 1947; Die K., hg. v. H. Lorenzen, 1966 (m. Bibl.); H. Brandt, Motive der K. und Kunsthandwerksbewegung, 1981; H. P. Ulrich, Transformation der Kunst, 1991; E. Weiss, Die K., 1994.

**Kunsthochschulen.** Die staatl. Hochschulen bzw. Akademien für Bildende Künste vermitteln eine künstlerische Berufsvorbildung und erforschen künstlerische Methoden und Arbeitsweisen. Sie ermöglichen Abschlußprüfungen und bieten zum Teil das Diplom (z. B. Diplom-Designer), zum Teil die Graduierung (z. B. grad. Architekt). Einige K. bilden auch die Kunsterzieher für Gymnasien, manche auch für Haupt- und Realschulen aus. Die Zulassungen richten sich nach dem erstrebten Ausbildungsziel; stets ist in einer Zulassungsprüfung die bes. künstlerische Begabung nachzuweisen. Bei deren Vorhandensein und bei hinreichender Allgemeinbildung kann die Aufnahme auch ohne Hochschulreife erfolgen. → Musikhochschulen.

**Kupffer,** Heinrich, * 20. 7. 1924 Berlin; 1950 Dr. phil. Heidelberg, 1971–86 Prof. f. Sozialpäd. PH Kiel, seit 1986 tätig als Schriftsteller u. Erziehungsberater.

Schr.: Gustav Wyneken, 1970, Jugend und Herrschaft, 1974; Einführung in Theorie und Praxis der Heimerziehung, 1977, [5]1994; Erziehung – Angriff auf die Freiheit, 1980; Der Faschismus u. das Menschenbild der deutschen Päd., 1984; Päd. der Postmoderne, 1990.

**Kurzstudium,** Studiengänge mit 3j. Studienzeit (§ 10 HRG), nicht nur an → Fachhochschulen und in der → Lehrerbildung, sondern auch in geeigneten Fachrichtungen an → Univ.n. Das K. ist nicht unumstritten, da es wiss. Vertiefung nicht immer zuläßt und leicht auf vordergründige Berufsvorbereitung zielt.

In jüngster Zeit wurde die Diskussion um das K. durch die Einführung des → Bachelorgrades neu entfacht. → akademische Grade.

**Kuweit** → Arabische Staaten.

**Kybernetik,** ursprünglich die Kunst des Steuermanns (griech.: *kybernétes*). Den heutigen Sprachgebrauch prägte N. Wiener, der K. als »das gesamte Gebiet der Regelungs- und Nachrichtenübertragungstheorie, ob in Maschinen oder Lebewesen« definierte und mathematisch modellierende Methoden anwandte. Dieser formale Ansatz der allgemeinen K. wird seither nicht nur als Biok. oder Ingenieurk. konkretisiert, sondern – über die ursprüngliche Absicht Wieners hinaus – als Anthropok. oder Humank. auch in verschiedenen Humanwiss.n (Psychologie, Linguistik, Ästhetik, Päd., Soziologie, Ökonomie, Politologie). H. → Frank nennt daher die K. eine »Brücke zw. den Wiss.n.«, F. v. → Cube schränkt demgegenüber den Geltungsbereich der K. auf den »Bereich des Organischen« ein, soweit hier »Steuerungs- und Regelungsprozesse« existieren. Zentralbegriff der allgemeinen K. ist die → Information, welche (auf der 1. Stufe der K.) in der Informations- und Codierungstheorie (C. Shannon) gemessen und mit möglichst wenig → Redundanz, d. h. so knapp wie ohne Informationsverlust möglich, oder, umgekehrt, mit der zur gewünschten Störungssicherung nötigen Redundanz codiert und somit an andere Orte übertragbar oder für spätere Zeiten speicherbar gemacht wird. Die → Algorithmen der Verarbeitung der digital codierten Information sind (auf der 2. K.-Stufe) Thema der Theorie abstrakter Automaten (W. Gluschkow) und werden in der auf ihr aufbauenden Informatik mit Befehlssprachen (→ Algol) für digitale Nachrichtenverarbeitungssysteme, kurz: Rechner (K. Zuse) formuliert. Die allgemeine Regelkreistheorie (H. Schmidt) erforscht (auf der 3. Stufe, auf welche der K.-Begriff gelegentlich eingeschränkt wird) die Wirkung eines als Regler arbeitenden Nachrichtenverarbeitungssystems auf die (durch Stellglieder) beeinflußbaren Regelgrößen seines Regelungsobjekts, deren vorab (durch Meßfühler) beobachteter jeweiliger Istwert dadurch (trotz eventueller Störeinflüsse auf das Regelobjekt und auch bei nicht genauer Kenntnis seiner Verhaltensweise) einem (in der Biok. so interpretierten fiktiven, in der Ingenieurk. ausdrücklich gewollten) Sollwert zustrebt (sog. Rückkoppelung, engl. → feed-back).

Die Theorie strategischer Spiele (J. v. Neumann) behandelt (4. Stufe) den Fall, daß die Rückkoppelung statt über ein nur passives Regelungsobjekt über einen anderen Regler (Gegenspieler) mit meist anderem Sollwert läuft. Dies ist die Struktur des (auch → programmierten) → Unterrichts, insofern in ihm ein lehrendes System beim Schüler Sollwerte, insbesondere → Kompetenzen, als Lehrziel trotz des oft abweichenden Lernziels des Schülers (also nicht nur trotz möglicher Störeinflüsse der Lernumwelt und beschränkten Wissens über Vorkenntnisse und Lernfähigkeit des Schülers) optimal zu erreichen sucht (→ kybern. Päd.).

Zs.: Grundlagenstudien aus K. und Geisteswissenschaft (GrKG)/Humank. 1 (1960) ff.
L.: H. Schmidt, Denkschrift zur Gründung eines Instituts für Regelungstechnik, 1941, ²1961; N. Wiener, Cybernetics, 1948 (dt. 1963); ders., Mensch und Menschmaschine, 1952; H. Frank (Hg.), K. – Brücke zw. den Wiss.n., 1962, ⁷1970; ders., Kybern. Maschinen, 1964; A. Müller (Hg.), Lexikon der K., 1964; H. Schmidt, Die anthropologische Bedeutung der K., 1965; H. Stachowiak, Denken und Erkennen im kybern. Modell 1965, ²1969; H. Frank, K. und Philosophie, 1966, ²1969; G. Klaus, K. und Erkenntnistheorie, 1966; W./S. Nicklis, Das Bild des Menschen in der K., 1967; F. v. Cube, Was ist K.?, 1967, ³1970; ders., Technik des Lebendigen, 1970; H. Völz, Grundlagen der Informatik, 1991; Th. M. Bardmann u. a., Die K. der Sozialarbeit, 1996.

**kybernetische Pädagogik.** Die k. P. (oder Didaktik) faßt den Prozeß der Belehrung und Erziehung als Vorgang auf, bei dem ein Erziehungsobjekt unter ständiger Rückmeldung und Korrektur in Richtung auf ein Erziehungsziel gesteuert wird. In der Sprache der → Kybernetik ausgedrückt: der planende und handelnde Pädagoge (Regler) ergreift aufgrund des vorgegebenen Ziels (Soll-Wert) und seiner Vorkenntnisse über den Educanden (Ist-Wert) einzelne Maßnahmen, um den Zögling (Regelgröße) zu beeinflussen. Bei der Auswahl der Maßnahmen (Medien, Erziehungsmittel – Stellglied) sind auch die von außen oder innen kommenden »Störgrößen« zu berücksichtigen. Mit Hilfe von (standardi-

**kybernetische Pädagogik**

sierten) Lernkontrollen (Meßfühler) erhebt der Pädagoge den Ist-Wert des Zöglings und vergleicht ihn mit dem Soll-Wert, um aufgrund der Differenz der beiden Werte seine Maßnahmen zu gestalten bzw. der Soll-Wert steht dabei, selbst wieder innerhalb von Regelkreisen (polit., gesellschaftl., ideolog.) und kann sehr wohl, wenn auch nur von »außen«, verändert werden. Man versucht a) optimale Lernstrategien zu entwickeln und b) den gesamten Lernprozeß zu automatisieren, damit zugleich zu individualisieren und lehrerunabhängig zu machen. Beide Gebiete können erst mit Hilfe der Informations- und Algorithmentheorie optimal bearbeitet werden (→ Algorithmus, bit, → Information). Grundsätzlich muß man zw. dem subjektiven und dem objektiven Informationswert einer Nachricht unterscheiden. Die subjektive Information ist dabei um so geringer, je größer das Vorwissen ist. Etwas vollständig Bekanntes hat also den subjektiven Informationswert 0, während bei etwas völlig Unbekanntem der objektive gleich dem subjektiven Informationswert ist. Lernen läßt sich also auffassen als Abbau von (subjektiver) Information. Alle Lernhilfen zielen folglich darauf ab, den mathematischen Informationswert zu senken, ohne den »Inhalt« zu verändern. Dies bezeichnet man als → Redundanz.

Die wichtigsten Gebiete der automatisierten Unterweisung sind der → Programmierte Unterricht und der computerunterstützte bzw. -geleitete Unterricht. Auch in diesen Bereichen gelten die Prinzipien der k. P. allgemein: ständige Rückkoppelung, Aufteilung in kleine Lernschritte, Verstärkung und Ergebnissicherung. Lernkontrolle wird dabei häufig als Selbstkontrolle durchgeführt. U. a. aus diesem Grund bezeichnet K. Weltner den Gegenstandsbereich der k. P. als das »autonome Lernen«. Die Aufgaben dieses Zweiges der k. P. bestehen also hauptsächlich in der Konstruktion von Programmen (soft-ware) für die vorhandenen oder neu zu konstruierenden Lernmaschinen (hard-ware). Die wichtigsten Vertreter der k. P. sind in der BRD: F. v. → Cube, H. → Frank, K. Weltner; ihr bedeutendster Kritiker ist W. S. Nicklis. In Berlin und Paderborn bestehen Institute für k. P. Die Kritik an der k. P. richtet sich erstens gegen die Übertragung eines math.techn. Denkmodells auf einen interpersonalen Vorgang, der damit unter die Kategorien des »Machens«, der »Manipulation« und der Fremdbestimmung gefaßt werde. Zweitens wirft man der k. P. vor, sie ignoriere die anthropologisch begründete Dialektik von Sein und Sollen, indem sie Ziel und Mittel trenne und die Sinnfrage aus der päd. Wiss. ausklammere. Ein dritter Einwurf wendet sich gegen die Inhaltslosigkeit des kybernetischen Informationsbegriffs. Insgesamt sei die k. P. aufgrund anthropologischer wie wissenschafts- und gegenstandstheoretischer Reduktionen in der Gefahr, ein beliebiges Instrument in der Hand der jeweils Herrschenden zu werden. Die k. P. weist ihrerseits darauf hin, daß sie zumindest in jüngerer Zeit den Geltungsanspruch eingeschränkt habe und durch die Automatisierung einmal die Lehrer freisetze für die eigentliche Erziehungsarbeit und andererseits infrastrukturelle Benachteiligungen ausgleiche.

L.: H. Frank, K.e Grundlagen der Päd., 2 Bde., 1962, ²1969; ders. (Hg.), Lehrmaschinen in k. und päd. Sicht, 4 Bde., 1963–66; F. v. Cube, K.e Grundlagen des Lehrens und Lernens, 1965, ⁴1982; L. Englert u. a. (Hg.), Lex. der kybernet. Päd., 1966; W. S. Nicklis, K. und Erziehungswiss., 1967; H. Frank, B. Meder, Einf. in die k. P., 1971; W. S. Nicklis, Einf. in die k. P., in: Erziehungswiss. Hdb. Bd. II.1, 1971, S. 359–456; H. Frank, I. Meyer, Rechnerkunde, 1972; B. S. Meder u. a. (Hg.), Klerigkibernetiko, 7 Bde., 1973, 1974, 1993; L. A. Pongratz, Zur Kritik kybernetischer Methodologie in der Päd., 1978; F. v. Cube, D. Alshuth, Fordern statt Verwöhnen, 1986; M. Lánsky (Hg.), Bildungskybernetik in Forschung und Lehre, Praha 1994.

# L

**labeling approach** (engl.: Etikettierungs-Reaktionstheorie). Neuerer soziologischer Ansatz zur Erklärung → abweichenden Verhaltens, der im Gegensatz zu den lange Zeit vorherrschenden ätiologischen (nach den Ursachen fragenden) Theorien überwiegend die Reaktionen und Sanktionen der Gesellschaft beschreibt, die zur Etikettierung des Abweichlers führen. Forschungsschwerpunkte bilden die Verhaltensweisen von informellen und formellen Kontroll- und Sanktionsorganen wie Sozialfürsorge, Polizei, Justiz. Grundlegende soziolog. Theorie des l. a. ist der → symbolische Interaktionismus.

L.: H. S. Becker, Außenseiter, 1973; W. Keckeisen, Die gesellschaftl. Definition abweichenden Verhaltens. Perspektiven und Grenzen des L. A., 1974; H. Peters/ H. Cremer-Schäfer, Die sanften Kontrolleure, 1975; W. Rüther, Abweichendes Verhalten und L. A., 1975; H. Keupp, Abweichung und Alltagsroutine. Die labeling-Perspektive in Theorie und Praxis, 1976; S. Lamnek, Kriminalitätstheorien – kritisch, 1977; W. Böhm (Hg.), Der Schüler, 1977.

**La Borderie, René,** * 10. 4. 1935 Saint-Martin-Labouval, Studium in Toulouse, Pavia und Paris (Sorbonne), Agrégation Paris 1960, Doctorat d'Etat Bordeaux 1980, Prof. f. Erziehungswiss.n Univ. Bordeaux.

Schr.: Méthode audio-vocale d'enseignement de l'Italie, 8 Bde., Paris 1963, Neuausg. 1982; Les images dans la société de l'éducation, Paris 1972; Thesaurus pour l'analyse des faits de communication, 2 Bde., Bordeaux 1973; Vingt facettes du système éducatif, Paris 1974; Aspects de la communication éducative, Paris 1979; Le métier d'élève, Paris 1991; Vingt facettes du système éducatif, Paris 1994.

**Ladenthin,** Volker, * 11. 6. 1953 Münster (Westf.); 1990 Promotion Münster, 1994 Habil. ebd.; seit 1995 Prof. f. Päd. Univ. Bonn; Gastprofessuren in Ägypten. Arbeitsschwerpunkte in den Bereichen Allgemeine Didaktik, Sprachkritische Pädagogik, Bildungstheorie sowie Theorie der Schule und Schulorganisation.

Schr.: Erziehung durch Literatur?, 1989; Moderne Literatur und Bildung, 1991; Familienbildung nach der Postmoderne, 1994; Sprachkritische Päd., 1996; mit J. Rekus, D. Hintz: Die Hauptschule, 1998.

**Laeng,** Mauro, * 15. 2. 1926 Rom, 1964–1966 Univ. Rom. L. vertritt einen geisteswiss. Realismus und arbeitet vor allem auf dem Gebiet der neuen Erziehungstechnologien und der Didaktik der Naturwiss.en.

Schr.: G. Kerschensteiner, Brescia 1959 u. ö.; F. W. Foerster, Brescia 1960 u. ö.; Problemi di struttura della pedagogia, Brescia 1960; L'educazione nella civiltà tecnologica, Rom 1969 u. ö.; Educazione scientifica, Teramo 1970; Lineamenti di pedagogia, Brescia 1973 u. ö.; La scuola oggi, Florenz 1975; Lineamenti di didattica, Brescia 1978; Educazione alla libertà, Teramo 1980, Neuausg. 1992; Movimento, gioco e fantasia, Rom 1985, $^2$1990; Pedagogia e informatica, Rom 1985; (mit G. Reale, D. Antiseri), Filosofia e pedagogia dalle origini ad oggi, 3 Bde., Brescia 1986; Pedagogia sperimentale, Rom 1992, $^3$1998; (Hg.), Enciclopedia pedagogica, 6 Bde., Brescia 1990–94; Nuovo lessico pedagogico, Brescia 1998; Insegnare scienze, Brescia 1998.

**Lagarde,** Paul de, * 2. 11. 1827 Berlin, † 22. 12. 1891 Göttingen; Gymnasiallehrer, ab 1869 Prof. f. Orientalistik Univ. Göttingen. Neben → Nietzsche und → Langbehn einer der Hauptvertreter der dt. → Kulturkritik. Von der Idee einer als Organismus verstandenen geeinten Nation verwarf er den → Enzyklopädismus der Schulen und Hochschulen, kritisierte den Pluralismus der Erziehungsideale und träumte von einem großdt. Kaiserreich, gestützt durch eine »ev. Religion« und eine auf die Ewigkeit ausgerichtete Erziehung.

Schr.: Mitteilungen, 4 Bde. 1884–1891, Neudr. 1982; Dt. Schr., 1892, $^2$1934; Schr. für das dt. Volk, hg. K. A. u. P. Fischer, 2 Bde., 1924, $^2$1934.
L.: H. Mulert, P. d. L., 1913; L. Schemann, P. d. L., 1919, $^2$1920; F. Stern, Kulturpessimismus als polit. Gefahr, dt. 1963 u. ö.; H. Kunert, Dte. Reformpäd. und Faschismus, 1973; H.-J. Lieber, Kulturkritik und Lebensphilosophie, 1974; W. Ruegg (Hg.), Kulturkritik und Jugendkult, 1974; J. G. Pankau, Wege zurück, 1983.

**Laienspiel,** (griech.: *laos* = Volk) jede Form des Theaterspiels, das nicht von Berufsschauspielern ausgeübt wird. Das L. in der Schule wurde vor allem durch die → Jugendbewegung und → Reformpäd. angeregt und gefördert (Begriff L. von M. Luserke), um dem Anschauungs-, Erlebnis- und Selbsttätigkeitsprinzip auch im Literaturunterricht folgen und das → Schulleben reicher gestalten zu können. In der Folgezeit war dann das L. als Schulspiel oft in der Gefahr, zur bloßen Dekoration für Schulfeste zu denaturieren. Heute existieren an Schulen, Hochschulen, in Jugendvereinigungen und -verbänden L.gruppen (»Theater-AG«), die nicht nur für Auftritte bei Festen und Feiern oder als Mittel der literarischen Erziehung arbeiten, sondern mit Hilfe des L.s auch Probleme, Konflikte, Handlungsmodelle, Gefühle, Stimmungen etc. deutlich machen, propagieren, reflektieren und aufarbeiten wollen (→ darstellendes Spiel). Das Schulspiel wird in letzter Zeit auch wieder verstärkt als Mittel der → ästhetischen Erziehung anerkannt und gefördert, da hier die ursprüngliche Intention dramatischer Kunst am reinsten zum Aus-

druck kommt und den Schülern ein neuer Zugang gerade auch zur modernen Kunst und den in ihr dargestellten Problemen, Themen, Ideen und Personen erschlossen werden kann. Im weiteren Sinne kann man zum L. auch das Hörspiel rechnen.
Neue Möglichkeiten der Selbstbeobachtung bietet der Einsatz der Videotechnik. Mit Hilfe des Schulspiels soll auch die Distanz zw. Schule und außerschulischer Welt verringert werden.
In der vorschulischen Erziehung findet das L. u. a. als Märchenspiel Anwendung.

L.: H. Zitzlsperger, Kinder spielen Märchen, 1980; C. S. Godde, Das L. als reformpäd. Element, 1990; W. Mettenberger, Tatort Theater, 1993.

**Laisser-faire** → Erziehungsstile.

**Landerziehungsheime.** Zunächst Schulgründungen von → H. Lietz, deren päd. Konzeption er im »Gründungsaufruf« von 1898 (vgl. Dietrich) umriß: die ihm anvertrauten Kinder sollten an Leib und Seele gesund und stark, praktisch, wiss. und künstlerisch tüchtig werden; »scharf denken, warm empfinden, stark wollen«. Das sollte durch 6 Mittel erreicht werden: 1. Erziehung in einer »→ päd. Provinz« auf dem Lande (kulturkritische Stadtfeindlichkeit); 2. Gemeinschaftserziehung: Schüler und Erzieher (nicht: Lehrer!) sollten zusammenleben, -spielen, -arbeiten; 3. streng hygienische Lebensweise: kein Alkohol, gesunde Kost, Sport, Abwechslung von Arbeit und Spiel; 4. tägliche Kunstausübung: z. B. Schulkonzerte, -theater; 5. Pflege des sittl.-religiösen und vaterländ. Sinns: Andachten, Wanderungen; 6. an die Interessen der Schüler anknüpfender wiss. Unterricht mit praktischen Übungen. Insgesamt wollten die L. im Geiste der → Reformpäd. die Schule als Unterrichts- und Lernanstalt in eine Erziehungsstätte umwandeln.
Zwei von L.s Mitarbeitern haben dieses Modell weiterentwickelt: → Wyneken gründete 1906 die Freie Schulgemeinde Wickersdorf bei Saalfeld (Thüringen), → Geheeb 1910 die Odenwaldschule (M. Specht). Gegenüber dem eher patriarchalischen L. betonten diese stark die Mitwirkung von Eltern, Mitarbeitern und Schülern und differenzierten auch die Unterrichtsorganisation weiter aus.

Von diesen drei Hauptrichtungen haben sich weitere Abspaltungen ergeben, z. B. die »Freie Werk- und Schulgemeinde« von B. Uffrecht in Letzlingen, die »Schule am Meer« von M. Luserke und Schloß Salem unter → Hahn.

L.: H. Lietz, Dt. L., 1906 u. ö.; ders.; Heim der Hoffnung, 1911; Th. Dietrich (Hg.), Die L.bewegung, 1967 (m. Bibl.); K. Schwarz, Bibl. der dt. L., 1970; R. Lassahn, R. Stach, Gesch. der Schulversuche, 1979; H. Röhrs (Hg.), Die Schulen der Reformpäd. heute, 1986; J. Hansen-Schaberg, Minna Specht. Eine Sozialistin in der L.bewegung, 1992; R. Koerrenz, L. in der Weimarer Republik, 1992; Vereinigg. Dt. L., Dt. L. Konzepte und Erfahrungen, 1994; O. Seydel, Zum Lernen herausfordern. Das reformpäd. Modell Salem, 1995; U. Kindscher, Hermann Lietz-Schule Schloß Bieberstein 1904–1994, in: Schloß Bieberstein, 1995.

**Landschule.** Eine Schule in dörflichen Siedlungen mit bis zu 2000 Einwohnern. Sie war meist wenig gegliedert, hatte häufig nur eine Klasse und wurde dann als → Einlehrerschule oder Zwergschule bezeichnet. Positiv waren die Ausrichtung an der ländlichen Erfahrungswelt, die lebendige soziale Erziehung und die durch die Probleme der L. stimulierte Entwicklung neuer Bildungsformen (wie Gruppen- und → Gesamtunterricht, Einzel- und Stillarbeit). Dennoch konnten selten die Bildungsziele im gleichen Maße wie in voll ausgebauten Schulen erreicht werden. Deshalb wurden 1960 (in der DDR schon früher) fast alle L.n durch Mittelpunktschulen mit vergleichbarer Leistungsfähigkeit wie Stadtschulen ersetzt.

L.: F. Schneider, Die Dorfschule, 1957; A. Strobel, Die Arbeitsweise der L., 1960; K. Mohr, Die Reform der Volksschule auf dem Lande, 1965; G. M. Rückriem, Die Situation der Volksschule auf dem Lande, 1965; ders., Landschulpäd. 1967; J. Seiters, Der ländl. Raum und seine Schulen, 1990.

**Landvolkshochschulen** wurden von → Grundtvig angeregt, breiteten sich nach 1864 in Skandinavien in großer Zahl aus und fanden seit Anfang des 20. Jh. auch in Dtl. Nachahmung. Anfänglich und auch im → Nationalsozialismus waren sie am Bauernstand orientiert; nach dem 2. Weltkrieg erweiterten sich die L. zu Bildungsträgern für die Landbevölkerung insgesamt. Die Kursprogramme zielen seitdem weniger auf spezielle bäuerliche Qualifikationen als auf allg. menschl., kulturelle und politisch-soziale Aufgabenbewältigung. Der Dt. Bauernverband betreibt die Dt. Landjugend-Akademie in Fredeburg. Im übrigen unterstützen die Bauernverbände zumeist die konfessionellen → Heimvolkshochschulen ihrer Region. Der Verband ländl. Heimvolkshochschulen Dtl.s umfaßt z. Zt. um die 50 Mitglieder. Die ca. 6000 Veranstaltungen pro Jahr werden von rund einer Viertelmillion Teilnehmern besucht.

L.: Die Ländl. Heimvolkshochschulen, Hg. Verband ländl. Heimvolkshochschulen Dtl.s (Red. H. Muth), 1960, ²1961; 25 Jahre L. des Bayer. Bauernverbandes 1948–1973 Hg. Bayer. Bauernverband, 1973; W. Faber, Geschichte des Verbandes ländlicher Heimvolkshochschulen, 2 Bde., 1991.

**Landwirtschaftliche Hochschule.** 1818 wurde eine l. H. in Hohenheim bei Stuttgart gegründet und inzw. zur Universität ausgebaut. Studiengänge mit Abschluß als Diplom-Agraringenieur bieten spezielle Fakultäten der Techn. Univ.n in Berlin und München sowie der Univ.n in Göttingen, Gießen, Bonn, Kiel, Halle-Wittenberg, Leipzig und Rostock an. L. H. bzw. Fakultäten bilden die Landwirtschaftslehrer und landwirtschaftl. Experten der staatl. oder kommunalen Verwaltung aus.

**landwirtschaftliches Bildungswesen.** Das l. B. ist durch ein breites Spektrum berufl. Ausbildungsmöglichkeiten gekennzeichnet. Neben den 12 anerkannten Ausbildungsberufen (Landwirt; Hauswirtschafterin/ländl. Bereich; Gärtner; Winzer; Forstwirt; Molkereifachmann; milchwirtschaftl. u. a. Laboranten; Tierwirt; Fischwirt; Pferdewirt; (Berufs-) Jäger; landwirtschaftl. Brenner) ergeben sich durch zusätzliche Spezialisierung etwa auf den Gebieten Gartenbau und Tierhaltung verschiedene weitere Zweige.
Die Anfänge des l. B. reichen ins 18. Jh. zurück. Neben Lehrstühlen an Univ.n wurden um 1800 die ersten → Akademien und landwirtschaftl. Fachschulen (z. B. Ackerbauschulen) gegründet. Seit 1911 bestehen Höhere Fachschulen für L. (mittlerweile Fachhochschulen). Nach 1921 gab es sog. Mädchenparallelklassen (heute Abt. Hauswirtschaft) an den landwirtschaftl. Fachschulen, daneben etwa seit 1900 1- und 2j. Wirtschaftl. Frauenschulen auf dem Lande, die heutigen Landfrauenschulen bzw. Frauenfachschulen. Eine geordnete landwirtschaftl. Lehre (mit Gehilfenprüfung) erfolgte ab 1900 zunächst für die männl. und nach 1918 auch für die weibl. Jugend. Nach 1938 wurden landwirtschaftl. → Berufsschulen geschaffen. Die gegenwärtige bundeseinheitliche Grundlage für die Aus- und Fortbildung in der L. stellt das → Berufsbildungsgesetz (mit diversen Ergänzungen) dar. Die Ausbildung umfaßt in der Regel 3, für Hauswirtschafterinnen 2 Jahre und endet mit der Gehilfenprüfung. Sie erfolgt überwiegend im → dualen System, wobei unzureichende Betriebsausstattung durch überbetriebl. Ausbildungseinrichtungen und -maßnahmen ausgeglichen werden kann. Seit einigen Jahren wird auch im l. B. das → Berufsgrundschuljahr durchgeführt. Der → Fortbildung im landwirtschaftl. und ländl.-hauswirtschaftl. Bereich dienen → Berufsaufbauschulen (Fachrichtungen L. u. ländl. Hauswirtschaft) und → Fachschulen (LFS). Den Kern der LFS bilden die Landwirtschaftsschulen mit den Abteilungen L. und ländl. Hauswirtschaft (ganzj. bzw. 1–3 Wintersemester). Daneben bestehen Landbauschulen, Technikerschulen, Ackerbauschulen, Fachakademien, Fachschulen für Dorfhelferinnen, Hauswirtschaft, Gartenbau, Obst- und Gemüsebau, Weinbau, Forst- und Holzwirtschaft, Milchwirtschaft und Molkereiwesen, etc. Zusätzlich gibt es 1–2j. Höhere Fachschulen und → Fachhochschulen für L., ländl. Hausw. und verschiedene Spezialberufe sowie die entsprechenden Fachrichtungen an den Universitäten. Die Aufsicht über die l. Berufsschule liegt bei den Kultusministerien der Länder, während die LFS den Landwirtschaftsministern unterstehen. Die Lehrer an LFS (Landwirtschaftslehrer) sind landwirtschaftl. Fachkräfte (überwiegend Diplomlandwirte) mit päd. Zusatzausbildung.

L.: W. Hudde, M. Schmiel (Hg.), Hdb. des L. B.s, 1965; F. Leiber (Hg.), L. Betriebswirtschaftslehre, 1984; K. Büscher, Entstehung u. Entwicklung des l.n B.s in Deutschland, 1996; E. Röhlig, Zur Geschichte der l.n Berufsbildung, in: Päd. Rundschau 51 (1997).

**Landwirtschaftslehrer** → landwirtschaftliches Bildungswesen.

**Langbehn,** August Julius, * 26. 3. 1851 Hadersleben, † 30. 4. 1907 Rosenheim. Aus einem tiefempfundenen Sendungsbewußt-

**Lange**

sein heraus wollte er das dt. Volk aus den »wurzelechten Keimkräften« des Kindlichen und Volkstümlichen erneuern. Mit seinem Buch »Rembrandt als Erzieher« (1890, [85]1936!) wurde er zu einem der lautstarken Verfechter der → Kulturkritik und der → Kunsterziehungsbewegung.

Schr.: Die kranke dt. Kunst, 1911; Niederdeutsches, 1926; Dürer als Führer, 1928; Der Geist des Ganzen, 1930, [2]1932; Dt. Denken, 1933.
L.: B. M. Nissen, Der Rembrandtdt.e J. L., 1926; H. Bürger-Prinz, A. Segelke, J. L., 1940; Fritz Stern, Kulturpessimismus als polit. Gefahr, dt. 1963 u.ö.; H. Kunert, Dt. Reformpäd. und Faschismus, 1973; B. Behrendt, Zw. Paradox und Paralogismus. Weltanschaul. Grundzüge einer Kulturkritik in den neunziger Jahren des 19. Jh. am Beispiel A. J. L., 1984; J. G. Pankau, Wege zurück, 1983.

**Lange,** Helene *9. 4. 1848 Oldenburg, † 13. 5. 1930 Berlin; führende Persönlichkeit der dt. → Frauenbewegung, trat vor allem für das gleiche Recht der Frau auf Bildung ein.

Schr.: Die höhere Mädchenschule und ihre Bestimmung, 1888; Frauenbildung, 1889; Erziehungsfragen, 1893; Grundfragen der Mädchenschulreform, 1904; 50 J. Frauenbewegung, 1915; Lebenserinnerungen, 1921.
L.: G. Bäumer, H. L., 1918; dies., H. L. zum 100. Geb.tag. 1948; E. Dauzenroth (Hg.), Frauenbewegung und Frauenbildung, 1964 (m. Bibl.); E. Schmücker, Frauen in sozialer Verantwortung, 1928; D. Fraudsen, Ein Leben für das volle Bürgerrecht der Frau, 1980; H. J. Schultz (Hg.), Frauen. Porträts aus zwei Jh.n, 1981; H. Weisensee, H. L. (1848–1930), in: 100 Jahre Frauenstudium, hg. v. A. Kuhn, 1996; H. Schröder, H. L., 1997.

**Lange,** Max Gustav, * 10. 9. 1899 Güstebiese, Königsberg i. d. Neumark, † 7. 11. 1963 Berlin, Dr. phil. 1946 Jena, 1947 Prof. f. Soziologie Univ. Halle, ab 1946 Hauptschriftleiter, dann Chefredakteur der Zschr. »Pädagogik« bis 1950, danach Tätigkeit in Westberlin; Verfasser wichtiger grundlagentheoret. päd. Beiträge. Als Publizist entwickelte er in originärer Weise auf marxist. Grundlage einen sozialwiss. Ansatz der Pädagogik in der SBZ, in dem er die Erziehungswirklichkeit in ihrer Historizität zu erfassen suchte und weder die Gesellschaft noch das Individuum hypostasierte.

Schr.: Die Junghegelianer und der junge Marx, 1947; Aufsätze in der Zschr. »Pädagogik«: Die Grundlegung der Erziehungswiss. 1 (1946) 3, Die Hauptrichtungen der modernen deutschen Gesellschaftswiss. 1 (1946) 4 und 2 (1947) 8; Die »Autonomie« der Päd. 1 (1946) 5; Denken und Handeln in der Erz. 2 (1947) 2; Zur Vorgeschichte der »Bildungsidee«. 2 (1947) 3; Theorie und Praxis in der Erz. 3 (1948) 1; Bemerkungen zur päd. Tatsachenforschung. 4 (1949) 9. Monographien nach Verlassen der DDR: Totalitäre Erz., 1954; Marxismus – Leninismus – Stalinismus. Zur Kritik des dialekt. Materialismus, 1955; Wissenschaft im totalitären Staat, 1955.

**Langeveld,** Jan Martinus, * 30. 10. 1905 Haarlem, † 15. 12. 1989 Naarden; 1937 Priv. Doz. für Erwachsenenbildung Univ. Amsterdam, 1939 Prof. und Leiter des Inst. für Erziehungswissenschaft der Univ. Utrecht, 1941–45 Prof. Univ. Amsterdam, 1946 wieder Univ. Utrecht; entwickelte eine → phänomenologische Päd., die ihn zu fundamentalen Analysen des erzieherischen Verhältnisses, der Schule und der Kindheit führte.

Schr.: De opvoeding van zuigeling en kleuter, Groningen 1938, [3]1969; Einführung in die theoret. Päd., (niederl. 1945), 1951, [9]1978; Verkenning en Verdieping, Purmerend 1950; Ontwikkelingspsychologie, Groningen 1953; [10]1971; Studien zur Anthropologie des Kindes, 1956, [3]1968; Die Schule als Weg d. Kindes, 1960, [4]1968; Das Kind und der Glaube, (niederl. 1956), 1959; [2]1964; Erziehungskunde und Wirklichkeit, 1971; Capita uit de algemene methodologie der opvoedingswetenschap, Groningen 1972; Voraussage und Erfolg, 1973; Wenn Kinder Sorgen machen, (niederl. 1974) 1978; Mensen worden niet geboren, Nijkerk 1979; (m. H. Danner) Methodologie und »Sinn« – Orientierung in der Pädagogik, 1981.
L.: M. Hohmann, Die Päd. M. J. L.s, 1980; J. D. Imelman (Hg.), Filosofie van opvoeding en onderwijs, Groningen 1983; R. Ponnath, Päd. als praktische Wiss., 1995; W. Lippitz, M. J. L., in: Freiheit – Geschichte – Vernunft. Grundlinien geisteswiss. Päd., hg. v. W. Brinkmann u. W. Harth-Peter, 1997.

**Lánský,** Miloš, * 30. 7. 1926 Prag. RNDr. 1952 Prag, Habil. 1963 Prag, 1960–1968 Karlsbad, Pilsen und Prag, 1968–1971 o. Prof. der → Kybernetik und kybernetischen Päd. Univ. Linz, 1971 o. Prof. der Bildungsinformatik Paderborn, em. 1991. Entschiedener Vertreter einer → kybernetischen Päd., die er vor allem auf den → Mathematikunterricht und (als Bildungsinformatik) im Bereich der → Informatik anwendet.

L.: G. Lánská (Hg.): Kybernetische Päd./Bildungsinformatik. Schriften von M. Lánský, Prag 1993.

**Laporta,** Raffaele, * 11. 3. 1916 Pescara, 1937 Dr. jur. Rom, 1958–64 Leiter der Schulstadt

Pestalozzi in Florenz, 1965 Prof. für Päd. Univ. Cagliari, 1967 Univ. Bologna; 1967 Univ. Rom, 1982 Univ. Chieti. L. vertritt eine wiss. Päd. auf empirischer Grundlage und arbeitet über Bildungsprobleme von benachteiligten Gruppen.

Schr.: Cinema e etá evolutiva, Florenz 1957, ²1960; Educazione e libertá in una societá in progresso, Florenz 1960, ²1967; La comunità scolastica, Florenz 1963, ³1970; Educazione sociale, Teramo 1970; La difficile scommessa, Florenz 1971; Meine Päd., in: Rassegna di Pedagogia 36 (1978); Insegnanti come e perché?, Teramo 1980; (Hg.), Analisi pedagogica, 2 Bde., Rom 1986; Epitome, Pescara 1993; Insegnare economia politica, Florenz 1995; L'assoluto pedagogico, Florenz 1996; Scuola publica e scuola privata, Florenz 1998.
L.: Le frontiere dell'educazione. Scritti in onore di R. L., a cura di F. Frabboni et al., Florenz 1992 (m. Bibl.).

**La Salle,** Jean Baptiste de, * 30. 4. 1651 Reims, † 7. 4. 1719 Rouen; Magister und kath. Priester, gründete 1679 in seinem Pfarrhaus eine Freischule, 1684 die »Brüder der christl. Schulen« (Schulbrüder) und ein Schullehrerseminar für Laien als erste Ausbildungsstätte für Volksschullehrer überhaupt.

Schr.: Die Regeln der christl. Wohlanständigkeit und Höflichkeit, 1703, dt. 1909; Anleitung für Lehrerbildner, dt. 1911; Regel der Brüder der christl. Schulen, dt. 1903; Leitung der christl. Schulen, dt. 1911.
L.: F. Brug, Der hl. J. B. de la S. und s. päd. Stiftung, 1919; G. Rigault, Histoire générale de l'Institut des réres des écoles chrétiennes, 9 Bde. Paris 1937–53; W. J. Battersby, St. J. B. de Lasalle, London 1957.

**Lassahn,** Rudolf, * 30. 5. 1928 Köslin (Pommern); 1965 Dr. phil., 1969 Habilitation in Münster. Prof. an den Univ.n Münster, Mannheim, Gießen und (von 1982–93) Bonn; seit 1972 Schriftleiter der Päd. Rundschau. Zahlreiche Veröffentl. zur Allgem. und Histor. Päd. sowie zur Päd. Anthropologie.

Schr.: Das Selbstverständnis der Päd. Th. Litts, 1968; Studien zur Wirkungsgesch. Fichtes als Pädagoge, 1970; Th. Litt. Das Bildungsideal der dt. Klassik und die mod. Arbeitswelt, 1970; Einf. in die Päd., 1974 u. ö.; Grundriß einer Allg. Päd., 1977 u. ö.; Päd. Anthropologie, 1983.
L.: Menschenbilder, FS f. R. L., hg. v. C. Menze u. a., Frankfurt (Main) 1993; B. Ofenbach (Hg.), Lehrerbildung zw. Provinzialität u. Globalität. FS z. 70. Geb., 1998.

**Lateinamerika.** Das Bildungswesen der 20 Länder L.s weist große regionale Unterschiede auf. Die UNESCO-Konferenz 1962 in Santiago (Chile) untersuchte »Bildungswesen und wirtschaftl.-soziale Entwicklung L.s« und faßte die Länder nach dem relativen Sekundarschulbesuch in drei Gruppen zusammen:
I (unter 13%): Haiti, Guatemala, Nicaragua, → Bolivien, Honduras, → Mexiko, Ekuador, → Brasilien, Dominikanische Republik, II (zwischen 13 und 25%): El Salvador, → Kolumbien, → Chile, → Peru, → Kuba, → Venezuela, Paraguay; III (über 25%): Panama, → Argentinien, Costa Rica, → Uruguay.
Weitere bedeutende Konferenzen (Buenos Aires 1966, Quito 1973, Caracas 1976) haben die mangelnde Beziehung zw. quantitativem Ausbau des Bildungswesens und ökonom. und sozialer Entwicklung dargelegt (das Bildungssystem als Reproduktionsmechanismus der herrschenden kulturellen Modelle, Ideologien und Sozialstruktur), die Klärung des Begriffes »Entwicklung« vorangetrieben und »Erziehung« anhand dieser Entwicklung neu zu definieren versucht.
In allen Staaten L.s besteht Schulpflicht in der Regel vom 6./7. bis 14./15. J.; sie ist aber nur in begrenztem Ausmaß realisiert. Die gesetzliche Schulgeldfreiheit erstreckt sich in einem Großteil der Länder von der Primarschule bis zur Universität. Das öffentl. Bildungssystem wird grundsätzlich staatl. geregelt, daneben gibt es Privatschulen in unterschiedl. Ausmaß je nach Schulstufen. In fast allen Ländern L.s sind die Schulsysteme nach dem vierstufigen Schema aufgebaut: Vorschule – Primarschule – Sekundarschule – Hochschule.
Die Vorschule (nivel pre-primario) ist nicht obligatorisch und beschränkt sich ganz überwiegend auf die städt. Gebiete. 1989 wurde sie im Durchschnitt aller Länder L.s von 14% der Kinder besucht. Das Mindestalter für die Aufnahme ist gewöhnlich 4 J. Der Primarschulunterricht (enseñanza primaria) dauert mit wenigen Ausnahmen 6 J. und erfaßte 1989 im Durchschnitt aller Länder L.s 87,6% der betreffenden Altersjahrgänge. Bes. auf dem Lande gibt es viele »unvollständige« Schulen, viele darunter sind → Einlehrerschulen oder haben nur 2, 3 oder 4 Klassen. In den letzten Jahrzehnten hat allg. eine starke Ausdehnung des Primarschulsektors stattgefunden. Daneben wurden die Bestrebungen

intensiviert, möglichst alle Kinder der jeweiligen Altersgruppe zu erfassen, die Zahl der → Drop-outs zu vermindern und die verspätete Einschulung älterer Kinder abzubauen.

Das Sekundarschulwesen (educación media) gliedert sich in allgemeinbildende und berufsbildende (kaufmänn., techn., landwirtschaftl.) Schulen mit unterschiedl. Qualifikationsniveau (durchschnittliche Beschulung 71,6%). Im Rahmen der sozio-ökonom. Entwicklung und Demokratisierung des Bildungswesens streben viele Länder neben der Verlängerung der gemeinsamen Grundbildung auf 9 J. (Primarschule und 1. Sek.-schulzyklus) nach einer größeren → Durchlässigkeit im Schulsystem. Diesem Ziel dienen der Abbau der Schranken zw. Primar- und Sek.bereich und die Umstrukturierung des Sek.bereichs in 2 Zyklen: ein gemeinsamer Grundzyklus von 3 oder 4 J., in denen die Allgemeinbildung im Mittelpunkt steht, und ein höherer Zyklus von 2 oder 3 J., nach Zweigen aufgeteilt. Der Sek.-Schulbereich erfuhr in den letzten Jz.n eine große Ausdehnung, wobei das Anwachsen der verschiedenen Zweige unterschiedl. verlief. Gegenwärtig steht in nahezu allen Ländern L.s eine qualitative Verbesserung der Schulbildung an. Ein enstpr. Projekt der → UNESCO von 1985 hat sich dabei als ungemein förderlich erwiesen; es zielt auf eine Dezentralisierung der Schulverwaltungen, auf eine Verbesserung der Lehrerbesoldung, auf eine langfristige Bildungspolitik, auf effektivere Information über Schule und Berufswesen, auf eine Reform der Erwachsenenbildung, auf eine Verminderung der Wiederholerquote im Primarbereich und auf eine Neugewichtung der beruflichen Bildung.

Das Hochschulwesen (educación superior) umfaßt Univ.n, Polytechnika, Institute und Hochschulen für Technik, Verwaltung, Sozialwesen, Bildung für Lehrer an Sek.schulen und künstler. Ausbildung. Die staatl. Univ.n sind im akadem. Bereich und in der Verwaltung autonom.

Die → Erwachsenenbildung hat bes. Bedeutung wegen des nach wie vor relativ hohen Prozentsatzes an → Analphabeten, wegen des nach wie vor relativ geringen Schulbesuchs und der niedrigen Qualifikation der Arbeitskräfte. Parallel zum Schulwesen und als Ergänzung zu dessen Heranbildung qualifizierter Kräfte haben sich außerschulische – staatl. und private – Einrichtungen entwickelt. Sie tragen zur Ausbildung und Bereitstellung von Arbeitskräften in verschiedenen Stufen und Bereichen des wirtschaftlichen Lebens bei.

Um die entsprechenden Kenntnisse zu erweitern und um die Zusammenarbeit in Fragen der Bildungsplanung zu verbessern, wurde ein weitverzweigtes Informationsnetz für das Bildungswesen in den Staaten L.s geschaffen: → REDUC, Sitz in Santiago de Chile. Das lateinamerikan. Regionalbüro der UNESCO erstellt regelmäßig Berichte über die Situation und die Entwicklungen des Bildungswesens; über das Hochschulwesen wird regelmäßig vom Dokumentationszentrum der UNESCO in Caracas (Venezuela) berichtet.

L.: H. v. Recum, Bildungsplanung in Entwicklungsländern, 1966; A. G. Frank, Kapitalismus und Unterentwicklung in L. (engl. 1968), 1969, $^2$1975; L. Gale, Education and Development in Latin America, Oxford 1969; J. Huppert, Bedarfsorientierte Bildungsplanung in Entwicklungsländern, 1971; G. R. Waggoner, B. A. Waggoner, Education in Central America, London 1971; E. R. Wolf, E. C. Hansen, The Human Condition in Latin America. London 1972; A. Leonarduzzi, Educazione e Società nell'America latina, Brescia 1974; H. Pohl, Strategien regionaler Bildungs- und Entwicklungsplanung in L., 1974; T. J. LaBelle (Hg.), Educational Alternatives in Latin America, Los Angeles 1975; UNESCO, Evolución y situación actual de la educación en America latina, Paris 1976; M. Berger, Bildungswesen und Dependenzsituation, 1977; B. Capizzano Capalbo, La educación preescolar en Latinoamérica, in: Rassegna di Pedagogia 38 (1980); A. Welzel, Literaturverzeichnis zum Thema: Erziehung – Schulwesen in L., hg. v. d. Dt. Stiftung f. Internat. Entw., 1981; J. Blat Gimeno, Education in Latin America and the Caribbean. Trends and Prospects 1970–2000, Paris (UNESCO) 1983; U. Pollmann, Keine Zeit – kein Spiel. Kindheit im Armenhaus L.s, 1984; G. Weinberg, Modelos educativos en la historia de América Latina, Buenos Aires 1984; C. Brock (Hg.), Education in Latin America, London 1985; S. Lourie, Education et developpement. Strategies et decisions en Amérique Centrale, Paris 1985; REDUC, Primer Encuentro sobre Investigación Educativa, Córdoba (Argentinien) 1987; E. Schiefelbein, La investigación de Calidad de la Enseñanza en America Latina, Santiago de Chile 1990; F. Bustos, Review and Prospects of Educational Management and Planning in Latin America and the Caribbean, Mexico City 1990; Educational Planning and Administration in Latin America. From Optimism to Uncertainty; in: Prospects 77 (1991) 1; E. Llineas Alvarez, La educación latinoamericana, Bogotá 1990; M. Liebel, Mala Onda: wir wollen nicht überleben, sondern leben. Jugend in

L., 1990; UNESCO, Situación Educativa de America Latina, 1980–1989, 1992; H. Gerhardt, Die Reformpäd. in L., in H. Röhrs (Hg.), Die Reformpäd. auf den Kontinenten, 1994; J. E. Caiceo, Dignostico de la educación Latinoamericana y propuestas para el futuro, in: Estudios sociales, 1996, 87; R. Aedo-Richmond, Education in Latin-America: a selected Bibl. (1986–1995), in: Compare, 26 (1996) 2.

**Lateinschulen,** aus den → Kloster- und → Domschulen hervorgegangene, im ausgehenden Mittelalter zunehmend von Städten und privaten Trägern errichtete Schulen. Die L. nahmen durch Reformation und Gegenreformation (bes. durch die → Jesuiten) neuen Aufschwung, wurden durch landesherrliche Gründungen (→ Fürstenschulen) erweitert und im Neuhumanismus (→ Humanismus) überwiegend zu den späteren humanist. Gymnasien ausgebaut.
L.: F. Blättner, Das Gymnasium, 1960.

**Lateinunterricht** → altsprachlicher Unterricht.

**Latinum** (*examen latinum*), Bezeichnung für die Lateinprüfungen bzw. für die darin geforderten Kenntnisse. Bis 1901 Voraussetzung für den Beginn eines Univ.s-studiums, wird es heute nur noch für einen Teil der Studienabschlüsse an den Univ.n gefordert.

**Lautiermethode,** im 16. Jh. v. Valentin Ickelsamer entwickelte aber erst im 19. Jh. weiter verbreitete Methode des → Lesenlernens, die nicht vom Buchstabennamen, sondern vom gesprochenen Laut (also b anstatt be, oder k anstatt ka) ausgeht und auf synthetischem Weg zum Lesen führt.
L.: V. Ickelsamer: Die rechte Weiß auffs kürtzist Lesen zu lernen, 1527.

**Lay,** Wilhelm August, * 30. 7. 1862 Bötzingen (Kaiserstuhl), † 29. 5. 1926 Karlsruhe; Volksschullehrer, 1903 Dr. phil. (b. A. Riehl), begr. 1905 mit → E. Meumann die Zschr. »Experimentelle Päd.«, lehrte am Karlsruher Lehrerseminar. Vertrat pionierhaft eine experimentelle Päd., bes. → Didaktik: in Versuchsschulen und päd. Laboratorien sollten die Gesetzmäßigkeiten des Lehrens und Lernens (optimale Lehrmethoden, effektive Anschauungsmittel) erforscht und die Ergebnisse den Lehrern zur Verfügung gestellt werden.

Schr.: Experimentelle Didaktik, 1903, [4]1920; Experimentelle Päd. 1908, [3]1918; Die Tatschule, 1911, [2]1921; Im goldenen Kinderland, 1911, [3]1928; Lehrbuch der Päd., 2 Bde. 1913, [2]1921; Reform des Psychologieunterrichts, 1914; Volkserziehung, 1921; Die Lebensgemeinschaftsschule, 1927.
L.: L. Rössner, Päd. als empir. Sozialwiss., in: J. Speck (Hg.), Problemgesch. der neueren Päd., Bd. 2, 1976; H. Kessler, Versuchsschule Feudenheim. Die vergessene Reformpäd. Enderlings und L.s, 1995.

**Lebensalter.** Das Menschenleben wird seit alters her in Stufen oder Altersphasen untergliedert: in allerältester Zeit in Kindheit, Jugend, reifes Alter; später in Analogie zum Gang der Sonne in Morgen, Mittag und Abend; die Römer unterteilen den vier Jahreszeiten entsprechend in puer (Knabe), juvenis (Jugendlicher), vir (Mann), senex (Greis); im 16. Jh. unterschied man anhand von Tiermetaphern zehn L. Die neuere L.-Forschung begann in den 30er J.n, z. B. mit Ch. → Bühlers psychologischer Analyse von Biographien, heute widmen sich ganze Forschungsinstitute in den USA der Erforschung der L. und ihrer Krisen (z. B. → midlife-crisis, »empty nest«, »viertes Alter«). Dabei geht es um die Charakteristik der einzelnen Lebensphasen und um die Sinnfrage des Lebens überhaupt.
L.: R. Guardini, Die L., 1953 u. ö.; L. Rosenmayr (Hg.), Die L., 1978; L. Leisering u. a. (Hg.), Moderne Lebensläufe im Wandel, 1993; L. Böhnisch, Sozialpäd. der L., 1997.

**Lebensgemeinschaftsschule,** eine Schulform, die auf der Grundlage der Schulreformbewegung und des Demokratisierungsprozesses nach 1919 entstanden ist, auf einen Strukturwandel der Gesellschaft im sozialistischen oder linksliberalen Sinn bewußt hinarbeitete, eine stärkere Verbindung der Schule mit dem Leben suchte und auf eine Überwindung der traditionellen Schule abzielte. Der Unterricht wurde als Arbeits-, → Gesamtunterricht oder → Projektmethode durchgeführt und diente der gemeinschaftl. (Zusammenarbeit von Schülern und Lehrern) Bewältigung von Lebensaufgaben. Unterrichtsprinzipien waren Selbständigkeit, Selbstverantwortung, Selbstregierung. L.n entstanden zunächst in Hamburg (Glaser, Lottig, Reese, → Jöde, Schlünz, Tepp), wurden später aber auch in anderen Städten errichtet. Theoretisch fundiert wurde die Idee der L.n vor allem von → Oestreich und im → Bund entschiedener Schulreformer. Als L. verstand sich auch der → Jenaplan von → Petersen. → Reformpäd.

**Lebenshilfe für geistig Behinderte e. V.** 1958 von Tom Mutters gegr. Zusammenschluß von Eltern, Fachleuten aus Praxis und Wiss. und Freunden geistig Behinderter mit dem Ziel, diesen zu einem menschenwürdigen Leben in unserer Gesellschaft zu verhelfen, gemäß der UNO-Deklaration der Rechte der geistig Behinderten vom 20. 12. 1971. Die L. (Sitz Marburg) unterhält Einrichtungen zur Früherkennung und zur → Frühförderung, Sonderkindergärten, Tagesstätten, Schulen für geistig Behinderte, Werkstätten für Behinderte, Wohnheime und Freizeiteinrichtungen; sie vertritt die Interessen und Rechte geistig behinderter Menschen, betreibt Eltern- und Öffentlichkeitsarbeit und bietet Fortbildungsmöglichkeiten für Fachkräfte, interessierte Eltern und andere Angehörige. Die L. folgt dem Grundsatz »Selbstverwirklichung in sozialer Integration« und versucht, Möglichkeiten der Kooperation zwischen Sonder- und Regeleinrichtungen und der → Integration in immer neuen Lebensbereichen zu erproben. Die dt. L. ist Gründungsmitglied der International League of Societies for the Mentally Handicapped (ILSMH) und Mitglied der International Association for the Scientific Study of Mental Deficiency (IASSMD). → Geistigbehinderten-Pädagogik.

L.: Bundesvereinigung Lebenshilfe für geistig Behinderte e.V. (Hg.), Bibliographie zur geistigen Behinderung, Bd 1 Kl. Schriftenreihe 1982, ³1988.
Zschr.: Lebenshilfe 1962 ff., seit 1980: Geistige Behinderung.

**Lebensphilosophie** erhebt im Gegensatz zum Rationalimus der → Aufklärung das Leben in seiner Irrationalität als das alles geistig Schaffende, Umfassende und Tragende zum Prinzip; nach Anfängen bei der → Dt. Bewegung innerhalb der → Romantik, bei → Goethe, → Novalis, → Herder, → Fichte, dem jungen → Hegel wird die L. bei Schopenhauer zur Gegenmetaphysik der intellektualist. abendländ. Tradition nach dem Ende des Dt. Idealismus; Vernunft und Wiss. treten pragmatisch in den Dienst des Lebens (→ Nietzsche, → Scheler, → Gehlen, → Dewey); → Dilthey begründet erkenntnistheoret. in Abgrenzung u. a. zur → Transzendentalphil. → Kants und im Ausgang vom Erleben des wollenden, fühlenden und vorstellenden Menschen seinen Begriff der → Hermeneutik; idealtyp. Charakteristika der versch. Strömungen sind u. a. der Kampf gegen Erstarrungen des Lebens im Gegensatz zu Ursprünglichkeit und Unmittelbarkeit, Bewegung, Veränderung; Geschichtlichkeit vs. Ahistorismus und phil. Idealismus; die Betonung aller seel., auch irrat. Kräfte vs. einseitigen Rationalismus; Wahrhaftigkeit vs. oberflächliche Konventionen; Unergründlichkeit und Schöpfertum vs. Berechenbarkeit und Planbarkeit (→ emp.-analyt. Erz.wiss.). Das Leben als das dem Geist entgegengesetzte Prinzip (Klages) ist Quelle eines geschichtsphil. Pessimismus (Spengler), von → Kulturkritik (Nietzsche, → Jugendbewegung), einer der geistigen Wegbereiter des → Nationalsozialismus; Aspekte der L. finden ihre Fortführung im → Existentialismus, in der → Reformpäd., in der → Erlebnispäd., der → Schulreform, den Ideen der Grünen, des New Age, der → postmod. Päd. sowie der Phil. des Unbewußten der → Psychoanalyse Freuds. Durch ihren Beitrag zur Grundlegung der Geisteswiss. trägt die L. auch die → geisteswiss. bzw. die → hermeneut.-pragmat. Päd. mit.

L.: H. Rickert, Die Phil. des L.s, 1920, ²1922; Th. Litt, Erkenntnis und Leben, 1923; F. Heinemann, Neue Wege der Phil., 1929; G. Misch, L. und Phänomenologie, 1930; Nachdr. 1967; H. Plessner, Macht und menschl. Natur, 1931; A. Messer, L. 1931; Ph. Lersch, L. der Gegenwart, 1932; O. F. Bollnow, Die L., 1958; H.-J. Lieber, Kulturkritik und L., 1974; H. Schnädelbach, Phil. in Deutschland 1831–1933, 1983 (Kap. 5); G. Kühne-Bertram, Aus dem Leben zum Leben, 1987; A. Ebrecht, Das indiv. Ganze, 1992; F. Fellmann, L., 1993; K. Albert, L, 1995.

**Lebensqualität** bezeichnet die normativen und materiellen Voraussetzungen einer humanen Lebensgestaltung (→ Humanismus); der Begriff hat über seinen ökonom. Ursprung hinaus auch ökolog., polit., ethische Bedeutung gewonnen. Die jüngste Diskussion über L. beruht auf der Einsicht, daß wirtschaftl. Wachstum und techn. Fortschritt keine Garantien für steigende L. darstellen, sondern umgekehrt nach dem Kriterium höherer L.

gestaltet werden sollen. Im Hinblick auf ein geschärftes Problembewußtsein für L. kommt einer »bewußtseinsverändernden Bildung« entscheidendes Gewicht zu. → Freizeitpäd., → Industriegesell., → Kulturkritik, → Risikogesell.

**Lebenswelt,** zuerst von A. Schütz im Anschluß an → Husserl und M. Weber entwickelter Zentralbegriff der verstehenden Soziologie für die gesamte vorwiss. dem Menschen selbstverständliche Wirklichkeit, die von den Gegenständen, Personen und Ereignissen gebildet wird, denen der einzelne in der rationalen Organisation seines alltäglichen Lebens begegnet und an der er in unausweichlicher, regelmäßiger Wiederkehr teilnimmt. L. ist soziale Konstruktion der Wirklichkeit qua Abwandlung kultureller Normen- und Wertesysteme nach Maßgabe persönlicher Relevanzen und ermöglicht dem Individuum, im Rahmen objektiv geregelter sozialer Systeme ein persönlich-subjektives Leben zu führen. → Alltagswende, → Phänomenologie.

L.: W. Lippitz, »L.« oder die Rehabilitierung vorwiss. Erfahrung, 1980; A. Schütz, Th. Luckmann: Strukturen der L., 2 Bde., 1984; B. Waldenfels, In den Netzen der L., 1985; K. Held (Hg.), E. Husserl, Phänomenologie der L., 1986; Wie sieht und erfährt der Mensch seine Welt, hg. von H. Bungert, 1987; R. Grathoff, Milieu und L., 1989; J. Baudrillard, Das System der Dinge, dt. 1991; L. und Wiss., hg. von C. F. Gethmann, 1991; W. Lippitz, L. – kritisch betrachtet, in: Neue Praxis 22 (1992), H. 4; L. Böhnisch, Päd. Soziologie, 1996; K. Grunwald (Hg.), Alltag, Nicht-Alltägliches und die L., 1996.

**Legasthenie** (von lat. *legere* = lesen und griech. *asthenaia* = Schwäche). Der Begriff, von Ranschburg (1916) geprägt, diente unabhängig vom IQ zunächst als Sammelbegriff für alle Grade von Leseschwächen. Da Lese- und Rechtschreibschwächen meist gemeinsam auftreten, wurde Lese-Rechtschreib-Schwäche (LRS) zunehmend als Synonym für L. verwandt. Lindner (1951) faßte L. als spezielle LRS, zu deren Erklärung weder die Analyse der → Intelligenz, die Berücksichtigung der Schulverhältnisse, noch die familiären Voraussetzungen der kindl. Entwicklung einen Beitrag liefern können. Diese Auffassung hatte um 1970 zur Folge, daß durch einen standardisierten Lese-Recht-schreibtest diagnostizierte Legastheniker (LRS bei durchschnittlichem IQ) eine besondere Förderung erfuhren und ihre L. in der Leistungsbeurteilung berücksichtigt wurde. Eine fundamentale Kritik an diesem Konzept (mangelhafte Diagnostik und Förderung, Beschränkung der Förderung auf anerkannte Legastheniker) führte im Anschluß an die Empfehlung der → KMK (1978) zu einer theoretischen Neuorientierung, sowie einer Bevorzugung des neutraleren Terminus LRS. Es wird davon ausgegangen, daß es keine l.spezifischen Fehler gibt, sondern daß Kinder mit LRS die charakterist. Stufen beim Schriftspracherwerb lediglich langsamer durchlaufen, bzw. sich falscher Lernstrategien bedienen, die unbemerkt zu Folgefehlern führen. Neuere Forschungen setzen deshalb an der Analyse von Spracherwerbsprozessen (→ Sprachbarriere, → Logopädie) und Lernbeeinträchtigungen der Schüler (sog. Teilleistungsstörungen) sowie an einer Verbesserung der schul. und außerschul. Lernbedingungen (v. a. → Differenzierung der → Lehrmethode) an und bauen insbes. auf gezielte, individualisierte (→ Individualisierung) Förderung im → Anfangsunterricht.

L.: H. Breuer, M. Weuffen, Gut vorbereitet auf das Lesen- und Schreibenlernen?, 1975, [6]1986; J. Schlee, L.forschung am Ende?, 1976; M. Angermaier, L. – Pro und Contra, 1977; L. Dummer, Die Diagnose der L. in der Schulklasse, 1977; M. Atzesberger, H. Frey, Förderung von lese- und rechtschreibschwachen Grundschülern, 1979; H. Grissemann, Psycholinguist. L.therapie, 1980; M. Atzesberger, Prävention und Intervention bei Lese-Rechtschreibversagen und Lese-Rechtschreibschwäche, 1981; R. Valtin u. a., L. in Wissenschaft und Unterricht, 1981; M. Rahn, L. bei Erwachsenen, 1981; H. Triebel, W. Maday, Hdb. der Rechtschreibübungen, 1982, [5]1992; L. Blumenstock, Hdb. der Leseübungen, 1983, [4]1992; M. Firnhaber, L., 1983, Neuausg. 1990; R. Müller, Frühbehandlung der Leseschwäche, 1984, [3]1990; T. Grüttner, Helfen bei L., 1987, Nachdr. 1991; A. Warnke. L. u. Hirnfunktion, 1990, Nachdr. 1992; T. Miles, Dyslexia: A Hundred Years on, Bangor (Wales) 1990; H. Grissemann, Förderdiagnostik von Lernstörungen, 1990; ders., K. Schindler, Psycholinguist. Lesetraining mit dem Kleincomputer für Legastheniker auf der Sekundarstufe, 1991; O. Böhm, U. Müller, Konzeption eines Rechtschreibunterrichts bei lernschwachen Schülern, 1991; D. Bühler-Niederberger, L., 1991; H.-J. Ruß, L. u. Hochbegabung, 1992; R. D. Davis, L. als Talentsignal, 1995; H. Ehmann, Ist mein Kind Legastheniker?, 1995; M. Matthys-Egle, Diagnose »L.«, 1996; S.-M. Behrndt, M. Steffen, Lese-Rechtschreibschwäche im Schulalltag 1996; J. Walter, Förderung bei Lese-Rechtschreibschwäche, 1996; B. Alby, Förderdiagnostik u. Prophylaxe LRS (Diss.) 1996; H. Grissemann, Von der L. zum gestörten Schriftspracherwerb, 1996; A. Möckel, Lese-Rechtschreibschwäche als didakt. Problem, 1996.

**Legitimation,** allg. etwas als legitim, d. h. gerechtfertigt und rechtmäßig zustande gekommen ausweisen, z. B. die eigenen Ziele, Absichten, Handlungen als begründet durch oder übereinstimmend mit oder resultierend aus gemeinsam mit anderen geteilten oder übergeordneten Zielen und Interessen; speziell die Gesamtheit der Vorgänge in polit. Systemen, durch die eine Herrschaft(s-gruppe) von den Beherrschten als rechtmäßige Herrschaft freiwillig Anerkennung, Vertrauen und Loyalität findet. In komplexen industrialisierten Gesellschaften übernimmt das Erziehungssystem, speziell Familie und Schule, zunehmend L.funktionen, indem es Prozesse des Kennenlernens und Anerkennens der im engeren und weiteren Sinne polit. Verhältnisse einer Gesellschaft organisiert, die in der Regel sehr eng mit Prozessen ihrer Rechtfertigung als rechtmäßiger und rechtmäßig zustande gekommener Verhältnisse, damit auch mit der L. staatl. Herrschaftsansprüche und Machtstrukturen verbunden sind. → Politische Bildung.
L.: H. Fend, Gesellschaftl. Voraussetzungen schul. Sozialisation, 1974; W. Brinkmann (Hg.), Erziehung – Schule – Gesells., 1980.

**Lehralgorithmus.** Nach → H. Frank ist ein L. ein vollständiges System von Anweisungen (ein → Algorithmus), die es einem Lehrsystem (Lehrer oder → Lehrmaschine) ermöglicht, zu jedem Zeitpunkt eines Unterrichtsprozesses eine eindeutige Entscheidung über den nächsten Schritt zu treffen. Die didaktische Erarbeitung eines L. und seine strikte Befolgung wären beim personalen Unterricht eine weder mögliche noch wünschenswerte noch voll erreichbare Determinierung des Lehrers. Dagegen funktioniert die intuitionsfreie Lehrmaschine nicht ohne Ausformulierung eines L. in einer für sie geeigneten Befehlssprache (z. B. → Algol) zu einem → Lehrprogramm. In der Praxis kann ein L. das potentielle Lernerverhalten nicht beliebig differenziert berücksichtigen, was die Grenzen eines akzeptablen → programmierten Unterrichts strittig macht. → Kybernetische Päd.

**Lehrbuch,** Unterrichtswerk mit verpflichtendem Charakter, das den Inhalt des → Unterrichts, vorwiegend im tertiären Bildungsbereich (→ Hochschulen, → Erwachsenenbildung), weitgehend und authentisch enthält und durch seine didaktische Aufbereitung auch ein → Selbststudium erlaubt.

**Lehren** ist oft in Verbindung mit → Lernen gebraucht und bezeichnet die Weitergabe von Wissen, Erfahrung und Überzeugung an eine oder mehrere Personen. L. zielt auf Lernen, beabsichtigt einen Erfolg, führt aber nicht notwendig zum Lernen, ebenso wie vieles gelernt wird, ohne daß es gelehrt wurde. L. kann spontan oder geplant erfolgen. Organisiertes und institutionalisiertes L. in der Schule nennt man → Unterricht.
L.: H. Aebli, Zwölf Grundformen des L.s, 1983; H. Schröder, L. und Lernen im Unterricht, 1989; H.-C. Berg, Th. Schulze, Lehrkunst, 1995; Europäische Kommission (Hg.), L. und Lernen, 1996.

**Lehrer.** Der Beruf des L.s entstand erstmals in der griech. Antike in Form der professionellen Lehrtätigkeit der → Sophisten. Im dt. Sprachraum bildete er sich im 18. Jh. als Resultat von Industrialisierungs- und Pädagogisierungsvorgängen heraus, als Erziehung und Ausbildung arbeitsteilig betrieben und neben der Familie auch von berufsmäßig vorbereiteten Spezialisten übernommen wurden.
Je nach dem vorherrschenden Verständnis von Bildung wurde das »Bild« des L.s im Lauf der Geschichte unterschiedlich akzentuiert, z. B. als Sänger (Homer), als Philosoph (Platon, Fichte, Gentile), als Redner (Isokrates, Cicero), als Literat (Humanismus), als Agent der Gesellschaft (Durkheim, Dewey, Sozialismus), als Bekenner von Werten (Personalismus), als Organisator von Lernprozessen (Curriculumforschung). Die dt. Literatur über den L. hat lange Zeit Eigenschaften der »idealen L.persönlichkeit« beschrieben (idealistischer Ansatz); diese Tugendkataloge wurden abgelöst durch Typologien, z. B. logotroper vs. paidotroper (C. Caselmann), demokratischer vs. autoritärer Typ (K. Lewin). Die → geistes-

wiss. Päd. sah den L. vom → päd. Bezug her als Anwalt des Kindes (gegenüber den gesellschaftl. Ansprüchen) und als Vertreter einer Sache. Nach der sog. → realistischen Wendung wandte sich die stärker empirisch arbeitende Erziehungswiss. der Analyse der konkreten Berufssituation des L.s zu (realistischer Ansatz) und untersuchte seine soziale Herkunft, seine Berufswahlmotive, sein Gesellschaftsbild, seine Rollenkonflikte etc.

Man unterscheidet primäre Tätigkeiten (Unterrichten, Erziehen, Planung, Beurteilung und Korrektur) und sekundäre Aufgaben (Aufsicht, Konferenzen, Klassenfahrten, Elternkontakte) des L.s; dazu kommen Beratungs- (z. B. Schullaufbahnberatung) und Innovationsfunktionen (im curricularen, methodischen und didaktischen Bereich). In dem Begriff der »päd. Selbstrolle« versucht die päd. Diskussion (analyt. konstruktiver Ansatz), die Ist-Aussagen über die Berufswirklichkeit des L.s mit päd. Sollens-Entwürfen als Orientierung für sein berufl. Handeln zu verknüpfen.

L.: E. Reicke, Magister u. Scholaren, 1901, Nachdruck 1971; K. Bungardt, Die Odyssee der L.schaft, 1959; A. Combe, Kritik der L.rolle, 1971; H.-H. Groothoff, Funktion und Rolle des Erziehers, 1972; W. Brinkmann, Der Beruf des L.s, 1976; M. Heinemann (Hg.), Der L. und s. Organisation, 1977; K. W. Döring, L.verhalten und L.beruf, 1970 u. ö.; ders., L.verhalten, 1980; H. Brück, Die Angst des Lehrers vor seinem Schüler, 1978; B. Weidenmann, Lehrerangst, 1978; W. Böhm, Das Bild des L.s im Wandel der Gesch., in H. Gröschel (Hg.), Die Bedeutung der L.persönlichkeit für Erziehung und Unterricht, 1980; B. Gerner, L.sein heute, 1981; H. Gudjons u. G.-B. Reinert (Hg.), Lehrer ohne Maske?, 1981; M. von Engelhardt, Die päd. Arbeit des L.s, 1982; W. Schreckenberg, Vom »guten« zum »besseren« L., 1982; R. Bölling, Sozialgesch. der dt. L., 1983; R. Dieterich u. a., Psychologie der L.persönlichkeit, 1983; R. Reiser, L.geschichte(n), 1984; K. Hage u. a., Das Methoden-Repertoire von L.n 1985; Th. Ballauff, Lehrer sein einst u. jetzt, 1985; L. Mauermann (Hg.), L. als Erzieher, 1987; J. G. Prinz v. Hohenzollern u. M. Liedtke (Hg.), Schreiber – Magister – Lehrer, 1989; G. Hirsch, Biographie und Identität des L.s, 1990; K.-O. Bauer u. a., Päd. Professionalität und Lehrerarbeit, 1996; A. Combe, S. Buchen, Belastung von Lehrerinnen und Lehrern, 1996; K. Ulich, Beruf Lehrer/in, 1996.

**Lehrerbildung** meint bis heute unterschiedl. entweder die Aus- und Fortbildung der Lehrer aller Schularten und -stufen oder nur diejenige der Grund- und Hauptschullehrer. Diese Unterscheidung rührt aus einer je anderen hist. Tradition. Die Ausbildung für das höhere Lehramt erfolgte (seit dem 19. Jh. durch Prüfungsordnungen geregelt) an den Univ.n und umfaßte neben allg. Bildung jene wiss. Fächer, in denen die *facultas docendi* (Lehrbefähigung) angestrebt wurde. Die schulpraktische Ausbildung erfolgte in päd. Universitätsseminaren und später (seit etwa 1890) in einem zweij. Vorbereitungsdienst (sog. Referendariat). Die Ausbildung der Volksschullehrer entwickelte sich allmählich aus einem bloßen Anlernen bei erfahrenen Schulmeistern nach Art der → Meisterlehre über die Regelung von Einstellungsprüfungen (im 17. Jh.) zur Einrichtung von Lehrerseminaren (ab Ende des 18. Jh.). Anfang des 20. Jh. umfaßte die L. der Volksschullehrer dreij. Präparandenanstalten (auf der Volksschule aufbauend) und ein anschließendes dreij. Lehrerseminar (päd.-didakt. Fächer) mit schulprakt. Ausbildung in eigenen Übungsschulen. Der von den Volksschullehrern seit 1848 geforderten → Akademisierung ihrer Ausbildung trug die Weimarer Verfassung in Art. 143 Rechnung; die meisten Länder (außer Bayern und Württemberg: Lehrerbildungsanstalten) errichteten Päd. Akademien. Nach der Unterbrechung im → Nationalsozialismus entstanden nach 1945 überwiegend sechssemestrige Päd. Hochschulen, die in den meisten Ländern inzwischen in die Univ.n integriert worden sind. Diese Akademisierung hat unterschiedlich zu einer Verbreiterung und Intensivierung der Fachstudien und des erziehungs-/gesellschaftswiss. Begleit- bzw. Grundstudiums geführt (auch Entpädagogisierung und Praxisferne).

Die seit etwa 1965 hervortretenden Reformbestrebungen in der L. laufen tendenziell auf eine stärkere Betonung der gemeinsamen Grundstruktur aller Lehrämter hinaus und enthalten auch das ausdrückliche Verlangen nach einer Harmonisierung der L. mit einem (erwünschten) stufig aufgebauten → Bildungswesen (Stufenlehrer). Über Ansätze zur Zusammenfassung der L.sphasen (sog. einphasige L.) und bestimmte inhaltl. Reformvorschläge (z. B. Projektstudium statt getrennter Fächer) wurde kein bildungspolit. Konsens erzielt. So gliedert sich die L. weiterhin in zwei bzw. drei Phasen: die universitäre,

# Lehrerfrage

die schulpraktische (im Vorbereitungsdienst) und die der Lehrerfortbildung.

L.: H. Kittel, Die Entwicklung der Päd. Hochschulen, 1957; A. Reble, L. in Dtl., 1958; H.-K. Beckmann, Lehrerseminar – Akademie – Hochschule, 1968; ders. (Hg.), Zur Reform des päd. Studiums und der Lehrerausbildung, 1968; H. Bokelmann, H. Scheuerl (Hg.), Der Aufbau erziehungswiss. Studien und der Lehrerberuf, 1970; J. Dieckmann, Spezialisierung im Lehrerberuf, 1970; H. L. Gukenbiehl, Tendenzen zur Verwissenschaftlichung der L., 1975; W. Brinkmann, Der Beruf des Lehrers, 1976; D. E. Lomax (Hg.), European Perspectives in Teacher Education, London 1976; H.-J. Ipfling, W. Sacher (Hg.), Lehrerbild und L., 1978; H. Gröschel (Hg.), Die Bedeutung der Lehrerpersönlichkeit für Erziehung und Unterricht, 1980; H. Költze, Anthropol. orientierte Lehrerausbildung, 1981; H. de Rudder (Hg.), Die L. zw. Pädagog. Hochschule und Universität, 1982; Verband Bildung und Erziehung (Hg.), L. in der Bundesrepublik, 1984; J. Oelkers (Hg.), Fachdidaktik und Lehrerausbildung, 1986; The International Encyclopedia of Teaching and Teacher Education, ed. by J. Dunkin, Oxford 1987; P. Hübner (Hg.), L. – Europa vor den Herausforderungen der 90er Jahre, 1988; H. Wenzel, M. Wesemann, F. Bohnsack (Hg.), Schulinterne Lehrerfortbildung, 1990; H. G. Homfeldt (Hg.), Ausbilden u. Fortbilden, 1991; D. Wynands (Hg.), Geschichte der L. in autobiograph. Sicht, 1992; K. Kunert, Lernen im Kollegium, 1992; H. Ernst (Hg.), Theorie u. Praxis der L. (FS H. Schröder) 1992; H. Günther-Arndt, H.-D. Raapke (Hg.), Revision der L., 1995; M. Bayer u. a. (Hg.), Brennpunkt L., 1997.

**Lehrerfrage** galt bis zur → Reformpäd. als eines der wichtigsten Mittel des Lehrers, um das Wissen der Schüler zu überprüfen, Aufgaben zu stellen, die Aufmerksamkeit auf ein bestimmtes Problem zu richten, Aktivität und Nachdenken zu initiieren etc. Begründet war sie im Rahmen von mindestens zwei größeren method.-didakt. Konzepten.
1) Das sog. »Katechetisieren« bestand in der Vermittlung und Überprüfung eines festgelegten dogmatischen Wissens in Form eines Kanons vorgegebener Antworten auf ebensolche Fragen, anhand derer das Schülerwissen überprüft werden konnte. Die L. hatte hier also primär kontrollierende Funktion.
2) Bei der sog. sokratischen Methode (→ Sokrates) sollte möglichst wenig vom Lehrer vorgegeben, sondern durch geschicktes Fragen möglichst viel aus den Schülern »herausgeholt« werden. Hier kommt der L. also mäeutische oder evozierende Funktion zu. Vor allem von → Gaudig wurde zu Beginn des 20. Jh. die L. als »unnatürlich«, als »frag-

würdigstes Mittel der Geistesbildung« und »ärgster Feind der Selbsttätigkeit« aufs heftigste kritisiert. An die Stelle der L. sollten die Schülerfrage, die Konfrontation mit echten Problemen und das Engagement für eine möglichst selbstgestellte Aufgabe treten. Zahlreiche »Unterrichtslehren« in der Tradition dieser Kritik haben demzufolge empfohlen, die L. weitgehend durch Impulse, Aufforderungen, Problemvorgaben u. ä. zu ersetzen. In der Unterrichtsforschung wurde die L. als Kategorie in die Lenkungsdimension eingeordnet und demzufolge als Indikator für einen überwiegend autokratischen Erziehungsstil gewertet.

Nach 1945 hat u. a. Hans → Aebli den Versuch unternommen, die L. zu rehabilitieren. Durch sie werde der Schüler häufig erst auf eine Aufgabe hingewiesen, ein Problemhorizont aufgebaut, die Aufmerksamkeit und Konzentration fokussiert, das Denken zur Präzision und Folgerichtigkeit angeleitet. Außerdem komme es für die Einschätzung des → Erziehungs- und Unterrichtsstils weniger auf die Form der Frage als auf ihre Funktion, ihren Inhalt, ihren Stellenwert im Unterricht und ihr Konnotat an. Diese Einschätzung hat sich heute mehr oder weniger durchgesetzt.

L.: H. Gaudig, Didakt. Ketzereien, 1904 u. ö.; ders., Didakt. Präludien, 1908 u. ö.; F. Huber, Allgem. Unterrichtslehre, 1951 u. ö.; K. Stöcker, Neuzeitl. Unterrichtsgestaltung, o. J., [11]1970; H. Aebli, Grundformen des Lehrens, 1961 u. ö.; K. H. Bloch, Der Streit um die L., 1969; Ch. Caselmann, Impuls – Denkanstoß – L., 1969; G. Ritz-Fröhlich, Verbale Interaktionsstrategie im Unterricht, 1973; J. Grell, Techniken des Lehrerverhaltens, 1989.

**Lehrfächer.** Als L. bezeichnet man die einzelnen Fächer der Schule (→ Fach). Der Begriff L. weist durch seine Formulierung aber bereits auf die lehrerzentrierte Sicht der Schule hin, die hier zugrunde liegt. Von daher erscheint heute eine Formulierung wie Lernbereich angemessener.

L.: A. Manzmann (Hg.), Geschichte der Unterrichtsfächer, 3 Bde., 1983 ff.; M. Meyer (Hg.), Allgemeine Didaktik, Fachdidaktik und Fachunterricht, 1994.

**Lehrformen** → Unterrichtsformen.

**Lehrgang** bezeichnet die planmäßige Anordnung von Lern- und Studienelementen in

einer Weise, bei der jeder weitere (Teil-)-Schritt auf dem vorhergehenden aufbaut und zum nächsten weiterführt. Ein L. kann nach verschiedenen Prinzipien aufgebaut sein: a) psychologisch (z. B. vom individuell Nahen zum Fernen, von der kindl. Erlebniswelt zum Unbekannten), b) wissenschaftslogisch (ausgehend vom logisch Einfachsten zum Differenzierten), c) sachlogisch (z. B. bei → Comenius im Sinne der göttl., beim → Philanthropismus im Sinne der natürl. Ordnung der Dinge), d) wissenschaftsgenetisch (d. h. die Chronologie der wiss. Entwicklung nachzeichnend, z. B. von der Mechanik zur Atomphysik), e) lernökonomisch (d. h. entsprechend den optimalen Möglichkeiten der Wissensvermittlung bzw. der Lernarrangements), f) gesellschafts- und wissenschaftskritisch (als Praxis permanenter Kritik in Form von projektbezogenen L.s-Sequenzen), g) interdisziplinär (Verzahnung von Theorie und Praxis in Form des »forschenden Lernens«, vor allem im Hochschulstudium), h) exemplarisch (bei Aufgabe der systematischen Geschlossenheit des L.s Festhalten an lernbarer Methodik und systematischer Gestalt eines Fachgebiets). → Curriculum, → Lehrplan.
L.: K. H. Schwager, Wesen und Formen des L.s im Schulunterricht, 1959; E. Drefenstedt, Rationelle Gestaltung der Unterrichtskunde, (Ost-) Berlin 1965; Forschendes Lehren und wiss. Prüfen, 1970.

**Lehrling,** herkömmliche Bezeichnung für → Auszubildender, die im Handwerk auch nach Inkrafttreten des → Berufsbildungsgesetzes noch üblich ist. Das Berufsausbildungsverhältnis beruht in der Regel auf einem Berufsausbildungsvertrag (Lehrvertrag), der zw. Ausbildungsbetrieb und Auszubildenden (früher Lehrherr und L.) zur Ausbildung in einem staatl. anerkannten → Ausbildungsberuf abgeschlossen wird. → Berufl. Ausbildungs- und Schulwesen, → Handwerkl. Bildungswesen.
L.: W. D. Winterhager, L.e, die vergessene Majorität, 1970; J. Münch, Die L.sausbildung in der BRD, 1976; Lehrlings-Hdb., 1984.

**Lehrlingsheime** bieten → Lehrlingen aus berufl., sozialpäd. oder soziolog. Gründen (kostenpflichtige) Unterbringung, Verpflegung und päd. Betreuung am Ausbildungsort. Die L. sind im 19. Jh. im Zuge von Industrialisierung, abnehmender familiärer Bindung zw. Meister und Lehrling sowie räuml. Trennung von Elternhaus und Lehrstelle entstanden. Vermutlich wurde das erste L. 1885/86 in Anlehnung an → Kolping und → Don Bosco gegründet. Heute sind L. überwiegend in gemischte Jugendwohnheime umgewandelt; daneben bestehen betriebseigene Lehrlingswohnheime größerer Unternehmen (z. B. Post).
L.: K. Janssen, Kleine Päd. des Erziehungsheimes, 1958; Fünfter Jugendbericht des Bundesministeriums für Jugend, Familie und Gesundheit, 1980.

**Lehrmethode** → Unterrichtsmethode.

**Lehr- und Lernmaschinen,** Medien des → programmierten Unterrichts, welche (anders als die Lehrprogrammbücher) automatisch (nach einem → Lehralgorithmus) die Richtigkeit der Antworten des Lerners prüfen.

**Lehrmittel** sind Gegenstände, die in methodischer, für den Lernprozeß der Schüler in zweckmäßiger Form als Original oder Nachbildung im Unterricht eingesetzt werden. Durch L. werden Dinge, Vorgänge, Erscheinungen und Sachverhalte der Umwelt dargestellt. Von L.n wird gefordert, daß sie wirklichkeitsgetreu, gegenständlich bildhaft, aber auch merkmalsbetont und abstrahierend sind. Außerdem müssen sie dem Alter der Schüler angepaßt sein. Für den Begriff L. wird heute auch der Begriff Medien verwendet. → Medienpädagogik.
L.: E. Wasem, Medien der Schule, 1971; H. Heinrichs, Lehr- und Lernmittel im Blickpunkt der Schulreform, 1972; K. W. Döring, Unterricht mit Lehr- und Lernmitteln, ³1975; D. Haarmann (Hg.), Lern- und L. für die Grundschule, 4 Bde., 1976 ff.; T. Knauff, Hdb. zur Unterrichtsvorbereitung in der Grundschule, 1979; H. Lukesch, Mediennutzung durch Kinder und Jugendlichen, 1997; ders., Medien und ihre Wirkungen, 1997.

**Lehrplan.** L. heißt nach H. → Blankertz »die geordnete Zusammenfassung von Lehrinhalten, die während eines vom Plan angegebenen Zeitraums über Unterricht, Schulung oder Ausbildung von Lernenden angeeignet und verarbeitet werden sollte«. Eine solche Kodifizierung bestimmter Inhalte setzt nach allg. Überzeugung eine grundsätzliche Entscheidung über die Ziele des Unterrichts voraus, auch wenn diese nur in der fraglosen Übernahme tradierter Normen oder in der Übertragung allg. gesellschaftl., relig. oder ideologischer Ziele oder Werte besteht. Anders gewendet, sind die zu einem L. zusammengefaßten »Stoffe« immer Repräsentant bzw. Medium zur Erreichung eines bestimmten Ziels.

Da → Lehren und → Lernen zu einem nicht geringen Teil an bestimmte Inhalte gebunden sind, kommt dem L. für Erziehung und Unterricht große Bedeutung zu. Daher sind Änderungen von L.en stets auf großes Interesse gestoßen und immer auch auf dem geschichtl. gesellschaftl. Hintergrund und als Teil übergreifender polit. Strategien zu sehen. Darauf hat bes. → Weniger in seiner »geisteswiss. L.theorie« hingewiesen. Danach ist der L. ein durch die jeweilige geschichtl. Gesamtlage beeinflußter Kompromiß zwischen den gesellschaftl. Mächten (Kirche, Wissenschaft, Wirtschaft, Staat), die ihre je spezifischen Interessen im L. vertreten wissen wollen. Der Päd. fällt die Rolle eines »Anwalts des Kindes« zu. Der Staat schließlich tritt in Wenigers Konzeption nicht nur als Vertreter seiner eigenen Interessen auf, sondern zugleich als formaler Garant des Kompromisses (»neutraler Makler«), der das Diktat einer Gruppe verhindert. Wenigers L.theorie trägt der Entwicklung zu einer pluralistischen Staats- und Gesellschaftsstruktur Rechnung und stellt so einen Fortschritt gegenüber allen »Ableitungstheorien« (etwa aus einem Bildungsideal) dar, sie beschränkt sich jedoch stark auf die Ziele und Inhalte schulischer Vermittlung und ihre Voraussetzungen und Modi (Methoden und Medien), wobei die Frage der Erfolgskontrolle weitgehend unberücksichtigt bleibt.

Dieser Mangel trifft jedoch nicht nur die Theorie Wenigers, sondern auch die traditionellen L.e selbst, wie ein Blick auf ihre geschichtl. Entwicklung zeigt (vgl. Dolch). Einige der wichtigsten Ergebnisse der hist. Erforschung der L.entwicklung sind: a) Kanones für die höhere Bildung sind lange Zeit vor der Ausbildung solcher für die »Volks«schulen entstanden (→ artes liberales); b) die Stoffülle ist beständig angestiegen und hat zu stets neuen Bemühungen geführt, diese quantitative Vermehrung zugunsten einer qualitativen Vertiefung zurückzudrängen (→ exemplarisches Lernen); c) im Laufe der Zeit sind an die Stelle von L.en mehr und mehr Rahmenpläne oder Richtlinien getreten. Die L.e der neueren Zeit sind größtenteils als solche Rahmenpläne oder Richtlinien angelegt, die dem Lehrer zumindest die Auswahl unter einem ganzen Katalog möglicher Unterrichtsgegenstände überlassen oder ihm nur allg. Prinzipien bzw. Richtpunkte vorschreiben und die inhaltliche Konkretion in seine Verantwortung stellen. Zugleich finden methodische Fragen, wenn auch nur in allg. Form, stärkere Berücksichtigung. Dieses Eindringen des Methodischen läßt seit Mitte der 60er Jahre eine Ersetzung des L. durch Curricula fordern. Operational definierte Lernziele und eine möglichst objektive Lernzielkontrolle scheinen als weitere Vorzüge des Curriculums vor dem L., so daß der L. als defizienter Modus von → Curriculum angesehen wird. Andererseits bringen Curricula die Gefahr einer technizistischen Reduktion mit sich, und auch noch so ausgeklügelte Taxonomien haben das Deduktionsproblem (Ableitung konkreter Unterrichtsziele aus umfassenden Zielen wie etwa → Emanzipation und Mündigkeit) nicht lösen können. Einen Kompromiß stellen die sog. curricularen L.e dar. Die jüngere Forschung hat neben dem offiziellen L. einen sog. → »heimlichen L.« entdeckt, der über die vielen Kanäle der → nicht-verbalen Kommunikation sowie den Beziehungsaspekt der Kommunikation außerordentlich wirkungsvoll die zentralen Wertausrichtungen der Schüler prägt. → Curriculum.

L.: F. W. Dörpfeld, Grundlinien e. Theorie des L., 1873 u. ö.; G. Kerschensteiner, Betrachtungen zur Theorie des L.s, 1899 u. ö.; E. Weniger, Theorie der Bildungsinhalte und des L.s, 1930; J. Dolch, L. des Abendlandes, 1959, Nachdr. d. 3. Aufl. (1971), 1982; S. B. Robinsohn, Bildungsreform als Revision des Curriculum, 1967 u. ö.; H. Blankertz, Theorien und Modelle der Didaktik, 1969 u. ö.; L. Bittlinger, Elemente e. Theorie des Bildungsprozesses und der Curricularen L., 1978; B. Gaebe, L. im Wandel, 1985; R. Künzli, Topik des Lehrplandenkens, 2 Bde., 1986f.; H.-G. Rolff (Hg.), Jahrbuch der Schulentwicklung, 1995; S. Hopmann (Hg.), Didaktik und/oder Curriculum, 1995.

**Lehrprogramme,** algorithmierte (→ Algorithmus), nach Prinzipien der programmierten

Unterweisung aufgebaute Unterrichtsmittel, die vor allem dem → Selbststudium dienen. Der Lernstoff ist hier, wie beim → programmierten Unterricht allgemein, in kleine Schritte unterteilt und enthält über kybernetische Regelkreise die Möglichkeit ständiger Selbstkontrolle und damit auch lernpsychologisch bedeutsame Bekräftigungen.
L. werden in der Schule nur in sehr begrenztem Rahmen eingesetzt. Weit mehr Verwendung finden sie beim Militär oder in der Wirtschaft, vor allem da, wo es um rasche Aufnahme einer relativ begrenzten Wissensmenge geht. Zur Problematisierung und zur Verfolgung nicht-kognitiver Lernziele scheinen L. weniger geeignet zu sein. → Kybernetik, → Lernprogramme, → Lehralgorithmus.

**Lehrwerkstätten,** heute Ausbildungswerkstätten genannt, sind betriebseigene Einrichtungen im gewerbl.-techn. Bereich (insbes. Metall- und Elektroberufe) zur Vermittlung einer von der Produktion getrennten lehrgangsmäßigen → Berufsgrundbildung durch hauptamtliche Ausbilder. Die erste »Fabriklehrwerkstatt« Dtl.s wurde 1821 von Koenig & Bauer in Würzburg eingerichtet. L. bestehen auch als überbetriebl. Einrichtungen von Kammern und Innungen.
L.: E. Eichberg, Die L. im Industriebetrieb, 1965; M. v. Behr, Die Entstehung der industriellen L., 1981.

**Leibeserziehung,** heute mehr und mehr unüblich werdende Bezeichnung für → Sport, Schulsport, Sportunterricht, → körperliche Erziehung.

**Leibniz,** Gottfried Wilhelm, * 21. 6. 1646 Leipzig, † 14. 11. 1716 Hannover; studierte in Leipzig und Jena, 1664 Promotion in Altdorf, trat dann in den diplomatischen Dienst des Kurmainzischen, später Hannoverschen und Braunschweigischen Hofes. Universaler Gelehrter von europ. Rang; regte die Einrichtung von Ritterakademien, Schulen für Bürger, Kaufleute und Handwerker sowie die Gründung der Preuß. Akad. der Wiss.n (1700) an. Für L. ist die bestehende Welt die beste aller denkbaren Welten; sie stellt eine prästabilierte Harmonie, d. h. ein harmonisches Zusammenspiel von Monaden dar; diese werden als Kraft gedacht; jede Monade ist auf ihre Weise potentieller Spiegel des Alls. Obwohl Anhänger der Naturwiss. Galileis, deutete L. die Monaden als → Entelechien und wurde so zum Begründer des modernen Gedankens von der individuellen Einmaligkeit des Menschen. → Bildung.
Schr.: Histor.-krit. Ausgabe, hg. v. d. Preuß. (Dt.) Akad. der Wiss., 1923 ff.; Zweisprach. Studienausg., hg. v. H. H. Holz, 1969; Phil. Werke, übers. v. A. Buchenau u. E. Cassirer, 4 Bde., 1994, Neuaufl. 1996.
L.: E. Cassirer, L. System in seinen wiss. Grundlagen, 1902, ²1962; E. Ravier, Bibl. des Œuvres de L., Paris 1937; Nachdr. 1966; K. Schlechta, L. als Lehrer und Erzieher, ²1947; L. Bibl., bearb. v. K. Müller, 1967; Leben und Werk von G. W. L., hg. von der Niedersächs. Landesbibl., 1969; R. Böhle, Der Begriff des Individuums bei L., 1978; W. Wiater, G. W. L. und seine Bedeutung in der Päd., 1985; E. Colerus, L., Leben u. Werk eines Universalgenies, 1986; L. Davillé, L. historien. Essai sur l'activité et la méthode historique de L., Paris 1986; J. Estermann, Individualität und Kontingenz, 1990; W. Wiater, Erziehungsphilosophische Aspekte im Werk von G. W. L., 1990; E. J. Aiton, G. W. L., 1991; H. H. Holz, L., 1992; H.-S. Brather (Hg.), L. und seine Akademie, 1993; G. MacDonald Ross, L., Oxford 1996; M. Th. Liske, L.s Freiheitslehre, 1993.

**Leistung,** wie im allg. Sprachgebrauch bezeichnet L. als päd. Begriff sowohl Anstrengungen und Aktivitäten, die aufgrund von L.sanforderungen vollzogen werden als auch deren Ergebnis. Entsprechend kreist das päd. L.sproblem um die Aspekte von L.smotivation und L.smessung bzw. -beurteilung.
L. als »Verkehrsregelungsgrundsatz« (Hartfiel) der modernen Industriegesellschaft dient als rationalste Form der Zuordnung von Personen und gesellschaftl. Positionen der Statuszuweisung und der Vergabe von Sozialchancen. Bei diesem Vorgang der sozialen → Auslese und »Allokation« spielen formale L.snachweise in Ausbildungs- und Bildungsgängen eine entscheidende Rolle. Hatte die Päd. vom Modell des → päd. Bezuges her Schule und Erziehung lange Zeit als Filter gegenüber dem unvermittelten L.sdruck der außerpäd. Mächte gesehen, so zeigte die erfahrungswiss. Analyse von L.smotivation und schulischen L.svollzügen, daß diese von einer Reihe äußerer Bedingungen beeinflußt werden (z. B. frühkindl. Sozialisation; vorhergegangene Lernerfahrung, bes. Erfolg und Mißerfolg; Berücksichtigung individueller Voraussetzungen) und deshalb päd. vorbereitet und gefördert werden müssen. Da in

demokratischen Gesellschaften L.sprinzip und → Chancengleichheit sich wechselseitig bedingen und da unterschiedl. Schul-L.n nur zum Teil aus Intelligenzunterschieden erklärbar sind, setzt das L.sprinzip in der Schule die weitestgehende Herstellung gleicher Start- und L.schancen voraus, z. B. durch Maßnahmen → kompensatorischer Erziehung. Die Unterscheidung zw. einem fähigkeitszentrierten und einem anstrengungszentrierten L.sbegriff (Heckhausen) macht ein Dilemma der L.sbeurteilung deutlich: soll dabei mehr die Fähigkeit des Handelnden oder seine Anstrengung veranschlagt werden? Dieses Grunddilemma wird auch durch Verfahren einer objektivierten → L.smessung (z. B. normierte Tests) nicht aufgehoben.

L.: H. Arendt, Vita activa oder vom tätigen Leben, dt. 1960 u. ö.; C.-L. Furck, Das päd. Problem der Leistung, 1961, [5]1975; F. Weinert, Schülerpersönlichkeit und Schul-L., 1965; K. Ingenkamp, Schul-L.n damals und heute, 1967; W. Hartmann, L. als päd. Problem, 1968; W. Lempert, L.sprinzip und Emanzipation, 1971; H. Schoeck, Ist L. unanständig? 1971, Neubearb. 1988; I. Lichtenstein-Rother (Hg.), Schulleistung und Leistungsschule, 1971, [3]1976; H. Heckhausen, L. und Chancengleichheit, 1974; K. Heller (Hg.), L.sbeurteilung in der Schule, 1974; P. M. Roeder, K. Treumann, Dimensionen der Schul-L., 1974; B. Kozdon, Das L.sprinzip in Gesellschaft und Schule, 1976; G. Hartfiel (Hg.), Das L.sprinzip, 1977; H.-K. Beckmann (Hg.), L. in der Schule, 1978; K. Schaller, L. und Selbstverwirklichung, 1979; Kl. Hurrelmann (Hg.), L. und Versagen, 1980; D. Feiks, M. H. Schmidt (Hg.), Das L.sproblem in Gesellschaft und Schule 1981; F. von Cube, D. Alshuth, Fordern statt verwöhnen, 1986 u. ö.; W. Brezinka, Tüchtigkeit, 1987; Ethik der L., hg. von H. Thomas, 1988; B. Seipp, Angst und L. in Schule und Hochschule, 1990; Konzentration und L., hg. von J. Janssen, 1991; D. H. Rost (Hg.), L.sängstlichkeit, 1991; A. Helmke, Selbstvertrauen u. schulische L., 1992; M. Amelang (Hg.), Bereich interindividueller Unterschiede: L., 1993; K. Aurin (Hg.), Schulpol. im Widerstreit, 1997.

**Leistungsmessung** bezeichnet zusammenfassend Verfahren zur Beurteilung des Schülers durch den → Lehrer, die sich meist auf mündl. Abfragen und das Bewerten von schriftl. Arbeiten zur Feststellung des Lernerfolgs stützen. L. wird durch den Grad der Objektivität des Beurteilers und die Art der Prüfungsaufgaben beeinflußt. Aufgabe der L. ist, den Leistungsstand einzelner Schüler festzustellen, den Lernfortschritt mehrerer Schüler zu vergleichen, Erfolgsrückmeldung für den Schüler zu vermitteln und Informationen an die Eltern über die Leistungen ihrer Kinder zu geben (Zensuren, → Zeugnisse). Daneben dient die L. der Aufdeckung von Lernschwierigkeiten und der Kontrolle der Unterrichtsmethode. In die L. gehen eine Reihe von Störmomenten ein, wie der → Halo-Effekt, die Wirkung von Vorinformationen u. a. Deshalb soll die L. auf ihre Objektivität, Reliabilität und Validität überprüft werden. Diese Kriterien erfüllen Schulleistungstests oder informelle Tests in größerem Maß als die traditionellen Verfahren. Die Problematik der L. ist bereits im Leistungsbegriff zu sehen, dessen bisherige Praxis in den Schulen oft Konkurrenzkampf, Auslesedruck und → Angst erzeugt. → Leistung.

L.: K. H. Ingenkamp, T. Marsolek (Hg.), Möglichkeiten und Grenzen der Testanwendung in der Schule, 1968; P. Gaude, W. P. Teschner, Objektivierte L. in der Schule, 1970; I. Lichtenstein-Rother (Hg.), Schulleistung und Leistungsschule, 1971 u. ö.; H. Schröder, L. und Schülerbeurteilung, 1974; J. Kutscher, Beurteilen oder Verurteilen, 1977; K. A. Heller (Hg.), Leistungsdiagnostik in der Schule, [4]1984; K.-J. Klauer, Kriteriumsorientierte Tests, 1987; R. Weiss, Leistungsbeurteilung in den Schulen – Notwendigkeit oder Übel, 1989; J. G. Prinz von Hohenzollern, M. Liedtke (Hg.), Schülerbeurteilungen und Schulzeugnisse, 1990; K. Heller (Hg.), Begabungsdiagnostik in der Schul- und Erziehungsberatung, 1991; E. W. Kleber, Diagnostik in päd. Handlungsfeldern, 1992; Redaktion Deutsche Schultests (Hg.), Hdb.: Schultests, 1992/93; E. Jürgens, Leistung u. Beurteilung in der Schule, 1992; L. Tent, I. Stelzl, Päd.-psycholog. Diagnostik, Bd. 1, 1993; H.-P. Langfeldt, L. Tent, Päd.-psycholog. Diagnostik, Bd. 2, 1999.

**Lektion,** (lat.: Lesung, Vor-) im mittelalterlichen Schul- und Universitätswesen vorherrschende Lehrform, bei der die als Lehrbücher ausgewählten Texte der *auctores* (klass. Autoren) vorgelesen und kommentiert wurden. Heute ist L. veraltet noch gebräuchlich für Unterrichtsstunde und Probestunde (Probe-L.).

**Lektor,** nicht habilitierter und nicht zur Forschung verpflichteter Hochschullehrer für den Unterricht in bestimmten Fächern (z. B. Sprachen), Künsten und Fertigkeiten.

**Lenhart,** Volker, * 14. 12. 1939 Berlin; Promotion 1968, Habil. 1972, 1964–71 Akad. Rat Univ. Heidelberg, 1971–73 Prof. PH Heidelberg, seit 1973 Prof. f. Erziehungswiss. Univ. Heidelberg. Wichtige Arbeiten zur Ge-

schichte der Päd., zur Theorie der päd. Historiographie und zur → Vergleichenden Erz.wiss.
Schr.: (Hg.) Hist. Päd., 1977; Die Evolution erzieher. Handelns, 1987; »Bildung für alle«, zur Bildungskrise in der Dritten Welt, 1993; zus. m. H. Röhrs (Hg.), Die Reformpäd. auf den Kontinenten, 1995; Protestant. Päd. und der »Geist« des Kapitalismus, 1998.

**Lenzen,** Dieter, * 27. 11. 1947 Münster; 1973 Dr. phil. Münster (bei Blankertz), 1973–75 Bildungsforschung für das Kultusministerium NRW, 1975–77 Prof. f. Erziehungswiss. Univ. Münster, 1977 Prof. f. Phil. der Erziehung FU Berlin. Gastprof. in Tokyo, Nagoya und Hiroshima. Schwerpunkte seiner wiss. Arbeit liegen in den Bereichen Erziehungs- und Bildungstheorie, Historische Anthropologie der Erziehung, Systemtheorie sowie Medienrezeptionsforschung.
Schr.: (Hg.), Enzyklopädie Erziehungswissenschaft, 12 Bde., 1983 ff.; Mythologie der Kindheit, 1985; Vaterschaft. Vom Patriarchat zur Alimentation, 1991; Handlung und Reflexion, 1996; m. N. Luhmann (Hg.), Bildung und Weiterbildung im Erziehungssystem, 1997, Orientierung Erz.wiss., 1999.
L.: Krüger, Einführung in Theorien und Methoden der Erziehungswissenschaft, 1997.

**Lernbehindertenpädagogik** bezeichnet die Theorie und Praxis der (Sonder-)Erziehung lernbehinderter Kinder, Jugendlicher und Erwachsener. Im Mittelpunkt steht die Erforschung der Bedingungen, Möglichkeiten und Erfordernisse für die Förderung und soziale Eingliederung derer, die aufgrund verschiedenster → endogener oder → exogener (kognitiver, sozialer, motorischer und emotionaler) Faktoren nach Verhalten und Leistung auffällig und in ihrer Persönlichkeitsentwicklung beeinträchtigt werden, ohne daß deutliche Sinnes- oder Körperschäden sichtbar werden.
Nicht einbezogen werden in den Bereich der L. alle Fälle von schwerer Sinnesbehinderung (z. B. Seh- und Hörbehinderung), erhebliche Körperbehinderung und geistige Behinderung mittleren und schwereren Grades.
Der Begriff L. und selbständige Lehr- und Forschungsinstitute der Hochschulen bestehen erst seit der Umwandlung der → Hilfsschule in eine Sonderschule für Lernbehinderte im Verlauf der 60er Jahre (→ Sonderschulwesen). Fördermaßnahmen für Lernbehinderte sind im Vorschulalter Frühförderungsprogramme in → Kindergärten und seltener in → Sonderkindergärten. Prophylaktisch werden in Grund- und Hauptschulen Förderstunden und -kurse abgehalten. Sonderklassen und -schulen und später berufsbildende Einrichtungen helfen, die Ziele der L. zu erreichen: Lebensbewältigung, Förderung von Restkräften und verschütteten Fähigkeiten, Lese-, Schreib- und Rechenfähigkeit, Selbsttätigkeit, Kenntnisse des Notwendigen und Wesentlichen, personale Entfaltung und charakterliche Lebenstüchtigkeit als Partner, Mitmensch und Staatsbürger.
Die Bildungsfunktion der Schule für Lernbehinderte wird aufgrund ihrer unzureichenden Wirkung in bezug auf → Leistung und soziale → Integration (→ Stigmatisierung) in zunehmendem Maße kritisch beurteilt, und die Forderung nach einer neuen Schule für alle Kinder hat ihre Berechtigung grundlegend in Frage gestellt. Sie steht heute vor der Aufgabe, alternative Konzepte zum bestehenden Schulsystem zu entwerfen und die soziale Diskriminierung ihres Schulabschlusses in der Öffentlichkeit abzubauen. Eine Neubenennung in »Schule zur individuellen Lernförderung« oder »Förderschule« (Bayern) kann allein noch keine neue Konzeption begründen. → Lernbehinderung.
L.: E. Kobi, Die Rehabilitation der Lernbehinderten, 1975; G. Kanter, L., in: G. Kanter u. O. Speck (Hg.), Hdb. der Sonderpäd. Bd. 4: Päd. der Lernbehinderten, 1976, ²1980; U. Bleidick, L., in: ders. u. a. (Hg.), Einf. in die Behindertenpäd. Bd. 2, 1977, ³1989; H. Baier, Einf. in die L., 1980; ders., Studienhilfe für sonderpädagogische Fachrichtung L., ³1982; ders. U. Bleidick (Hg.), Hdb. der Lernbehindertendidaktik, 1983; H. Willand, Päd. der Lernbehinderten, 1983; H. Baier, G. Klein (Hg.), Spektrum der L., 1984; H. C. Schöne, Schulstreß u. Lernerfolg, 1985; G. Heil, Erziehung zur Sinnfindungshaltung, 1985; W. Baumberger, Berufswahlvorbereitung bei lernbehinderten Sonderklassenschülern, 1986; G. G. Hiller, Ausbruch aus dem Bildungskeller, 1989; U. J. Schröder, Grundriß der L. 1990; U. Haeberlin u. a. Die Integration von Lernbehinderten, 1990, ²1991; G. Jost, Unterrichtung in der Schule für Lernbehinderte (Sonderschule) oder Integration in das Regelschulwesen?, 1992; T. Hofsäss, Die Überweisung von Schülern auf die Hilfsschule u. die Schule für Lernbehinderte, 1993; H. Eberwein (Hg.), Hdb. Lernen und Lern-Behinderungen, 1996.

**Lernbehinderung.** Dieser Begriff hat etwa seit 1960 in die Fachsprache Eingang gefunden und löste den Begriff Hilfsschulbedürfigkeit ab. L. stellt einen umstrittenen, problematischen, sachlogisch ungenauen Begriff dar, denn es fehlen präzise medizin., psycholog., päd. und soziolog. Bestimmungsmerkmale. Als lernbehindert gilt, wer die Schule für Lernbehinderte besucht. L. meint das Phänomen der schwerwiegenden, umfänglichen und langdauernden Beeinträchtigung von Lernprozessen eines Menschen, zumeist verbunden mit deutlich normabweichenden Leistungs- und Verhaltensformen (→ Mehrfachbehinderung). Die Übergänge zw. diesen Formen der Lernbeeinträchtigung sind fließend. So kann L. aus Generalisierung und Verfestigung von Lernstörungen hervorgehen; möglich ist auch ein Abbau dieser Beeinträchtigung durch entsprechende Förderung bis hin zur Normalisierung. In der Regel gelten Kinder und Jugendliche heute als lernbehindert, wenn sie bezüglich der Altersnorm einen schulischen Rückstand von mehr als zwei Jahren haben und in einem standardisierten Intelligenztest nicht über einem IQ von 90 liegen. Ein Teil von Kindern mit IQs unter 90 befindet sich in der Regelschule und gilt damit nicht als lernbehindert, weil sie, was das Leistungsverhalten angeht, nicht auffällig werden.

Während früher L. häufig mit Intelligenzschwäche und Schwachbegabung gleichgesetzt und damit von einem angeborenen schwachen Begabungspotential ausgegangen wurde, treten heute erworbene Schädigungen oder → exogene Faktoren (Schädigungen im Mutterleib, Geburtsschäden, sowie frühkindliche Erkrankungen und Verletzungen), ganz besonders aber Umweltbedingungen, also psycho-soziale Beeinträchtigungen (Störungen der frühen → Mutter-Kind-Beziehung, mangelnde Wärme und emotionale Zuwendung, gestörte Familienbeziehungen, Erziehungsmängel, Entwicklungsprobleme, Schulverhältnisse) und vor allem Sozialisationsdefizite (geringe geistige Stimulation, schlechte Sprachmuster, geringe Erwartungshaltung der Eltern, negative Einstellung von Personen in der Umwelt) in den Vordergrund. Bei einem hohen Prozentsatz der Lernbehinderten (ca. 60–80%) fallen soziokulturelle Belastungsfaktoren (rangniedrige Berufe der Eltern, beengte Wohnverhältnisse, unvollständige Familien, ungünstige Wohngebiete etc.) auf. L. kommt in der Regel durch das Zusammenwirken mehrerer Faktoren zustande. → Lernbehindertenpädagogik, → Sonderpädagogik.

L.: K. J. Klauer, Lernbehindertenpäd., 1965, ⁵1977; E. Begemann, Die Erziehung der sozio-kulturell benachteiligten Schüler, 1970; R. Kornmann, Diagnose von L.n, 1977; W. Thimm, L.en. Versuch einer soziologischen Erklärung, 1979; H. Nelse, Die berufliche Integration Lernbehinderter in ein modulistisches Ausbildungssystem, 1980; W. J. Zielniok, Berufsvorbereitung mit Lernbehinderten, 1981; E. Begemann, Schüler u. Lern-Behinderungen, 1984; U. Bleidick, Individualpsychologie, L.en u. Verhaltensstörungen, 1985; G. Klein, Lernbehinderte Kinder u. Jugendliche, 1985; H. Grissemann, L. heute, 1989; U. Haeberlin, G. Bless. U. Moser, Die Integration von Lernbehinderten, 1990, 1991; E. Breitenbach, Unterricht in Diagnose- u. Förderklassen, 1992; J. M. Platt, J. L. Olson, Teaching adolescents with mild disabilities, 1997; D. Eggert, Von den Stärken ausgehen … Individuelle Entwicklungspläne in der Lernförderungsdiagnostik, 1997.

**Lernen.** In der Geschichte des abendl. Denkens prägten sich relativ früh zwei (konkurrierende) Auffassungen von L. aus. Für → Platon bedeutet L. Wiedererinnerung, und zwar der Ideen, die die Seele immer schon in sich trägt und die anläßlich konkreter Sinneseindrücke reaktiviert werden. Dieser Begriff von L. hat seine Wirkungsgeschichte über → Augustinus, → Leibniz, den Dt. Idealismus bis zur Theorie vom L. als Einsicht (→ Lerntheorien). Für → Aristoteles ist die Seele eine *tabula rasa* (eine leere Tafel), auf die Sinneseindrücke eingetragen werden; L. bedeutet, so gesehen, Aufnahme und Speicherung von Sinnesdaten. Diese Auffassung läßt sich über → Locke, Hume, den englischen Empirismus, den → Behaviorismus bis zu gegenwärtigen Konditionierungstheorien verfolgen. Meint L. im ersten Falle vorwiegend die theoretisch-kontemplative Bemühung um Selbsterkenntnis, so geht es im zweiten Falle vor allem um die technisch-praktische Verarbeitung und Nutzung von Informationen. Psychologisch betrachtet ist L. in einem sehr weiten Sinn ein Anpassungsprozeß an eine sich ständig verändernde Umwelt. So gesehen können auch Tiere lernen. Das menschl. L. unterscheidet sich aber vom tierischen, sofern Probleme auf der Symbolebene gelöst werden können. Durch das L. wird sowohl erwünschtes als auch unerwünschtes Verhalten aufgebaut. Gelerntes Verhalten wird im Gedächtnis gespeichert. Die Speicherkapazität des Menschen ist gegenüber dem Tier größer durch die Fähigkeit des Menschen, auf Symbole zurückgreifen zu können. Dabei bezieht sich L. nicht nur auf die geistige Entfaltung, auf die Erweiterung von Einsicht und Kenntnissen und auf die Prägung von Bedeutungsgehalten, sondern auch auf die Änderung des motorischen und sozialen Verhaltens. Von L. wird jedoch nicht gesprochen, wenn Verhaltensänderungen auftreten aufgrund zwischenzeitl. anormaler psychophysischer Verfassungen, z. B. durch Müdigkeit oder Rauschmittelkonsum. L. als Prozeß ist von multiplen Bedingungsfaktoren abhängig; ein wesentl. Faktor ist die → Motivation, die den Lernprozeß in Gang setzt und steuert, ein anderer der Entwicklungsstand des Lernenden, ein weiterer die (Struktur der) Lernsituation.

L.: H. Roth, Päd. Psychologie des Lehrens und L.s, 1957; [16]1983; H. Aebli, Psychologische Didaktik, 1963 u. ö.; K. Foppa, Lernen, Gedächtnis, Verhalten, 1965, [9]1975; G. Buck, L. und Erfahrung, 1967, [3]1989; H. Roth, Begabung u. L., 1968; R. Gagné, Die Bedingungen des menschl. L.s, 1969; H. Skowronek, L. und Lernfähigkeit, 1969, [6]1976; Lit. in Hdb. psych. Grundbegriffe, 1977; G. H. Bower u. E. R. Hilgard, Theorien des L.s, 2 Bde., 1981, [5]1983; N. Kluge, Spielen und Erfahren, 1981; W. Lippitz, K. Meyer-Drawe (Hg.), L. u. seine Horizonte, 1982; G. Steindorf, L. u. Wissen, 1985; F. Vester, Denken, L., Vergessen, 1987; K. Prange, Pädagogische Erfahrung, 1989; M. Neumann, Grundlagen des L.s, 1990; F. Schermer, L. und Gedächtnis, 1991, [2]1998; W. Sacher, Computer und die Krise des L.s, 1991; F. Maurer, Lebenssinn und L., 1991; L. Koch, Logik des L.s, 1991; W. Edelmann, Lernpsychol., [5]1996; J. Hoffmann (Hg.), L., 1996; G. Steiner, L., 1996; F. E. Weinert (Hg.), Psychologie des L.s und der Instruktion, 1996; F. Baumgart, Entwicklungs- und Lerntheorien, 1998.

**Lernprogramm.** In der → Kybernetik Programm zur Simulation von Lernmodellen auf einem Rechner. Im Fachschrifttum zum → programmierten Unterricht wird der Ausdruck L. oft auch gleichgesetzt mit → Lehrprogramm, obwohl menschliches Lernen nicht programmierbar ist.

**Lernprozeß** (von lat. *processus*: Fortschreiten), allg. Vorgang, Verlauf des Lernens; in einem engeren Sinne die Folge eigener, oft schmerzlicher Erfahrungen, die einen nötigen, seinen eigenen Standpunkt zu revidieren (»einen L. durchmachen«).

**Lernschule** ist die meist kritisch-polemisch gebrauchte Bezeichnung für eine Schule, die das mechanische und rezeptive Lernen überbewertet. Die → Reformpäd. bezeichnete die Schule der → Herbartianer in diesem Sinne.

**Lernsequenz** ist die Abfolge einzelner Lernschritte innerhalb einer Lerneinheit als Ergebnis der Strukturierung der Lerninhalte.

**lerntheoretische Didaktik.** Die l. D. der → Berliner Schule, angeregt und entworfen von Heimann, fortgeführt und später modifiziert von seinem Schüler und Nachfolger W. Schulz, entstand als Kritik an der → bildungstheoretischen D., v. a. an ihrem grundlegenden Bildungsbegriff. Heimann hielt ihn seiner Unbestimmtheit und Wertgebundenheit wegen für wiss. unbrauchbar und schlug vor, statt seiner den Lernbegriff zu verwenden, daher auch die Bezeichnung l. D.
Zunächst ging es den Berlinern auch gar nicht darum, Handlungsanweisungen für den Praktiker zu entwerfen, sondern um eine möglichst wertfreie, also objektive Deskription tunlichst aller Momente und Aspekte des tatsächlich stattfindenden Unterrichts. Der Entstehungszusammenhang ist also die Unterrichtsanalyse, nicht die Unterrichtsvorbereitung wie bei → Klafki. Auf der Grundlage solcher Deskription entwickelte die l. D. sechs Strukturmomente, die prinzipiell jeden Unterricht kennzeichnen. Diese zerfallen in zwei Bedingungsfelder: anthropogene und soziokulturelle Bedingungen des Unterrichts (der dann auch Folgen auf diesen beiden Feldern hervorbringt) und vier Entscheidungsfelder: Intentionen, Inhalte, Methoden und Medien. Für diese Strukturmomente gelten insgesamt drei Prinzipien: Variabilität, Überprüfbarkeit und Interdependenz, und zwar sowohl beim praktischen Unterrichten wie bei der theoretischen Klärung. Mit dem Prinzip der Interdependenz wird auch der »Primat der Didaktik« aufgegeben, Methodenfragen erhalten somit ein weit stärkeres Gewicht als in der bildungstheoretischen D. Kritiker haben der »Berliner Schule« vorgeworfen, sie vernachlässige die ideologiekritische Frage nach dem Ziel, dem Nutzen und den Nutznießern des Unterrichts und werde so zu einer rein technologischen Disziplin. Gerade hier hat diese

**Lerntheorie**

Position eine entschiedene Neuorientierung vollzogen. → Didaktik (dort auch Lit.).

**Lerntheorie** ist der unterschiedlich fundierte Versuch, die Prozesse des → Lernens zu erklären. Vier Hauptgruppen von L.n können heute unterschieden werden: 1. Behavioristische L.n, die den Lernprozeß als assoziative Verknüpfung von Reiz und Reaktion verstehen. Neuartige Problemsituationen werden nach dem Prinzip von Versuch und Irrtum angegangen, bis ein Erfolg erzielt wird. Dieser Erfolg führt zu einer Verstärkung, die eine Erhöhung der Auftrittswahrscheinlichkeit der erfolgreichen Reaktion nach sich zieht. Vertreter dieser Gruppe sind Hull, → Skinner, Guthrie und auch schon Pawlow. – Von der 2. Gruppe der L.n wird der assoziationspsychologische Standpunkt entschieden abgelehnt und die sogenannte Gestalttheorie als Erklärung für das Lernen herangezogen. Diese geht davon aus, daß Erfahrungen Spuren hinterlassen, die mit neuen Reizen nach dem Ähnlichkeitsgesetz verbunden werden. Im Mittelpunkt der gestaltpsycholog. L. steht das Prinzip des Lernens durch Einsicht. Vertreter dieser Gruppe sind → Lewin, Koffka, → Piaget und → Bruner. – 3. Das Lernen wird als ein Nachahmungsvorgang verstanden. Auch hochkomplexe Verhaltensmuster werden nach dieser Theorie von Vorbildern imitiert, wobei die Kopierungsmechanismen unbewußt ablaufen. Bes. Bandura vertritt diese L. 4. Auf der Grundlage der → Kybernetik und der Informationstheorie wird Lernen unter dem Gesichtspunkt der Informationsverarbeitung gesehen. Dabei werden die in Computern ablaufenden Prozesse mit den beim Lernen stattfindenden Vorgängen im Gehirn verglichen. Im Mittelpunkt dieser L. steht insbesondere der Wissenserwerb.

L.: E. R. Hilgard, G. H. Bower, Theorien des Lernens, dt. 1975, $^5$1983; R. M. Travers, Grundlagen des Lernens, dt. 1975; A. Bandura, Lernen am Modell, dt. 1976; W. Piel, Kl. Lehrbuch der Lernpsychologie, 1977; H. Neber (Hg.), Selbstgesteuertes Lernen, 1978; W. Edelmann, Einf. in die Lernpsychologie, Bd. 1, 1978; H. Lehner, Erkenntnis durch Irrtum als Lehrmethode, 1979; Kl. Foppa, Kognitive Strukturen und ihre Entwicklung, 1981; Ch. T. Scheilke (Mitarb.), Lerntheorie – Lernpraxis, 1982; R. B. Cattel, Structured personality – learning theory, 1983; R. Mielke, Lernen und Erwartung, 1984; H. v. Crott (Hg.), Gruppen- und L.n, 1985; M. Miller, Kollektive Lernprozesse, 1986; R. Bolles (Hg.), Evolution and learning, 1988; W. Edelmann, Lernpsychologie, $^5$1996; F. Baumgart, Entwicklungs- und L.n, 1998; F. J. Scherner, Lernen und Gedächtnis, $^2$1998.

**Lesebuch,** eine Sammlung von relativ kurzen, in sich abgeschlossenen Texten (Anekdoten, Briefen, Erzählungen, Kurzgeschichten), Gedichten und Textauszügen zur Verwendung im → Deutschunterricht, zunächst dem → Lesenlernen, dann der → literarischen Erziehung dienend. Die ersten L.er sind wohl in → Chrestomathien und → Anthologien zu sehen, einen wichtigen Neuanfang des dt. L.s setzte → E. v. Rochow mit seinem »Kinderfreund«. Im Laufe des 19. Jh.s entstanden weitere L.er, die allerdings meist stark moralisierend und im Sinne einer bürgerl. Ideologie und Bravheitserziehung gehalten waren. Die → Kunsterziehungs- und die → Jugendschriftenbewegung traten dann nach 1900 verstärkt für eine Neugestaltung der L.er ein; sie forderten eine stärkere Berücksichtigung künstlerischer Kriterien bei der Illustration und der Auswahl der Texte und zusätzlich eine Aufnahme realistischer Texte. Nachdem während der NS-Zeit die L.er im Sinne der herrschenden Ideologie umgeformt worden waren, knüpfte man nach 1945 zunächst wieder an die Arbeiten der → Reformpäd. an. Seit Mitte der 50er J. haben sich die kritischen Stimmen gemehrt, die den L.ern vorwerfen, sie negierten, vernachlässigten, harmonisierten oder verfälschten durch ihre Textauswahl das Bild der gesellschaftl. Wirklichkeit, klammerten vor allem die Bereiche der Arbeit, der sozialen Konflikte, der Politik und der Wirtschaft weitgehend aus, reproduzierten Vorurteile (u. a. gegen gesellschaftl. Randgruppen wie Zigeuner u. ä.) und hingen insgesamt einer idyllischen, überholten bürgerl. Ideologie an. Aus diesem Grund entstanden alternative L.er (E. Kästner, Was nicht in euren Lesebüchern steht), und es stieg die Verwendung von → Ganzschriften, preiswerten Taschenbüchern, Zeitungs- und Zeitschriftenartikeln. Die Arbeit mit Hörspielen und Fernsehfilmen sowie Theaterbesuche stellen weitere Formen der Hinführung zur Literatur dar.

Es ist damit zu rechnen, daß sich das L. noch stärker zu einem literarischen Arbeitsbuch

entwickeln wird, das neben dem traditionellen ästhetischen Bereich auch polit., soziale und ökonom. Themen enthält. → Schulbuch.
L.: P.-M. Roeder, Zur Gesch. und Kritik des L.s der höh. Schule, 1961; P. Glotz, W. R. Langenbucher, Versäumte Lektionen, 1965; H. Helmers (Hg.), Die Diskussion um das dt. L., 1969; J. Kreft, G. Ott, L. und Fachcurriculum, 1971; P. Hasubek, Das dt. L. in der Zeit des Nationalsozialismus, 1972; P. Braun (Hg.), Neue Lesebücher – Analyse und Kritik, 1972; H. L. Arnold, Das L. Ende der 70er Jahre, 1973; H. Geiger (Hg.), L.diskussion 1970–1975, 1977; K. Meiers (Hg.), Fibeln und erster Leseunterricht, 1986.

**Lesenlernen.** In engerem Sinn versteht man unter Lesen nur die Technik der subjektiven Aufnahme (und Wiedergabe) geschriebener Texte und unter Ll. den Erwerb dieser Technik, wobei man im Lesen einen komplexen Prozeß sieht, der sich auf verschiedenen, sowohl ästhetischen als auch kognitiven Ebenen vollzieht. Auf der höchsten Ebene ist Lesen verstehende Sinnentnahme, damit auch letztes Ziel des Ll.s; dieses geschieht traditionell in eigens dafür entwickelten Lehrgängen innerhalb der ersten Schulj. und nicht, wie das Sprechenlernen, auf »natürliche Weise«. Eine weitere Definition erklärt Lesen als »Decodierung visueller Codes«, so daß das → Ll. mit dem Lernen überhaupt beginnt und das schulische Ll. im engeren Sinne dann nur als Fortsetzung vor-schulischer Lernerfahrung erscheint. Beide Ausgangspositionen ziehen ein anderes Verständnis in »Methoden« nach sich: im ersten Fall ist Lesen das Ergebnis der vom Lehrer angewandten Methode, im zweiten eine Eigenleistung der Schüler unter Zuhilfenahme vom Lehrer bereitgestellter Lernvoraussetzungen. Lesen stellt eine grundlegende Voraussetzung für die Teilhabe an einem differenzierten, weiterführenden Bildungsprozeß und am kulturell-gesellschaftl.-wirtschaftl. Leben überhaupt dar. Von daher rührt die Bedeutung, die Alphabetisierungskampagnen in der Dritten Welt zugeschrieben wird, und die Besorgnis, mit der man einen sekundären → Analphabetismus in den Industriestaaten betrachtet. Bis ins 19. Jh. hinein wurde mit Ll. meist die Buchstabiermethode angewandt, ehe sie von der schon im 16. Jh. bekannten → Lautiermethode abgelöst wurde. Diese Lehrgänge waren auch bei einem bedeutenden Pädagogen wie → Pestalozzi recht hölzern, mechanistisch und lebensfern. Erst in der → Reformpäd. orientierten sich neue Methodenkonzeptionen an den Prinzipien Kindgemäßheit und → Selbsttätigkeit; das schlug sich auch in den → Fibeln nieder. Ganzheitsmethoden (Vorläufer J. J. Jacotot) traten neben die herkömml. Lautiermethode. Systematisch lassen sich folgende Methoden unterscheiden: 1. Synthetische Methoden gehen vom einzelnen Schriftzeichen aus und setzen Worte, Sätze und größere Texte nach und nach zusammen. Zu dieser Gruppe zählen die Buchstabier-, Lautier- und Interjektionsmethode. Die letzte führt dabei die einzelnen Laute als Ausrufe ein (Staunen: A, Enttäuschung: O, Zorn: N), ist also eine Spielart der Lautiermethode. 2. Ganzheitliche oder analytische Methoden gehen von Ganzheiten (Worten, Sätzen oder gar größeren Texten) aus und führen über Vergleich und Isolation einzelner Wortteile zum Lesen wie zur Kenntnis der Buchstaben. Man unterscheidet → Ganzwort- (etwa → Normalwortmethode) und Ganzsatzmethode (J. Wittmann, Kern). Zwischen Vertretern beider Gruppen wurde (und wird noch) eine heftige Diskussion geführt. Die »Analytiker« werfen den »Synthetikern« die Vernachlässigung der wahrnehmungspsycholog. Ausgangslage der Kinder und der Struktur unserer Schriftsprache vor: diese zeihen die Ganzheitsmethodiker, sie erzeugten → Legasthenie und Analphabetentum. Zw. beiden Positionen vermittelnde »analytisch-synthetische Verfahren« gehen zwar von ganzen Wortbildern aus, beginnen aber rasch mit der Analyse einzelner Buchstaben und lassen nur solche Worte auf Dauer speichern, deren Lautbilder alle bekannt sind. Zahlreiche entwicklungs- und wahrnehmungspsych. Befunde sprechen für methodenintegrierende, analyt. und synth. Momente umfassende Verfahren. Neuerdings wird die Rolle des Lehrers beim Ll. nicht mehr zunächst als die des Beherrschers einer bestimmten Methode gesehen, sondern er soll bei der Ausbildung individueller Lernstrategien Hilfestellung leisten.
Vom Lehrer wird gefordert: 1. Kenntnis und Bereitstellung der wichtigsten Lernvoraussetzungen des Ll.s; 2. Aufnahme, Stabilisierung, Unterstützung und Entwicklung der kindl.

**Leseunterricht**

Motivation für das Lesen, 3. Schaffung einer solidarischen Lernatmosphäre, in der gegenseitige Hilfe und Unterstützung nicht nur möglich, sondern erwünscht sind.

Schr.: A. C. Baumgärtner (Hg.), Lesen. Ein Hdb., 1974; W. Menzel (Hg.), Fibeln und Lesebücher für die Primarstufe, 1975; A. Hofer (Hg.), Ll, 1976; E. Schwartz (Hg.), Lesen lernen – das Lesen lehren, 1977; E. P. Müller, Lesen in der Grundschule, 1978; R. Gümbel, Erstleseunterricht, 1980; ⁵1993; D. Durkin, Teaching young children to read, 1987; B. Bosch, L. Diskussionsbeiträge aus 50 J.n, 1990; W. Menzel, Lesen lernen – schreiben lernen, 1990; E. Neuhaus-Siemon, Frühlesen in der Grundschule, 1993; W. Metze, Differenzierung im Erstleseunt., 1995; L. Blumenstock, Hdb. der Leseübungen, ⁶1997; K. Meiers, L. und Schriftspracherwerb im 1. Schuljahr, 1998; H. Balhorn u. a. (Hg.), Schatzkiste Sprache I, 1998.

**Leseunterricht** → Lesenlernen.

**Lessing,** Gotthold Ephraim, * 22. 1. 1729 Kamenz, † 15. 2. 1781 Wolfenbüttel; studierte 1746–52 Theologie und Medizin in Leipzig und Wittenberg, war Journalist und Redakteur, 1767–70 Dramaturg in Hamburg, 1770–81 herzoglicher Bibliothekar in Wolfenbüttel. Obwohl in der → Aufklärung stehend, lehnte Lessing eine Erziehung »zum Vernünfteln« ab und sah die wahre Humanität im Bewußt- und praktischen Verbindlichmachen der »höchsten Stufen der Aufklärung«.

Schr.: Sämtl. Schr., 23 Bde. hg. v. K. Lachmann u. a., 3. Aufl. 1886–1924; Ausgew. Texte z. Päd., hg. v. D. J. Löwisch, 1968 (m. Bibl.); Die Erziehung des Menschengeschlechts, hg. von G. Mattke, 1958, ⁴1972.
L.: W. Dilthey, Das Erlebnis und die Dichtung, 1903 u. ö.; E. Krieck, L. und die Erziehung des Menschengeschlechts, 1913; W. Ritzel, G. E. L., 1966; D. J. Löwisch, G. E. L., 1970; P. Raabe, L. Erinnerung und Gegenwart, 1979; D. Hildebrandt, L. Biographie einer Emanzipation, 1979; Kl. Bohnen (Hg.), L. Nachruf auf einen Aufklärer, 1982; M. Durzak, Zu G. E. L., 1984; K. A. Wurst, Familiale Liebe ist die ›wahre Gewalt‹, 1988; W. Drews, G. E. L., 1991; Chr. Lüth, Erz. und Menschenbild bei L., 1991; I. Strohschneider-Kohrs, Vernunft als Weisheit, 1991; W. Ritzel, L. als Pädagoge und päd. Anreger, in: Kanzel und Katheder, hg. v. M. Heitger, 1994.

**Lewin,** Kurt, * 9. 9. 1890 Mogilno (Posen), † 12. 2. 1947 Newton (USA); 1927 Prof. für Psychologie Berlin, emigrierte 1935 in die USA und lehrte an der Univ. Iowa, ab 1944 am Massachusetts Institute of Technology. Seine soziale Feldtheorie gewann großen Einfluß auf die Päd., bes. auf → Sozialpäd., → Gruppenpäd. und einen demokratischen → Erziehungs- u. Unterrichtsstil.

Schr.: Die psycholog. Situation bei Lohn u. Strafe, 1931 u. ö.; A dynamic theory of personality, New York 1935; Topological and vector psychology, Oregon 1943; Die Lösung sozialer Konflikte, (engl. 1947) 1953, ⁴1975; K. L.-Werkausgabe, hg. v. C. F. Graumann, 1981 ff.
L.: A. J. Marrow, K. L. – Leben und Werk, dt. 1977; W. Schönpflug (Hg.), K. L. – Person, Werk, Umfeld, 1992.

**Libanon** → Arabische Staaten.

**Libertäre Pädagogik** → Anarchismus.

**Libido** (lat.: Wunsch, Lust) bezeichnet als Begriff der → Psychoanalyse die Energie des Sexualtriebs. S. → Freud entwickelte zwei unterschiedl. Triebkonzepte. Im ersten standen der L. die Energien des Selbsterhaltungstriebes, im zweiten die des Todestriebes gegenüber. Da sich im psychoanalytischen Verständnis die Triebimpulse meist überlagern, sind die Aktivitäten des Menschen nie ausschließlich von der L. getragen. Zudem verändern sich im Laufe der menschl. Entwicklung sowohl die Quellen wie die Objekte der L. Freuds L.begriff wurde später von → Jung erweitert: L. als die gesamte psychische Energie des Menschen.

**Libyen** → Arabische Staaten.

**Lichtenstein,** Ernst, * 13. 12. 1900 Braunsberg (Ostpr.), † 20. 1. 1971 Münster; 1947 Habil. München, 1949 Prof. für Päd. Erlangen, 1955 Münster. Von einer humanist. Grundposition her erschien ihm die Bildung des Individuums zu Selbständigkeit und autonomer Sittlichkeit eine Humanisierung der Gegenwart zu ermöglichen. Bedeutende Arbeiten zur Geschichte der Päd. und zur päd. Ethik.

Schr.: Das Problem der Autorität in der Päd., 1952; Umrisse e. soziolog. Jugendkunde, 1955; Die Schule im Wandel der Gesells., 1957, Bildungsgeschichtl. Perspektiven, 1962; Zur Entwicklung des Bildungsbegriffs von Meister Eckhardt bis Hegel, 1966, Erziehung, Autorität, Verantwortung, 1967; Der Ursprung der Päd. im griech. Denken, 1970.
L.: Erziehungswiss. 1971, FS. hg. v. S. Oppolzer, 1971; C. Menze, E. L., 1973.

**Lichtwark,** Alfred, * 14. 11. 1852 Reitbrook, † 13. 1. 1914 Hamburg; Volksschullehrer, nach Studium in Berlin und Leipzig (Promotion

1885) ab 1886 Leiter der Hamburger Kunsthalle; durch Betrachtung von Kunstwerken (statt kunstgeschichtl. Belehrung), Pflege des Dilettantismus (vs. Akademisierung der Kunst) und Kunsterziehung als Prinzip (nicht als isoliertes Fach) wollte er Kunst und Schule erneuern. L. war einer der Pioniere der → Kunsterziehungsbewegung.

Schr.: Werke (Ausw.), hg. v. W. Mannhardt, 2 Bde., 1917; Die Kunst in der Schule, 1887; Übungen in der Betrachtung von Kunstwerken, 1897; [18]1922; Nachdr., 1986; Die Seele und das Kunstwerk, 1899, [4]1911; Der Deutsche der Zukunft, 1901, [2]1929; Die Grundlage der Künstler. Bildung, 3 Bde., 1901; Das Bild der Deutschen (Aufs.), 1930, [2]1962; Die Erziehung des Auges. Ausgew. Schriften, hg. v. E. Schaar, 1991.
L.: E. Marcks, A. L. und s. Lebenswerk, 1914; A. v. Zeromski, A. L., 1924; J. Gebhard, A. L. und die Kunsterziehungsbewegung in Hamburg, 1947; E. Becker, Zum Beispiel A. L., Phil. Diss. Köln 1976; H. Präffcke, Der Kunstbegriff A. L.s, 1986; C. Solzbach, Die »Kunsterziehungsbewegung«, in: Päd. Rdsch. 47 (1993) H. 5.

**Liebe, pädagogische,** meint die personale Zuwendung des Erziehers zu seinem Zögling als einer einmaligen unwiederholbaren → Person. Sie erwächst aus der päd. Sorge um die Menschwerdung des Menschen und realisiert sich gemäß dem »Anruf der Lage« (→ P. Petersen); sie bildet die Grundlage jedes wirklich erzieherischen Verhältnisses (→ päd. Bezug) und schafft eine elementare Voraussetzung für das Gelingen von → Erziehung. Nach → Augustinus muß der Erzieher dem Zögling seine p. L. interesselos und ohne Hoffnung auf Gegenleistung schenken, so wie Gott seine Geschöpfe liebt. → Pestalozzi hat diese selbstlose Hingabe an die Armen und Kleinen nicht nur gelebt, sondern in seiner Päd. die p. L. überzeugend als Grundlage aller Erziehung (bes. der → sittl. und → relig. Erziehung) ausgewiesen. Bei → Don Bosco bildet die p. L. einen Eckstein seiner Präventivmethode, für → Gandhi macht sie das Wesen der Erziehung schlechthin aus. Im Zuge von → Professionalisierung und zunehmender »Verwissenschaftlichung« und Planung der Erziehung ist dieser personale Aspekt häufig als vor- und unwiss. abgetan worden, auch weil sich das Wort Liebe nur schwerlich als rational-wiss. Begriff verwenden läßt; gleichwohl kann auf die Sache nicht verzichtet werden, sollen Erziehung und Schule nicht Gefahr laufen, zu einer lieblosen Technik der Menschenformung zu werden.

L.: V. Warnach, Agape, 1951; E. Fromm, Die Kunst des Liebens, dt. 1974 u. ö.; H. Kuhn, Liebe, 1980; A. Ilien, Liebe und Erziehung, 1986; M. de Unamuno, Amor y pedagogía, Madrid (1940), [14]1987; A. W. Price, Love and friendship in Plato and Aristotle, Oxford 1989; P. Schellenbaum, Die L. zum Kind und das Begehren des Erziehers, 1990; S. Tschöppe-Scheffler, L. und ihre Bed. für die Erz. in der Päd. J. H. Pestalozzis und J. Korczaks, 1990.

**Liedtke,** Max, * 8. 3. 1931 Düsseldorf; 1964 Promotion, 1971 Habil. Univ. Hamburg, 1967 Dozent PH Göttingen, 1970 Prof. Univ. Hamburg, 1973 Prof. f. Päd. Univ. Erlangen-Nürnberg. Bemüht sich um eine Integration von naturwiss., bes. evolutionstheoret. Daten mit histor.-geisteswiss. Aussagen.

Schr.: Der Begriff der reflektierenden Urteilskraft in Kants Kritik der reinen Vernunft, Diss. 1964; J. H. Pestalozzi, 1968, [15]1998 (holländ., japan. u. korean. Ausg.); Evolution und Erziehung, 1972, [4]1997; (Hg.), Hdb. der Geschichte des Bayer. Bildungswesens, 4 Bde. 1991–97; Kulturtheologie, 1994.

**Lietz,** Hermann, * 28. 4. 1868 Dumgenewitz (Rügen), † 12. 6. 1919 Haubinda; studierte in Halle und Jena, 1891 Dr. phil. (b. R. Eucken); arbeitete an W. → Reins Universitätsübungsschule in Jena, war 1896–97 in Abbotsholme (Emlohstobba, 1897), gründete 1898 das erste der → Landerziehungsheime in Ilsenburg (Harz), dem bald weitere folgten: 1901 Haubinda (Thüringen) für Mittelstufenschüler, 1904 Schloß Biberstein (Rhön) für Oberstufe, 1914 Landwaisenheim Veckenstedt (Thüringen). L.s päd. Vorbilder waren → Fichte und → Platons Erziehungsstaat.

Schr.: Die dt. Nationalschule, 1911; Lehr- und Arbeitspläne d. dt. Volkseinheitsschule, 1919; Von Leben und Arbeit e. dt. Erziehers, hg. v. E. Meissner, 1920, [5]1935; Dt. Nationalerziehung (Auswahl a. s. Schr.n) hg. von A. Andreesen, 1938; Emlohstobba, hg. (gekürzt) von R. Lassahn, 1997 (mit ausführl. Nachwort).
L.: E. Meissner, Asket. Erziehung — H. L. und s. Päd., 1965; Th. Dietrich (Hg.) Die Landerziehungsheimbewegung, 1967 (m. Bibl.); E. Kutzer (Hg.), H. L. 1968; H. Röhrs (Hg.), Die Schulen der Reformpäd. heute, 1986; S. Degen, H. L., ein Wegbereiter der modernen Erlebnispädagogik?, 1988; R. Koerrenz, H. L., Grenzgänger zwischen Theologie und Pädagogik, 1989; R. Koerrenz, H. L. Ein Wegbereiter der modernen Erlebnispäd.! 1994; K. Schultheis, Reformpäd., eine Päd. vom Erwachsenen aus?, in: Reformpäd. kontrovers, hg. von J. Oelkers und W. Böhm 1995, [2]1999.

**Lifelong learning.** Das Prinzip des lebenslangen Lernens hat eine Vorgeschichte, die über → Condorcet und → Comenius bis hin zu → Platon zurückverfolgt werden kann. Als bildungspolit. Stichwort taucht L. l. seit den 60er J.n auf Internationalen Konferenzen der → UNESCO auf; 1962 wurde in Hamburg eine »*Lifelong education for all*« gefordert. Seit dem für 1970 proklamierten »Internationalen Jahr der Erziehung« wird der Begriff L. l. mit dem bildungspolitischen Konzept der *éducation permanente* und einer ihm entsprechenden Reorganisation des Gesamtbildungswesens in Verbindung gebracht. Später fügte die → OECD Überlegungen hinzu, die mehr auf die praktisch-organisatorische Verwirklichung abheben und neben den kulturellen Aspekten auch die ökonom. berücksichtigen. → Erwachsenenbildung (Lit.).

L.: G. Hausmann, Einleitung zu P. Lengrand, Permanente Erziehung, (Paris 1970) dt. 1972; K. Kürzdörfer, Kirche und Erwachsenenbildung 1976; G. Böhme, Verständigung über das Alter der Bildung und kein Ende, 1992; W. Wiater (Hg.), Erwachsenenbildung u. Lebenslauf, 1994; L. Werner, Bildung im Wandel, 1995; G. Dohmen, Das lebenslange Lernen, 1996; J. Kade, W. Seitter, Lebenslanges Lernen – Mögliche Bildungswelten, 1996; R. Brödel (Hg.), Lebenslanges Lernen – lebensbegleitende Bildung, 1998.

**Ligthart,** Jan, * 11.1.1859 Amsterdam, † 16.2.1916 Laag Soeren; Grundschullehrer und bedeutender Vertreter der → Reformpäd. In seiner »Päd. des vollen Lebens« (dt. 1931) kritisierte er die formale Wissensvermittlung und stellte Spiel und handwerkl. Arbeit in den Mittelpunkt eines fächerübergreifenden → Gesamtunterrichts.

Schr.: Verspreide opstellen, Groningen 1916; Over opvoeding, 2 Bde., Groningen, ⁶1924–26.
L.: A. Mayer, Die Methode des holländ. Elementarlehrers J. L., 1917; J. W. L. Gunning, M. Gunning van de Wall, J. L., Neuchâtel 1921; H. Röhrs, Schule und Bildung im internat. Gespräch, 1966; R. Stach, J. L., 1989; S. van Oenen, Meesterschap en moederschap, Amsterdam (Diss.) 1990.

**Linde,** Ernst, * 20.5.1864 Gotha, † 21.12.1943 ebda.; 1895–1925 Lehrer in Gotha, von 1907–14 Schriftleiter der »Allg. Dt. Lehrerzeitung« des Allg. Dt. Lehrervereins.
L. wandte sich gegen die »Methodengläubigkeit« der → Herbartianer und forderte, unter Rückgriff auf R. Hildebrand, eine Erneuerung des Unterrichts im Sinne der → Persönlichkeitspäd., der er den Namen gab. Daneben bemühte er sich um eine Fundierung des päd. Denkens und Handelns durch eine neo-romantische Philosophie.

Schr.: Die Muttersprache im Dt.unterricht, 1891, ⁴1922; Persönlichkeitspäd., 1896, ⁵1922; Kunst und Erziehung, 1901; Natur und Geist als Grundschema der Welterklärung, 1907; Die Bildungsaufgabe der dt. Dichtung, 1927.
L.: H. Stammer, Die Persönlichkeitspäd. E. L.s im Zusammenhang mit s. Philos., 1930; H. Anselm, Der Persönlichkeitsbegriff in der Persönlichkeitspäd., 1957.

**LINGUA,** Bildungsprogramm der → Europäischen Gemeinschaft zur Förderung des schul. u. außerschul. Fremdsprachenerwerbs in den Mitgliedstaaten. → SOKRATES.

**Linguistik,** Sprachwissenschaft, die sich um die wiss. Beschreibung und Erklärung von Sprache und sprachl. Phänomenen bemüht. Wichtige Vertreter sind (bzw. waren) u. a.: → Humboldt, F. de Saussure und N. Chomsky. Die neuere Linguistik betrachtet Sprache als formale bzw. Handlungstruktur von Zeichen, wobei sie von einem idealen Sprecher-Hörer und vom Phonem als kleinste Einheit mit kommunikationskonstituierender Wirkung als Einheit von Sprachsystemen ausgeht. Bereiche der L. sind: die Syntax als Lehre von der Verbindung der Zeichen, die Semantik als Lehre vom Sinn der Zeichen, und die Pragmatik als Lehre vom tatsächlichen Gebrauch der Zeichen. (Dabei geht die Pragmatik aus von der grundlegenden Unterscheidung de Saussures zw. *parole* als gesprochener Sprache und *langue* als dem sprachl. begriffl. System und der Chomskys zw. Performanz und Kompetenz.) Aus der Verbindung linguistischer und soziologischer Interessen und Kategorien entstand die Soziolinguistik, die sich u. a. mit Zusammenhang von sozialer Herkunft und individueller sprachlicher Kompetenz und Performanz beschäftigt (B. Bernstein, U. Oevermann) und eine wichtige Begründung für die Forderung einer → kompensatorischen (Sprach-)Erziehung darstellt. Linguistische Untersuchungen bilden eine wichtige Voraussetzung für die → Spracherziehung, vor allem für den → fremdsprachl. und den → Grammatikunterricht (*pattern practice* und *transformation practice*).
Zuweilen wird ein eigener Linguistikunterricht zumindest in der Oberstufe der höheren

Schule gefordert, dessen Ziel die Ausbildung eines analytischen Sprachbewußtseins sein sollte. → generative Transformationsgrammatik.

<small>L.: W. v. Humboldt, Über die Verschiedenheit des menschlichen Sprachbaues und ihren Einfluß auf die geistige Entwicklung des Menschengeschlechts, 1830–35 u. ö.; F. de Saussure, Grundfragen der allg. Sprachwiss., 1916, ²1967; J. L. Austin, Zur Theorie der Sprechakte, 1962; ²1972; 1994 (Nachdr.); N. Chomsky, Aspekte der Syntaxtheorie, 1965 u. ö.; B. Bernstein, Studien zur sprachl. Sozialisation, 1971, u. ö.; J. Searle, Sprechakte, 1972; W. Niepold, Sprache und soziale Schicht, ³1971; N. Chomsky, Strukturen der Syntax, 1974; H. Bußmann, Lex. d. Sprachwiss., 1983, ²1990; G. Helbig, Entwicklung der Sprachwiss. seit 1970, ²1988; E. Coseriu, Einf. in die allg. Sprachwiss., ²1992; A. Dauses, Theorien der L., 1994; G. Grewendorf, Sprache als Organ, Sprache als Lebensform, 1995; N. Chomsky, The minimalist. program, 1995, ²1996; H. Pelz, L. Ein Einf., 1996; H. Vater, Einf. in die Sprachwiss., 1996.</small>

**Lippitz,** Wilfried, * 2. 3. 1945 Berlin; 1975 Dr. phil. Osnabrück, 1980 Habil. Siegen, 1982 Prof. f. Erziehungswiss. Univ. Siegen, 1987 Dt. Institut f. Fernstudien, Tübingen, 1994 Prof. f. Allg. Päd. in Vechta, 1997 Prof. f. System. u. Vergl. Erziehungswiss. Univ. Gießen. Wichtige Arbeiten zu Bildungstheorie, Philosophie der Erziehung und Bildung, insbes. unter Berücksichtigung der phänomenolog. Forschungstradition.

<small>Schr.: Dialektische Bildungstheorie in dialektischer Kritik, 1976; »Lebenswelt« oder die Rehabilitierung vorwiss. Erfahrung, 1980; Phänomenolog. Studien in der Päd., 1993; m. Ch. Rittelmeyer (Hg.), Phänomene des Kinderleibs, 1989, ²1990; Wollen was man soll? Autonomie und Heteronomie im moral. Bildungsprozeß in: Dialektik, 1995/2; Martinus J. Langeveld – »Integrale Päd.« im Zeichen ihrer Pluralisierung, in: Freiheit – Geschichte – Vernunft, hg. v. W. Brinkmann u. W. Harth-Peter, 1997.</small>

**literarische Erziehung/Literaturunterricht** (lE/LU) in der Schule, eine spezielle Aufgabe der → Spracherziehung, insbes. des eigen- und fremdsprachl. Unterrichts, und zwar sowohl als Belehrung und Bildung durch als auch zur Literatur. Die Aufgabe der lE. stellt sich aber auch der vorschulischen Erziehung (»Vom Bilder- und Vorlesebuch zum einfachen Text«), der außerschulischen Jugendbildung (Jugendbüchereien, → Kinder- und Jugendliteratur) und der → Erwachsenenbildung (Volkshochschulkurse, »Dichterlesungen« u. ä.). Neben der Schule, freien Verbänden und Vereinigungen sind auch die Massenmedien durch unterhaltende und belehrende Artikel und Sendungen an der lE. beteiligt. Aufgabe des LU.s ist es 1. dem Schüler einen Teilbereich der Kultur, speziell des Schönen, zu erschließen und ihn selbst dadurch in seiner Persönlichkeitsentwicklung zu fördern, ihn zu befähigen, Literatur (rezeptiv) zu verstehen und (aktiv) in ihrem Bildungswert zu erkennen; 2. im Sinne eines produktiven Umgangs mit Lit. den Schüler zu veranlassen, auch selbst Gedanken und Überlegungen, Erlebnisse und Erfahrungen sachangemessen und künstlerisch gefällig darzustellen sowie 3. ihm neue Lesestoffe, auch aus anderen Sprachen zu erschließen und ihn zum selbständigen Weiterlesen anzuregen. Leitende Modelle des LU.s waren traditionell insbes. die immanente »Werkinterpretation«, die existentialistische Literaturdeutung im Anschluß u. a. an Heidegger, die Frage nach dem »Sitz im Leben«. Die päd. Bedeutung der Literatur lag hier vor allem in der individuellen Gestaltung möglicher Vor- und Leitbilder für das eigene Leben und Handeln. LE. wird so zu einer wichtigen Instanz für die Vermittlung von Werten, Normen und Lebensweistümern.

Nach lit.- und bildungstheoretischen Gesichtspunkten wird unterschieden zw. hochwertiger Dichtung und Literatur und bloß unterhaltender oder gar Trivialliteratur (Comics, Krimis, Science fiction). Heute wird zudem die kommunikative und kritische Funktion von Lit. betont. Unter literatursoziologischen und gesellschaftskritischen Aspekten werden Themen aus der Gesellschaft, Konflikte in Familie, Schule und Arbeitswelt in stärkerem Maße thematisiert, und zugleich werden neue literarische Arten und Gattungen (Zukunftsromane, Reportagen, Berichte ...) in den Gegenstandskatalog der lE. und des LU. aufgenommen. LE. und LU. können damit zugleich polit. Bildung und Anlaß sein, über aktuelle Fragen und Probleme nachzudenken und sich mit ihnen auseinanderzusetzen.

Neben die freie gedankliche Reflexion auf die ideellen Gehalte und den lustvollen Genuß des ästhet. Werkes muß folglich die pragmatische Analyse des kritischen Potentials der Literatur verschiedener Epochen, Gattungen, Arten und Qualitätsstufen treten, ohne daß eines die andern präokkupiere. Über die jeweils konkreten Ziele, Inhalte und Methoden der lE. und des LU. gibt es in der Literaturdidaktik unterschiedliche Auffassungen. Übereinstimmung besteht jedoch darin, daß der LU. Interesse und Freude am Lesen wecken und zur schöpferischen Auseinandersetzung mit Lit. und Sprache anregen soll.

L.: H. Kügler. Lit. und Kommunikation, 1971, ²1975; J. Vogt (Hg.), Lit.didaktik, 1972; G. Wilkending, Ansätze zur Didaktik d. LU.s, 1972, ⁴1976; ders. (Hg.), LU., 1972; H. Brackert, W. Raitz (Hg.), Reform des LU.s, 1974; W. Dehn (Hg.), Ästhet. Erfahrung und literar. Lernen. 1974; K. Fingerhut, Affirmative und krit. Lehrsysteme im LU., 1974; H. Eggert, H. C. Berg, L. Rutschky, Schüler im LU., 1975; H. Heuermann, P. Hühn, B. Röttger (Hg.), Literar. Rezeption, 1975; A. Weber, Grundlagen der Lit.didaktik, 1975; L. Bredella, Einf. in die Lit.didaktik, 1976; O. Hoppe (Hg.), Kritik und Didaktik des literar. Verstehens, 1976; A. C. Baumgärtner, M. Dahrendorf (Hg.), Zurück zum LU.?, 1977; J. Kreft, Grundprobleme der Literaturkritik, 1977; F. J. Payrhuber, A. Weber (Hg.), LU. heute – warum und wie?, 1978; H. Wille, LU. als Funktion und Aufgabe von Allgemeinbildung, 1978; J. Kreft, Entwicklung der Lit.didaktik im Rahmen der Dt.didaktik, in: Max-Planck-Inst. für Bildungsforschung (Hg.), Bildung in der BRD Bd. 1, 1980; C. Conrady u. a., LU., 1980; A. C. Baumgärtner (Hg.), Literaturrezeption bei Kindern und Jugendl., 1982; R. Pfleger, Studien zur Konstituierung einer rezeptionsanalyt. fundierten Lit.didaktik, 1982; J. Kreft, Grundprobl. der Lit.didaktik, 1982; G. Haas, Lesen in der Schule, 1985; H. Bublatzky, Lit. lesen lernen, 1986; K. Stocker (Hg.), Taschenlexikon der Lit.- und Sprachdidaktik, 1987; H. Frommer, Lesen im Unterricht, 1988; V. Ladenthin, Erziehung durch Lit.?, 1989; H. Schiefele, K. Stocker, Lit.-Interesse. Ansatzpunkte einer Lit.didaktik, 1990; D. C. Kochan (Hg.), Lit.didaktik, Lektürekanon, LU, 1990; K. H. Spinner, Vorschläge für einen kreativen LU., 1990; K. Spinner, Lyrik der Gegenwart im Unterricht, 1992; G. Göttler, Moderne Jugendbücher in der Schule, 1993; E. D. Becker, Lit. Leben, 1994; K. Reger, Kinderlyrik in der Grundschule, 1994; G. Haas (Hg.), Kinder- und Jugendlit. im Unterricht, 1995; M. Dahrendorf, Vom Umgang mit Kinder- u. Jugendlit., 1996; W. Hegele, LU. und lit. Leben in Dtl., 1996; G. Haas, Handlungs- u. produktionsorientierter LU., 1997; K. Ring u. a. (Hg.), Lesen in der Informationsgesellschaft, 1997; R. Köhnen (Hg.), Wege zur Kultur. Perspektiven f. einen integrativen LU., 1998; G. Waldmann, Produktiver Umgang mit Lit. im Unterricht, 1998.

**Litt,** Theodor, * 27.12.1880 Düsseldorf, † 16.7. 1962 Bonn. Geprägt von → Hegels Idealismus und von der → Lebensphilosophie, sah L. die Geschichte als dynamisches Gefüge von Gegensätzen. Der Mensch muß in der Auseinandersetzung mit den in diesem Spannungsfeld waltenden Bildungsmächten sein Selbstsein immer neu aufbauen. L. war zugleich Idealist und Realist; mit dem Idealismus verband ihn die anthropologische Überzeugung von der rationalen Unergründbarkeit des Menschen und der Unableitbarkeit seines Selbstseins; Realist war L. hinsichtlich der ungeschminkten Anerkennung der techn.-wiss. Welt und ihrer Rückwirkungen auf den Menschen. L. lag weniger an einer geisteswiss. Strukturerhellung des Kulturlebens als an einer streng begriffl. Grundlegung der → Päd. als Wiss. Erziehung galt ihm als Mittelweg zw. Führen und Wachsenlassen: Der Erzieher hat den Schüler in Werte, Gehalte und Gegenstände des Kulturlebens »einzuführen«, d. h. ihn durch wirkliche Begegnung mit der »Sache« seine eigene personale Gestalt gewinnen zu lassen.

Schr.: Möglichkeiten und Grenzen der Päd., 1926, ²1931; Führen oder Wachsenlassen, 1927, ¹⁵1976; Das Allgemeine im Aufbau der geisteswiss. Erkenntnis, 1941, ³1980; Berufsbildung und Allgemeinbildung 1947; Mensch und Welt, 1948, ²1962; Das Bildungsideal der dt. Klassik und die mod. Arbeitswelt, 1955; Techn. Denken und menschl. Bildung, 1957; Päd. Schriften. Eine Auswahl ab 1927, hg. v. A. Reble, 1995. L.: A. Reble, Th. L., 1950; Geist und Erziehung, hg. v. J. Derbolav/F. Nicolin, 1955 (m. Bibl.); Erkenntnis und Verantwortung, hg. dies. 1961; R. Lassahn, Das Selbstverständnis der Päd. Th. L.s, 1968; Sinn und Geschichtlichkeit. Werk und Wirkungen Th. L.s, hg. von J. Derbolav, C. Menze u. F. Nicolin, 1980; P. Gutjahr-Löser u. a. (Hg.), Th. L. u. die polit. Bildung der Gegenwart, 1981; L. Räuchle, Geisteswiss. als Realwiss., 1982; W. Klafki, Die Päd. Th. Litts, 1982; F. Nicolin, G. Wehle (Hg.), Th. L., 1982; W. Schulz, Sprache u. Bildung im Werk Th. L.s, 1984; R. Klockenbusch, Widerspruch und Reflexion. Vergleichende Studien zur »Phänomenologie« und »Dialektik« bei E. Husserl, J. Cohn und Th. L., 1987; W. K. Schulz, Untersuchungen zur Kulturtheorie Th. L.s, 1990; A. Reble, Die Pflegebedürftigkeit des Erlebens in der Sicht Th. L.s, 1993; A. Reble, Th. L. Eine einführende Überschau, 1996; H. Schulz-Gade, Dialekt. Denken in der Päd. Th. L.s, 1996; W. M. Schwiedrzik, Lieber will ich Steine klopfen. Der Philosoph und Pädagoge Th. L. in Leipzig, 1996; E. Hojer, Th. L., in; Freiheit – Geschichte – Vernunft. Grundlinien geisteswiss. Päd., hg. v. W. Brinkmann u. W. Harth-Peter, 1997; J. Blickenstorfer, Päd. in der Krise, 1998.

**Lizentiat** (lat.: mit Erlaubnis versehen; Abk.: Lic. oder Liz.), an der mittelalterlichen → Univ. ein Baccalaureus mit Lehrbefugnis; an wenigen dt. Fakultäten und im Ausland (Österreich, Schweiz, päpstl. Hochschulen) als Studienabschluß unterhalb des Doktorgrades gebräuchlich. → akad. Grade.

**Loch,** Werner, * 11. 5. 1928 Idar-Oberstein, Diss. 1959, seit 1961 Prof. PH Oldenburg, 1964 Univ. Erlangen-Nürnberg, 1970 Kiel, em. 1993. Grundlegende Beiträge, vor allem zum Verhältnis von Anthropologie und Pädagogik.
Schr.: Päd. Untersuchungen zum Begriff der Begegnung, Diss. Tübingen 1959, Erziehung durch Verkündigung, 1959; Die anthropolog. Dimension der Päd., 1963; Die Verleugnung des Kindes in der evangel. Päd., 1964; (Hg.), Sprache und Lernen, 1970 ff.; (Hg.), Modelle päd. Verstehens, 1978; Lebenslauf und Erziehung, 1979; (Hg.), Lebensform und Erziehung, 1983; (Hg.), Lehrer und Schüler – alte und neue Aufgaben, 1990; Grundbegriffe einer biograph. Erziehungstheorie, 1995; Forschungen zur Anthropologie des Kindes, 1996; Entwicklungsstufen der Lernfähigkeit im Lebenslauf, 1998.
L.: Pädagog. Anthrop., biograph. Erz.forsch., pädagog. Bezug (FS. z. 65. Geb.tag), hrsg. v. P. Brozio, 1993.

**Lochner,** Rudolf, * 3. 9. 1895 Prag, † 23. 4. 1978 Lüneburg; Studium in Prag, 1922 Dr. phil., ab 1923 in der Erwachsenenbildung tätig, 1927 Habil., 1934–39 Prof. für Päd. in Hirschberg, 1946 PH Celle, 1952–63 PH Lüneburg; L. faßte die »Deskriptive Päd.« (1927, Nachdr. 1967) zunächst als Teilgebiet (neben der → normativen Päd.) der Erziehungswiss. auf, faßte aber ab 1934 diese insgesamt als reine Tatsachenwiss. (Beschreibung und Klassifikation erzieherischer Phänomene), im Gegensatz zu auf praktisches Handeln gerichteten Erziehungswiss. L. hat die empirische Erziehungswiss. in Dtl. maßgeblich angeregt und beeinflußt. → Deskriptive Päd.; → empirisch-analyt. Erz.wiss.
Schr.: Die Schulklasse als Gesellschaftsgruppe, 1929; Das Volksbildungswesen in der tschechoslowak. Rep. 1930; Erweckung der Gefolgschaft, 1931; Erziehungswiss., 1934; Erziehungswiss. im Abriß. 1947; Dt. Erziehungswiss., 1963; Phänomene der Erziehung, 1975; Selbstdarstellung, in: Päd. in Selbstdarstellungen, hg. v. L. J. Pongratz, Bd. 3, 1978.
L.: W. Brezinka, R. L., in: Päd. Rundschau 32 (1978); Th. Lehmann, Erziehungswiss., Erziehungstheorie u. Weltanschauung. Eine hist.-syst. Untersuchung zum Werk R. L.s, 1985; W. Brinkmann, Zur Gesch. der Päd. Soziol. in Dtl., 1987; W. Brezinka, Aufklärung über Erz.theorien. Beiträge zur Kritik der Päd., 1989.

**Locke,** John, * 29. 8. 1632 in Wrington, † 28. 10. 1704 in Oates; Arzt, Theologe, Diplomat, Volkswirtschaftler, Philosoph und Pädagoge, oft als Prophet des Rationalismus, Begründer des modernen philosophischen Empirismus und als Vater der modernen Erziehung gewürdigt. In »Some Thoughts Concerning Education« (eine später bearbeitete Briefsammlung) gibt er einem Freund Ratschläge für die Erziehung seines Sohnes (Erziehung des »gentleman«) und erläutert und begründet seine Päd. Das Kleinkind ist für L. wie »ein unbeschriebenes Blatt oder Wachs, das man pressen und formen kann, wie man will«. L. betonte die Bedeutung von Gewohnheiten und gliederte das Ziel der Erziehung (mens sana in corpore sano) in Tugend, Weisheit, Lebensart und Wissen. Bes. vertrat L. den Gedanken der → Individualisierung.
Schr.: The Works of John Locke, 10 Bde., London 1923, Reprint: Aalen 1963; Einige Gedanken über die Erziehung (1693), hg. v. J. B. Deermann, 1967; J. L. Axtell (Hg.), The educational writings of J. L., Cambridge (Hg.), 1968; Über den richtigen Gebrauch des Verstandes, 1978; H. Klenner (Hg.), Bürgerl. Gesellschaft und Staatsgewalt. Sozialphilosoph. Schriften, 1986; Versuch über den menschl. Verstand, hg. v. R. Brandt, 2 Bde., 1981 u. 1988; Essay über den menschl. Verstand, hg. v. U. Thiel, 1997.
L.: H. Lebede, L. und Rousseau als Erzieher, 1913; P. Hazard, J. L. und s. Zeitalter, 1947; K. Dewhurst, J. L., London 1963; U. Thiel, L.s Theorie der personalen Identität im Kontext der zeitgenöss. brit. Philosophie, 1983; K. Dewhurst, J. L. 1632–1704, physician and philosopher, 1984; R. Specht, J. L., 1989; U. Thiel, Locke, 1990; W. Euchner, J. L. zur Einführung, 1996; H. Bouillon, J. L., 1997.

**Löbner,** Walther, * 14. 6. 1902 Leipzig, † 30. 9. 1982 Nürnberg, 1931 Dr. phil. Leipzig, 1934 Habil., 1937 Prof. Leipzig, 1949–58 Schuldienst, 1958–69 Prof. Nürnberg-Erlangen. Pionier und Förderer der dt. → Berufs- und Wirtschaftspäd.
Schr.: Wirtschaft und Erziehung, 1935; Ausbilder- und Prüferfibel, 1936, [3]1944; Über kaufmänn. Erwachsenenbildung, 1959; (Hg.), Hdb. f. d. kaufm. Schulwesen, 1963; (Hg.), Der Weg zur Ausbilderprüfung, [11]1980; Selbstdarst., in: Päd. in Selbstdarst., hg. v. L. J. Pongratz, Bd. III, 1978, (m. Bibl.).
L.: Kontakte mit der Wirtschaftspäd., FS, hg. v. J. Peege, 1967; Das Nürnberger Seminar für Wirtschafts- und Sozialpäd. und die wiss. Ausbildung der Diplomhandelslehrer. FS, hg. von W. Brunotte u. W. Fischlein, 1967; Im Dienste der Wirtschaftspäd. FS, hg. v. R. Berke, 1984.

**Löwenstein,** Kurt (Kerlöw-), * 18. 5. 1885 Bleckede (Elbe), † 8. 5. 1939 Paris; 1920

**Logopädie**

Reichstagsabgeordneter der USPD und Oberschulrat in Berlin, Mitbegr. der dt. → Kinderfreunde-Bewegung; 1933 emigriert, 1934 Vors. der Sozialist. Erziehungsinternationale (SEI) in Paris. L. gilt heute als produktivster Theoretiker der → proletar. Erziehung in der Weimarer Republik, der Anregungen der → Reformpädagogik und ihren Gemeinschaftsgedanken mit einem marxist. Ansatz zu verbinden wußte.

Schr.: Zum Kampfe um das Reichsschulgesetz, 1925; Die Kinderfreundebewegung, in: Nohl/Pallat, Hdb. der Päd., Bd. 5, 1929; Sozialist. Erziehung als gesells. Forderung d. Gegenwart, 1930; Sozialismus und Erziehung (Auswahl), hg. v. F. Brandecker u. H. Feidel-Mertz, 1976.
L.: K. Exner u. a., K. L. – Leben und Leistung 1975; L. v. Werder, Sozialist. Erziehung in Dtl., 1974; F. Brandecker, Erziehung durch die Klasse für die Klasse, in: Sozialisation und Bildungswesen in der Weimarer Republik, hg. v. M. Heinemann, 1976; G. Betz u. a., Wie das Leben lernen ..., K. L.s Entwurf einer sozialistischen Erziehung, 1985; F. Brandecker (Hg.), Klassiker der sozialist. Erz., 1989; H. Eppe, Erziehung für eine Zukunft, die nicht kam, 1989; ders., K. L., ein Wegbereiter der modernen Erlebnispädagogik?, 1991.

**Logopädie** (Sprachheilkunde) beschäftigt sich mit der Untersuchung und der gezielten Übungsbehandlung bei angeborenen und erworbenen → Sprachstörungen und -fehlern (→ Stottern, Stammeln, → Aphasie etc.). Sprachheilpäd. Förderung muß so früh wie möglich ansetzen; oft sind Sprachstörungen bis zum Schulalter zu beheben oder in ihrem Ausprägungsgrad zu reduzieren. Der Zusammenhang zwischen Lese-Rechtschreib-Schwäche, → Lernbehinderung und Sprachschwierigkeiten ist erheblich. Zum Aufgabengebiet der L. gehört neben der Förderung der Kinder auch die Schulung der Eltern und die enge Zusammenarbeit mit Kindergarten, Schule, Ärzten, Neurologen und Psychologen. Bei späterworbenen zentralen Störungen sorgt die L. für das Wiedererlangen des persönl., familiären, berufl. und sozialen Gleichgewichts. Öffentlichkeitsarbeit soll eine weitgehende → Integration der sprachgestörten und -behinderten Menschen ermöglichen. → Legasthenie.

L.: K.-P. Becker, M. Sovak, Lehrbuch der L., 1971, [3]1983; U. Franke, Logopäd. Handlexikon, 1978, [5]1998; G. Wirth, Sprachstörungen, Sprechstörungen, kindl. Hörstörungen, 1977, [3]1990; ders., Stimmstörungen, 1979, [3]1991; H.-H. Wängler, J. Bauman-Wängler, Phonetische L., 1984 ff.; C. Schwarz, Systematische L., 1985; L. Springer, G. Kattenbeck (Hg.), Akt. Beiträge zu kindl. Sprech- u. Sprachstörungen, 1986; G. Kittel (Hg.), Phoniatrie u. Pädaudiologie, 1989; M. Grohnfeldt (Hg.), Hdb. der Sprachtherapie, 8 Bde., 1989 ff.; F. Kurz, Zur Sprache kommen, 1993; C. Dickmann, Logopädische Diagnostik von Sprachentwicklungsstörungen, 1994; U. Burhop u. a., Mundmotorische Förderung in der Gruppe, 1995, [2]1998; S. Endtinger-Stückmann, Computer in der L., 1998.

**Logotherapie.** Von Viktor E. Frankl begründet und neben S. → Freud und A. → Adler als dritte Wiener Schule der Psychotherapie (→ Therapie) bezeichnet, sieht die L. den Grund für seelische Auffälligkeiten in der geistigen Dimension des Personseins. Auf der Existenzanalyse aufbauend, die die Geschichte des Individuums unter dem Gesichtspunkt von Sinn- und Wertfragen erhellt, zielt die L. auf die Aktivierung der noetischen Schicht der → Person. In der Ermutigung, die eigene Situation mit ihren Grenzen und möglichem Leid anzunehmen (Dereflexion, paradoxe Intention), soll der Sinn im Dasein freigelegt und ein Weg aus der neurotischen Lebensbeantwortung angebahnt werden.

L.: V. E. Frankl, Ärztliche Seelsorge, Grundlagen der L. und Existenzanalyse 1948, [5]1991; ders., Der Mensch vor der Frage nach dem Sinn, [5]1990; ders., Der unbewußte Gott, Psychotherapie und Religion, [8]1991; W. Böckmann, Sinn-orientierte Leistungsmotivation und Mitarbeiterführung, 1980; K. Dienelt, Von der Metatheorie der Erziehung zur »sinn«-orientierten Pädagogik, 1984; E. Lukas, Geist und Sinn. L. – die dritte Wiener Schule der Psychotherapie, 1990.

**Lombardo Radice,** Giuseppe * 28. 6. 1879 Catania, † 15. 8. 1938 Cortina d'Ampezzo; 1914 Prof. für Päd. Catania, ab 1924 in Rom. Obwohl Anhänger der neoidealistischen Schule → Gentiles, berücksichtigte L. die konkreten Schulerfahrungen und wandte sich vor allem Problemen der → Didaktik und der internationalen → Reformpäd. zu.

Schr.: Lezioni di didattica e ricordi di esperienza magistrale, Palermo 1913; Lezioni di pedagogia generale, Palermo 1916; Accanto ai maestri, Turin 1925; Athena fanciulla, Florenz 1925; Il problema dell' educazione infantile, Florenz 1928; Orientamenti pedagogici per la scuola italiana, 2 Bde., Turin 1931.
L.: A. Ferrière, Trois pionniers de l'éducation nouvelle, Paris 1928; G. Catalfamo, G. L. R., Brescia 1958 u. ö.; R. Mazzetti, G. L. R. tra l' idealismo pedagogico e Maria Montessori, Bologna 1958; I. Picco, G. L. R., Firenze 1967; W. Böhm, Die Reformpäd. in Italien u.

Spanien, in: Die Reformpäd. auf den Kontinenten, hg. v. H. Röhrs u. V. Lenhardt, 1994.

**Luther,** Martin, * 10.11.1483 Eisleben, † 18.2. 1546 ebd. Augustinereremit und seit 1512 Prof. für Theologie an der neugegr. Univ. Wittenberg; löste durch seinen Thesenanschlag 1517 die → Reformation aus. In seinen päd. Ansichten durch die Brüder vom gemeinsamen Leben (Fraterherren) beeinflußt, wandte sich L. gegen die bildungsmäßige Bevorzugung des geistl. Standes und trat für Elternbildung und Familienerziehung ein. Von einem neuen Gemeindebegriff her forderte L. einen Volksschulunterricht, der jeden befähigen sollte, die Schrift selbst zu lesen (Bibelübersetzung). Dem Staat wies er die Verpflichtung zu, für die Schulen zu sorgen, notfalls durch Schulzwang. Hatte die Reformation zunächst zu einer Beeinträchtigung des überkommenen Schulwesens geführt, trat L. nachdrücklich für eine Hebung des Niveaus ein.

Schr.: Krit. Gesamtausgabe, 1883 ff.; An d. christl. Adel, 1520; An die Bürgermeister und Ratsherren aller Städte in dt. Landen, daß sie christl. Schulen aufrichten und halten sollen, 1524; Eine Predigt, daß man die Kinder zur Schule halten solle, 1530; Päd. Schr., hg. v. J. C. G. Schumann, 1884; Päd. Schr., hg v. H. Lorenzen, 1957, ²1969.
L.: F. Gedicke, L.s Päd., 1897; Th. v. Sicard, L. und die Schule, 1947; E. Reimers, Recht und Grenzen e. Berufung auf L., 1958; I. Asheim, Glaube und Erziehung bei L., 1961; E. Lichtenstein, Bildungsgeschichtl. Perspektiven, 1962; K. Petzold, Die Grundlagen der Erziehungslehre im Spätmittelalter und bei L., 1969; G. Strauss, L.s House of Learning, London, 1978; K. Göbel, (Hg.), L. in der Schule, 1985; H. H. Karg, Reformationspädagogik, 1986; K. E. Nipkow, Bildung – Glaube – Aufklärung, 1986; H. A. Hartmann, Unheimlicher Gehorsam, 1989; A. Gursky, M. Ls Gymnasialvermächtnis, 1992; L. Bussière, Les pédagogues protestants. L., Sturm, Calvin, Guebville 1994, E. Kamp-Francke, Ehe- und Hausstand. Häusl. Erziehung und Schule, 1994; F. Schweitzer, L. und die Geschichte der Bildung, in: Jahrbuch für Histor. Bildungsforschung, 3 (1996).

**Luxemburg** (Luxembourg). Nach den frühen Kloster- und Bürgerschulen erhielten 1603 ein Jesuitenkolleg für Knaben und 1627 ein Augustinerstift für Mädchen Bedeutung. 1843 erschien das erste Schulgesetz, 1845 entstand eine Lehrernormalschule, 1848 wurde der höhere Unterricht geregelt. Der techn. Unterricht entwickelte sich Ende des 19. Jh. Die Schulpflicht wurde 1891 (6 J.) eingeführt und beträgt seit 1968 9 J. (6. bis 15. Lj.). Amts- und Bildungssprachen sind Dt. und Frz. Nach dem Gesetz von 1963 besteht der kostenlose Primarschulunterricht aus der 6j. Primarschule zusätzl. 3j. Oberstufe (*classes complémentaires* – für schulpflichtige Kinder, die keine andere Schule besuchen). In diese zu Zentralschulen zusammengefaßten Volksschuloberstufen werden die Schüler auf dem Lande mit Schulbussen gebracht.
Das 7. Schulj. ist als Übergangs- oder → Orientierungsstufe konzipiert. Es führt zu den mittleren, höheren und den vielfältig fachl.-berufl. Schulen. Die 5-klass. Mittelschulen (seit 1965 im Aufbau) haben eine kaufmänn., techn. und naturwiss. Sektion und bereiten auf die mittl. Beamtenlaufbahn, auf Berufe in Handel und Technik vor. Die höheren Schulen oder Lyceen (klass., moderne, natur- oder wirtschaftswiss. Zweige) führen in 7 J.n zum Hochschulstudium.
L. besitzt ein Centre universitaire, dem u. a. ein internat. Univ.-Institut angeschlossen ist, zwei Konservatorien, ein Inst. Supérieure de Technologie, ein Inst. Supérieure d'Etudes et Recherches Pedagogiques, versch. techn. Fachhochschulen und ein europ. Inst. für Fernstudien (Datenverarbeitung).
Die Ausbildung der Primarschullehrer erfolgt nach der allgemeinbildenden Sekundarschule in 2j. Kursen im Institut Pédagogique in L. (Stadt), die der Sekundarschullehrer an Universitäten im Ausland.
Seit 1966 bereiten staatl., unentgeltliche Abendkurse Erwachsene auf das Abitur und auf technische Berufe bis zum graduierten Ingenieur vor.

L.: Courrier de l'Education Nationale, hg. v. Ministère de l'Education Nationale, 1977; dass.; Luxembourg, Developpement de l'éducation: 1986–1988; Raport destiné à etre présenté à la 41e session de la Conférence internat. de l'éducation, Genf 1988; Ch. Berg, Rapport sur les perspectives de developpement du sector universitaire luxembourgeois, Luxemburg 1987; Die Lage der Erziehungswiss. in L., in: Zschr. f. Päd., 25. Beih., 1990; D. Oppermann, Erwachsenenbildung in L., in: Zielsprache Französisch 24 (1992) 2; J. Frideres-Poos, Das Berufsbildungssyst. in L., Luxemb. 1996.

**Lyzeum** (von griech. Lykeion), eine in einigen europ. Ländern übliche Bezeichnung für die dem Gymnasium vergleichbare höhere (meist) Mädchenschule, so auch zeitlich begrenzt in Dtl. Von 1908 bis 1938 verstand man unter L. in Preußen (u. a. Ländern) die höhere Mädchenschule, meist mit 3j. Oberbau (Ober-L.). Nach 1945 wurde die Bezeichnung L. teilweise als Bestandteil des Schulnamens für höhere Mädchenschulen wieder eingeführt.

# M

**Madras Methode** → Bell-Lancaster Methode.

**Mädchenbildung** bezeichnet die speziell auf Mädchen (und Frauen) abzielenden Erziehungsbemühungen und -einrichtungen. Die Diskussion um eine eigenständige M. ist mit der Frage verbunden, inwieweit geschlechtsspezifische Unterschiede hinsichtlich der Bildungsmöglichkeiten und Bildungsziele anthropologisch zu begründen sind.
War die Frau bis zum Ende des Mittelalters vom Zugang zu öffentl. Bildungswegen nahezu (mit Ausnahme der Frauenklöster) ganz ausgeschlossen, wurde später der von Kant, auch von Fröbel und Humboldt, vertretene Polarismus von Mann (= geistig, intellektuell) und Frau (= naiv, gefühlsbestimmt) entscheidend. Einzelne Forderungen nach gleicher Bildung für beide Geschlechter (z. B. Erasmus, Fénelon) blieben ohne Resonanz. Die Entwicklung des institutionalisierten öffentl. Erz.swesens (1908 preuß. Mädchenschulreform) ist eng verknüpft mit der bürgerl. Frauenbewegung, die sich ausdr. als Bildungsbewegung verstand. Ausgangspunkt war auch hier die Annahme, die Geschlechter seien nicht gleichartig, sondern gleichwertig. Der Kampf um das Recht auf Bildung und Beruf implizierte daher die Forderung nach einer eigenständigen M. Die Frage Integration oder eigenständige M. ist heute wieder umstritten. Nachdem lange die Tendenz vorherrschte, die Ausbildungsgänge für beide Geschlechter zu vereinheitlichen, um auf diesem Wege die partnerschaftliche Gleichberechtigung von Mann und Frau zu verwirklichen, wird erneut – vor allem von Feministinnen – die Forderung nach einer eigenständigen M. aufgegriffen (→ Feminismus, → feministische Päd.), → Frauenforschung, → Koedukation.

L.: E. Dauzenroth (Hg.), Frauenbewegung und Frauenbildung, 1964; E. Blochmann, Das Frauenzimmer und die Gelehrsamkeit, 1966; C. Savier-Wildt, Mädchen zw. Anpassung u. Widerstand, 1980; G. Tornieporth, Studien zur Frauenbildung, 1977; M. Simmel, Erziehung zum Weibe, 1980; K. Meiners, Der besondere Weg, ein Weib zu werden, 1982; J. C. Albisetti, Schooling German Girls and Women, Princeton 1988; Chr. Wiesmüller, Auftrag und Unterwerfung, 1989; M. B. Blochmann, ›Laß dich gelüsten nach der Männer Weisheit und Bildung‹, 1990; J. Hopfner, Mädchenerziehung und weibl. Bildung um 1800, 1990; H. Faulstich-Wieland, Koedukation – Enttäuschte Hoffnungen?, 1991; E. Glumper (Hg.), M., Frauenbildung, 1992; Ch. Kersting, Die Genese der Päd. im 18. Jh., 1992 (Kap. 4 und 5); Ch. Schiersmann, Frauenbildung 1993; H. Faulstich-Wieland, Geschlecht und Erz., 1995; E. Kleinau, C. Opitz (Hg.), Gesch. der M. und Frauenbildung, 2 Bde., 1996; K. Ruf, Bildung hat (k)ein Geschlecht, 1998.

**Märchen** werden vielfach als die spezifische Kinderliteratur (Lese-, Vorlese- und Erzählgut) angesehen. Als Schöpfung des Volkes (»Volksmund«) entstanden und lange nur mündlich überliefert, wurden sie erst relativ spät gesammelt und sprachl. ausgeformt (bedeutendste Sammlung: Kinder- und Hausmärchen, hg. von J. u. W. Grimm, 2 Bde., 1812–15). Seit dem Rokoko poetische Bearbeitung von Volksm. (A. Musaeus: Volks-M. der Deutschen, 1782–86; E. M. Arndt: M. u. Jugenderinnerungen, 1818–43). In der dt. → Romantik entstanden viele sog. Kunstm. (Hauff, E. Th. A. Hoffmann, Chamisso, Brentano, Mörike); in der gegenwärtigen → Kinder- und Jugendliteratur erneuert sich diese Tendenz in der Form der phantastischen KJL (O. Preußler, M. Ende, S. Heuck u. a.). Zunehmend werden auch ausländ. M. ins Dt. übertragen.
M. sind verbreitet (mehr und mehr auch bei Erwachsenen) als Bücher, → Comics, Kassetten und Schallplatten, Filme, Radio- und Fernsehsendungen, Theaterstücke (Puppen, Marionetten, Bühne). Konkurrierende Ansätze der M.forschung (literaturwiss., sprachgeschichtlich, volkskundlich, entwicklungs- und tiefenpsychologisch) führen zu unterschiedlichen Gewichtungen der päd. Bedeu-

tung der M. Während einerseits Strukturmerkmale des M. (Allbeseelung, Zurücktreten des Intellekts, scharfe Kontrastierungen, schneller Szenenwechsel u. a.) als kindgemäß angesehen werden (vgl. → Ch. Bühlers »Märchenalter«), werden M. andererseits für Kleinkinder wegen ihrer angeblich brutalen und verängstigenden Tendenzen abgelehnt. Von psychoanalytischer Seite (z. B. B. Bettelheim) wird das M. wegen seiner präventiven therapeutischen Möglichkeiten bei → Angst und Neurosen im Kindesalter hochgeschätzt.

L.: R. Meyer, Die Weisheit der dt. Volksmärchen, 1950, TB 1981; Ch. Bühler, J. Bilz, Das M. und die Phantasie des Kindes, 1958 u. ö.; J. Merkel, D. Richter, M., Phantasie und soziales Lernen, 1974; W. Laublin, M. forschung und Tiefenpsychologie, 1975; A. Nitschke, Soziale Ordnungen im Spiegel des M., 2 Bde., 1976/77; W. Ellwanger, A. Grömminger, M. – Erziehungshilfe oder Gefahr? 1977; B. Bettelheim, Kinder brauchen M., dt. 1977, [15]1991; K. Ranke (Hg.), Enzyklopädie des M.s, 12 Bde., 1977 ff.; H. Zizlsperger, Kinder spielen Märchen, 1980; W. Scherf, Lex. der Zaubermärchen, 1982; M.-L. v. Franz, Der Schatten und das Böse im Märchen, 1985; dies., Die Suche nach dem Selbst. Individuation im Märchen, 1985; J. Streit, Das M. im Leben des Kindes, 3. Aufl. u. d. T. Warum Kinder M. brauchen, 1991; K.-D. Lenzen, M. in der Grundschule, 1993; R. Winkel, Die gute Fee, 1995; W. Scherf, Das M.-Lexikon, 2 Bde., 1995.

**Magister** (lat.: Meister; Abk.: M. A.). Im → Mittelalter Leiter einer → Dom- oder Stiftsschule, als *magister artium liberalium* (Meister der freien Künste) höchster → akadem. Grad der Artistenfakultät und dem Doktor-Grad gleichwertiger Titel eines Univ.-Lehrers. Seit dem 17. Jh. durch den Dr. der theolog., medizin. und jurist. Fakultäten verdrängt und allg. eher abwertend für »Schulmeister« gebraucht. Seit 1960 als Studienabschluß neben dem Staats- und Diplomexamen und unterhalb des Dr.-Grades an den phil. und einigen ev.-theol. Fakultäten der BRD wieder eingeführt. Als Mag.sc.hum., Mag.sc.cyb. u. a. wird der über dem → Bakkalaureat liegende Grad seit 1986 einheitlich auch von der → AIS zuerkannt.

In den USA bestehen heute über 120 verschiedene M.A. (master of arts) – und über 270 M.S. (master of science)-Titel. Am häufigsten sind master of education, master of business administration, master of music, master of fine arts.

**Makarenko,** Anton Semjonowitsch, * 1. (13.) 3. 1888 Belopole (Ukraine), † 1. 4. 1939 Moskau; Volksschullehrer, gründete 1920 eine Arbeitskolonie für straffällige Jugendliche. In scharfer Auseinandersetzung mit der → »Päd. vom Kinde aus« (Paidologie) entwickelte er in Form von Erzählungen und Romanen (Der Marsch des Jahres 30, Der Weg ins Leben, Flaggen auf den Türmen) sein System der Kollektiverziehung: Grundlage aller Erziehung ist die Einordnung des Menschen in das → Kollektiv. Dazu dienen Autorität, kollektiver Gehorsam, Leistungswettbewerb und aktive Disziplin als entscheidende Erziehungsmittel. Die Päd. M.s gewann in der UdSSR erst nach seinem Tode allg. Anerkennung. → Naturalismus.

Schr.: Dt. Ausg. 7 Bde. und Erg.-Bd., 1956–62; Ausgew. päd. Schr., hg. v. E. E. Wittig, 1961, [2]1969 (m. Bibl.); Gesammelte Werke (zweisprachig), hg. v. L. Froese u. a., 13 Bde., 1976 ff.; Marburger Studienausg., hg. v. L. Froese u. a., 12 Bde., 1976 ff.; Päd. Texte, hg. v. H. E. Wittig, 1976.
L.: L. Froese, Ideengeschichtl. Triebkräfte der russ. und sowjet. Päd., 1956, [2]1963; E. Feifel, Personale und kollektive Erziehung, 1963; W. Nastainczyk, M.s Sowjetpäd., 1963; I. Rüttenauer, A. S. M., 1965; G. Hillig (Hg.), M. in Dtl. 1927–67, 1967; M.-Materialien, hg. v. G. Hillig u. S. Weitz, 1969 ff.; dies. (Hg.), M., 1979; I. Nezel, Päd. der natürl. Erziehung: A. S. M.s Konstruktion der erziehenden Umwelt, 1983; J. Lotz, M. Jourdan, Erziehung zur Disziplin, 1983; G. Hillig, A. S. M., ein Wegbereiter der modernen Erlebnispädagogik?, 1987, 2. korr. Aufl. 1995; E. Sauermann, M. und Marx, 1987; H. Furrer, Mut zur Utopie, 1988; S. C. Weitz, Zum Beispiel M. Annäherungen an eine kontextuelle Päd., 1992; Stand und Perspektiven der Makarenko-Forschung, hg. v. G. Hillig, 1994; W. Sünkel, Zum Problem des Erziehungsziels bei M., in: Im Blick auf Erziehung, 1994; K. Kobelt, A. M. – ein stalinistischer Pädagoge, 1996; H. Giesecke, Die päd. Beziehung. Päd. Professionalität und die Emanzipation des Kindes, 1997.

**Manacorda,** Mario Alighiero, * 9. 12. 1914 Rom, em. Prof. für Geschichte der Päd. Univ. Rom; einer der bedeutendsten Theoretiker der marxistischen Päd. in Europa.

Schr.: Il marxismo e l'educazione, 3 Bde., Rom 1964–66; Marx e la pedagogia moderna, Rom 1966; Il principio educativo in Gramsci, Rom 1970; Momenti di storia di pedagogia, Turin 1977; Storia illustrata dell'educazione, Florenz 1992; Storia dell'educazione, Rom 1997.
L.: W. Böhm, G. Flores d'Arcais, Die ital. Päd. im 20. Jh., 1979.

**Manjón, **Andrés, * 30.11.1846 Sargentes de la Lora (Burgos), † 10.7.1923 Granada; christl. Reformpädagoge und (ab 1888) Gründer der (Reform-)Schulen des Ave Maria.

Schr.: Edición Nacional de las obras selectas de Don A. M., 10 Bde., Alcala und Madrid 1945–1956.

L.: M. Peretti, A. M., Brescia 1958; J. M. García Prellezo, Educación y familia en A. M., Zürich 1969; J. M. Prellezo, M. Educador, Madrid 1975; M. Schweizer, A. M. – ein span. und christl. Reformpädagoge, 1987; W. Böhm, Die Reformpäd. in Italien u. Spanien, in: Die Reformpäd. auf den Kontinenten, hg. v. H. Röhrs u. V. Lenhardt, 1994.

**Mannheim,** Karl, * 27.3.1893 Budapest, † 9.1.1947 London. Studium in Berlin, Paris, Freiburg und Heidelberg (Schüler Max Webers); 1926 Priv. Doz. Heidelberg, 1930 Prof. für Soziologie und Nationalökonomie Frankfurt/M., 1933 Emigration, Lehrtätigkeit London School of Economics, später Univ. London, dort 1945 Prof. für Päd. (Mit-)Begründer der Wissenssoziologie, vertrat eine dem Planungsgedanken verpflichtete Polit. Soziologie, suchte nach einem »dritten Weg« rationaler Planung und Kontrolle von Freiheit und Demokratie zw. Liberalismus und Totalitarismus. Aufgrund einer kulturpessimistischen Diagnose seiner Zeit hielt M. einen demokratischen Umbau der Gesellschaft für notwendig und mit Hilfe einer umfassenden Bildungsreform für möglich. Damit legte M. einerseits das planerische Denken Grund, andererseits wurde seine Position selbst zur Warnung vor den Gefahren einer ebenso ehrgeizigen wie polit. naiven, wiss.soptimistischen und letztlich sogar totalitären Gesellschaftsutopie.

Schr.: Ideologie und Utopie, 1929, [8]1995; Mensch und Gesells. im Zeitalter des Umbaus, 1935, [2]1967; Diagnose unserer Zeit, dt. 1951; Freiheit und geplante Demokratie, dt. 1970; posthum: Systematic Sociology, London 1958; mit W. A. C. Stewart, Einf. in die Soziologie der Erziehung, dt. 1973; Essays on Sociology and Social Psychology, ed. by P. Kecskemeti, 1953; Wissenssoziologie, hg. v. K. H. Wolff, 1964.

L.: A. Neusüß, Utop. Bewußtsein und freischwebende Intelligenz, 1968; G. W. Remmling, Wissenssoziologie und Gesellschaftsplanung, 1968; D. Boris, Krise und Planung, 1971; A. P. Simmonds, K. M.s Sociology of Knowledge, Oxford 1978; K. H. Wolff, K. M., in: Klassiker des soziolog. Denkens, hg. v. D. Käsler, Bd. 2, 1978; W. Brinkmann, Zur Gesch. der Päd. Soziologie in Dtl., 1986; D. Kettler, Politisches Wissen, 1989; B. Longhurst, K. M. and the contemporary sociology of knowledge, London 1989; E. Karadi, Macht und Ohnmacht des Geistes, in: Intellektuelle im Dt. Kaiserreich, hg. v. G. Hübinger, W. Mommsen, 1993; W. Hofmann, K. M. zur Einführung, 1996.

**Manpower-Ansatz,** wichtige Methode der → Bildungsökonomie. Sie will Ungleichheiten in Angebot und Nachfrage bezüglich qualifizierter Arbeitskräfte und Absolventen bestimmter Ausbildungsgänge verhindern. Dazu werden entsprechend dem erwarteten Wachstum des Bruttosozialprodukts und unter Beachtung der künftigen Berufsstruktur und Arbeitsproduktivität die Wachstumsraten der einzelnen Wirtschaftssektoren ermittelt. Daraus wird dann der Bedarf an Arbeitskräften (nach Berufsklassen) und Schul- bzw. Hochschulabgängern (nach Fachrichtungen) abgeleitet. Daraus ergeben sich Folgerungen für die → Bildungsplanung. Kritisiert wird am M.-A., daß die Projektionen unscharf sind, von einem starren und inflexiblen Wirtschafts- und Beschäftigungssystem ausgegangen und nicht beachtet wird, daß Qualifikationen neue Arbeitsplätze schaffen können, veralten und substituierbar sind. Auch Bildungsfinanzierung und Entwicklungen in Sozial- und Finanzpolitik werden kaum einbezogen.

**Mao Tse-tung,** Maoismus, * 26.12.1893 Shaoshan Hunan, † 9.9.1976 Peking. Chines. Revolutionär und Philosoph. M. war überzeugt, daß der alte Mensch »vernichtet« werden müsse, wenn eine neue Welt entstehen solle, und entwarf das Bild des universellen Menschen. Die Universalität äußert sich in der Verbindung von körperlicher und geistiger Arbeit, in der chines. Einfalt und in der Kraft des menschl. → Kollektivs (Bauern als revolutionäre Kraft). Gegen den Dämon der Erstarrung baut sich immer wieder der auf Kampf und Bewegung gerichtete neue Mensch auf, der im Geist der absoluten Selbstlosigkeit und Hingabe an andere zu leben sich müht (»Dem Volke dienen«). Die Bewegungen der Selbstaufgabe, der Nichtgebundenheit an sich, des Umherschweifens zeigen sich symbolisch im Schwimmen (vgl. die symbolischen Schwimmleistungen Maos): nichts Endgültiges, Absolutes, Heiliges bleibt in M.s Dialektik bestehen. Auch die neue Welt treibt im Prozeß des Werdens und Vergehens (Kulturrevolution).

Schr.: Ausgew. Werke, 5 Bde., 1968–78.
L.: W. Leonhardt, Die Dreispaltung des Marxismus, ²1970 (Bibl.); J. Schäfer, Grundzüge dialekt. Denkens in den Schriften von Li-ta-chao und Mao Tse-tung, 1977.

**Marcel,** Gabriel, * 7. 12. 1889 Paris, † 8. 10. 1973 ebd.; führender Vertreter des christl. → Existentialismus; unterschied zwei Betrachtungsweisen des Menschen: die wiss. objektivierende Erkenntnis (Mensch als Problem) und die philos.-relig. Erfahrung (Mensch als Mysterium, »Existenz«). Die menschl. Bildung läßt sich nicht objektivieren, sondern ist dialogische → Begegnung und provokativer Anruf. Das von M. philos. durchdachte Problem von Sein und Haben wurde durch Erich → Fromm popularisiert.
Schr.: Metaphys. Tagebuch, (frz. 1927) dt. 1955; Sein und Haben, (frz. 1935) dt. 1947, ²1968; Die Erniedrigung des Menschen, (frz. 1951) dt. 1957; Der Mensch als Problem (frz. 1955) dt. 1956; Tragische Weisheit, (frz. 1968) dt. 1974; V. Berning (Hg.), Reflexion und Intuition, 1987.
L.: V. Berning, Das Wagnis der Treue, 1973; D. F. Traub, Towards a fraternal society, a study of G. M.'s approach to being, technology and intersubjectivity, New York 1988; J. Konickal, Being and my Being, 1992; D. P. Moran, G. M. Existentialist – Philosopher – Dramatist – Educator, Lanham (Maryland) 1992; F. Zubke, Päd. der Hoffnung, 1996.

**Marcuse,** Herbert, * 19. 7. 1898 Berlin, † 29. 7. 1979 Starnberg, studierte Philos. in Berlin und Freiburg, 1923 Dr. phil. Freiburg, postgrad. Studium bei → Husserl und → Heidegger, 1933 Mitarbeiter am Frankfurter Institut für Sozialforschung, Mitbegründer der → Frankfurter Schule; anders als Horkheimer und → Adorno glaubte M. an »die Möglichkeit der Verwirklichung von Vernunft in der menschl. Gesellschaft« und an die Abhängigkeit ihrer Veränderung vom subjektiven Faktor. Gegen die Eindimensionalität der industriellen Massenkultur betonte M. die Notwendigkeit des Erlernens anti-repressiver Verhaltensweisen, hielt aber auch eine zur Befreiung führende Erziehungsdiktatur für berechtigt. Vor allem seine Thesen vom Entstehen revolutionären Potentials aus der »Verweigerung« gegenüber den gesellschaftlichen Institutionen hat M. zu einem der Väter der → Studentenbewegung werden lassen.
Schr.: Der eindimensionale Mensch, (engl. 1964) dt. 1967, ²²1988; Triebstruktur und Gesells., 1970, ¹⁶1990; Konterrevolution und Revolte, 1973; Ideen zu einer krit. Theorie der Gesellschaft, 1976, ⁹1991; Gespräche mit H. M., 1979.
L.: H. H. Holz, Utopie und Anarchismus, 1968; R. Steigerwald, H.-M.s dritter Weg, 1969; A. MacIntyre, M., London 1970; E. Topitsch, Gottwerdung und Revolution, 1973; M. Jay, Dialekt. Phantasie, 1976; H. Dubiel, Wissenschaftsorganisation und polit. Erfahrung, 1978; W. van Rejen, Phil. als Kritik, 1983; U. Gmünder, Krit. Theorie, 1985; E. Koch, Eros und Gewalt, 1985; G. Flego und W. Schmied-Kowarzik (Hg.), H. M. – Eros und Emanzipation, 1989; E. Arens u. a., Erinnerung, Befreiung, Solidarität, 1991; Z. Tauber, Befreiung und das »Absurde«, hg. v. D. Diner u. F. Stern, 1994; G. Servais, Arbeit – Vernunft – Glück, 1998.

**Marenholtz-Bülow,** Bertha von, * 5. 3. 1810 Braunschweig, † 9. 1. 1893 Dresden. Mitarbeiterin → Fröbels; vereinfachte und schematisierte seine Ideen zur »Fröbel-Methode« (Spielgaben u. a.) und verbreitete diese im Ausland und nach dem Kindergartenverbot (1861) auch in Dtl. In Berlin und Dresden gründete sie Volkskindergärten und Seminare zur Ausbildung von Kindergärtnerinnen.
Schr.: Die erste Erziehung durch die Mutter nach Fr. Fröbels Grundsätzen, 1854; Die Arbeit und die neue Erziehung nach Fröbels Methode, 1866, ²1875; Das Kind und s. Wesen, 1868, ²1878; Gesammelte Beitr. zum Verständnis der Fröbelschen Erziehungsideen, 1876; Theoret. und prakt. Hdb. der Fröbelschen Erziehungslehre, 2 Tle., 1886.
L.: L. Walter, B. v. M.-B. in ihrer Bedeutung für das Werk Fr. Fröbels, 1881; M. Müller, Frauen im Dienste Fröbels, 1928; E. Hoffmann, Vorschulerziehung in Dtl., 1971; H. Heiland, Fröbel und die Nachwelt, 1982; H. Heiland, B. v. M.-B. im Spiegel von Briefen, in: Päd. Rdsch. 49 (1995) H. 2.

**Marginalität.** 1) »*Marginal man*« bezeichnete Ende der 20er J. in den USA jemanden, der seiner sozialen Umwelt nicht angepaßt war und die an ihn gestellten Erwartungen nicht erfüllte. 2) Nach dem 2. Weltkrieg diente »*marginalidad*« in Lateinamerika zur Bestimmung gesellschaftl. Randgruppen (Slumbewohner, Besitzlose). 3) In Entwicklungspäd. und -politik wird M. verstanden als Produkt der hist. Eingliederung der heutigen Entwicklungsländer in den Weltmarkt und der damit entstandenen Heterogenität der Produktions- und Gesellschaftsstrukturen. Marginalisierte stehen zw. traditionellen und modernen Strukturen, sind jedoch von beiden ausgeschlossen; sie haben keine ausreichende Existenzsicherung. In den meisten Entwicklungsländern umfaßt der Prozeß der Marginalisierung immer weitere Bevölkerungsteile, die Verelendung wächst im Zuge der Industrialisierung. M. ist ein sowohl sozio-polit. als auch päd. Problem. → Kolonialpäd., → Ruralisierung.

L.: A. Cordova, Strukturelle Heterogenität und wirtschaftl. Wachstum, 1973.

**Maritain,** Jacques * 18. 2. 1882 Paris, † 28. 4. 1973 Toulouse; 1901 Lic. Phil., 1905 Agrégation, 1906–08 postgrad. Studium in Heidelberg; 1912 Prof. f. Phil. Collège Stanislas Paris, 1914 Prof. am Inst. Cathol. Paris, ab 1932 Gastprof. Univ. Toronto, ab 1939 in USA, 1941 Prof. an den Univ.n Princeton und Columbia, dazwischen 1944–48 Botschafter Frankreichs beim Vatikan. Neben → Mounier herausragender Vertreter einer personalistischen Päd.; kritisierte beständig die Einengung der Päd. auf (immer neue) Methoden und Techniken und betonte eine philos. Grundlegung der Erziehung; vertrat dabei einen integralen → Humanismus.

Schr.: La philosophie bergsonienne, Paris 1914, ³1948; Eléments de philosophie, 2 Bde., Paris 1921–23; Über d. christl. Philos. (frz. 1933), 1935; Christl. Humanismus (frz. 1936) 1949; Education at the Crossroads, New Haven 1943, Neuausg. 1971; La personne et le bien commun, Paris 1947; On the philosophy of history, New York 1957; Pour une philosophie de l'éducation, Paris 1959; La philosophie morale, Paris 1960; The education of man, Notre Dame 1962; Beiträge zu e. Philos. der Erziehung, hg. v. L. Schmidts, 1966; Jacques et Raissa M. Œuvres complètes, 15 Bde., Fribourg 1982 ff.

L.: M. L. Cassata, La pedagogia di J. M., Palermo 1953; P. Viotto, J. M., Brescia 1957, ²1976; A. J. Ellis, J. M. on humanism and education, Fresno 1966; G. Romano, Il pensiero pedagogico di J. M., Palermo 1970; F. Floris, Dewey e. M., Cagliari 1972; Autori vari, J. M.-Verità, ideologia, educazione, Milano 1977; J.-D. Allard, L'éducation à la liberté ou la philosophie de l'éducation de J.M., Grenoble 1978; U. Galeazzi, Persona, societá, educazione in J. M., Milano 1979; P. Viotto, Per una filosofia dell'educazione Secondo M., Milano 1985; P. Nickl, J. M. Eine Einf. in Leben und Werk, 1992.

**Marokko** → Arabische Staaten.

**Marx,** Karl, * 5. 5. 1818 Trier, † 14. 3. 1883 London; Studium in Bonn (1835–36) und Berlin (1837–41); neben wiss. Tätigkeit (Philosophie, Ökonomie) reges journalist. und polit.-organisatorisches Leben. M.s Aussagen zu Erziehung und Schule ergeben weder ein geschlossenes Konzept → sozialist. Erziehung noch ein abgerundetes Schulprogramm; sie schließen sich eher marginal an die Beschreibung und Analyse anderer ökonom. und gesellschaftl. Prozesse an, außerdem sind sie nicht als allgemeingültige, sondern als relative, d. h. vom jeweiligen Entwicklungsstand der Produktionsmittel und der Gesellschaft abhängige Feststellungen zu verstehen, vgl. z. B. M.s unterschiedl. Einschätzung von Familie und Familienerziehung in der kapitalist. und sozialist. Gesellschaft, ebenso die abweichenden Äußerungen über die Rolle der Erziehung bei der Herstellung der sozialist. Gesellschaft. Die bei M. selbst angelegten Widersprüche lassen die Schöpfer sozialist. Erziehungskonzepte zu unterschiedl. oder gar entgegengesetzten Folgerungen kommen. Für M. gliedert sich die Erziehung in drei Aspekte: theoretisch-intellektuelle, körperlich-gymnastische (paramilitärische) und → polytechnische Erziehung.

Schr.: MEGA, hist.-krit. Gesamtausg., hg. v. M.-Engels-Institut, 1957 ff.; MEW, M.-Engels-Werke, 39 Bde., 1957 ff.; Bildung und Erziehung, Studientexte z. M.schen Bildungskonzeption. Besorgt v. H. E. Wittig, 1968, ²1983.

L.: Marxismusstudien, hg. v. I. Fetscher, 1953 ff; H. Popitz, Der entfremdete Mensch, 1953, ²1968; H. Karras, Die Grundgedanken der sozialist. Päd. in M. Hauptwerk ›Das Kapital‹, 1956; E. Thier, Das Menschenbild des jungen M., 1957; W. Blumenberg, M., 1962; E. Fromm, Das Menschenbild bei M., dt. 1966 u. ö.; M. A. Manacorda, M. e la pedagogia moderna, Rom 1966; I. Fetscher, Karl M. und der Marxismus, 1967; B. Tollkoetter, Arbeit, Bildung, Gesellschaft. Päd. Grundprobleme bei Pestalozzi, M. und in der Gegenwart, 1970; 2. neubearb. Aufl. 1990; G. Groth, Die päd. Dimension im Werke von K. M., (Habilschr. 1976) Kiel 1978; M. Sarup, Marxism and Education, London 1978; P. Kogge, Der M.sche Begriff vom »menschl. Wesen«, 1980; C. G. Hegemann, Identität und Selbst-Zerstörung, 1982; H. Emden, Der Marxismus und seine Päd., 1982; H. J. Sandkühler, H. H. Holz (Hg.), Geschichtl. Erkenntnis – Zum Theorietypus M., 1991; K. P. Liesmann, K. M. *1818 † 1989. Man stirbt nur zweimal, Wien 1992; T. G. Schule, Kennen Sie M.?, 1992; H.-H. Schepp, Fortwirkende Elemente der M.schen Bildungskonzeption, in: Erziehung und Erziehungswiss. in der BRD und der DDR. Bd. 1, hg. v. D. Hoffmann, 1994; J. Torrance, Karl Marx's Theory of Ideas, Oxford 1995; J. Fetscher, M., 1999.

**Maslow,** Abraham Harold, * 1. 4. 1908 Brooklyn, † 8. 6. 1970 Menlo Park (Calif.); lehrte Psychologie 1937–51 am Brooklyn College, ab 1951 an der Brandeis Univ. in Waltham (Mass.); Mitbegründer und Hauptvertreter der Humanistischen Psychologie; durch seine

Hierarchie der Bedürfnisse hatte er großen Einfluß auf päd. Theorien der Selbstverwirklichung.

Schr.: Motivation und Persönlichkeit, (engl. 1954) 1978, ²1991; (Hg.), New Knowledge in Human Values, New York 1959, ²1971; Psychologie des Seins, (engl. 1962) 1973, ⁵1994.
L.: H. Quitmann, Humanist. Psychologie, 1985; H. Hochgräfe, Das Erziehungskonzept in der humanistischen Psychologie A. H. M.s, 1988; S. Kreutzer-Szabo, Der Selbstbegriff in der humanistischen Psychologie von A. M. u. C. Rogers, 1988.

**Masse,** mehrdeutiger Begriff mit kulturkritischer Belastung und oft »dämonisierender« Verwendung, bezeichnet eine ungegliederte Menge oder Vielfalt unverbunden nebeneinander lebender oder agierender Menschen, innerhalb derer die selbständigen Persönlichkeiten fehlen oder nicht zur Geltung kommen, im Unterschied entweder zur sinnhaft gegliederten oder geführten → Gemeinschaft oder zu einer kleinen Führungsgruppe als → Elite (qua Bildung, Macht, Herkunft usf.). In der M. sind Kritik- und Urteilsfähigkeit des einzelnen herabgesetzt, Triebhandlungen, Affektstimmungen (Panik), psychische »Ansteckung« häufig, kollektiver Druck und die Beeinflußbarkeit durch Agitatoren, etwa in polit. Hinsicht, groß, Anonymität, Entpersönlichung und → Entfremdung vorherrschend. Heterogene M.n sind Menschenaufläufe, M.naufmärsche, Demonstrationen u. ä., homogene M.n Bevölkerungsgruppen, Schulklassen. Die gegenwärtige → Industriegesellschaft ist, nach kulturkritischer Auskunft, der Gefahr der Vermassung in bes. hohem Grade ausgesetzt, analog auch die Lebensform der → Jugend (→ Kulturkritik). Initiative, freies Urteil und Selbstkontrolle werden eingeebnet. Ihr Fehlen wird oft kaum als Mangel empfunden. Selbst die → Freizeit wird durch typisierte Schemata (in Bild, Film, Schlager, Schallplatte) bestimmt; Bedürfnisse, Wünsche, Motive und Verhaltensweisen einander angeglichen, häufig wohl auch von der Gebrauchsgüterindustrie ausgenutzt oder gesteuert. Schon in der Schulerziehung und Jugendbildung, -hilfe und -sozialarbeit ist es daher eine wichtige Aufgabe, dem Massengeist entgegenzuwirken: durch Bildung von Arbeitsgruppen, gleichgesinnten Gemeinschaften, Eingehen auf die Individualität, Gewährung von Freiheits- und Erfahrungsspielräumen. Extreme Erscheinungen der Massenpsyche sind Massenwahn, Massenpsychose, die in Geschichte und Gegenwart die verschiedensten Ausprägungen erfahren haben: ekstatische Bünde, Orgien, relig.-mythologische Bräuche, Dämonen- und Hexenglaube, psychische Epidemien, Sportfanatismus.

Die Massenpsychologie hat bes. die Erforschung des seelischen Verhaltens und der Ausdrucksformen von M.n (Kollektiven) zum Ziel. In jüngster Zeit wird sie immer mehr abgelöst durch exakte Arbeiten der Sozialpsychologie und Soziologie, Gruppendynamik, Soziometrie usf., die auf wertende Begriffe verzichten und M. nicht mehr als »Gesamtheit der nicht besonders Qualifizierten« begreifen (Ortega y Gasset), sondern statt dessen sich Theorien kollektiven Verhaltens und den sozialen Ursachen von M.nphänomenen zuwenden. → Kollektiv.

L.: G. Le Bon, Psychologie der Massen (frz. 1895), dt. ¹⁵1982; F. Zinke, Überwindung der Vermassung als päd. Problem, 1950; H. de Man, Vermassung und Kulturverfall, 1952; Ortega y Gasset, Der Aufstand der Massen, (span. 1929), dt. 1931 u. ö.; A. Gehlen, Die Seele im techn. Zeitalter, 1957 u. ö.; N. J. Smelser, Theory of Collective Behavior, London 1962; H. Pross, E. Buss (Hg.), Soziologie der M., 1984; S. Moscovici, Das Zeitalter der M., 1984; U. Eco, Apokalyptiker und Integrierte, dt. 1984 u. ö.; P. Kondylis, Der Niedergang der bürgerl. Denk- und Lebensform, 1991.

**Massenmedien** heißen jene Instrumente der Massenkommunikation, die sich der entwickelten mechanischen und elektronischen Techniken bedienen, um eine weite und gleichzeitige Verbreitung von »Botschaften« zu ermöglichen. Im engeren Sinne zählen dazu Rundfunk und Fernsehen, im weiteren Sinne auch Film und Presse. Allen M. gemeinsam ist der gleichzeitige Gebrauch von verbaler und Bilder»sprache«. Die erste Erforschung der M. erfolgte von seiten der Sozialpsychologie und Soziologie, die vor allem den konformistischen Druck und den uniformierenden Einfluß der M. herausgestellt und auf die Gefahr einer Einebnung von Geschmacksurteilen und Verhaltensmustern (auf einem wenig anspruchsvollen Niveau) hingewiesen haben. Wirtschaftl. und polit. Propaganda haben die Suggestivkraft der M. reichlich ausgenützt. Der päd.-didakt. Einsatz der

M. ist an die Grundsätze der Alters- und Stoffgemäßheit gebunden und muß mit den jeweiligen Zielen abgestimmt sein. Um der Gefahr der bloßen Rezeptivität (des Empfängers bzw. des Schülers) zu wehren, bedarf es eines aktiven Umgangs mit den M. Hatte man diese Aktivierung lange Zeit durch Diskussion über das »Empfangene« versucht (z. B. Cineforum, Teleforum), geht es heute mehr darum, die Schüler »aktiv« an der Herstellung von Massenkommunikation zu beteiligen (z. B. → Freinets Schuldruckerei, Fotokurs, Filmkurse). → Medienpäd.

L.: G. Flores d'Arcais, Pedagogia e didattica del cinema, Brescia 1963; G. Mialaret, Psychopédagogie des moyens audiovisuels, Paris 1964; C. Bonnefoy, Le cinéma et les mythes, Paris 1965; E. Feldmann, Theorie der M., 1972; H. Flottau, Hörfunk und Fernsehen heute, 1972, ²1978; R. Denk, Erziehung zum Umgang mit Medien, 1977; M. Furian, M. Maurer, Praxis der Fernseherziehung, 1978 u. ö.; J. Hüther u. a. (Hg.), Neue Texte Medienpäd., 1979; P. v. Rüden (Hg.), Unterhaltungsmedium Fernsehen, 1979; H. Holzer, Medien in der BRD, 1980; E. Lang, Kind, Familie und Fernsehen, 1980; L. della Fornace, Come si legge un film, Rom 1981; H. Hengst, Kinder und M., 1981; H. v. Hentig, Das allmähl. Verschwinden der Wirklichkeit, 1983; N. Postman, Wir amüsieren uns zu Tode, dt. 1985; W. Faulstich, Medientheorien, 1991; M. Mac Luhan, Die magischen Kanäle, dt. 1992; R. Merkert, Medien u. Erz., 1992; G. Kadelbach, Medienalphabetisierung, 1993.

**Master** → Magister.

**materiale Bildung,** eine Theorie, die das Wesen der → Bildung in der Aufnahme und im Besitz eines bestimmten Wissenskanons sieht. Zwei wichtige Ausformungen dieser Theorie sind der bildungstheoretische Objektivismus, also die Aufnahme der objektiven Kulturgüter oder der Inhalte der Wiss. durch den Menschen, und die Theorie des → Klassischen, also Bildung als Übernahme derjenigen Gegenstände, denen das Prädikat »klassisch« zugeschrieben ist.
Beide Spielarten verabsolutieren die Inhalte und lösen sie von ihrer konkreten geschichtl.-gesellschaftl. Einbettung und vom Prozeß ihrer Hervorbringung, und zwar vom Begründungs- wie vom Entstehungszusammenhang.
Diese Tendenz hat bereits → Hegel in der Vorrede zur »Phänomenologie des Geistes« (1807) zurückgewiesen.

**maternal deprivation** → Mutterentbehrung.

**Mathematik-Unterricht,** seit den frühesten Anfängen eines schulischen Unterrichts spielt der MU. eine zentrale Rolle; er gehört heute (neben Dt. und Fremdsprachen) zu den wichtigsten Lernbereichen der allgemeinbildenden und berufl. Schulen.
Bis ins 18. Jh. wurde Mathematik (M) in der Schule als berufsrelevantes Rechnen (Bürgerliches Rechnen) unterrichtet, im 19. Jh. wurde mehr der formalbildende Wert des MU.s betont, die → Reformpäd. wollte den → Rechenunterricht (der Volksschule) im Hinblick auf Selbständigkeit des Schülers und Anschaulichkeit reformieren (J. Kühnel, J. Wittmann). Die Reform des MU. in den 70er Jahren (→ Mengenlehre) wurde durch grundlegende Veränderungen in der M. selbst und durch die entwicklungspsycholog. Forschungen der »Genfer Schule« um → Piaget (→ Zahlbegriff) ausgelöst. Angeregt vor allem durch die frz. Mathematikergruppe Bourbaki entwickelte sich die M. zur »Wiss. von den formalen Strukturen«, die nach disziplinübergreifenden gemeinsamen Merkmalen in ihren verschiedensten Zweigen (Strukturen wie Gruppe, Ring, Körper, Vektorraum) forscht. Als Ausgangsbasis und gemeinsame Sprache dienen dabei die → Mengenlehre und die formale Logik. Für den schulischen MU. wurden daneben Piagets Thesen bedeutsam, die Entwicklung des kindl. Geistes zeige eine deutliche Parallele zum Aufbau der math. Strukturen, Denken sei internalisiertes Handeln, und die konkret operationale Phase der menschl. Entwicklung sei bei Schulbeginn noch nicht abgeschlossen. Von daher wurde der MU. der Grundschule als Handeln in vorstrukturierten Räumen gesehen, in denen anhand konkreter Materialien (Logische Blöcke nach Dienes, Cuisenaire-Stäbe) auf der Basis der naiven Mengenlehre und der Aussagenlogik das Kind Zahlen und Verknüpfungen (v. a. die Grundrechenarten) »nacherfinden« soll. Die Umsetzung dieser Ideen in curricularen Richtlinien, Lehrplänen und Schulbüchern hat dann aber zu einer Überbetonung der formalen Strukturen im MU. und zu einer Verfälschung der ursprünglichen Reformziele geführt. Die Unterrichtenden waren auf diese Reform un-

genügend vorbereitet und es fehlte ihnen großenteils an Einsicht in die Bedeutung dieser Lerninhalte in der Wissenschaft Mathematik. Die vehemente Kritik an dieser Konzeption seitens der Fachwissenschaftler der Mathematik (M. Kline, H. Freudenthal) und der Öffentlichkeit hat in den 80er Jahren zu einer weitgehenden Zurücknahme dieser Unterrichtskonzeption geführt (→ Mengenlehre). Ohne die ursprünglichen Ideen dieser Reformbestrebungen (Anwendungsorientierung, Eigenständiges und entdeckendes Lernen, Förderung der Kreativität, Erkennen der Bedeutung der mathematischen Sprache) aufzugeben, wurde dann in den 90er Jahren versucht, unterschiedliche Aspekte des MU.s aufzuzeigen (Freudenthal). In der Grundschule sollen Sachverhalte der Umwelt mit Hilfe von Zahlen erfaßt, einfache räumliche Vorstellungen im Rahmen einer geometrischen Propädeutik aufgebaut und grundlegende mathematische Denkweisen erworben werden. Neben dem sicheren Umgang mit den vier Grundrechenarten soll vor allem schlußfolgerndes Denken beim Lösen von Sachaufgaben geschult werden. Der Unterricht verbleibt dabei noch wesentlich im Bereich des Anschaulichen. Aufbauend auf einem umwelterschließenden MU. werden in Form von produktiven Rechenübungen (G. Müller u. E. Chr. Wittmann), Projektunterricht (M. Franke) und aktiv-entdeckenden Lernphasen (Chr. Selter) grundlegende mathematische Rechen- und Denkweisen entwickelt.

In der Sekundarstufe I stehen Algebra, Geometrie und Trigonometrie im Mittelpunkt des MU. In der Sek.stufe II sind neben Infinitesimalrechnung (Analysis) und analytischer Geometrie (in vektorieller Darstellung) Wahrscheinlichkeitsrechnung und Statistik (Stochastik) als gleichberechtigte Themengebiete getreten. Durch Aufzeigen des außer- und innermathemat. Aspektenreichtums math. Begriffe wird heute über versch. Zugänge (z. B. Sichtweise des Differentialquotienten als Tangentensteigung, als lokale Änderungsrate, als Geschwindigkeit, als Förderkapazität etc.) versucht, dem Schüler ein adäquates Bild von Mathematik und ihren Anwendungsmöglichkeiten zu vermitteln.

In neuerer Zeit werden verstärkt die Möglichkeiten des Computereinsatzes im MU. und die Auswirkungen auf die Begriffsentwicklung diskutiert. So gewinnen algorithmische Aspekte der Mathematik und Methoden der numerischen Mathematik (Näherungsverfahren, Diskretisierung) zunehmend an Bedeutung. Die Verfügbarkeit von Computeralgebrasystemen wie ›Derive‹, geometrischen Konstruktionsprogrammen wie ›Euklid‹ und Tabellenkalkulationsprogrammen wie ›Excel‹ auf DIN-A4-großen Taschencomputern bietet heute neue Chancen bei der Visualisierung mathematischer Begriffe, ermöglicht neue Arbeitsweisen (Verstärkter Einsatz graphischer Darstellungen) und eröffnet Zugänge zu neuen Lerninhalten (diskrete Mathematik). Da diese neuen Werkzeuge aber auch das häufig im MU. vorherrschende kalkülhafte Arbeiten fast vollständig beherrschen und dem Schüler abnehmen, stellt sich für den MU. verstärkt die Sinnfrage nach zentralen zukunftsbedeutsamen Lerninhalten. Darüber hinaus hat die TIMS-Studie (Third International Mathematics and Science Study, Baumert) deutlich aufgezeigt, daß im deutschen MU. stärker das problemorientierte und individuelle Arbeiten gegenüber dem kalkülhaften Arbeiten und dem häufig noch vorherrschenden Frontalunterricht betont werden muß.

Zs.: Der math.-naturwiss. Unterricht, 1 (1948) ff.; Zentralblatt für Didaktik des MU. 1 (1969) ff.; Der MU. 1 (1955) ff.; Didaktik der M. (1973) ff.; Journal für M.didaktik, 1980 ff.; M.lehren (1980) ff.; Educational Studies in Mathematics (1968) ff.

L.: J. Kühnel, Neubau des Rechenunterrichts, 1916; J. Wittmann, Ganzheitl. Rechnen, 1959; G. Wolff (Hg.), Hdb. der Schulmathematik, 7 Bde., ²1966–68; H. Lenné, Analyse der M.-didaktik in Dtl., 1969; H. Freudenthal, M. als päd. Aufgabe, 2 Bde., 1973; E. Wittmann, Grundfragen des MU.s, ⁶1995; H. Schwartze, Elementarmathematik aus didakt. Sicht, 2 Bde., 1980; U.-P. Tietze, M. Klika, H. Wolpers, MU. in der Sek.stufe II, 1996, 1999; H. Freudenthal, Didactical phenomenology of mathematical structures, Doordrecht 1983; G. Müller, E. Ch. Wittmann, Hdb. produktiver Rechenübungen Bd. 1 u. 2, 1991 u. 1993; H.-J. Vollrath, Methodik des Begriffslehrens, 1985; F. Zech, Grundkurs Mathematikdidaktik, 1996; H. Winter, Entdeckendes Lernen im MU., 1989; H. Radatz, W. Schipper, Hdb. für den MU. an Grundschulen, 1989; H. Maier, Didaktik des Zahlbegriffes, 1990; G. Malle, Didakt. Probleme der elementaren Algebra, 1993; U. Hole, Erfolgreicher MU. mit dem Computer, Donauwörth 1998; B. Kutzler, Mathematik unterrichten mit Derive. Ein Leitfaden für Lehrer, Bonn 1995;

H. Heugl, W. Klinger, J. Lechner, MU. mit Computeralgebra Systemen, 1996; H. Heymann, Allgemeinbildung und Mathematik, 1996; L. Führer, Pädagogik des MU.s, 1997; J. Baumert, u. a., TIMSS-Mathematisch-naturwissenschaftlicher Unterricht im internationalen Vergleich, 1997.

**Matura** → Abitur.

**Mc Millan,** Margaret, * 20. 7. 1860 Westchester (USA), † 29. 3. 1931 Harrow (Großbrit.); wurde nach dem Studium in Fribourg/Schweiz und einem Versuch als Schauspielerin 1893 Mitglied der Unabhängigen Labour Partei in Bradford/Yorkshire und 1894 Mitglied des Erziehungskomitees. Mit ihrer Schwester Rachel (1859–1917) eröffnete sie Kinder-Kliniken in Bow (1908) und im Londoner Slumviertel Deptford (1910); setzte sich für eine umfassende Erziehung aller Kleinkinder, insbes. der armen, ein, forderte für sie ärztliche Untersuchungen und Hygiene. Durch ihre öffentl. Appelle und ihre Schriften (Betonung der kreativen Phantasie) wurde sie zum Pionier der englischen Vorschulerziehung.

Schr.: The Nursery School, London 1919; Education Through the Imagination, London ²1923;
L.: G. A. N. Lowndes, M. M., Toronto 1960; E. Bradburn, M. M., Redhill 1976; J. Swift, Kleinkindererziehung in England, 1982; E. Bradburn, M. Mc Millan. Portrait of a pioneer, London 1989.

**Mecklenburg-Vorpommern.** Die Anfänge des höheren Schulwesens im ehem. Großherzogtum Mecklenburg (seit 1701 Herzogtum M.-Schwerin, Hzt. M.-Strelitz) und in Vorpommern (Stettin, Stralsund, Greifswald) gehen bis auf die → Reformation zurück (Lutherische Schulen Schwerin 1532, späteres Gymnasium Fredericianum: Domschule Güstrow 1552; »Große Stadtschule« Wismar 1541). Die hist.-politischen und geographischen Umstände (Gleichgültigkeit der Gemeinden, ländl.-agrarische Strukturen, verstreute Klein- und Kleinsiedlungen, Entvölkerung durch den 30jährigen Krieg, anhaltende Streitigkeiten der Landesherren, der Ritterschaft, der Städte und der Kirche um Zuständigkeiten und Befugnisse) waren jedoch für die Herausbildung und Entwicklung eines mit den Nachbarstaaten → Brandenburg oder → (Sachsen-)Anhalt vergleichbaren Elementarschulwesens besonders auf dem Lande lange Zeit außerordentl. ungünstig. Eine gewisse Zäsur bildet das vom → Pietismus beeinflußte »Schulreglement« (1770), das (in den Wintermonaten) einen regelmäßigen Schulbesuch ab dem 6. Lebensjahr vorsah und Mindestanforderungen für Landschullehrer festzulegen und durchzusetzen versuchte (Seminar für Landschullehrer Schwerin 1782; seit 1786 in Ludwigslust).

Nach der »Gleichschaltung« (1. 1. 1934) der Länder im → Nationalsozialismus und dem anhaltenden Verlust der Selbständigkeit während des Bestehens der → Dt. Demokrat. Republik, stand das Bildungswesen des aus den ehem. DDR-Bezirken Schwerin, Rostock und Neubrandenburg hervorgegangenen neuen Bundeslandes M.-Vp. zunächst ganz im Zeichen der Neuorganisation und der Angleichung an die rechtlichen Bestimmungen der → Bundesrepublik Dtl. (→ Einigungsvertrag).

Nach dem für eine unbefristete Übergangszeit geltenden »Ersten Schulreformgesetz des Landes M.-Vp.« (SRG) vom 26. April 1991 waren ein gegliedertes allgemeinbildendes Schulsystem (→ Grundschule 4J., → Hauptschule 5J., → Realschule 6J., → Gymnasium 8J.), ein berufliches Bildungswesen (→ Berufsschule, → Berufsfachschule, → Fachoberschule, Fachgymnasium) sowie Sonderschulen vorgesehen. Trotz aller bildungspol. Maßnahmen gelang es jedoch (v. a. aufgrund demographischer Entwicklungen) nicht durchgreifend, das Bildungssystem entsprechend zu strukturieren. Typisch wurden nicht die getrennten Angebote des dreigliedrigen Schulsystems, sondern die mehr oder minder starke Kooperation von Schulen unter einem Dach: Etwa 60% der Schulangebote in der Sekundarstufe I sind derartige Kombinationen; trotz ihres Ausschluß aus dem System der Regelschulen sind 21 Gesamtschulen (v. a. in größeren Städten) entstanden. Diesen Tendenzen trägt auch das neue Schulgesetz vom 15. 5. 1996 in Form eines Kompromisses zwischen gegensätzlichen bildungspolit. Konzepten Rechnung. Demnach ist das Schulwesen in Schulstufen (Primarbereich, Sekundarstufe I und II) und Schularten (Grundschule, Hauptschule, Realschule, Gymnasium, Gesamtschule) gegliedert und baut auf den Einrichtungen des Elementarbereichs (Kindergrippe und -garten) auf. Die 5. u. 6. Kl. werden als schulformabhängige → Orientierungsstufen geführt; Haupt- und Realschule können organisatorisch und inhaltlich verbunden werden; Zulassung von Gesamtschulen als Regelschule. Da neben den wenigen Schulen reiner Dreigliedrigkeit sehr viele schulorganisatorische Verbindungen entstanden sind, wird nicht mehr von Schularten, sondern von Grundtypen gesprochen (Realschule mit Grundschul- oder Hauptschulteil, Gymnasium mit Hauptschulteil, zeitweise sogar Gymnasium mit Grundschulteil etc.).

Ein Weiterbildungsgesetz wurde 1996 verabschiedet. Der Hochschulbereich ist durch das »Hochschulerneuerungsgesetz« (HEG) vom 19. Feb. 1991 bzw. durch das neue Landeshochschulgesetz vom 9. 2. 1994 geregelt.

Die Lehrerausbildung für alle Schularten ist den Universitäten zugeordnet und erfolgt schulartbezogen (»Lehrerausbildungsverordnung« vom 9. Juli 1991). Die beiden ehem. Pädagogischen Hochschulen in Güstrow und Neubrandenburg wurden in die zwei Universitäten des Landes (Rostock, Greifswald) integriert. Die neu errichteten Fachhochschulen in Wismar, Stralsund und Neubrandenburg haben zum WS 1992/93 den Lehrbetrieb aufgenommen. Für Lehrerfort- und -weiterbildung wurde ein »Landesinstitut für Schule und Ausbildung« (LISA) gegründet.

Schr.: 1. SRG (26. 4. 1991), in: GVBI. M.-Vp., 1991, 8; HEG (19. 2. 1991) in: GVBI. M.-Vp., 1991, 5; Schulrecht, Ausgabe für M.-Vp., ergänzbare Sammlung für Schule und Schulverwaltung, hg. v. F. Hammerschmidt u. a.
Zschr.: Schulverwaltung Brandenburg, M.-Vp., Sachsen, Sachsen-Anhalt, Thüringen u. Berlin, 1991 ff.,
L.: R. Schmidt (Hg.), Pommern und Mecklenburg, 1981; G. Edler, Gesetz zur Erneuerung der Hochschulen in M.-Vp., in: Die Neue Hochschule 32(1991)3; B. Lorenz, Die konservative Reform, in: Pädagogik 43(1991)11; J. Wolf, Fachhochschullandschaft M.-Vp., in: Die Neue Hochschule 33(1992)4; U. Lorentzen, Die Entwicklung des Schulrechts in M.-Vp., in: Recht der Jugend und des Bildungswesens 40(1992)1; Ch. Führ, Zum Bildungswesen in den fünf neuen Ländern der BRD, 1992; K. Klemm u. a., Bildungsplanung in den neuen Bundesländern, 1992; R. Martini, Zum Bildungsrecht in den ostdeutschen Bundesländern. Gesetze, Rechtsverordnungen, Verwaltungsvorschriften, 1992; S. Anders, Die Schulgesetzgebung der neuen Bundesländer, 1995; M. Seemann u. a., Bildung in M.-Vp, in: J. Petersen u. G. B. Reinert (Hg.), Bildung in Deutschland, Bd. 2, 1997.

**Medienpädagogik** bezeichnet a) einen wiss. Forschungs- und Lehrbereich an Hochschulen und schließt dabei Methodenfragen der Medienforschung, die → Massenmedien als Unterrichtsgegenstand, Unterrichtstechnologie etc. ein; b) ein Feld schulischen Unterrichts, in dem die Medien zu Unterrichtsgegenständen werden (in der Regel in den Fächern Sozialkunde/Gemeinschaftskunde oder der polit. Bildung); c) ein praktisches Arbeits- und Handlungsfeld im Sinne eines konkreten Umgangs mit den Medien; d) die Bemühungen um einen funktionsgerechten Einsatz von Medien im Unterricht zum Zwecke eines optimalen Lehr- und Lernerfolgs. Vorrangige Ziele der M. sind die Hinführung zur Kommunikationsfähigkeit (als Vermögen, an öffentl. → Kommunikation aktiv und passiv teilzunehmen) und die Vermittlung von Handlungskompetenz im Umgang mit den → Massenmedien.

L.: D. Baacke (Hg.), Kritische Medientheorie, 1974; J. Wittern, Mediendidaktik, 2 Bde., 1975; G. K. Hildebrand, Zur Gesch. des av-Medienwesens in Dtl., 1976; J. H. Knoll, J. Hüther (Hg.), M., 1976; L. J. Issing, H. Knigge-Illner (Hg.), Unterrichtstechnologie u. Mediendidaktik, 1976; W. Protzner, Zur Medientheorie des Unterrichts, 1977; Neue Texte M., 1 (1979) ff.; D. Grünewald, W. Kaminski (Hg.), Kinder- und Jugendmedien, 1983; H. Scarbath, V. Straub (Hg.), Die heiml. Miterzieher, 1986; T. O'Shea, J. Self, Lernen und Leben mit Computern, dt. 1986; D. Spanhel, Jugendliche vor dem Bildschirm, 1987; R. Merkert, Medien u. Erziehung, 1992; W. Ulrich, P. Buck (Hg.), Video in Forschung u. Lehre, 1993; G. Kadelbach, Medienalphabetisierung, 1993; W. Gloganer, Neue Medien verändern die Kindheit, 1993; H. Moser, Einf. in die M., 1995; N. Postman, Keine Götter mehr, dt. 1995; A. v. Rein, Medienkompetenz als Schlüsselbegriff, 1996; D. Baake, M., 1997; G. Tulodziecki, Medien in Erz. und Bildung, Neuausg. 1997.

**Medresse** (oder Medrese), eine meist mit Internat verbundene islamische Gelehrtenschule (etwa europ. Univ. vergleichbar).

**Mehrfachbehinderung.** Behinderungen treten in der Regel nicht isoliert auf (Syndromcharakter). Eine → Behinderung hat häufig weitere Beeinträchtigungen zur Folge, z. B. körperl. Behinderung auch soziale Beeinträchtigungen (→ Stigmatisierung). Man unterscheidet essentielle, z. B. bei Geistigbehinderten, Defizite im sprachlichen, motorischen, sozialen Bereich, schlechthin im Gesamtverhalten; konsekutive (M. als Folgebehinderung), z. B. bei Taubheit sprachl. und vor allem soziale Störungen, und parallele M.en, die mit gewisser Häufigkeit zusammen mit einer bestimmten Behinderung auftreten (z. B. Beeinträchtigungen der → Motorik oder der Sprache bei Geistigbehinderten, Verhaltensstörungen bei Körperbehinderten). Manchmal wird auch zw. primären, sekundären und tertiären Behinderungen differenziert. Grundsätzlich kann jede Grundbehinderung auch andere Bereiche stören oder beeinträchtigen.

Die Lebensberechtigung von schwerst mehrfachbehinderten Menschen wurde in der Geschichte immer wieder in Frage gestellt oder lediglich auf die Erfüllung pflegerischer Grundbedürfnisse reduziert. Erst seit den 70er Jahren lassen sich in der → Sonderpädagogik Überlegungen zur päd. Förderung schwerst mehrfachbehinderter Menschen verfolgen, die sich in jüngster Zeit insbes. mit der Frage nach der schulischen Betreuung und der sozialen → Integration dieser Menschen beschäftigt haben.

L.: N. Hartmann (Hg.), Beiträge zur Päd. der Mehrfachbehinderten, 2 Bde., 1972–73; S. Solarová, Mehrfachbehinderte – Ursachen, Erscheinungsformen und Auswirkungen, in: Dt. Bildungsrat. Gutachten und Studien der Bildungskommission 52, 1975; C. Falkhausen, Mehrfachbehinderte Kinder u. Jugendl. im Erziehungsfeld der Schule, 1981; F. Hinteregger, F. Meixner (Hg.), Sprachheilpäd. Arbeit mit mehrfachbehinderten Kindern, 1986; G. Theunissen, Der Schule entwachsen – Wege zur Rehabilitation Geistigbehinderter im Erwachsenenalter, 1986; A. Fröhlich (Hg.), Hdb. der Sonderpäd., Bd. 12: Päd. bei schwerster Behinderung, 1991; E. Fischer, Die schulische Förderung mehrfachgeschädigter Kinder u. Jugendl. mit geistiger Behinderung in der Bundesrepublik Deutschland, 1992; O. Speck, Mehrfachbeh. Kinder – eine päd. Herausforderung, in: Blind, sehbehindert, 116 (1996) 4.

**Meister,** Richard, * 5. 2. 1881 Znaim (Mähren), † 11. 6. 1964 Wien; 1904 Dr. phil. Wien, 1918 a. o. Prof. f. Klass. Phil. Univ. Graz, 1920 Univ. Wien, 1923–38 u. 1945–58 ebd. o. Prof. f. Päd., 1951–64 Präs. der Österr. Akademie der Wiss.n; war jahrzehntelang die päd. Autorität in Österreich. M. entwarf das System einer → deskriptiven Päd. mit kulturphil. Fundierung und unterschied scharf zw. Päd. als Wiss. (Theorie der Erziehung) und als Kunstlehre (Theorie für die Erziehung).

Schr.: Humanismus und Kanonproblem, 1931; Beiträge zur Theorie der Erziehung, 1946, ²1947, neue Folge: 1965; Entwicklung und Reformen des österr. Studienwesens, 1963.
L.: Erkenntnis und Erziehung, FS. für R. M., 1961 (m. Bibl.); F. Kainz, Hauptprobleme der Kulturphil. im Anschluß an R. M., 1977; U. Wallraf, Kultur und Persönlichkeit, 1986; E. Leitner, R. M. als Universitätshistoriker, in: Zur Gesch. der österr. Bildungswesens, hg. v. E. Lechner, Wien 1992.

**Meisterlehre** bezeichnet ein didaktisches Verhältnis und ein Lehrverfahren, bei dem ein Lernender (»Lehrling«, »Jünger«) im Vollzug einer arbeitsteiligen Leistung (Berufsarbeit, Kunstbetätigung, Lehrtätigkeit) von einem darin erfahrenen »Meister« das dazu nötige Wissen und Können einschließlich der erwünschten Arbeitsgesinnung und -tugenden durch Zuschauen und schrittweise Eingliederung in diesen Leistungsvollzug erwirbt. Schon im alten Babylon durch sog. Lehrverträge geregelt, war die M. seit dem Mittelalter die ausgeprägte Form der Berufsbildung und spielt dort auch heute noch eine bedeutende Rolle, bes. im Handwerk.

**Melanchthon,** Philipp (eigentl.: Schwarzerd), * 16. 2. 1497 Bretten (Pfalz), † 19. 4. 1560 Wittenberg; als *Praeceptor Germaniae* (»Lehrer Dtl.s«) bezeichnet; wichtigster Mitarbeiter → Luthers und herausragender Vertreter des dt. → Humanismus. Schulbuchautor, Hg. antiker Texte, Mitbegründer von Univ.n (Marburg, Königsberg), Wegbereiter einer ev. Päd. M. kritisierte die Lebensferne von → Scholastik und scholastischer Bildung und vertrat eine sittl. Persönlichkeitsbildung durch Aneignung des klass. Griechisch und Latein sowie vor allem durch Kenntnis der antiken Literatur. In der → Rhetorik sah er die wirksamste und angemessenste Methode zum Erreichen dieses Bildungsziels.

Schr.: Dt. Ges. Ausg. in 8 Bdn., 1952 ff.; Glaube und Bildung, hg. v. G. R. Schmidt, 1989.
L.: L. Koch, P. M.s Schola privata, 1959; W. Ellinger (Hg.), P. M., 1961; R. Stupperich, Der unbekannte M., 1961; P. M., 2 Bde., Ost-Berlin 1963; W. Maurer, Der junge M. zw. Humanismus und Reformation, 2 Bde. 1967–69, Studienausg. 1996; H. A. Stempel, M.s päd. Wirken, 1979; W. Reinhard (Hg.), Humanismus im Bildungswesen des 15. u. 16. Jh.s, 1984; W. Eisinger, M. als Erzieher, 1985; R. Golz u. W. Mayrhofer (Hg.), Luther und M. im Bildungsdenken Mittel- u. Osteuropas, 1997; H. F. Rupp, Päd., Bildung und Schulreform

der Reformation: P. M., in: Der Evangel. Erzieher, 49 (1997) H. 1; R. T. Speler (Hg.), M. und die Universität, 1997; H. Ch. Brennecker u. W. Sparen (Hg.), M., 1998; H. F. Rupp, P. M. – der vergessene »Praeceptor Germaniae«?, in: Jb. f. Hist. Bildungsforsch., 4 (1998); H. Jesse, Leben und Wirken des P. M., 1998; S. Rhein and M. Treu (Hg.), M. in Nordeuropa, 1999.

**Menck,** Peter, * 11. 4. 1935 Nienburg/W.; 1969 Dr. phil. Bonn, 1973 Habil. Münster, 1973 Prof. f. Päd. TU Hannover, 1979 Prof. f. Erziehungswiss. Univ. Siegen. Wichtige Arbeiten zur Allgemeinen Didaktik, Unterrichtsforschung sowie Geschichte der Erziehung.
Schr.: Die Erziehung der Jugend zur Ehre Gottes u. zum Schutz des Nächsten. Begründung und Intentionen der Päd. A. H. Franckes, 1969; Unterrichtsanalyse und didaktische Konstruktion, 1975; Unterrichtsinhalt oder Ein Versuch über die Konstruktion der Wirklichkeit im Unterricht, 1986; Geschichte der Erziehung, 1993; Was ist Erziehung?, 1998.

**Mengenlehre** (ML., Menge = M; Mengensprache = MS.). Mathematische Disziplin, von Georg Cantor (1845–1918) begründet und zuerst als »Zusammenfassung bestimmter, wohlunterschiedener Objekte unserer Anschauung oder unseres Denkens – Elemente der M. genannt – zu einem Ganzen« definiert. Zwischen M.n sind Verknüpfungen definiert (Vereinigung, Durchschnitt, kartesisches Produkt usw.), die das »Rechnen« mit ihnen ermöglichen.
Die MS. kann als eine Art universaler Sprache angesehen werden, die Grundlage aller Gebiete der math. Wiss. ist. Ab 1935 hat dann vor allem eine frz. Mathematikergruppe unter dem Pseudonym Nicolas Bourbaki auf der Grundlage der ML. und MS. versucht, die »Architektur der Mathematik«, d. h. ihre allg. Strukturen, zu erforschen. Dieser Strukturmathematik kommt in der Neuen Mathematik große Bedeutung zu; verschiedentlich hat man Mathematik gar als Lehre von den Strukturen bezeichnet.
Päd. bedeutsam wurde diese Strukturmathematik durch → Piagets Forschungen; dieser vertritt die These von einer deutlichen Parallelität zw. dem Aufbau der math. Strukturen und der intellektuellen Entwicklung des Kindes. Diese entwicklungs- und denkpsychologischen Forschungen, die wiss.s-immanente Bedeutung der ML. und die Tatsache, daß sich ihre Gesetze an einfachen (»spielerischen«) Modellen darstellen lassen, haben mit dazu geführt, daß auf Beschluß der → KMK von 1968 vom Schuljahr 1972/73 an der → Mathematikunterricht an der Neuen Mathematik orientiert sein sollte. Befürworter wiesen darauf hin, die Bedeutung des Sachrechnens im praktischen Leben nehme ab, es sei wichtiger Zusammenhänge und Begründungen zu begreifen und Problemlösungen zu finden als vorgegebene → Algorithmen und Kalküle zu trainieren und schematisch anzuwenden, und die Neue Mathematik nehme gerade die Ausgangssituation des Kindes ernst und setze somit vom päd.-psychologischen Standpunkt aus richtig an und integriere stärker als bisher speziell math. und allg. Bildung.
Von Kritikern wurde der ML. vorgeworfen, sie überfordere das Fassungsvermögen der Kinder durch eine abstrakte Sprache und die zu frühe Behandlung schwieriger Gesetze, sie verhindere ein gemeinsames Lernen von Eltern und Kindern, sie gleite allzuleicht in eine unverbindliche Spielerei ab und vernachlässige eine Einübung in umweltrelevante Beispiele, die vor allem in der berufl. Zukunft der Hauptschüler eine große Rolle spielen. Darüber hinaus haben die überzogene Gleichsetzung der Neuen Mathematik mit der ML., die neue, den Eltern unverständl. MS. und die Tatsache, daß viele Lehrer auf diese Reform unzureichend vorbereitet waren, diese Reform in starken Mißkredit gebracht. Dies hat dazu geführt, dass die ML. in diesem traditionellen Sinn aus der Grundschule weitgehend verschwunden ist und sich in der Sekundarstufe I nur noch in erheblich reduzierter Form findet. Dennoch lassen sich Auswirkungen der ML. verzeichnen: Sie hat in der Math. der Sek.stufe I und II zur Vereinheitlichung der Math. Sprache beigetragen (z. B. in der Gleichungslehre und der Geometrie), zur Aufnahme neuer Lehrinhalte in der Grundschule (z. B. Gleichungen u. Ungleichungen, Variablen, Geometrie) geführt. Die Entwicklung von konkret handhabbarem strukturierten Material (am bekanntesten die logischen Blöcke von Z. P. Dienes) im Rahmen der ML., an dem die Kinder selbst grundlegenden math. Begriffe und Gesetze (Menge, Relation, Abbildung, Gruppe) handelnd erarbeiten sollen hat zu einer Fülle

weiteren handlungsaktiven Materials in der Grundschule geführt (Cuisenaire-Stäbe, Steckwürfel, Wendeplättchen, Einmaleins-Tafeln). Mit der Betonung eines anwendungsorientierten, handlungsorientierten, umwelterschließenden Mathematikunterrichts ist die explizite Behandlung der ML. als eigenständiges Gebiet fast völlig aus dem MU. der Grundschule und Sekundarstufe I verschwunden, die der ML. zugrundeliegenden Ideen (Mengenbegriff, Verknüpfungen, Zuordnungen) bilden aber weiterhin eine Grundlage des MU.

L.: J. Piaget, A. Szeminska, Die Entwicklung des Zahlbegriffs beim Kind, 1965 u. ö.; Beitr. zum Mathematikunterr. P. R. Halmos, Naive M., 1969; H. Lenné, Analyse der Mathematikdidaktik in Dtl., 1969; H. Meschkowski (Hg.), Mathematik-Duden für Lehrer, 1969; W. Neunzig (Hg.), Konzeptionen für den Mathematikunterricht, 1970; H. Griesel, Die neue Mathematik für Lehrer u. Studenten, Bd. 1, 1971, ³1973; H. Radatz, W. Schipper., Hdb. für den MU. an Grundschulen, 1983; E. Ch. Wittmann, Grundfragen des MU., ⁶1995.

**Menschenkunde** kann allg. das systematisierte Wissen über den Menschen bezeichnen (→ päd. Anthropologie) oder, spezieller auf die psychologischen Grundlagen der Erziehung abhebend, die von → Nohl begründete geisteswiss. Forschungsrichtung »M.« meinen. Nohl verstand darunter eine im persönlichen Umgang mit dem Kinde gewonnene und gleichzeitig in eine systematisch-päd. Besinnung eingeordnete Menschenkenntnis. Diese M. unterschied Nohl von der Psychologie als wiss. Theorie, die auf isolierender Abstraktion und idealtypischer Konstruktion beruht. Im Unterschied dazu beschränkt sich M. auf das »lebendige Wissen um (die) vorfachwiss., konkret-totale Sphäre des Lebens.« Der Begriff M. findet sich auch bei R. → Steiner und in der → Waldorfpäd. und dient dort ebenso der Abhebung von der psycholog.-wiss. Forschung.

L.: H. Nohl, Päd. M., in: Hdb. der Päd., hg. von Nohl/Pallat, 2. Band, 1929; ders., Die biolog.-psycholog. und soziolog. Grundlagen der Päd., 1929; ders., Charakter und Schicksal, eine päd. M., 1938, ⁵1950; W. Loch, Die anthropolog. Dimension der Päd., 1963; S. Leber, Die M. der Waldorfpäd., 1993.

**Menschenrechte.** Die Allg. Erklärung der Menschenrechte der UNO vom 10. 12. 1948 bezeichnet das von allen Völkern anzustrebende Ideal der Achtung der M. und Grundfreiheiten, das durch nat. und internat. Maßnahmen sowie durch Unterricht und Erziehung zu fördern ist. Art. 26 (Recht auf Bildung, → Elternrecht) fordert unentgeltlichen Unterricht wenigstens in Elementar- und Grundschulen, obligatorischen Elementarunterricht, allg. Zugang zu fachl. und berufl. Unterricht, die Möglichkeit der höheren Studien für alle nach Fähigkeiten und Leistungen. → Person. Zu beachten sind auch der Internationale Pakt über wirtschaftliche, soziale und kulturelle Rechte (Art. 13), die Konvention über die Rechte des Kindes ist die Konvention zum Schutze der Menschenrechte und Grundfreiheiten des Europarats.

L.: Sartorius, Bd. 2, Internat. Verträge – Europarecht (Loseblattsammlung).
Schr.: J. Schwartländer (Hg.), M., 1979; G. Nabel, Verwirklichung der M., 1985; L. Kühnhardt, Die Universalität der M., 1987, ²1991; G. Flores d'Arcais, Le ragioni di una pedagogia dei diritti umani, Padua 1990; C. S. Nino, The ethics of human rights, 1991; J. Hoffmann (Hg.), Begründung von M.n, in: Phil. Jahrb. 99 (1992); S. Jenkner (Hg.), Intern. Erklärungen und Übereinkommen zum Recht auf Bildung und zur Freiheit der Erz., 1992; W. Böhm, Multikulturelle Erz. und Fremdenhaß, in: Vjschr. f. wiss. Päd. 69 (1993); W. Böhm (Hg.), Erz. u. M., 1994; ²1995; E. Denninger, Menschenrechte und Grundgesetz, 1994; W. Odersky, M. 1994; L. Koch u. a. (Hg.), Erz. und Demokratie, 1995; N. Bobbio, Das Zeitalter der M., dt. 1998.

**Menze,** Clemens * 20. 9. 1928 Tietelsen (Kr. Höxter). Studium der Germanistik, klass. Philologie und Philos., Dr. phil. 1953, Tätigkeit im höheren Schuldienst, Habil. für Päd. 1963, Prof. Univ. Köln seit 1965. Hauptarbeitsgebiete: hist. und systematische Päd.

Schr.: Der Bildungsbegriff d. jungen Friedrich Schlegel, 1964; W. v. Humboldts Lehre und Bild vom Menschen, 1965; Die Bildungsreform W. v. Humboldts, 1975; Bildung und Bildungswesen, 1980; Leibniz und die neuhumanist. Theorie der Bildung des Menschen, 1980; Metaphysik, Gesch., Bildung bei G. Vico, in: Vjschr. f. wiss. Päd. 61 (1985); W. v. Humboldt, Denker der Freiheit, 1993.
L.: J. Schurr, K. H. Broecken, R. Broecken (Hg.), Humanität und Bildung, FS f. C. M. zum 60. Geb.tag, 1988.

**Methodik** (von griech. *methodos*: Weg nach, Weg zu), im Unterschied zur Lehre von den wiss. Methoden als → Forschungsmethoden, die Lehre von den Methodiken, die in Erziehung und Unterricht zur Erreichung bestimmter Ziele zur Verfügung stehen. Da die Mittel stets von Inhalten und Zielen her ihren Sinn erhalten, gibt es weder eine Normal- oder Universalmethodik, noch können Erziehungs- und Unterrichtsmethodiken nach Art von »Techniken« entwickelt und angewendet werden (Primat der → Didaktik vor der M.). Außerdem hat jede päd. M. die Spontaneität des Zöglings bzw. Schülers in Rechnung zu stellen, da jeder wirkliche Erziehungs- und Lernakt letztlich vom → educandus selber vollzogen werden muß (→ Selbsterziehung, → fruchtbarer Moment).

L.: W. Flitner, Theorie des päd. Weges und Methodenlehre, 1930, $^8$1968; G. Geißler, Das Problem der Methode in der Schule, 1931; H. Blankertz, Theorien und Modelle der Didaktik, 1969 u. ö.; P. Menck, G. Thoma (Hg.), Unterrichtsmethode, 1972; W. H. Peterßen, Hdb. Unterrichtsplanung, 1982, $^8$1998; H. Aebli, 12 Grundformen des Lehrens, 1983, $^{10}$1998; H. Rumpf, Die künstliche Schule und das wirkliche Leben, 1986; H. Meyer, Unterrichtsmethoden, 1987; H. Aebli, Grundlagen des Lehrens, 1987, $^2$1993; K. Pöppel, Unterrichten, 1988; E. Terhart, Lehr-Lern-Methoden, 1989, $^2$1997; M. Bönsch, Variable Lernwege, 1991; $^2$1995; H.-J. Ipfling u. a. (Hg.), Unterrichtsmethoden der Reformpäd.: Anregungen für die Schule von heute, 1991; L. Kratochwil, Unterrichten, 1992, $^2$1994; B. Adl-Amini, Unterrichtsmethode in Theorie und Forschung, 1993.

**Meumann,** Ernst, * 29. 8. 1862 Uerdingen (Niederrhein), † 26. 4. 1915 Hamburg; studierte bei W. Wundt in Leipzig, ab 1904 Prof f. Phil. und Päd. in Zürich, Königsberg, Münster, Halle, Leipzig, ab 1911 Hamburg. Suchte eine experimentelle Päd. zu begründen (päd. Experiment als strengste Methode empirischer Forschung) im Sinne der Übertragung psycholog. Methoden und Erkenntnisse, bes. auf die → Didaktik. → Lay.

Schr.: Über Ökonomie und Technik des Lernens, 1903; Intelligenz und Wille, $^4$1925; Vorlesungen zur Einf. in die experimentelle Päd., 2 Bde. 1907, 3 Bde. $^2$1911–14; Über Ökonomie und Technik des Gedächtnisses, 1903, u. d. T.: Ökonomie und Technik des Gedächtnisses, $^5$1920; Abriß der experimentellen Päd., 1914, $^2$1920; (Hg. m. O. Schreibner) Zschr. für päd. Psych. und experimentelle Päd., 1 (1907) ff.; Psych. des Lesens u. Rechtschreibens, hg. v. E. Scherer, 1981 L.: G. Störring, Nachruf (m. Bibl.), in: Archiv für die ges. Psych. 34 (1915); P. Müller, E. M. als Begründer der experimentellen Päd., (Diss.) Zürich 1942; R. Lochner, Dte. Erziehungswiss., 1963; P. Probst, Bibl. E. M., 1991.

**Mexiko.** Die Geschichte der Erziehung in M. läßt sich in 6 große Einheiten unterteilen: 1. Die traditionelle Erziehung in den Völkern (Azteken, Mayas, u. a.) vor der Kolonisierung war bereits in einem gut strukturierten Schulsystem organisiert; ihr religiöses und kriegerisches Ziel bestand in der Weitergabe der Kultur von einer Generation auf die andere. 2. Die → Kolonialpäd. war kirchl. aufgebaut (→ Jesuiten, Dominikaner, Augustiner, Päpstl. Univ. Mexiko) und zielte auf Evangelisierung und Hispanisierung der Indios. 3. Die Periode der Freien Erziehung begann mit den Freiheitsbemühungen im 19. Jh. und legte schrittweise das Erziehungswesen vom Klerus in die Hände des Volkes; in dieser Zeit entstanden und blühten Schulen nach dem → Bell-Lancaster-System. 4. Die Reformbewegung im 19. Jh. zielte auf Laisierung und Unentgeltlichkeit einer obligatorischen Schule; die entstehende Päd. war ganz vom Positivismus geprägt. 5. Die revolutionäre Richtung der sozialen und sozialistischen Päd. (ab 1910) breitete die ländliche und technische Erziehung aus und stand stark unter nordamerikan. Einfluß. 6. Die Erziehung im Dienste der nationalen Einheit war von marxistischer Eintönung und führte zur Alphabetisierung der Landbevölkerung, enormen Anstrengungen beim Schulbau und schließlich zur Schulreform von 1970/72: Erziehung der Mütter, Ausbau der Vorschulerziehung, allg. Grundschule, Ausdehnung der Schulpflicht auf die Sekundarstufe, Schaffung einer päd. Univ. Seit 1982 wird das Bildungswesen schrittweise dezentralisiert.

Die außerordentliche Gegensätzlichkeit des Landes (geographisch, klimatisch, kulturell, sprachlich, etc.) birgt viele Probleme: Es besteht eine 6j. Schulpflicht (6.–12. Lj.), bisher absolvieren aber nur etwa $^1/_3$ eines Altersjahrgangs die Grundschule. 10,4% (1998) der ca. 90 Mill. Mexikaner sind noch Analphabeten; die Armut vieler Eltern führt zu → Kinderarbeit; Mittelpunktschulen entstehen in bisher unbeschulten Dörfern; die Hochschulen, bes. die 1551 gegr., 1910 reorganisierte und 1920 zu voller Autonomie gelangte Universidad Nacional Autonoma de Mexico (ca. 500 000 Studenten!) sind heillos überfüllt und konzentrieren sich auf die drei größten Städte (Mexiko-Stadt, Guadalajara, Monterrey); insgesamt fehlt es dem Bildungswesen an Berufsorientiertheit. Der formelle Aufbau der Schule ist gekennzeichnet durch frühzeitige Spezialisierung und umfaßt die 6j. escuela primaria (6.–12. Lj.), die 3j. escuela secundaria (12.–15. Lj.), gegliedert in tecnica und propedeutica, die 3j. escuela preparatoria (15.–18. Lj.), die auf die Univ. vorbereitet. Die Ausbildung von Facharbeitern und Technikern wird seit 1985 vom »colegio nacional de Educatión Professional Técnicos« verstärkt gefördert. Der Bau von ca. 100 Ausbildungszentren ist vorgesehen. M. ist das erste Land → Lateinamerikas, das ein System externer → Evaluation des Schulwesens eingeführt hat.

Die päd. Diskussion in M. ist außerordentlich lebhaft und offen. Vorherrschende Richtungen sind der nordamerikan. Strukturfunktionalismus, der Neomarxismus (bes. Althusser, Lefebvre, → Gramsci), die analyt. Philosophie, reformpäd. Ansätze (→ Freinet, → Montessori, → Neill u. a.) – bes. wirksam in den Privatschulen –, und verschiedene Ausprägungen der → Psychopäd. (psychoanalyt., gruppenpsych., strukturalistisch, → pédagogie institutionelle).

L.: F. Larroyo, Historia comparada de la educatión en M., Mexico City 1947, [14]1980 (Bibl.); F. Solana, Historia de la educatión publica en M., Mexico City 1981; E. Weiß, Schule zwischen Staat und Gesellschaft, 1983; G. Lechuga (Hg.), La ideología educativa de la Revolución mexicána, Mexico City 1984; P. Escalante (Hg.), Educatión e ideología en el México antiguo, Mexico 1985; C. Ornelas, The decentralisation of education in M., in: Prospects 18 (1988) 1; P. W. Cookson (Hg.), Int. Handbook of Educational Reform, New York 1992; Secretary of Public Educ. (Hg.), The development of Educ. National Report of M. 1990–1994, Mexico City, 1994.

**Meyer-Drawe,** Käte, * 6. 6. 1946 Bielefeld; 1977 Dr. paed. PH Bielefeld, 1983 Habil. Bochum, seit 1984 Prof. f. Allg. Päd. Univ. Bochum. Hat das phänomenolog. Denken, bes. das französische, im Hinblick auf eine Theorie der Leiblichkeit, sowie für die Bildungs- und Lerntheorie rezipiert. → Phänomenologie.

Schr.: m. B. Redeker, Der physikalische Blick: Ein Grundproblem des Lernens und Lehrens von Physik, 1985; Leiblichkeit und Sozialität. Phänomenolog. Beiträge zu einer päd. Theorie der Inter-Subjektivität, 1984, [2]1987; Illusionen von Autonomie. Diesseits von

Ohnmacht und Allmacht, 1990; m. W. Fischer (Hg.), Päd. und Ethik, 1992, [2]1996; Menschen im Spiegel ihrer Maschinen, 1996.

**Mialaret,** Gaston, * 10. 10. 1918 Paris, Doctorat d'Etat 1957, em. Prof. für Erziehungswiss. Univ. Caen, Gastprof. Univ. Québec, 1968–74 Präsident der → OMEP, 1973–77 Präsident der Association Internationale des Sciences de l'Education. Bedeutender Theoretiker der → Education Nouvelle; vertritt mit Nachdruck die Auflösung der Pädagogik in einzelne Erziehungswissenschaften.

Schr.: Education nouvelle et monde moderne, Paris 1966 u. ö.; Nouvelle pédagogie scientifique, Paris 1954; Introduction à la pédagogie, Paris 1967, [7]1990; (Hg.), L'apprentissage des mathématiques, Brüssel 1967; L'éducation préscolaire dans le monde, Paris 1970; Les Sciences de l'Education, Paris 1976, [7]1996; La formation des enseignants, Paris 1977, [4]1996; Dictionnaire des Sciences de l'Education, Paris 1979. (Hg. zus. mit → M. Debesse), Traité des Sciences Pédagogiques, 8 Bde., Paris 1969; (Hg.), Vocabulaire de l'éducation, Paris 1979; (Hg. mit J. Vial), Histoire mondiale de l'éducation, 4 Bde., Paris 1981; Pédagogie expérimentale, Paris 1984; La psychopédagogie, 1987, [4]1998; Pédagogie générale, Paris 1991; Statistiques appliqués aux sciences humaines, 1991; Le Plan Langevin-Wallou, 1997.

**Microteaching** ist ein Verhaltenstraining, das Lehrfertigkeiten einüben soll mit Hilfe von Video-Aufzeichnungen. Bei diesem Verfahren werden nur kurze päd. und didaktisch relevante Phänomene aufgezeichnet und somit das komplexe Lehrerverhalten in Einzelteile zerlegt und damit übbar gemacht.

**Midlife crisis.** In der Psychologie → C. G. Jungs wie in der Lebenslauf-Psychologie von → K. und → Ch. Bühler wird das Empfinden, das meiste Leben nicht mehr vor, sondern hinter sich zu haben, bereits ausführlich erörtert. Daß dieser Gefühlswandel ein Krisenphänomen darstellt, ist erst ein Ergebnis der amerikan. Human-Development-Forschung. Der These von der gesetzmäßig auftretenden Lebenskrise wird aber entgegengehalten, daß es soziokulturelle und persönlich-individuelle Aspekte gibt, die die Krisenstimmung in der Lebensmitte nicht aufkommen lassen. Der Journalist H. Schreiber machte mit seinem Bestseller die amerikan. Diskussion auch in Dtl. bekannt.

L.: T. Brocher, Stufen des Lebens, 1977; H. Schreiber, M.c., dt. 1977; G. Sheehy, In der Mitte des Lebens, dt. 1978; K. Kürzdörfer (Hg.), Grundpositionen und Perspektiven der Erwachsenenbildung, 1981; W. Exel, E. Exel-Demuth, Midlife ohne Krise, 1985; M. Meinhold, Von der Lust am Älterwerden: Frauen nach der m.c., 1986 u. ö.

**Milieu** (frz.: Mitte, Kreis, Umkreis), die Gesamtheit der von außen auf den Menschen kommenden Einwirkungen, Lebensumstände und Entwicklungsbedingungen natürlicher, geographischer, sozialer, ökonomischer, ökologischer Art. In diesem Sinne von H. Taine (1895) als sozialwiss. Begriff eingeführt und von A. Busemann zu Beginn des 20. Jh. für die Päd. fruchtbar gemacht. Im Gegensatz zu den Anlagetheorien behaupten M.theorien, daß der Mensch in seinen Lernerfahrungen und Verhaltensweisen entscheidend vom M. geprägt wird und seine → Begabungen und Interessen gefördert werden und in wesentlich geringerem Maße durch genetisches Potential und Erbe, da die Milieufaktoren in der Regel wesentlich stärkeren Einfluß auf den Menschen ausüben würden als jene. Die typischen Wohn- (Slums, Satellitenstädte, Villenviertel) und Sozialmilieus (Bildungs-, Kleinbürgertum, Proletariat; Metropolen, Kleinstädte, Dorf) mit ihren spezifischen Lebensverhältnissen zeigen, daß die sozialen Räume, in denen Kinder heranwachsen, außerordentlich unterschiedl. sind. Privilegierende und diskriminierende Bedingungen und Erfahrungsmöglichkeiten führen (und andere verschließen) damit insgesamt zu gruppen- (z. B. schicht- oder klassen-)spezifischen Sozialisationsprozessen und zur Ausprägung unterschiedl. Sozialcharaktere. Nur zum Teil können diese päd. aufgefangen und an- bzw. ausgeglichen werden, was die Realisierung der demokratischen Grundsatzpostulate Gleichberechtigung und → Chancengleichheit erschwert. → Anlage.

L.: A. Busemann, Päd. M.kunde, 1927; W. Popp, Das päd. M., 1928; A. Busemann (Hg.), Hdb. der Päd. M.kunde, 1932; ders., Beiträge zur Päd. M.kunde aus 30 Jahren, 1956; U. Bronfenbrenner, Ökolog. Sozialisationsforschung, 1975; Hdb. der Sozialisationsforschung, hg. von K. Hurrelmann und D. Ulich, 1980; R. Grathoff, M. und Lebenswelt, 1992; T. Allert, Familie, M. und soz.päd. Intervention, 1994; L. Böhnisch, Päd. Soziol., 1996; R. Grathoff, M. und Lebenswelt, 1996.

**Missio Canonica** (lat.: kirchl. Sendung), bischöflich erteilte Befugnis, kath. → Religionsunterricht zu geben oder als theol. Lehrer an der Ausbildung von Priestern, Laientheologen und Religionslehrern mitzuarbeiten. Die MC setzt fachliche Qualifikation, aber auch die Übereinstimmung von Lehrmeinung und Lebensführung mit der amtlichen Lehre der Kirche voraus. Bei Entzug der MC darf der betreffende Lehrer seinen (kirchl.) Lehrauftrag nicht mehr ausführen.

**Mitbestimmung,** Beteiligung aller Mitglieder eines sozialen Systems, zumindest der jeweils spezifisch Betroffenen, an Entscheidungsprozessen und -gremien über Zielbestimmung und Zielverwirklichung. Als Kompromiß zw. Selbst- und Fremdbestimmung schränkt M. institutionalisierte, oft bürokratisch verfestige Herrschaft (→ Hierarchie) und → Entfremdung ein und wird dadurch mit zu einer zentralen Voraussetzung von Demokratie sowie einer autonomen Persönlichkeitsentfaltung und → Emanzipation. Da gemeinsame Willensbildungs- und Entscheidungsprozesse, Interessenvertretung, Kompromißfähigkeit und -bereitschaft erlernt und durch Erziehung unterstützt werden müssen, ist M., verbunden mit Mitverantwortung, auch in organisierten Erziehungs- und Bildungssystemen zu verankern. M. in der Schule ist seit → Wynekens Idee der → Schulgemeinde lebhaft diskutiert, halbherzig praktiziert und gelegentlich reformiert worden. Als problematisch ist dabei weniger die M. der Lehrer und Eltern als vielmehr der Schüler dargestellt worden und hat sich aufgrund der ihnen attestierten Unmündigkeit in der Regel in schein- und verbaldemokratischen Spielformen erschöpft. Der Hauptwiderspruch zw. den bürokratischen Strukturen einer Bildungsorganisation und ihren demokratischen Zielen, die seit der → Aufklärung der → Emanzipation von individuellen und gesellschaftl. Zwängen verpflichtet sind, kann kaum durch eine traditionelle → Schülermitverantwortung oder -mitverwaltung in marginalen inhaltlichen Bereichen und mit ritualisierten Methoden aufgelöst werden, sondern eher in einer Kooperation von Lehrer-, Eltern- und Schülervertretung in einer Schulkonferenz in Verbindung mit einer Demokratisierung von der

**Mittelalter**

Basis aus und einer Autonomisierung der einzelnen Schule. → Schulautonomie.

L.: M. Liebel, F. Wellendorf, Schülerselbstbefreiung, 1969; Scuola di Barbiana, Die Schülerschule, 1970; A. Holtmann, S. Reinhardt, Schülermitverantwortung (SMV). Gesch. und Ende e. Ideologie, 1971; M. Jörgensen, Schuldemokratie – keine Utopie. Das Versuchsgymnasium Oslo, 1973; Dt. Bildungsrat, Bildungskommission: Zur Reform von Organisation und Verwaltung. Teil 1: Verstärkte Selbständigkeit der Schule und Partizipation der Lehrer, Schüler, Eltern, 1973 – dazu Zschr. für Päd., Heft 6, 1974; F. Vilmar, Strategien der Demokratisierung, 1974; W. Böhm (Hg.), Der Schüler, 1977; B. Engholm (Hg.), Demokratie fängt in der Schule an, 1985; L. Kissler, Die M. in der BRD, 1992; H. Kiper, Selbst- und M. in der Schule, 1997.

**Mittelalter** (MA, ca. 400–ca. 1450). Im MA ist die Kirche nicht nur polit. die umfassende und beherrschende Form des geschichtl. Lebens, sondern sie hat auch päd. die Heranwachsenden in das kirchl.-relig. Leben einzubeziehen und sie auf ihren höchsten und letzten Zweck vorzubereiten: Bürger des ewigen Gottesreiches zu werden. Im Vordergrund stehen entsprechend nicht Kenntnisse und Wissen, sondern die Formung des inneren Menschen zu Glauben und Gehorsam (→ Aegidius Romanus, → Gerson), auch wenn – äußerlich gesehen – Auswendiglernen und »Behören« neben der Gewöhnung die hervorstechendsten Merkmale von Lehre, Unterricht und Erziehung darstellen. Die öffentl. Erziehung bleibt auf den Stand der Kleriker beschränkt; Bauern, Handwerker und Kaufleute werden im Elternhaus oder als Lehrlinge in Werkstatt und Geschäft eines Meisters ausgebildet. Erst gegen Ende des MAs entstehen mit der Entwicklung von Handel und Gewerbe neben den Kloster- und Pfarrschulen unter der Verwaltung der Städte stehende sogenannte Stadtschulen und private Lese- und Schreibschulen (Vorläufer der späteren → Volksschule). Als herausragende Bildungsinstitution bringt das MA die → Univ. hervor; in ihr dominieren als Lehrformen die → Lektion (*lectio* = Lesung) und das Auslegen bestimmter kanonisierter Texte bzw. Autoren (→ Scholastik). Als Gipfel von Wiss. und Bildung gilt die Summe des verfügbaren rationalen Wissens (vgl. → Thomas von Aquin). Das MA lösen → Renaissance und → Humanismus ab.

L.: H. Denifle, Die Entstehung der Univ. des MAs bis 1400, 1885, Nachdr.: Graz 1956; Erziehung und Unterricht im MA, hg. v. E. Schoelen, 1956, ²1965; E. Garin, Gesch. und Dokumente der abendländ. Päd., Bd. 1: MA, 1964; K. Petzold, Die Grundlagen der Erziehungslehre im SpätMA und bei Luther, 1969; D. Illner, Formen der Erziehung und Wissensvermittlung im frühen MA, 1971; F. Cardini, B.-B. Fumagalli, Universitäten im MA, 1991; W. Volkert, Adel bis Zunft. Ein Lex. des MAs, 1991; Scientia und ars im Hoch- und SpätMA, hg. von I. Craemer-Ruegenberg, A. Speer, 2 Bde., 1993; M. Kintzinger (Hg.), Schule und Schüler im MA, 1996.

**Mittelschule** → Bürgerschule, → Realschule, → Sachsen.

**Mitter,** Wolfgang, * 14. 9. 1927 Trautenau (Böhmen); 1954 Dr. phil. FU Berlin; 1954–64 Lehrer im höheren Schuldienst, 1964 Prof. PH Lüneburg, 1972–98 Leiter der Abt. Allg. und Vergl. Erziehungswiss. → Dt. Institut für Internationale Päd. Forschung, 1978–81 und 1987–95 Direktor des Forschungskollegiums. Forschungsarbeiten zum Vergleich der Bildungssysteme in West- und Osteuropa, 1981–85 Präsident der Comparative Education Society of Europe, 1991–96 Präsident des World Council of Comparative Education Societies, 1997 Präsident der World Association of Educational Research.

Schr.: (Hg.), Das sowjet. Schulwesen, 1970; (Hg.), Päd. und Schule im Systemvergleich, 1974; (Hg.), Didakt. Probleme und Themen in der UdSSR, 1974; (m. L. Novikov), Sekundarabschlüsse mit Hochschulreife im intern. Vergleich, 1976; (m. M. Pecherski, Hg.), Didakt. Probleme und Themen in Polen, 1977; (m. L. Novikov), Päd. Forschung und Bildungspolitik in der Sowjetunion, 1978; Secondary School Graduation, Oxford 1978; (Hg.), Hochschulzugang in Europa, 1979; (Hg.), Kann die Schule erziehen?, 1984; (Hg.) u. Mitarb. v. J. Swift, Erziehung u. d. Vielfalt der Kulturen, 1985; Education for all, UNESCO Paris 1984; (Hg.), Transfer – Wissenschaft, Vermittlung, Praxis, 1986; Schule zw. Reform und Krise, hg. von C. Führ und B. Trouillet, 1987; (m. V. Karady, Hg.), Bildungswesen und Sozialstruktur in Mitteleuropa im 19. u. 20. Jh., 1990; (m. M. Weiß u. U. Schäfer, Hg.), Neuere Entwicklungstendenzen im Bildungswesen in Osteuropa, 1992; (Hg.), Curricula in der Schule, 1992, 1994; m. B. v. Kopp (Hg.), Die Zieldimension in der Schule als Gegenstand der Bildungsforschung, 1994; (m. M. Muszynski), Päd. Reisen in Polen 1989–1995, 1997.

L.: Ch. Kodron (Hg.), Vergl. Erz.wiss. Herausforderung, Vermittlung, Praxis, 2 Bde., (FS z. 70. Geb.) 1997.

**Mittlere Reife,** als Abschluß der im 18. Jh. entstandenen → Realschule verlieh die »M. R.«

die Berechtigung zum 1j. freiw. (Militär-)-Dienst und zum Eintritt in mittlere Verwaltungslaufbahnen; 1931 wurde sie (auch als Begriff) durch Länderabkommen offiziell eingeführt. Obwohl bereits 1938 durch Ministerialerlaß wieder abgeschafft, hat sich der Begriff im öffentl. Sprachgebrauch erhalten (z. B. für Abschluß der → Realschule und als Bezeichnung der Oberstufenreife des → Gymnasiums). → Hamburger Abkommen.

**Mixed Ability** bzw. »*unstreamed classes*«, Einteilung der Schüler in begabungs- und leistungsheterogene Gruppen oder Klassen, um den Nachteilen des → *streaming* und des → *setting* entgegenzuwirken; M.A. wird folgerichtig in der → Gesamtschule propagiert. Umstritten ist, ob die besten und schwächsten Schüler in einem *mixed ability-* oder in einem traditionellen selektiven System bessere Leistungen erreichen.
L.: Department of Education and Science, M.A. Work in Comprehensive Schools, London 1978.

**Mnemotechnik.** Die Benutzung von Lernhilfen zum Einprägen von Lerninhalten, die sinnarm sind: Merksprüche, Rhythmen, Reime, Schemata, bildliche oder graphische Darstellungen usw. Als besonders erfolgreiche M.en haben sich elaborative Verfahren erwiesen (z.B. Schlüsselwortmethode), die durch verbale, bildhafte oder imaginale Anreicherungen von sinnarmen Lernmaterialien deren bedeutungsvolle Verarbeitung erleichtern.

**Möser,** Justus, * 14.12.1720 Osnabrück, † 8.1.1794 ebd., Politiker und Historiker; durch seine Kritik am Rationalismus der → Aufklärung bereitete er die Volksauffassung → Herders und der → Romantik vor.
Schr.: Ausgew. päd. Schr., hg. v. H. Kanz, 1965 (m. Bibl.).
L.: H. Kanz, Der humane Realismus J. M.s, 1971.

**Mollenhauer,** Klaus, * 31.10.1928 Berlin, † 18.3.1998 Göttingen; Prom. 1958, Prof. für Päd. FU Berlin 1965, Kiel 1966, Frankfurt 1969, 1972 Göttingen. Maßgeblich für die Rezeption der → Kritischen Theorie der → Frankfurter Schule und des → symbolischen Interaktionismus in der dt. Erziehungswiss. (→ Emanzipation). In neueren Veröffentlichungen versucht M. durch die päd. Interpretation überwiegend biograph. und bildhaften Materials Problemstellungen neuzeitl. Päd. zu umreißen, um so ›Vergessene Zusammenhänge‹ sichtbar zu machen.
Schr.: Die Ursprünge der Sozialpäd. in der industriellen Gesells., 1959, Reprint 1987; Einf. in die Sozialpäd., 1964 u.ö.; Erziehung und Emanzipation, 1968 u.ö.; Jugendhilfe, 1968 u.ö.; Theorien zum Erziehungsprozeß, 1972 u.ö.; mit C. Rittelmeyer, Methoden der Erziehungswiss., 1977; Vergessene Zusammenhänge, 1983, ³1991; Umwege, 1986; (mit U. Uhlendorff), Sozialpädagogische Diagnosen, 1992; Grundfragen ästhetischer Bildung, 1996; zus. M. Ch. Wulff (Hg.), Aisthesis, Ästhetik. Zw. Wahrnehmung und Bewußtsein, 1996; Sozialpäd. Praxis, Forschung und Theorie. Drei einführende Versuche, 1997.
L.: D. Lenzen (Hg.), Verbindungen, 1993; Bildung und Emanzipation. K. M. weiterdenken, hg. v. C. Dietrich u. H.-R. Müller, 2000.

**Mongolismus** ist eine noch vielfach gebrauchte Bezeichnung für das → Down-Syndrom, die im vorigen Jahrhundert in Anlehnung an den mongolischen Rassetypus entstanden ist. Der Begriff wird in der heutigen wiss. Diskussion als diskriminierend für die Betroffenen, ihre Eltern u. Angehörigen u. vom medizin. Standpunkt (M. = Form der Idiotie) als unrichtig zurückgewiesen. Es wird empfohlen, sich der international gebräuchlichen Bezeichnung Down-Syndrom anzuschließen.

**Montaigne,** Michel Eyquem, Seigneur de, * 28.2.1533 Schloß M. (Perigord), † 13.9.1592 ebd.; Parlamentsrat und Bürgermeister von Bordeaux; gegen jede schulmeisterliche Buchgelehrsamkeit vertrat M. ein individuelles, auf Lebenskunst und -weisheit gerichtetes Erziehungsideal. Bildend erschien ihm der Umgang mit Menschen und der vielfältigen Welt und bes. das Reisen.
Schr.: Essais, hg. v. F. Strowski u. F. Gebelin, 5 Bde., Bordeaux 1906–33; Ges. Schr., hg. v. O. Flake u. D. Weigand, 8 Bde., 1908–11, ²1915; Essays über Erziehung, hg. v. U. Bühler, 1964; Essais (Gesamtübers. v. H. Stilett), 1999.
L.: H. Friedrich, M., 1949, ²1967; C. Jenzer, Lebensnähe, Lebensferne und Realismus in den päd. Ansichten von M. de M., 1969 (m. Bibl.); P. Burke, M. zur Einführung, 1985; J. Starobinski, M. in Motion, Chicago 1985; E. Loos, Selbstanalyse und Selbsteinsicht bei Petrarca und M., 1988; U. Schultz, M. d. M., 1989; J. Starobinski, M., Denken und Existenz, 1989; R. Stéphane, Autour de M., Paris 1990; M. Greffrath, M., 1992; J.-L. Viellard-Baron, Qu'est-ce que l'éducation? M., Fichte et Lavelle, Paris 1994; J. Lacouture, M. de M., dt. 1998.

**Montessori, Maria** * 31. 8. 1870 Chiaravalle (Ancona, Italien), † 5. 5. 1952 in Noordwijk (Holland), italien. Ärztin und Pädagogin; ihre heute weltweit verbreitete (bes. Holland, USA, Indien und deutschsprechende Länder) Erziehungs»methode« zielt nicht, wie oft irrtümlich angenommen wird, auf eine Effektivierung des kindl. Lernens, sondern auf die »normale« (= gesunde) Entwicklung des Kindes. Der zentrale Begriff der *Normalisation* beruht auf M. anthropol. Grundthese, daß jedes Kind einen (von einem Schöpfergott gegebenen) eigenen *Bauplan* in sich trägt, der sich durch vitale Triebkräfte (*hormē*) in individuellen *sensitiven Phasen* auf ein bestimmtes Ziel hin entwickelt. *Deviationen* (Abweichungen) entstehen durch Barrieren in der Umwelt des Kindes, die das Kind zu Umwegen in seiner Entwicklung zwingen und die dem Kind Energie und Zeit rauben. Vor allem sind es die Erwachsenen, die das Kind durch Ignoranz, falschverstandene Hilfsbereitschaft, Indoktrination (z. B. direkte, fordernde Erziehungsmaßnahmen, Überbehütung oder Vernachlässigung) in Abweichungen drängen. Der Weg zurück zur Normalisation führt über die *Polarisation der Aufmerksamkeit* (sog. »M.«-Phänomen). Daraus folgt die wachsende Fähigkeit zur *Konzentration* bei der Arbeit mit einem Material, das Aufgabe und Ziel enthält. Neben der Natur des Kindes (individueller Bauplan oder genetisches Design des Kindes) und der *vorbereitenden Umgebung* (u. a. durch M.-*Entwicklungsmaterial*) ist die *Neue Lehrerin* die dritte große Erzieherin des Kindes. Ihre Rolle besteht darin, das Kind in den Mittelpunkt des Erziehungsgeschehens zu stellen und es an seiner *Peripherie* (d. h. vor allem sein Verhalten, seine Äußerungen, seine physische und psychische Entwicklung) zu *beobachten* und im richtigen Augenblick einer sensitiven Phase, ihm helfend eine Tätigkeit (z. B. ein Material) anzubieten. Das Innere des Kindes (*Zentrum*) dagegen ist das *Geheimnis des Kindes*. Angeregt durch die Ärzte → Itard und → Séguin und den → Sensualismus stehen bei M. die Erziehung der Sinne und der Bewegung im Vordergrund, die jedoch als Voraussetzung für die intellektuelle Entwicklung des Kindes angesehen werden. Um die Gleichwertigkeit zwischen kindl. und Erwachsenentätigkeit zu dokumentieren, führte M. für die zielgerichtete Aktivität des Kindes den Begriff *Arbeit* ein und löste dadurch einen jahrzehntelangen M.- Fröbel-Streit aus, da → Fröbel die Bedeutung des kindlichen → *Spiels* betonte. Häufig wird kritisiert, daß bei M.s Verständnis von Erziehung die kindliche → Kreativität und der → päd. Bezug zwischen Erzieher und Kind fehlte. Diese Kritik kann im Kontext der M. Pädagogik zum großen Teil widerlegt werden.

Schr.: (in dt. Übers.), Selbsttätige Erziehung im frühen Kindesalter, 1913, Neuausg. u. d. T.: Die Entdeckung des Kindes, 1969, [14]1998; Mein Hdb., 1922, [2]1928; M.-Erziehung für Schulkinder, 1926, Neuausgabe u. d. T.: Schule des Kindes, 1976, [6]1996; Kinder sind anders, 1952, [13]1999; Kinder, die in der Kirche leben, 1964; Über die Bildung des Menschen, 1966; Von der Kindheit zur Jugend, 1966, [3]1979; Das kreative Kind, 1972, [3]1998; Frieden und Erziehung, 1973; Kosmische Erziehung, 1988, [4]1997; Grundlagen meiner Pädagogik und weitere Aufsätze zur Anthropologie und Didaktik, Tb 1996; Schule des Kindes. M.-Erziehung in der Grundschule, Tb 1996; M. M.-Texte und Diskussion, 1971, [5]1996 (seit 1978 u. d. T.: M. M. Texte und Gegenwartsdiskussion), hg. v. W. Böhm.
L.: H. Hecker, M. Muchow, F. Fröbel und M. M., 1927, [2]1931; S. Hessen, Die Methode der M. M. und ihr Schicksal, 1936; H. Helming, M.-Päd., 1958 u. ö.; G. Schulz (Benesch), Der Streit um M., 1961, [2]1962; A. Leonarduzzi, M. M., Brescia 1967; W. Böhm, M. M., 1969, [2]1991 (mit internat. Bibl.); H. Holtstiege, Modell M., 1977, [7]1995; R. Kramer, M. M., dt. 1977; P. Scheid, H. Weidlich (Hg.), Beitr. zur M.-Päd., 1977, [2]1995; H. Holtstiege, M. M. und die reformpäd. Bewegung, 1986; J. Jones, Möglichkeiten und Grenzen der Montessori-Päd., 1987; B. Fuchs, W. Harth-Peter (Hg.), M.-Pädagogik und die Erziehungsprobleme der Gegenwart, 1989; H. Heiland, M. M., 1992; H. Holtstiege, Erzieher in der M.-Päd., 1991; The California Lectures of M., 1915, hg. v. R. G. Buckenmeyer, Oxford (GB) 1997; M. J. Gross, M.s Concept of Personality, Lanham (Maryland) 1978; S. Missmahl-Maurer, M. M. Neuere Untersuchungen zur Aktualität ihres päd. Denkens, (Phil. Diss. Köln) 1993; H. Haberl (Hg.), M.-Päd., Wien 1994; H. Holstiege, M.-Päd. und soziale Humanität, 1994; S. Cavaletti, Das religiöse Potential des Kindes, 1994; W. Böhm, Maria M., in: Quinze Pédagogues, ed. J. Houssaye, Paris 1995; L. Anderlik, Ein Weg für alle! 1996; Chr. Figus, G. Kraft, Hilf mir, es selbst zu tun. Tb 1996; A. Olowson, Die Kosmische Erziehung in der Pädagogik M. M.s, 1996; W. Harth-Peter (Hg.), »Kinder sind anders«: M. M.s Bild vom Kinde auf dem Prüfstand, 1996, [2]1997; H. Holtstiege, Freigabe zum Freiwerden, 1997; H. Eichelberger, Hdb. zur M.-Didaktik, 1997; U. Steenberg, Handlexikon zur M.-Päd., 1997; G. Biewer, M.-Pädagogik mit geistig behinderten Schülern, 1997; A. Holtz, U. Klemm, Jahrbuch für M.-Pädagogik, 1998; H. Kl. Berg u. a., M. für Religionspädagogen, 3., überarb. Aufl., 1999;

H. Biebricher, H. Speichert, M. für Eltern, 1999; H. Ludwig, M.-Pädagogik in der Diskussion, 1999; W. Böhm (Hg.), M. M. Bibl. 1896–1996. Int. Bibl. d. Schriften u. d. Forsch.lit., 1999.

**Montessori-Material.** Von M. Montessori teilweise gesammeltes und zum großen Teil selbst geschaffenes »didaktisches Material«, das dem Kind gleichsam als Schiene für seine normale Entwicklung dient. Die Beschäftigung mit ihm zielt auf → Selbsttätigkeit und Selbständigkeit; seine bes. Merkmale sind die immanente Fehlerkontrolle, der Aufforderungscharakter, die leichte Aufgabenerfassung und die Isolierung der Schwierigkeiten. Es gliedert sich in fünf Gruppen: 1. Übungen des täglichen Lebens, 2. Sinnesmaterial, 3. Sprachmaterial, 4. Mathematikmaterial, 5. Material zur kosmischen Erziehung (bisher in Dtl. wenig bekannt).

**Monumenta Germaniae Paedagogica,** mit vollem Titel: »MGP. Schulordnungen, Schulbücher und päd. Miscellaneen aus den Landen dt. Zunge«, eine sehr wichtige Veröffentlichungsreihe zur hist. Päd., in der sowohl Quellen (z. B. Bd. I: Schulordnungen der Stadt Braunschweig) als auch Darstellungen (z. B.: Bd. VII: Philipp Melanchthon als Praeceptor Germaniae) erschienen. Die MGP wurden 1886 von Karl Kehrbach (bedeutend auch als Herbart-Forscher) begründet und bis zu seinem Tode 1905 herausgegeben. Seit 1890 wurde diese Arbeit von der dazu gegründeten → Gesellschaft für deutsche Erziehungs- und Schulgeschichte mitgetragen und ab 1906 ganz weitergeführt. Die MGP wurden parallel zu den Monumenta Germaniae Historica geplant und übernahmen auch deren Editionsprinzipien. Der 62. und letzte Band der MGP erschien 1938. Obwohl eine Kommission bei der Preuß. Akademie der Wiss. die Arbeit fortsetzen sollte, kam es bis 1945 zu keiner neuen Edition. Seit 1960 erschienen in der DDR, herausgegeben von der Kommission für dt. Erziehungs- und Schulgeschichte bei der Akademie der päd. Wiss.n, in Anknüpfung an diese Tradition, »Monumenta Paedagogica«. Darin wurden v. a. Probleme der National- und Arbeitserziehung, fortschrittl. Ansätze der »bürgerl. Päd.« und die päd. Überlegungen innerhalb der → Arbeiterbewegung aus sozialist. Sicht dokumentiert und diskutiert.

L.: K. Kehrbach, Kurzgefaßter Plan der MGP, 1884; A. Rach, MGP, in: ders., Sachwörter zur dt. Erziehungsgeschichte, 1964 (mit vollständiger Liste aller MGP-Bände).

**Mo Ti.** Chinesischer Philosoph und Pädagoge 479–381 (?) v. Chr., lehrte einen Weg der allg. Liebe (chien-ai) und der gegenseitigen Unterstützung. Der moderne chinesische Sozialismus beruft sich auf Mo Ti's »wahren Weg« (tao) → Mao Tse-tung.

Schr.: Solidarität und allg. Menschenliebe, dt. 1975; Von der Liebe des Himmels zu den Menschen, hg. v. H. Schmidt-Glintzer, 1992.

**Motivation** (von lat. *movere*: bewegen), in psycholog. Sinne eine (hypothetisch angenommene) intervenierende Variable, die neben Einwirkungen von Reizen, der wahrgenommenen Situation, Lernvorgängen und bestimmten Fähigkeiten bzw. Dispositionen das menschl. Verhalten bestimmt. In philos.-ethischem Sinne meint M. den von bloßer Verursachung unterschiedenen Beweggrund sittl. Handelns; D. v. Hildebrand unterschied drei Kategorien der M.: das bloß subjektiv Wichtige (Befriedigung), das objektive Gut für die → Person und das in sich Bedeutsame (Wert). Ein päd. Begriff der M. kann nicht auf das psycholog. Konstrukt reduziert werden, sondern muß die philos. Dimension mit einbeziehen.

L.: A. Petzelt, Grundlegung der Erziehung, 1954, ²1961; H. Roth (Hg.), Begabung und Lernen, 1968 u. ö.; D. v. Hildebrand, Ges. Werke, Bd. 2: Ethik, 1973; B. Weiner, Theorie der M., 1976; J. Seifert, Was und wie motiviert e. sitt. Handlung?, 1976; A. H. Maslow, M. und Persönlichkeit, dt. 1977 u. ö.; E. Todt (Hg.), M., 1977; H. Heiland, Motivieren und interessieren, 1979; H.-J. Herber, M.theorie und päd. Praxis, 1979; H. Heckhausen, M. und Handeln, 1980, ²1989; R. Maskus, M. in Erziehung und Unterricht, ⁶1982; B. Weiner, M.spsychologie (1980), dt. 1984, ²1988; H. D. Schmalt, M.spsychologie, 1986; H. Heckhausen, M. and action, Berlin 1991; C. Spaulding, M. in the Classroom, New York 1991; R. Sprenger, Mythos M., 1991, ²1993; F. Rheinberg, S. Krug, M.straining im Schulalltag, 1993.

**Motorik,** zusammenfassender Begriff für physiolog. Bewegungsabläufe. Die päd. Bedeutung der Bewegung liegt darin, daß sie als primäre und zunächst wichtigste Kommunikationsform der Kindes gilt. Das Erlernen sensor. und motor. Muster trägt einerseits zur Kräftebildung des Kindes bei (→ formale Bildung), andererseits ist die M. Instrument zur Erschließung von Welt (→ materiale Bildung). Päd. Ziel einer Bewegungserz. und Motopäd. ist in Unterscheidung zum Sport, nicht die Förderung spezifischer Bewegungsabläufe zu Höchstleistungen, sondern eine optimale Beherrschung der eigenen M., um Bewegung zur Selbstbestimmung (→ Person) und zur → Kommunikation einsetzen zu können. Zur Messung des motor. Entwicklungsstandes bei Kindern wurden verschiedene Testinstrumente entwickelt, die v. a. im Zuge der Förderdiagnostik der → Heilpäd. bei motor. Rückständigkeit oder arhythmischer und unbeherrschter M. Anwendung finden.

L.: N. Oseretzky, Psychomotorik, 1931; F. Steinwachs, Körperl.-seel. Wechselbeziehung in der Reifezeit, 1962; E. J. Kiphard, Bewegungs- und Koordinationsschwächen im Grundschulalter, 1973; H. J. Müller u. a. (Hg.), M. im Vorschulalter, 1975, ²1978; H. Rieder u. a., M. und Bewegungsforschung, 1983; K. Bundschuh, Praxiskonzepte der Förderdiagnostik, 1994; D. Eggert, DMB – Diagnostisches Inventar motor. Basiskompetenzen bei lern- und entwicklungsauffälligen Kindern im Grundschulalter, 1993; S. Kuntz, Motopädagogik, 1996.

**Mounier,** Emmanuel * 1. 3. 1905 Grenoble, † 23. 3. 1950 Châtenay-Malabry (Seine); Hauptvertreter des frz. Personalismus; als schärfster Kritiker der Lebensformen des kapitalistischen Liberalismus und des marxistischen Sozialismus vertrat er eine Erziehung als Befreiung der → Person für eine personalistische Gesellschaft; gründete 1932 die Zschr. *Esprit* als Sprachrohr des → Personalismus.

Schr.: Œuvres de M., 4 Bde., Paris 1961–63; dt.: Das personalist. Manifest, Zürich 1936.
L.: J. Lacroix, Panorama de la philosophie française contemporaine, Paris 1966; J.-M. Domenach, E. M., Paris 1972; A. Danese, Unità e pluralità. M. e il ritorno alla persona, Roma 1984; M. Börnemeier, Eugène Ionesco und der Personalismus E. M.s, 1985.

**Mündigkeit,** die Fähigkeit, sittl. und soziale Normen und deren Verbindlichkeit unabhängig von äußeren Bestimmungsgründen zu erkennen und anzuerkennen und entsprechend eigenverantwortlich zu handeln. M. als sittl. Verhältnis des Menschen zu seiner eigenen → Person und zu seiner Gesellschaft ist generelles und oberstes Ziel der Erziehung.

L.: R. E. Maier, M., 1982; A. Gruschka (Hg.), Wozu Päd.? 1996; Jb. f. Päd. 1997, hg. v. H. J. Gamm u. G. Koneffke.

**multikulturelle Erziehung** bezeichnet eine durch die quantitative und qualitative Verschärfung der Flüchtlings- und Emigrationsentwicklung immer aktueller werdende Problematik und Aufgabe. Vor allem in klass. und neueren Einwanderungsländern, aber auch in sog. Vielvölkerstaaten geht es darum, durch bes. Erziehungsmaßnahmen die Benachteiligungen der ausländischen bzw. der herrschenden Kultur nicht angehörenden Kinder und Erwachsenen auszugleichen und zu überwinden. Dabei können diese nicht nur in die dominante → Kultur assimiliert werden, sondern die einzelnen Kulturen müssen in ihrem Eigenwert anerkannt werden. Den Mitgliedern der sog. Hauptkultur will die m. E. durch Einführung in die Probleme einer multikulturellen Gesellschaft zu Toleranz, zum Abbau von → Vorurteilen und zu einem besseren Verständnis der Andersdenkenden und -handelnden verhelfen. Damit versteht sich m. E. viel weiter als nur als Lösung von Problemen der Mehrsprachigkeit, der politisch-sozialen Integration, der Randgruppen, der Ausländer etc. → Akkulturation, → Ausländerpäd., → Menschenrechte, → Rassismus.

L.: R. Mallea, E. C. Shea (Hg.): Multiculturalism and Education, Toronto 1979; J. Swift (Hg.), Bilinguale und m. E., 1982; H. Essinger, A. Uçar (Hg.), Erziehung in der multikulturellen Gesellschaft, 1984; M. Bayer, G. Jahn, F. Sen (Hg.), Interkulturelle Bildungsarbeit, 2 Bde., 1986; M. Borelli (Hg.), Interkulturelle Päd., 1986; A. J. Tumat (Hg.), Migration und Integration, 1986; W. Böhm (Hg.), Il concetto di educazione e pedagogia nelle diverse aree culturali, Pisa 1987; G. Auernheimer, Einf. in die interkult. Erz., 1990; C. Niekrawitz, Interkult. Päd. im Überblick, 1990; W. Treuheit (Hg.), Bildung für Europa, 1990; M. Borelli (Hg.), Zur Didaktik interkult. Päd., 2 Bde., 1992; Multikulturalität – Interkulturalität?, hg. v. C. Robertson-Wensauer, 1993; Leben mit Fremden, hg. von A. Sloot u. U. Nordhoff, 1993; W. Böhm, M. E. und Fremdenhaß, in: Vjschr. f. wiss. Päd. 69 (1993); M. Th. Albert, Weltweite Entwicklungen und kulturalist. Erziehung, 1993; E. Weiss, Multikulturelle Gesellschaft – interkulturelle Pädagogik – transkulturelle Identität: Päd. Probl. u. Aufg., 1994; G. Auernheimer, P. Gstettner (Hg.), Päd. in multikult. Gesell.n, 1996; W. Jungmann, Kulturbegegnung als Herausforderung der Päd., 1995; I. Gogolin u. a. (Hg.), Pluralität und Bildung, 1997.

**Mundart,** auch Dialekt, regionale Sprechsprache, die sich von der sog. Hochsprache durch eine einfachere Struktur, die regional begrenzte Reichweite und das weitgehende Fehlen einer eigenen Schrift unterscheidet. Die dt. Mundarten sind keine primitiven Formen der Hochsprache, diese ist vielmehr eine künstliche Schöpfung auf der Basis der M.en. Vor allem bei Kindern aus ländl. Gebieten und aus der sozialen Unterschicht ist der Dialekt die gewohnte Sprechwelt, speziell der Schulanfänger. Da die Schule sich streng an der Hochsprache orientiert, sind Kinder, die nur Dialekt sprechen, zumindest zu Beginn der Schulpflicht bzw. der weiterführenden Schulen benachteiligt. In der Spracherziehung galt es lange Zeit als unbestrittenes Ziel, die Kinder von der M. weg zur Hochsprache zu führen. Im Zusammenhang mit einer verstärkten Wiederbelebung von Mundartdichtung (Stichwort: konkrete Poesie) und Volksmusik mehren sich in letzter Zeit Stimmen, die gegen eine Erziehung weg von der Mundart und für eine »zweisprachige« Spracherziehung plädieren. M. oder Dialekt darf nicht mit dem »restricted code« (B. → Bernstein) verwechselt werden.

Zs.: Zschr. für Dialektologie und Linguistik 1 (1924/25) ff (bis 10. Jg.: Teuthonista, 11.–35. Jg.: Zschr. für Mundartforschung).

L.: F. Wrede u. a. (Bearb.), Dt. Sprachatlas, 23 Lief., 1927–1956; U. Ammon, Dialekt, soziale Ungleichheit und Schule, 1972, ²1973; H. Bausinger, Dt. für Deutsche, 1972; J. Hasselberg, Dialekt und Bildungschancen, 1976; Dialekt, Themenheft von: Praxis Dt. 27 (1978); E. Nündel u. a., Sozialintegrative Aspekte im Dt.unterricht, 1979; P. Kuehn, Die Behandlung der Dialekte in Lehrplan und Unterricht, in: Blätter für den Deutschlehrer, (1984) H. 3.

**Murmellius,** Johannes, * 1480 Roermond, † 2. 10. 1517 Deventer; bedeutender Humanist, lehrte in Münster und Alkmaar; verwarf die weitverbreitete lat. Versgrammatik des → Alexander de Villa Dei, schrieb eine Streitschrift gegen die → Scholastik und ein erfolgreiches (32 Aufl.) Lehrbuch des Lateinunterrichts durch Alltagskonversation (*Pappa puerorum*, 1513).

Schr.: Werke, hg. v. A. Bömer, 5 Bde., 1892–95; Päd. Schr.n, hg. v. J. Freundgen, 1894.
L.: D. Reichling, J. M., 1880.

**Museumspädagogik.** Der von A. → Reichwein in den 30er Jahren geprägte Begriff bezeichnet alle ausdrücklich im Zusammenhang mit Museen und Ausstellungen stehenden päd. Maßnahmen, die dem allgem. Bildungsauftrag des Museums dienen. Die Aufgabe der Museen als Volksbildungsstätten wurde in Dtl. auf den Konferenzen der Centralstelle für Arbeiterwohlfahrt (1900 »Erziehung des Volkes auf den Gebieten der Kunst und Wissenschaften« in Berlin und 1903 »Museen als Volksbildungsstätten« in Mannheim) unter maßgeblichem Einfluß von A. → Lichtwark geprägt, was zunächst Führungen für Arbeiter und Ansätze zur besucherfreundlichen Ausstellungsgestaltung zur Folge hatte. 1948 wurde auf der 1. Generalkonferenz des Intern. Museumsrats ICOM (International Council of Museums) das Komitee für M. CECA (Council of Education and Cultural Action) gegründet, um die zahlreichen internat. museumspäd. Initiativen zu vereinigen. In der BRD begann die institutionalisierte M. nach 1960 vor allem in ambulanten Organisationsformen (1961 Außenamt der Museen in Berlin, 1965 Außenreferat der Museen in Köln, 1969 Kunstpäd. Zentrum in Nürnberg, 1973 Museumspäd. Zentrum in München). 1969 empfahl die → KMK, die Museen sollten die Bildungsarbeit gleichwertig neben die anderen Aufgaben des Sammelns, Konservierens und Forschens stellen; daraufhin wurden zunehmend museumspäd. Stellen für Mitarbeiter in großen Museen als stationäre Organisationsform geschaffen. Die museumspäd. Arbeit umfaßt u. a. die didakt. Anordnung des Ausstellungsgutes, die Beratung der Lehrer, die Herstellung von didakt. Medien und Unterrichtseinheiten, die Betreuung von Führungen und deren Organisation, wobei nach einer stark schulbezogenen Akzentuierung in den 70er Jahren heute die Gestaltung des Museums als offener Lernort für alle Bevölkerungsgruppen angestrebt wird. Im internationalen Vergleich fällt sowohl in den angloamerikan. wie den ehem. kommunistisch regierten Ländern eine ggü. Dtl. traditionell höhere gesellschaftspolitische Bedeutung der Museen als Lernorte für alle Bevölkerungsgruppen mit dementsprechender didaktischer Aufbereitung auf.

L.: K. Lange, Die künstlerische Erziehung der dt. Jugend, 1893; A. Lichtwark, Übungen in der Betrachtung von Kunstwerken, 1897, ¹⁸1922; G. v. d. Osten, B.

Klesse, Unterricht im Museum, 1970; Dt. UNESCO-Kommission, Die Praxis der Museumsdidaktik, 1971; W. Klausewitz (Hg.), M., 1975; E. Weschenfelder, W. Zacharias, Hdb. M., 1981, ³1992; Institut für Museumskunde Berlin (Hg.), Bibliographie – Report zu M., 1984; G. Fliedl (Hg.), Museum als soziales Gedächtnis, 1988; D. Jacobs, Interkulturelle M., 1989; G. Kaldewei, M. und reformpäd. Bewegung 1900–1933, 1990; H. Hense, Das Museum als gesellschaftlicher Lernort, 1990; H. Vieregg, Vorgeschichte der M., 1991; B. Sauter, Museum und Bildung, 1994; E. Hooper-Greenhill, The educational role of the museum, 1994; K. Fast (Hg.), Hdb. d. museumspäd. Ansätze, 1995; D. Herles: Das Museum u. d. Dinge, 1996; J. Ziegenspeck (Hg.), Das Museum als erlebnispädagogischer Lernort, 1997.

**Musikhochschulen.** Das Proprium der M. ist die künstler. Berufsausbildung (Komposition, Dirigieren, Kirchenmusik, Instrumentalausbildung, Gesang) mit dem Ziel des Diplom-Musikers und die Ausbildung zum Musiklehrer mit dem Ziel des Dipl.-Musiklehrers bzw. des Musiklehrers an Realschulen u. Gymnasien, gelegentl. auch an Grund- u. Hauptschulen. Einige M. haben auch Studiengänge im Bereich Schauspiel, Ballett, Kulturmanagement etc. eingerichtet. Zunehmend verstehen sich die M. auch als wiss. Hochschulen und haben z. T. bereits das Promotions- u. Habilitationsrecht in Musikwiss. u. Musikpäd. Zulassungsvoraussetzung ist der Nachweis besonderer künstlerischer Befähigung, für die Schulmusikerzieher und hauptberufl. Kirchenmusiker außerdem die Hochschulreife.

**Musikpädagogik/Musikdidaktik/Musikerziehung/Musikunterricht** (MP., MD., ME., MU.) stehen in engem Zusammenhang. Gegenstand der MP. ist das Musiklernen, der der MD. die unterrichtliche Vermittlung von Musik, gemeinsames Ziel ist die »Theorie der ME.«, im Zentrum steht der MU. Als Voraussetzung gilt der Begriff »musikal. Bildung«. Dabei wird der Pluralismus musikdidakt. Konzeptionen nicht als Nachteil empfunden, sondern gilt als Beleg für die fehlende Verbindlichkeit eines einzigen Bildungsbegriffes. MP., ME. werden gelegentlich noch als synonym gebrauchte Begriffe verwendet. MP., ME., MU. zählen zu den ältesten Bestandteilen planmäßiger und absichtlicher Unterweisung, einmal aufgrund der kultischen Funktion von Musik, aber auch, weil das Musikalische offenbar ein Konstituens des menschl. Lebens und die Musik eine der fundamentalen Schöpfungen und Hervorbringungen des Menschen ist. (Mythen und Religionen verlegen ihren Ursprung durchweg in den Raum des Numinosen und Göttlichen.) Musik gehörte dementsprechend seit der griech. Antike zu den → *artes liberales* und wurde in Klöstern gepflegt und verbreitet (Gregorianik, Notenhandschriften). Die Entwicklung einer standardisierten Notenschrift seit Beginn der abendländ. Mehrstimmigkeit machte dann Musik authentisch mitteilbar, stellte eine Voraussetzung für die Ausbildung weltweiter Musikkultur dar und förderte zugleich den inneren Zusammenhang der MP./ME. an den verschiedenen Orten.

Der schulische MU. stand lange Zeit im Dienst der Kirchenmusik und wurde wie die Schule profanisiert und laisiert, so daß heute Kirchenmusik oder -gesang kaum noch im Fächerkanon der allgemeinbildenden Schulen auftreten, sondern allenfalls unter musikgeschichtlichen oder -systematischen Gesichtspunkten behandelt werden.

Einen wichtigen Impuls, nicht nur für die schulische MP./ME., gaben Anfang bis Mitte dieses Jh. die → Jugendbewegung (Wandervogel) und die aus ihr hervorgehende Jugendmusikbewegung sowie die Sing- und Spielkreise (→ Jöde). Diese erklärten »ihre« Musik zu einem integralen Teil des Eigenraums der Jugend, wandten sich gegen eine Reduzierung der ME. auf eine bloß hist.-systematische Formalschulung, einen bloß passiven Musikkonsum und traten für das aktive Singen und Musizieren, die Wiederbelebung von echter Volksmusik und alter Musik und ein kritisches Verhältnis zur rapide aufkommenden Musikindustrie ein.

Gegenwärtige MD. steht für die Theorie von MU. und will die Voraussetzungen schaffen, um analog zu anderen Fachdidaktiken einen gewichtigen Beitrag zur Bewußtseinsbildung des jungen Menschen zu leisten, und zwar auf den Lernfeldern Produktion (Improvisation, Komposition), Reproduktion (Interpretation), Rezeption (bewußtes Hören), Transposition (Umsetzung von Musik in Bewegung, sprachl. oder bildl. Darstellung) und Reflexion (Nachdenken über Musik, »Musiktheorie«). Als neuer Schwerpunkt hat sich dabei die Hörerziehung entwickelt. Die Schüler sollen zu kritischem, bewußtem, sachkundigem Hören angeregt werden, bisherige Hörgewohnheiten erweitern, um in andere (auch wieder in klass.) Musikbereiche eindringen zu können. Zugleich strebt der MU. eine Aufklärung über die wirtschaftl. Bedeutung, die industrielle Produktion und die ökonom.-gesellschaftl. Verwertung und Vermarktung der Musik an (Werbung, Manipulation, Unterhaltungsindustrie, Medien, sogenannte Umweltmusik). Eine dritte Erweiterung des traditionellen MU. ist in der stärkeren Gewichtung der → rhythmischen Erziehung, insbes. im Grundschulbereich, zu sehen, die bedeutende Anregungen durch Jaques-Dalcroze und → Orff und sein Schulwerk erhielt und ihren Niederschlag in der Musik- und Bewegungserziehung findet, d. h. akust. Bewegung in opt. übersetzt und umgekehrt. MU. ist also auf eine bewußtere, kritischere, nicht rein konsumtive Teilnahme am Musikleben und der verantworteten Gestaltung des eigenen Lebens ausgerichtet. Diese Tendenzen sind bereits in neueren Unterrichtswerken und »Liederbüchern« aufgenommen worden. Ein Grund für diese Neuorientierung liegt in der gewichtigen Rolle der Musik im öffentl. und privaten Leben und vor allem im Leben der Jugendl. Deren spezifische Musik (Pop/Rock) ist ein zentrales, häufig bewußt als Protest gegen die Erwachsenenwelt eingesetztes Merkmal einer sich mehr und mehr verfestigenden jugendl. Musikkultur mit eigenen musikl. Präferenzen. Da jede musikbezogene Ausdrucksform als Teil der Symbolwelt des Menschen begriffen wird, wird der Zusammenhang zwischen Musik und Gesellschaft immer bedeutsamer. Es gibt so viele Musiken wie (Teil-)Kulturen. Damit ist der auch in der MP./ME. häufig gebrauchte Topos von Musik als »universaler Sprache« ebenso hinfällig geworden wie ein universal gültiger Wertmaßstab für Musik. Mediamorphose und eine Globalisierung der Musikkultur (mit angloamerikanischer Musik) sind Bereicherungen wie Herausforderungen für den MU. Umgang mit Musik soll daher nicht nur als Ausbildung ästhetischer Wahrnehmungs-, Gestaltungs- und Urteilsfähigkeit, sondern als Teil eines umfassenden Erziehungsprozesses und unter der Prämisse eines humanen Denkansatzes als Beitrag zur Allgemeinbildung begriffen werden. MP. zwischen Erziehung durch und Erziehung zu Musik findet jedoch nicht nur im regulären Unterricht der allgemeinbildenden Schulen statt, sie ist ebenso ein wichtiges Moment der vorschulischen Erziehung, sie wird in schulischen Arbeitsgemeinschaften gepflegt (Chor, Orchester, Sing- und Spielgruppen, Big Bands, Pop- u. Rockmusikensembles etc.); es existieren zahlreiche Spezial-, Fach- und Hochschulen (von Jugendmusikschulen in öffentl. und privater Trägerschaft bis zu → Musikhochschulen bzw. -akademien), die z. T. die Ausbildung der Musiklehrer tragen, Musikwiss., MP. und MD. sind außerdem an zahlreichen Päd. Hochschulen und Univ.n als Fach vertreten. Darüber hinaus widmen sich zahlreiche Gruppen, Vereine und Zusammenschlüsse zur Freizeitgestaltung und in der Erwachsenenbildung und der außerschulischen Jugendbildung der MP./ME. (Chöre, Gesangvereine, Kirchenchöre, Musikvereine, Kammermusikkreise, Pop/Rockgruppen). Es gibt regionale und überregionale Zusammenschlüsse von Musiktreibenden, auch der Jugendmusiker. MP./ME. und MU. werden auch durch Sendungen der Massenmedien unterstützt. Der Versuch, den gewandelten Anforderungen an das Fach Musik gerecht zu werden, hat in den letzten Jahrzehnten zu einem Konzeptpluralismus geführt, der die je unterschiedl. Positionen u. Schwerpunktsetzungen widerspiegelt (z. B. auditive Kommunikation, handlungsorientierter MU., Orientierung am Kunstwerk, didaktische Interpretation, modellorientierter MU., erfahrungserschließender MU., lebensweltl. Orientierung des MU.) und zu einer weiteren Differenzierung im Ausbildungsbereich und bei Verbänden, Vereinigungen, Gesellschaften und Standesorganisationen führt (Elementare MP., Systemat. MP., Polyästhet. ME., interkulturelle MP., multikulturelle MP.; AG für Elementare ME.; Arbeitskreis Elementare MP.; Arbeitskreis für Schulmusik; Arbeitskreis Musikpäd. Forschung; Arbeitskreis Studium Populärer Musik; Bundesfachgruppe MP.; Ges. für MP./Verband der Musikpädagogen; Wiss. Sozietät MP.). Angesichts des Stellenwertes von Musik und Musizieren in der gegenwärtigen Freizeit- und Erlebnisgesellschaft muß MP./ME. Kinder und Jugendliche als handelnde Subjekte, als Produzenten ihrer eigenen Lebensverhältnisse verstehen und sie ernst nehmen.

Zs.: Musica 1 (1974) – 50 (1996); Musikerziehung 1 (1947/48) ff.; Musik und Bildung 1 (1969) ff. (bis 60 (1969)): Musik im Unterricht; Zschr. für MP. 1 (1976) ff., ab 1990: Musik u. Unterricht; Musik in der Schule 1 (1949) ff.; Musik in der Grundschule 1 (1997) ff.; Populäre Musik im Unterricht 1 (1981) ff., ab 1989: Die Grünen Hefte. Zschr. für die Praxis des MU.; Diskussion MP. 1 (1999).
Reihen: Beiträge zur Schulmusik (ab 1965), Hg. W. Drangmeister u. H. Rauhe, 1957 ff.; Schriftenreihe zur Musikpäd., Hg. R. Jakoby, 1968 ff; Musikpäd., Hg. S. Abel-Struth, 1970 ff; Schriften zur Musikpäd., Hg. H. Hopf und H. Rauhe, 1975 ff.; Perspektiven zur Musikpäd. und Musikwiss., Hg. W. Gieseler und H. Hopf, 1977 ff.; Musikpädagog. Forschung, Hg. Arbeitskreis Musikpädagog. Forschung, 1980 ff.; Musik im Diskurs, Hg. Gesellschaft für MP, 1986 ff.; Sitzungsber. der Wiss. Sozietät MP., Hg. S. Abel-Struth, E. Nolte und H. J. Kaiser, 1986 ff.; Forum MP., Hg. R.-D. Kraemer, 1992 ff.
L.: M. Alt, Didaktik der Musik, 1968 u. ö.; S. Abel-Struth, Materialien zur Entwicklung der Musikpäd. als Wiss., 1970; H. Antholz, Unterricht in Musik, e. hist. und systemat. Aufriß seiner Didaktik, 1970; H. Hopf, W. Heise, S. Helms (Hg.), Lexikon der Musikpäd., 1970 ff.; H. Hopf u. a. (Hg.), Lehrbuch der Musik, 3 Bde., 1970–1972; H. Hopf, E. Valentin (Hg.), Neues Hdb. der Schulmusik, 1975; H. Rauhe u. a., Hören und Verstehen, 1975; L. Kossolapow (Hg.), Musische Erziehung zw. Kunst und Kreativität, 1975; M. Jenne, Musik-Kommunikation-Ideologie, 1977; H. Lemmermann, Didakt. Grundrisse MU., 1977; S. Abel-Struth, Ziele des Musiklernens, 1978; W. Gieseler (Hg.), Krit. Stichwörter MU., 1978; H. G. Bastian, D. Klöckner (Hg.), Musikpäd., 1982; W. Gruhn, W. Wittenbruch, Wege des Lehrens im Fach Musik, 1982; H. J. Kaiser, Musik in der Schule?, 1982; U. Günther, MU., 1982; H. Lemmermann, MU., 1984; S. Helms (Hg.), Hdb. der Schulmusik, 1985; S. Abel-Struth, Grundriß der Musikpäd., 1985; H. Ch. Schmidt (Hg.), Geschichte der Musikpäd., 1986; ders., Hdb. der Musikpäd., 1986; A. Edler (Hg.), Musikpäd. und Musikwiss., 1987; M. Küntzel-Hansen, Musik mit Kindern, 1987; W. Gruhn (Hg.), Musikalische Bildung und Kultur, 1987; G. Holtmeyer (Hg.), Musikal. Erwachsenenbildung; H. J. Kaiser, E. Nolte, MD., 1989; W. Beck, W. D. Fröhlich, Musik machen – Musik verstehen, 1992; D. Pickert, Außerschulische Aktivitäten von Musiklehrern, 1992; W. Gruhn, Geschichte der ME., 1993; S. Helms u. a. (Hg.), Neues Lex. der MP, 2 Bde., 1994; dies., Kompendium der MP., 1995; J. Ribke, Elementare MP., 1995; H.-J. Feurich, G. Stiehler (Hg.), MP. in den neuen Bundesländern, 1996; R. Meißner, MU. als Netzwerk, 1996; V. Schütz (Hg.), MU. heute, 1996; H. G. Bastian, Schulmusik und Musikschule in der Verantwortung, 1997; Chr. Richter u. a., MP. (MGG2), 1997; F. Brusniak, D. Klenke, Volksschullehrer und außerschulische Musikkultur, 1998; G. Görtz, Grundzüge der Theorie einer Musikschule, 1998; W. Gruhn (Hg.), Musik anderer Kulturen, 1998; M. Pfeffer u. a. (Hg.), Systemat. MP., 1998.

**Musiktherapie.** Abgesehen von uralten magischen Praktiken in Musik, Tanz und Heilgesang, wird Musik wegen ihres ordnungsstiftenden Elements und der unmittelbaren Vermittlung von Emotionalität seit dem 19. Jh. psychotherapeutisch eingesetzt. Heute wird Musik als »nonverbales Kommunikationsmittel« rezeptiv (z. B. Anleitung zur Entspannung) oder aktiv (Musikbetätigung, z. B. Orff-Instrumente) bei Kindern und Erwachsenen benutzt zu emotionaler Aktivierung, Spannungsregulierung, Förderung von Kontaktbereitschaft und Erlebnisfähigkeit. Man unterscheidet Einzel- und Gruppen-M. sowie gerichtete und ungerichtete M.; M. bedarf in der Regel der Weiterführung und Ergänzung durch andere Therapiearten. → Rhythmische Erziehung. → Orff Schulwerk.

L.: K. Pahlen (Hg.), M., 1973; G. Harrer (Hg.), Grundlagen der M. und Musikpsychologie, 1975; H. Wolfgart (Hg.), Orff-Schulwerk u. Therapie, 1975; ders., Das Orff-Schulwerk im Dienste der Erziehung u. Therapie behinderter Kinder, 1978; W. Strobel u. G. Huppmann, M., 1978 (m. Bibl.), [2]1991; A. Rett, F. Grasemann, A. Wesecky, M. für Behinderte, 1981; G. Orff, Schlüsselbegriffe der Orff-M., 1984, [2]1990; W. Band u. a., Musiktherapeut. Ausbildung u. Praxis, 1985; J. Alvin, Musik für das behinderte Kind u. M. für das autistische Kind, 1988; T. Maler, Klin. M., 1989; S. Evers, M. u. Kinderheilkunde, 1991; E. Ruud, W. Mahns, Meta-M., 1992; G. Batel, Spiellieder u. Bewegungsspiele in der M., 1992; H. Kapteina, H. Hörtreiter, Musik u. Malen, 1992; H.-H. Decker-Voigt (Hg.), Lexikon der M., 1992; H. Bruhn, R. Oerter, H. Rösing, Musikpsychologie, 1993.

**Musische Erziehung,** auch musische Bildung, wird die Erziehung durch das und zum Musischen genannt, also den Bereichen Dichtung, Musik, Tanz und bildende Kunst. Sie ist als ausdrücklicher Ausgleich, als Gegengewicht oder als Ergänzung zur intellektuellen und technischen Erziehung konzipiert worden und soll vor allem der Förderung der schöpferischen Eigentätigkeit, der Stärkung des Gemeinschaftslebens und der Erhaltung der menschl. Ganzheit (Totalität) dienen. Wichtige Anregungen erhielt das Konzept der ME. in der Zeit der → Reformpäd., und es wird heute v. a. in solchen Schulen gepflegt, die dieser Bewegung entstammen (→ Waldorfschulen, → Landerziehungsheime). Traditionell bildete die ME. einen bes. Schwerpunkt der → Mädchenbildung, da das Musische dem Wesen der Frau bes. entspreche. In der Schule sollen die Fächer Musik, Kunst, Turnen (Gymnastik) und Deutsch (Literatur) v. a. der ME. dienen, in musischen Gymnasien (Nachfolger der Dt. Oberschule [→ Deutschkunde]) werden diese Fächer auch bes. gepflegt und gewichtet.

ME. im engeren Sinne bezeichnet auch ein, inzw. überholtes, Konzept der → Kunsterziehung.

Insgesamt ist eine Ablösung des Begriffes ME. durch den der → ästhet. Erziehung festzustellen. Der ME. wird u. a. vorgeworfen, sie bestimme sich zu sehr aus einem antirationalen Affekt, vernachlässige den fachl. Sachverstand und zeichne sich zu sehr durch gefühlsmäßige Verschwommenheit aus.

Die ME. könne außerdem ihr Versprechen, die Totalität des Menschen zu fördern bzw. zu erhalten, nur unzureichend einlösen. ME. beziehe sich nämlich nur auf einen bestimmten Sektor der Wirklichkeit oder des Menschen im Gegensatz zu anderen Sektoren (vor allem Verstand); so komme Totalität nur als Aggregat zustande. Das Ästhetische bezeichne demgegenüber ein durchgängiges Moment, einen Aspekt der Wirklichkeit bzw. des Menschen insgesamt. Daher sei ästhet. Erziehung der ME. überlegen. → Musikpädagogik.

L.: R. Ott, Urbild der Seele, 1949; O. Haase, Mus. Leben, 1951; F. Messerschmied u. a., MB., 1954; F. Seidenfaden, Die ME. in der Gegenw., 1962, ²1966; L. Kossolapow, ME. zw. Kunst und Kreativität, 1975; W. Spindler, V. Preisner, Musik- und Bewegungserz., 1979; S. Abel-Struth, Grundriß der Musikpäd., 1985; S. Kolfhaus, Von der musischen zur soziokulturellen Bildung, 1986; H. D. Seubert, Musikal. Entwicklung und ästhet. Bildung des Kindes, 1997.

**Musisches Gymnasium,** höhere Schule, in der musisch-künstlerische Fächer (statt einer 3. Fremdsprache) bes. gepflegt werden. In der → Reformpäd. gefordert, 1939 erstmals in Frankfurt/M. gegründet, wurde die Idee des M. G. eigentlich erst nach dem 2. Weltkrieg in mehreren Bundesländern verwirklicht.

**Mutismus** ist ein psychisch bedingtes Nichtsprechen nach Erwerb der Sprache bei intaktem Hör- und Sprechvermögen und vollem Sprachverständnis. Früher wurden oft alle Formen der Stummheit als M. bezeichnet (z. B. auch Stummheit infolge Taubheit). Heute gilt M. als Schweigen im Zusammenhang mit einem extrem gespannten psychischen Zustand, als abnorme Erlebnisreaktion, vor allem bei Kindern (meist durch Psychotrauma ausgelöst).

Unterschieden werden elektiver M. (Schweigen nur in bestimmten Situationen, bei bestimmten Personen) und totaler M. (ein Kind schweigt stets und überall). Die psychotherapeutische Behandlung muß die Umgebung einbeziehen.

L.: H. Hanzelmann, Einf. in die Heilpäd., 1930, ⁸1970; A. Zuckrigl, Sprachschwächen, 1964; B. Hartmann, M., 1991; M. Grohnfeldt (Hg.), Hdb. der Sprachtherapie Bd. 5: Störungen der Redefähigkeit, 1992; D. Hartmann, M. ²1993; R. Bahr, Schweigende Kinder verstehen, 1996.

**Mutter** (lat. *mater*). Im medizinischen Sinne die Frau, die ein Kind geboren hat; im rechtlichen Sinne die weibliche Person, die den biologischen Tatbestand erfüllt und darüber hinaus als eheliche Mutter zusammen mit dem ehelichen Vater das Recht und die Pflicht zur Personen- und Vermögenssorge des Kindes (§ 1626, Abs. 1 BGB) oder als nichteheliche Mutter die alleinige elterliche Sorge für das nichteheliche Kind (§ 1705 BGB) innehat. Im päd. Sinne wird vor allem die → M.-Kind-Beziehung betrachtet, die als entscheidend für die weitere Entwicklung angesehen wird: Als »natürliche« Bezugsperson soll die M. durch die liebevolle, personale Zuwendung die notwendige Grundlage für das »Urvertrauen«, die Liebesfähigkeit, die emotionale Lebenssicherheit, das intellektuelle Leistungsvermögen und die Willensstärke des Kindes schaffen. M.liebe galt lange als ein natürliches, »instinktives« Gefühl, wird aber in neuerer Zeit auch als sozio-kulturelles Produkt des aufkommenden Bürgertums des 18. Jahrhunderts betrachtet, das durch die Erschaffung eines neuen Weiblichkeitsideals der M.rolle eine zentrale Bedeutung zugemessen und die M.liebe mythisiert habe. Auch kulturanthropologische Untersuchungen (M. Mead) relativieren die Betonung der M. als natürlicher Bezugsperson; soziologische und psychologische Studien weisen darauf hin, daß Frauen in bestimmten gesellschaftlichen oder individuellen Lebenssituationen ihre Rolle als M. erst lernen oder akzeptieren müssen, bevor sie ihren Kindern die festgestellte notwendige Fürsorge zuteil werden lassen (→ Mutter-Kind-Beziehung, → Hospitalismus, → Deprivation). In der klass. päd. Literatur wird häufig die Bestimmung der Frau als M. hervorgehoben: Für → Rousseau ist die Frau v. a. M., die mit Liebe, Geduld und Eifer die Kinder erzieht und das Band zwischen ihnen und dem Vater darstellt; für → Pestalozzi ist die »hohe« Bestimmung der M., Mittlerin zwischen Geist und Natur zu sein; die »wahre« Mutter bei → Fröbel ist diejenige, die alles tut, was für das Kind und seine Entwicklung notwendig ist und alles unterläßt, was ihm schadet; mangelndes Wissen um die Kinderpflege kann durch Einführung der M. in die »richtige« Erziehung aufgeholt werden (→ Kindergarten). → Adoption, → Vater.

L.: E. Badinter, Die M.liebe, dt. 1981, ⁴1991; Y. Schütze, Die gute Mutter. Zur Gesch. des normativen Musters »Mütterlichkeit«, 1986; C. Sachsse, Mütterlichkeit als Beruf, 1986; Kl. Kaltenbrunner (Hg.), Mutterschaft. Mythos und Zukunft, 1987; E. Bannas, Mutter und Emanzipation – kein Widerspruch, 1987; B. Schön (Hg.), Emanzipation und Mutterschaft, 1989; L. Brüderl, B. Paetzold (Hg.), Frauenleben zwischen Beruf und Familie, 1992; W. Donneberg, M. im Widerspruch, 1993; L. Purves, Die Kunst, (k)eine perfekte M. zu sein, 1993; P. Erath, Wieviel M. braucht ein Kind?, 1994; H. König, Die M. Anthropol. Konzept oder Konvention?, in: F. Oelkers (Hg.), Pestalozzi – Umfeld und Rezeption, 1995; L. Herwartz-Emden, M.schaft und weibl. Selbstkonzept, 1995.

**Mutterentbehrung** → Mutter, → Mutter-Kind-Beziehung, → Hospitalismus.

**Mutter-Kind-Beziehung.** Seit Jh.n wird in der päd. Literatur, bes. bei → Pestalozzi (→ Dyade von Mutter und Kind), → Fröbel (Mutter- und Koselieder u. a.) und → Schleiermacher (ursprüngliche Beziehung der Mutter zum Kind als päd. Grundverhältnis) der Mutter eine ganz entscheidende Rolle in der Erziehung zugesprochen. Als natürliche Bezugsperson, die sich bes. dem Säugling durch Stillen, Waschen und Wickeln intensiv und liebevoll zuwendet, schafft sie dem Kind eine Voraussetzung zu gesundem körperl. Wachstum und zur Entwicklung von Intelligenz, Gefühlswelt und Willensstärke.

Die Bedeutung der M. ist ebenfalls Gegenstand psycholog., soziolog. und kulturanthropolog. Forschung. R. Spitz hat durch Untersuchungen in Säuglings- und Kinderheimen belegt, daß bei Fehlen »erster Objektbeziehungen« in früher Kindheit, d. h. bei Fehlen einer konstanten Bezugsperson, Kontakt-Mangel-Erscheinungen auftreten (→ Hospitalismus). Neben körperl. Schädigungen, die zum sog. Marasmus führen können, sind v. a. Störungen der Intelligenz- und Sprachentwicklung, sowie weitreichende Störungen der Kontaktfähigkeit zu beobachten. J. Bowlby stellte fest, daß Erfahrungen von Bindung und Verlust, die das Kleinkind macht, das ganze Leben nachdrücklich prägen: Trennung und Entbehrung der mütterl. Bezugsperson verursachen Schmerz und psychische Erkrankungen (»mütterliche → Deprivation«).
Emotionale Zuwendung allein reicht für die Intelligenzentwicklung nicht aus, erst stimulierende Anregungen durch Umwelt und Bezugsperson(en) ermöglichen entsprechende Lernprozesse. Da die M. eine wechselseitige Beziehung darstellt, können sich sowohl kindl. Verhaltensweisen auf die Mutter, als auch bewußte oder unbewußte Einstellungen der Mutter gegenüber dem Kind sowie ihre soziale und psychische Situation auf das Kind auswirken. Ablehnung und Zurückweisung des Kindes können überdauernde Einstellungen und Verhaltensmuster herbeiführen, z. B. Schüchternheit, Minderwertigkeitsgefühle oder → Aggression. In vielen Fällen muß die Mutter heute ihre Rolle erst lernen oder akzeptieren, bevor sie dem Kind die notwendige Fürsorge bietet. Für E. → Erikson haben die Einstellungen der Mutter Einfluß auf die Entstehung von Vertrauen und Mißtrauen beim Kind. Bereits während der Schwangerschaft können sich psychische und physische Störungen der Mutter auf die Verhaltensweisen des Säuglings auswirken.
Soziologische Arbeiten untersuchen den Zusammenhang zwischen soziokulturellen Bedingungen der Mutter (soziale Schicht, wirtschaftl. Verhältnisse, Familiengröße, Rollenstruktur usw.) und ihren Einstellungen, Persönlichkeitsmerkmalen und Erziehungspraktiken und deren Auswirkungen auf den Sozialisationsprozeß des Kleinkindes. Die Betonung der Mutter als natürliche Bezugsper-

son wurde allerdings durch kulturanthropologische Untersuchungen (M. Mead) relativiert, indem der Nachweis erbracht wurde, daß die Betreuung des Kindes durch mehrere Pflegepersonen bewerkstelligt werden kann und die Festlegung auf die Mutter auch aus kulturspezifischen Gründen (z. B. Patriarchat) erfolgt ist. Es ist bei der M. also grundsätzlich zu unterscheiden zwischen Mutter im biolog. Sinne und Mutter im sozialen Sinne. Im zweiten Falle steht »Mutter« als Chiffre für die notwendige, sorgende, konstante Bezugsperson (z. B. Pflegemutter, → Tagesmutter, Großeltern, selbstverständlich auch der → Vater, → Mutter).

L.: J. Robertson, Three devotes mothers: Some limits set by the personality of the mother, London 1960; D. Claessens, Familie und Wertsystem, 1962 u. ö.; M. D. Ainsworth et al., Deprivation of Maternal Care, Chicago 1962; M. Mead, Leben in der Südsee, dt. 1965; W. J. Goode, Soziologie der Familie, 1967; P. Fürstenau, Soziologie d. Kindheit, 1967; E. Schmalohr, Frühe Mutterentbehrung bei Mensch und Tier, 1968. R. Spitz, Vom Säugling zum Kleinkind, dt. 1967, ³1972; B. H. Keßler, Operante Verhaltensmodifikation dependenter Mutter-Kind-Interaktionen, 1973; F. Renggli, Angst und Geborgenheit, 1974; U. Lehr, Die Rolle der Mutter in der Sozialisation des Kindes, 1974; J. Bowlby, Bindung. Eine Analyse der M., dt. 1975, ³1986; R. Koch, Berufstätigkeit der Mutter und Persönlichkeitsentwicklung des Kindes, 1975; J. Bowlby, Trennung, dt. 1976, ²1986; R. Spitz, Vom Dialog. Studien über den Ursprung der menschl. Kommunikation und ihrer Rolle in der Persönlichkeitsbildung, 1976; A. Langemayr, Die Berufstätigkeit von Müttern verhaltensgestörter Kinder, 1976; R. Koch, G. Rocholl (Hg.), Kleinkindererziehung als Privatsache?, 1977; R. Schaffer, Mütterl. Fürsorge in den ersten Lebensj., 1978; E. Koliadis, Mütterliche Erwerbstätigkeit und kindliche Sozialisation, 1978; R. Schaffer, Mütterliche Fürsorge in den ersten Lebensjahren, 1978; Arbeitsgruppe Tagesmütter, Das Modellprojekt »Tagesmütter«, 1982; Kl. Neumann, Der Beginn der Kommunikation zwischen Mutter und Kind, 1982; K. Hansen (Hg.), Frauen suchen ihre Geschichte, 1983; M. H. Klaus, J. H. Kennell, M.-K.-Bindung, 1983, ²1987; D. Peters, Mütterlichkeit im Kaiserreich, 1984; S. Hammer, Töchter und Mütter, 1985, ³1991; C. Sachße, Mütterlichkeit als Beruf, 1986; M. Klaus, J. Kennell, M.-K.-Bindung, 1987; S. Arnold, Zur Ablösungsdynamik zwischen Mutter und Jugendlichen, 1989; H. Bertram, Mütter und Kinder, 1990; J. Firman, D. Firman, Lieben, ohne festzuhalten, 1990; J. Swigart, Von wegen Rabenmutter …, 1991; P. J. Caplan, So viel Liebe, so viel Haß, 1992; Y. Cadalbert-Schmid, Sind Mütter denn an allem schuld?, 1992; D. Stern, M. und K. – die erste Beziehung, ²1995; J. Bowlby, Elternbildung und Persönlichkeitsentw., dt. 1995; L. Schon, Die Entw. des Beziehungsdreiecks Vater – M.-K., 1995.

**Muttersprachlicher Unterricht,** heute unüblich gewordener Ausdruck; statt dessen spricht man eher von eigensprachl. Unterricht (in Abhebung zum → Fremdsprachenunterricht), → Deutschunterricht, → Sprecherziehung.

**Mystik,** von griech. *myeomai* (eingeweiht werden), bezeichnet allgemein eine Strukturform des religiösen Lebens und Erlebens, in der eine unmittelbare Vereinigung des menschlichen Selbst mit der göttlichen Wirklichkeit erreicht wird (*unio mystica*). Kraft ihrer Neigung, die im Christentum als einer prophetischen Religion enthaltenen objektiven Heilstatsachen zu psychologisieren, und durch den Einbezug eines verchristlichten Neuplatonismus (→ Platon) griff die Deutsche M. des Spätmittelalters und der Barockzeit (→ Böhme, Meister Eckart) das umgangssprachl. Wort »bilden« auf und erhob es auf dem Hintergrund der biblischen Lehre von der Gottebenbildlichkeit des Menschen zu dem pädagogischen Grundbegriff der → Bildung.

L.: O. Karrer, Textgesch. der M., 3 Bde., 1926; K. Ruh, Gesch. der abendl. M., 2 Bde., 1990–93; G. Wehr, Die dt. M., als TB 1991; P. Höninghaus-Schornsheim, Studien zur Entstehung des Bildungsbegriffs in der dt. Mystik, Diss. Duisburg 1994.

# N

**Nachahmung,** die willentliche oder unwillkürliche Reproduktion eines realen oder symbolisch vorgestellten Vorbilds, wobei Ausdrucksweisen, Handlungen, Aussehen, Verhaltensformen und Leistungsvollzüge nachgeahmt werden können. Die N. reicht von der mechanischen Wiederholung bis zur interpretativen Nachgestaltung, z. B. im → Spiel (Pantomime etc.). N.sprozesse vollziehen sich auf allen Ebenen der Erziehung (kindl. N.sspiele, N.slernen etc.); päd. wichtig ist dabei, daß diese nicht nur zu rigidem Nachvollzug, sondern zu reflektiv-eigenschöpferischer Verarbeitung führen.

**Nachhilfeunterricht** bezeichnet zusätzlich zum Unterrichtsangebot der Schule erteilte Stunden zur Anwendung und Übung des Lernstoffes. Diese werden von der Familie des Schülers besorgt und oft von unzureichend qualifizierten Kräften durchgeführt. N. ist eine typische Begleiterscheinung der Halbtagsschule und der Jahrgangsklassen. → Ganztagsschulen, auch sog. »Offene Schulen« und Hausaufgabenbetreuung könnten die Notwendigkeit von N. vermindern. → Hausaufgaben.
L.: M. Behr, N., 1990; P. P. Dzierza, Hausaufgaben und N., 1998.

**Narrative Pädagogik** bezeichnet Ansätze, die den Zugang zu päd. Grundproblemen nicht über empir. Forschung im strengen Sinne und über philos. Prinzipienreflexion suchen, sondern über alle Modi der Mitteilung, die das Erziehungsgeschehen »erzählen« (lat.: *narrare*), sei es in Form von Berichterstattung, Bestandsaufnahme, Biographie, Autobiographie u. a. In dieser jüngst (wieder) in Mode gekommenen n. P. steht das unmittelbar Erfahrene und »Gelebte« über dem methodisch Reflektierten und »Gedachten«; in dieser Prioritätensetzung spiegelt sich das Eindringen neuer Irrationalismen in die Päd., aber auch eine deutliche Ernüchterung angesichts einer fast inflationären Vielfalt und Gegensätzlichkeit immer neuer (sozialwiss. u. a.) Theoriebildungen.
L.: D. Baacke, Th. Schulze (Hg.), Aus Geschichten lernen, 1979; P. M. Wiedemann, Erzählte Wirklichkeit, 1986.

**Narzißmus,** der einer griech. Sage entlehnte Begriff meint nach S. → Freud einen Zustand, bei dem das Individuum zweitweise oder dauernd sich selbst zum Liebesobjekt wählt und auf die eigenen Taten und Merkmale übermäßig Wert legt (Selbstverliebtheit). Neuerdings wird mit N. ein »neuer Sozialisationstypus« bezeichnet, der sich von der gesellschaftl. Realität abwendet, sich ihr verweigert und sich solipsistisch zum eigenen → Ich hinwendet (narzißtische Selbstverwirklichung).
L.: S. Freud, Ges. Werke, Bd. X, 1948; H. Kohut, Die Analyse des Selbst, 1972; Th. Ziehe, Pubertät und N., 1975; [4]1981; Häsing, Stubenrauch, Ziehe (Hg.), N., ein neuer Sozialisationstypus?, 1981; H.-J. Roth, N., 1990; U. Nuber, Die Egoismusfalle, 1993.

**Nationalsozialismus** (N.), nationalsozialist. Päd. (n. P.) Der aus dem antidemokratischen Denken der Weimarer Republik (Irrationalismus, Anti-Intellektualismus; vulgäre → Lebensphilosophie; Volk, Leben, Gruppe, Bund, Organismus als Grundbegriffe) heraus genährte N. kritisierte den → Individualismus der → Reformpäd. und zielte wie jede Diktatur, auch auf einen totalen Erziehungsstaat; dabei sollte die n. P. den Kampf gegen die Überfremdung des dt. Volkes führen und Gemeinschaft und Solidarität des Volksganzen gegenüber dem demokratisch-parlamentarischen Parteienhader aufrichten, vor allem aber die »brausende Leidenschaft höchsten nationalen Stolzes« (A. Hitler) entzünden. An die Stelle des Individuums hatte das »marschierende Kollektiv« (H. Himmler) bzw. die Kolonne zu treten; das Führerprinzip galt als »Kernkraft dt. Art und Rasse«; zu bilden war der neue polit. Mensch, der weniger denkt als handelt, weniger rational als emotional und weniger intellektuell als rassisch-gesund ist: insgesamt ging es um »die Erhebung des dt. Gemütes gegen die Willkür des kalten Intellekts« (Baldur von Schirach). Die Richtlinien von 1938 bestimmten als Aufgabe der Schule, »mit den ihr eigentümlichen Erziehungsmitteln den national-sozialist. Menschen zu formen«; die Begriffe Erziehung und Bildung wurden abgelöst durch Formung, → Prägung, → Krieck bestimmte entsprechend die → Päd. als Teil einer universalen Biologie. Die method.-didakt. Reformen wurden als Humanitätsduselei und weltfremde Schwarmgeisterei abgetan, statt dessen auch die einzelnen Schulfächer politisiert (»dt. Physik«, »artgemäße Religion«, »volkseigene Mathematik«; Deutschkunde, Rassenkunde, Geopolitik etc.) und die Schule im ganzen zugunsten von außerschulischer Jugend»formung« zurückgedrängt (→ Hitler-Jugend, Bund Dt. Mädel etc.). Das Schulwesen wurde stark zentralisiert (1934 Reichserziehungsministerium) und nivelliert (Abbau der Mittelschule, Verbot von Privatschulen, Kürzung der Schulpflicht); die → Akademisierung der → Lehrerbildung wurde zurückgenommen, die → Univ. in den Dienst einer »kämpfe-

risch-polit. Wiss.« gestellt (Aufhebung der universitären Selbstverwaltung).
Nach 1945 knüpften die → Reeducation der Alliierten und das Bildungswesen der → BRD an die Entwicklung vor 1933 an.

L.: A. Baeumler, Politik u. Erziehung, 1937; ders., Bildung u. Gemeinsch., 1942; E. Krieck, Nationalpolit. Erziehung, 1932, ²³1939; ders., Nationalsoz. Erziehung, 1935, ⁵1940; F. Stippel, Die Zerstörung d. Person, 1957; K. Sontheimer, Antidemokrat. Denken i. d. Weimarer Republik, 1962 u. ö.; F. Stern, Irrationalismus als polit. Gefahr, (dt.) 1963; H.-J. Gamm, Führung u. Verführung, 1964, ³1990; W. Klose, Generation i. Gleichschritt, 1964; H. G. Assel, Die Perversion d. polit. Päd. i. N., 1969; K.-Chr. Lingelbach, Erziehung u. Erziehungstheorien i. nationalsoz. Dtl., 1970; W. Joch, Theorie e. polit. Päd., Bern 1971; H. Scholtz, Nationalsozialist. Ausleseschulen, 1973; G. Müller, Ernst Krieck u. d. nationalsoz. Wiss.sreform, 1978; O. Ottweiler, Die Volksschule i. N., 1979; Erziehung u. Schulung i. Dritten Reich, 2 Bde., hg. v. M. Heinemann, 1980; J. Tröger (Hg.), Hochschule u. Wissenschaft im Dritten Reich, 1984; R. Willenborg, Die Schule muß bedingungslos nationalsoz. sein, 1986; M. Berger, Vorschulerz. im N., 1986; K. Ch. Lingelbach, Erziehung u. Erziehungstheorien im nationalsoz. Dtl., überarb. Neuausg. 1987; M. Klewitz, Lehrersein im Dritten Reich, 1987; W. Keim, Pädagogen und Päd. i. N., 1988, ²1990; Verführung – Distanzierung – Ernüchterung, hg. v. W. Klafki, 1988; Päd. und N., hg. v. U. Herrmann und J. Oelkers, 1989; Ch. Berg u. a. (Hg.), »Du bist nichts, dein Volk ist alles«, 1990; H. Kanz (Hg.), Der N. als päd. Problem, 1990; H. Giesecke, Hitlers Pädagogen, 1993; Ch. Schubert-Weller, Hitlerjugend, 1993; M. Götz, Die Grundschule in der Zeit des N., 1997; E. Hojer, N. und Päd., 1997.

**Natorp,** Paul, * 24. 1. 1854 Düsseldorf, † 17. 8. 1924 Marburg; neben H. Cohen Begründer des sog. Marburger → Neukantianismus. N. verstand Päd. als konkrete Philosophie und entwickelte eine → »Sozialpäd.« im Unterschied zur Individualpäd.

Schr.: Sozialpäd., 1899, ⁶1925, hg. v. R. Pipper, ⁷1974; Ges. Abhandlungen zur Sozialpäd., 3 Bde., 1907, ²1922; Pestalozzi, 1909, ⁵1927; Philos. und Päd., 1909, ²1923; Sozial-Idealismus, 1920, ²1922; Päd. und Philos., hg. v. W. Fischer u. J. Ruhloff, 1964 (Bibl.), ²1985; Platos Ideenlehre, Neudruck 1994.
L.: H. Blankertz, Der Begriff der Päd. im Neukantianismus, 1959; J. Ruhloff, P. N.s Grundlegung der Päd., 1966; G. Auernheimer, Erziehungswiss. kontra Päd., 1968; R. Pippert, Idealistische Sozialkritik und »Deutscher Weltberuf«, 1969; H. Holzhey (Hg.), Cohen und N., Bd. 1: Ursprung und Einheit, Bd. 2: Der Marburger Neukantianismus in Quellen, 1986; N. Jegelka, P. N., 1992; Ch. Niemeyer (Hg.), Grundlinien Histor. Sozialpäd., 1997; F. Pfeffer, Individualität. Ein krit. Vergleich zw. W. Dilthey und P. N., 1997.

**Naturalismus, pädagogischer.** Als p. N. wird eine Auffassung von Erziehung bezeichnet, die das Prinzip der absoluten (potentiellen und entwicklungsmäßigen) Autonomie der menschl. Natur im Sinne ihrer biolog., psycholog. und sozialen Komponenten vertritt und als regulative Norm des erzieherischen Handelns und der päd. Reflexion die unbeschränkte Vervollkommnung der natürl. → Anlagen in ihrer rein natürl. Gegebenheit aufstellt. Der p. N. schließt in seiner strikten Form folgerichtig alle geistigen und kulturellen Einflüsse auf die Erziehung aus; er stellt insgesamt eine Spielart des *Immanentismus* dar und tritt in einer facettenreichen Vielfalt theoret. Ansätze und prakt. Ausformungen auf. Als paradigmatischer Vertreter kann → Rousseau gelten, in dessen Päd. die Grundelemente des p. N.s beispielhaft hervortreten: die Entgegensetzung von Natur als das Authentische und Ursprüngliche und → Kultur als das Künstliche und Gestelzte; die Idee der Natur als unfehlbares Regulativ, als Gesetz der Entwicklung und als Ideal des erzieherischen Handelns und Verhaltens. Bei Rousseau erscheinen aber zugleich auch die versteckten indirekten Erziehungsmaßnahmen (z. B. vorbereitete Umgebung, Versetzen des Zöglings in den Erziehungszielen förderliche Situationen und Gelegenheiten), ohne die eine naturalistische Erziehung nicht auszukommen scheint, will sie nicht in ein anarchisches Laissez-faire abgleiten. Bedeutende Richtungen des p. N. sind der utilitaristische N. → Spencers (Verabsolutierung des biolog. Wissens als Modell für die Erkenntnis der Menschen); der funktionalistische N. von → Claparède und → Decroly (Ausgehen von den »natürlichen« Bedürfnissen und Interessen des Kindes); der kollektivistische N. → Makarenkos (die kollektive »Herstellung« der menschl. Natur); der therapeutische N. → Neills, → Reichs u. a. (Erziehung als Selbstregulierung); der behavioristische N. → Skinners (die Zurückführung psychischer Phänomene auf physiolog. Daten); der evolutionistische N. → Deweys (Selbstgenügsamkeit von Natur und Erfahrung); schließlich der aktivistische N. → Ferrières (das biogenetische Grundgesetz und der individuelle Dynamismus als Kriterien der »Tatschule«). → Biologismus.

**Naturgemäßheit**

L.: H. Hannoun, L'éducation naturelle, Paris 1979; C. Scurati, Profili nell' educazione, Mailand 1979.

**Naturgemäßheit.** Diese alte und vielschichtig begründete Maxime meint einmal die Übertragung von in der Natur geltenden Ordnungsprinzipien auf die Erziehung (Modell des Gärtners, Modell von Same und Pflanze, → Fröbel, → Romantik) und führt dann zum päd. → Naturalismus oder zur → »negativen Erziehung« (→ Rousseau). → Litt hat diese Vorstellung des »Wachsenlassens« im Hinweis auf den richtigen Sinn des Führens kritisiert. Daneben bezeichnet N. die Forderung, die Erziehung müsse der Natur (= dem Wesen) des Kindes entsprechen: Berücksichtigung eines entwicklungspsycholog. Stufenganges, spezieller lernpsycholog. Eigenarten (→ Anschauung, Nähe etc), Anerkennung des Kindseins als vom Erwachsenen verschiedene Lebensform. Dieser letzte Gesichtspunkt muß berücksichtigt werden, wenn Erziehung nicht in Dressur oder Vernachlässigung abgleiten soll; aber auch eine überzogene → »Päd. vom Kinde aus« (→ antiautoritäre Erziehung) kann zur Strafe für das Kind werden. In der → Reformpäd. galt N. als Grundprinzip; Vertreter der → Arbeitsschule betonten dagegen auch die Fach-, Sach- oder Stoffgemäßheit.

L.: W. Flitner, G. Kudritzki (Hg.), Die dt. Reformpäd., 2 Bde., 1961/62; Th. Litt, Führen oder Wachsenlassen, 1927 u. ö.; A. Medici, L'éducation nouvelle, Paris 1940; M. Simoneit, Zurück zur natürl. Erziehungsmethode, 1953; G. Bittner, Was heißt kindgemäß?, in: Zschr. f. Päd. 27 (1981); Zschr. »Das Kind«, H. 10, 1991; F. Grell, Der Rousseau der Reformpädagogen, 1996.

**Naturkunde** → Biologieunterricht.

**naturwissenschaftlicher Unterricht** ist eine zusammenfassende Bezeichnung für den Unterricht in den sog. Naturwiss.n, vor allem in Biologie, Chemie und Physik, seltener in Geologie und Mineralogie. Vereinzelt schon im 17. Jh., stärker im → Philanthropismus vertreten, wurde er wegen seiner utilitaristischen Rechtfertigung vom Neuhumanismus (→ Humanismus) heftig angegriffen. Die steigende Bedeutung von Naturwiss.n und techn. Entwicklung hat dem n.U. im 19. Jh. Eingang in die höheren Schulen verschafft und allmählich auch zur Gleichstellung von → Realgymnasium und → Oberrealschule mit dem Humanistischen Gymnasium geführt. Den Bildungswert des n.U. haben Spranger, Litt, Kerschensteiner (vor allem Vermittlung allg. Werte wie Sachlichkeit, Genauigkeit, Unparteilichkeit, Mitmenschlichkeit) herausgearbeitet. → Kerschensteiner führte in den Münchner Volksschulen kurz nach 1900 naturwiss. Schülerübungen (Arbeitsschulgedanke) ein und breitete so den n.U. auch in den Volksschulen aus.

Heute werden als Lernziele vor allem genannt: Kenntnis der wichtigsten naturwiss. Phänomene, Methoden und Gesetze; Erweiterung des Weltverständnisses von naturwiss. Sicht aus; Aufschließung von Alltagsphänomenen mit Hilfe der Naturwiss. und damit Verbesserung der lebensweltlichen Fähigkeiten und Fertigkeiten und des alltäglichen Verfügungswissens; Verantwortung des Menschen für seine natürl. Umwelt und die wiss.-techn. Nutzung der natürl. Ressourcen.

Dem → exemplarischen und → genetischen Lehren und Lernen kommt das strenge Gesetzeswissen der Naturwiss.n entgegen; der n.U. folgt häufig dem methodischen Vorgehen der Naturwiss. selbst (Beobachtung, Hypothese, Experiment, Laborversuch). Das stellt Anforderungen an die räumlich-materielle Ausstattung der Schulen. In der Grundschule ist der ungegliederte n.U. Teil des → Sachunterrichts und bearbeitet lebensweltlich erfahrbare Situationen. In der Hauptschule (Volksschule) zerfiel der n.U. traditionsgemäß in Naturkunde (Biologie) und Naturlehre (Physik/Chemie), und diente primär einer → volkstümlichen Bildung. In Realschulen und (noch stärker) höheren Schulen tritt die Wissenschaftsorientierung und -propädeutik in den Vordergrund; neuerdings sind Tendenzen erkennbar, diese alten Grenzen aufzuheben.

Zur Entwicklung und Evaluation von Curricula für den n.U. wurde 1966 in Kiel das Institut für die Päd. der Naturwiss.n (IPN) gegründet, das zahlreiche Schriften (eigene Reihen) zu diesem Fragenkreis publiziert hat. In der fachdidaktischen Diskussion lassen sich zwei Gruppen von Ansätzen unterscheiden: 1. fachimmanente Ansätze halten an einer Trennung in einzelne Fächer (Biologie/Chemie/Physik) fest und orientieren sich bei Stoff- und Methodenauswahl an dem jeweiligen Fach, an grundlegenden fachwiss. Prinzipien (z. B. in der Physik: Teilchenstruktur der Materie) oder an grundlegenden wiss. Methoden; – 2. fächerübergreifende Ansätze gruppieren den n.U. um Probleme oder Projekte, stellen Umweltfragen in den Mittelpunkt oder nehmen die ökonom.-gesellschaftl. Verwertung der Naturwiss.n zum didaktischen Ausgangspunkt. Dieser letzte Ansatz versteht sich ausdrücklich als gesellschaftskritisch.

Zs.: Der Math.-Naturwiss. Unterricht, 1 (1948) ff.
L.: G. Kerschensteiner, Wesen und Wert des n.U., 1914, [6]1963; Th. Litt, Naturwiss. und Menschenbildung, 1952, [5]1968; IPN, Publikationen 1966–78; M. Evers, Naturwiss. Didaktik zw. Kritik und Konstruktion, 1975; K. Frey, Integrierter n.U. in der BRD, 1976; F. Rieß, Kritik des math.-naturwiss. Unterrichts, 1977; K.-J. Flessau, G.-B. Reinert, Lehrplananalyse: Naturwiss., 1981; H.-G. Steiner, Mathemat.-naturwiss. Bildung, hg. v. Inst. f. Didaktik d. Math., 1982; M. Wagenschein, Erinnerungen für morgen, 1983; Joh. G. Prinz v. Hohenzollern, M. Liedtke (Hg.), N.U. und Wissensakkumulation, 1988; J. Willer, Physik und menschl. Bildung, 1990; A. Kremer (Hg.), NU. zwischen Kritik und Konstruktion, 1995; H. Bayrhuber, Dimensionen der Didaktik der Naturwissenschaften in Deutschland, in: S. Hopmann (Hg.), Didaktik und/oder Curriculum, 1995; N. Hilgenheger (Hg.), Natur, Wissenschaft, Bildung, 1997.

**Neander,** Michael, * 1525 Sorau (Niederlausitz); † 26. 4. 1595 Ilfeld (Harz), studierte bei → Luther und → Melanchthon; 1550 Lehrer, 1559 Leiter der Klosterschule Ilfeld. N. entwickelte eine Spielart des ev. Schulhumanismus, wobei er das didaktische Lust-Prinzip, den Stufenaufbau und die zeitl. Optimierung (»eilends lernen«) für eine enzyklopädische Elementarisierung der Kulturinhalte (v. a. Hebräisch, Latein, Griechisch) einsetzte.

Schr.: Bedenken an e. guten Herrn und Freund ..., 1580, [5]1595.
L.: F. Meister, M. N., in: Neues Jb. für Philos. u. Päd. 126 (1888) (m. Bibl.); H. Heineck, Aus dem Leben M. N.s, 1925.

**negative Erziehung** heißt – einem nicht sehr glücklichen Ausdruck in → Rousseaus »Emile« folgend – eine Erziehung, die nicht direkt einwirken, sondern (zunächst) nur die die natürliche Entfaltung der kindl. Individualität hemmenden äußeren Bedingungen beseitigen will. Dieser Auffassung liegt der Glaube an die natürliche Gutheit des Menschen und an das Vorhandensein immanenter Entwicklungsgesetzmäßigkeiten zugrunde.
→ Naturalismus, → E. Key.

**Neill,** Alexander Sutherland, * 17. 10. 1883 Forfar (Schottland); † 23. 9. 1973 Aldeburgh (Suffolk); 1921 Mitbegr. der Neuen Schule Hellerau b. Dresden; gründete 1924 die (bis heute bestehende) Internatsschule Summerhill in Lyme Regis (Suffolk), in der ca. 40–50 Schüler nach psychoanalyt. Erkenntnissen (bes. W. → Reich) repressionsfrei erzogen werden, um ihnen den Weg zu einem freien, glücklichen Dasein zu zeigen. Auf alle Disziplinmaßnahmen, Lenkung, suggestive Beeinflussung, ethische und religiöse Unterweisung wird verzichtet. N.s Bewegung hat die der → antiautoritären Erziehung (→ Kinderladen) in Dtl. stark beeinflußt. → Reformpäd.

Schr.: A. S. N., The last Man Alive, London 1938, dt. Die grüne Wolke, 1971, Neuausg. 1996; Summerhill, A Radical Approach to Child Rearing, New York 1960, dt. Erziehung in Summerhill, 1965, Neuausgabe u. d. T.: Theorie und Praxis der antiautoritären Erziehung, 1969 u. ö.; Selbstverwaltung in der Schule, 1950; Das Prinzip Summerhill, 1971 u. ö.; A. N.-Birnenstiel, Erinnerungen des großen Erziehers, 1973; The new Summerhill, hg. v. A. Lamb, London u. a. 1992; Summerhill School. A new View of Childhood, New York 1995.
L.: B. Segefjord, Summerhill-Tagebuch. Erfahrungen mit N.s antiautoritärer Erziehung, 1971; Summerhill: Pro und Contra. Ansichten zu A. S. N.s Theorie und Praxis, 1971; H. Karg, Erziehungsnormen u. ihre Begründung in der Päd. von A. S. N., 1983; H. Hirschfeld, J. J. Rousseau und A. S. N., 1987; P. Egger, Der Ursprung der Erziehungsziele in der Lehre von Platon, Aristoteles und N., 1989; B. Kahlo, Summerhill. Sinn und Grenzen eines Erziehungsversuches, (Mag.-Arbeit Erlangen-Nürnberg) 1991; A. D. Kühn, A. S. N., 1995; U. Klemm, A. S. N.s Summerhill, 1997.

**Neoanalyse,** Weiterentwicklung der → Psychoanalyse. Ihre Vertreter wie H. Schultz-Hencke (1892–1953), K. Horney (1885–1952), H. S. Sullivan (1892–1948) u. E. → Fromm (1900–1980) versuchen → Freuds Instanzenlehre, Libidotheorie und die Überbetonung von Trieben, Sexualität, Symptomen und → Abwehrmechanismen zu überwinden. Demgegenüber beschreiben sie eine Vielzahl von Antrieben, erforschen die Anpassung des Individuums an die Gesellschaft, die interpersonellen Beziehungen, Charakterstrukturen und Fehlhaltungen, betonen den Einfluß von → Umwelt, Familie und → Konflikten bei der Entstehung von → Neurosen. In der → Therapie versteht sich der Neoanalytiker mehr als Erzieher und Lehrer. → Neofreudianer.

L.: D. Wyss, Die tiefenpsycholog. Schulen von den Anfängen bis zur Gegenw., 1961, ⁵1977; D. Eicke (Hg.), Freud und die Folgen, 1976; L. J. Pongratz, Hauptströmungen der Tiefenpsychologie, 1983.

**Neofreudianer,** Sammelbegriff für Vertreter der → Psychoanalyse, die die Theorien → Freuds im Gegensatz zur → Neoanalyse nur geringfügig verändern und ergänzen. Meist lehnen sie die Todestriebhypothese ab, erweitern die Libidotheorie, betonen stärker die Autonomie des → Ich und die Bedeutung der Angst und beschäftigen sich intensiv und direkt mit dem Kindesalter und der frühen → Mutter-Kind-Beziehung. Die Psychoanalyse wird zu Spiel-, Psychosen-, Kinder- und psychosomatischer Therapie weiterentwickelt. Zu den bekanntesten N.n gehören → E. H. Erikson, O. Fenichel, S. Ferenczi, → A. Freud, M. Klein, A. Mitscherlich, → W. Reich und R. Spitz. Der Begriff N. hat freilich eine so weite Ausdehnung erfahren, daß er kaum noch etwas auszusagen vermag.

L.: D. Wyss, Die tiefenpsycholog. Schulen von den Anfängen bis zur Gegenw., 1961, ⁵1977; J. B. Pontalis, Nach Freud, 1975; L. J. Pongratz, Hauptströmungen der Tiefenpsychologie, 1983.

**Nestwärme.** Aufgrund seines unreifen Geburtsstatus, der dem »Menschenjungen« den Vorteil hoher → Bildsamkeit, Lernfähigkeit und → Weltoffenheit beschert, macht das Neugeborene ein »extrauterines Frühjahr« (A. Portmann) durch, in dem es von der Mutter beschützt und »allseitig besorgt« (H. Pestalozzi) werden muß, ähnlich wie das Küken von der Henne im Nest. Die mütterl. Zuwendung der gleichen Person, gleiche Umstände und eine stetige Lebensordnung stiften jene Geborgenheit, die erst eine positive Zuwendung zur Welt ermöglicht. Fehlende N. führt meist zu schweren Schäden (→ Hospitalismus). → Kultur, → Mutter-Kind-Beziehung.

**Neukantianismus (N.), neukantianische Pädagogik (n. P.),** phil. Richtung vornehmlich im letzten Drittel des 19. Jh.s bis zum Ersten Weltkrieg, die nach dem deutschen Idealismus und in Abgrenzung zur empir. Psych. im Rückgang auf → Kant Erkenntnistheorie durch transzendentale Reflexion auf die Bedingung der Möglichkeit von → Erfahrung als Ausgang für Erfahrungs- und Naturwiss. begründet (Marburger Schule mit → Natorp, Cassirer, Cohen u. a.) sowie in der Kritik an der → Hermeneutik → Diltheys (→ geisteswiss. Päd.) eine transzendentale Grundlegung der Geistes- bzw. Kulturwiss. und der hier gegebenen Wertproblematik (›Südwestdt. Schule‹ mit Bauch, Windelband, Rickert u. a. → Kulturpäd.) anstrebt. Frühe Vertreter einer Pädagogik im Ausgang vom N. sind → Cohn, → Hönigswald, → Natorp, → Petzelt, derzeitige u. a. → Heitger, → Schurr, → Koch, → Ritzel. Im Mittelpunkt steht die Frage nach dem log. Ort der Päd. als apriorische Prinzipienwiss. und die transzendentale Theorie der autonomen → Person und ihrer Urteilskraft. Diese hat Wissen, sittl. Entscheidungen im → Dialog zu rechtfertigen und empirisch Gegebenes einer krit. Analyse bezüglich seiner Geltung zu unterziehen. Die päd. Bedeutung des N. wird in verschiedener Weise und unterschiedlichen thematischen Schwerpunkten durch die → normative Päd. und die → skeptische Päd. (→ W. Fischer, J. Ruhloff u. a.) fortgeführt. → Ethik und Pädagogik, → Forschungsmethoden, → Transzendentalphil., transzendentale Päd.

L.: H. Blankertz, Der Begriff der Päd. im N., 1959; R. Lassahn, Einf. in die Päd., 1974, ⁷1993; W. Oelmüller (Hg.), Transzendentalphil. Normenbegründungen, 1978; W. Flach, H. Holzhey (Hg.), Erkenntnistheorie und Logik im N., 1979; W. Ritzel, Phil. und Päd. im 20. Jh., 1980 (Kap. II–IV); H. Schnädelbach, Phil. in Deutschland 1831–1933, 1983; K. C. Köhnke, Entstehung und Aufstieg des N., 1986; H.-L. Ollig (Hg.), Materialien zur N.-Diskussion, 1987; J. Oelkers u. a. (Hg.), N. Kulturtheorie, Päd. und Phil., 1989; E. Hufnagel, Der Wissenschaftscharakter der Päd., 1990; M. Pascher, Einf. in den N., 1997.

**Neuner,** Gerhart, * 18. 6. 1929 Pschoblik (CSSR), Dr. paed. 1956 Leningrad, Dr. sc. 1970 Leningrad; 1961–70 Direktor des DPZI, 1970–89 Präsident der Akad. der Päd. Wiss.n der DDR und Prof. für Allgem. Päd. an derselben. Wesentlich am institutionellen und organisatorischen Aufbau der Erziehungswiss. in der → DDR beteiligt; erarbeitete eine Theorie der → Allgemeinbildung, in der persönlichkeitstheoret. und auf den päd. Prozeß bezogene handlungstheoret. Ansätze in Beziehung gesetzt werden.

Schr.: (Zus. mit anderen), Allgemeinbildung und Lehrplanwerk, 1972; Zur Theorie der sozialist. Allgemeinbildung, 1973; Sozialist. Persönlichkeit – ihr Werden, ihre Erziehung, 1978; Die zweite Geburt, 1978; Pädagogik, 1978; (als Leiter eines deutsch-sowjet. Autorenkollektivs) Päd. Theorie und praktisches päd. Handeln, 1982; Konstruktive Synthese – wichtige Richtung päd. Denkens und Forschens, in: Pädagogik 35 (1980) 5; Entwicklungsprobleme sozialist. Allgemeinbildung, 1986; Allgemeinbildung. Konzeption – Inhalt – Prozeß, 1989.

**Neuscholastik.** Weltweite, zu Beginn des 19. Jh. einsetzende und bis in die Gegenwart fortwirkende Wiederbelebung der scholastischen Philosophie. Den Kern der N. bildet der Rekurs auf → Thomas von Aquin (»Neothomismus«), aber sie schließt auch die augustinische und franziskanische Tradition ein (→ Augustinus). Die Hauptstücke der N. sind die thomistische Erkenntnislehre, die Theorie von Form und Materie und die Lehre von Akt und Potenz. Ansätze zu einer neuscholastisch fundierten Päd. (gelegentlich auch → paedagogia perennis) finden sich u. a. bei → Willmann, → Eggersdorfer, → Göttler, → Maritain und → Henz. → Scholastik.

L.: Christl. Phil. im kath. Denken des 19. und 20. Jh.s, 3 Bde., hg. von E. Coreth, Graz 1987–1990.

**neusprachlicher Unterricht** bezeichnet im Gegensatz zum → altsprachl. Unterricht den Unterricht in den sog. neuen oder lebenden Sprachen, also vornehmlich den → Englisch-, → Französisch- und → Russischunterricht, aber auch den Unterricht in sog. »Tertiärsprachen« wie Italienisch, Spanisch, Portugiesisch, Niederländisch, Schwedisch etc. Er erlebte ab dem 17. Jh., zuerst wohl aus einem utilitaristischen Motiv, also des Nutzens wegen, den die Kenntnis fremder Sprachen für wirtschaftl., polit. und kulturelle Zwecke bot, einen starken Auftrieb. Die weitere Entwicklung des n.U.s geht parallel zu der des fremdsprachl. Unterrichts insgesamt. Im Laufe des 19. Jh.s gewannen dann die neuen Sprachen zuerst das Gleichgewicht gegenüber den alten und schließlich ein zumindest quantitatives Übergewicht, wenn sich auch bildungstheoretisch noch eine höhere Einschätzung der alten Sprachen hielt. Mit der Reichsschulkonferenz von 1900 und endgültig mit der Konferenz von 1938 überrundete Englisch Latein und Französisch als häufigst gelehrte Fremdsprache. Heute ist das humanistische oder altsprachl. Gymnasium das einzige, das in seiner Sprachenfolge mit Latein beginnt und nicht mit Englisch (von einigen wenigen Versuchen mit Französisch abgesehen).

Als Ziele und Legitimationen des n.U.s werden v. a. genannt: der Erwerb von kommunikativer Kompetenz in der Fremdsprache, mit dem Hintergrund der »nützlichen« Verwendung dieser Kenntnisse in wirtschaftl., touristischer, polit. oder kultureller Absicht; die Vertiefung der Einsicht in Aufbau und Struktur der eigenen Sprache durch Konfrontation mit der Fremdsprache, und damit ein Beitrag zur formalen und materialen Sprachbildung; das Bekanntwerden mit Sprache und Kultur von (meist) benachbarten Völkern, um die Völkerverständigung bzw. die ideologische Verbindung zu fördern (in der früheren DDR Russisch als erste Fremdsprache).

Wie im Fremdsprachenunterricht insgesamt spielen auch im n.U. technische und bes. audiovisuelle Medien eine bes. Rolle für die Gestaltung des Unterrichts. Dabei wird das Grammatiktraining zugunsten der Sprechkompetenz in letzter Zeit zurückgedrängt. Dieses praktische Beherrschen der gesprochenen Sprache soll auch durch einen Schüleraustausch mit staatl. Unterstützung gefördert werden. → altsprachl. Unterricht, → Englischunterricht, → Französischunterricht, → Fremdsprachenunterricht, → Russischunterricht.

Zschr.: Neusprachl. Mitteilungen aus Wiss. und Praxis 1 (1948) ff.; Die neueren Sprachen 1 (1952) ff.; Praxis des n.U.s 1 (1977) ff.
L.: H. Ankerstein (Hg.), Das visuelle Moment im Fremdsprachenunterr., 1972; R. Freudenstein, H. Gutschow (Hg.), Fremdsprachen – Lehren und Erlernen, 1972, ²1974; E. Mihm, Die Krise der neuspracl. Didaktik, 1972; R. M. Valette, R. S. Disick, Modern language performance objectives and individualization, New York 1972; H. Hunfeld (Hg.), Neue Perspektiven der Fremdsprachendidaktik, 1977; L. Roth (Hg.), Handlex. zur Didaktik der Schulfächer, 1988; B.-D. Müller (Hg.), Anders lernen im Fremdsprachenunterr., 1989; K. R. Bausch, Hdb. Fremdsprachenunt., 1989, ³1995; H. Hundfeld, Literatur als Sprachlehre, 1990; U. Borgwardt (Hg.), Kompendium Fremdspra-

chenunterricht, 1993; D. Kranz (Hg.), Multimedia – Internet – Lernsoftware, Fremdsprachenunterricht vor neuen Herausforderungen, 1997.

**New Education Fellowship** → Weltbund für Erneuerung der Erziehung.

**Newman,** John Henry, * 21. 2. 1801 London, † 11. 8. 1890 Birmingham, Theologe und Kardinal; erster Rektor der Kath. Univ. Irlands in Dublin 1851; begründet in der Schrift »Vom Wesen der Universität« eine Theorie univ., von ökonomischer, technischer, auf Qualifizierung zielende Verzweckung freier → Bildung als »Einwirkung auf die geistige Seite der Natur und die Formung des Charakters« und »Verfassung des Geistes«; über Wissenserwerb hinaus zielt sie auf die Verbindung von Wissenschaft, Tugend als praktischem Handeln und Religion.

Schr.: Ausgew. Werke, hg. v. M. Laros u. W. Becker, 1951 ff.; The letters and diaries of J. H. N., ed. I. Ker, Oxford 1961 ff.; Leben als Ringen um die Wahrheit, hg. v. G. Biemer u. J. D. Holmes, 1984 (m. Bibl.).
L.: Cardinal-Newman-Studien, 1948 ff.; O. Chadwick, J. H. N., Oxford 1983; G. Biemer, J. H. N., 1989; I. Ker, J. H. N., Oxford 1990; J. H. N. and Modernism, ed. A. H. Jenkins, 1990; H. Geissler, Gewissen und Wahrheit bei J. H. Kardinal N., 1992, $^2$1995; M. G. Luque, La Idea de Universidad en N., Jaspers y Ortega y Gasset, Washington 1994; C. Roverselli, L'educazione negli scritti anglicani di J. H. N., Neapel 1994; V. Ferrer Blehl, J. H. N., 1997.

**Nicaragua** → Lateinamerika.

**Nicht-Direktivität.** Der Begriff stammt von dem amerik. Psychotherapeuten → Rogers und bezeichnet eine therapeutische Haltung bzw. Technik, die in einer Atmosphäre emotionaler Wärme auf der bedingungslosen Anerkennung und dem Verstehen der Persönlichkeit des Klienten beruht und sich gegen eine Therapie analytischen Typs wendet. Während Rogers später die Termini »klientenzentriert« (*client-centered*), »schüler«- oder »studentenzentriert« (*student-centered*) vorzog, wird gegenwärtig von nichtdirektiven Verfahren sowohl in Sozialforschung, Gruppen- und Kinderpsychotherapie als auch in der Päd. (z. B. in der → Pédagogie institutionelle) gesprochen. Im Hinblick auf die Lehrer-Schüler-Beziehung bedeutet N-D, daß Lehrende und Lernende sich als Partner begreifen, der Lehrer eine nicht-lenkende Haltung einnimmt und die Schüler in Eigenverantwortung und -initiative die Organisation des → Lernens weitgehend selbst gestalten.

L.: M. Pagès, L'orientation non-directive en psychothérapie et en psychologie sociale, Paris 1965, $^2$1970; V. M. Axline, Kinder-Spieltherapie im n.-direktiven Verfahren (1947), dt. 1971, $^7$1990; C. R. Rogers, Die n.-direktive Beratung (1942), dt. 1972, $^6$1992; H. Goetze, W. Jaede, Die nicht-direktive Spieltherapie, 1974; Th. Gordon, Lehrer-Schüler-Konferenz, dt. 1977, $^4$1992; G. Massaro, Oltre la non direttività, Bari 1977; W. Hinte, Non-direktive Päd., 1980, Neuaufl. 1990; R. Fischer, Lernen im non-direktiven Unterricht, 1982; T. Fleischer, Der personenzentrierte Ansatz und das Lernen in der Schule, 1997.

**nichtverbale Kommunikation** bezeichnet ein Verhalten, das ohne Sprache (genauer: ohne Worte) zwischenmenschl. Beziehungen aufrechterhält oder steuert. Mittel der n. K. sind z. B. Körperbewegungen (Gesten, Mienen), paralinguale Phänomene (Sprechpausen, Lautstärke, Lachen), Bewegungen im Raum (Distanz, Annäherung, »Revierverhalten«), Geruchabsonderung, Hautkontakte, Kleidung, Schmuck etc. In jede Form sprachl. Kommunikation gehen Elemente von n. K. ein (z. B. im Lehrerverhalten).

L.: P. Watzlawick u. a., Menschl. Kommunikation, dt. 1969; A. Mehrabian, Nonverbal Communication, Chicago 1972; K. R. Scherer, H. G. Wallbott, Nonverbale K., dt. 1979, $^2$1984.

**Nicolin,** Friedhelm, * 10. 2. 1926 Aachen; 1954 Dr. phil. Bonn (bei Th. → Litt), 1957–67 Leiter des Hegel-Archivs Bonn, 1962 Prof. f. Philosophie u. Päd. PH Neuß, 1980 Prof. f. Allg. Päd. Univ. Düsseldorf. Grundlegende Arbeiten zur Geschichte u. Theorie der Bildung. Zahlreiche Editionen u. Arbeiten zur Deutung → Hegels.

Schr.: Hegels Bildungstheorie, 1955; (Hg.), Päd. als Wissenschaft, 1969; Stichwort Bildung, 1974; Briefe von u. an Hegel, 2 Bde. 1977/81; m. G. Wehle (Hg.), Th. Litt. Päd. Analysen zu seinem Werk, 1982; Auf Hegels Spuren (darin Gesamtbibliographie Nicolin), 1996.

**Nicolovius,** Georg Heinrich Ludwig, * 13. 1. 1767 Königsberg, † 2. 11. 1839 Berlin; 1808–1839 Leiter der Sektion des Cultus und des Öffentl. Unterrichts, zunächst im Ministerium des Inneren (unter Dohna und → Humboldt), dann im 1817 errichteten

Kultusministerium (unter → Altenstein). N. förderte durch Berufung von → Pestalozzianern die Ausbreitung Pestalozzischer Ideen in Preußen.

L.: E. Müsebeck, Das Preuß. Kultusministerium vor 100 J., 1918; F. Fischer, L. N., 1939.

**Niederlande.** Die Ursprünge des Bildungswesens liegen im 19. Jh. 1801 wurde das erste Gesetz über die Grundschule erlassen, 1863 die 5j. *hogere burgerschool* (Oberrealschule) geschaffen, die seit Anfang des 20. Jh. die Berechtigung zum Hochschulstudium erteilen konnte. Davor führte allein das 6j. altsprachl. Gymnasium zur Univ. Ein Schulgesetz von 1876 regelte die gymnasiale Bildung und die Universitäten; die berufl. Bildung wurde erst 1919 gesetzl. geregelt. Seit 1865 entstanden – überwiegend private – Tagesschulen für Handwerk und Gewerbe (als berufsausbildende Schulen für Jungen, als Industrie- und Haushaltsschulen für Mädchen). Viele dieser elementaren Fachschulen werden in mittleren und höheren Fachschulen fortgesetzt.

Das Schulwesen beruht auf dem Prinzip der Unterrichtsfreiheit (Verfassung v. 1848), d. h. jedermann kann ohne vorherige behördliche Genehmigung Unterricht erteilen. 1917 wurde die Gleichberechtigung von öffentl. und privatem Schulwesen bei der Finanzierung aus öffentl. Mitteln verfassungsmäßig verankert. Eine kräftige Entwicklung des Privatunterrichts war die Folge: ungefähr 2/3 aller Schulen sind (meist konfessionelle) Privatschulen (*bijzondere scholen*). Öffentl. Schulen (*openbare scholen*) sind in der Regel Kommunalschulen. Die allg. Schulpflicht wurde 1900 (6 J.) eingeführt und beträgt seit 1975 10 J. Seit 1963 fallen alle Schulen zw. Grundschule und Univ. unter ein umfassendes Gesetz (sog. Mammutgesetz).

Auf die Kindergärten (4 bis 6 J.) folgt die 6j. Primarschule (*Basisonderwijs*). Das Einschulungsalter wurde 1985 auf 5 1/2 J. herabgesetzt (vorher 6 J.), die 2j. Vor- und die 6j. Grundschule zu einem einheitlichen Schultyp (*basisschool*) verschmolzen.

Der Sekundarbereich befindet sich seit 1993 im Umbruch. Bislang wurde er umgangssprachlich wegen seines Umfangs *Mammutgesetz* genannten, seit 1968 geltenden Gesetzes für den weiterführenden Unterricht geregelt. Demnach gliedert sich das Sekundarschulwesen (*Voortgezet onderwijs*) in allg.- und berufsbildende Zweige und hat 3 Stufen: eine elementare, eine mittlere und eine höhere. Daneben gibt es noch – als Rest des früheren, standesgebundenen »gelehrten Unterrichts« – den 6j. vorbereitenden wiss. Unterricht. (→ Gymnasium), der zur Hochschule führt. Zur optimalen horizontalen und vertikalen Durchlässigkeit werden im ersten Sekundarschuljahr, dem ›Brückenjahr‹, alle Schulformen gleichgeschaltet (dieselben Fächer in gleicher Stundenzahl). Der besseren Durchlässigkeit zw. den verschiedenen Schularten dienen auch die – zumeist additiven – → Gesamtschulen (*scholengemeenschap*). Seit 1975 versuchen die neuen Mittelschulen – bislang vergeblich – die herkömml. Säulengliederung des Schulwesens zu durchbrechen und einen gemeinsamen Schultyp vorzubereiten. Der Hochschulbereich mit insg. 13 Univ.n umfaßt neben den 4 öffentl. Univ.n (Amsterdam, Groningen, Leiden, Utrecht) 2 konfessionelle (Amsterdam, protest., Nijmwegen, kath.), 3 öffentl. Techn. Hochschulen (Delft, Eindhoven, Enschede), eine öffentl. landwirtschaftl. Hochschule (Wageningen), die kath. Wirtschaftshochschule in Tilburg, die Niederländ. Wirtschaftshochschule (privat, nicht konfessionell) in Rotterdam, öffentl. Medizinische Fakultäten in Rotterdam, Maastricht u. a. Der ›Akadem. Rat‹ fördert die Zusammenarbeit aller Univ.n und Hochschulen, die Entwicklung des Hochschulwesens und berät Regierung und Hochschulen.

Seit 1945 bestehen (meist weltanschaulich orientierte) Pedagogische Centra, Institute zumeist privaten Ursprungs mit staatl. Unterstützung, zur Erforschung praktischer Unterrichtsprobleme, zur Fortbildung für Lehrer aller Schularten, zur Durchführung didaktischer Experimente usw. Seit Ende der 60er J. sind in steigendem Maße örtliche und regionale, häufig öffentl. Institute gleicher Art, z. T. ohne bestimmte weltanschauliche Orientierung, entstanden (1990: 70 regionale und 3 nationale). Gleichzeitig wurde die Bedeutung des Bildungswesens durch die Gründung amtlicher Ausschüsse zur Modernisierung der Lehrpläne, eines Instituts für Schulleistungstests und eines Instituts für Lehrplanentwicklung unterstrichen.

L.: B. J. Steyn Parvé, Organisation de l'instruction primaire, secondaire et supérieure dans la royaume des Pays Bas, Leiden 1878; B. Trouillet, Das niederl. Schulwesen, 1965, ²1967; G. Brinkmann, Tradition und Fortschritt im niederl. Bildungswesen, 1975; Central Bureau of Statistics, Pocketbook of Educational Statistics, Den Haag 1981; E. Skiera, Die Jena-Plan-Bewegung in den N., 1981; W. A. Meijer, The concept of education in contemporary Dutch Philosophy of Education, in: Journal of Philosophy of Education 19 (1985) 1; E. Skiera, Das Bildungswesen in den N., 1986; F. Beekers u. a., Vrijheid van onderwijs?, Nijmwegen 1987; P. H. F. M. Boekholt en E. P. de Booy, Geschiedenis van de school in Nederland, Assen 1987; B. Lumer-Henneböle, Basisschulen in den N., 1988; Ministerie van Onderwijs en Wetenschappen (Hg.), Richness of the uncompleted. Challenges facing Dutch Education, Den Haag 1989; G. Brinkmann u. a., Zeit für Schule: N. – England und Wales, 1991; Examens des politiques nationales d'éducation: Pays-Bas, (OECD) Paris 1991; J. Reuling, Berufsausbildung in den N., 1991; H. H. Tilemma, Päd. Forschungen zu Innovationen im n. Bildungswesen, in: Empirische Päd. ⁶(1992)1; Th. M. Liket, Freiheit und Verantwortung. Das niederländ. Modell des Bildungswesens, 1993; ²1995; G. Brinkmann, in: O. Anweiler u. a. (Hg.), Bildungssysteme in Europa, 1996; R. Marzell, Das n. Bildungssystem, in: Informationen für die Beratungs- und Vermittlungsdienste der BfA, (1998) 35.

**Niedersachsen** wurde 1946 aus den vier ehemals selbständigen Ländern Braunschweig, Hannover, Oldenburg und Schaumburg-Lippe gebildet. Die unterschiedl. geschichtl. Entwicklung der Teilgebiete bedingte auch Unterschiede im Bildungswesen, die abgebaut werden mußten. Nach dem »Gesetz über das öffentl. Schulwesen in N.« vom 4. 7. 1969 (letzte Fassung: 1. 8. 1993) ist die christl. Gemeinschaftsschule die Regelschule. Volksschulen werden auf Antrag als Bekenntnisschulen eingerichtet. Das »Gesetz über die Verwaltung öffentl. Schulen« (Fassung v. 26. 3. 1962) regelt die Trägerschaft, Finanzierung und Verwaltung der Schulen sowie die Rechtsverhältnisse der Lehrer, die grundsätzlich Landesbeamte sind. Weitere (z. T. mehrfach geänderte) Gesetze regeln Privatschulwesen (16. 3. 1967), Erwachsenenbildung (13. 1. 1970), Schulfragen mit den Kirchen (Ev. Landeskirchen 19. 3. 1955 mit Ergänzung 4. 3. 1965, Konkordat mit dem Hl. Stuhl 26. 2. 1965).
Der fakultative Vorschulbereich umfaßt Kinderkrippen, -horte und -gärten in öffentl. und privater Trägerschaft. Seit dem Schj. 1969/70 wurden zunehmend Vorklassen eingerichtet (Grundsatzerlaß vom 7. 5. 1981). Seit dem 1. 8. 1977 gibt es in den ersten beiden Klassen der 4j. Grundschule keine Zensuren sowie nach der 1. Klasse kein Sitzenbleiben mehr. Auf der Grundschule baut seit dem Schulj. 1981/82 die schulformunabhängige → Orientierungsstufe (5. u. 6. Kl.) auf. 1967 wurde die Umstrukturierung der Volksschuloberstufe zur → Hauptschule unter bes. Berücksichtigung der → Arbeitslehre eingeleitet. Die Hauptschule umfaßt die Jahrgänge 7–9 sowie eine freiw. 10. Kl., deren erfolgreicher Abschluß den Übergang in die Realschule oder, in einer erweiterten Form, in die gymnasiale Oberstufe bzw. das Fachgymnasium ermöglicht. In der Regel folgt der Besuch von Vollzeitschulen des berufl. Schulwesens, eine Berufsausbildung im → dualen System oder der Besuch des → Berufsgrundschuljahres. Bei entsprechenden Voraussetzungen kann auch die Berechtigung für studienbezogene Bildungsgänge erworben werden. Die in N. gut ausgebaute Realschule ist in den 80er Jahren stark ausgeweitet und durch Schwerpunktbildungen im Fächerangebot differenziert worden (Wahlpflichtdifferenzierung). Haupt- und Realschulen können zu kooperativen Einheiten zusammengeführt werden. Das → Gymnasium hat vier Züge: die altsprachl. Regelform (Lat., Engl., Griech.), die altsprachl. (niedersächs.) Sonderform (Engl., Lat., Griech.), die neusprachl. sowie die math.-naturwiss. Form. Die Neugestaltung der → gymn. Oberstufe wurde durch Erlaß des Kultusministeriums vom 29. 4. 1977 geregelt und durch die Verordnung v. 12. März 1981 wesentl. umstrukturiert. Seit Dez. 1982 sind in gymnasialer Oberstufe, Fach-, Abendgymnasium und Kolleg die Abiturprüfungsbestimmungen einheitl. verordnet.
Seit 1971 werden die → Gesamtschulen kontinuierlich ausgebaut. Die 39 bestehenden Gesamtschulen (1998: davon 22 kooperative und 17 integrierte) sind durch das Gesetz vom 1. 8. 1993 den Schulformen des gegliederten Schulwesens (wieder) gleichgestellt und haben Regelschulcharakter. Der Schulträger kann Ges.schulen einrichten, wenn die Eltern dies wünschen oder wenn die Schulen des gegliederten Schulwesens aufgrund der

(gesunkenen) Schülerzahlen nicht mehr ausreichend versorgt werden können.
Allg. → Hochschulreife vermitteln neben den allgemeinbildenden Gymnasien das »Gymnasium in Aufbauform – wirtschaftswiss. Typ« im Anschluß an die Realschule oder die 2j. Handelsschule sowie Abendgymnasien und → Kollegs.
N. strebt ein regional ausgeglichenes Bildungsangebot im Lande an, um Unterschiede in der Bildungsbeteiligung und in der Häufigkeit qualifizierter Schulabschlüsse weiter abzubauen. Im berufsbildenden Schulwesen erfolgte neben dem Ausbau der Berufsschule die Ausweitung der Vollzeitformen (Berufsgrundschuljahr, Berufsfachschulen, Fachoberschulen, -gymnasien und -schulen). Das Hochschulwesen umfaßt 8 Univ.n (Göttingen, Hannover, Hildesheim, Lüneburg, Oldenburg, Osnabrück, Techn. Hochsch.n Braunschweig u. Clausthal), 2 Kunsthochschulen sowie 17 Fachhochschulen und ist im Niedersächsischen Hochschulgesetz (NHG v. 11. 5. 1978 mit mehrfachen Änderungen, zuletzt 1994), das den Vorgaben des → Hochschulrahmengesetzes Rechnung trägt, geregelt.
Die Lehrerausbildung erfolgt in der ersten Ausbildungsphase für alle Lehrer an den Univ.n. Für die zweite Ausbildungsphase wurde für die Lehrämter an Grund-, Haupt-, Sonder- und Realschulen ab 31. 12. 1976 der Vorbereitungsdienst in Ausbildungsseminaren eingerichtet. Der schon länger bestehende Vorbereitungsdienst für das Lehramt an Gymnasien erfolgt in den 18 Staatl. Studienseminaren N.s und wurde 1989 auf 2 J. verlängert.

Schr.: Schulverwaltungsblatt für Niedersachsen; Hochschulstrukturkomm. für das Land N., Stellungnahmen u. Empfehlungen, 1990; F.-H. Barth, W. Habermalz, Grundriß des Schulrechts in N., ⁴1990; K. Möller, Schulrecht-Lexikon für N. für Eltern und Schüler, 1987.
Zschr.: Beispiele. In N. Schule machen, 1988 ff; Schulverwaltung NS, 1991 ff.
L.: Ständige Konferenz der Kultusminister (Hg.), Kulturpolitik der Länder (ersch. regelmäßig); G. E. Tilly, Schule und Kirche in N. (1918–1933), 1987; G.-B. Oschatz, R. Wernstedt, Das Projekt Orientierungsstufe, 1989; Dokumentation: Rot-Grüne Bildungspolitik in N., in: Pädagog. Führung 1(1990)1; H. Leski, Schulreform u. Administration, 1990; J. Seiters, Der ländliche Raum und seine Schulen, 1990; Schulreformprogramme des N.n Kultusministeriums, 1991; H.-W. Waldeyer, Der Entwurf zur Änderung des N.n Hochschulgesetzes, in: Die Neue Hochschule 33 (1992) 4; Ch. Meyer, K. Schittko, Gesamtschulentwickl. u. Schulgesetznovelle in N., in: Schulverwaltung N. 3 (1993) 2; D. Radtke, Die Entwicklung des Schulrechts in N., in: Recht der Jugend und des Bildungswesens 43 (1995); H. Semel u. U. Pedersen, Bildung in N., in: J. Petersen u. G.-B. Reinert (Hg.), Bildung in Deutschland, Bd. 1, 1996.

**Niemeyer,** August Hermann, * 1. 9. 1754 Halle, † 7. 7. 1828 ebd.; seit 1784 Leiter der päd. Stiftungen seines Urgroßvaters → Francke. N. vertrat einen christl. Humanismus, der gegen die irrationalistischen Tendenzen des → Pietismus und gegen einen philologisierenden Neuhumanismus die harmonische Ausbildung aller Kräfte des Menschen setzte.

Schr.: Grundsätze der Erziehung und des Unterrichts, 1796, neu hg. v. H.-H. Groothoff, 1976.
L.: K. Menne, A. H. N., 1928, ²1995 (m. Bibl.).

**Niethammer,** Friedrich Immanuel, *6. 3. 1766 Beilstein, † 1. 4. 1848 München; 1792 Prof. für Theologie und Philosophie in Jena, 1804 in Würzburg, 1807 Zentralschulrat im Bayer. Innenministerium. Im Anschluß an → Kant betonte N. die Widersprüchlichkeit der menschl. Natur (anthropologische Differenz) und bemühte sich um eine Versöhnung von → Philanthropismus und → Humanismus. In seinem »Allgemeinen Normativ« (1808) kämpfte er für die Gleichberechtigung der → Realien mit den → Humaniora.

Schr.: Der Streit des Philanthropinismus und Humanismus ..., 1808; Philanthropinismus und Humanismus, Texte hg. v. W. Hillebrecht, 1968.
L.: M. Schwarzmaier, F. I. N., ein bayer. Schulreformator, 1937, Neudr. 1974; E. Hojer, Die Bildungslehre F. I. N.s, 1965 (m. Bibl.); E. Schwinger, Literarische Erziehung und Gymnasium, 1988; P. Euler, Päd. und Universalienstreit, 1989; E. Hojer, F. I. N., in: Große bayer. Pädagogen, hg. v. W. Böhm u. W. Eykmann, 1991; R. Thomas, Schillers Einfluß auf die Bildungsphilos. des Neuhumanismus, 1993.

**Nietzsche,** Friedrich Wilhelm, * 15. 10. 1844 Röcken (Sachsen), † 15. 8. 1900 Weimar; 1869–79 Prof. für klass. Philologie in Basel, bis zum Ausbruch seiner Krankheit (1889) freier Schriftsteller. Einer der einflußreichsten und bis heute ungebrochen aktuellen Philosophen. Seine volle päd. Rezeption steht (in

Dtl.) noch aus. Für die → Reformpäd. wirkte initiierend N.s → Kulturkritik und die v. a. in den Basler »Vorträgen über die Zukunft unserer Bildungsanstalten« (1872) geleistete Kritik an den Grundtendenzen der modernen Bildung: Vermassung, »Demokratisierung«, Vermarktung und Verzweckung. Demgegenüber vertritt N. eine nach dem »Ende der Metaphysik« und nach der »Umwertung aller Werte« auf der Subjektivität und schöpferischen Aktivität aufruhende Päd. des → Genies. → Lebensphil.

Schr.: Sämtl. Werke, 15 Bde., hg. v. G. Colli u. M. Montinari, 1980; Die Selbstkonstitution des Menschen (Ausw.), besorgt v. E. Braun, 1981; Gesammelte Werke, 10 Bde., 1994.
L.: E. Weber, Die päd. Gedanken des jungen N., 1907; M. Havenstein, N. als Erzieher, 1922; O. Kohlmeyer, N. und das Erziehungsproblem, 1925; H. Kluge, Die Bildungsidee in den Schr. des jungen N., (Diss. Frankfurt a. M.) 1955; K. Hotter, Das Bildungsproblem in der Philos. N.s, (Diss. München) 1958; E. Fink, N.s Philos., 1960, ²1968; K. Ulmer, N., 1962; J. M. Rey, L'enjeu des signes. Lecture de N., Paris 1971; R. Kokemohr, Zukunft als Bildungsproblem, 1973; G. Penzo, F. N., Bologna 1975; J. L. Blaß, Die Frage nach dem Ende der Bildung, in: Bildungstradition und mod. Gesells., hg. v. J. L. Blaß, 1975; G. M. Bertin, N. L'inattuale idea pedagogica, Florenz 1977; K. Renner, Kritik und Krise der Bildung. Zur N.-Rezeption in päd. Absicht, in: Rassegna di Pedagogia 35 (1977); T. Schmidt-Millard, N.s Basler Vorträge »Über die Zukunft unserer Bildungsanstalten«. Die Aporie der Bildungstheorie des »Genius« und ihre Überwindung in den »Unzeitgemäßen Betrachtungen« (Phil. Diss. Köln) 1981; D. E. Cooper, Authenticity and Learning, N.s Educational Philosophy, London 1983; R. Schacht, N., London 1983; R. Löw, N. Sophist und Erzieher, 1984; Th. Meyer, N., 1991; A. Dorschel, Das Programm ästhet. Erz. bei Schiller und beim frühen N., in: Vjschr. f. wiss. Päd. 68 (1992); B. Kissling, Die Umwertung der Werte als päd. Projekt N.s, 1992; E. Rosenow, N. und das Autoritätsproblem, in: Zschr. f. Päd. 38 (1992); G. Vattimo, F. N., 1992; H. Althaus, F. N. 1993; H.-J. Gamm, Standhalten im Dasein. N.s Botschaft für die Gegenwart, 1993; R. Ewertowski, Das Außermoralische, 1994; F. Konze, F. N. und der wirtschaftende Mensch, 1994; G. M. Bertin, N.e l'idea di educazione, Turin 1995; V. Gerhardt, F. N., 1992, ²1995; B. Himmemann, Freiheit und Selbstbestimmung, 1996; A. Schäfer, Das Bildungsproblem nach der humanist. Illusion, 1996; Ch. Niemeyer u. a., N. in der Päd.? 1998, K. Meyer, Ästhetik der Historie, 1998; M. Tanner, N., dt. 1999.

**Nigeria.** 1960 wurde das auf dem Boden uralter Kulturen willkürlich errichtete N. von Großbritannien unabhängig und gab sich eine föderalistische Verfassung. Seit 1976 sieht diese die Einführung der allg. Schulpflicht vor. Das Thema Schule hat seither höchste polit. Brisanz. Ausschlaggebend dafür ist die äußerst ungleiche Verteilung der Bildungseinrichtungen im Lande, die aus der Kolonialzeit resultiert. Schulen und insbes. alle höheren Schulen und die meisten der Univ.n bestehen bei den (christl.) Ibos und Yorubas im Süden, die Haussas im islam. Norden haben noch eine Analphabetenquote von 90% (landesweit 43%, 1995); hier dominieren bis heute die → Koranschulen. Eine einheitliche Schulbildung ist nur laizistisch denkbar, dies aber stößt auf relig. Widerstände. Mit der allg. Schulpflicht hoffte man, die relig., kulturellen, sozialen und sprachl. Gegensätze zu überwinden. An eine inhaltliche und strukturelle Reform des von den Briten hinterlassenen kolonialen Schulsystems wurde kaum gedacht. Erst in den 70er Jahren kursierte das Schlagwort einer Nigerianisation; diese wirkte sich v. a. bei der Besetzung von Lehrstühlen und Verwaltungsposten an den Univ.n und Schulen aus. Im Mittelpunkt der Bildungspolitik steht die *Universal Primary Education* (UPE), mit dem Ziel, eine Grundbildung für alle zu sichern. 1993 wurden die Zuständigkeiten im Primarschulbereich neu geregelt. 1977 wurden 74 neue Päd. Hochschulen geschaffen, um 160 000 Lehrer für das neue Projekt auszubilden; zugleich wurde das Schulgeld abgeschafft, 1978 jedoch wieder eingeführt und die Studiengebühren drastisch erhöht. Schüler- und Studentenrevolten erschütterten daraufhin das Land. Im Bildungswesen manifestieren sich die Probleme dieses mächtigsten Staates Schwarzafrikas: Exodus der Landbevölkerung, Urbanisierung (Lagos, Ibadan) und Großstadtslums, → Marginalität breiter Bevölkerungsteile, ein ungehemmter Wachstumsglaube und ein stagnierender technischer Sektor, der den vom Ölboom ausgelösten Zustrom von Arbeitskräften nicht aufnehmen kann. → Fafunwa.

L.: A. B. Fafunwa, A History of Education in N., London 1974; G. Arnold, Modern N., London 1977; A. B. Fafunwa, J. U. Aisiku (Hg.), Education in Africa, London 1982; Federal Ministry of Education, Development of Education 1984–86, Lagos 1986; A. B. Fafunwa, Education in Mother-Tongue, Ibadan 1989; H. Bergstresser, N., 1991; F. N. Akinnaso, Policy and Experiment in Mother-Tongue-Literacy in N., in: Internat. Review of Education 39 (1993) 4; V. Lennart, Die Bedeutung der reformpäd. Traditionen für die Bildungsreform in Afrika, in: H. Röhrs (Hg.), Die Reformpäd. auf den Kontinenten, 1994; O. O. Akingugbe (Hg.), N. and Education, Ibadan 1994.

**noetisch** (von griech. *noesis*: Denken; Noetik allgem.: Denklehre, Erkenntnislehre), das Denken bzw. die geistige Wahrnehmung betreffend, denkerisch. Bei → Husserl bezeichnet *Noeisis* die Vielfalt der Vollzüge, in denen ein Phänomen im Wie seiner Gegebenheit (Noema) gegeben ist, z. B. im Erleben, Erfahren, Erkennen.

**Nohl,** Herman, * 7. 10. 1879 Berlin, † 27. 9. 1960 Göttingen; Assistent → Diltheys, seit 1920 Prof. für Päd. in Göttingen und Begründer der sog. Göttinger Schule; mit G. Misch Herausgeber der Werke Diltheys, m. L. Pallat des Hdb.s. der Päd. (5 Bde., 1928–33, Nachdr. 1966), außerdem von Hegels theolog. Jugendschriften. Von Diltheys Philosophie ausgehend und von der → Lebensphilosophie beeinflußt, entwickelte er seine → geisteswiss. Päd. und legte sie in der Erziehungswirklichkeit grund, die er als abgesonderten Bereich gesellschaftl.-kulturellen Lebens ansah und durch die Kategorie des → päd. Bezugs bestimmte. N. nahm Anstöße der → Jugendbewegung und der sozialen Bewegung auf und artikulierte ein neues Verständnis der → Sozialpäd.

Schr.: Päd. Aufsätze, 1929; Die ästhet. Wirklichkeit, 1935, ⁴1973; Einf. in die Philos., 1935, ⁹1998; Die päd. Bewegung in Dtl. und ihre Theorie, 1935 u. ö.; Charakter und Schicksal, 1938, ⁷1970; Die sittl. Grunderfahrungen, 1939, ³1949; Päd. aus 30 J., 1949; F. Schiller, 1954; Erziehergestalten, 1958; Vom Sinn der Kunst, 1961; Schuld und Aufgabe der Päd., 1962; Ausgew. päd. Abhandlungen, hg. v. J. Offermann, 1967 (Bibl.); Die Dt. Bewegung, hg. v. O. F. Bollnow, 1970.
L.: Beiträge zur Menschenbildung (FS für H. N.), in: Zschr. f. Päd. 1 (1959), 5. Beiheft; E. Weniger, H. N., 1961; K. Bartels, Die Päd. H. N.s i. ihrem Verhältnis zum Werk W. Diltheys und zur heut. Erziehungswiss., 1968; E. Blochmann, H. N. in der päd. Bewegung s. Zeit, 1969; H. J. Finckh, Der Begriff der »Dt. Bewegung« und s. Bedeutung für die Päd. H. N.s, 1977; K. Luttringer, Dialektik und Päd., 1980; J.-S. Lee, Der pädagogische Bezug, eine systematische Rekonstruktion der Theorie des pädagogischen Bezugs bei H. N., 1989; W. Henze (Hg.), B. Zimmermann, H. N., H. Hahn, ein Beitrag zur Reformpädagogik, 1991; R. E. Maier, Päd. des Dialogs, 1992; G. Thöny, Philosophie und Pädagogik bei Wilhelm Dilthey und H. N., 1992;

G. Thöny-Schwyn, Geisteswiss. Studien zu Dilthey und zur Pestalozzi-Rezeption N.s, Bern 1997; J. Oelkers, H. N., in: Freiheit – Geschichte – Vernunft. Grundlinien geisteswiss. Päd., hg. v. W. Brinkmann u. W. Harth-Peter, 1997.

**Nordirland** → Vereinigtes Königreich.

**Nordrhein-Westfalen.** Das Land NRW wurde 1946 aus den ehemal. preuß. Regierungsbezirken Aachen, Düsseldorf und Köln, der ehemal. preuß. Provinz Westfalen und dem ehemal. Land Lippe gebildet (Landesverfassung vom 28. 6. 1950 mit Änderungen vom 5. 3. 1968).

Nach der Verfassung und dem Schulordnungsgesetz (1950 bzw. 1952) stehen im Volksschulbereich Bekenntnis-, Gemeinschafts- und Weltanschauungsschule gleichberechtigt nebeneinander. Nach der Verfassungsänderung von 1968 gilt jedoch für die Hauptschule die Gemeinschaftsschule als Regelschule.

1966 wurde das 9., 1979/80 das 10. Vollzeitpflichtschulj. (alternativ im allgemeinbild. oder berufsbild. Schulwesen) eingeführt.

An wichtigen Reformen fanden statt: Ausbau der Volksschuloberstufe zur weiterführenden Hauptschule (Ges. v. 5. 3. 1968) und Einführung neuer Lehrpläne; Planung und Durchführung von Schulversuchen mit integrierten → Gesamtschulen (seit 1969); Einführung der Fachoberschule (1969); Einrichtung der neugestalteten → gymn. Oberstufe ab 1965 in Einzelversuchen und allg. ab 1972; Beginn des Schulversuches → Kollegstufe ab 1972 und Einrichtung der 1. Kollegschule am 1. 8. 1977; Beginn des → Blockunterrichts an Berufsschulen ab 1972; Einführung des → Berufsgrundschulj. als 1j. Vollzeitschulj. ab 1973.

Im Schulversuch Kollegschule werden Schülern in einem differenzierten U.system ohne Zuordnung zu unterschiedl. Schulformen studien- u. berufsbezogene Bildungsgänge zu Abschlüssen der Sek.stufe II ermöglicht. Curriculare Merkmale d. z. Zt (1999) 38 Kollegschulen sind die Integration v. allgemeinem u. berufl. Lernen, v. theoret. u. prakt. Lernen sowie die gleichzeitige Vorbereitung auf Studium u. Beruf. (→ Blankertz). 1974 wurde unter der Leitung von Hartmut v. → Hentig in enger Anbindung an die Univ.

in Bielefeld eine »Laborschule u. Oberstufenkolleg« eingerichtet.
Im Bereich der Vorschulerziehung wurden seit Ende der 60er J. zahlreiche Modellversuche unternommen, um die Frage der Zuordnung der Fünfj. zu Kindergarten oder Vorklasse zu klären. Eine erste rechtl. Fixierung und Stärkung brachte das Kindergartengesetz vom 21. 12. 1971, das dem Kindergarten einen eigenständigen Bildungsauftrag erteilt. Auf der 4j. Grundschule bauen auf: → Hauptschule, → Realschule, → Gymnasium und → Gesamtschule (seit 1971 im Schulversuch, seit 1981 »gleichwertige u. gleichberechtigte Angebotsschule«). Die Hauptschule umfaßt die Klassen 5 bis 9 und die Klasse 10 als Aufbauklasse. Ab Klasse 7 werden die Fächer Englisch und Mathematik in Fachleistungskursen unterrichtet. Nach der 6. Klasse ist der Übertritt in die 7. Klasse der Aufbaurealschule oder des Aufbaugymnasiums möglich. Der erfolgreiche Abschluß der 10. Klasse vermittelt die Fachoberschulreife und ermöglicht den Besuch berufl. Vollzeitschulen (z. B. Fachoberschule, Höhere Berufsfachschule) oder den Eintritt in ein Ausbildungsverhältnis. Ein Zeugnis der Fachoberschulreife mit Qualifikationsvermerk berechtigt zum Besuch der → gymnasialen Oberstufe.
Die Realschule (Kl. 5 bis 10; Aufbaurealschule: Kl. 7 bis 10) führt zur Fachoberschulreife; in den Klassen 9 und 10 können Lernschwerpunkte gebildet werden. Im Gymnasium wurde die herkömmliche Gliederung nach Typen zugunsten von Neigungsschwerpunkten (Wahlpflichtbereiche) in den Jahrgangsstufen 9 und 10 aufgegeben. In den (überwiegend als → Ganztagsschulen geführten) Gesamtschulen sind Haupt-, Realschule und Gymnasium (Kl. 5–10) integriert. Im nahtlosen Anschluß an die 10. Klasse bietet die Gesamtschule ihren Schülern Bildungswege an, die zum → Abitur oder der Fachhochschulreife führen.
Der Versuch, Berufsschule und Gymnasium in der »Koop-Schule« organisatorisch zusammenzufassen, ist 1979 durch Volksentscheid zum Scheitern gebracht worden.
Das Sonderschulwesen gliedert sich in eine Früherziehung für Hör- und Sehgeschädigte (0–3j.), einen Sonderschulkindergarten (ab dem 3. Lj.) sowie Schulen für Erziehungshilfe, Lern-, Sprach- und Körperbehinderte, Schwerhörige, Sehbehinderte und Blinde. Nach dem »Gesetz zur Weiterentwicklung der sonderpädagogischen Förderung in Schulen« (1995) soll die → Integration behinderter Kinder in Regelklassen erleichtert werden.
Die gegenwärtige bildungspol. Diskussion steht v. a. unter den Vorzeichen der Denkschrift zur inneren Schulreform »Zukunft der Bildung« – Schule der Zukunft« (1995). Die umfassenden Reformvorschläge der bereits 1988 von dem damaligen Ministerpräsidenten Rau eingesetzten Bildungskommission zur »Gestaltung des Schullebens« (Schule als »Haus des Lernens«) und »Öffnung der Schule« haben nicht nur eine Fülle von Initiativen und Maßnahmen auf administrativer (»Schulmitwirkungsgesetz«, 1995; Entwicklungskonzepte »Stärkung der Schule«, »Sicherung und Entwicklung der Qualität schulischer Arbeit«, 1998) und schulischer Ebene hervorgerufen, sondern auch eine breite und bis heute anhaltende Kontroverse über Recht und Grenzen einer weitreichenden → Schulautonomie ausgelöst.
Kennzeichnend für das Hochschulwesen ist der gleichzeitige Bestand von alten Universitätstraditionen und Reformhochschulen. Es bestehen derzeit (1992) 50 Hochschulen, darunter 8 Univ.n (Bochum, Dortmund, Düsseldorf, Münster, Bielefeld, Köln, Bonn, Priv.-Univ. Witten-Herdecke), eine Techn. Hochsch. (Aachen), 6 Gesamthochsch. (Essen, Duisburg, Siegen, Wuppertal, Paderborn, Fernuniv. Hagen), 4 Hochsch. für Musik bzw. Kunst (Köln, Detmold, Düsseldorf, Folkwang-Schule Essen), die Sporthochsch. Köln sowie 16 Fachhochschulen. 1993 legte NRW als erstes Bundesland Regelstudienzeiten an Univ.n (9 Sem.) und an Fachhochsch.n (7 Sem.) gesetzlich fest.
Seit 1975 werden Lehrer nicht mehr nach Schulformen, sondern nach Schulstufen (Primar-, Sekundarstufe I und II) ausgebildet (ab 1980 an den Universitäten und Gesamthochschulen unter Auflösung der Päd. Hochschulen). Das Lehramt für Sonderpäd. ist stufenübergreifend. Für einen schulstufenbezogenen Vorbereitungsdienst und die Fortbildung von Lehrern wurden zum 1. 9. 1977 Gesamtseminare sowie zur allgemeinen Verbesserung der

Lehrerbildung 1996 im Rahmen eines Modellversuchs an vier Hochschulen (Dortmund, Münster, Paderborn, Wuppertal) sog. Zentren für Lehrerbildung eingerichtet.

Schr.: Gemeinsames Amtsblatt des Kultusministeriums und des Ministeriums für Wissenschaft und Forschung; Laufende Veröffentl. d. Kultusministers des Landes NRW; Kultusministerium NRW, Bildungswege in NRW: Sekundarstufe 1, 1982; Rahmenkonzept Gestaltung des Schullebens u. Öffnung von Schule, 1988 (Sonderdruck); Der Minister für Wiss. u. Forsch. d. Landes NRW, Lehrerausbild. i. NRW, 1986; Recht in der Schule – NRW, Loseblatt-Sammlung; Ch. Jülich, Grundriß des Schulrechts in NRW, 1986. Zschr.: Die Schule in NRW, 1975 ff; Schulverwaltung NRW, 1990 ff.
L.: Ständige Konferenz der Kultusminister (Hg.), Kulturpolitik der Länder (ersch. regelmäßig); E. Sebbel (Hg.), Die Reform der gymnas. Oberstufe in NRW, 1976; R.-L. Reuter, Bildung u. Wiss. in NRW, 1984; H. Blankertz (Hg.), Lernen u. Kompetenzentwickl. i. d. Sekundarstufe II. Abschlußbericht der Wiss. Begleitung Kollegstufe, 2 Tle., 1986; H. v. Hentig, Die Bielefelder Laborschule, in: H. Röhrs (Hg.), Die Schulen der Reformpädagogik heute, 1986, 259–280; W. Kuhrt, Die Kollegschule in NRW – Anspruch und Wirklichkeit, in: Vergleichende Pädagogik 25(1988)2; C. Solzbacher, H. W. Wollersheim, Hauptschule '89 – Auf den Trümmern der Reform, 1989; G. Heumann, Die Entwicklung des allgemeinbildenden Schulwesens in NRW (1945/46–1958), 1989; H. W. Jendrowiak, Bildungsprofile. Eine vergl. Länderstudie zw. Bayern u. NRW, 1990; J. H. Olbertz, Das Oberstufenkolleg des Landes NRW, in: Vergleichende Pädagogik 26(1990)2; G. Henning, Zur »Gestaltung des Schullebens u. Öffnung von Schule«, in: Pädagog. Rundsch. 43(1989)4; R. Lassahn, Von der Unterrichtsschule zum sozialen Handeln, in: Pädagog. Rundsch. 43(1989)4; Ch. Jülich, Finanzielle Grundsanierung des Schulwesens. Zur Spardebatte in NRW, in: Recht der Jugend und des Bildungswesens 41 (1993) 1; W. v. d. Hövel, Die Entwicklung des Schulrechts in NRW, in: Recht d. Jugend u. d. Bildungswesens 43 (1995); H. Gampe, Lehrer, Schüler und Eltern gestalten Schule, 1995; Bildungskommission NRW (Hg.), Zukunft der Bildung – Schule der Zukunft, 1995; W. Peters, Lehrerbildung in NRW. 1955–1980, 1996; W. Klafki, Lernen für die Zukunft, in: Die dt. Schule 88 (1996) 2; L. Bünke u. a., Zukunft der Bildung – Schule der Zukunft?, Zur Diskussion um die Denkschrift der Bildungskommission in NRW, 1996; W. Hinrichs, Bildung in NRW, in: J. Peters u. G.-B. Reinert (Hg.), Bildung in Dtl., Bd. 3, 1998; H. Giesecke, Kritik des Lernnihilismus. Zur Denkschrift »Zukunft der Bildung – Schule der Zukunft«, in: Neue Sammlung 1 (1998).

**Normalwortmethode.** Im 19. Jh. entwickelte Variante der → Ganzwortmethode. Bestimmte, angeblich bes. geeignete Wörter dienten als Ausgangspunkte der Analyse im Leselehrgang. Der Buchstabe I wurde z. B. aus dem Normalwort Igel (gesprochen I-gel) entwickelt (»analysiert«).

**normative Didaktik** heißt eine D., die aus obersten gesetzten Normen die einzelnen Bestimmungen unterrichtlichen bzw. erzieherischen Handelns zwingend abzuleiten sucht. Als n. D. konnte man z. B. die in der → DDR allg. geltende D. bezeichnen. Diese erkannte nach L. → Klingberg die Aussagen der SED und des Lehrplanwerks der DDR als nicht kritisierbare Autoritäten an.
L.: L. Klingberg, Einf. in die allg. D., 1971 u. ö.

**normative Pädagogik.** Im weiteren Sinne umfaßt der Begriff oft jede weltanschauliche Päd., die die Normen und Ziele des erzieherischen Handelns mehr oder weniger direkt und unmittelbar aus einem bestimmten Welt- und Menschenbild ableitet; so gesehen kann n. P. sowohl eine konfessionell-christl., eine neomarxist., eine polit.-indoktrinäre als auch eine gesellschaftsideolog. Päd. sein. Im engeren Sinne versteht man unter n. P. eine bestimmte neukantianisch-transzendentalphilos. (→ Kant, → Transzendentalphil.) begründete Richtung, die davon ausgeht, daß sich das denkende Ich das den Erziehungs- und Bildungsprozeß regierende »Sollen« (qua Norm) – mit Hilfe eines Lehrers – selbst erschließt und begründet (→ Dialog). Diese n. P. will sich nicht in der bloßen Aufstellung oder Aufrechterhaltung von Normen erschöpfen, sondern vielmehr auf die prinzipielle Normativität päd. Fragens überhaupt aufmerksam machen. → Cohn, → Erz.ziele, → Ethik und Päd., → W. Fischer, → Heitger, → Natorp, → Petzelt, → Schurr.
L.: R. Hönigswald, Über die Grundlagen der Päd., 1918, ²1927; A. Petzelt, Grundlegung der Erziehung, 1954; M. Heitger, Über den Begriff der Normativität in der Päd., in: Vjschr. für wiss. Päd. 41 (1965); ders. (Hg.), Päd. Grundprobleme in transzendentalkrit. Sicht, 1969 (Bibl.); N. Massner, N. P. im Umbruch, 1970; J. Schurr, Zur Möglichkeit einer transzendentalen Bildungstheorie, in: Vjschr. f. wiss. Päd. 50 (1974); C. Menze, Die Wiss. von der Erziehung in Dtl., in: J. Speck (Hg.), Problemgesch. der neueren Päd., Bd. 1, 1976; ders., Richtungen und Tendenzen in der dt. Päd. der Gegenw., in: Rassegna di Pedagogia 35 (1977); W. Böhm, G. Flores d'Arcais, (Hg.), Il dibattito pedagogico in Germania, Brescia 1978; K. Schaller (Hg.),

Erziehungswiss. der Gegenw., 1979; M. Heitger, Zur Problematik einer n. P. oder einer normfreien Erziehungswiss., in: Filosofia e pedagogia oggi, hg. von S. Baratto, W. Böhm u. a., Padua 1985; M. Heitger, N. P. – Recht und Grenze, in: Päd. Rundschau 43 (1989); E. Hufnagel, Der Wissenschaftscharakter der Päd., 1990; Erz.wiss. oder Päd., hg. von W. Böhm und A. Wenger-Hadwig, 1997; A. Lischewski, Bildung und Person, 1998.

**Norwegen.** Obwohl das erste Volksschulgesetz bereits 1827 verabschiedet und eine 7j. Schulpflicht schon 1889 eingeführt wurde, setzt erst um die Mitte dieses Jh.s eine neue Schulpolitik ein. Das Bedürfnis nach grundlegenden Reformen führte 1954 u. a. zum Gesetz über päd. Versuche. 1959 wurde es den Gemeinden erlaubt, die Schulpflicht von 7 auf 9 J. zu verlängern. Die zwei weiterführenden Schultypen – Fortbildungsschule (*framhaldsskole*) und Realschule (*realskole*) – wurden zur Oberstufe der Volksschule zusammengefaßt, das Gymnasium wurde in eine 3j. Schule, die auf der 9j. Pflichtvolksschule aufbaut, umgewandelt. Diese gesamtschulartige Entwicklung fand mit dem Volksschulgesetz von 1969 ihren vorläufigen Abschluß und 1975 mit Bestimmungen über behinderte Kinder in Volksschulen eine Ergänzung. 1974 faßte das Gesetz über die weiterführenden Schulen auch alle früheren Schultypen (Gymnasium, Berufsschulen) zu einem integrierten Schulsystem zusammen. Ein bedeutendes Ziel der n. Bildungspolitik ist die Integration von Schülern mit unterschiedl. Leistung. Deshalb werden im Primar- und Sekundarschulbereich I die Schulen als → Gesamtschulen geführt. Die Schüler werden neun Jahre gemeinsam ohne äußere oder innere Differenzierungsmaßnahmen unterrichtet. Der Primarbereich (*Kinderschule*) umfaßt die ersten 6 Schulj. Der Sekundarbereich I (*Jugendschule*) erstreckt sich über weitere 3 Schulj. Durch das vorgezogene Einschulungsalter (6. statt bisher 7. Lj.), wurde die Schulpflicht 1997 von 9 auf 10 J. verlängert. 1976 brachte das Gesetz über die Erwachsenenbildung auch auf diesem Gebiet eine stärkere Koordinierung und Vereinheitlichung. N. verfügte bis 1993/94 über vier Univ.n (Oslo, gegr. 1811; Trondheim, 1910; Bergen, 1948; Troms, 1968), neun Hochschulen mit Univ.sstatus und rund 100 Hochschulen (darunter 34 Päd. Hochschulen und die neueren Bezirkshochschulen, die seit 1969 in fast allen Regierungsbezirken entstanden sind). Im Zuge einer Strukturreform wurde die Zahl der Institutionen im Hochschulbereich von insges. mehr als 200 auf 26 reduziert.

L.: O. Hove, Das Norweg. Schul- u. Bildungswesen, Oslo 1969; Royal Norwegian Ministry of Foreign Affairs, The Norwegian Education Service, Oslo 1977; A. Körner, F. Seidenfaden, Zur Gesch. d. Gesamtschule i. N. u. England, 1977; Schule am Rande Europas: Irland, Schottland, Nordnorwegen, 1983; A. O. Telhaug, Norsk skolentvikling etter 1945, Oslo 1986; J. P. Christensen u. a., Hochschulen im Wandel, Teil 1: N. (u. a.), 1987; Reviews of national policies for education, Norway, (OECD) Paris 1990; T. Korsvold, Kindergarten und Kulturvermittlung, in: Päd. Rundsch. 45 (1991) 2; D. Leischner, Bildungssysteme in Europa, 1995.

**Nouvelle Authenticité** umschreibt das Bestreben afrikanischer Intellektueller, die durch koloniale und moderne westl. Bildungs- und Zivilisationseinflüsse verursachte kulturelle Entfremdung zu überwinden. Während die »erste Generation« afrikan. Intellektueller um eine Gleichstellung und kulturelle Gleichheit mit den Europäern bemüht war und ihre kulturelle Identität in einer euro-afrikan. Assimilation suchte, wird dies von den Vertretern einer N. A. abgelehnt. Sie verspotten diese »weißen Afrikaner«, ihr kulturelles Gehabe, ihre Normen und betonen die Werte der eigenen traditionellen afrikanischen Kulturen. Sie arbeiten an der Wiederentdeckung der eigenen Geschichte, lehnen die Abhängigkeit Afrikas von Europa ab, plädieren für eine Entwicklung aus eigener Kraft (Self-Reliance), ohne bloß restaurative Traditionalisten zu sein. Die N. A. ist die Synthetisierung moderner Elemente durch die Integration in die afrikanische Kultur. Eine ihrer wesentlichsten Forderungen ist die nach Afrikanisierung des Bildungswesens.

L.: J. R. Mbise, Blutendes Land, 1979; N. Nwankwo, Mein Mercedes ist größer als deiner, 1979; S. Ousmane, Chala, 1979; J. Ui-Zerbo, Die Gesch. Schwarzafrikas, 1979; J. Lynch, Education and development, London 1997.

**Novalis** → von Hardenberg, Friedrich.

**Numerus clausus** (NC; lat.: geschlossene Zahl). Unter dem Druck ansteigender Studentenzahlen anfangs der 70er J. entstandenes System der Zulassungsbeschränkung zum

Hochschulstudium. Nachdem das Bundesverfassungsgericht 1972 eine Zulassungsbeschränkung unter gegebenen Bedingungen für zulässig erklärt hatte, gründeten die Länder über einen Staatsvertrag die Zentralstelle für die Vergabe von Studienplätzen (ZVS) in Dortmund. Der Verwaltungsausschuß der ZVS entscheidet, ob ein Studiengang zum NC-Fach wird oder nicht. Die Regelung des NC ist rechtl. und v. a. päd. sehr umstritten. Bis heute wird im Zuge der Beschränkung des → Hochschulrahmengesetzes auf bestimmte Gesetzgebungsgegenstände die Disk. über die Berechtigung u. Haltbarkeit des NC fortgeführt.

L.: A. Filtner (Hg.), Der N.c. und s. Folgen, 1976; U. Karpen, Access to higher education in the Fed. Rep. of Germany, 1988.

# O

**Oberlin,** Johann Friedrich, * 31. 8. 1740 Straßburg, † 1. 6. 1826 Waldersbach (Vogesen); von 1767 bis zu seinem Tode protestant. Pfarrer in dem Vogesental Ban-de-la-Roche, wo er im Rahmen eines umfassenden Erziehungsprogramms für seine Gemeinde 1769 die erste öffentl. → Kleinkinderschule (école-à-tricoter) gründete.

L.: J. F. O., vollst. Lebensgeschichte und ges. Schr., 4 Tle., hg. v. Hilpert, Stoeber u. a., übertr. v. W. Burckhardt, 1843; E. Psczolla, J. F. O., 1740–1826, 1979; J. W. Kurtz, J. F. O., 1982, ²1988; W. Harth, Pauline Kergomard und die Entwicklung der Vorschulerziehung in Frankr., 1983; E. Psczolla, Aus dem Leben des Steintalpfarrers O., 1987; R. Bührlen-Enderle, B. Irskens, Lebendige Geschichte des Kindergartens: eine »Bildungsreise« zu O., Fröbel, Montessori und Steiner, 1989; J. F. O., Le Devin Ordre du Monde, 1740–1826, sous la dir. de M. Schneider et M.-J. Geyer, Mulhouse 1991; G. Büchner, Lenz, im Anhang, J. F. O.s Bericht »Herr Lenz«, Nachdr. 1992; L. Wien, Einfach leben: Jedes Wort ist ein Geschenk – unterwegs mit Papa O., Vater des Steintals, 1992; O.brief, J.–F.O.-Verein, erscheint unregelmäßig; A. Katterfeld, Der Steintalpfarrer. Ein Lebensbild des elsässischen Pfarrers J. F. O. (Blindenschr.-Ausg.) 1995.

**Oberrealschule,** im 19. Jh. neben dem → Realgymnasium aus der (Höheren) → Bürgerschule bzw. → Realschule entstanden, war Ausdruck einer Entwicklung, die die höhere Schule nicht mehr auf → Allgemeinbildung beschränken ließ, sondern auch der Vorbildung für bestimmte Berufe Rechnung tragen sollte. Nach 1945 (bis zum → Düsseldorfer Abkommen von 1955) gab es die O. in einigen Bundesländern (z. B. Bayern).

**Objektbeziehungen** → Psychoanalyse.

**Odenwaldschule** → Geheeb.

**OECD,** Organization for Economic Cooperation and Development (Sitz Paris); 1961 als Nachfolgeorganisation von OEEC (Organization for European Economic Cooperation) gegründet, um eine transatlantische Partnerschaft im wirtschaftl. und polit. Bereich der (seit 1996) 29 Mitgliedsstaaten zu fördern. Das CERI (Centre for Educational Research and Innovation) als Abteilung der OECD unterstützt Reformprojekte in Schule und Erziehung und die internat. Zusammenarbeit in der erziehungswiss. Forschung. Besondere Beachtung haben die von der OECD durchgeführten »Länderexamen« über die Bildungswesen einzelner Mitgliedstaaten (BRD 1971, Buchtitel: Bildungswesen mangelhaft; Österreich 1976; Kanada 1976; Türkei 1989; Norwegen 1990; Irland 1991; Niederlande 1991; Schweiz 1991 u. a., zuletzt [1998] Italien, Korea, Rußland) gefunden.

L.: Reviews of National Policies in Education, Paris (ersch. unregelmäßig); H. J. Noah, Reviewing the OECD-Reviews of Educational Policies, in: Canadian Journal of Higher Education 9(1979)2; Bildungspol. und internationale Studien zum Bildungswesen, in: Bildung und Erz. 44(1991)1; Myung-Shin Kim, Bildungsökon. u. Bildungsreform. Der Beitrag der OECD, 1994.

**Ödipuskomplex** → Psychoanalyse.

**öffentliche Erziehung.** Der Begriff umfaßt die gesamte unter öffentl. Aufsicht stehende Erziehung (z. B. in öffentl. oder privaten Schulen), daneben bezeichnet er auch die vereinbarte (Freiwillige Erziehungshilfe) oder angeordnete Erziehung (→ Fürsorgeerziehung). Die Entwicklung der modernen → Industriegesellschaft ist gekennzeichnet durch ständige Zunahme der ö. E. und Zurückdrängung der privaten Erziehung.

L.: Dt. Päd. Zeitgesch. Bd. 1, hg. v. H. Kanz, 1973, Bd. 2, hg. v. W. Böhm u. H.-E. Tenorth, 1977; U. Krautheimer, Staat und Erziehung. Begründung ö. E. bei Humboldt, Kant, Fichte, Hegel und Schleiermacher, 1971; B. Biermann, Erziehung außerhalb der eigenen Familie, 1991; C. Adick, Die Universalisierung der modernen Schule, 1992; N. Wenning, Die nationale Schule, 1996.

**Ökologie** → Umwelt.

**Ökologisches Lernen** läßt sich als die unter einer bildungspolitischen Perspektive denkende und handelnde Auseinandersetzung mit ökologischen Problemen bezeichnen, wobei globale Überlebensstrategien sowie individuelle Sinnhorizonte entwickelt und aufeinander bezogen werden sollen. Ö. L. vollzieht sich nicht nur in herkömmlichen Bildungs- und Erziehungsinstitutionen, sondern auch in außerschulischen Bereichen (→ Projektmethode). Es soll »situative Betroffenheit«, Entwicklung antizipativer Fähigkeiten sowie eines vernetzten Denkens und Ganzheitlichkeit beinhalten, um so Handlungsorientierung im Sinne der Lösung ökologischer Probleme zu vermitteln. Ö. L. ist ein wesentlicher Bestandteil der → Ökopädagogik und der → Umwelterziehung.

L.: G. Michelsen, H. Siebert, Ökologie lernen, 1985; E. Becker, W. Ruppert (Hg.), Ökolog. Päd. – päd. Ökologie, 1987; B. v. Damsen, Päd. und Ökologie, 1988; J. Calliess, R. E. Lob (Hg.), Hdb. Praxis der Umwelt- und Friedenserz., 1988; E. W. Kleber, Grundzüge ökolog. Päd., 1993; D. Bolscho, Umweltbildung und Ö. L., 1996; F. Thiel, Ökologie als Thema, 1996.

**Ökopädagogik.** Entstanden aus der Kritik an den (angeblichen) Unzulänglichkeiten der → Umwelterziehung leistet die Ö. eine radikale Kritik an der Gesellschaft und deren Erziehungs- und Bildungssituationen, wobei gleichzeitig ein zukunftsorientierter Gegenentwurf vorgelegt werden soll. Dabei tritt das neu zu bestimmende Verhältnis von Mensch – Natur – Gesellschaft in den Vordergrund (→ Friedenserziehung). Die Ö. überschneidet sich mit der Umwelterziehung in dem sog. ›natürlichen‹ oder → ökologischen Lernen. Die Verfechter einer Ö. unterstellen dem Kind ein ursprüngliches »natürliches« Bewußtsein und Verhalten, das von der Gesellschaft entfremdet wird. Erziehung und Bildung werden deshalb zunächst in außergesellschaftliche Enklaven und Nischen ausgelagert, wo Autonomie und Selbstbestimmung ungetrübt zu verwirklichen seien. Der Ö. fehlt bis jetzt eine philosophisch-pädagogische Durchdringung ihrer Grundannahmen und teleologischen Setzungen.

Zs.: Ökopäd, seit 1981 vierteljährlich.

L.: D. Birnbacher (Hg.), Ökologie und Ethik, 1980; P. Kern, G. Wittich, Pädagogik im Atomzeitalter, 1982; H. Moser (Hg.), Soziale Ökologie und pädagogische Alternativen, 1982; G. de Haan, Die ökologische Krise als Herausforderung für die Erziehungswissenschaft, in: D. Lenzen, Erziehungswissenschaft im Übergang, 1982; W. Beer, G. de Haan (Hg.), Ö., 1984; M. Ewers, Philosophie des Organismus in teleologischer und dialektischer Sicht, 1986; L. v. Dick, H. Keese-Philipps, U. Preuss-Lausitz, Ideen für eine grüne Bildungspolitik, 1986; H. Apel u. a., Orientierungen zur Umweltbildung, 1993; E. W. Kleber, Grundzüge ökolog. Päd., 1993; M. Beyersdorf u. a., Umweltbildung zwischen Theorie und Praxis, 1997.

**Oelkers,** Jürgen, * 21. 3. 1947 Buxtehude, 1975 Dr. phil. Hamburg; 1979 Prof für Allg. Päd. Univ. Lüneburg, 1987 o. Prof. f. Allg. Päd. Univ. Bern, 1999 Univ. Zürich.
Seine Studien zur Geschichte von Erziehung und Päd. sowie seine Auseinandersetzung mit aktuellen Strömungen und Problemen haben die päd. Diskussion angeregt und bereichert und Oe. zu einem Wortführer des Faches gemacht.

Schr.: Die Vermittlung zw. Theorie und Praxis in der Päd., 1976; (zus. mit Th. Lehmann), Antipäd. – Herausforderung und Kritik, 1983, ²1990; Erziehen und Unterrichten – Grundbegriffe der Päd. in analyt. Sicht, 1985; Die Herausforderung der Wirklichkeit durch das Subjekt – literar. Reflexionen in päd. Absicht, 1985; Reformpäd. Eine krit. Dogmengesch., 1989, ³1996; Die große Aspiration. Zur Herausbildung der Erz.wiss. im 19. Jh., 1989; Erziehung als Paradoxie der Moderne. Aufsätze zur Kulturpäd., 1991; Päd. Ethik, 1992; Pädagogische Ratgeber. Erziehungswissen in populären Medien, 1995; Schulreform und Schulkritik, 1995, ²1999; m. W. Böhm, (Hg.), Reformpäd. kontrovers, 1995, ²1999.

**Österreich.** Die Anfänge des ö. Bildungswesens gehen zurück bis auf die unter der Leitung → Felbigers durchgeführten Reformen des Schulwesens unter Maria Theresia (1774 Einführung der Schulpflicht) bzw. Joseph II., der den Schulzwang durchsetzte und eine straff organisierten ministeriellen Schulverwaltungsbehörde schuf.
In der Entwicklung des modernen ö. Bildungswesens seit 1945 können (nach H. En-

gelbrecht) drei Phasen unterschieden werden: in der Phase der *Wiederaufrichtung* des Bildungswesens (1945 bis Anfang der 60er Jahre) wurde das Bildungswesen in der Gestalt der Ersten Republik (1918–1933) wiederhergestellt, wobei durchaus auch spätere Einflüsse aus der Zeit des »ständischen Bundesstaates« (1934–38), der nationalsoz. Okkupation und der alliierten Besatzer wirksam wurden. In die Zeit von 1962 bis zur Mitte der 70er Jahre fällt die Phase der *Neuordnung und Expansion*. Als Reaktion und begleitet von einem dramatischen Anstieg der Schüler- und Studentenzahlen erhielt das Bildungswesen ein neues Profil, das zwar in vielem noch den trad. Strukturen verhaftet blieb, in manchem aber bereits modernen Zuschnitt aufwies. Die dritte Phase dauert noch an, und kann allgemein mit »*Modifikationen des Bildungswesens*« umschrieben werden.

Aufgrund einer komplizierten Verfassungslage, des verwickelten Systems der Kompetenzverteilung zwischen Bund und Ländern in dem föderalistischen Bundesstaat Ö., und des auf Konsens angelegten politischen Verfahrens in Fragen des Schulrechts, hat sich die Durchsetzung schulischer Veränderungen in der Vergangenheit als außerordentlich schwierig und langwierig erwiesen.

Den Beginn der Reorganisation des ö. Schulsyst. markiert das Jahr 1962. Durch die *Schulgesetznovelle* wurde die Aufgabenverteilung zwischen dem Bund und den Ländern für das allgemeine Schulwesen und der Aufbau der Schulverwaltung festgelegt. Auf dieser Basis erging noch im gleich Jahre eine Reihe von bis heute maßgeblichen Schulgesetzen, wie das *Schulpflichtgesetz*, das *Schulorganisationsgesetz*, das *Privatschulgesetz* oder das *Bundes-Schulaufsichtsgesetz*, das die Behördenzuständigkeit im Bildungswesen regelt. Ergänzt wurden diese Gesetze durch das *Schulunterrichtsgesetz* und die Neuregelung des land- und forstwirtschaftlichen Schulwesens (*Schulverfassungsgesetznovelle*, 1975), der berufsbildenden mittleren und höheren Schulen (1991), und der Erwachsenenbildung (1997). Eine allgemeine 9j. Schulpflicht besteht für alle Kinder vom 6. bis zum 15. Lj. Die vorschulische Erziehung in *Kinderkrippen* (bis 3 J.) und *Kindergärten* (3 bis 6 J.) ist freiwillig. 1995 besuchten 70% aller Kinder vorschulische Einrichtungen, wobei sehr starke regionale Unterschiede bestehen.

Die Volksschule umfaßt 4 Schulj.; ab dem 3. Schulj. wird verbindl., aber ohne Leistungsbeurteilung, eine Fremdsprache unterrichtet (Engl., Franz., Slow., Kroat., Ungar., Tschech. oder Slowak.); seit 1996 wird die → Integration behinderter Kinder auf der Grund- und Sekundarstufe I gefördert.

Im Bereich der Regelschulen gibt es folgende weiterführende Einrichtungen; 5. bis 8. Schj. (Sekundarstufe I): *Hauptschule*, *Volksschuloberstufe* (sehr geringer Schüleranteil), *Gesamtschule* (auslaufende Schulversuche; spielt zukünftig keine Rolle mehr), Grundstufe der *Allgemeinbildenden Höheren Schule* (AHS). Im Anschluß daran kann die *Polytechnische Schule* (1j., als Vorbereitung für den unmittelbaren Berufsübertritt), eine berufsbildende Vollzeitschule (*Berufsbildende Mittlere Schule*, 1–4j.; *Bildungsanstalt für Sozialpädagogik*, 5j.; *Bildungsanstalt für Kindergartenpädagogik*, 5j.; *Berufsbildende Höhere Schule*, 5j.), das Oberstufenrealgymnasium (4j.) und die 4j. Oberstufe der AHS (→ Gymnasium) besucht werden. Diese schließt mit einer Reifeprüfung (Matura, → Abitur), die zum Studium an einer Hochschule berechtigt.

Die Lehrerbildung ist schulartabhängig: die Ausbildung der Lehrer an Volks-, Haupt-, Sonderschulen und der Polytechn. Schule erfolgt an *Pädagogischen Akademien*, der berufsbildenden mittleren und höheren Schulen an *Berufspädagogischen Akademien* und der Lehrer an höheren Schulen an den Univ.

Im internat. Vergleich wird die frühe Differenzierung des ö. Schulwesens in berufs- bzw. allgemeinbildenden Schulen eher als Schwäche gewertet (OECD-Bericht 1995). Andererseits wird der Zwang zur frühen Spezialisierung durch die hohe Anzahl an doppelqualifizierenden Ausbildungsgängen teilweise kompensiert und die Möglichkeit zu (begrenzter) vertikaler Mobilität geschaffen. Im Zusammenhang der Annäherung von berufl. und allgem. Bildung ist auch die Gründung von → Fachhochschulen zu sehen. Mit dem Studienjahr 1995/96 wurden insges. 20 entspr. Studiengänge eingerichtet.

Die 12 Univ. und 6 Kunsthochschulen des Landes, darunter das weltberühmte »Mozarteum« in Salzburg, sind durchwegs Bundesein-

**Oestreich**

richtungen. In Wien, Graz und Innsbruck sind klassische Volluniv.; in Salzburg, Linz und Klagenfurt bestehen jüngere Univ., die urspr. als Spezialhochsch. gegr. wurden; ihre Studienangebote wurden in den letzten Jahren aber erheblich erweitert. Daneben sind die beiden Technischen Univ., in Wien und Graz, die Wirtschaftsuniv., die Univ. für Bodenkultur, die Veterinärmed. Univ. (alle Wien) und die Monastische Univ. in Loeben (Steiermark) zu nennen. Die 1848 gegr. »Österreichische Akademie der Wiss.n« mit Sitz in Wien ist die ranghöchste Institution des wiss. Lebens in Ö. Die zahlr. wiss. Gesellschaften sind im Verband der wiss.Verbände zusammengeschlossen.

L.: R. Meister, Entwicklung und Reformen des ö. Studienwesens, Graz 1963; R. Gönner, Die ö. Lehrerbildung von der Normalschule bis zur pädagog. Akademie, Wien 1967, Bundesminist. f. Unterr. u. Kunst (Hg.), Bildungsbericht an die OECD, Wien 1975; G. Grüner, Alternative zum Gymnasium: Die berufsbild. höh. Schule Ö.s, 1980, J. Mende u. a., Schule und Gesellschaft. Entwicklung und Probl. des ö. Bildungssystems, Wien 1980; H. Engelbrecht, Gesch. des ö. Bildungswesens, 5 Bde., Wien 1982–88; S. Preglau-Hämmerle, Die polit. u. soz. Funktion der ö. Univ., Innsbruck 1986; F. Burgstaller, L. Leitner, Päd. Markierungen. 25. Jahre ö. Schulgeschichte (1962–1987), Wien 1987; J. Schermaier, Gesch. u. Gegenw. des allgemeinb. Schulwesens in Ö., Wien 1990, Bundesminist. f. Wiss. u. Forsch. (Hg.), Das ö. Bildungssystem in Veränderung. Bericht an die OECD, Wien 1992; E. Lechner u. a. (Hg.), Zur Gesch. des ö. Bildungswesens, Wien 1992; P. Posch, H. Altrichter, Bildung in Ö., Wien 1992; D. Gernert (Hg.), Ö.Volksschulgesetzgeb., 1993; H. Schnell, Bildungspol. in der Zweiten Republ., Wien 1993; Bundesminist. f., Unterr. u. Kunst (Hg.), Austria. Development of Education: 1992–1994, Wien 1994; H. Engelbrecht, Erz. u. Unterr. im Bild. Zur Gesch. des ö. Bildungswesens, Wien 1995, OECD (Hg.), Reviews of National Poicies for Education: Austria, Paris 1995; H. Pleticha (Hg.), Die Kinderwelt der Donaumonarchie, 1995; H. Altrichter, P. Posch, Austria, in: Int. Enzycl. of National Systems of Education, hg. v. T. N. Postlethwaite, Cambr. $^2$1995; F. Jonak, L. Kövesi, Das ö. Schulrecht, Wien 1996; I. Brehmer, G. Simon (Hg.), Gesch. d. Frauenbild. und Mädchenerz. in Ö., Graz 1997; G. Haider (Hg.), Indikatoren zum Bildungssystem, Wien 1997; F. Landler, Das ö. Bildungswesen in Zahlen, Wien 1997; H. Zdarzil, N. Severinski (Hg.), Ö. Bildungspol. in der Zweiten Republik, Wien 1998.

**Oestreich,** Paul, * 30. 3. 1878 Kolberg, † 28. 2. 1959 Berlin, 1905–33 Studienrat, 1945–50 Schul- und Hauptschulrat Berlin, 1919 Mitbegründer des → Bundes entschiedener Schulreformer. Vom Dt. Idealismus (bes. → Fichte) und vom ethischen Sozialismus (→ Austromarxismus) geprägt, kritisierte er die parteipolit. Schulprogramme und agitierte für eine brüderliche Erziehung des totalen (= sozialistischen) Menschen. Sein Entwurf einer »Elastischen Einheitsschule« (1921, $^3$1923) mit elastischer → Differenzierung, Kern-Kurs-System, Mitbeteiligung von Schülern, Lehrern und Eltern, kollegialer Schulverwaltung, Integration von intellektueller und manueller Erziehung nahm die Idee der → Gesamtschule vorweg.

Schr.: Die Schule zur Volkskultur, 1923, $^2$1947; Die Parteien und die Schulreform, 1924; Unabh. Kulturpolitik, 1924; Aus dem Leben e. polit. Pädagogen, 1926, $^2$1947; Die Technik als Luzifer der Päd., 1947; Entschiedene Schulreform, hg. von H. König u. M. Radtke, Berlin-O 1978.

L.: W. Böhm, Kulturpolitik und Päd. P. Oe.s, 1973 (m. Bibl.); B. Reintges, P. Oe. und der Bund entschiedener Schulreformer, 1975, $^2$1977; Ch. Uhlig, Der Bund entschiedener Schulreformer, 1990; K. Schultheis, Päd. als Lösungswissen, 1991; A. Reble, P. Oe. Ein Wegbereiter der mod. Erlebnispäd.?, 1991; W. Ellerbrock, P.Oe., 1992.

**Offener Unterricht.** Im Gegensatz zu einem »geschlossenen«, d. h. einem stark lehrerzentrierten, bis in seine Einzelschritte durchgeplanten und zweckrational auf die optimale Erreichung von festgesetzten Lernzielen ausgerichteten U., versteht man im Anschluß an die reformpäd. Kritik an der Lernschule (→ Reformpäd.) unter O. U. einen U., der sich an den Interessen u. Fähigkeiten der einzelnen Schüler orientiert u. die Schüler zu »Agenten ihres eigenen Lernens« (M. Götz) machen will. Die Schüler sollen sich selbst Ziele u. Aufgaben setzen und eigene Lernwege finden und erproben. Ziele des O. U.s sind neben der Eigensteuerung des Lernens vor allem die Erziehung zu Selbständigkeit u. → Mündigkeit sowie größere Lebensnähe u. innere Differenzierung. Der O. U. tendiert zur Vernachlässigung der curricularen Frage.

L.: M. Bönsch u. K. Schittko, O. U., 1979; A. Garlichs, Alltag im O. U., 1990; W. Wallrabenstein, Offene Schule – O. U., 1991; J. Nauck (Hg.), O. U., 1993; M. Götz, O. U., in: P. Hell (Hg.), Öffnung des U.s in der Grundschule, 1993; H. Kasper u. a., Laßt die Kinder lernen, 1994. E. Jürgens, Die »neue« Reformpäd. u. die Bewegung O. U., 1994; J. Bastian, O. U., in: Päd. 47 (1995) H. 12; J. Korte, Schulreform im Klassenzimmer, 1998.

**Okoń,** Wincenty, * 22. 1. 1914 in Chojeniec (Polen); 1948 Dr. phil. Univ. Lodz (bei → S.

Hessen); Dr. h. c. PH Krakau, TU Braunschweig, seit 1956 Prof. f. Päd. an der Univ. Warschau; Mitgl. der Poln. Akad. der Wiss.n; 1981–82 Gastprof. Univ. Heidelberg. Führender polnischer Pädagoge; bedeutende Schriften zur Didaktik und Unterrichtslehre, zur Schule, zum Spiel und zur Wissenschaftstheorie der Päd. In den jüngsten Veröffentlichungen entwickelt er eine Theorie der vielseitigen Bildung.

Schr.: Der Unterrichtsprozeß, 1957; (m. B. Wilgocka-Okoń), Une étude sur l'aptitude à la scolarité, Paris 1973; Szkola wspòkzesna przemiany i tendencjè vozwojowe, Warschau 1979; (Hg.), Zur Gesch. der fortschrittl. Päd. in Polen, 1984; Wprowadzenie do dydaktyki ogólnej (Einf. in die allg. Didaktik), Warschau 1987; Zabawa a rzeczywistość (Spiel und Wirklichkeit), Warschau 1987; (Hg.), Sergius Hessen. Gesammelte Werke (poln.), 5 Bde., Warszawa 1997; Dziesiec szkál altenatywnych, Warschau 1997; Lebensbilder polnischer Pädagogen, 1999.

**O.M.E.P.** *Organisation Mondiale pour l'Education Préscolaire*. Die 1948 gegr. Organisation will weltweit ein tieferes Verständnis für das Kind (unter 8 J.n) wecken und den internationalen Austausch von Kenntnissen über diese Altersstufe fördern. Nationalkomitees bestehen in ca. 40 Ländern; Weltkongresse finden alle 2–3 J. statt.

**Opaschowski,** Horst W., * 3. 1. 1941 Beuthen (Oberschlesien); 1968 Dr. phil. Siegen, 1975 Prof. f. Erziehungswiss. Univ. Hamburg; Pionier der Freizeitforschung und -päd. in Dtl.; päd. Beratertätigkeit für Kanzler- u. Bundespräsidialamt.

Schr.: Psychologie und Soziologie der Freizeit, 1989; Päd. und Didaktik der Freizeit, 1990; Päd. der freien Lebenszeit, 3. völlig neu bearb. Aufl. 1996; Einführung in die Freizeitwissenschaft, 2. völlig neu bearb. Aufl. 1994; ³1997; Deutschland 2010 – Wie wir morgen leben, 1997; Feierabend?, 1998; Leben zwischen Muß und Muße, 1998.

**open education.** Bes. in den USA, Großbritannien u. Skandinavien verbreitete päd. Richtung. Ausgehend von → Deweys Kritik an der Uniformität und Starre herkömmlicher Schulen, legt die o. e. das Gewicht auf aktive Selbsterziehung und Selbstlernen des Kindes. Von → Piagets Psychologie des aktiven Lernens stark beeinflußt, sieht die o. e. eine sich immerfort wandelnde Umwelt vor sich, die nur von Menschen bewältigt werden kann, die gelernt haben, neue, unerwartete und unvorhersehbare Probleme zu lösen.

L.: B. Spodek, H. J. Walberg (Ed.), Studies in O. E., New York 1975; N. Bennett, Open Plan Schools, Slough 1980; R. Cowen, An open dilemma, in: S. Baratto, W. Böhm u. a. (Hg.), Filosofia e pedagogia oggi, Padua 1985.

**open schools,** auch *open plan schools*, sind → Alternativschulen vor allem in den USA, Großbritannien und Skandinavien, die sich zur → *open education* bekennen und im Gegensatz zu den → *free schools* und zur Entschulung eine Reform der Schule in der Institution Schule selbst anstreben. Sie lehnen in der Regel feste Lehr- und Stundenpläne sowie einen fixierten Lehrkanon ab; lösen Klassenverbände in Gruppenarbeit auf; zielen aktives, von den Interessen des Kindes ausgehendes Lernen an; die Schulgebäude bestehen aus größeren Räumen mit beweglichen Wänden bzw. Trennschranken. O.s. wollen vor allem die → Spontaneität, → Kreativität und Selbständigkeit der Schüler fördern; der Lehrer wird zum Ratgeber, Helfer oder → Animateur. Ende der 60er J. in England »entdeckt«, erklärte sie der »Plowden-Report« 1967 zum maßgeblichen Muster für die Arbeit im Primarbereich; o. s. gibt es nur vereinzelt im Sekundarbereich. → Reports.

L.: J. Featherstone, Schools Where Children Learn, New York 1971; Ch. E. Silberman (Ed.), The Open Classroom Reader, New York 1973; W. Braun, B. Naudascher, Für e. menschenfreundl. Schule, 1978; N. Bennett, Open Plan Schools, Slough 1980.

**open university.** In Großbritannien 1969 als unabhängige, direkt vom Ministerium für Bildung und Wiss. finanzierte Einrichtung gegründet, nahm sie 1971 den Lehrbetrieb auf. Sie soll Teilzeitstudien ermöglichen und den ungedeckten Bedarf an Studienplätzen beheben. Formale Eingangsqualifikationen bestehen nicht. Das Studium gliedert sich in drei Stufen: 1. bis zum → Bachelor; 2. Weiterstudium nach abgeschl. Studium; 3. Weiterstudium nach Berufserfahrung. → Akad. Grade werden aufgrund von → *credits* verliehen. Der Unterricht erfolgt durch Fernseh- und Rundfunksendungen (BBC), Lehrpakete und Ferienkurse.

L.: W. Perry, The O. U., London 1976; J. Gimmecke, Die engl. O. U., 1983.

**Orff-Schulwerk.** Von Carl Orff (* 10. 7. 1895 München, † 29. 3. 1982 ebd.) in den 20er Jahren entwickelte → Musikpäd., unter Einsatz des zus. mit Karl Maendler aufgebauten »Orff-Instrumentariums« (neuartige Stabspiele mit Schlagwerk und Mel.-Instr.). Angestrebt wurde eine Verbindung von Sprache, Musik und Tanz, wobei die Improvisation eine wesentliche Rolle spielt und v. a. Kindern einen aktiven, elementaren Zugang zur Musik (auch in der → Musiktherapie) ermöglicht. Die erste Fassung des O.-S.s entstand 1930–35 (zus. mit Gunild Keetman und Hans Bergese), die Neufassung (5 Bde., »Musik für Kinder«), 1950–54.
Während das O.-S. in der Schulpraxis heute an Bedeutung verloren hat, finden die Orff-Instr. weiterhin vielseitige Verwendung. Internat. Zentralstelle für das O.-S. ist seit 1961/63 das »Orff-Institut« am Mozarteum in Salzburg (dort auch Ausbildung von Lehrkräften) Internat. Ausbildungsstätte für Elementare Musik- und Tanzerziehung, Dokumentationszentrum für Erfahrungen und Ergebnisse der in vielen Ländern gewonnenen Arbeit am O.-S. (weltweit O.-S.-Gesellschaften). → Rhythmische Erziehung.

L.: W. Twittenhoff, O.-S., 1930; F. Reusch, Grundlagen und Ziele d. O.-S.s, 1954; C. Orff, G. Keetman, O.-S., 5 Bde., 1950–54; C. Orff und sein Werk, Dok., 8 Bde., 1975–83; G. Keetmann, Spiele mit dem O.-S., 1975; H. Wolfgart, O.-S. und Therapie, 1975; W. Thomas, Musica Poetica, Gestalt und Funktion des O.-S.s, 1977; P. Linzenkirchner, Auswahl-Bibliogr. C. Orff, Musikpäd. Forschungsber. 1991, 1992, 239–250; R. Nykrin, O.-S., Neues Lex. der Musikpäd., Sachteil, 1994, 214–216; O.-S.-Informationen 1964 ff.

**Orientierungsstufe,** nach dem → Strukturplan des dt. Bildungsrates (1970) sollen die 5. und 6. Jahrgangsstufe (nach Vorverlegung des Einschulungsalters) als schulformunabhängige O. geführt werden. Sie soll die Schüler durch breite → Differenzierung auf das sich zunehmend auffächernde und verbreiternde Bildungsangebot der angestrebten Stufenschule (→ Gesamtschule) vorbereiten. Sie steht damit im Unterschied zur → Förderstufe, die als nachträglich eingeführte Korrektur des selektiven Schulsystems verstanden werden kann und die Härten des Übergangs an weiterführende Schulen mildern und die Auslese objektivieren sollte. → BRD.

L.: W. H. Petersen (Hg.), O., 1975; K. Emert, Die O. in Niedersachsen, 1979, ²1986; K. Eckes u. a., Schulversuch Gemeinsame O., 1979; H. Retter u. a., O. Schule zwischen den Fronten, 1985; E. Jürgens, Die O. im Urteil von Eltern und Lehrern, 1989; ders., 20 Jahre O. Beiträge zu einer umstrittenen Schulreform, 1991.

**Ortega Esteban,** José, * 19. 3. 1946 Reguero; studierte Phil., Päd. und Soziologie an der Univ. Pontifica in Salamanca, lehrt seit 1982 Päd. und Sozialwiss. an der Univ. Salamanca; 1983–84 Humboldt Stipendiat in Würzburg. Wichtige Arbeiten zur päd. Platonforschung und zur Sozialpäd.

Schr.: La acción y la actidud educativa en Platón, Salamanca 1976; Yo ideal. Aproximación experimental a la mentalidad adolescente, Salamanca 1977; Delincuencia, Reformatorio y educación liberadora, Madrid 1978, Neuausg. Salamanca 1992; Platón – Eros, política y educación, Salamanca 1981; La Universidad a través de sus alumnos, Salamanca 1982; Vocabulario temático y bibliográfico de la »paideia« plátonica, Salamanca 1986; Il concetto »pedagogía« nella lingua e nella cultura spagnola, in: Il concetto di pedagogia ed educazion nelle diverse aree culturali, hg. v. W. Böhm, Pisa 1988; Sucht als Flucht. Gesellschaftl. Bedingungen von Sucht und Fluchtverhalten, in: Sucht und Sehnsucht, hg. v. W. Böhm und M. Lindauer, 1994.

**Orthographie** → Rechtschreibung.

**Ostkunde.** O. ging in der Zeit nach dem 2. Weltkrieg aus dem Verlangen der Vertriebenen u. Flüchtlinge hervor, das Heimat- u. Kulturbewußtsein auch in der neuen Umgebung zu vermitteln u. den Kindern lebendig zu erhalten. Nach zahlreichen ostkundl. Initiativen von Vertriebenenverbänden wurden Mitte der 50er Jahre die »Bundesarbeitsgemeinschaft für dt. O. im Unterricht« sowie entsprechende Landesarbeitsgemeinschaften in einzelnen Ländern gegründet. 1956 wies der → Dt. Ausschuß der O. die Aufgabe zu: geistige Auseinandersetzung mit dem Kommunismus, Berücksichtigung der Mittellage Dtl.s sowie Suche nach einem neuen Verhältnis zu den slawischen Völkern durch Vermittlung der Heimatvertriebenen. Ähnlich lautete ein KMK-Beschluß von 1956, wonach O. die Kenntnisse der Vorgänge in der SBZ (Sowjetisch besetzte Zone), ostdeutsche Heimatkunde und Kenntnis der osteurop. Völker und des sowjet. Systems umfassen sollte. 1972 tauchte der Begriff O. im KMK-Schulausschuß nicht mehr auf; 1973 erklärt die KMK-

Konferenz die Empfehlungen v. 1956 *de facto* für aufgehoben.
Im Laufe der Jahre gab es immer wieder Vorschläge, den z. T. ideologisch belasteten Begriff O. aufzugeben zugunsten des umfassenderen Begriffs Osteuropakunde. Beide Begriffe sind heute nahezu in Vergessenheit geraten, entsprechende Inhalte sind dagegen in die Lehrpläne (vor allem Kollegstufe der Gymnasien) eingegangen und werden z. T. in den entsprechenden Unterrichtsfächern (Geschichte, polit. Bildung, Sozialkunde, Geographie, Wirtschaft usw.) behandelt.

Z.: Dtl. O., 1 (1995) ff.
L.: E. Lemberg, O., 1964; O. Anweiler, O.päd. in der BRD, in: Bildung u. Erziehung, 18 (1965); Staatsinstitut f. Schulpäd. und Bildungsforschung (München), Kommentierte Literaturübersicht und Liste von Heimatsammlungen und Archiven zur »O.«, 1989.

**Otto,** Berthold, * 6. 8. 1859 Bienowitz (Schlesien), † 29. 6. 1933 Berlin; Studium in Berlin (u. a. bei → Paulsen), Privatlehrer und Gründer seiner »Hauslehrerschule«. An → Rousseau anknüpfend, war er einer der Anreger der → Reformpäd.; O. verstand Lernen als »geistiges Wachstum« von innen heraus, so daß das Kind »mit instinktiver Sicherheit« aufgrund seiner Interessen und Fragen seine Weltorientierung gewinnt. Schule als »geistiger Verkehr« soll an dieses natürliche Lernen (Muster: familiäre Tischgemeinschaft) anknüpfen und im → Gesamtunterricht (freies und gebundenes Unterrichtsgespräch) gipfeln. → Altersmundart, → Päd. vom Kinde aus.

Schr.: Der Lehrgang der Zukunftsschule, 1901, ³1928; Die Schulreform im 20. Jh., 1901, ²1902; Beiträge zur Psych. des Unterrichts, 1903; Die Reformation der Schule, 1912; Volksorganisches Denken, 4 Bde., 1925–26; Ausgew. päd. Schr., hg. v. K. Kreitmair, 1963; Hg., Der Hauslehrer, Jge. 1901–33.
L.: P. Baumann, B. O. – der Mann – die Zeit – das Werk – das Vermächtnis, 6 Bde., 1958–62; W. Scheibe, B. O.: Gesamtunterr., 1969; B. Dorn, Die Zukunftsschule B. O.s und ihr Verhältnis zur Bildungsreform der Gegenw., 1975; W. Scheibe, B. O. in: Gesch. der Päd. des 20. Jh., hg. v. J. Speck, Bd. 1, 1978; H. Altendorf, B. O., ein Wegbereiter der modernen Erlebnispädagogik?, 1988; E. Schnücker, Die Zukunftsschule im Zukunftsstaat, eine Analyse des Zusammenhangs von Pädagogik, Psychologie und Politik im Werk B. O.s, 1989; E. Weiss, Päd. Neuerungen im Kontext polit. Reaktion. B. O. und seine »kindzentrierte« Hauslehrerpäd., 1994.

**Overberg,** Bernhard Heinrich, * 1. 5. 1754 Höckel (Osnabrücker Land), † 9. 11. 1826 Münster, 1780 Dr. theol., kath. Priester, 1783 Gründer und Leiter einer Normalschule in Münster; verfaßte weit verbreitete Lese- und Schulbücher (bes. → Religionsunterr.) und ein päd. Lehrbuch (Anweisung zum zweckmäßigen Schulunterricht, 1793, Neuausg. 1957).

L.: H. Hoffmann, B. O., 1940, ²1949 (m. Bibl.), G. Kruchen, Die Bibel O.s, 1992; M. Peters (Hg.), Schulreform im Fürstbistum Münster im ausgehenden 18. Jh., 1992.

**Owen,** Robert, * 14. 5. 1771 Newtown (Wales), † 17. 11. 1858 (ebd.), erfolgreicher Unternehmer und Spinnereibesitzer am Anfang der Industrialisierung in England, der als paternalistischer Philanthrop das Los der Arbeiter und ihrer Kinder durch humanitäre Sozialreformen verbesserte. Durch eine Veränderung der Umwelt wollte O. den Charakter des Menschen lenken; für O. war der Mensch somit »plastisch«, und die herrschende Klasse könnte dadurch eine neue Gesellschaft »mit mathematischer Genauigkeit« aufbauen (vgl. → Skinner). Dabei seien die ersten Lebensj. von ausschlaggebender Bedeutung. Nach der Veröffentlichung von O.s »New View of Society« (1813–1816), der Eröffnung der ersten → infant school und des Instituts für Charakterbildung in New Lanark (Schottland) wurde O. immer mehr zum sozialist. bzw. kommunist. Utopisten. 1825–1827 versuchte er vergebens, seine Ideen in der Gemeinschaft New Harmony (USA) in die Praxis umzusetzen, wobei die Grundübel der Gesellschaft (für O.: Religionen, unnatürliche Ehen und Privateigentum) eliminieren und die Einwohner zum Glück in der Gemeinschaft hinleiten wollte. → Sozialistische Erziehung.

Schr.: A New View of Society, London 1813–1816 u. ö.; Päd. Schr., hg. v. K.-H. Günther, Berlin-O, 1955; zus. mit J. Mill, An outline of the system of education at New Lanark and Education from the supplement to the Encyclopaedia Brittanica, London u. a. 1993.
L.: H. Simon, R. O., 1905; H. Silver, The Concept of Popular Education, London 1965, ²1977; E. H. Funke, Sein – Erkennen – Handeln, 1981; M. Elsässer, Soziale Intentionen und Reformen des R. O. in der Frühzeit der Industrialisierung, 1984; D.-E. Franz, Saint-Simon, Fourier, O., Sozialutopien des 19. Jahrhunderts, 1988; R. Beke-Bramkamp, R. O. – Kommunitarismus als Weg zu einer gerechteren Gesellschaft, 1989; Ch. Stäubli, Gesellschaft, Menschenbild und Erz. bei R. O. und Leo N. Tolstoj, (Diss. Zürich) 1989.

**paedagogia perennis**

**P**

**paedagogia perennis** (lat.: immerwährende Pädagogik), ein dem »*philosophia perennis*« nachgebildeter Begriff zur Bezeichnung einer auf dem Boden der → Neuscholastik aufbauenden christl. normativen Päd.

L.: H. Henz, Lehrb. der systemat. Päd., 1964, ³1971; ders., Bildungstheorie, 1992; B. Schwenk, p. p.?, in: D. Hoffmann, u. a. (Hg.), Begründungsformen der Päd. in der ‹Moderne›, 1992.

**Pädagogie** (Eindeutschung des griech. *paidagogein* = Knaben führen), bei → Dilthey auftauchend, von → Göttler (System der Päd., 1915, ¹²1964) als Bezeichnung für die erzieherische Praxis im Gegensatz zur päd. Theorie eingeführt. Obwohl der Begriff von P. → Petersen, H. Döpp-Vorwald, W. → Flitner, M. J. → Langeveld in ähnlichem Sinne gebraucht wurde, hat er sich gegenüber dem umfassenden »Pädagogik« nicht durchsetzen können.

**Pädagogik.** Während in vielen anderen Sprachen der Begriff P. für die *Theorie der Erziehung* (also das *re*flektierende und *pro*jektierende Nachdenken über die Erziehung) vorbehalten wird, meint der im Deutschen mehrdeutige Begriff P. sowohl das erzieherische Handeln (einschl. der darin wirksamen Wertvorstellungen, Ziele, Techniken, handelnden Personen, ihrer geschichtl. Grundlagen und ihres institutionell-organisatorischen Rahmens) als auch die Theorie der Erziehung (die Erziehungswiss. einschl. ihrer Metatheorie). Diese Ungenauigkeit wird nicht sprachlicher Nachlässigkeit geschuldet, sondern daran wird deutlich, daß in der Päd. als praktischer Wiss. Theorie und Praxis unlösbar verbunden sind. Historisch bilden päd. Probleme seit dem griech. → Altertum einen festen Bestandteil der abendländ. Philosophie; bei → Platon und → Aristoteles gehören sie in die Politik, später (z. B. bei → Quintilian) werden sie im Rahmen der → *artes liberales* der → Rhetorik zugezählt. Im christl. Denken, z. B. in der Patristik, bei → Augustinus, Bonaventura, → Thomas von Aquin, werden päd. Fragen in theolog. Überlegungen eingebettet.

An dt. Univ.n wurde Päd. seit dem 18. Jh. als Anhang der praktischen Philosophie (Ethik), als Teil der praktischen Theologie (→ Katechetik) oder als Didaktik des gelehrten Unterrichts (Gymnasialpäd.) gelehrt. Eigenständige Wiss. konnte die Päd. erst werden, als sie nicht mehr auf das didakt. und method. Feld eingeegnt blieb, sondern den Zuerziehenden im neuzeitl. Verständnis des Menschen als höchste irdische Instanz begriff, der sein eigenes Gewissen hat, als einzelner (und nicht nur als Glied eines größeren Ganzen) Würde besitzt und deshalb niemals nur als Mittel, sondern immer auch als Selbstzweck (→ Kant, → Person) betrachtet werden muß. Erziehung richtet sich dann nicht mehr (nur) auf die Abrichtung von brauchbaren Bürgern, sondern (auch) auf die → Bildung mündiger Menschen (→ Rousseau).

Die ersten nachhaltigen Versuche, die P. systematisch-wiss. auszuarbeiten, knüpfen sich an → Herbart und → Schleiermacher. Herbart wollte die P. auf (einer absoluten und materialen) Ethik und (einer mechanischen) Psychologie aufbauen, wobei jene über die Ziele zu entscheiden und diese die Wege aufzuzeigen hätte. Sein dichotomischer Ansatz trug bereits die Gefahr einer Auseinanderentwicklung in einerseits eine (bloß) → normative P. und andererseits eine (rein) empirist.-technolog. Erziehungswiss. in sich. Auch Schleiermacher gründete die P. auf die Ethik, verstand diese aber im Sinne einer Geschichtsphilosophie und wies der P. die Aufgabe zu, in Koordination mit der Politik auf die Verwirklichung des höchsten Gutes hinzuarbeiten. Schleiermachers hist.-polit. Ansatz hat in Dtl. über → Dilthey und die → *Geisteswiss.* P. (→ Spranger, → Nohl, → Weniger, → Flitner, mit Einschränkung auch → Litt) eine lebhafte und bis in die 50er J. dominierende Stellung gewonnen. Eine jüngere Generation hat dann durch Rezeption der sog. → Kritischen Theorie der Frankfurter Schule diese Tradition zu einer → *kritisch-emanzipatorischen Erziehungswiss.* weitergeführt (→ Mollenhauer, → Klafki, → Blankertz u. a.). Der Herbartsche Ansatz, der weniger wissenschaftstheoretisch als vielmehr in einer praktikablen Unterrichtslehre (Herbartsche Formalstufen) wirksam geworden war, wurde neuerdings im Zusammenhang mit der wissenschaftstheoretischen Adaption des → Kritischen Rationalismus und der inhaltlichen und methodischen Rezeption der empirischen Sozialforschung wieder lebendig, und zwar in dem Bemühen um eine → *empir.-analyt. Erziehungswiss.*, die auf Werturteile verzichtet und sich qua Wissenschaft auf die Erforschung der Kausalzusammenhänge von Absicht und Erfolg der Erziehung beschränkt (→ Brezinka, → Heid, → Rössner, → Roth). Beiden Richtungen stehen entschieden *normative Ansätze* gegenüber, denen es schwerpunktmäßig um Begründungs-, Prinzipien- und Normfragen zu tun ist (vom → Neukantianismus ausgehend: → Petzelt, → Heitger, W. → Fischer u. a.; vom Marxismus her: → Gamm u. a.; von einer betont christl. Philosophie herkommend: → Pöggeler, → Henz u. a.). In den letzten Jahren trat zu diesen drei »Grundrichtungen« vor allem die Rezeption von → Analyt. Erziehungswiss. (→ Oelkers), franz. → Phänomenologie (K. → Meyer-Drawe, W. → Lippitz), → Systemtheorie (→ Tenorth) und → Personalismus (W. → Böhm) hinzu.

Die päd. Fragestellung läßt sich heuristisch nach drei Aspekten hin aufschließen: dem anthropologischen (wer *ist* der Mensch?), dem teleologischen (was *soll* der Mensch werden?) und dem methodologischen (*wie* kann Erziehung dem Menschen dabei helfen?). Unter systematischer Rücksicht sind von den drei möglichen Auffassungen des Menschen her – als *Werk der Natur, als Werk der Gesellschaft, als Werk seiner selbst* – grundsätzlich drei Pädagogiken denkbar. Eine naturalistische Auffassung des Menschen als Individuum versteht Erziehung als Entfaltung und reduziert P. auf das Studium der individuellen → Entwicklung samt ihrer Störungen und möglichen → Therapien. Eine *soziologistische* Auffassung des Menschen als Träger sozialer Rollen identifiziert Erziehung mit → Sozialisation und grenzt P. weitgehend auf das Studium der prägenden sozialen Faktoren und Determinanten ein; sie zielt auf die Ermittlung jener äußeren Faktoren, deren Beherrschung Bildung und Erziehung planbar, kontrollierbar und wissenschaftlich herstellbar machen. Eine *personalistische* Auffassung des Menschen (→ Personalismus) sieht die zentralen Momente in der autonomen Verantwortung, im Gewissen und in der Freiheit und begreift Erziehung als einen vorwiegend dialogischen Prozeß, der auf die mündige Freisetzung des Menschen als einmaliger, unwiederholbarer und unaustauschbarer → Person in ihrer Verantwortung vor sich selbst, dem anderen und dem Absoluten zielt.

Im fortschreitenden Prozeß ihrer Differenzierung hat sich die P. in Dtl. in den letzten Jahren in folgende Teilgebiete und z. T. Studienrichtungen aufgegliedert: → All. P., → Schulp., → Sozialp., →Sonderp., → Erwachsenenbildung, → Berufs- und Wirtschaftsp., → Altenbildung, → Vorschulerziehung, → Vergleichende Erziehungswiss.

L.: Ausf. Literaturhinweise s. »Literatur zum Studium der Pädagogik« am Ende dieses Bandes.

**Pädagogik vom Kinde aus.** Der Gedanke einer P. v. K. a. geht der Sache nach auf → Rousseau zurück und wurde im 20. Jh. von → Dewey in seinem Konzept einer *child-centered school* entfaltet. Grundelemente sind die Ablehnung der Planung von Erziehung und Unterricht; an ihre Stelle tritt die radikale → Individualisierung des Lernens und seine Anknüpfung an die natürlichen → Interessen und Bedürfnisse des Kindes (bzw. Schülers); die Selbstregulierung der Lerngruppe (*life-class*); die unmittelbare Selbsterprobung der Kinder und ein strikter Antiautoritarismus bis hin zur Abschaffung erzieherischer Autoritäten (→ Key) und der Schule selbst. Gestützt wurde diese Auffassung von Erziehung auf die These eines angeborenen natürlichen Bauplans (→ Montessori) oder auf die Annahme einer instinktiven Sicherheit (→ Otto), mit der das Kind von sich aus die Welt erobert und sein Weltbild aufbaut (→ Gurlitt).

Die Selbstkritik der P. v. K. a. hat Dewey selbst scharf artikuliert (Experience and Education, New York 1938), indem er auf ihr unbefriedigendes Improvisieren, auf den kindl. Despotismus, auf das Fehlen wirklicher Freiheit, → Autorität und Disziplin und auf die Tatsache hinwies, daß es im Bereich des Geistigen keine »spontane Befruchtung« gibt, sondern der Schüler ebenso des Lehrers wie die Schule der Kultur bedarf. Die Gedanken einer P. v. K. a. erleben in vielen sog. → Alternativschulen und in der → Antipädagogik der 80er J. eine boomartige Wiederbelebung. Ein offenes Problem der P. v. K. a. besteht darin, von welchem Kinde sie eigentl. ausgeht – vom konkreten Kind oder (nur) von einem bestimmten Bild des Kindes, das im Kopfe dieser Pädagogen herrscht. → Reformpäd.

L.: E. Key, Das Jh. des Kindes (schwedisch 1900), dt. 1902 u. ö.; J. Dewey, Schools of To-Morrow, New York 1915; B. H. Body, Progressive education at the crossroads, New York 1938; H. M. Lafferty, Sense and Nonsense in Education, New York 1947; A. E. Beston, Educational Wastelands, Urbana (III.) 1953; Th. Dietrich (Hg.), Die Päd. Bewegung »Vom Kinde aus«, 1966, [4]1982 (m. Bibl.); Th. Wilhelm, Päd. der Gegenw., 1967, [5]1977; G. Acone, Profilo critico del Marx-Freudismo pedagogico, Neapel 1978; K. Prange, Was heißt »P. v. K. a.«?, 1986; W. Böhm u. a., Schnee vom vergangenen Jh., 1993, [2]1994; W. Böhm, J. Oelkers (Hg.), Reformpäd. kontrovers, 1995, [2]1999; J. Weisser, Das heilige Kind, 1996; E. Weiß, »V. K. a.«. Ein »reformpäd.« Slogan und seine Problematik, in: Archiv f. Reformpäd., 3 (1998) 1/2.

**Pädagogikunterricht** bezeichnet den Unterricht im Fach → Päd. an Schulen (nicht das Pädagogikstudium an Fachhochschulen oder Univ.n). Päd. findet sich als → Fach an berufsbildenden Schulen im Rahmen der Ausbildung für soziale, pflegerische oder päd. Berufe (→ Erzieherin). Inhaltlich geht es dabei oft um hist. Abrisse (etwa der Vorschulerziehung), päd. Rechts- und Institutionenkunde und die Sammlung mehr oder weniger erprobter Handlungsanleitungen. Als Fach an allgemeinbildenden, meist höheren Schulen ist Päd. nur in einigen Bundesländern (z. B. Nordrhein-Westf.) vertreten, bei steigender Zahl der Schüler in diesem Fach. Bereits die → Saarbrücker Rahmenvereinbarung von 1960 und dann die Empfehlungen zur Reform der gymnasialen Oberstufe von 1972 hatten einen (wahlfreien) PU angeregt. Der PU wird unterschiedlich begründet: 1. in den berufsbildenden Schulen dient er der Qualifizierung für die jeweiligen Tätigkeiten, 2. in den allgemeinbildenden Schulen wird er als Information über einen immer wichtiger werdenden Teil der gesellschaftl. Praxis als Vorqualifikation für die spätere Vater- bzw. Mutterrolle (in Bayern ist durch die Verfassung Erziehungskunde in der Hauptschule geboten) und als Reflexion der eigenen Erfahrung und des eigenen Handelns (etwa Schülerrolle) gesehen. Heute beinahe ohne Bedeutung ist das Motiv, durch PU für den Lehrerberuf zu werben.

Eine eigene Didaktik des PU ist erst im Entstehen. Die grundsätzliche Frage dabei lautet, ob PU wissenschaftspropädeutisch oder im Sinne von Handlungsanweisung zu konzipieren sei. Nach K. Beyer soll der PU zw. beiden Extremen vermitteln, d. h. nicht theoriefrei und nicht streng rezepthaft sein, die Erziehungswiss. aber als Bezugsebene mit Dienstleistungscharakter als »Handlungspropädeutik« unter ausdrücklichem Bezug auf die Gegenwart der Schüler ansehen. Dabei könnte der PU sozialwiss. und philosophische Erkenntnisse für die Schule integrieren.

Eigene Lehrpläne/Curricula liegen in Bayern (1976), Hamburg (1976) und Nordrhein-Westfalen (1970 bzw. schon 1961) vor. Die Kritik des tatsächlichen PU und der in letzter Zeit zahlreich erschienenen Unterrichtswerke bemängelt seinen stark seminaristischen Charakter (reiner »Lektürebetrieb«) und die zu geringe Beachtung der eigenen Erfahrungen der Schüler.

L.: K. Beyer, P. Eine Konzeption, 1976; E. Groß (Hg.), Erziehungswiss. Unterricht, 1977; Vjschr. für wiss. Päd. (1977) 4 (Themenheft); Zschr. für Päd. 24 (1978) 6 (Themenheft); Adick, Bonne, Menck, Didaktik des PUs, 1978; K. Beyer, Reader zur Didaktik des Unterrichtsfaches Päd., 1978; Groothoff, Ackermann, Billstein, Erziehungswiss. Unterricht, 1978; J. Langefeld (Hg.), Fach: Päd., 1978; R. Rauscher (Hg.), Erziehungskunde, 1978; K. Beyer, Pfennings, Grundlagen d. PU.s, 1979 (m. Bibl. der Unterrichtswerke); R. Hülshoff, U. v. d. Burg, H. Kreis (Hg.), P., 1981; U. v. d. Burg, H. Kreis (Hg.), Lex. zur Päd., 1982, [3]1987; J. Langefeld, Unterrichtsplanung im Fach Päd., 1982; K. Beyer, Handlungspropädeut. P., 3 Teile, 1997/98.

**pädagogische Anthropologie** → Anthropologie, Päd.

**Pädagogische Provinz,** eine von → Goethe in »Wilhelm Meisters Wanderjahren« (1821, 1829) geschilderte ideale Erziehungsstätte in Form einer Lebens- und Erziehungsgemeinschaft, in der alle menschlichen Tätigkeiten in den Dienst der Erziehung gestellt werden. Wesentlicher Bestandteil der Erziehung sei die Kunst, oberste Leitidee die Ehrfurcht. Wahrscheinlich ist Goethes Darstellung dem »Erziehungsstaat« → Fellenbergs nachgebildet. – Die Idee einer P. P. kehrt oft in Romanen, päd. Darstellungen oder Utopien wieder. Bedeutende Schilderungen der Gegenwart sind H. Hesses »Glasperlenspiel« (1943), → B. F. Skinners »Futurum zwei« (1948, dt. 1970).

L.: W. Flitner, Goethes päd. Ideen, 1948, ²1962; M. Hohmann, Die päd. Insel, 1966; L. Fertig, J. W. von Goethe, der Mentor, 1991; H. Lipka, Der Pädagoge und die p.P., in: Päd. Rundsch., 47 (1993) H. 1.

**pädagogische Soziologie** → Soziologie der Erziehung.

**Pädagogische Psychologie.** Obwohl sich die Pädagogen zu allen Zeiten um psychologisches Wissen bemüht haben, kann von P.P. als einer wiss. Disziplin erst seit diesem Jahrhundert die Rede sein. Gewöhnlich werden E. → Meumanns ›Vorlesungen zur Einführung in die experimentelle Päd. und ihre psycholog. Grundlagen‹ (1907–1914) als ihr Anfang angesehen; 1917 hat A. → Fischer ihre Aufgabe als die ›wissenschaftliche Erforschung der psychischen Seite der Erziehung‹ bestimmt. Damit wurde klargestellt, daß es sich bei der P.P. nicht um eine ›Anwendung‹ von (meist verkürzten) Ergebnissen der Allg. Psychologie auf Erziehung und Lernen handelt, sondern um ein eigenes abgegrenztes Forschungs- und Lehrgebiet.
Während im frankophonen Raum der Bereich der P.P. oft auf eine Psychologie der Erziehungssysteme ausgedehnt wird und in den → USA die Psychologisierung der Erziehung fast zu einem Aufgehen der Päd. in P.P. zu führen droht, beschränkt sich die P.P. im deutschen Kulturraum vorwiegend auf die Untersuchung der psycholog. Komponenten in realen (schulischen und außerschulischen) Erziehungssituationen und auf die Erforschung der psychologischen (Lern- und Entwicklungs-)Prozesse, die durch verschiedene (Erziehungs-)Methoden in Gang gebracht werden. Zu diesen Komponenten zählen neben den sozialpsycholog., situationsspezifischen und motivationalen Bedingungsfaktoren von Erziehungs-, Lern-, und Entwicklungsprozessen vor allem die Gruppenstruktur einer Klasse, die Führungsstile des Lehrers, die Unterrichtsformen, die Methoden der Leistungsbeurteilung sowie die Diagnose und Therapie von Lernstörungen und Erziehungsschwierigkeiten.
Die Schwerpunkte der P.P. liegen somit (in Forschung, in Lehre) auf Entwicklung und Sozialisation, der sozialen Interaktion in Schule und außerschulischen Erziehungseinrichtungen, Lernen und Denken sowie Lehren und Beurteilen.

L.: E. Meumann, Vorlesungen zur Einführung in die experimentelle Päd. u. ihre psycholog. Grundlagen, 3 Bde., 1907–1914; A. Fischer, Über Begriff und Aufgabe der P.P., in: Zschr. f. P.P. und experimentelle Päd., 18 (1917); L. E. Thorndike, Psych. der Erziehung, dt. 1930, Nachdr. 1970; M. Keilhacker, P.P., 1951, ⁷1968; H. Hetzer (Hg.), P.P. = Hdb. der Psych., Bd. 10, 1959; R. u. A. Tausch, Erziehungspsychologie, 1963, ⁹1979; W. Correll, Einf. in die P.P., 1966, ⁸1978; H. Röhrs (Hg.), Der Aufgabenkreis der P.P., 1971; M. J. Hillebrand, Einf. in die P.P., 1974; D. P. Ausubel, Psych. des Unterrichts, 2 Bde., dt. 1974; K. Heller u. H. Nickel (Hg.), Psych. der Erziehungswiss., 4 Bde., 1976–78; J. Brandstätter u. a. (Hg.), P.P., 1979; G. L. Huber u. a., P.P. als Grundlage päd. Handelns, 1984; N. L. Gage u. D. C. Berliner, P. P., 1986; M. Weidenmann u. A. Krapp (Hg.), P. P., 1986, ²1996; H.-P. Nolting u. P. Paulus, P. P., 1992; G. Mietzel, Psych. in Erz. u. Unterricht, ⁴1993; Ch. Perleth u. A. Ziegler (Hg.), P. P. Grundl. u. Anw.felder, 1999.

**pädagogische Tatsachenforschung.** Von → Petersen und seiner Frau Else Müller-Petersen entwickelte Methode, die vorgegebene erzieherische Wirklichkeit auf ihre Tatsachen und Strukturen hin zu erfassen und von dieser Grundlage aus Modellvorstellungen für die Unterrichts- und Erziehungspraxis zu entwerfen. Die p. T. stellt einen wichtigen Schritt auf dem Weg zu einer empirischen Unterrichtsforschung dar. Sie ist von einer → phänomenolog. Päd., der → deskriptiven Päd. A. → Fischers und der → Strukturpäd. zu unterscheiden. → Analyt. Erz.wiss., F. → Winnefeld.

L.: P. u. E. Petersen, Die p. T., hg. v. Th. Rutt, 1965; G. Slotta, Die p. T. P. u. E. Petersens, 1962; Th. Dietrich, Die Päd. P. Petersens, 1973, ⁶1995; P. Kaßner, Die p.T. von E. und P. Petersen, in: Päd. Rundsch., 51 (1997) H. 3.

**pädagogischer Bezug** bezeichnet das erzieherische und bildende Verhältnis zw. Erzieher und Zögling (→ *educandus*), Lehrer und Schüler, Meister und Jünger, sei es zw. Erwachsenem und Kind/Heranwachsendem oder sei es zw. Erwachsenen.
Der Sache nach bildet der p. B. eine unverrückbare Grundlage jeder Bildungstheorie, als Terminus wurde er v. a. von → Nohl in die päd. Fachsprache eingeführt. Seit → Platon

**Päderastie**

gelten – mit unterschiedl. Akzentuierung – mindestens folgende Elemente als konstitutiv und charakteristisch für den p. B.: die Differenz zw. erwachsenem und heranwachsendem, reifem und heranreifendem Menschen; die reflektierte Verantwortlichkeit des Erziehers für den Zögling; die Vorläufigkeit des p. B.s und sein notwendiges Zielen auf Selbstaufhebung; die wechselseitige Anerkennung von → Autorität in einem auf Vertrauen, Wohlwollen, → Gelassenheit und päd. → Liebe gründenden Verhältnis (vgl. → Pestalozzi); schließlich die Ausgerichtetheit auf Einsicht, Selbständigkeit und Entscheidungsfähigkeit des Zuerziehenden.

Der Begriff des p. B.s hat vielfältige Kritik erfahren: von existenzphilosophischer Seite (→ Existentialismus) wird eingewandt, in einer Zeit des ausweglosen Wertepluralismus und der Wertunsicherheit müsse sich der p. B. in eine auf unaufhebbarer Ratlosigkeit beruhende Beratungsgemeinschaft auflösen (E. → Fink). Werden Politik und Päd. (weitgehend) identifiziert, ebnet sich der p. B. ein zu einer »breiten Basis miteinander agierender Kommunikationsteilnehmer« (K.-H. Schäfer, → Schaller). Aus soziologischer Sicht erscheint der p. B. als subjektivistisch-psychologistische Idylle, die angeblich den Gruppenbeziehungen und den sozialen Bedingungen von Erziehung nicht genügend Rechnung trägt.

L.: K. Schaller, H. Gräbenitz (Hg.), Auctoritas und Potestas, 1968; N. Kluge (Hg.), Das päd. Verhältnis, 1973; E. Fink, Erziehungswiss. und Lebenslehre, 1970; K.-H. Schäfer, K. Schaller, Krit. Erziehungswiss. und kommunikative Didaktik, 1971; F. W. Kron, Theorie der erzieher. Verhältnisse, 1971; D. Ulich, Päd. Interaktion, 1976; K.-H. Schäfer, Interaktion als Grundbegriff der Päd., (FU Hagen) 1977; A. Schnitzer (Hg.), Der p. B., 1983; H.-J. Gamm, Päd. Ethik, 1988; P. Nenniger, Das päd. Verhältnis als motivationales Konstrukt, 1988; J.-S. Lee, Der p.B., 1989; H.-Chr. Koller, Die Liebe zum Kind und das Begehren des Erziehers, 1990; P. Brozio, E. Weiß (Hg.), Päd. Anthrop., biograph. Erz.forsch., päd. Bezug (FS f. W. Loch), 1993; P. Brozio, Vom p.B. zur päd. Beziehung, 1995; H. Giesecke, Die päd. Beziehung, 1997.

**Päderastie** (griech.: Knabenliebe), meint heute meist nur die gleichgeschlechtliche (Sexual-)Beziehung eines Älteren zu einem Jüngeren oder Knaben (entsprechend Pädophilie als sexueller Beziehung eines Erwachsenen zu einem Kinde). Im griech. → Altertum erwuchs die P. aus der Kriegergemeinschaft; da die Familie und die Frau den Rahmen für die Erziehung nicht bilden konnten, verwirklichte sie sich in dem von Lernbereitschaft, Verehrung, geistiger Vaterschaft gekennzeichneten Verhältnis Mann und Knabe.

L.: H. J. Marrou, Gesch. der Erziehung im klass. Altertum, (frz. 1948), 1957, als TB 1977; J. A. Symonds, Die Homosexualität in Griechenland, 1992; C. Reinsberg, Ehe, Hetärentum und Knabenliebe im antiken Griechenland, 1993.

**Paideia** (griech., ursprüngl. Kindererz., seit spätklass. Zeit → Bildung, Humanität), bezeichnet die in der griech. Antike angestrebte ideale Einheit der körperl.-polit.-musischsittl. Erziehung im Rahmen der Lebensordnung der Polis. Ihr Ziel war eine umfassende Kultur, ihr individuelles Ergebnis der durch die harmonische Entfaltung seiner leiblichen, seelischen und geistigen Kräfte vollendete Mensch (*Kalokagathia*). → Altertum, → Hellenismus, → Humanismus, → Humboldt, → Klassisch, → Platon.

L.: W. Jaeger, P., 3 Bde., 1934, ⁴1959; Th. Ballauff, Die Idee der P., 1952; O. Seel, P. und Humanitas, 1962; E. Lichtenstein, Der Ursprung der Päd. im griech. Denken, 1972; H.-Th. Johann (Hg.), Erz. und Bildung in der heidn. und christl. Antike, 1978; B. Schwenk, Gesch. der Bildung u. Erz. von der Antike bis zum MA, 1996.

**Paidologie** (auch Pädologie), um die Jh.wende (bes. im frankophonen Raum) übliche zusammenfassende Bezeichnung für das Studium des Kindes, insbes. im Hinblick auf seine gesunde Entwicklung von Geburt bis → Pubertät. Heute wird P. seltener und dann im Sinne einer Gesamtwesenslehre vom Kinde gebraucht (z. B. W. Rest, Das Menschenkind, 1961 u. ö.). → Kindheit.

L.: M. Depaepe, Zum Wohl des Kindes?, 1993.

**Pakistan.** Ein Erziehungswesen bestand im Gebiet des heutigen P. schon in der frühen Hochkultur des Industales (um 3000 v. Chr.). Zw. 1600 v. Chr. und Mitte des 7. Jh. n. Chr. erhielt die Erziehung allmählich eine brahmanische und buddhistische Prägung. Mit dem Heraufkommen des Islam im 8. Jh. und der Festigung der muslimischen Herrschaft im 11. Jh. setzte sich der islam. Charakter im Bildungswesen durch. Nach der Errichtung der britischen Kolonialherrschaft 1757 wurden 1835 die ersten Schulen nach westl. Muster zur Ausbildung einer einheimischen Elite gegründet. Daraus entwickelte sich allmählich das bei der Erlangung der Unabhängigkeit (1947) übernommene Bildungswesen. Seit Mitte der 70er Jahre gewinnt das nach wie vor bestehende trad. islamische Bildungswesen (→ Koranschule, → Medresse) immer stärkere Bedeutung.

Die Verfassung von 1956 erlegt dem Staat die Sorge für das Bildungswesen auf. Die gesetzliche und administrative Zuständigkeit liegt mit wenigen Ausnahmen bei den 4 Provinzialregierungen (Punjab, Nord-West-Provinz, Sind, Baluchistan). Eine allg. Schulpflicht besteht bis heute nicht. Nur $1/3$ der Bevölkerung kann lesen und schreiben. Nur jedes zweite Kind besucht eine Schule, und von diesen absolvieren nur etwa die Hälfte die gesamte Primarausbildung; etwa $1/4$ der Lehrer sind nicht ausgebildet. Das Schulsystem umfaßt 5kl. Primarschulen für 5 bis 10.j., eine 3j. Mittelstufe, eine in 2 Stufen gegliederte Sekundarstufe sowie die Hochschulbildung. Hauptprobleme sind die Verwirklichung der allg. Volksbildung, die Verbesserung der Ausbildungsqualität, die Überwindung des vorzeitigen Schulabgangs sowie die Korrektur des gegenwärtigen Ungleichgewichts im Bildungswesen durch Verlagerung von den tradit. allgemeinbildenden und geisteswiss. Fächern auf die naturwiss. und techn. Ausbildung.

Seit den 70er Jahren (5-Jahrespläne) hat P. seine Anstrengungen auf bildungspolit. Gebiet (Ausdehnung des Bildungswesens auf allen Stufen einschließl. des Hochschulbereichs, Verbesserung von Ausbildung, Status und Einkommen der Lehrer) beträchtlich verstärkt.

So wurde zuletzt im Rahmen eines 1998 nationalen Bildungsprogramms beschlossen, den Primarbereich weiter auszubauen, mit dem Ziel, den Analphabetismus auf 50% bis 2003, bzw. auf 30% bis 2010 zu senken. Zudem soll die inzwischen fortgeschrittene Islamisierung der Schulen weiter forciert werden.

L.: R. Fuhr, Das Erziehungswesen in West-P., 1969; F. E. Keay, D. d. Karve, A History of Education in India and P., London 1973; J. H. Qureshi, Education in P., Karatschi 1975; Ministry of Education (Hg.), Development in Education in P., Islamabad 1986; National Education Council (Hg.), Primary Education Improvement, Islamabad 1986; S. J. Malik, Islamisierung in P. 1977–1984, 1989; N. J. Quddus, Problems of Education in P., Karatschi 1990; D. Conrad, W.-P. Zingel (Hg.), P., 1992; Min. of Education (Hg.), The Development of Education in P., Islamabad 1994.

**Panama** → Lateinamerika.

**Pansophie** (griech.: Allwissen). Eine mystisch-relig. Bewegung des 16. und 17. Jh., u. a. von Paracelsus und Jakob → Böhme vertreten, wird sie bei → Comenius zur Grundlage seiner Päd. Der Grundgedanke dieser pansophischen Päd. ist: Der Mensch als Mikrokosmos im gotterfüllten Universum muß das rechte Wissen von allen Dingen haben, um im Handeln den rechten Gebrauch von ihnen machen zu können.

L.: W. E. Peuckert, P., 3 Bde., 1936, ²1957; K. Schaller, P. Untersuchungen zur Comenius-Terminologie, 1958.

**Paradigma** (von griech. *paradeigma* = Beispiel). Obwohl das Wort in verschiedenen Wissenschaften gebraucht wurde, gewann es als Begriff erst mit Th. Kuhns Buch *The Structure of Scientific Revolutions* (1962) Eingang in die wissenschaftl. Sprache. Kuhns These ist, daß zu allen Zeiten das wissenschaftl. Denken und die wiss. Methoden von einem jeweils anerkannten Modell von Theorie und Praxis, eben dem herrschenden »P.«, geleitet werden. Die wiss. Arbeit vollzieht sich innerhalb dieses Modells und dient seinem Ausbau. Neue Forschungsergebnisse können zu Widersprüchen mit dem geltenden P. und schließlich zu seiner Ablösung durch ein anderes P. führen (→ Forschungsmethoden). Als Beispiele für solche »Paradigmenwechsel« nennt Kuhn u. a. die Kopernikanische Revolution des Weltbildes, Lavoisiers Oxydationstheorie, die Newtonschen Gesetze und Darwins Evolutionslehre.

Einer umstandslosen Übertragung des aus der Naturwiss. abgezogenen Begriffs auf die Pädagogik steht entgegen, daß in der Pädagogik weniger Einigkeit über die Grundbegriffe und Methoden besteht als in den Naturwissenschaften, daß ihre Forschungsgegenstände weit weniger exakt bestimmt sind und die → Bildung des Menschen überhaupt nicht jenen Grad von Wissenschaftlichkeit der Naturwiss. erreichen kann, der erst den Gebrauch des Begriffs P. erlauben würde. So dient der Vorwurf, eine Theorie bewege sich »außerhalb des geltenden P.«, häufig nur der immunisierenden Verteidigung des eigenen Standpunktes. → Ideologie.

L.: Th. Kuhn, Die Struktur wissenschaftlicher Revolutionen, dt. 1967; J. Lakatos u. A. Musgrave (Hg.), Kritik und Erkenntnisfortschritt, dt. 1974; W. Diederich (Hg.), Theorien der Wissenschaftsgeschichte, 1974; F. Suppe (Hg.), The Structure of Scientific Theories, Urbana (Ill.) 1977; D. Goldmann Cederbaum, Paradigms, in: Studies in History and Philosophy of Science, 14 (1983); R. Barrow, The paradigm to end paradigms, in: G. Milburn u. R. Enns (Hg.), Curriculum Canada IV, Vancouver 1985; D. Hoffmann, Bilanz der Paradigmendiskussion in der Erz.wiss., 1991; P. Brauneck, Das Paradigmenproblem in der Päd., 1992; H. Röhrs, Theorie und Praxis der Forschung in der Erz.wiss., 1996.

**Paragraphie** (griech.: Danebenschreiben) bezeichnet eine Schreibstörung, die sich durch Verwenden falscher Wörter, Buchstaben oder Satzteile (Verwechseln, Vertauschen) zeigt; der Schweregrad der Störung kann sich mit den Umständen ändern, unter denen geschrieben wird (spontanes Schreiben, Abschreiben, Diktat etc.). P. kann die Folge einer → Aphasie sein.

**Paraguay** → Lateinamerika.

**parent effectiveness training,** ein um 1960 von Thomas Gordon in den USA entwickeltes Programm der Elternschulung. Bis 1975 nahmen an ihm etwa 250 000 Eltern teil. Im Mittelpunkt steht das Erlernen kommunikativer Fähigkeiten (verstehendes Zuhören, Thematisierung der Beziehungsebene, direkter Ausdruck von Gefühlen, wechselseitiges → feed back usw.) und des Lösens von Konflikten, ohne Verlierer zu haben. Daneben steht die → Beratung der Eltern bei Erziehungsproblemen. Sie sollen miteinander und mit ihren Kindern weniger streiten, mehr gegenseitige Achtung und positive Gefühle aufbauen und eine bessere Erziehungsatmosphäre schaffen.

L.: D. D. Briggs, Your Child's Self-Esteem, New York 1970; T. Gordon, Familienkonferenz, dt. 1972 u. ö.; ders., Lehrer-Schüler-Konferenz, dt. 1977, [4]1992; ders., Familienkonferenz in der Praxis, dt. 1978, [5]1992; R. Dreikurs u. a., Familienrat, dt. 1977, als TB 1985; S. Wahlroos, Familienglück kann jeder lernen, dt. 1978, als TB 1980; T. Gordon, Die neue Familienkonferenz, dt. 1993.

**Parkhurst, Helen,** * 3. 1. 1887 New York City, † 14. 4. 1959 ebd. Als Landschullehrerin suchte sie die Probleme des gleichzeitigen Unterrichts verschiedener Jahrgänge zu lösen und entwickelte, angeregt durch → Montessori, ihren → Dalton-Plan.

Schr.: Education on the Dalton-Plan, London 1922; Die Welt des Kindes, dt. 1955.
L.: A. J. Lynch, The rise and progress of the Dalton-Plan, London 1926; H. Besuden, H. P.s Dalton-Plan in den Vereinigten Staaten, 1955; H. Röhrs, Schule und Bildung im internat. Gespräch, 1966; D. Lager, H. P. and the Dalton-Plan, Hartford (Conn.) 1983; S. F. Semel, The Dalton-School, New York 1992; H. Röhrs, Die Montessori- und Dalton-Plan-Schulen in Holland als Beispiele der Reformpäd. des Auslands, in: Die Schule in der modernen Gesellschaft, 1994; S. Popp, Der Dalton-Plan in Theorie und Praxis, 1995; S. Koch, Freie Arbeit als päd. Motiv in der Reformpäd., 1996.

**Parochialschulen,** Pfarrschulen, wurden von → Karl d. Gr. gefördert; im Mittelalter in den einzelnen Pfarreien eingerichtete und vom Pfarrer betreute Schulen, die vornehmlich einer ersten Unterrichtung künftiger Kleriker dienten und einen allg. Elementarunterricht anboten. Sie verloren mit der Entwicklung des Staatsschulwesens im 18. Jh. immer mehr an Bedeutung.

**Pascal, Blaise** * 19. 6. 1623 Clairmont-Ferrand, † 19. 8. 1662 Paris; Philosoph, Theologe, Naturwissenschaftler und Mystiker; stellte der neuen Naturwiss. (Kennen) und dem *esprit fin* der Geisteswiss.n (Erkennen) als dritte Ordnung die des Herzens (*Ordre du cœur*) und des relig. Denkens (Bekennens) gegenüber. P. sah die menschl. Existenz beständig von Verfallserscheinungen bedroht und ihre Rekonstitution als die anthropologisch begründete fundamentale Aufgabe der Erziehung. P.s päd. Bedeutung ist im dt. Sprachraum nur wenig gesehen worden. → Mystik.

Schr.: Œuvres complètes, hg. v. L. Brunschvicg u. a., 14 Bde., Paris 1904–14; zahlr. dt. Einzelausgaben, u. a.: Größe u. Elend d. Menschen, 1973; E. Zwierlein (Hg.), P. (ausgew. und vorgestellt), 1997.
L.: P. Boutroux, P., Paris 1912; P.-L. Landsberg, P.s Berufung, 1925; E. Wasmuth, Die Philos. P.s, 1949; A. Rich, P.s Bild vom Menschen, 1953; H. Ehrenberg, In

der Schule P.s, 1955; E. Wasmuth, Der unbekannte P., 1963; I. Kummer, B. P., 1978; F. X. J. Coleman, Neither Angel nor Beast, The Life and Work of B. P., London 1986; U. Kirsch, B. P.s ›Pensées‹ (1656–1662), 1989; Th. V. Morris, Making Sense of it all, Grand Rapids (Mich.) 1992; H. Grunow, Der Weg der Wahrheit, die zum Leben führt, 1993.

**Paulsen,** Friedrich * 16. 7. 1846 Langenhorn (Schleswig-Holstein), † 14. 8. 1908 Steglitz; 1871 Dr. phil. Berlin, 1875 Habil. f. Philos. Berlin, 1878 a. o. Prof., 1894 o. Prof. f. Phil. Berlin (las seit 1877 auch Päd.). Wiss. und Päd. sah P. nicht als reine Erkenntnis, sondern als Mittel der Weltveränderung und -verbesserung; auch seine bis heute nicht überholte »Geschichte des gelehrten Unterrichts auf den dt. Schulen und Univ.n vom Ausgang des Mittelalters bis zur Gegenwart« (1885, 3. erw. Aufl. in 2 Bdn. 1919–21; Nachdruck Aalen 1965) sollte der Schulreform dienen. Zu seinen Schülern gehörten u. a. → Otto, → Spranger, → Cohn, → Wust, → Husserl.
Schr.: System der Ethik, 2 Bde. 1889, [12]1921; Einleitung in die Phil., 1892, [42]1929; I. Kant, 1898, [7]1924; Päd., 1911, [7]1921; Ges. päd. Abhandlungen, 1912; Ausgew. päd. Abhandlungen, hg. v. C. Menze, 1960.
L.: B. Schmoldt, Zur Theorie und Praxis des Gymnasialunterrichts 1900–30, 1980; H. Glöckel (Hg.), Bedeutende Schulpädagogen, 1993; R. Kränsel, Die Päd. F. P.s, 1993; D. Stüttgen, Päd. Humanismus und Realismus in der Darstellung F. P.s, 1993; E. Weiss, F. P. und seine volksmonarchistisch-organizistische Päd. im zeitgenöss. Kontext, 1999.

**Pédagogie institutionnelle.** Als eine in der Tradition der → Reformpädagogik (insbes. → Freinet-Bewegung) stehende und durch sozialpsychologische Forschungsergebnisse aus den USA angereicherte Bewegung entstand sie anfangs der 1960er Jahre in Frankreich mit dem Ziel, die »Schul-Kasernen« zu erneuern. Sie wendet sich gegen die bürokratischen Strukturen des Bildungswesens und fordert → Nicht-Direktivität (*non-directivité*) der Lehrer sowie Selbstbestimmung der Schüler (*autogestion pédagogique*) in bezug auf die Organisation der Lehr- und Lerninhalte, die Methoden und die Gestaltung des gesamten Klassenlebens.
Die p. i. hat sich nach 1964 in eine mehr therapeutische (A. Vasquez, J. Oury u. a.) und eine stärker sozioanalytische Richtung (R. Fonvieille, M. Lobrot, G. Lapassade, R. Lourau u. a. ) aufgespalten. Während jene auf Verbesserungen in der Schulklasse zielt (Klassenrat, differenzierter Unterricht, Arbeitsgruppen, geregelte Aufgabenverteilung u. a.), sieht diese die pädagogische Selbstbestimmung (verbunden mit einer institutionellen Analyse) auch als Vorstufe zur sozialen und polit. Selbstbestimmung und zur Aufweichung der bürokratischen Verhärtungen in Schule und Gesellschaft. Die Vertreter der zweiten Richtung haben sich nach 1968 meist von der Schule abgewandt und die (als interne oder externe Sozioanalyse konzipierte) Analyse auf andere gesellschaftl. Institutionen ausgedehnt (Universitäten, Erwachsenenbildung, Gewerkschaften etc.). Elemente der p. i. werden gegenwärtig auch in Deutschland im Hinblick auf ein selbstbestimmteres Gestalten von Schule und Schulleben erörtert. → Schulautonomie.
L.: R. Hess, La pédagogie institutionnelle aujourd'hui, Paris 1975; R. Hess, A. Savoye, L'analyse institutionnelle, Paris 1981, [2]1993; G. Weigand, Erziehung trotz Institutionen?, 1982; G. Weigand, R. Hess, G. Prein (Hg.), Theorien und Praktiken der institutionellen Analyse, 1988; P. Heitkämper (Hg.), Lust auf Schule, 1994; A. Lamihi, De Freinet à la p. i., Paris 1994.

**Pedley,** Robin *11. 8. 1914 Grinton (Yorkshire), Prof. of Education 1947 Univ. Leicester, 1963 Univ. Exeter, 1971 Univ. Southampton; stritt seit 1949 gegen das »eleven plus«-Examen und für eine gesamtschulähnliche Organisation der Sekundarstufe. Sein Buch *The Comprehensive School* (Harmondsworth 1963, [3]1978; dt.: Die englische Gesamtoberschule, 1966) erreichte eine Auflage von über einer Viertelmillion.
Schr.: Comprehensive Education, London 1956; Towards the Comprehensive University, London 1977.

**peer group,** Zusammenschluß von »Gleichen«, v. a. von gleichaltrigen Kindern und Jugendl. (Spiel-, Nachbarschafts-, Kameradschaftsgruppen, Cliquen usf.), dessen päd. bzw. sozialisatorische Bedeutung darin liegt, daß sie als primäre soziale (Bezugs-) → Gruppe zw. Familie und Gesellschaft bzw. Kindheit und Erwachsensein tritt, indem sie eine zunehmende Ablösung des Heranwachsenden von den Wertorientierungen und Abhängigkeiten des Elternhauses gestattet und ihm statt dessen neue, familienunabhängige

**perfectibilité**

soziale Erfahrungen bietet sowie spezifische Normen jugendl. → Subkultur vermittelt, ohne ihrerseits frei zu sein vom Druck zwanghafter Konformität und Loyalität (der p. g. gegenüber).

**perfectibilité** (frz.). In der → Anthropologie → Rousseaus bildet die p. neben dem Selbsterhaltungstrieb und dem Mitleid das herausragende Merkmal des Menschen. Sie hat ihre biolog.-anthropol. Grundlage in der Instinktunsicherheit des Menschen, die ihn zu einem »frei handelnden Wesen« (im Gegensatz zum sich bloß verhaltenden Tier) macht. Die p. ermöglicht überhaupt erst die → Bildung des Menschen zu einer sittlichen Existenz und ist gleichzeitig der Grund für seine → Entfremdung. Der Sache nach wurde der Gedanke der p. für die Pädagogik der Folgezeit von zentraler Bedeutung, dem Gehalt nach wurde er jedoch um einen wesentlichen Aspekt verkürzt: In seinen analogen dt. Übertragungen als »Vervollkommnungsfähigkeit« (→ Kant, → Herder, → Schiller, → Lessing), als → Bildsamkeit (→ Herbart) oder auch (in aktuellen Erziehungstheorien) als → Erziehungsbedürftigkeit ist Rousseaus grundlegende Einsicht in die Ambivalenz der menschlichen Entwicklung und in die damit verbundene Gefährdung des Menschen (auch durch Erziehung!) weitgehend verloren gegangen.

L.: J.-J. Rousseau, Diskurs über die Ungleichheit – Discours sur l'inégalité, hg. v. H. Meier, Paderborn 1984; F. Tubach, P. und die Dt. Aufklärung, in: Études Germaniques 14 (1960); W. Voßkamp, »Un livre paradoxal.« J.-J. Rousseaus ›Emile‹ in der dt. Diskussion um 1800, in: Rousseau in Dtl., hg. v. H. Jaumann, 1995; R. Bolle, Jean-Jacques Rousseau, 1995; D. Benner, Das Konzept der p. bei J.-J. Rousseau, in: Seminar: Der pädagog. Rousseau, Bd. 2, 1995; F. Grell, Der Rousseau der Reformpädagogen, 1996; W. Braun, Vollkommenheit u. Erz., 1996.

**Persönlichkeitspädagogik,** eine heute eher als randständig eingeschätzte Strömung der → Reformpäd. (Begriff nach Buchtitel von E. → Linde). Die P. wandte sich gegen die Vorherrschaft einer (starren) Methodik des Unterrichts und der Erziehung und sah in der Persönlichkeit des Lehrers (Erziehers) das hauptsächliche Moment der Erziehung, ja den Garanten für ihr Gelingen und in der Ausbildung des Schülers zu einer Persönlichkeit das Ziel von Erziehung und Bildung.

Dabei wurde der Persönlichkeitsbegriff meist nur (unzureichend) durch die Angabe einiger Eigenschaften wie »innerlich produktiv, lebendig, werdend, charakterfest, wertorientiert …« bestimmt. E. Weber definierte Persönlichkeit 1931 als »innere Geschlossenheit oder Einheit des Denkens, Fühlens, Wollens und Handelns mit dem Gepräge des Eigenartigen oder Individuellen.« Die P. lief Gefahr, das → Individuum zu Lasten des Sozialen und Gesellschaftlichen überzubetonen und Schule auf Erziehung einzuengen. Zur P. sind zu rechnen: Itschner, → Linde und E. → Weber, im weiteren Sinne auch → Gansberg und → Scharrelmann. Die Persönlichkeitspädagogen standen in bes. Nähe zur → Kunsterziehungsbewegung. Der Begriff der Persönlichkeit spielt aber auch sonst in der → Reformpäd. und in der Päd. der 1. Hälfte des 20. Jh. insgesamt eine bedeutende Rolle (→ Gaudig, → Kerschensteiner, → Spranger).

Schr.: E. Linde, P., 1897, [5]1922; H. Itschner, Unterrichtslehre, 4 Bde., 1908–1917, [2/3]1923 (bes. Bd. 1 u. 4); E. Weber, Die Lehrerpersönlichkeit, 1912, [3]1922; ders., Persönlichkeit, Lehrerpersönlichkeit und P., in: Die Scholle 5 (1929); ders., Die neue Päd. und ihre Bildungsziele, 1931.

L.: A. Herget, Die wichtigsten Strömungen im päd. Leben d. Gegenw., Bd. 2, 1916, [5]1922; F. Zieroff, Probleme der Erziehung durch die Kunst, in: ders. (Hg.), Richtungen und Probleme der Erziehungswiss., Bd. 1, 1924; H. Anselm, Der Persönlichkeitsbegriff in der P., 1957; K. Renner, Ernst Weber und die reformpäd. Diskussion in Bayern, 1979; L. A. Pervin, Persönlichkeitstheorien, 1981, [3]1992; J. Asendorf, Keiner wie der Andere, 1988.

**Person.** Vermutlich etruskischen Ursprungs, bei den Römern ein juristischer Terminus, bezeichnet P. seit der christl. Spätantike das geistbegabte sittl. Individuum (Boethius) bzw. die Einheit seines Seins, Wissens und Wollens (→ Augustinus), welche den unbedingten Anspruch des Guten in der Bedingtheit der unwiederholbaren Geschichte zu realisieren hat. Nach → Kant gründet die Würde der menschl. Person darin, daß sie niemals nur Mittel für etwas, sondern stets auch Selbstzweck ist. → Mounier versteht die P. als »globale Spannung« nach den drei Dimensionen Berufung, Engagement und Communio: die P. hat sich ihrer je spezifischen Berufung bewußt zu werden, diese »engagiert« in ihrem Werk (in Wirtschaft, Politik, Kunst, Wiss. etc.)

zu verwirklichen und das in brüderlicher Hingabe an den Nächsten zu tun (→ Personalismus).
Der Mensch ist immer schon und jeder Mensch ist P., er kann P. sein nicht »lernen« oder erst P. »werden«. Selbstverwirklichung der P. und Erziehung zur P.werdung sind deshalb zu verstehen als Aktuierung einer immer schon gegebenen Möglichkeit. R. Berlinger spricht in diesem Zusammenhang von der aus der seinsmäßigen Verknotung von Vernunft, Freiheit und Sprache gebildeten »Architektur der Person«.

L.: R. Guardini, Welt und P., 1940 u. ö.; M. Heitger, W. Fischer (Hg.), Beiträge zur Bildung der P., 1961; A. Muñoz Alonso, La persona humana, Zaragoza 1962; B. Gerner (Hg.), Personale Erziehung, 1965; J. Schwartländer, Der Mensch ist P., 1968; D. Höltershinken, Anthropolog. Grundlagen personalist. Erziehungslehren, 1971; C. Piat, La personne humaine, Paris 1977; K. Woityla, P. und Tat, dt. 1981; M. Heitger (Hg.), Vom Verlust des Subjekts in Wiss. und Bildung, 1987; R. Berlinger, Die Weltnatur des Menschen, 1988; G. Flores d'Arcais, Die Erz. der P., 1991; K. Bort, Personalität und Selbstbewußtsein, 1993; Th. Kobusch, Die Entdeckung der P., 1993; H. J. Gößling, Subjektwerden, 1993; N. Glatzel, E. Kleindienst (Hg.), Die personale Struktur des gesellschaftl. Lebens, 1993; H. Schmidinger, Der Mensch ist P., 1994; P. Ricœur, Das Selbst als ein Anderer, dt. 1996; Ch. Gill, Personality in Greek Epic, Tragedy, and Philosophy, Oxford 1996; R. Spallmann, P.en, 1996; W. Böhm, Entwürfe zu einer Päd. der P., 1997; A. Lischewski, Person und Bildung, 1998.

**Personalisation,** ein von G. Wurzbacher in die sozial- und erziehungswiss. Diskussion geworfener Begriff. P. meint die »Selbstformung und -steuerung der eigenen Triebstrukturen«, die »sinngebende, koordinierende und verantwortliche, gestaltende Rückwirkung des Individuums auf die Faktoren Gesellschaft und Kultur«, die »Ausbildung und Anwendung der menschl. Fähigkeit zur Integration des sozialen und kulturellen Pluralismus«, in Abgrenzung zu → Sozialisation als sozialer Prägung und → Enkulturation als kultureller Bildung sowie zur Abwehr der mit anpassungsmechanistischen Konnotationen überfrachteten soziologistischen Theoriekonzepte der Vergesellschaftung des Menschen.

L.: G. Wurzbacher, Sozialisation–Enkulturation–P., in: ders. (Hg.), Der Mensch als soziales und personales Wesen, 1963.

**Personalismus,** P. im weiteren Sinne bezeichnet eine Philosophie bzw. eine Päd. (»personalistische Päd.«), in der die → Person eine bedeutende Rolle spielt; in diesem Sinne spricht J. → Maritain von einem thomistischen P. Dieser P. im weiteren Sinne gelangt auch zu Definitionen der Person, z. B. → Boethius, → Thomas von Aquin. P. im engeren Sinne meint ein Denken, das mit der intensiven Erfahrung der menschl. Person ansetzt und diese mit den verschiedenen Methoden beschreibt und analysiert (phänomenologisch, psychologisch, psychoanalytisch etc.). Dieser P. geht zurück auf E. → Mounier und die 1932 gegr. Zschr. »Esprit« und hat sich vor allem in Frankreich (J. Lacroix, P.-L. Landsberg, A. Béguin, J.-M. Domenach, P. Ricœur und Italien (A. Carlini, L. Stefanini, → G. Flores d'Arcais) ausgebreitet, aber auch in anderen Ländern Vertreter gefunden: A. Muños-Alonso, J. Marías, V. → García Hoz (Spanien), E. S. Brightman, W. E. Hokking (USA), M. → Schweizer (Argentinien) A. Schaff, K. Woityla (Polen), M. → Scheler, R. → Guardini, W. → Böhm (Dtl.). Als polit. Bewegung versteht sich der P. als »dritter Weg« zw. kapitalistischem Individualismus und sozialistischem Kollektivismus. Päd. wendet er sich gegen Autoritarismus (→ Autorität) und → Enzyklopädismus im schlechten Sinne einerseits und gegen einen unkritischen Spontaneismus »vom Kinde aus« andererseits. Der Begriff der Person dient dabei als konstitutive Idee päd. Denkens und erzieherischen Handelns; anwendbare Rezepte und jede technisch-mechanische Vorstellung von Erziehung lehnt der P. strikt ab.

L.: E. Mounier, Révolution personnaliste et communitaire, Paris 1935; ders., Le personnalisme, Paris 1950; E. S. Brightman, Nature and Values, New York 1945; P. Ricœur, Une philosophie personnaliste, in: Esprit, Dez. 1950; J. Lacroix, Le personnalisme comme anti-idéologie, Paris 1972; A. Rigobello (Ed.), Il personalismo, Rom 1975; W. Böhm, La educación de la persona, Buenos Aires 1982; ders., Theorie und Praxis, 1985, ²1995; G. Flores d'Arcais, Die Erziehung der Person, dt. 1990; Pedagogie personalistiche e/o Pedagogia della persona, hg. v. G. Flores d'Arcais, Brescia 1994; Rassegna di Pedagogia/Päd. Umschau, 54 (1996) H. 3–4 (Themenheft).

**Peru** verfügt nicht nur über eine reiche kulturelle Tradition, auch die Geschichte der peruanischen Erziehung reicht zurück in die Zeiten der Inkas. Diese vorkoloniale Erziehung war gekennzeichnet durch mündl.

**Pestalozzi**

Lehre, Beispiele, Orientierung an der Familie und bereits durch statistische Evaluation. Die → Kolonialpäd. nach der Kapitulation von Toledo 1529 zielte auf Hispanisierung und Christianisierung der Indios und erstreckte sich von Anfang an auf Elementarschulen, mittleres Bildungswesen und Univ.n (bereits 1551 Gründung der Univ. San Marcos in Lima). Der Übergang von der absoluten zur konstitutionellen Monarchie 1812 brachte erste demokratische und republikanische Tendenzen im Bildungswesen (Abschaffung der Inquisition, Forderung nach Elementarbildung für alle, 1822 Schaffung einer Lehrerbildungsstätte, Einführung der → Bell-Lancaster-Methode), die sich aber nur sehr langsam und partiell durchsetzen konnten (wichtige Erziehungsgesetze 1935, 41, 45 und der Plan der Educación Nacional 1950). Einen Neuanfang versuchte ab 1968 die (linke) Militärregierung unter General Juan Velasco Alvarado zu setzen: 1969 Universitätsgesetz, 1972 Allg. Erziehungsgesetz (*Ley General de Educación*). Vor allem das Erziehungsgesetz wollte die Erziehung der breiten Masse und den Ausgleich bisher vernachlässigter Bereiche ermöglichen; es gliederte das Bildungswesen horizontal in Stufen und versuchte besonders die einlinige Ausrichtung der Sekundarschulen auf die Univ. durch Institutionalisierung der berufl. Bildung zu unterbrechen (z. B. »Berufsabitur«, Erziehung durch Arbeit). Gerade diese angestrebte Integration von allgemeiner und berufl. Bildung stieß auf heftige Ablehnung und führte (neben fiskalischen und politischen Gründen) mit zum geringen Erfolg dieser Schulreform: die organisatorische Umwandlung erfolgte höchst schleppend: die benachteiligte Situation der Landbevölkerung (bes. in den Urwaldgebieten) hat sich nicht wesentlich verbessert; das Programm der zweisprachigen Erziehung ist kaum vorangekommen; der großangelegten *Alfabetización Integral* fehlte es an Durchschlagskraft, die ESEPs (Educación Superior de Enseñanza Professional) – Kernstück der Reform – haben sich quantitativ und qualitativ mangelhaft entwickelt. Seit 1980 wird in immer neuen national. Bildungsprogrammen (zuletzt 1995) versucht der nach wie vor bestehenden aktuellen Bildungsprobleme Herr zu werden: chaotische Situation der Univ.n (überfüllt, enorme Nachfrage nach Studienplätzen, polit. Unruhen), zahlreiche Lehrerstreiks, Unterbesoldung der Lehrer, 11,3% (1997) Analphabeten, geringer Vorschul- (25% der 3–6j.) und Schulbesuch (hohe → Drop-out-Rate der 6j. Primarschule). Seit 1970 gibt es in einigen Provinzen zweisprachige Erziehungsprogramme (bes. an Grundschulen) für die indianische Urbevölkerung. Seit 1972 besteht zur Planung, Beratung und Evaluation von Bildungspolitik und Schulreform das Instituto nacional de investigación y desarollo de educación (INIDE) in Lima. → Lateinamerika.

L.: C. Bayle, España y la educación popular en América, Madrid 1941; C. D. Valcarcel, Historia de la educación incaica, Lima 1961; St. Musko, K. Eßer, P. Straumann, Die peruan. Erziehungsreform, 1974; Erziehung auf peruanisch, 1974; C. D. Valcarcel, Breve historia de la educación peruana, Lima 1975; C. Gray, P., Washington 1983; E. v. Oertzen, P., 1988; E. Barrantes, Historia de la educación en el P., Lima 1989; L. M. Rolfes de Franco, Entwicklung und Bildung P.s im Kontext Lateinamerikas und der Dritten Welt, 1990; H. Besser, Schulreform und Demokratisierung in P., 1991; C. Schweppe, Tradition als Revolution, in: Zeitschr. für int. erziehungs- u. sozialwiss. Forsch. 9 (1992) 6; W. M. Sayler, Schule unter den Bedingungen und im Kontext eines Entwicklungslandes: P., in: Lernen in Dtl., 1996 H. 2; S. Aikmann, Interculturality and intercultural education, in: Int. Review of Education, 43 (1997) H. 5–6.

**Pestalozzi,** Johann Heinrich, * 12. 1. 1746 Zürich, † 17. 2. 1827 Brugg; Volksschriftsteller (»Lienhard und Gertrud« 1781 ff., »Christoph und Else« 1782, »Wie Gertrud ihre Kinder lehrt« 1801) und eine der anregendsten Gestalten in der Geschichte der Päd. in Theorie und Praxis; die moderne Volksschule und Volksbildung haben aus seinem Denken und Werk ebenso bleibende Anstöße erhalten wie die Sozialpäd. (Armenerziehung, Verwahrlostenpäd.) oder wie Didaktik und Methodik (»Elementarmethode« P.s). Der Mensch lebt nach P. in (konzentrisch zugeordneten) »Lebenskreisen« (Familie, »Wohnstube«; Berufs- und Standeswelt; Volk und Vaterland); da die äußeren Kreise auf dem engeren beruhen, gelten P. das »natürliche« Mutter-Kind-Verhältnis und der richtige Vatersinn als Keimzelle und Richtschnur aller weiteren Erziehung. In seinem anthropologischen Hauptwerk »Meine Nachforschungen über den Gang der Natur in der Entwicklung des Menschengeschlechts« (1797) unterscheidet er drei »Anthropologien«: der Mensch als Werk der Natur, als Werk der Gesellschaft und als Werk seiner selbst. Erziehung hat für P. die Aufgabe, jeden Menschen zur Erfüllung seiner je eigenen Bestimmung zu führen, indem sie ihm hilft, seine Grundkräfte zu entwickeln und auf relig., sittl., intellektuelle und soziale Werte hin auszurichten: Kopf, Herz und Hand entsprechen Wissen, Wollen und Können, und ihnen tragen intellektuelle, sittl. und körperl. Erziehung Rechnung. Während P. in seinem Bemühen um Elementarisierung bei der intellektuellen und auch körperl. Erziehung einen sehr mechanistischen Elementbegriff hatte, scheint ihm eine treffendere Analyse der Elemente sittlicher Erziehung gelungen: allseitige Besorgung, sittl. Handlungserfahrung, Reflexion. Die Betonung der Arbeit als Bildungskraft ließ P. zum Vorläufer der → Arbeitsschulbewegung werden. → Pestalozzianer.

Schr.: Sämtl. Werke (Krit. Ausg.), hg. v. A. Buchenau, E. Spranger, H. Stettbacher, 1927 ff.; Ges. Werke in 10 Bdn., hg. v. E. Bosshart u. a., 1944–47; Ausgew. Schr., hg. v. W. Flitner, 1949, [4]1968; Kl. Schr. zur Volkserziehung und Menschenbildung, hg. v. Th. Dietrich, 1961, [5]1983; Sämtl. Werke und Briefe auf CD-ROM, hg. v. L. Friedrich, S. Springer, Zürich 1994.
L.: P. Natorp, P., 1899, [6]1931; A. Heubaum, J. H. P., 1910, [3]1929; F. Delekat, J. H. P., 1926, [3]1968; H. Schönebaum, P., 4 Bde., 1927–42; E. Spranger, P.s Denkformen, 1947, [3]1966; Th. Litt, Der lebendige P., 1952, [2]1961; A. Reble, P.s Menschenbild und die Gegenwart, 1952; H. Schönebaum, J. H. P., 1954; K. Silber, P., dt. 1957; Th. Ballauff, Vernünftiger Wille und gläubige Liebe, 1957; H. Hülshoff, Das Problem der Du-Beziehung im Gedanken des Hausglücks bei P., 1959; A. Rang, Der polit. P., 1967; J.-G. und L. Klink, Bibl., J. H. P., 1968; M. Liedtke, J. H. P., 1968 u. ö.; H. Horn, Glaube und Anfechtung bei P., 1969; W. Klafki, P. über seine Anstalt in Stans, 1971, [7]1997; D. Krause-Vilmar, Liberales Plädoyer und radikale Demokratie, 1978; M. Soëtard, P. ou la naissance de l'éducateur, Bern 1981; H. Potschka, Sprache und Bildung bei J. H. P., 1984; G. Reinert, P. Cornelius, J. H. P. – Anthropolog. Denken und Handeln, 1984; J. Schurr, P.s Abendstunde, 1984; U. P. Meier, P.s Pädagogik der sehenden Liebe, 1987; M. Soetard, P., 1987; D. Tröhler, Philosophie und Pädagogik bei P., 1988; H. Dräger, P.s Idee von der Einheit der Erziehung, Pädagogik, Andragogik, Politik, 1989; H.-C. Koller, Die Liebe zum Kind und das Begehren des Erziehers, 1990; L. Friedrich, J. H. P., ein Wegbereiter der modernen Erlebnispädagogik?, 1991; E. Martin, Johann Jacob Kettiger und J. H. P. Zur Wirkungsgeschichte P.s, 1991; P. Stadler, Pestalozzi, 2 Bde., Zürich 1988, [2]1993; M. Liedtke, J. H. P., 1992; B. Tröger, »Ich kenne einen Menschen der mehr wollte.«, 1993; F.-P. Hager, D. Tröhler, Philos. und Religion bei P. (mit Bibl. 1977–1992), 1994; F.-P. Hager, D. Tröhler, Studien zur P.-Rezeption im Dtl. des frühen 19. Jh.s, 1995; W. Keil, »Wie J. H. seine Kinder lehrt.«, 1995; J. Oelkers, F. Osterwalder (Hg.), P. – Umfeld und Rezeption, 1995; L. Friedrich, Zur Erforschung der Päd. J. H. P.s, in: Päd. Rdsch. 50 (1996) H. 1; F.-P. Hager, D. Tröhler (Hg.), P. – wirkungsgeschichtl. Aspekte, 1996; S. Hebenstreit, J. H. P. Leben und Schriften, 1996; V. Kraft, P. oder das päd. Selbst, 1996; F. Osterwalder, P. – ein päd. Kult, 1996; G. B. Reinert, G. Arnhardt, P. Cornelius, J. H. P., 1996; S. Tschöpe-Scheffler, P. – Leben und Werk im Zeichen der Liebe, 1996; A. Veidt, Ganzheitlichkeit – eine päd. Fiktion?, 1997; G. Kuhlemann, P. in unserer Zeit, 1998; Le pédagogue et la modernité, hg. v. M. Soëtard, Ch. Jamet, Bern 1998.

**Pestalozzianer** heißen im weiteren Sinne jene Pädagogen, die mit Pestalozzis Werk und/oder mit seiner praktischen Arbeit intensiv vertraut und davon wesentl. beeinflußt wurden: → Fröbel, C. W. Harnisch, G. F. Dinter, → Diesterweg u. a.; dazu zählen auch die sog. Eleven, die ab 1809 vor allem aus Preußen zu Pestalozzi entsandt wurden, z. B. der spätere preuß. Staatsrat → Nicolovius. P. im engeren Sinne waren die unmittelbaren Mitarbeiter Pestalozzis, die z. T. auch Einfluß auf sein Werk gewannen: vor allem Johannes Niederer (1778–1843), Joseph Schmid (1787–1851), Hermann Krüsi (1775–1844), Johann Tobler (1769–1843), Johannes Ramsauer (1790–1848), Carl Christian von Türk (1774–1846).

L.: H. Schönebaum, Pestalozzi. Kampf und Klärung, 1931; F. Huber, W. Klauser, Der Lehrerstreit in Iferten, 1946; R. Hinz, P. in Preußen, 1991; J. Gruntz-Stoll, Pestalozzi und P., in: Gesch. der Erz. und Schule in der Schweiz im 19. und 20. Jh., hg. v. H. Badertscher, Bern 1997.

**Pestalozzi-Fröbel-Verband e. V.**, wurde 1948 als Nachfolgeorganisation des »Dt. Fröbel Verbandes« (1870–1938) gegründet. Er stellt einen Sachverständigenverband dar, der sich insbes. mit der → frühkindl. Erziehung und Bildung und der Entwicklung neuer Formen sozialpäd. Hilfen wie → Schulkindergarten, Mütterschule, Offene Tür, Nachbarschaftsheim, päd. Gestaltung von → Spielplätzen, Betreuung von Kindern in Krankenhäusern usw. beschäftigt. Sitz: Berlin; Organ: Sozialpäd. Blätter (vorher: Blätter des P.-F.-V.s, 1950–1975, neue Folge der Zschr. Kindergarten, 1860 ff.).

L.: Pestalozzi-Fröbel-Verband (Hg.): Geschichte des P.-F.-V. Ein Beitrag zur Entwicklung der Kleinkind- und Sozialpädagogik in Deutschland, 1998.

**Peters,** Richard Stanley, * 31. 10. 1919 Missouri (Indien), Ph. D. 1949 London, 1961 Gastprof. an Harvard, ab 1962 Prof. of Philosophy of Education Univ. of London. Bedeutender Vertreter einer → analytischen Erziehungsphilosophie.
Schr.: The Concept of Education; London 1967; Ethics and Education, London 1970, dt. u. d. T. Ethik u. Erziehung, 1972; The Philosophy of Education, London 1973, ²1980; John Dewey reconsidered, London 1977.
L.: J. Oelkers, Die analyt. Erz.phil., in: Zschr. f. Päd. 28 (1982) H. 3; ders., Erziehen u. Unterrichten. Grundbegr. der Päd. in analyt. Sicht., 1985; Education, values and mind. Essays for R. S. P., hg. v. D. E. Cooper, 1986.

**Petersen,** Peter, * 26. 6. 1884 Großenwiehe b. Flensburg, † 21. 3. 1952 Jena; studierte in Leipzig (b. W. Wundt), Kiel, Kopenhagen und Posen; 1920 Leiter der Lichtwark-Schule in Hamburg, 1920 Habil. in Hamburg, 1923 Prof. für Erziehungswiss. Jena. P. wurde zum Begründer einer realistischen Erziehungswiss. (→ Päd. Tatsachenforschung) und zum Schöpfer des → Jena-Plans. P. versuchte, die verschiedenen Richtungen der internationalen → Reformpäd. aufzunehmen und zu integrieren. Ausgehend von der Fehlbarkeit des Menschen will P. eine Erziehung, die → educandus in der (schulischen) Gemeinschaft Güte, Liebe, Opfer- und Hilfsbereitschaft, Entscheidungsnotwendigkeit und sittl. Verbindlichkeit erfahren und verwirklichen läßt (Idee der »Menschenschule«).
Schr.: Allg. Erziehungswiss., 1924, ²1962; Innere Schulreform und Neue Erziehung, 1925; Die Neuerop. Erziehungsbewegung, 1926; Der kl. Jena-Plan, 1927, Neudr. 1980; Der Jena-Plan, 3 Bde., 1930–34; Päd. d. Gegenwart (erw. Fassung der ›Pädagogik‹, 1930) ²1937, Neudr. 1973; Führungslehre des Unterrichts, 1937, Nachdr. d. 1. Aufl., 1984; Der Mensch in der Erziehungswirklichkeit, 1954, Neudr. 1984; zus. m. E. Petersen, Die päd. Tatsachenforschung, hg. v. Th. Rutt, 1965.
L.: H. Döpp-Vorwald, Die Erziehungslehre P.P.s, 1962, ²1969; Th. Dietrich, Die Päd. P.P.s, 1973, ⁶1995; Th. Klaßen, E. Skiera (Hg.), Päd. der Mitmenschlichkeit. Beitr. z. P.-Jahr 1984, 1984; Th. Rutt, P. P. Leben und Werk, 1985; J. Maschmann, J. Oelkers (Hg.), P. P. – Beiträge zur Schulpädagogik und Erziehungsphilosophie, 1986; R. Stach, P. P., ein Wegbereiter der modernen Erlebnispädagogik?, 1989; A. Warzel, Heiligkeit der Vernunft. Existenzphilosophische, polarische und dialektische Ansätze bei P. P., 1990; D. Beuner und H. Kemper, Einleitung zur Neuherausgabe des Kleinen Jena-Plans, 1991; L. Kratochwil, Pädagogisches Handeln bei Hugo Gaudig, Maria Montessori und P. P., 1992; T. Rülcker, P. Kassner (Hg.), P. P. – Antimoderne als Fortschritt?, 1992; H. Glöckel (Hg.), Bedeutende Schulpädagogen, 1993; K. Hofmann (Hg.), P. P. und die Reformpäd., 1995; H. Retter, Theologie, Religionspäd. und Religionsphilos. bei P. P., 1995; R. Richly, Das Verhältnis von Freiheit und Bindung in der Bildungstheorie P. P.s, 1995; D. Sommerfeld, P. P. und »Der Kleine Jena-Plan«, 1995; A. Warzel, P. P. und M. Blondel, 1995; P. Dudek, P. P. – Reformpäd. in der SBZ und der DDR 1945–1950, 1996; H. Retter (Hg.), Reformpäd. zw. Rekonstruktion, Kritik und Verständigung, 1996.

**Petty,** Miguel * 7. 12. 1932 Buenos Aires, Studium von Päd., Phil., Soz. und Theol. an den Univ. Córdoba, Buenos Aires und Chicago (Promotion bei L. Kohlberg); seit 1979 Prof. f. Päd. Soz. an der Kathol. Univ. Córdoba (Argentinien), mehrfach Gastprof. Univ. Würzburg. Bedeutender argentin. Erz.wissenschaftler (Mitgl. der Päd. Akademie der Wiss.n), Mitbegr. des → REDUC und Promotor zahlreicher Erz.projekte mit gesellsch. Randgruppen in Patagonien und in den Andenregionen.
Schr.: La promoción humana en los medios rurales marginales, Buenos Aires 1988; Argentina, in: International Encyclopedia of Comparative Education and National Systems of Education, Oxford 1988; Il concetto di educazione in America Latina, in: Il concetto di pedagogia ed educazione nelle diverse aree culturali, hg. v. W. Böhm, Pisa 1988; El Elefante Dormido. Estudio sobre la Univ. Argentina, Buenos Aires 1990; La vocación docente, Córdoba 1991; Europa und Lateinamerika, in: Europ. Geist – europ. Verantwortung, hg. v. W. Böhm und M. Lindauer, 1993; Educación de calidad frente al siglo XXI, Buenos Aires 1994.

**Petzelt,** Alfred, * 17. 1. 1886 Rzadkowo (Posen), † 25. 5. 1967 Münster; 1930 Habil. Breslau und Prof. für Päd. Beuthen; 1946–48 Prof. in Leipzig, 1951–55 in Münster; gegenüber Psychologisierung und Soziologisierung zielte P.s Denken radikal auf eine Klärung päd. Prinzipienfragen.
Schr.: Der Begriff der Anschauung, 1933; Grundzüge systemat. Päd., 1947, ³1964; Kindheit, Jugend, Reifezeit, 1951, ⁵1965; Grundlegung der Erziehung, 1954, ²1961; Wissen u. Haltung, 1955, ²1963; Von der Frage,

1957, ²1962; Tatsache u. Prinzip, hg. v. J. Ruhloff, 1982; Über das Bildungsproblem (1957), in: Vjschr. f. wiss. Päd., 62 (1986); Subjekt und Subjektivität, hg. v. Rekus, 1997.
L.: Beiträge zur Bildung der Person, FS. für A. P., hg. v. M. Heitger u. W. Fischer, 1961; Bibl. A. P., in: Vjschr. f. wiss. Päd., 62 (1986); P. Kauder, Prinzipienwiss. Systematik und »polit. Impetus«, 1997.

**Pfadfinder.** Die P.bewegung (engl.: *scoutism*) entstand Anfang des Jh. innerhalb der → Reformpäd.; → Ferrière hat ihren Begründer, Lord Baden-Powell (1857–1941) zu Recht als bedeutendsten Vertreter der »neuen Schulen« außerhalb der Schule selbst bezeichnet. Die vier päd. Grundsätze – Charakterbildung, Entfaltung der manuellen Fähigkeiten, Stärkung der Gesundheit, Dienst am Nächsten – üben bis heute ihre Anziehungskraft auf die Jugend aus.
L.: R. Baden-Powell, Scouting for boys, London 1908 (dt. Pfadfinder, ³1996); T. Melder, Mystik sensualisme, Amsterdam 1945; T. Tosco, R. Baden-Powell, caposcout del mondo, Turin 1978; P. Bertolini, V. Pranzini, Scoutismo oggi, Bologna 1981; H. R. Gerr, Baden-Powells Entwurf einer Erziehung durch scouting, (Phil. Diss. Würzburg) 1981; H. Nerrlich, Das Pfadfindertum von den Anfängen bis zur Verbotszeit, 1984.

**Phänomenologie, phänomenologische Päd.** Die Begriffe P., p. Päd. haben keine einheitliche wissenschaftstheoret. Begründung. Neben älteren, methodolog. orientierten Arbeiten bei A. → Fischer (→ Deskriptive Päd.), → Lochner u. W. Reyer sowie Ansätzen bei → Derbolav, F. Kanning, → Lichtenstein, → Loch u. → Scheuerl können u. a. drei Strömungen unterschieden werden: das an Heidegger ausgerichtete, jeweils modifizierte daseinsanalyt. Verständnis von P. u. p. Päd. bei → Ballauff, → Fink u. → Schaller, die lebens-, existenzphil. u. päd.-anthropolog. Konzeption einer p.n Päd. bei → Bollnow u. → Langeveld sowie eine sozialp. orientierte Richtung (→ Alltagswende) in Anknüpfung an den amerikan. Pragmatismus (→ Dewey) u. die Ethnomethodologie (→ Forschungsmethoden).
In jüngster Zeit entwickelt sich eine an der Problematik der → Lebenswelt ausgerichtete p. Päd., die päd. Phänomene in ihrer Fundierung durch die vor jeder reflexiven Einstellung erfolgenden leibl., sozialen und geschichtl. Vollzüge menschl. Handelns untersucht, z. B. das Lernen. In Abgrenzung zum transzendentalphil. Ansatz → Husserls, Welt als konstitutive Leistung der transzendentalen Subjektivität zu verstehen, läßt sich in dieser angewandten P. trotz dieser unterschiedl. Richtungen ein konvergierendes Verständnis von p.r Päd. erkennen: Eine p. verfahrende Päd. als Fundamentalpäd. versucht, päd. Phänomene und die ihnen zugeordneten Begriffe wie → Spiel, → Autorität, → päd. Bezug, → Dialog, Leiblichkeit u. a. als notwendige Strukturen päd. Wirklichkeit möglichst unvoreingenommen durch Deskription in ihrem Wesen und in ihren wesentl. Beziehungen zueinander zur Selbstdarstellung zu bringen. Diese p. Päd. kann eine positivist. Verengung auf sinnl. empirische Daten überwinden, ist dabei aber selbst auf ergänzende hermeneut. und dialekt. Verfahren angewiesen. → Dialektik, → geisteswiss. Päd., → Hermeneutik, → Scheler, → Struktur, Strukturpäd.
L.: R. Lochner, Deskriptive Päd. (1927), 1967; M. J. Langeveld, Einführung in die theoret. Päd., ⁹1973; F. Kanning, Strukturwiss. Päd., 1953; M. J. Langeveld, Studien zur Anthropologie des Kindes, 1956, ³1968; P. Bertolini, Fenomenologia e pedagogia, Bologna 1958; N. C. A. Perguin, Päd., dt. 1961; W. Loch, P. Päd., in: Enzyklopädie Erz.-wiss., Bd. 1, hg. v. D. Lenzen, 1983; S. Strasser, P. und Erfahrungswiss. vom Menschen, 1964; ders., Erz.wiss. – Erz.weisheit, 1965; O. F. Bollnow, Die anthropolog. Betrachtungsweise in der Päd., 1965, ³1975; B. Curtis, W. Mays (Hg.), Phenomenology and Education, London 1978; H. Danner, Methoden geisteswiss. Päd., 1979, u. ö.; W. Lippitz, P. und Erz.wiss., in: H. Kreuzer, K. W. Bonfig (Hg.), Entwicklungen der siebziger Jahre, 1979; W. Lippitz, »Lebenswelt« oder die Rehabilitierung vorwissenschaftl. Erfahrung, 1980; K. Meyer-Drawe, Kind und Welt, 1984; dies., Leiblichkeit und Sozialität, 1984; W. Plöger, P. und ihre Bedeutung für die Päd., 1987; M. Hellemans, P. Smeyers (Hg.), P. Päd., Leuven 1987; W. Lippitz, Chr. Rittelmeyer (Hg.), Phänomene des Kinderlebens, 1989; ²1990; M. Böschen, A. Fischer, in: W. Böhm, W. Eykmann (Hg.), Große bayer. Pädagogen (FS F. A. Reble), 1991; W. Lippitz, Phänomenolog. Studien in der Päd., 1993; H. Gudjons, (Hg.), Erz.wiss.e Theorien, ⁴1994; H. Röhrs, Forschungsmethoden in der Erz.wiss., in: ders.: Theorie und Praxis der Forschung in der Erz.wiss., 1995; K. Meyer-Drawe, Menschen im Spiegel ihrer Maschinen, 1996, M. McDuffie, Phenomenology, in: Philosophy of education. An Encyclopedia, hg. v. J. J. Chambliss, New York, 1996.

**Philanthropismus** (auch Philanthropinismus; griech.: Menschenliebe) heißt die Erziehungsbewegung des ausgehenden 18. Jh. (ca.

1770–1800), die auf Ideen der → Aufklärung und → Rousseaus zurückgeht. Im engeren Sinne gehört dazu der mit → Basedow und seinem 1771 gegr. Dessauer Philanthropin direkt oder indirekt verbundene Kreis (z. T. auch Mitarbeiter an → Campes Revisionswerk): u. a. → Salzmann, → Trapp, → Gutsmuths, → Villaume, → Wolke, J. Iselin. Vertrauend auf die natürl. Gutheit des Menschen und auf die Vernunft als sicherem Wegweiser zur Glückseligkeit wollten sie durch literarische Promulgierung (Reformschriften, Lehrbücher, Schulprogramme, Jugendliteratur u. ä.) und durch beispielhaftes Vorführen der »neuen Erziehung« in den Philanthropinen den Weg zu einer Humanisierung des gesamten Lebens aufzeigen. Diese neue »natürl. Erziehung« war ungewöhnlich nuancenreich und strahlte in viele Bereiche aus; schlagwortartig lassen sich nennen: freie Entfaltung der kindl. Wachstums- und Lernbedürfnisse; Schaffung einer dafür geeigneten Umwelt; auf praktische Weltorientierung und gemeinnützige Lebenstüchtigkeit ausgerichteter Unterricht; Einbeziehung von Leibeserziehung und körperl. Arbeit; Betonung von Muttersprache, → Realien, lebenden Sprachen; → Anschauung und → Selbsttätigkeit als Unterrichtsprinzipien; → Sexualerziehung und Moralunterricht; kosmopolitische Ausrichtung und Toleranz. Trotz vieler zukunftsweisender Neuerungen vermittelten die Philanthropen als Kinder ihrer Zeit den Menschen der frühkapitalistischen Epoche v. a. die »industriösen Tugenden« (Fleiß, Sauberkeit, Ordnung, Zeitökonomie etc.), die sie für die heraufkommende Zeit tauglich und brauchbar machten.

L.: A. Pinloche, Gesch. des P., (frz. 1889) dt. 1896, ²1914; K. Schrader, Die Erziehungstheorie des P., 1928; J. Rammelt, Basedow, der P. und das Dessauer Philanthropin, 1929; U. Herrmann (Hg.), Das päd. Jh., 1981; R. Stach, Schulformen der Aufklärung. Zur Gesch. des P., 1984; W. Finzel-Niederstadt, Lernen und Lehren bei Herder und Basedow, 1986; E. Funke, Bücher statt Prügel. Philanthropist. Kinder- und Jugendlit., 1988; U. Seidelmann, Theorie und Praxis der Erz. im Philanthropinum Schnepfenthal, 1989; H. Lempa, Bildung der Triebe. Der dt. Ph., 1993.

**Philosophie der Erziehung** (auch: Erziehungsphilosophie). Während im Angelsächsischen *Philosophy of Education* gewöhnlich die gesamte Theorie von Erziehung und Bildung einschließt, meint Ph. d. E. im Deutschen jene Bereiche der → Pädagogik, die der philosophischen Durchdringung und Klärung in besonderem Maße bedürfen. Das sind – sehr allgemein gesehen – jene Fragen, die nicht so sehr auf das prakt. »Wie« der Erziehung zielen als vielmehr auf das »Was« (H. Beck). Näherhin gehören dazu die anthropologischen (→ Anthropologie, päd.) und die teleologischen (→ Ethik und Päd., → Teleologie) Grundfragen der Pädagogik, sodann die epistemologischen Fragen nach ihrem Wissenschaftscharakter (→ Forschungsmethoden) sowie die Analyse der pädagogischen Sprache und Begrifflichkeit. Der Erziehungsphilosophie kommt dabei nicht eine dogmatische, sondern in erster Linie eine kritisch-analytische Funktion zu.

L.: H. Döpp-Vorwald, Erziehungswiss. u. Ph. d. E., 1938, ²1967; R. S. Peters et al., The Concept of Education, London 1967 u. ö.; R. G. Woods u. R. Barrow, An Introduction to Philosophy of Education, Cambridge 1975, ³1988; H. Beck (Hg.); Ph. d. E., 1979 (Bibl.); W. Ritzel, Phil. und Päd. im 20. Jh., 1980; D.-J. Löwisch, Einführung in die Erziehungsphilosophie, 1982; J. D. Imelman (Hg.), Filosofie van opvoeding en onderwijs, Groningen 1983; Analisi del discorso pedagogico, hg. von G. Flores d'Arcais, Pisa 1985; I. Scheffler, Of human potential, Boston u. a. 1985; F-P. Hager, Wesen, Freiheit und Bildung des Menschen, 1989; Öffentlichkeit und Bildung in erziehungsphil. Sicht, hg. von J. Oelkers, 1989; K. Albert, Ph. d. E., 1990; H. Horn, Existenz, Erz., Evangelium, 1991; E. Fink, Natur, Freiheit, Welt, hg. von F.-A. Schwarz, 1992; M. Heitger, Über die Notwendigkeit einer phil. Begründung von Päd., in: Vjschr. f. wiss. Päd. 68 (1992); L. Koch u. a. (Hg.), Revision der Moderne?, 1993; Philosophy of Education, hg. von J.-J. Chambliss, New York 1996; Philosophers on Education, hg. von A. Oksenberg Rorty, London 1998; W. Fischer, D. J. Löwisch, Philosophen als Pädagogen, 1998; Education et philosophie, hg. von J. Houssaye, Paris 1999.

**Philosophieunterricht** (PU; Philosophie = P., gr.-lat. »Weisheitsliebe«) geht zurück bis in die gelehrten bzw. reformator. Lateinschulen des 16. Jh.s. Nach der Reformation macht die rigide Ablehnung scholast. Theologie sowie die Verurteilung der nur auf das formale Denken ausbildenden »ancilla philosophia« und deren Hauptvertreter Aristoteles einer positiven Einschätzung des PU Platz.
Von 1750–1820 wird zunächst der instrumentelle Charakter von Dialektik und Rhetorik für sprachl. Bildung u. wiss. Propädeutik betont, gegen Ende des Jh.s folgt (vor allem

an den großen Gelehrtenschulen) die Öffnung des PU für alle Teildisziplinen u. die themat. Anlehnung an die universitäre P. sowie schließlich die Konzeption der P. als didakt.-method. Prinzip eines wiss. Unterrichts. Zw. 1820 und 1850 konsolidiert sich der PU (verstanden als phil. Propädeutik) und erhält die Funktion der Einheitsstiftung, Synthese und Vertiefung gymnasialer Bildung. Diese Begründung für den PU, sei es als eigenständiges Fach oder als Unterrichtsprinzip, dominiert in versch. Varianten über 1850 hinaus bis 1972 u. teilweise bis in die unmittelbare Gegenwart.

Von 1945–60 bestand PU nur an best. Gymnasialtypen, und zwar in freiwilligen Arbeitsgemeinschaften, in Nordrhein-Westfalen nach 1960 vorübergehend als Wahlpflichtfach u. Teilgebiet der Gemeinschaftskunde.

Seit der KMK-Vereinbarung zur Neugestaltung der gymn. Oberstufe von 1972 ist PU eigenständiges Lehrfach im Pflicht- und Wahlbereich, wählbar als Grund- oder Leistungskurs und Abiturfach. Er kann im Rahmen der drei Aufgabenfelder, dem sprachl.-lit., dem mathemat.-naturwiss.-techn. oder dem gesellschaftswiss. Feld angeboten werden und wird thematisch dementsprechend ausgerichtet. Die Forderung der KMK, in allen drei Feldern die immanenten phil. Fragen zu berücksichtigen, P. als U.prinzip zu betrachten, hat kaum in die U.praxis Eingang gefunden.

Die o.g. einheitsstiftende Begründung für den PU verliert durch die bildungstheoret. Konzeption der gymn. Oberstufe ihre Grundlage. Denn nach der KMK-Vereinbarung sind »unter dem Gesichtspunkt der Fächerpropädeutik prinzipiell alle Fächer gleichwertig« (1977). Die P. steht also nicht länger im gymn. Curriculum, um die Bildungseinheit herzustellen, sondern als eine Wiss.disziplin u. a., als ein gleichberechtigtes U.fach mit der Maßgabe, in die inhaltl. und method. Grundprobleme der wiss. P. einzuführen.

Dies bedeutet einerseits den Verlust ihres bildungstheoret. Sonderstatus, gleichzeitig ergibt sich das Problem, P. in ein System operationaler Lernziele aufzulösen, und zum dritten, daß PU nicht obligator. ist, das Zustandekommen eines Kurses also von der Entscheidung der Schüler abhängt.

Ohne stärkere Berücksichtigung der langen p.didakt. Tradition (seit Mitte des 18.Jh.) wird in der gegenwärtigen P.didaktik (insbes. seit 1980) zentral die Frage nach Begründung und Aufgabe des PU sowie dem Verhältnis von Schulfach P. u. universitärer Bezugsdisziplin diskutiert, zumal es kein einheitl. Verständnis der universit. P. gibt. Dabei lassen sich verschiedene p. konzipierte Positionen unterscheiden: Didaktik als Fundamentaldisziplin der P.; P. als Didaktik (vgl. Sokrates' dialog. Wahrheitssuche); P. als Beschäftigung mit vergangenen u. gegenwärt. Problemstellungen, -lösungen und -methoden; Übertragung der Diskurstheorie auf den PU usw.

Daneben werden andere Argumente zur Legitimation des PU vorgebracht, z. B. PU als Beitrag zur Identitätsbildung (Rehfus), Orientierung der P. an Alltagsproblemen der Schüler, Fragen der Lebensbedeutsamkeit etc. Dabei wurde verschiedentl. Skepsis laut gegenüber der Vorstellung, im freien »Philosophieren« nach sokrat. Manier Lebensprobleme philosophisch angemessen betrachten zu können.

Die philosophiedidaktische Diskussion um »Wissenschaftspropädeutik« und »Alltagsorientierung« (Vogel), zw. mehr bildungs- und mehr kommunikationstheoret. Positionen ist noch im Gang, eine Vermittlung von did. Theorie u. U.praxis bislang nur vereinzelt gelungen.

Zs.: Zschr. f. Didaktik d. Philosophie 1 (1979) ff.
L.: J. Derbolav (Hg.), Die Phil. im Rahmen der Bildungsaufgabe des Gymn.s, 1964; J. Schmucker-Hartmann, Grundzüge einer Didaktik der Phil., 1980; P. Vogel, I. Stiegler, Bibliogr. Hdb. zum PU, 1980; W. Fischer, P. Vogel (Hg.), Die Phil. im Rahmen der Bildungsaufgabe der Sek.stufe II, 1981; E.-G. Renda, Phil. im Gymnasium, 1981; E. Martens, Einf. in die Didaktik d. Phil., 1983; I. Stiegler, Phil. und Päd., 1984; E. Martens, H. Schnädelbach (Hg.), Phil. Ein Grundkurs, 1985, $^2$1991; W. D. Rehfus, Der PU, 1986; W. D. Rehfus, H. Becker (Hg.), Hdb. des PU, 1986 (mit Auswahlbibl.); W. Fischer, P.ren als U.prinzip in: Vjschr. f. wiss. Päd. 63 (1987), H. 3; Th. Ballauff, Erneutes Plädoyer für den PU, in: Päd. Rundsch. 43 (1989); K. Gründer, A. M. Meinert, Philos. Überlieferung und europ. Jugend, in: Zschr. f. Didaktik der Phil. 12 (1990); E. Ritz, PU in Europa. Eine Bibliographie, in: Zschr. f. Didaktik der Phil. 12 (1990); L. G. Richter, Propädeutik der Phil., 1991; J. Ruhloff, Über problematischen Vernunftgebrauch und PU, in: Vjschr. f. wiss. Päd. 72 (1996).

**Phobie** → Furcht.

**Physikunterricht.** Vereinzelt bereits um 1800, verstärkt ab 1850 als → Fach an den höheren Schulen eingeführt; erst um 1900 entstand eine eigene, an den experimentellen Verfahren ausgerichtete Methode des PU mit den Grundprinzipien → Selbsttätigkeit, Laborarbeit, Eigenbeobachtung. → Kerschensteiner hat diese Methode auch in die → Volksschule übertragen und bes. den formalbildenden Wert des PU betont. Die Vermittlung von Kenntnissen über physikal. Grundphänomene sind nach wie vor Hauptaufgabe des PU (Elektrizität, Magnetismus, Licht etc.). Sie werden mehr und mehr in ihrer Bedeutung für die Orientierung in einer komplexen Welt gesehen. So soll der PU durch die Schulung der Wahrnehmung, das Einüben exakten Denkens und die Nutzung angemessener Modelle Menschen in die Lage versetzen, auch zukünftige technische Entwicklungen einordnen und bewerten zu können. Die mathematischen und abstrakten Verfahren sind dabei der Oberstufe vorbehalten. Das Problem angemessener Elementarisierung in den anderen Schulstufen wird unterschiedlich gelöst. Die Vorschläge reichen von einer Kopplung mit gesellschaftswissenschaftl. Fächern (»Science in Society«, »Science in a Social Context« sind entsprechende Curricula in Großbritannien, bei denen Naturwissenschaft eher integrativ aufgefaßt wird) bis zu genetischem Lernen, das exemplarisches Vorgehen im Sinne von → Wagenschein voraussetzt. Unstrittig ist die Notwendigkeit eigenen Experimentierens, das erst sinnenhafte Erfahrungen als Grundlage rationalen Denkens bereitstellt. Dabei reicht das Spektrum der Möglichkeiten von eher handwerklichem Umgang mit technischem Gerät bis hin zu computerorientierten Verfahren, die auch Simulationen nutzen.
PU ist heute an allen Schularten obligatorisch. Der Stundenumfang variiert allerdings sehr. Physik kann im Rahmen von Grund- und Leistungskursen als Abiturfach gewählt werden. → Naturwiss. Unterricht (dort auch Lit.).
Z.: Der Ph. 1 (1962) ff.

**Piaget,** Jean, * 9. 8. 1896 Neuchâtel, † 16. 9. 1980 Genf; 1918 Dr. der Naturwiss., arbeitete 1921–25 am Institut J.-J. Rousseau in Genf, 1925 Prof. für Psychologie, Soziologie und Philosophie Neuchatel, 1929 Prof. für Geschichte des wiss. Denkens Genf, 1938 Prof. f. Psychologie und Soziologie Lausanne, 1940 o. Prof. für Experimentalpsychologie Genf, 1952–63 Prof. für genetische Psychologie an der Sorbonne (Paris), 1929–67 Direktor des Bureau International d'Education in Genf. P. hat der Entwicklungs- und Lernpsychologie, aber auch der Vorschulerziehung, → Didaktik (→ Mengenlehre, → Zahlbegriff) und → Gewissenserziehung entscheidende Impulse gegeben durch grundlegende Arbeiten zur Entwicklung von Sprache, Denken, Raum- und Zeitvorstellungen, moralischem Urteil etc. Von diesen Arbeiten her vertrat P. eine genetische Erziehungsauffassung. Im Spätwerk wandte er sich Fragen der → Interdisziplinarität und dem Problem einer genetischen Erkenntnistheorie (→ Konstruktivismus) zu. Entwicklungstheorie und -pädagogik P.s werden mehr und mehr kritisiert (u. a. wegen ihrer unzureichenden empirischen Absicherung).

Schr.: Ges. Werke, 1969 ff; Sprechen und Denken des Kindes, (frz. 1923), 1971, [5]1982; Urteil und Denkprozeß des Kindes, (frz. 1924) 1972; Das moral. Urteil beim Kinde, (frz. 1932) 1954 u. 1973 u. ö.; Das Erwachen der Intelligenz beim Kinde, (frz. 1936) 1969, [2]1973; Der Aufbau der Wirklichkeit beim Kinde, (frz. 1937) 1974; Die Entwicklung des Zahlbegriffs beim Kinde, (frz. 1941) 1965 u. ö.; Psychologie der Intelligenz (frz. 1947) 1948 u. ö.; Logic and Psychology, New York 1957 u. ö.; Die Entwicklung der elementaren log. Strukturen, 2 Bde. (frz. 1959) 1973; Die Psychologie des Kindes, (frz. 1966) 1972 u. ö.; Biologie und Erkenntnis, (frz. 1967) 1974, [2]1992; Der Strukturalismus, (frz. 1968) 1973 u. ö.; Abriß der genet. Epistemologie, (frz. 1970) 1974 u. ö.; Einf. in die genet. Erkenntnistheorie, (engl. 1970) 1972, [5]1992; Biolog. Anpassung und Psychologie der Intelligenz, (frz. 1974) 1975; Theorien und Methoden der mod. Erziehung, 1972 u. ö.; Ges. Werke – Studienausg., 10 Bde., 1975; zus. m. B. Inhelder, Die Psychologie des Kindes, 1986, [7]1998; Das Weltbild des Kindes, 1988, [3]1992; Intelligenz und Affektivität in der Entwicklung des Kindes, hg. v. A. Leber, 1995; De la pédagogie, Paris 1998.

L.: J. Flavell, The Developmental Psychology of J. P., Princeton 1963; G. Petter, Die geistige Entwicklung des Kindes im Werk von J. P., dt. 1966; L. Montada u. a., Die Lernpsychologie J. P.s, 1970; H. Ginsburg, P.s Theorie der geistigen Entwicklung, dt. 1975; H. Chr. Harten, Vernünftiger Organismus oder gesellschaftl. Evolution der Vernunft, 1977; L. Salber, P.s Psychologie der Intelligenz, 1977; C. Stendler-Lavatelli, Früherziehung nach P., dt. 1976; F. Kubli, Erkenntnis und Didaktik; J. P. und die Schule, 1983; Ch. Alkinson,

Making Sense of P., London 1983; E. Fahlbusch, Perspektivität und Dezentrierung, 1983; H. G. Furth, P. für Lehrer, 1983; A. Ros, Die genet. Epistemologie J. P.s, 1983; G. Szagun, Bedeutungsentwicklung beim Kind, 1983; F. Buggle, Die Entwicklungspsychologie J. P.s, 1985; H. J. Lerch, Der Aufbau von Zahlensystemen beim Vorschulkind, 1985; G. W. Oesterdiekhoff, Traditionelles Denken und Modernisierung, 1992; B. Vollmers, Kreatives Experimentieren, 1992; A. Böhm, Die Egozentrismus-Konzeption J. P.s, 1994; G. Rusch u. S. J. Schmidt (Hg.), P. und der Radikale Konstruktivismus, 1995; E. von Glasersfeld, Radikaler Konstruktivismus, 1996; Scharlau, J. P. zur Einführung, 1996; R. Valtin, Die Welt mit den Augen der Kinder betrachten, 1996.

**Pico della Mirandola,** Giovanni, * 24. 2. 1463 Mirandola, † 17. 11. 1494 Florenz, ital. Humanist von umfassender Bildung, beschrieb in seiner 1486 zur Eröffnung eines synkretist. Kongresses in Rom, der die innere Einheit aller phil. u. theolog. Richtungen erweisen sollte, verfaßten Rede »Über die Würde des Menschen« den Menschen als die jene Einheit stiftende schöpferische Mitte der Welt. Der Mensch ist Gestalter seiner selbst und seines Geschicks, so daß er sowohl zum Tier entarten als auch zu Gott emporsteigen kann. P. d. M. gilt als einer der Begründer der neuzeitl. freiheitl. Subjektivität des Menschen. → Anthropologie, päd.

Schr.: Discorso sulla dignità dell'uomo, hg. v. G. Tognon (Komm. v. E. Garin), Brescia 1987; Über die Würde des Menschen, hg. v. A. Buck, 1990, ³1992.
L.: H. Biezais, P. d. M.s anthropolog. Anschauungen, 1953; C. Cassirer, Über die Würde des Menschen von P. d. M., in: Agorà, 5 (1959) 12; E. Monnerjahn, G. P. d. M., 1960; P. O. Kristeller, Studien zur Gesch. d. Rhetorik u. zum Begriff des Menschen i. d. Renaissance, 1981; H. Reinhardt, Freiheit zu Gott, 1989 (m. Bibl.); A. Thumfart, Die Perspektive und die Zeichen, 1996; W. A. Euler, »Pia philosophia« et »docta religio«, 1998; A. A. Schillinger-Kind, Die Affirmation des Unvermeidlichen in Widerstand und Würde, 1998.

**Pietismus** (von lat. *pietas*, wörtl. »Frömmlertum«), kirchl.-theolog. Erweckungs- und Reformbewegung innerhalb des Protestantismus, die gegenüber der → Aufklärung an mystisch-spiritualist. Traditionen anknüpfte und nach 1700 Einfluß auf Staat, Kirche und Erziehung gewann. Von einer Sicht des Menschen als Arbeitswesen, das in der sozialen Berufswelt unter dem Gesetz des Leistungsethos steht, und von einer strengen Rechtfertigungstheologie her betonte der P. das Lernen »nützlicher Dinge« (→ Realien) und die Bedeutung der Individualität. Die Franckeschen Stiftungen in Halle verwirklichten den Gedanken der umfassenden Erziehungsanstalt vom Katechismuslernen bis zur Hochschule.

L.: K. Deppermann, Der Hallesche P. und der preuß. Staat unter Friedrich III., 1961; G. Dohmen, Bildung und Schule, Bd. 1, 1964; M. Schmidt, W. Jannasch, Das Zeitalter des P., 1965; P. Menck, Die Erziehung der Jugend zur Ehre Gottes und zum Nutzen des Nächsten, 1969 (Bibl.); J. Wallmann, Der P., 1990; Th. Baumann, Zur Weltveränderung und Weltflucht, 1991; F.-F. Mentzel, P. und Schule, 1993; M. Brecht, K. Deppermann u. a. (Hg.), Geschichte des Pietismus, 4 Bde. 1993–1995.

**Pilotprojekt** (von engl. *pilot project*: Versuchsprojekt), Modellversuch, der zeigen soll, ob eine Sache funktioniert und wie sie aufgenommen wird.

**Plan zur Neugestaltung des deutschen Schulwesens** → Bremer Plan.

**Platon.** * 427 v. Chr. in Athen, † 347 ebd., Schüler des → Sokrates, gründete nach Reisen (Unteritalien, Sizilien, Ägypten) seine → Akademie. In seinen zahlreichen Dialogen steht die Gestalt des Sokrates als des Lehrers und berufenen Führers zur Philosophie im Vordergrund.

In seinem »Staat« hat P. das ideale Bild eines neuen Staates und der Erziehung entworfen. Darin unterscheidet er drei Stände, die Leitenden (»Philosophenkönige«), die Wächter und (als zahlenmäßig größten) den Erwerbsstand. Er behandelt im wesentlichen nur die Erziehung der »Wächter«, die eine Auslese der Tüchtigsten aus dem dritten Stand darstellen, und aus deren Kreise wiederum durch noch strengere Auslese die »Könige« hervorgehen. Die planmäßige Erziehung der körperl., geistigen u. seelischen Kräfte soll dem gemeingriech. Leitbild des *Kalokagathos* (wörtl.: des Schönen und Guten) folgen.
→ Paidaia bedeutete für P. Formung in und um der Gemeinschaft willen, zugleich aber auch Hingabe an eine objektive Sache. Höchster Gegenstand ist für P. die Idee des Guten, des obersten Wertes im Reiche der Ideen. Die Lehre von den Ideen bildet die Krönung von P.s Philosophie wie von seiner Erziehungslehre. Im Eros vereint sich für P.

die Sehnsucht des Menschen nach dem ethisch Vollkommenen mit der nach dem ästhetisch Vollendeten. Die Frage nach der Lehrbarkeit der Tugend (*areté*) führte P. zu Untersuchungen über die Funktion des → Lernens und Wissens in der Erziehung. Für Sokrates war die Erkenntnis des Nichtwissens Voraussetzung jeden Lernens. P. ging zuerst im »Menon« positiv über dieses sokratische Nichtwissen mit der Lehre von der »Wiedererinnerung« hinaus. Im Lernen besinne sich der Mensch auf ein Wissen, das seine Seele präexistenziell durch Anschauen der Ideen (gleichsam in Bildern denkend) erworben habe. Dieses Wissen könne im Fortschritt des Lernens in vier Stufen wiedergewonnen werden: als Vermutung (eikasia), ungeprüfte Annahme (pistis), wiss. Verstehen (dianoia), philosoph. Denken (noesis, Höhlengleichnis). Lernen ist für P. gegenseitiges Verstehen in der verbindenden Teilhabe am Logos, Verständigung über ein objektiv Gegebenes im gemeinsamen Hinblicken auf eine Sache, zugleich Schauen des Wahren, Guten, Schönen, das in seiner Spitze identisch ist. Der Lernende schlechthin aber ist der Philosoph, der immer zum Lernen Bereite und allem Fragen und Forschen Offene. → Altertum.

Schr.: Sämtl. Werke, gr.-dt., 10 Bde., hg. von K. Hülser, 1991; Platon im Kontext, Werke auf CD-ROM, 1998.
L.: W. Jaeger, Paideia, 1934, ³1959; E. Hoffmann, P., 1950; Th. Ballauff, Die Idee der Paideia, 1952; J. Derbolav, Erkenntnis u. Entscheidung, 1953; J. Stenzel, P. der Erzieher, 1961; A. Bloom (Hg.), The Republic of P. (engl. Übers. und exzellente Interpretation), New York 1968, ²1991; G. Martin, P., 1969 u. ö.; J. N. Findlay, P. u. der P.ismus, dt. 1981; E. Fink, Metaphysik der Erz. im Weltverständnis von P. u. Aristoteles, 1970; F-P. Hager, Plato Paedagogus, 1981; H.-G. Gadamer, Platos Staat der Erz., in: Ges. Werke Bd. 5, 1985; C. J. de Vogel, Rethinking P. and P.ism, Leiden 1986; S. Graefe, Der gespaltene Eros, 1989; H. Kemper, Erz. als Dialog, 1990; K. Emig, Idee u. Logos, 1993; R. Haas, Philos. lehren nach P., 1993; G. A. Press (Hg.), Plato's dialogues, Lanham, MD, 1993; A. Schubert, P. – »Der Staat«, 1995; N. Pappas, P. and the Republic, New York 1995; D. Scott, Recollection and experience. P.s theory of learning and its successors, Cambridge 1995; W. Kersting, P.s »Staat«, 1999.

**Pleines,** Jürgen-Eckhardt, * 1. 10. 1934 Stettin; 1964 Promotion Heidelberg, 1977 Habil. Marburg, 1965–1983 Dozent, Prof. f. Phil. PH Karlsruhe und Lörrach, 1977 Prof. f. Phil. und Päd. Univ. Karlsruhe. Neben seinen Arbeiten zu Ethik, Naturphil., Ästhetik und Wissenschaftslehre grundlegende Beiträge zur Bildungs- und Wissenschaftstheorie der Päd.

Schr.: Bildung, 1971; Päd. und Anthropologie, 1973; Das prakt. Dilemma der Päd., 1977; (Hg.), Bildungstheorien, 1978; Praktische Wissenschaft, 1981; Praxis und Vernunft, 1983; Studien zur Bildungstheorie, 1989; Ästhetik und Vernunftkritik, 1989; Studien zur Ethik, 1992; Teleologie als metaphysisches Problem, 1995; Philosophie und Metaphysik, 1998.

**Plutarch,** * um 45 Chaironeia (Böotien), † um 125; bedeutender Gelehrter und Schriftsteller des → Hellenismus; lange wurde ihm ein umfassendes Buch über Kindererziehung zugeschrieben, das den Humanisten als Schulbuch und Vorbild diente.

Schr.: Kinderzucht (griech. u. dt.) ²1947; Von der Ruhe des Gemüts, hg. v. B. Snell, 1952; P., hg. v. K. Ziegler, 1957.
L.: K. Ziegler, P. von Chaironeia, 1949; K. Arnold, Kind und Gesells. in Mittelalter und Renaiss., 1980.

**Pöggeler,** Franz, * 23. 12. 1926 Iserlohn, Dr. phil. 1949 Marburg, 1953 Doz. PH Paderborn, 1957 Prof. PH Trier, 1962–1990 Prof. PH Aachen, 1962–68 (ehrenamtl.) Leiter des Inst. für Erwachsenenbildung am Dt. Inst. für wiss. Päd., 1980 Prof. RWTH Aachen, em. 1992, Dr. h.c. Univ. Löwen. → Andragogik.

Schr.: Die Verwirklichung polit. Lebensformen in der Erziehungsgemeinsch., 1954; Die Päd. F. W. Försters, 1957; Einf. in die Andragogik, 1957; Der Mensch in Mündigkeit und Reife, 1964, ²1974; Erwachsenenbildung – Einf. in die Andragogik, 1974; (Hg.) Hb. der Erwachsenenbildung, 8 Bde., 1974–1985; Perspektiven einer christl. Päd., 1978; Jugend und Zukunft, 1984; Erziehung für die eine Welt, 1990; Bildungsunion im vereinten Dtl., 1992; Bild und Bildung, 1992; Macht und Ohnmacht der Päd., 1993.

**Polen** besaß bis zur Unabhängigkeit (1919) aufgrund der Zugehörigkeit zu verschiedenen Staaten (Preußen, Österreich, Rußland) ein sehr unterschiedl., gering ausgebautes Bildungssystem. Im russ. Gebietsteil bestand keine, im preuß. dagegen 8j. Schulpflicht, im österr. Gebiet war 1895 die 6j. Schulpflicht eingeführt worden, in den Städten bestanden aber auch 7-klass. Fakultativschulen. Die Schulgesetze von 1919/1921 setzten den Pflichtschulbesuch für die gesamte Republik auf 7 J. fest. 1921 schlossen sich eine 5j. Mittelschule und ab 1932 ein 4j. Gymnasium oder Lyzeum auf freiwilliger Basis an; 1921 wurden alle Schulen und Erziehungsanstalten kostenlos und unter staatl. Aufsicht gestellt.

Von 1939–44 unter nationalsozialistischem Einfluß, wurde nach Gründung der Volksrepublik (1944) mit der Entwicklung eines Bildungssystems »unter den Bedingungen der Schaffung einer sozialistischen Kultur« begonnen. Wichtigste Ziele waren: Überwindung des Analphabetentums; Aufbau des Schulwesens auf allen Stufen, insbes. des berufsbildenden Systems; neue Lehrerbildung, ideologische Ausrichtung des Bildungswesens an den Prinzipien des Marxismus-Leninismus und wirtschaftlichen Erfordernissen.

Mit der Reform von 1961 (Verwirklichung ab Schulj. 1966/67) wurde die bis heute bestehende Struktur des Bildungswesens begründet.

Auf Krippen (bis 3 J.) und Kindergärten (bis 7 J.) baut die obligatorische 8j. allg. Grundschule für Kinder nach dem vollendeten 7. Lj. auf. An diese schließen sich an: 2–3j. Berufsgrundschulen mit starker Betonung der praktischen Arbeit sowie Mittelschulen, zu denen die 4j. allgemeinbildenden Lyzeen, die Berufstechnika und die Berufslyzeen (Industrie, Päd., Kunst u. a. Spezialgebiete) gehören.

Für lernschwache, geistig und körperlich behinderte Schüler bestehen Sondereinrichtungen (Hilfsschulen für Lernschwache, Sprech- und Hörgestörte, Blinde usw.).

Die Erwachsenen- und Weiterbildung für Berufstätige erfolgt im Rahmen der Grund- und Mittelschulen in eigenen Abteilungen für Abend- und Fernunterricht, in Arbeiteruniversitäten, Volks- und allg. Hochschulen sowie in Berufskursen.

Seit der Demokratisierung im Jahre 1989 vollzieht sich ein alle Lebensbereiche umfassender Reformprozeß. Im Unterschied zu den administrativ »verordneten« Bildungsreformen einiger anderer osteuropäischer Staaten nach 1989/90 ist die gegenw. Entwicklung das Resultat einer seit den frühen 80er Jahren z. T. öffentlich geführten Diskussion (Solidarnocz, kath. Kirche, »Runder Tisch«). Ein Expertenbericht zum Stand des Bildungswesens (1989) stellte gravierende Mängel im Schulsystem fest. Trotz der Beibehaltung der äußeren Struktur des Bildungswesens sah das »Gesetz über das Erziehungssystem« (1991) tiefgreifende Veränderungen vor: »Vergesellschaftung« der Schulen (Zulassung kommunaler, kirchl. u. priv. Träger), Einschränkung der Kompetenzen der staatl. Bildungsverwaltung, Selbstverwaltung der Schulen und Hochschulen, Reform der Bildungsinhalte, Neufassung der Lehrpläne und Lehrbücher, Anhebung des Ausbildungsniveaus der Lehrer, Verbesserung der materiellen Bedingungen des gesamten Bildungswesens (gepl. waren 10% des Nationaleinkommens). Die anhaltend kritische Beurteilung des Bildungswesens spiegelt sich in verschiedenen Reformkonzepten des Schulsystems wider. Zuletzt sah es so aus, daß das Jahr 1997 den Anfang nicht nur für programmatisch, sondern auch für strukturelle Änderungen darstellen könnte. Grosse Hemmnisse für die Reformen sind v. a. der Informationsmangel der Lehrer und Eltern seitens der Regierung und der anhaltende Geldmangel. Weitreichende Wirkungen in Richtung auf die Reform des Schulwesens werden hingegen von dem in Aussicht gestellten Beitritt Polens in die → Europäische Gemeinschaft erwartet.

Der Hochschulbereich umfaßt Univ.n (die älteste in Krakau, gegr. 1364), Polytechnika, Medizinische und andere Akademien.

Bereits seit 1968 wurden von oppositionellen Strömungen »Fliegende Universitäten« gegründet, um der einseitig politischen Ausrichtung der Hochschullehre entgegenzuwirken. Die Autonomie der Hochschulen wurde im neuen Hochschulgesetz (1991) festgeschrieben.

Bedeutendstes wiss. Zentrum ist die Polnische Akademie der Wiss.n in Warschau.

L.: V. Hammetter, Das Schulsystem in der Volksrepublik P., 1966; C. Banach, Vierzig Jahre Bildungswesen in Volkspolen, in: Vergl. Päd. 21 (1985) 1; Ministry of Education, Development of Education in the years 1984–86, Warschau 1986; Arbeitsstelle für Vergl. Bildungsforschung (Bochum), Jahresberichte zur Bildungspol. und pädagog. Entwicklung, 1986 ff. (seit 1991 Halbjahresbericht); S. Baske, Bildungspol. in der VR P. 1944–1986, 1987; S. Baske, Der Übergang von der marx.-leninist. zur freiheitl.-demokr. Bildungspolitik in P., der Tschechoslowakei und in Ungarn, 1991; C. Kupisiewicz, Die Expertenberichte von 1973 und 1989 zum Stand des Bildungswesens in P., in: Bild. u. Erz. 44 (1991) 1; B. Bartz, Die wesentlichen Aspekte der Bildungsreform in P., in: Päd. Rundsch.

45 (1991)2; H. Muszynski und L. Novikov, Zeit für Schule: P. – Sowjetunion, 1991; M. Kozakiewicz, Educational Transformation Initiated by the Polish Perestroika, in: Comp. Ed. Rev. 36 (1992) 1; W. Mitter, M. Weiß (Hg.), Neuere Entwicklungstendenzen im Bildungswesen in Osteuropa, 1992; W. Hoerner, Das Schulwesen im Umbruch, 1994; OECD (Hg.), Reviews of National Polcies for Education: P., 1996; O. Anweiler, P., in: ders. (Hg.), Bildungssysteme in Europa, 1996; S. Pisrczyk, Der Bildungsbegriff in Dtl. und P., in: Päd. Rundsch., 52 (1998) 4.

**politische Bildung,** seit den 70er J.n immer häufiger und meist in einem übergreifenden Sinn gebrauchter Begriff, in dem traditionelle Bezeichnungen wie Gegenwartskunde, Gemeinschaftskunde, Gesellschaftslehre, → Sozialkunde, → staatsbürgerl. Erziehung »aufgehoben« sind. P.B. meint alle Unterrichts-, Erziehungs- und Bildungsprozesse, in denen junge Menschen und Erwachsene Informationen (Wissen) über konstitutive Elemente von Gesellschaft und Staat erhalten und ist auf grundlegende Normen und Werte des sozialen und polit. Systems verpflichtet. Zugleich ist sie aber auch zur Wahrung und Durchsetzung ihrer eigenen Interessen und Rechte befähigt und so in die Lage versetzt, gesellschaftl. Rollen und Aufgaben kompetent und verantwortlich zu übernehmen. P.B. kann sich nicht in bloßer Institutionen- und Verfassungskunde oder in der Einübung in formale Partizipationsmechanismen (z.B. Wahlen, Abstimmungen) erschöpfen. Sie begreift Politik auch nicht als abgesonderten Bereich der Regierung, Herrschaft und Verwaltung des Staates, sondern geht davon aus, daß es in einem demokrat. Staat grundsätzlich keine politikfreien »Schonräume« innerhalb der Gesellschaft gibt. Gegenstände der p.B. sind neben der Politik im engeren Sinne (Regierung, Parlament, Parteien, Staatsämter etc.), auch soziale Gruppen, Einrichtungen, Systeme und Institutionen (Verbände, Kirchen, Familie, Erziehung, Verkehr, Wohnen, etc.), Wirtschaft (Produktion, Verteilung und Konsumtion von Waren, internationale Verflechtung, Dritte Welt, Markt, Preise, Löhne, Gewerkschaften, Wirtschaft-Staat, etc.) und Kultur (Kulturpolitik, Rolle der Kunst in der Gesellschaft, kulturelle Eigenständigkeiten etc.). P.B. hebt sich heute deutlich ab von älteren Zielbestimmungen wie Vorbereitung auf ein bestimmtes Amt (Priester, Fürst, Beamter), Formung staatstreuer Untertanen, Eingliederung in das »Volk« (häufig verbunden mit para-militärischen Schulungen) oder Um-Erziehung (→ Re-education). Die 1952 gegr. Bundeszentrale für polit. Bildung und entsprechende Landeszentralen unterstützen die p.B. durch (didaktisch aufbereitetes) Informationsmaterial, Medien (Filme, Dias, Tondokumente), Kurse für Lehrer, die Organisation von Schülerexkursionen (Besuch der Landtage, Berlinfahrten etc.) und die Förderung von Veranstaltungen in der außerschul. p.B.

Die Diskussion um die didaktischen Konzeptionen der p. B. ist innerhalb der allg. formalen Vorgaben von Grundgesetz und Länderverfassungen sehr breit und kontrovers. Eine grobe Einteilung der zahlreichen und divergierenden Positionen läßt, von systemkrit. Positionen abgesehen (z.B. A. Holtmann), zw. eher »konservativen« und eher »reformistischen« unterscheiden.

Die »konservative« Richtung (Behrmann, Grosser, Sutor u. a.) geht von einem engeren Verständnis von Politik aus, sieht in der »Demokratie« vor allem eine Methode der Organisation der Staatsregierung, betont stärker den Anspruch des Staates und seiner Organisationen, hebt mehr auf Ordnung und Funktionalität des Staatsapparates ab und schlägt einen sachlich systematisch strukturierten Lehrgang vor, der vor allem auf kommunikativ-argumentative Verstehensprozesse abzielt.

Die »reformistische« Richtung (K. G. Fischer, → Giesecke, Hilligen, Roloff u. a.) sieht p. B. als Teil der polit. Sozialisation insgesamt, versteht Demokratisierung als ein Prinzip, das Partizipation der Betroffenen in allen Lebensbereichen ermöglichen soll (dynamischer Demokratiebegriff), geht mehr von der Lebenssituation und den Zukunftsperspektiven der Schüler aus, betrachtet den → Konflikt als zentrale, für die p. B. entscheidende Kategorie und schlägt situationsorientierte Curricula vor, d. h. exemplarische Fälle, Modelle und Situationen, die bei den Schülern Betroffenheit ermöglichen und polit. Engagement hervorrufen sollen. Den Hintergrund dieser Diskussion und insbes. der zweiten Richtung haben die → Studentenbewegung und die damit einhergehende Politisierung weiter Bereiche des gesellschaftl. Lebens gebildet.

Inzwischen gewinnt als ein neues und vermittelndes Paradigma das der »Kommunikation« (Wissensform, didakt. Transformation) zunehmend an Bedeutung. P. B. findet als → Fach v. a. in den Mittel- und Oberstufen, als Prinzip des Unterrichts insgesamt und auch außerhalb der Schule statt: z. B. durch Massenmedien, → Akademien und Stiftungen von Staat, Kirchen, Gewerkschaften, Parteien und durch die → Volkshochschulen. In der → Erwachsenenbildung setzte die p. B. nach 1945 (abgesehen von Vorläufern wie der Gesellschaft für Volksbildung, Arbeiterbildungsvereinen etc.) zunächst als Umerziehung oder Reeducation der Deutschen zur neuen demokratischen Staatsform ein. Heute stehen Probleme der internationalen Zusammenarbeit, der Demokratisierung der Gesellschaft, der Ökologie und gesellschaftl. Randgruppen im Vordergrund. Kaum geklärt ist bisher das Verhältnis der Bürgerinitiativen zur p.B.

Zs.: Aus Politik und Zeitgeschichte. Beilage zur Wochenzeitung Das Parlament.
Schr.: Informationen zur p.B., hg. v. d. Bundeszentrale für p.B.; entsprechende Schr.reihen der einzelnen Landeszentralen.
L.: B. Sutor, Didaktik des polit. Unterrichts, 1971; G. C. Behrmann, Soziales System und polit. Sozialisation, 1972; H. Giesecke, Methodik des polit. Unterr., 1973, ⁶1984; E.-A. Roloff, Erziehung zur Politik, 2 Bde. 1973–76, 4. neubearb. Aufl. 1985; W. Hilligen, Zur Didaktik des P. Unterrichts, 2 Bde. 1975–76, ²1987; D. Grosser u. a., p.B., 1976; M. Hättrich, Rationalität als Ziel der p.B., 1977; H. Fend, Theorie der Schule, 1979; W. Brinkmann (Hg.), Erziehung-Schule-Gesells., 1980; B. Sutor, Politik, 1980; O. Model, C. Creifields, Staatsbürger-TB, 1981; B. Claußen (Hg.), Texte zur p.B., 1984; B. Sutor, Neue Grundlegung p.r B., 2 Bde., 1984; H. G. Assel, Traktat über freiheitl. Veränderung, 1985; H. Weiler, Polit. Erz. oder sozialwiss. Unterr., 2 Bde., 1985; B. Janssen, W. Sander (Hg.), Europa in der Schule, Zur p.B. in der BRD, DK, F, GB und NL, 1986; H. W. Kuhn, P. Massing (Hg.), P.B. in Dtl., 1989, ²1993; H. H. Schepp, Päd. und Pol., 1990; K. Franke, H. Knepper (Hg.), Aufbruch zur Demokratie – p.B. in den 90er Jahren, 1992, ²1994; E. Nuissl u. a., Verunsicherungen der p.B., 1991; H. Giesecke, P.B., 1993; W. Gagel, Geschichte der p. B. in der BRD 1945–1989, 1994; D. Weidinger (Hg.), P. B. in der Bundesrep., 1996; H. Giesecke, Kleine Didaktik des p. Unterrichts, 1997; ders., Zur Krise der p.B., 1997; B. Hafeneger (Hg.), Hdb. p.Jugendbildung, 1997; W. Sander (Hg.), Hdb. p.B., 1997; T. Grammes, Kommunikative Fachdid., 1998.

**Polytechnikum,** Bezeichnung für polytechnische Schulen, die seit dem ersten Drittel des 19. Jh. als höhere technische Lehranstalten eingerichtet und später überwiegend in → Ingenieurschulen oder unmittelbar in → Fachhochschulen umgewandelt wurden; einige wurden gegen Ende des 19. Jh. zu Techn. Hochschulen mit ingenieurwiss. Bereichen erhoben.

**polytechnische Bildung** bedeutet (aus dem Griech. übersetzt) Bildung in vielfältiger Technik und bezeichnete ein Grundprinzip und Bildungsziel der sozialist. Schulen, v. a. in der ehemal. → DDR und → UdSSR. Die sozialist. Schulpolitik folgte dabei der Forderung von Karl → Marx (1866 vor der internationalen Arbeiterorganisation in Genf), allen Kindern neben geistig-wiss. und gymnastisch-körperl. auch eine p.B. zu vermitteln. Zur organisatorischen Umsetzung dieses Postulats trug Lenins Frau → Krupskaja entscheidend bei. Nach 1945 wurde die Schule der SBZ bzw. später der DDR »polytechnisiert« (→ Frankiewicz). Starke Anregungen dazu gab der III. Parteitag der SED 1952; 1958 wurde ein wöchentl. »Unterrichtstag in der Produktion« eingerichtet. Damals sollte die p.B. in die wiss. Grundlagen des Produktionsprozesses einführen, die gesellschaftlichen Grundlagen der sozialistischen Produktion aufzeigen und die Arbeitsfähigkeit erhöhen, diente also insgesamt der frühen »Professionalisierung« des späteren Arbeiters. Seit Mitte der 60er J. wurde eine Berufsvorbereitung im Sinne einer allg. technischen und ökonom. Grundlagenbildung durch eigenen polytechnischen Unterricht und Teilnahme der Schüler an der Produktion (enge Kooperation mit den Betrieben) angezielt. Dieser polytechnische Unterricht stand in enger Verbindung zum mathematischen und naturwiss., aber auch zum polit. Unterricht (»Gesellschaftslehre«, Gemeinschaftskunde): er gliederte sich in einzelne Elemente wie Werk- und Schulgartenunterricht, Einführung in die sozialist. Produktion, → technisches Zeichnen und eigene produktive Arbeit der Schüler. Von der p.B. wurde ein wesentlicher Beitrag zur Bildung der sozialist. Persönlichkeit erwartet.

Hist. taucht der Name Polytechnik zuerst in anderem Sinne auf: Polytechnische Lehranstalten wurden in Dtl. im Anschluß an die

**Portugal**

*école polytechnique* in Paris im 19. Jh. gegründet und ab 1868 größtenteils in Technische Hochschulen umgewandelt: Berlin 1821, TH 1879; Karlsruhe 1825, TH 1885; München 1827, TH 1868; Dresden 1828, TH 1877; Hannover 1831, TH 1879; Stuttgart 1832, TH 1890; Braunschweig 1835, TH 1877; Darmstadt 1836, TH 1877.

Das Problem der Verknüpfung von Schule und Produktion hat sich nicht nur in sozialist. Staaten gestellt. In der Bundesrepublik greift man nicht auf p.B. zurück, sondern sucht eher eine Lösung in der → Arbeitslehre.

L.: O. Anweiler (Hg.), P.B. und techn. Elementarerziehung, 1969; H. Blankertz, Bildung im Zeitalter der großen Industrie, 1969; W. Christian u. a., Polytechnik in der BRD, 1972; I. Szaniawski, Die Humanisierung der Arbeit und die gesellschaftl. Funktion der Schule (poln. 1967) 1972; G. Schmidt, Die p.B. in der Sowjetunion und in der DDR, 1973; G. Broccolini, L'istruzione politecnica, Rom 1981; J. Lackmann, U. Wascher (Hg.), Arbeitslehre und Polytechnik, 1991; H. Dedering (Hg.), Hdb. zur arbeitsorientierten Bildung, 1996; Vom Polyt. Lehrgang zur Polyt. Schule (Heftthema), in: Erz. u. Unterricht, 147 (1997).

**Portugal.** Vom 12. Jh. an entstanden bischöfliche Kloster-, Stifts- und Pfarrschulen. 1291 wurde eine Univ. gegründet, die ihren Sitz abwechselnd in Lissabon und Coimbra hatte, seit 1537 endgültig in Coimbra. Vom 16. Jh. an bis zu den Reformen Pombals im 18. Jh. dominierte der Einfluß der → Jesuiten. Seit dem 19. Jh. wurde das Schulwesen, bes. die Volksschule, auf breiterer Grundlage ausgebaut, 1844 wurde die allg. Schulpflicht eingeführt.

Mit dem Regime Salazar (1926) wurde das Bildungswesen auf christ.-nationale, autoritäre und korporative Prinzipien gestellt.

Die relative Armut P.s, die vorwiegende Beschäftigung in der Landwirtschaft, die geringe Bevölkerungsdichte und die unzulänglichen Verbindungsmöglichkeiten, aber auch die Kürzung von Schulen und Lehrkräften, die starre Trennung von berufs- und allgemeinbildendem höherem Schulwesen sowie die Konzentration von höheren Bildungseinrichtungen in den Küstenstädten unter der Regierung Salazar führten dazu, daß 1970 noch etwa 25% der Erwachsenen Analphabeten waren. Nach der Revolution vom April 1974 hat das Bildungswesen große Umwälzungen erfahren. Die einflußreiche nationalpatriotische Organisation Mocidade Portuguesa (1936 nach dem Vorbild der → Hitlerjugend gegr.) wurde aufgelöst und eine Demokratisierung des Bildungswesens eingeleitet: Die schulischen Programme und Curricula wurden modernisiert und die Schulpflicht von 4 J. (1974) zunächst auf 6 J. (1977) und schließlich auf 9 J. (1986) verlängert. Wesentl. Komponenten des gegenwärtigen Bildungssystems sind die fakultative 3j. Vorschule (ab 3J.), die 4j. obligator. Grundschule, eine 2j. obligator. Vorbereitungsstufe (in ländl. Gebieten z. T. über TV) sowie die 6j. integrierte → Gesamtschule (obligator. 3j. Sek.stufe I; Sek. Stufe II; 3j. differenz. Berufsbildung, bzw. 3j. Lyzeum oder Gymnasium). Der Tertiärbereich umfaßt das Studium an einer der 18 Univ.n des Landes (davon 8 in Lissabon) oder an einer der zahlreichen Fachhochschulen (2j. Kurzstudium). Die außerschul. Aus- und Weiterbildung, speziell die → Erwachsenenbildung wird besonders gefördert. Durch das Lehrlingsgesetz (1984) wurde die Berufsausbildung nach dem Vorbild des dt. → Dualen Systems erstmals gesetzlich geregelt.

Zur Unterstützung von Jugendorganisationen wurde 1974 ein eigener Hilfsfonds gegründet. Kulturelle, soziale und sportliche Aktivitäten werden ebenso gefördert wie der internationale Jugend- und Schüleraustausch.

L.: Ch. Gerhards, M. Rauch, S. Schirmbeck, Volkserziehung in P., 1976; P.-A Bird's Eye View, hg. v. d. Botschaft P.s, 1978; T. Ambrosio (Mitarb.) u. a., Structures industrielles, changements technologiques et enseignement supérieur au P., Paris (UNESCO) 1983; J. Ferreira Gomes, Estudios de historia e de pedagogia, Coimbra 1984; Loi des bases du système éducatif 1986; Algueirão 1986; Ministère de l'Education et de la Culture, Rapport National du P., Genf (UNESCO) 1986; A. Mota, Das berufl. Bildungswesen in P., 1987; G. Schnuer, Berufsausbildung und soz. Strukturen P.s, 2 Teile, Lissabon 1988/89; Berufsausbildung in P., in: Die berufsbild. Schule 44(1992)2; S. Agostinho, Educação em Portugal, Lissabon 1989; E. L. Pires, A construção social da educação escolar, Rio Tinto 1991; D. Leischner, Bildungssysteme in Europa, 1995.

**Positivismusstreit.** Als P. wurde nachträglich die Auseinandersetzung zw. Vertretern des → »kritischen Rationalismus« (Popper, H. Albert) und der → »kritischen Theorie der Gesellschaft der → Frankfurter Schule« (→ Adorno, Habermas) auf der Arbeitstagung der Dt. Gesellschaft für Soziologie 1961 in

Tübingen bezeichnet. Hauptstreitpunkte waren die Frage der Wertfreiheit der Wiss. (→ Forschungsmethoden), die Möglichkeit der Isolation einzelner Daten und Fakten aus der komplexen, geschichtl.-gesellschaftl. Totalität, die Bedeutung des gesellschaftl. Entwicklungsstandes, damit auch der Stellung des Wissenschaftlers, für Forschungsprozeß, -ziel, -methode und -resultat, das Verhältnis von Empirie und Theorie, die (polit.) Verantwortung des Wissenschaftlers für Auftrag und Verwertung seiner wiss. Forschung u. a. Zusammenfassend ging es um die Frage, ob Theorie ein System von Sätzen zur Erklärung von Wirklichkeit oder ein kritisches Instrument zur Veränderung der gesellschaftl. Wirklichkeit zu mehr → Mündigkeit und Demokratie sein soll. Der P. wurde in zahlreichen Wiss.n diskutiert und fand, gerade auch in der → Päd., mehrere »Nachahmungen«. So forderte etwa → Brezinka im Anschluß an Popper und Albert programmatisch den Übergang »von der Päd. zur Erziehungswiss.« als einer streng empirischen Disziplin. Von daher unterzog er die von ihm so genannte »weltanschauliche« Päd., die auch Normen und Ziele in den Reflexionsbereich der Wiss. mit einbezieht und von einer philosophisch begründeten Position aus argumentiert, auch ihrer angeblich unklaren Begriffe wegen einer radikalen Kritik. In der Folge (z. Teil schon vor dieser Auseinandersetzung) des P.s in der Päd. setzten sich Vertreter einer polit., → kritisch-emanzipator. Päd. (→ Blankertz, → Mollenhauer, → Klafki) mit dem Programm einer Erziehungswiss. im genannten Sinn auseinander. Den Vertretern der emanzipatorischen Päd. ging es dabei u. a. nicht nur darum, eine exakte Datenerhebung und Erklärung dessen, was geschieht, in »Wenn – dann Sätzen« zu leisten, sondern die Erziehungswirklichkeit in Richtung auf individuelle und kollektive → Emanzipation und Mündigkeit zu verändern, und damit das Normative als notwendigen Bestandteil der Päd. als Wiss. zu behaupten. (→ Ethik und Päd.).

Zur Klärung von Sachfragen hat der P. in keiner Wiss. Wesentliches beigetragen. Er bestand meist mehr aus »Doppelmonologen« als aus echten Gesprächen, die Argumente erreichten die jeweiligen Diskussionsgegner nur in den seltensten Fällen. Der P. hat allerdings die Klärung und Abgrenzung von wissenschaftstheoretischen Standpunkten vorangetrieben. → emp.-analyt. Erz.wiss.

L.: Zur Bedeutung der Empirie für die Päd. als Wiss. Neue Folge der Ergänzungshefte zur Vjschr. für wiss. Päd., Heft 5, 1966; Th. W. Adorno u. a., Der P. in der dt. Soziologie, 1969 u. ö.; W. Brezinka, Von der Päd. zur Erziehungswiss., 1971, ab ⁴1978: Metatheorie der Erziehung; W. Klafki, Aspekte kritisch-konstruktiver Erziehungswiss., 1976; H.-E. Tenorth, Rationalität der Päd., in: U. Herrmann (Hg.), Hist. Päd. Zschr. f. Päd., 14. Beiheft, 1977; W. Büttemeyer, B. Möller (Hg.): Der P. in der dt. Erziehungswiss., 1979; J. Habermas, Die neue Unübersichtlichkeit, 1985; H. Keuth, Wiss. und Werturteil, 1989; K.-O. Apel, M. Kettner (Hg.), Mythos Wertfreiheit?, 1993; H.-J. Dahms, P., 1993.

**Postlethwaite, Thomas Neville,** * 2. 2. 1933; studierte an den Univ. Durham und Stockholm; Promotion 1968 in Stockholm. Lehrte am St. Albans College sowie an den Univ.n Stockholm und Los Angeles, ab 1976 o. Prof. für Vgl. Erz.wiss. an der Univ. Hamburg, seit 1986 Direktor der International Academy of Education. Berater zahlreicher internat. Organisationen in der ganzen Welt (Unesco, Weltbank u. a.) und hochangesehener Forscher auf dem Gebiet der → Vgl. Erz.wiss., bes. im Bereich der Evaluation von Bildungssystem im internat. Vergleich. Zus. mit Torsten → Husén Hg. der 10bändigen International Encyclopedia of Education (Oxford 1985 ff.).

Schr.: Young Europeans in England, London 1962; School Organisation and Student Achievement, Stockholm 1967; mit G. de Landsheere, Rendement de l'enseignement des mathématiques dans douze pays, Paris 1969; Leistungsmessung in der Schule, 1967; Ambiente familiare e profitto dello studente, Rom 1977; Schulen im Leistungsvergleich, 1980; Schooling in East Asia, Oxford 1983; International Encyclopedia of Comparative Education and National Systems of Education, Oxford 1988.

**Postmoderne, postmoderne Pädagogik,** vertritt das Prinzip »radikaler Pluralität« in bezug auf »Wissensformen, Lebensentwürfe, Handlungsmuster« sowie »Wahrheit, Gerechtigkeit, Menschlichkeit« (Welsch) und aufgrund der Erfahrung der Geschichte und des Motivs der Freiheit die Heterogenität von Lebensformen, Sprachspielen (→ Wittgenstein) und Denktypen (Lyotard, Derrida, Deleuze u. a.); sie wendet sich gegen jeden Monismus in

**Praktikum**

Gesell., Ökonomie, Politik, Kunst, Literatur, Architektur, Wiss. (→ skept. Päd.); aufgrund ihres Prinzips stellt sie den Vernunft- und Subjektbegriff, den abendl. Bildungs- und Erziehungsbegriff vom Gedanken der → Paideia, der Autonomie des Subjekts in der → Aufklärung, das durch → Ethik zu begründende sinnhafte Handeln in Frage (Gefahr des Nihilismus), d. h. die Möglichkeit jedweder Theorie der → Pädagogik als Reflexion der und Orientierung für die Praxis; Pluralität führt log. und erkenntnistheoret. zu Relativismus und Infragestellung des Prinzips selbst, eth.-erz. zur Begründung der → Person im Selbstentwurf (→ Existentialismus, → Selbsterziehung).

L.: J. Habermas, Der Eintritt in die Postmod., in: Merkur 421 (1983); ders., Die neue Unübersichtlichkeit, 1985; Am Ende – postmod.?, hg. von D. Baacke u. a., 1985; W. Welsch, Unsere postmod. Moderne, 1987, ³1991; ders. (Hg.), Wege aus der Moderne, 1988; ders., Ästhet. Denken, 1990; N. Meder, Der Sprachspieler, der postmod. Mensch oder das Bildungsideal im Zeitalter der neuen Technologien, 1987; J. Oelkers, Die Wiederkehr der Postmod., in: Zschr. f. Päd. 33 (1987); K. Lüscher u. a. (Hg.), Die »postmod.« Familie, 1988, ²1990; »Postmod.« oder der Kampf um die Zukunft, hg. von P. Kemper, 1988, ²1991; Vjschr. f. wiss. Päd. 65 (1989), H. 4; W. Ferchhoff, G. Neubauer, Jugend und Postmod., 1981; W. Böhm, Die geistige Situation der Gegenwart, in: Weltgesch. in 14 Bdn., Bd. 12, hg. von H. Pleticha, 1989; P. Koslowski, Die Kulturen der Welt als Experimente richtigen Lebens, 1990; H. Kupffer, Päd. der Postmod., 1990; P. Kondylis, Der Niedergang der bürgerl. Denk- und Lebensform, 1991; Z. Baumann, Moderne u. Ambivalenz, dt. 1992; H. R. Fischer u. a. (Hg.), Das Ende der großen Entwürfe, 1992; V. Ladenthin, Die Herausforderung der Postmod. an die Päd., in: Vjschr. f. wiss. Päd. 69 (1993); Chr. Beck, Ästhetisierung des Denkens, 1993; W. Marotzki, H. Sünker (Hg.), Krit. Erz.wiss., Moderne, P., 1993; M. Peters (Hg.), Education and the postmodern condition, Westport (Conn.) 1995; V. F. Taylor, Ch. E. Winquist (Hg.), Postmodernism, 4 Bde., London 1988; R. Kurz, Die Welt als Wille und Design, 1999.

**Praktikum** heißt jener Teil der Berufsausbildung, bei dem durch vorübergehende Versetzung in die Berufswirklichkeit jene Kenntnisse, Fähigkeiten und Fertigkeiten erworben werden sollen, die durch schulisches Lernen bzw. Studium nicht erlangt werden können. Praktika spielen auch eine bedeutende Rolle im Lehrstudium und im päd. Diplomstudium (Umfang, Inhalt und Ort werden durch die jeweiligen Prüfungsordnungen geregelt). Sie sollen über die Arbeitsbedingungen und Aufgaben des künftigen Berufes aufklären und Selbsterkenntnis über Eignung und wirkliche Neigung vermitteln; Erfahrungen über Stimmigkeit, Reichweite und Verfügbarkeit bereits erworbener theoretischer Kenntnisse ermöglichen; »vor Ort« Situationen und Schwierigkeiten erleben lassen, die eine vertiefte theoretische Durcharbeitung erstrebenswert machen. Das Verhältnis von Theorie und Praxis ist in der Päd. an keiner Stelle so einfach und einlinig, daß es im P. nur um die »Anwendung« angelernten Wissens gehen könnte.

**Praktisches Lernen.** Ein im Zusammenhang mit der Wiederbelebung der → Reformpädagogik unter dem Schlagwort einer »Verbindung von Kopf, Herz und Hand« propagiertes Konzept von Unterricht, das die Verengungen einer wissenschafts- und lehrgangsorientierten Lern- und Buchschule überwinden und die Schule stärker dem praktischen Leben öffnen will, und zwar durch Einbeziehung praktischer Sprachübungen (an Stelle gelehrten Wortunterrichts), die Berücksichtigung der kindlichen Lerneigenarten (z. B. der »übergangenen Sinnlichkeit«), die Betonung handwerklich-technisch-ästhetischen Gestaltens und die Teilnahme an öffentlich-gesellschaftlichen Problemen und Aufgaben.

L.: A. Flitner, Schulreform und P. L., in: Neue Sammlung 30 (1990); P. Fauser, Was ist P. L.?, in: Päd. Forum 3 (1991); ders. u. a. (Hg.), Lernen mit Kopf und Hand, 1992; W. Böhm, u. a., Schnee vom vergangenen Jh., 1993, ²1994.

**Prange, Klaus,** * 3. 1. 1939 Ratzeburg, Dr. phil. 1969, Dr. phil. habil. 1975; Prof. Univ. Kiel, Univ. Bayreuth 1985, Univ. Tübingen 1989. Bedeutende päd. Schriften zur Allgemeinen Päd., zur Theorie des Unterrichts und zur Geschichte der Päd. (vor allem R. →Steiner, → Waldorfpädagogik).

Schr.: Pädagogik als Erfahrungsprozeß, 3 Bde., 1978–81; Bauformen des Unterrichts, 1984, ²1986; Erziehung zur Anthroposophie, 1985, ²1987; Was heißt »Pädagogik vom Kinde aus«?, 1986; Päd. Erfahrung, 1989; Päd. im Leviathan, 1991; Das Bild des Kindes in dem Erziehungskonzept Rudolf Steiners, in B. Fuchs, W. Harth-Peter (Hg.), Alternativen frühkindlicher Erziehung, 1992, Die Zeit der Schule, 1995.

**Prima,** heute veraltete Bezeichnung für die vorletzte (Unter-P.) und letzte (Ober-P.) Klasse des →Gymnasiums.

**Primarbereich,** nach dem → Strukturplan des Dt. Bildungsrates (1970) die auf den → Elementarbereich folgende Stufe im Bildungswesen für die fünf- bis neun- bzw. zehnjährigen Kinder. Bei der lt. Strukturplan auf den Primarbereich folgenden → Orientierungsstufe blieb offen, ob sie dem Primar- oder Sekundarbereich zugeordnet werden sollte. Die Bezeichnung Primarbereich anstelle von → Grundschule hat sich in den folgenden Jahren nicht durchgesetzt.
L.: H. Halbfas, F. Maurer, W. Popp, Neuorientierung des P.s, 6 Bde., 1972–1976; E. Neuhaus, Reform des P.s 1974, [6]1994.

**primitiv** (lat.: urtümlich, unverbildet, natürlich). Die Vergleichende Kulturanthropologie unterscheidet Primitive von zivilisierten Trägern der (Hoch-)Kulturen, bes. der modernen europ. nordamerikan., wobei Unterschiede hinsichtlich aller spezifisch menschl. Merkmale zutage treten: Denken, Sprechen, Fühlen und Werten. In der → Aufklärung suchte man, den primitiven Wilden zu studieren, um die ursprüngliche menschl. Natur kennenzulernen. Innerhalb der → Psychoanalyse ist das Archaisch-Archetypische umstritten; die Freudianer denken geringer davon; die Jungianer erblicken in ihm heilende Kräfte. Päd. bedeutsam wird die primitive Mentalität in der Diskussion um die erziehliche Funktion der → Märchen im Kindesalter.
L.: L. Lévy-Bruhl, Die Seele des Primitiven, dt. 1956; K. Zeininger, Magische Geisteshaltung im Kindesalter, 1929; A. Lovejoy, G. Boas, Primitivism and related ideas in antiquity, New York 1965; W. Laiblin, Märchenforschung und Tiefenpsychologie, 1975; B. Bettelheim, Kinder brauchen Märchen, dt. 1977; G. Boas, Primitivism and related Ideas in Antiquity, Baltimore 1935, Neuausg. London 1999; G. Boas, Primitivism and Related Ideas in the Middle Ages, Baltimore 1948, Neuausg. London 1999.

**Privatschulen.** Das Schulwesen, ursprünglich ausschließlich nichtstaatl. (von den → Klosterschulen über Schreib- und Rechenschulen im → Mittelalter bis zur Höheren Schule), wurde mit Einführung der allg. Schulpflicht zunehmend staatl. organisiert. Daneben blieben P., heute zutreffender Schulen in freier Trägerschaft (vgl. z. B. entspr. Gesetze in Baden-Württemberg, Rheinland-Pfalz, Schleswig-Holstein, Niedersachsen), erhalten. Art. 7 Abs. 4 des Grundgesetzes gibt die rechtl. Errichtungs- und Bestandsgarantie von P.; diese sind durch päd., wirtschaftl. und weltanschauliche Selbstverantwortlichkeit geprägt, sie erweitern das Angebot freier Schulwahl und fördern das Schulwesen durch besondere Inhalte und Formen der Erziehung und des Unterrichts, sie besitzen das Recht der freien Lehrer- und Schülerwahl.
Als Ersatzschulen entsprechen die P. hinsichtlich Aufgaben, Lehrinhalten und Organisationsformen vorhandenen oder vorgesehenen öffentl. Schulen. Über die staatl. Lehrpläne hinaus verfügen sie aber über gewissen inhaltlichen Spielraum, soweit ihre Abschlüsse den staatl. gleichwertig bleiben. Staatl. anerkannte Ersatzschulen (diese erfüllen die Genehmigungsvoraussetzungen auf Dauer) besitzen eigenes Prüfungs- und Zeugnisvergaberecht. Das Bundesverfassungsgericht hat in ständiger Rechtsprechung allen genehmigten Ersatzschulen (zur Vermeidung einer Auswahl der Schüler nach den Besitzverhältnissen der Eltern) einen Anspruch auf Regelfinanzhilfe zugesprochen. Manche Bundesländer gewähren diese Beihilfen jedoch erst nach einer mehrjährigen Wartezeit oder ab dem Zeitpunkt der staatl. Anerkennung. Als Ergänzungsschulen bieten P. zusätzliche Formen neben dem öffentl. Schulwesen an. Dem ohne Zweifel vorhandenen schulischen Charakter fehlt die Vergleichbarkeit mit öffentl. Schulen (z. B. Sprach-, Handels-, Musik- und Gymnastikschulen). Interessenverbände der P. sind: Zentralstelle Bildung der Dt. Bischofskonferenz (kath. Schulen); Arbeitsgemeinschaft Evangelischer Schulbünde (ev. Schulen); Bund der Freien Waldorfschulen; Vereinigung Dt. Landerziehungsheime; Schulen in freier Trägerschaft; Bundesverband Dt. P.

**Problem** bezeichnet eine ungelöste Frage, die der (wiss.) Bearbeitung und Beantwortung harrt. P.bewußtsein meint das Wissen um Schwierigkeit, Komplexität und unter Umständen augenblickliche Unlösbarkeit eines P.s und stellt ein Lernziel allen wiss. Studiums dar. Der *problematicismo* ist eine Richtung in

**Produktionsschule**

der italien. Päd. der Gegenwart (Hauptvertreter G. M. → Bertin), die von der prinzipiellen Unaufhebbarkeit der die päd. Wirklichkeit konstituierenden → Antinomien ausgeht.
Die Aufgabe des Päd.Studiums kann nicht darin aufgehen, »anwendbare« didakt.-method. oder therapeut. Regeln, Rezepte und Weistümer zu vermitteln, sondern sie besteht in erster Linie in der Weckung und Festigung eines päd. P.bewußtseins.

**Produktionsschule** → Arbeitsschule, → Arbeitsschulbewegung.

**Professionalisierung,** »Verberuflichung«, der (hist.) Prozeß der Spezialisierung, Verselbständigung und Verwissenschaftlichung einzelner Berufspositionen bzw. -gruppen (z. B. Lehrer, Sozialarbeiter, Erzieher), die damit Fachlichkeit sowie daran orientierte berufl. Qualifikationen und Kompetenzen erwerben bzw. unter Führung statuspolit. gewerkschaftl. oder gewerkschaftsähnlicher berufl. Interessen- und Fachverbände sich erkämpfen. Kriterien bzw. Ziele der P. sind dabei – im Interesse der »Standes«mitglieder und der »Klienten« – v. a. Selbständigkeit der Berufsgruppe und Handlungsautonomie im Arbeitsvollzug, Ausprägung spezialisierten Expertenwissens und Kodifizierung berufsethischer Normen, Höherqualifizierung der berufl. Vor-, Aus- und Fortbildung in formalisierten Studiengängen nebst Kontrolle der Berufsqualifikationen und des Berufszugangs durch Fachprüfungen und Fachaufsichtsorgane, zunehmende Verbesserung der Arbeitsbedingungen, d. h. der Arbeitszeitregelungen und der Arbeitsplatzausstattung, Anhebung des Einkommens und der gesellschaftl. Anerkennung.

L.: M. Liebermann, Education as a profession, Englewood Cliffs 1958; W. E. Moore, The professions: Roles and Rules, New York 1970; Th. Luckmann, W. M. Sprondel (Hg.), Berufssoziologie, 1972; H.-U. Otto, K. Utermann (Hg.): Sozialarbeit als Beruf, ²1973; H. Daheim, P., in: G. Albrecht u. a. (Hg.), Soziologie, 1973; W. Brinkmann, Der Beruf d. Lehrers, 1976; M. Heinemann (Hg.), Der Lehrer und s. Organisation, 1977; I. Illich u. a., Entmündigung durch Experten, 1979; K. Prange, Pädagog. im Leviathan. Ein Versuch über die Lehrbarkeit der Erziehung, 1991; W. Böttcher, Die Bildungsarbeiter, 1996; Th. Fuhr, K. Schultheis (Hg.), Zur Sache Päd., 1999; H. J. Apel u. a. (Hg.), P. pädagogischer Berufe im histor. Prozeß, 1999.

**Professor** (lat.: öffentlich Bekennender). Seit dem 16. Jh. übliche Amtsbezeichnung von Hochschullehrern. Die Ernennung zum P. erfolgt auf Vorschlag der Hochschulen durch den Kultusminister und setzt (in der Regel) die → Habilitation voraus. Die frühere Unterscheidung von ordentlichen (Inhaber eines Lehrstuhls) und außerordentlichen P. wurde durch das → Hochschulrahmengesetz abgeschafft. Der Titel P. kann aufgrund bes. wiss. oder künstlerischer Leistungen auch an Personen außerhalb der Hochschule verliehen werden (z. B. Honorar-P.) In einigen Ländern (z. B. Frankreich, Italien, Österreich, Schweiz) heißen auch die Lehrer an höheren Schulen P.

**programmierter Unterricht** ist ein objektivierter Unterricht, der sich auf ein gedrucktes → Lehrprogramm oder auf einen für eine → Lehrmaschine (z. B. einen Rechner) codierten → Lehralgorithmus stützt, wonach der Lehrstoff dem Lerner in kleinsten Schritten dargeboten und ihm die Möglichkeit gegeben wird, seine Leistung zu kontrollieren. Die Vorteile des p.U. sind: die ständige Aktivierung der Schüler, eine weitgehende Individualisierung des Lernens, die unmittelbare Rückmeldung des Leistungsergebnisses. Als Nachteile des p.U. werden genannt: die einseitige kognitive Betonung und damit die Vernachlässigung der emotionalen Seite des Lernprozesses, die methodische Verarmung des Unterrichts, die verstärkte Betonung des Leistungsgedankens, die Einschränkung der Wirkungsmöglichkeit des Lehrers. Es wurden verschiedene Formen der Programmierung entwickelt. Ausgangspunkt war das lineare Programm mit einem fortlaufenden Text, wie es vor allem → Skinner publizierte. Crowder erweiterte diese Programmform durch Verzweigungen und Einfügungen von Hinweisen und Sicherungen. Skinner legte Wert auf selbstproduzierte Antworten, Crowder ließ aus einem Angebot von Antworten auswählen. Auch die Arten der Verstärkung von richtig erlernten Verhaltensweisen sind bei einzelnen Programmen unterschiedlich. Jede dieser Formen hat bestimmte Vorteile bei der Erstellung und Durchführung, aber auch spezifische Nachteile, so daß nicht von einer Optimalform des p.U.s gesprochen werden kann. Insgesamt kann man sagen, daß der p.U.

als eine unter zahlreichen anderen Unterrichtsmethoden angesehen werden muß. → Kybernet. Päd.

L.: W. Correll, Zur Theorie und Praxis des P.n Lernens, 1969; H. Frank, Kybernet. Grundlagen der Päd., ²1969; L. J. Issing, Der p.U. in den USA heute, 1967; A. Köbberling, Effektiveres Lehren durch p.U., 1971; H. Schiefele, G. L. Huber, Programmierte Unterweisung, ³1972; J. Zielinski, W. Schöler, Päd. Grundlagen der programmierten Unterweisung unter empir. Aspekt, 1964; H. Jungmann, P. U. – Fossil oder neue Chance?, 1997.

**progressive education,** progressive Erziehung (engl.: fortschrittliche Erziehung), eine in den USA seit 1930 wirksame Variante der → Reformpäd., die gegenüber deren Kindzentriertheit und Individualitätsbezogenheit die gesellschaftl. Bedeutung der Erziehung betonte und die Schule zum entscheidenden Instrument der Gesellschaftsreform machen wollte. Pioniere der p.e. waren J. → Dewey, R. → Kilpatrick, B. H. Bode, J. Adams, G. S. Counts. Nach 1945 hat sich der päd. Optimismus der p.e. rasch gebrochen.

L.: P. A. Graham, P. E. From Arcady to Academy, New York 1967; L. R. Perry (Hg.), B. Russell, A. S. Neill, H. Lane, W. H. Kilpatrick, London 1967; H. Röhrs, Die p. Erziehungsbewegung, 1977; M. Pezzella Winick, The p.e. movement, New York 1978 (Lit.); H. Röhrs/V. Lenhart (Hg.), Die Reformpäd. auf den Kontinenten, 1994; M. E. James (Hg.), Social reconstruction through education, Norwood (NY) 1995; D. Carlson, Making progress, NY 1997.

**Projektion.** Unannehmbare eigene Wünsche, Gefühle und Absichten werden anderen Objekten, vor allem aber Personen, zugeschrieben, z. B. durch → Vorurteile oder beim Verfolgungswahn. Die P. spielt eine wichtige Rolle in der kindl. Entwicklung (vgl. Assimilationsprozeß bei → Piaget). → Abwehrmechanismen, → Psychoanalyse, S. → Freud.

L.: S. Freud, Ges. Werke, 1940 ff.; W. Hochheimer, Über P. (Psyche) 1955; H. E. Richter, Eltern, Kind und Neurose, 1963 u. ö.; A. Freud, Das Ich und die Abwehrmechanismen, 1936 u. ö.

**Projektmethode,** ein von → Dewey und → Kilpatrick (weiter-)entwickeltes und praktiziertes Unterrichtsverfahren, bei dem ganzheitliche und praktisch durchzuführende Arbeitsvorhaben oder unterrichtliche Gesamtthemen, meist nach einem von den Schülern selbst entworfenen Plan, konkretisiert werden. Das Ziel der P. ist die Erziehung zu Selbständigkeit und eigener Verantwortung. Man hat die P. oft mit → Vorhaben verglichen und beide Begriffe synonym gebraucht. Das amerik. ›Projekt‹ ist jedoch weiter zu fassen als das Vorhaben.

L.: J. Dewey, W. H. Kilpatrick, Der Projektplan, dt. 1935; G. Geißler (Hg.), Das Problem der Unterrichtsmethode in der päd. Bewegung, 1955, ⁸1970; K. Frey, Die P., 1982, ⁵1993; U. Schäfer, Internat. Bibl. zur P., 1987; M. Knoll, Gesammelte Aufsätze zur Geschichte der P., 1994; D. Hänsel (Hg.), Hdb. Projektunterricht, 1997; K. Frey u. a., Die P., 1996; H. Gudjons, Handlungsorientiert lehren und lernen, 1997; U. Kliebisch, P. Sommer, Projekt-Arbeit, 1997.

**Proletarische Erziehung.** Im Unterschied zu dem weiteren Begriff der → sozialistischen Erziehung meint p. E. eine eng an die Vorstellungen von → Marx und Engels anschließende Erziehung, die die repressiven ökonomischen und polit. Strukturen der kapitalistischen Gesellschaft beseitigen und zu einer Befreiung des Proletariats führen will. Im Hintergrund des Konzeptes steht die von Marx entwickelte → polytechnische Erziehung, die durch eine Überqualifikation der Arbeiterjugend die Leitungsfunktion der Kapitalisten überflüssig machen sollte. Im 20. Jh. haben zunächst Arbeiterjugendorganisationen (seit 1904) und Arbeiterkinderorganisationen (seit 1920) Versuche unternommen, neben der Schule eine Verbindung von Erziehung und politischem Kampf herzustellen. In den 60er Jahren kam es im Gefolge der → Studentenbewegung zu einer Neubelebung jener Versuche, wobei vielfach eine krude Rekonstruktion des Klassenkampfes propagiert und der geänderten sozialen Lage der Arbeiterschaft im modernen Sozialstaat nicht Rechnung getragen wurde.

L.: G. Krapp, Marx u. Engels über die Verbindung des Unterrichts mit produktiver Arbeit u. die polytechn. Bildung, 1971; E. Brechstein, Die Sozialisation der Arbeiterkinder in Familie und Schule, 1972; J. Raspe, Zur Sozialisation proletar. Kinder, 1972; L. v. Werder, Von der antiautor. zur p. E., 1972; E. Hoernle, Grundfragen p. E., 1973; O. F. Kanitz, Das proletar. Kind in der bürgerl. Gesellschaft, 1974; L. v. Werder, Erziehung u. gesellschaftl. Fortschritt, 1976; W. Böhm, P. Oestreich u. d. Problem der sozialist. Päd. in der Weimarer Republik, in: Sozialisation und Bildungswesen in der Weimarer Republik, hg. v. M. Heinemann, 1976; W. Mehnert u. a. (Hg.), Grundfragen der p. E., 1983.

**Promotion,** Verfahren von der Einreichung der → Dissertation bis zur Aushändigung des Doktor-Diploms; die P. erfolgt nach von den Fakultäten erlassenen und staatl. genehmigten P.sordnungen. → Akadem. Grade.

**Promovend.** Jemand, der sich in der → Promotion befindet.

**Prüfung** (Examen). P.n sind arrangierte Situationen, in denen bestimmte Leistungsvollzüge provoziert werden, um diesen zugrundeliegende Fähigkeiten, Wissen, Können und Dispositionen zu messen. Vom Ergebnis dieser Leistungsmessungen wird ein Aussagewert über spätere (mögliche) → Leistungen erwartet, und häufig ist die Vergabe von Berechtigungen und Aufstiegsmöglichkeiten an sie geknüpft. P.n sollen daneben aber auch informierend und aufklärend auf Lehrende und Lernende zurückwirken.
Unterschieden werden Aufnahme-, Zugangs-, Eignungs- und Abschluß-P.n (als Zwischen-P. auch bei Erreichen von Zwischenzielen), z. B. Gehilfen-, Gesellen-, Meister-, Diplom-, Doktor-P. etc. Die Problematik der P. liegt in ihrem punktuellen Charakter (Augenblicks-Leistung), in der Fragwürdigkeit ihres Vorhersagewertes und den mit P.n häufig verbundenen psychischen Streßsituationen. Um diese Probleme zu überwinden, werden gleitende P.n vorgeschlagen, die Leistungen mehr im Längsschnitt erfassen.

L.: J. Pietzker, Verfassungsrechtl. Anforderungen an die Ausgestaltung staatl. P.n, 1975; K. Fueller, Funktionen und Formen von P.n, 1975; N. Niehues, Schul- und Prüfungsrecht, 1976, ²1983; B. Jacobs, Angst in der P., 1981; W. Sacher, Prüfen – Beurteilen – Benoten, 1994; H.-C. Kossak, Studium und P.n besser bewältigen, 1995.

**Prügelstrafe.** Besonders fragwürdige Art der → Strafe, da körperliche Züchtigung statt des angestrebten Erziehungszieles gewöhnlich → Angst, Verschüchterung und/oder → Aggression hervorruft und eine Atmosphäre der → Gewalt schafft. Obwohl die P. den Wertvorstellungen unserer Gesellschaft zuwiderläuft, wird das Schlagen von Kindern oft verharmlost und unter Berufung auf erzieherische Notlagen von einem Großteil der Bevölkerung praktiziert. Es erscheint schwierig, eine klare Grenze zwischen P. und → Kindesmißhandlung zu ziehen; das macht ihre Anwendung noch problematischer. In der Schule ist die P. grundsätzlich verboten.

L.: R. Wrede, Die Körperstrafe bei allen Völkern, 1900, Neudr. 1980; H. von Bracken, Die P. in der Erziehung, 1926; W. Hävernick, Schläge als Strafe, 1964, ³1968; K. Horn, Dressur oder Erziehung, 1967; H. Bast u. a. (Hg.), Gewalt gegen Kinder, 1975; H. Petri u. M. Lauterbach, Gewalt in der Erziehung, 1975; G. Pernhaupt u. H. Czernak, Die gesunde Ohrfeige macht krank, Wien 1980; W. Brinkmann, M.-S. Honig, Gewalt gegen Kinder, 1984 (Bibl.); R. Steinweg (Red.), Vom Krieg der Erwachsenen gegen die Kinder, 1984; U. Schneider, Körperliche Gewaltanwendung in der Familie, 1987; H. Petri, Erziehungsgewalt, 1989.

**Psychoanalyse** (wörtlich: Seelenzergliederung). Von S. → Freud begründete Methode zur Heilung psychischer Störungen und Theorie zur Erklärung des psychischen Geschehens. Seit ihrem Bestehen umstritten, liefert die P. doch bis heute in allen Human-Disziplinen beachtenswerte Beiträge. Freud änderte seine Theorie mehrfach um, mit einigen seiner Schüler zerstritt er sich, so daß diese eigene Schulen der Tiefenpsychologie gründeten. (→ Individualpsych., → Neoanalyse, → Neofreudianer). Heute lassen sich die unterschiedl. Ansätze kaum noch systematisch erfassen. Allen Autoren bleibt aber gemeinsam, daß sie die Freudsche Terminologie beibehalten oder ihre neuen Begriffe von dieser ableiten bzw. abgrenzen.
Seit dem 20er J.n diskutiert (1926–37 »Zschr. f. psychoanalyt. Päd.«) man die päd. Bedeutung der P.; bahnbrechend waren dabei vor allem Anna → Freuds Übertragung der P. auf die frühe Kindheit u. die → frühkindl. Erziehung, H. → Zulligers Erfahrungen als Dorfschullehrer, A. → Aichhorns Arbeit mit Verwahrlosten, S. → Bernfelds Kinderheim Baumgarten und Vera Schmidts Kinderheimlaboratorium. Im Zusammenhang mit der → Studentenbewegung wurden diese »Vorläufer« einer psychoanalyt. Erziehungswiss. wieder aktuell. Heute finden aus dem Grenzbereich von → Erziehung und → Therapie die Experimente der Heimerziehung von B. Bettelheim und F. Redl Beachtung; die Familien- und Erziehungsberatung werden von psychoanalyt. Arbeiten H. Stierlins und H. E. Richters (Neurose) beeinflußt. Von P. Fürstenau stammt die kritische These, daß die Schule weniger der Persönlichkeitsentfaltung als der Entwicklung rigider Denkstrukturen

diene (→ heimlicher Lehrplan). Die jüngsten Beitr. zur psychoanalyt. Päd. sind zum einen pädagog.-prakt. orientiert: → Verhaltensgestörtenpäd., Umgang mit schwierigen Kindern, Problemsituationen in der Erziehung; zum anderen suchen sie, die Praxisversuche umfassender theoret. zu fundieren.

L.: D.Wyss, Die tiefenpsycholog. Schulen von den Anfängen bis zur Gegenw., 1961 u. ö.; A. Freud, Wege u. Irrwege in der Kinderentwicklung, dt. 1968, [5]1991; W. J. Schraml, Einf. in die Tiefenpsychologie, 1968, [6]1976, als TB 1992; W. Rehm, Die psychoanalyt. Erziehungslehre, 1968; P. Fürstenau, Zur Psychoanalyse der Schule als Institution, in: Zur Theorie der Schule, 1969; G. Bittner, P. und soziale Erziehung, 1969, [3]1972; W. K. Höchstetter, Die psychoanalyt. Grundlagen der Erziehung, 1970; A. Lorenzer, Sprachzerstörung und Rekonstruktion, 1970; S. Bernfeld, W. Reich, W. Jurinetz, A. Stoljarov, P. und Marxismus, 1971; A. Lorenzer, Zur Begründung einer materialist. Sozialisationstheorie, 1973; D. W. Winnicott, Reifungsprozesse und fördernde Umwelt, dt. 1974, als TB 1984; L. Arlow, Ch. Brenner, Grundbegriffe der P., dt. 1976; ders., Grundzüge der P., dt. 1967 u. ö.; H. Stierlin, Eltern und Kinder, 1975 u. ö.; G. Bittner, Tiefenpsychologie und Kleinkindererziehung, 1979; A. Miller, Das Drama des begabten Kindes, 1979, [13]1991; F. Redl, D. Wineman, Kinder, die hassen, 1979 u. ö.; H. Füchtner, Einf. in die Psychoanalyt. Päd., 1979; W. Datler, Überlegungen zur Legitimation wie Systematik psychoanalyt. Päd. (Diss. Wien), 1980; W. Mertens, P., 1983, [4]1992; G. Bittner, Ch. Ertle (Hg.), Päd. und P., 1985; H.-G. Trescher, Theorie und Praxis der Psychoanalyt. Päd., 1985; L. Luborsky, Einf. in die analyt. Psychotherapie, 1988; W.-D. Hasenclever (Hg.), Päd. und P., Bern 1990; C. Büttner u. a. (Hg.), P. u. soziale Arbeit, 1990; C. Büttner, U. Finger-Trescher (Hg.), P. u. schulische Konflikte, 1991; A. Grünbaum (Hg.), Kritische Betrachtungen zur P., dt. 1991; J. D. Lichtenberg, P. u. Säuglingsforschung, 1991; H. Müller-Pozzi, Psychoanalyt. Denken, 1991; V. Fröhlich, R. Göppel (Hg.), Sehen, Fühlen, Verstehen, 1992; M. Muck, H.-G. Trescher, Grundlagen der Psychoanalyt. Päd., 1993; G. Bittner, Metaphern des Unbewussten, 1998.
Zs.: Kinderanalyse (1) 1993 ff.

**Psychodrama,** eine von Jacob L. Moreno entwickelte Form der → Gruppentherapie. In einer Art Stegreifspiel stellt der Patient mit Hilfe der anderen seine Konflikte, Traumata und Erinnerungen schauspielerisch dar, gewinnt beim Nachspielen seiner Rolle durch die anderen von seinen Problemen Abstand, erlebt die Sicht der Partner im Rollentausch und probiert alternatives Verhalten aus. Ziele sind Bewußtwerdung, Freisetzung von Verdrängtem, Katharsis, Einstellungs- und Verhaltensänderung. In Gruppengesprächen wird das im P. Erlebte diskutiert.

L.: J. L. Moreno, Gruppenpsychotherapie und P., dt. 1959, [3]1988; H. Petzold (Hg.), Angewandtes P. in Therapie, Päd., Theater u. Wirtschaft, 1972; L.Yablonsky, P., 1978, [2]1986; G. A. Leutz, Das klass. P., 1974, neu bearb. 1986; A. u. E. Rubner, Das zurückgebliebene Kind u. das P., 1982; A. Ploeger, Tiefenpsychologisch fundierte P.therapie, 1983; R. Müngersdorff, Die Ursprünge des P.s in Morenos Wiener Stegreiftheater u. die anthropologische Grundlage des P.s, 1984; D. Anzieu, Analytisches P. mit Kindern u. Jugendl., 1984; Zentralstelle f. Psycholog. Information u. Dokumentation an d. Univ. Trier (Hg.), P. (Spezialbibl.), 1987; D. Gipser, S. Kunze, Katzen im Regen: das Drama mit dem P., 1989; J. L. Moreno, P. u. Soziometrie, dt. 1989; M.Vorwerg (Hg.), P., 1991; P. Holmes, P.: inspiration and technique, London 1991; A. Haan, Kreatives Erleben im P., 1992.

**Psychologieunterricht** (PU.; P. = Psychologie) bezeichnet den Unterricht im Fach P. an Schulen, nicht das P.studium an Hochschulen. P. besteht als Unterrichtsfach an berufsbildenden Schulen im Rahmen der Ausbildung für sozialpäd. Berufe sowie seit 1972 in einigen Bundesländern als wählbares Grund- u. Leistungskursfach (mit bis zu 5 Wochenstunden) im Rahmen der neugestalteten Sek.stufe II der Gymnasien. Der PU. geht vom Alltagswissen der Schüler aus und führt – darauf aufbauend – zu einer wissenschaftl. begründeten Sicht psycholog. Probleme hin. Ziel des PU. ist es nicht, Abbild der Fachwissenschaft P. zu sein, vielmehr geht es – dem Anspruch der Wissenschaftsorientierung als dem Leitziel der Sek.stufe II durchaus genügend – um die Integration von Alltags- u. wissenschaftl. Wissen über psycholog. Phänomene (vgl. Seiffge-Krenke).
Der Status des PU. im Gesamtkanon der Schule ist immer noch kontrovers; Fragen über Zielsetzungen und Inhalte werden mit unterschiedl. Schwerpunktsetzung verfolgt, die gesetzl. Regelung hinsichtl. der Lehrpläne u. der Lehrerausbildung ist in den einzelnen Bundesländern sehr heterogen, die Lehrplanentwicklung ist kaum über vorläufige Entwürfe hinausgekommen, ausgearbeitete Curricula und Materialien für den Einsatz im Unterricht liegen kaum vor.
Hinzu kommt, daß der PU. auf unrealist. Erwartungen von Lehrern und Schülern stößt, daß eine Korrektur des klinisch-psychopathol. Images der Wissenschaft P. und den

**Psychopädagogik**

damit verbundenen Erwartungen an eine gleichsam therapeut. U.situation u. -thematik notwendig erscheint.

Der PU. war – im Vergleich zu anderen Ländern wie Frankreich, England, Schweden, Australien und den USA – lange Zeit kaum Gegenstand der fachwiss. Diskussion. Im Gegensatz zum PU. hat der → Pädagogikunterricht schon sehr früh eine fachwiss. Begleitung und Betreuung erfahren. Gleichzeitig läßt sich, insbesondere durch die stark psycholog. akzentuierte Themenwahl, geradezu von einer »Vereinnahmung« des PU. durch den Pädagogikunterricht sprechen.

Die künftige Entwicklung des PU. wird bes. abhängen von der Lösung der aufgezeigten Probleme, vor allem der Erstellung geeigneter Curricula u. einer angemessenen Ausbildung der P.lehrer, aber auch davon, ob es gelingt, dem PU. auf Dauer einen gleichwertigen Platz im Fächerkanon der Schule zu sichern.

L.: H. Aebli, Psycholog. Didaktik, 1966; B. Kraak, Auswirkungen v. PU. auf soziale u. päd. Vorurteile, 1968; H. Lehmeier, PU. in der Sek.stufe II, 1976; K. Laucken, A. Schick (Hg.), Did. d. P., 1977; I. Seiffge-Krenke, Hdb. PU., 2 Bde., 1981; H.-P. Nolting u. P. Paulus, Psychologie lernen, 1999.

**Psychopädagogik** (ital. und span.: *psicopedagogia*, frz.: *psychopédagogie*). Der Begriff P. wurde 1915 von G. de la Vaissière geprägt, in den 30er J.n von R. Buyse (Pédagogie experimentelle, 1935) verbreitet und von H. Pierón (Vocabulaire de la psychologie) 1957 als jene Form wiss. Päd. definiert, die auf der Psychologie des Kindes aufgebaut ist. Die heute vor allem im hispano-amerikan. und im frz.-italien. Sprachraum wirksamen Ausformungen der P. verstehen sich als Umsetzung psycholog. Daten und Ergebnisse auf die Probleme des Lehrens und Lernens. Ihr interdisziplinärer Ansatz richtet sich ganz überwiegend auf die Frage des »Wie« (Methodik; Effektivierung und Optimierung von Lernen; Vermeidung psychischer Belastungen etc.); die Reflexion der Erziehungsziele erfolgt in diesen Positionen entweder von einer genetisch-naturalist. Perspektive (→ Naturalismus) her oder bleibt ganz ausgeklammert.

L.: H. Wallon, Principes de psychologie appliquée, Paris 1930; C. Metelli Di Lallo, Problemi psicopedagogici, Bari 1964; I. Deloncle, Orientations actuelles de la psychopédagogie, Toulouse 1972; R. Titone, Problemi generali di psicopedagogia, Rom 1975; W. Böhm, G. Flores d'Arcais (Hg.), Die Päd. der frankophonen Länder im 20. Jh., 1980 (m. Bibl.).

**Psychopathie.** In der älteren Kinderpsychiatrie bezeichnete P. abnorme Persönlichkeiten, die an ihrer Abnormität leiden oder unter deren Abnormität die Gesellschaft leidet. Heute ist der Begriff aus vielen Gründen fragwürdig geworden und wird häufig durch »abnorme Persönlichkeit« ersetzt. Päd. ist P. deshalb bes. problematisch, weil sie die Vorstellung eines unabänderlichen Zustandes nahelegt. → Kinder- u. Jugendpsychiatrie.

L.: W. Bräutigam, Reaktionen, Neurosen, Abnorme Persönlichkeiten, [6]1994.

**Psychotherapie** → Therapie.

**Pubertät** (lat.: Mannbarkeit), der mit Erreichen der Geschlechtsreife verbundene sowohl reife- als auch kulturbedingte Übergang von der → Kindheit zur → Adoleszenz. Diese durch die heutigen zivilisatorischen Lebensbedingungen beschleunigte Entwicklungsphase äußert sich physisch in der Ausbildung der sekundären Geschlechtsmerkmale (Stimmbruch, Behaarung, Menstruation) und psychisch in Unausgeglichenheit, Erregbarkeit, Phantasietätigkeit, Trotz. Die päd. Ziele in der P.sentwicklung liegen in geistiger Selbständigkeit, im Aufbau eines eigenen Wertmaßstabs und in der Eingliederung in das Erwachsenenleben. In der P. bedarf es bes. einer den Selbstaufbau der → Person fördernden und ermutigenden Erziehung.

B. Kracke, P. und Problemverhalten bei Jungen, 1993; H. Fend, Die Entdeckung des Selbst und die Verarbeitung der P., 1994.

**public school.** In den → USA die öffentl. Schulen. In Großbritannien (→ Vereinigtes Königreich) die privaten Internatsschulen für die 11- bis 18j. Wegen der hohen Gebühren sind die Schüler sozial selektiert, aufgrund meistens sehr guter Bedingungen (Betreuung, Lehrer-Schüler-Verhältnis, Ausstattung usw.) außerordentlich begünstigt. Großes Gewicht wird sowohl auf das akademische Lernen wie auch in hohem Maße auf Kameradschaft und Kooperation (Sport, → *extracurricular activities*) und auf die Bildung von Führungseigenschaften (»*prefect system*«) gelegt. Unter den bekanntesten PS.s sind Eton, Harrow, Rugby, Winchester und Gordonstoun, die »progressiveren« Privatschulen (wie Bedales, Summerhill) zählen eher zu »privat«- als zu »public«-Schulen.

**Pufendorf,** Samuel Freiherr von, * 8. 1. 1632 Dorfchemnitz (Sachsen), † 26. 10. 1694 Berlin, studierte in Leipzig u. Jena, 1661 Prof. für Natur- und Völkerrecht Heidelberg, 1672 Lund, 1688 Berlin. P.s päd. Bedeutung liegt in seiner kulturphilos. Vermittlung zw. Hobbes Mechanisierung des Geistigen und der von Hugo Grotius vertretenen Spiritualisierung der Natur: P. sieht im Menschen von Natur aus ein Kulturwesen; die durch den Willen zu leistende Normenerkenntnis hebt sein Handeln über das Naturgeschehen.
Schr.: Kleine Vorträge und Schriften, hg. v. D. Döring, 1995; Acht Bücher von Natur- und Völkerrecht, Reprint 1998.
L.: H. Wenzel, Die Naturrechtslehre S. P.s, 1958 (m. Bibl.); D. Döring, S. P. und die Leipziger Gelehrtengesellschaften, 1989; W. Hunger, S. v. P., 1991; T. Behme, S. v. P., 1995; B. Geyer und H. Görlich, S. P. und seine Wirkungen bis auf die heutige Zeit, 1996.

**Pygmalion-Effekt,** bezeichnet den komplizierten Sachverhalt, daß Erwartungen des Lehrers an das Leistungsverhalten von Schülern dieses tatsächlich positiv oder negativ beeinflussen können.
L.: R. Rosenthal, L. Jacobsen, P. im Unterricht, dt. 1972; J. D. Elashoff/R. E. Snow, P. auf dem Prüfstand, dt. 1972; G. Schusser, Lehrererwartungen, 1972; N. Boteram, P.s Medium, 1976; S. Krug, Aspekte der Lehrer-Schüler-Interaktion, 1985; P. H. Ludwig, Sich selbst erfüllende Prophezeiungen im Alltagsleben, 1991; M. Dobrick u. M. Hofer, Aktion u. Reaktion, 1991; P. H. Ludwig, P. im Notenbuch, in: Pädagog. Welt, 49 (1995) H. 3.

# Q

**Quadrivium** → artes liberales.

**Qualifikation,** »Arbeitsvermögen«, die Summe der für die Ausübung einer bestimmten Berufstätigkeit notwendigen Fertigkeiten, Fähigkeiten und Wissensbestände sowohl (arbeits-) prozeßabhängiger, funktionaler als auch -unabhängiger, extrafunktionaler Art (allg. Arbeitstugenden, Flexibilität, technische Intelligenz usw.). Das allg. und berufsbildende Schulsystem erfüllt im Hinblick auf den ökonom. Subsektor einer Gesellschaft eine Q.sfunktion, indem es die wirtschaftl., technisch, polit., kulturell usw. benötigten instrumentellen und normativen Q.en vermittelt und damit spezifische Arbeitsvermögen schafft, die auf den jew. Bedarf des Beschäftigungssystems abzustimmen und von den sich wandelnden Arbeits- und Arbeitsplatzstrukturen abhängig sind. Dabei wird deutlich, daß für den Q.sbegriff im Gegensatz zum Bildungsbegriff der durchgängige Bezug zu gesellschaftl. Arbeit konstitutiv ist. Das bildungspolit. entscheidende Folgeproblem wirtschaftl. Wachstums und technolog. Fortschritts liegt in der Entwicklung flexibler Lösungsstrategien für eine zumindest annähernd bedarfsdeckende Q.splanung bei gleichzeitiger Vermeidung von Q.sdefiziten. Wegen der Unschärfe des Arbeitsmarktes und seiner Diagnostik, method. und polit. Prognosedefizite finden im Erziehungssystem in der Regel stets gleichzeitig Prozesse der Über-, Unter- und Fehl-Q. statt. Päd. als kritische Instanz der Bildungspolitik hat dafür Sorge zu tragen, daß die Festlegung und curriculare Umsetzung von Q.sanforderungen nicht instrumentell bzw. technokratisch verkürzt, sondern um gesellschaftskritisch-emanzipatorische und personale Bildung ergänzt wird. → Schlüsselqualifikationen.
L.: H. Kern, M. Schumann, Industriearbeit und Arbeiterbewußtsein, 1970; C. Offe, Leistungsprinzip und industrielle Arbeit, 1970, ⁵1977; ders., Bildungssystem, Beschäftigungssystem und Bildungspolitik, in: H. Roth, D. Friedrich (Hg.), Bildungsforschung. Teil 1, 1975; M. Baethge u. a., Produktion und Q., 1974, ⁴1976; W. Brinkmann (Hg.): Erziehung – Schule – Gesellschaft, 1980; Bundesinst. f. Berufsbildungsforschung, Q. und Berufsverlauf, 1981; H. Dedering, P. Schimming, Q.sforschung und arbeitsorientierte Bildung, 1984; A. Weymann (Hg.), Bildung und Beschäftigung, 1987; Q. u. Qualifizierung, hg. v. H. J. Braczyk, 1991; R. Tippelt, B. von Cleve, Verfehlte Bildung? Bildungsexpansion und Q.sbedarf, 1995.
Zs.: Mitteilungen aus der Arbeitsmarkt- und Berufsforschung, 1968 ff.

**Quarta,** heute veraltete Bezeichnung für die dritte Klasse des → Gymnasiums.

**Quinta,** heute veraltete Bezeichnung für die zweite Klasse des → Gymnasiums.

**Quintilian** (Marcus Fabius Quintilianus), * um 35 Calagurris (Ebro), † gegen Ende des Jh.; die in der Sophistik als Mittel zur Herrschaft über Menschen benutzte → Rhetorik wurde von Q. zur Wiss. und Sittlichkeit umfassenden Redekunst (der perfekte Redner als *vir bonus*) entwickelt und zum Inbegriff päd. Methodik erklärt.

Schr.: Institutiones oratoriae libri XII, hg. v. L. Rademacher, 2 Bde. 1907–35, Neuausg. 1959; Ausbildung des Redners, Zwölf Bücher, hg. v. H. Rahn, 1975, $^2$1988.
L.: B. Appel, Das Bildungs- und Erziehungsideal Q.s nach der Institutio oratoria, 1914; M. Wychgram, Studien zur Geltung Q.s in der dt. und frz. Lit. des Barocks und der Aufklärung, 1921; G. C. Bianca, La pedagogia di Q., Padova 1963; W. Loch, Redekunst u. Unterricht, in: Bildung u. Erziehung 19 (1966); W. Eisenhut, Einf. in die antike Rhetorik und ihre Gesch., 1974, $^3$1982; A. Fricek, Die Erziehungsgrundsätze des röm. Redelehrers Q. und die moderne Päd., in: Erziehung und Unterricht, 140 (1990) H. 8.

# R

**Rabelais,** François, * 1494 La Devinière, † 9. 4. 1553 Paris; neben → Montaigne bedeutendster Schriftsteller der frz. → Renaissance; in seinem Roman »Gargantua et Pantagruel« (1532–62; dt. Neuausg., 2 Bde., 1968) liefert er eine beißende Satire auf das mittelalterliche Unterrichtswesen (→ Scholastik) und entwirft das Programm einer fortschrittsgläubigen, weltzugewandten Erziehung.

L.: A. Arnstädt, F. R. und sein traité d'éducacion, 1872; A. Coutaud, La pédagogie de R., Paris 1899; M. Wolff, Les maîtres de la pensée éducatrice, Paris 1928; A. C. Keller, The Telling of Tales in R., 1963; A. Buck (Hg.), R., 1973; F. R. Hausmann, F. R., 1979; M. M. Bachtin, R. und seine Welt, dt. 1985, 1995.

**Radhakrishnan,** Sarwapalli, * 5. 9. 1888 Tiruttani, † 17. 4. 1975 Madras; indischer Philosoph und Politiker; konkretisierte die Lehre des Hinduismus vom wesenseigenen Selbstvollzug in einer allumfassenden Menschlichkeitspäd. und sah die Aufgabe der Schule in der Vorbereitung einer übernationalen Menschheitskultur.

Schr.: Education, Politics and War, Poona 1944; Erneuerung des Glaubens aus dem Geist, dt. 1959; Wiss. und Weisheit, dt. 1961; Meine Suche nach Wahrheit, dt. 1961.
L.: S. Chistolini, R., Vivekananda, Gandhi – Maestri senza Scuola, Rom 1992.

**Rahmenplan** zur Umgestaltung und Vereinheitlichung des allgemeinbildenden öffentlichen Schulwesens (R.). 1959 verabschiedeter Reformplan des → Dt. Ausschusses für das Erziehungs- und Bildungswesen. Der R. hielt an der Dreigliedrigkeit des Schulaufbaus fest, forderte aber mehr → Durchlässigkeit und individuell angepaßte Bildungsgänge. Entsprechend der modernen Begabungsforschung sollte sich an die → Grundschule (1.–4. Schulj.) eine → Förderstufe (5.–6. Schulj.) mit gemeinsamem Unterricht für alle und Sonderkursen anschließen. Dort sollte die Entscheidung für die mit dem Begriff → »Hauptschule« neu bezeichnete Volksschuloberstufe (7.–9., später 10. Schulj.), für die → Realschule (7.–10., später 11. Schulj.) oder für das → Gymnasium (7.–13. Schulj.) mit naturwiss. oder sprachl. Zweig fallen. Daneben sollte es für Hochbegabte Studienschulen (5.–13. Schulj.) mit Frz. oder Griech. als dritter Fremdsprache geben. Ein Teil der Vorschläge wurde ins → Hamburger Abkommen übernommen, andere (z. B. Dreigliedrigkeit, Studienschule, Ausklammerung der berufsbildenden Schulen) wurden scharf kritisiert. → Bundesrepublik Dtl.; → dreigliedriges Schulsystem.

L.: A. O. Schorb (Hg.), Für oder wider den R., 1960; H. Schelsky, Anpassung oder Widerstand?, 1961; Empfehlungen und Gutachten des Dt. Ausschusses für das Erziehungs- und Bildungswesen 1953–1965, Gesamtausg. 1966.

**Rahmenvereinbarung** zur Neuordnung der Gymnasialoberstufe. → Saarbrücker Rahmenvereinbarung.

**Randgruppen.** Nach früheren Definitionen nicht bzw. gering in die Gesellschaft integrierte und den Prozessen der → Stigmatisierung ausgesetzte Untergruppen (Obdachlose, Alkohol- und Drogenabhängige, Homosexuelle, geistig oder körperl. Behinderte, rassische Minderheiten, Straffällige etc.). Ursachen der Randständigkeit (→ Marginalität) sind → abweichendes Verhalten oder sonstige, den gesellschaftl. Erwartungen nicht konforme Merkmale bzw. deren Zuschreibung. Heute werden mit R. auch Minderheiten in ethnischer, religiöser, weltanschaulicher oder wirtschaftlicher Hinsicht gemeint. → Labeling approach.

L.: F. Fürstenberg, R. in der mod. Gesell., in: Soziale Welt 16 (1965); H. Blalock, Toward a Theory of Minority Group Relations, New York 1967; H. Essinger, Soziale Rand- und Problemgruppen, 1977; R. Matthies, R., 1983; P. Han, Minderheiten in der modernen Gesellschaft, 1989; W. Zirk, Underdogs, 1994; K. Mollenhauer, U. Uhlendorff, Sozialpäd. Diagnosen II, 1995.

**Rang,** Martin, * 6.11.1900 Wolfskirch (Posen), † 14.3.1987 Kronberg/Ts., Studium bei R. Bultmann, N. Hartmann und M. Heidegger, 1929 Studienrat Elberfeld, 1931 Prof. f. Rel.wiss und Rel.päd Päd. Akad. Halle/S., 1933 Amtsenthebung, ab 1946 maßgebl. Beteiligung am Neuaufbau der Lehrerbildung in Hessen und Norddtl., 1951 Prof. f. Allg. Pädagogik PH Oldenburg, 1960 Prof. Univ. Frankfurt/M., em. 1969. Bedeutender Rousseau-Forscher und Verfasser wichtiger Werke zu päd. und anthropol. Grundfragen aus dem Grenzbereich von Theol. und Päd.

Schr.: Bibl. Unterricht, 1936; Hb. für den bibl. Unterricht, 2 Bde., 1939, ³1948; Der Geist unserer Zeit, 1939; Rousseaus Lehre vom Menschen, 1959, ²1965; (Hg.), Unser Glaube – Unterrichtswerk für die ev. Unterweisung, 4 Bde., 1962 ff. u. ö.; (Hg.), J.-J. Rousseau. Emile oder über die Erziehung, 1963 u. ö.
L.: Päd. und didakt. Reflexionen (FS zum 65. Geb.-tag), hg. v. H.-M. Elzer und H. Scheuerl, 1966.

**Rassismus,** Form eines übersteigerten und falsch verstandenen Nationalismus, die biologisch-naturgegeben und/oder kulturell begründet wird und mit explizit negativ verstandenen, ideologischen Komponenten verbunden ist, die zu gesellschaftl. Ausgrenzungspraktiken oder Liquidierung von Völkern und Bevölkerungsgruppen führen (→ Nationalsozialismus). Als → Ideologie ist er Ausdruck der Verschränkung von historischen, ökonomischen, machtpolitischen und irrationalen Momenten wie jüngst u. a. der Krieg im ehem. Jugoslawien, Neofaschismus und die Asylantenfrage zeigen; eine verstärkte päd. Auseinandersetzung mit der Problematik ist erforderlich. → Ausländerpäd., → Menschenrechte, → multikult. Erz.

L.: A. Memmi, R., dt. 1987; B. Anderson, Die Erfindung der Nation, 1988; I. Geiss, Geschichte des R., 1988, ²1989; Theorien über R., hg. von O. Autrata u. a., 1989, ³1992; R. Leiprecht, ›… da baut sich ja in uns ein Haß auf‹, 1990, ²1992; R. Miles, R., dt. 1991 (m. Bibl.); H. Müller, W. Schubarth, Rechtsextremismus und Befindlichkeiten von Jugendlichen in den neuen Bundesländern, 1992; W. Böhm, Multikulturelle Erziehung und Fremdenhaß, in: Vjschr. f. wiss. Päd. 69 (1993); W. Hornstein, Fremdenfeindlichkeit und Gewalt in Dtl., in: Zschr. f. Päd. 39 (1993); M. Hauff, Falle Nationalstaat, 1993; B. Dieckmann (Hg.), Violence: Racism, nationalism, xenophobia, 1997.

**Ratichius** latinisierter Name von → Ratke.

**Ratke,** Wolfgang, lat. Ratichius, * 18.10.1571 Wilster (Holstein), † 27.4.1635 Erfurt, bedeutender Didaktiker und päd. Reformer, der nicht nur den schulischen Unterricht verbessern (spez. den Sprachunterricht), sondern durch die Förderung einer reichseinheitlichen Sprache auch eine Vereinheitlichung des Reiches unterstützen wollte. Er trug diesen Plan 1612 auf dem Reichstag in Frankfurt vor (»Memorial«, schulprogrammatische Denkschrift), erregte Aufsehen, konnte ihn aber nicht realisieren.
R. ist heute hauptsächlich aufgrund seiner »natürl.« Unterrichtsmethode bekannt; er behauptete, diese Methode aus der Natur des Menschen abzuleiten und beanspruchte daher ihre allg. Gültigkeit für alle Fächer und Gegenstände. Kernpunkte dieser Methode sind u. a. die Vorgängigkeit der Sache vor der Sprache und der Muttersprache vor den Fremdsprachen. R. begründete eine didakt.-method. Tradition, die nach einer allgemeinverbindl. Unterrichtsmethode sucht und immer wieder in kind- und sachfremden Formalismus zu verfallen droht (z. B. → Herbartianismus). R. wurde wegen seiner Einschränkung der kindl. Selbsttätigkeit von der → Reformpäd. heftig kritisiert und weitgehend abgelehnt.

Schr.: Ratichianische Schr.n hg. v. P. Stötzner, 2 Bde., 1892–93; Die neue Lehrart, hg. v. G. Hohendorf, 1957; Kleine päd. Schr.n, hg. v. K. Seiler, 1967; Die Sittenlehre der christl. Schule, hg. von H. Schmidt, 1994.
L.: J. Lattmann, R. und die Ratichianer, 1898; K. Sei-

ler, Das päd. System W. R.s, 1931; G. Hohendorf, Bildungspolitik an der Schwelle eines neuen Zeitalters: W. R., in: Diesterweg verpflichtet, hg. v. R. Hohendorf u. G. Hohendorf, 1994.

**Raumer,** Karl Georg von, * 9. 4. 1783 Wörlitz b. Dessau, † 2. 6. 1865 Erlangen; Prof. f. Naturwiss., 1811 Breslau, 1819 Halle, 1827 Erlangen; verschaffte durch seine vierteilige »Geschichte der Pädagogik« (1843–54, 7. Aufl., 1902–09, ab 1897 Teil 5: Päd. der Neuzeit in Lebensbildern, v. G. Lothholz) dieser Disziplin wiss. Rang.

Schr.: Vermischte Schriften, 1819; Lehrbuch der allg. Geographie, 1832 K. v. Raumers Leben – von ihm selbst erzählt, 1866.
L.: H. Weigelt, Erweckungsbewegung u. konf. Luthertum im 19. Jh., unters. an K. v. R., 1968; G. Weigand, K. v. R., in: Große bayer. Pädagogen, hg. v. W. Böhm u. W. Eykmann, 1991; J. Dorweiler, K. v. R. u. sein Beitrag z. Volksbild. im 19. Jh., 1994; Ph. Gonon, Historiographie als Erziehung, in: Zs f. Päd., 45 (1999) 4.

**Raumlehre** → Geometrieunterricht.

**Rauschmittel.** Unter dem Begriff R. (Drogen) werden sowohl Alkohol, Tabak und Medikamente als auch R. und Rauschgifte wie Cannabis, Amphetamine, Halluzinogene, Kokain und die Morphingruppe (Morphium, Heroin u. a.) verstanden, d. h. Substanzen, »die im lebenden Organismus eine oder mehrere Funktionen zu ändern« vermögen (Expertenkomitee der World Health Organization). Manche dieser R. werden medizinisch genutzt; dem stehen der zunehmende R.mißbrauch und die steigende R.sucht gegenüber.

Mit dem Drogenmißbrauch geht gewöhnlich Drogenabhängigkeit einher. Cannabis, Amphetamine, Halluzinogene führen zu psychischer, Alkohol, Morphine, Tranquilizer und Schlafmittel sowohl zu psychischer als auch physischer Abhängigkeit und rufen bei Unterbrechung des R.konsums Entzugserscheinungen hervor. Ein Indikator für körperl. Abhängigkeit ist die Steigerung der Dosis. Überdosen, aber auch die kontinuierliche Einnahme können zum Tode führen (z. B. infolge von Leberzirrhose). Kokain erzeugt starke psychische Abhängigkeit mit der Gefahr einer Psychose. In den letzten Jahren kommt erschwerend die Gefahr der Aids-Erkrankung bei Drogenabhängigen hinzu. Therapien zur → Rehabilitation von R.abhängigen bieten die in der Regel in jeder größeren Stadt vorhandenen privaten und öffentl. Drogenberatungsstellen an. Die Therapie beginnt meistens mit dem körperl. Entzug des Abhängigen unter ärztlicher Aufsicht in einem Nervenkrankenhaus und wird in speziellen Therapiezentren fortgeführt. Unbedingte Voraussetzung einer Therapie ist die Motivation des Abhängigen zur Behandlung seiner Sucht; seit den 80er J.n werden verstärkt ambulante Modelle zur Behandlung Drogenabhängiger erprobt (Feldhege z. B.) und durchgeführt. Große Verdienste bei der Rehabilitation kommt den (im ganzen Bundesgebiet eingerichteten) Drogenberatungsstellen zu.

Da nach der Rechtssprechung des Bundessozialgerichts jede Sucht eine Krankheit im Sinne von § 182 Reichsversicherungsordnung (RVO) darstellt, sind die Krankenkassen im Falle einer notwendigen Suchtbehandlung zur Leistung verpflichtet, die von der Rentenversicherung ergänzt bzw. abgelöst werden kann. War der R.abhängige im Zeitraum vor der Behandlung weder kranken- noch rentenversichert, steht ihm Rechtsanspruch auf Sozialhilfe gemäß § 39 BSHG zu.

L.: J. Schenk, Droge und Gesells., 1975; D. Roth, Modelle der Drogentherapie, 1977; K.-L. Täschner, Therapie der Drogenabhängigkeit. Ein Hdb., 1983; L. Knaak, Sucht, 1983; J. v. Scheidt, Der falsche Weg zum Selbst, 1984; W. Kindermann, Drogenabh. bei jungen Menschen, 1985; D. J. Lettieri, R. Welz, Drogenabh., 1985; N. Bartsch, H. Knigge-Illner, Sucht und Erz., Bd. 1: Sucht und Schule, 1987; M. Adams u. a., Drogenpolitik, 1989; W. Kindermann u. a., Drogenabhängig, 1989, ²1992; Kl. Schuller, H. Störer (Hg.), Akzeptierende Drogenarbeit, 1990, ²1991; W. Kindermann, Drogen: Abhängigkeit, mißbrauch, Therapie, 1991; O. W. Haseloff, Sucht und Drogen im öffentlichen Bewußtsein, 1991; A. Heigl-Evers (Hg.), Suchttherapie, 1991; G. Grözinger (Hg.), Recht auf Sucht?, 1991; K. Richelshagen (Hg.), Süchte und Systeme, 1992; G. Amendt, Die Droge, der Staat, der Tod, 1992; G. Osterhold, H. Molter (Hg.), Systemische Suchttherapie, 1992; E. M. Waibel, Von der Suchtprävention zur Gesundheitsförderung in der Schule, 1992; K. Dohmen (Hg.), Drogen. Herausforderung für Schule und Gesellschaft, 1993, M. Daunderer, Drogen, 1995; W. Böhm, M. Lindauer (Hg.), Sucht und Sehnsucht, 1994; F. Huber, H. Artmaier (Hg.), Drogen sind in aller Munde. Neue Wege in der Suchttherapie, 1995; K. Habschick, Ratgeber Prävention, Bd. 1.: Sucht, 1996.

**Ravaglioli,** Fabrizio, * 11. 8. 1932 Dovadola (Forlí), Prof. f. Gesch. d. Päd. an der Univ.

Rom III. Wichtige Arbeiten zur Gesch. d. abendländ. Erziehung, wobei er neuere sozialwiss. Theorien (z. B. die Systemtheorie) für die historiograph. Forschung fruchtbar macht.

Schr.: Hegel e l'educazione, Rom 1968; Da Nietzsche a Weber, Rom 1977; Liberazione e regressione, Rom 1980; Profilo delle teorie moderne dell'educazione, Rom 1986; Educazione occidentale, 3 Bde., Rom 1988, Neuausg. 1993; L'esperienza educativa dell'Occidente moderno, Rom 1995; Il vicolo cieco del dirigismo pedagogico, Rom 1995.

**Reaktionsbildung** (Verkehrung ins Gegenteil): Verdrängung einer Haltung durch unrealistische Überbetonung einer dieser entgegengesetzten und mit ihr unvereinbaren Haltung, beispielsweise die fürsorgliche Geschwisterliebe eines Kindes, mit welcher es seine feindseligen, von den Eltern tabuisierten Empfindungen gegenüber dem jüngeren Geschwister kompensiert. → Abwehrmechanismen, → Psychoanalyse.

**Realgymnasium.** Das R. entwickelte sich im 19. Jh. ebenso wie die → Oberrealschule aus der → Realschule. Ab 1859 wurden Realschulen I. Ordnung (mit 2 modernen Fremdsprachen und Latein) – das spätere R. – und solche II. Ordnung ohne Latein – die spätere Oberrealschule – unterschieden. Das R. sollte verstärkt die in der höheren Bildung vernachlässigten → Realien berücksichtigen und der wachsenden Bedeutung der Naturwiss.n Rechnung tragen. 1900 wurden R. und Oberrealschule dem (humanist.) → Gymnasium gleichgestellt. Nach 1945 wurde das R. in Baden-Württemberg, Bayern und Hessen wieder eingeführt; im → Düsseldorfer Abkommen (1955) erhielt es die Bezeichnung neusprachl. Gymnasium.

**Realien** (lat. *realia studia*) bedeuten im Gegensatz zu den → Humaniora Sachkenntnisse in Mathematik, Naturwiss.n, Erdkunde, Geschichte, Heimatkunde, Handarbeit und neueren Sprachen. In der → Barock-Päd. wurde der Vorrang der »Grammatik« bestritten und gefordert, der Unterricht müsse von den Sachen her beginnen. Comenius verlangte, das Kind müsse schon in der Mutterschule »aller Dinge kund« sein. In der Päd. des → Pietismus, stärker noch im → Philanthropismus, konnten die R. ihren festen Platz im → Lehrplan gewinnen; ihre bes. Pflege erfuhren sie in den → Realschulen des 19. Jh. Ihre Bedeutung wuchs mit dem Ausbau der Naturwiss.n.

**realistische Wendung.** 1962 von → Roth teils konstatierte, teils proklamierte Tendenzwende in der päd. Forschung im Sinne der stärkeren Hinwendung zu der (empirischen) Überprüfung zugänglichen Themen und zu real- und erfahrungswiss. gesicherten Methoden »zur Vergewisserung, Kontrolle, Kritik und Steuerung dieser Wirklichkeit durch Erfassen und Abklärung des ständigen Kreislaufes zwischen Idee und Wirklichkeit, Normen und Tatsachen, → Utopien und → Erfahrungen, Maßnahmen und ihren Folgen«. Hatte Roth noch ausdrücklich eine Päd. »more philosophorum« für weiterhin notwendig und gleichberechtigt erachtet, verselbständigte sich später die realistische zu einer empiristischen Wendung, in Abkehr von der spekulativen Bearbeitung geisteswiss. Fragen und rief in dieser Vereinseitigung eine erneute → Alltagswende ins Leben. → Empir.-analyt. Erziehungswiss., → geisteswiss. Päd.

L.: H. Roth, Die realist. Wendung in der päd. Forschung, in: Neue Sammlung 2 (1962); D. Hoffmann, (Hg.), Bilanz der Paradigmendiskussion in der Erz.-wiss., 1991; W. Harth-Peter, Die realist. Wendung in der päd. Forsch., in: Freiheit – Geschichte – Vernunft, hg. v. G. Brinkmann u. W. Harth-Peter, 1997.

**Realschule** ist eine allgemeinbildende Schule, in der die → Realien didaktischer Schwerpunkt sind und die als »Mittlere Schule« zw. → Hauptschule und → Gymnasium steht. Hist. entstand die R. mit dem Aufkommen der Manufakturen als Ausbildungsstätte für Kaufleute und Bürger, die im Produktionsprozeß unternehmerisch tätig wurden. 1706 errichtete Christoph Semler in Halle seine (kurzlebige) »Mathematische u. mechanische R.« zur allseitigen, weltsichtigen Ausbildung von Handwerkern. 1749 schuf Johann Julius → Hecker in Berlin seine auf die gesellschaftl. Bedürfnisse des Merkantilismus abgestellte ökonom.-math. R. → Basedow forderte bald zwei Schultypen nebeneinander: die Große Schule als Elementarschule für Bauern und Handwerker und die Kleine Schule mit erweitertem Lehrplan (Realien);

die Schulordnung seines Philanthropins in Dessau sah Land-, Bürger- und Gelehrtenschule vor. Friedrich Gabriel Resewitz legte dann die Konzeption seiner → Bürgerschule für die mittlere Bevölkerungsschicht in Gewerbe, Handel und Industrie vor.

Von seiten des Neuhumanismus (→ Humanismus), bes. von → Thiersch wurden diese R.n als minderwertig, weil lediglich auf Praktisches und Nützliches ausgerichtet, abgestempelt und polit. bekämpft.

Sie fanden aber starke Befürworter, die der fortschreitenden Industrialisierung und Technisierung Rechnung tragen und den Realien den gebührenden Raum geben wollten (z. B. → Gesner, F. A. → Wolf, → Niethammer). August Spilleke, seit 1821 Direktor des mit Heckers R. verbundenen Gymnasiums, erklärte Menschen- und Berufsbildung als untrennbar miteinander verbunden und setzte sich für Bürgerschulen als Ort dieser realen Bildung ein. → Herbart bezeichnete diese als »Hauptschulen«, weil sich in ihnen mehr als im Gymnasium das vielseitige Interesse wecken und fördern lasse. Die Realien wurden so immer mehr päd. anerkannt und in die Schule eingeführt. Allmählich nahmen umgekehrt auch R.n Latein auf und weiteten sich zum → Realgymnasium aus. 6kl. höhere Schulen ohne Latein wurden → Oberrealschulen.

Mit der (ersten) Einführung der Reifeprüfung in Preußen (1788) wurde die obere Grenze des Schulwesens gezogen und gleichzeitig ein »mittleres« Bildungsniveau zw. Elementarschule und Gymnasium deutlich. → Süverns Schulgesetzentwurf (1819) sah als solche mittlere Schule die »Stadtschule« vor; einer der Befürworter einer mittleren Bürgerschule war → Schleiermacher.

Ihren endgültigen Platz im Bildungswesen fanden die R.n aber erst, als mit zunehmender Industrialisierung und Verstädterung und nach den Allg. Bestimmungen von 1872 in Preußen die Mittelschule (alle bisherigen Mittel-, Rektor-, Stadt-, Bürger- und höhere Knabenschulen) als praktisch, nicht wiss. ausgerichtete, in der Regel 6kl., Frz. obligatorisch, Latein fakultativ lehrende Schule entstand. Ihr rascher Aufschwung führte 1910 in Preußen zu einer Neuordnung mit weitreichender Differenzierung (auch Mädchenschulen) und Übergangsmöglichkeiten zum Gymnasium. Nach Einführung der 4j. Grundschule (1920) baute die Mittelschule darauf auf; sie breitete sich nach preuß. Vorbild in fast allen dt. Ländern aus. Hatte der → Nationalsozialismus die Mittelschulen zur 8kl. »Hauptschule« nivelliert, knüpfte man nach 1945 an der Tradition der Weimarer Republik an: Der → Rahmenplan (1959) nannte die eine Form des mittl. Schulwesens wieder R.; sie sollte auf der 2j. → Förderstufe aufbauen und zur → Mittleren Reife führen. J. → Derbolav gab dieser R. eine bildungstheoretische und lehrplanmäßige Begründung. Der → Bremer Plan konzipierte sie als Real-Oberschule; das → Hamburger Abkommen (1964) sah eine Normal- (4- oder 6kl.) und eine Aufbauform (ab 7. Kl. der Hauptschule) vor. Obwohl der → Strukturplan (1970) von den überkommenen Schulformen abweicht, hat die R. ihren festen Platz im dt. Bildungswesen und v. a. aufgrund der anhaltenden Probleme der Hauptschule seit den 90er J.n eine neue (bildungspol. durchaus widersprüchl.) Bedeutung gewonnen: So strebt man (nach Baden-Württemberg seit 1998/99 auch in → Bayern) durch die Einführung einer »sechsstuf. R.«, v. a. aber durch die organisatorische und/oder unterrichtl. Zusammenführung von Haupt- und R. zu integrativen bzw. kooperativen »Sekundarschulen« (→ Niedersachsen, → Sachsen-Anhalt), »Mittelschulen« (→ Sachsen), »Regionale Schulen« (→ Rheinland-Pfalz), »Erweiterten R.n« (→ Saarland), »Integr. Haupt- und Realschulen« (→ Hamburg) eine bessere Förderung schwächerer Schüler und zugleich eine weitere Stärkung des in der Bevölkerung hochgeschätzten mittleren Bildungsabschlusses an. Dieser berechtigt zum Besuch von Fachoberschulen, Höheren Fachschulen, Ingenieurschulen, zum Übertritt in die Aufbaustufen des Gymnasiums und eröffnet den Zugang zum mittleren und gehobenen Beamtendienst.

L.: F. J. Niethammer, Der Streit des Philanthropismus und Humanismus in der Theorie des Erziehungs-Unterrichts unserer Zeit, 1808, Neuausg. 1968; F. G. Resewitz, Die Erziehung des Bürgers zum rechten Gebrauch des gesunden Verstandes und zu gemeinnütz. Geschäftigkeit, 1773, Neudr. 1975; A. Spilleke, Über das Wesen der Bürgerschule, 1822; E. Pax, Neue Wege für die mittl. Schulen, 1953; H.-W. Brandau, Die mittl. Bildung in Dtl., 1959; J. Derbolav (Hg.), Wesen und

Werden der R., 1960; N. Maaßen, Gesch. der Mittel- und Realschulpäd., 2 Bde. 1960–61; R. Maskus (Hg.), Zur Gesch. der Mittel- und R., 1966; J. Derbolav, Probleme des mittl. Bildungsweges, 1970; E. Geyer (Hg.), Differenzierung der Realschuloberstufe in Nordrh.-Westf., 1977; H. Wollenweber (Hg.), Die R., 2 Bde. 1979; A. Hegelheimer, Die R. im Bildungs- und Beschäftigungssystem, 1980; H. Buchinger, Die Geschichte der bayer. R., 1983; H. Wollenweber, Die R. in Gesch. und Gegenw., 1997.

**Reble,** Albert, * 20. 8. 1910 Magdeburg, 1935 Dr. phil., 1946 Prof. Univ. Halle, 1954 Päd. Akad. Bielefeld, 1961 PH Münster, 1962–75 Univ. Würzburg. Zahlreiche Arbeiten und Editionen zur hist. Päd., in der Tradition der → geisteswiss. Päd. stehend, verbindet er in Forschung und akad. Lehre historische und systematische Fragestellungen.

Schr.: Schleiermachers Kulturphilos., 1935; Theodor Litt, 1950; Gesch. der Päd., 1951, [19]1999; Pestalozzis Menschenbild und die Gegenwart, 1952; Die Lehrerbildung in der DDR, 1953; G. Kerschensteiner, 1955, [2]1956; Lehrerbildung in Dtl., 1958; Das Strafproblem in Beispielen, 1965, [4]1980; Die hist. Dimension der Päd. in Wiss. und Lehrerbildung, 1978; Gesamtschule im Widerstreit, 1981; Hugo Gaudig. Ein Wegbereiter der modernen Erlebnispäd.?, 1989; Paul Oestreich. Ein Wegbereiter der mod. Erlebnispäd.?, 1991; Die Pflegebedürftigkeit des Erlebens in der Sicht Theodor Litts, 1993; Päd. Perspektiven in unserer Zeit. Beiträge von 1933–95 (m. Bibl.), hg. v. W. Brinkmann, 1995; Schulgeschichtliche Beiträge zum 19. und 20. Jh., 1995; Theodor Litt. eine einführende Übersicht, 1996; L.: Gesch. der Päd. und systemat. Erziehungswiss., hg. v. W. Böhm und J. Schriewer, FS zum 65. Geb.tag 1975; Die Päd. und ihre Bereiche, hg. v. W. Brinkmann u. K. Renner, FS zum 70. Geb.tag, 1982 (m. Bibl.); Große bayerische Pädagogen, hg. v. W. Böhm u. W. Eykmann, FS zum 80. Geb.tag, 1991 (m. Bibl.); W. Brinkmann: A. R., in: Freiheit – Geschichte – Vernunft, hg. v. W. Brinkmann u. W. Harth-Peter, 1997.

**Rechenschwäche** → Dyskalkulie.

**Rechenunterricht** bezeichnete einen Teil des → Mathematikunterrichts, v. a. den Unterricht in den vier Grundrechenarten und einigen darauf aufbauenden Rechenarten (Sachrechnen, Schlußrechnen, Bruchrechnen) in der → Volksschule. Durch die Neukonzeption des Mathematikunterrichts in den 60er J.n hat der Begriff R. an Bedeutung verloren, da es weniger um Rechenfähigkeit und -fertigkeit ging, sondern um die Entwicklung eines erarbeiteten → Zahlbegriffs auf der Grundlage von → Mengenlehre und Aussagenlogik und der Vermittlung des Strukturgedankens. Demgegenüber setzt der R. den Zahlbegriff im Grunde schon voraus und baut die Grundrechenarten auf der Operation des Zählens auf. Dies zeigt sich auch bei den verschiedenen Unterrichtsmitteln (Rechenmaschinen, Rechenspiele, Montessori-Material zur Mathematik, Kühnelsche Hundertertafel). Beispiel zur Verdeutlichung der veränderten Betrachtungsweise: Im traditionellen R. wird der Bruch $3/4$ als Teil eines Ganzen angesehen und über Kreissegmente veranschaulicht. Daneben begreift die neuere Konzeption den gleichen Bruch als Operator für die Rechenoperationen »mal 3« und »dividiert durch 4«.

**Rechtschreibung** (oder Orthographie), normierte Auffassung über die richtige Schreibweise der Worte und Sätze einer Sprache. In der dt. Sprache vergrößerte sich seit dem Mittelalter die Differenz zw. Aussprache und Schreibweise, so daß ein eigener Unterricht in R. notwendig wurde. Um Unterschiede zw. den Schreibweisen in einzelnen Regionen Dtl.s abzuschaffen, wurden mehrere Rechtschreibreformen durchgeführt. Nationale Geltung gewann das 1880 erstmals herausgegebene »Orthographische Wörterbuch der dt. Sprache« von K. Duden (heute beim Bibliographischen Institut in Mannheim). Dem Rechtschreibunterricht und der R. kam in der ersten Hälfte des 20. Jh. sehr große Bedeutung zu, vor allem bei der Übergangsauslese zu weiterführenden Schulen. Empirische Forschungen haben ergeben, daß Kinder aus Schichten mit restringierter oder stark dialektgebundener Sprache durch dieses Auslesekriterium benachteiligt werden. Auch deswegen geht man heute mehr und mehr von einem Drill der einschlägigen Regeln ab und versucht, Regeln und Gesetzmäßigkeiten der R. aus den Rede- und Schreiberfahrungen der Kinder herzuleiten. Die 1996 in Deutschland amtlicherseits eingeführte Neuregelung der Rechtschreibung brachte einige Vereinfachungen und Erleichterungen. Da diese Rechtschreibreform nur durch viele Kompromisse zustandekam, stellt sie nur eine »kleine Lösung« dar.

L.: J. Riehme, R.unterricht, Probleme und Methoden, 1987; H. Brügelmann, S. Richter (Hg.), Wie wir recht schreiben lernen, 1994.

**Recurrent Education.** Das → OECD *Centre for Educational Research and Innovation* (CERI) in Paris entwickelte in Programmschriften von 1973 und 1975 das Konzept der R. E. Es meint die Verteilung der Bildungs- und Ausbildungsphase in Intervallen über die ganze Lebenszeit, entgegen ihrer Begrenzung auf Kindheit und Jugend. R. E. soll den einzelnen befähigen, die heute vorherrschende Abfolge von Erziehung-Arbeit-Freizeit-Pensionierung den individuellen Interessen und den wirtschaftl. Gegebenheiten entsprechend zu modifizieren. So muß das Prinzip der R. E. Auswirkungen auf das gesamte traditionelle Schulwesen haben und zu weitreichenden Folgen für die Beschäftigungs- und Arbeitskräfte-Politik führen.

L.: OECD/CERI (Hg.), R. E., Paris 1973 und 1975; K. Kürzdörfer, Kirche und Erwachsenenbildung, 1976; M. Jourdan, R. E., 1978; ders. (Hg.), R. E. in Western Europe, 1981; S. Bergner, Bildungsökonom. Implikationen der Organisation u. Finanzierung eines R.-e.-Konzepts für die BRD, 1988; F. Molyneux (Hg.), Learning for life, London 1988; J. H. Knoll, Internationale Weiterbildung u. Erwachsenenbildung, 1996.

**REDUC** (Red Latinoamericana de Información y Documentación en Educación). Auf Anregung der FORD-Foundation 1975 in Montevideo für ganz → Lateinamerika sowie die USA und Kanada gegründetes und heute beispielhaftes Informationszentrum für erziehungswissenschaftliche Studien in/über Lateinamerika und den karibischen Raum. Seine Arbeit wird vom *Centro de Investigación y Desarollo de la Educación* (CIDE) in Santiago de Chile koordiniert und umfaßt derzeit 28 Forschungszentren in 19 Ländern. Wichtigste Veröffentlichungen sind die Zschr. *Revista Latinoamericana de Estudios Educativos* (México) und die *Resúmenes Analíticos en Educación* (Santiago de Chile).

**Redundanz** bezeichnet in der Informationstheorie (→ Kybernetik) die Verminderbarkeit des durch die Zahl der Zeichen gemessenen Umfangs einer Nachricht, ohne daß dabei Information verloren ginge. R. wird z. B. durch Abkürzungen oder Formeln reduziert. In der → kybern. Päd. wird die Lernleichtigkeit und dadurch die Lerngeschwindigkeit durch Aufdecken verborgener R. (z. B. durch transferbewirkende Lehrstoffmodelle) erhöht.

**Reeducation.** Nach der dt. Kapitulation von 1945 verfolgten die Siegermächte eine Politik der Demilitarisierung, Denazifizierung, Dezentralisierung und »Umerziehung«. R. wurde verstanden als päd. Auseinandersetzung mit der NS-Vergangenheit und Suche nach neuen Grundlagen polit. Zusammenlebens. Die Wiederherstellung der Menschenwürde knüpften manche an die Vertiefung der Demokratie und die Selbstbestimmung aller im Wirtschaftsprozeß. Die Vorstellungen der Alliierten waren wenig präzise und vor allem sehr uneinheitlich; in jeder Zone entstanden andere Konzeptionen, die die päd. Diskussion des jeweiligen Heimatlandes widerspiegelten. Die Verfeindung der Siegermächte (»Kalter Krieg«) beendete das Nachdenken. Eine freie, innere R. hat kaum stattgefunden; im Bann des ökonom. Aufschwungs geriet ihre Notwendigkeit außer Sicht. Aus der R. wurde die Re-orientation.

L.: K.-E. Bungenstab, Umerziehung z. Demokratie? 1970; R. Winkeler, Schulpolitik in Württemberg-Hohenzollern 1945–52, 1971; O. Schlander, R., 1975; M. Heinemann (Hg.), Umerziehung u. Wiederaufbau, 1981; N. Pronay (Hg.), The political R. of Germany and her allies, London 1985; H. Mosberg, R., 1991; H. Glaser, R. in: Das Forum, (1995) 2.

**Reformation.** Die R. am Anfang des 16. Jh. beruht auf früheren kirchl. Erneuerungsbewegungen (Waldenser, Hussiten, Wiclifiten), radikalisiert diese und verbindet sie zu einer Volksbewegung. Weitere Motive waren der → Humanismus, die via moderna, der Verfall der Kurie sowie ein komplexes Syndrom aus polit., sozialen und wirtschaftl. Faktoren. Unbeschadet des Anteils → Luthers, → Melanchthons, Zwinglis, → Calvins, → Bugenhagens und Bucers war die R. insgesamt die Frucht einer geschichtl. Entwicklung. Zusammen mit dem Humanismus war die R. ihrem Wesen nach zugleich eine Bildungsbewegung. Der bislang autoritär geleitete einzelne erhielt nun sein persönliches → Gewissen, und die Beziehung des Menschen zu Gott vermittelte der Glaube ohne Zwischeninstanz. Christentum und Kultur wurden einander neu zugeordnet: → Bildung kann den Glauben nicht wecken, trotzdem verlangt er → Erziehung und Entfaltung aller menschl. Fähigkeiten. So rühmt → Luther die menschl. Vernunft in weltl. Dingen über alles, in Glaubensdingen beschimpft er sie als »Hure des Teufels«. Päd. Bedeutung gewann auch die neue Wertschätzung des weltl. → Berufs gegenüber der klösterl. Askese und Verinnerlichung des → Mittelalters. Zwar führte die R. anfangs zu einem Niedergang des kirchl. Bildungswesens, doch in zahlreichen Predigten und Flugschriften ermahnte Luther selbst die Obrigkeit, ihre Bildungsverantwortung wahrzunehmen. Diesen Aufrufen an Fürsten und Stadtmagistrate war ein gescheiterter Versuch vorangegangen, das Schulwesen mit den Eltern auf Gemeindeebene zu begründen (Leisniger Kastenordnung 1523). Blieb Luther mehr der ideelle Anreger, so gingen Mitreformatoren und Schüler an die praktische Neugestaltung des Erziehungswesens: die allg. Volksbildung wurde zwar nicht durchgesetzt, aber eingeleitet. Geschichtl. Bedeutung gewannen → Melanchthon für → Gymnasium und → Univ., Bugenhagen (in Norddtl.) und Bucer (in Südwestdtl.) für das Schulwesen; vorbildlich wirkte auch → Sturm in Straßburg. Von dem in Genf durch Calvin organisierten Schulwesen gingen Anstöße aus nach Frankreich, Schottland, Ungarn, Niederlande und England. Durch die überseeischen Territorialgewinne dieser Weltmächte verbreitete sich das protestantische Schulwesen weltweit; seine Bedeutung spiegelt sich in der Gegenwart z. B. in den Einrichtungen der → Brüdergemeine der Herrnhuter sowie in den nordamerikan. Eliteuniv. von Harvard und Princeton.

L.: I. Asheim, Glaube und Erziehung bei Luther, 1961 (m. Bibl.); H. Bornkamm, Das bleibende Recht der R., 1963; K. Petzold, Die Grundlagen der Erziehungslehre im Spätmittelalter und bei Luther, 1969; W. Reininghaus, Elternstand, Obrigkeit und Schule bei Luther, 1969; R. Stupperich, Die R. in Dtl., 1972; H. Kunst, M. Luther und die Schule, in: Dem Wort gehorsam, FS für H. Dietzfelbinger, 1973 (m. Bibl.); H. Lutz, R. und Gegenreformation, (1979), 4. erg. Aufl. von A. Kohler, 1997; E. Iserloh, Gesch. und Theologie der R. im Grundriß, 1980, ²1982 (Lit.); H. H. Karg, R.späd., 1986; W. Böhm, Neue Wege der Erz. im Geiste von Humanismus und R., in: Weltgeschichte Bd. 7, hg. von H. Pleticha, 1987; F. Staeck, C. Welsch, Ketzer, Täufer, Utopisten, 1991; V. Lenhart, Protestant. Päd. u. der »Geist« des Kapitalismus, 1998.

**Reformpädagogik** oder reformpädagogische Bewegung meint in herkömmlicher und noch immer weit verbreiteter Sicht die vor der Wende vom 19. zum 20. Jh. einsetzende Vielfalt von Ansätzen zur Erneuerung von Schule und Erziehung; seit der 1933 erstmals erschienenen Darstellung der R. durch H. Nohl zählt man zum Kanon dieser Reformansätze gewöhnlich → Jugendbewegung, → Kunsterziehungsbewegung, → Arbeitsschulbewegung, → Landerziehungsheime, die → Päd. vom Kinde aus, → Waldorfschule sowie Einheitsschulbewegung und Volkshochschulbewegung. Als auslösende Kräfte gelten neben der Kritik an der als Stoff- und Lehrerschule bezeichneten »alten« Schule: die Kultur- und Bildungskritik, die Frauenbewegung und die soziale Bewegung. Die R. deckt sich nicht mit einer Epoche der polit. Geschichte, sondern überspannt in Dtl. das ausgehende Kaiserreich, die Weimarer Republik und reicht bis in das erste Jahrzehnt der Bundesrepublik, in dem v. a. didaktisch an die R. angeknüpft wurde.

Man unterscheidet in der Regel drei Phasen der R.: das Entstehen einzelner Reformideen und -schulen (ca. 1890–1918), die Konsolidierung der neuen Schulgründungen und ihre bildungstheoretische Grundlegung in päd. Gesamtprogrammen (ab ca. 1918) und eine kritische Selbstreflexion auf Tragweite und Grenzen der vorgetragenen Entwürfe und Programme (ca. ab 1925). Die allg. Tendenzen und zugleich Erträge der R. waren zusammenfassend: gegenüber der Starre der Herbartschen Formalstufen die Wiederbetonung der Eigenart und -wertigkeit der einzelnen Fächer (z. B. musische Fächer); gegenüber dem autoritären Lehrerregime die Sicht des Lehrers als Partner, Helfer, Führer und Persönlichkeit; gegenüber dem Kasernengeist der »Bildungsfabrik« die Zuwendung zum einzelnen Schüler und die Hochschätzung von → Schulleben und Gruppenprozessen; gegenüber einer einseitig intellektuellen Verschulung die Berücksichtigung des psycholog. Aspektes der (kindl.) Entwicklung.

Von der neueren Forschung wird zum einen der einheitliche Charakter der R. in Frage gestellt, und zum anderen werden ihre Wurzeln viel früher gesehen als in der Kulturkritik der Jh.wende. Auch werden immer deutlicher die Einseitigkeiten der R. gesehen, z. B. die Mythologisierung des Kindes, ein bisweilen leerer Aktivismus u. die Überakzentuierung des subjektiven Pols (gegenüber objektiven An-

sprüchen) sowie die Überbetonung von »Herz u. Hand« gegenüber dem »Kopf«.
Die R. war eine internationale Bewegung, und ihre Hauptvertreter standen in wechselseitigem Gedankenaustausch: In Frankreich → »*éducation nouvelle*«, in Italien »*attivismo*«, im anglo-amerikan. Raum → »*progressive education*« (→ *New Education Fellowship*). Die R. hat in Dtl. vor allem den Kindergarten und die Grundschule bis in die 70er J. geprägt. Die → antiautoritäre Erziehung, die → Antipäd. und die → alternative Erziehung sind ohne die R. nicht denkbar. Derzeit erfreut sich die R. einer boomartigen Wiederbelebung, wobei das Interesse mehr den didakt.-method. Erneuerungen gilt und im ganzen eher unkritisch-rezeptiv ist.

L.: H. Nohl, Die päd. Bewegung in Dtl. und ihre Theorie, in: Hdb. der Päd., hg. von H. Nohl und L. Pallat, Bd. 1, 1933; Th. Wilhelm, Päd. der Gegenwart, [5]1977; Die dt. R., hg. v. W. Flitner und G. Kudritzki, 2 Bde. 1961–62; F. Stern, Kulturpessimismus als polit. Gefahr, dt. 1963; Die R. des Auslands, hg. v. H. Röhrs, 1965, [2]1982; W. Boyd, W. Rawson, The Story of the New Education, London 1965; W. Scheibe, Die reformpäd. Bewegung 1900–32, 1969 u. ö.; M. Cauvin, Le renouveau pédagogique en Allemagne de 1890 à 1933, Paris 1970; W. Böhm, Zur Einschätzung der R. in der Erziehungswiss. der Gegenw., in: Päd. Rundschau 28 (1974); H. Kunert, Dte. R. und Faschismus, 1973; B. Schonig, Irrationalismus als päd. Tradition, 1973; H. Röhrs, Die R., 1980, [5]1998; J. Maaß, Eigengesetz u. Eigenwert. Beiträge zur Reformpäd., 1982; J. D. Imelman, W. A. J. Meijer, De nieuwe school gisteren en vandaag, Amsterdam 1986; H. Röhrs (Hg.), Die Schulen der R. heute, 1986; J. Oelkers, R., 1989, 3. erw. Aufl. 1996; H. Röhrs, Die R. und ihre Perspektiven für eine Bildungsreform, 1991; K. Plake, R., 1991; H. J. Ipfling (Hg.), Unterrichtsmethoden der R., 1992; W. Böhm u. a., Schnee vom vergangenen Jh., 1993, [2]1994; Die R. auf den Kontinenten, hg. v. H. Röhrs u. V. Lenhardt, 1994; W. Böhm, J. Oelkers (Hg.), R. kontrovers, 1995, [2]1999; R. Bast, Kulturkritik und Erziehung. Anspruch und Grenzen der R., 1996; J. Oelkers, F. Osterwalder (Hg.), Die Neue Erziehung. Beitr. zur Internat. der R., 1999.

**Regelkreis** → Kybernetik, → kybernetische Päd., → feed-back.

**Regelstudienzeit.** In Prüfungsordnungen und Empfehlungen von Studienreformkommissionen festzulegende Studienzeiten, in denen bei entsprechendem Lehrangebot »in der Regel« ein erster berufsqualifizierender Abschluß erreicht werden kann (vgl. → Hochschulrahmengesetz § 10).

**Regression.** Rückkehr zu einfacheren und bereits gut beherrschbaren Handlungs- und Denkweisen eines früheren Entwicklungsniveaus, bes. bezüglich der Trieborganisation. R. tritt bei Überforderung auf; als ›normale R.‹ dient sie dem Triebaufschub und äußert sich als Ersatzbefriedigung niedriger Komplexität oder als vorübergehende Ausweichmöglichkeit (z. B. Enuresis bei Geburt eines Geschwisters). Erfolglose R. vertieft sich in immer frühere und primitivere Entwicklungsstadien und kann sich auf einer dieser Ebenen krankhaft verfestigen. → Abwehrmechanismen, → Aggression, S. → Freud, → Psychoanalyse.

**Rehabilitation** meinte ursprünglich als Rechtsbegriff die »Ehrenrettung« u. Wiederherstellung schuldlos verlorener Rechte einer Person und bezeichnet heute die Gesamtheit der medizin., päd., berufl. u. sozialen Maßnahmen (vgl. § 39, 3 BSHG), die eine drohende → Behinderung verhüten oder eine vorhandene samt ihrer Folgen beseitigen oder mildern und dabei dem Behinderten die Teilnahme am Leben in der Gemeinschaft ermöglichen oder erleichtern sollen. R. u. Behindertenpäd. können zwar nicht gleichgesetzt werden, greifen aber eng ineinander. Überhaupt bedarf die R. einer interdisziplinären Zusammenarbeit von Pädagogen, Medizinern, Therapeuten, Soziologen, Fürsorgern etc. In der ehemaligen → DDR war die Bezeichnung R.spädagogik für die Theorie u. Praxis der sozialist. Erziehung u. Bildung physisch-psychisch Geschädigter vom Kindes- bis zum Erwachsenenalter gebräuchlich (→ Sonderpädagogik).

L.: H. Groß, Zur R. behinderter Kinder und Jugendl., 1967; O. Speck, M. Thalhammer, Die R. der Geistigbehinderten, 1974, [2]1977; W. Augsburger, W. Herrmann u. a., R. Praxis und Forschung, 1977; U. Schmid-Carlshausen, Motivieren der Patienten zur R., 1981; H. P. Tews, H. G. Wöhrl, Behinderte in der berufl. R., 1981; Ch. G. Lepinski u. a., Behinderte Kinder im Heim, 1983; H. Suhrweier, Grundlage der R.spädagogischen Psychologie, 1983, [2]1990; G. Grossmann, A. Gerth, R.spädagogik Verhaltensgeschädigter, 1984, [2]1990; B. Melms u. a., Die berufl. R. behinderter Erwachsener, 1985; K. H. Wiedl (Hg.), R.psychologie, 1985; W. Bungard u. a., Psych. Kranke in der Arbeitswelt, 1986; Th. Frühauf, Schulische R. durch Rückschulung, 1986; P. Runde, Zukunft der R., 1986; W. Witte, Einf. in die R.spsychologie, 1988; N. Huber,

R.: Worauf es ankommt, 1992; S. Görres, Geriatrische R. und Lebensbewältigung, 1992; O. Speck, G. Kanter (Hg.), Schwer vermittelbar!, 1992; A. Muchlum, H. Oppl, Hdb. der R., 1992; R. P. Liberman, R. chronisch Kranker in der Psychiatrie, dt. 1993; J. Zeelen, J. v. Weeghel, Berufl. R. psychisch Behinderter, dt. 1993.

**Reich,** Wilhelm, * 24. 3. 1897 Dobrzcynica (Galizien), † 3. 11. 1957 Lewisburg (Pa.); radikalster und umstrittenster Freudomarxist, Mitarbeiter S. → Freuds, mit dem er 1927 brach; 1933/34 schied R. aus der psychoanalytischen Vereinigung und aus der KPD aus; seit 1939 in den USA, kam er wegen des Vertriebs von »Orgonenergie-Akkumulatoren« mit dem Gesetz in Konflikt und starb im Gefängnis. Verurteilte jede (Sexual-)Moral als »emotionelle Pest« und promulgierte die Orgasmusformel (Viertakt von Spannung-Ladung-Entladung-Entspannung) als »Lebensformel« schlechthin. R.s Grundgedanken seiner Sexpol-Bewegung in der 30er J.n wurden von der Studentenbewegung und → antiautoritären Erziehung aufgegriffen und zur Forderung nach einer repressionsfreien (Sexual-)Erziehung umgeformt.

Schr.: Die Funktion des Orgasmus, Wien 1927, Nachdr. Amsterdam 1965; Dialekt, Materialismus und Psychoanalyse, 1929, wieder in: Psychoanalyse und Marxismus, hg. v. J. Sandkühler, 1970; Der sexuelle Kampf der Jugend, 1932; Massenpsychologie des Faschismus, Kopenhagen 1933; Über S. Freud (u. a. Aufs.), 1969; Die sexuelle Revolution, 1971 u. ö.; Die Entdeckung des Orgons, 1972; Charakteranalyse, 1973; Der Einbruch der sexuellen Zwangsmoral, 1975; Frühe Schriften, 1997; Die kosmische Überlagerung, hg. von W. Götting u. B. Steckhan (Hg.), 1997.
L.: P. A. Robinson, The Freudian Left, New York 1969; L. de Marchi, W. R., Milano 1970; H. Dahmer, Libido und Gesells., 1973; P. Rieff, The Triumph of the Therapeutic, Harmondsworth 1973; I. Ollendorf-Reich, W. R., 1975; P. Reich, Der Traumvater, 1975; O. Raknes, W. R. und die Orgonomie, 1976; B. Grundberger u. a., Freud oder R.? 1979; D. Boadella, W. R., 1981, [3]1988; R. Eidam, Verleiblichung, 1985; U. Beeler, Das sexuelle Manifest, 1988; B. A. Laska, W. R., 1988; U. Beeler, Der Irrationalismus in der Menschenmasse, 1991; B. Kastenbutt, Zur Dialektik des Seelischen, 1993; M. Sharaf, W. R. – der heilige Zorn des Lebendigen, 1994; D. Boadella, W. R., 1998; F. X. Ferzak, W. R., 1999.

**Reichsschulkonferenz.** Angeregt schon während des 1. Weltkriegs (SPD, H. Schulz) wurde die R. vom 11.–19. 6. 1920 nach Berlin einberufen, um das Schulwesen im Geiste der neugeschaffenen Demokratie und auf grund neuer päd. Erkenntnisse zu reformieren. Zustande kam ein großes Forum (über 600 Teilnehmer) des Meinungsaustausches, wobei insgesamt die Ansichten der → Reformpäd. zum Durchbruch gelangten. Ohne direkte gesetzgeberische Folgen herbeizuführen, gingen von der R. Impulse aus zur → Akademisierung der → Lehrerbildung, zur Schul- und Unterrichtsgestaltung (→ Grundschule, Arbeitsunterricht, → Schülermitverantwortung), kaum dagegen zur Schulorganisation. → Schulreform.

L.: Die R. in ihren Ergebnissen, hg. v. Zentral-Institut, 1920, Neuausg. 1987; Die R. 1920, Amtl. Bericht des Reichsministers des Innern, 1921; A. O. Schorb, V. Fritzsche, Schulerneuerung in der Demokratie, 1966; U. G. Herrmann, Bildungsgesamtplanung und Schulreform in Preußen, in: Jb. für Hist. Bildungsforschung, 3 (1996).

**Reichwein,** Adolf, * 3. 10. 1898 Bad Ems, † 20. 10. 1944 Berlin; Studium in Marburg (u. a. b. M. → Scheler, → P. Natorp), 1923 Dr. phil.; Tätigkeit in der Erwachsenenbildung, 1930 Prof. f. Geschichte und Staatskunde Päd. Akademie Halle, 1933 Dorfschullehrer, nach Beteiligung am Widerstand gegen Hitler (Kreisauer Kreis) im KZ Berlin-Plötzensee hingerichtet. R.s an → Pestalozzi, → Grundtvig und → Marx orientiertes Konzept einer modernen Volksbildung enthielt Anregungen für Erwachsenen-, Schul- (z. B. Erziehung in der Natur), → Museums-, Medienpäd., → Lehrerbildung (z. B. Einführung des Landschul-Praktikums) und → Vergleichende Erziehungswiss. (Auslandspäd.).

Schr.: Ausgew. päd. Schr., hg. v. H. Ruppert und H. E. Wittig, 1978 (m. Bibl.); Schaffendes Schulvolk – Film in der Schule, hg. v. W. Klafki u. a., 1992, Neuaufl. 1993.
L.: H. Bohnenkamp, Gedanken an A. R., 1949; J. L. Henderson, A. R., 1958; K. Fricke, Die Päd. A. R.s, 1974; W. Huber, A. Krebs (Hg.), A. R. 1898–1944, 1982; K. Fricke, A. R., ein Wegbereiter der modernen Erlebnispädagogik?, 1988, 1993; W. Klafki u. a., A. R., 1990; U. Amlung, A. R., 1898–1944, 1991, 2. erw. Aufl. 1998; ders., A. R. Personalbibliographie, 1991; R. Reichwein, Ein Pädagoge im Widerstand. 1996; J. Koppmann, A. R.s Reformpäd., 1998; G. C. Pallat, R. Reichwein, L. Kunz (Hg.), A. R.: Pädagoge und Widerstandskämpfer, 1998.

**Rein,** Wilhelm, * 10. 8. 1847 Eisenach, † 19. 2. 1929 Jena; Lehrer an der Übungsschule → Zillers in Leipzig, ab 1876 Seminardirektor in Eisenach, ab 1886 Prof. für Päd. in Jena;

Hauptvertreter des → Herbartianismus, gründete seine Päd. auf die Ethik und Vorstellungspsychologie, vertrat die Konzentration der Unterrichtsinhalte und erweiterte die Formalstufen zu Vorbereitung, Darbietung, Verknüpfung, Zusammenfassung, Anwendung. R. zeigte sich auch offen für die neuen Gedanken der → Reformpäd.

Schr.: Päd. im Grundriß, 1890, [6]1927; Enzyklopäd. Hdb. der Päd. 7 Bde. 1894–99, 10 Bde. 1903–10; Päd. in systemat. Darstellung, 2 Bde. 1902–06 u. ö.; Grundlagen der Päd. und Didaktik, 1909; Kunst, Politik, Päd., 4 Bde. 1910–14; Schulpolitik, 1926.
L.: B. Hoffmann, Das Lebenswerk W. R.s, 1917 (m. Bibl.); W. Wittenbruch, Die Päd. W. R.s, 1972; H.-E. Pohl, Die Päd. W. R.s, 1972; R. Koerrenz, W. R. als Reformpädagoge, in: Jb. f. Hist. Bildungsforschung, 1993; R. Coriand, M. Winkler (Hg.), Der Herbartianismus, 1998.

**Reinlichkeitserziehung.** Die R. will beim Kind die Beherrschung der Blasen- und Darmregulierung aufbauen und unkontrolliertes Einnässen (Enuresis) und Einkoten (Enkopresis) vermeiden. Dabei ist zu beachten, daß die R. keine isolierte Erziehungsaufgabe darstellt; in ihr spiegelt sich vielmehr das gesamte Eltern-Kind-Verhältnis. Die R. stellt erste Forderungen an das Kind, die Befriedigung von Bedürfnissen aufzuschieben, und sie kann sich nachhaltig auf das Verhalten und die → Entwicklung des Kindes auswirken. Sie sollte frühestens gegen Ende des 2. Lj. (Ausreifung entsprechender Nervenbahnen) ohne Zwang und Bestrafung beginnen. Wichtig ist, daß Eltern nicht nur das angestrebte Teilziel im Auge haben, sondern auch verstehen, wie ihr Kind die Zumutung der R. erlebt.

Fehler in der R. können Trotz, → Angst, Zwangsneurosen, Pedanterie und gestörte Einstellungen zur Sexualität (R. fällt nach S. → Freud mit der »analen Phase« der kindl. Sexualentwicklung zusammen) bewirken. Einnässen und Einkoten nach Vollendung des vierten Lj. deuten auf Schwierigkeiten in der Entwicklung des Kindes hin und sollten daher mit Fachleuten, z. B. in der → Erziehungsberatung, besprochen werden.

L.: Stichworte »Enuresis« und »Enkopresis« in: H. Harbauer u. a., Lehrbuch der speziellen Kinder- und Jugendpsychiatrie, 1976, u. d. T. Kinder- und Jugendpsychiatrie, [7]1994; G. Grimm, I. Bodenberg, So werden Kinder sauber, 1985; R. Hoeppel, Endlich keine Windeln mehr, in: Das Kind, H. 11, 1992; G. Haug-Schnabel, Wie Kinder trocken werden können, 1998.

**religiöse Erziehung, Religionsunterricht** (RU). Die lebhafte Diskussion der letzten Jahre über Berechtigung, Sinn, Ziele und Gestaltung der r. E., bes. aber des schulischen RUs hat zu konkurrierenden Theorien und Modellen der r. E. und der Didaktik des RU geführt. Diese Diskussion ging mit Entwicklungen in der Theologie und im Selbstverständnis der christl. Kirchen (z. B. II. Vatikanisches Konzil) einher. R. E. ist daher heute ein sehr weiter und häufig unscharfer Begriff.

R. E. setzt früh in der Familie an: ein liebend-vertrauenstiftender Kontakt zw. Kind und Mutter, Kind und Eltern erleichtert die Einführung in Formen der Religionsausübung (Gebete, Gottesdienst, caritatives Handeln) und die Eingliederung in die Glaubensgemeinschaft (»Urvertrauen« als Basis personalen Glaubens). Deshalb wenden die christl. Kirchen der Familie und der familiären Erziehung verstärkt Aufmerksamkeit zu (z. B. römische Bischofssynode 1980). Religiös geprägt war und ist immer noch die institutionalisierte Vorschulerziehung (kirchl. Träger von Kindergärten und Ausbildungsstätten für das entsprechende Personal). RU ist kraft Art. 7 Grundgesetz ordentliches Lehrfach an den Schulen: er ist Sache der Religionsgemeinschaften, steht unter Aufsicht des Staates, aber aufgrund von Konkordaten und Kirchenverträgen haben die Kirchen weitgehend Mitspracherecht (Konfessionalität des RU.). Die entsprechenden Lehrpläne werden unter Oberaufsicht der Kirchen ausgearbeitet und bedürfen ihrer Zustimmung; Schulbücher und Unterrichtshilfen müssen kirchl. genehmigt sein; Lehrer benötigen zur Erteilung von RU der kirchlichen → *missio canonica* bzw. → *Vokation*. Andererseits kann kein Lehrer zum RU gezwungen werden; Schüler können sich ab dem 14. Lebensj. (Religionsmündigkeit) vom RU abmelden.

Daß RU ordentliches Lehrfach ist und seine bes. Stellung erklärt sich auch geschichtlich: die Kirche beherrschte lange Zeit die Schule; in → Bayern z. B. wurde die geistl. Schulaufsicht erst 1918 abgeschafft. Aber nicht nur der RU, sondern der Schulunterricht insgesamt stand unter dem Verkündigungsauftrag des Evangeliums. Erst die → Säkularisierung weiter Lebensbereiche und die Trennung von Schule und Kirche stellten in Frage, daß die

Schule der »propaganda fidei«, der »evangelischen Unterweisung« zu dienen habe; diese Säkularisierungsfolgen zeigten sich auch in den neuen Bundesländern, wo nur noch ca. 20–25% der Bevölkerung einer Kirche angehörten, mit Rückwirkungen auf die alten Bundesländer. Im Bibelunterricht trat an die Stelle erbaulicher biblischer Geschichten die hermeneutische, auch an den Methoden der exegetischen Forschung orientierte Erarbeitung des → Kerygmas von Schriftstellen, die auf ihren »Sitz im Leben« befragt und auf die Individuallage des Kindes bezogen wurden (»die Schüler an ihrem Standort abholen«). Eine erneute Revision führte zu einem problem- oder fähigkeitsorientierten RU. Von den Erfahrungen der Schüler aus soll der RU gelungene personale → Identität darstellen und zur Identitätsfindung der Schüler beitragen. Immer stärker kommt dem RU eine kompensator. Funktion zu, da die Familie und die Kirchengemeinde die rel. Erz. kaum noch erfolgreich leisten können. Die Curriculumdiskussion hat auch im RU Ziele zu operationalisieren gesucht; zusammenfassend läßt sich die Fähigkeit nennen, sich frei und begründet für den Glauben entscheiden zu können (RU als wesentlicher Beitrag zur Genese der mündigen → Person). R. E. und RU orientieren sich dabei weitgehend am Prinzip der Korrelation: Angestrebt ist eine lebendige, kritische, produktive Wechselbeziehung zwischen Glaubensüberlieferung und Lebenserfahrung.

Überblickartig lassen sich heute folgende Begründungen des RU in der Schule antreffen: a) kirchen- bzw. glaubensimmanent: r. E. und RU als Erfüllung des Missionsauftrages des Evangeliums; b) anthropologisch: das Religiöse als konstitutives Moment des Menschseins; c) soziologisch: Religion und Kirche als das gesellschaftl. Leben mitbestimmende Faktoren, die Anspruch auf schulische Repräsentanz haben; d) kritisch: das Evangelium als Kritik menschenunwürdiger sozialer Verhältnisse und zugleich Modell einer besseren Welt; e) historisch: die bedeutende Rolle von Christentum und Kirche in der europ. Kultur; f) psychologisch: die Religion als Quelle von Ich-Identität und Geborgenheit; g) situationsanalytisch: Klärung der relig. oder scheinrelig. Vorerfahrung der Schüler und Vorbereitung auf bestimmte Zeitphänomene wie Jugendsekten, Ersatzreligionen, charismatische Bewegungen etc.; h) pädagogisch: RU als Beitrag zur Mündigkeit und Personwerdung des jungen Menschen. Der relig. Erwachsenenbildung dienen kirchl. Einrichtungen wie → Akademien, Bildungshäuser, diözesane oder gemeindliche »Schulen«, aber auch kirchl. Vereinigungen und spezielle Veranstaltungen (Bibelabende, Gesprächskreise).

Auf jeder Stufe der r. E. kommt dem Vorbild von Erwachsenen, Lehrern, Geistlichen, und dem relig. Klima in Familie, Schule, Gemeinde besondere Bedeutung zu.

Der RU hat heute im Prinzip die größte Breitenwirkung aller kirchl. Aktivitäten und bietet den Kirchen die Möglichkeit, die religiöse Frage in der Bevölkerung wachzuhalten, obwohl er nicht (ausschließlich) eine kirchl. Aktivität ist.

Zs.: Katechet. Blätter 1 (1885); Zschr. für Religionspäd.: (bis 1970: Ev. Unterweisung) 1 (1945) ff.; Der ev. Erzieher 1 (1949) ff., u. d. T. Zschr. f. Päd. u. Theol., 1998 ff.; Theologia Practica 1 (1966) ff.; religion heute 1 (1970) ff.; forum religion 1 (1975) ff.
L.: H. Kittel, Vom RU zur ev. Unterweisung, 1947; H. Halbfas, Fundamentalkatechetik, 1968 u. ö.; M. Stallmann, Evangel. RU, 1968; H. Heinemann, G. Stachel, S. Vierzig, Lernziele und RU, 1970; H. Schilling, Grundlagen der Religionspäd., 1970; W. G. Esser (Hg.), Zu RU morgen. 6 Bde., 1970–75; K. E. Nipkow, Schule und RU im Wandel, 1971; G. Otto, Schule und Religion, 1972; ders., H. J. Dörger, J. Lott, Neues Hdb. des RUs, 1972; H. Schilling, Religionsunterricht in der Schule, 1972; K. Wegenast (Hg.), Curriculumtheorie und RU, 1972; E. Feifel u. a. (Hg.), Hdb. der Religionspäd., 3 Bde. 1973–75; I. Baldermann, G. Kittel, Die Sache des RU.s, 1975; Gemeinsame Synode der Bistümer in der BRD: Der RU in der Schule, 1975; G. Hilger, RU als offener Lernprozeß, 1975; A. Läpple, Der RU, 1975; K. E. Nipkow, Grundfragen der Religionspäd., 2 Bde. 1975; D. Stoodt, RU als Interaktion, 1975; H. J. Dörger, RU in der Schule, 1976; H. Halbfas, Religion, 1976; H. J. Dörger, J. Lott, G. Otto, Einf. in die Religionspäd., 1977; J. Hofmeier, R. E. in Kindergarten und Familie, 1978 ff.; G. Biemer, D. Knab (Hg.), Lehrplanarbeit im Prozeß. Religionspäd. Lehrplanreform, 1982; U. Hemel, Religionspäd. – Kontext v. Theologie und Kirche, 1986; H. Halbfas, Wurzelwerk, Geschichtl. Dimensionen der R.didaktik, 1989; E. Gross, RU auf der Suche, 1990; F. Trautmann, RU im Wandel, 1990; H. Herion, Methodische Aspekte des RU.s, 1990; Chr. Meves, Eltern-ABC. Elemente einer christl. Erz., 1991; G. Lämmermann, Grundriß der R.didaktik, 1991; M. Böschen, F. Grell, W. Harth-Peter (Hg.), Christl. Päd. – kontrovers, 1992; T. Brune (Hg.), Freiheit und Sinnsuche, 1993; H.-G.

Ziebert, W. Simon (Hg.), Bilanz der Religionspäd., 1995; H. F. Rupp, Religion – Bildung – Schule, 1994, ²1996.

**Renaissance** (frz.: Wiedergeburt) ca. 1350–1510. Bezeichnet das am Ausgang des → Mittelalters aus der Wiederbelebung des klass. → Altertums geborene neue Lebensgefühl und eine neue Art der Weltbetrachtung (u. a. Abkehr von Autoritäten, Berufung auf die eigene Vernunft und Erfahrung). Der antike Gedanke einer *enkyklios paideia* (→ Paidaia) wird aufgenommen und neu gedeutet: enzyklopädisch meint nicht mehr die Summe des verfügbaren rationalen Bildungswissens, das sich der einzelne anzueignen hätte, sondern das griech. *enkyklios* (= im Kreise), (→ Enzyklopädismus) bezeichnet die Aufgabe des Sich-Bildenden, im Zentrum des Kreises seiner Bildung standfest zu werden und sich so zum Mittelpunkt seiner eigenen geistigen Welt zu machen: → Bildung ist das Schaffen und Hervorbringen meiner eigenen Welt.
Die R. führt zur Gründung von → Akademien und zu einigen hervorragenden Schulen (z. B. → Vittorino da Feltre). → Humanismus (Lit.), → Individuum.

L.: G. Müller, Bildung und Erziehung im Humanismus der italien. R., 1969; ders., Mensch und Bildung im europ. R.-Humanismus, 1984; P. O. Kristeller, Humanismus und R., 2 Bde., hg. v. E. Kessler, 1980; ders., Studien zur Gesch. der Rhetorik und zum Begriff des Menschen in der R., 1981; ders., Acht Philosophen der italien. R., 1986; A. Heller, Der Mensch in der R., hg. v. G. Maschke, 1982; S. Skalweit, Der Beginn der Neuzeit, 1982; P. Lautzas, Die Entstehung der mod. Welt, 1983; J. Klein, Denkstrukturen in der R., hg. v. W. Hohmann, 1984; J. Burckhardt, Die Kultur der R. in Italien (1860), hg. v. K. Hoffmann, Neudr. 1985; G. Böhme, Bildungsgesch. des europ. Humanismus, 1986; Ch. B. Schmitt, Q. Skinner (Ed.), The Cambridge History of R. Philosophy, Cambridge (Mass.), 1988; H.-B. Gerl, Einf. in die Phil. der R., 1989; J. Ruhloff (Hg.), R.-Humanismus, 1989; E. Garin, Der Mensch der R., 1990; H.-U. Musolff, Erziehung und Bildung in der R., 1997.

**reports.** »Berichte« zur Reform des britischen Bildungswesens, die von 1899–1944 von dem *Consultative Committee*, danach von den zwei *Central Advisory Councils* (England; Wales) geschrieben wurden. Die Aufgabe der Komitees bzw. Räte war es, den Erziehungsminister (ab 1964 Staatssekretär) zu beraten. Die wichtigsten r., gewöhnlich nach dem Vorsitzenden benannt, waren die drei *Hadow R.* von 1926, 1931 und 1933; der *Crowther R.* (1959) über die Erziehung der 15–18j.; der *Newsom R.* (1963) über die Erziehung durchschnittl. und unterdurchschnittl. begabter Jugendlicher zwischen 13 und 16 J.; und zuletzt der weltweit beachtete *Plowden R.* von 1967 über die Primarerziehung.

L.: H. Kasper, Freiheit und Planung im engl. Schulwesen der Gegenw., 1967; M. Kogan u. T. Packwood, Advisory Councils and Committees in Education, London 1974.

**Repräsentative,** das, bezeichnet allg. ein Element einer Klasse, das die diskriminierenden Eigenschaften der Klasse bes. deutlich aufweist und daher stellvertretend für alle anderen Elemente genommen werden kann. Didaktisch gewendet liegt die Bedeutung darin, daß die Auswahl repräsentativer Inhalte hilft, die Stoffülle zu reduzieren. Das R. steht damit in engem sachl. Zusammenhang zum → Elementaren, Exemplarischen, → Fundamentalen und → Typischen und ist dem Bestreben um eine → kategoriale Bildung zuzuordnen.

L.: W. Klafki, Das päd. Problem des Elementaren und die Theorie der kategorialen Bildung, 1959, ⁴1964.

**Resozialisierung.** Gebiet der → Sozialpädagogik, das sich mit der Wiedereingliederung von Menschen beschäftigt, die aufgrund ihrer Unfähigkeit, angemessenes Sozialverhalten zu zeigen (→ Verwahrlosung) oder aufgrund krimineller Handlungen in Konflikte mit der Gesellschaft kommen, sich selbst ausgrenzen oder ausgegrenzt werden. Im Zusammenhang mit Kriminalität bzw. Straffälligkeit meint R. die Wiederherstellung und ggf. Verbesserung des gesellschaftl. Status eines ehemaligen Strafgefangenen und wird seit einigen Jahren bes. bei der Strafzumessung bei Jugendl. als eigentlicher Sinn der zu verhängenden staatl. Sanktionen angesehen; damit zeigt die praktische Strafrechtspflege eine Umorientierung des Strafzwecks von dem ursprünglichen Sühnegedanken zu dem der General- und Spezialprävention.
Die Bestimmung von R. erhält eine inhaltl. Dimension, wenn Straffälligkeit als Verstoß bzw. → abweichendes Verhalten gegenüber den allg. verbindl. Normen und Erwartungen der Gesellschaft und R. als Erfüllung dieser Erwartungen begriffen wird. Da jedoch nicht

alle Straftäter vor und während ihrer Straftat den gesellschaftl. Erwartungen zuwider gehandelt haben (Straßenverkehrsdelikte, Wirtschaftsdelikte u. ä.), trifft R. nur auf solche zu, die von vornherein aufgrund ihrer gesellschaftl. Zugehörigkeit (→ Randgruppen) andere soziale Wertvorstellungen besessen haben. Auf diesem Hintergrund betreibt R. Eingliederung bzw. → Anpassung an allg. gesellschaftl. Vorstellungen und gleichzeitig Ausgliederung aus der gewohnten sozialen Gruppe und kann damit zu neuen Konflikten bei dem zu resozialisierenden Individuum führen. Eine andere inhaltl. Bestimmung erhält R. als sozialpädagog. Hilfe, wenn es darum geht, die Auswirkungen des Freiheitsentzugs (Isolierung, Realitätsverlust, mangelnde soziale Kontaktfähigkeit, Unselbständigkeit usf.), die gesellschaftl.-diffamierende Wirkung der Strafe (Makel, → Stigmatisierung, Vorurteile usf.) und die Beeinträchtigung des Selbstwertgefühls des Straffälligen infolge seiner Straftat und Verurteilung zu beseitigen oder auszugleichen. Unterstützt würde diese R. durch eine Einschränkung der Freiheitsstrafe und eine päd. Gestaltung des Strafvollzugs.
R.smaßnahmen umfassen sowohl sozialarbeiterische als auch päd. Hilfen (Unterstützung im Umgang mit Behörden wie Arbeits- und Sozialamt, bei Schuldentilgung, Eingliederung am Arbeitsplatz, in Familie, Gruppen, Gemeinschaften, Fort- und Ausbildung, Beseitigung und Kompensation von aufgetretenen Haftschäden). In angezeigten Fällen sind psycholog. und psychotherapeut. Behandlungen fester Bestandteil der Maßnahmen.
R. wird durchgeführt von Einrichtungen des Strafvollzugs, Bewährungs- und Straffälligenhilfe oder freien Vereinigungen und Vereinen. → Jugendkriminalität.

L.: J. Hohmeier, Aufsicht und R., 1973; G. Deimling (Hg.), Sozialisation und Rehabilitation, 1973; B. Maelike, Entlassung und R., 1979; G. Kräupl, Nach der Strafe: Wiedereingliederung in die Gesellschaft, 1987; H. Cornel, B. Maelike (Einf.), Recht der R., 1989, ³1994; R. Reindl, Offener Strafvollzug als Sozialisationsorganisation, 1991; B. DuMênil, Die R.sidee im Strafvollzug, 1994; H. Cornel (Hg.), Hdb. der R., 1995.

**restringiert**, eingeschränkt; Gegensatz → elaboriert.

**Rhapsode.** In vorhomerischer Zeit Sänger der Heldengedichte. Die R.n tradierten vor Erfindung der Schrift die Inhalte der oralen Kultur und stellen die älteste (seit dem 7. Jh. v. Chr. bekannte) Form des Lehrertums dar.

L.: W. Salmen, Gesch. der Rhapsodie, 1966.

**Rheinland-Pfalz,** R.-P. wurde 1946 durch die frz. Besatzungsmacht aus ehemals preuß., hess. und bayer. Gebietsteilen gebildet (Landesverf. 1947). Unterschiedl. Schultraditionen waren zu einheitl. Schulformen zusammenzuführen (Schulorganisationsgesetze ab 1955) und das jahrzehntelang in den Grenzzonen (Süd- und Westpfalz, Trierer Raum) vernachlässigte Bildungswesen zu modernisieren. Anfang der 60er J. wurde das Schulnetz bes. in dünnbesiedelten, sozialstrukturell schwachen, vorwiegend agrarischen Räumen verdichtet; 1964 die gesetzliche Grundlage für die Konzentration kleiner Volksschulen geschaffen. Das Landesgesetz über die Schulen in R.-P. (1974, mehrfach geändert, zuletzt am 17. 3. 1993) leitete eine grundlegende äußere und innere Reform ein. Schwerpunkte des Gesetzes waren die Gliederung nach Schulstufen und -arten; die → Orientierungsstufe; Schulzentren; Lernmittelfreiheit; Neuordnung der Schulaufsicht (Konzentration bei den Bezirksregierungen statt wie bisher bei Schulämtern bzw. Kultusministerium). Bes. Interesse gilt seit Jahren der Weiterentwicklung der Hauptschule und des berufl. Bildungswesens. Eine Novellierung des Schulgesetzes im Jahre 1985 ermöglicht z. B. Hauptschülern, nach einer besonders erfolgreichen Berufsausbildung und dem Besuch der Berufsschule einen qualifizierten Sekundarabschluß I zu erwerben, der zum Besuch weiterführender beruflicher Schulen berechtigt und die Beamtenlaufbahn des Mittleren Dienstes eröffnet. Als zentrale Anliegen der Bildungspolitik sind seit dem Regierungswechsel 1991 hervorzuheben: verstärkte → Integration behinderter Kinder in das Regelschulsystem; Integration von Aussiedler-, Asylanten- und Ausländerkindern; Stärkung der Verantwortung der Einzelschulen; Aufbau schul. Nachmittagsangebote; weitere Förderung der Gleichwertigkeit von berufl. und allg. Bildung sowie gezielte Förderung von Forschung und Technologie.

Auf dem Kindergarten und der fakultativen vorschulischen Erziehung im → Schulkindergarten baut die 4j. → Grundschule (Primarstufe) auf. Danach besteht die Wahl zw. den → Orientierungsstufen (5. und 6. Schulj.) der → Hauptschule, der → Realschule, des → Gymnasiums oder der integrierten → Gesamtschule (mit dem Gesetz vom 17. 3. 1992 eine eigenständige und gleichberechtigte Schulart). Die Hauptschule (Kl. 5 bzw. 7 bis 9) führt zur Berufsreife als einem Abschluß der Sekundarstufe I, der vor allem zu einer qualifizierten Berufsausbildung berechtigt und zugleich den Erwerb zusätzlicher schulischer Abschlüsse ermöglicht. Ein bes. Lernschwerpunkt ist die → Arbeitslehre, mit einer Einführung in die »Neuen Informationstechniken«. Durch ein freiwilliges 10. Schulj. kann eine dem Realschulabschluß gleichwertige Qualifikation erreicht werden. Die Realschule (Kl. 5 bzw. 7 bis 10) führt zu einem qualifizierten Sekundarabschluß I, der zu einem Übergang auf berufs- und auch studienbezogene Bildungsgänge der Sekundarstufe II berechtigt. In den Kl. 7 bis 10 wird durch unterschiedliche Wahlpflichtangebote (sprachl.; naturwiss./techn.; wirtschafts./sozialkundliche) eine Schwerpunktbildung ermöglicht. Seit 1992 wurde ein Schulversuch »Regionale Schule« gestartet, der das Bildungsangebot in den ländl. Regionen verbessern und Schulstandorte sichern soll (20 Schulen 1994). Bei dieser neuen Organisationsform (seit 1997 als Regelschule) werden die Bildungsgänge der Haupt- und Realschule zusammengeführt.
Die Gymnasien (Kl. 5 bzw. 7 bis 13) erteilen in Unter- und Mittelstufe (Kl. 5 bis 10) nach einem einheitl. Lehrplan Unterricht. Auf der Grundlage der Vereinbarungen der KMK v. 7. 7. 1972 wurde die reformierte → gymnasiale Oberstufe (Mainzer Studienstufe) mit dem Schulj. 1975/76 generell eingeführt. Seit 1989 müssen 2 der 3 Kernfächer (Deutsch, eine Fremdsprache, Mathematik) bis zum → Abitur belegt werden.
Das berufl. Bildungssystem umfaßt neben Berufsschulen (3j. Ausbildung im → dualen System), Berufsaufbauschulen als Teil- oder Vollzeitschulen, und Berufsfachschulen, die den Erwerb des Sekundarabschlusses I und von hier den Übergang in höhere berufsbildende Schulen, in die Fachoberschule oder in ein berufl. Gymnasium zur Erreichung der fachgebundenen oder allg. Hochschulreife ermöglichen. Mit der Änderung des Schulgesetzes 1985 wurden berufliche Abschlüsse unter bestimmten Voraussetzungen mit dem qualifizierten Sekundarabschluß I für den Besuch weiterführender berufsbild. Schulen gleichgestellt.

Das nach Behinderungsarten gegliederte Sonderschulwesen beruht auf dem Sonderschulentwicklungsplan von 1973. Den verschiedenen Sonderschulen sind jew. Sonderschulkindergärten angegliedert. In den Sonderschulen können Abschlüsse der anderen Schularten oder besondere Abschlüsse, die der Behinderungsform entsprechen, erreicht werden. Durch ein freiwilliges 10. Schuljahr kann an der Schule für Lernbehinderte der Hauptschulabschluß erworben werden.

Die Wiss. Hochschulen in R.-P. sind in Forschung, Lehre und Studienangebot kooperierende Teile eines Gesamthochschulsystems (Hochschulgesetz v. 21. 7. 1978), das zahlreiche Hochschulen und Fachbereiche umfaßt, darunter die Univ.n in Mainz, Kaiserslautern, Trier und Koblenz-Landau; die Kath.-Theol. Fakultät Trier; die Theologische Hochschule der Pallottiner in Vallendar, die Wissenschaftl. Hochschule für Unternehmensführung Koblenz; die Hochschule für Verwaltungswiss.n Speyer sowie 16 Fachhochschulen. Mit der Novellierung des Hochschulgesetzes v. 30. 5. 1995 ist eine Differenzierung der univ. Bildungsgänge in ein grundständiges Studium mit dem Ziel der Berufsbefähigung, ein Vertiefungsstudium mit dem Ziel der Promotion und einen tertiären Studienabschnitt zur wiss. Weiterbildung Berufstätiger vorgesehen.

Das Studium aller Lehrer erfolgt schulartbezogen, schließt Fachwiss., -didaktik, Erziehungswissenschaften und Einführung in die Schulpraxis schon an der Hochschule verbindlich ein.

Der Lehrerfort- und Weiterbildung dienen das Staatl. Institut für Lehrerfort- und -weiterbildung (SIL), das Institut für Lehrerfort- und -weiterbildung (ILF) in kath. Trägerschaft und das Erziehungswiss. Fort- und Weiterbildungsinstitut (EFWI) in ev. Trägerschaft. R.-P. verfügt über ein dichtes Netz von Weiterbildungseinrichtungen kommunaler und freier Träger. Mit der Errichtung des Landesbeirates für Erwachsenenbildung (1970), der Vorlage für die »Thesen zur Neuordnung der Weiterbildung in R.-P.« (1972) und der Mitfinanzierung des Modellversuchs einer »Kontaktstelle für wiss. Weiterbildung« an der Univ. Mainz (seit 1974) wurden wesentl. Beiträge zu einer strukturellen Verbesserung der Weiterbildung geleistet.

Schr.: Gemeinsames Amtsblatt der Ministerien f. Bildung u. Kultur u. f. Wissenschaft u. Weiterbildung; Ministerium für Bildung und Kultur, Langfristige Perspektiven der Schulpolitik in R.-P., Drucksache 12/1279 – 24. 3. 92; R. Becht (Bearb.), Schulrechtl. Vorschriften R.-P., [8]1986.
Zschr.: Westdt. Schulzeitung 1950 ff.; Schule machen 1991 ff.
L.: Ständige Konferenz der Kultusminister (Hg.), Kulturpolitik der Länder (ersch. regelmäßig); G. Schmitz, Bildungs- und Erziehungswesen, Kulturelles Leben, in: R.-P. – heute und morgen, 1974; Bildungspolitik i. R.-P. 1971–1975, Informationen, Heft 25, 1975; D. Wynands, Die Herausbildung des Lehrerstandes im Rheinland während des 19. Jh.s, 1989; H. Thielen, Perspektive oder Demontage? Zur aktuellen Schulpolitik in R.-P., in: Die Realschule 100 (1992) 6; H.-G. Homfeldt u. H. Peifer, Das Bildungssystem von R.-P., in: J. Petersen u. G.-B. Reinert (Hg.), Bildung in Deutschland, Bd. 2, 1997.

**Rhetorik.** Die Kunst der Rede als Praxis, auch die Theorie der Rede(-kunst). Gegenüber dem informativen und belehrenden Sachvortrag will die Rede überzeugen, Meinungen und Einstellungen verändern und ein bestimmtes Handeln auslösen. Die Wirkung einer Rede beruht auf der Überzeugungskraft der Argumente, der erhellenden Kraft der Beispiele (Topik), der Einstellung auf die Hörer, dem Aufnehmen ihrer Interessen, Einwände und Reaktionen. Das verlangt eine Weiterführung der Rede zum Gespräch bzw. zum → Dialog.

In der antiken (→ Aristoteles, → Isokrates, → Cicero, → Quintilian) und mittelalterlichen Tradition, bes. im → Humanismus der → Renaissance (→ Boccaccio, Petrarca) zählte das päd. Wissen zum Bereich der Praxis; dementsprechend galt die R. als die Methodik, um zum richtigen praktischen Handeln zu führen. Mit dem Eindringen des neuzeitl. Wiss.sverständnisses (Praxis als angewandte Theorie) in die Päd. verfiel die rhetorische Bildungstheorie; an ihre Stelle trat die kausalanalytische Erforschung der Erziehung und das Bemühen um wiss. Herstellung der verbürgt besseren Bedingungen von Erziehung und Unterricht. Im Zusammenhang mit der Krise des wiss. Fortschritts-, Planungs- und Machbarkeitsdenkens (in Gesellschaft und Päd.) ist seit einigen Jahren eine deutliche R.-Renaissance zu beobachten. In diesem neuen Verständnis meint R. die »Logik« aller jener von der rein mathemat. Logik unterschiedenen Argumentationsweisen, in denen die Vernunft als Vermögen der Hervorbringung von Argumenten pro und contra einer These beansprucht wird, sei es zur Begründung eines Urteils, zur Lösung eines Problems, zur Herbeiführung einer Entscheidung, zur Herstellung von Konsens oder zur Rechtfertigung einer Entscheidung. Die neue R. schließt also alle menschl. Überlegungen und Ausführungen ein, Wahlen, Glaubensannahmen, Entscheidungen und Werte, die sich wegen ihrer Verbindung mit affektiven Elementen, hist. Beurteilungen und praktischer Motivation der rein rationalen Logik entziehen. Deshalb läßt sich diese neue Logik auch als die »Logik des Vernünftigen« kennzeichnen. Sofern diese neue R. grundsätzlich nicht vertikal verfährt (Deduktion aus Prinzipien), sondern den horizontalen → Dialog zwischen den verschiedenen Ideen will, verfährt sie grundsätzlich »päd.«

L.: F. Blass, Die attische Beredsamkeit, 4 Tle., 1868–80, Neudr. 1962; Ch. Perelman, L. Olbrechts-Tyteca, Traité de l'argumentation, Paris 1958; Ch. Perelman, Logik und Argumentation, dt. 1979; G. A. Kennedy, Classical Rhetoric and its Christian and Secular Tradition from Ancient to Modern Time, London 1980; C. Laneve, Retorica e educazione, Brescia 1981 (m. Bibl.); H. Kremer, R., 1982; H. G. Schmitz, Lernen und R., 1982 (Bibl.); S. Ijsseling, R. und Phil., 1988; A. Ros, R., Begründung u. Begriff, 3 Bde., 1989–90; P. L. Oesterreich, Fundamentalrhetorik, 1990; G. Ueding (Hg.), Histor. Wörterbuch der R., 8 Bde., 1992; K. Helmer, Argumentation und Zustimmung, in: Vjschr. f. wiss. Päd. 68 (1992); O. Reboul (Hg.), Rhétorique et pédagogie, Strasbourg 1991; P. Ptassek, Rhetor. Rationalität, 1993; G. Ueding, Klassische R., 1995, [2]1996; H. J. Apel, L. Koch (Hg.), Überzeugende Rede und päd. Wirkung, 1997.

**Rhythmische Erziehung.** Sammelbegriff für musik- und körperorientierte Erziehungsbereiche, die sich in Dtl. vor allem seit Anfang des 20. Jh.s entwickelt haben. Aufgrund vielfältiger rhythmischer Erscheinungsformen

in musikalischen, körperlich-seelischen und kosmischen Abläufen und unterschiedlicher Definitionen des Rhythmusbegriffs sind mehrere Schulen entstanden, die r. E. und ihre Ziele verschieden fassen.
Als einer der Begründer der r. E. gilt der Musikpädagoge Emile Jaques-Dalcroze (1865–1950), der den *musikimmanenten* Rhythmus durch Körperbewegung sichtbar machen ließ. Seine Idee von der untrennbaren Einheit zwischen Musik- und Körpererleben haben seine Schülerinnen Elfriede Feudel (1881–1966), Mimi Scheiblauer (1891–1968) u. a. weiterentwickelt.
Primär vom *körperimmanenten* Rhythmus und anderen körpereigenen Impulsen als Auslöser von Bewegung ging Rudolf Bode (1881–1970) aus (Rhythmische Gymnastik, Ausdrucksgymnastik). Ähnlich wollten Rudolf von Laban (1879–1958) und Mary Wigman (1886–1973) das natürliche Bedürfnis des Menschen nach rhythmisch-dynamischem Bewegungsspiel fördern. Zur Weckung dieser irrationalen körperlichen Phänomene wirkt Musik unterstützend, ist aber nicht unbedingt notwendig (Ausdruckstanz, absoluter Tanz, elementarer Tanz).
Weitere wichtige Impulse erhielt die r. E. von Carl Orff und dem → Orff Schulwerk sowie von der Eurythmie Rudolf → Steiners. Trotz verschiedener theoretischer Begründungen und Inhalte der r. E. läßt sich als Gemeinsamkeit aller Ansätze der Polaritätsgedanke feststellen. Das Erleben dieser auch als rhythmisches Prinzip bezeichneten dynamischen Wechselbeziehung zwischen Außen-Innen, Körper-Geist etc. ist Ziel der r. E.

L.: E. Jaques-Dalcroze, Rhythmus, Musik u. Erz., Basel 1921, Neudr. Genf 1977; E. Bannmüller u. Peter Röthig (Hg.), Grundlagen u. Perspektiven ästhet. u. rhythm. Bewegungserziehung, 1990; H. Tervooren, R.-musikal. E. 1994; Dies., Ein Weg zur Menschlichkeit, 1996; S. Hürtgen-Busch, Die Wegbereiterinnen der r.-musikal. E. in Dtl., (Phil. Diss.) 1995.

**Richertsche Schulreform** → Deutschkunde.

**Richter,** Johann Paul Friedrich, * 21. 3. 1762 Wunsiedel, † 14. 11. 1825 Bayreuth; studierte ab 1781 Theol. in Leipzig und wandte sich dann der Dichtung (Dichtername **Jean Paul**) zu; seine Hauslehrertätigkeit 1787–94 regte ihn zu seiner »Levana oder Erziehlehre« (1806) u. zur Behandlung von Bildungs- und Erziehungsfragen in seinen Romanen u. Idyllen an. An → Rousseau und dem → Philanthropismus orientiert, entwirft er in seiner Levana eine entfaltende Erziehung, deren Aufgabe es ist, den in jedem Menschen schlummernden »Preis- und Idealmenschen« hervorzulocken. Seine feinsinnigen psycholog. Beobachtungen nehmen viele Erkenntnisse der modernen Kinderpsychologie vorweg; auch seine Spieltheorie weist auf → Fröbel voraus.

Schr.: Sämtl. Werke, hg. v. d. Preuß. Akad. der Wiss., 24 Bde. 1927–61; Das Leben des vergnügten Schulmeisterlein Maria Wuz, 1793; Siebenkäs, 1796, Neuausg. 1962; Flegeljahre, 1804, Neuausg. 1957; Levana, 1806, neuhg. v. Theo Dietrich, 1963, (m. Bibl.); Vorschule der Ästhetik, hg. v. W. Henckmann, 1990.
L.: M. Kommerell, J. P., 1933, ³1957; H. Oppel, Über J. P.s Levana, 1948; E. Berend, J. P.s Persönlichkeit in Berichten der Zeitgenossen, 1956; A. Giourtsi, Päd. Anthropologie bei J. P., 1966; U. Schweikert (Hg.), J. P., 1974; E. Streiff, J. P., 1975; H.-J. Ortheil, J. P., 1984; F. Kamp u. a. (Hg.), Vorschule zu J. P., 1986; G. W. Meister, J. P.-Brevier, 1986; L. Fertig, J. P. der Winkelschulhalter, 1990; G. de Bruyn, Das Leben des J. P. F. R., 1991; H.-G. Wittig, Bildung zur »Heiligkeit des Lebens«. J. P. als Klassiker einer Päd. im Widerstand gegen die Zerstörung des Lebens, in: Päd. Rdsch., 48 (1994) 6; G. Müller, J. P. im Kontext, 1996.

**Riedel, Harald,** * 10. 4. 1938 Rosenberg, 1968 PH Berlin, 1980 Prof. für Grundschuldidaktik TU Berlin. Vertreter der → kybernetischen Päd., die er vor allem durch informationspsychologische Untersuchungen mit Grundschülern förderte und für die Didaktik des personalen Grundschulunterrichts (als systemische Didaktik) weiterentwickelte. Begründete 1968 gemeinsam mit Ernst König die »Systemische Didaktik«, eine allgemeindidaktische Theorie höchsten Differenzierungsgrades.

Schr.: Empirische Untersuchungen zur kybernet. Päd., 1965; Psychostruktur, 1967; Systemische Didaktik, 1973; (m. E. König), Systemtheoretische Didaktik, 1973; (m. E. König), Unterrichtsplanung I – Konstruktionsgrundlagen und -kriterien, 1975; (m. E. König), Unterrichtsplanung II – Konstruktionsverfahren, 1975; Allgem. Didaktik und unterrichtl. Praxis, 1977; Standort und Anwendung der Systemtheoret. Didaktik, 1979.

**Riese, Adam,** * 1492 Staffelstein, † 30. 3. 1559 Annaberg; berühmtester dt. Rechenmeister, führte in die indisch-arabische Ziffernschreibweise und das Positionsrechnen ein.

Schr.: Das Rechenbuch, hg. v. S. Deschauer, 1991; Das 1. Rechenbuch, (Nachdr. d. 2. Aufl. Erfurt 1525), hg. v. S. Deschauer, 1992.
L.: B. Berlett, A. R., 1892; K. Vogel, A. R., der dt. Rechenmeister, 1959; G. Becker, Das Rechnen mit Münze, Maß und Gewicht seit A. R., 1994; Ch. A. Schwengeler, A. R. – Der Rechenmeister, 1994.

**Rigorosum** → Doktor.

**Risiko** entsteht in jeder → Situation, in der Ausgang einer Wahl und Ergebnis einer Handlung nicht mit Sicherheit vorhergewußt und vorhergesagt werden können. Erzieherisches Handeln als geschichtl. Vorgang schließt immer das R. des Scheiterns (oder Gelingens) ein. → Wagnis, → Zufall.

**Risikogesellschaft,** ein von Ulrich Beck eingeführter Begriff, der ausgehend vom Gegensatz von → Industriegesellschaft und Moderne das »Ausgeliefertsein des Weltindustriesystems an die industriell integrierte und verseuchte ›Natur‹« beschreibt und in einer projektiven Gesellschaftstheorie die globalen Gefahren des Atomzeitalters als Bedingungen für neue kulturelle, wirtschaftliche und politische Formen des Lebens in der → Postmoderne sieht. Die soziale, ökonomische und politische Systembedrohung der industrialisierten Weltgesellschaft löst die klassische Industrie- durch die R. mit ihrem Wissenschafts- und Technikverständnis ab und erfordert eine neue Begründung von → Familie, → Beruf, Betrieb, Klasse, Arbeit, Wissenschaft, Risiken der Produktion u. a. Für die → Pädagogik ist Becks Theorie im Hinblick auf ihre immanente → Kulturkritik bedeutsam, für die sozialwissenschaftl. Begründung der → Umwelterz. wichtig, ebenso wie für das Verhältnis von → Ethik und Päd., → Erz. und Gesellschaft.
L.: U. Beck, R., 1986 u. ö.; ders., Gegengifte, 1988; ders. (Hg.), Politik in der R., 1991; Risiko und Wagnis, 2 Bde., hg. von M. Schüz, 1990; H. Jungermann (Hg.), Risikokontroversen, 1991; G. Bechmann (Hg.), Risiko und Gesellschaft, 1993; P. Hiller, Der Zeitkonflikt in der R., 1993; Riskante Freiheiten, hg. von U. Beck und E. Beck-Gernsheim, 1994; U. Beck u. a., Reflexive Modernisierung, 1996.

**Ritzel,** Wolfgang, * 19. 8. 1913 Jena, Dr. phil. 1937 Jena (bei Bruno Bauch), Habil. 1955 TH Braunschweig, lehrte in Wilhelmshaven und Mannheim, 1963–81 o. Prof. für Philosophie und Päd. Univ. Bonn; bedeutende Arbeiten zu Geschichte von Philosophie und Päd. und zur Grundlegungsproblematik der Päd.
Schr.: Studien zum Wandel der Kantauffassung, 1952, ²1968; Fichtes Religionsphil., 1956; J. J. Rousseau, 1959, ²1971; Die Päd. und ihre Disziplinen, 1961, ²1963; G. E. Lessing, 1966, ²1978; Die Vielheit der päd. Theorien und die Einheit der Päd., 1968; Päd. als prakt. Wiss., 1973; Philos. und Päd. im 20. Jh., 1980; I. Kant. Eine Biographie, 1985; J. P. Hebel, 1991.

**Robinsohn,** Saul Benjamin, * 25. 11. 1916 Berlin, † 9. 4. 1972 ebd.; R. emigrierte 1933, studierte 1934–40 in Jerusalem, war dort 1950–54 Lehrbeauftragter und ab 1955 Dozent in Haifa. 1959 Direktor des UNESCO-Instituts für Päd. in Hamburg, ab 1964 am Max-Planck-Institut für Bildungsforschung in Berlin, zuletzt als Direktor; Honorarprofessor FU Berlin. R. hat durch seine »Bildungsreform als Revision des Curriculum« (1967 u. ö.) den Curriculumbegriff in die dt. Erziehungswiss. (wieder) eingeführt und die Diskussion maßgebend bestimmt (Curriculumrevision und -konstruktion durch Expertengremium). R. trat nachdrücklich für eine einheitl. Grundausbildung aller Lehrer ein und beeinflußte die entsprechenden Vorschläge des → Dt. Bildungsrates im → Strukturplan (1970). Zusammen mit seinen Mitarbeitern hat er wichtige Studien zur → Vergleichenden Erziehungswiss. vorgelegt.
Schr.: (Hg. u. a.), Schulreform im gesellschaftl. Prozeß, 2 Bde., 1970–75; (Hg.), Curriculumentwicklung in der Diskussion, 1972; Erz. als Wissenschaft, hg. v. F. Braun u. a., 1973 (m. Bibl.); Comparative education, hg. v. H. Robinsohn, Jerusalem 1992.
L.: A. Kozlik, Curriculumtheorie und Emanzipation, 1974.

**Robinson Crusoe,** Titelheld eines Romans (London 1719; bereits 1720 übers. ins Dt., Frz. u. Niederl.) von Daniel Defoe (1660–1731), der vor allem als Kinder- und Jugendbuch weltberühmt wurde, u. a. durch die Empfehlung → Rousseaus in seinem »Emile« 1762. Nach Ch. → Bühler wird das Alter zw. 11 und 13 J. als »Robinsonalter« (Zuwendung zur Roman- und Abenteuerliteratur) bezeichnet. Der große Erfolg resultierte aus der idyllisch-utopischen Geschichte, einer Entwicklung bzw. Bekehrung zu reinem idealem Menschentum. Im Mittelpunkt des Romans

steht der »Aufbau« einer »guten« Gesellschaft unter »natürlichen« Bedingungen.
In der Folge erschienen zahlreiche »Robinsonaden«. → Campe gab 1779 (»Robinson der Jüngere«) eine im Sinne des → Philantropismus bearbeitete Fassung für die Jugend heraus, wobei in einer Rahmenerzählung die »Moral der Geschichte« pädagogisierend herausgehoben wurde (Neuausgabe 1978 nach der 58. Aufl. 1860, mit aufschlußreichem Anhang zu Robinson und Robinsonaden von R. Stach).

L.: H. Ullrich, R. und R.aden, Bibl., 1898; A. C. Baumgärtner, H. Pleticha, ABC und Abenteuer, 2 Bde., 1984; I. Pohlmann, R.s Erben, 1991; R. Stach, R. u. R.aden in der dtsch.-sprach. Lit., 1991; A. Reinhard, Die Karriere des R. C. vom literar. zum päd. Helden, 1994.

**Rochow,** Friedrich Eberhard von, * 11. 10. 1734 Berlin, † 16. 5. 1805 Reckahn; enzyklopädisch gebildeter → Autodidakt, von → Salzmann und → Basedow beeinflußt, verfaßte 1773 das Kinderlesebuch »Bauernfreund« (später »Kinderfreund«), das lange Zeit das verbreitetste Schulbuch in Dtl. wurde.

Schr.: Sämtl. päd. Schr., hg. v. F. Jonas u. F. Wieneck, 4 Bde. 1907–10; Schr. zur Volksschule, hg. v. R. Lochner, 1962; Schulbücher (Gesamtausgabe), hg. v. J. Bennack, 1989.
L.: E. Schäfer, R., 1906; O. Gerlach, Die Nationalerziehung im 18. Jh., dargest. an ihrem Hauptvertreter R., 1932; H. Böning, F. E. v. R. und seine Bedeutung für die Volksaufklärung, in: »Er war ein Lehrer« – Heinrich Julius Bruns, hg. v. F. Tosch, 1995; F. Tosch, »Auf die Methode kömmt es an!« E. v. R., in: Deutsche Lehrerzeitung, 43 (1996).

**Roeder,** Peter-Martin, * 27. 11. 1927 Berlin, Dr. phil. 1960, Habil. 1966, Prof. für Erz.wiss. Univ. Hamburg 1966–73, apl. Prof. FU Berlin, Dir. des Max-Planck-Instituts für Bildungsforschung; Forschungsarbeiten zur empir. und hist. Schulforschung.

Schr.: Zur Geschichte und Kritik des Lesebuchs der höheren Schule, 1961; (mit A. Pasdzierny, W. Wolf), Sozialstatus und Schulerfolg, 1965; (Hg.), Päd. Analysen und Reflexionen (FS E. Blochmann), 1967; Erziehung und Gesellschaft, 1968; Bildung und Bildungsbegriff, in: D. Goldschmidt u. a., Erziehungswiss. als Gesellschaftswiss., 1969; (Hg. mit H. Belser u. a.), Kinder, Schule, Elternhaus, 1972; (mit K. Treumann), Dimensionen der Schulleistung, T. 1, 2, 1974; (mit A. Leschinsky), Schule im histor. Prozeß, 1976; (mit G. Schümer), Unterricht als Sprachlernsituation, 1976; Überlegungen zur Schulforschung, 1977; Kommunikation und Kooperation von Lehrern, 1986; Spielräume im Schulalltag, 1987; (mit J. Baumert), Forschungsproduktivität und ihre institutionellen Bedingungen, 1989; Expansion und Wandel der Pädagogik, 1989; Zur personellen Situation in der Erziehungswiss. an den wiss. Hochschulen der BRD, 1989.
L.: MPI f. Bildgsforschg., Päd. als empirische Wiss., Reden zur Emeritierung von P. M. R., 1996.

**Röhrs,** Hermann, * 21. 10. 1915 Hamburg, 1951 Priv. Doz. Hamburg, 1957 Prof. Wirtschaftshochschule Mannheim, 1958 Univ. Heidelberg; Dr. h. c. Thessaloniki 1990. Das umfangreiche Oeuvre erstreckt sich auf Geschichte der Päd., Allg. Päd., Sozialpäd., Vergleichende Erziehungswiss., Friedenspäd., Wirtschaftspäd. und schließt zahlreiche Editionen ein.

Schr.: Die Päd. Aloys Fischers, 1953, ²1967; J.-J. Rousseau, 1957, ³1993; Die Schule und i. Reform in der gegenwärt. Gesells., 1962, ²1967; Schule und Bildung im internat. Gespräch, 1966; Forschungsmethoden in der Erziehungswiss., 1968, ²1971; Allg. Erziehungswiss., 1969, ³1973; Afrika – Bildungsprobleme e. Kontinents, 1970; Erziehung zum Frieden, 1971; Modelle der Schul- und Erziehungsforschung in den USA, 1972; Forschungsstrategien der Vergleichenden Erziehungswiss., 1975; Kindergarten, Vorschule, Elternhaus in Kooperation, 1976; Die progressive Erziehungsbewegung, 1977; Der Weltbund für Erneuerung der Erziehung. Wirkungsgeschichte und Zukunftsperspektiven, 1977, ²1995; Die Reformpäd., 1980, ⁵1998; Das Spiel – e. Urphänomen des Lebens, 1981; Frieden – eine päd. Aufgabe, 1983; (Hg.), Die Schulen der Reformpäd. heute, 1986; (Hg.), Tradition und Reform der Univ. unter internat. Aspekt, 1987; (Hg.), Berufl. Qualifikation und Rehabilitation, 1987; Schlüsselfragen der inneren Bildungsreform, 1987; (m. H. Scheuerl, Hg.), Richtungsstreit in der Erz.wiss. und päd. Verständigung, (FS zum 100. Geburtstag W. Flitners), 1989; Nationalsozialismus, Krieg, Neubeginn, 1990; Die Reformpäd. und ihre Perspektiven für eine Bildungsreform, 1991; (m. V. Lenhart, Hg.), Die Reformpäd. auf den Kontinenten, 1994; (Hg.) Gesammelte Schriften (14 Bde.), 1993 ff.
L.: Einf. in die Schulpäd., hg. v. V. Lenhart und E. Marschelke, FS zum 60 Geb.tag, 1976; Vergleich. Erziehungswiss. hg. v. U. Baumann u. a., FS zum 65. Geb.tag, 1981; Aspekte internat. Erziehungswiss., hg. v. V. Lenhart, H. Hörner (Hg.), FS zum 80. Geb.tag, 1996; K.-S. Chung, Das System der Erz.wiss. bei H. R., 1998.

**Roeßler,** Wilhelm, * 19. 12. 1910 Duisburg, 1942 Dr. phil., 1962 Habil., 1964 Prof. Univ. Bochum; grundlegende Arbeiten zur Sozial-

geschichte der Erziehung und zur Methodologie der päd. Historiographie.
Schr.: Jugend im Erziehungsfeld, 1954, ²1957; Die Entstehung des mod. Erziehungswesens in Dtl., 1961; Sozialarbeit heute, 1971.

**Rössner,** Lutz, * 20.12.1932 Neundorf, † 23.1.1995 Braunschweig; Dr. phil. 1957 Darmstadt, 1965 Doz. PH Oldenburg, 1967 Prof. für Erz.wiss. Univ. Braunschweig. Entschiedener Vertreter einer → empir.-analyt. Erz.-wiss.
Schr.: Erz.wiss. und krit. Päd., 1974; Rationalist. Päd., 1975; Einf. in die analyt.-empir. Erz.wiss., 1979; Phil. Studien zur Gesch. der empir. Päd., 3 Bde., 1983–86; zus. mit L. Alisch, Erziehungswiss. und Erziehungspraxis, 1981; Kritik der Päd., 1992; Über Päd. und Pädagogen, 1993.

**Rogers,** Carl Ranson, * 8.1.1902 Oak Park (Ill.), † 4.2.1987 La Jolla (Calif.); lehrte Psychologie und Psychiatrie an mehreren amerikan. Univ.n (Columbia Teachers College, Harvard, Berkeley), arbeitete seit 1968 am Center Studies of the Person in La Jolla (Calif.). Führender Vertreter der Humanistischen Psychologie, hat zunehmend Prinzipien seiner klientenzentrierten Therapie auf Schule und Lernen übertragen und eine Atmosphäre der → Nicht-Direktivität angeregt.
Schr.: Die klientenzentrierte Gesprächspsychotherapie, (engl. 1951), 1976; Gesellschaft für wiss. Gesprächspsychotherapie e. V. (Hg.), Eine Theorie der Psychotherapie, der Persönlichkeit und der zwischenmenschlichen Beziehungen; (engl. 1959) ³1991; Entwicklung der Persönlichkeit, (engl. 1961), 1973, ¹²1998; Partnerschule, (engl. 1972), 1975; Lernen in Freiheit, (engl. 1969), ⁴1984; Die Kraft des Guten, (engl. 1969), 1978; Die Person als Mittelpunkt der Wirklichkeit (engl. 1977), 1980; Der neue Mensch (engl. 1980), 1981.
L.: C. Bühler; M. Allen, Einführung in die humanistische Psychologie, 1974; M.-L. Poeydomenge, L'Éducation selon R., Paris 1984; H. Quitmann, Humanist. Psych., 1985; A. Suter, Menschenbild und Erz. bei M. Buber und C. R., 1986; R. u. die Päd., hg. von der Ges. für Gesprächspsychotherapie, 1987; G. Karmann, Humanist. Psych. und Päd., 1987; S. Kreutzer-Szabo, Der Selbstbegriff in der humanist. Psych. von A. Maslow und C. R., 1988; P. Frenzel, Selbsterfahrung als Selbstfindung, 1991; R. u. A.-M. Tausch, Erziehungs-Psychologie, 1991; W. Kron, Zur Erziehung des Erziehers, ²1992; B. Benikowski, Humanist. Päd., 1995; W. Böhm, Kritische Reflexionen zum Begriff der Selbstverwirklichung als postmodernes Bildungsziel, in: Entwürfe zu einer Päd. der Person, 1997.

**Rolff,** Hans-G., * 19.10.1939 Hannover, 1969 Dr. rer. pol., 1970 Prof. und Leiter des »Instituts für Schulentwicklungsforschung« der Universität Dortmund. Einflußreiche Arbeiten zur schichtspezifischen Sozialisation, zur → Bildungsplanung und → Schulreform.
Schr.: Sozialisation und Auslese durch die Schule, 1967, ⁹1980; (m.Th. Sander u. G.Winkler), Die demokrat. Leistungsschule, 1967, ³1971; Bildungsplanung als rollende Reform, 1970; (m. U. Baer u. a.), Strateg. Lernen in der Gesamtschule, 1974, ³1976; (m. K. Klemm u. G. Hansen), Die Stufenschule, 1974; Brennpunkt Gesamtschule, 1979; Soziologie der Schulreform, 1980; Schule im Wandel, 1984; (m. P. Zimmermann), Kindheit im Wandel, 1985; (m. K. Klemm u. K.-J.Tillmann), Bildung für das Jahr 2000, 1985, ³1987; (zus. m. R. v. Lüde), Mit dem Computer leben, 1989; (zus. m. P. Dalin), Das institutionelle Schulentwicklungsprogramm, 1990; Wandel durch Selbstorganisation, 1993, ²1995; (m. H. Buchen und L. Horster), Schulleitung und Schulentwicklung, 1994; (Hg.), Zukunftsfelder von Schulforschung, 1995; (m. P. Daschner, Th. Stryck, Hg.), Schulautonomie – Chancen und Grenzen, 1995; (m. C. Buhren), Fallstudien zur Schulentwicklung, 1996; (m. M. Kanders, E. Rösner), Das Bild der Schule aus der Sicht von Schülern und Lehrern, 1997; (m. C. Buhren, D. Lindau-Bank, S. Müller), Manual Schulentwicklung, 1998, ²1999; (m. E. Philipp), Schulprogramme und Leitbilder entwickeln, 1998.
Haupthg.: Jb. der Schulentwicklung, 1 (1980) ff., 10 Bde. seit 1980; Mithg.: Zeitschrift für Erziehungssoz. u. Sozialisationsforschung; Journal Schulentwicklung.

**Rolle, soziale,** (s. R.) Zentralbegriff der allg. Soziologie, theoretisches Konstrukt zur abstrahierenden Erfassung und Darstellung sozialer Strukturen, verweist auf die Eigentümlichkeit der Person, daß sie in der sozialen Wirklichkeit (ähnlich einem Schauspieler) verschiedene R.n innehat, daß sie als R.nspieler auf der Bühne der Gesellschaft agiert. Ihr Handeln, ihre Rechte und Pflichten werden bestimmt durch die Bündel von Verhaltenserwartungen, -vorschriften und -zumutungen, welche die Gesellschaft insgesamt bzw. einzelne einschlägige Bezugsgruppen gemäß ihren Normvorstellungen an den R.nträger aufgrund seiner sozialen und/oder berufl. Position und den damit verbundenen Aufgaben und Funktionen richten. Meist bleibt ein Rest des eigenen Seins, der außerhalb der soz. R. steht (die Person »spielt« die R.). Daß R. und Personkern zur vollen Deckung kommen, ist eher pathologischer Grenz- als Normalfall; denn um seine → Identität zu wahren, muß der einzelne sowohl soziales Wesen (wie alle anderen Mitmenschen) als auch einzigartige → Person mit der Fähigkeit zur R.ndistanz sowie selbständigen und eigenschöpferischen Handlungsbeiträgen und kreativen, autonomen Ich-Leistungen sein.

→ Gruppen unterscheiden sich von unstrukturierten → Massen durch R.ndifferenzierung ihrer Angehörigen: zugeschriebene (Alters-, Geschlechts-R.n) und erworbene (Führer-, Berufs-, Freizeit-R.n), fundamentale (Vater-, Mutter-R.) und periphere R.n (Hobbygärtner usf.) stehen nebeneinander und überschneiden sich oft. R.nstress (Belastung des Individuums im R.nspiel) und R.nkonflikte (Konflikte zw. den verschiedenen Rollen) können die Folge sein, wobei der Grad der Verbindlichkeit der Verhaltenserwartungen, das Ausmaß der sozialen Kontrolle, die Schärfe der Sanktionen und die Ausübung von Autorität und Herrschaft varriieren (Muß-, Soll-Kann-Normen). Ein Großteil der Heranwachsenden und Erwachsenen schafft sich erstrebte R.n, die ihnen sonst versagt sind, im Spiel (Theater), in Karnevalsveranstaltungen usf. Die schauspielerische Darstellung einer R. kann kathartischen, lösenden, heilenden Charakter haben (R.ntherapie, → Psycho- und → Soziodrama). Im Kindesalter, aber auch in Gesellschaftsspielen Erwachsener, kommen → R.nspiele als bes. Form von Fiktions- oder Illusionsspielen vor (Vater-, Mutter-Spielen; Berufe-Spielen usf.). Sie sind vereinfachte Formen späterer, vorweggenommener Ernst-Situationen und zugleich Entfaltungsmöglichkeiten des Selbst.

L.: R. Linton, The Study of Man, 1936, ²1964; R. Dahrendorf, Homo Sociologicus, 1958, ¹³1977; H. Plessner, S. R. und menschl. Natur, 1966; H. Popitz, Der Begriff der s. R. als Element der soziolog. Theorie, 1966, ²1968; E. Goffman, Wir alle spielen Theater, 1969; D. Claessens, R. und Macht, 1969, ²1970; U. Gerhardt, Rollenanalyse als krit. Soziologie, 1971; F. Haug, Kritik der Rollentheorie und i. Anwendung in der bürgerl. dt. Soziologie, 1972; K. A. Jackson (Hg.), Role, Cambridge 1972; H. Joas, Die gegenwärtige Lage der soziolog. R.ntheorie, 1973; G. Wiswede, R.ntheorie, 1977; H.-P. Dreitzel, Die gesellschaftl. Leiden und die Leiden an der Gesells., 1968, ³1980; G. Eisermann, R. und Maske, 1991; H. Geller, Position – R. – Situation, 1994.

**Rollenspiel,** eine Spielart, bei der die Spieler ihre alltägl. soziale → Identität aufgeben und in »eine andere Haut« schlüpfen, also absichtl. oder unabsichtl. bestimmte → Rollen übernehmen. Man unterscheidet 1. das sog. »natürliche« R. der Kinder: Kaufmann, Vater-Mutter, Cowboy, Indianer, etc.; 2. das soziale R. in Schule und Erwachsenenbildung: unter Anleitung eines Spielleiters agieren die Spieler in bestimmten Rollen, um gezielte Lernprozesse (z. B. Verbesserung der sprachl. Kompetenz, Einstellungsänderungen gegenüber Außenseitern und Randgruppen) einzuleiten, in Gang zu halten oder zu verstärken; 3. das therapeutische R., das vor allem in psychoanalytisch fundierten Ansätzen als Diagnose- und Therapieinstrument angewandt wird, etwa um Sprachhemmungen abzubauen oder um bereits auf der vorrationalen Entwicklungsstufe therapieren zu können; man unterscheidet dabei deutende (M. Klein) und nichtdeutende (H. → Zulliger) Spieltherapie; 4. das Planspiel nach Art militärischer Manöver, das u. a. in Berufsbildung und -fortbildung zum Einsatz kommt, um bestimmte berufl. Situationen, (z. B. Kundengespräch, Umgang mit Untergebenen) durchsichtig zu machen. Große Bedeutung kommt dem R. für die sozial-emotionale Erziehung im Vorschulalter u. a. zur Integration von → Außenseitern (R. Schmitt), zur Bewältigung ängstigender oder nicht verarbeiteter Erlebnisse (z. B. Fernsehsendungen), zur Sprachförderung benachteiligter Kinder (S. Smilansky) zu. In der Schule wird das R. vor allem in Literaturunterricht, Geschichte und polit. Bildung eingesetzt.

Das geplante und angeleitete R. steht in enger Verbindung zur Rollentheorie: ein älterer Rollenbegriff (Parsons, Dahrendorf) legt fest vorgegebene Handlungsabläufe, Lösungen und autoritative »Regieanweisungen« nahe; neuere Rollenkonzepte (gekennzeichnet durch die Begriffe: Empathie, Ambiguität, Rollendistanz und kommunikative → Kompetenz) verlangen flexible Spielrollen, offene Spielausgänge und stellen die Spielgestaltung in die Verantwortung der Spieler der Spielgruppe. Kritiker sehen die Gefahr, daß das R. durch seine didaktische und therapeutische Verwendung und Verzweckung das konstitutive Moment der Freiheit verliert.

L.: B. Kochan (Hg.), R. als Methode sprachl. und sozialen Lernens, 1974; A. Schützenberger, Einf. in das

R., 1976; U. Coburn-Staege, Lernen durch R., 1977; W. Wendlandt (Hg.), R. in Erziehung und Unterricht, 1977; W. Stuckenhoff, R. in Kindergarten und Schule, 1978; H. Zulliger, Heilende Kräfte im kindl. Spiel, ⁶1979; A. Stein, Sozialatherapeutisches R., 1993, ³1998; M. VanMents, R.: effektiv. Ein Leitfaden für Lehrer, Erzieher, Ausbilder und Gruppenleiter, dt. 1997.

**Romantik,** eine Strömung innerhalb der sog. → Dt. Bewegung oder der klass.-idealist. Epoche, die um die Wende vom 18. zum 19. Jh. als bewußter Gegenschlag gegen die → Aufklärung das geistige Leben und das Lebensgefühl bestimmte, und vom Sturm und Drang bis zum Biedermeier reichte (→ klassisch). Der Protest der R. gegen die Aufklärung richtete sich 1. gegen deren Rationalismus und auf die Anerkennung irrationaler Mächte im Menschen und der Welt (→ Lebensphil.), 2. gegen die Unterordnung des einzelnen unter ein System und auf das Eigenrecht und den Eigenwert des → Individuums, 3. gegen eine mechanische und statische und auf eine nichtmechanische und dynamische, ja mythologische Auffassung der Welt und der Entwicklung. Die Wirklichkeit sollte nicht durch Naturgesetze, aber auch nicht nach dem Maß idealist. Harmonie erfaßt und erklärt werden. Aufgabe sollte es vielmehr sein, das Reale zu poetisieren und die innere Verbindung aller Dinge und Erscheinungen der Welt (auch des Menschen) mit dem Unendlichen, also dem »göttl. Charakter« von allem, was ist, äußerlich sichtbar zu machen. Schließlich betonte man auch, gegen die Orientierung von Klassik und Neuhumanismus an der Antike (→ Altertum) die dt. Geschichte und dt. Volkstum, vor allem wandte man sich dem → Mittelalter zu. Die R. hat zwar auf dem Gebiet der Literatur und Dichtung ihre größte Bedeutung erreicht (A. v. Arnim, Brentano, Eichendorff, Mörike, → Novalis, Gebr. Schlegel, Tieck u. a. m.), hat aber auch in anderen Kulturgebieten spezifische Ausprägungen erfahren und bedeutende Vertreter hervorgebracht (Philosophie: → Schelling, Schlegel; Germanistik: Gebr. Grimm, Schlegel, Tieck); Musik: Schubert, Mendelssohn, Schumann, Brahms u. a.).

Die R. hat auch eigene päd. Reflexionen, Überzeugungen und Schriften entwickelt. Die wichtigsten Schriften (und die bedeutendsten romantischen Päd.) sind: → Arndt: Fragmente über Menschenbildung (1805), Jean Paul (J. P. F. → Richter): Levana (1806), → Fichte: Reden an die dt. Nation (1808), → Jahn: Dt. Turnkunst (1816) und → Fröbel: Die Menschenerziehung (1826). Zuweilen wird auch → Schleiermacher mit seinen Vorlesungen über Päd. (1826) zur romantischen Päd. gerechnet.

Für die Päd. bes. bedeutsame Kennzeichen der R. sind: 1. Das ontologisch-kosmologische Prinzip einer Gleichgesetzlichkeit von Natur und Mensch, des inneren Wesens des Menschen und der inneren Gesetze der Natur. Daraus leiten sich Ziel und Methodik der Erziehung wie der Gang der Erkenntnis ab (Hinführung des Menschen zur Darstellung seines Wesens in Auseinandersetzung mit seiner natürl. Umwelt, nachgehende Erziehung, Erkenntnis des Wesens im Erfahren der inneren Gesetze), 2. Die Zuwendung zu jenen Phänomenen, in denen eine Einheit des Seienden vor einer Subjekt-Objekt-Spaltung noch erhalten ist. Daraus resultiert die Bewertung des Kindes als bes. hochzuschätzende Stufe der Menschheitsentwicklung und des Spiels als einer umfassenden Tätigkeit. 3. Von hierher versteht sich die Betonung des zeitl. und absoluten Vorrangs des Gemüts vor dem Verstand nicht als bloßer Antiintellektualismus, sondern mehr noch als Suche nach dem menschl. »Urgrund«, nach der ursprüngl. Einheit der menschl. Existenz. 4. Diese päd. Maxime repräsentiert die grundlegende Denkstruktur der R.: die Polarität. Diese geht von einer ursprüngl. Einheit aus, die sich in zwei, sich in gegenseitiger Spannung befindl. Polen aufspaltet, um zu einer neuen Einheit zu gelangen, die sich wiederum in Pole differenziert usw. Dabei wird die Spannung nicht im Hegel'schen Sinn »aufgehoben«, die Vermittlung findet eher im Sinne eines »Oszillierens« (Schleiermacher) statt. 5. Der von Arndt, Fichte und Jahn vorgetragene Gedanke einer nationalen Erziehung.

Schr.: bei den zitierten Autoren.
L.: A. Franz, Der päd. Gehalt der dt. R., 1937; O. F. Bollnow, Die Päd. der dt. R., 1952, ³1977; F. Claudon, Lexikon der R., 1980; E. Fischer, Urspr. und Wesen der R.; T. Michaelis, Der romant. Kindheitsmythos, 1986; K. Nowak, Schleiermacher und die Frühr., 1986; J. Sánchez de Murillo, Der Geist der dt. R.,

1986; E. Ruprecht, Geist und Denkart der romant. Bewegung, 1986; E. Behler, Studien zur R. und zur idealist. Phil., 1988; R. – Aufbruch zur Moderne, hg. von K. Maurer, K. Wehle, 1991; J. Mader, Von der R. zur Postmoderne, 2 Bände, 1992; G. Neumann (Hg.), Romant. Erzählen, 1995; J.-J. Chambliss, Romanticism, in: Philosophy of Education. An Encyclopedia, NY 1996; G. Oesterle (Hg.), Jugend. Ein romant. Konzept?, 1997.

**Rosenstock-Huessy,** Eugen, * 6. 7. 1888 Berlin, † 23. 3. 1973 Norwich (Virginia); Habil. für Rechtswiss. 1912 Leipzig. Nach einer programmatischen Schrift für die in Frankfurt zu gründende Akademie der Arbeit war er von 1921–1922 deren erster Leiter, folgte 1923 einem Ruf nach Breslau, emigrierte 1933 in die USA. Mit den schlesischen Arbeitslagern, seiner erwähnten Akademieschrift und der Mitwirkung im Hohenrodter Bund nahm R. großen Einfluß auf die → Erwachsenenbildung der Weimarer Zeit: »Lebensbildung« statt Wiss.s-vermittlung.

Schr.: Der Atem des Geistes, 1950, Neuaufl. 1990; Der unbezahlbare Mensch, 1955 u. ö.; Die Sprache des Menschengeschlechts, 2 Bde., 1963/64; Ja und Nein, 1968; Die Umwandlung Gottes in die Sprache des Menschengeschlechts, 1968.
L.: U. Jung, E. R.s Beitrag zur dt. Erwachsenenbildung der Weimarer Zeit, 1970 (m. Bibl.); V. Beyfuss, Die soziologische Interpretation der europäischen Revolutionen im Werk E. R.-H.s, 1991; H. Kohlenberger u. a., E. R.-H., Wien 1995; K. Vos, E. R.-H., 1997.

**Roth,** Heinrich, * 1. 3. 1906 Gerstetten, † 7. 7. 1983 Göttingen. 1956 Prof. für Päd. am → Dt. Institut für internationale päd. Forschung, 1961–71 Univ. Göttingen; Mitglied des → Dt. Bildungsrates. Forderte und initiierte eine → »realistische Wendung« der → Päd. durch Ausbau der empirischen Forschung und deren Zusammenwirken mit Erziehungsphilosophie und historisch-hermeneutischer Reflexion. Grundlage seiner päd. → Anthropologie bildet ein psycholog. Handlungsmodell: die Erziehung soll das menschl. Handeln von der frei geführten Bewegung über sacheinsichtige Handlungen zu kritisch-kreativem Sozialverhalten und moralischen Entscheidungen entwickeln. Nach R. soll Schule qua »optimale Organisation von Lernprozessen« von faktenrezipierendem zu kritischem, selbständigem und innovativem Lernen fortschreiten.

Schr.: Päd. Psychologie des Lehrens und Lernens, 1957 u. ö.; Jugend und Schule zw. Reform und Restauration, 1961; (Hg.), Technik als Bildungsaufgabe der Schulen, 1965; Päd. Anthropologie, Bd. 1, 2, 1966, 1971 u. ö.; Erziehungswiss., Erziehungsfeld und Lehrerbildung, 1967; Zum Stand der Begabungsforschung, 1969; (Hg.), Begabung und Lernen, 1969 u. ö.; Revolution der Schule?, 1969; mit A. Blumenthal (Hg.), Freiheit und Zwang der Lehrerrolle, 1975; (Hg.), Bildungsforschung, 1975; Der Lehrer und seine Wiss., 1976; mit A. Blumenthal (Hg.), Soziales Lernen in der Schule, 1977; dies., Zur Reform der Hauptschule, 1978.
L.: D. Hoffmann und H. Tütken (Hg.), Realist. Erziehungswiss., H. R. zum 65. Geb.tag, 1972; H. Becker, Die Bedeutung H. R.s für die Bildungspolitik, in: Die Dt.e Schule (76) 1984; D. Hoffmann, Bibliographie H. R., 1990; H. Glöckel (Hg.), Bedeutende Schulpädagogen, 1993; D. Hoffmann, H. R. oder die andere Seite der Päd., 1995; W. Harth-Peter, »Die realistische Wendung in der päd. Forschung«. H. R. und sein Verhältnis zur geisteswiss. Päd., in: Freiheit – Geschichte – Vernunft, hg. v. W. Brinkmann u. W. Harth-Peter, 1997.

**Rotten,** Elisabeth, * 15. 2. 1882 Berlin, † 2. 5. 1964 London; 1912 Dr. phil. Marburg (bei → Natorp), Pionierin der → Reformpäd. und Mitbegründerin des → Weltbundes für Erneuerung der Erziehung, kämpfte für → Friedenserziehung und eine Erziehung zur internationalen Verständigung.

Schr.: Die Befreiung der schöpfer. Kräfte im Kinde, 1925; Tagesbrevier für denkende Menschen, 1940; Vom Völkerfrieden, 1942; Die Einigung Europas, 1942; The Child, War's victim, Paris 1949.
L.: H. Röhrs, Schule und Bildung im internat. Gespräch, 1966.

**Rousseau,** Jean-Jacques, * 26. 6. 1712 Genf, † 2. 7. 1778 Ermenonville b. Paris; einer der bedeutendsten Pädagogen der Neuzeit, dessen Einfluß ungebrochen bis in die Gegenwart reicht. R. hat sein ruheloses und widerspruchsvolles Leben in seinen zur Weltliteratur zählenden Confessions (1770–82) offen dargestellt. Er gewann frühen Ruhm durch seine beiden »Preisschriften« (1750 und 1754), in denen er gegenüber der → Aufklärung die Ansicht vom verderblichen »Nutzen« der Künste und Wiss.n auf die menschl. Natur vertrat und die Ungleichheit der Menschen auf die Einführung des Privateigentums zurückführte. In seinem polit. Hauptwerk »Der Gesellschaftsvertrag« (1762) entwarf er eine auf dem Gemeinwillen aller beruhende Gesellschaftsordnung. Sein Erziehungsroman »Emile oder Über die Erziehung« (1762, dt. 1789–91, zahlr. Ausgaben,) entfaltet das (utopische) Modell einer natürl. Erziehung: Ausgehend von der These der natürlichen Gutheit des Menschen hat die Erziehung zunächst nicht direkt einzugreifen, sondern im Gegenteil nur »negativ« diese Gutheit zu bewahren. Die vorbereitende Erziehung des (Klein-)Kindes soll so weit und so lange wie möglich an den (vom Erzieher arrangierten) Dingen sein, ehe sie mit Beginn der → Pubertät in die eigentliche und »positive« Erziehung, in personale pädagogische Führung, Belehrung und Unterricht umschlägt. Gleichwohl bleibt auch in dieser Phase das Prinzip der Eigenaktivität des Zöglings bestimmend: alle Lösungen sollen, freilich unter der Leitung des Erziehers, von ihm selbst gefunden und alles Wissen über die Dinge, die Menschen und die Gesellschaft von ihm selbst erarbeitet werden. Eine von R. geplante Fortführung des »Emile« liegt nur als Fragment vor (Emile und Sophie oder Die Einsamen). Durch die Betonung der Entwicklungsabschnitte als je eigenwertige Stufen des menschlichen Daseins hat R. die Entwicklungspsychologie vorbereitet. Seine Gesellschaftskritik ist bis heute virulent geblieben und bildet ein konstantes Versatzstück aller → Kulturkritik. → Negative Erz.

Schr.: Oeuvres complètes, hg. v. B. Gagnebin und M. Raymond, Paris 1959 ff.; Emile oder Über die Erziehung, hg. v. M. Rang, (Reclam-Ausgabe) 1963 u. ö.; Emile oder Von der Erziehung – Emile und Sophie oder Die Einsamen, 1979; Preisschriften und Erziehungsplan, hg. v. H. Röhrs, 1967 u. ö.; Schr.n, 2 Bde., hg. v. H. Ritter, 1978 u. ö.

L.: G. Flores d'Arcais, Il problema pedagogico nell' Emilio, 1952, [4]1972; H. Röhrs, J.-J. R., 1956, [3]1993; W. Ritzel, J.-J. R., 1959 [2]1971; M. Rang, R.s Lehre vom Menschen, 1959, [2]1963; I. Fetscher, R.s polit. Philos., 1960; F. Jost, J.-J. R. Suisse, Fribourg 1961; O. Vossler, R.s Freiheitslehre, 1963; J. Starobinski, J.-J. R.: La transparence et l'obstacle, 1971 (dt. u. d. T.: J.-J. R. – Eine Welt von Widerständen, 1988); G. Holmsten, J.-J. R., 1972 u. ö.; M. Bruppacher, Selbstverlust und Selbstverwirklichung, 1972; S. Bogumil, R. und die Erziehung des Lesers, 1974; E. Cassirer, Das Problem R., Neuausg. 1975; F.-P. Hager, Pestalozzi und R., 1975; M. Forschner, R., 1977; H. H. Schepp, Die Krise in der Erziehung und der Prozeß der Demokratisierung, 1978; M. F. Plattner, R.s state of nature, DeKalb (Ill.), 1979; H. Kreuzer u. U. Link-Heer (Hg.), R. und R.ismus, 1986; H. Hirschfeld, J.-J. R. und A. S. Neill, 1987; R. Bubner u. a. (Hg.), R. und die Folgen, 1989, M. Soëtard, J.-J. R., Zürich 1989; W. Böhm u. F. Grell (Hg.), R. und die Widersprüche der Gegenwart, 1991; A. Schäfer, R. – Päd. und Kritik, 1992; V. Kraft, R.s Emile, 1993; [2]1996; O. Hansmann (Hg.), Seminar: Der päd. R. 2 Bde., 1993, 1996; R. Bolle, J.-J. R., 1995; E. Burkert-Wepfer, Die Sehnsucht nach dem Schönen, Guten und Wahren oder platonische Reminiszenzen in R.s Menschenbild und Erziehungslehre, Bern 1995; H. Jaumann (Hg.), R. in Dtl., 1995; F. Grell, Der R. der Reformpädagogen, 1996; U. Reitemeyer, Perfektibilität gegen Perfektion. R.s Theorie gesellschaftl. Praxis, 1996; F. W. Dame, J.-J. R. on Adult Education and Revolution, 1997.

**Rückkoppelung** → feed-back.

**Rumänien.** Mit den Römern kamen im 2. Jh. nach Chr. die ersten »Schulen« in das Gebiet des heutigen R. Ab dem 6. Jh. wurden slawische Einflüsse stärker, so daß bis zum 16. Jh. Altkirchenslawisch die offizielle Staatssprache wurde. Trotz der folgenden 300j. Türkenherrschaft (bis Mitte 19. Jh.) konnte das Land seine Romanität bewahren und durch geeignete Schulen das Fundament zur Einigung von 1918 legen. Die Schulpflicht wurde 1864 eingeführt, jedoch nur schrittweise verwirklicht. 1924 wurde obligatorischer Unterricht auf 7 J., 1962 auf 8 J. und 1968 auf 10 J. festgelegt.
Seit 1925 haben die verschiedenen Nationalitäten das Recht, Unterricht in ihrer Muttersprache zu erteilen.
Nach Errichtung der Republik (1947) wurde durch die Bildungsreform von 1948 die nach sowjet. Vorbild organisierte, laizistische Einheitsschule geschaffen. Eine neuerliche Reform leitete das Unterrichtsgesetz von 1968 ein: Vorverlegung des Schuleintritts von 7 auf 6 J., Erweiterung der Schulpflicht von 8 auf 10 J. Durch die Beschlüsse des Zentralkomitees der RKP (Rum. Kommunist. Partei) von 1973 wurde die Trennung von Berufs- und Allgemeinbildung nach dem 8. Schulj. aufgehoben (→ polytechnische Bildung), der obere Sekundarbereich »industriellen Produktionseinheiten« unterstellt.
Nach dem Sturz des damal. Staatsoberhauptes Ceaucescu (22. 12. 1989) wurde eine grundl. Reorganisation des Bildungssystems (Neustrukturierung der Lyzealstufe, Hochschulreform, Berücksicht. nationaler Minderheiten, Auflösung der bish. Kinder- und Jugendorganisationen), seine vollständige Entideologisierung sowie die Behebung gravierender Miß-

stände (weltweites Aufsehen erregten z. B. die ca. 60 000 verwahrlosten Waisenkinder) angekündigt. 1990 wurde das Institut der Pädagogischen Wissenschaften wiedereröffnet.
Bis zum Regierungswechsel 1997 bestanden noch beträchtliche Widersprüche zwischen den neuen gesetzlichen Rahmenbedingungen und dem tatsächlichen Fortbestehen der alten Strukturen. Eine klare bildungspol. Position der neuen Regierung ist wegen ihrer bunten Zusammensetzung noch nicht auszumachen. Zu erwarten steht die Dezentralisierung der Bildungsadministration und eine Verstärkung des privaten Schulwesens.

L.: C. C. Giurescu, Gesch. der Bildung in R., 1971; M. Miclescu, Der polytechn. Unterricht im rumän. Schulwesen, 1975; J. Romanides, Romania, Thessaloniki 1975; Bibliotheka Centrale Pedagogica (Hg.), L'enseignement et la pédagogie en Romanie, Bukarest 1980; J. Antochi, Die Entwicklung des Bildungswesens in R. in den Jahren des sozialist. Aufbaus. In: Vergl. Erz.wissenschaft, 1981; Ministry of Education and Instruction, Education in the Socialist Republic of Romania, Bukarest 1986; W. Voigtländer, Das Bildungswesen R.s in der Neugestaltung, in: Vergl. Päd. 26 (1990) 3; W. Mitter u. a., Neuere Entwicklungstendenzen im Bildungswesen in Osteuropa, 1992; D. Phillips u. M. Kaser (Hg.), Education and Economic Change in Eastern Europe and the Former Soviet Union, Oxford 1993; M. Miclescu, Das r. Bildungswesen im Wandel, 1997.

**Ruralisierung** (von engl./franz. »*Ruralisation*«) bezeichnet Versuche, die Schule enger auf die Probleme der ländl. Gemeinden und der landwirtschaftl. Produktion zu beziehen. V. a. in Schwarzafrika will man der Tatsache Rechnung tragen, daß dort ca. 80% der Bevölkerung in Landgemeinden leben und diese Hauptträger jeder Entwicklung sein müssen. Typisches Moment der R. ist das sog. »*schoolfarming*«: Kinder lernen in theoret. und prakt. Unterricht Möglichkeiten zur Verbesserung der ländl. Produktion. Prakt. Unterricht erfolgt situationsbezogen und soll zur Verbesserung der ländl. Lebensbedingungen beitragen.

L.: D. Najman: Bildung in Afrika. Vorschläge zur Überwindung der Krise, 1976; S. B. Ekanayake, Rural pedagogy, in: Prospects 20 (1990) 1; H. Röhrs, Grundfragen einer Päd. der Dritten Welt, 1996.

**Russell,** Bertrand Arthur William, * 18. 5. 1872 Trelleck, † 2. 2. 1970 Penrhyndeudraeth (Wales), Nobelpreisträger 1950, bedeutender Mathematiker (»Principia Mathematica«, 1910–13 mit A. N. Whitehead) und Philosoph; wurde nach dem 1. Weltkrieg auch durch sozialkritische Schriften bekannt. Mitbegründer der bedeutenden Reformschule »Beacon Hill«. Gegenüber den Schulen, die nur eine konventionelle Mittelmäßigkeit aufzwingen und zu gleichförmigen Staatsbürgern ausbilden, forderte R. individuelle Spontaneität, → Kreativität und kooperatives Verhalten gemäß den päd. Idealen von Vitalität, Mut, Empfindsamkeit und Intelligenz. Beeinflußt von → Behaviorismus und → Psychoanalyse betonte R. gegenüber der → Reformpäd. auch die intellektuelle Förderung: »Weder Liebe ohne Wissen noch Wissen ohne Liebe können ein gutes Leben bewirken«.

Schr.: Principles of Social Reconstruction, London 1916, dt. Grundlagen für eine soziale Umgestaltung, 1921; On Education, Especially in Early Childhood, London 1926; Education and the Social Order, London 1932; History of Western Philosophy, London 1946 u. ö.; Erziehung ohne Dogma, dt. 1974; Freiheit ohne Furcht, dt. 1975; Basic Writings, ed. R. E. Egner and L. E. Dennon, London 1992, Human Knowledge, Neuausg. 1992; Theory of Knowledge, ed. E. Ramsden-Earnes and K. Blackwell, London 1992.

L.: J. Park, B. R. on Education, London 1964; L. R. Perry (Ed.), B. R., A. S. Neill, H. Lane, W. Kilpatrick, London 1967; A. Ryan, B. R., London 1988; A. Brink, B. R., New York 1989; J. Frick, Menschenbild u. Erziehungsziel. Päd. Theorie u. Praxis bei B. R., 1990; E. Sandvoss, B. R., 1991; M. v. Saldern, Beacon Hill – Der vergessene Schulversuch von Dora und B. R., 1993; F. Decher, B. R. auf der Suche nach dem guten und glücklichen Leben, 1996.

**Russischunterricht** (RU., R. = Russisch) hatte in der dt. Schule bis 1945 kaum Bedeutung und wurde lediglich am Russischen Gymnasium in Berlin, in einigen ostdt. Städten und ab 1938 an einigen anderen Gymnasien als Wahlfach bzw. Arbeitsgemeinschaft erteilt. Seit Ende des Zweiten Weltkriegs war der RU. entsprechend der steigenden weltpolit. Bedeutung der ehem. UdSSR weltweit im Vormarsch und spielt auch nach deren Zerfall in den Staaten des früheren kommunist. Machtbereichs (v. a. in Osteuropa) eine wichtige Rolle.
In der ehem. → DDR war R. die erste obligate Fremdsprache der Allgemeinbildenden polytechn. Oberschule und wurde ab Klasse 5 unterrichtet. Die Schüler sollten hier eine

Sprachfertigkeit erreichen, die es ihnen erlaubte, längere Texte zu lesen und Gespräche auf R. zu führen, um so eine originale Begegnung mit der Kultur, der Wiss., der Ideologie u. den Menschen der UdSSR zu erreichen. Der obligate RU. wurde 1989 abgeschafft.
In der BRD ist der RU. seit Mitte der 80er Jahre häufiger vertreten und wird bes. in neusprachl. Gymnasien als 2. oder 3. Fremdsprache angeboten.

Zs.: Fremdsprachenunterricht (Neue Folge von RU.) 1 (1957) ff. (ehem. DDR); Russisch. Zschr. f. eine Weltsprache, 1 (1967) ff.
L.: O. Hermenau, Die Entwicklung der Sprachbeherrschung im RU., 1963; ²1967; I. Nowikowa (Hg.), Minimum Anforderungen für das Fach R. als zweite Fremdsprache, 1973; dies.: R. in kontrastiver Sicht, 1975; K. Günther u. a., Methodik RU., 1975; K. Sieveking (Hg.), Russistik in den deutschsprach. Ländern, 1979; A. de Vincenz, R. als Fremdsprache, 1979; F. Basler, R. in drei Jahrh., 1987; O. A. Rottmann, Beiträge zur Didaktik u. Methodik des RU.s, 1988; H. Borgwardt, Neue Bedingungen für den RU., in: Fremdsprachenunterricht, 35 (1991) H. 7; U. Rumpf (Red.), Empfehlungen für den RU. in der Grundsch., 1995.

**Rußland.** Das Bildungswesen des Zarenreiches war gekennzeichnet durch hohes Analphabetentum (etwa 60% der Landbevölkerung), durch das Fehlen einer allg. Schulpflicht und den Dualismus von weltl. (dem Ministerium f. Volksbildung) und geistl. (dem Hl. Synod unterstehenden) Volksschulwesen, die weitgehende Bindung des höheren und Hochschulwesens an die gehobenen sozialen Schichten, sowie die Vernachlässigung der nationalen Schulen in den nichtrussischen Gebieten des Reiches.
Die Entwicklung des Bildungswesens seit der Oktoberrevolution (1917) bis zum Zerfall der Sowjetunion (1991) ist gekennzeichnet vom Primat der marx.-leninist. Weltanschauung und der stufenweisen Verwirklichung der kommunist. Erziehungsziele (Loslösung aus dem Familienverband, Erziehung zum → Kollektiv). Dieser Prozeß verlief nicht bruchlos und kontinuierlich. Anlaß zu Kurskorrekturen waren neben der Anpassung an die sich verändernden gesellschaftl. und wirtschaftlichen Rahmenbedingungen (vom Agrarstaat zur Industrienation) besonders die Umsetzung der jew. ideologisch-politischen Vorgaben.

In der frühsowjet. Periode (1917–1929) wurde eine Synthese von Individual- und Gemeinschaftserziehung im Rahmen der 9j. ›Einheitsarbeiterschule‹ (Verordnungen 1918/1921) erstrebt (Einflüsse von → Marx, → Tolstoi, → Krupskaja sowie der europ. und amerikan. → Reformpäd.). Die Verwirklichung der → Arbeitsschule erwies sich aufgrund der materiellen Not (Folge von Revolution und Bürgerkrieg) und des niedrigen allg. Bildungsniveaus als undurchführbar.
Nach 1929 erfolgte im Rahmen der Stalinschen Schulpolitik und der 5-Jahres-Pläne der Aufbau eines auf formalen Wissenserwerb gerichteten, zentralisierten und unter polit. Kontrolle stehenden Bildungssystems mit strenger Disziplin, Zensurensystem, Belobigungsurkunden, Medaillenverleihung, Wehrerziehung usw. (Einfluß von → Makarenko). Im Zentrum dieser 2. Schulreform standen die Überwindung des Analphabetentums und die allg. Schulpflicht. Die Einführung der Unterrichtspflicht für Analphabeten im Alter zw. 16 und 50. J. führte bis Ende der 30er J. zur Überwindung dieses Massenphänomens. 1937 erfolgte die völlige Liquidierung des → polytechnischen Unterrichts und somit eine Abkehr vom Marxschen Bildungsbegriff.
In der Reformperiode Chruschtschows wurden 1956 die allg. Entstalinisierung und mit dem »Gesetz über die Festigung der Verbindung der Schule mit dem Leben und über die weitere Entwicklung des Volksbildungswesens in der UdSSR« (1958) die 3. Reform des Bildungswesens eingeleitet: Betonung der berufl. Ausbildung und der gesellschaftl. nützlichen wie produktiven Arbeit der Schüler in Fabriken, Kolchosen und MTS (Maschinen-Traktoren-Stationen) parallel zu den mit allgemeinbildenden Fächern verbundenen Beschäftigungen, was letztlich zu einer völligen Verarmung der Allgemeinbildung führte und dementsprechend 1964/66 (4. Schulreform) großenteils revidiert wurde.
Bis 1984 beruhte das Bildungswesen auf den »Grundlagen der Gesetzgebung über die Volksbildung in der Sowjetunion und den Unionsrepubliken« (1973, seit 1974 in Kraft). Neben der ideolog. Eingliederung der jungen Generation in die kommunist. Gesellschaft zielte es auf die Anpassung von Bildung und

Erziehung an die ›wiss.-technische Revolution‹ (Betonung der math.-naturwiss. Fächer) und auf eine Verwissenschaftlichung des Produktionsprozesses auf der Basis einer soliden Allgemeinbildung (Aufhebung der Polarisierung zw. geistiger und körperl. Arbeit). Der Besuch der vorschulischen Einrichtungen wie Kinderkrippen (6 Wochen bis 3 J.), -gärten (3–7 J.), -horte sowie Saisonkindergärten und Kinderferienkolonien für Kinder bis 7 J. war freiwillig, aber durch Bildungspläne strikt geregelt. Die darauf aufbauende mittlere Bildung war obligator. (1951 7j., 1958 8j u. seit Mitte der 70er J. 10j.) und gliederte sich (mit regionalen und lokalen Unterschieden) in Grundschulen (Klassen 1–3 bzw. 4) sowie 8j. unvollständige und 10j. vollständige Mittelschulen, die zur Hochschulreife führten. Das Zeugnis der 8kl. Schule berechtigte zum Übergang in die 9. und 10. Kl. der allgemeinbildenden Zehnjahresschulen, die PTUs (Berufsschulen, die neben einer berufl. Qualifikation die Hochschulreife vermittelten) und die Fachschulen (Technika). Der Hochschulbereich umfaßte Univ.n, Institute, Akademien und Lehranstalten, die als Hochschulen anerkannt waren (1985: 894 Hochschulen, darunter 60 Univ.n u. 201 Päd. Hochschulen).

1984 wurden die erneute Reformbedürftigkeit des Bildungswesens vom ZK der KPdSU offiziell eingestanden und weitreichende Maßnahmen beschlossen (»Hauptrichtungen der Reform der allgemeinbildenden Schule und Berufsschule«: Neustrukturierung der allgemeinbildenden Schule, Veränderung der Bildungsinhalte, generelle Verbesserung der Arbeitsbedingungen). Die geringe Wirkung der 84er Reformen, die »Öffnung« (*glasnost*) der sowjet. Gesellschaft und die von M. Gorbatschow betriebene Politik der Umgestaltung (*perestrojka*) führten seit 1985 zu einer breiten, nun öffentlichen Diskussion. (Hauptkritikpunkte: Bürokratismus, Zentralismus, Formalismus, Trägheit des Schulwesens, »Schule ohne Kind«, Diskrepanz von allg. und berufl. Bildung). Eine Schlüsselrolle spielten dabei Massenmedien, insb. die unabh. Lehrerzeitung *Ucitel'skaia Gazeta* und zahlreiche Manifeste von »Neuerern und Experimentatoren« (»Pädagogik des Zusammenwirkens«). Unter Bezugnahme auf die → Reformpädagogik der vorstalinistischen Ära (bes. die Konzepte einer → Produktionsschule → Blonskijs, Sackijs, Lunacarskijs u. a.) und auf ausländische Vorbilder (bes. → USA und → Japan) wurde die Umgestaltung des Bildungswesens »von Grund auf«, seine Vielgestaltigkeit, Entideologisierung, Humanisierung, Demokratisierung, Dezentralisierung gefordert.

Mit dem Zusammenbruch der UdSSR und der Gründung der »Gemeinschaft Unabhängiger Staaten« (GUS 21. 12. 1991) ging die bildungspolit. Entscheidungshoheit an die jew. Bildungsresorts der neuen souveränen Mitgliedstaaten über, die sich ihrerseits zu einem großen Teil noch in einem Prozeß der strukturellen und personellen Reorganisation befinden (Armenien, Aserbaidschan, Kasachstan, Kirgisien, Moldavien, Rußland, Tadschikistan, Turkmenistan, Ukraine, Usbekistan, Weißrußland; ohne Estland, Litauen, Lettland, Georgien). Im Interesse der Wahrung eines »gemeinsamen Bildungsraumes« wurde 1991 ein »Interrepublikanischer Rat für Bildung« als Kooperations- und Koordinationsorgan gegründet. Aufgrund seines ideellen und materiellen »Bildungspotentials« kommt R. hier eine Schlüsselstellung zu.

Das neue Bildungsgesetz (1992, erw. 1995) des heutigen Vielvölkerstaates R. (»Russische Föderation – Rußland«, April 1992) knüpft an die eingeleiteten Reformprogramme an: Abkehr von den Dogmen des Marxismus-Leninismus, Bruch mit der sowjetkomm. Bildungspolitik und Bildungsverfassung, Öffnung und Deregulierung der staatl. Monopolstrukturen, Pluralisierung der Bildungsformen, Dezentralisierung der Entscheidungsmechanismen, Zulassung privater und alternativer Bildungseinrichtungen, Erweiterung der Selbstverwaltungsrechte der Schulen und Hochschulen unter Beibehaltung der bish. Stufenstruktur des Schulsystems: Grundstufe, Untere Sekundarstufe (Schulpflicht 8–9 J.) und Obere Sekundarstufe (3–5 J.); differenziertes Berufsbildungswesen. Neben dem akuten Geldmangel (die Ausgaben für das Bildungswesen wurden 1997 um rd. 25% gekürzt) erweist sich zunehmend das Fehlen einer langfristigen nationalen Bildungspolitik für die Durchführung der dringend erforderlichen Schulreformen als hinderlich. Besonderes Augenmerk gilt dagegen der Neuorganisation der aus der Sowjet. Akademie der Wissenschaften hervorgegangenen Russ. Akademie und dem Neuaufbau des Hochschulwesens. In kürzester Zeit wurden neben den bestehenden staatl. zahlreiche orthodoxe, jüdische, islamische und priv. (z. B. Europäische Universität Petersburg) Hochschulen gegründet.

L.: L. Froese, Ideengeschichtl. Triebkräfte der russ. und sowjet. Päd., 1956, ²1963, ³1973; W. Mitter (Hg.), Päd. u. Schule im Systemvergleich, 1974; K. W. Koeder, Das Bildungswesen der UdSSR, 1977; K. Gerner (Hg.), Educational policy in Soviet Union and Eastern Europe, 1983; L. Novikov, Annotierte Bibl. zur Bildungspolitik und Erziehungswiss. der Sowjetunion, hg. v. DIPF, 1984; O. Anweiler, Die sowjet. Schul- und Berufsbildungsreform, 1986; D. Glowka, Die Reform des Bildungswesens in der SU, in: Zschr. f. Päd. 34 (1988) 4; D. Kegler, Das Ethos der r.n Päd., 1991; H. Muszynski und L. Novikov, Zeit für Schule: Polen – SU, 1991; W. Mitter u. a. (Hg.), Neuere Entwicklungstendenzen im Bildungswesen in Osteuropa, 1992; W. W. Brickman, Russian and Soviet Educ. 1731–1989. (Komment. Bibl.), NY 1992; O. Anweiler, Von der Sowjetunion zur GUS, 1993; D. Phillips u. M. Kaser (Hg.), Education and Economic Change in Eastern Europe and the Former Soviet Union, Oxford 1993; W. Vollstaedt, Schule in R. Von der Einheitsschule zur Vielfalt, in: Pädagogik 47 (1995) 3; F. Kuebart, R., in: Bildungssyst. in Europa, hg. v. O. Anweiler u. a., 1996; J. V. Gromyko u. a., Das Bildungswesen als Technologie für R. Weg in die Zukunft, in: Ost-Dokumentation. Bildungs-, Wissenschafts- und Kulturpolitik in Mittel- und Osteuropa, St. Pöten 12 (1998) 1; G. Schmidt, Kontinuität und Wandel im Bildungswesen R., in: Die Dt. Schule 90 (1998) 2.

# S

**Saarbrücker Rahmenvereinbarung,** am 29./30. 9. 1960 beschlossen die Kultusminister der Länder (→ KMK) in der sog. S. R. eine Reform der → gymnasialen Oberstufe. Sie bestimmte 1. die Beschränkung der Zahl der Unterrichtsgebiete, 2. die Beschränkung der Lehrstoffe durch paradigmatische Auswahl und Bildung von Schwerpunkten, 3. die Umwandlung von Pflichtfächern in Wahlpflichtfächer und 4. die Umwandlung bisheriger Pflichtfächer zu freiwilligen Unterrichtsveranstaltungen. → Kollegstufe.

**Saarland.** Die zehnj. Sonderentwicklung des S. nach dem Zweiten Weltkrieg bis zur Angliederung an die BRD (1955) hat das Bildungswesen stark geprägt. Die 1974 in Kraft getretenen gesetzl. Regelungen sind wesentl. Bestandteil einer umfassenden Schulreform in Anlehnung an das bildungspolit. Programm »Bildung in Stufen« (1970): Stufige Gliederung des öffentl. Schulwesens; Einführung der Orientierungsstufe; Aufteilung in 11 Schulregionen (Verbundsysteme versch. Schulformen und -stufen). Der Vorschulbereich für 3–5 J. umfaßt vor allem Kindergärten. Schulpflichtige, aber noch nicht schulreife Kinder können seit 1974 den → Schulkindergarten besuchen. Auf die 4j. Grundschule folgen → Hauptschule, → Realschule, → Gymnasium oder → Gesamtschule (seit 1986/87). Eine schulformunabhängige → Orientierungsstufe wurde 1990 für alle 5. und 6. Kl. eingeführt. Im Zuge einer Schulstrukturreform wurden seit 1992 zunächst sog. »Sekundarschulen« (kombinierte Haupt- und Realschulen mit mittlerem Bildungsabschluß) als 5. Schulform eingerichtet. Durch die 1996 beschlossene Verfassungs- bzw. Schulrechtsnovelle wurden Hauptschulen, Realschulen und Sekundarschulen schließlich ganz abgeschafft. An ihre Stelle wurden ab 1997/98 »Erweiterte Realschulen« eingeführt. Aufgabe dieser grundlegend veränderten Schulform ist die Vermittlung einer »erweiterten allgemeinen Bildung«, die zugleich berufs- und studienvorbereitenden Charakter haben soll. Nach einer gemeinsamen Grundstufe (5./6. Kl.) setzt mit der 7. Kl. eine »moderate Zweigbildung« nach individueller Leistungsfähigkeit ein. Mit dem erfolgreichen Abschluß der Kl. 9 wird der Haupt-, nach dem Abschluß der Kl. 10 der mittlere Bildungsabschluß, bei entsprechender Leistung die Berechtigung zum Eintritt in die gymn. Oberstufe erworben. Das Gymnasium ist nach Typen (altsprachl., neusprachl. math.-naturwiss.) gegliedert und umfaßt die Jahrgangsstufen 5 bis 13. Seit dem Schulj. 1976/77 ist die neugestaltete → gymnasiale Oberstufe generell eingeführt. Das Wirtschaftsgymnasium hat den mittleren Bildungsabschluß zur Voraussetzung und führt in drei J. (Kl. 11 bis 13) zur → Hochschulreife.

Nach einzelnen Schulversuchen in den 70er Jahren wurde der Ausbau der → Gesamtschulen seit 1985 zunächst zügig vorangetrieben, nach wenigen Jahren jedoch vorzeitig beendet. Ob die Gesamtschulen aus ihrer derzeit randständigen Existenz (15 Schulen gegenüber 49 Erw. Realsch. und 37 Gymn.) herausfinden und eine wichtige Rolle in der s. Schullandschaft spielen werden, ist durchaus unsicher. Der Ausbau der Schulen für Behinderte ist entsprechend dem »Entwicklungsplan für das Sonderschulwesen« abgeschlossen. Im beruflichen Bildungswesen bestehen neben Berufsschulen (3j. Ausbildung im → dualen System) 2j. Berufsfachschulen, 2j. Handelsschulen sowie 2j. oder 3j. Berufsaufbauschulen, die alle die Fachschulreife bzw. den mittleren Bildungsabschluß zum Ziel haben und somit den Übertritt in die Fachoberschule (mit dem Abschluß der Fachhochschulreife) ermöglichen. Zum Hochschulbereich zählen die Univ. des S. mit Abteilungen in Saarbrücken und Homburg/Saar, eine Musik- und eine Kunsthochschule, 4 Fachhochschulen (Kath. FH für Sozialwesen; FH für Technik u. Wiss.; Priv. FH für Bergbau, bis 1990 Bergingenieurschule der Saarbergwerke; sowie die Fachhochschule für Verwaltung, alle in Saarbrücken. 1973 wurde ein Staatl. Institut für Lehrerfortbildung (STIL) errichtet.

Schr.: Amtsblatt des S. und gemeinsames Ministerialblatt; Dienstblatt der Hochschulen des S.s; Minister für Kultus, Bildung u. Sport (Hg.) Bildungswege im S., 1978.

Zschr.: Erziehung. u. Wiss. im S., 1953 ff.; Lehrer und Schule heute, 1949 ff.

L.: Ständige Konferenz der Kultusminister (Hg.), Kulturpolitik der Länder (ersch. regelmäßig); H.-J. Schmidt, Ges.schulplanung u. Ges.schulentwicklung (im S.); in: Recht d. Jugend u. d. Bildungswesens 36 (1988) 3; G. Ress, Das neue saarl. Universitätsgesetz, in: Freiheit der Wiss. 1988, 4; I. Fuchs, A. Sander, Schulische Integration im S., in: Grundschule 21 (1989) 9; M. Granz, Bildungspolitik in neuer Verantwortung, in: Lehrer und Schule heute 41 (1990) 7/8; H.-J. Schmidt, Bildung im S., in: J. Petersen u. G.-B. Reinert (Hg.), Bildung in Dtl., Bd. 3, 1998.

**Sachsen.** (s. = sächsisch) Das aus der Mark Meißen hervorgegangene, zeitweilig → Thüringen (s.e Herzogtümer Weimar-Eisenach, Meiningen, Coburg-Gotha, Altenburg) mitumfassende Königreich S. zählte im Bildungswesen zu den fortschrittlichsten Gebieten Dtl.s. Sein Schulwesen geht bis weit in die vorreformatorische Zeit auf kirchliche (Domschulen Meißen 1183, St. Afra 1205, Leipzig 1409) und fürstliche (Lateinschule Zwickau 1291, Universität Leipzig 1409) Gründungen zurück. Ein städt. Elementarschulwesen ist in Dresden seit 1532 nachweisbar. Auch die folgenden Jahrhunderte brachten ein breites Spektrum von Bildungseinrichtungen hervor. Ab 1835 bemühte man sich um die organisatorische Ausgestaltung des Elementarschulwesens mit dem Ziel, eine 8j. Schulpflicht einzurichten. Parallel zur Gewährleistung einer ausreichenden → Allgemeinbildung, ging es um die Schaffung wirksamer Voraussetzungen, Methoden und Rahmenbedingungen für eine weiterführende → berufliche Bildung. Hier übernahmen → Fürstenschulen (Meißen und Pforta, gegr. 1543) und → Fachschulen bzw. → Fachhochschulen (Bergakademie Freiberg, Tierarzneischule Dresden, Forstakademie Tharandt, Handelshochschule Leipzig u. a.) eine Schlüsselrolle.

Nach dem Verlust der Selbständigkeit in der Zeit des → Nationalsozialismus und nach Auflösung der → Dt. Demokrat. Republik stand das Bildungswesen des aus den ehem. DDR-Bezirken Dresden, Leipzig und Karl-Marx-Stadt (heute wieder Chemnitz) hervorgegangenen Freistaates S. zunächst ganz im Zeichen der Neuorganisation und der Angleichung an die rechtlichen Bestimmungen der → Bundesrepublik Dtl. (→ Einigungsvertrag).

Die Diskussion um die seit Aug. 1990 geplante Einführung eines gegliederten Schulsystems war, bedingt durch den hohen Anteil an Befürwortern der → Gesamtschule, in S. besonders lange andauernd, heftig und kontrovers.

Das »Schulgesetz für den Freistaat Sachsen« (SchulG) vom 3. Juli 1991 sieht eine Gliederung des Bildungswesens in Schularten, und zwar in allgemein- und berufsbildende Schulen (Grundschule, »Mittelschule«, Gymnasium bzw. → Berufsschule, → Berufsfachschule, → Fachschule, → Fachoberschule, berufliches Gymnasium), in Förderschulen für Schüler mit geistigen, körperlichen o.

Lernbehinderungen, in Schulen des → zweiten Bildungsweges (Abendmittelschule, Abendgymnasium, → Kolleg) und in Schulstufen vor: → Primarstufe (Grundschule Kl. 1 bis 4); → Sekundarstufe I (Kl. 5 bis 10 der allgemeinbildenden Schulen und der Förderschulen sowie die Abendmittelschule); Sekundarstufe II (Kl. 11 und 12 der allgemeinbildenden Schulen und der Förderschulen sowie die berufsbildenden Schulen, das Abendgymnasium und das → Kolleg). Gesamtschulen sind ausdrücklich ausgeschlossen. Eine Besonderheit des s. Bildungswesens ist die sog. Mittelschule (integrierte Haupt- und Realschule). Diese, unter allen 1992 eingeführten, öffentlich am meisten diskutierte Schulart, hat sich seitdem als »Kernstück« der s. Schullandschaft fest etabliert. Die Kl. 5 und 6 der Mittelschule und des Gymnasiums bilden die → Orientierungsstufe und haben gleiche Lehrpläne. In beiden Schularten gibt es besondere Schul-»Profile« (sprachlich, mathematisch-naturwissenschaftlich, musisch, technisch, sportlich). Zur Weiterentwicklung des Schulwesens (insbes. d. Mittelschule) und zur Erprobung neuer pädagogischer und organisatorischer Konzeptionen werden, mit Genehmigung der obersten Schulaufsichtsbehörde (Staatsministerium für Kultus) und unter wissenschaftlicher Begleitung, eine Vielzahl von Modellprojekten und Schulversuchen durchgeführt.

Mit dem »Hochschulstrukturgesetz« vom 10. April 1992 bzw. dem Hochschulgesetz vom 4. Aug. 1993 ist der mit dem »S. Hochschulerneuerungsgesetz« vom 25. Juli 1991 begonnene Prozeß der personellen und strukturellen Erneuerung des Hochschulwesens vorläufig abgeschlossen. Derzeit gibt es in S. 4 Univ.n: Univ. Leipzig, Bergakademie Freiberg, Technische Univ.n Dresden und Chemnitz, 5 Kunsthochschulen und 5 Fachhochschulen. Mit anderen ehem. selbständigen Hochschulen (Medizin. Akad., HS für Verkehrswesen u. a.) wurden auch die Pädagogischen Hochschulen (Dresden, Leipzig, Zwickau) aufgelöst und in die Univ.n integriert. Den Schularten Grundschule, Mittelschule und Gymnasium entsprechend wurden dort jeweils eigene Lehramtsstudiengänge eingerichtet. Seit 1991 gibt es die »S. Akad. für Lehrerfortbildung« (SALF) und das »Institut für Bildungsforschung und Schulentwicklung« (IBiS).

Schr.: SchulG (3. 7. 1991), in: GVBl. S. 1991, 15; HEG (25. 7. 1991), in: GVBl. S. 1991, 19; HStrG. (10. 4. 1992), in: GVBl. S. 1992, 16; Schulrecht, Ausgabe für S., ergänzbare Sammlung für Schule und Schulverwaltung, hg. v. F. Hammerschmidt u. a.; W. Holfelder, W. Bosse, S. Schulgesetz (mit. Komm.), 1991, ²1992
Zschr.: Schulverwaltung Brandenburg, Mecklenburg-Vorpommern, S., Sachsen-Anhalt, Thüringen und Berlin, 1991 ff.
L.: A. Simon, Quellenschr. zur Gesch. der Volksschule und der Lehrerseminare im Königreich S., 1910; J. Richter, Gesch. der s.n Volksschule, 1930; K. Czok (Hg.), Geschichte S.s, 1989; B. Kozon, Neue Wege in der Schulpolitik im Freistaat S., in: Kath. Bildung 93 (1992) 3; W. Nowak, Bildungspol. Vorstellungen zur Sekundarstufe in S., in: Päd. und Schule in Ost und West 40 (1992) 3; Ch. Führ, Zum Bildungswesen in den fünf neuen Ländern der BRD, 1992; R. Martini, Zum Bildungsrecht in den ostdeutschen Bundesländern. Gesetze, Rechtsverordnungen, Verwaltungsvorschriften, 1992; K. Klemm u. a., Bildungsplanung in den neuen Bundesländern, 1992; A. Munding, Die Phasen beim Aufbau des Bildungswesens in den neuen Ländern am Beispiel S.s, in: Lehren und Lernen 19 (1993) 2; B. Poste, Schulreform in S. 1918–1923, 1993, S. Anders, Die Schulgesetzgebung der neuen Bundesländer, 1995; G. Arnhardt, Bildung in S., in: J. Petersen u. G.-B. Reinert (Hg.), Bildung in Dtl., Bd. 1, 1996; T. Jahre, Bildungsreform in S.?, in: Päd. u. Schulalltag 51 (1996).

**Sachsen-Anhalt.** Politisch im Schatten von → Brandenburg und → Sachsen stehend, haben die Länder S.-A.s (Anhalt, Anhalt-Dessau, Anhalt-Köthen, Anhalt-Zerbst) seit der → Reformation eine eigenständige und vielgestaltige Bildungslandschaft von überregionaler Bedeutung hervorgebracht. Als wegweisend für Lehrerbildung und Schulreform im Sinne der → Aufklärung war die Gründung des Dessauer Philanthropins 1774 (→ Philanthropismus, → Basedow, → Wolke), nach dessen Vorbild am Ende des 18. Jh.s zahlreiche Musterschulen in Deutschland und in ganz Europa entstanden (Marschlins [Schweiz] 1775; Heidesheim 1776; Schnepfenthal 1784, → Salzmann, → GutsMuths; Hamburg 1777, → Campe, → Trapp).

Nach dem Verlust der Selbständigkeit in der Zeit des → Nationalsozialismus und des Bestehens der → Dt. Demokrat. Republik stand das Bildungswesen des aus der Provinz S.-A. hervorgegangenen, nun auch Gebiete des ehem. Kurfürstentums Brandenburg umfassenden neuen Bundeslandes S.-A. zunächst ganz im Zeichen der Neuorganisation und der Angleichung an die rechtlichen Bestimmungen der → Bundesrepublik Dtl. (→ Einigungsvertrag).

Das bis zum 31. Dez. 1992 befristete, ohne öffentliche Kontroversen verabschiedete »Schulreformgesetz für das Land S.-A./Vorschaltgesetz« (SRG.) vom 11. Juli 1991 sah eine Gliederung des Bildungswesens in → Grundschule (4J.), »Sekundarschule« (kooperative → Hauptschule, 9J. und → Realschule, 10J.) und → Gymnasium (12J.), in berufsbildende Schulen (→ Berufsschule, → Berufsfachschule, → Berufsaufbauschule, → Fachschule, → Fachoberschule, Fachgymnasium), in Schulen des → Zweiten Bildungsweges (Abendrealschule, Abendgymnasium, → Kolleg) sowie in → Sonderschulen vor. In »Ausnahmefällen« sollten die versch. Schularten und -stufen unter Beibehaltung der Schulzweige organisatorisch zu → Gesamtschulen zusammengefaßt werden können. Auch die vom Gesetzgeber geforderte und am 30. Juli 1993 verabschiedete »Neufassung des Schulgesetzes« (SchG) hielt an dieser Struktur trotz einiger Korrekturen und Konkretisierungen noch grundsätzlich fest. Aufgrund umfangreicher Änderungen wurde eine Neufassung des Schulgesetzes nötig (»Schulgesetz des Landes S.-A.« vom 27. 8. 1996). Seine bildungspolitischen Schwerpunkte sind: die Ausweitung der gemeinsamen Schulzeit von 4 auf 6 J. durch die Einrichtung einer schulformübergreifenden »Förderstufe« mit Orientierungsfunktion; die Aufhebung des bisher getrennten Haupt- und Realschulbildungsganges in der Sekundarschule; der Ausbau von Gesamt- und Ganztagsschulen und die Einführung eines (verkürzten) 13. Schuljahres (»13 kompakt« im Schulversuch) in der gymnasialen Oberstufe (gegenüber 12 J. bisher).

Die → Weiterbildung ist durch das »Gesetz zur Förderung der Erwachsenenbildung« vom 25. Mai 1992 geregelt. Das Land S.-A. verfügte zum Zeitpunkt der Wiedervereinigung über 9 sehr unterschiedliche Hochschulen, die, mit Ausnahme der Univ. Wittenberg-Halle, durch starke Spezialisierung und oftmals durch unzureichend entwickelte Grundlagenfächer geprägt waren.

Mit dem »Hochschulgesetz« (HSchG.) vom 7. Okt. 1993 wurde der mit dem »Gesetz zur Erneuerung der Hochschule des Landes S.-A.« (HEG.) vom 31. Juli 1991 eingeleitete Prozeß der personellen und strukturellen Erneuerung vorläufig abgeschlossen. Demnach gibt es in S.-A. seit Ende 1993 zwei Univ.n (Halle-Wittenberg; Magdeburg), 4 Fachhochschulen (»Anhalt«: Köthen, Dessau, Bernberg; Magdeburg; Merseburg; »Harz«: Wernigerode), und eine Hochschule für Kunst und Design (Burg Giebichenstein und Halle). Die Hochschulen in Bernburg (bis 30. 9. 1993), Köthen (bis 30. 9. 1993), Leuna-Merseburg (bis 31. 3. 1993) und die beiden Pädagogischen Hochschulen in Halle-Köthen (bis 31. 3. 1993) und Magdeburg (bis 31. 3. 1993) wurden aufgelöst, in Fachhochschulen umgewandelt bzw. in die Universitäten integriert. Die Errichtung einer fünften Fachhochschule (Stendal) ist geplant. Die für alle Lehrämter universitäre Lehrerbildung ist entsprechend der Struktur des Bildungswesens schulartbezogen und beträgt für Grundschullehrer 7, für Sekundarschullehrer 8 und für Gymnasiallehrer 10 Semester. 1991 wurde das »Landesinstitut für Lehreraus-, -fort- und -weiterbildung und Unterrichtsforschung« (LISA) eingerichtet.

Schr.: SRG. (11. 7. 1991), in: GVBl. S.-A. 1991, 17; HEG. (31. 7. 1991) in: GVBl. S.-A. 1991, 19; SchG (30. 6. 1993), in: GVBl. S.-A. 1993, 29; HSchG (7. 10. 1993), in: GVBl. S.-A. 1993, 34; Schulrecht, Ausgabe für S.-A., ergänzbare Sammlung für Schule und Schulverwaltung, hg. v. F. Hammerschmidt u. a.

Zschr.: Schulverwaltung Brandenburg, Mecklenburg-Vorpommern, Sachsen, S.-A., Thüringen und Berlin 1991 ff.

L.: Ch. Führ, Zum Bildungswesen in den fünf neuen Ländern der BRD, 1992; R. Martini, Zum Bildungsrecht in den ostdeutschen Bundesländern. Gesetze, Rechtsverordnungen, Verwaltungsvorschriften, 1992; K. Klemm u. a., Bildungsplanung in den neuen Bundesländern, 1992; R. Golz u. W. Mayrhofer (Hg.), Beiträge zur Bildungsgeschichte in S.-A., 1993; U. Förster, Zum Schulwesen in S.-A., in: L. Böttcher u. R. Golz (Hg.), Reformpädagogik und päd. Reform in Mittel- und Osteuropa, 1995; S. Anders, Die Schulgesetzgebung der neuen Bundesländer, 1995; M. Weilandt, Der Aufbau eines demokrat. Schulwesens in S.-A., 1997; W. Mayrhofer u. P. Schenk, Bildung in S.-A., in: J. Petersen u. G.-B. Reinert (Hg.), Bildung in Dtl., Bd. 3, 1998.

**Sachunterricht** ist ein wiss. strukturierter Unterricht, dessen vorrangiges Ziel darin besteht, den Kindern bei der Erschließung ihrer

Lebenswelt orientierende Hilfe zu geben. Er befaßt sich mit der Ordnung und Strukturierung der Bezüge des Grundschulkindes zu seiner Sachwelt (Sachkompetenz), zu seiner Mitwelt (Sozialkompetenz) und zu sich selbst (Selbstkompetenz). Diese Lebenswelt des Kindes ist zugleich sein zentraler Bezugspunkt. Der S. will im Gegensatz zum Heimatkundeunt., den er in der → Grundschule abgelöst hat, zur Gewinnung fachlicher Ordnungssysteme führen; er bezieht dabei seine Inhalte aus der Erdkunde, Biologie, Chemie, Physik, Geschichte und Verkehrserziehung. Eine ständige Gefahr des S.s liegt darin, daß die Frage nach kindgemäßen Stoffen hinter die strukturspezifischen Grundgedanken der einzelnen Wiss.n zurücktritt; diese Gefahr soll z.B. in Bayern durch die Neufassung des S.s als »Heimat- und S.« (1982) und durch die Anknüpfung des S.s an die kindl. Erfahrungswelt begegnet werden. Grundlage für die Lehrplangestaltung im S. ist der Bericht des Schulausschusses der KMK: Tendenzen und Auffassungen zum S. in der Grundschule, 1980. → Fach, Fächerung, → Gesamtunterricht.

L.: G. Lubowsky: Der päd. Sinn des S.s, 1967; L. Katzenberger, S. in der Grundschule, 1987; H. Schreier, Der Gegenstand des S.s, 1994; E. Glumpler, S. Wittkowske (Hg.), S. heute, 1996; L. Duncker, W. Popp (Hg.), Kind und Sache, [2]1996; A. Kaiser (Hg.), Lexikon S., 1997.

**Säkularisierung** (Verweltlichung). Verselbständigung menschl. Verhaltensweisen, sittl. Normen, gesellschaftl. Institutionen, wiss. und künstlerischer Arbeit aus ihrer vormaligen Einbettung in kirchl. relig. Bezüge. Im Bildungswesen sind typische S.serscheinungen z.B. der Abbau der geistlichen → Schulaufsicht, die Entkonfessionalisierung der → Lehrerbildung, die Abschaffung der Konfessionsschule, die Verweltlichung der Lerninhalte.

L.: K. Erlinghagen, Die S. der dt. Schule, 1972; M. Böschen u.a. (Hg.), Christl. Pädagogik kontrovers, 1992; G. Künzlen, Der neue Mensch, 1997; H. Lehmann (Hg.), S., Dechristianisierung, Rechristianisierung im neuzeitl. Europa, 1997.

**Sailer,** Johann Michael, * 17. 5. 1751 Aresing b. Ingolstadt, † 20. 5. 1832 Regensburg, seit 1770 Jesuit, 1777–99 wechselvolle akadem. Karriere in Ingolstadt und Dillingen (Amtsenthebungen u.a. wegen des Verdachts des aufklärerischen Denkens), ab 1799 Prof. für Theol. und Päd. Univ. Ingolstadt bzw. (ab. 1800) Landshut; 1822 Weihbischof, 1829 Bischof von Regensburg. S. suchte die päd. Ideen von → Aufklärung (bes. → Rousseau) und dt. Idealismus (bes. → Fichte, → Schelling, → Schleiermacher) mit dem traditionellen kath. Denken zu einem christl. → Humanismus zu verbinden. Erziehung zielt für S. auf die Selbstfindung und -gestaltung des einzelnen, wobei der Erzieher durch → Beispiel und Vorleben »das Menschenindividuum zu seinem Selbstführer« werden läßt.

Schr.: J. M. S.s sämtl. Werke, hg. v. J. Widmer, 41 Bde., 1830–55 (unvollst.); Über die wichtigste Pflicht der Eltern in der Erziehung ihrer Kinder, 1778 u.ö.; Über Erziehung für Erzieher, 1807 u.ö., Neuausg. 1962; Was ist und soll Erz.? Texte, hg. v. A. Benning, 1982.
L.: H. Schiel, J. M. S., 2 Bde. 1948–52 (m. Bibl.); A. Regenbrecht, J. M. S.s Idee der Erziehung, 1961; H. Bungert (Hg.), J. M. S., 1983; B. Fuchs, J. M. S., in: W. Böhm, W. Eykmann (Hg.), Große bayerische Pädagogen, 1991; M. Heitger, J. M. S., in: Kanzel und Katheder, 1994.

**Salem,** Schloß → Landerziehungsheime.

**Sales,** Franz von → Franz von Sales.

**Salomon,** Alice, * 19. 4. 1872 Berlin, † 30. 8. 1948 New York; dt. Frauenrechtlerin und Sozialpädagogin, 1906 Dr. phil., 1932 Dr. med h.c. (Berlin), kämpfte für den Schutz der Arbeiterinnen und war 1908 Mitbegründerin und Leiterin der Sozialen Frauenschule in Berlin, deren Programm richtungsweisend für ähnliche Schulen in Dtl. und im Ausland wurde.

Schr.: Soziale Frauenpflichten, 1902, Neuaufl. 1917; Die dt. Arbeiterinnenschutzgesetze, 1906; Die Ursachen der ungleichen Entlöhnung von Männer- und Frauenarbeit, 1906; Was unser Leben an Pflichten fordert und an Glück verheißt, 1907, [2]1911; Mutterschutz und Mutterschaftsversicherung, 1908; Soziale Frauenbildung und soziale Berufsarbeit, 1908, [2]1917; Mütter und Töchter, 1909; Was wir uns und anderen schuldig sind, 1912, [2]1918; 20 J. soziale Hilfsarbeit, 1913; Frauendienst im Kriege, 1916; Die dt. Frau und ihre Aufgaben im neuen Volksstaat, 1919; Leitfaden der Wohlfahrtspflege, 1921; [3]1928; Die Ausbildung zum sozialen Beruf, 1927; (Hg.), Das Familienleben in der Gegenw., 1930; Wirtschaft, Staat, soziales Leben, 1931; Soziale Führer, 1932; Heroische Frauen, 1936; Charakter ist Schicksal. Lebenserinnerungen, hg. von

R. Baron u. R. Landwehr, 1983; A. S. Frauenemanzipation und soziale Verantwortung. Ausgew. Schriften, 3 Bde., hg. von A. Feuste, 1997–1999.
L.: Führende Frauen Europas, hg. v. E. Kern, 1928; H. Muthesius (Hg.), A. S., die Begründerin des sozialen Frauenberufs in Dtl., 1928; D. Peyser, A. S., 1958; J. Wieler, Erinnerung eines zerstörten Lebensabends, 1987; ders., Der Beitrag A. S.s zur internat. Rezeption sozialarbeiterischer Konzepte, in: Innovation durch Grenzüberschreitung, hg. v. F. Hamburger; 1994, M. Berger, A. S. Pionierin der sozialen Arbeit und der Frauenbewegung, 1997.

**Salzmann,** Christian Gotthilf, * 1. 6. 1744 Sömmerda (Thüringen), † 31. 10. 1811 Schnepfenthal (b. Gotha); bedeutendster »Praktiker« aus dem Kreise des → Philanthropismus; studierte Theol. in Jena, wurde 1768 Pfarrer, 1781–84 Religionslehrer an → Basedows Philanthropin, gründete 1784 eine eigene Anstalt in Schnepfenthal, die er bis zu seinem Tode nach eigenen Ideen leitete. In seiner Schrift »Noch etwas über Erziehung nebst Ankündigung einer Erziehungsanstalt« (1874) zeigte er 5 Mängel der Erziehung auf: die Vernachlässigung der körperl. Erziehung, die Geringschätzung der Natur, die Hinwendung auf das Ferne (alte Sprachen statt moderne, Bibel statt Vernunftglauben), die geringe Selbsttätigkeit der Kinder, fehlende Anreize durch Belohnungen und Auszeichnungen. Seine positiven Gedanken hat S. in über 100 volkspäd. Schriften verbreitet, z. B. im Eltern- und Volksbuch »Konrad Kiefer« (1796) oder im »Ameisenbüchlein« (1806, neu hg. v. Th. Dietrich 1960) für Lehrer.
Schr.: Anweisung zu e. zwar nicht vernünftigen, aber doch modischen Erziehung der Kinder, 1780, ³1792, als »Krebsbüchlein«, neu hg. v. Th. Dietrich, 1960.
L.: Th. Dietrich, Mensch und Erziehung in der Päd. Ch. G. S.s, 1963 (m. Bibl.); G. Burggraf, Ch. G. S. im Vorfeld der frz. Revolution, 1966; G. Selzer, Der Wandel des aufklärer. Selbstverständnisses gegen Ende des 18. Jh.s, 1985; H. Kemper, U. Seidelmann (Hg.), Menschenbild und Bildungsverständnis bei Ch. G. S., 1995.

**Saudi-Arabien** → Arabische Staaten.

**Schäfer,** Alfred, * 24. 10. 1951 Düren; 1977 Promotion PH Köln, 1988 Habil. Univ. Lüneburg, seit 1993 Prof. f. Systemat. Erziehungswiss. Univ. Halle-Wittenberg. Wichtige Arbeiten zu Konstitutionsproblemen päd. Theorien, Bildungsphilosophie sowie Subjektivierungsformen in verschiedenen Kulturen.

Schr.: Zur Kritik päd. Wirklichkeitsentwürfe, 1989; Rousseau – Päd. und Kritik, 1992; Das Bildungsproblem nach der humanistischen Illusion, 1996; Paradigmenwechsel als Traditionssicherung, in: Freiheit – Geschichte – Vernunft, hg. v. W. Brinkmann und W. Harth-Peter, 1997; Unsagbare Identität. Das Andere als Grenze in der Selbstthematisierung der Batemi, 1998; Unbestimmte Transzendenz. Bildungsethnologische Betrachtungen zum Anderen des Selbst, 1999.

**Schaller,** Klaus, * 3. 7. 1925 (Erdmannsdorf (Schlesien), 1955 Dr. phil. Köln, 1959 Habil. Mainz, 1959–65 Prof. für Päd. PH Bonn, 1965 Univ. Bochum, 1992 Dr. h.c. Univ. Prag. Bedeutender Comenius-Forscher und Vertreter einer kritisch-kommunikativen Erziehungswiss. und → Didaktik.
Schr.: Die Pampaedia des J. A. Comenius, 1957, ⁴1967; Die Päd. des J. A. Comenius und die Anfänge des päd. Realismus im 17. Jh., 1962; Studien zur systemat. Päd., 1966, ²1969; mit Theodor Ballauff Päd., Eine Gesch. der Bildung und Erziehung, 3 Bde., 1969–73; mit K. H. Schäfer Krit. Erziehungswiss. und kommunikative Didaktik, 1971; Comenius, 1973; Einf. in die krit. Erziehungswiss. 1974; Einf. in die kommunikative Päd., 1978; (Hg.), Erziehungswiss. der Gegenw., 1979; (Hg.), Comenius, 1984; Päd. der Kommunikation. Annäherungen, Erprobungen, 1987; 20 J. Comeniusforschung in Bochum, 1990; Comenius 1992. Ges. Beiträge zum Jubiläumsj., 1992; Chance für Europa: Jan Amos Comenius in unserer Zeit, 1995; Die Maschine als Demonstration des lebendigen Gottes. J. A. Comenius im Umgang mit der Technik, 1997.
L.: F. Baumgart (Hg.), Emendatio rerum humanarum, Erz. f. eine demokrat. Ges., FS f. K. S., 1985.

**Scharrelmann,** Heinrich, * 1. 12. 1871 Bremen, † 31. 8. 1940 Ludwigshafen (Bodensee), Volksschullehrer, ab 1909 Privatlehrer und freier Schriftsteller; neben → Gansberg einer der Pioniere der → Reformpäd. S. trat für eine innere Schulreform ein, forderte das Anknüpfen an die Erlebniswelt der Kinder und neben dem »systematischen« einen Gelegenheitsunterricht.
Schr.: Herzhafter Unterricht, 1902; Weg zur Kraft, 1905; Erlebte Päd., 1912, ²1922; Die Technik des Lernens und Erzählens, 1931; Von der Lernschule über die Arbeitsschule zur Charakterschule, 1937.
L.: K. H. Günther, Der lebensphil. Ansatz der Bremer Schulreformer Gansberg u. S., in: Erziehung und Leben, hg. v. O. F. Bollnow, 1960; H. Wulff, Gesch. der Bremischen Volksschule, 1967; W. Müllers, Die Päd. H. S.s, (Diss. Duisburg) 1974; B. Sauter, Lernen in der Stadt. Eine Erinnerung an F. Gansberg und H. S., in: Päd. Rdsch., 38 (1994) H. 4.

**Scheffler,** Israel, * 25. 11. 1923 New York, lehrte seit 1952 an der Harvard Univ. Führender Vertreter der analytischen Erziehungsphilosophie in den USA. → Analyt. Erziehungswiss.

Schr.: Die Sprache der Erziehung, (engl. 1960) dt. 1971; Conditions of Knowledge, Chicago 1965; Philosophy of Education (ed.), Boston 1958, ²1966; Four Pragmatists, London 1974; Of Human Potential, Boston 1985; In Praise of the Cognitive Emotions, London–New York 1991; (m. V. A. Howard), Work, Education and Leadership. Essays in the Philosophy of Education, 1995; Symbolic Worlds, 1996.

**Scheibner,** Otto, * 7. 9. 1877 Borna b. Leipzig, † 18. 12. 1961 Leipzig; Volksschullehrer, Studium in Leipzig (u. a. bei W. Wundt, J. Volkelt), lehrte Päd. ab 1927 Univ. Jena, 1929–32 Päd. Akademie Erfurt. S. klärte und systematisierte als enger Mitarbeiter → Gaudigs dessen Arbeitsschulgedanken; dabei zeigte er ein 5stufiges Arbeitsgefüge auf: Setzung eines Arbeitsziels, Aufsuchen der -mittel, Entwurf und Gliederung eines -planes, Ausführung der -schritte, Gewinnung und Auswertung des -ergebnisses. Gegenüber der freien Spontaneität betonte S. das methodische Arbeiten in der Schulklasse, wobei er abteilenden, geschlossenen und arbeitsteiligen Klassenunterricht unterschied. → Arbeitsschule.

Schr.: 20 J. Arbeitsschule, 1928, ⁵1962 (gekürzt u. d. T. Arbeitsschule in Idee und Gestaltung); Hg. der Zschr. Die Arbeitsschule, 1923–30.
L.: L. Müller, Gedanken zum Tode O. S.s, in: Berliner Lehrerzeitung 16 (1962), (m. Bibl.); H. Glöckel (Hg.), Bedeutende Schulpädagogen, 1993.

**Scheler,** Max, * 22. 8. 1874 München, † 19. 5. 1928 Frankfurt; 1897 Prom., 1899 Habil. Jena; ab 1918 Direktor des Instituts für Sozialwiss. und Prof. für Philosophie und Soziologie Köln; 1928 Prof. für Phil. Frankfurt a. M.; in Abgrenzung zu → Husserl Vertreter der sog. angewandten → Phänomenologie und Mitbegründer der philos. → Anthropologie. Päd. Relevanz besitzt seine Differenzierung der Wissensbegriffe: das Erlösungs- und Heilswissen um den obersten Grund und das Sein der Welt, das Herrschafts- und Leistungswissen des Pragmatismus (→ Dewey) um die praktische Gestaltung und Beherrschung der Welt und das Bildungswissen, »durch das wir das Sein und Sosein der geistigen Person in uns zum Mikrokosmos erweitern« und durch das wir im Akt der Ideierung an den strukturellen Wesenszügen der Welt in einmaliger Individualität teilhaben können; Quelle dieses Wissens und jeden objektiven Verhaltens ist die Liebe zum Wesenhaften. → Platon, → Weltoffenheit.

Schr.: Die Formen des Wissens und der Bildung, 1925; Ges. Werke, hg. von M. Scheler u. M. S. Frings, 1954 ff.; Ethik und Kapitalismus. Zum Problem des kapitalistischen Geistes, hg. v. K. Lichtblau, 1999.
L.: E. Einhelliger, Mensch und Bildung bei M. S., 1952; H. Bokelmann, Die päd. Grundlinien in der Philosophie und Soziologie M. S.s, 1956; ders., Die Pädagogik M. S.s, in: Zschr. f. Päd. 4 (1958); R. Trautner, Der Apriorismus der Wissensformen, 1969; W. Mader, M. S. (m. Bibl.), 1980; K. Windhäuser, Die Idee der allgemeinen Bildung bei M. S., 1990; Studien zur Philos. von M. S., hg. v. E. W. Orth u. G. Pfafferott, 1994; P. Good, M. S. Eine Einführung, 1998; W. Henckmann, M. S., 1998.

**Schelling,** Friedrich Wilhelm Joseph, * 27. 1. 1775 Leonberg, † 20. 8. 1854 Ragaz (Schweiz). Als Fünfzehnj. mit Hölderlin u. → Hegel am Tübinger Stift, verfaßte Sch. bereits mit 20 J. seine programmatische Schrift »Vom Ich als Prinzip der Phil.«. In der wachsenden Auseinandersetzung mit → Fichte u. → Hegel, neben denen er in Jena lehrte, entwickelte Sch. sein »System des transzendentalen Idealismus« (1800, Neudr. 1962) u. beeinflußte nachhaltig die Pädagogik → Fröbels u. → Schleiermachers. Seine »Vorlesungen über die Methode des akadem. Studiums« von 1803 erörtern u. begründen Bedeutung u. Gewicht des method. wiss. Denkens für die freie u. allgemeine gesellschaftl. Bildung. Die neuhumanist. Universitätsidee fußt wesentlich auf dieser Schrift Sch.s → Transzendentalphil., → Universität.

Schr.: Sch.s Werke, hg. v. M. Schröder, 6 Bde., 1927, Nachdr. 1958–59; Histor.-krit. Ausg. hg. v. H. M. Baumgartner, 1. Werke, Bde. 1,1–1, 4, 1976–1988; Ausgew. Schriften, hg. v. M. Frank, 6 Bde., 1985; Sämtl. W. (1856–61) auf CD-ROM, hg. v. E. Hahn, 1998.
L.: H. Holz, Die Idee der Phil. bei Sch., 1977; M. Frank, Eine Einführung in Sch.s Phil., 1985; K. Baum, Die Transzendierung des Mythos, 1988; A. Wüstehube, Das Denken aus dem Grund, 1989; J. P. Lawrence, Sch.s Phil. des ewigen Anfangs, 1989; A. Gulyga, Sch., 1989; M. Boenke, Transformation des Realitätsbegriffs, 1990; B.-O. Küppers, Natur als Organismus, 1992; M. Boenke (Hg.), Sch., 1995; O. Höffe, A. Pieper (Hg.), F. W. J. Sch., Über das Wesen der menschl. Freiheit, 1995; H. M. Baumgartner, H. Korten, F. W. J. Sch., 1996; F. J. Wetz, F. W. J. Sch. zur Einführung, 1996.

**Scheuerl,** Hans, * 17. 1. 1919 Berlin, 1952 Dr. phil., 1957 Priv. Doz. Hamburg, 1958 Prof. PH Osnabrück, 1959 Univ. Erlangen, 1964 Univ. Frankfurt/Main, 1969 Univ. Hamburg. Wichtige Beiträge zur Theorie der Erziehung, zur Didaktik, zu höherer Schule und Hochschulreife, mit denen er auch maßgeblich in die bildungspolit. Diskussion hineinwirkte.

Schr.: Das Spiel, 1954, $^{10}$1977; Beiträge zur Theorie des Spiels, 1955, ab 11. Aufl.: Das Spiel, Bd. 1 u. 2, 1990/91; Begabung und gleiche Chancen, 1958; Die exemplar. Lehre, 1958, $^3$1969; Probleme der Hochschulreife, 1962; Vom Niveau höherer Bildung, 1965; mit A. Flitner: Einf. in päd. Sehen und Denken, 1967, überarb. Neuausg. 1984, $^{11}$1991; Die Gliederung des dt. Schulwesens, 1968, $^2$1970; Hg., Klassiker der Päd., 2 Bde., 1979, 2. überarb. Aufl. 1991; Päd. Anthropologie, 1982; Gesch. der Erz., 1985; Die Päd. der Moderne. Ein Lesebuch, 1992.
L.: W. Keil (Hg.), Päd. Bezugspunkte, exemplar. Anregungen. FS f. H. S., 1989.

**Schiefelbein,** Ernesto, * 19. 8. 1934 Santiago de Chile; studierte Ökonomie und Päd., Promotion in Wirtschaftswiss. 1960 in Santiago, in Päd. 1970 an Harvard; 1962 Prof. f. Päd. und Bildungsplanung Univ. de Chile, 1973 an Harvard, 1995 in Córdoba (Arg.), seit 1997 Univ. Santo Tomás in Santiago. Profiliertester Bildungsplaner und -berater (UNESCO, Weltbank, Entwicklungsprojekte) in Lateinamerika und dem karibischen Raum, mehrere Jahre Kultusminister in Chile.

Schr.: La formación de planificadores de la educación, Lima 1974; The impact of American educational research on developing countries, in: The Educational Dilemma, ed. J. Simmons, New York 1980; Funciones de producción en educación, Washington 1981; Educational Networks in Latin America, Ottawa 1982; (mit J. Farrell und M. Sepúlveda), The influence of school resources in Chile, Washington 1983; The role of educational research in the conception and implementation of educational policies, Paris 1983; The School and the University – The case in Latin America, in: The School and the University, ed. B. R. Clark, Berkeley 1985; Education Costs and Financing Policies in Latin America, New York 1987; In search of the school of the XXI century, Santiago 1991; Redefining basic education for Latin America, Paris 1982; (mit anderen), Preschool and basic education in Latin America and the Caribbean, Santiago 1993; mit P. Schiefelbein, La calidad de la educación en América Latina y el Caribe, in: Educación – La Agenda del siglo XXI, ed. M. Gometz Buendia, Bógota 1998.

**Schiller,** Friedrich, * 10. 11. 1759 Marbach (Neckar), † 9. 5. 1805 Weimar; neben → Goethe bedeutendster Dichter und Schriftsteller der dt. Klassik. Seine Briefe über die ästhetische Erziehung des Menschen (1795) gehören zu den grundlegenden und international bekanntesten Texten der dt. Päd. Ausgehend von der Ästhetik → Kants unterscheidet S. zwei menschl. Grundtriebe: den Form- und den Stofftrieb. Während Kant für S. die Idee der Pflicht mit zu großer Härte und Einseitigkeit betont und so den Menschen zum »Barbaren« werden läßt, und während ein nur seinen Neigungen folgender Mensch zum »Wilden« wird, sucht S. nach einem dritten Trieb und findet ihn im Ästhetischen: Kunst als Vermittlung von Sittlichkeit und Sinnlichkeit, Spiel als das authentische Medium von → Bildung.

Schr.: Sämtl. Werke, 5 Bde., hg. v. G. Fricke u. H. G. Göpfert, 1998.
L.: W. Ritzel, Erziehung und Bildung bei F. S., 1951; K. H. Volkmann-Schluck, Die Kunst und der Mensch, 1964; E. M. Wilkinson, L. A. Willoughby, S.s ästhet. Erziehung des Menschen, (engl. 1967) 1977; R. Voges, Das Ästhetische und die Erziehung, 1979; W. Böhm, Der Gebildete zw. Wilden und Barbaren, in: H. Konrad (Hg.), Päd. und Anthropologie, 1982; H. Koopmann, S., eine Einführung, 1988; J. Goldhahn (Hg.), Lessing-Goethe-S. über Menschenbildung 1989; U. Floss, Kunst und Mensch in den ästhetischen Schriften F. S.s, 1989; G. Ueding, F. S., 1990; F. Burschell, F. S., 1991; W. Noetzel, Humanistische ästhetische Erziehung, F. S.s moderne Umgangs- und Geschmackspädagogik, 1992; T. Schütze, Ästhetisch-personale Bildung, 1993; R. Thomas, S.s Einfluß auf die Bildungsphil. des Neuhumanismus, 1993; M. Ruppert, Unvollendete Totalität, 1996; H. Pieper, S.s Projekt eines menschlichen Menschen, 1997; K. H. Fischer (Hg.), F. S., 1998; W. Hinderer, Von der Idee des Menschen. Über F. S., 1998.

**Schleiermacher,** Friedrich Daniel Ernst, * 21. 11. 1768 Breslau, † 12. 2. 1834 Berlin; nach Theologiestudium in Halle 1790–93 Hauslehrer, dann Lehrer an → Gedikes Berliner Seminar, 1796 Prediger an der Berliner Charité, 1804 Theologieprofessor in Halle, ab 1810 in Berlin; bedeutend als Theologe, Philosoph und Mitarbeiter an der Preuß. Bildungsreform (bes. Univ.sreform). Von einem organisch-polaren Weltbild her sieht S. Erziehung in überindividuell-geschichtl. Zusammenhänge eingebettet, deren Erhaltung und Verbesserung wiederum von der Erziehung und → Mündigkeit der einzelnen abhängen. S. gehört zu den Begründern der Päd. als

Wiss. und fundiert diese auf der für sein Denken grundlegenden Dialektik und der Ethik als einer Strukturanalyse und Philosophie der geschichtl.-kulturellen Wirklichkeit und – »oszillierend« – der Erfassung und Berücksichtigung der konkret-individuellen Situation. Die platonisch gedachte »Idee des höchsten Gutes« wirkt als regulative Idee der Erziehung und wird auf die jeweiligen Gegebenheiten (analog zur Politik) »angewendet«. S.s Päd. hat im 20. Jh. maßgeblich die → Kulturpäd. und die → geisteswiss. Päd. beeinflußt.

Schr.: Sämtl. Werke, 30 Bde., 1835–64; Auswahl, hg. v. O. Braun und J. Bauer, 4 Bde., 1910–13, Neudr. 1967; Krit. Gesamtausgabe, hg. v. H. Birkner, 1980 ff.; Päd. Schr.n hg. v. E. Weniger, 2 Bde., 1957, als Tb 1983, 1984; Schriften, hg. von A. Arndt, 1996 (mit Einl. und ausführl. Kommentar).
Bibl.: G. U. Gabel, S., ein Verz. westeurop. und amer. Hochschulschriften, 1885–1980, 1986.
L.: W. Dilthey, Das Leben S.s, 1870, ³1970; A. Reble, S.s Kulturphilos., 1935; H. Fiege, S.s Begriff der Bildung, 1935; H. Schuffenhauer, Der fortschrittl. Gehalt der Päd. S.s, 1956; H. Friebel, Die Bedeutung des Bösen für die Entwicklung der Päd. S.s, 1961; W. Sünkel, S.s Begründung der Päd. als Wiss. 1964; B. Laist, Das Problem der Abhängigkeit in S.s Anthropologie und Bildungslehre, 1965; N. Vorsmann, Die Bedeutung des Platonismus für den Aufbau der Erziehungstheorie bei S. und Herbart, 1968; J. Schurr, S.s Theorie der Erziehung, 1975; M. Winkler, Geschichte und Identität, 1979; M. Frank, Das individuelle Allgemeine, 1985; D. Lange (Hg.), F. S. 1768–1834, 1985; O. F. Bollnow, Einige Bemerkungen zu S.s Päd., in: Zschr. f. Päd. (32) 1986; W. Pleger, S.s Philosophie, 1988; U. Frost, Einigung des geistigen Lebens, 1991; F. W. Kantzenbach, F. D. E. S., 1995; M. Winkler, Uneingelöster Anfang: F. S. und die geisteswiss. Päd., in: Freiheit – Geschichte – Vernunft. Grundlinien geisteswiss. Päd., hg. v. W. Brinkmann und W. Harth-Peter, 1997; B. Fuchs, Von der individuellen Eigentümlichkeit zur Person, in: Vjschr. f. wiss. Päd. H. 2 (1997); B. Fuchs, S.s dialektische Grundlegung der Päd., 1998; J. Hopfner, Das Subjekt im neuzeitl. Erz.denken, 1999.

**Schleswig-Holstein.** Die Geschichte und Schulgeschichte des heutigen Bundeslandes S.-H. sind geprägt durch den dt.-dänischen Gegensatz und die wechselnden Herrschaftsverhältnisse. Mit Einführung der → Reformation durch den Dänenkönig Christian III. 1542 kam J. → Bugenhagens Kirchenordnung zur Geltung. Die Professionalisierung der Lehrerausbildung setzte mit der Gründung der Lehrerseminare ein (z. B. Kiel 1781). Die Allgem. Schulordnung für die Herzogtümer S. und H. hatte bereits 1814 die 9jähr. Schulpflicht eingeführt. Nach der Eingliederung S.-H.s in das Königreich Preußen verstärkten sich seit 1867 die zentralist. Eingriffe auf das Bildungswesen. 1918 endete die geistl. Schulaufsicht. Gleichzeitig wurde die 4jähr. Grundschule (z. B. Kiel 1926–32) für alle eingeführt. Die Gründung von Pädagog. Akademien bedeutete einen qualitativen Fortschritt für Lehrerbildung und Schule. Ihre Umwandlung in Hochschulen für Lehrerbildung unter der NS-Herrschaft zeitigte einen Substanzverlust und das baldige Ende (z. B. Kiel 1941). 1946 nahm die Pädagog. Hochschule Kiel ihre Arbeit neu auf.
Die Entwicklung des Bildungswesens nach 1945 nimmt ihre Anfänge in der Landesverfassung und in den Schulgesetzen von 1947, 1948 und 1951. Die öffentl. Schulen sind christl. Gemeinschaftsschulen (1987 bekräftigt). Ein Gesetz für Privatschulen (v. a. der dänischen Minderheiten) besteht nicht. Im Bereich der allgemeinbildenden Schulen wird am traditionellen gegliederten Schulsystem, mit seinen Säulen → Haupt-, → Realschule, → Gymnasium festgehalten; gleichzeitig wird die Einrichtung von integrierten und kooperativen → Gesamtschulen gefördert (Schulgesetznovelle vom 1. 8. 1990: Gesamtschule ist gleichberechtigte u. gleichwertige 4. Form der Regelschule). Neben Schulkindergärten und Kindertagesstätten bestehen Vorklassen an Grundschulen für 5jährige. Vorklassenpäd. ist verbindl. Studieninhalt in der Ausbildung von Grund- und Hauptschullehrern. Die »Hinweise und Empfehlungen zur Arbeit in der Grundschule« von 1971 führten zu einem mehr fächerbezogenen Unterricht, bes. Bemühungen gelten der Gestaltung einer kindgerechten Schule. Auf die 4j. Grundschule bauen die mit dem Schulj. 1971/72 verbindl. eingeführten schulartbezogenen 2j. → Orientierungsstufen auf. Ihre wechselseitige Abstimmung wurde durch eine Neufassung der Lehrpläne (1977/78) verbessert. Seit Beginn der 1980er Jahre erfolgte eine Überarbeitung aller Lehrpläne. Die Hauptschule umfaßt die Klassen 5 bis 9 und ein freiwilliges 10. Schulj. Die Realschule (Kl. 5 bis 10) hat seit den »Rektorklassen« (1814) traditionell große Bedeutung. Wahl-

pflichtkurse bieten die Möglichkeit inhaltl. Schwerpunktbildungen. Ein von Lehrern entwickeltes Differenzierungsmodell dient der Erprobung neuer Unterrichtsformen, z. B. Stütz- und Förderkurse sowie Unterricht in einer zweiten Fremdsprache (Dänisch oder Frz.). In den Abendrealschulen können Berufstätige nach 2j. Schulbesuch einen Realschulabschluß erwerben. Die Reform der → gymnasialen Oberstufe wurde 1974 vollzogen und seit 1980 mit dem Ziel fortentwickelt, die allgem. gymn. Grundbildung wieder zu verbreitern (Einführung nicht abwählbarer Kernfächer).

Die derzeit. Schulpol. läßt sich als vorsichtige Weiterentwicklung des Bestandes bezeichnen. Schwerpunkte sind: 1) weitere Expansion der Gesamtschule, 2) Erweiterung schulischer Ganztagsbetreuung im Grundschulbereich (»verläßliche Grundschule«), 3) → Integration behinderter Kinder in Regelklassen, 4) maßvolle Stärkung der → Schulautonomie der Einzelschule.

Grundlage der berufl. Bildung bleibt das duale System der Ausbildung in Betrieb und Berufsschule (in 3j. Teilzeit- oder in 1j. Blockunterricht möglich). Daneben bestehen Berufsfachschulen, Fachschulen, -gymnasien, -oberschulen und Berufsakademien. Das Sonderschulwesen umfaßt neben verschiedenen Formen integrierter Erziehung Schulen für Geistigbehinderte, die Staatl. Internatsschule für Hörgeschädigte, eine Sprachheilgrundschule sowie den Einsatz von Sonderschullehrern im Förderunterricht an den Grundschulen. Für lese- und rechtschreibschwache Schüler traten 1976 neue Richtlinien in Kraft, die in einem vereinfachten Verfahren im 4. Schulj. eine förmliche Anerkennung der → Legasthenie ermöglichen. Entlang der dt.-dänischen Grenze werden Minderheitenschulen als Privatschulen mit Lehrern dt. und dän. Ausbildung gefördert.

Der Hochschulbereich umfaßt die Univ. Kiel (1773, bis 1864 dänisch), die Medizin. Univ. Lübeck (seit 1985, davor Hochschule), eine Musikhochschule (Lübeck), 2 Pädagog. Hochschulen (Kiel, Flensburg), 5 Fachhochschulen und eine Verwaltungshochschule (Altenholz). Seit Ende 1974 werden alle Ersten Lehramtsprüfungen vor einem gemeinsamen, bei der oberen Schulaufsichtsbehörde eingerichteten Prüfungsamt für Lehrer abgelegt. Das Studium der Grund-, Haupt- und Sonderschullehrer wurde seit 1982/83 in Rahmenstudienordnungen neu geregelt (Drei Fächer-Studium f. Grund-, Haupt- und Sonderschullehrer). Für den Vorbereitungsdienst (seit 1976 2 Jahre) ist, ebenso wie für die Lehrerfortbildung das »Landesinstitut S.-H. für Praxis und Theorie der Schule« (IPTS) zuständig.

Schr.: Nachrichtenblatt der Ministerien für Bildung, Wissenschaft, Kultur und Sport des Landes S.-H.; Landesinst. S.-H. für Praxis und Theorie der Schule (Hg.), Schulen mit Profil, 1988; Vorklassen in S.-H., 1989; M.G.W. Staak (Bearb.), Schulrechtl. Vorschriften S.-H.s, ⁶1990.

Zschr.: Zschr. für Erziehung und Wiss. in S.-H., 1991 ff.

L.: Ständige Konferenz der Kultusminister (Hg.), Kulturpolitik der Länder (ersch. regelmäßig); F. H. Rendtorff, Die s.-h.ische Schulordnung vom 16. bis zum Anfang des 19. Jh.s, 1902; Schulrecht S.-H., ergänzbare Sammlung begr. v. P. Seipp; H. H. Kolbeck, W. Delfs u. a., Kleine Schulkunde, ⁴1970; G. Rickers, Schulerinnerungen aus dem alten S.-H., 1983; K. Knoop, Zur Geschichte der Lehrerbildung in S.-H., 1984; R. Krüger, Schulstunde Null in S.-H., 1986; W. Weimar, Gesch. des Gymnasiums in S.-H. (1814–1985), 1986; G. Rickers (Hg.), Schulerinnerungen aus S.-H., 1987; H. Aye, Die 10. Klassenstufe der Hauptschule. Zielsetzungen, Erfahrungen, Perspektiven, 1991; R. Lutzebäck, Die Bildungspolitik der brit. Militärregierung, 1991; C. Lohmann, Ges.schulen in S.-H., 1992; R. Pfautsch, Die Entwicklung des Schulrechts in S.-H. (1988–1991), in: Recht der Jugend und des Bildungswesens 40 (1992) 3; J. Biehl (Hg.), Bibl. zur s.-h. Schulgesch., 1994; H. Köhler, J. Baumert, Bildung in S.-H., in: J. Petersen, G.-B. Reinert (Hg.), Bildung in Dtl., Bd. 3, 1998.

**Schlüsselqualifikationen.** Der in der Diskussion um Schule und Weiterbildung mittlerweile inflationär gebrauchte Begriff umfaßt Kompetenzen und Kenntnisse, die es ermöglichen, auf schnell wechselnde Situationen und Anforderungen intelligent zu reagieren und neue oder unvorhergesehene Aufgaben zu bewältigen. In der Debatte um Qualifikation ist er das Gegenmodell zu einer fachspezifischen Wissensanhäufung, welche im Zeitalter rasanten Wissensfortschritts und -verfalls zunehmend an Bedeutung verliert. Zählte man zu den S. zunächst hauptsächlich kognitive Kompetenzen (Mertens) wie z. B. problemlösendes, strukturiertes Denken oder Informationsgewinnungsstrategien, werden immer stärker auch soziale Kompetenzen wie Kommunikations- u. Kooperationsfähigkeit miteinbezogen. Kritiker weisen auf die Nähe zum Konzept → formaler Bildung hin.

L.: D. Mertens, S., 1974; H. Beck, S., 1933; U. Brommer, S., 1993; R. Doerig, Das Konzept der S., 1994; J. Beiler (Hg.), S., Selbstorganisation, Lernorganisation, 1994; Ph. Gonon (Hg.), S. kontrovers, 1996.

**Schmid,** Karl Adolf, * 19. 1. 1804 Ebingen, † 23. 5. 1887 Stuttgart; Gymnasialrektor 1838 Eßlingen, 1852 Ulm, 1859–1870 Stuttgart. Seine »Geschichte der Erziehung vom Anfang an bis auf unsere Zeit« (5 Bde. 1884–1902, vom 2. Bd. an fortgeführt von G. Schmid, Neudr. 1970–71) trug wesentlich zur Förderung der päd. Historiographie in Dtl. bei. Anders als → Raumer (vorwiegend biographisch) wollte S. geistesgeschichtl. Zusammenhänge und die tatsächliche Entwicklung des Schulwesens berücksichtigen.

Schr.: m. C. v. Palmer u. H. Wildermuth, Enzyklopädie des ges. Erziehungs- und Unterrichtswesens, 11 Bde. 1859–78, Neuaufl. in 10 Bdn. 1876–87; Die mod. Gymnasialreformer, 1878.

**Schmied-Kowarzik,** Wolfdietrich, * 11. 3. 1939 Friedberg/Hessen; 1963 Promotion Wien, 1970 Habil. Bonn, 1970–71, 1971 Prof. f. Bildungsphil., seit 1972 Prof. f. Phil. u. Päd. Univ. Kassel. Schwerpunkte seiner wiss. Arbeit liegen in den Bereichen Bildungsphilosophie und Geschichte der Päd., Praktische Philosophie, Philosophie des Deutschen Idealismus sowie des 20. Jh.s

Schr.: Dialektische Päd., 1974 (portug. Übers. 1983, [2]1988); Kritische Theorie und revolutionäre Praxis, 1988; Bildung, Emanzipation und Sittlichkeit, 1993; Richard Hönigswalds Philosophie der Päd., 1995; Denken aus geschichtlicher Verantwortung. Wegbahnungen zur praktischen Philosophie, 1999.

**Schneider,** Friedrich * 28. 10. 1881 Köln, † 14. 3. 1974 München. 1923 Habil. Köln, 1928 Prof. f. Päd. u. Psychologie an der Päd. Akad. Bonn, 1934 zwangspensioniert, 1946 Prof. für Päd. Salzburg, 1949 Univ. München. S. gilt als Begründer der → Vergleichenden Erziehungswiss. in Dtl.; trat früh für eine europ. Erziehung ein.

Schr.: Erzieher und Lehrer, 1928; Päd. und Individualität, 1930; Triebkräfte der Päd. der Völker, 1946, [2]1947; Einf. in die Erziehungswiss. 1948, [2]1953; Geltung und Einfluß der dt. Päd. im Ausland, 1953; Kath. Familienerziehung, 1935, [7]1961; Europ. Erziehung, 1959; Die Praxis der Selbsterziehung, 1940, [6]1961; Vergleichende Erziehungswiss. 1961. Ausgew. päd. Abh., hg. v. Th. Rutt, 1963.

L.: Weltweite Erziehung, FS zum 80. Geb.tag, hg. v. W. Brezinka, 1961; A. Hiang Chu Chang, La pedagogia comparata come disciplina pedagogica, Rom 1982.

**Scholastik** (von lat. *schola*: Schule, Klosterschule), ursprüngl. das mittelalterlich-kirchl. Bildungswesen nach Form und Gehalt, sodann die Gesamtheit der Lehrinhalte der mittelalterlichen Theologie und Philosophie (→ Bildung).

Die Sch. war der säkulare Vorgang, durch den zusammen mit den Gehalten der griech.-röm. Antike die Lehrbestandteile des Christentums auf die europ. Völker (bes. nördlich der Alpen) übertragen wurden. Sie war (nach Pieper) ein viele Jahrhunderte währender Lern- und Aneignungsprozeß. Dieser bestimmte weithin die mittelalterlichen Geistesformen und vor allem den Gehalt des klösterl. Schullebens (→ Klosterschulen). Fortwirkungen dieses Assimilationsvorganges reichen bis in das hohe → Mittelalter, in gewisser Weise bis in die neuzeitl. Jahrhunderte hinein. Philosophiegeschichtlich entwickelte die Früh-Sch. seit dem 9. Jh. insbes. im Anschluß an die Kirchenväter erste Systemversuche. Seit dem 13. Jh. wurde in der Hoch-Sch. die scholastische Philosophie zur herrschenden Lehre vor allem der → Univ. Sie spaltete sich jedoch gleichzeitig in eine Reihe von Sonderrichtungen. Im Schulunterricht traten zu den bisherigen Lehrinhalten des Lateinunterrichts und der → artes liberales die Grundlehren der scholastischen Theologie und Philosophie und in Verbindung damit die Ausübung der formalen Disputierkunst in *disputatio, quaestio* und *lectio* sowie in Beweis und Gegenbeweis.

Die kirchl. Schulen hielten in der Folgezeit auch unter veränderten Bedingungen vielfach an den alten Inhalten fest. Als Sch. bezeichnete man dann gewöhnlich das Erstarren des Lernbetriebes in d. Schulen. Bewegungen wie → Humanismus, → Renaissance, → Reformation und → Aufklärung bekämpften die Sch. in diesem wie in jenem Sinne. Dennoch hat diese ihren Einfluß mehrmals erneuert und immer wieder, bes. im 16. und 17. Jh., aber auch später noch, bis in das prot. Schulwesen und die prot. Philosophie hineingewirkt. Die → Neu-Sch. bestimmte die Philosophie der überwiegend kath. Länder stark und galt seit 1879 als offizielle Philosophie in der kath. Priesterausbildung.

L.: P. Petersen, Gesch. der aristotel. Philos. im prot. Dtl., 1921; R. Limmer, Päd. des Mittelalters, 1958; J. Pieper, Sch. 1960, [4]1998; M. Grabmann, Gesch. der scholast. Methode, 2 Bde. (1909–1911), Nachdr. 1961; O. Willmann, Sämtl. Werke, Bd. 9, hg. v. H. Bitterlich-Willmann, 1975; F. C. Copleston, Gesch. der Phil. im Mittelalter, dt. 1976; J. de Vries, Grundbegriffe der Sch., 1980, [3]1993; R. Schönberger, Was ist Sch.?, 1991.

**Schottland** → Vereinigtes Königreich.

**Schreiblesen** bezeichnet das didaktische Programm, Lesen und Schreiben sukzessiv und synchron innerhalb eines → Lehrgangs zu erlernen. Obwohl durch die innere Zusammengehörigkeit von Lesen und Schreiben begründet, ist das Sch. nicht unumstritten. Kritiker betonen, die Kinder seien damit durch die Vielzahl der inbegriffenen Detailanforderungen (Schreiben: visuelles oder akustisches Erkennen der Buchstabenform, Verbindung dieser Form mit einem Laut, Kombination dieses Lauts mit einem Sinn, Eingliederung in ein Wortganzes, grob- und feinmotorische Bewegung; Lesen: visuelles Erkennen, kognitive Sinnverbindung, lautsprachl. Formung des Tones) überfordert. Befürworter weisen auf die hohe motivationale Bedeutung des Schreibenwollens bei Schulanfängern hin.

Die genannten Schwierigkeiten sollen neuerdings durch die Verwendung nur eines Schriftrepertoires gemildert werden. Da sich im Erstleseunterricht wegen der leichteren Lesbarkeit für Leseanfänger die Druckschrift (Gemischtantiqua) als erste Leseschrift durchgesetzt hat, ist beim Sch. der Beginn mit diesem Schriftsystem wünschenswert. Der Anfang mit den einfacheren, klareren und unverbundenen Formen stellt nachweislich eine Erleichterung beim Schrifterwerb dar und ermöglicht höhere Transferleistungen.

Neben dem schulisch geleiteten Schrifterwerb hat in jüngster Zeit auch die freie und selbständige Auseinandersetzung mit dem Gegenstand an Raum im Unterricht gewonnen. Durch Bereitstellung verschiedenster Lernmaterialien findet das Kind vielfältige Gelegenheiten zum Ausprobieren und zum selbständigen Erwerb der Schriftsprache.

L.: G. Spitta, Von der Druckschrift zur Schreibschrift, 1988; W. Menzel, Lesen lernen – schreiben lernen, 1990; G. Schorch, Schreibenlernen und Schriftspracherwerb, 1992; K. Meiers, Lesenlernen und Schriftspracherwerb im ersten Schuljahr, 1998.

**Schreibstörungen** (neuerdings auch: Störungen des Schriftspracherwerbs) können bei an sich vorhandener Beherrschung des Schreibvorganges auftreten. Als Ursachen kommen Konzentrationsstörungen, Ermüdung und psychische Sättigung in Frage, aber auch Nervenlähmungen oder zentrale Störungen (als Folge von Ausfällen im Scheitellappen der Hirnrinde). Bei Schreibanfängern treten Schwierigkeiten auf, die auf Koordinationsstörungen zurückzuführen sind und meist durch fein- und grobmotorische Übungen beseitigt werden können. → Legasthenie.

L.: H. Brügelmann, Kinder auf dem Weg zur Schrift, 1983, [6]1997; E. Blöcher, Schwierigkeiten beim Schreibenlernen, 1983; M. Sassenroth, Schriftspracherwerb-Entwicklung, Diagnostik, Förderung, 1991; E. Wildegger-Lack, Schriftsprachtherapie, 1992; H. Breuer, M. Weuffen, Lernschwierigkeiten am Schulanfang, 1993; C. Röber-Siekmeyer, Die Schriftsprache entdecken, 1993; Ch. Klicpera, B. Gasteiger-Klicpera, Lesen und Schreiben, 1993.

**Schriewer,** Jürgen, * 3. 6. 1942 Reideburg; Dr. phil. 1972 Univ. Würzburg, von 1975 bis 1990 Prof. f. Vergl. Erz.wiss. Univ. Frankfurt; 1991 Prof. f. Vergl. Erz.wiss. Humboldt-Univ. Berlin; Gastprofessuren Univ. Paris V (1986 und 1995) und Waseda Univ. Tokyo (1993 u. 2000); 1992–96 Präsident der Comparative Education Society in Europe. Grundlegende Arbeiten zur vergl.-hist. Bildungs- und Wissenschaftsforschung (Frankreich und Westeuropa) sowie zur Theorie und Geschichte der → Vergl. Erz.wiss. Arbeiten zur Vergl. Erz.wiss. (Frankreich) u. ihrer Theorie.

W.: Die franz. Universitäten 1945–1968, 1972; (Hg.), Schulreform u. Bildungspol. in Frankreich, 1974; (Hg. mit W. Böhm) Gesch. d. Päd. u. Syst. Erz.wiss., 1975; Erz. u. Kultur, in: W. Brinkmann, K. Renner (Hg.), Die Päd. u. ihre Bereiche, 1981; (Hg. m. B. Holmes), Theories and Methods in Comparative Education, 1988, [3]1992, Übers. ins Chines., Ital. u. Japan; Educación Comparada. Teorias, Investigaciones, Perspectivas, 1993; (Hg. m. E. Keiner u. C. Charle), Soz. Raum u. Akad. Kulturen/A la recherche de l'espace universitaire européen, 1993; Welt-System und Interrelations-

Gefüge, 1994; (m. H. Kaelble, Hg.), Gesellschaften im Vergleich. Forschungen aus Sozial- und Geschichtswissenschaften, 1998; (m. H. Kaelble, Hg.), Diskurse und Entwicklungspfade,. Gesellschaftsvergleiche in Geschichts- und Sozialwissenschaften, 1999; (Hg.) Discourse Formation in Comparative Education, 2000.

**Schüler.** Jahrhundertelang wurde der Sch. lediglich als Objekt von Erziehung und Unterricht betrachtet; die päd. Aufmerksamkeit galt allenfalls seiner Lern- und Aufnahmefähigkeit und seinen Pflichten. Die sog. »Entdeckung des Sch.s« als Subjekt von Unterricht und Lehre erfolgte erst zu Ende der → Aufklärung (bes. durch → Rousseau). Hist.-systematisch lassen sich verschiedene Ansätze zu einer Theorie des Sch.s erkennen: a) die Pioniere der → Behindertenpäd. stießen auf das Problem der individuellen Beachtung jedes einzelnen (behinderten) Sch.s und regten die psychologische Erforschung der Sch.-Individualität an; b) Rousseaus kulturkritische These von der natürlichen Gutheit des Menschen verlagerte den Akzent von den Pflichten auf die Rechte des einzelnen Sch.s und führte später zu einer → Päd. vom Kinde (= Sch.) aus, von der → antiautoritären Erziehung bis hin zur radikalen Schulkritik der Gegenwart (→ Antipäd.); c) die seit der Frz. Revolution erhobenen Forderungen nach → Chancengleichheit und gleichem Bildungsanspruch für jedermann hat durch sozialwiss. Einsichten in die sozioökonomisch und soziokulturell bedingten Möglichkeiten der realen Inanspruchnahme dieser Grundrechte den individuellen Sch. im Schnittpunkt vielfältiger Sozialisationsfaktoren zum Thema von → Bildungsforschung, -politik, → Didaktik und Curriculum-Forschung gemacht; d) das alte Problem des → päd. Bezugs hat durch die erziehungswiss. Rezeption sozialwiss. Interaktionstheorien eine Neuformulierung erfahren, die den Sch. stärker in seiner Abhängigkeit von sozialer → Interaktion sieht und das Problem seiner persönlichen und sozialen → Identität in den Vordergrund rückt.
Problematisch erscheinen die konflikthafte Selbstrolle des Sch.s (z. B. Widerspruch zw. hoher Selbständigkeitserwartung und tatsächlicher Unselbständigkeit, Abhängigkeit der Sch.-Karrieren von »Zuschreibungen« durch die Organisation Schule etc.), seine Rechtsstellung in der Schule (harmonisierende → Schülermitverantwortung vs. Selbstbefreiung in der Schülerbewegung und Durchsetzung spezifischer Sch.-Interessen), ebenso die Gefahr, nach Art des → Halo-Effekts den Schüler nach stereotypen Vorurteilen zu beurteilen (z. B. Stereotyp des schlechten Schülers).

L.: E. Höhn, Der schlechte Sch., 1967, überarb. Neuausg. 1980; J. Muth, Schülersein als Beruf, 1966; M. Liebel, F. Wellendorf, Sch.selbstbefreiung, 1969; F. Wellendorf, Schulische Sozialisation und Identität, 1973; W. Böhm (Hg.), Der Sch., 1977; G.-B. Reinert, J. Zinnecker (Hg.), Sch. im Schulbetrieb, 1978; J. Kaltschmid, Die Sch.rolle zw. Anpassung und Emanzipation, in B. Götz, J. Kaltschmid (Hg.), Sozialisation und Erziehung, 1978; R. Krüger, Der Sch. Beruf und Rolle, 1978, R. Voß, Der Sch. in e. personorientierten Schule, 1978; H. Heiland, Lehrer und Sch. heute, 1979; Th. Heinze, Sch.taktiken, 1980; H. Petillon, Der Sch., 1987; M. Fromm, Die Sicht der Sch. in der Päd., 1987; L. Schenk-Danziger, Entwicklung – Sozialisation – Erziehung, Bd. 2, 1988.

**Schülerauslese** → Auslese.

**Schülermitverantwortung.** Die S. wurde in den 20er J.n von → Kerschensteiner, → Foerster u. a. angeregt und aufgrund von Erlassen der Kultusministerien nach 1949 als praktische Ergänzung der polit. Bildungsarbeit neu verfaßt. Sie galt als Übungsfeld polit. Handlungsformen, als lehrbares »Urverhältnis des Politischen« (Spranger). Allerdings erhielt die S. Bereiche zugewiesen, die weniger die Schüler selber ersannen, sondern die sich aus der Aufgabe staatl. Schulverwaltung ergaben; das päd. Kalkül verband sich mit verwaltungsmäßiger Zweckhaftigkeit. Eine mitverantwortende Gestaltung der Schule durch die Schüler wurde nicht erreicht, nur eine beschränkte Diskussionsmöglichkeit für abgesonderte Bereiche der Schule.
Im Zusammenhang mit dem Niederschlag der → Studentenbewegung in der Schule (Schülerbewegung) verschob sich die Diskussion über S. auf das Problem der → Mitbestimmung. Nunmehr ging es darum, daß die Schüler ihre spezifischen Schülerinteressen erkennen, artikulieren und durchsetzen lernen sollten.

L.: W. Scheibe, S., 1959; A. Holtmann, S. Reinhardt, S., 1971; F. J. Wehnes, Mitbestimmung u. Mitverantwortung in der Schule, 1976; W. Böhm (Hg.), Der Schüler, 1977.

**Schülerzeitung,** periodisch erscheinendes Informations- und Diskussionsblatt im Unterschied zur Schulzeitung (als offizielles Organ der Schule), von Schülern für Schüler und ehemalige Schüler gestaltet und herausgegeben. Als Veranstaltung im Rahmen der → Schülermitverantwortung trägt die Schule die rechtl. Verantwortung (Ausnahme seit 1964 Hessen: unbeschränkte Pressefreiheit der Schülerredakteure). Einer UNESCO-Untersuchung zufolge weist die BRD mehr Sch.n auf als die meisten anderen Mitgliedsstaaten.

L.: H. Kaul, Wesen und Aufgabe der Sch.n, 1965; G. Brenner, Pressefreiheit und Sch.n, 1966; P. Döring, Der Schüler als Statsbürger (Bibl.), 1967; B. L. Flöper u. a. (Hg.), Druckmittel. Prakt. Tips für Jugend- u. Sch.n, 1988.

**Schulangst,** eine phobische Reaktion auf schulische Situationen. Sie äußert sich häufig in psychischen u. psychosomatischen Symptomen wie z. B. Eß-, Schlafstörungen, Einnässen, Magen- und Kopfschmerzen oder Übelkeit u. führt oft zum Schulschwänzen u. Leistungsversagen. Als mögliche Ursachen werden Überforderung der Schüler, negative Selbst- u. Leistungseinschätzung, soziale Konflikte mit Mitschülern oder Lehrern sowie gestörte Familienbeziehungen angenommen. Eine Therapie muß den gesamten persönlichen, sozialen und schulischen Kontext berücksichtigen. → Angst, → Schulversagen.

L.: H. Walter, Angst bei Schülern, 1978, ²1981; K. J. Kluge, K. Kornblum, S. u. Leistungsverhalten, 1980; G. Harnisch, Schulstreß, 1984; R. Reinhuber, S. u. Schulphobie, 1985; G. Leibold, S., 1986; J. Heinzel, Angstabbau bei Schülern durch Entspannung, 1987; H. W. Bedersdorfer, Angstverarbeitung von Schülern, 1988; E. Persy, S. u. deren Ausprägung in Abhängigkeit der Schulorganisationsform unter bes. Berücksichtigung der Ganztagsschule, 1990; H. Remschmidt, R. Walter, Psychische Auffälligkeit bei Schulkindern, 1990; H. Zenz u. a. (Hg.), Entwicklungsdruck u. Erziehungslast, 1992.

**Schulautonomie.** In dem Schlagwort S. bündeln sich sehr unterschiedlich begründete und motivierte Forderungen nach zusätzlichen oder erweiterten (curricularen, organisatorischen, personellen und/oder finanziellen) Gestaltungs- und Handlungsspielräumen der Einzelschulen im Gesamtschulsystem mit dem Ziel, die Qualität der Schulen zu verbessern.

Gegenüber der hauptsächlich bildungspolitisch geführten Diskussion der 70er J. (»Erziehung zur Demokratie«) ist die in den 90er J.n auf dem Hintergrund durchgreifender gesellschaftl. Veränderungen und geänderter Lebensverhältnisse (auch) in der BRD neu auflebende Debatte nur eine verstärkte Selbständigkeit der Schulen außerordentlich heterogen und unterschiedlich, z. T. sogar gegenläufig: So kann man politikwiss., organisatonstheoret., pädagogische und ökonomische bzw. finanzwirtschaftl. Begründungen und Motive unterscheiden. Entsprechend weit ist das Spektrum für mögliche Ansatzpunkte der Realisierung von S. (»Entstaatlichung«, → Anarchismus), »Kommunalisierung« nach dem Vorbild → USA, → Dänemark, → Niederlande; Flexibilisierung bzw. Dynamisierung; »Entbürokratisierung«). Neuerdings finden Elemente der S. vermehrt Eingang in schulrechtl. Bestimmungen der dt. Bundesländer (→ Bremen, → Nordrhein-Westfalen, → Hessen). Das Konzept ist erz.wiss. umstritten (mehr Partizipation, größere Vielfalt, gesteigerte Professionalität vs. Rückzug staatl. Verantwortung, Preisgabe der Schule an Gruppeninteressen; Frage der schulischen »Qualität«: ökonomische Effektivität oder pädagogische → Autonomie).

L.: H.-P. de Lorent, G. Zimdahl (Hg.), Autonomie der Schulen, 1994; I. Richter, Theorien der S., in: Recht der Jugend u. d. Bildungswesens, 42 (1994) 1; P. Daschner u. a. (Hg.), S. – Chancen und Grenzen, 1995; H. Paschen, S. in der Diskussion, in: Zschr. f. Päd. 41 (1995); J.-R. Ahrens, S.-Zwischenbilanz und Ausblick, in: Die Dt. Schule, 88 (1996) 1; S. Beetz, Hoffnungsträger »Autonome Schule«, 1997; K. Kleinespel, Schulpädagogik als Experiment, 1998.

**Schulbibliothek.** Sch.n oder Mediotheken heißen Einrichtungen an Schulen, in denen alle gedruckten und nicht gedruckten Medien (wie Sach- und Fachbücher, Zeitschriften, Zeitungen, Dias, Folien, Filme, Spiele, audiovisuelle Medien und Materialien) zentral gesammelt, durch Kataloge erschlossen, nachgewiesen und für die Benutzer frei zugänglich aufgestellt werden. Sie stehen allen Schülern und Lehrern für sämtliche Unterrichtsfächer als Arbeitsmittel und auch zur freien Interessenbetätigung zur Verfügung, sollen in die Unterrichtsarbeit integriert werden und während der Unterrichtszeit benutzbar sein. Die Sch.n wollen eine verstärkte Einbeziehung von Medien aller Art in den Lehr-, Lern- und Erziehungsprozeß ermöglichen und zugleich die Eigen- bzw. Selbsttätigkeit in selbstbestimmten Schwerpunkten unterstützen (bes. → gymnasiale Oberstufe und → Kollegstufe).

Zs.: »Sch. aktuell« 1 (1975) ff.

L.: Die mod. Sch. 1970; Theorie, Organisation u. Praxis d. Sch., 1975; Die Sch., hg. v. K. Hohlfeld, 1982; Sch. u. Unterricht, hg. v. Landesinstitut für Erz. u. Unterr., 1987; H. Neumann, Die bildungspolit. u. päd. Aufgabe von Sch.en, 1988; Die Sch., hg. v. Dt. Bibliotheksinstitut, 1990.

**Schulbücher** unterstützen, ergänzen, vertiefen oder ersetzen teilweise den Unterricht. Sie enthalten den fachwiss. und fachdidaktisch aufbereiteten Lehrstoff (oft mit Tabellen, Grafiken, Karten, Bildern) und Hilfen zu seiner Erarbeitung (Wiederholungsfragen, Beobachtungsaufträge u. a.). Sch. beeinflussen wesentlich die Eigenarbeit der Schüler, aber auch die Unterrichtsgestaltung des Lehrers. Konstruktion, Zusammenstellung und kultusministerieller Zulassung von Sch.n gilt daher verstärkt das päd. und polit. Interesse.

Die ältesten Sch. waren in Altertum und Mittelalter latein. und griech. → Chrestomathien und Grammatiken. Später traten die Bibel, → Fibel und der → Katechismus hinzu. Das erste bebilderte Sch. war der *orbis pictus* des → Comenius (1657), der neben Religion und Techniken (z. B. Schreiben) auch »realistische« Informationen vermittelte. Das realistische Moment kam im → Philanthropismus (→ Basedow, → Campe, E. v. → Rochow) noch stärker zum Tragen. In der Folgezeit entstanden zunehmend fach- und schulartspezifische Sch., wobei neben die fachlichen vermehrt päd. Gesichtspunkte (Selbsttätigkeit, Kindgemäßheit) traten. Die → Reformpäd. mit ihrer Kritik der »Buchschule« betonte zudem das Anschauungs- und Selbsttätigkeitsprinzip und die künstlerische Gestaltung. Im → Nationalsozialismus wurden die Sch. »gesäubert« und ideologisch gleichgeschaltet. Nach 1945 wurde vor allem die Gesellschaftsferne der Sch. kritisiert: ihr Welt- und Gesellschaftsbild sei harmonistisch und von der industriellen Entwicklung überholt. Konservative Kritiker bemängelten, Deutsch-, Geographie- und Geschichtsbücher verfälschten die Geschichte (z. B. Vertreibung, Grenzen des Dt. Reiches in Atlanten) oder stellten sich teilweise außerhalb der freiheitlich demokratischen Grundordnung (z. B. Gedichte und Lesestücke radikaler Autoren). Beachtung fand die Arbeit der dt.-polnischen Sch.kommission zur Revision der Sch. entsprechend den neuen Verhältnissen zw. beiden Staaten. Zur Dokumentation und Erforschung des Sch. wurde 1951 unter Mitarbeit der Arbeitsgemeinschaft dt. Lehrerverbände das Internationale Schulbuchinstitut in Braunschweig gegründet. 1972 schlossen sich die einschlägigen Verlage zum Verband der Schulbuchverlage e. V. zusammen und gründeten das Institut für Bildungsmedien in Frankfurt. Sch. stellen heute auch einen wichtigen Wirtschaftsfaktor dar.

L.: Schüddekopf (Hg.), Die internationale Sch.arbeit (Bibl.) 1955; H. L. Arnold, Das Lesebuch der 70er J., 1973; R. Kühnl (Hg.), Gesch. und Ideologie, 1973; B. Kozdon, Wird das Sch. im Unterricht noch gebraucht? 1974; H. Helmers (Hg.), Die Diskussion um das dt. Lesebuch, 1975; H. Schallenberger (Hg.), Zur Sache Sch., Bd. 1–5, 1973–1976; G. Stein, Sch.schelte 1979; B. Tewes (Hg.), Sch. und Politik, 1979; H. Hacker (Hg.), Das Schulbuch, 1980; J. Henke, Aspekte des geheimen Lehrplans in Sch.n, 1980; M. Schroedel u. a., Sch. aus vier Jahrhunderten, 1984; M. Rehborn, Rechtsfragen der Schulbuchprüfung, 1986; R. Olechowski (Hg.), Schulbuchforschung, 1995; Thema Schulbuch (Schwerpunkt), in: Erziehung und Unterricht 145 (1995) 4.

**Schule,** (lat. *schola* aus griech. *scholé*: Freisein von Geschäften) in der Antike die Muße des freien Bürgers für geistige Bildung. Heute meint man mit S. die institutionalisierten Formen des Unterrichts sowie die Gebäude, die diesem Zweck dienen. Im rechtl. Sinne versteht man unter S. »eine auf bestimmte Dauer berechnete, an fester Stätte unabhängig vom Wechsel der Lehrer und Schüler in überlieferten Formen organisierte Einrichtung der Erziehung und des Unterrichts, die durch planmäßige und methodische Unterweisung eines größeren Personenkreises in einer Mehrzahl allgemeinbildender oder berufsbildender Fächer bestimmte Bildungs- und Erziehungsziele zu verwirklichen bestrebt ist und die nach Sprachsinn und allg. Auffassung als S. angesehen wird« (Heckel). Seit S. zum Gegenstand theoretischer Überlegungen der Päd. geworden ist, sind zahlreiche und z. T.

widersprüchliche Theorien der S. entwickelt worden. Typologisch lassen sich als die einflußreichsten Konzeptionen unterscheiden:
1. ein schulpäd. Ansatz im engeren Sinne, der didaktisch und/oder methodisch von einer Kunstlehre des Unterrichtens ausgeht (Hormey u. a. [Hg.] 1960; Röhrs 1968; Schulz 1969);
2. ein lern- oder curriculumtheoretisch begründeter Ansatz, in dem S. als optimale Organisation des Lernens begriffen wird (Robinsohn 1967; Roth 1969; Wilhelm 1969);
3. ein organisationssoziologischer Ansatz, der S. als formale soziale Organisation und als Arbeitsfeld des Lehrers in ihren organisationstypischen, z. B. durch bürokratische Strukturen geprägten Auswirkungen und Behinderungen für Lern- und Unterrichtsprozesse untersucht (Fingerle 1973; Peters 1973; Isenegger 1977; Lohmann [Hg.] 1978);
4. ein im weitesten Sinne sozialisationstheoretischer Ansatz, der S. als Lebenswelt des Schülers, als ein spezifisches soziales Umfeld und als Gesellschaftsagentur erkundet (Langeveld 1960; Brusten/Hurrelmann 1973; Von Hentig 1973a; Wellendorf 1973; Reinert/Zinnecker 1978);
5. ein systemtheoretisch geleiteter Ansatz, der S. als einen eigenen, relativ autonomen Teilbereich des gesellschaftl. Gesamtsystems mit spezifischen internen und externen Funktionen für und Abhängigkeiten von anderen Subsystemen – dem ökonom., polit., sozialen usw. – und in der doppelten Rücksicht auf Individuum und Gesellschaft thematisiert (Hurrelmann 1976; Brinkmann 1980; Fend 1980);
6. ein ideologiekritischer Ansatz, der die Rolle der S. als Herrschaftsinstrument privilegierter sozialer Gruppierungen im entwickelten Kapitalismus »aufdeckt« (Altvater/Huisken 1971; Bourdieu/Passeron 1971; Bowles/Gintis 1978);
7. ein radikal schulkritischer Ansatz, der zw. den Positionen einer Entschulung der Gesellschaft und einer Entschulung der S. als ihrer Re-Humanisierung schwankt (Illich 1972; von Hentig 1973b; Singer 1981);
8. ein (sozial-)historisch orientierter Ansatz, dem es primär darauf ankommt, das Funktionsgefüge S. in seiner Gesamtheit und im hist. Wandel zu erfassen und als spezifische Antwort in einer bestimmten hist. Situation auf neue gesellschaftl. Anforderungen und Probleme zu begreifen (Titze 1973; Roeder/Leschinsky 1976; Lundgreen 1980/81; Petrat 1987);
9. eine Vielzahl vermittelnder und übergreifender Ansätze, von unterschiedlicher Reichweite (Schulze 1980), am weitesten ausgreifend und zugleich am tiefsten päd. fundiert (Geißler 1984), die von der grundlegenden Widersprüchlichkeit der S. ausgehend, sie als eine je besondere »Formation schulischen Lernens« interpretieren und die Perspektiven und Resultate der Einzelinitiativen integrieren.

L.: M. J. Langeveld, Die S. als Weg des Kindes, 1960; S. B. Robinsohn, Bildungsreform als Revision des Curriculum, 1967 u. ö.: Th. Wilhelm, Theorie der S., 1967, ²1969; H. Röhrs, (Hg.), Theorie der S., 1968; E. Altvater, F. Huisken: Materialien zur polit. Ökonomie des Ausbildungssektors. 1971 – P. Bourdieu, J.-C. Passeron: Die Illusion der Chancengleichheit dt. 1971 – I. Illich, Entschulung der Gesells. 1972, ³1995; M. Brusten, K. Hurrelmann: Abweichendes Verhalten in der S. 1973; K. Fingerle: Funktionen und Probleme der S. 1973; H. von Hentig: S. als Erfahrungsraum. 1973 (a) – ders.: Die Wiederherstellung der Politik. 1973 (b); H. U. Peter: Die S. als soziale Organisation. 1973; W. Müller, Schulbuchzulassung. 1978; H. Titze: Die Politisierung der Erziehung. 1973; F. Wellendorf: Schulische Sozialisation und Identität. 1973; K. Hurrelmann: Erziehungssystem und Gesells. 1976; P.-M. Roeder, A. Leschinsky: S. im hist. Prozeß. 1976; U. Isenegger: S. und Schulsystem. 1977; S. Bowles, H. Gintis: Päd. und die Widersprüche der Ökonomie. dt. 1978; Chr. Lohmann (Hg.): S. als soziale Organisation. 1978; G.-B. Reinert, J. Zinnecker (Hg.): Schüler im Schulbetrieb. 1978; W. Brinkmann (Hg.): Erziehung – S. – Gesellschaft. 1980; H. Fend: Theorie der S. 1980; P. Lundgreen: Sozialgesch. der dt. S. im Überblick. Teil 1, 2: 1980/81; Th. Schulze: S. im Widerspruch. 1980; K. Singer: Maßstäbe für eine humane S. 1981; E. E. Geißler, Die Schule, 1984; G. Petrat, Schulerz. Ihre Sozialgesch. in Dtl. bis 1945, 1987; H.-H. Groothoff, Die Krise der allgemeinbildenden S., 1989; K. Aurin (Hg.), Gute S. – worauf beruht ihre Wirksamkeit?, 1989, ²1991; R. Bätz, Die List der S., 1991; R. Winkel, E. Meyer, Unser Ziel – Humane Schule, 1991; H. Berner, Aktuelle Strömungen der Päd. und die Bedeutung für den Erziehungsauftrag der S., 1992; P. Struck, S.- und Erziehungsnotstand in Dtl., 1992; J. Wilhelmi, S. Protokoll eines Notstands, 1992; K. Aurin (Hg.), Auffassungen von S. und pädag. Konsens, 1993; M. Göhlich, Die pädag. Umgebung, 1993; G. Gonschorek, W. Wölfing, S. und Bildung, 1993; B. Hamann, Gesch. des S.wesens, ²1993; H.-G. Herrlitz, Dt. S.gesch. von den Anfängen bis zur Ggw., 1993; B. Kozdon, S. in der Entscheidung, 1993; K. J. Tillmann

(Hg.), S.theorien, 1993; H. Glöckel (Hg.), Bedeutende Schulpädagogen, 1993; H. v. Hentig, Die S. neu denken, 1993 u. ö.; H. Röhrs, Die S. in der mod. Gesellschaft, 1994; H. J. Apel, Theorie der S., 1995; ders., H. U. Grunder (Hg.), Texte zur S.päd., 1995; D. Benner, Studien zur Didakt. und S.theorie, 1995; K. Prange, Die Zeit der Schule, 1995; R. Voß (Hg.), Die Schule neu erfinden, 1996; A. Leschinsky (Hg.), Die Institutionalisierung von Lehren und Lernen, 1996 (= Zschr. f. Päd., 34. Beih.); H. Giesecke, Wozu ist die S. da?, 1996; J. Diederich, H.-E. Tenorth, Theorie der S., 1997; R. Winkel, Theorie und Praxis der S., 1997; H. Meyer, Schulpäd., 1998; H.-U. Grunder (Hg.), Texte zur Theorie d. S., 1999.

**Schulen in freier Trägerschaft** → Privatschulen.

**Schulgarten.** An Schulen angeschlossene und ihrem päd. Auftrag entsprechende Nutz-, Zier-, Versuchs- oder Sondergärten. Erste Gedanken zum S. finden sich in der »Didactica Magna« des → Comenius und im → Gothaer Schulmethodus. Besondere Bedeutung gewann der S. bei den Philanthropen (→ Philanthropismus) und bei → Fröbel. Nach 1900 erlebte er im Gefolge der → Arbeitsschulbewegung stärkere Verbreitung. Dabei waren neben päd. (z. B. Prinzip der → Selbsttätigkeit) auch wirtschaftl. (Einübung der Kinder in Mustertechniken, z. B. Obstbau) und ästhet. Motive wirksam. Der S. verlor mit zunehmender Intellektualisierung der Schule an Bedeutung; er könnte aber angesichts ökologischer Probleme und Themen erneut wichtig werden. In den ersten vier Klassen der Allgemeinbildenden Polytechnischen Oberschule der → DDR war S.unterricht verpflichtend.
L.: F. Steinecke, der S., 1951 (Bibl.); A. Auernheimer, Der naturnahe S., 1991; H. Crost, Unser S. zur schulischen Ökostation, 1992; E. Klawitter, Der Öko-S.: Unterrichtsvorschläge und Informationen für die S.arbeit, 1992; G. Neuhaus, Unser S., 1992.

**Schulgeld,** für Schulbesuch und Unterricht zu bezahlendes Entgelt (im Unterschied zu Kosten für Lernmittel, Heimunterbringung u. ä.). In der Bundesrepublik besteht in staatl. Schulen (mit Ausnahme einiger → Fachschulen) S.freiheit. → Privatschulen wird die Erhebung von S. freigestellt.

**Schulgemeinde** bezeichnet eine je nach Land mit unterschiedlichen Aufgaben und Kompetenzen ausgestattete Vertretung der Gesamtelternschaft oder die Gesamtheit aller an der Schule beteiligten Personen. In Dtl. taucht der Begriff bei → Dörpfeld auf und dann wieder bei → Wyneken (Freie S. Wickersdorf), → Geheeb (Oldenwaldschule), P. → Petersen (Jena-Plan-Schule) und mit stärker polit. Zielsetzung bei → Bernfeld (Die freie S., 1928). Die S. soll unter Ausschluß oder Einschluß der Eltern zur Vertiefung des Schullebens und zur Steigerung der Mitverantwortung und des päd. Gehalts der Schule beitragen. Alle als S. aufgebauten Schulen waren Modell- oder Privatschulen.
Der Ausdruck S. ist heute unüblich geworden, aber das Grundanliegen, die Zusammenarbeit von Schule, Lehrern, Schülern und Eltern, ist auch in neuere Schulgesetze aufgenommen (z. B. in Baden-Württemberg als Schulpflegschaft). → Landerziehungsheime, → Schulautonomie.
L.: F. W. Dörpfeld, Die freie S., 1863; G. Wynecken, S. und Jugendkultur, 1913; E. Huguenin, Die Odenwaldschule, 1926; P. Petersen, Der kleine Jena-Plan, 1927, Neudruck 1980; Kooperation Elternhaus – Schule, hg. v. R. W. Keck, 1979; H. Kloss, Lehrer-Eltern-Schulgemeinden, hg. v. R. W. Keck, 1981.

**Schuljahr,** eine Einheit zur Einteilung der Schulzeit, auf die der Schulbetrieb, die Schulpflicht sowie die Einstellung und Pensionierung der Lehrer abgestimmt sind. Seit 1967 beginnt in der BRD das S. einheitlich jeweils am 1. August.

**Schulkindergarten.** Der S. ist eine z. T. eigenständige, z. T. an → Sonder- oder → Grundschule angeschlossene Einrichtung, die schulpflichtige, aber noch nicht schulreife Kinder aufnimmt, um während eines Jahres deren mangelnde emotionale, soziale und kognitive Fähigkeiten so zu fördern, daß der weitere Besuch einer Sonder- oder Grundschule möglich wird. Die Zurückstellung vom Besuch der Grundschule und die damit verbundene eventuelle Einweisung in den S. geschieht nach Anträgen der Lehrer und nach psychologischen und medizinischen Untersuchungen, wobei die Festsetzung der Schulreife sich an den Anforderungen und Erwartungen der Schule an die Leistungen der Kinder orientiert. Häufig sind es Kinder aus sozioökonomisch schwächeren Bevölkerungsgruppen, deren Einschulung in Grund-

**Schulklasse** 480

oder Sonderschule vom erfolgreichen Besuch des S. abhängt.

Die ersten S.gärten wurden 1906 in Berlin errichtet, die Kinder mit körperl. und geistigen Schwächen aufnahmen, während bildungsunfähige und körperl. stark behinderte Kinder ausgeschlossen wurden. Neben einer körperl. und sprachl. Förderung wurden für die geistige Entwicklung → Fröbel-Spielgaben oder → Montessori-Materialien eingesetzt.

Maßgeblich an der Entwicklung des S. vor dem 2. Weltkrieg waren Hilde und Herman → Nohl beteiligt. Nach 1945 setzten sich bes. Erika → Hoffmann und der → Pestalozzi-Fröbel-Verband für den Ausbau und die päd. Gestaltung des S. ein. In den 60er J.n war eine deutliche Zunahme zu registrieren, die im Zusammenhang mit der Diskussion um die → Vorschulerziehung und der Einführung von Eingangsstufen bzw. → Vorklassen für die 5j. in der Grundschule zu sehen ist.

L.: H. Nohl, Der S., 1964; S. Hebenstreit, S.-Modell ausgleichender Erziehung? 1974; A. M. Hagenbusch (Hg.), Das schulbereite Kind, 1985; J. Mader, S. und Zurückstellung: zur Bedeutung schulisch-ökologischer Bedingungen bei der Einschulung, 1989; H. Niemann, S. Alpheus u. a., Die Arbeit im S., 1991; H. Habeck, Der S. Chance des Kindes oder Alibi der Bildungspolitik? [Mikrofiche-Ausg.]. 1996; G. Prielipp, S., Vorklasse in der Gegenwart, 1997; Der S. Arbeitsmodelle für eine Schnittstelle von Sozial- und Grundschulpäd., hg. v. N. Rath u. H. Ewering, 1997.

**Schulklasse,** als Teilsystem der Schule eine Zusammenfassung von Schülern, die über einen bestimmten Zeitraum in der Mehrzahl der Fächer gemeinsam unterrichtet werden. Im Gegensatz zu spontan gebildeten informellen Gruppen wird die S. als formelle Gruppe durch fremde Instanzen (z. B. Schulleitung) gebildet und aufgelöst, ihre formellen Ziele werden ihr auferlegt (z. B. durch den Lehrplan), die Mitglieder können nicht frei gewählt werden. Die S. als → Gruppe zeigt ein verzweigtes Geflecht sozialer Beziehungen (→ Soziometrie), nicht nur eine Rangordnung nach erzielten Schulleistungen. Sozialformen des Unterrichts (z. B. Frontalunterricht, Alleinarbeit, Gruppenunterricht) beeinflussen Häufigkeit und Intensität der Interaktionen zw. Lehrer und Schüler und zw. den Schülern untereinander. Die im öffentl. Schulwesen verbreitetste Form der S. ist die → Jahrgangsklasse; sie verdrängte im 19. Jh. das von A. H. → Francke eingeführte Fachklassensystem (Zugehörigkeit des Schülers zu verschiedenen Fachklassen je nach fachspezifischen Leistungen; → setting). Die heutige Kritik an der Jahrgangsklasse stellt ihre Orientierung an einem fiktiven Normalschüler in Frage; bemängelt das daran gekoppelte Zensuren- und Berechtigungsverfahren, das damit gegebene Sitzenbleiben und die Gleichsetzung von Lebens- und Entwicklungsalter. Höchst fraglich ist auch die schulklassenübergreifende Vergleichbarkeit von Leistungen.

L.: W. Gordon, Die S. als soziales System, in: P. Heintz (Hg.), Soziologie der Schule, 1959, $^9$1971; T. Parsons, Die S. als soziales System, in: ders., Sozialstruktur und Persönlichkeit, dt. 1968; K. Ingenkamp, Zur Problematik der Jahrgangsklasse, 1969, $^2$1972; D. Ulich, Gruppendynamik in der Schule, 1971 u. ö.; E. Kösel, Sozialformen des Unterrichts, 1973; H. Kuhlmann, Klassengemeinschaft, 1975; K. Ulich, Sozialisation in der Schule, 1976; H. Petillon, Soziale Beziehungen in der S., 1980; B. Treiber, Qualifizierung und Chancenausgleich in S.n, 1980; H. Petillon, Der Schüler, 1987; C. Jenzer, Die S., 1991; A. Combe, W. Helsper, Was geschieht im Klassenzimmer?, 1993.

**Schullandheime** (nicht zu verwechseln mit → Landerziehungsheimen) sind Heime städtischer Schulen auf dem Lande, die für eine bestimmte Zeit (heute meist 10–14 Tage) von Klassen unter Leitung ihrer Lehrer (und eventuell weiterer Begleitpersonen) aufgesucht werden. Die S.aufenthalte sind integrierte Bestandteile des Unterrichts. Daneben werden privat geführte Häuser (umgebaute Bauernhöfe, größere Fremdenpensionen, aber auch Jugendherbergen) zeitweise als S. verwendet. Ansätze für S. gab es schon im → Philanthropismus (später bei → Goethe Gedanke der → Päd. Provinz), ihre eigentliche Gründung erfolgte in Zusammenhang mit → Jugendbewegung und → Reformpäd. als Konsequenz der → Kulturkritik und des Protests gegen das → Bildungsbürgertum (Stadt als Ort des Kulturzerfalls, Land als Regenerationsmöglichkeit) und Reaktion auf die Lebens- und Wohnverhältnisse in den Städten nach 1900. Sie sollten der Ausbildung des »ganzen Menschen«, der Gesundheitsfürsorge, der Sozialerziehung (Kameradschaft

zwischen Lehrern und Schülern und der Schüler untereinander), dem Natur- und Heimaterlebnis und der Ermöglichung von Anschauung und Selbsttätigkeit dienen.
Gab es vor 1919 nur etwa 20 feste S., so wuchs ihre Zahl während der Weimarer Republik sehr rasch an (1919–25 rd. 470, 1925–33 rd. 1000, 1933–45 wurden die S. erheblich vermehrt und z. T. zweckentfremdet. 1947–75 erfolgten rd. 1600 Neugründungen). Mit der Durchsetzung des Prinzips des wissenschaftsorientierten Lernens und im Zusammenhang mit der Diskussion um eine Bildungsreform gerieten die S. in eine Legitimationskrise, die zu einer intensiveren Diskussion einer »Pädagogik des S.s« und 1971 zur Einrichtung eines »Pädagogischen Arbeitskreises« aus dem 1934 gegründeten »Verband Dt. S.« führte. S. werden heute als eine nach Zeit, Raum und Personenkonstellation besondere päd. → Situation begriffen, die eine aktive Sozialerziehung, Hilfe bei der sinnvollen Freizeitgestaltung und einen nach Inhalt und Methode besonderen Unterricht ermöglichen soll. Der Unterricht im S. sollte an den situativen Bedingungen anknüpfen, lernzielorientiert sein und in kooperativer, selbsttätiger Arbeit bestimmte Projekte in Angriff nehmen (etwa: Leben auf einem Bauernhof, Industrieansiedlung auf dem Land, »Produktion« von Nahrungsmitteln, besondere geographisch/geologische Formationen, geschichtl./kunstgeschichtl. Zeugnisse und Quellen, Biotope, Erweckung des Verständnisses für Ökologie etc.). Ein S.aufenthalt stellt an Lehrer (und Begleitpersonen) besondere Anforderungen: größerer zeitl. Einsatz, stärkeres erzieherisches Engagement, zusätzliche Belastung durch Fragen der Aufsichtspflicht und Haftung.
Zs.: Das S. 1 (1951) ff.
L.: Zentralinst. für Erziehung und Unterricht (Hg.), Das S., 1926; Th. Breckling (Hg.), Illustriertes Hdb., 1930; H. Sahrhage, S. in der BRD, 1953; F. Oswald, S. und Sozialstruktur in der Klasse, 1973; Verband Dt. S. (Hg.), Päd. im S., 1975; K. Kruse, S.pädagogik und ihr bes. Beitrag für die Sozialerziehung in der Schule (Diss.), 1976; H. und F. Menze, Materialien zum S.aufenthalt, 1979; G. Kochansky u. a., Erz. in Schule und S., 5 Bde., 1980–1984; G. Lindemann, Unterr. im Sch., 1984; Sch.aufenthalte, hg. v. K. Kruse, ²1992.

**Schulleben** (heute oft: Soziales Lernen). Mit der in der Aufklärung vollzogenen Trennung von Unterricht und Erziehung stellte sich das Problem der Gestaltung des S.s Mit diesem Begriff bezeichneten → Salzmann, → Fröbel u. a. alle päd. Maßnahmen, die nicht unmittelbar den Unterricht betrafen oder aus ihm hervorgingen, z. B. Spiele, Feste, Feiern, Wanderungen, Reisen, Arbeitsgemeinschaften etc. Eine besondere Betonung erfuhr das S. bei → Pestalozzi, der die ganze Schule nach dem Muster der Wohnstube gestaltet sehen wollte. Im 19. Jh. wurde das S. unter dem Einfluß → Herbarts (und des → Herbartianismus) gegenüber dem Unterricht stark abgewertet. Die → Reformpäd. kämpfte gegen diese »Lernschule« und räumte dem S. (→ Jugendbewegung, → Landerziehungsheime, → Jena-Plan) in ihrem Konzept einer → Lebensgemeinschaftsschule breiten Raum ein. Heute werden die alten Probleme des S.s meistens unter dem neuen Begriff soziales Lernen diskutiert. → Sozialerziehung.
L.: E. Schmack, Mod. S., 1966; R. Lassahn (Hg.), Das S., 1969 (m. Bibl.), K. Breslauer, W. Engelhardt (Hg.), S. – Chance oder Alibi?, 1979; H. Gudjons, G.-B. Reinert (Hg.), S., 1980; P. Struck, Päd. des S.s, 1980, F. W. Kron (Hg.), Persönlichkeitsbildung und soziales Lernen, 1980 (m. Bibl.); W. Wittenbruch, In der Schule leben, 1980; M. Fromm, W. Keim, Diskussion Soziales Lernen, 1982; J. Zinnecker (Hg.), Schule gehen Tag für Tag, 1982; D. Hintz, S., 1984; H. Heiland, Praxis S. in der Weimarer Republik 1918–1933, 1985; J. Stammberger, Sch. u. Lehrerbildung, 1991; K. u. D. Kägi-Romano, S.-Lebensschule, 1993; H. v. Hentig, Die Schule neu denken, 1993 u. ö.

**Schulmonopol** heißt das alleinige Bestimmungsrecht (meist des Staats) über das Schulwesen. → Spranger unterscheidet das Schulgründungsmonopol, das Aufsichtsrecht über alle Schulen hinsichtlich Lehrzielen, den Schulzwang, also Unterrichtspflicht oder Pflicht zum Besuch staatl. Schulen unter Ausschluß privater Anstalten, die Schulunterhaltungspflicht des Staates. Entgegen jedem S. enthält das Grundgesetz das Verfassungsprinzip der Schulvielfalt.
L.: E. Spranger, Die wiss. Grundlagen der Schulverfassungslehre, 1928, Neuausg. 1963; F.-R. Jach, Schulvielfalt als Verfassungsgebot, 1991.

**Schulmündigkeit.** Die Vollzeit→ Schulpflicht beginnt in der BRD einheitlich für alle Kinder, die bis zum 30. 6. des laufenden Kalenderjahrs das 6. Lebensj. vollendet haben, am

**Schulpädagogik**

1. 8. Kinder, die nach dem 30. 6. bis einschließlich 31. 12. das 6. Lebensj. vollenden, können auf Antrag der Erziehungsberechtigten eingeschult werden, sofern sie die für den Schulbesuch notwendige geistige und körperl. Reife besitzen. Über die Reife des Kindes befindet die Schulaufsichtsbehörde bzw. der Schulleiter auf der Grundlage schulärztlicher Untersuchungen und Eignungstests. Die altersmäßige Begrenzung ist trotz ihrer Pauschalierung verfassungsrechtlich nicht beanstandet worden.

**Schulpädagogik**, ein in den letzten Jahrzehnten sich immer stärker entwickelnder eigenständiger Bereich der Päd. Während sich die Päd. auf die Erziehungswirklichkeit schlechthin erstreckt, konzentriert sich die S. auf den Wirklichkeitsbereich der Schule, den sie mittels empirischer wie hermeneutischer Forschungsmethoden (ideologiekritisch) zu erfassen und zu strukturieren versucht. Damit können verschiedene Gegenstandsbereiche der S. voneinander abgehoben werden: 1) Theorie der Schule, 2) Probleme der Schulorganisation, 3) Problembereich Lehrer, 4) Problembereich Schüler, 5) Probleme der methodischen Gestaltung des Unterrichts, 6) Problembereich der Bildungsinhalte, 7) Probleme des Schulrechts, 8) Probleme der Unterrichtstechnologie.
Diese verschiedenen Problembereiche dürfen nicht nur in ihrer faktischen Gegebenheit, sondern müssen auch in ihrer hist. und vergleichenden Dimension gesehen werden.
Die Wurzeln der S. reichen bis zu → Comenius, dessen »Didactica magna« als erste Grundlegung einer S. verstanden werden kann. In der weiteren Entwicklung sind → Trapps Schulauffassung, → Pestalozzis Schultheorie und -praxis, → Humboldts und → Süverns Schulpläne, → Herbarts Gedanken zu einer allg. öffentl. Schule, → Schleiermachers Theorie der Schule ebenso zu berücksichtigen, wie → Kerschensteiners Auffassung von Schule, die Ansätze → Gaudigs und → Deweys sowie die Schulentwürfe von → Lietz und → Petersen, wobei nur einige wichtige Stationen genannt sind. → Schule (Lit.)

L.: G. Steindorf, Einf. in die S., 1972; W. Einsiedler, Schulpäd. Grundkurs, 1974; W. Potthoff (Hg.), Studienführer S., 1975; H. Rauschenberger, S., in: Erziehungswiss. Hdb. Bd. V.1, 1979; K. Kunert (Hg.), Studienreihe S., 5 Bde., 1980; W. Twellmann (Hg.), Hdb. Schule und Unterr., 8 Bde., 1980 ff.; H. J. Apel, S., 1990; D. Hintz u. a., Neues schulpäd. Wörterbuch, 1993; H.-J. Apel (Hg.), Texte z. S., 1995; H. Meyer, S., 1998; H.-J. Grunder (Hg.), Texte z. Th. d. Schule, 1999.

**Schulpflicht.** Die S. greift in die Freiheitsrechte des Staatsbürgers ein; so muß sie im Rechtsstaat durch Gesetz geregelt werden. Abzuwägen sind dabei die Interessen des Schülers an persönlicher Handlungsfreiheit und die der Allgemeinheit an einer Erhaltung und Verbesserung des Bildungsniveaus. Der Besuch von Schulen, die bis ins 19. Jh. hinein Orden und Städte unterhielten, war lange privater Initiative überlassen. Die → Aufklärung weckte das Interesse des Staats an allg. Erziehung. Doch war in Dtl. bis 1919 zum Schulbesuch nur verpflichtet, wer sich ein bestimmtes Wissensminimum nicht auf andere Weise (z. B. durch Privatunterricht) verschaffen konnte. Artikel 145 der Weimarer Reichsverfassung statuierte dann die allg. S. → Einschulung, Einschulungsalter, → Schulmündigkeit.

L.: G. Genovesi (Hg.), Compulsory Education. Konferenzbeiträge der Internat. Standing Conference for the History of Education, 4 Bde., Parma 1986; R. La Borderie, L'obligation scolaire, Frascati 1994.

**Schulpolitik** → Schulreform, → Bildungspolitik.

**Schulpsychologe.** Der S., im Regelfall doppelt ausgewiesen durch ein Lehramts- und ein Psychologiestudium, arbeitet – ähnlich dem → Beratungslehrer – in drei schulischen Aufgabenfeldern: der Schul- bzw. Bildungslaufbahnberatung (u. a. bei Einschulungs-, Übertritts-, Lerngruppen- und Berufs- bzw. Studienzugangsproblemen), der Einzelfallhilfe (bei Störungen bzw. Schwierigkeiten des Lern-/Leistungs- und Sozialverhaltens) und der »systembezogenen« → Beratung (Beratung von Lehrern, Schulleitern und Vertretern der Schuladministration bei Problemen der Optimierung schulischer Unterrichts- und Erziehungsprozesse sowie Kooperationsfragen im lokalen bzw. regionalen Schulsystem). Im Unterschied zum Beratungslehrer liegen seine Arbeitsschwerpunkte allerdings mehr bei komplexeren individuellen Problemfällen (Diagnose, Prävention, Intervention, Gutachtenerstellung im Rahmen der Einzel-, Gruppen- und Elternarbeit), in der einschlägigen Fort- und Weiterbildung von Beratungslehrern und Lehrern (einschließlich der Schulung für und der Überprüfung von Diagnose- und Interventionsverfahren), der Mitbeteiligung an schulpsychologischen Forschungsprojekten sowie der schulübergreifenden Öffentlichkeitsarbeit.

L.: K. Ingenkamp, Die schulpsycholog. Dienste in der BRD, 1966; U. Wiest, Schulpsychologie, 1987; G. Keller, B. Thewalt, Prakt. Schulpsychologie, 1990; R. Käser, Neue Perspektiven in der Schulpsychologie, 1993; B. Malsch, Schulpsychologie, 1994; K. Reschke (Hg.), Problemfelder der Schulpsychologie, 1994; S. Brunthaler-Wiesinger, Schulpsych. Dienst, 1994; L. Dunkel u. a. (Hg.), Schule – Entwicklung – Psychologie, 1997.

**Schulrecht** → Bildungsrecht.

**Schulreform.** Bestrebungen und Maßnahmen, die auf eine Modernisierung und Verbesserung des Schulwesens zielen und in der Regel auf seine Anpassung an die gesellschaftl., polit., wirtschaftl. und wiss. Entwicklung hinauslaufen. Man unterscheidet äußere S. (Änderungen an Gliederung, Organisation und Aufbau des Schulwesens) und innere S. (Veränderung von Lehrplänen, Curricula, Methodik, Didaktik, → Schulleben). Eine große S.-Bewegung stellte zu Beginn unseres Jh. die → Reformpäd. dar; obwohl sie zu neuen Schulen und Schulformen führte, lag ihr Schwerpunkt deutlich auf der inneren S. Eine zweite große S.-Bewegung wurde in den 60er J.n durch die → Bildungsforschung bestimmt; obwohl auch hier inhaltl. und methodische Reformen stattfanden, zielte sie stärker auf äußere S. (z. B. Stufengliederung des Bildungswesens, → Gesamtschule etc.). → Karsen; → Reichsschulkonferenz.

L.: I. Bühl, S. – Daten, Fakten, Analysen, 1971; H. Holstein, Schulgeschichtl. Perspektiven, 1975; H.-G. Roth, 25 J. Bildungsreform in der BRD, 1975; H. Becker u. a., Die Bildungsreform – e. Bilanz, 1976; K. Hüfner, J. Naumann, Konjunkturen der Bildungspolitik in der BRD, 2 Bde., 1977; A. Alder u. a., Schulversuch Gesamtschule auf dem Weg zur Entscheidung, 1978; Jb. der Schulentwicklung, hg. von H. G. Rolff u. a., 1 (1980) ff.; S. Derantz u. a. (Hg.), S. – die Kritik geht weiter, 1986; Die dt. Sch. Ein Hdb. für die Reichsschulkonferenz, Neuausg. 1987; F. Oswald, Sch. u. Erz.wiss., 1987; Konturen moderner Erz.wiss. u. Bildungspolitik, hg. v. L. von Friedeburg u. a., 1990; Erziehung u. Schule zw. Tradition u. Innovation, hg. v. J. G. von Hohenzollern u. a., 1992; J. Oelkers,, S. und Schulkritik, 1995; W. Melzer, U. Sandfuchs (Hg.), S. in der Mitte der 90er Jahre, 1996.

**Schulreife,** von einer bestimmten Auffassung über die kindl. → Entwicklung (als Reifungsvorgang in Analogie zu natürl. Wachstumsprozessen) herstammender Begriff zur Bezeichnung und Messung der wahrscheinlichen Fähigkeit eines Kindes, in die Schule einzutreten und den schulischen Bildungsgang erfolgreich zu beginnen. Heute sieht man S. nicht nur abhängig von inneren biologischen Reifungsprozessen, sondern maßgeblich auch von fördernden bzw. hemmenden Umwelteinflüssen (Elternhaus, Vorschulerziehung etc.) und insgesamt als Ergebnis der erfahrungs- und lernabhängigen Auseinandersetzung des schulpflichtig gewordenen Kindes mit eben dieser Umwelt. Deshalb wurde der Begriff der S. auch durch den der ›Schulfähigkeit‹ (indiv. Lernvoraussetzungen im Hinblick auf schulische – ggf. differenzierte – Lernangebote und -forderungen) ersetzt. Bei der Untersuchung der S. wird gewöhnlich zw. körperl. S. (allg. Gesundheits- und Entwicklungsstand), kognitiver S. (Gliederungsfähigkeit, Gestalterfassen, Symbolverständnis, Aufmerksamkeit etc.) sowie sozialer und emotional-motivationaler S. (Arbeitshaltung, altersentsprechende Selbständigkeit, Gruppen- und Wettbewerbsverhalten etc.) unterschieden.

L.: E. Herff, Die S. als päd.-psychol. Problem, 1967; A. Kern, Die S. in päd. und psychol. Sicht, 1970; A. Krapp, S.tests u. Schulerfolg, 1971; E. Loeschenkohl, Über den prognostischen Wert von S.tests, 1975; K. Rühl, Mit 5 in die Schule?, 1975; H. Nickel, Entwicklungsstand und Schulfähigkeit, 1976; D. Rüdiger, A. Kormann, H. Peez, Schuleintritt und Schulfähigkeit, 1976; T. Hansel, Schulstart – Fehlstart?, 1982; D. Rüdiger, Einschulung und erster Schulerfolg, in: Zschr. Das Kind, 1990 H. 7.

**Schulträger.** Die Errichtung von Schulen oblag im Mittelalter der Kirche, die Kloster-, Stifts- und Domschulen unterhielt. Später gründete auch das Bürgertum meist Stadt- oder Ratsschulen genannte Schulen. Daneben entstanden → Fürsten-, Küsterschulen. Eine gesetzl. Regelung des gesamten Schulwesens brachte das Preuß. → Allg. Landrecht

(1794). Schulen wurden verfaßt als Veranstaltungen des Staates. Ihre Unterhaltung oblag den Einwohnern als gemeine Last. Schulträger ist heute der Schulunterhaltungsträger, der für den Schulbedarf und die Schullasten (persönl. und sachl. Mittel, Dienst- und Versorgungsbezüge, Kosten für Errichtung und Unterhaltung des Schulgebäudes usw.) aufkommt: Land, Gemeinden, Gemeindeverbände, Körperschaften des öffentlichen Rechts, auch Personen.

**Schultze,** Walter, * 15. 12. 1903 Hamburg, † 10. 11. 1984 Frankfurt/M.; Dr. phil. 1931 Hamburg, Tätigkeit in der Lehrerbildung, 1953–1971 Prof. u. Leiter der Abt. Allg. und Vergleichende Erziehungswiss. am → Dt. Institut für internationale päd. Forschung in Frankfurt/Main. Pionier und Förderer der → Vergleichenden Erziehungswiss. Mitarbeiter zahlreicher in- und ausländischer Gremien und Gesellschaften (→ OECD, → UNESCO, Europarat u. a.).
Schr.: (Hg.), Schulen in Europa, 3 Bde., 1968–69, Erg. Bd. 1972 (übers. ins Engl. u. Frz.); (m. Ch. Führ), Das Schulwesen in der BRD, [3] 1973; Die Leistungen im Englischunterricht in der BRD im internat. Vergleich, 1975.

**Schulversagen,** Bezeichnung für ein Geschehen, bei dem → Schüler die angestrebten Lernziele nicht erreichen. Das Bedingungsgefüge für S. ist vielschichtig und komplex, so daß immer mehrere Bedingungsfaktoren angenommen werden müssen, die aus den verschiedenen Problembereichen (die ihrerseits wiederum zusammenhängen) stammen können, z. B.: Persönlichkeitsstruktur des Schülers, Lehrer, Unterricht, Schulklasse, Eltern, außerschulische Bezugsgruppen.
L.: Der Schüler, hg. v. W. Böhm, 1977, School Desegregation, ed. W. G. Stephan, New York 1980; M. Donaldson, Wie Kinder denken: Intelligenz und S., dt. 1991; A. Müller, Kommunikation und S.: Systemtheoretische Beobachtungen aus dem Lebensfeld Schule, 1991.

**Schulversuche,** als Hilfsmittel von Bildungspolitik und -planung Modellversuche zur Vorbereitung und Bestätigung von → Schulreformen. Man unterscheidet zw. Strukturversuchen (z. B. S. mit Gesamtschulen, Ganztagsschulen, Zuordnung der Fünfjährigen etc.) und Unterrichtsversuchen (z. B. Curricula, Medieneinsatz, Unterrichtstechnologien etc.); daneben gibt es S. zur Qualifizierung des Personals, zur → Integration von Behinderten und Ausländerkindern usw.
S. größeren Stils fanden zuerst in den 20er J.n statt; nach 1945 gab es S. z. B. zur Landschulreform, zum Gruppen- und Epochalunterricht. Derzeit stehen S. mit Gesamtschulen im Mittelpunkt des Interesses. S. werden meist durch die Kultusverwaltungen angeordnet; die wiss. Begleitung bezieht sich auf Hypothesenbildung und Konzeptfindung, Planung, Beratung und Mitwirkung bei der Durchführung, Kontrolle und Evaluation. Problematisch an S. erscheinen unaufgelöste Mängel in Forschungsmethodik und -instrumentarium (→ Forschungsmethoden), die nur begrenzt mögliche Herstellung experimenteller Bedingungen, die Gültigkeit und Relevanz von aus S.n gewonnenen Wahrscheinlichkeitsaussagen und die (polit.) Legitimationsfunktion der wiss. Begleitung.
L.: Dt. Bildungsrat, Einrichtung von S.n mit Ganztagsschulen, 1968, [2]1979; ders. Einrichtung von S.n mit Gesamtschulen, 1969 u. ö.; N. Luhmann, Politische Planung, 1971; K. Aurin (Hg.), S. in Planung und Erprobung, 1972; J. Habermas, Legitimationsprobleme im Spätkapitalismus, 1973; G. A. Straka, Forschungsstrategien zur Evaluation von S.n, 1974; Bund-Länder-Kommission für Bildungsplanung, Informationsschrift über Modellversuche im Bildungswesen, 1974; A. Schaffernicht, S. und ihre wiss. Begleitung, 1977; R. Lassahn (Hg.), Zur Gesch. der S., 1979; W. Mitter, H. Weishaupt, Bedingungen der wiss. Begleitung von S.n, 1978; C. Aeberli, Lehrziel Mündigkeit: S. Allgemeinbildung 2000, 1992; R. Winkel, Th. u. Pr. der Schule, 1997.

**Schulverwaltung** → Bildungsverwaltung, → Bildungsrecht.

**Schulwandern** kam im → Philanthropismus als Lehrwanderung auf und erfuhr in der → Jugendbewegung (»Wandervogel«) starken Aufschwung. Es sollte zur Vertiefung des Gemeinschaftserlebens, zu körperl. Ertüchtigung, Naturbegegnung sowie zur Erhöhung der → Anschauung (etwa im Erdkundeunterricht) beitragen und den Gefahren der Verstädterung entgegenwirken. Im → Nationalsozialismus wurde S. zur Wehrertüchtigung und im Sinne einer Blut- und Bodenideologie ausgenützt. Heute werden Wandertage noch in einer der → Reformpäd. verwandten

Form durchgeführt; mehr Bedeutung kommt allerdings Exkursionen und Lerngängen im Rahmen eines Unterrichtsfaches zu (etwa Betriebserkundungen in der → Arbeitslehre). Solche Exkursionen bedürfen einer sorgfältigen Planung, Vorbereitung und Auswertung durch den Lehrer bzw. im Unterricht. Als S. im weiteren Sinne gelten auch → Schullandheim-Aufenthalte.

**Schulze,** Johannes, * 15. 1. 1786 Bruel (Mecklenburg), † 20. 2. 1869 Berlin; ab 1818 als Nachfolger → Süverns einflußreichster Sachbearbeiter für Gymnasial- und Hochschulfragen. S. strebte nach Vereinheitlichung und Reglementierung (Einführung der Jahrgangsklassen, das *examen pro facultate docendi,* der Hochschulreifeprüfung und strafferer Lehrordnungen). Unter S. wurde im preußischen Gymnasium das individuelle Moment (→ Humboldt) durch einen stofflich-enzyklopädischen Bildungsbegriff (→ Hegel) verdrängt.
L.: F. Paulsen, Gesch. des gelehrten Unterrichts, 2 Bde. 1855, Neudr. 1960; F. Blättner, Das Gymnasium, 1960; B. Schneider, J. S. und das preuß. Gymnasium, 1988.

**Schurr,** Johannes, * 11. 9. 1934 Aalen, † 5. 1. 1994 Passau, Dr. phil. 1964, Habil. 1971 Köln, Wiss. Rat und Prof. 1975, 1980 Prof. für Allg. Päd. Univ. Passau. Bedeutende Schriften zu Erziehungsphilosophie und Bildungstheorie sowie zu einer transzendentalphilosoph. Begründung der Päd. → Transzendentalphil.
Schr.: Gewißheit und Erz. Versuch einer Grundlegung der Erz.lehre nach Prinzipien der Wiss.-lehre, 1965; Schleiermachers Theorie der Erz., 1975; Comenius, Eine Einf. in die Consultatio Catholica, 1981; Transzendentale Theorie der Bildung, 1982; Pestalozzis »Abendstunde«, 1984; Transzendentale Logik der Bildung, 1987; Zur Konzeption einer päd. Hermeneutik, in: Freiheit – Geschichte – Vernunft. Grundlinien geisteswiss. Päd., hg. v. W. Brinkmann und W. Harth-Peter, 1997.
L.: C. Menze, Zum Tode von J. S., in: Vjschr. f. wiss. Päd. 70 (1994), H. 2; L. Koch, Transzendentalpäd. und Transzendentale Bildungstheorie, in: Vjschr. f. wiss. Päd. 70 (1994) H. 3; H. Konrad, Gedanken über Theorie und Praxis, Wissen und Handeln im Blick auf ein päd. Ethos, in: Vjschr. f. wiss. Päd. 70 (1994).

**Schwarz,** Friedr. Heinr. Christian, * 30. 5. 1766 Gießen, † 3. 4. 1837 Heidelberg, Prof. für Theologie in Heidelberg (1894–1837) und Verfasser zahlreicher u. a. von → Pestalozzi beeinflußter päd. Lehrbücher, Abhandlungen zur → Mädchenerziehung und einer bis in die Mitte des 19. Jh. außerordentlich einflußreichen »Erziehungslehre« (4 Bde., 1802–1813, ²1829 3 Bde.). Neben → Niemeyer gilt S. als Begründer der → Geschichte der Pädagogik. Seine in der »Erziehungslehre« enthaltene, in der 2. Aufl. erheblich erweiterte »Geschichte der Erziehung nach ihrem Zusammenhange unter den Völkern von alten Zeiten bis auf die neueste« sucht bes. der Verflechtung der Erziehung mit ideellen und kulturellen Gegebenheiten Rechnung zu tragen.
Schr.: Grundriß einer Theorie der Mädchenerziehung, 1792, ²1836; Erziehungslehre, 4 Bde., 1802–1813, ²1829; Gebrauch der pestalozzischen Lehrbücher beim häusl. Unterrichte, 1804; Lehrbuch der Erziehungs- und Unterrichtslehre, hg. v. H.-H. Groothoff, 1968.
L.: J. Fr. Herbart, Rezension der »Erziehungslehre« von F.H.C.S., in: J. Fr. Herbart, Sämtl. Werke, hg. v. K. Kehrbach, 13. Bd., 1907; E. Fabian, Die Pädagogik von F.H.C.S. im Verhältnis zur Philosophie ihrer Zeit, (Diss. Leipzig) 1911; G. Politsch, F.H.C.S., der Begründer der pädagogischen Geschichtsschreibung, (Diss. Gießen) 1929.

**Schwarze Pädagogik** bezeichnet den tendenziösen Versuch, in der Geschichte von Päd. und Erziehung als vorherrschende Triebkräfte die Unterdrückung und Unterwerfung des Kindes, die Herrschaftswillkür der Erwachsenen, die frühe Disziplinierung und die narzißtische Selbstüberheblichkeit der Erzieher aufzuweisen. → Antipäd.
L.: K. Rutschky, S. P., 1977, Neuausg. 1997; A. Miller, Am Anfang war Erziehung, 1980; P. Gstettner, Die Eroberung des Kindes durch die Wiss., 1981; K. Rutschky, Dt. Kinder-Chronik, Wunsch und Schreckensbilder aus vier Jh.n, 1983; H. Glantschnigg, Liebe als Dressur, 1987.

**Schweden.** Das Schulwesen Sch.s ist wie das keines anderen Landes seit Beginn des 20. Jh.s durch ständige Reformen (»rollende Reform«) gekennzeichnet. Die bisher letzte Reformphase wurde 1950 mit dem Reichstagsbeschluß über den Schulversuch mit der → Einheitsschule eingeleitet: die vielen früheren Schultypen wurden in Form der 9j. Pflichtgrundschule (*grundskola*) und des fakultativen Gymnasiums zusammengefaßt. Die Vorschulerziehung (Vorschulen, Tagesheime, Teilzeitgruppen, Familientagesheime) wurde stark ausgebaut und steht allen Kindern mindestens ein, in vielen Fällen zwei und mehr Jahre zur Verfügung.

Die Grundschule gliedert sich in drei 3j. Stufen; die Schüler sollen möglichst während der ganzen Schulzeit der gleichen Klassengemeinschaft angehören. In der Oberstufe sind 5 bis 6 Stunden für Wahlpflichtfächer vorgesehen, dazu tritt eine frei gewählte Arbeit (z. B. Sport, Kunst, polit., soziale oder pflegerische Tätigkeit). Sonderklassen werden immer seltener eingerichtet, Abschlußprüfungen finden nicht statt, Zeugnisse erst ab dem 8. Schj. erteilt. Im Gegensatz zur Grundschule ist das Gymnasium (*gymnasie-skole*) in Züge aufgeteilt, die sich urspr. nach Lernzielen und Berufsbezogenheit unterschieden: Im Rahmen einer Reform wurde dieser Schultyp seit 1992 zunehmend vereinheitlicht und auf durchgehend 3j. Züge (humanist.-sozial, wirtschaftl., naturwiss.-techn.) umgestellt. Die jüngsten Reformen betonen bei den berufl. Richtungen stärker eine Berufsgrundbildung mit einem breiteren allgemeinbildenden Fundament bei gleichzeitigem Erwerb einer Doppelqualifikation (Berufs- und Hochschulqualifikation). Das bedeutet eine deutliche Ausweitung der Gleichwertigkeit allgemeinbildender und berufsbildender Abschlüsse. Im Durchschnitt gehen bis 90% der 16j. direkt von der Grundschule auf das Gymnasium über. Seit 1991 wurde die frühere staatl. Zentralbehörde nach und nach durch kleinere regionale Behörden ersetzt. Die Trägerschaft der Pflichtschulen, der Gymnasialschulen und der überwiegenden Zahl der Einrichtungen der Erwachsenenbildung liegt heute vorwiegend bei den Gemeinden.

S. verfügt über 7 Volluniv.n (die älteste in Uppsala, gegr. 1477) und zahlreiche Hochschulen; ein rasanter Ausbau der Hochschulen erfolgte 1950–70. 1977 wurde das tertiäre Bildungssystem vereinheitlicht. Die neue »*Högskola*« umfaßt die trad. Studiengänge, solche früherer Fachhochschulen und z. T. Ausbildungsgänge, die bisher von Sekundarschulen angeboten wurden.

Die Berechtigung zum Studium und aller höheren Ausbildung wird mit einem bestimmten Leistungsdurchschnitt am Ende des Gymnasiums erworben. Der größte Teil der starken, expandierenden Erwachsenenbildung findet in den Studienzirkeln statt, die von mehreren Bildungsorganisationen (insbesondere dem Arbeiterbildungsverband) unterhalten werden; jeder Arbeitnehmer hat ein Recht auf Bildungsurlaub. Die kommunale Erwachsenenbildung wird von den Schulausschüssen der Gemeinden getragen; der Unterricht folgt den Lehrplänen von Grundschule und Gymnasium; die meisten Teilnehmer sind Teilzeitschüler. Die über 100 → Heimvolkshochschulen bieten kurze und längere Kurse (bis 34 Wochen) an.

L.: I. Orring, Die Schule in S., 1968; G. Ögren, K. Opitz, Das Erziehungswesen in Skandinavien und seine Reformen, 1968; T. Husén, G. Boalt, Bildungsforschung und Schulreform in S., 1969; H. Chiout (Hg.), Zur schwed. Schulreform, 1969; E. Jüttner, Der Kampf um die schwed. Schulreform, 1970; B. Willmann, Bildungswesen, Chancengleichheit und Beschäftigungssystem in S., 1980; L. Boucher, Tradition and change in Swedish education, Oxford 1982; J. P. Christensen u. a., Hochschulen im Wandel: S. (u. a.), 1987; V. v. Blumenthal, Die Gesamtschule in Engl. Frankreich, S. und den USA, 1987; S. Marklund, Die s. Einheitsschulreform, in: Vergl. Päd. 27 (1991) 1; OECD (Hg.), Examens des politiques nationales d'éducation: Suède, Paris 1995; D. Leischner, Bildungssysteme in Europa, 1995; H. P. Schäfer, S., in: Bildungssysteme in Europa, hg. v. O. Anweiler, 1996; H. Gräßler, Aktuelle Entwicklungstendenzen im s. Bildungswesen, in: Pädagogik und Schulalltag, 52 (1997) 1; J. Brunner, Das s. Schulwesen, in: Schweizer Schule (1998) 11.

**Schweiz.** Die mittelalterliche Tradition der Klosterschulen setzte sich in den kath. Kantonen auch nach der → Reformation fort, in den überwiegend reformierten Kantonen erfolgte dagegen früh eine Umwandlung in öffentl. Schulen. Nach der Frz. Revolution setzte die Entwicklung der öffentl. Schulen in allen Kantonen ein. Unter dem maßgeblichen Einfluß von → Pestalozzi wurde zu Beginn des 19. Jh. das Volksschulwesen begründet. Die allg. Schulpflicht wurde 1874 eingeführt. Sie beträgt heute je nach Kanton 8 bzw. 9 Jahre. Unterrichtssprachen sind Dt., Frz., Italienisch und Rätoromanisch.

Die Organisation des Schulwesens ist geprägt durch die Autonomie der 20 Kantone bzw. 6 Halbkantone, von denen jeder über eine eigene Schulverwaltung verfügt. Ein Bildungsministerium auf Bundesebene gibt es nicht. Die Primarschulbelange werden weitgehend von den Gemeinden geregelt. Privatschulen (auch ohne öffentl. Förderung) unterstehen ebenfalls der Aufsicht der Kantone. Schulgesetze bedürfen in den meisten Fällen der Annahme durch die Bürger. In die Kompetenz des Bundes gehören die Berufsbildung, Anerkennung der Hochschulreife, Sport, Forschung und kulturelle Aufgaben. Kantone und Gemeinden erhalten einen Teil der Aufwendungen für das Schulwesen als zweckgebundene Subvention vom Bund (Lehrmittel u. a.). Seit Anfang der 60er J. wird eine Harmonisierung der unterschiedlichen Bildungssysteme angestrebt (z. B. »Konkordat über die Schulkoordination« der Konferenz der Schweizerischen Erziehungsdirektoren von 1971). Dennoch ist der Weg zu einer inneren und äußeren Angleichung der Schulsysteme noch weit. Versuche, dem Bund mehr Kompetenzen im Bildungswesen zu geben, scheiterten bis heute wiederholt am Widerstand der Kantone.

Allgemein ist folgender Ausbildungsgang verbindlich:

Der Besuch der Kindergärten für 3–6j. ist fakultativ und wird in größeren Städten von etwa 95% der 5- und 6j. in teils öffentl., teils privaten Institutionen wahrgenommen. Der Unterricht in den deutschschweiz. Kindergärten basiert weitgehend auf den Theorien → Fröbels, in der welschen Schweiz und im Tessin vor allem auf → Claparède, → Ferrière und → Montessori.

Die Primarschule ermöglicht nach 3–6 J.n den Übergang in die erste Sek.stufe (Volksschul-Oberstufe), je nach Kanton Sekundarschule, Realschule oder untere Mittelschule genannt, bzw. nach 6 J.n in die Oberstufe der Primarschule, die in den letzten Jahren der Schulpflicht (7.–9. bzw. 10. Sch.j.) meist umbenannt wird in Abschlußklassen, Berufswahlschulen usw. Diese letzteren ermöglichen den in den meisten Kantonen obligatorischen Besuch einer allgemeinbildenden Fortbildungsschule (1–4 J.) sowie der berufl. Schulen. Die Höheren Techn. Lehranstalten setzen eine abgeschl. Lehre voraus. Die Sekundar- bzw. Realschulen und die unteren Mittelschulen bzw. Progymnasien (je nach Kanton 3, 4 oder 5 J.) führen zu den Lehrerseminaren (4–5 J., außer Basel und Genf), den Handelsschulen (3 J. bis zum Diplom, 4 J. bis zur Maturität), den Ganztagsberufs- und Fachschulen (4 J.), den berufsbegleitenden Schulen (bis 4$^{1}/_{2}$ J.) oder den Gymnasien mit den Maturitätstypen A (altsprachl.), B (neusprachl.), C (math.-naturwiss.), D (wirtschaftl.), die mit dem Diplom oder der Maturität abschließen. Der Hochschulbereich umfaßt 12 Univ.n. Die Univ.n sind kantonale Einrichtungen und unterschiedlich nach Aufbau, Dauer, Fächerwahl und Abschlüssen (Diplom, Lizentiat, Doktorat). Die techn. Hochschulen (Lausanne, Zürich) unterstehen dem Bund.

Die ständige und die zeitweilige → Weiterbildung wurde in den letzten Jahren ausgebaut. Durch das Berufsbildungsgesetz (1963, geändert 1972, erweitert 1978) hat der Bund die Gesetzgebungskompetenz über die Förderung der berufl. Weiterbildung.

Die Primarschullehrer werden an Lehrerseminaren ausgebildet, in Genf und Basel-Stadt (nur mit Matura) an der Univ., die Sekundarlehrer durch ergänzendes, die Gymnasiallehrer durch Vollstudium an den Univ.n. Die Bildungsforschung wird großenteils auf kantonaler und interkantonaler Ebene von Univ. und Hochschulen betrieben. Der Bund leistet finanzielle Unterstützung aufgrund von Hochschulförderungs- und Forschungsgesetz und durch eigene Institutionen und Gremien. Zur Förderung des Informationsaustausches und der Zusammenarbeit zw. Bildungsforschung, -praxis und -verwaltung sowie Bildungspolitik wurde 1971 die »Schweizerische Koordinationsstelle für Bildungsforschung« in Aarau gegründet, 1975 die »Schweizerische Gesellschaft für Bildungsforschung«. Int. Bedeutung erlangte das von E. Claparède und P. → Bovet 1912 in Genf gegründete Institute Jean-Jacques Rousseau, besonders unter seinem späteren Leiter J. → Piaget (heutige Psych. und Erziehungswiss. Fakultät der Univ. Genf).

L.: E. Egger u. a., Das Schulwesen in der S., hg. v. d. Schw. Dokumentationsstelle für Schul- und Bildungsfragen, 1976; ders. u. a., Neuerungen im S. Schulwesen, 1977; P. Rüfenacht, Vorschulerziehung in der S., 1982; E. Egger, L'enseignement en Suisse, Bern 1984; Das Schulwesen in der Schweiz, Bern 1984; Bildungspolitik im Schweiz. Föderalismus, 1985; E. Wettstein, Die Entwicklung der Berufsbildung in der S., Aarau/Frankfurt 1987; M. Näf (Hg.), Alternative Schulformen in der S. 1988; A. Gretler u. a., Bildung in der S. von morgen, Bern 1988; Das s. Bildungswesen. Grundstrukturen und stat. Angaben, in: Forum

Pädagogik 3 (1990) 4; Das s. Bildungswesen auf dem Prüfstand, in: Beiträge zur Lehrerbildung 9 (1991) 1; OECD-Länderexamen S., 2 Bde., hg. v. d. S. Konferenz der kantonalen Erziehungsdirektoren, Bern 1989; M. Arnet, Perspektiven der s. Bildungspolitik, in: Forum Pädagogik 3 (1990) 4; Examens des politiques nationales d'éducation Suisse, (OECD) Paris 1991; V. v. Blumenthal, Bildungspolitik in der S., 1991; C. Alleman-Ghionda, Die S. und ihr Bildungswesen, in: Zschr. f. Päd. 40 (1994) 1; H. Badertscher, H.-U. Grunder (Hg.), Gesch. der Erz. und Schule in der S. im 19. und 20. Jh. Leitlinien, Bern 1997 u. Quellenband, Bern 1998.

**Schweizer,** Margarita, * 16. 3. 1936 Buenos Aires; studierte Literatur, Phil. und Päd. in Córdoba (Argentinien), Madrid, Salamanca, Berkeley (USA), México City und Würzburg. M. A. 1976 México City, Dr. phil. 1986 Würzburg. 1973 als erste Frau der Welt Direktorin eines Jesuitenkollegs. Lehrte 1968–69 Phil. und Päd. an der Kathol. Univ. Córdoba (Argentinien), seit 1996 an der Kathol. Univ. Santa Fé (Argentinien).

Schr.: Andrés Manjón – ein span. und christl. Reformpädagoge, 1987; (Hg.), Las etapas de la educación, Córdoba (Arg.) 1988; Rousseaus Zweiter Diskurs und die Geschichte Lateinamerikas, in: J.-J. Rousseau und die Widersprüche der Gegenwart, hg. v. W. Böhm u. F. Grell, 1991; Die Frau in Lateinamerika, in: Mann und Frau – Frau und Mann, hg. v. W. Böhm u. M. Lindauer, 1992; La calidad de la educación frente al próximo milenio, Buenos Aires 1994; Männliche Pädagogik – weibliche Liebe?, in: Erziehungswiss. oder Päd.?, hg. v. W. Böhm u. A. Wenger-Hadwig, 1998.

**Schwerhörigenpädagogik** bezeichnet das Insgesamt aller erzieherischen Maßnahmen, die das Entstehen von Lern-, Leistungs- oder sozialen Verhaltensstörungen bei Schwerhörigen verhüten oder beseitigen und ihre gesellschaftl. wie berufl. Eingliederung ermöglichen sollen. Das Erscheinungsbild von Hörbehinderungen kann nicht einheitlich beschrieben werden. Es hängt ab vom Entstehungszeitpunkt, von der Art und Umfänglichkeit (→ Mehrfachbehinderung) der Schädigung und von den sozialen Bedingungen. Verbunden mit den Beeinträchtigungen des auditiven Wahrnehmungsfeldes sind Störungen (Hemmungen) der sprachl., kognitiven und psychischen Entwicklung des Sozial-, Lern- und Leistungsverhaltens. Zusätzlich können Störungen, auch Behinderungen im körperl. Bereich auftreten (Sehschädigung, Körperbehinderung).

Unterschieden werden Schalleitungsschwerhörige (auditive Wahrnehmung, Hörweite herabgesetzt), Schallwahrnehmungsschwerhörige (Veränderung der Klangqualität), Altersschwerhörige (Nachlassen der Hörschärfe), Lärmschwerhörige (zunehmender Hörverlust oberhalb 4000 Hz durch momentanen oder andauernden Schalldruck).

Hörschäden können ererbt oder erworben (während der Schwangerschaft durch Röteln, Virusinfektion, etc.), Geburtsschäden (Sauerstoffmangel, Zangengeburt), Impfschäden, Unfall- und Lärmschäden sein. Bei Schwerhörigkeit besteht meist herabgesetzte psychische Belastbarkeit (leichte Ermüdbarkeit, Stimmungslabilität, emotionale Probleme), Interesseneinengung, gestörte sprachl.-geistige Entwicklung, Lernschwierigkeiten aufgrund sprachl.-auditiver Erfahrungsdefizite, evtl. intellektuelle Retardierung, vor allem bei hochgradig und mehrfachbehinderten Schwerhörigen.

Die → Behinderung drückt sich aus durch beinträchtigte auditive Sprachwahrnehmung (Falschhören), Schwierigkeiten bei der Sinnerfassung (Sprachverständnis), Beeinträchtigung von Sprachaufbau und Satzbau (Wortschatz, Syntax), Artikulations- bzw. Aussprachestörungen, insgesamt verminderte sprachl. Ausdrucksfähigkeit. Die Interaktion mit der Umwelt ist meist herabgesetzt (Kontaktprobleme auch in der Familie); die Selbst- und Fremdeinschätzung ist oft unrealistisch. Es besteht die Gefahr des sozialen Außenseitertums.

Zu den päd. Aufgaben im Bereich der S. gehören v. a. Sprach- und Sprecherziehung (Bewußtmachung sprachl. Grundstrukturen im Zusammenhang mit Ausbau residuär vorhandener Sprache, Förderung der Artikulation, Absehen von Sprechbewegungsformen vom Mund), kognitive Erziehung (Intelligenzförderung, Schulung von logischem Denken, von Gedächtnis und Beobachtung), emotionale und soziale Erziehung (Abbau psychischer Hemmungen, Aufbau von Lernmotivation, Förderung der Kommunikationsfähigkeit und -bereitschaft, Abbau von Fehlverhalten), Wahrnehmungserziehung (Sinnestraining) und Arbeitserziehung (Arbeitshaltung, Ermutigung).

Elektro-akustische Hörverstärker u. a. kom-

munikative Mittler (»feedback« beim Sprechen), spez. Arbeitsmittel und Lehrprogramme, sowie besondere Lernhilfen (→ Differenzierung, → Motivation, → Selbsttätigkeit, Isolierung von Problemen, Wiederholungen, handlungsorientiertes Arbeiten) werden angewendet.
Um die Förderung der schwerhörigen Kinder und Jugendl. bemühen sich: Untersuchungs- und Beratungsstellen (Früherkennung und → Beratung der Eltern und Erzieher), Hausfrüherziehung (→ Frühförderung), Wechselgruppen (temporäre Aufnahme von Müttern mit schwerhörigen Kindern, stationär oder ambulant, Beobachtung in der Gruppe, Hör- und Sprechtraining), → Sonderkindergärten, Sondertagesstätten, eigenständige Klassen oder Schulen für Schwerhörige (Grundschule, Sonderklassen für lernbehinderte bzw. mehrfach geschädigte Schwerhörige, Hauptschulen, Realschulen teilweise mit gymnasialer Oberstufe). Es wird auch zunehmend der Versuch gemacht, schwerhörige Kinder bei Gewährleistung sonderpäd. Hilfen in Regelkindergärten und -schulen zu belassen (→ Integration). Sonderberufsschulklassen (an Berufsschulen für Nichtbehinderte mit und ohne Sonderveranstaltungen für Schwerhörige) und Zentralberufsschulklassen für Hörgeschädigte und Gehörlose gliedern sich nach Berufsarten. Praktische Berufsausbildung durch Handwerksbetriebe, Lehrwerkstätten und überbetriebliche Ausbildungszentren bietet eine integrierende Berufsvorbereitung. Nachschulische Erziehung erfolgt in Form von Kursen (Umschulung, Forbildung, Sprachpflege) und in → Volkshochschulen. → Sonderpäd., → Gehörlosenpäd.

L.: G. Heese, Die Rehabilitation der Schwerhörigen, 1962; H. Jussen u. a., Lautbildung bei Hörgeschädigten, 1970, ³1994; P. Plath, Das Hörorgan u. seine Funktion, 1970, ⁵1992; A. Löwe, Frühverfassung, Früherkennung, Frühbetreuung hörgeschädigter Kinder, 1970, ³1992; W. Niemeyer, Abc für Hörgeschädigte, 1972; H. Jussen, Schwerhörige, ihre Bildung und Rehabilitation, in: Dt. Bildungsrat, Sonderpäd. 2, 1972; S. Vognsen, Hörbehindert, 1976; B. Fischer, Hilfe für hörgeschädigte Kinder, 1977; U. Bleidick, Einführung in die Behindertenpäd., Bd. 3, 1977, ⁴1995; A. Löwe, P. Billich, Hörhilfen für hörgeschädigte Kinder, 1979; H. Jussen, O. Kröhnert, Hdb. der Sonderpädagogik, Bd. 3: Pädagogik der Gehörlosen und Schwerhörigen, 1982; M. Krüger, G. Grunst, Perspektiven der Hörgeschädigtenpäd., 1985; U. Gegner (Hg.), Orientierungen der Hörgeschädigtenpäd., 1987; M. Kruse, H. Kiefer-Paehlke, Schwerhörigkeit – Probleme der Identität, 1988; R. v. Hauff, W. Kern, W. Walbiner (Hg.), Integration hörgeschädigter Schüler in der Oberstufe des Gymnasiums, 1989; J. Fengler, Hörgeschädigte Menschen, 1990; H. Jussen, H. Claußen (Hg.), Chancen für Hörgeschädigte, 1991; P. Heeg, Schulische Kommunikation stark schwerhöriger Kinder, 1991: A. Löwe, Hörgeschädigte Kinder in Regelschulen, 1985; ders., Päd. Hilfen für hörgeschädigte Kinder in Regelschulen, 1987; ders., Hörerziehung für hörgeschädigte Kinder, 1991; R. Wersich, Begriffsbildung bei hörbehinderten Vorschulkindern, 1992; Berufsverband Dt. Hörgeschädigtenpädagogen (Hg.), Von der Taubstummenbildung zur Hörgeschädigtenpädagogik, 1994; K. Schulte (Hg.), Standortbestimmung für Forschung, Lehre und Praxis der Gehörlosenpäd. und S., 1995; G. Diller, Hören mit einem Cochlear – Implant, 1997.

**Scuola serena.** Von → Boschetti Alberti in Agno (Tessin) begründete »heitere Schule«, die auf der freien, frohen Entfaltung der natürlichen Entwicklungsbedürfnisse der Schüler beruhte und das Prinzip der Selbsterziehung in einer schönen und musischen Umgebung verfolgte. → Reformpäd.

L.: A. Ferrière, L'aube de l'école sereine en Italie, Neuchâtel 1927; G. Lombardo Radice Athena fanciulla, Florenz 1931; W. Böhm, Die Reformpäd. in Italien u. Spanien, in: Die Reformpäd. auf den Kontinenten, hg. v. H. Röhrs u. V. Lenhart, 1994.

**Sehbehindertenpädagogik** bezeichnet das Insgesamt der päd. Bemühungen um sehbehinderte Menschen. Zu diesen zählen diejenigen, deren Sehvermögen etwa zwischen 1/20 und 1/50 der Sehnorm liegt. Im Gegensatz zu Blinden können sie sich in einem unbekannten Raum selbständig orientieren. Im Zusammenhang mit dem herabgesetzten Sehvermögen können Beeinträchtigungen der → Motorik, der schriftsprachl. Leistungen, des Sozialverhaltens, u. a. auftreten. Wichtig ist die möglichst früh einsetzende Ausstattung mit Kenntnissen, Fertigkeiten und Gewohnheiten, die trotz vorliegender → Behinderung eine Entfaltung der Persönlichkeit ermöglichen; dazu dienen u. a. Wahrnehmungserziehung, Förderung der Kulturtechniken, Sozialerziehung, motorisches Training, technische Erziehung, Kommunikations- und Kooperationstraining zur besseren Integration und Hilfen im emotionalen Bereich.

Die Notwendigkeit einer Sonderbeschulung Sehbehinderter wurde erst zu Beginn des 20. Jh.s erkannt. Eine wiss. Theorie der S. läßt sich jedoch auch heute nur in Ansätzen erkennen. Institutionen und Ziele der Erziehung Sehbehinderter sind im wesentlichen mit denen der → Blindenpäd. identisch oder entsprechen diesen.

L.: U. Beermann, Erziehung von Sehbehinderten, 1964; F. Mersi, Die Schulen der Sehgeschädigten, 1971; U. Beermann u. a. (Hg.), Sehbehinderte – eine Bibl., 1969–72; A. Blankennagel u. a., Hilfe für sehgeschädigte Kinder, 1975, [2]1977; F. Mersi, Die Erziehung Sehbehinderter, in: Dt. Bildungsrat, Sonderpäd. 5, 1975; W. Rath, S. in: U. Bleidick u. a., Einf. in die Behindertenpäd., Bd. 3, 1977, [3]1992; [4]1995; S. Solarova, S., in: H. Bach u. a., Sonderpäd. im Grundriß, 1978, [13]1989; P. Appelhans, E. Krebs, Kinder u. Jugendl. mit Sehschwierigkeiten in der Schule, 1983, [2]1985; W. Fromm, R. Degenhardt u. a., Rehabilitationspäd. für Sehgeschädigte, 1984, [2]1990; W. Rath, D. Hudelmayer (Hg.), Hdb. der Sonderpäd. Bd. 2: Pädagogik der Blinden u. Sehbehinderten, 1985; W. Rath, P. Appelhans u. a., Sehauffällige Schüler in allgemeinen Schulen – Sehbeeinträchtigung als Variable schulischen Lernens, 1985; W. Rath, S., 1987; Deutscher Blindenverband e.V. (Hg.), Enzyklopädie des Blinden- u. Sehbehindertenwesens, 1990; J. Schwier, Spiel und Bewegungskarrieren sehgeschädigter Kinder und Jugendlicher, (Diss.) 1995.

**Sekunda,** heute veraltete Bezeichnung für die sechste (Unter-S.) und siebte (Ober-S.) Klasse des → Gymnasiums.

**Sekundarschulen,** Schulen, die auf dem → Primarbereich aufbauen und die dort begonnenen Bildungsbemühungen weiterführen. In der BRD zählten nach dem → Hamburger Abkommen (1964) dazu Haupt-, Realschulen und Gymnasium. »S.« heißen außerdem neu eingeführte integrierte Formen von Haupt- und Realschulen in → Niedersachsen und → Sachsen-Anhalt, die ebenso wie die »Erweiterte Realschule« im → Saarland, die »Mittelschule« in → Sachsen, → die »Regionale Schule« in → Rheinland-Pfalz und die »Integr. Haupt- und Realschule« in → Hamburg, neuartige S. darstellen.

**Sekundarstufe,** die auf die Primarstufe aufbauenden Schulen wie Hauptschule, Realschule und Gymnasium. Der → Strukturplan des Dt. Bildungsrates (1970) sieht eine differenzierte Stufenschule mit horizontaler statt vertikaler Stufung (→ Bildungswesen) vor. Er unterscheidet Sekundarstufe I (Klasse 5–10) und Sekundarstufe II (unter Einbeziehung des berufl. Schulwesens: Klassen 11–13).

**Selbsterziehung** meint im Unterschied zu »Fremderziehung«, d. h. zu jedem erzieherischen Einwirken von außen, den Sachverhalt, daß der → *educandus* aus eigener Einsicht und aus eigenem Entschluß → Erziehungsziele übernimmt, bejaht oder sich selber setzt sowie nach Kräften und Möglichkeiten an ihrer Realisierung arbeitet. Will man Erziehung nicht auf jene »fremden« Einwirkungen und die von außen induzierten Veränderungen einschränken, sondern versteht man Erziehung als einen Prozeß der personalen Selbstgestaltung, dann ist im Grunde alle Erziehung S. und alle »Fremderziehung« nur Hilfe zur S. → Person.

L.: F. W. Foerster, Erz. und S., 1917 (später u. d. T. die Hauptaufgaben der Erz.); R. Guardini, Briefe über Selbstbildung, 1921 u. ö.; F. Schneider, Die S., 1936 u. ö.; H. Henz, Lehrbuch der systemat. Päd., 1964, [4]1975; F. Rittelmeyer, Einen leuchtenden Kern im Inneren schaffen: Aphorismen zur S., 1992; S. Hellekamps, Selbsterschaffung und Bildsamkeit, in: Zschr. f. Päd., 42 (1996) H. 5; H. Grill, Erz. und S., 1997; W. Böhm, Entwürfe zu einer Päd. der Person, 1997.

**Selbstkonzept** bezeichnet die Einschätzung, die eine Person über ihre eigene Persönlichkeit, über ihre Leistungsfähigkeit und über ihr Verhalten hat, gewöhnl. verbunden mit einem Werturteil. Der Begriff geht auf C. → Rogers zurück und bildet nach ihm einen Grundbestandteil der Persönlichkeit. Das S. wird gebildet aufgrund der sozialen Erfahrung und → Interaktion mit anderen; umgekehrt werden das eigene Anspruchsniveau, das Verhalten und die sozialen Beziehungen stark vom S. geprägt.

L.: The Self, ed. J. Strauss u. a., New York 1991; S. H. Filipp, S.-Forschung, [3]1993; W. Friedlmeier, Entwicklung von Empathie, S. und prosozialem Handeln in der Kindheit, 1993; R. Prior, S.e von Vorschulkindern, 1998.

**Selbststudium,** der im Hochschulstudium neben den offiziellen Lehrveranstaltungen (Vorlesung, Seminare, Übungen etc.) selbst zu erarbeitende Teil der Kenntnisse und Fähigkeiten. Dazu gehört das Durcharbeiten der grundlegenden Fachliteratur, das Verfertigen von Referaten und Seminararbeiten, das Verfassen von Diplomarbeiten u. ä. Je nach Studiengebiet ist der Anteil des S.s am gesamten Studium größer oder geringer; auf ein angemessenes S. kann aber in keinem Fall verzichtet werden.

**Selbsttätigkeit** ist eine Tätigkeit aus eigenem Antrieb und mit eigener Zielstellung. Sie kann entweder spontan einsetzen oder durch den Lehrer provoziert werden. Die S. des Schülers soll überall da berücksichtigt werden, wo der Unterricht und die Entwicklungsstufe des Schülers sie erlauben. Sie zwingt zu eigenen Überlegungen, die dann zu verschiedenen Lösungsversuchen führen. Dadurch wird das Problembewußtsein gefördert und Selbständigkeit im Denken, Handeln und Urteilen erreicht. Voraussetzung für S. ist die innere Anteilnahme an den zu lösenden Problemen und d. Bereitstellung von Arbeitsmitteln. Durch Vermittlung von Arbeitsmethoden kann der Lehrer die S. seiner Schüler fördern. → Arbeitsschule, → Kreativität, → Reformpäd. → Erziehungsmittel (Lit.).

L.: R. Ahrbeck (Hg.), Beiträge zur Bedeutung des S.sprinzips in der klass.-bürgerl. Päd., 1981; M. Parmentier, S., Pädagog. Takt und relative Autonomie, in: Vjschr. f. wiss. Päd. 67 (1991) H. 2.

**Selbstverwirklichung** → Person.

**Selektion** → Auslese.

**Semester,** das akadem. Studienjahr wird gewöhnlich in zwei S. aufgeteilt: Sommer-S. von April bis September, Winter-S. von Oktober bis März. Die vorlesungsfreien Zeiten heißen S.-Ferien.

**Seneca,** Lucius Annaeus, * um 4 v. Chr. Córdoba, † 65 n. Chr. Rom; Erzieher des Nero, bedeutender Vertreter der → Stoa; betonte angesichts der natürlichen Schwäche des Menschen die Notwendigkeit von → Askese und → Selbsterziehung.

Schr.: Vom glückseligen Leben, KTA, Bd. 5, [14]1978; Phil. Schriften, Neuausg. in 4 Bdn., hg. v. O. Apelt, 1993; Phil. Schriften, dt.-lat., 5 Bde., hg. v. M. Rosenbach, 1999; Das glückliche Leben/De vita beata, hg. v. G. Fink, 1999.

L.: J. L. García Garrido, La filosofía de la educación de L.A.S., Madrid 1969; T. Johann (Hg.), Erziehung und Bildung in der heidn. und christl. Antike, 1976; V. Sørensen, S. Ein Humanist an Neros Hof, 1984; [3]1995; G. Maurach, S., 1991, 2. erw. Aufl. 1996; S. und wir. Zugänge zur Aktualität seiner Lehre, hg. v. F. Maier, 1992; W. Wilhelm, Erz. zur Selbsterz. S., der paedagogus generis humani, in: Menschenbilder, hg. v. C. Menze u. a., 1993; G. Maurach, S. Leben und Werk, 1996; M. Giebel, S., 1997.

**Sensualismus.** Philosophische bzw. psychologische Richtung, die alle unsere Erkenntnisse auf Sinneswahrnehmungen zurückführt. Epikur, Hume, → Locke (»Nichts ist im Verstande, was nicht vorher in den Sinnen war«), B. de Condillac (1715–80) u. a. vertraten den S.; vorwiegend über Arztpädagogen wie → Itard, Séguin, → Descoeudres, → Montessori u. a. wurde er in die Päd. eingebracht und führte zur Betonung der Sinneserziehung, bes. in der → Sonderpäd.

**setting.** Eine noch schärfere als beim → *streaming* vorgenommene Gruppierung der Schüler nach ihrer Begabung und Leistung, und zwar in den einzelnen Hauptfächern. → Differenzierung.

**Sexta,** heute veraltete Bezeichnung für die Eingangsklasse des → Gymnasiums.

**Sexualerziehung** (SE), auch Sexualpädagogik (SP) oder Geschlechtserziehung genannt, gründet auf der Sonderstellung der menschl. Sexualität; in ihrer Ausübung nicht der Natur oder restlos Trieben unterworfen (wie etwa die Brunftzeiten der Tiere), ist sie nicht bloßes Mittel zur Bedürfnisbefriedigung und zur Fortpflanzung, sondern ihr kommt als personal verantworteter, menschl. Grundbefindlichkeit Eigenwert zu, und sie bedarf der Integration in die Gesamtheit der → Person. Obwohl scheinbar ein ganz individuelles Phänomen, ist sie nicht rein privater Natur, sondern in gesellschaftl. Zusammenhänge verflochten (vgl. die moderne Ethnologie, M. Mead). Auf ihre Bedeutung für die menschl. Entwicklung und seine psychophysische Gesundheit haben S. → Freud und die → Psychoanalyse bes. deutlich hingewiesen. Durch die Bezogenheit auf das andere Geschlecht eignet der Sexualität von Natur aus ein den Egoismus transzendierender Auftrag zur zwischenmenschl. sozialen Verantwortung und

**Sexualerziehung**

Kultivierung. Um dieser Verantwortung und Aufgabe gerecht zu werden, ist ein freies, weder durch Prüderie noch durch Promiskuität oder Laszivität pervertiertes Verhältnis zur eigenen Sexualität notwendig. In einer durch Werbung u. ä. immer stärker sexualisierten Gesellschaft, die gleichzeitig noch immer Sexualität tabuisiert, kommt der SE bes. Bedeutung zu, will man den jungen Menschen nicht der Zufälligkeit von Lernprozessen auf diesem Gebiet ausliefern. Schon gegen Ende des Kaiserreichs erkannte man das Problem (1909/10 Preisausschreiben des Dürer-Bundes zum Thema der sexuellen Aufklärung), die Aufgabe selbst ordnete man dem natürl. Recht der Eltern zu, ihre Kinder »aufzuklären«. Daß viele Eltern dieser Aufgabe nicht nachkommen können oder wollen, ruft Pädagogen und Schulreformer auf den Plan. 1968 verabschiedete die → KMK Empfehlungen zur SE in der Schule, nicht als eigenes Fach, sondern als Aufgabe, d. h. als Erziehungs- und Unterrichtsprinzip verschiedener Fächer (v. a. Biologie und Religion); 1992 wurde SE von der KMK als wichtige Teilaufgabe einer umfassenden »Gesundheitserziehung« definiert.

Über Recht und Art schulischer SE herrscht bis heute Dissens. Ein Streitpunkt ist ihr zeitl. Beginn: schon in früher Kindheit, entsprechend der Entdeckung der frühkindl. Sexualität durch S. Freud, oder erst, wenn das Kind selbst Fragen stellt oder »reif« ist. Eine extrem konservative Auffassung will SE nur den Eltern vorbehalten; eine radikale Gegenposition sieht in der geltenden → Sexualmoral ein Herrschaftsinstrument der herrschenden Klasse und will durch möglichst frühe und möglichst freizügige SE bestehende Unterdrückung von Menschen aufbrechen (»repressive Sexualmoral«, »Bejahung« der kindl. Sexualität in der sog. → antiautoritären Erziehung). Beide Positionen verfehlen in ihrer Einseitigkeit das Problem ebenso wie eine sich in bloßer Information über die biophysiologischen »Tatsachen« erschöpfende SE. Am 21. 12. 1977 hat der Erste Senat des Bundesverfassungsgerichts die Verfassungsmäßigkeit schulischen Sexualkundeunterrichts grundsätzlich bestätigt, dabei aber Rücksichtnahme auf relig. und weltanschaul. Überzeugung sowie wiss. Exaktheit der vermittelten Information verlangt und jede Form der → Indoktrination verboten. Danach hatten alle Bundesländer die SE durch Richtlinien zu regeln und in Schulgesetzen zu verankern. Eine strenge Methodik der SE erscheint problematisch, da gerade hier sehr viel von der jeweiligen → Individuallage abhängt. Grundsätzlich sind Offenheit, Ehrlichkeit, Ungekünsteltheit, personales Engagement und Dialogbereitschaft zu empfehlen. Als Ziele der SE können gelten: Wissen um die eigene Geschlechtlichkeit, ihre biolog. Grundlagen, ihre psychosomatische Bedeutung, ihre ethisch-moralische Besetzung und die damit verbundene Verantwortung sowie Angstfreiheit, Offenheit, Respekt vor Intimität und Scham und vor allem Liebesfähigkeit.

Der Förderung der SE dient die »Dt. Gesellschaft für Geschlechtserziehung«, u. a. durch die regelmäßigen DGG-Informationen zu Theorie und Praxis der SE.

SE sollte die Erkenntnisse der empir. Sexualforschung besonders im Hinblick auf das Sexualverhalten und die sexuellen Leitvorstellungen Jugendlicher kennen und berücksichtigen, auch wenn sich aus der Kenntnis des tatsächl. Verhaltens keine Normen ableiten lassen. Insbesondere eine wirksame Aufklärung über Empfängnisverhütung sowie über die Immunschwächekrankheit AIDS und deren Vorbeugung muß aber vom tatsächl. Sexualverhalten Jugendlicher ausgehen. Im Hinblick auf den sexuellen Mißbrauch von Kindern gewinnt die präventive Funktion der SE zunehmend an Bedeutung (wissende Kinder sind besser geschützte Kinder).

L.: H. Scarbath, Geschlechtserziehung, 1967, ²1969; W. Fischer u. a. (Hg.), Normenprobleme in der SP., 1971; B. Hermann, SE. im Religionsunterricht, 1971; V. Sigusch, G. Schmidt, Jugendsexualität, 1973; H. Kentler, Eltern lernen SE., 1975; D. Wyss, Lieben als Lernprozeß, 1975; N. Kluge (Hg.), SE. als Unterrichtsprinzip, 1976; ders. (Hg.), S.unterricht, 1976; H. J. Gamm, F. Koch (Hg.), Bilanz der SP., 1977; N. Kluge, Einf. in die SP., 1978; K. Pacharzina, K. Albrecht-Désirat (Hg.), Konfliktfeld Kindersexualität, 1978; R. Maskus, 20 Beitr. zur Sexual- und Geschlechtserziehung, 1979; H. Selg, Ch. Glombitza, G. Lischke, Psychologie des S.verhaltens, 1979; S. Fricke, M. Klotz, P. Paulich, SE. in der Praxis, 1980; Sex Education in the Eighties, ed. L. Brown, New York 1981; Bundesmin. für Jugend, Familie und Gesundheit (Hg.), Sexualität und Kontrazeption aus der Sicht der Jugendlichen und ihrer Eltern, 1983; N. Kluge (Hg.), Hdb. der Sexualpäd.

2 Bde., 1984; N. Kluge, SE statt Sexualaufklärung, 1985; L. J. Dietz, SE aber wie?, 1985; W. Böhm, Männl. Päd. – weibl. Erziehung, 1989; W. Müller, Skeptische Sexualpäd., 1992; K. Etschenberg u. a., Unterricht Biologie, Sammelbd. Sexualität, 1996; Duden, Schülerlexikon, 1997; N. Kluge, Aufklären statt Verschweigen, 1998; ders., Sexualverhalten Jugendlicher heute, 1998.

**Sexualethik.** In der (philos. bzw. theol.) S. geht es zunächst um die Befindlichkeit der menschl. Geschlechtsgemeinschaft und die mit ihrer Gestaltungsfreiheit aufgegebene Verantwortung; die S. betont die durchgängige Verbundenheit von Bios und → Person im Bereich von Eros und → Libido. Spezielle Themen betreffen das kindl., adoleszente, voreheliche und eheliche Sexualverhalten, die Ehe überhaupt, Fragen der Geburtenregelung und Schwangerschaftsunterbrechung, der künstlichen Befruchtung und das Problem der Homosexualität. Der Diskussionsstand in der S. ist entsprechend den unterschiedlichen Normsystemen der pluralistischen Gesellschaft komplex und widersprüchlich. Hat noch bis vor kurzem die → Psychoanalyse die traditionelle kirchl. Sexualmoral als neurosenerregend hingestellt (vgl. → Freud, → Reich), so scheint umgekehrt die zunehmende Liberalisierung des Sexualverhaltens nicht weniger psychische Probleme zu erzeugen (Chr. Meves, R. Affemann). Die Abkehr von überholten Moralgrundsätzen führt nicht automatisch zu mehr Autonomie und Freiheit, sondern unter Umständen zu sublimerer und raffinierterer Außenlenkung durch kurzfristige Modetrends.

L.: H. Thielicke, S., 1966; A. Schelkopf (Hg.), Sexualität, Formen und Fehlentwicklung, 1968; W. Trillhaas, S. 1969; E. Fromm, Die Kunst des Liebens, neubearb. dt. 1980; P. Ariès, A. Béjin, Die Masken des Begehrens und die Metamorphosen der Sinnlichkeit, dt. 1986; B. Busche, S. kontrovers, 1989; W. Böhm, Männl. Päd. – weibl. Erz.?, 1989 (Kap. 4); Mann u. Frau – Frau u. Mann, hg. v. W. Böhm u. M. Lindauer, 1992; M. Dannecker, Das Drama der Sexualität, 1992.

**Siemsen,** Anna, * 18. 1. 1882 Mark (Westf.), † 22. 1. 1951 Hamburg; Gymnasiallehrerin und Politikerin, 1909 Dr. phil. München, 1923–33 (Honorar-)Prof. für Germanistik und Päd. Univ. Jena, 1933 emigriert, 1946 o. Prof. für Literatur und Päd. Univ. Hamburg; lebhaft am polit., wirtschaftl. und gesellschaftl. Leben interessiert, sah sie Erziehung als notwendige Ergänzung des polit. Kampfes für die sozialist. Ideen; setzte sich vor allem für eine enge Verknüpfung von Allgemein- und Berufsbildung ein.

Schr.: Erziehung und Gemeinschaftsgeist, 1921; Beruf und Erziehung, 1926; Religion, Kirche und Sozialismus, 1930; Auf dem Wege zum Sozialismus, 1932; Die gesellschaftl. Grundlagen der Erziehung, 1948.
L.: August Siemsen, A. S., 1951; I. Neuner, Der Bund entschiedener Schulreformer, 1980; R. Schmölders, A. S., 1992; R. Rogler, A. S., 1994, I. Hansen-Schaberg, »Mütterlichkeit« und »Ritterlichkeit«?, in: Neue Sammlung 36 (1996) H. 4.

**sittliche Erziehung.** Sittlichkeit bezeichnet die freie Entscheidung des Menschen für das Gute, Wahre (und Schöne), die weder der Beliebigkeit und Willkür noch der Determination und dem Zwang unterliegt. S. E. kann daher nicht Einpassung in ein fertiges, starres System von Normen und Dogmen meinen, sondern muß sich als Hilfe zur Personwerdung verstehen, d. h. als Förderung der Fähigkeit, sich in bestimmten, konkreten Situationen selbstverantwortlich für sittl. begründete und gerechtfertigte Handlungen oder Handlungsweisen entscheiden zu können (→ Ethik und Päd.). Dabei kann nicht von vornherein festgelegt werden, was als sittl. zu gelten hat; es bedarf vielmehr der Reflexion des jew. Handelnden auf die Verwirklichung allg. Prinzipien (z. B. des christl. Hauptgebots der Gottes- und Nächstenliebe) in der konkreten, einmaligen → Situation. S. E. ist nicht norm- oder wertfrei, die Anerkennung der Normen oder Werte ist aber nur als (wirkliche) Entscheidung, nicht als sklavische Unterwerfung eine sittl. (vgl. → Kants Unterscheidung von Legalität und Moralität).
Eine Auffassung von s. E. als Übertragung und Aneignung von → Brauchtum und »herrschenden Sitten« greift zu kurz, weil sie die Selbstverantwortung des → Individuums zu wenig berücksichtigt. Andererseits ist s. E. auch nicht auf den Bereich des Privaten beschränkt, weil sie auf (auch und gerade soziales) Handeln abzielt und folglich polit. Relevanz hat (Werterziehung). S. E. kann sich nicht auf sprachl. Belehrung beschränken; als → Erziehungsmittel kommen Provokation, → Dialog (z. B. im → Rollenspiel), → Vorbild, → Beispiel u. ä. in Betracht.
→ Pestalozzi hat in seinem Stanser Brief eine

Art Elementarmethode der s. E. entworfen, die folgende Momente umfaßt: 1. Allseitige Besorgung, Weckung des Vertrauens, Befriedigung der primären Bedürfnisse der Kinder; 2. Übungen, Handlungen unter sittl. Anspruch innerhalb des jew. Lebenskreises der Kinder; 3. Reflexion auf das Handeln und die es bestimmenden Prinzipien. Die Verbindung »religiös-sittliche Erziehung« weist darauf hin, daß das fundierende Normensystem meist den Religionen entnommen wurde und wird und s. E. in der Schule zumeist dem → Religionsunterricht aufgetragen wurde. Diese Einschränkung erscheint verfehlt, da sie Sittlichkeit auf nur einen Bereich des Handelns und der → Person eingrenzt. → Selbsterziehung, → Gewissen, → Gewissenserziehung, → Ethikunterricht (Lit.).

L.: Pestalozzi über seine Anstalt in Stans, mit e. Interpretation von Wolfgang Klafki, 1971, ³1975; J. Fellsches, Moral. Erziehung als polit. Bildung, 1977; R. Straughan, Can We Teach Children To Be Good, London 1982; L. Kerstiens, Das Gewissen wecken, 1987; U. Baumann, Eth. Erz. und Wertwandel, 1987; G. E. Schörner, Moral. Erz., 1989; H.-G. Liebertz, Moralerz. und Wertpluralismus, 1990; H. Henz, Eth. Erz., 1991; J. Rekus (Hg.), Schulfach und Ethik, 1991; H. Huber (Hg.), Sittl. Bildung, 1993; S. Uhl, Die Mittel der Moralerz. und ihre Wirksamkeit, 1996; J. M. Halstead, M. J. Taylor (Hg.), Values in Education and Education in Values, London 1996.

**Situation** (lat.: Lage, Befindlichkeit), bezeichnet einen auf → Personen bezogenen Sachverhalt. Die S. ist im Gegensatz zum unpersönlich, unbeteiligt und rein theoretisch betrachtbaren Fall einmalig, individuell; der Mensch »befindet« sich in ihr, und sie hat Forderungscharakter. → Pestalozzi sprach in diesem Sinne von → Individuallage; → Guardini hat gezeigt, daß die S. Stellungnahme, Entscheidung, Handeln erfordert. Da die an Erziehung Beteiligten geschichtl. und freie Personen sind, vollzieht sich erzieherisches Geschehen immer in S.n; darüber darf die Tatsache nicht hinwegtäuschen, daß sich die Erziehungswiss. mit »Fällen«, d. h. Generalisierungen und Abstraktionen, beschäftigt. → emp.-analyt. Erz.-wiss., → Existentialismus, → Forschungsmethoden.

L.: M. Pfliegler, Die päd. S., 1932; R. Guardini, Grundlegung der Bildungslehre, 1953, u. ö.; B. Haupt, S. – S.sdefinition – soziale S., 1984; E. Schott, Psychologie der S., 1991.

**Sitzenbleiben,** das Wiederholen einer Klasse durch einen → Schüler, der das Klassenziel nicht erreicht hat. Die Versetzungsbestimmungen sind in den einzelnen Schulordnungen der Länder geregelt. Das S. steht in einem engen Zusammenhang des Schulaufbaus nach → Jahrgangsklassen. Bei fachspezifischer Differenzierung dagegen (z. B. in der integrierten → Gesamtschule) wird das S. vermieden. → Jena-Plan, → Waldorf-Schule.

**Skeptische Pädagogik,** geht von der historisch-systematischen Problematik eines begründeten, unbedingten Wahrheits- und Geltungsanspruchs der Päd. in Theorie und Praxis aus; in der skeptischen Kritik am Letztgültigkeitsanspruch einer transzendentalanalyt. Prinzipienpäd. und mit der Unterscheidung von skeptischer Methode und metaphys. Position erfolgt mittels philos. Sprachkritik und sokratischem Fragen eine skeptisch-pädagogische Grundlagenreflexion und zugleich eine konzeptionell-gegenstandskonstituierende Theoriebildung. → Kant, → normative Päd., → Philosophie der Erz., → Sokrates; → Transzendentalphilosophie, transzendentale Päd.

L.: Pädagogische Skepsis, hg. v. D. J. Löwisch u. a. (FS W. Fischer), 1988; W. Fischer, Unterwegs zu einer skeptisch-transzendentalkrit. Päd., 1989; ders., J. Ruhloff, Skepsis und Widerstreit, 1993; A. Musgrave, Common Sense, Science and Scepticism, Cambridge 1993; Vjschr. f. wiss. Päd., 70 (1994) H. 1 (Themenheft).

**Skinner,** Burrhus Frederic, * 20. 3. 1904 Susquehanna (Pennsylvania), † 18. 8. 1990 Cambridge (Mass.); Ph. D. Harvard 1931, Prof. f. Psych. in Harvard seit 1948; als Hauptvertreter des → Behaviorismus vertrat S. eine Verhaltenswiss. und -technologie auf der Basis, daß Verhalten nur durch seine Folgen gebildet und erhalten wird; als Hauptkritiker aller Positionen, die für die Freiheit und Selbstbestimmung des Menschen eintreten, sah S. den Menschen durch seine Umwelt bedingt; daher könnten eine neue Gesellschaft und ein neuer Mensch nur durch eine – von Menschen wiss. geplante – Umwelt geschaffen werden (vgl. S.s utopischen Roman »Walden Two«, New York 1948, ²1976; dt. Futurum Zwei, 1972). → Programmierter Unterricht.

Schr.: Wiss. und menschl. Verhalten, (engl. 1953), dt. 1973; Jenseits von Freiheit und Würde, (engl. 1971), 1973; Was ist Behaviorismus?, dt. 1978.
L.: H. Wheeler (Hg.), Beyond the Punitive Society, London 1973; H. W. Leonhard, Behaviorismus und Päd. 1978; R. W. Proctor, The goal of B.F.S. and behavior analysis, New York, Heidelberg 1990.

**Social-demand-approach,** wichtiger Ansatz der → Bildungsökonomie. Er liegt z. B. dem → Bildungsgesamtplan und den Regionalplänen der → UNESCO zugrunde. Unter Beachtung von demographischer Entwicklung und Zielen der → Bildungspolitik wird die gesellschaftlich bedingte Nachfrage nach bestimmten Bildungsgängen aus der Gegenwart in die Zukunft projiziert. Als Grundlage dient meist ein Strömungsbild, das die Entwicklung der Schüler- und Studentenzahlen (nach Zu-, Über- und Abgängen) darstellt. Das als Ergebnis ermittelte Angebot an qualifizierten Abschlüssen ist für Wirtschaft und → Bildungsplanung bedeutsam.
Kritisiert wird, daß der sda. nur die Vergangenheit fortschreibt, die Ursachen und Folgen von Veränderungen des Angebots nicht beachtet, Bildung als unabhängig von der ökonomischen Verwertung (als Bürgerrecht, mit Eigenwert, als Konsum) sieht und keine Abstimmung mit dem Arbeitsmarkt (Nachfrage, bildungsadäquate Beschäftigung) durchführt.
L.: → Bildungsökonomie.

**social studies,** im englischsprachigen Raum gebräuchliche zusammenfassende Bezeichnung für den Unterricht in den Fächern, die das Soziale im weitesten Sinne betreffen (Geographie, Geschichte, polit. Bildung u. a.).

**social work.** Das s. w. entsteht um die Jh.wende auf dem soziokulturellen Hintergrund der USA: beschleunigte techn.-wirtschaftl. Revolution, Entstehung großstädtischer Ballungszentren, Einwanderungswellen, Vielfalt ethnolog. Gruppen, große Gegensätze zw. Arm und Reich, psychische Mangelerscheinungen. Während in Europa früh staatl. organisierte Fürsorge entstand, dominierten in den USA private Initiativen und führten zu oft rivalisierenden Komitees und Vereinen. Von England inspirierte Bürgerinitiativen wie die *Charity Organization Society* (COS) und das *Social Settlement Movement* sowie Organisationen für Jugendliche und junge Erwachsene (z. B. → Pfadfinder) wollten sowohl die materiellen Hilfeleistungen als auch die freiwilligen Helfer koordinieren und trugen zur → Professionalisierung des s. w. bei. Diese wurde jedoch erst durch die sog. *agencies* (Fürsorgestellen in Analogie zu Handelsagenturen) bewirkt. Öffentl.-staatl. Wohlfahrtspflege und soziale Sicherung setzen in den USA mit dem 1. Weltkrieg und der Wirtschaftskrise der ausgehenden 20er J. ein (1935 erstmals umfassende Sozialgesetzgebung).
Definitorische Aussagen über Begriff und Gegenstandsfeld des s. w. können aufgrund seiner evolutionären Dynamik nur von begrenzter Gültigkeit und Dauer sein. S. w. ist heute Oberbegriff für berufl. ausgeübte Dienstleistungen mit spezifischen Methoden (social casework/soziale Einzelhilfe; social group work/soziale Gruppenarbeit; community organization/soziale Gemeinwesenarbeit; social work research/Sozialarbeitsforschung sowie social administration) und mit dem Ziel, sozial benachteiligten Individuen und Gruppen, → Außenseitern und → Randgruppen psychosoziale wie sozialpäd. Betreuung und soziale Hilfe zu gewähren: direkt durch interpersonale Hilfe und indirekt durch die Umgestaltung der situativen Gegebenheiten. Die Klientel des s. w. umfaßt alle Altersgruppen, wobei sich s. w. im Rahmen der ›case work‹- oder ›group work‹-agency oder der Familienfürsorge ambulant vollzieht und in Heimen und Strafanstalten in den gesamten Lebensvollzug der Institutionen integriert ist. Seit 1945 drangen die Ideen des s. w. verstärkt nach Europa, bes. in die Bundesrep. und in die Schweiz, und wirken auf Theorie und Praxis der → Sozialarbeit und → Sozialpäd.

L.: H. Tuggener, s. w., 1971; H. Böttcher, Sozialpäd. im Überblick, 1975; J. B. Turner (Hg.), Encyclopedia of social work 17, 1–2.17 ed. Mit Supplement, 1977; W. R. Wendt, Gesch. der sozialen Arbeit, 1983; E. U. Huster u. a. (Hg.), Zukunftsfragen der sozialen Arbeit, 1984; Th. Olk, H.-U. Otto (Hg.), Gesellschaftl. Perspektiven der Sozialarbeit, 1985; M. Erler, Soziale Arbeit, 1993, ²1994; H. Thiersch, K. Grunwald, Zeitdiagnose Soziale Arbeit, 1995; H. S. Falck, Membership: eine Theorie der sozialen Arbeit, dt. 1997; J. Schilling, Soziale Arbeit, 1997.

**Soëtard,** Michel, * 29. 11. 1939 Wervicq, Doctorat d'Etat 1978, lehrte an der Kath.

Univ. Lille, seit 1991 Prof. für Erziehungsphilosophie und Geschichte der Päd. an der Univ. Catholique de l'Ouest in Angers; Gastprof. in Padua und Würzburg. Auf dem Pestalozzischen Werk fußend und in krit. Auseinandersetzung mit der philosophisch-idealist. Päd. bemüht er sich um eine epistemolog. Klärung der Erziehungsidee und um eine eigenständige Leistung des päd. Denkens.

Schr.: Pestalozzi ou la naissance de l'éducateur, Bern 1981; Le problème de l'unité des sciences de l'éducation, in: Education Comparée, 1983; De la science aux sciences de l'éducation, in: Il concetto di pedagogia ed educazione nelle diverse aree culturali, ed. Winfried Böhm, Pisa 1988; Pestalozzi, Luzern 1987; Jean-Jacques Rousseau, Zürich 1989; Friedrich Fröbel, Paris 1990; Pestalozzi, Paris 1995; Le savoir de l'éducation dans son rapport á l'action, in: Anneé de la Recherche en Sciences de l'Education, Paris 1998; Nature et liberté en éducation, in: Éducation et philosophie, ed. J. Houssage, Paris, 1999.

**SOKRATES,** Aktionsprogramm der → Europäischen Gemeinschaft (einschl. Islands, Liechtensteins, Norwegens im Rahmen eines Zusatzabkommens und einiger Länder Mittel- und Osteuropas) für eine transnat. Zusammenarbeit der Bildung. Es schließt sämtl. Programme und Aktionen (→ ERASMUS, → LINGUA, → EURYDICE u. a.) zusammen, beschränkt sich aber nicht nur auf deren Fortsetzung, sondern entwickelt sie weiter, indem es neue Elemente bzw. Programme einführt (→ COMENIUS). Dem umfassenden Programm wurde das Gesamtziel gesetzt, »zur Verbesserung von Qualität und Stellenwert der allgemeinen Bildung für Kinder, Jugendliche und Erwachsene beizutragen, die europäische Zusammenarbeit zu vertiefen und den Zugang zum gesamten Spektrum der in der Gemeinschaft verfügbaren Lernmöglichkeiten zu erweitern«. Es umspannt in seiner ersten Phase den Zeitraum von 1995 bis Ende 1999 mit einem Gesamtvolumen von 850 Mill. EUR. Die Verantwortung für die Durchführung des Programms liegt bei der Europäischen Kommission bzw. bei den nationalen S.-Kommitees.

**Sokrates.** Obwohl S. (ca. 470–399 v. Chr.), der Lehrer → Platons, kein literarisches Werk hinterlassen hat, gilt er als größter Lehrer des Abendlandes. S. wollte gegenüber den → Sophisten kein fertiges Wissen vermitteln, sondern den Scheincharakter vermeintlich gesicherten Wissens aufzeigen (Ironie). Nicht professionelle, sondern ethische Fragen stehen im Mittelpunkt seines Erziehungsdenkens; die das menschl. Leben leitenden Begriffe (das Gute, das Gerechte, das Tugendhafte etc.) lassen sich nicht definitorisch festlegen, sondern bedürfen der dialogischen Argumentation (päd. Methode des → Dialogs). Höchstes Ziel der Erziehung ist es nicht, Regeln und Macht über andere zu verleihen, sondern den → educandus zu eigenem kritischen Denken anzuregen; er soll Vorurteile überwinden und für das Eingesehene einstehen. Als sokratische Methode bezeichnet man ein Verfahren, das durch kluges Fragen den Schüler zu eigener Erkenntnis führen will (Mäeutik, geistige »Hebammenkunst«).

L.: H. Nohl, S. und die Ethik, 1904; H. Kuhn, S., 1934; E. Tayler, S., London 1935; W. Jaeger, Paideia, 2. Bd. 1936; W. K. Richmond, S. and the Western World, London 1954; B. Waldenfels, Das sokrat. Fragen, 1961; E. Lichtenstein, Der Ursprung der Päd. im griech. Denken, 1970; A. Patzer (Hg.), Der histor. S., 1987; G. Böhme, Der Typ S., 1988, ²1992; J. Irmscher, S., 1989; G. Martin, S., 1990; I. F. Stone, Der Prozeß gegen S., 1990; R. Mugerauer, Sokrat. Pädagogik, 1992; P. Abbs (Hg.), Socratic education, Hull 1993; H. Kessler (Hg.), Sokrates, 3 Bde., 1993; G. Figal, S., 1995, ²1998; W. H. Pleger, S. Der Beginn des philos. Dialogs, 1998.

**Sonderkindergärten,** auch Sonderschulkindergärten, sind Fördereinrichtungen für Kinder ab dem 3./4. Lj., welche voraussichtlich eine Sonderschule besuchen werden. Die verschiedenen Einrichtungen der S. unterscheiden sich nach Art der Störung, der aufgenommenen Kinder (blinde, gehörlose, geistigbehinderte etc. Kinder). Aufgabe der S. ist die gezielte Förderung und heilpäd. Erziehung durch geschultes Personal. Spielerisch geübt werden die Bereiche → Motorik, Sprache, Sozialverhalten und allg. kognitive Aktivitäten. Eine frühe Förderung behinderter oder von Behinderung bedrohter Kinder ist besonders wichtig, weil gerade im Vorschulalter gute Lernmöglichkeiten bestehen, Restfähigkeiten entwickelt werden und soziokulturelle Benachteiligungen in hohem Maße ausgeglichen werden können.

Allerdings wird der Grundgedanke der → Integration ganz vernachlässigt, und man sollte sich fragen, ob man durch die frühe Aussonderung nicht neue Probleme schafft. Es besteht daher in jüngster Zeit die Tendenz, integrative Kindergärten einzurichten.

L.: A. Sagi, Verhaltensauffällige Kinder im Kindergarten, 1982; I. Zobel, Lexikon S. von A–Z, 1985; D. Seidler, Integration heißt: Ausschluß vermeiden!, 1992; W.-W. Wolfram, Präventive Kindergartenpäd., 1995; B. Kolonko, Spracherwerb im Kindergarten, 1996; G. Lill (Hg.), Alle zusammen ist noch lange nicht gemeinsam, 1997; P. Tietze-Fritz, Integrative Förderung in der Früherz., 1997; M. Wittrock (Hg.), Sonderpäd. Förderbedarf und sonderpäd. Förderung in der Zukunft, 1997; J. Schöler (Hg.), Normalität für Kinder mit Behinderungen: Integration, 1998; H. Colberg-Schrader, M. Krug, Arbeitsfeld Kindergarten, 1999.

**Sonderpädagogik** (auch: Päd. der Behinderten) Begriffe wie → Heilpäd., Orthopäd., → Defektologie, Päd. Rehabilitation und → Sozialpäd. im engeren Sinne werden je nach geographischen Gebieten gebraucht, stehen aber dem Ausdruck S. sehr nahe oder sind weitgehend identisch.
S. ist (heute) umfassender als die Päd. für Behinderte und meint jenen Bereich von Erziehung und Erziehungswiss., der sich um die Verbesserung von erschwerten Situationen und um die Behebung besonderer Gefährdungen und Benachteiligungen in allen Lebensaltern bemüht. Hier müssen unterschieden werden: a) → Behinderung(en) (umfänglich, graduell mehr als ein Fünftel unter dem Regelbereich liegend und langfristig, d. h. in zwei Jahren voraussichtlich nicht dem Regelbereich anzugleichen); b) Störungen (partiell, d. h. nur einen Lernbereich betreffend, graduell weniger als ein Fünftel vom Regelbereich abweichend und kurzfristig, d. h. voraussichtlich in bis zu 2 J.n dem Regelbereich anzugleichen); c) Gefährdungen (aufgrund erschwerender somatischer, ökonomischer und sozialer Entwicklungs- und Lernbedingungen werden Störungen oder Behinderungen bewirkt und verstärkt); d) Sozialrückständigkeit (Beeinträchtigungen der Gesellschaft, die durch Einstellungen, Verhaltensweisen, Gepflogenheiten, materielle Bedingungen und gesetzliche Regelungen Störungen und Behinderungen verursachen, steigern oder ignorieren und dadurch mögliche Hilfestellungen verhindern).
Es sei darauf verwiesen, daß die Übergänge zw. den einzelnen Formen von Beeinträchtigungen fließend sind.
Die Aufgaben der S. umfassen: Sondererziehung bei vorliegender Behinderung, Fördererziehung bei vorliegender Störung, Vorsorgeerziehung bei vorliegender Gefährdung und soziale Erziehung.
Die S. gliedert sich in folgende Maßnahmen: a) substitutive (unterstützende, Übung der beeinträchtigten Funktionsbereiche/-reste), b) kompensierende (Erschließung und Benutzung nichtbeeinträchtigter Funktionsbereiche/-reserven), c) subventionierende (erleichternde Erziehungsbedingungen, verringerte Leistungsanforderungen), d) integrative (weitest mögliche gemeinsame Erziehung Behinderter und Nichtbehinderter in allen gesellschaftl. Bereichen).
Zu den Entstehungsbedingungen von Beeinträchtigungen zählen disponierende Bedingungen (materielle Benachteiligung – Elternhaus, Schule, Arbeitsstelle –, physische Belastungen – ungünstige Ernährung, mangelhafte Schlafgelegenheiten, Entwicklungsstörungen, Erkrankungen, Mißbildungen etc. –, psychische Benachteiligung – Intelligenzmängel, ungünstige oder mangelnde Umweltreize, soziale Probleme –, situative Faktoren – Frustrationen, Streß, Gruppenzwänge, etc. –) manifestierende Bedingungen (negative Modelle oder Vorbilder, Erziehungsfehler partieller oder passagerer Art, organisch-funktionelle Schäden); eskalierende Bedingungen (z. B. erzieherisches Fehlverhalten dauernder und umfänglicher Art, traumatische Erlebnisse etc., die Beeinträchtigungen fixieren, intensivieren und generalisieren können).
Folgende Institutionen betreuen Behinderte und von Behinderung Bedrohte: Sonderpäd. Beratungsstellen (Frühdiagnostik und Früherziehung meist ambulant, teils stationär); der → Sonderkindergarten; das → Sonderschulwesen. Es bestehen wenige Sondereinrichtungen für die Sekundarstufe II und den Hochschulbereich. Berufs- und Berufsfachschulen, Berufsbildungs- und -förderungswerke, Werkstätten bemühen sich um eine behinderungsgerechte Berufsausbildung. Im Freizeit- und Erwachsenenbildungsbereich sorgen bes. Veranstaltungen, Umschulungskurse, Clubs und Heime für eine lebensbegleitende Betreuung der Behinderten.
Der Begriff S. wird in seiner Hervorhebung des Besonderen, in der Herausstellung von Defiziten, in der vorherrschenden Betrach-

tung der Sonderschule bei gleichzeitiger Vernachlässigung der außerschulischen S. und in seiner selektionsdiagnostischen Vorgehensweise im Sinne von Aussonderung zunehmend kritisiert. Die Feststellung einer spezifischen → Erziehungsbedürftigkeit hat den behinderten Menschen aus anthropologischer Sicht in eine Sonderstellung gebracht, die eine gesellschaftl. Außenseiterrolle begünstigt und das Bemühen um soziale → Integration erschwert. Aus den gen. Kritikpunkten entstanden beispielsweise neue Verbindungen, wie Sondererziehung und → Rehabilitation, S. und → Heilpäd., die ganzheitlich bzw. ökologisch ausgerichtet ist und neue Bezeichnungen, wie z. B. Integrationspädagogik. Diese neuen Denkmodelle konnten jedoch noch keine hinreichende Klärung der aufgeworfenen Probleme bewirken, und die S. steht weiterhin vor der Aufgabe, alternative Konzepte zu entwickeln, die dem Gedanken der Integration behinderter Menschen näherkommen.

Zs.: Zs. für Heilpäd. seit 1949; Die Sonderschule, seit 1956; Heilpäd. Forschung, seit 1964; Sonderpäd. seit 1971.
L.: G. Heese, H. Wegener (Hg.), Enzyklopäd. Hdb. der S. und ihrer Grenzgebiete, 1911, [3]1969; H. Hanselmann, Einf. in die Heilpäd. 1930, [8]1970; P. Moor, Heilpäd., 1965; S. Kirk, Lehrb. für Sondererziehung, 1971; E. Kobi, Grundfragen der Heilpäd. und der Heilerziehung, 1972; W. Thimm (Hg.), Soziologie der Behinderten, 1972; Dt. Bildungsrat, Zur päd. Förderung behinderter und von Behinderung bedrohter Kinder und Jugendl., 1973; H. Bach u. a. (Hg.), S. im Grundriß, 1975, [13]1989; ders., U. Bleidick u. a. (Hg.), Hdb. der S., 1977 ff.; K. Bundschuh, Einführung in die Sonderpäd. Diagnostik, 1980, [3]1991; C. Legowski, Was ist das »Sonderbare« der Sonderpäd.?, in: W. Brinkmann, K. Renner (Hg.), Die Päd. und ihre Bereiche, 1982; S. Solarová (Hg.), Geschichte der S., 1983; Oldenburger Institut f. S. (Hg.), Sonderpäd. Theorie und Praxis, 1985; M. Heitger, W. Spiel (Hg.), Der Beitrag der Wissenschaften zur interdisziplinären Sonder- u. Heilpäd., 1985; A. Bächtold, B. Jeltsch-Schudel, I. Schlienger (Hg.), S. Handlung – Forschung – Wissenschaft, 1986; H. Willand (Hg.), S. im Umbruch, 1987; G. Gerber, H. Kappus, T. Reinelt (Hg.), Universitäre Sonder- und Heilpäd., 1987; U. Haeberlin, C. Amrein (Hg.), Forschung u. Lehre für die sonderpäd. Praxis, Wie schlagen wir in der Ausbildung die Brücke?, 1987; J. Blickenstorfer, H. Dohrenbusch, F. Klein (Hg.), Ethik in der S., 1988; K. J. Klauer (Hg.), Grundriß der S., 1992; G. Dupuis, W. Kerkhoff (Hg.), Enzyklopädie der S., der Heilpäd. u. ihrer Nachbargebiete, 1992; Th. Hagmann (Hg.), Heil- und Sonderpäd. und ihre Nachbarwiss., 1995, G. Antor, U. Bleidick, Recht auf Leben – Recht auf Bildung, 1995; M. Liedtke (Hg.), Behinderung als päd. und polit. Herausforderung, 1996; U. Haeberlin, Heilpäd. als wertgeleitete Wiss., 1996; O. Speck, Integrative Heilpäd. – Bedingungen für wiss. Weiterentwicklung, in: Heilpäd. Forschung (23) 1997; G. Hansen (Hg.) S. konkret, [2]1997; H. Eberwein (Hg.), Hdb. Integrationspädagogik, [4]1997; H. Jakobs, Heilpäd. zwischen Anthropologie und Ethik, 1997; A. Bürli, S. international, 1997.

**Sonderschulwesen.** Die Anfänge des S.s gehen auf private Initiativen von Pädagogen, Ärzten oder Geistlichen zurück, die mit dem Unterricht einzelner behinderter Kinder begannen (z. B. der Mönch Pedro Ponce de León im 16. Jh. oder Gotthard Guggenmoos im 19. Jh.). Die Notwendigkeit einer Unterrichtung behinderter Kinder entsprang der Idee der allg. Volksbildung und der daraus hervorgehenden → Schulpflicht. Zurückgebliebene Kinder wurden zunächst in Nachhilfeklassen unterrichtet (z. B. ab 1803 Traugott Weise an der Armenfreischule in Zeitz).
Schulische Einrichtungen für Behinderte wurden wegen ihrer regelmäßigen Verbindung mit einem Heim bis ins 20. Jh. Anstalten genannt; die ersten entstanden für Taubstumme (Ch. M. de l'Epée, Paris 1770; Heinicke, Leipzig 1778) und für Blinde (V. Hauy, Paris 1784).
Die ersten Sondereinrichtungen für geistig behinderte Kinder gingen aus der Seelsorge (Pfr. Haldenwang, Wildberg 1835), aus der Initiative von Lehrern (K. F. Kern, Eisenach 1839), Ärzten (J. J. Guggenbühl, Abendberg 1841) und der öffentl. Hand (Hubertusburg 1845) hervor. Die privaten Gründungen wurden allmählich öffentl. anerkannt. Seit der 2. Hälfte des 19. Jh. richteten vor allem die großen Städte Sonderschulen verschiedener Art ein (vorbildlich: Berlin, Hamburg). Mit Ausnahme weniger → Privatschulen hat sich von Anfang an das Prinzip durchgesetzt, Sonderschulen entsprechend der jeweiligen Behinderungsart zu errichten. Auch der weitere Ausbau des S.s wurde durch private Initiativen gefördert (→ Lebenshilfe e.V., Spastiker – Hilfsvereine, etc.). Da die Förderung in der Regel umso besser gelingt, je früher eine → Behinderung erkannt wird, bedarf es noch des weiteren Ausbaus der Früherkennung und Früherziehung/-förderung. Für die aus den Sonderschulen Entlassenen muß eine bessere

soziale (→ Stigmatisierung) und berufliche → Integration oder Weiterbildung ermöglicht werden (z. B. weiterführende Klassen zum Hauptschulabschluß, → Berufsgrundschuljahr, etc.). → Sonderpäd.

L.: E. Beschel, S., in: G. Heese, H. Wegener (Hg.): Enzyklopäd. Hdb. der Sonderpäd. und ihrer Grenzgebiete, Bd. 3, 1911, ³1969; G. Lesemann (Hg.), Beitr. zur Gesch. und Entw. des dt. S.s, 1966; W. Jantzen, Zur Sozialpsychologie des Sonderschülers, 1972; U. Bleidick, Heinrich Kielhorn und der Weg der Sonderschulen, 1981; L. Sparty, Sonderschulen für Körperbehinderte, Geistigbehinderte, Lernbehinderte, Schulpsycholog. Dienste, Kliniken und Krankenanstalten mit Schulunterricht für länger dort weilende Kinder in der Bundesrepublik und West-Berlin, 1986; Verband Deutscher Sonderschulen e. V., Informationen über das S.wesen und die sonderpäd. Dienste, 1991; O. Speck, Sonderpäd. Bildungssystem und gesellschaftl. Wandel, in: Behindertenpäd. in Bayern, 37 (1994) 4; U. Preuss-Lausitz, Sonderpäd. Forschung im Kontext neuerer Schulentwicklung, in: Zukunftsfelder von Schulforschung, 1995; KMK, Empfehlungen zur sonderpäd. Förderung in den Schulen der BRD, 1995.

**Sophisten** heißen jene in der zweiten Hälfte des 5. Jh. v. Chr. in Athen tätigen ersten professionellen Lehrer (Protagoras, Gorgias, Prodikos, Hippias u. a.), die gegen entsprechende Bezahlung ein Lehrangebot machten und über eine pragmatisch-utilitaristische → Rhetorik für das private und öffentl. Leben nützliche Kenntnisse vermittelten. Durch die Formulierung der → artes liberales schufen die S. den ersten → Lehrplan des Abendlandes. Ihr päd. Pragmatismus und der bloß heuristische Charakter ihrer rhetorischen Bildung wurden von → Sokrates, → Platon und → Isokrates scharf kritisiert.

L.: H. Gomperz, S. und Rhetorik, 1912, Neudr. 1965; E. Hoffmann, Päd. Humanismus, 1955; A. Levi, Storia della sofistica, Neapel 1966; E. Lichtenstein, Der Ursprung der Päd. im griech. Denken, 1970; Sophistik, hg. v. C. J. Classen, 1976; M. Dreher, Sophistik und Polisentwicklung, 1983; Th. Buchheim, Die Sophistik als Avantgarde normalen Lebens, 1986; A. E. Stickler, Die Bildungskonzeptionen der griech. Sophistik, 1993; B. H. F. Taureck, Die S. zur Einführung, 1995.

**Sowjetunion** → Rußland

**Soziabilität** (»Gesellschaftsfähigkeit«), anthropologische Kennzeichnung für die Notwendigkeit, Möglichkeit und Fähigkeit des Menschen als einer »physiologischen Frühgeburt«, im sozialen Mutterschoß eines »extra-uterinen Frühjahrs« (Portmann) bis zu seiner »zweiten, sozio-kulturellen Geburt« (König) die spezifischen menschl. Eigenschaften und Verhaltensweisen zu aktivieren (Claessens: emotionale Fundierung) und dabei Urvertrauen und sozialen Optimismus zu erwerben; allg. auch Bezeichnung für die Formbarkeit des Menschen durch Einflüsse der Umwelt und des sozialen → Milieus oder auch für die Fähigkeit einer Person, sich an andere Menschen bzw. soziale Regelungen und Bedingungen anzuschließen. → Anpassung, → Bildsamkeit, → Erziehungsbedürftigkeit.

L.: D. Claessens, Familie und Wertsystem, 1962, ⁴1979; R. König, Soziologie der Familie, in: A. Gehlen, H. Schelsky (Hg.), Soziologie, 1955, ⁷1968; A. Portmann, Biologische Fragmente zu e. Lehre vom Menschen, 1944, ³1969.

**Sozialarbeit** entstand in Dtl. nach dem zweiten Weltkrieg in Anlehnung an das → social work und die mit ihm z. T. psychoanalytisch und soziologisch begründeten drei Arbeitsformen bzw. Methoden der Einzelfallhilfe, Gruppenarbeit und Gemeinwesenarbeit. Mit dieser Form der S. wurde unkritisch ein auf anderen gesellschaftl.-hist. Bedingungen fußendes System übernommen, ohne Rückbesinnung auf die eigene sozialpäd. Tradition, vor allem der → Reformpädagogik (→ Nohl, Karl Wilker) oder auf eine ökumenische Sozialpädagogik (Siegmund-Schultze). Auf die drei Methoden reduziert, grenzte sich Sozial»arbeit« von der → Sozial»pädagogik« ab. Da sich jedoch S. in der Praxis mit vielen Bereichen der Sozialpäd. deckt, erscheint diese Grenzziehung als künstlich, zumal auch theoretisch Wesensunterschiede kaum begründbar sind.

Sowohl S. als auch sozialpäd. Maßnahmen werden von derselben päd. Theorie getragen, die ausgehend von ihrem speziellen Nothilfecharakter die Aufgabe hat, über die wiss. Analyse der konkreten Notsituation hinaus, 1. künftige, päd. wirksame Handlungsstrategien zu entwickeln, die dem einzelnen zur Integration in den sozialen Zusammenhang verhelfen und durch vorbeugende Maßnahmen eine Desintegration verhindern sollen, 2. eine Erziehung zu erarbeiten, die die gefährdeten Individuen oder Gruppen zur Selbsthilfe befähigt und 3. die Änderung des

**sozialer Wandel**

sozialen Umfeldes anzustreben, das die sozialen und erzieherischen Notlagen hervorruft.
Die Ausbildung zum Sozialarbeiter geht heute über die bloße Vermittlung dieser drei Methoden der S. hinaus und umfaßt eine Anzahl päd., sozialwiss., jurist. und medizin. Fächer; sie erfolgt in einem 8semestrigen Studium an → Fachhochschulen.
Das Arbeitsfeld der S. und Sozialpäd. beinhaltet u. a. Gemeinwesenarbeit, Familienfürsorge, Altenhilfe, Gesundheitsfürsorge, Sozialhilfe, Straffälligenhilfe, Behindertenarbeit, → Jugendarbeit, → Freizeitpäd., Jugendhilfe, Jugendgerichtshilfe, Jugendschutz, → Erziehungsberatung, Kinderpflege und -erziehung. Neuerdings kommen neue Problembereiche hinzu: u. a. AIDS-Hilfe, hohe → Jugendarbeitslosigkeit.
Die S. durchläuft seit einigen J.n eine »Identitätskrise«: Nicht nur, daß ihre Methoden ständig durch Geldgeber im Hinblick auf die Erfolgsrate und durch Sozialarbeiter selbst im Hinblick auf die eigene Erfolgskontrolle und Zufriedenheit in Frage gestellt werden, – neuerdings ist ein Trend zur »Therapeutisierung« sozialarbeiter. Handelns zu verzeichnen –, wird v. a. von administrativer Seite ihre Handlungskompetenz nicht zuletzt durch verminderte finanzielle Zuweisungen geschmälert, indem u. a. nichtprofessionellen Helfern der Vorrang gegeben wird oder unzumutbare Arbeitsbedingungen geschaffen werden. Um der Entwertung ihrer Arbeit entgegentreten zu können, steht die S. vor der Notwendigkeit, neue Strategien für ihre Praxis zu entwickeln und damit ihre Theorie neu zu reflektieren. Zögernde Versuche einer theoret. Grundlegung der Sozialpäd. integrieren die S. häufig in ihre Konzepte.

L.: R. Münchmeier, Zugänge zur Geschichte der S., 1981; W. Schlüter, Sozialphilosophie für helfende Berufe, 1983, ²1988; R. Landwehr, R. Baron (Hg.), Geschichte der S., 1983; W. R. Wendt, Geschichte der sozialen Arbeit, 1983, ³1990; H. Eyferth, H.-U. Otto, H. Thiersch (Hg.), Hdb. zur S./Sozialpädagogik, 1984; W. R. Wendt, Gesch. der sozialen Arbeit, 1985, ⁴1995; Th. Olk, H.-U. Otto (Hg.), Gesellschaftliche Perspektiven der S., Bd. 4, 1985; U. Maas (Hg.), S. und Sozialverwaltung, 1985; Th. Olk, Abschied von Experten. S. auf dem Weg zu einer alternativen Professionalität, 1986; B. Maelicke (Hg.), Soziale Arbeit als soziale Innovation, 1987; M. Winkler, Eine Theorie der Sozialpädagogik, 1988; H. Trabant, R. Wurr, Prävention in der sozialen Arbeit 1989; R. Greca, Handlungsmuster in der S., 1989; E. Brandt, S. ist Veränderung. Ein Beitrag zur Theorie der S., 1990; P. Lüssi, Systemische S., 1991, ²1992; Th. Rauschenbach, H. Gängler (Hg.), Soziale Arbeit und Erziehung in der Risikogesellschaft, 1992; U. Maas, Soziale Arbeit als Verwaltungshandeln, 1992, ²1996; B. Dewe, W. Ferchhoff, A. Scherr u. a., Professionelles soziales Handeln, 1992, ²1995; H. Thiersch, H.-U. Otto (Hg.), Lebensweltorientierte soziale Arbeit, 1992, ²1994; M. Erler, Soziale Arbeit, 1993; F. Stimmer (Hg.), Lexikon der Sozialpäd., und S., 1994; H. Thiersch, K. Grunwald, Zeitdiagnose Soziale Arbeit, 1995; R. Puhl (Hg.), S.wissenschaft, 1996; A. Flitner, Reform der Erziehung, ³1996; Klassiker der sozialen Arbeit, hg. von W. Thole u. a., 1998.

**sozialer Wandel** → Wandel, sozialer.

**Sozialerziehung** bezeichnet alle intentionalen Maßnahmen, mit denen soziales Lernen von Kindern, Heranwachsenden gefördert und ihnen Hilfe zum Erreichen von »Sozialkompetenz« (H. Roth) gegeben wird. Als Ziele und Ebenen der S. kommen in Betracht: angemessene Formen des sozialen Umgangs, Äußerung und Kommunikation in Gruppen, Entwicklung von Gemeinschaftsbewußtsein, gemeinsames Handeln zur Vertretung gemeinsamer Interessen, Einfügung in eine Gruppe, Lösung von Konflikten, Verständnis von gesellschaftl. Strukturen und Zusammenhängen. Die Grenzen der S. zu → Sozialkunde und → polit. Bildung sind fließend. SE ist jedoch übergreifendes Moment jeder Erziehung und jeden Unterrichts, nicht zuletzt, da dieser stets in bestimmten Sozialformen organisiert ist. S. reicht über den Bereich der Schule weit hinaus und ist traditionell eine der Hauptaufgaben der → Vorschulerziehung wie der → außerschulischen Jugendbildung (→ Jugendarbeit, street work, Gemeinwesenarbeit; neuerdings findet SE bei der Frage der Re-Sozialisierung verstärkte Beachtung und erscheint dabei als Alternative und Weiterentwicklung einer → Sozialpäd., die sich lediglich als Notfallhilfe versteht. Für das Vorschulalter hat speziell das → Dt. Jugendinstitut in Zusammenarbeit mit Kindergärten in verschiedenen Bundesländern Curricula erarbeitet, die didaktisch von einem situationsorientierten Ansatz ausgehen und anhand bestimmter Lebenssituationen aus der kindl. Umwelt (Verkehr, Krankenhaus, Werbung, Wochenende, Verlaufen in der Stadt, Kinder und alte Leute usw.) »Anregungen« zur S. geben. Außerschulisch und in der Schule wird die intentionale SE stark überlagert und überformt von der informellen Ebene und dem → heimlichen Lehrplan, d. h. dem Erziehungs- bzw. Schulklima, dem → Erziehungsstil, sozialpsychologischen und gruppendynamischen Prozessen etc. Daher spricht man heute zunehmend von sozialem Lernen und greift ältere Schulmodelle (z. B. → Petersen, → Jena Plan) wieder auf, die dem → Schulleben (Feste, Feiern, Wanderungen etc.) große Bedeutung, speziell für die SE, zugesprochen haben.

Die Betonung des sozialen Lernens ist aber auch als Kritik zur Vormachtstellung des intellektuellen Lernens, wie sie im Rahmen der Curriculumreform häufig zu finden war, zu werten. Seine päd. Klärung stützt sich auf Ergebnisse der Lernpsychologie, die Lernen in einen sozialen Zusammenhang eingebettet sehen, demgegenüber die zu einfachen Modelle der Konditionierung bzw. des Reiz-Reaktionslernens so komplexe Lernvorgänge nicht zureichend zu erklären vermögen. Größere Bedeutung wird dem Nachahmungs- oder Beobachtungslernen bzw. dem Lernen am Modell beigemessen. Bemühungen um ein soziales Lernen, das zur Mündigkeit als sozialer, moralischer und personaler Handlungsfähigkeit beiträgt, werden nicht selten durch die bürokratische Struktur des Schulwesens, die vornehmlich kognitiv bestimmten Lernziele, die meist asymmetrische Kommunikationsstruktur, ungünstige räumliche Verhältnisse sowie eine unzureichende Vorbildung der Lehrer für diese Aufgabe beeinträchtigt. → Schulleben.

L.: N. E. Miller, L. Dollard, Social Learning and Imitation, London 1941; G. Hundertmarck, Soz. Erziehung im Kindergarten, 1969, ¹¹1982; A. Bandura, R. H. Walters, Social Learning and Personality Development, 1970; F. Wellendorf, Schulische Sozialisation und Identität, 1973, ⁴1977; H. Prior (Hg.), Soziales Lernen, 1976; K. J. Tillmann, Unterricht als soziales Erfahrungsfeld, 1976; F. W. Kron (Hg.), Persönlichkeitsbildung und Soziales Lernen, 1980; M. Fromm, W. Keim, Diskussion Soziales Lernen, 1982; F. Oertel, Konzept und Methoden elementarer S., 1993, R. Uhle, Individualpädagogik oder S.?, 1995.

**soziales Lernen** → Schulleben, → Soziale Erziehung.

**Sozialisation,** allg. Begriff für die soziale Prägung des Menschen durch Umwelt und → Milieu in Abgrenzung sowohl zu → Enkulturation als kultureller Bildung und → Personalisation als selbstschöpferischer Entfaltung der eigenen Persönlichkeit als auch zu → Erziehung als geplanter Lernhilfe. In übergreifendem Sinn faßt S. die komplexen, vielfältig differenzierten Prozesse der Vergesellschaftung des (heranwachsenden) Menschen zusammen, die ihn in den verschiedenen (elementaren, primären, sekundären) Phasen und Instanzen der S. bzw. Agenturen der Gesellschaft (Familie, Vorschule, peer group, Schule, Beruf, Massenmedien usf.) prägen und an die sozialen Selbstverständlichkeiten seiner Umwelt anpassen: an die Verhaltensmuster, Regeln und Formen des sozialen Umgangs, Werte- und Normensysteme, Denkweisen, Erwartungen usf. Je nach Forschungsinteresse werden dabei die kognitiven, emotionalen, motivationalen, moralischen oder sprachl. Dimensionen der S. bes. hervorgehoben, die Abhängigkeit konkreter Lernerfahrungen von sozial-kulturellen und polit.-ökonom. Rahmenbedingungen von den Lebensverhältnissen in den verschiedenen sozial-ökolog. Lebensumwelten (Soziotope) oder Gruppenzugehörigkeiten nach Alter, Geschlecht, sozialer Herkunft, Rasse, Konfession usf. untersucht, wobei lern-, verhaltens- und entwicklungstheoretische, psycho-analytische und ethologische, interaktions-, rollen- und gesellschaftstheoretische Ansätze konkurrieren, ohne daß es bisher gelungen wäre, sie in einer integralen Supertheorie der S. zu vereinen. Je nach unterschiedl. Verständnis des Menschenbildes werden in der S.sforschung mehr die gesellschaftl. Bedingtheit individueller Entwicklungs- und Lernprozesse oder die Freiheits- und Handlungsspielräume des Menschen, seine Chance zu Distanz und Widerstand gegen Gesellschaft thematisiert. → Erziehung und Gesellschaft, → Soziologie der Erziehung.

L.: G. Wurzbacher (Hg.), Der Mensch als soziales und personales Wesen, 1963; H. Fend, Sozialisierung und Erziehung, 1969; H. Walter (Hg.), S.sforschung, 3 Bde., 1973–75; D. Geulen, Das vergesellschaftete Subjekt, 1977; U. Bronfenbrenner, Ökolog. S.sforschung, 1976; ders., Die Ökologie der menschl. Entwicklung, 1980; K. Hurrelmann, D. Ulrich (Hg.), Hdb. der S.sforschung, 1980; K. Plake, Die S.sorganisationen, 1981; H. Walter (Hg.), Region und S., 2 Bde., 1981; L. A. Vascovics (Hg.), Umweltbedingungen familialer S.,

1982; H. J. Schulze, Autonomiepotentiale fam. S., 1985; K. Hurrelmann, Einführung in die S.stheorien, 1986; P. Orban, Menschwerdung über den Prozeß der S., 1986; K. J. Tillmann, S.theorie, 1989, ⁴1993; L. Böhnisch, Päd. Soziologie, 1996; F. Baumgart (Hg.), Theorien der S., 1997.

**sozialistische Erziehung** (sozialistische Pädagogik) umfaßt hist. das päd. Gedankengut und die Erziehungsentwürfe der Sozialutopien (Th. Morus, T. Campanella, F. → Bacon) und des sog. Frühsozialismus (G. Babeuf, H. de Saint-Simon, R. → Owen, E. Cabet, Ch. Fourier, M. Proudhon), die päd. relevanten Äußerungen der Klassiker des Sozialismus (→ Marx, Engels, Lenin), die auf deren Grundaussagen basierenden päd. Theorien und Reformkonzeptionen sozialist. Pädagogen (z. B. A. S. → Makarenko, P. P. → Blonskij; O. Rühle, M. → Adler, P. → Oestreich, A. → Gramsci, M. A. → Manacorda u. a.) und deren praktische Realisierung in sozialist. Ländern (ehem. → UdSSR, → China, ehem. → DDR, → Kuba etc.) und in westl. Demokratien (z. B. Kinderladenbewegung, bestimmte Ausprägungen der → antiautoritären Erziehung). Durchtragende Gedanken der s.E. sind die Kritik des Klassencharakters der herkömmlichen bzw. bürgerl. Gesellschaft und ihres Bildungswesens (Bevorzugung der herrschenden, Benachteiligung der niederen Schichten); das Postulat einer einheitl. und gleichen (öffentl., unentgeltlichen, laisierten, koedukativen) Bildung für alle; die Forderung nach Verbindung von Arbeit (materieller Produktion) und Erziehung sowie nach einer vielseitigen Ausbildung (→ polytechnische Bildung). Unterschiedliche Ausformungen der s.n E. ergeben sich aus der je verschiedenen Einschätzung der Rolle von Erziehung und Schule bei der Herstellung der sozialist. Gesellschaft bzw. in der erreichten klassenlosen Gesellschaft und aus unterschiedlichen Auffassungen von der sozialist. Persönlichkeit. Während die (von Marx so klassifizierten) utopischen Sozialisten an die Veränderbarkeit der Gesellschaft durch Erziehung glaubten, sah Marx in der s.n E. nur ein gesellschaftl. Gärungsferment, das allenfalls der Vorbereitung und Begleitung gewaltsamer Umwälzungen der sozialen Verhältnisse (Revolution) dienen könne; in der sozialist. Gesellschaft selbst gewinnt die s.E. faktisch zwangsläufig konservativen Charakter (vgl. z. B. die doktrinäre Einführung in den Marxismus-Leninismus im Bildungswesen der ehem. Ostblock-Länder). In der neueren (internationalen) Diskussion über s.E. standen Fragen nach der Vermittlung sozialist. Tugenden (z. B. Erziehung zur Solidarität) und das Problem im Vordergrund, ob die Veränderung der gesellschaftl. Verhältnisse automatisch zur Veränderung (Verbesserung) der Menschen führe. → Proletar. Erziehung. → Anarchismus.

L.: D. Breitenstein, Die s. E.sbewegung, 1930; Th. Dietrich, S. P., 1966; J. Niermann, S. P. in der DDR, 1972; St. Voets (Hg.), S. E., 1972; L. von Werder, Von der antiautoritären zur proletarischen Erziehung, 1972; H. Hierdeis (Hg.), S. P. im 19. Jh. u. 20. Jh., 1973; B. Suchodolski, Theorie der sozialist. Bildung, 1974; L. von Werder, S. E. in Dtl., 1974; E. Chanel, Pédagogie et éducateurs socialistes, Paris 1975; M. Sarup, Marxism and Education, London 1978; E. H. Funke, Sein – Erkennen – Handeln, 1981; A. Barz, Zur Notwendigkeit eines fakultativen Kurses »S. Lebensweise und E.«, 1986; F. Brandecker u. a., Klassiker der s. E., 1989; J. Oelkers, Das Ende der s. E.?, in: Zschr. f. Päd., 37 (1991); I. K. Schneider, Weltanschaul. Erz. in der DDR, 1995.

**Sozialkunde.** Unterrichtsfach, das der polit. Bildung der Schüler dient und weitgehend an die Stelle der Gemeinschaftskunde getreten ist. Problematisch erscheint der Begriff → Kunde, und die implizierte Beschränkung auf das »Soziale« könnte die Gefahr beinhalten, daß nicht nur das Polit. im engeren Sinn, sondern auch die Bereiche Wirtschaft und Kultur ausgeklammert werden. Die didaktische Diskussion in der S. ist weitgehend identisch mit der um die → polit. Bildung.

L.: K. Franke, Werte und Normen im Geschichts- und S.unterricht, in: Aufbruch zur Demokratie – pol. Bildung in den 90er Jahren, 1994; W. Sander (Hg.), Hdb. pol. Bildung, 1997.

**Sozialpädagogik** taucht dem Namen nach erstmals 1844 bei Karl Mager und 1850 bei → Diesterweg in seinem »Wegweiser zur Bildung für dt. Lehrer« auf. Mager bezieht S. auf die gesamte Theorie einer in konkreten Gesellschaften vorkommenden Erziehung mitsamt ihrer sich vollziehenden Praxis; Diesterweg stellt sie der Sache nach als eine Reaktion auf das Entstehen sozialer Mißstände, erzieherischer Notsituationen und gesellschaftspolit. Spannungen (soziale Frage) zu Beginn des Industriezeitalters sowie den Versuch ihrer Überwindung durch spezifisch päd. Maßnahmen und Institutionen dar (Gemeinschaftserziehung; Ausbau von Rettungsanstalten und Heimen; Gründung von Jünglings- und Gesellenvereinen; → Kindergärten; Ansätze zur Entwicklung einer → Kriminalpäd., der Erziehungsfürsorge und der Jugendpflege etc.). Um die Jh.wende entwickelte P. → Natorp eine Konzeption der S. im Sinne von Sozialerziehung als Antwort auf die soziale Frage. S. bezeichnet in dieser Tradition nicht einen eigenständigen Erziehungsbereich, sondern stellt im Gegensatz zur Individualpäd. ein wesentl. Merkmal jeder Erziehung dar: »Erziehung und Bildung durch Gemeinschaft zur Gemeinschaft« (Natorp). Demgegenüber bestimmt der in den 20er Jahren entwickelte geisteswiss. Ansatz von H. → Nohl und G. → Bäumer S. als eigenen, subsidiär zu verstehenden Erziehungsbereich neben Familie und Schule; sozialpäd. Maßnahmen stehen in engem Zusammenhang mit der Entwicklung des außerschulischen Erziehungsbereiches im Rahmen der Jugendwohlfahrt (Reichsjugendwohlfahrtsgesetz 1922, Reichsjugendgerichtsgesetz 1923).

Im Anschluß an und in kritischer Auseinandersetzung mit Nohl versteht → Mollenhauer mit seiner nach wie vor einflußreichen Theorie S. ebenfalls als außerfamiliale und -schulische Erziehung, als »denjenigen Bereich der Erziehungswirklichkeit, der im Zusammenhang der industriellen Entwicklung als ein System gesellschaftl. Eingliederungshilfen notwendig geworden ist«. S. wird gegenwärtig jedoch nicht mehr nur als Nothilfe (wie insbes. im 19. Jh.) oder als Erziehungshilfe für einen bestimmten, der Fürsorge bedürftigen Personenkreis (wie bes. in der ›klassischen‹ Epoche der 20er Jahre) gesehen, sondern bildet in einer weiteren Perspektive ein differenziertes System von Institutionen (Einrichtungen der halboffenen Kinderpflege und -erziehung; außerschul. Jugendbildung als → Jugendarbeit oder -pflege; → Heimerziehung; offene Maßnahmen zur Vorbeugung und Bekämpfung von → Jugendkriminalität und -verwahrlosung; → Jugendstrafvollzug; Beratungsstellen) mit der zentralen Aufgabe, Kindern und Jugendlichen Integrationshilfe in die Gesellschaft zu leisten, um Familie und Schule zu unterstützen, zu ergänzen oder zu ersetzen. In den letzten Jahren sind zahlreiche neue Tätigkeitsbereiche hinzugekommen und der professionellen S. mehr Zuständigkeitsbereiche geschaffen worden. Zugleich hat sich eine breite Forschungstätigkeit entwickelt, die zur Etablierung der S. als einer wiss. Disziplin geführt hat; neben der Lehrerbildung stellt dabei der Diplomstudiengang S. vorw. an → Fachhochschulen den Schwerpunkt erziehungswissenschaftlicher Ausbildung.

Sozialpäd. Praxis erschöpft sich dabei nicht in den für sie typischen Erziehungshilfen wie Fürsorge, Schutz, Pflege, Beratung, sondern zielt – mit unterschiedl. Schattierungen – gleichzeitig auf gesellschaftspolit. und -verändernde Maßnahmen sowie auf die Entwicklung eines kritischen Bewußtseins und die → Emanzipation des Menschen. Insgesamt wird inzwischen eine »Normalisierung der Sozialpädagogik« (Lüders u. Winkler 1992) beobachtet, da sie als zunehmend selbstverständliche Leistung in der Daseinsgestaltung moderner Gesellschaften gilt. Gleichwohl bleibt S. begrifflich wenig ausgeprägt, zeigt Unsicherheiten in bezug auf ihren wissenschaftl. Status und ihren theoret. Gegenstand und grenzt sich nur unzureichend gegenüber der → Sozialarbeit ab. Doch zeigt eine Reihe von grundlagentheoretischen Untersuchungen auch hier eine Konsolidierung an. → Social Work.

L.: H. Nohl, L. Pallat (Hg.), Hdb. der Päd., Bd. 5 S., 1929; K. Mollenhauer (Hg.), Die Ursprünge der S. in den industriellen Gesells., 1959; K. Mollenhauer (Hg.), Zur Bestimmung von S. und Sozialarbeit in der Gegenwart, 1966; L. Rössner, Offene Jugendbildung, 1967; K. Mollenhauer, Einf. in die S., 1964, ⁴1968; H. Röhrs (Hg.), Die S. und ihre Theorie, 1968; E. Fooken, Grundprobleme der S., 1973; H. Giesecke (Hg.), Offensive S., 1973; F. Vahsen, Einf. in die S., 1975; H. Holtstiege., S.?, 1976; K. J. Tillmann (Hg.), S. in der Schule, 1976; W. Hollstein, M. Meinhold (Hg.), Sozialpäd. Modelle, 1977; L. Rössner, Erziehungs- und Sozialarbeitswiss. 1977; H. Thiersch, Kritik u. Handeln, 1977; A. Wolf, Zur Gesch. der S. im Rahmen der sozialen Entwicklung, 1977; A. Schwendkte (Hg.), Wörterbuch der Sozialarbeit und S., 1977, ³1991; H. Marburger, Entwicklung und Konzepte der S., 1979, ²1981; H. Wollenweber (Hg.), Modelle sozialpäd. Theoriebildung 1980; H. Kronen, S., 1980; H. A. Herchen, Aspekte der S., 1982; H. Buchkremer, Einf. in die S., 1982; H. Eyferth, H. Otto, H. Thiersch, Hdb. zur Sozialarbeit/S., 1984, 1987; A. Mühlum, S. und

Sozialarbeit, 1984; W. Lück, Päd. und S., 1986; M. Winkler, Eine Theorie der S., 1988; V. Vahsen, G. Friedhelm (Hg.), Paradigmenwechsel in der S., 1992; F. Stimmer (Hg.), Lex. der S. und Sozialarbeit, 1994; K. Kraimer, Die Rückgewinnung des Pädagogischen, 1994; K. Mollenhauer, U. Uhlen, Sozialpäd. Diagnosen, 3 Bde, 1995; H. Buchkremer, Hdb. S.; B. Dewe, H.-U. Otto, Zugänge der S., 1996; Ch. Niemeyer u. a. (Hg.), Grundlinien hist. S., 1996; S. Bernfeld, Sämtl. Werke, Bd. 11: S., hg. v. U. Herrmann, 1996.

**Soziogenese,** die Entstehung und Entwicklung eines Phänomens (z. B. von Krankheit, Kriminalität, Gewalt usf.) aufgrund bestimmter gesellschaftl., sozialstruktureller Ursachen und Umstände und nicht von Faktoren, die in der Persönlichkeitsstruktur des einzelnen Individuums liegen oder angelegt sind (Psychogenese).

**Soziologie der Erziehung** (SdE), sozialwiss. Teildisziplin im Schnittpunkt soziologischer und päd. Forschungsinteressen, ist – ungeachtet ihrer derzeitigen Heterogenität hinsichtlich ihrer Forschungsthematik, -methodik und -logik – im letzten Jh. vor allem im angloamerikan., frankophonen und dt. Sprachraum durch Integration von Wissensbeständen und Kooperation von Päd. und Soziologie entstanden. Während der ursprüngliche Begriff der päd. Soziologie (Educational Sociology) reserviert ist für das ältere Konzept einer angewandten Wiss., die der Umsetzung sozialwiss. Theorien in konkretes Handeln und der praktischen Vorbereitung von Lehrern, Erziehern usw. auf ihre zukünftigen Berufsaufgaben dienen soll, bezeichnet SdE (Sociology of Education) die neueren Forschungsansätze. In ihnen steht die wiss. Deskription und Analyse von Erziehung und Gesellschaft (und ihres geschichtl. und gegenwärtigen Verhältnisses zueinander) sowie der Aspekt der systematischen Theoriebildung im Vordergrund. Ihr Forschungsprogramm ist die Entwicklung einer integralen sozialwiss. Superdisziplin in interdisziplinärer Kooperation, die verschiedene Einzelwiss.n (Soziologie, Psychologie, Päd., Ökonomie, Ethnologie, Anthropologie usw.) in sich vereinigt und zugleich quantitative, empirisch-analytische und qualitative, hermeneutisch-kritische Ansätze und → Forschungsmethoden vermittelt.

Das Generalthema der SdE ist die systematische Klärung des Verhältnisses von Individuum, Erziehung und Gesellschaft in Geschichte und Gegenwart, unter bes. Berücksichtigung der Fragen, a) von welchen gesellschaftl. Voraussetzungen, Bedingungen und Einflüssen Erziehung abhängt, also Funktion der Gesellschaft ist, und b) welche Auswirkungen und Veränderungsmöglichkeiten Erziehung auf bzw. für Gesellschaft und sozialen → Wandel hat, inwieweit also Gesellschaft eine Funktion der Erziehung ist. Dazu ist es notwendig, die Prozesse der Erziehung und → Sozialisation, der (Aus-)Bildung und Unterrichtung von Heranwachsenden, die primären und sekundären Sozialisationsinstanzen und päd. Lernorte (Familie, Schule, Heim, Betrieb usw.) in einer hist.-konkreten Gesellschaft bzw. ihren einzelnen Bevölkerungsgruppen und → Subkulturen zu beobachten und zu beschreiben, zu verstehen und zu erklären, aber auch polit. zu planen und kritisch zu beurteilen sowie deutlich zu machen, in welchem Maße und unter welchen Umständen strukturelle, nicht beliebig verfügbare und individuell nicht veränderbare gesellschaftl. Barrieren und Zwänge Grenzen setzen für die allseitige Entfaltung einer stets einmaligen Persönlichkeit und die konsequente (und grundgesetzlich garantierte) Wahrnehmung von Freiheitsrechten. Gemeinsam ist den verschiedenen theoretischen An- und Grundsätzen der Gedanke, daß Erziehung und Gesellschaft weder unabhängig voneinander noch widersprüchlich zueinander sind, vielmehr »polare Ausdrücke für einen identischen Gegenstand: den Menschen« – insofern nämlich, daß »Gesellschaft ohne Erziehung nicht denkbar, wie andererseits Erziehung nur in der sozialen Sphäre möglich« ist (Geiger). → Erziehung und Gesellschaft (dort weitere Lit.).

Zs.: Zs. für Sozialisationsforschung und Erziehungssoziologie (ZSE), 1 (1981) ff.
L.: Th. Geiger, Erziehung als Gegenstand der Soziologie, in: Die Erziehung, 5 (1930); J. Whang, Die Entwicklung der Päd. Soziol. in Dtl. 1963, ²1967; H. Stieglitz, Soziologie und Erz.wiss., 1970; E. Durkheim, Erziehung und Soziologie, 1911, 1972; H. Fend, Gesellschaftl. Bedingungen schul. Sozialisation, 1974; K. Hurrelmann (Hg.), SdE., 1974; ders., Erziehungssystem und Gesellschaft, 1975; E. Hopper, Soziol. Theorie und Erziehungssysteme, 1975; J. Kob, Soziol. Theorie der Erziehung, 1976; B. Götz, J. Kaltschmid (Hg.), Erziehungswiss. und Soziol. 1977; W. Strzelewicz: Bildungssoziologie. In: Hdb. der empir. Sozial-

forschung, hg. von R. König, Bd. 14, ²1979; W. Brinkmann (Hg.), Erziehung – Schule – Gesells. 1980 (m. Bibl.); P. Büchner, Einf. in die SdE und des Bildungswesens, 1985; W. Brinkmann, Zur Gesch. der Päd. Soziologie in Dtl., 1986; S. Grimm, Soziologie der Bildung und Erz., 1986; K. Plake (Hg.), Klassiker der Erziehungssoziologie, 1987; K. Rodax, Theodor Geiger – S.d.E., 1991; L. Böhnisch, Einführung in die Päd. Soziologie, 1996; International Encyclopedia of the Sociology of Educaton, ed. L. J. Saha, Oxford 1997, Quellen zur Gesch. der Päd. Soziologie in Dtl., hg. von W. Brinkmann, 1999.

**Soziometrie,** von Jakob Moreno 1934 begründete Methode zur Erfassung der Interaktionen von Individuen in Gruppen und ihre Darstellung in einem Soziogramm. Aufgrund schriftl. Befragung der Gruppenmitglieder, welche anderen Mitglieder sie unter bestimmten Kriterien (u. a. der Leistung, Beliebtheit, Vertrauenswürdigkeit) wählen bzw. ablehnen, lassen sich Gruppenrang des einzelnen (z. B. Star, Isolierter, schwarzes Schaf) und Wahlkonfigurationen (z. B. Paar, Clique) feststellen. In der Päd. dient die S. zur Erhellung der Sozialstruktur der → Schulklasse (informelle Ordnung). Nach Moreno muß die soziometrische Diagnose in psycholog. und päd. Maßnahmen einmünden (→ Psychodrama, → Soziodrama, → Gruppentherapie).
Zs.: Sociometry, New York, 1937 ff.
L.: R. Lochner, Deskriptive Päd., 1927; J. L. Moreno, Who shall survive? New York 1934, dt.: Die Grundlagen der S., 1954, ²1967; O. Engelmayer, Das Soziogramm in der mod. Schule 1952, ²1958; W. Cappel, Das Kind in der Schulklasse, 1963, ⁸1976; G. Bastin, Die soziometr. Methoden, dt. 1967; R. Dollase, Soziometr. Techniken, 1973, ²1976; J. L. Moreno, Psychodrama u. S., dt. 1989.

**Spanien.** Das Bildungswesen lag jahrhundertelang in der Verantwortung der Kirche. Schon im 5. Jh. entstanden Schulen in Klöstern, später auch an Kathedralen. Gleichzeitig entfaltete sich ein Internatsschulsystem. Nach der → Reformation nahmen sich relig. Orden der Schul- und Lehrtätigkeit an (in der höheren Schule und der Gelehrtenbildung die → Jesuiten; andere Ordensgemeinschaften errichteten Elementarschulen f. Kinder der unteren Bevölkerungsschichten). Die Entdeckung Amerikas (1492) und der Aufbau eines Weltreiches (Karl V., Philipp II.) führten im 16. und in der ersten Hälfte des 17. Jh.s zu einer kulturellen Blüte und zur Gründung bedeutender Schulen und Universitäten (Salamanca, Alcalá, Valladolid, Sevilla u. a.); in dieser Zeit nahm S. eine kulturelle Führungsposition in Europa ein. Danach, vor allem im 18. Jh., sank S. in die polit. und kulturelle Bedeutungslosigkeit zurück. Neben der kirchl. gab es bis ins 19. Jh. zahlreiche Privatschulen. Liberale Reformbestrebungen zielten seit Mitte des 18. bis Ende des 19. Jh.s ohne großen Erfolg auf ein allg. öffentl. Schulwesen. Wichtige Stationen dabei waren das Gesetz Moyano von 1856, die Bewegung der Institución Libre de Enseñanza und die Schulen des Ave Maria von A. → Manjón. Nach dem span. Bürgerkrieg knüpfte das Franco-Regime an die orthodoxe Tradition an und bekannte sich zum röm. Katholizismus und seiner scholast.-thomist. Philosophie. Gesetzliche Schulpflicht besteht seit 1838, sie wurde 1856, auf das 6.–9. Lj. festgelegt, 1912 bis zum 12. Lj. ausgedehnt, in der Wirklichkeit jedoch sehr unregelmäßig gehandhabt. Gegenwärtig beträgt sie 10 J. für Kinder im Alter von 6–16 J. und ist kostenfrei. Alle Bildungsgänge können in staatl. oder nichtstaatl. Einrichtungen absolviert werden.

Das s. Bildungswesen befindet sich seit den 50er und verstärkt seit den frühen 70er Jahren in einer Phase der grundlegenden, alle seine Bereiche umfassenden Neugestaltung. Sie fand einen ersten gesetzlichen Ausdruck in dem »Allgemeinen Erziehungsgesetz« (1970), das das auf vorindustrielle Verhältnisse zugeschnittene Gesetz Moyano endgültig ablöste und das zusammen mit der demokratischen Verfassung von 1978 und anderen Gesetzen z. B. dem L.O.D.E. (Ley Orgánica del Derecho a la Educación; 1984) und dem L.R.U. (Ley de Reforma Universitaria; 1984) vorübergehend die politische Grundlage für den Übergang zu einem modernen, dem qual. und quant. Standard der übrigen Staaten der → Europäischen Gemeinschaft angeglichenen Schulsystem bildete. Die Verfassung von 1978 begünstigte vor allem eine Dezentralisierung und Regionalisierung sowie die Entwicklung eines föderalistischen Schulsystems; einzelne autonome Regionen (Katalanien, Baskenland, Andalusien, Kanarische Inseln, Galicien, Valencia) entwickelten eigenständige Bildungssysteme. Das Gesetz L.O.D.E. schuf die Voraussetzung für einen schulischen Pluralismus und sicherte die Mitwirkung aller Beteiligten an der Schulgemeinschaft. Das Gesetz zur Reform der Universitäten unterstellte diese den Regionen und leitete eine bemerkenswerte Demokratisierung der Hochschulen ein.

Um den geänderten politischen, sozialen und wirtschaftlichen Rahmenbedingungen Rechnung zu tragen, wurde das »Allgemeine Erziehungsgesetz« in der Folgezeit mehrfach modifiziert, ergänzt, teilweise außer Kraft gesetzt und schließlich durch das L.O.G.S.E. (Ley Orgánica de Ordenación General del Sistema Educativo; 3. 10. 1990) ersetzt, das folgende Schulgliederung vorsieht: *educación infantil* (0–6. Lj.), *educación primaria* (6.–12. Lj.), *educación secundaria obligatoria* (12.–16. Lj.), ein *Bachillerato* oder eine zweite Etappe der Sekundarschule (*Formación profesional grado medio*; 16.–18. Lj.), von der aus der Übertritt in die Universität oder in die 2. Stufe der *Formación profesional grado superior* erfolgt. Die sechs Kernstücke des L.O.G.S.E. sind: Aufwertung der Vorschulerziehung; Verlängerung der Schulpflicht bis zum 16. Lj.; Neudefinition des minimalen Fächerkanons der Primarschule; Einführung der 4jährigen obligatorischen Sekundarstufe I mit → Gesamtschulcharakter; organische Verbindung der Berufsbildung mit dem Schul- und Beschäftigungssystem; Neugestaltung der Lehrerbildung insb. für den Primarschulbereich. Insgesamt kann davon ausgegangen werden, daß bis zur vollst. Verwirklichung des 1992/93 formal in Kraft getretenen neuen Bildungssystems noch Jahre vergehen werden. Gegenwärtig bestehen in der Öffentlichkeit erhebliche Verunsicherungen über den Stand und das Fortschreiten der Reformen sowie starke regionale Unterschiede, da die autonomen Regionen z. T. weitreichende Sonderregelungen getroffen haben.

Seit 1971 hat in S. die Zahl der Univ.en und der Höheren Schulen stark zugenommen; auch die päd. Forschung hat einen enormen Aufschwung genommen; es gibt zahlreiche päd. Sektionen an den Univ.en, und jede Univ. besitzt ein Institut für Erziehungswiss. Zu den führenden Pädagogen des Landes gehören auf dem Gebiet der Erz.phil. und Erz.theorie: Ibañez, Vasquez, Fullat, Sarramona, Castillejo, Colom, Escamez, Carrasco; Vergl. Erz.wiss. und Geschichte der Päd.: Galino, Berrio, Delgado, → García Garrido, Ortega Esteban; Didaktik und Methodik: Fernandez, Dieguez, Gimeno, Pérez; Forschungsmeth. und päd. Epistemologie: → García Hoz, de la Orden, Tejedor, de Miguel; für Fragen der Schulorganisation das Instituto de Pedagogía San José de Calasanz. Die Zentralstelle für span. wiss. Forschung befindet sich in der Calle Serrano in Madrid: El Consejo Superior de Investigaciones Científicas (C.S.I.C., Der oberste Forschungsrat, gegr. 1937). Über die päd. Forschung wird in der Revista Española de Pedagogia, in der Revista de Educación, in der Revista de Historia de la Educación und in den Perspectivas Pedagógicas laufend berichtet.

L.: V. García Hoz, La educación en la España del Siglo, XX, Madrid 1980; M. Miclescu, Bildungsreform in Spanien 1970–1980, 1982; J. L. García Garrido, Sistemas educativos de hoy, Madrid 1984, ³1993; J. M. McNair, Education for a changing Spain, Manchester 1984; A. Leonarduzzi, Scuola e società in Spagna dalla seconda republica alla Costituzione dalla 1978, Udine 1984; M. Miclescu, Die span. Univ. in Gesch. u. Gegenwart, 1985; OECD, Reviews of National Policies for Education: Spain, Paris 1986; A. Santiesteban, La educación comparada en España, Madrid 1989; E. Ullrich, Das s. Bildungswesen 1989, in: Schulverwaltung (12) 1989; A. Capitan Diaz, Historia de la educación en España, Madrid 1991; P. Diaz y Diaz, Schule und Reintegration, 1991; M. Puelles, Educación e ideología en la España contemporánea, Barcelona 1991; M. Miclescu, Das Bildungswesen in S., in: S. heute, 1991; Reform der Gesamtordnung des s. Unterrichtswesens, in: Bildungsinformation international (61) 1991; H. G. Hesse, Ch. Kodron, Zeit für Schule: S., 1991; P. Birke, Bild. u. Erz. in S. 1987–1991, Internat. Bibl., 1992; W. Schütte, Erwachsenenbildung in S., 1992; G. Ossenbach-Sauter, Demokratisierung und Europäisierung als Herausforderung an das s. Bildungswesen seit 1970, in: D. Benner, D. Lenzen (Hg.), Bildung und Erz. in Europa, 1994 (= Zschr. f. Päd., 32. Beih.); C. Hoelzle, Bildungspolitik in der Gemeinschaft. Die Angleichungsproblematik von Bildungssystemen in der Europäischen Gemeinschaft am Beispiel S., 1994; A. Capitán Díaz, Historia de la educación en Espana, Madrid 1994; N. Alvarez, Die s. Bildungsreform im Hinblick auf die Europäisierung des Bildungswesens, 1995; M. Blaug u. a. (Hg.), Education reform in democratic Spain, London 1995.

**Spencer,** Herbert, * 27. 4. 1820 Derby, † 8. 12. 1903 Brighton; Ingenieur, Journalist, Individualist, Philosoph, dessen Theorien von dem Prinzip der Evolution bestimmt waren. 1854/59 schrieb S. vier Aufsätze über Erziehung, die er als »Vorbereitung für das vollkommene Leben« verstand; am wichtigsten sind ihm die Fächer, die der Selbsterhaltung dienen (bes. Naturwiss.n), unwichtig die »Freiheit«-fächer (Literatur, Geschichte u. ä.). In der zweiten Hälfte des 19. Jh. wurden seine Gedanken international hoch geschätzt.

Schr.: H. S. Education, Intellectual, Moral and Physical, London 1861, dt.: Die Kunst der Erziehung, 1947.
L.: A. M. Kazamais, H. S. on Education, New York 1966; J. G. Muhri, Normen von Erz., Analyse u. Kritik von H. S.s evolutionist. Päd., 1982; M. Schmid, Bibliographie der Werke von H. S., 1991; T. Fischer, H. S. Ein Wegbereiter der modernen Erlebnispäd.?, 1996.

**Specht,** Minna, * 22. 12. 1879 Reinbek bei Hbg., † 3. 2. 1961 Bremen; Lehrerin, 1925–33 Leiterin des Landerziehungsheims Walkemühle bei Melsungen, 1933 Emigration nach Dänemark und England; Leiterin versch. Emigrantenschulen; 1946–54 Leiterin der Odenwaldschule (→ Geheeb), 1952–54 Mitarbeiterin am → UNESCO-Institut in Hamburg, 1952–59 Mitglied der dt. UNESCO-Kommission. Aus der Verbindung von Elementen der → sozialist. Erziehung und der → Landerziehungsheime entwickelte S. das Modell einer auf gesellschaftl. Demokratisierung gerichteten (Gesamt-) »Schule des Volkes«, die den Schülern eine zugleich humanistische und realistisch-gemeinschaftsbildende Erziehung zuteil werden lassen sollte.

Schr.: Hermann Lietz, 1920; Vom Sinn der Jugendweihe, 1929; Gesinnungswandel 1943; Education for Confidence, London 1944; Experimental schools in Germany, London 1945; Vom Mut zur Stoffbeschränkung, 1949; Sozialismus als Lebenshaltung und Erziehungsaufgabe, 1951; (Hg.), Leonard Nelson zum Gedächtnis, 1953.
L.: Erziehung und Politik, FS zum 80. Geb.tag, hg. von H. Becker u. a., 1960; B. S. Nielsen, Erziehung zum Selbstvertrauen, 1933; H. Feidel-Mertz (Hg.), Schulen im Exil, 1983; I. Hansen-Schaberg, M. S. Eine Sozialistin in der Landerziehungsheimbewegung, 1992; dies., Die erlebnis- und erfahrensbezogene Päd. M. S.s, 1992; dies., M. S., in: Päd. Forum 8 (1995) H. 1.

**Spener,** Philipp Jacob, * 13. 1. 1635 Rappoltsweiler, † 5. 2. 1705 Berlin; ev. Theologe und Begründer des → Pietismus. Für S. zeigte sich das Christentum nicht im Wissen, sondern in der Ausübung (»Lebendiger Glaube«). Seine theol. Lehre von der Wiedergeburt aus der Gnade Gottes schließt einen organologischen Bildungsbegriff aus; lediglich die Vermittlung natürlich-profaner Kenntnisse ist päd. verfügbar.

Schr.: Pia desideria, 1675, neu hg. v. K. Aland, 1940, ²1955; Schr., 12 Bde., hg. v. E. Beyreuther, 1979–82.
L.: P. Grünberg, P. J. S., 3 Bde., 1893–1906; K. Aland, S.-Studien, 1943; H. Bruns, P. J. S., 1955; G. Dohmen, Bildung und Schule, Bd. 1, 1964; V. Lenhart, Protestant. Päd. und der »Geist« des Kapitalismus, 1998.

**Spiel,** eine spontane Aktivität, die ihren Zweck in sich trägt und nicht (wie etwa die Arbeit) um eines fremden Zwecks willen erfolgt. Jede menschl. Tätigkeit kann S.-charakter annehmen, wenn sie dementsprechend des bloßen Gefallens bzw. der Lust und Freude wegen ausgeführt wird; so gibt es sensoriale S.e, Bewegungs-, Phantasie-, Nachahmungs-, Sprach-, Gesellschafts-, Liebes-, Denkspiele etc. Immer wieder hat man versucht, die Vielfältigkeit des S.s von seinen »Funktionen« her zu gliedern und zu erklären: als Energieüberschuß (→ Spencer), als Rückkehr auf frühere Entwicklungsstufen (Stanley Hall), als Katharsis (Carr, S. → Freud, A. → Adler), als unbewußte Vorbereitung auf die Zukunft (Groos, → Claparède), als Erkenntnisweise (→ Volpicelli, → Fink etc.). Über eine bloße didaktische Funktionalisierung und damit bedenkliche Sinnverkehrung hinaus (z. B. als Lern-S., als didaktisches S.) hat das S. vor allem bei → Fröbel und → Schiller eine tiefe päd.-anthropolog. Begründung erfahren. Für Fröbel übersteigt S. als gleichzeitiges »Inneres äußerlich und Äußeres innerlich machen« die eindimensionalen Prozesse von Lernen und Arbeit und wird zur symbolischen Welterkenntnis und -gestaltung. Schiller sieht im S. die menschlichste Lebensform, da der Mensch sich durch das Spiel sowohl seiner Triebe und Leidenschaften als auch der Gewalt der umgebenden Verhältnisse und der rigiden Pflicht der Gesetze enthebt und zu einem »schönen« Leben gelangt. → darstellendes S.

L.: J. Huizinga, Homo ludens, 1938, dt. 1956; E. Fink, S. als Weltsymbol, 1960; A. Flitner (Hg.), Das Kinderspiel, 1973 u. ö.; ders. u. a., Der Mensch und das S. in der verplanten Welt, 1976; J. Château, Das S. des Kindes, dt. 1976; W. Hering, S.theorie und päd. Praxis, 1979; H. Scheuerl, Das Spiel, 1979, Neuausg. 1990 u. 1991, ¹²1997; N. Kluge (Hg.), S.pädagogik 1980; ders., Spielen und Erfahren, 1981; H. Röhrs (Hg.), Das S. – ein Urphänomen des Lebens, 1981; K. J. Kreuzer (Hg.), Hdb. der S.pädagogik, 4 Bde.,

**Spielgaben**

1983–84; G. Bateson, B. P. Keeney, Kultur und S., dt. 1984; G. Runkel, Soziologie des S.s, 1986; G. E. Schäfer, S., S.raum und Verständigung, 1986; W. Hartmann, W. Heginger, A. Rieder (Hg.), S. Baustein des Lebens, 1989; W. Böhm, Über den S.charakter von Erz. und Päd., in: Das Kind 5 (1989); M. Kolb, S. als Phänomen – Das Phänomen S., 1990; W. Einsiedler, Das S. der Kinder. Zur Päd. des Kinders.s, 1991; J. Fritz, Theorie und Päd. des S.s, 1991, ²1993; ders., S.e als Spiegel ihrer Zeit, 1992; M. Kauke, S.-intelligenz, 1992; U. Heimlich, Einführung in die S.päd., 1993; H. Röhrs, S. und Sport – päd. Grundfragen und Grundlagen, 1993.

**Spielgaben** (S.). Die S. Friedrich → Fröbels, sollen dem Kind ermöglichen, sein »Inneres freitätig darzustellen« und damit seinen »Beruf als Mensch« zu verwirklichen. Sie sind in einer metaphysisch-pantheistischen Vorstellung begründet, im Menschen wie in allen »Dingen« wirke Göttliches, und dieses Innere äußerlich zu machen sei das zentrale Ziel des Menschen; dabei Hilfe zu leisten, die wichtigste Aufgabe der Erziehung.
Durch ihre Gegenständlichkeit und klare Struktur wollen die S. die »nachgehende Erziehung« bereits im frühen Kindesalter verwirklichen, folglich sind sie als autodidaktisches Material gestaltet. Zu den etwa ab 1836 entwickelten S. gehören: Ball, Kugel, Walze, Würfel und verschiedene, mehrgeteilte Würfel (»Bausteine«). Daneben kennt Fröbel auch »Beschäftigungen«: Bauen, Spielen und Flechten mit Täfelchen, Stäbchen, Perlen, Papierstreifen und -blättern. Schließlich muß man noch auf die »Mutter- und Koselieder« (1844) hinweisen.
Zum richtigen Gebrauch der S. hat Fröbel ausführliche, bebilderte Anleitungen verfaßt; daraus wird klar, daß es ihm um eine allseitige, affektive, motorische intellektuelle und sittl.-rel. Förderung des Kindes geht.
Die S. Fröbels stellen das erste ausgearbeitete System autodidaktischer Spielmittel für die frühe Kindheit dar. Wenn man ihre metaphysisch-relig. Begründung heute auch nicht mehr übernehmen kann, kommt ihrem grundsätzlichen Bestreben, das Kind als personale Ganzheit zu erfassen, fortdauernde Bedeutung für die → Vorschulerziehung zu.

Schr.: Mutter- und Koselieder, 1844, erweiterte Neuausg. 1982; Texte zur Vorschulerziehung und Spieltheorie, hg. v. H. Heiland, 1972.
L.: O. F. Bollnow, Die Päd. der dt. Romantik, 1952, ³1977; D. Hoof, Hdb. der Spieltheorie Fröbels, 1977; W. Klein-Jäger, Fröbel-Material …, 1978; L. Heller, Friedrich Fröbel, Die zahlenmyst. Wurzeln der Spieltheorie, 1987; K. Nusplinger, E. Diel (Hg.), S. für begabte Spieler. Die Tradition Fröbels im Kindergarten der deutschen Schweiz, 1985, ²1989; H. Heiland, F. F. in Selbstzeugnissen und Bilddokumenten, ²1995.

**Spielplatz** → Kinderspielplätze.

**Spielzeug,** im weiten Sinne alles Material der gegenständl. Welt, das dem Menschen hilft bzw. das er dazu heranzieht, sich von der Notwendigkeit und Zweckhaftigkeit des Daseins zu befreien und in die freie, gefällige Welt des → Spiels zu begeben; im engeren Sinne von Erwachsenen für Kinder hergestellte oder bereitgelegte Dinge, mit denen diese spielen. S. gab es in allen Kulturen und zu allen Zeiten; solche »übergreifenden« S.e sind z. B. Puppe, Ball, Reifen, Seil, Perlen, Muscheln, Hölzer etc. Soll S. nicht funktionalisiert werden (z. B. zur Kräftebildung, zur Fähigkeitsschulung, zur Kriegseinübung), muß von päd. Seite vor allem sein symbolischer Charakter für die Selbst- und Welterfahrung des Kindes betont werden. → Agazzi.
L.: K. Gröber, Kinder-S. aus alter Zeit, 1928; L. Daiken, Children's Toys Throughout the Ages, London 1953; A. Fraser, S., dt. 1966; J. Schneider, S. des 18. u. 19. Jh., 1969; H. Hetzer, Spiel und S. für jedes Alter, 1970; G. Bittner, Zur päd. Theorie des S.s (1964), in: Das Kinderspiel, hg. v. A. Flitner, 1973 u. ö.; H. Retter, S., 1973; ders. S., 1979; N. Kluge (Hg.), Spielpäd., 1980; J. Fritz, S.welten, 1989; V. Kutschera, Die Welt im S., 1995, W. Österheld, F. Mensing, S.: Weltmarkt im Kinderzimmer, 1997.

**Spontaneität.** Der Begriff enthält zumindest zwei unterschiedl. Komponenten. In der subjektivistischen Deutung → Rousseaus meint S. die innere Entwicklung unserer Fähigkeiten und Organe als Werk der Natur. Dieser subjektivistische Begriff von S. hat, zusammen mit Rousseaus These von der natürlichen Gutheit des Menschen, großen Einfluß auf die Päd. ausgeübt (→ Philanthropismus, → Päd. vom Kinde aus, → M. Montessori, → antiautoritäre Erziehung u. a.) und ein Verständnis von Erziehung als Hilfe zur spontanen Entwicklung des Kindes und seiner Kräfte nahegelegt.
In der Tradition des Dt. Idealismus (→ Kant) meint S. eine Wesenseigenschaft des transzendentalen Subjekts, das gegenüber der hinneh-

menden Sinnlichkeit und dem erfahrungsverarbeitenden Denken (Rezeptivität) aus sich heraus die Ideen der Vernunft und die Gebote der Sittlichkeit zu setzen vermag. In diesem Sinne meint Erziehung zur S. Freisetzung des Menschen zur Mündigkeit seines personalen → Gewissens. → Autonomie.

**Sport/Schulsport/Sportunterricht.** Der Begriff »Sport« hat Ende des 19. Jh.s den Weg von England nach Deutschland genommen und die Dominanz des Begriffes »Turnen« eingeschränkt, der seinerseits den Begriff »Gymnastik« in einem umfassenderen Sinn Anfang des 19. Jh.s abgelöst hat.
Eine allg. anerkannte Definition des gesellschaftl. schulischen wie außerschulischen Phänomens S. gibt es bis heute nicht, es lassen sich allenfalls einige Merkmale angeben: so kommt dem S. traditionellerweise das Attribut der Zweckfreiheit zu, er wird also als Tun um seiner selbst willen bestimmt, er zeichnet sich außerdem durch das Bestreben nach Leistungsverbesserung und Leistungsvergleich aus, hat also häufig Wettbewerbscharakter, mit wenigen Ausnahmen besteht S. (physiologisch betrachtet) aus großmotorischen Aktivitäten und dient der Freizeitgestaltung, der Körperübung, dem sog. Ausgleich, der Entspannung, der Selbstbestätigung etc. Durch Entstehung und Ausbreitung des Profisports und dessen Ausstrahlung bis zu Jugendlichen sind diese Bestimmungen und Unterscheidungen freilich fraglich und die Übergänge zu Arbeit (in manchen S.arten taucht das Problem der Kinderarbeit erneut wieder auf) und zum show-business fließend geworden. Damit wird eine latente Ausbreitung des wirtschaftl. und quantitativen Denkens offensichtlich, das ein verstärktes Bemühen um vergleichbare, quantitative Daten und damit das Phänomen des Leistungsstresses hervorbringt. Andererseits ist S. geradezu lebenswichtig geworden als »Ausgleich« zu den Lebensbedingungen in einer industriell strukturierten Überflußgesellschaft. Der Sportbegriff hat sich im Laufe der letzten Jahrzehnte erheblich ausdifferenziert. Folgende Akzentuierungen lassen sich voneinander unterscheiden: Breiten-, Freizeit-, Gesundheits-, Leistungs-, Spitzen-, Profisport; Kinder-, Jugend-, Familien-, Senioren-, Behindertensport; Individual-, Mannschafts-, Integrationssport; Trendsport, Abenteuersport, Extremsport, Spaßsport. Zur Erklärung und Begründung des S.s werden neben der hier schon angesprochenen Gesellschaftsrelevanz auch anthropolog. Überlegungen angeführt: die Leiblichkeit des Menschen als anthropolog. Konstituens, das seine Aktualität in S., Spiel, Bewegung und Leistung findet. Eine planmäßige Anleitung zu S. findet nicht nur in der Schule, sondern auch und vor allem in S.vereinen statt, die meist eigene Jugendabteilungen unterhalten, und durch kommerzielle Sportanbieter (Sportstudios) und Sportangebote in Erwachsenen-Bildungseinrichtungen, Sozialeinrichtungen und der Kommunen. In zunehmend mehr Sportarten finden nationale und zum Teil auch internationale Schüler- und Jugendmeisterschaften bzw. Bestenkämpfe statt (Im schulischen Bereich → Bundesjugendspiele, »Jugend trainiert für Olympia«). Auch Wettkämpfe für Senioren (bis über 70jährige) gewinnen zunehmend an Bedeutung.
Mit dem Beginn der 70er Jahre wurde der Begriff Leibeserziehung durch den Begriff Sportunterricht ersetzt, damit sollte der Bezug zum außer- und nachschulischen S. stärker betont werden.
S. als eine Möglichkeit der Freizeitgestaltung ist somit als Zielperspektive in den Schulsport integriert. Begrenzte man sich in der Leibeserziehung auf die Erz. zum Leib und durch den Leib, so gelten heute Gesundheits-, Bewegungs-, Leistungs- und Freizeiterziehung → Umwelterziehung und Erziehung zum kreativen Handeln als sich ergänzende Erziehungsfelder im Fach Sportunterricht. Besondere Bedeutung kommt dabei dem → Schulleben und den darin einbezogenen sportl. Veranstaltungen zu.
Die in den letzten 10 Jahren entstandenen Curricula im Fach S. sind nicht ohne wissenschaftliche Erkenntnisse entstanden. Sportbiolog. und -medizinische Vorgaben, vor allem in bezug auf die jugendl. Entwicklung, lerntheoretische, entwicklungspsycholog. und gruppendynam. Erkenntnisse sowie eine Analyse gegenwärtiger und zukünftig zu erwartender Freizeitbedingungen waren und sind Grundlage der Lehrplanarbeit.
Gegenüber der früheren eher geringschätzigen Wertung des SU etwa als bloßes »Rege-

**Sprachbarriere(n)**

nerationsfach« hat sich der SU mittlerweile als gleichberechtigtes Fach etabliert. Eine spezielle, auch begriffsabgehobene polit. Bedeutung erfuhr der Sport in der ehemaligen DDR (Die Hochschule für Körperkultur in Leipzig im Wettstreit mit der Dt. Sporthochschule Köln, Jugend- und Kindersportschulen als nahezu perfekt organisierte Talentförderung).

Zs.: Leibesübungen 1 (1950) ff.; Körpererziehung (DDR) 1 (1951) ff.; S.unterricht 1 (1952) ff., (bis 21 (1972); Die Leibeserziehung).
L.: J. N. Schmitz, Studien zur Didaktik der Leibeserziehung, Bd. 1–4, 1966–1972; O. Grupe, Grundl. der S.päd., 1969; H. Baitsch u. a., S. im Blickpunkt der Wiss.n, 1972; Chr. v. Krockow, S. und Industriegesellschaft, 1972; O. Grupe (Hg.), S. in unserer Welt, 1973; Dt. Sportbund (Hg.), S.lehrerausbildung, 1975; K. Hammerich, K. Heinemann (Hg.), Texte zur Soziologie des Sports, 1975; H. Gabler (Hg.), Sch.modelle in Theorie und Praxis, 1976; K. Reese, H. Brassat, S. in der Schule, 1976; Ausschuß Dt. Leibeserzieher (Hg.), S. lehren und lernen, 1977; H. W. Ehni, S. und Schulsport, 1977; W. Schleske, Abenteuer – Wagnis – Risiko im S., 1977; A. Trebels u. a. (Red.), S.wiss. auf dem Weg zur Praxis, 1978; H. Röhrs, S.pädagogik und S.wirklichkeit, 1982; E. Meinberg, Hauptprobleme der S.pädagogik, 1984, ²1991; S. Größing, Einführung in die S.-Didaktik, 1988; D. Kurz, Elemente des Schuls.s, 1990; U. Pühse, Soziales Lernen im S., 1990; K. Dietrich, G. Landau, S.päd., 1990; W. D. Brettschneider, N. Bräutigam, S., in der Alltagswelt von Jugendlichen, 1990; K. P. Brinkhoff, W. Ferchhoff, Jugend und S., 1990; H. J. Menzel, R. Preiss (Hg.), Forschungsgegenstand S., 1990; J. Thiele, Phänomenologie und S.päd., 1990; O. Weiss, S. und Gesellschaft, 1990; E. Meinberg, Kindheit und Jugend im Wandel – Konsequenzen für die S.päd., 1991; H. Röhrs, Spiel und S., 1993; J. Röde u. a. (Hg.), S. in der Schule, Verein und Betrieb, 1995.

**Sprachbarriere(n)**, Hemmungen bzw. Schranken in der sprachl. Entwicklung, Ausdrucks- und Differenzierungsfähigkeit, die nicht durch Mängel in der → Anlage, sondern durch Sprach- und Sprecherfahrungen in einem sozialen → Milieu bedingt sind, dessen Sprachgebrauch von der offiziellen Hochsprache der sozialen Mittel- und Oberschicht abweicht (Dialekt, Soziolekt). Ob es sich bei den S. tatsächlich um Mangelzustände (Defizite) sprachl. → Kompetenz und Performanz handelt oder um funktional äquivalente Sprachvarianten (Differenzen) eher → elaborierter und stärker → restringierter Art, deren letztere als Klassensprache diskriminiert wird, wird gegenwärtig kontrovers diskutiert. De facto jedenfalls ist differenzierte sprachl. Ausdrucksfähigkeit eine zentrale Voraussetzung für Schulerfolg und hohen Bildungsabschluß, und Kinder aus unteren sozialen Schichten, die den (sprachl.) Leistungserwartungen der Mittelklassen-Institution Schule nicht entsprechen (können), erfahren, daß ihre sprachl. Andersartigkeit als Minderwertigkeit beurteilt und als S. wirksam wird. Zur Überwindung von S. wurden speziell im Bereich der → Vorschulerziehung → kompensatorische (Sprach-)Erziehungsprogramme entwickelt, jedoch mit beschränktem Erfolg durchgeführt. B. → Bernstein. → Linguistik.

L.: D. Lawton, Soziale Klasse, Sprache und Erziehung, ²1971; B. Bernstein, Studien zur sprachl. Sozialisation, 1972; H. Bühler, S.n und Schulanfang, 1972; U. Oevermann, Sprache und soziale Herkunft, 1972; E. Neuland, S.n oder Klassensprache? 1975; S. Jäger u. a., Vom Nutzen der Soziolinguistik, 1977; H. Zabel (Hg.), Sprachbarrieren und Sprachkompensatorik, 1979; N. Dittmar, Grundlagen der Soziolinguistik, 1997.

**Sprachbehindertenpädagogik** Parallelbegriffe: Sprachgeschädigten-, Sprachheil-, Sprachgestörten-, Sprachauffälligen-, Sprachgehemmten-, Sprachbeeinträchtigtenpäd. Da → Sprache das Medium der → Bildung ist, kommt ihrer Pflege eine große pädagogische Bedeutsamkeit zu. S. umfaßt die Theorie und Praxis der Erziehung und Bildung sprachbehinderter Menschen und strebt die Eingliederung, ggf. Wiedereingliederung in Familie, Schule, Beruf und Gesellschaft an. Als sprachbehindert gelten Personen, die vorübergehend oder andauernd in unterschiedl. Maße nicht in der Lage sind, die allg. Umgangssprache in Laut und Schrift altersüblich zu verstehen, zu verarbeiten und zu äußern.

Ursachen für Sprachbehinderungen können sein: zentrale Sprachstörungen (durch Hirnverletzungen, -entzündungen, -blutungen u. ä.), Organveränderungen der peripheren Sprechwerkzeuge (Lippen, Zähne, Zunge, Gaumen, Nase) sowie psychische Belastungen und Krankheiten; Sprachbehinderung zeigt sich durch Verzögerung der Sprachentwicklung (nicht altersgemäßer Sprachbeginn), Stammeln (Unfähigkeit, bestimmte Laute oder Lautverbindungen zu artikulieren oder zu sprechen), Dysgrammatismus, Störungen beim Lesen- und Schreibenler-

nen, geringer Wortschatz und Beeinträchtigung des Redeflusses. Die Ausfälle im sprachl. Bereich können beeinträchtigen – je nach Art und Schweregrad: die Sprachaufnahme (akustische Wahrnehmung), die zentrale Verarbeitung (Dekodieren sprachl. Zeichen, Erkennen und Speichern von Wortstrukturen) und die Sprachäußerung (Koordinationsstörungen bei den Sprechbewegungen, Schädigung der Sprechwerkzeuge und Störungen des Redeflusses sowie der Stimmbildung). Die Häufigkeit einer Sprachbehinderung liegt zum Schulbeginn bei ca. 10%, mit Ende des 6. Schuljahrs bei 2,5%. Es besteht die Gefahr begleitender Lern- und Leistungsstörungen: Störungen von Motorik, Sensorik, Gedächtnis, Konzentration, Koordination, Sprechscheu und emotionalaffektiver Instabilität. Die bes. Erziehungsaufgaben zielen auf Beseitigung oder möglichst weitgehenden Abbau der Sprachbeeinträchtigung und ihrer Auswirkungen. Speziell gefördert werden je nach Art und Ausmaß der Störung: der sprachl. Bereich (Sprachverständnis, Wortschatz, Wortfindung, Satzbildung, Artikulation), der kognitive Bereich (Denkaktivierung, Wahrnehmungstraining, handlungsorientiertes Sprechen, Merkfähigkeitstraining), motorische Bereiche (Bewegungskoordination, Geschicklichkeit, bes. der Hände und Sprechwerkzeuge), der sensorische Bereich (auditive, visuelle, taktil-kinästhetische Wahrnehmung, Aufmerksamkeit), der psychosoziale Bereich (Erziehungshilfen für die Familie, Verminderung psychischer Spannungen und Hemmungen, Ermutigung, Vermittlung von Erfolgserlebnissen, Kommunikationsförderung, → Integration).
Eine möglichst frühe Erfassung und Förderung Sprachbehinderter beabsichtigen folgende Institutionen: Beratungsstellen in Schulen, in Gesundheits- und Sozialämtern, Erziehungsberatungsstellen, → Sonderkindergärten, -tagesheime, -schulkindergärten, -gruppen. Im Bereich der Schule erfolgt eine spezielle Förderung in Eingangs- bzw. Vorklassen zur Grundschule, sowie in eigens vorgesehenen Einrichtungen des → Sonderschulwesens. Darüber hinaus werden die sprachbehinderten Kinder mit zunehmender Tendenz in neueingerichteten Integrationsklassen unterrichtet.

Sprachheilbehandlung wird durchgeführt von Sprachbehindertenpädagogen, Logopäden und Stimmtherapeuten. → Sprachstörungen, → Sonderpäd. → Logopädie.

L.: H. Hörmann, Psychologie der Sprache, 1970 u. ö.; R. Luchsinger, G. E. Arnold, Hdb. der Stimm- und Sprachheilpäd. 1949, ³1970; G. Knura, Sprachbehinderte und ihre sonderpäd. Rehabilitation, in: Dt. Bildungsrat, Sonderpäd. 4, 1975; G. Knura, B. Neumann (Hg.), Hdb. der Sonderpäd. Bd. 7: Päd. der Sprachbehinderten, 1980, ²1982; F. Hinteregger, F. Meixner (Hg.), Sprachheilpäd. Arbeit mit mehrfachbehinderten Kindern, 1986; M. Grohnfeldt (Hg.), Hdb. der Sprachtherapie, 8 Bde., 1989 ff.; H. Rodenwaldt, Der dialogische Ansatz zur Diagnose u. Förderung sprachbeeinträchtigter Kinder. 1990; O. Braun, Sprachtherapeut. Berufe, 1991; B. Kolonko, I. Krämer, Heilen-Separieren-Brauchbar machen, 1992; G. Lotzmann (Hg.), Psychomotorik in der Sprach-, Sprech- und Stimmtherapie, 1992; S. Baumgartner, I. Füssenich (Hg.), Sprachtherapie mit Kindern, 1992; Th. Gieseke, Integrative Sprachtherapie, 1995; W. Scheuermann, Einrichtungen für Sprachbehinderte in der BRD, 1995; B. Hartmann, Menschenbilder in der Sprachheilpädagogik, 1996; R. Bahr, Schweigende Kinder verstehen (Diss.) 1996.

**Sprache,** eine den Menschen kennzeichnende Eigenschaft, die sich der einfachen Definition entzieht. Im allgem. kann darunter die Fähigkeit verstanden werden, sinnl. wahrnehmbare Gegebenheiten mit einer nur geistig verstehbaren und lautl. äußerbaren Bedeutung zu verbinden. Versch. Denkmodelle präzisieren Teilaspekte der S., sie kann als angeborene, artspezif. Fähigkeit verstanden, als strukturiertes Zeichen- bzw. internalisiertes Regelsystem interpretiert oder als dem menschl. Mitteilungsbedürfnis entspringendes Kommunikations- und Informationsmittel betrachtet werden. Jede S. ist eine bestimmte, endliche, nie restlos in andere S.n übersetzbare Offenheitsweise von Welt, die auf dem gesamtkulturellen Hintergrund das fakt. Verstehen der Menschen ermöglicht. Somit kommt ihr eine hohe anthropolog., mithin ihrer Pflege eine große päd. Bedeutung zu. W. v. → Humboldt bezeichnete sie gar als das bildende Organ des Menschen.
Während in den Schulen des Mittelalters nur Latein, aber kein muttersprachl. Unterr. erteilt wurde, entwickelte sich dieser, schon von → Luther gefordert, im 19. Jh. zu einem allgemein anerkannten Ziel des Schulunterrichts (→ Deutschunterricht).

S.psycholog. Untersuchungen konzentrieren sich auf den S.erwerb beim Kleinkind, der nach der Lallphase mit der Einsicht in den Zusammenhang zw. Ding und Wort einsetzt. Im Alter von 3–4 Jahren verfügt das Kind über einen Wortschatz von mehr als 1000 Wörtern und beherrscht die wichtigsten syntakt. Regeln, so daß es selbständig neue Sätze bilden kann, wobei es zur Ausprägung schichtspezifischer Codes (→ S.barrieren) kommt.
Neben den Zielen der mündl. und schriftl. Kommunikation sowie der Befähigung zur Anteilnahme an den verschied. kulturellen Bereichen (Literatur, Massenmedien, Politik etc.) verdienen beim S.unterricht die Aspekte des Zuhörenkönnens und des Schweigens (→ Stille) vermehrte Aufmerksamkeit, damit das Gespräch der dialog. Struktur der → Person gerecht wird und nicht zum Gerede verflacht bzw. der Mensch nicht zu einem informationsverarbeitenden Datenträger degradiert.

L.: J. G. Herder, Abhandlung über den Ursprung der S., 1789; J. H. Pestalozzi, Die S. als Fundament der Kultur, 1799; W. v. Humboldt, Über die Verschiedenheit des menschl. Sprachbaus ..., 1835; R. Hildebrandt, Vom dt. Sprachunterr., 1867 u. ö.; W. Stern, Die Kindersprache, 1928; K. Böhler, Sprachtheorie, 1934, 1982; B. L. Whorf, S., Denken, Wirklichkeit, dt. 1963; M. Heidegger, Unterwegs zur S., 1959; W. Eggers, Dt. Sprachgesch., 4 Bde., 1963 ff.; J. Piaget, Sprechen und Denken des Kindes, dt. 1972; W. Iser, Die Apellstruktur der Texte, 1968, [4]1974; W. Eggers, Dt. S. im 20. Jh., 1973; W. Iser, Der Akt des Lesens, 1976, [2]1984; G. Kühlewind, Der sprechende Mensch, 1991, W. Böhm, M. Lindauer (Hg.), Weltwunder S., 1999.

**Spracherziehung,** Sprachunterricht, → Deutschunterricht → Fremdsprachenunterricht, → muttersprachlicher Unterricht, → Sprecherziehung.

**Sprachorientierungsunterricht.** Auf der Grundlage der Transfertheorie der → kybernetischen Päd. für die Grundschule seit 1975 entwickelte Propädeutik zum → Fremdsprachunterricht, die sich auf → ILo als interlinguistisches Sprachmodell stützt; seit 1993 in Italien als Wahlpflichtfach eingeführt.

L.: V. Barandovská (Hg) Kybernetische Pädagogik/Klerigkibernetiko, Bde. 6–7, 1993.

**Sprachstörung** ist eine Störung der Sprachentwicklung oder der → Sprache überhaupt in Form von Artikulations- und Lautbildungsstörungen. Ursachen können sein: verzögerte Sprachentwicklung, zerebral bedingte Funktionsstörungen (Zerebralparese), deformierte Sprechwerkzeuge, Schwerhörigkeit, schlechte Sprachvorbilder, geistige Behinderung, psychosoziale Beeinträchtigung, wobei die Sprache in unterschiedl. Ausmaß gestört sein kann: partiell (einzelne Laute sind betroffen), multipel (mehrere Laute werden falsch/nicht gebildet) generell/universell (nur wenige Laute, meist Vokale, werden gesprochen; kaum verständlich für den Außenstehenden). Die wichtigsten S.n sind a) Artikulations- und Lautbildungsstörungen: Dysarthrie (zentral/zerebral bedingt), Dysglossie (peripher, d. h. an den Sprechwerkzeugen bedingt), Dyslalie (mangelhafte, fehlende, falsche Lautbildung, spez. Sigmatismus -S-Fehler-, Rhotazismus -R-Fehler-) u. a.; b) Redefluß- und Rhythmusstörungen: → Stottern kommt zustande durch Verkrampfung und unkoordinierte Bewegungen der Atmungs-, Stimm- und Artikulationsmuskulatur. Poltern: überstürztes, hastig-übersprudelndes Sprechen, wobei Silben, Wörter oder ganze Satzteile ausgelassen, verwechselt oder verstümmelt werden. Poltern kann organisch bedingt, aber auch durch die Umwelt hervorgerufen sein. Behandlung durch Logopäden, Psychologen und Psychotherapeuten ist angezeigt. c) Stimm- und Stimmklangstörungen treten auf in Form von Dysphonie/Aphonie (mangelhafte Stimmgebung, Flüsterstimme), Störungen im Zusammenhang mit Mutation (Stimmbruch) und Näseln (offenes Näseln: Hauptmasse der Luft entweicht durch die Nase; geschlossenes Näseln: zuwenig Luft dringt durch die Nase – Schnupfensprache). d) Sprach- und Sprachaufbaustörungen: → Mutismus (psychogene Stummheit) als Schweigen in Zusammenhang mit einem extrem gespannten psychischen Zustand. → Aphasie/Dysphasie völliger Verlust oder Beeinträchtigung und Störung der ursprünglich vorhandenen Sprechfähigkeit, Verlust des Sprachverständnisses oder Verlust der Spracherinnerung. Als Ursache ist eine Schädigung des Großhirns anzusehen bei ungestörter Funktion der Sprechwerkzeuge und des

Gehörs. Dysgrammatismus, Agrammatismus (Unfähigkeit grammatikalisch richtig zu sprechen), → Autismus (unsachliches affektbestimmtes Denken).

L.: G. Böhme, Sprach-, Sprech-, Stimm- und Schluckstörungen, 2 Bd., ³1997 u. ³1998; I. Stengel, Sprachschwierigkeiten bei Kindern, 1974, ⁷1992; K. Aschenbrenner (Hg.), Sprachheilpäd., 1975; M. Grohnfeldt, Störungen der Sprachentwicklung, 1982, ⁶1992; ders., Grundlagen der Therapie bei sprachentwicklungsgestörten Kindern, 1985, ²1990; B. Zollinger, Spracherwerbsstörungen – Früherfassung u. Frühtherapie, 1986, ³1991; U. Franke, Artikulationstherapie bei Vorschulkindern, 1987; ⁵1998; W. Radigk (Hg.), Sprache u. S., 1988; J. E. Nation, D. M. Aram, Diagnostik von Sprech- u. S., dt. 1989; R. Romonath, Phonolog. Prozesse an sprachauffälligen Kindern, 1991; G. Rickheit (Hg.), Linguist. Aspekte der Sprachtherapie, 1992; W. Wendtlandt, S., 1992; H. Grimm, S. Weinert, Intervention bei sprachgest. Kindern, 1994; U. Franke (Hg.), Prävention von Kommunikationsstörungen, 1997; G. Lotzmann (Hg.), Die Sprechstimme, 1997; H. Grimm, Störungen der Sprachentwicklung, 1999; D. Hacker, H. Wilgermein, Aussprachestörungen bei Kindern, 1999.

**Spranger,** Eduard, * 27. 6. 1882 Lichterfelde (Berlin), † 17. 9. 1963 Tübingen, 1905 Dr. phil. Berlin (b. → Dilthey u. → Paulsen), 1909 Habil., 1911 Prof. f. Phil. und Päd. Leipzig, seit 1920 Berlin, 1936/37 in Japan, 1946–52 Tübingen. Vom Dt. Idealismus, bes. → Humboldt, beeinflußt, führte S. Diltheys Anregungen weiter zu einer geisteswiss. Psychologie (Lebensformen, 1921, ⁹1966; Psychologie des Jugendalters, 1924, ²⁸1966) und zu einer wertphilosophisch orientierten → Kulturpäd.: Bildung als das »große Wechselspiel von erlebender Seele und objektivem Geist«. Vor 1925 stark dem → Gymnasium zugewandt, galt sein Interesse später der → Volksschule (Der Eigengeist der V., 1955), dem Zusammenhang von → Allg.- und Berufsbildung (drei Stufen: grundlegende Bildung – Berufsbildung – Allgemeinbildung) und der → Berufsschule. Im Alterswerk erschien S.s Vertrauen in die Kultur gebrochen, und er sah die entscheidenden päd. Aufgaben in der → Gewissenserziehung und im erzieherischen Ethos (Der geborene Erzieher, 1958 u. ö.).

Schr.: Gesammelte Schr., hg. v. W. Bähr u. a., 11 Bde., 1969 ff.

L.: E. S. – sein Werk und sein Leben, hg. v. W. Bähr u. H. Wenke, 1964; F. H. Pfaffrath, E. S. und die Volksschule, 1971; M. Löffelholz, Phil., Pol. und Päd. im Frühwerk E. S.s, 1977; Th. Bucher, L. Jost, U. P. Lattmann (Hg.), E. S. Zur Bildungsphil. u. Erziehungspraxis, 1983; R. Klussmann, Die Idee des Erziehers bei E. S. vor dem Hintergrund seiner Bildungs- und Kulturauffassung, 1984; G. Meyer-Willner, E. S. u. d. Lehrerbildung, 1986; W. Sacher, E. S., 1988; U. Henning, A. Leschinsky (Hg.), Enttäuschung und Widerspruch, 1991; Y.-Y. Han, E. S.s Päd. 1994, S.-O. Lee, E. S.s Beitrag zur Theorie der Erwachsenenbildung, 1994; J. S. Hohmann (Hg.), Beiträge zur Philos. E. S.s, 1996; R. Uhle, E. S. Päd. zw. Hermeneutik u. Kulturphilos. geistiger Mächte, in: Freiheit – Geschichte – Vernunft, hg. v. W. Brinkmann u. W. Harth-Peter, 1997.

**Sprecherziehung** meint die Gesamtheit erzieherischer Bemühungen um das Sprechen des Menschen. S. basiert auf dem anthropologischen Zusammenhang Mensch-Sprache (Humboldt: »Der Mensch denkt, lebt und fühlt allein in der Sprache«). Eine möglichst früh einsetzende S. ist bes. wichtig als prophylaktische Beeinflussung in Hinsicht auf die Entwicklung von Sprachstörungen. S. will nicht nur vordergründig Einzelfunktionen (Atmung, Stimme, Artikulation) üben, sondern umfassend erziehen zum Sprechen und durch Sprechen.

L.: W. Reineke, F. Damm, Signale im Gespräch, 1989; K. Ross, S. statt Rhetorik, 1994; J. Metelerkamp (Hg.), Lernziel: Gesprächsfähigkeit, 1995; R. W. Wagner, Grundlagen der mündlichen Komm., 1996.

**Staatsbürgerkunde** → staatsbürgerliche Erziehung.

**Staatsbürgerliche Erziehung.** Der heute unübliche Begriff bezeichnet einen Sonderfall der → polit. Bildung: die Einübung der Menschen in ihre Rechte und Pflichten als Bürger eines bestimmten Staates. Das Konzept der SE hebt stark auf eine bloß intellektuelle Belehrung über Verfassung, Staatsaufbau, Verwaltung und die formalen Akte der Delegation der Staatsgewalt (v. a. Wahlen) ab und betont den Gedanken der »reibungslosen Eingliederung« in einen vorgegebenen Staat. Hist. war die SE allerdings von großer Bedeutung: a) laut Art. 148 der Weimarer Reichsverfassung hatten die Schulen »staatsbürgerliche Gesinnung« zu »erstreben«; »Staatsbürgerkunde« wurde als Lehrfach festgelegt. Dadurch sollte die Schule zur Überwindung des alten obrigkeitsstaatl. Systems und des Untertanengeistes beitragen. Auf der → Reichsschulkonferenz

1920 war Staatsbürgerkunde Thema eigener Ausschußberatungen. b) G. → Kerschensteiners Gedanken zur SE haben die Diskussion über → polit. Bildung nachhaltig mitgeprägt. Von einem idealist. Staatsbegriff als »Rechts- und Kulturstaat« ausgehend, sah er als Ziel der Erziehung den »brauchbaren Staatsbürger«, der an der Vervollkommnung des bestehenden Staates zum Ideal hin an seinem Platz in der Gesellschaft nach Kräften mitarbeitet. Als Erziehungsmittel galten ihm dabei nicht die Belehrung, sondern prakt. Arbeit in Arbeitsgemeinschaften, welche sowohl allg. Tugenden wie Sauberkeit, Pünktlichkeit, Hilfsbereitschaft hervorbringen als auch für den späteren Beruf vorbereiten.

L.: G. Kerschensteiner: Die SE der dt. Jugend, 1901, [10]1931; ders., Der Begriff der SE 1910, [10]1966; E. Spranger: Gedanken zur SE, 1957; Theodor Litt und die Polit. Bildung der Gegenwart, hg. v. P. Grutjahn-Löser u. a., 1981.

**Status, sozialer,** gesellschaftl. »Stellung« eines Menschen aufgrund seiner mit Sozialprestige verbundenen Position bzw. der aus ihr resultierenden Rechte und Pflichten, Privilegien und Ressourcen, Macht, Rollen usf. mit verhaltensrelevanten und soziale Ungleichheit konstituierenden Folgen. Im Gegensatz zu feudalaristokratischen Agrargesellschaften wird sozialer S. in industrialisierten Leistungsgesellschaften nicht mehr von Generation zu Generation vererbt und lebenslänglich zugeschrieben (z. B. durch soziale Herkunft, Rassen- oder Geschlechtszugehörigkeit), sondern ist (durch Eigeninitiative und individuelle Leistungsanstrengungen) prinzipiell erwerbbar und damit veränderbar geworden. Durch seine Funktionen der → Selektion und → Allokation nimmt das → Bildungswesen für Erwerb, Bestätigung oder Verbesserung des sozialen S., für soziale Aufstiegs- und Abstiegsprozesse (soziale Mobilität) eine zentrale Stellung ein.

**Stein,** Edith, * 12. 10. 1891 Breslau, † 1942 (?), Auschwitz (?). 1916–23 Schülerin und Assistentin von → Husserl, 1923 Gymnasiallehrerin in Speyer, 1931 Doz. am Dt. Inst. für wiss. Päd. in Münster, seit 1933 unbeschuhte Karmeliterin. Am 11. 10. 1998 von Papst Johannes Paul II. heilig gesprochen.

Ausgehend davon, daß alles erzieherische Handeln vom rechten Bild des Menschen abhänge, entwarf S. eine christl. Anthropologie, die nicht auf eine definitor. Bestimmung des Menschen, sondern in enger Anlehnung an die Phänomenologie Husserls sowie durch die Aufnahme scholast. (Th. v. Aquin), myst. (Th. v. Avila, J. v. Kreuz) und patrist. Elemente (Augustinus) durch »Einfühlen das Gesamtphänomen des Menschlichen zu erblicken« suchte. Entsprechend der ›leibl.-seel.-geistigen Einheit‹ des Menschen vollzieht sich Erziehung nach S. im Reich der Natur, im Reich der Vernunft und im Reich der Gnade als Bildung der → Person.

Schr.: E. S.s Werke, hg. v. L. Gelber, 10 Bde., 1950–1983.
L.: B. Reifenrath, Erz. im Lichte des Ewigen. Die Päd. E. S., 1985; E. Endres, E. S., 1987, [3]1998; B. W. Imhof, E. S.s phil. Entwicklung, Basel 1987; E. Otto, Welt – Person – Gott, 1990; H.-B. Gerl, Unerbittliches Licht. E. S. – Phil., Mystik, Leben, 1991, [2]1997; C. Koepcke, E. S., 1991; R. Matzker, Einfühlung, E. S. und die Phänomenologie, 1991, [2]1996; Studien zur Philos. von E. S., hg. von R. L. Fetz u. a., 1991; P. Secretan, Erkenntnis und Aufstieg, 1992; B. H. Reifenrath, Der Beitrag E. S.s zur päd. Anthropologie, in: Vjschr. f. wiss. Päd., 69 (1993); M. Petermeier, Die religiöse Entwicklung der E. S., 1998; P. Volek, Erkenntnistheorie bei E. S., 1998. Seit 1995 erscheint ein E. S.-Jahrbuch.

**Steiner,** Rudolf, * 27. 2. 1861 Kraljevic (Kroatien), † 30. 3. 1925 Dornach b. Basel, Begründer der Anthroposophie (1913 Anthroposoph. Gesellschaft) als höherer Erkenntnisweg zur Erfassung des geistig Gestaltenden im sinnlich Erscheinenden, die S. auch zur lebensgestaltenden Lehre entwickelte; biolog.-dynam. Landwirtschaft, theolog. Christengemeinschaft. → Waldorf-Päd., → Waldorf-Schule.

Schr.: Theosophie. Einf. in die übersinnliche Welterkenntnis und Menschenbestimmung 1904, [31]1987; Die Erziehung des Kindes vom Gesichtspunkte der Geisteswiss. 1907, [6]1985; Das menschl. Leben vom Gesichtspunkte der Geisteswiss., 1916, 1948; Die Erziehungsfrage als soziale Frage, 1919, [3]1979; Erziehungs- u. Unterrichtsmethoden auf anthroposoph. Grundlage, 1921, 1979; Die gesunde Entwicklung des Leibl.-Phys. als Grundlage der freien Entfaltung des Seelisch-Geistigen, 1921–22, [5]1986; Die geistig-seel. Grundkräfte der Erziehungskunst, 1922, 1979; Anthroposoph. Päd. und ihre Voraussetzungen, 1924, [5]1981; Der päd. Wert der Menschenerkenntnis und der Kulturwert der Päd. 1924, [4]1989; Päd. und Kunst. Päd. und Moral, 1923, [2]1957.

L.: F. Carlgren, Erziehung zur Freiheit, 1973, ²1996; J. Hemleben, R. S. in Selbstzeugnissen u. Bilddokumenten, 1975; R. Meyer, R. S.: Anthroposophie: Herausforderung im 20. Jh., 1975; G. Wehr, Der päd. Impuls R. S.s Theorie und Praxis der Waldorfpäd., 1977, 1994; W. Kugler, R. S. und die Anthroposophie, 1978; J. Badewein, Anthroposophie. Eine krit. Darstellung, 1985; K. Prange, Erziehung zur Anthroposophie, 1985, ²1987; G. Wehr, R. S. Leben – Erkenntnis – Kulturimpuls, 1987; O. Hansmann (Hg.), Pro und Contra Waldorfpädagogik, 1987; S. Chistolini, Scuola R. S., Rom 1988; W. Klingler, Gestalt der Freiheit, das Menschenbild R. S.s, 1989; W. Kugler, R. S. und die Anthroposophie, 1991; L. Kowal-Summek, Die Päd. R. S.s im Spiegel der Kritik, 1993; X. Kucirek, Die Bildungsphilos. R. S.s und ihre Realisierung an der Waldorfschule, 1994; W. Aeppli, Sinnesorganismus, Sinnesverlust, Sinnespflege. Die Sinneslehre R. S.s in ihrer Bedeutung für die Erz. 1996.

**Stern,** William, * 29. 4. 1871 Berlin, † 27. 3. 1938 Poughkeepsie (New York), Habil. 1897 Breslau (»Psychologie der Veränderungsauffassung« bei H. Ebbinghaus), 1906 Gründung des »Instituts für angewandte Psych.« in Berlin (zus. mit O. Lippmann), 1916–33 Prof. in Hamburg, Mitbegründer der Univ. Hamburg, Gründer des dort. Psycholog. Instituts, 1933 Amtsenthebung wegen S.s jüd. Abstammung und Emigration in die USA, 1935–38 Prof. Duke University Durham (North Carolina). S. hatte vor allem zu Beginn des 20. Jh.s großen Einfluß auf die Entstehung und Entwicklung der mod. Kinderpsych. und der differentiellen Psych., die er in einen (häufig übersehenen) weitgespannten philosophisch-anthropolog. Rahmen stellte. In seinem heute nahezu vergessenen Hauptwerk »Person und Sache« vertrat S. einen »kritischen → Personalismus«, in dem allein der → »Person«, im Unterschied zu der »Sache« metaphysische Realität zugestanden wird.
Schr.: Person und Sache. System des kritischen Personalismus, 3 Bde., 1906–1924, ²1923–24; Die differentielle Psych. in ihren method. Grundlagen, 1911, ³1921; Psych. der frühen Kindheit, 1914, ⁷1952, Neuausg. 1993; m. Clara Stern, Die Kindersprache, 1907, ³1922; Allg. Psych. auf personalist. Grundlage, 1930, ²1950; Selbstdarst., in: Die Philos. der Gegenw. in Selbstdarstellungen, Bd. 6, hg. v. R. Schmidt, 1927.
L.: FS für W. S. (zum 60. Geb.tag), hg. v. A. Adler u. a., 1931; H. Adolph, Personalist. Philosophie, 1931; S. Casper, Die personalist. Weltanschauung W. S.s, 1933; G. Graumann, Zwischen Abgründigkeit und Tiefgründigkeit, 1990; W. Deutsch (Hg.), Über die verborgene Aktualität von W. S., 1991; G. Bühring, W. S. oder das Streben nach Einheit, 1996.

**Stiehlsche Regulative.** Eine nach ihrem Verfasser Anton Wilhelm Ferdinand Stiehl (1812–1878) benannte und am 1., 2. und 3. 10. 1854 in Preußen veröffentlichte Schulordnung, die aus einer streng restaurativen Tendenz heraus die Volks- und Lehrerbildung (wieder) einschränken und – nach dem Willen von König Friedrich Wilhelm IV. – »dem unheilvollen Einfluß des verpesteten Zeitgeistes« (scil. der → Aufklärung) entgegenwirken sollte. Die S. R. wurden durch die → Allgemeinen Bestimmungen vom 15. 10. 1872 aufgehoben.
L.: K.-E. Jeismann, Die »S. R.«, in: Schule und Gesellschaft im 19. Jh., hg. v. U. Herrmann, 1977; A. Reble, »Glauben« oder »Wissen«?, in: ders.: Schulgeschichtl. Beiträge zum 19. und 20. Jh., 1995; F. Grell, Die S. R. (1854) und die Destruktion des Allgemeinen in der Pädagogik, in: Theorien und Modelle der Allgemeinen Pädagogik, hg. v. W. Brinkmann u. J. Petersen, 1998.

**Stifter,** Adalbert, * 23. 10. 1805 Operplan (Böhmerwald), † 28. 1. 1868 Linz; Dichter, Hauslehrer (u. a. im Hause Metternichs), 1850–65 Schulrat und Inspektor der oberösterr. Volksschulen; obwohl S. keine eigentliche Päd. vorgelegt hat, wird oft sein ganzes Werk als Appell zur Menschenbildung gedeutet: im Vordergrund stehen Familienerziehung, ästhetische Bildung und die Idee der Selbstgestaltung.
Schr.: Sämtl. Werke, 25 Bde., Neudr. 1972; Die Schulakten A. S.s, hg. v. K. Vansca, Graz 1955; Päd. Schriften, hg. v. Th. Rutt 1960; Documenta Paedagogica Austriaca – A. S., hg. v. K. G. Fischer, 2 Bde., Linz 1961; Mein Leben. Biographisches, hg. v. R. Pils, 1996.
L.: W. Kosch, A. S. als Mensch, Künstler, Dichter u. Erzieher, 1952; K. G. Fischer, Die Päd. des Menschenmöglichen, 1962; L. Arnols, S.s »Nachsommer« als Bildungsroman, Amsterdam 1968; Th. Rutt, A. S. der Erzieher, ³1989; W. Kosch, A. S. und die Romantik, 1973; F. Baumer, A. S., 1989; K. P. Danford, The family in A. S.'s moral and aesthetic universe, New York 1991; U. Roedl, A. S., 1991; P. Schoenborn, A. S., sein Leben und Werk, 1992.

**Stigmatisierung.** Der Begriff Stigma diente urspr. bei den Griechen als Verweis auf körperl. Zeichen, die dazu bestimmt waren, etwas Ungewöhnliches oder Schlechtes über den moral. Zustand des Zeichenträgers zu offenbaren. S. bezeichnet heute die Zuordnung von Individuen zu einer → Randgruppe aufgrund von bestimmten negativ bewerteten Attributen. Die S. ist auf seiten der Umwelt meist verbunden mit der Erwartung → abweichenden Verhaltens, was bei den Stigmatisierten zu Interaktions- und Kommunikationsstörungen und letztlich zu deren → Diskriminierung führt. Das anfänglich nur zugeschriebene deviante Verhalten kann längerfristig tatsächliche Verhaltensabweichungen bewirken (self-fulfilling-prophecy). Zur Integration von Stigmatisierten tragen der Abbau von → Vorurteilen und die damit einhergehenden Zuschreibungen häufig mehr bei als Bemühungen um Verhaltensmodifikation bei den Stigmatisierten selbst. → Deprivation.

L.: M. Brusten, J. Hohmeier (Hg.), S., 2 Bde., 1975; E. Goffmann, Stigma, dt. 1975, [10]1992; L. Vaskovics u. a., Segregierte Armut, 1976; H. Kind u. a., S. durch Strafverfahren und Strafvollzug, 1981; H. P. Frey, Stigma und Identität, 1983; H. Wocken, Am Rande der Normalität, 1983; H. Wagner, Raum und Stigma, Bd. 1: 1982, Bd. 2: 1986; U. Nacke, S., 1991.

**Stille,** in phänomenolog. Interpretation (→ Phänomenologie) weit mehr als bloß ein akust. Phänomen, meint S. ein Spannungsgeschehen (»Stille vor dem Sturm«), das bestimmten Ereignissen vorausgeht und ihr Gelingen begleitet. Neben zahlreichen Einzelbereichen, etwa dem Musikhören im Konzertsaal, dem Kunstschaffen, der → Begegnung etc. entfaltet sich dieses Spannungsfeld der S. auch bei päd. relevanten Phänomenen, z. B. bei der → Konzentration, wobei die S. den konzentriert Tätigen sogar gegen äußere akust. Einflüsse abschirmt. Päd. Beachtung fand das Phänomen der S. außer in der meditativen Praxis aller Hochkulturen (z. B. in der → Mystik) lediglich in der päd. Theorie → Montessoris, die eine eigene Übung der S. praktizierte. Beim Sprechen (→ Sprache) zählen S. und Schweigen neben dem Reden und Hören zu den konstituierenden Elementen eines jeden → Dialogs.

L.: R. Guardini, E. Spranger, Vom stilleren Leben, 1956; M. Heidegger, Unterwegs zur Sprache, 1959; M. Montessori, Die Entdeckung des Kindes, 1913, [10]1991; G. und R. Maschwitz, Stille – Übungen mit Kindern, 1993.

**Stoa,** weitverbreitete Richtung innerhalb der griech. röm. Philosophie, um 300 v. Chr. von Zenon aus Kition begründet, die den Akzent auf eine ethische Weltanschauung und auf Anweisungen zur → Selbsterziehung und Lebenskunst legte.

Vor allem → Seneca und Marc Aurel haben das stoische Erziehungsideal darin bestimmt, daß der Mensch unter Führung des Logos mit sich einig wird und in der inneren Stetigkeit seines Lebensvollzugs zur Übereinstimmung von Wollen und Können, Theorie und Praxis gelangt. Die S. hat über → Rousseau und → Montaigne bis in die moderne Päd. hineingewirkt.

L.: P. Barth, Die Stoa, 1903, [6]1946; A. Tsirimba, Die allg. päd. Gedanken der alten S., 1936; P. Rabbow, Seelenführung, 1954; M. Pohlenz, Die S., 2 Bde., 1955–59; G. Pire, Stoicisme et pédagogie, Lüttich 1958; E. Lichtenstein, Der Ursprung der Päd. im griech. Denken, 1970; M. Forschner, Die stoische Ethik, 1981; E. Hobert, Stoische Philosophie, 1992.

**Stoffverteilungsplan.** Vom Lehrer aufgrund des → Lehrplans vorgenommene Aufteilung des Unterrichtsstoffes auf die zur Verfügung stehende Unterrichtszeit, stellt er einen wichtigen Teil der → Unterrichtsvorbereitung des Lehrers und eine Voraussetzung der tatsächlichen Unterrichtstätigkeit dar.

**Stottern.** Krampfartige Unterbrechung des Redeflusses (tonisches S.) u. schnell aufeinanderfolgende Wiederholungen von Einzellauten oder Silben (klonisches S.), die bei hochgradiger Störung von auffallenden Mitbewegungen des Kopfes u. der Extremitäten begleitet werden. Unterschiedlichste Theoriebildungen, Untersuchungen u. Behandlungsversuche haben bis heute noch keine allgemeingültige Auffassung des S.s hervorgebracht. Der gegenwärtige Stand der Forschung unterscheidet zwischen Sprechunflüssigkeiten, wie sie im Verlauf der Sprachentwicklung u. bei jedem »normal« Sprechenden vorkommen u. dem komplexen Störungsbild des S.s, das sich aus diesen Unflüssigkeiten im individuell unterschiedl. Zusammenwirken von physiologischen, linguistischen, psychosozialen, soziokulturellen u. interaktionalen Bedingungen entwickelt. Bei Kindern mit ungünstigem Entwicklungsverlauf kann somit aus der Sprechunflüssigkeit ein pathologisches S. entstehen, wobei überhöhte Leistungserwartungen, verfrühte, ungeeignete Sprechübungen, Ängstlichkeit auf der Grundlage einer angespannten Beziehung zu den Bezugspersonen eine verstärkende Rolle spielen können. Die Behandlung erfordert ein mehrdimensionales diagnostisch-therapeutisches Vorgehen u. setzt ein hohes Maß an Individualisierung voraus. Dieses Konzept der Methodenkombination stellt hohe Anforderungen an die Aus- u. Weiterbildung des Therapeuten (umfassende theoret. u. prakt. Kenntnisse d. Methoden), um in verantwortlicher Weise die geeigneten Therapie-Elemente auszuwählen. → Sprachbehindertenpäd., → Sprachstörung, → Gesprächspsychotherapie, → Rhythmische Erziehung.

L.: R. Krause, Sprache u. Affekt, 1981; G. Kanter, F. Masendorf (Hg.), Brennpunkte der Sprachheilpäd., 1982; W. Wendtlandt, Zum Beispiel S. 1984; E. Boberg, D. Kully, Comprehensive stuttering program, San Diego 1985; N. Katz-Bernstein, Aufbau der Sprach- u. Kommunikationsfähigkeit bei redeflußgestörten Kindern, 1986, [7]1997; H. Schulze, H. S. Johannsen, S. bei Kindern im Vorschulalter, 1986; H. Schulze, S. u. Interaktion, 1989; A. Weber, Befreiung vom S., 1992; M. Grohnfeldt (Hg.), Hdb. der Sprachtherapie Bd. 5: Störungen der Redefähigkeit, 1992; S. Baumgartner, I. Füssenich (Hg.), Sprachtherapie mit Kindern, 1992, [3]1997; J. A. Renner, Erfolg in der S.therapie, 1995; A. Scherer, Elternkurs: Mein Kind stottert, 2 Bde. 1995; E. Richter u. a., Wenn ein Kind anfängt zu stottern, [3]1998; T. Stewart, J. Turnbull, Redeflußstörungen bei Kindern und Jugendlichen, 1998.

**Stoy,** Karl Volkmar, * 22. 1. 1815 Pegau (Sachsen), † 23. 1. 1885 Jena; studierte Theologie und Philosophie, ab 1837 Päd. bei → Herbart in Göttingen. 1843 Habil. in Jena, lehrte anschließend in Heidelberg und ab 1874 wieder in Jena. In dem von ihm gegründeten Jenenser Päd. Seminar mit Übungsschule pflegte er neben der Herbartschen Unterrichtslehre auch das → Schulleben und geriet wegen seiner freieren Auffassung und Gestaltung des Unterrichts in heftigen Gegensatz zu anderen Herbartianern. → Herbartianismus.

Schr.: Enzyklopädie, Methodologie und Literatur der Päd., 1861, [2]1871; Kleinere Schr. und Aufs., hg. v. H. Stoy, 1898; Diktate zur philos. Päd., hg. v. G. E. Wagner, 1929.
L.: A. Bliedner, S. und das päd. Univ.sseminar, 1886; ders., Zur Erinnerung an S., 1898; A. Mollberg, S. und die Gegenwartspäd., 1925; J. Soldt, S. und seine Johann-Friedrich-Schule zu Jena, 1935; R. Coriand, Pestalozzischer Geist im päd. Wirken von K. V. S., in: Päd. Rdsch. 50 (1996), 6; Dies., Das Schrifttum K. V. S.s, 1999.

**Strafe.** Die S. stellt ein bes. problematisches, in der erzieherischen Praxis gleichwohl weit verbreitetes → Erziehungsmittel dar. Man unterscheidet tat- und täterbezogene S.n; jene werden verhängt, weil eine Untat geschehen ist (zur Wiedergutmachung, zum Ausgleich, zur Sühne), diese, damit keine Untat mehr geschieht (zur Abschreckung für andere, bzw. für den Täter zur Änderung seines Verhaltens, zur Besserung seiner Gesinnung). Jede S. fügt dem Gestraften Leid (sog. Strafleid) zu. Päd. läßt sich unterscheiden zw. Disziplinar- und Erziehungs-S.n. Die Disziplinar-S. soll den Raum vorbereiten, in dem dann eine geordnete Erziehung bzw. ein geordneter Unterricht möglich ist; sie steht immer in Gefahr, zur bloßen Dressurmaßnahme veräußerlicht zu werden und Erziehung in ihr Gegenbild zu verkehren. Soll von Erziehungs-S. überhaupt geredet werden können, muß diese etwas anderes sein als eine der Vergeltung oder Disziplinierung dienende Züchtigung; sie muß Ermessensstrafe sein, eindeutig auf eine Besserung des Willens des Gestraften zielen, sie setzt einen personalen Bezug (→ päd. Liebe) zw. Strafendem und Bestraftem voraus, sie muß vom → educandus geleistet und nicht nur erduldet werden (Entlastung in Form der »Entschuldung«). Die erzieherische Absicht der S. wird aber durch die unaustilgbaren Nebeneffekte des Strafleids immer wieder bedroht (sinnliches Leid vs. sittliche Wirkung). → Rousseau und der → Philanthropismus wollten den Willkürcharakter der S. ausschalten und in der Erziehung besser nur »natürliche« Strafen (Erleben der unmittelbaren Folgen der Tat) zulassen.

L.: P. Oestreich (Hg.), Strafanstalt oder Lebensschule, 1922; H. Meng, S.n und Erziehung, 1934; H. Netzer, Die S. in der Erziehung, [3]1962; L. Wettig, Das Problem der S. in der Erziehung, 1949; W. Bitter, Heilen statt S.n, 1957; A. Reble (Hg.), Das Strafproblem in Beispielen, 1965, [5]1980; Willmann-Institut (Hg.), Päd. der S., 1967; W. Scheibe, Die S. als Problem der Erziehung, 1967, [2]1972; K. Horn, Dressur oder Erziehung, 1968; K. Guß, Lohn und S., 1979; G. Pernhaupt (Hg.), Gewalt am Kind, 1983; W. Brinkmann, M. S. Honig, Kinderschutz als sozialpolit. Praxis, 1984; S.-O. Gelking, Das Phänomen der S., 1990; R. Valtin, Mit den Augen der Kinder, 1991; J. Bastian (Hg.), Strafe muß sein?, 1996; B. v. Borries, Vom »Gewaltexzess« zum »Gewissensbiss«, 1996, E. Koch, Das wilde Kind, 1997.

**streaming** bzw. *ability grouping*, Einteilung der Schüler innerhalb einer Schule in möglichst homogene Begabungs- und Leistungsgruppen. S. beruht auf einer statischen Begabungstheorie; in Gesamtschulen wirkt es als eine Art versteckter Selektion (→ Auslese). → setting, → Differenzierung.

L.: J. Jones (Hg.), S. in first-year university classes, in: Studies in Higher Education 15 (1990); A. Gamoran, Alternative use of ability grouping in secondary schools, in: American Journal of Education 102 (1993).

**Strukturpädagogik** (S.p.). Für den Begriff Struktur (S.) gibt es in der deutschen Sprache eine Vielzahl von Synonyma, u. a. Beziehungssystem, logisches Konstrukt, innere Kohärenz, Typus, Komplex, Gesamtheit; nach Rombach sind S.en »Konstellationen von Momenten, die durch ihre Stellung im Ganzen (Stellenwert) definiert werden und in so enger Relationalität stehen (Interdependenz), daß die Veränderung eines einzigen Momentes eine Veränderung aller Momente nach sich zieht«; Charakteristika sind Veränderung und Selbstregulation aller Teilmomente. S.p. ist diejenige Humanwiss., die, u. a. im Ausgang vom frz. Strukturalismus, ihre Kategorien aus der Grunds. menschlichen Daseins gewinnt, durch S.anthropologie die Strukturiertheit des Menschen selbst und seiner sozialen Bezüge aufdeckt und in s.genetische Grundgesetze faßt; die Gesamts. aller Phänomene ist die strukturelle Grundverfassung der → Person. Erst die Kenntnis der Gesamts. ermöglicht die Gewinnung päd. → Erfahrung von grundlegenden päd. Phänomenen wie → Autorität, → Begegnung, → Bildung, → Dialog, → Gewissen, → Mündigkeit, → Ich, → Identität, → Lernen, → Spiel u. a. Mittels der phänomenolog. Methode werden diese Phänomene in ihrer evidenten, auf den jeweil. hist. Kontext bezogenen Strukturiertheit aufgewiesen, und mit der dabei erfolgenden Klärung der Begriffe wird das Verfehlen der Phänomene durch eine positivistische Erz.-Wiss. vermieden (→ Brezinka, → Krit. Rationalismus). Erst nach dieser phänomenolog. Erarbeitung ihres Grundbestandes kann von der Päd. als Wiss. und *mathesis pedagogiae* gesprochen werden. Nach frühen Anfängen bei A. → Fischer u. a. und Studien zum → Curriculum und zur → Didaktik in den 70er Jahren wird diese Arbeit verstärkt in den 80er Jahren durch W. → Lippitz, K. → Meyer-Drawe u. a. in Orientierung an Merleau-Ponty geleistet; dabei ist nach → Lenzen auch die noch ausstehende Auseinandersetzung mit der »strukturalistischen Grundoption« der Klassiker → Schleiermacher, → Dilthey, W. → Flitner u. a. von Bedeutung. → Lebenswelt, → Phänomenologie.

L.: H. Rombach, Substanz, System, S., 2 Bde., 1965–1966; ders., S.ontologie, 1971; ders., S., S.alismus, in: Wörterbuch der Päd., Bd. 3, hg. vom Willmann-Institut, 1977; ders., Phänomenolog., Erz.-Wiss. u. S.p., in: K. Schaller (Hg.), Erz.-Wiss. der Gegenwart, 1979; D. Lenzen, S., in: Enzyklopädie Erz.-Wiss., Bd. 1, hg. von D. Lenzen, 1983 (m. Bibl.); K. Zimmermann, Der Beitrag der strukturalen Textanalyse in einer Didaktik der Korrelation, 1988; E. T. Bannet, Structuralism and the logic of dissent, 1989; M. Balkenohl u. a. (Hg.), S.anthropologie und Erziehung, 1990; H.-K. Krüger, Einf. in Theorien und Methoden der Erz.wiss., 1997, S. 135–144.

**Strukturplan für das Bildungswesen,** das 1970 verabschiedete Reformkonzept der Bildungskommission des → Dt. Bildungsrates. Die Neuordnung des gesamten Bildungswesens soll der Demokratisierung durch mehr → Chancengleichheit und größerer Befähigung zur Verwirklichung der Grundrechte dienen. Dem entsprechen die päd. Prinzipien der Kompensation, Individualisierung, inneren und äußeren Differenzierung, Wahl von Ausbildungsschwerpunkten, vertikalen und horizontalen Durchlässigkeit und der Bildungsberatung. Der S. postuliert wiss.s-orientiertes Lernen und formale Bildung für alle sowie die Integration von Berufs- und Allgemeinbildung. Von der modernen Begabungs- und Lernforschung (Lernen des Lernens, lebenslanges Lernen) her wird eine horizontale Gliederung des Bildungswesens gefordert, wobei jede Stufe an die individuellen Lernvoraussetzungen der vorhergehenden anknüpfen soll. Der S. unterscheidet: Elementarbereich, Primarbereich (aus Eingangs- und Grundstufe; Einschulung mit dem 5. Lj.), Orientierungsstufe (Zuordnung bleibt offen), Sekundarstufe I (10. Pflichtbildungsj.; Pflichtlern- und Wahlbereich; Abschluß: Abitur I), Sekundarbereich II (Organisation in Bildungsgängen; zwei Qualifikationsebenen) und Weiterbildung. Die Lehrerbildung wird als das »Schlüsselproblem der Bildungsreform« gesehen; die Einführung des Stufenlehrers wird gefordert. Ferner gibt der S.

Empfehlungen zu Bildungsverwaltung und -finanzierung, während der Hochschulbereich ausgeklammert wird (Zuständigkeit des → Wissenschaftsrats). Der S. wurde nur in Ansätzen verwirklicht. Er wurde durch den ebenfalls Programm gebliebenen → Bildungsgesamtplan fortgeschrieben. → Bundesrepublik Dtl.

L.: Dt. Bildungsrat, S., 1970; ders., Zur Neuordnung der Sekundarstufe II, 1974; W. L. Bühl, Schulreform, Daten – Fakten – Analysen 1971; M. Sommer, Evaluation der Bildungsgesamtplanung, 1991.

**Studentenbewegung.** Sammelbezeichnung für die von Studenten eingeleiteten und getragenen hochschul- und innenpolitischen Protestaktionen und damit verbundene subkulturelle Erscheinungsformen (Hippies, Beat-Generation, Kommunen), die Mitte der 1950er Jahre in Südamerika und Ostasien einsetzen, zu anfangs der 1960er Jahre ihr Zentrum in den USA (bes. in Kalifornien) haben und sich dann zu einer internationalen Bewegung in nahezu allen westl. u. (einigen) kommunist. Industrieländern ausweiten. Ähnlich wie die → Jugendbewegung zu Beginn dieses Jh.s läßt sich die St. als eine rollenspezifische Auflehnung der jungen Generation gegen die kulturbedingte Verlängerung ihrer Ausbildung und Sozialisation und die damit verbundene Ausgrenzung aus der Welt der Erwachsenen verstehen; von daher rührt der zunächst gewaltlose, später massive Kampf um aktive u. konkrete → Mitbestimmung in Hochschule und Gesellschaft.

Während jedoch in der Jugendbewegung stärker irrationale Momente vorherrschten, fand die St. ihre ideologische Begründung in der neomarxistischen Kultur- und Gesellschaftskritik und (vor allem in Dtl.) in der → Kritischen Theorie der → Frankfurter Schule. Diese ideolog. Basis ermöglichte den Studenten die Identifikation mit der Arbeiterklasse, aber auch mit den Befreiungsbewegungen in der Dritten Welt. So wurde der Begriff der → Emanzipation zum Fanal, das die St. zusammenhielt.

Die Jahre 1968 u. 1969 bedeuteten sowohl Höhe- als auch Wendepunkte der St. Die Erkenntnis ihres scheinrevolutionären Charakters, der es statt zur Machtergreifung nur zur Worterteilung gebracht hatte, führte einerseits zur Rückanpassung an etablierte Ordnungen u. zum langen Marsch durch die Institutionen (Rudi Dutschke) und andererseits zur Radikalisierung bis hin zum Terrorismus. Pädagogisch hat die St. traditionelle Verfestigungen in Hochschule u. Schule erschüttert u. den Studenten ein größeres Mitspracherecht verschafft (→ Hochschuldidaktik, → Hochschulreform), das Problem der → Autorität neu zur Diskussion gestellt und einer → antiautoritären Erziehung das Wort geredet (→ Kinderladen).

L.: U. Bergmann u. a., Rebellion der Studenten oder Die neue Opposition, 1968; J. Habermas, Protestbewegung u. Hochschulreform, 1969; H. Marcuse, Versuch über die Befreiung, dt. 1969; M. F. Wellendorf, Schülerselbstbefreiung, 1969; A. Touraine, Die St., in: ders., Die postindustrielle Gesellschaft, dt. 1972; H. Marcuse, Konterrevolution u. Revolte, dt. 1973; M. Horx, Aufstand im Schlaraffenland, 1989; H. Bude, M. Kohli (Hg.), Radikalisierte Aufklärung, 1989; A. Prinz, Der poetische Mensch im Schatten der Utopie, 1990; K. Briegleb, »1968«, 1993; K.-H. Heinemann, Ein langer Marsch, 1993; H. Hübsch, Achtundsechziger-Generation, 1993; W. Kraushaar, Frankfurter Schule u. St., 1998.

**Studentenschaft,** Gesamtheit der an einer → Hochschule eingeschriebenen Studierenden. Die überschaubare mittelalterliche Univ. war durch die enge Gemeinschaft von Lehrern und S. gekennzeichnet. Heute werden gewählte Vertreter der S. in die Hochschulgremien entsandt, um dort die spezifischen Interessen der S. zu verfolgen. 1949 schlossen sich die S.n zum Verband Dt. Studentenschaften (VDS) zusammen. Im Gefolge der → Studentenbewegung wurde der VDS zeitweise ein sozialrevolutionärer Kampfverband. Die Selbstverwaltung der S. ist heute in den Bundesländern unterschiedlich geregelt. Neben dieser allgemeinen Sprachregelung wird im → Hochschulrahmengesetz zwischen Studierenden u. S. im engeren Sinne unterschieden. Danach sind S.n organisierte Zusammenschlüsse von Studierenden, die mit der Wahrnehmung und Förderung der hochschulpolit., sozialen und kulturellen Belange der Studierenden betraut sind (§ 41 HRG). → AStA.

**Studentenverbindungen.** Im → Mittelalter organisierte sich das studentische Gemeinschaftsleben nach Nationen, im 16. Jh. bildeten sich Landsmannschaften, denen im 18. Jh. Studentenorden gegenübertraten; nach 1789 entwickelten sich die Corps (ohne landsmannschaftl. Bindungen). Aus den Freiheitskriegen erwuchsen ab 1815 die Burschenschaften. Nach 1840 entstanden in Ablehnung der Mensur (studentischer Zweikampf) die kath. S. Einen allg. Höhepunkt erlebten die S. nach dem 1. Weltkrieg; heute haben sie an Universitäten nur noch eine geringe Bedeutung. Die meisten S.n sind bis heute noch von studentischen Traditionen v. a. aus dem 18. und 19. Jh. geprägt.

L.: E. Finke, Gestatte mir Hochachtungsschluck, 1963; U. Bartscher, Korporationen in Hochschule und Ges., 1971; F. Golücke, Korporation u. Nationalsozialismus, 1990; L. Elm (Hg.), Füxe, Burschen, Alte Herren: studentische Korporationen vom Wartburgfest bis heute, 1992.

**studium generale.** Im mittelalterlichen st.g. verkörperte sich die Einheit (*universitas*) der antik-christl. → Bildung. Die Ausfächerung in Einzelwiss.n (*diversitas litterarum*) ließ diese gemeinsame Mitte verlorengehen. Nach 1945 suchte man der Zersplitterung der → Univ. in Fachstudien durch ein st.g. zu begegnen, und zwar durch fächer- und fakultätenübergreifende Vorlesungsreihen oder Seminare. Dieses st.g. mußte in dem Maße scheitern, als die Berufsorientiertheit und utilitaristische Planung der Univ.s-studien anstieg und der innere Zusammenhang der Wiss.n nicht wieder hergestellt werden konnte. → Hochschuldidaktik, → Interdisziplinarität.

L.: G. Funke, Globus intellectualis, freie Wiss. und Philos., in: Internat. Jb. für interdisziplinäre Forschung 1 (1974); U. Papenkort, St.g., 1993; U. Papenkort (Hg.), Idee u. Wirklichkeit des St. g., 1995.

**Stufenlehrer** meint im Unterschied zu den nach Schulformen bzw. -arten bezeichneten Lehramtsträgern (Grund-, Haupt-, Realschul-, Gymnasiallehrer) die analog einer stufigen Gliederung des Bildungswesens nach Schulstufen benannten Lehrer (Elementar-, Primar-, Sekundarstufenlehrer). Dabei kommen ein differenzierendes (Betonung der Bildungsschwerpunkte der einzelnen Stufen) und ein integrierendes Moment (gleiche päd. Aufgabe und Verantwortung im kontinuierlichen Bildungsgang des Schülers) zusammen.

L.: A. Regenbrecht (Hg.), Reform der Lehrerbildung, Reform der Hochschule, 1970; H.-J. Ipfling u. W. Sacher (Hg.), Lehrerbild und Lehrerbildung, 1978.

**Stundenplan,** Umsetzung der → Stundentafel in einen Tages- und Wochenplan; dabei sollten psychohygienische, organisatorische, ökonomische und bürokratische Gesichtspunkte berücksichtigt werden, was die S.gestaltung kompliziert.

**Stundentafel,** Teil der amtlichen Lehrpläne sowie deren Zusammenfassung unter unterrichtsorganisatorischem Aspekt; sie ist für die Schulen verbindlich und regelt die Anzahl der Wochenstunden pro Jahrgang und Fach. Für Schulplanungen und Lehrerzuteilung wird sie als Grundlage herangezogen.

**Sturm,** Johannes, * 11. 10. 1507 Schleiden (Eifel), † 3. 3. 1589 Straßburg; studierte in Lüttich und Löwen, lehrte ab 1529 am Collège de France in Paris, ab 1537 in Straßburg; das von ihm geleitete Gymnasium und sein Schulplan (De litterarum ludis recte aperiendis, 1538) wurden zum Muster für die protestant.-humanist. Reform der höheren Bildung.

Schr.: Classicae epistolae, sive scolae argentinenses restitutae, hg. v. Rott, Paris 1938; J. S. on Education, hg. v. L. W. Spitz u. B. S. Tinsley, St. Louis 1995.

L.: K. v. Raumer, Gesch. der Päd., 1843; W. Sohm, Die Schule S.s und die Kirche Straßburgs in ihrem gegens. Verhältnis 1530–81, 1912; F. Paulsen, Gesch. des gelehrten Unterrichts auf den dt. Schulen und Univ.n vom Ausgang des Mittelalters bis zur Gegenw., 2 Bde., 1885, Neudr. 1960; L. W. Spitz, B. S. Tinsley, J. S. on education, Saint Louis 1995.

**Subkultur,** »Unter«-, Sonder- oder auch Teilkultur einer eigenständigen gesellschaftl. Gruppierung, meist sozialer Minderheiten, die sich mit eigenen Wertorientierungen und Zielvorstellungen, Symbol- und Sprachvarianten, Verhaltensnormen und alternativen Formen des Zusammenlebens usw. von den vorherrschenden »normalen« gesellschaftl. Erscheinungsweisen des offiziellen Kulturzusammenhangs bewußt abhebt oder provozierend zu ihnen in Widerspruch tritt, z. T. einen eigenen → Underground bildet und sich (päd.) Integrations- und (Re-)Sozialisationsanstrengungen widersetzt. Die Vielfalt differierender S.n in komplexen industrialisierten Gesellschaften hat Vor- und Nachteile: der Chance erhöhter Integration in und Solidarität zur Eigengruppe, auch der Bewahrung kultureller Identität über Raum und Zeit hinweg steht die Gefahr der Konkurrenz und des Konflikts der verschiedenen S.n untereinander gegenüber.

L.: R. Schwendter, Theorie der S., ⁴1993; 1971; D. Baacke, Jugend und S., 1972; M. Brake, Soziologie der jugendl. S.en, 1981; G. Cremer, Jugendl. S.en. Eine Lit.dokumentation, 1984; W. Zirk, Underdogs, 1994; A. Monte, Zur Konstitution und Wirkung von S., 1995; L. Klein (Hg.), S. und Subversion, 1995; A. DeLaHaye, C. Dingwall, Surfers, soulies, skinheads & skaters, subcultural style from the forties to the nineties, 1996; E. S. Youkhana, S. und Jugendbanden, 1996.

**Sublimierung.** die → Psychoanalyse versteht unter S. die qualitative Umwandlung der primären sexuellen und aggressiven Triebe in differenzierte Handlungen in sozial anerkannten und kulturell als wertvoll erachteten Bereichen (z. B. Kunst, Wiss.n, soziales Engagement). Die Desexualisierung der unmittelbaren Triebimpulse lenkt diese von ihrem ursprünglichen Triebobjekt und -ziel ab und verlagert ihre Energie auf »Sublimeres«. Eine ältere Auffassung (S. → Freud) begreift S. lediglich als Ersatzhandlung für die unterdrückten Triebimpulse. In neueren Deutungen (→ Bittner) wird S. auf ein Bedürfnis nach Variation in der Triebbefriedigung zurückgeführt und als Bereicherung gesehen, so daß sich die Aufgabe einer Erziehung zur Sublimationsfähigkeit ergibt.

L.: S. Freud, Die kulturelle Sexualmoral und die mod. Nervosität, in: Ges. Werke, Bd. 7, 1941, ⁶1977; G. Bittner, Psychoanalyse und soziale Erziehung, 1967, ³1972.

**Subsidiaritätsprinzip** (lat. *subsidium*: Hilfe). Das S. regelt die Zuständigkeiten und Verantwortlichkeiten innerhalb einer Gesellschaft, wie, wann und in welchen Grenzen sie tätig werden soll, muß oder darf. Urspr. erwächst das S. einer normativen Lehre vom gestuften und gegliederten Bau des Gemeinwesens. Als kleinste und tiefste Lebensgemeinschaft gilt die Familie, sie wird »umkreist« von Gemeinde, Stadt, Land, Staat. Für die kath. Soziallehre, die das S. verbunden mit dem Föderalismus sieht, hat der selbstverantwortl. Lebenskreis das Recht und die Pflicht, seine eigentümlichen Angelegenheiten selber zu regeln, Eingriffe des nächsthöheren Lebenskreises (vor allem des Gesamtstaats) abzuwehren, aber immer Hilfe zu beanspruchen, wenn er seine Aufgaben trotz größter Kraftentfaltung allein nicht bewältigen kann. Im so verstandenen Intimbereich Familie haben die Eltern das Recht, sich gegen staatl. Eingriffe zu wehren. In einem allgemeinen Sinne richtet sich das S. gegen zentralistische, kollektivistische und paternalistische Staats- und Gesellschaftsauffassungen und gilt als Ausdruck für die Anerkennung der → Person und ihrer (örtlichen oder funktionalen) Gemeinschaften (Familien, Gemeinden, Berufsverbände, Gewerkschaften etc.). Dem Staat wird hier die Aufgabe zugeschrieben, die Eigenverantwortlichkeit und Eigenaktivität der Personen zu sichern, zu stärken und die Voraussetzungen für die Funktionsfähigkeit der kleineren Sozialgebilde zu schaffen (Hilfe zur Selbsthilfe). Ohne dem Staatsaufbau der BRD unmittelbar zugrunde zu liegen, hat das S. Eingang in das → Jugendhilferecht (Nachrangigkeit der öffentlichen Hilfe gegenüber der privaten) und in den Bereich der → vorschulischen Erziehung gefunden. Von grundlegender Bedeutung wurde das S. für die Regelung der bildungspolit. Zuständigkeit der → Europäischen Gemeinschaft zu ihren Mitgliedstaaten.

L.: E. Link, Das S., 1955; O. v. Nell-Breuning, Baugesetze der Gesellschaft, 1968; R. Zuck, S. und Grundgesetz, 1968; W. Lipp, Solidarität als Sozialprinzip, in: Rassegna di Pedagogia 56 (1988) 1; H. Lecheler, S.-Strukturprinzip einer europ. Union, 1994; J. DeGroof (Hg.), Subsidiarity and education, Leuven 1994; R. Hrbek (Hg.), Europäische Bildungspolitik und die Anforderungen des S., 1994; P.-L. Weinacht, Aktive und passive Subsidiarität: Prinzipien europäischer Gemeinschaftsbildung, in: Aus Politik und Zeitgeschichte, 45 (1995); G. Uebersohn, Europarechtliche Entwicklungen in der Bildungsrecht und in der Bildungspolitik, in: Recht der Jugend und des Bildungswesens, 43 (1995); O. Nowoczyn, Bildungspolitische Kompetenzen der Europäischen Gemeinschaft nach Maastricht, 1996; A. Fritsch, Europäische Bildungspolitik nach Maastricht, 1998.

**Suchodolski,** Bogdan, * 27. 12. 1903 Sosnawiec, † 2. 10. 1992 Warschau; 1925 Dr. phil., postgrad. Studium in Berlin (bei Vierkandt, → Spranger) und Paris; 1946 Prof. f. Päd. Univ. Warschau, 1969 Präs.-Mitglied der Polnischen Akademie der Wiss.n. Bedeutendster Historiker und Theoretiker eines marxist. Humanismus und seiner Päd. → sozialist. Erz.

Schr.: Die poln. Päd. in der Zeit der Renaiss. dt. 1958; Grundlagen der marx. Erziehungstheorie, 1961; Päd.

am Scheideweg, dt. 1965; La scuola polacca, Florenz 1971; Theorie der sozialist. Bildung, 1974; Anthropologie philosophique de la Renaiss., Breslau 1976; Anthropologie Philosophique aux VII$^e$ et XVIII$^e$ siècles, Warschau 1981; Geschichte der polnischen Kultur, Warschau 1986; Education Permanente en Profondeur, Hamburg 1993.
L.: Rocznik Pedagogiczny, t. 9, FS. für B. S. zum 80. Geb.tag, Warschau 1984; H. Röhrs, Nachruf auf einen päd. Humanisten, in: Pädagogik und Schulalltag, 48 (1993) H. 1; B. Chmielowski, The pedagogy of culture by B. S., in: European Education, 29 (1997) H. 1.

**Südafrika.** Die Entwicklung des südafrikan. Bildungssystems läßt sich in fünf Abschnitte unterteilen: 1) In vorkolonialer Zeit fand die Erziehung zumeist informell durch die Großfamilie und ältere Kinder statt, aber auch formell in den Initiationsschulen. Sie war an die psychophysische Entwicklung der Kinder angepaßt und auf die Stammesbedürfnisse zugeschnitten. 2) In der Kolonialzeit wurden ab 1658 von verschiedenen christl. Gesellschaften Missionsschulen gegründet. Bis 1779 gab es in ihnen keine Rassentrennung. Der Unterricht bestand aus einer Verknüpfung von relig. Unterweisung und der Vermittlung geistiger Grundtechniken. Er führte zur Europäisierung und zu Identitätsverlust auf seiten der Schwarzen. 3) Im 19. Jh. begann der Staat über die Einrichtung provinzialer und regionaler Schulverwaltungen sowie finanzielle Unterstützung Einfluß auf das Bildungssystem auszuüben. Thomas Muir führte um die Jh.wende die vollkommene Rassentrennung und die Schulpflicht bis zum 14. Lj. ein und gründete die ersten weiterführenden Schulen. 1829 entstand das erste → College, 1916 die erste Univ. (Stellenbosch; 1998: 21 Univ.n u. 15 Colleges). 4) 1953 wurde mit dem »Bantu Education Act« die Erziehung der Schwarzen zentralisiert und einem Minister unterstellt. In der Folgezeit wurden viele öffentl. Schulen aufgebaut und die meisten Missionsschulen säkularisiert (→ Säkularisierung). Das Schulsystem wurde nach engl. Vorbild organisiert. Nur wenige Kinder besuchen vorschulische Einrichtungen. Alle Schüler gehen in die *primary school* (Klassen 1–7), viele anschließend in die *junior* (8–10) oder *senior high-school* (8–12). Daran knüpfen sich berufsbildende und technische Schulen, Univ. und → weiterbildende Einrichtungen an. Zudem gibt es Sonderschulen und eine Vielzahl von Privatschulen.

Das Bildungswesen S. in dieser Phase war durch die Betonung einer »Christl.-Nationalen Erziehung« und seine föderalist. Struktur gekennzeichnet. Am auffallendsten war aber das Prinzip der »Getrennten Entwicklung«: Die Schulen waren nach Rassen unterschieden, wobei die nichtweißen Bevölkerungsgruppen benachteiligt wurden. So erreichten 1980 nur 5% der schwarzen, 8,4% der farbigen und 34% der asiatischen gegenüber 62% der weißen Schüler die 12. und letzte Schulklasse. Nur 50% der Schwarzen kamen überhaupt in die 5. Klasse. An den Univ.n standen den 20 500 nichtweißen 80 500 weiße Studenten gegenüber, obwohl die Weißen nur 17% der Bevölkerung ausmachen. Auch hinsichtlich der allg. Schulpflicht herrschten starke ethnische Unterschiede vor: Weiße: 16. Lj. (seit 1953); Asiaten: 15. Lj. (seit 1979); Farbige und Schwarze: 16. Lj. (seit 1980). Da die Einf. der Schulpflicht nur auf Antrag der regionalen Schulverbände erfolgte, unterlagen ihr 1988 nur 13% aller schwarzen Kinder. 5) Um die Rassentrennung und die krassen Ungleichheiten im Bildungswesen schrittweise abzubauen, erfolgte 1989 im Zuge der auf die Abschaffung der Apartheid gerichteten Reformpolitik W. de Klerks die Ankündigung wichtiger bildungspolitischer Änderungen: Subventionierung privater und Einrichtung staatl. ethn.-gemischter Schulen; gleiche Verteilung der Bildungsausgaben (1988/89 4 :1). Vorausgegangen waren diesen Bestrebungen monatelange Schulboykotts, die internationale Verurteilung der Apartheid sowie der Umschwung der öffentlichen Meinung. Eine rasche und durchgreifende, qualitative und quantitative Verbesserung der schulischen Ausbildung schwarzer Kinder ist jedoch nicht zu erwarten. Laut eines Beschlusses der Bildungsminister des Kontinents (1998) soll S. zum bevorzugten Studienort der besten afrikanischen Studierenden ausgebaut werden.

L.: H.-M. Große-Oetringhaus: Erziehung und Bildung in S., 1978; S. Blignaut, Statistics on education in South Africa 1968–1979, Johannesburg 1981; P. Kallaway (Hg.), Apartheid Education, Johannesburg 1984; P. Dias (Hg.), Erz. und der Kampf um gesellschaftl. Veränderung in S. (Dokumentation), 1986; W. Brezinka, Grundlagen-Lit. über das Schulwesen in S. In: Päd.

Rundschau, 41 (1987) 3; A. Neville, Schule und Erziehung gegen Apartheid, 1988; Ch. Hopfer, Befreiende Pädagogik, 1989; M. Nkomo (Hg.), Pedagogy of Domination: Towards a Democratic Educ. in South-Africa, Trenton 1990; I. T. Evans, Educ. for an Apartheid-Free South-Africa, in: Harv. Educ. Rev. 62 (1992) 1; M. Mncwabe, Post-apartheid education., Lanham 1993; D. Baine, T. Mwamwenda, Education in Southern Africa: Current conditions and future in: Intern. review of education, 40 (1994) 2; S. Görgens, A. Scheunpflug, Zur Situation der Schule in S., in: ZEP. Zeitschr. für intern. Bildungsforschung und Entwicklungspädagogik, 18 (1995) 4; H. D. Herman, Hochschulzugang in S. beim Übergang zur Demokratie, in: Bildung und Erziehung, 48 (1995) 3.

**Südostasien.** Während die Länder des Mittleren und Fernen Ostens (→ Japan, → China, → Korea) in der dt. Pädagogik Beachtung gefunden haben, bleiben die Staaten des ASEAN (*Association of South East Asian Nations*: → Thailand, Malaysia, Singapur, Indonesien, Philippinen, Brunei) und Indochinas (Kambodscha, Laos, Nord- und Südvietnam) wie auch andere Länder dieses Gebietes von der → vergleichenden Erziehungswiss. weitgehend unberücksichtigt. Die Anfänge der formalen Erziehung in S. gingen allg. von relig. Institutionen aus und beschränkten sich fast ausschl. auf die privilegierte bzw. aristokratische Schicht; später traten Missionare aus westl. Ländern und die Kolonialherren hinzu. Heute besteht in vielen dieser Länder die traditionelle Teilung zw. einem Bildungssystem für die wenigen und einem für die Masse der Bevölkerung; jedoch wird in zunehmendem Maße eine Grundausbildung erfüllt mit z. T. sehr unterschiedlicher Versorgung zw. Stadt und Land und fast immer unterentwickelter Ausbildung fachl.-techn. Kräfte. In einigen Ländern stellt die Alphabetisierung des Volkes ein Hauptproblem dar, in anderen ist sie nahezu vollzogen. Nicht nur durch Unabhängigkeitskämpfe gegen die kolonialistischen Mächte, sondern auch durch den 2. Weltkrieg und durch die polit. Instabilität wurden und werden in weiten Teilen S.s die Schulsysteme dieser Länder in der kontinuierlichen Entwicklung immer wieder unterbrochen; Aufbau und Reform des Bildungswesens sind daher oft sehr stark von den Zielen des nationalen Aufbaus geleitet, wobei die Integration der oft uneinheitl. Bevölkerung bes. Probleme aufwirft.

Neuerdings werden in der Vergleichenden Erziehungswissenschaft auch die negativen Folgen der Übernahme westl. Vorstellungen im Hinblick auf Kindheit und Schule hervorgehoben (Verlust kultureller und ethnischer Identität), und eine Neuorientierung der entwicklungspäd. Leitlinien u. Maßnahmen gefordert (Schule als »Basis für Selbsthilfe und politische Teilhabe«).

L.: D. G. E. Hall, A History of South-East-Asia, London 1961, [4]1981; J. Fisher, Education and Political Modernization in Burma and Indonesia, in: Comparative Education Review 9 (1965); A. E. Clarke, Education and the New Society in the Philippines, in: Compare 7 (1977); B. L. C. Wang, Educational Reforms for National Integration: The West Malaysian Experience, in: Comparative Education Review 22 (1978); C. Hirschman, Political Independence and Educational opportunity in Peninsular Malaysia, in: Sociology of Education 52 (1979); T. N. Postlethwaite, R. M. Thomas (Hg.), Schooling in the Asian region. Indonesia, Malaysia, Philippines, Singapore and Thailand. Oxford 1980; J. K. P. Watson, Education in cultural pluralism in South East Asia, in: Comparative Education Review 16 (1980) 2; Eng Fong Pang, Education, manpower and development in Singapore, Singapore 1982; M. M. Miguel, Formulation and implementation of educational policies and reforms in the Philippines, Bangkok 1989; S. Spaulding, Reverse educational discrimination in Malaysian education, in: Prospects 19 (1989) 1; J. S. K. Yip (Hg.), Evolution and educational excellence: 25 years of education in the Republic of Singapore, Singapore 1990; K. M. Cheng, Commonality among diversity. A review of planning and administration of education in Asia, in: Prospects 21 (1991) 1; A. Gerlach, Das Schulsystem in Thailand, in: Päd. Rundsch. 43 (1992) 2; B. Alsleben, Untersuchungen zum Erziehungswesen in Thailand, 1992; J.-P. Tan, A. Mingat, Education in Asia, Washington DC 1992, J. Zimmer, Pädagogische Verwüstungen, in: Neue Sammlung, 34 (1994) 4.

**Sünkel,** Wolfgang, * 22. 1. 1934 Detmold, Dr. phil. 1962 Münster, Priv.Doz. 1970, Doz. und apl. Prof. 1971 Münster, o. Prof. 1972 Erlangen; wichtige Arbeiten zur theoret. Päd., zur päd. Theoriegeschichte und zur Erziehungsphil.

Schr.: F. Schleiermachers Begründung der Päd. als Wiss., 1964; Zur Entstehung der Päd. in Deutschland. Studien über die philanthropische Erziehungsrevision, 1970; Centaurus. Reden über Humanismus und Anthropologie, 1983; Im Blick auf Erziehung, 1994; Phänomenologie des Unterrichts. Grundriß der theoret. Didaktik, 1996.

**Süvern,** Johann Wilhelm, * 3. 1. 1775 Lemgo, † 2. 10. 1829 Berlin; studierte in Jena und

Halle (u.a. b. → Fichte, → Schiller), 1800 Gymnasialdirektor in Thorn, 1803 in Elbing, 1807 Prof f. klass. Philologie Königsberg, 1809–18 Geh. Staatsrat in der Unterrichtssektion des Preuß. Minist. des Innern. S. wollte dem Schulwesen ein legislatives Fundament im Sinne der Bildungsreform → Humboldts geben; in seinem »Entwurf eines allg. Gesetzes über die Verfassung des Schulwesens im Preuß. Staate« (1819) waren Elementarschule, allg. Stadtschule und Gymnasium als aufeinander aufbauende Stufen konzipiert. Mit → Nicolovius bemühte sich S. um Hebung der Volksschule u. der Lehrerbildung.

Schr.: Entwurf e. allg. Gesetzes, in: Schulreform in Preußen 1809–19, hg. v. L. Schweim, 1966; Die Reform des Bildungswesens, hg. v. H.-G. Große-Jäger und K.-E. Jeismann, 1981 (m. Bibl.).
L.: W. A. Passow, Zur Erinnerung an J. W. S., 1861; G. Thiele, Die Organisation des Volksschul- und Seminarwesens in Preußen 1809 ff., 1912; G. Quarck, Über das Verhältnis von Staat und Erziehung bei J. W. S. (Diss. Greifswald) 1929; W. Süvern, J. W. S., 1929; H.-H. Schepp (Hg.), Politik und Schule von der Franz. Revolution bis zur Gegenwart, Bd. 1, 1973; F. Baumgart, Zwischen Reform und Reaktion. Preuß. Schulpolitik 1806–1859, 1990; G. Schubring, Der S.sche Lehrplan. »Ideales Muster« oder staatlicher Zugriff?, in: Zschr. f. Päd., 36 (1990) H. 3.

**Summerhill** → A. S. Neill, → Antiautoritäre Erziehung.

**Supervision** (lat.: Überschau). In Psychotherapie, Psychologie, Päd. und Sozialarbeit versteht man unter S. eine Praxisanleitung bzw. -beratung, bei der eine erfahrene Fachkraft einer weniger erfahrenen im jeweiligen Fachgebiet, seinen Inhalten und seinen Methoden unter den konkreten Bedingungen der Praxis durch regelmäßige Gespräche fachl. Hilfe zur Bewältigung der in der Praxis anfallenden Probleme und zur Weiterbildung bietet. Entsprechende Qualifikationen zur Durchführung von S. können durch Zusatzausbildungen oder durch einen Hochschulstudiengang (Gesamthochschule Kassel) erworben werden.

L.: D. v. Caemmerer, Praxisbezug, 1970; N. Huppertz, S., 1975; R. Strömbach, P. Fricke, H. B. Koch, S., 1975; U. Plessen, St. Kaatz, S. in Beratung und Therapie, 1985; P. Berker (Hg.), S. im Feld, 1986; H. Pühl, W. Schmidbauer (Hg.), S. u. Psychoanalyse, 1986, TB 1991; W. A. Scobel, Was ist S.?, 1988, $^3$1991; H.-J. Kersting, L. Krapohl, G. Leuschner (Hg.), Diagnose u. Intervention in S.prozessen, 1988; H. Pühl, Hdb. der S., 1990, $^2$1992; G. Fatzer, C. D. Eck (Hg.), S. u. Beratung, 1990; W. Boettcher, G. Leuschner (Hg.), Lehrsupervision, 1990; W. Spiess (Hg.), Gruppen- u. Teamsupervision in der Heilpäd., 1991; H. Brandau (Hg.), S. aus systematischer Sicht, 1991; A. Schreyögg, S. 1991, $^2$1992; W. Pallasch, S., 1991; W. Pallasch, W. Mutzeck, H. Reimers (Hg.), Beratung – Training – S., 1992; N. Belardi, S., 1992; G. Bernler, L. Johnson, S. in der psychosozialen Arbeit, 1993; F. Petermann (Hg.), Päd. S., 1995; J. Schlee, W. Mutzeck (Hg.), Kollegiale S., 1996; G. Schneider, Lehrerkrisen und S., 1996; W. Pallasch, S. $^3$1997.

**symbolischer Interaktionismus.** Von G. H. Mead ausgehender, inzw. (mikrosoziologisch, phänomenologisch, ethnomethodologisch) weitverzweigter Ansatz einer allg. sozialwiss. Theorie menschl. Interaktion und Kommunikation. Der s.I. gründet ursprünglich auf den Annahmen, daß Individuen (Handlungssubjekte) auf soziale Beziehungen zu anderen zwingend angewiesen sind, um ihr Selbst bzw. → Identität zu entfalten und dann auch zu verwirklichen; daß der Mensch in einer symbolischen (durch Gesten, Sprache usf. vermittelten) Umwelt lebt, in der alle Gegenstände, Strukturen, Personen und Verhaltensmuster ihre spezifische Bedeutung erst durch soziale Beziehungen erhalten, d. h.: intersubjektiver Sinn wird in sozialen Interaktionen gewonnen, in Prozessen fortwährender Verständigung über die Bedeutung der Situation; daß alles soziale Geschehen ein offener, von kontinuierlicher Situationsdefinition, Interpretation und Revision abhängiger Prozeß ist. Soziale Interaktionen als symbolische Prozesse zu verstehen bietet die Möglichkeit, soziologische und psychologische Kategorien auf der Ebene konkreter intersubjektiver Handlungen anthropologisch zu vermitteln. Grenzen werden der Erklärungskraft des s.I. durch alle jene Faktoren gesetzt, die das Verhalten und Handeln des Menschen beeinflussen, ohne ihm bewußt zu sein – seien sie behavioristisch, psychoanalytisch oder politökonomisch ableitbar. Päd. relevant ist der s.I. u. a. wegen der Rückführung des Situationsbegriffs und der Sinnstiftungsfunktion der Erziehung in die Päd., aber auch wegen seiner Akzentuierung der Bedeutung der Sprache, des Lernens sozialer Verhaltensregeln, der gesellschaftl. Konstruktion der Wirklichkeit, des Aushandelns und Balancierens von Identität usf. für die Menschwerdung. → Situation.

L.: G. H. Mead: Geist, Identität und Gesells., dt. 1968; P. Berger, Th. Luckmann, Die gesellschaftl. Konstruktion der Wirklichkeit, dt. 1969; E. Goffman, Wir alle spielen Theater, dt. 1969; Arbeitsgruppe Bielefelder Soziologen (Hg.), Alltagswissen, Interaktion und gesellschaftl. Wirklichkeit, 2 Bde., 1973; M. Brumlik, Der s.I. und s. päd. Bedeutung, 1973; J. Habermas, Stichworte zur Theorie der Sozialisation, in: ders. Kultur und Kritik, 1973; A. R. Lindesmith, A. L. Strauss, Symbolische Bedingungen der Sozialisation, dt. 1974; M. Auwärter, E. Kirsch, Kl. Schröter (Hg.), Seminar: Kommunikation, Interaktion, Identität, 1976; E. Weingarten, Fr. Sack, J. Schenkein (Hg.), Ethnomethodologie. Beiträge zu einer Soziologie des Alltagshandelns, 1976; M. Brumlik, Krit. Theorie und S.I., in: Richtungsstreit in der Erz.wiss. und päd. Verständigung (FS f. W. Flitner), hg. von H. Röhrs, H. Scheuerl, 1989; W. Hinte, Non-direktive Päd., 1990.

**Syrien** → Arabische Staaten.

**Systemtheoretische Erziehungswissenschaft** kann jene (neuere) Richtung der deutschen Pädagogik geheißen werden, die im Anschluß an H. R. Maturanas Theorie der *Autopoiesis*, d. h. der Selbstorganisation biologischer »Systeme« und in erklärter Rezeption von N. Luhmanns (soziologischer) Systemtheorie eine konstruktivistische Sicht erzieherischer Phänomene vertritt. Der Grundbegriff der Selbstorganisation weist dabei mechanisch-deterministische Deutungen des Erziehungsprozesses ebenso ab wie die Vorstellung von einer immanenten → Teleologie der menschlichen Entwicklung. Im Mittelpunkt des systemtheoretischen Denkens steht nämlich nicht das Produkt, sondern der Prozeß, d. h. die eigene Organisation des Systems. Damit kennzeichnet sich dieser Ansatz selbst als extrem funktionalistisch; jegliches substantielles Verständnis des »Systems« Mensch wird abgewehrt; die Identität der → Person wird auf die Einheit einer reproduktiven Organisation (das »System«) zurückgeführt. Ob die Systemtheorie pädagogische Probleme neu zu stellen und zu lösen vermag oder lediglich alte Probleme (sprachlich) anders formuliert, erscheint derzeit durchaus noch offen. → Konstruktivismus; → Forschungsmethoden.

L.: N. Luhmann u. K. E. Schorr, Reflexionsprobleme im Erziehungssystem, 1979; H. R. Maturana, Erkennen – Die Organisation und Verkörperung von Wirklichkeit, dt. 1982; P. Kogge, Zum Übergriff der Luhmannschen Systemtheorie auf die Päd., in: Aspekte der Päd., hg. v. H.-A. Herchen, 1983; N. Luhmann, Soziale Systeme, 1984; ders. u. K. E. Schorr (Hg.), Zwischen Intransparenz und Verstehen, 1986; J. Oelkers, H.-E. Tenorth (Hg.), Pädagogik, Erziehungswiss. u. Systemtheorie, 1987 (Bibl.); R. B. Huschke-Rhein, Systempäd. Wissenschafts- und Methodenlehre Bd. 2: 1987, ²1991, Bde. 1, 3, 4 u. d. T. Systemische Päd. 1988–1990; N. Luhmann, K. E. Schorr (Hg.), Zwischen Anfang und Ende, 1990; M. von Saldern, Erz.wiss. und Neue Systemtheorie, 1991; N. Luhmann, K. E. Schorr (Hg.), Zwischen Absicht und Person, 1992; G. Schulte, Der blinde Fleck in Luhmanns Systemtheorie, 1993; B. Künzli, Soziologische Aufklärung der Erz.wiss.en?, 1995; K. Reich, Systemisch-konstruktivist. Päd., 1996; N. Luhmann, K. E. Schorr (Hg.), Zwischen System und Umwelt, 1996; A. Bakes-Haase, Historiographie päd. Theorien, 1996; R. Voß, Die Schule neu erfinden, 1997.

# T

**Tagesheimschulen,** Vollzeitschulen mit ganztägigem Schulbesuch. → Ganztagsschule

**Tagesmutter,** familienähnliche Form der Tagespflege- und Fremdbetreuungsverhältnisse von (Klein-)Kindern (in der Regel berufstätiger Mütter) als Entlastung und Ergänzung zur herkömml. Familienerziehung. Speziell das 1974 vom Bundesministerium für Jugend, Familie und Gesundheit initiierte Modellprojekt »T.« war lange Zeit zwischen Erziehungs- und Sozialwissenschaftlern einerseits, (Sozial-)Pädiatern und Verhaltensbiologen andererseits wiss. und polit. heftig umstritten. Inzwischen haben detaillierte empirische Begleituntersuchungen den Nachweis nicht nur der relativen Unschädlichkeit des T.-Modells, sondern auch seines Anregungs-, Förderungs- und Kompensationspotentials für die Persönlichkeitsentfaltung der fremdbetreuten Kinder geliefert. Inzwischen gibt es in den meisten Städten Tagesmütter-Vereine (auch Bundesverband).

L.: W. Schulz, T. Ruelcker, A. Rheinländer (Hg.), T., 1975; Arbeitsgruppe T., Das Modellprojekt T., 1977; dies.: Zusammenfassender Abschlußber. der wiss. Be-

**Tagore**

gleitung zum Modellprojekt »T.«, 1980; U. Gudat, Kinder bei der T.: frühkindliche Fremdbetreuung und sozialemotionale Entwicklung, 1982; H. Blueml, T.mütter, 1991; V. Sommerfeld, Babysitter, Tagesmutter, Krippe ...: die richtige Lösung für Kinder von 0 bis 3 J.n, 1997, S. Frinke-Dammann, T.mütter. Eine Orientierungshilfe, 1998.

**Tagore,** Rabindranath * 6. 5. 1861 Kalkutta, † 7. 9. 1941 Santinikitan; indischer Dichter, Philosoph, Erzieher; kritisierte scharf die → Kolonialpäd. und verwirklichte in seiner Schule in Santinikitan die Tradition des ashram, der Waldeinsiedelei des brahmanischen Lehrers und seiner Schüler: Selbstverwaltung, selbständiges Denken, Gärtner- und handwerkl. Arbeit, Musik etc. T. beeinflußte nachhaltig, die internationale → Reformpäd. und die → New Education Fellowship.

Schr.: Sadhana, dt. 1960, 1996; Einheit der Menschheit, dt. 1961; Die Religion der Menschen, dt. 1962. L.: A. Köpcke-Duttler, Wege des Friedens, 1986; M. Kämpchèn, R. T., 1993.

**Taiwan** → China.

**Takt, pädagogischer,** 1802 von → Herbart in seiner Göttinger Antrittsvorlesung eingeführter Begriff zur Bezeichnung jenes »Mittelgliedes« zw. Theorie und Praxis, über das der Lehrer verfügen muß, um in erzieherischen Situationen zu einer »schnellen Beurteilung und Entscheidung« zu gelangen. Grundlagen einer solchen päd. Klugheit und Geschicklichkeit sind die Bildung eines wiss. Gedankenkreises (päd. Theorie), und eine aus reflektierter Erfahrung (erzieherische Praxis) erworbene Fähigkeit zur Improvisation und Leichtigkeit des Handelns. In einem allgemeineren Sinne gehört p. T. qua Sensibilität und Feingefühl für den anderen und als achtend-distanzierte Zurückhaltung vor der Selbständigkeit des → educandus zur Grundbedingung jedes authentischen → päd. Bezugs.

L.: J. Muth, P.T., 1962, ²1967; K. Schaller, H. Gräbenitz (Hg.), Auctoritas und Potestas, 1968; J. Oelkers, Die Vermittlung zw. Theorie u. Praxis in der Päd., 1976; B. Adl-Amini, J. Oelkers, D. Neumann (Hg.), Päd. Theorie und erzieher. Praxis, 1979; M. Parmentier, Selbsttätigkeit, p. T. und relative Autonomie, in: Vjschr. f. wiss. Päd. 67 (1991) H. 2; D. Benner (Hg.), Joh. Fr. Herbart. Systematische Päd., 2 Bde. (Ausgew. Texte und Interpr.en), 1997.

**Talent** (lat.: Gewicht, Waage, Münze), umgangssprachlich eine bestimmte Begabung bezeichnend (»... hat ein Talent für«). Von einem »talentierten Kind« sprechend, meint man eine bereits in der → Kindheit als förderungswürdig erkannte spezielle Befähigung (vgl. W. A. Mozart). Früh auftretende T.e lassen einen hohen Anteil erblicher Voraussetzungen vermuten. Da andererseits ein latentes T. erst durch → Erziehung oder Training zur vollen Entfaltung gebracht werden kann, zeigt sich die päd. entscheidende Wechselwirkung zw. → Anlage und Umwelteinflüssen, die ein optimales Ergebnis hervorbringen kann, wenn der geeignete Zeitpunkt berücksichtigt wird. → fruchtbarer Moment, → Hochbegabte.

**Tansania** wurde 1962 von Großbritannien unabhängig. J. K. Nyerere wurde zum bedeutendsten Vertreter eines eigenständigen afrikan. Sozialismus. Seine Schlüsselbegriffe »*Ujamaa*« (swahili: »wie eine Familie leben«) und »*Self-Reliance*« (Vertrauen auf die eigene Kraft) wurden auch die Grundelemente der Bildungspolitik T.s. Bildung soll dem Menschen helfen, sich selbst zu befreien und seine Situation frei zu meistern. Erziehung als Befreiung meint die Überwindung der Sklavenmentalität, des Materialismus, der dem Menschen einen ›Marktpreis‹ zuschreibt und ihn zum Objekt macht; des Strebens nach europ. Standards, nach Diplomen und Zertifikaten; Hunger, Krankheit und menschenunwürdige Lebensbedingungen müssen als physische Unfreiheiten ebenfalls besiegt werden.
Dazu hat der Mensch drei Hilfsmittel: Wissen und Können; Schweiß und Arbeit; die Natur und ihre Ressourcen. Daraus resultieren die bildungspolit. Kategorien: Ortsbezogenheit, um die lokalen Möglichkeiten auszuschöpfen; Verbindung von Lernen und Handeln, Erziehung und Produktion; Einbeziehung der Gemeinde in den Unterricht; Kursarbeit und school-farming. Die Lebensgemeinschaft wird zur Lerngemeinschaft, in der jeder Lehrender und Lernender zugleich ist. Der Lehrer wird zum Arrangeur von Lernsituationen. Arbeits- und Sozialverhalten werden ebenso hoch bewertet wie intellektuelle Leistung. Der Besuch höherer Schulen und der Univ. ist erst möglich, wenn der Bewerber bewie-

sen hat, daß er das Gelernte praktisch umzusetzen und damit der Gemeinschaft zu dienen weiß. Die → Erwachsenenbildung ist analog dem Schulsystem aufgebaut; sie soll allen Bürgern gleiche Bildungs- und Weiterbildungschancen geben. Durch die konsequente Übernahme der → recurrent education, und deren Verbindung mit → Ruralisierung und Afrikanisierung ist es in T. u. a. gelungen, die Analphabetenquote seit 1972 zeitweise auf 15% zu senken. Die im Rahmen des Strukturanpassungsprogramms des Internationalen Währungsfonds (IMF) auferlegten Restriktionen bei den Ausgaben des Staatshaushaltes lassen dagegen eine Verschlechterung des Bildungswesens erwarten. Bereits gegen Ende der 80er Jahre war die Einschulungsrate wieder rückläufig. Die Analphabetenquote ist seitdem wieder auf 32% (1995) gestiegen.

L.: J. K. Nyerere, Bildung und Befreiung, dt. 1977; V. Hundsdörfer, Die polit. Aufgabe des Bildungswesens in T., 1977; R. Yeager, T.: An African Experiment, Aldershot 1982; Stratégies d'apprentissage pour la postalphabetisation et l'éducation continue, Hamburg (UNESCO) 1985; C. Darch, T. (Bibl.), Oxford 1985; J. Herzog, Geschichte T.s, 1986; M. Hood (Hg.), T. and Nyerere, London 1988; Ministry of Education and Culture (Hg.), Basic Statistics in T., 1985–1989, Dar es Salaam 1990; C. J. Galabawa, Implementing educational policies in T., Washington (D. C.) 1990; C. M. Rabagumya, Language Promotion of Educational Purposes: The Example of T., in: Internat. Review of Education 37 (1991) 3; S. K. Miry, Bildungsassistenz der UNESCO in den Ländern der Dritten Welt, 1992; L. Buchert, Education in the development in T., London 1994.

**Taxonomie** → Curriculum.

**team teaching** ist eine Form der Lehre in der eine Gruppe von Lehrern, oft unterstützt durch Hilfskräfte, den gesamten Unterricht oder einzelne Fächer eines Jahrgangs oder einer Schulstufe gemeinsam planen und arbeitsteilig durchführen.

**Technikerschulen** sind → Fachschulen (4 Tages- oder 7 Abendsemester) zur Ausbildung für die zw. dem Facharbeiter und dem Ingenieur stehenden Techniker. Zulassungsvoraussetzungen sind Facharbeiterprüfung und 2–4j. Facharbeitertätigkeit.

**Technisches Werken.** TW wurde vereinzelt als eigenes Fach schon in den ersten Realschulen des 17. Jh., und im → Philanthropismus eingeführt, um ein Handwerk zu erlernen und nützliche Kenntnisse für das spätere Leben zu vermitteln. Neuen Aufschwung nahm das TW in der → Arbeitsschulbewegung. Vor allem der Verein für Knabenhandarbeit unter Leitung von Alwin Pabst und → Kerschensteiner mit dem von ihm eingeführten Handfertigkeitsunterricht trugen viel zur Propagierung des Werkunterrichts bei. Allerdings wurde Kerschensteiners Plan eines technischen Gymnasiums, das die Prinzipien eines an der technischen Produktion orientierten Unterrichts bis zur Hochschulreife fortführen sollte, nicht realisiert. Nach dem 2. Weltkrieg betonte der Werkunterricht, den 1950 erschienenen Empfehlungen des Internationalen Erziehungsbüros in Genf folgend, das Musische und Freischöpferische. Bald aber entwickelte er sich in betonter Absetzung zur künstlerischen Erziehung zu einem streng an den technischen Wiss.n orientierten Fach. Die didaktische Diskussion über das Werken ist keineswegs abgeschlossen; sie bewegt sich neuerdings auf einen Unterricht zu, der weniger auf festgelegte Handlungsvollzüge vorbereiten, sondern komplexe Probleme aus wirklichen Handlungszusammenhängen herausgreifen und mit Hilfe verschiedener Handlungsalternativen klären will. Ziel ist dabei die Vermittlung von Grundbegriffen und handlungsrelevanten Fertigkeiten aus dem großen Bereich von Technik, Wirtschaft und Arbeitswelt. Dadurch rückt das Werken in große Nähe zur → Arbeitslehre, was sich u. a. auch in der Bezeichnung »TW« zeigt, die sich heute wohl insgesamt, auch bei amtlichen Stellen, durchgesetzt hat. Dennoch ist TW weitgehend auf → Haupt- und → Realschulen beschränkt, dagegen in der Sekundarstufe II als Fach noch immer nicht allgemein anerkannt.

L.: F. Kaufmann, E. Meyer (Hg.), Werkerziehung in der techn. Welt, 1967; B. Wessels, Die Werkerziehung, 1967, ²1969; H. Sellin, Werkunterricht – Technikunterricht, 1972; G. Granacher, H. J. Stührmann (Hg.), Technikunterricht u. Arbeitslehre, 1972; U. Mämpel, W. Tobias (Hg.), Technikunterricht, Arbeitslehre, Polytechn. Bildung, 1972; H. Ulrich, D. Klante, Technik i. Unterricht d. Primarstufe, 1973; Projektgruppe Marburg, Schule, Produktion, Gewerkschaften, 1974; M. Mende, G. Reich, (Hg.), Techn. Bildung als Integration von allgemeiner und berufl. Bildung, 3 Bde. 1976; E.

Roth, Studienhilfe Technikunterricht, 1976; W. Neumann, Werken und Bildung, 1985; D. Heller, Die Entwicklung des Werkens und seiner Didaktik, 1990.

**Technisches Zeichnen;** generell die Anfertigung exakter, maßstabsgerechter Zeichnungen von technischen Objekten in verschiedenen »Rissen« (Grund-, Auf-, Seitenriß) oder perspektivischer Darstellung, die sich nach DIN-Normen richten. Das TZ stellt ein wichtiges Element des handwerklichen wie des industriellen Fertigungsprozesses dar (Planentwurf, Arbeitsvorbereitung); der Technische Zeichner ist ein anerkannter Ausbildungsberuf. In der allgemeinbildenden polytechnischen Oberschule der DDR war das TZ im 7./8. Schulj. Pflichtfach; in der BRD wird es in Berufsschulen, technischen bzw. Wirtschaftsoberschulen und an einigen Realschulen (teilweise als Wahlfach) unterrichtet.
Im 19. Jh. machte das TZ, v. a. auch an den Lehrerbildungsanstalten, als »Linearzeichnen« häufig den überwiegenden Teil des Zeichenunterrichts aus.

L.: H. Schindler: Einführung in das TZ, 1971.

**Technokratie** (griech.: Herrschaft der Technik). Nach der → Ideologie der T. soll die ganze Gesellschaft und mit ihr die Erziehung nach den Prinzipien der Technik gestaltet und beherrscht werden. Effizienzmaximierung soll einen optimalen Lebensentwurf, meist Standard genannt, hervorbringen. In der T. beugen sich die Menschen aber letztlich unter die von ihnen selbst geschaffene Sachgesetzlichkeit und unterwerfen sich dem eigenen Produktionszwang. Im Sachzwang der Mittel wird der Mensch verdinglicht, die Wiss.n vom Menschen werden zu Humantechniken mit dem Ziel des *human engineering*. Wo reibungsloses Funktionieren als Rationalität ausgegeben wird, degradiert die menschl. Vernunft zur rein instrumentellen; wenn das Herstellen (poiesis) den Vorrang erhält vor dem sinnvollen Handeln (praxis), wird der → Lehrer in erster Linie zum »Organisator optimaler Lernprozesse« und zum Kontrolleur (Evaluation).

L.: J. Habermas, Technik und Wiss., 1968 u. ö.; I. Illich, Selbstbegrenzungen, dt. 1978; H. Jonas, Das Prinzip Verantwortung, 1979 u. ö.; M. König, Der industriöse Mensch, 1985; R. Zedler, Technik u. Bildung, 1985; R. Ost, Die Krisen des Homo technologicus, 1988; H. Hastedt, Aufklärung und Technik, 1991.

**Teilzeitschule,** eine Schule, in der der Unterricht nur zu bestimmten Zeiten stattfindet. Z. B. → Berufsschule, → Abendschule, im Unterschied zur → Vollzeitschule.

**Telekolleg** → Fernunterricht.

**Teleologie,** päd. (von griech.: *telos* = Ziel und *logos* = Lehre) heißt innerhalb der → Pädagogik jener Fragenkreis, der sich auf die Erziehungs- und Bildungsziele bezieht. Da Erziehung grundsätzlich immer auf ein Ziel gerichtet ist, bildet die teleologische neben der anthropologischen und der methodologischen Dimension ein konstitutives Moment aller Pädagogik. Die Begründung von Erziehungszielen und das kritische Nachdenken über → Erziehungsziele können deshalb nicht von der Pädagogik getrennt werden, wenn diese den Charakter einer eigenständigen und kritischen Wissenschaft behalten soll. → Ethik und Päd., → Krit. Rationalismus.

L.: J.-D. Wächter, Vom Zweck der Erz., 1991; O. Hansmann, Moralität und Sittlichkeit, 1992; J. E. Pleines, T. Ein philos. Probl. in Gesch. und Gegenw., 1994.

**Tenorth,** Heinz-Elmar, * 13. 10. 1944 Essen, 1975 Dr. phil. Univ. Würzburg, 1978 Prof. für Erz.-Wiss. Univ. Frankfurt a. M.; seit 1991 Prof. f. Histor. Erz.wiss. Humboldt Univ. Berlin. Grundlegende und vielbeachtete Arbeiten (v. a. zahlreiche Aufsätze) zur Wissenschaftstheorie, -geschichte und Methodologie der Päd. und zur Bildungsgeschichte.

Schr.: Gymnasiale Oberstufe u. Hochschulzugang in der Bildungspolitik v. 1945–1973, 1975; Zur dt.n Bildungsgesch. 1918–1945, 1985; (Hg.), Allgem. Bildung, 1986; (Mithg.), Päd., Erz.wiss. u. Systemtheorie, 1987; Gesch. der Erziehung 1988, 3. völl. überarb. u. erw. Aufl. 2000; (Mithg.) Hdb. der dt. Bildungsgesch., Bd. V, 1989; (mit G. Böhme), Einf. in die Hist. Päd., 1990; (Mithg.), Pädagog. Wissen, 1991; (Mithg.), Transformationen der Bildungslandschaft, 1993; »Alle alles zu lehren«. Möglichkeiten und Perspektiven allgem. Bildung, 1994; (m. S. Kudella, A. Paetz), Politisierung im Schulalltag der DDR, 1996; (m. J. Diederich), Theorie der Schule, 1997.

**Tertia,** heute veraltete Bezeichnung für die vierte (Unter-T.) und fünfte (Ober-T.) Klasse des → Gymnasiums.

**Tertiärbereich,** ein an die Sekundarstufe II sich anschließender Bildungsbereich, der den Hochschulsektor sowie die Fachschulen, die den Sekundarabschluß II voraussetzen, umfaßt. In dieser Stufenbezeichnung der Bildungsinstitutionen drückt sich das gewandelte Verständnis von Lernen als lebenslangem Prozeß aus.

**Tews,** Johannes, * 19. 6. 1860 Heinrichsfelde (Pommern), † 28. 6. 1937 Berlin. Volksschullehrer, Vorkämpfer der → Einheitsschule; 1891 Generalsekretär der Gesellschaft zur Verbreitung von Volksbildung; wendete die Ziele dieser Gesellschaft von sozialpolit. Vorhaben auf ihre ursprünglichen Aufgaben der Verbreitung von Kulturgütern an die unteren Schichten zurück. (Ausbau des Vortrags- und Bibliothekswesens; Lichtbilderverleihanstalt, Wandertheater). T. vermochte den Volksschullehrerstand, bes. auch auf dem Lande, für die → Erwachsenenbildung zu begeistern und schuf so eine der Voraussetzungen für ein flächendeckendes Erwachsenenbildungswesen.

Schr.: Die Aufgaben der Bildungsvereine, 1906; Dt. Volksbildungsarbeit, 1911; Fünfzig J. dt. Volksbildungsarbeit, 1921; Volk und Bildung, 1932; Geistespflege in der Volksgemeinschaft, 1931, Nachdruck 1981.
L.: F. Stach, J. T., 1950 (Bibl.); J. Henningsen, J. T., in: Berliner Arbeitsblätter f. d. VHS 7 (1958); H. Arndt, Theorie und Praxis der freiwilligen Volksbildungsarbeit bei J. T., in: Zschr. f. Päd. 16 (1970).

**Textiles Werken** tritt als Hand- oder auch Nadelarbeit seit Mitte des 19. Jh. immer häufiger als spezielles »Mädchenfach« auf und soll der Vorbereitung auf die »hauseigene Produktion und Reparatur« von Bekleidung und Zimmerschmuck (Häkeln, Nähen, Stricken, Stopfen) dienen. Teilweise wurden diese Fertigkeiten auch in eigenen, über die Schulpflicht hinaus fortgeführten Näh- oder Strickschulen vermittelt.
Unter dem Einfluß von → Arbeitsschul- und → Kunsterziehungsbewegung verschob sich das Ziel auf die persönliche Gestaltung einfacher Gebrauchsgegenstände. In den letzten J.n hat die Einführung von wirtschaftl. Kenntnissen (rationales Einkaufen), von speziellen Techniken, von Stoffkunde u. a. zusammen mit der zunehmenden Industrialisierung zugenommen. Das Verständnis des Faches vom traditionellen Handarbeitsunterricht zum textilen Gestalten bzw. TW wandelte sich. Dieser Wandel steht in engem Zusammenhang mit der → Arbeitslehre.

Derzeit sind zwei Grundpositionen des TW zu unterscheiden: einmal wird TW als künstlerisches Fach gesehen, das vor allem die gefällige, persönlich ausgerichtete Gestaltung von Textilerzeugnissen vermitteln soll; zum anderen orientiert sich TW als ein auf ästhetische wie auf technische, wirtschaftl. und sozialkulturelle Bezüge ausgerichtetes Fach an der volkswirtschaftl. Bedeutung und Aufgabe der Privathaushalte und zielt auf ein volks- und betriebswirtschaftl. rationales und verantwortliches Handeln im späteren Haushalt ab. Problematisch erscheint weiterhin die Einschätzung des TW als bloßes Mädchenfach, dem kein Univ.sstudium zugeordnet ist. TW wird in allgemeinbildenden Schulen häufig durch »Fachlehrerinnen« (mit Fachhochschulausbildung) unterrichtet. Es ist abzusehen, daß in nächster Zeit zunehmend Jungen zum TW und Mädchen zum → technischen Werken zugelassen werden.

Zs.: Textilarbeit und Unterricht, 1971 ff.; Textiles Gestalten, 1967 ff.
L.: D. Sommerfeld, T. W., 1968, ³1978; L. Immenroth, Textilwerken 1970; B. Beyer, H. Kafka; Textilarbeit, 1974; M. Stamm, A. Strohmeier, Beispiele zur Textilgestaltung, 1977; U. Klüppel, Hauswirtschaftslehre und T. W. als Elemente der Arbeitslehre, 1985; H. Zander-Ketterer, Probleme und Entwicklungsperspektiven von Hauswirtschaft und T. W., 1987; M. Richter, Textilarbeit, Werken, 1993.

**Thailand.** In der Sukhotai- (1238–1378) und der Ayutthaya-Ära (1350–1767) wurde die Erziehung hauptsächlich von buddhistischen Mönchen und durch Hofgelehrte (rajpundits) für eine kleine Minderheit des Volkes getragen, in der Bangkok-Ära (ab 1782) wurde das Schulsystem zunehmend, z. T. durch ausländ. Einfluß, z. T. durch die Initiative von König Mongkut Rama IV. (1851–1868), der das Erziehungsministerium errichtete, aufgebaut. Aufgrund des wachsenden Einflusses westl. Großmächte in den thailändischen Nachbarländern entwickelte sich das Verlangen, T. sowohl im polit. wie auch im Bildungsbereich drastisch zu reformieren und zu stärken. Nach der Revolution 1932 wurde 1933 ein Nationaler Bildungsplan erlassen, der die Erziehung in drei Teile gliederte: *chariyasueksa* (moralische Erziehung), *puttisueksa* (allg. Erziehung), *palasueksa* (körperl. Erziehung). Nach den ersten vier Pflichtschulj.n fand eine strenge soziale und akademische → Auslese statt. Die weiteren zwei Pflichtschuljahre waren entweder in der Elementarschule (berufsvorbereitender Unterricht) oder in der Sekundarschule (8 Jahrgangsstufen) abzuleisten. Nach den Zerstörungen im 2. Weltkrieg wurde das Erziehungssystem durch neue Pläne (1951 und 1960) erweitert (erwünschte Schulpflicht 7 J.). Der Plan von 1977 sah eine 6j. Elementarstufe vor, eine 2-stufige Sekundarschule und eine Schulpflicht, die jew. von den einzelnen Distrikten vorgeschrieben wird. Seit Beginn der 90er Jahre werden die Kapazitäten aufgestockt. Die Ausweitung der Schulpflicht von derzeit (1998) 6 auf 9 Jahren ist seit Jahren geplant, aber nicht realisiert. 1917 entstand die erste Univ.; inzwischen gibt es neben den 13 staatlichen, überstaatlichen (wie das *Asian Institute of Technology*) und privaten Universitäten und Hochschulen, zwei »Open Universities« (Fernstudium, keine Aufnahmepr.) Problematisch wie früher bleiben die Finanzierung des Bildungswesens, die sehr unterschiedl. Versorgung in den ländl. und städtischen Gebieten, die Erfassung sozialer Randgruppen (z. B. Slumbewohner) und der Mangel an Schulgebäuden und Lehrmaterial.

L.: J. K. P. Watson, A Conflict of Nationalism: the Chinese and Education in T., 1900–1960; in: Paedagogica Historica 16 (1976); Ministry of Education, A History of Thai Education, Bangkok 1976; dass., T. National Educational Scheme 1977, Bangkok 1977; Ministry of Education, Education Development in T., Bangkok 1986; A. Gerlach, Das Schulsystem in T., in: Päd. Rundsch. 43 (1993) 2; B. Alsleben, Untersuchungen zum Erziehungswesen in T., 1992; W. McMahon, Education and growth in East Asia, in: Economics of education review, 17 (1998) 2.

**Themenzentrierte Interaktion,** eine von Ruth Cohn entwickelte Methode gruppenbezogenen Lehrens und Lernens. Aufbauend auf psychoanalyt. Einsichten und gruppentherapeut. Erfahrungen und ausgehend von der These, daß sinnvolles Lernen den ganzen Menschen als psychosomatisches Wesen zu umfassen habe und jeder Lernvorgang in einer → Gruppe sachlich effizienter und persönlich relevanter sei, will die themenzentrierte Interaktionsgruppe die jede Gruppeninteraktion konstituierenden Faktoren Ich (Persönlichkeit jedes einzelnen), Wir (Gruppe), Es (Thema als Gegenstand der Gruppenaktivität) angemessen berücksichtigen und in einer dynamischen Balance halten.

L.: R. Cohn, Von der Psychoanalyse zur T. I., dt. 1976, [11]1992; M. Gordon, Theme-Centered Interaction, Baltimore (Maryland) 1972; D. Stollberg, Lernen, weil es Freude macht, 1982, [2]1990; H. Aschaffenburg, Gruppenarbeit: themenzentriert, 1987; R. C. Dohn, Es geht ums Anteilnehmen, 1989, erg. Neuausg. 1993; G. Seidenspinner, Themenzentrierte Gruppenarbeit, 1991; B. Langmaack, T. I., 1991; C. Löhmer, R. Standhardt (Hg.), T. I., 1992; ders., T. I.: die Kunst, sich selbst u. eine Gruppe zu leiten, 1992; R. C. Cohn, C. Terfurth (Hg.), Lebendiges Lehren u. Lernen, TZI macht Schule, 1993.

**Therapie;** 1) medizinisch: Heilbehandlung somatischer Krankheiten durch Medikamente, körperl. Eingriffe, Diäten und Kuren. 2) psychologisch: Durch Ärzte, Psychologen und Sozialarbeiter erfolgende Behandlung patholog. Verhaltens und Erlebens. Die krankmachenden Ergebnisse von Fehlerziehung und erlittenen Traumata sollen korrigiert, Konflikte gelöst, Selbstverwirklichung und Erfolg in Familie, Gesellschaft und Beruf ermöglicht werden. Dazu setzt der Therapeut seine eigene Persönlichkeit, seine Beziehung zum Patienten, psychologische Methoden, Hypnose und Psychopharmaka ein.

Seit Beginn der Menschheitsentwicklung wurden psychische Mittel wie Gesundbeten, Teufelsaustreibung, Suggestion und Magie zur Veränderung → abweichenden Verhaltens verwendet. Die wiss. T. begann mit der Hypnoseforschung (J. M. Charcot) und der → Psychoanalyse (S. → Freud) am Ausgang des 19. Jh. Aber erst nach dem Zweiten Weltkrieg entstand die T.-forschung (Erfolgsauswertung, Untersuchung des T.ablaufs und wichtiger Variablen).

Heute gibt es eine Vielzahl unterschiedl. Tn. Sie lassen sich unterscheiden nach 1. der Intensität der Methoden in unterstützende (Arbeits-, → Musik- und Bewegungstherapie, Yoga, → autogenes Training), erzieherische, beratende (Seelsorge) und medizinische T.n (Psychiatrie); 2. den Teilnehmern in Einzel-, Gruppen-, Ehe- und Familientherapien sowie Erwachsenen- und Kindertherapie; und 3. dem theoretischen Bezugssystem in Tiefenpsychologie, → Verhaltenstherapie und Humanistische T. Die einzelnen Ansätze unterscheiden sich durch ihre Ziele sowie

Persönlichkeits-, Entwicklungs- und Pathologietheorien, auch das Verhalten der jeweiligen Therapeuten und ihre Techniken sind verschieden. Die Erfolgsquoten aller etablierten Ansätze sind aber nahezu gleich hoch und werden um 65% eingeschätzt.
Im Gegensatz zur → Erziehung wird der Adressat von T. weniger als Subjekt des T.-vorgangs gesehen denn als einer Behandlung und heilenden Bearbeitung bedürftiger Klient bzw. Patient (Objekt der T.). Dementsprechend bewegt sich T. vom Standpunkt einer auf die → Autonomie und Selbstbestimmung der Person gerichteten Erziehung(stheorie) aus gesehen im (angesichts des bes. Einzelfalls notwendigen) Vorfeld von Erziehung und Bildung. Die inflationäre Flut von T.-ansätzen und die enorme Ausbreitung von T.n und T.-bedürftigkeit wird unterschiedl. erklärt; plausibel erscheinen dabei Hinweise auf die immer komplexer gewordene → Lebenswelt der → Industriegesellschaft (Isolierung des einzelnen, Vereinsamung, Undurchschaubarkeit, Oberflächlichkeit der emotionalen und sozialen Beziehungen etc.) und auf die steigende → Säkularisierung und Sinnverarmung des menschl. Lebens (T. als »Ersatz« für christl. Schuldbekenntnisse, Beichte; T. als Rekonstituierung eines sinnvollen Lebens). → Risikogesellschaft.

L.: L. J. Pongratz, Lehrbuch der Klin., Psychologie, 1973; T. Kiernan, Psychoth., 1976; K. Dörner, U. Plog, Irren ist menschlich, 1978, [7]1992; S. Schmidtchen, F. Baumgärtel (Hg.), Methoden der Kinderpsychoth., 1980; U. Rauchfleisch, Nach bestem Wissen u. Gewissen, 1982; C. Kraiker, B. Peter (Hg.), Psychotherapieführer, 1983, [3]1991; H. Remschmidt (Hg.), Psychotherapie mit Kindern, Jugendl. u. Familien, Bd. 1–2, 1984; H. Petzold (Hg.), Wege zum Menschen, Bd. 1 u. 2, 1984; H. Hemminger, V. Becker, Wenn T. schaden, 1985; D. Kleiber (Hg.), Die Zukunft des Helfens, 1986; O. Speck, F. Peterander, P. Innerhofer (Hg.), Kindertherapie, 1987; P. Watzlawick, Münchhausens Zopf oder: Psychotherapie und »Wirklichkeit«, 1988; G. Klosinski, Psychotherapeut. Zugänge zum Kind u. Jugendl., 1988; G. Nissen (Hg.), Allgem. T. psychiatrischer Erkrankungen im Kindes- u. Jugendalter, 1988; S. Schmidtchen, Kinderpsychotherapie, 1989; Zentralstelle f. psycholog. Information u. Dokumentation d. Univ. Trier (Hg.), Kinderpsychotherapie, (Spezialbibl.), 1989; H. R. Müller, Sozialpäd. u. T., 1990; R. Lempp (Hg.), Die T. der Psychosen im Kindes- u. Jugendalter, 1990; E. Franzke, Zuviel des Guten, zu wenig des Nötigen?, 1991; W. Böhm, Über die Unvereinbarkeit von Erziehung u. T., in: Vjschr. f. wiss. Päd. 86 (1992); J. Hillmann, M. Ventura, Hundert Jahre Psychotherapie und der Welt geht's immer schlechter, dt. 1993; W. Schumann, T. und Erziehung, 1993.

**Thiersch,** Hans, * 16. 5. 1935 Recklinghausen, Dr. phil. 1962; Prof. PH Kiel 1967; Habil. 1970, Prof. Univ. Tübingen seit 1970; 1996 Dr. h.c. TU Dresden und Univ. Lüneburg. Wichtige Arbeiten zur päd. Wissenschaftsgeschichte u. -theorie sowie zur → Sozialpäd.

Schr.: Hg. (mit H. Tütken) H. Roth. Erziehungswiss., Erziehungsfeld und Lehrerbildung, 1967; (mit A. Frommann, D. Schramm), Kritik und Handeln, 1977; (mit H. Ruprecht, U. Herrmann), Die Entwicklung der Erz.wiss., 1978; Die Erfahrung der Wirklichkeit, 1986; (mit W. Jens, Dt. Lebensläufe in Autobiographien und Briefen, 1987; Lebensweltorientierte soziale Arbeit, 1992; Lebenswelt und Moral, 1995.
L.: K. Grunwald (Hg.), Alltag, Nicht-Alltägliches und die Lebenswelt. FS zum 60. Geb.tag, 1996.

**Thiersch,** Friedrich Wilhelm, * 17. 6. 1784 Kirchscheidungen (Unstrut), † 25. 2. 1860 München; ab 1809 Gymnasial-Prof. in München, 1826 Prof. f. Eloquenz und klass. Literatur Univ. München; nach Scheitern der Schulreform → Niethammers wurde T. durch seinen 1829 von König Ludwig I. anerkannten Schulplan (Über gelehrte Schulen mit bes. Rücksicht auf Bayern, 3 Teile, 1828–29) zum »Praeceptor Bavariae«: Durchbruch des Neuhumanismus (Zentralstellung der alten Sprachen) und Ablehnung der realistischen Bildung. → Bayern, → Humanismus.

L.: H. W. J. Thiersch, F. T.s Leben, 2 Bde. 1866; M. Doeberl, Entwicklungsgesch. Bayerns, 3 Bde. 1916–31; H. Loewe, F. T., 1925; H. M. Kirchner, F. T., (Diss. München) 1956; E. Schwinger, Literarische Erziehung und Gymnasium, 1988; H.-E. Tenorth, F. T. (1784–1860), in: W. Böhm, W. Eykmann (Hg.), Große bayerische Pädagogen, 1991.

**Thomas von Aquin,** * um 1225 Roccasecca, † 7. 3. 1274 Kloster Fossanuova, bedeutendster philosophischer und theologischer Systematiker der → Scholastik (*Summa theologica*), dessen Einfluß bis heute lebendig ist (→ Neuscholastik, Philosophia perennis, → Paedagogia perennis, → normative Päd.). T. war Organisator des Schul- und Studienwesens und Reformer von Lehrplänen. In seiner Anthropologie versteht er den Menschen generell als ein lernfähiges und auf Lernen angewiesenes Wesen; in seiner speziellen Erörterung »Über den Lehrer« diskutiert er die vierfache Frage, ob ein Mensch der Lehrer eines anderen und ob jemand Lehrer seiner selbst sein könne, ob der Mensch von einem Engel unterrichtet werden könne und ob das Lehren dem kontemplativen (*vita contemplativa*) oder dem aktiven Leben (*vita activa*) zugehöre.

Schr.: Zahlr. Gesamtausg. und Auswahlen; Über den Lehrer, hg. v. G. Jüssen u. a., 1988.
L.: J. Pieper, Hinführung zu T. v. A., 1958; M. Linneborn, Das Problem des Lehrens und Lernens bei T. v. A., 1956 (m. Bibl.); J. Pieper, T. v. A. Leben u. Werk, 1986, [4]1990; W. Schmidl, Homo discens. Studien zur Päd. Anthropologie T. v. A.s, Wien 1987; H. Kleber, Glück als Lebensziel, 1988; M. Forschner, Über das Glück des Menschen, 1993, [2]1994; G. Mensching, T. v. A., 1995; Ch. Schröer, Praktische Vernunft bei T. v. A., 1995; F. J. Bormann, Natur als Horizont sittlicher Praxis, 1998; W. Kluxen, Philos. Ethik bei T. v. A., 1998; R. Schönberger, T. v. A. zur Einführung, 1998; A. Kenny, T. v. A., dt. 1999.

**Thomasius,** Christian * 1. 1. 1655 Leipzig, † 23. 9. 1728 Halle; lehrte an den Univ. Leipzig und Halle, kämpfte gegen traditionellen scholast. Unterricht, Büchergelehrsamkeit und Aberglauben und trat für ein weltoffenes aufklärerisches Bildungsideal ein (Vorlesungen in dt. Sprache). T. war einer der Wegbereiter der → Aufklärung in Dtl.

Schr.: Einleitung zu der Vernunft-Lehre, 1691, [5]1719; Einleitung der Sittenlehre, 1692, [8]1726; Ausübung der Sittenlehre, 1696, [7]1726; Versuch vom Wesen des Geistes, 1699, [2]1709; Dt. Schr., hg. v. P. v. Düffel, 1970.
L.: E. Bloch, Ch. T., 1953; R. Lieberwirth, Ch. T., 1955; W. Schneiders, Naturrecht u. Liebesethik, 1971; ders. (Hg.), Ch. T. 1655–1728, 1989; C. Bühler, Die Naturrechtslehre u. Ch. T., 1991; V. Ladenthin, Wenn Unt. und Erz. zur Sprache kommen. Beispiele »Sprachkrit. Didaktik« bei Ch. T. und M. J. Sailer, in: Vjschr. f. wiss. Päd., 70 (1994). H 3; P. Schröder, Ch. T. zur Einführung, 1998.

**Thüringen** (th. = thüringisch). Die seit der Teilung → Sachsens (1485) lose verbundenen th.n Herzogtümer Weimar-Eisenach, Meiningen, Coburg-Gotha, Altenburg zählten im Bildungswesen lange Zeit zu den fortschrittlichsten Regionen Dtl.s. Nach dem Zerfall der vorreformatorischen Schulen und dem Neuaufbau der städt. Lateinschulen erhielt das th. (Elementar-)Schulwesen seine zukunftweisende Gestalt durch die von den pädagog. und didakt. Ideen → Ratkes und → Comenius' beeinflußten, auf ganz Dtl. anregend wirkenden Schulreformen Ernst des Frommen (→ Gothaer Schulmethodus; allg. → Schulpflicht). Auch in der Folgezeit verdankte das Schulwesen Th.s viel dem persönl. Interesse seiner Fürsten. Herzog Ernst II. (1772–1804) unterstützte → Salzmann bei der Errichtung des Philanthropins (1784) in Schnepfenthal (→ Philantropismus) und errichtete ein Lehrerseminar. Insbes. führte Herzog Karl August, der Freund und Schüler Goethes, für Weimar und Jena eine Blütezeit herauf. Unter ihm reformierte → Herder das Erziehungswesen.

Nach dem Verlust der polit. und kulturellen Selbständigkeit in der Zeit des → Nationalsozialismus und des Bestehens der → Dt. Demokrat. Republik stand das Bildungswesen des aus dem ehem. dt. Bundesstaat Th. hervorgegangenen neugeschaffenen Bundeslandes Th. zunächst ganz im Zeichen der Neuorganisation und der Angleichung an die rechtlichen Bestimmungen der → Bundesrepublik Dtl. (→ Einigungsvertrag). Der bereits im Okt. 1990 von der »Arbeitsgruppe Bildung beim Politisch Beratenden Ausschuß« konzipierte Entwurf eines Schulgesetzes sah zunächst eine differenzierte Zehnklassenschule als → Realschule einschließlich → Orientierungsstufe in der 5. und 6. Kl. vor. Ein gymnasialer Ausbildungsgang sollte ab der 5. Kl. und auch für Absolventen der 10. Kl. möglich sein. In dem im Jan. 1991 vorgelegten Bildungsgesetz-Entwurf wurde neben der 4.j. → Grundschule eine »Regelschule« mit 5 bzw. 6 J. Schulzeit sowie das → Gymnasium als → weiterführende Schule vorgeschlagen. Die → Gesamtschule war in diesem Regierungs-Entwurf nicht erwähnt. Angesichts der sich anschließenden Kontroversen trat deshalb am 25. März 1991 ein bloß »Vorläufiges Bildungsgesetz« (VBiG) bis zum 31. 7. 1993 in Kraft. In ihm war die Gesamtschule als »Ausnahmeschule« vorgesehen.

Nach VBiG waren in Th. folgende Schularten vorgesehen: Grundschule (Kl. 1–4), »Regelschule« (Hauptschule Kl. 5–9 zur → Berufsreife führend; Realschule Kl. 5–10, zur → Mittleren Reife führend), Gymnasium (Kl. 5–12, zum → Abitur führend), → berufsbildende Schulen (→ Berufsschule, → Berufsfachschule, → Berufsaufbauschule, → Fachoberschule, berufl. Gymnasium, → Fach-

schulen), → Kolleg und Sonderschule. Die Kl. 5 und 6 der Regelschule haben Orientierungsfunktion.
An dieser Struktur wurde auch in dem endgültigen »Thüringer Schulgesetz« (SchG.) vom 6. Aug. 1993 (letzte Fassung vom 16. 12. 1996) im wesentlichen festgehalten.
Der gesamte Hochschulbereich war seit der Wiedervereinigung durch umfangreiche Umstrukturierungs- und Anpassungsprozesse gekennzeichnet (»Vorl. Th. Hochschulgesetz« 14. Mai 1991; »Th. Hochschulgesetz«, 7. Juli 1992). Mit der traditionsreichen Univ. Jena (gegr. 1557), der Medizinischen Akademie (bis Ende 1993) und der Pädagogischen Hochschule in Erfurt, der Techn. Univ. Ilmenau, den Hochschulen für Architektur und Bauwesen bzw. für Musik in Weimar, den 3 neuerrichteten Fachhochschulen (Erfurt, Jena, Schmalkalden) und einer großen Anzahl außeruniv. Forschungseinrichtungen verfügt Th. über ein beträchtliches Hochschul- und Wissenschaftspotential. Die 1816 geschlossene Univ. Erfurt, eine der ältesten dt. Universitäten (gegr. 1392), wurde 1994 mit einer philosophischen und einer »staatswiss.« (Jura, Ökonomie, Politik; im Aufbau) Fakultät neugegründet. Die Integration der Pädagogischen Hochschule in eine dritte, neu einzurichtende, erziehungswissenschaftliche Fakultät ist geplant. Das für die Entwicklung der Pädagogik in verschiedenen Epochen maßgebliche Institut für Erziehungswissenschaften der Univ. Jena wurde am 8. Nov. 1993 feierlich wiedererrichtet (→ Rein, → Stoy, → Lietz, → Grisebach, → Geheeb, → Nohl, → Petersen, W. → Flitner, A. → Flitner, M. → Winkler).
Den Schularten entsprechend wurden drei Lehrämter für allgemeinbildende Schulen sowie für Sonderschulen eingerichtet. (Lehramt Gymnasium: Univ. Jena, Grundschule: PH Erfurt – (Mühlhausen), Lehramt Sekundarschule: Jena und Erfurt). 1991 wurde ein »Th. Institut für Lehrerfortbildung, Lehrplanentw. und Medien« (ThILLM) eingerichtet.

Schr.: VBiG (25. 3. 1991), in: GVBl. Th. 1991, 5; Vorl. HSchG. (14. 5. 1991), in: GVBl. Th. 1991, 8; HSchG. (7. 7. 1992), in: GVBl. Th. 1992, 18; SchG. (6. 8. 1993) in: GVBl. Th. 1993, 21; Th.s Kultusministerium (Hg.), Die neuen Bildungswege in Th., 1991 (mit VBiG); Schulrecht, Ausgabe für Th., ergänzbare Sammlung für Schule und Schulverwaltung, hg. v. F. Hammerschmidt u. a.
Zschr.: Schulverwaltung Brandenburg, Mecklenburg-Vorpommern, Sachsen, Sachsen-Anhalt, Th. und Berlin, 1991 ff.
L.: G. Franz (Hg.), Thüringer Erzieher, 1966; W. Flitner, Wissenschaft und Schulwesen in Th. von 1550 bis 1933 und ders.: Thüringen als Bildungslandschaft, in: W. Flitner, Ges. Schr. Bd. 5, 1985; G. Schuchardt, Bildungspolitik in Th. Neubeginn oder vertane Chance?, 1992; Ch. Führ, Zum Bildungswesen in den fünf neuen Ländern der BRD, 1992; R. Martini, Zum Bildungsrecht in den ostdeutschen Bundesländern. Gesetze, Rechtsverordnungen, Verwaltungsvorschriften, 1992; K. Klemm u. a., Bildungsplanung in den neuen Bundesländern, 1992; J. John (Hg.), Kleinstaaten und Kultur in Th. vom 16. bis 20. Jh., 1993; S. Anders, Die Schulgesetzgebung der neuen Bundesländer, 1995; H. Weishaupt u. P. Zedler (Hg.), Umbruch und Kontinuität, 1995; M. Plath u. H. Weishaupt, Die Regelschule in Th., in: Die dt. Schule, 86 (1995) 3; R. Bolz u. U. Seidelmann, Bildung in Th., in: J. Petersen u. G.-B. Reinert (Hg.), Bildung in Dtl., Bd. 1, 1996.

**Tolstoj,** Leo Nikolajewitsch, * 9. 9. 1828 Jasnaja Poljana † 20. 11. 1910 Astapovo; russ. Schriftsteller und relig. Ethiker. Neben den volksbildnerischen Intentionen seiner schriftstellerischen Tätigkeit unternahm T. eigene Versuche »freier Bildung«. Seine Schule in Jasnaja Poljana realisierte konsequent eine an → Rousseau orientierte → Päd. vom Kinde aus.

Päd. Werke: Päd. Schr. 2 Bde. hg. v. R. Löwenfeld, 1911; Ausgew. päd. Schr. hg. v. Th. Rutt, 1960; Die Schule von Jasnaja Poljana, 1976; Über Volksbildung, hg. v. U. Klemm, 1985; Päd. Schriften, hg. v. P. H. Doerr, 2. durchges. Neuausg. 1994.
L.: S. Hessen, Leo T. als Pädagoge, in: Die Erziehung, 4 (1929); W. Kienitz, Leo T. als Pädagoge, 1959; L. Froese, Ideengeschichtl. Triebkräfte der russ. und sowjet. Päd. ²1963; A. Köpcke-Duttler, Weltelend, 1982; U. Klemm, Die libertäre Reformpäd. T.s und ihre Rezeption in der dt. Päd., 1984; ders., Anarchist. Päd., 1984; P. Citati, L. T. eine Biogr., 1988; E. Wittig u. U. Klemm (Hg.), Studien zur Päd. T.s, 1988; P. Ernst, Ehrfurcht vor dem Leben, 1991; C. Pilz-Commenda, Die Päd. L. N. T.s Versuch einer systemat. Analyse, (Dipl.arbeit Wien) 1993; O. Anweiler, Ursprung und Verlauf der Reformpäd. in Osteuropa, in: Die Reformpäd. auf den Kontinenten, hg. v. H. Röhrs, 1994; P. Citati, L. T., 1994.

**Tradition** (lat.: Weitergabe) bezeichnet im weiteren Sinne als Grundphänomen menschl. Daseins das Gesamt von Überlieferungszusammenhängen, die u. a. als → Erfahrung, Lebensform, Sitte, Brauchtum, Glaubenssatz, Rechtsform, Handlungsregel, Kunstwerk, Wissenschaft durch Erziehung an die nachfolgende Generation weitergegeben werden und so eine den einzelnen überdauernde Ordnung stiften. Die T. entlastet den einzelnen durch Sprache u. Institutionen vom Zwang zu ständig neuen (eigenen) Entscheidungen (→ Gehlen). T. wird zum päd. Problem, wenn bisher anerkannte → Erziehungsziele und Bildungsinhalte fragwürdig werden; so stehen seit der → Aufklärung T. und Erziehung in einem krit. Verhältnis. → Schleiermacher sieht in der Polarität von Erhaltung und Veränderung der Gesellschaft die Möglichkeit für die Jugend, im Ausgang von der T. Verbesserung für die Zukunft zu bewirken, ohne einer blinden T.sgläubigkeit zu verfallen. Die → geisteswiss. Päd. versucht mittels der → Hermeneutik (→ hermeneutisch-pragmatische Päd.) die Erziehungswirklichkeit und die in ihr verobjektivierten T.en zu deuten und für erzieherisches Handeln fruchtbar zu machen. Eine ideologiekritisch orientierte Päd. (→ Ideologie) »hinterfragt« die durch T. scheinbar legitimierte polit. relig., weltanschaul. Standortabhängigkeit päd. Denkens und setzt seinen Geltungsanspruch in Beziehung zu gesellschaftl. und polit. Herrschaftsstrukturen. → Emanzipation, → Kulturkritik.

L.: J. Pieper, Über den Begriff der T., 1958; W. Klafki, Erziehungswissenschaft als kritisch-konstruktive Theorie, Hermeneutik – Empirie – Ideologiekritik, in: Zschr. f. Päd. 17 (1971); Th. W. Adorno, Über T., in: Ges. Schriften, Bd. 10, 1, hg. v. R. Tiedemann, 1977; L. Wigger, T. als päd. Argument, in: Bildung und Erziehung 41 (1988); J. Twisselmann, Bildung und T., 1990; T.swandel und T.sverhalten, hg. von W. Haug, 1991; Kontinuität und T.sbrüche in der Päd., hg. von H. Kaufmann u. a., 1991.

**Trainingsgruppe** (T-group). Die T. hat sich in der Tradition der National Training Laboratories (NTL; 1946 von → Lewin gegründet) als Arbeitsform der Kleingruppe entwickelt, in der versucht wird, neben den inhaltl. thematischen Prozessen die psychische Dynamik der Teilnehmer in der Gruppensituation zu reflektieren sowie das Verständnis für interpersonale Vorgänge in den Gruppen zu verbessern und die Kompetenz des Umgangs mit solchen Situationen zu steigern. Seit Mitte der 50er J. differenziert sich die T.-Bewegung in drei Teiltraditionen: das Sensitivitätstraining, die Sonderform des berufsbezogenen Laboratoriums und die orthodoxen Ansätze der T. Nach 1964 haben sich daraus verschiedene selbständige Strömungen mit jew. spezifischen Akzenten innerhalb der Kleingruppenforschung weiterentwickelt, wie etwa die Encounterbewegung, die »selbstanalytischen Gruppen«, die Arbeitsform der Organisationslaboratorien und die »Instrumented T groups«.

L.: D. Sander, Psychodynamik in Kleingruppen, 1978 (m. Bibl.).

**Transaktionsanalyse** (TA) von Eric Berne ab 1954 in Kalifornien entwickelte, heute international verbreitete → Therapie. Auf der Grundlage einer eigenen Motivations- und Persönlichkeitstheorie werden Transaktionen (Stimulus-Response-Ketten in Interaktionen), Spiele (Transaktionsketten mit voraussagbarem Ende im persönl. Bereich), Skripte (Lebensleitlinien) und existentielle Positionen (Lebenseinstellungen) untersucht. In Struktur-, Regressions-, Transaktions- und Skriptanalysen werden pathologische Entwicklungen im Persönlichkeits- und interpersonalen Bereich rückgängig gemacht. TA wird hauptsächlich als → Gruppentherapie durchgeführt, findet aber auch vermehrt Anwendung in Ehe- und Familienberatung.

L.: E. Berne, Spiele der Erwachsenen, dt. 1967; ders., Was sagen Sie, nachdem Sie Guten Tag gesagt haben?, dt. 1975, TB 1987; T. A. Harris, Ich bin o. k., Du bist o. k., dt. 1975; F. Wandel, Erziehung im Unterricht, 1977; L. Schlegel, Die Transaktionale Analyse, 1979, ³1988; D. E. Babcock, T. D. Keepers, Miteinander wachsen, TA für Eltern und Erzieher, 1980; A. B. Harris, T. A. Harris, Einmal o. k., immer o. k., dt. 1985; J. Gündel, TA, 1990, ²1991; I. Stewart, J. Vann, Die TA, 1990; I. Stewart, TA in der Beratung, 1991; E. Berne, TA der Intuition (1977), dt. 1991; U. Hagehülsmann, TA – Wie geht denn das?, 1992; dies., Beratung u. TA – Wie geht denn das?, 1993; L. Schlegel, Handwörterbuch der TA, 1993.

**Transfer.** Von T. (Übertragung) spricht man, wenn früher Gelerntes weiteres Lernen erleichtert (positiver T.) oder erschwert (negativer T.). Positiver T. wird in der Regel umso größer, je ähnlicher die Lerninhalte sind. Man unterscheidet den T. von Elementen (z. B. beim seriellen Lernen), von Regeln (z. B. Übertragung des Lösungsprinzips von einer Aufgabe auf andere) und generelle T.effekte (z. B. Erhöhung der allg. Lernbereitschaft und

-fähigkeit). Die → kybernet. Päd. unterscheidet manifesten T. (der sich schon in erhöhten Vorkenntnissen zeigt) und latenten T. (der erst durch das raschere Anwachsen der Kompetenz erkennbar und meßbar wird). → formale Bildung.

**Transzendentalphilosophie, transzendentale Pädagogik.** In der → Scholastik werden jene Bestimmungen transzendental (t.) bzw. Transzendentalien genannt, die jedem Seiendem als Seiendem zukommen, bei → Thomas von Aquin *unum, verum, bonum, res, aliquid*. In der Transzendentalphilosophie (Tph.) → Kants ist »alle Erkenntnis t., die sich nicht sowohl mit Gegenständen, sondern mit unseren Begriffen a priori von Gegenständen überhaupt beschäftigt«. Entgegen der scholastischen Lehre wird hier die Frage nach den Bedingungen der Möglichkeit metaphys. Erkenntnisse im Subjekt gestellt, d. h. nach den subjektiven Bedingungen der durch die t.e Deduktion der Kategorien des reinen Verstandes gegebenen Möglichkeit apriorischer Erkenntnis; Kants Kritizismus richtet sich gegen die vermeintliche Erkenntnis in synthetischen Urteilen a priori über Gegenstände, die außerhalb der Bereiche von Erfahrungserkenntnis in Raum und Zeit liegen, d. h. gegen den Dogmatismus des naturalist. Empirismus und Skeptizismus. Päd. Relevanz gewinnt diese krit. Tph. im Bereich der reinen prakt. Vernunft; die Person unterstellt sich einer selbstgegebenen autonomen, aber zugleich allgemeinen Gesetzgebung, die für alle vernünftigen Wesen im »Reich der Zwecke« verbindlich ist; hier ist die → Person nicht nur Mittel, sondern zugleich Selbstzweck (kategor. Imperativ).

Die nachkantische Tph. im Dt. Idealismus (→ Fichte, → Schelling, → Hegel) ist u. a. der Versuch, die bei Kant gegebene Problematik der Differenz von theoret. und prakt. Vernunft, Anschauung und Denken, Bewußtsein und Ding an sich sowie von Subjekt und Objekt zu lösen und einen absoluten Geltungsgrund zu gewinnen. Absolutes Wissen ist nach der t.n Wende Kants nicht vom Objekt, sondern vom Subjekt und seiner Absolutsetzung her zu gewinnen, vom Absoluten der Subjektivität des Bewußtseins.

Nach der durch den → Neukantianismus vermittelten Rezeption t.en Denkens in der sog. → normativen Päd. sind heute u. a. vier Formen t.er Pädagogik zu unterscheiden. Für → Heitger liegt der logische Ort der Päd. als Wissenschaft im Bereich des Apriori, denn aus dem Sein kann kein Sollen als päd. Prinzip gewonnen werden; dieses ist in der reflexiven Urteilskraft des *educandus* im unendlichen Prozeß des Argumentierens, d. h. im Begründung liefernden → Dialog gegeben sowie in der krit. und nach der Bedingung der Möglichkeit fragenden Analyse der Wirklichkeit und des sich selbst rechtfertigenden Denkens. → Koch analysiert das Lernen im Ausgang von der klass. formalen und der t.en Logik Kants. Im Gegensatz zur psycholog. Lernforschung wird → Lernen als Zugang zu Erkenntnis und Wissen verstanden, auf seine t.en Voraussetzungen hin untersucht und zu → Bildung und der Logik des → Lehrens in Beziehung gesetzt. Im Rückgang auf das t.e Selbstbewußtsein und die Spontaneität des Denkens als Synthesis a priori wird die Bedingung der Möglichkeit aufgewiesen, daß das mit Denken verbundene und zu Erkenntnis führende Lernen und gewonnene Gelernte ein Teil unseres Selbst werden kann. → Schurr erarbeitet innerhalb einer Kritik der pädagogischen Vernunft eine t.e Theorie der Bildung mit ihren Teilen der t.en Ästhetik der Bildung und der t.en Deduktion der Bildungskategorien innerhalb der t.en Logik der Bildung im methodischen Ausgang von der t.n Dialektik in Fichtes ›Wissenschaftslehre‹. Ziel ist die Beantwortung der Frage nach den apriorischen Bedingungen von Bildung, den denknotwendigen Kategorien, sofern sie aus dem obersten Grundsatz des Wissens abzuleiten sind; zugleich wird dadurch die Kritik an empirischen Bildungsgehalten ermöglicht. W. → Fischer leistete in jüngster Zeit einen Beitrag zur skeptisch-päd. Grundlagenreflexion im Hinblick auf eine t.kritische → skeptische Päd. → Husserl.

L.: O. Willmann, Geschichte des Idealismus, Bd. 3, 1897, in: Sämtl. Werke, Bd. 10, hg. von H. Bitterlich-Willmann, 1979; N. Hartmann, Die Phil. des Dt. Idealismus, T. 1: 1923, T. 2: 1929, in einem Bd. ³1974; G. W. F. Hegel, Vorlesungen über die Geschichte der Phil. III, in: Sämtl. Werke, hg. von H. Glockner, Bd. 19, 1928, ⁴1965; L. Oeing-Hanhoff, Ens et unum convertuntur, 1953; W. Cramer, Vom t.en zum absoluten Idealismus, in: Kantstudien 52 (1960/1961); R. Lauth,

Zur Idee der Tph., 1965; ders. Von der Notwendigkeit einer t.en Begründung der Päd., in: Gestalt und Wirklichkeit (FS F. Weinhandel), 1967; M. Heitger (Hg.), Päd. Grundprobleme in t.kritischer Sicht, 1969; H. Holz, Einführung in die Tph., 1973, ³1991; R. Lassahn, Einführung in die Päd., 1974, ⁷1993 (Kap. III); K. Prange, Das Lernen der Phil. nach Kant und das Problem einer Phil. des Lernens, in: Akten des 4. Intern. Kant-Kongresses Teil. II, 1974; T.ph. Normenbegründungen, hg. v. W. Oelmüller, 1978; W. Fischer, T.kritische Päd., in: K. Schaller (Hg.), Erz. Wiss. der Gegenwart, 1979; R. Krawitz, Päd. der Handlungsorientierung, 1980; W. Fischer, Kant und die ›Kritikfähigkeit‹ als päd. Prinzip, in: ders. u. a. (Hg.), Die Angst des Lehrers vor der Erziehung, 1980; J. B. Lotz, Mensch-Sein-Mensch, 1982; W. Strauss, Allgem. Päd. als t.e Logik der Erz. Wiss., 1982; J. E. Pleines, Praxis und Vernunft, 1983; H. Schuffenhauer (Hg.), Päd. Gedankengut bei Kant, Fichte, Schelling, Hegel, Feuerbach, 1984; W. Kuhlmann, Reflexive Letztbegründung, 1985; J. Schurr, Möglichkeiten und Grenzen einer Transzendentalpäd., in: Vjschr. f. wiss. Päd. 64 (1988); J. Kopper, Das t.e Denken des Dt. Idealismus, 1989; R. Lauth, T.e Entwicklungslinien von Descartes zu Marx und Dostojewski, 1989; H. M. Baumgartner, Endliche Vernunft, 1992; T. Merz, Kritik der Bildung, 1996.

**Trapp,** Ernst Christian, * 8. 11. 1745 Friedrichsruhe (Holstein), † 18. 4. 1818 Wolfenbüttel; bedeutendster Theoretiker und Systematiker des → Philanthropismus; 1777 Mitarbeiter → Basedows am Dessauer Philanthropin, 1779(–83) übernahm T. die erste in Dtl. errichtete Professur für Päd. an der Univ. Halle; 1786(–90) Mitglied im Braunschweig. Schuldirektorium. In seinem »Versuch einer Päd.« (1780) legte T. den ersten Ansatz einer systematischen, empirisch orientierten Erziehungswiss. vor. Später war er erfolgreicher Jugendschriftsteller und Jugendbuchkritiker.

Schr.: Unterredungen mit der Jugend; Von der Beförderung der wirksamen Erkenntnis, 1778; Von der Notwendigkeit, Erziehen und Unterrichten als e. eigene Kunst zu studieren, 1779; Versuch e. Päd., 1780, Neuausg. v. U. Herrmann, 1977 (m. Bibl.); Tägliches Hdb. für die Jugend, 1784; Braunschweig. Journal, 1788–92; Vom Unterricht überhaupt, neu hg. v. K. Schaller, 1964.
L.: Th. Fritzsch, E. C. T., 1900, ²1913; F. Klein, Die Idee der Erziehung in der Päd. des Philanthropinismus m. bes. Berücksichtigung E. C. T.s, (Diss. Königsberg) 1925; J. Nabakowsky, Die Päd. an der Univ. Halle, 1930; M. Fuchs, Das Scheitern des Philanthropen E. C. T., 1985.

**Trivialschulen,** ursprünglich jene → Lateinschulen, in denen nur die ersten drei der → *artes liberales* gelehrt wurden (Grammatik, Rhetorik, Dialektik); später so viel wie niedere Schulen.

**Trivium** → artes liberales.

**Trotz** ist ein Verhalten, mit dem sich Kinder bzw. Jugendliche gegen sie einengende Zwänge wehren und ihre Selbständigkeit erproben und erkämpfen wollen. Für die erste T.-Phase (im 2. Lebensj.) sind heftige Äußerungen wie Schreien, Toben, Umsichschlagen, Trampeln typisch; in der zweiten T.-Phase zu Beginn der → Pubertät äußert sich eine oppositionelle Haltung. Hier ist der T. oft eine Art Selbstschutz des Heranwachsenden (empfindliches und noch labiles Selbstwertgefühl). → Erziehung sollte den T. nicht brechen, sondern durch verständnisvolles Eingehen auf die inneren Schwierigkeiten des → educandus diesem in der kritischen Phase seiner Selbstwerdung zu helfen suchen.

**Trotzendorf,** Valentin, * 14. 2. 1490 in Troitschendorf (Görlitz), † 26. 4. 1556 Liegnitz; studierte bei → Luther und → Melanchton; als Rektor verschiedener Schulen zählte T. zu den Schulreformern des 16. Jh. und versuchte in seiner Schulordnung von 1546 humanist. Gedankengut und christl. Erbe zu verbinden.

Schr.: Schulordnung zu Goldberg, in: R. Vorbaum, Evangel. Schulordnungen, Bd. 1, 1860.
L.: F. Hahn, Die evangel. Unterweisung in den Schulen des 16. Jh., 1957; A. Lubos, V. T., 1962.

**Tschechoslowakei.** Das Gebiet der ehem. T. (seit 1. 1. 1993: Tschechische Rep. u. Slowakische Rep.) umfaßte eine Region mit reicher Kulturtradition von europ. Bedeutung, z. B. Gründung der ersten Univ. Mitteleuropas 1348 in Prag; Verwirklichung einer allg. muttersprachl. Volksbildung durch die Hussitenbewegung in der 1. Hälfte des 15. Jh.; Blüte des Schulwesens im 16. und anfangs des 17. Jh., vor allem dank der demokrat. Bildungsformen in den Kirchengemeinden der Böhmischen Brüder, aus der auch der größte Pädagoge der tschech. Geschichte Jan Amos Komensky (→ Comenius) hervorgegangen ist. Das moderne Schulwesen beginnt in der 2. Hälfte des 18. Jh., als die T. (gegr. 1918) noch Teil der ehemaligen Österr.-Ungar.

Monarchie war. Diese Theresianische Schulreform wirkte im Bildungswesen bis 1948 nach. Die Ausrufung der sozialist. Republik (ČSSR) löste 1948 eine umfassende sozialist. Schulreform aus: Das gesamte Schulwesen wurde verstaatlicht, die Schulpflicht (erstmals 1774 eingeführt) wurde auf 9 J. (vorher 8 J.) verlängert, die Pflichtschule für alle Kinder im Alter von 6–15 J. vereinheitlicht und folgende Schularten der 3. Stufe geschaffen: 4j. allgemeinbildende Mittelschule mit humanist. und math.-naturwiss. Zweig, 2- oder 3j. Fachschulen, 4j. höhere Fachschulen und 3j. berufl. Schulen mit berufsbegleitendem Unterricht. Die Kindergärten wurden dem Schulsystem gesetzlich eingegliedert. Die Reformen von 1953 und 1959 verordneten den → politechn. Unterricht und führten zu einer stärkeren Annäherung an das Bildungssystem der UdSSR. Seit dem politischen Umbruch (1989) vollzieht sich im Bildungswesen der beiden neuen Republiken ein tiefgreifender ideeller und organisatorischer Wandel (Entstaatlichung und Entpolitisierung des Schulwesens; Demokratisierung, Pluralismus; Dezentralisierung und Bildungsverwaltung, Beschneidung der staatlichen Kompetenzen; Lehr- und Unterrichtsfreiheit der Lehrer und Hochschullehrer), und zwar im einzelnen: 1) Rücknahme der Reformen von 1976 (Vereinheitl. des Bildungssystems, Verlängerung der Mittelschulbildung auf 10 J.), Wiedereinführung der 9j. Grundschule als obligator. → Einheitsschule; 2) Neudefinition der einzelnen Schulstufen und -typen unter (vorl.) Beibehaltung der Gesamtstruktur: *Vorschule* (Kinderkrippen, Kindergärten (3.–6. J.), Ausbau des vorschul. Unterrichts (5.–6. J.); 9j. *Grundschule*; *Mittlere Berufsschule* bzw. *Fachmittelschule* (4j. berufl. Ausbildung; Fachabitur); *Gymnasium* (math., naturwiss., sprachl.; 4–8 J.; → Abitur); *Hochschule* (Univ.n, techn., landwirtsch. und wirtschaftl. Hochschulen, Kunstakademien); 3) »Entrümpelung« bzw. Neufassung der Curricula, der Lehrinhalte und -bücher; 4) Personelle Erneuerung, bes. im Bereich der Verwaltung; 5) Aufhebung der institutionellen Trennung von Forschung (Akad.n der Wiss.n) und Lehre (Univ.n und Hochschulen).

Die Ausbildung der Lehrer erfolgt an den Päd. Fakultäten der Univ.n (für die Grundschule), an den fachentsprechenden Fakultäten (für die allgemeinbild. Mittelschule) und an den Fachhochschulen (für die Fachmittelschule). Für die Erwachsenen- und Weiterbildung bestehen Mittelschulen für Werktätige sowie spezielle Klassen an den allgemeinbild. und Fachmittelschulen, wo (v. a. in Abend- und Schichtunterricht) die Hochschulreife nachgeholt werden kann. Die meisten Fakultäten der Hochschulen bieten die Möglichkeit eines Fern- oder externen Studiums. Die Zentren der päd. Forschung (Komensky-Institut der Tschech. Akad. der Wiss.n, Ressortforschungsinstitute der Ministerien in Prag und Pressburg) befinden sich in einem Stadium der Neuorganisation. 1991 wurde ein Inst. für Päd. und Psychol. Forschung an der Päd. Fakultät der Karls-Univ. Prag gegründet. Aufgrund der jew. Verwaltungsstruktur, den regionalen Besonderheiten (z. B. ethn. Minderheiten: 600 000 Ungarn in der Slowakei) und der voneinander unabhängigen Gestaltung der Bildungsreformen in beiden Staaten haben sich zwar keine Polarisierung der bildungspol. Ansichten, aber durchaus unterschiedl. akzentuierte Bildungssysteme herausgebildet.

L.: F. Singule, Das Schulwesen in der Tschechoslowak. Sozialist. Republik, 1967; R. Urban, Die Entwicklung des tschechoslowak. Schulwesens 1959–1970, 1972, H.-J. Karp u. R. Urban, Probleme des Bildungswesens in Polen und der T., 1976; B. v. Kopp, Hochschulen in der CSSR, 1982; The Development of the School System in the Czechoslovak Socialist Republic in the period 1984–86, Prag 1986; S. Baske u. a., Der Übergang von der marx.-leninist. zu einer freiheitl.-demokrat. Bildungspolitik in Polen, in der T. und in Ungarn, 1991; B. v. Kopp, The Eastern Revolution and Education in Czechoslovakia, in: Comp. Ed. Rev. 36 (1992) 1; W. Mitter u. a. (Hg.), Neuere Entwicklungstendenzen im Bildungswesen in Osteuropa, 1992; K. Rydl, Reformpäd. in der T., in: Schnee vom vergangenen Jh., hg. v. W. Böhm u. a., 1993; ders., Historische und aktuelle Probleme und Tendenzen der tschechischen Pädagogik im europäischen Kontext, in: Reformpädagogik und pädagogische Reformen in Mittel- und Osteuropa, 1995; H. Eberhardt, B. Schor, Pädagogik in der Slowakischen Republik, in: Schulverwaltung. Ausgabe Bayern, 17 (1994) 6.

**Tübinger Beschlüsse**, 1951 von Vertretern der höheren Schulen und Hochschulen verabschiedet. Die T. B. sollten der Gefahr wehren, daß das gymnasiale Lernen in der Fülle des Stoffs ersticke. Empfohlen wurde eine Beschränkung der Unterrichtsgegenstände auf das Wesentliche und Exemplarische, die Einschränkung der Prüfungsfächer beim → Abitur, die Betonung von Verständnis gegenüber bloßer Gedächtnisleistung sowie die Verbesserung von Unterrichtsgestaltung und → Lehrerbildung. Die T. B. wurden in der → Saarbrücker Rahmenvereinbarung realisiert.

**Türkei.** Während des Osmanischen Reiches und der Seldschukenperiode bestand das Bildungswesen aus ›Mekteps‹, in denen Schreiben, Lesen und Rechnen unterrichtet wurde, → Koranschulen und → Medressen, die relig. Erziehung vermittelten und wiss. und medizinische Fächer lehrten. Unter dem Einfluß westl. (bes. franz.) Bildungsideen wurde zu Beginn des 19. Jh. die Errichtung eines staatl. Erziehungssystems begonnen und 1857 ein Erziehungsministerium geschaffen. Fortan bestand ein Dualismus von kirchl. und weltl. Bildungsanstalten. Mit Gründung der Republik (1923) wurde der Einfluß der Koranschulen zurückgedrängt, das gesamte Bildungswesen vereinheitlicht, verstaatlicht und dem Erziehungsministerium unterstellt (Gesetze von 1924 und 1926). Von bes. Bedeutung war die Einführung der lat. Schrift (seit 1928) anstelle der arabischen. Gleichzeitig wurde eine große Alphabetisierungskampagne gestartet.

Die Grundstruktur des heutigen Bildungswesens wurde durch Verfassung und Erziehungsgesetze (1924/26) festgelegt.

Im gegenwärtigen Schulwesen folgen auf die bisher erst gering ausgebaute, freiwillige Vorschulerziehung in Kindergärten (4–5j.) und Vorklassen (5–6j.) die 5j. obligator. Grundschulen (6–11j.; 1978 erstmals 100% Einschulungsquote), die 3j. Mittelschulen (12–14j.) und die 3j. allgemein-, berufsbild. und techn. Gymnasien. Die Mittelschulen sind zwar obligator., es fehlen jedoch Schulen, Lehrer, Bücher und Lehrmittel (bes. im Osten des Landes: Analphabeten z. T. 70%; drop-outs im Primarbereich 50%). Sonderschulen für behinderte Kinder befinden sich im Aufbau. Für Armenier, Griechen und Juden gibt es staatl. Minderheitenschulen mit Unterricht in der Sprache der Minderheit. Seit 1977 besteht neben dem klass. Schulmodell eine besondere Art von Mittelschulen und Gymnasien (sog. »Anatolische Gymnasien«, hf. Privatschulen), in denen ein Teil der Fächer in einer Fremdsprache (Engl., Dt., Franz.) unterrichtet werden.

Der Hochschulbereich umfaßt Univ.n, Akademien für Kunst und Musik, Architektur, Wirtschaft, Handel und Ingenieurwesen, für Sport und Sozialdienste sowie Institute als Hochschuleinrichtungen (z. B. Islam-Institut) und Fach- und Berufshochschulen. Im Hochschulgesetz von 1981 wurden die bisher selbständigen Universitäten, Akademien und Hochschulen vereinheitlicht und hierarch. gegliedert.

Die Lehrerausbildung besteht auf allen Stufen aus einem allgemeinbildenden und speziellen Fächerstudium sowie Päd. Sie erfolgt für Grundschullehrer an den Lehrerbildungsanstalten in zwei Jahren, für Mittelschullehrer an den Universitäten oder Lehrerakad. in vier Jahren, für Gymnasiallehrer an den Universitäten in vier Jahren und für berufsbildende Schulen an den Höheren Techn. Lehrer(innen)bildungsanstalten in vier Jahren. Die außerschul. Berufsausbildung fand bisher ausschließl. traditionell in den Betrieben statt. Das heutige Berufsbildungswesen beruht auf dem Berufsbildungsgesetz vom Juli 1986, dem das dt. → duale System als Vorbild diente.

Da sich bei der Republiksgründung der Bildungsstand der erwachsenen Bevölkerung auf einem sehr niedrigen Niveau befand, ist die Erwachsenenbildung nach wie vor von großer Bedeutung. Neben den Tages- und Abendschulen für Weiterbildung werden allgemein- und berufsbildende Kurse in sog. Volksbildungsstätten, Volkslesestuben, Volkshäusern bzw. Erwachsenenbildungszentren angeboten. Bis 1995 konnte die Analphabetenrate im Landesdurchschnitt auf 17,7% gesenkt werden. Seit 1982 besteht die Möglichkeit, eine versäumte Grundschulausbildung nachzuholen.

L.: Turkish National Education System, hg. v. Erziehungsministerium, Ankara 1977; Educational Activities in Turkey, hg. v. Erziehungsministerium, Ankara, 1977; Das türk.-nat. Bildungswesen, hg. v. Erziehungsminist., Ankara 1985; Y. Aktas: Das Bildungswesen in der T., 1985; T., hg. v. K.-D. Grothusen, S. 528–566, 1985; U. Lauterbach, Berufl. Bildung des Auslands: T., 1986; S. Gögercin, Die türk. Päd. im 20. Jh., 1987; B. Fischer-Brühl, Im Geiste Atatürks? Erz., Bild. u.

Jugend in der T., 1987; Reviews of national policies for education. Turkey, (OECD) 1989; C. Kurt, Die Türkei auf dem Weg in die Moderne, 1989; J. Niermann, Methoden des Lehrens und Lernens in t. Schulen, 1990; P. Ügeöz, Erziehung im Aufbruch, 1992; U. Boos-Nünning, T., in: Bildungssysteme in Europa, hg. v. O., Anweiler u. a., 1996; P. Ügeöz, Globalisierung, Deregulierung, Privatisierung, Krisenszenarien und ihre Folgen für das Bildungswesen im Ländervergleich T. und Deutschland, in: ZEP: Zeitschrift für internationale Bildungsforschung und Entwicklungspädagogik, 21 (1998) 4.

**Tunesien** → Arabische Staaten.

**Turnen.** Der Begriff T. wurde von → Jahn eingeführt und bezog sich zunächst vor allem auf Geräte (Barren, Reck, Ringe, Schwebebalken, Rhönrad, Stufenbarren, Pferd u. ä.), wurde in der Folgezeit aber auch auf Leichtathletik ausgedehnt. T. wird z. T. noch immer als Name für den schulischen → Sport bzw. Sportunterricht verwendet. Der Pflege des Turnens dienen auch die Turnvereine, die im Dt. Turnerbund zusammengeschlossen sind.
→ Sport, Schulsport, Sportunterricht.

**Tutor** (lat.: Beschützer), in England Hauslehrer und Studienleiter in einem → *College*, in Dtl. meist Student höherer Semester, der jüngere Studenten (bes. Studienanfänger) in kleineren Gruppen berät und unterrichtet. Im Zuge der → Hochschulreform gewinnen Tutorien zunehmend an Bedeutung.
L.: Hdb. Hochschullehre, 1996 ff.

**Typische,** das; eines Gegenstandes bezeichnet sowohl seine spezifische Eigenart, die ihn von anderen abgrenzt, wie das, was ihn mit seiner Gattung verbindet, ihn also zum Repräsentanten einer Klasse von Gegenständen macht. Das T. hat in didaktischer Hinsicht Ähnlichkeit mit dem → Elementaren, → Fundamentalen und → Exemplarischen und ist für die Auswahl des Unterrichtsinhalts von großer Bedeutung.

# U

**UdSSR** → Rußland.

**Übung,** gehört als notwendiger Schritt zu allem → Lernen. Damit Lösungswege, Beweisverfahren, Verhaltensweisen, Techniken, Wissensbestände, → Fähigkeiten und → Fertigkeiten zum festen Besitz werden, müssen sie nicht nur gekannt, sondern auch geübt werden. Der Erfolg des Übens hängt von der Art der Ü. ab (z. B. führen Pauken und Drillen leicht zur Sinnentleerung des Stoffes und zu Ablehnung und Überdruß beim Lernenden); eine natürliche Form der Ü. ist das kindl. Spiel; Ü. in sinnvollen Zusammenhängen ist erfolgreicher als das Üben von zerstückeltem Wissen; häufiger Wechsel der Ü.s-form steigert die Ü.s-bereitschaft; kurze, über einen längeren Zeitraum verteilte Wiederholungen sind einem langen, gehäuften Üben überlegen.
L.: K. Odenbach, Die Ü. im Unterricht, 1963, ⁴1967; K. Foppa, Lernen, Gedächtnis, Verhalten, 1965; O. F. Bollnow, Vom Geist des Übens, 1978; M. Bönsch, Üben und Wiederholen im Unterricht, 1988.

**Ulich,** Robert, * 21. 4. 1890 Riedermühl (Bayer. Wald), † 17. 6. 1977 Stuttgart, 1923–33 Hochschulreferent im sächs. Unterrichtsministerium, 1928–33 Honorarprof. für Philosophie PH Dresden, 1934 Lektor, 1937–60 Prof. für Geschichte und Philosophie der Erziehung an Harvard. U. vertrat innerhalb der nordamerikan. Päd. gegenüber dem vorherrschenden Pragmatismus und Behaviorismus eine idealist. Auffassung. Bedeutende Arbeiten zur Geschichte der Päd. und zur → Vergleichenden Erziehungswiss.
Schr.: Fundamentals of Democratic Education, New York 1940; History of Educational Thought, New York 1945, Neuausg. 1968; Three thousand years of educational wisdom. Cambridge (Mass.), 1947, ²1954; The Human Carrier, New York 1955; dt. Weg und Weisung, 1958; Philosophy of Education, New York 1961; Education of Nations, Cambridge (Mass.) 1961, ²1967.
L.: D. Barker, Glaube und Erfahrung. Das päd. Denken von R. U., 2000.

**Umschulung, berufliche,** auch berufl. Neuorientierung, bezeichnet »den meist durch tiefgreifende Strukturwandlungen veranlaßten Wechsel des Berufsfeldes, der zu einem neuen Berufsinhalt führt« (Bildungsrat 1970). Die U. knüpft in der Regel an die berufl. Erstausbildung an (kann diese jedoch, etwa bei Hilfsarbeitern oder Angelernten, auch nachholen), sie soll zur berufl. Mobilität beitragen und drohende Arbeitslosigkeit verhindern. Langfristig wirksame U.smaßnahmen setzen eine systematische Erforschung der künftigen Qualifikationsanforderungen und Arbeitsmarktentwicklungen voraus. Träger von U.smaßnahmen sind Betriebe und berufl. Schulen sowie Industrie-, Handwerks- und Handelskammern, Gewerkschaften und Sozialhilfeträger. Die Förderung der U. (Unterhaltsgeld, Lehrgangsgebühren, Lernmittel u. a. finanzielle Hilfen) durch die Bundesanstalt für Arbeit erfolgt nach dem Arbeitsförderungsgesetz von 1969. → Berufsbildungsgesetz.

L.: M. Baethge u. a., Analyse des Problems gegenseit. U.spraxis, 1971; G. A. Ullrich, Die berufl. U. im gewerbl.-techn. Bereich, 1971; Soziolog. Forschungsinst. Göttingen, Probleme der U. von Arbeitskräften in Wirtschaftszweigen und Regionen mit bes. Strukturproblemen, 3 Bde., 1974; Informationen der Bundesanstalt für Arbeit, Nürnberg, (ersch. unregelmäßig); N. Meyer, F. Derriks, C. Handel u. a., Berufl. Fortbildung und U., 1985; Bundesanstalt für Arbeit, Berufliche Weiterbildung, 1996.

**Umwelt.** In der Biologie hat sich als eigene Disziplin die Ökologie herausgebildet, die die Beziehungen zw. Individuen, Gruppen oder Populationen eines bestimmten Lebensraumes und den gegebenen Lebensbedingungen erforscht. R. G. Barker übertrug, von der Strukturähnlichkeit zw. → Verhalten und → Milieu ausgehend, die ökolog. Sichtweise auch auf psycholog. Zusammenhänge des sozialen Lebens.

Für die pädagog. Betrachtung ist die vorgeburtliche U. zwar nicht unerheblich; trotzdem meint U. hier mehr die von intentionalen und funktionalen Erziehungseinwirkungen durchdrungene Gesamtheit der auf ein Kind bzw. einen Schüler einwirkenden Reize. Diese engere Fassung läßt ethologische Beobachtungen nicht schlankweg auf menschl. Situationen übertragen, so wenig ihre Relevanz zu bestreiten ist (J. v. Uexküll; K. Lorenz). Die der Reizwelt korrelierende Merkwelt des Menschen ist nicht so stringent mit der Wirkwelt gekoppelt, wie dies im Tierreich durch die Instinktgebundenheit der Fall ist. A. → Gehlen hat den Nachweis geführt, daß die spezifische Leistung der menschl. Persönlichkeit darin besteht, bloße U.n zu je eigenen Welten zu gestalten. Die Wechselwirkung zw. U.situation und persönlichem Wachstum ist die päd. anthropolog. Grundbedingung des Bildungsprozesses. Mit dieser Feststellung ist die frühere Kontrastierung von erbmäßiger Determiniertheit und → Bildsamkeit relativiert. ›Umwelt‹ kann als schlummernde Potenz angelegte Verhaltensweisen, Einstellungen und Eigenschaften ausklinken oder unterdrücken. Die Wirkung der U. variiert im Reifeprozeß: Phasen stärkerer Einflußnahme wechseln mit weniger wirksamen. ›Umwelt‹ hat ein vom Physischen bis ins Geistige reichendes Spektrum.

Das Verhältnis Erbe/U. unterliegt genetischbiographischem Wandel. Das multifaktorielle Wirkungssyndrom erlaubt keine isolierende U.-Analyse, sondern verlangt die gleichzeitige Berücksichtigung von Erbe, Umwelt, Korrelation von Erbe und U. sowie personaler Selbststeuerung. Die Bedeutung der U. ist in der Geschichte der Päd. früh erkannt und unterschiedl. interpretiert worden. Entweder wurde sie als Dominante und der Zögling als Variable betrachtet, oder sie wurde – umgekehrt – entsprechend dem Entwicklungsgang des Individuums gestaltet (vgl. → Rousseau, → Montessori). In der → Heimerziehung spielt die Bereitstellung einer erziehlichen Atmosphäre eine entscheidende Rolle. Die → Waldorf-Päd. widmet der U.gestaltung bis hin zur Farbgebung der Klassenräume Beachtung. Im → Schulleben insgesamt werden Fest und Feiern sowie gemeinsames Reisen als erziehlich günstige U.einflüsse zunehmend berücksichtigt.

L.: J. v. Uexküll, U. und Innenwelt der Tiere, 1913, u. ö.; G. Flores d'Arcais, L'ambiente, Brescia 1962; G. M. Teutsch, Soziologie der päd. U., 1965; J. v. Uexküll, G. Kriszat, Streifzüge durch die U.n von Tieren und Menschen, 1956; K. Lorenz, Über tierisches und menschl. Verhalten, 2 Bde., 1965; R. G. Barker, Ecological psychology, Palo Alto, 1968; A. Gehlen, Der Mensch, 1940, u. ö.; G. Altner, Die große Kollision. Mensch und Natur, 1987; P. Borkenau, Anlage und U., 1992.

**Umwelterziehung** bezeichnet das erzieherische und unterrichtliche Bemühen, Problembewußtsein hinsichtlich der ökologischen Krise zu schaffen und die Handlungsbereitschaft des einzelnen und von Gruppen zum Schutz und zur Erhaltung von Natur und Umwelt zu wecken. Das fächerübergreifende Unterrichtsprinzip U. soll vor allem ökologische Zusammenhänge besser verstehen lehren (→ ökologisches Lernen). Methodisch wird ein problem-, situations- und handlungsorientiertes Lernen gefordert. Letztlich zielt U. auf eine Einstellungsänderung des Menschen gegenüber der Natur. 1977 wies eine Empfehlung der UNESCO-Weltkonferenz der Schule die zentrale Stelle bei der U. zu; 1980 hat die → KMK mit ihrem Beschluß zu »Umwelt und Unterricht« U. als Unterrichtsprinzip für alle Schulfächer anerkannt. Kritisch wird gegen die U. eingewandt, sie könne u. U. zum Instrument einer noch perfekteren Naturbeherrschung werden. → Ökopädagogik.

L.: K. W. Botkin u. a., Das menschliche Dilemma, 1979; D. Bolscho u. a., U., 1980; G. Eulefeld u. a., Ökologie und U., 1981; G. Michelsen u. a., Fischer Öko-Almanach, 1984; K. Klemm, H. G. Rolff, K. J. Tillmann, Bildung für das Jahr 2000, 1985, ²1986; G. Hellberg-Rode (Hg.), U., 1991; G. Mertens, U., 1992; D. Bolscho, H. Seybold (Hg.), U., 1993; H. Bölts, U., 1995; C. Berchtold, M. Stauffer, Schule und U., 1997; D. Bolscho, G. Michelsen, U. unter globalen Perspektiven, 1997.

**Unbewußtes** → Psychoanalyse.

**UNESCO** (*United Nations Educational, Scientific and Cultural Organization*), 1945 zur Förderung internationaler Zusammenarbeit der 186 (Stand 1999) Mitgliedstaaten in Erziehung, Wiss. und Kultur geschaffen, befaßte sie sich in den 60er und 70er J.n vor allem mit Problemen der weniger entwickelten Länder (z. B. Alphabetisierung). Mehrere Institute ergänzen die Arbeit der U., z. B. das 1925 gegr., 1969 inkorporierte International Bureau of Education (Genf) und das U.-Inst. für Päd. in Hamburg (gegr. 1951).

L.: L. Reuter, Die Organisation der Vereinten Nationen für Erziehung, Wissenschaft und Kultur, 1989; S. K. Miry, Bildungsassistenz der UNESCO in den Ländern der Dritten Welt, 1992; G. Unkelbach-Romussi, Bibliographie der Veröffentlichungen 1983–1992, 1992; Klaus Hüfner (Hg.), UNESCO-Handbuch, 1996.

**Ungarn.** Vor 1948 bestand im überwiegend kirchl. Schulwesen eine scharfe Trennung zw. ländl. und städt. Grundausbildung. Das Volksschulwesen war völlig unzureichend ausgebaut, dagegen waren mittleres und höheres Bildungssystem gut entwickelt.
1868 wurde die 6j. allg. Schulpflicht eingeführt und dem Staat und den Gemeinden das Recht erteilt, Volksschulen zu errichten. Der größte Teil der Arbeiter- und Bauernkinder – bes. auf dem Lande – absolvierte jedoch nur 2 bis 4 Klassen (große Zahlen von → Analphabeten).
Im Sekundarbereich wurden 1883 Realschulen (1938 in das Gymnasium eingegliedert) und Gymnasien geschaffen, 1924 Realschulen neuen Typs und Bürgerschulen.
Nach 1945 wurde die 6j. Volksschule durch eine 8j. allg. Grundschule abgelöst und das 8j. Gymnasium auf 4 J. reduziert. 1948 wurden alle Schulen verstaatlicht. Die Kinder der nichtungarischen Nationalitäten erhielten das Recht auf Unterricht in der Muttersprache. In den staatl. Schulen war Religionsunterricht fakultativ möglich.
Das Schulgesetz von 1961 erweiterte die Schulpflicht von 8 auf 10 J. (6.–16. Lj.) und führte den → polytechnischen Unterricht an allen Lehranstalten ein (5 Tage pro Woche theoret. und 1 Tag prakt. Unterricht).
Im Schulj. 1978/79 wurde mit der Einführung neuer → Curricula für den Primar- und Sekundarbereich I (1. bis 8. Schulj.) begonnen. Gleichzeitig wurde eine strukturelle und curriculare Reform des Sekundarbereichs II in Richtung auf mehr Orientierung und → Differenzierung eingeleitet.
Das gegenwärtige Bildungssystem U.s befindet sich in einem tiefgreifenden Wandel. Eingeleitet wurde dieser Prozeß bereits durch ein Bildungsgesetz im Jahre 1985 (Liberalisierung der Curricula, Dezentralisierung der Bildungsverwaltung). Erst durch die Umgestaltung des Gesellschaftssystems zu einem demokrat. Rechtsstaat (seit Okt. 1989) wurde jedoch die Voraussetzung für eine grundlegende Neuorientierung im Bildungsbereich geschaffen. Das neue Bildungsgesetz (1993, zuletzt geändert 1996) sieht vor: 1) Vorläufige Beibehaltung der Organisationsstruktur des Bildungswesens: Vorschuleinrichtungen bis 6 J., Grundschulen bis 14 J., anschl. Fach- oder

Berufsschule (3j.), bzw. Fachmittelschule (4j., → Fachhochschulreife) oder Gymnasium (4j., 6j. oder 8j., → Abitur). Der Hochschulbereich umfaßt Univ.n (4–6j.), Fachhochschulen (4j.), Technika (3j.), Lehrerbildungsanstalten und Kindergärtnerinnenfachschulen (3j.). Für die Ausbildung in Sport, bildender Kunst und Musik bestehen Institutionen mit Hochschulrang; 2) → Autonomie der Schulen und Hochschulen: Abschaffung des staatl. Schulmonopols; Befreiung von pol. und wirtschaftl. Vorgaben; ökonom. Selbstverw.; Unterrichts- und Lehrfreiheit. Langfristig ist die organisatorische und inhaltliche Reform der Einrichtungen der Primar- und Sekundarstufe sowie die Ausdehnung der Schulpflicht auf 16 Jahre (10j. Grundschulbildung) geplant. Das höchste Organ der wiss. Forschung ist die Ungar. Akademie der Wiss.n (1949 nach sowjet.Vorbild reorganisiert, 1990 reformiert).

L.: V. von Zsolnay. Das Schulwesen in der Ungar. Volksrepublik, 1968; A. Herman, Early child care in Hungary, 1972; L. Hegedues, Hochschulen in U., 1981; Das ungar. Bildungswesen 1950–1980. Budapest 1983; E. Szechy, Das u. Bildungswesen am Scheideweg, in: Vergl. Päd. 26 (1990) 2; S. Baske (u. a.), Der Übergang von der marxist.-leninist. zu einer freiheitl.-demokr. Bildungspolitik in Polen, in der Tschechoslowakei und in U., 1991; W. Mitter u. a. (Hg.), Neuere Entwicklungstendenzen im Bildungswesen in Osteuropa, 1992; O. Anweiler (Hg.), Systemwandel im Bildungs- und Erziehungswesen in Mittel- und Osteuropa, 1992; F. Nikolaus, Das u. Bildungswesen im hist. u. soziokulturellen Kontext (Phil. Diss. Augsb.) 1993; M. Krueger-Potratz, Erziehungswissenschaft und Bildungsreformen im größeren Europa, in: Zschr. f. Päd. 1994, 32. Beih.; E. Kelemen, Hungarian history of education literature, in: Paedagogica historica, 30 (1994); M. Gutsche, Das u. Bildungswesen im Umbruch, 1996.

**Ungeschehenmachen,** meist zwanghaft rituelles Verhalten, durch welches eine Person versucht, den Schaden einer früheren Handlung auszulöschen. Häufig ist die Schuld nur eingebildet, weil fälschlicherweise angenommen wird, der Schaden sei durch tabuisierte Wünsche verursacht worden. Diese Vorstellung entspricht der magischen Denkweise kleiner Kinder und rituellen Kunsthandlungen einfacher Volksstämme. → Abwehrmechanismen, → Psychoanalyse.

**UNICEF** *United Nations Children's Fund,* 1946 als *United Nations International Children's Emergency Fund* gegründet, um die Lage der in Kriegsgebieten lebenden Kinder zu verbessern; später wurde die Arbeit auf die Kinder in aller Welt (bes. in weniger entwickelten Ländern und in Notstandsgebieten) ausgedehnt. 1996 wurde das Mandat des Kinderhilfswerks der Vereinten Nationen erneuert und seine Aufgabe dahingehend definiert, die Rechte des Kindes auf Leben, besonderen Schutz und Entwicklung als unaufhebbare ethische Prinzipien weltweit zu wahren und durchzusetzen. Über seine Arbeit und die Lage der Kinder in der Welt berichtet der jährlich erscheinende UNICEF-Report (zu beziehen über http://www.unesco.org).

L.: M. Black, Children first: The Story of UNICEF, Oxford 1996.

**Universität** (von lat. *universitas litterarum*: die Gesamtheit und Einheit des Wissens; ursprüngl. aber *universitas magistrorum et scolarium,* die Vereinigung von Lehrenden und Lernenden in Orientierung am mitterlaterl. Zunftwesen). Die europ. U. entstand im Mittelalter aus drei Anstößen heraus: der Wiederentdeckung des röm.-justinian. Rechts im Zuge der aufblühenden Wirtschafts- und Handelsbeziehungen (u. a. in Bologna [1219], Padua [1222], Pavia [1361]), der Begegnung mit der Mathematik und Heilkunde der Araber in den Kreuzzügen und dem auf den Gesetzen der Logik aufgebauten Lehrgebäude der → Scholastik (Philosophie und Theologie). Die in vier Fakultäten (Theol., Jura, Medizin, »Artistenfakultät« mit den → artes liberales) gegliederten, durch Gründungsakte von Kirche (Papst) und weltl. Gewalt (Kaiser) geschaffenen und mit Privilegien (Korporative Verfassung, eigene Gerichtsbarkeit, Steuerfreiheit, Recht zur Verleihung → akadem. Grade) ausgestatteten U.n breiteten sich über ganz Europa aus: Paris (1150), Oxford (1163), Salamanca (1222), Cambridge (1229), Toulouse (1229), Rom (1244), Prag (1348), Wien (1365), Heidelberg (1386), Köln (1388). Im Absolutismus fielen die U.n in die Abhängigkeit der Landesherren, die sie zu einer Art höherer Berufsschule (für Beamte, Staatsdiener und öffentl. Ämter) herabdrückten. Dem trat die (philos.) Neubegründung der U. zu Beginn des 19. Jh. (Gründung der U. Berlin 1810) entgegen. Geprägt vom Bildungsverständnis → Humboldts beruhte die Idee dieser neuhumanist. U. (→ Humanismus) auf den Prinzipien: Einheit von Lehre und Forschung, das Verständnis der Wiss. als Prozeß, die Gleichrangigkeit von Lehrenden und Lernenden, die Freiheit der U. vom Staat (Selbstkorrektur der Wiss. und Selbstrekrutierung der Wissenschaftler), die Einheit der Wiss.n in der (idealistischen) Philosophie. Nach 1960 geriet die U. unter dem Druck enorm steigender Studentenzahlen (sog. Massen-U.), unter immer stärkere staatl. Reglementierung (Studienreform) und in das Spannungsfeld gesellschaftl.-polit. Erwartungen. Die Probleme der U. heute kulminieren in der Antithese: Ort der Pflege (Forschung) und Lehre von Wissenschaft(en) vs. Stätte der berufsbezogenen Ausbildung. Das → Hochschulrahmengesetz verwendet den Begriff U. nicht mehr und kennt nur noch verschiedene Arten von → Hochschulen. Heute ist eine Rückbesinnung auf den eigentlichen Bildungsauftrag der U. von Bedeutung im Gegensatz zur einseitigen Verzweckung für die gesellschaftl. Interessen an reiner Ausbildung. Die Neubestimmung muß im Hinblick auf die Aufgabe und Bedeutung der U. im neuen Europa erfolgen. → Europ. Gemeinschaft; → Hochschulreform.

L.: H. Denifle, Die Entstehung der U.n im Mittelalter bis 1400, 1885, Nachdr. 1956; G. Kaufmann, Gesch. der dt. U.n, 1896; Nachdr. 1958; F. Paulsen, Die dt. U.n und das U.sstudium, 1902, Nachdr. 1966; E. Anrich (Hg.), Die Idee der dt. U., 1959; K. Jaspers, Die Idee der U., 1961; H. Schelsky, Einsamkeit und Freiheit, 1963; J. Habermas, Protestbewegung und Hochschulreform, 1969; H. W. Prahl, Sozialgesch. des Hochschulwesens, 1978; H. Peisert, G. Framheim, Das Hochschulsystem in der BRD, 1979; Th. Nipperdey (Hg.), Hochschule zw. Politik und Wahrheit, 1981; G. Turner, U.n in der Konkurrenz, 1984; T. Ellwein, Die dt. U. vom Mittelalter bis zur Gegenwart, 1985; A. Bloom, L'ame désarmée, Paris 1987; M. Henry, La barbarie, Paris 1987; H. Röhrs (Hg.), Tradition und Reform der U. unter internat. Aspekt, 1987; W. Böhm, M. Lindauer (Hg.), Nicht Vielwissen sättigt die Seele, 1988; M. Eigen u. a., Die Idee der U., 1988; R. A. Müller, Geschichte der U., 1990 (Lit.); J. Wyatt, Commitment to higher education, Ballmoor 1990; Th. Ellwein, Die dt. U., 1991; G. Goldschmidt, Die gesell. Herausforderung der U., 1991; W. Haubold (Hg.), Zur Idee und zum Bildungsauftrag der U., 1991; University and society, ed. M. A. Trow et al., London 1991; Prospects, quarterly review of education, vol. XXI, No 2, 1991; Die Zukunft der U. im geeinten Dtl., hg. vom Präsidium des Dt. Hochschulverbandes, 1992; N. Luhmann, U. als Milieu, 1992; H. Müller-Solger u. a., Bildung und Europa, 1993 (Kap. B); J. Wilhelmi, Krisenherd Hochschule, 1993; J. Mittelstrass, Die unzeitgemäße U., 1994; W. Böhm, Die aufgegebene Tradition, in: Perspektiven der Philosophie. Neues Jb. 21 (1995); P. Glotz, Im Kern verrottet?, 1996.

**Unterprivilegierung** → Bildungsdefizit.

**Unterricht** ist die planmäßige, absichtsvolle, meist professionalisierte und institutionalisierte Übermittlung von Kenntnissen, Einsichten, Fähigkeiten und Fertigkeiten. Zum Zweck der planmäßigen Einflußnahme wird im U. der Lebenszusammenhang, in dem Lernanlässe auftreten, verlassen. Dadurch unterscheidet sich der U. von gelegentlichen, absichtsvollen Belehrungen. Das absichtsvolle Vorgehen im U. geschieht mit dem Ziel, Verhaltensdispositionen der Schüler langfristig zu verändern. Die Veränderung erfolgt weitgehend im Hinblick auf Gegenstände und Inhalte der Wiss.n. Dabei stehen die Einzelwiss.n oft isoliert nebeneinander und werden gelehrt ohne die notwendige Berücksichtigung ihrer Bedeutung für die Lebensbewältigung der Schüler. Plan und Absicht des U. werden beeinflußt von den individuellen Voraussetzungen der beteiligten Lehrer und Schüler und vom sozialen Umfeld, in dem U. stattfindet. Ein wesentl. Faktor im Bereich des sozialen Umfelds ist der Schulträger, der für Lehrpläne, für die personelle und materielle Ausstattung des U.s, für die Schulordnung und Schulaufsicht verantwortlich ist. Wie weit Lehrer und Schüler den U. beeinflussen, hängt von ihren kognitiven und sozialen Kompetenzen ab. Der U. ist ein spezifischer Modus der Erziehung, weil die Veränderung der Verhaltensdispositionen von einer erzieherischen Intention getragen ist. U. muß immer der Selbstbestimmung und der Weltorientierung des Schülers dienen.

L.: P. Heimann u. a. (Hg.), U.sanalyse und Planung, 1965, ⁵1970; E. E. Geißler, Analyse des U.s, 1970, ⁵1982; R. Winkel, Der gestörte U., 1976, ⁶1993, W. Peterßen, Hdb. U.splanung, 1982, ⁶1994; M. Heitger, Beiträge zu einer Päd. des Dialogs, 1983; K. Prange, Bauformen des U.s, 1983, ²1986; D. Lenzen (Hg.), Enzyklopädie Erziehungswiss., Bd. 3, Ziele und Inhalte des U.s und der Erz., Bd. 4, Methoden und Medien des U.s, 1985; H. Oblinger u. a. (Hg.), Grundlegende U.skonzeptionen, 1985; H. Rumpf, U. und Identität, ³1986; K. G. Pöppel, Unterrichten, 1988; H. Glöckel,

Vom U., 1990, ³1996; H. Hacker, H. S. Rosenbusch (Hg.), Erzieht U.?, 1990; G. E. Becker, Durchführung von U., 1990; W. Wallrabenstein, Offene Schule, offener U., 1991; L. Kratochwil, Unterrichten können, 1992; J. Grell, Techniken des Lehrerverhaltens, 1995; K. Prange, Die Zeit der Schule, 1995; E. Liebau, Unterrichten oder erziehen?, 1996; W. Sünkel, Phänomenologie des U.s, 1996.

**Unterrichtsanalyse** ist eine kritische Reflexion des Unterrichtsgeschehens und geht vom vollzogenen Unterricht aus, wobei alle im Unterricht sichtbar werdenden Erscheinungen einbezogen sind. Grundlage der U. bildet die Beobachtung, entweder in der Form der Teilnahme am Unterricht oder in der Form der audio-visuellen Übermittlung von Unterrichtsdokumenten. Ziel der U. ist die Entwicklung eines Kategorienschemas, das aus der Unterrichtswirklichkeit abgeleitet wird und eine systematische Kritik des Unterrichts ermöglicht. Soll das Unterrichtsgeschehen durch eine Analyse allseitig erfaßt werden, so versucht man eine Gesamtanalyse. Schulz zählt dazu wenigstens sechs Faktoren: Die anthropogenen und soziokulturellen Voraussetzungen des Unterrichts, Intentionalität, Thematik, Methodik und Medienwahl als Entscheidungsfelder des Unterrichts. Eine Gesamtanalyse empfiehlt sich v. a. bei der Auswertung von Unterrichtsversuchen und bei Einführungsübungen innerhalb der Lehrerbildung. Neben den Gesamtanalysen werden Teilanalysen im Rahmen der Unterrichtsforschung durchgeführt. Dabei wird ein einzelner Aspekt unter einem bestimmten Untersuchungsgesichtspunkt erfaßt und analysiert. Das Analyseziel bestimmt dabei das Beobachtungsraster. Die zu beobachtenden Unterrichtsfaktoren müssen isoliert werden, damit ihre exakte Erfassung gewährleistet ist. Planung und Durchführung des Unterrichts werden durch systematische U.n effektiviert. → Didaktik.

G. Bachmair, U., 1974; G. Dohmen, F. Maurer, (Hg.) Unterricht, Aufbau und Kritik, 1968; E. Schmack, Unterrichtsanalytik, 1976; W. Schulz, Unterricht-Analyse und Planung, in: P. Heimann, u. a. Unterricht. Analyse und Planung, 1965, ⁵1970; F. Achtenhagen (Hg.), Neue Verfahren zur U., 1982; W. Peterßen, Hdb. Unterrichtsplanung, 1982, ⁶1994; W. Schreckenberg, Guter Unterricht – Schlechter Unterricht, 1984; G. E. Becker, Auswertung und Beurteilung von Unterricht, 1988; H. Altrichter, P. Posch, Lehrer erforschen ihren Unterricht, 1990, ²1994; M. Bönsch, Schule verbessern, 1990.

**Unterrichtsartikulation** ist eine Gliederung des Unterrichts in Phasen oder Schritte. → Herbart hatte die U. intensiv in die päd. Diskussion gebracht. Er unterschied vier Stufen: Klarheit, Assoziation, System und Methode. Die Herbartianer, v. a. → Ziller und → Rein, schematisierten diese Stufen zu einer starren Formalstufenlehre. Diese wurde von verschiedenen reformpäd. Richtungen scharf kritisiert. Heute haben die mehr lernpsychologisch ausgerichteten Stufenmodelle größere Bedeutung. Sie betonen bes. die Motivation der Schüler mit kindgemäßen und sachangemessenen Formen von Lösungsmöglichkeiten und die Sicherung, die Wiederholung und Übung des Gelernten. Daneben gibt es auch heute mehr philosophisch ausgerichtete Stufenfolgen, die ihren Ausgang von der Erkenntnistheorie nehmen und zu einer logischen, von der Sache determinierten Abfolge der Unterrichtsschritte gelangen. Die U. ist sicher eine Frage der Methode des Unterrichts, wird aber von der Intentionalität und Thematik, aber auch von der Medienwahl mit beeinflußt. Eine starre Stufigkeit läßt sich schon deshalb nicht rechtfertigen. Dennoch werden die Lernprozesse in bestimmte Lernschritte untergliedert, allerdings unter Berücksichtigung von Flexibilität.

L.: E. Geißler, Herbarts Lehre vom erziehenden Unterricht, 1970; A. Vogel, Artikulation d. Unterrichts, 1973; W. H. Petersßen, Hdb. Unterrichtsplanung, 1982, ⁶1994.

**Unterrichtsbeobachtung** ist die systematische Wahrnehmung des Unterrichtsprozesses, meist verbunden mit der Registrierung der unterrichtlichen Aktivitäten. Aufgabe der U. ist es, den Unterricht durch Erfassung, Beschreibung und Interpretation von Erscheinungsformen, Artikulationsstrukturen und Verhaltensmustern zu optimieren. Die naive Beobachtung kann nur als Vorstufe der wiss. U. angesehen werden. Diese muß ihre Methoden so vervollkommnen, daß der Unterricht in seiner Komplexität erfaßt werden kann. Maier/Pfistner zeigen sechs Formen der U., die durch unterschiedl. Kriterien konstituiert sind: 1) Registrierung der optischen und akustischen Wahrnehmungen, 2) Selbst- bzw. Fremdbeobachtung, 3) Beobachtungsdauer, 4) Mittelbarkeit der Beobachtung, 5) Distanz des Beobachters vom Objekt, 6) Identifikationsgrad des Beobachters mit dem Objekt. Es wurde eine Vielzahl von Beobachtungsmodellen entwickelt z. B. für das Lehrerverhalten, für die Untersuchung des Klassenklimas, für das Verhalten in unterschiedl. Lerngruppen. Die U. ist methodisch viel schwieriger als eine Beobachtung im Rahmen der Naturwiss., weil ihr Gegenstand außerordentlich komplex und schwer operationalisierbar ist. Dennoch muß sich die U. an den Gütekriterien jeder wiss. Beobachtung (Objektivität, Reliabilität und Validität) orientieren.

L.: H. P. Trolldenier, Verhaltensbeobachtung in Erz. u. Unterr. mit der Interaktionsprozeßanalyse, 1985; G. E. Becker, Auswertung u. Beurteilung von Unterr. 1986; H. Lukesch, Einführung in die päd. psycholog. Diagnostik, 1994; B. Friebertshäuser, A. Prengel (Hg.), Hdb. Qualitative Forschungsmeth. in der Erz.wiss., 1997.

**Unterrichtsdokumentation** ist ein Verfahren, das Unterrichtsgeschehen für spätere Wiederholungen festzuhalten. Dies geschieht mit Hilfe schriftl. Protokolle, heute aber meist mit audio-visuellen Medien.

L.: J. M. Sinnhöfer, U. und Lehrerbildung, 1988.

**Unterrichtseinheit** ist ein in sich geschlossener Abschnitt im Verlauf des Unterrichts, der vom Stoff und vom Leistungsvermögen der Schüler abhängt. U. und Unterrichtsstunde sind somit nicht identisch. Eine U. kann länger oder kürzer sein als eine Unterrichtsstunde. → Blockunterricht, → Epochenunterricht.

L.: H. Glöckel, Vom Unterricht, 1990, ³1996.

**Unterrichtsformen** sind im weiteren Sinne alle Aktionen zur Erreichung des Unterrichtsziels, im engeren Sinne die Stufen des Unterrichts. Darüber hinaus wird der Begriff U. auch für unterschiedl. Unterrichtsverfahren, wie Vortragen, Wiederholen oder für Organisations- bzw. Arbeitsformen des Unterrichts, wie Klassen-, Gruppen-, Einzelunterricht gebraucht. Die U. lassen sich gliedern unter dem Aspekt der Unterrichtsaufgaben und unter dem Aspekt der Gruppierung der Schüler. Die Unterrichtsaufgaben stellen sich im → Fachunterricht oder im → fächerübergreifenden Unterricht. Für diese beiden Arten gibt es entsprechend den unterschiedl. Zielen spezielle U., wie z. B. Demonstration, Gespräch, Projekt oder → Gesamtunterricht. Bei der Gruppierung der Schüler werden verhaltensbezogene Aspekte berücksichtigt, wie z. B. Selbsttätigkeit, Kooperation oder Einordnung in eine Gruppe. Die Sozialformen betonen den erzieherischen Anteil des Unterrichts, sind aber auch von der Aufgabenstellung abhängig. Die U. werden in unterschiedl. Weise im Unterricht benutzt, ohne daß ihre spezifischen Leistungen empirisch überprüfbar sind. Eine Idealform ist auch nicht anzustreben, da sich guter Unterricht durch die Variation vieler U. auszeichnet.

L.: E. E. Geißler, Analyse des Unterrichts, 1973 u. ö.; W. H. Peterssen, Hdb. Unterrichtsplanung, 1982, ⁶1994; H. Aebli, 12 Grundformen des Lehrens, 1983, ¹⁰1998; H. Oblinger, Grundlegende Unterrichtskonzeptionen, 1985; H. Aebli, Grundlagen des Lehrens, 1987, ²1993; H. Landolt, Erfolgreiches Lehren und Lernen, 1995; K. Aregger, U., 1997.

**Unterrichtsforschung.** Im weiteren Sinne befaßt sich U. mit den Bedingungen und Voraussetzungen von Unterricht, im engeren Sinn mit dem Unterricht als Ort des systematischen zielgerichteten und geplanten Lehrens und Lernens. Die U. will die didaktischen und methodischen Sachverhalte so exakt analysieren, daß eine Effektivierung und Optimierung des Unterrichts möglich wird. Dazu bedient sich die U. der Methoden empirischer Forschung: Datensammlung, Leistungsmessung, Befragung, Unterrichtsbeobachtung und Unterrichtsexperiment. Ihren Ausgangspunkt in Dtl. nahm die U. von der → Päd. Tatsachenforschung, deren Hauptvertreter P. → Petersen und F. → Winnefeld waren. Eine Weiterentwicklung war die sozialpsychologisch motivierte U. durch R. und A. Tausch mit dem Schwerpunkt: Erziehungsstile und die didaktisch motivierte U. mit dem Ziel, Unterrichtsstrukturen zu kategorisieren. Dabei sind folgende Richtungen zu unterscheiden: Curriculumforschung, Effektivitätsforschung, Lehrmethodenforschung, Lehrerverhaltensforschung, Schülerforschung, Interaktionsforschung und Medienforschung. Das Problem der U. ist die

# Unterrichtsfreiheit

Isolierung einzelner Variablen und deren exakte Messung, weil die Variablen des Unterrichts in engem Zusammenhang stehen und valide Meßverfahren kaum vorhanden sind. Dennoch hat die U. eine große Bedeutung für die Lehrerbildung, für die Schulreform und die Schulpolitik.

L.: P. u. E. Petersen, Die päd. Tatsachenforschung, hg. v. Th. Rutt 1965; L. Roth, (Hg.) Beiträge zur empir. U., ²1974; H. Walter, Einf. in die U., 1977; K. Beck, Die empirischen Grundlagen der U., 1987; U. Petermann, Möglichkeiten der U., in: Pädagog. Welt 42 (1988) H. 3; A. Combe, W. Helsper, Was geschieht im Klassenzimmer?, 1993; H. G. Rolff, Zukunftsfelder von Schulforschung, 1995; G. W. Schnaitmann, Theorie und Praxis d. U., 1996.

**Unterrichtsfreiheit** bezeichnet die Freiheit des Lehrers, den Unterricht so zu gestalten, wie er glaubt, das Unterrichtsziel, das ihm durch → Lehrplan und → Studentafeln vorgegeben ist, am besten zu erreichen.

**Unterrichtsgespräch** ist ein dem Unterricht dienendes Gespräch zw. den Schülern und dem Lehrer. Die Rolle des Lehrers beim U. sollte partnerschaftlich sein und nicht dirigistisch. Es wird zw. freiem U., bei dem die Schüler die Themen angeben, und dem gebundenen U., bei dem der Lehrer das Thema nach dem Lehrplan auswählt, unterschieden. Ziel des U.s ist u. a. die Erziehung zur Partnerschaft, zum selbständigen Denken, zur Kritikfähigkeit und zur freien Rede.

**Unterrichtsmethode** umfaßt die Verhaltensformen des Lehrers und die Organisationsformen des → Unterrichts. Das Lehrerverhalten ist nach Tausch gekennzeichnet durch Zuwendung oder Distanz dem Schüler gegenüber, durch Engagement oder Desinteresse dem Stoff gegenüber, durch Gewährung von Selbsttätigkeit oder Kontrolle bei der Organisation des Unterrichtsprozesses. Die Organisationsformen des Unterrichts bestimmen entweder den gesamten Ablauf einer Unterrichtseinheit wie die → Projektmethode, der → programmierte Unterricht oder das ganzheitl.-analyt. Verfahren oder einzelne Unterrichtssequenzen wie Lehrervortrag, Demonstration, Gespräch mit unterschiedl. Sozialformen wie Großgruppen-, Kleingruppen- und Partnerarbeit. Auch die → Unterrichtsartikulation ist eine Form der U. Somit ist die U. eine Verbindung von psycholog. und sachlog. Gesichtspunkten. U. bezieht sich auf das Wie, auf den Weg der Vermittlung von Wissensinhalten. Sie zielt auf eine Effektivierung und Optimierung des Unterrichts.

L.: L. Roth, Effektivität von U.n, 1971; E. E. Geißler, Analyse des Unterrichts, 1973 u. ö.; J. S. Bruner, Entwurf einer Unterrichtstheorie, dt. 1974; E. Terhart, U. als Problem, 1983; I. Wragge-Lange, Interaktionsmuster im Frontalunterr., 1983; A. u. R. Tausch, Erziehungspsychologie, 1963, neu bearb. 1987; B. Adl-Amini u. a. (Hg.), U. in Theorie und Praxis, 1993; H. Meyer, U.n, 1994; B. Adl-Amini, Medien und Methoden des Unterrichts, 1994; W. Wellenhofer, Unterricht heute, 1996.

**Unterrichtsmitschau** ist ein audiovisuelles Verfahren, das die Aufnahme, Übertragung, Aufzeichnung und Wiedergabe des Unterrichts ermöglicht. Die U. dient der Lehrerausbildung und der Unterrichtsforschung.

**Unterrichtsmittel** sind alle beweglichen Gegenstände, die bei der Durchführung des → Unterrichts zum Einsatz kommen. Heute wird für den Begriff U. häufig der Begriff Unterrichtsmedien gebraucht. Die → kybern. Päd. bezeichnet dagegen weiterhin mit U. den Oberbegriff zu den Lernmitteln, mit denen der Lerner operiert, und dem Medium als materielle Komponente des Lehrsystems (beim personalen Unterricht Lehrer mit Requisiten, beim objektivierten Unterricht → Lehrmaschinen oder gedruckte → Lehrprogramme).

**Unterrichtsorganisation** ist die Gesamtheit der Rahmenbedingungen, in die der konkrete → Unterricht eingebettet ist. Lehrpläne, Studentafeln, Schulgliederung und Schulgesetze sind für die U. zu berücksichtigen.

**Unterrichtsprozeß** meint das innere Geschehen des → Unterrichts, seinen Verlauf, im Gegensatz zu Planung und Gestaltung als äußere Einwirkung auf dieses Geschehen.

**Unterrichtsvorbereitung** ist die Voraussetzung für jeden sinnvollen → Unterricht und vollzieht sich in der Regel in mehreren Schritten, wobei vom Abstrakten zum Konkreten vorgegangen wird. Gesetze, Richtlinien und

Lehrpläne bilden die Grundlage für den → Stoffverteilungsplan im Rahmen eines Schuljahres, der die Aufgaben für die einzelnen Monate und Wochen vorgibt. Aus diesen Aufgaben ergeben sich einzelne Unterrichtseinheiten, die mehrere Stunden umfassen. Am konkretesten ist die Feinplanung für eine einzelne Unterrichtsstunde mit exakt formulierten Teilzielen. In der Einzelvorbereitung setzt der Lehrer die Teil- und Feinziele fest, die durch das Lernen erreicht werden sollen, und bestimmt dafür den Stoff. Daneben plant er das methodische Vorgehen und den Einsatz der geeigneten Medien. Bei der konkreten U. müssen also die Entscheidungsfelder: Ziel, Inhalt, Methode, Medien und die Bedingungsfelder: anthropologisch-psychologischer und soziokultureller Art berücksichtigt werden, die die → Berliner Schule der Didaktik im Rahmen ihrer Unterrichtsanalyse deutlich gemacht haben. Durch detaillierte Planung des Unterrichts besteht die Gefahr der Gängelung des Lehrers durch seinen eigenen Plan. Dadurch kann die Aktivität der Schüler eingeschränkt werden. Bei ungenauer Planung jedoch ist ein Ausweichen in Unverbindlichkeit und Beliebigkeit möglich.

L.: W. Schulz, Unterricht – Analyse und Planung, in: P. Heimann, u. a. Unterricht. Analyse und Planung, 1965, ⁹1977; H. Meyer, Leitfaden zur U., 1986; H. Tusch, Unterricht gestalten, miteinander lernen, 1987; K. Schäfer, So schaffen Sie den Schulalltag, 1987; P. Hell, P. Olbrich, U., 1993; H.-K. Beckmann (Hg.), U., 1993; W. Peterßen, Hdb. Unterrichtsplanung, 1982, ⁶1994; B. Gehlert, H. Pohlmann, Praxis der U., 1996.

**Unterrichtsziel** ist die konkrete Zielsetzung eines Unterrichtsprozesses unter Berücksichtigung aller organisatorischen Rahmenbedingungen. Die → kybern. Päd. unterscheidet genauer zwischen dem bei der Unterrichtsvorbereitung angestrebten Lehrziel und den davon mindestens teilweise meist abweichenden Lernzielen der Lerner. → Didaktik, → didaktische Analyse.

**Uruguay.** Die Geschichte staatl. kostenloser Schulen beginnt zwar mit dem Gesetz über die öffentl. Erziehung von 1826, aber erst die Reform José Pedro Varelas und das von ihm und seinen beiden Freunden Domingo F. Sarmiento aus Argentinien und Horace Mann aus den USA inspirierte Erziehungsgesetz von 1877 prägte Organisation und Geist des Schulwesens: Kostenfreiheit, strenge polit. und relig. Neutralität und seinen Pflichtcharakter. Es besteht eine Schulpflicht vom 6. bis zum 14. Lj., die in der 6j. Primarschule (escuela primaria) und in der Sekundarschule abgeleistet wird. Wie die Primarschule (vollständige und unvollständige Formen in städt. bzw. ländl. Regionen) gliedert sich die Sekundarschule in zwei Typen: universidad del trabajo für die berufsorientierte Ausbildung; 3j. escuela secondaria mit darauf folgender Differenzierung in je 3j. humanist. (liceo) oder wiss. (cientifico) Zweig. Die einzige Landesuniv. in Montevideo ist stark überlastet. Bes. aktuelle Probleme stellen die seit längerem angestrebte Verlängerung der Primarerziehung auf 8 J., die geringe Kooperation zwischen Primar- und Sekundarstufe (sehr unterschiedl. Ausbildung der versch. Lehrer), die großen Unterschiede zw. Stadt- und Landschulen sowie die sehr niedrigen Lehrergehälter dar.

L.: A. Ardao, Espiritualismo y positivismo en el U., Montevideo 1950, ²1968; F. E. Iglesias (Hg.), La educación, Washington (D. C.) 1981; M. Weinstein, U.: Democracy at the Crossroads, Boulder (Colorado) 1988.

**USA.** Die nordamerikan. Ansiedlungen stellten einen Mikrokosmos der verschiedenen europ. Gesellschaften und Kulturen dar; das Bild vom »Großen Schmelztiegel« entstand erst später. Jede Siedlergemeinde schuf sich ihre eigenen sozialen Ideale und die entsprechenden ökonom., polit. und relig. Einrichtungen. Neben den holländ. Calvinisten legten die engl. Puritaner großen Wert aufs Lernen; so entstanden Schulen zuerst in den Neu-England-Staaten. Meistens waren es kirchl. Schulen; auch die ersten Univ.n waren kirchl. z. B. Harvard, Yale, Princeton. Erst im 17. Jh. entstanden öffentl. Schulen in Massachusetts, Connecticut, New Hampshire. Koloniale Gesetze veranlaßten die Eltern, ihre Kinder lesen, den orthodoxen Katechismus und ein Handwerk lernen zu lassen. 1791 erklärte die *Bill of Rights* die Trennung von Staat und Kirche. Die Verfassung der USA hatte Erziehung und Schule den Einzelstaaten bzw. Gemeinden überlassen.

Das 18. Jh. war gekennzeichnet durch das Entstehen relig. unabhängiger Schulen, den

Niedergang der Pfarreischulen, eine → Säkularisierung der Inhalte, das Aufkommen öffentl. Schulen und die Einführung der Schulpflicht. Die common school lehrte Lesen, Schreiben, Rechnen, die Latin oder Grammar school verhalf zum Univ.seintritt.

Im 19. Jh. wurden die Schulen immer strenger und formaler; Schulunterricht wurde mehr oder weniger zur Wissensvermittlung. Dagegen erhob sich der Protest des *progressivism*, der von Francis Wayland Parker (1837–1902) vorbereitet und von → Dewey zur zeitweise prädominierenden Erziehungsphilosophie gemacht wurde. Sein Grundgedanke war es, die natürl. Bedürfnisse und Antriebe des Kindes in sozial wünschenswertes Verhalten umzulenken. Die progressive Erziehungsbewegung teilte sich in zwei Richtungen: die *child-centered progressive education* und die *social reform progressive education*. Die erste suchte die Erziehungsmethoden den neuen Erkenntnissen der Kinderpsychologie nachzuformen, die zweite sah die Aufgabe der Schule darin, Lösungen für die drängenden gesellschaftl. Probleme vorzubereiten und anzubieten. Seit 1944 (als der »Fortschritts«-Optimismus endgültig in die Krise geriet) forderte der *essentialism*, z. B. William Chandler Bagley, eine Rückkehr zu sachl. inhaltsorientierter Schularbeit.

In dem Maße als die Naturwiss.n ihre Methode auf den Menschen übertrugen, kam es, angeregt durch → Thorndike zum sog. *measurement movement*, das sich v. a. in der Curriculum- und Lernforschung, in der Effektivierung des Lernens und in einer extrem mechanist. Sicht der Erziehung niederschlug. So wurde der Raum geschaffen für den → Behaviorismus als vorherrschende Erziehungsphilosophie.

Das heutige Bildungssystem ist gekennzeichnet durch das Vorherrschen eines → Gesamtschulkonzepts, die Unterbetonung der Selektion, fehlende Kostenfreiheit an Instituten höherer Bildung, eine große Anzahl privater Schulen und Univ.n, ein ausgebautes System der Schullaufbahn- und Erziehungsberatung sowie die Technisierung des Unterrichts.

Von bes. Bedeutung ist die Dezentralisation. Die Bundesregierung kann das Bildungswesen nur über finanzielle Unterstützungen beeinflussen. Die Hauptverantwortung liegt bei den Bundesstaaten (Bildungspolitik und -finanzierung, Studienpläne, Lehrerfragen, Schulbücher) und den über 17 000 lokalen Schuldistrikten (Steuern, Schulbau und -betrieb, Lehrereinstellung). Der Bund beteiligt sich zu 10%, die Staaten und Distrike zu je 30% an den Bildungsausgaben (30% Sonstiges, z. B. priv. Spenden). Die Dezentralisation erlaubt die Berücksichtigung lokaler Bedürfnisse, fördert individuelle Initiative und eine lebhafte Experimentierfreudigkeit (→ *Dalton*, → *Winetka Plan*, → *Free Schools*), führt aber auch zu Qualitäts- und Strukturunterschieden. Auch die rund 2600 weitgehend autonomen → *Colleges* und Universitäten weisen große Qualitätsunterschiede auf. Der Bund kann eine gewisse Einheitlichkeit lediglich durch seine vom Kongreß gebilligten Programme erreichen.

Das Bildungswesen der USA gliedert sich in vier Stufen von uneinheitl. Dauer: 1) Vorschule (*preschool:* Nursery School und *Kindergarten* 3. bis 5. Lj.), 2) Grundschule (*elementary school*), 3) Sekundarstufe (*secondary school:* Junior High- oder Middle-School und Senior High-School), 4) tertiärer Bereich (*postsecundary institutions,* d. h. Colleges, Universitäten, Fachhochschulen), deren Formen jedoch regional z. T. erheblich variieren. Im Bereich von Grund- und Sekundarschule finden sich 6–6 (→ *Comprehensive School*), 6–3–3, 8–4 oder 4–4–4-Systeme. Ihr Unterricht ist kostenfrei. Die Pflichtschulzeit variiert von 9 J. (13 Staaten) über 10 J. (32 Staaten), 11 J. (9 Staaten), 12 J. (4 Staaten) bis 13 J. (2 Staaten). In den letzten Jahren zeigen sich Tendenzen, die Grundschule zu verkürzen und von den meist vorhandenen 6 auf 4 J. zurückzugehen. Preschool- und die Ausbildung des Post-Sekundarbereichs sind freigestellt und werden weitgehend von priv. Seite getragen. Die Highschool ist eine Ganztagsschule mit akademischen, berufs- und allgemeinbildenden Zügen. Zw. bis zu 100 Fächern kann gewählt werden. Das *Highschool*-Diplom wird meist nach der erfolgreichen Beendigung einer bestimmten Anzahl von Kursen verliehen. Anschließend können die meist berufsbildenden 2j. *Junior* oder *Community Colleges* (Abschluß. *Associate of Arts, of Science*) oder die 4j., häufig den Univ.n eingegliederten *Colleges* (Abschluß: *Bachelor of Arts, of Science*) besucht werden. Auf letztere bauen die 1–5jährigen Programme der Universitäten und *Professional Schools* (für Medizin, Jura, Ingenieurwiss.n u. a.) auf, die zum → Master, → Doktor oder ähnlichen Abschlüssen führen. Hochschulbildung ist sehr kostspielig und wettbewerbsorientiert. Die Lehrerbildung erfolgt an Univ.n und *Teacher Colleges*. Der *Bachelor*-Grad ist Minimalvoraussetzung für die Zulassung zum Schuldienst (→ Bakkalaureat).

1958 traten die USA (nach dem sog. Sputnik-Schock und den polit. und Rassenunruhen der 60er J.) in das »Jahrzehnt der Bildungspolitik« ein. Mit gewaltigen finanziellen Aufwendungen wurden Leistungssteigerungen und die Integration von Schwarzen, Chicanos und Armen bewirkt. Es wurden → kompensatorische Erziehung (→ *Head Start*), Experimentalprogramme, Bildungsforschung, Curriculum- und Studienreform gefördert. Nach einer sehr negativen Auswertung der Vorschulprogramme begann 1969 eine Phase der Resignation und Unzufriedenheit, die zu Kürzungen der Bildungsausgaben und zu → bildungsökonom. Rentabilitätsuntersuchungen führte. In den 80er J. wurde die Schule erneut zum Gegenstand der Kritik: Auslöser war die einsetzende Diskussion um die Leistungsfähigkeit des Bildungswesens, die in dem Erscheinen des Berichts *A Nation at Risk: The Imperative for Educational Reform* (1983) kulminierte. Augenfällige Krisensymptome sah man im kontinuierlichen Rückgang der Testleistungen, im internat. gesehen schlechten Abschneiden von *Highschool*-Schülern, im hohen Anteil funktionaler Analphabeten (20–40 Mio.), in der Zunahme von Nachhilfekursen, der Vernachlässigung zukunftsträchtiger Fächer, sowie in Disziplinproblemen und → Gewalt an den Schulen. Die Befürchtung, mit anderen Nationen (bes. Japan) nicht mehr konkurrieren zu können, führten zu Versuchen, auf administrativ-zentralistischem Wege Bildungsreformen in Gang zu bringen: Aufwertung der Basisfächer, schärfere Zulassungsvoraussetzungen zum *College*, Verlängerung des Schulbesuchs, höhere Anforderungen an das Lehrpersonal. Insgesamt wurden über 700 Schulgesetze in den einzelnen Bundesstaaten verabschiedet. Die »von oben« eingeführten Neuerungen konnten jedoch kaum substantielle Veränderungen in der Schulpraxis herbeiführen. Die seit Mitte der 80er Jahre einsetzende Phase einer Reform »von unten« stellt demgegenüber die Verbesserung der Einzelschulen in den Mittelpunkt. Wichtige Argumentationshilfe leisten dabei die empirische Schulforschung, insbesondere die Untersuchungen zu einer Effektivierung des Unterrichts.

L.: F. Mayer, American Ideas and Education, Columbus (Ohio) 1964; H. Reimann, Höhere Schule und Hochschule in den USA, 1970; H. Röhrs, Modelle der Schul- und Erziehungsforschung in den USA, 1972; T. E. Jordan, American's Children. An Introduction to Education, Chicago 1973; C. E. Silberman, Die Krise d. Erziehung, dt. 1973; S. Cohen (Hg.), Education in the United States, A Documentary History, Vol. 1–5, New York 1974; I. Richter, Die unorganisierte Bildungsreform, 1975; R. Freeman Butts, Public Education in the United States, New York 1978; H. F. Bode, Bildungswesen, Chancengleichheit, Beschäftigungssystem in den USA, 1980; R. Ph. Krenzer, Erziehungsdenken in den Vereinigten Staaten von Amerika, 1984; M. Lazerson (Hg.), American Education in the 20th Century, New York 1987; A. Bloom, The Closing of the American Mind, N.Y. 1987 (dt. u. d. T. Der Niedergang des amerik. Geistes, 1988); J. E. Chubb: Politics, markets and American Schools, Washington (D. C.) 1990; H. Dichanz, Schulen in den USA, 1991; A. Buttlar, Grundzüge des Schulsystems der USA, 1992; L. S. Pangle, The Learning of Liberty. The Educational Ideas of American Founders, Kansas 1993; M. R. Berube, American School Reform 1883–1993, Westport (Conn.), 1994; R. M. Hardaway, America goes to School, Law, Reform and Crisis in Public Education, Westport (Conn.) 1995; L. D. Webb u. a., Foundations of American Education, New York 1996; L. Duck, Understanding American Education, Chatelaine 1996; H. Röhrs, Bildungsreformen und Reformbestrebungen in den USA, 1996; M. Kallbach, Die amerikanische Schulreform im Spannungsfeld von Resignation und Euphorie, in: Pädagogik und Schulalltag, 52, 1997; M. Jülich, Schulische Integration in den USA, 1996; J. D. Pulliam, J. J. van Patten, History of Education in America, 1998.

**Utopie.** das Wort ist eine humanist. Neubildung (griech.: »Nichtort«), die 1516 in dem gleichnamigen Werk von Thomas Morus (1478–1535) erstmals literarisch faßbar wird. U.n sind Zukunftsprojektionen meist als ideal gesehener Gesellschaftssysteme, die entweder rein fiktiv (»bloße U.«) und damit als unrealisierbar oder als konkrete U. und damit vom Prinzip Hoffnung (→ Bloch) durchdrungene und wenigstens als annäherungsweise zu verwirklichende gedacht werden. Klassische U.n sind → Platons »Staat«, Tommaso Campanellas (1568–1639) »Sonnenstaat«, Francis → Bacons (1561–1626) »Nova Atlantis« bis zu Aldous Huxleys (1894–1963) »Brave New World« (dt. Neuausgabe: »Schöne neue Welt«, 1953) und George Orwells (1903–1950) »1984«. Nach R. Ruyer sind U.n gekennzeichnet u. a. durch Symmetrie, Uniformität, Glauben an die Erziehung, Dirigismus, Kollektivismus, prohetischen Anspruch und den »Traum von der großen Harmonie«.

In gewisser Hinsicht ist alles erzieherische Handeln utopisch, sofern es auf die Erfüllung einer Idee des Menschseins zielt, die angesichts der raum-zeitl. Bedingungen nur annähernd erreicht werden kann, die aber andererseits immer wieder beansprucht werden muß, wenn Erziehung und Päd. gegenüber den Beschränkungen des jew. Gegebenen nicht blind und im Hinblick auf ein verbesserndes Überschreiten nicht lahm werden sollen.

L.: E. Bloch, Geist der U., 1918 (Werkausg. Bd. 3, 1985); ders., Das Prinzip Hoffnung, 1954–1959 (Werkausg. Bd. 5, 1985); R. Ruyer, L'utopie et les utopistes, Paris 1950; K. Sauer, Der utop. Zug in der Päd., 1964; J. Guter, Päd. in Utopia, 1968; J. Servier, Der Traum von der großen Harmonie, dt. 1971; W. Voßkamp (Hg.), U.forschung, 3 Bde., 1985; H. J. Braun (Hg.), U.n, 1987; I. Geiss, Geschichte im Überblick, Bd. 3, 1991; R. Saage, Polit. U.n der Neuzeit, 1991; Zschr. f. Päd. 38 (1992), H. 4; H. Jenkis, Sozialu.n – barbarische Glücksverheißungen, 1992; U. heute?, hg. von K. Wilhelm, 1993; Zukunft päd. U.n, Zschr. f. Päd., 38 (1992) H. 4 (Themenheft); H. Chr. Harten, U. und Päd. in Frankr. 1789–1860, 1996; H.-G. Braun (Hg.), Pädagogische Zukunftsentwürfe (FS f. W. Klafki), 1997; U. Cillien-Naujeck, Die verborgene Wahrheit der U., 1998.

# V

**Vaerting,** Mathilde, * 10. 1. 1884 Messingen (Emsland), † 6. 5. 1977 Schönau (Schwarzwald); nach Lehrerinnenausbildung Studium in Bonn, München, Marburg u. Gießen; Promotion 1911 in Bonn; 1923 Berufung auf den Lehrstuhl für Erziehungswiss. an der Univ. Jena u. damit erste Ordinaria des Faches in Dtl.; 1933 Entlassung u. Publikationsverbot. V. entwickelte ein an der Kategorie der Herrschaft orientiertes Konzept des Geschlechter- u. Generationenverhältnisses. Ihre Schriften wurden nach 1945 nicht rezipiert.

Schr.: Die Vernichtung der Intelligenz durch Gedächtnisarbeit, 1913; Die Neubegründung der Psych. von Mann u. Weib, Bd. I: 1921 (Nachdruck 1975); Bd. II: 1923; Die Macht der Massen, 1928; Die Macht der Massen in der Erziehung, 1929; Lehrer u. Schüler, 1931.

L.: H. Meuter, Erziehung zum Mitmenschen. Das Erziehungswerk M.V.s, 1982; M. Kraul, Geschlechtscharakter u. Päd., in: Zschr. f. Päd. (1987); M. Kraul, S. Fürter, M. V. – Gebrochene Karriere u. Rückzug ins Private, in: Ariadne, 1990; Th. Wobbe, M.V. Eine Intellektuelle im Koordinatensystem dieses Jh.s, in: Jb. f. Soziologiegesch. 1991, 1992.

**Vater.** Im → Altertum einschl. des Judentums und des frühen Christentums war der V. gleichsam in Entsprechung zu Gott bzw. den Göttern und dem König, das unbestrittene Oberhaupt der Familie, dem absoluter Gehorsam gebührte. Die patriarchal. antike und jüd.-christl. Tradition hat das V.bild bis in die neuere Zeit geprägt.

Im Mittelalter, speziell bei → Thomas v. Aquin, wurde das V.bild teilweise entmythologisiert. Die biolog. Dimension trat hinter die geistige zurück (so wurde der Mönch als »Pater«, die Nonne als »Mater« bezeichnet), Gott repräsentierte die Gestalt des Vaters schlechthin, im Verhältnis zu seinem Sohn drückte sich das väterl. Prinzip aus: die Liebe. Insgesamt bestand im Mittelalter keine einhellige Forschungsmeinung über den V., überwiegend wurde ihm jedoch ebf. eine, wenn auch im Vergleich zur Antike weniger autonome Machtstellung eingeräumt.

Die im 19. Jh. einsetzende Industrialisierung und Urbanisierung zog eine immer deutlichere soziale Rollenteilung zw. Mann und Frau nach sich, so daß der Einfluß des V.s auf Kinderaufzucht und Erziehung sowie die histor. überlieferte Überbetonung des väterl. Rechts und die patriarchal. Besitzansprüche am Kind zurückgedrängt wurden. Gleichzeitig stieg die Bedeutung der Mutter für das Kind bis hin zu einer einseitigen Bevorzugung der mütterl. Fürsorge. Dieser Einstellungswechsel ging einher mit der Entwicklung psycholog. u. psychoanalyt. Theorien, die der Mutter eine wesentl. stärkere Bedeutung für die Entwicklung des Kindes zuwiesen als dem V.

Im BGB wurde allerdings 1900 die elterl. Gewalt traditionsbedingt auf den V. übertragen; erst 1953 wurde der entsprechende Paragraph wegen des Gleichheitsgrundsatzes außer Kraft gesetzt und 1957 zugunsten der gemeinsamen → elterl. Sorge neu gefaßt (§ 1626, BGB).
War der V. im Gegensatz zur → Mutter über lange Zeit kaum Gegenstand (sozial)wiss. Erkenntnis, so gibt es seit den 1960er und vor allem den 1970er J. eine wachsende Zahl (vielfach empir.) Veröffentlichungen zum V. und zur V.-Kind-Beziehung.
Nach ihrer zeitl. Abfolge lassen sich die Arbeiten grob in 4 Phasen mit je spezif. inhaltl. Schwerpunkten einteilen: 1. Auswirkungen der V.abwesenheit auf die Entwicklung des Kindes, 2. V.-Kind-Beziehung, 3. Überwindung der Einseitigkeit der V.-Kind-Beziehung und Unterscheidung vielfältiger Beziehungen, 4. V.rolle in unterschiedl. Familienformen, gerade auch bei nicht traditionell organisierten Familien (z. B. Ein-Elternfam., nicht-ehel. Lebensgemeinsch., Stieffam.). In den Arbeiten dieser letzten Phase gelang teilweise auch die Überwindung der Kluft zw. psycholog. und soziolog. Perspektive. Gleichzeitig konzentriert sich die Forschung vermehrt auf ökonom., ökolog. und rechtl. Bedingungen sowie auf die Bedeutung des sozialen Netzwerks. Ergebnisse dieser V.forschung werden auch für sozialpolit. und familienpolit. Reformbemühungen nutzbar gemacht. Die heute insgesamt positive Beurteilung des V.s beruht weniger auf einem Bild, wonach der V. etwa als Repräsentant des »Über-Ich« (Freud) oder des »Realitätsprinzips« (Marcuse) fungiert, vielmehr resultiert es vor allem aus seiner »Präsenz« in der Familie und als Elternteil (angefangen von seiner Beteiligung an der Geburtsvorbereitung über die »werdende« V.schaft u. seine Anwesenheit bei der Geburt bis hin zu der ihm bestätigten »Erziehungsfähigkeit«). Angesichts dessen läßt sich heute kaum mehr von einer »vaterlosen« Gesellschaft sprechen.

Lit.: A. Mitscherlich, Auf dem Weg zur v.losen Gesellsch., 1969; G. Mendel, Die Revolte gegen den V., 1972 (franz. 1968); H. Tellenbach (Hg.), Das V.bild im Abendland, 2 Bde., 1976; ders., Das V.bild in Mythos u. Gesch., 1976; W. Braun, Der V. im fam. Erziehungsprozeß, 1980; B. Stechhammer, Der V. als Interaktionspartner des Kindes, 1981; R. D. Parke, Erz. durch den V., 1982 (engl. 1981); W. E. Fthenakis, Väter, 2 Bde., 1985; J. Stork (Hg.), Das V.bild in Kontinuität und Wandlung, 1986; W. Schneider, Die neuen Väter, Chancen und Risiken, 1989; A. Colman, Der V. Veränderungen einer männlichen Rolle, 1994; G. Stoll (Hg.), Familie erleben: Väter gefragt, 1995; M. Golant, ... Vater sein dagegen sehr, dt. 1995; Ch. Olivier, Die Söhne des Orest. Ein Plädoyer für Väter, dt. 1997; H. Petri, Guter V. – Böser V., 1997; B. Reiche, Väter-Dasein, 1998; H. Werneck, Übergang zur V.schaft. Auf der Suche nach den »neuen Vätern«, Wien 1998.

**Venezuela.** Seit der Trennung V.s vom Mutterland Spanien (1810) bis zum J. 1959 durchlebte das Land eine Phase von Diktaturen, unterbrochen durch Bürgerkriege und Staatsstreiche. In den letzten Jahrzehnten zeichnet sich jedoch, trotz wiederholter Putschversuche, ein polit. Stabilisierungsprozeß ab. Der Druck ausländ. Kapitalgruppen und der Einfluß fremder Kulturen haben gleichzeitig zu einer allmählichen Veränderung der Wertvorstellungen bis hin zur Bedrohung der nationalen Identität geführt.
Das Schulwesen V.s gliedert sich in 4 Stufen: die allg. Schulpflicht vom 7.–13. Lj. und Unentgeltlichkeit auf allen Stufen bestehen gesetzlich seit 1870; sie wurde 1980 auf 10 J. (6–15 Lj.) verlängert. Die Vorschulerziehung erfaßt statistisch ca. ein Drittel der 4–6j. Die 6j. Primarstufe beginnt mit 6 J. und zielt auf eine kulturelle Angleichung der verschiedenen ethnischen und regionalen (auch Stadt-Land) Gruppen; die Zahl des → Drop-outs ist recht hoch. Die Dauer des Schulbesuchs beträgt im Durchschnitt nur etwa 3 Jahre. Das liegt u. a. an einem vorwiegend intellektualisierten Lehrplan, am Schichtunterricht, an der mangelhaften Ausstattung der Schulen. Der mittlere Bereich teilt sich seit der Reform von 1969 in den 3j. básico comun und den dreigezweigten diversificado: die eminent theoretische 2j. secundaria, die 2- oder 3j. técnica und die 3j. docente zur Ausbildung der Vorschul- und Primarschullehrer; seit 1978 kann mit der técnica schon im 1. J. der Mittelstufe begonnen werden. Die höhere Stufe (nivel superior) steht seit 1958 unter einer verdreißigfachten Nachfrage; das hat zur Errichtung neuer hochschulartiger Colleges, Technischer Institute, Polytechnika, Versuchsuniv.n und seit 1978 auch zu einer Universidad Nacional Abierta (→ Open University) geführt. V. kennt inzwischen eine

**Verbalismus**

deutliche Jungakademikerarbeitslosigkeit. V. hatte 1995 noch 9% Analphabeten, v. a. in den Urwaldgebieten und in den Slums der Küstenstädte (bis zu 60%).

Aufgrund der großen Ölvorkommen und vielfältigen Bodenschätze hat die schnell voranschreitende Industrialisierung zu einer immer stärkeren Technokratisierung der Ausbildung geführt. Das Ausbildungsangebot richtet sich nach den Erfordernissen des Arbeitsmarktes und führt zu einer immer größeren Spezialisierung der Ausbildungszweige in der Wirtschaft. Dadurch geht eine umfassende Kenntnis der wirtschaftl. und polit. Prozesse immer mehr verloren. Die Bildungsreformen der letzten Jahre (1980 neues Erziehungsgesetz: allgem. Verbesserung der schulischen Situation, verstärkte Erz. zur Arbeit und Berufsausbildung, flächendeckende Erziehungseinrichtungen, Aufwertung des Lehrerstands, Modernisierung der Schulverwaltung), die auf eine umfassende Modernisierung des Bildungswesens zielen und zu mehr Demokratisierung, Regionalisierung und Partizipation beitragen sollen, haben diesen Prozeß noch kaum unterbunden.

L.: G. Hernandez u. a., Escuela, Capital y Política. La reforma Educativa en V., Caracas 1976; F. Colomine Solartes, Para Que la Nuava Ley de Educación, Caracas 1979; T. Vasconi u. a., Estado, Clases Dominantes y Proyecto de Desarollo en la V. Actual, Caracas 1979; O. Albornóz, Educación y Estado en V., Caracas 1982; Ministerio de Educación. Desarollo de la Educación, Caracas 1984; La educación bajo el signo de la crisis, Cáracas 1991; Reforma del estado y educación, Cáracas, 1991; B. Jungmann, Dezentralisierung des Hochschulsystems in V., 1991; D. V. Hellinger, Tarnished Democracy, Boulder (Colorado) 1991; E. J., Caiceo, Diagnóstico de la educación Latinoamericana y propuestas para el futuro, in: Estudios sociales, (1996) 87.

**Verbalismus.** Von → Pestalozzi als »Maulbrauchen« verurteilt, meint V. die beständige Gefahr, in Schule, Unterricht und Erziehung statt der Gegenstände selbst und statt der → Selbsttätigkeit des Schülers die rein sprachl. Vermittlung dominieren zu lassen.

**Verbundsysteme** heißen in der → Didaktik Systeme, die verschiedene Methoden (Lehrervortrag, Eigenarbeit, Gruppenarbeit) und Medien (Buch, audiovisuelle Medien) zum Zwecke der Optimierung und Objektivierung verknüpfen. Leitende Prinzipien sind dabei Rationalisierung, Intensivierung und Ökonomisierung. Bei der Konstruktion solcher V. sollen die für jede Information und jede Aktivität spezifischen, d. h. leistungsfähigsten Informationskanäle bzw. Methoden/Medien herausgefunden und für den Lernprozeß fruchtbar gemacht werden. Man unterscheidet Multimedien-, Multimethoden-, phasengeordnete und Regelsysteme.

L.: G. Dohmen, Fernunterricht im Medienverbund, 1970; G. Eigler, Auf dem Weg zu e. audiovisuellen Schule, 1971.

**Verdrängung** bezeichnet in der → Psychoanalyse den Prozeß, in welchem aufkommende Triebwünsche infolge eines Konfliktes zw. Es- und Über-Ich-Forderungen ins Unbewußte zurückgedrängt oder dort festgehalten werden. Als Motiv der V. gilt die Vermeidung von Unlust. Da die V. kein einmalig besiegelnder Akt ist, muß das → Ich ständig Energie zur Aufrechterhaltung der V. (Gegenbesetzungsenergie) aufwenden; die verdrängten Inhalte können bei entsprechender Affektintensität und Aktualität die sie abweisenden Schranken des Bewußtseins durchbrechen. Für die Psychotherapie sind die erfolglosen oder nur unvollständig geglückten V.n bedeutsam: der ursprüngliche Triebimpuls taucht dann in »getarnter Gestalt« wieder auf. Über assoziative Verschiebungen haftet er sich neuen Vorstellungsträgern an, die sich als Traumbilder, psychoneurotische Symptome (Neurose) und → Fehlleistungen manifestieren. Über »freie Assoziation« verfolgte S. → Freud derartige Ersatzbildungen des Verdrängten zu ihrem Ursprung zurück, um dann die Kerninhalte der V. erneut mit den Ich-Kräften des Individuums zu konfrontieren. Die damit mögliche Aufhebung der V. ist ein Ziel der psychoanalytischen → Therapie. → Abwehrmechanismen.

L.: S. Freud, Die V., in: Ges. Werke, Bd. 10, 1946 u. ö.

**Vereinigtes Königreich** (Großbritannien, Nordirland)
a) England und Wales
Das Erziehungsgesetz (*Education Act*) von 1870 führte die obligatorische Volksschulbildung mit staatl. Unterstützung ein; jenes von 1902 bereitete ein das ganze Land umfassendes Schulwesen vor; erst jenes von 1944 schuf das neue, dreigeteilte Schulsystem: *primary,*

*secondary* und *further education*. Im Alter von 11 J. stand das »*Eleven plus*«-Ausleseverfahren der Kinder für die *grammar, secondary modern* oder *secondary technical school*. Die Schulpflicht (seit 1870 vom 5. Lj. an) wurde 1947 auf das 15., 1972 auf das 16. Lj. ausgedehnt. Eigentlich kontrollierte und regelte der Minister (seit 1964 Staatssekretär) das Bildungswesen, faktisch geschah es in einem kooperativen Verhältnis zw. Zentralverwaltung und örtl. Behörden (*Local Education Authority*; LEA). Nur vereinzelt in ländl. Gebieten und in durch den Krieg stark beschädigten Großstädten entstanden → Gesamtschulen (→ *comprehensive school*). Päd. und psycholog. Zweifel an dem Ausleseverfahren und eine ideologische Festlegung von Labour- und Liberaler Partei förderten die Entwicklung der Gesamtschulen. Noch in den 70er J.n weigerten sich einige LEAs, *comprehensive schools* einzuführen; andere versuchten, die Neugestaltung so lange wie möglich hinauszuschieben, so daß das Erziehungsgesetz von 1976 die Staatssekretärin ermächtigte, die LEAs zu zwingen, Pläne für ein Gesamtschulsystem vorzulegen. Nach Regierungsantritt der Konservativen 1979 wurde dieses Gesetz wieder aufgehoben.

Das Schulsystem zeigte insgesamt eine evolutionäre Entwicklung, wobei bis 1988 die Macht der LEAs und der einzelnen Schulrektoren in Europa kein vergleichbares Beispiel kannte. Innovationen wurden oft in einzelnen Gebieten und von Einzelpersonen eingeleitet (z. B. *Masons Leicestershire Plan* oder *Cleggs middle school system*). Dadurch bietet das Schulsystem (16 versch. Sekundarschultypen) ein sehr heterogenes Bild. Durch das 238 Punkte umfassende Bildungsreformgesetz von 1988 des Unterrichtsministers Baker (*Educational Reform Act*, ERA) wurde mit der Tradition gebrochen und eine Neuregelung der Steuerungs- und Verwaltungsstrukturen getroffen. Das z. T. heftig kritisierte Gesetzeswerk sieht vor 1) die Beschneidung der Kompetenzen der LEAs zugunsten des Erziehungsministeriums (*Department of Education and Science*, DES); 2) erstmals ein für alle Schulen in Engl. und Wales verbindliches → Curriculum für alle 5 bis 16 j.n; 3) die Anhebung der Leistungsstandards in den Kernfächern; 4) ein abgestuftes und vereinheitlichtes, vom DES kontrolliertes Bewertungs- u. Prüfungswesen mit staatl. Abschlußprüfungen; 5) Erweiterte Elternrechte bes. bei der Wahl der Schule; 6) dem DES direkt unterstellte, finanziell besonders geförderte »*grant maintained schools*«: jede Schule mit mehr als 300 Schülern kann auf Antrag (der Eltern) in das *grant maintained system* übernommen werden. Privatschulen (*public schools*) haben seit jeher eine hervorragende Rolle gespielt. Die höhere Bildung gliedert sich in: 1. *further education*, d. h. die nachschulische Bildung außerhalb der Univ.n wie die 1966 eingeführten *polytechnics, colleges of further education, technical colleges, colleges of commerce, colleges of art, evening institutes, colleges of higher education*; 2. die Universitäten mit in der Regel 3j. Studiengängen; ca. 50 000 Graduierte (davon ca. ein Drittel Ausländer) setzen ihr Studium nach dem → Bakkalaureat (*Bachelor of Arts*) fort. Das bedeutendste päd. Forschungsinstitut neben den Univ.n ist die *National Foundation for Educational Research* (NFER). Die *Central Advisory Councils* (Zentrale Bildungsräte) haben wichtige Berichte vorgelegt (→ Reports).

b) Schottland

Das Erziehungsgesetz von 1945 brachte für Sch. weniger Neuerungen als der *Education Act* 1944 für England und Wales, da eine Reihe der dort enthaltenen Reformen in Sch. schon seit Jahren durchgeführt worden waren. Die wichtigsten Unterschiede zum Bildungssystem von England und Wales sind: die Dauer der Primarerziehung (5 bis 12); die längere Tradition von → Gesamtschule und → Koedukation; andere Schulabschlüsse; geringere Mannigfaltigkeit im Sekundarbereich (meistens 12–18; 12–16 aufgrund lokaler Bedingungen); die staatl. Schulen heißen hier public schools. Das öffentl. Bildungssystem wird (mit Ausnahme der 8 Univ.n) zentral vom Minister für Schottland verwaltet. Unter dem Einfluß des engl. ERA (s. o.; keine Gesetzeskraft in Sch.) machen sich auch in Sch. (gegen den Widerstand der Lehrerschaft) Tendenzen zur Vereinheitlichung der Lehrpläne bemerkbar.

c) Nordirland

Das Bildungswesen N.s wurde durch den *Education Act* von 1923 vereinheitlicht, seine heutige Gestalt beruht weitgehend auf dem Erziehungsgesetz von 1947. Die Sekundar-

**Vererbung** 554

bildung erfolgt in *grammar schools* (35% der Schüler) oder in *secondary intermediate schools*. Der Aufbau eines Gesamtschulsystems wurde 1977 als bildungspolit. Leitlinie festgelegt. Der Minister für N. ist für das gesamte Schulsystem einschl. der zwei Univ.n (Belfast gegr. 1849; Ulster, gegr. 1984) zuständig.

d) Isle of Man
Das Bildungswesen der polit. unabhängigen Insel folgt dem engl. Muster. Davon weicht nur die bis 1948 zurückreichende Gesamtschultradition ab. Schulpflicht besteht von 5 bis 16 J. Die Möglichkeiten für höhere Bildung sind auf der Insel begrenzt.

e) Kanalinseln (Jersey, Guernsey, Alderney, Sark)
Das strenge Ausleseverfahren Eleven plus und ein selektives Sekundarschulsystem sprechen für die nach wie vor konservative Bildungspolitik der polit. unabhängigen Inselgruppe.

L.: S. L. Hunter, The Scottish Educational System, Oxford 1971; Central Office of Information, Das Bildungswesen in GB, 1976; R. Bell, N. Grant, Patterns of Education in the British Isles, 1977; H. C. Dent, Education in England and Wales, 1977; J. Swift, Die brit. middle schools im internat. Vergleich, 1980 (m. Bibl.); H. Stübig, Bildungswesen, Chancengleichheit und Beschäftigungssystem in England, 1980; H. Sienknecht, Primarschulen in England, 1981; B. Simon, W. Taylor (Hg.), Education in the eighties, London 1981; A. Körner, F. Seidenfaden, Schulen am Rande Europas: Irland–Schottland–Nordnorwegen, 1983; Das europ. Bildungswesen im Vergleich. Schottland. Schriftenreihe H. 26 d. Hanns-Seidel-Stiftung, 1984; J. Roach, A History of Secondary Education in England, 1800–1870, New York 1986; B. Simon, Bending the Rules. The Baker-Reform of Education, London 1988; S. Maclure, Education Reformed. A Guide to the 1988 ERA, London 1988; DES (Hg.), National Curriculum: From Policy to Practice, London 1989; H. Stübig, Bildungspolitik in England (1975–1985), 1989; G. Wallace, Education as an academic discipline in Great Britain, in: Zschr. f. Päd., 25. Beih. 1990; J. Dunford, P. Sharp, The education system in England and Wales; London 1990; G. Brinkmann u. a., Zeit für Schule: Niederlande, England und Wales, 1991; Th. Deißlinger, Die engl. Berufserziehung im Zeitalter der Industriellen Revolution, 1992; F. Parker, B. J. Parker, Education in England and Wales, (Komment. Bibl.), New York 1992; A. Woolridge, Measuring the Mind. Education and Psychology in England 1860–1990, Oxford 1994; B. Sauter, Die Educ. Reform Act aus dem Jahre 1988. Eine krit. Annäherung, in: Die Dt. Schule 87 (1995) 2; D. Glowka, V. K., in: Bildungssysteme in Europa, hg. v. O. Anweiler u. a., 1996; K. Evans, Bildungsreform in England, in: Zschr. f. Päd. 43 (1997) 4.

**Vererbung.** G. Mendels Entdeckung der Vererbungsgesetzmäßigkeiten (1865) erlaubte die Abkehr von mytholog.n, alchemist. oder ideolog. Annahmen über die V. Einen weiteren Erkenntnisfortschritt zeitigte die Entdeckung der Desoxyribonukleinsäure durch Avery (1944). Die → Humangenetik fand in der Struktur dieses Riesenmoleküls Informationsmöglichkeiten eingelagert, die die Erbanlagen (Gene) weitertradieren können. In Form der 23 Chromosomen-Paare ist die erbliche Gesamtinformation des Menschen gespeichert. Die Gene sind jedoch keine deterministischen Prinzipien. Was sie konkret zeitigen, hängt von der jeweil. Umwelt ab. Trotz der Erbe-Umwelt-Korrelation ist den Genen in bestimmten Fällen ein zwingender Manifestationsgrad eigen (z. B. Geschlecht, Rot-grün-Blindheit, Bluterkrankheit usw.); man unterscheidet deshalb zwischen umweltstabilen (d. h. unter verschiedenen Umweltbedingungen sehr ähnlich ausgeprägten) und umweltlabilen Eigenschaften. Die immer wieder auftretende Gen-Mutation (natürlich oder künstlich) relativiert von anderer Seite ebenfalls den strengen Determinationsaspekt. Wegen der ungeheuren Vielzahl der Kombinationsmöglichkeiten menschl. Erbinformationen ergibt sich faktisch eine solche Plastizität, daß ein statischer Begriff von → Begabung unhaltbar geworden ist. Selbst bei eineiigen Zwillingen (→ Zwillingsforschung) bleibt bei ähnlicher Umwelt noch genug Spielraum zur Entfaltung individueller Persönlichkeitsstrukturen. Andererseits ist die erbliche Disposition nicht so flexibel, daß die Testpsychologie überflüssig würde. Für begrenzte, wenig komplexe Prognosen kann sie durchaus kalkulierbare Grenz- und Richtwerte geistig-seelischer Leistungen ermitteln. Erziehlich kann die Überführung der Erbe/Umwelt-Korrelation in ein Reife-Lern-Verhältnis bei Rückfallverbrechern, in der Verbrechensprophylaxe sowie im verhaltenstherapeut. und sonderpäd. Bereich bedeutsam werden. Ein Spezialfall ist die → Hochbegabten-Förderung. Im Rahmen der päd. → Anthropologie ist die Vererbung kein isoliert zu betrachtendes Phänomen; interdisziplinäre Zusammenarbeit von Genetik, Ethologie, Zwillingsforschung, Psychologie und Soziologie usw. ist im Interesse empirisch abgesicherter Aussagen unumgänglich. → Anlage, → Bildsamkeit, → Humangenetik.

L.: A. Kühn, Grundriß der V.slehre, 1950, ⁶1973; H. Roth (Hg.), Begabung und Lernen, 1969, ¹¹1977; A. Jensen, Genetics and Education, London 1972; A. Kühn, O. Hess, Grundriß der V.slehre, 1972, neu bearb. ⁸1986; F. Vogel, A. G. Motulsky, Human Genetics, Berlin ²1986; R. Knippers, Molekulare Genetik, ⁵1993.

**Vergleichende Erziehungswissenschaft** (auch Vergleichende Pädagogik). Die Entwicklung der VE kann in vier, sich z. T. überschneidende Phasen eingeteilt werden: 1. der aus Neugier betriebene Vergleich des eigenen Bildungssystems mit demjenigen anderer Länder (Beispiele aus der Antike bis Ende des 19. Jh.); 2. das »päd. Ausleihen«, eingeleitet durch Marc-Antoine Jullien de Paris' »Esquisse et vues préliminaires d'un ouvrage sur l'éducation comparée« (1817), wo u. a. die Sammlung von Material über die Schulsysteme Europas durch eine »Commission spéciale d'éducation« vorgeschlagen wurde; dabei wollte man (oft im Auftrag von Regierungen) »das Beste« aus anderen Ländern in das eigene Bildungswesen importieren; 3. die Analyse des kulturellen Kontextes, eingeleitet durch Sir Michael Sadlers Rede (1900) über die problematische Verpflanzung von Bildungseinheiten über nationale Grenzen hinweg; von hier aus wurden »Triebkräfte« (Bedingungen und Ursachen) der Bildungssysteme von Völkern untersucht, z. B. Rasse, Sprache, Politik, Wirtschaft, Kultur, Religion usw.; 4. der Übergang von dieser geisteswiss. Phase in eine empirische und sozialwiss., in der das Vergleichen ein analytisches, explikatives und vorhersagbares (→ Bildungsplanung) Ziel anstrebte. In den letzten 20. J.n wird lebhaft darüber diskutiert, ob die VE eine »liberal art« (d. h. Geisteswiss.) oder eine »social science« sei und ob sie eine eigenständige interdisziplinäre Wiss., eine Teil- oder eine Grenzdisziplin der Päd. darstellt; diese Diskussion ist keineswegs abgeschlossen.

Sowohl der »Gegenstand« als auch die Methodologie, Zielsetzung und Funktion der VE ändern sich, je nachdem sie als Sozial- oder als Geisteswiss. verstanden wird, ob die Analyse mehr auf die Erfassung quantifizierbarer Zusammenhänge in bzw. zwischen verschiedenen Bildungssystemen zielt oder auf die verstehende Einsicht in das Erziehungsdenken und die Erziehungswirklichkeit. Tritt dort das pragmatische Interesse an Bildungsplanung und -effektivierung in den Vordergrund, so hier das Interesse an wissenschaftl.-pädagogischer Bildung durch die Konfrontation mit anderem. Gemeinsam ist aber die Auffassung, daß sich die Einsicht in päd. Fragen, Probleme und Begriffe durch die Ausweitung des Blickfelds auf andere oder breitere geographische, polit. und soziokulturelle Räume vertieft. Ausgehend von → Diltheys Grundsatz, daß die wechselseitige Beziehung des Allgemeinen und des Besonderen nur in der Methode des Vergleichs faßlich wird, sollen nicht nur generelle Prinzipien, sondern auch die Eigentümlichkeiten der individuellen Länder (einschließlich des eigenen) sichtbar werden.

Dem entspricht auch die Forderung der aktuellen VE nach einer kritischen und produktiven Auseinandersetzung mit den durch Globalisierung einerseits, Fragmentierung und Partikularismus andererseits bestimmten neuen int. Herausforderungen.

Die VE wurde in der BRD bes. im → Dt. Institut für Internationale Päd. Forschung (Frankfurt), in der Marburger Forschungsstelle für VE, in der Bochumer Arbeitsstelle für VE, aber auch an einzelnen Univ.n und durch die Arbeit der Kommission für VE in der Dt. Gesellschaft für Erziehungswiss. (DGfE) vorangebracht. Gegenwärtig hat sich ein deutlicher Schwerpunkt an der Humboldt-Univ. zu Berlin herausgebildet.

Maßgeblich für die Entwicklung der dt. VE in jüngerer Zeit sind u. a. → Anweiler, → Mitter, → Röhrs, → Froese, → Schriewer.

L.: M. A. Jullien de Paris, Skizzen und Vorarbeiten zu e. Werk über die Vgl. Erziehung, (frz. 1817), 1954; N. Hans, Comparative Education, London 1949, ³1958; I. L. Kandel, Comparative Education, Boston 1933; F. Schneider, VE, 1961; F. Hilker, Vgl. Päd., 1962; Bereday. G. Z. F., Comparative Method in Education, New York 1964; B. Holmes, Problems i. Education, London 1965; S. E. Fraser, W. W. Brickmann, A History of International and Comparative Education, Glenview 1968; E. J. King, Comparative Studies and Educational Decision, London 1968; H. J. Noah, M. A. Eckstein, Toward a Science of Comparative Education, London 1969; A. Busch u. a., VE, 1974; A. R. Trethewey, Introducing Comparative Education, Oxford 1976; V. v. Blumenthal u. a., Grundfragen der VE., 1981; J. Schriewer, Erz. und Kultur, in: W. Brinkmann,

K. Renner (Hg.) Die Päd. und ihre Bereiche, 1982, S. 185–236; J. García Garrido, Fundamentos de la Educación Comparada, Madrid 1982, ²1986; A. Hiang Chu Chang, La pedagogia comparata come disciplina pedagogica, Rom 1982; W. Mitter, J. Swift (Hg.), Erziehung und die Vielfalt der Kulturen, 2 Bde., 1985; W. Böhm (Hg.), Il concetto di pedagogia ed educazione nelle diverse aree culturali, Pisa 1988; C. E. Olivera, Comparative Education: towards a basic Theory, in: Prospects 18 (1988) 2; J. Schriewer u. B. Holmes (Hg.), Theories and Methods in Comparative Education, 1988, ³1992; S. B. Robinsohn, Comparative education, Jerusalem 1992; J. Schriewer, Internationalisierung der Päd. und VE., in: Päd., Erz.wiss., Bildung. Eine Einf. in das Studium, hg. v. D. K. Müller, 1994; J. Schriewer, Welt-System u. Interrelationsgefüge, 1994; B. Willmann (Hg.), Bildungsreform und VE., 1995; H. Röhrs, V. und int. E., 1995; Ch. Kodron, VE., Herausforderung, Vermittlung, Praxis, 2 Bde., (F. S. f. W. Mitter), 1997; J. Schriewer (Hg.), Discourse Formation in Comparative Education, 2000.

**Verhalten,** menschliches, die im Gegensatz zur inneren → Haltung oder Gesinnung äußerlich beobachtbare und entsprechend beschreibbare Aktivität eines Menschen. → Behaviorismus.

**Verhaltensgestörtenpädagogik** Im Zusammenhang mit der V. sind auch folgende Bezeichnungen gebräuchlich: Erziehungsschwierigkeit, Schwererziehbarkeit, Entwicklungsgestörtheit, -gehemmtheit, -schädigung, Gemeinschaftsschwierigkeit, -bedrängtheit, Sozialauffälligkeit, Dissozialität, Asozialität, → Verwahrlosung.
V. beschäftigt sich in Theorie und Praxis mit Kindern und Jugendl., die durch gestörtes oder störendes Verhalten Normen überschreiten. Mit dem Begriff Verhaltensstörung werden vielfältige Symptome und Symptomkombinationen in Verbindung gebracht, z. B. → Autismus, Erethie, Konzentrationsschwäche, → Schulangst, → Schulversagen trotz durchschnittl. bzw. überdurchschnittl. → Intelligenz, Einkoten, Einnässen, Schlafstörungen, Übererregbarkeit, Gefühlsarmut, Gedächtnisstörungen, Kommunikationsstörungen, → Aggression, Neurosen, Psychosen etc. Verhaltensstörungen sind anzusehen als ein Komplex somatischer, psychischer, rationaler, sozialer und individueller Faktoren, die die persönliche Entwicklung und die Eingliederung in die soziale Umwelt erschweren oder verhindern. Die Häufigkeit von Verhaltensstörungen ist abhängig von dem Konstrukt »Normalität«. So spricht der → Dt. Bildungsrat 1972 von etwa 1% verhaltensbehinderten (nicht durch 1–2j. Intensivmaßnahmen zu beheben) und von weiteren 3–4% verhaltensgestörten (zeitl. und umfangmäßig begrenzt), d. h. von → Behinderung bedrohten Kindern eines Jahrganges. Neuere dt. und angelsächsische Literatur aber nennt bis zu 25% verhaltensgestörte Kinder.
Die ersten Förder-, Erziehungs- und Beobachtungsklassen für Verhaltensgestörte wurden 1926 gegründet. Eine eigenständige Fachrichtung der → Sonderpäd. ist die V. seit dem Zweiten Weltkrieg. Die Ursachen für Verhaltensstörungen liegen in den Bereichen von Medizin (prä-, peri-, postnatale Organschädigungen, auch des Zentralnervensystems); Psychologie (nicht erfüllte Grundbedürfnisse nach Liebe, Geborgenheit, Sicherheit, Anerkennung und Erfolg; gestörte Eltern-Kind-Beziehung; gelerntes und fixiertes unangemessenes Verhalten durch ungünstige Modelle und Gegebenheiten); Soziologie (ungünstige Milieusituation: Teilfamilie, Heimaufenthalt, schlechte Wohnverhältnisse etc.); Päd. (wechselnde Bezugspersonen, sich ändernde Erziehungspraktiken, unterschiedl. Erziehungsstile, Erziehungsfehler, Überforderung, Leistungs- und Konkurrenzdruck etc.). Die V. schließt ein: Diagnostik (Entstehungsbedingungen, Art und Umfang der Verhaltensbeeinträchtigungen), → Beratung der Eltern und sonstiger Erzieher (Einzel-, Familien-, Gruppengespräche, prakt. Training), Fördererziehung (einzeln und/oder in Gruppen mit gesprächs-, spiel-, unterrichts-, arbeits-, verhaltens-, psychoanalytisch-, psychagogisch-orientierten Methoden).
Folgende Einrichtungen kümmern sich um die Belange der Verhaltensgestörten: Erziehungsberatungsstellen → (Frühförderung), Schulpsychologische Dienste, Kliniken (Kinderpsychiatrie), Fördererziehungsheime, Sonderschulen und -heime für Verhaltensgestörte. Ziel aller sonderpäd. Betreuung und Förderung bleibt auch hier die → Integration.

L.: H. Röhrs (Hg.), Das schwererziehbare Kind, 1969; K. J. Kluge, Päd. der Schwererziehbaren, 1973; G. Bittner, Chr. Ertle, V. Schmid, Schule und Unterricht bei verhaltensgestörten Kindern, in: Dt. Bildungsrat, Sonderpäd. 4, 1974; N. Myschker, V., in: Bleidick u. a. (Hg.), Einf. in die Behindertenpäd., Bd. 3, 1977; X. Havers, Erziehungsschwierige in der Schule, 1978; H. Kupffer (Hg.), Erz. verhaltensgestörter Kinder u. Jugendl., 1978, [2]1992; O. Speck (Hg.), Päd. Modelle für Kinder mit Verhaltensstörungen, 1979; ders., Verhaltensstörungen, Psychopathologie u. Erziehung. Grundlagen zu einer V., 1979, [2]1984; M. Charlton u. a., Konfliktberatung mit Kindern und Jugendl., 1980; P. F. Schlottke, H. Wetzel (Hg.), Psycholog. Behandlung von Kindern und Jugendl., 1980; H.-C. Steinhausen (Hg.), Das konzentrationsgestörte u. hyperaktive Kind, 1982; G. Lauth, Verhaltensstörungen im Kindesalter, 1983; K.-H. Beckmann, Verhaltensstörungen als päd. Problem, 1984; H. Bach, Schulintegrierte Förderung bei Verhaltensauffälligkeiten, 1984, [2]1987; W. Mutzeck, W. Pallasch (Hg.), Integration von Schülern mit Verhaltensstörungen, 1984, [4]1992; H. Bach u. a., Verhaltensauffälligkeiten in der Schule, 1986; U. Bleidick, Individualpsychologie, Lernbehinderungen u. Verhaltensstörungen, 1985; H. Grissemann, Hyperaktive Kinder, 1986, [2]1991; S. Grosse, Bettnässen, 1986; R. Voß, Anpassung auf Rezept. Die fortschreitende Medizinisierung auffälligen Verhaltens von Kindern und Jugendlichen, 1987; F. Petermann (Hg.), V., 1987; H. Goetze, H. Neukäter, Hdb. der Sonderpäd. Bd. 6: Päd. bei Verhaltensstörungen, 1989, [2]1993; H. Neukäter, Grundriß der V., 1992; G. Theunissen, Heilpädagogik u. soziale Arbeit mit verhaltensauffälligen Kindern u. Jugendlichen, 1992; Päd. u. Auffälligkeit, hg. v. K. Fitting u. E.-M. Saßenrath-Döpke, 1993; [2]1996; U. Petermann (Hg.), Verhaltensauffällige Kinder, 1994; E. Pflaumer, Bildung und Gesundheit, 1994; E. Perlwitz, Ambulante päd. Hilfe, 1995; G. Theunissen, Päd. bei geistiger Behinderung und Verhaltensauffälligkeit, 1995; H. Goetze, Einführung in die Päd. bei Verhaltensstörungen, [2]1996; W. Schmid, Histor. Wurzeln der Schule für Erziehungshilfe und deren Entwicklung zur Sonderschule, (Diss.) 1996.

**Verhaltenstherapie,** aus der Ablehnung der → Psychoanalyse heraus entstandene Therapierichtung mit einem hohen Grad der Wissenschaftlichkeit. In der experimentellen psycholog. Forschung entwickelte → Lerntheorien wie klass. (J. P. Pawlow) und instrumentelles (→ Skinner, C. L. Hull) Konditionieren sowie Lernen am Modell (A. Bandura) werden auf die klinische Behandlung gestörten Verhaltens angewendet. Der Mensch wird als reaktives Wesen gesehen, das durch die Interaktion mit der Umwelt determiniert sei. Persönlichkeit, Einstellungen und Formen der Psychopathologie gelten als Produkte von Lernvorgängen und sollen dementsprechend in der V. um- und »neugelernt« werden.

In der Therapie wird mit einer Verhaltensanalyse (von Häufigkeit, Dauer, Intensität, Ort und Zeit des Auftretens von Symptomen sowie von den das Problem hervorrufenden und erhaltenden Variablen) begonnen, spezifische und operationalisierte Ziele aufgestellt und eine Behandlungsstrategie (Ansatz beim Reiz, beim Symptom als der Reaktion oder bei den Konsequenzen derselben) entwickelt. Der aktive, direktive und gegenwartsorientierte Therapeut wendet Methoden wie z. B. Desensibilisierung, Entspannungstechniken, Flooding und Implosionstherapie (bei Ängsten und Phobien), Verstärkung (in Schule, Psychiatrie und bei Verhaltensstörungen), Aversionstherapie (bei Perversionen und Süchten), Stimulus- und Selbstkontrolle (bei Schlafstörungen und Zwangshandlungen), Selbstbehauptungstraining (bei Hemmungen), Rollenspiel, Shaping und Modeling (bei Mängeln im Verhaltensrepertoire), kognitive Techniken sowie Konflikt- und Problemlösungstraining an. Der V. wird häufig vorgeworfen, daß sie den Menschen als determiniert ansieht und ihn manipuliert.

L.: V. Kuhlen, V. im Kindesalter, 1972, [5]1977; P. Halder-Sinn, V., 1973, [3]1984; W. Belscher u. a., V. in Erziehung u. Unterricht, Bd. 1, 1973, [4]1976, Bd. 2, 1980; H. J. Kern, Verhaltensmodifikation in der Schule, 1974, 1976; C. Kraiker (Hg.), Hdb. der V., [2]1975; W. Redlin, V., 1977; M. J. Mahoney, Kognitive V., 1977, [2]1979; A. A. Lazarus, Multimodale V., 1978; M. R. Goldfried, G. C. Davison (Hg.), Klin. V., 1979; H. Mackinger (Hg.), V. i. d. klin. Praxis, 1979; H. J. Eysenck (Hg.), Verhaltenstherapeut. Fallstudien, 1979; S. Fliegel, Verhaltenstherapeut. Standardmethoden, 1981, [2]1989; P. L. Wachtel, Psychoanalyse u. V., 1981; M. Linden, M. Hautzinger (Hg.), V., 1981, [2]1993; U. B. Brack (Hg.), Frühdiagnostik u. Frühtherapie, 1986; I. Lückert, Die kognitive V. u. ihre päd. Implikationen, 1986; M. Beck (Hg.), Prävention u. Intervention bei Schulschwierigkeiten, 1986; Dt. Gesellschaft für V., Theorie u. Methoden, 1986; K. Hahlweg, Neuere Entwicklungen der V. bei Kindern, Ehepaaren u. Familien, 1987; A. O. Ross, V. mit Kindern u. Jugendl., 1987; B. Peter, C. Kraiker, D. Revenstorf, Hypnose u. V., 1991; R. Braun, Klassische V. bei schwer geistig behinderten Menschen, 1992; H. Lieb, R. Lutz (Hg.), V., 1992.

**Verkehrsunterricht** (VU) / **Verkehrserziehung** (VE), geht von der statistisch belegbaren Tatsache aus, daß Kinder im modernen Straßenverkehr in hohem Maße gefährdet sind und ihrerseits andere Verkehrsteilnehmer gefährden. VE und VU sollen die Kinder gegen

**Verleugnung**

diese Gefahren wappnen, indem sie ihnen einschlägiges Wissen (Verkehrsregeln, Grundsätze der Straßenverkehrsordnung) vermitteln, bestimmte Verhaltensweisen (Überqueren der Straße) lehren und verhaltensrelevante Dispositionen und Gewohnheiten für die Rolle als Verkehrsteilnehmer (Fußgänger, Radfahrer, Mofa-, Moped-, Motorrad- oder Autofahrer) einüben. VU wird nicht als Fach in den Lehrplan aufgenommen, sondern soll als Unterrichtsprinzip in verschiedenen Fächern berücksichtigt werden (→ Sachunterricht der Grundschule, Gemeinschaftskunde, → polit. Bildung etc.; auch Einsatz von Mitschülern und zum Teil Eltern als Schülerlotsen). Darüber hinaus finden an Schulen eigene Veranstaltungen zur VE statt. Mitglieder von Verkehrswacht und Verkehrspolizei stehen als Vortragende zur Verfügung. Als beispielhaft kann die Aktion »Sicher zur Schule – sicher nach Hause« der Dt. Verkehrswacht angesehen werden. Vielfach sind (z. T. mobile) Verkehrsgärten und Verkehrsübungsplätze für Kinder geschaffen worden. Im VU werden bes. häufig Medien (Dias, Filme) eingesetzt. Darüber hinaus soll die VE auch durch Beiträge in Zeitungen und Zeitschriften sowie Rundfunk- und Fernsehsendungen unterstützt werden. 1972 hat die → KMK eine eigene Empfehlung zur VE verabschiedet (Neufassung von 1994). VE wird unbefriedigend bleiben, solange sie sich nur an Schulkinder wendet und nicht auch die erwachsenen Verkehrsteilnehmer über kindliches und kindgerechtes Verhalten im Straßenverkehr aufklärt (wichtig auch das vorbildliche Verkehrsverhalten der Erwachsenen). Ebenso wenig darf VE Kinder nur zu »sachgerechtem« Verkehrsverhalten im Sinne einer Anpassung an die bestehenden (unmenschl. und kinderfeindl.) Verhältnisse führen wollen; vielmehr muß die Päd. hier mit allen Kräften für die Gestaltung einer zumindest weniger kinderfeindl. Verkehrsumwelt eintreten. (Verkehrsgerechtes Kind vs. kindgerechter Verkehr).

L.: I. Peter-Habermann, Kinder müssen verunglücken, 1979; I. Thomas, Bedingungen des Kinderspiels in der Stadt, 1979; D. Strecker, Didaktik der VE, 1979; F. Hürlimann u. a., Verkehrssicherheit in der Praxis, 1987; D. Manzey, R. Georges, Hdb. zur Vorschulverkehrserz., 1987; W.-R. Nickel (Hg.), Fahrverhalten und Ver-

kehrsumwelt, 1990; W. Schrom, Grundsätze zur Gestaltung des V.s in der Hauptschule, in: Päd. Welt 48 (1994); CD-ROM der Landesverkehrswacht Bayern. Arbeitsmittel für die VE bei der Dt. Verkehrswacht, 53338 Meckenheim; der AG Dter. Verkehrserzieher, 31246 Lahstedt und beim Verkehrsclub Dtl. (VCD), 53119 Bonn.

**Verleugnung.** Nach S. → Freud einer der → Abwehrmechanismen, wobei eine unerwünschte, zumeist äußere Realität zugunsten einer wunscherfüllenden Phantasie verleugnet wird. Zur Ermöglichung der Phantasie-Realität werden die ihr entgegenstehenden Sinneseindrücke blockiert oder ignoriert.

**Verschiebung.** Nach S. → Freud wird ein → Affekt auf ein »Ersatzobjekt« verschoben, wenn das ursprünglich mit dem Affekt verbundene Objekt nicht erreichbar ist. → Abwehrmechanismen, → Psychoanalyse.

**Verstärkung.** Zentraler Begriff in der behavioristischen Lerntheorie und Verhaltensforschung. Er bezeichnet Maßnahmen, die eine bestimmte Reaktion oder Erregung hinsichtlich der Häufigkeit und Intensität ihres Auftretens beeinflussen. → Skinner unterscheidet positive V. (Belohnung), negative V. (Nachlassen oder Ausbleiben schmerzhafter Reize), Bestrafung und Löschung. Zudem trennt er zw. primären (ursprünglichen, lebensnotwendigen) und sekundären (gelernten) Verstärkern und entwickelt eine Vielzahl von Verstärkerplänen. V. wird u. a. als Triebbefriedigung (C. L. Hull), Erregungszunahme (N. E. Miller) und Stiftung von Erwartungen (E. C. Tolman) gefaßt.

L.: K. Foppa, Lernen, Gedächtnis, Verhalten, 1965, ⁹1975; B. F. Skinner, Die Funktion der Verstärkung in der Verhaltenswiss., dt. 1969; ders., Was ist Behaviorismus?, dt. 1978; W. Leonhard, Behaviorismus und Päd., 1978; M. Hammerl, Effekte signalisierter V., 1991; H. J. Liebel, Einf. in die Verhaltensmodifikation, 1992.

**Vervollkommnung,** → perfectibilité.

**Verwahrlosung.** Der Begriff V. hängt von der jeweiligen Vorstellung des ›Normalen‹ ab und wird entsprechend den gesellschaftl. Bedingungen und von unterschiedlichen psycholog. und soziolog. Standpunkten verschieden definiert. Als Merkmale der V. gelten in der gegenwärtigen Praxis der → Fürsorgeerziehung häufiges Schuleschwänzen, Unzuverlässigkeit bei der Arbeit, vielfacher unbegründeter Stellen- und Berufswechsel, Eigentumsdelikte, Alkohol- und Drogenmißbrauch etc. → abweichendes Verhalten, → Ersatzerziehung, → Jugendkriminalität.

L.: A. Aichhorn, Verwahrloste J. (1925), 1971, [10]1987, Nachdr. 1994; J. Künzel, Jugendkriminalität und V., 1971; G. Steinvorth, Diagnose: V., 1973; H. C. Dechêne, V. und Delinquenz, 1975; K. Hartmann, Theoret. und empir. Beiträge zur V.forschung, 1977 (mit Bibl.); N. Herriger, V. Eine Einf. in Theorien sozialer Auffälligkeit, 1979, [2]1987; L. Gehrig, Verwahrloste Jugend – verwahrloste Gesellschaft, 1983; N. Derix, V. und Aggression, 1988; B. Rensen, Fürs Leben geschädigt: sexueller Mißbrauch und seelische V. von Kindern, 1992; S. Bernfeld, Sämtl. Werke, Bd. 11: Sozialpädagogik, hg. v. U. Herrmann, 1996.

**Vico,** Giambattista, * 23.6.1668 Neapel, † 23.1.1744 ebd.; lehrte Philosophie an der Univ. Neapel; kritisierte den Rationalismus und das Mathematisieren → Descartes' und verteidigte den Primat der Topik vor der Kritik und die schöpferische Phantasie der Mythen, in denen sich die Weisheit der primitiven Menschheit verbirgt. V. verstand Erziehung als ein hist. Ereignis, das durch Wiss. weder vorgeplant noch vorweggenommen werden kann; die päd. Methode erblickte er in der → Rhetorik.

Schr.: Gesamtausg., hg. v. F. Nicolini, G. Gentile, B. Croce, 8 Bde. 1914–41; Vom Wesen und Weg der geistigen Bildung, hg. v. F. Schalk, 1947; Autobiographie, dt. 1948; Prinzipien einer neuen Wiss. über die gemeinsame Natur der Völker, hg. v. V. Hösle u. Ch. Jermann, 1992.
L.: B. Croce, Die Philos. G.V.s, dt. 1927; A. R. Caponigri, Time and idea, London 1953; R. Wisser, Leibniz und V., (Diss. Mainz) 1954; G.V: nel terzo centenario della nascita, Neapel 1971; I. Berlin, V. and Herder, London 1972; F. Vaughan, The political philosophy of G.V., Den Haag 1972; G.V.s Science of Humanity, ed. G. Tagliacozzo and D. P. Verene, Baltimore 1976; G. Flores d'Arcais, G. V. in: Nuove questioni di storia di pedagogia, 3 Bde., Brescia 1977; C. Menze, Metaphysik, Gesch., Bildung bei G. V., in: Vjschr. f. wiss. Päd. (61) 1985; L. Pompa, V., Cambridge 1990; J. Mali, The Rehabilitation of Myth. V.s New Science, Cambridge 1992; N. Erny, Theorie und System der Neuen Wiss. von G.V., 1994.

**Villaume,** Peter, * 16.7.1746 Berlin, † 10.6.1825 Fuirendal (Dänemark); gehörte zum → Philanthropismus u. vertrat konsequent die päd. Gedanken der Frz. Revolution.

Schr.: Preisschr. über die Erziehung zur Menschenliebe, 1784, [2]1795; Über das Verhältnis der Religion zur Moral und zum Staat, 1791; Vermischte Abh., 1793, [2]1796; Bildung und Brauchbarkeit (v. J. H. Campe u. P.V.), hg. v. H. Blankertz, 1965; Gesch. des Menschen, hg. v. H. Heydorn, 1984.
L.: G. Funk, Die Päd. V.s, (Diss. Leipzig) 1894; R. Wothge, Ein vergessener Pädagoge der Aufklärung: P.V., in: Wiss. Zschr. der Univ. Halle/Wittenberg, Gesellschaftl.- und Sprachwiss. Reihe, 6 (1956/57); H. König, Zur Gesch. der Nationalerziehung in Dtl., in: Monumenta Paedagogica 1 (1960); G. Koneffke, Einleitung zu P.V. – Geschichte des Menschen, 1984.

**Visalberghi,** Aldo, * 1.8.1919 Triest, 1940 Dr. phil. Pisa, lehrte an den Univ.n Mailand, Turin und Rom; von → Dewey beeinflußt, vertritt er eine empirische Bildungsforschung und war Repräsentant Italiens in vielen internationalen Gremien.

Schr.: J. Dewey, 1951, [3]1973; Esperienza e valutazione, Turin 1958, [2]1975; Scuola aperta, 1960, [3]1973; Problemi della ricerca pedagogica, 1965, [2]1972; Educazione e divisione di lavoro, 1973, [2]1974; (mit anderen) Pedagogia e scienze dell'educazione, 1978; Neuausg. 1990; Insegnare ed apprendere, 1988; Introduzione all'educazione interculturale, Catania 1992; Misurare e valutare le competenze linguistique, Florenz 1995; John Dewey – Scienza, Prassi, Democrazia, Rom 1997.

**visuelle Bildung/Erziehung** (lat. *videre:* sehen), vB. bezeichnet also Bildung und Erziehung zum verantworteten und verantwortlichen Sehen speziell beim Umgang mit den (visuellen) Massenkommunikationsmitteln (Zeitungen, Zeitschriften, Bildreportagen, Film, Fernsehen). Bis jetzt hat sich vB. als Begriff aber noch nicht vollständig durchgesetzt. Die vB. ist bes. eine wichtige Aufgabe der → ästhet. Erziehung (visuelle Kommunikation), der → Kunsterziehung und der → polit. Bildung. Probleme und Programm einer vB. werden auch in einer umfassenden → Medienpäd. bzw. in einer Päd. der Massenkommunikationsmittel diskutiert.

**Vivekananda** (eigentl. Narendranath Datta), * 12.1.1863 Kalkutta, † 4.7.1902 Belur Nath. Bedeutender indischer Philosoph und Pädagoge, lehnte die materialistische Zivilisation Europas (Reichtum, Selbstsucht, »Haben«) ab und vertrat eine radikale Erziehung zu Armut, Selbstbescheidung, Nächstenliebe, »Sein« (vgl. → Marcel). Als Methode forderte er von Kindheit an die »liebende Arbeit«.

**Vives,** Juan Luis, * 6. 3. 1492 Valencia, † 6. 5. 1540 Brügge; bedeutender spanischer Humanist, Schul- und Sozialreformer; seine päd. Ideen wurden wegweisend für → Comenius und die → Jesuiten.

Schr.: Päd. Schr., hg. v. F. Kayser, 1896; Päd. Hauptschr., hg. v. Th. Edelbluth, 1912.
L.: P. Ilg, Die Selbsttätigkeit als Bildungsprinzip bei V., 1931; J. Esterlich, V., Paris 1942 (m. Bibl.); J. Gordon, L. V., 1945; F. D. Urmeneta, La doctrina psicológica y pedagógica de L. V., Madrid 1949; J. Kraus, Menschenbild und Menschenbildung bei J. L. V., (Diss. München) 1956; C. G. Noreña, J. L. V., Den Haag 1970; A. Buck, J. L. V., 1982; P. Dust, Three Renaissance Pacifists. Essays in the Theories of Erasmus, More and V., New York 1987; Ch. Strosetzki (Hg.), J. L. V.: sein Werk und seine Bedeutung für Spanien und Dtl., 1995.

**Vocatio/Vokation** (lat. Berufung), die kirchl. Beauftragung bzw. Erteilung der Befugnis und aufgrund vertraglicher Regelungen zw. ev. Kirche und Staat zugleich die unabdingbare Voraussetzung, in der Schule ev. Religionsunterricht zu erteilen. Die Verleihung der V. ist an bestimmte Studiennachweise gebunden, die in der Lehrerausbildung oder in eigens durchgeführten Fortbildungskursen erworben werden.

**Volksbüchereien.** Zu den Bibliotheken der mittelalterlichen Städte hatten in der Regel nur Privilegierte Zutritt. Ständische Organisationen schufen sich im 18. Jh. kleinere Bibliotheken. Am Anfang des 19. Jh. konnte H. Stefani in der unterfränkischen Grafschaft Castell erste Ansätze für V. in der Praxis erproben. Die Forderung nach V. zieht sich seit → Weitling durch die Programme der → Arbeiterbildung. Unter → Tews erzielte die »Gesellschaft für Verbreitung von Volksbildung« gewaltige Erfolge mit der Buchausleihe. Schon zuvor hatten auch kirchl. Organisationen ein weitverzweigtes Büchereiwesen gegründet (Borromäus-Verein u. a.). Im Unterschied zu den USA, wo schon im frühen 19. Jh. große Büchereien in staatl. Trägerschaft entstanden, haben die Gemeinden hierzulande die V. als päd. Aufgabe erst spät aufgenommen. Einer der großen Promotoren zu Beginn des 20. Jh. war Walter Hofmann.
→ Bibliotheken; → Büchereien, päd.

**Volkshochschule.** Der V.-Gedanke wurde von → Grundtvig in Dänemark entwickelt, aber erst von seinen »Schülern« bzw. Freunden verwirklicht. Die VHS-Bewegung begann in Dtl. noch vor dem ersten Weltkrieg (Mohrkirch-Osterholz) mit Institutionen nach skandinavischem Vorbild und setzte nach dem ersten Weltkrieg trotz Wirtschaftskrise und Inflation voll ein. Als Abend-V.n in den größeren Städten oder als Internatseinrichtungen auf dem Lande entstanden in wenigen Jahren hunderte von V.n. Im Dritten Reich konnten unter den einschneidenden staatl. Auflagen nur wenige V.n die traditionelle Arbeit fortsetzen. Nach 1945 verdankten die V.n ihren enormen Aufschwung (bis ca. 1953) dem Zustrom von Flüchtlingen, Heimatvertriebenen und Heimkehrern. Zusammen mit den Einheimischen wurde die V. zur Stätte der polit. Neuorientierung und der berufsbezogenen Bildung. In den 50er J.n brach dann ein altes Dilemma dt. → Erwachsenenbildung neu auf: die (unfruchtbare) Alternative zw. »bloß« utilitaristischer Zweckbildung und »reiner« Allgemeinbildung. Das Erwachsenenbildungs-Gutachten des → Dt. Ausschusses für das Erziehungs- und Bildungswesen von 1960 beendete diesen Prinzipienstreit mit einer Synthese. Lebhafte Auseinandersetzungen führten in den 60er J.n zur V. »neuen Typs«, die sich durch systematisierte Bildungsgänge nach dem → Baukastensystem und durch Abschlußzertifikate auszeichnet; ihre Organisationsform verschob sich vom eingetragenen Verein zur kommunalisierten Institution, aber finanzielle Engpässe der Kommunen setzten diesem Trend Grenzen. Erwachsenenbildungsgesetze am Ende der 60er J. und anfangs der 70er J. sollten durch Abkehr vom → Subsidiaritätsprinzip und eine rechtsverbindliche Etatisierung die längst fällige finanzielle Konsolidierung bringen. Der Streit um den sog. Monopolanspruch der V. gegenüber den »freien Trägern« hat die Formel überbrücken helfen: Die freien Träger können, die öffentl. Träger müssen Weiterbildungsangebote machen. Heute werden die beiden Grundfaktoren der V. – Marktcharakter und öffentl. Verantwortung – im Bereich der → Weiterbildung allg. anerkannt. Die V. wird voraussichtlich auch in Zukunft die bevorzugte Stätte der Erwachsenenbildung für das schulähnliche Lernen bleiben.

Zs.: Die V. im Westen 1 (1948) ff.
L.: G. Steindorf, Von den Anfängen der V. in Dtl., 1968; H. Dolff (Hg.), 25 J. Dt. V.-Verband, 1978; W. Strzelewicz u. a., Bildung und Lernen in der V., 1979; M. Hoyer, Zur Entwicklung des Bildungsverständnisses im Dt. V.-Verband, 1985; W. Kunstmann, V. zw. Autonomie und Anpassung, 1987; K. Aufderklamm, Einheit in der Vielfalt, 1987; D. Oppermann (Hg.), 75 Jahre V., 1995; D. Nellen (Hg.), Zukunft: Weiterbildung, 1996.

**Volkskunde,** die wiss. Erforschung der literar. und materiellen Volkskultur, also von Sitten, Gebräuchen, Einrichtungen, Lebensvollzügen etc. des »Volkes«. W. H. Riehl definierte V. als »Naturgesch. des Volkes auf den vier Säulen Sitte, Siedlung, Stamm und Sprache«. Er stand in der aufklär. Tradition der statist. Kameralwiss. zur »Beschreibung von Land und Leuten«, während die Linie der nationalen Volksentdeckung (→ Möser, → Herder) in die literar. → Romantik mündete: Sammlungen von Volksliedern (A. v. Arnim/C. Brentano: Des Knaben Wunderhorn) und → Märchen (Gebr. Grimm). In neuerer Zeit wurde die V. durch Sicherung und Auswertung neuer Quellen (statistischer u. ä.) und verstärkte Aufnahme sozialer und soziolog. (nicht nur museal-gegenständl.) Aspekte beträchtl. erweitert. Päd. wurde die V. außer in der → Lehrerbildung durch ihre grundlegende Beziehung zur → Heimatkunde bedeutsam. Heute könnten Ergebnisse der V. im → Geschichtsunterr. das Leben der unteren sozialen Schichten anschaul. vermitteln helfen. V. versteht sich heute als »Sozialgesch. regionaler Kultur« (W. Brückner).

Zs.: Zs. für V. 1 (1981) ff.; Schweizer Archiv f. V. 1 (1897) ff.; Jb. f. V. NF 1 (1978) ff.
L.: Vkdl. Bibl. (seit 1917) als Internat. Vkdl. Bibl., 1948 ff.; G. Lutz (Hg.), V. Ein Hdb. zur Gesch. ihrer Probleme, 1958; H. Bausinger, V., 1971, Reprint 1979; R. Beitl, Wörterbuch der dt. V., ³1974; R. W. Brednich, Grundriß der V., 1988; H. Gerndt, Studienskript V., 1990; G. Wiegelmann, Theoret. Konzepte der Europ. Ethnologie, 1990; H. A. Alzheimer, V. in Bayern. Ein bibl. Lexikon, 1991.

**Volksschule,** eine allgemeinbildende, unentgeltliche, öffentl. Pflichtschule; seit dem → Hamburger Abkommen (1964) und dem Konzept einer Stufenschule ist die V. als eine geschlossene Schulform aufgegeben worden. Der Begriff V. dient heute lediglich noch als zusammenfassende Bezeichnung für die → Grundschule und die → Hauptschule. Geistes- und ideengeschichtlich lassen sich nach Flitner 4 Quellen des V.gedankens aufzeigen: 1) die elementaren Schreib- und Rechenschulen des Mittelalters, die den Bedürfnissen der Kaufleute und Handwerker gerecht zu werden versuchten; 2) die katechetische Laienschulung während der Zeit der → Reformation und → Gegenreformation mit dem Ziel einer relig. Volksbildung; 3) die realistische Muttersprachenschule des 17. Jh., mit der → Ratke und → Comenius eine erste umfassende und konsequente Konzeption einer allg. Volksbildung zu verwirklichen suchten; 4) die Schule der volkstümlichen Geistesbildung im Anschluß an → Herder und die Fortführung der Theorie einer »volkstümlichen Bildung« (→ Spranger), die an den bildenden Gehalten in Sprache, Volkstum und Heimat anzuknüpfen suchte. Gerade dieser Gedanke einer → volkstümlichen Bildung wurde mit dem Ausbau der Volksschuloberstufe zur → Hauptschule und der Neuorientierung der → Grundschule aufgegeben zugunsten einer differenzierten, rationalen Auseinandersetzung mit den Problemen, Forderungen und Sachstrukturen der modernen Welt.

L.: R. Menzel, Die Anfänge der V. in Dtl., 1958; H. Glöckel, Volkstüml. Bildung? Versuch e. Klärung, 1964; W. Flitner, Die vier Quellen des V.gedankens, 1954, ⁶1966; E. Spranger, Der Eigengeist der V., 1955, ⁶1966; Th. Dietrich, J.-G. Klink (Hg.), Zur Gesch. der V., Bd. 1, 1972; W. Scheibe (Hg.), Zur Gesch. der V., Bd. 2, 1974.

**volkstümliche Bildung,** von → Jahns 1810 geprägtem Begriff Volkstum (als leibl.-geistigsittl. Einheit eines Volkes) hergeleitet, bezeichnet v. B. eine 1930–60 wirksame, auf den »schlichten, einfachen, praktischen Menschen« (R. Seyfert) abgestimmte Bildung einschl. ihrer theoretischen Begründung. Im anschaulich-handwerklichen Denken des heimatverwurzelten einfachen Mannes (sog. Volksdenken) sah man eine situationsgebunden-natürliche und von der wiss. deutlich unterschiedene Weltsicht, der eine entsprechende Bildung zu dienen habe. Diese dem einfachen Volk gemäße und allgemeinverständliche v. B. sollte den »Eigengeist der Volksschule« bestimmen; als solche hat sie in der Volksschullehrerschaft lange Zeit Zustimmung erfahren und nach 1945 zur Rechtfertigung des → dreigliedrigen Schulsystems gedient. Der v. B. entgegen wirkte v. a. der Grundsatz eines wiss.orientierten Lernens. → Volksschule.

L.: R. Seyfert, V. B. als Aufgabe der Volksschule, 1931; G. Schietzel, Das volkstüml. Denken und der sachkundl. Unterricht in der Volksschule, 1939, ²1948; K. Stieger, Unterricht auf werktätiger Grundlage, 1951; W. Flitner, Die 4 Quellen des Volksschulgedankens, 1954; E. Spranger, Der Eigengeist der Volksschule, 1955; K. Stöcker, Volksschuleigene Bildungsarbeit, 1957; H. Freudenthal, V. B., 1957; H. Glöckel, V. B.?, 1964 (Bibl.); H. U. Molzahn, »V. B.« und Deutschunterricht, 1981.

**Vollzeitschule,** Schulen, die die gesamte dem Schüler für Lernen und Arbeit verfügbare Zeit beanspruchen. Sie können organisatorisch als → Halbtags- oder → Ganztagsschulen verwirklicht sein. Zu den V.n zählt man Grundschule, Hauptschule, Realschule, Gymnasium, Fachschulen, Berufsfachschulen, Fachhochschulen sowie Hochschulen.

**Volpicelli,** Luigi, * 13. 6. 1900 Siena, † 17. 6. 1983 Rom, 1921 Dr. jur. Rom, Schüler G. → Gentiles; 1939–70 o. Prof. für Päd. Univ. Rom (Nachfolger G. → Lombardo-Radices). Sein weitgespanntes und umfangreiches Œuvre reicht von allg. Fragen der Kultur über Geschichte, Theorie und Organisation des Bildungswesens zur → Vergleichenden Erziehungswiss. und ist von einer humanistischen Grundhaltung durchdrungen.

Schr.: Scuola e lavoro, Rom 1940; Die sowjet. Schule (1950), 1958; Teoria della scuola moderna, Mailand 1951; L'educazione contemporanea, 3 Bde. Rom 1959–66; (m.T.Valdi), Prospettive europee della scuola, Mailand 1968; Educazione umanistica, Teramo 1971; Pedagogia sotto voce, Bari 1977.

**Vorbild,** neben Beispielen gelebten Lebens und neben dem argumentierenden Gespräch kommt dem V. eine hervorragende päd. Bedeutung zu. Zum V. für einen anderen wird eine Person, deren konkreter Lebensvollzug so sehr überzeugt, daß jener sein eigenes Handeln und Leben freiwillig daran orientiert und ihm nachzufolgen strebt. Dieses Nacheifern meint nicht ein kritikloses Nachahmen oder eine unreflektierte Identifikation, und der Erzieher kann sich auch nicht selbst als V. setzen, ohne damit das Wesen des V.s zu zerstören.

L.: E. Hufnagel, Päd.V.theorien, 1993; H. U. Ahlborn, Werteerz. durch V. lernen, 1996.

**Vorhaben** ist die Bezeichnung für eine Lehrform, die O. Haase 1932 in die päd. Diskussion einführte und an der einzelne Schülergruppen oder die ganze Klasse beteiligt sind. Das V. ist eine gemeinschaftl. Arbeitsaufgabe, deren Planung, Durchführung und Vollendung aus einem echten Bedürfnis des kindl. und jugendl. Lebens erwächst und der Förderung der → Selbsttätigkeit und des Gemeinschaftsgeistes dient. Beispiele für V. sind die Herausgabe einer Schülerzeitschrift, die Herstellung von Arbeitsmitteln und Anschauungsmitteln, der Bau eines Puppentheaters oder einer Wetterstation, die Vorbereitung eines Landschulheimaufenthaltes etc.

L.: J. Kerschensteiner, O. Haase, Natürl. Unterricht, 1948.

**Vorklasse.** In den 60er Jahren wurde zur Förderung der Fünfj. die V. eingeführt, um Kinder gezielt auf die Anforderungen der → Grundschule vorzubereiten. Die V.n wurden 1968–74 als Modellversuche in mehreren Bundesländern durchgeführt.
Im Gegensatz zu dem traditionellen → Schulkindergarten wurde in der V. als integriertem Bestandteil der Grundschule schulisches Lernen vorweggenommen, da die Form der Förderung sich an der schulischen Struktur und Organisation orientierte. Die V. grenzte sich damit bewußt gegen den → Kindergarten ab, dessen Erziehungsbedingungen und -möglichkeiten in bezug auf einen erfolgreichen Schulbesuch von den Befürwortern der V. in Frage gestellt wurden.
Mit Hilfe der V. sollte eine Vorverlegung der Schulpflicht und damit eine Frühförderung für alle Kinder erreicht werden. Nach heftiger Kritik an der V. (und der Schule überhaupt) sieht man heute zunehmend wieder den Kindergarten als geeignete Erziehungsstätte für die 3- bis 6j. an und bemüht sich um eine engere Zusammenarbeit zw. ihm und der Grundschule.

L.: W. Ferdinand, Chancengleichheit durch V.n? 1971; L. Pichottka (Hg.), Kindergarten oder V.? 1973; E. Schmalohr u. a., V. u. Kindergarten aus der Sicht des Erziehers, 1974; Die Fünf. Kindergarten oder V., hg. v. der Red. »betrifft erziehung«, 1978; S. Hebenstreit, Der Übergang vom Elementar- zum Primärbereich, 1979.

**Vorschule,** (hist.), nicht zu verwechseln mit → Vorschulerziehung, eine drei. schulgeldpflichtige öffentl. oder private Vorbereitungsanstalt für höhere Schulen, früher v. a. in Preußen verbreitet. 1919 durch die Weimarer Verfassung aufgehoben und 1920 auf Grund des Reichsgrundschulgesetz durch die für alle Kinder verbindl. Grundschule abgelöst. Im GG der BRD (1949) wird diese Regelung ausdrücklich bestätigt.

**Vorschulerziehung.** Im weitesten Sinne die gesamte Erziehung des Kindes vor Eintritt in die Schule, im engeren Sinne die institutionalisierte Erziehung im vorschulpflichtigen Alter (z. B. Kindergarten), im engsten und stark eingeschränkten Sinne die gezielte Vorbereitung des Kindes auf die Schule (z. B. sog. → Vorklassen). Gedanken und Ratschläge für die Kindererziehung finden sich in der Geschichte der Päd. schon früh und zahlreich (z. B. Platon, Plutarch, Comenius, Locke, Rousseau, Pestalozzi, Fröbel, Montessori); die institutionalisierte V. entstand und entwickelte sich im Gefolge und parallel zur Industrialisierung als Kinderbewahranstalt und/oder als → Kindergarten. Der Kindergarten als klass. Einrichtung der V. erhielt zu Beginn des 20. Jh.s seine überdauernde Gestalt in der → Reformpäd. und durch die zeitgenössische Entwicklungspsychologie. In den 60er J.n wurde die V. (in den Industrie- und dann auch in den Entwicklungsländern) zeitweilig zum vorrangigen päd. und bildungspolit. Thema. Erkenntnisse der Begabungs- und Sozialisationsforschung über den Zusammenhang von Begabung und sozialer Herkunft und über die Möglichkeit umfassender Förderung frühkindl. Lernens sowie neue Vorstellungen über die sozialerzieherischen Ziele (z. B. → antiautoritäre Erziehung, Kinderläden) führten zu der allg. Zielsetzung, die Bildungschancen von Kindern soziokulturell benachteiligter Gruppen zu verbessern, und zwar durch den quantitativen Ausbau der V. und durch neue inhaltl. Konzepte. 1970 faßte der → Strukturplan die V. im sog. Elementarbereich als erste Stufe des öffentl. Bildungswesens zusammen; danach entzündete sich der Streit v. a. an der Zuordnung der 5j. V. (versch. Modellversuche); nachdem zunächst quasi-didaktische Materialien zum Frühlesen, -rechnen, -lernen den Markt überschwemmten, führte eine breit angelegte Curriculumforschung zu verschiedenen Ansätzen: a) ein lernbereichsorientierter (auf die Fächerstruktur der Grundschule bezogen), b) ein disziplinorientierter (Frühlernen der in jeder Wissenschaftsdisziplin enthaltenen prinzipiellen Begriffe, Verfahren und Einsichten), c) ein entwicklungspsychologisch-funktionalistischer (Lernprogramme zur Förderung der kognitiven, affektiven und motivationalen Faktoren der kindl. Persönlichkeit), d) ein sozialisationstheoretischer (vor allem auf der Grundlage des → symbolischen Interaktionismus) und e) ein situationsbezogener Ansatz, der darauf zielt, das Kind in gegenwärtigen und zukünftigen → Situationen in autonomer und kompetenter Weise Denken und Handeln zu lehren. Am Ende dieser Diskussion konnte sich der situationsorientierte Ansatz weitgehend durchsetzen: enger Bezug des kindl. Lernens zu seiner Lebenssituation, Integration von sachbezogenem und sozialem Lernen, aktive Mitarbeit von Eltern und Laienpädagogen, altersgemischte Gruppen und Offenheit gegenüber anderen Lern- und Erfahrungsmöglichkeiten. Als geeignetster Ort für diese Form der V. scheint sich auf lange Sicht nach wie vor der (reformierte) Kindergarten zu erweisen. → Kindheit, → Kleinkinderziehung, → Spiel.

L.: E. Barow-Bernstorff, Beiträge zur Geschichte der V., 1960, [8]1988; D. Höltershinken (Hg.), V., 2 Bde. 1971–73; E. Hoffmann, V. i. Dtl., 1971; S. J. Braun, E. P. Edwards, History and Theory of Early Childhood Education, Worthington (Ohio) 1972; K. Meiers (Hg.), V., 1973; G. Mialaret, L'éducation préscolaire dans le monde, Paris 1975; A. Baumgartner, Vorschulische Erziehung, 1975; Hdb. der Früh- und Vorschulpäd., 2 Bde., hg. v. R. Dollase, 1978; Wörterbuch der V., 2 Bde., hg. v. M. M. Niermann, 1979; Quellen zur Kleinkindererziehung, hg. v. E. Dammann u. H. Prüser, 1981; K. Renner, Vorschulerziehung als Rekonstruktion v. Kindheit?, in: Die Päd. u. ihre Bereiche, hg. v. W. Brinkmann u. K. Renner, 1982; W. Harth, P. Kergomard und die Entwicklung der V. in Frankreich,

1982; G. Erning, Gesch. des Kindergartens, 2 Bde., 1987; J. Schäfer, Geschichte der V., 1987; Chr. Nitz (Hg.), Praxis der V., 4 Bde., 1988; G. Brachhaus (Hg.), Pädagogische Texte zur V., 1989; Ch. Büttner, V. auf dem Weg nach Europa. Multikulturelle Erziehung und Europäisierung, 1996; H. W. Fuchs, V. und allgemeinbildendes Schulwesen in den neuen Bundesländern, 1996.
Zs.: Klein & gross: Fachmagazin für Vorschulpädagoginnen und Eltern, Berlin (vierteljährl.)

**Vorurteil,** ein voreiliges Urteil, »das vor der endgültigen Prüfung aller sachlich bestimmten Momente gefällt wird« (H. G. Gadamer). Hat das V. in diesem Sinne – als unbegründetes Urteil – einen deutlich negativen Charakter, hat Gadamer es als ein hermeneutisches Prinzip rehabilitiert und seine produktive Bedeutung für das Sinnverstehen aufgezeigt. → Hermeneutik.
Soziale V.e richten sich gegen → Gruppen oder einzelne als Gruppenangehörige; aufgrund ihrer Vereinfachung (»Schwarz-Weiß-Malerei«) erleichtern sie soziale Orientierung und Identifikation (Fremd- und Selbstbild), hemmen aber Prozesse des reflektierten Nachdenkens und der prüfend differenzierenden → Erfahrung. Da sich V.e schon in Kindheit und Jugend bilden und durch autoritäre und gruppenkonforme Erziehungsweisen verfestigen, lassen sie sich nur schwer auflösen (z. B. durch Reflexion, durch psycho- und gruppendynamische Prozesse, durch → Interaktion und Integration mit Randgruppen etc.). → multikulturelle Erziehung, → Ausländerpäd., → Menschenrechte, → Rassismus.
L.: H. Strzelewicz (Hg.), Das V. als Bildungsbarriere, 1965, ³1972; H. G. Gadamer, Wahrheit und Methode, 1960 u. ö.; J. Habermas, Hermeneutik und Ideologiekritik, 1971; G. W. Allport, Die Natur des V.s, dt. 1971; J. Rattner, Psychologie des V.s, 1971; K. D. Hartmann, V.e, Ängste, Aggressionen, 1975; L. H. Kidder, V. M. Stewart, V.e, dt. 1976; W. Sacher, Urteilsbildung oder Emanzipation? 1976; ders. (Hg.), Päd. und V., 1976; E. Barres, V.e, 1978; H. Schnorr, R. Witt, Lexikon der V.e, 1983; B. Estel, Soziale V.e und soziale Urteile, 1983; B. Schäfer, F. Petermann, V.e und Einstellungen, 1988; Stereotyping and Prejudice, ed. D. Bar-Tal et al., New York u. a. 1989; M. Struck, Soziale V.e in unserer Gesells., 1989.

# W

**Wagenschein,** Martin, * 3. 12. 1896 Gießen, † 3. 4. 1988 Darmstadt; Gymnasiallehrer, 1950 Lehrbeauftragter TH Darmstadt, 1956 Honorarprof. Univ. Tübingen. W. versuchte durch → exemplarisches und genetisches Lehren und Lernen zum Verstehen grundlegender Sachverhalte und Gesetze, bes. in Mathematik und Naturwiss.n, zu führen, also das → Fundamentale und → Elementare dieser Fächer im Unterricht fruchtbar zu machen.
Schr.: Natur physikal. gesehen, 1955, ⁷1975; Die Erde unter den Sternen, 1955, ³1965; Die päd. Dimension der Physik, 1962, ⁴1976; Ursprüngl. Verstehen und exaktes Denken Bd. I: 1965, ²1970, Bd. II: 1970; Verstehen lehren, 1968, ¹⁰1992; Erinnerungen für morgen, 1983, ²1989.
L.: H. Ch. Berg (Hg.), Naturphänomene sehen und verstehen, 1980; Henning-Kaufmann-Stiftung (Hg.), Genet. Lehren, 1986; B. Redeker, M. W. phänomenolog. gelesen, 1995; J. Bock u. a., M. W.: das genetisch-sokratisch-exemplarische Prinzip, 1996; H. Bußmann, M. Soostmeyer, Die ungebrochene Bedeutung des exemplarisch-genetisch-sokratischen Lehrens und Lernens, in: Päd. Rdsch. 56 (1996) 6; Für eine neue Lernkultur (FS zum 100. Geb.tag), hg. v. G. Heursen u. a., 1997.

**Wagnis** → Risiko.

**Wahlbereich,** umfaßt eine Anzahl von Fächern, in denen die Schüler durch ihre Wahlmöglichkeit Schwerpunktbildungen nach Interessen, Fähigkeiten und Ausbildungswünschen vornehmen. Man unterscheidet 1) Wahlfächer, die sich über mehrere Schuljahre erstrecken; 2) Wahlkurse, die auf einen bestimmten Zeitabschnitt oder auf das Schuljahr begrenzt sind; 3) Wahlpflichtfächer oder Wahlpflichtkurse, die in die Pflichtstundenzahl einbezogen sind.

**Waisenfürsorge** ist einer der ältesten Zweige der Fürsorge. Die ersten Findel- und Waisenhäuser reichen ins frühe Mittelalter zurück. Kriege und Epidemien führten vom 17. Jh. an vermehrt zu Waisenhausgründungen, die meist den örtl. Armen- und Krankenhäusern angeschlossen wurden und in denen oft Mißstände (Kinderarbeit; Zusammenleben der Kinder mit Dirnen, Geisteskranken, Verwahrlosten, Kriminellen und hilflosen Alten) herrschten. Unter dem Einfluß des → Pietismus (bes. A. H. → Franckes) wurden in der W. (vom Merkantilismus beeinflußt) wirtschaftl. und erzieherische Gesichtspunkte miteinander verknüpft. Die → Aufklärung sowie die Gründungen von → Pestalozzi, → Fellenberg und → Wehrli in der Schweiz verstärkten den päd. Aspekt und führten vielerorts zur Umwandlung der W. in Familienpflege. Die Waisenhäuser blieben jedoch im wesentl. caritative, von Stiftungen und vor allem von den Kirchen getragene Einrichtungen. Erst im 20. Jh. nahmen sich auch staatl. und kommunale Behörden in stärkerem Maße der W. an. Gesetzl. Grundlage der W. wurde zunächst das Jugendwohlfahrtsgesetz (JWG) von 1961, das die Träger der → Jugendhilfe zur W. verpflichtete. Heute ist das JWG abgelöst durch das Kinder- und Jugendhilfegesetz (KJHG), das Kinder- und Jugendhilfe als sozialpädagogische Dienstleistung begreift und neben der Heimerziehung einen verstärkten Ausbau der Familienpflege fordert. Ziel der W. bleibt die volle Eingliederung der elternlosen Kinder in Familien, z. B. durch Pflegekindschaft oder Adoption. An die Stelle der früheren Waisenhäuser sind heute Kinderheime, heilpäd. Pflegeheime, z. T. mit Internatscharakter, und → Kinderdörfer getreten.

L.: F. R. Röper, Das verwaiste Kind in Anstalt und Heim, 1976; M. Nienstedt, Pflegekinder, 1989, ³1992; U. Gintzel (Hg.), Erziehung in Pflegefamilien, 1996, A. Tirey, Das Pflegekind in der Rechtsgeschichte, 1996.

**Waldorf-Pädagogik,** auf R. → Steiner zurückgehende Erziehungslehre und -kunst, die auf der von ihm entwickelten anthroposophischen Menschenkunde beruht. Danach entfaltet der Mensch in einem 7-Jahres-Rhythmus seinen »Physischen Leib«, den »Bilde-Kräfte-« oder »Ätherleib«, den »Empfindungs- oder Astralleib« und den »Ich-Leib« (das eigene → Ich); dabei sind verschiedene Kräfte am Werke: die Schwerkraft, die Wachstumskraft, die Bewegungskraft und die Kraft des Selbstbewußtseins. Im ersten Lebensjahrsiebt lernt das Kind bes. durch → Nachahmung, im zweiten erwacht die Lernfähigkeit und verlangt nach Bildern aus der Wirklichkeit und Phantasie. Der Erzieher hat deshalb dem Kind bis zum 7. Lj. vor allem → Vorbild, danach → Autorität und Führer zu sein. Im dritten Jahrsiebt bildet sich die Urteilskraft heraus; der Lehrer muß jetzt dem Schüler zu eigenem sachgerechten Urteilen verhelfen, und zwar nicht einseitig intellektuell, sondern unter Beteiligung aller seelischen Kräfte. Überhaupt verurteilt die W.-P. jede Intellektualisierung und zielt auf ein Gleichgewicht von Gemüts-, Gefühls-, Erlebnis- und Gestaltungskräften. Dabei gewinnt bes. Bedeutung die Eurythmie, eine von Steiner entwickelte Bewegungskunst, bei der Sprachlaute und Töne in Bewegung umgesetzt werden. Die W.-P. ist heute zu einer weltweiten, jedoch keineswegs unumstrittenen Erziehungsbewegung geworden. → Waldorf-Schulen, → rhythmische Erziehung.

L.: F. Carlgren (Hg.), Erziehung zur Freiheit, 1973 u. ö.; I. Kirch, Die W.-P., 1973; W. Kugler, R. Steiner und die Anthroposophie, 1978; K. Prange, Erziehung zur Anthroposophie. Darstellung und Kritik der W.-P., 1985 u. ö.; H. Ulbrich, W.-P. u. okkulte Weltanschauung, 1986, ³1991; O. Hausmann (Hg.), Pro und Contra W.-P., 1987, ²1992; F. Krämer u. a., Anthroposophie u. W.-P., 1987; H. Ullrich, Päd. als Mythos und Ritual, in: Die Dte. Schule 81 (1989) H. 4; F. Bohnsack, E.-M. Kranich (Hg.), Erz.wiss. u. W. P., 1990; W. Schneider, Das Menschenbild der W.-P., 1991, ²1992; T. Rest, W.-P., 1992; H. Barz, Anthroposophie im Spiegel von Wiss.theorie und Lebensweltforschung, 1993; L. Kowal-Summek, Die Päd. R. Steiners im Spiegel der Kritik, 1993; G. Kniebe, Aus der Unterrichtspraxis an Waldorf-/Rudolf Steiner Schulen, 1997.

**Waldorf-Schule,** aus der → Waldorf-Pädagogik hervorgegangene Schule; der Name rührt von der ersten, 1919 auf Initiative des Direktors der Waldorf-Astoria-Zigarettenfabrik in Stuttgart entstandenen W.-S.
Nach → Steiner sind Wirtschaft, Recht und Kultur drei voneinander unabhängige Gesellschaftsfunktionen mit den ihnen zugeordneten Zwecken: Brüderlichkeit, demokrat. Gleichheit, geistige Freiheit. Die W.-S. als freie Schule (frei von den Anforderungen der Wirtschaft, der Industrie und des Staates) soll die individuellen Begabungen und ein schöpferisches Geistesleben fördern. Ihr Lehrplan beruht auf den Siebenjahreszyklen und wird innerhalb dieser näher ausgefüllt, z. B. 1. Schulj. Märchen; 2. Schulj. Fabeln u. Legenden; 3. Schulj. Altes Testament; 4. Schulj. nordische Götter u. Heldensagen; 5. Schulj. griech. Mythologie etc. Neben traditionellen geistes- und naturwiss. Inhalten sollen musi-

sche Schwerpunkte eine allseitige und ganzheitl. Entfaltung ermöglichen. Dabei setzt erst im 8. Schulj. eine Differenzierung in abgegrenzte Fächer ein.

Der Tagesrhythmus beginnt mit dem 2stündigen Hauptunterricht, in 6wöchigem Epochenunterricht werden geschlossene Fachgebiete bzw. -themen behandelt; danach folgen die Lern- und Wiederholungsfächer (z. B. Fremdsprachen); am frühen Nachmittag stehen in der Regel die künstlerisch-praktischen Beschäftigungen an. Die W.-S. als nicht konfessionsgebundene Einheitsschule für beide Geschlechter ist durch kollegiale Selbstverwaltung der Lehrerschaft und aktive Mitarbeit der Eltern gekennzeichnet. Da die W.-S. Leistungs- und Notendruck, Stoffüberfüllung und frühe → Selektion und Spezialisierung verhindert, ist sie in letzter Zeit zu einer sehr erfolgreichen → Alternativ-Schule geworden. W.-S.n führen bis zur Reifeprüfung; ihnen ist fast immer ein Waldorf-Kindergarten (Betonung von Phantasie und frei-schöpferischem Tun) vorgelagert.

L.: J. Tantz, Die freie W.-S., 1972; C. Lindenberg, W.-S.n, 1975; W. Rauthe, Die W.-S. als Gesamtschule, 1975; Waldorf-Päd. in öffentl. Schulen, 1976; S. Leber, Die W.-S. im gesellschaftl. Umfeld. Zahlen, Daten und Erläuterungen zu Bildungslebensläufen ehem. Waldorfschüler, 1981; ders. u. a., Die Päd. d.W.-S. und ihre Grundlagen, ³1992; H. Barz, Anthroposophie im Spiegel von Wiss.theorie und Lebensweltforschung, 1993; W. Müller, »Ver-Steiner-te« Reformpäd. oder: ist die W.-S. trotz Anthroposophie eine gute Schule, in: W. Böhm, J. Oelkers (Hg.), Reformpäd. kontrovers, 1995, ²1999; H. Barz, Kindgemäßes Lernen, 1996.

**Wales** → Vereinigtes Königreich.

**Wallon,** Henri, * 15. 6. 1879 Paris, † 1. 12. 1962 ebd., lehrte seit 1920 Psychologie an der Sorbonne, gründete 1925 das Laboratorium für Kinderpsychologie an der *Ecole practique des Hautes Etudes*; hatte 1937–49 den ersten Lehrstuhl für Psychopäd. am *Collège de France* inne. Begründer und Hauptvertreter der → Psychopäd. Legte 1947 mit Paul Langevin den nach ihnen benannten Reformplan für das Bildungswesen in → Frankreich vor.

Schr.: Les origines du caractère chez enfant, Paris 1934; Die psych. Entwicklung des Kindes (frz. 1941), 1950; Les origines de la pensée chez l'enfant, 2 Bde., Paris 1945; Grundzüge der angewandten Psychologie, dt. 1948.

L.: H. W., Pour l'Ere Nouvelle, No. special, 1979.

**Wandel, sozialer,** die Summe der Veränderungen, die in einer Gesellschaft in einem bestimmten Zeitabschnitt eintreten, sei es in makrosozialen (Übergang vom agrarisch-feudalaristokratischen Ständestaat zur industrialisierten Leistungsgesellschaft), sei es in mikrosozialen Bereichen (z. B. Kontraktion der Familie von groß- zu kleinfamilialen Formen bei gleichzeitigem Geburtenrückgang). Ursachen des soz. W.s sind angemessen nicht monokausal (durch technische Innovationen, die Entwicklung der Produktivkräfte und Produktionsverhältnisse, ideologische Veränderungen), sondern nur mehrdimensional erklärbar unter Einschluß der ideellen Komponenten und Faktoren (Aufklärung, Demokratisierung, »protestantische Ethik« usf.). Die Rolle der Erziehung für die Beförderung soz. W.s ist ebenso oft hervorgehoben wie überschätzt worden. Ohne flankierende soziale, ökonom., polit. usf. Maßnahmen kann eine Gesellschaft durch eine neue Erziehung bzw. eine umfassende Bildungsreform allemal nicht reformiert werden.

L.: W. F. Ogburn, Social Change, New York 1922; H. P. Dreitzel (Hg.), Soz.W., 1967; K. Mannheim, Mensch u. Gesells. im Zeitalter des Umbaus, 1935, ²1967; W. E. Moore, Strukturwandel der Gesells., dt. 1967; W. Zapf (Hg.), Theorien des soz. W.s, 1969; K. H. Tjaden, Soz. System und soz. W., 1970; N. Elias, Über den Prozeß der Zivilisation, 2 Bde., 1976; W. Jäger, Gesells. und Entwicklung, 1981; M. Schmid, Theorie sozialen W.s, 1982.

**Wander,** Karl Friedrich Wilhelm, * 27. 12. 1803 Fischbach (Schlesien), † 4. 6. 1879 Quirl (Riesengebirge); Volksschullehrer, wegen liberaler und demokratischer Gedanken 1849 vom Schuldienst suspendiert; entschiedener Vorkämpfer einer Emanzipation des Lehrerstandes, suchte diesem seine gesellschaftl. und polit. Verantwortung einzuschärfen; W. forderte schon 1845 eine akademische Lehrerbildung an Päd. Fakultäten der Univ.n; bildungstheoretisch ist er der Vorläufer einer ideologiekritischen Päd.

Schr.: Die Volksschule als Staatsanstalt, 1842; Der geschmähte Diesterweg, 1843; Die alte Volksschule und die neue, 1848; Offene Erklärung an ein hohes Ministerium der Geistl. und Unterrichtsangelegenheiten, 1848; Dt. Sprichwörterlex., 5 Bde., 1863–1880; (unter Pseudonym B. G. Wuntschli) Päd. Briefe vom Rhein an den Verfasser der »Völkerschule als Staatsanstalt«, 1845.

L.: R. Hoffmann, Der »Rote W.«, 1948; F. Thiele, Der »rote« W. und seine Zeit, 1953; Dt. Päd. Zentralinst. (Hg.), K. F. W., 1954; F. Hofmann, K. F. W., 1961.

**Washburne,** Carleton Wolsey, * 2. 12. 1889 Chicago, † 27. 11. 1968 Okemos (Michigan); nach Studium in Stanford und Berkeley 1912–1914 Volksschullehrer, 1914–19 Prof. am Lehrerseminar in San Francisco, 1919–43 Schulrat in Winnetka (Ill.), 1943–49 Erziehungsoffizier der amerikan. Besatzungsmacht in Italien, lehrte anschließend am Brooklyn-College in New York. W. war einer der herausragenden Vertreter der → *progressive education* innerhalb der internationalen → Reformpäd. Sein international bekannter → Winnetka-Plan stellt ein sehr stark individualisiertes Unterrichtssystem dar.

Schr.: New schools in the old world, New York 1926; Adjusting the school to the child, New York 1932; Remakers of mankind, New York 1932; A living philosophy of education, New York 1940; What is progressive education?, New York 1952; (m. S. B. Marland) Winnetka, Englewood Cliffs 1963; Windows to understanding, New York 1968.
L.: H. Röhrs, Schule und Bildung im internat. Gespräch, 1966; ders., Die progressive Erziehungsbewegung, 1977.

**Weber,** Ernst, * 5. 7. 1873 Bad Königshofen (Grabfeld), † 3. 9. 1948 München; 1906 Dr. phil. Leipzig, 1896–1918 Volksschullehrer in München, 1919–1935 Leiter der Lehrerbildungsanstalt Bamberg. W. sah den Unterricht in Nähe zum künstlerischen Tun und wollte daher die »Ästhetik als päd. Grundwissenschaft« (1907, ²1926) einsetzen. W. betonte vor allem die Bedeutung der Lehrerpersönlichkeit (→ Persönlichkeitspäd.). Als Lehrerbildner und Standesvertreter übte W. großen Einfluß in → Bayern aus, auch durch seine zahlreichen schulpraktischen Schriften.

Schr.: Die päd. Gedanken des jungen Nietzsche, 1907; Die ep. Dichtung, Bd. 1, 1909, ⁴1929, Bd. II, 1922, Bd. III, 1923; Angewandtes Zeichnen, 1911, ²1925; Die Lehrerpersönlichkeit, 1912, ³1922; Der Weg zur Zeichenkunst, 1913, ⁴1926; Kunsterziehung und Erziehungskunst, 1914, ²1922; Kollegiale Schulleitung, 1920; Lehrerbildung als Organismus, 1920; Dt. Dichterpäd., 3 Tl.e, 1921; Die Tafelzeichnung im Unterricht, 1921, ⁵1929; Der Zeichenunterricht und seine method. Probleme, 1924; Didaktik als Theorie des Unterrichts, 1925; Unterrichtsgestaltung, 1925; Die neue Päd. und ihre Bildungsideale, 1931.
L.: J. B. Winkler, E. W., 1975; K. Renner, E. W. und die reformpäd. Diskussion in Bayern, 1979; K. Renner, E.

W. (1873–1948), in: W. Böhm, W. Eykmann (Hg.), Große bayerische Pädagogen, 1991.

**Wechselseitiger Unterricht** → Bell-Lancaster-Methode.

**Wehrli,** Johann Jakob, * 6. 11. 1790 Eschikofen (Thurgau), † 15. 3. 1855 Guggenbühl; 1810–33 Leiter der Armenschule Hofwil, 1833–53 Leiter des Lehrerseminars Kreuzlingen. Seine Schule in Hofwil wurde zur Musteranstalt landwirtschaftl. Armenschulen in der Schweiz (W.-Schulen). → Fellenberg. → Waisenfürsorge.

**Weinstock,** Heinrich, * 30. 1. 1889 Elten, † 8. 3. 1960 Bad Homburg; ab 1946 Prof. für Philosophie und Päd. Univ. Frankfurt/Main. W. zeigte die Fragwürdigkeit eines absoluten → Humanismus auf und versuchte einen der Widersprüchlichkeit der menschl. Natur und der Realität der industriellen Massengesellschaft gerecht werdenden realen Humanismus zu begründen.

Schr.: Realer Humanismus, 1955, ²1958; Die polit. Verantwortung der Erziehung in der demokrat. Massengesells. des techn. Zeitalters, 1958, ⁵1966; Arbeit und Bildung, 1954, ⁴1964; Die Tragödie des Humanismus, 1953, ⁵1967.

**Weiterbildung.** Der Begriff W. taucht im unspezifischen Sinne bereits für die Volksbildung in der Weimarer Republik auf. Die Bremische Verfassung gebrauchte ihn 1947 für → Erwachsenenbildung. Mit dem → Strukturplan (1970) gewinnt er bildungspolit. die Bedeutung von »Fortsetzung oder Wiederaufnahme organisierten Lernens nach Abschluß einer unterschiedl. ausgedehnten ersten Bildungsphase«. W. umspannt nun Fortbildung, Umschulung und Erwachsenenbildung als vierten Sektor des Gesamtbildungswesens.
Neben diesem offiziösen Sprachgebrauch meint W. auch eine speziellere Fassung der Erwachsenenbildung bzw. ein fortgeschrittenes Stadium ihrer Entwicklung. Während die traditionelle Erwachsenenbildung als idealistisch, geisteswiss. und noch nicht sozialwiss. bezeichnet wird, spricht man der W. Attribute wie sozialwiss., lern- und systemtheoretisch, kritisch (im Sinne der → Frankfurter Schule) zu. W. wäre dann sozusagen eine ihrer selbst bewußt und sich wiss. reflektierter verhal-

tende Form der traditionellen Erwachsenenbildung. Die zeitl. Zäsur zw. beiden Stadien bildet die sog. → »realistische Wendung« in der Erziehungswiss. (ca. 1961) bzw. ihr Niederschlag auf der Ebene der Erwachsenenbildung.

L.: K. Kürzdörfer, Kirche und Erwachsenenbildung, 1976, (Kap. III); K. W. Döring, System W. Zur Professionalisierung des quartären Bildungssektors, 1987; R. Güttler u. a. (Hg.), Grundlagen der W., 1989 ff.; P. Faulstich u. a., W. für die 90er J., 1992; R. Tippelt (Hg.), Hdb. Erwachsenenbildung./W., 1994; J. E. Feuchthofen, E. Severing (Hg.), Qualitätsmanagement und Qualitätssicherung in der W., 1995; M. Jagenlauf u. a. (Hg.), W. als quartärer Bereich, 1995; K. Derichs-Kunsmann (Hg.), W. zwischen Grundrecht und Markt, 1997; G. Dohmen, Die Zukunft der W. in Europa, 1998; R. Arnold, W. Gieseke (Hg.), Die W.sgesellschaft, 1999; J. H. Knoll, Grundlagen der W., 1999.

**Weiterführende Schulen,** (ursprünglich) Schulen, die eine Bildung über die gesetzliche → Schulpflicht hinaus vermitteln, in der BRD also v. a. → Realschule und → Gymnasium. Mit dem → Strukturplan (1970) und dessen Konzeption einer horizontal gegliederten Stufenschule sind alle auf die Grundschule aufbauenden Schulformen in eine → Sekundarstufe überzuführen, so daß der Begriff sachlich eine Erweiterung erfuhr, terminologisch jedoch durch den Begriff → Sekundarstufe immer mehr ersetzt wird.

**Weitling,** Wilhelm, * 5. 10. 1808 Magdeburg, † 25. 1. 1871 New York. Handwerker, Philosoph, Theoretiker des Kommunismus; emigrierte 1846 in die USA, gründete dort den »Arbeiterbund«, betrachtete die kommunist. Lebensweise als die authentisch christl.; so wollte er durch → Arbeiterbildung und gesinnungsbildende Zeitschriften das Reich Gottes als Reich der Bruderliebe auf Erden vorbereiten. Nur eine Revolutionierung der Gesinnung führe zu einer wirklichen Revolution der Gesellschaft. → Utopie.

Schr.: Das Evangelium des armen Sünders, Neuausg. 1971; Garantien der Harmonie und Freiheit, Neuausg. 1974.
L.: J. Haefelin, W. W., 1986; K. Mader, W. W.s pol. Theorie, 1989; W. Seidel-Höppner, W. W.s Leben und polit. Wirken, 1993.

**Weltanschauung.** Der von → Kant (Kritik der Urteilskraft, 1790) geprägte Begriff ist eine eigentümlich dt. Wortschöpfung, die vor allem in der → Romantik in Umlauf kam und in andere Sprachen nur schwer oder überhaupt nicht übersetzt werden kann. Gegenüber der wiss. Nüchternheit des engl. Denkens neigt das dt. (nachromantische) Denken dazu, über die Erkenntnisse der Wiss.n hinaus eine Gesamtdeutung des menschl. Lebens und der Welt zu geben. Der entscheidende Unterschied zw. Wiss. und W. besteht dabei nicht nur in diesem Überschreiten des wiss. gesicherten Weltbildes, sondern vor allem darin, daß Wiss. auf Erkenntnisfortschritt zielt, W. dagegen mehr eine umfassende Lebensorientierung und Hinweise und Richtlinien für eine bestimmte Lebensgestaltung geben will, also deutlich über eine rationale Erklärung von Welt hinausgeht und ausdrücklich normative Elemente enthält. Obwohl die W. in der Regel weniger rigide ist als die → Ideologie, drängt sie doch auf Abgeschlossenheit eines Weltbildes und auf die Durchsetzung dessen, was sie für richtig, wichtig und nützlich hält. Von daher ergibt sich ihre polit. und päd. Bedeutung. → Erziehung bedeutet in gewisser Hinsicht immer die Einführung des Kindes bzw. Heranwachsenden in eine bestimmte W. im Sinne der Vermittlung einer bestimmten Sicht der Welt mit ihren → Traditionen, Normen, Werten und Erkenntnissen (→ Ethik und Päd.). Da Erziehung aber nicht die Einpassung des Menschen in eine vorgeformte Welt bedeutet, sondern im Gegenteil eine Hilfe, sich selbst seine eigene Welt zu schaffen, darf sie den jungen Menschen nicht dogmatisch auf eine fixe W. festlegen, sondern muß ihm den Horizont verschiedener W.n eröffnen und ihm eine kritische Einstellung dazu ermöglichen.

L.: K. Jaspers, Psychol. der W.n, 1919 u. ö., K. Joel, Wandlungen der W., 2 Bde., 1928, Nachdr. 1965; Th. Litt, Wiss., Bildung, W., 1928; M. Scheler, Schr. zur Soziologie und W.slehre, in: Ges. Schr., Bd. 6, 1923–24, ³1986; ders., Philos. W., 1929, Bern ³1968; E. Spranger, Der Sinn der Voraussetzungslosigkeit in der Geisteswiss., 1929, Neudr. 1963; W. Dilthey, Die Typen der W. und ihre Ausbildung in den metaphys. Systemen, in: Ges. Schr., Bd. 8, 1931, ⁴1968; H. Meyer, Gesch. der abendländ. W., 5 Bde., 1947–49; E. Topitsch, Vom Ursprung und Ende der Metaphysik, 1958; N. A. Luyten, Christl. W., 1969; T. Lehmann, Erziehungswiss., Erziehungstheorie u. W., 1985; H. Zöpfl, H. Huber, Über Grundlagen von Bildung und Erz., 1990.

**Weltbund für Erneuerung der Erziehung** *(World Education Fellowship, Ligue Internationale pour l'Education Nouvelle)*, 1921 in London gegr., stellte der Weltbund von Anfang an ein internationales Forum für die Hauptvertreter der → Reformpäd. dar. → Ferière, → Bovet, → Dewey, → Kilpatrick, → Montessori, → Neill, → Geheeb, → Decroly u. a. Sein Hauptziel war stets eine entschieden kind- und lebenszentrierte Schule und Erziehung; Fragen der Familien- und Sozialerziehung spielten eine große Rolle. Die dt.sprachige Sektion bestand 1921–33 und wurde 1950 auf Initiative von → Hilker wiederbegründet. Sie wurde seit 1969 bis in die Gegenwart durch E. Meyer und H. → Röhrs entscheidend gefördert.

L.: W. Boyd, W. Rawson, The Story of the New Education, London 1965; H. Röhrs, Die Reform des Erziehungswesens als internat. Aufgabe. Entwicklung und Zielstellung d. W. f. E. d. E., 1977; H. Röhrs, D. W. f. E. d. E., Wirkungsgeschichte und Zukunftsperspektiven, 1995.

**Weltner,** Klaus, * 1. 8. 1927 Rinteln, Dr. rer. nat. 1956 Hannover, Habil. 1970 Linz, 1965 PH Osnabrück, 1969 PH Berlin, 1970 Prof. der Didaktik der Physik Univ. Frankfurt, em. 1993. Gastprof. Salvador, Bahia, Brasilien 1993. Entschiedener Vertreter einer → kybernetischen Päd., die er (auch hochschulpädagogisch) vor allem auf den naturwiss. Unt. anwendet. Entwicklung von Studienunterstützungen für den Hochschulbereich. Einbeziehung der Technik in den Physikunt.

Schr.: Informationstheorie und Erziehungswissenschaft, 1970; Autonomes Lernen, 1978.

**Weltoffenheit,** anthropologisches Kennzeichen für die »exzentrische Positionalität« des Menschen (Plessner, → Anthropologie, Päd.) im Gegensatz zur Umweltgebundenheit des Tieres, meint die typisch menschl. Fähigkeit des homo creator, ohne starren Einbau in eine von der Natur zugeteilte artspezifische Umwelt über seine Welt verfügen zu können, seine natürlichen Sinnesgrenzen technisch zu überwinden, seinen Erlebnishorizont auf Vergangenes und Zukünftiges zu richten und zu erweitern, über das faktisch Gegebene hinaus Ideen zu denken, Bilder zu entwerfen, Pläne umzusetzen, sich selbst zum Objekt nachdenklicher Betrachtung zu machen, sich selbst gegenüber in Distanz zu gehen. → Scheler.

L.: M. Scheler, Die Stellung des Menschen im Kosmos, 1928 u. ö.; H. Plessner, Die Stufen des Organischen und der Mensch, 1928, ²1965; J. v. Uexküll, Streifzüge durch die Umwelten von Tieren und Menschen, 1956; H. E. Hengstenberg, Philosoph. Anthropologie, 1957 u. ö.; F. Graber, Die W. des Menschen, eine Darstellung und Deutung der phil. Anthropologie, Freiburg/Schweiz 1974.

**Wendung gegen das eigene Selbst.** Rückwendung eines ursprünglich nach außen gerichteten, dort jedoch nicht entladenen Gefühls auf sich selbst, z. B. Autoaggression oder Selbstverachtung. → Abwehrmechanismen, → Psychoanalyse.

**Weniger,** Erich, * 11. 9. 1894 Steinhorst (Hann.), † 2. 5. 1961 Göttingen; 1926 Habil. Göttingen, 1929 Prof. für Päd. und Philosophie Päd. Akademie Kiel, 1930 Päd. Akademie Altona, 1932–38 Päd. Akademie Frankfurt/Main, 1945 PH Göttingen, 1949 o. Prof. für Päd. Univ. Göttingen; einer der Hauptvertreter der → geisteswiss. Päd. Von der → Jugendbewegung und seinem Lehrer → Nohl angeregt, suchte er nach einer Päd. als eigenständiger Theorie der immer schon vorgängigen Erziehungspraxis. In seiner geisteswiss. → Didaktik und Lehrplantheorie erklärte er Lehrpläne als Resultat gesellschaftl. Kämpfe; dem Staat sprach er eine Doppelaufgabe zu: als Macht unter Mächten und als Organisator und Garant eines demokratisch-öffentl. Bildungswesens. Als normatives Element seiner Päd. vertrat W. die Formung des Menschen nach der Idee seines Selbst, wodurch diese Bildungstheorie zum Anwalt des Kindes bzw. Jugendl. gegenüber den Ansprüchen der objektiven Mächte wird. Zu W.s zahlreichen Schülern gehören u. a. → Blankertz, → Klafki, → Mollenhauer.

Schr.: Die Grundlagen des Geschichtsunterrichts, 1926; Didaktik als Bildungslehre Tl. I 1930, ⁸1965; Tl. II 1960; Zur Geistesgesch. und Soziologie der päd. Fragestellung, 1936; Wehrmachtserziehung und Kriegserfahrung, 1938; Goethe und die Generale der Freiheitskriege, 1942, ³1959; Neue Wege im Geschichtsunterricht, 1949; Die Eigenständigkeit der Erziehung in Theorie und Praxis, 1953; Ausgew. Schr. zur Geisteswiss. Päd., hg. v. B. Schonig, 1975 (m. Bibl.), 1990.

L.: J. Dahmer, W. Klafki (Hg.), Geisteswiss. Päd. am Ausgang ihrer Epoche E. W., 1968; H. Gaßen, Geisteswiss. Päd. auf dem Wege zur krit. Theorie, 1978; R. P. Crimmann, E. W. und O. Hammelsbeck, 1986; H. Gassen, E. W. – Politik, Gesellschaft, Erziehung in der geisteswiss. Päd., 1990; E. Weiss, Politische Bildung in den Grenzen geisteswiss. Päd., 1994; Themenheft: E. W. oder die Legitimität der Geisteswiss. Päd., in Zschr. f. Päd., 42 (1995) H. 3; K. Beutler, Geisteswiss. Päd. zw. Politisierung und Militarisierung – E. W., 1995; B. Siemsen, Der andere W., 1995; B. Siemsen, E. W., der »militante« Reformpädagoge, in: W. Böhm, J. Oelkers (Hg.), Reformpäd. kontrovers. 1995, ²1999; U. Hartmann, E. W.s Militärpäd. und ihre aktuelle Rezeption innerhalb der Erziehungswiss., 1995; K. Beutler, E. W., in: Freiheit – Geschichte – Vernunft. Grundlinien geisteswiss. Päd., hg. v. W. Brinkmann u. W. Harth-Peter, 1997.

**Werkbund, Deutscher,** 1907 in München gegr., war eine Vereinigung von Gestaltern, Unternehmern und Handwerkern mit dem Ziel, durch Veröffentlichungen und Demonstrieren praktischer Beispiele – geleitet von der Idee der Material- und Werkgerechtigkeit – eine »Veredelung« der Form von Gebrauchsgütern zu erreichen. Der W. nahm Einfluß auf → technisches Werken und die Werkerziehung allgemein.
L.: J. Campbell, Der Dt. W. 1907–34, 1981 (m. Bibl.).

**Werken, Werkunterricht** → technisches Werken, → textiles Werken.

**Werkkunstschulen** wurden nach 1971 in Kunst- oder Fachhochschulen (Fachrichtung Gestaltung) umgewandelt. Sie bilden gehobene kunsthandwerkliche Fachkräfte (z. B. Designer) aus.

**Werkschulen** sind betriebseigene Einrichtungen, in denen Fachlehrer und Fachkräfte (des Betriebes) ergänzend zur → Berufsschule und zur Einführung in die jeweils bes. Betriebsstruktur Unterricht erteilen (durchschnittl. 5 Wochenstunden).

**Westdeutsche Rektorenkonferenz** → Hochschulrektorenkonferenz.

**Wichern,** Johann Hinrich, * 21. 4. 1808 Hamburg, † 7. 4. 1881 ebd., ev. Theologe, Sozialreformer und -pädagoge; Vortragender Rat im preuß. Innenministerium; gründete 1833 die Erziehungsanstalt »Rauhes Haus« bei Hamburg, in dem er die ev. männl. Diakonie grundlegte. W.s päd. Bedeutung liegt weniger in seiner Theorie als in bahnbrechenden Reformen von Verwahrlostenerziehung, Innerer Mission und → Jugendstrafvollzug.
Schr.: Sämtl. Werke, hg. v. P. Meinhold, 1958 ff.; Schr. zur Sozialpäd., hg. v. J. G. Klink, 1964 (m. Bibl.).
L.: K. Krummel, Das Problem der Rettung bei J. H. W., 1949; K. Herntrich, J. H. W., 1953; H. Lemke, W.s Bedeutung für die Bekämpfung der Jugendverwahrlosung, 1964 (m. Bibl.); D. Lehmann, Die soziale Komponente bei K. Marx und J. H. W., 1981; M. Michel, W.-Konkordanz, 1988; R. Anhorn, Sozialstruktur u. Disziplinarindividuum, 1992; J. Albert, Christentum und Handlungsform bei J. H. W., 1997; U. Heidenreich, Der Gründer des Rauhen Hauses. J. H. W., 1997; B. Lindmeier, Die Päd. des Rauhen Hauses, 1998.

**Wiederholung** → Übung.

**Wilde, der gute,** als Verkörperung der ursprünglichen, von der Gesellschaft unverfälschten Natur erscheint in vielen päd. → Utopien als Bild jenes Idealzustandes, in dem die volle Übereinstimmung zw. Bedürfnissen und Mitteln zu ihrer Befriedigung gegeben ist, welchen → Rousseau → Glück nennt. Im 17. und 18. Jh., auch in der → Romantik und bis ins 20. Jh. hinein (vermittelt durch Ethnologie und Vergleichende Kulturanthropologie) hat diese Figur das kultur- und gesellschaftskritische Denken immer wieder beschäftigt und damit auch in die Päd. hineingewirkt. → primitiv.
L.: Lucien Malson, Die wilden Kinder, dt. 1972; A. Lenarda, L'esperienza della diversità 1580–1780. I selvaggi e il nuovo mondo, Turin 1979; S. Moravia, Beobachtende Vernunft, dt. 1973, Neuausg. 1989.

**Wilderspin,** Samuel, * 1792 Hornsey (Middlesex), † 10. 3. 1866 Wakefield (Yorkshire); Pionier der Vorschulerziehung in England, reiste für die 1824 gegr. *Infant School Society* und warb in mehreren Büchern für die erzieherische »Rettung« der Armenkinder; diese sollten nicht nur vor den schlechten Einflüssen ihrer Umwelt geschützt, sondern auch der bestehenden Gesellschaft erhalten werden. W.s Betonung der »Herz«-Erziehung, die Beachtung der Natur des Kindes, sein Prinzip der christl. Liebe und seine Schülergerichte greifen der späteren informellen Erziehung oder → progressive education voraus.
Schr.: On the Importance of Educating the Infant Children of the Poor, London 1823, Neudr. 1993; dt. Über die frühzeitige Erziehung der Kinder und die engl. Kleinkinderschulen, Wien 1826, ²1828; Early Discipline Illustrated, London 1832; A System for the Education of the Young, London 1840.

L.: A. Paterson, S. W. and the »Infant System«, 1906; P. MacCann, F. A. Young, S. W. and the infant school movement, London 1982; J. Swift, Kleinkinderz. in England, 1984.

**Wildkinder** (auch: Wolfskinder) wurden in den verschiedensten Ländern gefunden (zwischen 1344 und 1963 52 Kinder), nachdem sie ihre Kindheit unangetastet von menschl. Kultur mit Tieren in der Wildnis von Wäldern und Dschungeln verbracht hatten. Die bekanntesten W. sind Kaspar Hauser, Kamala und Amala von Midnapore und Victor de l'Aveyron. K. Hauser, wahrscheinlich 1812 geboren, erschien 1828 in Nürnberg und konnte mitteilen, daß er in einem Keller aufgewachsen war. Nach zunächst erstaunlichen Lernerfolgen stumpfte er mit zunehmendem Alter ab. Er starb 1833. Kamala und Amala wurden 1920 8- und 1½j. in Midnapore (Indien) aus einer Wolfshöhle ausgegraben. Amala starb bald darauf, während Kamala nach schwierigen Anfängen einen Sprachschatz von etwa 50 Wörtern erlernte.
Victor wurde 1800 etwa 12j. gefunden. Er hatte ohne Beziehungen zu Menschen oder Tieren in den südfranzösischen Bergwäldern gelebt. Der Arzt → Itard unterrichtete ihn 6 J. lang und schrieb genaue Berichte darüber. V. starb 1828, ohne die menschl. Sprache erlernt zu haben. Die Erfahrung mit W.n zeigt, daß der Sprachlernprozeß vor dem 9. Lj. beginnen muß, soll er eine Aussicht auf Erfolg haben.
Für die Päd. haben diese W. Bedeutung, weil sich an ihnen der (mangelnde) Einfluß von Kultur und Erziehung sinnenfällig beobachten läßt. Da aber wiss. zuverlässige Berichte kaum vorliegen, ist der hier gewonnene Erkenntnisbeitrag mehr illustrativ als begründend.
L.: A. Rauber; Homo sapiens ferus oder die Zustände der Verwilderten, 1885; J. A. L. Singh, Die »W. von Midnapore«, dt. 1964; J. Itard, Victor, das W. von Aveyron, dt. hg. von J. Lutz, 1965; L. Malson, Die wilden Kinder, dt. 1972; Ch. Mac Lean, The Wolf Children. Fact or Fantasy?, Harmondsworth 1979; H. Lane, Das wilde Kind von Aveyron, dt. 1985; D. E. Zimmer, Experimente des Lebens, 1989; F. Koch, Das wilde Kind, 1997; E. Renner, Von »wilden« Kindern, 1997.

**Wilhelm**, Theodor, * 16. 5. 1906 Neckartenzlingen, lehrte an den P. H.n Oldenburg und Flensburg, 1959–74 o. Prof. Univ. Kiel; wichtige Schriften (z. T. unter dem Pseudonym F. Oetinger) zur polit. Bildung. W. bemühte sich konsequent um eine polit. Begründung der Päd.
Schr.: Wendepunkt der polit. Erziehung, 1951; Partnerschaft, 1953, ³1956; Die Päd. Kerschensteiners, 1957; Päd. der Gegenwart, 1959, Neufassung, ⁵1978; Theorie d. Schule, 1967, ²1969; Traktat über den Kompromiß, 1973; Jenseits der Emanzipation, 1975; Sittl. Erz. durch pol. Bildung, 1979; Pflegefall Staatsschule, 1982; Funktionswandel der Schule, 1984; Aufbruch ins europäische Zeitalter, 1990.
L.: G. Groth (Hg.), Horizonte der Erziehung; zu aktuellen Problemen von Bildung, Erziehung und Unterricht; FS für Th. W. zum 75. Geb.tag, 1981.

**Wille**. Inbegriff des menschl. Vermögens der Selbstbestimmung, d. h. jener Aktivität, aufgrund derer der Mensch als → Ich frei entscheidet und handelt. Eine differenzierte Sicht des W.ns als »Macht des Menschen in der Existenz« (K. Jaspers) zwingt dazu, die willentliche Selbstmächtigkeit und damit auch die W.nserziehung in ihrem hist.-gesellschafl. Bedingungs- und Vollzugsgefüge zu sehen. Nicht der bloße Appell an den W.n genügt, auch nicht eine formale W.nsschulung, sondern die ganze Erziehung hat auf das Ziel → Mündigkeit hinzuwirken. → Emanzipation, → Person, → Selbstkonzept.

**Willmann**, Otto, * 24. 4. 1839 Lissa (Polen), † 1. 7. 1920 Leitmeritz (Böhmen), 1857 Studium in Breslau und Leipzig, 1863 Instruktor an → Zillers Seminar und Lehrer an der Barthschen Erziehungsschule in Leipzig, 1868 Dozent am Wiener »Pädagogium«, 1872 Prof. f. Philos. und Päd. Univ. Prag, 1903 volkspäd. Wirken und Lehrerfortbildner in Salzburg, 1910 schriftstellerische Tätigkeit in Leitmeritz. Beeinflußt vom → Herbartianismus, bemühte sich W. in seiner Prager Zeit um eine sozialwiss. Grundlegung der Päd. und eine hist.-vergleichende Erfassung der Erziehung als geschichtl. Tatsache. In der mittleren Schaffensperiode ging er darüber hinaus und suchte in der Philosophie, bes. der Metaphysik, als Prinzipienlehre eine »ideale Weltanschauung« zur Sinngebung von → Bildung und Erziehung, aus der auch die »Güter« als Bestimmungspunkte der praktischen Päd. (Erziehungslehre) hervorgehen. Päd. wird ihm so zu einem System der »Weisheit«. Im

**Wimpfeling**

Spätwerk dominiert die Unterscheidung zw. Erziehung als sittl.-sozialer Selbstgestaltung von einzelnem und Gemeinschaft und Bildung (→ Didaktik) als intellektuellgeistiger Ausgestaltung von Individuum und Kulturgemeinschaft. Großen Einfluß hat W. auf das Lexikon der Päd. (5 Bde. 1913–17) genommen.

Schr.: Didaktik als Bildungslehre, 2 Bde. 1882–89, [7]1968; Geschichte des Idealismus, 3 Bde. 1894–97; Philos. Propädeutik, 3 Tle. 1901–14, später u. d. T. Abriß der Philos., [5]1959; Aus Hörsaal und Schulstube, 1904; Aus der Werkstatt der philosophia perennis, 1912; Sämtl. Werke. Krit. Gesamtauszug in 16 Bdn., hg. v. H. Bitterlich-Willmann, 1968 ff.
L.: K. Hartong, O. W. und s. Stellung in der Geschichte der päd. Theorie, 1955; F. Moritz, Entstehung und Entwicklung des Güterbegriffs in der Päd. O. W.s, 1966; F. Pfeffer, Die päd. Idee O. W.s in der Entwicklung, 1962; B. Hamann, Grundlagen der Päd. O. W.s, 1965; H. Bitterlich-Willmann, O. W. – Bibl. 1861–1966, 1967; B. Gerner, O. W. i. Alter, 1968 (m. Bibl.); H. Glöckel, Bedeutende Schulpädagogen, 1993; W. Brezinka, O. W., der bedeutendste Pädagogiker des alten Österreich, in: Geschichte und Gegenwart 16 (1997) H. 3.

**Wimpfeling,** Jakob, * 25. 7. 1450 Schlettstadt (Elsaß), † 17. 11. 1528 ebd., Prof. für Poesie und Rektor der Univ. Heidelberg; war neben Agricola der bedeutendste päd. Schriftsteller und Schulreformer des dt. → Humanismus.

Schr.: W.s Schr., hg. v. J. Freundgen, 1892; Opera selecta, hg. v. O. Herding, 1965 ff.
L.: B. Schwarz, J. W., der Altvater des dt. Schulwesens, 1875; D. Needon, J. W.s pädag. Ansichten im Zusammenhange dargest., 1898; J. Knepper, J. W., 1902 (m. Bibl.).

**Winkel,** Rainer, * 11. 7. 1943 Dresden, Promotion Bochum 1973, Habilitation Essen 1975, 1980, Prof. für Erziehungswiss. an der Hochschule der Künste in Berlin; seit 1998 Gründungsdirektor der Evangel. Gesamtschule Gelsenkirchen. Wichtige Arbeiten zur Allgemeinen Päd., Schulpäd. und Didaktik sowie zu Grenzfragen zwischen Päd. und Psychiatrie.

Schr.: (mit D. Warwick), Alternativen zur Curriculumreform, 1975; Der gestörte Unterricht, 1976, [6]1996; Päd. Psychiatrie, 1977, [3]1981; Neuausg. 1991, 3. überarb. Aufl. 1998; (mit K. E. Großmann), Angst und Lernen, 1977; Angst in der Schule, 1979, [2]1980; (mit H. Gudjons und R. Teske), Didaktische Theorien, 1981, [9]1997; (mit H. Gudjons und R. Teske), Unterrichtsmethoden, 1982, [3]1991; (Hg.), Dt. Pädagogen der Gegenw., 1984; Antinomische Pädagogik und Kommunikative Didaktik, 1986, [2]1988, Neuausg. 1994; (mit H. Gudjons und R. Teske), Erz.wiss. Theorien, 1986, [4]1994; (mit H. Gudjons und R. Teske), Psych. Erkrankungen in unserer Zeit, 1986; (Hg.), Päd. Epochen. Von der Antike bis zur Gegenw., 1988; Gespräche mit Pädagogen, 1989; (mit E. Meyer), Unser Ziel – Humane Schule, 1991; Reformpäd. konkret, 1993; Moment mal. 20 päd. Miniaturen, hg. v. R. Schneider, 1993; Die gute Fee – Märchen und andere pädagogische Skurrilitäten, 1995; Theorie und Praxis der Schule, 1997.

**Winkelschulen,** auch Klippschulen genannt, seit dem 16. Jh. errichtete private Schulen ohne amtliche Anerkennung, an denen ungenügend ausgebildete Lehrkräfte (Winkelmeister) Elementarunterricht erteilten. Mit der Entwicklung des öffentl. Schulwesens im 18. Jh. verschwanden sie immer mehr.

**Winkler,** Michael, * 24. 2. 1953 Wien; Dr. phil. 1979 Univ. Erlangen; Dr. phil. habil. 1986 Univ. Erlangen; Tätigkeit in der Heimerziehung; versch. Gastprofessuren; Prof. für Allg. Päd. und Theorie der Sozialpäd. Univ. Jena 1992. Grundlegende Schriften zur → Antipädagogik, zur Theorie der → Sozialpädagogik und zu → Schleiermacher. Forschung zur Jugendhilfe, insbesondere Stationäre Hilfen (Heimerziehung); hierbei: Expertise für den 10. Jugendbericht.

Schr.: Geschichte und Identität, 1979; Stichworte zur Antipädagogik, 1982; Eine Theorie der Sozialpädagogik, 1988; Fr. Schleiermacher und die geisteswiss. Päd., in: Freiheit – Geschichte – Vernunft, hg. v. W. Brinkmann und W. Harth-Peter, 1997.

**Winnefeld,** Friedrich, * 14. 12. 1911 Jena, † 14. 12. 1968 ebd., 1950 Prof. für Päd. Psychologie Jena, 1953 Halle. Als Schüler von P. → Petersen entwickelte er dessen → päd. Tatsachenforschung weiter und wurde ein Pionier der empirischen → Unterrichtsforschung in Dtl.

Schr.: Psycholog. Analyse der päd. Lernvorgänge, in: Hdb. d. Psych., Bd. 10, 1959; Ergebnisse unterrichtspsycholog. Untersuchungen, 1970; Päd. Kontakt und päd. Feld, 1957, [5]1971.

**Winnetka-Plan,** im State Teachers College in San Francisco entstandene und von C. W. → Washburne weiterentwickelte Form der Gruppen-, Arbeits- und Sozialpäd.; im Gegensatz zum stark individualisierenden →

Dalton-Plan betont der W.-P. das Lernen aus eigenem Interesse, aber für die Gemeinschaft bzw. Gesellschaft.

L.: C. W. Washburne, S. P. Marland, W., New York 1923; H. Röhrs (Hg.), Die Reformpäd. des Auslands, 1965, ²1982; ders., Die progressive Erziehungsbewegung, 1977.

**Wirtschaftsfachschulen, höhere,** → Kaufmännisches Bildungswesen.

**Wirtschaftsgymnasium,** in der BRD aus den → Wirtschaftsoberschulen entwickeltes → Gymnasium, das zur fachgebundenen oder allg. (wirtschaftswiss. Gymnasien) Hochschulreife führt. Zentrale Fächer sind Betriebswirtschaft, Volkswirtschaft und Recht.

**Wirtschaftslehre** als Unterricht über Grundtatsachen, -prozesse und -verhaltensweisen des gesellschaftl. Subsystems Wirtschaft geht bis ins 17. Jh. zurück und findet sich dort in den ersten Realschulen. Durch die strikte Trennung von Schule und Arbeitswelt ging dieser Unterricht im Neuhumanismus stark zurück. Erst neuerdings wird die W. wieder stärker beachtet; vergl. die einschlägigen Empfehlungen des → Dt. Ausschusses (1964) und der → KMK (1972).
W. tritt heute als Fach in berufl. Schulen und speziellen Gymnasien, als Unterrichtsprinzip oder als Teil anderer Fächer (→ Arbeitslehre, Politische Bildung, Gemeinschaftskunde, Staatsbürgerl. Erziehung, Geschichtsunterricht) in Haupt- und Realschulen auf. Als allg. Erziehungsziel der W. gilt die Fähigkeit zu verantwortl. Handeln in wirtschaftl. strukturierten Situationen angesichts ökonom. Zwänge und weltweit schwindender Ressourcen.
Eine einheitliche anerkannte Didaktik der W. fehlt bis heute, nicht zuletzt wegen grundlegender Differenzen bei der Zielformulierung (antikapitalistisch, liberal, marktwirtschaftl.).

L.: H. Golas (Hg.): Didaktik der W., 1973; R. Czycholl, Wirtschaftsdidaktik, 1974; G. Kutscha (Hg.), Ökonomie an Gymnasien, 1975; F. Decker (Hg.), Wirtschaftsdidakt. Konzepte, 1975; Zschr. f. Päd. 23 (1977), Heft 3; G. Kolb, Arbeit, Wirtschaft, Technik, 1983; L. Reetz, Wirtschaftsdidaktik, 1984; B. Henning, Didaktik der W., 1985; M. Becker, U. Pleiß (Hg.), Wirtschaftspädagogik im Spektrum ihrer Problemstellung, 1988; R. v. Schweitzer, Einführung in die W. des privaten Haushalts, 1991.

**Wirtschaftsoberschulen,** kaufmännische Schulen, die heute zumeist als → Wirtschaftsgymnasien oder → Berufsfachschulen geführt werden. Aufnahmebedingung ist eine dem Realschulabschluß entsprechende Qualifikation; die Schulzeit beträgt 3 bzw. 2 Jahre. W. wurden bereits nach dem Ersten Weltkrieg in einigen dt. Ländern eingeführt.

**Wirtschaftspädagogik** → Berufs- und Wirtschaftspädagogik.

**Wissenschaftsrat,** 1957 aufgrund eines Verwaltungsabkommens zw. Bund und Ländern gegründetes Beratungsgremium. Es soll Empfehlungen zur inhaltl. und strukturellen Entwicklung von Hochschulen, Wiss. und Forschung aussprechen. Dazu sind Pläne von Bund und Ländern zu koordinieren, diese bei der Haushaltsplanung zu beraten und jährlich ein Dringlichkeitsprogramm zu verabschieden. Der W. besteht aus einer wiss. und einer Verwaltungskommission, die zusammen die mit Zweidrittelmehrheit beschließende Vollversammlung bilden. Sie umfaßt seit dem Änderungsabkommen vom 28. Feb. 1991 insgesamt 54 Mitglieder. Die wiss. Kommission besteht aus 32 Persönlichkeiten des öffentl. Lebens und Wissenschaftlern, von denen 24 auf gemeinsamen Vorschlag der Dt. Forschungsgemeinschaft (DFG), der Max-Planck-Gesellschaft, der → Hochschulrektorenkonferenz und der Arbeitsgemeinschaft für Großforschungseinrichtungen und 8 auf gemeinsamen Vorschlag von Bund und Ländern vom Bundespräsidenten auf 3 Jahre berufen werden. In die Verwaltungskommission entsendet der Bund sechs, jedes Land einen Vertreter. Der W. hat zahlreiche Empfehlungen zu Hochschul- und Studienreform, Personal- und Finanzbedarf, Abitur, Ausbau der Forschungseinrichtungen, Personalstruktur usw. vorgelegt und dadurch Hochschulpolitik und Bildungsplanung stark beeinflußt.

L.: Empfehlungen und Stellungnahmen des W.s, 1957 ff.; R. Berger, Zur Stellung des W.s bei der wiss. Beratung von Bund und Ländern, 1974; Empfehlungen und Stellungnahmen 1986, (Verz. der bis 1986 veröffentl. Schriften), 1986; D. Schipanski, Der W., in: Wissenschaftsmanagement 3 (1997).

**Wittgenstein,** Ludwig, * 26. 4. 1889 Wien, † 29. 4. 1951 Cambridge; 1911–14 Studi-

bei B. → Russell and G. E. Moore. Nach dem Erscheinen eines seiner phil. Hauptwerke, dem *Tractatus logico philosophicus,* von 1920–26 Dorfschullehrer in Österreich, seit 1931 Prof. für Phil. in Cambridge. Mit seinen phil. Untersuchungen wurde W. zu einem der Anreger der Analyt. Phil. und mittelbar einer → Analytischen Erziehungswiss.

Schr.: Werkausgabe, 8 Bde., hg. v. R. Rhees u. a., 1989. L.: K. Brose, Sprachspiel u. Kindersprache, 1985; H. Brunner, Vom Nutzen des Scheiterns, 1985; K. Wünsche, Der Volksschullehrer L. W., 1985; K. Brose, W. als Sprachspieler u. Pädagoge, 1987; J. Schulte, W. – eine Einführung, 1989; K. Wuchterl, L. W., 1991; R. Monk, W., 1992; L. W. Symposium, hg. v. J. M. Terricabras, Amsterdam 1993; P. Smeyers (Hg.), Philosophy and education: accepting W.'s challenge, Dordrecht 1995; A. Thommes, L. W. über Wahrheit und Kunst, 1995; W. Vossenkuhl, L. W., 1995; E. M. Lange, L. W.s Philos. Untersuchungen, 1998.

**Wohlfahrtsschulen,** auch Wohlfahrtspflegeschulen, vormalige Benennung für Einrichtungen, die der heutigen Fachhochschule für Sozialarbeit entsprechen bzw. zu deren Entstehung geführt haben. Sie dienten früher der Ausbildung von Fürsorgern (heute: Sozialarbeiter und grad. Sozialpädagogen).

**Wolf,** Friedrich August, * 15. 2. 1759 Hainrode b. Nordhausen, † 8. 8. 1824 Marseille, einer der ersten *studiosi philologiae,* 1779 Lehrer am Paedagogium in Ilfeld, 1782 Rektor in Osterode, 1783 Prof. f. Philologie und Päd. Univ. Halle, ab 1810 in Berlin. W.s weltweiten Ruf als Altphilologe begründete seine These, »Ilias« und »Odysee« seien das Werk mehrerer → Rhapsoden (Prolegomena ad Homerum, 1795); seine Päd.-Vorlesungen (von 1799 und 1801) sind dagegen hausbackene, eklektizistische consilia scholastica, d. h. schulpraktische Weistümer und Ratschläge.

Schr.: F. A. W. über Erziehung, Schule, Univ., hg. v. W. Körte, 1835; Kl. Schr. in lat. und dt. Sprache, hg. v. G. Bernhardy, 1869; Ein Leben in Briefen, bes. v. S. Reiter, Bd. 1–3, 1935; Ergänzungsband I: Die Texte, hg. v. R. Sellheim, 1956; Darstellung der Altertumswiss. nach Begriff, Umfang, Zweck u. Wert, 1986. L.: J. F. J. Arnoldt, F. A. W. in s. Verhältnisse zum Schulwesen und zur Paed., 2 Bde. 1861/62; W. Roeßler, F. A. W., in: Bildung und Erziehung 14 (1961).

**Wolgast,** Heinrich Joachim, * 26. 10. 1860 Jersbeck (Holstein), † 29. 8. 1920 Hamburg; Volksschullehrer, Literaturpädagoge, Schulreformer, kritisierte in seinem Hauptwerk »Das Elend unserer Jugendliteratur« (1896, [7]1950) ihren moralisierenden, patriotischen und relig. Tendenzcharakter und forderte, die Jugendschrift in dichterischer Form müsse ein Kunstwerk sein. → Jugendschriftenbewegung.

Schr.: Die Bedeutung der Kunst für die Erziehung, 1903; Vom Kinderbuch, 1906, [2]1925; Ganze Menschen, 1910. L.: W. Fronemann, Das Erbe W.s, 1927; A. C. Baumgärtner, H. Pleticha, ABC und Abenteuer, Bd. 2, 1985; B. Dolle-Weinkauff und H.-H. Ewers (Hg.), Theorien der Jugendlektüre, 1996.

**Wolke,** Christian Heinrich, * 21. 8. 1741 Jever, † 8. 1. 1825 Berlin; errichtete 1773 gemeinsam mit → Basedow das Dessauer Philanthropin und leitete es bis 1784 (mit); erfand 1777 eine Lesemaschine zur Erleichterung des Unterrichts, 1781–84 Privatlehrer in St. Petersburg, 1814 Mitbegr. der Berliner Dt. Gesellschaft; legte größten Wert auf eine perfekte Muttersprache, die er sogar zu objektivieren (Wörter durch Zahlen ersetzen) suchte.

Schr.: Philanthropistenlieder, 1779; Erste Kenntnisse für Kinder, 1783; Anweisung für Mutter und Kinderlehrer, 1805; Kurze Erziehungslehre oder Anweisung zur körperl., ausländ. und sittl. Erziehung, 1805; Lehrbuch der dt. Sprache, 1810; Schr. in 6 Bdn., 1820. L.: Fr. F. Nietzold, W. am Philanthropin zu Dessau, 1890; A. Pinloche, Gesch. des Philanthropinismus, 1896, [2]1914.

**Wordsworth,** William, * 7. 4. 1770 Cockermouth, † 23. 4. 1850 Grasmere; engl. Dichter der Romantik, oft als »der englische Rousseau« bezeichnet; sieht »das Kind als Vater des Menschen« und kritisiert die Schulen, weil sie das Kind der Natur und der Phantasie entfremden und in das Gefängnis der Gesellschaft sperren. Natur und Mensch bilden für W. eine Einheit, nicht eine Antithese.

L.: J. Fotheringham, W.s »Prelude« as a Study of Education, London 1899; P. Coveney, The Image of Childhood, Harmondsworth 1967; J. Swift, Kleinkinderz. in England, 1984; J. H. Talbott, The nature of aesthetic experience in W., New York 1989; G. K. Thomas, W. and the motions of mind, New York 1989; R. Hewitt, W. and the empirical dilemma, New York 1990.

**Workshop,** Seminar, Diskussionsgruppe oder ähnliche (Lehr-)Veranstaltung, bei der der Schwerpunkt auf einem gegenseitigen Gedanken- und Meinungsaustausch liegt oder in der bestimmte Fähigkeiten (z. B. »*creative writing workshop*«, »*theatre workshop*«) gemeinsam (ein-)geübt werden.

**Wortblindheit** bezeichnet den Verlust oder die Beeinträchtigung der Fähigkeit des Lesens infolge angeborener oder erworbener Hirnschädigungen. Wenn trotz hinreichenden Sehvermögens die Buchstaben in ihrer Bedeutung nicht erkannt werden, spricht man von literaler Alexie oder Buchstabenblindheit; falls die Buchstaben erkannt, aber die aus ihnen zusammengefügten Wörter nicht erfaßt werden, von verbaler Alexie oder W. W. ist meist gekoppelt mit einer → Schreibstörung. Durch sonderpäd. Lese-Rechtschreib-Training ist eine Verbesserung in der Regel möglich. → Legasthenie.

**WRK** → Hochschulrektorenkonferenz.

**Wust**, Peter, * 28. 8. 1884 Rissenthal (Saarland), † 3. 4. 1940 Münster, 1914 Dr. phil. Bonn, 1930 o. Prof. f. Philos. Münster; W.s wenig beachtete päd. Bedeutung liegt in der Herausarbeitung christl. Ideen und Lebensformen als praktische Lebenswerte: nicht die Jagd nach Genuß, Besitz und Macht, sondern nur → Bildung zu einem sinnerfüllten Leben schenke dem Menschen → Glück.

Schr.: Die Oberrealschule und der mod. Geist, 1917; Die Auferstehung der Metaphysik, 1920; Naivität und Pietät, 1925; Die Dialektik des Geistes, 1928; Ungewißheit und Wagnis, 1937 neu bearb. [8]1986; Ges. Werke, 10 Bde., hg. von W. Vernekohl, 1963–69; W. Rest (Hg.), Phil. Lesebuch, 1984.

L.: W. T. Cleve, Denken und Erkennen, 1952; G. Marcel, Das große Erbe, 1952; R. H. Schmidt, P. W., 1954; L. Prohaska, Existentialismus und Päd., 1955; A. Leenhouwers, Ungesichertheit und Wagnis, 1964; W. Kukkartz, Die Idee e. metaphys. Grundlegung der Päd. nach P. W., in: P. W., Ges. Werke, Bd. 8, 1969; A. F. Lohner, Gewißheit im Wagnis des Denkens, 1990, 2. erg. Aufl. 1995; ders. u. E. Blattmann (Hg.), P. W., 1991; W. Rest, P. W. Memorial, 1991.

**Wyneken**, Gustav, * 19. 3. 1875 Stade, † 9. 12. 1964 Göttingen; 1898 Dr. phil. Greifswald, 1900 Mitarbeiter von → Lietz im → Landerziehungsheim Haubinda, 1906 Gründung der Freien Schulgemeinde Wickersdorf (zus. mit M. Luserke u. P. → Geheeb), 1910–1918 in der → Jugendbewegung (Festrede 1913 auf dem Hohen Meißner) und in der → Schulgemeindebewegung tätig. Von der → Kulturkritik geprägt, zielte sein monistisches Denken auf die Führungselite; er fühlte sich als relig. Prophet einer neuen Jugendkultur (Jugend als reinste Verwirklichung des Menschentums).

Schr.: Hegels Kritik Kants, 1898; Amor dei intellectualis, 1898; Schule und Jugendkultur, 1913; Der Gedankenkreis der Freien Schulgemeinde, 1913; Revolution und Schule, 1919; Eros, 1921; Wickersdorf, 1922; Weltanschauung, 1940; Was können wir tun? 1948; Jugend! Philister über dir, 1963, [2]1971; Abschied vom Christentum, 1963.

L.: K. Hiller, G. W.s Erziehungslehre und der Aktivismus, 1919; G. Ziemer, H. Wolf (Hg.), Wandervogel und Freidt. Jugend, 1961; E. Geißler, Der Gedanke der Jugend bei G. W., 1963; H. W. Jannasch, Päd. Existenz, 1967; H. Kupffer, G. W., 1970 (m. Bibl.); ders., G. W. – ein Wegbereiter der Erlebnispäd.?, 1992; Th. Maasen, Päd. Eros, dt. 1995.

# Z

**Zahlbegriff.** Die bedeutendsten Forschungen zur Entwicklung des Z.s stammen aus der »Genfer Schule« um → Piaget. Danach liegen dem Z. zwei Operationen zugrunde: die Klassenbildung (Kardinalzahlaspekt) und die Bildung einer asymmetrischen Relation (Ordinalzahlaspekt). Diese beiden Aspekte werden durch die Internalisierung von Handlungen vereint, und zwar in der Phase des konkret-operationalen Denkens. In dieser dritten Phase der kindl. Entwicklung werden die Konstanz von Mengen und die Fähigkeit der eindeutigen Zuordnung erworben, die in der Phase der anschaulichen Intelligenz noch nicht vorhanden sind. Dieser Prozeß wird in den ersten Schulj.n abgeschlossen. Diese Forschungen haben den mathemat. Erstunterricht stark beeinflußt, dessen zentrale Aufgabe in der Entwicklung des Z.s gesehen werden muß, so daß seine Didaktik und Methodik nicht mehr auf das Zählen als formale Operation aufgebaut werden können. Anhand konkreter Materialien werden Übungen zur Mächtigkeit und Konstanz von Mengen und eindeutige Zuordnungen vorgenommen. → Mengenlehre.

L.: J. Piaget/A. Szeminska, Die Entwicklung des Z.s beim Kind, 1965 u. ö.; H.-J. Lerch, Der Aufbau von Zahlsystemen beim Vorschulkind, 1985; F. Padberg, Didaktik der Arithmetik, 1986; H. Maier, Didaktik des Z.s 1990.

**Zdarzil,** Herbert, * 1. 10. 1928 Wien, Dr. phil. 1953 Wien, Habil. 1970 Bonn, seit 1971 Prof. für Päd. an der Univ. Wien, em. 1997. Vertritt einen bildungstheoretisch begründeten Ansatz der Päd. Anthropologie; grundlegende Beiträge zur Erwachsenenbildung.

Schr.: Lebend. Geist, Wien 1963; Päd. Anthropologie, 1972, Graz ²1978; mit R. Olechowski, Anthropologie und Psychologie der Erwachsenen, 1976; Zur Anthropologie der geisteswiss. Päd., in: Freiheit – Geschichte – Vernunft, hg. v. W. Brinkmann u. W. Harth-Peter, 1997; (Hg.), Österr. Bildungspolitik in d. Zweiten Republik, 1998.

**Zehntes Schuljahr,** bildungspolit. Zielvorstellung hinsichtlich der Ausdehnung der Vollzeitpflichtschule auf 10 Schuljahre. Offene Probleme sind dabei die zeitl. Zuordnung, der Anteil der allg. und berufsbildenden Inhalte, die organisatorische Zuordnung (Hauptschule, Berufsschule), die Struktur des qualifizierten Abschlusses und nicht zuletzt auch die Finanzierung.

**Zeichenunterricht** oder Zeichnen war lange Zeit der Name für das Schulfach, das der Kunsterziehung diente. Der Name weist darauf hin, daß das Fach sich hist. vom → techn. Zeichnen herleitet, und daß zwei Teilbereiche (Zeichnen und Malen) für das Ganze der Kunsterziehung genommen wurden. Heute haben sich Begriff und Konzept der → Kunsterziehung bzw. des Kunstunterrichts mehr und mehr durchgesetzt.

**Zensuren** → Zeugnisse.

**Zertifikate** → Erwachsenenbildung.

**Zeugnisse, Schulzeugnisse** enthalten Beurteilungen und Bewertungen (in Form von Ziffern, Worten oder beidem) über Lernfortschritt und Leistungen der Schüler in den einzelnen Fächern und werden in der Regel zum Schulhalbjahr und am Ende des Schuljahres erteilt. Sie sind ursprünglich als Benefizzeugnis entstanden (Gutachten über die Stipendienwürdigkeit eines Schülers) und haben sich als äußeres Zeichen der Leistungsorientiertheit der Schule mehr aus gesellschaftl. und rechtl. denn aus päd. Gründen heraus durchgesetzt. Obwohl der Aussagewert von Zeugnisnoten sehr umstritten ist, dienen Z. noch immer als wichtige Instrumente der Leistungsfeststellung und haben für → Auslese und Zuweisung von Positionen in der Gesellschaft große Bedeutung, da sie häufig → Berechtigungen gewähren. Ihr eigentlicher päd. Zweck (u. a. Ermunterung, Mahnung, Selbstorientierung des Schülers, differenzierte Information der Eltern) erscheint dagegen fragwürdig.

Päd. erstrebenswert ist eine individuelle, objektivierte Leistungs- und Schülerbeurteilung, die in erster Linie dem → feed-back für den betroffenen Schüler und für die Unterrichtsbeurteilung dienen sollte (Verbal-Z. statt Noten-Z.).

L.: W. Dohse, Das S., 1963; R. Gaude, W.-P. Teschner, Objektivierte Leistungsmessung in der Schule, 1971; K.-H. Ingenkamp (Hg.), Die Fragwürdigkeit der Zensurengebung, 1971, ⁸1989; J. Ziegenspeck, Zensur und Z. in der Schule, 1973; H. Bartnitzky, R. Christiani, Z. ohne Zensuren, 1977; C. u. R. Schwarzer, Praxis der Schülerbeurteilung, 1977; H. Becker, H. v. Hentig, Zensuren. Lüge – Notwendigkeit – Alternativen, 1983; W. Sacher, Praxis der Notengebung, 1984; R. Panz, Die Objektivität des Lehrers, 1985; P. Dittmar, Lob der Zensur, 1987; H. Bartnitzky (Hg.), Umgang mit Zensuren in allen Fächern, 1989; J. G. v. Hohenzollern, M. Liedtke (Hg.), Schülerbeurteilungen und Schulzeugnisse, 1991; H. Becker, Zensuren – ihre Fragwürdigkeit, Berechtigung und Alternativen, 1991; E. Jürgens, Leistung und Beurteilung in der Schule, 1992.

**Ziller,** Tuiskon, * 22. 12. 1817 Wasungen (b. Meiningen), † 20. 4. 1882 Leipzig; Gründer und Hauptvertreter der Schule des → Herbartianismus; 1842 Gymnasiallehrer in Meiningen, 1852 Priv.Doz., 1863 Prof. für Päd. und Philos. in Leipzig, gründete 1862 eine Übungsschule zur schulpraktischen Ausbildung der Lehrerstudenten und 1868 den »Verein für wiss. Päd.« zur Verbreitung der herbartianischen Erziehungsvorstellungen. Z. ging es v. a. darum, den Unterricht und sein Ergebnis »determinierbar« zu machen. Dazu diente ihm die Ausprägung und strikte Anwendung der Formalstufen. Daneben vertrat Z. das Prinzip der didaktischen → Konzentration und die Kulturstufentheorie (Aufbau des Lehrplans entsprechend dem → biogenetischen Grundgesetz).

Schr.: Einleitung in die allg. Päd., 1856, ²1901; Die Regierung der Kinder, 1857; Grundlegung zur Lehre vom erziehenden Unterricht, 1865, ³1886; Vorlesungen über allg. Päd., 1876, ³1892; Allg. philos. Ethik, 1880, ²1886; (Hg.) Jb. des Vereins f. wiss. Päd. 1869–81. L.: K. Lange, T. Z., 1884; E. Exner, T. Z.s Grundlegung zur Lehre vom erziehenden Unterricht, 1951; B. Schwenk, Das Herbartverständnis der Herbartianer, 1963; F. Jacobs, Die rel.-päd. Wende i. Herbartianismus, 1969; H. Glöckel (Hg.), Bedeutende Schulpädagogen, 1993.

**Zögling** → educandus.

**Zufall** meint einmal das nicht Vorhergesehene, zum anderen das nicht Vorhersehbare. Unter dem einen Aspekt wird Z. mit der Unkenntnis des Menschen erklärt, unter dem anderen wird er auf ein charakteristisches und konstitutives Merkmal der Wirklichkeit zurückgeführt: diese stellt ihrer Natur nach keine rein kausale Abfolge dar und entzieht sich folglich der menschl. Kontrolle und Vorhersage. Während die zweite Auffassung mehr dem antiken Denken eigen war (*tyche* als unberechenbarer Eingriff der Götter), herrscht die erste im modernen Denken (von → Descartes bis zum Positivismus) vor, das auf die Erkenntnis der Kausalursache und damit die Beherrschung jeder Sache und jedes Ablaufs zielt. Heute wird diese Kausalität (wenn A, dann B …) mehr und mehr durch den Begriff der Bedingung als neues Instrument zur Konstruktion und Interpretation der Abfolge der Erscheinungen abgelöst; die Kenntnis der Bedingungen läßt aber keine sichere Vorhersage, sondern nur eine wahrscheinliche zu. Für Monod ist Z. deshalb nicht das noch nicht Erkannte, sondern das nicht Erkennbare und nicht Rationalisierbare, jenes einmalige Ereignis aus der unendl. Vielzahl von Möglichkeiten, das ohne irgendeine Motivation eintritt. Die in der gegenwärtigen Päd. vorherrschenden Tendenzen zur Planung und Programmierung aller Lern- und Erziehungsvorgänge (vgl. rigide Curricula, programmierter Unterricht etc.) zielen darauf ab, den Z. aus der Erziehung »hinauszurationalisieren« und laufen so Gefahr, die subjektiven und einmaligen Momente der → Person zu negieren.
L.: J. Monod, Z. und Notwendigkeit (frz. 1970), 1971; J. M. Benoist, La révolution structurale, Paris 1975; O. Marquard, Schicksal. Grenzen der Machbarkeit, 1977.

**Zulliger,** Hans, * 21. 3. 1893 Mett b. Basel, † 18. 10. 1965 Ittingen b. Basel; von 1912 bis zu seinem Tode Volksschullehrer in Ittingen. Durch Oskar Pfister und Hermann Rorschach mit der → Psychoanalyse vertraut gemacht, entwickelte Z. eine neue Methode der psychoanalyt. Kinderbehandlung: nicht verbale Deutung, sondern Lösung der kindl. Konflikte durch Mitagieren in der Spielwelt des Kindes. Auch auf das Lehrer-Schüler-, Schüler-Lehrer-Verhältnis wandte Z. psychoanalyt. Erkenntnisse an: Lehrer als Ich-Ideal und Führer der Schülergruppe.
Schr.: Heilende Kräfte im kindl. Spiel, 1952, ⁶1979; Bausteine zur Kinderpsychotherapie, 1957, ²1966; Horde, Bande, Gemeinschaft, 1961; Schwierige Kinder, 1977.
L.: G. Bittner, Psychoanalyse und soziale Erziehung, 1967, ³1972; A. Burger, Der Lehrer als Erzieher – H. Z. und Oskar Spiel, 1992; G. Biermann, H. Z. zum Gedächtnis, in: Unsere Jugend 45 (1993) H. 12; G. Bittner, H. Z., in: Pioniere psychoanalyt. Päd., hg. v. R. Fatke u. H. Scarbath, 1995.

**Zweiter Bildungsweg.** Der Z. B. umfaßt Abendschulen, -realschulen, -gymnasien sowie Berufsaufbauschulen, Fachoberschulen und → Kollegs. In den 60er J.n angesichts von Arbeitskräftemangel und gleichzeitiger Nachfrage nach höher Qualifizierten ausgebaut, hat er sich bes. als Regulativ der → Chancengleichheit für hochbegabte Kinder aus weniger privilegierten Schichten bewährt. Während der Z. B. berufl. Qualifizierte an schulische bzw. universitäre Bildungsgänge heranzuführen sucht, bemüht sich umgekehrt die reformierte gymnasiale Oberstufe, den Weg in die Berufswelt zu öffnen. Das Prinzip der → recurrent education könnte den kompensatorischen Charakter des Z. B.s abbauen und seine Grundidee allg. päd. fruchtbar machen. → Weiterbildung.
L.: Chr. Siara, Bildungs- und Berufsfindungsprozesse im Z. B., 1976; H.-H. Knostmann, Untersuchungen zur Konzeption des Zweiten Bildungsweges und ihrer Realisation im Rahmen des Westd. Bildungssystems, 1984; S. Jüttemann, Die gegenw. Bedeutung des z. B.s vor dem Hintergrund seiner Gesch., 1991.

**Zwillingsforschung.** Die Z. untersucht erbverschiedene zweieiige Zwillinge (ZZ), Pärchenzwillinge (PZ) und erbgleiche eineiige Zwillinge (EZ). Beim Menschen kommt auf 85 Geburten im Durchschnitt eine Zwillingsgeburt (ZZ) bzw. auf 340 ein erbgleicher eineiiger Zwilling (EZ). Von Galton 1875 begründet, verglich die Z. zunächst physische und psychische Merkmale von EZ und ZZ-Paaren, um nach Abzug der Umwelteinflüsse den Vererbungsfaktor zu ermitteln. Das tatsächliche Verhältnis von → Anlage und → Umwelt war jedoch auf diese Weise nicht sicher zu gewichten. Erst verfeinerte und komplexere Untersuchungsmethoden ließen erbliche Prägungen hinsichtlich Temperament, Nervosität, Neurotizismus und Willenskontrolle erkennen. Statt des statistischen Verhältnisses von Anlage und Umwelt, ging man bald dem dynamischen Verhältnis von Reifung und Erziehung nach. Dabei erwies sich die Methode des Kontroll-Zwillings (zwei EZ) als fruchtbar. Es stellte sich heraus, daß der Erziehungsanteil nüchterner gesehen und die Reifungshöhe genauer berücksichtigt werden muß. Eine neue Ära der Z. leitete das Experimentieren mit Zwillings-Paaren ein: nun konnten die gegenseitige Beeinflussung im Paar-Verband und ihre Rückwirkung auf die Individualentwicklung untersucht werden. Überraschenderweise war bei EZ-n trotz identischer Anlage und nahezu gleicher Umwelt eine individualisierende Persönlichkeitsentwicklung zu beobachten. Die menschl. Entwicklung ist nicht als bloße Summe von Erbe und Umwelt, sondern als deren Produkt (Erbe mal Umwelt) zu verstehen. Gleiche Erbfaktoren können nicht nur relative Übereinstimmung, sondern auch verschiedene Individualisierung bedingen. Die Z. hat durch den Aufweis der frühkindl. Prägbarkeit vor allem kompensatorische und auf → Chancengleichheit zielende Erziehungshilfen nahegelegt; im Hinblick auf die personale Eigenverantwortung und individuelle Selbstbildung sollten Ausbildungswege mit individualisierenden Studiengängen angeboten werden. → Humangenetik, → Vererbung.

L.: H. Roth, Päd. Anthropologie, Bd. 1, 1966, ³1971; H. L. Karcher, Wie ein Ei dem anderen. Alles über Zwillinge, 1975, ⁵1984; F. Vogel, A. G. Motulsky, Human Genetics, Berlin ²1986; W. Friedrich, O. Kabat vel Job (Hg.), Z. international, 1986; O. Kabat vel Job, Ergebnisse der Z. zur Determination der Persönlichkeit, 1988.

## LITERATUR ZUM STUDIUM DER PÄDAGOGIK

Die folgenden Literaturangaben stellen durchweg eine Auswahl dar, und sie wollen zum einen eine erste Orientierung in der pädagogischen Literatur ermöglichen und zum anderen eine Hilfe beim selbständigen »Einlesen« und beim Eigenstudium geben.

1. Bibliographien

   1.1 Verzeichnisse von Bibliographien

   *Fortlaufend erscheinende Bibliographien*
   Bibliographische Berichte, hg. v. der Staatsbibliothek Preußischer Kulturbesitz, 1959 ff.
   Deutsche Nationalbibliographie und Bibliographie des im Ausland erscheinenden deutschsprachigen Schrifttums, hg. v. der Deutschen Bücherei, Reihe A, Reihe B: Veröffentlichungen außerhalb des Buchhandels, 1966 ff.

   *Monographisch*
   H. Kernchen (Hg.): Handbuch der bibliographischen Nachschlagewerke, begr. v. W. Totok, R. Weitzel, 2 Bde., 1972, $^6$1984.
   T. Besterman: A world bibliography of bibliographies and of bibliographical catalogues, 5 Bde., Totowa (New York), 1965, $^4$1971; Supplementband 1964–1974, hg. v. A. Toomy, Totowa (New York) 1974.
   F. Domay: Bibliographie der nationalen Bibliographien, 1987.
   H. Walravens (Hg.): Internationale Bibliographie der Bibliographien 1959–1988, 16 Bde., 1994.

   1.2 Allgemeine pädagogische Bibliographien

   *Fortlaufend erscheinende Bibliographien*
   Bibliographie Pädagogik, hg. v. Dokumentationsring Pädagogik, 1966 ff.
   BIB-report. Bibliographischer Index Bildungswissenschaften, hg. v. Verlag für Pädagogische Dokumentation Duisburg, 1974 ff.
   Current Index to Journals in Education, hg. v. Educational Resources Information Center (ERIC), New York 1959 ff.
   Zentralblatt für Erziehungswissenschaft und Schule/Neue Folge (ZEUS), hg. v. Verlag für Pädagogische Dokumentation Duisburg, 1985 ff.

   *CD-ROM*
   FachInformationsSystem (FIS)-Bildung: CD-Bildung, 1993 ff.; Datenbank Schulpraxis, 1998 ff.; Bibliographie Pädagogik (BP), $^1$1999
   (Bezugsnachweise über http://www.dipf.de)

   *Online-Datenbanken*
   Bildung Aktuell: http://www.dipf.de
   Bildungsserver NRW: http://www.learn-line.nrw.de
   Deutscher Bildungsserver (DBS): http://www.dbs.schule.de
   Die Düsseldorfer Virtuelle Bibl. Erziehungswiss.: http://www.uni-duesseldorf.de
   Educational Resources Information Center (ERIC): http://ericir.syr.edu
   Internetbasiertes Informationssystem (IBIS): http://www.ub.uni-dortmund.de/ibis
   INES-Subject Guide (Information über nationale Bildungssysteme): http://www.dipf.de
   Institutionen-Datenbank: http://www.dipf.de
   Informationssystem-Medienpädagogik (ISM): http://www.dipf.de
   Literaturdok. Berufl. Bildung: http://www.educat.hu-berlin.de/publikation

OPAC-Bibliothek für bildungsgeschichtliche Forschung: http://www.dipf.de
WWW für Pädagogen: http://www.educat.hu-berlin.de
Zeitungsdokumentation Bildungswesen: http://www.dipf.de

*Monographisch*
L. Froese, G. Rückriem (Hg.): Pädagogische Bibliographien, 1969 ff.
F. Heidtmann: Wie finde ich pädagogische Literatur?, 1976, ²1978.
M. Jung, W. Zimmermann (Hg.): Kommentierte Bibliographie Pädagogik, 1979.
R. Bast: Einführung in die Pädagogik. Eine kommentierte Bibliographie, 1982.
W. Brickman: Bibliographies and bibliographical Essays, in: ders., Educational Roots and Routes in Western Europe, Cherry Hill (New York) 1985.
J. Dzambo: Erziehung, Bildung, Schule im Wandel der Geschichte. Eine Auswahlbibliographie, 1987.
I. Butt, E. Monika (Bearb.): Bibliographie Bildung, Erziehung, Unterricht. Deutschsprachige Hochschulschriften und Veröffentlichungen außerhalb des Buchhandels 1966–1980, 8 Bde., 1994.
P. Diepold, P. Tiedemann, Internet für Pädagogen, 1999.

1.3 Ausgewählte Bibliographien zu einzelnen Bereichen

*Fortlaufend erscheinende Bibliographien*
Bibliographie zur Erwachsenenbildung im dt. Sprachgebiet, hg. v. der Pädagogischen Arbeitsstelle des Dt. Volkshochschulverbandes, 1962 ff.
Bibliographie Sozialisation und Sozialpädagogik, hg. v. Dt. Jugendinstitut, 1976 ff.

*Monographisch*
J. Classen: Bibliographie zur antiautoritären Erziehung, 1971.
E. Beckers, E. Richter: Kommentierte Bibliographie zur Reformpädagogik, 1979.
D. v. Haase, P. Möller: Thema Spielplatz, 1979.
U. Herrmann u. a., Bibliographie zur Geschichte der Kindheit, Jugend und Familie, 1980.
B. Schröder: Kinderspiel und Spiel mit Kindern, 1980.
H. Schmidt: Vergleichende Erziehungswissenschaft 1945–1980, 1981.
W. Göbel, K. Kräling: Bibliographie zur geistigen Behinderung, 1983, ³1988.
W. Brinkmann, M. S. Honig: Gewalt gegen Kinder, Kinderschutz. Eine sozialwiss. Auswahlbibliographie, 1986.
H. J. Ipfling, U. Lorenz: Bibliographie Hauptschule, 1988.

2. Lexika, Wörter- und Handbücher

K. A. Schmid u. a. (Hg.): Encyklopädie des gesamten Erziehungs- und Unterrichtswesens, 11 Bde., 1875–1878, ²1876–1887.
W. Rein (Hg.): Enzyklopädisches Handbuch der Pädagogik, 7 Bde., 1895–1899, ²1903–1910.
E. M. Roloff (Hg.): Lexikon der Pädagogik, 5 Bde., 1913–1917.
H. Nohl, L. Pallat (Hg.): Handbuch der Pädagogik, 5 Bde. und ein Ergänzungsband (Namenverzeichnis, Sachverzeichnis), 1928–1933; Faksimileausgabe 1981.
N. L. Gage (Hg.): Handbook of Research on Teaching, Chicago 1963, dt. von K. H. Ingenkamp (Hg.), Handbuch der Unterrichtsforschung, 3 Bde., 1970/71.
J. Speck, G. Wehle (Hg.): Handbuch pädagogischer Grundbegriffe, 2 Bde., 1970.
Otto-Willmann-Institut (Hg.): Lexikon der Pädagogik. Neue Ausgabe in 4 Bdn., 1970–1971, ³1974–1975.
H.-J. Ipfling (Hg.): Grundbegriffe der pädagogischen Fachsprache (Begriffe zweisprachig deutsch-englisch), 1974.
F. Pöggeler (Hg.): Handbuch der Erwachsenenbildung, 8 Bde., 1974 ff.

Ch. Wulf (Hg.): Wörterbuch der Erziehung, 1974, [7]1989.
L. Roth (Hg.): Handlexikon der Erziehungswissenschaft, 1976, [2]1980.
H. Bach u. a. (Hg.): Handbuch der Sonderpädagogik in 12 Bdn., 1977 ff., [2]1993.
G. T. Page, J. B. Thomas: International Dictionary of Education, London 1977.
R. Dollase (Hg.): Handbuch der Früh- und Vorschulpädagogik, 2 Bde., 1978.
K. J. Klauer (Hg.): Handbuch der pädagogischen Diagnostik, 4 Bde., 1978.
G. de Landsheere: Dictionnaire de l'Evaluation et de la Recherche en Éducation, Paris 1979.
G. Mialaret (Hg.): Vocabulaire de l'Éducation, Paris 1979.
K. Hurrelmann, D. Ulich (Hg.): Handbuch der Sozialisationsforschung, 1980, 5. neu ausgest. Aufl. 1998.
W. Twellmann (Hg.): Handbuch Schule und Unterricht, 8 Bde. und ein Registerband, 1981/82.
K. Weschenfelder, W. Zacharias: Handbuch Museumspädagogik, 1981, [2]1992.
D. Lenzen (Hg.): Enzyklopädie Erziehungswissenschaft, 11 Bde. und ein Registerband, 1982 ff. (als Tb 1995).
G. Flores d'Arcais (Hg.): Nuovo Dizionario di Pedagogia, Roma 1982, [2]1988.
K. J. Kreuzer (Hg.): Handbuch der Spielpädagogik, 4 Bde., 1983.
U. Hameyer, K. Frey, H. Kraft (Hg.): Handbuch der Curriculum-Forschung, 1982.
N. Kluge (Hg.), Handbuch der Sexualpädagogik, 2 Bde., 1984.
H. Eyferth u. a. (Hg.): Handbuch zur Sozialarbeit/Sozialpädagogik, 1984, Studienausg. 1987.
T. Husén u. T. N. Postlethwaite (Hg.), The Internat. Encyclopedia of Education, 10 Bde. 4. 1 Suppl.-Bd., Oxford 1985–1990.
R. Barrow, G. Milbourne: A Critical Dictionary of Educational Concepts, Brighton 1986.
M. Laeng (Hg.): Enciclopedia Pedagogica, 6 Bde., Brescia 1988 ff.
T. N. Postlethwaite (Hg.): The Encyclopedia of Comparative Education and National Systems of Education, Oxford 1988.
H.-H. Krüger (Hg.): Handbuch der Jugendforschung, 1988, 2. erw. Aufl. 1992.
R. Nave-Herz, M. Markefka (Hg.): Handbuch der Familien- und Jugendforschung, 2 Bde., 1989.
H. Keller (Hg.): Handbuch der Kleinkinderforschung, 1989, 2. vollst. überarb. Aufl. 1997.
D. Lenzen (Hg.): Pädagogische Grundbegriffe, 2 Bde., 1989.
G. Dupuis, Winfried Kerkhoff (Hg.): Enzyklopädie der Sonderpädagogik, der Heilpädagogik und ihrer Nachbargebiete, 1992.
D. Hintz, K. G. Pöppel, J. Rekus: Neues Schulpädagogisches Wörterbuch 1993, [2]1995.
A.-M. Drouin, La Pédagogie, Paris 1993.
J. A. Keller: Kleines pädagogisches Wörterbuch. Grundbegriffe, Praxisorientierungen, Reformideen, 1993.
R. Tippelt: Handbuch der Erwachsenenbildung/Weiterbildung, 1994.
F. Stimmer (Hg.): Lexikon der Sozialpädagogik und Sozialarbeit, 1994.
J. Kagan: Encyclopedia of the child and child development, London 1995.
H. Buchkremer: Handbuch Sozialpädagogik, 1995.
R. W. Keck, U. Sandfuchs (Hg.): Wörterbuch Schulpädagogik, 1995.
W. Böttcher, K. Klemm (Hg.): Bildung in Zahlen. Stat. Handbuch zu Daten und Trends im Bildungsbercich, 1995.
H. Schaub, I. Prote (Hg.): Handbuch zur politischen Bildung in der Grundschule, 1995.
H. Schaub, K. G. Zenke (Hg.): Wörterbuch zur Pädagogik, 1995, 2. Aufl. 1997.
J. L. Garcia Garrido: Diccionario Europeo de la Educación, Madrid 1996.
J. J. Chambliss (Hg.): Philosophy of Educacion. An Encyclopedia, New York 1996.
A. Bernhard, L. Rothermel (Hg.): Handbuch kritische Pädagogik, 1997.
D. Haarmann (Hg.): Wörterbuch Neue Schule, 1998.
W. Brinkmann, A. Krüger (Hg.): Praxisratgeber Kinder- und Jugendschutz. Sucht-Medien-Gewalt-Sekten, 1998.

H. Hierdeis, Th. Hug: Taschenbuch der Päd., 4 Bde., 5. korr. Aufl. 1997.
UNESCO (Hg.): World Education Report, Paris 1998.
G. Reinhold u. a. (Hg.): Pädagogik – Lexikon, 1999.

3. Zeitschriften u. Jahrbücher (Zschr.n zu speziellen Gebieten oder Bereichen siehe auch bei den jeweiligen Artikeln)

American Educational Research Journal, 1. Jg. 1964 ff.
Bildung und Erziehung, 1. Jg. 1948 ff.
British Journal of Educational Studies, 1. Jg. 1953 ff.
Cahiers pédagogiques, 1. Jg. 1945 ff.
Cambridge Journal of Education, 1. Jg. 1971 ff.
Child Development, 1. Jg. 1930 ff.
Comparative Education Review, 1. Jg. 1957/58 ff.
Comparative Education, 1. Jg. 1964/65 ff.
Die deutsche Schule, 1. Jg. 1896 ff.
Die Erziehung, 1. Jg. 1926, letzter Jg. 1943.
European Journal of Education, 1. Jg. 1979 ff.
Pädagogisches Forum, 4. Jg. 1991 ff. (vormals: Forum Pädagogik, 1. Jg. 1988 ff.).
Harvard Educational Review, 1. Jg. 1930 ff.
History of Education, 1. Jg. 1972 ff.
I Problemi della Pedagogia, 1. Jg. 1955 ff.
Internationale Zeitschrift für Erziehungswissenschaft, 1. Jg. 1955 ff.
Internationales Jahrbuch der Erwachsenenbildung, 1. Jg. 1969 ff.
Jahrbuch für Historische Bildungsforschung, 1. Jg. 1993 ff.
Kinderanalyse, Zeitschrift für die Anwendung in Psychotherapie und Psychiatrie des Kindes- und Jugendalters, 1. Jg. 1993 ff.
Neue Praxis, 1. Jg. 1971 ff.
Neue Sammlung, 1. Jg. 1961 ff.
Oxford Review of Education, 1. Jg. 1975 ff.
Päd. extra, 4. Jg. 1991 ff. (vormals Päd. extra & demokratische Erziehung, 1. Jg. 1988 ff.).
Paedagogica Historica, 1. Jg. 1961 ff.
Pädagogik, 1. Jg. 1988 ff. (vormals: betrifft: erziehung, 1. Jg. 1968 ff., Pädagogik heute, 1. Jg. 1986 ff. vereinigt mit (Westermanns) Pädagogische Beiträge, 1. Jg. 1945 ff.)
Pädagogik und Schulalltag, 1. Jg. 1955 ff.
Pädagogik und Schule in Ost und West, 13. Jg. 1965 ff. (vormals Informationsdienst für freiheitliche Erzieher, 1. Jg. 1952 ff.).
Pädagogische Korrespondenz, 1. Jg. 1987 ff.
Pädagogische Rundschau, 1. Jg. 1947 ff.
Rassegna di Pedagogia/Pädagogische Umschau, 1. Jg. 1941 ff. (seit 1979 mehrsprachig).
Recherches Pédagogiques, 1. Jg. 1954 ff.
Recht der Jugend und des Bildungswesens, 1. Jg. 1953 ff.
Revista española de pedagogia, 1. Jg. 1943 ff.
Revue Française de Pédagogie, 1. Jg. 1967 ff.
Die Sammlung, 1. Jg. 1945/46 – 15. Jg. 1960.
Vierteljahrsschrift für wissenschaftliche Pädagogik, 1. Jg. 1925 ff.
DIE – Zeitschrift für Erwachsenenbildung, 1. Jg. 1994 ff.
Zeitschrift für internationale erziehungs- und sozialwissenschaftliche Forschung, 1. Jg. 1986 ff.
Zeitschrift für Pädagogik, 1. Jg. 1955 ff.
Zeitschrift für Sozialisationsforschung und Erziehungssoziologie, 1. Jg. 1981 ff.
Zeitschrift für Erziehungswissenschaft (ZfE), 1. Jg. 1998 ff.

4. Einführungen in die Pädagogik

Th. Ballauff: Systematische Pädagogik, 1962, ³1970.
F. J. Baumgart: Erziehungs- und Bildungstheorien, 1997.
D. Benner: Hauptströmungen der Erziehungswissenschaft, 1973, ³1991.
Ders.: Allgemeine Pädagogik, 1978, ²1991.
Ders.: Pädagogik als Wissenschaft, Handlungstheorie und Reformpraxis, 3 Bde., 1995.
E. Berner: Überblick – Einblick. Pädagogische Stömungen der letzten drei Jahrzehnte, 1995.
J. L. Blaß: Modelle pädagogischer Theoriebildung, 2 Bde., 1978.
W. Böhm, G. Flores d'Arcais (Hg.): Die italienische Pädagogik des 20. Jahrhunderts, 1979.
W. Böhm, G. Flores d'Arcais (Hg.): Die Pädagogik der frankophonen Länder im 20. Jahrhundert, 1980.
W. Böhm: Theorie und Praxis. Eine Erörterung des pädagogischen Grundproblems, 1985, ²1995.
W. Böhm: Entwürfe zu einer Pädagogik der Person, 1997.
W. Böhm, A. Wenger-Hadwig (Hg.): Erziehungswissenschaft oder Pädagogik?, 1998.
W. Braun: Pädagogik – eine Wissenschaft?, 1992.
I. M. Breinbauer: Einführung in die Allgemeine Pädagogik, 1996.
W. Brezinka: Grundbegriffe der Erziehungswissenschaft, 1974, ⁵1990.
Ders.: Metatheorie der Erziehung, 1978, ³1992.
W. Brinkmann, K. Renner (Hg.): Die Pädagogik und ihre Bereiche, 1982.
W. Brinkmann: Kindheit im Widerspruch, 1987.
W. Brinkmann, J. Petersen (Hg.): Theorien und Modelle der Allgemeinen Pädagogik, 1998.
W. Brinkmann, W. Harth-Peter: Freiheit – Geschichte – Vernunft, 1997.
J. Derbolav: Grundriß einer Gesamtpädagogik, 1987.
K. H. Dickopp: Lehrbuch der Systematischen Pädagogik, 1983.
Th. Dietrich: Zeit- und Grundfragen der Pädagogik, 1984, ⁸1998.
E. Fink: Grundfragen der Systematischen Pädagogik, 1978.
W. Fischer, D.-J. Löwisch (Hg.): Pädagogisches Denken von den Anfängen bis zur Gegenwart, 1989, 2. Aufl. u. d. T. Philosophen als Pädagogen, 1998.
A. Flitner, H. Scheuerl (Hg.): Einführung in pädagogisches Sehen und Denken, 1967, ¹³1993, ¹⁵1991.
A. Flitner: Konrad sprach die Frau Mama, 1982, erw. Neuausg. 1985, ⁹1998.
W. Flitner: Allgemeine Pädagogik, 1950, ¹⁴1974, als Tb. 1997.
Ders.: Das Selbstverständnis der Erziehungswissenschaft in der Gegenwart, 1954, ⁵1989.
H. J. Gamm: Einführung in das Studium der Erziehungswissenschaft, 1974, zweite erw. Neuausg. 1978.
Ders.: Allgemeine Pädagogik, 1979.
K. Giel (Hg.): Studienführer Allgemeine Pädagogik, 1976.
H. Giesecke: Einführung in die Pädagogik, 1969, 2. erw. Neuausg. 1991, ⁵1995.
Ders.: Studium Pädagogik. Orientierungen und Hinweise für den Studienbeginn, 1994.
A. Gruschka (Hg.): Wozu Pädagogik?, 1996.
H. Gudjons u. a. (Hg.): Erziehungswissenschaftliche Theorien, 1986, ⁴1994.
Ders.: Pädagogisches Grundwissen, 1993, ⁵1997.
M. Heitger: Beiträge zu einer Pädagogik des Dialogs, 1983.
Ders.: Philosophische Pädagogik, in: Orientierung durch Philosophie, hg. v. P. Koslowski, 1991.
H. Henz: Lehrbuch der Systematischen Pädagogik, 1964, ⁴1975.
A. Hermanns: Uni-Training Erziehungswissenschaft, 1995.
J. Hopfner: Das Subjekt im neuzeitl. Erziehungsdenken, 1999.
J. Houssaye (Hg.): Quinze Pédagogues, 2 Bde., 1994.
A. Kaiser: Studienbuch Pädagogik, Grund- und Prüfungswissen, 1981, ⁶1996.

H. H. Karg: Allgemeine Pädagogik, 1987.
F. R. McKenna: Philosophical Theories of Education, Lanham (Maryland), 1995.
W. Klafki u. a.: Funkkolleg Erziehungswissenschaft, 3 Bde., 1970.
W. Klafki: Aspekte kritisch-konstruktiver Erziehungswissenschaft, 1976.
N. Kluge: Einführung in die Systematische Pädagogik, 1983.
E. König: Theorie der Erziehungswissenschaft, 3 Bde., 1975.
B. Koring: Einführung in die moderne Erziehungswissenschaft und Bildungstheorie, 1990.
F. W. Kron: Grundwissen Pädagogik, 1987, $^5$1996.
Ders.: Grundwissen Didaktik, 1993, $^2$1994.
H. H. Krüger u. a. (Hg.): Einführungskurs Erziehungswissenschaft, 4 Bde., 1995–1997, (I: Einführung in die Grundbegriffe und Grundfragen der Erziehungswissenschaft 1995; II: Theorien und Methoden der EW; III. Geschichte von EW und Erziehungswirklichkeit; IV: Arbeitsfelder der EW).
J. M. Langeveld: Einführung in die theoretische Pädagogik, 1951, $^9$1978.
R. Lassahn: Einführung in die Pädagogik, 1974, $^8$1995.
Ders.: Grundriß einer allgemeinen Pädagogik, 1977.
U. P. Lattmann, P. Metz: Bilden und Erziehen. Eine Einführung in pädagogische Themen, Gestalten und Epochen, 1995.
D. Lenzen: Erziehungswissenschaft. Ein Grundkurs, 1994.
Ders.: Orientierung Erziehungswiss., 1999.
H.-W. Leonhard: Pädagogik studieren, 1992.
D. J. Löwisch: Einführung in die Erziehungsphilosophie, 1982.
Ders.: Kultur und Pädagogik, 1989.
R. Lochner: Deutsche Erziehungswissenschaft, 1963.
F. März: Einführung in die Pädagogik, 1990.
E. Meinberg, Das Menschenbild der modernen Erziehungswissenschaft, 1988.
P. Menck: Was ist Erziehung? Eine Einführung in die Erziehungswiss., 1998.
K. Mollenhauer: Theorien zum Erziehungsprozeß, 1972, $^4$1982.
Ders.: Vergessene Zusammenhänge, 1983, $^5$1998.
D. K. Müller (Hg.): Pädagogik – Erziehungswissenschaft – Bildung, 1994.
D. K. Müller (Hg.): Pädagogik. Erziehungswissenschaft. Bildung. Eine Einführung in das Studium, 1994.
F. Nicolin (Hg.): Pädagogik als Wissenschaft, 1969.
E. Nyssen, B. Schön (Hg.): Perspektiven für pädagogisches Handeln. Eine Einführung in Erziehungswissenschaft und Schulpädagogik, 1995.
J. Oelkers: Die große Aspiration. Zur Herausbildung der Erziehungswissenschaft im 19. Jh., 1989.
J. Oelkers, H. E. Tenorth: Pädagogisches Wissen, 1993.
H. Peukert (Hg.): Ortsbestimmung der Erziehungswissenschaft, 1992.
G. Pollak u. H. Heid: Von der Erziehungswissenschaft zur Pädagogik, 1994.
L. J. Pongratz (Hg.): Pädagogik in Selbstdarstellungen, 4 Bde., 1975 ff.
H. Röhrs: Allgemeine Erziehungswissenschaft, 1969, $^3$1973, Neuausg. 1993.
H. Röhrs (Hg.): Die Erziehungswissenschaft und die Pluralität ihrer Konzepte, 1979.
L. Roth (Hg.): Pädagogik, 1991, $^2$1994.
K. Schaller (Hg.): Erziehungswissenschaft der Gegenwart, 1979.
H. Scheuerl (Hg.): Lust an der Erkenntnis: Die Pädagogik der Moderne, 1992.
N. Seibert, H. J. Serve (Hg.): Bildung und Erziehung an der Schwelle zum dritten Jahrtausend, 1994.
R. Tippelt (Hg.): Handbuch der Erwachsenenbildung/Weiterbildung, 1994.
H. Seiffert: Erziehungswissenschaft im Umriß, 1969, $^3$1973.
M. Soëtard (Hg.): L'Évolution des Pratiques éducatives et de leur impact social dans L'Italie, la République Fédérale d'Allemagne e la France des vingt Années, Pisa 1990.

B. Suchodolski: Theorie der sozialistischen Bildung, 1974.
H. Thiersch, H. Ruprecht/U. Herrmann: Entwicklung der Erziehungswissenschaft, 1978.
A. K. Treml: Einführung in die Allgemeine Pädagogik, 1987.
D. Ulich (Hg.): Theorie und Methode der Erziehungswissenschaft, 1972, ²1974.
E. Weber: Pädagogik – Eine Einführung. Neuausg., 4 Bde. 1995–1997.
Th. Wilhelm: Pädagogik der Gegenwart, 1959, ⁵1977.
R. Winkel (Hg.): Deutsche Pädagogen der Gegenwart, 1984.
M. Winkler: Stichworte zur Antipädagogik, 1982.
Ch. Wulf: Theorien und Konzepte der Erziehungswissenschaft, 1977, ³1983.

5. Geschichte der Pädagogik

5.1 Gesamtdarstellungen

Th. Ballauff, K. Schaller: Pädagogik. Eine Geschichte der Bildung und Erziehung, 3 Bde., 1969–1973.
P. Barth: Die Geschichte der Erziehung in soziologischer und geistesgeschichtlicher Beleuchtung, 1911, ⁵/⁶1925, Nachdruck 1967.
Ch. Berg u. a. (Hg.): Handbuch der Deutschen Bildungsgeschichte, 6 Bde., 1987 ff.
F. Blättner: Geschichte der Pädagogik, 1951, ¹⁵1980.
H. Blankertz: Die Geschichte der Pädagogik von der Aufklärung bis zur Gegenwart, 1982.
W. W. Brickman: Educational Roots und Routes in Western Europe, Cherry Hill (New York) 1985.
S. J. Curtis, M. E. A. Boultwood: A Short History of Educational Ideas, 1953 u. ö.
G. Flores d'Arcais: Pedagogia e Educazione, 3 Bde., Florenz 1976.
A. Capitan Diaz: Historia del pensamiento pedagogico en Europa, 2 Bde., Madrid 1984 und 1986.
J. v. d. Driesch, J. Esterhuis: Geschichte der Erziehung und der Bildung, 2 Bde. 1951/52, ⁶1967.
E. Garin: Geschichte und Dokumente der abendländischen Pädagogik, 3 Bde., 1964–1967. Wiederabdruck in: Erziehung – Anspruch – Wirklichkeit, hg. v. W. Raith, Bd. 1–3, 1971.
K. H. Günther u. a. (Red.): Geschichte der Erziehung, Berlin (Ost) 1962, ¹⁵1987.
E. King, W. Boyd: A History of Western Education, 1972.
R. Kynast: Problemgeschichte der Pädagogik, 1968.
A. León: Introduction à l'Histoire des Faits Educatifs, Paris 1980.
H. Leser: Das pädagogische Problem, 2 Bde., 1925–1928.
P. Menck: Geschichte der Erziehung, 1993.
G. Mialaret, J. Vial (Hg.): Histoire Mondiale de l'Éducation, 4 Bde., Paris 1981.
G. Reale, D. Antiseri/M. Laeng: Filosofia e pedagogia dalle origini ad oggi, 3 Bde., Brescia 1986.
A. Reble: Geschichte der Pädagogik, 1951, TB 1981, ¹⁹1999.
Ders.: Geschichte der Pädagogik, Dokumentationsband, ²1993.
H. J. Rechtmann: Geschichte der Pädagogik, 2 Bde., 1948–1950, dritte neubearb. Aufl. 1967–1969.
W. Ruß: Geschichte der Pädagogik im Abriß, 1952, ⁹1973.
H. Scheuerl (Hg.): Klassiker der Pädagogik, 2 Bde., 1979, ²1991.
Ders.: Geschichte der Erziehung, 1985.
K. A. Schmid: Geschichte der Erziehung vom Anfang bis auf unsere Zeit, 5 Bde. in 10 Teilen, 1884–1902, Neudruck 1970.
J. Speck (Hg.): Problemgeschichte der neueren Pädagogik, 3 Bde., 1976.

Ders.: Geschichte der Pädagogik des 20. Jahrhunderts, 2 Bde., 1978.
H.-E. Tenorth: Geschichte der Erziehung, 1988, 3. völl. überarb. u. erw. Aufl. 2000.
H. Weimer: Geschichte der Pädagogik, 1902, [19]1992, hg. v. J. Jacobi.
R. Winkel (Hg.): Pädagogische Epochen, 1987.
K. Knob/M. Schwab: Einführung in die Geschichte der Pädagogik, [3]1994.
F.-P. Hager: Freiheit und Bildung des Menschen. Philosophie und Erziehung in Antike, Aufklärung und Gegenwart, 1989.
Z. Morsy (Hg.): Thinkers on Education, 4 Bde., Oxford 1997.

5.2 Darstellungen einzelner Epochen

*Antike*
S. F. Bonner: Education in Ancient Rome, London 1977.
J. Christes: Bildung und Gesellschaft. Die Einschätzung der Bildung und ihrer Vermittler in der griechisch-römischen Antike, 1975.
W. Jaeger: Paideia, 3 Bde., 1933–1947, Nachdruck 1970.
H.-Th. Johann (Hg.): Erziehung und Bildung in der heidnischen und christlichen Antike, 1976.
E. Lichtenstein: Der Ursprung der Pädagogik im griechischen Denken, 1970.
H. J. Marrou: Geschichte der Erziehung im klassischen Altertum, dt. 1957, TB 1977.
A. Rawson (Hg.): Marriage, Divorce and Children in Ancient Rome, Oxford 1996.
B. Schwenk: Geschichte der Bildung und Erziehung von der Antike bis zum Mittelalter, 1996.

*Mittelalter, Renaissance und Reformation*
G. Böhme: Bildungsgeschichte des frühen Humanismus, 1984.
Ders.: Bildungsgeschichte des europäischen Humanismus, 1986.
W. Edelstein: Eruditio und Sapientia. Weltbild und Erziehung in der Karolingerzeit, 1965.
E. Grassi: Einführung in philosophische Probleme des Humanismus, 1986.
P. O. Kristeller: Humanismus und Renaissance, 2 Bde., dt. 1973.
R. Limmer: Pädagogik des Mittelalters, 1958.
G. Müller: Bildung und Erziehung in der italienischen Renaissance, 1969.
Ders.: Mensch und Bildung im italienischen Renaissance-Humanismus, 1984.
J. Ruhloff (Hg.): Renaissance – Humanismus. Zugänge zur Bildungstheorie der frühen Neuzeit, 1989.
A. Buck: Studien zu Humanismus und Renaissance, 1991.

*Aufklärung und Neuhumanismus*
R. Alt (Hg.): Erziehungsprogramme der französischen Revolution, 1949.
H. Blankertz: Berufsbildung und Utilitarismus, 1963, Neudruck 1985.
G. Buck: Rückwege aus der Entfremdung, 1984.
M. Heinemann: Schule im Vorfeld der Verwaltung, Göttingen 1974.
U. Herrmann (Hg.): Das pädagogische Jahrhundert, 1981.
Ders. (Hg.): Die Bildung des Bürgers, 1982.
C. Menze: Die Bildungsreform Wilhelm von Humboldts, 1975.
Ders.: Leibniz und die Neuhumanistische Idee der Bildung des Menschen, 1980.
J. Oelkers (Hg.): Aufklärung, Bildung und Öffentlichkeit, 1993.
W. Roeßler: Die Entstehung des modernen Erziehungswesens in Deutschland, 1961.
G. Snyders: Die große Wende in der Pädagogik, dt. 1971.
H. Weil: Die Entstehung des deutschen Bildungsprinzips, 1930, [2]1967.
W. Schmale, N. L. Dodde (Hg.): Revolution des Wissens? Europa und seine Schulen im Zeitalter der Aufklärung (1750–1825), 1991.

*Zeitalter der Industrie (19. Jahrhundert)*
L. Adolphs: Erziehung und Bildung im 19. Jahrhundert, 1979.
Ch. Berg: Die Okkupation der Schule, 1973.
H. Blankertz: Bildung im Zeitalter der großen Industrie, 1969.
K. Erlinghagen: Die Säkularisierung der deutschen Schule, 1972.
A. Flitner: Die politische Erziehung in Deutschland (1750 bis 1880), 1957.
U. Herrmann (Hg.): Schule und Gesellschaft im 19. Jahrhundert, 1977 (m. Bibl.).
K.-E. Jeismann, P. Lundgreen (Hg.): 1800–1870. Von der Neuordnung Deutschlands bis zur Gründung des Deutschen Reichs, 1987 (= Handbuch der Deutschen Bildungsgeschichte, Bd. 3).
P. Lundgreen: Bildung und Wirtschaftswachstum im Industrialisierungsprozeß des 19. Jahrhunderts, 1973.
D. K. Müller: Sozialstruktur und Schulsystem, 1977.
Ders., F. Ringer/B. Simon: The Rise of the Modern Educational System, 1987.
J. Oelkers: Die große Aspiration. Zur Herausbildung der Erziehungswissenschaft im 19. Jahrhundert, 1989.
B. Michael, H.-H. Schepp: Die Schule in Staat und Gesellschaft. Dokumente z. dt. Schulgeschichte im 19. und 20. Jhd., 1993.

*Reformpädagogik, Weimarer Republik und Nationalsozialismus*
Ch. Führ: Zur Schulpolitik der Weimarer Republik, 1972.
H. J. Gamm (Hg.): Führung und Verführung. Die Pädagogik des Nationalsozialismus, 1964.
H. Giesecke: Hitlers Pädagogen, 1993.
U. Herrmann (Hg.): »Neue Erziehung«, »Neue Menschen«, 1987.
W. Keim (Hg.): Pädagogen und Pädagogik des Nationalsozialismus, 1988 (= 22. Beih. der Zs. für Päd.).
H. Nohl: Die pädagogische Bewegung in Deutschland und ihre Theorie, in: Handbuch der Pädagogik, hg. v. H. Nohl und F. Pallat, Bd. 1, 1933.
J. Oelkers: Reformpädagogik. Eine kritische Dogmengeschichte, 1989, ³1996.
K. Plake: Reformpädagogik. Wissenssoziologie eines Paradigmenwechsels, 1991.
H. Röhrs: Die progressive Erziehungsbewegung, 1977.
Ders.: Die Reformpädagogik, 1980, ³1991, ⁵1998.
Ders.: V. Lenhardt: Die Reformpädagogik auf den Kontinenten, 1994.
W. Scheibe: Die reformpädagogische Bewegung 1900–1932, 1969, Nachdr. d. 10. erw. Aufl. 1999.
E. Saupe: Deutsche Pädagogen der Neuzeit, 1924, ²1927.
H. E. Tenorth: Zur deutschen Bildungsgeschichte 1918–1945, 1985 (m. Bibl.).
P. Dudek, Pädagogik und Nationalsozialismus (Bibl.), 1995.
W. Böhm, J. Oelkers (Hg.), Reformpädagogik kontrovers, 1995, ²1997.
T. Rülcker, J. Oelkers (Hg.), Politische Reformpädagogik, 1998.

5.3 Quellenreihen

Kleine Pädagogische Texte, hg. v. E. Blochmann u. a., 1925 ff.
Klinkhardts pädagogische Quellentexte, hg. v. Th. Dietrich und A. Reble, 1960 ff.
Monumenta Germaniae Paedagogica, begr. v. K. Kehrbach, hg. v. der Dt. Gesellschaft für Erziehungs- und Schulgeschichte, 62 Bde., 1886–1938.
Monumenta Paedagogica, hg. v. der Kommission für dt. Erziehungs- und Schulgeschichte der Dt. Akademie der Wiss. zu Berlin, Reihen A, B, C, Berlin (Ost) 1960 ff.
Paedagogica, hg. v. H.-J. Heydorn und G. Koneffke, 1968 ff.
Pädagogische Bibliothek, hg. v. K. H. Günther und H. König, 48 Bde., Berlin (Ost) 1947 ff.

# Literatur zum Studium der Pädagogik

Pädagogische Bibliothek Beltz, 1989 ff.
Pädagogische Texte, hg. v. W. Flitner, 1954 ff.
Schöninghs Sammlung pädagogischer Schriften, hg. v. Th. Rutt, 1954 ff.

6. Pädagogische Hauptwerke

(genaue bibliographische Angaben siehe unter den einzelnen Autorenstichworten)

Platon: Menon (um 395 v. Chr., dt. 1572); Der Staat (um 375 v. Chr., dt. 1572)
Aristoteles: Nikomachische Ethik (um 330 v. Chr., dt. 1791)
A. Augustinus: Bekenntnisse (um 400, dt. 1672)
Erasmus von Rotterdam: Lob der Torheit (1511, dt. 1534)
M. Luther: Über die Freiheit eines Christenmenschen (1520)
M. Montaigne: Essays (1580, dt. 1753)
W. Ratke: Memorial (1611/12)
R. Descartes: Abhandlung über die Methode des rechten Vernunftgebrauchs (1637, dt. 1863)
J. A. Comenius: Pampaedia (um 1650, dt. 1960)
J. Locke: Gedanken über Erziehung (1693, dt. 1710)
G. Vico: De nostri temporis studiorum ratione (1709)
G. W. Leibniz: Monadologie (1720)
J.-J. Rousseau: Emilie oder über die Erziehung (1762, dt. 1763)
J. Basedow: Elementarwerk (1774)
I. Kant: Vorlesungen über Pädagogik (1776–1786, EA 1803)
G. E. Lessing: Erziehung des Menschengeschlechts (1777–1780)
J. H. Pestalozzi: Lienhardt und Gertrud (1781); Meine Nachforschungen über den Gang der Natur in der Geschichte des Menschengeschlechts (1797)
J. G. Herder: Ideen zur Philosophie der Geschichte der Menschheit (1784–1791)
J. H. Campe: Über das Zweckmäßige und Unzweckmäßige in den Belohnungen und Strafen (1788)
W. v. Humboldt: Ideen zu einem Versuch, die Grenzen der Wirksamkeit des Staates zu bestimmen (1792, EA 1851)
Ch. G. Salzmann: Konrad Kiefer (1794)
F. Schiller: Briefe über die ästhetische Erziehung des Menschen (1795)
J.-A. Condorcet: Esquisse d'un tableau historique des progrès humain (1795)
I. Kant: Über Pädagogik (1803)
J. W. v. Goethe: Wilhelm Meister, 2 Tle. (1795/96 und 1829)
F. Schelling: Vorlesungen über die Methode des akademischen Studiums (1803)
Jean Paul: Levana oder Erziehlehre (1806)
F. J. Herbart: Allgemeine Pädagogik (1806)
J. G. Fichte: Reden an die deutsche Nation (1808)
G. W. F. Hegel: Grundlinien der Philosophie des Rechts (1821)
F. E. D. Schleiermacher: Pädagogische Vorlesungen aus dem Jahre 1826 (1826, EA 1849)
F. Fröbel: Die Menschenerziehung (1826)
A. Diesterweg: Wegweiser zur Bildung für Deutsche Lehrer (1835)
A. Necker de Saussure: Éducation progressive (1828–1838)
K. Marx: Die Frühschriften (1837–1847)
T. Ziller: Grundlegung der Lehre vom erziehenden Unterricht (1856)
H. Spencer: Die Erziehung: intellektuell, moralisch und physisch (1861, dt. 1874)
F. W. Dörpfeld: Grundlinien einer Theorie des Lehrplans (1873)
F. Nietzsche: Unzeitgemäße Betrachtungen (1873)
O. Willmann: Didaktik als Bildungslehre (1882/1889)
W. Dilthey: Über die Möglichkeit einer allgemeingültigen pädagogischen Wissenschaft (1888)

P. Natorp: Sozialpädagogik (1899)
E. Key: Das Jahrhundert des Kindes (1900)
W. Stern: Person und Sache (1906–1924)
E. Meumann: Vorlesungen zur Einführung in die experimentelle Pädagogik (1907)
H. Lietz: Die Deutsche Nationalschule (1911)
B. Otto: Die Reformation der Schule (1912)
G. Kerschensteiner: Der Begriff der Arbeitsschule (1912)
G. Wyneken: Schule und Jugendkultur (1913)
S. Freud: Vorlesungen zur Einführung in die Psychoanalyse (1915–1917, EA 1917)
J. Dewey: Demokratie und Erziehung (1916, dt. 1930)
H. Gaudig: Die Schule im Dienste der werdenden Persönlichkeit (1917)
R. Hönigswald: Über die Grundlagen der Pädagogik (1918)
J. Cohn: Geist der Erziehung (1919)
R. Steiner: Erziehungskunst (1919, EA 1948)
P. Blonskij: Die Arbeitsschule (1920)
A. Fischer: Erziehung als Beruf (1921)
E. Spranger: Lebensformen (1921)
M. Frischeisen-Köhler: Bildung und Weltanschauung (1921)
E. Krieck: Philosophie der Erziehung (1922)
P. Oestreich: Die Schule zur Volkskultur (1923)
E. Griesebach: Die Grenzen des Erziehers und seine Verantwortung (1924)
E. Durkheim: Erziehung, Moral und Gesellschaft (1925, dt. 1973)
B. Russell: Ewige Ziele der Erziehung (1926, dt. 1928)
M. Buber: Ich und Du (1927)
Th. Litt: Führen oder Wachsenlassen (1927)
P. Petersen: Der kleine Jena-Plan (1927)
R. Guardini: Grundlegung der Bildungslehre (1928)
H. Nohl: Die pädagogische Bewegung in Deutschland und ihre Theorie (1933)
E. Mounier: Das personalistische Manifest (1936, dt. Zürich 1936)
J. Maritain: Pädagogik am Scheideweg (1943, dt. 1966)
C. Freinet: Die moderne französische Schule (1946, dt. 1965)
M. Montessori: Über die Bildung des Menschen (1950, dt. 1966)
W. Flitner: Allgemeine Pädagogik (1950)
E. Weniger: Die Eigenständigkeit der Erziehung in Theorie und Praxis (1953)
A. Petzelt: Wissen und Haltung (1955)
O. F. Bollnow: Existenzphilosophie und Pädagogik (1959)
B. Suchodolski: Pädagogik am Scheideweg: Essenz und Existenz (1959, dt. 1965)
I. Sheffler: The language of Education (Die Sprache der Erziehung) (1960, dt. 1971)
H. Roth: Pädagogische Anthropologie (1966, 1971)
P. Freire: Pädagogik der Unterdrückten (1969, dt. 1971)
W. Brezinka: Von der Pädagogik zur Erziehungswissenschaft (1971)
K. Mollenhauer: Vergessene Zusammenhänge (1983)
Th. Ballauff: Pädagogik als Bildungslehre (1986)
G. Flores d'Arcais: Die Erziehung der Person (1987, dt. 1991)
R. Laporta: L'assoluto pedagogico (1997)

# Nachschlagewerke

Thomas Städtler
## Lexikon der Psychologie

Dieses neugeschaffene Lexikon der Psychologie mit rund 5000 Stichwörtern schließt eine Lücke. Es ist das derzeit einzige, das die moderne Psychologie der letzten dreißig Jahre mit ihren historischen Wurzeln systematisch lexikalisch aufarbeitet. Der Schwerpunkt liegt auf den für die moderne psychologische Forschung charakteristischen Gebieten: Wahrnehmung, Kognition, Lernen, Gedächtnis, Denken, Motivation, Emotion, Ausdruck, Sprache, Bewegung und Handlung.

XLIII, 1282 Seiten, 279 Abb. Leinen
Kröners Taschenausgabe 357
ISBN 3 520 35701 1

## Philosophisches Wörterbuch

Begründet von Heinrich Schmidt. Neu bearbeitet von Georgi Schischkoff

Dieses bekannte und bewährte Wörterbuch beantwortet mit 2900 Stichwortartikeln Fragen zu Personen, Begriffen und Epochen aus dem Gesamtbereich der Philosophie und ihrer Grenzgebiete. Für die Neuauflage wurden insbesondere die biographischen Daten und die bibliographischen Angaben gründlich überprüft und auf den neuesten Stand gebracht.

22. Auflage 1991. XI, 817 Seiten. Leinen
Kröners Taschenausgabe 13
ISBN 3 520 01322 3

## Großes Werklexikon der Philosophie

Herausgegeben von Franco Volpi

Dieses umfangreiche Lexikon enthält über 2000 Werk- und mehr als 900 Autorenartikel. Auf einen kurzen biographischen Abriß zu einem Philosophen folgt jeweils die Darstellung seiner Werke; reichhaltige bibliographische Angaben verzeichnen Ausgaben und Sekundärliteratur. Erfaßt wird das gesamte Spektrum westlicher Philosophie; aufgenommen wurden auch Werke und Denker der arabischen und jüdischen, der indischen, chinesischen und japanischen Philosophie, die auf die europäische Philosophie einen nachhaltigen Einfluß ausgeübt haben.

2 Bände in Kassette
XX, 1734 Seiten. Leinen
ISBN 3 520 82901 0

### Nachschlagewerke

## Lexikon der philosophischen Werke
Herausgegeben von Franco Volpi und Julian Nida-Rümelin.
Red. verantw. Mithg. Maria Koettnitz und Harry Olechnowitz

Als Vorläufer im Format der Taschenausgabe und Pendant zum ›Großen Werklexikon der Philosophie‹ enthält dieses Lexikon 1147 Artikel über die bekanntesten und wirkungsgeschichtlich bedeutsamsten Werke der Philosophie. Es wird vorwiegend die westliche Philosophie von der Antike bis zur Gegenwart berücksichtigt. Mit Autoren- und Titelregister.

1988. XVI, 863 Seiten. Leinen
Kröners Taschenausgabe 486
ISBN 3 520 48601 6

Julian Nida-Rümelin (Hg.)
## Philosophie der Gegenwart in Einzeldarstellungen
Von Adorno bis von Wright

Der in der Neuauflage um 161 Seiten erweiterte Band kreist das philosophische Wissen unserer Tage mit dem Blick auf das Lebenswerk von 156 führenden, die Diskussion prägenden Denkern und Denkerinnen ein. Nach einem knappen Überblick über die Vita wird der Leser mit den Gedankengängen der wichtigsten Werke vertraut gemacht; ein Werkverzeichnis und zahlreiche Literaturhinweise erleichtern das weitere Eindringen in die Materie.

2., erw. Auflage 1999. XXVIII, 820 Seiten. Leinen
Kröners Taschenausgabe 423
ISBN 3 520 42302 2

Manfred G. Schmidt
## Wörterbuch zur Politik

Das als Sachwörterbuch der Politik und als Begriffslexikon der Politikwissenschaft neukonzipierte und neuverfaßte Lexikon ist mit mehr als 3300 Stichwörtern und weiterführenden Literaturangaben ein unentbehrliches Hilfsmittel für allgemein politisch Interessierte, für Studierende und Lehrende der Politikwissenschaft wie auch für Journalisten und in Politik oder Staatsverwaltung Tätige.

1995. IX, 1106 Seiten. Leinen
Kröners Taschenausgabe 404
ISBN 3 520 40401 X

### Nachschlagewerke

## Hauptwerke der politischen Theorie
Herausgegeben von Theo Stammen, Gisela Riescher und Wilhelm Hofmann

Das Nachschlagewerk erschließt 154 Hauptwerke der politischen Theorie in knappen, allgemeinverständlichen Artikeln. Der Leser erhält präzise Auskunft über Entstehungsbedingungen, Inhalt und Wirkungsgeschichte der Werke, über ihre Bedeutung in Geschichte und Systematik der politischen Theorie sowie über die wichtigsten Ausgaben und Forschungsbeiträge. Mit chronologischen Werkverzeichnis, Sachregister und Titelregister.

1997. X, 573 Seiten. Leinen
Kröners Taschenausgabe 379
ISBN 3 520 37901 5

Karl-Heinz Hillmann
## Wörterbuch der Soziologie
Jenseits von weltanschaulicher Einseitigkeit und politischer Opportunität, offen für alle bedeutenden soziologischen Richtungen, ausgewogen und verständlich in der Darstellung, erweist sich dieses Wörterbuch als zuverlässige Arbeitshilfe für den Fachmann sowie als hervorragendes Orientierungsmittel für den gesellschaftlich interessierten Laien.

4. Auflage 1994. XIII, 971 Seiten. Leinen
Kröners Taschenausgabe 410
ISBN 3 520 41004 4

Karl-Dieter Grüske, Horst Claus Recktenwald
## Wörterbuch der Wirtschaft
Der ›Klassiker der Wirtschaftliteratur‹ (FAZ), nach dem Tod von H. C. Recktenwald fortgeführt von K.-D-Grüske, erschließt für Fachleute und Studierende wie auch für politisch und ökonomisch interessierte Laien die Fachbegriffe der modernen Volks- und Betriebswirtschaft.

12., erweiterte Auflage 1995. XXVI, 730 Seiten,
188 Graphiken und Tabellen, 1 Zeittafel. Leinen
Kröners Taschenausgabe 114
ISBN 3 520 11412 7

Erich Bayer, Frank Wende
## Wörterbuch zur Geschichte
Begriffe und Fachausdrücke

Das vielfach bewährte, grundlegende Sachwörterbuch wurde auf den neuesten Stand gebracht. Die langen Sammelartikel wurden aufgelöst und zahlreiche neue Artikel hinzugefügt, wodurch der punktuelle Zugang zu den Begriffen erleichtert und der Gebrauchswert erhöht wird.

5., neugestaltete und erweiterte Auflage 1995.
XI, 596 Seiten. Leinen
Kröners Taschenausgabe 289
ISBN 3 520 28905 9

## Hauptwerk der Geschichtsschreibung
Herausgegeben von Volker Reinhardt

Dieser Band beschreibt in 228 Artikeln die zentralen Werke aus rund zweieinhalb Jahrtausenden europäischer Geschichtsschreibung von Herodot über Commynes, Ranke und Treitschke bis zu den Historikern der Annales-Schule. Mit chronologischem Werkverzeichnis, Personenregister und Titelregister.

1997. XVIII, 792 Seiten. Leinen
Kröners Taschenausgabe 435
ISBN 3 520 43501 2

Gerhard Taddey (Hg.)
## Lexikon der deutschen Geschichte
Ereignisse – Institutionen – Personen.
Von den Anfängen bis zur Kapitulation 1945

Das unübertroffen informative und zugleich handliche Standardwerk zur deutschen Geschichte wurde durchgängig überprüft und auf den neusten Stand gebracht. Die mehr als 6000 Artikel erfassen auch selten dokumentierte Personen, Ereignisse und Institutionen, über die in keinem anderen derzeit lieferbaren Nachschlagewerk etwas zu erfahren ist.

3., überarbeitete Auflage 1998.
XI, 1410 Seiten. Leinen
ISBN 3 520 81303 3

# Nachschlagewerke

## Wörterbuch der Antike

Begründet von Hans Lamer. Fortgeführt von Paul Kroh

In rund 3000 Stichwortartikeln mit sorgfältigen Literaturangaben vermittelt dieses bewährte Wörterbuch ein umfassendes Bild der antiken Kultur und ihres Fortwirkens bis zur Gegenwart. Neben den Zeugnissen des antiken Geistes, der Kunst und Geschichte ist auch der gesamte Bereich des antiken Alltagslebens einbezogen.

10. Auflage 1995. XII, 832 Seiten. Leinen
Kröners Taschenausgabe 96
ISBN 3 520 09610 2

## Lexikon der christlichen Antike

Herausgegeben von Johannes B. Bauer und Manfred Hutter

Mit rund 1000 Artikeln bietet der Band einen umfassenden Überblick über die Epoche vom 1. bis zum 8. Jahrhundert, über ihre kultur-, philosophie- und religionsgeschichtliche Tradition.

1999. XXXI, 387 Seiten. Leinen
Kröners Taschenausgabe 332
ISBN 3 520 33201 9

Eric M. Moormann, Wilfried Uitterhoeve
## Lexikon der antiken Gestalten

Mit ihren Fortleben in Kunst, Dichtung und Musik.
Übersetzt von Marianus Pütz

Das Lexikon bietet zu 264 Gestalten aus Mythologie und Geschichtsschreibung eine Zusammenfassung der antiken Überlieferung sowie einen Überblick über die Hauptlinien und wichtigsten Beispiele der stoffgeschichtlichen Rezeption in Kunst, Dichtung und Musik.

1995. XXVIII, 752 Seiten. Leinen
Kröners Taschenausgabe 468
ISBN 3 520 46801 8

Martin Bocian
## Lexikon der biblischen Personen
Mit ihrem Fortleben in jüdischer, christlicher und islamischer Tradition sowie in Dichtung, Musik und Kunst.
Unter Mitarbeit von Ursula Kraut und Iris Lenz

Im Alten und Neuen Testament begegnet uns eine Fülle von Personen, die nicht nur in Theologie und Religion, sondern auch in Dichtung, Musik und Kunst bis in unsere Tage befruchtend wirken. Die etwa 200 wichtigsten werden zunächst in ihrer Legende und dann, erstmals in einem Nachschlagewerk, in ihrem weitgefächerten Nachleben geschildert.

1989. X, 510 Seiten. Leinen
Kröners Taschenausgabe 460
ISBN 3 520 46001 7

Manfred Lurker (Hg.)
## Wörterbuch der Symbolik
Dieses Wörterbuch eröffnet den Zugang zu den vielfältigen Formen der Symbolik in bildender Kunst, Musik und Literatur, Religion und Philosophie, Geheimlehren (Magie, Alchemie, Freimaurerei) und im öffentlichen Leben. Die mehr als 1000 von Fachwissenschaftlern verfaßten Artikel berücksichtigen die Ergebnisse der psychologischen und soziologischen Symbolforschung. Mit weiterführenden Literaturangaben und Glossar.

5., erweiterte Auflage 1991. XVI, 871 Seiten. Leinen
Kröners Taschenausgabe 464
ISBN 3 520 46405 5

Johannes Jahn, Wolfgang Haubenreißer
## Wörterbuch der Kunst
In mehr als 3000 Stichwortartikeln wird hier über unzählige Fragen aus dem Gesamtgebiet der bildenden Kunst, von der Steinzeit bis zur jüngsten Gegenwart, erschöpfend Auskunft gegeben. Die Kunstgeschichte der einzelnen Länder, Stilepochen, Künstler, berühmte Kunststätten, Kunstwerke und Kunsttechniken, Fragen der Ikonographie und der Restaurierung werden ebenso gründlich behandelt wie die Fachausdrücke, die durch Abbildungen erklärt sind.

12. Auflage 1995. X, 937 Seiten, 219 Abbildungen. Leinen
Kröners Taschenausgabe 165
ISBN 3 520 16512 0

**Nachschlagewerke**

Julian Nida-Rümelin, Monika Betzler (Hg.)
## Ästhetik und Kunstphilosophie
Von der Antike bis zur Gegenwart in Einzeldarstellungen

Das alphabetisch nach Namen geordnete Nachschlagewerk gibt über alle bedeutenden Stationen europäischer und angloamerikanischer Ästhetik und Kunstphilosophie gezielt und fundiert Auskunft. Ein einführender Überblick informiert über die Entwicklung von Ästhetik und Kunstphilosophie im ganzen.

1998. XXXIX, 838 Seiten. Leinen
Kröners Taschenausgabe 375
ISBN 3 520 37501 X

Hans Koepf, Günther Binding
## Bildwörterbuch der Architektur

Der Band erschließt die gesamte Fachterminologie der Architektur; mehr als 1300 Abbildungen bieten eine anschauliche Verständnishilfe und Gedächtnisstütze. Für die Neuauflage dieses Standardwerks wurden sämtliche Artikel einer kritischen Überprüfung unterzogen und von Günther Binding teilweise neu verfaßt. Mehr als 400 Artikel, ein fremdsprachig-deutsches Fachglossar sowie eine systematische Bibliographie im Anhang sind hinzugefügt worden.

3., überarbeitete Auflage 1999
X, 634 Seiten, 1300 Abbildungen. Leinen
Kröners Taschenausgabe 194
ISBN 3 520 19403 1

Gero von Wilpert
## Deutsches Dichterlexikon
Biographisch-bibliographisches Handwörterbuch zur deutschen Literaturgeschichte

Dieses Lexikon umfaßt mit seinen rund 3000 Artikeln alle bedeutenden und bekannten Dichter und Schriftsteller deutscher Sprache oder Herkunft sowie die wichtigsten anonymen Werke.

3. Auflage 1988. XI, 900 Seiten. Leinen
Kröners Taschenausgabe 288
ISBN 3 520 28803 6

## Nachschlagewerke

Gero von Wilpert
**Goethe-Lexikon**

Der neue ›Wilpert‹ gibt auf rund 4000 Fragen zu Goethe knappe, klare Antworten. Das Lexikon informiert über alle wesentlichen, heute noch interessierenden Namen, Werktitel, Sachen, Örtlichkeiten und Begriffe aus Goethes Leben, Werk und Welt.

1998. X, 1227 Seiten. Leinen
Kröners Taschenausgabe 407
ISBN 3 520 40701 9

Stand: Frühjahr 2000
Verlangen Sie unser Gesamtverzeichnis